中華人民共和國國務院批准的重大文化出版工程

國家文化發展規劃綱要的重點出版工程項目

新聞出版總署列為「十一五」、「十二五」國家重大工程出版規劃之首

国家出版基金项目
NATIONAL PUBLICATION FOUNDATION

ISBN 978-7-229-10824-3
9 787229 108243 >

中華大典

地學典

重慶出版集團
重慶出版社

《中華大典》工作委員會

主　任： 柳斌傑　金人慶

副主任： 李　彦　于永湛　鄔書林　張少春　李衛紅　周和平　陳金泉　李静海

委　員： 張小影　伍　傑　朱新均　吴尚之　孫　明　王家新　徐維凡　劉小琴　毛群安　遲　計　曹清堯　彭常新　王志勇　潘教峰　姜文明　王　正　石立英　安平秋　陳祖武　詹福瑞　戴龍基　宋焕起　孫　顒　陳　昕　魏同賢　王建輝　朱建綱　高紀言　莫世行　段志洪　李　維　何學惠　甄樹聲　馮俊科　譚　躍　羅小衛　王兆成

《中華大典》編纂委員會

總主編：任繼愈

副主編：席澤宗　程千帆　戴　逸　吳文俊　柯　俊
傅熹年

編　委：卞孝萱　任繼愈　李明富　余瀛鰲　林仲湘
郁賢皓　馬繼興　袁世碩　席澤宗　陳美東
黃永年　章培恒　張永言　張晉藩　葛劍雄
董治安　程千帆　傅世垣　曾棗莊　龐　樸
趙振鐸　劉家和　潘吉星　錢伯城　戴　逸
楊寄林　穆祥桐　吳文俊　金正耀　戴念祖
柯　俊　金維諾　白化文　汪子春　周少川
孫培青　朱祖延　傅熹年　李　申　郭書春
熊月之　柴劍虹　吳子勇　寧　可　江曉原
鄭國光　吳征鎰　尹偉倫　魏明孔

《中華大典》前言

《中華大典》是運用我國歷代漢文古籍編纂的一部大型工具書。其目的是爲學術界及願意瞭解中國古代珍貴文化典籍的人士提供準確詳實、便於檢索的漢文古籍分類資料。

中國是世界文明古國之一，幾千年來纂寫和聚集的文化典籍浩如烟海。我國歷代都有編纂類書的優良傳統，具有代表性的《永樂大典》等大多已佚失，現存《古今圖書集成》編就距今也已數百年。爲了適應今天和以後研究和檢索的需要，一九八八年海内外三百多位專家學者和各古籍出版社同仁倡議，在已有類書的基礎上，用現代科學方法編纂一部新的類書《中華大典》。

國務院在關於編纂《中華大典》問題的批覆中指出，編纂《中華大典》「是我國建國以來最大的一項文化出版工程」。本書所收漢文古籍上起先秦，下迄清末，約三萬種，達七億多字，分爲二十四個典，近百個分典，内容廣博，規模宏大，前所未有。

《中華大典》的編纂工作堅持科學態度和百花齊放、百家争鳴方針。儘量採用古精校精刻本，優先採用我國建國後文獻學和考古學的優秀成果。對傳統文化中重要的不同學派的資料，兼收並蓄。運用現代圖書分類的方法，對收集到的資料，精選、精編，力求便於檢索、準確可信。

這項工作從開始起就受到中共中央、國務院和有關部門的重視和支持。國家主席江澤民、國務院總理李鵬分别爲《中華大典》題詞。江澤民的題詞是：「同心同德群策群力認真編好中華大典爲建設有中國特色的社會主義服務」。李鵬的題詞是：「繼承和弘揚民族優秀傳統文化」。全國政協主席李瑞環、國務委員李鐵映也作了重要指示，要求抓緊辦理。一九九〇年五月，國務院批准《中華大典》爲國家重點古籍整理項目。一九九二年九月，正式成立了《中華大典》工作委員會和《中華大典》編纂委員會，召開了《中華大典》工作、編纂會議。自此，《中華大典》的編纂工作由試點轉入正式啓動，逐步鋪開。

編纂《中華大典》，學術性很强，工作量很大，工程十分艱巨，全賴廣大專家學者和全國各有關高等院校、科研院所、圖書館、出版單位的鼎力支持與積極參與。大家本着弘揚中華民族優秀文化的心願，發揚奉獻精神，克服各種困難，團結協作，給這部巨大類書的出版提供了根本保證。在此謹表示誠摯的謝意。

對本書的批評與建議，我們將十分歡迎。

《中華大典》編纂委員會

一九九七年四月

二〇〇六年十一月修訂

《中華大典》編纂通則

一、性質：《中華大典》（以下簡稱《大典》）是對漢文古籍（含已翻譯成漢文的少數民族古籍）進行全面的、系統的、科學的分類整理和匯編總結的新型類書，是在繼承歷代類書優良傳統、考慮漢文古籍固有特點的基礎上，借鑒和參照近代編纂百科全書的經驗和方法編纂而成。編纂《大典》的目的，是爲學術界及願意瞭解中國古代珍貴文化典籍的人士提供各種分門別類的、準確詳細的古代漢文專題資料。

二、規模和體例：《大典》所收古籍的時限，上自先秦，下迄辛亥革命。全書共收各類漢文古籍三萬餘種，七億多字。全書體例，着重汲取清代《古今圖書集成》所採用的經目和緯目相交織這一統一框架結構的模式，同時參照現代科學的學科、目録分類方法，並根據各類學科內容的實際情況，一般將每一大類學科輯爲一典，也有將幾個相關學科共輯爲一典的。對各典名稱，均以現代學科命名，對於所收入的各種古籍資料，亦儘可能納入現代科學分類體系之中。

三、經目：大典共分二十四個典，即哲學典、宗教典、政治典、軍事典、經濟典、法律典、教育典、語言文字典、文學典、藝術典、歷史典、歷史地理典、民俗典、數學典、物理化學典、天文典、地學典、生物學典、醫藥衛生典、農業典、林業典、工業典、交通運輸典、文獻目録典。典以下以分典、總部、部、分部分級，分部之下的標目根據各學科特點由各典自行擬定。

四、緯目：共設置九項緯目，用以包容各級經目的具體內容：

① 題解：對有關學科的名稱、概念、涵義、特點等作總體介紹的資料。

② 論説：有關理論部分的資料。

③ 綜述：有關學科或事物的系統性資料，凡有關學科或事物的性狀、制度、範疇、特點及學科地位、發展情況等具體內容均編入此緯目中。

④ 傳記：有關人物的傳記資料。

⑤ 紀事：有關學科或事物的具體活動或事例的資料。

⑥ 著録：重要人物或文獻的有關著作資料，如專集介紹、序跋、藏書題記，以及有關著作的成書經過、版本源流等。

⑦藝文：有關屬於文學欣賞性的散文或韻文。

⑧雜録：凡未收入以上各緯目，而又有較高參考價值的資料，均入雜録。

⑨圖表：根據有關經目的内容需要，圖與表附於相關專題之下，或集中匯總於某級經目之後。

《大典》以内容分類安排各級緯目，各級緯目的正文，一般以原書爲單位，按時代順序排列。每一條資料前標明出處，包括書名或作者名、篇名或卷次，以利讀者核對原書。

五、書目：每分典後附有該分典所收書之書目，書目包括書名、作者、時(年)代、版本等内容。時代以成書時代爲準，成書時代不詳者，以作者主要活動時代爲準，並遵從歷史習慣。

六、版本：《大典》在選用版本時儘量採用古人的精校精刻本，亦採用學術界通用的近、現代整理圈點本及現代學者校點整理本。

七、校點：爲儘可能保存古籍原貌，《大典》祇對底本中明顯的脱、訛、衍、倒進行勘正。古本中的避諱字一般不作改動，祇對缺筆字補足筆畫。後人刻書時避當朝人諱而改動的字，據古本改回。《大典》採用新式標點法。

一九九六年八月

二〇〇六年十一月修訂

《中華大典·地學典》編纂委員會

主　編：鄭國光

副主編：（按姓氏筆畫排序）
丁一匯（氣象）　曲金良（海洋）
寧津生（測繪）　藍　勇（自然地理）

委　員：（按姓氏筆畫排序）
王存忠（氣象）　王紹武（氣象）　朱德友（測繪）
李建成（測繪）　余　勇（氣象）　馬　强（自然地理）
孫光圻（海洋）　許小峰（氣象）　楊光華（自然地理）
楊秀英（海洋）　矯梅燕（氣象）

編輯部

主　任：王存忠（氣象）

副主任：馬　劍（自然地理）　洪蘭江（氣象）

成　員：俞衛平（氣象）　紀麗真（海洋）
韓通武（氣象）　趙同進（氣象）
陶治忠（測繪）　李盛强（重慶出版集團）
康聰斌（重慶出版集團）

《中華大典・地學典》編纂説明（代序）

鄭國光

《中華大典》是一部漢文古籍特大型類書，它把中華五千年傳統文化分爲二十四類，各類以現代學科名稱命名設典，《中華大典・地學典》（以下簡稱「《地學典》」）即爲其一典。其中，有的典又以分支學科名稱命名設分典。根據清鄭觀應《盛世危言・西學》（一八九四年）：「所謂地學者，以地輿爲綱，而一切測量、經緯、種植、車舟、兵陣諸藝，皆由地學以推至其極者也。」當代的地學概念，在不同的科學著作和教科書中，描述不盡相同，《現代漢語詞典（第六版）》採用的定義是：研究地球系統（大氣圈、水圈、巖石圈、生物圈和日地空間）的形成、發展和變化及其相互作用的科學。主要包括地理學、地質學、地球物理學、地球化學、大氣科學、海洋學、水文學和空間物理學等。

《地學典》所包涵的內容豐富而重要，其編纂不僅是學科建設的基礎性工作，也是學科文化建設和科學普及的重要內容。因《地學典》實際編纂工作啓動較晚，爲避免與天文、農業、林業、歷史地理各典的交叉重複，並考慮到古籍資料普查情況和學科編纂力量等條件，《地學典》共設五個分典：《氣象分典》、《地質分典》、《測繪分典》、《海洋分典》和《自然地理分典》。按照《中華大典》編纂通則，分典之下以總部、部爲經目，再以題解、論説、綜述、傳記、紀事、著録、藝文、雜録、圖表爲緯目。根據歷史文獻內容，經目用當代科學術語起題，緯目「有則設之，無則不設」，經緯交織，以成分典。

我們的祖先在認知自然環境的過程中，爲趨利避害，「仰以觀於天文，俯以察於地理」，對地球環境的觀察和思辨，自有文字記載以來，留存了大量的歷史文獻。依據《中華人典》編纂通則，《地學典》所選取的歷史資料，包括秦漢以來至辛亥革命時期的經、史、子、集和方志等古籍的記載；資料盡可能選自原本，標點盡可能使用句、逗兩種符號；對於允許使用的已由現代學者加工整理的文獻，標點使用則有所放寬。

《地學典》的任務，在於爲研究者提供最爲豐富、可靠的地學歷史文獻。因出版篇幅所限，各分典編纂過程中對歷史文獻進行過精選，研究者可根據分典的文獻著録，查閲更多的相關文獻。

《地學典》編纂工作得以順利開展，離不開《中華大典》辦公室的正確領導和統籌協調。在編纂過程中，得到中國氣象局、武漢大學、中國海洋大學、西南大學等編纂單位和重慶出版集團的鼎力相助，在此表示衷心的感謝！

二〇一三年十一月

中華大典·地學典

自然地理分典

《中華大典·地學典·自然地理分典》編纂委員會

主　編：藍　勇

副主編：馬　强　楊光華　馬　劍

主要編纂人員：（按姓氏筆畫排列）

朱　婧　任　婷　牟旭平　李妍祺　李春曉　李海傑　李雯君
吴大素　吴松琴　宋京原　宋祖順　武肖敏　周元春　周志强
周　妮　周炫宇　周倫毅　馬佩佩　秦春豔　秦振川　徐　藴
陳　旭　陳　呈　孫　健　黄登嵩　梁曉玲　張保立　張　亮
張　萍　張　贏　喬　天　曾青山　楊　旭　楊雪藝　楊新剛
楊　霄　賈　玲　雷　鎮　趙爾陽　蔡　群　劉任南　劉桂海
劉　静　潘豔麗　魏仕斗　羅　贇

《中華大典·地學典·自然地理分典》序言

藍 勇

恩格斯在《自然辯證法》一書中曾經指出：『如果地球是某種逐漸生成的東西，那末它現在的地質的、地理的、氣候的狀況，它的植物和動物，也一定是某種逐漸生成的東西，它一定不僅有在空間中互相鄰近的歷史，而且還有在時間上前後相繼的歷史。』自然地理環境是人類活動的重要舞臺，認識其諸多組成要素的基本情況，考察其發展演變的規律，探索加以利用和改造的途徑，貫穿整個人類社會發展的歷史。

我國幅員廣大，自然環境複雜多樣，各類自然資源豐富，在數千年的發展歷程中，創造了光輝燦爛的文明，保留了浩如煙海的文獻典籍，其中對自然地理的記載，亦可謂汗牛充棟。從《山海經》中似真似幻的地理描寫到《尚書·禹貢》徵實真切的九州敘述，從歷代正史《地理志》的連續記載到輿地考證中的細碎知識，從全面系統的方志文獻到隻言片語的筆記雜談，從親履其地的考察遊記到採擷異域奇聞的隨筆記事，在在反映出我國幾千年來高山大川、平原湖泊、土壤資源的面貌與演變，展示出古人對所生活的地理環境的探索與認識，這些記載無疑是一筆寶貴的文獻財富。

《自然地理分典》是《中華大典·地學典》的分典之一，由西南大學歷史地理研究所承擔編纂工作，力圖全面而又重點突出、系統而又精煉客觀地展現我國古代對諸多自然地理要素的認識與利用情況。

雖然接受本分典編纂工作的時間較晚，但自二〇一一年三月啟動以來，本所高度重視，派人參加了《地學典》編纂工作會議，瞭解、學習其他分典的編纂經驗，同時，成立編輯部，確定了以教授和副教授爲骨幹的編纂團隊，制定詳盡合理的編纂方案和大綱，進行資料普查並編制分典專用書目，並于當年九月召開了開題工作會。雖然面臨繁重的教學和科研任務，但隨後的大典編纂工作一直在穩步進行，並隨時商討解決遇到的編纂方法、綱目設置、資料搜集等方面難題。在編纂過程中，我們也作了一些有益的嘗試，如將資料掃描圖和録义並排，安排人員進行交叉校對，提高了工作效率的同時，保證了編纂質量；我們也將大典編纂工作與骨幹教師的課題申報、研究生的文獻課程和論文選題相結合，互爲支撑，使教學、科研與學習形成良性互動。至二〇一四年中，初步彙編輯録了近四百萬字的資料，經過精簡調整，于年底順利完成了編纂任務。

在《中華大典》「編纂通則」對體例、篇幅要求的基礎上，結合古代對自然地理要素記載的實際情況，本分典精選了兩百萬字的文獻資料，分列爲五個總部十五個部：

陸地地貌總部：下設平原部、丘陵部、山地部、高原部、特殊地貌部五個部。主要收録古籍文獻中對不同地形地貌的記載。由於古人對地貌認識的局限性，現代地理學劃分的某些地貌類型並没有在古籍中體現出來，某些不易區分其地貌類別的描述則按照其今天所在區域的地貌進行歸類。古代文獻中對山脈的描述甚多，因而注重選擇總體、概括的記載，以及各地重要山脈的記述。

陸地水文地理總部：下設湖泊沼澤部、江河部、泉源部三個部。主要彙集文獻典籍中對陸地上各種水體的記録。

土壤地理總部：下設土壤性質與分類部、土壤利用部兩個部。主要收録古人對土壤性質的認識，以及分類與利用方法。

資源地理總部：下設動物資源部、植物資源部、礦物資源部和其他資源部四個部。主要彙集古代對動物、植物、礦物等各種資源的性狀、用途等方面的記載。

著作總部：下未設部。主要收録對歷代重要自然地理文獻的撰述、著録、流傳、評介的資料。

《中華大典·地學典·自然地理分典》是集體合作的結晶，在編纂過程中，西南大學歷史地理研究所數十位師生通力協作，集思廣益，群策群力，爲本分典的順利完成付出了艱辛努力。同時，《中華大典》辦公室和重慶出版社自始至終給予我們大力支持，謹此表示衷心感謝。

本分典的編纂時間短、任務緊、難度大，難免有疏漏不足之處，敬乞讀者批評指正。

二〇一五年七月

自然地理分典

目録

陸地地貌總部

平原部

《尚書·禹貢·徐州》 東原厎平。

三國蜀·常璩《華陽國志·巴志》 墊江以西，土地平敞，精敏輕疾。

三國蜀·常璩《華陽國志·南中志》 郡土大平敞，原田。多長松。皋有鸚鵡、孔雀，鹽池，田漁之饒，金銀、畜産之富。

又 土地山原多平，有牛馬桑蠶。

又 道通平夷。

唐·李泰《括地志·衛州·汲縣》 衛州城，故老云周武王伐紂至於商郊牧野，乃築此城。酈元《注水經》云：自朝歌南至清水，土地平衍，據皋跨澤，悉牧野也。《史記·周本紀》「武王朝至於商郊牧野」《正義》引。

唐·李泰《括地志·幽州·范陽縣》 督亢坡在幽州范陽縣東南一里。劉向《别録》云：督亢，膏腴之地。《風俗通》云：亢，莽也，言平望莽莽無涯際也。亢，澤之無水斥鹵之謂。《史記·燕召公世家》「使荆軻獻督亢地圖于秦」補《正義》引。又《玉海》卷二十一引「督亢坡」以下十三字。

唐·李泰《括地志·濮州·雷澤縣》 雍、沮二水在雷澤縣西北平地也。《史記·夏本紀》「雍沮會同」《正義》引。按《元和郡縣志》卷十一濮州雷澤縣云：「雍水、沮水，二源俱出雷澤縣西北平地，去縣十四里。」此引脱「縣」字，今據增。

唐·沈佺期、宋之問《沈佺期宋之問集校注》上册卷四《芳樹》 秦地平如掌，層城入雲漢。

宋·曾公亮等《武經總要》前集卷一六上 今定州至西山滄州，距東海，地方千里，無險阻可恃。【略】保州一路，平川曠野，利敵騎馳突。

宋·宋敏求《長安志》卷一《總序》 關中 内史周官《關中記》曰：秦西以隴關爲限，東以函谷爲界，二關之間是謂關中之地。東西方千餘里，南北近山者相去一二百里，遠者三四百里。南山自華嶽西連秦嶺，終南、太白，至于隴山，北有高陵平原，南北數千里，東西二三百里。西接岐、梁、汧、雍之山，關中有涇、渭、霸、滻、灃、滈、澇、潏之水。《上林賦》云：八川分流者也。顔師古曰：霸、滻、涇、渭、灃、滈、澇、潏，是謂八川。

又 獻帝時，董卓謂陳紀曰：三輔平敞，四面險固，土地肥美，號曰陸海，遂徙都長安。

宋·陸游《入蜀記》卷三 七月十七日 南望平楚極目，而環宅皆流泉、奇石、青林、文篠，真佳處也。

宋·周去非《嶺外代答》卷一《地理門·五嶺》 全、桂之間，皆是平陸，初無所謂嶺者，正秦漢用師南越所由之道。

元·虞應龍等《大元一統志》卷一《中書省統山東西河北之地·平陽路·山川》 千畝原 在遼山縣東南三十《太平寰宇記》四四十下有二字。里。蓋州境多山，惟此地方千畝，平原膏腴，人賴其利。《永樂大典》五二四五「遼」字引《元一統志》。

元·虞應龍等《大元一統志》卷一《中書省統山東西河北之地·平陽路·風俗形勢》 宛穰之北，伊洛之南，山水盤紆，丘原曼衍。王襄《辨方志》云。《大元一統志》三六五南陽府。

元·虞應龍等《大元一統志》卷六《甘肅等處行中書省·仁德府·風俗形勢》 府境西接中慶，東連曲靖，川原平衍，皆可耕稼。《明一統志》八七引《元志》。

明·王士性《廣志繹》卷一 東南澤廣，舟行而鮮車馬。

又 然山海至開原皆平野無山。

明·王士性《廣志繹》卷二 大江入地丈餘。南中之濕，非地卑也，乃境内水脈高，常浮地面，平地略窪一二尺，輒積水成池，故五六月霪潦得暑氣搏之，溼熱中人。

明·王士性《廣志繹》卷四 杭、嘉、湖平原水鄉，是爲澤國之民。

又 寧、紹、台、温連山大海，是爲海濱之民。

又 嘉興濱海地窪，海潮入則没之。

明·王士性《廣志繹》卷五 惟成都三十餘州縣一片真土，號稱沃野，既坐平壤，又占水利，蓋岷、峨發脈，山絶離祖，滿眼石壠，抱此土塊于中，實天作之，故稱天府之國云。

清·顧炎武《肇域志·南直隸·常州府》 帶長江，襟太湖。土沃而川平，三吴之善地。

清·劉獻廷《廣陽雜記》卷一 彭秋水聞人言，雲南西面爲緬國。至此，地皆平坦，無復高山大澤矣。

清·楊賓《柳邊紀略》卷一 遼河套在開原西北舊隰州城下，水甘土厚，平地不下萬頃。

清·于敏中《日下舊聞考·形勝》卷五 順安軍西至北平二百里，地平廣無隔閡。

清・佚名《南河成案》卷上 乾隆三年十二月二十日内閣奉 惟聞沿海一帶邊土較高，興、泰、高、鹽等處地方低窪，形如釜底。

清・佚名《南河成案》卷五《會勘疏濬淮揚河道建設閘座派委大員撥銀兩奏議（正月初七日那、高、許奏）》 淮揚地方，南至江，北抵黄，三百餘里，西距河湖，東臨大海，亦各二三四百餘里不等，地處低下。

丘陵部

漢・袁康、吴平《越絶書・外傳記吴地傳》 秦餘杭山者，越王棲吴夫差山也，去縣五十里。山有湖水，近太湖。

又 白石山，故爲胥女山，春申君初封吴，過，更名爲白石。去縣四十里。

又 稷山者，句踐齋戒臺也。

又 龜山者，句踐起怪游臺也。東南司馬門，因以炤龜。又仰望天氣，觀天怪也。高四十六丈五尺二寸，周五百三十二步，今東武里。一曰怪山。怪山者，往古一夜自來，民怪之，故謂怪山。

又 夫山者，句踐絶糧，困也。其山上大冢，句踐庶子冢也。去縣十五里。

又 麻林山，一名多山。句踐欲伐吴，種麻以爲弓弦，使齊人守之，越謂齊人「多」，故曰「麻林多」，以防吴。以山下田封功臣。去縣一十二里。

又 會稽山上城者，句踐與吴戰，大敗，棲其中。因以下爲目魚池，其利不租。

又 葛山者，句踐罷吴，種葛，使越女織治葛布，獻於吴王夫差。去縣七里。

又 姑中山者，越銅官之山也，越人謂之銅姑瀆。長二百五十步，去縣二十五里。

又 富中大塘者，句踐治以爲義田，爲肥饒，謂之富中。去縣二十里二十二步。

又 犬山者，句踐罷吴，畜犬獵南山白鹿，欲得獻吴，神不可得，故曰犬山。其高爲犬亭。去縣二十五里。

又 白鹿山，在犬山之南，去縣二十九里。

又 雞山、豕山者，句踐以畜雞豕，將伐吴，以食士也。雞山在錫山南，去縣五十里；豕山在民山西，去縣六十三里。洹江以來屬越。疑豕山在餘暨界中。

三國蜀・常璩《華陽國志・蜀志》 有青城山，稱江祠。

又 有金堂山。水通於巴。

又 太守南陽李嚴，乃鑿天社山。

又 西有熊耳。南有峨眉山，山去縣八十里。

三國蜀・常璩《華陽國志・漢中志》 蜀丞相諸葛亮葬定軍山。

又 山名扶木。

又 有五婦山，故蜀五丁上所拽虵崩山處也。

又 孱水，出孱山。其源有金銀礦。洗取，火融合之，爲金銀。陽泉，出石丹，大司馬蔣琬葬此。

又 大將軍費禕葬此山上當有某山字，或在漆藥蜜所出之上。大姓葬此者多。

又 岷山多梓、栢、大竹，頹隨水流，坐致材木，功省用饒。又溉灌三郡，開稻田。於是蜀沃野千里，號爲陸海。

三國蜀・常璩《華陽國志・蜀志》 而山分爲五嶺。直頂上有平石。蜀王痛傷，乃登之。因命曰五婦冢山。

又 郪縣有山原田，富國鹽井，濮出好棗。宜君山出麋應作鹿，尾特好，入貢。

又 廣漢縣有山原田。

又 山原肥沃，有澤漁之利。

三國蜀・常璩《華陽國志・大同志》 故州牧劉璋曾孫也，隱居白鹿山。

晉・皇甫謐《帝王本紀・第四》 楚山一名滈山，鄠縣之南山也。《戰國策・魏策》二吴师道補注，引皇甫謐云。 南山曰商山，又名地姊山，亦謂楚山。《寰宇記》卷百四十一引。

晉・皇甫謐《帝王本紀・第七》 高祖之長陵山，東西廣百二十丈，高十三丈，在渭水北，去長安城三十五里。《史記・高祖本紀》集解引皇甫謐云。《長安志》卷十三引皇甫謐云：長陵山，東西廣一百二十步，高十三丈，在渭水北，去漢長安城三十五里。

又 陽陵山方百二十步，高十四丈，去長安西四十五里。《史記・景帝本紀》集解引皇甫謐云。《長安志》卷十三引云，陽陵山方一百二十步，高十四丈。

南朝宋・盛弘之《荆州記》卷一《南郡・江陵縣》 南江上有龍洲，下有寵洲。《太平御覽》卷六九。

又 燕尾洲南有龍、寵二洲。《太平御覽》卷九百。

又 江津東十餘里，有中夏洲，洲之首，江之汜也，故屈原云「經夏首而西浮」。又二十餘里，有湧口，所謂「閒遨遊湧而逸」。二水之間，謂之夏洲，首尾七百里。《太平御覽》卷六十九。

南朝宋・盛弘之《荆州記》卷一《襄陽郡・臨沮縣》 景山在上洛縣西南二

百里，東與荆山連接，有沮水源出焉。其山一名「雁浮山」，荆山之首曰「景山」。雁南翔北歸，遍經其上，土人由兹改名爲「雁山」，又爲「雁塞山」。《太平御覽》卷四十九。

又 《梁州記》曰：梁州縣界有雁塞山，傳云：此山有大池，水雁栖集之故，因名曰「雁塞」。《初學記》卷三十。

又 《荆州圖記》曰：沮縣西北平里有雁浮山，是《山海經》所謂「景山」，沮水之所出也。高三十余里，周回三百里，修巖迢亘，擢幹干霄，雁南翔北歸，遍經其上，土人由兹，山名改焉。《初學記》卷三十、《太平御覽》卷九百十七。案：《初學記》無「周回三百里」句。

南朝宋・盛弘之《荆州記》卷二《順陽郡・丹水縣》 上洛有商山，班孟堅《西都賦》所謂「商洛」，緣其限。《高士傳》謂「地肺」，即此。《太平御覽》卷四十二。

南朝宋・盛弘之《荆州記》卷二《順陽郡・築陽縣》 筑陽縣有墨山，山石悉如墨。《初學記》卷二十一、《太平御覽》卷六百五。

南朝宋・盛弘之《荆州記》卷二《順陽郡・析縣》 南縣、修縣北有熊耳山，山東西各一峰，傍竦南北，望之若熊耳。

南朝宋・盛弘之《荆州記》卷二《義陽郡・隨縣》 隨州隨縣東北有三鐘山也。《後漢書・王常傳》章懷太子注。

南朝宋・盛弘之《荆州記》卷二《順陽郡・永陽縣》 永陽縣北有石龍山，在今安州應山縣東北。《後漢書・王常傳》章懷太子注。案：「在今安州」一句，疑是注中之注。

又 隨州永陽縣有龍石山，山上多石斛，精好如金環也。《太平御覽》卷九百九十二。

南朝宋・盛弘之《荆州記》卷二《建平郡・信陵縣》 郡西泝江六十里，南岸有山，名曰「荆門」；北岸有山，名曰「虎牙」。二山相對，楚之西塞也。虎牙石壁紅色，間有白文，如牙齒狀。荆門上合下開，開達山南有門形，故因以爲名。《文選》郭景純《江賦》注。

又 袁山松《宜都山川記》曰：南崖有山名荆門，北對崖有山名虎牙，二山相對。其荆門山在南，上合而下空徹，山南有像門也。《太平御覽》卷四十九。

又 《宜都記》又曰：虎牙山有壁，其文黄赤色，有牙齒。《太平御覽》卷四十九。

又 建平郡南陵縣有石鼓，南有五龍山，山峰嶕嶢，凌云濟竦，狀若龍形，故因爲名。《藝文類聚》卷八。案：《晉書・地理志》建平無南陵縣，疑是「信陵」之訛。

南朝宋・盛弘之《荆州記》卷三《南平郡・舞陽縣》 武陵舞陽縣有淳于、白雉二山，在寧州、武陵二界畔。《藝文類聚》卷七。

又 《武陵記》曰：淳于山與雉山相近，在辰州、武陵二郡界。《太平御覽》卷四十九。

又 武陵舞陽縣有石帆山，若數百帆。《藝文類聚》卷八。

南朝宋・盛弘之《荆州記》卷二《天門郡・澧陽縣》 嵩梁山在澧水之陽，望之如香爐之狀，今名「石門」。

又 《荆州圖記》曰：臨澧縣南三百里有高巒特立，素崖千里，望之有似香爐。《太平御覽》卷一百八十三。

南朝宋・盛弘之《荆州記》卷三《衡陽郡・湘鄉縣》 《郡國志》曰：湘水邊有木魚山，本名「立石山」，高八十丈，闊十里，石色黑而重疊，每發一重，則有自然魚形，女人多刻畫爲戲。長數寸，燒之魚膏腥。《太平御覽》卷六十五。

又 （石魚山）山高八十餘丈，廣十里，石色黑而理若雲母，開發一重，輒有魚形，鱗鰭首尾，宛若刻畫，長數寸，魚形備足，燒之作魚膏腥，因以名之。《漣水注》。

南朝宋・盛弘之《荆州記》卷三《衡陽郡・衡山縣》 衡山有三峰，極秀。一名「紫蓋」。澄天明景，輒有一雙白鶴回翔其上，清響亮徹。《初學記》卷三十。

又 衡山有三峰，極秀。一峰名「芙蓉峰」，最爲竦桀。自非清霽素朝，不可望見。峰上有泉飛派，如一幅絹分映青林，直注山下。《藝文類聚》卷七。

又 衡山有三峰，其一名「紫蓋」，每見有雙白鶴回翔其上。一峰名「石菌」，下有石室，尋山徑聞室中有諷誦聲。一曰「芙蓉」，上有泉水飛流，如舒一幅白練。《太平御覽》卷三十九。

又 （南嶽衡山）周旋數百里，高四千一十丈，東南臨湘川。自湘川至長沙七百里，九向九背，然後不見。【略】山有三峰，其一名「紫蓋」，天景明澈，有一雙白鶴徊翔其上。一峰名「石囷」，下有石室，中常聞諷誦聲。一峰名「芙蓉」，上有泉水飛流，如舒一幅白練。《初學記》卷五。

南朝宋・盛弘之《荆州記》卷三《湘東郡・酃縣》 《湘東記》曰：酃縣西雨母山，周回四百里。《後漢書・郡國志》劉昭注。

又 湘東陰山縣北數十里有武陽、龍靡二山，上悉生松柏美木。龍靡山有石，石上有仙人跡及龍跡。《太平御覽》卷三百八十八。

南朝宋・盛弘之《荆州記》卷三《零陵郡・營道縣》 九疑山盤基數郡之界，連峰接岫，競秀争高，含霞卷霧，分天隔日。《太平御覽》卷四十一。

南朝宋・盛弘之《荆州記》卷三《桂陽郡・郴縣》 黄箱山，一名「黄岑山」，在東南三十里，其郴水所出，即是五嶺之一，從東第二，騎田嶺是也。《太平御覽》卷四十九。

南朝宋・盛弘之《荆州記》卷三《始安郡・始安縣》 《廣州記》曰：有五嶺：大庾、始安、臨賀、桂陽、揭陽也。《太平御覽》卷五十四。

又 平樂縣有山，臨水巖間，有兩日如人眼，極大，瞳子白黑分明，名爲「目巖」。《藝文類聚》卷六、《太平御覽》卷五十四。

又 始安熙平縣東南有山，山西其形長狹。《太平御覽》卷七十四。

南朝宋・盛弘之《荆州記》附録 長沙西岸有麓山，蓋衡山之足，又名「靈麓峰」，乃嶽山七十二峰之數。胡三通《通鑑注》卷二百八十九。

又 堯山赭岩迭起，冠以青林。《太平寰宇記》卷百五十七。

王韶之《始興記》云：堯山在含洭縣三十里。《太平寰宇記》卷百五十七。

南朝宋・盛弘之《荆州記》（清・王仁俊輯） 層山外望，只如一山，入里乃有二重，因號「層山」也。《逸環宇記》卷一百十八。

南朝宋・盛弘之《荆州記》（清・陳運溶輯） 筑陽縣北四里有開林山，西北有巃山。武當縣有女思山，南二百里有武當。《後漢書・郡國志》劉昭注。

又 夷道縣西北有宜陽山，東南有羊腸山。《後漢書・郡國志》劉昭注。

又 夷陵有荆門、虎牙山，荆門江南，虎牙江北，虎牙有文如齒牙，荆門上合下開。《後漢書・郡國志》劉昭注。

又 臨障山南峰謂之「烏林峰」，亦謂之「赤壁」。《太平御覽》卷一百六十九。

又 義陽有赤石脂山。《太平御覽》卷九百八十七。

又 安陸縣南十五里有石巖山，北臨涢水。《太平寰宇記》卷一百三十二。

又 内鄉縣西有墨山，一謂「玄山」。《太平寰宇記》卷一百三十二。

南朝宋・鮑照《瓜步山楬文》 瓜步山者，亦江中眇小山也，徒以囚迥爲高，據絶作雄，而淩清瞰遠，擅奇含秀，是亦居勢使之然也。

南朝宋・江淹《江文通集彙註》卷一《泣賦》 默而登高谷，坐景山；倚桐柏，對石泉。直視百里，處處秋烟。閴寂以思，情緒留連。江之永矣蓮欲紅，南有喬木葉以窮。心蒙蒙兮恍惚，魄漫漫兮西東。詠河、兖之故俗，眷徐、楊之遺風。

南朝宋・江淹《江文通集彙註》卷一《靈丘賦》 登崎嶇之碧巘，入朱宫之玲瓏。臨曲江之迴盪，望南山之蔥青。鬱春華於石岸，艶夏彩於沙汀。遠亘紫林祕野，近匝玉苑禁坰。

南朝宋・江淹《江文通集彙註》卷二《赤虹賦》 東南嶠外，爰有九石之山。乃紅塵十里，青甽百仞；苔滑臨水，石險帶溪。自非巫咸采藥，羣帝上下者，皆斂意焉。

南朝宋・江淹《江文通集彙註》卷二《江上之山賦》 潺湲澒溶兮，楚水而吴江；刻劃嶄崒兮，雲山而碧峯。挂青蘿兮萬仞，竪丹石兮百重。嵯峨兮巖嵔，如劉兮如削。嶢嶷兮尖出，巖岍兮空鑿。波潮兮吐納，崱峯兮積沓。鯛鱅兮赤尾，黿鼉兮啚匝。見紅草之交生，眺碧樹之四合。草自然而千花，樹無情而百色。

南朝宋・江淹《江文通集彙註》卷五《劉僕射東山集學騷》 含秋一顧，眇然山中。檀欒循石，便娟來風。木瑟瑟兮氣芬蒀，石戔戔兮水成文。擿江崖之素草，窺海岫之青雲。願芙蓉兮未晦，遵江波兮待君。

南朝宋・江淹《江文通集彙註》卷五《草木頌十五首・金荆》 江南之山，連障連天。既抱紫霞，亦漱絳烟。金荆嘉樹，涵露宅仙。

唐・劉恂《嶺表録異》卷上 梧州對岸西火山（案：《太平寰宇記》所載，此句下有「山形高下大如桂林」八字），山下有澄潭，水深無極。

唐・劉恂《嶺表録異》卷中 貞元中，有鹽户犯禁，逃于羅浮山，深入第十三嶺（原註：《南越志》云：本只羅山，忽海上有山浮來相合，是謂羅浮山。有十五嶺，二十二峰，九百八十瀑泉洞穴，諸山無出其右也。曾有詩曰：四百餘崖海上排，根連蓬島蔭天台。百靈若爲移中土，嵩華都爲一小堆。）

唐・劉恂《嶺表録異》卷下 全義嶺之西南（案：「全義」原本訛作「金義」。攷《唐地理志》有全義縣，與小註所云靈川縣同屬桂州。今改正）有盤龍山，山有乳洞，斜貫一溪，號爲靈水溪（原註：今桂州靈川縣也。）

唐・段成式《酉陽雜俎》卷一〇《物異》 楚州界有小山，山上有室而無水。僧智一掘井，深三丈遇石。鑿石穴及土，又深五十尺，得一玉，長尺二，闊四寸，赤如榴花，每面有六龜子，紫色可愛，中若可貯水狀。僧偶擊一角視之，遂瀝血，半月日方止。

唐・盧照鄰《盧照鄰集》卷六《駙馬都尉喬君集序》 蓮紅水碧，堪鈞叟之淹留；桂白山青，宜王孫之攀折。

唐・楊炯《楊炯集》卷一《李舍人山亭詩序》 永嘉有高陽公山亭者，今爲李舍人別墅也。廊宇重複，樓臺左右，煙霞棲梁棟之間，竹樹在汀洲之外。龜山對出，背東武而飛來；鶴阜相臨，向東吴而不進。青溪數曲，赤巖千丈。寥廓兮惚恍，似蓬嶺之難行；深邃兮眇然，若桃源之失路。

唐・楊炯《楊炯集》卷九《常州刺史伯父東平楊公墓誌銘》 巖巖華山，峻極于天。上侵神氣，下固窮泉。夫惟積德，生我大賢。滔滔河水，中國之紀。派別九都，經營萬里。

唐・李泰《括地志・滑州・衛南縣》 鐵丘在滑州衛南縣東南十五里。《史記・鄭世家》：「晉伐鄭，敗鄭軍於鐵丘。」《正義》引。

又 楚丘，滑州衛南縣。《通鑑地理通釋》卷四《十二侯都》引。

唐・李泰《括地志・青州・臨淄縣》 淯丘，丘名也，在青州臨淄縣西北二十五里也。《史記・楚世家》：「夕發淯丘。」《正義》引。

又 營丘在青州臨淄縣北百步外城中。《史記・齊太公世家》：「封師尚父於營丘。」《正義》引，又《詩地理考》卷二《營丘》引，又《通鑑地理通釋》卷四《五伯》引。

唐・李泰《括地志・濮州・鄄城縣》 陶丘在濮州鄄城縣西南二十四里。又云在曹州城中，徐才宗《國都城記》云：此城中高丘，即古之陶丘。《史記・夏本紀》：「泆爲滎東出陶丘北。」《正義》引。

唐・李泰《括地志・潤州・丹徒縣》 丹徒故城在潤州丹徒縣東南十八里，漢丹徒縣也。《晉太康地理志》云：吴王濞反，走丹徒，越人殺之於此城南。《徐州記》云：秦使赭衣鑿其地，因謂之丹徒。鑿處今在故縣西北六里丹徒峴，東南連亘，盤紆屈曲，有象龍形，故秦鑿絶頂，闊百餘步，又夾阬龍首，以毀其形。阬之所在，即今龍，月二湖，悉成田也。《史記・絳侯周勃世家》：「保於江南丹徒。」《正義》引。

唐・封演《封氏聞見記校注》卷八《歷山》 齊州城東，有孤石平地聳出，俗謂之歷山；以北有泉號「舜井」。

唐・封演《封氏聞見記校注》卷八《二朱山》 密州之東，臨海有二山，南曰「大朱」，北曰「小朱」，相傳云「仙人朱仲所居也」。

唐・封演《封氏聞見記校注》卷八《繹山》 兖州鄒縣繹山，南面平復，東西長數十步，廣數步，其處生桐。相傳以爲《禹貢》「繹陽孤桐」者也。土人云：「此桐所以異於常桐者，諸山皆發地兼土，惟此山大石攢倚，石間周回皆通人行，山中空虛，故桐木絶響，以是珍而入貢也。」

唐・沈佺期、宋之問《沈佺期宋之問集校注》上册卷一《邙山》 北邙山上列墳塋，萬古千秋對洛城。

唐・沈佺期、宋之問《沈佺期宋之問集校注》上册卷二《神龍初廢逐南荒途出郴口北王蘇耽山》 孤山郴郡北，不與衆山羣。重沓下縈映，嶛嶢上糺紛。碧峰泉對落，紅壁樹旁分。

唐・沈佺期、宋之問《沈佺期宋之問集校注》上册卷四《巫山高》 巫山峰十二，合沓隱昭回。俯眺琵琶峽，平看雲雨臺。

唐・沈佺期、宋之問《沈佺期宋之問集校注》上册卷四《秦州薛都督挽詞》 十里絳山幽，千年汾水流。

唐・沈佺期、宋之問《沈佺期宋之問集校注》上册備考詩文《巫山高》 巫山高不極，合沓狀奇新。

唐・沈佺期、宋之問《沈佺期宋之問集校注》上册備考詩文《峽山詩》 覽遍名山境，無如此峽山。兩峰支碧漢，一水抱清灣。

唐・沈佺期、宋之問《沈佺期宋之問集校注》上册備考詩文《峽山賦》 嶄然七十二峰兮，高侵雲漢；亘爾百千萬紀兮，永鎮人寰。

《全唐詩》卷七六五 石首山荆江東南流，至此山即西北流。下川峽。○澤之大首有此，因而爲名也。 首出崔嵬占上遊，迴存濃翠向荆州。空聞別有回山力，卻見長江曲尺流。

宋・樂史《太平寰宇記》卷五《河南道五・西京三・鞏縣》 岑原丘，在縣西南三十五里。《水經注》云：鞏縣北有山，臨河，謂之岑原丘。河下有穴，謂之鞏穴，言山潛通淮、濟，北達于河，直穴有渚，謂之鮪渚。成公子安《大河賦》云：「鱣、鱧、王鮪，暮春來遊。」即此也。

宋・樂史《太平寰宇記》卷一〇《河南道十・陳州・宛丘縣》 清丘，在縣東北五十里，高二丈五尺。

又 宛丘，在縣南三里，高二丈。

宋・樂史《太平寰宇記》卷一二《河南道十二・宋州・虞城縣》 黎丘，在縣北二十里，高二丈。

宋・樂史《太平寰宇記》卷二一《河南道二十一・兖州・曲阜縣》 壽丘，高三丈，在縣東北六里。

宋・樂史《太平寰宇記》卷二《河南道二・東京下・扶溝縣》 祈耶山，在天寶鄉刁陵村鄭莊公廟側，去縣二十里。

宋・樂史《太平寰宇記》卷三《河南道三・西京一・河南府・河南縣》 周山，今在苑中，當縣之西也。《皇覽》云：「河南城内有周山，一名小亭山。」《周地記》云：「周山下有周谷，本周之采地也。」

又 闕塞山。《左氏傳》：「晉趙鞅納王，使女寬守闕塞。」服虔謂「南山伊闕」是也。杜預注：「洛陽西南伊闕口也，俗名龍門。」

又 委粟山，在縣東南三十里，魏明帝景初元年十月，營洛陽委粟山爲圜丘，今形制猶存。

又 大石山，一名萬安山，在縣西南四十五里。《九州要記》云：「晉惠帝于此山請雨，七日大霖。」魏孝文帝測之，高二百丈。魏武《樂府》有《南山篇》云：「南上大石山。」即此山也。

宋・樂史《太平寰宇記》卷五《河南道五・西京三・伊陽縣》 石扇山，在縣南三百里。有石如扇。

宋・樂史《太平寰宇記》卷五《河南道五・西京三・鞏縣》 九山，在縣西南五十五里。《水經注》：「白桐澗水北流經九山東。仲長統云：『昔密有卜成者，身遊九山之上，放心不拘之鄉。』謂此山也。山隙有九山廟碑，晉永康二年立，文曰：『九山府君』，太華元子之稱也。」

宋・樂史《太平寰宇記》卷五《河南道五・西京三・密縣》 馬嶺山，在縣南十五里。洧水源出于此山，有洧水在縣西南流，合汜水入河。

宋・樂史《太平寰宇記》卷五《河南道五・西京三・緱氏縣》 緱氏山，在縣東南二十里。《列仙傳》：「王子晉見桓良曰：『告我家，七月七日待我于緱氏山頭。』果乘白鶴駐山巔，望之不得到，拱手謝時人而去。」山上有石室、飲鶴池。按《盧氏嵩山記》云：覆釜堆，亦名赴父堆，即緱嶺也。

又 半石山，在縣南十五里。按《山海經》云：「半石之山，其上有草焉，生而秀，其高丈餘，赤莖赤華，華而不實，其名嘉榮，服之不畏雷霆。」

宋・樂史《太平寰宇記》卷五《河南道五・西京三・潁陽縣》 大苦山。《山海經》云：「其陽狂水出焉，水多三足龜，食之無大疾，可以已腫。」

宋・樂史《太平寰宇記》卷五《河南道五・西京三・王屋縣》 王屋山，在縣北十五里。《尚書》：「底柱、析城，至于王屋。」山在東垣縣之北。《古今地名》云：王屋山狀如垣形，故以名縣。

又 析城山，在縣西北六十里。峯四面，其形如城，有南門焉，故曰析城。

又 中條山。魏王泰《地志》云：「在縣西北九十里，東接王屋山，西入絳州垣縣界。」

宋・樂史《太平寰宇記》卷六《河南道六・陝州・芮城縣》 覆舟山。《九州要記》云：「昔盧世明登嵩嶽，望覆舟如蟻垤，黄河如帶。」又陶季述《京邦記》云：「周迴二十里，下有林，號白水苑。」是也。

又 薄山，在縣北十里。按《山海經》云：「蒲山之首，曰甘棗之山。共水出焉，西流注于河。」《穆天子傳》云：「登薄山寘軨之隥。」此乃起自薄坂。又名首陽山，邐迤連延，東至太行入海，南北狹薄，謂之薄山。《史記・封禪書》云：「自華山以西，名山七，薄山即其一也。」

又 方山，一名雷首山，在縣西北二十七里。按《地理志》云：「河中府有地方名陰崖。」注云：「方山在其南。」即此。按《尚書・禹貢》：「壺口、雷首，至于太華。」雷首，即此山也，與二華争高，峯巒巉翠。

宋・樂史《太平寰宇記》卷六《河南道六・陝州・平陸縣》 吴山，俗謂虞坂，自上及下，七山相重，在縣北五十里。

宋・樂史《太平寰宇記》卷六《河南道六・陝州・閿鄉縣》 秦山，一名秦嶺山，在縣南五十里。《山海經》云：「華山之首，有錢來之山。又西四十五里，有松果山。又西四十六里，有大華山。」郭氏注云：「即西嶽華陰山也。」又按夸父山，其北有桃林。郭注：「桃林，在今弘農湖縣閿鄉南谷中是也。」

宋・樂史《太平寰宇記》卷六《河南道六・虢州・恒農縣》 鹿蹄山。《九州島要記》云：「弘農縣有鹿山，山中石上有自然鹿跡，非人功所爲。」

又 扇子山。《九州要記》云：「山石壁中分，其形似扇，故名之。」

宋・樂史《太平寰宇記》卷六《河南道六・虢州・盧氏縣》 熊耳山。按《漢書・地理志》云：「盧氏縣，熊耳山，伊水出，東北入雒。」在今縣南五十里。按《遁甲開山圖》云：「熊耳山有金匱石室，夏禹藏圖書之所。」《尚書》「導洛自熊耳」，孔安國云「在宜陽之西」，乃樊崇積甲之所。是知有兩熊耳山，以其兩峰相對似熊耳故也。

又 西石門山，自朱陽邐迤向縣西界入熊耳山，去縣十里，山形似門。

又 兜鍪山，自商州洛南界邐迤向縣西卻入朱陽山，去縣一百四十里，形似兜鍪。

宋·樂史《太平寰宇記》卷七《河南道七·許州·陽翟縣》 偃月山。《洛陽記》云：「山形似偃月，因以名之。」

宋·樂史《太平寰宇記》卷九《河南道九·鄭州·滎陽縣》 蘭巖山。《神境記》云：「滎陽縣西有蘭巖山，峭拔千丈，常有雙鵠不絕往來。」

宋·樂史《太平寰宇記》卷一〇《河南道十·陳州·西華縣》 宜陽山，在縣東北五里。高五丈，翟王河出焉。

宋·樂史《太平寰宇記》卷一二《河南道十二·宋州·景山縣》 景山，在縣北三十八里，高四丈。

宋·樂史《太平寰宇記》卷一二《河南道十二·亳州·永城縣》 碭山，在縣北五十里，北去芒山八里。《地理志》云：「碭山出文石。」

宋·樂史《太平寰宇記》卷一六《河南道十六·泗州·盱眙縣》 斗山，在縣西南。與都梁山相連，枕當淮水，險峻，名曰斗山。

又 盱眙山，在縣東四十里。按阮昇之記云：「其山形若馬鞍，遂名馬鞍山。天寶中改爲盱眙山。在楚州西南三百三十里。」

宋·樂史《太平寰宇記》卷一八《河南道十八·青州·益都縣》 箕山，左思《齊都賦》云：「箕嶺鎮其左。」《水經》云：「箕山無樹木而圓峭。」

宋·樂史《太平寰宇記》卷一八《河南道十八·濰州·北海縣》 溉源山，在州東南六十里。山形如塔，舊名塔山。

又 小几山，在縣西南七十里。山形曲如几形。又臨朐縣有几山，此山似之，故曰「小几山」。

宋·樂史《太平寰宇記》卷一八《河南道十八·濰州·昌樂縣》 叢角山，在州東五十里。山有三峰，岌如叢角。

宋·樂史《太平寰宇記》卷二〇《河南道二十·登州·文登縣》 五壘山，在縣南五十里。其山南北成行入海，如壘焉。

宋·樂史《太平寰宇記》卷二〇《河南道二十·登州·牟平縣》 盧山，在縣東十八里。北與東牟縣峴山相連。峴山上，正北至海一百里，有望海臺。

又 兩欹山，在縣西南六十里。其山兩峰欹側相背爲名。

宋·樂史《太平寰宇記》卷二〇《河南道二十·萊州·萊陽縣》 七子山，在縣東南九十三里。山有八峯，大峯居中，七山在側，俗謂之七子山，若大峯之子也。

又 火山，在縣北三十六里，高一里。山多赤石，其色如火，因以爲名。

宋·樂史《太平寰宇記》卷二〇《河南道二十·萊州·即墨縣》 天井山，在縣東十三里。周迴三里，頂上有一井，水味甘美，因號天井。

宋·樂史《太平寰宇記》卷二〇《河南道二十·萊州·膠水縣》 嵯岈山，在縣北三十里。其山形勢嵯岈，因名。

又 墨山，在縣東北六十里。石色如墨，又有墨水出焉。

宋·樂史《太平寰宇記》卷二一《河南道二十一·兗州·曲阜縣》 防山，在縣東二十五里，高二里。

宋·樂史《太平寰宇記》卷二二《河南道二十二·海州·朐山縣》 蠣山，在縣東南二百里。其山在海中，四面平坦，潮上半没，潮落方見。故其上多蠣，即螺蚌之類也。

宋·樂史《太平寰宇記》卷二二《河南道二十二·海州·東海縣》 嚶游山，在縣東北一百三里海中，去崖二十里，高二里。其山周迴浮海中，羣鳥翔集，嚶嚶然自相喧聒。

宋·樂史《太平寰宇記》卷二二《河南道二十二·海州·懷仁縣》 懷仁山，在縣北四十里。其山無草木生。

宋·樂史《太平寰宇記》卷二三《河南道二十三·沂州·沂水縣》 大峴山，在縣北九十里。西接小泰山，連崗至歷城，山谷相屬，東至海一千里。

又 螳螂山，在縣北百九十三里。《水經注》云：「螳螂水出魯山。」今按：此山與大、小二魯山連接，前則平野彌望，清流縈帶，南面有穴若門，直入二十里，可容方駕。遊之清曠，非復人境也。西與新泰縣分界。

宋·樂史《太平寰宇記》卷二三《河南道二十三·沂州·新泰縣》 障山，在縣東北八十里。山上之東側有巨坑焉，東西十丈，南北五十丈，其中出硝石、石腦、炬火等石，居人常採爲貨。

宋·樂史《太平寰宇記》卷六五《河北道十四·滄州·鹽山縣》 篋山，一名峽山，在縣東南九十里。

闔山，在縣東南四十里。按《郡國縣道記》云：「此山及鹽山，二山並低小，無峯巒樹木」。

宋·樂史《太平寰宇記》卷六九《河北道十八·幽州·薊縣》 幽都山。北方大陰，故曰幽都。《爾雅》謂「北方之美者，幽都之筋角焉」。

宋·樂史《太平寰宇記》卷七二《劍南西道一·益州·華陽縣》 武擔山，在府西北一百二十步，一名武都山。

宋·樂史《太平寰宇記》卷七二《劍南西道一·益州·新都縣》 麗元山。平地突起，四絶，高三丈。有雙石鏡，廣五尺。常掘其下，至水而未臻其極。

宋·樂史《太平寰宇記》卷七二《劍南西道一·益州·雙流縣》 宜城山，在縣東南一十里。李膺《益州記》云：「宜城山在牛飲水南三十里。」今按：紫草岡，岡阜相屬，高百餘步，連入陵州貴平縣界也。

宋·樂史《太平寰宇記》卷七二《劍南西道一·益州·靈池縣》 分棟山，在縣東七十五里。北連秦、隴，南入資、瀘州，東北入静戎軍。

宋·樂史《太平寰宇記》卷七三《劍南西道二·彭州·九隴縣》 九隴山。屈曲九折，故有九隴之名。

宋·樂史《太平寰宇記》卷七四《劍南西道三·眉州·通義縣》 蟆頤山，在州東七里。形似蝦蟆頤。

白虎山在縣東北二十四里。其山壁立，西臨導江水。

宋·樂史《太平寰宇記》卷七五《劍南西道四·蜀州·新津縣》 天杜山，汶井江、白木江會武陽天柱山下。

宋·樂史《太平寰宇記》卷七六《劍南西道五·簡州·平泉縣》 石城山，在縣西北五十里。山形如城，北連分棟山，南接聖德山，入陵州貴平縣界。

又 鳳翅山，在縣北一里。山形如鳳翅。

宋·樂史《太平寰宇記》卷七六《劍南西道五·資州·磐石縣》 石人山，在縣南十五里。隔中江，高八丈。

又 蘭山，在縣東十五里，高三里。上有八面，懸崖壁聳。

宋·樂史《太平寰宇記》卷七六《劍南西道五·資州·内江縣》 石城山，在縣南五十里。形似城。

宋·樂史《太平寰宇記》卷七六《劍南西道五·資州·龍水縣》 奴鉢山，在縣西二十里，接陵州界。又有奴吉山，在縣東北五十里，按陽安縣界。

宋·樂史《太平寰宇記》卷七七《劍南西道六·雅州·嚴道縣》 周公山，在縣東南畔。山勢屹然，上有龍穴，常多陰云。

宋·樂史《太平寰宇記》卷七七《劍南西道六·雅州·盧山縣》 靈關山，在縣北二十里。峯嶺巍峨，山聳十里，傍夾大路。

又 崖鉢山，在縣西三百里。其山上聳雲漢，莫測其高。

宋·樂史《太平寰宇記》卷七七《劍南西道六·雅州·名山縣》 蒙山，在縣西七十里。北連羅繩山，南接嚴道縣。

又 大蟆山，在縣東四十里。南接河羅戍，北入邛州。高七十里，上聳天際，靈怪錯雜之所。

宋·樂史《太平寰宇記》卷七七《劍南西道六·雅州·百丈縣》 泉池山，在縣東四十里。山四面懸絶，上有泉池，因爲名。

宋·樂史《太平寰宇記》卷七八《劍南西道七·茂州·汶山縣》 巨人山，在縣南三十里。山頭有石，如人立面南。

宋·樂史《太平寰宇記》卷八二《劍南東道一·梓州·豐縣》 牛頭山，在縣西南二里。高一里，形似牛頭，四面孤絶，俯臨州郭。

宋·樂史《太平寰宇記》卷八二《劍南東道一·梓州·涪城縣》 天柱山，高二里，四面平正，有重山，高一百餘步，孤秀如柱，故名天柱山。

又 獨坐山，在縣東南二十五里。周迴一里，高一百丈，卓然孤峻，南枕涪、梓二水。

宋·樂史《太平寰宇記》卷八二《劍南東道一·梓州·通泉縣》 通泉山，在縣西北二十里。東臨涪江，絶壁二百餘丈，水從山頂湧出，下注涪江。

又 龍固山，在縣西北七十里。高四里，四面懸絶，可以固守。

又 董叔山，在縣東九十步，高一里。隔瀰江水，孤峰絶島，峭壁千仞。

宋·樂史《太平寰宇記》卷八三《劍南東道二·綿州·巴西縣》 富樂山。《周地圖記》云：「此山甚高廣，爲衆山之秀，登之，望見州内。」

又 盤龍山，形如盤龍，故名。

宋·樂史《太平寰宇記》卷八四《劍南東道三·劍州·陰平縣》 十八壠山，在縣西南五十里。高千餘丈，岡巒連屬十八壠，因以爲名。

宋·樂史《太平寰宇記》卷八五《劍南東道四·榮州·旭川縣》 榮德山，在州東北四十二里。其山在川谷之中，獨拔五百餘尺。

宋·樂史《太平寰宇記》卷八六《劍南東道五·果州·南充縣》 龍城山，盤屈若龍，絶壁如城。

宋·樂史《太平寰宇記》卷八七《劍南東道六·遂州·小溪縣》 銅盤山，壁立四絶，人莫能上，故曰銅盤山。

宋·樂史《太平寰宇記》卷八八《劍南東道七·瀘州·合江縣》 安樂山，在縣東五里八十步。羣峯峭峻，有瀑布千尺飛流。

宋·樂史《太平寰宇記》卷八八《劍南東道七·昌州·大足縣》 牛鬬山，在縣東南八十里。山長三百里，懸崖巉岩，有雙峰對立如牛之狀。

宋·樂史《太平寰宇記》卷九〇《江南東道二·昇州·溧陽縣》 茅山，在縣南五十里。本句曲山，其山形如句字三曲。

宋·樂史《太平寰宇記》卷九一《江南東道三·蘇州·昆山縣》 馬鞍山，形如馬鞍，因名。

宋·樂史《太平寰宇記》卷九三《江南東道五·杭州·錢塘縣》 定山，在縣西四十七里，突出浙江數百丈。

宋·樂史《太平寰宇記》卷九四《江南東道六·睦州·建德縣》 白石山，山有印渚，渚多巉石。

宋·樂史《太平寰宇記》卷九六《江南東道八·越州·剡縣》 太白山。夏侯曾先《地志》云：「縣西六十里有太白山，連巖崔嵬，吐雲合景。又有小太白山相連，即趙廣信鍊九華丹登仙之所也。」

宋·樂史《太平寰宇記》卷一〇〇《江南東道十二·南劍州·順昌縣》 七臺山，在縣西四十八里。其山磊落相連，莫知其幾何。有高峯峭壁，動逾千丈。

又 七朵山，在縣前水南。山分七峯，踴成石壁，巖面生石椎，青陽、盧木等樹。

宋·樂史《太平寰宇記》卷一〇〇《江南東道十二·福州·閩縣》 方山，在州南七十里。周迴一百里，山頂方平，因號方山。

宋·樂史《太平寰宇記》卷一〇〇《江南東道十二·福州·侯官縣》 福山，在州西，水路十八里，高一里。

宋·樂史《太平寰宇記》卷一〇〇《江南東道十二·福州·長溪縣》 霍童山，在縣西二百五十里。高七里，岡甚遠。

宋·樂史《太平寰宇記》卷一〇〇《江南東道十二·福州·永貞縣》 四明山，在縣西五里。其山屹然如削，高列四峯，中有古壇，生釣絲竹，交蔭其上。有石井，泉甘如蜜，撓之不渾，雨之不溢，蓋靈異之所也。

宋·樂史《太平寰宇記》卷一〇〇《江南東道十二·南劍州·順昌縣》 七臺山，在縣西四十八里。其山磊落相連，莫知其幾何。有高峯峭壁，動逾千丈。山有微雲當雨，土人以爲候。又有大溪，在縣南一里。有徊村嶺，高五十丈，險峻鳥道，至嶺頭坦平路，尋小溪而入。其山徘徊掩映，謂之徊村。四面皆絶道，獨處一村。其水自沙縣疵源分水爲界，又沿流此嶺頭，頓落石崖兩處，成瀑布各長十丈，其下成石井，深不可測，每天欲風雨，其水作聲，風雨隨其聲大小也。

宋·樂史《太平寰宇記》卷一〇〇《江南東道十二·南劍州·沙縣》 幼山，在縣西北一百二十里。乃龍峽之地，孤峯上聳三十餘里，周迴二百里。山上有松、檜、竹、柏，其中有山魅，其形似人，生毛黑色，身長丈餘，逢人而笑，口上唇蓋眼，下唇蓋胸，人見亦怪矣。或時遺下藤製草鞋，長二尺五寸，鄉人所謂「山大人」，又云「山魈」，或「野人」也。《爾雅》云：「狒狒如人，披髪迅走，食人。」即此也。

又 七朵山，在縣前水南。山分七峯，踊成石壁，巖面生石椎，青陽、盧木等樹，春冬長青翠，上有木栖花，每深秋競發，馨香散漫市郭，人咸有美色。

又 沙源，經縣南二百步。其水源出汀州寧化縣黄土嶺，至虔化縣界，號曰沙源水。水勢懸峻，聲殷如雷，嶮巇如龍門。過縣東一百二十里，合邵武、將樂溪水，至建潭合建溪，南下福州。其水灘磧甚多，内有九龍、夢龍、傷龍、安龍、三龍、長龍、馬龍、三吾龍、五日龍等灘，言其險峻如龍也。

宋·樂史《太平寰宇記》卷一〇一《江南東道十三·建州·建安縣》 覆船山，在郡南。其山形如覆船，昔太守駱文廣移郡于此山之北。

宋·樂史《太平寰宇記》卷一〇一《江南東道十三·建州·浦城縣》 八面山，在縣西北四十里。有八面，形極奇秀。

又 孤山，在縣西北五里。蕭子開《建安記》云：「孤山在環障之間，其地坦平，悉是溝塍阡陌。以此山挺然孤立，因名焉。」梁江淹爲吴興令，云此地有碧水、丹山、珍木、靈草，爲邑之勝境。

宋·樂史《太平寰宇記》卷一〇一《江南東道十三·建州·建陽縣》 武夷山，在縣北一百二十八里。蕭子開《建安記》云：「武夷山，其高五百仞，巖石悉紅紫二色，望之若朝霞。有石壁，峭拔數百仞于烟嵐之中，其間有木碓磨、簸箕、籮箸、什器等物，靡不有之。顧野王謂之地仙之宅。半巖有懸棺數千。」傳云昔有神人武夷君居此，故得名。又《坤元録》云：「建陽縣上百餘里有仙人葬，山亦神仙所居之地。」

宋・樂史《太平寰宇記》卷一〇一《江南東道十三・邵武軍・邵武縣》 烏嶺山，在縣西北三百里。烏嶺峻極，不通牛馬，以其與烏君山連接，因此爲名。

烏君山，在縣西一百里，高二千二百丈。

宋・樂史《太平寰宇記》卷一〇四《江南西道二・歙州・歙縣》 北黟山，在宣、歙二州界，西北一百六十里。高一千二百七十丈，南屬歙州，豐樂水出焉。舊名黄山，天寶六年勅改爲北黟山。

又 石門，是黄山之一峯。兩山勢相逼，山之半壁有大石横架其上，通兩山焉，俗謂之石門。

宋・樂史《太平寰宇記》卷一〇四《江南西道二・歙州・休寧縣》 白岳山，在縣西四十里。山峯獨聳，有峻崖小道，憑梯而上。其三面並絶壁二百餘丈，不通攀緣。峯頂闊四十畝，有古堦跡、瓦器、池水、石室，亦嘗有道者居之。其東石壁五綵，狀樓台在空中，勢欲飛動。又神仙五六人，憑欄觀望，久視之，乃知非耳。

宋・樂史《太平寰宇記》卷一〇四《江南西道二・歙州・績溪縣》 龔叢山，在縣北二十九里。其山四合交湊，中有大路，向宣州寧國縣路，又二郡分界焉。

又 郭嶸山，在縣北一十五里。下有郎溪，而驛路在焉。兩邊有石壁長數百步，直下數百尺，不生草木，有類石洞焉。

宋・樂史《太平寰宇記》卷一〇四《江南西道二・歙州・祁門縣》 祁山，在縣東北一里。三面石壁，有石室，高五丈，闊二十丈，號青羅巖。旁有湧泉，號乳泉，味甘。山西半壁有大石，方圓丈餘，墜于溪中，落處有龍骨存焉。

又 三新婦山，在縣城東北。上有三石峯，望如人形，春雨初晴，朝陽暉映，霞翠暖媚，其狀有若彩服靚妝之飾，因名爲三新婦山。

宋・樂史《太平寰宇記》卷一〇五《江南西道三・太平州・當塗縣》 琵琶山，以山形相似琵琶，故以名。

又 望夫山，在縣西四十七里。昔人往楚，累歲不還，其妻登此山望夫，乃化爲石。周五十里，高一百丈，臨江。

又 龍山，在縣南一十二里。昔桓温常以九月九日與僚佐登此。周迴一十五里。

宋・樂史《太平寰宇記》卷一〇五《江南西道三・太平州・繁昌縣》 靈山，在縣南十里。山半有龍池，泉水長流。有龍堂，每亢旱，禱祈有應。

宋・樂史《太平寰宇記》卷一〇五《江南西道三・池州・貴池縣》 城山，在縣西七十五里。其山周迴如城。有水，名待月溪，故此山獨秀異，又有桂柏森聳。

宋・樂史《太平寰宇記》卷一〇五《江南西道三・池州・青陽縣》 冠幘山，在縣北二十五里。山連接九華，其山層峯，若冠幘之狀，因名。

又 九華山，在縣南二十里。舊名九子山，李白以有九峯如蓮花削成，改爲九華山，因有詩云：「天河挂緑水，秀出九芙蓉。」今山中有李白書堂基址存焉。又費冠卿及第歸後，以不及榮養，遂絶跡不仕，隱此山中。長慶中，三徵拾遺，不起。又按顧野王《輿地志》云：「其山上有九峯，千仞壁立，周迴二百里，高一千丈，出碧鷄之類。」

宋・樂史《太平寰宇記》卷一〇五《江南西道三・池州・石埭縣》 澄池，在縣西一百六十里。其山四面險峻，上有澄水，澈如鏡，高五百尺。

宋・樂史《太平寰宇記》卷一〇六《江南西道四・洪州・南昌縣》 南昌山，在縣西三十五里。高二千丈，周迴三百里。南昌、建昌、新吴三縣迤邐相接。吴王濞鑄錢之所，時有夜光，遥望如火，以爲銅之精光。《梁志》：「豫章有銅山，山中有洪井，飛流懸注，其深無底。山有洪崖先生煉藥之井，亦號洪崖山，有石臼存。」

又 松門山，在縣北，水路二百一十五里。其山多松，遂以爲名。北臨大江及彭蠡湖。山有石鏡，光明照人。謝靈運《入彭蠡湖口》詩云：「攀崖照石鏡，牽葉入松門。」

宋・樂史《太平寰宇記》卷一〇六《江南西道四・洪州・分寧縣》 旌陽山，在縣東一里。獨立峻秀，煙云迴泊，旌陽許真君曾遊，故以爲名。

又 鷄鳴峯，在縣西五里。青嵐峭絶，上無人跡。每聞鷄鳴，狀若天鷄之類，古老相傳是名鷄鳴峯。

又 血樹山，在縣西南二百八十里，與潭州瀏陽縣分界。山多血木，故以爲名。

又 鹿源山，在縣西八里，與瀑布水相去一里。源上有九峯，高聳峭直，宛轉迴顧，勢似相揖。古老相傳昔有仙人嘗乘白鹿出入其間，故以爲名。

宋·樂史《太平寰宇記》卷一〇六《江南西道四·洪州·靖安縣》 洪屏山，在縣北七十里。四壁削立，水咽石逼，凜然可畏，路止一線而上。

又 諶母峯，在縣北十里。桃花夾徑。相傳許旌陽會諶母于此。其相對者，有曹仙洞。

又 白云峯，二峯狀如丫髻，天將雨，則其巔出云。

宋·樂史《太平寰宇記》卷一〇六《江南西道四·洪州·奉新縣》 藥王山，在縣西北五十里。山上有藥王廟，因以名之。其山盤險而上，及其頂，平闊二十里。其中有湖水，澄深無底，湖岸四時花木芳濃，風景異于他處。

又 大雄山。上有吴猛修道處。此山雄傑蔥秀，不與羣山隣，因以名之。在縣西二百一十里也。又名百丈山，以水側出，飛瀉千尺也。唐宣宗潛遊至此賦詩。

又 華林山，在縣西南五十里。昔浮丘公隱居之所。今南峯號爲浮丘嶺。吴猛于此山立壇，基址臨道。其山三峰聳峻，高險危秀，周迴百里。

又 晏嶂山，在縣西南八十里。層巒聳拔，四面如屏。山南有劉仙巖，相傳晉劉道成修煉之所。嶺有風洞，闊二丈許，風常出焉。

宋·樂史《太平寰宇記》卷一〇六《江南西道四·洪州·武寧縣》 柳山，在縣西南十里。孤峯秀拔。唐柳渾嘗隱此。

又 魯溪山，在縣北七十里，山枕魯溪。上有石屋石田，形狀不一，相傳劉真人修鍊處。

又 九宫山，在縣西北一百八十里。上有瀑布，下有温泉。相傳有九龍降于池，故名。

宋·樂史《太平寰宇記》卷一〇六《江南西道四·筠州·高安縣》 八疊山，在縣西北，去縣三百二十里。其山盤曲，疊嶂縱横，斷而更興，因以爲名。

宋·樂史《太平寰宇記》卷一〇七《江南西道五·饒州·鄱陽縣》 仙鶴山，在縣南八十里。其山上有三峯，峯有湖，春冬不竭，衆鳥翔集。中峯古觀壇，地高三丈，松竹森聳。古老相承，是張道陵學道處。其山今立仙鶴壇。舊曰鵲鳴山，天寶六年改名仙鶴山。

又 上素山，在城北一里。高三十仞，周迴十餘里。上有五老亭、仙人石洞。

又 馬跡山，在縣東北二十里。山有跡如馬蹄，故名。

又 蓮荷山，在縣西四十里彭蠡湖中，望如荷葉浮水面。

又 八稜山，自逍遥山連延起伏，八稜攢峙，故名。

又 獨角山，一名獨山，在縣西北一百五十里。高二十丈。昔有獨角獸居此，故名。

宋·樂史《太平寰宇記》卷一〇七《江南西道五·饒州·餘幹縣》 萬春山，在縣東北七十里。兩峯峭拔，中有天池，水味清甘。

又 芭蕉山，在縣東八十里。翠巘插天，望似蕉林。近東有白石山瀑布，一瀉千丈。有龍井，旱禱必應。

宋·樂史《太平寰宇記》卷一〇七《江南西道五·饒州·樂平縣》 樂平山，在縣西三十八里。按《鄱陽記》云：「其山有石似墨，舊名石墨山，天寶六年勅改爲樂平山。」

又 乳泉山，在縣北六十六里。内有石如硯，山西出乳泉，舊名石硯山，天寶六年勅改爲乳泉山。

宋·樂史《太平寰宇記》卷一〇七《江南西道五·饒州·德興縣》 天門山，在縣西。高二百餘丈，怪石嶙峋，横障洎河諸水。

宋·樂史《太平寰宇記》卷一〇七《江南西道五·信州·上饒縣》 靈山，在縣西北九十里。山有七十二峯，亦曰靈鷲山。盤亘十餘里，絶頂有葛仙壇，丹灶、石臼、石硯、石几在焉。《道書》第三十三福地。天寶中勅投龍于此溪中。

又 楮亭山，山形方正如削，色赤無林木。

宋·樂史《太平寰宇記》卷一〇七《江南西道五·信州·貴溪縣》 象樓山，在縣西南八十里。兀然獨聳，如樓閣之狀。古名石樓山，天寶六年勅改爲象樓山。能興雲雨，其山四面懸絶。

又 龍虎山，在縣西南一百二十里。兩山相峙，山峯屹然，狀如龍虎，當溪中流。

又 錦屏山，在縣東五十里。山形壁立，如開圖障。崖石老翠，花木間秀。入其中者，如登閬風焉。

又 鵝湖山，在縣北十五里。三峯特秀。其巔有瀑布泉。周圍四十餘里，縣之鎮也。《鄱陽志》云：「山上有湖，多生荷，名荷湖山。東晉時有雙鵝育子數百，羽翮成乃去，因更名鵝湖。

宋·樂史《太平寰宇記》卷一〇八《江南西道六·虔州·贛縣》 玉石山，在縣北四十里。其石色黑，唯一片鮮白如玉，因以名焉。又《南康記》云：「常有漁父姓瞿釣于其下，忽見二年少，皎然若玉人，相謂曰『別此來石長殊駛』。」石上有冬桃樹，及有石杖，或云昔有人引杖採桃子留杖，今猶存焉。

又 覆笥山，在縣東北四百一十三里。《輿地志》云：「山上有石井通泉，口廣一丈，高七丈，中有石笥貯玉牒，云是王孝子所留書。山上有平湖，湖中有石雁。耆老相傳云秋雁銜蘆，春鴻遵渚，則飛鳴頡頏，若候節焉。」

又 淩云山，高數百丈，蜿蜒數十里，與大名山相連，石峯揷峙。

又 龔公山，在縣東北一百八十里。其上奇峰翠巘，前後連延，蘿木泉池，左右襟帶。昔有隱士龔亳棲舍于此，因以名焉。

宋・樂史《太平寰宇記》卷一〇八《江南西道六・虔州・安遠縣》 歸美山，在縣西南三百里，高一千四百丈。《南康記》云：「山四面險峻，自然有石城，高數十丈，周迴三百步。又有石峽，左右高五六十丈，迴若雙闕，其勢入云。復有古石室，色如黃金，號爲金室。有鷃鳥，形色鮮潔，自愛毛羽，其隻者或鑒水向影，悲鳴自絕。山頂有杉枋數百片，高危懸絕，非人力所及焉。」

又 欣山，在縣南四十里。其山一十二面，高五百丈。上有蓮花池水及石室，石牀、橘樹、異竹。一水南流入循州雷鄉縣。

宋・樂史《太平寰宇記》卷一〇八《江南西道六・虔州・雩都縣》 金鷄山，在縣西北一十六里。山臨貢水，石色如霞。其旁有穴，廣四丈，一石正當穴口如彈丸。《南康記》云：「有金鷄出入此穴。晉義熙中再三出見。有人挾彈放圓至穴口化爲石。其雞今不見，因號曰金雞穴。宋永初中又見于此。」

又 峽山，天寶六年勅改夜光山，山在縣西北八十六里。《南康記》云：「其山上時有夜光飛焰，遥見若火燎于原。又從峽泝數十里，有石臨水，名曰蛟窟。」

又 官山，唐天寶六年改爲珠玉山，在縣東南二百六十四里。《南康記》云：「其山高峻，有善鳥，香草。古時此山有珠玉，舊名官山。」

又 君山，在縣東南三百八十五里。《南康記》云：「其山奇麗鮮明，遠若臺榭，名曰娲亦曰女姥石，山去盤固山北五十里。上有玉臺，方廣數十丈，又有自然石室如屋形。雨之後，景氣明朗，頗聞山上鼓吹之聲，山都、木客爲其舞唱之節。」

又 盤固山，在東南四百一里。《南康記》云：「其山有石井，井側有大銅人常守之。此石井，五百年水一湧起，高數十丈，銅人以手掩之，其水即止。其山盤紆嶒峻，因號爲盤固山焉。」

宋・樂史《太平寰宇記》卷一〇八《江南西道六・虔州・虔化縣》 金精石鼓山，在縣西北一十五里。旁有石鼓山相對，其山兩面懸崖一百餘丈，圓如鼓形。

宋・樂史《太平寰宇記》卷一〇八《江南西道六・虔州・瑞金縣》 雲龍山，在縣南五十里。約高十丈，山純石，泉竇甚多，遇旱不涸。南北有二門最險，可避亂。

宋・樂史《太平寰宇記》卷一〇九《江南西道七・袁州・宜春縣》 仰山，在州南八十五里。周迴連延一千里，高聳萬仞。夏有云氣覆其嶺上，雨即立降，冬若微陰，即停積雪。峻嶮不可登陟，但可仰觀，以此爲名。

宋・樂史《太平寰宇記》卷一〇九《江南西道七・袁州・萍鄉縣》 石姥山，在縣西五十里。側有石，狀如姥，因以爲名。

宋・樂史《太平寰宇記》卷一〇九《江南西道七・吉州・太和縣》 傳擔山，在縣西五十里。極險峻，非攀援不可上。西南有石筍峯，下有九龍潭。又有玉溪泉，凡四十八竅，至巖前合爲一，因名六八泉。

宋・樂史《太平寰宇記》卷一〇九《江南西道七・吉州・永新縣》 永新山，在縣西北九十里。周迴三百里，連峰巉巖，疊嶂相附，有若龍勢，舊名龍頭山，天寶中勅改爲永新山。

宋・樂史《太平寰宇記》卷一一一《江南西道九・江州・德化縣》 螺子山，在州南十五里。由雙劍峯發脈，蟠結宛轉如螺子形。

又 龍門山，在州西南五十里。與落栊山相去百餘步，峙對如門。

宋・樂史《太平寰宇記》卷一一一《江南西道九・江州・彭澤縣》 馬當山，在古縣北一百二十里。其山横枕大江，山象馬形，迴風急擊，波浪湧沸，爲舟船艱阻。山腹在江中，山際立馬當山廟。

浩山，在古縣東北七十九里。北臨大湖，颻波浩蕩，相傳爲浩山，浩水出焉。

石門山，在縣東北一百七十里。夾澗石形如門。

小孤山，高三十丈，周迴一里，在古縣西北九十里。孤峯聳峻，半入大江。

宋・樂史《太平寰宇記》卷一一一《江南西道九・南康軍・都昌縣》 石鐘山，在縣北二百一十里。西枕彭蠡，連峯疊嶂，壁立峭峻，西南北面皆水，四時如一，白波撼山，其聲若鐘，因名之。

宋·樂史《太平寰宇記》卷一一二《江南西道十·鄂州·江夏縣》 輞山，在縣東南二百七十三里。山形圓曲，有如車輞。

又 鈷鉧山，在縣東南一百一十七里。山形似鈷鉧。

又 静山，在縣東南一百一十里。其山迴聳，曲澗清流，茂林高峻，可以息諸仁智，故名静山。

又 鷩磯山，在縣東九十里。西南俯臨大江，下有石磯，波濤迅急，商旅驚駭，故以爲名。

宋·樂史《太平寰宇記》卷一一二《江南西道十·鄂州·崇陽縣》 壺頭山，在縣東北，水路六十里。其山幽谷深邃，山下有溪，穿入山中，名桃花洞水，入溪合流，山名壺頭山，水名壺頭灘，三里皆平石，石脈流水，纔通小舟。若水泛漲，即方可濟，行旅憚之。後漢馬援征五溪，至下雋歿于壺頭之灘，即其處也。川如甖壺之口，以爲名。

又 弩牙山，在縣南四十里。有吴城港，水繞巖下過，其巖如弩牙。

又 牛鼻山，在縣東八十里。有深潭一百尺，四面青蘿緑竹可觀。山形似牛鼻也。

宋·樂史《太平寰宇記》卷一一三《江南西道十一·興國軍·永興縣》 千仞山，在州西四百一十里。《武昌記》云：「其山高一百丈。」

又 五龍山，在州西三百一十五里。《武昌記》云：「其山有五嶺，狀似龍形。」

宋·樂史《太平寰宇記》卷一一五《江南西道十三·衡州·衡陽縣》 峋嶁山，在縣北五十二里。按《湘水記》云：「衡山南有峋嶁山，東西闊七十里，高五百尺，下有白露江、黄江。」

宋·樂史《太平寰宇記》卷一一五《江南西道十三·邵州·邵陽縣》 文竹山。《湘州記》云：「文竹山上有石床，方高一丈，四面緑竹扶疎，當隨風委拂此床，天旱則祈雨時應。」

宋·樂史《太平寰宇記》卷一一六《江南西道十四·道州·營道縣》 營道山，在縣北五十里。先名龍山，其山形屈曲如龍。天寶六年敕改爲弘道山。

宋·樂史《太平寰宇記》卷一一六《江南西道十四·道州·寧遠縣》 九疑山，在縣南六十里，永、郴、連三州界。山有九峯參差，互相隱映。《湘中記》云：「九峯狀貌相似，行者疑之，故曰九疑。」

宋·樂史《太平寰宇記》卷一一六《江南西道十四·永州·零陵縣》 麻山，在州西北一百一十五里。其山野麻周遍，與種植無異，人多採之，故曰麻山。

又 舡槽山，在州東南一百里。其山兩岸壁立，十里翳天，有路中過，激瀨屈曲三十六處，渡河掩映，狀若舡槽，因而立名。

又 鴉山，在州南一百五里。山有怪石，累累成形，望之似鴉。

宋·樂史《太平寰宇記》卷一二四《淮南道二·和州·歷陽縣》 梁山，在縣南七十里。俯臨江水，南對江南之博望山。《宋書》云：「孝武帝大明七年祀梁山，大閲水軍于中江。是日，有白雀二集華蓋，有司奏請改元爲神雀，帝不許，因立雙闕于梁山。」又侯景之亂，梁將王僧辯軍次蕪湖，與景將侯子鑒戰于梁山，大破之。江東岸有博望山，屬姑孰。二山隔江相對，望之如門，南朝謂之天門山。兩岸山頂各有城，並將軍王玄謨所築，自六代爲都，皆于此屯兵捍禦。

宋·樂史《太平寰宇記》卷一二五《淮南道三·舒州·懷寧縣》 潛山，在縣西北二十里。其山有三峯，一天柱山，一潛山，一皖山，三山峯巒相去隔越。天柱即司玄洞府九天司命真君所主。魏時，左慈居潛山，有煉丹房，金丹竈基址存。唐天寶年中，玄宗夢九天司命真君現于天柱山，置祠宇，有二白鹿現，號曰白鹿洞。洞東有香土，色如金，號香泥洞，金殿基在洞之上也。皇朝就修真君祠爲靈仙觀。山有孔真人、左真人壇。按《地理志》：「山高三千七百丈，周迴二百五十里。山東面有激水，冬夏懸流如瀑布。下有九井，一石牀容百人。其井若逢亢旱，殺犬投其中，即降雷雨，犬亦流出。」

又 多智山，在縣西北三百里，山高九百八十丈。自壽州霍山縣西南入懷寧、太湖界，西接蘄州。其山兩岸相去十里，北有水一道流入霍山縣界小山，迤邐一百里，連太湖縣。山南有水一道流入太湖縣界。其山有茶及蠟，每年民得採掇爲歲貢。秋夏有毒蛇、沙虱，人不敢登。獸有熊、猴，木多松、梓，工巧所用，諺謂之多智山。

宋·樂史《太平寰宇記》卷一二五《淮南道三·舒州·桐城縣》 符度山，在縣東九十里。其山頂三巖下約容三五十人，及天井一所，泉常如霖，下通深潭。又有金穴，村人採金入穴，見大蛇嚇其口，自此不敢入。西南獨山一所，號爲創山，直上數千仞。三巖及此山内，古跡不可勝紀。其三巖懸泉常流，枕帶江湖。

宋·樂史《太平寰宇記》卷一二六《淮南道四·廬州·合肥縣》 栭山，在縣西北四十八里。栭者，小栗也，其山昔有小栗，因以爲名。頂有一井口圍三丈，莫測深淺。後人以其靈異，凡逢旱，多于井上祈雨，甚有徵驗，俗呼爲天井。

宋·樂史《太平寰宇記》卷一二六《淮南道四·廬州·廬江縣》 三角山，在縣西南三百五十里。今高五里，山峯似角，一名多智。其山出水，以潤益生人，又飲之聰明博敏，故曰多智。

又 南峽山，在縣西南一百里。山有兩峯夾道，故曰夾山。連峯夾嶂，綿亘甚遠，北至舒城，東至廬江，南至桐城，西至壽州盛唐界。

宋·樂史《太平寰宇記》卷一二九《淮南道七·壽州·霍丘縣》 望到山，在縣南二百二十二里。古老云山形峭峻，遥望似近，去即難到，俗呼爲望到山。今語訛呼爲望倒山。

又 三公山，高五里，在縣南七十五里。按《山海經》云：「霍山之道曰三公，其山多毒蛇。」上有三石，相去各數步，一高五尺，一高四尺，一高三尺。

宋·樂史《太平寰宇記》卷一三〇《淮南道八·泰州·海陵縣》 孤山，在縣東南一百一十里。阮昇之《南兗州記》云：「孤山有神祠，側悉生大竹，可以爲涔田焉。竹或伐之者，必祀此神。言其所求之數，無敢加焉。」

宋·樂史《太平寰宇記》卷一三二《淮南道十·安州·應山縣》 石龍山，在縣東北二十五里。山上盤屈至于澗底，有五色石如龍形。《荆州記》云：「永陽縣北五十里石龍山出石斛如金釵。」

又 雞頭山，在縣東北九十里。有二山遠相向，如雞頭欲鬬之狀。

宋·樂史《太平寰宇記》卷一六一《嶺南道五·賀州·臨賀縣》 早山，在縣南四十里。高一千餘丈，周迴三百里。

又 長林山，在東北三十五里。高五百丈，周迴七百里。

宋·樂史《太平寰宇記》卷一六一《嶺南道五·賀州·富川縣》 秦山，在縣北三十里。高二千餘丈，南接富川，北連道州。

宋·樂史《太平寰宇記》卷一六一《嶺南道五·賀州·桂嶺縣》 桂嶺山，在縣東北一百五里。高三千餘丈。東接連州，北連道州。

宋·樂史《太平寰宇記》卷一六二《嶺南道六·桂州·臨桂縣》 獨秀山，在城西北一百步。直聳五百餘尺，周迴一里，平地孤拔秀異，迴出郭中。下有洞穴，凝垂乳寶。路通山北，傍迴百餘丈，豁然明朗。

又 南溪山，在縣南五里。其山聳拔千尺，烟翠淩空。

宋·樂史《太平寰宇記》卷一六六《嶺南道十·邕州·上林縣》 都籠山，在府西北九十里。周迴二百四十里，連大山，石壁内瓶外嶮，號爲都籠石。

宋·樂史《太平寰宇記》卷一七三《四夷二·東夷二·高句麗》 碣石山，在漢樂浪郡遂成縣。長城起于此山，今驗長城東截遼水而入高麗，遺址猶存。按《尚書》云：「夾右碣石入于海。」碣石山則河赴海處，在今之平州南二十餘里，則高麗爲碣石之左也。

宋·樂史《太平寰宇記·闕卷逸文》卷一一九《江南西道十七·錦州·麻陽縣》 苞茅山，即楚國入貢之茅。《紀勝》卷七一。《勝覽》卷三一。《拾遺》卷七。

宋·樂史《太平寰宇記·闕卷逸文》卷一一九《江南西道十七·敘州》 茗山，尤特險峻，木多杉柟，獸多熊貊也。《紀勝》卷七一。

宋·曾鞏《曾鞏集》卷四《古詩·鮑山》 雲中一點鮑山青，東望能令兩眼明。

宋·沈括《夢溪筆談》卷二一《異事》 登州巨嵎山，下臨大海。其山有時震動，山之大石，皆頹入海。如此已五十餘年，土人皆以爲常，莫知所謂。

宋·朱長文《吴郡圖經續記》卷中 姑蘇山，在吴縣西三十五里，連横山之北，或曰姑胥，或曰姑餘，其實一也。

又 報恩山，一名支硎山，在吴縣西南二十五里。昔有報恩寺，故以名云。所謂南峯、東峯，皆其山之别峯也。今有楞伽、天峯、中峯院建其旁。樂天詩云：「浄石堪敷坐，寒泉可濯巾。」即此山也。

又 硯石山，在吴縣西三十一里。山西有石鼓，亦名石鼓山。《越絶書》云：「吴人於硯石置館娃宫。」楊雄《方言》謂：「吴人呼美女爲娃，蓋以西子得名耳。」《吴都賦》云：「幸乎館娃之宫，張女樂而娱羣臣。」即謂此也。山頂有三池，一曰月池，曰硯池，曰玩華池，雖旱不竭。其中有水葵甚美，蓋吴時所鑿也。山上舊傳有琴臺，又有響屧廊，或曰鳴屐廊，以楩梓藉其地，西子行則有聲，故以名云。下有石室，今存，俗傳吴王囚范蠡之地。山相連屬，有嶬村。其山出石，可以爲硯，蓋硯石之名不虚也。嘗登靈巖之巔，俯具區，瞰洞庭，煙濤浩渺，一目千里，而碧巖翠塢，點綴於滄波之間，誠絶景也。或曰晉陸玩施宅爲寺，即靈巖寺也。

又 陽山，在吴縣西北三十里。一名秦餘杭山，一名四飛山。有白堊，可用圬墁，潔白如粉，唐時歲以供進，故亦曰白墡山。

又 華山，在吴縣西六十里。於群山獨秀，望之如屏，長林荒楚，蓊鬱幽邃。或登其巔者，見有石如蓮華狀，蓋亦以此得名。或云晉太康中曾生千葉蓮花也。

老子《枕中記》謂：可以度難，蓋巖穴深遠，宜就隱也。

又 天平山，在吴縣西二十里。巍然特高，羣峯拱揖，郡之鎮也。林木秀潤，瞻之可愛。遊者陟危，蹬攀巨石，乃至山腹。其上有亭，亭側清泉泠泠不竭，所謂白雲泉也。自白樂天題以絶句，范文正繼之大篇，名遂顯於世。有卓筆峯、卧龍峯、巾子峯、五丈峯、石龜照湖、鑒毛魚池、大小石屋，蓋因好事者得名。

宋・秦觀《淮海集箋注・泊吴興西觀音院》 下山直穹窿，若水相依倚。

宋・秦觀《淮海集箋注・閑軒記》 建安之北，有山巋然與州治相直，曰北山。山之南有澗，澗之南有横阜。

宋・秦觀《淮海集箋注・宿金山》 山南山北江水流，半空金碧隨雲浮。

宋・郭祥正《錢塘西湖百詠・巾子山》 嵯峨插天頂，寒翠灑湖光，吟客摇船子，猶疑漉酒香。

宋・郭祥正《錢塘西湖百詠・北高峯》 翠出諸峯上，湖邊正北看，夜深雲霧散，獨掛斗杓寒。

又 杳杳孤峰上，寒雲帶遠城。不知山下雨，奎斗自分明。

宋・郭祥正《錢塘西湖百詠・白雲峰》 湖上峰争碧，此峰藏白雲，雲光連月色，鷗鷺亦迷羣。

宋・郭祥正《錢塘西湖百詠・稽留峰》 孤峰出天外，客到亦稽留。不覺月華晚，澗猿嘷更愁。

宋・郭祥正《錢塘西湖百詠・南高峰》 岌岌穿南斗，層層瞰下方。揭爲湖海鎮，半夜掛朝陽。

宋・葉夢得《避暑録話》卷下 虎邱山，晉王珣故居。珣嘗爲吴國內史，故與其弟珉皆卜居吴下。舊傳宅在城內日華里，今景德寺即是。虎邱乃其外第爾。珣與珉分東西二宅，本在山前，後捨爲寺，乃號東西寺。今寺乃在山巔下瞰劍池。父老以爲會昌寺，廢其地，歸于民，今爲田者猶能指其故處。大中寺復乃遷于上，則非復珣之舊矣。寺之西亦有小院，謂之西庵，蓋但存其名。余大父故廬與景德寺爲鄰，自金入寇，景德寺皆焚，而虎邱偶獨存其勝，槩猶爲吴下第一也。

宋・莊綽《雞肋編》卷下 吉州江水至之東有二山，其一皆松杉筠篠，草木經冬不凋，號曰青原。【略】又有卓錫、虎跑、雷踴、天竺四泉。其一不生草木，號曰黄原，正在州東。故古語讖云：「最好黄原天卯山，此方盗賊起應難。」自建炎己酉歲，忽洪水發於兩山上，人謂之「山笑」，青原飄屋六十餘楹，而山不摧圮，黄原山遂破裂。【略】丙辰歲，青、黄二原又發洪水，衝決尤甚。

又 惠州博、羅二山，羅山傍海，博山祠並又在海中，形圓而尖，今博山香爐，取其狀類也。羅山又名羅浮，云在海中浮而至。山下有延祥寺，嘗有柑一株，太平興國中，有中人取其實以進，愛其味美，因移植苑中，故世貴之，竟傳「羅浮柑」。今山中更不復有，而其名不泯。

宋・吴若、陳克《東南防守利便》 冽山，江寧縣西南七十里。《輿地志》：吴舊津所也，內有小河，可泊船，商客多停此，以避熱風，故以名焉。《伏滔北征記》亦謂之深洲，洲上有小山，其形似葉，因名之。

宋・程大昌《雍録》卷四《大明宮右銀臺門翰林院學士院圖・金鑾坡》 金鑾坡者，龍首山之支隴，隱起平地而坡陀靡迤者也。其上有殿，既名之爲金鑾殿矣，故殿旁之坡亦遂名曰金鑾坡也。

宋・程大昌《雍録》卷七《霸上鴻門霸滻圖・霸水雜名四》 白鹿原者，自南山分枝而下，行乎藍田縣以及漢城之東。

宋・陸游《入蜀記》卷一 六月二十二日 東望京山，連亘抱合，勢如繚牆，官寺樓觀如畫，西闞大江，氣象極雄偉也。

又 六月二十七日 留金山，極涼冷。

宋・陸游《入蜀記》卷二 七月五日 過龍灣，浪湧如山，望石頭山不甚高，無峭立江中，繚繞如垣牆。

又 七月十一日 烈洲在江中，上有小山曰烈山，草木極茂密，有神祠在山巔。

宋・陸游《入蜀記》卷三 七月十七日 下視四山，如蛟龍奔放，争赴川谷，絶類吾鄉舜山。但舜山之巔，豐沃夷曠，無異平陸，此所不及也。

又 八月一日 自舟中望山，突兀而已。及抛江過其下，嵌巖竇穴，怪奇萬狀，色澤瑩潤，亦與他石迥異。又有一石，不附山，傑然特起，高百餘尺，丹藤翠蔓，羅絡其上，如寶裝屏風。

又 八月二日 大孤狀類西梁，雖不可擬小孤之秀麗，然小孤之旁，頗有沙洲葭葦，大孤則四際渺瀰皆大江，望之如浮水面，亦一奇也。

宋・陸游《入蜀記》卷四 八月八日 峯分一支東行，自北而西，環合四抱，有如城郭，東林在其中，相地者謂之倒挂龍格。

宋·范成大《驂鸞録》 閏月二十三日 登寺樓以望四山，各有佳峯。每峯如一蓮華之葉，如是數十峯，周遭繞寺，山中目其形勝爲蓮華盆。

又 二月三日 湘江兩岸小山坡陀，其來無窮，亦不間斷，又皆土山，略無峰巒秀麗之意，但荒凉相屬耳。

又 二月十三、四日 州北行，岡隴將盡，忽山右一峰，特起如大磯，浸江中。蒸水自邵陽來，繞其左，瀟湘自桂州、零陵來，繞其右，而皆會於合江亭之前，併爲一水，以東去。

又 二月十六、七日 自吴至桂三千里，除水行外，餘舟車所通，皆夷坦，無大山，惟此有黄羆嶺，極高峻，回複半日，方度。與括之馮公，歙之五嶺相若。

又 二月二十六日 然自湖南盡處，赤土小山，綿延無已。至湘，山雖佳，然郛落蹊隧，猶嫌狹，少夷坦。

又 二月二十六日 甫入桂林界，平野豁開，兩傍各數里，石峰森峭，羅列左右，如排衙引而南。

宋·范成大《吴郡志》卷九《古跡》 秦餘杭山，即今陽山。越破吴，夫差遁去，晝馳夜走，三日三夕，達於秦餘杭山。餒甚，顧得生稻而食之，伏北[地]而飲水焉。《吴越春秋》。

又 館娃宫，《吴越春秋》、《吴地記》皆云：(閶闔)[闔閭]城西有山，號硯石山。山在吴縣西三十里，上有館娃宫。又《方言》曰：吴有館娃宫。今靈岩寺即其地也。山有琴臺、西施洞、硯池、玩花池，山前有採香徑，皆宫之故跡。

又 西施洞，在靈巖山之腰。山即館娃宫所在，故西施洞在焉。

又 吴王郊臺，在横山東麓，下臨石湖。壇壝之形，儼然相傳。吴僭王時，或曾祀帝也。

又 吴王井，在靈巖山腰，大石泓也。相傳爲吴王避暑處。詳見「靈巖山」條。

宋·范成大《吴郡志》卷一五《山》 虞山，今爲海巫山，山即巫咸山所出。

又 姑蘇山，一名姑胥，一名姑餘。連横山之北，古臺在其上。

又 靈岩山，即古石鼓山，又名硯石山。董監《吴地記》案《郡國志》曰：吴山[王]離宫在石鼓山，越王獻西施於此山。山有石馬，望之如人騎。南有石鼓，鳴則兵起。亦名硯石山。又有琴臺在其上。《越絶書》云：吴人於硯石山作館娃宫。劉逵注《吴都賦》引楊雄《方言》云：吴有館娃宫，吴人呼美女爲娃。故《三都賦》云：幸於館娃之宫，張女樂而娱羣臣。今吴縣有館娃鄉。又云硯石山有石城，去姑蘇山十里，闔閭養越美人於此。上有兩湖，湖中有蒓充貢。按：此即今靈巖山。以上皆董監[覽]所記。今按《吴越春秋》、《吴地記》等書云：闔閭城西有山，號硯石山。高三百六十丈，去人烟三里。在吴縣西三十里，上有吴館娃宫、琴臺、響屧廊。山上有西施洞、硯池、玩月池。山頂之池有葵蒓，夏能去熱，秋則去寒。吴中每年暴乾供進。其池至旱不竭，葵蒓今不復採。琴臺下有大偃松，身卧於地，兩頭崛起，交蔭如蓋，不見根之所自出。吴人以爲奇賞。比年雷震，一枝已瘁。山下，平瞰太湖及洞庭兩山，滴翠叢碧，在白銀世界中，亦宇内絶景。山前十里，有採香徑，斜横如卧箭云。梁天監中，始置秀峰寺。今爲顯親崇報禪院，餘在《寺》門。

又 天平山，在吴縣西二十里。此山在吴中最爲峭峚，高聳一峰，端正特立。《續圖經》以爲吴鎮，不誣也。山皆奇石，卓筆峰爲最。山半白云泉，亦爲吴中第一水。比年有寺僧師壽，搜採巖巒，别立數亭，皆奇峭。又於白雲之上石壁中，得一泉如綫，尤清冽云。

又 香山，胥口相直。吴王種香於此山，遣美人採香焉。傍有山溪，名採香徑。事具《古蹟》門。

又 胥山，在太湖之口。吴王殺子胥於江，吴人立祠江上，因名胥山。

又 穹窿山，吴中山最高深處。赤松子取赤石脂於此。《神仙傳》：赤松子，秦穆公魚吏也。食桂實、石脂，絶穀後去吴山，升仙去。《吴都賦》云：「赤松蟬蛻而附麗」。此有寺，名福臻。

又 洞庭包山，即洞庭山也。傳記所載，多與洞庭相雜。《吴地記》云：在縣西一百三十里中有洞庭，深遠世莫能測。吴王使靈威丈人入洞穴，十七日不能盡，因得禹書。《郡國志》：洞庭山有宫五門，東通林屋，西達峨眉，南接羅浮，北連岱嶽。東有石樓，樓下兩石，扣之清越，所謂神鉦。昔有青童乘獨飆飛輪之車，尚傳至此。其跡上有天帝壇山，山有金牛穴。吴孫權令人掘金，金化爲牛，走上山，其跡存焉。吴王闔閭作水精宫於此，尤極水府之珍怪。《玄中記》云：吴國西有具區，澤中包山，有洞庭入地下，潛行通琅邪東武。《淮南子》云：斷修蛇於洞庭。《左傳》云：哀公元年，夫差敗越於夫椒。今太湖東，别有夫椒山。下有大洞天宫，潛通五岳。又云：包山上，舊無三班，謂蛇、虎、雉。侯景亂後，乃有虎、蛇。《五符》云：林屋山，一名包山，在太湖中。下有洞，潛通(天)[五]

岳，號天后別宮。夏禹治水，平後，藏五符於此。吳王闔閭使靈威丈人入山，所得是也。《真誥》云：包山下有石室銀房，圍百里。又有白芝隱泉，其水紫色。《玄中記》云：吳國西有具區，中有包山。洞庭地下，潛通琅邪東武山。山穴道一名椒山。哀公(九)〔元〕年，吳夫差敗越於夫椒，即此是(也)，又名洞庭山。吳大帝時，使人行二十餘里而返，云上聞波浪聲，有大蝙蝠如鳥。拂殺火穴中，高處照不見顛，左右多有道人馬跡。禹治水過會稽，夢人衣玄纁，告治水法，在此山北鉶函中，並不死方，禹得藏於包山石室。吳人得之不曉，問孔子云：王居殿，赤烏銜集庭，此何文字？曰：此禹石函文也。《玄中記》又曰：吳西具區，澤中包山，有洞庭室。《戰國策》曰：越王散卒三千，擒夫差於(于)〔干〕隧。吳郡西北，有地名(于)〔干〕隧，是也。句曲山(聞)〔間〕有靈府，洞庭四開。古人謂爲(天)〔仙〕壇之靈區，天后之便闕，清虛之東窗，林屋之隔沓。衆洞相通，七塗九便，四方交達。天后者，林屋洞中之真君。住在太湖包山下，靈威丈人所入得靈寶符處也。又云：包山下有石室銀户，方圓百里，中有白芝，亦名林屋山。今洞庭山在太湖中，有東西二山。西山最廣，林屋洞及諸故物悉在焉。東山有柳毅井，爲故跡。房琯云：不遊興德、洞庭，未見山水。興德，杭州寺也。

又 崦裏，傍黿山。下有良田二十頃。

又 石板，在石公山前。

又 黿頭山，一名黿山，在洞庭西山之東麓，有石闖出如黿首，相傳以名。一山皆青石，温潤光瑩，扣之琅琅有金玉聲。浙西碑石與壓砌緣池，皆取此石而出，不知其數山如剝皮矣。舊有神女祠。

又 禹期山，在太湖中。舊説禹導吳江，以洩具區，會諸侯於此。

又 思夫山，在太湖中。舊説秦有逸人居此，採藥不回。妻念之而死，後人哀之，以名山。

又 踞湖山，即横山也。在城西南十五里，以其背臨太湖，若箕踞之勢然。錢氏有國日，造寺於山下，曰薦福寺。至今里人不以踞湖名山，或以寺名名之。山有五大塢，《圖經》又名五塢山。五塢，舊名不雅。皇祐五年，節度推官馬雲三遊此山。求其林澗之美，峰巒之秀，雲景之麗，泉石之怪。因其物象，各以美名名五塢。踞湖，即總五塢之衆名，爲六題焉。

又 秦餘杭山，即陽山也。越入吳，夫差晝夜馳走，達於秦餘杭。饑得生稻而食之，曰：是公孫聖所言，不得火食走偉偟耶？呼公孫聖，三呼三應，夫差大懼。有頃，越兵大至，遂擒之。

又 䱜山，吳王旦食於䱜，即此山。

又 東獄、西獄二山，在太湖中，吳王於此置男女二獄。

又 (栗)〔粟〕山，一名新石頭山。上有飛泉石松，有吳先主刻題處。石杵西有金，古於山採金。《劉道真記》云：縣西有名山，絕嶺之上有石甑，一人摇輒動，與千人不異。《吳地記》。

又 會骸山，相傳帶海有此山。傳有金牛，昔有兄弟三人共鑿求之，坎崩同死。因以會骸爲名。《吳郡緣海四縣記》。

又 虞山，在常熟縣。海虞縣西六里有虞山，上有仲雍冢。海虞，即常熟也。陸道瞻《吳郡記》。

又 鶴阜山，亦名峕嶧山。世傳禹治水時，令童男童女入太湖，引出此山，欲以填水。至鶴邑墟，不肯進，因此以名。或云：即師子山也。

又 胥女山，有白石山。

又 小雞山，在震澤西。出胥門西行四十里，過光福市，市西五里土山也。陸龜蒙采樵之處。

又 陸山，有石簣。

又 故治山，一峰上有碑，云是徐水曹壇天帝曲水之曹。旱牽牲至塘頂祀之，則有暴水洗塘。

又 長檣山，秦始皇鑿山以造帆檣，因名。

宋·范成大《吳郡志》卷一六《虎丘》 虎丘山，又名海湧山。在郡西北五里，遙望平田，中一小丘。《吳地記》云：去吳縣西九里二百步，高一百三十尺，周二百十丈。比人山，則泉石奇詭，應接不暇。其最者劍池，千人坐也。劍池，吳王闔廬葬其下。以扁諸、魚腸等劍三千殉焉，故以劍名池。葬之三日，有白虎踞其上，故山名虎丘，唐避諱曰武丘。劍池，浙中絕景。兩岸劃開，中涵石泉，深不可測。王禹偁序，蘇文忠公軾詩，形容甚工。千人坐，生公講經處也。大石盤陀數畝，高下如刻削，亦它山所無。又有秦王試劍石、點頭石、憨憨泉，皆山中之景。好事者云，天下名山，所見不及所聞，獨虎丘所聞不及所見也。其古事載傳記尤多。晉王珣《虎丘記》曰：山大勢四面周回，嶺南則是山徑。兩面壁立，交林上合，蹊路下通，升降窈窕，亦不卒至。珣又爲《銘序》云：武丘山先名海湧山。《吳越春秋》曰：闔閭死，葬於國西北虎丘。穿土爲山，積壤爲丘。

宋・范成大《吴郡志》卷四八《考證》 洞庭東西兩山，在吴松江南，太湖之中。韋蘇州謂皮、陸唱和之所。近時蘇子美詩云：「笠澤魚肥人膾玉，洞庭柑熟客分金。」即吴松江也。今岳州之南所謂洞庭湖者，即酈善長注《水經》云：「洞庭波，乃湖水，非江也。」蓋斥此湖爾，比見岳州集古今題詠，刻石龕于岳陽樓上。如蘇州皮、陸及子美之詩皆在焉。乃知地志不可不考。

又 胥山，在太湖口，上有伍子胥廟。舟行自此入太湖，故名胥口。或曰吴王既殺子胥，盛以鴟夷，投諸江。《史記》謂吴人爲立祠於江上，號曰胥山。今自吴故城至胥山，四十里之近，殺而投之湖中，容有此理。後世乃以子胥爲濤神，謂浙江之濤，子胥所作。又以杭之吴山，爲子胥祠，或亦曰胥山。然吴故城去浙江乃三百八十里，不應投棄如許之遠。以事理論之，吴之胥山爲近。《吴録》又云：「胥山，在太湖邊。去江不百里，故曰江上。」今胥山去浙江何止百里，《吴録》所指，或指松江耶？今具存其説云。古今廟宇遷移，固不定。而張守節作《史記正義》，解言祠江上名曰胥山，謂太史公之説非是。引《吴地記》云，越軍於蘇州東南三十里三江口，又向下三里臨江北岸。立壇殺白馬，祭子胥，杯動酒盡，因立廟於此江上，今其側有浦名上壇浦。至(晉)會稽太守麋豹，移廟於吴郭東門外道南。顧夷作《吴地記》時，其廟尚在。案此即始廟不在胥山。太史公乃云因命曰胥山。《正義》又引《吴地記》云：胥山，太湖(遶)[邊]胥湖東岸，山西臨胥湖，有古子胥二王廟。張守節按，此廟不干子胥事。太史公誤矣。據此，則《史記》所云尚又(可)疑。乾道中，胥山廟久廢，鄉人複修之。姑據《史記》所説以祠子胥。有周路分者，善書，題其廟額。而盤門内亦有廟焉。王充《論衡》亦論濤神之誣，曰：「儒書言夫差殺子胥，煮之於鑊，盛以囊，投之於江。子胥恚恨，臨水爲濤，溺殺人夫。言吴王殺伍子胥，投之於江，實也。言其恚恨，臨水爲濤者，虚也。衛葅子路，漢烹彭越。子胥勇猛不過子路、彭越，然二士不能發怒於鼎鑊之中。子胥亦自先入鼎鑊，後乃入江。在鑊之時，其神豈怯，而勇于江水哉？何其怒氣前後不相副也。」

又 外岡、青岡、五家岡、蒲岡、塗菘岡、徘徊岡、福山岡，《舊圖經》云並在吴縣界。今次第考之，上之四岡屬崑山，下三岡屬常熟。言其地，則與吴縣太相遼絶。

宋・范成大《桂海虞衡志・志巖洞》 太行、常山、衡嶽、廬阜，皆崇高雄厚，雖有諸峰之名，正爾魁然大山；峰云者，蓋强名之。其最號奇秀，莫如池之九華，歙之黄山，括之仙都，温之雁蕩，夔之巫峽，此天下同稱之者，然皆數峰而止爾，又在荒絶僻絶之瀕，非几杖間可得。且所以能拔乎其萃者，必因重岡複嶺之勢，盤亘而起，其發也有自來。桂之千峰，皆旁無延緣，悉自平地崛然特立，玉筍瑶篸，森列無際，其怪且多如此，誠當爲天下第一。

又 立魚峰，在西山後。雄偉高峻，如植立一魚。餘峰甚多，皆蒼石刻峭。

又 西湖之外，既有四山繞之，碧玉千峰，倒影水面，固已奇絶，而湖心又浸隱山，諸洞之外，別有奇峰，繪畫所不及。荷花時，有泛舟故事，勝賞甲於西南。

宋・羅願《(淳熙)新安志》卷三《歙縣・山阜》 烏聊山，在縣西北三百五十步，高二十八仞，周八里。

又 飛布山，在縣北二十里，高百七十仞，周二十七里，舊名主簿山。

又 城陽山，在縣南二里，高百九十仞，周四十里。

又 鳳皇山，在縣北十五里，高三十仞，周十五里。

又 柳亭山，在南百里，高二百五仞，周四十里。

又 竅山，在縣北十里，高百五仞，周二十五里。

又 黄牢山，在縣西南三十二里，高十仞，周八里。

又 披雲峰，在縣西南二百步，高百仞，周五里，山勢峭拔。

宋・羅願《(淳熙)新安志》卷四《休寧・山阜》 率山，在縣東南四十里，高五十七仞，周二十一里。

又 岐山，在縣西六十里，高二百仞，周二十三里。石壁千尺，淩霄花縷絡其上，華時如錦屏。有室，方十餘丈，垂瀑百仞，西北半壁有大石橋亘兩山，其旁有深澗。

又 靈烏山，在縣西二里，高三十仞，周五里。

又 方源山，在縣南百十八里，高二百五十仞，周三十里，本名黄土山。

又 鹿脾山，在縣西百五十里，高二百六十仞，周十五里。

又 雞籠山，在縣南九十里，高百六十仞，周十五里，形如雞籠。

又 松蘿山，在縣東北十三里，高百十六仞，周十五里，山半石壁百餘仞，松蘿交映。

又 顔公山，在縣南九十里，高五十仞，周三十八里。上有湖，廣五畝，中多鯉魚。

又 黄土山，在縣南九十五里，高二百一十仞，周十五里。連五峹山，有水北流過縣，南入衢州常山界。

又 白際山，在縣南八十五里，高五十二仞，周八里。東連歙縣及嚴州遂安界。

又 梢雲山，在縣西二十三里，高百五十二仞，周五十二里。

又 游僊山，在縣南四十五里，平地特起四十仞，周五里。南有石壁，削成數百尺，闊四十餘丈。

又 白嶽山，在縣西四十里，高二百仞，周三十五里。中峯四起，絶壁斷崖，松蘿森靄。頂有池水，清澈可鑑。池西石室方圓五丈。

又 石坼山，在縣西北四十一里，高百二十仞，周六里。夾溪水出焉，其巖石中坼。

又 南當山，在縣西三十六里，高八十五仞，周四里。

宋・羅願《（淳熙）新安志》卷四《祁門・山阜》 祁山，在縣東北一里，高四十仞，周二十五里。三面皆石壁，中有石室，高五丈，廣二丈，名青蘿巖，亦曰棲真巖。旁有涌泉，號乳泉，味甘。

又 大共山，在縣北五十里，高六十仞，與寧國府太平縣分界。

又 歷山，在縣西八十五里，高二百五十仞，北接池州石埭界。絶頂有池，中有石焉。

又 舉根山，在縣西七十里，高九十仞。

又 梅南山，在縣西南七十里，高八十仞，與浮梁縣分界，水入饒州。

又 主簿山，在縣西六十里，高四十五仞。西南接浮梁界。

又 新安山，在縣西九十里，高四十仞。

又 三新婦山，在東北二十里，高四十仞，周二十六里。

又 道人山，在縣北十五里，高九十仞，周二十九里。半壁有巖，巖前有池。

又 赤嶺，在縣北百二十里，高三十仞，周十五里。

又 武陵嶺，在縣西四十里，高三十五仞，周二十八里。

宋・羅願《（淳熙）新安志》卷五《婺源・山阜》 斜山，在東北七十里，高二百仞，周八里。由浙嶺東北分爲此山。

又 小斂山，在東南七十里，高九十八仞，周十五里。

又 倚衡山，在縣南百三十里，高八十五仞。

又 善山，在縣南五十里，高百五十仞，周十里。又有惡山，隔溪對聳。

又 甘子嶺，在縣西七十八里，（高）四十二仞，周二十五里。

又 芙蓉嶺，在縣東七十五里，高二百仞，周三十五里。

又 對鏡嶺，在東八十五里，高三十仞，周十里。

又 羊鬭嶺，在東九十五里，高三十仞，周二十里。

又 塌嶺，在東北百五里，高二十八仞，周九里。

又 龍尾山，在縣東南百里，高二百仞，周三十里。

宋・羅願《（淳熙）新安志》卷五《績溪・山阜》 龍嵸山，在東北二十九里，周二十五里。其山四合。

又 郎山，在東北十五里，高二百三十仞，周三里，亦謂之郎嵊山。下有郎溪驛路在焉。兩傍有石道，長數百步，直下數百尺，名翡翠巖，不生草木，有類石洞云。

又 古塘山，在西北五十三里，高三十五仞，周十五里。

又 蒿山，在西北五十三里，高四十五仞，周十五里。

宋・羅願《（淳熙）新安志》卷五《黟縣・山阜》 武亭山，在西南十八里，接祁門界，高二百仞，周五十里。有水東流入縣界。

又 魚亭山，在縣南三十五里，高二百五十仞，周三十里。水東流入休寧界。

又 復山，在縣南三十六里，高二百六十仞，周二十九里。

又 戢兵山，在縣北十五里，高百仞，周十里。

又 三姑山，一名吉陽山，在東北十五里，高二百五十仞，周三十里。其山三峯。

又 靄山，在縣南十里，孤峯如削。

宋・談鑰《（嘉泰）吴興志》卷四《山》 含山，在縣東南一百八里。張元之《山墟名》云「震澤東望，蒼然茭葦煙蔚之中，高丘卓絶」，因以名焉。山有浄慈院，其巔有浮屠。

又 響山，在縣西八里，山下有水謂之響潭。《吴興志》云：有人經響山，語無多少，響則隨聲曲折應之，洪纖一無所失。

又 天泉山，在縣西北三十五里。《吴興記》云：山上有長流泉，謂之天泉。傍多沃壤，可耕殖。今按：有水田五畝，一名唐鎚山也。

又 几山，在縣北一十五里，山墟名云几山，形似「几」，因爲名焉，亦作巳山。

又 藝香山，在縣北十五里，高四百五十尺，一名湖陵山。《山墟名》云：西施種香之所。

雉山，在縣北五里，高五百尺。《山墟名》云：以山形類雉。《梁陳故事》云：梁武帝時有童謡曰「鳥山出天子」，江表以鳥名。山皆鑿，惟此山不鑿。陳高祖，此山人也，上有追贈山。

戍山，在縣西三里，高四百五十尺，一名夫槩山。《山墟名》云：吴夫槩於此築戍城。山多産青松白茅。即梁太守張嵊與沈浚築戍以捍侯景之地。

巖山，在縣西五十里，高二百五十尺。《山墟名》云：以巖陰爲名。吴王闔閭時有白鹿見，一名鹿山。

又 白楊山，在縣東南二十二里，高一千一百二十尺。

宋・周密《癸辛雜識》前集《吴興園圃》 吴興山水清遠，昇平日，士大夫多居之。

宋・周密《癸辛雜識》前集《西域雪山》 劉漢卿常隨官軍至小回回國，去燕數萬里。每雨過，山泥浄盡，數百里間皆玉山相照映，碧瀫子皆高數尺，豈所謂瑯玕者耶？

宋・董嗣杲《西湖百詠・巫峽峯青》 巫峽峯十二，異跡且殊倫，朝日懸清景，晴光擁紫宸。玲瓏五六尺，卓犖萬千春，怪石難爲古，崑邱宛合鄰。

宋・魏泰《東軒筆録》卷三 丁晉公至朱崖，作詩曰：「且作白衣菩薩觀，海邊孤絶寶陀山。」

宋・高似孫《剡録》卷二 剡山，爲越面縣治府宅。其陽北出一峯，曰星子峯，比他山稱峻竦，岡龍迢遞，與星婺脈絡。其下曰剡坑，清湍潺潺，行竹樹陰，坑左右多果卉。西爲聖潭，山深而松秀。中有潭穴，泓泓可勻。【略】東爲嵊山，山有嵊亭，帶山臨江，松嶺森蔚，沙水平淨。【略】又東爲簞山，山勢平整，如設筦簟，有白巖龍祠。碧潭淵淵，用干霖雨，其下衆流趨導，湍石迅激，浮險四注。【略】又東有四明山，千岡萬崖，巍與天敵，陽巖陰嶂，怪蹟可稽，有謝遺塵居。在東五十里，高二百一十丈。周回二百一十里，又綿亘上虞、餘姚間。《會稽地記》曰：四明山高峯軼日，雲岫蔽天。梅福《四明山記》曰：四明山境四周回八百餘里，内通八百餘家居之。其山四面形勢各有區分，東爲驚浪之山，西拒奔牛之壟，南則驅羊之勢，北起走蛇之峭。其中通一溪，曰簞溪。東面七十峯，號驚浪山，其境接句章。東爲句章之地。西面山狀如奔牛，山中有五峯，形如芙蓉，號芙蓉峯，正是四明山之心。其峯有巖及石壁二峰，生五種之芝，自然花蘂。南七十峯狀如驅羊，號驅羊峯。其地宛轉吐出清澗，有七峯甚奇。一澗出南，過一百二十里，其水歸鄞江，南源是四明山南門也。其溪號爲白溪。西南有八峯，如罾囊，號八囊山。向北有兩山，如走蛇，山足澗深，七十餘里，是四明之北門也。梅福《四明山記》：四明山四面凡二百八十峯，周回八百餘里，其山内生銀蘭、香草藥、石乳、梓、松、柏、樫、黄楊、茗樹、石燕、毛竹、銀筍、不死之鹽。孫綽《天台賦》曰：涉海則有方丈蓬萊，登陸則有四明天台。皮日休詩：窗間有真宰，四遠見蒼崖。山中有九題者，謝遺塵所居也。張士遜《送高學士如越》詩：山影四明接溪聲，萬壑流彭汝礪送。越帥程公闢詩：一水北鄰千里海，萬峯南揖四明山。絶東爲三峯山，其陰與鄞之雪竇山接，岡嶺敷亘，澗道奔流。又有南山、黄山與白石三山，秀峙卓立。《水經》曰：東有簞山，南有黄山，與白石三山爲縣之秀峯。【略】然剡山奇深重複皆聚乎西。其西曰太白山、小白山，峻極崔嵬，吐雲含景，趙廣信所仙也。雙石筍對立如闕，有趙廣信丹井。【略】又西爲五龍山，又曰烏豬山，重岡複嶺，峯壑蟬聯。老木虬松，青蓊失日。水自真如山，其來迢迢，或奔或滙爲靈潭者，五龍抱雲雨。

宋・吴曾《能改齋漫録》卷九《地理》 信州弋陽縣，距縣三十里有山，亭亭聳立，如几如笏。

宋・周去非《嶺外代答》卷一《地理門・五嶺》 自秦世有五嶺之説，皆指山名之。考之，乃入嶺之途五耳，非必山也。自福建之汀，入廣東之循、梅，一也；自江西之南安，踰大庾入南雄，二也；自湖南之彬入連，三也；自道入廣西之賀，四也；自全入静江，五也。乃若漳、潮一路，非古入嶺之驛，不當備五嶺之數。桂林城北二里，有一坵，高數尺，植碑其上曰「桂嶺」。及訪其實，乃賀州實有桂嶺縣，正爲入嶺之驛。

宋・周去非《嶺外代答》卷一《地理門・湖廣諸山》 南方多佳山。竊謂其本根自衡山來，勢如木之有餘枝條枚也。東南一榦，爲廣東之韶石，雲闕參天，鍾簴蹴地，望之使人肅然，想有虞張樂之盛。綿延至英州，羣峯玉立，堅潤而秀，乃其枝柯也。散布爲德慶之三洲巖、惠之羅浮山，與其他不知名之奇山，又其條枚也。西南一榦，發爲道之九嶷，峥嶸峻極，峯岫挺異，縈紆盤礴，悃不可測。綿延爲桂林之山，羣峯拔地，森立四野，亦皆其枝柯也。至伏地而行乎，黄茅赤土之下，突出爲西融州之老君洞天、容之句漏洞天、潯之白石洞天，兹亦其條枚也。東南方至陽，天地之美具焉。草木之生，必向榮於南枝，衡山之陽，亦猶是耳。

宋・周去非《嶺外代答》卷一《地理門・桂山》 桂山之高，曾不及雁山之半，故無尊雄之勢，謂可與相頡頏者過矣。乃若陽朔諸山，唯新林鋪左右十里内極可賞愛，青山緑水，團欒映帶，烟霏不斂，空翠撲人，面面相屬。人住其閒，真住蓮花心也。桂林負郭諸山，頗不及耳。夫其尖翠特立，無不拔地而起，綿延數百里，望之不見首尾，亦云盛哉！

宋・周去非《嶺外代答》卷一《地理門・黎母山》 海南四州軍中，有黎母山。其山之水，分流四郡。熟黎所居，半險半易，生黎之處，則已阻深，然皆環黎母山居耳。

宋・周去非《嶺外代答》卷一《地理門・象山》 象州郡治西樓，正面西山。山腹忽起白雲，狀如白象，移時不滅。然不可常見。

宋・周去非《嶺外代答》卷一〇《古蹟門・韶石》 韶石山，在韶州東北，高七十丈，闊一百五十丈，昔虞舜登此石奏韶樂，因以名州。晉永和二年，有飛仙遊其上。張循州《韶石圖》有三十六石名，因具於左：新婦石、毬門石、大禾倉石、小禾倉石、太平石、盤龍石、獅子石、侍石、上鱗魚石、下鱗魚石、帽子峯石、鳳閣石、羅仙峯石、雙闕石、馬鞍石、四接石、使石、三峯石、桃石、大香鑪石、小香鑪石、駱駝石、奏樂石、樓閣石、寶蓋石、硯面石、虹霓石、朝仙峯石、覆船石、五羊石、圓石巖、鍾石、纜石、石臼、石井。

宋・方信孺《南海百咏》 番、禺，二山也。《山海經》作賁、禺。今在州學之後者，止餘一大磐石，有亭榜以番山。而禺山，則漫不可攷。按《番禺志》云：「番山在北，禺山在南。國初，前攝南海薄鄭熊所作《番禺雜志》云：番山，在城中東北隅，禺山，在南二百許步，兩山舊相聯屬，劉龑鑿平之。

又 禺山　禺山何事作番山，空有陂陁跡已漫，今日升堂聽絲竹，沉香不間舊闌干。

又 浮邱山，在郡西浮邱觀之西，其高一丈五六尺，周四百餘步。《番禺雜志》云：「東邊有井，舊爲投龍之所，後爲人所觸，一旦自塞。按《羅山記》：浮邱山即羅山，朱明之門户，先在水中，若邱陵之浮。今山之四面，篙浪宛然。有陳崇義者，年一百一十二歲，説爲兒時，猶見山根艤船數千。今山去海邊三四里，盡爲人煙井肆之地。此國初時浮邱蔣穎叔，嘗作挹袖軒於其下，仍記吴尹言爲浮邱上人得道之地，有雙舄故事。其爲神仙之窟，無疑矣。

又 馬蛟山，在城北七里。俗傳昔有蛟化爲馬，以惑土人，然郡邑志乘多不載，究不知山名所自來也。

又 陵山，劉氏之墓也，在郡之東北二十里，漫山皆荔子樹。

又 馬鞍山，《南越志》云：「秦始皇時，望氣者云，南海有王氣，遂發卒千人，鑿北山之岡，謂之鑿龍。今所鑿處，形如馬鞍，故爲名焉。」《番禺雜志》云：「在郡北三十里。」

又 抱旂山，郡之客山也，其勢如抱旂，古木參天，林壑幽邃。

又 清遠峽，一名中宿峽，在清遠縣二十里。兩山對峙，如擘太華，舊傳海艘乘潮，一夕而至。《圖經》云：「黄帝二庶子，採崑崙竹，爲黄鐘管，居於此山，故名，至今廟貌猶存。

又 金牛山，在新會縣北，雄據闤闠，縣亘數百里，雲山海月，舉無循迹，雖白雲、景泰、眺覽之勝亦不是過。舊無庭榭，予始創海月奇觀於其上，爲登臨游息之所。《圖經》云：「昔此山濱水，有漁者見一牛，其色與索皆金也，光芒閃爍，方欲抵岸，爲漁者所驚，遂入此山。」有廟尚存。

又 仙湧山，在新會縣西七十里。《圖經》云：「舊無此山，一夕風雷震怒，湧出數峯，林巒周具，因以仙湧名，且取其名以建寺。」

又 劉氏山，悟性寺後山。《南征録》謂之劉王山，蓋僞劉曾作臺觀於其上。

宋・陳公亮《嚴州圖經》 雉山，在縣西南一里，周回七里四十步。《舊經》載《新安記》云：郡西南渡水一里餘，有山如鳳立雉蹲，因以爲名。隋嘗取以名縣。

宋・趙彦衛《雲麓漫鈔》卷二 補陀落迦山，自明州定海縣招寶山泛海東南行，兩潮至昌國縣；自昌國縣泛海到沈家門，過鹿獅山，亦兩潮至山下。正南一山曰翫月巖，循山而東曰善財洞，又東曰菩薩泉，又東曰潮音洞，即觀音示現之處。又東曰仙人跡，又東曰甘露潭，東即大海。南逾海曰善射醮，南亦大海。自翫月峯之上過一山，中有平地，四山包之，即補陀寺。寺後正北曰獅子巖，左曰真歇庵，右曰佛跡石，獅子巖上曰妙應峯，乃最高處。東曰盤陁，又東曰白衣峯，又東曰圓通嶺，又東曰古寺基，又東曰裹黨、外黨，又東曰桑木灣，下曰木枕，東即大海。白衣峯下曰無畏石，又下曰象巖，自妙應峯西曰石觀音，下即佛蹟，又西曰善財峯，又西曰西方巖，又西曰彌陁峯，西即大海。自西登舟，有路曰高麗道頭，循東經普門嶺，上有塔子峯，旁曰梅岑；自此又東復南入寺；由普門嶺自南有路，循翫月巖北至善財洞，及觀音巖寺前路；循東到古寺基，過圓通嶺，即山之北，亦大海。此山在海中，初，高麗使王舜封船至山下，見一龜浮海面，大如山，風大作，船不能行，忽夢觀音，龜没浪静。申奏朝廷，得旨建寺，乃元豐三年也。《華嚴經》云：「補怛洛迦山，亦云小白花山，今此山皆白丁香花。東南天水混合無邊際，自東即入遼東、渤海、日本、毛人、高麗、扶桑諸國。自南即入漳、泉、福建路云。」觀音多現於洞中，或於巖上及山峯，變化不一，甚著靈驗。

宋・趙彦衛《雲麓漫鈔》卷一〇　洞庭有山水之分，吴中太湖内，乃洞庭山，産柑橘，香味勝絶，韋蘇州、吴融、王維、蘇子美《詩序》，皆指山爲言。楚之洞庭乃湖，連亘數州，邊湖亦産柑橘。《襄陽記》：「李叔平敕子曰：『龍陽洲有千頭木奴。』」龍陽洲在洞庭側傍。張華云：「橘在湘水側。」劉瑾云：「寄生於南楚。」謝惠連《甘賦》：「傾予節兮湖之區。」皆言湖邊，初不指湖爲言。今湖南多云鼎甘，亦此義。洞庭名同，其别如此。

宋・祝穆《方輿勝覽》卷一《臨安府》　包家山，在嘉會門外。多植桃，春時都人游觀，最爲勝賞。

又　天目山，在臨安縣西五十里。有兩峰，峰頂各一池，左右相對，名曰天目。上有洞府三十六所，嘗有徐五仙、張道陵飛昇。

又　廟山，在錢塘縣南七十里，突出江心，潮勢至此方殺。

宋・祝穆《方輿勝覽》卷二《平江府》　虎丘山，在城西北九里。又名海涌山，遥望平田中一小丘。

又　天平山，在城西二十里。巍然特高，群峰拱揖，郡之鎮也。

又　包山，在吴縣西南百二十里。又名洞庭山，中有洞庭深遠。吴王使威靈丈人入洞穴，十七日不能盡，因得《禹書》。又有林屋洞，十大洞之一也。

又　華山，在吴縣西六十里。故老云：「山頂有池，生千葉蓮華，人服之能羽化，故名華山。」巖石甚奇勝。山半有大壑曰天池，最佳處也。

又　黿山，在洞庭西。出青石，可以壓砌緣池。

又　横山，在吴縣西南十里。據湖山之中，以鎮西南。

宋・祝穆《方輿勝覽》卷三《鎮江府》　北固山，在州北一里迴嶺下，臨長江。其勢險固，即府治所據及甘露寺基。

又　蒜山，在城西三里。山上多蒜，故名。

又　金山，在華亭縣南九十里，上有寒穴。

宋・祝穆《方輿勝覽》卷四《安吉州》　卞山，亦曰弁山，上有龍池。

又　茶山，在長興縣西，産紫笋茶。

又　慧山，去無錫縣七里。山東西有泉，皆合於溪，西南入太湖。

又　安陽山，在無錫縣。山頗峻，俗號文筆峰。

宋・祝穆《方輿勝覽》卷五《建德府》　雉山，在淳安縣西一里。山形如雉。

又　武强山，在遂安縣西。山極險峻，人常保焉，盗不能攻，故名。

又　靈巖山，在遂安縣北十五里。有洞。上有泉，分注三井，溢爲瀑布二百尺許。

宋・祝穆《方輿勝覽》卷六《紹興府》　城山，在蕭山西九里。闔閭侵越，勾踐保城山。山冢有泉，多嘉魚。

又　五泄山，在諸暨。山西南四十里沿歷五級，始下注溪壑，故曰五泄。飛沫如雪，淙激之聲雄於雷霆，俗謂之小雁蕩。下有龍湫，禱雨輒應。

宋・祝穆《方輿勝覽》卷七《慶元府》　象山，在州東一百六十里。山如象形，故名。

又　蓬萊山，在昌國縣。四面大洋，徐福求仙嘗至此。

又　烏巨山，在西安東三十五里。竹木薈蔚，乃信安精藍第一山。

宋・祝穆《方輿勝覽》卷八《台州》　巾子山，在州東南一里一百步，連小固山，横峙江之下流。在城中兩峰如帢幘，其頂雙塔差肩，有明慶塔院。

宋・祝穆《方輿勝覽》卷九《瑞安府》　華蓋山，去子城一里。山有洞，乃容城太玉之天，第十八洞天也。

又　鳴山，在平陽之萬全鄉。山腹有大洞穴，舊常有聲，故名。其上多亭榭。

又　小括山，高三十五丈，周迴三里，州治在其上。其路屈曲爲九盤，以入譙門。

又　縉雲山，在麗水縣。舊傳黄帝遊仙之處。有孤石特起，高二百丈。峰數十，或如羊角，或如蓮花。有龍鬚草，云是羣臣攀龍髯所墜者。

又　吏隱山，在州東北五十里。山南有唐李陽冰爲縉雲令，秩滿退居于此，爲窪樽。瀑布飛泉，灑落三百餘尺。上有四井，周回四丈，因名吏隱山。留題篆刻，至今人寶之。

宋・祝穆《方輿勝覽》卷一〇《福州》　烏石山，在州西南一里，形如龜，亦曰閩山。其東則九仙山，其北則粤王山。此三山皆在城裏。

又　鐘山，在城西。内有山，時聞鐘聲，故名。

又 七臺山，在邵武縣東百里。山有七級，峰巒相比，故名。磅礴於邵武、汀、劍三州之境。

又 爐峰山，在泰寧縣治之西。圓峙如香爐，乃一邑之勝槩。

宋・祝穆《方輿勝覽》卷一一《建寧府》 響山，在城南三里。其山空洞，行人相語則響答。

又 硯山，在嘉禾縣東北三十五里。山之西有石如巨硯，相傳華子期師角里先生于此。

宋・祝穆《方輿勝覽》卷一二《南劍州》 泉山，郡之主山。又名北山，在州北五里，周環四十里。顔師古注《漢書》朱買臣所謂：「越王所保之泉山是也。」山有石乳泉，泓澄清潔，而味絶甘美。其源流衍下達于江。以「泉」名山及州，以「清源」名郡，豈亦本于此？

又 紫帽山，郡之前山，嵯峨摩天。其絶頂常有紫雲，故名。山椒有泉眼，相傳有龍蟠其間，故名龍池。

又 大輪山，在同安縣一里。群峰環列，如異人奇鬼，或乘車張蓋，或衣冕峨冠，或如帶甲，或如躍馬，勢若奔輪，故名。

宋・祝穆《方輿勝覽》卷一三《興化軍》 梁山，在仙遊西四十里。平田之中，突起一峰，層巒插溪，多爲神祠佛寺。

又 百丈山，在興化東北。山有六巖。

又 湄洲山，去郡東北七十里，在海上，與流求國相望。出博石，可爲黑白碁子。

宋・祝穆《方輿勝覽》卷一三《汀州》 南山，在州南一里，屹然如屏。其下坦夷，有文殊、同慶二寺。

宋・祝穆《方輿勝覽》卷一五《太平州》 采石山，在當塗北三十里。山下有磯。

又 牛渚山，在當塗縣北三十里。山下有磯，古津渡也，與和州横江陵相對。

又 天門山，在當塗西南三十里。又名蛾眉山。夾大江，東曰博望，西曰梁山。

宋・祝穆《方輿勝覽》卷一五《寧國府》 雙羊山，在宣城南五里。以山有雙羊石，故名。

又 水西山，在涇縣西五里。林壑深邃。

又 石壁山，在旌德三十里。峰巒對起，清溪中流。安定胡公有詩。

宋・祝穆《方輿勝覽》卷一六《徽州》 墨嶺山，在黟縣南六十里。出石墨。

又 岐山，在休寧縣西六十里。有石室、石橋，垂瀑百仞。

又 白嶽山，在休寧西四十里。絶壁斷崖，松蘿森靄。

宋・祝穆《方輿勝覽》卷一八《信州》 靈山，在上饒西北九十餘里。有七十二峰。亦名靈鷲山，爲州之鎮山。衆峰聳天末，岡勢迤邐從北來，州宅枕其趾。

又 南屏山，在上饒。其山由東南以來，爲波濤起伏之狀，及至於州治前，則周環拱護，秀潤之氣可挹也。

宋・祝穆《方輿勝覽》卷一八《饒州》 餘干山，一名羊角山。兩峰面面相向，狀如羊角。有乘風亭，爲一邑絶覽之地，天氣清明，望見廬山。今名吴楚冠冕。

宋・祝穆《方輿勝覽》卷一八《廣德軍》 横山，城外五里，最爲高峻。

宋・祝穆《方輿勝覽》卷一九《隆興府》 南山，在分寧。隔溪跨橋，穿石竇而入。懸崖峭壁，下瞰脩水。有釣磯、石玉溜。石有黄山谷題字。與鳳山對矗，周覽一縣之景。

又 鳳山，在分寧。多靈草。

宋・祝穆《方輿勝覽》卷一九《袁州》 仰山，在州南八十里，爲州之鎮山。周回一千里，高聳萬仞，不可登陟，只可仰觀，以此得名。有寺曰太平興國寺及二神廟。

宋・祝穆《方輿勝覽》卷二〇《贛州》 洛山，在興國南九十六里，高一千七十丈。

宋・祝穆《方輿勝覽》卷二〇《吉州》 香城山，在城南。地跨三縣，聳秀如筆鋒。

又 南山，在吉水西北六十里。三石挺聳，能興雲雨。

又 鳳山，在吉水東五里。山半有鳳凰巖，瀑布自巖而下。

宋・祝穆《方輿勝覽》卷二〇《瑞州》 九峰山，在上高西五十里。其峰奇秀。

宋・祝穆《方輿勝覽》卷二一《撫州》 英巨山，在臨川縣。巖内有石人坐盤石上，有塵穢則興風，潤則致雨。

又 翠雲山，在金谿縣。有瀑布，治平中儒士胡采發榛荆而出之。有躍馬泉、試茗泉、鳴玉亭，皆見於荆公詩。

宋·祝穆《方輿勝覽》卷二一《建昌軍》 麻姑山，在城西南十五里，高九里五十步，周迴四百一十四里。至山麓有尋真亭。東隅石磴盤旋。山腰而上，乍平乍峻。至山之半，有界青軒，對第二谷，水飛流而下。又攀援二里，間有瀑布，淙下三十餘丈，立雙練、枕流二亭。又登萬巘，旁有石池。百餘步入山門，榜曰丹霞，小有洞天。至忘歸亭，亭跨清流。其下有水簾巖，舊有龍居之。夾兩山間，東望遠峰，煙雨杳靄，秀出如畫。自是而入，地勢寬平，膏腴數百畝。路之東南隅則碧蓮池，《仙壇記》所謂「紅蓮變白，今又碧之」處也。玳瑁石介其左。由池畔坦途一望間有會仙亭。入觀門，澗水冬夏長流，乃蔡經宅，麻姑、王方平所會之處。

宋·祝穆《方輿勝覽》卷二二《興國軍》 印山，在永興縣西南百里。形如印。

又 龍角山，在永興西八十里。兩峰相對。

又 回山，在大冶東五十里。山有泉，元結名之曰異泉，乃作銘。

宋·祝穆《方輿勝覽》卷二三《南安軍》 南源山，在大庾嶺上。上有飛瀑百丈。其下湫潭，深不可測。

又 大章山，在上猶縣西，介於江、湖、廣三路，延數百里。出巨木。

又 龍鳳山，在上猶縣，有龍鳳飛舞之狀。

又 石笋山，在上猶縣。挺立衆山間，宛如卓筆。

宋·祝穆《方輿勝覽》卷二四《道州》 營道山，在營道縣西四十五里。其始名曰營陽，又曰南營，又曰洪道。瀟山，在營道縣西。九疑山，在寧遠縣南六十里，亦名蒼梧山。九峰相似，望而疑之，謂之九疑山。有九峰，峰各有一水，四水流灌於南海，五水北注，合爲洞庭。其一曰朱明峰，其下湘水源。二曰石城峰，其下沲水源，女冠魯妙典所居。三曰石樓峰，其下巢水源。四曰娥皇峰，其下池水源。五曰舜源峰，其下瀑水源，亦曰華蓋，此峰最高。六曰女英峰，其下砅水源。七曰簫韶峰，其下瀞水源。八曰桂林峰，其下洑水源。九曰梓林峰，其下湎水源。舊録所載不同，與九峰不相涉。

又 春陵山，在營道縣北七十五里。五山相接，山勢峭秀，春陵水所出。即漢春陵。

宋·祝穆《方輿勝覽》卷二五《郴州》 耒山，在桂陽縣南十里。四面孤絶。上有龍池泉。

宋·祝穆《方輿勝覽》卷二六《寶慶府》 龍山，介于二邑之間，秀峰四出。半山之間有石室，旁有龍池。

又 文仙山，在新化西二十里。晉高平脩養之地。上有三峰，石壁峭絶。

宋·祝穆《方輿勝覽》卷二六《茶陵軍》 彌勒山，在茶陵縣東五十里，高一千二十丈。

宋·祝穆《方輿勝覽》卷二七《漢陽軍》 湖蓋山，在漢陽縣，山形似蓋，南臨漢水，西帶大湖，故名。

宋·祝穆《方輿勝覽》卷二八《鄂州》 鳳凰山，在江夏縣北二里。其形如鳳，故名。

又 大觀山，在江夏東南五十里。巖壑頗勝。

又 黄龍山，即幕阜之東頂。有湫池，中有黄魚，能致雨。有瀑泉。

又 龍泉山，在崇陽西南六十里，周二百里。山有洞、石渠，泉流清駛，鄉人號魯溪巖。有茶甘美。

宋·祝穆《方輿勝覽》卷二八《壽昌軍》 石門山，在武昌縣。兩石對峙如門。

又 西塞山，在縣東百三十里。介于兩山之間，爲關塞也。

宋·祝穆《方輿勝覽》卷二九《岳州》 白鶴山，在巴陵縣。山之南有兩池，池潛巨蟒，吕翁招而出，化而爲劍。南阜有老木，木末悉槁，蔓草翳焉。翁嘗憩其下，有人自木杪降而拜之，惟松之精，翁授之藥。

又 道巖山，在巴陵縣。有巨石，中窾而邃，東西可以輿馬往返，容屋百楹。上下流泉不竭。有斷石，云許旌陽嘗以礪劍斬蛟。

又 君山，在湖中，方六十里，亦名洞庭之山。昔舜之二女居之，曰湘夫人。又曰湘君所遊，故名君山。

又 石牛山，在平江。上有井泉，可以避地。

宋·祝穆《方輿勝覽》卷二九《峽州》 宜陽山，有風井穴，大如甕，夏出冬入。有樵人置笠穴口，風噏之，後於長陽溪口得笠，則知潛通也。

又 石鼻山。《夷陵志》：「後周移峽州州治於此。」其山隔大江，高五百餘仞，廣袤二十里。下臨江流，中有石，横六七十丈，如簰筏，又呼爲石簰。

又 重山，在長陽。上有風穴，夏則風出，秋則風入，春、秋分則静。

又 丹山，在遠安。時有赤氣，故名。

又 百井山，在遠安西四十五里，高三千五百丈。有清泉數十級。絶頂望見江陵。

宋·祝穆《方輿勝覽》卷二九《荆門軍》 蒙山，一名硤石山，在軍城西百餘步。兩巒對起，如蛾眉。有二泉水發其麓，曰蒙、惠。

又 屏風山，在長林西北三十五里。壁立如屏幃，絶頂平衍，中有兩泉。

又 靈鷲山，在長林北。舊有寺。有穴曰龍洞。有石臺，甚高。

又 金薄山，在長林。有金石如雲母。

又 紫蓋山，在當陽縣。有二峰，四垂若繖。有觀及丹井。

又 玉泉山，山有寒泉，過客多題詩。

宋·祝穆《方輿勝覽》卷三〇《常德府》 武山，山半有盤瓠石，水出，謂之武陵溪。

宋·祝穆《方輿勝覽》卷三〇《辰州》 光明山，在沅陵縣。一名龍門山。有砂井。土人採取，入井把火，行二里，燒石取之。

又 明月山，在沅陵縣東百三十里。山下有明月池，兩岸素崖若被雪，寒松如插翠。

宋·祝穆《方輿勝覽》卷三一《沅州》 明山，郡主山也。崗巒重複，朝抱郡治，飛雲濃嵐，如列畫屏。

又 九疊山，山勢盤紆，九峰相次。每遇天晴，日明煙斂，峰巒争翠，儼若畫圖之中。

宋·祝穆《方輿勝覽》卷三一《靖州》 飛山，在州北十五里。比諸山爲最高，四面絶壁千仞。

又 福湖山，在州南四十里。通道縣北之諸山，最爲蒼翠。元豐通道廣西，出是山之間。

又 青蘿山，在州南二十里，屬永平縣。煙蘿蒼翠，故名。

宋·祝穆《方輿勝覽》卷三一《德安府》 紫金山，在今府治西北。峭壁斗絶，石皆紫色，故名。

又 九嵕山，在孝感北。疊嶂深林，景物幽邃。

宋·祝穆《方輿勝覽》卷三一《信陽軍》 霸山，比於諸山，最高大。每出雲，則必雨雪。

宋·祝穆《方輿勝覽》卷三二《隨州》 四望山，在隨縣東。最高，四望皆見。

宋·祝穆《方輿勝覽》卷三三《棗陽軍》 資山在軍北。其上深邃闊遠，居其間者可以耕種。脩竹巨木，環山之民皆資焉，故名。舊屬隨縣，新撥隸棗陽。

宋·祝穆《方輿勝覽》卷三三《郢州》 石人山，在京山。形像如人。

宋·祝穆《方輿勝覽》卷三三《均州》 西山，一名寳蓋，在鄖鄉縣西南三里。其山南臨漢水。

宋·祝穆《方輿勝覽》卷三三《房州》 房山，在房陵西南四十三里。山四面有石室似房，因名。

又 方城山，又名庸城山，在竹山縣東三十里。山上平坦，四面險固。山南有城，周十餘里，春秋庸地。楚使盧戢黎侵庸方城，在上庸縣。

宋·祝穆《方輿勝覽》卷三四《廣州》 猊山，在增城東南二十里，多婆娑羅竹，圍三四尺，至堅，里人以爲弓。

又 羅浮山，在南海。本名蓬萊山，一峰在海中與羅山合，因名。山有洞，通勾曲。又有璇房、瑶房七十二所。

又 白水山，在增城。有五距鳥。有瀑布，四時不竭。

宋·祝穆《方輿勝覽》卷三四《肇慶府》 奢山，在城南九十里。上有砂，夷人語訛爲奢。

又 爛柯山，在高要東三十六里。峰頂常有紫霞。按：衢州亦有爛柯山，蓋二郡名信安，衢在吴爲信安，則去王質時爲近，端名信安乃始於隋，不應載晉人事跡，不可不辨。此山産美石，爲硯。

又 石室山，在城北六里。南北有聳石如二門，土人謂之嵩臺。

宋·祝穆《方輿勝覽》卷三五《德慶府》 端山，在端溪縣。有樹冬榮，子大如杯，味似猪肉。

又 藿山，在端溪。山有草如藿。

又 香山，一名利人山，出五色石。

宋·祝穆《方輿勝覽》卷三七《南雄州》 青嶂山，在城東南五十里。有神仙隱几，一鍋似玉磨琢，瀑布潺湲。相傳龍王居此，祈禱有應。

又 桂山，在始興。桂木叢發，人多以爲藥，故名。

又　天柱峯，在始興西二十里。峭秀奇拔無支峯，贅阜屹然撑天。梁天監中九鳳翔集，亦名九鳳山。

宋·祝穆《方輿勝覽》卷三七《南恩州》　峒石山，在陽春縣。巖谷幽邃。

宋·祝穆《方輿勝覽》卷三七《新州》　銀山，出白金。

宋·祝穆《方輿勝覽》卷三八《静江府》　灕山，在城南二里灕水之陽。其山孤拔，下有澄潭，傍有洞穴廣數丈，世亂民保以避寇。

又　南溪山，在臨桂縣南五里。其山聳拔千尺，其溪東注與桂江合。

又　靈巖山，在靈川縣西北三十里。山下有洞，南北相通，水灌其中。

宋·祝穆《方輿勝覽》卷三八《柳州》　甑山，南絶水。有山無麓，廑可尋，高五丈，上下若一，曰甑山。

又　駕鶴山，甑山之南皆大山，多奇。又南且西曰駕鶴山，壯聳環立，古州治負焉。有泉在坎下，常盈而不流。

又　四姥山，其西曰四姥山，皆獨立不倚，北流潯水瀨下。

又　仙弈山，又西曰仙弈之山，可上。其上有穴，穴有屏，有室，有宇。其宇下有流石成形，東入小穴，常有四尺，則豁然甚大，無竅，正黑，燭之僅見其宇，皆流石怪狀。由屏南室中入小穴，倍常而上，始黑，已而大明，爲上室。由上室而上，有穴北出之，乃臨大野，飛鳥皆視其背。其始登者，得石枰於上，黑肌而赤脉，十有八道，可弈。

又　石魚山，全石，無大草木。山小而高，其形如立魚，在多秭歸西。

宋·祝穆《方輿勝覽》卷三九《鬱林州》　飛雲山，在博白縣。石上有巨人跡。

又　宴石山，在博白縣西六十里。其山皆盤石，壁立峭絶，北臨大江，中有流泉。

宋·祝穆《方輿勝覽》卷三九《横州》　寳華山，在寧浦縣南二十里。山頂嘗有寳氣。

又　秀林山，在寧浦縣十里。山林秀鬱，因名。

宋·祝穆《方輿勝覽》卷三九《邕州》　武號山，在州南二十里，高五十丈。

又　鎮砌山，在武緣縣南三十二里。山形盤薄，地勢險隘，鎮砌關在焉。

宋·祝穆《方輿勝覽》卷三九《廉州》　畫山，在古縣北五十里。其山百卉，明艷如然。

宋·祝穆《方輿勝覽》卷四〇《潯州》　閬石山，在州北。有梁狀元嵩讀書巖。

宋·祝穆《方輿勝覽》卷四〇《藤州》　羅山，在故南儀州。山有冷泉。

宋·祝穆《方輿勝覽》卷四〇《貴州》　東山，在州東二十里，峰巒秀峙。

又　南山，在州南十里。羣峰秀異，甲於一郡。山有石笋、佛象。相傳葛仙翁於此煉丹。

又　北山，在城北十里。山高聳。上有瀑布。有池，周數十丈，禪人羽客多棲止焉。

又　龍影山，在州南。石壁上有五色畫龍。

宋·祝穆《方輿勝覽》卷四〇《昭州》　西山，在平樂縣西。有巨石，徑百尺，屹立水中，如神龍戲珠狀。

宋·祝穆《方輿勝覽》卷四一《融州》　石門山，在縣西十八里。山相對如門。

宋·祝穆《方輿勝覽》卷四一《慶遠府》　拜相山，又名天門山。二峰如筍，崒嵂參天。馮三元祖塋在其下。

宋·祝穆《方輿勝覽》卷四一《賀州》　橘山，在臨賀東二十里。其山七十一峰，多橘株。

又　桂山，在桂嶺縣東北十三里。山多桂竹。東接連，北接道。

宋·祝穆《方輿勝覽》卷四二《高州》　高凉山，在郡西四十里。羣山森然，盛夏如秋，因名。

又　龍湫山，在電白縣東二十里。一泉出巖石之下，四時常湧。有坎甚深，相傳有龍伏其間，名曰龍湫井。每遇歲旱，鄉民相率祭於井上，有以竹木刺之，則雷雨立至。因以立廟，以爲祈禱之地。

宋·祝穆《方輿勝覽》卷四二《容州》　勾漏山，在普寧縣。其巖穴多勾曲而穿漏，故名。平川中石峰千白，皆矗立特起，周迴三十里。相傳葛仙嘗修煉于此。

又　都嶠山，《寰宇記》：「在普寧。」山上有八峰：曰兜子、馬鞍、八疊、雲蓋、香爐、仙人、中峰、丹竈。而八疊奇秀，視諸峰最高。有南北兩洞，俱有石室。南洞寬坦，中刻浮屠大像，儀制甚古；北洞差狹，爲星壇凡八。二洞虛爽，天造地設，非他洞穴幽翳之比。

又　白石山，在陸川縣。山色潔白，四面懸絶。上有飛泉瀑布；下有勾芒木，可爲布。

宋·祝穆《方輿勝覽》卷四二《欽州》　孔雀山，在州西南五里。三峰峙立，仍多孔雀。

宋·祝穆《方輿勝覽》卷四二《雷州》　英高山，在海康西南百三十里。兩峰聳峙，有泉湧出。

又　徒會山，在海康南百三十里西海中。上有巖穴奇怪，又有泉。

宋·祝穆《方輿勝覽》卷四三《瓊州》　瓊山，在本縣。有瓊山、白玉二村，其石皆白似玉而潤，種藷其上特美。所産檳榔，其味尤佳。州以此山而得名。

又　雲露山，在瓊山縣西南六十里。有三潭，俗傳陷屋潭上。潭林木陰森，人不敢近。次二潭有小石如橄欖，有竅可穿，歲旱禱雨，故名。

宋·祝穆《方輿勝覽》卷四三《吉陽軍》　石舡，在南嶺之南，距海數步。長丈餘，形如舡。旁有峻嶺，名試劍峰。

宋·祝穆《方輿勝覽》卷四三《昌化軍》　毗耶山，在宜倫縣。山有獸，似大蟲，俚人呼爲毗邪，故名。

宋·祝穆《方輿勝覽》卷四三《萬安軍》　獨洲山，在城東南五十里。其峰插天。

宋·祝穆《方輿勝覽》卷四四《揚州》　浮山，去地纔高三尺二寸，其狀似鐵，不生草木。

宋·祝穆《方輿勝覽》卷四五《真州》　赤岸山，其山巖與江岸數里土色皆赤。

又　六合山，即定山，在縣北八十里。其山有六峰相接連。

宋·祝穆《方輿勝覽》卷四五《泰州》　羅浮山，在海陵縣澤藪中，不爲水所没，遥望如羅浮山。

又　吕城山，縣東三十里。高一丈，形如城。

宋·祝穆《方輿勝覽》卷四六《高郵軍》　土山，在高郵縣西南六十里。上有石井、石臼，俗傳謝安公煉丹於此。

宋·祝穆《方輿勝覽》卷四七《招信軍》　東山，在郡治之東。有石洞。有南山十景，此居其首。郡守霍箎重脩治之，界以方池，映以朱户，洞中曲折相通，宛然洞府，左曰雲關，右曰劍壁。

又　龜山，在盱眙縣北三十里。其西南上有絶壁，下有重淵。

宋·祝穆《方輿勝覽》卷四八《廬州》　龍眠山，在舒城縣西南八十里。如卧龍狀，李公麟因取此山自號。

宋·祝穆《方輿勝覽》卷四八《無爲軍》　銀瓶山，在軍城之西。時有雲氣，以形得名。

宋·祝穆《方輿勝覽》卷四八《濠州》　韭山，在定遠縣東北四十里。其山多韭。

宋·祝穆《方輿勝覽》卷四九《安慶府》　石鏡山，在懷寧北。其西有石裂皎然，望之如玉鑑。

宋·祝穆《方輿勝覽》卷五〇《黄州》　聚寶山，在石壁之上。山多小石，紅黄粲然。東坡蘇子瞻所作怪石供，即此也。

宋·祝穆《方輿勝覽》卷五〇《光州》　杏山，在固始，亦名弋山。上有抱朴子，仙跡甚多。

又　石盤山，在沙窩之西。自山腰盤旋，取道而登，其勢險峻，可屯千餘人。

宋·祝穆《方輿勝覽》卷五二《崇慶府》　鶴鳴山，在晉原縣西八十里，絶壁千尋。李膺《益州記》：張道陵登仙之所，嘗有白鶴遊其上。

又　天國山，在永康縣。左連大面，右連鶴鳴，前臨獅子，後枕大隋等山。有龍池及融照寺。青城山有八大洞，此乃第五洞也。有山曰香爐峰。

又　蟆頤山，在永康縣西七里。山有穴，類蟆頤。山中多鹿，號鹿市。

又　天社山，在新津縣南三里。北枕大江，南接連嶺，益土有難，人多依焉。

又　稠梗山，在新津南八里。有草名稠梗，服之長生不死。

宋·祝穆《方輿勝覽》卷五二《嘉定府》　九頂山，在城左。有九峰：曰鳳集、棲鸞、靈寶、就日、丹霞、祝融、擁翠、望雲、兑説。會昌以前峰各有寺，今惟存報恩一寺。

又　烏尤山，一名離堆山，在九頂山之左。舊名烏牛，突然於水中，如犀牛狀，至山谷題涪翁亭，始謂之烏尤。

又　高標山，一名高望，乃府之主山。巋然高峙，萬象在前。

又　海棠山，在石碑山上，皆植海棠，爲郡守宴賞之地。

又　金燈山，即至樂山。其趾有淵，每歲人日，郡守於此脩油卜。故事謂以油灑水面，觀其紋，驗一歲之豐歉。

又 修文山，在洪雅縣西八里。雅江所注，驚湍怒濤，名曰龍潭，漁者不敢入。

宋・祝穆《方輿勝覽》卷五三《眉州》 蟆頤山，在眉山縣東七里，狀如蟆頤，因名。

又 打鼻山，在彭山縣南十餘里。山形孤起，東臨江水。昔周鼎淪於此，或見其鼻，故名。

宋・祝穆《方輿勝覽》卷五三《隆州》 鼎鼻山，在仁壽縣南一里。其山隆起，又曰隆山，州蓋以此得名。

又 三峨山，在仁壽縣之東南隅。三山相對，去鹽井一里。東曰飛泉，南曰翳嘶，西曰跨鼇，即州衙坐山也。

又 玉屏山，距城西二十里。西山環聚，玉屏爲之冠。虞丞相父祺功德院在焉。

又 石城山，在仁壽縣。石壁似城，絶頂望見峨眉山。

宋・祝穆《方輿勝覽》卷五四《彭州》 彭門山，兩峰如闕，相去四十步，名天彭門，因以名州。又曰彭祖出入此山，因名彭門。

又 九隴山，古彭州之西山。一伏隴，二豆隴，三秋隴，四龍奔隴，五走馬隴，六駱駝隴，七千秋隴，八較車隴，九横擔隴。

宋・祝穆《方輿勝覽》卷五四《漢州》 紫巖山，在綿竹縣，去無爲山十里，皆西北勝絶處。

宋・祝穆《方輿勝覽》卷五四《綿州》 天池山，在州城北二十餘步，即郡之主山也。山頂有池，方數丈，冬夏不竭。

又 白馬山，在魏城縣西。山勢高峻，上有麗統墓。

宋・潛説友《咸淳臨安志》卷二二《山川一》 鳳凰山，《祥符圖經》云：在城中錢塘舊治正南一十里，下瞰大江，直望海門山，下有鳳凰門，有鴈池。趙清獻公抃詩云「老來重守鳳凰城」是也。詳見中和堂。其右山巔石筍林立，最爲怪奇。舊傳錢武肅王鑿山，見怪石排列兩行，如從衛拱立趨向，因名排衙石及刻詩石上。第二峯有白塔，塔西有小徑，青石崔嵬夾道，皆峭壁中穿一衕，人可往來，名曰石衕。

又 竹園山，在府治之西南，吴山一脈獨趨而北，隱隱隆起。

宋・潛説友《咸淳臨安志》卷二三《山川二》 浮山，在錢塘縣。東坡守杭日開河奏云：潮水自海門來，勢若雷霆，而浮山峙于江中，與漁浦諸山相望犬牙錯入，以亂潮水，洄洑激射，其怒百倍，沙磧轉移狀若神鬼，雖舟師漁人，不能前知其淺深，坐視舟船覆溺，無如之何，今號浮山頭，最爲險處。

又 蓮華峰，《錢塘記》云：峯頂有孤石，可四十圍，頂上四開狀，似千葉蓮花。

又 龍珠山，在仁和縣肇元鄉五都。高約六七丈，形圓如珠，與皐亭山、黄鶴衆山相望，一名巧山。

又 九鏁山，其勢九折，紫紆相續，曰天關，曰藏雲，曰飛鸞，曰淩虚，曰通真，曰龍吟，曰洞微，曰雲璈，曰朝元，四時山花爛漫，清芬襲人，下有石門夾道，今不存。

宋・潛説友《咸淳臨安志》卷二五《山川四》 徑山，在縣北去縣五十里。《徑山事狀》云：山乃天目之東，北峯有徑路通天目，故謂之徑山，奇勝特異，五峯周抱，中有平地，人跡不到。

又 八百山，在縣東北一十里，有三峯甚高。中峯號大將山，西峯號紫藤山，東峯號八百山，周九里。按《舊志》云：彭祖嘗居此山。

宋・潛説友《咸淳臨安志》卷二七《山川六》 赤松子山，在縣東九里，高一百五十丈，周回四十里一百步。赤松子駕鶴時憩此，因得名。其形孤圓，望之如華蓋，又名華蓋山，一曰赤亭山，又曰雞籠山。

宋・張世南《遊宦紀聞》卷四 福之永福西山曰「高蓋」，爲天下第七福地。出懸郭，陟峻嶺，山行五十里，而近最上處。有禪刹曰「名山」，徐真君上昇，東西二室，歸寂其所也。朝廷累降御香，有樵禁。該曲臺祀典，石門插天，杉檜晝瞑，猿狖清嘯，與寒泉響答，真偉觀也。

又 世南有令原之戚，以紹定戊子仲冬，往懷玉，脩伊蒲供。山行百里，始至其下，捨輿策杖，無非崇山峻嶺。又二十里，有平地，廣袤數百畝，人煙數十家，田疇井井，滿目桑麻。問道傍之人云：「歲熟可得米千斛。」其上復有峯巒圍繞，一目不能窮。

宋・倪守約《金華赤松山志・山類》 周迴數十里，即赤松山是也。

又 煉丹山，高數千尋，去宫五里。

宋・鄧牧《洞霄圖志》卷二《山水・九鎖山》 自餘杭西郭外，行十有八里。

逆溪水上左右合，七峯皆拔地數百尺。其趾犬牙相錯，行路竝溪屈折者九，故云九鎖。好事者，悉命以名：一曰天關，二曰藏雲，三曰飛鸞，四曰凌虚，五曰通真，六曰龍吟，七曰洞微，八曰雲璈，九曰朝元。

宋・鄧牧《洞霄圖志》卷二《山水・大滌山》 在宫北，凡四峯，於九鎖内最爲巨山。西洞據其領，石室出其半，天壇冠其顛，皆山中勝處也。是山以洞名之，《舊志》謂大可以洗滌塵心，故名大滌。雖山川得名，未必咸有説，而故老相傳，當不誣也。元同先生劍履瘞山下。

宋・鄧牧《洞霄圖志》卷二《山水・天柱山》 在宫西南，凡三峯，與大滌對峙，高足相敵。由宫外望之，屹然若柱。又絶頂有石柱，高丈餘，圍兩合抱，皆山所以名者。蓋五十七福地，地仙王伯元主之。按傳記所載，天有八柱，其三在中國，一在舒州，一在壽陽，洎今在餘杭者是已。洞霄以爲主山，故名，名天柱觀。《舊志》以爲風清氣和，土腴泉潔，神蛇不螫，猛獸能馴。自漢武標顯靈跡，建立宫壇，歷代祈禳，皆在此處也。山下産茶，爲浙中名品。

宋・鄧牧《洞霄圖志》卷二《山水・青壇山》 在宫東南東天柱右偏，其勢不甚高，而泉石奇秀，爲諸山甲。今湧翠石壁，與試劍來賢二巖，冰壺鏡潭，皆在此。

宋・鄧牧《洞霄圖志》卷二《山水・青梓山》 在宫西黄山趾，狀如屏嶂，與白鹿山相對。其地平處即上塢。

宋・鄧牧《洞霄圖志》卷二《山水・青苕山》 在宫西青梓山下，東達上塢路，西達棲真洞側。

宋・鄧牧《洞霄圖志》卷二《山水・白鹿山》 在大滌山，即今中峯是，因許真君上昇於此，天降白鹿下迎，故名。詳見本傳及《山房記》。

宋・鄧牧《洞霄圖志》卷二《山水・丹山》 在黄山外，極高廣，緜亘十餘里，楊村在其下，後有響水石溪流至此，輒逢逢有聲。

宋・鄧牧《洞霄圖志》卷二《山水・觀嶺》 在宫西南，自上塢過大滌洞前，所必由者。或云，古天柱觀路在此，故名。

宋・鄧牧《洞霄圖志》卷二《山水・西天柱嶺》 在宫左偏路口扁棲真洞，蓋洞在嶺首。自嶺趾入支逕，約一里則至石室，循大路直上，左折則至洞，有亭曰採芝，越嶺則爲楊徐諸村。

宋・鄧牧《洞霄圖志》卷二《山水・東天柱嶺》 在宫右偏青檀山後，道飛玉泉以陟，又名九曲，蓋自山趾歷九折乃達其顛，有亭可憩，亦曰九曲。越嶺則爲山南，循東溪亦達邑中，道閒溪山清勝，有足觀者。

宋・曾極《金陵百詠》 攝山，在城東北四十五里。

又 覆舟山，在城北五里。

又 天門山，在當塗西南三十里，又名蛾眉山，夾大江東曰博望，西曰梁山，又號東西梁山。

又 鍾山石。鍾山在上元縣東北十八里。《輿地志》：古曰金陵山，縣名，因此又名蔣山。【略】此山有石，脈理皆紅潤。

元・劉祁《歸潛志》卷一三 語未周浹，驟及是邦諸山，若南山，若柏山，業已游矣。惟龍山爲絶勝，姑缺，玆以須諸文士同之，子幸來，殊可喜。

又 山無麓。乍入谷，未有奇。沿溪曲折行數里，草木漸秀潤。山竦出，嶄然露芒角，水聲鏘然鳴兩峰間，心始異之。

又 又盤山行十許里，四山忽合，若拱而提環而衛者。嘉木奇卉被之，葱蒨醴郁。風自木杪起，紛披震蕩，山與木若相顧而墜者，使人神駭目眩。

元・單慶《至元嘉禾志》卷四《山阜・松江府》 崑山，在府西北二十三里，高一百五十丈，周回八里。

又 機山，在府西北二十里。

又 横雲山，在府西北二十三里，高七十丈，周回五里。

又 澱山，在府北六十里薛澱湖中，周回三百五十步，高三十丈。

又 佘山，在府西北二十四里。高八十丈，周回一十八里。

又 金山，在府東南九十里，周回十里，高一十丈。

又 干山，府西北二十九里，高七十丈，周回五里。

又 薛山，在府西北二十四里，高九十丈，周回七里。

又 細林山，在府西北十八里，高五十丈，周回七里。

又 城山，在府北二十里，高八十丈，周回五里。

又 土山，在府西北二十五里，高二十丈，周回一里九十步。

又 秦山，在府南六十里，高二十八丈，周回一里九十步。

又 達岸山，在府東南一百六十里海水中，周回八里，高二十五丈。

又 竹嶼山，在府東南一百八十里海水中，周回六里，高五十丈。

又 簳山，在府北三十里，周回三里，高五十丈。

又 許山，在府東南二百五十里海水中，周回五里，高五十丈。

又 遮山，在府東南七十里，周回二里，高五十丈。

又 浮山，在府東南一百里海水中，周回一百步，高十丈。

又 蘇山，在府東南一百六十里海水中，周回一百五十步，高二十丈。

又 嚴山，在府西北二十七里，周回四里二十二步，高四十丈。

又 鳳凰山，在府西北二十八里。

又 陸寶山，在府西二十五里。

元・單慶《至元嘉禾志》卷四《山阜・嘉興縣》 胥山，一名張山，在縣東南三十里，高一十五丈，周回二里。

又 殳山，在縣西南五十七里，高二丈，周回七里。

元・單慶《至元嘉禾志》卷四《山阜・海鹽縣》 故邑山，在縣東北三十六里，高八十丈，周回二十里。

又 秦住山，在縣南一十八里，高一百六十丈，周回二十里。

又 望虞山，在縣東南二十二里，高九十丈，周回一十二里。

又 長牆山，在縣南三十五里，高八十丈，周回一十九里。

又 泊櫓山，在縣南三十五里，高一百五十丈，周回四十里。

又 金粟山，在縣西南三十五里，高九十八丈，周回六里。

又 白塔山，在縣東南二十里海中。

又 夾山，在縣西南三十五里，高七十丈，周回七里。

又 金牛山，在縣西南五十里，高一百三十六丈，周回四十里。

又 沈山，在縣西南七十里，高三十五丈，周回七里。

又 陳山，在縣東北四十里，高八十一丈，周回一十五里。

又 橫山，在縣西南三十里。

又 雅山，在縣東北三十六里，高八十丈，周回六里。

又 紫雲山，在縣南三十六里，高八十丈，周回九里。

又 豐山，在縣南一十八里，高一百三十丈，周回十二里。

元・單慶《至元嘉禾志》卷四《山阜・崇德縣》 陳山，在縣西北三十里，高一十三丈，周回一里。

又 殳山，在縣東六十里，高一十三丈五尺，周回二里。

元・楊惠《至正昆山郡志》卷一《山》 馬鞍山，在舊治西北三里，高七十丈。上下前後皆擇勝爲僧舍，雲窗霧閣，間見層出，吴人謂真山似假山也。

元・虞應龍《大元一統志》卷一《中書省統山東西河北之地・大都路・山川》 香山，在宛平縣。金大定二十六年，尚書吏部侍郎兼翰林直學士李晏所撰碑，有云：天都右界，西山蒼蒼，上干云霄，醃擲而東去，不知其幾千里。穹然而高，窅然而深，回環掩抱，重岡疊阜。風雲奔趨，來朝皇闕，如衆星之拱北辰。中有古道場曰香山。山有大石，狀如香爐。山之麓萬山繚繞。山頂有泉，出自山腹，清潔甘冽，鑿高通絶，螭口噴流，下注溪谷。又按：金泰和元年翰林應奉虞良弼有記云：「都城之乾隅三十里曰香山，亦號小清涼。」

又 玉泉山，在宛平縣。庚子年十二月編脩趙著碑記云：燕城西北三十里有玉泉。泉自山而出，鳴若雜珮，色如素練，泓澄百頃，鑑形萬象。及其放乎長川，渾浩流轉，莫知其涯。西南狼山與燕山等列領羣峯而來，草樹烟霞，風雲月露，朝夕變態無窮。凡來覽者，若歷物外。山有觀音閣，玉泉湧出，有玉泉二字刻於洞門。泉極甘冽，供奉御用。

又 盧師山，在宛平縣。按尸陀林盧禪師寺碑有云：禪師姓盧，隋末唐初巡行沙門也。變化非常，容心罕測，或坐桑乾水上泛泛而遊，或陟林巒靄中往往而見。冥搜西山，得此形勝，乃剪荆棘，開道場。安祿山爲范陽節度時，有真應寺律師惠顒襲盧遺跡，敷演寶藏，傳續慈燈，預立石室，次於盧墳。碑文乃范陽節度掌書記、朝議大夫、守國子司業、上柱國賜紫金魚袋張納撰，大唐天寶八載十月十五日建。寺西有龍潭，靈物在焉，祈禱之地。

又 仰山，在宛平縣。按《舊記》有云：有仰山者，崷崒硉矹，窈窕邃深，冠出巖壑之上，如尊特之坐朝賤幼者。風雨晦明，寒暑凋榮，千態萬狀，莫可得而形容也。山之旁惟有峯曰獨秀、曰翠微、曰紫蓋、曰妙高、曰紫微。山之寺亭前後有曰列翠、曰萬山，西有瀟然、妙高，東有回星、臨源，廢址猶在。寺有金章宗游幸此山製詩刻石，云：「參差雲影幾千重，高出雲鬟迴不同。金色界中兜率景，碧蓮花裏梵王宫。鶴驚清露三更月，虎嘯疎林萬壑風。試拂花牋爲摹寫，詩成任適自非工。」

又 平坡山，在宛平縣。山中有平地，故曰平坡。

又 覺山，宛平縣西三十里。按《大都圖册》：「懸崖之上即覺山，有寺。寺西有三泉。翰林脩撰同知制誥黄華王庭筠子萬慶撰《中都覺山清泠洊至泉記》有云：「都城之西北三十里近有山曰覺山。北之平坡，東之盧師，三山相距，咫尺鼎足，然覺山寺爲最勝。開窗面山，玉峯瑶林，出没有無間。舍利塔前，有泉深數丈。其水澄澈而甘，不綆而汲。井邊作石溝引之於南，下至澗谷。北不十數步有巖，巖欽最佳，奇峯怪石，不可名狀。上蘿薜荔，下懸細溜，泠然如琴聲，下注於地。」

元·虞應龍《大元一統志》卷一《中書省統山東西河北之地·保定路·山川》 五迴嶺，在《永樂大典》依明代建制在下增「保定府」三字，今删。易州，徐水出焉。按《寰宇記》：「嶺東至易州七十里，去滿城縣西一百五十里。」《太平寰宇記》六七易州滿城縣五迴山下無上二語，僅云「在今滿城縣西九十里」，與此異。高四十里。《水經》云：委折五迴，下望層山，「山」原誤出，據《水經滱水注》、《太平寰宇記》正。若蟻垤然。下有三碑，即後魏所立。文曰：「皇帝太「太」原誤「大」，據《水經滱水注》、《太平寰宇記》正。延元年車駕東巡，援弓而射，飛矢踰於巖「巖」原誤「山西」二字，據《水經滱水注》、《太平寰宇記》正。山三百餘步。

元·虞應龍《大元一統志》卷一《中書省統山東西河北之地·懷孟路·山川》 王屋山，原闕上三字，據《太平寰宇記》補。上闕，《神仙傳》：甘始，原闕上五字，據《太平寰宇記》補。太原人。善行氣，不食，服天門冬，療病不用鍼灸。在人間三百歲，乃入王屋山。《茅君内傳》云：王屋山洞周回近萬里，名曰小有清虚《太平寰宇記》「虚」作「靈」之天。按《洞天福地記》：濟瀆源出王屋山，名沇水。係清源王所理。又有齊子嶺，在王屋縣東十二里，即宇文周與齊分境之所。又析城山在王屋縣西北六十里，其峯四面形，若城有南門焉，故曰析城口。

又 太行山，即皇母「母」原誤「舟」，據《太平寰宇記》正。山也。或名曰女媧山。上有祠，居民歲時禱之多應。其山起於濟源縣界，距縣十八里。崔伯易作《感山賦》，凡數千「千」疑當作「十」。萬言。韓愈詩云：「是時新晴天井溢，誰把長劍依太行。」韓文注云：天井關在太行山上。

又 天壇山，在濟源縣西一百二十里，洞天之一也。王屋之北山峯突兀，頂上有石壇，世傳軒轅祈福之所。《洞淵集》云：「天壇一號清虚小有洞天，頂上嘗有五色祥云覆焉，旦夕有五色影，現於壇之東西。夜有芝燈，燦然巖谷間，號曰仙燈。又有仙貓洞。唐劉禹錫送其兄歸王屋山隱居。據《道書》山一名陽洛。詩云：「陽洛天壇上，依稀似玉京。夜分先見日，月净遠聞笙。雲路將雞犬，丹臺有姓名。古來成道者，兄弟亦同行。」杜甫詩云：「萬里仇池穴，潛通小有天。」白樂天亦云：「天壇在天半，欲上心遲遲。」山有靈壽杖，黄庭堅以此送孫覺。有詩云：「王屋千霜老紫藤，扶公休沐有親朋。異時駟馬安車去，拄到天壇願力能。」近代元好問有詩云：「同向仙家舐丹鼎，不隨雞犬上青天。」謂仙貓也。即唐司馬鍊師得道之所。

又 孔山，在濟源縣西北三十里《太平寰宇記》五二：「孔山在濟源縣東北四十里，與此異。」沁口之西山峯。有穴南北相通，遠近洞見穴中。石上有車轍牛跡，自然成者《太平寰宇記》「者」作「著」。非人力所爲，因以名之。白樂天詩云「孔山刀劍立，沁水龍蛇走」是也。

又 白澗山，在濟源縣東北三十里。有懸泉，邑人號曰白澗。

又 琮山，在濟源縣東《寰宇通志》八九「東」作「西」，《明一統志》二八同。北三《寰宇通志》無「三」字，《明一統志》「三」作「二」。十里。即溴水所出。

又 莽山，在濟源縣西北四十里。相接王屋山，上多草莽，因爲名。俗呼爲王莽山。

又 陵山，在濟源縣西北一十《明一統志》二八「十」下有「五」字。里。形勢孤絶，如丘陵之狀。《爾雅》云：「大阜爲陵。」因名。山上有寺曰寶峯院。

又 猴嶺山，在濟源縣西北十五《寰宇通志》八九「十五」作「五十」，《明一統志》二八同。里。山據太行之南，上有狙猿、麓「麓」疑當作「鹿」。因名。俗稱侯景山。

又 武山，在濟源縣西十三里。北按猴嶺。舊名白虎山，以形勢爲名。山之東麓有石，若臥牛之狀，號曰石牛村。

又 巉山，在濟源縣西南二十五里。有石巉巖，因以爲名。

又 共山，在濟源縣北稍西原鄉之北。楊景謨云：「《山海經》謂瀰水出焉，西北流入秦澤，行地下至共山南復出東丘。」蔡蕭「蕭」原誤「肅」，今正。蔡松年，字伯堅，晚號蕭閒老人，官至右丞相。《金史》有傳。閑詞云：「共山沐澗，濟源盤谷。」上兩句原誤「清源盤谷，共山沐澗。」據《明秀集》二《水龍吟》正。端如倒蔗；謂此也。

元·虞應龍《大元一統志》卷一《中書省統山東西河北之地·德州·山川》 平原嶺，在《永樂大典》依明代建制在下增「山東」二字，今删。德州。高峻延袤，其中多猿猱獐鹿之所。

元·虞應龍《大元一統志》卷一《中書省統山東西河北之地·太原路·山川》 繫舟山，在陽曲縣。山巔有佛殿，每現靈光金像之異，土人因加修繕。亦名小五臺。宋元祐四年河東薛邁石記：元祐之讀書其下，嘗賦詩云：「繫舟南北暮雲平，落日滹沱一線明。」

又　石尖峯，在陽曲縣。在縣西北界。隋《圖經》云：「立谷口有石孤立，在汾水側，高十餘丈，因名。」

又　白虎山，在文水縣。即隱泉山。

又　蒙山，在平晉縣。今山上有楊忠碑。忠爲周將，討齊戰勝，隋文帝開皇二年追紀其功，始建此碑。忠即文帝之考，謚曰武元皇帝。

又　方山，在壽陽縣。唐李長者名通玄，滄海人。唐宗室，隱迹不仕。著《華嚴論》。囊經行山下，有虎馴伏當途而待。長者告曰：「爲我擇棲止之地。」以囊掛其背，虎望方山三十里，當土龕前蹲駐，長者遂居之。四旁無水，其夕暴風拔樹，根下成潭，遂名長者泉。

又　孝文山，在交城縣。元魏初起於雲代。此山乃魏道武牧馬之地，故本縣有馬蘭川、牛蘭川，及地有達奚、乞伏、破六韓三村之名。孝文魏之賢君，人思其德，遂立廟於山巔。今遺址尚存。

又　羊腸山，在交城縣。後魏於此立羊腸倉，古西河上郡置關於此。隋煬帝大業四年幸汾陽，改名深谷嶺。今嶺上有墟，俗云：「魏太武避暑之所。」又《方志圖》：「萬根谷即向交城道也。」古太原西門外有風谷，路入樓煩，故交城當其衝，謂此也。《地理志》云：「上黨壺關亦有羊腸坂；在今潞州界，不謂此也。」

又　傀洞山，在離石縣。在本縣《永樂大典》依明初建制縣下增「即今石州」四字，今刪。東北五十里。其洞深遠，人不可窮。洞中有澗，以人投之，不得其底。每遇天旱，有誠心者入深五更，祈得聖水，禱原脱「禱」字。《寰宇通志》七八《仙洞》曰：「其洞深遠有澗，禱雨祈水即應。」《明一統志》一九《傀洞山》：「洞中有澗，旱，禱祈水雨即應。」今據補。雨無不應。洞上有龍祠。

又　繫舟山，在忻州。俗名小五臺。有元東巖先生讀書石室。又名讀書山。趙閒閒秉文詩有「便稱元子讀書山」之句。其北屬秀容縣，其南屬陽曲縣。《隋志》云：「秀容縣有繫舟山。」元好問詩云「繫舟山頭龍骨禿」，此之謂也。

又　叢象「象」原誤「蒙」。據《寰宇通志》七八、《明一統志》一九正。下文叢象神廟在定襄縣南叢象山，正作「叢象」。《萬曆太原府志》八作「叢蒙」，與此同誤。山，在定襄縣。山形高峻，春夏有云薈蔚。東北與五十山煙氣相接，不崇朝而雨。里人祠之。

又　赤山，在保德州。在本州火山。《舊志》云：「山皆楓林，冬月經霜皆赤，故取名」。

又　黑風山，在管州。上有廟曰黑風神。故老相傳山側有一竅，每至秋冬時，有黑風出焉。宋紹聖元年立廟，今基址尚存。

又　石門山，在管州。在樓煩《永樂大典》依明代建制「煩」下增「即今本縣」四字，今刪。西北二十五里。其狀若門，中有僧寺。

又　龍和山，在管州。在樓煩西三十里西南二州間。峭壁嵯峨，瑞雲常遶，疑若龍像，因名龍和。

又　臨春山，在管州。在樓煩天池南七十里。高百丈，西南接石樓山，下有泉流入鴈門，注於汾河。

又　勾注山，在代州。《爾雅》謂北陵西隃「隃」原誤「踰」，據《爾雅》釋地正。此條全襲《太平寰宇記》四一。《寰宇記》作「隃」。鴈門是也。注云：「即雁門山也。」《水經注》云：「鴈門郡北對勾注，東陘其南，九塞之一也。」晉咸寧元年《勾注碑》曰：「北方之險，有盧龍、飛狐、勾注爲首，天下之阻，所以分別內外「内外」原誤「外内」，據《太平寰宇記》正。也。漢高祖欲伐北塞，不從婁敬之説，械繫於廣武，遂踰勾注，困於平城；謂此也。

又　覆宿山，在代州。一名伏牛山，亦名牛心山。在鴈門廢縣東南一十五里。

又　聖鐘山，在臺州。《永樂大典》五二零二依明代建制州下增「即今五臺縣」五字，今刪。上有傀寺嶺，三賢巖、習觀巖、聖僧巖、青峰、寶陀峰，並在清涼山。《永樂大典》一一九八二「山」下有「上」字。凡二十二處《永樂大典》一一九八二「處」下有「皆」字。勝《永樂大典》一一九八二「勝」作「聖」。蹟。

又　石樓山，在興州。天産之異，一峰孤聳，峭壁端直，百丈之餘，四圍俱無可上下之處。微北有一小逕，周盤可達至於峰頂，俛視羣山。上有松柏。古石樓寺經兵革之廢，寺有鐘在焉。

又　秦戲山，在堅州。一名五《太平寰宇記》四九「五」作「武」。夫山，亦名平山，亦曰戌夫「戌夫」原誤「氏夭」，據《太平寰宇記》正。山，今曰孤「孤」原誤「泒」。《永樂大典》五二零二引《太原志》：「秦戲山即今孤山。」《寰宇通志》七八：「秦戲山即小孤。」《明一統志》一九：「秦戲山俗名小孤山。」今據正。山。在州「州」原誤「縣」，今正。東南九十里。《山海經》云：「秦戲之山，滹沱之水出焉。」郭璞注云：「滹沱出武原脱「武」字，據《山海經・北山經》注補。夫山也。」

又　小孤山，在堅州。在州東一百三十里。《西麓老人文集》又謂之秦戲山。

又　茹越山，在堅州。在州北一十里。脚至頂山三十里茹越口，以通大同路。

又 白馬山，在孟州。白馬之山，其陽多玉石，其陰多鐵赤銅。有白馬闕，俗傳是後魏置。

又 方山，在孟州。有李長者菩薩成佛之地，號爲神福山。

元·虞應龍《大元一統志》卷一《中書省統山東西河北之地·平陽路·山川》 護甲嶺，在沁州銅鞮縣西南。亦名侯甲山，涅水出焉。

元·虞應龍《大元一統志》卷二《遼陽等處行中書省·遼陽路·山川》 華表山，在遼陽縣城東六十里。俗呼爲横山。引丁令威化鶴得名。

元·虞應龍《大元一統志》卷二《遼陽等處行中書省·瀋陽路·山川》 長白山，在舊會寧縣南六十里。横亘千里，高二百里。其頂有潭，周八十里，淵深莫測。南流於鴨緑江。北流於混同江，今呼爲宋瓦江。東流爲阿也苦江。

元·虞應龍《大元一統志》卷三《河南江北等處行中書省·汴梁路·山川》 靈源山，按《神境記》云：「滎陽縣西有靈源山，其間生靈芝、石菌，巖頂有石髓、紫菊，往往人聞長嘯之聲。」

又 蘭巖山，《神境記》云：「滎陽縣西有此山，峭拔千丈，常有雙鵠不絶來往。《太平寰宇記》九「來往」作「往來」。傳云：「昔有夫婦隱此山數百年，化爲二鵠。忽一旦《太平寰宇記》「旦」下有「一鵠」二字。爲人所害，其一鵠歲常哀鳴，響動巖谷，莫知其年歲。」

又 廣武山，在河陰縣南一里。《寰宇通志》八三：「河陰縣北十里。」《明一統志》二六同。東連滎澤，西連汜水縣。

元·虞應龍《大元一統志》卷三《河南江北等處行中書省·汴梁路·風俗形勢》 滎陽西有蘭巖山，峭拔千丈，鴻溝在西，乃楚漢分界處。《輿地志》云。

又 天平山，在吴縣西二十里。此山最爲峭崪，有卓筆峯、白雲泉，范文正祠廟、義學在其下。《舊志》云：「巍然特出，羣峯拱揖，郡之鎮也。」楊備詩云：「人間多少險巇路，縱是天平還不平。」蘇子美詩云：「吴會括衆山，戢戢不可數，其間號太平，突兀爲之主。」

元·虞應龍《大元一統志》卷三《河南江北等處行中書省·南陽府·山川》 大乘山，在方城縣東三十里。上有古寺。

又 寶泉山，其山有泉，故曰寶泉。在方城縣西北七十里拐河村。有古寺。

又 七頭腦山，其山有七峯。俗傳山在方城縣北二十里。

又 碁盤山，山頂有石碁盤，未詳何代。俗傳山在方城縣北三十里。

又 方城山。按《地理沿革表》：「山自比陽至方城縣相比，連亘百里。」《左傳》：「僖公四年夏楚大夫屈完對齊侯曰：『楚國方城以爲城。』」杜預注云：「方城山在南陽郡葉縣南，以言境土之遠且險也。」《春秋左氏傳》僖四年《杜預集解》無「且險也」三字。又《輿地記》云：「方城縣西有黄家山。」一名黄城山。詳見唐州山川類。房州竹山縣有方城山，亦云住過方城以爲城。按杜預注但云：「山在葉縣南也。」

又 馬鞍山，在葉縣東南九十里舞陽廢城界。其山頂形勢似馬鞍，故云。

元·虞應龍《大元一統志》卷八《江浙等處行中書省·處州路·山川》 雨簑巖，在《永樂大典》依明代建制在下增「浙江處州府」五字，今刪。縉雲縣仙都之西。潭心有小島，上有怪石奇樹。潭之南有石壁，高可百仞。其東復聳一巖，上廣下斂，曰雨簑巖。

元·虞應龍《大元一統志》卷八《江浙等處行中書省·汀州路·山川》 卧龍山，爲本郡主山，山脈分支於贛之寧郡。白鶴仙遷郡治於此，郡居子位。山象蜿蜒有龍之象，城内東山爲龍首，横崗爲龍脊，西峯羅漢院爲龍尾。州治盤礴，實占龍腹。偃卧如龍狀，故名卧龍山。

又 南山，在長汀縣南三里。屹然如屏，其下坦夷。王象之《紀勝》云：「青葱可愛。」山下有文殊、同慶二寺。陳軒詩云：「紆《輿地紀勝》一三二「紆」作「呀」。玉洞，屹立分雙户。天生雙佳景，常恐塵土汙。」然盤《輿地紀勝》「盤」作「碧」。

又 梁山，在武平縣東三十里。嵯峨險峻，其形疊出，聳雲霄間。山上有儸巖，有天蓮池，有覆釜石。

元·虞應龍《大元一統志》卷九《江西等處行中書省·瑞州路·山川》 五峯山，在新昌州。在州西北一百里廣賢鄉。山有五峯：東曰歸雲，曰積翠，西曰月《輿地紀勝》二七「月」作「折」。桂，曰羅漢，中曰佛巖，因名。

元·虞應龍《大元一統志》卷九《江西等處行中書省·贛州路·山川》 東龕巖，在《永樂大典》依明代建制在下增「江西贛州府」五字，今刪。興國縣東二十里。唐鍾令公紹京讀書處也。巖前有飛泉。潺然若紛帨之下垂，盛夏不涸。扁舟溯「溯」原誤「泝」，今正。流而入，峭壁夾峙，一水縈帶，深不可測。行方未半，有索水流石罅間，若玉繩焉。約里許，舍州躋石磴百餘級，度木橋，橋僅容足。然後至讀書堂，可坐數十人，有石案、石硯、石印，巋然具存。面前一峯，挺特如筍。

元·虞應龍《大元一統志》卷一〇《湖廣等處行中書省·潭州路·山川》

明月嶺，在醴陵州疑有脱字。九十里。南抵攸州界，西抵湘潭界。其上有石，夜明如月，舊傳可照耕績，故名。

元・虞應龍《大元一統志》卷一〇《湖廣等處行中書省・道州路・山川》 同山嶺，在永明縣東南四十里興化鄉。其高半都龐，周四十里。界永平、江華、營道間。五季郡守唏利乃於同傍加金，請興坑冶，連歲勞擾，民以爲病，後廢。

又 黄甲嶺，本名寒拍町。在永明縣南三十里興化鄉。皆青石，無峻嶺。有歐陽氏居其傍，登進士科，故訛爲今名。

又 都龐嶺，在永明縣。諸山之最高大者。在《永樂大典》依明時建制在下增「道州府」三字，今刪。永明縣北五十里允山鄉東掩山西南。連荆峽鎮。其絶頂曰都逢，土人語訛，呼逢曰龐。亦名永明嶺，縣以此得名。

元・虞應龍《大元一統志》卷一〇《湖廣等處行中書省・永州路・山川》 五峯嶺，在永州東安縣資福寺之側。怪石林立，上有五峯亭，盡覽一縣江山之秀，故名。

又 黄羆嶺，在永州祁陽縣北三十里。巖壑深邃，舊傳有羆居之，故名。

元・虞應龍《大元一統志》卷一〇《湖廣等處行中書省・鬱林州・山川》 飛雲山，在博白縣西六十里。山勢崇峻，中有巨石，有大人跡。又有石函，恒有蛇吐珠，原脱「吐珠」二字，據《輿地紀勝》一二一補。夜出光焉。《博白志》云。

又 宴石山，在博白縣西南六十里。其山皆盤石，而壁立峭絶。北臨大江，中有流泉噴激。有二石。

元・虞應龍《大元一統志》卷一〇《湖廣等處行中書省・容州・山川》 白石山，在陸川縣之南。山色潔白，四面懸絶。上有飛泉瀑布。下有勾芒木，可以爲布。俚人斫之，新條更生，取皮績以爲布。

元・虞應龍《大元一統志》卷一〇《湖廣等處行中書省・藤州・山川》 秀峯山，去岑溪縣二里。山勢聳秀。高三十餘丈，周圍二里。

元・楊譓《至正昆山郡志》卷一《山》 馬鞍山，在舊治西北三里，高七十丈。上下前後皆擇勝爲僧舍，雲窗霧閣，間見層出，吴人謂真山似假山也。

元・乃賢《河朔訪古記》卷上《常山郡部》 元氏縣西北三十餘里，曰封龍山。《星文圖》曰：「山應軒轅十星，屈折若飛龍之狀，故云。」山陽有龍首峯，高二百丈，上有立石數莖，望之若龍骨也。峯東北五里，又有獅子峯，高五百丈，若獅子蹲踞。又有熊耳峯，高五百丈。又有玉石峯、螺峯、南北天井，皆西北最高之峯，各以其形相類而名也。又有石人峯，在東南隅，三石相向屹立，各高三四丈，儼如人形。又有孩兒、華蓋二峯名。仙人臺，則在螺峯之西，怪石相承如臺故云，山絶頂有二塔。獅子峯後數百步，有白雲洞，世傳張果老所居。又有龍井，而水簾在龍泉之上，垂二丈許，雖祁寒不凍，大旱，禱輒應云。

元・陶宗儀《南村輟耕録》卷一 萬歲山，在大内西北太液池之陽，金人名瓊花島。中統三年，修繕之。其山皆以玲瓏石疊壘，峰巒隐映，松檜隆鬱，秀若天成。引金水河至其後，轉機運㪺，汲水至山頂。出石龍口，注方池，伏流至仁智殿後，有石刻蟠龍，昂首噴水仰出，然後東西流入于太液池。

元・陶宗儀《南村輟耕録》卷七 金鰲山。吾鄉于佩遠先生(演)《題金鰲山》詩曰：「金鰲之山金碧浮，重玄寶坊居上頭。鐘聲夜渡海門月，樹色遠攬豐山秋。龍伯國人真妙手，掣此巨靈鎮江口。丹丘逸士來跨之，石窪爲尊江当酒。黄鬚天子七寶鞭，黄頭漁郎櫂江船。百年塵跡果何在？芒碭雲夫山蒼然。歷試諸難固天造，中興开國何草草。腹心有疾日月昏，英雄無聲天地老。兩宫不歸汴水流，此地空傳帝子遊。惜無健筆驅風雨，一洗江山萬古愁。」此詩至今膾炙人口。山枕海，屬臨海縣章安鎮。初，宋高宗在潛邸日，泰州人徐神翁云能知前來事。

又 委羽山。吾鄉台之黄岩諸山，脈絡相連，屬大江越州治北。自州出南門，陸行四五里許，有委羽山，特立不倚，形如落舞鳳，故得名。然州人與之朝夕者，俱弗自知其爲勝。山旁廣而中深，青樹翠蔓，陰翳蓊鬱，幽泉琮琤，若鳴珮環於修竹間，千變萬態，不可狀其略。

元・脱脱等《遼史》卷三七《地理志一》 （上京臨潢府）又有御河、沙河、黑河、潢河、鴨子河、他魯河、狼河、蒼耳河、輞子河、臚朐河、陰涼河、豬河、鴛鴦湖、興國惠民湖、廣濟湖、鹽濼、百狗濼、火神淀、馬盂山、兔兒山、野鵲山、鹽山、鑿山、松山、平地松林、大斧山、列山、屈劣山、勒得山——唐所封大賀氏勒得王有墓存焉。

又 （祖州，天成軍）有祖山，山有太祖天皇帝廟，御靴尚存。又有龍門、黎谷、液山、液泉、白馬、獨石、天梯之山。

又 （慶州，玄寧軍）有黑山、赤山、太保山、老翁嶺、饅頭山、興國湖、轄失濼、黑河。

又 （饒州，匡義軍）有潢河、長水濼、没打河、青山、大福山、松山。

元・脱脱等《遼史》卷三八《地理志二》 （東京遼陽府）駐蹕山，唐太宗征高麗，駐蹕其巔數日，勒石紀功焉，俗稱手山，山巔平石之上有掌指之狀，泉出其中，取之不竭。又有明王山、白石山亦曰横山。

雙山、松山、土河。

又（遼州，始平軍）有遼河、羊腸河、錐子河、蛇山、狼山、黑山、巾子山。

元·脱脱等《遼史》卷三九《地理志三》（中京大定府）有七金山、馬盂山、

又（興中府）有大華山、小華山、香高山、麝香崖——天授皇帝刻石在焉、駐龍峪、神射泉、小靈河。

又（錦州，臨海軍）有大胡僧山、小胡僧山、大查牙山、小查牙山、淘河島。

元·脱脱等《遼史》卷四〇《地理志四》（檀州，武威軍）有桑溪、鮑丘山、桃花山、螺山。

又（易州，高陽軍）有易水、淶水、狼山、太寧山、白馬山。

元·脱脱等《遼史》卷四一《地理志五》（弘州，博寧軍）有桑乾河、白道泉、白登山，亦曰火燒山，有火井。

又（奉聖州，武定軍）有兩河會、温泉、龍門山、涿鹿山。

又（可汗州，清平軍）又有温泉、版泉、磨笄山、雞鳴山、喬山、歷山。

明·陸容《菽園雜記》卷一 雁蕩山之勝，著聞古今，然其地險遠，至者絶少。弘治庚戌十月，按部樂清，嘗一至焉。蕩在山之絶頂，中多葭葦，每深秋鴻雁來集，故名。山僧亦不能到其處，聞之樵者云然耳。山下有東西二谷：東谷有剪刀峯、瀑布泉，頗奇，大龍湫在其上。西谷有常雲峯，在馬鞍嶺之東，展旗、石屏、天柱、王女、卓筆諸峯，皆奇峭聳直，高插天半，而不沾寸土。其北最高且大，横亘數十里，石理如湧浪，名平霞嶂。靈岩寺在諸峯巑岏中。於此獨立四顧，心目驚悸，清氣砭骨，似非人世，令人眷戀裴回，不忍舍去。回視西湖飛來等峯，便覺塵俗無餘韻矣。平霞嶂西一洞，中有石，下垂泉，涓涓出二竅中，名象鼻泉。古今題詠頗多，别有《遊雁蕩山記》。

明·陸容《菽園雜記》卷一二 大江中金、焦二山，金以裴頭陀開山得金而名，焦以焦隱士所居而名。近遊焦山，讀徐武功《壯觀亭記》云：「古稱金鰲、浮玉二山，爲江、漢朝宗于海之門户，即今京口金、焦是已。蓋省文易名，因以淆譌，故郡志無考。然焦有古刻浮玉之名，尚存凸石，而江表之人，猶稱焦門，爲可證焉。是以金山爲金鰲，焦山爲浮玉矣。疑而考之郡志及它紀載，則金鰲乃金山中亭名，浮玉本金山别名也。焦山所刻二字，筆勢肥弱，蓋宋、元人所書。」武功所云，不知何據。

明·陸容《菽園雜記》卷一三 西湖相近諸山，如飛來峯、石屋寺、烟霞洞等處，皆巖洞深邃可愛。然每處刻佛像，破碎山壁，亦令人可厭。飛來峯散刻洞外，石屋寺刻洞中，大小至五百餘像，烟霞洞所刻尤多，蓋皆吴、越及宋人之製。予《烟霞洞詩》有「刻佛過多清氣減」之句，正以其可厭耳。

明·畢恭《遼東志》卷一《地理·遼陽》 鞍山，城西南六十里。龍鳳山，城東南四百里，大嘉江出焉。鳳凰山，城東南三百六十里，上有疊石古城，可容十萬衆。華表山，城東六十里，因丁令威化鶴得名，俗呼爲横山。平頂山，在城東一百里，周迴三十里，其頂平敞可耕稼，有泉涌出，以石八角甃之，其中有魚。通明山，城南九十里，下有洞。老鴉山，城東三百里。石城山，城東五十二里，上有古城石疊。連山，城東南一百八十里，有關。斡羅山，城東北五百里，大梁水出焉。安平鐵山，城東南一百里，一名天城山，有鐵場。黑山，城南一百八十里。沙場山，城東一百五十里。石門山，城東南四十里。孤山，城南五十里。小尖山，城東北一百里。馬兒山，城北九十里。浪子山，城南九十里。洪山，城東九十里。

明·畢恭《遼東志》卷一《地理·錦州》 紫荆山，城東十八里，多産紫荆故以名。望海山，城東南十五里，可望到滄海。平土山，城南七十里。虹螺山，城西六十里。白雲山，城西二十五里。孤山，城西南三十里。駱駝嶺，城西三十里。乳峯山，城西南七十里，中峯如蓋，東西十二里，城北向懸崖有竇，方深丈許，泉溜如乳，甘洌可飲。女兒山，城西南五十里。翠幕山，城北十里。雲頭山，城西北二十里。梯子山，城北二十五里。松山，城南二十五里。唐帽山，城北四十里。杏山，城西南四十里。聖水山，城東南五十里。團山，城東南五十里。饅頭山，城北十五里。碌碡山，城北六十里。木葉山，城東三十里。翠巖山，城西北四十里。

明·畢恭《遼東志》卷一《地理·寧遠衛》 三首山，城東五里，有泉形如人，三首故名。八塔山，城西南二十五里，上有八小塔。大虹螺山，城東北六十里，層巒疊嶂。大團山，城西南三十里。小紅螺山，城東北五十六里。南金山，城西南三十里。鷹窩山，城北二十里。鐵帽山，城西十八里。望海山，在海岸，城東十八里。臥牛山，城南八里。小鞍山，城東北三十里。鎮山，城西北二十里。雙山，城西北二十里。棗山，城西北八里。轉頭山，城西一十五里。寨兒山，城東北三十五里。長山，城西南六十里。小筆架山，在海中六十八里。罩笠山，城東四十五里。龜兒山，在海中，城西南水路四十里。

明·畢恭《遼東志》卷一《地理·開原》 黄山，城東北十五里。塔兒山，城東二十里。松山，城東六十五里。兔兒山，城西南一百五十里，在遼河西岸。刀

山，城西南一百五十里，在遼河西岸。蹕山，城西南一百五十里，在遼河西岸。熊山，城西北一百九十里，在遼河西岸。分水嶺，東嶺，城東二百五十里，在密河西岸。北嶺，城北二百里，在艾河南岸。曲呂金山，城西北三百五十里，近遼河北岸，東金山南。東金山，城西北三百八十里，遼河北岸，西金山東。團山，城東南三十里。梁山，城東南三十里以上，俱境內。馬鞍山，城東北四百里，在建州東。西金山，城西北四百里，遼河北岸。牛心山，城東北二百五十里，在艾河北，土河東。阿兒干山，城東北三百五十里，在信州東南。濛溪山，城東七百四十里，在松花江東岸。長白山，在城東北千余里，横亘千里，其巔有潭，周八十里，南流爲鴨緑江，北流爲混同江。

明・畢恭《遼東志》卷一《地理・鐵嶺衛》 龍首山，城東二里，上有龍王堂。平頂山，城西北二十里。松山，城東三十里。虎頭山，城東一百一十里。東塔山，城東二十里。帽子山，城南十里。寒坡嶺，城南六十里。大馬山，城南五十里。百洛山，城南三十里。小東山，城東十里。小平山，城南五十五里。大灰山，城南六十里。黄山，城西南六十里。豬兒山，城西南六十里。塔兒山，城西南四十里。峯山，城北十里。紅崖山，城西十五里。苫茅山，城西北十里。保山，遼河西，城西北三十五里。馬鞍山，遼河西，城西一百一十里。上塔兒山，遼河西，城南八十里。下塔兒山，遼河西，城西南九十里。水口山，本衛城東。汎河東山，去城五里，上有古塔，下有仙洞。

明・畢恭《遼東志》卷一《地理・復州衛》 明山，城東七里。平頂山，城東十里。萬灘島，城東海中。鍋鐵山，城南十里。香山，城南六十里。欒古山，城南六十里。中島，城西南五十里。松山，城東南六十里。塔山，城西南八十里，山頂有塔。長山島，城西南八十里，有塔。駱駝山，城西三十里。石家島，城西四十五里。饅頭山，城西南海中五十里。風山，城西海中五十里。花山，城北八里。西平山，城西南二十五里。青山，城西南二十五里。黄山，城西南二十五里。黑山，城東四十里。白山，城東四十里。冷口山，城東北九十里。龍泉山，城南四十里。馬欄山，城東南三十里。馬鞍山，城南四十里。墳門島山，城西南五十里。茶河島，城西南五十里。

明・都穆《遊名山記》卷二《金山》 雲龍山，在徐州城南二里，《州志》謂山有雲氣，蜿蜒如龍，故名。

明・都穆《遊名山記》卷三《牛首山》 金陵多佳山，其可遊者稱牛首山爲最。據城之南初名牛頭，以其雙峰并峙，若牛角。然佛氏書所謂江表牛頭是也。晉王丞相導嘗指以語人曰此天闕也，後又名天闕山。

明・都穆《遊名山記》卷三《寶石山》 壬戌秋八月既望，予至杭聞西湖之上有寶石山甚勝。【略】山俯瞰全湖，一碧萬頃，而吴山前據類屏障，然其他若鳳凰、南屏之山，萬松、慈雲之嶺，又皆蜿蜒迴拱，欲趨而先，其東則錢塘之江，瀰漫浩渺，極目無際，而西陵諸山，出没煙霏翠靄間，誠天下之絶境也。

明・都穆《遊名山記》卷三《南岳銅棺二山》 己未潘氏東南十里，行山峽間，竹樹陰翳，無往來者，所值惟樵人一二，二里至南岳山。按：南岳本衡州之衡山。吴孫皓以陽羨山石裂爲瑞，遣使封之，改曰國山，遂禪此爲南岳。

明・邵寶《慧山記・圖》 慧山有九峯，峯各有澗，澗各有鳴，起伏層疊，故名「九龍」，狀其形也。

明・邵寶《慧山記・慧山》 錫因山爲邑，實乘其氣，言勝者先焉。山廣衍周匝，其西北爲崹峒，爲青山大穹，有巖嶂迴抱之勢，西南爲獨山，爲石塘軍將，有蜿蜒盤礴之狀，皆五十里爲距於湖，蓋連亘凡百餘里。

又 慧山於錫諸山最大，其脈由蜀楚宛轉相承，歷天目而來，至是峰九起，故又曰「九龍」。泉出龍首爲第一峰，其第九峰號「龍尾」，南爲璨，北爲熸峒，二山間爲慧錫山，其東峰也，古今稱者曰「西神」。

明・邵寶《慧山記・石》 九龍之狀，以峯隖得之，山無它奇，惟此盤旋聳伏若蟄若飛，有生氣焉。豈初融結時，推盪之勢成此形乎，不然造物者將亦有意耶，烏乎異哉！

又 山有九峯，峯各有澗，澗各有隖，起伏層疊，故名「九龍」，其天矯之形，固由於峯隖相間，如皴如劃而成也，過此則爲龍尾陵。

又 第一峯下臼石隖。下有諸泉及遊山路，北過寺門，歷照山直抵桃花隖。

又 第二峯下桃花隖。峯名「照山」。又名「繡嶺隖」，中有聽松庵。

又 第三峯下擔鉤隖。左有時思庵基。

又 第四峯下王家隖。下有灰堆，石高大各丈許。

又 第五峯下宋隖。隖有秦方伯夔五峯草堂，堂左有天金亭，亭前有鏡光石、涼棚石，又有獅子石、天公足跡石。

又 第六峯下馬窰隖。下有三台墩，立刻「品」字，又名「大勝墩」。

又 第七峯下望公隖。此峯最高，上有雙石門，下有青墩。元時有宋宗室若巖築

「悟空精舍」，隱居其中。

又　第八峯下仙人隖。上厓險絶，有石穴如篩，相傳中有毒物，不敢窺。下有五步墩，樵牧聚遊。

又　第九峯下火鴉隖。又名「火義隖」，以形名。下有平地，方數丈，俗呼「裴柴場」。山身下垂，迴環如掉尾，爲龍陵道。上有白龍潭，下有蔣忠文公別業，榜曰「雲龍小隱」。

明・邵寶《慧山記・雜考》　邑之山莫大於慧，錫爲東峰，在第一峰前，精華所萃而産錫焉。

又　歷山，晉宋時號也。《郡國志》云：「南方多以北方山川之名名其地」，故此爲「歷山」，擬舜所耕者。山北有石田，曰「舜田」，井曰「舜井」，有邨因謂之「歷邨」。《邑志》。

又　案《前漢書・地理志》注，無錫縣有歷山。春申君時，歲祠以牛，爲名山也，非慧曷足當之。况湛氏草堂，亦與寺邇，然則古之歷，其即今之慧歟。

又《南徐記》云：「慧山南北數十里，則縣西諸山，凡同脉者皆可用『慧』稱。」陸羽記云：「連亘二百餘里，則太湖諸山凡與慧山勢接者，亦可以稱『慧』」。《邑志》。

明・陳沂《游名山録・秦觀峯》　千巖萬壑上孤峯，峻極堪爲五嶽宗。玉帛到今非魯望，金函於此是秦峯。淩空已絶飛橋路，歷劫猶存偃蓋松。指點仙山盡東海，羽翰無奈欲相從。

明・陳沂《游名山録・日觀峯》　東峯近暘谷，夜半見朝曦，光被有先後，照下元無私。

明・陳沂《游名山録・游匡廬山記》　東南有高山，惟匡廬南康在山之陽，九江在山之陰，實二州之鎮，盤據三百餘里。左距彭蠡，後阻江漢，右挽全楚，前俯豫章諸州，有崇峯峻嶺，飛泉絶壑，良田嘉木。

明・陳沂《游名山録・五老峯》　廬山高高，嵯峨嵯峨，插天入磊，硐學星羅。數峯更不數泰華，窮源何足窮岷嶓。相聯五岫聚閶闔，直挂一水傾銀河。銀河度鵲梁閶闔，降鸞梯梯懸崔嵬。接雲雨梁飛縹緲。

明・陳沂《游名山録・華表峯》　孤峯千仞起，疊石上青霄。閶闔垂天柱，扶桑出海標。夕陰横亘野，曙色早侵朝。仰視何攀絶，秋空鴈影遥。

明・黄衷《海語》卷二《畏途・崐屯山》　山在大佛靈南，凡七嶼七港，是謂七門，其旁洲嶼，皆翼然環列，適諸國者，此其標也。其山多兕犀、野馬、巨麕、異蛇，大木復多。平川沃壤數百頃。椰樹駢生，墮實彌谷，冬瓜延蔓，蒼藤徑寸。實長三四尺，大踰一圍，糜腐若泥淖，然船欲樵蘇，非百人不敢。即往老估嘗鑱崖壁識嶮以示防云。

明・王瀛《西湖治興》卷上《飛來峰》　窈窕飛來峰，天斵芙蓉朵。晴陰積翠濃，亂石似堆垛。

明・田汝成《炎徼紀聞》卷二　斷藤峽，舊名大藤峽，云其江發源柳慶，東繞潯州，碕矗磯排，灘瀧洶湃，兩岸萬山盤礡六百餘里。

又　茶山，羅運之隩，谺問龍從，沈雲晝結，懸蹬回繞，絶壁臨谿，手挽足移，十步九折，其幽崖奥谷是生狑人。

明・田汝成《西湖遊覽志》卷一《西湖總叙》　西湖諸山之脈，皆宗天目。天目西去府治一百七十里，高三千九百丈，周廣五百五十里，蜿蟺東來，淩深拔峭，舒岡布麓，若翔若舞，萃于錢唐，而峿萃于天竺。從此而南，而東，則爲龍井，爲大慈，爲玉岑，爲積慶，爲南屏，爲龍，爲鳳，爲吴，皆謂之南山。從此而北，而東則爲靈隱，爲僊姑，爲履泰，爲寶雲，爲巨石，皆謂之北山。南山之脈，分爲數道，貫于城中，則巡臺、藩垣、帥閫、府治、運司、黌舍諸署。清河、文錦、壽安、弼教、東園、鹽橋、褚塘諸市。在宋則爲大内、德壽、宗陽、佑聖諸宫，隱隱賑賑，皆王氣所鍾。而其外邏則自龍山，沿江而東，環沙河而包括，露骨於茅山、艮山，皆其護沙也。

又　南北諸山，峥嶸迴繞，匯爲西湖，洩惡停深，皎潔圓瑩，若練若鏡，若雙龍交度，而頷下夜明之珠，抱懸不釋，若蓮萼層敷，柎瓣莊嚴，而馥郁花心，含釀甘露。

明・田汝成《西湖遊覽志》卷二《孤山三堤勝蹟》　孤山，巋介湖中，碧波環遶，勝絶諸山。

明・田汝成《西湖遊覽志》卷三《南山勝蹟》　南屏山，峯巒聳秀，怪石玲瓏，峻壁横披，宛如屏障。淩空而中峙者，爲慧日峯。

又　雷峯者，南屏山之支脈也。穹窿迴映，舊名中峯，亦曰迴峯，宋有道士徐立之居此，號迴峯先生，或云有雷就者居之，故又名雷峯。

又　南屏山之西，爲九曜山，發祥祠。九曜山與赤山聯屬，舊有九曜星君殿。

又　高峯在南北諸山之界，羊腸詰屈。松篁葱蒨，非芒鞋布襪，努策筇杖，不可陟也。

又 山椒巨石，屹如峨冠者，名先照壇，相傳道者鎮魔之所。

明・田汝成《西湖遊覽志》卷四《南山勝蹟》 自太子灣而西，爲玉岑山，其對爲赤山，惠因澗，惠因講寺。

又 玉岑山，相傳其山産玉，故澗媚異常。孤峯秀拔，層巒繚繞，中有古木倒植，森翠淩冬。

又 小麥嶺，其地宜麥，故名。西有支徑，可通大麥嶺，蓋積慶山之陂陁迤邐者。

又 積慶、永清二山在後，平鼎山在左，湖山在前，凡錢唐城邑，江湖之勝，近在几席，乃南北二峯中之最高山也。

又 又西，爲大麥嶺，其傍爲花家山。大、小麥嶺，當南、北兩山之界，又西北過仙芝嶺，出九里松。

又 花家山，一名蛇山，瀕湖而登，爲茅家埠。

又 靈石山，亦名積慶山，林壑中時有景光蜿蜒扶輿，狀若異物。山畔有平鼎、永清、馬鞍、延壽等山。

又 獅子峯，高出羣岫，可瞰江滸。北望天竺諸峯，疊秀如畫，楊廉夫《獅子峯觀潮》詩：「海國梅清瘴雨收，胡床高踞碧獅頭。三韓水接天無盡，百越山窮地欲浮。樓閣剛風吹碧蜃，旌旗落日照紅鰍。行人莫問驅潮事，潮落山西淺十洲。」

又 嶺北，爲棊盤山。山頂有方石，舊傳丹砂爲局，子分黑白，今已漶漫。登其巔，則江湖之勝，皆可環眺矣。

明・田汝成《西湖遊覽志》卷五《南山勝蹟》 又西南，爲大慈山、定慧禪寺、虎跑泉。大慈山，去城可十里，在龍山西，其北有樵歌嶺、戒定巖。

明・田汝成《西湖遊覽志》卷六《南山勝蹟》 梯雲嶺，石磴峻絶。嶺下舊有水月寺，宋太平興國二年建，元末燬。有水月池、靈固石。蘇子瞻詩：「千尺長松掛薜蘿，梯雲嶺上一聲歌，湖山深秀有何處，水月池中桂影多。」

又 慈雲嶺者，龍山支脈也，故其山名寺額，多以龍名。石壁間篆刻，梁單閼之歲，興建龍山，至涒灘之歲，開慈雲嶺一十八字。嶺之巔有亭，曰「江湖偉觀」。嶺下有觀音洞，洞口有下石龍庵，今廢。

又 嶺之南，爲龍山。龍山，一名臥龍山，又名龍華山，與上、下石龍相接，去城南可十里許。天目分支，沿江而東，結局於此，蜿蜒若遊龍然。山北有鴻鴈池，其東爲白塔嶺。

明・田汝成《西湖遊覽志》卷七《南山勝蹟》 自清波門折而東南，爲鳳凰山。鳳凰山，兩翅軒翥，左薄湖滸，右掠江濵，形若飛鳳，一郡王氣，皆藉此山。自唐以來，肇造州治，蓋鳳凰之右翅也。錢氏因之，遞加拓飾，逮于南宋建都，而兹山東麓，環入禁苑。張閎華麗，秀比蓬崐，佳氣扶輿，萃于一脈，開署布政，駐輦宅中，民吏之所憑依，帝王之所臨涖，隱隱賑賑者六七百年，可謂盛矣。元時，納胡僧之説，即故宮建五寺，築鎮南塔以壓之。

又 萬松嶺，夾道多巨松，在唐時已有之。白樂天《湖上夜歸》詩：「半醉閒行湖岸東，馬鞭敲鐙轡玲瓏，萬株松樹青山上，十里沙堤明月中。樓角漸移當路影，潮頭欲過滿江風，歸來未放笙歌散，畫戟重開蠟炬紅。」南宋時，密邇大内，碧瓦紅簷，鱗次櫛比。今夷爲大塗，而松亦無幾矣。

又 八蟠嶺，在萬松嶺右，過北而南，可達月巖。王元章詩：「路遶危垣上，風高松檜鳴，花飛殊失意，草長不知名。遊客諮遺俗，居民指舊京，浮屠天末起，瞻望忽傷情。」

又 月巖，石壁削立，有隙如鏡，中秋蟾魄斜圓，清輝滿隙，若合璧然。其旁有月榭。陳天瑞詩：「怪石堆雲矗太空，女媧錬出廣寒宮，一輪常滿陰晴見，萬古無虧晝夜同。搗藥聲繁驅白兔，漏天孔正透清風，光明自照如來境，肯學姮娥西復東。」王伯安《飲月榭别王侍御赴兩廣》詩：「湖山久係念，塊處限形蹟，遥望一水間，十年靡由即。軍旅起衰廢，驅馳豈遑息？前旌道回岡，取捷上崎側。新構鬱層椒，石門轉深寂。是時霜始降，風凄羣卉折。壑靜響江聲，窗虚涵海色，夕陰下西岑，涼月穿東壁。觀風此餘情，撫景見高臆。匪從羣公餞，何因得良覿？南徼方如燬，救焚豈辭亟，來歸幸有期，終遂尋幽僻。」

明・田汝成《西湖遊覽志》卷八《北山勝蹟》 寶石山，本名巨石山，高六十三丈，周一十三里，錢王封爲壽星寶石山，羅隱爲之記。其下爲寶稷山，山下有乳泉、佛足泉，其絶頂爲寶峯。

又 石屏風、獅子峯，皆以形似名之。石屏風下，舊有石屏院。獅子峯，一名巾子峯，林和靖詩「巾子山頭烏臼木，微霜未落葉先紅。」者是也。屯霞石，色赭如霞，介立崖畔。

又 虎頭巖，山形突出，若虎頭然。

明·田汝成《西湖遊覽志》卷九《北山勝蹟》 仙姑山之西，東山衖口，可通古蕩，西溪。靈隱山脈，至此少伏，若斷而連。其傍桃花衖，舊有淨勝院，俗稱昇仙宮，宋時，女僧妙清建，高宗嘗臨觀焉。有御愛松，院側有乾、濕水洞。

又 法華山，去靈隱山後可里許，去北十里爲西溪。秦亭則法華之分脈也，俗訛爲蜻蜓山。

明·田汝成《西湖遊覽志》卷一〇《北山勝蹟》 駝巘嶺，一名駝苑嶺，有濟王墓。

又 飛來峯，界乎靈隱、天竺兩山之間，蓋支龍之秀演者，高不踰數十丈，而怪石森立，青蒼玉削，若駭豹蹲獅，筆卓劍植，衡從偃仰，益玩益奇。上多異木，不假土壤，根生石外，矯若龍蛇，鬱鬱然丹葩翠蕤，蒙冪聯絡，冬夏常青。烟、雨、雪、月，四景尤佳。其下巖洞窈窕，屈曲通明，壁間布鐫佛像，皆元浮屠楊璉真伽所爲也。晉咸和元年，西僧慧理登而歎曰：「此乃中天竺國靈鷲山之小嶺，不知何以飛來，仙靈隱窟，今復爾否？」因樹錫結庵，名曰靈隱，命其峯曰飛來。支分而回拱者，曰靈鷲，曰稽留，曰月桂，曰蓮花，盤礴照曜，争奇而競秀，乳漉泠泠，大旱不絶。

又 其水南流者，謂之南澗；北流者，謂之北澗。南澗自合澗橋遡流至白雲峯之下，凡八逾橋，其七，石也；其一，木也。北澗自龍脊橋遡流至西源峯之下，凡七逾橋，其四，石也；其三，木也。南澗之源，出自白雲峯而東注，會他支澗，逾第八橋之西，會奚家澗，入新移澗，出閘口曲流，北經合澗橋。北澗之源，出自西源峯而東注，過騰雲塢，傴楓樹塢，湍于第五橋下，浸飛來峯趾，滙于西塢，漾渟于洗耳潭，瀦于渦渚東嶼，亦曰暖泉，潄灩于冷泉亭下，經呼猿、石門澗，潛激于龍脊橋，東經合澗橋，又東二里過行春橋，出靈隱浦，入西湖，謂之錢源。泉之南出者七，曰月桂，曰伏犀，曰丹井，曰永清，曰偃松，曰聰明，曰倚錫。月桂在天竺寺之右，伏犀在飛來峯之巔，其餘皆出支塢。泉之北出者九，曰冷泉，曰韜光，曰白沙，曰石笋，曰白公茶井，曰無著偃松，曰永安，曰彌陀，曰騰雲。惟冷泉在澗壖，其餘皆出支塢。

又 北高峯，石磴數百級，曲折三十六灣，上有華光廟，以奉五顯之神。

又 石笋峯，一名卓筆峯，高數十丈，圓峭特立。

又 栗山，高六十二丈。石人嶺，一名馮公嶺，形如人狀，雙髻聳然。下有洞府，名玉女巖，一名新婦石。

明·田汝成《西湖遊覽志》卷一一《北山勝蹟》 靈鷲峯，即飛來峯之別名也。靈隱、天竺，皆慧理道場，而桂子天香之景，兩寺共之。

又 月桂峯，唐天聖中，秋月甚朗，降靈實於茲山，狀若珠璣，璀璨奪目，有異人識之，因曰：「此月中桂子也。」遂以名峯。故宋之問詩云「桂子月中落」，白樂天詩云「宿因月桂落」，皆謂是耳。峯下舊有月桂亭，慈永《拾桂子》詩：「丹桂生瑶實，千年會一時，偏從天竺落，祇向月宮知。出海光輪滿，當軒玉樹欹，嬋娟含素影，凌亂下空墀。泉客珠連泣，秋荷露忽垂，林間僧共拾，猶誦樂天詩。」《種桂子》詩云：「嫦娥有深意，飛下白雲關。爲惜仙家樹，移栽佛國山。蟾宫人可拆，鷲嶺世稀攀。他日歲寒裏，杉松相倚間。」

又 稽留峯，相傳堯時，許由隱居茲山，遂名許由峯，而訛爲稽留。盧同父詩云「問山何以名靈隱？山曰當年隱許由」者是也。或曰晉時許遠游，非許由也。然酈道元《水經》言：「昔有道士，入此不返，因以稽留爲山號。」則稽留之名，自漢、魏時已然，又非許遠游遺蹟矣。許遠游名邁，自餘杭垂雷山移入靈隱，茹芝吟詩，有終焉之志。嘗與王羲之書曰：「山陰、臨安、多金堂、玉室、瓊芝、瑶草，漢末得道之士在焉。」後不知所往，人謂羽化云。

又 蓮花峯，在山頂，孤石可四十圍，開瓣若千葉蓮花。梅詢詩云：「巨石如芙蕖，天然匪雕飾。盤薄峯頂邊，嬋娟秋江側，涉川試誰採，作礪當自惜。坐與榮落同，正心未嘗易。」

又 乳竇峯，在天竺寺南，下有空巖，懸乳如脂，甘和可啗。其西爲獅子峯、雙桂峯，又曰雙桂巖。其北爲白雲峯。其東爲天香巖、烏石峯。稍南爲中印峯，重岡疊巘，蒼翠輝映。又西爲蛾眉山。

又 幽淙嶺，俗稱水出嶺，病其不雅，易以今名。深壑泠泠，巉石齒齒，陟此者，必布襪芒屨，前後牽挽，三步一蹶，五步一躊，草樹四周，仰天一線，至捫壁嶺，則左迫峭嶂，右臨深溪，緣木扳蘿，方可舉趾。活沙者，流沙也，滑而善崩。上至天門，則諸山下伏，雙峯錐立，西湖鏡開。遊覽至此，譬諸洞開武庫，珍寶横陳，無復底藴。從此而東，則爲龍井，又南爲郎當嶺、小青嶺、大青嶺，升降相因，西湖或隱或見。又南，則爲五雲山矣。

明·田汝成《西湖遊覽志》卷一二《南山城内勝蹟》 吴山，春秋時，爲吴南界，以别於越，故曰吴山。或曰，以伍子胥故，訛伍爲吴，故《郡志》亦稱胥山，在鎮海樓之右。蓋天目爲杭州諸山之宗，翔舞而東，結局於鳳凰山。其支山左折，遂爲吴山。派分西北，爲寶月、爲蛾眉、爲竹園；稍南，爲石佛、爲七寶、爲金地、爲瑞石、爲寶蓮、爲清平，總曰吴山。奇崿危峯，澄湖靚壑，江介海門，回環拱固，扶輿淑麗之氣鍾焉。是以邑居叢集，華艷工巧，殆十萬餘家，魯甲寰宇，恢然一大都會也。其陟山之徑，有門曰「登高覽勝」，石磴斗折，可數百級許，元時平章答剌罕脱歡所甃也。立而環眺，則官司廨署，衛鎮崇嚴，闤闠街衢，紅塵霧起，市鎮隱賑，漏盡猶喧，道院僧廬，晨鐘暮鼓，青樓畫閣，雜以笙歌。升其巔，則縹緲凌虛，碧天四匝，山川包界，脈絡縷分。或昂而爲首，或穹而爲脊，或掉而爲尾，若亂若聯，運掌可數。

又 瑞石山，秀石玲瓏，巖竇窈窱，寒泉涓瀝，匯爲澄泓者，往往而有。清幽徹骨，空翠撲肌，湖山奧區，罕與倫比。槖駝峯，峭削凌空。雪風洞，谽谺曲徑，履舄所涉，栩栩然覺有仙風焉。薩天錫詩云：「天風吹我登駝峯，大山小山石玲瓏。赤霞日射紫瑪瑙，白露夜滴青芙蓉。飄飄雲氣穿石屋，石上凉風吹紫竹。掛冠何日賦歸來？煑石篝燈洞中宿。」

又 寶蓮山，與七寶山相連，舊有寶蓮寺，宋嘉定間，楊節使廢而爲園，徙寺于豐豫門外。

又 寶月山、蛾眉山、淺山、竹園山。寶月山，在布政司對，舊有寶月寺，上有黑龍潭，深窈如井。蛾眉山，在寶月山西，有八眼井。淺山，有漾沙坑、紫坊嶺，宋有七官宅、楊后宅、大佛寺，後改爲糧料院。竹園山，在今府治之西南，吴山一脈，獨趨而北，隱隱隆起，宋安撫趙與□建閣其上，平鑑西湖，扁曰「竹山閣」。

明・田汝成《西湖遊覽志》卷一四《南山分脈城内勝蹟》 螺獅山，一名狗兒山，上通烏龍潭。

又 候潮門之東，舊有茅山，高可尋丈。有河經之，曰茅山河，入保安水門，過保安橋，過軍橋，折而北，合流通江橋。

明・田汝成《西湖遊覽志》卷二〇《北山分脈城内勝蹟》 張君房云：「杭州武林山，在錢唐縣西南，靈隱寺在其上，寺東有水曰龍源，横過寺前，即龍溪也。」

明・田汝成《西湖遊覽志》卷二四《浙江勝蹟》 月輪山，在龍山南，形圓如月。其高聳者，爲月輪峯。

又 秦望山，去城南一十二里，高一百六十丈，相傳秦始皇東游江滸，欲度會稽，登山而望，故名秦望。

又 五雲山，去城南二十里，高數百丈，周十五里。五峯森列，駕軼雲霞，盤曲而上，凡七十二灣。俯視南北兩峯，若雙錐朋立。長江帶繞，西湖鑑開，帆檣擾擾烟霧間，若鷗鳧出没。

又 定山，高七十五丈，周七里一百步，突出江中，風濤至此，輒抑聲；過此，則雷吼霆擊矣。其西，兩峯壁立，名曰龍門。上有龍潭，能興雲雨。宋時，春、秋習水戰于此，有將壇存焉。下有浮嶼，潭深聚魚。對岸爲漁浦，謝靈運詩所謂「宵濟漁浦潭」者是也。沈約《早發定山》詩：「夙齡愛遠壑，晚蒞見奇山，標峯綵虹外，置嶺白雲間。傾壁忽斜豎，絶頂復孤圓。歸海流漫漫，出浦水濺濺，野棠開未落，山櫻發欲燃。忘歸屬蘭杜，懷禄寄芳荃，眷言採三秀，徘徊望九仙。」錢思復《定山十詠》「定山曉行」云：「前峯月吐五更初，空翠沾衣積雨餘。溪火夜明經略彴，澗雲秋重負籧篨。篠林虎與人争鬬，茅屋雞催客趁虛，不似闕山行役者，勞勞服賈遠牽車。」「朱梁夜泊」云：「長虹下飲逆流渾，雪色沙寒石鬬喧，晚飯鐘催隣驛寺，宵漁燈映並山村。」

又 潮自海門東來，勢若雷霆，而浮山峙于江中，與漁浦諸山相望，犬牙錯入，以亂潮水，洄洑激射，其怒自倍。沙磧轉移，狀如鬼神，往往于淵潭中，湧出陵阜十數里，旦夕之間，又復失去，雖舟師泗人，不能前知其深淺。

明・李攀龍《滄溟先生集》卷三《太山篇》 大東有神嶽，專名爲岱宗。日精攝海氣，吴野控其峯。

明・李攀龍《滄溟先生集》卷四《杪秋同右史南山眺望》 南山有幽意，駕言此徘徊。湖波蕩寒城，四座清光開。金天澄素景，秋氣何悲哉！繁陰遞白日，浮雲間往來。落木颯中林，流猋激巖隈。

明・李攀龍《滄溟先生集》卷五《送公實還南海》 羅浮之山何崔嵬，下臨莽蒼波濤開。

明・李攀龍《滄溟先生集》卷五《楊山人》 吴山一峯天目青，千林萬壑子雲亭。

明・李攀龍《滄溟先生集》卷七《同許右史遊南山寺宿天井寺》 古寺馬蹄前，荒山斷復連。階危孤石倒，厓響亂泉懸。喬木堪知午，迴峯半隱天。不因許玄度，誰此得攀緣？

明・李攀龍《滄溟先生集》卷七《同元美與子相公實分賦懷太山得鍾字柬順甫》 域内名山有岱宗，側身東望一相從。河流曉挂天門樹，海色秋高日觀峯。

明・李攀龍《滄溟先生集》卷九《過吴子玉函山草堂》 玉函山色草堂偏，恰有幽人擁膝眠。樹杪徑迴千澗合，窗中天盡四峯連。

明・李攀龍《滄溟先生集》卷一二《桃花嶺》　一度桃花嶺，煙霞處處新。

明・李攀龍《滄溟先生集》卷一二《塞上曲四首送元美》　燕山寒影落高秋，北折榆關大海流。

明・李攀龍《滄溟先生集》卷一三《酬許右史九日小山見贈》　我愛淮王上客賢，小山那在鵲湖邊。

又　湖上青山遶郭斜，翠微深處半人家。

明・李攀龍《滄溟先生集》卷一四《簡許殿卿》　玉函山色倚嵯峨，北渚清秋已自波。

明・徐渭《徐渭集》卷一九《徐文長逸稿》　天馬山房記：天馬山在松江郡城西北二十五里許，相傳爲干將鑄劍所，舊名干山。至唐天寶間始改今名，實華亭九峰之第八峰也。九峰者曰鍾寶山，曰佘山，曰細林山，曰玉屏山，曰羅山，曰鳳凰山，而鍾寶最勝，其勝以嘉樹林。曰機山，曰雲山，則最名，其名以二陸嘗讀書其處。是八山總天馬爲九峰，去天馬皆不過里許，既轉相映發。復有不列於九峰者，曰小赤峰，與天馬峙，殆若賓主然。夫緇黃之流，遇一丘半壑，往往剪結其間。

明・葉權《賢博編・遊嶺南記》　自南雄至廣州可八九百里，大抵禿山怪石，人烟稀少，羣巒出没。

又　會稽山禹穴，雖無迹可探，但今廟之所在，四山尊嚴莊重。大松數十，挺然疏秀，上干霄漢，至其中，令人神清骨聳，自非尋常褻遊之地。意穴去此不遠。窆石梅梁之真贋，何足論哉！

又　大庾嶺，一名梅嶺。余以十月度，僅見梅三數株，卧叢薄間，未開。南頭怪石縱横，或伏或起，稍似吴浙中人家假山，第草盛不盡其底。至於松，實余所未睹者也。

又　嶺表山形與中州稍異。峰巒向背，率若自出己意，非若吴浙中脈絡相貫者，如繪家所謂馬蹄、鬼臉、礬頭、披麻、亂雲、雨點諸皴法，一一有之。石甑山仿佛礬頭，亂石山遠如雨點，觀音山酷似披麻，黄巢磯儼然鬼臉，迴岐山依稀亂雲，今繪家所圖，多平遠土，僅有峰文，大小劈斧盡之矣。

明・盛時泰《棲霞小志・紗帽峰》　山勢自中峰而下，亂石峆岈，其色蒼黑，人稱爲疊浪巖。巖盡處一方龕，四面皆可上，上復一小洞，內鑿以佛，遠望之如紗帽。其上石罅，中有松，極爲寺之佳處。

明・宋雷《西吴里語》　今長興縣南六十里有青山，石竇通太湖及洞庭山，冬月常煖色如黛，故名。

又　吴興印渚，在於潛縣東七十里，渚旁有白石山，峻壁四十丈。

又　衡山，一名横山，在烏程縣南，兩山夾立，中流北駛，爲郡城南形勝之地。杜預注「衡山在吴興烏程縣南」即此也。

又　法華山，在烏程縣西北，東有石鳥。舊名石斗山。

又　武康銅官山，有石燕洞，燕之隱見以春秋分，與巢燕同，則其地多雨。

又　何山，在郡城南。晉何楷讀書於此，因名爲何山，與道場山相接。

又　烏程杼山，陸羽舊記云：「山高三百尺，周迴一千二百步。」夏后杼巡狩之所，下有夏王村，西北有夏駕山，又號稽留山，因遊者忘歸，故名。

又　吴興故鄣縣東三十里有梅谿山，山根直豎，一石可高百餘丈，至青而圓，如兩間屋，四面斗絶，仰之干雲外，無登陟之理。其上復有盤石，圓如車，蓋恒轉如磨，聲如風雨，土人號爲石磨轉，疾則年豐，轉遲則歲歉，驗之無失。

又　武康響應山，其上有大響山、小響山。

又　孝豐南嶼山，高三萬六千尺，一名白水山，山上有湖，其水色白。

又　武康獨蒼山，在縣東北，與烏程卞山俱爲吴興主山，故稱蒼卞。陰陽家言：「吴興主山，惟蒼與卞。」蒼即獨蒼，卞在郡城。二山岡來自鄣南天目。

又　含山，又名涵山，在歸安縣東南張玄之山墟，名云震澤，東望蒼然，茭葦煙蔚之中，高工卓絶，因以名焉。山有静慈院，其巔有浮屠。

又　長興飛雲山在縣西，山墟名云山，南有風穴，雲霧不得在。

又　烏程戴山，昔戴逵曾居於此，故名。有明義庵，山上有浮屠，庵前有巨石。

又　元釋明本號中峰，至元間愛弁山幽寂，可以禪栖。

又　歸安東林山水清秀，然氣象規模不甚深。

又　孝豐古浮山，在浮玉鄉，與浮玉山相接。

又　長興有大官山、小官山，在縣西北顧渚之側。其左右諸山，或爲茶園，或伐爲薪炭，惟此二山林木深茂，未嘗樵采。大官山頂有虎頭巖，狀如呀嘯，下有石門，可往來。張文規詩云「誰云隼旟吏長對」虎頭峰是也。

又　吴山，在長興南四十三里，梁吴均卜宅，唐均又居之。山下有谿，名吴山灣。昔吴王送女至此，有潮高三尺，倒流七十里，名吴王送女潮。

又　賽玲瓏去玲瓏山，近在一二里許。近歲沈氏抉剔爲之大率。此山十餘里閈，皆奇石也，今亦皆蕪没於空山矣。

又 昇山，在烏程縣東二十一里，一名烏山。《舊編》云：「古烏巾氏所居也。」一名歐餘山，一名歐亭山。

又 毗山，在烏程縣東北。

又 仁王山，在烏程縣西北九里，舊名鳳凰山，以山形似鳳也。故老相傳秦始皇以山有王氣，鑿其頸。今通舟，爲小河山之首，在南號糲山。

又 白石山，在長興縣東南，山謙之《吴興記》云：「山出白礬石。」

又 長興顧渚山，在縣西北，昔吴王夫槩顧其原隰平衍可爲都邑，因以名山。山産茶，名紫筍茶，號爲絶品。古有貢茶院。今水口茶山産茶尤多。

又 畫山，在烏程縣東北，産紫石英。其山東臨大谿，西帶長瀆。上有亭，臨望虚曠，名曰畫山亭，今廢。

又 白鶴山，在烏程縣西北，與長興接界，昔鄉人姚紗化白鶴遊此，因名山。山石精好，可爲碑版。

又 昔有烏子瞻避難於長城之北山，因曰烏瞻山。郡緝詩云：「白墮每孤清夜月，烏瞻還對舊時山。」

明・王士性《廣志繹》卷二 天壽山，自西山東折而來，龍翔鳳舞，長陵一脈，真萬年寶藏之地也，包絡蟠亘，倍蓰鐘山。

又 苑東北萬歲山，正直宮門後，隱映城闕，亦禁中勝景也。

又 金山，出城三十里，宮人不得附天壽陵者，咸葬金山，故朱門屝牆，金鋪繡脊，從高望之，儼然一幅畫圖也。其南曰甕山，乃元耶律學士墓。耶律博雅，亡論夷狄，即中國，亦季札、公孫僑之儔。

又 盤山，在薊城西北，逶迤沉邃，百果所出。山北數峯陡絶，絶頂有大石，摇之輒動，二龍潭據其上，下有潮井。傍京之地山谷巃嵸有致者，近稱西山，遠稱盤山。

又 碣石在永平、昌黎間，離海岸三十里，遠望一山如冢，山頂大石如柱。韋昭謂：「碣石舊在河口海濱，歷世既久，爲水所漸淪入海。」想此是也。楊用脩謂：「此右碣石，又有左碣石，在高麗樂浪。」《唐書》云「長城起於此山」。

又 太湖三萬六千頃，山環七十二峯。中有洞庭兩山，亦名包山，下有洞穴，潛行水底，九疑、衡岳無所不通，號爲地肺。

明・王士性《廣志繹》卷四 金、衢、嚴、處邱陵險阻，是爲山谷之民。

又 浙有三石梁，南明山石梁蜿蜒卧地，雁蕩石梁斜飛倚天，天台石梁則鼉脊横空，深壑無底，奔雷飛瀑，驚目駭魂，非脩觀遺生者莫能度。

又 温州城中九山分列，其一居中，謂之九斗城，葱蒨可愛。其張文忠公宅乃肅皇所賜第，勑將作大匠治之，門屏河橋，俱擬宫府，前代所未有也。

又 雁蕩一山，説者謂，宋時海濤衝激，泥去石露，古無此山也。審是，則必窪陷地下然後可爾，今此山原在地上。或者又謂，乾道中伐木者始入見之，今左自謝公嶺、右自斤竹澗以望，奇峰峭壁，萬仞參天，横海帆檣，百里在目，何俟伐木入者始見耶？若海濤衝激至雁蕩之巔，温、台、寧復今日有人？第謝康樂守永嘉，伐木通道，登臨海嶠，業已至斤竹澗，有詩，而亦未入此，見與不見，又所未曉。

又 江右洞天福地，如廬山在南康西北二十里，古名南障，世傳周武王時，匡俗兄弟七人結廬隱於此。疊障九層，周五百餘里，山有五老峯、三石梁、竹林寺，《道書》第八洞天。

又 豫章西山乃省會最勝處，其勢與廬岳等，山在大江之外三十里，一名厭原山，《道書》第十二柱寶極真之天，古今仙蹤最多。初濟江十里有磐石，名石頭津。自石頭西行，有梅福學仙處，名梅嶺。嶺之南，有葛仙翁煉丹處，名葛仙峯。峯之上，有洪崖先生乘鸞憩處，名鸞岡。岡之西，有王子控鶴處，名鶴嶺。嶺之畔，有蕭史遊處，名大蕭小蕭峯，亦名蕭仙壇。又有水出山椒，名吴源，高下十堰，溉田萬餘頃。麻姑山在建昌城西南十里，山有五老、萬壽等峯，麓有桃花源。其前第二谷，水飛流而下，有瀑布二百餘尺，世傳麻姑得道，其壇有顔魯公書碣，《道書》丹霞小有洞天。閤皁山在臨江府六十里，山形如閣，色如皂，相傳漢張道陵、晉丁令威、葛孝先皆嘗修煉於此。山有淩雲峯、漱玉泉、磨劍池，《道書》第三十三福地。龍虎山在貴溪西南八十里，高峯插雲，兩崖對峙，若龍虎然。漢張良八世孫張道陵脩煉之所，《道書》三十二福地也。道陵道成，去蜀之青城山殺鬼上升。今山中亦有飛升臺。其所遺經籙符章與劍印以授子孫，代號天師，閲世之後，多有靈驗。説者謂其印劍之神，非子孫道術也。縣南亦有鬼谷山、鬼谷洞，周圍四里，有蘇秦臺、張儀井，亦《道書》第十五洞天。

又 大庾嶺，南龍之幹，而水分南海、東海之流者也。梅福爲南昌尉，其後隱居於此，故又稱梅嶺。後人亦因而種梅其間。道路險狹，今爲張曲江所鑿而開者，江、廣百貨所由地。

又　西北三十里隆中山，諸葛孔明隱處，襄陽有南陽城，想所云「躬耕南陽」即此，非宛中之南陽也。

又　城西十里萬山，乃鄭交甫所見游女爲解佩處，云此山之曲隈也。山下有萬山潭，晉杜預伐吳勒碑紀功，一置萬山之上，一置玆潭之下，云他日恐深谷爲陵也。

又　東南三十里鹿門山，龐德公隱居其上，劉景升所過而歎異之者。其後，居士龐蘊復居之，男女不婚嫁，共學無生，白日坐化。其後，孟浩然復來居之。

又　赤壁山，《一統志》云在江夏東南九十里。唐《元和志》亦稱在蒲圻縣西一百二十里，北岸烏林與赤壁相對，即周瑜焚曹操處。《圖經》乃謂在嘉魚縣西七十里。至宋蘇軾又指黄州赤鼻山爲赤壁。蓋劉備居樊口進兵逆操遇于赤壁，則赤壁當在樊口之上。又赤壁初戰，操軍不利，引次江北，則赤壁當在江南。今江、漢間言赤壁者五，漢陽、漢川、黄州、嘉魚、江夏，惟江夏之説合於史。

又　九疑山乃南龍大幹行龍之地，其峯有九，參差互映，望而疑之，故名九疑。蓋山有九水，四水陽流，注于南海，五水陰流，注于洞庭。五水者，瀟、湘、舜源水、洍水、砅水等也。九峯謂朱明、石城、石樓、娥皇、女英、舜源、簫韶、桂林、杞林。大舜陵在其中，太史公所謂「舜崩蒼梧之野，葬于零陵之九疑」者是也。今不知其處，惟于簫韶峯下立廟祭之。秦皇、漢武皆以道阻不得過江、漢而望祭焉。宋置陵户，禁樵采。

又　羅浮山，在惠州博羅縣西北三十里，昔傳有山自海上浮來，與羅山合而爲一，故稱羅浮。《道書》十大洞天之一也。《志》稱山高三千六百丈，周三百餘里，蟠三十二峰，巒岫既秀，洞壑復幽。峰曰飛雲、曰玉鵝、曰麻姑，洞曰石臼、曰水簾、曰朱明、曰黄龍、曰朱陵、曰黄猿、曰蝴蝶，其選也。大小二石樓，登之可望滄海。樓前一石門，方廣可容几席。二山相接處有石磴，狀如橋梁，名曰鐵橋，橋端兩石柱。人跡罕到。

又　黎人其先無世代。一日雷攝一蛇卵墮山中，生一女，歲久，有交趾蠻過海采香者，因與爲婚，生子孫，此黎人之祖，故山名黎母山。以有五峯，亦名五指山。山極高大，屹立瓊、崖、儋、萬之間，爲四州之望。每晝，雲霧收斂則五峯聳翠插天，昏時蔽不見。舊傳婺女星曾降此山，亦名黎婺山。

明·王臨亨《粵劍編》卷一《志古蹟》　峽山，據清遠之上游三十里。二禺穹窿對峙，束湞水而注之海，故名峽山。

又　羅浮山，在博羅縣之西北六十里。周遭三百里，高二十餘里，《志》稱高三千六百丈，恐未盡也。其山半是宿莽，半是灌木，峰巒頗不甚秀，不知何以名滿天下。

又　七星巖，在端城東北六七里，大小七峰，石骨矗立，參差如斗，故名。山石白質而黑章，森然如戈矛劍戟攢列羽林，而中復嵌空玲瓏爲巖洞者，不下十數。蓋表裏悉稱奇秀云。中一峰，形如筆架，周迴可三里許，在水中央。水中遍栽蓮花，其西南更渺茫無際。面南一洞，從水竇入，漸入漸廣，亦以漸高。其峰乳下垂，怪石怒起，巉牙相錯，不可名狀。水窮而躡石磴以上，其石益奇。巖中供大士像，下石承而上石覆，奇巧奪目。人工耶！鬼工耶！令人怳然自失矣。又上爲羽士房，謂可通山北，而未陟也。渡水東北一山，亦七星之一。旁有含珠洞，最奇秀，然非冬杪水枯，不能入也。余舟過洞口，水離石尺許，不可入，僅呼青州一栝，酹之而已。其旁一小洞可登。艤舟而上，秀色亦可餐而飽也。問之同遊，謂是含珠之輿臺耳。山巔巀嵲不可上，好事者攀援陟之，見有池三四處。池中有魚，見人不驚，取之則隨手可得。

又　韓山，俗稱爲筆架山，在潮城之東。韓以人名，筆架以形名也。退之嘗植木其上，潮人因號曰韓木。

明·王臨亨《粵劍編》卷一《志名勝》　韶州而下三十里曰大回龍山，又二十里曰小回龍山。兩山皆石壁，横卧江濆，各長里許，高可一二百尺。大回龍石紋作海潮起伏狀。小回龍則重重横疊，雜樹生石隙中，掩映斐然，宛然陸叔平得意筆也，似更有致。又百里得一山，峭壁千尺，横半里許，石紋皆作斧劈形，巖端時有石乳下垂，與山花野草交映波心，視回龍更覺雄奇可喜。

又　其卓然有名稱者，曰觀音山。山在清溪、英德之間，江畔一峰插天，其中半裂，若巨靈欲擘而復寘者。始緣石磴，更躡雲梯數百級，不覺窅然，非舉火莫適措趾。仰視石乳下垂，頗類陽羨之張公洞，然以地窄，僅足當張公一班耳。

又　金山，踞潮城之北，城亦附山而立。怪石嵯峨，喬木深秀。登其巔南望，則萬井鱗次，可以全收一郡之勝。程江從西來，遶山背東流，入惡溪而南達於海。澄波浩渺，近侵山趾，遠不知其所注。重巒疊嶂，環拱其外，高下遠近，畢獻其奇，居然名勝也。

又　（白鶴峰）其山於平地矗起，下俯江流。遥岫長林，掩映四野，大有勝概，而蕪穢不治，有足慨者。

明·王臨亨《粤劍編》卷四《志遊覽》 初九日遊觀音山。山在清溪、英德之半。江畔一峰怒起，高可二百餘丈，橫過之石從中裂，緣石磴可百級而上，得方丈平衍地，兩道人棲焉。其上黝黑，不復辨色，從者舉火，導余而前，躡雲梯，宛轉數百級，始得大士，靖受日光矣。簷端石乳覆之，修短參差，眇然雲漢。其下俯臨江流，削立千尺。隔江一山相向，似端拱而來朝者。天外諸峰，高下近遠，爭獻奇於煙嵐吞吐間。

明·何喬遠《名山藏》卷四五《輿地記·南京》 覆舟之山臨于玄武之湖。雞籠山在覆舟山西，皇朝測象其上，名欽天。

又 石頭山，諸葛亮曰石頭虎踞者也。獅子山在都城內，太祖所欲建閱江樓而罷者也。戚家山在城南五里，前爲大報恩寺。聚寶山，細石如瑪瑙。鳳臺之山，是爲凰鳳之臺。白山之石，石可碑礎。攝山之草，草可攝生。土山，謝安賭墅焉，亦名東山塢，曰謝公。牛首山，一名天闕山，三山濱于大江，謝眺所爲賦浄練，李白所爲詠青天者也。

又 東九十里曰句容縣，以縣有句曲山。句曲山，茅山也，形如巳字，句曲而有所容，故名句容。是爲三茅君所居山。石次玉，《禹貢》之瑶琨也。茅山北有良常山，秦始皇登此曰：巡狩之樂，莫過山海，其繼自今，良以爲常。又山曰秦望。仙韭山，姜叔茂種五辛菜以易丹砂，今多大韭焉。青龍山，高三十八丈，周迴五里，洞曰青龍，與金壇、句曲諸洞通。絳疊山，一名丹山，丹陽所取名也。華陽洞，洞有五門，三顯二隱，中有陰暉夜光，日精之根，陰暉主夜，日精主晝，形如日月之光。白李溪上有白李，食之得道。

又 東南二百四十里，曰溧陽縣，秦置，以在溧水之陽。山曰昆山，昔昆姥于此得道。石屋山，歐冶所鑄劍也。三王山，一名三首山，楚干與眉間尺並一客三首葬此。眉間尺，干將之子也。

又 東八十五里曰溧水縣。中山，一名濁山。濁者，獨也。【略】蠡船山，一名感泉山。

又 益之定山，沈約所爲晚莅之詩也。四潰山，項羽敗垓下走至東城，從二十八騎，依山拒兵，此山也。陰陵山，項羽所迷失道者也。

又 秀山，在縣東南，路有四之字痕，仙人以鞭畫路，爲之字形，四面皆應，山中松栢伐之旋生湖，曰丹陽。

又 附郭口鳳陽縣萬歲山，在皇城北城垣，經其上山，東峰曰日精，西峰曰月華，皇朝建都所名也。山曰鏌鋣，昔人鑄劍焉。水曰淮曰濠。

又 東北二十里曰臨淮縣。雲母山，山生雲母，彭祖所服。鍾乳山，濠源出焉。濠有二源，一出此山，一出鳳陽縣之鏌鋣山，二水合流，曆鳳陽縣東境至本縣西南。有石絶水謂之濠梁。

又 南九十里曰定遠縣。梁名韭山，多韭。茅山多茅。大紅之山是多紅石。

又 西七十里曰懷遠縣。荆山在縣西，有玉坑，有抱璞巖。祝和父《方輿勝覽》皆云：卞和得玉，乃南漳之荆山。《舊志》在此。蘇軾詩注云：荆山下有卞氏採玉坑，石色如玉，不受鑱刻，取出山下輒變色，不復温瑩。塗山在縣治東南八里。禹會諸侯娶于塗山氏女，有禹會之村，啟母之廟。淮水出荆、塗二山間，禹所鑿也。

又 西北二百三十三里曰宿州。宿國風姓男爵。春秋莊公十年，宋人遷宿。是爲閔子之鄉，孝慈高皇后是此鄉新豐里人。打鼓山，山如鼓鳴，歲則大稔。淝水源出于龍山。蘄縣城在州南四十里，陳勝吳廣起兵於此。

又 州東百二十里曰靈璧縣，以縣有磬山名。《禹貢》云：泗濱浮磬。孟山，在縣東北，孟子嘗遊。有杪欏之樹，伐之有聲，枝葉先發之方，其方則豐。洨水在縣東，故漢洨縣。《漢志》：洨水所出，南入淮。《東漢書》：洨有垓下聚。

又 吳縣天平山，吳鎮也。橫山，四面皆橫。巫咸山，巫咸所葬。香山，吳王種香焉。支硎山，晉支遁所隱。何山，梁隱士何求何點葬處。靈巖山，有館娃宮、西施洞、響屧廊。香水，溪遺跡。胥山，吳人以祀伍子胥。姑蘇山，姑蘇臺在其上。穹窿山，赤松子採赤石脂焉。

又 長洲縣。陽山在縣西北三十里，高八百五十餘丈，透迤二十餘里，以其背陰面陽故名。陽山亦名秦，餘杭丁令威宅在此山。虎丘山，吳王闔閭葬其上，殉以黄金、珠玉、扁諸之劍、魚腹之干，越三日，白精結爲白虎踞其上。白石山，春申君所名也，澹臺湖，澹臺子羽南遊至焉。河曰運河，長洲苑在西南七十里。

又 北百五里曰常熟縣。南北朝，名山曰虞山，亦曰海虞山。有言偃墓仲雍墓在山北，有拂水巖。江曰大江，港曰白茆。

又 東百四十里曰嘉定縣，宋名以年紀。寶山，在縣東南八里，永樂中平江伯陳瑄督海運，築土山爲表，望烽火在其上，高三十餘丈周迴十五里。有禦制碑文，江曰青龍，塘曰練祁。

又　附郭曰武進縣，三國吳名漢丹徒、曲河二縣地。三茅山，舊名横山。晉將軍曹横葬此。黄公山，春申君黄歇所封。黿山與黄公山對，宋楊時寓其下。江曰大江。太湖之湖，連武進、無錫、宜興三縣界。震澤也，中有馬跡山，以秦皇得名。又湖曰陽湖，河則運河。瀆曰孟瀆，唐刺史孟簡所開。有奔牛之鎮，漢時有金牛出，人栅之牛驟奔。

又　慧山泉，泉爲天下第二。龍山在縣西，《越絶書》：縣西有龍尾陵道，春申君所築。夫椒山，在太湖濱，夫差敗越處也。歸山，夫差投子胥江中，而吳人望其歸。胥山，吳人祠胥焉。湖曰蠡曰濠。蠡湖，范蠡伐吳所開。河曰弓河。溪曰梁溪，有秦觀之墓。

又　東北九十里曰江陰縣，梁名。國初爲連洋州，尋爲江陰州，後爲縣。君山、黄山，皆以春申君名。秦望山，秦皇所登，亦曰秦履。稷山，唐薛稷别業。延陵季子墓是孔子題碑。

又　南百二十里曰宜興縣，宋名。吳荆溪地，秦陽羨縣，隋曰義興。荆南山，在荆溪之南，亦曰銅棺山。東漢袁玘爲陽羨長，一夕死，亡其柩。邑人夜聞此山有千人聲，往觀，則柩在，尋成塚。蒿山産茶，唐貢山茶。唐時以貢頤山，唐陸希聲所隱潛虯之泉是。生異魚，四足。蜀山，故名獨山，蘇軾改曰蜀，以其類蜀中國山故。離里山，吳孫皓時山大石自立，封爲南嶽，改曰國山。𠇍山，漢封蔣澄爲𠇍亭鄉侯。張公洞，張道陵所修道也。善卷洞，在國山東南。周幽王時，山忽開裂自露奇怪。滆河，昔有得龍卵，其地者陷而爲河。東□溪，又名罨畫溪，又溪曰洑、曰竹瀆、曰百瀆，其人曰周處。

又　東北百三十里曰靖江縣，本馬馱沙地，成化七年置，在江中山曰孤山。

又　附郭曰丹徒縣，秦始皇以地有王氣，使赭衣三千鑿陷京峴山，縣以此名丹徒。北固山，是京峴山之支，在城北。以下臨長江，其勢險固。梁武帝嘗幸之，改曰北顧山。有甘露寺，吳甘露中所建。有石如羊，曰狠石金山，一名浮玉山，在江中。唐裴頭陀開山得金，因賜名中冷之泉，是爲天下第一。焦山在江中，後漢焦光隱焉，有瘞鶴刻銘。銀山，直金山元人表之曰銀山。蒜山多蒜，亦曰周瑜與諸葛亮於此籌笄拒曹。黄鶴山有鶴林寺，宋武帝微時所遊。招隱山，戴顒所隱也。馬蹟山，是爲四十九福地。曹山，太祖駐蹕焉。城曰鐵甕，吳大帝所築，言其堅也。江曰大江，亦曰京江。有葛洪井、丁卯橋，唐許渾、皇朝楊一清之所隱也。

又　東南一百三十里曰金壇縣，本秦曲阿縣之金山鄉，唐曰金山，復爲金壇。茅山，一名勾曲山，華陽第八洞天也。山西屬句容縣界。顧龍山，太祖題詞寺壁，有御亭。荆溪在縣北，有荆王廟，漢荆王劉賈與鯨布戰死，人廟之。石墨池，在縣西，費長房於此書符。滌硯澗，石盡墨。

又　東四百里曰通州，後周名。狼山在楊子江邊，五山相屬，高五十三丈，周四百三十六丈，其形如狼。有狼山廟，以祀江神。正德七年，流賊劉宸等舟蔽江下，遇風盡壞，窮而匿，殿後總兵官劉暉郤永攻之不得，火廟不燃，禱于江神，返風焚溺，遂殲之。朝命更作新廟焉。山頂有始皇鞭石之跡。

又　北三百七十里曰海州，春秋郯子國，秦朐縣，漢咸朐。孔望山，孔子問官郯子，登此山以望海。羽山，舜殛鯀焉。《禹貢》：羽畎夏翟。曾氏注：山雉五色，出於羽山之畎。山名羽，以此山下曰羽潭。《左傳》：鯀爲黄能入于羽淵。罘山在縣東，秦始皇射蛟焉。巨平山，北有孝婦廟，東海孝婦也。魚骨廟，以鯨魚之骨爲梁，以祀宋人之有道術者。河曰薔薇，源出于羽山。于公浦，漢于公所居。

又　北四百五十里曰邳州，後周名。夏邳薛二國，秦下邳縣。磬石山，近于泗。《書》曰：泗濱浮磬。艾山，産艾。《左傳》：齊侯會于艾良城，春秋晉侯會吳子于良穀城。

又　附郭曰合肥縣，漢舊縣。黄山有峰三百六十，周迴約二百里。大蜀山，蜀之爲言獨也，此山單椒特峙矣。青陽山，余闕讀書焉。頂山，魏伯陽煉丹所也。龍穴山，張路斯與蓼人鄭祥遠竝爲龍戰于水，鄭不勝投合肥西山以死，龍穴山是也。河曰金斗。水曰肥水。天文一星在南斗曰合肥，對九江，星夾輔黄道，而合肥入斗度最多。《爾雅》：歸異出同曰肥。肥水之流一東南入巢湖，一西北入淮水。浦曰箏笛，曹操溺妓浦中，漁人夜聞箏笛聲焉。

又　西南百一十里曰舒城縣，唐名，本舒國。春秋時，群舒叛楚。漢龍舒縣，漢高兄子羹頡侯之食邑。梅福山，福所隱也。鼓樂山，梁武帝未子，《寶誌》云：有高人隱此山中，三生前爲伶官，作樂可致後生，昭明太子名山曰鼓樂。春秋山，有宋李公麟讀書堂。龍眠山，公麟以爲號，多智之山，飲泉能智。縣東南六十里曰六城，皋陶後所封。河曰石塞，有石塞於河中。七門堰、惠跡堰，皆羹頡侯所築。渚曰鵲尾，《左傳》：楚伐吳，吳人敗諸鵲岸。杜預注：舒城鵲尾渚也。

又　霍山縣本六地故埠鎮，弘治間刑部尚書鄭時以六安、英山相離險遠，奏立縣。霍山高七千七百七十丈，漢武南巡以衡山遠阻，移祀嶽神于此山，又名南嶽山。河曰化龍三灣。

又 東北百五十里曰桐城縣。春秋時，楚附庸桐國，漢樅陽縣。吕蒙城在樅陽城門外。浮山之山，三十六巖七十二峰，可居可游。盛唐山，漢武過此，作盛唐之歌。魯硔山，魯肅所居。射蛟亭，漢武南巡登天柱山，自潯陽浮江射蛟江中，舳艫千里，自樅陽而出。

又 西北百二十里曰潛山縣，元名。潛山在縣西二十里，一名皖伯臺，或曰漢武所封霍嶽，曰南嶽者是此山也。是華子期樂長子左慈之所遊遁也。上有二十七峰二巖四洞二池，疊嶂層峰，爲長淮捍蔽。皖山與潛山連，一名皖公山，皖伯始封地。天柱山與潛山連，漢武登封焉。三祖山，有三祖塔，山谷寺在其南，梁《寶誌》所卓錫也，黄庭堅愛其山水之勝，讀書於此，因號山谷道人。應夢泉，唐玄宗夢遊而賜之名。潛水合皖水入于江。有漢喬玄故居舒臺在縣南，王安石嘗居此，後封舒王。

又 西二百三十里曰太湖縣，宋名。司空山，在縣西北一百六十里，二祖傳衣三祖之地，李白讀書于此，是生常春之藤。獨阜山，石刻隴西李白所避地也。太湖在縣西南，今爲陸矣。河曰後部，曰馬路。

又 西南二百七十里曰宿松縣，晉名。響石之山，履如鼓響。小孤之山，獨跨于江中。分經臺，高百餘丈，昭明太子分佛經于此。湖曰鹹湖，鹹魚生焉。

又 附郭曰當塗縣，晉湖縣。東晉時，以江北當塗流民南渡者衆，乃僑立當塗縣於湖。橫望山，春秋楚子重伐吴所至地。其山四望皆横，上有陶弘景隱居石門古祠。白紵山，桓温攜妓而聽白紵之歌。靈虚山，丁令威飛昇於此。青山，謝眺築室，李白所葬也。黄山，浮丘翁放雞於此，有宋離宫及淩歊、懷古二臺。采石山，昔人於此採石，臨江磯曰采石磯，常遇春所先登者也。牛渚山有牛渚磯，温嶠燃犀焉。連磯山，謝眺所賦詩。金山出銅，類金，名丹陽銅。九井山，桓温鑿九井，殷仲文九日從温登山賦詩。

又 西南六十里曰蕪湖縣，漢名。以其地卑，水生蕪藻。曾曰逡道，赤鑄干將鑄劍焉。赭山在縣西北五里，郡以名丹陽。蟂磯山在大江中，有石穴蟂居焉。蟂老蛟也。有上黨郡城淮南郡。晉時僑立以處上黨，淮南民之南渡者。江曰魯明，河曰長河。

又 西南百六十里曰繁昌縣，東晉名，東漢春穀縣地。浮丘山，浮丘翁所名。隱静山，杯渡禪師道場也。三山磯，宋陳堯佐泊舟磯下，有老叟先言風，堯佐如言避之，明果大風，行舟盡溺，叟見堯佐某江之遊奕將也，公他日當相故來相語。

又 附郭曰宣城縣。敬亭之山，謝眺、李白所詠也。又山曰陵陽，又山曰華陽。高數百仞，跨宣涇寧旌間。

又 東南百里曰寧國縣。文春山，高數千仞，周廣二百里。晉瞿硎先生所居文春之北，曰鴉山，産茶焉。石鏡山上有石鏡，黄巢過此，鑑之若獮猴，怒而燒之，石昧久乃光。

又 西南一百里曰涇縣，漢舊縣，以涇水名。大城山，晉郭璞嘗鑿泉山椒以觀潮候。琴高山，琴高所隱。承流山，竇子明所隱也。

又 南三百十里曰太平縣，唐名。黄山，歙之黄山也，其隅在縣南。

又 南二百二十里曰旌德縣，唐名。石柱山，程靈洗起兵討侯景於此誓衆。徽水出于徽嶺。

又 西一百里曰南陵縣，梁名，漢春穀縣。山曰工山，高數百丈，盤據七十里。射的山，石壁有玉，莫得取，居人之謡曰：射的白米斛百，射的玄米斛千。

又 附郭曰貴池縣。齊山在東南，群峰齊等，故曰齊山，或曰唐刺史齊映好此山，空巖靈異，響石飛泉，不可具記也。秀山有梁昭明太子墓，太子生而悦之，既卒降于民，上帝賜我矣，民請太子衣冠葬此。名其廟曰文孝之廟，其城曰石城，以東西兩石夾河如城。高獲墓在城西，獲與漢光武有舊，舉孝廉，不就。

又 東八十里曰青陽縣。九華山在縣西南四十里，高數千丈，延袤百八十里，合諸峰凡九十有九，舊名九子山。李白易此名河曰五溪，源出九華。

又 附郭曰歙縣，秦名，謂山川翕聚也。山曰烏聊，黄山舊名。黟山盤據宣池，江浙諸郡爲鎮于徽，峰二十六泉三十六溪二十四洞十二，黄帝與容成子浮丘公游焉。山有湯泉，色如丹砂，浴之已疾。趙汸曰：黄山隤然，居中委和四表有坤道焉，故名黄山。紫陽山，朱熹父松愛此山，故熹以紫陽名其堂。相連南山有許真人丹池，魚四足有翼，色蒼如蝘蜓。玉屏山，太祖駐蹕焉。新安江之源，一出歙之黟山，一出休寧之率山，一出績溪之大鄣，一出婺源之浙嶺，皆達于歙浦會流至嚴州合金華水，入浙江，爲灘三百有六十，水清流見底。揚之水源出于績溪。湖曰篁墩，程靈洗射蜃焉。少保井，是薛稷所鑿，稷嘗爲黟令。李善長云是此縣人，藏修縣之靈山，兵亂流寓于定遠，得謁見于太祖。

又　西六十里曰休寧縣。山曰率山，水曰率水。《山海經》曰：浙江出三都山，在率東。蓋此山也。酈道元《水經》改率山曰蠻中。又溪曰漸溪。《漢書》：陳嬰定豫章浙江都漸。顔師古曰：漸在黟縣，南蠻中。白嶽之山，齊雲之巖，學仙者居之，嘉靖中改巖爲山，建玄天太素之宫。山曰善山曰惡山，善山爲君，惡山爲夫人，分祭則災，合祭則福。

又　西南二百四十里曰婺源縣，以婺水繞城名。婺星乘鯨上天是以名水，今縣有大鯨嶺是也。石耳山界浙衢州，不可仞計。浙源山，其水會于歙浦，入于浙。婺水西入于鄱陽。龍尾山一名羅紋山，唐開元中葉氏獵山中，見石可研琢之，遂名天下。是地有朱熹闕里，井曰韋齋，熹父松生時井氣白，熹生時井氣紫。

又　西百八十里曰祁門縣。山曰祁門，其山如旗，西南對峙如閶門。新安山，靈氣清淑，爲邑勝壤，是以名郡。赤嶺之溪，有魚能飛，化而爲石，雨則石赤，故名。赤嶺有梅鋗城。

又　州西北九十里曰建平縣。伍牙山，伍員伐楚還吴，建牙於此。

又　州西五十里曰含山縣。濡須山，吴魏相拒地。劉禹錫陋室在州治，禹錫爲此州刺史。禹錫州廳壁記：玄元有臺，彭鏗有洞，異有血闞，祥有沸井，昭關伍子所乞食也。

州西百七十里曰碭山縣，東漢名，秦碭縣。漢高微時，隱芒碭山兩山也。

明·何喬遠《名山藏》卷四五《輿地記·北京》　永樂初，改爲順天府。山曰天壽山，諸陵在焉。曰西山、曰香山、曰玉泉山，西湖瀦其下，玉泉之水流經大内，出都城南，注大通河。曰平坡山岡，曰臥龍，英宗臨幸焉。水曰海子，流入于都城。河曰盧溝，本桑乾河，又名漯河，俗呼渾河，亦曰小黄河。金井之泉，成祖蹕而甘之。臺曰金臺，燕所以延士也。

又　東北一百里曰懷柔縣。山曰紅螺，高二百餘仞。山下之潭嘗有殷紅二螺日夕吐光。黍谷之山，鄒衍所吹律也。

又　州西北四十里曰房山縣。太房之山，幽燕奥室。黄山，張良所隱也。石經山，山如天竺，有石經洞，隋大業間法師静琬鑿石爲板，刻經一藏，唐貞觀初成《大涅槃》一部，而師滅後僧徒相繼歷遼金始完，貯于洞者，七穴者，二洞扃以石門穴，鎮以浮屠。孔水洞在太房山東北，懸崖千尺，下有石窟。白龍時遊，人見之則化爲魚，時時聞音樂聲，有人篝火，浮舟行五六日，莫測其源。有齊孫臏、唐賈島、本朝姚廣孝之墓。

又　東二百里曰薊州，秦漢漁陽郡，唐曰薊州。取古薊門關名。崆峒之山，黄帝所問道也，北平城李廣射虎飲羽焉。

又　州東百二十里曰遵化縣，唐名。春秋無，終漢屬右北平。磨臺之山，頂圓如磨臺，然中有蓮花池，龜游池中，其背負鏡。

又　州西北八十里曰平谷縣，漢舊縣。魚子之山，有軒轅之陵。

又　附郭曰清苑縣，隋名，以清苑之河，本漢樊輿縣，屬涿郡。郎山之峰，尖如削。玉河曰清苑、曰石橋、曰梁高。陽城云是顓頊所築。廉頗之廟，前臨雞水，有石梁焉，謂之廉梁。

又　西南九十里曰慶都縣，金名，漢之望都縣。南四十里有堯廟。慶都陵，堯母葬焉。堯山在唐縣北，慶都山在其南，登堯山可見慶都山。

又　東北百二十里曰雄縣，有小雄、大雄二山。河曰雄河。

又　南百二十里曰祁州，唐名，本漢中山國安國縣地。有沙滋二河。

又　西南九十里曰元氏縣，漢舊縣。本趙公子元封邑，故曰元氏。山曰無極。又山曰白石。又山曰封龍。

又　州西六十里曰曲陽縣，漢上曲陽縣，以在太行之陽，轉曲之處。山曰恒山，北嶽也，有太玄之泉，神草十九種服之成仙。唐貞觀間，有飛石西墜，葆而祠之。馬文升言：舜所封恒山在今渾源州，宜移祀，語在《典禮記》。

又　州西九十里曰贊皇縣，隋名。贊皇之山，其高百丈。壇山在縣東，有周穆王「吉日癸巳」四篆字，李栖筠、李吉甫、李德裕祖孫父子是此縣人，故稱贊皇公。水曰槐水。

又　東北九十里曰唐山縣，本春秋時晉柏人邑，漢高於此心動，是爲堯始封之地。山曰堯山，是生文石、五色錦章。干言之山，其在詩曰：出宿于干，飲餞于言，泜水出焉。

又　西南五十里曰邯鄲縣。山曰紫山，一名馬服山，有趙奢之塚，奢爲馬服君。叢臺在縣北吕仙祠，吕巖於此發黄粱之夢，是生玄精之石。河曰西河。

又　西南二百里曰濬縣，春秋衛邑，漢黎陽縣。大伾之山，見於《禹貢》。紫金山，在大伾山東。善化山一名枉人，相傳紂殺比干于此，是生紫班之石，光膩類玉。同山，武王伐紂，諸侯之所會同也。鹿臺、鄧橋皆在是縣之西。朝歌城在縣西七十里，紂糟丘、酒池，土人猶依約識之。黑山，《九州要記》：黑子昔居此山采茯苓服食，壽五百歲。枋頭在縣西南，曹操下大枋於淇水口堰之，使東以通漕運，慕容垂拒破桓温皆此地也。河曰衛河。水曰淇水，又曰黎水。黎陽津一名白馬津，酈食其説沛公曰守白馬之津，示諸侯形制之勢。

又 附郭曰盧龍縣，漢肥如縣。其曰盧龍以鎮山如龍形。山曰陽山，有李廣射虎之石洞。山産鐵雙子，山有孤竹長君之墓。團子山有孤竹次君之墓。馬鞭山有孤竹少君之墓。周王山在灤河中，水夾其下。其水則海，其河肥如灤河，自口北開平東南流逕遷安縣界，至縣合漆河，又南至樂亭縣入于海。

又 東南八十里曰昌黎縣，本營州地。碣石山在縣西北二十里，《禹貢》：碣石也。韓愈之先是此縣人。

又 隆慶州，冀州地分野尾，漢廣甯縣，地屬上谷郡。唐嬀州。元以仁宗生此爲龍慶州。本朝初，州郡俱廢。永樂十一年復置州，改曰隆慶，直隸京師。大翮山在州北二十五里，上有王仲廟。仲弱冠變倉頡舊文爲今隸書，或傳秦始皇徵仲不至大怒，詔檻車送之，仲化爲大鳥飛去，落二翮於此，因以名。山曰阪山，軒轅與炎帝戰阪泉之野，是此山也。八達嶺在州南三十里。居庸關外蚩尤城在州城西岔道，在州城南二十里，出居庸關東西路繇是而分，故以名岔。

明・顧起元《客座贅語》卷一〇 金陵之山，形家言爲南龍盡處，精華之氣，發露無餘，故其山多姸媚，而鬱紆烟容嵐氣，沓翠霏青，望之如古佛頂上之螺，美人眉間之黛，而特未有奇峰削壁，拔地刺天，如瑶篸玉劍，突起於雲霄之上者。江水一瀉千里，沙騰浪涌，天日爲昏，最爲怪偉。至静夜無風，江聲隱起，余嘗夜卧洪濟燕磯聽之，洶洶如欲崩四壁也。後湖泓渟坦迤，堤楊洲炎，綽約媚人，山色四圍，如靚妝窺鏡，湖山之美，何減虎林，所少者獨瀑布與寒泉耳。鍾山之一人泉，牛首之虎跑泉，攝山之白鹿泉，祈澤寺之龍玉泉，衡陽寺之龍女泉，雖一泓之流，未足稱奇，然瀹茗濯纓，其爲已足，固可褰裳提罌而臨試也。

明・袁宏道《西湖記述・飛來峰》 湖上諸峰當以飛來爲第一高，不踰數十丈而蒼翠玉立，渴虎奔猊不足爲其怒也。

明・袁宏道《西湖記述・南屏》 南屏峰巒秀拔，峻壁横披，宛若屏障，淨慈在其下。

明・陳槤《羅浮志》卷一 羅浮山，在惠州府博羅縣西北三十里。《漢志》云：浮山自會稽來，博於羅山，故名博羅山。《閩中記》云：郭璞以福州霍童山即是羅浮耳。《羅浮記》云：浮山乃蓬萊之一島。

又 白水山，在羅浮東麓，舊有寺及懸水崖，有巨人迹，名佛迹。瑇瑁山，在羅浮山之東，山下池中有瑇瑁，因得名。

又 泉源山，在羅浮二山接連處。俗呼分凹，泉流湍急，東流東山，西流西山，其下各成潭。

明・張岱《西湖夢尋》卷五《五雲山》 五雲山去城南二十里，岡阜深秀，林巒蔚起，高千丈，周回十五里，沿江自徐邨進路逶山盤曲而上，凡六里，有七十二灣，石磴千級。【略】山五峯森列，駕軼雲霞，俯視南北，兩峯若錐朋立。

明・彭宗孟《江上雜疏》 潤州四面阻山，其左逶而北孤懸一脈，廣可二尺，長數十百武，宛轉若游龍。至江濱，忽回顧南向峙，左右兩翼環抱諸山，自西北來，南轉而東，皆拱揖向之。

明・鄺露《赤雅》卷中《石人山》 石人山，下枕藤水，三兩對坐，舉指興會，丰姿朗然。招之不來，方知其爲石矣。

明・鄺露《赤雅》卷中《銀殿山》 銀殿山，在照州恭城，與九嶷相望。山皆白石，四隅生白石笋。其高觸天，浮雲繞之，狀如宫闕。對麓曰金芝巖，金堂紫房是之自出。

明・鄺露《赤雅》卷中《陽朔道上諸峰》 陽朔諸峰，如笋出地，各不相倚。三峰九嶷、折城、天柱者，數十里如樓通天，如闕刺霄，如修竿，如高旗，如人怒，如馬齧，如陳將合，如戰將潰。灕江、荔水，絪織其下。蛇龜猿鶴，焯耀萬態。退之「水作青羅帶，山爲碧玉篸」，子厚「海上千山似劍鋩，秋來處處割愁腸」，子瞻「繫悶豈無羅帶水，割愁還有劍鋩山」，魯直「桂嶺環城如雁宕，蒼山平地忽蟻封」，皆實録也。

明・鄺露《赤雅》卷中《灕山》 陽江西注，東匯灕水。南皋一山，形如巨象。中流贔屭，力抵狂瀾。有北招伏波，南引闘雞，白雉、槖駝，並力扞江之勢。鼻中巨孔，白如截肪，日月東西，跳丸其上，名曰水月洞。

明・鄺露《赤雅》卷中《龍隱山》 龍隱七星，去彈丸江名一水。有神龍擘空而去，躨跜天矯，裂石百尋，緣麓入巖如排，高闕題曰「龍騰」。有滴玉泉，聽之琮琤，神魂俱爽。有巖曰月牙，濯魄漣漪，皦如初月。上有環翠亭、驂鸞閣、雨花堂，靈怪出而游觀盛，舟車湊而雕鏤繁。宋世衣冠，填委極矣。

明・鄺露《赤雅》卷中《堯山》 堯山積土，襲一本作聚石高數百里一本作丈，爲桂之冠。天將雨，白雲先兆。昔舜南巡，祀堯於此。土人因而立祠，極其昭格。爰有天田以供祀典，爰有靈鳥以應樂鳴。其上曰白鹿洞。《漢書》：始安侯國,其下東有駮樂山、遼山。遼即堯,駮樂即白鹿。

明・鄺露《赤雅》卷中《辰山》 辰山,一名虎山,三嵒疊起,頗類中隱。下巖,初入昏黑,十餘步,見大光明,城闕歷歷。巖左飛磴百盤,乃至中巖。乳石詭怪,駭歎錯愕。重經石閣,乃至上巖。巖上有亭,遊目八表,若夾日月而行,令人有箕山之志。忽見苔蘚中數行滅没,乃知有宋高士劉晞家焉,與桂帥李大異爲布衣交,表其巖曰蟄龍云。

明・鄺露《赤雅》卷中《清秀山》 清秀山,從西清下濠,入夾口里許有塘,清巖出其上。桂山皆孤峭,此獨連湊水上,雙巖東西對闢。北郭諸山,近在東腋。陽江一水,光透巖隙,披巖越壑,其流汩濦。過此,水漸緩,山漸深。

明・鄺露《赤雅》卷中《中隱山》 中隱三巖,一名佛子巖,小溪隔絶如蓬萊,清淺涉衣而渡。下巖窪窪如巨室。中巖東削,瑩潔無纖埃。上巖横絶霄半,白日可中看同返照。東林磬聲微妙,聞外國聖僧禪定於此。

明・鄺露《赤雅》卷中《穿山》 闞雞水口,即彈丸入灘水處。山形如槖駝竦身昂首,與雉山西對。首上有穴,南北横貫,鐫曰空明山。宋人胡槻題曰月巖。

明・鄺露《赤雅》卷中《琴潭山》 琴潭山,在西郊闢外。下有空洞,洞皆流水,觸石成聲,如聞雅奏。旁有荔枝巖,窅然深秀,多奇石。宋之問詩稱「荔浦蘅皋」,蓋謂此也。

明・鄺露《赤雅》卷中《獨秀山》 獨秀山,獨如觳冕,有王公貴人之象。顔延之出守,讀書其中,有五詠堂。西有雪洞,乳名最奇。下臨月牙池,山翠盡落,今入靖江王邸。飛樓舞閣,隱出樹杪,金碧華蟲,絢爛極矣。對之如一幅《小李山水圖》,麗而不俗。

明・鄺露《赤雅》卷中《疊綵山》 桂城北重門夾山,東曰疊綵,西曰西清,狀如石城玉疊。

明・鄺露《赤雅》卷中《屏風山》 雙巖,劃天拔地峭豎,外無雜樹,彌望皆長松。巖中十餘丈隆起,如層臺。側有緑石高二丈,形如覆鐘,水滴乳鳴,鞺鞳不絶。躡石磴五十盤,出通明門,山川城郭,歷歷如指諸掌。其下爲壺天觀。

明・顧岕《海槎餘録》 儋耳境山百倍于田,土多石少,雖絶頂,亦可耕植。黎俗四五月晴霽時,必集衆斫山木,大小相錯,更需五七日晧洌則縱火,自上而下大小燒盡成灰。

明・查志隆《岱史》卷四《山水表》 鳳凰山在岳頂西南,白雲洞之上。

又 天柱峰在岳頂西南,仰止亭之後。

又 象山在鳳凰山之下。

又 日觀峰在岳頂東,五鼓可見海上日出。今有觀海亭。

又 石閭山在州南,漢武帝禪於此。

又 月觀峰在岳頂西,對日觀而言,義取月朏庚方耳,此曰月觀。

又 傲來山在岳頂西南竹林寺,其石巑岏矗矗,至御帳,俯視之更奇。

又 吴觀峰亦失所在。意者觀吴當在岳頂東。

又 丈人峰在岳頂西南,特立如蒼顔丈人。

又 黄山在岳頂西四十里。

又 東神霄山在岳頂東十里。懸石峰在岳頂西南。西神霄山在岳頂西十里。回馬峰在岳頂西南。

又 石後山在岳頂西十里,前多巨石,故名。

又 獨秀峰在岳陽,屹然挺秀,古人題刻峰名於石。

又 孤山在岳頂北十里,峥嶸特起。獅子峰在岳陽,以形似名。

又 玉女山在岳頂東北十里許,有玉女修真石屋在其下。

又 蓮花峰在獨秀峯之東,其奇簇如蓮花。

又 鵰窩山在岳頂西十五里,厓多鵰巢,故名。

又 懸刀峰在岳西南西溪上。

又 鶴山在岳頂北十里,林木葱鬱,野鶴巢此,故名。飛鴉峰亦在西溪上。老鴉峰在岳頂北,木多鴉巢。亭禪山一名高里,又名蒿里,聯屬社首,在岳南三里。龍泉峰在斗母觀東北,峯右峭拔可愛。三尖山在岳頂西十里。淩漢峯在普照寺後。徂徠山在岳南三十里。岳之案山也,上有紫源池,有玲瓏山、獨秀峯,天平東西二寨,其下曰白河灣、曰竹溪。

又 八寶山在岳頂東百里,屬萊蕪,一名黄山。蠟燭山在玉女山北,其石獨立如燭。

又 西横嶺在岳頂西,削壁横亘數十丈許。思鄉嶺在岳頂西,俗傳人死魂歸於此而思鄉。十峰嶺在玉皇廟右。分水嶺在岳頂東,漢明堂後,楊老園西。升仙嶺在岳頂東南,漢明堂之東北隅。長城嶺在岳之西北,古長城鉅防之地。思谷嶺在谷山寺南。仙臺嶺在岳北六十里。明月嶂在岳北,群峯秀列,若屏障然。招軍嶺在岳頂西南,傲來山前。

又　孔子崖在岳頂西南。舍身崖，其北聯屬日觀峯下，餘三面崖壁陡削數百丈，中有石凸起丈許，愚民往往舍身投崖，徼輪迴之福。尚書何起鳴設垣墻示禁，因勒石曰愛身臺。東百丈崖在岳頂西南，其瀑布下滙爲天紳泉。西百丈崖與東崖相去三百步，其高十倍東崖，而東崖南向，西崖則東向。仙影崖在岳頂西南傲來峯，其山塗蒼石，惟仙影如白紙。五花崖在岳頂南，城郭仰視岳頂不能見，崖蔽之也。鵓鴿崖在岳北，峭壁巢野鴿。馬棚崖在岳陽，以形似言也。一曰三字崖，以其崖上有墨書三画，風雨不磨，世傳呂洞賓書。御帳崖在御坪。兩峰巖在岳頂西，兩峰對峙，下有穴如室。仙閭巖，《漢書·武帝紀》曰：岳頂兩巖爲仙閭巖。蛻仙巖在岳陽，相傳翰林王從之蹦趺化此。元好問《送張天倪》詩云「蛻仙巖上願遲留」是也。

明·李輔等《全遼志》卷一《山川·遼陽》　首山，城西南十五里，山頂有泉不竭。【略】千山，城南六十里。【略】鞍山，城南六十里。龍鳳山，城東南四百多里，大蟲江出焉。鳳凰山，城東南三百六十里。【略】華表山，城東六十里，因丁令威化鶴得名，俗呼爲横山。平頂山，城東一百里，山周三十里。其頂平敞，可耕稼。有泉湧出。【略】通明山，城南九十里，下有洞。老鴉山，城東二百里。【略】石城山，城東五十二里，上有古城石壘。連山，城東南一百八十里。幹羅山，城東北五百里，大梁水出焉。安平鑛山，城東南一百里，　名天城山，有鐵場。黑山，城南一百八十里。沙場山，城東一百五十里。石門山，城東南四十里。孤山，城南五十里。小尖山，城東北一百里。馬兒山，城北九十里。浪子山，城南九十里。洪山，城東九十里。

明·李輔等《全遼志》卷一《山川·海州衛》　白山，城東南三十里。平頂山，城南十里。麻崖山，城北二十里。駐蹕山，城東南三十里。滑石山，城東二十里。狼虎山，城東八里。迷真山，城西南七十里。三角山，城東南二十里。靈暉山，城西南二十里。

明·李輔等《全遼志》卷一《山川·蓋州衛》　石城山，城北十里。龍突山，城東南五十里。平山，城北五十里。望海山，城西南三十五里。牛心山，城北四十里。松觀山，城東北三十里。塔兒山，城南十五里。伴仙山，城南十五里。饅頭山，城南五十里。迷計山，城東四十里。龜山，城西南五十里。孛羅鋪山，城南五十里。觀家山，城北五里。青泉山，城南九十里。五十寨山，城南一百里。石門山，城東十里。大王寨山，城東六十里。霹歷山，城西一百二十里。上哈塔山，城東一百里。赤山，城東一百里。連雲山，城東十里。鳳凰山，城東八十里。下哈塔山，城東九十里。白狼山，城西十里。布霧山，城西南一百二十里。

明·李輔等《全遼志》卷一《山川·義州》　杵頭山，城東二十里。青山，城東三十里，有塔至今存。隘口山，城東北五十里。中路山，城東北五十里。白土山，城東六十里。駱駝山，城東北五十里。萬佛山，城西十五里。三山，城西十里。鷹窩山，城西三十里。筆架山，城西三十五里。牛心山，城西南二十里。出山，城西南十五里。丫角山，城西南六十里。碓嘴山，城西北六十里。塔山，城東一十五里。擦牙山，城西北六十里。八塔山，城南二十五里。雙山，城南十五里。石門山，城北二十里。長山，城北四十里。嘉福山，城北二十五里，舊有龍潭。

明·李輔等《全遼志》卷一《山川·錦州》　紫荊山，城東十八里，多産紫荊，故以名。望海山，城東南十五里，可望到滄海。平土山，城南七十里。虹螺山，城西六十里。白雲山，城西二十五里，土人以□陰晴。孤山，城西南三十里。乳峯山，城西南七十里，中峯如蓋，東南十二麓拱城，北向懸崖有竇，方深丈許，泉溜如乳，甘冽可飲。女兒山，城西南五十里。翠幕山，城北十里。雲頭山，城西北二十里。梯子山，城北二十五里。松山，城南二十五里。唐帽山，城北四十里。杏山，城西南四十里。聖水山，城東南五十里。團山，城東南五十里。饅頭山，城北十五里。碌碡山，城北六十里。木葉山，城東三十里。【略】翠巖山，城西北四十里。

明·李輔等《全遼志》卷一《山川·廣寧前屯衛》　萬松山，城西北一十五里，東西四百餘里，連山海、永平界，山多松，故名。三山，城西北三十里，萬數千仞，三峯並秀。龍山，城西北一百里。蘭山，城東五十里。十八盤山，城北九十里，山縈迴曲折有十八盤。老虎山，城東北。塔山，城東南六十里。【略】龍門山，城西北九十里。灰山，城西北五十里。錐子山，城西北四十里。大孤山，城北四十里。小孤山，城北二十里。【略】關山，城北一十五里。廟山，城東北十五里。【略】連海山，城西南四里，延袤南接海故名。

明·李輔等《全遼志》卷一《山川·寧遠衛》　三首山，城東五里，有泉，形如人三首，故名。八塔山，城西南二十五里，上有八小塔。大虹螺山，城東北六十里，層巒疊嶂。大團山，城西南三十里。小虹螺山，城東北五十六里。南金山，城西南三十里。鷹窩山，城北二十里。鐵帽山，城西十八里。望海山，在海岸，城東十八里。臥牛山，城南八里。小鞍山，城東北三十里。鎮山，城西北二十里。雙山，城西北一十里。棗山，城西北八里。轉頭山，城西二十五里。寨兒山，城東北三十里。長山，城西南六十里。小筆架山，在海中，六十八里。罩笠山，城東十五里。龜兒山，在海中，城西水路四十里。

明·季嬰《西湖手鏡》 南高峰，在南北諸山之界，陟磴曲折而上，羊腸詰屈，松篁葱蒨，山椒巨石，箭櫪叢生，非芒鞋竹杖，未易登臨。【略】兩峰插雲聶大年詩屹立亭亭入杳冥，勢雄南北氣憑陵。玉簪拔地横千仞，寶蓋撑空颺七層。天遠不閣風外鐸，夜深遥禮月邊燈。何當一掃浮雲盡，俯視東溟看日升。湯涣詩一支分峙兩峰高，海訴江蟠立巨鼇，聳處於年鍾王氣，登時百里見秋毫，湖波足下低堪挹，斗柄岩前近可操，夜静有時笙鶴過，繞空鐘梵雜仙璈。

明·王揚德《狼山志·形勝》 狼五山，爲天府之要塞，其山隸於通而對爲峙者，虞之福山也。

明·王揚德《狼山志·山川》 孜通封域長江若帶，而狼山瀕江崛起，左右參差列四山，故曰「狼五山」。山峭厲而森布，江浩渺而奔流。

又 狼山，在州治南十八里，前臨大江，高五十三丈，周四百八十六丈，峭拔峪岈，形如狼，或傳有白狼居之，故名。宋淳化中，邑長楊鈞上書乞改「狼」爲「琅」。楊世彦詩云：「江氣南吞吴分野，海波北撼楚封陲。」 東爲刀刃山，即劍南山，高二十九丈，周四百七十二丈。相傳秦始皇曾淬劍於此，故名。又呼爲「劍迹山」。此山較殺，而崖壁巉巖與狼無兩。東南爲軍山，隔水，高三十五丈，周九里十三步。相傳秦始皇東巡駐軍於此，故名。此山獨踞江中，洪流巨濤，四面澎湃，比狼稍夷而廣。狼山西爲塔山，俗名「黄泥山」。高一十七丈，周二百九十丈。山勢彎卷，較他山差腴。馬鞍山，又在塔山西，高一十七丈，周四百五十丈，以形似名。或云隋煬帝征遼放馬於此，因封爲「馬鞍山」。此山與塔山似分不分，而其勢獨逶迤，且北陰一帶菁葱翳蔽，尤足賞目。按五山舊傳，並在江中。舊狼五山在海中，用舟以濟。後沙漲相連，面皆臨江。江之南對福山，相去約廣一百二十餘里，東去二百里爲廖角嘴，即江海水分鹹淡處。嚮東南而往，爲吴越閩廣之洋，嚮東北而往，爲淮濟齊魯。

明·王揚德《狼山志·記》 白狼山者，江以北之望山也。雖劍迹、軍山、塔山、馬鞍五山並峙，而白狼則崇巒特起，鬱然孤秀，左右拱遜，莫可與肩。

又 去州城南十八里，而近有五山焉，聯如貫珠，而中拔地特起者焉狼山。云山之陰，危石直峭，張如拳，立如璧，列錯如簪牙而下，有石竇如屋者曰六，可容數千人。

又 五山其通之五岳乎，大江洸蕩自恣，五峯盤峙如列掌。

明·王揚德《狼山志·五山大聖紀序》 按：五山皆石也，光彩陸離，不殊瑶珍，《舊志》作「琅」，其名似美。

清·談遷《棗林雜俎·義集·名勝》 遼東錦州城北三十里二郎山，破石多如彈丸，可入砲而輕。督師孫承宗戲曰：「二郎神好用彈，想其餘物。」二郎神爲清源妙道真君，即嘉州守趙煜斬蛟者也，未詳何代何封稱爲「二郎」。

又 寧國縣石鏡山，有石如鏡，足以鑑物。黄巢寇宣歙過此，照見其狀如獮猴，大怒，積薪燔之，石遂無光。久乃漸復。《寧國府誌》。按：石鏡山不一，《吴地記》：「臨安縣東五里石鏡山，有石鏡徑二尺四寸，甚清，具見人形狀。」

又 陰陵山，今全椒縣東南二十五里九鬭山。云楚兵敗，欲東渡烏江，經此與漢兵一日九鬭。其山石尚有礪劍跡，有迷溝，爲田父紿處。今三汊河有霸王廟，所産艾草皆低頭，爲羽曬甲壓之云。《全椒縣誌》。

又 義烏縣南二十里雲黄山，傳大士餧虎，餘飯化爲石，青白而紫。有陶氏居山下，嘗資給，大士遂視之曰：「它日以飯石琢數珠瞻汝冑。」自兹授記，惟此一氏家能之。女已嫁則不能，他人倣傚，石即穿裂。《義烏縣誌》。傳翕，義烏稽亭里人，因取魚食。嵩頭陀曰：「試自照水。」乃見員光寶蓋，即悟前因。因具開道場。頭陀指山下雙檮樹曰：「此可以結庵。」苦行七年，忽三佛來自東方。有金色自天而下，集於其身，從是身嘗出妙香，聞空中聲偈。梁武帝召赴一次，入重雲殿不拜，徑登實榻，與帝問答。詔還山，號「善慧大士」。

又 襄陽城西三十里伏龍山，爲隆中諸葛氏草廬也。今有祠西八角晉井，頗宏敞。明襄簡王葬處，竟乏嗣人，謂武侯之英爽可畏。又南陽距城八里云「八里岡」，亦曰「隆中」。岡勢蜿蜒如帶，高僅數丈，亦有祠。嘉定徐宗伯學謨俱游之，謂襄陽可據，宛人不能攘而有之。蘇子瞻詩：「誰謂襄陽野，生死萬乘師。」蓋指伏龍山云。見《宗伯集》中。

又 荆門州玉泉山有關侯祠，祠下方二十步皆黑土。相傳侯嘗駐兵，作書遺其子平，書罷以研汗擲地，故至今土爲之緇。其青龍刀暨石罅中，以手摩之輒動，然役千夫之力不能舉也。

又 黄州東百里有孔子山，相傳孔子適楚，嘗登此山。上有坐石，草木不侵。有研石，每雨輒有墨水流出。又澤州南四十五里天井關石上。孔子將入晉，聞趙簡子殺竇鳴犢，至此迴車。轍蹟尚存，深尺許，長百餘步。後人因立廟道左。

又　文登縣南百二十里成山，秦始皇造石橋渡海觀日，神人驅石，鞭之見血，至今山石皆赤。予謂山石色赤者多，若天台赤城、黄州赤壁，豈亦有神驅而鞭之乎？其造橋事容有之，然亦不至望洋也。《五雜俎》。按：成山東召石山，神人鞭石處。見《三齊略》。

又　曹縣青山，諸生郗元嘗治園，見瓦棺長丈許，高五尺，朽骸風滅，瓦刻字莫辨。儀從夾侍，大僅尺，朱沙斑剥。意春秋曹先公遺葬。郗元於南京爲予言。

清·談遷《北遊録·紀文·游郗山記》　郗山蓋滕之南鄙也。晉郗説等爲臨沂著姓，滕近沂，故山以「郗」名。山周三里，高二十餘尋。距運河里許，最便陟。【略】南望微山湖，隔運河一隄。山據湖中，如伏虬，如隱虹，吞若郗山者八九，遠波漾汗，膏沐黛泓。

清·談遷《北遊録·紀詠下·北固山》　鐵甕名城扼要衝，江流繚繞似游龍。危巒獨拔三千丈，精甲曾當十萬鋒。天塹至今横鎖鑰，山靈何處採芙蓉。六朝誤作狼胥望，北顧蕭蕭半夕烽。

清·顧炎武《肇域志·山東·濟南府·沾化縣》　平地淺草，無山林積石，經川丘阜，而鹽鹻磽确之土，復錯於其中。

清·顧炎武《肇域志·南直隸·南京應天府》　三山，在府西南五十七里，下臨大江，三峯排列，故名。

清·顧炎武《肇域志·南直隸·南京應天府·溧陽縣》　大壞山，一名浮山，在縣東北四十五里洮湖中，與宜興、金壇二縣界。山形孤秀，巋居水中，望之若浮。周處《風土記》云：「洮湖中有壞山。」唐《地理志》云：「溧陽有湖山。」皆指此。

清·顧炎武《肇域志·南直隸·鳳陽府·懷遠縣》　塗山，在縣東南八里，與荆山兩岸對峙，淮水經其中。禹會諸侯於塗山，即此。西南有禹墟及禹會村。

清·顧炎武《肇域志·南直隸·鳳陽府·五河縣》　浮山，在東三十里，介五河、盱眙之間，襟淮帶潼，捍塞水門，爲一邑之屏障。

清·顧炎武《肇域志·南直隸·鳳陽府·壽州》　硤石山，在西北二十五里，兩岸相對，淮水經其中，山上嘗立二城，以防津要。

清·顧炎武《肇域志·南直隸·鳳陽府·泗州》　巉石山，在州西一百二十里，淮水北岸，與南岸浮山相對。梁天監時，築堰處也。《南史》：「南起浮山，北抵巉石。」

清·顧炎武《肇域志·南直隸·鳳陽府·盱眙縣》　三臺山，在縣西南一百五十里。山有三峯鼎立，上可屯十萬衆。宋建炎中，劉綱保聚於此。

清·顧炎武《肇域志·南直隸·松江府》　干山，在縣西北。以形如天馬，一名天馬山。

又　佘山，在縣東北。有東西二峯，延亘數里。

又　金山，在縣東南九十里海水中。《舊志》云：「其北即古之海鹽縣，後淪於水。」今山去海一潮之涉，山有平陂，可二十人坐，北有寒穴泉。

清·顧炎武《肇域志·南直隸·常州府》　馬跡山，在府東南六十里太湖中，山麓周一百二十里。宋建炎中，劉晏保此。

又　夫椒山，馬跡之從山也。東曰夫，南曰椒，有小椒、大椒，皆馬跡之脈，故總謂之夫椒。《左傳》：「吴王敗越於夫椒。」

又　黄山，在西北八十里，俯瞰大江。

清·顧炎武《肇域志·南直隸·常州府·靖江縣》　孤山，在縣北十里。舊在江中，日久遂與邑連。今則山北已拓爲膏壤六七里矣。

又　段山，峙邑境東，盡之江中水面，約三十里。山麓有沙，舊曰段山沙，近改名曰崇讓沙。

又　浮山，浮東南江中，狀如覆盂，與段山相近，對江陰横江諸山，稱巫子門。渡江者以其門之開闔，定道里之強半，約水面距邑境三十里。

清·顧炎武《肇域志·南直隸·鎮江府·金壇縣》　茅山，在西六十五里。山之西，屬句容縣。初名句曲山，又名巳山。漢景帝時，茅濛曾孫盈，與其仲弟武威太守固、季弟西河太守衷棄官修煉於此，遂名茅山。周迴一百五十里，自山嶺以西屬句容，以東屬金壇。

又　方山，在西四十五里、一百里，山頂平衍，四望皆方，故名。

清·顧炎武《肇域志·南直隸·揚州府·儀真縣》　瓜步山，在西四十七里。《府志》：「西七十里瓜步鎮南。」狀如瓜，臨江峭絶。魏太武南伐，起行宫於此。

清·顧炎武《肇域志·南直隸·揚州府·泰興縣》　孤山，在東南七十里。

南枕大江，巍然一峯，約高百仞，本縣之鎮山。舊在北岸，今徙入江中數十里，已非興有矣。

清・顧炎武《肇域志・南直隸・淮安府・海州》 朐山，在州南四里。二峯如削，俗呼爲馬耳峯。秦始皇東巡至此，立石其上，以爲秦東門。

清・顧炎武《肇域志・南直隸・淮安府・睢寧縣》 九頂山，在西五十里。延袤盤結，時爲盜藪。中有爺爺窩，可伏萬人。四面小山，不下數百。界睢寧、靈璧之間。每遇荒歲，輒嘯聚於此。議設巡司防緝，未行。

清・顧炎武《肇域志・南直隸・廬州府・無爲州》 濡須山，在東北五十里，接巢湖。湖東南有石渠，鑿山通水，名東關口，又名濡須塢。其地高峻險狹，實守扼之所。吳諸葛恪於東關作大堤，遏巢湖，左右依山峽築兩城，使全瑞守之，魏人圍東關，圖壞其堤，不克。《府志》：「一名偃月城，世傳夏禹所鑿。東西二關，其地峻險可守。孫權用吕蒙策，築濡須塢。

清・顧炎武《肇域志・南直隸・廬州府・巢縣》 浮濃嶺，在縣南三十里。崎嶇阨陋，四面皆山，接壤濡須，爲往來孔道。州守查《志》文，立屋三楹，曰「守望軒」，以居邏卒。

清・顧炎武《肇域志・南直隸・安慶府・桐城縣》 龍眠山，在縣北五十里。其山如龍伏。有李公麟書屋。

清・顧炎武《肇域志・南直隸・安慶府・宿松縣》 小孤山，在南一百二十里。今在江中，江北岸孤峯峭拔，與南岸山對峙如門，大江之水至此隘束而出。

清・顧炎武《肇域志・南直隸・太平府》 天門山，在西南三十里。二山夾大江，對峙如門。

清・顧炎武《肇域志・南直隸・太平府・繁昌縣》 大陽山，在縣西，與小陽山相接。有龍池，四時不竭。山盡於江中者，爲板子磯，弘光時築城於此，以防江。

清・顧炎武《肇域志・南直隸・寧國府》 敬亭山，在城北十里。由文脊、華陽北來，百余里横亘於此，若屏障然。高數百丈，東臨宛、句，南附城闉。

又 華陽山，在城南一百里。高數百仞，跨宣、涇、寧、旌之境。其南爲密壠嶺、盤嶺，稍西爲金牌嶺。二嶺之間，僅通一徑，爲涇、旌間道，郡南一阨塞也。

清・顧炎武《肇域志・南直隸・寧國府・宣城縣》 籠叢山，縣西南百五十里。山南屬績溪，峻壁崇關，爲宣、歙阨塞，有叢山關。正德間，姚源盜起，官兵於此防之。

清・顧炎武《肇域志・南直隸・應天府》 彭城山，在城東南四十五里。北接青龍山，在祈澤山東，有水注麓成渠，渠上有橋，舊有彭城館。

又 雁門山，在城東南六十里。山勢連綿，類北地雁門，故名。西連彭城山，山東北有温泉。

又 横山，江寧。在城東南一百二十里。山有十五峯。《丹陽記》：「丹陽縣東有横山，連亘數十里。」或云：「楚子重至於横山是也。」又曰：「横望山，四面望之皆横，故名。」接連太平府界。

又 牛頭山，江寧。一名天闕，又名仙窟山。山有東西二峯，王導指爲天闕。在城南三十里，週四十七里，以其兩峯並峙，如雙角然，故名。晉王導以其遠對宣陽門，指爲「天闕」。故又名天闕山。梁司徒徐度建寺於雙峯，名曰佛窟寺。歷代崇飾甚盛。由山麓起，石級數百層，杉、檜行列而上，曰白雲梯。有白龜池、虎跑泉。南爲捨身臺，臺之側，懸巖突出，曰兜率巖，其下爲文殊洞。又南有峯，曰芙蓉嶺，曰雪梅。山椒有昭明太子飲馬池，僅丈許，冬夏不涸。大峯之北有石如臥鼓，中虛，可坐數十人，其高九尺，上下有小石，吳時呼爲「石鼓」。折而西，有石窟，不測淺深，名曰辟支洞。相傳辟支佛出此。梁武帝於此建寺，更山名曰仙窟者，以此。野豬洞，在辟支洞右，又名安初。前對三山，大江旁繞，是山之佳勝處。舊有中峯庵，在西風嶺半。近庵有地湧泉，又名感應泉，俗呼龍王泉，自石坎中出，深二尺許，纖淫縷浸，色味俱絶，其地最幽。其東南爲劉宋郊壇處。建炎中，岳飛敗兀朮，設兵於此。山陰支脈，蜿蜒起伏，至城南而止，有斷壁巖、翠雲山，皆幽勝處。

又 祖堂山，江寧。在牛首山南十里，周四十里。宋大明中，於山建幽棲寺，因名幽棲山。唐高僧法融得道於此，爲南宗第一，乃改爲祖堂山。山南有巖，石窟奇麗，中虛，深可十步，儼若堂宇。融師居中，有百鳥獸獻花之異，因名獻花巖。其頂爲芙蓉峯。山極爲幽勝，回望牛頭，雙峯聳翠，林巒樓殿，宛如圖畫。

又 銅山，江寧。在縣東南七十里。昔人采銅於此山，故名。宋鮑照有《過銅山掘黄精》詩。

又 鼓吹山，江寧。在縣南八十里。東北有水，四望孤絶。宋孝武大明七年，自江寧南登此山，奏鼓吹，因名。

又 龍山，江寧。在縣西南九十五里。北有水，其山似龍形，故名。

又　茅山，在句容縣東南四十五里，迴環一百五十里。初名句曲山，象其形也。

又　烈山，江寧。在城西南七十里。《乾道志》：「吳舊津所也。」伏滔《北征賦》謂之溧州，上有小山，形似栗，因名。《晉書》：「桓沖爲荆州刺史，謝安送至溧州。」又云：「山近烈洲，故曰烈山。」其山四面峭絕，下瞰大江，風濤洶湧，商旅嘗泊舟依山，以避風。

又　絳巖山，一名赭山，在縣西南三十里，周迴二十四里。【略】山極險峻，臨平湖，山之巔頗坦夷，惟一路可通。

又　竹里山，在縣北六十里。《方輿地記》云：「行者以其途傾險，號曰翻車峴。」山間有長澗，高下深阻。

又　東廬山，在溧水州東南一十五里。《縣誌》：二十。有水源三：一自山西流自秦淮，一自山東北流入馬沈港，一自山東南吳漕流入丹陽湖。

又　芝山，在州東南七十里，周回四十里。有李、鶯二洞，相去三百步，可容數千人。

又　濁山，在州東南一十里。山北，濁水出焉。《輿地志》：「溧水縣有濁山，即秦淮源。」《府志》不載其爲秦淮源，而云：「中山一名濁山。」《元和郡國志》云：「山出兔毫，爲筆精妙。」《畿志》：「中山，在縣東南十五里。其水曰濁水，或曰：獨訛爲濁耳，未詳。」《縣誌》：「十一里，爲邑之鎮。」《輿地志》曰：「溧水縣有濁山，即此。」又云：「中山者，一培婁耳」。

又　白土岡，上元。北連蔣山，南至秦淮，周十里，高十丈。其土色白。

又　落星岡，江寧。一名落星墩。《府志》：「在板橋市，西臨大江。」在城西北九里。周二十六里，高十二丈。又江寧縣三十里臨江，亦有落星岡，周十里。上有小阜，高數丈。

又　（攝山棲霞寺）寺在攝山，一名繖山。有中峯屹然卓立，迤邐南下，左右山環抱如拱。入山繁陰覆路，若別一洞天者。【略】循中峯澗而上，有白鹿泉出石隙，方廣僅數尺，清澈可鑒。【略】堂後循山隙而入，有泉曰真珠，有巖如浪，曰疊浪。【略】又上爲天開巖，陡絕甚奇。此一帶在中峯之右，虛谷深隴，僧寮倚山架壁，各擅其勝。上至中峰頂，下視大江，曳若縞練，幽深隱奥者，忽焉而閡覽入荒矣。

清・顧炎武《肇域志・南直隸・應天府・高淳》　遮軍山，在縣東五十里。山北有水入固城湖。

清・顧炎武《肇域志・南直隸・應天府・江浦》　平山，在浦子口東門外二里。大江奔注，一山突出，如砥柱然。

又　梁山，在縣西南百四十里。石狀巉巖，俯瞰大江，與南岸博望山對峙，又謂之天門山。

清・顧炎武《肇域志・南直隸・應天府・六合》　定山，在縣南六十里，周一十八里。有峰六：曰寒山，曰獅子，曰雙雞，曰芙蓉，曰高妙，曰石人。一名六峯山。六峯對峙拱合，又名六合山。其南屬江浦。

又　瓜步山，在縣東南二十里瓜步鎮南。周七里，狀如瓜，屹立數十仞，滁水經此入江。南障滁河口，外瞰大江。

又　蜀岡，在縣東北三十里。東南接儀真，東北連抵江都，綿亘數十里。

又　小帆山，在瓜步山東五里大江中流。矗起高八九丈，周半里，水落痕出，常丈許，一名石帆。江流至此甚險，舟人鮮不乞靈者。

清・顧炎武《肇域志・南直隸・和州》　梁山，在州南六十里。石狀巉巖，俯瞰大江，與南岸博望山對峙如門，亦謂之天門山，實大江關要。

清・顧炎武《肇域志・南直隸・蘇州府》　天平山，在支硎南五里。巍然獨出，最爲峭萃。

又　穹窿山，在府西南六十里。山高而平，其頂方廣可百畝。

又　洞庭山，去胥口西百八十里。一名包山，又名林屋山，周迴一百三十里。遥望一島，而重岡複嶺，茂林平野，爲人區別境。其最高者爲縹緲峰。

又　楞伽山，一名上方山，在吳山東北。其頂有浮圖。五通廟在其下。東南麓有丁家山。唐人丁公著父喪，負土作冢，故名。北爲寶積山，寶積寺在焉。又北爲吳王郊臺。東北爲茶磨嶼，以其三面臨水，故云嶼。俗云磨盤山。東麓爲石湖書院，東南麓有普陀巖，巖前石池深峻。崖絕，石梁跨其上，兩崖壁立，蘿木交映，特爲奇勝。東面石湖，爲行春橋。

又　黄山，在茶磨山北四里，胥塘之北。山脈雖屬横山，然斷而特起，諸峯高下相連，俗稱筆格山。《隋志》載王世充破劉元進，坑其衆於黄亭磵，疑即此山。其西，山之半有二石洞，深可三四丈，俗名虎洞。

又　鄧尉西行，歷烏山、觀山、朝士塢、外窯、裏窯、熨斗柄、西磧山、彈山，過長旗嶺、竺山，至玄墓，出入湖山間。山人以圃爲業，尤多樹梅，花時一望如雪，行數十里，香風不絶，此吴中絶景也。所歷諸山，大抵各有致，惟西磧最高大少景，在湖濱，潭西聚塢差勝，潭西一隅色如鐵，名鐵山。

又 青芝山，在鄧尉西南，其木多松。山之右，爲真珠塢，群山四抱，一隅稍豁，其景最勝。

又 彈山，在西磧之左。其首載湖濱，身横亘六七里，直接青芝。瀕湖處有七十二峯閣，所據極勝。

又 茶山，一名绣毬山，在西磧之左，彈山之右。高不二仞，廣不二十步，狀類土阜，而通體皆石。北望銅井，地形漸高，此山若在箕舌，數里之毫髮可數，梅花時尤勝。南去太湖不百步，浮六小峯，若杯楪在案間，外則粘天浴日，不見其際。

又 蟠螭山，在彈山之南，斗入湖中，作蜿蜒狀，以此得名。其陰多桃花，春時望之，如錦步障。上有一坎，從上望之，如方池然。循級而下，四周皆石壁削成，可三仞，又如數千石大囷。天啟間，有僧小構其中，餘蒔小花木。出門咫尺，即望屋瓦不得，既入室，則又如在大刹，杳不知在山之巔、湖之濱矣。但險遠難居，卒遷去。

又 玄墓山，在鄧尉西南六里，相連不斷，本一山也。後晉青州刺史郁泰玄葬此，故名。國初萬峯和尚居之，又名萬峯。其山面湖而險陿，丹崖翠閣，望之如屏。山之麓有奇石，在盧橘樹下，勢欲飛動。山有聖恩寺，即萬峯道場。法堂在佛殿東，其前銀杏數株，皆數百年物。其後則奇石在焉，俗謂之真假山。石類太湖，天然嵌空，以此知湖石玲瓏者，不盡出水力也。殿右有四宜堂，庭中古桂數株，皆七八圍，繆結甚奇。山前面湖，法華山浮於波面。東有錢家坎、米堆山，有五雲洞。其山與紫莊嶺、石牌諸山相連，直抵吕山。西則孫家嶺、蟲頭諸山，漸入於湖。南爲周山。

又 岝崿山，在金山東，俗稱獅子山，以形名。《水經》云：「吴有岝嶺山。」《吴地記》云：「王僚葬此。」山上有石巷，山南有大石，相傳爲墜星。又云：「此山在太湖，禹治水移至此。」今西南有兩小石，如卷笮，禹所用牽山也。吴山有淺處，在三山之南，雲是岝嶺山麓，自此以東差深，言是牽山之溝，其説不經。山右有土阜，曰鈴山，左曰索山，皆以獅子名。

又 支硎山，在隆池。山有石室、寒泉，有碧林泉、待月嶺、南池、新泉、馬坡。坡南有石門，乃三巨石，直上干霄，西連危峯，東臨絶壑，中猶根臬然。又有牛頭峯，在寺門之下。東趾有觀音寺，故又云觀音山。

又 天平山，在縣西二十里，支硎南五里。視諸山最爲嶎崒，其林木亦秀潤。山多奇石，詭異萬狀，有卓筆峯、飛來峯、五丈石、卧龍峯、巾子龍、毛魚池、大小石屋。其山頂正平，曰望湖臺，即遠公庵遺址。上巨石圓而面湖者，曰照湖鏡。山半有白雲泉。别有一泉如綫，注出石罅，尤清冽，曰一綫泉，宋僧壽老始發之。有古松蟉虯如蓋，曰華蓋松。又有穿山洞、蟾蜍石、龍頭石、靈龜石及龍門南址有白雲寺，範文正公祖墓在焉。

又 金山，亦天平之支壠。初名茶塢山，晉宋間鑿石得金，易今名。山半有翻經方石，二丈餘，平坦如砥。石梁一，横架兩壁，脈理不聯，無所根蒂，又非磨琢而成。其下空洞，通人行。泉一，在石壁上滴下，小池承之，冬夏不竭，名曰珍珠泉。山巔石池一坎，闊三尺許，長丈餘，深不可測。水瑩緑，大旱弗縮，名曰雲瀨。趾有方石池一，名梵功。其旁有育王塔。山之東嶺，有文殊庵。

又 花山，舊名華山，在城西三十里，去陽山東南五里。山半有池，在絶巘，横浸山腹，逾數十丈，故又名天池山。上有石鼓，晉隆安中鳴，乃有孫恩之亂。石屋二間，四壁皆鑿佛像。又有龜巢石、虎跑泉、秀屏、蒼玉洞。此山多石少土，無樹藝，特以巖穴勝。

又 玉遮山，在陽山之南，横列如屏。今但呼爲遮山。盧熊《府志》爲查山。玉遮南有按山，化山、苦竹山。其北有蜀山，近光福鎮。山半石皆拔起，號曰「鸖石」，土人呼鳳凰山。又北爲野虚山，亦曰雅虚。兩山夾峙，中有路通，俗名風衖。東南有貞山，初名蒸山，以其雲氣如炊也。東有官山、馬山。又東爲雅宜山。本名雅兒，唐青州刺史張濟女雅兒葬此，吴語訛爲宜。旁有小山，名茲茹，或云即雅宜山。

又 錦峯山，在陽山西南。産石，紫赤色而秀潤，故名。

又 西洞庭，縣西一百三十里，一名包山，以山四外皆水包之。【略】其稱洞庭，則以湖中有金庭、玉柱。【略】山踞太湖中，望之渺渺忽忽，意其一島，而重岡複嶺，縈洲曲澈，洞天福地，靈蹤異跡，殆不可窮。其峰縹緲最高。

又 東洞庭之東麓，曰武山，週一十二里。本名虎山，吴王養虎於此。後避唐諱，改今名。其旁小阜，曰雞山。東洞庭之北，曰余山，《史記》爲徐侯山。山形雖小，秀而蒼翠，上有居民。東洞庭西南，曰三山，有三峯相連。昔有吴妃姊妹三人，各居一峰，殊有靈異，山人立祠祀之。今三峯皆有人居。曰澤山，在三山西一里。曰厥山，在澤山之旁，峰巒秀麗，亦有人居，山有虬松。東洞庭之南，首鋭而末岐者，曰箭浮山。若屋欹者，曰王舍浮。近王舍曰苧浮，又南爲白浮。白浮於七十二峯爲最小，然亦秀□。澤、厥之間，有若翁浮水面者，曰箬帽山。有逸於前，若追而及之者，曰貓鼠山。二山近西洞庭之小龍山，又有若穹碑立者，曰石碑山，近光福矣。

清・顧炎武《肇域志・南直隸・松江府》 小横山，在横雲山東，中限一水。由絶頂至東北，皆峯密隱起，壁立數仞，色盡赭，遊人呼爲小赤壁。

又 干山，在機山東。有水紆回，從横雲山來，經山下北流。諸山之最高者，其曰天馬，以形似，故名。右瞰泖湖，一白萬頃。其脅有泉，有浮圖七級，登覽者極江海之觀，故稱爲干將，爲九峯之甲云。

又 澱山。山形四出，如鼇，頂建浮圖，下有龍洞。

又 鳳凰山，在府城北。東枕通波，西連玉屏，山形修峻，孤起無附。陟半嶺，則外山拱揖，如奧區焉。左有青壁，高數十仞，如削成。其上有虬松、壽藤，蒼森可愛。有二泉：曰鳳凰，曰陸寶。山南，村民依水而居，曰鳳凰山鎮。橋曰錦溪。

又 陸寶山，本陸氏家山，界鳳凰、玉屏之間。山多土少石，而土又美，人争取之。今夷爲平陸。

清・顧炎武《肇域志・南直隸・常州府・宜興》 君山，在縣西荆溪之南。舊名荆南。山麓周一十五里，雄視一邑，爲群山長。山顛有池。俗名銅官山。

又 甑山，在縣西南二十五里。其形如甑，雲氣騰湧若炊，故名。有南甑、北甑。

又 龍池山，在縣西南七十里。峯嵐峻聳，登覽無際。又有峭壁，深千餘尺。下視怵惕，莫敢久停。上有龍池。

又 唐貢山，即茶山，在縣東南三十五里，東臨罨畫溪。山産茶，唐時入貢，故名。金沙泉，即在其下。

又 函山，在縣西北七十里。周三十里二百步，高一十二丈。西入溧陽界。

又 大坯山，在縣西百里洮湖中，與小坯山相望。二山水環四面，望之若浮，故名。小坯山，亦在洮湖中，大坯山稍南。

清・顧炎武《肇域志・南直隸・鎮江府》 金山，在縣西七里江中，萬川東注，一島中屹，爲東南形勝之冠。下有中冷泉，水品稱天下第 。

又 焦山，在縣東北九里大江中。漢處士焦光所隱地，故曰焦山。山比金山差大。山之餘支東出，分峙江中，曰海門山，即江流朝宗之道也。山與金山相距十五里，而氣勢相抗，故世以金、焦並稱，又並北固，目爲「三山」云。

清・顧炎武《肇域志・南直隸・揚州府・儀真》 小帆山，在縣西五十里瓜步東，矗起大江中。山無草木，石白若礬，山有落帆將軍湖。江行過此甚險，舟人競乞靈焉。

又 赤岸山，在縣西三十里。高十二丈，周四里。其山臨江，巖與江岸，土色皆赤。棗林岡，在縣西北二里。出佛洞，在小帆山北。山之東，即黄天蕩，江流至此甚險。

又 瓜步山，在縣西七十里。高三十丈，周七里，狀如瓜。在瓜步鎮南，臨江峭絶。

清・顧炎武《肇域志・南直隸・揚州府・高郵》 神居山，在州西六十里新安村，石山戴土，高二十五丈，周十五里。自此山西南，接連天長、滁、泗、横野等山，郵城之地自此起祖，蓋州之鎮山也。

清・顧炎武《肇域志・南直隸・揚州府・江都》 甘泉山，在縣西三十五里。山有井，曰甘泉。七峯連絡如斗，平地錯落，諸圓岡凡二十八，如星宿拱斗然。

又 浮山，在縣西北舊鼓樓街。有石出地，高三尺二寸，長四丈五尺，闊一丈一尺。其狀如鐵，不生草木。以其浮於地上，故名。有大禹庙在焉。

清・顧炎武《肇域志・南直隸・太平府・當塗》 青山，在縣東南三十里姑孰鄉。齊宣城太守謝朓嘗築室於山南。又名謝公山。有謝公井、白雲泉。有謝公池，在山頂。甘泉，大旱不竭。

又 采石山，在縣西北二十五里化洽鄉。上有峨眉亭，下有磯，亦曰采石。又有牛渚磯，石出於江，曰采石磯。江自西南來，直走磯下。姑孰溪則自東折西，而横入於江。蛾眉亭前有一臺，據牛渚磯陡絶之壁，北望天門，兩山夾江對立，遠望若蛾眉然。

又 天門山，一名博望山，又名東梁山，在城西南三十里。二山夾大江，東博望，西梁山，對峙如門，亦名東梁山。西梁山，又名峨眉山。北出江中者，爲梁山磯。因與西岸和州西梁山夾大江對峙，如門闕，故謂之天門山。

又 石城山，在城東，有石環繞如城。

清・顧炎武《肇域志・南直隸・太平府・蕪湖》 白馬山，在縣西南三十里丹陽鄉。有白馬祠。有紫燕洞，土稱燕巢洞，又名燕雛，冬有燕數千來集，春則去，俗以牛餅祭洞神。

清・顧炎武《肇域志・南直隸・太平府・繁昌》 隱静山，在縣東南三十里銅官鄉。有五峯，曰碧霄、桂月、鳴磬、紫氣、行道。

又 馬仁山，在縣南二十里。多異石，如馬，如人。

又 覆釜山，有縣北二十五里。一名春穀嶺，一名寨山。山頂如掌面，形類覆釜。有井泉，冬夏不竭。世傳昔避亂者居於此。鋤者猶得折戟云。

清・顧炎武《肇域志・南直隸・池州府・青陽》 黄蘗嶺，在縣東五十里。山高河深，路瞰懸崖。

又 白沙嶺，在縣西七十里。山峻路窄，旁多深谷，可以設壘。

清・顧炎武《肇域志・南直隸・池州府・銅陵》 銅官山，在縣南十里。舊名利國山。有泉，冬夏不竭，可以浸鐵烹銅，因改爲銅官山，於此置場。

又 城山，在縣東五里。四圍石壁峭拔，惟西南一徑可通，如城門然。山頂平坦，可數十畝，名曰賽城。中一井，遇陰晦則雲氣湧出，鄉人嘗避兵於此。

又 羊山，在縣西南江濱，有磯有渡，即舊稱六百丈，江山最險處也。

又 鵲頭山，在縣北十里，高聳臨江，宛如鵲頭，與西岸廬江縣鵲尾渚相對。

清・顧炎武《肇域志・南直隸・池州府・石棣》 歷山，即山。在縣西一百二十里。高約四十餘里，界貴池、祁門、石棣三縣。

清・顧炎武《肇域志・湖廣・武昌府・崇陽縣》 龍泉山，在縣西南六十里。有石渠，泉流清水，用以雩，多驗。

又 大坡山，在州東五十里。旁有石樓，嶄然拔出，衆山裏人於此造茶。

清・顧炎武《肇域志・湖廣・荆州府・長陽縣》 方山，在縣西南三十里。四面俱有風穴，夏則風出，冬則風入，春秋則静。

又 龍角山，在縣北。穴內有陰陽二石，陰石常濕，陽石常燥，旱鞭陰石則雨，潦鞭陽石則霽。

清・顧炎武《肇域志・湖廣・岳州府・石門縣》 石門山，在縣西十五里官道中。兩崖壁立如門，高二丈。吴永安中，山石自然洞開如門，高三百丈，孫休以爲祥，因置天門郡。

清・顧炎武《肇域志・湖廣・岳州府・慈利縣》 天門山，在縣西南百八十里，即古松梁山。狀如香爐，有十六峯環列。最高者，曰天門，空虚透徹，上貫山頂。

又 百丈峽，在縣西北百六十里，九溪衛西南七十里。石崖兩面對峙，高逾百丈，中有小峽，長三十里。流泉峻急，古木槎枒。峽畔有路，通永定，最險。

清・顧炎武《肇域志・湖廣・長沙府・寧鄉縣》 大霧山，在縣南五十里，峻嶺深谷。

又 大潙山，在縣西一百四十里。高六十里，周圍一百四十里，潙水出焉。

清・顧炎武《肇域志・湖廣・長沙府・瀏陽縣》 大圍山，在縣東北一百五十里，山頂白沙湖，廣袤五十餘里。流分四派：一爲瀏水，其三，入岳之平江，豫章之分寧，袁之萬載。岡巒圍繞，盤踞四縣，故名。

清・顧炎武《肇域志・湖廣・長沙府・安化縣》 青羊山，在縣東七十里，與大潙山湘接。奇峯疊嶂，狀若芙蓉，一名芙蓉山。

又 黄羅山，在縣西南一百二十里。四面懸崖壁立，有小徑可緣而上。

清・顧炎武《肇域志・湖廣・寶慶府・邵陽縣》 龍山，在縣東八十里。有龍池，泉如湧潮。分爲二派，一入湘鄉爲漣水，一入邵陽爲邵水。

清・顧炎武《肇域志・湖廣・辰州府》 茗山，在城北三百十里。深險阻絶，人跡罕到。

清・顧炎武《肇域志・湖廣・辰州府・沅陵縣》 明月山，在縣東一百五十里。山下有明月池，兩岸素崖峭立，若披霜雪。

清・顧炎武《肇域志・湖廣・辰州府・盧溪縣》 秤鉈山，在縣東南。其山横塞水口，若秤鉈然。山右隅水旁有石，長三尺許，隱見不常，謂之神石。

清・顧炎武《肇域志・湖廣・衡州府・藍山縣》 藍山，在縣北五十里。其高數里，延袤八十餘里，跨南平、寧遠界。

清・顧炎武《肇域志・湖廣・永州府・道州》 宜山，在州北十五里。山極高峻，盤踞十數里，八面環觀，方正如一。

又 麻山，在州北八十里。兩崖對峙，石壁千仞，麻灘走其下，其聲如雷。州之北户，此爲絶險。

清・顧炎武《肇域志・湖廣・施州衛軍民指揮使司》 積玉山，在司北二里。極高，每冬積雪，至春不消。

清・顧炎武《肇域志・湖廣・九溪衛》 天馬山，在衛東五里。遠望屹然，鎖斷江流，形如天馬，故名。

又 南山，在衛南。綿亘數十里，或起或伏，如屏幛然。

又 紫駝峰，即衛之北山。其勢冠絶羣山，爲一衛之勝。四時煙霧接天，以形似名。

清・顧炎武《肇域志・浙江・處州府・青田縣》 南田山，在縣西南一百五十里。上有沃土，多稻田，歲旱亦稔。唐袁晁之亂，人多避於此。

清・顧炎武《肇域志・浙江・温州府・平陽縣》 玉蒼山，在縣西南八十里。周百餘里，跨峙八面，獨高諸峯。

又 南雁蕩山，在西南一百里，泰順南六十里。有四十二峯，北自穹嶺，南自施巖，皆名雁蕩。其相連者曰白雲山，高插雲漢，行人援籐而上，號曰籐道，又曰四溪山，上下有四水合流，沿山而南，以入於海。

清・顧炎武《肇域志・浙江・温州府・象山》 天門山，在縣南一百二十里海中，即《漢書》所謂東門山也。先未析象山時，以山在寧海之東境，故名東門。高二百餘丈，周二十五里，兩峰對峙如門，下有横石如閾，惟風息浪平可渡，番舶往來必經由之，爲海道之要衝。

清・顧炎武《肇域志・浙江・金華府・浦江》 浦陽江，在縣南一里許。出縣西深裊山，東流，又北流一百二十里，至越之諸暨縣，溪始通舟楫。又東北流，由峽山直入臨浦灣，以入於海。

清・顧炎武《肇域志・浙江・杭州府・錢塘》 浮山，在縣東南四十里。海潮入錢塘江，勢若雷霆，而浮山峙於江中，與漁浦諸山相望，潮乃迴伏激射，若神憑焉。

清・顧炎武《肇域志・浙江・杭州府・海寧》 金牛山，在縣東八十三里。高三百丈，周迴一十九里。側有深洞，宋建炎初，黄灣居民多避虜於此。

又 黄灣山，舊名盈山，在縣東南六十里。高八十九丈，周迴九里，有黄灣浦。

又 廟山，在縣東南六十八里。高九十七丈，周迴九里，東至海鹽縣界。

又 雷山，在縣西南四十里。在江心。山形圓小，海潮蕩激，漸徙入海。

清・顧炎武《肇域志・浙江・杭州府・富陽》 鸛山，在縣東一里。一名鶴山，又名石頭山，一峯高聳，横截大江。

又 貝山，在縣西三十里。高三百丈，廣七十八里。山頂有湖，步橋水出焉。

又 胡洑山，在縣西南五十里。高三百丈，廣一百三十二里，有石樓、石城。里人於此避方臘之亂。山下出泉，名曰錦溪，東流繞錦明山，注於富春江。

清・顧炎武《肇域志・浙江・杭州府・餘杭》 天柱山，在縣西南十八里。高六百六十丈，與大滌山相對峙，四隅陡絶，中突一峯，有參天之勢。

清・顧炎武《肇域志・浙江・杭州府・臨安》 臨安山，在縣西南十八里。高百丈，周二十三里，縣因此山爲名。

又 黄嶺山，在縣西南三十里。高八百丈，周三十五里。

清・顧炎武《肇域志・浙江・杭州府・於潛縣》 石柱山，在縣東五里。高三百丈，發自天目，爲縣主山。上有石柱，柱有古篆文，或曰秦皇所刻。今剥落不可辨。

清・顧炎武《肇域志・浙江・杭州府・新城縣》 漁洲山，在縣西六十五里。高三百丈，中有合龍池，深莫能測。

清・顧炎武《肇域志・浙江・嘉興府・嘉興縣》 龍湫山，一名陳山，在縣東北五十里。周一十五里，山半有龍湫，水旱不涸不溢。

清・顧炎武《肇域志・浙江・嘉興府・平湖》 陳山，在縣東三十里。上有龍湫，多雲霧，晦冥、雷雨之變，俗傳爲白龍宫。

清・顧炎武《肇域志・浙江・金華府・東陽》 大盆山，在縣東南一百三十里。高五丈，周一百三十里。形容如覆盆，故名。旁有小盆山，畫溪、東陽溪發源於此。

又 東白山，在縣東北八十里。高七百三十丈，周五十里，嶔崟危峭，下視衆山，與會稽、天台連屬，稍西爲西白山。

又 峴山，在縣南八里。東西二峴對峙，高三百二十丈，周十里，舊名三丘山。

又 甑山，在縣西南十里。高三百三十丈，周二十里，狀如甑，故名。有溪流出，曰下崑溪，本縣水皆流西，獨此溪望縣東注，義烏界。

又 夏山，在縣東南四十五里。高七百丈，周二十里，四面峭絶，山側有夏禹廟，因名。

清・顧炎武《肇域志・浙江・衢州府・西安》 烏巨山，在縣東三十五里。東西兩山連亘，西山盤鬱雄秀，高可六七里，竹樹薈蔚，夏亡焱暑，冬稍雨即雪，東山次之。

又 紫薇山，在縣東五十里。一名迷茨，中有懸崖，泉滴不休。

又 巖山，距縣十里。四面峭壁，絶頂平曠可數十畝，中有石井，舊傳黄巢餘黨，阻兵其上。

又 烏石山，在湖山東，距縣四十里。巨石周匝若城，有石門可入，俗號寨門，相傳人避巢賊時所設。

又 白石山，在縣南四十五里。山有圓石，聳二十餘丈，其色純白，故名。

又 龍丘山，在縣東三十五里。又名爲九峯，有九石，黛色，狀若蓮花。龍丘萇鼓瑟於此，與嚴子陵、鍾離意友，年百歲，終此山。巖旁有二石壁，皆百餘丈。唐嘗以此山名縣。

又 聖壇山，在縣南三十里。山勢聳拔，高五里，登其巔，可見數百里，鳥道盤旋，名十八曲。上有天生池。

清·顧炎武《肇域志·浙江·衢州府·開化》 古田山，在縣西百里外雲臺鄉。高十有五里，山中虎不齧，蛇不螫，有田可百畝，田畔有泉，源出兩竇瀦，其下爲池，雖旱不竭，是爲龍湫。

清·顧炎武《肇域志·浙江·金華府·永康》 歷山，在縣南二十五里。高二百丈，周四十里，其上員峰屹立，狀如覆釜，一名釜歷山。有池廣畝餘，深五尺，曰歷山潭，歲旱禱雨多驗。

又 絶塵山，在縣東南三十五里。高五百丈，周十里，四面峭壁拔地，一徑縈紆，斜穿巖石間而上，有兩石對峙如門。

清·顧炎武《肇域志·浙江·寧波府·鄞縣》 太白山，在縣東六十里。視諸山爲最高，其巔有龍池，雲霧蓊勃，生於水面，若麗日晴宵，澄澈如鏡，或風振林木，葉落無墜池中者，旱禱雨隨至。山以太白星得名，或曰：「近有小白嶺，故此爲太白也。」

又 向頭山，在縣西北八十里。亦名西龍尾，東望伏龍山，與龍頭相向。龍頭以東屬定海，龍尾以西屬餘姚，二山捍潮，其中漲塗，漸與山相接。古有海塘閘，閘柱屹然中存，今盡爲魚鹽之地，禾黍菽麥彌望。

清·顧炎武《肇域志·浙江·寧波府·定海》 巾子山，在縣東北二里。山形卓立如巾幘，與候濤山形勢相控，爲潮水出入之障。

又 蛟門山，在縣東海中約十五里。一名嘉門山，環鎖海口，吐納潮汐，有蛟龍穴處，時興颶風怪浪，舟行避之。

清·顧炎武《肇域志·福建·福州府·永福縣》 高蓋山，在縣西五十里而近。石門插天，杉檜晝暝，其上常有紫雲如蓋，故名。僞閩時，嘗封爲西嶽。

清·顧炎武《肇域志·福建·福州府·晉江縣》 寶蓋山，在縣東南四十五里。絶頂有石塔，宏壯突兀，海舟以此爲準。

清·顧炎武《肇域志·福建·福州府·惠安縣》 黄崎山，在縣東四十五里。舊名寧崎山。三面瞰海，風濤鹵氣之所侵蝕，草木不茂，土色微黄，故名。

清·顧炎武《肇域志·廣東·廣州府·增城縣》 白水山，在縣西四十里。屹若巨屏，其上有瀑泉，懸注如練百餘丈。

又 鷓鴣峰，在縣北七十里。脈自庾嶺而來，峯高百餘丈。旁一峰差小，土人謂之大小鷓鴣，白泡水出焉。

清·顧炎武《肇域志·廣東·廣州府·連山縣》 大龍山，在縣北八十里。高數百丈，周五十餘里。岡巒迴盤，其狀如龍。

又 中留山，在縣西三十里。高數百丈，周百餘里。其脈與天梯相接。

又 巾子山，在縣西七十里。其脈自連州大帽山來，形如巾。

又 崑湖山，在縣東八十里。高約五十丈，周幾百里。其脈自大帽山岡陵連屬而來，下有崑湖，因名。

清·顧炎武《肇域志·廣東·韶州府·樂昌縣》 九峯山，在縣北六十里。高三百餘仞，上列九峯。下有温泉，冬夏常温。

又 靈一作泠君山，在東北三十五里。高百仞，周迴十里。脈接桂陽山，山頂有池，周四里，深五尺。上有靈君祠。其下有湯泉，東流五里，入於靈江，南流十五里，入於武水。

清·顧炎武《肇域志·廣東·韶州府·英德縣》 金紫山，在縣北十里。石山聳拔，支脈左出，即今縣治。中出即大慶山，其右則綿亘數十峯，自西北徂於南山，壁立江滸。

又 龍頭山，在縣北二十里。山勢雄特，狀如龍首。清溪之水逕其陽。

又 皐石山，在縣西二十里。壁立千仞。其西曰太尉山，兩山對峙，中間一水，爲湞陽峽。

清·顧炎武《肇域志·廣東·肇慶府·高明縣》 粟岩山，在西南四十里。高數百仞，周百里。其形巖然，中有石壁。飛瀑下流成潭，名武陵溪。

清·顧炎武《肇域志·廣東·肇慶府·德慶州》 西源山，在東六十里。高六百丈，周三十里。跨西源、富豪二里之地。頂有池，四時不竭。其下有溪，分爲二派，東派出西源，西派出富豪。

又 峽山，在西二十里。高一百丈，周九十里。南北岸對峙，甚隘。江水中流，春夏多雨，則水峻急，舟不能行。

清·顧炎武《肇域志·廣東·高州府》 高涼山，在府東北九十里。本名高梁，以羣峯高聳，盛暑如秋，故更名高涼。郡名本此。

清·顧炎武《肇域志·廣東·高州府·信宜縣》 龍山，在縣東二十里。山勢險峻，南有石孔，約深五尺，謂之風窖。北有石孔，其深莫測，謂之雨窖，遇旱禱雨即應。故老相傳，有龍伏於窖中，故名。

又 古樓山，在東七十里。形勢險峻。上有三峯，高低相疊，其狀如樓。

又 雷公嶺，在縣東北一百里。《本志》：一百四十里。其下東川之水出焉。繞中道流至縣城南，合西水入於竇江。灘峻水急，多峭石。冬淺夏深，民以竹簰乘運。

清·顧炎武《肇域志·廣東·高州府·石城縣》 望恩山，在縣南五十里。驛路經其麓，突起三峯，狀如筆架，迴繞縣治。

清·顧炎武《肇域志·廣東·雷州府·徐聞縣》 石門山，在縣西北六里。高十丈，周圍十里。上有大石若門闑。山頂有潭，潭有井，不竭。今石畔一門爲傜所損。

清·顧炎武《肇域志·廣東·瓊州府》 五指山，在府南五百餘里。一名黎婺。在思河生黎峒中。五峯如指，其高際天。郡之諸山，皆其發脈。春夏之間，雲霧凝蔽，秋高氣清時，見極頂翠峰，隱隱亭毒之表。四面皆海，山勢自五指山逶迤而下，黎峒據其嶺，州縣環海而居。

又 瓊山，在縣南六十里。土石皆白，如玉而潤。種椰、蒟，味特美，縣以此名。

清·顧炎武《肇域志·廣東·瓊州府·增城》 靈山，在縣北八十里。體勢甚高，而頂上寬平，周迴三百里，後抵從化縣界。南有石巖，巖左有太白石，又謂之七姑仙女石。積水出焉，可灌田千畝。

清·顧炎武《肇域志·廣東·瓊州府·博羅》 羅山、浮山，崖巘皆合，兩山草木各別。浮山，皆海中類也。高三千六百丈，其巔周迴三十里，其麓周回五百二十里，其峰四百三十有二，其洞一十有八，其石竇、長溪各七十有二，瀑布九百八十，巖一十有一，石一十有二，其洞穴潛通句曲。

清·顧炎武《肇域志·廣東·瓊州府·惠來》 五潮山，在縣北五十里。層巒疊嶂，環列如屏，爲縣之枕山。

清·顧炎武《肇域志·廣東·瓊州府·澄海》 小萊蕪山、大萊蕪山、南澳山，突起海中，形如筆架，爲澳不一，惟隆澳、青澳、深澳，其水如瀦，周遭山擁，可以避風。

清·顧炎武《肇域志·廣東·瓊州府·儋州》 黎婺山，在州南二百餘里。郡人少到，山勢峻拔。下有水泉，天色明霽，遥望尖插半空。

清·王夫之《薑齋文集》卷二《船山記》 船山，山之岑有石如船，頑石也，而以之名。其岡童，其溪渴，其靳有之木不給於榮，其草癯靡紛披而恒若凋，其田縱横相錯而隴首不立，其沼凝濁以停而屢竭其瀕，其前交蔽以絯送遠之目，其右迤於平蕪而不足以幽，其良禽過而不棲，其内趾之獰者與人肩摩而不忌，其農習視其塍埒之坍謬而不修，其俗曠百世而不知琴書之號。

清·王夫之《薑齋文集》卷二《小雲山記》 湘西之山，自耶薑并湘以東，其複數十，以北至于大雲。大雲之山遂東，其陵乘十數，因而曼衍，以至于蒸湘之交。大雲之北麓有溪焉，並山而東以匯于蒸，未爲溪之麓支之稚者，北又東，其複十數，皆漸伏而爲曼衍。登小雲，複者皆複，而曼衍盡見，爲方八十里，以至于蒸湘之交，遂踰乎湘。南盡晉寧之洋山，西南盡祁之岳侯題名，東盡耒之武侯之祠，東北盡炎帝之陵，陵酃也，北迤東盡攸之燕子巢。天宇澄清，平煙冪野，飛禽重影，虹雨明滅，皆迎目授郎於曼衍之中。其北則南嶽之西峯，其簇如羣萼初舒，寒則蒼，春則碧，以周乎曼衍而左函之，小雲之觀止矣。春之雲，有半起而爲輪囷，有叢岫如雪而獻其孤黛。夏之雨，有亘白，有漩澓，有孤裊，有隙日旁射，燿其晶瑩。秋之月，有澄淡而不知微遠之所終。冬之雪，有上如暝，下如月萬頃，有夕鐙爍素懸於泱莽。山之觀奚止也。小雲之高，視大雲不十之一也。大雲之高，視嶽不三十之一也。豈啻大雲、嶽之觀，所能度越此者，唯祝融焉，他則無小雲若。蓋小雲者，當湘西羣山之東，得大雲之委而臨曼衍之首者也，故若此。是故湘西之山觀之亢者，逮乎小雲而盡。繫乎大雲而小者，大雲龐然大也。或曰：「道士申泰芝者，修其養生之術於大雲，而以小雲爲別館，故小之。」雖然，盡湘以西，終無及之者。自麓至山之脰，皆高柯叢樾，陰森蔥蒨。陟山之巔，則古木百尺者，皆俯以供觀者之極目。養生者去，僧或廬之。廬下蒔雜花，四時縈砌。右有池，不雨不竭。予自甲辰始游，嗣後歲一登之，不倦。友人劉近魯居其下，有高閣藏書六千餘卷，導予游者。

清・王夫之《薑齋詩餘・夕堂戲墨》卷七《瀟湘怨詞・瀟湘十景詞・舜嶺雲峯》 瀟水自江華西北流至寧遠九疑山北疑峯，恒有雲藏其半嶺，飛雨流淙，入瀟水中。

九嶺參差無定影，淚竹陰森，迴合青溪冷。一片緑煙天際迥，迷離千里寒宵暝。　香雨飛來添碧凝，認是當年，望斷蒼梧恨。東下黄陵知遠近，西崦落日回波映。

清・王夫之《薑齋詩餘・夕堂戲墨》卷七《瀟湘怨詞・瀟湘十景詞・嶽峯遠碧》 自衡陽北三十里，至湘潭南六十里，嶽峯淺碧，宛轉入望。

見説隨帆瞻九面。碧藕花開，朵朵波心現。曉月漸飛金碧顫，晶光返射湘江練。　誰遣迷雲生絶巘？蒼水仙蹤，霧鎖靈文篆。帝女修眉愁不展，深深未許人間見。

清・王夫之《薑齋詩餘・夕堂戲墨》卷七《瀟湘怨詞・瀟湘十景詞・昭山孤翠》 一峯矗立江次，北去湘潭縣三十里，下爲暮雲灘。

日落天低湘岸杳，迎目蘢葱，獨立蒼峯小。道是昭王南狩道，空潭流怨波光裊。　緑影寒澄春放棹，記得當年，淥水歌年少。明月南枝烏鵲遶，登樓何處依劉表。

清・屈大均《廣東新語》 龍門縣有崇岡環之。岡從平地特起，大小相聯若七星，其頂皆圓，名曰七星岡。岡之外，自高明、鐵岡以迄天嶺、聖祭諸峰，由北而西，西而復北，而東而南，爲山千萬，皆如樓臺屏障，森列無際，而七星岡其堂奧几席也。

又 有一巖廣數百步，多鐘乳，地下有石棋子，大者徑二寸，凡百餘枚。

又 上有洞，洞中石柱無數，自上生下，復自下生上，望之有如堂廈。又有小瀑布五六道，與峰上諸水相連爲大水簾。其前有灘，灘上爲羊跳峽，言峽小羊可跳而越也。一巨石塞峽，沿石角欹側過之，一巖張其口，若吸舟狀。數里得楞伽峽，峽勢欲墮，兩崖相磓，石皆雕鏤通透，如破蓮蓬。內外有懸乳千萬枝，長者踰千尺，白者成人，黑者成物。石脈所出者色多白，石膚所出者多黑。

又 巖中復多石乳，始滴爲乳，終滴則凝爲石，長者玉柱，短者瑶篸，自上而下，復自下而上，互相撐抵，如此者以千萬計。其爲人物諸瑰異，五色間錯，亦皆石之餘髓非他物。大抵山空則氣蒸於內而爲乳，山實則氣蒸於外而爲雲。雲煖故散，乳寒故凝，雲與乳同類，故皆詭怪萬狀，變化成章。乳者，山之精液；雲者，山之華也。巖外之石色多白，瓊脂的皪，一一穿漏。亦有乳流注其間，乳乾者膏膩，嚼之淅淅有聲。其薄而成片者，聲皆清越。中訇竅穴，以衣覆而叩之，作鼓聲，杖擊則作鐘聲。其一在厓間者小如碗，吹之嗚嗚若海螺。

又 石乳垂蓮，有紅緑蒼翠色。稍上又一巖，兩柱屹立如樓閣，一竅當東，日初出則陽光先貫，朝霞滿壁。

又 螺旋蠖屈，可數十穴，極其幽窅。石瑩膩，得火發光，鐘乳懸冰，層砢交拄，傳有銀甕湧出，不知何世之物也。

又 浮源縣西有乳巖。乳大者曰乳床，小曰乳枝，葳蕤下垂，一一空中相通。乳自其末溜至端，且滴且凝，滴者如冰，凝者如脂膏，乃鐘乳之最良者。他巖洞及陰潤之所，雲氣噓噏，亦即生鐘乳。蓋石之精華，隨寒煖而爲融結，昌黎所謂泄乳交巖脈也。然惟石有脈有津氣者，方出乳，頑石則否。石之腴者，乳益湩流，瘠而透漏者則否。乳源多良乳，故縣以名。其乳巖之水，流至白土，二三百里間，亦皆鐘乳之純英所注。飲之甘香，或謂乳穴之水皆味甘性温。重而有力，煎之似鹽花，噴起皎潔如霜，是真所謂石髓，久服肥健，以釀酒尤宜，功過鐘乳。鐘乳性滋而凝精，不可服，服者多生奇疾。明初，乳源歲貢二十觔，其後乳户雜以砂石，撫臣以乳石不堪上用奏罷。然今鐘乳亦竭矣。水土所生，神氣所感，嘗不足以供人力之所求，即如連山金穴、陽山銀坑，昔有其名，今亦告盡。蓋土日耗則金石日消，陽德之炳耀無所。昔之鍾於物而爲丹砂石英者，今且盡鍾於人乎。

石鐘乳生於巖穴陰處，以靈液滲漉而成。靈液者，山之精氣，散之則爲云霞，凝之則爲鐘乳，歲久滴溜則爲石，蓋純陽之英也。長者六七寸，以輕清如蟬翼者爲上，爪甲者次之，鵝翎管者爲下。光明而薄，色白而微紅，入水不沉，若此則可服矣。此物與雲母相類。雲母以雲爲母，雲之渣滓所成也。鐘乳以石爲母，石之津潤，生於陰而成於陽，故性寒。雲母生於陽而成於陰，故性熱，可爲大藥，故古仙人多服雲母，少服鐘乳。

又 韶陽諸洞多石耳，其生必於青石。當大雪後石滋潤，微見日色，則石生耳。大者成片如苔蘚，色碧緑，望之如煙，蓋石之精英以寒而發。其花爲雪蕈，其葉爲石耳也。石耳亦微有蒂痕，大小朵朵如花，烹之面青紫如芙蓉，底黑而皺，每當昧爽擷取則肥厚，見日漸薄，或且消化爲水，或以爲苔蘚之變。

又 霍山在龍川縣北，周旋七十餘里，爲峰三百七十有二，最秀者曰大佛跡。秦始皇時，有霍龍字靈陽者居之，因名霍山。其巔有二巖，東向者曰望月，無甚奇。西向者曰太乙，深八九丈，廣倍之，高二丈餘。上有覆石，平如掌，左右兩峰夾之，是爲霍山洞天。其東有横巖在半壁，巖中有一石，出地數尺，人偶撼之輒動，及力撼之反不動，亦一異也。

又 城南有天馬山，亂石驚飛，勢若風雨。自天而下者，其石大，白地而上者，其石小，望之以爲奔馬也。其東爲錦鯉峰，上盤危磴百級，四壁皆穿石，中有圓竅六七。

又 其在城西者，有翠屏山，方正如削。在城東北者九星峰，日光照之，如太阿出匣，赤精芒耀。左右有數峰，黛横紫擁與爭勝。西南一峰稍平，圓峰半吐，一舌爲宫觀，有欄楯飛接。

又 山在德慶州西，高百餘丈。一石狀天柱，削成而圓，旁有數大石，若箕踞而坐然。

又 五指山在瓊海中，亭亭直立，上參霄漢，若端人正笏峩冠之象。

又 十里有白水山，高千仞餘，上寬平，狀若仰盂，可田百畝。

又 自韶陽而下，多奇峰林立，狀如叢筍，插天争出，横斜離合不一。

又 其前五十里地曰銅鼓角，山勢崒嵂，横截海湄，怪石張牙，參錯沙際，風水衝激，噌吰成聲，舟舶每經，犨蹙震悚。

清・顧祖禹《讀史方輿紀要》卷一五《北直六・邢臺縣》 琉璃坡，府南三十餘里。西山垂盡，岡脈起伏處也。唐龍紀初，李克用自上黨而東，攻孟方立於邢州，拔磁、洺二州，敗方立兵於琉璃坡，進攻邢州。又景福二年，克用攻李存孝於邢州，從欒城進屯任縣，使李存審引軍屯於琉璃坡。蓋備存孝之南走也。石井岡，在府西北七里。上有井，大如車輪，相傳漢世祖營軍時所鑿。石勒改爲龍岡。隋因以名縣。又有鹿城岡，在府北十五里。

清・顧祖禹《讀史方輿紀要》卷五《歷代州域形勢五》 梁山，在今和州南七十里。時公祏遣兵屯梁山、博望、青林三處，故曰三鎮。博望，亦曰東梁山，在太平府西南三十里。今俱詳南直名山梁山。青林，亦曰青山，在太平府東南三十里。

清・顧祖禹《讀史方輿紀要》卷九《歷代州域形勢九》 小孤山，在九江府彭澤縣北九十里江中。

清・顧祖禹《讀史方輿紀要》卷一九《南直一・梁山》 梁山有二：東梁山一名博望山，在太平府西南三十里；西梁山在和州南六十里。夾江對峙，如門之闕，亦曰天門山。《郡國志》：即《元和郡志》。「天門山一名蛾眉山。《春秋》昭十七年『楚獲吴乘舟餘皇』處也。兩山岸江，相望數里，爲大江之關要。」晉人伐吴，王濬自武昌順流東下，吴主遣將軍張象帥舟師萬人禦之於梁山。象望旌而降，濬遂直指建業。東晉時王敦作亂及桓温專命，皆自上流移鎮姑熟，説者曰：「奪梁山之險也。」宋元嘉二十七年，北魏主燾軍瓜埠，聲言欲渡江，宋於南岸分軍守禦，置戍博望。三十年，元凶劭弑逆，武陵王駿討之，自尋陽東下。劭黨蕭斌勸劭勒水軍自上流決戰，不爾則保據梁山。劭不能用。孝建元年，江州刺史臧質以南郡王義宣叛，宋主命柳元景、王玄謨帥諸將討之，進據梁山洲，於兩岸築偃月壘，水陸待之。質至梁山，亦夾陳兩岸，與官軍相拒。義宣至蕪湖，質進説曰：「今若以萬人取南州，則梁山中絶；時柳元景自采石進屯姑熟，爲梁山後援。萬人綴梁山，則玄謨必不敢動。下官中流鼓棹，直趨石頭，此上策也。」義宣不能用。質因西南風急，遣兵攻梁山西壘，陷之。既而義宣至梁山，頓兵西岸，遣其將劉諶之與臧質進攻東城，爲玄謨等所敗。今兩山有却月城故址，相傳即玄謨所築。大明七年，祀梁山，大閱於江中，立雙闕於山上。齊建元初，魏人入寇司、豫二州，緣淮驅略，江北居民驚擾，詔於梁山置二軍，南州置三軍以備之。永元元年陳顯達舉兵江州，東昏侯使將軍胡松等拒之於梁山。梁敬帝初，江州刺史侯瑱擁兵上游，不附於陳霸先。霸先遣將侯安都等帥舟師立栅於梁山，以備之。繼而齊兵亦出栅口，栅江口也。見和州。向梁山，霸先將黄叢逆擊破之。齊師退保蕪湖，霸先復遣將沈泰等共據梁山，尋親如梁山巡撫諸軍。唐武德七年，輔公祏叛，遣其將馮慧亮等帥舟師屯博望山，仍於梁山連鐵鎖斷江路，築却月城，延袤十餘里，旋爲李孝恭所敗。宋南渡後置寨於此。紹興三十一年金亮南侵，至和州，以梁山濼水淺，議改舟以渡，不果。今有官兵戍守。李白《梁山銘》曰：「梁山、博望，關扃楚濱；夾據洪流，實爲要津。天險之地，無德匪親，守建康者，西偏津要。」梁山其最矣。

清・顧祖禹《讀史方輿紀要》卷一九《南直一・采石》 采石山，亦曰采石圻，在太平府西北二十五里，渡横江西至和州二十五里，東北至應天府八十五里。亦謂之牛渚圻。《輿地志》：陳顧野王撰。「牛渚山北謂之采石。」蓋大江東北流，牛渚、采石俱列江東岸，采石去牛渚不過里許，故牛渚圻通謂之采石。《元和志》：「采石西接烏江，即和州江。北連建業，戍城在牛渚山上，與和州橫江渡對，其地突出江中，自昔津渡處也。秦始皇東巡會稽，道丹陽至錢塘，即繇此渡。後漢興平二年，孫策渡橫江攻劉繇牛渚營，盡得邸閣糧穀戰具。其後孫權使孫瑜自溧陽移兵屯牛渚，自是以後，常爲重鎮。黃武中，使全琮屯牛渚。孫皓建衡二年謀伐晉，大舉兵從牛渚西上。旋引還，又以何植爲牛渚督，作橫江塢。晉咸寧五年伐吳，遣王渾向牛渚。及王濬繇武昌東下，留宿牛渚部分，明日前至三山。見應天府。永嘉元年，陳敏據建業，揚州刺史劉機等出歷陽討敏，敏使其弟閎據牛渚拒之。成帝咸和三年，蘇峻據歷陽以叛，濟自橫江，登牛渚望蔣山。咸康元年，石虎南寇，遊騎至歷陽，詔戍牛渚及慈湖、蕪湖以備之。永和中，謝尚鎮於此，亦曰采石戍。隆安二年，豫州刺史庾楷以歷陽叛，譙王尚之大破楷於牛渚。宋元嘉二十七年，魏主燾入寇，軍瓜埠，宋分軍戍采石，又陳艦列營周亘江畔，自采石至暨陽六七百里。孝建初義宣作亂，柳元景軍於采石。齊永元初，陳顯達自尋陽東下，敗臺軍於采石，建康震恐。二年崔慧景逼臺城，豫州刺史蕭懿方討壽陽，屯小峴，聞警即帥數千人自采石濟江，頓越城。見應天府。亦曰南洲津。梁普通六年置南津校尉於此。大通二年，侯景攻歷陽，歷陽太守莊鐵以城降，説景曰：「今宜急趣建康。若朝廷遣羸兵千人直據采石，雖有精甲百萬不能濟矣。」景遂引兵臨江。時羊侃請以二千人急據采石，梁主不從。侃嘆曰：「今兹敗矣！」先是梁主聞景叛，遣將軍王質巡江防遏，至是陳昕言：「采石急須重鎮，王質水軍輕弱，恐不能濟。」詔即以昕代質戍采石。質去采石，而昕猶未下渚，秦淮渚也。景諜知之，大喜，曰：「吾事濟矣。」遂自橫江濟采石，襲陷姑孰，至慈湖，建康震駭。承聖初，王僧辯等討侯景，至蕪湖，景將侯子鑒據姑孰南洲以拒之，既而僧辯至姑孰，子鑒帥步騎渡洲，於岸挑戰，敗奔建康。南洲即采石矣。梁主方智初，齊人納蕭淵明爲梁主，王僧辯迎之於歷陽，淵明自采石濟江。既而陳霸先殺僧辯，廢淵明，與齊人相持。紹泰二年，齊譙、秦二州刺史徐嗣徽等襲采石，執戍主張懷鈞。陳末隋軍臨江，樊毅曰：「京口、采石，俱是要地，各須鋭兵五千，金翅二百，緣江上下防捍。如其不然，大事去矣。」既而韓擒虎以兵五百人自橫江宵濟采石，而陳以亡。隋置牛渚圻鎮，唐貞觀初改鎮爲戍。文德初，楊行密謀取宣州，議約和州、昇州兵自采石濟江，侵其境，而行密從廬州濟江，自西道擊之。宋開寶七年，曹彬敗江南兵於采石磯。先是樊若水嘗漁於采石，以小舟載絲繩維南岸，疾棹至北岸以度江之廣狹，遂詣闕請造舟爲梁以濟師，繇是大軍長驅如履平地。紹興末金亮南侵，兩淮皆陷，遂築臺和州江岸，揮兵渡采石，王應麟曰：「和州東二十里有西采石，其下爲楊林渡，即金亮督兵渡江處。」爲虞允文所敗。明初自和州渡江，諸將欲向牛渚，太祖曰：「牛渚敵營所在，備必密，先登采石，敵不知所備矣。」遂克牛渚，下太平。今采石磯臨江爲險，有官兵駐守。《志》云：昔人於此取石，因名。又牛渚山下名燃犀浦，相傳温嶠燃犀炤水處也。陸氏游曰：「古來江南有事，從采石渡者十之九，從京口渡者十之一。蓋以江面狹於瓜洲也。」今洲渚紆迴，采石形勢又復一變矣。詳見川瀆大江。

清·顧祖禹《讀史方輿紀要》卷一九《南直一·峴山》 峴山有二：大峴山在和州含山縣東北十三里，小峴山在含山縣北二十里。《輿地志》：「小峴在合肥之東，大峴在小峴之東是也。」胡三省曰：「六朝都建康，自歷陽西趨壽陽，自壽陽東向建康，大、小峴爲往來之要路，而小峴尤爲險阨。」《紀勝》：《輿地紀勝》，宋王象之撰。「小峴一名昭關，兩山峙立，爲廬、壽往來之衝。」范雎曰：「子胥橐載而出昭關，即此。」劉宋孝建初，荆州刺史南郡王義宣作亂，豫州刺史魯爽據壽陽應之，引兵趨歷陽，前鋒爲薛安都所敗，乃留軍大峴，使魯瑜屯小峴。既而食盡引退，安都追斬爽於小峴。泰始二年，豫州刺史殷琰舉兵壽陽以應晉安王子勛，詔山陽王休祐等討之。休祐軍歷陽，遣將劉勔進軍小峴，合肥遂來降。齊永元二年，裴叔業以壽陽降魏，東昏侯使蕭懿進討，懿將步軍三萬屯小峴。梁天監初，魏小峴戍主黨法宗襲大峴戍，破之。二年，魏揚州刺史任城王澄復遣將分道寇大峴，拔之。四年，豫州刺史王超宗將兵圍魏小峴，時梁置豫州於歷陽。今和州。爲魏將李叔仁所敗。五年，韋濬攻魏小峴拔之，遂進至合肥。承聖元年，時侯景據建康，齊人屢侵景邊地，景遣其黨郭元建帥步軍趣小峴，侯子鑒帥舟師向濡須，齊人引卻。陳大建五年，遣吳明徹等北伐，魯廣達破齊師於大峴。唐《元和志》：大、小二峴，淮南襟要之地也。」宋紹興十一年，王德復和州，兀術退屯於昭關，德擊敗之。三十一年，金亮南侵，自渦口渡淮，守將王權棄廬州退屯昭關，又自昭關退保和州，淮西大擾。隆興二年，金人入濠、滁，王彦棄昭關走，兩淮幾陷。祝穆曰：「昭關之口，兩山壁立，可以守禦。」紹興間張浚嘗因山築城，置水匱以遏金人，蓋形險可恃也。」明末賊犯鳳陽，嘗分兵守小峴，蓋懼金陵援師也。其山長二十里，水遶山下，爲往來者必經之處。

清・顧祖禹《讀史方輿紀要》卷二〇《南直二・應天府》 幕府山，府西北二十里神策門外。周三十里，高七十餘丈，有五峰相接。晉元帝過江，王導開幕府於此，因名。北濱大江，有五馬渡，元帝初與彭城等五王渡江至此也。宋元嘉二十七年，魏太武南侵至瓜埠，文帝登幕府山觀望形勢。梁末齊軍犯建康，至幕府山，霸先帥麾下出幕府山縱兵大戰，齊師大潰，追奔至臨沂。陳禎明中，後主嘗校獵於此。居人多於此煅石取灰，因名石灰山。明初陳友諒侵建康，太祖命常遇春伏兵於石灰山側，即此。今有石灰山關。《輿地志》：「山在臨沂縣八里。」

又 攝山，府東北四十五里。山周四十里，與衡陽諸山接。陳霸先敗齊兵於幕府山，其江乘、攝山、鍾山諸軍，相次克捷是也。《地記》：「攝山形方，四面重嶺似繖，亦名繖山。東連畫石山，西南接落星山。」《志》云：「落星山周迴六里，北臨大江。吴大帝時有三層高樓，名落星樓。」《吴郡賦》所云「饗戎旅於落星之樓」是也。

清・顧祖禹《讀史方輿紀要》卷二〇《南直二・句容縣》 茅山，在縣東南四十五里。山高三十里，周百五十里。初名句曲山，又名己山，皆以形似名。《吴越春秋》：「禹巡天下，登茅山以朝諸侯，更名爲會稽。」亦曰苗山。《茅山記》：「秦始皇三十七年遊會稽，還登句曲。」今茅山北垂有良常、秦望諸山，以始皇名也。漢有三茅君，得道於此，因謂之三茅峰。梁陶弘景亦隱居此山，道書以爲第八洞天，第一福地。有三峰並秀，其支山別阜，隨地立名者約三十餘山。連峰疊嶂，南達吴興，天目諸山大抵皆茅山也。又有峰巖洞壑岡壟泉澗之屬，其得名者以百計。《唐六典》：「江南道名山之一曰茅山。」亦見鎮江府金壇縣。

又 竹里山，縣北六十里。塗甚傾險，號爲翻車峴。《元和志》：「山有長澗，高下深阻。」晉隆安初，王恭舉兵京口，會稽王道子遣兵戍竹里。二年恭復叛，使劉牢之爲前鋒，牢之至竹里，斬恭别將顔延以降。元興三年，劉裕討桓玄，自京口軍於竹里。宋元徽四年，建平王景素舉兵京口，詔遣任農夫等將兵討之，景素欲斷竹里以拒臺軍，不果。齊永元二年，崔慧景自京口向建康，東昏侯命張佛護等據竹里爲數城以拒之，慧景拔竹里，進至查硎是也。查硎蓋與竹里相近，六朝時京口至建康皆取道於此。《金陵志》：「縣北倉頭市東有竹里橋，南邊山，北濱江。」父老云昔時路出山間，西接東陽，逶攝山之北，繇江乘羅落以至建康，即宋武討桓玄之道也。胡氏曰：「建康府竹篠鎮即竹里地，在行宫東北三十里許。今自上元東二十里佘婆岡以至東陽，乃後世所開，非古路矣。」《上元志》：「佘婆岡有蛇盤鋪。」音訛也。

清・顧祖禹《讀史方輿紀要》卷二〇《南直二・溧陽縣》 茭山，縣西六里。東面石壁削成，上有龍潭。又西四里曰巖山，《志》云：「晉李閎追斬蘇峻黨張健等，蓋在此山下。」錫華山，在縣南四十五里。峰巒秀出，一名小華山。

又 瓦屋山，在縣西北八十里。山形連亘，兩崖隆起，其狀如屋。其相接者又有鴉髻山，有兩峰並聳，俗名丫頭山。北去句容七十餘里。分界山，在縣西北八十里。山巔與溧水縣分界。舊《志》：縣有曹山，亦曰曹姥山，溧水出焉。在縣西北八十五里。

清・顧祖禹《讀史方輿紀要》卷二〇《南直二・六合縣》 靈巖山，在縣東十五里。山巖高峻，泉石秀美，爲縣之勝。又東十五里曰横山。《志》云：宋建炎中劉綱嘗保聚此山，又咸淳中施忠亦拒敵於此。其相接者曰方山。昔皆以山名縣。滁口山，在縣南十八里。山下臨滁河，其相對者曰城子山。

又 馬頭山，縣東北三十五里。山勢雄秀，泉石奇勝。又有馬鞍山，在縣北二十五里。《志》云：宋將畢再遇敗金人於此。冶山，在縣東北五十里。相傳吴王濞鑄錢處。其相接者曰牛頭山，峰巒聳秀，高入云表。有泉出焉，西流爲冶浦。

清・顧祖禹《讀史方輿紀要》卷二一《南直三・鳳陽府》 濠塘山，府東南七十里。濠水東源發於此。一名鐘乳山，以山穴中出鐘乳也。又鏌鋣山，府南八十里。相傳昔人鑄劍處，濠水西源出於此。雲母山，府西南三十里，出雲母。府西南五十里又有石膏山，出石膏。

清・顧祖禹《讀史方輿紀要》卷二一《南直三・虹縣》 平山，縣北三十五里。山勢平衍，因名。又秦橋山，在縣東北二十五里。山南五里有秦橋，爲往來通道。又鹿鳴山，在縣西三十五里。

清・顧祖禹《讀史方輿紀要》卷二一《南直三・盱眙縣》 東山，在縣治東南。山有石洞，左曰靈關，右曰劍壁，皆曲折相通。宋元嘉二十七年，魏寇彭城，將軍臧質赴救，至盱眙，魏主燾已過淮，質遣其將胡崇之等營東山，毛熙祚據前浦，皆爲魏人所敗。明年魏主還攻盱眙，築長圍一夕而合，運東山土石以填塹，力攻久之不克。胡氏曰：「東山、前浦皆在盱眙左右。東山之北則高家山，高家山之東則陡山，稍南則都梁山，都梁山之東北則古盱眙城。城臨遇明河，又東逕楊茅澗口，又東逕富陵河口則君山，魏太武作浮橋於此。自此渡淮，稍東則龜山矣。」臺子山，在縣治東一里。宋元嘉中臧質守盱眙以拒魏人，魏主造弩臺於山上以射城中，因名。治東又有第一山，治南有清風山，皆名勝處也。

清·顧祖禹《讀史方輿紀要》卷二一《南直三·宿州》 相山，州西北九十里。山甚危峻，相縣蓋以山名。《志》云：州北五十里有離山，産符離草，《爾雅》所謂莞也。縣名符離，以此。亦謂之茅山。又有大山，在州北四十五里。騫山，在州北七十里，以山有閔子騫墓而名。墓左有龍浣潭，灌田數千頃。又有丘疃山，在州西北七十里。

清·顧祖禹《讀史方輿紀要》卷二一《南直三·海州》 朐山，州南四里。上有雙峰如削，俗呼馬耳峰。旁有龍潭，水甚清冽。秦始皇三十五年東巡，立石東海上朐界中，以爲東門闕，蓋在此。後漢和平二年，朐山崩。宋泰始三年薛安都以彭城降魏，垣崇祖將部曲奔朐山據之，朐山瀕海孤危，崇祖浮舟山側爲備。自是每置戍於此。其東北嶺曰石棚山，有鉅石覆壓巖上如棚，因名。嶺甚高峻。又州西二里有謝禄山。禄，東海人，赤眉將也，嘗屯兵於此，因名。

又 小鬲山，州東北六十里。孤峰特秀，三面壁立，俯臨深谿，惟東隅可通人行。其上累石爲城，亦謂之田橫固。又有平山，在州東北百里。其相去十五里曰嚶游山，周迴浮海中，羣鳥多翔集於此。元時海運所經。蠣山，在州東南百里海中。四面平坦，潮生則没其半。山多蠣，因名。又州南百里有大、小伊山，南北相距約二十里。又東西二陬山，亦在州東南百里。一在海隅，一在海中，東西相對，皆濱海守望處也。

清·顧祖禹《讀史方輿紀要》卷二一《南直三·宿遷縣》 馬陵山，縣北二里。高十五丈，周十二里，陵阜如馬。其岡脈曰靈傑山，前阻運河。峒峿山，在縣北七十里。上有石洞，泉流不竭。宋紹興中首領張榮屯此以拒金人。《志》云：縣西北七十里又有司鎮山，高五十丈，周十五里。又二十里有塔山，高數丈，周數里。上有土城，相傳五代時郭彦威屯兵其上。

清·顧祖禹《讀史方輿紀要》卷二三《南直五·揚州府》 甘泉山，府西北三十五里。高二十餘丈，周圍二里。山有七峰聯絡如北斗，平地錯落。又有圓岡二十八，如列宿之拱北。上有泉甚甘，因名。得勝山，在府西北三十里。宋紹興初韓世忠敗金人於大儀，還軍至此，因名。又席帽山，在府西北十二里。與得勝山皆周二十五里，而高不過數丈。大銅山，在府西北七十二里。又有小銅山，在儀真縣西北二十五里。《志》云：皆漢吴王濞即山鑄錢處。

清·顧祖禹《讀史方輿紀要》卷二三《南直五·泰興縣》 孤山，縣東南七十里。南枕大江，巍然一峰，約高百仞，上多大竹。《志》云：孤山，縣之鎮山也。舊在江北岸，其後岸圮，山入江中。今江爲平陸，山與靖江縣分界。又東山，在縣東六十里。

清·顧祖禹《讀史方輿紀要》卷二四《南直六·蘇州府》 天平山，府西二十里。視諸山最爲峭崒，羣峰環峙，林巒泉石，競秀争奇。山頂正平曰望湖臺。《志》以爲郡之鎮山也。其旁羣山連接，支隴曰金山，西去天平里許。初名茶塢山。晉、宋間鑿石得金，因易今名。頂亦有石池。又東曰岞崿山，俗名獅子山，一名鶴阜山，又名岝雄山，相傳吴王僚葬此，《水經》所謂岝嶺山也。天平之西又有秦臺、赤山諸山。天平之南爲靈巖山。靈巖山，在府西南二十五里。一名硯石山，有石可琢硯。又山椒有石鼓，一名石鼓山。相傳山即吴王館娃宫故地，下瞰湖濱，稱爲絶勝。自靈巖而西南，羣山錯立，互相掩映者，所謂太湖七十二峰也。

又 穹窿山，府西南四十里。山高峻，旁濱太湖。其頂方平，廣可百畝。山半有泉曰法雨，分流下注，近採香涇復合爲一，潴聚成潭，築堰置牐，藉以灌田。成化中嘗因故迹修治。又有香山，與穹窿相接。南址近太湖，曰胥口。其下即採香涇也，相傳吴王種香處。又有胥山，《寰宇記》：「山在太湖口。」吴王殺子胥，投之於江，吴人立祠於此，胥口蓋因以名。胥口之外曰胥湖，南有高峰，穹窿之脈盡於此。白石山，在府西北三十二里。《志》云：山在滸墅北，本名胥女山，春申君更今名。又南有小蜀山。

清·顧祖禹《讀史方輿紀要》卷二四《南直六·崑山縣》 崑山，在縣治西北隅。廣袤三里，高七十丈。山之右曰馬鞍峰，孤峰特秀，稱一邑之勝。《志》云：山本名馬鞍山，唐天寶中移縣治於山之陽，因改曰崑山。上有浮圖。

清·顧祖禹《讀史方輿紀要》卷二四《南直六·常熟縣》 福山，縣北四十里。下臨大江。形如覆釜，亦名覆釜山。唐天寶六載改曰金鳳山。天祐初吴越於此築城戍守，控扼江道，亦謂之金鳳城。朱梁乾化三年，吴越復改爲福山，與大江北岸通州之狼山相值。周顯德五年克通州，吴越遣將邵可遷等帥水軍屯江南岸，與周師相應，即此處也。時謂之福山鎮。宋南渡後置水軍砦，建炎三年韓世忠控守福山，以備金人海道之師。明初敗張士誠兵於福山港，進逼州城，亦置福山寨並巡司於此。嘉靖中以倭亂，築堡屯兵，爲控禦要地，蓋縣境之北門，亦吴郡之重險也。《志》云：山周五里，東通大海，北枕大江，土人亦謂之福山岡。

清・顧祖禹《讀史方輿紀要》卷二四《南直六・崇明縣》 蛇山，在縣東海中，相距約二百餘里。一名長山，上有泉石之勝。又洋山，亦在縣東，與蛇山相近。南北官軍往往會哨於此，海口要道也。

又 溵山，府西北六十里。舊在薛溵湖中，山形四出如鼇。上建浮圖。下有龍洞，俗傳與太湖通。旁有小山，初爲小洲，後漸高大。並湖而北，中爲一澳，曰山門溜。其後潮沙淤溵，山在平田，去湖日遠。又柘山，在府南六十里。舊在柘湖中，山多柘樹，因名。秦望山，在府東南六十里，當張堰鎮之西。相傳始皇登此望海，亦曰秦駐山。山南有洞，甚深邃。又有坑，產白堊。其東南十餘里曰查山，在張堰南，下臨大海。

又 羊山，在府境金山衛東海中。山高大，周七八十里。四圍環抱有十八嶴。中如大湖，可容數百艘。湖口面北，上有娘娘廟山，有淡泉，海船往往取汲於此。山口又有一山名張家市，多黃楊樹。其東有巡簡嶴。《海防攷》：「自吳淞而出，一潮可至羊山。倭寇來犯，自羊山過淡水門而西則蘇、松之患切矣。」今南自定海，北自吳淞，皆以羊山爲會哨之所，蓋道里適均，且禦賊於海洋爲得上策也。許山，亦在金山衛東，離柘林三十餘里。唐順之云：「山去乍浦、金山、吳淞所三處，皆僅隔一潮。」亦爲會哨之所。又竹嶼山，在金山衛東南七十八里。達岸山，在衛東南八十里。又有浮山及蘇山，皆在衛東南海中。

清・顧祖禹《讀史方輿紀要》卷二五《南直七・常州府》 三山，府東北三十五里。三峰相連，中一峰尤峭拔。明初張士誠遣兵寇常州，吳良自江陰取間道，殲其援兵於無錫之三山，即此。又横山，亦在府東北三十五里。《志》云：横山岡阜相屬，延袤二十餘里。本名芳茂，晉右將軍曹横葬此，因改今名。黃公山，在府南七十里。一名百瀆山，去太湖十五里。《志》云：黃歇所封故墟也。又夾山，在府東南七十里。山南北五里，中包秦、陽二小山，因名。又東南十里曰津里山，《志》云：本名秦履山，相傳始皇嘗自夾山登此，後訛爲津里。山在太湖中。

又 馬迹山，府東南六十里太湖中。山麓周百二十里，與津里山相接。其西麓地名西青，石壁屹立，下有馬迹，因名。上有避暑宫，相傳吳王闔閭故址也。宋置馬迹山寨。建炎中赤心隊將劉晏保馬迹山以捍寇。元時亦置巡司。明初下常州，俞通海以舟師略太湖，入馬迹山，破張士誠水砦，即此。

又 黃山，府西北七十里。俯瞰大江。山東北有小山入江，謂之吳尾，以羣山皆自西來，至此而盡也。《志》云：江北六里亦有黃山，俱因春申君而名。上有石室，楊吳時置烽火之所。今曰黃山門，爲江防津要。《江防攷》：「黃山門在包港江心，水流湍捍，盜賊出没之地，又當鎮、常二郡之交，上下瞭望，幾及百里，實京口之門户也。」包港，見丹陽縣。孟城山，在府北八十里。俯瞰大江。相傳晉孟嘉嘗寓此。今孟瀆經其下入江。《志》云：孟城相近又有嘉山。又府西北九十里有固山，在孟瀆閘西。

清・顧祖禹《讀史方輿紀要》卷二五《南直七・無錫縣》 慧山，縣西五里。一名九龍山。陸羽云：「山陽有九隴，若龍偃臥然，南北延袤數十里。」亦名冠龍山。《吳地記》：古名華山，一名西神山，又名鬭龍山。」朱梁貞明五年吳越錢傳瓘攻淮南之常州，淮南拒之，敗吳越軍於無錫，又追敗之於山南。即慧山之南也。山之東麓出泉，曰慧山泉，陸羽品爲天下第二泉。其東一峰，謂之錫山。錫山亦在縣西五里，與慧山連麓而别爲一峰，相傳縣之主山也。周、秦間山產鉛錫。古語云：「有錫争，無錫寧。」漢因以無錫名縣。

又 安陽山，縣西北五十里。山周十八里，高百二十仞。《風土記》：「周武王封周章少子贇於安陽，卒葬山下，山因以名。峰巒奇峭，頂有龍湫。俗呼西陽山，昔時陽湖在其西麓」云。元末張士誠將莫天祐屯兵於此，以拒塞宜興東出之道。今有營壘遺址。顧山，在縣東六十五里。一名香山，與常熟江陰縣接境。今詳常熟縣。

清・顧祖禹《讀史方輿紀要》卷二五《南直七・宜興縣》 國山，縣西南五十里。高百二十五仞，延袤三十六里。一名離墨山，相傳鍾離墨得仙於此。山西麓即國山故城也。又名九斗山，山有九岑相連，形如覆斗。亦曰陞山。孫吳五鳳二年山大石自立，天璽初有石裂十餘丈成室，孫皓侈爲天瑞，遣司徒董朝等行封禪禮。梁天監八年，或請封會稽，禪國山，不果。其東南曰善卷洞，一名龍巖。洞有三：一曰乾洞，其二曰大、小水洞。相傳周幽王二年洞忽自裂，門廣二十尺，初入若險仄，中極平曠，可坐千人。煙山，在縣西南三十里。山有數峰，四面環峙。又有甑山，在縣西南二十五里，以雲氣騰湧而名。

又 章山，縣西南六十里。一名黃山，亦曰芳巖，周廣六十八里。相接者曰佛泉山、武花山，連亘入寧國縣界。《志》云：縣西南七十里有龍池山，峰巒峻聳，登覽無際。又分界山，在縣西南百里，入廣德州界。宋置分界寨於此。義山，在縣東八十里。東臨太湖，西抵縣南六十里之垂脚嶺，入長興縣界。又有啄木嶺，亦在縣南。計山，在縣東北二十五里。山之西峰曰金鵝山。《勝覽》：唐初嘗置鵝州於義興，蓋以山名。今正史不載。

清・顧祖禹《讀史方輿紀要》卷二五《南直七・江陰縣》 君山，城北一里。縣之主山也。突起平野，俯臨大江，一名瞰江山。宋南渡後置營寨於山麓，有事時此爲戰守要地。又北四里曰黄山，與君山皆以春申君名也。峰如蓆帽，上有石室，爲楊吴時烽火之所。山之西曰馬鞍山。北曰鵝鼻山，其形尖斜如鵝鼻，俗名鵝眉嘴，凸出大江，稱爲險要。又浮山，在縣東北大江中，西臨石矼。一名巫山，爲江海門户，所謂「巫門之隘」也。《志》云：縣北七里有大石山，山絶頂有石高數十丈，俯瞰江水，其相接者曰小石山，俗呼爲大石灣、小石灣；又東北五里曰蕭山，亦曰小山；皆濱江形勝云。彭公山，在縣東北六十里。俗傳漢彭越收江南嘗營於此山之東，因名。

清・顧祖禹《讀史方輿紀要》卷二五《南直七・鎮江府》 北固山，在城北一里府治後。下臨長江。自晉以來郡治皆據其上。三面臨水，迴嶺斗絶，勢最險固，因名。蓋郡之主山也。蔡謨起樓其上以貯軍實。謝安復營葺之。宋元嘉二十七年，魏主燾軍瓜步，聲言渡江，詔分軍備禦於北固、蒜山、西津、諫壁、焦山，皆置軍以防突犯。《梁書・蕭正義傳》：「京城西有别嶺入江，高數十丈，號曰北固，蔡謨起樓其上。」大同十年武帝登望久之，曰：「此嶺下足須固守，然於京口實乃壯觀。」於是改樓曰北顧樓。太清初朱異曰：「陛下昔登北顧亭以望，謂江右有反氣，骨肉爲戎首，即此時也。」及侯景之亂，其言果驗。唐上元初劉展作亂，據廣陵，江淮都統李垣屯京口，闢北固爲兵場，插木以塞江口，尋爲展所敗。今有甘露寺據山上，三國吴甘露中所建也。

又 銀山，在城西二里江口。舊名土山，以山形壁立，俗名豎土山。宋避英宗諱曰植土山。唐劉禹錫詩「土山京口峻」，謂此。元皇慶二年敕鎮江路建銀山寺，以與金山對峙而名。其别阜曰玉山，臨江聳立，上有龍王廟。宋建炎四年韓世忠屯焦山，以邀兀朮歸路。兀朮遣人約日會戰，世忠謂諸將曰：「是間形勢，無如金山，對岸龍王廟者，寇必登此觀我虚實。」乃遣兵伏廟中及岸側，遣人乘舟望之，戒曰：「聞江中鼓聲而發。」賊果至，擒其兩騎。俗本作「金山龍王廟」，悮也。

清・顧祖禹《讀史方輿紀要》卷二五《南直七・舒城縣》 三角山，縣西南百二十里。峰有三角，高百里許。出泉清潤，相傳飲之能益人神智。一名多智山。《寰宇記》：「多智山在懷寧縣西北三百里，高九百八十丈，自霍山縣西南入懷寧、太湖二縣界，西接蘄縣。」又有小山，連太湖縣境，迤邐百餘里。中有大峽，兩岸相去十里，水分兩道，一道西北入霍山縣界，一道東南入太湖縣界。近時土豪結三尖寨於此，爲控拒處。《志》云：山亦霍山之支隴也。

清・顧祖禹《讀史方輿紀要》卷二五《南直七・無爲州》 銀瓶山，州西北五十里。一峰特起，狀如銀瓶，最爲深秀。又白馬衖山，亦在州西北五十里。相傳魏武牧馬之處。其相近者曰曹家山，亦魏武屯兵處，因名。五畝尖山，在州北五十里。頂平五畝許，堪種植。又白石山，在州西北四十里。高崖白石，有泉出焉。又有龍湫，雖旱不涸。山蓋與和州含山縣接界。

又 三公山，州西南百二十里，山高峻，有三峰削立；其相接者曰九卿山，山有九峰；俱接廬江縣界。《寰宇記》：三公山，唐天寶六載改爲東顧山，以山頂皆東向也。崑山，亦在州西南百二十里。有東西二山，皆産礬。其下有清水潭。

清・顧祖禹《讀史方輿紀要》卷二五《南直七・巢縣》 東山，縣東三十里。山不甚高，瀕江爲險。宋紹興十一年，劉錡等敗金人於石梁河，又追敗之於東山，即此。又八公山，在縣西北十八里。亦名紫金山。宋劉錡敗金人於東山，敵走保紫金山。今山有淮南王廟，蓋以名同壽州八公山耳。半湯山，在縣東北十五里。有二泉，冷熱各半，下流仍合，因名。

又 高林山，縣南六十里。山盤伏數里，林木高聳。山下有高林市。又南十里曰九峰山，其峰盤迴九折，因名。居巢山，在縣西南八十里。谿谷間有石，研之如墨，因名墨山，唐改今名。《志》云：縣西北十五里有龜頭山，山形如龜，俯瞰湖濱。《城冢記》：「山一名小隴山，昔嘗置黄沙城於此，爲戍守處。亦謂之龜頭城。」

清・顧祖禹《讀史方輿紀要》卷二五《南直七・六安州》 三尖山，州西百里。有三峰插天。又寨基山，在州西百三十里。上有峽門。又有擂鼓尖，相傳昔爲鄉人避兵之所，寨址存焉。天柱山，在州西百七十里。其山聳削無附，因名。又州西二百里有黄巢山，相傳黄巢曾屯兵於此。

清・顧祖禹《讀史方輿紀要》卷二五《南直七・英山縣》 英山，縣東五十里。峰巒峭拔，爲羣山冠，上有井泉，縣以此名。又樓子石山，在縣東北七十里。上有樓子寨，昔人保聚處也。密峰尖山，在縣東南三十里。山峰錯列，以形似名。又三吴山，在縣南三十里。上有仙人臺，宋末鄉人段朝立保聚於此。亦曰師姑尖寨。

又 四十八盤山，縣西南百二十里。山徑崎嶇，登陟甚艱，行者凡四十八盤，其險始盡，因名。又陶成忠山，在縣西八十里。石徑崎嶇，傍多林木，藤蔓掩蔽。相傳昔有陶鐵鎗者屯兵於此。六安山，在縣西三十里。四圍險峻如城，有四門，古多避兵於此。又有六安寨。

清・顧祖禹《讀史方輿紀要》卷二五《南直七・桐城縣》 浮山，縣東九十里。亦名浮渡山，有三百五十巖，七十二峰。巖之最著者三十有六，皆可居可游，其中泉石參差，種種奇勝。西南有獨峰，直上千仞，大江環遶，望之若浮。山半又有大通巖，迴出諸巖之上，懸崖飛瀑，凡數百仞。《寰宇記》謂之符渡山，符與浮音同也。其相接者曰青山，上有巖洞，草木秋冬亦青。明初徐達擊趙普勝之浮山寨，敗其兵於青山是也。又東三十里曰孤山，山濱江，一名蓮花峰。又東十里爲白云巖，其巖東西相峙，洞壑與浮山競勝。

清・顧祖禹《讀史方輿紀要》卷二五《南直七・潛山縣》 大堂山，縣西北百四十里。四壁高峻，中敞如堂，平廣可容萬騎，昔嘗屯兵於此。中有温泉及龍湫，又有黄沙、碎石、清風、飛旗諸嶺及雙乳峰、主簿原，旁爲連山，曰羅源、後霍、公蓋、金龜、鯉魚及東山、後山、嬴山諸山，左右環合，稱爲絶險。舊有天堂寨，多事時往往爲跳梁者所據。今有天堂山巡司，在縣西北百里。牛眠山，在縣北七十里，以形似名。近有牛眠寨，爲據險處。《志》云：山麓有金鏡潭，甚深。又北三里曰水吼嶺，控天堂之勝。又崑崙山，在縣東北六十里。上有泉。近置崑崙寨於此。其相近者曰龍隱山，亦名白涯山，近有白涯寨。

又 駕霧山，縣南三十里。峰巒高峻，駕雲霧之上。三國時魏人嘗屯兵於此。又白雲山，在縣南八十里。絶險壁立，上有平坡，懸橋以升，可容萬人。近時有白雲寨結於此下。有嶺曰惟嶺，溪曰辭溪。其相近者又有無愁山。閔山，在縣西八十里，有果老嶺，産茶甚佳。山最深處曰蟠山，以蟠曲名也。《志》云：縣西北六十里有寨石嶺，與六安州接界。西南八十里有分流嶺，與太湖縣接界。

清・顧祖禹《讀史方輿紀要》卷二五《南直七・宿松縣》 馬頭山，縣東八十里。峰岫紆迴，巖嶂屈曲，以形似名。晉咸和三年，譙國内史桓宣以祖約作亂，帥衆屯此。約自壽春遣祖渙等襲溢口攻皖，因攻宣。毛寶馳救，擊却之。陳漢山，在縣西北八十里。相傳昔有陳漢者結砦於此。其地險固，豪民往往據爲屯聚之所。又嚴恭山，在縣北三十里。山突起五十餘丈，環亘十餘里，唐嚴州以此山名。其相近者曰龍門山，又北十里曰石門山。

清・顧祖禹《讀史方輿紀要》卷二七《南直九・池州府》 齊山，府南三里。山有十餘峰，其高齊等，因名。周必大《記》曰：「唐刺史齊映所嘗遊也。」山周圍二十里，巖洞三十有二，泉大小十一，亭臺二十餘，其九頂洞亦曰翠微寨，山蓋與九華之勝並擅江南。其西有湖亦曰齊山湖，中有小山曰珠兒山，一名石洲。六峰山，在府南二十里。有六峰競秀。其相近者曰萬羅山，以圓峰孤突，羣山羅列而名。又南二十里曰大樓山，孤撑碧落，若空中樓閣然。

又 五山，府東南六十五里。孤峰獨出，其下散爲五支，聯絡相屬，巍然爲羣山之長。又三十六山，在府南七十里。雲峰六六，上插晴空，與九華競秀。又南十里曰七井山，上列七峰，湧泉七穴。山險峻，四時多寒。碧山，在府東十里，瀕湖。蒼崖翠巘，倒影沉碧。稍南曰石壁山，以形如削壁也。又渚湖山，在府東南四十里。絶頂有田，淵泉旁出，澄泓如練，蒹葭魚鷺，若渚湖然。其田歲無旱戛。又鐵券山，在府東六十里。《志》云：黄巢就降，受鐵券於此。

又 大雄山，府西南三十里。羣峰排戟，雄峙一隅。又府西三十里有大山，地名黄花坦；其東五里曰龜峰山，皆瀕後湖。又專景山，亦在府西二十五里王家汊之右。俗呼磚井山。崇巒拱揖，支隴環伏，湖水摇光，芰荷交映，擅一方之勝。白面山，在府西南六十里。雪崖拱北，如傅粉然。下有白面渡。又西南十里曰郎山，一名和龍山。下有玉鏡潭。又秀山，在府西南九十里。疊嶂如屏，煙蘿延蔓。下有蒼隼潭，行旅往來，濟渡於此。《志》云：府西南七十五里有水車嶺，陡峻臨淵，奔流衝激若桔槔聲。

清・顧祖禹《讀史方輿紀要》卷二七《南直九・青陽縣》 九華山，縣西南四十里。舊名九子山，山有九峰如蓮華，唐李白遊此，改今名。高千仞，周百八十里。峰之得名者四十有八，巖十四，洞五，嶺十一，泉十七，原二，其餘臺石池澗溪潭之屬，以奇勝名者甚多。江南名山，九華其最也。唐龍紀初，楊行密圍趙鍠於宣州，鍠兄乾之自池州趨救，行密使其將陶雅逆擊之於九華，敗之，遂取池州。明初常遇春守池州，陳友諒來攻，遇春伏鋭卒於九華山下，而以羸弱守城，友諒至伏發，緣山而出，循江而上，絶其歸路，城中出兵夾擊，友諒敗遁。其相連者曰同山。又有幘山，亦在縣南。與九華相接，巍峨如冠幘然。

清・顧祖禹《讀史方輿紀要》卷二七《南直九・石埭縣》 櫟山，縣西百六十里。高五百丈，周九十里，石壁峭挺。阿有龍池，波流甚遠，池口河東源出此。

其並峙者曰洞山，山有峰巖洞谷及泉石之勝。又五溪山，在縣西南百二十里。有五溪合流其下。又魚龍山，在縣西三十里。有魚龍洞凡二，東西相望，僅里許，與青陽縣接界。蓋山，在縣南三十里。其脈自太平府黄山，而北屹於河濱，盤紆森聳，望之如蓋。又稠嶺，在縣西七十里。草木叢密，登陟峻險，爲往來之通道。

又　白象山，在縣治北。縣之主山也，以形似名。傍有蜕龍洞，深廣各數丈許。又雞鳴山，在縣東二里。傍有朝霞洞，深廣亦數丈許。又東五里曰低嶺。其相連者曰迎春洞，一名藏春洞，高深如屋然。博陽山，在縣東十里。巖石嵯峨，溪流湍急。宋嘉定中易名廣陽。又五龍山，在縣東三十里。五峰森立，山半有龍池，深不可測。又東十里曰三面山，懸崖峭削，石筍高峙，白如面者凡三。《志》云：縣東四十五里爲良禾嶺，有徑入祁門縣。嶺下五里有龍池洞，高敞如室，前有三石，池水注懸崖，如瀑布然。

又　玉峰山，在縣治南。絶頂奇石，光瑩似玉。一名峰山。又縣西二里有西山，羣峰皆秀拔，爲縣境之冠。又九鳳山，在縣南四十里，以羣巒軒聳如鳳翥也。縣西南十里又有梅山，巖壑頗勝。石印山，在縣北七里。其相近者曰青山，兩崖對峙，爲邑治捍門。上有石印洞。又和山，在縣北二十里。有和山洞，高廣如門。

清·顧祖禹《讀史方輿紀要》卷二八《南直一〇·涇縣》　承流山，縣南四十里。有羣峰迴環，聳秀甲於一邑。自承流而南，峰岫盤旋，百有餘里，如城壘然。東連旌德，西接太平，谿谷幽深，最爲嘉勝。黄蜕山，在縣東南八十里。高數百仞，層巒列嶂，狀若蓮花，湧溪源於此。又黄象山，在縣南九十餘里。山高聳。其西北曰銅山，舊嘗冶銅於此。東北爲九里山，有兩山夾行九里，下臨九里潭。其相接者曰水東山。又北爲石女山，山高五百丈，延袤二十里。黄象山之南曰麻嶺，峰崖卓絶，跨旌德、太平之間，爲往來交道。

清·顧祖禹《讀史方輿紀要》卷二八《南直一〇·寧國縣》　文脊山，縣西北三十里。高數千丈，周三百餘里，西接涇縣、旌德諸山，北接宣城柏梘山，峰巒攢秀，巖洞盤迴，爲郡之雄鎮。亦名曷山。山東南有石壁峭立，劃然中開，儼若城闕，謂之山門。中有山洞五，水洞一，巖石最爲幽勝。又東十餘里爲石嶺。建炎二年叛將戚方犯寧國，邑人方致堯拒之於石嶺，不克，死之。是也。《一統志》：「文脊山北有鴉山，昔産茶充貢。」旗鼓山，在縣北十五里。左旗右鼓，二山並峙。又西北十二里曰石馬山，稍南曰通靈峰，南去縣二十五里。上有雞冠石，絶頂寬平，泉出龍湫，下爲溪流環遶，與旗鼓諸山並爲縣北屏障。又北接宣城縣界。

又　雞山，縣南五里。峰巒秀拔，爲縣治之鎮。又南二里曰薛家山，明太祖南征嘗駐蹕於此，亦名駐蹕山。北姑山，在縣南九十里。脈自天目來，委蛇舒衍，忽然峭拔。有楊龍巖，深邃容百餘人，下爲泉流飛瀉。又東爲黄顔山，山頂有石室，亦容數百人，峭絶懸虚以登。又千頃山，在縣南百里，與昌化縣接境。

又　闞口山，縣東南六十里。兩峰錯峙，若門扃然。一名獅象山。其中徑隘谿深，崖坪相望，巖洞奇勝，泉壑縱横。稍西北曰嶽山。其東南曰鴉髻山，有飛燕洞，容百餘人，鄉民嘗避兵於此。又冷度山，在縣東南九十里。有五峰森聳。相接者曰盤山，其東與千秋嶺相望。東山，在縣東南五十里。山南谿峒逼隘，至此獨豁然開朗。下有渡曰石口，即東溪所經也。《寰宇記》：「縣東六十里有銀山。舊有銀冶，久廢。」

清·顧祖禹《讀史方輿紀要》卷二八《南直一〇·旌德縣》　石壁山，縣北二十里。高數百丈，連亘數里，一水中流，兩崖對峙，峰巒峻絶。舊有道在山半，行者難之，乃緣麓闢爲馳道，縣境之阨塞也。宋宣和中，賊方臘繇寧國轉寇縣境，統制王可誠帥師拒戰於石壁，賊敗却。舊有石壁巡司，久廢。又北爲三溪鎮。又北爲龍首山，山西北有龍潭。徽水經其下，與涇縣接境。嗣溪山，在縣東三十里。接寧國縣界，連亘十餘里，以山溪相嗣不絶而名。一峰峭特，謂之龍峰。稍西曰石梟山，梅溪出焉，東北流入寧國縣爲滑渡水而注於西溪。

又　正山，縣西三十里。峰巖峭峻，泉石錯列，諺云「正山巍峨接星斗，分別岡巒九十九」。南唐屯戍於此以備吴越。其西爲大幕山，以形如簾幕也。傍起一峰曰小幕山。蛟山，在縣西南五十里。山形蟉虯，如騰蛟然。後有洞，徑險難入，其中平曠。唐永泰中山寇王萬敵嘯聚於此，招討使袁傪擊平之。又西十里曰石柱山，有鉅石雙峙，如立柱然。梁末程靈洗將兵討侯景，誓衆於此。

清·顧祖禹《讀史方輿紀要》卷二八《南直一〇·太平縣》　黄山，縣南三十里。高千一百餘丈，盤亘三百里，寧、徽兩郡之名山也。峰之得名者三十六，而在縣境者有八：曰翠微，下有青牛溪；曰天都，下有香谷源、香泉溪；曰望僊，下有龍鬚巖、弦歌溪；曰九龍，其下巖洞溪源之屬並以九龍名；曰聖泉，其上有泉，人不能至，東南流至峰下爲湯泉；曰疊障，下有石孔巖，亦名滴泉巖，又有陰坑源，水流入白云溪匯爲白龍潭，又流爲珠沙溪；曰僊人，下有僊人洞；曰芙蓉，下有白馬源。諸峰之中，天都爲之冠，餘悉屬徽郡境內。尚書山，在縣西南二十里望僊峰之西。高百餘仞。又西南十里爲大鼇嶺，高二百丈，亘三十里。別名遊山。又縣西南六十里有湯嶺，多懸崖峭壁。又西南十五里爲梨水嶺，又五里爲棠梨嶺，皆接歙縣境。縣西南百十里曰莊嶺，接黟縣界。西南百三十里曰石礬嶺，接石埭縣界。諸山皆黄山之支阜矣。

清・顧祖禹《讀史方輿紀要》卷二八《南直一〇・歙州》　玉屏山，在城東北。本名石壁山，上有石方峙如屏帳，其下寬平可以屯兵。明太祖嘗駐蹕其下，因易今名。又問政山，在城東四里。山高秀。唐時有于德晦者爲州刺史，築室於此，以居其從兄方外，時咨訪焉，山因以名。又紫陽山，在府南三里。山高百九十仞，周四十里。一名城陽山，以山在城南也。山之南塢，別號南山。

清・顧祖禹《讀史方輿紀要》卷二八《南直一〇・休寧縣》　松蘿山，縣北十三里。高五六十仞，周十五里，與天葆山相連，爲縣鉅鎮。山半石壁懸空，峰巒攢簇，松蘿交映，蜿蜒數里，如列屏障。產茶。又稍雲山，在縣東北二十三里。高百五十仞，周五十里，武洪水出焉。舊名郎山，天寶六年改今名。萬安山，在縣東十里。隋大業末汪華移郡治於此。本名萬歲山，宋宣和中改曰萬安，避禁苑中山名也。今名古城巖，東北麓有石門。高丈五尺，下闊二丈，稱峻險。又鳳山，在縣西二里。高三十仞。一名靈鳥山。址方頂平，下臨孔道，相傳爲舊縣治。又玉几山，在縣南三里。一名塔山。旁有十二峰，互相映帶。

又　仰山，縣東南五十七里。窮源深谷間，一徑縈紆，陟而復降。其中平衍，羣山環拱，狀若蓮花，亦曰蓮花山。又響山，在縣東南三十五里。平地特起，周五里許。其南有石壁削成，西有石峰特起，名曰柱棒山。

又　白嶽山，縣西四十里。高三百仞，周三十五里，奇峰四起。其西北曰齊雲巖，高二百仞。懸崖中一小徑，憑梯而上。其三面並峻，絶壁立二百餘丈，不通攀緣。峰頂闊四十餘畝。巖之東北，復有石壁如樓臺，旁又有珠簾及羅漢等洞，宋德祐二年邑人結寨於巖以避寇亂。其並峙者曰獨聳巖，高亦三百餘仞，周十五里。頂有池水，並崖演迤凡數折，里人鑿渠引水下山，溉田千餘畝。山之西曰石門巖，高亦二百餘仞，周二十里。巖之東復有峰巖洞壑，奇勝不一。山之南曰密多巖，高亦二百仞。程敏政曰：「遊白嶽山者率以白嶽爲高，至桃源嶺則白嶽已在其下，至車徙嶺則桃源又下，至齊云巖則車徙益下。蓋齊云爲山最高處，黟、祁、歙、婺之山一目可盡也。」

又　顔公山，縣西南四十里。周三十八里，自麓至巔可三十里。山半稍前則四旁隆起，其窊處有清濁池。又有湖約五畝許。相傳昔有顔公者隱於此，因名。又岐山，在縣西六十里。高二百仞，周二十三里。一名石橋巖，泉石奇勝。又西六十里曰高湖山，南接婺源縣。山頂有湖廣十餘畝，歲旱不涸，土人謂之聖湖。

清・顧祖禹《讀史方輿紀要》卷二八《南直一〇・婺源縣》　浙源山，縣北七十里。一名浙嶺。高三百餘仞，周二十五里。婺源諸水多西入鄱陽，惟此山之水東會休寧、祁門、黟縣諸水卒歙浦，又會績溪、歙縣諸水赴浙江。山有戴公三嶺，泥源九灣，自縣入郡，此爲捷徑。又高湖山，與浙嶺相連，北接休寧縣界。張公山，在縣西北百二十里，即率山也。詳見休寧縣。

又　石耳山，縣東南九十里，層巖疊嶂，高險接天，有石室甚深廣，谿衢、信入境，此山爲之望。其支脈曰大鏞山，在縣東百里，高三百仞，相傳洪水時有大鏞上此而名；又小斂山，在縣東南七十里，高九十八仞，周十五里；俱與衢州接界。石門山，在縣東九十五里，與大鏞相接。山巔有石巖，空洞若門。縣東九十里又有屏障山，高二百餘仞，方峙如屏，下開平壤曰大畈。其左爲陰巖山，右爲石耳山。又龍尾山，在縣東百里。高二百仞，周三十里。石可作硯。一名羅紋山。又蓮花山，在縣東百五里，亦接衢州界。山高極天，羣峰崒嵂，狀若蓮花，因名。《志》云：縣南四十里有桃源大衖山，石壁峭立，飛瀑懸流，泉石之勝，甲於一邑。

又　梅源山，縣西百二十里。高三百餘仞，周四十餘里。本名梅山，產楊梅充貢，梁任昉爲郡守奏罷之。唐天寶中始曰梅源山。西北接浮梁縣界，一名翀山。又三靈山，在縣西九十里。高二百八十仞，周五十里。又西爲櫟崌山，周迴綿亘凡數十里，峰巒林立，其名者爲僊女、金鐘諸巖，西連樂平縣界。濬源山，在縣西南百里。高二百十仞。亦名遊山，接樂平及浮梁縣界。有濬源水，溉田三十餘頃，南流合杭溪水入樂平縣界。

又　芙蓉嶺，縣東八十五里。高千餘仞，周三十餘里。其絶頂爲芙蓉峰，一名靈山，巖石奇勝，屏嶂、龍尾諸山皆其支脈也。又縣東九十五里曰對鏡嶺，高百五十仞，周十里。其並峙者曰羊鬬嶺，高百仞，周二十里。又塔嶺，在縣東北百五十里。高八十仞，周九里。四嶺中芙蓉爲之冠，與休寧新嶺爲五嶺。宋初驛道繇縣東百里中平寨經大畈達休寧之黄茅，沿澗曲折，谷水暴發則橋道皆壞。其後里人汪紹闢路從芙蓉、對鏡、羊鬬、塔嶺直抵黄茅，較舊路近十五里，且無水患。元末汪同復開拓之，遂爲通衢。今休、婺之界自塔嶺而中分也。

又　大共山，縣北五十里。高六十五仞，接石埭縣界，大共水出焉。山下舊有大共鎮，元置，今廢。又道人山，在縣北二十里。高九十仞，周六十五里，有削壁層巖之勝。

又　林歷山，縣西南十里。高三百仞，周三十里，四面壁立，徑路危狹。漢末山越陳僕、祖山屯此，恃險爲害。建安十二年孫權遣賀齊討之。齊陰募輕捷士，於隱險處夜以鐵戈拓山潛上，懸布以援下人，得上者百餘人，令分布四面鳴鼓角，賊驚，守路者皆逆走。大軍乃上山擊破之。今山上寨基墻壁尚存。東有石洞，西有千丈巖，瀑布自崖而下。稍西曰頂遊峰，亦曰丁峰，亦曰南山，孤峰削立，與縣南十五里之靄峰相映帶。《志》云：林歷山下有僕城里，亦陳僕、祖山屯據處，故曰僕城。又墨嶺，在縣南十六里。産石墨，土人採之，久而成井。今石墨糜爛不可書畫，惟堪染皂。《志》云：黟與墨同，縣蓋以此嶺名也。

清·顧祖禹《讀史方輿紀要》卷二八《南直一〇·黟縣》　新安山，縣西百十里。高百仞，奇秀甲於羣山，爲郡之勝。本屬黟縣境内，相傳郡名新安以此。其相望者曰九峰山，有九峰並峙，高插霄漢。又西峰山，在縣西百二十里。峰巖亦稱靈秀。歷山，在縣西八十里。高二百五十仞，抵石埭縣界，高插雲霄，險若天塹。巔有池，冬夏不竭。又主簿山，在縣西六十里，高四十五仞；縣西南七十里爲梅南山，高八十仞；俱接浮梁縣界。

清·顧祖禹《讀史方輿紀要》卷二八《南直一〇·績溪縣》　石照山，縣東三里。有石壁立，方廣二丈，光可鑑物，因名。下有白水泉。又龍須山，在縣東二十里。高五百仞，周三十里。山頂有池，四時不竭。縣東北三十里又有石金山，高六百仞，周亦三十里。唐金山，在縣東南九里。其麓寬平，三面臨水，周圍如城，又有岡阜泉石之勝。

又　績溪嶺，縣東五十里，因縣治得名。又東十里曰聞鐘嶺，屈曲往復，地近西坑。又縣西爲翠眉嶺，兩山低平，横列左右如眉，因名。七姑尖，在縣東三十里。一山七峰，中一峰尤峭拔。又十里巖在縣東十里，壁立奇險。又東二十五里曰百丈巖，有石方廣百丈，壁立如屏，下臨深潭。鑿石爲橋，奇勝不一。

清·顧祖禹《讀史方輿紀要》卷二八《南直一〇·和州》　雞籠山，州西北四十里。峰巒連亘，雄踞西北，上有鉅石寬平約四丈許，削立山巔，爲一州奇勝，道書以爲四十二福地。宋紹興三十一年，金亮駐雞籠山，欲渡采石。明太祖初克和歷，元人分兵屯戍於高望、新塘、青山、雞籠山諸處，來争歷陽，太祖皆擊却之。今青山在州東北四十五里，高望鎮見江浦縣。

清·顧祖禹《讀史方輿紀要》卷二八《南直一〇·含山縣》　梅山，縣東南五里。山多梅樹，俗傳曹操行軍，指梅林以止軍士渴處也。唐天寶中改曰棲隱山。其相近者曰龍角山，有兩峰尖聳，因名。桑山，在縣西南二十里。麻湖之源出於此。山多野桑，因名。或曰秦始皇設倉於此，亦名倉山，又訛蒼山。山勢峻拔，延袤十餘里，中有龍池。南宋時有雙山寨，居民保聚於此，又蒼山之訛也。

清·顧祖禹《讀史方輿紀要》卷二八《南直一〇·廣德州》　竹山，州南五十里。疊嶂層巒，迴環拱揖，松竹泉石，蔚然鉅觀。其並峙者曰方山，山勢盤紆，山口有兩峰對峙，若二柱然。笄山，在州南二十里。一名鷄籠山，俗曰鷄罩山。中峰最高，左右兩峰並列，蔚然深秀。相近者又有鷹嘴山，山高峻，絶頂有石卓立如鷹嘴。下有深窟，容百餘人。

又　乾溪山，州東南三十里。峰巒疊出，卓立天外，一溪遶其下，白石齒齒。稍西爲石雲梯山，高百餘丈，有階級可升。又石鼓山，在州東南五十里。昔時巔有鉅石如鼓。其相近者曰石婦山，衆山環遶，其中一峰獨高，巔有石卓立，如婦人然。馬鞍山，在州南五十里。山周七十里，巔有大石，其狀如馬鞍。

清·顧祖禹《讀史方輿紀要》卷三五《山東六·沂水縣》　雕厓山，縣西北百七十里。巖壑聳秀，如雕琢然，連絡蒙陰縣界。《志》云：山即沂山西峰也，沂水蓋出於此。又西北接大弁山，山頂平夷，周八九十里，俗稱太平崮。《水經注》：「大弁山，與小泰山連麓而異名。」杜佑曰：「縣北有穆陵山。」《志》云：山在縣北百九十里。又北里許爲螳螂山，其相連者曰大小二魯山。山之前平野彌望，清流縈帶。其南面有穴若門，直入二十里，可容方駕云。

又　雹山，縣西北五十里。山有二峰，雙巒齊秀，圓峙若一。出紫石英，映徹如雹，因名。今曰大崮山。又縣西南三十里有雙崮山，亦以雙峰並峙而名。

清·顧祖禹《讀史方輿紀要》卷三六《山東七·平度州》　大澤山，州北七十里。巖壑絶勝。有瑞雲峰，峰頂半巖疊石爲城，謂之皇城頂。或以爲赤眉故砦也。下有白虎谿，乳泉河出焉，西南流入膠水。山之北即高望山，接掖縣界。明堂山，在州東北四十里。產藥材。有藥石水出焉，流合石瀆河而注於膠水。其相接者曰金泉山，亦產藥材。又有兩髻山，在州東北十三里。山椒並列，如綰雙髻。現河出焉。經州東三里西南流入膠水。

清・顧祖禹《讀史方輿紀要》卷三六《山東七・昌邑縣》 東山，城東二里。俗名土埠，亦謂之東京埠，長數里，石磴崎嶇，峰巒奇秀。後漢建安初袁譚據青州，攻北海相孔融於都昌，融敗走東山，即此。又縣東南二十五里有青石埠，長數里，亦名青山。霍侯山，在縣南四十里。《漢書》：「霍光封博陸侯，食邑於北海。」此山本名陸山，或以爲即光所食邑，唐天寶六載賜名霍侯山。又南五十里有峽山，狀如伏虎，俯臨濰水，爲邑之勝。

清・顧祖禹《讀史方輿紀要》卷六七《四川二・彭縣》 彭門山，縣北三十里。兩峰對立，其高若闕，名天彭門，亦曰天彭闕。《水經注》：「江水自羊膊嶺東南下百餘里至白馬嶺，西歷天彭闕，亦謂之天谷。」山之後曰丹景山，蜀王衍遊樂處也。《明史》：「嘉靖十九年大水，自丹景山溢，歷崇寧、新繁、新都、金堂，漂没廬舍，沉溺甚衆。」又至德山，在縣西三十里。蜀王衍遊是山，患其高峻，别開一徑以登。一名茶籠山。大隋山，在縣北三十五里。泉石殊勝。又北有中隋山，山高三十里，三四月間積雪始消，下視白鹿、葛仙諸山，真培塿也。山之後又有九峰山，山高大，北連茂州境。《志》云：白鹿山在縣西北二十里，亦高秀。

清・顧祖禹《讀史方輿紀要》卷六七《四川二・仁壽縣》 玉屏山，縣西二十里。羣山環聚，玉屏爲之冠。又金華山，在縣北百十里。山下有池廣數十畝，左有卧龍山，右有仙牛山。麗甘山，在縣東南二十里。山下有鹽井，產鹽甚甘。相傳山神十二玉女所開，因名，今井竈猶存。

清・顧祖禹《讀史方輿紀要》卷六七《四川三・廣元縣》 烏奴山，縣西二里嘉陵江岸。峭壁如削，高不可上。晉、宋間有氐李烏奴者據此作亂，因名。有烏奴城，齊永泰初嘗置東晉壽郡於此。一名烏龍山。又天台山。《志》云：在縣西二十里。其北爲九隴山，環拱九十九峰，如劍戟之排列，亦謂之九峰山。天台當其南，峭崖蒼鬱，盤道縈迴，獨木危橋，委曲而上，至巔乃即平陸，若天台然，因名。《志》云：九隴山有漢王寨，相傳漢高祖曾駐蹕於此。石燕山，在縣西北八十里。山極高峻，梯格乃能上。獠人恃此爲險。

清・顧祖禹《讀史方輿紀要》卷六八《四川三・南江縣》 小巫山，縣東北五十里。上有十二峰，下有龍洞，即巴山之羣峰也。相近又有蓮花峰，峰巒四面層秀。有石洞亦曰蓮花洞，高空百餘丈，内容千人，外臨深淵，邑人嘗避兵於此。一名紅鯉洞，相傳溪中有紅鯉云。舡山，在縣東北二十里。四山隨擁，咸若海潮，乘風飄泊，而此山宛如鉅舟，自北而東。下有井。舊名五女山。又蠟燭山，在縣北六十里，峰巒聳拔雲表。縣北百五十里又有味坡山，地產茶，味極佳。

清・顧祖禹《讀史方輿紀要》卷六八《四川三・儀隴縣》 金城山，在縣治北。衆山環向，如雉堞然。石壁高八十丈，周迴五里，惟西南有徑可通。上有數石如貯米囊，故亦名金粟山。杜佑曰：「山本名隆城，梁置縣在山上，憑險爲理，因曰隆城郡。唐方州亦治此，後縣移治平溪。」唐天寶中，何滔嘗舉義兵討賊，營於金城是也。石城山，在縣北三十里，四壁峭立如城。其相近曰九龍山，上有九峰，狀若龍翔。又鐵山，在縣北四十里。山色如鐵。

清・顧祖禹《讀史方輿紀要》卷六九《四川四・巫山縣》 寒山，縣東五十里。垂巖千層，絶壑萬丈，其勢高寒。《荆州記》：「寒山九坂，最爲險峻。」陸游云：「縣隔江有南陵山，極高大，有路如綫，盤屈至絶頂，謂之『百八盤』。」蓋施州正路也。舊南陵縣以此名。

又 千丈山，縣東北百里。山極秀異，高於衆山。又飛烏山，在縣西南六十里。山高插雲，烏飛不能越，因名。又有烏飛巖，在縣西南四十里，與燕子坡相對。《水經注》：「烏飛水自沙渠縣南，北逕巫縣注於江，謂之烏飛口。」沙渠，今湖廣施州衛。琵琶峽，在縣治西。夾江兩岸相對，亦曰琵琶峰。

清・顧祖禹《讀史方輿紀要》卷六九《四川四・梁山縣》 峰門山，縣東十五里。山有兩巖，對峙如門，頂有寒泉。又蟠龍山，在縣東三十里。孤峙秀傑，突出衆山之上。下有二石洞，洞有二石龍，首尾相蟠。旁有噴霧巖，洞中之泉下注，噴薄如霧。七城山，在縣西三十里。山有七峰，壁立如城。又縣西百里有白雲山，奇峰突出，勢如卓筆，一名筆山。又西二十里有瓦城山，一名石瓦山，山頂坦平，居民耕其上。《志》云：縣南百里有柏枝山，下有丙穴，出嘉魚。

清・顧祖禹《讀史方輿紀要》卷六九《四川四・東鄉縣》 印石山，在縣治西，以山形方整而名。又西有鼓樓山，峰巒層疊，形如鼓樓。

清・顧祖禹《讀史方輿紀要》卷六九《四川四・大足縣》 石龍岡山，縣西十里。其山迴環聳秀，岡脊折紋若龍鱗然。又縣西三里有三華山，三峰屹立，因名。《志》云：縣東三里有北山，唐時州城置於山上。又有白塔山，在縣北三里。

清·顧祖禹《讀史方輿紀要》卷六九《四川四·南川縣》 九盤山，縣東十二里。峰巒高遠，九折而上。縣東六十里又有九遞山，亦高峻。其絶壁色白如銀，上有水瀦而爲池。又最高山，在縣東南九十里。形勢聳拔，千仞干霄，俯視衆山，皆如培塿。熊井山。在縣南三里。上有井，水清而味鹹。又來遊山，在縣西七里。山臨道旁，行者多憩息於此。

清·顧祖禹《讀史方輿紀要》卷六九《四川四·合州》 寨山，州西二十里。峭壁如削，昔人避亂保聚於此。又青石山，在州西二百二十里，涪水之南。李膺《益州記》：「昔巴、蜀争界，久而不決。漢高八年，一朝密霧，山爲之裂，自上及下破處直若引繩，於是州界始判。」斜崖山，在州東北八十里。巖石奇勝，巖下有洞，内有龍湫。

清·顧祖禹《讀史方輿紀要》卷九五《福建一·漳浦縣》 梁山在漳州府漳浦縣西南三十里，廣東大埔縣西北二百里。一名高昌山。高千仞，盤亘百里，有九十九峰。亦名梁岳。古記：梁岳，閩中之望也。《爾雅》：「南方之美者有梁山之犀象。」或以爲即此山，恐悮。《勝覽》：「梁山秀麗而崇圓，故亦名圓山。」《名山記》：「山峰凡十有二，唐開元中鐘紹京作尉是邑，始增爲二十有四。」其中峰曰蓮花峰，一名齊帝石，以齊武帝賾避兵揭陽時曾遊賞此峰也。《南齊書》：「武帝仕宋爲贛令，晉安王子勛之亂，舉義兵，衆寡不敵，避屯揭陽山中。」其最高者爲獅子、金剛二峰。二峰之外，曰力士，曰雙髻，曰長劍，曰七星，曰八柱，曰觀日，曰臨海，曰晉亭，曰青閣，與蓮花共爲十二峰。又有雙鳳、玉乳、錦石、月桂、壽星、紫雲、金雞、丹竈、香爐諸山之名，則後人所增益也。吴明偉又云：明偉，唐詩人。「梁山翠峰三十六」，蓋峰嶺環列，各以意言之耳。山之中紆折迴旋，有田，有村，有溪。溪之名有長源溪、錦溪、萬頃溪、仙溪、盛溪、錦石溪、垂玉溪、龍潭溪，分流灑道，互相縈繞《志》云：山東南磐石上有穴如井，水泉湧出，大旱不竭，謂之靈泉。南北兩麓又各有湯泉。上有水晶坪，産水晶。元大德元年福建平章高興言：「漳浦地産水晶，當發民採之，以資國用。」因遣内監採取。明朝亦嘗命鎮守内官採焉。又有中峰巖、瀑布泉，並稱名勝。《志》云：山之西接盤陀嶺，叢薄崎峻，盤亘可十里。郡舊《志》：盤陀嶺即宋葵岡嶺，漢時爲南越蒲葵關，閩、粤通道也。漢元鼎五年，漢擊南越，東越王餘善以兵從，至揭陽以海風波爲解。及漢破番禺，還擊東越於蒲葵關，即此。宋潘存實云：「梁山根蟠楚、蜀，作鎮甌、閩，西南形勝，山爲最著矣。」

清·顧祖禹《讀史方輿紀要》卷九五《福建一·福寧州》 大姥山，在福寧州東北百里，高十餘里，周四十里，舊名才山。《力牧録》云：「黄帝時容成先生嘗棲此。」王烈《蟠桃記》：「堯時有老母居此仙去，因名大母山。漢武帝命東方朔校天下名山，又改母爲姥。」唐開元中特圖其形，敕有司春秋致祭。乾符四年敕建興國寺於山麓。舊《志》：唐咸通中林嵩建草堂，讀書其中，因名草堂山。《通志》：「嵩蓋宋真宗時人。」又云：「王閩嘗封此山爲西嶽。」《三山志》：「閩封高蓋山爲西嶽，霍童山爲東嶽，未嘗封此山也。」其山千峰林立秀拔，得名者三十六峰，《志》云：宋初僧師待圖山之奇峰二十二，林陶次第其名爲新月、豸冠諸峰，後人復增摩霄、仙掌等峰爲三十六，近代好事者復增益之爲四十五峰。又巖石谿谷泉洞之屬，其得名者以百計。絶頂爲摩霄峰。相傳太母上昇時乘九色龍馬摩霄而上，因名。東西北三面皆海，秋霽遠眺，可盡四五百里，雖浙水亦在目中。自摩霄而下，千巖萬壑，瑰奇靈異，不可悉數。大約東北諸山，大姥爲之冠矣。

清·顧祖禹《讀史方輿紀要》卷九六《福建二·福州府》 壽山，府東北六十里。産美石，瑩潔柔潤，蓋珉也。距山十餘里有五花石坑，以石有五色而名。其並峙者曰芙蓉山，秀麗若芙蓉。別麓有洞曰靈洞，巖甚深邃，亦曰芙蓉洞。又有九峰山，在城北五十里。有嶺曰長箕嶺，一名長岐嶺，又名桃枝嶺，路出羅源、古田二縣。《志》云：山峰頂九出，圓秀峭拔，與芙蓉、壽山並稱「三山」。又東室山，在府東北三十里。《志》云：古戰阪也。五代晉開運中，南唐兵與李仁達戰於此。蓮花山，在府北二十里。下圓上鋭，形若菡萏，郡之主山也。五代唐同光三年，閩王審知卒，葬鳳池山，長興三年改葬蓮花山。其相近爲西室山，亦秀拔。又北有梧桐嶺，甘蔗生焉。五代晉天福四年閩人作亂，王昶出北關，至梧桐嶺，爲衆所殺，即此。又西有拜郊山，相傳閩越王燔柴處也。《志》云：府北十五里爲昇山，一名飛山，相傳越王勾踐時山從會稽飛來，今有飛來峰。其西爲鳳池山。又南爲五峰山，旁連大鵬山，聯翩高聳。稍南爲羅峰山。石晉天福二年方士言於閩主昶有白龍夜見此，昶因作白龍寺。又城北有龍腰山，即越王山之北麓矣。

清·顧祖禹《讀史方輿紀要》卷九六《福建二·寧德縣》 飛鸞嶺，縣南二十里。形如飛鸞展翼，與勒馬、梅溪諸山岡脈相接，逶迤曲折達羅源縣境。下有飛鸞渡，即飛鸞溪所經也。東麓有百丈漈，名棲雲潭。又嶺東有萬石巖，中容數百人。又峬嶺，在縣東北二十餘里。《志》云：嶺下有東墻渡，通寶豐銀場。瑞峰，在縣東三十里海上，秀拔萬仞，與白鶴峰對峙。其相並者有嵩嶼、黄灣峰。又五馬峰，亦在縣東南。《志》云：縣捍門山也，五峰列峙如馬。縣南諸山皆趨海，海濱垂盡處忽五峰突起，高聳海上。

清·顧祖禹《讀史方輿紀要》卷九七《福建三·政和縣》 黄熊山，在縣治北。縣主山也。形如展旗，亦曰文旆山。城南又有文筆山，峰巒峭拔，與此相望。又有蓮花峰，在縣東。峰巒高峻，紫翠重疊，爲縣之勝。洞宫山，在縣東南。重疊九峰，狀如蓮花瓣，名九蓮峰，道書謂爲第三十七福地。中有谷陽，地平衍，産銀砂，廣四五里，旁有夾岫如壁，宋坑冶司舊址猶存。又西爲西門嶺。嶺右皆奇峰石壁，曲澗長松，爲翠屏峰。益折而南曰東西二寶臺峰。峰之西山勢開豁，有平田數頃。又南復有仙人壇、香山峰諸勝。又大風山，在縣東南十五里。峰巒秀拔，類廬山五老峰。

清·顧祖禹《讀史方輿紀要》卷九七《福建三·將樂縣》 五馬山，縣治西南。五峰森立，如馬馳驟，城環其第五峰之巔。又西臺山，在縣治西，縣之主山也。巍然高峙，其上坦夷如臺。亦名鐘樓山，以形若鐘也。五代置鏞州，蓋以山名。又縣治後有鐘翠山。其相連者曰含雲山，即宋楊龜山讀書處。封山，在縣北五里。其山高大，羣峰環拱，爲邑之鎮。其支隴曰龜山，狀如伏龜，蜿蜒於城左，即楊龜山先生歸休處也。《志》云：龜山在城北三里。

又 九仙山，縣東二十餘里。崇岡疊嶂，如龍翔鳳翥，又如獅伏牛鬬，爲一邑最高處。夏無暑氣，冬月常雪。舊傳有九異人煉丹於此。又孔子山，在縣東南二十五里，層巒矗起，屹立溪濱。百丈山，在府西北百八十里。一名羊角晶，又名鈎刀山。其山三面，南將樂，北邵武，西泰寧，皆懸崖絶壁，古木蒼藤，鬱然干雲。有越王較獵臺榭遺址。《通志》：「山接江西南豐縣界。」

清·顧祖禹《讀史方輿紀要》卷九七《福建三·沙縣》 鳳岡山，縣治北，縣鎮山也。縣治西南又有鳳凰山，山形如鳳，多梧桐。其側有虎丘山，形如虎踞。又越王山，在縣東南十里，相傳越王嘗屯兵於此。山側有砦，俗呼越王寨。山之下有漈峽。其南曰武仙山，山高峻，頂夷曠，可容千人。山拱揖縣治，俗呼報衙山，一名天馬山。淘金山，在縣西六里。上多奇石，頂平曠，可容千人。相傳邑未城時嘗屯軍於此，一名屯軍山。又居民嘗避寇於山上。下有泉自山巔飛流，清澈如鑒。上有洞天巖，石壁峭絶，倚險架閣，其旁泉石殊勝。山之東曰獬豸山。

清·顧祖禹《讀史方輿紀要》卷九七《福建三·順昌縣》 龍山，縣南三里，勢若游龍。上有龍頭巖，登山巔可盡一邑之勝。其西南有大明山，孤峙峭立，日出則光先照，因名。其相屬者曰金龍山，頂甚平曠。鳳山，在縣西二十里，五峰疊翠，高數百仞。縣西北二十三里有景靈山，與鳳山對峙。山高聳，常有雲霧蒙其上。左有耳殊巖，下有黄家洞。宋建炎間兵亂，邑人黄氏族數百指避其中。又高峰山，在縣西南二十五里，其峰拔出羣嶺。下有交溪，溪源出西南四十里沙縣界交椮嶺，流與縣西之瞿村小溪合，因名。下流入於順陽溪。又西五里有寶山，亦峭拔。

清·顧祖禹《讀史方輿紀要》卷九八《福建四·長汀縣》 鷄籠山，府北五十里，高十五里。山形圓聳，上淩霄漢。又翠峰山，在府東北六十里。壁立千仞，煙雲出没，惟天色晴霽，亭午方見其頂。七寶山，在府西。山下舊有上寶場，宋置，採銀、錫於此，後廢。《通志》：場在縣治西。又佛祖峰，在縣西三十里，俗名九礤。轉北二里許，樹木陰翳，石磴崎嶇，爲絶勝處。

清·顧祖禹《讀史方輿紀要》卷九八《福建四·歸化縣》 樓臺鼓角山，在縣治後。數峰連屬，中一峰高聳如樓臺，其餘峰圓者如鼓，長者如角，因名。縣之主山也。又南曰印誥山，山形高而平正。又娥眉山，在縣治前。羣峰連絡，中一峰止對縣門，若娥眉然。縣治蓋北向云。五馬山，在縣西三十里。五峰周遭連屬，其中土地蕃衍，居民殷實，溪水遶流其下。又西北十餘里曰龍西山，奇峭壁立約千餘丈，中有聖水巖。

清·顧祖禹《讀史方輿紀要》卷九九《福建五·永春縣》 大鵬山，縣城北。形如飛鵬，乘翅絶頂，三峰秀出雲表。稍西南爲大羽山，重岡疊嶂，若鳥張翼，下趨平處，結爲縣治，縣之主山也。縣東南三里曰花石山，嘉靖二年官兵拒賊於此。雙髻山，在縣北十里，聳結二峰若雙髻。一名朋山。上有仙人池。又北數里曰高鎮山，形勢高聳，遠出衆峰之上，爲一邑鉅鎮。又北爲高嶺山，亦高壓衆峰，其頂平夷。《志》云：縣東北十餘里有齊雲山，高接霄漢。又有三貫山，三峰秀拔，勢貫雲表。

清·顧祖禹《讀史方輿紀要》卷九九《福建五·德化縣》 均山，縣東北百八十里。山勢峭拔，延廣數十里。相近者曰飛仙山，兩峰角立，懸崖峭壁，瀑布飛流，高數千仞。縣東二百里又有九座山，其山重巒疊嶂，道路險巇。劇頭嶺，在縣東南二十里，與永春縣接界。又縣西北百九十里有官田嶺，接尤溪縣界，亦曰尤嶺。嶺下有躍龍寨，宋元符中建。《志》云：縣西五十里有湖嶺，最高峻。其水分西南二流，皆入於漳溪。

清·顧祖禹《讀史方輿紀要》卷九九《福建五·漳浦縣》 大帽山，縣東北八十里。山大而峻，四面林木蓊鬱，頂有黄茅，形若戴帽，一名戴帽山。巖石泉壑，種種奇勝。北行爲海澄縣，東北行爲鎮海衛，皆此山發脈也。《志》云：大帽北麓爲磁竈山，産茶。山與大江相對。其東爲虎嶺，路通鎮海，山林深阻，舊多虎患，弘治中患息，好事者改爲鱗山嶺。又東即燈火山之西麓。太武山，在縣東北百里。一名太母山。山高千仞，周迴亘百餘里，屹立海上，端重聳峭。其南十里爲鎮海衛，東望大海，汪洋無際，陟其巔，漳、泉二郡盡在目中。有小石城，相傳南粤王建德避漢兵嘗保此，亦名建德城，似悮。又有延壽塔，高數仞，海中歸舶望以爲標。

清·顧祖禹《讀史方輿紀要》卷九九《福建五·龍巖縣》 紫金山，縣西十里。五峰秀削，壁立千仞。朝旭含輝，夕陽倒影，土石皆紫若金。上有天然池，下有赤水巖。又赤巖山，在縣西四十里，以巖石皆赤而名。相近爲石鐘巖，奇勝不一。又雙髻山，在縣西五十里，最高勝。相近又有九曲嶺。奇邁山，在縣南二十里。一名九峰岐，嵯峨拱峙，森如列戟。又縣南六十里爲上方山，行旅所經也。其南二十里曰倒嶺，盤曲峻絶，嶺凹有文信國駐師故壘。嘉靖初於嶺上建棲雲亭，今爲防禦之所。

清·顧祖禹《讀史方輿紀要》卷九九《福建五·紹安縣》 九侯山，縣北二十五里。九峰並列，有石門可通車馬，中多泉石之勝。其相接者曰烏山，峰頭鉅石嵯峨，半插天表，北接雲霄鎮，東聯濠仔林山，爲邑後障。一名火焰山，以山形尖聳也。又厚廣山，在縣東北二十里。一名和廣山，崒嵂聳秀，與初稽、九侯諸山形勢聯絡。《志》云：初稽山，在縣北二十五里。金溪山，在縣西北四十里。俗曰金鷄山，與六峒諸山相接。舊有銀坑，正德初議開採，不果。萬曆中復議開，商賈雜遝，姦宄欲乘機爲變，尋奉旨封閉，又以南詔所官兵更番戍守，然盜礦者隱匿猶故也。又龜山，在縣西南二十五里。上有鉅壑，蛟龍潛焉。又有石洞，山之右有漳潮分界巡司。又大南山，在縣南十五里。兩峰鋭秀，俗名大尖、小尖。自山而西，綿亘數十里，若鉅屏森立，接於龜山。

清·顧祖禹《讀史方輿紀要》卷一〇〇《廣東一·龍門縣》 虎獅山，縣西五十里，形若虎獅對峙。上有飛泉，下注蛟穴，流至縣東五里爲白沙水，引流可以溉田。又西十里爲陳峒山，與增城縣接界。

清·顧祖禹《讀史方輿紀要》卷一〇〇《廣東一·連州》 冠峰，州北十三里，高聳冠於羣山。或曰以山形如冠也。又北里許有五峰，狀如芙蓉，亦名芙蓉峰。或曰即蓮花峰也。宋潘美破南漢之兵於此。又圭峰，在州西北十里。衆山環繞，惟此峰端立如執圭。天際嶺，在州西北十五里。一名崑湖山，以下瞰崑湖而名。連延而西，入連山縣界。又秀巖，在州西北五里。山有懸石，如滴翠乳。一名大雲巖。

清·顧祖禹《讀史方輿紀要》卷一〇〇《廣東一·肇慶府》 石室山，府北六里。一名圓屋山，亦名高星山，或謂之定山。山有石室，自生風煙，南北有二門，中可容百餘人，號爲「神仙下都」。其前有浦，曰高星浦。傍有聳石，廣六十餘丈，高二百餘仞，謂之崧臺。又有七星巖，連屬曲折，列峙如北斗。巖之中亦爲石室，容數百人。又有斗魁臺，唐初所築。巖之左爲石洞，穹窿宏敞，前後二門，頂開中壘，鉅石覆其上，春夏間潦水泛溢，島嶼平没，惟此高聳特出水中。又東逾瀝湖半里許曰屏風巖。又里許爲閬風巖。從石室而西半里則爲天柱巖。又里許爲蟾蜍巖。又半里許爲仙掌巖。西北二里曰阿陂巖。延袤凡數十里，瀝湖環流其下，可通舟楫。又有北山，亦名北嶺，在縣北十里。高千仞，盤亘百餘里，爲府治之後山。峰巒聯屬，若屏障然。其中一峰屹立雄偉，名將軍嶺，蓋即石室之支阜也。又府東北十里曰獅子岡，在七星巖之東，中峰嵯峨，陵阜盤鬱。

又 銅鼓山，府南二十里。高千仞，周三十餘里，府治之案山也。山有赤石如鼓，叩之有聲，因名。又南三十里爲神符巖，有南北二巖相向，南大北小，皆奇勝。小巖口又有龍井，四時不涸。雲從山，在府南三十里。高百丈，周五十餘里。峰巒疊巘，秀出天表。新宅水經其下。

清·顧祖禹《讀史方輿紀要》卷一〇〇《廣東一·高明縣》 慶林山，在治北一里。一名春富山，上有石巖，多林木。又五龍山，在縣東北十里。五山奔伏如五龍，中有一阜圓如珠。又東北十五里爲鶴山，高五百餘丈。與此相接有靈雲山，在縣東北三十里。尖峰插漢，上有石泉，麓有三峰，一名三台山。朋峰山，在縣西北二十五里。頂平，高三百餘丈，周五里，兩峰並峙，形如朋字。其相接者爲官逕山。《志》云：脈自老香山來，東西連綿，中有通逕二十里，爲入郡之道。又表山，在縣西二十里。高百餘丈，廣三十里，高出衆山之表。稍南有蟾蜍逕，舊爲官軍防戍處。

清·顧祖禹《讀史方輿紀要》卷一〇二《廣東三·韶州府》 錢石山，府東北六十里。山形四方如臺，鉅石三面壁立，上有碎石如錢。又大峒山，在府東北八十五里。宋余靖《記略》云：「自州治水行七十里得月華山，捨舟道樵逕又十五里，乃至大峒。其山磅礴聳峭，秀倚天際，絶頂之上，千里在目，澗聲泠泠，清入毛骨，真可遺世而絶俗也。」石頭山，在府北十三里。上有鉅石特起，俗名雞冠石。石上有洞深邃，一名貂蟬嶺。又浮岳山，在府東北二十里。其山躡一處則百餘步皆動，若在水中。後没於五渡水。

又　南華山，府南六十里。峰巒環抱，如蓮花然。曹溪水出其東南。又虎榜山，在府南四十里，西面臨江。有石高十餘丈，闊五十餘丈，中有小洞，容二百許人。府南十五里又有寶石山，一名伏虎山。湞溪之水出焉，南流二十里入於曹溪。書堂巖，在府東南二十里。巖洞豁然，泉清而潔，爲張九齡讀書處。又城西南十二里有紫薇洞，中若大廈，容百餘人。其東大湧泉出焉。宋舍人朱翌謫居時遊此，因名。

清・顧祖禹《讀史方輿紀要》卷一〇三《廣東四・程鄉縣》　銅鼓山，縣東南八十里。高千丈，周百里。山勢峻阻，盜賊多窟穴其中。亦曰銅鼓嶂。其相近者有陰那山，高百丈，周二百五十里，形如仙掌，下有湖。又南爲香爐山，高二百九十丈，周三十八里，以形似名，産鐵礦。王壽山，在縣東北百四十里。高八百餘丈，周二百里，形如殿閣。上有仙牛嶺。又平頂山，在縣東北二百里。高二百餘丈，周七十二里，形如展蓋而頂平。産鐵礦。又東北五十里有龍牙筆山，高二百九十丈，周百餘里。山勢峭拔，筆狀其形。龍牙，蓋地名也。又藫田筆山，在縣西五十里。高百六十丈，周二十九里，形勢秀拔。藫田，亦地名矣。

又　梅峰，縣西二里。平地突起，形如覆鐘。一名馬蹄峰。其相近者曰高峰，亦平地突起，形如覆釜，爲近郊之衛。又聳秀峰，在縣南二十里。高三百五十餘丈，周百里，形如寶蓋，而秀麗聳拔。縣東南三十里又有雙筆峰，高三百餘丈，周六十里。二峰並立，峭直如峰。又大峰嶂，在縣北百四十里，接汀、贛之交，舊爲盜藪。鐵山障，在縣西北九十里，山徑荒僻，亦故盜藪也。

清・顧祖禹《讀史方輿紀要》卷一〇三《廣東四・平遠縣》　鳳山，縣南三里。一名鵝山，縣之主山也。又卓筆山，在縣東南三十里。高出羣峰，下有鐵礦。又有白雲山，在縣東南百里。一名石鎮山。中有巖洞數處，四壁削成，中通一徑，上平衍有泉，爲鄉人避寇地。

清・顧祖禹《讀史方輿紀要》卷一〇三《廣東四・石城縣》　望恩山，縣南五十里。驛路遶其麓，突起三峰，形如筆架，迴繞縣治。招義山，《志》云：在廢招義縣西北二里。昔盧循作亂，有譚氏招義兵於此以保鄉里，唐因以名縣。

清・顧祖禹《讀史方輿紀要》卷一〇六《廣西一・北流縣》　勾漏山，在梧州府鬱林州北流縣東北十五里。平川中有石峰千百，皆矗立特起，其巖穴勾曲穿漏，因名。容縣之都嶠，潯州府貴平縣之白石，其林麓皆相接也。山之勝者曰普照巖，巖如覆釜，洞穴當其前。巖之西曰獨秀巖，洞門弘邃，中有石室，容數千人。巖東五里許有白沙洞，縱廣一頃，高數十仞。下有涸井數處，皆舊時採砂處。其砂獨白，因名。其相近者曰玉虚洞，俗名念經窟、觀衝洞。洞中虚明瑩潔，有雲從洞中出則雨，風從洞出則霽。洞西南有巫山寨，規圍二頃，絶壁千仞，圍環左右者凡十有二峰。寨之北口玉田洞，洞闢三門，中門明廣可入。中有石田數丘，田中積水，無間冬夏。洞之南半里爲玉田寨，高十餘仞，其深莫測。北流爲二池，中有小島。其南潛流北出，則溢入大江。又西北曰寶圭洞，爲勾漏之正洞，有石室三，道書以爲第二十二洞天也。寶圭之西則爲勾漏洞。其旁又有龍潭、太陽、太陰諸洞，皆洞之支出者也。《志》云：勾漏洞天四面石山迴繞，其中忽開，平野數里。洞在地上，不煩登陟。外微敞豁，中有暗溪，穿貫而入，與北流水合。其最勝者則爲白沙洞。祝穆云：「勾漏甲於天下，而白沙又爲勾漏第一也。」

清・顧祖禹《讀史方輿紀要》卷一〇七《廣西二・桂林府》　桂山，在府治東北。俗稱北山。有三峰連屬，前峰拔起如獅昂首，桂生其巔，次峰宛轉相接，後峰巃嵷特秀。山勢東行，其石纍積爲疊綵巖。巖後有風洞。洞西北隅有北牖洞。洞左小山曰千越，其右小支戟立曰四望洞。後則堯山蔽天，灕江若練，稱爲絶勝。《一統志》：「山亦名越王山。頂有石壇，五代時馬殷所築。遠眺長江，極目烟水，亦名四望山。」獨秀山，在府治東。直聳五百餘丈，環眺諸峰，獨爲雄秀，郡治主山也。有讀書巖在其下，劉宋時始安太守顔延之讀書處。其陽今爲藩邸。又伏波山，在府治東北，亦曰巖山。特起千丈，與獨秀山相望。巖旁水際有還珠洞，《志》云：洞本名玩珠，宋張維易今名。洞前石脚插入灕江，爲絶勝處。

清・顧祖禹《讀史方輿紀要》卷一〇七《廣西二・陽朔縣》　畫山，縣北五十里。九峰屹立，丹巖蒼壁，望之如繪。其相近者曰寶山，有瀑布飛流下注。《桂江志》云：「畫山北有繡山，與臨桂接界，舟入陽朔，必先經此。」又石銀山，在縣北四十里。左右層巒峭拔，色如銀。雲源山，在縣西北七十里，廣數百里，陽朔羣山之發軔也。又抱子山，在縣東北七十里，亦曰寶子山，接湖廣道州界。

清・顧祖禹《讀史方輿紀要》卷一〇八《廣西三・博白縣》 蟠龍山，縣南八十里。蜿蜒蒼翠，形似蟠龍。又大荒山，在縣南百五十里。上有池，產魚如人形。又南三十里曰射光山，峰標插空，日影先見。八將山，在縣東百三十里，有八峰攢立。其相接者有鳳飛山，亦高聳。

清・顧祖禹《讀史方輿紀要》卷一〇八《廣西三・興業縣》 萬石山，縣西四里。峰巒錯落，如累石然。其下有石井澗，繞流結曲。北斗山，在縣北十里，七峰卓立，如北斗然。又縣東十里有東斗山，與北斗山對峙。《志》云：東斗山相接者又有東山。山上有泉，從石壁飛下，凡百餘仞，望之如翔鸞舞鶴。

清・顧祖禹《讀史方輿紀要》卷一〇九《廣西四・象州》 白面山，州南七里。石壁屹立，橫截大江，中多白石。一名掛榜山。又南三里有鷺鷥巖，一名鷺鷥峽。居鹿山，在州東北四十里。上有鹿池。又雷山，在州東六十里，廣四十里。下有仙女池。州東北百里又有聖塘山，高峻不可登，上有塘水。

清・顧祖禹《讀史方輿紀要》卷一〇九《廣西四・天河縣》 甘場山，在縣治東。形如幞頭，巖險可恃，縣治倚其麓。又東二里曰鳳頭山。山形昂聳，因名。榜山，在縣西三里。形如掛榜。又西里許曰穿山，以石竇相通也。又交椅山，在縣西五里。山形迴環，因名。

清・顧祖禹《讀史方輿紀要》卷一一〇《廣西五・永淳縣》 盤龍山，縣東北七十里，山形蟠繞。又火烟山，在縣南三十里。峰巒高峻，烟霧朦朧，狀如火烟。魚流山，在縣西六十里，濱江。潦漲湍急，魚輒隨流而下。又龍隱巖，在縣西十五里，巖壑甚勝。一名聚仙巖。又朦朧窟，在縣東二十里。石窟中容數百人。

清・顧祖禹《讀史方輿紀要》卷一一〇《廣西五・崇善縣》 將軍山，在府城東。山勢聳立，如武士然。或謂之衣甲山，今名文奎山。又金櫃山，在府城東隔江。山形如櫃，其中虛明，可容百人。筆架山，在城東一里。其北曰篦簩山、筋竹山，上多產竹，故名。又城東三里曰蛾眉山，屹立雲表。其並峙者曰白雲山，方巖連亘，如玉屏然。有七洞相連，而白雲最勝。其相近者又有尖峰，峰尖而秀，如卓筆然。

清・戴名世《戴名世集》卷一〇《響雪亭記》 余曾大父隱于龍眠山中。山深徑迂，峰巒迴合相抱，四時之花開謝於庭。

又 龍眠山水，蜿蜒委折，一旦以此爲第一，蓋自古無闕其境者。

清・戴名世《戴名世集》卷一〇《遊浮圖山記》 先是余在舟中望見之，高不一里，廣袤不二三里，若無奇焉，而其中巖壑秀麗，蓋已工絕。

清・戴名世《戴名世集》卷一〇《遊西山記》 頃余游燕市，嘗於道中望見西山橫空黛起，度其中飛瀑流泉，茂林幽谷，必有彷彿于東南者。

清・戴名世《戴名世集》卷一〇《河墅記》 江北之山，蜿蜒磅礴，連亘數州，其奇偉秀麗絶特之區皆在吾縣。

清・戴名世《戴名世集》卷一〇《桃山鏡石記》 谷村之旁有山曰桃山，山多美石，而以鏡石爲奇。

清・戴名世《戴名世集》卷一〇《數峰亭記》 吾卜居於南山，距縣治二十餘里，前後左右皆平岡，逶迤迴合，層疊無窮，而獨無大山，水則僅陂堰池塘而已，亦無大流。至於遠山之環繞者，或在十里外，或在二三十里外，浮嵐飛翠，疊立雲表。

清・戴名世《戴名世集》卷一一《乙亥北行日紀》 過磨盤山，山勢峭削，重疊盤曲，故名，爲滁之要害地。

清・董國祥等《鐵嶺縣志》卷上《山川》 龍首山，城東二里許，舊志上有龍王堂。【略】駐蹕山，舊爲水口山。【略】帽峰山，城南十里。大馬山，城南十五里。百洛山，城南三十里。小平山，城南五十五里。寒坡嶺，城南六十里。小棗山，城東十里。東塔山，城東二十里。松山，城東三十里。大灰山，城南六十里。平頂山，城西北二十里。虎头山，城東一百十里。黃山，城西南五十里。豬兒山，城西南六十里。塔兒山，城西南四十里。峰山，城北十里。紅崖山，城西十五里。苦茅山，城西北三十里。保山，城西北三十五里。泛河東山，去本城五里，上有古塔，下有仙洞。

清・董國祥等《鐵嶺縣志》卷下《山川志》 龍首山，城東二里，舊有龍王廟。小棗山，城東十里。東塔山，城東十里。白翎山，城東二十里。棯髻山，城東三十里。陝西臺山，城東三十里。山城山，城東三十里。馬兒山，城東三十五里。鵝脖山，城東三十五里。光山，城東五十里。仙人洞山，城東五十里。雙山，城東五十里。照壁山，城東六十里。黑山，城東八十里。黑背山，城東八十八里。關門山，城東九十里。冰峪，城東九十五里。雙頂山，城東九十七里。黑磖子山，城東九十七里。後石磖子山，城東一百里。俄爾多峰，即俄爾多哈達，城東一百里。韭菜峪，城東一百十里。松頂山，城東一百十里。老古洞山，城東一百二十里，山石赤黄，巉巖中有洞，洞口有廟。【略】帽兒山，城南十五里。香山，城南二十里。塔山，城南三十里。陡山，城南三十五里。石灰山，城南四十二里。韭菜山，城南五十五里。閻王鼻山，城南五十五里。王家林山，城南五十六里，懿路河發源於此。煙臺山，城南六十里。趙指揮山，城南六十里。駐蹕山，城東南二里，康熙十年聖駕駐蹕於此，因名。駱駝山，城東南二十五里。大青山，城東南四十里。水口山，城東南四十里。朝陽洞山，城東南四十里。大寶山，城東南五十二里。小寶山，城東南五十三里。老古臺山，城東北十五里。團山，城東北二十里。象牙山，城東北六十里。大豬兒山，城西南五十里。小豬兒山，城西南五十五里。娘娘廟山，城西南五十五里。碩倫山，城西北十里。科昂阿山，城西北二十里。刁蹕山，城西北七十里。《明一統志》：在三萬衛西南一百五十里，遼河西岸俗呼貂皮山。磣背山，城東一百三十里。自此以下諸山，皆係奉天將軍所轄。背陰汀山，城東一百四十里。小波羅紅山，城東一百五十里。大波羅紅山，城東一百五十里。彎嶺背山，城東一百六十五里。石猴兒山，城東一百七十里。獃溝子山，城東南五十八里。龍潭口山，城東南五十八里。氷湟裏山，城東南五十九里。嗏哈連峰，即搽哈連哈達，城東南六十里。老鸛臺山，城東南六十里。香爐山，城東南六十里。松獻陽山，城東南六十三里。龍灣頂山，城東南七十里。當鋪山，城東南七十里。【略】梆子街山，城東南七十五里。葉兒星山，城東南七十七里。雞冠山，城東南八十里。孫家寨山，城東南八十五里。富爾哈山，城東南一百里。牤牛背山，城東南一百五里。佳瑚禪山，城東南一百二十五里，范河發源於此。黑石木嶺，城東南一百四十里，老古洞河發源於此。分水嶺，城東南一百八十里，開原少貝河、本境柴河俱發源於此。盤道山，城東南二百里。紅石磖子山，城東南二百十里。槍杆峪，城東北七十里。鷹首山，城東北八十里。大石磖子山，城東北一百里。黑鷹磖子山，城東北一百六十里。蛇山，城西一百五里。

清·方苞《方苞集》卷一四 若兹山，則浙東西山海所蟠結，幽奇險峭，殊形詭狀者，實大且多。

清·吴震方《嶺南雜記》卷上 自韶州至英德，一路山皆陡峭，拔起平地如削，中多洞穴，人構木居之。大約粤地深山大澤固多，而孤巒雙巘，尤饒奇特。

又 山稠耕地少，樹密瘴雲深。

又 良由川原險隘，山海阻深。若亂莽之藏虺，如衆髮之養虱。

又 新會縣大小官田之百峰山，巖巒聳錯，草木茸鬱。

又 梅花坑，在峽外三水境中，峽將盡，岸南山坳有洞。

又 新坑，其石細潤，微青，蕉葉白亦青。西上越水澗，隔裏曰「朝天巖」。土人名山坑爲隔裏。其石堅實，不能滑膩。火捺紋成結不運，若蠟炬著壁斜焰。及燒損几案處，蕉葉白色晦氣黄，純潔無痕者，亦可貴。

又 庾嶺，又名梅嶺，以漢庾勝、梅鋗得名。然庾嶺多梅，古昔已然。自有「折梅逢驛使，淚盡北枝花」之句，而好事者往往增植之。

又 松徑，張曲江植，至今尚存。嶺爲曲江開鑿。

又 丹霞山在韶州府仁化縣。有瑰瑋絶特之觀。【略】其最勝有一線天、海山門。緣鐵索而上，始達海山門。登説法臺，是山之最高處也。寺極奇麗，對面爲獅子巖，旁寶珠峰，與海螺峰對。其後爲龍尾巖，即山之盡處，勢逶迤而下。相傳丹霞爲龍形，故名。其他四面轉側，處處標奇，但視一面，不足攬其勝概也。

又 英德觀音巖，即碧落洞，層累而上，洞口俯江，有石乳如垂蓋，旁有小洞，號「雲華」，深不可測。

又 澳門離香山百里。向在界外。其山從海濱發支，如蓮蓬插入海中。隱有爪牙相制之勢。今已設立縣治。唯百峰山之險峻遼絶。

又 十倍花山。【略】其峰有百，故曰「百峰」。其中一十八寨，莫不怪石奇巒，怒峰險巘。雜棘叢茅，奇樹惡木，佈滿其中。或蘆荻爲洲，一望似乎無路。或濂泉爲洞，入水方見有明。或山形如磨，絶磴無梯。或峰勢如錐，下豐上鋭。

又 離澳門十餘里，名十字門，乃海中山也。形如攢指，中多支港。

又 七星巖在府北，下有瀝湖，巖洞深邃。

又 羅浮桂嶺，奇秀甲天下。【略】山自交趾銅柱、大廉、茂嶺，蜿蜒而來。水自南盤、柳江、灕江，匯流而至。洵爲海疆奥區，而星巖則尤據一郡之勝。其上爲崧臺，其下爲石室，南抱郡治，東則獨石，西則仙掌，北則金沙。水源自北山，繞流而下爲瀝湖。崇崖嵂屼，窅洞穹窿。

又 端石至肇慶府羚羊峡東，有上巖、中巖、下巖之列。有水坑、旱坑之分。有舊坑、新坑之目。

又 羅浮山在博羅境。道書「十八洞天之一」。

又 韓文公廟，在韓山，山不甚高，有文筆峰峙其上。

瓊、萬、儋、厓十三州縣，孤懸海外，中皆深山箐谷，如五指山、小五指山。

又

清·駱雲《蓋平縣志》卷上　七嶺，城東七里。八嶺，城東八里。白谷山，城東十里。張郎寨山，城東十五里。王寶山，城東二十里。牽馬嶺，城東三十里。柴家峪，城東三十里。方家山，城東三十里。李二嶺，城東五十里。大王寨山，城東五十里。胡家峪，城東五十里。馬圈峪，城東五十七里。莽家峪，城東六十里。石門嶺，城東七十里，明設關於此，今廢。連雲峪，城東八十里。葦子峪，城東八十里。七盤嶺，城東九十里。哈達山，城東一百里，清河發源於此，俗呼哈達哩。秀才嶺，城東一百里。蘭姑嶺，城東一百五里，石嘴河發源於此。剉草峪，城東一百十里。瓦子堂，城東一百十里。龍爬峪，城東一百五十里。貓兒嶺，城東一百六十里，石佛溝、金州畢利河俱發源於此。鵰山，城東二百五十五里。仙人嘴，城東二百六十里。石佛溝，城東二百七十里，自石門至此俱蓋州章京管轄。長嶺，城東南十里。松嶋山，城東南十五里。竈突山，城東南二十里，衆山環遶，一峰屹立，故名，俗呼娘娘廟山。片石崖，城東南二十里，有石獨立。陽關嶺，城東南三十里，上有高麗城。雁窩山，城東南三十里，上有高麗城。戴家峪，城東南三十三里。瓦房峪，城東南四十里。滾馬嶺，城東南五十五里，沙河發源於此。斷流山，城東南七十里。閻家閘山，城東南八十里。棃兒山，城東南九十里。哈什蓁嶺，城東南九十一里。赤山，城東南一百里，日入山有赤光，故名。趙家峪，城東南一百五里。長嶺，城東南一百二十五里。搭連嶺，城東南一百三十七里。布霧山，城東南一百四十里，峯巒高峻，常有雲霧。畢利河發源於此，俗呼步步山。一面山，城東南一百五十二里。雞冠山，城東南一百五十五里，沙河發源於此。冰峪，城東南一百八十里，祭祀溝、鷹納河發源於此。駱駝山，城東南二百里。蓮花山，城東南二百里，上有天門石室，羣峰疊翠，秀若芙蓉，俗呼蓉華山。夾河山，城東南二百里，上有古堡。栗子山，城東南二百二十里，即祭祀裏。自冰峪至此係蓋州章京轄。閻家峪，城南十三里。十道口山，城南十五里。名口嶺，城南二十五里，又曰鳴珂嶺。清涼山，城南二十六里。分山，城南四十里。絲拉鋪山，城南四十里。棗兒峪，城南五十里。饅頭山，城南五十里。王小兒山，城南五十二里。黃哨山，城南七十五里。蘇子峪，城南九十里，熊岳河發源於此。鐵場山，城南九十里，即李官墳山。石棚山，城南九十里，上有石棚，可容數人。龍門湯山，城南一百里。小龍口山，城南一百里。礶子山，城南一百里。鈀犂山，城南一百里，欒古河發源於此。舞鸚哥嶺，城南一百二十里。萬家嶺，城南一百二十里，浮渡河發源於此。上馬石山，城南一百二十里。老虎峪，城南一百二十五里，浮渡河發源於此。刺榆山，城南一百三十里。大安孛羅山，城南一百三十里，復州河發源於此。徐家大嶺，城南一百三十里。龍口山，城南一百五十里。得利山，城南一百六十里，上有得利嬴城。東屏山，城南一百八十里。琵琶嶺，城南一百八十里，俗呼爬爬嶺。欒古山，城南二百四十里。團山，城西南十里。兔兒島，城西南十五里。伴仙山，城西南十五里，明天順中有道士號黃花老人居此修煉，數年乘鶴而去，故名。套裏山，城西南二十里。灰山，城西南二十里。望海臺山，城西南三十里。望海山，城西南四十里，《遼史》：熊岳山即此。聖井山，城西南四十里，上有石穴，闊深尺許。其水常滿，汲之不竭。火石山，城西南五十里，冷水河發源於此。兔兒島，城西南七十五里。石棚窪，城西南九十里。鉛礦山，城西南九十里。五十寨山，城西南一百十里。西屏山，城西南一百六十里。花山，城西南一百七十二里。碧山，城西南一百七十五里，又名黑山。復嶺，城西南一百七十七里。駱駝山，城西南一百八十里，窟河發源於此。磨盤山，城西南一百九十里。孤山，城西南一百九十五里。雙山，城西南二百里。北汎口山，城西南二百里。娘娘宮山，城西南二百十里。長生島，城西南二百二十里，上有塔。清泉山，城西南二百三十里。南汎口山，城西南二百四十里。白狼山，城西十里。清風山，城西十五里。連雲島，城西十五里，明設關於此，有戍兵，今廢。紅花峪，城西北八里。三塊石，城西北十里。謊糧堆，城西北二十里。【略】平山，城西北四十里。牛心山，城西北四十二里。邋遢山，城西北四十三里，俗呼拉拉山。小孤山，城西北五十里。野狐山，城北二里，又名銀錠山。觀家山，城北七里。青石嶺，城北十里，舊設關，今廢。螞蟥嘴山，城北二十里。孛羅山，城北三十里。碭石山，城北四十里。官帽山，城東北三里。虎鬬馬峪，城東北十里。石城山，城東北十三里，一名高麗城山。【略】楊鬍子山，城東北十八里，俗呼楊鬍子溝。花兒山，城東北三十里，上有樹一株，高丈餘，遠近望之大小如一，不知何名，開小白花，其葉凌冬不凋，犯之者輒病，土人神之。招軍嶺，城東北三十里。點頭山，城東北三十五里。獅子峪，城東北四十里。塔兒峪，城東北五十五里。三道嶺，城東北七十里。盤山，城東北八十里。白土嶺，城東北九十里。

清·楊鑣、施鴻《遼陽州志》卷七《山川》　老大臺山，城東二十五里。華表山，城東六十里。【略】寒坡嶺，城東六十里。官馬山，城東七十里。張家岡，城東南二十里。高麗衝，城東南二十五。里灰嶺，城東南三十里。大石門嶺，城東南三十五里，下有湫石泉。王油匠溝，城東南三十五里。小石門嶺，城東南四十里。關爺嶺，城東南四十三里。詹家臺，城東南四十三里。琵琶嶺，城東南五十里。眼甲山，城東南五十五里。馬蹶峪，城東南五十五里。千户嶺，城東南五十五里。高峯寺山，城東南六十里。浪子山，城東南六十里。香山，城東南六十里。峪嵢寺山，城東南六十二里。報恩寺山，城東南七十里。荅喇河山，城東南八十里。麻嵋山，城東南八十里。向陽寺山，城南二十里。石灰嶺，城南二十七里。豆腐漿嶺，城南二十七里。梨花峪，城南三十七里。石門山，城南四十里。牛兒嶺，城南四十三里。七嶺，城南四十五里。平安寺山，城南四十六里。鳳凰山，城南五十里。關門山，城南五十里。鼓手峪，城南五十五里。千山，城南六十里，奇峯疊聳，峭壁嵯峨。【略】八盤嶺，城南六十里。通明山，城南七十里，上有洞。響山，城南三十五里。莫峪，城南七十五里。黑峪，城南八十里。八谷寨山，城南八十五里。鐵嶺，城南一百六十里。歪山嶺，城南一百六十五里。鑾子嶺，城南一百七十五里，自鐵嶺至此，係牛莊章京管界。首山，城西南十五里，一作手山，山頂石上有掌指狀，泉出其中，挹之不竭。【略】麥山，城西南二十五里。小陵山，城西南三十里。嵥山，城西南四十里。暸高山，城西南六十里，即遼郊山，俗呼了角山。土門山，城西南六十里。石嘴寺山，城東北十里。韓家礶山，城東北五十里。黑鷹臺山，城東北五十一里。石城山，城東北五十七里，上有古石城，本高麗白崖城，唐置巖州，今猶呼巖州，城詳見古蹟。關門山，城東北六十里。廟兒嶺，城東北六十里，十里河發源於此。石灰窰山，城東北六十里。摩旗山，城東北七十里。半礶山，城東北七十八里。曹嶺，城東北八十里，柳河發源於此。鷄冠山，城東北八十五里。

清・李衛等《西湖志》卷五《名勝》 飛來奇峯。昇山下飛來峯。相傳勾踐時山從會稽飛來，峯勢突兀，插漢凌霄，彌望巉巖，怪石虎踞熊蹲，近郭諸山，推爲獨奇。

清・李衛等《西湖志》卷六《山水五》 文山，《淳熙三山志》：在欽德里。《李鋼許份神道碑》：欽德里山川氣象深秀雄偉。《閩書》：宋隱士鄭青故居也。太守黄裳往謁之，乃石其路，路口有坊扁曰「文山」。《雍正福建通志》：在羣鹿山北。《出山小草注》：文山石壁上，朱熹書「文山秀氣」四大字。

又 西室山，《閩書》：去城二十里。《閩都記》：在十三都，西室、沙溪二山聯絡，秀拔千仞，與一都桃源山并峙。

清・李衛等《西湖志》卷六《山水七》 大夢山，《閩都記》由唐公祠折而西爲大夢山，周迴二里，東際迎恩亭，西臨平章池，蒼秀可愛而多奇石。《雍正福建通志》：距城西迎仙門里許，明萬曆中郡守江鐸鐫「廉山」二字於巖石，亦呼廉山。

清・羅天尺《五山志林》卷五《闡幽・都寧寨》 邑明經李殿苞《遊都寧山記》云：康熙乙酉，爲登高會，或語近鄰有都寧山，在獅子背，石色紫而文，嶙峋層疊，若斧劈然，罅無寸土，纖草不生，工畫難爲，獨絶。循其平處，可直至頂，高不過三丈，可陟可睡，可咏可觴。

清・羅天尺《五山志林》卷六《紀勝・雙塔記》 縣治東十里許曰太平山，山自古樓連亘聳拔，爲諸山最，横截如削。中圻一水，渡，陡起，怪石嶙峋，若獅，若象，若龜，若魚，數峯奔騰逆上，曰神步山。

清・李斗《揚州畫舫録・草河録》 小金山圓如伏釜，四圍環水，遠近十里中。

清・李調元《南越筆記》卷二《諸峽》 嶠南之山，自西自北，自西北自東北，皆兩山相夾成峽。西自德慶至高要，有大湘、小湘、羚羊三峽，北自英德至清遠，有湞陽、香爐、中宿三峽，西北自樂昌平昌石下六瀧，有泠君、藍毫二峽，東北自連州至連溪口，有楞伽、羊跳、同冠三峽。而樂昌二峽尤險在六瀧，六瀧之險在水，諸峽之險在山，連州兼山水之險，羚羊峽山水稍平，東上揭陽，則蓬辣、烏鸞諸灘，亦甚險，蓋以居上流多石故也。

清・李調元《南越筆記》卷二《羅浮》 蓬萊有三別島，浮山其一也。大古時，浮山自東海浮來，與羅山合，崖巘皆爲一，然體合而性分，其卉木鳥獸，至今有山海之異，浮山皆海中類云。《漢志》云：博羅有羅山，以浮山自會稽來傅之，故名羅浮。博，傅也。傳轉爲博也。浮來傅羅，羅小浮博而大之，羅卑浮博而高之，故曰博羅也。

清・李調元《南越筆記》卷二《霍山》 霍山在龍川縣北，周旋七十餘里，爲峯二百七十有二，最秀者曰大佛跡。【略】其巔有二巖，東向者曰望月，無甚奇，西向者曰太乙，深八九丈，廣倍之，高二丈餘，上有覆石，平如掌，左右兩峯夾之，是爲霍山洞天。其東有横巖，在半壁巖中，有一石出地數尺，人偶撼之，輒動。及力威之反不動，亦一異也。巖上峯石酒甕石，崛起平地百餘仞，上鋭中博下頓如甕然，泉涓涓傾出，味甘如醴，因名酒甕泉，所注成潭，大畝許，清深不測，旁多萬年松、風蘭、仙人掌、金星草、黄精、白术之屬，遠近隨風。

清・李調元《南越筆記》卷二《錦石山》 山在德慶州西，高百餘丈，一石狀天柱，削成而圓，旁有數大石，若箕踞而坐然，蓋自崧臺而西。

清・李調元《南越筆記》卷二《丹霞山》 丹霞山從别傳寺右折爲錦石巖。巖中多石花，如千瓣芙蕖，大小黄白紅緑不一，倒生石腹，朵朵可以攀摘，蓋鐘乳之所爲。左折至海螺巖絶壁下。其懸崖相倚，下如層城，上如列屏，須飛梯垂口，乃可上。上至蘭若，其地蜿蜒伸縮，開麓者九。或深三四十丈、二十丈、十餘丈，如西番蓮，一一花瓣相附麗。其下臨大江，明砂繡發，清瀾鏡瑩。外則遠近峰巒争奇競峭，多上豐而下削，狀若倒生苞笋，蓋山水之絶怪處也。

清・李調元《南越筆記》卷二《三白水山》 陽春西南一百三十里有白水山。高二百餘丈，其周四百餘里。上有天池龍井，注爲飛泉。一派十三疊，一疊一狀，或横，或直，在壁中則直，在壁外則横，各隨石壁之勢。增城之西二十里有白水山。高千仞餘，上寬平，狀若仰盂，可田百畝。有飛泉長百餘丈，直至山足，繚繞丹邱而東。水車所激，無高不至，灌田數千百畝。兩崖怪石夾束，如砥柱懸橋者不可勝數。其旁多雲母石，是曰白水丹邱。博羅東北三十里許有白水山。北連象頭山，爲羅浮東趾，有懸泉百仞下注。山凡八九曲，一曲一潭，深者墜石四五丈不能窮。蘇軾詩：「劈開翠峽走雲雷，截破奔流作潭洞。」又云：「坐看驚鳥投霜葉，知有老蛟蟠石甕。金沙玉礫粲可數，古鏡寶奩寒不動。」旁有巨人跡數十，下有湯泉，是爲東粤三白水山之勝。

清・李調元《南越筆記》卷五《玉山》 曲江縣東有玉山。卉木茂滋，泉石澄潤，相傳爲昔人穴玉處。又瓊山石白潤如玉，故名瓊山。高州海中有文魮，其鳴似磬而生玉。

清・梁詩正等《御覽西湖志纂》卷首 南高北高兩峯相去十里許，其間層巒疊嶂，蜿蜒蟠結，列峙争雄。而兩峯獨以高名，爲會城之巨鎮，往往能興雲雨，故其上多奇雲，山峯高出雲表，時露雙尖，望之如插，宋人稱兩峯插雲。

又 出清波門，過茶坊嶺，有峯自九曜山來，逶迤起伏，蓋南屏之支麓也，舊名中峯，穹窿迴映亦曰回峯，咸淳《臨安志》又稱：郡人雷就所居，遂名雷峯。

又 吴山最高處，名紫陽山，亦名瑞石山。上有宋米芾書第一山石刻存焉。頂石砥平，天成若臺，可容憑眺，舊稱大觀臺，故有「吴山大觀」之目。

又 丁家山在金沙港南，上有岡阜，俯瞰全湖，與北岸之棲霞嶺、烏石峯相拱揖。

又 萬松嶺在鳳凰山上，左江右湖，夾道栽松。

又 靈石山本名積慶山，上多奇石，時見瑞光，因號靈。

清・梁詩正等《御覽西湖志纂》卷三 孤山，在西湖中，一嶼聳立，旁無聯附，爲湖山最勝處。《萬曆杭州府志》：山形坦平，緜邈巍介湖中，以其不與諸山聯屬，故名，亦稱孤嶼，又名瀛嶼，上多梅花，爲宋林和靖放鶴處。

清・梁詩正等《御覽西湖志纂》卷四 茶坊嶺，在清波門外。《西湖遊覽志》：宋時有茶坊在焉。

又 南屏山，在西湖正南。《成化杭州府志》：峯巒聳秀，山石玲瓏，若神工削成。中穿一洞，上有石壁如屏障，故稱南屏。慧日峯，《成化杭州府志》：南屏山有峯曰慧日，浄慈寺之主山也。《西湖遊覽志》：南屏之山，淩空而中峙者爲慧日峯，今以寺後卷石刻慧日峯者誤。

又 雷峯，在浄慈寺前。《咸淳臨安志》：舊名中峯，郡人雷就居之，故名雷峯。《西湖遊覽志》：南屏山之支脉也，穹窿迴映，亦曰回峯。

又 小南屏山，《西湖遊覽志》：在廣教院後，怪石玲瓏，亦類屏障。

又 九曜山，在南屏之西。《西湖遊覽志》：與赤山聯屬，上有九曜星君殿，下有發祥祠。

又 青龍山，在石屋嶺側。

又 南高峯，在南北諸山之界。《錢塘縣志》：與北高峯對峙，高一千六百丈，攬長江若帶，俯平湖如杯。山椒有巨石，名先照壇。日月始升，得景獨先，又名鎮魔石，上有塔，晉天福中建，今下級尚存，側有瑞應像，不假雕鑿，巧若神工，塔下有小龍井。

又 翁家山，在南高峯南。《錢塘縣志》：羣山包絡，石磴參差，竹木掩映，地宜桂。秋時，如入衆香國焉。

清・梁詩正等《御覽西湖志纂》卷五 赤山，在玉岑山左。《名勝志》：其土赤埴，故名。《錢塘縣志》：北連麥嶺，東接湖濆，下爲赤山埠。玉岑山，在石屋嶺左。《西湖遊覽志》：相傳其山産玉，故秀潤異常，孤峯峻拔，層巒繚繞，厓上鐫「玉岑」二字，宋許采書。

又 大慈山，在九曜山之西。《杭州府志》：山色蒼蔚，中峯隆起，旁舒兩翼，虎跑泉在其上。

又　屏風山，在大慈山之左。《虎跑寺志》：横列巽方，形似屏障，翠靄浥人，山石巉削陡峻。

又　貴人峯，在大慈寺後。《虎跑寺志》：羣山拱列其下，爲一郡之主峯，地靈人傑，因名貴人。

又　白鶴峯，與貴人峯相並，以形似得名。

又　樵歌嶺，一名五字嶺，在大慈山塢，傍有戒定巖。

又　月輪山，在龍山西南，瀕江，形圓如月，故名。

又　秦望山，在錢塘縣南十二里。《咸淳臨安志》：高一百六十丈。晏元獻《輿地志》云：秦始皇東遊登此山，欲度會稽，因名。有巨石二十餘，自然成行，名金洞門，其東南有大石横截江濤，海船經此，多爲風浪傾覆，因名羅刹石。每歲仲秋，必迎潮設祭，樂工鼓舞其上。白居易詩云「嵌空石面標羅刹，壓捺潮頭敵子胥」指此。後改名鎮江石，開平中爲潮沙漲没。

又　五雲山，在府治西二十里。山巔常有五色瑞雲盤繞其上，因名。《西湖遊覽志》：高數百丈，周十五里，五峯森列盤曲而上，凡七十二灣，俯視南北，兩峯若雙髻。宋時，每歲臘前得雪，寺僧必捧表以進至城中，霰猶未集，蓋其地特高寒云。

又　迴耀峯，在雲棲寺後。《錢塘縣》：高峻插天，東岡爲寶刀壠，西南爲黄泥壠、栢子尖、蕭家塢、雲山窈窕，草樹蒙密，最爲幽勝。

又　壁觀峯，在雲棲塢東。《雲棲紀事》：青龍泉出焉。中峯之旁有泉名聖義，西岡之下有泉名金液。

又　定山，在縣治西南四十里。《西湖遊覽志》：一名獅子山，高七十五丈，周七里一百步，突出江中，風濤至輒抑過此，復雷吼霆擊。《錢塘縣志》：西有兩峯壁立，名曰龍門。上有龍潭，能興雲雨，下爲定山浦，江濵有浮嶼爲魚浦，又稱鮎魚口。《太平御覽》：謝靈運詩：「朝發漁浦南，暮出富春郭；定山杳雲霧，赤亭無淹泊。」即此山也。

又　花家山，在大麥嶺後。《西湖遊覽志》：一名蛇山，下爲花港，瀕湖而登爲茅家埠。港側舊有盧園，宋内侍盧允升别墅，引港水入池，文石甃砌，異魚游泳。

清・梁詩正等《御覽西湖志纂》卷六　龍山，在慈雲嶺南。《西湖遊覽志》：一名卧龍山，又名龍華，與上下石龍相接，去城南十里許，天目分支沿江而東，結局於此，蜿蜒若游龍。山北有鴻雁池，其東爲白塔嶺。

又　玉厨山，在妙因山稍北。《西湖遊覽志》：舊有善慧禪寺，元延祐間建，爲伏龍禪師道場。《錢塘縣志》：又名伏龍岡，山洞多石龍，鱗甲悉具。

又　鳳凰山，在鳳山門外。《名勝志》：舊在城内，元末張士誠築城，截之於外。今沿城南。《西湖遊覽志》：兩翅軒翥，左薄湖濵，右掠江滸，形若飛鳳。山下爲吴越國治，内附後爲州治，迨南宋建都，兹山東麓，環入禁苑。

又　包家山，在城南，近山川壇。《西湖遊覽志》：山多桃花，宋時有關名桃花關。扁曰「蒸霞」。遊人最盛，號小桃源。

又　蕭山，在錢塘江東，亦名蕭然山。《名勝志》云：晉許詢築室於此，有蕭然自適之樂，遂名。唐天寶中，改永興縣爲蕭山縣，倚山瀕江，江岸有西興關，舊名西陵。吴越時改曰固陵，後更名西興，蘇軾詩「爲傳鐘鼓到西興」是也。

清・梁詩正等《御覽西湖志纂》卷七　寶石山，在石函橋西。《咸淳臨安志》：高六十三尺，周迴一十三里一百步，北有落星二石。吴越王錢氏號壽星寶石，山封爲巨石山。

又　獅子峯，在石屏峯西。《西湖遊覽志》：一名巾子峯，林逋詩「巾子峯頭烏桕木，微霜未落葉先紅」是也。

又　石佛山，舊傳即秦始皇纜船石。《咸淳臨安志》：陸羽《武林山記》云：秦皇纜船石，俗呼西石頭。舊傳西湖本通海，東至沙河塘，向南一岸皆大江也。故始皇纜舟於此。

又　僊姑山，在履泰山西，東山衖口可通古蕩西溪。《西湖遊覽志》：靈隱山脉至此，少伏若斷，而連其旁爲桃花衖。舊有浄勝院，俗稱昇仙宫，宋時女僧妙清建。高宗常臨觀焉，有松曰御愛松。

清・梁詩正等《御覽西湖志纂》卷八　靈隱山，總名武林山。《漢書地理志注》：武林山，武林水所出。《咸淳臨安志》：《祥符圖經》云：高九十二丈，周迴一十二里。又曰靈隱，曰靈苑，曰仙居。《西湖遊覽志》：山畔舊有隱居堂、思真堂、夢謝亭、紫薇亭、翠微亭、靈鷲寺、無垢院、處士徐爽墓、無著禪師塔，煖泉、醴泉並廢。

清・梁詩正等《御覽西湖志纂》卷九　吴山，在浙江省城鳳山門内。《名勝志》：春秋時，爲吴南界以別於越，故名吴。或曰：以祠伍子胥，訛伍爲吴，故

《郡志》亦稱胥山。凡城南隅諸山曼衍相屬，總曰吳山，而異其名。《西湖遊覽志》：天目爲杭州諸山之宗，翔舞而東，藴結於鳳凰山，其支山左折遂爲吳山，秀崿奇峰，帶湖映壑，江介海門，迴環拱固，扶輿淑麗之氣鍾焉，是以居民叢集，殆百萬餘家，爲東南都會。其陟山之徑有門，曰登高覽勝，石磴斗折，可數百級，元平章答剌罕脱歡所甃。《錢塘縣志》：胥山因吳人立祠祀子胥，故名。亦稱伍山。《舊志》云：春秋時爲吳南界以别於越，故曰吳。不知越境至於就李之語，兒見《越絶書》，則此山本屬越，或曰夫差棲句踐於會稽時，地當屬吳，或曰越沼吳，後即此山以祀吳太伯伍員，故謂吳山。説各不同，然胥山因子胥得名説見《史記》，其上舊有胥山坊。

又　寶蓮山，在瑞石山東。《西湖遊覽志》：與七寶山接。舊有寶蓮寺廢，又有寶成寺。晉天福中，建名釋迦院，宋大中祥符改額寶成。有石觀音羅漢像，石壁上刻蘇軾寶成院賞牡丹詩，筆勢遒逸，今寺廢而刻石尚在，旁有「歲寒松竹」四字，乃成化間吳東升題。

又　紫陽山，與瑞石山連。《錢塘縣志》：秀石玲瓏，巖竇窈窱，寒泉滴瀝，爲湖山奥區，其勝跡有採芝巖、栽藥圃、滌凡池、尋真路、成道樹、松關、補衣石、歸雲洞、天籟閣、紫竹林、三台石、紫陽亭、丁仙亭、坐忘巖、隱仙巖、瑞石洞、飛來石等名。

清·俞正燮《癸巳類稿》卷八《黟縣山水記》　黟縣山起楠木嶺，嶺脈來自休寧、婺源，界之張公山，故黟地也。今嶺在縣東南三十五里，南則祁門界，嶺東北爲天濳山，西北則黄荆庵山，又西北爲南屏山。山在縣南十里，自北望之，平起方疊如屏，亦曰城子山。其上峭壁斗巖，石竇間有龍湫，亢旱禱之輒應。上有龍門道院。《邑志》云：南屏實南幹祖脉。相地家言也。西爲頂游山，東爲林歷山。《元和郡縣志》云：林歷山在縣南百五十里。今山在縣南十里，依山北百五十里，無唐黟治，此志誤也。山高二百仞，周十里，三面壁立，徑危仄。

又　自方家嶺大山至三霽巖，東行西轉，爲石鉢盂山，山高五百仞，延袤三十里，有巨石廣數十丈，中坳如盂，盂中雲起則天雨，諺云「石盂戴帽，田不慮燥」。又西南行爲碧山，有泉名靈惠，清冽異於常泉，山面東南，高百仞，與靄峯尖對峙。自魚亭入黟，至石山始開陽，西北望碧山，峯環百里，此山爲鎮矣。

又　自石鼓山一南行，逕軸里北莊，屬之軸上，山水光色，如展軸看畫焉。一東南行，逕嶺下至屏山，山椒倚上，其上疊石積翠。東南行爲吉陽山，吉陽山在縣東北十五里。《新安志》云：「高二百五十仞，周三十五里，上有三峯並起，斜倚如積髻，曰三姑尖。

清《嘉慶大清一統志·錦州府一》　白雲山、十三山、望海山、乳峯山、臥龍山、長山、牤牛山、平山、呂翁山、松山、紅土山、大筆架山、小筆架山、塔山、鷹窩山、臥佛山、小虹螺山、大虹螺山、涼水泉山、孤山、老虎關山、翠幕山、二郎洞山、龍觜山、牛心山、丫八石山、梯子山、龍頭山、望高山、高黄山、三首山、望海山、臥牛山、韓口山、古城山、分中山、鎮北山、三尖山、鎮邊堡山、狼虎山、羊腸河山、衮諾爾山、白雲山、杵頭山、青山、碌碡山、聖水山、香爐山、灰山、金剛山、寨子山、寶林山、斑石山、出山、八塔山、牛心山、大安堡山、萬佛山、嘉福山、九宫臺山、駱駝山、白臺山。

清《嘉慶大清一統志·江蘇統部》　其名山則有鍾山、攝山、雞鳴、牛首、北固、焦山、金山。

清《嘉慶大清一統志·江蘇·江寧府一》　白山、湯山、雲穴山、東山、青龍山、方山、雁門山、石頭山、清涼山、雞鳴山、四望山、馬鞍山、盧龍山、覆舟山、臨沂山、落星山、聚寶山、梓桐山、巖山、夏侯山、湖山、覩子山、牛首山、吉山、陰山、烈山、白都山、龍山、慈姥山、天竺山、鳳臺山、虎耳山、茅山、戍山、龠山、青山、中山、東廬山、龍山、靈巖山、方山、横山、瓜步山、赤岸山、龍山、三山、馬頭山、荷融山、峨眉山、冶山、牛頭山、大游山、遮軍山。

清《嘉慶大清一統志·江蘇·蘇州府一》　吾家山、横山、胥山、香山、茶山、蟠螭山、洞庭東山、包山、紅鶴山、龍頭山、三山、大雷山、獄山、慈里山、寒山、高景山、金山、靈巖山。

清《嘉慶大清一統志·江蘇·松江府一》　崑山、横雲山、機山、干山、許山、竹嶼山、洋山、金山、查山、秦山、柘山、茶山、陸寶山、庫公山、【略】盧山、神山、澱山、鳳凰山、福泉山。

清《嘉慶大清一統志·江蘇·常州府一》　黄公山、黄山、孟城山、横山、馬跡山、夾山、津里山、皇山、獨山、横山、路耿山、青山、閭江山、軍將山、惠山、錫山、龍山、安陽山、顧山、金匱山、繆山、芙蓉山、綺山、定山、沙山、白鹿山、由里山、白龍山、君山、蕭山、真山、浮山、穿石山、唐貢山、蘭山、張公山、煙山、小胚山、【略】頤山、蜀山、荆南山、義山、小心山、國山、龍池山、章山、分界山、孤山。

清《嘉慶大清一統志·淮安府一》　鉢池山、老子山、女工山、霍山。

清《嘉慶大清一統志・揚州府一》　康山、功德山、金匱山、盤古山、北洋山、九龍山、席帽山、得勝山、浮山、甘泉山、神山、小金山、青山、雞留山、横山、丫山、方山、茅家山、小山、銅山、冶山、城子山。

清《嘉慶大清一統志・徐州府一》　雞鳴山、定國山、聖龍山、三山、吕梁山、寒山、雲龍山、黄山、徐山、太山、任山、同孝山、大彭山、孤山、九里山、境山、【略】荆山、銅山、盤馬山、龜山、茱萸山、霧豬山、天門山、龍崗山、白米山、丁公山、永固山、升高山、相山、箕谷山、香山、聖泉山、名山、三仙臺山、三台山、綏輿山、碭山、虞山、安山、白駒山、華山、微山、七山、葛嶧山、顯陽山、羊山、黄石山、勝陽山、馬陵山、三台山。

清《嘉慶大清一統志・太倉州一》　鎮洋山、穿山。

清《嘉慶大清一統志・海州一》　石棚山、鬲山、盧石山、墮星山、伊廬山、陬山、【略】朐山、大伊山、虎山、房山、句盧山、孔望山、白玉山、羽山、栖雲山、朱紫山、嘤遊山、秦山、武强山、夾谷山。

清《嘉慶大清一統志・安徽・安慶府一》　拓潤山、黄山、太平山、大雄山、撼船山、百子山、镜山、獨秀山、龍門山、大龍山、浮度山、嵯峨山、新寨山、龍門山、夾羅山、龍山、天頭山、白樂山、珠子山、瑪瑙山、司空山。

清《嘉慶大清一統志・安徽・徽州府一》　烏聊山、玉屏山、問政山、紫金山、城陽山、石鼓山、【略】柳亭山、黄牢山、【略】黄山、方源山、顔公山、靈烏山、南當山、白嶽山、齊雲山、捎雲山、蚺城山、屏障山、【略】濬源山、石老山、三靈山、石龍山、大廣山、鵝峯山、梅源山、率山。

清《嘉慶大清一統志・安徽・寧國府一》　陵陽山、勞山、響山、雙羊山、巖臺山、横山、華陽山、高峯山、易山、梅隴山、行廊山、敬亭山、長山、齊雲山、合山、水西山、白雲山、藍山、石柱山、湖山、【略】大城山、碧山、寶峯山、【略】琴高山、柏山。

清《嘉慶大清一統志・安徽・池州府一》　碧山、鐵券山、五山、萬羅山、大樓山、七井山、【略】石門山、廬子庫山、大雄山、白面山、烏石山、秀山、城山、魚載山、古源山、専景山、城子山、圭峯山、石橋山、白牙山、靈崖山、牛心山、木瓜山、龍池山、陽嶺山、仙隱山、黄藥山、【略】九華山、清泉山、【略】真武山、峽山、石峯山、銅井山、大羅山、永豐山、玉峯山、三面山、龍潭山、白象山。

清《嘉慶大清一統志・安徽・太平府一》　凌家山、白紵山、甑山、石城山、尼山、龍山、青山、九井山、博望山、褐山、金柱山、黄山、牛渚山、寶積山、望夫山、【略】磨盤山、白壁山、慈姥山、馬鞍山、大黄山、神武山、翰壁山、琵琶山、横望山、荆山、白馬山、驛山、【略】浮邱山、隱静山、銅山、馬仁山、金峨山、【略】覆釜山、磕山、鳳凰山、大陽山、戰鳥山。

清《嘉慶大清一統志・廬州府一》　龍泉山、青陽山、方山、小峴山、四鼎山、黄山、石佛山、紫蓬山、大蜀山、雞鳴山、金牛山、東顧山、暖塘山、鳳臺山、石被山、鐘鼎山、【略】寨基山、福泉山、百藥山、大凹山、黄銅山、馬槽山、白茅山、塔山、發洪山、冶父山、鼓樂山、七門山、磨劍山、龍山、南峽山、三角山、陽山、雲霧山、【略】王姥山、紫芝山、桐山、【略】雙泉山、九卿山、眉山。

清《嘉慶大清一統志・鳳陽府一》　萬歲山、鳳凰山、白沙山、瞿相山、雲母山、昇高山、烏雲山、濠塘山、梅城山、化明山、杏山、長安山、石膏山、陡山、【略】塗山、新城山、洛河山、舜耕山、荆山、平阿山、相公山、華蓋山、郎公山、【略】三峯山、硤石山、四頂山、紫金山。

清《嘉慶大清一統志・和州》　梁山、豐山、斗峴山、白雲山、峨眉山、雞籠山、龍闞山、歷陽山、六合山、烏石山、八公山、東華山、夾山、孔夫山、四潰山、梅山、石門山、太湖山、桑山、龍洞山、白石山、濡須山、含山、斗陽山、牛頭山、仙蹤山、天鼓山、褒禪山。

清《嘉慶大清一統志・廣德州》　萬桂山、【略】義蒼山、青山、丹井山、石婦山、竹山、方山、【略】石雲梯山、鷹嘴山、馬鞍山、金雞山、尖山。

清《嘉慶大清一統志・六安州》　龍穴山、洪家山、小霍山、大同山、小同山、専山、董靖原山、齊雲山、帽頂山、汪家山、獨山、鄉山、寨基山、蓮花山、石屋山、九龍山、英山。馬鞍山、密峯夫山、【略】得勝山、杏山、雞鳴山、林關山、樓子山、復覽山、【略】指封山、仙女臺山、白石山。

清《嘉慶大清一統志・浙江・杭州一》　吴山、浮山、龍山、南屏山、大慈山、孤山、丁家山、祖山、鳳凰山、石膏山、獨山、三峯山、龍珠山、皐亭山、黄鶴山、母山、佛日山、金牛山、石墩山、黄灣山、赤亭山、靈峯山、陽平山、亭山、靈巖山。

清《嘉慶大清一統志・浙江・嘉興一》　胥山、白塔山、望虞山、茶山、秦駐山、長牆山、石屋山、大旗山、石帆山、葫蘆山、紫雲山、茶磨山、鳳凰山、馬鞍山、金牛山、含山、雅山、故邑山、觀山、龍尾山、苦竹山。

清《嘉慶大清一統志・紹興府・臺州一》　巾子山、大固山、靖江山、少兩山、東刊山、石鼓山、玉峴山、石筍山、宴室山、崛門山、龍符山、秀麗山、白鶴山、石新婦山、九盤山、【略】赤山、白山、高麗頭山、古塘門山、蓋竹山、亭山、括蒼山、清潭山、日山、石塘山、新羅山、宜山、白鶴山、許孝山、臨海山、永寧山、大仁山、東鎮山、委羽山、大屏山、盤山。

清《嘉慶大清一統志・紹興府・金華一》 上山、龍鱗山、靈嶽山、【略】霞母山、至道山、銅山、南山、白原山、石門山、【略】望山、金華山、愚山、芙蓉山、赤松山、鹿田山、天福山、銅山、洞巖山、紫巖山、高眉山、大雲山、南住山、古城山、九峯山、塔山、蘭陰山、竿山、龍門山、白石山、道峯山、白露山、黄大山、水山、石蓮山、解石山、青臺山、魏山、豹山、夏山、玉山、雞鳴山、石門山、南山、石樓山、武巖山、鐵巖山、龍門山。

清《嘉慶大清一統志・紹興府・嚴州府一》 東山、高峯山、龍門山、橘山、【略】建昌山、平壁山、青山、靈巖山、蔗山、東泉山、桐君山、戴山、梓芳山、香泉山、烏石山、龍潭山、大奇山、牛山、富春山、清冷山、藍田山、龍洞山、風穴山、白石山、雞籠山、安樂山、高山、青龍山、西山、玉華山、巖洞山、仙池山、天井山。

清《嘉慶大清一統志・紹興府・温州府一》 華蓋山、【略】中界山、仁王山、吹臺山、岷岡山、【略】金丹山、破石山、青障山、赤水山、天臺山、廟山、遮浦山、西峴山、五公山、陶山、許峯山、福全山、巾子山、集雲山、帆游山、仙巖山、雲頂山、東塔山、九牛山、芙蓉山、雁蕩山、鳳山、蓋竹山、樓石山、玉蒼山、南雁蕩山。

清《嘉慶大清一統志・紹興府・處州府一》 天堂洞山、大連雲山、南明山、大梁山、萬象山、櫸山、石羊山、棗山、小括山、風門山、三峯山、稽勾山、麗陽山、壽元山、白雲山、湧泉山、石佛山、方山、巾子山、南田山、蔥陽山、石蓋山、石門山、石帆山、小連雲山、青田山、萬松山、翠屏山、仙都山、小蓬萊山、步虛山、東樓山、九龜山、括蒼山、吏隱山、麻里光山、越王山、大洋山、大姥山、黄龍山、雲峯山、葛竹山、瀑布山、玉蓮山、蓮花峯山、東馬鞍山、朱尖山、横山。

清《嘉慶大清一統志・湖北・武昌府一》 高冠山、胭脂山、洪山、磨兒山、石筆山、九峯山、半面山、樂山、清平山、治塘山、八分山、金華山、景首山、江夏山、靈泉山、白頭山、【略】九鯉山、烽火山、梁城山、白滸山、石門山、虎頭山、仙堂山、鳳山、蓮花山、葛山、三角山、靈溪山、虯山、馬跡山、武昌山、清溪山、樊山。

清《嘉慶大清一統志・湖北・黄岡府一》 黄崗山、柯山、蓬萊山、七丈山、赤鼻山、大乘山、上千山、聚寶山、迴龍山、孔子山、龍崗山、淘金山、鳳凰山、五頭山、金鷄山、五雲山、烏石山、石屋山、豹子山、大崎山、將軍山、三角山、五名山、香山、横山、大金山、佛塔山、似馬山、夾山、乳山、老山、老君山、天臺山、幕雲山、張家山、玉臺山、鳳棲山、煙籠山、華阜山、茶山、護山、石鼓山、鼓山、大靈山、四望山、羊角山、桂家山、朦朧山、石缸山、魁山。

清《嘉慶大清一統志・湖北・荆州一》 東山、御甲山、西山、龍山、太暉山、馬房山、八嶺山、【略】龜山、虎頭山、文公山、高峯山、程子山、雲臺山、巴山、起龍山、月嶺山、福傳山、石鼓山、紫山、募旗山、官木山、金紫山、【略】羊腸山。

清《嘉慶大清一統志・湖北・襄陽一》 鳳凰山、鹿門山、白馬山、臥龍山、伏龍山、百丈山、虎頭山、龜山、楚山、風子山、柳子山、阿頭山、摩旗山、隆中山、桃花山、土門山、鶴子山、紫蓋山、萬山、五車山、舞旗山、玉溪山、四望山、青溪山、老雅山、八疊山、荆山。

清《嘉慶大清一統志・湖南・長沙府一》 天井山、尖山、谷山、銅官山、羅洋山、石寶山、智度山、書堂山、銅山、影珠山、青山、錫山、闢山、雲蓋山、天臺山、華林山、麓山、玉屏山、金盤山、碧虚山、壺山、石潭山、大興山、歷山、明月山、鳳凰山、蟹山、金霞山、曉霞山、昌山、隱山。

清《嘉慶大清一統志・湖南・岳州府一》 巴邱山、青岡山、福聖山、聚山、相思山、白鶴山、黄茅山、黄龍山、九馬嘴山、鹿角山、石城山、藥姑山、天井山、旋風山、龍窟山、石灰山、鳳凰山、寡婦山、漿山、萬峯山。

清《嘉慶大清一統志・湖南・衡州府一》 西山、大托山、大雲山、石盤山、伊山、石窟山、清泉山、界浦山、花光山、雨母山、霞山、花藥山、石鼓山、四峯山、馬頭山、靈山、楊山、侯雲山、天柱山、南塔山、五雷山、五凹山、石臼山、城岡山、馬阜山、葡萄山、青麓山、鶖山、相公山、大義山、塔山、石羊山、坡山、白竹山、環秀山、液麻山、白面山、盟山、塔山。

清《嘉慶大清一統志・四川・邛州一》 銅官山、奇幕山、【略】古石山、文筆山、邛崍山、盤陀山、白鶴山、孤石山、鳳溪山、七盤山、相臺山、銀屏山、高堂山、高山、鳳凰山、鶴鳴山、静惠山、黄鐵山、長秋山、金釜山、九仙山、西山、白鶴山。

清《嘉慶大清一統志・四川・瀘州一》 歸子山、四峯山、羅東山、仙頂山、神臂山、瑞鹿山、豸角山、腰營山、南壽山、中和山、寶山、方山、龍貫山、鉢盂山、三華山、臥龍山、玉蟾山、五峯山、高奎山、雲錦山、樓子山、撥旗山、五頂山、舞鳳山、牛心山、冠山、亂石山、鳳儀山、月臺山、榕山、丁山、龍掛山、安樂山、鳳凰山、挂榜山、漢陽山、翠屏山、照山、安遠山、筆架山、連天山、小龜山、雙松山。

清《嘉慶大清一統志・四川・資州一》 東皋山、蘭山、金紫山、銀山、鶴鳴山、石人山、金爐山、玉京山、天馬山、【略】平岡山、四明山、磐石山、鳳凰山、資山、重龍山、丹神山、寶臺山、花冠山、書臺山、大佛山、獨秀山、鳳臺山、蓮臺山、雞鳴山、琉璃山、老君山、金龜山、威峯山、降福山、翠屏山。

清《嘉慶大清一統志・四川・綿州一》 富樂山、五層山、天池山、轅門山、【略】聖水山、鹿頭山、龜勝山、龍臺山、西昌山、浮山、【略】高觀山、三華山、九鼎山、金山、龍安山、巴西山、附子山、無爲山、九龍山、紫巖山、鹿堂山、武都山、龍角山。

清《嘉慶大清一統志・四川・忠州一》 羊鳴山、氈毛山、涂山、屏風山、引藤山、白石山、雞公山、尖峯山、周城山、大峯門山、白鹿山、【略】平都山、將軍崖山、曲尾山、望月山、白龍洞山、峯頂山、壁斗山、峯門山、蟠龍山、多喜山、五斗山、銅印山、七城山、金鳳山、白雲山、石瓦山、福利山、高都山。

清《嘉慶大清一統志・福建・福州一》 九仙山、烏石山、鳳邱山、東山、鼓山、羅星山、大象山、玉枕山、九龍山、雲門山、平山、蓮花山、芙蓉山、壽山、九峯山。

清《嘉慶大清一統志・福建・興化府一》 東山、雙髻山、持久山、大蚶山、南匿山、白塔山。

清《嘉慶大清一統志・福建・泉州一》 萬歲山、靈山、金釵山、寶蓋山、岱峯山、獅山、羅裳山、華表山、靈源山、靈秀山、横山、石塔山、紫帽山、雙陽山、五洋山、豐山。

清《嘉慶大清一統志・福建・漳州一》 隆壽山、霞山、【略】登高山、好景山、鳳凰山、文山、岐山、白石山、南巖山、名第山、員山、天寶山、儀鳳山、龍山、金雞山、海雲山、龜山、臺山、良山、古雷山、梁山。

清《嘉慶大清一統志・福建・建寧府一》 象山、梨山、虎頭巖山、雞足山、仙人山、黄華山、五峯山、大同山、龍湖山、時山、玉枕山、大潭山、太平山、【略】竹湖山、武夷山、白華山、黄石山、三髻山、白石山、濟拔山、越王山、吳山、金斗山、回隆山、將軍山、子期山、西陽山、太湖山、西巖山、孤山、八面山、漁梁山。

清《嘉慶大清一統志・福建・紹武府一》 石峽山、丹臺山、雞鳴山、雲錦山、殊山、潮魚山、翠雲山、登高山、龍湖山、天馬山、雞籠山、泉山、巖峯山、何家山、龍歸山、鳳栖山、雲蓋山、青簾山、虎頭山、蘭臺山。

清《嘉慶大清一統志・廣州・廣州府一》 三山、西淋山、秀羅山、王借山、西樵山、海目山、三洲山、浮邱山、雙女山、【略】旗峯山、石門山、【略】席帽山、馬鞍山、白雲山、大橋山、武臺山、蜈蚣山、風門山、【略】龍潭山、百丈帶山、雲臺山。

清《嘉慶大清一統志・廣州・廉州一》 冠蓋山、畫山、百良山、北峩山、糠頭山、五黄山、登高山、白石山、黄稻山、大廉山、姜山、横山、牙山、文筆山、三山、墨抹山、招遠山、羅浮山、十萬山、北浪山、泗州山、羅陽山。

清《嘉慶大清一統志・江西・贛州府一》 賀蘭山、天竺山、汶山、玉房山、席帽山、崆峒山、九峰山。

清《嘉慶大清一統志・江西・南安府一》 獅子山，在大庾縣東一里，形類獅蹲。山腰有清惠泉，其左石壁峭立，俗名赤壁，延袤八十餘丈，南臨章江，爲舟人牽挽之路。【略】大龍山，在大庾縣東三十里，高八里，延亘數里，形若游龍。山頂有幞頭巖，右折有呆婆巖，巖後有易坑山，山有坪有泉，有田畝。又崇義縣東八里，亦有大龍山。太平山，在大庾縣東九十里。上有圓坪如盤，有泉出石隙，瀑流數尋，下爲龍湫，左右兩阜，形如龜蛇。東山，在大庾縣東南二里。隔江山勢特起，俯瞰兩城。上有仙泉，下有小沙河横山下，來會大河，若縈帶然。左折爲亞東山，泉石甚勝，稍南爲南山，有泉下流爲陂。

清《嘉慶大清一統志・江西・寧都州一》 翠屏山，在州東二里，一名翼峯山。山勢蜿蜒，界梅江而止，下有長谷，其支曰佛祖嶺。石華山，在州東四里。屹立秀特。雲蓋山，在翠屏山東五里。武頭山，在州東四十里，本名虎頭，唐時避諱改名。發脈自閩中，突起高嶂，盤亘數十里，其巔有大池，水色如丹，其峯有沙顆，光麗如珠，其支曰珠湖三峯。螺石山，在州南十里，其狀堆旋如螺。其巔有崖，曰寶獅。官人山，在州西十里。四面壁立，横通一線，登者攀躋而上。其頂平曠，有巖如抱，曰蒙巖。【略】蓮花山，在州西二十五里。峯巒矗峙如蓮，頂有三峯，中有仙女洞，下有龍湫。金精山，在州西二十五里，即石鼓山。【略】東華山，有二，一在州西北二十里，山勢崔巍，上有飛瀑，一在石城縣東北四十里，一名白水嶺，跨福建寧化縣界。

清《嘉慶大清一統志・江西・九江府一》 天花井山，在德化縣東南，居廬山之末。其支散爲諸岡阜，東北行爲烏稍嶺、丫髻山。丫髻之支又有九，大者爲鳳凰、栗樹、長嶺諸山。長嶺之支，復西逾磨刀澗，自潯陽東門入而盡於湓浦。

其小支自栗樹嶺，益西爲城南石塘鋪諸岡阜，而盡於孫家湖，山勢踴躍，軒翥以趨潯陽。【略】大孤山，在德化縣東南彭蠡湖中，與南康府分界，四面洪濤，一峯獨聳，又名鞋山。【略】廬山，在德化縣南二十五里，與南康府接界。張僧鑒《尋陽記》：「山高二千三百六十丈，周二百五十里，其山九疊，川亦九派。」釋慧達《廬山記》：「山在江州尋陽南，南濱宫亭湖。北對九江，九江之南爲小江山，去小江三十里，左挾彭蠡，右傍通川，引三江之流而據其會，大嶺凡有七重，圓基周迴，岳五百里。【略】螺子山，在德化縣南五十里，自廬山雙劍峯發脈，盤結宛轉如螺形。龍門山，在德化縣西南五十里，與駱駝山相對如門。【略】大小石門山，在德化縣西南五十里。二山對峙相去百餘步，山下兩旁有石如屏，四面相向，俗呼大小城門。靖居山，在德化縣西南六十里。【略】高良山，在德化縣西南八十里，高聳秀拔，爲諸山最。其脈分爲株嶺山，在縣西南五十里，以尖秀如木株而名。【略】又有義門山，在縣西南六十里，高良、株嶺二山間。

清《嘉慶大清一統志·江西·廣信府一》　黄巖山，在上饒縣東五十里。山半一巖，寬敞如室，中有泉水，自石竇中出，味極甘美。其嶺高圓如甑，俗亦呼爲飯甑山。南屏山【略】。木洲山【略】。石黄山【略】。丁溪山【略】。天馬山【略】。銅塘山【略】。湖古山【略】。石橋山【略】。銅山【略】。

清《嘉慶大清一統志·江西·饒州府一》　表恩山在鄱陽縣西南四十里。【略】强山，在鄱陽縣西南六十里，一名狂山。兩山特起，濱鄱陽湖接都昌界。龍王山【略】。堯山【略】。蓮荷山【略】。連山，在鄱陽縣西北一百里，周四十餘里，林木森鬱，雲合即爲雨候。石步山【略】。獨陽山【略】。獨山【略】。大小巖山【略】。李梅山【略】。藏山【略】。洪崖山【略】。康郎山【略】。石虹山【略】。武陵山，在餘干縣東北三十里，臨大湖，即古之武林。

清《嘉慶大清一統志·江西·南昌府》　漸山，在南昌縣東南六十八里。竦如卓筆，俗名尖山，南接進賢縣界。

又　麥山，在南昌縣南三十里。遠望如墨，又名墨山，或名脈山。

又　逍遥山，在新建縣西南八十里。道家以爲第四十福地，山之陽有許旌陽玉隆宫。又義寧州南六十里，亦有逍遥山，高千丈，周七十里，高峻幽僻，人迹罕到。

又　西山，在新建縣西，章江門外三十里。一名南昌山，即古散原山也。或作厭原山。道家以爲第十二洞天。酈道元《水經注》：石頭津步西二十里曰散原山，疊嶂四周，杳邃有趣。西北五六里有洪井。飛流懸注，其深無底，舊説洪厓先生之井也。北五六里有風雨池。山高瀨激，激著樹木，霏散遠灑若雨。西有鸞岡，洪厓乘鸞所憩泊也。四周有水，謂之鸞陂。岡西有鶴嶺，云王子喬跨鶴所經過。有二厓，號曰大蕭、小蕭，言蕭史所遊萃處也。樂史《太平寰宇記》：南昌山在縣西三十五里，高二千丈，周三百里。跨南昌、建昌、新吴三縣。宋余靖記：西山巖岫四出，千峰北來，其形勢高與廬阜等，而不與之接，餘山則枝附矣。

又　雞籠山，在新建縣西北十里。其山盤旋聳秀，東枕大江，登臨最勝。

又　李岐山，在新建縣一百四十里。鄱湖西。春夏水高，其巔獨露，舟楫值風濤者皆泊其下。

又　鍾城山，在豐城縣東四十里。前爲城岡，山下有瀑泉，大旱不竭。

又　槠山，在豐城縣東六十里，接臨川縣界。山多槠木，有徐孺子讀書臺。

又　龍門山，在豐城縣東南一百里。前有七寶峰，下有龍湫，浩涵澄澈，深不可測。有石堅潤可爲硯。又義寧州東北三十里，亦有龍門山，洞穴玲瓏，寬廣可通行人。下有清水巖，多産蘭蕙，黄庭堅以爲天下絶勝處。

又　羅山，在豐城縣南八十里，晉羅文通學道於此。山頂有池，冬夏不竭，一名池山。富水所出。

又　澄山，在豐城縣西南一百四十里，有水澄澈，土人取以造麴，色如丹砂，又名孤山。

又　馬鞍山，在豐城縣西北六十里，延袤百餘里。巉巖險崎。元邑人陸叔祥鑿石開道其上。又有馬鞍山，在武寧縣西百里。

又　龍頭山，有三。一在豐城縣北十里，又名磯頭山，上有曲池亭，章江至此折而東流，故名。下爲金花潭。一在進賢縣北，爲西河之委。一在奉新縣東北三十里，周遭環水。

又　岐山，在奉新縣東南三里，扼南北二水之衝，平對諸峰，如拱揖狀，爲遊觀勝區。

又　華林山，在奉新縣西南五十里。《寰宇記》：昔浮邱公隱居之所，今南峰號爲浮邱嶺。其山三峰聳峻，高險危秀，周迴百里。《縣志》：在縣西南四十里，一名浮雲山，半屬高安，山腰有李八百石洞，南有浮雲宫，宫前有劍池丹井。

又　九仙山，在奉新縣西一百里。北有温泉池，其湯一温一沸。

清·李恩綬《紫蓬山志·山水》　紫蓬山，在合肥縣西南七十里。有李陵廟，名將軍嶺，又名李陵山。

又 紫蓬山，在府西南七十里，有李陵廟，又名李陵山，一名良餘山。《水經注》：肥水出良餘。

又 千字山，在合肥縣西南七十里。

又 馬鞍山，在合肥縣西南七十里，以形名。明《隆慶志》。按：馬鞍山與紫蓬山相近。

又 雞鳴山，在合肥縣西北四十里，上有龍井。

又 蓮花山，在合肥西一百里，形似蓮花，與李陵山相對，疊嶂數重，造其嶺頂，天晴可遠矚。《舊志》云：有石鑿蓮花，故名。

又 公鵝嶺，在紫蓬山，迤北下即孫家窪。

又 李陵峽距小蜀山又十里爲石佛山，其山兩旁皆石，中有一徑曰竹崗，即李陵峽也。見《名勝志》。

藍家山，在合肥西南八十里，肥水出焉，東南流入於巢湖。見《太平寰宇記》。按：藍家山今不詳何所，惟《隋・地理志》載藍家山在廬江縣或疑廬江即宫山，俗呼藍關山，即此。然不言出肥水，予謂紫與藍可牽合，藍家山應是紫蓬或在紫蓬之左右，俟考。

清・謝元淮總修、許喬林纂輯《雲臺新志・敘》 雲臺本名「郁洲山」，在海中，周三百餘里，爲淮黄之尾閭。

又 山即《山海經》之郁洲，亦名鬱洲，四面際海，袤亘三百餘里，控制險要屏障。

清・謝元淮總修、許喬林纂輯《雲臺新志・凡例》 《山海經注》謂：「郁州從蒼梧徙來，有南方物。」

又 《水經注》謂：「郁洲山上，有南方草木，是雲臺之韞靈呈瑞。視彼二韭三菁，尤爲奥區。」

清・謝元淮總修、許喬林纂輯《雲臺新志・建置》 雲臺山，古東海縣山之總名也。在今海州治東北。周圍延亘幾三百里，山分湖南、湖北兩處，中隔萬金湖，謹案：萬金湖，今已成平陸。自古在大海中。康熙庚寅辛卯間，海漲沙淤，始通陸路。

又 雲臺山，本名郁州山，一名都州山。《山海經・海内東經》：「都州，在海中，一曰『郁州』。」郭璞注：「今在東海朐縣東。世傳此山自蒼梧徙來，上皆有南方物也。」

又 一曰鬱州山。《南齊書・州郡志》：「青州，宋泰始初，淮北没虜。六年始治鬱州。上鬱州，在海中，周迴數百里，島出白鹿，土有田疇魚鹽之利。」《崔志》按：《山海經》，晉郭璞注，其時稱曰「郁州」。宋齊因之曰「鬱州」，即郁州則六朝以前俱稱「郁州山」無疑。

又 一曰「郁鬱山」。杜佑《通典》：「郁州，東魏武定中置臨海鎮于此。其山亦名『郁鬱山』。」《江南通志》：「鬱洲山在朐山東北。海中有大洲，謂之『鬱州』，又名『郁州』，一名『郁鬱山』。」

又 一曰「鬱林山」。《隋書・地理志》：「東海有鬱林山。」

又 一曰「蒼梧山」。王存《元豐九域志》：「東海縣有蒼梧山。」崔志按：存宋人。其志云：「蒼梧山」，則宋時稱「蒼梧山」，無疑。且蘇軾有《次韻孫職方蒼梧山》詩，尤爲確证。

又 今名「雲臺山」。《大清一統志》：「雲臺山，在海州東北四十里。秀色蓊鬱，雲多幽奇。」《江南通志》：「雲臺山，幽深秀特，常冠雲氣。」崔志：「雲臺山，名未審，起自何時攷。」明高登龍《雲臺山圖序》云：「余郡隸有海州，濱於海之東，因曰東海至雲臺，則巍然萬仞立焉，即古郁州蒼梧山也。其名不至今傳，然延至我明較著，又明顧乾雲矗。圖識内引《三元真經》云：三元神聖駕五色祥雲，乘九炁清風，雲臺山上放大毫光，故後人呼其名爲『雲臺山』。」始發跡於唐，次重建於宋。若是則唐宋時前，他書未見。惟明時文獻多稱此名，識此以待博雅者之攷訂。

清・謝元淮總修、許喬林纂輯《雲臺新志・山水上・雲臺山》 雲臺山清風頂一名青峰頂。陳宣州《志》：「高五百丈，周圍連漫百里。」《顧志》：「本山原名青峰頂，因建三元聖宇，遂名。」

又 明唐伯元《遊青峰頂記》石刻：環東海而山者以千數，而青峰爲之宗。其高處雞鳴可見日，是曰青峰頂，俗謂「清風」，誤也。

又 王時揚《遊雲臺山序》《崔志》：雲臺山，本名鬱洲山，載《山海經》。形似蒼梧，故又名「蒼梧」。在東海中，稱最大。

又 王時揚《遊雲臺山序》《崔志》：其顛可望日出，每春夏間，雞未鳴時，輪出海底，大於車蓋，晃曜四射。海中細大，無不了了。秋冬晴爽，亦間可觀其光怪，雖鋪錦列繡，無以狀也。余亟欲昏黑上頭，以覬一遇，而雨雪交下，蹞步無所容足。

又　汪枚《雲臺山賦》《東海志》：其南則弁霧華蓋聳其形，龍山、虎山肖其貌，小星、大星既磥落而嵯峨，東陬、西陬更地設而天造。

又　姚陶《登雲臺山記》石刻：海州，爲漢東海郡，淮北險要。東距海二十八里，西南枕朐山，今名「馬耳」。雲臺山，在海中圍亘二百餘里。築三城山下，形勢險阨，與海州相犄角。

又　常安《遊雲臺山記》《崔志》：按《州志》：雲臺山，在大海中，周圍二百里，清幽雅麗，雲氣滃鬱。《三官經》所謂「雲臺山上放大毫光」是也。近二十年來，海驟淤，山東北面百十里皆爲陸地，可耕作，非復昔時島嶼孤撑陡絶於海中者矣。蓬萊水淺，東海且復揚塵，麻姑非妄語也。

又　金牛頂。《顧志》：在清風頂後，俗呼爲「後頂」。有金牛洞，一名「二仙洞」，相傳金牛而師修道於此。

又　竹節嶺。《顧志》：嶺在大村老君堂東，山形峻如竹節。

又　香爐頂。《崔志》：在清風頂前，山最高峻，上有石形似香鑪。

又　謝禄山。《隋書·地理志》：「東海縣有謝禄山。」《太平寰宇記》：「謝禄山在東海縣西一里。」案《漢書》：王莽時，東海徐宣、謝禄等擊王莽，將田況大破之。曾屯兵於山，因名。」《方輿紀要》：「州西二里。禄，東海人，赤眉將也，嘗屯兵於此，因名。」

又　鳳凰山。《漢書·昭帝本紀》：始元三年冬十月，鳳皇集東海，遣使者祠其處，山之得名，當以紀瑞應也。《顧志》：在東海城內，兩山東西對峙，如鳳展翼，故以名山。

又　九嶺山，俗呼爲「九里山」。《顧志》：在東海城北，山有九嶺，如九嶷之象。《崔志》：此山即雲臺之右臂，自中峰至此山勢蜿蜒。嶺凡九疊，故當時以「蒼梧」命名，言其象蒼梧之九嶷也。

又　獅子巖山。《顧志》：山與九嶺山連麓，大村東南巨峰也。《陳州志》：在東海城北二十里，形如獅子，有泉曰「濯纓」，旁刻「飛泉」二大字。下有鬱林觀。石壁多唐宋題勒。《崔志》：在大村南，當路村東。

又　雞嶺山，俗呼爲「雞鳴山」。《顧志》：在大村溫水河北。

又　羊石山《趙續志》：山在小村北，山有巨石似羊。

又　巨平山。《元和郡縣志》、《太平寰宇記》皆有此山。《方輿紀要》：州北三十里。案：當作東海城北三十里。一名由吾峰，南接東海，北抵墟溝，中有龍潭。其南嶺上有吕母固，高二丈。

又　棲雲山。《太平寰宇記》：在東海縣東北四十一里，即巨平山之北嶺。梁明僧紹遁迹於此。此山高渺，故號「棲雲」。案《南齊書·明僧紹傳》：紹之鬱洲，住弇榆山棲雲精舍，是此山古名弇榆也。

又　菩山。《趙續志》：俗呼爲「煙墩山」。《崔志》：在巨平村北，上有墩臺。

又　楊家寨山。《顧志》：在蒼梧東南，與南北磊鄰。

又　松崖山。《趙續志》：即新縣大東山，高倖雲臺。懸壁間多産古松，直接雲表。

又　虎山，在新縣村北。《顧志》：在孝婦祠直北一里，其形如虎。《陳州志》：高一百丈，東西長三里，南北闊二百五十步。

又　龍山。《顧志》：虎山東南四里。其形如龍，巍然一角獨挺山首。《陳州志》：高七十五丈，東西長二里，南北闊二百三十步。

又　諸韓山。諸韓村南山，即松崖山之陰，林樾薈蔚，水泉清美，較諸山爲最，俗呼大腰山、小腰山。踰小腰山而上，爲吴氏即林園，有碧藏樓，鎖筠居諸勝，詳見勝蹟門。

又　弁霧山。《江南通志》：在虎山東北，雲霧在上，望之如冠弁。《陳州志》：高一百十丈，南北長一里，東西闊一百七十步。《崔志》：在諸韓村北，俗呼爲「別母山」。今土人呼爲「蝙蝠山」。

又　華蓋山。《江南通志》：在弁霧山東，形如華蓋。《陳州志》：高一百三十五丈，東西長三百七十步，南北闊三百四十步。

又　小高山。《元和郡縣圖志》：小高山，在東海縣北六十里，田横避漢所居之山也。其山三面絶壁，皆百餘仞。惟東南一道略容行人。《方輿紀要》：其上累石爲城，亦謂之「田横固」。《顧志》：即田横岡，大島之北折而西，一名「隔峰山」。《陳州志》：田横岡，高七百二十丈，周圍十里，在隔峰山之上。

又　大島，一名「金蟬大島」，在諸麻村東北。《顧志》：與小島對峙，相去三里許，潮生則没其麓。今下皆灘田。《陳州志》：在東海城北五十里，高二百五十丈，周圍約十餘里。

又　小島。《陳州志》：在大島南，高二百五十丈，周圍二里。《崔志》：一名金蟬小島。

又 石礵山，即東磊。黃申瑾《雲臺圖》稱爲「鐘鼎」，土人呼「中頂」。《顧志》：在北溝浦上。其山層巒疊嶂，怪石嶙峋，雖坡阪中，悉如鴟蹲龜伏，無畎畝原隰可耕。山農於石室空中種瓜芋以餬其口。近有櫻桃千餘，本雜以諸樹，紫翠爛然。亦春遊佳境也。《崔志》：石礵山，在雲臺清風頂東，天生巨石相疊，如「磊」字狀，故名。東磊今山多古木，雜植花樹，殆以萬計，實爲大觀。

又 圍屏山。《崔志》：即石礵山前面。《趙續志》：上有延福觀，層巒疊嶂，形如列屏。黃申瑾《雲臺圖》稱爲「翠屏山」。

又 萬靈山。《崔志》：山在清風頂東南孔雀溝上。雍正間有萬靈道人苦修於此。

又 楊家山。《顧志》：在闞中村南，外障海潮，内皆沃壤，爲蒼梧諸山屏壁。

又 李家山。《崔志》：俗呼爲鯉子山。《顧志》：在楊家山東北，外障海潮，内皆沃壤，緊接淩州村。

又 鏡子崖。《崔志》：在闞中村北崖，有石似鏡。

又 虎窩山。《顧志》：闞中村西北隅，即蒼梧右嶺，以其形如虎踞，故名。中藏桃李松篁，春遊最盛，亦棲真之所。

又 浦山。《崔志》：在水流村西南。《顧志》：此山通於海浦，在社林山東北，去東海城一十五里。

又 札山。《崔志》：俗呼爲「茆家山」。《顧志》：在水流村南，緊鎖一村水口，形小而圓。山陰即鴨兒蕩。

又 社林山。《陳州志》：高二十五丈，周圍二里。《顧志》：在東海城東六里。舊有土穀神祠。案：淩廷堪校《禮堂集》：以「社林」二字，爲謝禄字音之轉，詳見謝禄山下。

又 溪雲山。《崔志》：在諸曹村北，華蓋山東三里，與雲臺諸山形似，斷而脈接。《顧志》：東海城東北，在諸季莊，沃壤抱其後，隔峰屏其前，清幽秀麗，雲氣滃鬱。蓑衣道人棲真於此。

又 黃泥嶺。《崔志》：嶺在溪雲、華蓋之間，爲萬金湖南往宿城大路。《顧志》：在隔村東里許，土色純黃。

又 沃壤山。《陳州志》：高一千二百六十丈，周圍三十里。《江南通志》：在華蓋山北，近石城村。《顧志》：此山首起湖北峰，高幹遠東抵海，西止修堰碑亭，折而北，爲平村之東。山又折而東，爲墟溝之南山。自南山遵嶺而東北，則孫家山、高公島，絡繹不絶，直抵大洋。

又 留雲嶺，舊名「虎口嶺」。《崔志》：一名「湖口嶺」，在沃壤山東，與湖南黃泥嶺相對，爲入宿城要路。道光乙未，宫保兩江總督陶公駐節宿城，改名「留雲嶺」。

又 宿城山。《顧志》：諸峰矗兀，環抱如城，中有山田，皆上腴。

又 平山。《方輿紀要》：州東北百里。《陳州志》：東海城北七十里，高一百丈，周圍三里。《趙續志》：與沃壤山連麓。

又 南固山。《崔志》：即墟溝南。《趙續志》：即沃壤山之陰也。中峰有獅崖，直下二嶺，中分一磵居其中，故名「墟溝」。

又 北固山。《陳州志》：即舍利山。在沃壤山西北，高二百四十丈，周圍十五里，南北臨海，西接西石島。《顧志》：在墟溝營西里許。山之陽名「石城村」，俗名「院前」，以上有紫陽院也。山之東曲名「南沙口」，山之西北名「西石島」。

又 鳳凰崖。《崔志》：自舍利山東折，爲鳳凰崖。《顧志》：崖在石城村舍利山東，其崖昂聳，宛如鳳狀。

又 桅尖山。《崔志》：在南固山東南，形似桅尖。

又 黃窩山。《崔志》：在宿城山東北。《顧志》：俗稱唐太宗東征經此。案：《崔志》作「皇窩」，謂唐太宗駐蹕處。今土人呼爲「保駕山」。又案：漢昭帝始元三年，鳳皇集東海，皇窩之名或由於此。今從《唐州志》作「黃窩」。

又 高公島。《顧志》：黃窩山東五里，島下即大海。吴恒宣《雲臺山附志》謂：「明代有高孝女之父溺於海，孝女求之七日夜，遇老人引至其處，因以名「島」。按：《李志》作唐代事，普元世居東海必有所據。又按《晉書・安帝紀》：隆安五年六月，寧朔將軍高雅之擊孫恩於郁洲島之得名，當由於此。

又 孫家山。《崔志》：即東山村。《趙續志》：墟溝東七里，元孝子孫通居此。

又 梅嶺。《顧志》：在東山村。冬時野梅偏嶺。

又 吴進《遊雲臺山北記》（一詠軒文鈔）：雲臺之北，小山羅列山足間，其聳若峩冠者爲弁霧山，對峙者爲華蓋山，一石嶄然如頭角者爲龍山，環拱者爲大小腰山。

又 程學桓《雲臺諸山紀遊》《芙峰文鈔》：雲臺山，山古名「郁州」，又曰「蒼梧」。舊居海中。康熙中，山下稍涸而陸失其險。

又 朱紫山。《太平寰宇記》：在東海縣北五十二里，紅壁丹崖，自相輝映，遠望若朱紫，因名。徐衛《神仙鑑》：徐洪客居海州獅子巖，戲以浴丹水潑近處山上，紅壁丹崖，遂名「朱紫」。《顧志》：嘉靖前離海濱三四里，近被潮侵入海內矣。《崔志》：在東海城北四十里，與羊石嘴對。今按：朱紫山因五洋湖淤平，已在陸地。

又 馬鞍山。《顧志》：在朱紫山東北。《陳州志》：一名「馬鞭山」，高一百八十丈，長二里，南北闊三百五十步。

又 搭山。《顧志》：在孝婦祠西北二里，以與朱紫、馬鞍等山相聯搭而名也。東海縣治，昔立於此。今按：搭山已淤成陸地，去海三十餘里。

又 神山，一名「琴山」，以山形似琴。一名「秦山」，俗名「奶奶山」。《顧志》：去墟溝西北二十里。上有碧霞宮，僧守之。先名「秦山」，後因春融屢現樓臺人物之狀，與登萊海市無異，故以「神」名。

又 鷹遊山，即「嚶遊山」。《太平寰宇記》：在東海縣東北一百三里海中，去崖二十里，高二里。其山周迴浮海中，羣鳥翔集，嚶嚶然自相喧聒。《江南通志》：在州東北海中，去平山十五里。元時海運之所經也。《顧志》：去孫家山十五里，羣鷹常集其上。山南、黄窩等處，與之相對，人呼爲「鷹遊疊」。《陳州志》：兩山夾水，爲南北海船避風處，高一千八十丈。今按：鷹遊山與宿城山相對，中寬十餘里，長二十餘里，均係泥灘，雖潮落，舟淺不致損壞。潮枯時，深不過五六尺。潮長則深二三丈矣。據土人云：五洋湖，昔名「五洋門」，亦爲海舟通行之道。五十年前尚可泊舟，今爲平地。恐數十年後，鷹遊門亦有淤墊之患。蓋海中有淤處，每易壅塞也。

又 謝元淮《登鶯遊山》《養默山房詩稾》：山在青口東六十里大海中，遥峙洪波，與宿城諸峰相對。中寬十餘里，狀若天闕，俗稱爲「鶯遊門」。

又 開山。《顧志》：在鷹遊山東北。其下驚濤濁浪，浴日排空。

清・謝元淮總修、許喬林纂輯《雲臺新志・城村》 東磊。《崔志》：俗名「磊裏」，即石礌山。山下泉石之奇，花木之盛，爲雲臺東路勝景第一。

清・謝元淮總修、許喬林纂輯《雲臺新志・勝蹟上》 倒坐崖。《趙續志》：在清風頂後，面北，俗稱爲「北海觀音」。《崔志》：在金牛頂上，崖石倒懸，倚崖構殿。

又 歕水崖。《崔志》：在濯纓泉下，飛瀑懸空，谽谺噴薄。

又 金剛巖。《崔志》：在宿城山中，巨石陡立，宛若金剛。

又 留雲嶺，一名湖口嶺，在沃壤山之東，爲入宿城要道。土人呼爲「虎口嶺」。

又 臥牛嶺。《崔志》：在宿城山側，形似牛眠。

又 三峰崖。《顧志》：在東磊西塔兒灣，山上三峰壁立，高十數丈。

清・謝元淮總修、許喬林纂輯《雲臺新志・藝文》 謝元淮《雲台山唱和詩跋》本書：雲臺山，古稱「都州山」，一名「郁州」，爲海上十洲之一。

清・謝元淮總修、許喬林纂輯《雲臺新志・叢譚》 朱彝尊《送張檢討還郁洲山序》《曝書亭集》：郁洲山，在滄海東，相傳山自蒼梧徙此。上多炎方草木，仙士石室存焉。

又 毛奇齡《送張檢討歸郁洲山序》《西河文集》：有郁洲山，即《山海經》所稱「郁州」者。山周八百里，而四環於海，林洞掩薄，中多良田。

又 海州鷹遊山，高一千八十丈，在東連、西連二島間，爲出海門户。

清・謝元淮總修、許喬林纂輯《雲臺新志・雜綴》 東海縣理城，在鬱洲上。《山海經》云：「郁洲，在海中。」「郁」即「鬱」。《水經注》云：「朐縣東北，海中有大洲，謂之郁州。」

又 自郭景純注《山海經》謂：「郁州，自蒼梧徙來，上有南方草木。」程鏊因作《雲臺草木歌》曰：「君不見山上異木枝杈枒，牛槿革木森交加，又不見山上百草盈碨砨，非蔬非藥復非花，或黄如抹金，或紫若塗霞，香不絶於鼻，色豈厭於奢，問名或未曉，乃有菴户原注：東海守園者爲菴户。識之，曰周遮茲山奇異，非止此鰍魚醯雞，奚足誇瓊田例産芝五色。」

清・劉文淇《揚州水道記》卷一 小銅山，在今儀徵縣治西北二十五里。今縣治即宋真州治。若永貞縣在真州西北五十五里，而銅山又在永貞縣西北八十里，則銅山宜在今縣治西北一百三十五里。夫水或有時變遷，山則無時改易，今之銅山實在縣治西北二十五里。而《寰宇記》云：銅山在永貞縣西北八十里，則永貞縣必在銅山之東南。以銅山之所在定永貞之所在，則永貞當在真州東北，不當在真州西北，況宋江都縣有永貞鄉，明江都縣有新永貞沙、舊永貞沙。足知南唐之永貞在今江都境也。

清・胡祥翰《西湖新志》卷一　孤山，山在重湖之間，其形平坦，綿邈鼂介，碧波環遶，獨立不羣，因名孤山。以其浮於水上似島嶼，然又名孤嶼。以其四面皆水，宛若仙境，又名瀛嶼。地故多梅，寒香稠疊，又名梅花嶼。或謂西泠橋下石骨墳起，當仍是棲霞支麓耳。

又　霍山，在寶石山北，山形多骨，石筍鱗起，於湖北諸山爲最小，今俗呼棋盤山。

又　保稷山。《湖山便覽》：《萬曆杭州府志》云：巨石山下爲寶稷山，或謂即寶石諺。非也。宋人《顯功廟記》言其神保禦一方，社而稷之，號曰保稷山王。今廟貌現在山麓瀕湖之所，則此山自別以神廟得名。但不當以保爲寶耳。

又　寶雲山，在葛嶺左，東北與巾子峯相接，亦稱寶雲茶塢。

又　仙姑山，一名靈苑山，又名東山。《名勝志》：介於履泰、靈隱之間，蓋自靈隱以東，統號曰仙姑山也。《神州古史考》：在履泰山之西，迤邐平廣，爲西北諸山之界。

清・胡祥翰《西湖新志》卷二　玉岑山。《湖山便覽》：在赤山西，石屋嶺北。《名勝志》云：茲山產玉，秀潤異常，山下法雲寺門舊有「玉岑」二字，宋理宗筆也。山崖又鐫二字，乃許采書。

又　九曜山，在南屏西，與赤山聯屬，山上舊有九曜星君殿，故名。

又　三台山，南高峯之近支也。三巖儼峙，中尊旁翼，圓秀如畫，俗稱中台、左台、右台是也。其下爲八盤嶺，爲潁秀塢。

又　大慈山，在九曜山西南。《萬曆杭州府志》：武林諸山自九曜而南，山勢翔舞，石筍鱗見。至大慈山，前則松杉密布，圓岡對立，如覆釜然。中峯隆起，旁舒二翼，具龜蛇旗鼓狀，郭璞留記謂爲地宅之奇。《虎跑寺志稾》：自僧寰中感虎跑山出泉，建寺得賜額「大慈」。由是鄉亦以大慈名山，亦總以大慈名，故宋《民望記》曰：大慈鄉名以名山大慈，乃諸峯之總名。自明讫今，則僅指寺之頭山門所向一峯爲大慈山矣。

又　雞籠山，在棋盤山之東。舊多梅花，土人稱梅花嶺。其下爲沙盆塢。

又　方山，在金鐘峯側，宋昭慶軍承宣使方茂榮等七世葬此，因以號山。

又　翁家山，與楊梅嶺相毗連，凡自風篁嶺至九溪者，取道於此。居户高下櫛比，亦山中一村集也。《武林紀事》：山有葛洪井。

又　理安山，在溪東北岸，其中峯之高者，曰大人峯，左曰迴象峯，右曰獅子峯。山下有理安寺，因名。

又　馬鞍山，在八角峯東南，山有二峯，形如馬鞍，故名。

又　石壁山，有石壁寺，因名。據釋契嵩所作《僧行紹塔表》，當在百丈、五雲間。

又　五雲山，天門山之支也。五峯森列，陟江干盤紆而上，凡六里七十二灣，石磴千有餘級，之江三折，正當其前，南望三浙，羣峯可數。東觀龕赭二山，大海可掬。蓋杭之諸山之最高者，登其巔，則南北二高峯如兒孫矣。東北爲白沙塢，西北爲雲棲塢，東有長嶺通九溪十八澗。

清・胡祥翰《西湖新志》卷三　包家山，在城南，舊多桃花，名桃花關，亦名桃花路，或小桃源。浙江鐵道所需石料胥採於此。

又　龍山，去城十里，一名臥龍山，又名龍華山。郭景純所云「龍飛鳳舞到錢塘」者，謂此山及鳳凰山也。南支爲玉廚山，北支爲育王山慈雲嶺。

又　玉廚山，龍山南支也。一作玉池，又名伏龍岡。《錢塘縣志》：山洞間多石龍，鱗甲悉具。由是再南爲妙音山，西爲桃花嶺。

又　育王山，俗謂之玉皇山，龍山北支也。與南高峯、萬松嶺諸山脈絡相接，而高過之。舊傳吳越王迎明州阿育王塔，置於城南。育王之名疑自此昉。有七星缸。

又　月輪山，龍山支阜也。形圓如月，故名。其上爲月輪峯，山頂爲六和塔。

又　定山，在縣治西南四十里，一名獅子山。高七十五丈，周七里一百步。突出浙江數百丈。《郡國志》：江潮至此輒抑聲，過是則雷叱霆怒。其上有可避處，行者賴之。

又　浮山，在定山南，江面山嶼浮江如盤石，因名。潮出海門，中分爲二派，東派沿越岸向富春，西派直抵茲山，怒激而回，謂之回頭浪，故至今號浮山頭爲最險處。

又　吴山，本名胥山。《水經注》：吴浮子胥於江，吴人憐之，立祠江上，名曰胥山。《史記》作胥母山。枚乘《七發》云：「弭節伍子之山，通厲骨母之場。」注謂：骨母即胥母之誤也。唐人多稱青山。盧元輔《胥山祠銘序》以爲謬。山舊瀕江，故徐凝詩「寄言飛白雪，休去打青山」，李紳詩「伍相廟前多白浪」可見，則今日之鱗廛雉堞，皆昔日之貝闕、蛟宫，保障之功能不歸之開門節度耶？宋以後，通稱吳山，山多城隍廟，俗又呼城隍山。

又　寶月山，在胥山西坡，以寶月寺得名。吳山諸阜，大抵多以舊寺得名。寶月、石佛、七寶、寶蓮、金地，莫不然也。一名天井山，山上有天井故，或謂即黑龍潭，訛爲天井。

又　七寶山，在吳山南，因七寶院得名。《錢塘縣志》謂：宋紹興間，賜三茅觀古器，七世以爲寶，因名其寶。七寶寺在三茅觀前，三茅觀興自南宋，而北宋蘇公已有七寶寺詩也。南有七寶峯，爲城中觀潮最勝處。石壁刻「吳山第一峯」五大字。

又　寶山，七寶山之西北林麓也。寶山舊有仁祠，曰「廣嚴」，而《臨安志》載：廣嚴院在七寶山，是寶山即七寶山，省文後人隨地強別之耳。

又　清平山，在七寶山東南，下爲仁孝坊，俗呼清平山。巷有高士坊，宋高士徐沖晦故居在焉。

又　雲居山，即清平山之陽，與城外萬松嶺接頂，曰楓嶺。舊有超然臺在其上。又有泉曰滴泉。

又　瑞石山，在吳山東南，南宋時爲禁山。巖石靈秀，山之得名以此。元建紫陽庵於此，亦稱紫陽山。名蹟甚多。

又　寶蓮山，在瑞石山東，與七寶山相連，舊有寶蓮寺，因名。

又　伍公山，古稱吳山爲胥山，以伍子胥立廟於此得名。廟址實爲城內諸山之綱。自南宋建太廟於瑞石山，正以城隍廟山爲屏，始以吳山專名歸屬於彼，而此山下有石佛，僧院遂別呼之曰石佛山。今院久廢，杭人仍本古意，呼伍公山。

又　蛾眉山，與寶月山並，灣環若眉，故名。

又　淺山，在蛾眉山東，俗呼管米山。

清·劉源溥、孫成修《錦州府志》卷一《山川》　錦縣：紫荆山，城東二十五里，高約三里，周圍四十里，尊嚴高大，郡之主山，以産荆紫色故名。石家嶺，城東二十里。饅頭山，城東二十五里。馬鞍山，城東二十五里，形似馬鞍。白雲山，城東二十五里，上有聚仙寺，左井右泉，士人每以雲氣候晴陰。毛家峪，城東三十里。磨盤山，城東三十里，形似磨盤。蔡家山，城東三十五里。遊家山，城東三十五里。九華山，城東四十里，東三里一小山亦名九華。珠子山，城東四十里，俗呼豬嘴山。龍灣山，城東四十里。團山，城東六十八里。十三站嶺，城東六十九里。十三山，城東七十五里，高一里餘，周圍二十餘里，有十三峰。《胡嶠北征記》：「東行過一山，名十三山。」又《遼史》：「燕王淳討武朝彦至乾州十三山。」金蔡珪詩：「閭山盡處十三山，溪曲人家畫幅間」，皆此山也。山上有潭，其山下有金牛洞。洪奇山，城東八十里。石門山，城東南十五里。乳峰山，城東南十五里。望海山，城東南十五里，上有望海朝陽寺，今廢，止存一碑。小淩河繞之。高山，城東南二十五里。東王寶山，城東南二十五里。臥龍山，城東南二十七里，坡陀盤曲狀似臥龍，又類牛眠，俗又呼爲臥牛山。長山，城東南三十里，綿亘而南四五里，峰巒斷續，四山錯列，皆爲長山。上有長山寺。纓帽山，城東南三十里。牤牛山，城東南三十五里，山麓插海，小淩河經其陰。毛山，城東南三十五里。朝陽山，城東南三十五里，下有朝陽寺，俗呼王麻子溝。平山，城東南五十里，一名團山，上有土城，城南有望海朝雲寺，舊作木葉山。按：木葉山，遼太祖始生之地，在廣寧北邊，外黑龍江上流，舊志誤也。南王寶山，城南九里。賽兒山，城南九里。呂洪山，城南十里，高二里許，周圍四十七里，山上有洞。松山，城南十八里，舊松山所城在其西。牛心山，城南二十里。石灰窑山，城南二十五里。馬鞍山，城南三十五里。望海臺山，城南三十五里。空心臺北山，城南三十五里。空心臺南山，城南三十七里。三山，城南三十七里，俗呼三角山。五道嶺，城西南二十里。西王寶山，城西南二十里。觀馬山，城西南三十里，舊杏山所城在其西，一名關門山。磨盤山，城西南四十里。白馬溝山，城西南四十七里。煙臺山，城西南五十五里。小壺盧島，城西南五十五里。海雲山，城西南五十五里，上有海雲寺。紅土山，城西南五十七里，又名平土山。打魚山，城西南五十七里。尖臺山，城西南五十七里。白臺山，城西南五十七里。三頂山，城西南五十八里。小筆架山，城西南六十里，峙海中狀如筆架，潮退見天橋，闊三丈，長里許。山上有長元寺，寺西一泉，味甘，山南有洞。大筆架山，城西南六十里，峙海中狀如筆架，潮退見天橋，廣八丈，長四里，上有潮陽寺，多颶風，屋瓦輒飄去，今存空堵。康熙十三年察哈喇王叛，邑人多避兵其上。塔山，城西南六十里。笊籬山，城西南七十里。龍爪山，城西南七十里，上有瓦窑寺，又名瓦窑子山。龜頭山，城西南七十五里，峙海中。壺盧島，城西南九十里。三城山，城西南九十里。尖山，城西南九十里。團山，城西南九十里，上有石城。刺兒山，城西南九十里。南臺山，城西南九十里。駱駝山，城西南九十里。北臺山，城西南九十里。長嶺，城西南九十里。烏雲山，城西南九十五里。蜂蜜溝山，城西南九十五里。磨盤山，城西二十里，一名圓斗山。紅草山，城西二十里。黄花山，城西三十里。鷹窩山，城西三十五里，湯河發源於此。駱駝嶺，城西四十里。假山，城西四十里。長嶺溝山，城西四十里。臥佛山，城西四十里。上有臥佛寺，有石如臥佛，長一丈四尺，女兒河北遶之，俗呼龜山。霍家臺山，城西五十五里。氈帽山，城西六十里，山峰鋭而有簷，故名。紗帽山，城西六十里。鐺子山，城西六十里，形如支鍋，俗呼支鍋山。小紅螺山，城西六十里，周圍三十里許，東有小山相接，七里河發源於此。大紅螺山，城西六十五里，高五里，周圍五十餘里。

【略】小簷帽山，城西六十五里。大簷帽山，城西六十五里。喂牛廠山，城西六十五里。老虎峪，城西六十五里。椴木排山，城西六十五里。長嶺，城西六十五里，稠柳河發源於此。筆架山，城西六十五里。天橋山，城西六十五里。金沙鍋山，城西七十里。乳頭山，城西七十里。尖山，城西七十里。團山，城西九十五里。塔山，城西九十五里。在古安昌縣永和村，其上有塔。涼水礱子山，城西九十五里，下有池。千家峪，城西九十五里，五里河發源於此。黄土嶺，城西九十五里。架山，城西九十五里。石頭嶺，城西九十五里。偏道山，城西九十五里。藍家溝山，城西九十五里。偏洞山，城西九十五里，有洞。涼水泉山，城西九十七里，旁有泉。窟窿山，城西一百里。懶漢山，城西北十八里。孤山，城西北二十里。花樓山，城西北二十五里。團山，城西北二十五里。馬家山，城西北二十五里。石哈喇山，城西北三十里。牤牛嶺，城西北三十里。丫角山，城西北四十五里。其南一山，西北五里又一山，三山錯列相峙。寬方奇山，城西北四十五里。三郎寨山，城西北四十五里。獅子嶺，城西北四十五里。金寶嶺，城西北四十五里。尖山，城西北四十五里。褲襠山，城西北四十五里。唐王寨山，城西北五十里。青龍山，城西北五十里，俗呼梁家寨。朝陽寺山，城西北五十里，上有朝陽寺。朝陽寺北山，城西北五十里。松樹溝山，城西北五十里。三塊石山，城西北五十里。饅頭山，城西北五十里。帽兒山，城西北五十里。黄土坎山，城西北五十一里。管家溝山，城西北五十一里。銀匠溝山，城西北五十五里。錫山，城西北五十五里。温家溝山，城西北五十五里。木匠溝山，城西北五十五里。半截塔山，城西北五十五里。黄石崖，城西北六十里。缸窰山，城西北七十里。鴿子洞，城西北七十里。乳頭山，城西北八十里。老虎關山，城西北八十五里。東老虎關山，城西北八十五里。松嶺門山，城西北九十里。松嶺，城西北九十里，在松嶺門東。背陰洞山，城西北九十二里。摩壺盧山，城西北九十二里。紅石石礱子山，城西北九十二里。翠幕山，城北十里，俗名狼馬山。二郎洞山，城北十五里。上有五洞，洞東北一潭深丈許。其東一泉。上有玉皇、彌陀、觀音等閣，惟觀音閣最高。東見十三山，西見壺盧島，南見大筆架山，下則錦水淩川旋其左右。牛山，城北十五里，有金牛洞。觀音閣，城北十五里。普陀寺後雄秀奥折，東西二洞，西洞甚高廣，有大士閣。東北巖下有泉水，四時不涸。左蟠龍山，在觀音洞東。右蟠龍山，在觀音洞西。雞冠山，在觀音洞前。小洞山，城北十五里。饅頭山，城北二十里，或作瞞山，俗呼大帽山。小洞寺山，城北二十里。鐘樓山，在小洞寺山西。樓山，在小洞寺山東。巖静寺山，城北二十五里。青石臺山，城北二十五里。牛心山，城北二十五里，在巖静寺山東山之西，有巖静寺，寺前後有桃杏，花時爛然，遊者甚衆。裂縫山，城北三十里。亂石山，城北三十里，二道河發源於此。丫八石山，城北三十里，高三十餘丈，周圍二里。梯子山，城北三十里。大茂山，城北三十里，山北有大茂堡。龍嘴山，城北三十里，頭道河發源於此。驢耳山，城北三十五里，上有驢耳寺。龍頭山，城北三十五里，有二洞，若眼下有龍湫。刀尖山，城北三十五里。杏花寺山，城北三十五里。翠巖山，城北三十六里。雙井寺山，城北四十五里，上有洞，爲大士龕，東西二井。寶巖洞山，城北四十六里。駱駝山，城北五十里。唐帽山，城東北三十里。臺子山，城東北三十里。營城山，城東北三十里。小鷹山，城東北三十里，鷹每將雛巢其頂。礱子山，城東北三十一里。窟窿山，城東北三十五里。雞冠山，城東北三十五里。半壁山，城東北四十里，或呼兩角山。嵯岈山，城東北四十五里，山前有佛殿三楹，上有閣。千家寨山，城東北五十里。望高山，城東北五十里，山前有老虎洞。黄山嘴，城東北五十里。鴿子洞，城東北五十里。黄山，城東北五十五里。馮家山，城東北六十里。高黄山，城東北六十里，破臺河發源於此。鸚哥山，城東北六十里。龍鳳山，城東北七十里。塔子山，城東北七十里。三角城山，城東北七十里。金牛洞，城東北七十里，上有三洞，洞前有泉，挹以小瓢則不竭，以大器取之則立涸，或作金女洞。項家臺山，城東北七十里。三城山，城東北七十里。碌碡山，城東北七十里。聖水山，城東北七十二里，山半有聖水寺，寺旁巖下有水，滴石坎中不乾不溢，五臺河發源於此。蝦蟇山，城東北七十二里。駝崖山，城東北七十二里。圍屏山，城東北八十里。香爐山，城東北九十里，狀似香爐，三臺西河發源於此。灰山，城東北九十里。義州王巨河發源於此。出頭山，城東北九十里。鷹窩山，城東北九十五里。松川溝山，城東北九十五里。金剛山，城東北九十七里。陡絶不可上，下有黄安洞、黄安寺。駝鞍山，在金剛山東。有駝鞍寺，殿前古松二株，大數抱。駱駝山，城東北九十七里。寨子山，城東北九十七里。險甚，可以避兵，下有寨子寺。青石嶺，城東北九十八里。桃君洞，城東北九十八里。鐵回子山，城東北九十八里。雙臺山，城東北一百里。孏頭山，城東北一百里。寶林山，城東北一百里。上有寶林寺，寺前有拔倒井，相傳爲唐太宗征遼遺跡。白土山，城東北一百里。一堵牆山，城東北一百里。古孤山，城東北一百五里。乾柴嶺，城東北一百五里，閭陽驛西頭臺河、三臺河俱發源於此。窟窿山，城東北一百十里。梁家塔山，城東北一百十里。大子粒山，城東北一百十五里。小峪山，城東北一百十五里。大峪山，城東北一百十五里。舊站山，城東北一百十六里。黑背山，城東北一百十六里。小牽馬嶺，城東北一百十八里。鑿通玉山，城東北一百二十里。青山，城東北一百二十里。

山地部

《尚書·禹貢·冀州》 島夷皮服，夾右碣石入于河。

《尚書·禹貢·青州》 海、岱惟青州。

《尚書·禹貢·徐州》 海、岱及淮惟徐州。

又 蒙、羽其藝。

《尚書·禹貢·梁州》 岷、嶓既藝。

又 西傾因桓是來。

《尚書·禹貢·雍州》 荆、岐既旅，終南、惇物，至于鳥鼠。

《尚書·禹貢·導山》 導岍及岐，至于荆山，逾于河；【略】壺口、雷首至于太岳；【略】厎柱、析城至于王屋；太行、恒山至于碣石，入于海。【略】西傾、朱圉、鳥鼠至于太華；【略】熊耳、外方、桐柏至于陪尾。

又 導嶓冢，至于荆山；【略】内方，至于大别。【略】岷山之陽，至于衡山；【略】過九江，至于敷淺原。

漢·司馬相如《司馬相如集·子虛賦》 雲夢者，方九百里，其中有山焉。其山則盤紆岪鬱，隆崇嵂崒；岑崟參差，日月蔽虧；交錯糾紛，上干青雲；罷池陂陁，下屬江河。其土則丹青赭堊，雌黄白坿，錫碧金銀，衆色炫燿，照爛龍鱗。其石則赤玉玫瑰，琳瑉昆吾，瑊玏玄厲，碝石碔砆。

漢·辛氏《三秦記·漢長安城》 龍首山，長六十里，頭入渭水，尾達樊川，頭高二十丈，尾漸下，高五六丈。云：昔有黑龍從山南出，飲渭水，其行道成土山，故因以爲名。

漢·辛氏《三秦記·山水》 子午，長安正南。山名秦嶺谷，一名樊川。褒斜，漢中谷名。南谷名褒，北谷名斜，首尾七百里。

又 秦嶺東起商洛，西盡汧隴，東西八百里，嶺根水北流入渭，號爲八百里秦川。

又 秦嶺東起商洛，西盡汧隴，綿亘千里，經萬壑千谷不能斷絶，蓋南山之脊，江河之水所由分處，故嶺南皆謂江，嶺北皆謂河。

又 長安城西有九嵕山，西有杜山。

又 華山在長安東三百里，不知幾千仞，如半天之雲。

又 武功太白，去天三百。孤雲兩角，去天一握。山水險阻，黄金子午。蛇盤鳥櫳，勢與天通。

又 太白山在武功縣南，去長安三百里。不知高幾許。俗云：「武功太白，去天三百尺。山下軍行不得鳴鼓角，鳴鼓角則疾風暴雨兼至也。」

又 隴坻其坂九迴，不知高幾里。欲上者七日乃越。高處可容百餘家，下處數十萬户。上有清水四注。俗歌曰：「隴頭流水，鳴聲幽咽。遥望秦川，心肝斷絶。去長安千里，望秦川如帶。」又，關中人上隴者，還望故鄉，悲思而歌，則有絶死者。

又 小隴山一名隴坻，又名分水嶺。汧水出縣西山，世謂之小隴山。

又 河西沙角山，峰崿危峻，踰於石山，其沙粒麄，有如乾精。又山之陽有一泉，云是沙井，緜歷今古，沙不填之，人欲登峰，必步下入穴，即有鼓角之音，震動人足。

又 仇池山上有百頃地，平如砥。其南北有山路，東西絶壁百仞。上有數萬家。一人守道，萬夫莫向。山勢自然，有樓櫓却敵之狀，東西二門盤道，可七里。上有岡阜、泉源。《史記》謂：秦得百二之固也。西晉末爲氐楊茂搜所據，於山上立宫室囷倉，皆爲板屋。乃氐之所理於此，今謂之洛谷道是也。

漢·班固《漢書》卷二八上《地理志上》 東南曰揚州：其山曰會稽。

又 正南曰荆州：其山曰衡。

又 河南曰豫州：其山曰華。

又 正東曰青州：其山曰沂。

又 河東曰兖州：其山曰岱。

又 正西曰雍州：其山曰嶽。

又 東北曰幽州：其山曰醫無閭。

又 河内曰冀州：其山曰霍。

又 正北曰并州：其山曰恒山。

漢·班固《漢書卷二八上《地理志上·京兆尹》 （華陰）太華山在南：有祠，豫州山。

漢·班固《漢書》卷二八上《地理志上·左馮翊》 （池陽）巀薛山在北。

又 （夏陽）《禹貢》：梁山在西北，龍門山在北。

又 襃德，《禹貢》：北條荆山在南，下有彊梁原。

漢·班固《漢書》卷二八上《地理志上·右扶風》 美陽，《禹貢》：岐山在西北。

又 郿，成國渠首受渭，東北至上林入蒙籠渠。

又 汧，吴山在西，古文以爲汧山。雍州山。

又 好畤，垝山在東。

又 （武功縣）太壹山，古文以爲終南。垂山，古文以爲敦物。皆在縣東。

漢·班固《漢書》卷二八上《地理志上·弘農郡》 盧氏，熊耳山在東。

又 （上雒）熊耳獲輿山在東北。

漢·班固《漢書》卷二八上《地理志上·河東郡》 安邑，巫咸山在南。

又 大陽，吴山在西。

又 蒲反，有堯山、首山祠。雷首山在南。

又 汾陰，介山在南。

又 濩澤，《禹貢》：析城山在西南。

又 臨汾，垣，《禹貢》：王屋山在東北。

又 彘，霍大山在東，冀州山，周厲王所奔。

漢·班固《漢書》卷二八上《地理志上·太原郡》 北屈，《禹貢》：壺口山在東南。

漢·班固《漢書》卷二八上《地理志上·河内郡》 （晉陽）龍山在西北。

又 山陽，東太行山在西北。

又 壄王，太行山在西北。

漢·班固《漢書》卷二八上《地理志上·南陽郡》 （宛縣）縣南有北筮山。

又 平氏，《禹貢》：桐柏大復山在東南。

又 魯陽，有魯山。

又 臨沮，《禹貢》：南條荆山在東北。

漢·班固《漢書》卷二八上《地理志上·江夏郡》 竟陵，章山在東北。

又 安陸，横尾山在東北。

漢·班固《漢書》卷二八上《地理志上·廬江郡》 灊，天柱山在南。

漢·班固《漢書》卷二八上《地理志上·常山郡》 石邑，井陘山在西。

又 蒲吾，有鐵山。

又 上曲陽，恒山北谷在西北。

漢·班固《漢書》卷二八上《地理志上·泰山郡》 岱山在西北，兖州山。

漢·班固《漢書》卷二八上《地理志上·琅邪郡》 靈門，有高杲山、壺山。

又 蒙陰，《禹貢》：蒙山在西南。

漢·班固《漢書》卷二八上《地理志上·東海郡》 下邳，葛嶧山在西，古文以爲嶧陽。

漢·班固《漢書》卷二八上《地理志上·會稽郡》 無錫，有歷山。

又 （祝其）《禹貢》：羽山在南。

又 山陰，會稽山在南。上有禹冢、禹井，揚州山。

漢·班固《漢書》卷二八上《地理志上·豫章郡》 歷陵，傅昜山、傅昜川在南，古文以爲傅淺原。

漢·班固《漢書》卷二八上《地理志上·零陵郡》 營道，九疑山在南。

漢·班固《漢書》卷二八上《地理志上·越嶲郡》 有禺同山，有金馬、碧雞。

漢·班固《漢書》卷二八下《地理志下·隴西郡》 狄道，白石山在東。

又 （臨洮）《禹貢》：西頃山在縣西南。

又 河關，積石山在西南羌中。

漢·班固《漢書》卷二八下《地理志下·天水郡》 冀，《禹貢》：朱圄山在縣南梧中聚。

漢·班固《漢書》卷二八下《地理志下·安定郡》 （烏氏）都盧山在西。

又 廉，卑移山在西北。

漢·班固《漢書》卷二八下《地理志下·上郡》 陽周，橋山在南。

漢·班固《漢書》卷二八下《地理志下·雲中郡》 楨陵，緣胡山在西北。

漢·班固《漢書》卷二八下《地理志下·雁門郡》 雁門郡，秦置。句注山在陰館。

漢·班固《漢書》卷二八下《地理志下·右北平郡》 （驪成）大揭石山在縣西南。

漢·班固《漢書》卷二八下《地理志下·遼西郡》 柳城，馬首山在西南。

漢·班固《漢書》卷二八下《地理志下·中山國》 唐，堯山在南。

漢·班固《漢書》卷二八下《地理志下·魯國》 （騶縣）嶧山在北。

漢·班固《漢書》卷二八下《地理志下·長沙國》 湘南，《禹貢》：衡山在東南，荆州山。

漢・張衡《張衡詩文集・南都賦》 其山則崆峣嶱嵑，嵣㟍嶚剌，岝崿嵬嵬，嶮巇屹㠑，幽谷嶜岑，夏含霜雪。或岩嶙而纚連，或豁爾而中絶。鞠巍巍其隱天，俯而觀乎雲霓。

漢・應劭《風俗通義》卷一〇《山澤》 南方衡山，一名霍山，霍者，萬物盛長，垂枝布葉，霍然而大。

又 西方華山，華者，華也，萬物滋熟，變華於西方也。

又 中央曰嵩高，嵩者，高也，《詩》云：「嵩高惟嶽，峻極于天。」廟在潁川陽城縣。

漢《三輔黄圖・石闕觀封巒觀》 石闕觀，封巒觀。《雲陽宫記》云：「宫東北有石門山，岡巒糾紛，幹霄秀出，有石巖容數百人，上起甘泉觀。」

三國蜀・常璩《華陽國志・巴志》 其名山有塗、籍、靈臺，石書、邗山。

又 山有大、小石城。勢靈壽木、鹽井、靈龜。咸熙元年，獻靈龜於相府。

又 名山靈臺，見文緯書讖。

又 川崖惟平。

又 而江州以東，濱江山險，其人半楚，姿態敦重。

又 其郡東枳，有明月硤，廣德嶼，故巴亦有三硤。

又 土地山險，水灘。

三國蜀・常璩《華陽國志・漢中志》 土地險隘。

又 山水艱阻，有黄金，子午，馬聰，建鼓之阻。

又 有劍閣道三十里，至險。

又 土地嶮岨。

又 土地山嶮。

三國蜀・常璩《華陽國志・南中志》 郡特多阻嶮，有延江、霧赤、煎水爲池衛。

又 本雲川地有熊倉山。上有神鹿，一身兩頭，食毒草。

又 有萬壽山。

又 不狼山，出鼈水，入沅有野生蒜，可食。

又 又有白蝟山，山無石，惟有蝟也。

又 哀牢，山名也。

又 山高四十里，越之，得蘭滄水。有金沙，以火融之，爲黄金。有光珠穴，出光珠。有虎魄，能吸芥。又有珊瑚。

又 同出山，有碧雞、金馬，光影倏忽，民多見之。

又 有振山，出銅。

三國蜀・常璩《華陽國志・劉先主志》 若跨有荆益，保其險阻。

又 吴有三江之阻，蜀有重險之固。

三國蜀・常璩《華陽國志・李特雄期壽勢志》 自巴至犍爲、梓潼，布滿山谷。

晉・潘岳《關中記・漢長安城》 龍首山，首枕渭之南岸，尾達樊川。首高尾下，在長安城南。

晉・潘岳《關中記・山水》 其山一名中南，言在天之中，居都之南，故曰中南。

又 玉案山在長安東南八十里，太一谷東。山峰齊如案。

又 以居地絡陰陽之中，遂曰中南，西起秦隴，東徹藍田，連綿八百里。

又 終南山一名中南山，言在天中，居都之南也。又曰終南太一，左右三十里内名福地。

又 嵩高山，石室十餘孔，有石牀、池水、食飲之具，道士多遊之，可以避世。

晉・張華《博物志校正》卷一 按：北太行山而北去，不知山所限極處。亦如東海不知所窮盡也。

又 西海之濱，有小崑崙，高萬仞，方八百里。

北魏・酈道元《水經注》卷一《河水一》 崑崙墟在西北，三成爲崑崙丘。《崑崙説》曰：崑崙之山三級，下曰樊桐，一名板桐；二曰玄圃，一名閬風；上曰層城，一名天庭，是謂太帝之居。去嵩高五萬里，地之中也。【略】。其高萬一千里。

南朝宋・山謙之《吴興志》卷四《峽》 明月峽在長興縣顧渚側，二山相對，壁立峻峭。大澗中流，巨石飛走斷崖亂石之間，茶茗叢生，最爲絶品。

南朝宋・山謙之《吴興志》卷四《山》 含山在縣東南一百八里。張元之《山墟名》云：「震澤東望，蒼然茭葦煙蔚之中，高邱卓絶」，因以名焉。山有浄慈院，其巔有浮屠。

又 響山在縣西八里，山下有水謂之響潭。《吴興志》云：有人經響山，語無多少，響則隨聲曲折應之，洪纖一無所失。

天泉山在縣西北三十五里。《吳興記》云：山上有長流泉，謂之天泉，傍多沃壤，可耕殖。今按：有水田五畝，一名唐鎚山也。

几山，在縣北一十五里。《山墟名》云：几山形如「几」，因爲名焉，亦作巳山。

又 藝香山在縣北十五里，高四百五十尺，一名湖陵山。《山墟名》云：西施種香之所。

雉山在縣北五里，高五百尺。《山墟名》云：以山形類雉。《梁陳故事》云：梁武帝時有童謠曰「烏山出天子」，江表以烏名。山皆鑿，惟此山不鑿。陳高祖，此山人也，上有追贈山。

戍山在縣西三里，高四百五十尺，一名夫槩山。《山墟名》云：吳夫槩於此築成城。山多産青松白茅。即梁太守張嵊與沈浚築戍以捍侯景之地。

又 白楊山在縣東南二十二里，高一千一百二十尺。

南朝宋·山謙之《吳興記》 衡山一名橫山，在縣南一十八里，兩山夾峙，中流北駛，爲郡南形勝之地。

又 鼉山有紫石英，甚光明，但小黑，山東臨大溪，西帶長瀆，山上有亭，臨眺四曠，名鼉山亭。

又 苦峴山，山高三千丈，周三十里，又名苦山。其山峻極，游者苦之，因名。

又 金石山，山高一萬八千尺，長三十里，山上石悉作黄金色，産苦竹、蒲柳。

又 於潛舊縣天目山極高峻，險且長遠，與宣城懷安並分山爲界。

又 縣南二里，有三嶺，皆秀石崔嵬，玄丹雜色，狀如紫雲。

南朝宋·孫詵《臨海記》卷一 郡西北有白鶴山，周迴六十里，高三百丈，山上有池水，懸溜遥望如倒挂白鶴，因名挂鶴泉。山上有深湖，湖中又有魚如二百斛船大，長二丈許。西北有白鵠山，高三百丈，上有一舟名舴艋。

又 郡東南有白石山，去縣邑三十里，高三百餘丈，望之如雪，山上有湖。

又 新婦山亦名仙人山，土石悉紺色，列石參差似人形，遠望如烏之俯仰。宋文帝遣畫工模寫山狀，時一國盛圖於白團扇焉。

南朝宋·范曄《後漢書》卷一〇九《郡國志一》 野王有太行山。《山海經》曰：「其上有金玉，下有碧，有獸焉，其狀如麢而四角，馬尾而有距，其名曰驒還。」酈食其説曰：「杜太行之道。」韋昭曰：在縣北。

又 汾陰有介山。西北有狐谷亭。郭璞《爾雅》注曰：「縣有水口，如車輪許，濆沸涌出，其深無限，名之爲瀵。」蒲阪有雷首山。《史記》曰：「趙盾田首山，息桑下，有餓人祇彌明。」縣南二十里有歷山，舜所耕處。又伯夷、叔齊隱於首陽山。馬融曰：「在蒲坂華山之北，河曲之中。」

又 永安故彘，陽嘉二年更名。有霍大山。《爾雅》曰：「西南之美者，有霍山之多珠玉焉。」《左傳》曰：「閔元年，晉滅霍。」杜預曰：「縣東北有霍大山。」《史記》曰：「原過受神人書，稱：余霍大山山陽侯天吏也。」又蜚廉於山得石椁，仍葬也。

又 弘農故秦函谷關，燭水出。有枯樅山。《本傳》：赤眉立盆子於鄭北，《古今注》曰：在此山下。

又 華陰故屬京兆。有太華山。《左傳》：「晉略秦，南及華山。」《山海經》曰：「太華之山，削成而四方，其高五千仞，其廣十里，鳥獸莫居。有蛇焉，名曰：肥遺，六足四翼，見則天下大旱。」武王放馬牛於桃林墟，孔安國曰在華山東。《晉地道記》：山在縣西南。

又 新豐有驪山。杜預曰：「古驪戎國。」韋昭曰：「戎來居此山，故號驪戎。」《三秦記》曰：始皇墓在山北，有始皇祠。不齋戒往，即疾風暴雨。人理欲上，則杳冥失道。縣西有白鹿原，周平王時白鹿出。」案《關中圖》：縣南有新豐原，白鹿在霸陵。

又 左馮翊，【略】夏陽有梁山。詩云：「弈弈梁山。」在縣西北。《公羊傳》曰：河上之山也。杜預曰：古梁國。《史記》曰：本少梁。《爾雅》曰：梁山，晉望也。龍門山。《書》曰：導河積石，歷龍門，太史公曰：「遷生龍門。」韋昭曰：在縣北。《博物記》曰：有韓原，韓武子采邑。

又 武功，永平八年復。有太一山，本終南。垂山，本敦物。有斜谷。《西征賦》注曰：「褒斜谷，在長安西南，南口褒，北口斜，長百七十里，其水南流。汧有吳嶽山。郭璞曰：「別名吳山，《周禮》所謂嶽山者。」本名汧，汧水出。

南朝宋·范曄《後漢書》卷一一〇《郡國志二》 魯國，【略】騶本邾國。有騶山，高五里。秦始皇刻石焉。劉會《騶山記》曰：「邾城在山南，去山二里，城東門外有韋賢墓。」北有繹山。《左傳》：文十三年邾遷於繹。郭璞曰：繹山純石，積構連屬，城北有牙山，牙山北有唐口山，唐口山北有陽山，城北有孟軻塚。

南朝宋·范曄《後漢書》卷一一一《郡國志三》 泰山郡，【略】博有泰山廟。岱山在西北。有龜山。【略】鉅平侯國，有亭禪山。

又 東海郡，【略】祝其有羽山。殛鯀之山。杜預曰：在縣西南。《博物記》曰：

伏化迹，穹岫閟長靈。

南朝宋・鮑照《鮑參軍集・登廬山望石門》 高岑隔半天，長崖斷千里。氛霧承星辰，潭壑洞江汜。嶄絶類虎牙，巑岏象熊耳。埋冰或百年，韜樹必千祀。雞鳴清澗中，猨嘯白雲裏。瑶波逐穴開，霞石觸峯起。迴互非一形，參差悉相似。傾聽鳳管賓，緬望釣龍子。

南朝宋・鮑照《鮑參軍集・從登香爐峯》 含嘯對霧岑，延蘿倚峯壁。青冥摇煙樹，穹跨負天石。霜崖滅土膏，金澗測泉脈。旋淵抱星漢，乳竇通海碧。谷館駕鴻人，巖栖咀丹客。

南朝宋・鮑照《鮑參軍集・從庾中郎遊園山石室》 荒塗趣山楹，雲崖隱靈室，岡澗紛縈抱，林障沓重密。昏昏磴路深，活活梁水疾。幽隅秉晝燭，地牖窺朝日。怪石似龍章，瑕壁麗錦質。

南朝宋・鮑照《鮑參軍集・登翻車峴》 高山絶雲霓，深谷斷無光。晝夜淪霧雨，冬夏結寒霜。淖坂既馬領，磧路又羊腸。

南朝宋・鮑照《鮑參軍集・登黄鶴磯》 木落江渡寒，雁還風送秋。【略】三崖隱丹磴，九派引滄流。

南朝宋・鮑照《鮑參軍集・行京口至竹里》 高柯危且竦，鋒石横復仄。複澗隱松聲，重崖伏雲色。冰閉寒方壯，風動鳥傾翼。

南朝宋・江淹《江文通集彙註》卷一《哀千里賦》 蕭蕭江陰兮荆山之岑。北繞瑯琊碣石，南馳九疑桂林。山則異嶺奇峰，横嶼帶江，雜樹億尺，紅霞萬重。水則遠天相逼，浮雲共色，浤浤無底，溶溶不測。其中險如孟門，豁若長河。參差巨石，縱横鼂鼉。

又 若乃夏后未鑿，秦皇未闢。嶄岩生岸，迤邐成迹。馳湍走浪，漂沙擊石。【略】水黯黯兮蓮葉動，山蒼蒼兮樹色紅。

唐・樊綽《蠻書》卷一 其年七月，西川節度韋臯乃遣巡官監察御史馬益開石門路，量行館。石門東崖石壁，直上萬仞，下臨朱提江流，又下入地中數百尺，惟聞水聲，人不可到。西崖亦是石壁，傍崖亦有閣路，横闊一步，斜亘三十餘里，半壁架空，欹危虚險，其安梁石孔即隋朝所鑿也。

又 閣外至夔嶺七日程，直經朱提江，下上躋攀，傴身側足。

又 黎州南一百三十里有清溪峽。

「東北獨居山，西南有淵水，即羽泉也。俗謂此山爲懲父山。」

又 琅琊國，【略】琅琊。《山海經》云：「有琅邪臺，在勃海閒，琅邪之東。」郭璞曰：「琅邪臨海邊，有山嶕嶢特起，狀如高臺，此即琅邪臺。」

又 彭城國，【略】彭城。古大彭邑。《北征記》：城西二十里有山，山有楚元王墓。伏滔《北征記》曰：「城北六里有山，臨泗，有宋桓魋石槨，皆青石，隱起龜龍麟鳳之象。」

南朝宋・范曄《後漢書》卷一一二《郡國志四》 東萊郡，【略】惤侯國。【略】《三齊記》曰：「南有蹲犬山，山似犬蹲。」

又 南郡，【略】夷陵有荆門，虎牙山。《荆州記》曰：「荆門，江南；虎牙，江北。虎牙有文如齒牙，荆門上合下開。」

又 江夏郡，【略】竟陵侯國。有鄖鄉，有章山，本内方。《荆州記》曰：「山高三十丈，周迴百餘里。」

又 零陵郡，【略】營道南有九疑山。舜之所葬。郭璞《山海經注》曰：「其山九谿皆相似，故曰九疑。」

又 長沙郡，【略】湘南侯國。衡山在東南。郭璞曰：「山别名岣嶁。」《湘中記》曰：「衡山有玉牒，禹案其文以治水。遥望衡山如陣雲，沿湘千里，九向九背，迺不復見。」

又 廬江郡，【略】尋陽南有九江，東合爲大江。釋慧遠《廬山記略》曰：「山在尋陽南，南濱宫亭湖，北對小江，山去小江三十餘里。【略】其山大嶺凡七重，圓基，周迴垂五百里。其南嶺臨宫亭湖，下有神廟。七嶺會同，莫升之者。東南有香爐山，其上氛氲若香煙，西南中石門前有雙闕，壁立千餘仞，而瀑布流焉。其中鳥獸草木之美，靈藥芳林之奇，所稱名代。」

南朝宋・范曄《後漢書》卷一一三《郡國志五》 廣漢郡，【略】緜竹。《地道記》曰：「有紫巖山，緜水之所出焉。」

又 永昌郡，【略】雲南。《南中志》曰：「縣西高山相連，有大泉水，周旋萬步，名馮河。縣西北百數十里有山，衆山之中特高大，狀如扶風太一，鬱然高峻，與雲氣相連結，因視之不見。其山固陰沍寒，雖五月盛暑不熱。《廣志》曰：「五月霜雪皓然。」

南朝宋・鮑照《鮑參軍集・代陽春登荆山行》 旦登荆山頭，崎嶇道難遊，早行犯霜露，苔滑不可留。【略】日氛映山浦，暄霧逐風收。花木亂平原，桑柘綿平疇，攀條弄紫莖，藉露折芳柔。

南朝宋・鮑照《鮑參軍集・登廬山》 懸裝亂水區，薄旅次山楹。千巖盛阻積，萬壑勢迴縈。巃嵸高昔貌，紛亂襲前名。洞澗窺地脈，聳樹隱天經。松磴上迷密，雲竇下縱横。陰冰實夏結，炎樹信冬榮。嘈囋晨鵾思，叫嘯夜猿清。深崖

唐·樊綽《蠻書》卷二 金馬山在柘東城螺山南二十餘里，高百餘丈，與碧雞山東南、西北相對。土俗傳云：昔有金馬，往往出見山上，亦有神祠。從漢界入蠻路，出此山之下。螺山偏地悉是螺蚌，故以名焉。

又 碧雞山在昆池西岸，上與柘東城隔水相對。從東來者，岡頭數十里已見此山。

又 玷蒼山，案：玷，《唐書》作點。南自石橋，北抵登川，長一百五十餘里，名爲玷蒼。直南北，亦不甚正。東向洱河，城郭邑居，棊布山底。西面陡絶，下臨平川。山頂高數千餘丈，石稜青蒼，不通人路。冬中有時墮雪。

又 囊葱山在西洱河東隅，河流俯齧山根。土山無樹，石高處不過數十丈。面對賓居、越析山下，有路從渠斂趙出登川。

又 高黎共山，在永昌西，下臨怒江。左右平川，謂之穹賧，湯浪加萠所居也。草木不枯，有瘴氣。自永昌之越賧，途經此山，一驛在山之半，一驛在山之巔。朝濟怒江登山，暮方到山頂。冬中山上積雪苦寒，秋夏又苦穹賧、湯浪毒暑酷熱。

又 大雪山，在永昌西北，從騰充過寶山城，又過金寶城以北大賧，周迴百餘里，悉皆野蠻，無君長也。地有瘴毒，河賧人至彼中瘴者，十有八九死。

唐·李泰《括地志》卷一《雍州·萬年縣》 終南山，一名中南山，一名太一山，一名南山，一名橘山，一名楚山，一名泰山，一名周南山，一名地脯山，在雍州萬年縣南五十里。

唐·李泰《括地志》卷一《雍州·長安縣》 《三秦記》云：「龍首山長六十里，頭入渭水，尾達樊川。」今按：山首在長安城中，自漢築長安城及營宫殿，咸以堙平，其餘即今宫城之太倉以東是也。

唐·李泰《括地志》卷一《雍州·三原縣》 堯門山，俗名石門，在雍州三原縣西北三十里。上有路，其狀若門，故老云堯鑿山爲門，因名之。武德年中於此山南置石門縣，貞觀年中改爲雲陽縣。

唐·李泰《括地志》卷一《雍州·富平縣》 荆山在雍州富平縣，今名掘陵原。按：雍州荆山，即黄帝及禹鑄鼎地也。

唐·李泰《括地志》卷一《雍州·雲陽縣》 甘泉山一名石鼓原，俗名磨石嶺，在雍州雲陽縣西北九十里。《關中記》云：「甘泉宫在甘泉山上。年代久遠，無復甘泉之名，失其實也。」

又 中山一名仲山，在雍州雲陽縣西十五里。

唐·李泰《括地志》卷一《雍州·新豐縣》 驪山在雍州新豐縣南十六里。《土地記》云：「驪山即藍田山。」

唐·李泰《括地志》卷一《雍州·藍田縣》 藍田山，臣泰按：《聖賢冢墓記》「驪山之陽多美玉」，今縣西北四十里有驪山，即此山之北阜，「驪山之陽」或謂此也。

唐·李泰《括地志》卷一《雍州·好畤縣》 梁山在雍州好畤縣西北十八里。

唐·李泰《括地志》卷一《華州·華陰縣》 華山在華州華陰縣南八里，古文以爲敦物。《周禮》云：豫州鎮曰華山。

又 華山在華州華陰縣南八里，古文以爲敦物也。《水經注》云：「華、嶽本一山，當河，水過而曲行。河神巨靈手盪脚蹋，開而爲兩，今脚跡在東首陽下，手掌在華山，今呼爲仙掌，河流於二山之間也。《開山圖》云：巨靈胡者，徧得神仙之道，能造山川，出江河也。」

唐·李泰《括地志》卷一《同州·韓城縣》 龍門山在同州韓城縣北五十里。李奇云：「禹鑿通河水處，廣八十步。」《三秦記》云：「龍門水懸船而行，兩旁有山，水陸不通，龜魚集龍門下數千，不得上，上則爲龍，故云暴鰓點額龍門下。」

又 梁山原在同州韓城縣東南十九里。其山東(西)〔南〕臨河，東南崩跡存焉。《公羊傳》云：「梁山崩，雍河三日不流。」《穀梁傳》云：「成(王)〔公〕五年梁山崩，晉侯召伯尊，伯尊用輦者之言曰：『君率羣臣哭，斯流矣。』如其言，河乃流也。」

又 梁山在同州韓城縣東南九十里。

唐·李泰《括地志》卷一《岐州·陳倉縣》 陳倉山在今岐州陳倉縣南。

唐·李泰《括地志》卷一《岐州·岐山縣》 岐山在岐州岐山縣東北九十里。

唐·李泰《括地志》卷一《隴州·汧源縣》 汧山在隴州汧源縣西六十里。其山東鄰岐岫，西接隴岡，汧水出焉。

唐·李泰《括地志》卷一《原州·平高縣》 笄頭山一名崆峒山，在原州平高縣西百里。《禹貢》：涇水所出。《輿地志》云：或即雞頭山也。酈元云：蓋大隴山異名也。《莊子》云：廣成子學道崆峒山，黄帝問道于廣成子，蓋在此。

唐·李泰《括地志》卷一《慶州·華池縣》 秦故道在慶州華池縣西四十五里子午山上，自九原至雲陽千八百里。

唐·李泰《括地志》卷二《蒲州·河東縣》　蒲州河東縣雷首山，一名中條山，亦名歷山，亦名首陽山，亦名襄山，亦名甘棗山，亦名猪山，亦名獨頭山，亦名薄山，亦名吴山。此山西起雷首，東至吴坂，凡十一名，隨州縣分之。歷山南有舜井。

唐·李泰《括地志》卷二《汾州·隰城縣》　謁泉山一名隱泉山，在汾州隰城縣北四十里。《注水經》云：「其山崖壁立，崖半有一石室，去地五十丈，頂上平地十許頃。」《隋圖經集記》云：「此爲子夏石室，退老西河居此。有卜商神祠，今見在。」

唐·李泰《括地志》卷二《絳州·翼城縣》　澮高山，又云澮山，在絳州翼城縣東(北)〔南〕二十五里，澮水出北山。

唐·李泰《括地志》卷二《慈州·吉昌縣》　壺口山在慈州吉昌縣西南五十里。

唐·李泰《括地志》卷二《沁州·沁源縣》　霍太山在沁州沁源縣西七八十里。

唐·李泰《括地志》卷二《澤州·高平縣》　頭顱山一名白起臺，在澤州高平縣西五里。

唐·李泰《括地志》卷二《澤州·濩澤縣》　析城山在澤州〔濩澤縣〕西南七十里。《注水經》云：「析城山甚高峻，上平坦，〔下〕有二(水)〔泉〕，東濁西清，左右不生草木。」

唐·李泰《括地志》卷二《代州·雁門縣》　勾注山一名西(徑)〔陘〕山，在代州雁門縣西北(四)〔三〕十里。

又　夏屋山一名賈屋山，今名賈母山，在代州雁門縣東北三十五里。夏屋與勾注相接，蓋北方之險。亦天下之阻路，所以分别内外也。

唐·李泰《括地志》卷二《朔州·善陽縣》　陰山在朔州北塞外突厥界。

唐·李泰《括地志》卷二《蔚州·飛狐縣》　摩笄山一名磨笄山，亦名爲山，在蔚州飛狐縣東北百五十里。《魏土地記》云：「代郡東南二十五里有馬頭山，趙襄子既殺代王，使人迎其婦，代王夫人曰：『以弟慢夫非仁也，以夫慢弟非義也。』磨笄自刺而死，使者遂亦自殺。」

又　蔚州飛狐縣北百五十里有秦、漢故〔代〕郡城，西南有山，俗號飛狐口。

唐·李泰《括地志》卷二《懷州·河内縣》　太行山在懷州河内縣北二十五里。

又　太行、恒山連延，東北接碣石，西北接嶽鄙。

唐·李泰《括地志》卷二《懷州·修武縣》　山陽故城在懷州修武縣西北太行山東南。

唐·李泰《括地志》卷二《懷州·王屋縣》　王屋山在懷州王屋縣北十里。《古今地名》云：「山方七百里，山高萬仞，本冀州之河陽山也。」

又　中條山在王屋縣西北九十里，東接王屋山，南入絳州垣縣界。

唐·李泰《括地志》卷二《黎州·黎陽縣》　大邳山今名黎陽東山，又名青壇山，在(衛)〔黎〕州黎陽縣南七里。

唐·李泰《括地志》卷二《洺州·武安縣》　闕與山在洺州武安縣西南五十里，趙奢距秦軍於閼與，即此山。

又　馬服山〔在〕邯鄲縣西北十里。

唐·李泰《括地志》卷二《定州·恒陽縣》　定州恒陽縣西南四十里有白龍水，又有挾龍山。

又　恒山在定州恒陽縣西北四十里。《周禮》云：并州鎮曰恒山。

又　恒山在定州恒陽縣西北百四十里。道書《福地記》云：「恒山高三千三百丈，上方二十里，有太玄之泉，神草十九種，可度俗。」

又　北岳有五别名：一曰蘭臺府，二曰列女宫，三曰華陽臺，四曰紫臺，五曰太一宫。

唐·李泰《括地志》卷二《定州·唐縣》　定州唐縣東北五十四里有孤山，蓋都山也。《帝王世紀》云：望堯母慶都所居。張晏云：堯山在北，堯母慶都山在南，相去五十里，北登堯山，南望慶都山也。《注水經》云：望都故城東有山，不連陵，名之曰孤。孤、都聲相近，疑即孤山。

唐·李泰《括地志》卷二《井州·鹿泉縣》　封龍山一名飛龍山，在(恒)〔井〕州鹿泉縣南四十五里，邑因山爲名。

唐·李泰《括地志》卷二《易州·遂城縣》　遂城縣西南二十五里有龍山。邢子勵《趙記》云：「龍山有四麓，各有一穴，大如車輪，春風出東，秋風出西，夏風出南，冬風出北，不相奪倫。」

唐·李泰《括地志》卷二《嬀州·懷戎縣》　釜山在嬀州懷戎縣北三里，山上有舜廟。

又　蘘頡山在嫣州懷戎縣東南十五里。

又　涿鹿山在嫣州東南五十里，山側有涿鹿城，即黄帝、堯、舜之都也。

唐·李泰《括地志》卷三《虢州·盧氏縣》　熊耳山在虢州盧氏縣南五十里，洛所經。

唐·李泰《括地志》卷三《陝州·陝縣》　虢山在陝州陝縣西二里，臨黄河。今臨河有岡阜，似是積山之餘也。

唐·李泰《括地志》卷三《陝州·硤石縣》　底柱山俗名三門山，在陝州硤石縣東北五十里黄河之中。孔安國云：「底柱，山名。河水分流，包山而過，山見水中如柱然也。」

唐·李泰《括地志》卷三《陝州·河北縣》　虞城故城在陝州河北縣東北五十里虞山之上。亦名吴山，周武王封弟虞仲於周之北故夏墟吴城，即此城也。

唐·李泰《括地志》卷三《陝州·芮城縣》　薄山亦云衰山，一名寸棘山，一名渠山，一名雷首山，一名獨頭山，一名首陽山，一名吴山，一名條山，在陝州芮(城)縣北十里。

唐·李泰《括地志》卷三《穀州·永寧縣》　[二]崤山又名嶔岑山，在(洛)(穀)州永寧縣西北二十(八)里，即古殽道也。

又　按文王所避風雨，即東(垣)(殽)山也，俗亦號曰文王山。有夏后皋墓，北可十里許。其山南臨河陰，漢末以來移道於嶔岑山南，其山在夏后墓正南可五里許。

唐·李泰《括地志》卷三《唐州·桐柏縣》　桐柏山在唐州桐柏縣東南五十里，淮水出焉。

唐·李泰《括地志》卷三《兖州·曲阜縣》　女陵山在兖州曲阜縣南二十八里。干寶《三日紀》云：「徵在生孔子空桑之地，今名空竇，在魯南山之空竇中。無水，當祭祀時灑掃以告，輒有清泉自石門出，足以周用，祭訖泉枯。今俗名女陵山。」

又　防山在兖州曲阜縣東二十五里。《禮記》云：孔子母合葬于防也。

唐·李泰《括地志》卷三《兖州·鄒縣》　嶧山在兖州鄒縣南二十二里。《鄒山記》云：「鄒山，古之嶧山，言絡繹相連屬也。今猶多桐樹。」按：今獨生桐，尚徵，一偏似琴瑟。

唐·李泰《括地志》卷三《兖州·博城縣》　泰山一曰岱宗，東嶽也，在兖州博城縣西北三十里。《周禮》云：兖州鎮曰岱宗。

又　泰山一曰岱宗，東嶽也，在兖州博城縣西北三十里。《山海經》云：「泰山，其上多玉，其下多石。」郭璞云：從泰山下至山頭，百四十八里三百步。道書《福地記》云：「泰山高四千九百丈二尺，周迴二千里，多芝草玉石，長津甘泉，仙人室。又有地獄六，曰鬼神之府。從西上，下有洞天，周迴三千里，鬼神考讁之府。」

又　云云山在兖州博城縣西南三十里也。

又　亭亭山在兖州博城縣西(南)三十里也。

又　艾山在兖州博城縣南百六十里，本齊博邑。

唐·李泰《括地志》卷三《兖州·泗水縣》　梁父山在兖州泗水縣北八十里。

又　昌平山在泗水縣南六十里。孔子生昌平鄉，蓋鄉取山爲名。

又　叔梁紇廟亦名尼丘山祠，在兖州泗水縣(南)五十里尼丘山東趾。《地理志》云：魯縣有尼丘山，有叔梁紇廟。

唐·李泰《括地志·密州·諸城縣》　琅邪山在密州諸城縣東南百四十里。始皇立層臺於山上，謂之琅邪臺，孤立衆山之上。始皇樂之，留三月，立石山上，頌秦功德也。

唐·李泰《括地志》卷三《密州·莒縣》　密州莒縣濰山，濰水所出。

唐·李泰《括地志》卷三《青州·臨淄縣》　齊桓公墓在臨淄縣南二十一里牛山上，一名鼎足山，一名牛首堈。一所二墳。晉永嘉末，人發之，初得版，次得水銀池，有氣不得入，經數日乃牽犬入，中得舍蠶數十薄，珠襦、玉匣、繒綵、軍器不可勝數。又以人殉葬，骸骨狼藉也。

唐·李泰《括地志》卷三《青州·臨朐縣》　丸山即丹山，在青州臨朐縣界朱虚故縣西北二十里，丹水出焉。

唐·李泰《括地志》卷三《濟州·平陰縣》　陶山在濟州平陰縣東三十五里。(范蠡)止此山之陽也，今山南五里猶有朱公冢。

唐·李泰《括地志》卷三《濟州·東阿縣》　穀城山一名黄山，在濟州東阿縣東。濟州，故濟北郡。孔文祥云：黄石公狀鬚眉皆白，杖丹黎，履赤舄。

唐·李泰《括地志》卷三《濮州·雷澤縣》　濮州雷澤縣有歷山、舜井，又有姚墟，云舜生處也。

唐·李泰《括地志》卷三《萊州·文登縣》　之罘山在萊州文登縣西北百九

十里。

唐・李泰《括地志》卷三《淄州・淄川縣》　淄州淄川縣東(北)〔南〕七十里原山，淄水所出。俗傳云禹理水功畢，土石黑，數里之中，波流若漆，故謂之淄水也。

唐・李泰《括地志》卷三《宋州・碭山縣》　宋州碭山縣，在州東一百五十里，本漢陽碭縣也。碭山在縣東。

唐・李泰《括地志》卷三《許州・葉縣》　方城山在許州葉縣西南十八里。《左傳》云：楚大夫屈完對齊侯曰：楚國方城以爲城，云方城山在南陽葉縣南。

又　黄城山，俗名(苦)〔苫〕菜山，在許州葉縣西南二十五里。《聖賢冢墓記》云：「黄城山即長沮、桀溺(所)〔耦〕耕處。下有東流(水)，則子路問津處也。」

唐・李泰《括地志》卷三《曹州・濟陰縣》　曹有曹南(山)，因名曹。

唐・李泰《括地志》卷三《洛州・河南縣》　故甘城在洛州河南縣西南二十五里。《左傳》云甘昭公，王子叔帶也。《洛陽記》云：河南縣西南二十五里甘水出焉，北流入洛。山上有甘城，即甘公菜邑也。

又　伊闕塞在洛州南十九里。伊闕山今名鍾山。酈元《注水經》云：「兩山相對，望之若闕，伊水歷其間，故謂之伊闕。」

唐・李泰《括地志》卷三《洛州・陽城縣》　陽城縣在箕山北十三里。

又　嵩高山亦名太室山，亦名外方山，在洛州陽城縣北二十三里也。

唐・李泰《括地志》卷三《鄭州・滎陽縣》　東廣武、西廣武在鄭州滎陽縣西二十里。戴延之《西征記》云：三皇山上有二城，東曰東廣武，西曰西廣武，各在一山頭，相去(二)百步。汴水從廣(武)澗中東南流，今涸無水。城各有三面，在敖倉西。郭緣生《述征記》云：一澗橫絶上過，名曰廣武。相對皆立城塹，遂號東、西廣武。

唐・李泰《括地志》卷三《鄭州・新鄭縣》　陘山在鄭州新鄭縣西南三十里。

又　陘山在鄭州西南一百二十里。

唐・李泰《括地志》卷四《襄州・荆山縣》　荆山在襄州荆山縣西八十里。《韓子》云卞和得玉璞於楚之荆山，即此也。

唐・李泰《括地志》卷四《隨州・隨縣》　潰山一名昆山，一名斷蛇丘，在隨州隨縣北二十五里。《説苑》云：「昔隨侯行遇大蛇中斷，疑其靈，使人以藥封之，蛇乃能去，因號其處爲斷蛇丘。歲餘，蛇銜明珠，徑寸，絶白而有光，因號隨珠。」

唐・李泰《括地志》卷四《硤州・夷陵縣》　夷陵，硤州夷陵縣是也，在荆州西。應劭云夷山在西北。

唐・李泰《括地志》卷四《梁州・褒城縣》　褒谷在梁州褒城縣北五十里南中山。昔秦欲伐蜀，路無由入，乃刻石爲牛五頭，置金於後，僞言此牛能屎金，以遺蜀。蜀侯貪，信之，乃令五丁共引牛，塹山堙谷，致之成都。秦遂尋道伐之，因號曰石牛道。《蜀賦》注以「石門在漢中之西，褒中之北」是。

唐・李泰《括地志》卷四《梁州・金牛縣》　嶓冢山在梁州金牛縣東二十八里。

唐・李泰《括地志》卷四《商州・上洛縣》　熊耳山在商州上洛縣西十里，齊桓公登之以望江漢也。

唐・李泰《括地志》卷四《商州・商洛縣》　商坂亦曰楚山，在商州商洛縣南一里。

唐・李泰《括地志》卷四《房州・竹山縣》　方城(山在)房州竹山縣東南四十一里。其山頂上平，四面險峻。山南有城，長十餘里，名爲方城。

唐・李泰《括地志》卷四《綿州・龍安縣》　通化山一名精石山，在龍安西三十餘里。乾江水出精石山。

唐・李泰《括地志》卷四《眉州・彭山縣》　鼎山北有龍洲，東接導江。

唐・李泰《括地志》卷四《雅州・嚴道縣》　蒙山在雅州嚴道縣南十里。

唐・李泰《括地志》卷四《雅州・滎經縣》　邛僰山在雅州滎經縣界。滎經，武德年間置，本秦嚴道縣地。《華陽國志》云：「邛筰山，故邛人、筰人界也。山巖峭峻，曲回九折乃至，上下有凝冰。」按即王尊登者也。今從九折(坂)西南行至嶲州，山多雨少晴，俗呼名爲漏天。

又　雅州滎經縣北三里有銅山，即鄧通得賜銅山鑄錢者。

唐・李泰《括地志》卷四《茂州・汶川縣》　岷山在茂州汶川縣。

又　茂州汶川縣石紐山，在縣西七十三里。《華陽國志》云：今夷人共營其地，方百里不敢居牧，至今猶不敢放六畜。楊雄《蜀王本紀》云：禹本汶山郡廣柔縣人也，生於石紐。按：廣柔隋改曰汶川。

唐・李泰《括地志》卷四《申州・鍾山縣》　石城山在申州鍾山縣東南二十一里。魏攻冥阸，即此山。上有故石城。《注水經》云：冥阸或言在(鄳)〔鄳〕，指此山也。《呂氏春秋》云：九塞，此其一也。

唐·李泰《括地志》卷四《滁州·全椒縣》 九頭山在滁州全椒縣西北九十六里。《江表傳》云：項羽敗至烏江，漢兵追羽至此，一日九戰，因名。

唐·李泰《括地志》卷四《安州·安陸縣》 横尾山，古陪尾山也，在安州安陸縣北六十里。

唐·李泰《括地志》卷四《成州·上禄縣》 隴右成州、武州皆白馬氏，其豪族楊氏居成州仇池山上。

又 雞頭山在成州上禄縣東北二十里，在京西南九百六十里。酈元云：蓋大隴山之異名也。《漢書·隗囂傳》云：「王莽塞雞頭，即此也。」

唐·李泰《括地志》卷四《渭州·渭源縣》 鳥鼠山，今名青雀山，在渭州渭源縣西七十六里。《山海經》云：鳥鼠同穴之山，渭水出焉。郭璞注云：「今在隴西首陽縣西南。山有鳥鼠同穴。鳥名鵌，鼠名鼵，如人家鼠而短尾。鵌似鵽而小，黄黑色。穴入地三四尺，鼠在內，鳥在外。」

唐·李泰《括地志》卷四《河州·枹罕縣》 積石山今名小積石，在河州枹罕縣西七里。

唐·李泰《括地志》卷四《岷州·溢樂縣》 岷山在岷州溢樂縣南一里，連綿至蜀二千里，皆名岷山。

唐·李泰《括地志》卷四《洮州·臨潭縣》 西傾山，今嵹臺山，在洮州臨潭縣西南三百三十六里。

唐·李泰《括地志》卷四《肅州·酒泉縣》 崑崙山在肅州酒泉縣南八十里。《十六國春秋》云：後魏昭成帝建國十年〔前〕涼張駿酒泉太守馬岌上言：「酒泉南山即崑崙之體，周穆王見西王母，樂而忘歸，即謂此山。有石室、王母堂，珠璣鏤飾，焕若神宫。」

唐·李泰《括地志》卷四《肅州·福禄縣》 空桐山在肅州福禄縣東南六十里。《抱朴子內篇》云「黄帝西見中黄子，受九品之方，過空桐，從廣成子受自然之經」，即此山。

唐·李泰《括地志》卷四《沙州·燉煌縣》 三危山有三峯，故曰三危，俗亦名卑羽山，在沙州燉煌縣東南三十里。

唐·李泰《括地志》卷四《沙州·壽昌縣》 沙州龍勒山在〔壽昌〕縣南百六十五里。

唐·李泰《括地志》卷四《伊州·伊吾縣》 天山一名白山，今名初羅漫山，在伊州伊吾縣北百二十里。

唐·李泰《括地志》卷四《甘州·張掖縣》 祁連山在甘州張掖縣西南二百里。

唐·李泰《括地志》卷四《甘州·删丹縣》 蘭門山一名合黎〔山〕，一名窮石山，在甘州删丹縣西南七十里。《淮南子》云：弱水源出窮石山。

又 焉支山一名删丹山，在甘州删丹縣東南五十里。《西河故事》云：「匈奴失祁連、焉支二山，乃歌曰：『亡我祁連山，使我六畜不蕃息；失我焉支山，使我婦女無顔色。』其慜惜乃如此。」

唐·李泰《括地志》卷四《江州·潯陽縣》 江州潯陽縣有黄金山，山出金。

唐·李泰《括地志》卷四《涪州·永安縣》 寡婦清臺山，俗名貞女山，在涪州永安縣東北七十里。

唐·李泰《括地志》卷四《鄂州·蒲圻縣》 鄂州蒲圻縣有赤壁山，即曹公敗處。

唐·李泰《括地志》卷四《潤州·江寧縣》 慈姥山積石臨江，岸壁峻絶。山上出竹，堪爲簫管，屬樂府，名爲鼓吹山，今並芊葺頭細不任。

唐·李泰《括地志》卷四《潤州·句容縣》 銅山，今宣州及潤州句容縣有，並屬鄣也。

唐·李泰《括地志》卷四《岳州·巴陵縣》 湘山一名艑山，在岳州巴陵縣南十八里。

又 君山一名洞庭山。酒香山在君山上。《湘水記》云：「君山上有美酒，飲者不死。武帝遣欒巴求得之，未進御，東方朔竊飲。帝怒，欲殺之，對曰：『使酒有驗，殺臣不死；無驗，安用酒爲。』帝笑而釋之。相傳每春時往往聞酒香，尋之莫見其處。」

唐·李泰《括地志》卷四《岳州·湘陰縣》 二妃冢在湘陰〔縣〕北一百六十里青草山上。盛宏之《荆州記》云：青草湖南有青草山，湖因山名焉。《列女傳》云：舜陟方，死於蒼梧。二妃死于江、湘之間，因葬焉。

唐·李泰《括地志》卷四《衡州·臨蒸縣》 臨蒸縣東北一百四十里有茶山、茶溪。

唐·李泰《括地志》卷四《衡州·湘潭縣》 衡山一名岣嶁山，在衡州湘潭縣西四十一里。

唐・李泰《括地志》卷四《道州・唐興縣》 九嶷山在(永)道州唐興縣東南一百里。《皇覽冢墓記》云：舜冢在零陵郡營浦縣九嶷山。

唐・李泰《括地志》卷四《越州・會稽縣》 會稽山一名衡山，在越州會稽縣東南一十二里。

又 石簣山一名玉笥山，又名宛委山，即會稽山一峯也，在會稽縣東南十八里。《吴越春秋》云：「禹案《黄帝中經》：九山，東南天柱，號曰宛委，赤帝左闕之填，承以文玉，覆以盤石，其書金簡青玉爲字，編以白銀，皆瑑其文。禹乃東巡，登衡山，血白馬以祭。禹乃登山，仰天而笑，忽然而卧，夢見繡衣男子自稱玄夷倉水使者，卻倚覆釜之山，東顧謂禹曰：『欲得我山神書者，齊於黄帝之岳，巖嶽之下，三月季庚，登山發石。』禹乃登宛委之山，發石，乃得金簡玉字，以水泉之脈。山中又有一穴，深不見底，謂之禹穴。史遷云『上會稽，探禹穴』，即此穴也。」

唐・李泰《括地志》卷四《越州・餘姚縣》 越州餘姚縣有歷山舜井，濮州雷澤縣有歷山舜井，二所又有姚墟，云生舜處也。及嬀州歷山舜井，皆云舜所耕處，未詳也。

唐・李泰《括地志》卷四《湖州・烏程縣》 銅山在烏程縣東二十里，吴採鄣山之銅即此也。

又 何口山在烏程縣南十里，山下當何山等路。昔曰何山，亦曰金蓋山，晉何楷居之修儒業，楷後爲吴興太守，改金蓋爲何山。山口有火山口金口山，今曰何口山。

唐・李泰《括地志》卷四《湖州・長興縣》 西顧山一名吴望山，在長興縣北四十九里，高千丈。《山墟名》云：西顧山，昔吴王闔廬登姑蘇，望五湖，顧見此山，因名之。

又 湖陵山在縣北一十五里，高四百五十丈。《山墟名》云藝香山，昔西施種香之所。

又 夏駕山一名石鼓山，在長興縣南三十六里，高九百丈。石鼓作金鼓鳴，亦爲零陵郡石鼓之類。

唐・李泰《括地志》卷四《湖州・安吉縣》 五山有五峯。昔村人姚紾嘗於此採樵，忽遇仙人。及還家，因入甕中隱身，謂家人云：「可七日勿開。」日限未至，家人開之，紾變爲白鶴，飛向五山。《吴興記》云：五山亦名奕山也。

又 南嶼山一名白水山，山上有湖，其水色白，因以名之。

唐・李泰《括地志》卷四《蘇州・吴縣》 大伯冢在吴縣北五十里無錫縣界西梅里鴻山上，去太伯所居城十里。

唐・李泰《括地志》卷四《辰州・盧溪縣》 辰州盧溪縣西南三百五十里有包茅山。《武陵記》云：山際出包茅，有刺而三脊，因名包茅山。

唐・李泰《括地志》卷四《辰州・漵浦縣》 辰州漵浦縣西北三百五十里無時山，彼蠻俗當吉慶之時，親族會集歌舞於此山。山多茶樹。

唐・李泰《括地志》卷四《建州・邵武縣》 邵武有庸嶺，一名烏頭嶺。北隰中有大蛇長七八丈，爲患，都尉長吏多致死者。巫言啖童女，其都尉令長遂估賃人家婢子養之，八月祭送蛇穴，已九女矣。將樂縣李誕有六女無男，小女名奇，及受傭，應之，責買好劍，仍作數石米餈，用蜜灌之，以置穴口。蛇夜出，目如三尺鏡。奇放犬咋蛇，奇從後以劍斫之，蛇踴出，至庭而死。

唐・李泰《括地志・建州・建陽縣》 建陽縣上百餘里有仙人葬山，亦神仙所居之地。

又 武夷山在建陽縣北一百二十八里。蕭子開《建安記》云：武夷山在其高悉紅紫二色，望之若朝霞。有石壁峭拔數百仞於烟嵐之中，其間有木碓、磨、簸箕、籮、箸什器等物，靡不有之。顧野王謂之地仙之宅。半巖有懸棺數千。傳云：昔有神人武夷君居此，故得名。

唐・李泰《括地志》卷四《西域》 南蠻北接氐羌，西過蠻界即入土番南界，越數重高山峻嶺，涉歷川谷，凡經三數千里，過土番界，度雪山南脚即入東天竺，東南界迦摩縷波國，其次近南三摩恒吒國、呵利雞羅國及耽摩立底國。此山路與天竺至近，險阻難行，是大唐與五天陸路之捷徑也。仍須及時，盛夏熱瘴毒蟲不可行履，過者難以全生；秋多風雨水泛，又不可行；冬雖無毒，積雪沍寒，又難登陟；惟有二、三月乃是過時，仍須譯解數種蠻夷語言，兼齎買道之貨，仗土人引道，展轉問津，即必得達。

又 阿耨達山亦名建末達山，亦名崑崙山。水出，一名拔扈利水，一名恒迦河，即經稱恒河者也。自崑崙山以南，多是平地而下溼。土肥良，多種稻，歲四熟，留役駞馬，米粒亦極大。

又 阿耨達山亦名建末達山，亦名崑崙山。恒河出其南吐獅子口，經天竺入達山。嬀水今名爲滸海，出於崑崙西北隅吐馬口，經安息、大夏國入西海。黄河出東北隅吐牛口，東經（濫）泑澤，潛出大積石山，至華山北，東入海。其三河去入海各三萬里。此謂大崑崙，肅州謂小崑崙也。《禹本紀》云：河出崑崙二千五百餘里，日月所相隱避爲光明也。

又　阿耨達山一名崑崙山，其山爲天柱，在雍州西南一萬五千三百七十里。

又　王舍國，胡語曰罪悅祇國。其國靈鷲山，胡語曰耆闍崛山。山是青石，石頭似鷲。鳥名耆闍，鷲也。崛，山石也。山周四十里，外周圍水，佛於此坐禪，及諸阿難等俱在此坐。

又　葱嶺山在京西九千八百六十里，葱茂於常，故曰葱嶺。其山東至于寘，西踰罽賓。

又　火山國在扶風南東大湖海中。其國中山皆火，然火中有白鼠皮及樹皮，績爲火浣布。《魏略》云：大秦在安息、條支西大海之西，故俗謂之海西國。從安息界乘船直載海西，遇風利時三月到，風遲或一二歲。其公私宮室爲重屋，郵驛亭置如中國。從安息繞海北陸到其國，人民相屬，十里一亭，三十里一置。無盜賊。其俗人長大平正，似中國人而胡服。（宋膺）朱應《異物志》云：大秦之北附庸小邑，有羊羔自然生於土中，候其欲萌，築牆繞之，恐獸所食。其臍與地連，割絶則死。擊物驚之，乃驚鳴，臍遂絶，則逐水草爲羣。又大秦金二枚，皆大如瓜，植之滋息無極，觀之如用則真金也。

唐·李泰《括地志》卷四《東夷》　靺鞨國，古肅慎也，在京東北萬里以下，東及北各抵大海。其國南有白山，鳥獸草木皆白。其人處山林間，土氣極寒，常爲穴居，以深爲貴，至接九梯。養豕，食肉，衣其皮，冬以豬膏塗身，厚數分，以禦風寒。貴臭穢不潔，作廁於中，圜之而居。多勇力，善射。弓長四尺，如弩，矢用楛，長一尺八寸，青石爲鏃。葬則交木作椁，殺豬積椁上，富者至數百，貧者數十，以爲死人之糧。以土上覆之，以繩繫於椁，頭出土上，以酒灌酹，繩腐而止，無四時祭祀也。

唐·李吉甫《元和郡縣圖志》卷一《關内道一》　終南山，在縣南五十里。按經傳所説，終南山一名太一，亦名中南。據張衡《西京賦》云：「終南、太一，隆崛崔崒。」潘岳《西征賦》云：「九嵕、嶻嶭，太一、巃嵸，面終南而背雲陽，跨平原而連嶓冢。」然則終南、太一，非一山也。

又　龍首山，在縣北一十里，長六十里，頭入渭水，尾達樊川。秦時有黑龍從南山出飲水，其行道因成土山。疏山爲臺殿，不假版築，高出長安城。《西京賦》所云「疏龍首以抗殿」也。《三輔（皇）黄圖》曰：「營未央宫，因龍首制前殿也。」

又　堯門山，在縣西北三十二里。

又　梁山，高宗天皇大帝乾陵所在，因名曰奉天。其山即《禹貢》所云「壺口（治）〔理〕梁及岐」，又古公亶父踰梁山至于岐下，及秦立梁山宫，皆此山也。

又　荆山，在縣西南二十五里岐山東，《禹貢》云「荆、岐既旅」，是也。

又　嵯峨山，一名嶻嶭山，在縣東北十里，東西二十五里，南北二十里。山上有雲必雨，常以爲候。

又　甘泉山，一名磨石嶺，在縣西北九十里，周回六十里。

又　倒獸山，一名玄象山，在縣東南五十里。王子年隱處也。

又　藍田山，一名玉山，一名覆車山，在縣東二十八里。

又　蕢山，在縣東南二十五里。

唐·李吉甫《元和郡縣圖志》卷二《關内道二》　土門山，在縣東南四里。

又　終南山，在縣東南二十里。

又　雞頭山，在縣東南三十一里。僞趙主石生不能守長安，欲西上隴，士卒散盡，遂入雞頭山，尋爲追兵所害。

又　牛首山，在縣西南二十三里。南接終南，在上林苑中，《西京賦》云「繞黄山而款牛首」，是也。澇水所自出。

又　少華山，在縣東南十里。

又　太華山，在縣南八里。

又　龍門山，在縣北五十里。

又　岐山，亦名天柱山，在縣東北十里。

又　五將山，在縣西北六十里。苻堅爲姚萇將吴忠所擒之處。

又　陳倉山，在縣南十里，南接梁、鳳二州界。

又　終南山，在縣南三十里。

又　太白山，在縣東南五十里。

又　隴山，在縣西六十二里。

又　岍山，在縣西六十里。北與隴山接，《禹貢》「導岍及岐」，是也。

又　吴山，在縣西南五十里。秦都咸陽，以爲西岳，今爲國之西鎮山。《國語》謂之西吴。

又　小隴山，在縣西四十里。

唐・李吉甫《元和郡縣圖志》卷三《關内道三》 笄頭山，一名崆峒山，在縣西一百里，即黄帝謁廣成子學道之處。《史記》曰「黄帝東至於海，西至崆峒，登笄頭」，是也。《漢書》曰幵頭山，在涇陽西。《禹貢》：涇水所出。《莊子》云：廣成子學道崆峒之山。又《後漢書》：隗囂使將王孟塞雞頭道，即此也。

又 馬屯山，在縣西。《十六國春秋》云「姚萇與苻登戰於高平，登敗，奔於馬屯山」，即此也。其山南北二十里，東西三十里。

又 可藍山，一名都盧山，在縣西南七十里。《十六國春秋》曰：「赫連定據平涼，登可藍山望統萬城，泣曰：『先帝若以朕承大業，豈有今日！』」

又 石門山，在縣東五十里。峯巖相對，望之似門。

又 高泉山，亦曰甘泉，在縣北二十五里。

又 子午山，亦曰橋山，在縣東八十里，黄帝陵在山上，即羣臣葬衣冠之處。《史記》曰：漢武帝北巡朔方，還祭黄帝冢於橋山，曰：「吾聞黄帝不死，今有冢，何也？」或對曰：「黄帝已上仙，羣臣葬其衣冠，故有冢。」

又 子午山，舊名翟道山，在縣西四十五里。

又 大槃山，在縣西北一百一十里。

又 琉璃山，在縣北十五里。

唐・李吉甫《元和郡縣圖志》卷四《關内道四》 長樂山，舊名達樂山，亦曰鐸洛山，以山下有鐸洛泉水，故名。舊吐谷渾部落所居，今吐蕃置兵守之。

又 賀蘭山，在縣西九十三里。山有樹木青白，望如駮馬，北人呼駮爲賀蘭。其山與河東望雲山形勢相接，迤邐向北經靈武縣，又西北經保静西，又北經懷遠縣西，又北經定遠城西，又東北抵河，其抵河之處亦名乞伏山，在黄河西，從首至尾，有像月形，南北約長五百餘里，真邊城之鉅防。山之東，河之西，有平田數千頃，可引水溉灌，如盡收地利，足以贍給軍儲也。

又 契吴山，在縣北七十里。《十六國春秋》曰：「赫連勃勃北游契吴，歎曰：『美哉，臨廣澤而帶清流。吾行地多矣，自馬領以北，大河以南，未之有也！』」

又 賀蘭山，在縣東北三十里。

又 疏屬山，亦名雕陰山，即《山海經》云「貳負之臣曰危，與貳負殺窫窳，帝乃梏之」，疏屬山即此也。

唐・李吉甫《元和郡縣圖志》卷五《河南道一》 北邙山，在縣北二里，西自洛陽縣界東入鞏縣界。舊説云：北邙山是隴山之尾，乃衆山總名，連嶺脩亘四百餘里。

又 首陽山，在縣西北二十五里。

又 緱氏山，在縣東南二十九里。王子晉得仙處。

又 轘轅山，在縣東南四十六里。《左傳》：「欒盈過周，王使候出諸轘轅。」注曰：「緱氏縣東南有轘轅關，道路險隘，凡十二曲，將去復還，故曰轘轅。」後漢河南尹何進所置八關，此其一也。

又 天陵山，在縣東南六十里。

又 大騩山，在縣東南五十里。本具茨山，黄帝見大隗於具茨之山，故亦謂之大騩山，溱水源出於此。

又 伊闕山，在縣北四十五里。兩山相對，望之若闕，伊水流其間，故名。

又 陸渾山，俗名方山，在縣西五十五里。

又 馬嶺山，在縣南十五里，洧水所出。

又 王屋山，在縣北十五里。周迴一百三十里，高三十里。《禹貢》「底柱、析城，至于王屋」，是也。

又 析城山，在縣西北六十里。峯四面其形如城，有南門焉，故曰析城。

又 三皇山，亦曰高山，上有三城，即劉、項相持處。《春秋左氏傳》曰：「晉師在敖、鄗之閒」，亦此也。

又 大石山，一名萬安山，在縣西北四十五里。

又 倚箔山，望之如立箔。山西北崖下有鍾乳，隋時充貢。

又 陽乾山，在縣東二十五里。潁水一源出陽乾山。

又 許由山，在縣南十三里。

又 嵩高山，在縣西北三十三里。

又 少室山，在縣西北五十里。

又 陽城山，在縣東北三十八里。

又 嵩高山，在縣北八里。亦名外方山。又云：東曰太室，西曰少室，嵩高總名，即中岳也。山高二十里，周迴一百三十里。

又 少室山，在縣西十里。高十六里，周迴三十里。潁水源出焉。潁水有三源，右水出陽乾山之潁谷，中水導源少室通阜，左水出少室南溪，東合潁水。

又 女几山，在縣西南三十四里。

又 石墨山，在縣西南三里。山石如墨，可以書字。

又 廣陽山，亦名澠池山，在縣東北五十五里。

又 二崤山，又名嶔崟山，在縣北二十八里。春秋時秦將襲鄭，蹇叔哭送其子曰：「晉人禦師必於崤。崤有二陵，其南陵夏后皐之墓，北陵文王之所避風雨。必死是閒。」漢建安中，曹公西討巴、漢，惡其險，更開北山道路，多從之便。路側有石銘，曰：「晉太康三年，弘農太守梁柳修復舊道。」《西征記》：「崤上不得鳴鼓角，鳴則風雨總至。」自東崤至西崤三十五里。東崤長阪數里，峻阜絶澗，車不得方軌。西崤全是石坂十二里，險絶不異東崤。漢馮異破赤眉於崤底，魏龐德破張白騎於兩崤閒。

又 熊耳山，在縣東北四十五里。後漢世祖破赤眉，積甲宜陽縣城西，與此山齊。按《禹貢》「導洛自熊耳」，在商州上洛縣界，與此別也。

又 穀陽山，在縣西北五十五里。《漢書·地理志》：穀水出穀陽山。

又 三塗山，在縣西南五十里。《左傳》曰：「四嶽、三塗、陽城、大室，九州之險。」

又 明皐山，在縣東北十五里。

唐·李吉甫《元和郡縣圖志》卷六《河南道二》 底柱山，俗名三門山，在縣東北五十里黄河中。《禹貢》曰：「導河積石，至於龍門，東至於底柱。」河水分流包山，山見水中，若柱然也。又以禹理洪水，山陵當水者，破之以通河。三穿既決，河出其閒，有似於門，故亦謂之三門。漢成帝鴻嘉四年，楊焉上言：「底柱之(險)〔隘〕，可鐫廣之。」上乃令鐫之。纔没水中，不能復去，而令湍流沸怒，爲害彌甚。隋開皇三年，遣倉部侍郎韋瓚，自蒲、陝以東，募人能於洛陽運米四十石，經底柱之險，達於常平者，免其征戍。貞觀十二年，太宗東巡，臨幸於此，令魏徵勒銘。

又 雷首山，一名中條山，在縣南二十里。其山有銀谷，在縣西南三十五里，隋及武德初並置銀冶監，今廢。

又 吴山，即吴坂也，伯樂遇騏驥駕鹽車之地。其坂自上及下，七山相重。

又 熊耳山，在縣南五十里。《禹貢》：導洛於此。

又 秦山，一名秦嶺，在縣南五十里。南入商州，西南入華州。山高二千丈，周迴三百餘里。

又 荆山，在縣南。即黄帝鑄鼎之處。

又 魚齒山，在縣東六十里。《春秋》：「楚師伐鄭，涉於魚齒之下。」山有滍水，故言涉也。

又 天息山，一名伏牛山。

又 方城山，在縣西南十八里。楚屈完曰「楚國方城以爲城」，是也。

又 黄城山，一名苦菜山，在縣西二十五里。即長沮、桀溺耦耕處。

又 大龍山，在縣東南三十五里。劉累學擾龍遷於魯縣，因以名山。

唐·李吉甫《元和郡縣圖志》卷七《河南道三》 嵇山，在縣西三十里。晉嵇康家於銍嵇山之下，因改姓嵇氏。

又 碭山，縣南五十里。漢高祖隱芒、碭山澤閒。應劭注：「芒，今在臨睢」，即永城縣是也。碭屬梁國，今碭山縣是。二縣之界，有山澤之固，可以隱也。

又 硤石山，在縣西南六十里。淮水經硤石中，對岸山上築二城，以防津要。今按：淮水以中流分界，在西岸者屬下蔡，在東岸者屬壽陽。

唐·李吉甫《元和郡縣圖志》卷八《河南道四》 白馬山，在縣東北三十四里。《開山圖》曰：「有白馬羣行山上，悲鳴則河決，馳走則山崩。」津與縣，蓋取此山爲名。

又 梅山，縣西南三十里。春秋時楚蔿子馮帥師侵費、滑，右回梅山，即此山也。

又 廣武山，在縣西二十里，一名三皇山。

又 敖山，縣西十五里。春秋時晉師救鄭在敖、鄗之閒。敖、鄗二山名。宋武帝《北征記》曰：「敖山，秦時築倉於山上，漢高祖亦因敖倉，傍山築甬道，下汴水。」即此山也。

又 陘山，縣西南三十里。《史記》：魏敗楚於陘山。山上有子産墓，墓累石爲方墳，墳東有廟，皆東向，即杜元凱終制所言者。

唐·李吉甫《元和郡縣圖志》卷九《河南道五》 定國山，在縣東四里。後魏武定五年，慕容紹宗欲擊梁貞陽侯蕭明，營於此山。

又 丁公山，在縣東南二十里。丁公追漢高帝處。

又 綏輿山，在縣東二十五里。宋高祖，綏輿里人，蓋因里以名山也。

又 微山，上有微子冢，去縣六十五里。

又 奚公山，在縣東南六十六里。奚仲初造車於此。

又　朗陵山，一名大朗山，在縣西北三十里。

又　光山，一名弋山，在縣西北八十里。

唐・李吉甫《元和郡縣圖志》卷一〇《河南道六》　梁山，在縣南三十五里。《漢書》曰「孝王北獵梁山」，是也。

又　魚山，一名吾山，在縣東南二十里。《瓠子歌》曰：「吾山平兮巨野溢，魚沸鬱兮迫冬日。」即此山也。曹子建每登此山，有終焉之志，及亡，葬於山下。

又　穀城山，在縣東三十二里。黄石公出一編書與張良曰：「後十三年，孺子見我濟北穀城山下，黄石即我也。」是其處焉。

又　梟山，在縣東南三十八里。《詩》曰「保有梟、嶧，遂荒徐宅」，即此山也。

又　嶧山，一名鄒山，在縣南二十二里。《禹貢》曰「嶧陽孤桐」，即此也。秦始皇二十六年，觀禮於魯，刻石於嶧山。晉建武初，兖州寄埋山上。洛陽傾覆，郗鑒獲歸，州鄉人士並宗附之，遂共推鑒爲主，與千餘家避難於嶧山。中宗假鑒龍驤將軍、兖州刺史，鎮鄒山。後爲石勒所侵逼，鑒率文武自嶧山奔下邳。

又　青石山，在縣西三十里。後魏有青石山祠，即謂此也。其山都是一大石耳，發地傑立，高四十餘丈，周迴三里。上有石池二所，東西行列，有類人工，冬夏澄清，初無耗溢，祈雨輒應，故今古祀之。

又　泰山，一曰岱宗，在縣西北三十里。

又　高里山，亦曰蒿里山，在縣西北二十五里。

又　徂徠山，亦曰尤來山。《詩》曰：「徂徠之松。」後漢赤眉渠帥樊崇保守此山，自號尤來山老。

又　防山，在縣東二十五里。《禮記》曰「孔子既得合葬於防」，即此是也。

又　尼丘山，在縣南五十里。叔梁紇禱尼丘山而生孔子。

又　梁父山，在縣北八十里，西接徂徠山。《封禪書》曰：「古者封泰山禪梁父七十二家。」

又　龜山，在縣東北七十五里。《詩》曰「奄有龜蒙」，定公十年《左傳》曰「齊人來歸龜陰之田」，是也。

又　承注山，在縣東南七十六里。女媧生處，按：今山下有女媧廟。

又　社山，在縣西北二十五里。一名愚公山，有愚公谷，在山之陰。

又　牛山，在縣南二十五里。昔齊景公遊牛山，北望而歎曰：「美哉國乎！古而無死，將何去此？」晏子對曰：「古而無死，則太公、丁公之樂也，君何與於此哉！」

又　華不注山，一名華山，在縣東北十五里。齊、晉戰于鞍，齊敗績，晉逐之，三周華不注。

又　東陵山，在縣南二十八里。《莊子》曰：「盜跖死於東陵之上。」

又　龍盤山，在縣東二十五里。上有神跡，是姜嫄所履處。

又　長白山，在縣東南三十里。高二千九百丈，周迴六十里。

又　長白山，在縣東北六十里。《齊記》曰：「於陵城西三里有長白山，陳仲子夫妻所隱也。」

又　隔馬山，在縣東南三十五里。《左傳》曰：晉侯伐齊，齊師遁，夙沙衛殺馬於隘以塞道，後因爲隔馬山。

唐・李吉甫《元和郡縣圖志》卷一一《河南道七》　曹南山，在縣東二十里。《詩》所謂「薈兮蔚兮，南山朝隮」，是也。

又　歷山，在縣北十六里。《史記》曰：「舜耕歷山，耕者讓畔。」

又　琅邪山，在縣東南一百四十里。《史記》曰：始皇二十六年，滅齊。遂登琅邪，作層臺於山上，謂之琅邪臺。周迴二十里。秦王樂之，因留三月。徙黔首二萬户於山下，後十二年，刊石立碑，記秦功德。

又　牟山，在縣西南十三里。牟山縣取名於此。

又　濰山，在縣東北八十三里。濰水所出也。

又　羽山，在縣西北一百里。《書》曰「殛鯀于羽山」，即此也。

又　小鬲山，在縣北六十里。田横弟避漢，所居之山也。其山三面絶壁，皆百餘仞，惟東南一道略容行人。

又　羽山，在縣東南一百一十里。與海州朐山縣分界。

又　沂山，在縣北一百二十四里。《周禮》：青州其鎮沂山。

又　穆陵山，在縣北一百九十里。管仲曰「賜我先君履，南至於穆陵」，是也。

又　大峴山，在縣北九十里。宋高祖北伐，慕容超大將公孫五樓説超曰：「吴兵輕鋭，難與争鋒，宜斷大峴，使不得入，上策也。」超曰：「引使過峴，我以鐵騎蹴之，此成擒耳。」不從。宋高祖兵遂得入。初，是役也，或曰：「彼若嚴守大峴，軍無所資，何能自返？」高祖曰：「鮮卑性貪，且愛其穀，必將引我兵，一入大峴，吾何患焉。」及師過大峴，高祖喜曰：「天贊我也！」遂大破之。伍緝之《從征記》曰：「大峴去半城八十里，直度山二十五里，崕坂峭曲，石徑幽危，四岳、三塗，不是過也。」

又 雹山，在縣西北二十八里。出紫石英，好者表裏映徹，形若雹狀，故名雹山，今猶入貢。

又 東蒙山，在縣西北七十五里。《論語》曰：「夫顓臾，昔者先王以爲東蒙主。」

又 蒙山，在縣西北八十里。楚老萊子所耕處。

又 抱犢山，在縣北六十里。壁立千仞，頂寬而有水。此山去海三百餘里，天氣澄明，宛然在目。昔有遁隱者，抱一犢於其上墾種，故以爲名山。高九里，周迴四十五里。

又 蒙山，在縣東南八十八里。《書》曰：「蒙、羽其藝。」

又 障山，在縣東八十里。出銷石、石腦、炬火等石，居人常采爲貨。

又 大勞山、小勞山，在縣東南三十八里。晏謨《齊記》曰：「太白自言高，不如東海勞。」昔鄭康成領徒於此。」

又 之罘山，在縣西北一百九十里。《史記》曰：「始皇二十九年，登之罘，勒石紀功。」《封禪書》曰：「齊有八祀，之罘爲陽主。」

又 成山，在縣東北一百八十里。《史記》曰：「秦始皇二十九年，又東遊，登成山，升之罘，勒石紀功。」《郊祀志》曰：「齊有八祠，成山爲日主。」《封禪書》曰：「七曰日主，祠成山。」

又 萊山，在縣東南二十里。《封禪書》曰：齊之八祀，「六曰月主，祠之萊山。」

唐·李吉甫《元和郡縣圖志》卷一二《河東道一》 雷首山，一名中條山，在縣南十五里。

又 風陵堆山，在縣南五十五里。與潼關相對。

又 壇道山，一名百梯山，在縣西南十二里。山高萬仞，躋攀者百梯方可升降，故曰百梯山。南有穴，莫測淺深，每有勅使投金龍於此，兼醮焉。

又 五老山，在縣東北十三里。堯升首山觀河渚，有五老人飛爲流星上入昴，因號其山爲五老山。

又 澮高山，在縣東南二十五里，澮水出焉。其山出鐵，隋於此置平泉冶。

又 備窮山，在縣東北二十五里。出鐵鉚，穴五所。

又 稷山，在縣南五十五里。《左傳》曰「晉侯理兵于稷，以略狄土」，即此地也。

又 平山，一名壺口山，今名姑射山，在縣西八里，平水出焉。《尚書》曰：「壺口治梁及岐。」

又 黑山，今名烏頭山，在縣東四十四里，黑水出焉。

又 霍山，一名太岳，在縣東三十里。《禹貢》曰：「壺口、雷首，至于太岳。」鄭玄注曰：「今河東彘縣霍太山是也。」

又 風山，在縣北三十里。山上有穴如輪，風氣蕭瑟，未嘗暫止，當其衝略不生草，故以風爲名。

又 孟門山，俗名石槽，在縣西南三十六里。《淮南子》曰：「龍門未闢，呂梁未鑿，河出孟門之上，名曰洪水，大禹疏通，謂之孟門。」《水經注》曰：「風山西四十里河水南出孟門，與龍門相對，即龍門之上口也，實爲黄河之巨阸。」今按：河中有山，鑿中如槽，東流懸注，七十餘尺。

又 兩乳山，在縣西南七十里。山有兩岫，望如乳形，因以爲名。

又 馬頭山，在縣南六十里。其山峭嶷，形如馬首，因以爲名。

又 五禿山，在縣東北五十里。山少草木，故名五禿，周迴七十七里。

又 孔山，在縣西北二十五里。上有穴如車輪三所，東西相去各二丈，其深不測，因以爲名。

又 遠望山，一名可寒堆，在縣西七十里。高五里，周迴七十五里。

又 石樓山，在縣東南六十里。《水經注》曰：「蒲水出石樓山。」

唐·李吉甫《元和郡縣圖志》卷一三《河東道二》 牢山，一名看山，在縣東北四十五里。《後魏書》曰：「劉聰遣子粲襲晉陽，猗盧救之，遂獵牢山，陳閱皮肉，山爲之赤。」其山出金鉚。

又 懸甕山，一名龍山，在縣西南十二里。《山海經》曰：「懸甕之山，晉水出焉，其上多玉，其下多銅。」

又 蒙山，在縣西北十里。《十六國春秋》曰「前趙劉聰征劉琨不克，略晉陽之人，踰蒙山而歸」，即謂此也。今山上有楊忠碑，爲周將討齊戰勝，隋開皇二年，追紀功烈，始建此碑。忠即文帝之考，謚曰武元皇帝。

又 麓臺山，俗名鑿臺山，在縣東南三十五里。

又 羊腸山，在縣東南五十三里。石磴縈委若羊腸，後魏於此立倉，今嶺上有故石墟，俗云太武帝避暑之所。《地理志》：上黨壺關亦有羊腸陂，在今潞州界，不謂此也。

又 少山，一名河逢山，在縣西南三十里。《福地記》曰：「河逢山，在樂平沾縣，高八百丈，可避兵水，此即恒山之佐命也。」

又 謁泉山，在縣東北四十里，一名隱泉山，上有石室，去地五十餘丈，頂上平地可十頃，相傳以爲子夏石室。

又 霍山，一名太岳，在縣西七十八里。

又 羊頭山，一名謁戾山，在縣東北五十里。沁水所出。

又 箕山，在縣東四十五里。上有許由冢。按：《司馬遷傳》曰「余登箕山，上有許由冢」，則在今洛州陽城縣，不當在此。

唐・李吉甫《元和郡縣圖志》卷一四《河東道三》 岢嵐山，在縣北九十八里。高二千餘丈，西北與雪山相接。

又 管涔山，在縣北一百三十里。汾水源出焉。初，劉曜隱於此山，山神使二童子獻劍於曜曰：「管涔山王使謁趙皇帝獻劍。」

又 離石山，今名赤洪嶺，在縣西五十步。高歡大破爾朱兆於赤洪嶺，蓋此處也。

又 夏屋山，在縣東北三十五里。《史記》曰：「趙襄子北登夏屋，誘代王，使廚人操銅枓擊殺之，遂有代地。」

又 句注山，一名西陘山，在縣西北三十里。《晉咸寧元年句注碑》曰：「蓋北方之險，有盧龍、飛狐，句注爲之首，天下之阻，所以分別内外也。」漢高祖欲伐匈奴，不從婁敬之説，械繫於廣武，遂踰句注，困於平城，謂此地也。

又 泰戲山，一名武夫山，在縣東南九十里。滹沱水出焉。

又 五臺山，在縣東北百四十里。《道經》以爲紫府山，《内經》以爲清涼山。

又 倒刺山，在縣東七十里。亦號雪山，俗傳靈仙所居，與五臺山略等。

又 太白山，在縣南十里。山有鍾乳穴，其深不測，仰望穴中，乳如懸穗焉。

又 隘門山，亦曰隘口，在縣東南十五里。壁立直上，層崖刺天，有石道極險陿，後魏明元帝置義倉之所。

又 磨笄山，在縣東北一百五十里。趙襄子姊爲代王夫人，襄子既殺代王，迎其姊，夫人曰：「以弟慢夫，非仁也。以夫怨弟，非義也。」磨笄自刎。百姓閔之，爲立祠。

又 倒刺山，在縣東北一百二十里。出佳大黄。

又 火山，在縣西五里。山有火井，深不見底，以草投之，則煙騰火發。有火井祠。

又 紇真山，在縣東三十里。虜語紇真，漢言三十里。其山夏積雪霜。

唐・李吉甫《元和郡縣圖志》卷一五《河東道四》 雞鳴山，一曰火山，在縣東南七十六里。

又 發鳩山，在縣西南六十五里。濁漳水出焉。

又 羊頭山，在縣東五十六里。後漢安帝時，羌寇河東，以任尚爲御史，擊破於羊頭山，謂此也。

又 黄阜山，在縣西北二十五里。劉聰將綦毋劇敗晉將崔恕於黄阜。

又 太行山，在縣南四十里。《禹貢》曰：「太行、恒山，至于碣石。」注曰：「二山連延，東北接碣石。」

又 頭顱山，一名白起臺，在縣西五里。秦坑趙衆，收頭顱築此臺。

又 米山，在縣東十里。趙將廉頗，積糧此山，因名。

又 土山，在縣東百五十步。昔冉閔攻石祗於襄國，爲土山地道於此。

又 磬口山，在縣西南九十八里。漢、魏時舊鐵官也。

又 鵲山，在縣西三十六里。昔扁鵲同號太子遊此山采藥，因名。

又 黑山，一名青山，在縣西二十里。幽深險絶，爲逋逃之藪。以周太祖諱「黑」，因改黑山爲青山，縣取名焉。

又 雷公山，在縣西南八里。漢末黑山羣盜張飛燕等不立君長，直以名號爲稱，多髯者謂之羝公，大聲者謂之雷公，時有雷公賊保此，因以爲名。

又 狗山，在縣西十里。山頂石上有狗跡，因名。武德五年，太宗親總戎討劉黑闥，於此立營。

又 鼓山，一名滏山，在縣西北四十五里。滏水出焉。泉源奮湧，若滏水之湯，故以滏口名之。八陘第四曰滏口陘，山嶺高深，實爲險阨。

又 閼與山，在縣西南五十里。趙奢拒秦軍閼與，即此山也。

唐・李吉甫《元和郡縣圖志》卷一六《河北道一》 太行山，在縣北二十五里。《禹貢》曰「太行、恒山，至于碣石」，注曰：「二山連延，東北接碣石。」

又 天門山，今謂之百家巖，在縣西北三十七里。以巖下可容百家，因名。

上有精舍，又有鍛竈處所，即嵇康所居也。

又 同盟山，在縣東北五里。武王伐紂，與諸侯同盟於此山。

又 韓陵山，在縣東北十五里。東魏丞相高歡破爾朱兆衆於此山。

又 黑山，在縣北五十五里。漢末眭固、白繞等起黑山，聚衆十餘萬，號黑山賊。

又 蘇門山，在縣西北十一里。孫登所隱，阮籍、嵇康所造之處。

又 大伾山，正南去縣七里。即黎山也。《尚書》云「東過洛汭，至于大伾」，注曰：「山再成曰伾。」

又 枉人山，在縣西北四十二里。或言紂殺比干於此。

唐・李吉甫《元和郡縣圖志》卷一七《河北道二》 陘山，在縣東南八十里。四面高，中央下，如井，故曰井陘，屬常山郡。隋開皇十六年，於縣置井州，大業二年廢，縣屬恒州。武德元年重立井州，貞觀十七年廢，縣又屬恒州。

又 飛龍山，在縣南四十五里。《前趙録》曰：「王浚遣將祁弘率鮮卑討石勒於飛龍山下，勒大敗。」

又 革山，今名抱犢山。韓信伐趙，使輕騎二千人，人持一赤幟，從閒道革山而望，後遂改爲革山。後魏葛榮之亂，百姓因山抱犢而死，故以爲名。又云抱犢者，古有其名也，即道家謂之「北嶽佐命」是也，《名山記》以爲福地之數，云可避兵水也。

又 房山，一名王母山，在縣西北五十里。漢武帝於此山上立祠，今王母觀是也。

又 飛龍山，縣西北三十里。《前趙録》曰：「河瑞元年，王浚使將祁弘，率鮮卑務塵部十餘萬東討石勒，戰於飛龍山，勒師大敗。」

又 敦與山，在縣西南七十里。泜水所出。

又 贊皇山，縣東南二十六里。《穆天子傳》曰：「至房子，登贊皇山。」

唐・李吉甫《元和郡縣圖志》卷一八《河北道三》 恒山，在縣北一百四十里。常水所出。《周官職方氏》：「并州山鎮曰恒山」，是爲北嶽。漢以避文帝諱，改曰常山。至周武帝平齊，復名恒山。

又 孔山，在縣西南四十五里。有鍾乳穴，深不可測。

唐・李吉甫《元和郡縣圖志》卷二一《山南道二》 峴山，在縣東南九里。山東臨漢水，古今大路。羊祜鎮襄陽，與鄒潤甫共登此山，後人立碑，謂之墮淚碑，其銘文即蜀人李安所製。

又 萬山，一名漢皐山，在縣西十一里。與南陽郡鄧縣分界處，古諺曰「襄陽無西」，言其界促近。

又 荆山，在縣西北八十里。三面險絶，惟東南一隅，纔通人徑。

又 柤山，〔柤音祖。〕在縣東北一百八里。吴將朱然、諸葛瑾從柤中乘山險道北出，柤中去襄陽城一百五十里。按：此是地名，非山，蓋以地山相近，因名。

又 精山，在縣西北二十七里。黄巾賊據宛城，漢西鄉侯朱儁擊破之，餘衆走保精山，謂此也。

又 豐山，在縣南三十二里。有九鐘，霜降則鳴。

又 桐柏山，在縣西南九十里。《禹貢》曰「導淮自桐柏」。出紫草。

又 天木山，俗名天目山，在縣東北五十五里。祖逖爲豫州刺史，藏家口於天木山，即此山也。山上有池，時人號爲天目。

又 方城山，在縣東北五十里。即沮、溺耦耕處。《左傳》屈完對齊桓公曰「楚國方城以爲城」，是也。

又 厲山，亦名烈山，在縣北一百里。《禮記》曰：厲山氏，炎帝也，起於厲山，故曰厲山氏。

又 武當山，一名參山，一名太和山，在縣南八十里。高二千五百丈，周迴五百里。陰長生於此得仙。

又 西山，今名寶蓋山，在縣西南三里。其山南臨漢水。

又 （錫）〔錫〕義山，一名天心山，在縣東北六十五里。山方圓百里，形如城，四面有門，相傳以爲仙靈所居。

又 房山，在縣西南四十三里。其山西南有石室，似房，因以爲名。

又 建鼓山，在縣南一百十三里。與馬鬣山連接，二山並高峻，冬夏積雪。

又 方城山，在縣東南三十里。頂上平坦，四面險固。山南有城，周十餘里。

又 白馬塞山，在縣西南三十五里。初，孟達爲新城太守，登此山而歎曰：「劉封、申耽據金城千里而不能守，豈丈夫也。」

又 黄竹山，在縣北一百里。山上竹色皆黄，因以爲名也。

唐・李吉甫《元和郡縣圖志》卷二二《山南道三》 褒谷山，在縣北五里。南口爲褒，北口爲斜，長四百七十里。

又 通關山，在縣東北九里。漢高祖北定三秦，蕭何守(關)〔漢〕中，欲修此道通關中，故名通關山。

又 興勢山，在縣北二十里。蜀先主遣諸葛亮出駱谷，戍興勢山，置烽火樓，處處通照，即此山。按：三國時蜀以漢中〔建安末破魏將夏侯妙才，遂有漢中，以魏延鎮守，其後蔣琬、姜維相繼鎮於此，即今郡也。〕興勢，〔後主延熙七年，將軍王平守之，魏將曹爽等攻不克，即今興道縣也。〕白帝〔先主章武元年屯之，遂爲重鎮。後主建興十五年，吴將全琮來攻，不克，即今雲安郡也。〕並爲重鎮。

又 穿山，一名胡頭山，出好鐵，舊置鐵官。又有山空竈，伏於空處，皮可爲甲，刀箭所不能入。

又 木馬山，在縣西南二十五里。諸葛亮之出祁山也，作木牛流馬以供運，於此造作，因以名焉。

又 祁山，在縣東十里。蜀後主建興六年，諸葛亮率軍攻祁山，即此是也。漢水經其南，有諸葛亮壘，壘之左右猶有豐草，蓋亮之所植也。

又 太白山，在縣南二百五十三里。其山巖谷高深，常多霜雪，春夏不消，俗因名焉。

唐·李吉甫《元和郡縣圖志》卷二五《江南道一》 北固山，在縣北一里。下臨長江，其勢險固，因以爲名。蔡謨、謝安作鎮，並於山上作府庫，儲軍實。宋高祖云：「作鎮作固，誠有其緒，然北望海口，實爲壯觀，以理而推，固宜爲顧。」江今闊一十八里，春秋朔望有奔濤，魏文帝東征孫氏，臨江歎曰：「固天所以限南北也。」

又 蒜山，在縣西九里。山臨江絶壁，晉安帝時，海賊孫恩至丹徒，戰卒十萬，率衆登山，鼓譟動地，引陣南出，欲向京城。時宋武帝衆無一旅，率所領橫擊，大破之。山多澤蒜，因以爲名。

又 氐父山，在縣西北十里。晉破苻堅，獲氐賊，置此山下，因以爲名。今土俗亦謂之金山。

又 獸窟山，一名招隱山，在縣西南九里。即隱士戴顒之所居也。

又 茅山，在縣西南三十五里。三茅得道之所，事具《仙經》，不録。

又 鍾山，在縣東北十八里。按《輿地志》：古金陵山也，邑縣之名，皆由此而立。吴大帝時，蔣子文發神異於此，封之爲蔣侯，改山曰蔣山。宋復名鍾山。梁武帝於西麓置愛敬寺，江表上已常遊於此，爲衆山之傑。

又 覆舟山，在縣東北一十里，鍾山西足地形如覆舟，故名，宋元嘉中改名玄武山，以爲樂遊苑。初，桓玄作亂，使下範之屯覆舟山西，衆餘二萬。宋高祖率義師食畢，棄其餘糧，躬先士卒以擊之，範之等一時土崩。

又 牛頭山，在縣南四十里。山有二峯，東西相對，名爲「雙闕」。晉氏初過江，無闕，王導指山雙峯，即此，名天闕山。

又 方山，在縣東南七十里。秦鑿金陵以斷其勢，方石山坈，是所斷之處也。

又 三山，在縣西南五十里。晉王濬伐吴，宿於牛渚，部分明日前至三山，即此也。

又 四望山，在縣西北八里。晉温嶠伐蘇峻於四望山，築壘以逼賊是也。

又 竹里山，在縣北六十里。王塗所經，塗甚傾險，行者號爲翻車峴。山間有長澗，高下深阻。舊説云：似洛陽金谷。宋武帝初起，自京口至江乘，破桓玄將吴甫之於竹里，移檄京師，即此處也。

又 虎丘山，在縣西北八里。《吴越春秋》云：闔閭葬於此，秦皇鑿其珍異，莫知所在，孫權穿之，亦無所得。其鑿處，今成深澗。

又 由拳山，晉隱士郭文舉所居。傍有由拳村，出好藤紙。

又 湖洑山，在縣西南五十里。甚幽邃，重疊險遠，每時有擾攘，人皆逃避於此山。

又 天目山，在縣西北六十里。有兩峯，峯頂各一池，左右相對，名曰天目。

又 顧山，在縣西北四十二里。貞元以後，每歲以進奉顧山紫笋茶，役工三萬人，累月方畢。

又 封山，在縣東南十八里。即家語云「封嵎之山，防風氏之國」也。

又 白石山，在縣西七十里。其山出白石英，貢，因以爲名。

唐·李吉甫《元和郡縣圖志》卷二六《江南道二》 縉雲山，一名仙都，一曰縉雲，黄帝鍊丹於此。

又 横陽山，在縣南二百七十里。東臨大海。

又 赤城山，在縣北六里。實爲東南之名山。

唐·李吉甫《元和郡縣圖志》卷二七《江南道三》 石鼓山，在縣西六十里。上有三石鼓，鼓鳴，天即雨。

又 樊山，在縣西三里。謝玄暉詩曰「釣臺臨講閲，樊山開廣宴」，謂此也。

又 西塞山，在縣東八十五里。竦峭臨江。

又 赤壁山，在縣西一百二十里。北臨大江，其北岸即烏林，與赤壁相對，即周瑜用黄蓋策，焚曹公舟船敗走處，故諸葛亮論曹公「危於烏林」，是也。

又 魯山，一名大别山，在縣東北一百步。其山前枕蜀江，北帶漢水，山上有吴將魯肅神祠。

又 小别山，在縣東南五十里。《春秋》「吴伐楚，令尹子常濟漢而陳，自小别至於大别」，即此也。

又 陪尾山，一名横山，在縣北六十里。《禹貢》云「熊耳、外方、桐柏至于陪尾」，即此也。

又 石龍山，在縣東北二十五里。有石盤回屈曲若龍形。

又 龜頭山，在縣東南八十里。舉水之所出也。春秋吴、楚戰於柏舉，即此地也。

又 積布山，在縣南一百里。南臨大江，壘石壁立，形如積布，故以爲名，俗謂之積布磯。

又 君山，在縣西三十里青草湖中。昔秦始皇欲入湖觀衡山，遇風浪，至此山止泊，因號焉。又云湘君所游止，故名之也。

又 方臺山，在縣南三十二里。出雲母，往往有長四尺者，可以爲屏風。掘時忌有聲響，則所得麄惡。

又 玉笥山，在縣東北七十五里。屈原放逐，居此山下而作《九歌》焉。

唐·李吉甫《元和郡縣圖志》卷二八《江南道四》 廬山，在縣東三十二里。本名鄣山，昔匡俗字子孝，隱淪潛景，廬於此山，漢武帝拜爲大明公，俗號廬君，故山取號。周環五百餘里。

又 馬當山，在縣東北一百里。横入大江，甚爲險絶，往來多覆溺之懼。

又 釣磯山，在縣南一百一十二里。昔陶侃嘗釣於此，得一梭，化爲龍而去。

又 戰鳥山，在縣西北一百二十里，臨大江。本名孤圻山，昔桓温於赭圻討賊，屯兵山下，夜中衆鳥鳴，賊謂官軍已至，一時驚潰，因以爲名。

又 敬亭山，州北十二里。即謝朓賦詩之所。

又 陵陽山，在縣西南一百三十里。陵陽子明得仙處。

又 九井山，在縣南一十里。殷仲文九日從桓温登九井賦詩，即此山也。

又 龍山，在縣東南十二里。桓温嘗與僚佐，九月九日登此山宴集。

又 微嶺山，在縣東南二百五十里。涇水所出也。

又 蓋山，在縣西南八十里。下有舒姑泉，昔舒氏女化爲魚於此泉，聞絃歌聲，則有雙鯉湧出。

又 牛渚山，在縣北三十五里。山突出江中，謂之牛渚圻，津渡處也。始皇二十七年，東巡會稽，道由丹陽至錢塘，即從此渡也。晉左衛將軍謝尚鎮於此。温嶠至牛渚，燃犀照諸靈怪，亦在於此。

又 博望山，在縣西三十五里，與和州對岸。江西岸曰梁山，在溧陽縣南七十里。兩山相望如門，俗謂之天門山。山上皆有郤月城，宋車騎將軍王玄謨所築，於此屯兵捍禦。

又 平陵山，在縣南十八里。晉成帝時，李完圍韓晃於此山，斬之。山高四十丈。

又 中山，在縣東南一十五里。出兔毫，爲筆精妙。

又 布射山，一名勤山，在縣北二十里。《吴志》：歙賊金奇萬户屯於此。

又 北黝山，在縣西北二百六十八里。宜、歙二州分界處。

又 烏聊山，在縣東南二百六步。上有毛甘故城，後漢末，賊毛甘萬户屯於此，吴將賀齊討平之。

又 林歷山，在縣西南一百五十里。昔吴大帝使賀齊討黝歙山賊，賊帥陳僕、祖山等二萬户屯此山。山四面壁立，高數十丈，徑路危狹，不容方楯，賊乘高下石，不可得攻。齊乃陰募輕健士，密於隱險賊所不備處，以戈拓斬山爲緣道，夜令勇士潛上，懸布援人，遂大破之。忽賊中有善禁者，官軍刀劍不得拔，弓弩矢發多還自向。賀齊令曰：「吾聞蟲有毒者，兵有刃者，可禁；其無刃者，不可禁。」乃多作朝木白棓，選異力精卒五千人攻之，禁果不行，賊遂大敗。

又 善山，在縣南五十里。與惡山隔溪相對，俗謂之夫婦山。

又 烏石山，在縣西一百四十里。廣德初爲賊陳莊、方清所據，袁傪破平之。

唐·李吉甫《元和郡縣圖志》卷二九《江南道五》 嶽麓山，在縣西南，隔湘江水六里，蓋衡山之足也，故以「麓」爲名。

又 雲母山，在縣北九十里。《列仙傳》：「長沙雲母，服之不朽。」

又　石魚山，其石色若雲母，開發一重，石若魚形刻畫，燒之作魚膏臭。在縣西一十五里。

又　衡山，南嶽也，一名岣嶁山，在縣西三十里。《南嶽記》曰：「衡山者，朱陽之靈臺，太虛之寶洞。」又云：「赤帝館其嶺，祝融託其陽，以其宿當翼、軫，度應機，衡，故爲名。」又曰：「上如車蓋及衡軛之形，山高四千一十丈。」

又　石井山，在縣東北八十里。有風母獸，既死，張口向風則生。

又　馬嶺山，在縣東北五里。昔蘇耽學道於此得仙，其舊宅在城東半里。俯臨城，餘跡猶存。

又　九疑山，在縣東南一百里。舜所葬也。九山相似，行者疑惑，故爲名。舜廟在山下。

又　海澶山，縣東一百二十里。山在大海中，周迴三百里。

又　仙游山，在縣西三十里，縣因以爲名。

唐·李吉甫《元和郡縣圖志》卷三〇《江南道六》　壺頭山，在縣東四十九里。即馬援攻五谿蠻置營之所。初援軍下雋，有兩道可入，從壺頭路近而水險，從充道則途夷而運遠。充州在澧州西五百里，武德所置崇義縣東北一里故充城是，南至沅陵縣一百二十里。中郎將耿況欲從充道。援以爲如進壺頭，搤其咽喉，賊自破，遂進營於此。賊乘高守隘，水迅船不得進，會暑甚，士卒多疾死，援穿岸爲室，以避炎氣。《武陵記》云：「今山邊有石窟，即援穿空室處。」

又　雞鳴硤山，在縣西十五里。先主時，涪陵人反，蜀將鄧芝討焉。至雞鳴硤，見猨母子相抱，芝引弩射中猨母，其子拔箭，以樹葉塞瘡。芝投弩水中，歎曰：「吾傷物之性，其死矣！」果亡。

又　綏陽山，在縣北二十九里。縣以爲名。

又　五城山，在縣東南三百六十二里。《武陵記》云：「楚威王使將軍莊蹻定黔中，因山造此城。」

又　黔山，在縣西五十里。後漢時陸康伐蠻假此，即禱請爲援，諸樹木皆有人馬之形，因平羣寇，改爲武神山。

唐·李吉甫《元和郡縣圖志》卷三一《劍南道上》　分棟山，在縣東十五里。其山北連秦、隴，南入資、瀘，其於東川郡此爲隔門也。

又　大塔山，在縣東四十里。有阿育王塔，因名。

又　九隴山，在縣西二十五里。連峰迤邐，凡有九曲。

又　玉壘山，在縣西北二十九里。《蜀都賦》曰：「包玉壘而爲宇。」

又　灌口山，在縣西北二十六里。漢蜀文翁穿（渝）〔湔〕江溉灌，故以灌口名山。又灌口山西嶺有天彭闕，亦曰天彭門，兩石相立如闕，故名之。蜀後主以建興十四年至（渝）〔湔〕江，登觀坂，看汶江之流。初，白馬氏侵掠益州，刺史皇甫晏表討之，軍至都（江）〔安〕，屯觀坂。蜀郡何旋進諫曰：「今所安營，地名觀坂，自上觀下反上之象。漢高悟柏人，岑彭忌彭亡，不可不察。」晏不納，其夜果敗。

又　鶴鳴山，在縣西七十九里。絶壁千尋。張道陵天師學道於此。

又　青城山，在縣西北三十二里。《仙經》云此是第五洞天，上有流泉懸澍，一日三時灑落，謂之潮泉。

又　天社山，在縣南三里，在成都南百里。北枕大江，南接連嶺，每益土有難，人多依焉。

又　洛通山，在縣西三十九里。李冰導洛通山，謂此也。

又　銅官山，在縣南二里。鄧通所封，後卓王孫買爲陶鑄之所。

又　噫棘山，在縣南四十里。山南眉州丹陵縣界。

又　孤石山，在縣東十九里。有鐵礦，大如蒜子，燒合之成流支鐵，甚剛，因置鐵官。

又　大塔山，在縣西北六十三里。與分棟山連屬，南入陵州界。

又　綏山，在縣西南一百一十九里。在峨眉山西南，其高無極。

又　峨眉大山，在縣西七里。《蜀都賦》云「抗峨眉於重阻」。兩山相對，望之如峨眉，故名。此山亦有洞天石室，高七十六里。

唐·李吉甫《元和郡縣圖志》卷三二《劍南道中》　蒙山，在縣南一十里。今每歲貢茶，爲蜀之最。

又　盧山，在縣西北九里。其山西北連延入夷獠界，正北即邛州火井縣界。

又　邛來山，在縣西五十里。本名邛筰山，故筰人之界也。山巖峭峻，出竹高節實中，堪爲杖，因名山也。

又　白戰山，在縣東北二十五里。西臨汶江。

又　鼎鼻山，亦曰打鼻山，在縣南十五里。宋譙縱據蜀，朱齡石伐之，命臧熹外出奇兵，譙縱遣將譙小苟引兵塞打鼻以禦之，即此也。山形孤起，東臨江水，昔周鼎淪於此水，或見其鼻，遂以名山。

又 可暮山，在縣西北三十九里。山多材木，公私資之。

又 雪山，在縣東八十里。春夏常有積雪，故名。

又 七頃山，一名落目山。此路山巖峻阻，平地唯有七頃，因呼爲七頃山。

又 石鏡山，在縣東南九里。山側有石，圓徑二尺，明徹如鏡，因名。

又 飛越山，在縣西北一百里。山西北兩面並接羌戎界，儀鳳二年置飛越縣，天寶初廢。

又 鐵石山，在縣東三十五里。山有砮石，火燒成鐵，極剛利。

又 胡浪山，下有司馬相如定西南夷橋，橋孫水以通邛、筰，即此水也。

又 巂山，在縣西南九里。巂水出巂山下，州郡得名，因此水也。

唐·李吉甫《元和郡縣圖志》卷三三《劍南道下》 牛頭山，一名華林山，在縣西南二里。四面危絶。

又 通泉山，在縣南二里。山前有石蝦蟇，高七八尺。

又 大劒山，亦曰梁山，在縣北四十九里。初，姜維自沓中爲鄧艾所摧，與張翼、董厥合，還保劒門以拒鍾會，即此也。

又 龍血山，亦曰龍象巖，在縣北五十里。絶壁高巖，萬有餘丈，有四石龍在石壁間，昔者羣龍共鬭，四龍疲衄嘔血死，因化爲石。血變成鸒，堪充器物，但不耐風日。緜布四五里，土人取之。今龍象猶存，石不復入用。

又 掌夫山，在縣西南六十里。晉太安元年，遣都護衛博討李特，特遣將李盪自掌夫山要博，博爲伏兵所圍，即此山。山出名柘，堪爲弓材，雖檿桑、燕角，不能勝也。

又 金山，在縣東五十步。每夏雨奔注，崩頹之所則金粟散出，大者如棊子。

又 龍安山，在縣北十里。有好林泉，隋開皇中蜀王楊秀立亭館以避暑。

又 青石山，在縣東南，水路五十九里。舊巴、蜀争界，累年未分，一朝密霧，石爲之裂破，從上至下，直若引繩，因此定遂、合二州之界。

又 瀛山，在縣西南三百七十里。以其高峻象海中蓬瀛，故名。

又 婆娑山，在縣西北三十里。其山緜亘數百里。

又 三隅山，有東隅、南隅、西隅三山相對，去陵井各一里，故爲名。

又 石門山，在縣東一百三里。有石門戍，與氐分界，去仇池城四百餘里。

唐·李吉甫《元和郡縣圖志》卷三四《嶺南道一》 猊山，在縣東南二十三里。多婆娑摩竹，圍三四尺，至堅，里人以爲弓。弓形如弩。

又 觀亭山，一名觀峽，一名中宿峽，在縣東三十五里。縣昔取此峽爲名。

又 羅浮山，在縣西北二十八里。羅山之西有浮山，蓋蓬萊之一阜，浮海而至，與羅山並體。故曰羅浮。高三百六十丈，周迴三百二十七里，峻天之峰，四百三十有二焉，事具袁彦伯記。

又 龍穴山，今名龍川山，在縣東北三百四十里。

又 藍豪山，在縣西北一百九十里。廣五百里，崖嶺峻阻，所謂瀧中，即此也。

唐·李吉甫《元和郡縣圖志》卷三七《嶺南道四》 冷山，在縣西南一百里。出滑石。

又 通星山，在縣北六十二里。漢劉曜爲太守，常登此山，仰觀星曆，因號通星山。

又 目巖山，在縣北三十八里。巖有兩孔相對，如人目瞳子，白黑分明，因號爲目巖。

唐·李吉甫《元和郡縣圖志》卷三八《嶺南道五》 羅浮山，在縣北十里。俗傳似循州羅浮山，因名之。

又 仙山，縣東北十三里。隱嶙數百里，則龍編之西門也。

又 安鎮山，在縣南三十一里。出石磬，勝於湘州零陵者。

又 鑿山，在縣北一百三十里。昔馬援征林邑，阻風波，乃鑿此山彎爲通道，因以爲名。

又 羅佩山，在縣東九里。其山在大海中也。

又 官井山，在縣東約五十里。相傳越王過海，泊船於此，爲無淡水，因鑿石爲井，因號焉。

唐·李吉甫《元和郡縣圖志》卷三九《隴右道上》 嶓冢山，在縣西南五十八里。漾水之所出也，東流爲漢水。

又 朱圉山，在縣西南六十里。上有石鼓，不擊自鳴，則有兵起。

又 瓦亭山，在縣東北二百餘里。隗囂使將牛邯守處。其山亦入原州界。又有街泉亭，蜀將馬謖爲魏將張郃所敗。

又 小隴山，一名隴坻，又名分水嶺。隗囂時，來歙襲得略陽，囂使王元拒之。隴坂九迴，不知高幾里，每山東人西役，升此瞻望，莫不悲思。隴上有水，東西分流，因號驛爲分水驛，行人歌曰：「隴頭流水，鳴聲幽咽，遥望秦川，肝腸斷絶。」東去大震關五十里。上多鸚鵡。

又 鳥鼠山，今名青雀山，在縣西七十六里。渭水所出，凡有三源並下。其同穴鳥如家雀，色小青；其鼠如家鼠，色小黄。近穴溲溺氣甚辛辣，使人變逆嘔吐，牛馬得此氣，多疲卧不起而大汗。

又 康狼山，亦名熱薄汗山，在縣南一百四十里。西秦乞伏乾歸太子熾磐，招結諸部二萬七千，築城於康狼山以據之，即此山也。

又 琵琶山，在縣西北一百五十里。北凉沮渠蒙遜恃其强，陰謀圖周，周乃擁衆南保琵琶山，即此也。

又 積石山，一名唐述山，今名小積石山，在縣西北七十里。按：河出積石山，在西南羌中，注於蒲昌海，潛行地下，出於積石，爲中國河。故今人目彼山爲大積石，此山爲小積石。

又 石門山，在縣東北二十八里。山高險絶，對岸若門，即皋蘭山門也。漢武帝元狩二年，霍去病出隴西，至皋蘭，即此也。

又 土樓山，在縣西一百三十里。下有土樓神祠。

又 抃傍山，在縣東十一里。抃傍，羌語也，羌語呼石爲抃，呼高爲傍，因以爲名。

又 石鏡山，在縣西北四十五里。其山石皎徹，臨照莫不見其形體，故以爲名。山有銅窟，隋代采鑄，今亦填塞。

又 素嶺山，在縣東七十里。春夏常多積雪，因名之。

唐・李吉甫《元和郡縣圖志》卷四〇《隴右道下》 金山，在縣南一百八十里。麗水出焉。

又 合黎山，俗名要塗山，在縣西北二百里。《禹貢》：「導弱水至于合黎。」

又 祁連山，在縣西南二百里。張掖、酒泉二界上，美水茂草，山中冬温夏涼，宜放牧，牛羊充肥，乳酪濃好，夏瀉酥不用器物，置於草上不解散，作酥特好，一斛酪得斗餘酥。

又 崑崙山，在縣西南八十里。周穆王見西王母，樂而忘歸，即此山。

又 崆峒山，在縣東南六十里。黄帝西見廣成子於崆峒，漢武帝行幸雍，祠五時，遂登崆峒，並爲此山也。

又 三危山，在縣南三十里。山有三峯，故曰三危。《尚書》「竄三苗于三危」，即此山也。

又 鳴沙山，一名神沙山，在縣南七里。今按：其山積沙爲之，峯巒危峭，踰於山石。四面皆爲沙壠，背有如刀刃，人登之即鳴，隨足頽落，經宿風吹，輒復如舊。有一泉水，名曰沙井，緜歷古今，沙填不滿，水極甘美。

又 雪山，在縣南一百六十里。積雪夏不消。東南九十里，南連吐谷渾界。

又 俱密山，在縣北一百四十里。山北二十里正抵蒲類海。其蒲類海，後漢桓帝時，匈奴呼衍王寇伊吾，司馬毛愷遣吏兵五百人與戰，悉爲所没，即此海也。

唐・李吉甫《元和郡縣圖志闕卷佚文》卷一《山南道》 緑林山，在縣東南一百二十里。漢光武起兵于此。

又 石首山，在縣北江中，有石孤立，爲北山之首，因名。

又 白帝山，即州城所據也，與赤甲山接。初，公孫述殿前井有白龍出，因號白帝城。城周迴七里，西南二里，因江爲池，東臨瀼溪，惟北一面小差，逶迤羊腸，敷轉然後得上。

又 赤甲山，在城北三里。漢時嘗取邑人爲赤甲軍，蓋犀甲之色也。

又 善德山，在縣東九里。此山本名枉山，開皇中刺史樊子蓋以善卷嘗居此山，名善德山。

又 魏山，在縣西南九里。其山東西南三面絶險不通者，晉吉挹爲梁州督護，苻堅使韋鍾伐之，挹於急口岐山爲壘固守，鍾三年不能下。

又 趙臺山，在縣南二里。梁代漢水泛溢，人皆走北山上。

又 梁門山，在縣東八十里。梁將五神令開拓成境梁門爲界之也。

又 鳳凰山，在縣一百五十里。山上有十二層，懸竦萬仞。

又 石鶩山，在縣西北六十里。山甚高險，梯格乃得登之，獠人常恃此以爲阻。

又 伏虞山，在縣東南六十五里。甚險，夷獠被征討，即入此山中也。

又 九子山，在縣東九十里。有九峯，因名，又名九隴山。

又 富靈山，在縣東南七十里，峻峭多藥物，實靈仙所居。

又 鄰山，在縣□一百三十九里。其山谷西入鄰水縣界。

唐・李吉甫《元和郡縣圖志》卷二《淮南道》 大銅山，在縣西北七十二里。《漢書》吴王濞即山鑄錢，此其處也。

又 瓜步山，在縣東南二十里，臨大江。魏太武至六合，登瓜步山，隔江望秣陵，纔數十里。

又 桃葉山，在縣西南七十五里。隋文帝開皇三年，於此山置六合鎮。縣有銅城，即吴王鑄劍處。

又 軍山，在縣北六里。魏太武築長圍困臧質處。鄧艾所營堰澗爲塘以溉稻田。

又 都梁山，隋於此置都梁宫，出都梁香，因名。

又 梁山，在縣南七十里，俯臨歷水。侯景之亂，梁王僧辨軍次蕪湖，與景將侯子鑒戰于梁山，大破之。江東有博望山，屬姑熟，二山隔江相對如門，南朝謂之天門山。兩岸山頂各有城，並王元謨所築，自六代爲都，皆於此屯兵捍禦。

又 盛唐山，在縣東南一百二十里，名益塘山，即古盛唐山也。漢武帝作《盛塘之歌》。

唐・李吉甫《元和郡縣圖志闕卷佚文》卷三《嶺南道》 黎山，在縣北三十里，幹水所出。

又 金雞山，在州西北，每有金色雞見，鳴于石上，因名。

又 龍章山，在州北四十里。昔有龍出山上，文彩炳然。

唐・徐靈府《天台山記》 天台山高一万八千丈，周迴八百里，山有八重，四面如一。當牛斗之分，以其上應台宿。

又 自天台觀東行一十五里有赤城山，山高三百丈，周迴七里，即天台南門也。

唐・王勃《江南弄》 巫山連楚夢。

唐・韋莊《信州西三十里山名仙人城下有月巖山其狀秀拔中有山門如滿月之狀余因行役過其下聊賦是詩》 仙山翠如畫，簇簇生虹蜺。羣峯若侍從，衆阜如嬰提。巖巒互吞吐，嶺岫相追攜。

唐・韋莊《西塞山下作》 西塞山前水似藍，亂雲如絮滿澄潭。孤峰漸映湓城北，片月斜生夢澤南。

唐・韋莊《雞公幘》 石狀雖如幘，山形可類雞。

唐・韋莊《峽程記》 三峽連山七百里，略無斷處，自非亭午，不見日月。

【略】 峽乃三峽之門，兩崖并峙，中貫一江，灩澦當其口，真天險也。

唐・莫休符《桂林風土記》 漓山，在訾家洲西，一名沈水山。以其山在水中，遂名之。

又 海陽山，在全義縣北，又漓、湘二水源也。流至全義北三百步分流，北去作爲湘，南下爲漓。山下有廟，前政陳太保奏録，詔封廣潤侯。

唐・封演《封氏聞見記校注》卷八《歷山》 齊州城東，有孤石平地聳出，俗謂之歷山，以北有泉號「舜井」。

唐・封演《封氏聞見記校注》卷八《二朱山》 密州之東，臨海有二山，南曰「大朱」，北曰「小朱」，相傳云「仙人朱仲所居也」。

唐・封演《封氏聞見記校注》卷八《繹山》 兖州鄒繹山，南面平復，東西長數十步，廣數步。其處生桐，相傳以爲《禹貢》「繹陽孤桐」者也。土人云：「此桐所以異於常桐者，諸山皆發地兼土，惟此山大石攢倚，石間周回皆通人行，山中空虛，故桐木絶響，以是珍而入貢也。」

唐・岑參《終南雲際精舍尋法澄上人不遇歸高冠東潭石淙望秦嶺微雨作》 諸峯皆青翠，秦嶺獨不開。

唐・岑參《經火山》 火山今始見，突兀蒲昌東。赤焰燒虜雲，炎氛蒸塞空。

【略】 我來嚴冬時，山下多炎風。

唐・岑參《題華嚴寺環公禪房》 寺南幾十峯，峯翠晴可掬。

唐・岑參《天山雪歌送蕭治歸京》 天山雪雲常不開，千峯萬嶺雪崔嵬。北風夜捲赤亭口，一夜天山雪更厚。

唐・岑參《火山雲歌送別》 火山突兀赤亭口，火山五月火雲厚。火雲滿山凝未開，飛鳥千里不敢來。

唐・岑參《潼關使院懷王七季友》 開門見太華，朝日映高掌。忽覺蓮花峯，別來更如長。

唐・岑參《早上五盤嶺》 江迴兩岸門，日隱羣峯攢。蒼翠煙景曙，森沉雲樹寒。松疏露孤驛，花密藏迴灘。棧道溪雨滑，畬田原草乾。

唐・岑參《入劍門作寄杜楊二郎中時二公並爲杜元帥判官》 不知造化初，此山誰開坼。雙崖倚天立，萬仞從地劈。雲飛不到頂，鳥去難過壁。速駕畏巖傾，單行愁路窄。平明地仍黑，停午日暫赤。凜凜三伏寒，巉巉五丁迹。與時忽開閉，作固或順逆。磅礴跨岷峨，巍蟠限蠻貊。星當觜參分，地處西南僻。

唐・岑參《陪狄員外早秋登府西樓因呈院中諸公》 常愛張儀樓，西山正相當。千峯帶積雪，百里臨城牆。

唐・岑參《宿太白東溪李老舍寄弟姪》 天晴諸山出，太白峯最高。

唐・李世民《飲馬長城窟行》 塞外悲風切，交河冰已結。瀚海百重波，陰山千里雪。迥戍危烽火，層巒引高節。悠悠卷旆旌，飲馬出長城。《全唐詩》卷一

唐・李世民《望終南山》 重巒俯渭水，碧嶂插遥天。出紅扶嶺日，入翠貯巖煙。疊松朝若夜，複岫闕疑全。對此恬千慮，無勞訪九仙。《全唐詩》卷一

唐・李隆基《春臺望》 暇景屬三春，高臺聊四望。目極千里際，山川一何壯。太華見重巖，終南分疊嶂。郊原紛綺錯，參差多異狀。佳氣滿通溝，遲步入綺樓。初鶯一一鳴紅樹，歸雁雙雙去緑洲。太液池中下黄鶴，昆明水上映牽牛。《全唐詩》卷三

唐・李忱《百丈山》 大雄真跡枕危巒，梵宇層樓聳萬般。日月每從肩上過，山河長在掌中看。仙峯不間三春秀，靈境何時六月寒。更有上方人罕到，暮鐘朝磬碧雲端。《全唐詩》卷四

唐・鄭世翼《樂府雜曲・鼓吹曲辭・巫山高》 巫山凌太清，岧嶢類削成。霏霏暮雨合，靄靄朝雲生。危峯入鳥道，深谷瀉猿聲。別有幽棲客，淹留攀桂情。《全唐詩》卷一七

唐・沈佺期《樂府雜曲・鼓吹曲辭・巫山高二首》 巫山峯十二，環合隱昭回。俯眺琵琶峽，平看雲雨臺。古槎天外倚，瀑水日邊來。何忽啼猿夜，荆王枕席開。

神女向高唐，巫山下夕陽。裴回作行雨，婉孌逐荆王。電影江前落，雷聲峽外長。霽雲無處所，臺館曉蒼蒼。《全唐詩》卷一七

唐・盧照鄰《樂府雜曲・鼓吹曲辭・巫山高》 巫山望不極，望望下朝雰。莫辨啼猿樹，徒看神女雲。驚濤亂水脈，驟雨暗峯文。霑裳即此地，況復遠思君。《全唐詩》卷一七

唐・張循之《樂府雜曲・鼓吹曲辭・巫山高》 巫山高不極，沓沓狀奇新。暗谷疑風雨，幽巖若鬼神。月明三峽曙，潮滿二江春。爲問陽臺夕，應知入夢人。《全唐詩》卷一七

唐・劉方平《樂府雜曲・鼓吹曲辭・巫山高》 楚國巫山秀，清猿日夜啼。萬重春樹合，十二碧峯齊。峽出朝雲下，江來暮雨西。陽臺歸路直，不畏向家迷。《全唐詩》卷一七

唐・皇甫冉《樂府雜曲・鼓吹曲辭・巫山高》 巫峽見巴東，迢迢半出空。雲藏神女館，雨到楚王宫。朝暮泉聲落，寒暄樹色同。清猿不可聽，偏在九秋中。《全唐詩》卷一七

唐・李端《樂府雜曲・鼓吹曲辭・巫山高》 巫山十二峰，皆在碧虚中。回合雲藏日，霏微雨帶風。猿聲寒過水，樹色暮連空。愁向高唐望，清秋見楚宫。《全唐詩》卷一七

唐・于濆《樂府雜曲・鼓吹曲辭・巫山高》 何山無朝雲，彼雲亦悠揚。何山無暮雨，彼雨亦蒼茫。宋玉恃才者，憑雲構高唐。自重文賦名，荒淫歸楚襄。峨峨十二峯，永作妖鬼鄉。《全唐詩》卷一七

唐・孟郊《樂府雜曲・鼓吹曲辭・巫山高二首》 巴山上峽重復重，陽臺碧峭十二峯。荆王獵時逢暮雨，夜臥高丘夢神女。輕紅流煙溼豔姿，行雲飛去明星稀。目極魂斷望不見，猿啼三聲淚霑衣。

見盡數萬里，不聞三聲猿。但飛蕭蕭雨，中有亭亭魂。千載楚襄恨，遺文宋玉言。至今青冥裏，雲結深閨門。《全唐詩》卷一七

唐・李賀《樂府雜曲・鼓吹曲辭・巫山高》 碧叢叢，高插天，大江翻瀾神曳煙。楚魂尋夢風颸然，曉風飛雨生苔錢。瑶姬一去一千年，丁香筇竹啼老猿。古祠近月蟾桂寒，椒花墜紅溼雲間。《全唐詩》卷一七

唐・齊己《樂府雜曲・鼓吹曲辭・巫山高》 巫山高，巫女妖，雨爲暮兮雲爲朝，楚王顛領魂欲銷。秋猿嗥嗥日將夕，紅霞紫煙凝老壁。千巖萬壑花皆坼，但恐芳菲無正色。不知今古行人行，幾人經此無秋情。雲深廟遠不可覓，十二峯頭插天碧。《全唐詩》卷一七

唐・李白《襄陽曲》 峴山臨漢江，水淥沙如雪。上有墮淚碑，青苔久磨滅。《全唐詩》卷二九

唐・張籍《白鼉鳴》 天欲雨，有東風，南谿白鼉鳴窟中。六月人家井無水，夜聞白鼉人盡起。《全唐詩》卷二九

唐・陸敬《巫山高》 巫岫鬱岧嶢，高高入紫霄。白雲抱危石，玄猿挂迥條。懸崖激巨浪，脆葉隕驚飆。別有陽臺處，風雨共飄颻。《全唐詩》卷三三

唐・王績《黄頰山》 別有青溪道，斜亘碧巖隈。崩榛横古蔓，荒石擁寒苔。野心長寂寞，山徑本幽迴。步步攀藤上，朝朝負藥來。幾看松葉秀，頻値菊花開。無人堪作伴，歲晚獨悠哉。《全唐詩》卷三七

唐・張文琮《蜀道難》 梁山鎮地險，積石阻雲端。深谷下寥廓，層巖上鬱

盤。飛梁架絶巘，棧道接危巒。攬轡獨長息，方知斯路難。《全唐詩》卷三九

唐·盧照鄰《早度分水嶺》 丁年遊蜀道，班鬢向長安。徒費周王粟，空彈漢吏冠。馬蹄穿欲盡，貂裘敝轉寒。層冰橫九折，積石凌七盤。重溪既下漱，峻峯亦上干。隴頭聞戍鼓，嶺外咽飛湍。瑟瑟松風急，蒼蒼山月團。傳語後來者，斯路誠獨難。《全唐詩》卷四一

唐·盧照鄰《隴頭水》 巫山望不極，望望下朝氛。莫辨啼猿樹，徒看神女雲。《全唐詩》卷四二

唐·楊炯《廣溪峽》 廣溪三峽首，曠望兼川陸。山路逶羊腸，江城鎮魚腹。喬林百丈偃，飛水千尋瀑。驚浪回高天，盤渦轉深谷。《全唐詩》卷五〇

唐·楊炯《巫峽》 三峽七百里，唯言巫峽長。重巖窅不極，疊嶂凌蒼蒼。絶壁橫天險，莓苔爛錦章。入夜分明見，無風波浪狂。忠信吾所蹈，泛舟亦何傷。可以涉砥柱，可以浮呂梁。美人今何在，靈芝徒有芳。山空夜猿嘯，征客淚沾裳。《全唐詩》卷五〇

唐·楊炯《西陵峽》 絶壁聳萬仞，長波射千里。盤薄荆之門，滔滔南國紀。楚都昔全盛，高丘烜望祀。秦兵一旦侵，夷陵火潛起。四維不復設，關塞良難恃。洞庭且忽焉，孟門終已矣。自古天地闢，流爲峽中水。行旅相贈言，風濤無極已。及余踐斯地，瑰奇信爲美。江山若有靈，千載伸知己。《全唐詩》卷五〇

唐·李嶠《山》 地鎮標神秀，峨峨上翠氛。泉飛一道帶，峯出半天雲。《全唐詩》卷五九

唐·杜審言《度石門山》 石門千仞斷，迸水落遥空。道束懸崖半，橋欹絶澗中。《全唐詩》卷六二

唐·喬知之《巫山高》 巫山十二峯，參差互隱見。潯陽幾千里，周覽忽已徧。想像神女姿，摘芳共珍薦。楚雲何逶迤，紅樹日蔥蒨。《全唐詩》卷八一

唐·沈佺期《邙山》 北邙山上列墳塋，萬古千秋對洛城。城中日夕歌鐘起，山上唯聞松柏聲。《全唐詩》卷九七

唐·孟浩然《曉入南山》 瘴氣曉氛氳，南山復水雲。鯤飛今始見，鳥墜舊來聞。地接長沙近，江從汨渚分。賈生曾弔屈，予亦痛斯文。《全唐詩》卷一六〇

唐·李白《登峨眉山》 蜀國多仙山，峨眉邈難匹。周流試登覽，絶怪安可息。青冥倚天開，彩錯疑畫出。泠然紫霞賞，果得錦囊術。《全唐詩》卷一八〇

唐·李白《登梅岡望金陵贈族姪高座寺僧中孚》 羣峯如逐鹿，奔走相馳突。江水九道來，雲端遥明没。【略】冥居順生理，草木不剪伐。煙窗引薔薇，石壁老野蕨。【略】降鶴舞海雪，時聞天香來。《全唐詩》卷一八〇

唐·李白《登金陵鳳凰臺》 三山半落青天外，二水中分白鷺洲。《全唐詩》卷一八〇

唐·李白《登廬山五老峯》 廬山東南五老峯，青天削出金芙蓉。九江秀色可攬結，吾將此地巢雲松。《全唐詩》卷一八〇

唐·李白《江上望皖公山》 奇峯出奇雲，秀木含秀氣。清宴皖公山，巉絶稱人意。《全唐詩》卷一八〇

唐·李白《望黄鶴樓》 東望黄鶴山，雄雄半空出。四面生白雲，中峯倚紅日。巖巒行穹跨，峯嶂亦冥密。【略】地古遺草木，庭寒老芝术。《全唐詩》卷一八〇

唐·李白《自巴東舟行經瞿唐峽登巫山最高峯晚還題壁》 巫山高不窮，巴國盡所歷。《全唐詩》卷一八一

唐·韋應物《自鞏洛舟行入黄河即事寄府縣僚友》 夾水蒼山路向東，東南山豁大河通。《全唐詩》卷一八七

唐·韋應物《自蒲塘驛迴駕經歷山水》 潯陽山水多，草木俱紛衍。《全唐詩》卷一九一

唐·韋應物《同元錫題琅琊寺》 山中清景多，石罅寒泉潔。《全唐詩》卷一九二

唐·杜甫《鹿頭山》 鹿頭何亭亭，是日慰飢渴。連山西南斷，俯見千里豁。《全唐詩》卷二一八

唐·杜甫《閬山歌》 閬州城東靈山白，閬州城北玉臺碧。《全唐詩》卷二二〇

唐·劉禹錫《度桂嶺歌》 桂陽嶺，下下復高高。人稀鳥獸駭，地遠草木豪。寄言千金子，知余歌者勞。《全唐詩》卷三五四

唐·李賀《巫山高》 碧叢叢，高插天，大江翻瀾神曳煙。楚魂尋夢風颸然，曉風飛雨生苔錢。瑶姬一去一千年，丁香筇竹啼老猿。古祠近月蟾桂寒，椒花墜紅溼雲間。《全唐詩》卷三九三

唐·元稹《分水嶺》 崔嵬分水嶺，高下與雲平。上有分流水，東西隨勢傾。朝同一源出，暮隔千里情。風雨各自異，波瀾相背驚。勢高競奔注，勢曲已回縈。偶值當途石，蹙縮又縱橫。有時遭孔穴，變作嗚咽聲。褊淺無所用，奔波奚所營。團團井中水，不復東西征。上應美人意，中涵孤月明。旋風四面起，井深

波不生。堅冰一時合，井深凍不成。終年汲引絶，不耗複不盈。五月金石鑠，既寒亦既清。《全唐詩》卷三九六

唐・李赤《姑熟雜詠・天門山》 迥出江水上，雙峯自相對。岸映松色寒，石分浪花碎。參差遠天際，縹緲晴霞外。落日舟去遥，回首沈青靄。《全唐詩》卷四七二

唐・李德裕《羅浮山》 龍伯釣鼇時，蓬萊一峯坼。飛來碧海畔，遂與三山隔。其下多長溪，潺湲淙亂石。《全唐詩》卷四七五

唐・李紳《憶萬歲樓望金山》 樓高雉堞千師壘，峯拔鷩波萬壑攢。山絶地維消虎踞，水浮天險尚龍盤。蜃嘘雲拱飛江島，鼇噴仙巖隔海瀾。長對碧波臨古渡，幾經風月與悲歡。《全唐詩》卷四八一

唐・李紳《龜山》 一峰凝黛當明鏡，十仞喬松倚翠屏。秋月滿時侵兔魄，素波摇處動龜形。舊深崖谷藏仙島，新結樓臺起佛扃。不學大蛟憑水怪，等閑雪雨害生靈。《全唐詩》卷四八一

唐・鮑溶《東高峰（一作東峰亭）》 東亭最高峙，春樹繞山腰。《全唐詩》卷四八三

唐・薛能《伏牛山》 虎蹲峯狀屈名牛，落日連村好望秋。不爲時危耕不得，一犂風雨便歸休。《全唐詩》卷五六一

唐・劉綺莊《獨秀山》 孤峯不與衆山儔，直入青雲勢未休。會得乾坤融結意，擎天一柱在南州。《全唐詩》卷五六三

唐・賈島《望山》 南山三十里，不見踰一旬。冒雨時立望，望之如朋親。《全唐詩》卷五七一

唐・柴夔《望九華山》 九華如劍插雲霓，青靄連空望欲迷。北截吴門疑地盡，南連楚界覺天低。龍池水蘸中秋月，石路人攀上漢梯。惆悵舊遊無復到，會須登此出塵泥。《全唐詩》卷五八六

唐・張喬《華山》 誰將倚天劍，削出倚天峯。衆水背流急，他山相向重。樹黏青靄合，崖夾白雲濃。一夜盆傾雨，前湫起毒龍。《全唐詩》卷六三八

又 青蒼河一隅，氣狀杳難圖。卓傑三峯出，高奇四岳無。力疑擎上界，勢獨壓中區。衆水東西走，羣山遠近趨。天迴諸宿照，地聳百靈扶。石壁烟霞麗，龍潭雨雹粗。澄凝臨甸服，險固東神都。淺覺川原異，深應日月殊。鶴歸青靄合，仙去白雲孤。瀑漏斜飛凍，松長倒挂枯。每來尋洞穴，不擬返江湖。儻有芝田種，巖間老一夫。《全唐詩》卷六三九

唐・張喬《終南山》 帶雪復銜春，横天占半秦。勢奇看不定，景變寫難真。洞遠皆通岳，川多更有神。白雲幽絶處，自古屬樵人。《全唐詩》卷六三九

唐・羅隱《四頂山》 勝景天然別，精神入畫圖。一山分四頂，三面瞰平湖。過夏僧無熱，淩冬草不枯。遊人來至此，願剃髮和鬚。《全唐詩》卷六六五

唐・鄭谷《華山》 峭仞聳巍巍，晴嵐染近畿。孤高不可狀，圖寫盡應非。絶頂神仙會，半空鸞鶴歸。雲臺分遠靄，樹谷隱斜暉。墜石連村響，狂雷發廟威。氣中寒渭闊，影外白樓微。雲對蓮花落，泉横露掌飛。乳懸危磴滑，樵徹上方稀。澹泊生真趣，逍遥息世機。野花明澗路，春蘚澀松圍。遠洞時聞磬，羣僧晝掩扉。他年洗塵骨，香火願相依。《全唐詩》卷六七五

唐・鄭谷《峨嵋山》 萬仞白雲端，經春雪未殘。夏消江峽滿，晴照蜀樓寒。造境知僧熟，歸林認鶴難。會須朝闕去，祇有畫圖看。《全唐詩》卷六七六

唐・吴融《望嵩山》 三十六峯危似冠，晴樓百尺獨登看。高淩鳥外青冥窄，翠落人間白晝寒。不覺衡陽遮雁過，如何鍾阜鬭龍盤。始知萬歲聲長在，只待東巡動玉鑾。《全唐詩》卷六八七

唐・韋莊《西塞山下作》 西塞山前水似藍，亂雲如絮滿澄潭。孤峯漸映湓城北，片月斜生夢澤南。爨動曉烟烹紫蕨，露和香蒂摘黄柑。他年卻棹扁舟去，終傍蘆花結一庵。《全唐詩》卷六九八

唐・王貞白《廬山》 嶽立鎮南楚，雄名天下聞。五峯高閡日，九疊翠連雲。夏谷雪猶在，陰巖晝不分。唯應嵩與華，清峻得爲羣。《全唐詩》卷七一八

唐・柳宗元《柳河東集》卷二七《桂州訾家洲亭記》 桂州多靈山，發地峭竪，林立四野。

五代・王仁裕《開元天寶遺事十種・開天傳信記》 華岳雲臺觀中方之上，有山崛起半甕之狀，名曰：「甕肚峰」。

五代・貫休《送緣有禪師與雷處士入武夷山》 崖罅仙棺出，江垠毒草分。《全五代詩》卷五一

五代・貫休《懷南嶽隱士二首》 千峰映碧湘。見説祝融峰，擎天勢似勝。《全五代詩》卷五二

五代・貫休《送僧入石霜》 翠巘金鐘曉，香林寶月孤。兟兟齊白趾，赫赫共洪爐。山色鋤難盡，松根蹋欲無。《全五代詩》卷五二

五代·貫休《山居詩二十四首》 千巖萬壑路傾欹，杉檜濛濛獨掩扉。《全五代詩》卷五四

五代·劉昭禹《括蒼山》 盡日行方半，諸山直下看。白雲隨步起，危徑極天盤。《全五代詩》卷六二

五代·羅隱《江州望廬山》 東南蒼翠何崔嵬，横流一望幽抱開。《全五代詩》卷六九

五代·周鏞《諸暨五洩山》 天分五溜寒傾北，地秀諸峰翠插西。《全五代詩》卷七三

五代·徐夤《西華》 五千仞有餘神秀，一一排雲上泬寥。疊嶂出關分二陝，殘岡過水作中條。《全五代詩》卷八一

五代·林寬《終南山》 標奇聳峻壯長安，影入千門萬户寒。徒自倚天生氣色，塵中誰爲舉頭看。《全五代詩》卷八六

五代·齊己《遊三覺山》 白石路重重，紫紆勢忽窮，孤峰擎像閣，萬木蔽星空。《全五代詩》卷九五

五代·曹松《霍山》 七千七百七十丈，丈丈藤蘿勢入天。未必展來空似翅，不妨開去也成蓮。《全五代詩》卷二〇

五代·杜光庭《名山洞天福地記》 第一洞霍童山，周迴三千里，名霍林之天，在福州長溪縣，有三所觀及遊仙湖。

又 第二洞東嶽太山，周迴一千里，名蓬玄之天，在兗州。

又 第三洞南嶽衡山，周迴七百里，名朱陵之天，在衡州衡山縣。

又 第四洞西嶽華山，周迴三百里，名總仙之天，在華州。

又 第五洞北嶽鎮山，周迴一百三十里，名總玄之天，在鎮州。

又 第六洞中嶽嵩山，周迴三千里，名思真之天，在洛州。

又 第七洞峨眉山，周迴三百里，名靈陵太妙之天，在蜀嘉州。

又 第八洞廬山，周迴二百六十里，名洞靈詠真之天，在江州。

又 第九洞四明山，周迴一百八十里，名丹山赤水之天，在明州。

又 第十洞會稽山，周迴三百五十里，名陽明洞天，一名極玄太元之天，在越州。

又 第十一洞太白山，周迴五百里，名玄德之天，在明州。

又 第十二洞西山，周迴三百里，名天寶極玄之天，在洪州。

又 第十三洞大圍山，周迴三百里，名好生玄上之天，在潭州醴陵縣。

又 第十四洞潛山，周迴八十里，名天柱司玄之天，在舒州懷寧縣。

又 第十五洞鬼谷山，周迴七十里，名玄思之天，在信州貴溪縣。

又 第十六洞武夷山，周迴一百二十里，名昇真化玄之天，在建寧府。

又 第十七洞玉笥山，周迴一百二十里，名太秀法樂之天，在臨江軍。

又 第十八洞華蓋山，周迴三十里，名容成太玉之天，在溫州永嘉縣。

又 第十九洞蓋竹山，周迴八十里，名長耀寶元之天，在台州臨海縣。

又 第二十洞都嶠山，周迴一百八十里，名寶玄之天，在容州。

又 第二十一洞白石山，周迴七十里，名瓊秀長真之天，在和州。

又 第二十二洞句漏山，周迴四十里，名玉闕寶圭之天，在容州流陽縣。

又 第二十三洞九嶷山，周迴三千里，名相真太虛之天，在道府。

又 第二十四洞洞陽山，周迴一百十里，名洞陽隱觀之天，在潭州。

又 第二十五洞幕阜山，周迴一百里，名玄真太元之天，在鄂州唐年縣。

又 第二十六洞大西山，周迴一百里，名大西華妙之天，在辰州。

又 第二十七洞金庭山，周迴三百里，名金庭崇妙之天，在剡縣。

又 第二十八洞麻姑山，周迴一百五十里，名丹霞之天，在撫州南城縣。

又 第二十九洞仙都山，周迴三百里，名祈仙之天，在處州縉雲縣。

又 第三十洞青田山，周迴四十里，名青田太鶴之天，在處州青田縣。

又 第三十一洞鍾山，周迴一百里，名朱湖太生之天，在潤州上元縣。

又 第三十二洞良常山，周迴三十里，名方會之天，在茅山東北。

又 第三十三洞紫蓋山，周迴八十里，名紫玄洞照之天，在當陽。

又 第三十四洞天目山，周迴一百里，名太微玄蓋之天，在杭州餘杭縣。

又 第三十五洞桃源山，周迴七十里，名白馬玄光之天，在朗州武陵縣。

又 第三十六洞金華山，周迴一百五十里，名金華洞元之天，在婺州金華縣。

宋·蘇舜欽《太行道》 夜中巖下埋斗杓，日午陰壁風雪號。攀緣有路到絶仞，四望羣峯合沓如波濤。忽至逼側處，咫尺顛墜恐莫逃。

宋·樂史《太平寰宇記》卷二五《關西道一·雍州一·長安縣》 龍首山，在縣北十里，長六十里。頭入渭水，尾達樊川。秦時有黑龍從南山出飲渭水，其行

道因成土山。疏山爲臺殿，不假版築，高出長安城。《西京賦》所云：「疏龍首以抗殿」也。《三輔黄圖》云：「營未央宫，因龍首制前殿。」

宋・樂史《太平寰宇記》卷二六《關西道二・雍州二・鄠縣》 牛首山，澇水出焉，而注于潏水，是多飛魚，狀似鮒。可療痔疾。《山海經》云：「此山有鬼草，其葉如葵，其秀如禾，服之使人不憂。」

宋・樂史《太平寰宇記》卷二六《關西道二・雍州二・藍田縣》 九嵏山，高六百五十丈，周迴五十里。按《四夷郡國縣道記》：「九嵏山，東連仲山，西當流涇水出處，故謂之谷口。」

宋・樂史《太平寰宇記》卷二九《關西道五・華州・鄭縣》 竹山，在縣西南一百四十里，高一千二百六十丈。《山海經》云：「竹山，其上多喬木，其陰多鐵。」

又 符禺山，在縣西南一百里，高一百丈。《山海經》云：「其陽多銅，其陰多鐵，符禺之水出焉，北注于渭。」

宋・樂史《太平寰宇記》卷三一《關西道七・耀州・富平縣》 天乳山，在縣西北三十五里，兩峰相對，類于乳形。

宋・樂史《太平寰宇記》卷三三《關西道九・慶州・廢洛源縣》 白於山，在縣北三十里，一名女郎山。《山海經》云：「上多松柏，下多櫟檀。獸多㸲牛、羬羊，鳥多鴞。洛水出其陽，東流注于渭。」

宋・樂史《太平寰宇記》卷三五《關西道十一・丹州・宜川縣》 鳳翅山：在縣南，形象鳳翅，縣廨宇在其上。

又 公字山：在縣西北三里，山形象「公」字。

《宋・樂史《太平寰宇記》卷三五《關西道十一・丹州・雲岩縣》 石閤山：在縣東北三十五里，丹、延兩州界，山形似樓閣。

又 云巖山：在縣東十里，山巖重疊如雲。

宋・樂史《太平寰宇記》卷三六《關西道十二・延州・膚施縣》 伏龍山，在縣西北五里。南北一帶按山形似卧龍，是上郡之名山。

宋・樂史《太平寰宇記》卷三六《關西道十二・延州・延長縣》 獨戰山，在縣北四十五里。山高峻嶮，一人獨戰，可以當千。

宋・樂史《太平寰宇記》卷三六《關西道十二・延州・敷政縣》 三塠山，在縣北一里。其山土石相雜，上有三冢，遠望如塠物，因以爲名。

宋・樂史《太平寰宇記》卷三六《關西道十二・延州・甘泉縣》 雕陰山，在縣南二十里。山夾土石，爲鷹雕之所居，在洛水西二百步。

宋・樂史《太平寰宇記》卷三六《關西道十二・靈州・回樂縣》 大石山。《水經注》云：「河水至此，兩山相對，水出其間，即上河峡也，俗號青山。」

又 泰山，在河之東北，連亘彌遠。

又 警山，時有警急，即山先有大響。

又 隱山，多有云霧，隱多見少，故以得名。

又 石樓山，山形似樓，因以樓名。

宋・樂史《太平寰宇記》卷四一《河東道二・嵐州・宜芳縣》 岢嵐山，後魏以山名邑，在縣北九十八里。高二千餘丈，與雪山相接。

宋・樂史《太平寰宇記》卷四三《河東道四・晉州・臨汾縣》 石孔山，有九孔相通，深不能窮。

宋・樂史《太平寰宇記》卷四四《河東道五・澤州・晉城縣》 五門山，在縣西北八里。其山五，似門。

宋・樂史《太平寰宇記》卷四四《河東道五・澤州・沁水縣》 東輔山，在縣西南九十二里。其山及西輔山，與析山相連，有若相輔之勢。

宋・樂史《太平寰宇記》卷四四《河東道五・遼州・平城縣》 斷孤山，在縣南十五里。其山南高于衆山，四面孤絶，有斷孤水出焉。

宋・樂史《太平寰宇記》卷四六《河東道七・蒲州・臨晉縣》 三嶷山，在縣東北三十里。三山鼎足，因名焉。

宋・樂史《太平寰宇記》卷四七《河東道八・絳州・絳縣》 太陰山，在縣東南十里。崖壁峭絶，陽景不到，因曰「太陰」。

宋・樂史《太平寰宇記》卷四八《河東道九・隰州・蒲縣》 孤山，在縣北三十里黑兒嶺下。其山不廣，故號孤山。

宋・樂史《太平寰宇記》卷四八《河東道九・隰州・永和縣》 雙山，在縣東二十里。二山各高千餘尺，峰巖秀異，因名雙山。

宋・樂史《太平寰宇記》卷五〇《河東道十一・威勝軍・銅鞮縣》 銅鞮山，在縣西二十里，本名堯山。天寶六年，勑改爲銅鞮山。山高一千五百五十尺。

宋・樂史《太平寰宇記》卷五〇《河東道十一・威勝軍・沁源縣》 霍山，山闊，故歷于郡界太岳也，在縣西七十八里。

宋・樂史《太平寰宇記》卷五〇《河東道十一・岢嵐軍・嵐谷縣》 雪山，在縣東北四十里。高三十里，長六十里，嵐、朔二州分界。

宋・樂史《太平寰宇記》卷五二《河東道十二・蔚州・興唐縣》 太白山，在縣南十里。山有鍾乳穴，其深不測，仰望穴中，乳如懸穗。滴瀝穴中有小水，名石井。

宋・樂史《太平寰宇記》卷五一《河東道十二・朔州・鄯陽縣》 武周山。《冀州圖》云：「武周山，在郡西北。東西數百里，南北五十里，山之南面千仞壁立。」

宋・樂史《太平寰宇記》卷五二《河北道一・孟州・汜水縣》 三山，山有三峯，故以爲號。

宋・樂史《太平寰宇記》卷五六《河北道五・衛州・衛縣》 方山。《水經注》云：「方山，在衛縣西，以山四方，故曰方山。」

宋・樂史《太平寰宇記》卷五六《河北道五・衛州・共城縣》 白鹿山，在縣西北五十三里。西與太山連接，上有天門谷、百家巖。

又 倉山，在縣西五十里，西與倉泉水相接。

宋・樂史《太平寰宇記》卷五六《河北道五・磁州・武安縣》 三門山，在縣西北八十里。山有三足，峻峙如門。

又 百尖山，在縣西四十里。

宋・樂史《太平寰宇記》卷六一《河北道十・鎮州・靈壽縣》 石潼山，小而峻，三面削絶。一謂五嶽山，又爲五臺之稱。

宋・樂史《太平寰宇記》卷六七《河北道十六・易州・易縣》 駁牛山。《郡國志》云：「山色黑白斑駁，形如牛，故以爲名。易水出其東。」

宋・樂史《太平寰宇記》卷七三《劍南西道二・永康軍・青城縣》 聖母山，在縣西。山高兩千餘丈，周圍三十里，南有深洞。

宋・樂史《太平寰宇記》卷一一一《江南西道九・江州・德化縣》 廬山，在州南，高二千三百六十丈，周迴二百五十里。其山九疊，川亦九派。《郡國志》云：「廬山疊障九層，崇巖萬仞。《山海經》所謂『三天子都，亦曰天子鄣也』。周武王時，匡俗字子孝，兄弟七人皆有道術，結廬于此山仙去，空廬尚在，故曰廬山。漢武帝時，乃封俗爲大明公，稱爲廬君焉。山有三宮，上宮居巖表，人不能及。有三石梁，長十丈，闊止盈尺，其下虛懸。晉術士吳猛嘗于此樹下見一老翁，以玉盃承甘露漿與猛。次宮隔一谷，有界城，悉是平石，兩邊有小圓峯，呼爲『左右帳峯』，羣石如馳馬之形。下宮在彭蠡湖隙。」其山又有紫芝四十畝，嘗有二仙童採芝。人若遂之，但聞呼曰猖客，若尋芝草，寂無見。

宋・樂史《太平寰宇記》卷一一四《江南西道十二・潭州・湘潭縣》 衡山，一名岣嶁山，宿當翼、軫，度應機衡，故曰衡山。有朱陵之靈臺，太虛之寶洞，上承翼宿，銓德鈞物，故名衡山。下踞離宮，攝統火師，故號南嶽。赤帝館其嶺，祝融託其陽。前後爽秀，峙立無雙，遠于軒轅，始以灊、霍二山爲副焉。甄烈《湘州記》云：「漢武以衡山遥遠，以廬江霍山假而謂焉，後人誤以衡山爲霍山。」按：會稽山亦名衡山，灊之天柱亦名衡山，並非此也。羅含《湘中記》云：「衡山有玉牒，遥望衡山如陣雲。」又有峯名華蓋，一名紫蓋，即山東北準也。庚仲雍《湘州記》云：「其峯有石囷。昔禹治洪水，登而祭之，因夢遇玄夷使者，遂獲金簡玉字之書，果得通水之理。」《吳越春秋》：「禹所得金簡玉字，在會稽山。」《山海經》云：「衡山周旋二千里。」是其山原回曲之數。夏禹刻石書名，在山之上。《南嶽記》云：高四千五百丈。

宋・樂史《太平寰宇記》卷一二九《淮南道七・壽州・六安縣》 霍山，一名衡山，一名天柱山，在縣南五里。《爾雅》：「霍山爲南岳。」注云：「即天柱也。漢武帝以衡山遼遠，讖緯皆以霍山爲南岳，故祭其神于此。今其土俗皆呼南岳太山。」《黄庭内景玉經》云：「霍山下有洞，方二百里，司命君之府也。」有西北東南二門，其中有五香芝、飛華、金瓶之實，神蟾靈瓜，食之者長年。隋開皇九年以江南衡山爲南岳，廢霍山爲名山也。

宋・樂史《太平寰宇記》卷一三三《山南西道一・興元府・南鄭縣》 黄牛山，在縣西南五十里。山有石黄色，遠望如牛，故曰黄牛山。山下有黄牛川。《十道記》云：「黄牛川有再熟之稻，土人重之。」

宋・樂史《太平寰宇記》卷一三三《山南西道一・興元府・城固縣》 斗山，在縣南五里。《周地圖記》云：「斗山上下有石穴，《道家開山經》云：『斗山凡五穴：一通崑崙山，一通隴山，一通武當山，一通青城山，一通長安穴。穴中有千歲蝦蟇，名曰肉芝，得而食之壽千歲。山側有白鹿時見焉。』即此山也。」

宋・樂史《太平寰宇記》卷一三三《山南西道一・興元府・褒城縣》 牛頭山。山形如牛頭，高百仞，云覆如笠即雨，故彼一號爲戴笠山。

宋・樂史《太平寰宇記》卷一三四《山南西道二・文州・曲水縣》 太白山，

在縣南二百五十三里。其山巖谷高深，常多霜雪，綿亘峯嶺，春夏不消，俗因名太白。高二千三百一十四丈七尺。

又 龍頭山，在縣西七里。從故松州黨褒山來，至當州石馬水口絶。其山如龍頭。

宋・樂史《太平寰宇記》卷一三五《山南西道三・興州・順政縣》 武興山，在縣北一百里。其山峻峭，峯巒秀出，竹柏參差，特爲蔚茂，出黄蘗及漆。

又 大景山、小景山，「景」字本爲「丙」，國諱改之，並在縣東南七十里。其山峻崖，南北相對，闊七步，其崖峻峭，高百餘丈。山衣石髪，被于崖際。北有穴，方圓二丈餘，其穴有水潛流，土人相傳爲丙穴。《周地圖記》云：「以其口面丙，因以爲名。沮水經穴門而過，或謂之大丙水。每春三月上旬，復有魚長八九寸，或二三日，聯綿從穴出躍。相傳名爲嘉魚，即左太沖《蜀都賦》所謂嘉魚出于丙穴。」是此山也。

宋・樂史《太平寰宇記》卷一三五《山南西道三・利州・綿谷縣》 龍門山，亦名葱嶺山。按《梁州記》云：「葱嶺有石穴，高數十丈，其狀如門，俗號爲龍門。」又東山之北有燕子谷，中有好磬石。

宋・樂史《太平寰宇記》卷一三六《山南西道四・合州・石鏡縣》 銅梁山，在縣南九里。左太沖《蜀都賦》云：「外負銅梁於宕渠。」注云：「銅梁，山名也。」按：其山出鐵及桃竹杖。東西連亘二十餘里，山嶺之上平整，遠望諸山而此獨秀也。

宋・樂史《太平寰宇記》卷一三六《山南西道四・渝州・巴縣》 塗山，在縣東南八里，岷江南岸。高七里，周迴二十里，東接石洞峽。《華陽國志》云：「夏禹娶于塗山，今江州塗山是也。有廟存。」此《華陽國志》誤也。

又 縉云山，在縣西一百三十七里。其山高聳，林木鬱茂，下有泉水，東西分流。傳云黄帝于此合神丹，故此山得名以紀之。

宋・樂史《太平寰宇記》卷一三七《山南西道五・達州・通川縣》 鳳凰山，在縣西北五里。山形象鳳翅，掩映州城，俗呼爲鳳凰山。

宋・樂史《太平寰宇記》卷一三八《山南西道六・廣安軍・岳池縣》 岳安山，在縣東三十五里。高六百丈，岳池之水出焉，上有音聲鳥。

獅子山，在縣東五里，山形似獅子。

宋・樂史《太平寰宇記》卷一三九《山南西道七・蓬州・伏虞縣》 靈星山，在縣南七里。高千餘尺，消水源出此山北，東南流入良山縣界。

宋・樂史《太平寰宇記》卷一三九《山南西道七・蓬州・蓬山縣》 披衣山，在縣西南六十里。天將雨，山上雲霧馳曳，如披衣焉。山上有雲山寺，寺中有池，去果州嘉陵江三十里，江水或淺，其池亦淺，江水或漲，其池亦漲，號天生池。其山又有青溪之水出焉。

宋・樂史《太平寰宇記》卷一四〇《山南西道八・壁州・通江縣》 歌籟山，在縣東七十里。上有城，甚險峻。

宋・樂史《太平寰宇記》卷一四〇《山南西道八・壁州・符陽縣》 思公山，在縣北二百里。其山最峻，思公水源出此山，南流經縣理西，又南入通江縣界。又有思公城。

宋・樂史《太平寰宇記》卷一四一《山南西道九・金州・洵陽縣》 馬跡山。《水經注》云：「洵陽縣北山有懸書崖，高五十丈，劖石爲文字，今人不能上，不知所述。山下有石壇，上有馬跡五所，因名馬跡山。」

宋・樂史《太平寰宇記》卷一四一《山南西道九・金州・漢陰縣》 鳳凰山。《周地圖記》謂：「鳳凰山爲龍子山，疊嶂有十二層。」按《道書》云：「鳳凰山二十層，上有仙人藥園。」

宋・樂史《太平寰宇記》卷一四一《山南西道九・商州・上洛縣》 熊耳山。盛弘之《荆州記》云：「熊耳東西各一峯，南北望之狀如熊耳。」《山海經》云：「熊耳山，其上多漆，其下多櫻，浮濠之水出焉。西流注于洛。」又按《仙書》謂：「此山上有青丹之樹，得而服之成仙。」《西京雜記》云：「終南山多離合草，葉似江離而紅緑是也。又有丹青樹，葉一青一赤，望之如錦繡，長安謂之丹青樹。」

秦嶺山，在縣西南一百里，高九百五十丈。

宋・樂史《太平寰宇記》卷一四一《山南西道九・商州・上津縣》 天柱山，一名牛山，在縣北一百五十里。又按殷武《名山記》云：「上津天柱山，絶巖壁立，秀出衆嶺。有穴名遊仙洞，洞口有竹數莖，寒風凜然，人不敢入。」

宋・樂史《太平寰宇記》卷一四二《山南東道一・鄧州・南陽縣》 白石山。盛弘之《荆州記》云：「武延城北有白石山，山悉白，自遠望之，狀如層冰積雪，耀奕天日。」

宋・樂史《太平寰宇記》卷一四二《山南東道一・鄧州・內鄉縣》 高前山，今名天池山。《山海經》云：「翼望之山，東南五十里，曰高前之山。其上有水焉，甚寒而清，帝臺之漿也，飲之者不心痛。」

宋・樂史《太平寰宇記》卷一四二《山南東道一・唐州・比陽縣》　苦菜山，在縣西北三十五里，即黄城山也，自葉至比陽，南北相毗，連亘百里，亦曰長城山，即長沮、桀溺耦耕處。下有東流水，即子路問津之所。尸子云：「楚狂接輿耕于方城。」即此山。

宋・樂史《太平寰宇記》卷一四三《山南東道二・均州・武當縣》　武當山，一名太和山。《武當山記》云：「區域周迴四五百里，中央有一峯，名曰參嶺，高二十餘里，望之秀絶，出于雲表，清朗之日，然後見峯。一月之中，不過四五輕霄蓋其上，白雲帶其前，旦必西行，夕而東返，則惟其常謂之朝山，蓋以衆山朝揖之主也。」郭仲產《南雍州記》云：「武當山廣員三四百里，山高壠峻，若博山香爐，苕亭峻極，干霄出霧。學道者常百數，相繼不絶，若有于此山學者，心有隆替，輒爲百獸所逐。」陶弘景《玉匱》云：「太和山形南北長，高大有神靈，棲憑之者甚多。太和山雖在南陽界，而去洛陽甚近，度轘轅南陽界而北趨魯陽便得至焉。」又《南雍州記》云：「武當山有石門、石室，相承云尹喜所棲之地。」《陰君內傳》云：「君，字長生，入武當昇仙。」

宋・樂史《太平寰宇記》卷一四三《山南東道二・均州・鄖鄉縣》　很子山。《隋圖經》云：「山臨漢水，山邊鑿石作六字，皆方一尺，四字猶可識，云『玄田中丘』，兩字不可識。山下有很子冢，爲水所壞，今成小洲，亦謂很子葬父之所。」

宋・樂史《太平寰宇記》卷一四三《山南東道二・均州・廢豐縣》　錫義山，一名天心山，在縣東北六十五里。道書《福地志》云：「天心之山方圓百里，形如城，四面有門。上有石壇，長十餘丈。山高谷深，多生薇蘅，其草有風不偃，無風獨摇。」

宋・樂史《太平寰宇記》卷一四三《山南東道二・房州・房陵縣》　建鼓山。袁山松記云：「登句將山，見馬鬣、建鼓，嶷然半天。」《華陽國志》云：「此即山水之艱，有馬鬣、建鼓之險。」

又　房山，在縣西南四十里。其山四面有石室似房，因爲名。

宋・樂史《太平寰宇記》卷一四三《山南東道二・房州・竹山縣》　方城山，在縣東三十里。《左傳》云「楚使廬戢黎侵庸，及庸方城。」即此。山頂平坦，四面險峻。

宋・樂史《太平寰宇記》卷一四四《山南東道三・隨州・隨縣》　鸚鵡山，在縣東北百十五里，石狀如鸚鵡。

又　驢泉山，在縣北九十里。上有池，旱不涸。昔出神驢，故以爲名。《荆州記》云：「驢泉山石滷潤，牛馬經過，貪其甘，不能去。土人云：『牛馬解逸，即此山尋之。』」

宋・樂史《太平寰宇記》卷一四五《山南東道四・襄州・穀城縣》　薤山，在縣西六十里。諸山雲起，此山無雲，終不降雨，諸山無雲，此山雲起，必降大雨。土人以爲恒驗，因山薤爲名。山上有孤竹三莖，三年生一筍，筍就竹死，代謝如春秋。又有白鹿二、紫羆一，人不敢犯之。

宋・樂史《太平寰宇記》卷一四五《山南東道四・襄州・廢樂鄉縣》　都亭山，在縣西南。山上有城壘，極峻拔，爲險隘之所，一名中山城。

宋・樂史《太平寰宇記》卷一四五《山南東道四・襄州・南彰縣》　荆山。《禹貢》：「荆及衡陽惟荆州。」韓子：「卞和得玉於楚。」荆山三面險絶，惟東南一隅纔通人徑。頂上有池，周迴四十餘步，喬松翠柏，列繞其旁，並有石室，相傳爲卞和宅。

宋・樂史《太平寰宇記》卷一四六《山南東道五・荆門軍・當陽縣》　南北紫蓋山，在縣南八十里。南者與覆船山相接。二山頂上方而四垂，若繖蓋之狀，常有林石皆紺色，故以紫爲稱。上有丹井。

宋・樂史《太平寰宇記》卷一四七《山南東道六・峽州・夷陵縣》　黄牛山。盛弘之《荆州記》云：「南岸重嶺疊起，最大高崖間有石色，如人負刀牽牛，人黑牛黄，成就分明。此巖既高，加以江湍紆迴，雖途經信宿，猶望見之。行者歌曰：『朝發黄牛，暮宿黄牛，三朝三暮，黄牛如故。』」

宋・樂史《太平寰宇記》卷一四七《山南東道六・峽州・宜都縣》　羊腸山，在縣南七十里。高一千三百丈，其山盤屈如羊腸之狀。盛弘之《荆州記》云：「登羊腸，望見南平，沮、漳，自巴陵左右數百里皆見此山。」

宋・樂史《太平寰宇記》卷一四七《山南東道六・峽州・達安縣》　五龍山。《郡國志》云：「山有五峯，若龍狀，因以名之。」

宋・樂史《太平寰宇記》卷一四八《山南東道七・夔州・奉節縣》　三峽山，謂西峽、巫峽、歸峽。俗云：「巴東三峽巫峽長，清猿三聲淚沾裳。」即禹疏以導江也，絶峻萬仞，瞥見陽光，不分雲雨。

宋・樂史《太平寰宇記》卷一四八《山南東道七・夔州・巫山縣》　巫山。

盛弘之《荆州記》云：「沿峽二十里有新崩灘，至巫峽，因山名也，首尾一百六十里。舊云：自三峽取蜀數千里，恒是一山，此蓋好大之言也。唯三峽七百里，兩岸連山，略無闕處，重巖疊嶂，隱天蔽日，自非亭午夜分，不見日月，所謂高山尋雲，怒湍流水，絶非人境。」

宋・樂史《太平寰宇記》卷一四八《山南東道七・歸州・秭歸縣》 空舲硤山，在縣東一百二十五里。《荆州圖記》曰：「此峽絶崖壁立數百丈，飛鳥所不能棲，有一火燼，插石崖間，望見可長數尺。相傳云，堯洪水時，行者泊舟崖側，爨于此，以餘燼插之，至今猶曰插竈。」

宋・樂史《太平寰宇記》卷一四九《山南東道八・萬州・南浦縣》 高粱大山，在縣北四十里。《尋江源記》云：「高粱山尾東跨江，西首劍閣，東西數千里，山嶺長峻，其峯崔嵬。于蜀市望之，若長雲垂天。一日行之，乃極其頂，俯視衆山，泯若平原。《劍閣銘》所謂『巖巖粱山，積石峨峨』，即述此山也。」

宋・樂史《太平寰宇記》卷一五〇《隴右道一・成州・栗亭縣》 仇池山。辛氏《三秦記》云：「仇池山上有百頃地，平如砥。其南北有山路，東西絶壁萬仞，上有數萬家，一人守道，萬夫莫向。山勢自然，有樓櫓卻敵之狀。東西二門，盤道可七里，上有岡阜泉源。《史記》謂秦得百二之固也。西晉末，爲氐楊茂搜所據，立宫室囷倉，皆爲板屋，乃氐之所理于此。今謂之洛谷道是也。」

宋・樂史《太平寰宇記》卷一五一《隴右道二・蘭州・五泉縣》 琵琶山，在縣西。峻險曲折，有似琵琶首。

宋・樂史《太平寰宇記》卷一五二《隴右道三・涼州・昌松縣》 白嶺山，在縣西南。山頂冬夏積雪，望之皓然，乃謂之白嶺山。寒氣異于餘處，深冬人絶行路，鳥飛不下。

宋・樂史《太平寰宇記》卷一五三《隴右道四・沙州・敦煌縣》 羊膊山。多巖石，少樹木，甚似魯國南鄒山。山北行三十里，遠眺顧瞻百里，但見山嶺巉巖，無尺木把草。

宋・樂史《太平寰宇記》卷一五四《隴右道五・河州・鳳林縣》 石門山。酈道元《注水經》云：「灕水又東北逕石門口，山高險絶，對崖如門，峽故得名，疑即臯蘭山門也。」漢武元狩三年，驃騎將軍霍去病出隴西，至臯蘭。今是山去河不遠，應謂此。

宋・樂史《太平寰宇記》卷一五五《隴右道六・疊州・合川縣》 石鏡山，在縣西北四十五里。其山有石，明瑩皎潔，照之莫不備見其形體，故謂之石鏡山。山下又有銅窟，隋開皇中于此置監，鼓鑄錢刀焉。

宋・樂史《太平寰宇記》卷一九一《四夷二十・北狄三・匈奴下》 狼居胥山。浚稽山。盧山。燕然山。三木樓山。金微山。烏盧謾山。烏紇細山。姑且山。浮沮山。

祁連山，一名天山，在西州界。即漢霍去病移兵出隴西，過居延，攻祁連山，斬虜三萬級。

闐顔山，在漢北，有趙信城焉。昔衛青戰單于于此山城，因趙信所築。

宋・樂史《太平寰宇記》卷一九六《四夷二十五・北狄八・突厥下》 候山。陰山。雞扶山。賀鵲山。三彌山。勾慮劍山。蜀薛許山。乞真蜀山。監山。天羊勾山。兜御山。越笳輔哥山。拔辭處折施山。匈奴遽山。千秋山。千鏈山。

宋・樂史《太平寰宇記》卷一九九《四夷二十八・北狄十一・黠戛斯》 其國南有貪漫山，夏沮洳，冬積雪。有水從回鶻北流踰山。

宋・陳舜俞《廬山記》卷一《總敘山水篇第一》 案太史公曰：余南登廬山，觀禹九江。前漢《郊祀志》云：乾封中，武帝浮江，自尋陽出樅楊，過彭蠡，禮其名山大川。桑欽《水經》云：廬江出三天子都，北過彭蠡縣。釋惠遠《廬山略記》曰：山在江州尋陽，南濱宫亭，北對九江。九江之南江爲小江，山去小江三十餘里，左挾彭蠡，右傍通川，引三江之流，而據其會。《山海經》云：廬江出三天子都，一曰天子障，故舊語，以所濱爲彭蠡。【略】其山大嶺凡有七重，圓基周回垂五百里，風雲之所攄，江湖之所帶。高崖反宇，峭壁萬尋，幽岫窮巖，人獸兩絶。天將雨則有白氣先摶。【略】（南嶺）下有甘泉涌出，冷暖與寒暑相變，盈減經水旱而不異。尋其源，似出於龍首也。南對高岑，上有奇木，獨絶於林表數十丈。其下似一層佛浮圖。白鶴之所翔，玄雲之所入也。東南有香爐山，孤峯秀起，遊氣籠其上，則氣若香煙，白雲映其外，則昺然與衆山殊別。天將雨，其下水氣涌起，如車馬蓋，此即龍井之所吐。其左有翠林，青雀白猿之所憩。玄鳥□□之所蟄。【略】有三石梁，長十餘丈，闊纔盈尺，其下無底。其中宫在別巖，悉是文石。兩邊有小圓峰奇特，號爲右障峯，石形若羊馬來道。相對下宫，彭蠡湖際宫亭廟舊所也。山高二千三百六十丈，周回二百五十里，其山九疊，川亦九派。

宋・陳舜俞《廬山記》卷一《敘山北第二》 南抵吴章嶺五里，由嶺下北行一里，道西有雲慶庵，舊名雲鏡。因流泉爲池，多畜魴鯉，歲已久，游泳甚狃。由雲慶西一里，至寶積庵，松竹蒙密，白雲亭在其上，北望湓江，磐石可坐數人。鳴泉過其下，此山北僧庵之最佳者。

宋·陳舜俞《廬山記》卷三《山行易覽》 由圓通二十里至康王谷，景德觀舊名康王觀。入谷中泝澗，行五里至龍泉院，又二十里有泉水廉飛泉破巖而下者二三十派，其高不可計，其廣七十餘尺。陸鴻漸《茶經》嘗第其水爲天下第一。

又 黄龍山在靈湯之南，亦廬山之别峰也。其南十里亦有青霞觀。靈湯之東二里，道旁有謝康樂經臺，又三里過栗里源有關令醉石。

宋·蘇舜欽《蘇舜欽集·往王順山值暴雨雷霆》 蒼崖六月陰氣舒，一霔暴雨如繩粗。霹靂飛出大壑底，烈火黑霧相奔趨。人皆喘汗抱樹立，紫藤翠蔓皆焦枯。逡巡已在天中吼，有如上帝來追呼。震揺巨石當道落，驚嗥時聞虎與貙。俄而青巔吐赤日，行到平地晴如初。回首絶壁尚可畏，吁嗟神怪何所無。

宋·蘇舜欽《蘇舜欽集·獨遊輞川》 行穿翠靄中，絶澗落疎鐘。數里踏亂石，一川環碧峯。暗林麋養角，當路虎留蹤。隱逸何曾見，孤吟對古松。

宋·蘇舜欽《蘇舜欽集·天平山》 吴會括衆山，戢戢不可數。其間號天平，突兀爲之主。傑然鎮西南，羣嶺争拱輔。吾知造物意，必以屏天府。清溪至其下，仰視勢飛舞。偉石如長人，竪立欲言語。捫蘿緣險磴，爛熳松竹古。中腰有危亭，前對翠壁舉。石竇迸玉泉，泠泠四時雨。

宋·蘇舜欽《蘇舜欽集·蘇州洞庭山水月禪院記》 泛明月灣，南望一山，上摩蒼煙，舟人指云：「此所謂縹緲峯也」。【略】縹緲峯又居山之西北深遠處，高聳出於衆山，爲洞庭勝絶之境。

宋·宋敏求《長安志》卷一一《縣一·萬年》 終南山在縣南五十里，東自藍田縣界，西入縣界石鱉谷，以谷水與長安縣爲界，東西四十里。《禹貢》：終南惇物至于鳥鼠。孔安國注：三山名言相望也。詩曰：終南何有？有條有梅。毛注：周之名山中南也。《春秋左氏傳》曰：荆山中南，九州之險也。杜注曰：中南在始平武功縣南。《漢書》曰：太一山又爲終南山。《五經要義》曰：太一，一名終南山，在扶風武功縣，則終南、太一不得爲一山，明矣。蓋終南，南山之總名，太一，山之别號耳。《關中記》曰：終南一名中南，言在天中居都之南也，又曰終南、太一，左右三十里内名福地。《三秦記》曰：太一在驪山西，去長安二百里，山之秀者也，一名地胏山。《西京雜記》曰：終南山多合離草葉，似江離，而紅緑相雜，莖皆紫色如羅勒，其樹直上百尺無枝，上結叢條，狀如車蓋。一青一赤，望之斑駁如錦繡，長安謂之丹青樹，亦云華蓋樹。

宋·宋敏求《長安志》卷一二《縣二·長安》 龍首山在縣北十里。《三秦記》曰：龍首山長六十里，頭入渭水，尾達樊川，頭高二十丈，尾漸下可六七丈，土赤不毛。秦時，有黑龍從南山出，飲渭水，其行道因成土山。

又 武將山。《長安記》曰：長安城西北有武將山，即前漢末辛孟所隱之處。

宋·宋敏求《長安志》卷一四《縣四·武功》 太一山在縣東。《漢書》：古文以爲終南。垂山在縣東。《漢書》：古文以爲惇物。

又 太白山。《三秦記》曰：太白山在縣南，去長安二百里，不知高幾許。俗云：武功、太白去天三百，山下軍行，不得鼓角，鳴鼓角則疾風暴雨兼至也。《周地圖記》：太白山甚高，上常積雪，無草木，半山有横雲，如瀑布則澎雨，人常以爲候驗之如離畢焉。故語曰：南山瀑布非朝則暮。《水經注》曰：太白山南連武功山，於諸山最爲秀傑，冬夏積雪，望之皓然。《魏略》曰：吉茂蘇則值亂隱於扶風南太白山中以經籍自娱。

宋·宋敏求《長安志》卷一五《縣五·臨潼》 驪山，在縣東南二里，驪戎來居此山，故以名。案：《土地記》曰：即藍田山也，温湯出山下，其陽多寶玉，其陰多黄金。《三秦記》：始皇作閣道至驪山，八十里，人行橋上，車行橋下，今石柱猶存，山上立祠，名曰靈臺。《述征記》曰：長安東則驪山，西則白鹿原，北望雲陽，悉見山阜之形而恒若雲霧之中。天寶元年更驪山曰會昌山，七載二改曰昭應山，山神曰元德公。

又 慶山在縣東南三十五里，唐垂拱二年湧出。

宋·宋敏求《長安志》卷一五《縣五·鄠縣》 終南山在縣南二十里。雞頭山在縣東南三十一里。《十六國春秋》曰：苻生不能守長安，欲西上隴山，士卒散盡，遂入雞頭山，尋爲追兵所害。

又 牛首山在縣西南二十三里，南接終南山，在上林苑中。《西京賦》曰：繞黄山而款牛首。《山海經》曰：牛首之山，有鬼草，其葉如葵，赤莖，其秀如禾，服之使人不憂。

宋·宋敏求《長安志》卷一六《縣六·藍田》 終南山在縣南七十里。藍田山在縣東南三十里。范子計然曰：玉英出藍田，一名覆車山。郭緣生《述征記》

曰：山形如覆車之象，其山出玉，亦名玉山。後魏《風土記》曰：山巔方二里，聖賢仙隱之處。劉雄鳴學道於此，下有神祠甚嚴。灞水之源出藍田谷西。又西有尊盧氏冢，次北有女媧氏谷，則知此地是三皇舊居之所。《魏略》曰：劉雄鳴，藍田人，少以採藥射獵爲事，常居覆車山，每晨夜出行雲霧中，識其道不迷。時人因謂之能爲雲霧。《晉太康地記》曰：藍田出美玉，故曰藍田。《括地志》曰：臣泰案《聖賢冢墓記》：驪山之陽多美玉，今縣西北四十里有驪山，即此山之北阜，驪山之陽或謂此也。

又　倒虎山，一名元象山，在覆車山北。苻堅時，王子年始隱于東陽谷，後避石季龍之亂徙於此。

宋・宋敏求《長安志》卷一六《縣六・醴泉》　九嵕山，在縣西四十里。《漢書・地理志》曰：谷口縣九嵕山在西。《四夷郡國縣道記》曰：九嵕山東連仲山，西當涇水，出處高六百五十丈，周十五里。武將山在縣西北五十里。芳山在縣東北五十里。覆甑山在縣東北四十五里。

又　承陽山在縣西北七十里。山有石泉，《三輔黄圖》所謂浪水。無勞山在縣西北六十里。温宿嶺在縣北，漢時温宿國人令居此地田牧，因以爲名。

宋・宋敏求《長安志》卷一七《縣七・乾祐》　長陵山在縣東七十五里。蓼谷山在縣東南三十里，其山崇峻，常有雲起。石驢山在縣西南一百八十里，山有石狀驢。石馬山在縣南三十里，山有石狀馬。車輪山在縣南五里。考山在縣北七十里。重崖山在縣東五里。

宋・宋敏求《長安志》卷一八《縣八・蒲城》　豐山在縣西北三十里。金粟山在縣東北二十里。白堂山在縣東北三十五里，《舊圖經》曰：山之前秦白起立寨之所，因以爲名。不羣山在縣東北，白堂山南，《舊圖經》曰：諸山累累，峰巒相接，唯此山孤迥，因以爲名，俗謂之孤山。堯山亦名浮山，在縣北二十里，《舊圖經》曰：昔堯時，洪水爲灾，諸山盡没，唯此山若浮，因以爲名。重山在堯山前，《舊圖經》曰：以其與堯山有重疊之象，故號重山。銅斗山在縣西北四十里。馬冢山在縣西北五十里。

宋・宋敏求《長安志》卷一九《縣九・奉天》　梁山即《禹貢》所謂壺口，治梁及岐。又古公亶父踰梁山，至于岐下，及秦立梁山宫，皆此山也。

宋・宋敏求《長安志》卷一九《縣九・好時》　梁山在縣境。堍山在縣東，《漢書顔師古注》：堍音秋毁反。明月山在縣西北一十六里，與鳳翔扶風分界。石門山在縣西一十五里美川鄉。

宋・宋敏求《長安志》卷一九《縣九・華原》　牛耳山在縣北六十里。風孔山在縣東五里。石門山在縣西北八十里。安君山在縣東五里。樹子山在縣北四十里。石皋山在縣北四十里。把樓山在縣北四十五里。土門山在縣東南四里，《水經注》曰：宜君水東南出土門山西。三石山在縣北六十八里。玉女山在縣西北六十里。

宋・宋敏求《長安志》卷一九《縣九・富平》　荆山在縣西南二十里，今名掘陵原。《尚書》曰：荆岐既旅，又曰：導汧及岐，至于荆山。孔安國曰：荆在岐山東，非荆州之荆也。《方輿記》曰：昔黄帝鑄鼎於此。《帝王世紀》：禹鑄鼎於荆山，在馮翊懷德之地，今山下有荆渠。壇山在縣西北三十里。天乳山在縣西北一十五里，兩峰相對，類乳形。

宋・宋敏求《長安志》卷二〇《縣十・雲陽》　嵯峨山一名嶻嶭山，在縣東北十里，東西二十五里，南北二十里。《漢書》：嶻嶭山在陽池縣北。師古曰：俗呼嵯峨山是也，音截嶭。《雲陽宫記》曰：東有慈峨山，蓋又名慈峨。《四夷郡縣圖記》曰：山頂有雲起即雨，人以爲候，昔黄帝鑄鼎於此山下。

又　仲山在縣西北四十里。《史記》：漢武帝獲寶鼎於汾陰，迎鼎至甘泉，從行上薦之，至中山晏温，有黄雲蓋焉。徐廣云：關中有中山，非冀州者也。《雲陽宫記》曰：宫南三十里，有仲山，未詳。古之何山，山有竹箭生焉。俗傳高祖兄仲所居，今山有仲子廟，積旱祈之，圍此射獵，則風雨暴至。廟有一泉，未曾水竭。

又　甘泉山一名石鼓原，俗云磨石嶺，在縣西北九十里，周六十里。《關中記》曰甘泉宫在甘泉山上。《漢書》：單于烽候以應甘泉，即此山也。又有甘水經縣。《十道志》曰：甘泉水出石鼓西原。

宋・宋敏求《長安志》卷二〇《縣十・同官》　文王山在縣西四十里。馬欄山在縣北。三泉山在縣東南三十二里。白馬山在縣西北。女回山在縣境。

宋・宋敏求《長安志》卷二〇《縣十・美原》　頻山在縣北一十八里，秦將王翦此縣人。石疊山在縣北一十五里。萬斛山在縣東北二十里。金粟山在縣北一十五里。玉鏡山在縣西北一十里。明月山在縣西北一十里。玉女山在縣西三十五里。

宋・宋敏求《長安志》卷二一《縣十・三原》　嶻嶭山在縣西北六十里。堯門山在縣西北三十二里。

宋·沈括《夢溪筆談》卷二四《雜誌一》 昔人文章用北狄事，多言黑山。黑山在大(幕)〔漠〕之北，今謂之姚家族，有城在其西南，謂之慶州。予奉使，嘗帳宿其下。山長數十里，土石皆紫黑，似今之磁石。有水出其下，所謂黑水也。胡人言黑水原下委高，水曾逆流。予臨視之，無此理，亦當流耳。山在水之東。大抵北方水多黑色，故有盧龍郡。北人謂水爲龍，盧龍即黑水也。黑水之西有連山，謂之夜來山，極高峻。契丹墳墓，皆在山之東南麓。近西有遠祖射龍廟，在山之上，有龍舌藏於廟中，其形如劍。山西别是一族，尤爲勁悍，唯啖生肉血，不火食，胡人謂之「山西族」，北與「黑水胡」、南與「達靼」接境。

又 温州雁蕩山，天下奇秀，然自古圖牒，未嘗有言者。祥符中，因造玉清宫，伐山取材，方有人見之，此時尚未有名。按西域書，阿羅漢諾矩羅居震旦東南大海際雁蕩山芙蓉峯龍湫。唐僧貫休爲《諾矩羅贊》，有「雁蕩經行雲漠漠，龍湫宴坐雨濛濛」之句。此山南有芙蓉峯，峯下芙蓉驛，前瞰大海，然未知雁蕩、龍湫所在，後因伐木，始見此山，山頂有大池。相傳以爲雁蕩下有二潭水，以爲龍湫。又有經行峽、宴坐峯，皆後人以貫休詩名之也。謝靈運爲永嘉守，凡永嘉山水，遊歷殆遍，獨不言此山，蓋當時未有雁蕩之名。予觀雁蕩諸峯，皆峭拔嶮怪，上聳千尺，穹崖巨谷，不類他山，皆包在諸谷中，自嶺外望之，都無所見；至谷中則森然干霄。原其理，當是爲谷中大水衝激，沙土盡去，唯巨石巋然挺立耳。如大小龍湫、水簾、初月谷之類，皆是水鑿之穴，自下望之則高巖峭壁，從上觀之適與地平，以至諸峯之頂，亦低於山頂之地面。世間溝壑中水鑿之處，皆有植土龕巖，亦此類耳。今成、皋、(陝)〔陜〕西大澗中，立土動及百尺，迥然聳立，亦雁蕩具體而微者，但此土彼石耳。即非挺出地上，則爲深谷林莽所蔽，故古人未見，靈運所不至，理不足怪也。

又 北岳(當岑)〔恒山，今〕謂之大茂山者是也。半屬契丹，以大茂山分脊爲界。岳祠舊在山下，石晉之後，稍遷近裏。今其地謂之「神棚」，今祠乃在曲陽。祠北有望岳亭，新晴氣清，則望見大茂。

宋·蘇轍《欒城集》卷一七《巫山賦》 過瞿唐之長江兮，蔚巫山之嵯峨。雲孤興其勃勃兮，北風慨其揚波。山嶔崟而直上兮，越至神女之所家。峯連屬以十二兮，其九可見而三不知。蹊遂蕪滅而不可陟兮，玄猿黄鵠四顧而鳴悲。覽松柏之青青兮，紛其若江上之菰蒲。維其大之不可知兮，有橈雲之修柯。蔓草蒙茸以下翳兮，飛泉潔清而無沙。亭亭孤峰，其下叢木交錯而不明兮，若有美人慘然而長嗟。斂手危立以右顧兮，舒目遠望恍然而有所懷。儼峨峨其有禮兮，盛服寂寞而無譁。臨萬仞之絶險兮，獨立千載而不下。顛追懷楚襄之放意肆志兮，泝江千里而遠來。離國去俗兮，徘徊而不能歸。悲神女之不可以朝求而夕見兮，想游步之逶遲。築陽臺於江干兮，相氛氣之參差。惟神女之不可以求得兮，此其所以爲神。湛洋洋其無心兮，豈其猶有懷乎世之人。朝雲尉其晨興兮，暮雨紛以下注。變化倏忽不可測兮，俄爲鳥而騰去。忽然而爲人兮，佩玉鏘以琅琅。愛江流之清波兮，安燕處乎高唐。彼蛟龍之多智兮，尚不可執以罝罘。高丘深其蒼蒼兮，恍誰識其有無？

宋·蘇轍《欒城集》卷二四《武昌九曲亭記》 齊安無名山，而江之南武昌諸山，陂陁蔓延，澗谷深密，中有浮圖精舍，西曰西山，東曰寒谿，依山臨壑，隱蔽松櫪，蕭然絶俗，車馬之迹不至。

宋·秦觀《淮海集》卷五《送蔡子驥用蔡子駿韻》 越絶山川遠相屬，萬壑千巖抱青緑。卧龍一峯稱最奇，遶趾清漪如帶束。

宋·秦觀《淮海集》卷六《和王忠玉提刑》 嵩峯何其高！峯高氣尤清。念昔秋欲老，從公峯下行。

宋·秦觀《淮海集》卷六《次韻黄冕仲寄題順興步雲閣》 順興山川甲閩甌，無風萬壑松颼颼。

宋·秦觀《淮海集》卷三八《遊湯泉記》 東南馳八里至龍洞山下，棄馬而徒步。山形斗起蒙籠，曲道尤難登。捫蘿進者五里，然後至其山椒。

又 巽嚮而望，自定山轉而西，服光晷，薄星辰，亘二百里，迅馳而矗立，妬危而恬壯，分秀而取奇，各挾其伎，以效履舄之下。

宋·葉夢得《避暑録話》卷上 兵既退，乃乘間冒微雪過之，時臘已窮矣。迂折行山峽中，兩旁壁立，溪水貫其下，多灘瀨，遵溪而行，峻厲悍激，與雪相亂。山木攙天，每聞谷中號聲，風輒自上下，雪横至擊面，僕夫卻立，幾不得前。既至，山愈險，雪愈猛，溪流益急。旁溪有數石，拔起數百丈，不相倚附。其最大者二，略如人行，俯而相先後，俗名新婦阿家石。望之如玉筍，擁鼻仰視，神觀聳然，欲與之俱升。寒甚，不可久留，乃還至家，已入夜。四山晃蕩盡白，不能辨道，索酒飲，無有，燃松明半車僅得温。

宋·陳與義《陳與義集》卷二《詠青溪石壁》 青溪宜曉日，曲處千丈晦。天開蒼石屏，影落西村外。處無元氣立，明滅河漢對。人行峥嵘下，鳥急浩蕩内。向來千萬峰，瑣細等蓬塊。老夫倚杖久，三嘆造物大。惜哉太史公，意短遺此快。更欲訪野人，窮探視其背。

宋・姚寬《西溪叢語》卷上 曰：「或雲夾岸有山，南曰龕，北曰赭，二山相對，謂之海門，岸狹勢逼，湧而爲濤耳。」

宋・姚寬《西溪叢語》卷下 《西山經》云：「玉山是王母所居。其狀如人，豹尾虎齒而善嘯，蓬頭戴勝，是司天之厲主五殘。」

宋・程大昌《雍録》卷一《漢唐要地參出圖・龍首山龍首原》 漢長安城在龍首山上，周豐、鎬之東北也。龍首山來自樊川，其初由南向北，行至渭瀆，乃始折轉向東。

又 《三秦記》所載形勢畧同，且曰：「此山長六十里，頭入渭水，尾達樊川，頭高二十丈，尾漸下可六七丈，色赤，舊傳有黑龍從南山出，飲渭水，其行道因行成迹也。」用此推之，則此山並渭折東之地，高於初出樊川時也。

宋・程大昌《雍録》卷三《六典大明宫圖・漢唐宫殿據龍首山》 龍首山首枕渭之南岸，尾達樊川，首高尾下，尾在漢長安城南透迤而北，至建章宫上下，乃始折北而趨東。

宋・程大昌《雍録》卷五《南山一》 終南山横亘關中南面，西起秦、隴，東徹藍田，凡雍、岐、郿、鄠、長安、萬年，相去且八百里，而連綿峙據其南者，皆此之一山也。既高且廣，多出物産，故《禹貢》曰「終南厚物」也。

宋・程大昌《雍録》卷六《函潼關要圖・崆峒山》 崆峒山，在原州高平縣，即笄頭山，涇水之所發源也。

宋・程大昌《雍録》卷九《唐東宫圖・漸臺二》 未央據龍首山爲基，龍首之在渭濱者本高四十丈，故未央殿皆出長安城上矣。

宋・陸游《老學庵筆記》卷九 東蒙蓋終南山峰名。杜詩云：「故人昔隱東蒙峰，已佩含景蒼精龍。故人今居子午谷，獨在陰崖結茅屋。」皆長安也。种明《東蒙新居詩》亦云：「登遍終南峰，東蒙最孤秀。」南士不知，故注杜詩者妄引顓臾爲東蒙主，以爲魯地。

宋・陸游《入蜀記》卷四 八月二十六日 石城山，山繚繞如伏蛇，自西亘東，因其上爲城，缺壞僅存。

又 十月六日 過碚，望五龍及雞籠山，嵯峨正如夏雲之奇峯。荆門者，當以險固得名。碚上有石穴，正方，高可通人，俗謂之荆門，則妄也。

又 十月八日 夾江千峯萬嶂，有競起者，有獨拔者，有崩欲壓者，有危欲墜者，有横裂者，有直坼者，有凸者，有窪者，有罅者，奇怪不可盡狀。初冬草木皆青蒼不彫，西望重山如闕，江出其間，則所謂下牢谿也。

又 十月九日 蝦蟆在山麓，臨江，頭鼻吻頷絶類，而背脊皰處尤逼真。造物之巧，有如此者。自背上深入，得一洞穴，石色緑潤，泉泠泠有聲，自洞出，垂蝦蟆口鼻間，成水簾入江。

又 十月九日 碚洞相對，稍西有一峯，孤起侵雲，名天柱峯。自此山勢稍平，然江岸皆大石堆積，彌望正如濬渠積土狀。

又 十月十日 廟後山如屏風疊，嵯峨插天，第四疊上，有若牛狀，其色赤黄。

又 十月十日 城西北一山，蜿蜒回抱。山上有伍子胥廟，大抵自荆以西，子胥廟至多。

又 十月十二日 其傍又有獅子巖，巖中有一小石，蹲踞張頤，碧草被之，正如一青獅子。

又 十月二十四日 隔江南陵山極高大，有路如線，盤屈至絶頂，謂之一百八盤，蓋施州正路。

宋・范成大《驂鸞録》 十九日 堂正面下山之高峰，層巒空翠照衣袂，畧似上天竺白雲堂所見而加雄尊。

又 霅川有兩玲瓏山。石林爲大玲瓏。又有小玲瓏，在長興縣界路口，聞其尤勝石林，遂過之。小玲瓏，今屬沈氏。沈氏之父死，二子幼，方檢校於官。此山，石色微黄而更奇古，一丘悉中空，洞穴十數，皆旁相通貫，故名玲瓏。泉聲瀉壞磴中，窈如深谷。

又 正月二十六日 大壇，石色如桃花，旁入數里，有龜山。遠望一山特起，與他小山接，如龜然。特起者，其首也。大抵自上饒溪行，南岸綿延皆低，石山童無草木，色赤似紫，或一石長數里不休，或有如盤、如屏、如几及卧牛、蹲蟆之狀者，不可勝計。石上平淨，可以攤曝麥禾。

又 二月七日 西望嶽山，岧嶢半空。湘中山既皆岡阜，迤邐至嶽山，乃獨雄尊特起，若衆山遜其高寒者。

又 二月十日 行舟數里，即再見南嶽峰，崛敦可尊。而仰帶江別有小山一重，山民幽居點綴上，桃李花方發，望之如臨皋道中，盧仝詩「湘江兩岸花木深」，至此方有句中意。

宋・范成大《吴船録》卷上 觀在丈人峰下，五峰峻峙如屏，觀之臺殿，上至巖腹。

又 岷山數百峰，悉在欄檻下，如翠浪起伏，勢皆東傾。

又 雪山三峰爛銀琢玉，闖出大面後。雪山在西域，去此不知幾千里，而了然見之，則其峻極可知。

又 入寺，側出石磴，半里餘，有三石峰，平正如高樓巍闕，巖嶪奇偉，不可名狀。前二峰，後一峰，如品字。前二峰之間，容一徑，可以並行。

又 此諸山之後，即西域雪山，崔嵬刻削，凡數十百峰，初日照之，雪色洞明如爛銀，晃耀曙光中。此雪自古至今，未嘗消也。山綿延入天竺諸蕃，相去不知幾千里，望之但如在几案間，瑰奇勝絶之觀，真冠平生矣。復詣巖殿致禱，俄氛霧四起，混然一白，僧云銀色世界也。

宋・范成大《吴船録》卷下 西山之麓登阪，及山半，得平地，有泉溢爲小湖，作亭堂其上，荷芰充滿，四山紫翠環之，亦佳處也。

又 峽中兩岸，高巖峻壁，斧鑿之痕皴皴然，而黑石灘最號嶮惡。

又 廟前灘尤洶怒，十二峰俱在北岸，前後蔽虧，不能足其數。最東一峰尤奇絶，其頂分兩歧，如雙玉簪插半霄，最西一峰似之而差小。餘峰皆鬱嵂非常，但不如兩峰之詭特。

又 前後山既高且近，堂堂廪廪，迫而臨之，如欲覆壓。

又 對江渡即登峽山，陸路之始也。向余入蜀時，以漲江不可泝，自此徒行，備嘗艱厄。過渡有甘泉寺，山上有泉及姜詩妻龐氏祠，相傳爲湧泉躍鯉之地。傍近又有姜詩泉，此地之信否，未可決也。

宋・范成大《桂海虞衡志・雜志》 桂嶺，舊不知的實所在。城北五里，有尋丈小坡，立石其上，刻曰桂嶺。賀州自有桂嶺縣，相傳始名，嶺在其地，今小坡非也。

宋・陳田夫《南嶽總勝集》卷上《五峯靈跡》 祝融峯者，昔炎黄之世祝融君遊息之所，因而名焉。故《廣記》云：祝融棲息於衡皋者是也。融頂形似朱雀頭，元氣上連熒星。融頂西南崑池，甘泉神津之水，飲之長生昇仙。【略】山高九千七百三十丈，在衆峯之比最高。【略】又《嶽圖經》云：下有火山芝。《神農本草》云：赤芝生衡山，赤芝即火山芝也。夜有靈光如飛燭，俗呼爲聖燈。《草芝圖》云：衡山有九芝三本，生蒲谷，在蓮花峯東，三本生此壇下，三本生金簡峯東。

又 紫蓋峯，高五千四百餘丈，有紫霞華籠之狀，其形如蓋，亦謂之華蓋峯。又云：小紫蓋者，華蓋峯也。諸峯並朝祝融，如拱揖之狀，獨此峯面南，乃朱陵洞天之源，向南故也。【略】先生居之，廣植榧樹茶。園下有王氏藥堂，在翠麓巖，久服山芹、何首烏。

又 雲密峯，高五千三百餘丈。【略】祥雲覆之。峯半有禹碑，禹王至此量之，高四千十丈。【略】白玉牀榻几下有玉砂泉，色如丹，得飲之昇天。西有桃花源。

又 倉廪峯，高四千五百餘丈。《湘中記》云：「其峯聳峙，遠望如倉廪之形，有石像門兩傍。」

又 天柱峯，高四千八十餘丈，其形如雙柱，兩頭端聳百丈。《九域誌》云：名山三百六十，中有八柱，此其六也。【略】魏夫人植香白芷於此山。

又 側刀峯，又有薛幽棲禮斗壇，壇周回生尺鱗草，一名玉燈臺，其葉層層間疊，根紫乳紅，似杏葉而軟，採之不見。

又 金簡峯，東有仙龜巖、流丹崖，上生珊瑚芝，陰晦之夜靈光出見，俗呼聖燈也。

又 棲真峯，下産雲母、金漿、銀液。

又 華蓋峯，屍解山北多生長生草，收之雖久乾甚，略以湯沃之，則青翠如初生。若孕婦臨産煎湯飲之，即時便下，又名催生草，今他山亦有。

又 軫宿峯峯之北隱密處多生地不容草，採取汁同雄黄末調服之大解虵傷，以其滓傅之傷處，雖蝮虵、五步至毒亦不加害，虵藥尤多，其效至速不出此草。【略】雖山内外三百餘里有毒蟲猛獸，亦不傷人，地氣融和，水甘土美。

又 瑰霄峯，南渡山之西有長髮草最多，凡折一莖，其中皆如細絲，毫毛不見。火爲末，以清油搽頭上可令髮長。又有金路盤生幽陰處，採之頓黑。

宋・羅願《新安志》卷三《歙縣・山阜》 黄山，舊名黟山，在縣西北百二十八里，高千一百八十仞。東南則歙，西南爲休寧，西北則蔽于寧國之濫觴。今計郡之平地已與二山等矣。此山又特高肰，則鄰郡諸山要皆此山支脈也。西北山勢中坼，望之，類太華，故自前世亦名爲小華山，有峯三十六，其水源亦三十六，谿二十四，洞十有二，巖八，靈跡至不可勝數。

又　靈山，在縣西北三十里，高三百五十仞，周七十七里。

又　黃蘗山，在縣北九十里，高五百六十仞，周百里。

又　箬嶺，在縣北八十里，黃山之東，高四百八十仞，多箬竹。上有官路通寧國府太平縣。

宋・羅願《新安志》卷四《祁門・山阜》　獨聳山，在縣西五十里，高三百仞，周四十里，有洞邃窔。

宋・羅願《新安志》卷五《婺源・山阜》　浙源山，在縣北七十里，亦曰浙嶺，高三百五十仞，周二十五里。北連黟縣魚亭山，舊有石英鍾乳。

又　大廣山，在西北五十八里，舊名大尖山，高四百一十仞，周三十里。

又　大鏞山，在縣東百三十里，高三百三十仞。

又　梅源山，在縣西百二十里，高三百二十仞。

又　濬源山，在西南百里，高三百一十仞。

又　張公山，在縣西北七十里，高四百餘仞，周十五里。

又　三靈山，在縣西九十里，高二百八十仞，周五十里。

又　大連山，在西北百二十里，高四百仞，周九十里。

宋・羅願《新安志》卷五《績溪・山阜》　大鄣山，在縣東六十里，高五百五十仞，周百五十里。

又　石金山，在東北三十里，高六百仞，周三十里，出衆山之上。

又　大獒山，在縣北六十里，高四百仞，周百里。舊説以爲上排層漢前壓澄潭，蹲形矯首如獒，猛犬焉。

又　借溪山，在東北八十里，高五百五十仞，周百四十里。西連巃嵷山，有水流入縣界。

又　凜山，在西北三十里，高四百五十仞，周十五里。

又　古塘山，在西北五十三里，高三十五仞，周十五里。

又　植山，在縣北四十里，高五百五十仞，周八十里。有水西北流十三里入黃石坑。

又　徽嶺，在西北十里，高四百五十仞，周三十里，舊名大尖山。

又　佛論嶺，在西北四十里，高四百五十仞，周四十里。

宋・羅願《新安志》卷五《黟縣・山阜》　牛泉山，在縣北五十七里，高九百五十仞。

又　林歷山，又名頂游山，在縣西南十里，高三百仞，周三十里。

宋・周去非《嶺外代答》卷一《地理門・天涯海角》　斯亭並城之東，地勢頗高。下臨大江，可以觀覽。

宋・趙彥衛《雲麓漫鈔》卷五　南嶽有三，衡山一也。漢武南狩舒之灊山，望祀，後人因灊爲南嶽，二也。常之宜興有南嶽，産茶，云以吳孫皓時得名。蓋疑其非也。

宋・趙彥衛《雲麓漫鈔》卷六　東坡《黄州詞》云：「人道是三國周郎赤壁。」今江漢間言赤壁者五，漢陽、漢川、黄州、嘉魚、江夏，惟江夏合於史。漢陽之説，出於《荆州記》。漢川之説，蓋以赤壁草市，今其近處，亦有烏林。唐《漢陽圖經》云：「赤壁又名烏林，在漢川縣西八十里，跨漢南北。」據此二説，相去不遠。然曹操初敗赤壁，再敗烏林，赤壁、烏林乃二地；今指一地二名，已失之。況曹操舟師，自江陵順流而下，周瑜自柴桑，泝流而上，兩軍相遇於赤壁，則赤壁當臨大江。今臨嶂、漢川皆非臨江處。《通典》、《元和郡國志》皆嘗辨漢川繆，則臨嶂繆亦可知。黄州出於《齊安拾遺》，以赤鼻山爲赤壁，以三江下口爲夏口，以武昌華容鎮爲曹操敗走華容，其説尤繆。蓋周瑜自柴桑至樊口，會劉備，與備進軍逆操，而後遇於赤壁，則赤壁當在樊口之上，今赤鼻止在鼻口對岸，何待進軍而後遇？又赤壁初戰，操軍不利，引次江北，而後有烏林之敗，則赤壁當在江南岸，今赤壁乃在江北岸，亦非也。又曹操既敗，自華容道走保南郡，漢南郡，今江陵、華容、監利、石首、武昌，華容豈走南郡路？嘉魚之説，唐章懷太子注東漢《劉表傳》云：「赤壁，山名也，今在鄂州蒲圻。」《通典》引《括地志》亦同。《元和郡縣志》則云：「赤壁山在蒲圻縣一百二十里，北岸烏林，與赤壁相對，即周瑜用黄蓋策，焚曹公舟船敗走處。」唐蒲圻臨江，今析爲嘉魚，故説者據之而指今石頭口爲地。然石頭口初未嘗以赤壁名，而《嘉魚縣圖經》亦云：「此地無赤壁。」考之《水經》，則不然。《水經》云：「江水左源流至今巴陵之下。」云：「江水左逕至烏林。」酈道元注云：「村居也，吳黄蓋敗魏武於烏林，即是處。」又云：「江水至今漢陽界。」云：「江水左逕百人山南。」酈道元注云：「右逕赤壁山，昔周瑜與黄蓋詐魏武大軍所起處。」據此，則赤壁、烏林相去二百餘里。《元和志》所指烏林，已與此合，而赤壁則不同。今漢陽百人山對岸大江中，有赤磯者在。《江夏縣境江圖》謂之赤圻，爲江夏之説者曰：「此即道元所指也。曰磯、曰圻者，壁之誤耳。」嘗以爲烏林、赤壁二戰相繼，烏林之捷，又自赤壁始，不應兩地懸絶如此。及觀《江表志》，赤壁敗後，黄蓋與操作詐降書，紿操以衆寡不敵。交鋒之日，蓋爲前鋒，當因事變化，至戰日，蓋始用火攻之策，操乃敗走。如此，則二戰初不同日。方是時，操師八十萬，首尾相接二百里，不足訝。《水經》之言爲然，《後漢紀》總書烏林赤壁，故後人指爲一地。

宋・趙彦衛《雲麓漫鈔》卷九　崑崙一作崐崘。《禹本紀》：「崑崙，高二千五百餘里，日月所相避隱，爲光明也。其上有醴泉、華池。」《河圖》云：「崑崙，天中柱，氣上通天。」《水經》云：「崑崙墟，在西北，去嵩高五萬里，地之中也。其高萬一千里，河水出其東北陬。」《爾雅》云：「西北之美者，有崐崘之璆琳琅玕焉。」又曰：「三成爲丘。」注云：「崑崙山三重，故以名。」昔人引《山海經》：「西海之南，流沙之濱，赤水之後，黑水之前，有大山名崑崙之丘，其下有弱水之淵環之。」又曰：「鍾山西六百里有崑崙山，所出五水。」今按《山海經》内：「崑崙虚，在西北，帝之下都，方八百里，高萬仞。山有木禾，面有九井，以玉爲檻。面有五門，門有開明獸守之，百神之所在。」郭璞曰：「此自别有小崑崙也。」《淮南子》曰：「崑崙虚中有增城九重，有木禾珠樹、玉樹、璿璇樹、不死樹在其西，沙棠、琅玕在其東，絳樹在其南，碧樹、瑶樹在其北。」《十洲記》云：「崑陵即崑崙，中狹上廣，故曰崑崙。山有三角，其一角正東，名曰崑崙宫。其處有積金爲墉城，面方千里，城上安金臺五所，玉樓十二。」《神異經》云：「崑崙有銅柱焉，其高入天，所謂天柱也。圍三千里，圓周如削，下有回屋，仙人九府所居。」又一說云：「大五嶽者，中嶽崑崙，在九海中，爲天地心，神仙所居，五帝所理。」《博雅》云：「崑崙虚，赤水出東南陬，河水出其東北陬，洋水出其西北陬，弱水出其西南陬。河水之入東海，三水入南海。張騫渡西海至大秦，大秦之西烏遲國，烏國之西復有海，西海之濱有小崑崙，高萬仞，方八百里。」《援神契》曰：「河水上應天河。」《山海經》：「崑崙山有青河、白河、黄河、黑河環其墟，其白水出東北陬，向東南流，爲中國河。」《爾雅》曰：「河出崑崙虚，色白，渠凡千七百所，色黄，百里一小曲，千里一大曲。」《淮南子》：「河出崑崙，貫渤海，入禹所導積石也。」《水經》云：「崑崙三仞，下曰樊桐，一名板桐，二曰玄圃，一名閬風，上層城，一名天庭。」《淮南》又云：「玄圃、閬風、樊桐，在崑崙閶闔之中。」東漢明帝永平十七年十一月，遣奉車都尉竇固、駙馬都尉耿秉、騎都尉劉張出燉煌崑崙塞，擊破白水虜於蒲類海上。唐章懷太子注謂：「崑崙，山名，因以爲塞，在今肅州酒泉縣西南，山有崑崙之體，故名之。周穆王見西王母於此，山有石室、王母臺，則又知周穆王西遊，初不出中國云。」凡諸書云崑崙，悉注於此。

宋・趙彦衛《雲麓漫鈔》卷一二　隨州大洪山，本名大湖，介於隨、郢之間。其山高峻，上有三峯，中有積水，實爲龍淵，云昔有二龍鬭，穿崖而出，水遂涸，落石尚存山下，今曰落湖。唐有僧自五臺來，遇異人云：「遇湖即止。」僧至，問地名，遂止。適逢大旱，鄉人皆屠牛祈雨，僧爲祈禬，成豐歲，遂入山，斷足祭龍以謝。鄉人張素敬之，父子俱入山，與之俱逝。節帥以聞，僧賜號靈濟菩薩，二張封將軍。土人相與即水落處建伽藍，本朝尤盛。建炎、紹興初，隨陷於賊，而山中能自保，有帶甲僧千數，事定皆命以官。《汪彦章集》有《補大洪山監寺承信郎告》。自後多説神怪，以桀黠者四出，號端公，誑取施利，每及萬緡，死則塑作將軍，立於殿寺。循山而上，壁立在雲霄中，地窄依巖爲層樓，雲霧所蒸，屋易壞，且無水，蓄四簷屋溜於池以飲。《石林》云：「居高山，常患無水。」京口甘露、吴靈巖、雪川之道場，此亦其一也。

宋・祝穆《方輿勝覽》卷五　黄山，在軍治之北六里。其峯如席帽，相傳其下乃郭璞宅。

宋・祝穆《方輿勝覽》卷八　赤城山，在天台縣北六里。一名燒山。其上石壁皆如霞色，望之如雉堞然，故後人以此名山。

又　天姥山，在天台縣之西北。有一峰崛起，孤峭秀拔，與天台山相對。

又　寒石山，在天台縣西北七十里。其山深邃，當暑有雪，亦名寒巖。南有泉如屋霤，寺僧縻竹綆引之。轉西二里，亂泉醲流巖竇間，散若虬髯，因號髯洞。

宋・祝穆《方輿勝覽》卷一六　黄山，舊名黟山，在歙縣西北百二十八里，山高一百八十仞。

宋・祝穆《方輿勝覽》卷二九　天岳山，在洞庭湖。一名幕阜。前有培塿，曰巴蛇冢。高一萬八千尺，周亘五百餘里。昔有真人艾君居之。石崖壁立，飛鳥莫息。壁有篆文。夏禹治水嘗至此。東隅有温泉三穴。

宋・祝穆《方輿勝覽》卷五二　大峨山，在峨眉縣南百里，兩山相對如峨。《眉山記》云：「其山周匝千里，有石龕百一十二，大洞十二，小洞二十八，南北有臺。」

又　中峨山，在峨眉縣南二十里，又名覆蓬山。有葛仙洞一穴，初纔容人，行數里漸寬。其蝙蝠大如箕。

小峨山，在峨眉縣南三十里，一名鏵刃山。又有季仙洞。是爲三峨。

又　龍門山，在峨眉西十里。分兩崖峭峙，其形如削，仰視青大，纔餘一罅。

宋・祝穆《方輿勝覽》卷五五　蒙山，在嚴道南十里。山有五頂，前一峰最高，曰上清，岸產甘露茶，常有瑞雲及瑞相影現。

又　孟山，在滎經東十里。前臨大江，曰七縱渡，即孔明擒孟獲之地。

又　翠屏山，在嚴道旗頭山，環列如屏。

又　龍頭山，在廬山。前後峽綿亘四十里，夭矯如龍，接蕃部，實爲要害。

又　邛崍山，自邛、筰而來，距百丈山西南九十里，阻峻如羊腸，即《漢書》王尊所謂九折坂。一云在滎經縣。詳見黎州。

又　瓦屋山，在滎經縣東百二十里，形如瓦屋。上有念佛烏、娑羅花。其巖朝現辟支，午現普賢，夜有神燈。或問禪惠大師：「瓦屋何故却似木皮蓋？」師曰：「錦府豈從機上織，劍門寧自匣中開。」巽巖詩：「瓦屋如案平，金仙閟光景。」

又　玉壘山，在汶川縣東四里，出璧玉。

宋・祝穆《方輿勝覽》卷五六　雪山，在保寧縣西。南連乳川、白苟嶺。山有九峰。山有積雪，春夏不消。

又　和尚山，在州東南百里，與峨眉、瓦屋爲三乘。山常有五色光現，天晴極爲奇觀。

又　白崖山，在州西北二百五十里。山外即生界，險峻不通人跡。

又　九折坂，在邛崍山。其坂阻峻，曲回九折，乃至山上。凝冰夏結，冬則極寒。

又　浮山，在龍安縣南二十里。有十二峰，峭拔如屏。梁楊孚真人上昇于此。

又　三面山，在石泉北六十里。三面內向。上有龍湫，徑不及四寸，而水流不竭。

宋・祝穆《方輿勝覽》卷五七　白鹽山，在城東十七里，崖壁五十餘里，其色炳耀，狀若白鹽。

又　女觀山，在巫山縣東北四里。有石如人形。相傳昔婦人夫官于蜀，登山望夫，因化爲石。

又　琵琶峰，在巫山，對蜀江之南，形如琵琶。此鄉婦女，皆曉音律。

宋・祝穆《方輿勝覽》卷五八　破石山，在秭歸縣。山有大石，破爲十字，人登者咸經其間。

又　石門山，在巴東縣東北三十五里。山有石逕，深若重門。劉備爲陸遜所破，走經石門，追者甚急，備乃燒鎧斷道，然後得免。

又　八學士山，在秭歸。有八疊，皆朝州治。

又　鳳山，直監治之東，亦名東山。際溪千仞，木石蒼翠，景物幽絕。

又　寶山，在監北十七里。半山有穴如瀑泉，即鹹泉也。山有牡丹、芍藥、蘭蕙，氣象盤蔚。大寧諸山，惟此獨雄。

又　石柱山，在監東四里。一峰削成如巫峽，所望剪刀峰與道士峰相連，皆奇觀也。

又　石鍾山，在監東北十五里，與二仙山相望。有巨石如鍾，下有三足，烟火之跡宛然，父老以爲爾朱丹爐云。

宋・祝穆《方輿勝覽》卷五九　石門山，在清水縣東北十里。有石穴至深。

又　石城山，四面懸絕，晁公遡有詩。

又　南山，下瞰大江，水落石出，曰娥眉磧，即州之對山也。

又　都歷山，在郡北。一峰突出衆山之上，峛崺爲平阜，氣象融結，蓋郡之主山。

宋・祝穆《方輿勝覽》卷六〇　蟠龍山，在城東二十里。孤峙秀傑，突出衆山之上。下有二洞，洞中有二石，龍狀，首尾相蟠，故名。旁曰噴霧崖。洞中之泉下注，垂崖約二百餘丈，噴薄如霧。張無盡嘗游，留題云：「水味甘腴，偏宜煮茗，非陸羽莫能辨。」范石湖以爲天下瀑布第一。

又　峰門山，在軍東十五里。其山高大，頂有寒泉。兩崖對峙如門，故名。

又　多喜山，在軍南五十里。山或神光夜現，則是境之人必多喜事。陳希夷嘗修煉于此，有丹井、石枕，猶存。

又　白雲山，在軍西百里。奇峰突出如筆，亦名筆山。張無盡詩：「白雲山上揖世尊，各以願力濟羣生。」識者知其有宰相器。

又　連珠山，在州東二里。五峰相連如貫珠，施之望山也。

又　猿啼山，在州東八十里。林木深茂，啼猿聲韻比諸山最多。

又　巴山，在巴縣西南百二十里。其山高聳，上有白水，相傳黃帝於此山合神丹。

又　瀛山，在故南平縣西百七十里。以其高峻象海中之蓬、瀛，故名。

又　君井山，在江津縣西五十里。有井泉，常以水之盈縮卜牧宰之賢否。

又　龜停山，在江津縣西二里岷江中。其山若龜形。

又　瀛山，在軍西北七十里。周迴九十里，崖壁峭峻，林翳葱蔚，山類三峽。有四十八面，而皆不同，劉觀臺詩「山盤四十八面險」是也。

又　南山，在瀛山之對，岡勢甚遠。其上平廣。有石笋峰，嶄然秀拔。

又　最高山，在軍東南九十里。高十五里，林箐深密，視衆山猶培塿。

又　九遞山，在隆化縣東六十里。絕壁如銀色，人視其色之昏明以候晴雨。上有水，潴爲洞。又有石龍，初非鐫刻，洞以龍名。

又　獅子峰，與鳳凰山相距不數里，兩山爲一邑之冠。

宋·祝穆《方輿勝覽》卷六一　龜山，在黔江東岸，州治據其上。形如龜，故州以此名。

又　遊蘭山，在高松鄉，地名羅雲，蘭真人修煉之處。人至洞門，望見丹竈，真人題字巖石，自摇欲墜，駭不可至。

又　引藤山，在龍渠縣東十五里。山出引藤，俗用以取酒。

又　唐山，在州東四里。南連河只水，北枕内江水。

又　無黨山，去思邛縣四十里，四面懸絕。

宋·祝穆《方輿勝覽》卷六二　方山，距州三十五里，又名回峰山。其山八面，下瞰江。有魏武帝廟。

又　南壽山，在城西南三十五里。山既高且秀。

又　安樂山。《圖經》：「在合江西五里。三峰俱秀。有溪及延真觀。有石櫃，爲仙人藏經之所。岐而左，有爛柯跡，後有仙魚影，隱隱在石壁中。岐而右，歷木楠臺、仙人屋、十二盤，至剪刀峽。循山有八洞，通南巖。有石曰許由瓢。又有芙蓉城、滴水崖、白猿洞，此三峰之景也。」任伋《遊安樂山》詩：「安樂溪上峰，萬木森翠羽。孤撐切天心，横拓壓坤股。氣勢西吞夷，光芒南定楚。雲泉出石寶，淋漓灑玉宇。煙羅纏林梢，摇曳垂翠組。」山有天符葉，一夕大風雨，拔去，後得於容子山。如荔枝葉而長，上有紋如蟲蝕，宛如蟲篆，或以爲劉真人仙跡。蘇子瞻詩：「天師化去知何日，玉印相傳世共珍。故國子孫今尚在，滿山秋葉豈能神。」

又　境子山，禱旱輒應。山有眠雲石、襲淵橋、玎璫巖、磨鎌溪，爲一邑勝遊之地。

又　牛頭山，在郪縣西南二里，形似牛頭。山四面孤絕，俯臨州郭。下有長樂寺，樓閣爲一方勝槩。《圖經》有云：「羅漢洞在巖之半，永福寺據其頂，廣化寺據其岡，羅漢院據其麓。」

又　鼓樓山，在蓬溪縣北十里。雙峰對峙，山高千餘仞。王蜀時嘗置鼓樓，望烽火於其上。

宋·祝穆《方輿勝覽》卷六三　玉堂山，在小溪縣北十里。巖巒聳秀。

又　廟山，在長江縣南十里，孤峰峭拔，下臨江島。

又　大方山，距城十五里。又有小方山，千峰萬嶺，有若洞天。

又　南岷山，距西充縣十五里。有十三小峰。漢何岷者隱其上，遂以名山。

又　鳳凰山，在州北小譙山後。形若鳳，故名。

又　重龍山，在州南二里。峭崒盤屈隱若龍轉。亭閣之勝，及諸梵列跨其上，江山城市，歷歷可觀。

又　玉京山，在州西南五十里。峭險壁立。

又　鳳凰山，在郡治後。形如飛鳳，福濟廟居其絕頂，舞鳳亭當其咮，州治據其脊，左爲惠民院，右爲白馬廟，延袤數里，氣象雄勝。

宋·祝穆《方輿勝覽》卷六四　聖燈山，在巴川縣西六十里。巖間夜有光熒然。

又　榮德山，在州東北四十二里，州以此得名。其山在川谷之中，獨拔五百餘尺。中有希夷觀、老君祠，刻石爲像。有小路至山頂，以木爲梯。半山有唐刺史薛高磨崖碑。

又　榮黎山，在州東十五里。山上有龍池，祈禱無不應。有松如盤龍。竹有如龍形者，俗謂之羅漢杖。

又　五山，州北凡五山：以西爲上，州治據其首，州學次之，嘉祐寺又次之，天慶觀又次之，東郭外東嶽祠又次之。州之西北曰鳳鳴山，州之西南曰浮圖巖，相連知畫屏。

又　陔山，在大足縣東四十里。接三華之秀氣，屹然鼎立。

又　葛仙山，在昌元縣南百五十里。下臨中江，上干霄漢，以葛仙翁名。有煉丹巖、洗藥池、甘露茶、打子石。

又　八濛山，在流江縣東北七里。起伏八處，有水環之，不匝者一里，常有煙霧濛其上，故名。

又　緑沼山，在流江縣北四十五里。上有池水常緑。

又　鄰山，去本縣百餘里。此山出鐵，鱗比相次。

又　黑壤山，在鄰山縣北百里。其壤皆黑，故名黑壤。

又　皛然山，在鄰水縣之南，相去三十餘里。東有崖，下有石乳三條，呼爲石鐘，村民擊之，以禱。

又　平蓋山，在南溪縣西十五里。分三山九隴，惟平蓋一山特出衆山之上，山頂圓平。

宋·祝穆《方輿勝覽》卷六五　小梁山，在宜賓縣。四時常雨，霖霪不絶，俗呼爲大漏天、小漏天。

又　雲頂山，在城西十五里。一名石城山。上有神泉及祥符寺。有楠樹，已枯。有石，離而爲二。先是，頭陁語曰：「五百年後寺當廢。若楠再生，石再合，然後復興。」果如其言。

又　秀屏山，即軍所倚，峭壁森聳，草木叢茂，宛若屏障。

又　養秀山，在監西。一峰聳秀。

宋·祝穆《方輿勝覽》卷六六　漢山，山在南鄭縣西南二十里。四峰八面，其南接巴山。山有池水。

又　天臺山，在南鄭縣北四十里。山頂平坦如臺，興元坐其岡脉。石有金星，可作硯。

又　金華山，在南鄭縣西南七十里。峭峰特起。

又　青銼山，在南鄭縣西南五十里。山頂一石如銼。

又　三嵎山，在城固縣西北四十里。三峰鼎立萬仞。

又　卓筆山，去西縣二十里。一峰削出如筆。

又　烏奴山，在綿谷山北六十里，以李烏奴得名。峭壁如削。有洞，高不可上。五代時，王真人舉家上昇於此。

宋·祝穆《方輿勝覽》卷六七　卧龍山，在普安縣東二里。高百丈，盤繞府城。

又　馬閣山，在陰平縣北六十里。峻峭崚嶒，極爲艱險。鄧艾伐蜀，軍行至此，路不得通，乃懸車束馬，造作棧閣，始通江油，因名馬閣。

又　鴈門山，在梓潼縣南三十餘里。山東西起兩嶺，鴈從中過，故曰鴈門。

又　九龍山，在武連縣。山腹有洞，洞前石壁如屋。

又　小錦屏，在蒼溪縣之對，頗類錦屏。

宋·祝穆《方輿勝覽》卷六八　大蓬山，在城東南七十里。狀若海中蓬萊，因以爲名。州名亦以此。

又　小蓬山，一名秀立，與大蓬對峙，相去二里。

又　伏虞山，在本縣東南六十五里，甚險。夷獠被征，即入此山中。

又　崑山，在城東四十里。出璞石。

又　玉山，在化城南六十里。多玉石，然深險不可取。

又　壁山，在通江縣西。下枕諸水，與縣治相對。

又　歌籟山，在通江縣東。上有石鼓，擊之聲聞數里，連擊即雨。

又　方山，在通江北十五里。突出衆山，其狀如斗。

又　十二峰，在難江縣四十里馬盤灣。巉巖聳秀，大小十二峰，最爲奇觀。有客題詩曰：「插立翠屏峰十二，爲君唤作小巫山。」

又　雪峰，去曾口縣十里。衆山特出一峰。

又　牛山，在城北五里，爲金州羣山之冠。上有泉，禱雨輒應。

又　鳳凰山，去漢陰縣百五十里。山有十二層，懸竦萬仞。

又　天柱山，在上津縣。懸崖壁立，有洞。

又　龍門山，去軍城五里。官道之傍，懸壁環合，上透碧虚，中敞大洞，下漱清泉，宛然天造，水簾懸夏，冰柱凝冬，真異境也。

宋·祝穆《方輿勝覽》卷六九　龍山，在州西五里。山形夭矯如龍，下有水泉。

又　鳳凰山，一名巾子山，去州一里。如鳳之翔。

又　麥積山，在天水縣東百里。狀如麥積，爲秦地林泉之冠。上有姚秦所建寺。

又　太祖山，在天水縣南九十里。山巖聳秀，下瞰數州，歷歷可辨。

又　鐵堂山，在天水縣東五里。有石笋青翠，長者至丈餘，小者可以爲礪。

又　紫柏山，在梁泉縣七十里。山有七十二洞，仙人多隱于此。

宋·祝穆《方輿勝覽》卷七〇　通靈山，去大潭縣七十里。四山環合，二水縈流。有清水巖，飛落如玉繩，亦勝境也。

又　太白山，在縣南五十里。山高多雪。

又　鳳朝山，在州城北，高數十丈。

又 馬盤山，在州北二百里，高三千三百丈，重巒層障，極爲險阻。

又 弩牙山，在郡城東二百三十里，高三千七百丈。

又 鳴水山，在江油縣東南。上有飛泉。

又 太華山，在江油縣東一百四十里。有三峰奇怪。

又 崆峒山，在州西二百五十里，接蕃部。山谷深險，不通行人。

宋·潛説友《臨安志》卷二六《山川》 天目山。按《大藏洞淵集》第三十四洞天：天目山有兩目。左目高三千丈，右目高二千五百丈，洞周回一百里，名太微元蓋洞天。又《太平寰宇記》：山高三千九百丈，廣五百五十里。水因山曲折，東西有巨源若目然，故曰天目。東出臨安爲大溪，東流而爲苕水，西趨於潛爲紫溪，合桐廬水以匯于浙江。又《水經》：於潛縣北。天目山，山極高峻，東面瀑布下注成沼，名蛟龍池。池水入西溪，合于浙江。近世道士唐子霞謂《圖經》：天目山，一名浮玉山，上有兩池，謂之左右目，一峰在東，號東天目，在臨安縣界，今西尖峰，在縣北四十五里，連亘四州杭宣湖徽，周回兩千里。上有養生之藥蓍草、元華，皆名著仙經。郭璞詩云：天目山垂兩乳長，龍飛鳳舞到錢塘，誠一方之巨鎮也。山有銘勒石，在龍池，東銘曰：列嶽霞上，標峯霧裏，翠滴煙巒，名不可紀。

宋·釋惠遠《廬山記略》 山在江州尋陽江南，南濱宫亭，北對九江。江之南爲小山，去小山至十餘里，左挾彭澤，右傍通川，引三江之流，西據其會。《山海經》云：廬江出三天子都，引彭澤西入江，一曰天子障。彭澤也，山在其西，故舊以所濱爲彭蠡。

又 北背重阜，前帶雙流，所背之山，左有龍形，而石塔基焉。下有甘泉涌出，冷暖與寒暑相變盈滿，經水旱而不異，尋其源仍出於龍首也。南對岑岑，上有奇木，獨絶於嶺表數十丈。其下似一層佛浮圖，白鶴之所翔玄雲之所入也。東南有香爐山，孤峰秀起。遊氣籠其上則氤氲若香烟，白雲映其外則炳然與衆山殊别。

宋·佚名《黄山圖經》 黄山旧名黟山，當宣、歙二郡界，在歙之西北，高一千一百七十丈。東南屬歙縣，西南屬休寧縣，各一百二十里，即轩辕黄帝棲真之地。唐天寶六年六月十七日勑改爲黄山。按江南諸山之大者，有天目、天台二山。《郡國志》云：天目山高一萬八千丈，而低于黄山者，何也？天目近连浙江，天台俯瞰蒼海，地勢倾下，百川所歸。而宣、歙二州，即江之上游，海之濫觴也。今計宣、歙之平地已與二山齊焉。況此山有摩天戛日之高，則浙東西、宣、歙、池、饒、江、信等郡之山，並是此山肢脉。諸峯積石，迴如削成，煙嵐無際，雷雨在下，霞城洞室，乳竇瀑布，無峯不有。巖巒之上，奇蹤異狀，不可模寫，誠神仙之窟宅也。山上往往聞峯上仙樂之聲。自郡至山口一百二十里，自山口至湯院又八里，磴道崎嶇，頗通車馬。按《周書異記·神仙傳》云：軒轅黄帝問道于廣成子，受胎息于容成子，吐纳而谷神不死。獲靈丹于浮坵翁，遂思超溟渤，遊蓬萊。乃告浮坵公曰：「願摳衣躬侍修煉。」浮丘公曰：「擇賢而師，學必精奥：棲隱勝地，業則易成。煉金爲丹，必假于山水，山秀水正，其藥乃靈。江南黟山，據得其中，雲凝碧漢，氣冠群山，神仙止焉。地無葷辛，境絶腥腐，古本靈藥，三冬不凋；名花異果，四季皆有。山高木茂，可爲炭以成藥。迸泉直瀉，狀如飛布。下有靈泉，香美清温，冬夏無變。若能齋心潔已，沐浴其中，飲之灌腸，萬病皆愈矣。」黄帝遂命駕，與容成子、浮坵公同游此山。山有三十六峯、三十六源、二十四溪、十二洞、八巖。

又 第二天都峯，峯下有香谷源，長聞異香馥郁。又有香泉、溪泉，水中嘗香，美也。

又 第三青鸞峯，如青鸞之蹲。顧連天都峯高八百二十仞。

又 第四紫石峯，純是紫石，連青鸞峯，高六百仞。下有湯泉溪。

又 第五缽盂峯，覆缽之狀，連煉丹峯，高八百五十仞。

又 第六桃花峯，連缽盂峯，高八百仞。下有桃花源、桃花溪，即黄帝親種桃花。至今徧峯源溪洞中純是桃花，三月方盛開。謝之時滿溪水紅，流入湯泉溪，春即名桃花湯。

又 第七朱砂峯，宛如削成，高九百仞。峯半壁有硃砂巖，巖中有朱砂，望之如欲崩頽，猿猴亦不能到。

又 第八獅子峯，連朱砂峯，西南高五百仞，宛如獅子蹲踞。

又 第九蓮花峯，連朱砂峯北，高九百仞，如蓮花正開。下有蓮花洞，蓮花源水流入朱砂溪，與桃花溪水合流。

又 第十石人峯，在蓮花峯北，高七百仞，宛如人形。下有白鹿源，曾有白鹿出，爲人所獵而貢之。

又 第十一雲際峯，在石人峯西南，高八百八十仞，峯頂入雲際。下有藏雲洞，長藏白雲。又有乳水源，味如乳，下有布，下水落白雲溪，溪中長生白雲，水向東流入桃花溪。

又 第十二疊嶂峯，連雲際峯西，高八百仞，峯形如障，下有石乳巖，巖中長滴石乳，其白如雪，四季不絕，今俗只呼滴水巖。又有陰坑源，長陰不見日，源水東流入白雲溪，溪中有一潭如盆。下又有一大潭，黃帝曾向此取水煉丹，感白龍見，名曰白龍潭，水入朱砂溪。

又 第十三浮坵峯，連疊嶂峯西南，陰硎源南，高九百仞。

又 第十四容成峯，連浮坵峯東，高九百仞。容成常游息于此，故有容城溪，今俗呼爲容溪峯，下有紫烟源，長有紫烟籠。

又 第十五軒轅峯，連容成峯東，高八百九十仞，下有紫芝源。《周書異記》云：軒轅黃帝曾于此源採紫芝。今長有紫芝生。

又 第十六仙人峯，連軒轅峯東北，高八百六十仞。頂有二石人，宛如刻成相對而坐。

又 第十七上昇峯，連仙人峯西，高八百仞。

又 第十八青潭峯，連疊嶂峯北，高八百仞。下有一大青潭，流水傾下，可高百餘仞。有布水源錦魚溪，此溪有錦鱗魚也。

又 第十九翠微峯，連青潭峯北，高八百五十仞。下有翠微源。

又 第二十一望仙峯，在山北連仙都峯東，高八百五十仞。

又 第二十二九龍峯，連望仙峯東南，高八百仞。九朵合成如九龍相纏。

又 第二十三聖泉峯，在九龍峯西南，桃花峯東北，宛如削成，上下大，中央小，狀如腰鼓，高八百七十仞。頂上有一湯池，人不能到，于鄰峯頂上望見池中波浪騰沸，從地中湧出。一布水向峯頂東南而下，入湯泉源、甘泉源、甘泉溪。《周書異記》云：浮坵公謂帝曰「黟山中峯之頂上有湯池水，味甘美，可以煉丹煮石」，蓋此處。

又 第二十四石門峯，即黟山之中峯，高八百八十仞。下有石門，兩山相通。

又 第二十五棊石峯，在石門峯畔，高八百仞。

又 第二十六石柱峯，如柱之削成，高七百九十仞。在棋石峯西北，卜有石壁，故號石壁源。

又 第二十七云門峯，在石柱峯南，高八百八十仞。兩峯相並如門，時時有雲從門中過，有雲門源、雲門溪，溪水從二峯中流下，向東南而去。

又 第二十八布水峯，在雲門峯西，高七百八十仞。下有百藥源，源中生百種藥。下有紅泉溪，溪水紅色，布水長十餘丈。

又 第二十九石床峯，在布水峯東北，高八百五十仞。頂上有石床長一丈二尺，濶五尺，如白玉琢成。

又 第三十丹霞峯，在石床峯西南，高八百九十仞。時時有丹霞籠之，有紅术源偏生紅术。有流霞溪，時有流霞隨水而出。

又 第三十一雲外峯，在丹霞峯西北，高九百仞，勢出雲外。下有杏花源，源中有杏花樹千百株。峯頂上有杜鵑花，遍峯純是杜鵑花。樹下有飛泉溪，有瀑布泉飛下十數丈也。

又 第三十二松林峯，在雲外峯西，高七百仞。下有松林溪，偏峯皆是松林。又有黃連源、石榴巖，巖上有石榴樹。

又 第三十三有紫雲峯，在松林峯西北，高八百九十仞。頂上常有紫雲蓋之。下有柏木源，徧源皆是柏木。有榆花溪，水流入湯泉溪口合流也。

又 第三十四芙蓉峯，在松林峯西，高七百五十仞。下有白馬源，即黃帝游行之地。隔溪南面有馬跡石，石上有馬跡三二十餘箇，深者可一尺，淺者可二三寸，宛如泥中所印之跡，此是黃帝遺蹤明矣。

又 第三十五飛龍峯，連芙蓉峯，高八百七十丈。

又 第三十六峯采石峯，連飛龍峯西，高六百仞。下有白龍巖、白龍源，俱是白石，其石如玉，陰暗之夜即見布水流下。

宋・鄧牧《洞霄圖志》卷二《山水・天目山》 《太平寰宇記》云：「天目山，高三千九百丈，周五百五十里，多美石甘泉。有數百年古木，山上兩湖，若左右目，故名。古有《東山銘署》曰：「列岳霞上，標峯霧裏，翠滴煙巒，名不可紀。」有蛟龍池，上中下三潭，源脉相接。徐伍仙故居，在石室峯西。又漢天師舉家於此上昇，茲蓋天柱之鼻祖，而錢唐所謂龍飛鳳舞，又其雲仍也。

宋・鄧牧《洞霄圖志》卷二《山水・黃山》 在宮西北。是山最高，爲衆山之祖，雖百里外亦望見之。左發爲大滌，右發爲天柱，其趾長水灣、伏虎巖在焉。

宋・鄭瑤《景定嚴州續志》卷六 南山在溪南，爲縣治對山，巖石層繚，林木陰翳。

又 聖姥山，在龍山鄉，山巔有平地，餘一頃，洞泉冬夏不竭。

又 紫蓋峯，在安福鄉。山腰微瘦，上乃旁拓，形如擁蓋，因以爲名。

記》云：

宋・范成大《吴郡志》卷一五《山》 華山，在吴縣西六十三里。老子《枕中記》云：吴西界有華山，可以度難。父老云：山頂北有池，上生千葉蓮華，服之羽化，因曰華山。長林森天，荒楚蔽日。《輿地志》云：山上有石鼓，晉隆安中鳴，乃有孫恩之亂。比年有士人張氏，買此山以葬（親），開鑿巖石，甚奇勝。山半有大壑曰天池，最佳處也。

元・陳性定《仙都山志》卷上《山川》 仙都山古名縉雲山。按道書洞天三十六所，其仙都第二十九，名玄都祈仙洞天。周迴三百里。黄帝駕火龍上升處。山巔有石屋，世傳爲洞天之門。《史記》載：縉雲本黄帝夏官之名，張守節云：括州縉雲縣其所封也。《太平寰宇記》：唐置縉雲縣，又以括州爲縉雲郡，蓋以其地有縉雲山故也。今縣在山之西二十三里。《圖經》云：唐天寶七年六月八日有綵雲起於李溪源，覆遶縉雲山獨峯之頂，雲中仙樂響亮，鸞鶴飛舞，俄聞山呼萬歲者九，諸山皆應，自申至亥乃息。刺史苗奉倩上其事于朝，敕改今名。

又 獨峯山，一名仙都石。謝靈運《名山記》云：縉雲山旁有石屹然干雲，高二百丈，三面臨水，周圍一百六十丈。頂有湖，生蓮花。有巖相近，名步虚山，遠而望之，低於步虚，迫而視之，步虚居其下。舊《東陽記》：一名丹峯山，昔黄帝嘗乘龍車登此山，轍跡猶存。自唐白樂天以下，古今名賢留題有什。

又 步虚山在仙都山前，正與玉虚宫相對。疊嶂倚空，群峯掩映，又有小峯列如北斗，名曰斗巖。謝靈運《名山記》云：中巖上有峯，高數十丈，或如蓮花，或如羊角。古老云：黄帝嘗鍊丹于此。劉澄《山水記》云：縉雲臺，黄帝鍊丹之所。《輿地志》云：縉雲堂即三天子都，山巔平敞，有若壇墠，是其地也。

又 童子峯，在獨峯側，其狀如筍。獨峯之腰有竅若臍，此峯平臍故名。《括蒼舊志》云：獨峯山旁一石峭立，謂之童子峯。

又 好山在仙都山西，初陽谷左。宋紹興間轉運使李士舉嘗遊仙都過徐氏山居，賦詩有「華屋重重對好山」之句，由是得名。後晦庵朱先生弭節于此，其名益著。

元・葉子奇《草木子・管窺子》 崑崙，天下山之頂也，乃天下山之至高處。山之起勢處，其東面，中原也。所以江淮河濟，水皆東流也。其西面，西域諸國也。自流沙以西，水皆西流也。南自吐蕃兩廣，水皆南趨也。北即沙漠，又天下岡脊至高之處。直北虎林至海都木鉢子田地，地勢又逐漸而低，水皆北流。南視陰山之地，反爲極南之境矣。以此觀之，地形如一亭子，中高而四方下，崑崙乃其結頂處，四下之簷，乃四方之國土，考其流水，可見必皆會同於四海。

元・虞應龍《大元一統志》卷一《中書省統山東西河北之地・平陽路・風俗形勢》 和順縣山川險峻，地少平夷。《郡志》云。

元・虞應龍《大元一統志》卷三《河南江北等處行中書省・汴梁路・風俗形勢》 據敖庾之粟，塞成臯之險，以示形制之勢。《酈食其傳》所云。

又 茫茫大埜，萬邦錯峙。維王守途，設險於此。岈谷成壍，崇巔若壘。洪河在下，太室旁倚。岡盤嶺蹙，虎伏龍起。鎖天中區，控地西鄙。唐吕温《成臯銘》。

元・虞應龍《大元一統志》卷三《河南江北等處行中書省・南陽・風俗形勢》 豐山之峯，巉嵒積翠之石，森爽冒寒之松。上無飛鳥，下無人蹤。喬潭《霜鐘賦》。

元・虞應龍《大元一統志》卷八《江浙等處行中書省・平江路・山川》 華山，在吴縣西六十三里。山半有壑曰天地。《舊志》云：池生千葉蓮花，昔人服之羽化，故以名山。《隋志》：在吴縣。於羣山獨秀，望之如屏，長林荒楚，蓊鬱幽邃。舊有興教寺據山畔。

元・虞應龍《大元一統志》卷四《陝西等處行中書省・興元路・土産》 土地險隘，其人半楚。風俗略與荆沔中郡同。《安康志》云。

元・虞應龍《大元一統志》卷六《甘肅等處行中書省・永昌路・風俗形勢》 涼州險絶，地土饒沃。

元・虞應龍《大元一統志》卷七《雲南諸路行中書省・威楚開南等路・風俗形勢》 威楚爲當陽之地，山川清秀，壤土肥饒，地利鹽井。南瞰金齒，北距羅婺，東接昆若諸郡，西連大理，威楚最爲大部。

元・虞應龍《大元一統志》卷六《甘肅等處行中書省・烏撒烏蒙宣慰司・風俗形勢》 烏撒山崖險阨，襟帶二湖。羊腸小徑，十倍蜀道。

元・虞應龍《大元一統志》卷一《中書省統山東西河北之地・上都路・山川》 隘口山。蔚州廣靈有隘口山，層崖刺天，古道極險。

又 遮蓋山，在松州東南二十里。有古寺、石洞、石佛。

又 望京山，在松州東八十里。上有古寺、石佛像，又有石洞、寶塔。

又 香臺山，在松州南八十里。有石洞、石寺。週圍松樹茂林

又 五峯山，在松州西南九十里。有古寺、石井。周圍松林。

又 額狐嶺，在順寧府。一名野狐嶺。在宣平縣北五十里。金大安二年九月抗拒元兵，金人敗於此。

又 枚迴嶺。按《土地志》云：在蔚州城東十八里有枚迴嶺，北與高是山麓相連。

又 偏嶺，在金西京桓州界上。

元·虞應龍《大元一統志》卷一《遼陽等處行中書省·大寧路·山川》 七金山，在大寧縣北十五里。東西長十里，南北廣五里。山有七峯，因名。遼時嘗建三學寺於中。

又 馬盂山，在大寧縣西六十里。中有一峯，形類馬盂，故云。

又 摩雲山，在大寧縣西南三十里。相傳常有雲氣覆其巔，故名。

又 香臺峯，在大寧縣西一百里。遼建昊天寺。金泰和六年，杜元撰碑文云：「萬壑千崖，羣峯争出，咸不相讓，惟香臺峯玉立特秀，迥出霄漢之外，故以香臺名。

又 富山，在龍山縣南一百三十里。一水通流，内有寺曰龍泉。

又 松山，在富庶縣西五十里。南北長二十里，東西廣五里。地多松，因名。

又 梓木山，在和衆縣東南二十里。以山多梓木，故名。

又 溜石山，在金源縣西南四十里。

又 丁山，在惠和縣南五十里。一峯如丁，故名。

又 大王山，在武平縣東八里。其山高聳，列岫崢嶸。

又 香爐山，在武平縣南三十里。其山孤高，形若香爐，故名。山中有水一，澄澈可愛，名曰聖水池。

又 和龍山，在興中州東。南北長六十里，東西廣三十里。一峯特聳，號曰天柱孤峯。遼天授皇帝嘗獵其間，獲一香麝，因名其崖曰麝香崖，峪曰駐龍峪，泉曰神射泉。

又 福德山，在高州西北三里。以其山居福德位，故名。舊名五福山，遼人謂之榆山。金大定間兵亂，此山見神兵解危，遂名福德山。有石洞，號爲集賢洞。有石環二丈，曾有仙游，謂之會仙石。

又 高州有榆山。其山多榆木，因名。

又 雲竇山，在利州東四十里。山有穴竇，天欲陰雨，必有云氣覆其巔，故名。

又 金山，在利州東南一百二十里。山有金洞，因以爲名。絶頂有古寺曰雲峯。

又 華山，在利州東一百六十里。形勢孤聳，宛若華嶽，故名。

又 神山，在惠州西南十三里。東西長十里，南北廣八里。中有古廟。

又 都山，在惠州東南二百里。其上林木暢茂。

又 乾山，在惠州西南二百五十里。遼金採伐林木，運入京畿，修蓋宮殿及梵宇琳宮。元置提舉司。

又 獨山，在川州南一百四十里。其山屹然一峯，故名。

又 白雲山，在川州北十五里。時有白雲覆其上，故名。

又 荆山，在建州東北十里。其山多荆，故名。

元·虞應龍《大元一統志》卷三《河南江北等處行中書省·硤州路·山川》 黄牛山，一名黄牛硤。《唐志》：夷陵縣下有黄牛山。南岸峭壁間有石色如人牽牛狀，人黑牛黄。此巖既高，加以江湍紆回，行者謡曰：「朝發黄牛，暮宿黄牛，三朝三暮，黄牛如故」。

又 郭道山，在夷陵縣南，高五百五十丈。晉郭璞結廬其上，遺基尚存。

又 明月峽，在夷陵縣，高七十餘仞。倚江于崖，面白如月。又如扇，亦曰扇子峽。陽文忠公詩：江上掛明月。李太白詩：春水月峽來。白樂天詩：夷陵峽中明月夜。

又 重山，在長陽縣。有風穴，口大如甕，夏則風出，冬則風入，春秋分則静。見《元和郡縣志》。

元·虞應龍《大元一統志》卷四《陝西等處行中書省·延安路·形勢》 延長有山名獨戰者，以山高險峻，一人獨戰，可以當千。

元·虞應龍《大元一統志》卷四《陝西等處行中書省·西和州·山川》 通靈山，去大潭縣七十里。四山環合，二水縈流，有清泉巖，飛落如玉繩，亦一奇也。

元·虞應龍《大元一統志》卷五《四川等處行中書省·嘉定府路·山川》 鼎鼻山，在彭山縣東北二里。一名平蓋山。以山形曲如鼎鼻，故名。

元·虞應龍《大元一統志》卷五《四川等處行中書省·廣元路·山川》 靈巖，在沔州略陽縣正南。順流而下七八里，山腰有洞，前後二所，前巖高敞，後洞遂深。巖前懸崖起屋曰藥水寺，或曰精忠寺。碑字磨滅，無可考據。昔有採石乳人至，約行半里，忽然明朗，見奇花滿地，既而人思歸，其內有白鹿出來。明日再往，有巨石填門，遂迷其處。二洞間石縫中有水迸出，引至前洞，鑿爲泉，可以療疾。鮮于侁詩：千峯環郡宇，二石繞城堞。每憐山水佳，況復閒巖穴。

又　方山，在巴縣。高五里，周圍六十里。又名雲鴻山。《輿地紀勝》：去縣四十八里。

元・虞應龍《大元一統志》卷五《四川等處行中書省・重慶路・山川》　縉雲山，在巴縣。山有九峰，其中二峰最秀，一名香爐，一名獅子。左接魚鹿峽，入涪江。右入江津縣界華蓋峯，達於岷江，横亘二百餘里。

又　白君山，在江津縣。在縣東六十里。周圍五里，高二里。

又　固城山，在江津縣。在縣東南一百二十里。其上四垂而上平。

又　寶山在瀘州。諸山拱揖，真勝絶也。今碑字猶存。又有西山堂。相傳寶山即古之瀘峯。李臯字季允，作《西山堂記》，以辨其非是。下有木龍巖，山谷黄庭堅所名。

又　鏡子山。王象之《輿地紀勝》云：「在江安縣南五里」。又名照山。一峯中峙，兩峯旁翼。二溪交流，大溪出中峯之脅，小溪出中峯之腹。葱蒨秀鬱，庵廬梵室，金碧交晃。旁有二潭，曰馬影，曰靈施，爲龍所居，旱禱輒應。山有眠雲石、襲淵橋，玎璫巖、磨鐮溪，清秀爲一邑勝遊之地。今皆蓁蕪焉。

元・虞應龍《大元一統志》卷五《四川等處行中書省・紹慶府・山川》　武陵山在黔江縣。山周四百三十五里，高一百十五里。本名髑髏山，唐天寶元年改名。有可通水出此。

元・虞應龍《大元一統志》卷五《四川等處行中書省・夔州路・山川》　長松嶺，在夔州路城北五十二里。山多古松。冬夏饒風。

元・虞應龍《大元一統志》卷五《四川等處行中書省・敘州路・山川》　菩薩頂，在敘州路宜化縣西山叢秀中。一峯突出，父老相傳聖燈數現。

元・虞應龍《大元一統志》卷五《四川等處行中書省・馬湖路・山川》　馬湖，在馬湖路西南一百七十里。湖在山頂。其山南江二十里，周圍四十里，高二百餘丈。湖長二十里，廣七里有餘。中有土山，可居四百餘人。未歸附前，蠻王避難於此。其湖水清亦清，水渾亦渾，過渡蠻人，如不阻風，一日可濟。若再遇風，則波濤洶湧不敢濟。

元・虞應龍《大元一統志》卷五《雲南諸路行中書省・威楚開南等路・風俗形勢》　威楚爲當陽至地，山川清秀，壤土肥饒，地利鹽井。南瞰金齒，北距羅婺，南接昆若諸郡，西連大理，威楚最爲大部。

元・虞應龍《大元一統志》卷五《雲南諸路行中書省・麗江路軍民宣撫司・山川》　神外龍雪山在通安州。在州北三十里。條岡百里，巋巋千峯。上插雲霄，下臨麗水。嵿巔積雪，冬夏不解。巖崖澗谷，清泉飛流。唐時南詔嘗封是山爲北岳，廟基尚存。癸丑年世祖聖德神功文武皇帝南征大理，師次於此。按《後漢書》永昌郡邪龍縣註引《南中志》曰：「縣西高山相連，有大泉水，周旋萬步，名馮河縣。」西北百數十里有山，衆山之中特高，狀如扶風太一，鬱然高峻，與雲氣相連結，固陰沍寒，雖五月盛暑不熱。《廣志》曰：五月霜雪皓然。今考《圖志》：「本州以南接永昌界」，當即此也。

又　珊碧外龍山在通安州，又名外龍女山。在州西南二十里。孤峯峭崪，濕翠摩空。上産箭竹。山半數泉湧出，下注成溪，灌溉民田萬頃。

明・宋濂等《元史》卷六一《地理志四》　南安州，下。州在路東南，山嶺稠疊，内一峰竦秀，林麓四周，其頂有泉。

明・李應奇《崆峒山志・名勝六》　蠟燭峰，入峽五里，孤峯插天矗然中立，如蠟燭，故名。

又　東臺，臺之西地勢稍夷，至此忽隆起，大可二畝，盡隆處皆筑爲梵宮。其旁斷巖千仞，下有絶壑，每微風起，與巖壑相涵，時作濤聲，稍驟，則吞激震撼，怒若江海之潮，屋舍欲漂去，惟寺僧習之不爲異。

又　南臺，即月石峽之東巖，左林右壁，前臨涇水。近巖多奇石，緣林有夷徑，百餘步林宜蔭徑，宜步石之敧者，宜下瞰仆者，宜坐聽波聲。

又　北臺孤峯特峙，三面皆削成，直至澗底，惟前有一徑，尚隔二斷塹，架板橋以度。橋南有古松十二，巨者至十圍，高六七仞，今亡。

又　鳳凰嶺，以形似名，登高瞰之如翥鳳之狀，背首翼尾皆具。山以峻爲勝，此獨下屬而不峻。諸山之峻者，四面環峙，反若盡出其勝，供之不下，則峻不極勝不可盡。旁臨衆壑，游者至耳目絶外遺，俯仰高深似别一天。

明・金幼孜《北征録》　二十六日，駐蹕興和。上祭所過名山大川。上駐馬于營前，召幼孜等謂曰：「汝觀地勢，遠見似高阜，至即又平也。此即陰山脊，故寒，過此又暖。爾等昨日過關，始見山險，若因山爲塹，因壑爲池，守此誰能輕度？」

又 十三日，西南諸山無雲，巖壑積雪，如銀臺玉闕。東北諸山，雲掩其半，露出峯頂，四顧皆奇觀。

又 十四日，諸山雪霽，千巖萬壑，聳列霄漢，瓊瑶璀璨，光輝奪目，真奇觀也。

又 十七日，發雞鳴山。山甚峭，上有斥堠，下有故永寧寺基，有歐陽玄所撰碑尚存。其西北崩處，土石猶新。

又 更行二十餘里，過坳兒山，路險如雞鳴山。石巉然下壓，下臨河水，路陡絶，旁有積雪，凝附於岸。雪上亦可行，但坼裂可畏。

又 初十日早，發鳴鑾戍。上登山麓漸行，徑山谷，山平曠不甚高。兒鹿蜕角於地，長數尺許，槎牙如樹枝。行數里，平山漸盡，東北有山頗高如諸山。上曰：「此即大伯顔山。」西北有山甚長，隱隱如雲霧間，如海波層疊。上曰：「此即小伯顔山。」望之若高，少焉至其下，則又卑矣。由是地平曠，沙中多穴。

又 又行十餘里，過淩霄峯，即小伯顔山也。上登山頂，多石，山下荒草無際，北望數十里外，又有平山甚長。

又 行十餘里，遇去者漸回，乃由東北山峽中行。峽之南山皆土，而北山盡石壁，巉巖峭削。有小石戴大石，層疊高低宛如人所爲者。自興和至此，地無寸木，但荒草而已。惟此石壁之半，生柏樹一株，甚青翠可愛，如江南人家花圃所植者。幼孜呼光大曰：「此亦塞外一奇觀。」

又 初七日，發玉雪岡。行十餘里，過一大坡陀，甚平曠。遠見一山甚長，一峰獨高，秀拔如拱揖。上指示曰：「此賽罕山，華言好山也。」又曰：「阿十者，華言高山也。」其中人跡少至，至則風雷交作。

又 過數里，兩旁皆山，西山皆黑石，礌砢層疊；東南諸山皆土。

又 二十八日早，發古梵場。行數十里，東北有山甚高廣，峰巒聳拔，蒼翠奇秀，類江南諸山。山之下孤峰高起，上多白石。

又 初七日，發青楊戍。凡四渡河，河水甚急。午次克忒克剌，華言「半個山」。山甚峻拔，遠望如坡，故名。入此，河稍狹，山攢簇多松林，上曰：「此松林甚似江南。」至前山水益清秀可愛，孰謂虜地有此奇觀也。晚次蒼松狹。隔岸坡陀間，樹林蓊郁，宛如村落，水邊榆柳繁茂，荒草深數尺，而草梢俱爲物所食。

又 初八日，發盤谷鎮，入山峽中。路甚險，兩山相夾，如行夾城中。上曰：「此山險阸若是，雖有虜騎千羣，豈能至此？縱至此，斷其歸路，鮮有能出者。」晚次獨石。初九日，次龍門。龍門兩山對峙，石崖千仞，水流其中，路由水中行，山水泛時，此處最險。

明・史鑒《西村十記・記寶石山二》 其冢岡嶺連屬，蜿蜒委虵，高下嶔岑，凡三十里不斷，郡城横截其東。

明・史鑒《西村十記・記風篁嶺靈石山煙霞洞五》 嶺甚高大，上下純嵌空大石，玲瓏挺秀，萬怪千奇，無以爲之狀。連山綿谷，萬石如林，奇怪迭出。大者小者，側者正者，瘦者壯者，皺者滑者，枯者潤者，方者圓者，奮者斂者，青者紺者黝者，起者仆者，蹲踞者偃蹇者，蜿蜒者突怒者，透漏者人立者，羊觸者牛眠者虎搏者，抑而欹者，頫而屈者，騰而上者，頹而下者，如人之面目，皆具而無一相似，信天設其巧，地發其秀，以表異于此邦也歟。

明・陸容《菽園雜記》卷一 西嶽華山、西鎮吴山，皆在陝西境内，載在祀典。

明・都穆《遊名山記》卷一《華山》 五嶽惟西嶽華山爲最高，蓋其去地凡五千仞。

明・都穆《遊名山記》卷一《驪山》 驪山在西安之臨潼縣，出縣南半里即抵其麓。

明・都穆《遊名山記》卷一《砥柱》 砥柱在陝州東五十里，黄河之中，以其形似柱，故名。《禹貢》謂「導河東至于砥柱」即此。

明・都穆《遊名山記》卷一《首陽山》 首陽山在蒲州南四十五里。

明・都穆《遊名山記》卷二《金山》 金山在揚子江心，其勝槩爲天下第一。

明・陳沂《游名山録・泰山考》 泰山在泰安州北，東方之嶽也。一曰岱宗，又曰兗鎮。《周禮・職方》：河東曰兗州，其山鎮曰岱山。《書》曰：二月東巡狩至於岱宗。《五經通義》云：王者受命易姓，報功告成，必於岱宗，東方萬物始交之處宗長也。言爲羣嶽之長。《詩》曰：泰山巖巖，魯邦所瞻。《博物志》云：一曰天孫，言爲天地孫也。主召魂，東方萬物始成，故知人生命之長短。

又 吴觀者可望會稽，周觀者望見齊黄河，去泰山二百餘里，於祠所瞻黄河如帶，若在山趾，蓋侈言也。又云：山南有廟，悉種柏千株，大者十五六圍。相傳云漢武所種，今所餘無幾，小天門有秦五大夫松尚存。

明・陸深《蜀都雜抄》 峨眉山本以兩山相對如蛾眉，故名，字當從蟲，不當從山。

又　峨眉山周迴千里，高八十里。中有光怪。每天晴雲湧，浩若銀濤，其光五采如輪，俗云佛見是已。夜半有光熠熠來自天際者，又謂之聖燈。光相寺在大峨絶頂，登其處遥望西天見雪山。一云有小鳥如鴝鵒，鳴類人言。一云自白水躡其巔六十里。

又　岷嶓潛沱之義難解。今蜀山連綿延亘，凡居左者皆曰岷，右者皆曰嶓。凡水出於岷者皆曰江，出於嶓者皆曰漢，江别流而復合者皆曰沱，漢别流而復合者皆曰潛。恐屬方言爾，故岷謂之汶，今汶川是也。漢謂之漾，或謂之沔，或謂之羌。今沿漢水而東有寧羌州，有沔縣，又東有洋縣，即古洋州也。洋漾聲相近，豈皆得名於漢水云。

明·郎瑛《七修類稿》卷一《天地類·生平奇見》　吾生平奇見，無出於四川雅州。去州數十里，石壁一帶，上有筆峯，長短數千。下有深巖，懸石數百。皆五彩錦川文石，青白紅紫，燦爛奪目。

明·田汝成《炎徼紀聞》卷二　上起陽朔，下抵蒼梧，遼繞三百餘里，萬山參錯，曲徑盤雲，草樹淒迷，疑若禾麥。

明·張瀚《松窗夢語》卷二《宦遊記》　終南山高大，綿亘極遠，西連空峒、太白，東接太華、少華，南出爲嵩山，又南出爲衡山。

明·張瀚《松窗夢語》卷二《北遊紀》　自周南以西，爲新安，即古函谷關。由沔池至陝州之桃林，經硤石，皆從山徑中行。至硤石，兩山相夾，危石嵯峨，中一泥濘路耳。由靈寶、閿鄉至潼關，亦皆山路。

又　四顧青山，峰巒峭拔，如萬笏朝拱。

明·張瀚《松窗夢語》卷二《西遊紀》　梁山、塾山以西，上一高山，名張沖增，甚爲危峻。自此皆上下山坡，至鎮山始爲平地。

又　金牛、青陽路皆平坦，僅過小山。至沔縣，有百丈坡。

又　二華形若方巾，而山勢陡峻危險。

明·張瀚《松窗夢語》卷二《南遊紀》　武夷山，山景絶勝，兩面皆懸崖峭壁。中流一溪，清澈明瑩，凡九曲折，遂名九曲溪。峰巒大者三十六，多奇，而最者爲玉女峰，兩峰直插溪中，高並數丈許，峭拔可愛。又爲鐵石巖，其色如鐵，而平衍横亘里餘，高望乃數仞之崖，不可攀躋。

又　建寧以南，山高無岸，溪灘復多巉石，舟從石畔中行，極爲危險。而黯淡灘溪流屈曲，洪中湍急，即長年三老震懼，尤爲最險者也。

又　南門對烏石山，形如伏虎。

明·張瀚《松窗夢語》卷二《東遊紀》　而浙江之源出婺源浙嶺。其山高峻難行，緣山取道，凡十八曲折而上，故曰「浙」也。

明·李攀龍《滄溟先生集·登黄榆馬陵諸山是太行絶頂處其一》　黄榆高不極，臨眺亦奇哉。河勢中原拆，山形上黨來。白雲横塞斷，寒峽倚天開。

明·李攀龍《滄溟先生集·登黄榆馬陵諸山是太行絶頂處其二》　不盡寒雲外，青峯落照多。秋陰生大鹵，木葉下滹沱。巨壑藏風雨，飛梁挂薜蘿。

明·李攀龍《滄溟先生集·登黄榆馬陵諸山是太行絶頂處其四》　秋色自冥冥，風煙接井陘。關門開落日，山路出寒星。太守方乘障，清時敢勒銘。杉松迴朔氣，哀壑未堪聽。

明·李攀龍《滄溟先生集·廣陽山道中》　出峽還何地，杉松鬱不開。雷聲千嶂落，雨色萬峯來。

明·李攀龍《滄溟先生集·過吕梁》　青山高卧裏。

明·李攀龍《滄溟先生集·送劉員外使黔中》　江嶂忽分三楚斷，海天不盡百蠻開。

明·李攀龍《滄溟先生集·送黄侍御按滇中》　登臺越嶲山形合，攬轡昆明秋色來。

明·李攀龍《滄溟先生集·送王侍御》　寒雨鍾山千水下，白雲秋色大江來。

明·李攀龍《滄溟先生集·登黄榆馬陵諸山是太行絶頂處》　太行山色倚巑岏，絶頂清秋萬里看。地拆黄河趨碣石，天迴紫塞抱長安。悲風大壑飛流折，白日千厓落木寒。

明·李攀龍《滄溟先生集·登黄榆馬陵諸山是太行絶頂處其二》　西嶺秋高大陸前，馬陵寒影踏遥天。羣峰不斷浮雲色，絶嶂長留落日懸。地險關門衡急峽，山奇削壁挂飛泉。

明·李攀龍《滄溟先生集·杪秋登太華山絶頂》　華頂岧嶢四望開，正逢蕭瑟氣悲哉！黄河忽墮三峯下，秋色遥從萬里來。

明·李攀龍《滄溟先生集·酬張轉運龍洞山之作》　春山遥上翠微連，忽出藤蘿一徑懸。削壁雲霞開五色，中峯日月隱諸天。

明・李攀龍《滄溟先生集・與轉運諸公登華不注絶頂》 二水遥分清渚下，一峯深注白雲孤。

明・李攀龍《滄溟先生集・使君重過山樓分賦得空字》 樹杪平湖元在地，簷前疊嶂半浮空。

明・李攀龍《滄溟先生集・杪秋同右史南山眺望》 回首飛鴻碣石標，清霜處處錦林凋。層巖倒映平湖浄，積翠斜連粉堞遥。

明・李攀龍《滄溟先生集・與魏使君宿龍洞山寺同賦四首》 迴壑深林繞梵宫，春來吟眺使君同。空潭忽散三峰雨，暗穴常吹半夜風。

明・李攀龍《滄溟先生集・魏使君宿龍洞山寺同賦其二》 使君春興滿綈袍，綵筆青山對濁醪。望去天回雙闕迥，坐來雲盡一峰高。

明・李攀龍《滄溟先生集・魏使君宿龍洞山寺同賦其四》 秀色中峯獨不羣，藤蘿二月已紛紛。諸天近海金銀氣，雙峽長春錦繡文。

明・李攀龍《滄溟先生集・送魏按察之潞》 壺關上黨切雲霄，憲府中天揷漢標。山勢西臨三晉險，地形東控兩河遥。

明・李攀龍《滄溟先生集・過劉簿山齋》 萬壑千山入户重，秋來三徑少人蹤。

明・桑喬《廬山紀事》卷一《通志・山紀》 廬山者，古南鄣山也，亦謂之天子都，天子鄣，又謂之靖廬山，又謂之輔山，又謂之康山。

又 《山海經》： 廬山出三天子都，入江彭澤西。又曰： 一名天子鄣。又曰： 三天子鄣山，在閩西。

又 《豫章舊志》： 廬俗字君孝本姓匡，父平野王共鄱陽令吴芮佐漢定天下而亡，漢封俗於鄡陽，曰越廬。君兄弟七人，皆好道術，寓精於洞庭之山，故世謂之廬山。

又 伏滔《遊廬山序》： 廬山者，江陽之名嶽也，背岷流，面彭蠡蟠根，亘數百里。

又 慧遠《廬山記》： 其山大嶺凡有七重，圓基周迴垂五百里。

又 平敞之《原山圖》： 周四百餘里。孫放《廬山賦》： 九江之鎮也。

又 周景式《廬山記》： 高二千三百六十丈。《南康舊志》： 高七千三百六十丈。

又 王淳《六老堂記》： 其陰土燥石枯，岡阜並出，以扼大江東來之勢，是爲九江。其陽千巖萬壑，土木秀潤，是爲南康。

明・焦竑《焦氏筆乘・黄牛峽》 《古歌》：「朝見黄牛，暮見黄牛。三朝三暮，黄牛如故。」言上峽舟行之難也。太白衍爲五言：「三朝上黄牛，三暮行太遲。三朝又三暮，不覺鬢成絲。」然觀太白詩，益見古語之妙。

明・岳岱《陽山志》卷上《山勢第一》 山在郡城西北三十里，高八百五十丈，周迴四十五里。其勢首尾延袤，南北東西面陽，故名曰陽，蓋取「山東爲朝陽，山西爲夕陽」之義。又以其勢四面飛動，名曰四飛。南北中三峯俱高，北曰珠冠頂，美之也；中爲箭闕峯，莫高於是矣。總而言之，有十二峯。山之南多荒峻，其西北皆崇巖淩壑，林木森茂，鬱然幽勝。其小山，在西者曰陽抱，曰青、曰寒，曰圖；在南者曰瓜；在北者曰管、曰金芝、曰雞籠，或名憩龍，雖各立名，然皆支隴相屬，統于陽也。山之嶺，南曰耙石，西曰青山，曰寒山，北曰金芝，東曰白墡，嶺上悉有路以通山行。山之塢，西曰白龍、曰青山，東曰紫藤，北曰戈家、曰瓜藤、曰大石，南曰菖蒲，皆深静。

明・王士性《五嶽游草》卷一《嶽遊上・嵩游記》 時歲在辛巳六月，余以朗陵令滿帙，踰宛赴汴，跂足可得望太、少二室。乃以日壬戌過登封界，入界步騎上下山坂，蹊鳥道中出。江北多土山童峙，有河瀆而無澗溪，獨此石棧峽持而劍立，草木離披，紫溪水其下，恍惚如行天姥嶺，亦嵩山首途一勝也。未至登封二十里，遥望疊巘如蹲虎豹，意奇之，問牧者，云此名御寨，即少室。

又 是夜入縣宿，風雨驟翻盆下，暝不見山，質明稍霽，起出户視之，則嵩山兀立縣城之北，而少室從西峙，二室皆白雲亦其半。

又 相攜登五乳峰，蓋山形爲飛鳳，又若五乳然者。時白雲復靉靉起山腰，咫尺不見人，纍隨六里許。雲過處則以袖藏之，至洞揮袖，片雲從掌畔飛出也。洞在右乳，入洞則寒冽，粟起不可禁。傍陷一隙無底，僧云： 洞初爲火龍居，祖至從此中去也。

明・王士性《五嶽游草》卷一《嶽遊上・岱游記》 越崖，上摩空閣憑之，路僅一綫。從此兩山夾道，謝土而石，石磴益岐嶒，無馬足置處，游人咸脱騎扱衽而前者，迴馬嶺也。

又 飯帳内畢，更上百丈崖，崖有石屋當十榻，最奇，據石而嘯，聲從砑間出而裂山谷，爲朝陽洞也。復過大、小龍峪，石罅吐水如龍哆口然。自此上盤道十八折，雙闕插天，而峽束之，仰視益又奇。

又　轉而下，石益滑，風益怒。過一崖，巨石屼屹，下視無底，吹萬撼谷中而起者，捨身崖也。又過一壑，四石如纍丸，支撐兩崖懸空不落者，仙人橋也。

又　又北攝而上，後倚獅子岩，前對雞鳴山，鐵嶂正方如削，下藏一洞，洞下標一亭，環四山而立，夕陽之景收一寺盡矣，爲抱靈亭。遠望東巖，縹緲有石如人立，爲朗公山。

明・王士性《五嶽游草》卷一《嶽游上・華游記》　茶罷南向行，兩山夾澗以入，如屏復如嶂，後山未盡，前山復迎馬頭，彷彿余所居桃源，遂脈然有季鷹秋風之想。五里至第一關，過關爲桃林坪。數折而至希夷峽，絕壁劃入成窟，高百餘尺，希夷羽化其中。

又　至此視東、西峰，不啻又在膝下低數千尺。已而黃冠頤示余，前爲松檜峰，後爲落雁峰，東爲毛女峰，爲王刀三洞，西北斗坪，歷歷可數。

又　復上登西峰，一横石覆頂爲地肺，余蘸翠帚題名其上。又稍北則西峰頂，長安城隱右山下不見。見者更益遥，爲武功、太白諸山矣。下山至半，則玄龢石洞在焉。蓋總太華則三峰如蓮房，諸峰片片裹之，其瓣也。獨稱西峰，則又自爲蓮華，而洞當華心處，余乃爲題「石蓮房」三字。

又　説者謂此山高五千仞，余固不能以仞計。第始至青柯坪，指西峰之麓近矣。比至白雲峰，而望蒼龍嶺猶在天也。過嶺息將軍樹，扳玉女近矣，而望三峰猶在天也。至玉女躡三峰之麓矣，而望南峰猶在天也。比至南峰，安得不卷石世界哉。

明・王士性《五嶽游草》卷一《嶽遊上・衡游記》　衡岳周迴八百里，大小七十二峰。首起於衡陽之回雁，而尾長沙之岳麓，餘則滿地皆堆阜，如田塍方就耒耜，故湖南郡國山皆稱衡也。七十二峰非連峰也，八百里非盡高山巨崖也，縱衡提攬，登祝融則一目盡之。大約自岳廟後，拔地而起二萬丈，前後兩疊，左右中三支，環抱而下者爲正岳，爲古今游觀秩祀之地。余與翰卿泛洞庭溯沅、湘而上，登陸則行古松三十里，虯枝龍鱗蔽虧天日，皆數千百年物，大風時鼓濤震山谷，偉哉觀也。

又　入寺過雨，新涼生微風，吹片雲墜峰腰，漸露其頂。左翼一高峰，籠煙霧如隔絳紗，爲芙蓉峰。東南一峰，新翠欲滴，爲紫蓋峰。右翼一峰，屹立無雲，乃爲煙霞峰。西南一峰，高與紫蓋并，爲天柱峰。四峰據前山，爲半山四隅。半山前一峰造寺膝，爲香爐峰。道人又指西南孤石矗天。

又　度横嶺方爲衡之後山。過飛來船，一石自空而至如船形。乃入上封寺，老木支柱，僅二三大雄像存。右轉三里許上山之巔，則祝融峰也。俯瞰山，山雲出合成大銀海，不辨下方。

又　過橋憑石欄茵草而坐，回望北崖插漢，凌厲欲飛，隱隱腰間有綫路若趾迹然，名捨身崖，此南岳第一險絕處。

明・王士性《五嶽游草》卷一《嶽遊上・恒游記》　余披輿地圖，河北蓋有兩恒岳云。在曲陽者，當飛石西北百餘里，其上有玄石冢，即飲中山千日酒者。余所至乃渾源岳也。渾源左太行右洪河，翼以霍山，五臺再當其案，有虞氏北巡狩所馮也。

明・王士性《五嶽游草》卷二《大河南北諸遊上・西征曆》　次日，登城上南薰樓，北邙後艮，伊闕前起，崧岳峙於東南，洛水汭乎東北，瀍東澗西，伊來自南，真帝王四塞都也。邙山惟横亘數百里，故河不内侵，自此皆崎嶇山谷中，一線至潼關乃止。

又　河北乃中條山，起蒲坂接太行，護以土山，與中條俱起。

又　又十里至驪山，東西亘五十里。

明・王士性《五嶽游草》卷三《吴游上・吴游紀行・游慧山泉以望後十日》　錫山出郭外十里爲九龍山，山之麓有泉焉，名慧山泉，即以名其寺。

明・王士性《五嶽游草》卷三《吴游上・吴游紀行・游九華山以望後十日》　九華山去江百里而遥，九峰秀色縹緲霄漢間，如青蓮花開於佛宇，故李白易九子而名之。

又　池緣翠微堤，三里爲齊山，山高不及九華，然秀壑多奇石，如妙空巖、石鼓洞、仙人橋，皆都人不絕游，故其名與九華埒，余乃未至。

明・王士性《五嶽游草》卷三《吴游上・留都述游》　諸山俱朝鍾陵，惟牛首外向。牛首者，兩峰相峙而名也，又名天闕。

明・王士性《五嶽游草》卷三《吴游上・登吴山記》　行四日而西湖之游窮矣，然吴山疊巘，天挺神皋，左江右湖，得趣較倍，乃復約登吴山。

又　三茅山名七寶，紫陽山名瑞石，城隍山名金池，青衣山名寶蓮，各標所勝爲題，總之皆稱吴山。

明・王士性《五嶽游草》卷三《吴游上・白岳游記》　氓山下，天目以來遍江南矣。其高崖大阪，盤礴際空者，惟黟、婺間爲勝。環黟、婺皆山矣，其坻崿鱗眴，如世所稱玄都陝區者，惟白岳、黄山最勝。二山并峙争雄，黄山稱介丘矣。而帝時神靈爲時所夸，翊而趨焉者，惟白岳尤勝。

又 橋左巨壁，崛起横列如障，穹然而樓閣其下，曰紫霄之崖。馴伏峰前，昂首封鞍，似欲長鳴而起者，曰橐駝之峰。

明・王士性《五嶽游草》卷四《越游上・越游注》 南明山者，新昌城西南二里，五代錢氏所創寶相寺也。

又 雪竇在奉化之西。

又 行會稽山，群峰擁簇，水繞鑑湖，有賀季真舊宅。自鑑湖達楓橋，則美竹嘉樹相望。十里而至王逸少之蘭亭。亭有曲水，有鵝池、墨池。

又 金華山高千丈，一名長山，又名北山。山巔雙巒，曰金盆、曰玉壺。壺水分兩派下，下乎山之陽者，由山橋一達於溪。瀉乎山之陰者，由鹿田而入於洞。盆水惟一派，落而爲赤松澗。山橋者，兩崖峙百仞，上有石横跨之，溪流下注焉，故於諸澗爲尤勝。山之右爲赤松山，又右爲知者寺。

明・王士性《五嶽游草》卷四《越游上・入天台山志》 《志》稱天台山高一萬八千丈，山有八重，如張大帆，以其上應台星，故名天台。天台山以華頂爲絶頂，如桐柏、赤城、瀑布、佛壠、東蒼，皆其別號。

明・王士性《五嶽游草》卷四《越游上・游雁宕記》 馬鞍嶺界東西二谷，谷東峰五十有二，谷西四十有八，謂之百一峰。東西亘五十里，咸片石爲底，插漢爲峰，如巧匠園丁疊綴而成。

又 紺珠岩者，入寺有峰櫐一石如珠。

明・王士性《五嶽游草》卷四《越游上・臺中山水可游者記》 巾子山一名帢幘，當城内巽維，云黄華仙人上升落幘於兹山也。兩峰古木虯結，秀色可餐，各以浮圖鎮之。山腰窅處一穴，爲華胥洞，其趾有黄華丹井焉。前對三台山，半山爲玉輝堂，登堂見靈江來自西北，環抱於前，流東北以去。

又 象鼻巖踞江上游三十里，横石百丈，宛然真象，從山頂掀鼻吸潭水，水復洑波凝碧，游魚娓娓。余葺茅樹其上，爲白象山房。山之左右有坎焉，深無底，流瀑布其中爲石塘。

又 樓石岩，俯江之汜，與涌泉對，山頂怪石磥砢闌干，如架重樓，可望而不可陟。

明・王士性《五嶽游草》卷五《蜀游記上・入蜀記上》 下太華，走秦川，即武功太白。黄土不毛，至此乃見青山。沿溪直入，白石櫐櫐可挹。

又 次日過漕溪十里，有石蹲山頂，高十數丈，闊倍之，遠望如天柱，爲石寶寺。是夕宿萬縣。又次日發，過周溪，至巴陽峽，峽長二十里。

明・王士性《五嶽游草》卷五《蜀游上・入蜀記下》 又數里有城跨二山，猶古白帝城也，問舊柏柱無存矣。

明・王士性《五嶽游草》卷五《蜀游上・游峨眉山記》 以九月望後二日丁卯至嘉州，登淩雲，挹九山環峙，左憩注書臺。時岷江南流滚滚有聲，大渡河自西來注之，遥望三峨，隱隱在雲霧間，若招余者。

明・王士性《五嶽游草》卷六《楚游上・太和山游記》 太和山，一名武當，地隸均。均，春秋時麇國也。

又 石障鐵色，横上方千仞，前對竈門峰，雲氣常如炊煙，左右翼山拱而出，銜兩巨阜爲大、小寶珠。金水渠竇小寶珠匯焉，泓渟縹碧，名禹跡池。亭其上，池右山爲福地，道書七十二之一也。

又 十里許而至朝聖門，乃得當太和山。山孑立七十二峰之中，即天柱峰也。峰頭南北長七丈，東西半之。

明・王士性《五嶽游草》卷六《楚游上・廬山游記》 五老南下有獅子峰，其東北有九疊屏，屏下有三疊水。

又 匡廬無主山，以高下各自雄長，大漢陽最高，五老次之。登漢陽四望，乃知此山拔地無倚，自高梁迤邐而來，東南北三面據江湖之會，其西則大陸群山所奔奏也。南望鄱湖，烟水蒼茫，輕鷗片片，落星一點，明鏡之翳也。北望九江，盡乎湓浦，風帆上下，千里瞬息。順流而東，則石鐘、大小孤山之所錯而踞也。

又 傳稱此山咏真之天，周迴千七百里，今登漢陽峰一目盡之，未然也。

明・王士性《五嶽游草》卷七《滇粤游上・桂海志續》 獨秀山居郡城之中，圓數百步，高千尺。石山鐵色，上下亭亭如削，四無坡阜，亦不與群山接。

又 寶積山與寶華連，夾北城之西，續以雉堞，下開華景洞，容二十餘榻。前有横塘百畝，盈冬不涸，朝陽夕霞，浮渏在面，故元常侍亭之曰巖光。

又 灕山據灕江之濱，横障江流，與伏波、鬬雞峙。

又 伏波山迫城外，屹立千丈，趾没於江流之西。洞乃東向，維舟始入，別無他道。

又 虞山起城東北隅，灕波左繞，皇潭後承之，亦名皇澤灣。山下有韶音洞，洞前平原，舜祠在焉。

又 堯山，城東北二十里，連岡磅礴，奄數邑界。桂山百里皆石，而惟此積土以成，更益爲奇。

明・王士性《五嶽游草》卷七《滇粤游上・游點蒼山記》 點蒼山，南詔所封爲中岳鎮也。山十九峰，如弛弓内向，面出日而函洱海於下；前後立國咸於山麓陂陀之間，西南之所稱最勝也。

明・王士性《五嶽游草》卷七《滇粤游上・游雞足山記》 雞足山峙賓川境内，山面南，卓立萬山之上，前紓三距，後伸一支，若雞足然者。

明・王士性《廣志繹》卷一 西北山高，陸行而無舟楫。

又 僧一行謂：天下河山之象，存乎兩戒。北戒，自三危、積石，負終南地絡之陰，東及太華，逾河並雷首、底柱、王屋、太行，北抵常山之右，乃東循塞垣，至濊貊、朝鮮，是謂北紀。所以限戎狄也。南戒，自岷山、嶓冢，負地絡之陽，東及太華，連商山、熊耳、外方、桐柏，自上洛南踰江、漢，攜武當、荆山至於衡陽，東循嶺徼，達東甌、閩中，是爲南紀。所以限蠻夷也。

明・王士性《廣志繹》卷二 太行，首始河南，尾繞山海，而出數千里。其至京師則名西山，舊稱第八陘。在燕厚數十百里，勢則連山巨阪，地軸天關，勝則春花夏果，秋雲冬雪，良偉觀也。居庸、紫荆、倒馬爲内三關，咸隸太行。大水如桑乾、清濁漳，咸穿太行東出。

明・王士性《廣志繹》卷三 龍門作闕，伊水前朝，邙山後環，瀍、澗内裹，大洛西來，横繞於前，出自艮方。嵩高爲龍，左聳秦山爲虎，右伏黄河爲玄武，後纏四山，城郭重重無空隙。

又 自洛陽西行，左秦山，右邙山，皆綿亘數百里，直至函谷，中夾線路而已。邙山外則大河包之，秦山後則萬山叢出，故秦關百二，真天險也。

又 伏牛山在嵩縣，深谷大壑之中數百里，中原戰争兵燹所不及，故緇流衲子多居之。

又 蓋荆山之北，汝寧之南，左有金剛臺，右有栲栳山，皆亂民所必資。金剛臺在商城，山高數十里，其上平原，周十餘里，立營置寨，足屯數千人，土沃可耕，路險阻不得上，與麻城天臺山相爲犄角。栲栳山在確山、桐柏間，山高與金剛臺同，其上則連大山，逶迤數百里不絶。吴元濟昔據之以得淮、蔡，城牆、臺基、闌干、石址俱存，俗又稱方城山，謂即楚方城。

又 南山謂終南山也，脈自大散關而度，左渭右漢，黑白兩龍江注之。其東出者，自武功、太白牽連而至商洛，皆是南山，如太行在燕、代隨處異名耳。太白極高，上有積雪，盛夏不消，諺云：「武功、太白，去天三百。」山下軍行鳴鼓角，則疾風暴雨立至，今乃爲盗據而窟之，游人莫到，使山靈受汙。武功亦北連太白，與之並峙。太華削成四方，高五千仞，自回心石以上仰躡四十里，少華三峯副之。終南正面，亘藍田、盩厔，中對長安，登者經樊川、杜曲。諺云：「城南韋、杜，去天尺五。」

又 漢長安城在龍首山上，周豐、鎬之東北也。龍首來自樊川，其初由南向北，行至渭濱乃始折而東。漢之未央據其折東高處爲基，故宫基直出長安城上，建章、昆明皆在原西，而秦長樂離宫，漢修之，亦東西峙焉，其後以居母後，名東朝。《三秦記》曰：「此山長六十里，頭入渭水，尾達樊川，頭高二十丈，尾低可六七丈，色赤。」漢既據其上立未央宫矣，而山勢尚東趨，唐大明宫又據其趨東之壠，故含元正殿高平地四十尺也。若此山方北行未東之時，垂坡東下爲龍首原。

又 大隴首山牽連六七百里，其上多鸜鵒，行人過此，困頓欲絶，故《樂府》詩曰：「隴頭流水，鳴聲嗚咽，遥望秦川，肝腸斷絶。」崆峒山有玄鶴洞，深無底，中有三玄鶴時出，飛翔雲際，游者見之以爲瑞。鳥鼠同穴，出則飛走，相爲牝牡，此最異事。鳥曰鵌，鼠曰鼵。

明・王士性《廣志繹》卷五 廣右山，正北自黔中生，桂林西北自貴竹生，柳、慶、南、潯正西自廣南生，太平諸土州俱本省止。惟黔中一支從武岡出湘、灕二水間，起海陽山爲南龍正脈，迤邐東行作九疑。九疑北四水流楚，南四水流廣，再東則大庾是也。其西南自交趾而入者則爲思明、鬱林、廉、雷、高、肇而止于石門。

又 兩山夾邱壠行，俗謂之川。滇中長川有至百十餘里者，純是行龍，不甚盤結。

又 廣右山川之奇，以賞鑒家則海上三神山不過，若以堪輿家，則亂山離立，氣脈不結。府江兩岸石阜如鎗、如旗、如鼓、如鞍、如兜鍪、如疊甲、如蘭錡，無非兵象，宜猺獞之占居而世爲用兵之地也。

又 樂土以居，佳山川以游，二者嘗不能兼，惟大理得之。大理，點蒼山西峙，高千丈，抱百二十里如弛弓，危岫入雲，段氏表以爲中嶽。山有一十九峰，峰峰積雪，至五月不消，而山麓茶花與桃李爛熳而開。東匯洱河於山下，亦名葉榆，絶流千里，沿山麓而長，中有三島、四洲、九曲之勝。春風掛帆，西視點蒼如蓬萊、閬苑，雪與花争妍，山與水競奇，天下山川之佳莫逾是者。且點蒼十九峰中，一峰一溪飛流下洱河。而河崖之上，山麓之下，一郡居民咸聚焉。

又　關索嶺，貴州極高峻之山，上設重關，掛索以引行人，故名關索，俗人訛以爲神名，祀之。旁有查城驛，名頂站，深山邃箐，盜賊之輩實繁有徒，縉紳商賈過者往往於此失事，耑而以一衛尉統邏卒獲之。

明・王臨亨《粤劍編》卷一《志名勝》　至韶州而山始秀拔，稜稜石骨，若雲與霞蔚，令人作殊異觀矣。其最奇絶處，山無論大小，只是一石，不繇湊合。

明・王臨亨《粤劍編》卷四《志遊覽》　二日早發南安，平旦度梅嶺。其陰，石徑蛇行，屈曲而多委；其陽，峭壁林立，深秀而多致。要皆平坦靡咫尺，險隘足困客趾者。

明・袁宗道《白蘇齋類集・渡黄河》　太行山色近，西望碧嵯峨。

明・袁宗道《白蘇齋類集・雪後出長安門見西山甚近》　雪後天街絶點塵，西山一秣白於銀。雲邊磴道層層出，馬首峰巒疊疊真。瑶島分明連絳闕，玉龍夭矯貼青旻。却憐往歲曾遊處，十里桃花覆角巾。

明・袁宗道《白蘇齋類集・山中看雲》　雲學嵯峨山，山似霮霨雲。雲山何以辨，雲白山色青。

明・袁宗道《白蘇齋類集・五老峰》　峻嶒踞虎豹，蒼翠積莓苔。疑是廬山石，風雨忽飛來。

明・袁宗道《白蘇齋類集・遊西山三》　南望朱碧參差，隱起山腰，如堆粉障。（香山寺）寺南一山，松蘿竹柏，交羅密蔭，獨異他山。【略】又數里，達絶頂。【略】左右諸山俱若屏息環衛者，山外北向，層層峰巒，奮迅而出。西望杳杳，有水如白玉玦，疑是桑乾河。

明・袁宗道《白蘇齋類集・遊西山四》　玉泉山距都門可三十里許，出香山寺數里，至山麓，鏬泉流匯於澗，湛湛澹人心胸。

明・袁宗道《白蘇齋類集・戒壇山一》　戒壇山，西山幽邃處。入山二十餘里，始見山門。有高閣，可望百里。渾河一帶，晶晶檻楯間。

明・袁宗道《白蘇齋類集・戒壇山二》　戒壇山以洞勝，龐涓洞尤爲諸洞第一。予既登山頂，峰如聚壤，水如曳綃。顧見右腋峰腰間，朱檻掩映，度有異景。

明・袁宗道《白蘇齋類集・上方山一》　自烏山口起，兩畔亂峰束澗，游人如行衖中。中有村落，麥田林屋，絡絡不絶。【略】至接待庵，兩壁突起黏天，中間一鏬。前引僧入鏬，乃争趨就之，至此遊人如行匣中矣。三步一回，五步一折，仰視白日，跳而東西，躡屢高屢低，方嘆峰之奇，而他峰又復躍出。屢跻屢歇，抵歡喜臺，返觀此身，有如蟹螯郭索潭底，自汲井中，以身爲甕。雖復騰縱，不能出欄。其峰巒變幻，有若敵樓者，睥睨欄楯俱備。

明・袁宗道《白蘇齋類集・上方山三》　毘盧頂之右，有陡泉、望海峰。左有大小摘星峰。大摘星峰極高。【略】予已上摘星嶺，仰視峰頂，陡絶摩天，回顧不見諸公，獨憩峭壁下。一物攀蘿疾走，捷若猿猱，至則面目黧黑，瘦削如鬼。【略】又有小雪山、大雪山，寒乳飛灑，四時若雪。其他形似之屬，不可盡記。大抵皆石乳滴瀝數千年，積累所成。

明・袁宗道《白蘇齋類集・小西天一》　至壁上，則羣峰盡出，對面兩尖峰拔地起，若雙乳。其中一山雄峙，所謂小西天也。度此路稍坦，馬行山麓，上廣下削，若走屋廊間。

明・袁宗道《白蘇齋類集・岳陽紀行》　最奇者墨山，僅三十里，舟行二日，凡二百餘里，猶盤旋山下。日朝出於斯，夜没於斯，旭光落照，皆共一處。蓋江水縈回墨山中。

明・袁宗道《白蘇齋類集・大别山》　江、漢會合處，大别山隆然若居鰲浮水上，晴川閣踞其首，方亭踞其背。

明・謝肇淛《五雜組・地部二》　山莫高於峨眉，莫秀於天都，莫險於太華，莫大於終南，莫奇於金山華不注，莫巧於武夷，其它鴈行而已。峨眉之巔有積雪，武夷半壁有仙舟，華不注地中崛起，天都面面蓮花，苟不親見，以語人，未必信也。

鴈蕩瀑布無聲，故自奇絶。閩中水簾數處皆無聲，蓋巖腰凹而水噴空則爲水簾，自不能奔號也。水簾奇於瀑布。吾閩四山皆瀑也。而黄巖峯瀑布，數百里外皆望見如疋練焉。余又在黄山見九龍潭水從絶頂分爲三而下，至半腰合流，又三分之，如是者三，始至地，望之如雜佩然，亦一奇也。

峨眉，雖六月，必具單夾絮衣而登，其下猶炎暑也；至半山，則御夾衣；絶頂則着絮矣。過十月則不可登，道爲雪封，且寒甚也。其山本以兩峯相對，如蛾眉然，故名。蛾字當從蟲，不當從山也。

峨眉之巔，四望無與頡頏者，惟正東有一點青色如烟，相傳匡廬山也。然廬山未必便高於諸岳，又況九江地下即高不能敵西北方也。西北地勢，視東南已高，與山齊矣，此非臆説也。山東濟寧分水閘，北距臨清僅三百七十里，地高九十尺，南距徐州僅四百里，地高一百十有六尺。以川江之勢度之，其建瓴之勢，一日千里，豈直千仞而已哉！

明・袁中道《珂雪齋集・遊三洞記》 山奇高，水奇深，是爲入蜀第一峽也。峽右之山，有阜特起。

明・袁中道《珂雪齋集・東遊記四》 墨山，其色如墨，又如一靈壁石，横峙江上，可數百里，江水隨之曲折。故行兩日餘，山間出舟左右。

明・袁中道《珂雪齋集・東遊記十九》 梁山兩山，據岸若雙眉。東曰博望，西曰梁山，亦名峨眉，太白所謂「天門中斷」者也。

明・袁中道《珂雪齋集・遊玉泉記》 出當陽城西，踄重阜，見諸山贔負象峙；而其中一峯，尊特竦秀，氣宇如玉，妍美如冠者，即玉泉山也。

明・袁中道《珂雪齋集・遊黄山記》 三海諸峯如縷，石筍如琢；三海如鐘鼎，石筍如劍戟。

明・袁中道《珂雪齋集・珂雪齋遊居杮録》 保定西山，即松山、榔山也，山極穎秀。

又 曆山一名千佛山，一名禨袚山，離城可五六里。其上石理碧色如堆砌，華不注諸山繞其左右，皆鋭如錐。

又 靈巖山，遠望之，峯如刻縷繡纈，作奇花異草之狀，入眼秀媚甚。

又 出勘山，過松蘿山，山多松，森秀處大似黄大癡畫。

明・張維新《華嶽全集》卷二《峯麓名勝紀》 蓮花峯。《昭文館記》稱：「蓮花峯上有三峯，上接三光中，有石池二十八所，上應二十八宿，青松緑竹，叢生高岡，白雲翠靄，旋於幽。」

又 太上山。《昭文館記》稱：「蓮花峯爲太上山，四面削成，高五千仞，迴巒四合，三峯崢嶸，上廣十里，鳥獸不居。」

又 雲臺峯，在嶽東北。其山兩峰崢嶸，四面懸絶，上冠景雲，下通地肺，嶷然獨秀，有若雲臺。下有穴。

又 松檜峰、朝來峰、玉柱峯、玉秀峰，此四峯上盡是青松、檜栢，常有異色，雲氣覆之。其峯聳萃孤巒，人跡希及。

又 三公山，在嶽之東南。三峰嶷然，森秀上象三台，故號三公。

明・徐霞客《徐霞客遊記・遊太和山日記》 此徑無級無索，亂峯離立，路穿其間，迥覺幽勝。

又 華山四面皆石壁，故峯麓無喬枝異幹。

明・徐霞客《徐霞客遊記・遊雁宕山日記後》 此脊北倚絶頂，南出分爲兩支：東支爲觀音巖，西支爲常雲峯，此其過脈處也。正脊之東爲吴家坑。

明・徐霞客《徐霞客遊記・遊五臺山日記》 由此，兩崖屏列鼎峙，雄峭萬狀，如是者十里。石崖懸絶中，層閣傑起，則懸空寺也。石壁尤奇，此爲北臺外護山。

明・徐霞客《徐霞客遊記・遊恒山日記》 渾源州城一方，即在山麓。北瞰隔山一重，蒼茫無際；南惟龍泉，西惟五臺，青青與此作伍；近則龍山西亘，支峯東連，若比肩連袂，下扼沙漠者。即而下西峯，尋前入峽危崖，俯瞰茫茫，不敢下。忽回首東顧，有一人飄摇於上，因復上其處問之，指東南松柏間。望而趨，乃上時寢宫後危崖頂。

明・徐霞客《徐霞客遊記・江右遊日記》 蓋武功之東垂，其山乃一脊排支分派；武功之西垂，其山乃衆峯聳石攢崖，土石之勢既殊，故燥潤之分亦異也。

又 循溪東去，崖石飛突，如蹲獅奮虎，高瞰溪上。路出其下，灘石湧激，上危崖而飛沫，殊爲壯觀。三里，山峽漸開，溪路出峽，南北廓然。又二里，溪轉而南，有大路踰崗而東者，由李田入邑之路也。隨溪南下者，路江道也。於是北望豁然無礙，見禾山高穹其北，與李田之望禾山無異也。始知牢芳嶺之東，又分一支，起爲禾山；從牢芳排列南至高石坳者，禾山西環之支，非即一山也。

明・徐霞客《徐霞客遊記・楚遊日記》 始悟衡山來脈，非自南來，乃由此坳東峙雙髻，又東爲蓮花峯後山，又東起爲石廩峯，始分南北二支，南爲岣嶁、白石諸峯，北爲雲霧、觀音以峙天柱。使不由西路，必謂岣嶁、白石乃其來脈矣。

明・徐霞客《徐霞客遊記・粤西遊日記》 百感巖在向武州東北七里。其西南即分水横列之山，中江之水所由入者；其東南即隘門嶺之山，北邇而屏于東，南江之水所由折而北入者；其西北即此山之背，環爲龍巷東入之内塢，北江之水所由搗而下者；其東北即此山後門，繞而爲百感村，衆江既瀦合於中，所由北出者，此山外之四面也。而其巖則中闢於山之半，南通二門皆隘：一爲前門，一爲偏穴。北通一門甚拓，而北面層巒阻閡，不通人間。自州來，必從南門入，故巨者反居後，而隘者爲前。前門在重崖之上，其門南向。初抵山下，東北攀級以上，仰見削崖，高數百仞，其上杙木横棧，緣崖架空，如帶圍腰，東與雲氣同其蜿蜒。既而西上危梯三十級，達崖之半，有坪一掌，石竅氤氲，然裂而深。由其東緣崖端石級而左，爲東洞。由其西躋棧而右，爲正洞之前門。棧闊二尺，長六七丈，石崖上下削立，外無機竇片痕，而虬枝古幹，間有斜騫於外，倒懸於上者，輒就之横木爲杙。外者藉樹杪，内者鑿石壁，復以長木架其上爲梁，而削短枝横鋪之，又就垂藤以絡於外，人踐其上。

又 獨山巖，今名砥柱巖，在城南四里。此地有三獨山，皆以旁無附麗得名：一在溪東岸，與東界石山近，其山小而更峭；一在此山南五里，障溪而東環之，其山突而無奇；獨此山既高而正當其中，與向武之琅山巖相似，省中之獨秀無此峭拔，亦無此透漏也。其巖當山之腹，南北直透。南門高迸如裂闕，其前有巨石，自巖頂分跨而下，界爲兩門：正門在東，偏門在西南，皆有古木虬藤倒掛其上，輕風飄曳，漾翠飛香，甚異也。巖中如合掌而起，高數丈，〔闊一丈五尺，〕平通山後〔者五、六丈。〕上有飛崖外覆，下有湧石如欄，南北遥望，衆山排闥，無不羅列獻於前巖之中。分竅西透，亦轉而北，又通一門，其内架閣兩重，皆上穿圓竅，人下竅行，又若透橋而出者。此一洞四門相通，山甚小而中甚幻也。惟東向不通。其崖外又有一門東向，而西入深亦數丈，是又各分門立户者。

又 小獨山巖，在城東南五里，與砥柱東西相向，夾小江而立。自砥柱東望，似此山偏與東界近；自此山西望，又似砥柱偏與西界近；自其中望之，其實兩山之去東西兩界各懸絶等也。山小於砥柱，而尖鋭亦甚，極似一浮屠中立者。下亦通一門，有石跨其外而不甚高。西透小隙而上懸崖之側，有石平峙爲臺。其上懸絶處，有洞南向甚深，若能梯階而升，亦異境也。遊砥柱日獨隨一騎導而浮江，並盡此勝。

明・徐霞客《徐霞客遊記・滇游日記》 蓋碧雞山自西北亘東南，進耳諸峯由西南亘東北，兩山相接，即西山中逊處，故大道從之，上置關。高嶢實當水埠焉。

又 余入龕，見石脊中峙爲崖，崖左有穴一龕，高二尺，深廣亦如之。穴外石倒垂如簷，泉從簷内循簷下注，簷内穴頂中空，而水不從空處溢。簷外崖石峭削，而水不從削處墜，倒注於簷，如貫珠垂玉。穴底匯方池一函，旁皆菖蒲茸茸。白雲折梅花侵其間，清冷映人心目。

又 蓋西界大山，自鶴慶南來，至七坪老脊，直南亘於河底之西者，爲魯擺；由七坪東度，分支南下，即此中脊與東界之山，故此中脊之北，又名西邑。蓋西邑與魯擺皆地名，二山各近之界，坊遂以爲名焉。

明・蔣一葵《長安客話》卷一《皇都雜記・仰山》 仰山峰巒拱秀，中頂如蓮花心。旁有五峰，曰独秀、翠微、紫蓋、妙高、紫微。

明・蔣一葵《長安客話》卷二《郊坰雜記・甕山》 甕山在海淀西五里許，土色純盧。其南巖若洞而圮者，一樵人曰：「此少高仙室也。」

明・蔣一葵《長安客話》卷二《郊坰雜記・雅思山》 園之南有雅思山，迷晦多霧，富有果蓏。山陷而爲坎，有池焉，浚冽如露，是名露池。

明・蔣一葵《長安客話》卷二《郊坰雜記・天壽山》 自其遠而觀之，山雖起自崑崙，然而太行、華嶽连亘數千里於西，山海以達醫無閭，逶迤千里於東，唯此天壽山本同一脈，迺奠居至北正中之處。此固第一大形勝，爲天下之主也。

又 石經山峰巒秀拔，儼若天竺，因謂之小西天。

明・蔣一葵《長安客話》卷三《畿輔雜記・盤山》 山以盤旋得名，亦云盤龍山。最高者爲上盤，稍卑者爲中盤。多泉多松，最多怪特者石，石皆鋭下而豐上，故多飛動，山中人津津齒頰。其懸崖前突兩小石，若承日附者，曰縣空石，石黏空而立，青削到地，如有神氣性情者然。

明・蔣一葵《長安客話》卷三《畿輔雜記・金窑山》 豐潤有金窑山，極險峻。山腹石壁間宛如門扇而不可開。

明・蔣一葵《長安客話》卷三《畿輔雜記・駐蹕山》 昌平西南二十五里有山，高可十餘丈，石皆壁立，嶙沓攲危，如墜如挽。西北袤凡二十里。初不知爲何名。金章宗嘗遊此，鐫「駐蹕」二字，後人因呼曰駐蹕山。

明・蔣一葵《長安客話》卷三《畿輔雜記・紅螺山》 懷柔縣北二十里有山，高二百餘仞。山巔有潭。相傳潭中有二螺，大如斗，其色殷紅，時吐光燄，照映林木，山緣得名。

明・蔣一葵《長安客話》卷四《關鎮雜記・曹家寨》 霧靈山距縣一百八十里。每歲六月六日，山擁祥光如霧，土人如期候之，輒現，山因以名。

明・蔣一葵《長安客話》卷四《關鎮雜記・翠屏山》 翠屏山在萬全右衛城北三里，兩峽高百餘丈，望之如屏，故云翠屏。

明·宋彥《山行雜紀》 西山固多佳勝，然未得勝已先碌碌塵坌中數十里矣，不若覔寓青龍、玉泉間，出門便是山陰道也，惟雪中策蹇登山爲一快耳。

明·陳懋仁《泉南雜誌》 清源山自郡北三里許，高數千仞。未至絶巘數百武，有泉自石罅流出，積於砥石凹處，甘冽獨勝他泉。好事者攀躋汲之，冬夏不減。其東有妙覺巖，石上刻「第一山」，是米元章行書。

明·何宇度《益部談資》卷上 蜀之山，大約近江源者皆謂之岷山，峰連岡屬，千里不絶。今俗謂青城爲岷山者以此。又聞凡稱岷嶓者，該衆山言也。凡稱沱潛者，該衆水言也。蓋蜀山之居左者皆曰岷，居右者皆曰嶓。水出于岷者皆謂之江，出於嶓者皆謂之漢，或謂之漾，或謂之沔。出于江而別流，別而復合，皆謂之沱。出於漢而別流，別而復合皆謂之潛。古今論岷嶓沱潛者衆矣，參差不一，莫得其真，惟由不知左者皆得爲岷，右者皆得爲嶓，而獨指茂州之汶山爲岷山，金牛之嶓冢爲嶓山，隘矣。然今嶓冢又改隸陝西，非蜀可得竝論也。

又 武擔山在藩司右。《西蜀記》：蜀王開明妃死，遣五丁擔土爲冢而成，以是得名。史稱昭烈即位於武擔山之南，即此。

明·魯點《齊雲山志》卷一《山水》 按休寧封域，郭山左麓也。山峭厲水清澈。

齊雲山，高五百餘仞許。自率山巃嵷盤結，迤百里。至岐山嶽岫益奇，又二十里。偃仰障撑碧落，因以齊雲名焉。黄山當其前顔，公山屏其後，祁山蔽西，黟水帶麓，萬巘迎趨，千壑奔匯。

白嶽山，東絶壁斷崖，松蘿匝藹，形勢如蓮座。

岐山，西二十里，有石嶠、石龍、石講堂、飛瀑、石仙秤。

太山，南十里，諸峯羅立如衛。

流碣石，東北十里，石笋林立。

萬壽山，西十里，在南澗潦樹園，高出萬山中。

南山，與岐山鄰。

獅子山，在宮西三里，與五鳳峰鄰。

苑山，在宮西三里，與紫霄崖鄰。

象山，東一里，天門即其鼻也。

輦輅峰，石壁峭立，羅列如衛，爲太素宮之負。

碧霄峯，宮後，高二百仞許，常隱見於雲霞中。

玉屏峯，輦輅峰上，石展如屏。

鐘峰，宮左。

鼓峰，宮左。

香雲峰，峙立當陛前，高二百仞許。絶不與群山相屬。國初鑄鐵亭子抹金成，人力不能上。一夕風雨，自至峰頂。

五老峰，西天門外。

挿劍峰，紫霄崖左。

仙人峰，山南。

天柱峰，南一里，高三百仞。

拱日峰，宸陽巖後。

石笋峰，西三里，山間麓。

駱駝峰，紫霄崖前。

展誥峰，棲真巖上。

喬松峰，望西山南。

天衢峰，步虚亭上。

望仙峰，有亭。

照壁峰，凌風亭上。

中和峰，有亭。

隱雲峰，宮西。

白嶽峰，松月亭上。

獅子峰，紫霄崖西三里。

獨聳峰，紫霄崖西二里。

印峰，紫霄崖右。

五丁峰，西天門。

三姑峰，五老峰左。

五鳳峰，西天門北，上有石人，呼之，隱隱若有聲。

柱笏峰，北山之陽。

五龍峰，天柱峰側。

鵲橋峰，華林塢上。

巨門峰，輦輅峰後。

西瀛峰，東北十里，奇峰雜立。

廉貞峰，宮北。

湖州峰，黄土嶺上。

玉女峰，南山磵，石巔特立如髻。

三教峰，南澗，三峰並峙，如戴儒釋道冠。

玉臺峰，玉女峰西。

輔巖峰，高四百餘仞，下有延慶寺。

騰燭峰，天柱峰側。

金牛峰，山北。

五雷峰，三清殿左。

萬壽峰，南山側。

最高峰，在碧霄峰背。

明・顧世登、顧伯平《重刻昆侖高山志》卷一 舜峯，即高山之第一峯，有廟以祀虞天子，背東面西，從山脈也。北去大江只十里許，汨汨洋洋，如帶可攬，如席可憑，而江上君山、黄山諸巒環繞東北，又若可呼而應也。其東南茶岐諸山本相連屬，蟬聯藕斷，層疊縱横，紫翠相錯，南望白蕩，蒲荻猗猗，風痕翻碧，至蘆岐已斷，山未續。有片白如鏡，露於山之闕者，芙蓉湖也。芳茂山屏列西南，遥望天涯，郡塔如豆，在雲烟縹緲中，自此而西而西北並於江，皆平曠無垠。千村萬落真成繡壤，則此山之。

又 峩眉嶺峯前小嶺，躡此而北望江流，則練影悠悠，平沙歷歷，在松之際矣。

又 長山嶺在舜峯後，即來龍也。東從烏塔頂分脈，西行綿亘數里，躍爲舜峯峯後，南向則吴御史閶墓在焉。嶺上有牛跡石，苔蘚之間蹄痕錯落，豈天設之，以像歷山之放牧耶？抑五百羅漢游行處也。

又 馬凹一名馬鞍山，即長山嶺之腰伏也，取像名之。山下兩傍各有小池，若鐙云。孔灣馬凹之東嶺，分兩支南行，左爲丁谷山，右爲野山嘴。蘆岐横其前，四面環山，以西南一隅爲出户，而白蕩蘆洲，當户之目，窅然深僻，若小洞天。

又 白石山在龍墩北，一名觀山，從烏塔頂來脈，若暫伏，忽飛舞而起，山之最活者也，豈北見江流不勝懽忭之至歟。鳳凰山，即烏塔頂東南之來脈，而此山又自焦山度河來也。焦山在鳳凰山之西南，隔一流，而脈自相遞，實秦望之北落支也。

又 茶岐東從兩奶峯來，西連秦望，即秦望東第三峯。北麓處士顧省玄墓在焉。兩奶峯在茶岐之東北，脈從妯娌山來，伏地數里，雙峯陡插如人兩乳，俗以乳爲奶，故呼兩奶。尖山烏塔頂，東南山之絶秀者也，其諸文筆巽峰云。妯娌山在烏塔頂之東，兩奶峯之北，蓋與兩奶爲妯娌也，俗呼由里，實羣山之祖龍，豈獨高山哉。有鳳舞龍飛、蛛絲馬跡之勢。盧岐在秦望之西，出頂有峩峊峯，其北麓有前庵。

又 三山在蘆岐之西南，即從蘆岐渡順塘大河，躍爲三巒，浪湧而南者也。古詩云：「三山惟有一峰高」。其東北麓下飲於順塘，發一石珠以堰水口，故地名石堰，爲其妨船行遂鑿之，而居民輒衰。

明・顧世登、顧伯平《重刻昆侖高山志》卷二 馬凹之東南爲野山嘴，野山嘴之東爲花家灣，即孔灣。越丁谷山而東南爲樹橋，自樹橋並秦望而西爲蘆岐，蘆岐之山陽爲沙田。魏家村之東爲觀山，觀山之西北爲姚蕩，姚蕩之西爲糧莊橋，糧莊橋之西爲巷上。

明・黄宗昌《嶗山名勝志略》卷三 淩烟崮，峭然壁立，徑偏，側攀援乃得渡，恐不及持則失足，遊人憚之。上有石塔，下有洞，爲元使臣劉志堅修道處，其遺蜕在焉。天啟辛酉，雨大，洞石崩，蜕見，膚髮宛然。

明・黄宗昌《嶗山名勝志略》卷七 女姑山，去墨城四十里，大海在東南。

明・黄宗昌《嶗山名勝志略》卷八 浮山，倚危峯，面大海。登其巔，古蹟島其對處者，伏視海色與日光相起伏，瀕海諸峯若浮而出也。先大父未遇時，嘗肄業於此。階前有銀杏四，大而豐，不記年所，大父日倚徙焉，曰其貞，其潔，期無負此樹耳。嗟，余不敏，敢忘所自哉。

又 小嶗山，形如覆盆，羣山聳峙而此獨小，小而得統，豈所尊重者，故不在人誇示間耶。

又 磚塔嶺，自下而上至嶺甫八里許，其風物遂與下方殊，長林蒼厓，幽然絶塵矣。

明・黄宗昌《嶗山名勝志略》卷九 下巨峯居高而山不厭高，層巒疊嶂，如出雲端，喬松之布其上者若虬龍、若車蓋，皆根從石隙出，夜半仰見，星斗較下方若大，豈真與天近耶。

明・黄宗昌《嶗山名勝志略》卷一三 潛虬峯高纔數丈，而蟾石諸峯之高大者或數倍或數十里，去此或三四里，或數十里，皆侍立謹嚴，無敢欹側者。

明・黃宗昌《嶗山名勝志略》卷一七 上清宮山峯峻極，羣岫蜿蜒，完密而宏闊，藏聚不露，棲真者於此得靜力焉。宮前兩銀杏樹，大可蔭數十人，深濳中物候若自爲有餘者。宮旁有石洞，有朝真橋、迎仙橋，洞跨二橋，上息機之士，宜其入而不出也。

清・張廷玉等《明史》卷四二《地理志三》 （汝州）東南有霍山。又有魚齒山，涉水出於此，入葉縣界。又西南有鳴皋山。又有空峒山。南有汝水。西有廣成澤。

清・錢謙益《牧齋初學集》卷一〇八《秋興》 玉露凋傷楓樹林，巫山巫峽氣蕭森。江間波浪兼天涌，塞上風雲接地陰。【略】千家山郭靜朝暉，百處江樓坐翠微。【略】蓬萊宮闕對南山，承露金莖霄漢間。西望瑶池降王母，東來紫氣滿函關。【略】瞿唐峽口曲江頭，萬里風煙接素秋。

清・錢謙益《牧齋雜著》卷一《復陳確庵》 自秋徂春，忽忽如魘人未寤。雖復暫遊西山，亦如夢中遊歷耳。梅仙來，得手教，知山中杖履，不能相值，更爲悵然。

清・錢謙益《牧齋雜著・牧齋有學集文鈔補遺・新修滕王閣詩文集序》 臨江面山，屹立巨閣，流丹聳翠，極登臨騁望之勝。【略】山河大地，陵谷貿遷。成住壞空，何常之有？遭時昇平，物力鼎盛，簷牙山飛，柱礎雲出，指麾湖山，吞吐風月。

清・孫之騄《南漳子》卷下 法華山之南，龍岡蜿蜒，猿扳蛇折，三陟三降，可四百丈許，淩虛拔峭孤聳碧落者曰北高峰，言峰至西湖之北面，最高也。其附石級而登者，三十六灣。

清・談遷《棗林雜俎・義集・名勝》 硤石山。澤州城南三十五里硤石山，高數丈，頂平若砥，縱横十餘步。相傳慧遠隱此，著《涅槃經》成，擲其筆曰：「若疏義契理，筆當住空。」已而果然，因名「擲筆臺」。

又 倚陽山。林縣倚陽山桃花洞，北齊高歡冬月被兵圍于此，期以桃花開兵解。已而桃花果開，圍遂解。後洞口桃花冬月盛開，今不存。（《林縣誌》）

又 水神山，山西孟縣東北十里。相傳昔周世宗女秉性貞烈，不欲適人，潛于是山樹下涕泣。渴而思水，扣地得泉，自縊於樹。鄉人因立廟祀，曰「水神山」。

又 火山，太原河曲縣西五里，古稱「火山」。山上有孔，以草投孔中，煙焰上發，可熟食，不生草。

又 呂梁山。永寧州東北百里呂梁山，俗名穀積山，與交城接界。呂不韋曰：「龍門未闢，呂梁未鑿，河出孟門之上。」

又 玉華山。藺谿玉華山，庚寅七月忽裂二三里成潭。又距十餘里曰橋下湖，有巨魚如舟，土人毒以巴豆不得。

又 太山。沁水張大理五典度太山，自山下至巔五千三百八十四步，五尺爲步，紆折皆在其中。高三百八十六丈九尺一寸，實十四里零八十餘步。《漢官儀》云「太山自下至古封禪處凡四十里」，皆妄也。有《太山道里記》。近馮生過太山云：「不甚高廣，不知何以得名如此。」太山上秦始皇立無字碑，或曰碑函，或曰鎮石，或曰表望，或曰待刻。閩人謝在杭（肇淛）親至其地，云元君祠當公署中，尚有斷碑，二十九年疑即所剖石也，其豎片石爲祠記，表望明矣。（《五雜俎》）太山捨身崖在日觀峰下，愚民往往捨身投崖邀冥福。尚書何起鳴設垣牆示禁，勒曰「愛身臺」。

又 東浮山。山西平定州東浮山，距城五十里，即女媧氏補天處，其煉石竈尚存。石炭勝他產，諸色石俱可燒□。明學士陸文裕（深）過其地，得遺跡，問土人及學士大夫，皆曰古跡實然。歲上元夜，家置一罏，當户高五六尺許，實以雜石，附以石炭，夜煉之達旦。焰光上燭，天爲之赤，至於今不廢，是謂補天。文裕語太宰喬莊靖（宇）曰：「女媧察物，宜先民用，故制此以通昏黑之變，輔烹飪之宜，蓋曰補天之所不及耳。」（《儼山集》）

又 崖山。太原縣東有崖山，天旱，土人燒此山以求雨。俗傳崖山神娶河伯女，故河伯見火必降雨救之。今山上多生水草。

又 羅浮山。羅浮二山相合，屬博羅縣。取道增城則近，其上多奇植異卉。有松尺許，匣置數年，植之復生。有竹葉符，每竹止二符，乃篆書「仁」字，色白，浣之不脱。五色鳥特集人肩上，虎不噬人。有王野人園，花實森茂，春冬亡間，遊人任摘，持歸即迷道，而園原無定在也。又有僊樂，風月靜夜每聞之，道士擬製，今沖虛觀所奏，頗得其聲。（李潔）

清・談遷《北游録・紀詠上・朝雲曲》 巫山雲氣峰峰徧，神女夸容誰識面，綠羅爲帶荑爲釧。雲可杳，山可荒。情之切，獨襄王。

清・談遷《北游録・紀詠上・巫山高》 巫山西，蜀道難。巫山東，淮水寒。羈栖東還遠且艱，降神女，御飛鸞，入窈冥。淩巑岏，更雲雨，憂萬端，不如瞿塘水安流。木蘭之檝乘輕舟，宋玉不能賦，襄王不能郵，巫山高，抑何□。毋我西土久淹留。

清・談遷《北游録・紀詠上・出塞曲》 浚稽山，高九天。蒲類海，深九淵。單于獵騎過居延，將軍甲馬鐵連錢，掃清沙漠輕一戰。萬血模糊玄冥□，利刀殺人如刈草，大營欻急雪皓皓。饕風吹海刮牙旗，壯士舒顔更□倒。虜酒千鍾不醉人，何如飲血餐其腦。

清・談遷《北游録・紀詠下・慧山二首》 慧山經積望，俄得愜幽情。

清・談遷《北游録・紀文・萬歲山賦序》 萬歲山俗稱煤山，相傳漠北有山，徵異氣。金時，輦致其土于燕積成。今北亘禁籞，繚以周廬，天樞拱護，綿亘鈎陳。嘗自安定門度鐘鼓樓，仰眺其外。負陰抱陽，索索濯濯。在春如秋，在晝如寐。泪倏承睫，更不忍瞬。嗟乎！叢臺罷舞，蕪城興悲。故國之戚，諒非一人。況哀纏松柏之下，跡值鼎成之時。殉未三良，僭踰九五。枯涕難宣，命楮申意。

清・談遷《北游録・紀文・跋王紫崖出塞記》 啖灤河之嘉魚，覩海上之飛鶴。虎嘯狼呼，與夜柝相應【略】又三日至可汗州，南望五臺山。又三日至新武州。西北行五十里有雞鳴山。

清・談遷《北游録・紀文・游西山記》 予結髮慕燕之西山也，幸身當其地。昨冬苦寒，今春苦水，及秋而往，毋失也【略】北即夕月壇，松柏多瘁。郊原雨沐，飛塵不揚。【略】又西若干里，土瘠而萊。山色初在睫，轉行轉渺，豈山隨我而移也。晡後風逆，其南横一山。【略】砌又列柿相屬，實纍纍如懸藜。宿藏經閣之左廂。詰朝登閣，翼以翠微，朝爽加鮮。【略】北堂多細竹，亭其南，神祖書楣，水天一色，蒼松古柏。【略】黄鶴樓前吹笛時，白蘋紅蓼滿汀湄。【略】金山連玉泉山，泉出爲西湖，支流縈亘二十里。

清・張縉彦《寧古塔山水記》 寧古塔者，名其地也。【略】其山甚小，半方半圓，□二里由東北而□，路稍夷可騎，而至其東，亦可步陟。其南上有丘，下有塹，磽确阻絶，不可上。西北瀕河，石壁磊落，突者爲埠，罅者爲坎，奇勢怪狀，有如鼻、如口、如耳，如枅、如人、如鳥之形。無大草木，□冬不凋，蓊山氣濤聲窅冥相接，故草木受之，冷而堅也。

又 東有白石崖，松檜葱鬱，山脚有洞窈杳，河水蕩激，與水波上下。

又 塞外之山，皆卷連不斷，此山絶水獨倚，四面空曠，不與衆山爲伍，去郭四五里，故登臨爲近。雖無峻险奇勝，得溪水以助秀氣，景色可挹也。

又 牧山。【略】其地平衍多茂草，□民春夏牧牛馬每在山下，爲軍旂牧馬之地，馬場在焉，故曰牧山。山無峻峰，壘壘皆土埠，幽花異藥，荒榛惡草，皆雜生其間。無大石老樹，故少蒼翠之色。【略】山形卷連可數十里，漸入漸深，堪輿家以爲龍脈蟠聚。【略】今此山去河稍遠，水勢不及，蓋滄桑之變如此。

又 岸山，山半入水，石勢層起，懸塹百尺，如河之岸，故曰岸山。山之秀不在山，在山之石，石之秀不在石，在乎水石之間。水與石相盪，坳窪昂砥，緑蘚蒙薈，似山之崩石，沉于水中，不可推挽而出，怪狀縱横，形如虎蹲、如鷹厲、如熊起、如猿攀，如牛馬之飲于流溪。【略】山上有峰，高數十仞，□(清)翠洗濯。緣徑而登，耳目甚曠。山長五六里，與寧古台甚近。一溪間之，山之陽爲阪，耒耜之所，剌雉虎之□(所)。

又 官道山。出石城西南五六里，有山，在官道之南，故曰官道山。自城中望之，圓如乳頭，即視之，則蜿蜒如長蛇，抱官道而西向。山之陰石壁嵯岈，高數十仞，有大石突立，如人攀捧而上，可以著氍毹。遠眺山脚斜拖，如臥牛然。石盤平鋪，席草而坐，可容數人飲啖。旁有溪水，皆秋潦所涯，冬夏不涸，可釣可汲。山多映山紅，冬葉不凋，春花如燦，及芍藥雜卉，不可名數。其木多榛榭，有似榆，似槐，似楝者，驗其花葉，又不甚類，豈地氣使然歟。□土皆黑壤，雨水過之亦皆黑。有幽谷，陰森寒逼，長可里餘。兩岸碧青，中多大鳥跡。卷類石蒲，雨水薄蝕，如黛如染。其山之陽，土埠旁□，□(白)草黄茅，殊少秀色，然以近郭，攜杖可至，遊履往來，亦爲勝蹟。

又 虎山。虎山者，在彭諫議屯中，土音蹋□□，華言虎穴。是山虎匿穴中，每入屯，多伤人畜，樵採者避之。故雖在近郊，而林木獨存，蓊蔚窈窅，與他山不類。其綿亘數里，高可百仞，遠望三峰，似雉堞重疊。若有山□倀鬼，往來其間。西北一嶺，突兀如人立，大石盤薄，可□几席，游人偃息其上，卧而眺遠，雲物草樹，皆在肘腋之下。山陰多卷栢，石蒲、映山紅、白楊、緑柳，與椵樺和雜。更有異木□□，方而有□(棱)，葉似映山紅，或地氣使然，或係别种，則□□□也。山之陽，土□联綿，野卉荒榛，與山上下。山脚半里，亂石嶙峋，如星列，如棋壘，地皆汙萊，秋潦浸漬，明水溪毛，能助山之秀色。雖無瀑布，流泉亦不覺少。此山去官道山不遠，風風雨雨，山氣离合，景物絶勝。

又 石河山。石河有二：一曰上石河，一曰下石河。上石河，山曠而联，非信信宿宿，不能窮其勝。其山隔河二三里，河淺小如山澗，文漪美石，蕩激有聲。土人編柳爲梁，絶流取魚，魴鯉鯽鰻之小者，日集于筐。瀕河而南爲民屯，居者數十家。崗之上有大石如臺，長二丈餘，其闊半之，其高約五尺。石青如黛，中凹而外凸，一似斧鑿而成，雨水涵濡，積塵方寸。生異卉，花白，香氣如蘭，無雜草木。住人□□□□□□，意必□星之臺也。河之北，有小山者，□□□□□而□(方)址。石壁嵯峨，其一，似石堤拖于平沙之外。其樹多樺、椵，槲、柳。春時，萱花，山丹，紅藥，紫蕨，遍滿山谷間。再入則三越流溪，中有小淵，兩溪繞之，洲中草樹叢薈，撥茅而入，異花芬馥，且多木本，然不能悉名也。又生野繭，抽之成絲。□東之河，渟水爲洲，深長(？)餘，中有大蚌，土人没水取之，云有珠，然未之見也。道上有石如筆架，三棱并峙，形如刀削，然視其下，土形漸墜。或古人瘞骨處，不然，豈造物者于平壤之中，爲此奇幻耶？過此，則大山四圍，古木連卷，虎羆獐鹿，充斥于中，行人絶少，去烏鷄亦近矣。其下石河，山小而峻，遏水兀突。河即柳河下流，源自混同江者也。山之青秀，有峰有崖，有砰有壑，倚伏高下，在道之側，過者無不徘徊久之，可一覽而得其概。故山游者欲急擷其秀，莫如下石河。若瞻眺周游，倘徉物外，莫如上石河。

又 洞山泥漿。去臺十二里，峰巒高峙，望之如青屏者，洞山也。坐臥其下，森肅逼人，聳如太華，衍如太行，在諸山中，獨雄而大。然處絶塞，不見於《圖經》，是以得隱潛於灌莽之中。初入山，有河環其北，其中有洲，水分爲二。洲中樹木蒼鬱，非芟除叢刺，不可入。野蔓繚繞，多葡萄、山查、郁李諸種。河勢所規，忽成渠，成澗，成洲，分合斷聯，蓋禹跡所不經，疏導不施，故任水力之所至，其勢然也。山之脊，高數□□□□□嶸。雪雨浸漬，碧流如洗，東綿一二三里。其□□□□□間屋，中□而外密。洞門古樹三五，如人立洞上。有巒，登高以望，山溪滙入，洪洞無涯，雲氣掩蔽，如仙島龍窟，出没其中，蓋山之靈者多有洞。此洞冬時，每有熊羆伏匿，遇人而颺去，亦山精物怪，感靈氣而至耳。名曰洞山，志其幽也。噫嘻！塞外靈奇，乃不列於洞天福地，遂屐亦不及也。此山與泥漿，止隔一河。泥漿，馮侍禦爲余言之，始獲遊焉。

又 臥佛山。山之靈奇者必有洞。寧古之山有洞者二：一洞山，一臥佛。臥佛之洞亦有二：小者如牖，大者如屋。如屋者内方而外坦，廣可丈餘，下有石穴，窈不見底。洞在山半，洞上古木森蔚，如覆盂然，兩旁皆土丘□草樹，洞之腳，亦有雜木枝幹，結爲山麓。清翠時來此山，連衍不斷，六七里至天羅而大，又二十里至交羅而更大，氣脈龐厚，兩地皆成屯聚，蓋臥佛之□爲首，而天羅、交羅之山爲□□□□。臥佛之名，以洞中有佛偃臥如涅槃者，及□□□□□也。【略】三山皆土埠石腳，樹木叢雜，樵牧耕耘，地沃而産豐，然臥佛獨以洞著稱靈奇焉。

又 牡丹屯紅山。女直故地，以芍藥爲蔬菜，填山掩谷，皆芍藥也。東南一屯，名牡丹，問其物産，則姚黄魏紫，從不見之。蓋土音牡丹，乃一日可以往還，計其程途以爲名也。人烟輻輳，草舍相望，城東南大屯聚也。去石城四十里，山分兩翼繞於後，水横一帶宜於前。西望沙嶺，東望交羅，乃東京臂指聯絡之勢。城堡基址，瓦礫猶存。其山名紅山，以石骨之紅也。山勢綿長數十里。紅山嘴有石洞，容十餘□□□□□，岫嶂盤□，人所不見，靈奇之氣，從臥佛□□□□重，他山無有也。然地多磽确，其爲晦亢而祐，時常苦旱，收穫薄，人多貿易城中，販雞豚粟布以爲食。城中居民□，其地近而人衆□，往往至屯中互易，商農便之。

又 呼郎山。土音呼郎者，烟洞也。山大而深，多古木，空其中，人取以爲烟洞，通灶火，故名。或以其山壁峭矗，似烟洞形，理或然也。柳河遍山，南而下，地多汙萊，溝渠縱横，遇秋潦漲溢，大木枯椽，塞河而下，甚至没岸頹城。城中居民徙山坡，支篷帳避之。蓋地近烏棘，故灌莽難測如是。産多榛、橡，郁李、山梨、葡萄，採取者騎櫜交路。衆部落聚居，漢人鮮至，故□知其地界。但聞白日，每有隱隱雷聲，土人以爲高山崩石也。每將雨，望見西山雲氣蘊靉(□)，□雷掣電，隨從而起，故□(知)此山神靈，爲風雨之所會。然西北一帶山屯，總號呼郎，近者十里，二十里，遠者五、七十里，其大小各殊。□言此山與長白相連，爲混同江發源之地也。

又 白石崖。郭東四五里，有山曰白石崖，土人所云上陽哈達也。隔河望之，若白堊畫墁，其嵯岈敧折，殊少秀色，遊人每阻水不至，憩沙岸上。岸多柳株雜樹，夏秋青蔭可愛，涼風拂拂。河下多魚鱉，釣者垂竿舉網，日集其下。至冬水腹堅，褰裳可渡，層雪平鋪，恍如在玉砌上行。以木結架，謂之水車，人牛可引。抵崖逼視之，則斷岸千尺，怪石嶙峋，前所見如白堊畫墁者，皆山之□空處草木不長，千百年風雨所剥蝕，濯濯然也。杳冥深鬱，亂石相撑。攀藤棘，取徑而上。及半有大石三，方如矩，平如砥，可坐三五人，在北二石，相去尺有咫，南一石約五步外。時僕人具酒食，二三同遊，各據一石，僕人撥藤刺傳盞，心意曠然，不知其塵凡間也。仰視山巔，青茸如蒿者，長不徑尺，歷歷可指數。有客猱升而上，乃老檜百十株，傴僂古怪，見其杪不見其本，本入石窟中，勾曲隱伏，樵人過而不顧，以無所容趾處，是以全其天年。【略】山根有洞，深丈許，廣可容七八人，夏秋波濤汩没，□魚□窟穴，冬月水涸始見。河流沖激，石氣冷凍，故熊虎雉□□□□□□□□耳。

又 西北十餘里有山，其峰突兀，遥望如雲氣。

又 東北西三方皆山，翠色遠映，一面阻河，覽其形勝，甲于寧古。

清・黄宗羲《四明山志》卷一《名勝》 餘姚南有山二百八十峯，西連上虞，東合慈谿，南接天台，北包翠竭，中峯最高，上有四穴，若開户牖，以通日月之光，故號四明。

又 大蘭山。漢劉綱樊夫人棄官學道，師事白公，道成而飛舉於此，故又名昇仙山。其遺履墮地化爲臥虎，故又名伏虎山。山頂平廣可以走馬，則伏虎者其形似，後人因而傅會之。山多青石，剖之皆有七竅，故又名孔石。

又 伏龜山。其山狀如雞子，有三朵五朵峰出没煙靄中。

又 雪竇山。自麓至顛高可十里，四山環合，中有平田數百畝，至者忘其爲山也。左右各出一水，至西南山缺處合流而爲瀑布。其巖絶壁千仞，故名千丈巖。水至半壁，有石突出，隔之灑若飛雪，而後復爲瀑布，亦名瀑布山。

又 桃花坑山，在二十里雲之南。山巖壁立數仞，延袤數百尺。其石紅白相間，掩映如桃花初發，故名。

又 鵓鳩山。有石，狀如鵓鳩。山勢最爲險惡。下有錢溥碑，敘鵓鳩化爲神之事。

又 石樓山，與蓬島相近，有石如屋。兩崖跨澗，飛瀑亂下，又名石柱，高六百丈。

又 木阜山，有二十四峰，如木芙蓉。

清・黄宗羲《四明山志》卷八《四明山遊記》 山顛石皆林立峭拔，列若屏者，挺若筍者，若獸而奔者，若鳥而翔者，龍而偃蹇若者，虯而盤旋若者，若窪者作坎，若柱者作突，若梁者作横，若袖者作舞，若手者作伸，若圭者可執，若刀者可割人，而若僧者，女而若鬟者，壁立而去尺許，復壁立而起若鉅斧劈者，不可枚數。

清・黄宗羲《匡廬遊録》 甲辰過漁浦雞籠山，雞籠即赤亭也。康樂有赤亭山，《詩》狀其險惡。晚泊富陽城下，因登鶴山，上有嚴子陵祠，今廢。山半有洞，不知何名。下臨龜川，山色濤聲，皆足洗滌耳目。

又 丁巳過龜峯山，唐乾寧中，僧茂蟾所開，有三十二峯。

又 佛手岩。益公云：「巖上立峯如指，故號佛手。」近爲野火焚烈。《高僧傳》云：「巖如五指，中指上有松一株，南唐時，行因獨棲禪觀，於其中因死，松亦枯瘁。」

又 石鐘山。風靡波蕩彭蠡口，剥蝕雲煙見石鐘。持斧硿硿尋亂石，拏舟礫礫傍危峯。亦知窈窕霜前出，似有神靈夜半逢。不道虚空能變化，須教一一洗心胸。

清・金玉岡《天臺雁蕩紀遊》 下嶺路漸平，峯稍開，約二三里許，數峯陡起遮道，余惴惴而上，升降者再，乃至金雞嶺。嶺約長五六里，徑削而側，石滑而圓，於兜中卷書，危坐下視，頗危，兩崖復青削而骨立。仰首望崖頭，野火燄燄燒空而去。

又 過谿約七八里至老僧厓。老僧厓者，乃山麓。一峯高可千餘丈，低眉偏袒，面壁而立，酷似老僧狀。再近則側首環睛外視，頷下緣蘿捲如虯鬚，又如胡僧。過此山約行三里許，仰見層厓，峭石突兀巖際，是爲石梁。

清・黄周星《衡嶽游記》卷二六 余踞磐石，憩木蔭中良久，復前，山勢漸峻，至此始有嶽意。游者始杖，既陟復降，峭塹相間，然塹弗及峭十之一，此所謂小竹篙嶺、大竹篙嶺也。竹篙本象山，形嶕削，南楚方言耳，而後人輒更爲祝高。

清・顧炎武《肇域志・南直隸・寧國府・宣城縣》 天目山，在縣東南一百五十里。面杭背宣，雖非屬境，而縣東諸山，並其支脈。

清・顧炎武《肇域志・南直隸・寧國府・寧國縣》 文脊山，在縣西北三十里。高數十丈，周三百余里，西接涇、旌諸山，北爲宣之柏梘，爲郡南雄鎮。

清・顧炎武《肇域志・南直隸・寧國府・涇縣》 麻嶺，在縣南一百里。跨旌德、太平之間，爲往來交道。自此至縣南四十里曰承流山，峯岫盤旋百有餘里，如城壘然。

清・顧炎武《肇域志・南直隸・寧國府・太平縣》 陵陽山，在縣西北六十里。三峯矗之，二屬石埭，一屬太平。其下有三門、六剌灘。

又 黄山，在南三十里。高一千一百餘丈，盤亘三百里，當徽、寧二郡界。有三十六峯，其八屬太平。

清·顧炎武《肇域志·南直隸·寧國府·旌德縣》 箬嶺，在縣西南八十里。高五百仞，接太平縣界，爲入徽間道。隋末，越國公汪華開鑿。

又 蛟山，在縣西南五十里。有洞，徑險難入，中平曠可居。

又 石壁山，在縣北二十里。高數百丈，連亘數里，一水中流，兩崖對峙，緣麓開爲馳道，足爲扼塞。

清·顧炎武《肇域志·南直隸·池州府·貴池縣》 城山，在西南一百三十里。山勢周遭如城。

又 西巖山，在西南一百五十里。高萬仞，周數十里。

又 峽山，在縣北五里。兩山夾河對峙，邑之水口山也，通大江。

清·顧炎武《肇域志·南直隸·池州府·銅陵縣》 城山，與杏山鄰，平坦約數十畝，名寨城。有井，雖旱不竭。四壁峭立，西南僅通一徑，昔人恃以避寇。

又 鵲頭山，在縣北十里。高聳臨江，與廬江西岸鵲尾渚相對。南北争戰之際，此爲重鎮。

清·顧炎武《肇域志·南直隸·池州府·石埭縣》 魚龍山，在縣西三十里。有魚龍洞，凡二，東西相望，僅里許，連青陽界。

又 七井山，在縣西七十里。其山延袤數十里，中有七井。西北爲貴池界。

又 陵陽山，在縣北五里。高三百五十丈，廣二十五里。東一峯屬寧國府太平縣，西二峯隸本縣。山自西北迤邐而來，三峯连亘，東接宣州。

又 櫟山，在西一百六十里。高五百丈，周九十里。

又 白象山，在縣後數十步，有邑治，其形如象。

清·顧炎武《肇域志·南直隸·徽州府·黟縣》 牛泉山，在縣北五十七里，東接太平縣界。《輿地志》云：「牛泉嶠自麓至頂，每九里一頓，凡九頓，並山爲路，陿處纔七八寸，臨不測之深。」上常多風，故木雖合抱而長不及丈，惟南向有之，雖盛夏亦衣襦。頂有水，方廣丈許，冬夏不增減，名牛泉。往往有累石爲路處，蓋皆往丹陽之道也。

清·顧炎武《肇域志·南直隸·和州·含山縣》 石門山，在縣西二十里。二山並峙，石壁峭立如門，有谷道十里許，商旅來往其間。

又 小峴山，在縣北二十里。又名昭關。兩山峙立，爲廬、濠往來之衝，其口險隘可守。宋張浚因山筑城，置水櫃，遏金人。

又 濡須山，在縣西南七十五里。與無爲州七寶山對峙，中有石梁，鑿石通流，山水險阻。

清·顧炎武《肇域志·南直隸·滁州》 清流關，在州西二十二里。山嶺横絶，地勢甚峻。

清·顧炎武《肇域志·南直隸·滁州·全椒縣》 南岡山，在南二里。山勢自西而南，連亘數十里，至此益高峻，環繞縣治，爲一邑形勝。

清·顧炎武《肇域志·南直隸·滁州·來安縣》 五湖山，在東十八里。廣袤二十里，下故有五湖，因名。今半湮，爲入泗要路。一名白樺山。

又 石固山，在北三十五里。群山連亘，惟此獨高，上有池，冬夏不竭。宋紹興中，民居避兵，築壘於此。

清·顧炎武《肇域志·南直隸·徐州》 吕梁山，在洪東，連亘委蛇，周數十里。

清·顧炎武《肇域志·南直隸·應天府》 陸游曰：「龍灣望石頭山，不甚高，然峭立江中，繚繞如垣牆。」

又 覆舟山，上元。一名龍舟山。《府志》：在太平門内。在城北七里。東際清溪，南連鍾山，西接雞籠山，北連玄武湖，狀如覆舟，故名。《輿地志》：山在樂遊苑。此山與鐘山形若斷而脈相連，兩山之間，土中皆石，山之骨也。

又 幕府山，上元。在城西北二十里，《畿志》：十五。晉元帝自廣陵渡江，丞相王導建幕府此山，因名。《府志》：「今名石灰山，山壟多石，居人煅以取灰，故名。」北濱大江，東與直瀆諸山接，爲建業門户。《寰宇記》：「東北臨直瀆浦，西接寶林山，南接蟹浦。」山有五峯，南曰北固，峽中有石洞，幽邃；中峯上有仙人臺、虎跑泉；西北峯曰夾蘿，亦曰翠蘿，上有達摩洞。

又 盧龍山，上元。在城西北二十五里。東有水，下注平陸，西臨大江，今張陣湖北岡隴，北接靖安，皆此山也。晉元帝初渡江，見此山嶺綿延，遠接石頭，爲江上之關塞，以比北地盧龍，因名。此山與馬鞍山相接，氣勢雄包。

又 大壯觀山，上元。《府志》：「與直瀆山接。」在城北一十八里。東連蔣山，西有水，下注平陸，南臨玄武湖，北臨蠡湖。陳宣帝起大壯觀於此山，因名。

又 觀音山，上元。在觀音門外。北濱大江，西引幕府諸山，東連臨沂、衡陽諸山。《畿志》：「自幕府山峯巒連屬，至此則突出大江，水勢湍急。」《上元志》：「有觀音閣，嵌絶壁上，右有石，臨瞰江水，形如飛燕，名曰燕子磯。」上有漢壽亭侯廟，又有大觀亭、俯江亭，下有水雲亭，丹巖翠壁，遠望如畫。

又　攝山，一名繖山。《府志》：「與衡陽接」。在城東北四十五里。東連畫石山，南接落星山。《江乘記》云：「攝山形方，四面重嶺，西北有水，注江乘浦，入攝湖。」有白乳泉、白鹿泉、試茶亭、中峰、紗帽峰、紫盜峰，峰下有般若堂、明月臺、宴坐臺，高下相望。

又　白山，上元。在城東三十里。東接竹堂山，南接蔣山，北連攝山，西有水，下注平陸，產白石，可爲碑礎。

又　雲穴山，上元。在城東八十五里。南有水，流入石驢溪。有洞穴，甚幽邃，天欲雨，則穴中雲出，因名。

又　土山，上元。在城東南二十里。一名東山，無巖石。

又　青龍山，上元。在城東南三十五里。南有蘼蕪澗。山趾石堅而色青，可爲碑礎。西趾有泉，大旱不涸。

又　祈澤山，上元。在城東南三十五里，周十里。東連彭城山，北連青龍山，有祈澤泉。

又　方山，上元。一名天印山，在城東南四十五里。四面方如城。東南有水，下注長塘，流溉平陸。今方山南有青堆埠，即舊地。上有石龍池，下有葛仙公井，一名洗藥池。東南有水，下注長塘，流溉平陸。吴大帝爲仙者葛玄立觀於此山。

又　彭城山，上元。在城東南四十五里。北接青龍山，在祈澤山東。有水注麓成渠，渠上有橋。舊有彭城館。

又　泰山爲中龍之委，自荆山大幹生，至六、蓼遂落平洋，牽連岡阜，至徐、邳過脈北去而起泰山。黄河源流，泰山之北至直沽入海，此特泗水一派，浮流兩洪之上耳。隋時，煬帝幸江都，引黄河入汴、泗，河始流斷，龍脈隔泰山而北之，然中龍脈旺伏地而行，河水流地上，畢竟不能斷絶其脈。而地脈之起伏有時，今此數十年正當其起也。【略】過數十年後，地脈既伏，泥沙自去，河身自陷下耳。

清・顧炎武《肇域志・南直隸・應天府・溧陽》　瓦屋山，在縣北八十里。山形連亘，兩崖稍隆起，宛如瓦屋狀。

又　青龍山，一名洞山，在縣北八十里，北距茅山三十里。山半有洞曰青龍洞，前多怪石，流泉瀝瀝，亢旱不竭。山旁有峴曰牧門。《建康志》云：「山有洞穴，洞口纔二尺餘，僅可容人傴僂而入，其中平廣，深不可測，土人相傳與金壇、句曲諸洞相通。」洞口大石上有四五窪處，狀如人跡，俗呼爲仙人跡。

清・顧炎武《肇域志・南直隸・應天府・句容》　茅山，在縣東南四十五里。初名句曲山，以山形之句曲。又名巳山，以山形類「巳」字也。【略】三山峯連峙，最高者曰大茅峯，次曰中茅峯。又次曰小茅峯。大茅峯之嶺有泉曰天池，大旱不涸。其下爲柏枝壟，壟之中曰華陽南洞。又南爲茅洞，其側曰衆真巖。有水自峯左支流縈紆達於菖蒲潭者，曰九曲澗。潭之上爲華蓋巖，其北垂方池數尺，客至，水即湧沸，名曰喜客泉。峰之北相連者曰抱樸峯，東方曰飆輪峯。西垂有泉二，至冬一冰一温，曰玉蝶泉。又有華蓋峯、疊玉峯，俱在大峯之東。峯之下舊爲崇壽觀，其下爲霧豹巖，曲水穴出焉。大峰、中峯之間長阿連石曰積金峯，故山有金壇、金陵之號，邑名由此起也。梁陶弘景居此。東有横壟，石形甚瓌奇，壁拆開成洞，入數丈，漸狹，不復容人，乃颼颼有風，即所謂華陽西洞者。壟之東南，有水自石竇出，曰鶴臺澗。折而西，又有楚王澗，亦自石壁出。峯之陰曰道祖峯。東南一峯，傑然秀出，與積金對峙者，曰五雲峯。中峰東北曰拱辰峪，其西爲白雲峯。自中峯至小峯長阿而西，曰黑虎谷。峯之北，林壑幽邃，春時花卉紛敷，曰桃花崦。又有岡在峯側，長緩而隱障，名曰長隱岡，又名伏龍岡，東南近許長史宅。

清・顧炎武《肇域志・南直隸・和州・含山》　黄山，在縣西北五十里。一名仙蹤山。周一百二十里，有三百六十峯。西接巢縣，北界合肥。《一統志》又謂：「通廬州約二百餘里。」巢民因其四時泉出不涸，又謂之龍泉山云。

又　蒼山，在縣西二十里，南十五里。山勢峻拔，延袤十餘里。

又　太湖山，在縣南七十里。舊有湖，故名。歲久湖湮。山有奇峯十餘，削立秀挺，狀如列戟，自蒼山亘於白石二十餘里。

又　東關，在縣南七十里，濡須塢之北岸。其地險峻，周圍皆石。

又　斗陽關，在縣西四十里。山陰屬含山，陽屬巢縣。山勢巍然峻絶，中開一徑，通巢縣半陽浦，乃滁、和間道。

清・顧炎武《肇域志・南直隸・廬州府・合肥》　黄山，在縣東一百二十里。有三百六十峯，周回一百二十里。上有泉，四時不涸，俗呼龍泉山。

清・顧炎武《肇域志・南直隸・廬州府・巢縣》　西龜山，在縣西南五十里。俯瞰湖濱，形如龜，爲本府鎮水口。

清・顧炎武《肇域志・南直隸・廬州府・六安州》　寨基山，在州西一百三十里。山極高峻，内有巉石，相距如門，世傳土人結寨避亂。

又 獨山，在州西七十里。地平廣，一峯獨峙，故名。

清・顧炎武《肇域志・南直隸・安慶府・懷寧》 大龍山，在縣北二十里。其東連出者曰小龍山。兩山翩然瞰江，周五十里，其陰爲桐城界。集賢嶺，在縣北十五里。其嶺自大龍伏地而來，至此隱隱起而赴江，如脊之見。其上有集賢關。

清・顧炎武《肇域志・南直隸・安慶府・桐城》 浮山，在縣東九十里，一名浮渡山。有三十六巖，七十二峯。西南有獨峯，直上千仞，遥望大江環繞，自地視之如滀，自江視之如浮。其中巖壑相屬，山周五里，上有古寨。

又 北峽山，在縣北六十里。其山兩崖相夾如關，其北拒廬、鳳，其南指江、黄。吴時控扼之地，有關。

清・顧炎武《肇域志・南直隸・安慶府・潛山》 潛山，在縣西北三十里。三山相連，一曰天柱山，一曰潛山，一曰皖山。漢武帝以霍嶽遠在横山，欲南狩，乃移近於潛山登封之。故今爲霍山，亦以爲霍嶽云。其山高七千有二十丈，廣二百五十里，周八百里，有峯二十有七。《縣志》：「按《舊志》謂：潛、皖、天柱爲三山，子魯親陟三椒，見峭拔如柱，屹然獨尊者一峯耳，曰潛，曰皖，曰天柱，即此山也。」其飛來、三台等峯，具有名稱，此峯絶不類。

又 天堂山，在縣東北百二十里。其山四壁高峻，中敞如堂，其平可容數萬武。昔周樞密屯兵處。舊有戍守，今罷。

清・顧炎武《肇域志・南直隸・安慶府・太湖》 司空山，在縣西北百六十里。其山高聳獨出，如在雲表，其上平坦可數畝，人謂之司空原。山周四十里，其上有張安撫寨，其寨有門五：曰太平，曰歡喜，曰硃砂，曰前部，曰後部。

又 九重山，在縣西三十里。周遭九重，若城郭，故名。有峽口六，可避兵。

又 龍門山，在縣西十五里。其山兩相對峙，狀若龍門，上有龍泉。其週四十里。

清・顧炎武《肇域志・南直隸・安慶府・宿松》 小孤山，在縣東南百二十里。一峯屹立江之北岸，與南岸山對峙如門，江流束其中，湍激險迅，謂之海門第一關。成化甲辰，水沖北岸成江，山遂獨立江中。其南下爲彭浪磯，其磯踞爲馬當山；其北下爲峨眉洲。望江縣南十五里彭澤界，其下有鐵柱，古彭澤簿馮克敏所鑄，舟人賴以濟險。

清・顧炎武《肇域志・南直隸・池州府・石埭》 黄山，在縣西北一百二十八里。一名黟山，高一千一百八十仞。北倚九華，西拓彭蠡，南接廣信，左挾浙河，右起桐汭，以盡海壖，皆支龍所分。唐天寶中，敕改名爲黄山。其峯三十有六，源如之，溪二十四，洞十二，巖八。

清・顧炎武《肇域志・南直隸・寧國府・涇縣》 黄峴山，在縣東南八十里。自黄、黟而來，高數百仞，羣巒列障，狀若蓮花。

清・顧炎武《肇域志・南直隸・池州府・旌德》 石壁山，在縣北二十五里。兩山對峙，一水中流，迂回曲流，長六、七里許。

又 石柱山，在縣西六十里。雙石挺立，高數丈，有巨石承之，若二柱然。

清・顧炎武《肇域志・南直隸・池州府・太平》 密崖山，在三門西北。岡巒連亘二十里，兩崖對峙，下瞰深溪，徑道險絶。

清・顧炎武《肇域志・南直隸・廣德州》 横山，在州西北五里。州之鎮山，高出羣峯，四面皆横，故名。

又 靈山，在州南七十里。群峯回繞，其巔有解愠臺。山水夾流而下匯爲溪，循溪而下有珠簾泉，丁公潭，潭下爲雲錦泉。

又 巖頭山，在州西北四十里。兩山屹立如關，中夾一溪，州之水悉匯此入建平。

清・顧炎武《肇域志・南直隸・安慶府・望江》 大茗山，在縣西北七十里。其旁出者曰小茗，兩山東西相向。有洞，可容數百人。

清・顧炎武《肇域志・南直隸・鳳陽府・天長》 冶山，在縣南四十五里。綿亘天長、六合間，産紅石，亦間出石青。山高峻，登之可見江南諸峯。

清・顧炎武《肇域志・山東・濟南府・歷城縣》 歷山，在南五里。一名舜耕山，古有舜祠。南屬泰山，東連琅琊，崇岡疊嶂，脊脈不斷。

清・顧炎武《肇域志・山東・濟南府・長山縣》 長白山，在縣界東北，取道西南，而上抵仙翁祠、五龍堂。有天井泉，在山之半，視上峯尚峻。若道出周村十八里許，自山南面北而上，直至絶頂。三陽觀在其下，所謂山地有形若雙掌者，乃張仙翁修煉處，有祠，有碑。

清・顧炎武《肇域志・山東・濟南府・泰安州》 東嶽泰山，在州北五里。其山屈曲盤道而至絶頂，高四十餘里。有三峯，東曰日觀，雞鳴時可見日；西曰秦觀，可望長安；又西曰越觀，可望會稽。又曰：秦觀者，望見長安；吴觀者，望見會稽；周觀者，望見齊。黄河去泰山二百餘里，於祠所瞻黄河如帶，若在山趾，蓋侈言之也。

清·顧炎武《肇域志·山東·濟南府·新泰縣》 新甫山，在縣西北四十里。其北爲萊蕪，泰山之左翼。《詩》：「新甫之柏。」注：「新甫在汶陽縣。」是也。一名小泰山，三峯插天，萬巖競秀，盤結二百餘里。《魏書·地形志》：「魯郡汶陽縣，有新甫山。」

清·顧炎武《肇域志·山東·濟南府·萊蕪縣》 肅然山，在縣西北五十里。高二十里，泰山之東麓，其勢肅然可畏。

又 瓮口山，在縣東北九十里。高十里，形如瓮口，在青石關。

清·顧炎武《肇域志·山東·兖州府·曲阜》 尼山，在縣東南六十里。其山五峯連峙，下接中峯之麓，有宣聖廟。

清·顧炎武《肇域志·山東·兖州府·嘉祥縣》 萌山，在城内東北。高百餘仞，登覽可見嶧山、岱嶽。

又 青山，在縣西南十五里。巖秀泉甘，爲一邑之勝。

清·顧炎武《肇域志·山東·青州府·沂水縣》 雹山，在縣西北三十里。《寰宇記》：「山出紫石英，好者映徹如雹，故名。」亦作峊山。今曰峊突固。又東北蝗蜋山，與大小二魯山相連，有穴如門，直入二十里，真仙境也。

清·顧炎武《肇域志·山東·萊州府·即墨縣》 天井山，在縣東十餘里。上有井極甘，因號天井。井北二十餘里，平地三穴，湯泉出焉。若有風從西北來，則湯極熱，不可入。

又 石城山，在縣南三十里。其狀如城，淮涉水發源於此。

又 勞山，在縣東南六十里海濱。山有二：其一高大，曰大勞山；其一差小，曰小勞山。二山相連，高二十五里。

又 陰山，在縣東南八十里。上有小池，旱澇不增減。

清·顧炎武《肇域志·山東·登州府》 田横山，在府城北三里，與丹崖山並峙。西北二面皆海，石壁高峻。

清·顧炎武《肇域志·山東·登州府·萊陽》 七子山，在縣東南九十里。山有八峯，大峯居中，七峯環列若子然，故名。

清·顧炎武《肇域志·山東·登州府·福山》 側立山，在縣西二十五里。其峯西向，若側立然，巔有聖水泉。

又 磁山，在縣西北五十里。上有石門，下有洞口，懸崖聳出，飛瀑如簾。

又 艾山，在縣西北三十里，山前温泉可浴。

清·顧炎武《肇域志·山東·濟南府·歷城》 鵲山，在城北十五里，濼口鎮北五里。其山無峰，望之如翠屏，大清流於其東，名峼山湖。

又 黄山，在城西南六十里。山勢排連如城郭，延亘四十餘里，爲西南藩籬。岱陰諸谷之水奔流至此山西，匯而爲池，圍數畝，不溢而伏，山即渴馬崖也。伏流至府城之西而出，即趵突泉也。

又 藥山，在城西北十二里。上有九峯並列，蒼翠欲滴。其下有洞，出陽起石。

又 臥虎山，在城西南五十里。岱北諸谷之水至山下始合，故論形勝者以此爲三川之鎖鑰。

清·顧炎武《肇域志·山東·青州府·昌樂》 嶠山，在城南三十里。峯尖獨秀，高冠霄星，上有仙路，春夏草木不生。

清·顧炎武《肇域志·山東·青州府·臨朐》 南七十里爲仰天山，勢屈曲東向，有小巖洞，藏山腰，歷側徑里許，穿一穴，乃可達。洞高深不逾尋丈，壁有石，大視兩掌，其光可以鑑。寺僧云：「每月明，則山巒草樹，咸在鑑中。」有羅漢洞、仰天槽、黑龍淵，每霖潦，諸巖壑水溢，咸匯於淵渚於漕，浸漬而下，若漏天。然洞極寬廣，長七八丈許。其南壁一孔，杳不可測，雖炎蒸之候，寒氣逼人，莫能久佇。相傳有龍潛，能興雲雨。山之陰，有水簾洞，深可數丈，泉源深遠，潛通佛剎前泉井。其自洞口出者，流而爲河，經辛莊諸社入石溝水。

又 百丈崖，沂山之脊，東極於此。從外至其下，緣山之側徑而行，可二三里許，頗艱於陟降。崖實不足百丈，石壁峻立如斧劈然，石罅側出松檜，不知其何自生植也。崖下冬有積雪，至四五月乃消。(旁注)《喬宇記》：「東鎮廟之西緣麓而上，路皆蒙翳，峻絶十五里，曰百丈崖，有泉自山巔而下，映若晴虹，灑若飛雨，爲江北瀑布之冠。」

又 嵩山，在縣西南七十里。與黑山相連，近沂水、蒙陰二縣界。山出銀礦，其山下河水中，亦時出礦及沙金，山間又出錫、鉛、銅、鐵，亦時有石碌、丹砂之類，招引礦徒及好利者開礦，爲邑中害。

清·顧炎武《肇域志·山東·青州府·諸城》 烽火山，在縣東南二十五里。西自岱歷沂，磅礴而來，盤踞於此，爲縣主山。山之陽有神祠，歲旱禱則雨。山之陰有琵琶阜，東西延亘十里許，岡脊有石，似琵琶形。

又 藏馬山，在縣東南一百里。山峯如火焰，起伏長亘環連，中俯平川，有一小山如馬形，故名。

又 常山，在縣南三十里。縣中望之如在城上，從古禱雨輒應。山之神祠於北麓，負北向南。宋宣和間，封神爲靈濟昭應王。祠前迤西十餘步，有二泉並出，蘇子瞻祈雨獲應，名之曰雩泉，因構亭於上。山巔三峯並起，其東南最高者爲高峯，上有海雲樓、廣麗亭，今皆廢。

又 馬耳山，在縣西南五十里。南巔二峯，秀削如馬耳形。東坡詩云：「孤雲落日在馬耳。」又云：「試掃北臺看馬耳。」山形陡峻不可登，雖山腰亦從來人跡罕到。

又 回頭山，在縣東南七十五里。山極高峻，上有十峯競秀，六壑争流。

又 雲母山，在赦山東二里。山皆巨石，姿形萬狀，相傳中有雲母石。

又 望海峰，山東南。與觀音峯對峙，登之可望東海，兩峰之間，宛然如門，俗呼爲南天門。

清・顧炎武《肇域志・山東・青州府・莒州》 護石崖，在州西北一百五十里。其崖虛空。每遇大水泛溢，則出羊肚石、鵝管石、上水石，玲瓏異狀，人多取之。

又 馬髻山，在州南六十里，以形名。山麓登陟之境有里餘，步聲鏗訇，似行板築之上。巔有二井，隔咫而鑿，一甘一鹵。東有馬口石，西爲楊光峽，宋時楊光輔讀書址即此。

清・顧炎武《肇域志・山東・青州府・沂水》 閔公山，在縣西北八十里。峯巒孤秀，澗壑迴合，石徑嶄巖，清泚繞流。環山皆石，環石皆松，遠望如黛，沂之第一觀。相傳閔子避地其中，故名。

又 盧山，在縣西南一百二十里，蒙山少北。其山蔥蒨委長，望之如黛，略與蒙山等。

又 沂山，在縣北百里。其陰爲臨朐，其陽爲沂水，今《一統志》、《省志》、《郡志》皆入臨朐。而山之奇峻，多在山之陽。

清・顧炎武《肇域志・山東・萊州府・掖縣》 高望山，在城南十五里許。其峯秀特，登之可遠望，故名。稍東則筆架山。平度亦有高望山。若平度之高望山，當作五十里，此别一山而同名者也。

又 大基山，在城東二十里。上有道士谷，流泉花竹，地占高敞，略無纖塵，郡之甲勝。巘崿蒼翠，泉流潺緩，松竹花卉，爲一郡最。世傳唐鄭文公修真於此。

又 寒洞山，在城東南十五里，俗名神山。有洞七，曰虚皇，曰三清，曰五祖，曰六真，曰長生，曰披雲，曰靈官。神山石像四十九。山陰有姑姑洞，亦有石像。

清・顧炎武《肇域志・山東・萊州府・平度》 紅山，在州東六十里。多紅石，故名。中有石碾磨樹旗幟孔五十餘處。相傳唐賽兒爲亂，以妖術惑人，哨聚於此。後平之。

又 大澤山，在州北七十里。四面峯巒聳秀，中峯突兀如削，望之類太華。天雖晴霽，望之常有雲氣吞吐。中有智藏寺，奇石清泉。

又 皇城頂，在大澤山中瑞雲峯，半巖疊石爲城，或云赤眉砦。東有大石壁立，題曰「香積廚」，前有大石，題曰「龍神祠」。祠下即龍池。

又 兩髻山，在州東北一十三里。兩山對峙，如綰雙髻，下有雲臺觀。

清・顧炎武《肇域志・山東・萊州府・濰縣》 孤山，在縣西三十五里。峯巒秀拔，崖谷幽深，遠望之巋然天際，翠若抹黛。

又 峽山，在縣南九十里。狀如伏虎，俯臨濰水。上有雲眼，雲出即雨。又有仙洞數處，爲一邑之勝。

清・顧炎武《肇域志・山東・萊州府・膠縣》 艾山，在州西南三十五里。東西各五里許，兩山屹然，對立如人兩耳，故名東西石耳。西耳，人跡罕到；東耳，巉巖孤聳，轉折而上。多故砦石壁，可容百餘人，其上有神廟。

又 小珠山，在州南九十里。山南有朝陽寺，寺東側峭石突立。下有清泉，水極甘美。

又 鐵橛山，在州西南百一十里。山形矗突，峯頂一泉，水極清洌，自石罅流出，一名滴水巖。膠水發源於此，又名膠山。

又 大珠山，在州南百二十里。濵海名山也，又名玉泉山。壁立萬仞，勢壓群山。有石門，門下有泉自崖穴中出，迸若吐珠，名玉泉。石門轉折而東，有獅子峯，亂石嵯峨，其狀若獅，與石門相對。山之陽有麻衣庵，又名石室，晉永嘉中陳仲舉隱此。

又 靈山，在州南百三十里大海之洋。先日而曙，先雨而雲，若有靈焉，故名。

清・顧炎武《肇域志・山東・萊州府・即墨》 石門山，在縣東三十里。山狀如門，天欲雨，雲自門先出，與華樓相峙。

又 天柱山，在縣東三十里。聳立插空，形勢如柱。

又 勞山，有大勞、小勞。大勞山在縣東南四十里，小勞山在縣東南百里。形勢連亘，羣山盤薄森峙，周回百餘里，各各不同，亦概稱爲勞山。

又 二勞山絶勝者在華樓。其山俯黄石，望巨峯，左連三標諸山，直接滄海。右引石門，直達平莽，内王喬峒、聚仙臺高聳秀拔，上出雲霄。

又 黄石宫，在華樓迤北五里許。四圍皆山，南面王喬、淩煙諸峒，如屏障對開，萬松左右攢列。小徑上達，得石澗，且入且升，至巖之隈，一洞幽然阻邃，泉噴激水，流繞其下。人傳圮上老人曾宅其中。

又 獅子峯，在太平峯迤東。峯狀如獅，昧爽登之，見日自海湧出。

又 浮山，在縣南九十里。其石壁立，俯臨南海。

清・顧炎武《肇域志・山東・登州府・蓬萊縣》 丹崖山，在城北三里。東西二面，石壁巉巖。上有蓬萊閣及半仙、獅子等十三洞，秀麗奇絶。下有珠璣巖，石壁千尺，水中有小石，狀如珠璣，或如彈丸，歲久爲海浪所磨蕩，圓潔光瑩可愛，俗呼爲彈子渦。

又 朱高山，在城東八十里。其山臨海，産滑石。

清・顧炎武《肇域志・山東・兖州府・鄒縣》 尼丘山，在縣東北六十里。其峯連峙，其數有五，萬山拱之，顔氏之所禱也。東崖下有洞焉，是爲坤靈，雩河抱之。河中有臺，其高數尺，雖大水不没。東一里，即顔母山，有井焉，亦名顔母。又十里曰昌平山，綿亘二十余里，孔子所生之鄉也。

又 四基山，在縣東北三十里。其頂有石，其狀如基，其數四，故名。其西麓，即孟子墓也。

又 嶧山，在縣東北二十五里。一名鄒嶧山，爲别於邳之葛嶧山也。孔子登東山，即此山也。山産桐樹，無附枝，謂之孤桐，《禹貢》載焉。

清・顧炎武《肇域志・山東・兖州府・嶧縣》 黿山，在縣北五十里。四圍峭壁陡峻，其形如黿。上有一泉，水旱不涸。

又 君山，云云。山上有池，纔數尺，水旱不增減。平田數頃，昔有隱者王老抱一犢於上耕種，後遇異人仙去，故以名焉。

又 青檀山，在縣西七里。以山多産青檀，故名。東西兩山排拱，中有一泉出寺前，流亂石中達山下，内多小蠏，經縣南會氶水，入泇。

又 石屋山，在縣西二十里。山麓有流泉爲小瀑布，夏月雨餘，噴吐如雷，人坐其旁，即大暑，須臾冷侵肌髪。其陽多雜樹平田。

又 馬頭山，在石屋山西三里許。山前壁立如削，從旁一鳥道達其上。巖上有神祠，祠旁有一洞可容數人。絶頂有二池，水旱不涸。其地平廣可耕，多春臼，蓋亦昔人避兵處也。山東有一泉名龍塘，東流會青檀寺水，流入縣南蕭橋河。

又 鐵腳山，在縣西南二十里。巖畔有洞，可容數十人。山頂險絶，舊名陳魁寨，繚以周垣，狀如壁壘，旗竇春臼，星布其上。山下有泉流地上，土人引以溉蔬稻甚便。

清・顧炎武《肇域志・山東・兖州府・巨野》 金山，在縣南五十里。望之鬱然深秀，自東南入行半里許爲神農祠。祠之東有洞，曰秦王避暑宫。峭壁巉巖如削，其道如底，行四十餘步爲洞門，若堂宇。始入，攝衣捫石，少頃開朗，豋然之聲作金石響。中有古石佛像，最工。其上聚潤若鐘乳，時時沾衣，夏欲裝綿，冬如夾纊，出洞數武而寒暑異候矣。由洞之東而西北上又里許，有山最高，視洞腹背若在宇下，而其巔最平，疑所謂高平者即此也。東不數百武，有泉曰聖水池，四時不涸。

清・顧炎武《肇域志・山東・濟南府・章丘》 長白山，在縣東三十里。高峻秀拔，遠望蒼翠參差如筆架之狀，故又呼爲筆架峯。根盤甚大，山連鄒平縣，今入鄒平。

又 黑牛嶺，在縣南百餘里。高峻深邃，多産良木，遠望蒼然，凡遠近所需材木，悉采諸此。

清・顧炎武《肇域志・山東・濟南府・淄川》 東山，在縣東十二里。有鶉鴿、狼虎諸崖，兔、槐諸峪，黄、緑諸嶺，擦石坡，荳腐臺。每秋雨後，兔峪輒出一泉，水勢湍急，西至馬家莊，南入般水。其山南北盡縣之境，正東轉折二十餘里，至諸葛崖始屬益都縣。

又 浮山，在縣北二十里。豐水薄其下，遠望之，如浮在水上。

清・顧炎武《肇域志・山東・濟南府・新泰》 新甫山，高峰插天，盤結百餘里，嵐光逼人，蒼翠若畫屏。西北有千人洞，深遠不可測。高峯前有雲孤寺。

又 具山，在縣東鄙，四峯特起，色若潑靛，西連敖山。

清·顧炎武《肇域志·山東·兗州府·寧陽》 寧山，在伏山南。衆山皆大，此山獨小，爲縣主山。邑在山南，故曰寧陽。

又 牟山，在縣西北四十里。北枕汶流，山多楷木。山陰石井，其深數丈。

又 靈山，在縣東北九十里。山麓里許有井，古時以鐵索設機，汲水上，又名鐵索靈山。

清·顧炎武《肇域志·遼東都指揮使司·廣寧衛·廣寧中衛》 大黑山，在東一十五里。絶頂有城，四面懸絶，惟西向一路可通。

清·顧炎武《肇域志·遼東都指揮使司·義州衛·廣寧後屯中屯左屯右屯前屯衛》 弘螺山，在西七十里。大小二山，綿亘東西百餘里。今因其勢築長城。

清·顧炎武《肇域志·遼東都指揮使司·遼海衛》 長白山，在東北千餘里，横亘千里。其巔有潭，周八十里，淵深莫測，南流爲鴨緑江，北流爲混同江。

清·顧炎武《肇域志·山西·太原府·陽曲縣》 罕山，在東北五十里榆次縣北界。其山自太行連絡而下，層巒起伏，視諸山獨爲壯麗。

清·顧炎武《肇域志·山西·太原府·平定州》 嘉山，在州西八里。上有晉公子祠，祠下有龍井。井旁有黑水泉，流經州城東合洮水。

清·顧炎武《肇域志·山西·太原府·定襄縣》 聖阜山，在縣東北二十里，五臺縣西南三十八里。其山孤峙，石上有仙人手迹，西復有一足迹。旁有温泉，名聖阜水，東流入滹沱。

又 叢蒙山，在縣南二十五里。山甚高聳，春夏雲氣相接，即雨。下有泉三穴，流合爲一，謂之三會水，北流入牧馬河。

又 居士山，在縣東南二十五里。下有流泉，泉側石室有碑。其略曰：「魏武定四年十月，任城王居士室。」

清·顧炎武《肇域志·山西·太原府·代州》 牛斗山，在州西北三十五里。雁門廢縣北。俗呼牛頭山，又名㬊頭山。山有七峯，如斗形，亦名北斗山。下有白龍池。其東有句注陘，山形句轉，水勢注流，又名句注山。其北名曰句注寨。跨朔州南境。

清·顧炎武《肇域志·山西·太原府·岢嵐州》 長城山，在州東三里。山下有白龍泉，流合嵐漪河。其味甘美，夏涼冬温。

又 蘆芽山，在州東七十里。疊峰翠秀，前有小山，尖如筍笏，多出蘆芽，蟠踞四十里。上有金龍池、五龍洞、秀峯嶺、紫峯巖、説法臺、捨身崖、大天澗、小天澗、東火場、西火場，俱稱勝概。

又 石樓山，在縣東北五十里。一峯峭立百丈餘，不可攀緣，惟向北一小徑，盤迴可達峯頂。

清·顧炎武《肇域志·山西·太原府·興縣》 紫金山，在縣西南一百五十里。南麓有聖母泉。北麓石壁間，有穴出風，能偃苗，常封不啟。旱禱有雨。

清·顧炎武《肇域志·山西·太原府·保德州》 翠峯山，在州東八十里，形如覆斗，巍然特秀，邑之鎮山。

又 赤山，在州東南八十里。山多楓，霜後其山盡赤。

清·顧炎武《肇域志·山西·平陽府·襄陵縣》 三磴山，在縣西南三十五里。山長九十餘里，其形三磴，故名。山北有龍闢峪。

清·顧炎武《肇域志·山西·平陽府·浮山縣》 龍角山，在縣南三十五里。兩峰對峙，如龍角然。其南麓跨翼城縣境。山有珍珠洞。東峯頂上有華池。

清·顧炎武《肇域志·山西·平陽府·蒲縣》 翠屏山，在縣西南一里。山勢圓聳，松柏鬱然。山半巖下湧出泉水，人有疾，禱之，飲其水，汗出即愈。

清·顧炎武《肇域志·山西·平陽府·聞喜縣》 中條山，在縣南六十里。西起蒲州雷首，東接太行，蓋太行支脈也。以其中狹而延袤不絶，故名。又以南北狹薄，亦名薄山。

清·顧炎武《肇域志·山西·平陽府·平陸縣》 砥柱峯，在縣東南五十里黄河中流。其形如柱，禹鑿砥柱以通河。三川既決，謂之三門。

清·顧炎武《肇域志·山西·平陽府·絳縣》 横山，在縣南四十里。東南跨垣曲縣界，名大横嶺山。在聞喜東南九十里，名小横嶺山。下有三泉，名白石河。

清·顧炎武《肇域志·山西·平陽府·隰州》 妙樓山，在州北七十里。石崖高廣，前後有龍泉水池，冬夏不竭，禱雨有應。

清·顧炎武《肇域志·山西·平陽府·大寧縣》 孔山，在縣西北三十里。山有孔相通。其東巖石上有聖水泉，禱雨有應。

清·顧炎武《肇域志·山西·大同府》 官山，在府西北五百餘里。山上有九十九泉，黑河出其下。

清・顧炎武《肇域志・山西・大同府・蔚州》 太白山，在州東南三十里。上有奇石，形如馬頭，俗名馬頭山。旁有石洞，產紅土，可爲印色。山西五里有三奇石，名靈仙山。

又 高是山，在州西北七十里。滋水出焉。山出石炭。其東三十八里有枚迴嶺，山麓相接。

清・顧炎武《肇域志・山西・大同府・廣靈縣》 巧八山，在縣北三十里。其山居中，四圍七山相向，故名。其東南十五里有滴水崖，泉脈自穴中出，滴水成池。

又 壺山，在縣東南一里。平地一山，山下有亂泉湧出，其水與壺流河水合流如壺，山故以此名。上建豐水神祠。

清・顧炎武《肇域志・山西・潞安府・襄垣縣》 仙堂山，在縣東北五十里。上有仙堂寺。因山岡有琉璃巖，巖中有石如人。又有石九，圈如車輞。環水其中，旱澇不涸不盈。前有空地，生石子藥丸，去則複生。

清・顧炎武《肇域志・山西・潞安府・壺關縣》 三壅山，在縣東南九十里。其山三處壅障，因名。山下出水，名壅水，東流入河南林縣界。

清・顧炎武《肇域志・山西・汾州府・汾陽縣》 白彪山，在府西北一十五里。石壁巉崖，峯巒聳秀，泉壑層折，村墟連附，爲一方勝境。

又 石室山，在府西三十里。山多巖洞，可居。

清・顧炎武《肇域志・山西・汾州府・孝義縣》 玉泉山，在縣西南七十里。下有泉如漱玉，因名。其水引縣南，灌南曹、五樓諸村民田。

又 高唐山，在縣西九十里。下有温泉，其地名温泉鎮，爲古、隰諸州往來之道。

又 上殿山，在縣西一百六十里。峯巒峻拔，爲吉、隰諸山之冠。上有突厥祠。

清・顧炎武《肇域志・山西・汾州府・介休縣》 獅鼻山，在縣東南四十五里。山有一巖，高七十餘丈，下有巨石伏如獅鼻。

清・顧炎武《肇域志・山西・汾州府・靈石縣》 樓子山，在縣東南三十里。其峯重疊，狀類層樓。

清・顧炎武《肇域志・山西・遼州》 箕山，在州東南七十里。山有石室，壁中文字，人莫能識。唐以此山名州。

清・顧炎武《肇域志・山西・沁州》 聖鼓山，在州東北五里。上有大石，擊之，其聲如鼓。下有水，流入漳河，一名小河。

清・顧炎武《肇域志・山西・澤州》 硤石山，在州東南三十五里。其山兩石拱峙，壁立如門。下有嵌巖，長丈餘，廣倍之。夏秋發暴雨，中罅若雷鳴。

又 天池嶺，在州東三十七里。其巔石崖壁立如城，南北二石門，中可容千人。

清・顧炎武《肇域志・山西・太原府・静樂》 岑峯山，在縣東五十步。城跨其上，南麓在城内，北麓在城外。

又 黑風山，在縣西北五里。汾水西。山側有一竅，秋冬出黑風，上有神祠。

清・顧炎武《肇域志・山西・太原府・忻州》 七峯山，在廣峪山東。其峯有七。上有龍王寨，絶險可避兵。

又 蘆芽山，在縣北一百五十里。其南有神林山，其西南有荷葉平山，俱形勢險峻，迤邐抵岢嵐州界。

清・顧炎武《肇域志・山西・太原府・代州》 雁門山，在州東北三十五里。雁出其門，故名。一名雁門寨。其東有過雁峰，巍然特高。其北與應州龍首山相望。山下有水，東南流，經州城外東關，名東關水，合入滹沱。

清・顧炎武《肇域志・山西・太原府・榆次》 罕山，在縣北五十里。自太行連絡而下，層巒起伏，視諸山獨爲壯麗，邑中一形勝也。

又 麓臺山，在縣東南三十五里。高數十仞，頂平衍，因謂之臺。又云鹿蹄山。上建智伯祠。

清・顧炎武《肇域志・山西・太原府・交城》 石壁山，一名龍山，在縣西北二十里。疊巘周圍環抱，南有石崖，峭削千仞，列嶂儼然如壁。

清・顧炎武《肇域志・山西・太原府・盂縣》 黄毛山，在縣東北一百五十里。上方圓，廣闊五、六十畝。巉巖峻拔，異木森然。中有百靈泉，下有黄毛巖。

又 藏山，在縣北四十里。程嬰、公孫杵臼藏孤處也。山高數百丈，四面峯巒環拱，林木陰翳，怪石巉巖，水泉拖練，百鳥雜喧，真天下之奇觀也。山下有祠，祠旁有洞。洞口所砌藏孤之處，石脂流鎔，若天成然。山半別有一洞，即土人禱雨處也。內盤石龍圍匝，皆有魚鱗甲，若盆形然。上有水珠，下滴於內。

清・顧炎武《肇域志・山西・太原府・保德州》 石梯山，在州東北二十里。山上一墩，墩下一堡，正在石梯中，有一夫當關，千人莫逾之勢。扼而守之，能令北虜不得西下。第孤懸小堡，須有以援之，乃可久也。

清・顧炎武《肇域志・山西・太原府・文水》 隱泉山，在縣西南二十五里。山壁峭立，有泉隱而不恒流，因以名山。一名陶山，一名湯泉山，一名子夏山，以子夏退老西河之上而名也，一名商山。有石窟，號隱堂洞。其洞深不可測，常有風聲如輕雷，亦曰子夏室。去地百餘丈，其東有馬跑泉。

清・顧炎武《肇域志・山西・太原府・河曲》 翠峰山，在縣南八十里。形如覆斗，高二十里，盤踞九十五里。山頂松柏蒼翠，故名。巍然特秀，爲邑之鎮。

又 赤崖，在縣西北四十里河會村，古名赤崖村。其土色赤，故名。崖上有居民窑窨數十處，自古避兵之地，最爲險要。其山尚有蛤蚌遺殼，皆腐壞不完，至今存之，意必昔龍門未鑿，洪水泛濫之時所遺泄者。不然，數千仞之高山，何以有是水中之物耶？

清・顧炎武《肇域志・山西・太原府・静樂》 蘆芽山，在縣北一百五十里汾水之西。其山前有荷葉平山，後有林溪山，右有神林山，連鎮諸州，迤延數百里。最上一峯，突入霄漢，故五月飛雪，而千載凝冰。時或山上晴，山下雨。有所生香草甚異，名蘆芽異香。有樹木，有梵宇，有奇泉怪石，乃五臺山之比肩而齊名者也。

又 管涔山，在縣北百六十里，朔州南百二十里。其山中高兩低，如山字然。唐置管州於此。一名燕涼山。以與林溪山龍眼泉盤曲相連，故《山海經》云：「管涔之山，汾水出焉。」陂西爲分水嶺，盜武一帶並大同、宣府取道焉。

清・顧炎武《肇域志・山西・平陽府・蒲州》 九峰，在州東南一百二十里純陽宫之上。其峯有九，形勢秀拔，高下列序。

清・顧炎武《肇域志・山西・平陽府・芮城》 鼓山，即鼓堆，在州西北二十五里。周四里，高五丈。穹窿而圓，狀如覆釜，人馬踐履有聲，故以鼓名。下有泉池。

清・顧炎武《肇域志・山西・平陽府・洪洞》 寶崖，縣東七里，在秦壁村東北。四壁巉絶，北俯澗河，屹然孤聳，中央低凹。

清・顧炎武《肇域志・山西・平陽府・浮山》 紫金山，在縣南十三里。東達太行，西極隘口。高五里，盤踞百里。《古志》云産銅，今無。鄉人取其沙，淘於水，有黴金，得名或在此。

清・顧炎武《肇域志・山西・平陽府・絳縣》 絳山，在縣西北二十里。草木不生，土色皆赤，故名，縣之得名以此。

清・顧炎武《肇域志・山西・平陽府・夏縣》 雲谷山，在縣東南三十里。數峰崇聳，盤踞數十里，即中條山最高處。中有大谷，遇旱時，谷中雲起，分南北夾山而行，絡繹不絶，俄然四集蔽空，則霖雨數日，故名。

清・顧炎武《肇域志・山西・平陽府・平陸》 清涼山，在縣東北六十里，乃中條山一脈。其山絶頂曠闊，四望無際，俗謂「四州圪塔」，蓋可以極目蒲、解、絳、陝。

又 底柱峯，在三門東迤南黄河中流。孤峯峭立，絶壁巉巖，高數仞，石形如柱，故名。

清・顧炎武《肇域志・山西・平陽府・河津》 龍門山，在縣西北二十五里。兩山壁立，中通河流，形如門闕，亦名禹門。

清・顧炎武《肇域志・山西・大同府・渾源州》 龍山，一名封龍山，在州西南四十五里。有文殊巖、大雲禪寺。夏時雨過，山氣上騰如虹。東北五百里有玉泉山。其東連柏山，山之東北有惠嶺，秀麗可愛，下有黑龍池。其東有五峯山，上有三陽洞，皆爲勝槩。

又 五峯山，在州東三十里。山形如掌，五峯如削。

又 龍角山，在州北二十五里。雙峯並出，狀如龍角。

清・顧炎武《肇域志・山西・大同府・懷仁》 玉龍山，在縣西北四十里。上有七峯。其脊有青石盤旋至巔，遠視如龍狀，故名。壁有洞口，名玉龍洞。

清・顧炎武《肇域志・山西・潞安府・黎城》 隴阜山，在縣西北一百里。有昭澤王洞，唐焦仙修真地也。今稱焦龍神洞。入十尋，有池四，深各三尺。入稍遠，有方池，深不可測，旁有石牛二，若戲水狀。入更遠，有三池，水光閃爍，人不可逼。旱則禱者接踵，稱靈境焉。

清・顧炎武《肇域志・山西・潞安府・襄垣》 紫巖山，在縣西五十五里，去褫亭不遠。其山色紫，雪霽輝映尤麗。昔人謂山下有寶，因名寶峯。上有寺。

清・顧炎武《肇域志・山西・汾州府・臨縣》 紫金山，在縣西北四十里。屹然獨峙，爲諸山之望。

又 連枝山，在縣東七十里。枝脈蔓延，連接羣山，故名。

清・顧炎武《肇域志・山西・平陽府・靈石》 石膏山，與尖陽山相對，以石膏得名。其山有上、中、下三巖，爲靈石勝地。

清・顧炎武《肇域志・山西・平陽府・石樓》 黄雲山，在縣東六十里。南至牛心山，與石樓山相連，綿亘七十餘里。中有天開石洞，生成關隘，往來必由。嶔崎危峻，風氣寒冽。

清・顧炎武《肇域志・山西・汾州府・永寧州》 孝文山，在州東北一百四十里。高四十里。上無林木，堅冰盛夏不解。

又 仙童山，在州西三十里白霜鋪。有石洞，口闊丈餘，深入之，横有一孔，僅容身；又入之，地卻寛敞，一石牀，一泉，水極清冽。

又 鳳凰山，一名白馬仙洞，在州東五十里。上有一洞，時吐雲霧。入洞里許，有獨木橋；又進，則寛敞如屋，有石鐘、石鼓，白黑二龍池，蓮花池，頂上石乳垂滴如雨；又進，分九穴，名九鳳山，深不可測。晉天福改元，以禱雨有應，詔封淵濟仙洞，敕樞密使桑維翰書額。

清・顧炎武《肇域志・山西・澤州・高平》 韓王山，在縣北十五里。乃縣之主山也。其山獨高，上有平地數畝，登眺四面，諸山如培塿。世傳秦圍韓王於此。

清・顧炎武《肇域志・山西・澤州・陽城》 析城山，在縣西南七十里。山峯四面如城，高大而峻，迥出諸山，林木叢茂。【略】山甚高峻，上平坦。下有二泉，東濁西清，左右不生草木，數十步外多細竹。今山形突兀廣大，其上周原濯濯，約四十里。四崖林木叢茂。

又 王屋山。《本志》：在縣西南百二十里。西跨垣曲，南瞰濟源，巀嶪秀麗，以其極高，故名天壇山。山半四面懸崖，俗爲南天等門，人至此，魚貫攀繩而上。其巔有「天下第一洞天」。

又 底柱山，在縣西南五十里。山有三峯，中峯高大，最秀。其下惟土起峯，起峯處惟石，若石柱然。故名底柱。登其巔，俯視黄河如練。上有玉帝廟，覆以鐵瓦。東有華嚴觀，西有青蘿宫，俱廢。

又 望莽山，在縣東南七十里。俗名王莽山。雄亘盤礴，峯巒峻秀。其北嶺高處曰北立門；由此而下，如入淵井，行數十里，至山脚，有紅峪水；後轉而上，如登梯磴，又十里至嶺首，曰南立門；旁一峯壁立，俗名系馬樁。有試劍山，兩崖對峙，紅峪水出其中，潺湲有聲。

清・顧炎武《肇域志・山西・遼州・沁水》 鹿臺山，在縣南二十五里。高峯峻絶，巖岫陰森，雖夏日猶有積雪。《山海經》謂：「此山有鳥，狀如雄雞，人面，名曰鳧徯。」山頂常聞仙樂聲。

又 磕山，在縣東九十里。萬柏參雲，千松翳日，蓋沁邑之最勝處。上有大雲寺，佛殿前有白松三株，圍一丈五尺，高數丈。

清・顧炎武《肇域志・山西・汝寧府・商城縣》 竹根山，在縣東南一百八十里。羣山列峙，高峻險隘。上有古寨，即徐壽輝竊據之所。

清・顧炎武《肇域志・山西・汝寧府・光山縣》 石盤山，在南九十里。一名棋盤山，盤旋險峻。巔處平衍若盤，可屯千人。舊有寨。

清・顧炎武《肇域志・河南・河南府・盧氏》 塔子山，在縣東北五十里。勢極崇險，陟其巔，則陜州、黄河宛如眼界。上有太平寨，四壁陡絶，有東、西二門，内一眢井，唯小徑可通，蓋金、元以來避兵之所。舊有塔，今廢。

又 抱犢山，在縣東南九十里，一名抱犢寨。四圍絶陡，而頂平坦，約百餘畝，頗宜耕藝。俗傳耕種者唯犢可抱上，候壯而耕，故名。

又 小青山，在縣西四十里。上産青碌，永樂中嘗采取以供營造之用。

又 老君山，在縣南二百五十里。南跨魯山，東接嵩縣，周圍不知幾許。突嶠懸崖，隱見雲表。昔老子修煉於此。上有老君洞，丹竈、丹井，遺迹俱存，人莫能至。傳聞陟其頂，則襄、漢諸山，可以指數。

清・顧炎武《肇域志・河南・汝州》 風穴山，在州東北二十里。上有風穴，世傳風將發，其穴中先有聲，而知來日之風大作也。其山峯巒起伏，四面環抱，檜柏蓊鬱。

又 崆峒山，在州西六十里。上有丹霞院，即廣成子修道之處，今有墓存。山下有洞，舊傳洞中白犬往往外遊，故號小冢爲玉狗峯。上有廣成廟及崆峒觀。下鶴山有廣成城。

清・顧炎武《肇域志・河南・河南府・閿鄉》 閿山，在縣西南七十里，即秦山。數峯特出，形勢嵯峨。

又 石姥峪，在縣西南四十里。斷崖絶壁，上下怪石，懸流濺沫，冰靈怒鬬。

清・顧炎武《肇域志・河南・河南府・新安》 鳳凰山，在縣西三十里。與青龍山相對如闕，澗水中流，世謂之缺門，俗稱鐵門。

又 青要山，在縣西北一百里黄河南岸。其山壁立數仞。《山海經》稱爲帝之密都。北望河曲，是多駕鳥；南望瞻渚，轅水出焉。有草黄華赤實，服之益人色。今石寺南山亦名青要山。

又 夫人纓，在縣北一百里，即青要山陡險處。自長泉寺至回龍寺，東西亘五里，石磴參差，俯瞰河流。山畔一路如線，内有怯山橋，通斷崖往來處。

又 爛柯山，在縣西南二十五里。中有王喬洞。羣山聳秀，佳木繁密，有清溪泄於山硤之間。其石如爛木，巖下有數洞，深邃莫測。

清・顧炎武《肇域志・河南・河南府・嵩縣》 七峯山，在縣南三十里。一山連聳七峯，高插雲漢。

又 仙人山，在縣東南七十里。山頂坦平約數畝，四圍壁立萬仞，一徑盤曲而上，僅容一人。

又 白龍山，在縣東南十里。山高百丈，其頂平坦約數十畝，有泉可飲。周迴山澗險阻。

清・顧炎武《肇域志・河南・南陽府・鎮平》 騎立山，一名五朵，在縣北七十里。《本志》：九十。狀若立騎。其山五峯並峙，又名五朵山，曰聖朵山，曰禪春朵，曰磨雲朵，曰嬌女朵，曰啞女朵。又其狀若騎立，故兩稱之。上有三龍湫，俗呼爲上中下三潭。山勢險峻，爲一邑巨鎮。

清・顧炎武《肇域志・河南・南陽府・桐柏》 石門山，在縣東一百里。兩山對峙如門，下有小嶺横亘若限，大路貫於中，儼如石門，故名。

清・顧炎武《肇域志・河南・汝州・郟縣》 大劉山，在縣西北三十里。自中嶽南來，綿亘起伏，至此突然高峙，爲郟之主山。

清・顧炎武《肇域志・河南・汝寧府・商城》 竹根山，在縣東南一百八十里。羣山列峙，相連有招軍寨、躲軍寨、王官寨、鉢盂寨、金家寨、銅鑼關、松子關、栗子關、鑾王洞，皆高峻險隘。世傳僞元徐壽輝曾竊據其地。

清・顧炎武《肇域志・河南・彰德府・林縣》 倚陽山，在縣西北四十里。東向平川，西臨深澗，南抵魯班門，北至劉家梯，周圍八十里。其上平坦，水泉七十餘處。四面石崖三層，嵯峨險峻，不可尋丈。山巔一峯，突兀高聳，又名蟻尖寨。東有路可通人行。

清・顧炎武《肇域志・河南・彰德府・涉縣》 青頭山，在縣東南十五里。山峯青翠，如螺髻然。一曰崇山。金名涉曰崇州，以此山。

清・顧炎武《肇域志・河南・懷慶府・宜陽》 嶽頂山，在龍二。西八十里。萬山疊擁，一峯孤拔。且四面如城，一徑可通。上有東嶽祠。

又 熊耳山，在縣西北一百二十里。兩峯競秀，狀如熊耳。

清・顧炎武《肇域志・河南・南陽府・鎮平》 遮山，在縣東三十里。巒岫岧嶢，長亘十餘里。

清・顧炎武《肇域志・河南・南陽府・桐柏》 團山，在縣北四十里。四圍皆山，出銀礦。

清・顧炎武《肇域志・河南・南陽府・内鄉》 北六十里曰夕陽山。百五十里秋林夏館山。山水泉石，頗爲佳麗。上有青龍巖，下有七潭，流水以次相遞而出。又有篩子朵洞，舊産青碌。洞有石竅千百，天光下燭，宛如篩狀，故名。其地有銀湖洞，方百餘里。衆山之中有礦脈，今亦久絶。

清・顧炎武《肇域志・河南・南陽府・泌陽》 太胡山，在縣東北七十餘里。廣員五六十里，泚水出焉。上平衍，有池泉，雖大旱不涸，堪輿家所謂天池也。嘗有雲物，禱雨輒應。

又 銅山，案此與太胡爲二。在縣東六十餘里。一石而上下十里，危峰突兀，俯環羣山。

清・顧炎武《肇域志・河南・南陽府・裕州》 平頂山，在州東九十里。山頗大，而其巔獨平。西壁直下百仞，有水下注，匯爲龍潭，即沙河之源也。

清・顧炎武《肇域志・河南・衛輝府・汲縣》 霖落山，在縣西北三十五里。近郡諸山，獨此最稱幽勝。重巒絶巘，瑰特千狀，古木奇石，森立四圍。中有香泉寺。

又 蒼峪山，一名蒼山，在縣西北四十里。山産蒼瑨石。峪口有黑龍潭，深不可測。上建龍神廟，禱雨多應。

又 爐頭山，在蒼峪山内。有鐵，似牛形。

清・顧炎武《肇域志・河南・懷慶府・修武》 閻王鼻山，在青口山後。壁立萬仞。嘗有異人鑿石插木，可攀援而上。上平衍土沃，禽獸卉木皆奇絶。

清・顧炎武《肇域志・陝西・西安府・盩厔縣》 石樓山，在縣東三十五里，峯巒層疊如樓。

清・顧炎武《肇域志・陝西・西安府・山陽縣》 天柱山，在縣南八十里。壁立萬仞，上平坦有池。

清・顧炎武《肇域志・陝西・西安府・武功縣》 太白山，在縣南九十里。

山極高，上恒積雪，望之皓然。

清・顧炎武《肇域志・陝西・西安府・三水》 石崙山，在縣東十五里。三面石崖，河經其下，勢極峻絶，可以避兵。

又 黑石巖，在縣東南五十里石門山之西。其山石色似漆，壁立萬仞，西北倚山，東北臨河。

清・顧炎武《肇域志・陝西・西安府・臨潼》 驪山，東西長數十里，其陽爲藍田北山，其陰爲温泉，其上爲石魚巖，有老君殿。又東南爲走馬嶺，其東爲東繡嶺，爲石瓮谷，爲鳳凰原，爲金斧山，爲新豐原，爲浮胏山，皆驪山東麓。其西爲繡嶺，其山畔有峯，其坪爲白鹿觀，爲坑儒谷，爲牡丹溝，爲硙子谷，皆驪山西麓，東西實一山也。

清・顧炎武《肇域志・陝西・西安府・三原》 嵯峨山，在縣西北四十里，古名荆山。其東爲縣之毛坊，其北爲縣之大盤、小盤、杜寨，又西北爲舊縣。山西有冶水，皆自西北來而會於東南。山有五峯，秀麗如筆架形，故又名筆架山。山東峯，凡冒雲即雨，否則雖陰不雨。山在天齊高原之上，特出雲表，登其巔則涇、渭、黄河舉在目前，視秦中如指諸掌矣。其西逾冶水爲中山，逾涇水爲九嵕。其東麓有坪爲馬圈，有峯爲堯門山，無峯爲西原，逾清水爲中原，逾濁水爲東原，又東爲斷原，峨山之麓盡矣。西、中、東三原，縣之所由名也。

清・顧炎武《肇域志・陝西・西安府・商州》 熊耳山，在州西五十里。東西兩峯似熊耳，故名。山多椶、漆、丹青樹，又産爁炭。

清・顧炎武《肇域志・陝西・西安府・華陰》 雲臺峰，在嶽東北。兩峯峥嵘，四面陡絶。

又 石仙洞，在嶽北面腹中。其深不可測，時出異色雲氣，洞口有丹青石，似仙人之狀，故名。上有瀑布，飛流直下三千餘丈，又名水簾洞。

清・顧炎武《肇域志・陝西・西安府・潼關》 雲臺峰，在嶽東北。其山兩峯峥嵘，四面懸絶，上冠景雲，下通地脈，嶷然獨秀，有若雲臺。下有穴，昔有人入此穴，出東方山行，云經黄河底，上聞流水之聲。

又 松檜峯、朝來峯、玉柱峯、玉秀峯，此四峯上盡是青松檜柏，常有異色，雲氣隱隱，其峯聳翠孤巒，人迹希及。

又 三公山，在嶽之東南。三峯嶷然森秀，上象三台，故號三公。

清・顧炎武《肇域志・陝西・西安府・同官》 女迴山，在縣境北三十里。其山橫遮無路，忽道從峽谷出。世傳秦兵追姜女迴，其山忽轉移，追兵迷路，姜故得免。

清・顧炎武《肇域志・陝西・西安府・郃陽》 梁山，在縣西北四十里。逶迤最遠，望之如屋樑。

又 乳羅山，在縣南三十里，形若乳蛇。

清・顧炎武《肇域志・陝西・西安府・韓城》 龍門，在縣東北。廣八十步，袤九里三分。兩崖斷壁，狀盡斧鑿。高者千仞，卑者數十百仞。龍門有洲若陵，陵咸礫石。

清・顧炎武《肇域志・陝西・西安府・耀州》 東五里爲五臺山。五山對峙，頂平如臺。終南有南五臺，故此號北五臺山。有唐真人孫思邈隱居石洞。洞南二里，山自東而西者，爲東乳山，落星原。自西而南而東者，爲西乳山。兩山蜿蜒，類乳形，合抱州城。漆、沮水環合山下，從山隙中出，故名。

清・顧炎武《肇域志・陝西・西安府・商州》 雞頭山。其山夕照掩映，多紫氣，巖壑聳峻，遠視如蹲，近視如翔，爲州西奇觀，故以「雞頭」名。其陰曰大悲巖。熊耳兩峯之一。巖下有大悲閣。巖前五十里曰良餘山，亦曰秦望山，乳水出焉，亦曰楚水，出楚山軍嶺。水曰七渡，曰五峪。其北曰黑龍峪。漢高入秦，二路出兵自麻澗。

清・顧炎武《肇域志・陝西・西安府・雒南》 秦山，在縣西北一百里。其源起於秦州，故名。重峯疊翠，四時可玩。逶迤自西抵北而東。

又 茶山，在縣東三十里，舊産茶。

清・顧炎武《肇域志・陝西・鞏昌府・伏羌》 南八十里曰石臼山，見《唐書》，即石鼓山之支山也。其山平而秀，云昔有人采藥就此臼舂之。其臼無意履之則響，有意履之卻無聲。

清・顧炎武《肇域志・陝西・鞏昌府・成縣》 百里曰仇池山。山勢盤翔，四面壁立斗絶，云云。其上平地方二十餘里，故稱百頃。有豐水泉，煮土成鹽，其鹽赤。其山與西和縣連，上禄舊基在焉。《寰宇記》。許靖於仇池，樹下有碑，靖一覽無遺。杜甫有詩。有飛龍峽，自仇池四十里入峽。

清・顧炎武《肇域志・陝西・鞏昌府・隴西》 縣西北十里曰三品石山，俗名安家山。其山自岷嶺蜿蜒而來，止於郡之乾隅。其上寬平可耕。山腹有三巨石，參列如品字，故名。西、渭二河交會其前，郡之主山也。麓有岐路，西南通洮、岷，西北通臨洮。

又　又八十里曰翠屏山。峭拔聳翠，五峯錯立。

又　西二十里曰赤亭山。山色正赤，有堡甚險，可守保。

又　石門山，在城西南八十里。其山羣峰擁翠，兩峯相對若門。

又　又西九十里曰蓮峰山。俗名馬鹿山。其山五峯分立，曰西五臺。大臺之佛殿覆以鐵瓦。其四臺俱有佛刹，總爲圓明寺。怪石林立，藥草芬芳，松柏蓊鬱，溪流縈繞，侒佛覽勝者，其途如市，一方之勝境也。

又　其旁有老君山，有貨郎洞。壁崖線道，可以避亂。多橡栗，多蕨，多巖泉。下有二仙洞，有獅子崖，武城水出焉。

又　又十里曰露骨山。界洮、岷。其峯峻絶，盛暑積雪不消，其絶巘可以俯瞰臨、鞏。

清·顧炎武《肇域志·陝西·鞏昌府·伏羌》　西南三里曰大像山。其巔有大佛石像，高百尺，上覆以樓。宋嘉祐間所鑿。樓今廢。其後山平可耕，右爲隗囂歇涼臺，左爲河峪。

清·顧炎武《肇域志·陝西·鞏昌府·秦州》　東四十里曰龜山。山周五里，中突起如龜背，其麓爲社樹坪。南臨渭水，渡用筏。

又　六十里曰小隴山。其山長而高，雖不及大隴，而聳拔似之。俗稱丁鏵嶺。清水出焉。與大隴山連，直至寶雞。

又　南又十里曰麥積山。其山三面壁立，其高入雲。頭大根縮，形如積麥。

又　又三十里曰燕子山。有燕子關。其地多油松，多材木。有木耳，有笋，多蜜蠟。黨水出焉，東流入嘉陵江。東北二百里抵胡店，有防守官。又五十里界寶雞。又一百五十里有秦嶺山。其山長而秀，周數百里。東聯鳳翔，南界漢中。又三百二十里有金門山。其山秀峭如畫，直接鳳郡。自小隴南望五峯如吳嶽。有棧道通鳳縣。

又　進南少西曰黑谷山。其山峻巔喬林，連跨數縣。

又　九十里曰刑馬山。多林木，路可行車。

又　東北十五里曰青龍山。其山崒嵂高出，若在雲際。

清·顧炎武《肇域志·陝西·鞏昌府·秦安》　西北四十里曰神仙嶺。其山自陽兀川低昂至閉門關。草木芬蔚，宜畜牧。有路達通渭。

清·顧炎武《肇域志·陝西·鞏昌府·清水》　又二十里曰鬭山，即隴坻。其山磅礴三百餘里，巖岫重疊，層層遞高。其阪十八迴，上下七十里至頂。西下則夷，隴西之高可知。

清·顧炎武《肇域志·陝西·鞏昌府·禮縣》　南十里曰翠峯山。峯巒峻絶，端秀如人拱立。

又　西一百六十里曰莫遮攔山。高出諸山之上，積雪四時不消。

又　北五里曰高亭山。上有泉，泉出霧即雨。

又　又二十五里曰九泉山。麓有九泉，旱不竭，澇不溢，民咸取給。

又　長道河，出嶓冢山西，平地湧泉成河，經長道川，合西和河，至縣東，合堰城河，西流經漢陽，入白水爲江口。

清·顧炎武《肇域志·陝西·鞏昌府·兩當》　南五十里曰天門山。其山起自沮縣，至此峯巒壁立，險不能登。其上有岫如門。

又　西北十五里曰天池山。其巔有池，旱澇不涸不溢。

清·顧炎武《肇域志·陝西·鞏昌府·通渭》　屏風山，在縣南二里。上有東嶽廟，舊名廟山。山陰鑿有空洞，延袤數百丈，可藏蓄，備不虞，不知所從來。白晝非持炬入不見。

又　尖岡山，在縣西六十里。高出諸山，雖盛暑雪積。有孫真人塚。

又　斗底山，在縣東八十里。其形如斗，多怪石。

又　靈湫池，在縣西北十五里中林山太白神祠下。懸石如臼，水從中出，滿而不溢，取水禱雨有應，因名。

又　錦雞山，在縣南七十里。其山有石如錦雞。其下爲錦雞硤，俗傳五夜雞鳴，聲聞十里。

清·顧炎武《肇域志·陝西·鞏昌府·秦安》　東百步曰九龍山。其山九峯，躑躅如龍。東自隴，西自秦，以山脊中起，去縣四十里爲高峯。磅礴百里，爲縣主山。其上有九龍湫，其湫亦有九。有九龍廟，旱則禱雨。其中有路焉，逕隴縣、隴州以達於省。

又　爲五峯山。其峯五曲，俯隴河。爲新陽崖。其崖蒼秀壁立，連新陽川。即秦州之沿河城川。

又　西二里曰汐山。其山夕照掩映，巖壑迴翔，遠視之如汐，近視之如蓋，故又名寶蓋山。有路焉，逕伏羌以達於郡。

又　西北四十里曰神仙山。其山自陽兀川，以至閉門關，沿嶺低昂，約六十里，故亦曰神仙嶺。其上草木薈蔚，岡巒遼廓，居民雖少，然其地宜畜牧。有路焉，逕通渭以達於郡。

又 西北六十里曰八龍山。其山八阜，迴合如龍。迤東爲業鹽坡。七十里。其坡居人，掘土煮鹽以充食，而鹽亦不廣。

又 東北二十里曰青龍山。其山當縣之北，崒嵂高出，望之若負。俯鎖峽，帶隴水。山原細路，徑行如棧。其路逕静寧、固原，以達於甯夏。

又 東九十里曰南山。其山當隴城之南。《水經》亦曰南山。又曰盤龍山。其山盤迴如龍，不下數百里。聯大隴，連三陽。其上爲西番坪，其坪下瞰隴城。

清・顧炎武《肇域志・陝西・靖虜衛》 韋静山，在衛北五里。其山石峽險阨，有飛泉，高數十丈。

又 雪山，在衛城北一百二十里。山勢高峻，積雪四時不消。多禽獸，有虎。山後有虜帳。屈吴山，在衛東七十里。其山茂林修竹，多獐鹿狐兔，居人獵取。界會、静之間。

清・顧炎武《肇域志・陝西行都指揮司・甘州左右前後衛》 甘浚山，在都司城西南八十里。山下有泉，其味甘冽。

又 祁連山，在都司城西南一百里。山甚峻廣。本名天山，匈奴呼天爲祁連，因名。山上草木茂美，冬温夏涼，宜牧放。山下有石井，四時不竭。後失此，歌曰：「奪我祁連山，使我六畜不蕃息。」

清・顧炎武《肇域志・陝西行都指揮司・肅州衛》 崑侖山，在衛城西南二百五十里。南與甘州山連。其巔峻極，經夏積雪不消，世謂之雪山。

清・顧炎武《肇域志・陝西行都指揮司・沙州衛》 鳴沙山，在沙州城南七里。一名沙角山。峯崿危峻，沙如乾糖。天氣清朗時沙鳴，聞於城內。其沙或隨人足而墮，經宿復還山上，即《禹貢》所謂「流沙」也。

又 三危山，在沙州城東南三十里。其山三峯峭絶，因名。

清・顧炎武《肇域志・陝西行都指揮司・山丹衛》 石峽口山，在衛東八十里。兩峯相對，下有石井。

清・顧炎武《肇域志・陝西行都指揮司・永昌衛》 第五山，在舊姑臧縣界。有清泉茂林，懸崖石室。自昔爲隱士所居。

又 車輪山，在衛西南九十里。山頂高峻，有路盤曲如輪，故名。

清・顧炎武《肇域志・陝西行都指揮司・莊浪衛》 大松山，在衛東一百二十里。山多大松，居人采之，以資器用。

又 烏稍嶺，在衛北一百三十五里。路通甘肅。雖盛夏，風起飛雪彌漫，寒氣砭骨。

清・顧炎武《肇域志・陝西・榆林衛》 紅山，在衛北八里。山皆紅石，地近沙漠，稍東因築紅山墩。

又 黑山，在衛南十里。俗名黑土圪䂍。其北水甘草茂，北虜内侵，必駐此，以便水草。成化中，巡撫余子俊率軍士築砦堡，植柳萬餘株，屯兵養馬，以遏侵軼，虜不敢近。

又 紅石硤山，在衛北十里紅山墩左硤中。有水自沙漠來，水從石流下，斗落數千仞。

清・顧炎武《肇域志・陝西・臨洮府・渭源》 五竹山，即青雀山之支，與露骨山相連。有五色細竹叢生，盛夏積雪不消。

清・顧炎武《肇域志・陝西・臨洮府・蘭州》 古峯山，在州西二里。林泉之勝，爲州奇觀。山後有隋薛舉墓。

又 夜雨巖，在皋蘭山後，有泉自石竇流出。夜深籟静，泉溜潺湲，聽之如雨，一方田畝，資以灌溉。俗名後五泉。

清・顧炎武《肇域志・陝西・臨洮府・河州》 雞窠山，在州西北一百四十里。其山最高，屹淩霄漢。

清・顧炎武《肇域志・陝西・寧夏中衛》 楟子山，在三山南。溪澗險惡，豺虎所居，人跡罕到。山出楟子木。

清・顧炎武《肇域志・陝西・岷州衛》 魯班崖，在衛南三百里。兩崖懸絶，有二靈柯插入巖隙間。

清・顧炎武《肇域志・陝西・山丹衛》 紅寺山，在衛北二十五里。其山土色多紅。

清・顧炎武《肇域志・陝西・西寧衛》 雪山，在衛南一百里。積雪四時不消。

清・顧炎武《肇域志・陝西・延安府》 牡丹山，在府南四十里許。有山曰花原頭，一名牡丹山，山多牡丹，故名。

清・顧炎武《肇域志・陝西・延安府・保安縣》 九吾山，在縣北九十里。其地有神湫，歲旱，禱雨有應。

清・顧炎武《肇域志・陝西・延安府・宜川縣》 豐林山，周迴二十三里。兩山相夾，林木茂盛，百獸叢雜。

又 雲巖山，在縣北八十里。山形重疊如雲。金於此置鎮。

清・顧炎武《肇域志・陝西・延安府・延長縣》 獨戰山，在縣東北六十里。其山險峻，一人能敵千人。

清・顧炎武《肇域志・陝西・慶陽府》 馬嶺，一名箭筈山，在府北二十五里。左右有川，相傳漢牧地。其間舊多居民，有果實猿鳥，巖洞幽邃，莫窮所止。唐有馬嶺縣，以此名。

清・顧炎武《肇域志・陝西・臨洮府・狄道縣》 常家山，在府城西南六十里。與西傾山相連。其山有龍湫，深廣，演爲九曲十八灣。

又 馬寒山，在府城北九十里。《通志》：「在蘭州下。」《府志》：「馬啣山，俗誤爲馬寒。」元昊攻蘭州至此。其山綿亘數百里，勢極高峻，雖炎夏冰雪不消。

清・顧炎武《肇域志・陝西・臨洮府・渭源縣》 五竹山，即青雀之支山，與露骨山相連。有五色細竹叢生，盛夏積雪不消。

又 露骨山，在縣南五十里。其山高峻，炎夏積雪不消。

清・顧炎武《肇域志・陝西・臨洮府・蘭州》 皋蘭山，在州南五里。州之主山也。高峻渾厚，左右蜿蜒，如張兩掖，東西環拱州城，延袤二十五餘里。

又 閻王溝山，在州東二十五里。形勢勁拔，上樹峰堠，以接東路烟火。

又 龍尾山，在州西南。即皋蘭山西支，形如龍尾落黃河之壖。

又 摩雲嶺，在州南六十里。馬寒支山也，其高峻如在雲中。

清・顧炎武《肇域志・陝西・臨洮府・金縣》 馬啣山，又名馬寒，在縣西南三十里。其上綿亘數百里，勢極高峻，炎夏冰雪不消。

又 亂山，在縣東北五、八十里。其山相連數百里，參差狀如列戟。

清・顧炎武《肇域志・陝西・臨洮府・河州》 積石山，在州城西北一百二十里。兩崖如削，黃河中流。

又 鳳凰山，在州東十二、二十里。形如鳳凰，古號河州爲鳳林郡者以此。

又 雪山，州城西南一百五十里。接洮州蕃界。四時有雪，又名雪嶺。山之石如骨露，又名露骨山。

清・顧炎武《肇域志・陝西・洮州衛軍民指揮使司》 石嶺山，在衛城北一十五里。山勢峭拔，草木不生。

清・顧炎武《肇域志・陝西・岷州衛》 岷山，在衛城北一里許，山黑無樹木，土色黑，恒雪，不生草木，其西麓接四川界。江水所出。

清・顧炎武《肇域志・陝西・漢中府》 天臺山，在府西北七十里。頂平如臺，府治坐其岡脈。

又 大巴山，在府南一百九十里。南接巴縣，春夏積雪不消。

又 兩角山，與孤雲山相連。頂極高，有兩峯。

又 梁州山，在府東南一百八十里。與孤雲、兩角相接。四圍皆大山，其上中三十里許甚平。或云：相傳古梁州治也。

清・顧炎武《肇域志・陝西・漢中府・城固縣》 三嵎山，在縣西北四十里。三峯鼎立，其高萬仞。

又 慶山，在縣北三十五里。山頂有烽堠。西南三里即赤土坡城，周十五里。

又 斗山，在縣西北二十里。與三嵎山對峙。脈在三嵎來，一起一伏，迤邐西南，迴轉東向，一峯聳起，有似斗杓，通崑崙、長安、武當、青城、隴山。壻水自北來，繞東出。有五門堰。

又 馬盤山，在縣北一百里。坡陀縈紆二十餘里，內有清溪三道。

清・顧炎武《肇域志・陝西・漢中府・洋縣》 雞子山，在縣南五里。下瞰漢江，東枕大沙河。峯巒聳峙，林木葱鬱，爲南山之最。一名鳳翼山。

又 石鏗山，在縣北八十里。其山最高，可望一邑。

又 興勢山，在縣北二十里。山形如盆，外甚險，盤道以上，漢諸葛亮嘗戍兵於此。

清・顧炎武《肇域志・陝西・漢中府・沔縣》 龍門山，在舊大安軍城五里，去今城南六十里。懸壁環合，上透碧虛，中敞大洞，下潄清泉，夏綴珠水，冬凝冰柱。

清・顧炎武《肇域志・陝西・漢中府・略陽縣》 玉女山，在縣治東南三十里。山峯特立，半山有白石如人形。

又 盤龍山，在縣西五里。下有泉水，灣環如盤龍狀。

清・顧炎武《肇域志・陝西・興安州》 天柱山，在州西五十里。懸崖壁立，秀出羣嶺。

清・顧炎武《肇域志・陝西・鳳翔府・眉縣》 太白山，在城東南四十里。

周圍五百里。其上四時積雪，無草木。有湫池，神祠禱雨，甚有靈應。關中諸山，莫高於此。山巔高寒，不生草木。有湫池，雖三伏亦凝水，蓋山巔常有積雪不消，盛夏祀之，猶爛然，故以太白名。關中過旱，則登山取湫。山既高寒，冰雪常凝，身弱衣薄登山者多死，俗傳爲太白神龍留人，非也。麓有鬼谷，即鬼谷子授蘇秦捭闔術處。

清・顧炎武《肇域志・陝西・鳳翔府・隴州》 關山，在州西四十里。長五十里。山多鸚鵡。高五十里，盤折而登，路通臨、鞏，爲秦、鳳要害之地。嶺西有石嘴驛。

又 小隴山，在州西。巖障高險，不通軌轍。

又 隴山，在州西六十里。高而長，其頂有泉水，四注而下。

清・顧炎武《肇域志・陝西・平涼府・靈臺縣》 保巖山，在縣東南三十里。山勢峭拔，回旋百折。上有庵宇亭臺，望之如畫。

清・顧炎武《肇域志・陝西・平涼府・隆德縣》 六盤山，在縣東二十五里。冬夏有雪，古謂之絡盤道。其山盤旋六折，始達於巔。

清・顧炎武《肇域志・陝西・鞏昌府・會寧縣》 雪山，在縣北四百里，周圍百餘里，羣峯回旋，形勢險峻，山林茂密，春夏積雪如冬，因名。春夏積雪不消。

清・顧炎武《肇域志・陝西・鞏昌府・漳縣》 西傾山，在縣西北七十里，即《禹貢》西傾。其山跨隴、蜀，界蕃、漢，俯洮、岷，綿延數十里。

清・顧炎武《肇域志・陝西・鞏昌府・寧遠縣》 石門山，在城東北五十里。其山四圍皆峽，中有一門，下有洞，光映如月，名夜月洞。古爲寨，避兵處。

清・顧炎武《肇域志・陝西・鞏昌府・伏羌縣》 鼉山，在縣東二里。居渭水口，山形如鼉，最奇。渭水經其下，左轉而入新陽川，若不見其泄者，至此曲折入秦州界，若無水口，然俗傳伏羌人富庶賴此。

清・顧炎武《肇域志・陝西・鞏昌府・西和縣》 仇池山，在城南一百里。林木繁茂，四面壁立，峭絶險固，自然有樓櫓卻敵狀。上有平地，方二十餘里，有豐水泉如湖，可煮鹽，自下而上，有羊腸盤道三十六回，即晉楊難當所據處。

又 通靈山，在縣西一百四十里。四山環合，二水縈流，有清水泉，自巖飛落如玉繩，亦勝境也。

又 祁山在縣北七十里。山上有城，極險峻。

清・顧炎武《肇域志・陝西・鞏昌府・成縣》 鳳凰山，在縣東南十里。溪中有二石相對，山腰有瀑布，與鳳凰臺相對。漢時，有鳳凰棲其上。

又 仇池山在縣西北一百里，亘西和界。四面壁立，峭絶險固，自然有樓櫓卻敵狀。上有平地，方二十餘里。《隋書》云：仇池山有百頃堆，方二十餘里。其山四面壁立，其上峰巒險峻，狀如樓櫓。東西二門盤道約七里，羊腸屈曲三十六迴。【略】有豐水煮土成鹽。

清・顧炎武《肇域志・陝西・鞏昌府・秦州》 麥積山，在州東南八十里。狀如積麥，爲秦地林泉之冠。又有豆積山在其中。

清・顧炎武《肇域志・陝西・鞏昌府・秦安縣》 九龍山，在縣東四十里。其山九峯，狀若龍翔，磅礴百里，爲縣主山。逕隴縣、隴州，以達於省。迤西爲廟山、七星山、中嶺、三臺山，皆九龍山之支山也。

清・顧炎武《肇域志・陝西・鞏昌府・徽州》 鐵山，在州東南四十里。其色如鐵，其形似巾，又名巾子山。

又 天池山，在州南三十里。山巔池澤寬廣，洞然深黑。

清・顧炎武《肇域志・陝西・鞏昌府・文縣》 太白山，在縣南二百五十里。山谷高深，常多霜雪，春夏不消。

清・顧炎武《肇域志・陝西・平涼府・崇信》 五龍山，在縣西四十里。距峽口之陽，峯嶺蜿蜒，林木蓊翳。相傳爲唐時禦戎故壘。

清・顧炎武《肇域志・陝西・漢中府》 漢山，在府城南三十里。四峯八面，東連老渚河，北距漢水，南接巴山。山頂有池。

又 梁州山，在府東南一百八十里。與孤雲、兩角相接，大山四圍，其上三十里許甚平，或云：古梁州治也。

又 大巴山，在府城南一百九十里。接巴州，春夏積雪不消。

清・顧炎武《肇域志・陝西・漢中府・褒城》 連城山，在縣西北一里。下跨黑龍江，頂有十二峯，連接如城壘然，土人謂之十二連城。峯各有池，池邊有教場，以山凹爲內外將臺，樵牧於此，往往得矢鏃，蓋漢王練兵之所也。其第三峯有飲馬渠，長百步許。

又 雞翁山，在縣北十五里，即連城後山。突起高峰，狀如雞飛。

又 天池山，在縣南四十五里。上有穴，名風洞，春夏多風，秋冬白氣時騰。頂有池，冬夏不涸。

又 雲霧山，在縣西北七十里。絶頂有崖，高百丈餘，橫過數十步，崖壁上有水痕如龍，黑白各四，顛倒懸掛，時作雲雨。褒城山高，此其第一。

清·顧炎武《肇域志·陝西·漢中府·洋縣》 酆都山，在縣西二十五里。其脈遠通秦嶺，巋然一重鎮也。上有崇道觀，有二池，深各六七尺。下一池，俗傳昔有人於中濯足，遂涸。惟上一池，冬夏不竭。人不可穢，稍穢觸則渾，數日後方清。

清·顧炎武《肇域志·陝西·漢中府·西鄉》 武子山，在縣東二十里。上有風洞，深不可測。又有龍泉，其泉自石下穴湧出，世傳云：泉日隨潮溢，潮生則水濘，潮息則水清。

清·顧炎武《肇域志·陝西·漢中府·鳳縣》 玉皇山，在縣東八十里。山極寒，不生禽鳥。絶頂有大石，覆如殿宇。内有玉皇古像。

清·顧炎武《肇域志·陝西·漢中府·沔縣》 雲濛山，在縣東北二十里。山高聳，常有雲氣，俗傳徐佐卿化鶴升仙地。舊有飛仙閣百餘間，今廢。

清·顧炎武《肇域志·陝西·漢中府·寧羌州》 天臺山，在州東四十里。頂平如臺，勢淩霄漢。

又 天池山，在州東南四十里。層巒疊嶂，迥出羣峰。上有池，四時不竭，寒氣逼人，莫敢近視，近則雷電立至。

清·顧炎武《肇域志·陝西·漢中府·略陽》 八渡山，在縣北十五里。四面險阻，林木茂盛。路分三岔，山溪交聚，亦要害也。

又 天池山，在縣南二百里。上有池，周回二畝，水深丈餘，冬夏不涸。

清·顧炎武《肇域志·陝西·興安州》 鳳凰山，在州西七十里。麓發漢陰縣界，盤延二十餘里。懸聳萬仞，冠絶羣山。

又 魏山，在州西南九里。其山東西南三面險絶不通。

清·顧炎武《肇域志·陝西·平涼府·華亭》 隴山，在縣西三十里，北接沙漠，南界汧、隴，高十五里，冬夏有雪。

又 湫頭山，在縣西北六十里。山腰有湫池二，其深莫測，遇旱禱雨多應。

又 金佛硤，在縣西北八十里。上有金妝石佛像三，在石崖内。峽長二十里，峭壁對峙，不見天日，當河西孔道。

清·顧炎武《肇域志·陝西·鞏昌府·安定》 鳳凰山，在縣東五里。西巖山，在縣西二里。並起自馬苑，蜿蜒數百里，二山蓋邑中諸山之綱紀也。

又 北亂山，在城北一百里。其山形勢百出，故曰亂山。

清·顧炎武《肇域志·陝西·鞏昌府·會寧》 桃花山，在城東南五里，東三里。土石俱赤似桃花，故名。其山自六盤山經静寧，蜿蜒至縣西南而止。日出鮮明若桃花。上有神泉，山半有黑池湫。

又 蒸餅山，在城南六十里。即今太僕牧馬之地，周圍百餘里，形圓如餅，故名。

又 亂山，在城西北二百五十里。一山千峰，亂疊若塚，故名。

又 木山，在城西北一百里。遠觀草木，皆形黑如鐵，元宰相帖木兒封地，故名。林木繁茂，禽獸孳多，冬日獵采者無虚日。其山自馬寒山起伏四百餘里，乃至縣北關川而爲是山。其土石色黑如鐵，九泉出焉。於關川爲亂山。當烏蘭之交，爲十八盤山。

又 十八盤山，在城西北二百里。路峻險崎嶇，自麓及巔，盤曲一十八週。

清·顧炎武《肇域志·陝西·鞏昌府·安定》 龍平山，在城西南二十八里。高六百丈，周十里。有泉倒流，可資千家。其上有石碹，石碓，古避兵處。

又 瓜牛山，瓜，疑作蝸，在城西南六十里。高五百餘丈，周圍四里。上有空隙，日月未出，其空先有光，自古避兵處。

又 斗底山，在城西南七十里。形如覆斗，前代倚山立寨以避兵。今有故跡。

清·顧炎武《肇域志·陝西·鞏昌府·秦安》 斷山，在縣東一百二十里。其山當略陽南北之衝，截然中起，不與衆山連屬，其勢若斷，故名。

又 青龍山，在縣東北二十里。其山當縣之北，崒嵂高出，望之若負，俯鎖峽，帶隴水，山原細路，經行如棧。其路逕静寧、固原以達於寧夏。

清·顧炎武《肇域志·陝西·鞏昌府·隴西》 東南三十里曰樺林山。其山蒼翠，其上有竹，有靈湫。四十里曰翠屏山。其形如屏。

又 南一里曰仁壽山。其山自南聳拔，磅礴百里，至郡之陽而止。其後有湫。

又 五十里曰藥鋪山。其山與漳縣連，其上多藥，其藥如鋪，古爲關隘。

又 西南二十一里曰赤疊山。其土赤，其形峭拔。其上有堡，可以備虜。

又 八十里曰馬鹿山。其山四面皆石，其石壁立，林木森密。上有石砦，其高處有五臺，其臺五出：曰圓明，有圓明寺，元廢。國朝永樂間，進弘静禪師世襲住持，以鎮番口。曰定崀，古爲神禹治水行祠。曰馬鹿，林石森列如突，古有玄武廟。曰蓮峯，其峯層列如蓮，而林木競秀，花卉争妍。有三墨泉，其泉汩汩不竭，其下有龍雲谷，谷聲鏗然，如樂之奏，有湫焉，其上可避虜。有鐵瓦寺，左右洞四，多藥餌，多蕨，民多采木、采藥、采蕨於上。其峪多水，水多可資沃。曰老君，古有老子殿，有石洞二。有獅子厓，其厓鵠立，武城水出焉。故謂之秦五臺，然其山之奇特，不下晉五臺。

又 西二十里曰露骨山。曰首陽山，其首面陽，其山連露骨，其上嵐霧時開，林木叢列，視蒲阪、首陽巍而麗，其地爲首陽鄉。曰條嶺山，枲水出焉。

又 又二十里曰燕子山，有燕子關。其地多油松，多屋板，有蠟。黨水出焉，東流自三川，入於嘉陵江。

又 又百五十里曰秦嶺，《唐書》以爲秦嶺山，其山長而秀，周迴殆數百里。其東連鳳郡，其西接漢郡。

又 三百二十里曰金門山，其山峻絶，秀麗如畫，蜿蜒綿延，而接鳳郡，自小隴嶺南望，其峯五出，宛如吴嶽。有棧道逕鳳縣，有金門寺。

又 九十里曰刑馬山，其山邃連洮、岷，約五里，中有大南峪、小南峪，其水皆東北流而爲藉。其山多林木，其路通車。迤南有固城山，其旁有蒿平，其上多當歸。

又 三十里曰卦山，其山俯渭，自西傾迤邐至此。其北突出一小山，其山如綴珠，如充纊。其上爲羲皇畫卦臺，其山南仰卦山，北倚龍馬山。臺之北間以渭，渭之北、龍馬之南爲龍馬洞，云龍馬曾出此臺之東北，當渭中流，爲分心石，其石中虚外實。其形如太極，又如龍馬然，與水浮沉，水縱大石隨之。其臺有畫卦遺跡。有羲皇廟，其廟面陽，視卦臺若卻顧然者。

清·顧炎武《肇域志·陝西·鞏昌府·秦州》 八十里曰麥積山，又曰麥積岩。其高壁立入雲，旁山莫伍。其巖上懸而下洞，其内可坐百人，遠望之如廈，近仰之如蓋，巖水下滴如檐。中有萬佛堂、千佛堂、上七佛、中七佛、下七佛諸殿。懸崖百丈，上有石洞，洞有大碑六，皆高丈餘。大木一，長七丈，然洞門僅闊三尺，而碑在其内，木横其中，人以爲異。其堂、其殿、其洞，皆鑿石爲之。曲徑懸閣，並列如屏，非磚、非瓦、非木，狀若天然，登逾千仞，下視羣山，如在其中。其下有湫，自石瀉出，不涸不溢，其味甘云，飲之已疾。初爲普浄寺，因産靈芝，改名應乾。至唐復産靈芝，改名瑞應。其山天將雨即有霧，自牛堂石中滃出，即雨，故曰麥積煙雨，天水第一佳境也。其南曰香積山，其下有香積洞，永川水出焉。麥積之北曰雕窠谷，其上有隗囂避暑宫，其前有瀑布瀉蒼厓間。

清·顧炎武《肇域志·陝西·岷州衛·岷州》 北一里曰岷山，其山跨隴、蜀而聳峙，高視雍、梁二州之境。其土黑，恒有雪。其東清水，其西洮水出焉。其陽有玉女神祠。今廢。洮水經其下。無草木。

又 百二十里曰遮陽山，其山突兀，四時蒼翠，若畫圖然。其下爲遮陽水。

清·顧炎武《肇域志·陝西·鞏昌府·會寧》 北三百二十里曰屈吴山。其山自六盤山，而通懷戎之西南，乃爲是山。又分而爲大神山、小神山，峯巒聳峙，林木森茂，其澗有泉并流。北自白草原，連寶積山，故其上晴嵐時出，望之靄然。其東有大白草原，在縣東北三百餘里。其原平廣肥饒而多白草。有小白草原。

清·顧炎武《肇域志·湖廣·武昌府·通山縣》 九宫山，在縣東南八十里，其山自下而上，高峯九層，故名。

清·顧炎武《肇域志·湖廣·德安府·孝感縣》 九峻山，在縣東北八十五里。環阜疊嶂，前有大溪。

又 大悟山，在縣東北一百二、三十里，高二百餘丈，廣四十里。上有平壤，耕之可食中農。

清·顧炎武《肇域志·湖廣·鄖陽府·竹山縣》 方城山，在縣東三十里。山上平坦，四面險固。山南有城，周十餘里。

又 中山，在縣西一百五十里。有三峯，中峯最高，今名七寶山。

又 白馬山，在縣西南二十里。前後高聳，中抱小山，其形如馬。

清·顧炎武《肇域志·湖廣·鄖陽府·上津縣》 十八盤山，在縣西一百五十里。高峻，盤十八曲，方至其巔。

清·顧炎武《肇域志·湖廣·九溪衛》 馬頸峰，在衛西北。與紫駝峯對，夾索口溪流，山勢亦高絶。草木之利最饒，軍民資之。

又 馬鬃嶺，在衛北三十里，壁立萬仞，下望極險不可測。嶺上路小如馬鬃，故名。

又 茅花嶺，在衛西八十里。壁立高峻，莫測尋丈。

清·顧炎武《肇域志·湖廣·郴州·巴東》 長豊山，在縣西北百里。懸崖峭壁，高千萬仞，崖間有蜂蜜，居人用索懸於崖上攀取之。

又 安居山，在縣西南五十里。高千仞，廣百里，四面懸崖峭壁。上有三路，一平坦，一極陡峻難上，昔人多避兵於此。

清・顧炎武《肇域志・湖廣・郴州・興寧》 浦溪山，在縣南六十里，即瑶岡嶺。高萬丈，周二百里，常有雲氣覆之，三朝無雲必雨。

清・顧炎武《肇域志・湖廣・衡州衛・安仁》 仙山，在縣南七十里。山形險峻，綿延數十里。

又 曹婆山，在縣南五十五里。山勢險巇，徑路幽僻。舊有寨，今反爲山寇巢穴矣。

又 雲秋山，在縣西四十里。周環八十里，高三千九百丈，雲氣黯淡，望之常如秋色。

清・顧炎武《肇域志・湖廣・衡州衛・桂陽州》 大湊山，在州西，周迴二十里，呼田寶山。其上高寒，多積雪。

清・顧炎武《肇域志・湖廣・長沙府・長沙》 大富山，在縣北七里，一名羅洋。峰巒峻拔，流水縈帶，一郡奇觀也。

又 智度山，在縣北五十里。高數百丈，環二百餘里，衆山羅列，獨黑石峰最高。唐將軍劉度居之。

清・顧炎武《肇域志・湖廣・長沙府・善化》 嶽麓山，在縣西。亦名靈麓峯，衡山七十二峯之一。山上有石方丈，如人於此望拜南嶽，名拜嶽石。

又 闞山，在縣東四十五里，疊峯峭拔，有如城壁，中門道路僅通一車。

清・顧炎武《肇域志・湖廣・長沙府・寧鄉》 大潙山，在縣西一百四十里。高六十里，周圍一百四十里。草木深茂，鳥獸羣聚，潙水出焉。

清・顧炎武《肇域志・湖廣・長沙府・瀏陽》 道吾山，在縣北二十五里。列七十一峯，東連寶蓋，西接洞陽，又名蓮花峯。崖溜高百丈餘，徑路四十四曲，內有龍湫。

又 大圍山，在縣東北百五十里。舊名首禪山。山頂有白沙湖，廣袤五十餘里。流分四派：一爲瀏水，其三入岳之平江，豫章之分寧，袁之萬載。岡巒圍繞，盤踞四縣，因名大圍。

清・顧炎武《肇域志・湖廣・長沙府・安化》 浮泥山，在縣東北七十里。崖壁峭絶，浮壤沃饒，土人攀緣而上，開畬種穀。

清・顧炎武《肇域志・湖廣・長沙府・茶陵州》 雲陽山，在州西十里。其峯七十有一，其大曰紫微，曰偃霞，曰石柱，曰白蓮，曰隱形。又有百靈闕、真仙、玉華、秦人諸洞，赤松壇，老君巖，五雷池。其上多甘泉怪石，其陰多木。

又 百丈山，在州東南五十里。有潭泉，深不可測，其中有龍。其陰多竹木。

清・顧炎武《肇域志・湖廣・衡州府・臨武》 舜峯山，在縣西北三里。高百餘丈，三面壁立，前開一徑，以通上下。山頂平衍，可二百畝。

清・顧炎武《肇域志・湖廣・岳州府・華容》 東山，乃縣東諸山總名。峯巒秀慧，連亘百餘里，古松夾道，驛路經其中。

清・顧炎武《肇域志・湖廣・寶慶府・邵陽》 大佘湖山，在城東南八十里。巔有臺，臺側有石如懸，凡禱雨者，視水自懸石滴下以爲驗。

又 石門山，在城北六十里。横亘數十里，兩山相夾如門。

又 望雲山，在城東一百五十里。頂高五十里，四麓奔瀉，天池泓浄，下溉田數十頃。

清・顧炎武《肇域志・湖廣・寶慶府・新化》 黄陽山，在縣西四十里。上有九井、十三峯，狀如蓮花，一名蓮花寨。其巔平廣，昔人避兵於此。

清・顧炎武《肇域志・湖廣・辰州府・漵浦》 盧峯山，在縣西二十里。綿亘八十餘里，巋然爲衆山之表。下有鎖子洞、對馬洞。

清・顧炎武《肇域志・湖廣・辰州府・沅州》 明山，在州北二十里。高數百丈，周二百餘里，岡巒重複，環抱州城。

清・顧炎武《肇域志・湖廣・辰州府・麻陽》 龍門山，在縣東六十里。《省志》：東北百里。連山參差，岡石對峙，最爲險絶。

清・顧炎武《肇域志・浙江・杭州府・富陽縣》 赤松子山，在縣東九里。高一百五十丈，周四十里。一名華蓋山，又名赤亭山，或曰雞籠山，孤員如蓋，江流其下。

清・顧炎武《肇域志・浙江・杭州府・餘杭縣》 徑山，在縣西北五十里。高三千餘丈，周五十里，跨臨安界，乃天目山之東北峯，有徑通天目，故名。

又 大滌山，在縣西南一十八里。高六百九十餘丈，周五十里。其中峯曰白鹿山，有許邁升天壇、丹竈遺跡，今洞霄宫在焉。

清・顧炎武《肇域志・浙江・杭州府・臨安縣》 天目山，在縣西五十里。高三千九百丈，周八百里，亘杭、宣、湖、歙四州。《元和志》曰：「天目有兩峯，峯頂各一池，左右相對如目。左屬臨安，右屬於潛。東西二瀑布噴注爲池，名蛟龍池。又有上中下三池，池上有潭如仰箕，曰箕潭。箕潭溢而入者曰上池，懸崖五十仞，上有石壁如門。其環流而下者曰中池，垂崖三十餘仞，噴湧如雷。懸流而下注者曰下池，其深莫測，溢於大徑口、小徑口。又西南流，過於潛，會於苕溪，經紫溪，逾七十二灘，會於桐廬以入於浙江。

清·顧炎武《肇域志·浙江·杭州府·於潛縣》 岝崿山，在縣西二里。石壁峭聳，其下泉水清碧，爲一方之勝。

清·顧炎武《肇域志·浙江·杭州府·昌化縣》 大鵠頭山，在西北六十里，高一丈。其中平坦，上有龍池，廣三百畝，旁有葑田。

清·顧炎武《肇域志·浙江·湖州府·長興縣》 夏駕山，在東南三十六里。上有石鼓，高丈餘，又名石鼓山。

清·顧炎武《肇域志·浙江·湖州府·德清縣》 方山，在西北十二里。其上則爲大壯嶺以南諸山，其下則爲官莊塢以北諸山，群峯環合。百寮山居其中，爲縣治。又分而下，則爲上、下蘭諸山云。

清·顧炎武《肇域志·浙江·湖州府·孝豐縣》 高峯山，在縣東五里。雙峯峭聳，林木幽深，與南山相望。南山在縣南五里。新安江繞於高峯山之西南，東流合婺水，入浙江。

又 湫山，在縣東北四十五里。高六百餘丈，周迴一百餘里。山勢巀嶪，與烏龍、清冷二山相峙。

清·顧炎武《肇域志·浙江·嚴州府·淳安縣》 並桃山，在西北六十里。高出衆山之上，下望之，如二桃然。

清·顧炎武《肇域志·浙江·嚴州府·桐廬縣》 富春山，在西四十里。前臨大江，乃漢嚴子陵釣處。上有東西二釣臺，各高數百丈，其下名嚴陵瀨。

清·顧炎武《肇域志·浙江·嚴州府·遂安縣》 武強山，在縣西四十里。峰巒險峻，鄉人守之，則盜不能攻。

清·顧炎武《肇域志·浙江·金華府》 金華山，在府北二十里。一名長山。自天臺赤城發脈，至東陽之大盆山迤邐至此，横亘金華、蘭溪、義烏、浦江之境。《縣志》或云：此山乃東陽東白山發跡至此，非由天臺山北轉也。高一千餘丈，週三百六十餘里。山頂有雙峰，曰玉壺，曰金盆。壺中有湖，名徐公湖。水分兩派，一自山之陽，貫山橋而達乎溪；一自山之陰，過鹿田而入乎洞。盆中有飛瀑下注，爲赤松澗。山橋兩崖對峙，高數百仞，有石横跨其上。

又 鹿田山，在西北二十五里。峯巒聳拔，上有沃野可耕。洞有三：曰朝真，曰冰壺，曰雙龍。山之西曰紫微巖，有石室，深廣數丈，梁劉孝標隱其下，著《類苑》、《山棲志》等書。其東有九龍洞，潛溪之源出焉。

又 東山，在縣東鄙分脈，自東陽之大盆山迤邐而來。高千餘丈，周二百里。其東隸東陽，南即武義之八素山。其高巘曰齊雲岡，去縣五十五里。

又 南山，在南三十五里分脈，自括蒼山北來凝結於此，周四百餘里。其南爲遂昌、松陽、宣平，東爲武康、武義，西爲龍遊、湯溪，北爲本縣。其高巘曰箬陽，去縣百里。

又 金華諸山，蜿蜒起伏，勢如遊龍，郭外雙溪縈帶，衆水匯合。

清·顧炎武《肇域志·浙江·金華府·蘭溪縣》 硯山，在西四十里。盤亘二十餘里，接壽昌、龍游二縣界。山頂平正，有池如硯。山之西曰陳嶺，石道迢迢，千有餘丈，外接龍游、壽昌之界。

又 盤山，在北五十里。其頂平如盤，一里許，四圍皆累石爲巖。

清·顧炎武《肇域志·浙江·金華府·東陽縣》 松山，在縣南七十里。其近有烏舞巖，高五百丈，上寬平，可容千人。

又 黄藤巖，在縣南七十里。高三百丈，鳥道攀緣可登。其頂寬平，相傳宋人避亂於此。

又 大盆山，在縣東南一百三十里，稍下爲小盆山。二山爲諸山之祖，大都折爲三條，中條自小盆西下，蜿蜒起伏二百餘里，始達於縣治，爲峴、甑諸山。

清·顧炎武《肇域志·浙江·金華府·義烏縣》 石樓山，在東二十八里。周十三里，四面孤絶，兩山並峙。

清·顧炎武《肇域志·浙江·金華府·永康縣》 方巖山，在東二十里。四面如削，絶頂兩巖相峙爲闕，自闕而入，地皆平衍，約數百畝。中有一池，其下有小石巖，宋侍郎胡則讀書於此。

清·顧炎武《肇域志·浙江·金華府·浦江縣》 仙華山，在北八里。一名仙姑山，東溪出焉。峯有五，有石室，可容數十人。懸巖百仞，有穴深黑，風從中出。

清·顧炎武《肇域志·浙江·金華府·湯溪縣》 括山，前遮後擁，羅立縣南，文脈分轉而東，斷而復續。又自方山度九峯，蜿蜒而蟠，水勢自衢注瀫江，折而東北去，山環而曲，水停而深，土衍而沃。《縣誌》。近括諸山盤踞於南，水則自衢而環於西，自括而環於東，縈紆北下，匯於瀔江。

清・顧炎武《肇域志・浙江・衢州府》 烏石山，在府西四十里。延袤十里，高二百五十仞。上有平坡巨石，周匝如城，又有石門，俗號寨門。相傳黃巢南寇時，土人避亂於此，中有水田。

又 爛柯山，在縣南二十里。一名空石山，周十五里，其趾二百步，穿空彌亘，下得平處可四十步，因名石橋，又名石室，今石室在橋之右五里。

清・顧炎武《肇域志・浙江・衢州府・江山縣》 江郎山，在南五十里。高六百尋，一名須郎山。發地如筍。有三峯，山半有巖，危石空懸，中可結廬，下有虎跑泉。又南四里，曰聖堂山。又六里，曰白水巖。又十里，曰風洞。又三十里，曰浮蓋仙山，在縣南一百里。上有仙洞，洞內石壁雙峙，上通一罅，徑略容身，可數十步始得曠處，有仙人弈局。其旁有仙霞嶺，在縣南一百里。高三百六十級，凡二十八曲，長二十里。又南十里，曰覘星山。在縣南一百十里，高峻爲衆山之宗。又二十里，在縣南一百三十里。曰泉山。周迴數百里，皆高崖深谷。

清・顧炎武《肇域志・浙江・衢州府・開化縣》 石耳山，在西八十里。周迴三百里，連亘婺源、德興縣界。

清・顧炎武《肇域志・浙江・處州府》 風門山，在西三十里。上有二穴，深邃，風從中出。又西二十里，曰三峯山。下曰靈峯，中曰翠峯，上曰岑峯，林巒拱秀，爲諸山之冠。

清・顧炎武《肇域志・浙江・處州府・縉雲縣》 蒼嶺，在縣東七十里，接仙居界。高二十里許，巉巖峻險，旁臨深澗，頂有風門、牛角尖等隘，建將臺其上。

又 茭嶺，在縣西四十里，接永康界。高十餘里，行者魚貫攀緣而上。

又 黃龍山，在縣南十二里。上有石如臺，後有寨門，一方之襟喉也。

又 雲塘山，在北門外。西北爲雪峯山，西五十里。有瀑布泉，其下有溪，曰南源溪。西流繞於六峯，由六峯溪匯爲石牛、石井二潭，入於梅溪，與六楓溪、馬渡溪、浣花溪、西溪、龜溪之水，争流西下，達於浙江。

清・顧炎武《肇域志・浙江・處州府・松陽縣》 百仞山，在西南五里。有峯獨立，高二百餘丈。

又 馬鞍山，在縣西四十八里。狀若馬鞍，横截水口。

又 唐山，在縣北一十八里。山北二峯如卓筆相向。北望孤巖峭絶，名金石巖。

清・顧炎武《肇域志・浙江・處州府・龍泉縣》 九際山，在南三十里。山上有龍井九，皆水漩而成。各廣袤數丈，深不可測。飛瀑九道，自巖頂而下以注於壑。

又 鳳凰山，在縣西四里。山下有泉，流於蔣溪，西流而南，合秦溪之水，匯於大溪，過雪溪，東流入於郡治。

清・顧炎武《肇域志・浙江・處州府・景寧縣》 敕木山，在縣南十里。高數千仞，積雪經旬不消。其水流爲塵溪，入於大溪。

清・顧炎武《肇域志・浙江・紹興府・山陰縣》 玉山，在北二十八、三十三里。兩崖相峙，下有八閘，泄山、會、蕭三縣之水，懸流數丈，漂沫十餘里。

清・顧炎武《肇域志・浙江・紹興府・會稽縣》 石帆山，在東一十五里。石壁高數十丈，中央少紆，狀如張帆。

清・顧炎武《肇域志・浙江・紹興府・蕭山縣》 龕山，在縣東五十里。其狀如龕，吞吐潮汐，與鱉子山相對。

清・顧炎武《肇域志・浙江・紹興府・諸暨縣》 東白山，在東九十里。連跨三邑，其在剡曰西白，在東陽曰北白。山有泉，西流爲婺水，東流注於浣紗溪。

又 五泄山，在西五十里。兩山夾溪，雙瀑奔瀉，曆五級而下至溪。下泄垂三十丈，廣十丈，中三泄不可逾度，登他山望乃見之，上泄垂百餘丈，其聲如雷，名曰五泄溪。

清・顧炎武《肇域志・浙江・紹興府・餘姚縣》 四明山，在南一百十里。高二百一十丈，周迴二百一十里。中曰芙蓉峰，有漢隸刻石，上曰「四明山心」。右曰又有石窗，四面玲瓏如牖。南曰分水嶺，界於鄞。左曰下管嶺，界於上虞。韓采巖，巖北七里曰孔石，方六七里。孔石南轉而東五里，曰走馬岡。四明山蟠跨數縣，由鄞小溪而入者，稱東四明。由餘姚白水而入者，稱西四明。由奉化雪竇而入者，直謂之曰四明山。凡二百八十二峯，層巒峭壁，下與人境殊絶。自走馬而下五里，曰陳巖。又二里，曰九雷嶺。山心稍北曰潺湲洞，洞之下曰過雲巖，雲縹鄉奇絶者二十里，人經行雲中，南曰雲南，北曰雲北。

又 太平山，山形似繖，四角各生一種木，木不雜糅，三陽之辰，華卉代發。

清・顧炎武《肇域志・浙江・紹興府・乘縣》 大白山，在西六十里。與小白山接，上有雙石笋，對立如闕，有瀑布泉。

清・顧炎武《肇域志・浙江・紹興府・新昌縣》 天姥山，在東五十里。東接天台華頂峯，西北連沃洲山，高三千五百丈，周六十里。其脈自括蒼盤亘數百里至關嶺入縣界，層峰疊嶂，千態萬狀。

清・顧炎武《肇域志・浙江・寧波府》 天童山，在東六十里。上有虎跑泉。東一里曰中峯，世稱小天童。西曰玲瓏巖，有響石，扣之馮馮有聲。

清・顧炎武《肇域志・浙江・寧波府・奉化縣》 雪竇山，在西北六十里。山路逼仄，山多奇勝，有妙高臺、千丈巖、瀑布泉、桃花坑，數十盤，乃至望官曲。又數十盤則坦矣，寬廣可三四頃，秔稻不殊平野。有千丈巖，東西兩澗，合流於西南爲瀑布，下垂至平壁，有石突出，承之若盆，激而四出，珠跳雪舞，復聚作匹練，下至隱潭，循麓而去。又北曰妙高峰、桃花坑。

清・顧炎武《肇域志・浙江・寧波府・定海縣》 虎蹲山，在東五里。屹立海口，狀如虎蹲。

又 伏龍山，在西北八十里。山跨東、西兩海門，狀如臥龍。

又 補陀山，在縣東北海中。去縣約二百餘里，周四十里。東登小洛伽山，南望月嶴山，北望霍山。

清・顧炎武《肇域志・浙江・寧波府・象山縣》 天門山，在南一百二十里海中。其狀如門，下有横石如閾。

又 蒙頂山，在縣西五十里。西北四十五里。其絶頂天峯，蟠鬱縈紆，爲邑山之祖。

清・顧炎武《肇域志・浙江・台州府》 蓋竹山，在南三十里。有香爐、天門二峯，一名竹葉山，有竹如蓋，因以爲名。

又 括蒼山，在西南四十里。高一萬六千丈，周迴三百里，與仙居韋羌山接。

清・顧炎武《肇域志・浙江・台州府・黄岩縣》 永寧山，在縣東五里。古有永寧縣，山因以名。巖壁峻峙，四面皆方，又名方山。

清・顧炎武《肇域志・浙江・台州府・天台縣》 華頂峯，在縣東北六十里。天台第八重最高處，少晴多晦，夏有積雪，可觀日之出入。

又 桐柏山，在縣西北三十里。九峯：曰紫霄，曰翠微，曰玉泉，曰臥龍，曰蓮花，曰華琳，曰玉女，曰玉霄，曰華頂，矗立霄漢，遠近相向。晉王羲之、支道林嘗往來此山，唐司馬承禎居焉。

又 石橋山，在縣北五十里。兩山相並，連亘百里，上有石梁，廣不盈尺，長數十丈，下臨絶澗。山北左右有雙泉飛出，合流其下，瀉爲瀑，可百餘丈，西流出剡中。

清・顧炎武《肇域志・浙江・台州府・仙居縣》 玉几山，在縣西五十里。山之東曰項羽山，山之西曰瑶崩瀑，相近曰景星山，萬仞壁立。上有鹿頸巖，長數丈，平曠可行，左右崖壁，則峻絶不可登。

又 蒼嶺，在縣西北九十里。高五千丈，周八十里，界於縉雲，重岡複徑，隨勢高下，其險峭爲東浙之最。

清・顧炎武《肇域志・浙江・台州府・太平縣》 王城山，舊名方城山。絶巘壁立如城，相傳越王失國，嘗保於此山。山頂平曠，約百餘畝，人墾而耕之，號仙人田。

清・顧炎武《肇域志・浙江・温州府・樂清縣》 又西二里曰西際山，西南北三面蒼崖峭立，惟東一面軒豁如門，前臨大海。

又 白石山，在西三十里。高一千丈，周二百三十里。上有玉甑峰，五夜陟其巔可見日出。

又 芙蓉山，在縣東六十里。上有三峯削翠，儼若芙蓉。

又 雁蕩山，在縣東九十里。東至温嶺，南至海，西至白龍山，北至陶公洞。延袤百餘里，高四十里。絶頂平曠，上有湖，方可十里，水常不涸，春雁歸時多宿於此，故名。山有東、西、內、外，東外谷之峯五，東内谷之峯四十有八，西内外谷之峯各二十有四，謂之百二峯。有大小龍湫。大龍湫在西谷，自石壁絶頂瀉下，高五千丈，隨風旋轉，變態百出。小龍湫在東谷，從巖溜中飛流而下，高三千丈。又有上龍湫，大龍湫上數里，飛流懸瀉，亦數百丈。

清・顧炎武《肇域志・浙江・杭州府・臨安》 井戈山，在縣西六十里。高二千一百丈，周一百五十里。山路縈紆，行如負戈入井，界於安吉。

清・顧炎武《肇域志・浙江・杭州府・昌化縣》 福泉山，在縣西南五十里。高一千丈，周四十五里。其最高峰曰銅坑，東接分水，南帶淳安，西亘績溪。絶頂有龍池三，出雲則雨。

又 大明山，在縣西八十里。高一千一百丈，山巔平廣三千餘畝，南跨嚴州。

清・顧炎武《肇域志・浙江・嚴州府・桐廬》 清泠山，在縣西北三十里。其山高五千餘仞，周七十里。有洞一穴，四面出泉，溉田五十餘頃，雖旱不竭。

清・顧炎武《肇域志・浙江・金華府・金華》 芙蓉山，在縣北十五里。孤峯峭拔，高千餘仞，狀如芙蓉，爲郡之主山。

又 南山，在縣南鄙。分脈自括蒼北來，凝結於此，周四百餘里。其南爲遂昌，爲松陽，爲宣平，其東爲永康，爲武義，其西爲龍游，爲湯溪，其北爲縣鄙。千峯層矗，群岫縈紆，不可具述。其高巘曰箬陽，去縣百里，高入雲表，陰崖積雪，經春不消，上有三斷水出其間，爲龍湫，屬武義。地方歲旱，多請龍於此。三斷東有大溪、小溪，流出二十四都。爲上幹、下幹。直至梅溪，其中多松杉竹木，郡人資焉。其西曰輔蒼，則屬湯溪縣界，竹木尤多。又南曰烏雲，曰青草，皆深僻多逋逃，與武義、宣平交界，去縣八九十里。又有馬秦山、桃花峯、周寮岡，十二盤，俱在極南地界。

清・顧炎武《肇域志・福建・泉州府・惠安縣》 招寶山，在縣東南十九都。乃邑山中之最高大者，望之蒼然，爲一方巨鎮。

又 臥龍山，在縣西北。迂回千丈，狀若臥龍，自惠安以南，山漸培塿，以到海脈窮也。而特多巨石，林立纍纍，不可名狀。

清・顧炎武《肇域志・福建・泉州府・安溪縣》 鳳山，在縣治北。一峯峙立，分爲兩翼，若鳳翥然。

又 黃蘗山，在縣南永安里。深林邃谷，爲邑衆山之宗。

清・顧炎武《肇域志・福建・泉州府・永春縣》 大羽山，在縣北十九、二十都，並距縣十里。重岡疊嶂，若鳥舒翼，下趨平夷處始爲縣治，縣之主山也。

清・顧炎武《肇域志・福建・建寧府・崇安縣》 武夷山，在南三十里，方圍百二十里，東南皆枕流水。一水北至，一水西來，合於大王峯前，南流以爲建溪。其峰巒大者三十六。大王峯，一名天柱峯，在山之東南，方一十里，高五千尺。又有幔亭峯、玉女峯。九曲溪在武夷山中，溪流九曲，貫於羣岫之間，出石鼓渡，合於建溪。周迴百餘里，其峯巒大者三十六。相傳昔有仙人降此，自稱武夷君。

清・顧炎武《肇域志・福建・建寧府・政和縣》 洞宮山，在縣東南十六都政和西里。其山重疊九峯，狀如蓮葉，又謂之九蓮峯。下有坑冶司故址，謂之谷洋。

清・顧炎武《肇域志・福建・建寧府・松溪縣》 鷲峯山，在縣東北永和里，永和，縣北六十里。山勢峻拔，南接龍泉，北連南浦，延袤二百餘里。

清・顧炎武《肇域志・福建・延平府》 九龍山，在府東南一百二十里。其山九峯，蜿蜒如龍。

清・顧炎武《肇域志・福建・延平府・將樂縣》 封山，在縣北龍池都。其山高大，群峯環拱，爲一邑之鎮。

又 翠簾山，在縣南五里。上有天湖山，三面峰環，中夷而曠，有龍窟承天瀦水，曰天湖。

又 百丈山，在北一百八十里。與江西南豐縣分界，懸崖絕壁，高出羣山。

清・顧炎武《肇域志・福建・延平府・順昌縣》 七臺山，在西四十八里。高峯峭壁，幾至千丈。山有微雲即雨，土人以爲候。

清・顧炎武《肇域志・福建・延平府・大田縣》 雙髻山，在城北。二峰並峙，迤邐而下三里許，特起爲縣治主山。頂廣平，可容數百人，周圍壁立，僅有一徑旋繞而上，名四海寨。

清・顧炎武《肇域志・福建・汀州府・上杭縣》 茫蕩洋山，在縣西勝運里。磅礴數百里，當上杭、永定兩縣之界，峯巒嶄絕，林木參天，人跡罕至。西南通程鄉，東通漳州，梗化者嘗據以爲巢穴，急則南入於廣。

清・顧炎武《肇域志・福建・汀州府・連城縣》 蓮峰山，在縣東七里。舊名東田石。峭壁攢峰，盤回數十里，絕頂坦夷，石泉流衍。外有石梯、石巷，僅容一人。官置三寨其上，遇寇警，則移民以避於此。

清・顧炎武《肇域志・福建・興化府・莆田縣》 壺公山，在南二十里。高聳百餘仞，絕頂有泉，出石穴中。蟠據數百里，其高千仞，郡之鎮山。其脈通海，視潮盈縮。

清・顧炎武《肇域志・福建・邵武府・光澤縣》 烏君山，在縣西北五里。山高二千一百餘丈。頂有兩石峯，各高二十尺，人謂之雙石筍，又謂之玟環山。

清・顧炎武《肇域志・福建・漳州府・漳浦縣》 梁山，在縣南稍西三十里。高千仞，盤亘百里，有大峯十二。

又 太武山，在縣東北一百里。高千仞，周迴百餘里，屹立海上。其南五里，鎮海衛在焉。其上有小石城，相傳南越王建德避兵於此。

清・顧炎武《肇域志・福建・漳州府・龍巖縣》 九侯山，在縣北三十里。

九峯列峙，廣袤數十里，高入雲漢。

又 紫金山，在縣西十里。五峯秀削，壁立千仞。

又 觀音座山，在縣東三十里。高數仞，當龍川水門，勢極險阻。

清・顧炎武《肇域志・福建・漳州府・南靖縣》 歐寮山，在縣北。一名大帽山。南北二峯峭拔，周迴百餘里。又名玳瑁山。後峙五峯，端巖峭拔，周迴二十里。

清・顧炎武《肇域志・福建・漳州府・平和縣》 大峯山，在縣東□里。一名大峯溪山。高峻巉巖，有石峯十七，自山麓至巔，可五十里。海中番舶望見此山，即知閩境。

清・顧炎武《肇域志・福建・福寧府・寧德縣》 城澳山，在縣南二都。山四面環繞如城，內有南北中三澳，可容萬人。四際皆海，中無所產，人迹罕到。

清・顧炎武《肇域志・福建・漳州府・詔安》 檬仔林山，在縣東北五十里。山勢龍從，崖石林列，有石屋數十處，可容百人，稱「十八洞」云。

又 葵岡山，在縣東四十五里。山勢綿亘，跨於深田鋪上下。中有兩小山相峙，稱相見嶺云。有古關隘，壘石而成。

又 漸山，在縣東五十里海上。高峭千仞，頂分二峯，中有潭，深不可測。

清・顧炎武《肇域志・廣東・韶州府・翁源縣》 翁山，在縣東一百一十里。亦名靈池山。壁立千仞，山頂有石池，池有八泉：曰湧泉，曰温泉，曰香泉，曰甘泉，曰震泉，曰龍泉，曰玉泉，曰乳泉，四時不涸。下流爲翁溪，西南流二百四十里，至英德縣，與湞水合流入書堂瀧，西與英水入湞陽，出大江。

清・顧炎武《肇域志・廣東・惠州府・博羅縣》 羅浮山，在西北五十里。高三千六百丈，周三百餘里。嶺十五，峯三十二，石室、長溪各七十。

清・顧炎武《肇域志・廣東・惠州府・龍川縣》 霍山，在縣東一百里。高七百餘丈，周迴七十餘里。有峯三百七十二，有石甕之泉出焉。

又 嶅山，在縣北二十里。上有龍潭，下流爲嶅湖。高五百餘丈，周三百餘里。峻拔秀麗，爲邑主山，北與河源靈山相連。

又 大望山，在縣北九十里。一名大帽山。層巒疊巘，東界程鄉，北界安遠。昔爲賊藪。

清・顧炎武《肇域志・廣東・潮州府》 金山，在府城北。一名金城山。形若覆釜。高四十丈，周迴三里。有小湖。

清・顧炎武《肇域志・廣東・潮州府・揭陽縣》 雲落山，在縣西北一百里。峭若樹旗，常滃雲霧。高五十丈，周一百二十里。一名瘦牛嶺。

又 飛泉嶺，在揭陽山西。壁立萬仞，周迴數十里。層峯疊巘，人跡罕至。有泉飛空而下如瀑布，因名。有徑達長樂，此惠、潮關隘，揭陽北門。

清・顧炎武《肇域志・廣東・潮州府・揭陽縣》 頂湖山，在東北五十里。高千餘仞，周數百里，屹然爲一方巨鎮。山頂有湖，四時不竭。

又 九坑山，在東北五十里。周二十五里。出泉九脈，舊有茶園四十四所。猺人居之。

清・顧炎武《肇域志・廣東・肇慶府・高明》 奢山，在縣東南二百三十里。高千仞，周圍百餘里。山有丹砂，夷語訛砂爲奢。山南有粟砦山，產山棗，葉似梅，果似荔枝，九月熟。又多錦鳥、鮫魚。又有玄鉤鳥，鳴則雨至。

清・顧炎武《肇域志・廣東・瓊州府・欽州》 十萬山，在州西南二百里。層巒疊嶂，起伏蜿蜒，甲於諸山。高大延長約四百餘里。峯巒層疊，不可勝計。西爲廣西上思州。

清・顧炎武《顧亭林詩文集・勞山圖志序》 勞山在今即墨縣東南海上，距城四五十里，或八九十里。有大勞、小勞，其峯數十，總名曰勞。《志》言：「秦始皇登勞盛山，望蓬萊。」因謂此山一名勞盛，而不得其所以立名之義。案《南史》：「明僧紹隱於長廣郡之嶗山」，則字或從山。又《漢書》：「成山作盛山，在今文登縣東北，則勞、盛自是兩山。古人立言尚簡，齊之東偏，三面環海，其斗入海處南勞而北盛，則盡乎齊東境矣。其山高大深阻，旁薄二三百里，以其僻在海隅，故人跡罕至。

清・顧炎武《顧亭林詩文集・五臺山記》 五臺山在五臺縣東北一百二十里，西北距繁峙縣一百三十里。史炤《通鑑注》曰：「五臺山在代州五臺縣，山形五峙，相傳以爲文殊示現之地。」《華嚴經疏》云：「清涼山者，即代州鴈門五臺山也。歲積堅冰，夏仍飛雪，曾無炎暑，故曰清涼。五峰聳出，頂無林木，有如壘土之臺，故曰五臺。」

清・宋琬《安雅堂全集・宿五峰山》 爲踐溪山約，捫蘿到翠微。松光青不定，海氣白成圍。

清・宋琬《安雅堂全集・西峰雨中作》 □被星河近，人同野鳥棲。片雲孤嶂起，一雨萬松迷。城郭微微見，峰巒漠漠低。

清・宋琬《安雅堂全集・東五峰作》　已謂西峰好，東峰亦不羣。懸崖疑削刃，古木善藏雲。海色朝來變，泉聲雨後分。

清・宋琬《安雅堂全集・登華嶽作》　遥遥青黛削芙蓉，此日登臨落雁峰。

清・宋琬《安雅堂全集・青陽峽》　夾岸長楊接翠微，亂流高下見柴扉。空山十月無冰雪，紅葉叢中蛺蝶飛。

清・宋琬《安雅堂全集・登泰山記》　泰山之陽，汶水西流，其陰，濟水東流；陽谷皆入汶，陰谷皆入濟；當其南北分者，古長城也。最高日觀峯，在長城南十五里。【略】泰山正南有三谷：中谷遶泰安城下，酈道元所謂環水也。余始循以入，道少半，越中嶺，復循西谷，遂至其巔。古時登山循東谷入，道有天門。東谷者，古謂之天門谿水，余所不至也。今所經中嶺及山巔崖限當道者，世皆謂之天門云。道中迷霧冰滑，磴幾不可登。及既上，蒼山負雪，明燭天南。望晚日照城郭，汶水、徂徠如畫，而半山居霧若帶然。【略】山多石少土，石蒼黑色，多平方，少圜。少雜樹，多松，生石罅，皆平頂冰雪。無瀑水，無鳥獸音跡。

清・宋琬《安雅堂全集・遊靈巖記》　泰山北多巨巖，而靈巖最著，余以乾隆四十年正月四日，自泰安來觀之。其狀如疊石爲城墉，高千餘雉，周若環而缺其南面。南則重嶂蔽之，重谿絡之。自巖至谿，地有尺寸平者，皆種柏，翳高塞深。【略】巖尻有泉，皇帝來巡，名之曰甘露之泉，僧出器酌以飲余。【略】靈巖在長清縣東七十里，西近大路，來遊者日衆。然至琨瑞山，其巖谷幽邃乃益奇也。

清・宋琬《安雅堂全集・小孤山》　虎牙高踞水中央，翠羽明璫祀女郎。

清・宋琬《安雅堂全集・天柱峰歌》　孤峰突起何巑岏，下臨江水清且寒。拔地湧出翠菡萏，梢雲戌削青琅玕。

清・陳維崧《陳維崧集・滎陽》　絕壁龍形陡，崩崖虎氣藏。

清・陳維崧《陳維崧集・雪後從偃師至登封少室山嵦嶺》　已酉首春月十七，渡洛曉發楊林東。嶙峋負黍忽拔地，湧出菡萏攢蒼穹。我行弭節躡絕頂，歕欲灝氣蒸鴻濛。是時萬山正積雪，砯崖鐵綉光玲瓏。自踏中原莽浩浩，紅摸暘谷光熊熊。

清・陳維崧《陳維崧集・滁陽山行》　環滁云皆山，益信翁語確。【略】攀緣懼蘚滑，捫崖恨蘿弱。稍玩簾泉清，復怖惡溪濁。【略】蹣跚蟻緣垤，曲折螺旋殼。好峯忽撲面，蒼紅互班駁。失喜一大呼，羣山響鐃鐲。

清・陳維崧《陳維崧集・咏禹門寺前一帶頹崖峭石》　嵌空撐户牖，鑿翠支堂奧。淙淙巖溜響，喧銀瀑。磽确谽谺，鐵色粘青嶠。石筍攢丹竈。積雪層冰，玲瓏原隰俱縞。或爲怪鶻，或作千年豹。或似秋江岸，晴鼉曝。

清・陳維崧《陳維崧集・吴園次林蕙堂全集序》　山名唐貢，峯接道場；水號洮湖，波通上若。

清・陳維崧《陳維崧集・將發邗關舟中贈黄海孫無言》　君不見芙蓉之峯三十六，黛溪紺寶飛丹瀑。

清・陳維崧《陳維崧集・由竹林歷招隱未及尋八公巖而返》　迢迢八公巖，春山忽然斷。

清・陳維崧《陳維崧集・讀蘧庵太史華陽山游草》　華陽秀絕古茅峯，側嶺迴巒路幾重。紫府銀房秋建醮，丹崖鐵綉夜登封。一時鸞舞諸天駕，萬壑鯨呿別殿鐘。

清・陳維崧《陳維崧集・王禮部阮亭席上送吴雯歸中條山》　中條山色青刺天。

清・陳維崧《陳維崧集・和相國魏貞庵先生汎舟詩其三》　五馬高山秋歷歷，千金臺冷草芊芊。

清・陳維崧《陳維崧集・郟縣三蘇臺在城西北峨眉山下》　小峨眉麓春草長，遥天亂石爭礌砢。

清・陳維崧《陳維崧集・屋後望太行山歌》　倚天拔地一峯出，排青滴黛難爲詳。

清・陳維崧《陳維崧集・懷州歲暮感懷》　黛色憑欄指顧收，太行斜壓郡西頭。

清・陳維崧《陳維崧集・覃懷雜詩其七》　我意適不樂，前登太行山。谿壑自崩迫，屈盤何險艱。

清・陳維崧《陳維崧集・九日同升六子綸蛟門石林舟次峨眉渭清次耕黑龍潭登高再疊前韻》　西山晴髻費梳裹，小者纔作巨桃核。

清・陳維崧《陳維崧集・夜宿臨洺驛》　晴髻離離，太行山勢如蝌蚪。

清・閔麟嗣《黄山志定本・叙》　黄山，古黟山也。

清・閔麟嗣《黄山志定本・形勝》　山水之支脈極多，今以西南二支論之。南支經歙縣爲箬嶺，高四百五十丈，下有昉溪源，水出豐口。東黄檗山高五百丈，下有黄檗源，水南流合豐口之水出郡城。山北水出旌德縣，上下洪溪流出涇縣。山次東入旌德，則有洪高巖綿延而爲績溪之新嶺。又東大鄣山，南龍巖山，介歙、宣、杭三州之間，迤邐東南入杭州唐山縣，散入浙東諸郡，至天目而止於吴山焉。自大鄣東支至昱嶺關入嚴州淳安縣，西支入黟縣界至步泉嶺，轉北入祁門縣之武亭嶺，又南至榔木嶺。【略】又南至婺源之浙嶺，次至斜山。又南經五嶺至大鏞山，迤邐南出衢州常山縣入浙西諸郡。自步泉嶺以南，東西各一支，西至小歙，東至休寧黄土嶺。又東至白際嶺及牛泉嶺。又北入祁門大開嶺，轉而西南至舉根山，東南至梅雞山及魚亭嶺。又分一支至梅源山。

又 峰凡三十六峰。鍊丹峰高八百七十仞，丈數高下皆从脊已上筭，後同。相傳浮丘公鍊丹峰頂，經八甲子丹始成，黄帝服七粒不藉雲靄，昇空游戲。石室内丹竈尚存。峰前有曬藥臺，臺下溪黝不可測。

又 天都峰與煉丹峰相竝，爲羣僊所都，高九百仞。健骨竦桀，卓立天表，五彩雲濤時擁山腰。峰拔雲上，愈見其高巍。上有石臺淩空而出，又有石室。登文殊座可望旁有犀牛峰，一名「耕雲峰」。

又 青鸞峰，爲天都之輔，高八百五十仞，狀如青鸞蹲侍。從僊燈洞對之，儼若大臣端笏而立，又若天女靚粧覲帝，真奇觀也。峰頂有石如羽士趺坐，謂「僊人打坐石」。

又 紫石峰近青鸞峰，高六百仞，石色純紫如玉。

又 鉢盂峰近鍊丹峰，高八百五十仞，狀如覆鉢。

又 桃花峰近鉢盂峰，高八百仞，下有桃花源，桃花溪。

又 朱砂峰高九百仞，純骨無膚，宛若削成。山色如朱砂石，泐中間生蒼松，丹翠交織。亭午日光映之，采色絢目。是山也，而彝鼎之矣，是石也，而錦綺之矣。

又 有拉虎吞貔之勢，因其形似，峰以之名曰「獅子峰」。

又 蓮花峰，在硃砂峰北，高九百仞。石蕋中尊，千葉簇簇如瓣竝峙，諸山皆及肩而止，無敢争高者。【略】右望江水甚黄，左望海氣甚黑。

又 石人峰，在蓮花峰北，高七百仞。峰形雖小，頗險峻。

又 雲際峰，在石人峰西南，高八百八十仞。濃雲濁浪，障蔽千山，獨兹峰一尖，遥標海外，嶠嶠孑孑，不在欲浮欲沈之中。

又 疊嶂峰，在雲際峰西，高八百仞。層霞纍玉，如猛風吹紋聚皺成疊，如扆如屏。望之如元后當寧而立。峰之下，有白雲谷。

又 浮丘峰，近疊障峰西南，高九百仞。峰頂有浮丘翁僊蹟。

又 容成峰，亦九百仞，與浮丘峰對峙争雄。相傳容成子常遊息於此，俗名容溪峰。

又 軒轅峰，東連容成峰，高八百九十仞。峰頂有石室，有石座，有石几。相傳黄帝受胎息於容成之所。或曰斥帝諱以名峰。其人草野，其失不學矣，知言哉！

又 僊人峰，在軒轅峰東北，高八百六十仞。按《僊記》注：浮丘與黄帝遊此。雙石如人，一坐一立，高十丈，冠服儼然。峰下石壁，高五百餘仞，巉削無階，猿鼯喪其捷巧。惟登紫石峰，可以遥望而見。

又 上昇峰，近僊人峰，高八百仞。上昇何以名？因人也。昔有阮僊翁於此上昇，故曰「上昇」也。上昇何以名？因雲也。峰常爲雲所擁，浮浮沈沈無定形，遠望勢若上舉，故曰「上昇」也。峰上往往聞鈞天之奏，似遠而近，似近而遠。聽之者曰：「天樂來矣！天樂來矣！」山中人貿稱之，則曰「阮峰」。

又 清潭峰，近疊嶂峰北，高八百仞。下有大潭水，澄碧無石，沙粒粒，魚影影，可計數也。按《舊志》即消摇溪。

又 翠微峰，在清潭峰北，高八百五十仞。嵐碧到地，松青到天，峰之上下一色也。凡山椒皆以「翠微」名，兹以名峯者。椒從同，峰從獨。

又 僊都峰，在翠微峰東，高八百仞。按《神僊補闕傳》：黟山北峰是神僊游處，時有彤雲擁護，白鶴飛翔。

又 望僊峰，在山北連僊都峰，高八百五十仞。按《周書異記》：黄帝、容成、浮丘於湯池，見一珠函、一玉壺，持歸石室，飲璚漿，披霞衣，簪寶冠，躡珠履，須臾帝乘飛龍前引，綵幢珠蓋，三僊飄然從峰頂上昇，山下人望之，聞彩雲中有絃歌聲，故其地稱「望僊絃歌二鄉」焉。

又 九龍峰，在望僊峰東南，高八百仞。曷爲分一峰而言九龍也？記見也。視之則峯，察之則龍，合而言之，則九龍。山通體一巒耳，纏糾蜿蜒於九龍，知山之靈於飛龍悟山之動。從三海門可窺峰下，石廩、石田蓋依稀見之。

又 聖泉峰，在九龍峰西南，桃花峰東北，高八百七十仞。上下大中小狀如腰鼓。絶頂湯池，於鄰峰觀之勢甚騰沸。從東南逶迤而下流，入湯泉源、甘泉溪。按《周書異記》：浮丘公謂黄帝曰：「黟山中峰之頂有湯池，水味甘美，可以鍊丹煮石。」蓋指此。

又 石門峰，黟山之中峰，高八百八十仞。兩壁夾峙如門，溪出門下，若水關焉。

又 碁石峰，在石門峰畔，高八百仞。俗傳浮丘與黄帝對弈之所，境最幽奇。

又 石柱峰，在碁石峰西北，高七百九十仞。亭亭獨上，刺日撑霄，其形儼如天幹。

又 雲門峰，在石柱峰南，高八百八十仞。雙峰巉削，相距不遠，雲氣常從中過，在山視雲爲無心之物，在人視雲爲出入之門。雲門標義庶幾灼然乎！

又 布水峰，在雲門峰西，高七百八十仞。布水飄曳如練，高出雲端。天晴雲卷，峰隱萬峰中，孰從辨覩，於是知布水峰之奇奇以雲。

又 石牀峰，在布水峰東北，高八百五十仞。上有石牀横陳，如白玉琢成。其平如砥，行住坐皆宜，不止臥得也。又有紫石牀三、碧石枕三，相傳爲容成、浮丘二子侍帝寢息之所。下有石室深十餘丈。

又 丹霞峰，在石牀峰西南，高八百九十仞。峰壁悉赭色，若紅雲之秀天上。亦有石室。

又 雲外峰，在丹霞峰西北，高九百仞。峰之上多杜鵑花，雲海鋪時衆峰俱没，獨此峰浮出雲外。或云峰在山西盡境，遊人多睠，天都、蓮花往往遺此，因得遂其雲外，散逸不受人間顧問，亦一義也。

又 松林峰，在雲外峰西，高七百仞。山頂多產蒼松，無它樹。按：松，《史記》曰：「松，百木長也，而守宮闕，其材小者椽，大者棟，千年則子黄，味似粟，分其氣於他處生苓。」其脂，一名曰「肪黄」。山松以石爲母，以鐵爲幹，以針爲鬚，以苔爲鱗，以矬以瘦以偃，蓋爲古，雖松不可以常松測。

又 紫雲峰，在松林峰西北，高八百九十仞。時時有紫雲籠之，雲恒聚而偶不聚，其暫雲偶散而恒不散，其常峰曰紫雲言常也，非峰之似雲也，非色之爲紫也。

又 芙蓉峰，在松林峰西，高七百五十仞。巃嵸峭拔，青天削出芙蓉，惟此峰足當之。

又 飛龍峰，近芙蓉峰，高八百七十仞，峰之形龍也。其騰翥則飛，曰「飛龍」擬似耳。山川出雲，烏知塊然凝然者之不爲龍歟？

又 采石峰，近飛龍峰西，高六百仞。下多白石如玉，陰暗之夜即見，可煮食。布水飛下，雨後聲溯湃如雷。

清·陳焯《浮山志》卷一 羅浮二山，判自分水凹，凹之西爲羅，凹之東爲浮。自西入則羅多浮少，自東入則羅少浮多，然羅淺浮深，遊者罕至。

又 左有符竹峯，產符竹，亦有劉真人遺跡，豈傅會傳疑，抑仙蹤不僅一處也。此峯在羣山中最圓秀聳蒨，山半有哺兒巖，五色鳥哺雛處。巖側流泉數折，五匯爲池，余銘曰「五池泉」。下爲茅坪，山家草舍，衆嶺環依，日曜既夕，林巒弄影，蒼紫萬疊。《爾雅》「山西曰夕陽茲迺西峯」，故收夕陽之勝也。

清·陳焯《浮山志》卷一《入浮山》 由羅入浮千回百折，皆自下而上，望所從來，如在釜底，向之所歷諸峯，參天蔽日，皆俯而視之。自此，愈入愈深，重巒復嶂，山多峭拔，樹木蓊鬱，輿馬難施，每遇峻阻，策杖步行。雲氣空濛，谿流屈曲，耳目所及，非復前此之青蒼縈繞者矣。

清·陳焯《浮山志》卷一《上界三峯》 羅山絶頂曰飛雲，高三千六百丈。浮山絶頂更在飛雲西北，曰上界三峯。與飛雲並峙於層嵐積翠中，爲最高，故曰第一峯。鼎立峭絶，雲氣常封，人跡罕至，振衣其巔，俯視四百三十二峯，茫然如墮煙井。峯下砥石綿亘三畝，曰聚仙壇。下有神湖，前即鐵橋，絶壁細路如綆。其下分水凹即泉源福地，崖回水立，飛棧梯空，不敢迫視。透迤東行三里許，是即飛雲，入羅山界矣。

清·陳焯《浮山志》卷一《白水山形勝》 白水山，崎岌削立，不可以尋尺計，然其石光潤，南海謝里甫太史嘗欲作磨崖，書勒「白水門」三字，計每字高二丈。下有湯泉，左有佛跡石。

清·陳焯《浮山志》卷二 《廣東新語》：增城之西有白水山，高千仞餘，上寬下平，狀若仰盂，可田百畝。有飛泉長百餘丈，直至山足，繚繞丹邱而東。兩崖怪石夾束如砥柱，懸橋者不可勝數。

又 循飛雲頂東南山脊，行約三里許，巖光探得一奇境。其地面東北懸崖數百仞，俯瞰之，足縮心悸。前有十三峯，由谷底躋屹直上，亦數百仞。其下一深坑，直至山麓蓋數十仞。峯皆怪石，色如赭，多上隆下殺，有秀媚如玉女者，有莊嚴如金仙者，有驂鸞鶴者，有持旛幢者，恍惚西王母從空飛下，與羣仙會瑶池中，可望不可即。峯間雜樹以萬計，鐵幹屈盤，黛葉蓊藹，朝陽晚霞，金碧交暉，蓋樵斧所不至。余謂巖光曰：此古瑶石臺也。

清・屈大均《廣東新語》 五嶺，一嶺也，其在東則爲梅嶺也，然自昔皆以梅嶺爲五嶺之第一嶺也。五嶺皆越門，若臺關則秦所築，故亦曰秦南門也。漢之北塞至寒門，南塞至暑門，臺關又暑門之大者也。以其山曰臺山，故關亦曰臺關，又曰横浦關。

又 五嶺之第二嶺，在郴州南境曰騎田，騎田之支曰臘嶺，在乳源西境。壁立峭拔，高四百餘仞，周三十里，蓋天所以分騎田之險者。大嶺爲騎田，而臘嶺其小者也。曰臘嶺者，以乳源在萬山中，風氣高涼，於粵地暑溼不類，是嶺尤寒，盛夏凜冽如臘也。一曰摺嶺，以嶺高不可徑度，從嶺邊折疊而行，如往如復，故曰摺也。又西北境有關春嶺，嶺之左爲梅花峒，山谷陰寒，夏多積雪，梅花繁盛亞梅關。一名小梅嶺，一曰梅花路，亦曰小嶺，蓋又以梅嶺爲大嶺也。初梅嶺未闢，小嶺爲西京孔道，韓昌黎赴潮時，以昌樂瀧險惡，舍舟從陸道出乳源。

又 自英德至清遠有三峽，一曰中宿，一曰大廟，一曰湞陽。大廟介二峽之間，尤險陿，故尉佗築萬人城於此。漢楊僕先陷尋陝，姚氏云：「尋陝在始興三百里，地近連口。」即此。然其險蓋與蜀異。蜀三峽其險在灘，粵三峽其險在峽。自皋石山而下，危巒峻巘，爲鐵步障，爲玉屏，凡數百里不斷。其在中宿者，有南北二禺，南禺峰三十有六，北禺少其四，峰峰相抱，一水縈迴而出。水如環肉，北禺爲之好，而北禺之山且憩，南禺之山且行，行而南以東。

又 廣州爲白云諸峰，又東至海上爲羅浮。其憩者，聳而爲峰，兩兩壁合，巉鋭絶特，望之若攢玉插天，其下蒼磴屈盤，箐叢茂密，臨危飛石與古木互相撑拒，往往有崩陷之患，蓋粵山之第一險。

又 大廟峽，一曰香爐，當虞夫人廟右，有一峰狀若香爐，故名。其前有二小峰，曰獅子、眠羊，横當灣環之間，舟人畏之。

又 而靈洲尤高大，山根如鼎足。其西曰象嶺，曰三台。南曰鹿馬，曰鉢盂。

又 奇秀峭拔，挹云霄而上之，望若青蓮之華，而四面方立。立皆内向，諸峰大小相聯屬，皆隱于削成之中，又若芙蕖之未開然者。山之東凡二十峰，南十有五，西十有八，北亦十有八，合爲七十二峰，

清・顧祖禹《讀史方輿紀要》卷一《歷代州域形勢一》 恒山，在北直曲陽縣西北百四十里。詳北直名山。舜之并州，今北直之真定、保定、山西之太原、大同等府皆是。

又 荆山，在湖廣南漳縣西北八十里。衡山，在湖廣衡山縣西三十里。詳見湖廣名山。

又 華山，在陝西華陰縣南十里。詳陝西名山。

又 霍山，在山西平陽府霍州東南三十里。詳山西名山。

又 沙鹿山，在北直大名府城東四十五里。

又 《傳》稱禹會諸侯于塗山。塗山，在南直懷遠縣東八里。

又 南有碣石、雁門之饒。碣石山，在今永平府昌黎縣西北二十里。詳北直名山。雁門關，在太原府代州北三十里。今附詳名山句注。鮑氏曰：雲中、九原及雁門，本趙地，而兼言之者，與燕接壤也。

又 琅邪山，在青州府諸城縣東南百四十里。見山東名山。

又 汶山，即岷山，在四川茂州西北。詳四川名山。

清・顧祖禹《讀史方輿紀要》卷三《歷代州域形勢三》 五將山，在今西安府醴泉縣西北二十里。

清・顧祖禹《讀史方輿紀要》卷五《歷代州域形勢五》 梁山，在陝西韓城縣東南十八里，自龍門濟河必由之道也。

清・顧祖禹《讀史方輿紀要》卷一〇《北直一》 恒山，亦曰常山，亦曰北嶽，在真定府定州曲陽縣西北百四十里，亘保定府以西及山西大同府東境。《保定府志》：府境自唐縣以北，接於易州，皆恒山也。《山西渾源州志》：恒山在州南二十里，北接蔚州之境。《舜典》：歲十一月朔，巡狩至于北岳。《禹貢》：太行、恒山。《周禮・職方》：并州，其山鎮曰常山。《爾雅》：恒山爲北岳，祠典五岳之一也。《水經注》謂之玄岳。

又 《地記》：恒山北臨代，南俯趙，東接河、海之間，天下形勝處也。《唐十道志》：河北名山曰常岳，常水出焉。《括地志》：北岳别名華陽台。自上曲陽縣西北行四百五十里，得常山岌，號飛狐口。北則代郡也。《名山記》：恒山高三千九百丈，上方三千里，有大玄泉。其山有五名：一曰蘭臺府，二曰列女宫，三曰華陽臺，四曰紫微宫，五曰太乙宫。又《北岳記》：恒山顶一名無恤臺，以趙襄子嘗登此觀代國，下瞰東海也。《地志》云：恒山高侵霄漢，頂名天峰岭。下建北岳觀，觀前風出如虎吼，名虎風口。其餘峰巖洞壑，隨地立名者，以數百計。《中山志》：中山西北二百里有狼山，自狼山而西南連常山，山谷深險。漢末黑山張燕、五代孫方簡兄弟，皆依阻其地。沈括曰：北岳恒山，一名大茂山。宋以大茂山脊與契丹分界。胡氏曰：自恒山至

代，有飛狐之口，倒馬之關，夏屋、廣昌、五迴之險。夏屋，見山西代州。廣昌，見山西廣昌縣。五迴，見易州。夫恒山挺峙於冀州之中，爲東西屏蔽，巖谷高深，道路阻險，出奇者所必由也。

又 太行山，亦曰西山，在順天府西三十里。《志》云：太行首起河内，北至幽州。今由廣平、順德、真定、保定之西，迴環至京都之北，引而東直抵海岸，延袤二千餘里，皆太行也。從鎮、定、澤、潞諸州而言，則曰山東西，自燕、雲諸州而言，則曰山前後。石晉以山前後十六州入於契丹，爲中原之禍者數百年。蓋太行隔絶東西，實今古之大防。州軍鎮戍，沿山錯列，憑高控險，難於突犯。亦謂之燕山，河北所恃以爲固者也。《志勝》云：今界内諸山，凡强形臣勢，争奇競險，拱翼畿甸者，皆太行之支峰别阜耳。又太行凡八陘，其在河北者有四，曰井陘，曰飛狐，曰蒲陰，曰軍都。餘詳見河南名山太行。

又 碣石山，在永平府昌黎縣西北二十里。《禹貢》：「夾右碣石入於河。」又云：「太行、恒山，至於碣石。」蓋河北之大山也。《戰國策》：蘇秦曰：「燕南有碣石、雁門之饒。」《山海經》：「碣石之山，澠水出焉，東流注於河。」《史記》：「秦始皇三十二年，之碣石，刻碣石門，壞城郭，決通隄防。二世元年，東行郡縣，刻碣石，並燕，南至會稽。漢武帝元封元年，東巡海上，至碣石。」北魏主濬太安三年，東巡，登碣石，望滄海，改碣石山爲樂遊山。北齊主高洋天保四年，破契丹還至營州，登碣石山，臨滄海。後周大象初，發山東民修長城，立亭障，西自雁門，東至碣石。唐《十道志》：「河北道名山曰碣石。」孔穎達曰：「碣石在平州東，離海三十里。遠望其山，穹窿似冢。有石特出山頂，其形如柱，當即《禹貢》之碣石。」《爾雅·釋名》：「碣石者，碣然而立在海旁也。」《水經注》：「碣石山在驪成縣西南，枕海有石，如甬道數十里。當山頂有鉅石如柱形，立於鉅海中，莫知深淺，世謂之天橋柱。舊在河口海濱，歷世既久，爲水所漸，淪入於海，去岸五百里。」漢平帝時，司空掾王横言：「昔天嘗連北風，海水溢，西南出浸數百里」，故張君云「碣石淪在海中」，班固亦云「商碣周移」也。武后萬歲登封初，契丹酋帥李盡忠、孫萬榮作亂，據營州，進圍檀州，遣將軍曹仁師等擊之，戰於硤石谷，唐兵大敗。明年，王孝傑與孫萬榮戰於東硤石。契丹兵退，孝傑追之，行背懸崖，契丹迴兵薄之，孝傑敗没。《唐志》「平州有東、西硤石二戍」，硤石即「碣石」之訛也。又武后末，唐休璟練習邊事，自碣石以西踰四鎮，綿亘萬里，山川要害皆能紀之。《通釋》曰：「碣石凡有三：鄒衍如燕，燕昭王館之碣石宫，身親往師之，此碣石特宫名耳，在薊縣東二十里寧臺之東，非山也；秦築長城，起自碣石，此碣石在高麗界中，亦謂之左碣石；杜佑曰：「秦長城所起之碣石，在漢樂浪郡遂城縣地，今猶有長城遺址，東截遼水入高麗。隋大業八年伐高麗，分遣趙孝才出碣石道是也。其在平州界内者，即古大河入海處，爲《禹貢》之碣石，亦曰右碣石。」元金仁山亦云：「碣石有左右二山。」此皆傳譌也。郭造卿云：「今昌黎縣北十里有仙人臺，即碣石頂也。其臺崇廣，絶壑萬仞，仰凌霄漢，迴視邊塞，俱在眉睫間。又有一鉅石，形如甕鼓，疑即所稱天橋柱。昔人謂碣石淪在海中，似未然也。」

清·顧祖禹《讀史方輿紀要》卷一一《北直二·順天府》 西山，府西三十里。太行山之别阜也。巍峨秀拔，拱峙畿右，稱爲名勝。稍北曰玉泉山。金章宗璟嘗避暑於此，行宫故址在焉。其相近者曰香山，有香山寺，萬曆初駕嘗幸此。《志》云：香山之東接平坡山。其上平原百里，煙雲林樹，皆稱奇勝。成化中車駕嘗幸此。其並峙者曰覺山、盧師山。又香山西南有五峰山，以五峰秀峙而名。自此而西，山之得名者凡數十處，皆西山也。金山，亦在府西三十里。亦曰甕山。其西有龍泉，匯而爲池，曰甕山泊，瀦通太湖。又有卧龍崗，在府西北四十五里。正統間車駕嘗幸此。又西五里曰翠峰山，山形奇峭。其陰有横嶺如列屏，曰遮風嶺。

又 仰山，府西七十里。峰巒拱峙，中有平頂如蓮花心，旁列五峰。金主璟嘗遊此。又潭柘山，在府西八十里。山勢磅礴，連擁三峰。傍有二潭，潭上有古柘，因名。自西山諸峰連綿而西，潭柘爲尤勝。

又 分水嶺，府西四十五里。山澗諸水，至此分而爲二。一入盧溝河，一入房山縣界。又十八盤嶺，在府西北八十里。其山縈曲，十有八折。

又 薊丘，在舊燕城西北隅。古薊門也。《戰國策》「薊丘之植，植於汶篁」，謂此。今有二土阜，林木蓊鬱。

清·顧祖禹《讀史方輿紀要》卷一一《北直二·通州》 孤山，州東四十里。四面平曠，一峰獨秀，因名。靖難初，李景隆攻北平，燕王自大寧還至孤山，列陳於白河西。嘉靖中，酋俺答入犯，亦嘗於此。

清·顧祖禹《讀史方輿紀要》卷一一《北直二·三河縣》 華山，縣北三十里。一名兔兒山，即香河縣駱駝港之源也。其地又有石城、青梁諸山口。

清·顧祖禹《讀史方輿紀要》卷一一《北直二·霸州》 莫金山，州南十八里。相傳以莫、金二姓居此而名。宋設莫金口寨於此，俗名口頭村。臺山，在州東三十里，舊爲九河所經。臺基有三，如鼎峙。又東南五里有雁頭山，以鴻雁羣集而名。宋時有雁頭寨。又南山，在州東七十里。喬林修竹，周匝十數里，爲州之勝。

清·顧祖禹《讀史方輿紀要》卷一一《北直二·涿州》 獨鹿山，州西十五里。下有鳴澤。漢元封四年，由回中北出朝那、蕭關，歷獨鹿、鳴澤，從西河還，即此。

清·顧祖禹《讀史方輿紀要》卷一一《北直二·房山縣》 大房山，縣西十五里。境内諸山，此山最爲雄秀。古碑云「幽燕之奥室」也。山下有聖水泉。西南有伏龍穴，一名龍城峪，湯泉出焉。又有孔水洞，在山之東北，今訛爲雲水洞，懸崖千尺，石竇如門，深不可測。《志》曰：山亦名大防山，亦曰大房嶺。五代梁貞明三年，契丹圍幽州，晉王存勖遣李嗣源等趣救，至易州，以步多騎少，不利平原，乃自易州北逾大房嶺，循澗而東，距幽州六十里與契丹遇。契丹却，晉兵翼而隨之。契丹行山上，晉兵行澗中，每至谷口，契丹輒邀之，嗣源等力戰，敗契丹兵於山口，乃得出至幽州。金廢主亮貞元三年，以大房山靈峰寺爲山陵，遷其太祖阿骨打、太宗吴乞買葬焉，故縣有萬寧之名。

又 般州山，縣西南四十里。上有般州山寨。又西南十里爲石經山。山之東爲石經洞，沙門鏤石以傳其教，因名。《志》云：山峰巒秀拔，儼若天竺。

又 大安山，縣北八十里。山高險。薛居正曰：「大安，幽州西名山也。唐天祐末幽州帥劉仁恭築館居其上，曰：『此山四面懸絶，可以少制衆，名曰大安館。』其子守光遣兵攻之，虜仁恭以歸。」又三峰山，在縣西北五十里。《志》云：有三峰並峙，高插云霄。

清·顧祖禹《讀史方輿紀要》卷一一《北直二·昌平縣》 天壽山，在州北十八里。本名黄土山，即軍都諸山之岡阜。《志》云：山脈自西山蜿蜒而來，羣峰連亘，流泉環繞。永樂五年卜建山陵時幸此，因賜今名。歷朝陵寢皆奠焉。今州東北十五里曰玉帶山，又五里曰筆架山，三峰並列，迥出云表。中峰之下，太宗玄宫奠焉，所謂長陵也。諸陵自東西兩峰而外，或各名一山，皆以天壽統之。州南四里曰鳳凰山，至城西北紅門凡十里，兩山並峙，連翩如鳳翥。州西北五里曰虎峪山，又西三里曰大虎峪山，巍峨若虎踞。又十里曰照壁山，方如屏障。州東北七里有平臺山，水中間小山也。山圓秀，成祖嘗駐蹕焉。嘉靖十五年作聖蹟亭於山上。十七年臨幸，祀成祖於亭中。當口又有小山曰影山，遠望之其影先見，是爲東山口。州西有小金山，爲西山口。其南有小紅門，距州西門八里。又西北十里曰德勝口。其西三里爲蒲溝巖，有上中下三巖，土人呼爲石梯，深險可避兵。此皆寢園諸山之護翼也。其間水流環通，自諸山口分入，匯爲一流，出東山口入鞏華城東北之沙河。又自紅門而西北四里爲翠屏山，下出泉九穴，瀦而爲池，名九龍池。紅門之東北四里曰仙人洞，深窅無際。南自鳳凰山，西至居庸關，東至蘇家口，北至黄花鎮，皆禁樵牧，林樹森列。正統十四年，乜先入犯，焚毁陵園，于謙遣軍分屯天壽山。弘治十三年，火篩自大同深入，亦遣大臣守衛天壽山。嘉靖二十九年，虜俺答犯州東門，官軍潛伏林内，奮出擊却之。蓋控禦要地矣。《山水記》「天壽山環山凡十口。自州西門而北八里爲大紅門，門東三里曰中山口，又東北六里曰東山口。距州東門八里有松園，方廣數里。又北而西十里曰老君堂口，旁有老君堂，因名。又西十五里曰賢莊口。又西三里曰灰嶺口，官軍駐守於此。又西十二里曰錐石口。三口並有垣，有水門。崇禎九年昌平之陷，自此入也。又南十二里曰雁子口。又西南三里曰德勝口，距九龍池四里，有垣，有水門。又東南十里曰西山口，距州西門八里。又東二里曰榨子口，距大紅門三里。凡口皆有垣。陵後通黄花城，自老君堂口至黄花城四十里。嘉靖十六年，命塞天壽山東西通黄花鎮路口」是也。又云：「獻陵在天壽山西峰下，距長陵西少北一里。景陵在天壽山東峰下，距長陵東少北一里半。裕陵在石門山東，距獻陵三里。茂陵在聚寶山東，至裕陵一里。泰陵在史家山東南，距茂陵二里。康陵在金嶺山東北，距泰陵二里。永陵在十八道嶺，嘉靖十五年改名陽翠嶺，西北距長陵三里。昭陵在大峪山東北，距長陵四里。定陵亦在大峪山南，距昭陵一里。慶陵在天壽山西峰之右，東南距獻陵一里。德陵在檀子峪西南，距永陵一里。德陵東南有饅頭山、九龍池，南行三里爲蘇山。又南爲銀錢山，又南爲嶼兒峪，又南即鹿馬山矣。又景皇帝陵，則別葬於金山。」

又 軍都山，州西北二十里。層巒疊嶂，奇險天開，太行第八陘曰軍都，即此山也。後漢永平中，朔騎經軍都，耿舒襲破其衆，斬匈奴兩王。其後盧植嘗隱居於此。晉建興中，段匹磾欲擁其衆徙保上谷，阻軍都之險是也。亦曰居庸山。又有積粟山，在州西二十里，與軍都山峰巒相屬。

又 白浮山，州東南十里。上有二龍潭，流經白浮村爲白浮堰。《志》云：白浮堰在州東南十五里，起白浮村，至府西北三十五里之青龍橋，延袤五十餘里。元至元中，郭守敬引白浮山諸水西折而南，經府西三十里之甕山泊流入積水潭，以通漕運，因築此堰，以障雙塔、神山、榆河諸水。其後山水決溢不時，歲常修治。又致和元年，燕帖木兒與上都兵戰於白浮之野，敗之；既又敗之於白浮之西，又追敗之於昌平北。

又 銀山，州東北六十里。峰巒高峻，冰雪層積，色白如銀，因名。麓有石崖皆成黑色，謂之銀山鐵壁。頂爲中峰，石梯而上約五六里，迥出云霄。又神嶺山，在州東北三十二里。山高百餘丈。下有龍潭，流入白浮堰，所謂神山泉也。又州東南三十八里有湯山，下有湯泉。又有湯峪山，在州西北二十五里，温泉出焉。

又 駐蹕山，州西南二十五里。其山綿亘而北，凡二十里。石皆壁立，正北有石梯可登陟。金主璟嘗遊此，因名。又狼山，在州西北四十里。其東北有古陽夏川。或曰山亦名崑山。元致和初燕帖木兒敗上都兵於白浮之野，上都兵走崑山，收集散亡，復戰又敗，走昌平北。

清·顧祖禹《讀史方輿紀要》卷一一《北直二·順義縣》 呼奴山，縣東北二十五里。亦名狐奴山。《水經注》「水不流曰奴」，蓋以山前瀦澤名也。其北麓鳥道而上，約里許始漸開漸平，有小石城。其西南麓又有一城，相傳後漢鄧訓與上谷太守任興將兵屯狐奴以拒烏桓，此城即訓所築。或曰漢狐奴縣城也。

又 牛欄山，縣北二十里。宋王曾《上契丹事》：「順州至檀州漸入山，牛欄是其要地。」明改名順義山。山北里許有小山，名靈蹟山。又有史山，在縣西北三十五里，山高百餘丈，南望京師，盡在目前。

又 桃山，縣西北三十五里。《舊唐書》謂之桃谷山。山有五峰，如桃花瓣，鉅石錯落，橫亘數畝。元致和初，上都兵入古北口，留重兵屯燕樂城，以輕騎進抵桃山，燕帖木兒掩擊之於白狼河，追至桃山，降其衆。燕樂聞之遂潰。白狼河即白河也。一云白狼河在縣西北三十里。《志》云：桃山在縣南十五里。恐悞。又孔山在縣南二十餘里。《水經注》：「山洞穴開明，故曰孔山。」

清·顧祖禹《讀史方輿紀要》卷一一《北直二·懷柔縣》 紅螺山，縣北二十里。山高二百餘仞。下有潭，流爲紅螺山水。《志》云：縣西三里有石塘山，遇大工則采石於此。有工部廠。

又 黍谷山，縣東四十里，跨密雲縣界。亦名燕谷山。劉向曰：「燕有谷地美而寒，不生黍稷，鄒衍吹律以温其氣，因名山曰黍谷，亦曰寒谷。」《吴越春秋》「北過寒谷」，謂此。山南有高齊時長城。東北有華林、天柱二莊，遼時遊賞處也。

清·顧祖禹《讀史方輿紀要》卷一一《北直二·密雲縣》 密雲山，縣南十五里。一名橫山。晉咸康四年，石虎攻段遼於令支，遼棄令支奔密雲山，虎遣將追獲其母妻。《晉紀》云「段遼爲石虎所敗，奔於平岡山」，蓋近漢平岡縣界。唐置橫山城爲守禦處，蓋置於山下。又石峨山，在縣東。洳水出焉，流入平谷縣界。《志》云：縣東北八里有冶山，上有塔，石洞深邃，水四時不竭。東有王府洞，昔人淘金址尚存。又有香陘山，在縣東北。《水經注》：「香陘西北有伏陵山，嶤障寒深，凝冰夏結。」

又 白檀山，縣南二十里。《漢書》：「李廣弭節白檀。」又曹操伐烏桓，田疇請從盧龍口越白檀之險，出空虚之地，掩其不備是也。又《唐志》：「縣有隗山。」今山在縣南三十里。大峪錐山，在縣北。《元史》：山産鐵鑛，至元十三年立四冶。二十五年罷檀州淘金户。明初亦嘗開采，後封閉。又龍門山，《志》云：在縣東六十里。有黄崖洞，懸泉如瀑布。

又 霧靈山，縣東北二百里，南距邊四十里。一名萬花臺。《水經注》：「孟廣硎山也。下有廣硎水，自黑峪關入，西南流經墻子嶺，西合清水河。其山高峻，有雲霧蒙其上，四時不絶。山之左右，峰巒攢列，深松茂柏，内地之民，多取材焉。」元有霧靈山伐木官。其絶頂可瞰塞内。《漕河考》：「白河發源於此。」正德中，撫臣王大用議以山錯在朵顔地界，沿南山以守則曲折而難，據霧靈以守則逕直而易，請出不意，築城守之，以扼其險，如唐、宋受降，大順故事。不果。

又 九莊嶺，縣北三十里。《水經注》：「鮑丘水自禦夷北塞外南流，逕九莊嶺東」是也。又棒棰崖，在縣東北。隆慶元年，三衛夷酋董忽力勾土蠻十萬犯邊，勢甚猖獗，既拆墻而出，至棒棰崖迷失道，墜坑死者無算。

清·顧祖禹《讀史方輿紀要》卷一一《北直二·薊州》 盤山，州西北二十五里。一名盤龍山。《志》云：山高二千仞，周百餘里，勢磅礴而盤桓，因名。《圖經》云：「南距滄溟，西盡洵水，東放碣石，自遠望之，層巒疊嶂，崒嵂排空，真爲雄勝。」山北數峰林立如削，曰紫蓋，曰宿猿，尤爲奇特。其最高者曰上盤，上有二龍潭，下有潮井，又有澤鉢泉。稍下者曰中盤。東行十餘里，蔚然深秀，怪石突起者爲白嵒，其南又有一小嶺，陡絶難行，曰砂嶺。高二百餘仞，周六里。泉水沿石竇而下爲砂河，東流合遵化縣之五里河。

又　甘泉山，州西北七十里。山下有泉極甘美，因名。一名石㯳山。又有桃花山，在州西南六十里。舊《志》以爲州境之名山也。崆峒山，在州東北五里。相傳黄帝問道處。又有螺山，在州南五里。《圖經》：「州西北二里有漁山，高百餘丈，周五里。郡在此山之陽，故曰漁陽。」下有漁水，即今州城南之龍池河也。

又　藥兒嶺，在州北。胡氏曰：「在雄武軍之西。」唐廣明初，李克用自雄武軍西還，李可舉遣將韓玄紹邀之於藥兒嶺，大破之。即此。

清·顧祖禹《讀史方輿紀要》卷一一《北直二·玉田縣》　徐無山，縣東北二十里。後漢末，田疇入徐無山，營深險平敞地而居之，百姓歸之至五千餘家。建安十一年曹操伐烏桓，令疇爲鄉導，上徐無山是也。今其山綿延深廣。《志》云：縣東北二十五里有小泉山，泉源出石罅間，俗呼爲小泉，西南流五里許合大泉山之水入白龍港。二山即徐無之別阜矣。無終山，縣東北三十里。《圖經》云：「無終子國於此。」《春秋》襄四年：無終子嘉父使孟樂如晉。又昭元年：「晉中行穆子敗無終於太原。」蓋無終本在晉陽之境，後爲晉所敗，因徙於此也。《寰宇記》：「無終山一名翁同山，又名陰山，蓋亦徐無之支隴矣。」又種玉山，在縣北十里。縣以此名。

又　燕山，縣西北二十五里。《志》云：山自西山一帶迤邐東來，延袤數百里，抵海岸。蘇轍詩：「燕山如長蛇，千里限夷、漢。首銜西山麓，尾挂東海岸。中間哆箕畢，末路牽一線。」蓋實録也。東晉咸康四年，石虎攻段遼，遼將北平相陽裕登燕山以自固，即此。傍山，在縣西北二十五里。迴崖壁立，突兀嵯峨，有堡可以避兵。其相連者曰麻山。《志》云：麻山在縣北十五里。又縣西北二十里，有石鼓山。

清·顧祖禹《讀史方輿紀要》卷一一《北直二·豐潤縣》　鵶鶻山，縣西北二十里。峰巒秀拔，高數百仞，有孟家、趙家二洞。又西有兩山口。兩山者，狼山、管山也。兩崖對峙，中有路通遵化縣。又有蓮花池水注焉。靈應山，在縣西北四十里。其山懸崖壁立，巖畔有泉，噴流而下，注於沙流河。

又　馬頭山，縣東二十里。其山數峰馳驟，最南一峰昂若馬首。又有車軸山，在縣南二十里。山孤圓而高，如臥轂然。朝月山，在縣東八十里。兩峰突起，狀如偃月。山陰爲石坑岡。又腰帶山，亦在縣東八十里。上有石崖繞山半，如束帶然。又西爲大嶺山，亦行旅所經也。

又　陳宮山，縣北七十里。縈迴數十里，東臨還鄉河，西接黄土嶺。山南有峰，其色蒼翠，一名華山。崖兒口山，在縣東北八十里。其山綿連而中斷，東爲崖兒口，西爲白雹口，有路自崖而入，因名。

清·顧祖禹《讀史方輿紀要》卷一一《北直二·遵化縣》　南龍山，縣南八里。其北有北龍山。兩山相望，蜿蜒如龍。又明月山，在縣西南十三里。高百餘仞。上有石穴，南北相通，望之如月。縣南二十里又有清風山，高三百餘仞。

又　五峰山，縣東北二十五里。山勢磅礴，突起五峰。又三臺山，在縣東北九十里。其山盤曲三層。又東北二十里爲大團亭山，山北爲小團亭山，皆縣境之險也。

又　靈霧山，縣東南六十里。山高九百餘丈，爲縣境羣山之冠。又磨臺山，在縣南四十里。山高聳，而頂圓如磨。夾山，在縣西南二十五里，以兩山相夾而名。又關山，在縣西北五十里，以山近邊關而名也。

又　鹿兒嶺，在縣北塞外。明初常遇春討元餘孽，出遵化，度鹿兒嶺至會州，即此。《志》云：嶺一名鹿路，或訛爲路兒嶺。

清·顧祖禹《讀史方輿紀要》卷一一《北直二·平谷縣》　瑞屏山，縣北二十里。連峰聳拔，秀列若屏。又妙峰山，在縣東北二十五里，峰巒峻秀，下有九沽泉。《志》云：縣東北十里有漁子山，上有大冢，相傳爲黄帝陵也。其北有漁子山堡，與密雲縣熊兒峪相接。

又　城山，縣東六十里。四山高聳，中寛平如城。又碣山，在縣東五十里。峰巒峭拔，林谷深邃。《志》云：縣南八里又有泉水山，泉流入河，民賴灌溉。

清·顧祖禹《讀史方輿紀要》卷一二《北直三·保定府·清苑縣》　朗山，府西北五十里。一名狼山。《水經注》：「徐水屈東北逕郎山，又屈逕其山南，山岑競舉，若豎鳥翅，立石嶄巖，亦同劍杪。漢戾太子之子遠遁斯山，因名。其東北爲燕王仙臺，相傳燕昭王求仙處。其東爲石虎岡，東漢中山簡王焉之窆也。所遺石虎二，後人因以名岡。」宋置狼山砦於山上，金末亦置砦於此。

又　松山，府西北七十里。其山多松。又西北二十里有百花嶼，高數仞，廣數十丈，中多花卉，宋時嘗置戍於此。

清·顧祖禹《讀史方輿紀要》卷一二《北直三·保定府·滿城縣》　眺山，縣東北三里。巍然特立，可以眺遠，因名。山北有舞馬、黄金二洞，容數百人。陵山，縣西南三里。山不甚高，相傳古帝王陵墓，因名。元至正二年改曰靈山。

又　黄土山，縣北十里。山頂平曠可居，石中有泉。昔人避兵於此，亦名黄土寨。又五里爲玉山，山多白石如玉，所謂「燕石次玉」者也。下有玉山店。又北十里爲環山，一名紫口山。山勢環抱，狀若列屏。荆山，在縣西北十五里。山勢險阻。其西南有楊家陀寨，昔人據守處也。又西北有松山，上多松樹，望之蔚然。

又 抱陽山，縣西南十里。山勢高拱，谷内温和。有石洞七十二，大者容二三百人，小者容數十人。又有龍潭，水常不竭，在山上聖教寺中。《金志》：「抱陽山，保州之名山也。」

又 釜山，縣西四十五里，以形似名。西接黑山，東臨峭壁，中有谷甚宏敞。初入曰釜陽口，内爲釜山村，泉甘土肥，物産鮮美。黄帝朝諸侯，合符釜山，或以爲即此山也。

清・顧祖禹《讀史方輿紀要》卷一二《北直三・保定府・安肅縣》 圍道山，縣西北四十五里。四面高爽，中爲大谷，豁然平曠，道路圍繞其内，因名。又西北五里曰牟山，土阜無石，一望坦夷，土脈深厚，居人多占爲田，謂之牟山村。

又 龍山，縣西五十里。俗名龍堂坡，以其盤繞深曲也。相近者爲黑山，背陽面陰，土壤深黑。下有黑山村。後漢末黑山賊張燕聚衆數十萬，縱横河北。《志》謂燕蓋屯據於此，非也。燕本起於黎陽之黑山，此特名相類耳。又楊山亦在縣西，與龍山相接，俗傳宋楊延昭藏兵於此以禦契丹。

清・顧祖禹《讀史方輿紀要》卷一二《北直三・保定府・雄縣》 大雄山，縣治西南二里。高峙數十丈，峰頂廣夷。一名望山，以其標領羣岫爲衆望也。其左翼爲小雄山，奇峰牙列，石罅甘泉出焉。五代周置雄州，蓋因山爲名。

清・顧祖禹《讀史方輿紀要》卷一二《北直三・保定府・唐縣》 大茂山，縣西北百八十里，即恒岳也。北亘雲、蔚，南連鎮、定，爲河東、河北之翰蔽。緣山有村曰石門。《志》云：今有嶽嶺口巡司，在縣西北百十里，即大茂山之東麓。餘詳見名山恒山。

又 唐山，縣北八里。一名唐嵒，亦名堯山。又縣東北十五里有孤山，四面平坦，不與他山相接。一名都山，亦名亘山，又謂之望都山。張晏曰「都山在望都縣南，堯母慶都所居，堯山在其北。登堯山望都山，故以望都爲名」，即此二山也。

又 靈源山，縣東北十五里。山谿環錯。又育山在縣北十五里，與靈源相峙。粟山，在縣西北十五里，古有委粟關，蓋置於山上。又東南三里曰鑼鼓山，崖壁峭險，古中山城蓋在其上。其旁又有楊莊嶺。

又 神和山，縣西北三十五里。舊名石河山，居民避兵於此得免，因改今名。其相接者曰父子山、白合山、柏巖山，參差列峙，爲縣之險。葛洪山，在縣西北七十里。山宫觀環列，巖壑頗勝。徐廣曰：「鴻上水出葛洪山。」山與恒山相接，下有楊家峪。《志》云：縣西北高尖峪、空閑窑諸處舊嘗産銀，謂之銀洞。明初嘗採礦鍊銀，力多利少，閉不復採。

清・顧祖禹《讀史方輿紀要》卷一二《北直三・保定府・完縣》 林尖山，縣北二十里。峰嶺高聳，遠望皆見。又北二十里曰柏山，平闊五百餘步。周迴居民甚衆。昔時山多柏，因名。又北有峨山，巍峨高峻，俯視諸山皆列其下。白崖山，在縣西北四十里。峰巒秀拔，四面多白石，因名。

又 馬耳山，縣西三十里。高聳干雲，有兩峰並峙，狀若馬耳。《志》云：縣境諸山，馬耳爲之冠。中有桃花洞及桃花泉。又大嵬山，在縣西二十里，以山勢嵬峨而名，五雲泉水出焉。伊祁山，亦在縣西三十里，祁水出焉。伊祁，堯姓也，相傳堯母所居。或以此爲堯山。張晏曰「堯山與都山相去五十里」，即此山。《志》云：縣西有壇山，高聳參天，其上平整，遠望無際。又有油山，在縣西南。屹然峭峙，石壁瑩潤，因名。

清・顧祖禹《讀史方輿紀要》卷一二《北直三・易州》 龍迹山，州西南三十里。石上有龍迹。其西麓谷中有坑，大如車輪，中有四穴，春則風出東，夏出南，秋出西，冬出北。孔穎達以爲即燕之龍兑也。趙孝成王與燕易土，以龍兑與燕。漢六年，酈商從擊臧荼，戰於龍脱，先登陷陳，蓋即龍兑矣。

又 窮獨山，州西北三十里。一名馬頭山，濡水所出。《志》云：州北有龍崖山，高可萬仞，隆冬積雪，經春不消。又燕丹山，在州西北百里。山色黑白斑駁，俗名駁牛山。高萬仞。唐天寶中改爲燕丹山，亦曰燕王山。其相近者爲五公山。又西二十里曰西五公山，舊設五公砦於此戍守。萬仞山，在州西九十里。《志》云：在紫荆關南數里，高峻壁立。又屏山，在關城北，夾河環翠，如屏障然。又對敵山，在關東北石港口，兩山對峙，峰巒相匹。又九泉山，在關東白馬灣口，上有八寶砦。《邊防攷》「關城四面，山之得名者凡數十計」云。

又 五迴山，州西南百二十里。亦曰五迴嶺。其相接者曰狼牙峪。又爲五迴道。《水經注》：「代郡廣昌縣東南有大嶺，世謂之廣昌嶺，高四十餘里，二十里中委折五迴，方得達其上。其南層崖刺天，積石之處，壁立直上。有五迴道。

下望層山，如蟻垤然。」唐武后聖曆初，突厥默啜入寇趙、定諸州，自五迴道引去。開元中置五迴縣，蓋以山名。宋嘉慶六年蒙古大敗金兵於五迴，遂拔涿、易二州。《方輿記》云「易州有武夫關，武水所出」，蓋即五迴山之誤也。俗又訛爲五虎嶺，今有五虎嶺巡司。

又 白楊嶺，州西北四十里。嶺多白楊樹，俗訛爲白羊，路通蔚州。其並峙者曰奇峰嶺，有奇峰口，相傳唐置妻亭縣於此口外，烏龍、金水諸溝衝要處也。今置奇峰口巡司於此。又西北十里曰官座嶺，四山環拱，一徑而入，儼若官座，有官座嶺巡司，又西五里爲官座口，皆戍守處也。黄土嶺，在州西南九十里，路達山西廣昌縣。今置城設兵於此，防禦要害。

清・顧祖禹《讀史方輿紀要》卷一二《北直三・淶水縣》 長隄山，縣西十里。高聳突峙，可以遠眺。又西北有金山，一名金絲山，羣峰並聳，其最高者曰朝陽嶺，嶺色如金。又墻山，亦在縣西北，峭削如壁。又西有水峪山，山半出泉。其相接者曰遍竹山。石龜山，在縣北。山巔有石狀如龜，内有巖可容千百人，下有龍湫。又山左一洞，深不可測，相傳外狹内寬，有路可通廣昌。又龍灣山，亦在縣北。山麓有龍潭，兵亂時人多潛匿其中，俗呼鐵裹寨。

又 檀山，在縣西北。峰巒秀麗，中多檀木，與州西北界之白楊嶺相連。濡水經其下。白石嶺，在縣東。唐長慶元年朱克融以盧龍叛，易州刺史柳公濟敗幽州兵於白石嶺。

清・顧祖禹《讀史方輿紀要》卷一三《北直四・任丘縣》 金沙嶺，縣東四十里。以土阜參差而名，本無嶺也。《志》云：嶺迴環斷續，隱約蜿蜒，如兒如伏，凡數十里。斷處有細沙流出如金星，因名。桂巖，舊《志》云：在縣西北。巖多桂，其中深邃，儼如鉅室，爲邑之勝。又縣南有白馬峰，其後水流決溢，皆堙爲平陸。

清・顧祖禹《讀史方輿紀要》卷一三《北直四・鹽山縣》 篋山，縣東南四十里。一名峽山。《魏氏土地記》：「篋山長七里。」又縣東南九十里有閣山，山皆低小，無峰巒林壑之勝。又小山，在縣東北七十里。陂陀綿亘，跨山東海豐縣界。一名騶山。

清・顧祖禹《讀史方輿紀要》卷一三《北直四・慶雲縣》 馬谷山，縣東北七十里明月沽東。俗謂之大山，多石無樹木。中有洞，深廣二丈餘。今亦見海豐縣。

清・顧祖禹《讀史方輿紀要》卷一四《北直五・獲鹿縣》 西屏山，縣西南三十里。高數百仞，峰巒連亘，宛如列屏，爲一郡之勝。《志》云：縣西去井陘縣四十五里。山亘兩縣間，層巖干霄，形如臥虎，一名虎山。東有黑風洞，迤邐而入，可容千人，兵亂時居民多避於此。《郡志》云：虎山在縣東北七里，其勢雄峙，一名虎峰。海螺山，在縣西南四十里。山綿延聳秀，下有白鹿泉，隋因以名縣。山之陽巖洞深邃，相接如門屋，曰連珠洞。

清・顧祖禹《讀史方輿紀要》卷一四《北直五・靈壽縣》 楸山，縣西北五十里。山多楸樹，因名。東接鳳凰石山，兩山夾峙，道出其中，謂之龍門口。《志》云：鳳凰石山，峭壁萬仞，登陟甚難，絶頂有石嵯峨，狀如飛鳳。一名魯伯院山。又朱山，在縣西北九十里。上有寨場。富豪砦山，在縣西北九十里，北接阜平縣界。峭壁聳立，登降危險。半嶺有石堂，絶頂有砦場。一夫據險，千人莫當也。

清・顧祖禹《讀史方輿紀要》卷一四《北直五・阜平縣》 大派山，縣東北五里。稍東爲小派山。以派河所經而名。兩山相峙，林巒鬱然。又北山亦在縣東北。山嶺盤亘，縣境羣川多發源於此。陳攤莊山，在縣南三十里。路通靈壽縣，山徑盤折，不容旋馬。又無奈砦山，在縣西七十里。峰巒劍拔，絶頂寬平，置砦於此，賊莫能入，故名。

又 孫子嶺，縣東南二十里。《志》云：縣境諸山，皆從恒嶺分支，此嶺仰視大茂，拱列如兒孫，因名。俗訛爲孫臏所居也。

清・顧祖禹《讀史方輿紀要》卷一四《北直五・新樂縣》 童山，縣西北二十里。一名見龍山。高數十仞，綿亘數里。下有小溪，縈帶流入沙河。

清・顧祖禹《讀史方輿紀要》卷一四《北直五・曲陽縣》 孔山，縣西北十五里。山多洞穴，因名。又縣西北五十里爲蓮花砦山。大山居中，峰巒九出，狀如蓮花。周迴峻絶，惟一徑可通。中爲空谷，其下臨水，深不可測。昔人於此避兵，因以砦名。又有臨河砦山，在縣西北四十里。其相接者曰靈山。

又 香巖閣山，縣北六十里。絶壁千尋，奇峰萬狀。又北十里有王子洞，巖壑幽深，泉石奇勝。水竇巖，在縣西北五十里。飛泉奔瀉兩巖間，因名。金主璟嘗遊此。

清・顧祖禹《讀史方輿紀要》卷一四《北直五・贊皇縣》 五馬山，縣東十里。上有五石馬，因名。巖隙出泉，甚甘美，名白馬泉。後魏孝昌末，趙郡豪李顯甫聚諸李數千家於殷州西山方五六十里居之，即五馬諸山矣。宋建炎初和州防禦使馬擴奔五馬山聚兵，得徽宗子信王榛以總制諸砦，兩河忠義聞風響應。既而金人來攻諸砦，斷其汲路，諸砦遂陷。檀山，在縣東北十五里，高百餘丈。相傳周穆王嘗駐此。又粟堆山，在縣東南十五里。以山形如委粟而名。

又　十八盤嶺，縣西六十里。山勢嵯峨，林木鬱茂，中有小徑縈紆，上下十有八盤。又黄沙嶺，在縣西北七十里。有黄沙嶺口，路通山西，槐水之源出於此。今有黄沙嶺巡司。鐵脚嶺，在縣東南。高險崎嶇，艱於登陟，因名。

清・顧祖禹《讀史方輿紀要》卷一五《北直六・邢臺縣》　封山，府西二十里。《志》云：以邢侯初封此而名，亦謂之西山。今自封山以西，綿延數百里，直接太行，皆西山矣。五代梁開平五年，晉王存勖自柏鄉乘勝攻邢州，全忠遣將徐仁溥帥兵自西山夜入邢州助保義帥王檀城守，蓋乘高而下，則晉兵不及備也。又西十里曰孤山，斗絶多石，其旁平坦，可以耕藝。

又　百巖山，府西北百三十里。山高險，有巖百餘，郡境諸山之望也。又鵲山，在府西北百十里。岡巒鵲起，上有穴，出雲母。馬鞍山，在府西北三十七里。山脊隆起，其南有泉曰金泉，北曰玉泉。又府西北三十里曰仙翁山，唐天寶中玄宗錫以今名，時張果遊憩於此也。又有百花山，在府西南四十二里。鉅石巉巖，山色青白相間，因名。

清・顧祖禹《讀史方輿紀要》卷一五《北直六・沙河縣》　龍岡山，在縣南。《志》云：其山岡脊橫亘，東西長二十里，蓋西山之脈蜿蜒於郡北，與石井、鹿城諸岡互相接續也。或曰此山舊在邢臺縣境内，故隋以名縣。

清・顧祖禹《讀史方輿紀要》卷一五《北直六・内丘縣》　攫山，縣西北十二里。山峰巖錯峙，勢如搏攫，因名。礪水出於此。又蓬鵲山，在縣西六十三里。亦名龍騰山，以山有騫舉之勢也。龍騰水出焉。孤山，在縣西北十七里。挺然獨峙，旁無支阜。唐天寶中賜名曰内丘山。

清・顧祖禹《讀史方輿紀要》卷一六《北直七・濬縣》　大伾山，縣東二里。周五里，高四十丈有奇。峰巒秀拔，若倚屏障。孔安國曰：「山再成曰伾。」李巡曰：「山再重曰英，一重曰邳。」伾與邳同也。《禹貢》導河「至於大伾」，即此。《國語》：内史過曰：「商之興也，檮杌次於丕山。」亦即大伾也。今亦名黎陽東山。劉楨《黎陽山賦》：「南蔭黄河，左覆金城。」金城謂黎陽城也。又名青壇山。山之絶頂有中軍亭，隋末李密建以瞭敵者，今遺址猶存。其北麓爲黎陽倉，自隋至唐、宋皆置倉於此，即倉城故址也。宋政和以後，河易故道，倉始廢。由大伾而東曰紫金山，又東北曰鳳凰山，俱大伾之支壠也。控扼淇、衛交流之口，屹然並峙。舊《志》云：鳳凰山在故河東岸，碧石聳立，相傳昔有鳳凰集此，因名。紫金山，在縣東北六里，山無餘土，奇石稜嶒，巖洞泉壑，俱稱絶勝。

又　浮丘山，縣西南一里。高三十餘丈，盤踞六里，有峰巖三層。其脈自白祀，同山而東，伏衛河之下，至河東岸突然聳峙，繚繞河濱，今縣治正跨其上。

又　善化山，縣西北三十五里，去内黄縣西南六十里。山有三峰如鼎峙，亦名三山。俗傳紂殺比干於此，亦名枉人山。後魏主宏云：「鄴西有枉人山。」謂此也。山高六十餘丈，周三十里。其南北連跨鉅岡，左右溪澗不啻百數。西南一峰傑出。近西有黑龍潭。又有仰泉七十二穴，旱潦如一。居人以山興云雨，目曰善化山。

又　黑山，縣西北八十里。周五十里，數峰環峙，形如展箕，石色蒼黑，巉巖峻壁，曲澗迴谿，盤紆繚繞。漢獻帝初平初，黑山賊張燕等聚衆於此，掠河北諸郡縣。三年，曹操自頓丘西入擊黑山賊于毒等本屯是也。或謂之墨山。其西又有陳家山，連亘而南，下臨淇水，石壁屹立，高二十仞。又鹿腸山，在縣西北，與黑山相接。後漢初平四年，袁紹引兵入朝歌鹿腸山討于毒等賊是也。《續漢志》：朝歌縣有鹿腸山。

清・顧祖禹《讀史方輿紀要》卷一七《北直八・盧龍縣》　陽山，府東南十五里。峰巒高聳，下多溪谷。一作「崵山」，《説文》以爲首陽山也。漢李廣守北平，俗傳曾射虎於此，山之西麓有射虎石。又南臺山，在府南三里。一名印山，以山形方正也。洞山，在府西十五里。山産鐵，有鐵冶在焉。《地志集略》：「肥水之西，洞山之北，地稱險固」是也。或以爲即古孤竹山。《水經注》：「孤竹祠在山上，城在山側，今山陰即古孤竹城。」《志》云：孤竹山在城西北二十里。其相近有雙子山，孤竹長君墓在焉，一名長君山；又西有馬鞭山，孤竹少君墓在焉，一名少君山；府西北二十五里又有團子山，孤竹次君墓在焉，一名次君山；皆洞山之支麓矣。《遷安縣志》：「縣東十八里有團山，圓秀如覆釜，一名釜山，即團子山也。」又周王山，在府西南二十里灤河中，灤水夾流其下。

又　桃林山，府北六十里。羣山參差，盤折險峻，有桃林口關。其西爲瞭望山，嶕嶢崒嵂，有洞深廣。又西曰甑山巔，有洞穴。《志》云：桃林關城東百餘步有山高三里許，懸巖聳峙，日照之色黄如金，或以爲黄山也。自此而東，斥堠相次，皆依山爲險。又有石門山，在關北八里。兩山如壁，中有龍潭。其南爲羈徨嶺，言羈旅者至此徬徨也。又西北爲鹿尾諸山，則漸近塞外矣。

又 龍山，府西四十里。山勢蜿蜒，其形似龍。相近者曰赤峰嶺，亦名赤峰山。又西有烽火山，一名西安山。又西北曰石崖兒，連峰數十里，北出爲瓦礲諸山，皆設險處也。部落嶺，在府東十八里。《志》云：唐初居黑水部於此，因名。明建文二年，遼東兵克昌黎，燕將谷祥敗遼東兵於定流河，又追敗之於部落嶺。定流河在樂亭縣，即灤河之別名。

清・顧祖禹《讀史方輿紀要》卷一七《北直八・遷安縣》 黄臺山，縣西南三里。山多黄土，其狀如臺，灤水逕其下。又西南十二里曰龍泉山，山腰有泉，亦曰聖泉。佛兒峪山，在縣西南十七里。其西曰棲峰，北曰芝麻嶺。又西南二十五里爲松汀山，高六十餘丈，巉巖壁立，峙沙河中。山腰有山洞，每洞可容二百人，土人結筏縛梯而上以避兵。

又 貫頭山，縣西三十五里。三峰連屬如珠，巉巖蒼翠。其西曰平頂山，上有地一頃餘，可容萬人。其南爲四角、牛心諸山，連屬不絶。黄山，在縣西五十里。横亘十餘里，峻險可避兵。魏收《志》：肥如縣有黄山。魏主濬太安三年將東巡，詔起行宫於遼西黄山。明年如廣寧温泉宫，遂巡平州，至黄山宫。疑即此山也。下有灰窑峪，一名乾糕峪，有舊關砦遺址。又西爲崖兒山，入遵化縣境。

又 尖山，縣西北五十里。羣峰攢列，頂有石砦，環以二泉。其南有赤嶺，有泉出焉，亦曰赤崖泉，即沙河之源也。又南爲血石嶺，石河出焉，經縣西三十里入於沙河。太平山，在縣西北六十里。有太平營，南北兩山去營二里許。灤河迴繞，憑高可眺。又西北十里爲銀礦山。其相接者曰鷂鷹崖，谷口僅容兩馬。又西北十餘里有小黑、大黑諸山，參差鱗立。至縣西北百十里曰十八盤，其間山谷崎嶇，迴環旋轉，皆隘口所憑也。

清・顧祖禹《讀史方輿紀要》卷一七《北直八・撫寧縣》 臨渝山，縣東南三十里。峰巒崛起，高千餘仞。下臨渝河。漢以此名縣，隋臨渝宫亦以山名。其相接者曰連峰山，渝水逕其西，入於海。山之東有雙峰並峙，因名。雲峰山，在縣東北五里。有數峰相屬，綿亘如雲。又横山，在縣東五里。山勢横亘，如屏障然。又紫荆山，在縣南二里。下臨洋河。麓有立石，狀如婦人。魏收《志》：海陽縣有横山、新婦山，即此二山也。

又 兔耳山，縣西七里。有雙峰聳峙，如兔耳然。絶頂有潭，雲氣常蒙其上。微徑屈曲，盤折而登。上平廣，容數萬人。宋宣和五年，張轂以平州來歸，敗金將闍母於兔耳山。明建文二年，燕將谷祥敗遼兵於部落嶺，遂克兔耳山寨，即此。又盧峰山，在縣西十五里。舊置驛於此，曰盧峰驛。今移驛入城，有盧峰鋪。又熊山，在縣西北四十里。山之陽曰白塔莊，舊産金。又西接盧龍縣界。鵬崖山，在縣西北三十里。怪石聳立，旁峰平漫。其東北面卓立如削，因險爲砦，周里許，昔時避兵處也。《志》云：山在臺頭營北。營南有刀崖，頂平，可容千餘人，惟北面有微徑可陟，號爲絶險。又西北五里有滴水崖，高千丈。旁爲麻塔谷，山腰有石洞，中有泉。崖西五里爲半壁山，險絶，有避兵砦。《志》云：縣西北五十里有栲栳山。旁爲東勝砦。又西北二十里爲將臺山，連界嶺關，亦高峻，可避兵。

又 裂頭山，縣東北九十里。羣山環繞，一峰高聳，頂有數尖，因名。亦曰前裂頭山。迤東有七峰相連，極東而尖出者爲後裂頭山。又石門山，在縣東北百里。東西環亘，蹊徑阨塞，亦曰石門峽。相傳漢公孫瓚敗烏桓處。其西曰蕉果山。山前爲傍水崖，内平外險。隆慶初北部黄台吉犯邊，自此逸去，帥臣戚繼光伏兵邀之，斬獲無算。又西北有房山，亦高峻，可避兵。其相接者曰溥塘山，中空峒，下臨渟淵。又南爲團雲山，一名雲蒙山，以山高接雲也。《郡志》：雲蒙山亦在縣東北九十里。

又 黄崖山，縣東北五十里。高十里，陡峻崎嶇。山半有舍身崖，深三四十丈，石徑僅可容足。又茶盆山，在縣東北百里，石門之北。峰高萬仞，陵巒杳深。舊《志》曰：即箭笴嶺也。五代唐同光二年，契丹阿保機襲叛夷軍於箭笴山。宋宣和五年，遼臣奚迴離保據箭笴山，稱夷帝，金人擊平之。《遼史》：遷州有箭笴山是也。其南去葦子峪十餘里，俗呼背牛頂，以山後有石如牛云。馮家山，縣東南二十五里。兩峰並峙，結砦其上，極險峻。一名對嘴崖。又牛頭崖，在縣東三十里。形似牛頭。海軍偵探戍守，往往駐泊於此，即牛頭崖營也。迤東爲望海岡，登此可以望海。又金山嘴島，在縣東南四十五里。山如鳥嘴，半入於海。今設軍戍守。銀峒峪，在縣西南四十里。舊出銀礦，因名。

清・顧祖禹《讀史方輿紀要》卷一七《北直八・延慶州》 官帽山，州北十八里。狀如幞頭。與懷來衛大海陀山東西相望，一名東崖山。相近者曰石門山，中有洞，南北通明如門。又擎笏山，在州北二十里。峭拔孤立，狀如擎笏。州東北二十五里又有金剛山，兩山對峙，勢若相抗。其相近者曰古城山。

清·顧祖禹《讀史方輿紀要》卷一八《北直九·萬全右衛》 馬頭山，在衛西北。《志》云：在洗馬林堡西北四里。山下流泉，盛暑極寒。山之陽有水關洞。又東孤山，在堡北四十里，以獨出羣山而名。堡西北三十里又有西孤山，陡峻突立，産赤石脂。又有北高山，在堡西二十五里。寨兒嶺，在堡南五里。其山四合若砦。又堡西南有黑龍洞。已上皆洗馬林之險也。

又 野狐嶺，衛北三十里。勢極高峻，風力猛烈，雁飛遇風輒墮地。宋景祐四年，契丹主宗真獵於野狐嶺。又北有貛兒嘴。嘉定四年蒙古破金撫州，將南下，金將完顏九斤駐兵野狐嶺以備之，蒙古進至貛兒嘴，金人遁走。元至元十九年，如野狐嶺。明洪武三年，李文忠北伐出野狐嶺，敗元兵於察罕腦兒。景泰初，上皇自北還，乜先遣兵送至野狐嶺。撫州，即今廢興和所。察罕腦兒，見開平衛。興寧嶺，《志》云：在衛南八十里。又衛西北五里有紫巖，有泉出焉。

清·顧祖禹《讀史方輿紀要》卷一八《北直九·保安右衛》 水溝口山，衛南十五里。兩山巍峙百餘丈。下有水溝口河，因名。又雲頭山，在衛西南三十里。山高聳，雲覆其上即雨。中有班石洞，稱幽勝。其相近者曰虎窩山。崖畔水出，盛暑結爲冰柱，隆冬反釋，亦天地之異氣也。良山，在衛西十五里。舊名狼山。《志》云：魏主珪天賜二年，如狼山，至延水。《志》以爲即此狼山也。明永樂中車駕駐此，因改今名。又平頂山，在衛西三十里。內有天窖洞，四圍俱山，一穴而入，可避兵。

又 花山，衛西北三十里。春秋多花。上有池，歲旱不涸。又白腰山，在衛東北三十里。高聳壁立，腰有白土如帶，因名。又蕁麻嶺，在衛北八十里。嶺路崎嶇，塞口要地也。《志》云：衛西至枳兒嶺二十里，接順聖西城界。

清·顧祖禹《讀史方輿紀要》卷一八《北直九·開平衛》 東山，衛東三十里。極高峻。上有墩臺，可瞭三百餘里。《志》云：衛東北十里有總高山，登之遠見遼海。又有東勝山，在衛東五里。衛東南十里有崆峒山。氈帽山，在衛西北十里。圓聳卓立，遠望如帽，因名。下有氈帽川。又有常寧山，在衛西十里。

清·顧祖禹《讀史方輿紀要》卷一八《北直九·龍門守禦千户所》 西高山，所西五十里。山高聳，登其巔可以遠望。又北高山，在衛北二十里。亦峻拔，經夏冰雪常存。鷹窠山，在所東南四里。《志》云：所西南十里有鷹嘴山，以形似名也。又聚陽山，在所東南三十里。

清·顧祖禹《讀史方輿紀要》卷一八《北直九·龍門守禦千户所·雲州堡》 龍門山，堡東北五里。兩山石壁對峙，高數百尺，望之若門。塞外諸水皆出於此，亦曰龍門峽。《遼志》：「龍門縣有龍門山，徼外諸河及沙漠潦水皆經其下。雨則俄頃水逾十仞，晴則清淺可涉，塞北控扼之衝也。」宋寶元初，契丹主宗真如龍門山，即此。又有東貓兒峪，在龍門峽北十里。金閣山，在堡西南十五里。有遊仙峪、長春洞，稱名勝云。《志》云：堡東北四十里有棋盤山，峰巒高峻，人罕能陟。其頂平夷，因名。又拂云堆，在堡北四里。又北里許有捨身崖。

清·顧祖禹《讀史方輿紀要》卷一八《北直九·龍門守禦千户所·馬營堡》 紅山，堡東南二十里。山高險，石色多赤。下有紅泉，東流合大河入龍門峽。又樺嶺，在堡北五十里。以多産樺木而名。又蒼崖，在堡南二十里。上有飛泉。

清·顧祖禹《讀史方輿紀要》卷一九《南直一》 鍾山在應天府城東北朝陽門外。舊《志》：在城東北十五里。諸葛武侯所云「鍾山龍蟠」者也。一名蔣山。吳大帝祖諱鍾，因改曰蔣山。以漢末秣陵尉蔣子文逐賊有功，死葬於此，因名。亦曰金陵山，亦曰北山，一名紫金山。庾闡《揚都賦》謂時有紫金，故名。山周迴六十里，高百五十餘丈，負北面南。其東則達青龍、雁門諸山，北連雉亭山，青龍山在今應天府城東南三十五里。雁門山則在城東南六十里。雉亭山，在城東北四十里，一名騎亭山。西臨青溪，山南有鍾浦水流入秦淮。《丹陽記》：一作《金陵新志》，明張鉉撰。「京師南並連嶺，而蔣山岧嶢嶷峻，實作揚州之鎮。」晉咸和三年，蘇峻反於歷陽，自横江濟從南道出蔣陵，胡氏曰：「蔣山之陵阜也。」戰於西陵，鍾山南，吳大帝陵也。亦曰孫陵。臺軍敗績，峻遂攻青溪柵，入臺城。齊永元二年，崔慧景自京口向建康，拔竹里，見句容縣。東昏侯使中領軍王瑩督軍據湖頭玄武湖頭。築壘，上帶蔣山西巖，以拒慧景。萬副兒因説慧景曰：「今平路皆爲臺軍所斷，不可議進，惟宜從蔣山龍尾上，出其不意耳。」胡氏曰：「自山趾築道，陂陁以登山，曰龍尾。」從之，分遣千餘人魚貫緣山，自西巖夜下，鼓叫臨城中，即西巖下壘中也。臺軍驚潰，遂入北籬門屯樂遊苑，宮門閉，東府、石頭、白下諸城皆潰。《齊紀》：「永明中惠文太子立樓觀於鍾山下，號曰東田，又於東田起小苑，營城包巷，彌亘華遠。建武二年詔罷東田及毁苑中興光樓。」梁太清二年，侯景迫臺城，邵陵王綸自京口入援，景遣兵禦之於江乘。趙伯超謂綸曰：「今若從黄城大路，黄城，當作「江乘」。又《金陵志》：「上元縣東北清風鄉有黄城村。」必與賊遇，不如徑指鍾山，突據廣莫門，出敵不意，城圍必解。」綸從之。夜行失道，迂二十里，及旦，營於蔣山。景見之大駭，悉送所掠婦女珍貨於石頭，具舟欲走。綸禦軍無法，尋爲賊所敗。梁末，徐嗣徽引齊軍潛至鍾山，侯安都與齊將王敬寶戰於龍尾。既而齊師潛逾鍾山，陳霸先分軍頓樂遊苑東及覆舟山北，斷其衝要，齊師敗却。陳禎明末，隋師來伐，賀若弼自廣陵濟江入京口，司馬涓言於後主，請北據蔣山，南斷淮水。謂秦淮水。不從。既而弼趨建康，分兵斷曲阿之衝而入進據鍾山，《一統志》：「鍾山龍尾上有賀若弼壘，去府城二十里。」與陳兵戰於白土岡，乘勝至樂遊苑，遂夜燒北掖門入臺城。《唐六典》：「蔣山，江南道名山之一也。」今峰巖泉壑，其得名者以數十計。朱子曰：「天下山皆發源於岷山，鍾山實其脈之盡者。」蓋自六朝以來，東南名勝，鍾山其最著矣。國初敗元人於方山營，進敗元人於蔣山，直抵集慶城下，遂克之。《金陵記》：明陳沂撰。「鍾山磅礴奇秀，比諸山特高。林木鬱葱，泉流清冽。山之陽陵寢奠焉。俯視羣山，氣象雄偉，鍾祥衍慶，有繇來矣。嘉靖中詔改山名曰神烈山，以表功德」云。

清・顧祖禹《讀史方輿紀要》卷三〇《山東一》 泰山，在濟南府泰安州北五里。亦曰東岳，亦曰岱宗。《舜典》：「歲二月，東巡狩，至於岱宗。」《詩》：「泰山巖巖，魯邦所瞻。」《周・職方》：兖州，其山鎮曰岱山。《孟子》：「孔子登太山而小天下。」管子曰：「古者封泰山禪梁父者七十二家。」《戰國策》：「蘇秦説齊宣王：『齊南有泰山，東有琅邪。』」《史記》：「昔黄帝東至於海，登岱宗。」又《齊世家》：「齊自泰山屬之琅邪，北被於海，膏壤二千里。」《貨殖傳》：「泰山其陽則魯，其陰則齊。」山之東北址舊有明堂，爲成周時朝會諸侯之處。秦、漢以下，言封禪者必於泰山。秦始皇二十八年，至泰山下議封禪，遂除車道，上自泰山陽至顛，立石頌德，從陰道下，禪於梁父。漢元封初，封泰山，下陰道，禪泰山下址東北肅然山，乃議以五載一巡狩，用事泰山，令諸侯各治邸泰山下。明年復祠泰山。五年，南巡狩，還至泰山增封。又太初元年行幸泰山，禪高里。二年，修封泰山，禪石閭。天漢三年，行幸泰山修封。太始四年，幸泰山修封，禪石閭。征和四年，復幸泰山修封，亦禪石閭。從來封禪之數，未有如漢武者也。後漢建武中元元年，東巡，封泰山，禪祭地於梁陰。梁父山之陰也。章帝元和二年，幸泰山，柴告岱宗。安帝延光三年，東巡幸泰山。桓帝延熹四年，岱山頹裂，自是天下漸多故矣。《通義》曰：「王者受命易姓，報功告成，必於岱宗。」《白虎通》曰：「王者受命必封禪。」封，增高也；禪，廣厚也。天以高爲尊，地以厚爲德。故增泰山之高以報天，禪梁父之址以報地。史稱無懷、伏羲、神農、炎帝、黄帝、顓頊、帝嚳、堯、舜皆封泰山禪云云，禹封泰山禪會稽，周成王封泰山禪社首，秦始皇封泰山禪梁甫，漢武封泰山禪梁甫、肅然及高里、石閭，修封者凡五是也。《漢官儀》：「泰山盤道屈曲而上，凡五十餘盤，經小天門、大天門，仰視如從穴中視天窗矣。自下至古封禪處凡四十里。」《泰山記》「山有秦觀望見長安，吴觀望見會稽，周觀望見齊。黄河去泰山二百餘里，於祠所瞻黄河如帶，若在山趾」，蓋侈言之也。又周觀亦曰日觀，相傳鷄鳴時可見日出。吴觀亦曰越觀，又名月觀，以與日觀相對也。與秦觀爲泰山三峰云。隋開皇十五年，東巡頓齊州，爲壇於泰山，柴燎祀天，禮如南郊。大業九年，齊郡丞張須陀擊羣賊王薄於泰山下，大破之。唐乾封元年，登泰山封玉牒，禪於社首。又開元十三年，封泰山，祀昊天上帝於山上，羣臣祀五帝百神於山下之壇，又祭皇地祇於社首。宋大中祥符元年封泰山，亦禪於社首。《宋史》：時王欽若判兖州，上言泰山醴泉出，錫山蒼龍現。又木工董祚於泰山醴泉北見黄帛曳林木上。既而帝至泰山，登山道，經險峻，降輦步進，鹵簿儀衛列於山下，享昊天上帝於圜臺，陳天書於左，以太祖、太宗配。命羣臣享五方帝及諸神於山下，封祀壇。明日禪祭皇地祇於社首山，如封祀儀。改乾封縣爲奉符縣。《唐六典》：「河南道名山曰泰山。」山周百六十里，高四十餘里。郭璞云：「從泰山下至山頭，百四十八里三百步。」一云泰山周迴二千里。又《山海經》云：「泰山上多玉。」尸子謂山中有神房阿閣，以及諸家誇誕之説，今皆不取。羣峰之得名者望秦、獨秀、雞籠、老鴉、獅子、蓮花、懸石，而丈人峰在山頂，特出羣峰之表。又有百丈、馬棚、鵓鴿、捨身諸崖，石經、石壁、酆都、桃花、佛寺、鬼兒、椒子、馬蹄、溪里諸峪，迴馬、雁飛、黄峴、思鄉、青峰、西横諸嶺，迎陽、呂公、白雲、遥觀、蝙蝠、鬼僊、水簾諸洞，玉女、王母、白鶴、白龍諸池。又有明月嶂、登僊臺及東、西、南三天門，東、西、中三溪，爲山之最勝。其餘峰巒谿峒，層見疊出，不可勝數也。自嶽頂而東南二十里曰鶥窠山，西南十里曰亭禪山，即社首山，亦曰高里。南五十餘里曰石閭山，又南五里曰亭亭山，東六十里曰梁父山，又東曰云云山，《志》云：嶽頂東南十里有東神霄山，下有東溪神廟。西南十里有西神霄山，下有西溪神廟。又西十里曰石後山、三尖山。其在嶽陰者又有孤山、䄡山、鶴山，相去各十里。雖隨地異名，實皆泰山之支峰别阜也。永樂十四年祠祭郎中周訥請封泰山，不許。魏氏曰：「自成皋以東，歷梁、宋、曹、鄆諸州，幾千餘里，大抵經途沃野，無大山重阻，而泰山忽焉特起，博厚崇隆，拱衛南北。自此羣山翼帶，直抵海濱，爲天下之奧區，神皋形勝，直與關中並峙。五嶽爲羣山之尊，而泰山又爲五嶽之長，不信然歟？」《灾異志》：「漢元鳳三年泰山大石起立，説者以爲宣帝特起民間之象。」明朝成化二十一年泰山屢震，説者謂應在武宗也。

又 琅邪山，在青州府諸城縣東南百四十里。其山三面皆浸於海，惟西南通陸。《山海經》：「琅邪臺，在勃海間，琅邪之東。」是也。《管子》：「齊桓公將東遊，南至琅邪。」《孟子》：「齊景公問晏子：『欲放於琅邪。』」《竹書》：「越王句踐二十九年徙都琅邪。」《越絶書》：「句踐既滅吳，欲霸中國，徙都琅邪，立觀臺於山上，周七里，以望東海。」今山在海濱，蓋築以望遠耳。《國策》：「蘇秦說齊宣王：『齊南有泰山，東有琅邪。』」《史記》：「始皇二十八年，南登琅邪，大樂之，留三月。乃徙黔首三萬户琅邪臺下，復十二歲。作琅邪臺，立石刻，頌秦德。又三十七年從會稽還，過吳，並海上，北至琅邪、之罘。」漢初田肯曰：「齊東有琅邪、即墨之饒，南有泰山之固。」武帝元封五年，東巡，北至琅邪並海。太始三年幸琅邪。《封禪書》：「八祀，曰四時主，祠琅邪。」《子虛賦》：「齊東陼鉅海，南有琅邪。」是也。郭璞曰：「琅邪臨海有山，嶕嶢特起，狀如高臺，即琅邪臺也。」戰國時齊築長城以拒楚，自琅邪臺入海，即其地矣。

又　沂山，在青州府臨朐縣南百二十五里。《周·職方》：「青州，其山鎮曰沂山。」一名東泰山。《史記·封禪書》：「公玉帶言：『黃帝封東泰山，禪丸山。』天子既令設祠具，至東泰山，山卑小，不稱其費，乃令禮官祠之，而不封禪。」魏文帝亦嘗致祀焉。隋開皇十四年詔以沂山爲東鎮，後代因之，載在祀典。《志》云：山西宗岱嶽，東俯琅邪，背負鳳凰嶺，東接穆陵關。其巔爲百丈崖，壁立萬仞，形如斧削，有飛泉下灑曰瀑布泉。瀰水出其西麓，又沂水亦出其西，沭水出其東也。《水經注》：「汶水出朱虛縣之泰山，山上有長城，西接岱山，東連琅邪，千有餘里，蓋田氏所遺也。」

清·顧祖禹《讀史方輿紀要》卷三一《山東二·長清縣》　方山，縣東南九十里，即《水經》所云玉符山也。四面方正，因名。峰巒高聳，泉流環遶。東南有琨瑞谷。苻秦時沙門僧朗隱此，亦曰朗公谷。山北有靈巖寺，唐李吉甫《十道圖》以潤之棲霞、臺之國清、荆之玉泉，與此爲四絶者也。《唐書》：「麟德二年，發靈巖頓，至泰山下。」《金史》：「靈巖寺有屋三百餘間，且連接泰安之天聖寨，介於東平、益都之間，駐兵於此，足相應援。」元初泰安張汝楫據靈巖以拒蒙古之兵是也。山頂有六泉，皆甘冽。又雞鳴山，在縣東八十里，《志》云：靈巖寺西山口也。

清·顧祖禹《讀史方輿紀要》卷三二《山東三·寧陽縣》　魏家寨山，縣西三十里。山高峻，上有石洞，容數百人。元季，人多避兵於此。靈山，在縣東九十里，連新泰縣界。樹木蔥鬱，四時蒼翠。又東十里有九頂山，山有九峰，參差競勝。

清·顧祖禹《讀史方輿紀要》卷三二《山東三·滕縣》　連青山，縣東北五十里。形如蓮花，亦曰蓮峰山。中有泉，南沙河出焉，即漷河也。自連青山涉漷三十里爲大白山，又十里爲越峰山、大岸阜山，皆高出雲表，峰巒洞壑，迥絶人世。《志》云：越峰山在縣東北七十里。

清·顧祖禹《讀史方輿紀要》卷三二《山東三·嶧縣》　青石山，縣東七里。頂有石穴，深數丈。西崖瀑布自削壁而下，達於澗底。中有偎洞。或謂之石城山。晉咸和中彭城内史劉續據蘭陵石城，後趙將石瞻攻拔之。魏收《志》：蘭陵縣有石孤山，當即石城矣。葛嶧山，在縣東南十五里。丞水環其下。曰葛嶧者，以山川絡繹，如葛之有蔓也。亦名桂子山。又青檀山，在縣西十里。山多青檀樹，有流泉注丞水，俗名龍鳳山。又馬山，在縣南九十里。以山勢若奔馬而名。或謂之馬旺山，武水出焉。

清·顧祖禹《讀史方輿紀要》卷三三《山東四·嘉祥縣》　萌山，在縣治東北。峰巒峭拔，高百餘仞。出城橫亘四五里，亦名橫山。其前有獨坐山，後有柏山，桓公溝在其東。滄臺山，在縣南三里。有滄臺滅明墓。其旁有羣山相接，連亘城南。又南武山，在縣南四十五里。其南有曾子墓。

清·顧祖禹《讀史方輿紀要》卷三三《山東四·費縣》　大沬崮，縣西南六十里。根盤三十里，壁立干霄，如鉅柱之擎天也。《志》云：縣山以崮名者，若太平、不老、佛耳、雲頭之類甚衆。又一泉崮，在縣西南八十里。上有泉一泓，雖旱不涸。又大崖阜，在縣西南百里。亦曰大崖崮，一名貨郎阜，祊水發源於此。

清·顧祖禹《讀史方輿紀要》卷三四《山東五·博平縣》　駱駝山，縣西北十五里。土阜巍然，形似駱駝。又有平山，在縣西北二十五里。

清·顧祖禹《讀史方輿紀要》卷三五《山東六·青州府》　雲門山，府南五里。一名雲峰山。山麓爲花林疃。其上爲大雲頂，中有通穴如門，可容百餘人，遠望如懸鏡。旁有黑龍洞及石井，又有水簾洞在其陰。或謂之劈頭山，以與劈山相接也。《志》云：劈山在雲門山東南。石壁自頂開裂，二峰屏峙，高插雲霄，遠望如刀劈狀，亦謂之劈裂峰。其南曰八仙臺，臺之阿有皇化寺，今爲廣福寺。

又　香山，府東四十五里。孤峰獨聳，絶頂有泉，冬夏不竭。山南又有龍女泉。《元和志》謂之箕山，《齊乘》以爲琪山也。自山而南而西，有羣山聯屬，直接顔神鎮。《志》云：郡境諸山多在西南，東郊平原百餘里，惟香山童然特峙云。

清·顧祖禹《讀史方輿紀要》卷三五《山東六·昌樂縣》　孤山，縣東十里。

峰巒峭拔，高出雲霄。《志》云：伯夷避紂，居東海之濱，蓋在此山之側。今山接濰縣界。又方山，在縣東南二十里。山麓有龍池，四時不竭，蓋東丹河所出。其相近者又有黄山。又西曰西黄山。

清・顧祖禹《讀史方輿紀要》卷三五《山東六・安丘縣》 岞山，縣東北四十里。其形岞然高聳，金人置砦於此。宋建炎三年張邵使金，至濰州，與金將撻覽抗禮，金人執邵送密州，因於岞山砦。又峽山，在縣東四十里，以兩山夾峙而名。

又 郚山，縣西南六十里。四面險絶，其上寬平約數百里。有古城遺址，即峿城也。中有池，伏琛以爲汶水所出。又淇山，亦在縣西南六十里。旁有淇河。金轎山，在縣西南七十里。形肖鞍轎。其相接者有太平、鳳凰兩山。

又 牟山，縣西南十五里。山北有故城，即牟鄉城也。隋因置牟山縣。其相聯絡者有洪它山，山多鉅石，巑岏高聳。又峰山，在縣西南三十里。三峰高峙，又有土山相連。望高山，在縣西北二十里。山形突兀，遠視高聳。《志》云：縣西南八十里有長城嶺，以長城故址而名。

清・顧祖禹《讀史方輿紀要》卷三五《山東六・諸城縣》 九仙山，縣西南七十里。高聳摩空，峰巒十有一，磐石十有八，蘇軾以爲奇秀不減於雁蕩。金時土賊嘗據九仙山爲巢穴。今山西北兀子山，南有大路，東出信陽塲，西走沂、莒，爲奸徒亡命出入之處。有黄草關，亦邑之要害也。馬耳山，在縣西南六十里。雙峰聳削，形如馬耳。《水經注》：「馬耳山高百丈，上有二石並舉。涓水出其陰，北流入濰水。或謂之分流山。」

清・顧祖禹《讀史方輿紀要》卷三五《山東六・沂水縣》 絲山，縣東北二十里。山形陡絶，懸溜侵崖，如絲縷然。絲水源於此。又三柱山，在縣北二十里，葛陂水出焉。又縣東南二十里有孤奎山，亦曰圭山。

清・顧祖禹《讀史方輿紀要》卷三六《山東七・萊州府》 福山，府西北五里。俗名斧山，峰嶺高峻，北臨滄海。其並峙者曰禄山。大基山，在府東十里。上有道士谷，巘崿蒼翠，泉流潺湲。又東五里爲神仙洞，其相連者有洞凡七，俱幽勝。

清・顧祖禹《讀史方輿紀要》卷三六《山東七・平度州》 天柱山，州北五十里。絶頂巉巖聳立如柱，又有石龕如屋，州人謂之劈石口。《通志》：「山之東曰之萊山，東連大澤、御駕、明堂諸山。」嵖岈山在州北三十里，以山形嵖岈而名。

清・顧祖禹《讀史方輿紀要》卷三六《山東七・蓬萊縣》 丹崖山，府北三里。東西二面，石壁巉巖，上有蓬萊閣，又有三洞，奇秀爲一郡之勝。山下爲珠璣巖，石壁千尺。巖下水中有小石如珠璣，或如彈丸，俗呼彈子渦，或謂之珍珠門。田横山，在府西北三里。《郡志》：城北有古田横寨，與蓬萊閣對峙，西北二面皆鉅海，石壁高峻。相傳韓信破齊，田横東走，結寨於此，遺址尚存。又有荆山，在田横、丹崖二山之間，産荆。山色長紫，一名紫荆山。

清・顧祖禹《讀史方輿紀要》卷三九《山西一》 雷首山，一名中條山，在平陽府蒲州東南十五里，首起蒲州，尾接太行，南跨芮城、平陸，北連解州安邑及臨晉、夏縣、聞喜之境。《禹貢》「壺口、雷首」，即是山也。《左傳》：「趙宣子田於首山。」《史記》：「衛鞅謂秦孝公：『魏居嶺阸之西，都安邑，與秦界河，而獨擅山東之利。』」司馬貞曰：「大河經中條之西，自中條以東，連汾、晉之險嶝，謂之嶺阸。」漢武帝置首山宫於此，元封六年詔曰：「朕禮首山，昆田出珍玉，或化爲黄金。」應劭：「昆田，首山下田。」《封禪書》：「自華以西，名山七。一曰薄山，蓋襄山也。」亦中條之異名。《穆天子傳》「東巡自河首襄山」，即此。《水經注》：「雷首西臨大河，俗亦謂之堯山，上有堯城。」《括地志》：「雷首山延長數百里，隨州郡而異名。一名中條山，一名首陽山，又有蒲山、歷山、薄山、襄山、甘棗山、渠豬山、獨頭山、陑山、吴山亦曰吴阪。之名。」《尚書大傳》：「湯伐桀升自陑。」鄭氏云：「陑在河曲之南是矣。」山之南阜即首陽山，夷、齊餓死於其下。《六典》：「河東道名山曰雷首，亦曰中條。」天寶末哥舒翰與賊將崔乾祐戰於靈寶西原，翰軍於河北，登高阜望之，胡氏曰：「首山與湖城縣之荆山隔河相望是也。」軍敗翰走，自首山西度河入關。或又謂之南山，元至正十八年汝、潁賊陷晉、冀諸處，察罕帖木兒引軍趨河東，先遣兵屯南山阻隘，自勒重兵屯聞喜，洛陽賊果出南山，爲伏兵所敗，乃進屯澤州。中條在晉、冀之南，與河南岸諸山相接，故曰南山云。《名山記》：「中條以中狹不絶而名，上有分雲嶺、天柱峰及桃花、玄女諸洞，谷口、蒼龍等泉。其瀑布水自天柱峰懸流百尺而下，出臨晉縣之王官谷入於大河。而解州東南之白徑嶺通陝州之大陽津渡，尤爲奇險。」

又 太行山，在平陽府絳州絳縣東二十里。《志》云：在澤州南二十里，迤邐而東北，跨陵川、壺關、潞城、黎城、遼州、和順、武鄉諸州縣境。此爲太行之西垂。東連懷、澤之境，又東北出彰德、潞安之郊，直抵幽州東北凡數千里。詳見河南名山。

又 霍山，在平陽府霍州東南三十里。亦曰太岳，亦曰霍太山。《禹貢》：「既修太原，至於岳陽。」謂太岳之陽。又曰：「壺口、雷首，至於太岳。」《周禮・職方》：「冀州鎮曰霍山。」《爾雅》：「西方之美者有霍山，多珠玉。」《史記》：「周武王伐紂，飛廉先爲紂使北方，還無所報，乃爲壇於霍太山而致命焉。」山下有觀堆，高二里，周十里。趙襄子滅智氏，祠霍太山於此，曰觀堆祠。後周建德五年，周主自將攻晉州，軍於汾曲，分遣宇文純守千里徑。《志》云：徑極高險，每大軍往來甚苦之，後魏平陽太守封子繪嘗請別開一路，旬日而就，蓋自霍山北出汾州，徑指太原之道。杜佑曰：「汾州界北極太原，當千里徑。」隋開皇十四年，詔以霍山爲冀州鎮。仁壽末楊素擊漢王諒，諒遣將屯高壁見霍州靈石縣。以拒之。素令諸將引兵臨之，而自引奇兵深入霍山，緣崖谷而進，遂敗諒軍。大業十三年李淵建義師至霍邑，隋將宋老生屯兵據險，師不得前，乃傍山取徑，去城十餘里，老生逆戰敗死，蓋即千里徑也。又霍山亦謂之西山，以自山而北接綿山、介山達於晉陽之西南也。唐天復元年周德威逼晉、絳，爲汴軍所敗，汴軍長驅圍晉陽，德威收餘衆依西山還晉陽。又五代周廣順初北漢主劉崇攻晉州，不克引還，周兵追之及霍邑，霍邑道險，漢兵墮崖谷死者甚衆，周兵追者不力，乃得度。蓋霍山崎嶇險峻，介并、晉二州之間，實控扼之要矣。《唐六典》：「河東道名山曰霍山，祀典謂之中鎮。」明洪武中建中岳廟，祀霍山。

又 勾注山，在太原府代州西北二十五里。一名西陘山，陘讀硎。亦曰雁門。《爾雅》：「北陵、西隃，雁門。」《山海經》：「雁門，飛雁出於其門。」郭璞曰：「西隃即雁門。」《吕氏春秋》：「天下九塞，勾注其一。」《戰國策》：「張儀説燕王：『趙王欲并代，與代王遇於勾注之塞。』」又蘇厲爲齊謂趙惠王：「秦反巠分、先俞於趙。」孔氏曰：「巠分即陘山，先俞即西隃，字與音之訛也。」《史記》：「趙襄子踰勾注而破并、代。」又《趙世家》：「趙有代勾注之北。」漢六年匈奴圍韓王信於馬邑，信降匈奴，匈奴遂引兵南踰勾注。又《漢書·婁敬傳》：「漢兵已踰勾注。」又文帝後六年，匈奴入上郡、雲中，以蘇意爲將軍，屯勾注。武帝元光五年，詔發卒治雁門阻險。劉氏曰：「將伐匈奴，通道令平易也。」《晉地道記》：「北方之險有盧龍、飛狐、勾注爲之首，天下之阻，所以分別內外也。」《河東記》：五代李璋撰。「勾注以山形勾轉水勢流注而名。」亦曰陘嶺，自雁門以南謂之陘南，以北謂之陘北。自漢中平以後，羌、胡大擾，陘北之地皆爲荒外，魏、晉時並以勾注爲塞。曹魏青龍元年鮮卑軻比能誘保塞鮮卑步度根，時步度根保太原雁門塞。與結和親，自勒萬騎迎其累重於陘北。并州刺史畢軌請出師拒遏，魏主詔曰：「慎勿越塞過勾注也。」時軌軍已先進，果敗。晉永嘉四年鮮卑拓跋猗盧帥部落自雲中入雁門，從并州刺史劉琨求陘北地，琨徙樓煩、馬邑、陰館、繁峙、崞五縣民於陘南，以其地與之。曹魏時五縣俱已遷陘南，遺民猶有陘北也。咸和二年後趙將石虎擊代王紇那於勾注陘北，紇那兵敗，徙都大甯以避之。大甯，見北直保安州廢廣甯縣。太元二十一年拓跋珪大舉伐燕，南出馬邑，踰勾注。後魏太和十八年，太子恂將還洛陽，不欲行。其黨元隆等密謀留恂，因舉兵斷關，規據陘北，不果。關即東陘、西陘二關也。後周主邕保定二年，遣楊忠會突厥自北道伐齊，拔齊二十餘城。齊人守陘嶺之隘，忠擊破之，至晉陽而還。隋大業二年漢王諒舉兵并州，遣其將喬鍾葵圍代州，朔州刺史楊義臣奉詔往救，夜出西陘，鍾葵敗走。《唐志》：「西陘，關名也，在雁門山上。東西山巖峭拔，中有路盤旋崎嶇，絶頂置關，謂之西陘關，亦曰雁門關，西北去朔州馬邑縣七十里，南去代州三十里。」今雁門關因故址改置。武德二年劉武周引突厥入勾注，寇太原。五年突厥頡利入雁門，寇并州。永隆二年裴行儉討突厥餘黨伏念，壁代州之陘口，即西陘也。又有東陘關，在代州南三十里。天寶十四載禄山將高秀巖據大同，河東、太原閉關拒守，朔方節度使郭子儀敗賊兵，圍雲中，拔馬邑，遂開東陘關。杜佑曰：「東陘關甚險固，與西陘關並爲勾注之險。」會昌二年回鶻犯塞，詔河東節度使劉沔進屯雁門關，虜寇雲中，沔擊却之。廣明初沙陀入雁門關寇忻、代，逼晉陽，陷太谷。五代唐清泰三年契丹救河東，謂石敬瑭曰：「吾自北來，唐若斷雁門諸路，伏兵險要，則吾不得進矣。使人覘視皆無之，吾是以知必勝也。」胡氏曰：「雁門有東陘、西陘之險，崞縣有揚武、石門之隘。」石晉天福九年，契丹南寇，入雁門關。宋太平興國五年，楊業刺代州，契丹來寇，業自西陘出至雁門北口，南向擊之，契丹大敗。雍熙三年楊業等自西陘追破契丹兵於寰州。《元豐志》：「雁門山有太和巖，亦曰太和嶺。」靖康二年金人劫欽宗帝后離青城，自鄭州而北至代，度太和嶺至雲中。明初傅友德克大同，引兵巡太和嶺，西北至宣德府。今宣府鎮。天順二年蒙古孛來等寇大同，直抵雁門、忻、代，遣都督顏彪、馮宗率兵屯紫荆、倒馬二關爲聲援，寇益肆，敕二關兵出雁門關，寇乃却。嘉靖十九年吉囊由白泉口在河曲縣。長驅至寧武關、太和嶺，敗我兵，南掠至平遥。俺答亦越太原至石州，而東掠平定、壽陽間。隆慶元年叛人趙全導寇入山西塞，陷石州，全曰：「自此塞雁門，扼居庸，據雲中、上谷，效石晉故事，南北之形成矣。」今雁門關在州北四十里，爲戍守重地，與寧武、偏頭爲山西三關。所謂外三關也。關城周二里有奇，傍山就險，屹爲鉅防。

又 五臺山，在太原府代州五臺縣東北百四十里，北距大同府蔚州三十里。

《舊經》云：「山頂去代州城百餘里。其山左鄰恒山，右接天池，南屬五臺縣，北至繁峙縣，環臺所至，五百餘里。」《名山志》：「五臺山五峰聳立，高出雲表，山頂無林木，有如壘土之臺，故曰五臺。中臺高四十里，頂平廣，周六里。西北有太華池；正東左畔去臺五里有雨花池；前三十里有飯仙山，即中臺案也；東南有鷲峰；西側有甘露池。東臺高二十八里，頂周三里。東畔有那羅延洞；又東有樓觀谷，內有習觀巖，西北去臺十五里有華巖嶺、仙人洞；東南嶺畔二十里有明月池；西南有青峰，一名南羅頂，南連望聖臺，台下有東谷池，又東有温湯池。西臺高三十五里，周二里。北有秘魔巖，臺西北有八功德水，東北嶺下爲文殊洗鉢池。南臺高三十里，周二里，南去七十里巖畔有聖僧巖，又名滴水巖；西南二十里有三賢巖，又名七佛巖；東三十里交口下有聖鐘山，狀如覆鐘；西北十五里有清涼嶺及清涼泉，《志》云：清涼寺在清涼嶺，亦名華巖嶺。嶺畔有雪浪亭，俗名七里亭，爲登山之逕。《一統志》：「清涼嶺在五臺縣東北百里。其東有竹林嶺，東南有南臺嶺，西有清涼石、清涼泉、清涼洞。」上有羅漢洞；東北有竹嶺；東南十里有金閣嶺。北臺高三十里，周三里，名掖斗峰。頂南畔有羅睺臺，臺頂有黑龍池，即大井也；南下二十里有白水池，與天井連，其水經繁峙縣峨谷口入滹沱。其麓有七佛池；南又有飲牛池；東北有寶陀峰，又名寶山。產銀及石碌。東、北二臺麓有金剛窟，又名金剛洞，去二臺各二十里。」《靈山記》：「五臺山有四陲，去臺各百二十里。據古經所載，今北臺即是中臺，中臺即是南臺，大黄尖即是北臺，栲栳山即是西臺，漫天石即是東臺。四陲者，東陲爲無卹臺，即恒山頂也；西陲爲晉甍山，即管涔山也；南陲爲繫舟山，見太原陽曲縣。北陲爲覆宿堆，即夏屋山也。又東臺去中臺四十二里，臺上遥見滄、瀛諸州，日出時下視大海，猶陂澤焉。西臺去中臺四里，危磴干霄，喬林拂日。南臺去中臺八十里，最幽寂。北臺去中臺十三里。」《地里志》：「五臺，河東道之名山也。」道家謂之紫府，釋氏謂之清涼山。山中古寺得名者，自唐大中時計之凡六十有四，是後增建益多，唐會昌五年盡毁天下僧寺，五臺僧皆亡逸。明因舊址建顯通寺。近時賊嘗據此阻險以守，官軍不敢擊，蓋山谿糾結，出没爲易也。

清·顧祖禹《讀史方輿紀要》卷四〇《山西二·交城縣》 狐突山，縣西北五十里。有晉大夫狐突廟，因名。縣之鎮山也。產青鐵，宋因以置監。一名馬鞍山。錦屏山，在縣西北五里。紅崖緑樹，燦若錦屏。又縣北五里有萬卦山，有六峰峙立，其旁衆峰交錯，因名。又縣西北二十里有石壁山，四圍小山相向如壁。又 羊腸山，縣東北百里。石磴縈委，如羊腸然。後魏立倉於此，名羊腸倉。隋大業四年經此幸汾陽，改名深谷嶺。嶺上有故石墟，相傳魏太武避暑之所。亦謂之萬根谷山。《元和志》「羊腸山在交城縣東南五十三里」，以舊城言也。交城山，在縣北百二十五里。《志》云：古交城治此。周顯德三年北漢主鈞葬其父崇於交城北山，即此。又黑石樓山，在縣西北百五十里。黑石攢起，如樓閣然。其相近者曰獨泉山，洞穴中有石如盆，盎泉出其中。或云北漢石盆砦蓋置於此，宋乾德四年石盆砦來降是也。

清·顧祖禹《讀史方輿紀要》卷四〇《山西二·興縣》 石樓山，縣東北五十里。一峰孤聳，峭壁端直百丈有餘，四圍不可攀援，惟向北一小徑，盤迴可達峰頂，俯視羣山，若丘垤然。一名通天山。後漢陽嘉中，使匈奴中郎將張耽等擊烏桓於通天山，大破之。後魏主濬和平三年，石樓人賀略孫反長安，鎮將陸真討平之。高齊天保五年齊主自離石道討山賊，一軍從顯州道，一軍從晉州道，夾攻，大破之，遂平石樓。石樓絶險，自魏世所不能至，於是遠近山胡莫不懾服是也。顯州，今見汾州府六壁城。

清·顧祖禹《讀史方輿紀要》卷四一《山西三·垣曲縣》 三錐山，在縣北六十里。三峰如錐，舊產銅。其相近者有鼓鐘山，或曰瞽塚山也，相傳瞽瞍葬處。又折腰山，在縣西北七十里。中低兩高，舊有銅礦，鑿久摧折，故名。又西北有清廉山，清水出焉。《水經注》：「清水出清廉山之西嶺，世亦謂之清營山，其水東南流出峽，峽左右有城，蓋古關防云。」又西北有白馬山，與絳縣接界。鋸齒山，在縣東北十五里，以山峰錯列而名。又諸馮山，在縣東北四十里。《孟子》云「舜生諸馮」，蓋即此。又東北有馬頭山，白水出焉，流合於清水。

清·顧祖禹《讀史方輿紀要》卷四二《山西四·汾陽縣》 萬户山，府西二十里。延袤二十里，高八十丈，平坦可居萬户，因名。又柏山，在府西五十里。上多柏樹。一名將軍山，相傳石趙將趙鼎者禦敵，戰死於此，因名。石室山，在府西三十里。山多巖窟，可居。又府西北三十里有白彪山，其山石壁巉巖，峰巒聳秀，林木叢茂，泉流飛湧，洞壑層啓，村墟聯附，爲州之勝。相傳昔有騶虞見此，亦名騶虞山。

清·顧祖禹《讀史方輿紀要》卷四二《山西四·介休縣》 天峻山，縣東南十五里，以高峻入雲而名。又蠶簇山，在縣東南三十里，勢極高，形如蠶簇。又抱腹巖，在縣西南四十里。羣峰迴繞，澗水環流，石梯峻險，松柏交加，形如抱腹，因名。

清·顧祖禹《讀史方輿紀要》卷四二《山西四·石樓縣》 團圓山，縣西北三十里。山頂高而狀圓，因名。其山東西長一百八里。有小蒜谷，勝水泉出焉，北流六十里入黄河。又有百泉谷，在山之分水嶺下。泉約百餘派，西流八十里入黄河。翠金山，在縣南三十里。一名臺駘山，上有臺駘神廟。

清·顧祖禹《讀史方輿紀要》卷四二《山西四·長子縣》 羊頭山，縣東南五十六里，以形似名。後漢安帝永初五年，羌寇河東，任尚擊羌於上黨羊頭山，破之，是也。又紫雲山，在縣東南四十里，與壺關山相接。又東南十里爲慶雲山，相傳堯時五色慶雲見此，因名。梁山，在縣東二十里，梁水出焉。又傘蓋山，在縣西南五十里。遠望峰巒如蓋，傘蓋水出焉。

清·顧祖禹《讀史方輿紀要》卷四二《山西四·壺關縣》 烏泉山，縣東南三十里。山色皆黑。山半出泉，伏地而流。又有黄山，在縣南二十八里。山色皆黄。三壅山，在縣東南九十里。其山三面壅障，因名。山下出泉名壅水，東南入河南林縣界。

清·顧祖禹《讀史方輿紀要》卷四四《山西六·廣靈縣》 樺山，縣東北三十五里。山多樺樹，上有三分砦。其相近者又有瓦房山，形如瓦屋，可居百人。又火燒嶺，在縣西北五十里。

清·顧祖禹《讀史方輿紀要》卷四六《河南一》 嵩高即嵩山，在河南府登封縣北十里，五嶽之中岳也。萃兩間之秀，居四方之中，窿然特起，形方氣厚，故曰嵩高，《禹貢》所云外方也。或曰陸渾山一名方山，蓋《禹貢》之外方。《詩》：「崧高惟嶽。」一名太室山。《左傳》昭四年：「晉司馬侯曰：『太室，九州之險也。』」又楚椒舉曰：「周幽王爲太室之盟，戎狄叛之。」《漢書》：「武帝禮祭中岳太室，置奉邑，名曰嵩高。」即今登封縣。其西爲少室山。戴延之《述征記》：「少室高與太室相埒，相去十七里，少室山今在登封縣西十七里。嵩其總名也。」晉永康二年趙王倫篡竊，齊王冏等自許昌起兵討之。倫懼，夜使人披羽衣上嵩山，僞稱僊人王喬，陳述符命。永嘉三年劉淵遣子聰等犯洛陽，聰親祈嵩山，留軍圍洛，洛中乘虚出擊聰軍，敗之。後魏主嗣泰常八年如洛陽，遣使祠嵩高。又文帝宏太和二十年如嵩高，後魏主恪永平中，擇嵩山形勝地立閒居寺。又魏主詡神龜二年胡太后遊嵩高。孝武帝修永熙二年狩於嵩高。唐《十道志》：「河南道名山曰嵩高。」高宗永淳初於山南作奉天宫。武后垂拱四年號嵩高爲神嶽。既而封神嶽，禪少室。聖曆二年幸嵩山，明年復幸焉。夫嵩高在汝、洛間，雖逼近都會，而道里少爲僻遠，故由來戰勝攻取者或缺焉。宋嘉定八年蒙古攻金潼關不能下，乃由嵩山小路趣汝州，遇山澗，輒以鐵槍相連鎖接爲橋以渡，遂趣汴京，金人大震。蓋嵩高峻拔，望爲表極，故能越險而前也。《名山記》：「山高二十里，周百三十里，中爲峻極峰，東曰太室，西曰少室，《述征記》：「少室高八百六十丈，方十里。」謂之室者，山下各有石室也。」其迴環蓋有三十六峰。」

又 太行山，一名五行山，亦曰王母山，又名女媧山。在懷慶府城北二十里，接山西澤州南界，羊腸險道在焉。《禹貢》曰：「太行、恒山，至於碣石。」孔氏曰：「二山連延，東北接碣石山也。」《左傳》襄二十三年：「齊侯爲二隊，入孟門，登太行。」《史記》：「齊莊公二年，使欒盈間入曲沃爲内應，以兵隨之，上太行，入孟門。欒盈敗，齊兵還，取朝歌。」孟門，賈逵曰：「孟門，晉隘道。」或云即太行之陘口。司馬貞謂在朝歌東北，蓋以意言之。《齊語》：「桓公懸車束馬踰太行。」《戰國策》：「范雎曰：『北斷太行之道，則上黨之師不下。』又曰：『一軍臨滎陽，一軍臨太行，韓必請效上黨之地。』蔡澤謂范雎：『君相秦，決羊腸之險，塞太行之口。』」《史記》：「吴起謂魏武侯：『殷紂之國，左孟門，右太行。』」《戰國策》作「左孟門，右漳、滏」，然則孟門即太行矣。又韓桓惠王十年，秦擊我於太行，上黨降趙。秦昭王四十四年白起攻太行道絶，而韓之野王降。又《世紀》：「湯歸自伐夏，至於太行。」《史記》作「湯歸至泰卷陶」。《索隱》曰：「卷當爲坰，陶衍文。」楊慎曰：「泰坰即太行，太行原有此音。」《列子》作「大形」。《山海經》作「五行之山」。《淮南子》：「武王欲築宫於五行之山，周公曰：『五行險固，德能覆也，内貢迴矣。使吾暴亂，則伐我難矣，君子以爲能持滿。』」蓋亦指太行而言。内讀曰納。漢三年，漢王數困於滎陽、成臯間，議退屯鞏、洛。酈食其進曰：「願塞成臯之險，杜太行之道。」後漢永平十三年登太行，幸上黨。元和二年北登太行山，至天井關。元初元年詔遣兵屯河内，通谷衝要三十六所皆作塢壁，設鳴鼓以備羌寇。蓋太行北至恒山，限隔并、冀，其間谷道相通，時羌寇充斥，故於衝要處作塢壁以備之。又太行近鄴，亦謂之西山。建安九年曹操圍鄴，袁尚自平原還救，操曰：「尚從大道來，當避之；若從西山來，此成禽耳。」尚果循西山而東，戰敗奔中山。蓋太行深阻，尚有依險自全之心，故操逆知其必敗。晉永嘉三年劉淵據蒲子，遣其子聰等十將南據太行，石勒等十將東下趙、魏，所至殘破。太元十九年後燕慕容垂伐西燕，頓軍鄴西南，月餘不進。慕容永以太行道寬，疑垂欲詭道取之，乃悉斂諸軍杜太行口。既而垂自滏口入滅永。《述征記》：「太行首始河内，北至幽州，凡百嶺，諸山皆因地立名，實一太行也。連亘十三州之界。有八陘：《爾雅》：『連山中斷爲陘。』第一軹關陘，見濟源縣。第二太行陘，見河内縣。《十六國春秋》：『慕容永屯軹關，杜太行口以拒慕容垂。』此二陘也。第三白陘，見衛輝府輝縣。第四滏口陘，見彰德府磁州。第五井陘，在北直獲鹿縣，見北直重險。第六飛狐陘，在山西蔚州，見山西重險。第七蒲陰陘，在北直易州，見重險紫荆關。第八軍都陘。』在北直昌平州，見重險居庸關。《括地志》：「太行連亘河北諸州，凡數千里，始於懷而終於幽，爲天下之脊。」《里道記》：「自晉陽趣河内入洛陽，必經太行，太行在懷、澤間，實據南北之喉嗌。」後魏主嗣泰常八年，自河内登太行至高都。見山西澤州。子攸永安三年誅爾朱榮，使將軍史仵龍等守太行嶺。及爾朱兆自晉陽南下，仵龍等帥衆先降，兆遂長驅入洛。東魏武定六年高澄自虎牢濟河南至洛陽，既而自太行還晉陽。隋仁壽末，漢王諒舉兵并州，分遣其將余公理自太行下河内。大業三年北巡，發河北丁男，鑿太行山達於并州以通馳道，繼而自太原還，上太行，開直道數十里至濟源。唐武德三年世民攻王世充於東都，分遣將劉德威自太行東圍河内。八年突厥寇并州，詔總管任瓌屯太行以備突厥。寶應初以史朝義據洛陽，徵回紇兵至河東，藥子昂往勞軍，請回紇自太行南下據河陰扼賊咽喉，不從。文德初河南尹張全義襲河陽，節度使李罕之北走，引河東兵還攻河陽。朱全忠遣軍救全義，分兵欲斷太行路，河東軍懼，引退。光化三年朱全忠寇易定，李克用遣李嗣昭將兵下太行，拔懷州，攻河陽以救之。明年朱全忠攻李克用，分遣其將氏叔琮入自太行。五代漢末郭威入汴，李驤勸劉崇疾引兵逾太行，據孟津。宋建隆初昭義節度李筠謀舉兵，從事閭丘仲卿説筠曰：「公孤軍舉事，大梁甲兵精鋭，不如西下太行直抵懷、孟，塞虎牢，據洛邑，東向而争天下。」筠不能用。太祖遣石守信等擊筠，敕之曰：「勿縱筠下太行，急引兵扼其隘，破之必矣。」三年，開太行運路，謀并北漢也。靖康元年粘没喝陷太原，遂長驅下太行，入懷州。開禧二年蒙古圍金中都，分軍循太行而南，破懷、孟。十年，蒙古使其將木華黎經略太行東西諸州軍。元至正十八年劉福通將關先生等踰太行，焚上黨，大掠晉、冀以北。既而察罕帖木兒遣將關保等分兵阻隘，塞井陘，杜太行，以遏賊侵軼之道。時關先生等分軍出塞外，餘黨復自晉、冀南還也。明朝洪武元年大軍克元都，遂西下太行，收山西州郡。河南守將馮宗異亦渡河下懷慶，徇太行以北。夫太行爲天下脊，豈止一方之險要而已。《元和志》：「太行陘在懷州北，闊三步，長四十里，羊腸所經，《括地志》：『河内北有羊腸阪，蓋即太行陘也。』瀑布懸流，實爲險隘。」崔伯易《感山賦》曰：「上正樞星，下開冀方。逢胃而畢，自柳以張，起爲名丘，妥爲平岡，巍乎甚尊，其名太行。墨翟察而知驥之貴，戶佼過而辨牛之難；穆王升踰翟道而出，《穆天子傳》：『天子命駕八駿之乘，赤驥之駟，南征翔行，逕絶翟道，升于太行，南濟於河。』世宗行自大河而還；孝明常登幸上黨郡，章帝以遊至天井關；孟德北上紀摧輪之恐，謝公西顧引憂生之端；阮籍失路而詠懷，劉峻懷人而發嘆；歸晉陽子惠之便道，對二阪祖濬之精詳。若夫或主或臣，建功立宗，尤顯聞於後世，則有決羊腸之險，塹此山之道，攻滎陽伐韓以威天下，應侯爲秦昭王之謀也。據敖倉之粟，杜此山之阨，距飛狐之口，守白馬之津，見北直大名府滑縣。使天下知所歸者，酈食其爲漢高祖之謀也。踰此山入射犬，射犬，見河内縣。破青犢之衆，救謝躬於鄴，以收復天下爲心者，漢光武之謀也。濟河降射犬之衆，還軍敖倉，屬魏种以河北事，然後西向以争天下者，魏武帝之謀也。進據武牢扼其噤要，俾竇建德不能逾山入上黨，收河東之地，而卒以并天下者，唐太宗之謀也。夫太行之山，千秋不異，則太行之險，亦千秋不異矣。」今山東、山西皆以太行而分，唐《十道志》於河東曰南抵首陽、太行，於河北曰西距太行、常山。今特詳於河南者，以太行首起懷州也。

清·顧祖禹《讀史方輿紀要》卷四八《河南三·鞏縣》 寒戰山，在縣東南五十里。其山陡峻，臨玉僊河，經者戰懼，因名。又趙封山，在縣東南四十里。《志》云：宋種茶於此而封固其地，因名。青龍山，在縣南四十里宋太祖永昌陵東，其尾接洛河者曰龍尾山。又有神尾山，在縣東北，宋元豐初都水丞范子淵議引洛入汴處也。黑雲山，在縣西南二十里，相傳湯禱雨處。

清·顧祖禹《讀史方輿紀要》卷四八《河南三·宜陽縣》 熊耳山，在縣西百里洛水之北。雙峰競舉，狀如熊耳。東漢建武三年赤眉餘衆東向宜陽，光武親帥六軍嚴陳待之，赤眉震驚乞降，積甲宜陽城西與熊耳山齊。唐初李密自桃林畔走南山，盛彦師帥衆踰熊耳山，南據要道，弓弩夾路乘高，刀楯伏於溪谷，曰：「俟賊半渡，一時俱發。」密至，逆擊斬之。又金門山在縣西六十里。《九州要記》：「金門之竹，可爲笙管。」一名律管山，後漢金門亭置於此。

清·顧祖禹《讀史方輿紀要》卷四八《河南三·永寧縣》 鵜鶘山，縣西八十里。高峻凌雲，有二峰尤爲峻極。山接盧氏縣界。黄城溪水出焉，東南入洛。荀公谷，在縣東南。有荀公澗水出南山，東北流入洛。宋元嘉中龐季明侵魏入荀公谷是也。又檀山，在縣西五十里。其山四絶孤峙也。有塢聚，俗謂之檀山塢。

清・顧祖禹《讀史方輿紀要》卷四八《河南三・嵩縣》 露寶山，在縣北六十里，産錫礦。又篩山，在縣東九十里，以多巖洞而名。與縣西大礦山皆産錫。

清・顧祖禹《讀史方輿紀要》卷四八《河南三・盧氏縣》 塔山，在縣東北二十里。舊有浮圖，因名。上有太平寨，四壁陡絶，昔人避兵於此。又抱犢山，在縣東南九十里。亦名抱犢寨，四周險絶，頂夷可耕，昔人多避兵其上。

又 鐵嶺，縣北四十里。層巖陡立，峭壁嶙峋，中有一徑，纔通往來，古設關於此。宋紹定五年蒙古圍汴，金人徵兵入援。時金將徒單兀典鎮閿鄉以備潼關，奉命發兵由西南徑入大山，潼關遂入於蒙古。蒙古引兵追兀典及於鐵嶺，金兵大敗。

清・顧祖禹《讀史方輿紀要》卷四九《河南四・修武縣》 天門山，縣西北四十里。諸山唯此最低，故名天門。其巖下可容百家，亦名百家巖。温峪山，縣北五十里。山北二十里有石峽，峭壁千仞，懸瀑下注，匯而爲潭，曰黑白二龍潭，亦名温峪潭。又六真山，在縣北二十里。下有新河，西流入吴澤陂。《水經注》謂之陸真阜。

清・顧祖禹《讀史方輿紀要》卷五〇《河南五・確山縣》 蟠山，縣南二里。環繞邑城，其形如龍，亦名蟠龍山。又縣東南二里有登高山，縣東五里有五里山，皆峰巒秀聳，爲邑之勝。

清・顧祖禹《讀史方輿紀要》卷五〇《河南五・遂平縣》 查牙山，縣西南七十里，亦曰嵖岈山；以山勢崚嶒，亦名嵯峨山；又狀類蓮花，曰蓮花山；又孔穴玲瓏，風嘘則鳴，一名玲瓏山。其東南十里曰馬鞍山。唐元和中，唐鄧節度李愬遣將董少玢等分兵攻淮西，下馬鞍山，拔路口柵；别將馬少良等下查牙山，又進取西平之冶鑪城。乾符三年，王仙芝黨尚讓據查牙山，官軍退保鄧州，黄巢尋自潁、蔡而西，與尚讓等合兵保查牙山。元末土豪保聚於此，曰玲瓏山寨，明初鄧愈自信陽而北討平之。正德間賊劉齊等倡亂，邑人避兵山上。山形險阻，中有平地可居。又有仙人洞，幽邃迤邐，路通舞陽，凡百餘里。天磨山，在查牙山西，高聳如磨。又尖垛山，在查牙山西北，高十餘里。山洞有池曰白龍池。《志》云：縣西七十里有洪山，龍陂之源出焉。

清・顧祖禹《讀史方輿紀要》卷五〇《河南五・信陽州》 三角山，州西五十里。高峰横雲，狀如鼎足。其相近者又有堅山，高聳如削，一名尖山。又七盤山，在州西六十里，有七峰相峙。董峰山，在州西南五十里。峰巒競起，高出羣山，上有黑龍潭。

清・顧祖禹《讀史方輿紀要》卷五〇《河南五・羅山縣》 牢山，在縣東南九十里。層巒疊嶂，勢極險峻。又三爪山，在縣南百六十里。山峰聳出，形如指爪，因名。黄神山，在縣西南九十里。《志》云：下有唐南羅州遺址。

又 靈山，縣西南百二十里。山視衆山獨高，舊名霸山。下有白馬洞，小黄河出焉。又六斗山，在縣西南百三十里。六峰並峙，形如南斗，因名。

清・顧祖禹《讀史方輿紀要》卷五〇《河南五・光山縣》 石盤山，縣南九十里。山勢盤旋險峻，其頂平整，舊有寨柵，可屯千兵。又有寨山，在縣南七十里。上有三井，元末邑人立寨於此以避兵。其相接者曰三山，山有千峰萬壑，迥出雲表，綿亘二百里。會龍山，在縣南四十里。二山並峙，如兩龍相會。其南四十里曰龍蟠山，亦以形似名。又四面山，在州南八十里。其峰四面相向，水流縈迴，爲邑之勝。

清・顧祖禹《讀史方輿紀要》卷五〇《河南五・商城縣》 馬頭山，縣南百五十里。山勢高聳，形如馬頭。晋咸和中譙國内史桓宣以豫州刺史祖約作亂，將其衆營於馬頭山，即此。時豫州治壽春也。今山有古寨遺址。明朝正德中原傑言：「信陽、固始等州縣南迫蘄、黄，西接荆、襄，東連鳳陽、霍丘，山勢綿亘，河流四達，盜易出没。又商城南距六安州二百餘里，四野曠達，而金剛臺巡簡司乃在偏北，今宜移置於馬頭山。」從之，因置巡司爲戍守處。東葛山，在縣南百里。《志》云：山與六安州接界。

清・顧祖禹《讀史方輿紀要》卷五一《河南六・鎮平縣》 騎立山，縣西北五十里。山勢昂聳，狀若立騎，因名。又有五峰並聳，亦曰五朵山。上有龍湫三穴，又有礦産銅。

清・顧祖禹《讀史方輿紀要》卷五一《河南六・内鄉縣》 丹崖山，縣西百里。巖岫參差，巖石多赤，稱爲奇勝。又白巖山，在縣西南三百九十里。峰巒綿亘，山巖瑩白，有水簾洞諸勝。墨山，在縣北五十里。山石盡黑，亦名石黑山。又岩嶺山，在縣西北三百里。山巖峭拔。

清・顧祖禹《讀史方輿紀要》卷五二《陝西一》 終南山，在西安府南五十里，亘鳳翔、岐山、郿縣，三縣俱屬鳳翔府。武功、盩厔、鄠縣、長安、咸寧、藍田之境，皆謂之南山。《禹貢》謂之終南。雍州「終南、惇物」。《詩》謂之終南，亦謂之南山。《秦風》「終南何有」，《小雅》「南山有臺」及「節彼南山」之類，皆指終南也。《詩傳》：

「周之名山曰終南。」《左傳》：「終南，九州之險也。」漢東方朔曰：「南山，天下之阻也，南有江、淮，北有河、渭。其地從河、隴以東，商、洛以西，厥壤肥饒。」按《漢書》：東方朔曰：「南山出玉石金銀銅鐵良材，百工所取給，萬民所仰足也。又有秔稻梨栗，桑麻竹箭之饒，土宜薑芋，水多鼃魚，貧者得以人給家足，無饑寒之憂，故酆、鎬之間號爲土膏。」班固曰：「鄠、杜竹林，南山檀柘，號稱陸海。」其《西都賦》云：「表以太華、終南之山。」張衡《西京賦》曰：「終南、太一，隆崛崔崒。」按王氏應麟曰：「終南，南山之總名；太一，南山之別號。」據經傳皆以終南、太一爲一山。《西京賦》既並言之，則非一山矣。又潘岳《西征賦》曰：「面終南而背雲陽。」又云：「太乙巃嵸。」所謂太一，武功縣之太白山也。《一統志》：「太一山在終南西二十里。」悞。蓋終南脈起崑崙，尾銜嵩岳，鍾靈毓秀，宏麗瑰奇，作都邑之南屏，爲雍、梁之鉅障，其中盤紆迴遠，深巖邃谷不可殫究。關中有事，終南其必爭之險也。後漢建武二年，赤眉大掠長安，乃引而西，自南山轉掠城邑，入安定、北地。三國時漢、魏相持，必在南山褒、斜諸谷間。晉大興四年終南山崩，時劉曜竊據長安，說者曰：此曜亡之徵也。咸康三年侯子光聚衆杜南山，按南山在杜縣界中，故曰杜南山。僭稱帝，後趙將石廣擊斬之。《地志》曰「南山大谷凡六，六谷或曰子午、儻駱、褒斜南北分列，此六谷也。詳見漢中府子午等道。出奇步險，則南達漢中，東通襄、鄧，故後秦姚萇拜郝奴爲六谷大都督，使備南山之險」云。義熙十三年劉裕伐秦，使沈田子等入武關，恐田子衆少不敵，遣沈林子將兵自華陽循南山趨秦嶺往助之。宋元嘉二十二年魏盧水胡蓋吴作亂於渭北，民皆渡渭奔南山。明年魏發兵屯南山諸谷，以備蓋吴竄逸。隋大業末李淵入關，南山羣盜皆起兵應之。武德七年校獵於鄠之南山，遂幸終南。廣德初吐蕃入長安，亡軍叛卒，鄉曲無賴，多乘亂爲盜，吐蕃去猶竄伏南山五谷中，五谷見下《元和志》。乃設南山五谷防禦使討之。永泰二年京兆尹黎幹自南山引潤水穿漕渠入長安，不就。興元初李懷光叛附朱泚，車駕自奉天幸梁州，懷光遣將孟保等將精騎趣南山邀車駕，保逗留不前，至盩厔而還，於是百官從行者皆得達行在。廣明以後長安多故，車駕往往入南山趣興元。五代梁開平三年，遣楊師厚擊叛將劉知俊，至華州，長安已爲岐守，按是時劉知俊以同州附李茂貞，復取長安，請兵於岐。師厚因以奇兵並南山疾驅而進，自長安西門入，遂克之。按長安西面三門，惟延平門最近南山。宋失中原，以南山與金人分界。其後蒙古突入山南，而宋與金人之患俱急矣。唐《十道志》：「西京南據終南，一行以天下山河之象，存乎兩戒，而終南分地絡之陰陽。」一行，唐貞觀時僧。《山河兩戒說》見《舊唐書》。柳宗元曰：「據天之中，在都之南；按晉潘岳《關中記》云：『終南一名中南。』言在天下之中，居都之南也。西至於褒、斜，又西至於隴首，以臨於戎；東至於商顔，按顔師古《漢書》注：『商顔者，商山之顔，譬人之顔額也。』又東至於太華，以距於關。關謂潼關。其物產之厚，器用之出，則璆琳琅玕，《夏書》載焉；紀堂條梅，按《詩》注：紀，山之廉角也；堂，山之寬平處；條，山楸也，材宜爲車版；梅亦材之美者。《秦風》詠焉。」《元和志》：「南山西接岐州，東抵陝、虢，其谷之大者有五，曰子午谷、斜谷、駱谷、藍田谷、衡嶺谷也。」按衡嶺亦作横嶺，見藍田縣。五谷之外，又有午心谷，見華陰縣。其谷北接華山，南通商洛，或與子午五谷爲六谷。其谷之小者約以百計，宋宣和六年种師道致仕，居南山豹林谷，是其類也。南山深遠，自昔常爲用兵之地。宋敏求曰：按敏求，宋人，撰《長安志》。「終南横亘關中南面，西起秦、隴，東徹藍田，相距且八百里。昔人言山之大者，太行而外，莫如終南。」胡三省曰：「關中有南山、北山，自甘泉連延至巀嶭、九峻爲北山，自終南、太白連延至商嶺爲南山也。」按唐時京師每多水患，蓋諸山之水暴溢所致。羅洪先曰：「關中雖稱四塞，然南山東西通接商、洛、汝、鄧、漢、鳳、襄、沔，山深谷密，縈紆盤互，無慮數千里。內多巖洞窟穴，盜賊往往逋逃其中，潛通聲問，不啻萌蘖，故《易》稱『豶豕牿牛，渙丘解拇』，稱名取類，義弘遠矣。」嗚乎！羅氏之言豈意爲後來流賊之讖哉？按羅氏有《廣輿圖》傳於世。又《史記》：「秦嶺天下之大阻也。」按《通釋》：「秦嶺在商州西八十里。」《一統志》云：「秦嶺在西安府藍田縣東南。」恐未可據。《西京記》云：「長安正南山名秦嶺，東起商、洛，西盡汧、隴，東西八百里。」嶺根水北流入渭，號爲「八百秦川」。王應麟曰：「秦嶺北爲秦山，南爲漢山，周六百二十里。」舊記皆云南山深處高而長大者曰秦嶺，然而終南、秦嶺本一山矣。按《括地志》：『終南山一名南山，一名橘山，一名楚山，一名泰山，一名周南山，一名地肺山。』是亦以終南爲秦山也。《六典》云：『隴右道名山曰秦嶺。』或以爲今鳳翔府之岍山。

又　泰華山，在西安府華州華陰縣南十里，即西嶽也。《舜典》：「八月西巡狩，至於西嶽。」《禹貢》「導河至於華陰」，即華山之北矣。《周禮・職方》：「豫州，其山鎮曰華山。」《山海經》：「太華之山，削成而四方，高五千仞，廣十里，遠而望之若華然，故曰華山。」按《白虎通》：「西方華山，少陽用事，萬物生華也。」《爾雅》云「西南之美者有華山之金石」云。漢成帝元延二年幸河東，涉西嶽而歸。後漢初平四年華山崩裂，《灾異志》云：「漢亡之徵也。」《水經注》：「華嶽有三峰，按《勝覽》云：華岳三峰，芙蓉、明星、玉女是也。直上數千仞，基廣而峰峻，疊秀迄於嶺表，有如削成。山頂有二泉，東曰太丘泉，西曰蒲池。東西分流，掛溜騰虛，直瀉山下。」今其山盤迴峻挺，翼帶河濱，控臨關險，壯都邑之形勝，扼雍、豫之噤喉。秦中險塞，甲於天下，豈不以踐華爲城，因河爲池，山川之雄，泰華裒然稱首哉？唐武德二年大獵於華山，按《唐史》，是年祀華山，明年復祀焉。上元初復較獵於華山曲武原。原在山下。天寶九載羣臣請封西嶽，不果。按是年將封華山，命鑿華山路，設壇場，既而以關中旱，不果。《六典》：「關内道名山曰泰華。」考唐玄宗《華嶽銘》有曰：「雄峰峻削，菡萏森爽，是曰靈岳，衆山之長。偉哉此鎮，峥嶸中土，高標嫓日，半壁飛雨。」又《題名記》：自開元迄後唐之清泰，登華岳者凡五百四十有二人。其峰巒洞谷，參差錯列，而峰之最著者爲蓮花諸峰，按《華嶽志》：「嶽頂中峰曰蓮華峰，東峰曰仙人掌，西峰曰鉅靈足。」世傳華山初與蒲州首陽山爲一山，河神鉅靈劈分爲兩，以通河流，掌迹猶存，故張衡《西京賦》云：「綴以二華，鉅靈贔屓，高掌遠蹠，以流河曲。」曹植《述征賦》亦云「表神掌於巖谷」也。唐王涯爲之辨曰：「華嶽首峰有五崖，比鑿破巖而列，自下遠而望之，偶爲掌形耳。謂是鉅靈之迹，不亦誕哉？」又華山南峰曰落雁峰，其相近者曰黑龍潭、仰天坪。西北曰毛女峰，東北曰雲臺峰。其與雲臺相近者曰公主峰，相傳漢南陽公主避王莽亂，入山得仙處也。洞之最著者爲碧雲諸洞，按《華嶽志》：「岳頂而東爲碧雲洞，下爲碧雲溪，稍西有王刁洞，昔仙人王遥與刁自然所居也。岳頂之東南曰老君洞，旁爲焦公岩。岳頂之北則爲仙人洞、水簾洞。其近毛女峰者道書以爲太極總仙洞也。」谷之最著者爲牛心諸谷。牛心谷，見前終南山五谷注。按《華岳志》：「碧雲洞旁有黄神谷、牛心谷。其相近爲藏馬谷，相傳谷有神馬藏焉，漢武求仙時馬自谷中出也。又有文仙谷，爲仙人賈君所居。迤西曰車箱谷。又有霧谷，後漢張超居此，宋陳摶命弟子鑿張超谷中石室是也。又西曰仙谷，一名石羊城。俗訛爲黄初平叱石成羊處。又西南曰桃谷、甕谷、竹谷、大敷谷，又西南則華陽藪也。」登華嶽之巔，俯視雲煙皆出其下，帝座微茫，仿佛可通也。按郭緣生《述征記》：「從山麓至山頂，升降紆迴凡三十三里，有天井、青柯坪、百丈崖。夾嶺以上至屈嶺爲絶頂處，道皆奇險。而夾嶺兩箱懸巖數百仞，路廣裁三尺餘，世亦謂此爲搦嶺也。」又少華山，在華州南十里，東去太華八十里。按張衡賦「綴以二華」，即太華、少華也。峰勢相連，視華山差小，故曰少華。其峰之名者，曰少華諸峰，按《華嶽志》：「少華山正峰曰少華峰，峰之東曰獨秀峰，亦曰玉女峰。其下即敷水峪也。」谷之名者，曰白石諸峪。《華嶽志》：「少華峰西有白石峪、潭峪、水峪，皆深廣。白石峪之西爲鄭南峰，華州本春秋時鄭始封地也。」《志》云：以後周所移鄭縣而名。又西則石隄峪也。華山層巖復嶺，與終南相環帶，信爲天設之險矣。

又 隴坻即隴山，亦曰隴坂，亦曰隴首，在鳳翔府隴州西北六十里，鞏昌府秦州清水縣東五十里。山高而長，北連沙漠，南帶汧、渭，關中四塞，此爲西面之險。《戰國策》：范雎曰：「秦右隴、蜀。」按漢初張良亦云「關中右隴、蜀」，蓋以隴坂險阻與蜀道並稱也。又《西京賦》云：右有隴坻之隘。《漢書》：「元鼎五年，自雍踰隴西，登崆峒。」王莽之篡也，命其右關將王福曰：「汧、隴之阻，西當戎狄。」後漢建武二年，赤眉引兵欲西上隴，時隗囂據天水，遣將楊廣迎擊，破之。六年遣耿弇、蓋延等七將軍從隴道伐蜀。隗囂懼，遂發兵反，使王元據隴坻，伐木塞道，諸將與囂戰，大敗，各引兵下隴。八年來歙襲取略陽。見秦州秦安縣。囂使王元拒隴坻，行巡守番須口，見隴州。王孟塞雞頭道，見平凉府幵頭山。牛邯軍瓦亭，見秦安縣。以上數處皆隴道要口也。囂悉衆圍略陽，不克。帝尋部分諸將數道上隴，略陽圍解。永和五年於扶風、漢陽築隴道塢三百所，置屯兵以備羌亂。既而羌入武都，燒隴關。隴關即大震關。永初以後，羣羌擾亂，屢斷隴道，窺三輔。《三秦記》：天水郡有大坂曰隴坻，其坂九迴，不知高幾許，欲上者七日乃得越，故《論都賦》曰：「置列汧、隴，廱偃西戎。」《西京賦》亦云：「隴坻之隘，隔閡華戎。」言其高且險也。郭仲産《秦州記》：「隴山東西百八十里，登山巔東望秦川，四五百里，極目泯然。山東人行役，升此而顧瞻者莫不悲思。俗歌曰：『隴頭流水，鳴聲嗚咽，遥望秦川，肝腸斷絶。』又云：『隴頭流水，分離四下，念我行役，飄然曠野，登高遠望，涕零雙墮。』又張衡《四愁詩》曰：『吾所思兮在漢陽，欲往從之隴坂長。』度汧、隴，無蠶桑，八月乃麥，五月乃凍解。」《說文》：「登隴山，東望秦川，墟舍桑梓，與雲霞一色，高處可容百餘家，下處容十萬户。上有懸溜，吐於山中，匯爲澄潭，名萬石潦，流溢散下，皆注於渭。」又有小隴山，《志》云：在隴州北。王氏曰：「在清水縣。」舊《志》以大隴爲隴首，小隴爲隴坻。胡氏曰：「小隴山在隴州廢南繇縣西北。」非也，即今州西八十里之關山矣。巖障高深，不通軌轍，亦曰分水嶺。自曹魏以後，秦、雍多故，未嘗不以隴坻爲要害。晉義熙八年，姚興分遣諸軍擊楊盛於仇池，興自雍赴之，與諸將會於隴口。即隴關之口。後魏正光五年，秦州賊莫折念生等作亂，李苗言：「隴賊猖狂，利於疾戰。如令隴東不守，汧軍敗散，時元志將兵軍汧。則兩秦遂強，謂秦州及南秦州也，見上沿革。時南秦州民張長命等亦據城應賊，故云兩秦。三輔危弱，國之右臂，於斯廢矣。」未幾念生遣其弟天生將兵下隴，與元志戰於隴口，志敗保岐州，賊勢遂熾。明年崔延伯破天生於黑水，見盩厔縣。追奔至小隴，岐、雍、隴東皆平。會將士稽留採掠，天生遂塞隴道，由是諸軍不得進。孝昌二年念生以秦州降，蕭寶寅使元修義西進，修義停軍隴口，久不前。念生遂復叛。隋義寧初李世民破薛仁杲於扶風，追奔至隴坻。唐貞觀二十年，車駕逾隴山，幸靈州，撫定敕勒諸部。《六典》：「隴右道名山曰隴坻。」《里道記》：「隴山有新、故兩關，故關，大震關也，在隴州西七十里。舊《志》云：在清水縣東五十里。新關，安夷關也。」在隴州西四十里。先是武德五年突厥入原州，陷大震關。至德初安禄山遣其將高嵩以敕書繒綵誘河、隴將士，大震關使郭英乂擊斬之。廣德元年吐蕃入大震關，盡陷河西、隴右地。大曆三年鳳翔帥李晟出大震關，破吐蕃於臨洮。大中六年隴州防禦使薛逵奉詔移築故關。上言：「汧源西境切在故關，昔有隄防，殊無制置，僻在重岡之上，苟務高深；今移要會之中，實堪控扼。舊絶井泉，遠汲河流；今臨水挾山，當川限谷，危墻深塹，克揚營壘之勢。乞改爲安戎關。」一作「定戎」，今曰安夷。從之。由是以大震爲故關，而安戎爲新關。天復二年李茂貞劫駕幸鳳翔，朱全忠討之，進軍鳳翔城下。遣將孔勍出大散，自鳳州西取成州，《九域志》：「鳳州西至成州二百七十里。」又北取隴州，又西至秦州，《九域志》：「成州北至隴州二百五十里，隴州西至秦州亦二百五十里。」不克，乃自故關引還。五代梁貞明二年，蜀將王宗播自秦州出故關，攻隴州，尋引歸。六年蜀將王宗儔等伐岐，出故關，壁於咸宜，入良原，咸宜見隴州。良原見涇州靈臺縣。復攻隴州，不克。漢乾祐初王景崇以鳳翔叛附蜀，蜀將韓保貞赴援，出新關，軍於隴州。宋建炎四年張浚敗績於富平，金人遂踰隴關取秦、鞏諸州。紹興十年楊政自鞏州入隴關，拔隴州，取岐州諸屯。明初徐達克隴州，逾隴關，秦州、鞏昌遂下。《紀勝》云：「大震關，西漢時置。」《地道記》所稱「漢置隴關，西當戎翟」者也。世傳漢武帝登隴經此，遇雷震而名。俗歌曰：「震關遥望，秦川如帶。」隴關之名，大震舊矣。宇文周天和中避諱改關曰大寧，亦曰隴山關，隋、唐復爲大震關。唐薛逵改築新關於隴山上，西去故關三十里。控扼要道，與故關並爲戍守處。秦、雍喉嗌，隴關當之矣。今大震關曰故關，安彝關曰新關。有故關大寨巡司，兩關俱屬焉。

又　龍門山，在西安府同州韓城縣東北八十里，山西河津縣西北二十里。夾河爲險，古稱津要，《禹貢》：「浮於龍門、西河。」又曰：「導河積石，至於龍門。」亦謂之孟門。《戰國策》：吴起曰：「殷紂之國，左孟門。」蓋指龍門也。今山西吉州有孟門山，《志》以爲即龍門之上口。《竹書》：「晉昭公元年河水赤於龍門。」《大事記》：「周威烈王十三年，晉河岸傾，壅龍門至於底柱。」《吕氏春秋》：「龍門未闢，吕梁未鑿，河出孟門之上。」《漢紀》：「成帝元延二年，遊龍門。」今懸巖峻壁，夾河並峙，河經其中，驚濤激浪，震動巖谷，相傳大禹所鑿也。《史記・自敘》：「遷生於龍門。」《魏土地記》：「龍門山，大禹所鑿，通孟津，河口廣八十里，巖深，鐫迹尚存。」《三都記》：「龍門外懸泉，而兩旁有山，水陸不通，魚鼈莫上，故江河大魚有暴腮龍門之困。」《水經注》：「河水出龍門，以兩山夾河而名。」晉太元二十一年，後秦姚興攻河東，故西燕所署河東太守柳恭等臨河拒守，興兵不得濟，汾陰薛疆引秦兵自龍門濟，遂入蒲坂，恭等皆降。後魏太和二十一年魏主宏自代北南還，至龍門，謂今河津縣。遣使祀大禹，尋置龍門鎮於此。舊《志》：龍門鎮西對夏陽之龍門山。蓋置於河東岸也。孝昌二年以薛修義爲龍門鎮將。永熙末高歡破潼關，屯華陰，龍門都督薛崇禮以城降歡。宇文周太和五年，齊將斛律光侵汾北，圍定陽，今山西吉州。築十三城，拓地五百里；宇文憲督諸將自龍門渡河，光退保華谷，華谷城，見山西稷山縣。憲攻拔其新築五城。隋人業十三年李淵起義師，至龍門，亦謂河津縣。任瓌請從梁山渡河徑指韓城，淵從之。《括地志》：「龍門之南即梁山，故龍門亦兼梁山之稱。」時唐兵蓋自龍門渡也。梁山，今亦見韓城縣。唐武德二年李世民討劉武周，自龍門乘冰堅渡河屯柏壁。見山西絳州。七年，治中雲得臣自龍門引河，溉田六千餘頃。《通典》：「韓城東北有龍門城，極險峻。」又有龍門關，蓋周齊時攻守處。其地兩峰壁立，大河經此，扼束而出，南北蓋百餘里，關之下即禹門渡矣。

又　賀蘭山，在寧夏衛西六十里。其山盤踞數百里，上多青白草，遥望如駿馬，北人呼駿馬爲賀蘭也。山多果實，又産鉛，丹崖翠壁，巍然隆峻。唐建中二年，吐蕃請靈州之西，以賀蘭山爲界，許之。五代唐長興三年，夏州帥康福奏：黨項入寇，擊敗之，追至賀蘭山。宋景祐以後，趙元昊據有其地，建宫於賀蘭山東，今宫垣遺址尚存。慶曆四年，契丹主宗真親帥騎兵十萬，濟河入夏，遣將蕭惠與元昊戰於賀蘭山北，敗之。又皇祐初契丹伐夏，獲夏王諒祚之母於賀蘭山以歸。今賀蘭屹峙寧夏西北，實爲屏障。正統以後北人入套中西犯甘、凉，多取道於山後，甚且闌入山南，視爲通途。弘治二年督臣王越襲擊於賀蘭山後，敗之。嘉靖三年亦不剌駐牧賀蘭山後，出没擾邊。議者以打碚口、赤水墩諸處可以垛截，若設瞭望於山外，而於山南絡繹布置，防其衝突，庶寧夏完固，而河西之患亦寡矣。

又　祁連山，在甘州衛西南百里。山甚高廣，本名天山，匈奴呼天爲祁連也。漢元狩元年，霍去病出隴西擊匈奴至祁連，斬首三萬二百級。《西河舊事》：「祁連山在張掖、酒泉二郡界，産松柏五木，美水茂草。山中冬温夏冷，宜牧放，牛羊充肥，乳酪美好。」故匈奴歌曰：「奪我祁連山，使我六畜不蕃息。」是也。今自張掖以西，其大山多以祁連名。

清・顧祖禹《讀史方輿紀要》卷五三《陝西二・西安府》　龍首山，府北十里。長六十里，首入渭水，尾達樊川，頭高二十丈，尾漸下高五六丈，土赤不毛。隋以長安城狹小，改作新都於此。亦曰龍首原。

清・顧祖禹《讀史方輿紀要》卷五四《陝西三・澄城縣》　壺梯山，縣北五十里。階級層峻，有似懸梯。一名石樓山。又十里爲將軍山，秦封白起武安君於此，因名。又十里爲武帝山，相傳漢武幸梁山時經此。

清・顧祖禹《讀史方輿紀要》卷五六《陝西五・略陽縣》　玉女山，在縣治東南。山高千仞，多雲霞覆之，不見其巔。山多白石，修潔如人形，因名。縣西二里有堡子山，或以爲武興山也。又有八渡山，在縣北十五里。山下水流環繞，可渡凡八處，因名。

又　盤龍山，縣西五里。下有泉水，灣環如盤龍。上有磚浮圖。或以此爲龍門山。後魏太和中，以氐帥楊靈珍爲南梁州刺史，靈珍舉郡降齊，魏主詔李崇討之。崇自武、階槎山分道而東，表裏襲之。靈珍遣從弟建屯龍門，自率精勇萬人屯鷲峽，龍門之北數十里中伐樹塞路，鷲峽口聚擂石臨崖下之，以拒魏兵。崇命統軍慕容炬帥衆從他路入，夜襲龍門破之。崇自攻鷲峽，靈珍敗走，遂克武興。胡氏曰：「鷲峽在龍門之西南。」今亦見鞏昌府成縣。

清・顧祖禹《讀史方輿紀要》卷五六《陝西五・新安州》　天柱山，州西五十里。懸崖壁立，秀出羣嶺，下有碧鈿、青碌諸洞二十餘處，唐、宋俱採取入貢，明始停閉。又有香溪洞，香溪水出焉，流至州南二十里，下流入於漢水。鳳凰山，在州西七十里。跨石泉、漢陰、紫陽三縣之境，綿亘三百餘里。《志》云：州北四十里有將軍山，亦以山勢雄桀而名。

清・顧祖禹《讀史方輿紀要》卷五六《陝西五・旬陽縣》　當門山，縣東百五十里。有兩峰如門，因名。亦謂之穿崖，高可千仞。又東十里爲浮雲山，山高聳，遠望若浮雲。水銀山，在縣東北二百四十里。山有洞，産水銀、硃砂。

清・顧祖禹《讀史方輿紀要》卷五六《陝西五・紫陽縣》　天馬山，在縣治南，以形似名。《志》云：縣治北有神峰嶺，木石巉巖，狀若屏風。又天城山在縣西，團螺山在縣西北，亦皆以形似名。目連山，在縣東十里。又東十里曰三臺山。又有雞鳴坡，在縣西六十里，高出雲霄。

清・顧祖禹《讀史方輿紀要》卷五七《陝西六・安塞縣》　天澤山，在縣東五里。上有天澤泉。又龍安山，在縣西一里。狀如卧龍，因名。靈臺山，在縣北五里。鉅石高險，舊建雲臺觀於其上。又三堆山，在廢敷政縣北一里。土石相雜，上有三塚，遥望如堆，因名。

清・顧祖禹《讀史方輿紀要》卷五七《陝西六・綏德州》　嵯峨山，在州城西南。其山層累迭出，狀如鶻雕。《通典》「雕山在郡西南」，即此山也。又西南二里有疏屬山，即《山海經》所稱「梏貳負之臣危」於此者。

清・顧祖禹《讀史方輿紀要》卷五八《陝西七・平涼府》　崆峒山，府西三十里。唐《十道志》：「隴右名山之一也。」相傳即廣成子所居，黄帝嘗學道於此。山之東巖有廣成子洞、皁鶴洞。西巖有西巖泉及琉璃泉，味俱甘冽。峰之最高者曰翠屏峰，頂有圓石累累若珠。一名垂珠峰，俗名屏風山。峰頂又有青龍洞，雨後將晴，雲輒歸洞中，亦謂之歸雲洞。其相對者爲香爐峰，亦名香爐臺。兩峰間有鉅石横亘謂之石橋。山下有撒寶砦。秦始皇遊崆峒至此。又漢武帝逾隴西登崆峒山。下有問道宫，亦以黄帝問道廣成子而名，歷代皆修葺焉。山之西北爲望家山，亦峻聳。《志》云：崆峒西連笄頭，東連大統，西北接望家山是也。

清・顧祖禹《讀史方輿紀要》卷五九《陝西八・會寧縣》　桃花山，縣東南五里。土石皆赤如桃花。又城南十里有白土峰，又南十里有青土峰。《物産志》：「縣産五色土，可資藻繪。」《志》云：縣東二里有鵶岔山。

清・顧祖禹《讀史方輿紀要》卷五九《陝西八・通渭縣》　照城山，在縣城北渭水上。城西南二里有發雲山，其高俯瞰城中。《志》云：縣南二里有屏風山，山陰有洞，深數百丈，可以保守。上有東嶽廟，俗名廟山。又十八盤山，在縣西南五十里。山路險阻，經十八盤乃得上云。筆架山，在縣東北二百里。《志》云：山連延甚遠，幾二三百里，有五峰崒嵂，縣之主山也。又艾蒿山，在縣東北五十里。又東四十里有斗底山，其形如斗。《志》云：縣東南八十里有藺家峽，水經其下，有二十四渡。

清・顧祖禹《讀史方輿紀要》卷五九《陝西八・寧遠縣》　箭竿山，縣西南四十五里。以山峰挺峙而名。又西南二十里爲爪牛山，高五百餘丈，周迴四里。上有日月寨，日月未出，其光先照云。又柏林山，亦在縣西南六十里，與爪牛山相望。又西南十里曰水溪山。太陽山，在縣南百二十里。有隘可守，曰太陽山口。山出鐵，舊置鐵冶場於此。

清・顧祖禹《讀史方輿紀要》卷五九《陝西八・秦州》 麥積山，州東南九十里。狀如麥積，爲秦地林泉之冠。中又有豆積山，一名麥積崖。北魏正光末隴右叛亂，東侵岍、岐，李苗請固守隴東，命偏將出麥積崖以襲其後。又西魏大統六年乙弗后自殺於秦州，鑿麥積崖而葬之，號曰寂陵。山之北有雕窠谷。相傳隗囂曾據此，有避暑宮。

清・顧祖禹《讀史方輿紀要》卷五九《陝西八・禮縣》 紅土山，在縣東三里，又東四里曰翠峰山，俱以土石采色而名。雷王山，在縣南四十里。又南十里爲蔡華山，又西南十里曰金紫山。

清・顧祖禹《讀史方輿紀要》卷六〇《陝西九・臨洮府》 馬寒山，在府北九十里。其山綿亘數百里，勢極高峻，雖炎夏冰雪不消。亦名馬銜山。又太平原，在府北三十里。其地平原百頃，可以屯軍。摩雲嶺，在府北百五十里。雄峻參天，有摩雲嶺關，設巡司戍守。《志》云：山北去蘭州六十里。

清・顧祖禹《讀史方輿紀要》卷六〇《陝西九・渭源縣》 七峰山，縣東北五里。有七峰錯峙，因名。又五竹山，在縣西南三十里。山多細竹，峰巒奇秀。有巖曰秀峰巖，山下有谷曰銀溝谷。霍谷山，在縣南五十里。山高峻，爲南面之勝。又南百餘里有白樺嶺，路通岷州。嶺上多白樺樹，因名。

清・顧祖禹《讀史方輿紀要》卷六〇《陝西九・金縣》 亂山，在縣東北八十里。其山綿延數百里，稠疊數百峰，參差遠近，亂如列戟，黄河經其中，亦郡境之襟要也。

清・顧祖禹《讀史方輿紀要》卷六〇《陝西九・洮州衛》 石嶺山，在衛北十五里。山勢峭拔，草木不生。上有關曰石嶺關。又白石山，在衛西九十里。山多白石。《衛志》云：洮州形勝，白石峙其西，黑石距於東。是也。今衛東有黑石關。

清・顧祖禹《讀史方輿紀要》卷六一《陝西十・榆林鎮》 紅山，在鎮北五里。山皆紅石，地近沙阜，因築紅山墩於上龍峽。有水自沙漠來，從石穴流下，陡落數千仞，合於黑水。又馬神山，在鎮東北二里。秋祭馬社於此，因名。

清・顧祖禹《讀史方輿紀要》卷六二《陝西一一・寧夏鎮》 金積山，鎮南二百里。山多赭土，日照則色如金。東麓有滚泉，清潔可愛。又三山，在鎮東南三百六十里。有三峰列峙。其南爲椁子山，溪洞險惡，豺虎所居，人迹罕到。山出椁子木，因名。

清・顧祖禹《讀史方輿紀要》卷六五《陝西一四・哈密衛》 靈山，在土魯番西百里。山穹窿綿亘，石皆黑紋如毛髮。又有白石堆如聚骨然，土人言十萬羅漢削髮涅槃處。貪汗山，在土魯番西北百餘里，夏有積雪。此山之北舊爲鐵勒界，或作「貪于山」。今亦見山西塞外。又赤石山，在貪汗山西七十里。峰巒秀美，石多赤色，因名。

清・顧祖禹《讀史方輿紀要》卷六六《四川一》 峨眉山在嘉定州峨眉縣西百里，眉州南二百里，張華以爲牙門山也。亦曰蛾眉山，以其兩山相對如蛾眉然。自岷山而來，連岡疊嶂，延袤三百餘里，至此突起三峰，一爲大峨山，一爲中峨山，一爲小峨山。大峨山巖洞重復，龕谷幽阻，周圍千里，莫測遠近，登山者自麓而上，及山之半，又歷八十四盤，山徑如綫者六十里，而後至於峰頂。山中有石龕百十二，大洞十二，小洞二十八。若伏羲、女媧、鬼谷諸洞，其最著者也。又有雷洞七十二，時出雲雨，俗以爲雷神所居。中峨山在峨眉縣南二十里，一名覆蓬山，一名綏山。小峨山在峨眉縣南三十里，一名鉡刃山。三山相連，名曰三峨，左思所云「抗峨眉之重阻」是也。唐《十道志》：「劍南道名山曰峨眉。」陸深云：「山周迴千里，高八十里。」

又 岷山在成都府茂州西北五百里，地名列鵝村。一名鐵豹嶺，一名沃焦山。其附曰羊膊，江水所出。《禹貢》：「岷山之陽，至於衡山。」衡山，見湖廣名山。又曰：「岷山導江。」荀卿曰：「江出於岷山，其源可以濫觴。」太史公西瞻蜀之岷山。又《封禪書》：「自華以西名山曰瀆山。」瀆山者汶山也。汶與岷通。《漢書》作「崏山」，亦作「岐山」。《河圖括地象》：「岷山之精，上爲井絡。」古蜀謡云：「汶阜之山，江出其復。」揚雄《反離騷》：「自岷山投諸江流，以弔屈原。」是也。漢元延三年岷山崩，壅江水三日不流。今其山直上六十里，嶺最高者，遇大雪開泮俯見成都。郭璞《岷山贊》曰：「岷山之精，上絡東井，始出一勺，終至淼溟。」王羲之曰：「岷山夏含霜雪，殆崑崙之伯仲也。」《水經注》：「岷山即瀆山，水曰瀆水。」又謂之汶阜，即隴山之南首也，故稱隴、蜀。唐《十道志》：「劍南道名山曰岷山。」杜光庭曰：「岷山連峰接岫，千里不絶，灌縣青城山乃其第一峰。」劉昫曰：「岷山連嶺而西，不知紀極，北望隴山，積雪如玉，南望成都若在井底。」陸游曰：「嘗登岷山，欲窮江源而不可得，蓋自蜀境之西，大山廣谷，谽谺起復，西南走蠻箐中，皆岷山也，則江所從來遠矣。」薛氏曰：「蜀西之山，皆岷山也。今自岷、洮、松、疊以南，其大山峻嶺班班可考者，皆岷山之隨地易名者耳。」

又 青城山在成都府灌縣西南五十里。《名山記》：「山當益州之西南，蜀郡今崇慶州。之西北是也。一名青城都，山形如城，北接岷嶺，南接峨眉。」《唐六典》爲劍南道名山之一，道書以爲第五洞天。一名丈人山，晉王弼云：「山爲五嶽之長，因名。」《郡志》以丈人、青城分爲二山，悞。一名赤城山。杜光庭《記》：「山高三千六百丈，周匝一百五十里，蜀山之望也。山有七十二小洞，應七十二候；八大洞，應八節。」晉元康以後蜀亂，處士范長生率衆數千家保青城山。太安中李流圍成都，屯郫城，士衆饑乏，長生自青城山資給之，軍復振。其案山曰成都山，前臨麻姑洞，深不可測，與諸洞相連。縣西南七十里爲高臺山，上有天池，晉時所立上清宮在焉。又西南十里曰天倉山，連崖隱軫，凡三十六峰，前十八峰爲陽，後十八峰爲陰，相傳爲神仙帑庫。又有天國山，亦作「天谷」。在縣西南九十里。祝穆曰：「青城山左連大面，右接鶴鳴，鶴鳴山，見崇慶州，亦蜀之名山也。前臨獅子，後枕大隋。」大隋山見彭縣。又有聖母山，一名慈母山。高二千餘丈，周三十餘里，高下與青城相接。《志》云：山亦在灌縣西南五十里。又西南爲便傍山，在灌縣西南百三十里。當吐蕃之界，谿谷深邃，夏積冰雪，天所以限中外也。大面山在三谿之北，青城山前號青城，後曰大面，實一山耳。谿水黑，亦名黑水谿。丈人觀在青城山北二十里，後唐同光三年蜀王衍遊青城山，歷丈人觀、上清宮是也。丈人觀西北又有鬼城山。諸山前後絡繹，不一其名，要皆青城山之支峰矣。

又 劍門山，亦曰大劍山，在保寧府劍州北二十五里，一名梁山。《山海經》：「高梁之山，西接岷、嶓，東引荆、衡。」嶓，嶓峽山也，見眉州彭山縣。郭璞以嶓、峽爲二山。又《尋江源記》：「梁山首跨劍門，尾入江。」其東北三十里爲小劍山，兩山相連。《水經注》：「小劍戍西去大劍山三十里，連山絶險，飛閣通衢，謂之劍閣。《華陽國志》：武侯相蜀，鑿石架空，始爲飛閣以通行道是也。」《輿地廣記》：「孔明以大劍至小劍當隘束之路，乃立劍門縣。以閣道三十里尤險，復置尉守之。」又云：「小劍山有小石門，穿山通道，長六丈餘，即俗所稱石牛道，亦名金牛道。秦司馬錯由此以伐蜀，漢永平中司隷楊厥鑿而廣之。」今關口亂石錯立，乃其故址。按《水經注》《十三州志》《漢中志》皆云石門在漢中，《廣記》似悞。三國漢末，魏鍾會入漢中，下關城，此謂漢中之陽平關城。今見陝西寧羌州。姜維退屯劍閣以拒會，列營守險，會不能克。今大劍山猶有姜維故壘。晉元康八年李特帥關中流民就食巴、蜀，過劍閣太息曰：「劉禪有如此地，面縛於人，豈非庸才耶？」升平三年梁州刺史司馬勳叛，率兵入劍閣攻涪，今綿州。進圍益州，桓溫遣朱序等討平之。寧康初秦苻堅使毛當等出劍門，別將徐成攻劍閣克之。王氏曰：「自苻堅使楊安寇蜀，其將徐成陷二劍，於是始有『二劍』之稱。」齊建元二年，晉壽民李烏奴引氐寇梁州，豫章王嶷遣中兵參軍王圖南將益州兵從劍閣掩擊之，梁、南秦二州刺史崔慧景發梁州兵屯白馬，即陽平關。與圖南腹背擊烏奴，烏奴敗保武興。武興，見陝西略陽縣。梁天監四年魏邢巒取漢中諸城戍，遣統軍王足入劍閣，圍涪城。巒表言：「蜀之所恃，惟在劍閣。今既克重阻，瞻望涪、益，旦夕可圖。劍閣天險，得而棄之，良可惜矣。」請遂乘勝取蜀，不聽。十三年魏復謀取蜀，分遣其將甄琛出劍閣。十五年巴西、梓潼二郡太守張齊與魏爭葭萌敗還，小劍、大劍諸戍皆棄城走。普通六年益州刺史蕭淵猷遣其將樊文熾等圍魏益州長史和安於小劍，魏將淳於誕引兵救小劍，文熾敗遁。大同初劍閣復入於梁。大寶初氐酋楊法琛入利州，今廣元縣。據州附魏。益州刺史武陵王紀遣楊乾運等討之，法琛發兵據劍閣，乾運攻拔之，法琛遁走。承聖二年紀東侵荆州，西魏將尉遲迥乘虚南寇潼川，今綿州。刺史楊乾運等密以劍閣送款於魏，迥入劍閣，蜀遂瓦解。後周大象初益州總管王謙舉兵應相州，時相州總管尉遲迥舉兵討楊堅也。楊堅使梁睿討之，自劍閣進逼成都，謙敗死。唐置劍門關及大劍、小劍二戍。元和初劉闢作亂，山南西道嚴礪遣將先奪劍門，入劍州，而闢以喪敗。蓋劍門足以制兩川之命也。咸通、乾符中南詔犯成都，師出劍門而敵引却。乾寧四年王建攻東川，岐帥李茂貞遣將李繼昭救之，留偏將守劍門以防歸路，西川將王宗播擊擒之。後唐同光四年滅蜀師還，至利州，李紹琛自劍州擁軍而西，稱西川節度，李繼岌遣任圜追擊之。圜先遣別將下劍門關守之，遂進敗紹琛於漢州。長興初董璋、孟知祥謀據兩川，璋遣兵築七寨於劍門，又於劍門北置永定關，布列烽火。時唐主亦議發兵討璋，知祥聞之疑懼，謀於其屬趙季良。季良請以東川兵先取遂、閬，時唐主增兵，置帥於閬、遂二鎮，與利州爲三鎮。然後并兵守劍門，則大軍雖來，吾無内顧之憂矣。既而璋克閬州，引兵趨利州，遇雨糧盡還閬州。知祥驚曰：「比破閬州，正欲徑取利州，其帥不武，必望風自遁，我獲其倉廩，據漫天之險，漫天嶺，見廣元縣。北軍終不得西救武信。時兩川合軍攻遂州也。今僻處閬州，遠棄劍閣，非計也。」欲遣兵助守劍門，璋固辭乃止。既而唐軍來伐，石敬瑭入散關，見陝西重險。前鋒王弘贄等引兵出入頭山後，今見昭化縣。過劍門南，還襲劍門，克之，進破劍州，而大軍不繼，乃還保劍門。知祥聞之大懼，急遣兵赴劍州屯守。唐兵來攻敗還。周顯德二年遣軍伐蜀，取秦、階諸州，蜀人懼，聚兵糧於劍門、白帝，爲守禦之備。宋乾德三年王全斌伐蜀，發利州，至益光，即益昌，今昭化縣。得降卒牟進，言：「益光江東越大山數重，有狹徑名來蘇，蜀人於江西置柵守之，對岸有渡，路出劍門南二十里至青疆店與官道合，由此進兵，則劍門之險不足恃也。」康延澤曰：「蜀人併力守劍門，若令諸帥協力攻取，而命別將取來蘇達青疆，北擊劍閣，與大兵夾攻，破之必矣。」全斌從之，劍門遂下。蓋劍門控扼險阻，不容恃力以取也。晉張載《劍閣銘》曰：「巖巖梁山，積石峨峨。遠屬荆、衡，近綴岷、嶓。南通邛、僰，北達褒斜。狹過彭、碣，高踰嵩、華。惟蜀之門，作固作鎮。是曰劍閣，壁立千仞。窮地之險，極路之峻。」唐李德裕銘曰：「羣山西來，波積雲屯，地險所會，斯爲蜀門。層岑峻壁，森若戈戟，萬壑奔東，雙飛高闕。翠嶺中橫，黯然黛色，樹若雄屏，以衛王國。」德裕自注云：劍門當中有一岑，峻嶺横峙，望若鉅屏，此一峰最奇，而説者未之及也。王氏曰：「大劍山兩崖相對，劍門關在其上，北去陝西棧道六百餘里，西南去成都八百餘里，自古推爲天下之險。」三國時鄧芝曰：「蜀有重險之固，吴有三江之阻。」重險者，謂外有褒斜，子午之險，內有劍閣之隘也。三江，見南直大川。左思賦云：「阻以劍閣。」殷仲堪曰：「劍閣之隘，蜀之關鍵。」唐劉鳳云：「梁山之險，蜀恃爲外户。其山峭壁中斷，兩崖相嶔，如門之闢，如劍之植，故名劍門。」《益州圖經》云：「小劍山截野横天，奔峰倒地，挾楚包漢，呀秦擁蜀。大劍雖號天險，有扼塞可守，崇墉之間，徑路頗坦。小劍則鑿石架梁，飛閣成道，聳峭不容飛越，李白所云『一夫當關，萬夫莫開』者也。雖然，劉禪、蕭紀之徒，其如地利何哉？」

又 巫山亦曰巫峽，在夔州府巫山縣東三十里，爲三峽之一，三峽，詳湖廣重險西陵。長一百六十里，所謂「巴東三峽巫峽長」也。《戰國策》：「蘇秦説楚威王曰：『西有黔中、巫郡。』」蓋郡據巫山之險，因以山名。後漢初荆邯説公孫述亦云：「倚巫山之固。」山在楚、蜀間爲鉅障矣。《江行記》：「自巫峽東至西陵峽，皆連山無斷處，非亭午夜分，不見日月，風無南北，惟有上下。」《水經注》謂杜宇所鑿以通江者。」《圖經》：「巫山抗峰岷、峨，偕嶺衡嶽。其羣峰凝結翼附，並出青雲，世傳巫山十二峰，曰望霞，曰翠屏，曰朝雲，曰松巒，曰集仙，曰聚鶴，曰净壇，曰上昇，曰起雲，曰飛鳳，亦作『棲鳳』。曰登龍，曰聖泉是也。」下有神女廟。范成大《吴船録》云：「下巫山峽三十五里至神女廟，廟前灘尤洶怒。十二峰俱在北岸，前後映帶，不能足其數。十二峰各有名，俱不甚切。」陸游《入蜀記》「神女祠正對巫山，峰巒上入霄漢，山脚直插江中，説者謂太華、衡、廬皆無此奇。然十二峰不可悉見，所見八九峰，蘇轍《巫山賦》亦云：『峰連蜀以十二，其九可見而三不可見。』惟神女峰最爲鮮麗。巫峽之名，蓋因山以名峽也。蜀人以其在蜀東境，亦謂之東峽」云。

清·顧祖禹《讀史方輿紀要》卷六七《四川二·新都縣》 繁陽山，縣南十五里。衆山連接，孤峰特起，上有麻姑洞。又赤岸山，在縣南十七里。山赭色，岸邊若有火光，頂有湧泉，周迴數丈，一名宋興戍山。《志》云：山高百四十丈，周三十餘里。龍門山，在縣南十里。山有龍洞。縣北八里又有麗元山，高三丈許，羣山餘脈也。

清·顧祖禹《讀史方輿紀要》卷六七《四川二·彭縣》 九隴山，縣北四十一里。自崇寧縣連岡起伏，入縣界曲折凡九。祝穆曰：「九隴者，古彭州之西山。一伏隴，二豆隴，三秋隴，四龍奔隴，五走馬隴，六駱駝隴，七千秋隴，八較車隴，九横檐隴，故有九隴之名。」葛仙山，在縣北四十里。《雲笈七籤》云：「山有二十四峰，八十一洞，亦曰葛璝山，道家謂之『陽平化』，蜀王衍遊樂於此。」又有灘沅山，在縣北六十里。

清·顧祖禹《讀史方輿紀要》卷六八《四川三·昭化縣》 人頭山，縣西四十里。山巔突出，宛若人頭。後唐長興初王弘贄攻劍門，道出於此。又牛頭山，在縣西十五里，亦以形似名。九曲山，在縣西南百五十里。山勢盤迴九曲，與劍門相峙。又龍門山，在縣西南百九十里。一名葱嶺。有石穴，高數十丈，如門。一云九曲山在縣西九十里，又西五十里即龍門山。

又 九里山，縣北二十里。盤曲嵯峨，約高九里。又大高山，在縣北百二十里。山勢高聳，路狹難行，爲衆山之冠。

清·顧祖禹《讀史方輿紀要》卷六九《四川四·豐都縣》 尖峰山，縣東五十里。山峰矗起，如卓劍然，亦曰尖峰山。又大峰門山，在縣東七十里。峰頂二石並峙，如門之闢。又周城山，在縣南七十里。石壁四周，儼若城壁。

清·顧祖禹《讀史方輿紀要》卷七〇《四川五·富順縣》 凌雲山，縣治西。大江前横，一峰突兀。其相接者曰馬腦山，西北諸山惟此最高。有二巖，曰中巖、北巖，皆奇勝。又西有養秀山，一峰聳秀。一名積草山。勸農山，在縣治南，巖洞殊勝，前接聖燈山。山之西有石峰峭拔。又龍山，在縣治北一里。山勢蟠迴，如臥龍然。

清·顧祖禹《讀史方輿紀要》卷七〇《四川五·長寧縣》 寶屏山，縣治北一里。環列如屏，縣之主山也。一名登雲山。又金龜山，在縣治南一里。四面平廣，中突一峰。一名松子山。又筆架山，在治西五里。壁立萬仞，三峰如削。又有牛心山，在縣治東。山形崒嵂，如牛心然。龍翔山，在縣北四十里。山形蜿蜒如龍，一名龍峨山。

清・顧祖禹《讀史方輿紀要》卷七〇《四川五・筠連縣》 亭臺山，縣南二十五里。山形壁立，狀如亭臺。又南五里爲黃牛山，山高聳，亦以形似名。《志》云：縣東五里有蠻彝山。山多巖穴，蠻彝依阻其中，因名。

清・顧祖禹《讀史方輿紀要》卷七〇《四川五・珙縣》 芙蓉山，縣北三十里。有九十九峰，環錯聳秀，狀若芙蓉。又南有二峰突起，亦曰小芙蓉。冠帽山，在縣北二里。峰巒巍峨，形若冠冕。又北二里曰麒麟山，蹲踞如角端然。《志》云：縣南三十里有落浦洞，甚深邃。

清・顧祖禹《讀史方輿紀要》卷七〇《四川五・興文縣》 晏峰，縣西南五里。峰巒峭拔，唐以山名州。又丹霞箐，在縣南二十里。山多林木，霞彩照映，其色如丹。又惡戾坎，在縣東南五十里。山高道險，宿草荒塞，故名。萬曆初官軍擊敗蠻賊於此。

清・顧祖禹《讀史方輿紀要》卷七一《四川六・蓬溪縣》 赤城山，縣東一里。中峰蔚然，左右環拱，上有高臺五層，山皆赤土。又蓬萊山，在縣治西，縣因以名。

又 伏龍山，縣西二百里。其山盤曲，形如伏龍，下有火井。《異物志》：「山下地窪若池，以火引之，有聲隱隱出地中，少頃炎熾。夏月積雨停水，則焰生水上，水爲之沸，而寒如故。冬月水涸，則土上有焰，觀者至焚衣裾。」

清・顧祖禹《讀史方輿紀要》卷七一《四川六・丹稜縣》 赤崖山，縣北二十里。高聳赤色，如烏斿之狀，拱翼縣治。又北五里曰簸箕山，山圓而大，以形似名。又三箐山，在縣東北三十里，接彭山縣界。龍鵠山，在縣北十五里。山高聳，宋李燾父子讀書於此。一名龍鶴山。

清・顧祖禹《讀史方輿紀要》卷七二《四川七・夾江縣》 萬松山，縣東北三十里。山有三峰，中峰尤爲峻聳，環山皆松也。其南曰天馬山，山勢高騫，一名馬鞍山。相近者曰伏龜山，岡巒綿亘，盤曲有九。又有葛藤山，以形如葛藤也。濱江又有簾鈎山，《志》云：以兩山夾江，狀若簾鈎而名。自天馬以下，俱在縣東三十里。丈人山，在縣東十里。亦曰九盤山。上有石峭拔如人立，俗謂之丈人峰。相近者曰虎履山，上多虎迹，因名。

清・顧祖禹《讀史方輿紀要》卷七二《四川七・洪雅縣》 九勝山，縣北一里。九峰屹立，近如屏闌，遠如户闥，爲縣之勝。又八面山，在縣南三十里。峰巒高峻，黛色參差，八面如一，因名。又縣東二十五里有金釜山，岡隴迴環，草木叢鬱。一名主簿山。下有金釜渡，洪雅水所經也。或以爲即丹稜縣之金釜山，恐悮。

清・顧祖禹《讀史方輿紀要》卷七二《四川七・江安縣》 漢陽山，縣南四里。孤高突起，爲南境之望。又縣南四十里有照山，峰巒巖壑，爲一邑之勝。連天山，在縣南七十里。迴旋曲折，高聳連天。又南三十里即小龜山矣，樂共城舊置於山上。

清・顧祖禹《讀史方輿紀要》卷七三《四川八・龍安府》 馬盤山，府東南百二十里。高三千三百丈。其形似馬，盤旋而上，重巒疊嶂，行者難之。後魏馬盤縣以此名。牛心山，在府東百五十里。山秀拔，形如牛心。西魏李虎葬此。唐武后時鑿斷山脈，玄宗幸蜀修復之，迴鑾後升龍州爲都督府，賜名靈應郡。《唐志》云：「山在江油縣西一里。」長慶四年龍州刺史尉遲鋭上言山有掘斷處，請加補塞，於是役數萬人於絶險之地，東川爲之疲弊。

又 寶圌山，縣北十里。兩峰聳立，山麓紆迴，南接彰明縣界。杜光庭云：「山西接長岡，乃通車馬，東臨峭壁，陟絶一隅。自西壁至東峰石笋如圌，兩崖中斷，相去百餘丈，躋攀絶險，人所不到。」大匡山，在縣西三十里。高聳盤紆，亦接彰明縣界。其南二十里有點燈山，即彰明之小匡山也。一名讀書臺，以李白得名。

又 天柱山，縣北五里。山小而峻，形如立柱。一名天池山，以山頂有池也。又名石人山，天寶六載敕改爲靈液山。太華山，在縣南十里。三峰奇秀，有似西嶽，亦南接彰明縣界。

清・顧祖禹《讀史方輿紀要》卷七三《四川八・東川軍民府》 絳雲弄山，府西南二百里，接雲南禄勸州界。一名烏蒙山，訛曰烏龍山，亦名雲屏山。高峻百里，有十二峰，北臨金沙江，南詔封爲東嶽者也。今詳見雲南。七雄山，在府東北百二十里，石崖陡峻。又納雄山，在府西五十里，亦高廣。

清・顧祖禹《讀史方輿紀要》卷七三《四川八・天全六番招討使司》 禁山，司西二里。兩崖對峙，高峻險絶，中有飛流，四時不竭，古謂之禁門關。又龍頭山在司北二里，又北二里爲雲頂山，皆峭聳。泥山，在司東三里。四時積雨，山多泥濘。一名梅嶺，以嘗有梅生其上也。又金鳳山，在司東北二里。山形聳峙，因名。

清・顧祖禹《讀史方輿紀要》卷七三《四川八・松潘衛》 雪欄山，衛東三十里。山勢蟠蜒，四時積雪，其色如銀，俗呼寶頂山，亦名雪嶺。巉崖路險，有雲欄關。又風洞山，在衛東五十里。山高險，行數里始至其巔。上有風洞，深不可測。《志》云：洞多惡風，每午輒大作，作則灰沙蔽天，人馬俱辟易，寒氣襲人，觸之多死，否則喘息旬日始止，蓋山嵐鬱結之氣所發。

清・顧祖禹《讀史方輿紀要》卷七三《四川八・平茶洞張官司》 岑仰山，在司治西。巍然秀拔，仰望可愛。又團山，在司治南。山勢團聳，特出衆山之上。又高秀山，在司治北。高立千丈，丹崖翠壁，秀色如畫。

又 白崴山，司西三十里，高聳插天。土人以山積雪則有年，故名。諸葛洞，在司治南。石崖屹立，旁有石洞數丈，相傳武侯征九溪蠻時留宿於此。

清・顧祖禹《讀史方輿紀要》卷七四《四川九・建昌前衛指揮使司》 螺髻山，司東南四十里。山高聳，狀如螺髻。又鹿角山，在司東百一里。山峰尖削，狀如鹿角。元至順初羅羅斯酋撒加伯等合諸蠻軍攻建昌守將躍里帖木兒等，追戰於木托山下，敗之。或以爲即鹿角山之訛也。又涼山，在司東百三十里。羣峰嵯峨，四時多寒。落腰山，在司治南二百六十里。東西高而中凹，蠻人因呼爲落腰也。

清・顧祖禹《讀史方輿紀要》卷七四《四川九・鹽井衛軍民指揮使司》 柏林山，衛南十里。多松柏，翠色參天，柏興府之名以此。斛棘和山，在衛西三十里，産金。又衛西北七十里有鐵石山。山有弩石，燒之成鐵，爲劍戟甚剛利。又白耳山，在衛西二百里。山下有白耳村。

清・顧祖禹《讀史方輿紀要》卷七五《湖廣一》 衡山在衡州府衡山縣西北三十里，五嶽之一也。《舜典》：「五月南巡狩，至於南嶽。」《禹貢》：「岷山之陽，至於衡山。」《周禮・職方》：「荆州鎮曰衡山。」《史記》：「秦始皇二十八年度淮水之衡山。」自漢武移南岳之名於霍山，隋文帝始復以衡山爲南岳。《唐六典》：「江南道名山曰衡岳。」至德二年李泌請歸隱衡山，從之。今煙霞峰旁有爛柯、懶殘等巖，即鄴侯隱處。《名山記》：「上承翼、軫，鈐總萬物，故名衡山。度應三衡，位直離宮，故曰南岳。其山高四千一十丈，《長沙志》作九千餘丈。盤繞八百里，有七十二峰，十洞，十五巖，三十八泉，二十五谿，九池，九潭，九井。又有九穿、三漏。而峰之最大者五，曰祝融、紫蓋、雲密、石廩、天柱，《荆州記》又云：『衡山三峰極秀，紫蓋、石囷、芙蓉也。其芙蓉峰上有飛泉瀑布，下灌田畝。』而祝融又爲之冠，道書以爲二十四福地。唐盧載所云十二峰中最高者也。峰之巔有風穴，有雷池。自紫蓋峰以下，各有巖洞泉壑之勝，而天柱峰形如雙柱，屹然聳拔。」《九域志》：「名山三百六十有八柱，此爲第六柱。五峰而降，其在衡山縣境者凡五十五峰，祝融、芙蓉、雲密、紫蓋、石廩、天柱諸峰，皆峰之大者，此外又有碧雲、香爐、石囷諸峰，共五十有五。今按：七十二峰之名，大都好事者所附會，故不詳列。而在衡陽縣境者凡七峰，在長沙府湘鄉、湘潭、善化縣境者凡十峰，共爲七十二峰也。」徐靈期曰：「迴雁爲南岳之首，迴雁峰見衡陽縣。嶽麓爲南岳之足，嶽麓峰，見善化縣。衡山蓋跨長沙、衡州二郡之境矣。」郭璞云：「衡山别名峋嶁。」今峋嶁峰見衡陽縣。

又 九疑山，在永州府道州寧遠縣南六十里。《衡郡志》云「在衡州府桂陽州藍山縣西南五十里」，蓋山接衡、永之界也。太史公曰：「舜崩於蒼梧之野，葬於江南九疑。」故老相傳舜嘗登此。《秦紀》：「始皇三十七年行至雲夢，望祀虞舜於九疑。」漢武元封五年亦望祀焉。郭璞云：「其山九谿皆相似。」酈道元曰：「九疑山盤基蒼梧之野，峰秀數郡間，羅巖九舉，各導一溪，岫壑負阻，異嶺同勢，遊者疑焉，故曰九疑。」元結曰：「九疑山方四百里，衡、永、郴、道四州各近一隅，九峰各道一溪，四水流灌於南海，五水北注於洞庭。」孔穎達曰：「九疑即蒼梧山也。」胡氏曰：「九疑、蒼梧蓋兩處，合而言之悞。」《檀弓》云「舜葬於蒼梧之野」，謂此。文穎曰：「九疑山蓋半在蒼梧，半在洞庭。」九峰：一曰朱明，《志》以爲瀟水源。二曰石城，沲水源。三曰石樓，巢水源。四曰娥皇，池水源。五曰舜原，亦曰華蓋，瀑水源。六曰女英，砅水源。《九域志》：「舜陵在女英峰下，九疑之第六峰也。」蓋九峰之中峰也。七曰簫韶，濟水源。八曰桂林，洑水源。九曰杞林。亦曰梓林，洄水源。《九疑山志》：「朱明峰、簫韶峰各去舜峰西十五里，石城峰、桂林峰各去舜峰北十五里，石樓峰在舜峰東三十里，娥皇峰在舜峰西四十六里，女英峰在舜峰西五十里，杞林峰去舜峰西六十里，而舜原峰正當寧遠之南，有三峰鼎立，相去各五里，高接雲漢，上有飛泉，蹊徑險絶，人迹罕至，其下則衆山環合，如列屏然。」九疑爲南服之望，允矣。

又 大别山在漢陽府城東北百步漢、江兩岸，江水逕其南，漢水從西北來，會於大别之東南。《禹貢》：「内方至於大别。」又：「漢水至於大别，南入於江。」

《左傳》定四年：「吳師伐郢，楚子常濟漢而陳，自小別至於大別。」小別山，見漢川縣。山之左即是沔口。《諸州圖經》：隋郎茂撰。「漢水東行，觸大別之陂，南與江合是也。」三國初，曹魏定荆州，以文聘爲江夏太守，守沔口，吳軍來攻不克；後吳人得之，嘉禾中陸遜、諸葛瑾戍守於此；東晉初荆州賊王貢敗陶侃將朱伺於沔口；皆在大別山下也。山亦名翼際山，又名魯山。《志》曰：山有魯肅寺，因名。司馬貞曰：「大別山，土人謂之甑山。」杜佑曰：「魯山，三國、南北之際必争之地也。」東晉元興末，桓玄餘黨桓振等復據江陵，劉毅進討至夏口，振遣其黨馮該守東岸，孟山圖據魯山城，桓仙客守偃月壘，壘在漢水北岸。水陸相援。毅自攻魯山城，劉道規攻偃月壘，何無忌遏中流，二城皆潰，該走石城。石城，見安陸府。宋昇明初沈攸之舉兵江陵討蕭道成，分兵出夏口，據魯山，既而攸之攻郢城不克，郢城即夏口，亦曰郢州城。帥衆過江至魯山，軍遂大敗。齊末蕭衍舉兵襄陽，東昏侯使郢州刺史張衝守郢城，又使房僧寄守魯山，衆議欲引兵圍郢，衍曰：「魯山與郢城爲犄角，若悉衆前進，魯山必阻我沔路，搤我咽喉，糧運不通，自然離散矣。」遂分軍圍郢城，自圍魯山。魯山尋降，郢城亦下。梁大寶二年侯景攻巴陵，不克遁還，留其黨丁和等守郢城，支化仁鎮魯山，繼而王僧辯出漢口，次第攻拔之，遂引兵東下。陳天嘉初王琳據江、郢諸州附於齊，齊人守魯山爲郢城聲援，及琳敗郢州歸陳。齊人棄城走，陳因置魯山郡守之。明年以郡賂周，周人以爲重鎮。大建十二年周司馬消難以沔南地及魯山等鎮來降，尋復爲周所得。光大中華皎以湘州降周，周遣衛公直等應之，直軍魯山，使别將率步騎圍陳郢州。隋末蕭銑置鄂州於魯山，唐武德四年其鄂州刺史雷長潁以魯山來降，於是江表悉定。夫魯山，江、漢之鎖鑰也，其與郢城形援密邇，齊、梁以來以重兵屯郢城，又於魯山置鎮控扼要害，魯山之險即郢城之險也，一旦有事，未有偏受其害者。《唐六典》：「淮南道名山曰大別。」五代梁開平二年荆南高季昌遣兵屯漢口，絶楚人朝貢之路。蓋大別之下，偏師守之，足以横絶南北也。唐胡曾《過大别山》詩云「思量鐵鎖真兒戲，誰爲吳王畫此籌」，蓋山北下有鎖穴也。又元周鎧賦云：「繫大別之爲山，鎮南北之要衝，杜荆、鄂之形勝，俯江、漢之朝宗。」時以爲實録。

清·顧祖禹《讀史方輿紀要》卷七六《湖廣二·興國州》 銀山，州北十五里。四面皆山，多産銀礦，亦名大銀山，元時曾採銀於此。《志》云：州西二里有黄姑山，亦産銀，舊有銀場。三角山，在州北九十里。州之名山也。又大坡山，在州東五十里。旁有石樓，嶄然拔出衆山。里人於此造茶，名坡山鳳髓。有大坡洞。其相近者有雞籠山，相傳伍子胥曾駐兵於此，今遺址尚存。又闔閭山，在州南九十里，相傳子胥屯兵處。《史記》：「闔閭九年，子胥伐楚。」是也。山下有闔閭城。

清·顧祖禹《讀史方輿紀要》卷七七《湖廣三·鍾祥縣》 子母山，府北百里。有二十二峰，大小相接，環列如屏。其相近者曰窄山，山勢褊窄。又有仙潭山，高數百仞，上有仙潭洞。山口復有二山對峙，曰獅子山、象山，雄踞水口，爲郡城之勝。聊屈山，在府東五十里，接京山縣界。山勢突起，綿亘數十里，上有白鹿池，一名盧屈山。又有界山，在府東北八十里，接隨州界。其相近者曰温峽山，兩山對峙如峽。温峽河出焉，流入漢江。

清·顧祖禹《讀史方輿紀要》卷七七《湖廣三·巴陵縣》 黄茅山，府東三十里。盤亘數里，壁立干霄。相近爲集雲峰，有疊嶂層巒之勝。又千聚山，在府東百里。盤亘數十里，衆山拱揖其旁。其相近者曰雷分臺山，秀麗高聳，一名仙人臺。又福聖山，在府東百十里，多松柏。相傳宋末蒙古兵過此，伐其樹，斧斤不能入，時以爲神。亦名福聖臺。又相思山，在府東百三十里，高聳盤踞，巖石甚勝。九峰山，在府東北百里。山高聳，有九峰並峙。其相接者曰黄龍山，亦峻拔。又大雲山，在府東北五十里，連接七十餘峰，高數百丈，與九峰山連麓。山之北屬臨湘縣。

清·顧祖禹《讀史方輿紀要》卷七七《湖廣三·華容縣》 東山，在縣東十里。峰巒秀麗，連亘百里，古松夾道，驛路經其中。其相接者曰龍峰山，四山迴抱，洞庭在望，稱爲奇勝。南山，在縣南三十里，隔湖對峙，蒼翠如屏。又南十里有禹山，相傳禹濬川時嘗登其巔，今有禹廟。

又 昌江山，縣東南二里。一名魯德山，山多奇勝。魯肅嘗屯兵於此，後人德之，因名。又連雲山，在縣南五十里。舊名純山，峭拔千仞，雲氣嘗覆其上。其相接者曰明山，周圍三十餘里，三面峭絶，惟一路可通。舊名奉國山。石牛山，在縣東百里。山多岑石，其狀類牛。又有大寨石，大者可容萬人，小者容千人，井泉饒給，可以避寇。

清·顧祖禹《讀史方輿紀要》卷七七《湖廣三·慈利縣》 茅花嶺，縣南三十里。高峻爲羣峰之冠。又百丈巖，在縣西北六十里。一名百丈峽，東北至九溪衛七十里。石崖兩面對峙，高逾百丈。中有小峽長三十里，流泉峻急，古木槎牙。峽畔有路通永定衛，最險。

又 天馬山，衛東五里。遠望屹立，鎖斷江流，形如天馬。衛東三十里又有尖山，山峰尖聳，絶頂有泉。又南山，在衛南。綿亘數十里，或起或伏，軍民雜處，耕植其間。又麻山，在衛西南十五里。屹然屏立，峰巒起伏，平坦處可以種植。

清・顧祖禹《讀史方輿紀要》卷七七《湖廣三・監利縣》 白螺山，縣東南百四十五里。山皆白土，其形似螺。下有磯，其旁有洲，皆以白螺名。《水經注》：「江水東過彭城口，又東過如山北，又東過白螺山南，山下爲白螺洲。」劉宋末沈攸之舉兵江陵，趣夏口，至白螺洲，自以兵強有驕色。又陳光大初華皎以湘州叛降周，軍於白螺，與陳將吴明徹相持是也。《輿程記》「江行自岳州臨湘縣而東北，有白螺山」，即此。又楊林山，在縣東百三十里。地多楊，望之如雲。

清・顧祖禹《讀史方輿紀要》卷七七《湖廣三・巴東縣》 安居山，縣西南五十里。高千仞，廣百里，四面懸崖峭壁。上有二路，一平坦，一極斗峻難上，昔人多避兵於此。其上突出一山，名天寶山，有泉。羅頭山，在縣東七里，濱大江。環鎖江水，迴顧縣治，下有羅頭洞。其旁又有無源洞，溪澗險邃，空洞無涯，水源莫測。又七寶山，在縣東八十里，上可熔鐵。又縣南三百里有鐵爐山。

清・顧祖禹《讀史方輿紀要》卷八〇《湖廣六・安仁縣》 熊耳山，縣東南七十里。山高峻，狀如熊耳。有遠天洞，可容萬家。稍西有李朝洞，延袤數十里。又有大湖山，亦在縣南七十里。楊梅峰，在縣西北十里，壁立數仞，絶頂有井。五代時馬殷將歐陽覿於此立寨屯兵以備南漢，宋沈通父子亦保鄣於此。元末鄉人壘石爲門，中爲屋室，相率保此避寇。正德十二年苗賊犯境，鄉民亦多奔避於此得免。

清・顧祖禹《讀史方輿紀要》卷八〇《湖廣六・桂陽州》 九鼎山，州西北七十里。高三里，周十里。宋時出銀、鉛，今廢。又大湊山，在州西八十里。舊出銀，坑淘者紛錯，商賈輻輳，因名。近爲土賊屯聚處。又毛壽山，在州西二十里。五代時亦出鉛，宋廢。州西北百三十里有潭流山，接常寧縣界，舊出鉛、銀、砂礦，今廢。又晉嶺山，在州南八十里，相傳晉時亦出銀、鉛、砂礦。《志》云：桂陽州産銀，宋天禧三年置有九坑：曰天湊岡、曰大板源、龍圖、毛壽、九鼎、小白竹、水頭、石筍、大富。今皆廢。

清・顧祖禹《讀史方輿紀要》卷八二《湖廣八・綏寧縣》 藍溪山，縣東北八十五里。崇巒疊嶺，草木蔭翳，澗水縈紆，爲蠻傜出没之所。其相接者曰蓮荷山。楓木嶺，在縣南百三十里，最高險，爲羣蠻出没之所。縣東六十里又有菖蒲嶺，縣南百里有鸕鷀嶺。又有天塘嶺、鎖子嶺，俱在縣東北六十里。

清・顧祖禹《讀史方輿紀要》卷八二《湖廣八・施州衛軍民指揮使司》 石乳山，衛西百七十里。周百餘里。山石層疊，多生石乳而名。又紅崖山，在衛西南七十里。東有寨名鼓樓，昔人避兵處。《志》云：衛西一里有宜山，俗名宜姑寨。客星山，在衛西十里。複嶺重嶂，蜿蜒盤礴，南連猿啼山。山甚奇秀，亦名雪嶺，以冬常積雪也。又藥山，在衛西二十里，下瞰麒麟溪，山多藥物。

清・顧祖禹《讀史方輿紀要》卷八三《江西一》 廬山在南康府西北二十里，九江府南二十五里。高二千三百六十丈，周二百五十里，疊嶂九層，川流九派。《禹貢》「過九江此九江謂湖廣洞庭湖。至敷淺原」，説者謂廬山高，而其中原田連亘，即敷淺原矣。《史記》：「太史公南登廬山，觀禹所疏九江。」《名山記》：「山南濱宫亭湖，北對小江，山去小江三十餘里。其大嶺凡七重，圓基周迴，垂三五百里。」《豫章古今志》：山本名南嶂，亦曰障山，俗又訛爲天子都、天子障。殷、周時有匡俗兄弟七人結廬於此，故曰廬山，俗字君平。一作「匡續」，字子孝，秦、漢間人。或謂之靖。廬山亦曰輔山。相傳周武王時有方輔先生於此山得道仙去，惟廬存，因名。世皆謂匡俗所居，亦曰匡山，亦曰匡廬，亦曰匡阜，亦曰康廬。《圖經》云：『宋開寶中避太祖諱，更匡山爲康山。』道書以爲第十八洞天，第三十六福地。漢廬江郡之名本此。又漢祀典以廬山貳於灊嶽，《郡縣志》：『漢武封廬山神爲南極大明公，俗號廬君。』蓋南方鉅鎮也。梁天監初江州刺史陳伯之起兵尋陽，其長史程元沖失職家居，因聚衆襲攻伯之，不勝，逃入廬山。《唐六典》：「廬山，江南道名山之一也。」今峰巖洞壑，在南康界者不可悉數，而最著者曰五老峰，府北三十里。石山骨峙，突兀凌霄，如五老人駢肩而立，爲廬山盡處。石鏡峰、府西二十五里。紫霄峰、府北二十五里。一名上霄峰，下有上霄源。凌霄峰、府北四十三里。鐵船峰、府西北二十五里。漢陽峰。漢陽峰者，在廬山絶頂，望數百里，極目江、漢，故名也。一名漢王峰，相傳漢武曾登此。漢陽峰之水，西流爲康王谷之谷簾泉，谷在府西三十五里，相傳秦并六國時，有楚康王者逃難谷中，因名。水流爲谷簾泉，其水如簾，布巖而下，凡三十餘派。東流爲開先寺之雙瀑。寺在府西十五里廬山麓，本梁昭明太子棲隱處，南唐主李璟建寺。李白云：「掛流三百丈，噴壑數十里。」是也。廬山之南，瀑布以十數，而開先之雙瀑爲最勝。五老峰下爲棲賢谷。府北十五里。唐貞元中李渤隱於此，因名。其西爲三峽澗，澗受大小支流九十九派，水行石間，聲如雷霆，擬於三峽之險。相近曰白鹿洞，亦李渤與兄涉隱處。南唐昇元中建學館於其下，石晉天福五年，南唐昇元四年也。時遣官者祭廬山，學館蓋建於是時。宋時爲白鹿書院。《郡志》：白鹿在谷簾泉山澗中，書院在五老峰下，相去十餘里。又有白雲洞，在府西四十里山頂上。南唐主李璟嘗遊此。原曰栗里原，在府西三十六里。爲晉陶潛隱居處。此南康之勝也。其在九江界者曰雙劍峰，在府南五十里，形勢插天，宛如雙劍。蓮花峰、府東南三十里。香爐峰、府西南五十里。峰形圓聳，南有鉅石卓立，一名石人峰。石耳峰、府南七十里，有二峰並聳。大林峰、府西南五十里，相近爲天池、鐵船二峰。上霄峰。上霄原亦在廬山絶頂，有石室，相傳大禹石刻藏其中。又有石梁瀑布，秦始皇嘗登其上，謂與霄漢相接也。《志》云：峰有秦皇、漢武刻，又太史公嘗登此，蓋即南康府之紫霄峰。又石門，在廬山西南，雙闕壁立千仞，瀑布出其中。《山疏》云：「石門者，山之天池、鐵船二峰對峙如門也。」慧遠詩序略云：「石門一名障山，雙闕對峙其前，重巖映帶其後，七嶺之美，蘊奇於此。」周景式云：「石門澗水出康王谷，谷東北去府六十里。吐源深遠，爲衆泉之宗。每夏霖秋潦，轉石發樹，動數十里。」此九江之盛也。《廣記》云：「廬山三面阻水，西臨大陸，爲羣山所奔輳。山無主峰，蜿蜒蟬連，指列調敷，各自爲勝，濱湖距江，迴環垂五百里。亦嘗爲盜賊藪。正德中廬山左湖、湓塘賊作亂，指揮周憲討平之。山藪藏慝，由來舊矣。」

又 懷玉山，在廣信府玉山縣北百四十里，高四百餘丈，盤亘饒、信、衢三郡，當吳、楚、閩、越之交，爲東南望鎮。一名輝山，相傳山有異光夜燭也。縣舊置輝山驛，以此。唐賈耽《華夷圖》：「懷玉山上與雲際，勢聯北斗，又名玉斗山。循山之麓升降凡十有五里至大洋坂，地寬廣約數百畝，而奇峰峻嶺，怪石深池，環列於前後左右，仙靈之窟宅也。《志》云：山有龍潭二十八漈，又有二十四奇，曰玉琊峰、銀尖峰、獅子峰、石牛峰、雲蓋峰、天門峰、飛泉峰、屏風峰、蟠龍岡、金雞墩、洗墨池、望香墩、七盤嶺、九蓮池、誓坡石、浴佛池、彩霞巖、過雲洞、連理木、天聖松、金剛嶺、石鼓山、羅漢峰、志初巖，俱稱絶勝。山之水西出則入於江，東出則入於淛，蓋江、淛山水之宗也。」李翱《南來録》：「自常山至玉山八十里，陸道謂之玉山嶺；自玉山至鄱陽七百有十里，順流謂之高溪。」又有三清山，《志》云：與懷玉並峙，《名勝志》：「山高七百餘丈，周迴二百餘里，江、淛之水蓋源於此。」蓋懷玉之支峰而異名者也。

清・顧祖禹《讀史方輿紀要》卷八四《江西二・上高縣》 鏡山，縣東二里。山有三端，圓如鏡，相對而峙，中有徑可通人行。縣界五里又有屏山，山勢連亘如屏，因名。寶蓋山，在縣南二十五里，嵌巖岌嶪，靄翠玲瓏。稍南曰靈峰山，峰前有銅丁嶺，一名銅精嶺。又南五里有寶珠嶺。

又 蒙山，縣南三十五里。周一百四十里，峭壁橫險，喬木千尋，常有煙霧蒙蔽其上。山有多寶峰及上下兩洞。《志》云：宋慶元間嘗産銀鉛，故峰名多寶，並置蒙山務於山下。九峰山，在縣西北五十里，接新昌縣界。其峰有九，曰雲末、飛雲、香爐、翠霞、蒼玉、芙蓉、清流、峨眉、天竺。縣西六十里又有末山，與九峰相連，以聳峙天末而名。其相近者曰謝君嶺，高數百仞，接萬載縣界。

清・顧祖禹《讀史方輿紀要》卷八四《江西二・建昌縣》 鳳棲山，縣西十五里。山勢旋伏，狀如棲鳳。又雲居山，在縣西南三十里，紆迴峻極，頂常出雲。一名歐山，世傳歐岌先生得道於此。《志》云：歐山湫澤湧洩，垂流三十餘丈，形如曳布，謂之布水，在縣西南四十里。迴城山，在縣西五十里。中有高峰嵬峨，望之如城闕。又城門山，在縣西八十里。山形雙峙，遠望如城門。中有飛泉，溉田甚廣。

清・顧祖禹《讀史方輿紀要》卷八五《江西三・湖口縣》 花尖山，縣東四十里，形如芙蓉。縣東五十里有武山，雙峰如劍，因名。青山，在縣西南。《輿程記》：「縣南六十里鄱陽湖中有青山，又六十里即南康府城，由湖口出南昌爲往來必經之道。」一云青山之北與大孤山相連。

清・顧祖禹《讀史方輿紀要》卷八五《江西三・餘干縣》 餘干山，在縣治東。兩峰迴曲相向，狀如羊角，本名羊角山。一名雙覆峰，一名冠山，多奇樹怪石，前瞰琵琶洲，唐天寶六載改今名。縣治西一里又有藏山，懸崖峭壁，上有梅巖。冕山，在城東五里，與冠山相對。相傳隋末林士弘退保餘干，敵至，市民避此山得免，因名免山。後以邑有冠山，改今名。又玉馬山，在縣南十里。山下有白石如馬，俗稱白馬山，唐天寶間改今名。《志》云：山自撫州南城縣過入臨川縣，凡歷三邑，乃分一支入縣境。又石虹山，在縣北十里。有橫石跨水，文彩若虹。又有二石室，甚廣，旁列石障如屏。

清・顧祖禹《讀史方輿紀要》卷八五《江西三・貴溪縣》 三峰山，縣南二里。三峰鼎峙，一名天冠山，高三十餘丈，與縣治相對。山之東麓接王表巖，亦曰長廊巖，修巖如廊。相傳西漢末有王表者隱此，因名。又五面山，在縣西南五里，東接三峰山。其南一峰屹立，五面如削成。《志》云：縣南三里有徐巖，宋徐紹景讀書處。林深水遠，洞穴幽邃。有鉅石平坦，突出山側，如月攀蘿，可登以望遠。

又 象山，縣西南七十里。初名應天山。宋陸九淵讀書於此，以山形如象，改今名。山間有原塢及良田清池，無異平野，四方從學者，多結廬其中。山陰之巔又有塵湖，天成一池，泓然如鑑。其餘巖壑泉石，俱稱絶勝。又縣西南八十里爲象樓山，兀然突聳，如樓閣之狀。本名石樓山，天寶六載改今名。自鳴山，在縣西五十里。邑之鎮山也，巍然羣峰之上。巔有湖，天欲雨則水湧，其聲如雷。

又　龍虎山。縣西南八十里，在象山之西北。《志》云：象山一支西行數十里，乃折而南，兩峰對峙，如龍昂虎踞。《道書》以爲第三十二福地。後漢章和間，張道陵修煉於此。今有上清宮，在龍虎兩岐之間。《圖經》：龍虎山，在後漢末，張魯之子自漢中徙居此。宋大中祥符八年，召其徒正隨赴闕，賜號真静先生。王欽若奏立授籙院及上清觀，蠲其田租，即上清宮也。出龍虎山而西一二十里，南迫大溪，溪水澄瀅，可鑒毛髮，則仙巖列焉。其巖峰巒削立，高出云表，巖石嵌空，多爲洞穴、房室、窗牖、床榻、倉廪之狀，共二十有四巖，而總名之曰仙巖，與饒州府安仁縣接界。

又　藐姑山。縣南七十里。高四十餘丈，廣三十餘里，泉石甚勝。有封鬼等洞，俗傳張道陵遺迹也。又鬼谷山，在縣南八十里，道家以爲弟十五洞天。山有蘇秦臺、張儀井。又有鬼谷洞，幽黑，入必以燭，周迴數里，容數千人，俗傳鬼谷子隱此，蓋好事者假以名山。昂山，在縣西南百餘里，東連貴潭，西接梅潭，南入福建界，北帶上清溪，廣四十餘里，山形昂聳，物産蕃庶。又雲臺山，在縣南仙源鄉，一峰特出，亭亭天表。又西十里許爲雲原山，石壁削立，兩旁如門，山椒有壁魯洞，世以爲神仙之窟宅。

清·顧祖禹《讀史方輿紀要》卷八五《江西三·永豐縣》　念青嶺，縣東北二十三里。聳拔三百餘仞，當江浙通衢，望江山縣如指掌。又從嶺左折而上約五里許，一峰干霄，曰大巖尖。陟其巔，東望三衢，西顧信州，山川形勝，一覽而盡。泉湧絶頂，冬夏不涸。又有石室，可容千人。六石峰，在縣東七十里，與平洋山相望。六峰特立，中有聖泉，冬至則涸，夏至則溢。六石闕置於此。又鵝峰，在縣東三十里。脈自閩中綿亘至此，長數百里，有峰矗起，以形似名。

清·顧祖禹《讀史方輿紀要》卷八六《江西四·南豐縣》　軍山，縣西北二十五里。高十九里有奇，接撫州府宜黄縣界。其上四峰崛起，傍有飛瀑，一瀉千尺，巖石洞壑，皆稱奇勝。上多産斑竹，蒼翠插天，財阜利及比壤。自衡、廬而下，此山爲第一。曾子開云：「山，南豐之望也。縣固多大山，而兹傑出，見於百里之外。其勢險氣秀，若蹲虎兕而翔鸞鳳。」舊傳吴芮攻南越駐軍此山，因名。一名南山，以當郡城之南也。山之西又有屏障山。

清·顧祖禹《讀史方輿紀要》卷八七《江西五·吉水縣》　午岡峰，縣西十五里。一名斗峰。五岡連延，一峰獨高。又三凹峰，在縣西北七十里。上凹山石壁立，石常有光，俗名石鏡。中凹爲南北往來通衢。下凹稍高，臨赤石潭，下有黄雲岡。黎洞，在縣東五里黎王寨下。洞中皆良田，溪水最清。又神洞，在縣南五里。一徑如線，依山俯澗，略可容足，不百步即寬平。中有田百畝，甚肥沃。兩山含翠，峰高入雲。又有鷓鴣洞，在縣西北五十里。四面環山，中分南洞、西洞，有田數百畝。南唐時盜吴申先據此，今其地猶有馬家營田、鼓樓洲。

清·顧祖禹《讀史方輿紀要》卷八七《江西五·永寧縣》　漿山，縣西三十里。山周四十里，峰巒峻峭，松林蓊鬱，有泉味甘如漿，因名。又小玉笥山，在縣西四十五里。周二十里，泉石甚勝。以別於新淦玉笥山而名。又小江山，在縣西北三十里。拐湖、鵝嶺二水經其下。拐湖山，在縣東南六十里，周四十里。有泉自山腰湧出，直瀉山麓，匯流成湖。《志》云：縣南一里又有旗山，周迴三里許。山勢昂聳，如列旗幟。治北又有七星峰，七峰圓布如星。

清·顧祖禹《讀史方輿紀要》卷八八《江西六·安遠縣》　欣山，縣南十五里。高峻插天，盤亘數百里，高五百餘丈，凡十有二面，巖池泉石，遊者欣然，因名。其水南流入廣東龍川縣界。《志》云：欣山相接者又有九龍嶂，上有龍潭。又鐵山，在縣西七十里。宋有鐵場，元廢。又頂山，在縣東南二百里，雙峰聳翠，甲於閩、廣之交。

清·顧祖禹《讀史方輿紀要》卷八八《江西六·龍南縣》　靈應山，縣北二十五里。岡巒重複，吞吐煙雲，望之如列畫屏。山鞎水，昔有僧飛錫得泉，因名。清修山，在縣南四十里。高千仞，上平坦，登高四顧，迥出塵俗，泉石林竹，儼若洞天，因名。又上皇山，在縣南三十里。山勢高聳，林木森鬱。其南五里曰油瓶山，路自上而下，平臨溪濱。中有巖洞，左鐘右鼓，亦名鐘鼓巖。《志》云：縣南五里有芙蓉山，以高秀如芙蓉而名。又南三里曰五公山，五山並列，朝拱縣治。

清·顧祖禹《讀史方輿紀要》卷八八《江西六·南安府》　東山，府東南二里，隔江。山勢特起，俯瞰兩城。其左折爲亞東山，泉石甚勝，亦名南山。府南五里曰五里山，臨兩廣大路。金蓮山，在府北三里，諸峰連接，狀若蓮花，迎候館在其下，左有鐵岡，岡上有候使臺，訛爲猴獅臺；稍東爲立屏山，一名魚山；皆以形似名。《志》云：鐵岡在城北一里，舊産鐵，有鐵冶，今廢。

又 玉枕山，府北七里，地名石人坑。山以形似名，郡之主山也。高三百仞，連延三里。兩麓五峰次第相屬，別名五指山，亦曰五侯山，亦曰五馬峰。又西華山，在府西十里。石壁如削，循磴而上，平衍可田，有瀑布及石洞諸勝。大龍山，在府東三十里。延亘三里，狀如遊龍。自麓至巔凡八里許。又玉泉山，在府東北五十里。兩山峙立如門，一徑而入，深三里許。相近者曰穀山，高千仞。《志》云：府東北二十里有雙秀山，兩峰雙峙。又府西北七十五里有南源山，巖崖高峻，飛瀑百丈，下有湫潭，深不可測。

清·顧祖禹《讀史方輿紀要》卷八九《浙江一》 會稽山，在紹興府東南十二里。禹東巡狩，至於會稽。《管子》：「禹封泰山禪會稽。」《吳越春秋》：「山本名苗山，禹更名會稽。」苗或作「茅」，或又謂之塗山。說者云：會稽者，會計也。禹會諸侯江南計功，命曰會稽云。《山海經》：「會稽山四方，上多金玉，下多玞石。」《水經注》：「會稽山亦名防山，亦名鎮山，又曰棟山。」《越絶書》：「棟猶鎮也。」《輿地志》：「會稽山一名衡山，有石狀如覆甗，亦名覆甗山。」道書稱會稽山周圍三百五十里，有陽明洞，爲第十一洞天。《周禮·職方》：「揚州其鎮山曰會稽。」《左傳》哀元年：「吳入越，越子以甲楯五千保於會稽。」《史記》：「秦始皇三十七年，南遊上會稽，祭大禹，望於南海，而立石刻頌秦德。」又二世元年南至會稽。太史公自言上會稽，探禹穴。《呂氏春秋》「九山，一曰會稽。」《後漢書》：「永元元年，會稽山崩。」《梁書》：「天監八年，有請封會稽者，不果。」隋開皇十四年，詔以會稽山爲南鎮。大業六年，穿江南河，并置驛宮草頓，將東巡會稽，不果。《唐六典》：「江南道名山曰會稽。」會稽之東三里曰宛委山。上有石匱，壁立干雲。升者累梯而上。《十道志》：「石匱山一名玉笥。有懸巖之險，亦名天柱，禹得金簡玉書於此。」《遁甲開山圖》：「禹至會稽，宿衡嶺，委宛之神奏玉匱書十二卷。」又東南曰秦望山，在府東南四十里。高出羣山之表。《會稽志》：「秦始皇登此，望東海，使李斯刻石焉。」今府西南別有刻石山。酈道元曰：「自平地趨山頂七里，懸磴孤危，峭路險絶，攀蘿捫葛，然後能升。」山之後又有望秦山，在府東南三十二里。一名天柱峰，一名卓筆峰，秦始皇登此以望秦中也。會稽之西曰法華山，在府西南二十五里。十峰聳峙，下有雙澗。會稽之南曰雲門山，在府南三十里。稱爲秀異。要皆會稽之支山也。陸參云：「夏后氏巡狩越山，方名會稽，後世分而爲秦望，釐而爲雲門、法華，其實一山也。自始皇登此以望南海，又陟天柱之高峰以望秦中，於是始有秦望、望秦之名。」今府城之南自西而東二三百里間，羣山隨地立名者，何一非會稽之支隴乎？

又 天目山，在杭州府臨安縣西五十里，於潛縣北四十里，又湖州府安吉州西南七十五里。高峻盤鬱，爲西面之鉅鎮。《唐六典》：「天目山，十道名山之一也。」《元和志》：「天目有兩峰，峰頂各一池，左右相對如目。左屬臨安，右屬於潛。今曰東、西天目山，東屬臨安，西屬於潛。其東峰從臨安入，西峰則從孝豐入。東西二瀑布，瀆流數里，下注成池，曰蛟龍池，即苕溪、桐溪之上源也。」郭璞《地記》：「天目山垂兩乳長，龍飛鳳舞到錢唐。」東南地靈，蓋鍾於天目矣。《道書》：天目山高三千九百丈，周八百里，爲第三十四洞天。《寰宇記》「山廣五百五十里，東目高三千丈，西目高二千五百丈」云。宋咸淳十年天目山崩，說者以爲宋亡之徵也。山崩後三年而蒙古入臨安。今山有十二龍潭，三十六洞。其峰巒之奇者，西則玉柱、香爐、象鼻爲最，東則大仙、將軍、寶珠爲最。其高險阻深，嶔崟瑰異，不可殫究。宋人《杭都賦》：山雖多矣，莫若天目之爲大。其高也凡三萬九千尺，仰太虛兮日月低，坐絶頂兮乾坤窄。自天目而外，遠近諸山，環繞林立，皆若臣伏然，豈非天開奇勝歟？唐子霞云：「天目山一名浮玉山，其山連亘於杭、宣、湖、徽四州之界。」羅氏云：「天目山亘於杭、湖兩郡間，餘杭、臨安、於潛、昌化皆在其陽，安吉、孝豐皆在其陰。」山之西麓與南直寧國縣接界，爲西出之間道。天下多事，言地險者天目其未可略矣。

又 四明山，在紹興府餘姚縣南百十里，寧波府鄞縣西南百五十里，亘兩郡之境，蟠跨數縣。由鄞縣小溪鎮入者曰東四明，由餘姚白水山入者曰西四明，由奉化雪竇山入者則直曰四明，層巒絶壁，深谿廣谷，高迴幽異。孫綽賦云「涉海則有方丈、蓬萊，登陸則有四明、天台」，蓋靈仙之窟宅也。《唐六典》：「江南道名山曰四明。」《山經》云：「山高一萬三千丈，周圍二百十里。」一云八百里。道家以爲丹山、赤水，第九洞天。山凡二百八十峰，四面形勝，各有區分，中通一溪曰簟溪。《四明山記》：「山東面七十峰，勢如驚浪，號驚浪峰。西面七十峰，狀如奔牛，號奔牛隴。南面七十峰，狀如驅羊，曰驅羊峰。有澗南出，流百二十里歸於鄞江。北面羣峰，狀如走蛇，曰走蛇峭。有澗深入山中七十餘里。西南又有八峰，狀如罌囊，曰八囊山。自餘姚白水山入，東南行二十里，有三朵峰，以三峰鼎足而立也。三峰南有五朵峰，狀若芙蓉，五峰相望各六里。其中央即四明山心，東西兩旁又有數峰錯峙。芙蓉峰之東南爲翥鳳巖，入於鄞縣界，其右即分水嶺也。」羣峰之中有分水嶺。石窗四面玲瓏，每天地澄霽，望之如户牖，中通日月星辰之光，亦名四窗，故曰四明。其巖洞岡嶺之屬，隨地立名者以數百計。大抵餘姚、上虞、鄞縣、奉化境内諸山，以奇勝稱者，皆四明也。

又　天台山，在台州府天台縣西百十里。《志》云：在縣北十里。一云三里。蓋縣境之山皆天台也。亦名桐柏山。《山經》云：「高一萬八千丈，周迴八百里。」山有八重，四面如一，當牛、斗之分，上應台星，故曰天台。隋開皇十年楊素擊江南叛者，别將史萬歲破沈孝徹於温州，步道向天台指臨海。蓋山谷高深，恐爲逋逃藪也。縣北六里有赤城山，乃天台之南門。《唐六典》：「江南道名山曰入台。」其峰之名者曰九折峰，在縣東北三十里。旁又有五峰，正北爲八桂，東北爲靈禽，東南爲祥雲，西南爲靈芝，西北爲映霞。前有雙澗合流，號天下四絕之一；四絕者，《類要》云：「齊州靈巖，荆州玉泉，潤州棲霞，台州國清也。」國清寺在縣北十里，萃五峰之勝。曰玉霄峰：在縣北三十五里。重巖疊嶂，凌雲翳日。其相對之峰爲白雲，《道書》以爲第十六福地。曰紫凝峰：縣西四十五里，壁立千霄，環巒掩映。其相望者有瑞龍、天柱、香爐、應澤四峰，皆爲勝境。曰柏香峰：縣北六十里，四面陰巖，垂磴萬仞。曰華頂峰，在縣東北六十里，周迴百餘里，高萬丈。絕頂東望滄海，俗稱望海尖。少晴多晦，夏猶積雪，自下望之，若蓮花之萼，亭亭獨秀，因名，此天台之第八重，爲最高處，李白云「天台鄰四明，華頂高百越」是也；曰天姥峰，在縣西北百里。其峰孤峭，下鄰嵊縣，仰望如在天表。又有金地嶺，在縣西二十里金錢池側，亦曰佛龕峰。龕一作「隴」。銀地嶺，在縣北三十里，與金地嶺相接。八桂嶺，縣北五十里。孫綽《天台賦》「八桂森挺以凌霄」，謂此。百丈巖，縣西北二十五里。下有潭，其水雖旱不竭。麻姑巖縣西南二十五里，一名仙姑巖。及丹霞洞，縣北十五里，下有靈溪。桃花洞，縣西北二十五里，一名劉阮洞。大抵皆以幽奇靈閟得名。

又　括蒼山，在台州府西南四十里，處州府縉雲縣東南百里，山連二郡之境。《唐六典》：「江南道名山曰括蒼。」《山經》：「山高千五百丈，周迴三百里。」西接縉雲，東跨仙居，南控臨海。《吴録》云：「括蒼山登之，俯視雷雨。有棠溪、赤溪、官溪三水，三水皆在縉雲縣東七十里。分流環遶其下。四面石壁，可容數千人。《道書》以爲成德隱真洞天。亦曰蒼嶺，亦名天鼻山。唐天寶中改名真隱山，蓋南境之大山也。」

又　金華山，在金華府北二十里，亘金華、蘭谿、義烏、浦江之境。一名長山，山嶺有雙峰，皆流泉下注。《輿地志》：「長山本名長仙，赤松子採藥於此，後訛仙爲山也。」《志》云：山高千餘丈，周三百六十餘里。山嶺雙巒曰玉壺，曰金盆。玉壺之頂有徐公湖。湖分兩派，一瀉於山之陽，一注於山之陰，而爲溪泉。金盆亦有飛瀑下垂，爲赤松澗。兩巖對峙，高數百仞，有石横跨其上，溪流折旋，爲瀑爲湍，分合凡數處。《唐六典》：「金華，江南道名山之一。」山西南五里曰芙蓉山，高千餘丈，孤峰獨起，秀若芙蓉。一名尖峰山。相接者曰赤松山，亦在府北十五里。有赤松宫，祠黄初平。太祖初下婺城，駐蹕於此。其東有卧羊山。即晉赤松子、黄初平叱石成羊處。其北有山甚峻特，崎嶇五里至絕頂，夷曠可居，曰煉丹山。又北數里曰梁山，盤泉危石，透迤幽勝。山之北有鹿田峰，去府城二十五里。峰巒聳拔，上有沃野可耕。又有金華洞。《道書》以爲三十六洞天。今洞在府北三十里，有朝真、冰壺、雙龍三洞。朝真居山巔，冰壺居中，雙龍最下，相傳與四明、天台諸山相通也。柳宗元《龍城録》云：「金華山有仙洞，内有三十室，廣三十二里。」《吴録》云：「長山之南有春草巖、折竹巖。皆在府北二十里。山之西有紫薇巖，《一統志》：『在府北二十五里。』石室深廣數丈。一名書堂，梁劉峻著書處。東曰九龍洞，《志》云：在府西北三十里，有石奔湧如龍。潛溪之源出焉。山之東巖曰上霄洞，石壁環抱如城郭。或謂之優游洞。距城東北三十里。又五里曰新洞，舊時可入，今則否。洞始於宋紹興七年，故曰新也。」金華之稱，或謂始於天寶間，或謂起於蕭梁時。

清・顧祖禹《讀史方輿紀要》卷九二《浙江四・新昌縣》　天姥山，縣東南五十里。高三千五百丈，周六十里，脈自括蒼來，盤亘數百里，至關嶺入縣界，東接天台，西連沃州，《道書》以爲第十六福地。山之最高峰曰撥雲尖，西爲蓮花峰，高二千五百丈，周三十里，西去縣四十五里。雲溪山，在縣東八十里。高五百餘丈，周二十里，攢峰數重，水緣巖下，飛瀑如雪，有石橋亘其上。《志》云：山中有溪盤繞，謂之雪溪，亦剡溪之上源也。又南山，在縣南四十里，脈從天姥來，羣峰疊拱如環城，中稍寬，容數百家。縣南九十里又有彩烟山，四面峻險，其上寬平，舊置巡司於此，接東陽縣界。

清・顧祖禹《讀史方輿紀要》卷九二《浙江四・象山縣》　象山，在縣治北。形如伏象，縣以此名，亦名圓峰山。相接者有象潭、鳳躍諸山，環峙城郭。又煉丹山，在縣治西。峰巒面秀，其頂平夷。一名蓬萊山。鼓吹山，在縣東八里。峰巒崒嵂，巖壁空虚，天將雨洞中有聲如鼓吹。又瑞龍山，在縣東南十里。一名烏龍山，周迴蟠曲，狀如伏龍。又縣東三十里有甸平山，山頂平夷，廣數十畝。《志》云：縣東北三十五里有屏風山，過山爲湖頭渡，乃鄞、奉之界也。

又　韭山，縣東南百里海中。山多韭，形勢巍峨，島嶼深遠。自縣東四十里雙泉山來，歷小睦、大睦、西殊、東殊以至韭山，皆列峙海中。又東南百里有大殛山，卓然孤立，憑據大洋，直望日本，夷船往來，往往視此爲準。三萼山，在縣南六十里海中。有三峰，一名三仙山，亦曰三岳山，賊自韭山來道必經此。嘉靖三十四年爲倭船所盤踞，官軍力戰始克之，蓋昌國衛及石浦所之襟要也。又面現山，在縣南八十里海中。與縣治相值，一望無間，因名。

清・顧祖禹《讀史方輿紀要》卷九二《浙江四・黄巖縣》 永寧山，縣東五里。以舊縣名。石壁峻特，四望皆方，一名方山。其陰曰白龍山。旁爲九峰山，山列九峰，二峰特高。又委羽山，在縣南五里。一名俱依山。山東北有洞，俗傳仙人劉奉林控鶴墜翮處，《道書》以爲天下第二洞天。馬鞍山，在縣東五里。山勢奔迸，脊如馬鞍。元末方國珍以舟師突海門，入洲港，犯馬鞍山，泰不華擊之，戰死。嘉靖中倭賊入犯，官軍敗之於馬鞍山。或云山在楚門所西北。

清・顧祖禹《讀史方輿紀要》卷九二《浙江四・仙居縣》 韋羌山，縣西四十五里。高出衆山，險絶難升。又有萬竹山，在縣西南四十五里。絶頂曰新蘿，九峰迴環，道極險阸。嶺上平曠，自成村落。縣西四十里又有翠屏山，蒼翠鬱葱，亦稱幽勝。又金峰山，在縣西九十里。山有九峰，次第起伏，其第九峰尤高勝。彭溪山，在縣西北四十里。舊《志》：山多林木，饒五穀，脈接天台。水流爲彭溪潭，疏爲四堰，溉田甚衆。又玉几山，在縣西南五十里，方正如几。又西五里爲景星山，壁立萬仞，上有鹿頸巖。《志》云：縣南百里有道赭山，路出温州。

清・顧祖禹《讀史方輿紀要》卷九三《浙江五・永康縣》 方巖山，縣東二十里。高二百丈，四面如削。駕飛橋石梯而登，絶頂二巖，相峙爲闕。上有亭曰透闕亭。自亭而入，地皆平衍，約數百畝。中有池，池側又有井，巖石泉澗，争奇競勝。又壽山，在縣東五十里。中有石洞，高廣皆五六丈。旁有小石洞、瀑布泉諸勝。相近又有龍窟山，山陽爲小空同洞，宋陳亮讀書處也。又銅山，亦在縣東五十五里。宋元祐中嘗置場採銅於此，宣和以後廢。

又 桃巖山，縣東北五十里。山有洞，可容千人。稍北爲華釜山，周二十餘里。上平曠，四圍頗高，狀如釜，因名。《志》云：縣東五十里有方山。山最高，升其巔，縉雲、武義、東陽、義烏諸縣山川，皆在目前。横山，在縣北十里。一曰竑山。自此夷爲坡坨，起伏相因，南傳華溪而止，即縣治也。又霞裏山，在縣西三里。一名龍虎山，盤旋環顧，爲縣治水口之鎮。

清・顧祖禹《讀史方輿紀要》卷九三《浙江五・西安縣》 項山，府北四十里。山陡峻，内有桐巖，旁列諸峰，勢如奔馬。上有項羽廟，因名。又北四十里有鳳山，上極平曠，可治田圃，芝溪出焉，南流合於衢港。又梧桐峰，在府北七十里。《志》云：與府東紫微峰相對，號南、北高峰。

清・顧祖禹《讀史方輿紀要》卷九四《浙江六・青田縣》 石門山，縣西七十里。兩峰壁立，相對如門，石洞幽深，飛瀑潰瀉，上有軒轅丘，《道書》以爲第三十洞天。其西南相接者曰石樓山，山高聳，雲霧湧之，望若樓臺。

清・顧祖禹《讀史方輿紀要》卷九五《福建一》 武夷山，在建寧府崇安縣南三十里。有黄亭山麓始於此，又四十里乃入武夷。其山綿亘百二十里，有三十六峰、三十七巖，又嶂洞泉石之屬，得名者復數十計。一溪繚繞其間，分爲九曲，《道書》以爲第十六洞天。《漢・郊祀志》有武夷君，即此山之神也。宋劉斧曰：「武夷山東南枕流水，一水北至，一水西來，凑大王峰前，合流爲建溪。其山東望如樓臺，南盼如城壁，西顧如庾廩，北眺如車蓋。峰巒巖岫四十餘所，峭拔奇巧，高下相屬，吞吐雲霧，草木蒙茸，寒暑一色，岸壁紅膩，稜疊可愛。」朱子曰：「武夷峰巒巖壑，秀拔奇偉。清溪九曲，流出中間。兩岸絶壁，往往有枯楂插石罅間，又有陶器之屬，頗疑前世道阻未通，川壅未決時蠻俗所居，而漢所祀者即其君長歟？」今從溪而入，第一曲爲大王峰，在山東南。一名天柱峰，亦曰仙蜕巖。方圓十里，高五千丈，一面向東瞰北溪，一面向南瞰西溪。峭壁緣崖，上哆下鋭。峰之東麓有昇真洞，西有鐵板嶂，石色蒼黑，劖削如板，盤迴數百丈。絶頂爲投龍洞。《志》云：洞門甚小，縋綆百二十丈乃至水。宋嘉熙元年投金龍玉簡於此。旁有天鑑池。峰之北又有幔亭峰，一名鐵佛嶂。甚奇勝。又有仙鶴等巖。第二曲有玉女峰，在溪南，亭亭姝麗，旁有馬頭、凌霄、虎嘯等巖。第三曲有小藏峰，亦在溪南。高峙峻拔，中有小藏巖，一名仙船巖，峰背爲仙機等巖。第四曲溪南有大藏峰，高峙千仞，下臨深溪；《志》云：溪南又有李仙巖，一名燈窩巖。其前爲御茶園，中有泉，舊於此製茶上供。元時設場官二人，掌茶園百有二所。明初有司董之，嘉靖中罷。李仙巖後又有雲巖石室，可容百許人。溪北對峙者曰車錢峰，旁有昇日諸峰參差錯立。第五曲有隱屏峰，在溪北。夷上鋭下，凌空峭立，高廣方正如屏，兩麓坡陀環抱，朱子築精舍於其處。峰之右又有接笋峰，北有玉華巖，皆奇勝。《志》云：溪南有小隱屏，與隱屏峰對，一名紫石巖。今名晚對峰，因朱子晚對亭而名。第六曲有天游峰，在隱屏之後，外高敞而内幽邃。其右爲仙掌峰，穹崖壁立，高廣百餘仞，旁有瀑布泉。夾流下注，名仙浴池。溪之南有城高巖，山形高峙，長亘如城壁。第七曲有三仰峰，三峰聳拔相連，形若仰首，中有碧霄洞、小桃源諸勝。第八曲有鼓子峰，有石如鼓。其前爲鼓樓巖，後有三層峰，尤高峻，旁又有天壺等巖。第九曲盡處曰靈峰，一名白雲巖，壁立高峻，常有雲氣氤氲。其右爲毛竹洞，甚幽邃。溪南爲齊雲、火焰諸峰。又有靈巖，崖壁削成，頂甚平曠。有石洞三，中一洞深廣，風從中出，謂之風洞。一云靈巖之東爲攬石峰，亦高聳，在第二曲虎嘯峰之南，去九曲差遠。山之背有丹霞嶂，石色丹赤，雄峙若城，綿亘層疊，長數萬丈，高稱之。其東曰水簾洞，《道書》謂之唐曜洞天。水自石壁瀉下，隨風飄灑，疏密不定，如垂簾然。聲若金玉，流合溪水。溪源發於武夷西北二十餘里之三保山，流至黄村溪，經星村市。瀠迴曲折，山石鼓渡合大溪。遊九曲者舟每從東泝流而入，西出將村，而境始窮。南麓則臨石鼓渡，北止於黄村溪，兩崖峰巒率皆豐上斂下，奇變萬狀，神刓鬼刻，駭目驚心。《唐六典》江南道名山，武夷其一也。

清・顧祖禹《讀史方輿紀要》卷一〇〇《廣東一》 五嶺之首曰大庾嶺，在南雄府北六十里，與江西分險。綿亘而西爲騎田嶺、都龐嶺，與湖廣分險。秦王翦降百越，以謫戍五萬人守五嶺。《淮南子》曰：「始皇使尉屠睢發卒五十萬，爲五軍，一軍塞鐔城之嶺，見湖廣黔陽縣。一軍守九疑之塞，九疑，見湖廣名山。一軍處番禺之都，一軍守南野之界，即江西南安府。一軍結餘干之水。」見江西饒州府。或謂此爲五嶺，非也。《漢書・張耳傳》：「秦有五嶺之戍。」裴淵《廣州記》：「五嶺，大庾、始安、臨賀、桂陽、揭陽也。」鄧德明《南康記》：「南康大庾嶺一，桂陽騎田嶺二，見湖廣郴州。九真都龐嶺三，見湖廣藍山縣。臨賀萌渚嶺四，見湖廣江華縣。始安越城嶺五。」見廣西興安縣。《水經注》：「最東曰大庾嶺，在南康；第二曰騎田嶺，在桂陽郴縣；第三曰都龐嶺，在南平縣；第四曰萌渚嶺，在馮乘縣；第五曰越城嶺，在始安縣。」鄧氏以都龐在九真者悮也。杜佑亦曰：「塞上嶺一也，即大庾嶺。今詳見江西重險大庾。騎田嶺二也，都龐嶺三也，曰在湖廣永明縣，與《水經注》不同。萌渚嶺四也，越城嶺五也。」周去非則曰：「五嶺之説，舊以爲皆指山名，考之乃入嶺之涂五耳，非必山也。自福建入廣東之循、梅，一也；自江西之南安入南雄，二也；自湖廣之郴入連，三也；自道州入廣西之賀縣，四也；自全州入静江，五也。」今大庾嶺實爲北面之鉅鎮云。

又 羅浮山，在廣州府增城縣東北三十里，惠州府博羅縣西北五十里。其山袤直五百里，高三千六百丈，峰巒四百三十有二，嶺十五，洞壑七十有二，谿澗瀑布之屬九百八十有九，蓋宇内之名山，東粤之重鎮也。五代周顯德六年，南漢主劉鋹建天華宫於山中。在山之西，即朱砂洞也。宋開寶初鋹又鑿增江水口欲通舟道入山，不果。蘇軾曰：「鋹於無事時以羅浮爲宴遊之所，有急則爲逋逃藪也。」《嶺南志》：「羅山之脈來自大庾，浮山乃蓬萊之一島，來自海中，與羅山合，故曰羅浮。《名山記》：『羅浮山有洞，周五里，《道書》以爲朱明洞天，十大洞天之一也。潛通勾曲，上有分水嶼，謂之泉源福地。』《山經》：『五嶺擁從，衡嶽如君，而羅浮桀出，爲之佐命。』又《舊圖經》：『羅浮山西距番禺二百里，上有桂樹、神湖。』《山海經》云『桂林八樹在番禺之東』，即此山也。一名博羅山，俗傳堯時浮山自會稽浮海而至，傅於羅山云。《元史》：『至正元年羅浮山崩，二十七處壞民居，堙田澗，山水湧溢，溺死百餘人。』其瑰奇靈異，游歷所不能徧。大約峰之秀者爲飛雲、玉鵝、麻姑、會真、會仙、錦繡、玳瑁之屬，洞之幽者爲夜樂、石臼、朱明、黄龍、朱陵、黄猿、水簾、蝴蝶之屬，而石樓、鐵橋之勝，尤爲傑出」云。宋鄒師正《羅浮指掌圖略》：遊羅浮者始自龍華祠，至明月戒壇登山，歷錫杖泉、羅漢巖、伏虎巖，二十餘里而至大、小石樓。二樓相去五里，皆高出雲表，重巖四柱如樓。有石門，方廣可容几席。俯視滄海，夜半見日初出。其山岸周迴五里。澗水消長，應海潮盈縮之候。又上爲鐵橋峰，即羅、浮二山相接處也。中有石如梁，湍水出焉，分東西流注於潭，又南流注於淵，一名神湖，《道書》所謂泉源福地也。又有上界三峰，上接鐵橋，高三十仞，不可上。其下逶迤有匯水，與潮汐應，曰瑶池。第三峰頂又有青羊巖。其下曰夜樂洞，昔人常聞仙樂於此。洞在神湖東。洞中有犀牛潭、瀑布泉。泉從上界三峰側懸流下注三十餘仞。又有鳳凰谷及鳳浴潭，皆在夜樂洞中。鐵橋相接者曰瑶石臺，高五百六十丈有奇。梁大同中僧景泰者建連雲塔於其上，亦名飛雲塔，在浮山上。鐵橋之左曰玉鵝峰，一名鵝嶺。右曰聚霞峰。羅山之西爲麻姑峰，有麻姑壇。相近者爲雙髻峰。下有羅陽溪，羅浮諸峰之水西匯於此。羅山之南曰飛來峰，下爲梅花村。又黄龍洞，在聚霞峰之東。本名金沙洞，兩峰相疊，一水中流，南漢主鋹欲作天華宫，夢金龍起於宫前，因改今名，並建宫於此。今呼爲西天華。其後有鳳凰岡、雲母溪。自麻姑峰而西南有觀源洞，一名麻姑洞。其西北有幽居洞、滴水巖。幽居洞後又有長壽觀，南漢時亦建天華宫於此。今呼爲南天華。又北爲君子巖，巖側有通天巖、雲峰巖。其下曰蝴蝶洞。前曰水簾洞。又有天漢橋，其下爲流杯池。又南爲朱明洞，《道書》所謂第七洞，朱明曜真之天也。其東有青霞谷。又有野人洞，一名王子洞。又天漢橋東有會仙橋。橋東有明福觀，南漢所建，亦名九天觀。相近有小水簾洞。又東北有蛇穴，舊傳穴通眉州。又東數里至蓬萊洞、鴉髻峰。上爲劉仙壇，高百丈許。下臨羅陽溪。山之東西有香臺、會真、櫻桃、抛毬、刀子、錦繡、黄猿、缽盂、致雲、大旗、小旗、雲母、雞籠諸峰，又有金沙、石臼、朱陵、太和、歐陽、赤水、白雲及風洞、雲洞、雨洞、白角、大慈寺、古老、白芒古洞及桄榔、大坑諸洞，奇巘秀岑，湍流怪石，不可名狀矣。

清・顧祖禹《讀史方輿紀要》卷一〇一《廣東二・廣州府》 西樵山，府西百二十里，高數百仞，勢若游龍，盤踞四十餘里。峰巒大者七十有二，互相連屬，内顧若羅城。其極高峻者曰大科峰。峰之南曰雷壇峰、寶峰。又折而東南曰大觀峰，下有九曜巖、九龍巖。其南曰紫姑峰，下爲小雲谷、烏利巖。自大科峰而西巖石層疊，水簾千尺，折流而北曰龍泉，曰寶鴨池。其下曰瀉錢坑，曰雙魚坡。又折而東北曰碧雲峰。又數百步則小科峰、紫雲峰也，亦高峻。其陰有觀翠巖，石壁中懸泉一線，亦名水簾。其下爲金銀池，諸山之泉出焉，注於百會泉以達碧江。轉而北曰官山，上有翳門關。又西北曰鎮頭岡，曰紫竹峰，綿延至於蘭谷，尤爲峭拔。峰之外爲壁山，下有通潮井。又數折而出曰黄旗岡。又有黄龍洞，居人皆以種茶爲業。《志》云：西樵山半地平，可爲民居，峰巒迴合，千態萬狀，不可殫述也。又《名勝志》：「府西百七十里有三洲山，聳拔千仞，峰巒數十，西跨高明，南連新會，爲郡之鎮山。」

清・顧祖禹《讀史方輿紀要》卷一〇六《廣西一》 越城嶺，在桂林府興安縣北三里。一名臨源嶺，亦曰始安嶠。《通典》「五嶺以次而西，其第五嶺曰越城嶺，在始安郡北，零陵郡南」，蓋自衡山以南東窮於海，皆一山之限耳。漢武帝元鼎中遣路博德出桂陽，下湟水，路蓋出於此。後漢建初八年，鄭弘爲大司農。舊交趾七郡貢獻轉運，皆從東冶汎海而至，東冶，今福建侯官縣。風波間阻，沈溺相係。弘奏開零陵、桂陽嶠道，自是遂爲通路。建安十六年，交州刺史賴恭自廣信今梧州府。合兵出零陵，憩於越城嶺，却步驚，即此嶺也。《水經注》：「灕水與湘水出海陽山而分源，湘、灕之間陸地廣百餘步，謂之始安嶠，亦曰越城嶠者是也。」又其地臨湘、灕二水之源，亦謂之臨源嶺，又謂之全義嶺。以興安縣本名全義也。唐光化二年，静海帥劉士政以馬殷悉定嶺北地，大懼，遣將戴可璠屯全義嶺備之，爲馬殷將秦彦暉所破。後唐清泰三年，楚王馬希範疑其弟静江帥希杲會漢兵侵蒙、桂二州，遂自帥軍如桂州，踰全義嶺而南，名爲禦漢，實以防希杲也。王氏曰「從來越全義則已奪桂州之險」，蓋粵西之咽喉實自全義嶺操之。其在平樂府賀縣東北二百里者曰萌渚嶺，萌亦作「甿」。與湖廣永州府道州江華縣接界，盤峙百餘里。其水道皆南北分流。亦曰萌渚嶠，亦曰臨賀嶺，亦曰白芒嶺，亦曰桂嶺。《廣州記》：「五嶺，一曰臨賀。」《丹鉛録》「萌渚之嶠在臨賀」，即此矣。晉建興初荆州刺史陶侃擊杜弢於此。隋開皇十七年，桂州李世賢反，詔虞慶則討平之，將還潭州，臨桂嶺，觀眺山川形勢，曰：「此城險固，加以足糧，若守得其人，攻不可拔。」爲怨者誣以謀反，坐死。宋開寶三年潘美擊劉鋹，自臨賀而南。紹興三年羣盜曹成據道、賀二州，岳飛討之，追破之於賀州。成乃自桂嶺置砦至北藏嶺，連控阨道，以衆十萬守蓬頭嶺。既而飛登桂嶺破之，成奔連州，又走邵州。

蓋北藏、蓬頭二嶺，俱與桂嶺相接也。

清・顧祖禹《讀史方輿紀要》卷一一三《雲南一》 點蒼山，在大理府城西五里。高千餘仞，盤亘百餘里，一云高六十里，盤亘三百里。介龍首、龍尾兩關之間。前襟榆江，碧瀾萬頃；背環漾水，連絡爲帶。亦曰靈鷲山。有十九峰環列内向，如弛弓然。山椒懸瀑，注爲十八溪。翠巒條分，青嶂並峙，如大鳥之連翼將翔也。《後漢書・志》：「山似扶風太乙之狀，鬱然高峻，與雲氣相連結。險崖積雪，經夏不消，亦名雪山。」《名山志》：「自山南而北，一曰斜陽峰，溪曰南陽溪；二曰馬耳峰，溪曰葶溟溪；三曰佛頂峰，溪曰莫殘溪；四曰聖應峰，在城南十里。溪曰青碧溪；五曰馬龍峰，溪曰龍溪；六曰玉局峰，城南五里。溪曰緑玉溪；七曰龍泉峰，溪曰巾溪；八曰中峰，溪曰桃溪；九曰觀音峰，溪曰梅溪；十曰應樂峰，在城西北。溪曰隱溪；十一曰雪人峰，溪曰雙鴛溪；十二曰蘭峰，溪曰白石溪；十三曰三陽峰，去城北十三里。溪曰靈泉溪；十四曰鶴雲峰，在城北二十里。溪曰錦溪；十五曰白雲峰，城北二十六里。溪曰芒湧溪；十六曰蓮花峰，溪曰陽溪；十七曰五臺峰，溪曰萬花溪；十八曰蒼琅峰，溪曰霞移溪；十九曰雲弄峰，下與洱海相接。環海之外，復有諸山，曰青巔，曰鷄巖，曰玉几，曰羅荃，曰曩葱，曰龜，曰蛇，若拱若揖，其間石窟巖巒，不可殫述。又玉局峰一名占文峰，峰頂之南有馮河，周迴萬步，疊崿承流，水色瑩澈。又西南爲青碧溪，溪中石子粼粼，青碧璀璨。緣山麓北行二里至祭天臺，諸葛武侯晝卦石在焉。山中林阻谷奥，而無猛虎毒蛇。冬夏氣候調適，暑止於温，寒止於凉。諸泉流注爲十八川，川流所經，沃壤百里，溉灌之利，不俟鋤疏，舂碓用泉，不勞人力，東注洱河，河山輝映，蓋與臨安之西湖，洪州之西山，嘉州之峨嵋，齊安之臨皋，滁之琅邪，同一鉅麗矣。唐時蒙氏竊據，封爲中嶽。天寶九載，鮮于仲通討南詔，進薄白崖，漸逼江口，謂漾備江也。分軍欲自點蒼山西腹背攻太和城，爲蠻所敗。貞元十年西川帥韋皋遣節度巡官崔佐時至雲南，雲南王異牟尋等與佐時盟於點蒼山神祠是也。宋寶祐初蒙古攻大理，登點蒼山，下臨城中，城中危懼，尋棄城走。明初藍玉等攻大理，大理城西倚點蒼，東臨洱海以爲固，玉等遣奇兵繞出點蒼山後，攀木援崖而上，立旗幟，敵遂驚潰。李夢陽曰：「點蒼山色積黛，四時如一，高六十里，接連雲氣，滇西山川聯絡拱揖，此爲之冠。」

又 高黎共山，在永昌府騰越州東北一百二十里。一名崑崙岡，夷語訛爲高良公山。亦作「高黎貢山」。東臨潞江，西臨龍川江，左右有平川名爲灣甸。今山之東南即灣甸州也。山上下東西各四十里，登之可望吐蕃雪山。草卉障翳，四時不凋，瘴氣最惡。冬雪春融，夏秋炎熾。山頂有泉，東入永昌，西入騰越，故又名分水嶺。《志》云：泉極清冽，行者咸取飲之。蒙氏封爲西嶽。永樂初平緬諸蠻刀幹孟叛，何福討之，躋高良公山，直攻南甸，大破之。正統二年麓川賊思任發叛，斷潞江，守將方政擊敗之。别將高遠追敗賊於高黎共山下，乘勝深入，逼思任發於上江，遇伏戰死。七年督臣王驥等奉命進討，分軍破上江賊寨，中軍繇夾象石渡下江，通高黎共山道，進至騰衝。其山延袤數百里，當走集之道，戰守要道也。一名磨盤山。《滇行記》「越怒江二十里爲磨盤山，徑隘箐深，屈曲僅容單騎，爲西出騰越之要衝」，即此山也。又《滇附録》云：「渡怒江至八灣，度高黎共山，其高四十里。下山爲橄欖坡驛。左渡龍川江，其炎瘴同怒江。過龍川至騰衝衛，地稍凉，中國之西南界盡於此矣。」

又　玉龍山，在麗江軍民府西北二十里。一名雪山，亦曰雪山。條岡百里，巋聳十峰。上插雲霄，下臨麗江。山嶺積雪，經夏不消。壁立萬仞，十里望之，若在咫尺，與蜀松州諸山連接。蒙氏封爲北嶽。或謂之雪嶺。唐貞元中韋皋約雲南共襲吐蕃，驅之雲嶺之外，蓋即雪嶺外也。元至順初雲南諸王禿堅等作亂。四川行省兵討之，至雪山峽，擊敗羅羅斯軍。《滇志》：「唐貞元四年異牟尋自稱日東王，僭封五嶽、四瀆。五嶽者，東嶽曰江雲露松外龍山，在武定府禄勸州東北二百八十里，接四川東川府界。亦名烏蒙山，亦名雲龍山，亦名絳雲露山，亦曰雪山。北臨金沙江，上有十二峰，雄拔陡絶，盤旋七十餘里。」唐貞觀二十年巂州都督劉伯英言：「松外諸蠻暫服亟叛，請擊之以通西洱河天竺之道。」從之。明年遣梁建方發蜀十二州兵討松外諸蠻，殺獲十餘萬，羣蠻震駭，走保山谷，遂遣使詣西洱河，諭其酋帥相率受命，松外首領蒙羽亦請入朝是也。南嶽曰蒙樂山，在景東府北八十里，西南入威遠，鎮康州界，西入雲州界，東南入者樂甸長官司界，亘三百餘里。亦名無量山。西嶽則高黎共山。北嶽則玉龍山。中嶽則點蒼山也。東南兩山，雖非險要所繫，然亦境内之大山也。」

清・顧祖禹《讀史方輿紀要》卷一一六《雲南四・鎮南州》　石吠山，州東南二十里。産煤炭。相傳上有石如犬，凶年則吠。又金雞山，在州東五里。高出羣峰，每日出則先照其上。《一統志》：「州治西北有鸚鵡山，平地突出，甚高聳，鸚鵡産焉。」十八盤山，在州北十五里。登之者迂迴山岡，十八折乃至其巔。

清・顧祖禹《讀史方輿紀要》卷一一六《雲南四・和曲州》　獅子山，城西五里。高千餘仞，頂平曠。有石巖狀如獅子，中藏深谷，可容萬人。又有泉自山巖噴出，瀦爲小池。郡郭羣山錯立，此爲最勝。又三臺山，在府西北六里。高可千仞，疊起如臺。隆慶初土官鳳繼祖叛，築寨於此，爲拒守處。五峰山，在府東三里，攢列郡前。又府南二十里有天馬山。其相接者曰筆架山，連峰並峙，爲南境之勝。

清・顧祖禹《讀史方輿紀要》卷一一七《雲南五・浪穹縣》　寧山，在縣西。形如鳳翼，一名鳳翼山。又靈應山，在縣東二十里。峻拔高聳，上有石巖。

清・顧祖禹《讀史方輿紀要》卷一一八《雲南六・永昌軍民府》　哀牢山，府東二十里。本名安樂，夷語訛爲哀牢。孤峰秀聳，高三百餘丈，雄峙西陲，延袤三十里許。山下有石如鼻二孔，出泉一温一涼，號爲玉泉，因亦名玉泉山。又有諸葛井，在鉅石間，可飲千人。鳳溪山，在府東三十里。上有吕公臺。《志》云：不韋廢縣在其麓。又筆架山，在府東南三十里。有五峰如指。

又　瑪瑙山，在城西百里。山産瑪瑙石，哀牢山之支脈也。又有風洞山，在府西八十五里。風自洞出，因名。龍王巖，在城西十五里。山中斷，兩崖壁立，如斧劈然。

清・顧祖禹《讀史方輿紀要》卷一一八《雲南六・順寧府》　蜢濮者山，府北二百四十里。土少石多，高峻骨立，宛如鬼工削成。下有聚落，俗呼蜢濮者。《滇略》云：「順寧境内沿瀾滄江而居者曰普蠻，一名撲子蠻是也。」

清・顧祖禹《讀史方輿紀要》卷一二一《貴州二・臥龍番長官司》　筆架山，司南三里，旁有月坡，皆以形似名。又有文峰山，在司南十里。《志》云：司東十里有仙人洞，東南十里有白象洞，洞中有石如人如象也。

清・顧祖禹《讀史方輿紀要》卷一二一《貴州二・清平縣》　香罏山，縣東三十里。壁立千仞，延袤三十餘里。衆山環列，若戈鋋相向。盤亘三四重。鳥道懸崖，而上可容百萬人。有瀵流一溪，沃疇千畆，聚落蜂屯，保以爲奸。正統末苗韋同烈者憑險旅拒於此，官軍討之，久而弗克，景泰三年乃就撫。正德十二年苗阿向等復據舊巢作亂，列栅數十里，積粟聚兵，結都黎、都蘭、大漂、大壩、龍對諸苗相形援。詔湖、貴合兵討之，環列山下，弗克。攻偵知苗俗以長至日爲歲朝，至其夜，架梯懸崖，直擣其巢，焚其砦栅，遂平之，因城香罏爲官戍。嘉靖十三年增撥清平衛中左所兵戍守。

清・顧祖禹《讀史方輿紀要》卷一二二《貴州三・婺川縣》　巖前山，縣東北二十里。山産硃砂。又東北三十里有長錢山，亦産硃砂，地名板場。《志》云：縣有板場坑水銀場，税課局蓋置於此，成化九年廢。又泥塘山，在縣南五十里，亦産硃砂。大巖山，在縣東八十里。山有巖屋，頗深廣，容百餘人。又卧龍山，在縣北五十里，地名祥川。其相接者有金藏崖，頗幽勝。《志》云：金藏崖在縣東五十里。

清·顧祖禹《讀史方輿紀要》卷一二三《貴州四·平壩衛指揮使司》 鹿角山，衛城南十里。石峰聳立，形如鹿角。又馬頭山，在衛東南二十五里。羣山連絡，高聳凌空，狀如馬首。天馬山，在城西一里。又城南一里有圓帽山，三里有筆山，八里有蹲獅山，亦名獅子山。又團山，在城内衛治南，小山也。又衛治西南有觀音山。

清·方象瑛《使蜀日記》 初三日，縣令吕君送余渡渭水上流，曰過此即棧道矣。余賦詩留别。二十里，至益門鎮，爲入棧之始。高峯崒嵂，澗水奔流，兩山茂林深箐，止通一路，巨石横斜。磵中棧山，大抵皆然，特險處各不同耳。

又 初六日，過心紅峽。峽當兩山間，横亘如枕，鸜鵒羣羣，飛鳴林箐中，泉流清淺，魚游可數。過廢邱驛，踰鳳嶺，嶺極高，曲折崎嶇，從輿中仰睇，前驅度嶺，如在天半，人馬皆長尺許，蜿蜒鳥道中。嶺有關，上接崇崖，頫臨邃壑，中止通一騎。峯巒雲霧皆出其下，秦鳳天險也。

又 初七日，次松林驛。午度柴關嶺，四面高山不見頂，路狹苦濘。止宿流壩驛。

初八日，大雨，度武關、虎頭關、畫眉嶺、馬鞍嶺，皆險隘。馬鞍尤嶔崎紆曲，高或隆起，低則窪伏，如馬鞍然，登降幾二十有四。

又 初九日，霽，過青橋驛，至觀音碥。危崖峻壁，横列如屏障，鑿石爲徑，下臨絶磵，石缺處架木補之，人馬相扶以度，摇摇然。《志》稱褒城棧閣二千九百八十九間，想即此。今廢。斧鑿痕參錯崖壁間。本名閻王碥，順治中，賈中丞漢復煆石開徑稍寬之，護以竹闌，始更今名。萊陽宋玉叔琬賦《棧道平歌》，華亭沈繹堂荃書刻于石。西即雞頭關，巨石巉鋭，横出道中如雞頭。自此十數盤始至頂，瀑布落澗中，轟轟不辨人語。巔有石，約高十數丈，從山下屹立如竹筍，離奇峭拔，較江郎三石更奇。出關不數里，山勢陡斷，平原曠野，炊煙點點，即褒城縣也。

又 十三日，過裂錦壩以褒姒名。姒，褒産也。未時，度五丁峽一名金牛峽，即五丁力士鑿山開道處。山石高數百仞，截然中分，兩岸鋒鍔廉厲，碎石零亂。蹊磵中，水激石如雷鳴，或如笙瑟。人行石上，杖而步，傴僂上下。馬蹄觸石皆脱落。輿人則疾驅，步武著石不失尺寸。哀猿怪鳥吟嘯壁間數里。瀑布從山巔下瀉，束于石，散濺如珠飛，曰滴水崖。暮，抵寧羌州，城郭室廬盡廢，秋花爛熳滿街市。嶓冢山在州境，漢水出焉。

又 十五日，過閔家山、木架山、七盤嶺。嶺最高陡，凡七折，四面危峯峭石，下視皆百尺深磵，人傴而行，前後頂趾相觸，以鐵鞵繫足心，狀如馬鞍，鐵著石得不滑也。絶頂四望，全蜀山川歷歷，在西南另闢一境，是爲秦蜀分界處。

又 十六日，次神宣驛。山石險惡，或高如浮圖，或連亘如列幛，下有洞甚修廣，神龍所居，道乃出其上，曰龍洞背。三十里，至朝天鋪。西北即劍州，古劍閣也。

十七日，始更舟。凡陸行，由朝天鋪上朝天關，大小梅嶺，大小二郎，曰南棧。視北棧尤險峻。舟行避險也。晚發嘉陵江俗呼白龍江。經劍州、廣元、昭化、閬中界，其曰閬水、巴水、渝水、漢水，皆此江之異名也。疾流激石，舟行如駛。榜人唱渝州歌，悠揚清越可聽。仰睇朝天諸嶺，高入天際，崖半石穴數千，亦古棧閣故蹟也。下有千佛崖，鑿石爲屋，鏤諸佛羅漢其中，大小數百，或立或坐，變相畢具。川東諸處亦有之。是夕，泊廣元縣古葭萌地。詢武侯籌筆驛，已非舊矣。

又 二十日，經蒼溪縣離堆山，秦李冰所鑿，突入江中，直上數百尺，不與衆山伍，故名。蜀有三離堆，此其一也。午餘，抵保寧府古閬中地。前對錦屏山，兩峯壁立如屏，一名寶鞍山。治西爲張桓侯祠墓。侯守閬死，蜀人祀之，曰土主。

又 初九日，至舊彭山縣，望青城、玉壘、大隋諸山，連亘千里，峯巒秀出。

又 十五日，登高嵋山一名望山，高閣可望峩眉。初苦昏霧，已而霧散，三峩歷歷，積雪數百仞，日光灼之，一望如削玉。

又 二十二日，發宜賓，瀕江一帶皆石，望之如堵牆，連亘數里，及登岸，其平如砥，可當數千人。石惜生戎僰，無人能點綴者。

又 初七日，過石寶驛。江岸石奇絶峥嶸，挺拔如峯如雲，或如樓臺，如屏如柱如笏，是不一狀。頂有瀑水穿石而下，惜無善畫者圖之，爲卧遊耳。晡時，至萬縣。西山有絶塵龕，宋郡守馬元穎、魯有開于山麓修池，種芙蕖及荔枝雜果，景物清勝，爲夔路第一。南山下瞰，大江水落石出，曰蛾眉磧。上有岑公巖，石盤結若華蓋，左右方池，泉噴薄如簾，松篁藤蘿，蓊蔚蒼翠，亂後皆不復睹。饑虎晝出，猿狖成羣。

又　初十日，十餘里至瞿唐峽，兩崖各數十仞，對峙如門。灩澦堆當其口，江水分流左右。下循灩澦而北，登白帝城，路陡峻，上爲先主廟，丞相亮，前將軍羽，車騎將軍飛配。廟前石坊，倚闌望大江，正對灩澦，所謂如象如馬峽，人以此占水候。今冬殘水涸，不覺其險耳。城之東接白鹽山，山石白如水晶。白鹽之對爲赤甲山，不産樹木，土石皆赤，山有廢城址，即漢魚復縣基。城之北一帶，渚田清流如綫，俗呼草堂河，余意即瀼水。東屯，少陵寓處也。詳具灩澦、白帝二記。峽外南岸石鼻子，北岸鐵柱，當是舊設關處。關今廢。關外張飛擂鼓臺，孟良梯，皆極高峻。下有粉壁堂，壁白如堊粉，舊有題詠。兵書峽，在絶壁上，石層疊，如束數卷書。彈穿石，亦高聳，廣丈許，有眼如丸，隙光相通，若彈所穿。然大抵三峽，皆重巖疊嶂，虧蔽天日，非亭午夜分不見日月，非虚語也。

又　十一日，至巫山縣。巫山在縣南，形如巫字，故名。東曰琵琶峯，神女廟移此，舊傳峯形似琵琶，此中婦女多曉音律，未知然否。巫峽，壁立峭削，與瞿唐，歸峽爲三峽，連亘七百里，絶頂皆樫柏，懸泉飛瀑，猱玃哀吟。

十二日，至跳石阻風峽，山數里一折，水奔急，舟行易觸，故遇風輒止。

十三日，出峽，過三分水，巖畔三泉眼，分流甚奇。舟人言：相傳上爲川水性浮，中湖廣水性平，下江西水性沉。好事者瀹茗試之，果然。余以風逆未及辨。望十二峯，皆雄峭，横見錯出，惟美人峯最高秀。考十二峯，曰望霞、翠屏、朝雲、松巒、集仙、聚鶴、浄壇、上昇、起雲、飛鳳、登龍、聖泉，首尾一百六十里，顧不甚肖，亦無美人名。

又　十四日，過歸峽，怪石猙獰，較瞿、巫二峽稍卑，而奔流怒濤過之。葉灘多石，與新灘同險，然葉灘水高于石，新灘石高于水。語云：有葉無新，言葉灘水大則新灘平也。

又　十五日，度新灘。灘高數丈，巨石横欹江中，雪浪峯湧，晝夜轟轟，若江潮聲。凡舟至，行李悉陸運，更募其地舟師，加橈楫。淩空而下，船首没浪，復起者再，然後徐引近岸。小船則以長筏沿岸放之。上水用百丈盤之而上，蜀江第一險也。餘從岸上遥觀，魂摇目悸。

又　十七日，至黄牛峽，重巖疊起，最高處崖黑色，如人負刀牽牛狀，人黑牛黄。江湍紆曲，經數宿猶望見之。行者謡曰：朝發黄牛，暮宿黄牛，三朝三暮，黄牛如故。山下黄陵廟，峽神佐禹治水，諸葛亮建祠祀之，自爲記，碑文刻廟中。前有閣臨江，亂石嶙峋，水石相觸，磷磷鹵鹵。此下水漸平，乘夜泛舟，山空峽静，明月滿船，猿聲裊裊峭壁間。漏三鼓，抵彝陵州以川江至此始平，故名夷陵，巖石中斷，豁然大江矣。

清・王士禛《池北偶談》卷四《談故四・長白山》　内大臣覺羅武等謹題爲遵旨看驗長白山事。康熙十六年四月十五日，内大臣覺羅武、一等侍衛兼親隨侍衛首領臣耀色、一等侍衛臣塞護禮、三等侍衛臣索，奉上諭：「長白山系本朝祖宗發祥之地，今乃無確知之人，爾等四人，前赴鎮守兀喇地方將軍處，選取識路之人，往看明白，以便酌量行禮。」臣等欽遵上諭，於五月初四日起行，本月十四日至盛京，十六日由盛京起行，本月二十三日至兀喇地方。轉宣上諭於將軍等，隋查兀喇、寧古塔及兀喇獵户所居村莊等處，俱無確知長白山之人，僉云：曾遠望見。惟都統尼雅漢之宗族戴穆布魯，原係採獵之人，今已老退閑，口稱我輩原在額赫訥陰地方居住，我雖不曾躋長白山之巔，曾聞我父云，如往獵於長白山脚下，獲鹿肩負以歸，途中三宿，第四日可至家。以此度之，長白山離額赫訥陰地方不甚遥遠。我不知其他等語。因訪問雖不曾至長白山，如赴額赫訥陰地方，水路幾日可至，陸路幾日可至，亦有知往額赫訥陰地方陸路之人否？據管獵户噶喇大額黑等口稱：如乘馬由陸路前赴額赫訥陰地方，十日可至；如乘小舟由水路而往，途中全無阻滯，二十日可至；倘遇水漲阻滯，難計日期。有獵户喀喇者，知赴額赫訥陰地方陸路等語。臣等隨議，每人攜三月糧而往，又思或三月糧盡，或馬匹倒斃，不能歸家，亦不可定。隨語鎮守寧古塔將軍巴海，可載一船米於額赫訥陰地方豫備，倘我輩米盡，以便於彼處取用。將軍巴海云：大船不能過松阿里河大險處，當即載米十七小船，至額赫訥陰地方豫備。臣等即擬於六月初二日起行，又思由水路而往，倘遇水漲阻滯，稽遲時日，不能即至。因與噶喇大額黑約：我輩乘此馬匹肥壯，速由陸路往看，俟看過長白山回時，再由水路逆流而上，前赴額赫訥陰地方。約定，臣等帶領固山大薩布素，於六月初二日起行，經過文德痕河、阿虎山、庫勒訥林、祁爾薩河、滹沱河、沙布爾堪河、納丹佛勒地方、輝發江、法河、木敦林巴克塔河、納爾渾河、敦敦山、卓龍窩河等處。【略】因前進無路，一望林木，臣等與固山大薩布素商議，令薩布素鬨散章京喀達與識路徑之喀喇帶領，每旗甲士二名，前行伐木開路，並諭如望見長白山，可將行幾日方得望見，有幾許路程，相度明確來報。我輩住二日，亦即起行矣。隨於十二日遣發前行去後，本日據固山大薩布素差人顧素前來報稱：我等別大人們行三十里，至一山頂上，望見長白山不甚遥遠，似止有一百七八十里等語。又續差艾咯來報稱：先差人來後，又至一高山頂上，望見長白山甚明，約有百餘里，山上見有片片白光等語。臣等趁未有雨水之時，急往看驗長白山，因留噶喇大額黑督捕珠拜，於十三日起行，十四日與固山大薩布素等會於樹林中，揣摩開路前進。十六日黎明，聞鶴鳴六七聲。十七日云霧迷漫，不見山在何處，因向鶴鳴處尋路而行。適遇路蹊，由此前進，直至長白山脚下。見一處周圍林密，中央平坦而圓，有草無木，前面有水，其林離住札處半里方盡。自林盡處，有白樺木宛如栽植，香木叢生，黄花燦爛。臣等隨移於彼處住札，步出林外遠望，云霧迷山，毫無所見。臣等近前跪誦綸音，禮拜甫畢，云霧開散，長白山歷歷分明，臣等不勝駭異。又正值一路，可以躋攀，中間有平坦勝地，如築成臺基，遥望山形長闊，近觀地勢頗圓，所見片片白光，皆冰雪也。山高約有百里，山頂有池，有五峰圍繞，臨水而立，碧水澄清，波紋蕩漾，殊爲可觀。池畔無草木。臣等所立山峰，去池水約有五十餘丈地，週圍寬闊約有三四十里。池北岸有立熊一，望之甚小。其繞池諸峰，勢若傾頽，頗駭瞻視。正南一峰，較諸峰稍低，宛然如門。池水不流。山間處處有水，由左流者，則爲扣阿里兀喇河；右流者，則爲大訥陰河、小訥陰河。繞山皆平林，遠望諸山皆低。相視畢，禮拜下山之際，峰頭有鹿一群，他鹿皆奔，獨有七鹿如人推狀，自山峰陸續滚至山下閒散章京畢楊武里等駐立之處。臣等不勝駭異，因思正在乏食，此殆山靈賜與欽差大臣者。隨望山叩謝，收其七鹿。臣等上山之時，原有七人也。自得鹿之處，退至二三十步，回首瞻望，又忽然云霧迷山。臣等因清淨勝地，不宜久留，於十八日言旋。回見先望見長白山之處，因云霧蒙蘢，遂不得復見山光矣。二十一日回至二訥陰河合流之處，二十五日回至恰庫河，此河乃訥陰東流會合之所。二十八日正行之際，適遇頒到敕旨，臣等不勝歡忭，捧讀敕旨，感激靡盡，當經叩頭謝恩訖。二十九日因馬瘦不堪馳驅，自恰庫河水路乘小舟而歸，經過色克騰險處、圖白黑險處、噶爾漢險處、噶大渾險處、薩滿險處、薩克錫險處、法克錫險處、松阿里大險處、多渾險處。乘一葉小舟，歷此大江九險，得以無恙而渡者，皆仰賴皇上洪福之所致也。七月初二日，回至兀喇地方，又往看寧古塔等處地方，於本月十二日至寧古塔，徧看會寧府等處地方畢，於七月十七日自寧古塔起行，八月二十一日抵京師。臣等奉命於人跡罕到之處，創闢路徑，行於不見日色深林之内，無一日阻滯，得見長白山，皆我皇上敬念祖宗，誠心感格神明之效也。緣係欽差事宜，謹疏奏聞。

清·王士禛《池北偶談》卷一七《談藝七·弁山》 杜牧之弔沈下賢詩云：「一夜小弁山下夢，水如環佩月如襟。」坊刻訛作小孤，與本題無涉。按《吴興掌故》，弁山，在烏程縣西南二十里。《易》曰「震爲弁」，弁，花蒂也。《説卦》：山之東曰弁。此山在福山東故名，福山又名小弁山，與弁山相連接。唐詩人沈亞之下賢居此。予鄉華不注，不作跗解，亦與同義。

清·王士禛《長白山録》 長白山在濟南鄒平縣西南，本屬長山縣，縣所得名也。高二千九百丈，周六十里。晏謨《述征記》云：「雲雨長白，故又名常白。」司馬子微《洞天福地記》第六十一：「長在山，在齊州長山縣，故又名長在。」【略】今以地理考之，山在泰山東北，相距三百里。【略】會仙峯，山之最高峯也。形若覆敦，上有金母祠。貓頭、瑣兒二峯，一在書堂西，一在書堂南。南向東折曰羅谷，最險峻，盛夏積水雪。太湖山，在長白之南，上有石室及敗漆船。老人峰，在會仙峰之東，其人多壽，又名黄鵠山。鍜砧峯，形如鍜砧，亦名印臺山。

又 九龍山，會仙峰北來之支也。其峰有九，如神龍蜿蜒，至滸山濼而止，掉尾穹脊，昂首奮鬐，形容酷肖。山北孔道曰搭山道，曰啞婦口。

又 富相山，在魯泉東北，有乳泉，色白宜茗。山下遠近多紅葉。

景相公山，在富相山東。【略】

黄山，在城東南三里，與于兹山南北相望。上有碧霞宫。

清·孔貞瑄《泰山紀勝》 山回路轉，屐齒甫通，突而重山懸澗水，劃然阻絶，轉仄向東南，梯雲御風而行，繞達嶺巔，蓋山腹中脉絡盤紆，至此又一大折云。

又 冒雨行對松山，奇絶。雲填澗谷皆平，眼前斜飛，若輕縠積棉，推挽可動。仰視兩山，連雲壓頂。上與松樹融結，神合無間，忽悟松樹乃雲苗所鍾，感泉石之氣而生也。風動微露，髻鬟若怪，龍藏雲霧中，瞰人欲搏。

清·汪洪度《黄山領要録·黄山》 黄山，聚千百奇峯，劈地、摩天於數百里内，四面周圓無偏欹缺陷，正面東南向玲瓏蕭散，秀絶人區。然古未有「黄山」名者，後魏酈道元《水經注》云：「浙江又北，歷黝山縣，居山之陽」。故縣氏之宋羅願《新安志》云：「黄山名黟山，在縣西北百二十八里，高千一百八十仞。

清·汪洪度《黄山領要録·雲門峯》 入新安至歙浦，即見兩峯對峙，鋒鍔甚利，似欲上翦青霄者，俗呼黄山翦刀峯，《攷山志》稱「雲門」，謂久居山中者，見雲之棲息此峯，朝夕不滅。又其出其歸根必由於此，故名。從東南百里外望，峯而趨他峯，乍隱乍現，獨兩峯處處見之【略】黄山之西由土而變石者，自雲門始。其下即浮溪豐樂之水出焉，流入新安江。

清・汪洪度《黄山領要録・老人峰》　里餘有石指三四，形如佛手，曰「佛掌巖」。又里許左峭壁間懸崖天半若墉若垣，有門有堂、樓閣、殿楹，宛在中央，曰「空相寺」，爲石壁見影，可望不可登。又三里許，曰「觀音崖」，崖下可坐數十人，一壁巉出崖左，一壁中赤光晃耀，曰「朱砂洞」。其壁上廣下吐，望之若墜，或曰「五百歲洞」。闢砂出，遇之者仙矣。過巖疎林廣石，可眺可行。里許至采樂源，源中崖曰「緑蓑坡」，曰「龍蟠谷」，曰「香谷」。

清・汪洪度《黄山領要録・天都峰》　中黄山而爲羣峯所宗焉者，莫高天都峯。

清・汪洪度《黄山領要録・玉屏峯舊稱文殊院》　天都、蓮華兩峯閒，高巒崿立，儼若居中以臨者玉屏峯，而人尚呼文殊院也。命名之初，若匪藉仙佛而名無由重焉者，故峯也。

清・汪洪度《黄山領要録・光明頂》　後海抗天都蓮華而稱尊者光明頂，即鍊丹峯，《圖經》三十六峰之第一峰也。

清・汪洪度《黄山領要録・飛來石》　山有三石飛來，一落穎林菴前，一落翠微寺西峰側，一落海門峰上。底石皆若預設，待空中飛來，仰承而適與之合。而高危秀聳，則無過海門峰，上者上平天矼，里餘石柱隆起中缺若户，亦稱海門。登海門望峯一卷石耳，至其側則高出羣峰數十仞，峰頂脩平，其上片石倚空側立，高十丈許，與下石絶不相屬。僧言曾有人以綫從中界過，以驗之，勢如初飛來時，腳尚虚懸頹頹欲仆，仄身過其面受足處，僅容趾。石勢直欲倒壓，乃貼地下瞰，股栗不已也。或投小石下相擊，其聲鏗然以遠，更以大石相投，則爆塵高出峰頭數仞，僧戒勿投也。下爲鐵綫潭，有龍蟄云。馮夢禎云：「自飛來石循崖而北，諸峯逞奇起伏，縱横以千百數，而玲瓏如一。龍窟在下，謝伯貞僕夫戲擲大石轟轟而下，驚龍致雨雹大作，伏地移時乃免。」

清・汪洪度《黄山領要録・石牀峯》　一峯青崖聳削，上有石牀横陳如白玉，其平如砥，古松一株，冉冉成陰，如相覆幬。又有紫石牀三，碧石枕二，世傳軀茲國有琥珀枕，枕之則五湖四海十洲三島盡入夢中。今但據牀伏枕，不待入夢而蓬瀛島嶼交於目前矣。枕後一屏爲幛，欹枕窺壑，鐵綫潭正在其下。

清・汪洪度《黄山領要録・始信峯》　始信峯從散花塢中凸起，三面臨壑，背北而南緣石脊以登，將至巔而壁中坼，相去丈許，下視無垠。忽彼壁有松曳枝而抵此壁，曰接引松。

清・高士奇《扈從西巡日録》　北臺高四十里，頂平廣，周三里，名叶斗峯，寺曰靈應寺。峯勢摩天，搔首可問，白雲英英，吞吐萬狀，俯瞰諸峯，烟靄糅褳，恍然窅然，倏陰倏晴，造化奇觀，莫可殫述。

又　雄關一綫倚天開，峭壁攢厓入五臺。極目雁門沙塞遠，雪中更得辨纖埃。

清・劉獻廷《廣陽雜記》卷一　六盤山，在平凉之西，虎山原在平凉之北。虎山高臨城中，而六盘則轉輪之途也。圖海圍平凉，先取虎山，以窺城中；次斷六盤之餉道，而平凉不守矣。

清・劉獻廷《廣陽雜記》卷二　南岳五峰，皆環拱祝融，惟祝融是向。獨紫蓋一峰，直走東北，別爲一支。杜少陵《望岳》詩所謂「紫蓋獨不朝，争長嶪相望」也。

又　余案蔡九峰言：岷山之支爲衡岳，盡于洞庭之西，綿亘八百里。山列七十二峰，十洞，十五巖，三十八泉，二十五溪，九潭，九井。山之最大者五，曰祝融、紫蓋、天柱、夫容、石廩。祝融高九千七百三十丈，餘皆高四千五百丈。從天柱峰起祖脈，歷師子、煙霞，過南天門，番身一支，盡于祝融峰。直下一支，遞至朱明峰，首結岳廟。

又　南岳規模宏闊，過于岱宗，無论嵩華。初陟山麓，即覺氣象迥別。羣峰羅列，層層浮出，各極奇秀，而雄渾博大，絶無巉巖刻削之狀。正如雷尊象鼎，雖丹碧爛然，而太樸渾淪之氣，非鬼工匠手所能擬議。又如杜少陵諸絶作，必非清新、俊逸、超脱、幽奇等目所可形容者也。

清・劉獻廷《廣陽雜記》卷三　華山之背，東爲潼峪、蒲峪，西爲甕峪，又南則雒南縣界。

又　安福武功山，高大與南岳等。千峰萬壑，皆用南岳之名，如祝融、天柱、石廩，亦有馬祖磨鏡臺焉，古跡之可笑類如此。石城洞，鴿湖之水出焉，故曰鴿山，非蛤山也。武功皆道院，有僧舍曰白髮庵，皆耆德之所駐錫。四方耆宿至，以銀數十兩貯常住，衣食不外求矣。蕲濟言。

清・劉獻廷《廣陽雜記》卷四　德山在常德，龍潭在澧州，潙山在寧鄉。德山、潟山，今日規模尚在。

又　梁山，即所謂天門山也。二山横截江中，東西對峙，正當采石西南。天設此山爲金陵門户，蹲踞江邊，如二餓虎，隔江眈眈相向。山上長松古柏，鬱然參天；山後人家，參差隱見於松柏中。風帆盤于兩山之間，予以玻璃鏡照，毫髮皆見。采石鎮閭閻相接，不下萬家。臨河人家，隙地皆接以白石欄楯，壯麗如畫，此天下所無也。

又　湖口縣下石鍾山，石無巨細，皆插空壁立，如吴郡范墳萬笏朝天之狀。石壁數百仞，下臨無地，秀極，絶勝震澤之石公。有漁人爲棧道于壁間者，望之如飛仙，予與虞臣叫絶。

又　龜山原《禹貢》之大別，形肖龜，故俗名之。

清・張鵬翮《江防述略》　洋山者，海道必由之要路也。山周百里，形如南箕，中平如掌。内有十八安島。

清・楊賓《柳邊紀略》卷一　長白山土名歌爾民商堅阿鄰。《山海經》作不咸山。《魏書》及《北史》皆曰徒太山。《唐書》作太白山或又作白山。在烏喇南千三百餘里。高二百里，横亘五之，無樹木，惟生叢草，草多白花。山半有石臺，可四望，山顛積雪皚皚。五峯環峙，南一峯稍下如門。

清・鄭元慶《石柱記箋釋》　大雷山，在縣東北六十里，高一百二十丈《太平寰宇記》。小雷山，洞庭之東山，屬烏程。大雷山，洞庭之西山，屬長興。兩山南北相對而不相見。見即有風雷之異，曰大雷小雷。

又　天日山今屬孝豐縣，在縣西南六十五里。句餘山東五百里，曰浮玉之山。北望具區，東望諸毗，有獸焉，其狀如虎而牛尾，其音如吠，其名曰彘，是食人。苕水出於其陰，北流注于具區，其中多鮆魚《山海經》。

清・楊名時《自滇入都程記》卷一三　初九日行七八里，有湖，石山攢聳，一二丈及，錯布野間，又山石多嶙峋古異者，又有青石攢結二小山相連綴者，至近黄果樹一二里處有山六七座，勢甚坦夷宽廣，小黑石勺匀布，極可玩。

清・孫廷銓《顔山雜記》卷一　峩嶺。峩嶺者，峩嵋也。峩嵋也者，蛾眉也。山形秀曲如眉之臨目也。北來者，十里間遥見，四山高寒，一峯隱秀樓閣，三成在青蒼煙靄中。

又　鳳皇嶺。其山南接樵嶺，北連西崖，迢迢不極，一峯迴注，北翔而南折如鳳鳥之矯翼。

又　幽谷有泉，晝夜混混，盈而不竭，是爲二女。衆泉合流，穿雲透石，潺潺焉。瀉出于兩山之間，是爲東谿山。

又　郡南鄙一舍許有山，名峩嶺，籠水出焉，峯巒秀麗，爲諸山冠。

又　英山鵓鴿崖。削崖臨水，棲鳥起于壁間，與虎山夾處，以助其力焉。

又　黑山。環城諸山，多青石，此獨黑。取而煆之，一石石得二斗鐵。

又　甕口嶺。自土門道至青石關二十里，兩山夾谿，崖壁峻竦，巖樹交參。

又　禹山。去城四十五里爲王大嶺，四望，層巒起伏，淼淼如連波，孤峯桀立，萬山之表，時有雲氣浮浮帶其蒼岫，雨則先起，晴則後散，城中之雨候也。

又　樵嶺。登圜山而南望，重岡合沓，灌水塞塗，是樵嶺也。

又　石馬山黄紅峪在城西三十里。

清・沈德潛《古詩源》卷一《龜山操》　予欲望魯兮，龜山蔽之。手無斧柯，奈龜山何。

清・沈德潛《古詩源》卷一《三秦記民謡》　武功太白，去天三百。孤雲兩角，去天一握。山水險阻，黄金子午。蛇盤烏櫳，勢與天通。

清・方式濟《龍沙紀略》　興安嶺，一曰新安嶺，或曰蔥嶺之支絡也。盤旋境内數千里，襟帶三江之左右，爲衆流發源。由卜魁至默爾根，艾渾置驛嶺上。巡邊者，渡諾尼西北數百里，則陟降取道。松柞數十圍，高窮目力，穿林而行，午不見日，石色斑駁，若趙千里畫幅間物。有石洞，洞中几榻，天然如琢。行者闢草得之，藉少慰焉。

又　察哈鹽峰，在黑龍江東北隅。山形如剖壁，面西南，背東北，峭削千尋，根插江底。土色黄赤，無寸草。腰亘兩帶深黑，火光出帶間，四時騰熾不絶，大雨則烟煤入雨氣中，延罩波上。巡邊者，舟過其下，續長竿取火爲戲。雨帶相去數丈許，竿止及下帶也。山背萬木蔥鬱翠藍異狀，雖窮冬不凋。

清・錢良擇《出塞紀略》　初至居庸城。【略】出關，山勢尤奇，危峰插天，翠屏丹嶂，掩映復疊。三里，至陰涼崖，山高蔽日，因以名焉。有白鷺飲啄其下。

又　二十日。【略】寒如京師九月，行十里許，上高山，石路磽确，頗多覆車，亂山層疊，殊無林木，草特肥茂，有水遶石而流。

又　十六日。【略】（過突兒城打八）地皆黄沙，路平而甚窄，兩山夾道。

又　六月朔日。【略】地多砂石，或赤如硃，或黑如鐵，草根布地不能萌蘖，以手掬之，隨手滃然飄散成灰，蓋亢旱日久矣。

清・邵涵初《慧山記續編・慧山》 九峯久隖，山之面也，總稱爲山北，其背爲山南。第一峯下，繡嶂街而南，過黃公澗，曰「章家隖」，忍草庵在焉。又前行曰「荔枝山」，曰「青山」，曰「璨山」，明陽觀在焉。則頭茅峯之背面也。再前曰「張山」，一作嶂。蓮花山，總稱爲東大池，萬年庵萬福庵在焉。則二茅峯之背面也。又前行爲西大池，則三茅峯之背面也。歷東西兩大池，南至橫山口而斷，自第九峯下折而南爲菱灣山，一名小菱灣。又南爲蘇慶灣，總稱之則曰「崋峲灣」。亦南至橫山口，而斷橫山者，慧之斷，而復起者也。去獨山則近矣，蓋慧之全形，如三角三合，以九峯九隖爲一面，自第一峯下左旋行至橫山口爲一面，自第九峯下右旋行至橫山口爲一面，周二十里，左旋一面俱見太湖。

清・邵涵初《慧山記續編・石》 卧雲石，在黃公澗旁。先文莊公擘窠大書「卧雲」二字刻於石面，石之大亞於聽松石床，而厚則倍之。每大雨後，遊人觀瀑必至石上。

又 新月巖，在望闕巖上。

清・黃叔璥《臺海使槎録》卷一《赤嵌筆談》 臺地負山面海，諸山似皆西向，皇輿圖皆作南北向，初不解；後有閩人云：臺山發軔於福州鼓山，自閩安鎮官塘山、白犬山過脈至雞籠山，故皆南北峙立。

又 行數里，爲虎頭山，諸峰環列，樹惟槺榔。過大灣崎、蘆竹坑、咬狗阬，又東南經土樓山，壁平如削；上則獮猴跳擲，虞人張羅以捕。稍前爲疊浪崎，出茅草埔，度鴈門關嶺，回望郡治，海天一色。去關口里餘，中爲深塹，可數十丈。緣崖路狹不堪旋馬，一失足便蹈不測。五里至石頭阬，四里至長潭，清瑩可鑑。潭發源於分水山後，由羅漢門阬入岡山溪，同注於海。自番仔寮迤邐至小烏山後，入羅漢內門，峰迴路轉，眼界頓開；沃衍平疇，極目數十里。東則南仔仙山、東方木山，隔澹水大溪爲旗尾山，西即小烏山，南爲銀錠山，北爲分水山。自貓徽山，層巒疊巘，蒼翠欲滴，暝色尤堪入畫。

又 磺山在內北投，濱河，山僅數仞，寸草不生。自澹水經楓仔嶼嶺，上下十里。過港至雞籠，山高多石。

清・黃叔璥《臺海使槎録》卷六《番俗六考》 「水沙連雖在山中，實輸貢賦。其地四面高山，中爲大湖；湖中復起一山，番人聚居山上，非舟莫即。番社形勝，無出其右。自柴里社轉小徑，過斗六門，崎嶇而入；阻大溪三重，水深險，無橋樑，老藤橫跨溪上，往來從藤上行。外人至，輒股慄不敢前；番人慣行不怖也。其番善織罽毯，染五色狗毛雜樹皮爲之；陸離如錯錦，質亦細密。四方人多欲購之，常不可得。番婦亦白皙妍好，能勤稼穡，人皆饒裕」《番境補遺》。

又 余榻面山，霾霧障之；凡五日苦不得一覯其麓，忽見開朗，殊快。不知山後深山當作何狀，將登麓望之；社人謂野番常伏林中射鹿，見人則矢鏃立至，慎毋往。予策杖披荆拂草而登；既陟巔，荆榛樛結，不可置足。林木如蝟毛，聯枝累葉，陰翳晝暝；仰視太虛，如井底窺天，時見一規而已。雖前山近在目前，而密樹障之，都不得見。惟有野猿跳躑上下，向人作聲，若老人咳；又有老猿，如五尺童子箕踞怒視。風度林杪作簌簌聲，肌骨欲寒。瀑流潺潺，尋之不得；而修蛇乃出踝下。

清・黃叔璥《臺海使槎録》卷七《番俗六考》 紅頭嶼番在南路山後；由沙馬磯放洋，東行二更至雞心嶼，又二更至紅頭嶼。小山孤立海中，山內四圍平曠，傍岸皆礁，大船不能泊，每用小艇以渡。山無草木，番以石爲屋，卑隘不堪起立。產金，番無鐵，以金爲鏢鏃、槍舌。昔年臺人利其金，私與貿易；因言語不諳，臺人殺番奪金。後復邀瑯嶠番同往，紅頭嶼番盡殺之，今則無人敢至其地矣。

清・季麒光《臺灣雜記》 淖泥島，在臺灣之東南。其灘皆濕爛，人至泥上即陷沒。舟行飄至灘邊，亦不能出。

又 金山，在雞籠山三朝溪後。山主產金。

又 火山，在北路野番中。晝則見煙，夜則見火。有大鳥自火中往來。

又 奇冷山，即奇嶺社之山也。其山高百丈。臺灣從無冰霜，山上三月中尚有未化者。

又 玉山，在鳳山野番中。山最高，人不能上。月夜望之，則玉色璘璘。

清・林謙光《臺灣紀略》 而澳外復有沙堤，名爲崑身。自大崑身至七崑身止，起伏相生，狀如龍蛇。

又 南港口有長沙線，自南港口起至淡水海外止，不知其幾千里。

又 南路之山，曰大岡山；在臺灣之東南三十里。狀如覆舟，天陰埋影，晴霽則見。上有仙人跡，鐵貓兒椗、龍耳甕在焉。

又 又有小岡山、觀音山、鳳山、赤山、打狗山、半屏山、龜山、凹底山，皆在海濱，突起平地。若阿猴林，則大樹蔽天，材木於是乎出。

又 北路之山，曰木岡、曰里沙放種、買豬來種、半線阿里、雞籠。

又 而金山則在雞籠山山朝溪後。中產精金。

又 奇冷山，即奇嶺社之山，高百丈。臺灣最暖，此山獨積雪，至春杪不化。

又 玉田在野番中，月夜仰視，其色晶瑩如玉。

清·徐懷祖《臺灣隨筆》 臺灣山甚高，亦多平原可耕藝，周圍五十里。

又 廈門築城于山，嚴兵戍之。其地連緜數百里，然皆山嶂也。

清·謝濟世《西北域記》 沙嶺南有高山，名雪山。草木不生，禽獸不居。六月中，冷氣侵裘褐，然多蚊，比高陲豹腳尤大，人馬咸畏之。

清·劉大櫆《大櫆集》卷三《張訥堂詩序》 龍眠之山，高秀緜亘，至三十餘里之深，而不可窮竟。其清淑蔥靈之氣，盤委積疊，而鍾之於人。

清·葉封等《嵩山志》卷三《形勝一》 嵩山，在今登封縣北五里，五嶽之中嶽也。許慎《說文》曰：「嵩，中嶽。嵩，高山也。或從松。」《詩》曰：「嵩高惟嶽極於天。」《初學記》曰：「《白虎通》云中央之嶽，獨加高字者何？中央居四方之中，可高，故曰嵩高山。」《前漢書》曰：「武帝登嵩高聞呼萬歲者三，以山下户三百封密高爲奉邑。」《漢地理志》曰：「密高有太室山、少室山，古文以爲外方山也。」戴延之《西征記》曰：「東爲太室，西爲少室，嵩，其總名也。」酈道元《水經注》曰：「合而言之爲嵩高，分而言之爲二室，是皆以嵩高爲太室、少室之總稱。」《爾雅》：「山大而高，崧。」郭璞注曰：「太室山也。」《山海經》：「泰室之山。」郭璞注曰：「即中嶽嵩山。」《後魏地形志》曰：「陽城有少室山，嵩高山。」是皆以嵩高爲太室之專稱，二説並存備考。

清·葉封等《嵩山志》卷三《形勝二》 鳳凰峰。《嵩嶽志》曰：「唐高宗登遊時，有鳳凰集其上，亦曰鳳凰臺。」

清·葉封等《嵩山志》卷四《形勝二》 金壺峰。《嵩嶽志》曰：「《仙傳》云老子以金壺墨寫經，峰下餘墨灑淋皆成黑色，有修竹、流泉、蒼苔、怪石可憩。」

又 會仙峰，漢武帝登嵩見八仙人弈棊於此。有八仙壇，詳太室頂。

又 子晉峰，周王子晉居此。上有飲鶴池，子晉飲鶴處。或曰池在緱山。

清·葉封等《嵩山志》卷五《形勝三》 朝嶽峰，一名豫章樓。異賦注曰：「其形如拱揖嶽祠。」

又 少陽峰。《嵩書》曰：「在太陽峰之次，朝旭必先及之，下有少陽河。」

又 石城峰。《樓注》曰：「上有石，天然峭如城壁。」

又 檀香峰。《樓注》曰：「山多出檀。」《舊縣志》曰：「產紫木，其香異常。」

又 香鑪峰。《樓注》曰：「狀若香鑪然。」

又 瓊壁峰，峰石麗潤，若瓊壁然。《樓注》曰：「面東一壁，日出而色若銀杉。」

又 金牛峰。《樓注》曰：「色黃如金，其狀若牛。」

又 凝碧峰。《樓注》曰：「上多翠碧石。」

又 玉華峰。《樓注》曰：「上皆玉石，華茂於諸峰。」《舊志》曰：「峰上常有寶玉氣，亦稱玉華山。」

清·葉封等《嵩山志》卷八《形勝六》 君子山，在二室之間，北與轘轅阪相連，左爲永泰寺，右爲五乳峰。道其下者，少室列屏於西南，太室聳翠於東北，裴漼碑所謂二室回合者也。

又 㥾來山，在望朝嶺南，俗稱蠍子山。山頂故有塔，後人誤毀之。明崇禎二年，知縣郝弘猷重建。山陰有裴商廟，相傳宋宣和間人，治小兒有回生之功，故祠之。

又 棊盤山，在㥾來山西南一里許，山形甚恠，爲登封城水口之砂，形家所謂羅星鎮水口也。山上平石如砥，有天然棊盤形，俗傳仙人弈棊處，東爲玉案山。

清·葉封等《嵩山志》卷九《形勝七》 陽城山，後漢荀爽貽李膺書「悦山樂水，家於陽城」，即此地也。《水經注》曰：「昔舜禪禹，禹避商均，伯益避啓，並於此也。亦周公以土圭測景處。漢成帝永始元年，封趙臨爲侯國也，在五渡谿之東，馬領山之西。」

清·葉封等《嵩山志》卷一〇《形勝八》 青龍山。《鞏志》曰：「縣南四十里，在宋太祖陵左，故名。」又曰：「青龍山發脈五支嶺，其尾接洛者曰龍尾山。」

又 九山亦稱百稱山。《水經注》曰：「其山孤峰秀出，嶕嶢分立。」仲長統曰：「昔密有卜城者，身遊九城之上，放心不拘之境，謂是山也。」山際有九山廟，廟前有碑，云九顯靈君者，太華之元子陽九列名，號曰九山府君也。南據崧嶽，北帶洛澨。晉元康二年九月，皇帝遣殿中中郎將關内侯樊廣、緱氏令王與、主簿傅演奉宣詔命，興立廟殿焉。又有《百蟲將軍顯靈碑》，碑云：「將軍姓伊氏，諱益，字隤敳，帝高陽之第二子伯益者也。晉元康五年七月，順人吴義等建立堂廟。永平元年二月二十日，刻石立頌，贊示後賢矣。」

清·葉封等《嵩山志》卷一二《形勝十》 五乳峰，在少室山北，自缽盂峰斜分一支，五頂相連，圍踰十里，如鳳張兩翅，少林寺建其中。山名五乳，後傳法源流分爲五宗，若預兆云。有達摩洞、養龍崖，見元好問詩。

又 香山在洛陽縣南三十里。《名勝志》曰：「地産香葛，有香山寺。」樂天堂白樂天云：「龍門諸寺，香山爲最。日與僧如滿結社於此，卒葬焉。」

清・張侗《臥象山志》卷一 積霖谷。雲湧煙颺，雷電以風雨者，積霖谷也。

又 漸丘。灝水出鳳凰山之天泉，西行八九里至漸丘，南納杓山水，赴霖谷中。

又 臥象山。自九仙倉嶺西下，萬山中旋螺下沉，微露峰脊者，臥象也。

清・于敏中《日下舊聞考》卷五《形勝》 太行自西來，演迤而北，綿亘魏、晉、燕、趙之境，東極於醫無閭。重岡叠阜，擁護而圍繞之，不知其幾千里也。其東則汪洋大海，稍北乃古碣石，稍南則九河故道，浴日月而浸乾坤。所以界之者又如此其直截面廣大也。況居直北之地，上應天垣之紫微。其對而之案，以地勢度之，則泰岱萬山之宗，正當其前。

清・于敏中《日下舊聞考》卷八《形勝》 西山來自太行，連岡疊岫，上干雲霄，挹抱迴環，争奇獻秀。值大雪初霽，凝華積素，若屑瓊雕玉，千巖萬壑，宛然圖畫。

清・于敏中《日下舊聞考》卷三二《宮室》 萬歲山在大内西北太液池之陽，金人名瓊花島。【略】其山皆疊玲瓏石爲之，峯巒隱映，松檜隆鬱，秀若天成。

清・于敏中《日下舊聞考》卷一〇一《郊坰西十一》 西山，神京右臂，太行山第八陘，《圖經》亦名小清涼也。

太行首於三危，伏於河，折北而尊爲恒山，支巒複岡，畢赴於燕，秩秩然復纚屬以東數千百里，入於海上。土人以其西來，號曰西山。

清・于敏中《日下舊聞考》卷一〇六《郊坰西一六》 白鐵山在府西北一百八十里，山多白石，其堅如鐵。【略】

小龍口山在府西北一百九十里，山有兩崖，東崖在清白口社，西崖在清水社，有泉東入盧溝河。

又 百望山南阻西湖，北通燕平，背而去者百里猶見其峯，故曰百望。

又 過金山口二十里，一石山，小峰屏簇，如筍張撑。峰之尊者曰妙高峰。

清・于敏中《日下舊聞考》卷一一〇《京畿通州三》 孤山在州東四十里，四面平曠，一峯獨秀，因名。

清・于敏中《日下舊聞考》卷一一一《京畿三河縣》 靈山、華山、聖水山、駝山，俱在縣北。靈山去縣治十五里，三面出泉，《形勝記》所謂北倚靈山者也。又十五里爲華山，一名兔兒山。又十五里爲駝山，即香河縣駱駝港之源，水繞駝山而出，故名。其地又有石城、青梁諸山口。聖水山在縣西北三十里，又十五里爲鳳凰山。

清・于敏中《日下舊聞考》卷一一四《京畿薊州一》 漁山在城西北三里，高百餘丈，周五里。郡在此山之南，故曰漁陽。水繞山下，故曰漁水。

清・于敏中《日下舊聞考》卷一一五《京畿薊州二》 盤山南距滄溟，西盡洵水，東放碣石。自遠望之，層巒叠嶂，岑嵂排空，真爲雄勝。

盤山，《志》舊名四正山，一名徐無山，魏田疇隱居於此，故名田盤山。今不曰田盤而曰盤山者，亦猶匡盧之謂廬山也。其山南距滄溟，西連太行，東放碣石，北負長城，瓣襲蜂攢，面面開生，實仙佛之勝區，乃天壤之大觀也。

盤山一名盤龍山，在州西北二十五里，高二千仞，周百餘里。山北數峯林立如削，曰紫蓋，曰宿猿，尤爲奇特。最高者曰上盤，頂有巨石，以指搖之輒動。上有二龍潭，下有潮井，又有澤鉢泉。稍下者曰中盤，東行十餘里，蔚然深秀，怪石突起，曰白嵓，日暮山光嵐氣，濛濛如雨。【略】

盤山外骨而中膚。外骨故削石危立，望之若劍戟熊虎之林；中膚故果木繁，而松之抉石罅出者嶔嵚糾曲與石争怒。石之尤怪特者爲鯨甲石，石平坦可布席，容十百人。羣崖飛瀑至此勢忽奔瀉，聲如震霆，與松韻互答。

清・于敏中《日下舊聞考》卷一三〇《京畿房山縣一》 房山在涿郡西北五十里，北接居庸，東抵漁陽，西連紫荆，所謂幽燕奥室也。

房山本中條之麓，其山峻而且闊，望之明秀異常，宛然如室。

又 一堵牆山在縣西南四十里，石壁巉峭，高三百餘尋，長五百步，儼若版築，其下可容數百家。

又 紅螺山在縣西南四十里，即幽嵐山，山勢崚嶒，諸峯羅列如劍戟，古刹存焉。

清・于敏中《日下舊聞考》卷一三八《京畿順義縣》 史山在縣西北三十五里。山石戴土，高百餘丈，狀如眠弓，南望京師城闕，金碧眩目，寺宇皆唐時建。

清・于敏中《日下舊聞考》卷一四二《京畿平谷縣僑治附》 瑞屏山在縣北二十里，連峯秀列如屏，上有石臺，下有興隆寺。【略】

妙峯山在縣東北二十五里，峯巒秀拔，下有九沽泉。【略】

峴山在縣東北四十里，峯巒峭峻，林谷深邃。

清・于敏中《日下舊聞考》卷一四三《京畿附編遵化州》 縣南十七里清風山，其山四時蕭颯多風。

桃花山在縣南二十五里，層峯疊嶂，上多桃樹。其巔有塔，山下聖水泉，旁有石室。【略】

鐵山在郭東五里，小嶺也，中斷若峽。山石黝黑，每朝日射峽口，一縷如虹，石色俱殷。

清・林佶《全遼備考》卷上《遼山川》 十三山，在錦縣境内。醫巫閭山南去大淩河三十里，直十三站，遼顯州地也。【略】山不高大，而峯十有三，鋒稜若削，離立如人。《扈從東巡日録》所謂「若研山者也」。上有潭，下有洞。

清・林佶《全遼備考》卷上《長白山》 按長白山【略】在烏喇南千三百餘里，高二百里，横亘五之，無樹木惟生叢草，草多白花。山半有石臺，可四望。山顛積雪皚皚，五峯環峙，南一峯稍下如門，中有潭，週二十五里。【略】峯頂至潭二百五十丈。【略】潭水南流入海者三：曰土門江，曰鴨緑江，曰佟家江；北流者五：曰賽因訥因河，曰額黑訥因河，曰昂邦土拉庫河，曰娘木娘庫河，曰阿脊革土拉庫河，而總匯於混同江。

清・林佶《全遼備考》卷上《冷山》 洪忠宣皓所居冷山。余於必兒漢必拉北望，相去約數十里，見其積素凝寒，高出衆山之上。土人呼爲「白山」，以其無冬夏雪白也。《宋史・洪皓傳》：「冷山地苦寒，四月草生，八月已雪。」

清・戴震《水地記》 中國山川維首起於西尾，終於東河，水所出其地曰崐崙之虚，其山曰紫山。

又 河北之山崐崙，東千里而近曰積石。《禹貢》導河積石，其山自紫山岐分，循河北岸而東，積石之西，紫山之東，臨星宿海者曰布虎吉魯懇，亦名枯爾坤。山有數峯，又東曰阿克塔齊欽，有兩峯，望之如馬耳。又東曰烏藍得仆，南至扎淩淖爾四十里，山高大頂平。又東有嶺，巖險多瘴氣，曰牟布拉克，西南至鄂陵淖爾五十里。又東曰寒多嶺。又東大山曰馬尼圖，西南至鄂淩淖爾百二十里，其崖壁有昔人刻識。又東曰碧柳圖三山。【略】又東曰密里克西，至河濱八十里，山有峰如屏。【略】又東《禹貢》之積石也。

又 河湟之北大山曰祁連山。山在今蘭州南百六十里，張掖縣西百里之黎園堡南九十里。《西河舊事》：祁連山在張掖、酒泉二郡界上，東西二百餘里，南北百里。有松柏五木美水草。

又 北河之北，高闕東，曰陰山。河行三受降城之南，謂之北河。河北大山隨地易名，通得陰山。

又 汾水之左，自燕京別而東南，漳水所出曰少山。山在樂平縣西四十里。其南谷曰大要谷，東北距縣治二十五里。沾水出沾嶺，東入滹沱，同過水出陡泉嶺，西入汾，皆少山北嶺也。《山海經》：少山，清漳之水出焉。【略】右轉歷頓武而西，少水所出，曰謁戾之山。少水者沁水也。【略】沁西彘水所出曰猶山，是爲太岳中岳也。【略】歷東陸而南曰析城。【略】遠東流水所潛曰王屋。【略】自東陘別而西，洮水所出山曰清野。【略】又西南曰薄山。【略】西抵河曲中，雷水所出曰首山，是爲雷首。【略】自獠武侯甲左轉漳水、藍水、潞水所出曰發鳩之山。【略】其南沁水東，丹水西，曰太行。

清・畢沅《關中勝跡圖志》卷二 南山，在西安府城南五十里。《一統志》：「西自鳳翔府郿縣入境，連亘盩厔、鄠縣，及長安、咸寧四縣之南，又東抵藍田縣界。一名終南。」《尚書・禹貢》：「終南、惇物。」《孔安國傳》：「山名。」《詩秦風》：「終南何有？有紀有堂。」《毛傳》：「終南，周之名山中南也。」《左傳》昭公四年：「晉司馬侯曰：中南，九州之險也。」杜預注：「中南，一作終南。」潘岳《關中記》：「中南，言居地絡陰陽之中，在都之南。」《括地志》：「中南，一名太乙山，一名周南山，一名橘山，一名楚山，一名泰山，一名地肺山。」何景明《雍大記》：「終南在西安府南五十里，東自藍田界，西入咸寧界。」

又 太一山，在西安府城西南八十里。《漢書・地理志》作太壹山。《三秦記》：「太一在驪山西，山之秀者也。」《咸寧縣志》：「一名南五臺，延袤十里許。」

又 龍首山，在長安縣北十里，接咸寧縣界。《水經注》：「蕭何因龍首山營未央宫。山長六十餘里，頭入於渭，尾連樊川。頭高二十丈，尾漸下，高五六丈。土色赤而堅。」《唐書・地理志》：京城後枕龍首山。李好文《長安志圖》説：山之餘尾城南皆已湮平，坡陀北出，東西横亘，迤邐而去。《名山記》：「山西北高處爲秦長樂、漢未央，稍東南六坡象乾爻者爲隋城、唐西内，其東爲唐南内興慶龍池之所，其北爲唐東内大明宫，含元、宣政、紫宸、蓬萊、金鑾諸殿。南内東南引滻水入城，爲龍首渠，入東苑爲龍首池。一名龍首原。」《咸寧縣志》：「龍首原起終南東義谷，徑可數十武，蟠曲西北行，漸行漸闊，杜陵、鴻固、鳳棲諸原皆其横岡，宜春、芙蓉、曲江諸苑池皆其窪下。東界滻水，西界樊川，延六七十里。一稱小兒原。」

又　秦嶺，在咸寧縣南，南山峰脊也，東接藍田界。《縣志》：「嶺在縣南一百五十里，屬縣界者，東西約七十里。」《通志》：「秦嶺，即南山別出之嶺，在縣東南，凡入商洛者，必越嶺而後達。東出即藍田關。」

又　黄麓山，在興平縣西北一里。一名黄山，一名始平原，一名北芒巖。《雍勝略》：「黄麓山東西五十里，南北八里，東入咸陽北阪，西至武功界武水東岸。」揚雄《甘泉賦序》：「北繞黄山，瀕渭以東。」【略】《三秦記》：「長安城北有始平原，長數百里，漢時謂之北芒巖。」

又　驪山，在臨潼縣南里許，即藍田北山，綿亘而東五十餘里。一名浮胏山。驪，一作麗。《漢書・地理志》：京兆郡新豐縣：驪山在南。《三輔故事》：「驪山，在長安東北三十里。」《水經注》：「麗戎之山，一名藍田，其陰多金，其陽多玉。」《太平寰宇記》：「驪山在昭應縣東南二里，温湯出山下。」

又　慶山，在臨潼縣東南三十五里。《唐書・五行志》：垂拱二年，新豐露臺鄉有山湧出，武后名之曰慶山。《兩京道里記》：「慶山湧出，初時六七尺，漸至百餘尺。居守以聞，百寮畢賀。」《譚賓録》：「新豐縣有風雷，有山湧出，高二百尺。」

又　鷄頭山，在鄠縣東南三十里。《雍勝略》：「形似鷄頭，故名。俗呼爲小武當山。」

又　七盤山，在藍田縣南二十里。《唐書・地理志》：「貞元七年，刺史李西華自藍田至内鄉開新道七百餘里，回山取塗，人不病涉，謂之『偏路』。」《通典》：「七盤十二綪，藍田之險路也。」《明史・地理志》：「山旁有綪坂，故名。」《縣志》：「七盤山，延亘綿遠，西接終南，東通商洛，險峻紆迴。一曰七盤嶺。」謹案：此與寧羌州七盤嶺同名。

又　秦嶺，在藍田縣東南，接商州界。《通典》：「藍田縣秦嶺在此界。」《通志》：「即南山別出之嶺。凡入商洛、漢中者，必越嶺而後達。東出即藍田關，西爲小秦嶺。」

又　横嶺，在藍田縣北三十五里。《長安志》：「自臨潼之驪山東入縣界，横接華州界。」《縣志》：「嶺下有水名横河，相近有大金山、小金山。」

又　嵯峨山，在涇陽縣北五十里。本名巀嶭山，一名慈峨山，亦名荆山。【略】《元和郡縣志》：「山東西二十五里，南北二十里。」《縣志》：「山東抵清谷，西抵冶谷，亘二十里。」

又　仲山，在涇陽縣西北七十里。亦作中山。【略】《縣志》：「山東北接嵯峨西麓，中隔冶谷，西連九嵕山，涇水逕其中，故曰中山。或曰以山在冶水西、涇水東也。」

又　終南山，在盩厔縣西南三十里。《縣志》：「東接鄠縣，西接郿縣界。枝峰别嶺，隨地異名。」

又　大秦嶺，在渭南縣南七十里。《縣志》：「自縣東青岡坪至東西川之南曰大秦嶺，其東南曰小秦嶺，嶺南屬商州界。」

又　九嵕山，在醴泉縣東北五十里。【略】《四夷郡縣志》：「九嵕山東連仲山，西當涇水，高六百五十丈，周迴十五里，廣一里。」

清・畢沅《關中勝跡圖志》卷一〇　秦嶺，在華陰縣南。《縣志》：在華洛分壤之界，西接華州，東抵潼關，懸崖疊嶂，高不可攀，行者皆由曲徑。

又　金巘山，在蒲城縣西北三十里。《唐書・地理志》：「景陵在奉先縣金巘山。」《縣志》：山勢高聳鋪張，有若懸旆，故名。

銅斗山，在縣西北四十里。《長安志》：「山在白馬谷之東南。」《縣志》：山勢峻削，盤旋如斗。

金粟山，在蒲城縣東北二十五里。《唐書・地理志》：「泰陵在奉先縣金粟山。」《雍勝略》：「山有碎石如金粟。」【略】

馬蘭山，在白水縣西北五十里。《隋書・地理志》：「白水縣有蘭山。」《雍勝略》：「山在白水縣。相傳自古形勢阻隔，不通往來。後秦王經此下馬拜山，山忽崩解，有路通中部宜君，後因稱爲秦山。」【略】

黄龍山，在白水縣東北六十里。《縣志》：盤衍如龍，土皆黄色，故名。《府志》：山高五里許，跨澄城、洛川、白水三縣界，倉帝陵在其下。又東北十里爲陽武山，相傳爲倉聖發靈之地。

又　虎踞山，在潼關東門外。《通志》：「盤踞似虎。」

秦嶺，在潼關南三十里。《通志》：「嶺以南即雒南界。」

清・畢沅《關中勝跡圖志》卷一六　雍山，在鳳翔縣西北三十里。《水經注》：「雍水出雍山。」應劭《地理風俗記》：「四面積高曰雍山。」

杜陽山，在鳳翔縣東北二十五里。《水經注》：「故雍縣有杜陽山，北有杜陽谷。」《金史・地理志》：鳳翔倚有杜陽山。《雍勝略》：「杜陽山，杜水所出。」《通志》：「唐岐州刺史柴紹破突厥於杜陽谷即此。」

靈山，在鳳翔縣西二十五里。《通志》：「一名靈鷲山，相近有彭祖原。」

又 耆闍山，在岐山縣東北四十里。《元一統志》：「耆闍山在縣北。」《通志》：「一名崛山，上多石穴。唐時建耆闍山寺。山有金仙洞，洞前臥佛一軀，其後爲滴泉，盈而不溢。山后爲石霸嶺。」【略】

鳳凰山，在岐山縣北十五里周公廟後。《通志》：「即鳳鳴處。山下有朝陽洞。」

青峰山，在岐山縣南百五十里。《通志》：「峰巒蒼翠，接寶雞界。」

石樓山，在岐山縣南五十里，接寶雞界。《通志》：「山形如樓閣，故名。上有龍湫，禱雨輒應。」

又 飛鳳山，在扶風縣南一里。《雍勝略》：「在漳川之南，形如飛鳳，故名。」

明月山，在扶風縣北五十里。《明一統志》：「白石燦爛，夜有光如月。山有清風洞，洞口徑尺許，風聲常吼，其源不測。」謹案：山東接乾州界。

吴雙山，在扶風縣北五十里。《通志》：「四峰插入雲表，山陰屬麟遊界。」

美山，在扶風縣西北五十里。《一統志》：「山產奇石，青紺嵌空，比於靈璧。美水出於此。」

茂陵山，在扶風縣東三十里。《通志》：「陵，一作林，相傳爲漢威侯馬超故居。」

又 武功山，在太白山南。《漢書・地理志》：「武功縣東有垂山。」謹案：《史記索隱》引此作華山。因古文華作𠌶，與垂字形近也。《秦本紀》：武公伐彭戲氏至華山下，居平陽封宮。疑亦即此山。」《九域志》：「武功縣有武功山。」《雍大記》：「太白、武功二山在郿縣，蓋舊武功縣地。」《一統志》：「俗謂爲嵍山。其山有楓木坳、白鶴峯、雷崖。又其阻有齊雲山。」

又 馬冢山，在郿縣西南十五里紅崖頭。《水經注》：「渭水東逕馬冢北，諸葛亮與步騭書曰：馬冢在武功東十餘里，有高勢。」謹案《舊志》：銜嶺山在縣西南十五里，俗呼馬鞍山。今考馬鞍山即馬冢之訛。若銜嶺山在褒城界，去此尚遠，不應渭水經其地也。

秦王嶺，在郿縣東十里。《通志》：「舊傳唐太宗居藩時屯牧於此。」謹案《晉書》載記：苻健據關中，嘗稱大單于秦王，傳至登，破姚萇於馬頭原。後萇又滅登，亦自稱秦王。則郿固二秦戰場也，嶺應以此得名。

又 蟠龍山，在寶雞縣北。《隴蜀餘聞》：「蟠龍山在縣北二里。」《通志》：「金陵河逕其左，故又謂之陵原。」

益門山，在寶雞縣西南十五里。《雍勝略》：「即秦嶺北麓之谷。」《通志》：「山巖險阻，凡至梁益者必取道於此，故曰益門。」

秦陵山，在寶雞縣南六十里。《帝王世紀》：「秦寧公墓葬西山大麓，號秦陵山。」《括地志》：「在陳倉縣西北三十七里。」《雍勝略》：「南山之脊也。」謹案：《雍勝略》及《通志》並以此爲秦嶺，蓋未考也。

大散嶺，在寶雞縣南五十二里。《通鑑》：「光啓二年，上自寶雞幸興元使王建負傳國璽，登大散嶺。」胡三省注：「嶺在梁泉縣松嶺堡南。」謹案：梁泉今屬鳳縣。

又 馬脊山，在汧陽縣南二十里。《通志》：「山有秦王洞，石穴數丈，寒冽逼人。」

龍泉山，在汧陽縣東十五里。《雍勝略》：「有泉出其下，故名。」

箭括嶺，在汧陽縣南十里。《一統志》：「舊置關於此。」

五將山，在麟遊縣西南五十里。《水經注》：「瀆魋水東歷五將山。」《金史・地理志》：「麟遊縣有五將山。」謹案：此當別爲一山，不與醴泉之五將山同。

吴雙山，在麟遊縣東南四十里，接扶風界。《通志》：「山有四峯，北曰拱辰，南曰聯斗，東曰萃旭，西曰落照，俗呼四堆山，又名四峯山，又名吴重山。」

青蓮山，在麟遊縣西南二十里。《雍勝略》：「其形似蓮，草木葱翠。」《通志》：「九成宮之屏山也。」

鳴鳳山，在麟遊縣西五里。《一統志》：「與天臺山相對，又名鳳臺山。」

天臺山，在麟遊縣西五里。《雍勝略》：「在九成宮之西崛。」

崔模嶺，在縣東北四十里。《太平寰宇記》：「在縣東北五十里。」

又 岍山，在隴州西四十里。《水經注》：「汧水發南山西側，俗以此山爲吴山。」《三秦記》：「汧水出縣西山，世謂之小隴山。」《隋書・地理志》：「汧源縣有汧山。」《史記・夏本紀》注：「汧，一作岍。案：有汧水，故其字或從山，或從水。」《括地志》：「山在汧源西四十里，東臨岐岫，西接隴岡。」《元和郡縣志》：「山在縣西六十里，北與隴山接。《禹貢》『導汧及岐』是也。」胡三省《通鑑注》：

「小隴山在南由西北。」《雍大記》：「汧水所出。」謹案：隴山，汧水所出，故謂之汧山，山以水稱也。因爲隴山西嶺，故又謂之小隴山。似與《禹貢》《漢書》異，而實不悖，非如今人混吳嶽與汧爲一，而又紛更不定也。

又 隴山，在隴州西六十里，接秦州清水縣界。《詩秦風》：「阪有漆。」《正義》：「隴阪也。即今隴山。」《漢書・地理志》隴西縣，隴坻在其西。《武帝紀》：「元鼎五年十月行幸雍，遂踰隴，登空同。《西京賦》：「右有隴坻之隘。」《三秦記》：「隴阪九迴，不知高幾許，欲上者七日乃得越。高處可容百餘家，有清水四注，下即隴頭水也。《秦州記》：「隴山東西一百八十里，登山東望，秦川四五百里，極目悵然。山東人行役，升此而顧瞻者，莫不悲思，故爲之歌。」《隋書・地理志》：汧源縣有隴山。《雍勝略》：「山高而長，多鸚鵡，亦名鸚鵡山。」《雍大記》：「南踰岍隴，北接沙漠，其名有四：一名槍竿嶺，一名米高山，一名湫頭山，一名龍江峽。」漢屬漢陽郡，刺史治名隴坻，即祭遵破王元兵處。」《通志》：「上有懸溜，匯爲澄潭，名萬石潭。流溢散下，皆注於渭。」【略】

龍盤山，在隴州東南百二十七里。《隋書・地理志》：南由縣有龍盤山。《通志》：「在吳山舊縣東南七里。」

紫超山，在隴州南四十里。《唐書・地理志》：吳山縣有紫超山。《通志》：「今俗名紫埴山。」

西秦山，在隴州東南百里。《雍大記》：「在隴安舊縣北二十里。」謹案：隴安故城在州東南。

關山，在隴州西八十里。《雍大記》：「距關中千里。嶺之西有長寧驛。」《州志》：「其山高峻，盤折而登，經五十里，始至絕頂。爲秦鳳要路。山上產鸚鵡。」

金門山，在隴州西南百里。《一統志》：「與天井山對峙如門，渭水流其中。」謹案《水經》：「渭水東南出石門」，當即此。

慈山，在隴州西四十里。《水經注》：「汧水東歷慈山。」《通志》：「相近有白環谷，白環水所出。」

秦嶺，在隴州西南。《九域志》：隴州隴安縣有秦嶺山。《通鑑地理通釋》：「晁氏以爲隴山、秦嶺，皆古之岍。」《雍勝略》：「秦嶺在隴安舊縣，因西奉地勢相連，其山高於諸岫，故名。」

清・畢沅《關中勝跡圖志》卷二〇 旱山，在南鄭縣西南二十里。《詩大雅》：「瞻彼旱麓」。《毛傳》：「旱，山名。」《漢書・地理志》：「南鄭縣有旱山。」《水經注》：「池水出旱山。」《周地圖記》：「山上有雲即雨，旁有石牛十二頭，下有石池水。」《雍大記》：「漢山，在縣西南三十里。四峯八面，東臨老渚河，北據漢水，南接巴山，有池水。」《一統志》：「亦名天池山。」謹案：旱、漢以音近而訛，後人遂分以爲二山也。《漢志》：池水出旱山，而《雍大記》漢山有池水，益爲可據。

梁山，在南鄭縣東南百八十里。《太平寰宇記》：「《爾雅》云：南方之美者，有梁州之犀象焉。州因山名。」胡三省《通鑑》注：「梁山。大山四圍，其中三十里許甚平曠，或云古梁州治也。」《輿地紀勝》：「其西與孤雲、兩角諸山相接。」《縣志》：「亦曰梁州山。」謹案：胡三省說與《輿地紀勝》中梁山之説同。

玉女山，在南鄭縣南百九十里。《唐書・地理志》：「南鄭縣有玉女山。」《太平寰宇記》：「上有古城，三門，不可登，山下時聞鐘磬之聲。」《道經》云：「玉女所居之地，故名。」《輿地紀勝》：「一名米倉山，與大巴山相連。」謹案：大巴山即下嶺巴山。【略】《縣志》：「米倉山，高聳摩雲，登其巔則褒、沔、洋、鳳俱歸一覽，人稱之爲仙臺山。」

龍岡山，在南鄭縣西十里。《隋書・地理志》：南鄭縣有龍岡山。《華陽國志》：「龍岡山北臨漢水，南帶廉津。」《輿地紀胜》：「相傳梁天監中有龍鬬於此，故名。」

黃牛山，在南鄭縣西南五十里。《魏書・地形志》：「華陽縣有黃牛山。」《隋書・地理志》：「南鄭縣有黃牛山。」謹案：華陽，後魏有沔縣也。蓋山界兩山之間，志家皆入於南鄭縣，今從之。《太平寰宇記》：「山有石，黃色，遠望如牛，因名。山下有黃牛川。」《十道記》云：「黃牛川有再熟之稻，土人重之。」

中梁山，在南鄭西十五里。《唐書・地理志》：「南鄭縣有中梁山。」《輿地紀勝・漢中記》云：「以其鎮梁州之中，故名。」《雍勝略》：「山脈西自沔縣定軍山來。」《明一統志》：「在南鄭、褒城之界。」【略】

寶山，在南鄭縣北十餘里。《輿地紀勝》：「舊傳山中得寶珠，故名。」

巴嶺山，在南鄭縣南百九十里，接西鄉界。《水經注》：「廉水出巴嶺山。」《周地圖記》：「此嶺之南，古之巴國。」《元和郡縣志》：「東濱漢江，與三峽相接，山南即古巴嶺。」《輿地紀勝》：「亦名孤雲山，在廉水縣東南百七十里，相近者曰兩角山。」

聽山，在南鄭縣西北二十七里。《水經注》：「壻水北發聽山。」《輿地紀勝》：「西抵壻水小溪。」《通志》：「俗傳唐公房仙去，壻歸，惟聞空中歌管聲，因

名聽山。」【略】

籠蓋山，在南鄭縣西南五十里。《雍勝略》：「其南麓與巴山相接，老渚河源出于此。」

牛頭山，在褒城縣西二十五里。【略】《太平寰宇記》：「山高百仞，其上雲覆如笠即雨，故亦號爲戴笠山。」《雍勝略》：「山有巨石似牛頭，其下有靈液泉。」【略】

紫柏山，在留壩廳西北四十里。《太平寰宇記》：「紫柏山在梁泉縣東。」《周地圖記》云：「其山兩頭高，狀如龍形，一名龍如山。」

清・畢沅《關中勝跡圖志》卷二三 嘉嶺山，在膚施縣東南百八十步南河之濱。宋呂惠卿《築四堡記》：「熙寧十年帥延，因時遊觀，南上嘉嶺。」

又 天澤山，在安塞縣東五十步。《雍大記》：「其山土石相間，上有天澤泉，四時不竭。」

又 龍安山，在安塞縣西一里。《雍大記》：「山高數百丈，狀如盤龍。舊建龍安砦。」

又 神林山，在甘泉縣西南二十里。《雍勝略》：「山上有神祠。」《縣志》：「連山包絡，此山獨高於諸峯。下有龍湫，禱雨輒應。」

又 盤龍山，在延長縣西五十里。《縣志》：「懸崖峭壁，延水環其下。又花石崖，在縣西七十里。峭崖聳出，玲瓏奇巧，觀者比之太湖石。」

又 鶯窩山，在靖邊縣西南。《延綏志》：「在寧塞堡西南二十五里把都河北。又有架礮山、旗竿山，俱在寧塞堡西南三十里把都河南。二山崔巍並峙，各置亭隧。」

清・畢沅《關中勝跡圖志》卷二四 五虎山，在府谷縣東一里。《雍勝略》：五峯雄峙，其形如虎。《延安府志》：一名五龍山，下有香爐山，曾有仙人煉丹於此。

又 落珠山，在葭州西七十里五女川西。《州志》：石崖壁立，亂水噴注如落珠。相傳宋兵至此亂箭射石，水隨箭鏃迸出，土人名曰萬箭崖。

清・畢沅《關中勝跡圖志》卷二五 冢嶺山，在雒南縣西北八十五里。《縣志》：秦嶺在縣北，橫亘三百里，自嶢山入縣界，則名秦嶺，陰則太華，稍東即潼關，重峯疊嶂，自縣西抵北而東爲洛水發源處，即冢嶺山矣。

清・畢沅《關中勝跡圖志》卷二九 雙鐘山，在中部縣西北七十里。《延安府志》：形如覆鐘，峻秀屹立。

清・周春《海潮説》 《水經注》云：「江水東逕上虞縣，南縣之東郭，外有漁浦湖。湖中有大獨、小獨二山，又有覆舟山。覆舟山下有漁浦王廟。」

清・姚鼐《惜抱軒詩文集・由橋頭驛至長沙》 雜樹接行雲，晨朝吐清氣。遥望西峰頂，已上丹霞蔚。遠山狀一同，近嶺形千彙。澗霧忽成陰，巖蘿密如衣。冷風發空響，幽愴多髣髴。漸出深谷口，始縱秋泉沸。

清・姚鼐《惜抱軒詩文集・宿攝山幽居僧舍次日略覽山中諸勝逮暮遂歸》 五月暑未甚，況經新雨餘。攝山若雲起，飄然望遠墟。出郭偕好事，入谷扣幽居。日晡禽聲涼，峗風逆籃輿。萬樹歙澗壑，一鐙耿軒疏。夜嚮傍佛龕，晚案得山蔬。雲白緑林外，鳥啼朝日初。推枕礩清泉，杖策曳輕裾。雜石擁樹根，萬疊雲濤如。穿徑石雲中，杳然疑躡虚。法刹引遐歷，宫樹亦瞻諸。高松蔭暍行，清若循階除。亭午不逢客，寂爾惟鐘魚。回首金碧轉，始知山徑紆。聳望最高峰，筋力乏升岨。循年嗟老矣，視日盍歸歟。復向山僧約，期余巖桂舒。

清・姚鼐《惜抱軒詩文集・門人談承基吴剛周承祖阮林邀遊攝山宿般若臺》 共邀衰弊入秋山，絶頂峰高不可攀。怪石自穿雲片片，暗泉時繞徑潺潺。霞天岫遠層開碧，林谷霜初小作斑。

清・姚鼐《惜抱軒詩文集・登泰山記》 是月丁未，與知府朱孝純子潁由南麓登。四十五里，道皆砌石爲磴，其級七千有餘。泰山正南面有三谷：中谷繞泰安城下，酈道元所謂環水也。餘始循以入，道少半，越中嶺，復循西谷，遂至其巔。古時登山，循東谷入，道有天門。東谷者，古謂之天門溪水，余所不至也。今所經中嶺及山巔，崖限當道者，世皆謂之天門云。道中迷霧冰滑，磴幾不可登。及既上，蒼山負雪，明燭天南。望晚日照城郭，汶水、徂徠如畫，而半山居霧若帶然。

清・姚鼐《惜抱軒詩文集・遊靈巖記》 泰山北多巨巖，而靈巖最著。余以乾隆四十年正月四日，自泰安來觀之。其狀如疊石爲城墉，高千餘雉，周若環而缺其南面。南側重嶂蔽之，重溪絡之。

又 然至琨瑞山，其巖谷幽邃，乃益奇也。

清・姚鼐《惜抱軒詩文集・望廬山》 岧峣香爐峰，摇曳同菰稗。舟行望遠勢還出，矯如踏雲浮動之蒼霓。

清・姚鼐《惜抱軒詩文集・過天門山》 鼓楫淩驚波，連山缺東隅。飄颻天門上，千里見全吳。

清·姚鼐《惜抱軒詩文集·西行白沙嶺昆沖遂宿》 山鳥排空鳴，四嶺下飛泉。林崖倏開闔，磴嶂窈迴旋。

清·姚鼐《惜抱軒詩文集·九月八日登千佛山頂》 泰山出青雲，天半蒼然獨。梁宋暨東溟，萬里環其足。陰嶂走濟南，雲濤尚奔蹙。勢盡尻益高，塹斷無陂麓。振衣斗直上，陟磴逾援木。落葉下灤泉，秋風散海曲。

清·姚鼐《惜抱軒詩文集·安肅道中》 簷聲三夜滴床頭，海日三朝照衣領。風清每快行人意，泥滑仍爲車轍梗。南行常繞西山麓，青銅新沐煙鬟影。出岫濕雲行自媚，蔽野緑陰寒且靜。

清·姚鼐《惜抱軒詩文集·歲除日與子潁登日觀觀日出作歌》 泰山到海五百里，日觀東看直一指。萬峰海上碧沈沈，象伏龍蹲呼不起。夜半雲海浮巖空，雪山滅没空雲中。參旗正拂天門西，雲漢卻跨滄海東。海隅雲光一線動，山如舞袖招長風。

清·姚鼐《惜抱軒詩文集·舟中望板子磯以南山勢甚奇因題長句》 黄山天半卅六峰，包含雲海蟠奇松。忽乘風霧走江岸，横入江心如臥龍。

清·姚鼐《惜抱軒詩文集·遊攝山》 怪石倚硼興，奇柯冒巖偃。

清·姚鼐《惜抱軒詩文集·觀飛來峰入靈隱寺由寺西上韜光菴乃北高峰上也》 連山聳西南，水勢東北趨。山蟠四十里，障合衆成湖。矯矯北高峰，獨瞰西南隅。

清·姚鼐《惜抱軒詩文集·天門山》 萬里江流斷，雙崖地脈通。冥冥浮積氣，漠漠送長風。

清·姚鼐《惜抱軒詩文集·望灊山》 道邊隻堠復雙堠，天半大山宫小山。客子出林暮唤渡，居人微雨寒閉關。横空積樹雲漠漠，交流斷徑溪潺潺。

清·姚鼐《惜抱軒詩文集·望岱》 峻極通天地，陰陽辨魯齊。連峰渤海外，流眄穆陵西。樹擁金輿路，雲深玉檢泥。

清·姚鼐《惜抱軒詩文集·遊雙溪記》 蓋龍溪水西北來，將入兩崖之口，又受椒園之水，故其會曰雙谿。松堤内繞，碧巖外交，勢若重環。處於環中以四望，煙雨之所合散，樹石之所擁露，其狀萬變。夜共一鐙，憑几默聽，衆響皆入，人意蕭然。

清·姚鼐《惜抱軒詩文集·德州浮橋》 運河繞齊魯，勢若張大弓。限中抱泰嶽，兩簫垂向東。德州倚河壖，南北適要衝。

清·姚鼐《惜抱軒詩文集·登黄鶴樓次補山韻》 夷陵西望巴山連，大江出空如墮懸。奔流一抹蹙滄海，大別黄鵠横障天。導江至此一夾束，縈洄衣帶高樓前。

清·姚鼐《惜抱軒詩文集·榆中》 直北天低見磧山，黄河南下曲如環

清·吳騫《桃溪客語》卷一 龍池曉雲，爲義興八景之一。山在桃溪東十里，峯巒聳峭，巖壑杳冥，真棲神之勝地也。

清·王世睿《進藏紀程》 由爐出口，西南行三十里爲折多。山之半委折，寬平易行，四時皆雪，彌望如玉，視内地已較然異矣，又俗呼爲藥山。

又 上坡行三十里，遥望一山，長坂積雪，山脊嵯岈處，旋風滚滚如萬馬奔馳之勢，則大朔山也。由山脊而下入澗西行，則兩山列峙。

又 五十里而至恩達，又五十里而至瓦河山，按此山爲西域第一雪山，五峰綿亘，高插雲霄，由深澗近山腳，歷坡而上，大雪彌漫無涯涘。

清·汪孟鋗《龍井見聞録》卷一 雞籠山。《咸淳臨安志》：在龍井風篁嶺側，高而圓，若雞籠然。

又 獅子峯。魏[山原]《錢塘縣志》：在天門山側，勢若蹲獅，最爲高峻，靈竺諸峯皆拜其下，山徑孤峭，草樹蒙茸，爲南山最深處。

清·洪亮吉《更生齋文乙集》卷一《天山贊》 自涼州以西抵伊犁，凡七千餘里。地勢積高，天形轉下。其横亘南北，界畫中外；戴雪萬仞，排雲百重；半嶺以上，靈禽不飛；百步之外，晴霰尚炫者，皆爲天山，亦名雪山，北人所呼爲祁連山也。

清·朱孝純《泰山圖志》卷三上《山水》 西爲九峰山，峰高，下排列有九，因名。

又 又北爲黄峴嶺，土色赤黄，異他處。又名中谿山。

又 又北爲對松山，一曰萬松山，兩峰對峙，老松彌谷，最稱奇勝。

又 又北爲石壁峪，兩山竦削，皆壁立。東曰飛龍巖，西曰翔鳳嶺，中爲十八盤。漢應劭《封禪儀記》名其地曰環道也。

又 鳳皇山東爲園屏峰，《岱史》謂之懸石峰。東爲虎頭崖，又東爲避風崖。東北爲鬭仙巖，亦曰振衣岡，上有魯班洞。稍北爲北斗臺，東南有珍珠泉。

又 東南爲寶藏嶺，巨石類獅，俗呼獅子崖。

清・朱孝純《泰山圖志》卷三下《山水》 東北爲小津口，東西二椒山夾之。水東南流入豔滋峪，又南至沙溝入汶山。西爲椒子峪，南有杏園。又東八里爲杏山，上有仙人洞，下有王老峪，栗椒杏各以樹之多者得名。

又 淩漢峰西爲傲來山，一名芙蓉峰，路自竹林寺西南入，石竇可通，曰砦門。西一洞中可窺天者三，曰三透天。南爲天勝砦，平曠可容千人。元初，僧行全結茅于奉高天勝砦，即此。傲來山東北懸石通明，俗名獅子峰。行全之徒德友亦於此避地焉。北有懸刀峰，東爲扇子巖，一曰仙人掌。

又 東爲飛鴉峰，石色深黝，忽若人形對拱，稍白者西，赭者東，名曰仙人影。

又 洗鶴灣北兩峰回翔爲雙鳳嶺，俗以兩峰呼爲大小牛心石，又曰大小蠟燭峰，皆因形命名。

又 又東爲天空山，山巔坦平，俗呼爲堯觀臺。《岱史》云：「堯嘗登此。」下有洞曰黄華，曰蓮花，傳爲玉女修真處，即《岱史》所謂後石屋也。自迴車巖迤邐至此，總名後石隝，爲嶽北奥區云。

又 天空山北爲坳山，下爲仙人砦。摩雲嶺北爲明月嶂。《泰山紀事》曰：「宋張景巖結茅於此。」旁有燕脂石，又北爲懶張石屋，或傳張三豐修真處。西南爲孤山。

又 大空山東爲九龍岡。上有鑑池，水清可鑑毛髮，俗名玉女洗頭盆。北爲鳳皇池，東北爲飲虎池，又東北八里爲磨山，爲五女圈石。

又 九龍岡東爲天燭山，雙峰矗立，特峻。其下即谿里峪，巖穴深邃，泉湧不竭，東南流入埽箒峪。

又 又北爲青岡峪，水東南流，與佛谷水匯入天井灣。又北爲仙臺嶺，即長城嶺。嶺凸起石臺二，曰南拱、北拱。仙臺下有馬跑泉，一名莎草泉，水南流逕牛欄口西，又南逕竹園東入天津河。

又 鞦韆山西爲降福山，《岱史》謂之襁山，以大山負小如襁子狀。山半有鏡兒石，廣丈餘，瑩澈如鏡。南有平壤約十畝餘，呼臺子地。舊有雲臺菴，圮。

又 桃花峪水又南經駱駝嶺西，又西南出峪口，復東南折逕高里山南，又東南逕全摽店東，自分水谿至此迴旋八十餘里，總名泮河，上納三谿之水合與大汶。

又 梯子山東南爲龍山，上有姜倪砦，南一石若人形，曰真人峰。龍山西南爲車道巖，北有雙溝，如轍跡。西爲筆架山，五峰排列，崖崿倒懸，野鳥多巢於此，即雕窩山也。北爲羊欄坡石，《岱史》謂：「仙人牧地，巨石環列，秀麗異他處。」山南爲燕脂坡，地多燕脂花。東南爲猴愁峪，西南爲白練石屋。猴愁峪西南爲水閫石屋，水出不竭。南爲拔山，視諸峰差高，即雁飛嶺。東一石聳立，曰回雁峰。東北爲燕窩石，有窟如燕窩。又南爲水鈴山。

清・陳毅《攝山志》卷一《遊棲霞山》 第一金陵明秀山，所欣初遇足空前。畫屏雲庵紫峯閣，乳竇春淙白鹿泉。梵業鐫碑尚隋代，浄因拾宅自齊賢。更誰鑿壁名紗帽，只恐平原意未然。

又 彩虹明鏡。在三會殿之西，向有流泉散漫無歸，二十二年始鑿爲池。水從桃花澗下直噴池内，浩瀚瀰漫，一望無際。其間怪石林立，錯落崎嶔，中築壩橋，扶欄以度，則依山結屋就水爲亭，仿佛明聖湖邊風景。二十七年翠華臨幸肇賜嘉名焉。

清・陳毅《攝山志》卷二 山爲鍾阜支脈，高百三十丈，周迴四十里，多产藥草，可以攝生，故名。形團如蓋，又曰繖山。左右環拱，遠近相望其間，屹然卓立，邐而南者謂之中峯，少南爲千佛巖，下臨峻絶，松檜交蔭，誠奇觀也。右則層崖起伏如波瀾者曰疊浪巖。

清・陳毅《攝山志》卷五 西北一面，大江浩浩望如遊龍，日夜夭矯，奔騰於其側。

又 過此爲縹緲峯，石勢峥嶸，嶄嶄逼人。

又 金焦諸山擁翼連綿，若龍之蟠，若蛇之走，若牛馬之吸，夕陽射之閃閃，作紫金光相映，令人兩腋習習，幾欲風舉迤邐而下。

又 兩峯相對，中外隔絶，層巒疊巘，凹凸起伏，晦明晻靄不一狀。東北一峯卓立天外，散爲三峯，鬱爲精藍者，攝山棲霞寺也。

又 入寺望中峯，秀削千仞。

清・陳毅《攝山志》卷八 畫石山在攝山東，巖下有石穴，曰花洞。

又 落星山在城東北，攝山北，周迴二里，高十一丈，西臨大江。

清・劉名芳《五山全志》卷一《山圖序》 劍山，山脊若劍，一名劍脊，亦謂祖龍嘗于此淬劍。劍山之左曰軍山，又謂祖龍嘗駐軍於此，皆未必然也。狼山之右曰黄泥山，昔之馬鞍山也。山之首尾凸起而中凹，以形似名之，或謂隋煬帝征遼時放馬處也，後訛爲仙女山，復訛爲塔山，復以土色黄遂名黄泥山。黄泥之右曰馬鞍山，昔之仙女山也，山之西麓石洞中，有老嫗居此仙去，因名仙女山，復建仙女塔於絶頂，更名塔山，後訛爲馬鞍山，蓋訛馬鞍山爲塔山，遂訛塔山爲馬鞍山也。五山昔居水中，今沙渟漲息，陸處已久。東北臨海，西南臨江，浩浩湯湯，拍天浴日，漁舸賈艄出没于波濤吞吐之中，飛鳧翔鶴隱現於煙靄蒼茫之際，吴岑楚岫相望咫尺，一刻之頃陰晴風殊，一山之間南北氣異，千變萬態莫可端倪，異哉。宇宙之大觀也。昔人擬之十洲三島，恐非圖繪之所能傳其萬一，第舉其大概，標其緊要，用繪爲圖合者一，南北反正分者十庶，山之眉目細出，骨相呈露，凡仙臺佛閣，前賢往哲之跡，得縷析而旁註之，非但窮幽討勝者之可按而稽也，擁大節建高牙繡斧，驄馬觀風考俗之使臣，一展圖而東南形勢瞭若指掌矣。

清・劉名芳《五山全志》卷二《山水》 岷江西來，長淮東注。萬派朝宗之處，五山嶄然突起，據吴楚之要，扼天塹之險，北撼燕齊，南凌閩粵，右江左海，控制百蠻，雖僻處一隅，實爲重鎮，故曰東南澤國，宇宙大觀。岷山瀺灂吞聲于此，中原蜿蜒藏形于此，淮泗透迤交滙于此，跨江百里而近爲蘇之常熟，虞山、福山、君山若浮若沉于紅濤白浪中，所謂氣吞吴會者也。沂江右上四百里爲金焦，北固五山，退殿其末，所謂江海門户十倍金焦者也。《易》曰地險山川丘陵也。

又 香爐峯，在狼山北。天祚巖左峯巔，巨石突起，形若香爐，天陰晦欲雨時，有雲氣從右罅中噴出，如爐煙縹緲。下鐫「五山拱北」四字，大徑丈。海門令嚴爾珪有記附藝文。

又 葫蘆峯，在狼山東北，朝陽洞左，狀碨砢而擁腫，細腰纖頂，以形似得名。

又 雙人峯，在劍山東南，老烏巖右，二石亭亭，如兩人並肩立於天半。

鷹嘴峯，在軍山東，白雲洞側，巇嶇鋭出，若鷹隼飛啄狀。

翠屏峯，在黄泥山東北，翠屏庵左，崱屴轕嵥，如列屏障，而碧蘚蒼苔，蒙密蔭翳，雖歷嚴冬，葱鬱之色不減。

大人峯，在黄泥山東北麓，翠屏峯下，高六七仞，平地介立，不連岡以成高，不附勢以自遠翹焉。傑出若自表其不羣者，望之使人生嚴憚之心。峯頂峩峩如冠冕然，一名朝冠石，又名紗帽峯，形皆肖。

清・劉名芳《五山全志》卷四《山水雜記》 萬松嶺，由狼山東麓透迤蛇上，達絶頂，夾嶺皆松，故名。今則凋盡矣，非復昔之參天凝日，而五步、十步，三株、兩株，葱鬱之色，猶然在目。

又 清標不覺水霜冷，遠蓋參天蟠翠影，空山獨立歲寒心，白雲斜掛巉巖嶺。

又 山南有平岡，袤廣可數頃。壘壘多蟠根，濯濯無纖影。指點問山僧，云是萬松嶺。森森千丈强，羅列皆嚴整。每稱大夫尊，或抱君子秉。屈曲支離翁，茂密蒼髯頸。龍鱗如欲飛，馬鬣亦何猛。拂天濤聲寒，鋪地流雲冷。黯淡煙霧深，瀟灑塵囂静。崇川五山中，宛然闢幽静。誰知惑星來，焚烈一時逞。物盛則必衰，令我發深省。

清・劉名芳《五山全志》卷一三 五狼山者，一山而五峯，離立如狼顧然，或曰：隋唐之前，山在巨浸中，曰狼藉而家焉。

又 軍山洪，在軍山麓，北接劍山之南，兩山對峙，中斷爲洪，昔之江濤海浪拍崖排山，渡者難之。今則沙漲爲阡陌，遊人過此，輒動滄桑之感。

清・劉名芳《五山全志》卷二〇《志餘》 狼山高以丈計者五十，而週迴五百一十二丈。劍山高計以丈者四十有四，而週迴五百丈。軍山六十一丈之高，六百五十二丈之週。黄泥山二十三丈之高，五百四十六丈之週。馬鞍山高十有二丈，其廣袤三百五十五丈也。按《州志》：狼山高五十三丈，劍山高二十有九，軍山高過劍山六丈，黄泥山高十有七丈，馬鞍山高同黄泥山，皆漫不加度，訛誤之甚者也。

又 狼山之西，昔名馬鞍山，蓋肖其形也，後訛爲塔山。今以土色稍黄遂呼爲黄泥山。黄泥之西，昔名仙女山，蓋因有女隱此仙去也，因建仙女塔，一名塔山，後訛爲馬鞍山。

清・許承祖《西湖漁唱》卷一《孤山》 咸淳《臨安志》：在西湖中一嶼聳立，旁無聯附，勝絶諸山。《杭州府志》：山形坦平，綿邈歸介裏外湖之間，以其不與諸山屬也，名曰「孤」，復以浮水若島嶼，然亦名孤嶼。又以四面皆水，若海上神山，故又名「瀛嶼」。山多梅，爲林處士手植，今梅徑尚存。

清・許承祖《西湖漁唱》卷二《龍山》 一名「卧龍山」，又名「龍華山」。《遊覽志》：與上下石龍相接。去城南可十里許。天目分支，沿江而東，結局于此，蜿蜒若遊龍。然山北有鴻雁池，其東爲白塔嶺，稍南曰妙因山、天花山、玉廚山。《錢塘縣志》：山洞多石龍，鱗甲悉具。

清・許承祖《西湖漁唱》卷二《育王山》 俗稱「鍋子山」，在龍山南。聶心湯《錢塘縣志》：壁立尖聳特異。諸山峯頂有陽明洞，洗馬池。玉皇殿上鑄鐵斗星七，高五尺餘，大半之狀若缸缶，曰七星臺。又日月二池，相去不數武，水紅白各異。西湖遊覽諸志俱失載。

清・許承祖《西湖漁唱》卷二《南屏山》　在浄慈寺右，興教寺之後。《浄慈寺志》：高四十餘丈，延袤可八里許，即久曜山分支。峯巒聳秀，怪石玲瓏，中穿一洞，上有石壁，宛若屏障，舊稱南屏晚鐘。康熙三十八年，聖祖仁皇帝御書十景，易「晚鐘」爲「曉鐘」，建亭寺外。山頂有石佛洞，兩石相夾如龕。胡中丞宗憲刻「寰中天室」四字，獨秀石亦名獨怪石。少林崧禪師刻「少林」二字，及居然、霽雲、積翠、白雲諸亭，詳宋僧契嵩《遊南屏山記》。又廣教院後巖石亦類屏障，稱小南屏山。

清・許承祖《西湖漁唱》卷二《九曜山》　《名勝志》：在南屏之西，下即錢糧司嶺。吴越時建司于此。徵山課舊有九曜星君殿，俗名「安家堂」。《武林梵志》：相傳宋曹彬下江南時建，至今奉彬爲土穀神。紹興中，普明禪師開法席，苦近地無水，夜夢神從地現，旦泉湧，甚甘，今稱「龍山泉」，亦稱「上井」。

清・許承祖《西湖漁唱》卷二《大慈山》　《名勝志》：在九曜山之西。去城可十里。山色蒼蔚，中峯隆起，旁舒兩翼。釋法深《虎跑寺志》：左曰屏風山，石壁聳秀，形似屏障。右曰涅盤山，因濟顛禪師茶毘此山，遂名。山巔曰「越王臺」，相傳越王演武于此。山之對曰擎鉢峯，圓覆如擎起勢。山之下曰鎖雲幢，因水瀉山外，立此以抵之。并仙人石、美人峯三塊石。文筆峯、龍洞、虎洞諸勝。《遊覽西湖二志》祇載屏風山名，餘俱失載。

清・許承祖《西湖漁唱》卷二《貴人峯》　《虎跑寺志》：在寺大殿後。屏風、涅槃諸山拱列其下，爲一郡之主星，地靈人傑，故名貴人峯焉。

清・許承祖《西湖漁唱》卷二《白鶴峯》　與婁家山丁婆嶺相接。《虎跑寺志》：寰中禪師説法時，鶴翔于頂，峯形亦似鶴，故名。

清・許承祖《西湖漁唱》卷三《赤山》　《名勝志》：在太子灣西。其土赤埴，故名。下爲從赤山埠，有筲箕泉出山之陰，合于惠因澗。元時黄子久公望者，號大癡，卜居泉上。子久善畫，著山水訣傳于世。又有玉醴泉，見《錢塘縣志》。

清・許承祖《西湖漁唱》卷三《玉岑山》　萬曆《杭州府志》：在石屋嶺左。相傳其山産玉，故潤媚異常，孤峯峻拔，層巒繚遶，中有古木倒植森翠。

清・許承祖《西湖漁唱》卷三《聯峯》　在佛手巖上。《錢塘縣志》：石壁峭立，高廣各數丈，有董思白、李長衡、陳眉公留題，

清・許承祖《西湖漁唱》卷三《蛇山》　即花家山。《遊覽志》：在大麥嶺後。瀕湖而登爲茅家埠，山側舊有法空、妙心二寺，資聖、淨安、淨嚴三院，崇真、水陸二庵皆不存。

清・許承祖《西湖漁唱》卷三《丁家山》　《錢塘縣志》：瀕湖水影山光上下相接。雍正九年，總督李衛甃石爲磴道，延緣而登，山半爲亭，更上爲舫室，曰「蕉石山房」。山多紫石，玲瓏秀削，狀類蕉葉。石根一池，天然泉自罅迸出，灑灑作琴筑聲。磴道南石壁卓立如屏，遂稱蕉屏。内庋石床、石几可撫絲桐，故有蕉石鳴琴之目。

清・許承祖《西湖漁唱》卷三《棋盤山》　《遊覽志》：在風篁嶺北。頂有方石，舊傳丹砂爲局，子分黑白，今已漶漫不可辨。登其巔，江湖之勝皆可環眺。上爲棋盤菴，遠在翠微，遊跡罕至。下爲雲共菴，亦名邱菴。疎蔭曲澗，惟極幽勝，諸志俱失載。

清・許承祖《西湖漁唱》卷三《雞籠山》　咸淳《臨安志》：在龍井風篁嶺側。高而圓若雞籠然。《杭州府志》：遠樹亭亭，望若車蓋，四山闃寂，虎豹窟藏，以是遊者特罕。傍爲鵶雞峯、金鐘峯、馬婆嶺。

清・許承祖《西湖漁唱》卷三《大人峯》　在理安寺後，寺之主山也，如飛鳳沖天之形。山巔可望江海寺。對照曰「螺髻峯」。春秋之分，日月從頂而出，宛若佛髻放光。東澗邊曰「迴象峯」，儼象之迴顧者。然又東曰「獅子峯」，肖形名之。獅峯之左曰「白鶴峯」，常有白鶴來巢其上。東南臨澗曰「八覺峯」，有磐石大數十丈，相傳昔仙人對弈之處。又左曰「彌陀峯」，如睡彌陀狀。《杭州府志》：七峯環繞，正謂此也。遊覽西湖諸志皆不載，見新修《理安寺志》。

清・許承祖《西湖漁唱》卷三《月輪山》　在龍山西南，瀕江。咸淳《臨安志》：以其形圓如月，故名。上爲月輪峯，北曰毛湫峪。

清・許承祖《西湖漁唱》卷三《秦望山》　晏元獻《輿地志》：去城南十一里，高一百六十丈。秦始皇東遊江滸，欲度會稽登山而望，故名。山頂巨石二十餘株，自然成行，名金洞門。其東南有大石横截江濤，呼羅刹石。唐時每歲秋仲必酹江，集樂工歌舞其上。白居易詩「嵌空石面標羅刹，壓捺潮頭敵子胥」指此，後改名鎮江石。五代開平中爲潮沙漲没。按《越絶書》：錢唐浙江有岑石，長丈四尺，南北廣六尺。漢天漢五年四月，岑石不見，到七年岑石復見。又《杭州府志》載，康熙十九年四月望日，岑石復見，不審即是石否。錢塘西湖諸志皆不載録之，俟考。

清・許承祖《西湖漁唱》卷三《五雲山》 《雲棲紀事》：在府治西二十餘里。先是山之巔，常有五色瑞雲盤繞其上，因名。《遊覽志》：高數百丈，周十五里。五峯森列，盤旋曲折，凡七十二彎，江三折當其前。宋時每歲將臈寺僧必捧雪表進城中，霰猶未集，蓋其地特高寒云。山半有伏虎亭，梯以石城便人往來。上爲真際院。《武林梵志》：周顯德間，志逢禪師結茅開山，大將凌超捌華嚴道場。吳越錢王召賜紫衣。明初燬，正德間重建。寺内伽藍乃華光藏神。殿前井二，曰「天井」，大旱水不竭。又西曰「保壽院」，開寶間建，久圮。

清・許承祖《西湖漁唱》卷四《霍山》 《杭州府志》：寶石山北爲霍山，于湖北諸山最小。山形多骨，石笋鱗起，瀕湖諸山至此爲斷壤矣。山之陽建張真君祠，祀神張渤，額曰「廣惠」。土人亦稱棋盤山。《遊覽志》：舊有清心院湧泉，高宗取之瀹茗，寺僧護以朱欄。泉出石罅間，由廟前折入黄山橋。小河味極清甘，亢旱不竭。

清・許承祖《西湖漁唱》卷四《寶石山》 本名「巨石山」，亦名「寶稷山」，在石函橋西。咸淳《臨安志》：高六十三丈，周迴一十三里一百步。北有落星二石，曰「倚雲」，曰「屯霞」，一在塔後，一在看松臺下，各大數十圍，塊然無根，望之如斷。吳越王錢氏改封爲「壽星寶石」山，羅隱爲之記，又名石甑山。《隋書・地理志》：錢塘有石甑山，即此。古蹟曰天然圖畫，閣曰學士軒，曰十三間樓，曰江湖偉觀臺，曰此君軒，曰石屏院，並廢。雍正七年總督李衛建來鳳亭于上。山東麓石壁刻「節用愛人，視民如傷」八大字，無欵。黄周星《竹枝詞》注云：相傳爲賈似道書。

清・許承祖《西湖漁唱》卷四《烏石峯》 《錢塘縣志》：在紫雲洞上，石色如墨，故名。又韜光菴後形勝山頂，石高數丈，黑色，亦名「烏石峯」，見《靈隱寺志》。

清・許承祖《西湖漁唱》卷五《飛來峯》 一名「靈鷲峯」，在靈隱山前。《佛祖統紀》：晉咸和元年，西天竺沙門慧理登山歎曰：「此是中天竺國靈鷲山小嶺，不知何年飛來僊林隱窟，今復爾否，因就洞中呼黑白二猿爲証。桂錫造寺，號曰「飛來」。《靈隱寺志》：峯高五十餘丈，怪石森立，青蒼玉削，若駭豹蹲獅，筆卓劍植，頂有石如梁，横亘空際。有泉曰「蓮花淳」，蓄巖隙林木俱不假土壤，根生石外，冬夏長青。洵武林山之第一峯也。壁間布鐫佛像。《遊覽志》謂：皆元浮屠楊璉所鑿。《湧幢小品》謂：楊璉與閩僧聞刻僧澤畫諸佛，以己像雜之，刻于石巖之上。嘉靖中，杭守陳仕賢擊下三髡像梟之，三日棄于圊。朱尋尊《曝書亭集》謂：石上佛像相傳楊璉所鑿，蓋本于夏時正《府志》，其實非也。象教自漢流入中國，終漢之世，凡墓門石闕俱鏤刻聖賢、孝子、列女，未有鐫及佛像者，至晉始有之。潛説友撰《臨安志》：在咸淳間，此時楊璉未至浙，且《志》載寺有梁簡文帝石像記。又陸羽《靈隱寺記》稱：有僧于巖上周迴鐫羅漢、佛、菩薩，則峯頂石佛，唐以前已有之。審視厥狀成削，奇古望而知焉。六代遺蹟要非吳越以後工人所鑿。《曝書亭》雖自有本，然《遊覽志》與《府志》均非漫然立説也。應是舊有像，而楊璉等鐫己像雜于其中者。元周伯琦《篆記》云：伯顔亦曾補刻佛像，此可證也。康熙二十八年，聖祖仁皇帝南巡，御書「飛來峯」三字。乾隆十六年，聖駕臨幸，御製《飛來峯歌》，皆恭摹勒石峯上。

清・許承祖《西湖漁唱》卷五《北高峯》 在雲林寺後。《靈隱寺志》：武林山左支之最高者。石磴數百級，自下至頂，曲折凡三十六彎。上有華光廟，祀五顯神。馬明王廟，春月祈蠶者咸往焉。浮屠七層。唐天寶中，建内藏古佛舍利，會昌時燬，吳越武肅王重修。宋咸淳七年，復燬又建。明萬曆初，雷火，僅存燼餘三層。群山屏列，湖水鏡浮，江水折爲帶環，海色宿爲漭沆，真大觀也。下曰瑞雲山水岡塢，峯頂舊有望海閣，久廢，今建。御書亭奉皇上御製《登北高峯極頂》詩。

清・許承祖《西湖漁唱》卷五《石筍峯》 在永福院後。《名勝志》：一名卓筆峯，圓峭特立，高數十丈。《遊覽志》：舊有超然臺、鄴公菴，杭守祖無擇建。左右金漆板扉，皆趙閲道、蘇子瞻、秦少游、黄魯直諸賢留題，文與可畫竹數枝。自隆國黄夫人以超然臺爲葬地，徙院稍西，菴迹泯矣。

清・許承祖《西湖漁唱》卷五《粟山》 《杭州府志》：在靈隱山西，高六十二丈，周迴十八里二百步。《太平御覽》：一名新石頭山，上有城，下有飛來泉，吳大帝刻「黄武二年，歲在戊午年八月三日」凡十二字。按《吳紀》：黄武建元起于壬寅，其二年當是癸卯。咸淳《臨安志》載有吳大帝刻字而畧其文，已疑其訛矣。又《太平寰宇記》載：刻字在石杵，濶二丈，長一丈四尺，以今驗之，不類杵形。咸淳志只云：石柱近是。西爲黄山，通西溪。又西曰焦山，周二十里，境中山無出其上者。見聶心湯《錢塘縣志》、《西湖志》不録。

清・許承祖《西湖漁唱》卷五《西原峯》 《靈隱寺志》：在龍門西南，武林水北澗發源處也。聶心湯《錢塘縣志》作「西源」。《遊覽志》作「西菴」。山下塢曰大桐，有永安塔、石佛、大桐諸菴。

清·許承祖《西湖漁唱》卷五《蓮花峯》　在下天竺後山頂。《水經注》：靈隱山有孤石壁立，大三十圍，其上開散狀似蓮花。北曰「宰相峯」。《靈隱寺志》：如宰相執笏，因名。

清·許承祖《西湖漁唱》卷五《月桂峯》　在飛來峯西。釋慈永《桂子詩序》：唐天聖丁卯秋七、八兩月，望舒之夕，寺殿左右，天降靈實，其繁如雨，其大若豆，黄白相間，璀璨奪目。有異人識之曰：「此月中桂子也」，遂以名峯。《靈隱寺志》：山多桂樹，至今中秋夜往往子墜。昔有好事者，索觀取四五枚去，纔至揚州而桂子已盡。宋之問詩「桂子月中落」，白樂天詩「宿因月桂落」皆謂是耳。峯下舊有月桂亭，今不存。

清·許承祖《西湖漁唱》卷五《稽留峯》　一名「許由峯」，在天竺山。《名勝志》：「相傳堯時許由隱居此山，遂名。」盧同父詩「問山何以名靈隱，山曰當年隱許由」是也。《太平寰宇記》：許由、葛洪皆隱此山忘返，故號「稽留山」。《遊覽志》：晉時許遠遊名邁，自餘杭垂霤山，移入靈隱，築思真堂茹芝吟詩，有終焉之志，後羽化去，非許由也。《靈隱寺志》：峯形正不偏無別峯，迤邐突兀之狀，宛若雞籠，俗遂訛爲雞籠山。所載各異，然酈道元《水經注》言：昔有道士入此不返，因以「稽留」爲山號，則「稽留」之名自漢魏時已然，未嘗顯指許由，亦非許遠遊遺跡矣。並存之俟考。

清·許承祖《西湖漁唱》卷五《中印峯》　《靈隱寺志》：在上天竺左。昔寶掌開中竺山，掌乃西域五印度之中印人，故名。《上天竺山志》：翊大師結茅西峯時，嘗入定，見大士語曰：「汝前劫遊西乾中印度國，吾受記汝指其對峙之山曰『中印』。庶汝不忘宿因。」二說各異。《西湖志》：從寶掌按，峯實居五峯之中，中印之名或由是歟。峯前有天香巖，亦名百歲巖。水月池，宋理宗勅炤法師鑿古春井，即古春坐禪處。又前曰無碍峯，曰善住峯，與中印相連。《西湖志》失載無碍峯名。

清·許承祖《西湖漁唱》卷五《香爐峯》　《上天竺山志》：在大路側，狀如香爐。

清·許承祖《西湖漁唱》卷五《乳竇峯》　在上天竺寺南。《遊覽志》：空巖懸乳，疑脂甘和可食，下有泉色白香洌，其味如乳，名乳竇泉。《上天竺山志》：寺之正案奇峻插天，恰對大殿。峯頂巨石卓立，高數丈，號「韋馱石」。諸志皆失載。

清·許承祖《西湖漁唱》卷五《白雲峯》　《上天竺寺志》：在愚岡之右。昔寺創始時，居人遠矚嘗有白雲儼如幢，蓋覆其上，故名。實寺之主山也。峯下泉自山足湧注石池如玉，名雲液池，亦名白雲泉。又華光泉在白雲西院，泉出崖石間。

清·許承祖《西湖漁唱》卷五《天門山》　俗稱「門檻嶺」，在北高峯右。《錢塘縣志》：兩峯對峙，高與雲齊，故名曰「天門」。爲南北兩山之祖，即南北山分界處。海内奇觀，遊覽至此，諸山下伏，江湖鏡涵，譬諸洞間武庫珍寶横陳，靡有底蘊。下爲活沙塢、紫雲坑，東則爲龍井，南則爲五雲山矣。

清·許承祖《西湖漁唱》卷六《胥山》　即吴山，在府城鳳山門内。《名勝志》：春秋時爲吴南界，以别于越，故名吴。或曰：「以伍子胥，訛伍爲吴。」《錢塘縣志》：古稱胥山。自鳳凰山迤邐而來，跨據城中。昔人立祠祀子胥，因名。亦稱「伍山」。《七修類藁》：杭爲吴越荆蠻之地，隋方築城，胥山猶在城外。又云：江塘去縣南五里。至五代，隨沙移岸于會稽，地盡屬吴，遂稱吴山。或曰越沼，吴後即此山以祀泰伯伍員，因謂吴山。説各不同。咸淳《臨安志》、《杭州府志》皆稱「胥山」，《遊覽志》、《西湖志》皆稱「吴山」，記載亦殊。按山因子胥得名説見《史記》。舊《志》云：春秋爲吴南界，不知越境。至于就李之語兒見《越絶書》、《越地記》云。語兒鄉，故越界，本名就李，即檇李。據此山亦屬越，且舊有胥山坊，則胥山之名較吴山爲尤古。當從《史記》爲是。山頂奇崿危峯，澄湖靚鏧，海門江介迴環拱固，杭爲全浙都會，而兹山，又一郡之鎮也。

清·許承祖《西湖漁唱》卷六《金地山》　在吴山南。上建城隍廟，即俗所稱城隍山也。《吴山廟志》：永樂間，浙廉使周公新有異政，不避權貴，人稱「冷面寒鐵」，以剛直格天，因之廟食。旁有梓潼、火德、靈濟、嘉濟諸廟，金龍、聖母二池。其支爲竹園山。《遊覽志》：吴山一脉儼然而北，隱隱隆起。宋安撫趙與德建閣曰竹山閣，明中丞胡宗憲建樓曰「太虚樓」，又如此江山亭天開圖畫閣並廢。

清·許承祖《西湖漁唱》卷六《瑞石山》　一名「紫陽山」。《浙江通志》：在吴山南。巖石玲瓏，洞穴窅窱，清幽徹骨，蒼翠撲肌，湖山奥區，罕與倫比。巖上鐫「第一山」三大字，字徑四尺，米芾書。其勝跡有橐駝峯、金星洞、紫陽洞、雪風洞，採芝巖、栽藥圃、滌凡池、尋真路、歸雲洞、飛來石、紫陽菴、丁仙亭、月波池、補衣石、坐忘巖、隱仙巖、會真樓、蓬萊閣、空翠亭、鳴琴室數十處，詳《錢塘縣志》。范洑《紫陽仙蹟圖》記山下宋太廟十四室及櫻桃園址，歲久盡廢，今惟巷存焉。

清・許承祖《西湖漁唱》卷六《七寶山》 在金地山南，即三茅觀址。上爲七寶峯。聶心湯《錢塘縣志》：紹興間，蔡道像主三茅觀，祈禱輒應，建金籙齋能致百鶴，因賜田及七寶鎮，其山七寶之名，始此。《雞肋編》：南渡時，御史中丞辛丙、殿中侍御史常同、監察御史魏矼、明橐、周綱皆居其上，亦呼五臺山。西麓有汪王廟，祀唐節度使汪華，始封越國公，明加封王焉。峯頂刻「吴山第一峯」五大字，爲城中觀濤處。

清・許承祖《西湖漁唱》卷六《雲居山》 《錢塘縣志》：在城西南隅，城垠亘其上。山以雲居寺得名。宋時錢湖門與寺斜對，元季堵塞。頂有超然臺、寶元亭，明胡宗憲建。又振衣亭、疊秀亭，及東坡元祐六年三月詩刻，趙孟頫書「雲居」二大字，俱不存。東爲清平山、開元寺，翠石棱棱，竹木森秀。《釋氏稽古略》：唐開元二十六年，詔天下州郡各創一大寺，以紀年爲號，額曰開元。舊建煙霞閣，四壁畫古賢像，久廢。

清・許承祖《西湖漁唱》卷六《螺螄山》 一名「螺子峯」，在寶月山後。《杭州府志》：取逕必盤旋曲折而上，故名。山當吴山之半，高不近風，低不障景，拾級望湖又猶倚翠屏而臨明鏡也。旁阜曰狗兒山，翠屏集。

清・許承祖《西湖漁唱》卷六《寶月山》 與布政司對。《夢粱録》：寶月寺前名寶月山。《錢塘縣志》：一名「天井山」，在胥山西，坡下爲天井巷，天井在焉。《二老堂雜志》：宋嘉泰間，張循王府災，于房廊掘得古井，深五十尺，闊丈許，水甚清洌，井口刻「唐清泰二年開」，蓋錢王時也。右爲安榮坊，有黑龍潭，深窈如井。《七修類藁》：天晴時水色碧緑，將雨則先一日變黑，因名亦稱「烏龍潭」。舊志天井與黑龍潭誤合爲一，非是。林采《天井記》辨之甚詳，不具録。

清・許承祖《西湖漁唱》卷六《峨眉山》 《夢粱録》：八眼井前爲蛾眉山。《錢塘縣志》：與寶月山並列，彎環若眉，故名。又與布政司官署對，俗呼「官美山」。又宋時糧料院在焉，亦稱「管米山」。北下數十武有百獅池，石闌環之上，俱鑿獅形，暗溝通西湖。東爲養山，側曰「漾沙坑」。

清・許承祖《西湖漁唱》卷七《法華山》 《遊覽志》：青芝塢又北爲法華山，去靈隱山後可里許。《西溪梵隱志》：西湖北山一支，其陽爲竺國靈鷲，其陰爲法華。東晉曇翼法師開山建寺，誦《法華經》，感紅蓮𤅢生清泉巖溲，一雉馴聽階下，厥後受生爲僧弟子，號「法華」，遺址猶存。傍即龍駒、石壁二山，羣峯連接，不能盡名，約高四十餘丈，占十有餘里。東抵西堰橋，西止飲賢鄰。舊有古法華亭，在花塢口輦道上，石柱飛甍，南北設板橋以憩行旅。橫山六松，長江元祚書額，今廢爲路亭。

清・許承祖《西湖漁唱》卷七《安樂山》 舊名「唐家山」，近留下。咸淳《臨安志》：高三十丈，周迴三里。《 統志》：相傳吴越王錢氏之子嘗于此築庵養疾而愈，故名。《西溪百詠序》：勝跡有福清竹院，唐僧性空開山栽竹萬竿。古福勝寺，宋僧木澂中興，遶寺植梅，高士邁子山題句。長慶道庵，朱粱吕道人建，昕夕誦經市中，遥見祥烟拔地，林和靖，隨鶴飛行到此。神仙宫，宋高宗書額後，女真魏無瑕築室退居。及清溪道院、崇真院並廢。西爲大雄山、白鶴山，再西爲陽山、觀山，北爲禪智寺，即唐馮孝女宅，再北爲荀山，有荀山寺，相傳荀子讀書處。又西而北則安溪、苕溪、東明山、烏尖山、趙鼎墓，建文帝隱居在焉。詳聶心湯《錢塘縣志》、《西湖志》皆不録，偶附見焉。

清・許承祖《西湖漁唱》卷七《白栗山》 《錢塘縣志》：在留下西南，其前爲百丈里。宋開慶間，董氏三荆宦成遞捐貲築堰，欲引江水以通溪水，今石橋百丈之阯猶存。《西溪梵隱志》：東三里許曰東穆塢，西三里許曰趙西塢，一峯如虎頫首，曰「虎頤頭山」。有石晉子孫石大郎廟，三世隱居，土人祠之。古松大數十圍，同時所植。及趙太師、盧太尉、洪太保諸墓。其地葬者甚多，舊稱「玉魚金盌往往流出人間」，即此。

清・許承祖《西湖漁唱》卷七《龍門山》 俗稱「小和山」。《杭州府志》：在縣治西南十里，高百丈，長五里，西達餘杭界。《錢塘縣志》作龍門嶺，謂在栗山西北。《靈隱寺志》作龍門峯，謂在烏石峯西。《西湖志》從《靈隱志》，誤入北山，按栗山與西溪接，靈隱西去數里，龍門在西溪西，又去栗山數里，故《府志》以爲去縣四十里也。且聶心湯《縣志》亦載入西溪，曰焦山之支，西北行爲龍門山，審地勢已非北山明甚，當改收西溪路爲是。山巔有真武廟，亦稱龍門寺，長松古柏，蒼翠夾道，香火之盛，幾亞三竺。又有石鬬魚石、千丈巖、四顧坪、老龍潭、龜王殿、鸚鵡石、盤谷諸勝，見《百詠序》，《西湖志》俱失載。

清・許承祖《西湖漁唱》卷七《荆山》 《錢塘縣志》：在縣治西北四十五里，高二百丈，周五里。內有七十二賢人峯，圓秀如削，纍纍貫珠。下爲荆山嶺，西接餘杭界，其麓曰鳳觜山，以形同鳥喙而稱。春雪、自然、護荆諸菴在焉，兩溪夾山行，匯西溪入于河。

清・許承祖《西湖漁唱》卷七《方山》 一名「金印山」。《錢塘縣志》：高五十丈，周四里，盤曲而上，凡七灣，石磴百級，至頂乃方，故名。山多怪石，高皆數仞，憑空突起，爲西溪最深處。下有李忠定公綱祠，裔孫陽春建，見聶心湯《錢塘舊志》《西湖志》失載。

清・嚴如熤《三省山内風土雜識》 南山在陝西西安府之南，山高而長，妧亭所云「終南雲物一千里」是也。西爲太白山，北爲華嶽。【略】南山專屬陝西，在渭河東南，漢江之北。其由漢江南渡，徑至岷江北岸，陝則興安、平利、白河、定遠、西鄉、寧羌，川則保寧、綏定、太平、夔州，湖則邵陽之房縣、竹山、竹谿，宜昌之歸州、巴東、興山，均在江漢之間。其山之最鉅有名者，曰大巴山。大約自秦階折而東爲略陽之仇池，經寧羌、南鄭、城固，至定遠、巴州，凡川東北，陝西興安，湖鄖陽、宜昌，各山皆其支分別派，而下結尾均州之武當、巴山老林，跨川陝兩省，周遭千餘里。老樹陰森，爲太古時物，春夏常有積雪，山幽谷暗。

又 夔州府【略】形勢險阻，爲川東門户。【略】崇山峻嶺，密地千里，川中山多黄土，不逮陝南山之沃，而土性稍堅。

又 大巴山，由定遠折入南江，崔嵬崱屴，旁支分爲十二嶺。一名小巫山，俗稱大巴之險過於連雲棧，其西與廣元接壤，兩河口、哨風樓一路，通漢中之青石關，昭化，經城墻巖、七眼澗一路，至鐵爐垻，亦與南鄭之巫山埡路通。

清・錢泳《履園叢話》卷一八《古跡》 萬歲山在皇城西北隅，其南爲太液池，中駕以金鰲玉蝀之橋，橋之北爲北海，橋之南爲南海。樓臺掩映，金碧交輝，松檜連雲，秀出天表。嘉慶十年七月，曾隨前國子祭酒法時帆先生與文穎館提調官孫平叔、徐心伯諸公，由西苑門至萬善殿查道藏諸經。紅蓮緑水，瑞日祥雲，恍在趙千里仙山樓閣中也。

又 余自幼夢遊廬山，未得一至。《道書》所謂第十八洞天者，有香爐峰、五老峰、康王谷、白鹿洞、石梁瀑布之勝。余過九江，舟中望之，若隔天表，嘗有詩云：「朝發潯陽江，遥望香爐峰。百里連青蒼，千巖勢巃嵷。境幽罕人蹟，雲迷訝天通。奔悦未能往，亦足開我胸。」其二云：「嘗讀《石門》詩，渺若登靈闕。想見諸道人，拂衣步空碧。此事千餘年，應與仙雲絶。惟有鮑參軍，淩風幾探閲。」

又 彭澤縣東北有馬當山，横枕大江。唐王子安舟過其下，遇神人助，以順風一夕而至洪都者，即此。

又 石鐘山在湖口縣城外，臨江。乾隆己酉八月十六日，余從楚北回吳，偶泊舟北門外楊港，遂由西門乘一小舟遊石鐘，土人謂之上鐘崖、下鐘崖者也。初見巨石無數，如樓閣然，汩沒中流，而又有如牛馬、如虎豹者，盤踞於樓閣之下。又有一石人，高三丈許，作彎弓引箭之勢，上題「英雄石」三字。正駭愕間，忽見紅牆古廟，隱隱有人，舟師指曰：「此觀音崖也。」乃攝衣而上，登一小閣，閣之左崖有仰見石壁，一削千仞，而怒濤搏擊石罅，其聲果如洪鐘。時東北風甚急，「淩波仙掌」四大字。旁有石穴，深不可測，曰黄龍洞。憑閣而望，但見風帆亂飛，半入九江，半入鄱陽湖也。余急登舟，更欲遊所謂下鐘崖者，舟人且櫂且唱，其歌云：「荒城正對白沙洲，但聽江聲日夜流。人家富貴無三代，每有清官不到頭。」其聲宛轉，亦可以見風土人情之一斑耳。頃之，回過城西門，繫舟普陀菴下。循徑而上，登懷蘇亭，亭中有碑刻東坡《石鐘山記》。亭右即爲大江，丹崖林立，嵌空玲瓏，俯聽鐘聲，宛在足底。亭左右皆石壁，莫能名狀，石上題名甚多，其王文成一題，在白雲洞之上，文云：「正德庚辰三月丁未，都御史陽明王守仁獻俘，自南都還登此。參政徐達同行。」凡四行。其旁又有五言詩一首，不復記憶，似即紀擒宸濠以後事也，讀畢而下，復乘舟循石壁行，其洞壑之奇，不亞上鐘崖。而兩壁如剪，夾一小閣，則奇險更甚於觀音崖也。是時日色已晚，風亦稍定，始命舟回，已上燈矣。余生平所歷佳山水，若江寧之燕子磯，鎮江之金、焦兩山，和州之天門，彭澤之小姑，黄州之道士洑，嚴州之釣臺，紹興之繞門山與吼山，皆不足奇，得此而嘆觀止矣。

又 天門山在和州東南，與太平府之博望山東西對峙，中隔一江，今人謂之東梁山、西梁山。乾隆五十四年三月廿九日，余泊舟山下，因登岸。攜一僕造其絶頂，山形秀削，石路盤紆，俯瞰大江，聲喧足底，即李青蓮詩所謂「天門中斷楚江開」是也。山下設遊擊一員，以備守禦。距蕪湖關不過四十里耳。

又 濡須山在巢縣東南，濡須水所經也。《方輿勝覽》云：「濡須山謂之東關，七寶山謂之西關。」胡三省《通鑑注》：「東關即濡須口，亦謂之柵江口，當三面之險，相傳爲夏禹所築。」按東關之名，見于《三國志・魏書》、《陳書》及《水經注》。《唐書・地理志》云「巢縣東南四十里有故東關」是也。其地高峻險狹，實守阨之所。余於乾隆五十二年十月六日，扁舟過此。又行數里，過踟躕山，《春秋》昭五年「楚子觀兵坻箕山」，即此。乃披衣而起，回望濡須、龍洞諸山，已在微茫烟靄之間。秋林墮葉，半紅半黄，落日暮雲，忽青忽紫，宛如一幅徐崇嗣沒骨法也。

又　天台山在浙東三百里，自古來遊天台者，要皆得之耳食，或蹈前人紀載，未必皆親歷其境也。惟本朝王太初、王季重、潘稼堂、齊巨山四公爲得其詳。然此山周圍數百里，一丘一壑，一溪一澗，風雲之出没，花木之興衰，古今不同，隨時變幻，移步换形。即四公者，亦不過領略其大概，豈能窮幽歷險，一一筆之于書？余遊天台凡兩次，所到之地，百不得一，如讀《史》、《漢》選本，不可謂之讀過《史》、《漢》也。即如石橋之瀑，險怪百出，桃源之山，壁立萬仞，豈語言筆墨之所能盡？然古人記載，往往言過其實，逾于所見。孔靈符《會稽記》曰：「懸溜千仞，謂之瀑布。」《臨海記》曰：「飛泉懸流，千丈如布。」《啟蒙記注》謂「天台去天不遠，有石橋闊不盈尺，長數十丈，下臨絶冥之澗」者，皆傳聞之誤。即如李太白詩所謂「天台四萬八千丈」，又誰爲之量丈耶？

又　台州府城東北隅有白雲山，宋紹興初，有先世賜第，賢穆大長公主所居也。

又　福建省城藩署前南行里許曰獅子樓，即五代王審知還珠門也。又里許，過保泰橋，其東爲九仙山，有定光塔；其西爲烏石山，有堅牢塔。九仙山大石縱横，疊如樓閣，磨崖題名甚多，其可辨者，小華峰之側有熙寧元年光禄卿、直昭文館、知軍州事程師孟及沈紳，劉彝等七人題名，又廓然臺後有紹興壬子程晉道題名，平遠臺左方有淳熙丙申陳休齋分書兩題，又紹興二年鄭滋德篆書。其《郡志》所載野意亭、丹井、醉石、杏壇諸勝，俱無從蹤蹟矣。烏石山上有李少温篆書「般若臺」三字摩崖，其旁亦有宋人題名，不暇細讀。堅牢塔凡七級，其第五級有林同穎《造塔記》，有永隆紀年，今俱鑿去，尚露筆尖。第七級又有僞閩王延曦宫嬪官屬題名，此朱竹垞、吴志伊輩所未搜求者。余嘗賦詩云：「琅琊建國太怱怱，兩世兵戈一霎中。負海自居天子座，因山猶築梵王宫。至今殘石留名姓，細辨題年記永隆。極目孤城思往事，塔鈴無語怨東風。」

清・趙慎畛《榆巢雜識》卷上《察哈延山》　黑龍江西有山名察哈延，穴竅中白晝則吐焰，晚則出火，經年不熄。近嗅之，氣味如煤，其灰燼白色，如牛馬矢，撚之即碎。亦内地所未聞也。

清・趙慎畛《榆巢雜識》卷下《雪山》　《西域聞見録》云：「雪山自嘉峪關起龍，蜿蜒而西，或起或伏，或斷或續，或折而三，或聚而一，或巉然岌聳，插於雲天，或散漫平岡，迴環千里。山南爲哈密，爲闢展，爲哈喇沙拉，爲庫車，爲阿克蘇，爲烏什，爲葉爾羌，爲和闐，爲喀什噶爾，其餘小城無算，皆回人聚居，所謂南路也。山北爲巴里坤，爲烏魯木齊，爲伊犁，爲塔拉巴哈台，其餘小城亦無算，爲準噶爾故地，所謂北路也。雪山之在中國者，嘉峪關外，東西綿亘九千餘里，爲南北兩路之分界。至葉爾羌愈遠峻，西南折入温都斯坦，復折而西，直達西海，不可考究矣。其最大而著名者，於烏魯木齊爲博克搭班，三峰孤峭，冰雪晶瑩，望之如琉璃插天，隔蔽日月；於哈喇沙拉爲莫勒土所，圍逾千里，水暢草肥，宜於遊牧；於伊犁、烏什之處，爲穆肅魯搭班，其山皆冰，望之如銀，南北兩路之衝衢也；於葉爾羌爲米勒台搭班，山中皆玉，又西復作冰山，尤險阻，爲葉爾羌、温都斯坦往來必由之孔道。更有玉山在焉。其山自古積雪，冰雪之水，自山陽而下，冬夏涌流，散漫於南路各城，以資灌溉。諸水皆聚於賀木諾爾。賀木諾爾者，譯言星宿海也。泉水黄赤，湧地而出，望之如列星散布。復經諸山冰雪之水，匯歸流入中國，即黄河也。自後藏西南温都斯坦各國，雪水經番地流入中國川江，益東匯爲揚子大江也。」按是書凡八卷，爲長白七十一椿園撰。

清・姚遠翻《華岳志》卷一　《述征記》：「華山從麓至頂，升降迂迴，凡三十三里。」又曰華山，自嶽廟南行入谷口，出天井陟峻阪，東上百丈崖，皆須攀繩挽葛而後行。又曰華山，有二岑直上數千仞，自下小岑，疊秀迄于嶺表，有如削成。」

又　《唐元宗華山碑碣》：「西嶽太華山者，踞中土西偏，當七宫正位，其行配金，其辰直西，前對華陽之國，後壓華陰之郡，左抱桃林之塞，右産藍田之玉。」

又　《華山記》：「華山高巖四合，重嶺秀起，上有石池，北有石鼓。」

又　《三秦記》：「華山在長安東三百里，不知其幾千疊，如半天之雲。」

又　《杜光庭記》：西嶽華山，周迴二千里，在華州華陰縣。

又　《潼關志》：西則華嶽，三峰聳環，諸山高出雲霄。

又　《西遷注》：華嶽之勝，不惟峰巒聳削，上干青冥，而泉水縱横，迅湲飛薄，懸瀑驚濤，澄潭急澗，觸風煙，瀉日月，迸流霞嶂，戛擊亂石間者，前後接響，東嶽不逮也。

又　《華岳集》：華山一脉，西通隴蜀，東連燕薊，綿延將萬餘里，三峰其結秀處耳。

又　《三十六小洞天記》：第三西嶽華山，洞周回三百里，名太極總仙之天。

又　《同州府志》：「娑羅坪，北望山頭，有石如柱，名繫馬峰。」

又　《王志》：「白雲峰，即上方山，在雲臺峰北，唐金仙公主修道之所。」

又 中方山。《王志》：「上有大羅峰，王母數見後，于是處建祠。」

甕肚峰。《賈志》：「在華山中方上，《開元記》：山突起始半甕。」

蠟燭峰。《吴同春記》：「在白雲峰北，稍高於白雲。」

又 蒼龍嶺。【略】《王志》：「在仙掌之北，舊廣二尺許，長五十丈，厓東西深數千仞，人莫敢睨視。」

又 西峰。《雍勝畧》：西峰一曰蓮花峰，一曰芙蓉峰。《王志》：三峰總名蓮花，亦以形肖之，今惟西峰稱蓮花峰。

清·姚遠翿《華岳志》卷三 周洪謨《修廟記》：「西嶽華山，在華陰縣南十里，五嶽唯西嶽地形最高，山勢峭拔於天文，則爲井鬼分野于地理，則奠雍梁疆域。」

又 屈直《雲臺觀記》：「天下勝境多爲淄黄所占，如華陰縣治南五里許雲臺觀，乃其一耳。蓋華山盤峙西土，翠黛插天，雄麗莫狀，爲天下名山最。雲臺峰在華山東北，四面陡絶，雙峰峭拔，爲華山諸秀峰最。」

清·姚遠翿《華岳志》卷九《辨》 西嶽太華，華之首。峰有五崖，比壑破巘而列自下。遠而望之，偶爲掌形。舊俗土記之傳者，皆曰昔河自積石出而東流，既越龍門，遂彌南馳者，千數百里，折波左旋，將走東溟，連山塞之，壅不得去，有巨靈于此，力擘而剖其中，跖而北者爲首陽，絶而南者爲太華，河自此洩茫洋下馳，故其掌跡猶存，巨靈之跡也。

又 西嶽形如蓮花，由唐以來稱爲蓮花峰。《集仙録》曰：華山，有明星玉女祠王處，一曰蓮花峰，一上四十里，卓立五千仞。上有明星玉女之别館。蓋明星玉女固是一祠，今分三峰，爲芙蓉、明星、玉女者，謬也。

又 經曰：「太華之山，削成而四方。其高五千仞，其廣十里，蓋指華中削成而四方者，爾四方之外，未之盡華山也。

清·姚遠翿《華岳志》卷九《記》 西峰之奇在水簾洞，遠視見竇下有丹石瀑布羃之，千尺幢而上，大奇則大崄，小奇則小崄，寸寸焉如弱夫之挽勁弓。至蒼龍嶺，千仞一脊，仄仄如蜕龍之脊。四帀峰，巒映帶秀不可狀。

又 秦山一脈，接于三峰，人呼曰龍嶺。嶺以下水分流出兩峪，而秦山萬疊環繞，三峰而拱護之。南一峰巍然首出，有端笏凝旒狀。東西二峰，峥嶸相向，如左右弼。玉女峰偃伏東峰之内，若閨閤間。其西峰折而下，爲玉柱峰，爲北斗坪，爲毛女峰，垂谷口而止。其東峰，展以前爲朝來峰，爲白雲峰，爲上方山，跨中方而止。

又 經稱太華山，四方削成，意指三峰而言。蓋三峰總爲一，大峰週遭十餘里，直立諸峰之上，至巔始分三嶺，相爲倚伏。三嶺之間有二谿焉，一自細辛坪北去直界，山頂爲二，其東則東峰及玉女峰，西則南峰及蓮花峰也，一自玉井東來抵玉女峰下與南谿合。

又 東峰前包一峰，亦削成四方，其下爲黄神巖，巖對雲臺峰，雲臺對香爐峰，以爲華塞門入一坊，曰升嶽御道，漢唐皆有遺跡，蒼龍嶺由此上。嶺廣二尺許，夾嶺也。西厓數千仞，若版築，故曰夾，長可五百丈，南高北下。

又 玉女峰狀甚秀冶，在東峰左脇中，如爲東峰所抱。既斷復續一峰，高于玉女，曰石樓。石樓東壁則爲仙掌，掌長三十丈許，半覆其拇，上有石，月半輪光可鑑，三指参差，中指直貫峰頂，長二十丈。

又 西峰相向，倚南峰猶膝下，西爲蓮花峰，東爲明星玉女峰，是縣中望見三峰者，外此高出而亦稱峰悉霍也。西峰下有玉井，韓詩「花開十丈藕如船」，然與否也。有潭二十八所，水瀉下五千仞，懸匹練耳。當削成之中，窈然一竇，爲水簾洞。

又 維華嶽爲西陲重鎮，倚天拔地，高峰入雲。

清·姚遠翿《華岳志》卷一《詩》 雲起太華山，雲山互明滅，東峰始含景，了了見松雪。

又 西嶽出浮雲，積翠在太清。連天凝黛色，百里遥青冥。白日爲之寒，森沈華陰城。

又 華山乃西鎮，巍然峙金天。壁立幾千仞，三峰入雲烟。

又 太華天下特，故作四嶽冠。深深括神秀，眼到不忍换。

又 矗矗西華嶽，作鎮爲秦雄。峻巘懸天鎖，危磴臨青空。

又 三峰皆靈迹，東峰復幽適。峰外一掌擘，峰頭羣仙奕。

又 舉頭見西嶽，突兀浮雲端。分明三芙蓉，秀削青琅玕。渾淪合元氣，絶頂臨高寒。

又 太華五千仞，萬丈飛泉怒。掉臂向山行，清風澄神趣。三峰青結天，一徑雲生步。四面皆削成，本無登山路。

又 峩峩太華山，獨立凌蒼穹。雲旗展靈氣，萬丈飛晴空。

又 太華中峰五千仞，下有大道人往還。當時馬上一回首，十載夢魂猶過關。生平愛山山未足，由此看盡天下山。求如華山是難得，使人消得一生閒。

又 華嶽連天向西起，澒洞秦川三百里，巨靈高掌削芙蓉，影落黄河一絲水。

又 華嶽插天七千丈，丹崕翠壁開仙掌。壁間擘出黄河流，大禹以之分九州。河流滚滚赴溟漲，華嶽拔出天河上。雲宫霧窟疑本無，石室金臺儼相向。玉泉高通玉井津，中有蓮石如車輪。時人肉食未羽化，可望不得聊相親。

又 華山高兮幾千仞，烟雲終日横其巔。

又 嶽分太華尊西秦，三峯懸削干青旻。周擁羣峰如列戟，蒼翠萬古寒星辰。表裏盤錯純是骨，變移昏曉嵐光新。

又 高聳玉芙蓉，秦川第一峰。龍歸含溼霧，虎嘯起腥風。

又 靈嶽五千仞，峥嶸拱帝京。存仙猶漢殿，踐華自秦城。洞益金銀氣，崕懸日月精。挽攀曾絶頂，身傍九天行。

清・姚遠翻《華岳志》卷一二《詩》 萬仞巍峩出自然，巨靈手擘是何年，三峰秀出雲霄外，一掌高擎日月邊。

又 馬首嵯峨見華山，三峰削玉最高寒。層陰舊接黄河水，秀色常連紫氣關，只有烟霞生澗谷，總無塵土翳林巒。

又 華嶽嵯峨接大荒，關河眺迴入微茫。希夷峽口雲封榻，玉女盆前雨洗粧。地涌三峰蓮作相，天留半月石生光，興來直欲探奇絶，醉倒仙人露掌傍。

又 巍巍太華勢峥嶸，西鎮秦關百二城。雲捲蓮峰天外秀，露凝仙掌日邊明。

又 西極高臨太華峰，金天削處玉芙蓉。

又 金天半插玉芙蓉，迴合千山萬樹重。自是寰中雄五嶽，誰從雲外削三峰。仙人化去羊爲石，羽客歸來杖是龍。

又 太華三峰列峻屏，晴天飛翠下空冥。曉雲東抱關河紫，秋氣西來天地青。玉女盆中寒落黛，仙人掌上接明星。

又 秦關百二勢逶迤，太乙終南拓地維。特竦中峰朝北極，遥連左翊厭西陲。春寒雪擁青蓮幕，日暖雲摇白羽旂。

又 三峰崒嵂插青冥，高處平捫井鬼星。

又 青柯坪上即蓮華，千尺珠簾雲半遮。

又 峭壁聳巍巍，晴嵐染近畿。孤高不可狀，圖寫盡應非。絶頂神仙會，半空鸞鶴飛。雲臺分遠靄，樹谷隱斜暉。

又 青蒼河一隅，氣壯杳難圖。卓傑三峰出，高奇四嶽無。力疑擎上界，勢似壓中區。衆友東西走，羣山遠近趨。天迴諸宿照，地聳百靈扶，石壁烟霞麗，龍潭雨雹麄。澄凝臨甸服，險固束神都。

又 有嶽雄西土，三峰插渭川。

清・胡敬《定鄉雜著》卷下 天目蒼蒼翠靄浮，一支分派落江洲。翻盆雨過峰如洗，鳳髻雙盤玉女頭。

清・洪頤煊《臨海記》卷一 郡西北有白鵠山，周迴六十里，高三百丈。山上有池水，懸溜遥望如倒掛白鶴，因名掛鶴泉。山上有深湖，湖中又有魚如二百斛船大，長二丈許。西北有白鶴山，高三百丈，上有一舟名舴艋。

又 郡東南有白石山，去縣邑三十里，高三百餘丈，望之如雪。山上有湖。

又 新婦山亦名仙人山，土石悉紺色，列石參差似人形，遠望如鳥之俯仰。宋文帝遣畫工模寫山狀，時一國盛圖於白團扇焉。

清・哈達清格素齋《塔子溝紀略》卷四《諸山》 月華山，在塔子溝東北六十里。長壽山，在塔子溝東北六十里。雲蒙山，在塔子溝南五十里。金黄山，在塔子溝東南三十五里。古槐山，在三座塔南六十里。槐樹洞，在三座塔南六十里。千佛洞，在三座塔南七十里。羊山，在三座塔南一百二十里。黑山，在三座塔南一百二十里。興隆山，在三座塔東十里。思及山，在三座塔東北十里，巴顔朱爾克山，在塔子溝東南一百一十里，漢名影壁山，在喀喇沁貝子府前，係喀喇沁左翼所居處。布古圖山，在塔子溝境内喀喇沁左翼東三十里，漢名白鹿山。蘇臺哈喇山，東四十里，漢名柏樹山。邁喇阿布察山，東南五里。塔木嶺，東南三十里。紗帽嶺，東南五十里。噶海圖羅山，東南五十六里。伯爾克喀喇山，東南八十里。博羅山，東南一百二十里。西喀喇達圖山，南五里。漠惠圖嶺，南三十里。額類嶺，南七十里。托和喀喇山，南七十里。和羅伯楚特，南七十里，漢名瑞雲山。鎚山，南九十里。塔木陀羅海山，南一百里，漢名五鳳山。韋蘇圖山，西南四十里，漢名樺山。陀蘇圖喀喇山，西五里。庫圖克圖喀喇山，西三十里。僧吉圖山，西四十里。旃臺喀喇山，西五十里，一名峽克圖山。長嶺，西八十五里。淘金圖喀喇山，西一百四十里。額倫碧老嶺，西一百四十里。固沁哈伯齊爾谷，西一百四十里。察爾契山，西一百三十里，一名蒙庫雷山。鴻吉岱山，西北六十里，一名哈伯他海山，一名伊滿頭倫山。巴彦烏蘭山，西北七十里，一名布呼察爾山，漢名大赤山。巴顔察罕山，西北八十里，一名納黑特山，漢名大白山。達漢邵隆山，北十里，今漢名巖山，博羅特爾格山，北二十七里，漢名車輪山。弓稍山，北四十里，漢名弩山。齊巴噶圖山，北七十五里，漢名棗山。哈達圖陀羅海山，北九十里。烏蘭哈達圖山，北一百里，一名西喇呼峰。哈爾渾莫克阿馬爾几山，北一百里，漢名温泉北山。海他哈山，在三座塔東北二百八十里，漢名旱龍潭山，係土默特左翼所居處。烏納格圖山，在塔子溝境内，土默特左翼東南三十里。蘇巴爾噶圖山，東南六十里，漢名石塔山。和爾博勒金山，東南七十里，漢名七金山。烏拉布爾圖山，東南八十里。刻特俄爾和碩山，南十里，漢名達離山。伊馬圖山，南三十里，漢名羖羊山。古爾班温都山，西南四十里。摩衣達摩山，西十三里。博羅蒙魁山，西七十里，漢名青金山。漢惠博羅山，西北四十八里，漢名青蛇山。邵圖喀喇山，西北五十里，漢名黑山。邁達里山，西北六十里，漢名彌勒山。齊老山，西北八十里，漢名石峰。喀喇陀羅海山，西北一百里，漢名黑頂山。淘金圖山，北五里。布爾漢嶺，北八里，漢名盤道嶺。伊克翁山，北三十里。巴漢翁山，北四十里。臺吉圖山，北四十里。巴顔花山，在三座塔東北五里，漢名大華山，係土默特右翼所居處。塔本陀羅海山，在塔子溝境内，土默特右翼東四里，漢名五鳳山。蓮花山，東六十里。翁額勒庫山，東八十里，漢名麝香山。蘇巴爾漢岡，東九十里，漢名石塔岡。花陀羅海山，東九十里。喀喇七靈山，東南八十里。台土山，南五里。蘇巴爾噶圖山，南三十里，漢名平山，一名神應山。駐龍峪，南三十里。哈札噶爾山，南六十里。阿爾札噶爾山，南七十里。烏蘭峰山，南九十里。圖魯克台山，西南一百二十里。庫里野圖山，西南一百五十里，漢名道場山。卓常吉爾山，西南二百里。韋蘇鳳喀喇山，西南二百里。明安喀喇山，西南二百二十里，巴顔朱普克山，西南二百五十里，漢名牛心山。古爾班巴爾罕山，西三十里，漢名三塔山。喀喇托和多山，西六十里，漢名釜山。博羅和碩山，西九十五里，漢名青山。兆磐喀喇山，西一百里，漢名鳳凰山。博羅齊烏蘭峰，西二百里。齊巴噶喀喇山，西一百二十里，漢名棗山。查伯齊克森噶山，西一百五十里，漢名杜山。哈伯他海山，西一百八十里。蘇巴爾噶圖和碩山，西一百八十里，漢名石塔峰山。騰格里蒙克山，西三百里，漢名天保山。哈達圖喀喇和邵山，西二百里。温都爾散花山，西北七十五里，漢名香高山。布祿爾喀喇山，西北一百二十里。胡什哈圖喀喇山，西北一百八十里，漢名栗山。多倫和爾賀山，北六十里，漢名七寶山。喀爾牽山，北一百里，漢名錦屏山。回賀爾山，北一百里。綽農圖山，北一百一十里，漢名狼山。烏蘭山，東北六十里，漢名赤山。席拉得伯僧山，東北九十里，漢名馬鞭山。額色賀爾波山，東北九十里。博羅會波洛濕都爾山，東北一百二十里。烏里雅蘇台山，東北一百三十里，漢名楊山。韋蘇嶺，在塔子溝西北一百八十里，漢名青鸞嶺。烽台山，在三座塔東南七十里，一名柏山。鳳凰山，在塔子溝東南二十里。古爾班噶圖山，在塔子溝北六里，漢名鼎足山，係敖漢郡王所居處。哈達圖陀羅海山，在塔子溝境内，敖漢旗東十五里。席拉虎塔蘇爾海勒蘇岡，東六十里。巴爾吉陀羅海山，東南五十里。察罕齊老台山，東南七十里，漢名白石山。納巴達孫山，東南七十里。布古圖山，東南九十里，漢名白鹿山。哈洛納山，東南一百里。巴顔布喇噶察木山，東南一百一十里，漢名富泉山。騰格里克山，西三十里，漢名天山。烘郭爾鄂博山，南四十五里。鄂博圖山，南五十里。敖爾幾爾喀喇山，南六十里，漢名盤道山。巴哈伊瑪圖山，南一百一十里，漢名小蟠羊山。伊克伊瑪圖山，南一百二十里，漢名大蟠羊山。庫呼車爾山，南一百三十里。齊老台嶺，南二百里。韋布爾漢山，西南九十五里。哈畢爾漢山，西南一百二十里。庫里野圖山，西南一百三十里，漢名道場山。烏蘭貝科克山，西南一百三十里。庫爾奇勒山，西南一百五十里。僧吉陀羅海山，西七十里。昂噶金山，西七十里。必柳台山，西九十里。庫特爾山，西九十里。庫楞布哈山，西九十里，漢名紫陽山。哈巴他海山，西九十五里。巴顔達禮山，西一百里。阿哈拉圖山，西一百里。多偏嶺，西一百里，漢名七嶺。朱祿克山，西一百里。齊巴噶山，西一百里，漢名棗山。巴雅海山，西北六十里。阿爾楚賴得勒素岡，北三十五里。鄂達博羅山，北四十五里，漢名寬山。噶察喀喇山，北六十里。碧齊克圖烏蘭峰，北七十里。邵龍陀羅海山，北七十里。兆虎圖察罕羅海山，北七十里。達爾達額勒素岡，東北五十里。阿里瑪圖谷，東北七十里，漢名梨谷。庫爾奇勒峰，東北七十五里。古爾班拉虎山，在塔子溝境内奈曼旗東南五十里。巴顔喀喇山，東南八十里，漢名大黑山。烏蘭峰，東南一百里。博羅惠博羅温都爾山，東南一百四十里。塔木陀羅海山，南五十五里，漢名五鳳山。瑪尼喀喇山，南一百三十里。布古圖山，西南八十里，漢名鹿山。席喇虎他蘇爾海岡，西五十五里。哈納察罕岡，北一百里。哈納岡，東北八十五里。

清·哈達清格素齋《塔子溝記略》卷六 鳳凰山。三座塔城東有山，高峰插雲，自三座塔越大淩河而至山下二十里，南至華生章京營子三十里，北至長板營子南溝四十一里，東至登子溝五里，方圓計九十餘里。山之西南有止水塔一座，半山之中有大塔一座，山頂有小塔一座。小塔左右有兩高峰，建塔之峰其形少伏，數十里之外望其左右，兩峰如鳳兩翼，中峰微伏，有塔聳起如鳳昂首者然，因名爲鳳凰山。

又　狼山在三座塔西北，離城十里，東至他拉閣五里，北至鐵匠營子五里，西至黑山嘴十二里。山頂舊有半截塔，山坡有金時所建蓋三學寺地基一段，南北長十五丈，東西長十五尺，廟宇全無，荆棒滿地，僅存大定七年舊碑而已。

又　柏山。鳳凰山迤南五十里，有柏山鬱盤峻極，迴環一十六峰，方圓四十餘里。詢之老人，云曾聞此山有大柏樹數株，因以名山。

清·馮昌奕、王琨《寧遠州志》卷一　三首山，城東五里，三峰相峙，狀若人首，其上有泉下注，東南流八里入海。嘉山，城東十五里，一名家山。螺峰山，城東北五里，俗呼窟窿山。乾柴嶺，城東北十五里。礶子山，城東北十五里，首山河自山南發源，乾柴嶺河自山東南發源，雙樹鋪河自山東發源。灰山，城東北二十里。鞍山，城東北二十二里。鷹窩口山，城北二十里。寨兒山，城北一十里，寨兒山河自山西發源。火燒門山，城北二十二里，舊設邊名火燒門，兩山東西對峙，湯沙河發源於此。北長嶺，城北三十里。雙山，城北四十五里。陡嶺，城北四十五里。尖山，城北四十五里。半壁山，城北五十里。棗兒山，城西北八里。王寶山，城西北十里。黄土坎山，城西北十三里。鵡鷹山，城西北二十里。摩訶羅山，城西北二十里，又呼光頭山。孤山臺山，城西北二十里。九嶐山，城西北二十五里，一名高黄山。磨盤山，城西北三十里。荆條山，城西北三十里。新臺門山，城西北三十里。長嶺，城西北三十三里。松嶺，城西北三十五里。歪頭礶子山，城西北三十五里。雁崖山，城西北三十五里。虎頭山，城西北三十七里。梆子山，城西北四十里。石塔溝山，城西北四十三里。筆架山，城西北五十里。栅子嶺，城西北五十里。郭家山，城西八里。狼洞山，城西十二里。龍灣嘴山，城西十五里，曹莊河發源於此。鐵帽山，城西十八里。尖頂山，城西二十三里。大團山，城西三十里，中高，四下可備守禦。芥花臺山，城西三十三里。大頭山，城西三十五里，中右所，東沙河發源於此。南長嶺，城西三十五里。紅崖，城西四十里。小夾山，城西五十里。鷹窩山，城西六十里，曲尺河白山東發源，東關驛東西河俱自山西發源。牛心山，城西七十五里。茨兒山，城西八十里，前有朝陽寺。偏山，城西八十里，上有臥龍潭，偏山河發源於此。刺榆陀山，城西八十二里。轉灣臺山，城西八十三里。石梯山，城西八十五里。犀牛望月山，城西八十五里。安家山，城西八十五里。郭家山，城西八十六里。獅子口山，城西八十六里。東大石臺山，城西九十二里，馬家河發源於此。礬石山，城西九十五里，石白似礬。西大石臺山，城西九十七里。歪頭山，城西一百里。尖山，城西一百里。小礶子山，城西一百十里，沙河站河發源於此。黑山，城西一百十里。葉家山，城西一百十里。官帽山，城西一百十八里，涼水河發源於此。糜子溝山，城西一百二十五里。靳家臺山，城西一百三十里。馬蹶溝山，城西一百三十五里。九連山，城西一百三十五里。萬松山，城西一百三十六里，俗呼松嶺山。按《明一統志》：在前屯西北十五里，東西綿亘四百餘里，連山海永平界。山多松，故名。今按：州治北有松嶺，自此而西又有松嶺臺山，斷續綿亘，皆昔日之萬松山也。土人因地立名，所呼不一。楊家山，城西一百二十七里，葉家墳河發源於此。山城山，城西一百三十七里。小鷹窩山，城西一百四十里。灣頭牆山，城西一百四十一里。四方臺山，城西一百四十一里。半壁山，城西一百四十一里。大鷹窩山，城西一百四十五里。傍山，城西一百四十五里。羊家山，城西一百四十五里。石門山，城西一百四十七里。九門臺山，城西一百四十七里。恨虎崖，城西一百五十里。三山，城西一百五十五里，三峰並秀。四方臺山，城西一百五十五里。長嶺山，城西一百五十五里。鋼叉山，城西一百五十九里。南背陰山，城西一百六十里。西背陰山，城西一百六十里。鵲窩山，城西一百六十三里。釘了山，城西一百六十五里。甕圈山，城西一百七十里。牛羊溝山，城西一百七十里。蛇山，城西一百七十里。沙溝山，城西一百七十五里。將軍石山，城西一百七十五里，高數百丈，一石如柱，亭亭孤立，前有碑鐫「鎮遼將軍」四字，一名天柱。土衚衕山，城西一百九十里。臥牛山，城西南十五里。石塔山，城西南十八里，海中或呼小塔山。亂石山，城西南二十五里。清涼山，城西南二十八里，海濱下有清涼寺。閻家山，城西南二十八里。張家山，城西南四十里海中。小海山，城西南四十五里海中。長山，城西南六十里，上有海雲寺。碧雲山，城西南七十七里，上有元君宫、海雲寺、六角井，俗呼廟兒山。鮑官嶺，城西南七十七里。羊妳山，城西南七十九里。煙臺山，城西南八十里。羊毛山，城西南八十里。駱駝山，城西南八十二里。團山，城西南八十三里。李家山，城西南八十三里。孫家山，城西南八十五里。廟兒山，城西南一百十里。孤山，城西南一百二十里，俗名朱家嘴。黃羅山，城西南一百三十三里。趙家山，城西南一百六十里。蠣黃溝山，城西南一百六十三里。脂麻灣山，城西南一百七十里。望夫山，城西南一百八十八里，上有孟姜廟望夫石，相傳爲秦時孟姜望夫處。小黑山，城西南一百九十三里，或呼黑三山。覺花島，城南十二里海中。《明一統志》云：上有海雲、龍宫二寺。桃花島，城南十五里海中。《明一統志》云：登萊海運泊船處。按《遼志》：爲嚴州興城縣治。釣魚臺山，城東南十五里，釣魚臺在山東。大磨盤山，城東南三十里。小磨盤山，城東南三十里。

清·張文治、項薫《廣寧縣志》卷一　萬紫山，城内西北隅明初遼王府基，或云萬翠山，或云萬字山。深溝南嶺，城東十五里。深溝北嶺，城東十五里。土堡南嶺，城東二十五里。蛇山，城東三十里，層巒疊嶂，多蛇，故名。小黑山，城東六十里。大黑山，城東七十里。駝房山，城東南六里，俗呼放駝山。寶珠山，城東南十里。盤山，城東南十一里。狼馬山，城東南十五里。沙嶺，城東南一百五十里。北鎮醫巫閭山，「巫」古作「無」，在城西十里，高十餘里，周圍二百四十里，舜封十二山，以醫巫閭爲幽州之鎮，故名北鎮。掩抱六重又名六山。下有北鎮廟，歷代帝王皆有封爵。明始尊爲北鎮醫巫閭山之神。國朝考正祀典仍舊，凡遇大典，遣官祭告。廟東北有仙人巖，孤石峭拔，上鐫吕仙像，又名吕公巖。廟西北有翠雲屏，一石方廣丈餘。【略】臨之其麓，兩石屹立如門，煙霧出壑縈繞，重巒名勝，莫可殫述，詳見古跡及藝文。千家寨山，城西三十五里，上可避兵。虎頭山，城西北五里。雞冠山，城西北五十里。韓口山，城西北五十里。鳳頭山，城西北六十里。鞍山，城西北六十里。【略】古城山，城北十里。分水山，城北十里。分水北山，城北十五。北團山，城北十五里。白臺子團山，城北十五里，馬市堡在山北。馬市堡山，城北十七里。團山，城北二十里。鎮北山，城北二十五里。三尖山，城北三十五里。蕎麥山，城北三十六里。鎮邊堡山，城北四十里。白土山，城北四十里。鷹窩山，城北四十里。狼虎山，城東北二十里，按《遼史》「遼州始平軍有狼山」即此。羊腸河山，城東北四十五里。雙臺山，城東北七十里。西黑山，城東北七十五里。黑山，城東北八十里，上有洞。胡家窩山，城東北八十里。公諸兒山，城東北九十里，山下有泉，長三十步，闊十八步。貴子山，城東北九十里。蛇山，城東北九十五里，在公諸兒山之北。雙山，城東北一百十里。二道井北嶺，城東北一百十五里。高臺山，城東北二百十里。小子粒粒山，義州東四十里。賀家尖山，義州東四十里。新站山，義州東四十五里。蟠桃嶺，義州東五十三里。雲霧山，義州東五十五里。關王嶺，義州東六十里。牽馬嶺，義州東南五十五里。【略】大嶺，義州南二十里。團山，義州南三十里。雙山，義州南三十五里。斑石山，義州南三十八里，七里河發源於此。長山，義州南四十五里。出山，義州西南十五里。八塔山，義州西南二十二里，上有八塔，今傾圮不全。平頂山，義州西南二十五里。牛心山，義州西南二十五里。西牛心山，義州西南三十里。金剛山，義州西南三十五里。石廠山，義州西南三十五里，石河發源於此。大安堡山，義州西南四十里，即紅石石麓子山，大安堡河發源於此。帽兒山，義州西南六十里，楊樹溝河發源於此。銀泉山，義州西南八十里。鷹窩山，義州西二十五里。筆架山，義州西三十五里。南筆架山，義州西三十五里。西邊門山，義州西三十六里。棋盤山，義州西四十里。萬佛山，義州西北十二里，即福山。三山，義州西北三十里。嘉福山，義州西北三十里，舊有龍潭，禱雨輒應。九官臺山，義州西北三十六里，九官臺邊門在山北。鄒家屯山，義州西北四十里。劉隆臺山，義州西北五十二里。望高山，義州北十七里。石門山，義州北二十里。黑山，義州北二十五里。蓮花山，義州北三十里，即長山。駱駝山，義州北四十五里。東長嶺，義州東北十六里。脂麻山，義州東北三十五里。雞冠山，義州東北四十里。龍灣山，義州東北四十二里。白臺山，義州東北四十二里。中路山，義州東北五十里。隘口山，義州東北五十五里。鷹窩山，義州東北六十里。鷹路山，義州東北六十里。花樓山，義州東北八十里。石門嶺，義州東北八十里。魏家嶺，義州東北九十二里，馬市河發源於此。

清·梁章鉅《浪跡續談》卷三《遊雁蕩日記》　出門數里，過丹芳嶺，《縣志》謂以地多花木，故名。俗稱四十九盤嶺，蓋合上下數之。東上極陡，西下稍坦夷也。《縣志》載明人戴溪記云：「四十九盤俯大海，恍躡蓬萊，臨弱水，盤盡則擁出諸峯，肅然迎客，冠雲披霞，望之神舉。」亦善於形容者。【略】

飯畢，出寺門，急尋大龍湫，蓋全山第一奇觀也。其障曰連雲，壁立千仞，環抱里餘，獨開東南一面，如天闕焉。路愈狹亦愈陡，同人各换坐竹兜，緣錦溪西北行。錦溪者，湫水所經去也。且行且視，有奇峯從人面起，中裂如削者，爲剪刀峯。雁蕩之水，以大龍湫爲最奇，雁蕩之山，以剪刀峯爲最奇，或名一帆，或名天柱，移步换形，不可方物，故俗或號爲八面峯。前人云：「造物者争奇鬻勝，兩美必合。」信哉！彳亍數武，並竹兜亦不易進，同人皆去兜而步，余亦勉從之，而湫水下注亂石間，如迎客，又如拒客，與同人銜尾，各踏亂石而行，足二分垂石外，若與水相争，無一妥步。遥見障端，有蒼煙狀，勃勃上浮，凌空飛瀉，若決銀河而下，至近處，又成一片蒼煙，飛沫濺身，衣帽盡濕。憶僧貫休詩云：「龍湫宴坐雨濛濛。」真通神之筆，蓋長年如此濛濛，非必真雨也。【略】

時日已過午，子樹請余出山，仍由官路坐肩輿度馬鞍嶺。嶺凹石岊，狀如馬鞍，故名。此嶺爲分東、西谷之界，嶺外爲東内谷，東北爲玉霄峯，朱子所謂欲登之以望蓬萊者。旁有黄巖洞、仙人榜、玉屏峯，又池東陡起者，爲列仙嶂、履雲闕，鷹嘴峯、紫薇嶂，悉以《圖經》之名印證之，皆可望而不可即。由紫薇嶂而東，入靈巖山，兩巖對峙，作獅虎狀。寺亘其際，則訇然中開，崇巒怪石，森列萬狀。其前紫翠層疊，爛若錦屏者，爲屏霞嶂。其後石磴數百級，折作數十盤者，爲安禪谷。同人皆從漬苔滑石中賈勇而登，余亦扶笻摳衣，强隨其後，實有既竭吾力，欲罷不能之概。【略】

寺僧導觀所謂龍鼻水者，絶壁之下，竅而爲洞，石龍嵌焉，蜿蜒數百丈，垂入龕底，伸一爪據於地，捲首爪旁，作懸鼻狀，石色紺麗而膩，鼻端有小孔，出泉涓涓弗息，拭其鼻孔，泚然如汗出腠理。寺僧爲言此水，積冬夏旱澇不爽，而不知所自來，遊客多掬以洗眼，謂可去翳疾。【略】

寺後爲伏牛峯，高數十丈，殿後有大石屏，豐顛削址，如人額之外頫，下可容數百人，游客起坐其中，如在堂庭，風雨所不至也。【略】

晨起，仍會食於伏牛峯之屏下。出門尋靈峯寺，自靈巖至此，十里而近，故俗有二靈之稱。路旁石壁羅列，如鳳皇、鬬雞、靈芝、雙笋諸峯，若隱若現在雲霧中，有應接不暇之勢。遥望羅漢洞，横矗空際，未易攀躋，復舍輿而步，躡飛磴數百級，磴盡爲臺，臺上穹窿周覆，方廣可容千人，本名靈峯洞，以中有應真像，故羣稱爲羅漢洞。洞口兩石相倚，爲一線天，飛泉從空噴下，散爲珠簾。【略】

過嶺即望見老僧巖，一名僧拜石，儼然一秃頂頭陀，袈裟合掌，神情畢露，旁有立石，如小沙彌附耳而譚者。隨輿宛轉里餘，猶有戀戀不忍别之狀。【略】

再行數里，遂出東外谷，至石梁洞。洞口兩石相倚，水自石出，石梁横跨其間。緣石梯而上，躋禮佛壇，有三石佛，巋然蒼莽間，若相次而行，又若比肩而語，不知其高幾百仞也。

清・陶澍《洞庭湖志》卷二 （巴陵縣）七里山在縣北七里，臨湖舊有八仙樓，今廢。《通志》：宋岳武穆屯兵處。

又 （巴陵縣）巴邱山即建郡城地，亦名巴蛇冢，三國吴魯肅以萬人屯巴邱即此。《淮南子》：羿斷修蛇，擒封豨，舊記羿屠巴蛇於洞庭，積骨若陵。在岳州巴陵縣城南。《爾雅》：翼岳陽郡之側巍然而高，草木翳鬱者，人以爲巴蛇積骨之處。城外有巴蛇廟，已而廢。又有象骨山。《山海經》：巴蛇食象，三歲而出其骨。李白詩：修蛇横洞庭，吞象臨江島。《明一統志》：岳州府城南有巴蛇之冢。《岳郡志》：巴蛇井在舊縣前，舊傳巴蛇穴此。

又 （巴陵縣）君山在縣西巴邱湖中，距城十五里，本名洞庭山，又名有緣山。《道書》稱爲第十二福地，週迴七里有奇，外凸中凹，上有十二峰，如螺髻，又如芙蓉倒地半開。上有軒轅臺、湘妃墓、酒香亭、柳毅井、傳書亭、朗吟亭、飛仙亭，又有多緣寺、有緣寺、七先生祠、崇勝寺，寺中有秦王火樹，又有湘妃廟、湘君廟。宋元豐間，祈禱屢應，封其神爲淵德侯。孫光憲《北夢瑣言》：湘江北流至岳陽達蜀江，夏潦後漲，遏住湘波，泛爲洞庭，君山宛在水中。秋水涸，此山復居於陸，惟一條湘水而已。

又 （巴陵縣）響山一名鳴山，在君山西，偏響沙，躡足應之，有聲。王子年《拾遺記》：洞庭山浮於水上，其下有金堂數百間，二女居之，四時金石絲竹之聲徹於山頂。《水經注》：君山有石穴潛通吴之包山。郭景純所謂巴陵地道者也，是湘君之所遊處。故曰君山。張説詩：地道窺難測。又云：地道穿東吴。又云：地穴傳虚，應皆指此。

又 （巴陵縣）酒香山在君山上，即漢武求仙酒處。相傳春時，每聞酒香，尋之，莫知其所。事詳見《藝文》。

又 （巴陵縣）香爐山在縣西巴邱湖中，與君山相連。《君山記》：山下又有龍虎二洞，冬春水落始露。

又 （巴陵縣）鷄子山。《岳州府志》：在君山西南，以形名。上有關帝廟。

又 （巴陵縣）寶劍山，在城南慈氏塔前，臨湖。

又 （巴陵縣）白鶴山，在城南三里灉湖上，即江叟吹鉄笛遇龍女處。詳見《後摭神》。又有白鶴寺。其陽有二池，即吕仙招蟒處。詳見《後仙釋》。又有白鶴泉，甚甘冽。

又 （巴陵縣）九龜山，在縣南南津港口，一連九山，狀如龜，即柳琮記僧無相居處。

又 （巴陵縣）癩蟆山，在縣南臨湖水中，與龜山相連，俗稱九龜趕一蟆是也。

又（巴陵縣）艑山，在縣南五里，臨湖水中，與君山對峙，形與艑舟相似，故名。上有神人跡，下有龍窟。舊有洞庭神祠。《通志》：啞女塔在艑山上，詳古蹟。《史記・五帝紀》：黄帝南至於江，登熊湘。張守節《正義》、《括地志》：熊即熊耳山。湘即艑山，在岳州巴陵縣南。按：熊湘二山連，稱俱在長沙安化縣。熊耳山本名浮青山，湘山本名修山，故長沙古有熊湘閣，何得又在岳州？考《史記・始皇本紀》：二十八年，浮江至湘山祠，阻大風幾不得渡，則湘山當是君山，非艑山也。君山之名湘山著於《史記》，此另是一湘山，非熊湘之湘也。《正義》以熊湘屬之，誤矣，而又係之艑山更誤。

又（巴陵縣）靈屋山，在縣南三十里，形如芙蓉，上有古鳴觀。《道書》稱爲第三十五洞天。

又（巴陵縣）九馬嘴，在縣南四十里，臨湖九阜，望如馬嘴，直入湖中，舟行甚險。

又（巴陵縣）鹿角山，在縣南六十里，臨湖。上有洞庭廟，五代楚王殷遣許德勳拒冷業，追至鹿角，即此。

又（華容縣）層山，在縣東四十里，屹峙水中。舊有鼉鶴驛，水涸，故址猶存。

又（華容縣）鼓樓山，在縣東南五十里，臨湖。有分金洞，可容千人。明設巡檢司於此。

又（華容縣）寄山，在縣東南六十里，湖水週遭浮峙如雞子，本名雞子山，音訛爲寄。

又（華容縣）團山，在縣東南七十里洞庭湖中，與寄山相望。相傳中有風穴，犯之則陰風怒號，産赭石可硯以書。上有伏波廟。

又（華容縣）禹山，在縣南三十里，臨湖，統名南山。相傳禹治水至此，登其巔。上有禹王廟，下有皇功寺。南五里有石山門，相傳禹所鑿洞庭門户。

又（華容縣）宋田山，在縣南八十里，有赤亭城。下爲赤沙湖，三面阻水，極爲險隘。《風土記》：後梁湘東王遣胡僧祐、陸法和討侯景將任約於此。

又（華容縣）墨山，在縣東四十里，一名元石山，又名懸石山。上有大小懸洞，元石觀，墨山神祠，産雲母石，可爲屏，麥飯石，可入藥。龍開河遶其下，洞庭水泛，此山實饒勝景。

又（龍陽縣）龍陽山，在縣南。《廣輿記》：舊名横山。天寶中，改今名。《常德府志》：縣以山得名。

又（龍陽縣）金牛山，在縣南六十里。《常德府志》：峰巒疊翠，煙雨護青。上有金牛寺，又有仙翁洞及龍池風洞。

又（龍陽縣）禪牛山。《酉陽雜俎》：龍陽禪牛山南，有青草槐叢生，高尺許。花若金燈，仲夏發花，一本可值千金。

又（湘陰縣）黄陵山。《湘陰縣志》：在縣北四十五里，大江之濱，帝舜二妃墓在焉。《水經注》：湘水北逕黄陵亭西，又合黄陵水口。其水上承太湖，湖水流逕二妃廟南，世謂之黄陵廟也。言大舜之陟方也，二妃從征，溺於湘江，神遊洞庭之淵，出入瀟江之浦，故民爲立祠於側焉。

又（湘陰縣）玉笥山，一名石帆山，在縣西七十里屈潭上，隋於此置玉州。羅含《湘中記》：屈潭之左玉笥山，屈平之放栖於此山而作九歌焉。甄烈《湘中記》：屈潭之左，有玉笥山。道士遺言此福地也。一曰地脚山。《水經注》：汨水西逕玉笥山。李昉《太平廣記》：漢武好仙，於玉笥山頂置降真壇，大設丹竈。道士晝夜祈禱，天感其誠，乃降白玉笥置壇上。武帝遣使取之，至壇側，颶風大震，捲玉笥而去，因名玉笥山。

又（湘陰縣）磊石山，一名龍壽山，在縣北一百二十里。《縣志》：昔軒轅氏張樂重湖之上，釋子以其遺址造小招提，名曰龍壽寺。後建洞庭廟，又名磊石驛。《水經注》：湘水自汨江西北逕磊石山西而北對青草湖，亦或謂之青草山也。又曰：山在羅口北，亦謂之五木山。山方尖如五木狀，故俗以此名之。《九域志》：磊石山在湘陰青草湖，下臨湘口，北指巴陵，舊名萬歲山。《一統志》：磊石山屹立湘東，三面臨水，一面連山，樵汲甚便。宋岳武穆討楊太，結營於此。《湘陰縣志》：明初，誠意伯劉基狥湖南時，覘其地有王氣，命軍五千人於石後鑿斷其東北來脈。今名半升米凹，水漲始通舟楫。《長沙府志》：洞庭爲長沙門户，中有磊石山，琴棋望兩處，高踞全湖，望周萬頃，而銅盆萬石一汊，爲湖中栖泊要害，南北有事，勢所必争，今雖設立塘汛，然地廣兵遠，鞭長莫及，似當撥弁駐劄，以爲藩籬之衛。

清・桂敬順《恒山志》元集《形志》　北嶽恒山在城南二十里，高十里，周百三十里。北連玉華峰，東連柏山，南連鎗峰嶺。山脈由陰山南入朔平、大同府境，由朔州西折而東，爲勾注、覆宿、夏屋，茹越書厓，突起於州南，爲恒山。由恒山南行爲太行、王屋，西南盡於河。東行爲紫荆、居庸，而東北盡於海。山頂建

北岳廟，有十八景。《通志》

又 恒山周圍百三十里，又云：「恒山高三千三百丈，上方二十里。」《福地記》

又 恒山北臨代，南俯趙，東接河漢之間。《管子》

又 恒山高三千九百丈七尺，上方三十里，周迴三千里。《名山記》

又 恒山自州南十餘里入磁峽，又五里至月廟山門，又十步陟巔。《括地志》

又 大茂山在唐縣西北百五十里，山勢龍從，登其巔，俯視河北，雲中諸山羅列兒孫，山陰氷、雪盛夏不消，黄帝問道大茂山即此。《通志》

又 大茂山在阜平縣東北七十里，接曲陽界，乃恒山之脊，土人名神尖石，石晉與遼分界地也。阜平、曲陽、唐縣，皆緣大茂之麓。《通志》

又 恒山在曲陽西北百四十里，即舊阜平之大茂山也。自渾源州發脈，由飛狐嶺達曲陽。《通志》

又 渾源州恒山距阜平縣大茂山三百餘里，峰巒相接，蓋恒山周三千里，渾源南二十里，與在曲陽西北百四十里者，實一山也。《沈存中筆談》

又 望常山之嵯峩，登北嶽而高遊。班固《冀州賦》

又 太行，恒山。《禹貢》

又 正北曰并州，其山鎮曰恒山。《周禮》

又 恒，常也。萬物伏，北方有常也。《風俗通》

又 北方陰終陽始，其道久故曰「常山。」《白虎通》

又 漢諱孝文帝，改常山。唐元和中，名鎮岳。宋諱真宗名，亦名常山。《通志》

又 元和十五年更恒岳曰鎮岳。《唐志》

又 名亦名常山。《通志》

又 元岳陰岳紫岳。《水經注》

又 太恒山，恒宗命岳茂邱。葛洪《枕中秘書》

又 大茂山又名神尖山。《括地志》

又 恒山一名大茂山也。韓琦《岳廟碑》

又 大茂山，恒岳之别名。《北都賦》

又 《唐志》：元和十五年，恒陽縣更名曲陽，又更恒岳曰鎮岳。岳有岳祠，此即明曲陽岳廟之始名。附記。《通志》又一峰自渾源州恒山飛來，故名。《寰宇記》

清・桂敬順《恒山志》元集《利志》 恒山山之東十里有峰，尤峭拔，其下有廟，蓋亦古。

又 恒山，北嶽也。距大同渾源州南二十里，其巔有廟。

又 北嶽在渾源州之南，紛綴典籍書著，其爲舜北巡狩之所，爲恒山。《水經》著：其高三千九百丈，爲元嶽。《福地記》：其周圍一百三十里，爲總元之天。予家太行白巖之傍，距嶽五百餘里，心竊慕之，未及登覽，懷想者二十餘年。

又 前不百武，有白虎峰，堆石雄列，居然白額狀。落澗西杪似有木香，荼蘼之屬，則所謂紫芝峪也。

清・桂敬順《恒山志》元集《詩志》 幽并直北是龍荒，帝表恒山鎮此鄉。形勢蜿蜒蟠絶遠，光靈儵忽現無方。

又 奕奕恒山，作鎮冀方，伊趙建國，在岳之陽。

又 二儀均四序，五岳分九州。靈造良難測，神功匪易酬。恒山北臨代，秀崿東跨幽。頑河鎮河朔，嵯峨冠嵩丘。

又 天地有五嶽，恒嶽居其北。巖巒疊萬重，詭怪浩難測。

又 渾源自古雄朔方，突兀岩峰尖似削，箇中高大者恒山，插破雲宵無地著。碧潭春泛龍泉湧，瑶草香迷望仙嶺。紫芝峪冷九天霜，琴棋臺聚三山景。

又 幾度南來望碧岑，春風此夕一登臨。千尋峭壁連天外，萬壑飛沙接地陰。積雪峰頭霜露冷，堆雲洞裏薜蘿深。

又 恒山突出與天齊，勢壓中原萬嶺低。玉殿淩空摩日月，金身百丈放虹霓。松風波湧驚龍吼，谷籟鐘鍧訝虎啼。

又 嶙峋石壁開，天半突兀琳。

又 孤峰高出衆岑巒，高丈娉婷霄漢干。俯視煙雲來不極，仰攀蘿蔦去無端。漫云廬瀑千年雨，何説天台六月寒。幾得登臨絶頂上，河山大地眼中看。

清・桂敬順《恒山志》貞集《詩志》 北岳何峥嶸，中峰藹松嶧。四山巒岫起，古洞蹊路僻。迤邐上天梯，盤旋轉石壁。居結牛女傍，渺矣塵寰迹。霓影落松杉，雲光即咫尺。山靈高接天，廟貌迴懸碧。

又 代境山多秀，神川景獨饒。長虹穿岳峽，古棧繞磁窯。鸞嶺鄰玄極，蓮峰插紫霄。崖懸危壁斷，峪險急流號。

又 上有千仞崖，下有千仞崖，山僧聞客至，山下採山茶。

又　恒山南畔幾千峰，峰内虚堂納晚風。莫道白雲空出岫，年年有意護簾櫳。

又　嶙峋山勢聳芙蓉，石隙根蟠萬歲松。更有山形渾似虎，白雲堆裏臥高峰。

又　碧玉簪頭挑玉蓉，幾堆怪石幾株松。望中放佛峰如狼，浪説仙蹤虎化峰。

又　簇簇琳琅上下連，登臨無奈斷崖懸。分明一柱山頭立，擎拄雲中尺五天。

又　四封雲岫遠相連，獨此峰頭日際懸。綠樹碧桃林掩映，無人知是步虚天。

又　萬仞巉巖削玉蓉，依稀炳蔚伏蒼松。有時豹變臨風嘯，未必長蹲古嶽峰。

又　躕躝雲路嶺頭那，凹石相傳張老過。想是婆心來度世，故留遺跡使人摩。

又　奇峰不與衆山連，萬丈石屏霄漢懸。春莫曉觀渾是翠，嵐光如嶂嶂如天。

又　恒山奇幻儘多容，怪石巉巖亂古松。更有異形如虎伏，巍然向日臥高峰。

清・陸次雲《湖壖雜記・孤山》　小孤山矗秀江心，大孤山浮青波面，皆似海上神山，可望而不可即。

清・徐松《西域水道記》卷一　《一統志》：西藏有岡底斯山，在阿里之達克喇城東北三百十里，直陝西西寧府西南五千五百九十餘里。其山高五百五十餘丈，周一百四十餘里。四面峯巒陡絶，高出乎衆山者百餘丈，積雪如懸崖，皓然潔白。頂上百泉流注至山麓，即伏流地下。前後環繞諸山，皆巉巖峭峻，奇峯拱列，即阿耨達山也。

清・蔣攸銛《黔軺紀行集・宜城縣觀武當山圖》　荆門四面皆山，自漢江而南，氣脈至此一束。

清・蔣攸銛《黔軺紀行集・驛館燕來》　府東北有豐山，《山海經》云：「豐山有九耳鐘，是知霜鳴」是也。

清・蔣攸銛《黔軺紀行集・臥龍崗謁武侯祠》　初九日，渡襄江，過襄陽郡城。府西北有方山，山下水曲之限，曰「漢皋」。

清・蔣攸銛《黔軺紀行集・荆門懷古次漆林簡討韻》　龍山在城西十五里，有孟嘉落帽臺。

清・蔣攸銛《黔軺紀行集・清化驛》　城北三十里陽山側有石門，每風將起，此門先出黑氣若煙霧，故名風門山。城東南十五里有善德山，一名枉山，隋刺史樊子蓋以堯讓天下于善卷，卷辟之于此，故名善德山，其村曰善卷村。

清・蔣攸銛《黔軺紀行集・馬鞍山》　府東十里有白砂灘，岸横一石，有陽明先生手書「白砂」二字。又一百十里壺頭山，即伏波征五溪蠻屯兵山下穿岸爲石窟避暑處。

清・蔣攸銛《黔軺紀行集・又和四山詩》　縣南十里有大西山，發脈銅仁萬山，至此西向結成，故名。

清・蔣攸銛《黔軺紀行集・入沅州界書所見》　城北二十里有明山，高千仞，綿亘數十里，郡鎮山也。東南五十里有雙髻山，二峰對峙如綰髻狀。東五十里青雲山，有羅布洞，歲旱時聞洞口金鼓聲即雨。西四十里有鐵山，相傳昔有行脚僧至此，題壁云：「參來本性一團鐵，煉出吹毛萬道光。」遂得名。

清・蔣攸銛《黔軺紀行集・七夕大雨曉行口占》　城北有玉屏山，屹立如屏。東有月屏山，形亦如屏，每望時月從此出，故名。西有紫氣山。四面溪山，飛巖卷翠。

清・蔣攸銛《黔軺紀行集・題萬卷書巖》　城中有瑞雲山，上多雲氣。有瑞雲宫，樓閣嵯峨，可望百里外。城北有北障山，其半倚城，爲縣治屏障。

又　城東有中河山，兩水夾流，山居其中，石壁鐫有「楚風橋順」四字。山畔有香爐山，上豐下削，形如香爐，巖上鐫「泝流光」三字。府治有石屏山，端立千仞，儼然保障。

清・蔣攸銛《黔軺紀行集・華巖洞》　城東四十里有架梁山，孤峰插天，可望千里。

清・蔣攸銛《黔軺紀行集・重安江》　東二十里有天榜山，壁立如張榜。相近有筆架山。東南四十里有香爐山，四面陡絶，三疊而上，有田、有井、有潭，可容萬人。

清・蔣攸銛《黔軺紀行集・洛邦塘》　城南七十里有連珠山，上有坪，可容萬人。中起峰十二，一水旋繞，四山羅列，稱聖境焉。又大平伐司地有雲霧山，上有九龍池，池旁有石椅、石榻，位置天然。

清・蔣攸銛《黔軺紀行集・龍舌巖》 十里瀘溪縣，對河有秤鉈山。下有灣曰柳條、飲馬、石硤，各隨地命名。此地草木森蔚，山嵐環靄，一洞清幽，真別有天地。漢枚乘謂泰山之霤穿石是也。

清・宋思仁《泰山述記》卷二 東北爲黑石埠，谿内片石如几，曰小洞天。

又 北爲桃花峪，亦名桃花澗，澗水瀠汙，滙爲碧泉。夾澗多櫻桃、緑竹，曰櫻桃園。

又 西北爲雲頭埠，其南有白楊洞，祀彌勒像。有洑池，水西南流逕淩漢峯後而下滙爲碧油灣，以水碧如油也，俗呼香油灣，入西谿。雲頭埠玲瓏巑岏，特起峯巒，雲烟縹緲，中望之若人立、獸蹲、鸞鶩、鶴峙，真泰山靈石也。

又 北上爲迴馬嶺，重巖疊嶂，一名石關，應劭謂之天關，至此馬不能行矣。嶺側一巖曰蛻仙巖。

又 北爲黄峴山，土色赤黄，異他處。舊有黄峴嶺坊，今圮。又名中谿山。

又 北有朝陽洞，深廣如巨屋。

又 東爲大龍峪，衆水歸峽，飛泉若瀉。

又 又北爲石壁峪，兩山竦削壁立。

又 又南爲西神霄山，俗呼兩峯巖，雙峯峻峙。

又 白雲洞南，深谷陡峻，或稱百丈崖。東有砧子石，南爲蓮花峯，以五峯攢簇如蓮花，花瓣寬平亦絶類蓮實。迤東爲五花崖，危崖萬仞。

又 舍身崖在日觀峯南，三面陡削。

又 北爲空明山，中穴通明，日光穿午。

又 絶巔西里許爲丈人峯，一石修長獨立，狀如老人傴僂，下俊秀數石向拱，似老翁弄孫狀。

又 又北爲摩雲嶺，丹嶂淩空。東有八仙洞，危若鶻棲，應劭所謂石室也。下爲亂石，溝水南流，過避塵橋，東折經鶴山，又東匯爲洗鶴灣。

又 又東南兩峯迴翔，爲雙鳳嶺，俗以兩峯呼爲大小牛心石，又曰大小蠟燭，峯皆因形命名。

又 天空山北爲拘山，巘圓秀拔爲仙人砦，砦可容千人。摩雲嶺北爲明月嶂，羣峯秀列，儼若屏障。

又 又西里許崖岸深陡爲楊子峪。西十餘里爲半邊山，似劈去其半。

又 絶巔東北七里爲鶴山。《泰山道里記》云：林木蒽鬱，野鶴多巢於此。

又 北爲天空山，俗稱玉女山，其巔平坦。

清・宋思仁《泰山述記》卷三 西北有婁子洞，高深險僻。【略】《泰山道里記》云：石嶂縱横六七里，中凹如削，有泉盤折而下，曰懸淙泉，瀑水南流，達於雙溝。

又 又南五里爲肝華石，其形色紫潤，故名。

又 摩天嶺東四里爲鵓鴿崖，峭壁多巢野鴿。

又 天勝砦西南爲弄水巖，雙峯崛起。又南爲鷄籠峯，圓垂如籠。

又 東爲飛鴉峯，石色深黝。

又 峯下爲谿里峪，巖穴深邃，湧泉滉瀁，四時不竭。

又 大津口東爲青山絶巔，巨石如冠。

清・吴振棫《黔語・近郭諸山之勝》 出城東二里許，過扶風雲路坊，又里許，即扶風山。

又 黔靈山，去西郭三里。山足一澗，琤潺如環珮鳴。

又 正北爲相寶山，俗呼照壁山，去城四里許。山甚高，樵徑綫白，攀緣而登。

清・龔自珍《龔自珍全集》第一輯《説天壽山》 山多文杏，春正月而華。山之勢尊，故木之華也先；山氣厚，故木之華也怒。山深，故春甚寒；深且固，故雖寒而不冽。其石其鹿皆絶大。山之理如大斧劈，山之色黝以文。山之東支有湯山焉，其泉曰湯泉焉。山之首尾八十里。

清《嘉慶大清一統志・直隸統部》 其名山則有恒山。在正定府曲陽縣，即北岳也。《地記》：恒山北臨代，南俯趙，東接河海之間，天下形勢處。太行。太行首起河内，北至幽州，今由廣平、順德、正定、保定之西。四環至京師之北，引而東，直抵海岸，延袤二千餘里。從鎮、定、澤、潞諸州而言，則曰山東西。自燕雲十六州而言，則曰山前後。今界内諸山，争奇競險，拱翼畿甸者，皆太行之支峯别阜也。

清《嘉慶大清一統志・直隸・保定府二》 陵山、抱陽山、魚條山、眺山、玉山、荆山、班姫山、羊山、園道山、龍山、牟山、磨巖山、狼山、風山、羅喬山、父子山、伯巖山、大茂山、堯山、封山、靈源山、粟山、紫薇山、伊祁山、馬耳山、蒲陽山、壇山。

清《嘉慶大清一統志・直隸・河間府一》 萬春山、雲臺山、建成山、草山、魯陽山、天胎山、青山。

清《嘉慶大清一統志・直隸・天津府一》 中山、條山、闊山、騮山、老烏山。

清《嘉慶大清一統志・直隸・正定府一》 劍山、射垛山、百華山、蒼巖山、觀音陀山、井陘山、雲鳳山、海山、横山、封龍山、西屏山、抱犢山、海螺山、奇石山、盤龍山、無極山、神巖山、靈山、長山、白羊山、石溜山、九女山、楸山、鳳凰石山、朱山、大喫水山、四嶺山、銀洞山、滴水塘山、文山、光禄山、覺山、房山、林山、鹿駝山、大派山、北山、大茂山、柏山、萁山、雙嶺山、玉女山、贊皇山、太行山、枳固套山、壇山、四望山、鼓城山、土山、童山。

清《嘉慶大清一統志・直隸・順德府一》 土山、 石梯山、栲栳紅山、石門山、八盤山、老翁山、天紅山、封山、風門山、百花山、清城山、薛村山、紫金山、夷儀山、仙翁山、馬鞍山、雷公山、淩霄山、百巖山、廣陽山、赫山、磬口山、倉門山、湯山、五指山、黑山、鐵牛山、蕘山、宣務山、干言山、夫子山、茅山、青山、白銀山、天臺山、鵲山、十八盤山、攫山、孤山、且停山。

清《嘉慶大清一統志・直隸・廣平府志一》 聰明山、狗山、兔山、紅山、天臺山、鳳起山、轆轤山、堵山、紫荆山、葛山、神廲山、賀蘭山、白土山。

清《嘉慶大清一統志・直隸・大名府志一》 惬山、沙麓山、方山、秋山、龍光山、白雲山、金沙山、洪洋山。

清《嘉慶大清一統志・直隸・宣化府二》 燕然山、黄羊山、雞鳴山、湯池山、龍洞山、十八盤山、東望山、聚陽山、孔寵山、西高山、天德山、青羊寨山、蒼崖山、雞野山、金閣山、棋盤山、崆峒山、偏嶺山、劉不老山、炭山、大王山、華山、紫巖山、馬頭山、翠屏山、孤山、水泉山、北高山、拂雲山、紅石山、八仙山、雙尖山、松山、塔溝山、娘子山、椴樹山、東高山、青山、石嵯山、雙峯山、立石山、水谷山、軍都山、黄山、螺山、大海沱山、倒刺山、九宫山、永安山、麻田山、馬頭山、玉泉山、靈仙山、翠屏山、石門山、玉屏山、榆林山、高氏山、樺山、溜雲山、盤崖山、熊耳山、雲頭山、虎窩山、平頂山、花山、栲栳山、白腰山、瓦窑山、没皮山、紅塘山、饅頭山、居庸山、獨山、縉陽山、雙髻山、神仙山、黑頭山、玉峯山、柏鈴山、金櫃山、大爾山、東螺山、官帽山、石佛山、金剛山、盤山、縉山、東靈山、涿鹿山、橋山、笄頭山、釜山、歷山、孤山、保安山、孝文山。

清《嘉慶大清一統志・直隸・承德府二》 天橋山、五指山、駱駝山、帽盔山、筆架山、青雲山、敵樓山、烏龍山、尖帽山、金山、大黑山、赫山、龍泉山、塔山、青石拉綿山、沙爾呼山、喇嘛山、湯山、窟窿山、五峯山、白雲山、平頂山、映碧山、和爾博勒津山、金沙溝山、永安山、紅山、老姥山、猴山、喀卜齊爾東山、烏蘭布通山、布祐圖山、布當華山、烏納格圖山、齊巴噶山、遮蓋山、伊瑪圖山、布爾克爾圖山、罕陀羅海山、薩喇納台喀喇山、翁衮山、金黄山、月華山、長壽山。

清《嘉慶大清一統志・直隸・遵化州一》 葡萄山、磨臺山、南龍山、釣臺山、清風山、明月山、筆架山、白冶山、靈靈山、闕山、蒼山、岈髻山、五峯山、鳳山、三臺山、乳山、松亭山、圍子山、蜂山、樂臺山、燕山、龐山、文龍山、白山、麻山、九峯山、徐無山、小泉山、無終山、中山、朝月山、唐山、鵶鶻山、靈應山、党峪山、王化山、金窑山、枇杷山、陳宫山、念經峪山、馬頭山、崖兒口山、腰帶山。

清《嘉慶大清一統志・直隸・易州一》 柳山、樊館山、龍山、孔山、郎山、峨眉山、五迴山、芙蓉山、五峯山、馬頭山、聖女山、白馬山、大嵬山、長堤山、武山、檀山、紫涼山、釜山、水峪山、偏竹山、龍安山、雲溪山、牆山、金山、傳房水出、龍灣山、孤山、牛心山、白石山、神仙山、旗山、梯山、野孤山、香山、聚雲山。

清《嘉慶大清一統志・直隸・趙州一》 平棘山、龍平山、釣盤山、敦輿山、彭山、天臺山。

清《嘉慶大清一統志・直隸・定州一》 中山、嘉山、少容山、堯山、見龍山、恒山、孔山。

清《嘉慶大清一統志・盛京・奉天府一》 天柱山、隆業山、鶯落山、嘉班山、四臺山、團山、古塔山、尖山、長山、輝山、華表山、本溪湖山、晾甲山、浪子山、石門山、千山、通明山、八谷寨山、石城山、厝石山、南雙山、東水泉山、馬方屯山、攔河山、繡嶺山、白山、三角山、蓋山、山城山、聖泉山、鵓鴿山、斜文寨山、蟒溝山、松嶍山、唐帽山、白沙山、瓔珞山、平頂山、闕山、聖水山、迷真山、大孤山、蓮花山、麻崖山、鞍山、大團山、白谷山、方家山、大黄寨山、哈達山、雁窩山、布霧山、雞冠山、清涼山、石棚山、伴仙山、望海山、聖井山、火石山、白狼山、野孤山、博羅山、官帽山、花兒山、盤山、蕭家山、大黑山、豹山、鞍子山、圍屏山、金龍山、棗羊山、黄金山、鐵山、平山、狼虎山、石門口山、獨山、大北山、伊拉塔山、臺暉山、閻王鼻山、蓮花泊山、喜鵲溝山、黑背山、大黄山、英我口山、臺子山、威遠堡山、龍首山、小棗山、白鈴山、雙山、雙頂山、老古洞山、小菠蘿紅山、駐蹕山、帽峯山、大青山、大寶山、老鶴臺山、松獻陽山、龍灣頂山、嘉穆瑚山、盤道山、香山、王家林山、樂古山、北汛口山、西屏山、駱駝山、碧山、五十寨山、花山、鉛礦山、大龍口山、德哩山、梯子山、闢門山、一面山、小孤山、墨山、全龍山、磨盤山、蓉華山、雞冠山、闞家山、明陽山、送子山、弟兄山、牛心山、窟窿山、鳳凰山。

清《嘉慶大清一統志・盛京・吉林一》 長白山、尼什哈山、伊蘭茂山、伊努山、額敦山、佛爾們山、佛斯亨山、費德哩山、望祭山、托蘇山、科齊克山。

清《嘉慶大清一統志・盛京・黑龍江一》 哈勒噶圖山、超哈爾山、雅克山、穆固圖爾山、奎山、額古埒山、圖古勒山、烏圖哩山、和倫圖吉山、達齊山、伊克庫克圖山、望安山、額爾克山、伊拉古爾山、博和哩山、庫墨里山、珠德格山、阿喇勒山、蘇克都哩奇山、達爾梯斯山、頭隆山、格勒圖山、哈瑪爾山、伊克圖嚕山、庫魯爾山。

清《嘉慶大清一統志・安徽・泗州》 重岡山、巉石山、車門山、九山、鹿鳴山、屏山、盤龍山、朱山、第一山、臺子山、盱眙山、東山、都梁山、東陽山、斗山、君山、長圍山、道人山、下龜山、横山、冶山。

清《嘉慶大清一統志・山西・太原府一》 罕山、冽石山、方山、亭子山、漢柵山、阪泉山、臥虎山、懸甕山、尖山、風谷山、嬰山、蒙山、幘山、高峯壑山、四縣腦山、紫荆山、馬鞍山、白石山、鳳山、中隱隱山、卦山、石壁山、劉王崞山、交城山、臥牛山、羊腸山、神師山、光緒頭山、龍王山、陶山、熊耳山、東山、霸王山、雪山、霸王山、荷葉坪山、蘆芽山、奇嵐山、桃尖山、銅鼓山、黄崳山、白龍山、二郎山、採林山、紫金山、峨眉山、石樓山。

清《嘉慶大清一統志・山西・平陽府一》 臥虎山、浮山、平山、姑射山、礬石山、九箕山、婁山、英山、玉峯山、堯山、中條山、司空山、鳴山、銀洞山、羊角山、月山、壺口山、屏風山、刁黄山、鳳凰山、尖陽山、雪白山、三稜山、蓮花山、絳山、佛山、歷山、覆釜山、丹山、蜀山、烏嶺山、汾陰山、九原山、龜山、崇山、壽星山、橋山、三磴山、九龍山、聖水山、商山、岱山、柏山、崿山、高大山、尖山、馬頭山、車轍山、雲邱山、管頭山、吉山、高祖山、風山、庖山、雞山、右門山、横嶺山、明珠山。

清《嘉慶大清一統志・山西・潞安府一》 壺口山、五龍山、靈泉山、佛耳山、雞鳴山、雄山、天臺山、柏谷山、慶雲山、慈林山、霜澤山、紫荆山、三嵕山、田石山、良材山、石聚山、黄巖山、五陽山、鹿臺山、陶林山、獅山、韓王山、紫巖山、五音山、錯上洪山、仙堂山、龍洞山、蔥蔚山、静林山、盧醫山、葛井山、大禹山、伏牛山、三垂山、馬鞍山、獅子山。龍門山、廣武山、馬駒山、龍盤山、大王山、清涼山、烏石山。

清《嘉慶大清一統志・山西・汾州》 萬户山、白彪山、柏山、石室山、比干山、羊頭山、玉泉山、烏雞山、狐岐山、高唐山、上殿山、白雀山、超山、麓臺山、洪山、蠶簇山、天峻山、介山、黄雲山、石樓山、龍泉山、翠金山、九重山、團圓山、黄龍山、連枝山、漢高山、馬頭山、招賢山、鳳凰山、紫金山、赤紅山、九鳳山、韓仙山、吕梁山、劉王琿山、孝文山、蕉山、寨嶺山、屏風山。

清《嘉慶大清一統志・山西・澤州》 磨兒山、紫金山、浮山、盤龍山、玲瓏山、石人山、馬牢山、松林山、月院山、太行山、寶山、吴神山、晉普山、方山、黄沙山、五門山、碧落山、伊侯山、聖王山、岳神山、司馬山、可寒山。

清《嘉慶大清一統志・山西・大同府》 紇真山、奚望山、白登山、七峯山、禪房山、火山、武州山、雷公山、神山、方山、採掠山、蘆子山、玉龍山、五峰山、柏山、恒山、孫臏山、翠屏山、龍山、鳳凰山、錦山、翠微山、茹越山、龍灣山、香峯山、龍首山、香山、龍門山、復宿山、蟠羊山、雁門山、晚霞山、神頭山、福禄山、二郎山、壺山、如斗山、玉峰山、真峪山、天井山、林管山、社臺山、鞍子山。

清《嘉慶大清一統志・山西・平定州》 浮化山、鏡山、承天山、藥嶺山、晉盤山、冠山、獅子山、臥虎山、鵲山、蒙山、四角山、白雉山、黄巖山、臯落山。

清《嘉慶大清一統志・山西・代州》 舜山、臺山、香爐山、鳳凰山、北斗山、覆宿山、夏屋山、天蓬山、東明山。

清《嘉慶大清一統志・山西・霍州》 霍山、羅雲山、明珠山、綿山、石膏山、十八盤山、翠峯山。

清《嘉慶大清一統志・山西・絳州》 鼓山、定境山、馬首山、九原山、鳳凰山、鷹嘴山、虎兒山、墨山、轉山、中條山、懸泉山、寨子山、三錐山、濟源山、諸馮山、鼓鐘山、王屋山、焦山、香山、横嶺山、華池山、太行山、太隱山、太陰山、教山。

清《嘉慶大清一統志・山西・沁州》 檀山、萬安山、銅鞮山、青龍山、霍山、碾臺山、上觀山、靈空山、青石山、綿山、青果山、羊頭山、黄崖山、龍居山、五峯山、南山、三原山、時山、八角山、馬鞍山、西交山、石臼山、胡甲山、禿頂山。

清《嘉慶大清一統志・山西・歸化六廳》 馬鞍山、五藍義拍山、緑孤山、翁公山、黑山、蟠羊山、大青山、太白山、白雲山、布爾哈圖山、陶山。

清《嘉慶大清一統志・河南統部》 其名山則有嵩高、太行、三崤、底柱。

清《嘉慶大清一統志・河南・開封府一》 夷門山、五鳳山、大隧山、牟山、白雲山、豹陵山、梅山、紫荆山、大周山、廣武山、武濟山、敖山、金龜山、五雲山、翠屏山、案山、方山、印山、蘭若山、大伾山、伏蛟山、太和山、金牛山、吕梁山、三封山、九山、石崖山、龍山、三磴山、玲瓏山、諸侯山、荆山、大龜山、崆峒山、鐵母山、石梯山、六盤山。

清《嘉慶大清一統志・河南・歸德府一》 隱山、柏山、碭山、虞山、恒山、廊山。

清《嘉慶大清一統志・河南・彰德府一》 蒙賫山、寶山、龍山、藍嵯山、銅山、韓陵山、黑山、牟山、五嚴山、鶴山、柏尖山、萬泉山、孔尖山、玉泉山、將軍山、紫團山、隆慮山、黄華山、天平山、大頭山、倚陽山、袴山、礪山、磺山、靈山、赭山、鼓山、闕與山、四見山、百尖山、三門山、儒山、紫金山、韓王山、崇山、熊耳山、風洞山、符山、五馬山。

清《嘉慶大清一統志・河南・衛輝府》 仙翁山、霖落山、蒼峪山、黄山、壇山、華蓋山、寺兒山、同盟山、青巖山、朝陽山、靈山、浮山、太行山、白鹿山、蘇門山、天門山、淇山、共山、九山、黑麓山、酸棗山、紫金山、鳳凰山、大伾山、浮邱山、同山、白祀山、善化山、黑山、白馬山、天臺山、狗脊山。

清《嘉慶大清一統志・河南・懷慶府》 太行山、馬頭山、三尖山、懸谷山、倍澗山、沐澗山、陽落山、水峪山、方山、栲栳山、碗子城山、十二迴山、明月山、金織山、雲巖山、柏山、青山、西釜山、玉陽山、五指山、王屋山、天壇山、藥櫃山、武山、陵山、琮山、猴嶺山、析城山、共山、白澗山、孔山、熊山、嵇山、天門山、六真山、温峪山、鳳凰山、覆釜山、貓兒山、紫金山、筆架山、太平山、黑洋山。

清《嘉慶大清一統志・河南・河南府一》 玉泉山、委粟山、大石山、周山、闕塞山、秦山、谷口山、八將山、北邙山、鳳臺山、太平山、雞頭山、轘轅山、景山、嵩山、箕山、崤山、天柱山、三塗山、伏牛山。

清《嘉慶大清一統志・山東・濟南府一》 廟山、洞山、歷山、函山、仙臺山、康王山、卧虎山、石固寨山、奎山、黄山、匡山、藥山、黄台山、鵲山、九里山、華不注山、鮑山、東陵山、樂盤山、龍盤山、湖山、雞山、危山、亭山、冶山、趙山、虎門山、女郎山、長白山、太湖山、于兹山、九龍山、鳳凰山、宿山、梓桐山、淄山、摘星山、原山、崑崙山、甲山、虎山、沖山、焕山、明山、浮山、米山、卧牛山、花山、四角山、馬公山、羅山、商山、太子山、通明山、崮山、雞鳴山、方山、郎公山、南黄山、青崖山。

清《嘉慶大清一統志・山東・兗州府一》 磁山、防山、昌平山、顔母山、尼山、女陵山、石門山、鳳凰山、鳳仙山、九頂山、雲山、接輿山、牟山、寧山、告山、靈山、連青山、牙山。

清《嘉慶大清一統志・山東・昌平府一》 平山、駱駝山、莊山、陰山、魚邱山、西山。

清《嘉慶大清一統志・山東・青州府一》 箕山、青山、雲門山、駝山、劈山、石膏山、神頭山、九迴山、金山、堯山、岳陽山、博山、牛山、甕山、瑶山、稷山、社山、商山、奎山、即女山、孤山、方山、黄山、喬山。

清《嘉慶大清一統志・山東・登州府一》 朱高山、羽山、九日山、密神山、崮山、龍山、石門山、田横山、丹崖山、蔚陽山、萊山、土山、黄山、迷雞山、義門山、白鶴頂山、盧山、岠嵎山、唐山、院山、鉅齒山、大方山、翠屏山、艾山、蠶山、百澗山、架旗山、銀山、霧雲山、張畫山、鳳喙山、雲屯山、羅山、觀山、倉山、鳳皇山、浮山、高麗山、天井山、雙山、芝山、火山、旌旗山、三螺山、豐山、駕山、著棋山、七子山、昌山、望石山、招虎山、召石山、成山。

清《嘉慶大清一統志・山東・萊州府一》 雄山、大基山、高望山、寒同山、陽邱山、黄山、斧山、六曲山、金泉山、三户山、文山、大豁山、之萊山、公沙山、天柱山、大澤山、明堂山、兩髻山、固山、嶕峣山、雲山、墨山、青山、溉源山、峽山、程符山、孤山、東山、青山、霍侯山、石臼山、徐山、靈山、蜈蚣山、大珠山、艾山、松山、王子山、天井山、四舍山、陰山。

清《嘉慶大清一統志・山東・武定府一》 于家山、久山。

清《嘉慶大清一統志・山東・沂州府一》 蒼山、金雀山、蓉山、層山、寶山、神峯山、首山、艾山、大柱山、湯山、九龍山、孔望山、石梁山、七茇山、羽山、蕭山、方山、箕山、由吾山、南城山、空沖山、焦原山、浮來山、定林山、檀特山、五山、箕屋山、壺山、箕山、七寶山、雲孔山、靈山、青山、五女山、敖山、紅山、兩縣山、嵩固山、魯山、臨樂山、飛娥山、具山、黄鵠山、長山、昔賢山、黄陽山、樓山、閭山。

清《嘉慶大清一統志・山東・泰安府一》 徂徠山、云云山、石閭山、亭亭山、梁父山、社首山、高里山、龍山、九女山、布金山、傲來山、泰山、孤山、塔山、石屋山、紫榆山、瀑布山、柱子山、鳳凰山、周王山、虎門山、狼山、金牛山、七佛山、陶山、巫山、鹿角山。

清《嘉慶大清一統志・山東・曹州府一》 菏山、清邱山、棲霞山、大陵山、文亭山、獨山、麟山、高平山、獨孤山、青山、景山、左山、箕山、青山、歷山。

清《嘉慶大清一統志・山東・濟寧州一》 緡雲山、彭子山、陽山、金鄉山、郗山、華林山、澮臺山、塔山、南武山、蒯山、遂山。

清《嘉慶大清一統志・山東・臨清州一》 大阜山、平邱山。

清《嘉慶大清一統志・陝西・西安府一》 終南山、龍首山、黄麓山、慶山、驪山、雞頭山、雲際山、白雲山、藍田山、阜兒山、王順山。

清《嘉慶大清一統志・陝西・鳳翔府一》 雍山、靈山、鷄冠山、紫金山、樓山、青峯山、橋山、岐山、梁山、太白山、終南山。

清《嘉慶大清一統志・陝西・漢中府一》 嶓頭山、梁州山、嵏公山、大巴山、米倉山、玉京山、牛山、漢山、寶頂山、金華山、龍崗山、中梁山、聽山、寶山、天臺山、王子山、天池山、立石山、玉映山、女郎山、華山、牛頭山、箕山、雲霧山、連城山、雞翁山、七盤山、桃林山、衙嶺山、九真山、馬盤山、白雲山、龍亭山、蒿平山、雞子山、石柱山、牛首山、白崖山、石碰山、寒泉山、興勢山、華陽山、女冠山、太白山、大龍山、鐵城山、午子山。

清《嘉慶大清一統志・陝西・榆林府一》 駝山、塔兒山、萬佛洞山、木碯神山、羊羔山、紅山、黑山、馬神山。馬鞍山。盤龍山、横山、牛心山、龍鳳山、赤木山、契吴山、白雲山、天池山、麻椿山、鳳凰山、瞭高山、白龍寺山、石盤山、龍眼山、筆架山、鳳頭山、五龍山、方臺山、天臺山、半坡山、水塞山、龍峯山、三山。

清《嘉慶大清一統志・陝西・興安府一》 青碌山、趙臺山、五峯山、魏山、鯉魚山、天柱山、鳳凰山、西城山、心山、高洞山、將軍山、牛山、白雲山、龍王山、藥婦山、化龍山、花池山、松子山、女媧山、錦屏山、馬鞍山、觀山、高王山、丫角山、靈崖山、浮雲山。

清《嘉慶大清一統志・陝西・同州府一》 黄堆山、紫陽山、飛浮山、壺梯山、石門山、將軍山、石樓山、武帝山、馬頭山、巍山、大象山、蘇山、横山、三累山、五池山、梁山。

清《嘉慶大清一統志・陝西・商州一》 商山、爬樓山、燕子山、棣花山、雞冠山、雞籠山、文筆山、白陽山、樓山、高車山、安武山、黑山、楚山、東巖山、熊耳山、白石山、大雲山、元武山、冢嶺山、陽華山、雙峯山、孤山、天臺山、天柱山、光照山、翠屏山、大山、象山。

清《嘉慶大清一統志・陝西・乾州一》 明月山、梁山、石門山、烈山、武陵山、盤道山、天堂山、高泉山。

清《嘉慶大清一統志・陝西・鄜州一》 櫻桃山、壽峯山、大槃山、爛柯山、燈高山、鄜時山、黄龍山、高山、雄兒山、印臺山、西山、石堂山、太子山、秦山、龍頭山、玉華山、野火山、龍尾山、香山。

清《嘉慶大清一統志・陝西・綏德州一》 嵯峩山、鳳凰山、雕山、合龍山、張家山、石佛山、高梁山、峯子山、白雲山、烽臺山、鐘樓山、筆架山、草塢山、官山、龍鳳山、砦西山、高原砦山、火燒山。

清《嘉慶大清一統志・甘肅・蘭州一》 閻王溝山、柳溝山、白石山、皋蘭山、康狼山、樺林山、天都山、尖山、瓦埠山、黄峪山、九州臺山、松山、駝頂山、猪觜山、北巒山、白石山、嶽麓山、崆峒山、抹邦山、十八盤山、碧井山、翠屏山、煤山。

清《嘉慶大清一統志・甘肅・平涼府一》 石馬山、翠屏山、壽星山、可藍山、大統山、馬屯山、天壇山、樺嶺山、王母山、海龍山、隴山、齊山、華尖山、湫頭山、白崖山、飛鳳山、美高山。

清《嘉慶大清一統志・甘肅・慶陽府一》 馬嶺山、寡婦山、太白山、第二將山、白於山、子午山、豐峙山、南山、錦屏山、尖山、大方山、青山、羅山、烏崙山、雲寂山、五掌山、鳳凰山、畫石山。

清《嘉慶大清一統志・甘肅・寧夏府一》 賀蘭山、卑移山、黑山、石觜山、麥垛山、西瓜山、黄草山、老虎山、馬鞍山、磁窑山、居中山、狼山、三山、金積山、長樂山、蠡山。

清《嘉慶大清一統志・甘肅・甘州府一》 雪山、臨松山、祁連山、合黎山、甘峻山、石峽口山、焉支山、石觜山、龍首山、紅寺山。

清《嘉慶大清一統志・甘肅・涼州一》 青山、松山、天梯山、青巖山、姑臧南山、車輪山、西山、第五山、蘇武山、阿嚕山、黑山、來伏山、伊伯勒山、炭山、南山、燕支山、金山、馬蹄山、黑松林山、黄羊川山、柏林山、西山、白嶺山、萬花山、平頂山、棋子山、仁壽山、琵琶山。

清《嘉慶大清一統志・甘肅・西寧府》 峽口山、紅崖子山、積石山、拔延山、雪山、土樓山、日月山、金山、養女山。

清《嘉慶大清一統志・甘肅・涇州一》 筆峯山、兼山、錦屏山、五馬山、烽臺山、斷萬山、五龍山、銅城山、鳳山、唐毛山、蒼山、保巖山、隱形山、書臺山、東山、玉山、雞頭山。

清《**嘉慶大清一統志・甘肅・秦州一**》　龜山、石門山、吴砦山、麥積山、改龍山、燕子山、秦嶺山、翠屏山、雲臺山、筆峯山、寶峯山、木門山、黑谷山、鐵堂山、天靖山、刑馬山、壽山、斷山、九龍山、夕山、長山、黑龍山、八龍山、大陽山、大隴山、隴山、青巖山、石洞山、筆架山、牛頭山、月臺山、臥虎山、寶蓋山。

清《**嘉慶大清一統志・甘肅・肅州一**》　觀音山、祁連山、文殊山、崑崙山、白城山、崆峒山、鵝頭山、石硤山、合黎山。

清《**嘉慶大清一統志・湖南・常德府一**》　木瓜山、善德山、古城山、霞山、塔山、平山、高吾山、善濟山、長坡山、陽山、大龍山、風門山、聞山、穿石山、焦林山、闞下山、靈巖山、方山、軍山、金牛山、龍陽山、浪山、寶臺山。

清《**嘉慶大清一統志・湖南・永州府一**》　萬石山、香零山、陽明山、鴉山、永山、羣玉山、鷄冠山、石城山、小石城山、戴花山、西山、陽和山、焦山、石角山、歸山、龍山、苦竹山、樂山、雙童山、韓家山、排城山、鳥塘山、石榴仙山、石燕山、四望山、祁山。

清《**嘉慶大清一統志・湖南・桂陽州一**》　鹿頭山、龍渡山、芙蓉山、石門山、大湊山、毛壽山、藍山、九鼎山、壇山、金山、巖塘山、東雲山、筆架山、金城山、羅城山、方山、五馬山、華陰山、舜峯山、桐柏山、章山、韓張山、金榜山、百疊山、天馬山、鳳冠山、都山、九疑山。

清《**嘉慶大清一統志・湖南・靖州一**》　鶴山、五老山、九疊山、白油尖山、鴻陵山、侍郎山、壽桃山、青羅山、龍井山、飛山、香爐山、九龍山。

清《**嘉慶大清一統志・湖南・鳳凰廳一**》　奇峯山、升觀亭山、青雲山、白楊山、南華山、西樓山、官禁山、黄山、鳳凰山、紫雲山、東山。

清《**嘉慶大清一統志・四川・成都府一**》　昇仙山、學射山、宋興山、天回山、六對山、應天山、宜城山、大墓山、兩岐山、五龍山、陽平山、三學山、望蜀山、昌利山、龍門山、繁陽山、麗元山、赤岸山、登高山、趙公山、平樂山、聖母山、青城山。

清《**嘉慶大清一統志・四川・重慶府一**》　塗山、屈賓山、沱江山、霖峯山、南坪山、仙女山、縉雲山、逾越山、四面山、白崖山、雲篆山、珞黄山、龍登山、固城山、寶鼎山、鼎山、綾錦山、女仙山、龜停山、君井山、聖威山、石佛山、華蓋山、馬驍山、白君山、樂温山、三峯山、銅鼓山、牛心山、巾子山、長壽山、雲臺山、英井山、同心山、鐵山、計都山、桂山、六贏山、龍透山、聖燈山、葛山、小銅梁山、龍門山、井山、寶頂山、三華山、五桂山、高山、龍崗山、望鄉山、王來山、壁山、釣魚山。

清《**嘉慶大清一統志・四川・保寧府一**》　靈山、盤龍山、文城山、重錦山、青崖山、馬頭山、閬中山、眉山、玉臺山、天目山、大方山、白鶴山、紫陽山、馬鞍山、大獲山、雲臺山、小錦屏山、九龍山、玉女山、陽門山、方山、離堆山、盤龍山、禹跡山、南山、龍靈山、九子山、藺登山、依山、鳳凰山、雪山、龍福山、二郎山、烏奴山、天臺山、石燕山、金山、潭毒山、木寨山、龍門山、鳳嶺山、五峯山、長平山、牛頭山、人頭山、九曲山、木馬山、九里山。

清《**嘉慶大清一統志・四川・順慶府一**》　鶴鳴山、諸葛山、請雨山、朱鳳山、清居山、龍城山、金泉山。

清《**嘉慶大清一統志・四川・敘州府一**》　東山、登高山、七星山、朱提山、乳洞山、小黎山、大黎山、石城山、夷牢山、天倉山、統山、定誇山、赤崖山、洞山、仙侶山、翠屏山、師來山、赤崖山、桂叢山、汪泉山、可峯山、商山、迎祥山、石門山。

清《**嘉慶大清一統志・四川・夔州府一**》　白帝山、赤甲山、白鹽山、麝香山、七曜山、慈容山、九盤山、臥龍山、陽臺山、巫山、千丈山、石城山、飛鳳山、大梁山、石峯山、漢城山、馬嶺山、黑象山、南山、羊飛山、西山、天城山。

清《**嘉慶大清一統志・四川・雅州府一**》　雅安山、周公山、嚴道山、對崖山、玉寶山、蒙山、翠屏山、七盤山、金鳳山、月心山、大幕山、官帽山、白馬山、五花山、韓山、觀坪山、小坪山、香爐山、高峯山、佛鼻山、香燈山、中峯山、雲臺山、梨山、鐵山、門檻山、横巖山、聖燈山、名山、蓮花山、隴西山、百丈山、泉池山、棲霞山、黄龍山、化城山、石城山。

清《**嘉慶大清一統志・四川・潼川府一**》　東山、留使山、黄龍山、雲頂山、牛頭山、望川山、龍頂山、三臺山、長平山、天柱山、東武山、金紫山、女徒山、五城山、元武山、火烽山、銅魚山。

清《**嘉慶大清一統志・四川・酉陽一**》　龍山、火山、荷敷山、唐店山、酉陽山、巴慣山、隘山、黄牛山、壽山、白崴山、高秀山、狼山、羽人山、斑竹山、梅子關山、武陵山。

清《嘉慶大清一統志·四川·敘永廳一》 天馬山、獅子山、青龍山、寶真山、土保山、西珠山、雪山、秀林山、木案山。

清《嘉慶大清一統志·新疆·哈密》 天山，在哈密城北一百二十餘里，時又名折羅漫山。

清《嘉慶大清一統志·新疆·吐魯番》 天山，一名祁連山，一名雪山，一名白山，一名折羅漫山。西域中幹，以天山爲總名。東西三千餘里，南爲回部，北爲準噶爾部。自喀什噶爾之北迤東而行，經烏什、阿克蘇、庫車、喀喇沙爾、吐魯番之北，又東行入鎮西府界，至塔勒納沁而止界，曰天山。層峯疊翠，隨地異名，蓋以百數，其最著者，自葱嶺分支東六百里，爲喀克沙勒山。又東六百里，爲薩瓦布齊山。又東三百里，爲木素爾山。木素爾，謂雪也。又東四百里，爲漢騰格里山，漢騰格里，謂天也。又東五百里，爲納喇特嶺。又東北三百里，爲額布圖嶺。又東三百里，爲哈屯伯克連山。又東南五百里，爲阿拉葵山。又北一百里，爲博克達山，在吐魯番西北境。又東六百里，入哈爾鎮西府。

清《嘉慶大清一統志·新疆·喀什噶爾》 葱嶺，在喀什噶爾西，一名極疑山，天山來脈也。連岡疊嶂，數百餘里。起伏迤邐，高者上薄霄漢，爲西域西境之屏障。今喀什噶爾、葉爾羌正西一帶諸山，皆是也。喀什噶爾河、葉爾羌河，皆發源於此。其間土名隨地而殊，於古總謂之葱嶺云。

清·檀萃《滇海虞衡志》卷一《志巖洞》 桂山之奇，宜爲天下第一，謂其峯無延緣，平底突起，玉筍瑶簪，森列無際。山皆中空，下多巖洞。

清·陳蔚《齊山巖洞志》卷一 齊山在池州府城南三里許，高四十尋，周圍十里，三面臨湖。有峯十餘，其高相等，故名曰齊。一云唐齊映刺池州，有善政，因以姓名其山。至會昌中，杜太守牧嘗於九日登高賦詩，而山益顯明。黄石齋道周欲改爲池山，而齊之稱卒不可易。

又 王哲《齊山志》： 東西廣三里，上有十餘峯，其高四十尋，周殆十里。其西直郡之譙門，距城十餘步。其高等，故曰齊山，或謂此山因唐刺史齊映有善政，故名焉。山分三面濱湖，巖洞三十有二。

又 王哲《齊山洞天記》： 齊山如卧虎然，首於申，尾於寅，延慶院南向據其胸也。其棟宇横架，巖石林麓閒望之，麗若畫圖，爲是邑名山之勝也。

又 唐樞《游齊山録》： 池州府通遠門外度湖隄五里入齊山。山高不踰三十仞，秀石峯衍，布以千計，參差上下，圜鋭翔伏，疏密竅突，巾巖洞種種異狀不下百數。

清·陳蔚《齊山巖洞志》卷九《朱鳳頒遊齊山記》 出池郡之南郭門，歷湖心長隄三四里許有齊山。山自南來，高高下下，且斷且聯，幾透迤突起。此山其形如卧，高不十數仞，土少，膚骨皆石，極嵌空玲瓏之致。北踞大湖，巉然如斧鑿痕，周山不滿十里，而幽巖邃洞以三四十計。

清·陳蔚《齊山巖洞志》卷一一《張定陽又來堂》 步出城南門，長隄柳如黛，藹藹見翠微，迥與塵埃背。有山號齊山，嶙峋絶羣隊，山體瘦而狂，桀然挺骨槩。或如蹲獅象，或如懸劍鎧，側足問黄輿，何爲紛磊塊。磊塊起何年，虚空無罣礙，山因刺史名，山在齊亦在。

清·陳蔚《齊山巖洞志》卷一四《胡昱重修翠微亭記》 池之齊山距郡城四里許，在大江上游，無塵坌喧囂之雜。岡巒崒嵂，石磴參差，上摩霄漢，下繞陂阤。巖洞三十有二，而竅窟谽谺，莫能測其底藴。東望則九華巍然，南對則六峯巀然。彪狳麋兔産焉，松檞梧櫝生焉。西接乎闉郭，北瀕乎清溪。廣道爲衢，甃石爲梁，沙汀蘆苙，沼汊禽鱗。至於奇花壽竹之異，佛廬仙跡之勝景佳麗不可具狀。

清·陳蔚《齊山巖洞志》卷一五《小九華峯》 《洞天記》： 有紫微亭北至小九華峯，峯巒聳拔，九華之勝也。

錢時《齊山游記》： 歷寄隱過小九華，瑰怪刻削，環向錯立，拔地劖空，參差跬步。

桂鏊《游齊山記》： 漫巖北數步，無底洞東，峯巒峭拔，肖九華之勝小九華。

《田志》： 小九華在九頂洞北約四五十步，奇峯數十，削立秀挺，宛如琪樹瓊葩，瑶篸玉笋，高下呈露，類九子山，故名。

慎蒙《游齊山記》： 九頂洞又百步許陟小九華，則羣石森立，高下參差，其數與九華等，故以九華名。

吴子玉《游齊山記》： 蓮花池繞而上至山脊，東數百步，闖然羣石簇起，似槍似棓似枅似楹似杵，擁腫者挺立者，高不過三四尺許，然百狀賅在，所稱小九華峯也。

又 陳蔚《重建小九華亭記》： 九華，池陽名山也。距九華七十里而近有齊山，多怪石如猛獸奇鬼，起落隱伏，多在山腹中，故九華以峯勝，齊山以巖洞勝。面目自真不可強而合也。

清·陳蔚《齊山巖洞志》卷一八《武調元重修上清巖亭記》 池郡多嶙峋奇峭之峯，惟齊山一望悉平，及繞而登之，遍歷奥境，又見絶壁懸崖，千變萬狀，其碧入雙眸豁人胸次者深藏於中，而遠觀者未識也。山之陰有湖北通大江，萬頃涵虚，中横一隄，繞於山麓，履仙人跡，由雲梯而陟巔。夫雲梯者，石級也。旁列石洞數窟，俱無斧鑿痕，天若爲雅君子闢奇境焉。

清·陳蔚《齊山巖洞志》卷二〇《劉紹桓游齊山》 齊山亦何奇，勝景在山腹。古洞藏虬龍，懸崖飛蝙蝠。冒險入重雲，乃見真面目。秉炬欲窮搜，山中越信宿。

清·李元《蜀水經》卷一 岷山連峯接岫，重疊險阻，不詳遠近。青城、天彭諸山之所環繞，皆古之岷山。青城，乃其第一峯也。《元和記》曰：「岷山去青城山百里，天色晴明，望見成都。此山之頂停雪，常深百丈。夏月融泮，江川爲之洪溢，即隴山之南首也。其高直上六十里，山有九峯，故名九頂。李宗諤曰：維州南界江城，岷山連頂而西不知其極北，望高山積雪如銀，東望成都若井底。」

又 《元和志》：青城山在蜀州青城縣西北三十二里。杜光庭《成都記》：岷山連峯接岫，千里不絶，青城乃其第一峯，此皆謂在灌縣者也。一在陝西之岷州衛，衛本漢隴西縣地，西魏置溢樂縣，今衛治即其故城。《括地志》：岷山在岷州溢樂縣南，連綿至蜀幾二千里，皆名岷山。

又 玉壘山在縣(汶山縣)東三百里，衆峯叢擁，遠望無形，惟雲表崔嵬。稍露之山石，瑩潔可爲器，即碔砆之類。唐貞觀翖闢，其下名七盤關，亦名玉壘關。

清·李元《蜀水經》卷二 灌口山迄千頃山，五百里間兩崖壁立，瀑布飛流十里，而九昔人以爲井陘之地。

清·李元《蜀水經》卷四 烏尤山，岷江流繞，其下爲三江會流處，中有洲爲黑水尾，亦名青衣山。岑參詩引曰：青衣山在大江中，屹然迴絶，巖壁蒼峭，周廣七里，長波四匝。

又 赤巖山謂之朝陽巖，色赤如霞。

清·李元《蜀水經》卷五 江水又東北經王坪山。巖高十餘丈，壁鐫「九龍灘」三字，灘在江心，九石翹首，其狀如龍。

又 五斗山，峯高溪邃，林木茂森，亭午始見日光。兩岸多柱，溪水出焉，故爲桂溪。下滙爲御史潭，流經墊江縣地。墊江之容川、桂溪二故縣以此水名也。

清·李元《蜀水經》卷七 江水又折而東南經笠筱山。笠筱山下有灘，聲如笠筱，亦名驅熊山，灘聲如熊也。

又 江水又東經天柱山。《入蜀記》曰：蝦蟆碚稍西有一峯，孤起侵雲，名天柱峯。

自此山勢稍平，然江岸皆大石堆積彌望，正如濬渠積土狀。

清·李元《蜀水經》卷八 邛崍山，今名象鼻山，俗呼相嶺，云武侯征蠻之道，蓋象相音訛而附會也。漢朱輔上疏曰：「白狼王唐叢等慕化歸義，路經邛崍，大山零高坂峭危，峻險百倍岐道。」《華陽國志》曰：邛崍山巖阻峻，回曲九折乃至山上。凝冰夏結，冬則劇寒，王陽行部至此而退者也，有長嶺苦楝八度之難，陽毋閣之峻。

又 涐水又東經避瘴山。山有二硐，一燥一濕，每夏秋之際，嵐瘴欲發，有飛鳶羣集洞中，至立冬前後瘴已乃出。土人以鳶爲候相率移避於此山，在清溪縣之消瘴堡。唐初運道由陽山江而達大渡，盛夏地苦瘴毒，輦夫多死，是清溪之瘴由來久矣。

又 龍門山，即峩眉山之龍門也。兩巖峭壁，天餘一線，瀑布飛泉直下百餘丈，瀦爲深潭。范成大游此，以爲天下峽泉第一。水中有石似玉，故名。

又 蒙山，亦名五頂山，在名山縣西十五里。山有五頂，形如蓮花五瓣，其中頂最高曰上清峯，署間一坪，袤一丈二尺，廣二丈有餘，茶樹八株，不長不滅。

又 五峯山，峯巒五起，惟月珠二峯爲勝，前峯如珠之聯，後峯如月之吐。

又 沫水又東經九盤山。山有丈人峯，巨石峭拔，如人立狀。沫水東經玉屏山，山立如屏，高可百丈，下爲鹽泉鎮。

清·李元《蜀水經》卷一一 《寰宇記》曰：銅盤山在縣(五城縣)西北二十里，北接雒縣，南接新都，山形如盤。

又 沱江又南經豕石山。山踞江如豕，其下爲牛腹渡。

又 沱江又西經淩雲山，山在城西一里，峯巒巀嶪，山頂落日獨遲，夕照可愛，産青紫石，可爲硯。大江前横一峯突兀，爲士人登臨勝處。

又 方山亦名雲峯山，亦名回峯山，頂有巔池，周圍一里，龍潛其中。

又 牛口山形勢自威遠衍迤而來，起伏數百里，特起峯巒，巖石稜立，溪水經其下，交絡縈紆，爲縣北名勝。

清·李元《蜀水經》卷一三 衮山亦名鳳院山，中有風洞，下視如井，有風自下而上，冷氣襲人。《名勝記》曰：山頂有鳳凰臺，鳳凰棲其上。有龍馬槽石，形隱如龍鱗之狀。宋郡守吳幾復詩云：蒼石皺紋龍脊在，清泉涵泳海源通。

清·李元《蜀水經》卷一四　三角山，亦名小巫山。有十二峯，蓮花峯爲秀。洞高百丈，内處千人，外有深淵環之。《勝覽》曰：十二峯在難江縣北四十里，馬盤灣巉巖聳秀，最爲奇觀。有客題詩曰：插立翠屏峯十二，爲君喚作小巫山。

清·李元《蜀水經》卷一五　涪江又南經壁山。壁山黄羅巖高十餘丈，勢甚陡峭，巖上大石寬二丈許，坦平如砥，其色黄，謂之黄羅帳。

又　梓水又南爲白馬河，經獨坐山入涪。獨坐山周一里，高百尺，南枕涪梓，卓然孤峻，如人之巍然獨坐也。

清·李元《蜀水經》卷一六　連天山迴旋曲折，高聳參天。湔綿二水之會即東晉綿水縣故城。綿入湔，湔入江，湔自受綿之後亦通名。

清·張穆《蒙古游牧記》卷一　那哈太山，一作納哈台坡，八十里接右翼前旗界，旗東六十五里有烏蘭峯。

又　木勒推山，一作磨爾托山，二百六十里接右翼前旗界。旗東北八十里有大牢古山，蒙古名布古特。百四十里有榆木山，蒙古名海喇蘇台。百七十里有綽爾海山。

又　濟山。山延袤數百里，其西麓臨大漠，東北與齊齊哈爾城相近。注互見車臣汗部左翼前旗下。《朔漠方畧》：康熙三十四年，黑龍江將軍薩卜素奏言：臣遵諭，徧歷陰山前後，惟索岳爾濟山高大，頗得形勢，擬派官兵，自盛京、烏喇，墨爾根三處，掘井以待。嗣後，若索岳爾濟山之東北，枯倫貝爾等處有警，臣即先進兵。

又　索岳爾濟山，二百里接烏珠穆沁左翼界。旗北六十里有神山，二百里有火山，蒙古名葛爾齊老。旗北二百里有落佗河，源出葛爾齊老山，東流入洮兒河。有佗新河，源出卓索台山，東流入札賚特旗界。

又　慶哈山，二百里接黑龍江界。旗東北二百里又有落佗山。

又　木勒推山，二百三十里接右翼中旗界。旗西北八十里有喀喇阿吉爾罕山。百八十里有魁勒庫山。

又　塔爾霸勒吉山，二百七十里接黑龍江界。旗東北百七十里有阿禄岳堪山，二百里有阿敏山，蓋以所部之祖氏其山矣。

又　榛子嶺，蒙古名嘉朱温都爾，在喜峯口東北千五百七十里。

清·張穆《蒙古游牧記》卷二　巴彦喀喇山。總傳駐左右翼界内。《熱河志》案：遼澤州治神山縣，縣以山名。《遼志》謂：山在縣西南，攷神山在今平泉州治，當時縣治又在神山東北，近倚州治，是遼澤縣城。當在今平泉州治北喀喇沁札薩克公旗界。自是以南至邊城外，皆爲神山縣地，其州屬西南境，所届頗遠。《金史·太祖紀》：既取中京，遂下澤州，旋降北安州，是中京之南，即澤州。澤州之西即北安州，今平泉州屬南境，及承德府東南境，皆澤州地也。宋王曾上契丹事，自鹿兒峽館，過蝦蟆嶺，九十里至鐵漿館。自鐵漿館過石子嶺，自此漸出山，七十里至富谷館。自富谷館八十里至通天館，二十里至中京。《熱河志》案：鐵漿館在平泉州境内。富谷館在平泉州東北境内。《元一統志》載大寧路古蹟曰：富谷有站。宋范鎮《行富谷道中》詩云：路回山陡轉，沙漫水平流。蘇頌《富谷館書事》詩有云：沙底暗冰頻踠馬，嶺頭危徑罕逢人。自注：道路冰凍多在沙底，彼人謂之暗冰。

又　什巴古圖山，三十里接柳條邊。旗南十里有達離山，蒙古名庫特古爾多和碩。

又　哈特哈山，舊作海陀哈山，亦名旱龍潭山，《會典》作居烏蘭陀羅海山，在喜峯口東北八百二十里，大堤河發源於此。

又　訥呼遜山，九十里接左翼界。旗東十三里有密達木山，四十里有五鳳山，蒙古名塔木陀羅海。三十里有蓮花山，七十里有柏山，亦名烽臺山。山有十六峯，盤鬱四十餘里。山頂有遼安德州城廢基，斷井頹垣，猶可辨識。山半有遼靈巖寺舊址。《元一統志》：興中州南三十里，縣亘柏山。《熱河志》案：靈巖寺碑，有里人施烽臺山，四面隙地之語。知遼時本名烽臺山。三座塔城内，有元安思道大通法寺上下院，地産碑。稱北至柏山，是柏山之名，至元始著也。八十里有麝香山，蒙古名翁額勒庫。《遼史·地理志》：興中府有麝香崖，天授皇帝刻石在焉，今不存。旗東三十五里有石雞河，蒙古名格爾庫爾台。源出五鳳山，西北流，會什巴爾台河。八十里有翁額勒庫河，源出翁額爾庫山，東南流至清河邊門之西，入義州境，名北清河，又東南流入大淩河。

又　魏平山。六十里接柳條邊，旗南七十里有遼安德故城。案：今朝陽縣東南柏山上有廢城址。城外古井旁有遼乾統八年安德州靈巖寺碑，爲朝請大夫守殿中少監、知安德州軍州事耶律劭撰。知即安德故城，故《遼史·地理志》：安德縣析霸城東南户置，霸城即興中府，爲今朝陽縣治。此城正居其東南，與

《遼史》合。旗南五里有臺圖山，三十里有平山，一名神應山，蒙古名蘇巴爾噶圖，三十餘里有努祿拉呼山，亦名駐龍峪。《遼史》「興中府有駐龍峪」即此。六十里有哈札噶爾山，七十里有阿爾札噶爾山。旗南三十里有袞齊老河，源出石塔山，東南流入義州境，爲柳河川河，又東流入大淩河。五十里有水獺河，蒙古名哈柳圖，源出蘇巴爾噶岡，南流逕托羅克台山，入小淩河。有女兒河，蒙古名鄂欽，東流至新臺門北六十里，入錦縣境，東南流入小淩河。

清·張穆《蒙古游牧記》卷三　察罕河，百二十里接喀爾喀左翼界。旗東南五十里，有固爾班喇呼山。八十里有大黑山，蒙古名巴延喀喇。百四十里有博羅輝博羅溫都爾山，與土默特右翼之波羅輝波羅溫都爾山別。旗東南百里有烏蘭哈達，與土默特右翼之烏蘭哈達別。旗東南六十里有察罕泉。

又　察克達山，三百四十里接科爾沁左翼界。左翼東北九十里有屈劣山，蒙古名布屯華陀羅海。《遼史》：上京有屈列山。

清·朱緒曾《昌國典詠》卷一　定海山。《寶慶四明志》：「舟山去縣五里，趨城由此塗出。」【略】昌國縣東西五百里、南北三百里，西南至州驛三百五里。舊志云然。然海面際天本不可以里計也。東五潮至西莊石馬山與高麗國分界。南五潮至隆嶼與象山縣分界。西一潮至交川山與定海縣分界。北五潮至大磧山與平江府分界。東南三潮至韭山與象山縣分界。西南二潮至三山與定海縣分界。東北五潮至神前壁下與海州分界。西北三潮至灘山與秀州分界。《大德昌國州志》：舟山在州之南，有山翼如枕海之湄，以舟所聚，故名舟山。

又　鎮鼇山。《寶慶四明志》：縣廳，鎮鼇山下。山自北來，爲龍峯，蜿蜒南走屹爲一小峯，縣治據其麓。

又　大椎山。《大德昌國州志》：大椎山，即州治照山，儼若屏障，在前四望，其形如一州民，卜居者面此山爲風水。

又　雙髻山。《大德昌國州志》：「雙髻山，州之最高者，距州治僅十里。層巒聳結，宛如雙髻。」《舟山志》：突兀而起，曰雙髻山，二峯如髻，矗立天表，特出羣嶂。衆山羅列城之四出，諸山環繞，起伏咸所出也。

又　雲嶼山。《大德昌國州志》：雲嶼山與竹嶼山對峙。竹嶼山，見竹山門。山勢稍崇，雲氣常滃鬱附潮而下者，由此謂之雲嶼門。

又　盤嶼山。《大德昌國州志》：盤嶼山與竹嶼山相左右，中有一小聚落，田可耕，海可煮，編亭置竈於内，以其山勢環擁，故曰盤。

又　册子山。《乾道四明圖經》：册子山在縣西北二百五十里。《寶慶四明志》：册子山在西北。《大德昌國州志》：金塘鄉有二册子，一在岑江背，一在海西。又《册子渡海防書》：海上諸山分別三界。黄牛山、馬墓、長塗、册子、金塘、大榭、蘭秀、劍山、雙嶴、隻塘、六横、韭山、壇頭等山爲上界。灘山、滸山、羊馬蹟、兩頭洞、漁山、三姑藿山、徐公、黄澤、大小衢、大伕頭等山爲中界。花腦、求芝、絡華、彈丸、東庫、陳錢壁等山爲下界。率皆潮汐所經，倭寇必由之道也。《定海縣志》：册子山圖有大嶴浦、白雲寺、亂石浦。又云：烏屙山離縣西約五十里半，洋礁一名碗盞礁在横水洋之半。册子山離縣西約八十里。定海金塘相爲對峙中，隔水大洋册子居中以塞北洋之水。其東岑港近内地，其西爲西堠門，當大洋。其東南桃夭門有桃花女山，爲檣烏棲泊之所。

颿飛鳥屙半洋腰，册子山形壓巨潮。亂石浦開禾稻熟，釣船峰簇泊桃夭。

又　鐵杵山。《開慶四明續志》：招寶山帶東北取烈港山一潮可到。傍近有七里嶼、鐵杵山，每有風潮海浪皆衝激而上。明嘉靖《浙江通志》：鐵杵山西南童山首尾大而腰細，横臥海中如杵然。《定海縣志》：搗杵山離縣西約一百二十里。按：鐵杵山即搗杵山，今舟人訛爲老鼠山。又指其南茆山爲貓山。《乾道四明圖經》：小茆山在縣西南海中二十里。茆山在縣南二百二十里。

又　大箬山。《乾道四明圖經》：大箬山在縣南二百五十里。《寶慶四明志》：大箬山在南。又《郡志》：至昌國縣乘西南風，不待潮，徑至舟山頭登岸，風不順泊大小謝港口，或大小茅山候潮回方行。《大德昌國州志》：大箬山在南，一作大謝。【略】《籌海圖編》：大謝山離後所城二里，南臨黄埼港北，由大貓海洋至金塘鹿山，最居險要，乃先年起遣地方也。

又　桃花山。《乾道四明圖經》：桃花山在縣東南一百二十里。耆老相傳安期先生學道煉丹於此，嘗以醉墨灑於山石上，遂成桃花紋，奇形異狀，宛若天然，人多取之以爲珍玩，故山號桃花。【略】《寶慶四明志》：桃花山在東南。【略】《乾道四明圖經》：崑斗山在縣東南三百五十里，登部山在縣東南一百五十里。元吴萊《甬東山水記》：南望桃花、馬秦諸山，嵌空刻露，屹立巨浸，如世疊太湖靈壁，不著寸土尺樹，天然可愛。【略】《寶慶志昌國圖》：桃花、馬秦兩山皆屬縣境東南。【略】《定海縣志》：桃花山，縣東南一百二十里，周圍八十里，多産茶，田頗肥美。

又　順母山。《大德昌國州志》：順母山在海之東，山側有石形如牛，方外人謂石牛之口。按《寶慶四明志》:「石牛山在東」即此。

又 馬秦山。《乾道四明圖經》:馬秦山在縣東南四百里。《大德昌國州志》:安期鄉馬秦在東,馬秦山在海之東。【略】蓮花峰與馬秦山碧雲庵對峙,三石層出,如蓮花,上有佛腳跡、拄杖印、馬跡痕。山之四隅,各有小浮圖。地產草,一種名長生不死箭。

又 《乾道四明圖經》:黄公山在縣東南四百里。《大德昌國州志》:黄公山在海之南,峯極峭峻,絶頂有碣字。

又 塔嶺山。《大德昌國州志》:塔嶺山在黄公山之南。土人登山,嘗見老僧趺坐石上,因壘石爲塔以拜之。去嶺數十步,有石如婦人狀,春月多杜鵑花。

又 補陀洛伽山。《乾道四明圖經》:梅岑山,在縣東二百七十里。四面環海,高麗、日本、新羅、渤海諸國皆由此取道,守候風信,謂之放洋。【略】《寶慶四明志》:補陀洛伽山在東海中,佛書所謂海岸孤絶也。一名梅岑山,或謂梅福煉丹於此,山因以名。

又 《乾道四明圖經》:東藿山在縣東北海中,四面大洋上有虎豹龍蛇,人跡罕至。

又 《定海縣志》:梁鴻山離縣東約六十里,山頗雋秀,觸處皆可賞玩。

清·朱緒曾《昌國典詠》卷二 蘭山。《乾道四明圖經》:蘭山在縣東北三百里。《寶慶四明志》:蘭山之蘭,緑葉紫莖。【略】又案:蘭山有三。《寶慶四明志》:西蘭山在南,蘭山在東,南蘭山在東北。《大德昌國州志》:西蘭山在南,蘭山在東,東蘭山在東北。《定海縣志》:蘭山有二,一離縣西約九十里,近金塘山,一離縣東北約五十里,近馬嶴。《定海縣志》:合蘭秀山爲一圖,秀山包其外,蘭山綴其中,旁有東劍山、西劍山,險削如劍,此在東北之蘭山也。

又 佛嶼山。《大德昌國州志》:佛嶼山在秀山上,有一峯表表特立,望之儼如丈六金身相,旁睨如背負一小佛,狀甚怪。

又 岱山。《乾道四明圖經》:西岱山在縣西北二百四十里,東岱山在縣北二百五十里。

又 《大德昌國州志》:錐砧山屬岱山,北海至險處,以山之形名。之中有磁石。【略】山多磁石。

又 高敔山。《大德昌國州志》:高敔山在州之岱山東南。《藏經》云:東海有山名曰高敔,乃娑竭龍王所居之地。

又 朐山。《乾道四明圖經》:西朐山在縣北四百里,耆舊相傳爲仙人所居。東朐山在縣東北七百里,耆舊相傳爲仙人所居。《寶慶四明志》:蓬萊鄉三村:岱山村、朐山村、北界村。

又 石門山。《大德昌國州志》:石門山在州東,通陸,迥絶處名極樂嶼。下瞰滄海渺無涯際,旁有兩山對峙如門。

又 石弄山。《乾道四明圖經》:石弄山在東北九百五十里,山石玲瓏,東西相懸,人可出入。《寶慶四明志》:石弄山在東北,山石玲瓏,故名。

又 大洋山。《乾道四明圖經》:大洋山在縣北九百里。《寶慶四明志》:大洋山在北,洋山在東北。大德志同。又云:石首魚三四月業海,人每以潮汛競往採之。【略】又春魚似石首而小,每春三月業海,人競往取之。

清·張聯元《天台山全志》卷一《形勝考》 天台山高一萬八千丈,週迴八百里。山有八重,四面如一,復有四門。智者大師以赤誠爲南門,以新昌石城爲西門。徐靈府又以剡縣金庭觀爲北門。

清·張聯元《天台山全志》卷二《山》 天台山,爲諸山之總稱。按陶洪景《真誥》云:天台山高一萬八千丈,周圍八百里,山有八重,四面如一。《十道志》謂之頂對三辰,或曰當牛女之分。上應台宿,故曰天台,一曰大小台,以石橋大小得名,亦號桐柏棲山。《登真隱訣》曰:大小台,處五縣中央。顧野王《輿地志》云:天台山一名桐柏,衆嶽之最秀者也。徐靈《府記》云:天台山與桐柏接而少異。《神邕山圖》又采浮屠氏説,以爲閻浮震旦國極東處。或又號靈越,孫綽賦所謂「託靈越以正基」是也。《抱朴子》内篇云:諸山不可煉金丹,以其皆有木石之精。惟太華、少室、縉雲、羅浮、大小台正神主之可以修煉,靈敞詭異,爲天下巨觀。

又 赤城山,在天台縣西北六里,一名燒山,又曰消山。石皆霞色,望之如雉堞,因以爲名。山之麓有巖,極深廣。晉義熙初,僧曇猷造寺號中巖,齊僧慧明復就塑一佛像,名臥佛。其上又有巖二,曰結集,曰釋籤。蓋灌頂湛然,遺跡也。西有玉京洞,北有金錢池,絶頂有浮屠七級,梁岳陽王妃所建。下有洗腸井,上有仙人井,飛流噴沫,冬夏不竭。支遁《天台山銘序》云:往天台山,當由赤城爲道。而《神邕山圖》亦以赤城爲台山南門。張亨鈹云:赤城山,仙史載茅司命所治,爲第六洞天。萬山青翠,此獨赭面如霞。從縣小西門出門外,即赭溪。溪色類丹砂,兩岸草木輝映,景便明麗。至下巖,翠竹叢翳,青染人衣,屋緣洞設，楹向明開，巖中滴水，涼沁心脾。曲折登上巖，亦有徑竹拂雲。洞前一樓，便於眺覽。

又 金墩山，乃赤城山南行支壠，盤曲邐迤，與赤城輝映。

又 桐柏山，在赤城山北十里，七十二福地之一，由青溪迤北而入嶺。路九折至洞門，一望佳景豁然，道觀屹處其中。唐司馬承禎隱此。《舊圖經》云：周靈王太子晉主金庭治桐柏山，即此也。按：此山爲中桐柏，洞門之陰有透瓶泉，泉甚寒洌，盛以錫瓶，則津津然滲漏於外。

方瀛山，由桐柏北上，一峰可五里許。上有平田十餘畝，間以陂池。前眺蒼峯，後即雲蓋峯。唐長慶中徐靈府居此。因賜今名。

九峯山。《徐靈府小録》云：瀑布寺前有九峯，蓋台山之枝幹，舊名九礱。王羲之與支遁遊焉。唐天寶六年改九峯神邕。

又 司馬悔山，在天台縣北一十三里，第十六福地。司馬承禎應召至此而悔，因以爲名。又《雲笈七籤》載：司馬悔山在天台山北，李明仙人所治之處。山在天台、新昌二境間。又有司馬悔橋，在新昌東南四十里，亦因司馬承禎被召至此而悔故名。

又 鷓鴣山，在天台縣西北四十五里，常有鷓鴣鳴，故名。

又 石橋山，在天台縣西北六十里，兩山相並連亘一百里。舊傳五百應真之境有石梁架兩崖間，龍形龜背，廣不盈咫。其上雙澗合流，洩爲瀑布，西流出剡中，下臨萬仞，飛泉回射，危滑欹側，狀如橫虹，且多莓苔，甚滑，過者目眩心悸。

又 瀑布山，一名紫凝山，在天台縣西四十里。有瀑布垂流千丈，與國清、福聖二瀑爲三，其山出奇茗。

又 千佛山在天台縣西五十里。山麓有廣嚴寺。峰巒層疊，周圍佛刹，故名。

又 東横山，在天台縣東十里，狀如覆舟，故又名覆船山。四面迥絶，無所連接，即丹丘山也。【略】其山土色紅潤，頂方而闊，中多沃田泉水，雖旱不竭。《神邕山圖》謂爲台山之腳。其上坦夷，可三十頃。中有三泉，冬温夏洌。西有絹機巖，南有犀牛望月巖，北有雞籠石。上有賽雨壇，即曹法師祈雨處，有許真君廟在焉。

又 鳳凰山，在天台縣東十里。《志要》云：山形似鳳者三，故其地亦名鳳林。崖上有仙人掌跡，甚鉅。南有釣魚臺，及呂洞賓所遊之地，名爲呂道岸，其地夏日蚊蠅不入。所産艾草入藥最佳。

又 王愛山，在寧海縣西六十里，與天台分界。

又 金庭山。山爲天台華頂之西北門，在嵊縣東八十里。《夏侯曾先志》云：越有金庭桐柏，與四明天台相連。《靈寶經》云：上有桐柏合生，下有丹池赤水。《真誥》曰：桐柏山高一萬五千丈，周圍八百餘里，四面視之如一。其一頭在會稽東海際，其一頭入海中，是金庭不死之鄉，其山臺盡五色金也。《舊志》：山之西有小香鑪峯，南有卓劍峰，前有五老峯，後有放鶴峯，東有毛竹洞。洞口有竹，生毛，節覆一節。唐《裴通記》云：剡中山水之奇麗，金庭洞天爲最。小香鑪峯頂有金庭觀，即晉王羲之宅。有書樓、墨池遺蹟。

又 天姥山，在新昌縣東五十里，高三千五百丈，西連沃洲。其脈自括蒼山盤亘數百里而來，層峯疊嶂，千態萬狀。最高者名撥雲尖，次爲大尖細尖。其南爲蓮花峯，北爲芭蕉山。《後吴録》云：登此山者，或聞天姥歌謡，簫鼓之音，道家稱爲第十六福地。石壁上有題字，蝌斗形，高不可識。又有楓樹高十餘丈。從皇渡而東爲萬年石梁，從皇渡而西南爲關嶺。

又 沃洲山，在新昌縣東三十五里，山高五百餘丈，與天姥山對峙。道家稱爲第十五福地。

又 東茆山，去劉門山五里，一名遠望尖。

彩煙山，在新昌縣南八十里。山勢平衍，盤旋崺岈，四面皆崇岡峻嶺。居民雜處其間。

又 泄上山，在彩煙東南。從麒麟嶺度溪。溪潭淵渟紺澈，上數武開小谷口，有石嶺細嶺旋折而上，凡十餘盤，皆迴峰翳樾，流水縈濺，似無投足處。緣壁行數里，忽開豁爽塏，别有天地矣。巍巒對峙，遠岫插青，佛宇樓觀，幽敞深邃。又有奇花翠竹，峭石清泉，足以怡神曠懷。與華頂石梁相望。

清・張聯元《天台山全志》卷三《峰》 華頂峯，在天台縣東北六十里，寧海縣西南一百里，新昌縣東南一百里，天台第八重最高處。舊傳高一萬八千丈，周回八百里，少晴多晦，夏有積雪，可觀日之出入。中有洞，石色光明。登絶頂東望滄海，瀰漫無際，號望海尖。下瞰衆山，如龍虎盤踞，旗鼓布列之狀。草木薰郁，殆非人世。僧智顗與司馬承禎俱宴坐脩真焉。有葛元丹井、王羲之墨池、李太白書堂。台山峯巒崒嵂，猶如蓮華，此爲華心之頂，故名。

摘星峯，在華頂東北。

柏香峯，在華頂西，以多柏木故名。四望陰崖，垂磴萬仞。

通元峯，在華頂南，僧德韶嘗卓菴於此。

葛閬峯，在華頂南，寒風闕之上，長壽寺照山上有龍潭，亦多效靈。

大雷峯，大慈寺主山東，有蜜蜂洞。

玉筍峯，在銀山頂，號金箱玉印。

白雲峯，在太平興國寺側。

九折峯，在白雲峯東北五里，智顗宴坐立塲處。

八桂峯，在國清寺正北。

靈禽峯，在國清寺東北。

祥雲峯，在國清寺東南。

靈芝峯，在國清寺西南。

映霞峯，在國清寺西北。

清·陳其元《庸閒齋筆記》卷六 都甯山，山在縣東北三十里，高千餘丈。

清·姜虬緑《金井志》卷一 黄龍山，一稱洞山，實蒼弁東北支峯也。其陽屬烏程縣境，陰屬長興，以山脊爲界，東距邱城，西接魚山，南北平田。北之西爲螺洞，北東爲天生洞。至於小梅之山，周環八里，自麓達頂二里。金井在山岡西南，去頂半里。

丈人峰，在洞南，一石卓立，粗肖人形，石刻「丈人峰」三字。又有顧玉山瑛《次坡韻詩》一首，石罊其半，捫可五十餘字。載《藝文録》。又麻城劉莊裏數行。載《金石抄》。

靈威峰，在洞南，與丈人峰東西角立，丈人顛秃，靈威冠簪，反負其手，俯若有探。

又 金蓋山，在烏程縣南十五里。

清·曾燠《續金山志》卷三《形勝》 金山在今鎮江府治西北，揚子江中，距城七里。高一百九十丈，廣六百二十步。見《胡經志》及《舊郡志》。其脈自長山迤爲五州循下鼻浦。見《方輿勝覽》。突入江心，如翼如跱。

清·汪淮《黟山紀游》卷二四 諸峯惟天都、蓮華最奇。蓮華峭壁千仞，痕理若蓮分瓣，又若籜將解然。有洞，廣三丈許，通上洞，空嵌繚曲凡三折。側立二峯，曰采石，頂有横石如船，曰桃華。【略】石筍矼與蓮華相接，亂峯矗立天半，鋭如浮圖，銛若刀劍，秀不可狀。朱白民謂似百千天女，各各妙莊嚴相者。稍西爲飛來石，又西爲五老峯，又西爲光明頂，爲平天矼，爲浮邱。

清·歸莊《歸莊集》卷三《合刻遊洞庭詩序》 吴中名山稱東西洞庭，兩山並峙太湖之中，而林壑之勝，西山爲最。

清·張伯楨《西藏聖跡考》 層岡疊巘，峻峭插天，皆發脉於岡底斯山，而蜿蜒分布者也。急流危湍，縱横匝地，皆會歸於雅魯藏布江，而曲折南流者也。

清·姜宸英《海防總論》 舟山諸山，各相連絡，是造物者特設此險。

又 而謂陳錢、馬蹟諸山在内海之外。

清·張伯魁《崆峒山志·名勝六》 蠟燭峰，入峽五里，孤峯插天，矗然中立，如蠟燭，故名。下有游師雄題名碑，今補。

又 東臺。臺之西地勢稍夷，至此忽隆起，大可二畝。盡隆處，皆筑爲梵宫。其旁斷巖千仞，下有絶壑，每微風起，與巖壑相涵，時作濤聲，稍驟則吞激震撼，怒若江海之潮，屋舍欲漂去，惟寺僧習之不爲異。

又 南臺，即月石峽之東巖。左林右壁，前臨涇水，近巖多奇石，緣林有夷徑百餘步，林宜蔭徑，宜步石之欹者，宜下瞰仆者，宜坐聽波聲。

又 北臺。孤峯特峙，三面皆削成，直至澗底，惟前有一徑，尚隔二斷塹，架板橋以廣。橋南有古松十二，巨者至十圍，高六七仞，今亡。

又 鳳凰嶺，以形似名，登高瞰之如翥鳳之狀，背首翼尾皆具。北山以峻爲勝，此獨下屬而不峻。諸山之峻者，四面環峙，反若盡出其勝，供之不下，則峻不極，勝不可盡，旁臨衆壑，游者至耳目絶外邇，俯仰高深似别一天。

清·方浚師《蕉軒續録》卷二《浮山》 桐城縣東九十里浮度山，一名符度山，又名浮山，有奇峯七十二，有巖三百五十，最著者三十六，有洞六，有華嚴寺。詳《一統志》中。

清·鄧傳安《蠡測匯鈔·水沙連紀程》 過油車坑口，路陡而狹，擊兜上下，如挽如縋。又沿溪行數里，登雞胸嶺。【略】水裏社土目率衆番迓於嶺上。過土地公案五里，皆密樹。過牛勝澤五里，皆脩竹陰翳，並不見日，然樹林有濕氣侵人，未若竹林之蕭灑可愛。此入山之最奥處，海外所未見也。過滿丹嶺至田頭社，由奥得曠，心目頓開。

又 由審轆而東，穿林下坡，行坑中，兩山聳峙，夾以巨石，溪流湍急，淺處可厲，深處不可涉。登山伐木，推而下之，頃刻成梁，如《左氏傳》之除道梁溠者，以人衆易爲力耳；亦有不可梁處，仍擎兜渡水，縱横灣轉，更險於油車坑。險盡而夷，奥盡而曠，遥見埔裏社，一望皆平原，此界外之最曠處也。埔裏社番及招來諸熟番，皆跪迓於路，即延館於覆鼎金山下之番寮。山之高不三丈，登而眺遠，四望如一；乃知二十里平曠中惟埔裏一社，餘社俱依山。

又 《東征集》所謂水沙連者，山在水中者也。其水不知何來，瀦而爲潭，長幾十里，闊三之一。水分丹、碧二色，故名日月潭。珠山矻立潭中，高一里許，圍五之。

清·鄧傳安《蠡測匯鈔·彰化縣界外獅頭社潭中湧現小山記》 頭浮山高四丈餘，寬贏其高二之一，長贏其寬四之一。二浮山高五丈餘，寬贏其高三丈，長倍其寬而贏兩丈。三浮山高三丈餘，寬倍其高而不足，長倍其高而有贏。四浮山高二丈餘，寬四倍其高而有贏，長倍其寬而不足。山體皆石。初湧時失，水魚蝦尚躍躍，山頂土番采食，足給於鮮。山麓泥沙之壅，皆被溪漲沖刷，竟體嶙峋，縐透瘦大，似壺中九華矣。

清·毛鳳枝《陝西南山谷口攷》 又西爲松果山，在華陰縣東南二十七里。《通志》云：「山通襄鄧之間。」

又 又西爲泰華山，在華陰縣城南十里。

又 又西爲好漢山，在華陰縣西南十五里。

又 又西爲朝陽山，一名留翎巑，在華陰縣東南，山南爲秦嶺。【略】西接華州，東抵潼關，懸崖疊嶂，高不可攀，通行者皆曲徑。

又 自韋谷西南，其大山曰太白山，在郿縣東南四十里，山南爲洋縣留壩境，山北爲郿縣境，山東爲佛坪境，山西爲鳳縣留壩境。秦中之望山也。其高處四時積雪，故名太白。

又 又西爲陳倉山，在寶雞縣東南四十里。山南二十里即秦嶺。

清·韓則愈《雁山雜記》 雁山在欒清東北，衡三十里，縱十里，峯巒秀異，足稱海内奇觀，惜土氣薄，而石皆骨立。

又 玉甑峯，自是高流吐納之地，若欲作一叢林，恐未易辦，以山峯太高，人處石上不能受上氣何繇發達。必欲爲安僧計，亦如靈峯，洞下建一靈峯寺。但以此爲遊覽之景，則害矣。

清·李侗、邵承照《五峰山志》卷上 會仙峰，羣仙峰，志仙峰，望仙峰，聚仙峰。

又 青崖山，在五峰東南里許，與五峰實一山也。陰霽望之常青青然，故名。四面險峻，陡不可升，唯西北麓有一徑可通。旁有一峰，高丈餘，有石窪一，土人謂之旗竿窩。石壁上鑿有一龕，可藏盔鎧，因謂之盔子石。皆因金時嚴實屯兵於此，遠近避亂歸附者衆，居人鑿石爲臼甕，藉以春米儲汲者。山西北有寬平處，俗謂之南北校場，有將臺焉。爲嚴實所置？爲明末劇寇孫化庭所置？則不可得而考也。

又 黄山，在青崖迤北，與青崖隔一澗，架木可通。其山四面壁立，頂上寬平，可百畝許。山北忽斷，人亦架木於其上，因呼之曰南弔橋、北弔橋焉。

又 滾粟山，在五峰西南，山石陡峻，不容一粟，故名。其山北石崖皆絢然五色，溪流環抱，石之佳者用以製硯，不減端溪之蕉葉白。山下有峪名升仙峪，泉流直達沙河。

又 鳳凰山，在黑峪東，《縣志》失載。按《縣志》：明殷文莊公墓在長清縣東北，鳳凰山之陽，乃又一鳳凰山。

又 釣魚臺山，五峰東南。《縣志》云：「北連五峰，東接靈巖，翠柏盈巔。下臨沙河，河之北岸有巨石突峙，可以垂綸，故名。其南岸有小孤山，狀如伏獅，石皆嶙峋。遊泰山便道，多騷人題詠。」

又 隔馬山，在五峰西南。《縣志》云：「《左傳》：晉伐齊師，夜遁夙沙衛殿，殖綽郭最曰，子殿國師，齊之辱也。乃代之殿衛，恨之，遂殺馬於隘，以塞道，欲使晉師得之，故名隔馬山。」山東北曰神林，有神君祠，祠前一潭，禱雨輒應。山頂有豐施侯廟，《通志》云：「神林，龍神歷豐施侯。唐宋碑刻存。」《縣舊志》云：「豐施侯廟，土人祀春秋時殖綽郭最，似誤。」或曰山形似馬，故名。

又 薛嶺，在黑峪莊西，隆然一邱，沙河環抱，爲樵人必由之徑。

又 獨秀山，在五峰西，隔馬山東北，群山蹲伏，此山獨秀，故名。

清·歐陽兆熊、金安清《水窗春囈》卷下《小孤山聯》 小孤山在大江中，單椒壁立，鋭下豐上，如置石盤盎中，碧蘿紅葉，秋景尤麗。

清·楊棨《京口山水志》卷一《丹徒·山一》 北固山在城北一里。杜佑《通典》：丹徒有北固山。李吉甫《元和郡縣志》：下臨長江，其勢險固，因以爲名。蔡謨、謝安作鎮，竝於山上作府庫，儲軍實。欒史《太平寰宇記》、《南徐州記》云：城西北有嶺陡入江，三面臨水，號北固。劉楨《京口記》曰：回嶺入江懸水峻壁。《輿地志》云：天景清明登之，望見廣陵城如在青霄中，相去鳥道五十餘里。劉義慶《世説新語》：荀中郎在京口登北固望海，云：雖未睹三山，便自使人有凌雲意。

又 金山，在城西七里大江中，初名氏父山。《元和郡縣志》：晉破苻堅獲氏賊置此山下，因以爲名。今土俗亦謂之金山。南唐僧應之《頭陀巖記》：金山昔名浮玉，因裴頭陀江際獲金，貞元二十一年，節帥李錡奏聞，賜名金山。《圖經寰宇記》《九域志》并同。

又 焦山，在城東九里大江中，與金山對峙，相距十里許，本名譙山。《通典》：丹徒有譙山戍。《太平寰宇記》：譙山戍，海口戍也。施元之《蘇詩注》：潤州。《圖經》云：焦山，焦先所隱，故以爲名。《事物記原》：宋大中祥符七年四月，詔封焦山大聖祠爲明應公。

又 京峴山，在城東五里。《通典》：丹徒有京峴山。《太平寰宇記》、吴録《地理》云：朱方後名谷陽。秦望氣者云：其地有天子氣，始皇使赭衣徒三千人鑿京峴南坑敗其勢，故云丹徒。王應麟《通鑑》《地理通釋》：吴筑城因京峴號爲京鎮。

又 黄鶴山，在城南三里。《通典》：丹徒有黄鶴山，本名黄鵠山。《太平寰宇記》：宋高祖，丹徒人，潛龍時游竹林寺，每息於此。山常有黄鶴飛舞，因名黄鶴山，改竹林寺爲鶴林寺。《南史·隱逸傳》：戴禺，字仲若，世居剡中。宋國初建，元嘉中徵，竝不就。衡陽王義季鎮京口，迎來止黄鵠山。山北有竹林，精舍林澗甚美，禺憩於此澗。義季亟從之游。禺服其野服，不改常度，爲義季鼓琴，竝新聲變曲。文帝每欲見之，嘗謂黄門侍郎張敷曰：吾冬巡之日當宴戴公山下也。祝穆《方輿勝覽》：黄鶴山，一名戴公山。陳沂《南畿志》：黄鶴山今名鴻鶴。

又 蒜山，在城西五里。《太平御覽》、《京口記》曰：蒜山無峯嶺，臨江。魏文帝南望致歎。《元和郡縣志》：山臨江絶壁。晉安帝時，海賊孫恩至丹徒，戰卒十萬，率衆登山，鼓譟動地，引陣南出，欲向京城。時宋武帝衆無一旅，率所領横擊大破之。山多澤蒜，因以爲名。《宋書·武帝紀》：孫恩率衆數萬，鼓譟登蒜山，居民皆負檐而立。高祖奔擊大破之，投巘赴水死者甚衆。《新唐書·李敬業傳》：敬業兵敗，與李敬猷、駱賓王等奔潤州，潛蒜山下。陸游《南唐書》：徐知諤鎮潤州，一日游蒜山，除地爲場，連虎皮爲大幄，號虎帳，與賓僚會飲其中。一名筭山。《太平寰宇記》：蒜山，陸龜蒙題曰「算山」，以周瑜、武侯議拒曹操，謀算於此，因以爲名。出《輿地紀勝》。

又 石公山，在城北九里，濱江。《元史·世祖紀》：宋沿江制置使趙溍、樞密都承旨張世傑、知泰州孫虎臣等陳舟師於焦山南北，阿朮阿塔海登南岸石公山，指授諸軍。又《阿朮傳》，宋兩淮鎮將張世傑、孫虎臣以舟師駐焦山，阿朮登石公山望之，舳艫連接，旌旗蔽江，曰：可燒而走也。山形如雙象，一名象山。中有普賢洞、峨眉洞，上有韓公墩，相傳韓蘄王屯兵處。

清·楊棨《京口山水志》卷六《丹徒·山三十六》 長山在城西南二十五里，山周四十餘里。其别支曰桃花山、雞籠山、流山、漲山、雙株山、東庫山、西庫山，山下有分龍岡。

清·楊棨《京口山水志》卷一三《丹陽·山一》 丹楊山。《晉書·地理志》：丹楊山多赤柳，在西也。《太平寰宇記》：丹楊以邑界楊柳生丹爲名，故今字從木爲稱。案《新唐書》：丹陽郡在丹楊。《潤州類集》：天寶之後謂丹陽者，潤州或曲阿，非兩漢六朝之丹陽也。

北岡在縣西北練湖上。《太平寰宇記》《輿地志》云：曲阿縣雲陽地屬朱方南徐之境，秦有史官奏東南有王氣在雲陽，故鑿北岡以厭其氣。吴録云：截其道使曲，故曰曲阿。

清·楊棨《京口山水志》卷一三《丹陽·山四》 經山，在縣東北三十里。《嘉定志》云：古所謂金牛之山。王莊定存有《經山佛殿記》《都穆游名山記》云：《輿地志》謂漢時金牛出山之東，馳至曲阿，鄉人栅斷其道，名其地爲栅口。

清·楊棨《京口山水志》卷一五《丹徒·山十四》 方山，在縣西南四十五里，《嘉定鎮江志》、《真誥》云：大茅山之西南有四平山，俗所謂方山者也。其下有洞室，名曰方臺洞，有兩口見於山外，與華陽洞通。其中先止者有張祖常、劉平阿、吕子華、蔡天生、龍伯高。此山去大茅山可二十許里，西南六七里有一洞口見外，近有人見大青蛇在洞中，因呼爲青龍洞。

清·楊棨《京口山水志》卷一七《溧陽》 平陵山。《元和郡縣志》：在縣南十八里。晉成帝時，李閎圍韓晃於此山斬之。山高四十丈。《太平寰宇記》：在縣西三十五里有子胥祠存。案《晉書·蘇峻傳》：閎斬晃於巖山，山距平陵山二十餘里。

又 燕山，在縣南八里，形如飛燕，故名。

又 青山，在縣南六十里。《金陵志》：上有雲岫庵，幽関絶塵。

又 雲泉山，在縣東南三十五里。《金陵志》：山上有泉，嘗出雲氣，故名。一名下山。

又 芝山，在縣西八十一里。《金陵志》：嘗産芝草，因名。山有梅仙洞，相傳梅福隱此。李子洞，沸泉出焉。燕洞産石如燕。仙人洞有石棊枰。天井洞，石竅通天如井。黄龍洞，乳水下滴。洞之大者容千人。四山奇石林立。梅仙洞前觀音石狀尤異。

清・李榕《華嶽志》卷一《名勝・旁列之谷》 牛心谷，在嶽東，谷口有峯狀如牛心，故名。槐市，楊震微時居此教授生徒，學者從之如市。其地多槐，因名槐市。今谷内二十里尚有遺址存焉。山巖多五色鷙鳥，山上有雪。

清・李榕《華嶽志》卷一《名勝・旁列之山》 三公山，在嶽東南，三峯森秀，上象三台。南峯背臨絶壑，壑外更爲三峯，名三公山。高與前埒，兩畔千峯林立，若青蓮瓣瓣擁護。

清・李榕《華嶽志》卷一《名勝・太華》 太華之山削成而四方，其高五千仞，其廣十里。華山四州之際，東南豫，東北冀，西南梁，西北雍，十字分之，四隅爲四州。華山在長安東三百里，不知其幾千仞，如半天之雲。華山上有三峯，不知其幾千仞，基廣而峯峻疊秀，迄于嶺表。

清・李榕《華嶽志》卷一《名勝・華麓》 雲臺峯在華山東北，四面陡絶，雙峰峭拔，爲華山諸秀峯最，天下聖境無踰于此者。

清・李榕《華嶽志》卷一《名勝・雲臺峯》 雲臺峯，北峯也，在嶽東北。其山兩峯崢嶸，四面懸絶，上冠景雲，下通地脈，嶷然獨秀，有若雲臺。下有穴，昔有人入此穴出東方，山行云：經黄河底上，聞流水之聲。

清・李榕《華嶽志》卷一《名勝・西峯》 西峯，一曰蓮花，一曰芙蓉。西峯最幽奥，有石葉如蓮瓣覆崖巔，下有石龜，卻立昂首，欲行蓋葉上，是即所謂蓮花峯。

清・李榕《華嶽志》卷一《名勝・南峯》 南峯最高，華山之元首也，秀氣所獨鐘也。南岡外皆松林，屈盤行林中，迤邐漸高，行二三里曰南峯。南峯居兩峯之間，如人危坐而雙引其膝，其下有土徑異樹交絡，峽水鳴其間。峯巔有池如臼，如盆，如破瓮，鮮碧澄澈。

清・李榕《華嶽志》卷五《詩三》 洪鐘作高山，大氣鼓其槖。俄然神功就，峻拔在寮廓。靈跡路指爪，殺氣見稜角。凡木不敢生，神仙聿來托。天資帝王宅，以我爲關鑰。能令下國人，一見換神骨。高山固無限，如此方爲嶽。丈夫無特達，雖貴猶碌碌。

清・李榕《華嶽志》卷五《詩六》 三山如列豆，絶壁何嶙峋。傳聞金天帝，設此觴百神。萬松奏瑶瑟，高歸樂無垠。我欲猷新詞，座上娱仙賓。一彈雲氣合，逸響迴秋旻。老翁垂緑髮，攜我游漢津。此事頗茫昧，誰見羅八珍。日夕隔大壑，遠望還逡巡。

清・李榕《華嶽志》卷五《詩二十三》 平生夢寐此山林，羸馬何辭度遠岑。終古乾坤常屹立，半山風雨自晴陰。崖飛瀑布千尋玉，嶺背斜陽萬壑金。聞道尋常巖穴裏，時時還有卧龍吟。

清・釋了璞《北固山志》卷一 北固山在鎮江府定波門外一里，金焦兩山之間。

又 石駢峯一名鐵柱峯，在山之西北隅，高數丈，遥望之與風驅相亂，故名。

清・釋了璞《北固山志》卷二 北固三山者，在潤州，靈詭空洞，庶幾大海三山之亞。北固峙潤州北，頫臨長江，沙岸若崩，海門若畫，業稱南徐巨觀，而金焦兩山，則屹然大江。

又 故登北固山，則西有金山，東有焦山，三山者若鼎峙然。

清・丁柔克《柳弧》卷一《五華山》 滇之五華山正對縞索峰，山甚大，綿亘數百里，形如人頫首仰卧，眉眼口鼻凸凹極似，乳亦畢肖。首有髮，髮披甚長。形家言，主滇中所出大員還鄉者少，理或然歟？

清・吴慶坻《蕉廊脞録》 維山維氏山在偃師城南，一峯隆然，嵩、少諸峰三面環列，誠仙境也。

清・郁永河《采硫日記》 安平城旁，自一鯤身至七鯤身，皆沙崗也。鐵板沙性重，得水則堅如石，舟泊沙上，風浪掀擲，舟底立碎矣。

又 至萬石巖，巨石林立，欹斜合沓，若連楹複室，而迴環曲折，一徑可通。傴仄處，傴僂匍匐，俯首側體然後渡。有時瀑流淙淙，横拂肩袂間，其實在澗底石下行也。洞中宏敞，在石几可憑，清泉可濯。

又 初四日，復偕訪虎溪巖。登其巔，巨石大可一二畝，高十餘丈，圍圓似鼓，曲磴緣石旁可登。有巨石斜覆鼓上，壁立插漢，位置殊怪，與萬石巖各擅其奇。賦詩曰：「絶頂多奇石，巑岏聚一叢。懸崖臨巨壑，疊嶂吼長風。屐折危欄轉，笻支曲磴通。扶桑遥在望，落日晚潮紅。」巖畔頹垣小徑。【略】然萬石、虎谿二巖，巨石雖多，絶無峯巒峭態，小如拳、大如屋，率皆圓鈍椎魯物，即有層疊而上者，望之亦纍卵耳。

又 登舷望港口，左爲廈門支山，右爲海澄縣古浪嶼山，兩山對峙，蜿蜒入海，盡處有小山矗起中流。

又 緣海東行百六七十里至雞籠山，是臺之東北隅。有小山圓鋭，去水面十里，孤懸海中，以雞籠名者，肖其形也。

又 （臺郡）東則層巒疊嶂，爲野番巢居穴處之所，鳥道蠶叢，人不能入。

又 初二日，余與顧君暨僕役平頭共乘海舶，由淡水港入。前望兩山夾峙處，曰甘荅門，水道甚隘，入門，水忽廣，漶爲大湖，渺無涯涘。【略】此地高山四繞，周廣百餘里，中爲平原，惟一溪流水，麻少翁等三社緣溪而居。

清・周易藻《蕭山湘湖志・湖山》 蒙山，在湖之東北。菊山，在湖之北，山多甘菊，故名，今無。茗山，在湖之北，山多奇茗，故名，今無。龜山，在湖之北，下有村落，曰龜山張，龜俗改作居。鯉魚山，在湖之北。龍頭山，在湖之北。箬山，在湖之北。黄家塢山，在湖之北，桃花塢在其後面。扳罾山，在湖之北。李家塢山，在湖之北。小洋塢山，在湖之北。城山，在湖之北，山中卑四高，宛若城堞，名越王城，又名越王臺。前兩峰對峙如門，曰馬門。大黄塢山，在湖之北。萬羅傘山，在湖之北，一呼飯籮山，亦稱八面金星。爛船塢山，在湖之北。象山，在湖之北。井山，在湖之北。珠山，在湖之中央。牛腎子山，在湖之西北。連山，在湖之西北。湖裏王山，在湖之西北。獅子山，在湖之西。菱山，在湖之西。美女山，在湖之西。大石塢山，在湖之西。青山，在湖之西。老虎洞山，在湖之西。壓烏山，在湖之中央。定山，在湖之中央。椿墩山，在定山之西。眉山，在湖之中央。荷山，在湖之中央。邋遢山，在湖之中央。木椀山，在湖之中央，一名饅頭山。箬獺山，在湖之東南。歷山，在湖之西南，歷一，以作礫。楊家灣山，在湖之西南。大灣，在湖之西南。楊岐山，在湖之西南，岐，一作嶄，一作羊騎。戚家山，在湖之西南。糠金山，在湖之南。瓜藤山，在湖之南。乾薑山，在湖之東南。石巖山，在湖之東南，俗名雄鵝鼻。旋綱山，在湖之東南。雞籠山，在湖之東南。羅家塢山，在湖之東。徐家塢山，在湖之東。方家塢山，在湖之東。蛇山，在湖之東。蜈蚣山，在湖之東。碑牌嶺山，在湖之東，一名南山亦名老虎山。閔家塢山，在湖之東。沈家塢山，在湖之東。十二房塢山，在湖之東，小名糞箕山。單家塢山，在湖之東。金家塢山，在湖之東。錠子山，在湖之東。闞王山，在湖之東。小窑裏吴山，在湖之東。大窑裏吴山，在湖之東。柴嶺山，在湖之東。三塢山，在湖之東。二塢山，在湖之東。頭塢山，在湖之東。浄土山，在湖之東。西山，在湖之東。

清・屠寄《黑龍江輿圖説・總圖説》 山分南北二幹。南幹統名内興安嶺，其脈自俄羅斯薩拜喀爾省之捏爾臣斯克嶺，即尼布楚嶺，來自額爾古納河，與黑龍江會，口伏渡入界，迤南起頂，爲治吉察山（東經五度，北緯五十二度），亦作雉雞場山。山之左，額穆爾、瑚瑪爾諸大河所出。山右，伊穆河、漠河出焉。迤而南起頂，爲伊勒呼里阿林（東經五十度三十分，北緯五十一度三十五分），譯言一順松子山也。高可二百丈，塔哈河出其東北，牛爾河出其西北，嫩江出其東南，實墨爾根、黑龍江、呼倫貝爾三城之大分水嶺也。多草木，饒禽獸，索倫、鄂倫春、畢喇爾諸部人倚以爲苑囿，即《北史》所謂室韋欠對山，《隋書》所謂次對山也。自此内興安嶺分爲二幹，其一迤東二百二十四里結爲平岡（東經九度二十分，北緯五十一度三十分）。南爲喀羅爾源所出，其北呼爾哈河出焉，則折而南，爲庫穆爾室韋山。又南起頂爲庫穆爾哈達（東經十度，北緯三十度二十分）。又南迤西起頂，爲東興安嶺（東經九度五十分，北緯四十九度三十分），嶺東之水皆流入黑龍江，遜河爲最大，嶺西之水皆流入嫩江，諾魯爾和羅爾二河爲大。又東南山漸平衍，高可五六十丈，凡四百五十里，起頂爲木庫山（東經十一度，北緯四十八度）。松樺雜樹，蔭日參雲，則迤而東南，起頂爲布倫山（東經十一度，北緯四十七度五十六分），漢人呼爲大青山，亦名小興安嶺，其西南麓納穆爾源出焉。東北爲科爾芬源，其南爲呼蘭源，實呼蘭、黑龍江、布特哈三城之分水嶺也。又東二百二十四里，鬱爲樹海，曰呑窩集（東經十三度，北緯四十八度）。車馬道絶是，生豐貂，唯索倫人游獵其中。迤而東南，起頂爲哲温山（東經十三度三十分，北緯四十七度三十五分）。

又 哲温之合音近占國語數之十也，語譌爲札伊，其陰札伊河出焉，其陽烏爾都魯諸河之源也。大産金。自此邐迤而東，土岡起伏曰佛思亨山，《金史》所謂阿斯温山。又東南伏渡松花江入吉林三姓界，爲納丹哈達拉，國語七峯，《金史》所謂令撻剌山也。伊勒呼里阿林，其幹西南行者，起頂爲伊克呼里阿林（東經六度，北緯五十一度），譯言結實松子山，語譌雅克山，蒙古人呼爲伊克古克達，猶漢語大嶺也。多布庫爾河源出其左，特勒布爾河根河源出其右。迤西南起頂爲特勒庫勒山（東經五度三十分，北緯五十度二十分）。諾敏河出其左，伊圖里河、庫勒都爾河、海喇爾河，源出其右。又西南起頂爲興安嶺（東經四度四十六分，北緯四十八度五十一分），索倫人呼爲達巴庫，即《北史》、《隋書》所謂貳勃山。嶺東之水皆流入嫩江，阿倫、雅爾、綽爾三河，爲大嶺西之水，札敦河爲大。又西南起頂爲阿魯塔爾奇嶺（東經四度，北緯四十八度）。阿魯，蒙古語，山陰也。塔爾奇，即特爾根之對音，蒙古語車也。山木中車材，因以爲名，古黑車子室韋所居。迤西南九十里有室韋山，又四里爲特爾根山，又南起頂爲哈瑪爾山（東經四度，北緯四十七度二十五分）。哈瑪爾，蒙古語邊界蹤跡也。

又　又西南山勢挺峙，旁無連峯，曰索岳爾濟山。索岳爾濟，蒙古語端坐也。內興安嶺，自伊勒呼里阿林，蜿蜒西南行數十里，起伏至此，盤結爲峻阜，高可九十丈，周可百餘里，西顧羣山，皆培塿，若端坐而受其朝者，故名。唐室韋塞曷支部實居之，塞曷支，即索岳爾濟之對音。洮爾河、桂勒爾河出其東南，訥墨爾根河出其西北，色野爾濟河出其西南。山顛有五鄂博焉。呼倫貝爾、布特哈科爾沁、烏珠穆沁喀爾喀以此山爲界，分各累石，祭神期以五月，數百里內車騎畢會，嚴不敢呼其名，謂呼則風雨驟至。其餘脈直至直隸承德府矣。北幹統名外興安嶺。嶺南舊屬中國黑龍江，嶺北屬俄羅斯國雅庫，其脈自俄羅斯國西悉畢爾部雅庫次克之阿爾坦山來，由安巴格爾必齊河源入界（東經一度三十分，北緯五十三度三十分）。迤而東起頂爲索勒闊痕山（東經六度，北緯五十三度），鄂爾河源出焉。又迤而東北有石峯，凡六起頂，爲朱格朱爾嶺（東經十三度，北緯五十度四十分）。

又　又南迤東，起頂爲雅瑪嶺，即古胡布山也（東經十七度十三分，北緯五十三度五分，雅瑪胡布即安巴之對音，國語安巴大也，亦作昂邦，又作安班）。有二水出焉，北曰西林穆迪河，南曰牛滿河。又迤而東南起頂爲都薩阿林，阿淩河出焉（東經十八度四十三分，北緯五十二度十四分）。迤而西南起頂爲楊山，即布連斯奇嶺（東經十七度，北緯五十度），賽拉穆河出其西麓。又西南爲畢占窩集，其東南一脈入吉林舊界，爲完達山，語譌爲王達，《金史》謂之完都魯，亦曰桓篤。

清・屠寄《黑龍江輿圖說》　迤而東南起頂爲治吉察山，其脈順額穆爾河左岸東北行二百里許，至們都里河、察爾巴奇河源之間結爲小阜，因其產金，俗呼爲元寶山（東經五度三十二分，北緯五十二度五十七分）。又東北四十六里瀕黑龍江南。

清・景方昶《東北輿地釋略》卷二《長白山　青嶺　烏紀嶺》　《地理志》：「會寧有長白山、青嶺、烏紀嶺。」【略】昶按：白山即長白山，青嶺今名，慶嶺亦名嵩嶺，烏紀即窩集，今色齊。窩集迤東至馬爾胡裏嶺，迤南至額多力城一帶山嶺是也。長白又在其南。【略】烏春在今色齊，窩集之東，故《臘醅傳》云：「過青嶺與烏春、窩謀罕交結青嶺之南。」其山東出者，今曰英額嶺。【略】又東即馬爾胡裏嶺，《金史》謂之把忽嶺，俗名老松嶺。又東分二支，一東北出者，亦曰興安嶺，此嶺之東，《世紀》所謂嶺東諸部是也，一東南出者，今名穆克德亨嶺，即《太祖紀》所謂盆搦嶺。疑即乙離骨嶺。

清・景方昶《東北輿地釋略》卷二《冷山》　東北之山即冷山也。其地東北距白城二百餘里，即金主所都，西北距伯都訥二百七十里，即寧江州所在。與《紀聞》之言一一符合，確無疑義。《北盟會編》云：「至拉林河，終日之內，山無寸木，地不産泉。」許亢宗《行程録》云：「至拉林河，山無寸木，地不産泉，其一帶之山荒寒。」

清・景方昶《東北輿地釋略》卷三《渤海五京考》　東牟山在瀋陽衛城東二十里，指今承德縣城東二十里。天柱山，即東牟山，非也。【略】天門嶺在護真水北三百里。按：護真水即今老河，亦名土河，又作塗河，即古託紇臣水，亦名土護真水，在今熱河承德府屬平泉州西北境。

清・景方昶《東北輿地釋略》卷三《蓋馬大山》　方昶按謂：蓋馬大山，即今長白山是也。【略】蓋馬大山，一嶺綿延分枝四出，今鴨渌江東之山皆其支麓，自北而南直走朝鮮之境。

清・景方昶《東北輿地釋略》卷三《長白山脈》　長白山脈來自綏遠城北之大青山，即陰山也。東出者爲長白山脈。其自綏遠城東北折而南出，經代哈泊西，又南至寧遠廳境，入朔平府境，山西全省及直隸省渾河以西諸郡縣，皆其支麓，統名之曰管涔山脈。太行山脈亦由管涔別出，與居庸山脈支分派別。宋人以居庸爲太行北出之脈，甚誤，因山後諸州皆爲遼，有不能親歷目驗之故。其由張家口、察漢托羅海嶺分支，迤東南行，折而南出者爲燕京正脈，其由興安嶺者是也。自大青山東出，至多倫諾爾東北入巴林旗界起，察漢托羅海分支東出折東南，行至熱河豐寧縣西北境郭家屯司之西北，又折而東南行者，爲遵化州東陵正脈。自興安嶺北出，迤東經達里泊之東，【略】迤東北行，又北起阿爾噶靈圖山，又北經察罕城之西，折而東經察罕城之北，迤東北行爲海喇哈山。又東北爲哈禄那太山，迤西北行折而東爲蘇克蘇魯山。又東爲奇勒巴爾罕山，折而南爲拉馬依馬哈拉嶺，迤東南爲盔騰嶺。又東南爲儿爾有兒山，至此入科爾沁界。其由奇勒巴爾罕山北出之幹，即北起索岳爾濟山，迤東北行起内興安嶺之幹脈也。長白山與内興安嶺之分支各出，即由奇勒巴爾罕山而分。又東南經大布蘇圖泊之東，經西訥郭特爾站、達賴哈克站之間，迤東南行六七百里，夷爲平岡土阜，經奉天昌圖廳北境、東遼河之北、吉林長春府之東南，折而南入柳邊伊通門起勒克山。自盔騰嶺迤南漸漸低平，至此復起大山，蓋大幹度峽往往平洋百里，無蹤可尋，實則界水高低仍自分明，第人多不察耳。西南行百餘里，迤東南入圍場。【略】又南爲岱揚阿登山，經胖色城西。【略】又南爲戈爾敏朱敦嶺，折而東爲伊爾哈牙範山。【略】迤東北爲黑林嶺。即依爾哈牙範山之連嶂。又東折而南爲斐得里山，又東即長白山。圖們江出其東麓東流，鴨淥江出其南麓西流，松花江出其北麓北流，一在嶺北，一在嶺南，一在嶺東，各自爲源不相通貫，諸書多謂同出一源，甚誤。北出者爲正脈，東出者爲支，南出者爲尾，盡於朝鮮海，所謂餘氣也。

清・薩英額《吉林外記》 《志》稱：長白山，横亘千里，高二百里，巔有潭，周八十里，南注爲鴨緑，北流爲混同。

又 望祭山，即温德赫恩山。《志》稱：温德恒山，在城西南儿里，高一百五十步，週五里。每歲春秋，於山上望祭長白山之神。

又 尼什哈山，即龍潭山。《國語》：「小魚，曰尼什哈。」山之東北有小河，出小魚，因以名山。山在城東十二里，高三百步，週十里。四面陡壁。西北有車道，盤旋而上至其巔，林木尤勝。

清・文祥《巴林紀程》 二十五日，卯初，聞雪聲未住，起視已深尺餘。辰正，雪稍止，急催馬匹，已正行三十里，至鐵匠營早尖。又數里登土梁，一道高不及半里，至巔則平陽一片，約四十餘里。四望羣山，僅見峰頂。其上風甚大，土人謂之大壩口。

又 是日出石匣驛，即入山，名石嶺山。溝内多石，如拳如斗，無半步平，顛簸約十數里，共行一百里。自此以北，包馬改車輛。

清・盧見曾《金山志》卷一《山水》 妙高峯，在山之巔，最高處，蓋取《梵書》云「南方有國名勝樂，峯名妙高」也。登之空濶無際，上淩星漢，樓閣臺殿環山，四出皆在其下，一名金鰲峯。謂形若巨鰲。

又 鶻峯，在山之東麓，拳然突出於水中，若鶻之獨立，或曰鶻常棲其上，因名。一名鶻山，又名鶻嶺，又名善財石，肖其形也。

筆架峯，在山之西北。石簰山中，三石屹立，奇峭險拔，類斲削而成，一名巧石，又名雲根石。

又 金山在鎮江府城西北，揚子江中，自城至山五里。脈接長山，迤邐爲五州山，至下鼻浦入江，突爲此山。

又 妙高峯，山之最高處。

金鼇嶺在山西北，七峯閣下。

筆架峯在石簰山前，江中三峯屹立，今傾其一。

清・景邦憲《紫柏山志圖》 紫柏之名見於晉常璩《華陽國志》者，（爲）紫柏坂。《周地圖記》云：「其山兩頭高，狀如龍形，一名龍如山。」其大幹自太白山南趨柴關嶺，而西至火龍門，分兩翼爲前後山，綿亘五百餘里，誠棧中第一名山。舊有七十二洞，八十二坦，歷代以來，棲真者復多開鑿，今皆百數矣。雖巉崖削壁，人跡罕到，而奇聞異蹟有足紀者，不可没也。今以在廳境者詳注於後，以備考證焉。

又 不老洞，在長青坦岸畔，寬廣不一畝。其山鮮雨雪多鹿壽草，有粟穗如犬尾，長尺許，粒如珠。洞頂透天，旁有一窟如盆而内宏敞，芳草鋪地，别有洞天。

又 紫柏山，峙在千峰之巔，嵌屹壁削，分前後翼，林木蓊鬱，怪石人立，神葱竿竹，參雜匝布，硐皷礲鐘叩之成聲，蜒遞百里，洞凡七十有二，天井甘泉，翔雲翻雨。

又 紫柏山爲古梁泉縣地，今屬留壩，歷係官山應申，官禁其山，蜿蜒歸巘，縹緲縱横，秀插天關，俯瞰地牖，與終南、太白相迴複，雖山名各别，實脈絡相通。山巔有七十二洞，八十二盪，石壁峻險。

又 紫柏山，爲嶓冢太白之支峰，古謂之龍如山，野羊河出於其南，野羊北河出於其北，墨河出於其西，青羊河出於東南。

清・楊同桂《瀋故》卷一《八塔山》 八塔山在寧遠西南，上有八小塔。

清・楊同桂《瀋故》卷一《鳳凰山》 在鳳凰城南十里，四面陡絶，從口入其内極平坦。古松成林，禾黍彌望，周約三二十里，可供萬人食。

清・楊同桂《瀋故》卷二《兩大山》 東北名山除長白外，以醫巫閭及千山爲最大。千山，在遼陽南，周二十餘里。【略】閭山，其山掩抱六重，又名六山，在廣寧北，長數百里。【略】千山隱而秀，閭山雄而奇。

清・顧曾烜《華原風土詞》 太元洞口午風寒，昔日棲真託足寬，四十里長通窄徑，幾人秉炬出同官。

清・冒廣生《鉢池山志・山水志第一》 鉢池山。杜光庭《洞天福地記》：「鉢池在楚州。」《山陽縣志》：「鉢池一山僅附培塿之末。」《淮安關志》：「鉢池山在關署西北五里許，岡阜盤旋八九里，形如鉢盂。」

又 鉢池山去淮城十里，鉢形，袤延周匝可十里許，環以水，故名。

清・蕭雄《聽園西疆雜述詩》卷一 葱嶺之與昆侖，説者不一。按《史記》引《禹本紀》言：河出昆侖，其高二千五百里，上有瑶池，即大黑龍池也。出葱嶺者其正源，出和闐者其旁源。以此觀之，葱嶺特昆侖一支也。但《志》載：葱嶺南河，出葉爾羌山中，葱嶺北河，出喀什噶爾西千余里之大龍池。

又 葱嶺從葉爾羌西南，至喀什葛爾之西北，忽開北幹，一折而東，經過哈密，綿綿直下，勢極雄峻，其重巒複嶂，氣象萬千，山體之廣厚，三四百里至六七百里不等，雖節節殊稱，皆統名之曰天山，又名白山，又名雪山，又名祁連，又名時羅漫，亦名陰山。

清・蕭雄《聽園西疆雜述詩》卷二 天山在城北九十里，自西而東，横亘天際，山嶺積雪，暑月猶厚，在低處者，三四月間漸消，萬壑羣山，雪水溶溶，流成河道，一水自南山口而來，南流百餘里，經哈密城北。其城東五里許，有清泉自崖下湧出，聚成一湖，流出亦入於河。又一水，發於南山口之東石人子地方，南流繞蔡湖，經哈密城南，轉至城西，兩水會合，再西南流百餘里，注於南湖。

清・蕭雄《聽園西疆雜述詩》卷四《雪山》 萬壑羣峯遠障天，峯峯積雪斷仍連。近山六月寒侵骨，不解衝寒尚有蓮。

自葱嶺而來，萬餘里天山，上皆積雪。莫知其深，低處者，夏月融消，爲河水所自出，其高處則終歲不改其白。夏日平原寒氣猶重，雪中有蛆，重數觔，潔白而多脂，其性大熱。

清・馬士圖《莫愁湖志》卷二《山水》 牛首山，在府南，舊名牛頭山。有二峯，東西相對，望如牛角。佛書所謂江表牛頭也。【略】上有昭明太子飲馬池，池傍怪石偃側，下空上合，形似石鼓，天陰欲雨，輒自鳴。

又 雨花山，在府南聚寶門外，據岡阜最高處。【略】臺上淺草如茵，無一雜樹，登其顛則江光日彩與四眺林巒煙火交相映帶。

清・吴祖枚、陳如松《西溪聯吟》 象鼻名山山亦奇，徒勞力大笑熊羆。

清・佚名《湟中雜記・崑崙山》 黄河源至星宿海，中間地可三百餘里，泉源大小無數，爲衆山環繞。近河源有巴顔喀喇山，地勢極高，爲南山諸山之祖，山石黑色，即古崑崙山也。

又 積石山。大雪山，即古積石山。自巴顔喀喇山東來，當黄河北岸，綿亘三百餘里。上有九峯，甚高，中峯獨出，冬夏積雪，百里外即望見之，又謂之麻禪山。在西甯邊外，西南五百三十餘里，爲西海以南諸山之冠。

又 小積石山，在碾伯縣治東二百餘里，河州界内。兩山夾峙，多巨斧痕，河出其中。相傳爲古積石，恐非。或曰唐宋以來所名之積石也，亦曰小積石。

又 紅崖山，在西甯縣治東北八十里，其土赤，因名。山腰有石洞，中有佛閣。《志》稱「紅崖，峙其左」，是也。

清・方秉孝《盤龍山紀要》卷一 盤龍山。《雲南府志》：在州東五里，萬松山之右。《州志》：在州東四里，上有龍湫。蓮峯禪師見龍，龍徙於東岸，遂建庵其上。規模宏麗，爲迤東名勝。《徐霞客遊記》：蓮峰名崇照，元至正間以八月十八日涅槃。至今以此日爲盤龍會云。

又 萬松山。《雲南府志》：在州東五里，松陰茂密，盤曲無間，州治倚之。舊《雲南通志》：一名盤龍山，元時建寺，題其額曰萬松古刹。

清・陳時《湖上青山集》 黄山。兹山遠承天目，爲湖上諸山發源處。江元祚《黄山草堂記》以爲舊名横山，訛爲黄山。按《府志》：錢塘舊有黄山浦。

又 天門山，在郎當嶺上。雙峯削立，高與雲齊，故曰天門山。此山爲湖上南北兩山分界處，北爲北高峯，南則五雲山也。

絶頂雙門開，青天夾山罅。吴越千萬峯，一一在其下。江海納襟抱，何必侈嵩華。

又 五雲山，天門山之支也。五峯森列，陟江干盤紆而上，凡六里七十二灣，石磴千有餘級。長江三折，正當其前，東北爲白沙隖，西北爲棲隖，東有長嶺，通九溪十八澗。南宋時山僧於此進瑞雪，城中未霰，蓋其地特高寒也。

又 龍山，去城十里，一名卧龍山，又名龍華山。郭景純所云「龍飛鳳舞到錢塘」者謂此山及鳳皇山也。南支爲玉廚山，北支爲育王山、慈雲嶺。

龍山即龍華，石龍互昂首。龍卧還復飛，石骨逐雲走。更訪龍居里，尚有殘碑否。

又 南高峰，自九曜山而北五里許，與北高峰對峙，高一千六百丈。其麓四出，一由錢王嶺過大慈山，一過慈雲嶺，一落煙霞、石屋二嶺，一落西湖，過大小二麥嶺。

南峯高如何，一千六百丈。江流縈若帶，湖面平如掌。抗手招北峯，凌霞志孤往。

又 北高峯，在雲林寺後，武林山左支之最高者，自下至頂九百二十丈，石磴數千級，曲折三十六灣，秀出諸山，麓衍二十餘里。峯下爲瑞雲山，爲水岡隝，東爲屏風嶺，西爲烏石峯，後爲白沙嶺。

又 天竺山。自靈鷲至天門，周圍數十里，杭人統稱天竺。下竺法鏡寺坐飛來峯，對月桂峯。中竺坐稽留峰，對永清隝。上竺法喜寺坐白雲峰，對乳竇峯。下竺左爲日月巖，右爲蓮華峯，有三生石、玉女巖。中竺東北爲楓木隝，西爲中印峯。上竺右轉爲雙檜峯、雲隱隝，隝後爲幽淙嶺、郎當嶺，二嶺以上爲天門山。

又 龍門山，在資巖山西，山勢高峻，頂石對峙如門，西北爲大桐隝，有永安塔。

又 石筍峰，在資巖山南麓，一名卓筆峯，一名丈人石，圓峭特立，高數十丈，下有蘭若曰嬾石居。

又 霍山，在寶石山北，山形多骨，石筍鱗起，於湖北諸山爲最小，今俗呼棋盤山。山頂一大石枰，當即慶忌塔之下基，湖北之山，至此而盡。

又 丁家山，南高峯之支也，又名一天山，亦名小孤山，與北岸棲霞嶺、烏石峯相拱揖。西沿麥嶺有丁家山橋，蕉石山房在其下。

又 南屏山，九曜山分支也。峯巒聳秀，怪石玲瓏，峻壁橫披，宛若屏障。

又 玉廚山，龍山南支也，一作玉池，又名伏龍岡。南爲妙音山，西爲桃花嶺。

玉廚即玉池，池水皎如玉。鱗甲深洞間，中有石龍伏。何處胡麻香，桃花出深谷。

又 定山，在縣治西南四十里，一名獅子山，高七十五丈，周七里一百步。東北爲徐邨嶺，有范邨、朱橋，西爲楊邨，有壋山，江面有浮山，近富陽界爲廟山，突出浙江數百丈，江潮至此輒抑。

又 浮山，在定山南。江面山嶼浮江如磐石。下有潭聚魚，玲瓏可觀。潮出海門中分爲二派，東派沿越岸向富春，西派直抵兹山，怒激而回，諺謂之回頭浪。

又 廟山，在壋山西，近富陽縣境，突出江心，潮勢至此方殺。

又 相思嶺，在西溪之西，上下唐邨以此爲界。

又 荆山，高二百丈，周五里，內有七十二賢人峯。兩溪夾山，匯於西溪。

又 方山，一名金印山，高五十丈，周四里，凡七彎，至頂乃方，故名。山多怪石，高皆數仞，諸山環繞，爲西溪最深處。

又 青龍山，在皋亭山東，高七十餘丈。山脊蒼翠，偃仰如龍。又有龍母山，在皋亭東北，高百餘丈，張翼左右，如母顧子，故名。

清·郎遂《杏花村志》卷二《名勝》 湖山，在杏花村。登頂俯眺大江如縈帶焉，飛帆上下，宛似鳧雁。頂上平曠。

又 虎山，與湖山並峙。山巔淺草如茵，湖光山色，城郭烟火，交相映帶，遊人歷此，心曠神怡。山列中台。

清·周慶雲《莫干山志》卷一《疆域》 （莫干山）山之縱横東西三十里，南北二十五里，周一百里。

清·周慶雲《莫干山志》卷一《山水》 莫干山，在縣西北二十五里。羣巒分幹，環若北極，是諸山之宗也。與歸安接界，其左脇曰天池。

清·周慶雲《莫干山志》卷三《山水》 塔山，在縣西北三十五里，高埒於天泉，頂圓而平。

又 天池山，在莫干高峯之間。《縣志輿圖》載之，而《山川志》漏列，故距縣道里及方位均闕然。天池十二景則詳書之，曰叢竹徑、曰半雲亭、曰伏獅岡、曰寂照池、曰寸壁峯、曰石屋巖、曰卧仙石、曰仙翁洞、曰仙鋸板、曰望月臺、曰瀑布泉、曰洗劍池。山有天池寺，元建，右有天池。

又 礮臺山，在莫干山南，山小而鋭，形似礮臺。《舊志》無此山名，以輿圖測之，似獨孤山方位即此山也。

又 營盤山，在莫干山南，《舊志》無此山名，由礮臺山旁嚮北即此山。

又 蔭山，在莫干山南，《舊志》無此山名。

又 雲盪山，在縣西北五十里，高數百丈，周五里，又名雲盪峯。其脈來自天目，爲邑諸山少祖。左折而北爲天泉，爲莫干，右折而東爲石嶠，爲嶗山。更逆折而西而南爲銅官，蜿蜒而至縣治武邑，山多峯少。兹峯高聳插天，雲烟摩盪，洵足雄長一方。

又　巖山，在縣西北五十里，高數百丈，圍四里，上起三峯，形如筆架，又名筆架山。

銅峴山，在縣西北四十九里，高六百五十丈，圍一十二里。

又　虹山，在縣西北三十五里。

又　石帆山，在縣西北三十五里。

天泉山，在縣西北三十五里，又名唐鎚山。

又　石頤山，在縣西北二十五里，高二百餘丈，圍一十三里。山腹兩崖，大石錯互，函若脣齒，其中廓然，以容黃土山桑，烟火數家，若頤之含物也。

又　石橋山，在縣西北七里，按：距縣二十五里，誤作七里。高五十丈，圍六里。其山峻滑，以石爲骨也。頂有石橋，厥長倍尋，廣半之，名以誌異也。《前溪逸志》云：七里橋，度其圍以表山也。

又　銅官山，在縣西北十五里，高三百五十丈，周七里，本名武康山。

又　范隖山，在縣西五十里，高四十丈，圍四里。《府志》作花隖山，誤。

又　黃迴山，在縣西四十五里，高數百丈，圍一十五里。發自天目，爲邑南龍之少祖，其界與餘邑中分。山上居民汪姓。

又　石柱山，在縣西三十五里，高六十丈，圍五里。山頂兩石卓起十餘仞，圓直如削，峙若雙桓。

又　盤山，在縣西三十里。

高大山，在縣西三十□里，高七十丈，圍□十里。

風篷山，在縣西三十二里，高七十丈，綿亘一里，山形軒翥，若帆檣然，故名。

白猿山，在縣西三十二里。

又　上臯山，在縣西三十里，高三十丈，圍十五里。

青龍山，在縣西三十里，高十餘丈，圍里許。蒼松環繞，童其頂，既峻復夷，可置酒百餘席，四圍屏翠，列若帷幕。

又　五峯山，在縣西北三十五里。山有五峯庵。

沈壁山，在縣東北一十五里。【略】九峯迤邐相接。

宋琪山，在縣西三十里，高丈餘，圍四百步，大溪曲折環山前，匯爲潭，亦名宋琪潭。

又　銀山，在縣西五里，高七十丈，圍四里，一名永安，吴因以名縣。

紫山，在縣西五里，高一百二十丈，圍八里。

羊没山，在仙臺山北，俗呼楊梅山。

清·周慶雲《靈峰志》卷一《山水》　靈峰山，在青芝塢西。【略】靈峰高四十六丈，在縣治之西北隅，距城九里，距西湖四里。

清·王鎬《靈巖志畧》　靈巖發脈於陽山，由王晏嶺歷鹿山、賀九嶺及天池、華山從千步廊左轉，讓原山車廂嶺，秦臺石林，越雨重嶺，分支開嶂於大尖山中間，突起一巘，名琴臺，西産佳石，可爲硯，一名硯山。山有石鼓，一名石鼓山。南列峭壁如城，一名石城山。山形如象，一名象山。離城三十里，高三百六十丈，廣一千八百畝，館娃宫遺址在焉。其南麓爲山塘，即香水溪。南有箭涇，即採香涇；西行二百五十里，至光福、鄧尉諸山，出斜橋左折而南，爲走馬、興福二塘。其東北行過跨塘，與越來溪會，曰横塘。更東七里而至胥江，由横塘分流；彩雲橋而北爲楓橋；由跨塘南折而東爲荷花蕩，自下沙塘繞金山數里，而至支硎等處，東南爲落星涇，東北爲西新橋。其最勝者，太湖三萬六千頃，中有七十二峯，望之羅列如在几案間，此靈巖山水之大畧也。

又　香山，在山之前，南去出胥口十四里。

洞庭東山，在山之東南，出胥口，過太湖六十里。

洞庭西山，在山之西南，出胥口，過太湖七十里。

穹窿山，在山之西南，相去十八里。

又　光福山，在山之西南，相去二十餘里。

虎山。

鳳凰山。

龍山，以上三山皆在山之西，相去三十餘里，互相聯屬。

夏周山，在山之西北，相去三十餘里，即尖山之後。

大尖山，在山之西北，與本山相連。

華山，在山之西北，相去十里。

天平山，在山之北，與本山相連。

查山，即玉屏山，在華山之西北。

陽山，即洋山，在華山後，與夏周山相連。

支硎山，在本山北，與天平山東麓相連。

金山，在本山北，相去二里。

臯峯山，在山之東南，相去十三里。

堯峯山，在山之東，相去十四里。

七子山，在山之東，相去十三里。

紫石嶺，在七子山東北，姑蘇臺在其上。

上方山，在山之東，與七子山連，相去十五里。

唐盤山，在山之東，與上方山相連。

横山，在山之東北，相去十八里。

毬山。

獅山。

何山，以上三山俱在山之北。

虎邱山，在山之正北，相距三十餘里。

清・張道《定鄉小識》卷一《山水記一》 月輪山。《咸淳臨安志》：在龍山西南，瀕江，以其形圓如月，故名。《西湖遊覽志》：其上爲月輪峯。《湖山便覽》：龍山支阜也，在大慈山南二里。《康熙錢塘縣志》：在龍山南，瀕江，形如月，頂廓爲月輪峯，旁倚六和塔。月輪山中隆旁橢，彷彿半月。岸江危石，壁立若島，古藤老樹，陰鬱蔽日，游人炎夏登陟，涼風扇秋，可以逭暑。山東爲龍山鄉，以溪爲界，定北之轄，實首是山。

清・張道《定鄉小識》卷二《山水記二》 五雲山路。五雲山上有天井，東有長嶺，西有五雲山，嶺南面江爲姜釵嶺，爲清風嶺，又山西爲雲棲塢，塢東爲壁觀峯，下有青龍泉，塢北爲迴耀峯，峯東爲寶刀隴，西南爲黄泥隴，爲蕭家塢。中峯下有聖義泉，西岡下有金液泉，塢西爲梅家塢，有關嶺，塢口爲雲棲塢。溪出范村，古爲范浦，今爲范村浦，西爲牛坊嶺。

又 五雲山在徐村，以五峯矗立，高逼雲霄，故名。五雲自蓮池創爲五色瑞雲盤繞山頂之説，後人從而和之。其語荒渺，出於附會。且雲棲塢亦以塢在五雲西，古有棲真院，合呼雲棲耳。乃云五色雲飛集山西塢中，因號雲棲塢，亦叵信也。山高出羣峯，俯視江上，山如兒孫羅列，山巔竹樹蓊鬱，森秀雲表，與阿育王山相類。山麓直跨范村，其徑由徐村三夫人廟，西入山進五雲石碑樓大路而上，東達九溪，西通雲棲。

又 金液泉。寶池池底布黄金，靈液涓涓出梵林。山静雲開明月下，寒光浮動見天心。

清・張道《定鄉小識》卷三《山水記三》 横山路。焦山西北爲大青嶺，嶺北爲東墓嶺，下爲東穆塢，中有蓮花山，塢西爲趙西塢，爲白栗山，爲望江尖，鄭公尖近西溪。又西南爲横山，有箬帽峯，有淩影潭，東南爲横山大嶺，東北爲桐塢，有青龍山。又南出而東爲馬鞍山，爲功山泉。又南出而西爲觀山，山西爲石蜂山，北爲石板山，又北爲龜山，又東爲青山，又焦山南爲大斗山，有小斗塢，又大斗南爲鳳皇山。又黄山南出朱橋爲仙人山，又東爲青龍山，又東爲中和山，又東爲外高山、飛鳳山，南近朱橋港爲百子山，爲午山，西爲百丈山，下有斗門浦，百丈東爲張家山、柴家山，西爲柏子尖。又東南塢口爲楊梅山、覆船山，下爲孫家灘。又横山之支，東南行爲范嶺，爲石馬山，爲烏雉嶺，又西古有黄山浦，上接横山溪，南出朱橋浦，江口有朱橋渡，又西至轉塘有廟山，爲轉塘浦，有轉塘渡，又横山，古爲南蕩山。

又 石蜂山。《康熙錢塘縣志郡志》：在觀山西一里，山多石，形如蜂，故名。

又 午山，在牛坊嶺西，近朱橋山，平衍横漫，互於江濱，泥赤色如丹，其麓爲明葛湖南故里。

又 百丈山。《萬曆錢塘縣志》：黄山之支折而西爲百丈山。百丈山在轉塘午山之北，山下有斗門埇，西爲孫家灘，東有百丈庵、明葛湖，南之曾祖朴菴窆於此山。平坦至巔，凡百丈，故名。

清・張道《定鄉小識》卷六 美女山，在獅山北，與童子山比肩齊，高小而秀潤，形如美女。

又 青箬灣山，在牌山西，與牌山雙峯對峙，高數百丈，形勢峻峭，中爲大嶺，宛如天闕，越南爲譚經塢。

又 牌山，在青箬山東，俗作簰山。山自白巖山發支，過金家嶺，崛起峯巒高數百丈，周回十餘里。青屏黛嶂，聯絡障互入金子衖，望之高峻秀傑，如南山五老峰，迤西爲石灰嶺，形勢全趨富陽。

清・張道《定鄉小識》卷七 石龍山，滿體戴石，嵬巖奇嶮，蜿衍飛翔，勢如游龍，長亘十餘里，正以形名。

又 蜈蚣山，在定山南山腳斜奔，形如飛天蜈蚣，故名。俗傳龍性畏蜈蚣食其腦，石龍當飛舞渡江，見蜈蚣而止也。

又 浮山，孤懸江面，支麓横撐，形如半月蛾眉之狀，四面望之，別無殊致，自龍山五雲西眺，定鄉赴江諸山至兹而盡，故形家以爲石龍奔舞出江，見蜈蚣而伏，再起浮山，入江暗渡東起半月山，以趨蕭山之冠山，倘湖之言洵非誣也。山坦迤巔頂甚平，高不及定山之半，而旁無障翳，數十里外，遥望悉見，東面巖石，巉險狀類獅峯。

清·張道《定鄉小識》卷八　瓜藤山。《萬曆杭州府志》：在白巖東迤邐而來，羣峯起伏，勢若瓜藤，高四十五丈。《萬曆錢塘縣誌》：茱萸尖之支，東南行爲瓜藤山。《康熙錢塘縣志》：在白巖山東，高十五丈，迤邐而下，羣峯起伏，勢若瓜藤。

清·李誠《萬山綱目》卷一　大漠以南海内諸山咸起自岡底斯山。岡底斯山，在西藏極西，阿里達克喇城東北三百十里，當甘肅西寧府西南五千五百九十餘里，西三十六度四分，極出地三十度五分。地勢自西南徼外漸西漸高，至岡底斯而極。其山高五百五十餘丈，周一百四十餘里。四面峰巒陡絶，高出衆山百餘丈，東西南北勢皆下垂，實諸山之祖，即《水經注》所謂阿耨達山，乃真昆侖也。曰岡底斯者，唐古特言猶云衆山水之根。山頂積雪，如懸崖上有百泉流注至麓，即伏地。其下附近有馬品木達賴池，亦曰馬鵬海。直山南百二十里又西六十里，有郎噶池，亦曰狼噶海。二池連屬，土人相傳爲西王母瑶池。《梵書》言「四大水出阿耨達山，下有阿耨達池」，即此。從古未知其地。

又　哈朗歸山，在和闐南。和闐河出其北麓，北流，會葉爾羌河，下流爲塔里木河。河源當西三十四度六分，極出地三十八度，正爲黄河重源，即《史記·大宛傳》「于闐水」。東流注鹽澤，鹽澤潛行地下，其南則河源出焉。《漢書·西域傳》：「河有兩源，一出于闐。」于闐在南山下，其河北流，與葱嶺河合，東注蒲昌海。和闐即于闐。

又　雪山，在烏什城西北，喀什噶爾城東北。玉素納爾、土什阿爾、古各回城俱倚其南麓。四時積雪。産雪雞、雪蛆、雪蟾、雪蓮之類，又産冬蟲夏草，性皆極熱。烏什河出其東麓，兩源，東流而合，又分爲二。經烏什城者又合東南匯阿克蘇河，又東南合喀什噶爾河、葉爾羌河、和闐河爲塔里木河。

清·李誠《萬山綱目》卷二　興安畢察達克沁山，在車臣汗東路中左旗南，山南有池。

清·李誠《萬山綱目》卷三　噶達素齊老山，在青海玉樹土司東，格爾吉土司北。中有石，高四丈餘，亭亭獨立，帶赤色，俗傳爲落星石。黄河自羅布泊即蒲昌海伏流至此，從石上湧出。即古積石之山。《山海經》：「積石之山，其下有石門河，水冒，以西流是也。」

又　阿克坦齊欽山，在青海和碩特西，右翼後旗南。《一統志》：「上有兩峰，形如馬耳，故名。」

又　烏蘭德錫山，在青海和碩特西，左翼後旗南，阿勒坦河北。《一統志》：「其山高大，頂極平坦，方正。」

又　積石山，在西寧邊外西南五百三十餘里，青海和碩特前旗、土爾扈特南前旗南。《一統志》：「即今大雪山，番名阿木你麻禪母孫山，綿亘三百餘里。」上有九峰，高入雲霧，爲青海諸山之冠。中峰亭然獨出，百里外即望見之。積雪成冰，歷年不消，峰巒皆白，形勢險峻，瘴氣甚重。唐名大積石山，《元史》爲崑崙山云云。其實噶達素齊老爲大積石，此乃小積石耳。《漢書·西域傳》「鹽澤潛行地下，南出於積石爲中國河」，其明徵也。蓋黄河伏流，再出爲積石阿勒坦河，至此山南始名黄河，故亦名積石云。巴爾瑚河出其南麓，南入黄河。其北麓無數小水，皆北入黄河。

又　紅崖子山，在西寧縣東八十里。《一統志》：「其土赤，因名。」山腰有石洞。

又　寬臺山，在玉門縣赤金所東南，嘉峪關西。山寬如臺，故名。

又　牌樓山，在肅州西南百里，卯來泉堡南。形如牌樓。

又　淖泥山，在肅州西南百餘里，文殊山南，一名濫泥山。其山多水泉，地泥濘，故名。

又　紅崖，在高臺縣西北，鎮夷城西十五里。色赤，如屏障。

又　石嘴山，在山丹縣西十里。山下地皆舄滷，雨後經日，色白如鹽。

又　來伏山，在鎮番縣西北八十里，地接塞外。山遥拱如拜伏狀，故名。

又　武威西山，在武威縣西二十里。峰若蓮花，下有五色石，如獸形。

又　大松山，在平番縣東北一百二十里，接蘭州界。山多大松。

又　磨兒山，在平魯縣西北五十里。山形險峻，周環如磨，旁有碧峰，古洞幽邃，人莫敢入。

清·李誠《萬山綱目》卷五　四角山，在平定州北三十里。其形四起淩雲，下出三泉。

又　鼓山，在河南武安縣南二十里。有二石如鼓，叩之有聲，鳴則兵起。南麓有泉，南流合神麏山黑龍洞泉爲滏陽河。東北至直隸順德府平鄉縣，北入大陸澤。

又　玉峰山，在武安縣西南十八里，直隸磁州西北。其山草木不生，巖石望之如玉。

又 龍山，在涉縣東北，形如龍。

又 烏泉山，在壺關縣東南三十里。山半有泉，伏地而流，土色頗黑。

又 礦山，在林縣東北三十五里，有青鐵礦。

又 銅山，在安陽縣北四十里，舊產銅。

又 寶山，在安陽縣西南龍山西南十餘里。山產白石，可爲陶器。上有八峰，下有泉。西北有山曰清凉，曰馬鞍，高出諸山。清凉山尤聳拔。

又 善化山，一名枉人山。在衛輝府濬縣西北二十五里，湯陰縣東二十五里。山出雲氣爲樓觀、亭臺、舟車、旗鼓、人馬之狀，故曰善化。又曰三山，形如鼎足，俗傳紂殺比干於此，故又曰枉人山。舊產花石，因鑿取過多，雲氣今無。

又 石門山，在輝縣西北五十里。石壁如門，上有三仙潭。

又 駝峰嶺，在輝縣西七十里。嶺自西而來，東峰突起，宛類駝形。

又 九山，在輝縣北十里。山產野韭，又名韭山。

又 玉柱峰，在輝縣北五十里。高三丈，圍五尺，如柱屹立。

又 黄圍山，在陵川縣東南五十里。孤峰插天，登之可望黄河。有洞，深邃莫測，或云達壺關之紫團。

又 孤圍山，在陵川縣東南七十里。四面山麓至此皆成絶壁，宛若石城中突一峰。

又 錦屏山，在陵川縣南二十里。山多芍藥，列巘如屏。宋郝君錫隱此。

又 浩山，在高平縣西四十里。有石朵山，其峰如花朵。

又 寶山，在鳳臺縣西南五里。山產鐵礦。

又 方山，在鳳臺縣西四十里。壁立如砥。

又 析城山，在山西陽城縣西南七十里，河南濟源縣西北九十里。山峰四面如城。

清·李誠《萬山綱目》卷六 天和山，在五臺縣東四十里。有龍洞泉。出銅鐵礦及石炭。

又 鐵拐山，在五臺縣東南五十里，削壁中插二拐。

又 太白山，在靈邱縣南十里。山有鐘乳穴，高極雲表，磴道十八盤。

清·李誠《萬山綱目》卷七 南臺山，在盧龍縣南三里，左爲首陽山，右爲孤竹山。南臺中峙形如印，亦名印山。

又 筆架山，在盧龍縣南十五里，山巔有石如筆架。

又 鳳凰山，在昌黎縣西十八里。上多奇花，名穿花鳳。

又 蛇山，在廣寧縣東三十里，層巒疊嶂，多蛇，故名。

清·李誠《萬山綱目》卷八 昂邦何托峰，在吉林城西南五百餘里，高五十里，周五十里。下有小石城，峰頂草木不生。福爾哈河出其東麓，東流入遼吉善河。阿禄河出其西麓，西流入清河，即哈達河。十八里河出其北麓，西南流入清河。

清·李誠《萬山綱目》卷九 硯子島，在朝鮮國井浦巨島西南六十里，形如圓長之硯。南與龍島、德勿島相望百里間。

又 烏平島，在朝鮮國要兒梁西。要兒梁爲朝鮮國西海渚一線，陡入海中，形如象鼻，周五十里。東去要兒岸六十里。

又 德勿島，在朝鮮國泰山城西，形如雞卵，周五六十里，東去泰山岸五十里。

清·李誠《萬山綱目》卷一一 鼉磯島，在大欽島西南。其石可做硯。

又 荆山，在蓬萊縣西半里。山產荆。與田橫、丹崖二山相連環抱，其東南有胭脂岡。

又 峘嵎山，在棲霞縣東北二十里，亦名金山，以產金得名。

又 北曲山，在棲霞縣西十里，產鐵。

又 古陌山，在舊威海衛。端方如屏。

又 石城山，在即墨縣東南三十里，狀如城。淮涉水出其西麓，西流會墨水，西入南大河。

又 蹲犬山，在登州府黄縣東南三十里。上有石如犬蹲，一名狗見山。大沽河出其南麓，合兩源南流至萊州府即墨縣西合小沽河南流，至膠州合膠河，南入海。

又 小竹山，在膠州西北三里，多小竹。

清·李誠《萬山綱目》卷一二 駝兒山，在日照縣西北一百一十里。有石如人負兒之狀。傅疃河一名寨河，出其東麓，東南流至日照縣東南，會兩河東入於海。

又 紅桃山，在安邱縣西南，牟山之西，產紅土石，又曰洪陀山。山東小峼嶁曰小山。

又　駝山，在益都縣西南雲門山西，以形名，三山聯翠，障城如畫。上有潭，名龍湫。

又　蒙山，在蒙陰縣西南，費縣東北七十里。延袤百餘里。其北爲蒙陰，其陽爲費縣。《禹貢》「蒙羽其藝」，《論語》「東蒙」即此。山頂産茶，其東爲九女關，南麓有水，東南流入於浚河。西爲紫荆關，南麓有水，南流入於浚河。

又　采山，在汶上縣東北三十五里。出砂金。舊傳花木如采。

又　牙山，在鄒縣東南二十里，相錯如犬牙。

又　青龍山，在藤縣東北五十里，又名牙山。三峰突越，狀如僧笠。

又　奇寶山，在青龍山南。山頂方平，前復起一小峰，圓秀如端冕執圭，儼然尊於諸山。

又　華蓋山，屏山西去三峰，相連如張蓋，漷河經其西麓西折。

又　泉固山，在滕縣東九十里，四壁如削。

清・李誠《萬山綱目》卷一四　郎千喀巴布山，在岡底斯南稍東二百五十里，阿里達克喇城東二百七十里，山形高大如象。北麓爲岡噶江源所出，亦即馬品木達賴池源所出。西南連悶那克厄兒山。

又　麻木佳喀巴布山，在達克喇城西北二百里，山高大，形似孔雀。麻楚河出其東南麓，東南流入狼楚河，爲岡噶江。

清・李誠《萬山綱目》卷一五　馬鞍山，即集鷹後山，以形似得名。其山自冠子坪，前望之如冠。自集鷹後望之如馬鞍，故或以爲即冠子坪，其實即集鷹也。

又　石城山，在保山縣西北百二十里，上江蠻邊北。高峰插天，與雪山大脊可平揖。上有馬鹿潭，有木龍，下有中臺寺。

清・李誠《萬山綱目》卷一六　布喀山，在衛地喇薩東北六百里，山甚高大，形如野馬。布克河出其南麓，南流會沙克河，東南流入哈喇烏蘇。東南麓有水東南流，會索克占旦索河。東南流經喀木地，入哈喇烏蘇。東北麓之忒門他拉爲阿克打木河源，東北流合衣克阿克打木、巴哈阿克打木，東北流入木魯烏蘇。

又　三崇山，在雲龍州西六十里，舊州西五里。壁立萬仞，三峰入雲，人跡罕到。有行至半山，輒遇雷雨沙石而止。

又　筆架山，在保山縣東南三十里，高百丈，袤二里，形如筆架，一名哮囉。

又　曇花山，在順寧縣南四十五里。邦貫里明時，山上多産木蓮，土人以爲七寶之祥，立曇花寺。

又　天馬山，在雲州西北四里，爲州之主山。兩峰高峙，如天馬行空。登其巔，山川形勝盡在目中。

又　馬鞍山，在雲州西南五里，兩峰傑出，又呼爲文筆峰。

又　猛卯山，在雲州南十里。形如列戟，蒼翠欲流。

又　蠻賴山，在雲州西南七十里。上多竹木。

又　雪山，在雲州東南二百二十里大猛麻地。經年積雪，溽暑不化。中有平疇一塢，並無居人，而有隴畝之形，雞犬之聲。間有葱韭見者，僅可取葉，若掘根，則雷雨交作。内有石匱，藏古書甚多，取之輒迷惘不能歸，送還乃已。外有石門，無心遇之，庶幾可入，有意覓之不可得，仿佛桃源勝境云。

清・李誠《萬山綱目》卷一七　大雪山，在維西通判西北八百里，四時積雪不融。

又　白邛山，在維西通判西北六百里，高四十里。九月積雪，六月始消。七八月之間，旋風如水，寒氣徹骨。人升高氣喘，口鼻之間迎風不能呼吸，輒僵不甦。土人謂之寒瘴。至山頂，黄雲四起，五步之内不復見人。高聲言笑，即有拳大雹密下不止，人亦多斃焉。

又　梭石坡，在維西通判西北三百里。其山石骨而沙膚，浮疏頹潰，長三里，厚不可測。下逼瀾滄江，風及雨，則砂卸石崩，石如礎如棁如闑如杵如轆轤如碾如瓜如刳木如盤根，相緣相擊相激相旋轉而下，聲如淅瀝如琢如伐木如版築，如羣鳥飛如垣傾江干，喬木觸之立折，人至此必視風雨静而後踏沙徐行。或行里許，風作砂下石擊，無不斃之江中。爲維西城至阿子墩必由之道。

又　象鼻山，在雲龍州東二里，雒馬東，以形似得名。

又　羅木山，在永平縣北八里，狀如筆架，西臨銀龍江。

又　花馬山，在麗江縣西北三百五十里，舊巨津州東南，崖有石如馬，其色斑斕。昔麽些詔自名其國爲花馬國，本此。元太弟南滅段氏時，三賧土酋麥良内附并破鐵橋之花馬，因以功授職，亦即此。

又　望江山，在麗江縣西八十里石鼓街。自老君迤邐而來，雄峰高聳，狀如巨人壁立，俯瞰金江。郡内諸山由此分脈。

又　覆釜山，在鶴慶州西五里，爲州鎮山。形如覆釜，山勢秀拔，南北諸山拱翼。下有龍泉，曰西龍潭，明知府馬卿築堤以蓄。

又 金鳳山，在鶴慶州西二十五里。其形如鳳，爲劍川石鼓分路。

又 建和山，在劍川州東北五里。平原突起，狀若伏龜。

又 黄旆山，在鄧川州西北十里，形如張旆，草色多黄，故名。

又 天馬山，在鶴慶州南二十里。首昂，中下尾略高，其形如馬。桃樹江出其下，東北流入漾工江。

又 大孟山，在鶴慶州東南一百三十里。石壁横亘三十餘里，形如城郭，上多古木幽禽。

又 令字山，在賓川州西五十里，形如令字。

清·李誠《萬山綱目》卷一八 獅子山，在趙州南八里，形如獅子，相傳諸葛武侯曾鑿其巔。

又 赤佛山，在趙州南三里，山有赤石，望之如佛。

又 臥麟山，在趙州南二里，狀若臥麟。

又 御筆峰，在蒙化廳東南二十里，玉屏山左。孤峭插天，廳之文筆也。

又 天馬峰，在蒙化廳東南三十五里，峰巒特立，翠擁雲端，儼如天馬行空。

又 赤龜山，在順寧縣東北二百二十五里，形如赤龜。黑惠江至此北盤南轉，如長蛇繞其下。山阿有聚落，名阿城，爲行旅止宿之所。

又 交椅山，在蒙化廳西十里，形如交椅。西山之麓，自此平分，各朝南北。

又 獅子山，在蒙化廳西南十里，舊名日遊山，形勢雄偉，儼若奔獅。

又 文筆山，在景東直隸廳北三十里。青峰秀麗，如筆插天。

又 金鼎山，在景東廳西一百九十里。突兀高峻，頂寬而平，三面懸崖千仞，周十餘里。上有清泉，旁森古木，有寺。土人每於二月花朝競來朝禮。

又 鳳凰山，在普洱府治北一里，形勢開張如鳳舒翼。

又 天筆山，在寧洱縣西二里，形勢如筆。三岔河出其下，龍潭金龍河出龍洞，并匯流。南會追栗河爲普洱河。

又 金精山，在思茅廳西南三里，形如覆釜。

又 鶴籠山，在景龍廳北三十五里。一峰崒嵂，頂圓如盤，葱鬱之氣靄於雲間。

又 老武山，在元江州西北七十里，繁富産米。

又 紅巖山，在他郎通判西三十里。峭壁凌空，人莫能上，口夕返照，赤色如霞。

又 書案山，在賓川州西里許，平正如案。

清·李誠《萬山綱目》卷一九 飛鳳山，一名五盤山，在賓川州北二十里，狀若鳳翔雙翼。山脊擘爲兩，俗傳武侯斷之，北一峰爲孟獲寨。

又 華蓋山，在賓川州北三十里，數峰攢簇，有如張蓋，故名。

又 象嶺山，在白鹽井北一里，馴伏如象。

又 龜祥山，在姚州西三里，一名赤石山，山如龜形，石皆赤色。嶺有泉，上有龜祥寺，故又稱古寺山。

又 赤石山，在定遠縣西二十里，山多赤石。零川出其東麓。

又 獨立山，在定遠縣東北三十里，一名諸葛山，亦曰磨盤山。形如圓蓋，下有白石泉。

又 象山，在黑鹽井西五里，其形如象。

又 九鼎鐘山，在姚州東南五十里，一名華山，峰巒有九，狀如懸鐘，行人不絶。

又 大粱山，在元謀縣西十五里，産火光石。

又 雷馬山，在元謀縣西北六十里，産白銅。

又 盤龍山，在元謀縣北七十餘里，連亘逶迤，形勢若盤龍。

又 三尖山，在楚雄縣西後河哨，形如筆架，三峰插天，異石嶙峋，一方奇觀。

又 佛頂山，在楚雄縣西二百里，瓦姑哨下宜此，山形如佛，頂産雀舌茶，今爲土人剗盡。

又 玉屏山，在楚雄縣西一百餘里，瓦姑哨上宜此，小河頭方平如屏，高出雲表。

又 大尖山，在楚雄縣西南一百餘里，瓦姑哨宜此，小河尾形如筆尖，高峙河口，一方華表。

又 翠屏山，在廣通縣西北四十里，峰列如屏。

又 鶴翥山，在廣通縣東北十里，環繞縣治，形如鶴翥。

又 三臺山，一名龍三藏，在禄勸縣北五十里克梯村。山如臺形，上頂寬平，可容萬馬。相傳爲明建文帝棲身之所。鳳朝文曾屯兵於此。

又 金鳳山，在羅次縣西五里，其形如鳳，俗呼金字山。

又 龜山。易門縣治建其麓。平地突起，其形如龜。

又　白華山，一名圭山，太極山之餘氣。其形如圭，因名。

清・李誠《萬山綱目》卷二〇　五鳳山，在嶍峨縣西九十里怕念鄉。五山連峙，狀如五鳳。有鳳山洞，深廣可容數十人。

又　青龍山，在元江州北七十里。山出銅，民物繁富。州城炎瘴，知州大半居此。

又　波衣山，在新興州西六十里。波衣，華言衣胞也。山形圓如胞胎，故名。

又　帽盒山，在嶍峨縣西十里，以形名。

又　翠屏山，在嶍峨縣西二里，狀如屏障，葱翠靈秀。

又　寶山，在建水縣西南二里，産石如寶，夜望有火光。

又　日沖山，一名西山，在阿迷州西三里，形若列屏。

又　火山，在阿迷州北三十里布沼街旁。火伏土中，有火處，土即裂，以竹投之即灼。

又　寶山，在石屏州西三十里，形如圓珠。山北水爲草湖，北流爲六谷沖，北入白花竜河；山南水爲寶秀湖，東匯異龍湖。又名朝君山。

又　捷報山，在鍾秀山右，五峰相續，勢若奔馬。

又　火龍山，在石屏州南五里，自鍾秀分支而下，曲折飛舞，如龍行空中。

又　麒麟山，在蒙自縣西南三十里。出銅、鉛、銀、錫諸礦。自寶華至麒麟，其南則新山，個舊金釵、龍樹諸廠悉在焉。南濱大江而止。

又　翠微山，在蒙自縣西四十里，奇嶺羅列，燦若五彩，多産翠竹，故名翠微。

又　菊花山，在蒙自縣西三十里，形似菊花。上多霞霧。

又　西華山，在開化府西五里。横列三十六峰，如參差列戟。中一峰最高，崖畔建老君閣，爲老君崖。山頂爲交椅凹，形似交椅。下有石婆婆廟，居民多祈嗣於此。

又　印山，在開化府北七十里，山形似方印。

又　玉案山，在開化府南里許，横列如屏。

又　麻姑山，在開化府南九十里，地産金。

又　麒麟山，在開化府東北四十里，法土竜寨旁，形似卧麟。下有湧泉，馬別河源東流經其北。

清・李誠《萬山綱目》卷二一　蓮花山，在寶甯縣東南二十里，五峰並出，諸小峰旁峙，形似蓮花。

又　犨山，在土田州東一百二十里，兩峰對峙若門，土人呼門爲犨。

又　七首山，在興隆土司西六十里，山有七峰，形如人立。七首水出其下，北流入紅水江。

又　獨秀山，在白山土司南，喬利舊治東十五里。平地突起，其形如笏，亦名印笏山。

又　玉印山，在思恩府東四十里，平地突起，石峰森列，其上方平如印。

又　武臺山，在武緣縣東二十里，形如半月，縣境諸山此最秀。

又　起鳳山，在武緣縣東十里，兩峰秀麗如雙鳳之騰霄。

又　思玉山，在宣化縣東北六十里。《寰宇記》：「其山有石似玉，因名。」《舊志》：「山跨賓州界，險峻難越。」

又　五花嶺，在宣化縣東北里許。脈發自望仙坡，分爲五支，蜿蜒入城，如五花然。

又　都石山，在宣化縣東六十里。滿山皆石，不産竹木。

又　石魚山，在宣化縣東南六十里。瀕江灘，下有石壁如魚形。

又　白牛洞山，在柳州府來賓縣西南六十里。有白石狀如牛。白馬溪出其下，北流入紅水江。

又　銀山，在貴縣東北十里，有石函望之如銀，俗呼爲仙人函。

清・吴偉業、向球《穹窿山志》卷一　按《郡志》：穹窿山在府城西五十餘里。吴地諸名山惟穹窿最爲高大。穹窿紆曲，蓋此山實峻而深，形如釵股。《越絶書》：爲古赤松子採赤石脂處。又《神仙傳》：泰魚吏赤須子升仙處。東抵堯峯、烏龍諸山，西峙鳳凰、玄墓諸山，北控靈巖、天平、賀九諸山，南繞太湖。山高而平，其方廣可百畝。

清・溥儒《上方山志》卷一《名勝一》　天柱峰，居山之西，高聳雲表，如中天之柱石，故曰天柱。

又　飛來峰，在天柱落南嶺上，有若大奇石一塊，如不一氣相連，絶類別處飛來者，故曰飛來。

清・溥儒《上方山志》卷一《名勝二》　象王峰，在山東北，背盎鼻垂，皴皮蒼皺，與象相似，故曰象王。

又　車廂峪，在滜龍潭之東北。峪中數石，形類車廂，而其水流作車軀聲，故曰車廂。

清・溥儒《白帶山志》卷一《山水二》　龜山，寺南八里，形如二龜，終古相向。

又　牛山，寺東南九里，山形如螺。

清・吴玉樹《寶前兩溪志畧》卷一《山川》　涼山一名良山，一名梁山，見趙孟頫墨刻。《湖州胡志》：在城南三十里。三峯並起，形如貫珠。《歸安縣志》：離縣三十里，竹溪之西。山麓有三泉。

案：涼山有三，皆在竹溪之西，前溪之北，一曰北涼，一名玉陽，一曰中涼，一曰南涼。

又　南涼山，鳳潭前拱，昂溪後環，爲前邱地脈之祖。古松奇樹，陰靄如雲，人行其間，衣袂盡緑。産檀楠香、斑文竹。

中涼山，形如覆釜，高不數丈。産燕來笋、醉翁李、白桃花。

鳳凰山農夫俗言，爲探花長庚公之父母葬于此，殆一時適聽，其謬耳。豈真有然耶。在射村，周不數畝，溪畔一小山也。堪輿家言：射村地脈宗於此。宋時，分置歸安。議築城於寶溪之上，以此山爲正，下有石脚，乃東林山至涼山過脈也。前數十步有石根露出，里人呼活石頭云。

清・繆潛《招隱山志》卷一　山在城西南七里，一名獸窟山，又名戴公山。北控黄鶴、磨笄諸山，南拱白龍岡山，東引迴龍、菊花二山，西襟黄峴、擅萊等山，路敻地僻，隱遂幽深。

又　獅子窟，一名獸窟山，又名招隱洞，本招隱東峯山未開時羣獸所居，故統名獸窟。

又　國朝順治間，僧別開一院，於是山分爲二，而以獸窟之名專屬於此。又謂獅子先搏此窟，因名獅子窟。窟内今奉觀音像，門外鐫石刻觀音、達摩祖師像各一。

清・繆潛《招隱山志》卷一〇　招隱山，一名獸窟，羣峯環其三面，而大江襟帶其北，其中稍平衍可居。

又　吾邑南郊負郭，山水惟招隱山最幽勝，其深邃數倍於他山，自粤氛擾後，僅存聽鸝山房數楹，餘皆鞠爲茂草矣。

又　獅子窟，一名獅子洞，又名獸窟山，蓋招隱山之南峯，而百獸叢聚之藪，徑僻路崎，游蹤罕至。

高原部

宋・宋敏求《長安志》卷一一《縣一・萬年》 白鹿原在縣東南二十里，自藍田縣界至滻水川，盡東西二十五里，南接終南，北至霸川，盡南北一十里，亦謂之霸上。

又 少陵原在縣南四十里，南接終南，北至滻水，西屈曲六十里，入長安縣界，即漢鴻固原也。宣帝許后葬於此，俗號少陵原。

元・虞應龍《大元一統志》卷七《雲南諸路行中書省・武定路・風俗形勢》 四維千里，削壁懸巖。水甘草茂，最宜畜牧。

元・虞應龍《大元一統志》卷六《甘肅等處行中書省・烏撒烏蒙宣慰司・風俗形勢》 蜀本地高山險，烏蒙又高蜀一倍。

明・楊慎《雲南山川志》 玉案山，在雲南府城西二十五里，一名列和蒙山，秀麗多泉石，石有碁盤。山北平坡，中有三泉如盆池，郡人春日遊賞於此山中，有玉案巋若。

又 金馬山，在東二十五里，西到碧雞山，中隔滇池。山不甚高而綿亘西南數十里，上有長亭，下有金馬關。

又 碧雞山，在西南三十里，東瞰滇澤，蒼崖萬丈，緑水千尋，月印澄波，雲横絶頂，雲南一佳景也。漢宣帝時，方士言益州有金馬碧雞可祭祀，而致遣王褒往祀，至蜀而卒。顔師古謂：金形如鶏，碧形如馬，未知果否。

又 太華山，在碧雞西北。

又 勑霁山，在嵩盟州東四十里。世傳蒙世隆征烏蒙得四女歸至此山，四女遥望故鄉，俯仰歎息，忽山巔霧結三峰，蠻謂三爲勑，霧爲霁。其山茜翠獨峻，登眺則雲南悉在目中，又名峻葱山。

又 點蒼山，在大理府城西，高千餘仞，有峰十九。蒼翠如玉盤，亘三百餘里。山頂有高河泉，深不可測。又有瀑布諸泉流注。爲錦浪等十八州蒙氏封爲中嶽。

又 鳳羽山，在浪穹縣西南三十里，舊名羅浮山。相傳蒙氏細奴邏興時，有鳳翔於此，故名鳳羽。後鳳死，每歲冬，衆鳥哀吊其上，故又名鳥吊。至今，土人於鳥來時，舉火取之，鳥見火，輒赴火自死。

又 九曲山，在洱河東百餘里，峰岳攢簇，狀如蓮花，九盤而上，又名九重巖。上有石洞，人莫能通。

又 判丈山，在臨安府城南二十里，高千餘仞。中有三峰，削出如筆架。昔大理段思平外舅爨判居其上，因名，有祠在焉。

又 碧玉峰，在寧州北五十里，巖石磷磷。下瞰撫仙湖，波光涵浸如碧玉。上有碧玉神祠，傍有石如懸鐘，又名石鐘巖。

又 玉壁山，在定遠縣東六十里，高可千仞，望之色如玉壁。其東有鳳羽山，南有易者山，北有絶頂峰，皆丹崖壁立，高出羣山之表。

又 雪山，在麗江府西北二十餘里，一名玉龍山，條岡百里，巋巍十峰。上挿雲漢，下臨麗水，山顛積雪，經春不消，巖崖澗谷，清泉飛流，蒙氏異牟尋封爲北嶽。

又 九隆山，在司城南七里，山有九嶺，又名九坡嶺。沙河源出於此。相傳昔有一婦名沙壺，浣絮水中，見沉木，有感因孕，産九男。後沉木化爲龍，衆子驚走，惟季子背龍而坐，龍因舐其背。蠻語謂背爲九，謂坐爲隆，故名。九隆長而黠，遂推爲酋長。山下又有一夫婦生九女，九隆兄弟娶之，種類遂蕃。皆刻畫其身，象龍文，於衣皆着尾，世居此山之下。諸葛亮南征時，鑿斷山脉，以泄其氣，有跡存焉。

又 哀牢山，在司城東二十里，本名安樂，夷語訛爲哀牢。絶頂有一石，如人坐，懷中有二穴，名天井。土人於春首視水之盈涸，以卜歲之豐凶。至者見水溢以爲吉兆。穴下相通，取左穴水則右穴水涸，取右亦然。又山下有一石，狀如鼻，二泉出焉，一温一涼，號爲玉泉，故又名玉泉山。

又 博南山，在永平縣西南四十里，一名金浪顛山，一名丁當丁山，極爲險隘，乃蒲蠻出没之所。

又 方丈山，在鶴慶府城南一百里，巍然峻拔。山半有洞，中有池，深不可測。水滴巖下，如方響音。昔蒙氏羅閣鳳琢觀音像於壁，故又名觀音山。南詔名山凡十七，此其一也。

又 蒙樂山，在景東府北九十里，一名無量山，高不可躋，連亘三百餘里。中有石洞，深不可測。一峰特出，狀若崆峒。蒙氏封爲南岳。其南有泉爲通華河，其北有泉爲清水河，俱東入於大河。

又 烏蒙山，在祿勸州東北三百里，一名絳雲露山。北臨金沙江。山有十二峰，聳秀爲一州諸山之冠。八九月間，常有雪。其頂有烏龍泉，下流爲烏龍河。蒙氏封此山爲東岳。

又 高黎共山，在司城東北一百二十里，一名崑崙岡，夷語訛爲高良公山。極高峻，介騰衝、潞江之間。冬月潞江無霜，其山頂霜雪極爲嚴冱。蒙氏封爲西岳。其頂有分水泉，極清冽，行者咸掬飲之。

又 卧獅山，在法寶山之南五里，以形名。高百丈餘，袤二里。其山俗名卧獅窩。其下有洞，曰芭蕉。廣二尋，高稱之，入深百五十步，其中石乳燦爛，有如蓮、如鐘、如傘之異，故又名石花。

又 雲巖山，在城北二十五里，高二百丈餘，盤爲三里許。襍木陰森，巖石深百步，中有石横卧於下，長丈餘。好事者，鑿而爲佛，建寺以覆之，扁曰雲岩卧佛。其左有洞，洞門高三尺，深十丈餘。寺外築臺建門，臺下有池，東望沉漻，足爲佳麗。

又 羅岷，在城北八十里，即蘭滄江西岸，高千丈餘，延袤四十里。舊傳蒙氏時有僧自天竺來者，名羅岷，常作戲舞，山石亦隨而舞。後没於此，後人爲之立祠祀之。巖下時墜飛石，過者驚趨，俗謂之催行石。按：飛石本巖上，野獸拋踏而下。相傳有人於將曉時，見石自江中飛上，霧中甚多。羅岷之南爲險山，勢極峻絶。邐年循鳥道，闢仄路以通往來，行人便之。

又 易羅池，在龍泉門外，瞰九隆山麓。泉由地噴者九竇，滚滚沸出，不舍晝夜。郡人神之，因名曰九龍池。周遭甃以磚石，内有荷花，夏月盛開。西岸有二亭，其一舊名觀瀾，御史陰汝登重建，題曰龍池春曉。其一跨沸泉之上，舊名偕樂，副使郭春震重建，題曰九龍清泒。泉石澄清，游人絡繹，足爲一方形勝。

明・王士性《廣志繹》卷三 關中多高原横亘，大者跨數邑，小者亦數十里，是亦東南岡阜之類。但岡阜有起伏而原無起伏，惟是自高而下，牽連而來，傾跌而去，建瓴而落，拾級而登。葬以四五丈不及黄泉，井以數十丈方得水脈，故其人稟者博大勁直而無委曲之態。蓋關中土厚水深，川中則土厚而水不深，乃水出高原之義。人性之稟多與水推移也。

明・王士性《黔志》 貴州設山上，中高而外低，如關索，乃冑鎮山。四水傾流，内無停蓄，北二水一出涪江，一出瀘江，東一水出沅江，南二水一出左江，一出右江，有水源而無水口，故是行龍之地，非結作之場也。

清・談遷《棗林雜俎》義集《名勝・銅鼓山》 貴州威清衛西四十五里銅鼓山，諸葛亮南征，于此獲銅鼓，故云。土人云：山有洞，藏武侯盔甲。先代有可入處，今石門榛蕪，人或臨之，蛇蜂交集不可入。每值陰雨，聞者如銅鼓鏗然作聲。

清・田雯《黔書・山水》 黔，跬步皆山，然童阜也。

清・田雯《黔書・大相見坡、小相見坡》 嶺名。黔人謂嶺曰「坡」。在偏橋之東，三重疊起，高皆萬仞，計途逥三十里。陟首坡則尾坡見；至尾坡回矚之，則首坡見；立中坡前後望，首尾畢見。起伏偃邛，石垂煙接，方沉澗心，突凌峰頂，行者此以手招，彼以口呼，送響答於咫尺，而不知三十里之遥也。

清・田雯《黔書・白雲山》 貴陽城南七十里，建文遯跡之所。

清・田雯《黔書・東山》 九月既望，雨霽，出東郭二里，登東山。一峰孤立，與城樓對峙。山前壁峭崖懸，莫可扳躋。由北岡傾曲而上，徑紆烟接，援蘿尋葛陟於巔，佛屋三重，午鐘微響。僧舍少憩，遶廊西入大士洞，穿竹塢而北坐危閣，凭闌高矚，山城周遭，吞吐上下，千峰霞舉，萬嶺雲迴，一郡烟火人家，歷歷在目。

清・劉獻廷《廣陽雜記》卷一 又永曆在滇中，駐蹕一山。土人云：「此地瘴氣最厲，外人住此，無不死者，萬歲不宜留此。」帝曰：「吾居之，何瘴之有？」自此瘴氣全消，兹山至今無瘴。

又 雲南武定府城西北，有師子山，形如師子，即蒙氏五岳之東岳也。武定城正員，當師項下，形家目之曰「師子繫金鈴」。山有寺曰正續，相傳建文帝駐錫處也。彭秋水牧禄勸時，林武陵亦官河曲，同游正續。彭有詩四章，林和焉，皆一時絶作也。彭一聯云：「蒙岳千年傳帝釋，孝陵坏土憶王孫。」林一聯云：「豈是勾吴披髮去，翻令同泰捨身來。」只此一聯，妙絶千古矣。

清・陳鼎《黔游記》 棲霞山在省城西二里，孤峰特立，峭壁凌虚。由北坡曲折而上，至巔則平坦如枰局，四高中洼。繞廊西行，入大士洞，登捨身巖，穿紫竹徑；西升杰閣，遥瞻會城，煙火萬家，歷歷在目。

又 相寶山在會城東北里餘。上有屏山寺，寺西一巖，周擁大樹，踞巖西望，可窮千里目也。

又 關索嶺爲黔山峻險第一，路如之字盤折而上。山半有關壯繆祠，即龍泉寺。中有馬跑泉，甘碧可飲，相傳爲壯繆少子索用槍刺出者。

又　象鼻嶺，兩峰壁立相夾一嶺，如象鼻然，闊三丈，長百餘丈。登其西畔高峰，黔東諸山如培塿矣。

又　白雲坡，甚峻，兩山壁立萬仞，中夾一澗，横流淙淙，俯而視之，心目蒼茫。

又　雲安坡，俗呼雲南坡，高萬仞，極其險峻。

又　梵淨山，在銅仁、思南之交，下小上大，土名飯甑山。高數千仞，有古刹六，春月進香者，日以千計。

又　鏡山，亦在二郡之境，有石如鏡。相傳，八月十五夜子時，萬國九州之影悉現石鏡中。

清・愛必達《黔南識略》卷一《貴陽府》　貴州之名，因於貴山。其山在城北二里，入蜀之道也，一名貴人峰。

又　銅鼓山，在城東二里，高百餘仞。每陰雨，山腹有聲如銅鼓。其相連者曰東山，一峰巍然，與城樓對峙。

又　黔靈山，在城西北三里，衆山環抱，一徑斜穿，叢林古刹，爲遊覽之勝。

又　石門山，在城東六十里，兩石對峙如門，路經其中，故名。

又　木開箐山，在城西北四十里，延袤百餘里，横亘修文縣境。林木薈翳，中有道，通黔西。上有潭，杳深不測。

又　石人山，在城北三十里，山頂羣石拱立如人。

又　簸箕山，在城南五十里。旁有青巖，巖臨河，達定番。

清・愛必達《黔南識略》卷二《龍里縣》　紫虛山，今名冠山，石骨嶙峋，曲徑盤繞，建紫虛閣其上。山在城内。

又　龍架山，在城南一里，壁立千仞，軼雲造漢，縣之鎮山也。下有雷雲洞，洞下甚深，軒豁爽朗，石乳嵌空，鮮潤欲滴。

又　城北二十里有雲臺山，高五里許，磅礴蜿蜒，横亘數里。頂有寺。

清・愛必達《黔南識略》卷二《貴定縣》　雲霧山，在大平伐司西南。上有九池，曰九龍池。相近有冗刀山，狀如列戟。

又　又有谷峽山。城北十里有山曰寶陽，諸畔環向，遠者如拱如衛，近者如俯如揖，登其上則諸峰皆在几席下也。南四十里則有白馬山，峻石魄巖，上有大池，深不可測。又南有連珠山，上有坪，極闊。中起十二峰，一水旋繞，四山羅列。

清・愛必達《黔南識略》卷二《修文縣》　城内有屏山，俯眺城郭，川原如畫。西望山在城西北六十里，巔有池，曰鳳凰，闊可里許。前有三峰，曰翠屏、曰目遊、曰莫若，皆壁立萬仞，蒼松虬結。而目遊更奇，有疊石如浮屠，踞嶺絶險處。有盤陀石，上平下削。又小峰曰模羅，上有小澗，水落懸巖間如飛練，澗左雙石如柱曰天門。南望山在城北二十里，綿亘數十里，抵開州境，與西望山對峙，俗呼爲雌雄山。

清・愛必達《黔南識略》卷三《開州》　居城之中爲鼇山，在州署後，狀如鼇。對峙者爲三臺山，在城西，州之屏蔽也。其左爲祖師山，上有祖師觀，又名北極觀，下有葡萄泉，深不可測。《舊志》：明崇禎十年，有龍自泉出，觀中盤柱木龍與之鬭，雷雨俱作，即此。陰陽山在城西南，土人以雲氣占晴雨，故名。魯郎山在乖西司，本名乖西山，又名書案山，旁有洗馬潭。三昧巖在城北五十里。

清・愛必達《黔南識略》卷三《定番州》　琴山在城東一里，形如琴，故名。麒麟山在城東五里。屏風山在城東上馬橋司南。又有卓峰山、筆架山在城南五里。又有掛榜山、三寶山在城南七里，三峰卓立，州人禱雨輒應。連珠山在城南八里，五山圓秀，連絡如珠。相近有笠山，俗名斗蓬山。九龍山在城北十五里，九嶺起伏，蜿蜒如龍，後起一峰，遥望如畫。三台山在城南金石司南。又有天堂山、伏龍山、天生洞。蒙山在程番司西。天馬山在城西南木瓜司西，旁有蓮花洞，相近有獨鯉山、鳳凰山。翠松山在城西南大華司前。又司北二里有播荟山，司南十里有牛角山。百蓮山在城西南麻嚮司北二里，又有盤龍山。沿臺山在城西南，木瓜司西三里。又司北五里有木栗山。交椅山在城西五里，又西一里有旗山。三疊山在城西洪番司南，又司北有伏蛟山。印山在城西韋番司。執笏山在城西大龍番司。南月坡山在城西臥龍司南三里。又南十里有文峰山。錦屏山在城西北方番司北，又有將臺、旗峰二山。驪龍玩珠山在城北二里，以山勢盤曲向城也。盧山在城西盧山司南，山極高峻，有三石峽如門，頂平廣，容千人，有泉有池，田土可耕，蓋鄉人避兵處也。又南有茶山，産茶。又司南三里有五門山，又司西五里有寶塔山，司北有沙帽山，俱以形似名。象山在盧番司前。又有獅子山、牛眠嶺在城南小龍番司南，旁有文秀峰。翁松嶺在盧番司前，又司北有松明嶺。獨峰在克度里。

清・愛必達《黔南識略》卷三《廣順州》　崇山倚其北。在州署後者曰天馬山，奇秀卓峙，甲于諸山，古樹修藤，虬蟠雲結，懸崖峭拔，尤饒奇趣。螺擁山在州東二十里，上有深潭。白雲山在州東四十里，層巒疊嶂，如渴驥奔泉，至此而止，山頂白雲，陰晴皆見。俗傳明惠帝遯跡之所。上有羅永巷，古杉二株，長數丈，其一經帝手摩，故至巔絶無附枝。又有跪井，舊無水，龍神爲之湧波，恒雨不溢，恒暘不涸，取水者必跪汲云。又有流米洞。天臺山在州南五里，昔傳有黑白二鹿往來其上。雲臺山在西南二十里。

清・愛必達《黔南識略》卷四《安順府》 城北有北山，發脈於雲南宣威，經威甯石龍山歷水城而來盤江界，其西三岔河衛其北。又自郡折而南，分南北兩枝。南枝由舊安順州經定番、都匀、黎平以入楚粤。北枝由安平、清鎮至貴築之老鴉關，爲黔之會城。郡治，其幹之脊也。由府治東八十里爲楊家關，兩山夾峙，中通一路，最爲險要。西一百四十里有關索嶺，爲滇黔之鎖鑰。城西一百二十里有撻鐵關，爲新開驛路，行者必穿石峽中而後過。塔山在城南隅，即古大風洞。【略】東勝山在城東一里。西秀山與東勝對峙。飛虹山在城東五里，傳爲明惠帝棲若之所。巖孔山在城東十五里，山腹有穴，可容萬人。屏風山在城南二里。馬首山在城東南二十里。新坡在城西北二里，嶺長五里，郡治形勝。

清・愛必達《黔南識略》卷五《鎮寧州》 東坡山在城東三里，透迤盤鬱，高三十里，亘十餘里，相連有筆架山。青龍山在城東南三里，下有嘉樂池，對峙者爲白虎山與白崖山。起伏聯絡，自水西至普定，歡喜嶺、老虎關、馬場、龍井等處蜿蜒百里，至此而止，下有豐泉。慈母山在城西三里，俗名背兒巖。螺山在城西三里，下有河。環翠山在城北一里。火烘坡在城東南五十里，舊州治也，地多瘴癘，相傳用火器驚之則散。又城北百餘里有九十九隴，周百餘里，兩水界其左右，内藏九十九隴，道通一線，四面奇峯插漢。

清・愛必達《黔南識略》卷六《安平縣》 龍鼓山，在城東南七里。山半石壁如門，下行數步寬廣如室。門左有一穴，湫水注之，碧瀲陰深，傳有靈物居其内，聲如鼠。

又 天馬山在城西一里，高聳兩峰，狀如天馬。

又 爆石巖在城東二十里，泉出石竇，注爲潭。歲旱，土人燒巨石投之，雨即至。

清・愛必達《黔南識略》卷七《平越直隸州》 其鎮山爲嘐峨山，在城東一里，一名峩萬山，即嘐峨寨故址。疊翠山在城東南十里，大小有百峰，峻峭插天，重巒疊翠，九十九峰均在江外，惟一峰獨在江内。土人呼爲將軍峰，三江皆會其下。獅豸山在城南十里，蒼翠突兀如豸冠。石關口山在城東南二里，兩崖如門，官道經其中。杉木箐山在城西六十里，山深林密，苗倚爲險。

又 佛頂山在城南十里，頂上有平田清泉。【略】象山在城南二十里，形如象鼻。牛星山在城南二十里，陟其上，雖陰暝亦見星斗。馬頭山在城西南十五里，山下清泉、幽石、奇木、異卉，極林壑之勝。覔仙山在城西南四十里，高廣數十里，茂木深箐【略】。朝陽山在城西一里，下臨湄水，日初出時，金碧輝映，上有朝陽洞。稍南爲火燄山。瑪瑙山在城西十五里，三面石壁多五色，雨後晴初，光景尤麗。獅子山在城北三里。金條山在城西北二十里，上有間道，從葛藤箐下，徑達遵義。靈臺山在城北四十里馬蝗箐中，四面懸巖，頂上方廣十里，多茶樹，其竹木可爲紙，名平靈紙。

清・愛必達《黔南識略》卷七《甕安縣》 旗山在城東南五里，山頂有洞，一名穿巖。花竹山在城南二十里，有九泉，邑人常於此禱雨。雲霧山在城西南二十里，上建梵刹。仙橋山在城西十里，山頂有石，中空如橋。白樂山在城西三十里，地名飛練。【略】鳥道盤旋而上，旁有飛練泉，故名。九峰山在城東北十五里，九峰迭起，延亘數里。翠屏山在城西北十里。伏龍山在城北舊草塘司，上有寺。萬丈山在舊草塘司東南二十里，巉峭高峻，矗立萬仞。又草塘司北後巖，沿巖曲折而上，兩旁石壁環列如雉堞然。玉華山在城北六十里，山頂平曠，有池瑩澈如月。筆峰山在城北七十里。

清・愛必達《黔南識略》卷七《餘慶縣》 太平山在城南，即縣之鎮山。古佛山在城東七里，四面陡絶，上構精舍，多虯松古柏。翠蘿山在城東南三里。官山在城東三里，廣袤數十里。爲明巡撫郭子章所置葬地，建有石塔。中華山在城南十里，高聳雲表，絶頂望見黄平、施秉等處。夢峩山在城北五里，高峯屹立，傳昔有異人修煉於此。土人云：中華山每逢久雨，雲罩山頂即晴，若天旱見夢峩山上片雲則甘澍立至，諺所謂南山霧晴，北山霧雨者也。玉屏山在城西九十里，鼇溪之南。五雲山在城北餘慶司，一名江家山，横跨餘、湄兩邑，最爲險峻，上有雲深寺。其西有白露山，又有筆架山。他山在縣西之蒲村，村之上有柳湖，湖之陰爲他山，山高不及半里，而迴曲斜抱，密樹如簪，奇石犖確，隨游人爲俯仰，中一石尤奇突，舊名曰翠屏，外削而内空，明都御史錢邦芑鐫「他山」兩大字於其上，有雲房、九面峰、梅倉、梅舟、小洞天、藏書峽、拜石亭諸勝，黔山之最靈者也。九龍山在城西三十五里，危峰高聳，下有龍泉，產魚如鱸，巨口細鱗。松隱山在鼇溪南。九龍金鳳山在城北大溪，山形如鳳，下有九泉，蜿蜒如龍。拱辰山在城南一百五十里，以山勢向北而名。雷坡山在城西北十五里，風迴谷嘯，其聲如雷也。相近有兒洞山。空洞山在城北杉溪，其山空虛多洞穴，又名清音洞。留雲洞在其陽。

清・愛必達《黔南識略》卷九《八寨同知》 得鹿山在城西十二里，設有汛，危峰峭峙，與都勻、獨山交恃，爲要隘者也。大小登高山在城西，與鹿頭山連接，峻塄層巒，上下數十里，爲郡治至廳城必由之路，曲折逶迤，橫空若磨，既至其巔，仰視前途，仍在烟雲之表，逾此即爲廳城。

清・愛必達《黔南識略》卷一一《清平縣》 木箐山在城南十五里，兩山夾峙，中通一徑。盔山在城西三里，形如覆釜，一名鍋底山。葛貢山在城西五里。石仙山在城北三里。上有三石，屹立如人，故名。雙乳山在城北六里。又有羅狆山、雙童侍講山在城北二十里，中爲玉屏山，左右兩山夾侍如人。

清・愛必達《黔南識略》卷一一《荔波縣》 永長山在城東六十里，處猺慶、巴容二里之間，長二十餘里。水崖山在城西五十里，一峰獨峙，有泉灌溉民田。方林山在城北三十里，寬廣約十餘丈。

清・愛必達《黔南識略》卷一三《台拱同知》 臺雄山在城西南，昔皆諸苗盤踞。山徑峭仄，人跡罕至。今道路開闢，可通行旅。平蠻坡，苗蠻作逆時蟻聚于此。雍正十年，討平之，因以名坡。蓮花茔在西北三十里，絕險峭峙，中有微徑如線，攀蘿援葛而上，諸峰森列，宛如蓮朵。

清・愛必達《黔南識略》卷一三《清江通判》 公鵞山在城南，形勢巍峩，垣墉森列，前爲苗人盤踞，平定後，建城其上。柳羅山在城東北十里，聳峙江濱。【略】東山在公鵞之東，山半懸流陡注，望如飛練。擺尾山在城西三十里，險峻峭峙，冠于諸山，又有歹濃山。

清・愛必達《黔南識略》卷一四《施秉縣》 雲台山在城西北三十里，獨立萬山中，無岡嶺聯屬，雲停烟結，仄徑縈迴，及巔平坦可數百畝，旁有石如列屏。

又 打杵崖在城東北一里，壁立河干，爲水所迫，常有棧閣以通行者，故曰偏橋，屢經修鑿，今成坦途矣。漏日崖在城北二里，高峰壁立，有竅通明。

清・愛必達《黔南識略》卷一五《黃平州》 梅花山在城東。龍巖山在城北，其下爲龍洞，又名狼洞，山勢峥嶸，水色深碧，傳有龍潛其中，時出雲雨。明初衛名興龍，以此後改爲隆。相接又有揭榜山、北辰山，其尤勝者爲飛雲巖，在城東二十里官道旁，山壁立千仞，中虛而下嵌，勢如垂天之雲，中有小洞，深不可測，左有瀑布，琤琮作鳴玉聲。前一小峰，上搆聖果亭，王守仁碑記石刻在焉；下有月潭寺，古杉萬本，垂蔭蔽虧，爲黔中第一奇境。《黔書》云：巖性好潔，昔有信宿于此而身垢者，既去則瀑水突至瀰漫山椒而澣之，再垢，則復澣。鼓台山在城南五里，頂平如鼓，四圍塹削，鑿梯挽鐵絙乃可上。相近者有銅釘山。又有宜娘山，山頂可容萬人，相傳宋時有宜娘屯兵于此，故名。香爐山在城西南十五里，與清平縣接。截洞在城南重安江中，洞有巨石，橫截江流，小舟通平越豬場地。【略】石林山在城北八十里。馬鬃嶺在城東四十里，大路所經，接鎮遠、石阡二府界，嶺陽有馬蹄井。梯子山在城南五里，山最高，中有一徑，屈典陡峻，梯石蹬而上。都凹山在城西北二十里，鎮陽江之源出焉，古之無水也。七里谷在城東五里，俗名七里衝，兩山壁立，中通一路。

清・愛必達《黔南識略》卷一六《思南府》 城之内爲中和山，俯瞰江流，爲郡大觀。萬勝山在城東一里，下臨德江，高數千仞，四面陡絕，下有龍洞泉，灌田千畝。元末紅巾之亂，郡人避兵於此。思唐山在城東四里，《寰宇記》「思唐山南連何只水，北枕内江水」是也。天馬山在城南二里，下有翔陽洞。三臺山在城南五里，左有開仙洞，下有風神洞，禱雨輒應。巖門山在城西二里，兩山對立，峰巒峭峻，左曰天巖門，右曰小巖門，官道經其中，永勝、武勝二關依巖而設，郡之門户也。嵇公山在城西三里，昔有嵇道人，廬其上，仙去，下有嵇公泉。萬聖山在城西南三百里，四面陡絕，上平坦可耕。琴德山在城西二十五里，洞壑最勝。硯巖山在城北二百里，高百丈許，延袤二十里，接西陽界。金竹山在城西二百里。蒲竹山在城北二百里。石馬山在城北二百八十里，中有紫洞。九老峯在城北一里，九峯環列。高戳峯在沿河司。

清・愛必達《黔南識略》卷一六《務川縣》 華蓋山在城西十里，峯巒高大、林木深邃，爲前代避兵處，或云即無黨山也，以四面懸絕而名。

又 萬卷巖在城西五里，石累萬層，儼如卷帙。小軍巖在城西五里，地名熊林巖。金藏巖在城西五十里，地名祥川巖，上有鹿林、鴉池。大巖門在城東二里，有石壁立，故名。蓼子坡在城北七十里，坡頂平廣，上有石爐，高約數丈。

清・愛必達《黔南識略》卷一六《印江縣》 峩林山在城東三里，亘二十里，層巖疊翠，宛如屏幛。十種山在城南三里。河縫山在城西十里，俗稱觀音巖，高可三十丈，上有石龕，下有石洞，甚深，去里許，有石形垂如肺，土人呼爲金石肺。

大聖登山在城北十里，高聳爲縣境之望，頂平闊三里許，昔建鐵瓦寺於上，後廢，每冬雪深數尺，入夏始解，又呼大石墩，石可琢盃皿，名爲黑玉。其麓有葉魚洞。石笋山在城北五里。又有銅鼓山，亦名花巖，有石壁立，扣之其聲如鼓。白水坡在城南五里，衆山夾擁，每春水四溢，咸滙於此，壁懸瀑布，里人常以瀑流有無覘歲豐歉。滴水洞在城西五里，水滴石竇中，清越如琴聲。

清・愛必達《黔南識略》卷一七《石阡府》 石阡之名，因于阡山。其山發脈于平越，蜿蜒數百里，至郡城東北爲九龍山，又迤東爲五老峰，府治之屏障也，亦名府志山，《省志》譌爲知府山。其右爲侯山。鎮東山在城東里許。龍山在城東南一里，霧聚則雨，散則晴。文筆山在城西三里。掛榜山在城西南五里，以迤邐前列，平如張榜也，一名平崖。松明山在城南一里，温泉出其下，又名温塘山。十萬山在城南六里，昔楊再興屯兵之所，其上平衍，又名十萬宝。崖門山在城西南五里，兩山如門。駱駝山在城西三里，又西爲飛馬山。排衙山在城西五里。雲堂山在城西五里，林谷幽翳，昔爲苗賊負隅之所，亦名雲臺山。馬鞍山在城西南十里，山勢昂聳，中凹如馬鞍。香罏山在城北十里，平地突起，四面陡絶，可容數百人。金雞山在城東十五里，高百仞。琵琶山在城西南十五里，傳月夜常有琵琶聲，蓋風泉相觸，琤琮成響也，一名天馬山。萬壽山在城西二十里，山下有洞，傳有神羊出入，土人逐之即化爲石，土人呼萬壽宝。隘門山在城南九十五里。獅子山在城南百里，有二山高聳。飛鳳朝陽山亦在其處。黄楊山在城西南七十里。青山在城北七十里。筆架山在城西一百里，三峰排峙，因形以名。迎仙峰在城西北五十里，下有龍塘泉。大夫峰在城西南八十五里。三尖峰在城西南九十里。朝天嶺在城南三十里，一名紗帽山。長沙嶺在城西南六十里。望鄉崖在城西一百六十里，下有泉，亦曰望鄉泉，今名望江崖。

清・愛必達《黔南識略》卷一九《銅仁府》 城之東爲東山，嶙峋崎峭，俯瞰江流，絶壁鐫有「雲彩江聲」四大字。

又 天乙山在城東南一里，有石屹立，山色赤則有火災。

又 天馬山在城南五里，雲銜霞轡，有蹀躞行空之概。

清・愛必達《黔南識略》卷二〇《松桃直隸同知》 境内諸山自銅仁府梵浄山蟬聯而來，至廳城西南一百八十里最稱高大，劈分二支。北一支由烏羅司故城北至石櫟、麻兔、闕子諸洞，東轉入四川秀山縣界，行百餘里，復入廳界，結松桃廳城，又北下百餘里，仍入秀山縣界。在烏羅一帶有得勝坡、油奔坡及闕子洞諸山亦稱險峻。而近城數十里，多土山，勢皆平坦。其南一支由廳屬之江口洞東北歷地佃、舉賢諸洞，行一百二十餘里至廳屬石硯衛，則山勢陡高，自此而東北爲芭蕉坪，爲石榴坡，爲涼亭坳，爲有泥堡山，爲磐石汛山，爲芭蕉汛山，爲隴統堡山，過螺螄堘又東北直趨湖南永綏廳治境内坡東、坡西，即以此坡分界，高六七八里不等，連亘一百六十里，寬十餘里，峰峻路狹，最稱天險。其次則來龍坡，由磐石汛山分支，自北而南，趨正大營之東，至大興汛止，計五六十里，險峻亞于涼亭坳。

清・愛必達《黔南識略》卷二一《黎平府》 其山曰五龍山，在城内。山勢盤紆相屬，有二澗夾之，府城南北跨二山之巔，中央山即郡治也。

又 銅關鐵寨山在潭溪司西南，三面陡絶，惟南可登，山頂平廣，容千餘人。

又 八舟山在八舟司，有石立如人，又名仙人峯。

又 大巖山在城南，旁連爲小巖山，其西爲高峯嶺，其西南爲西山，東爲天有山，大巖江出焉。皆腴壤。

又 灑洞山在洪舟司西南，下有泉，名神泉。又龍洞山，洞寬廣，深里許，下有龍潭，水甚清冷，西爲蓮花池。

又 程巖山在亮寨司，峭壁臨溪，狀如覆釜。相近有羅丹山，又有龍池山。

清・愛必達《黔南識略》卷二二《古州同知》 筆架山在城東北十里，三峯聳秀，因形以名。五榕山在城南，隔河一里，有五榕樹，連蜷樛結，望之如蓋。俾飛山在城西南，與擺剌山對峙。四方山在城西十里，羣山環聚，一坪中坦，周圍數里。

清・愛必達《黔南識略》卷二三《開泰縣》 南泉山在城南三里。巖嶂縈紆，林木薈翳。山麓有泉一泓，從石縫出，清冽特異，山因以名。

又 銅鼓山在城東北二十里，有洞高大如屋，深里許，中有溪水横流。六疊山在新化所，盤旋六疊至山頂，因名。

又 長庚山亦在龍里所，山半有金星石。左有飛鳳山，右有淩雲嶺。

又 摩天嶺在洪舟所，一峰插天，高出雲表，又有七斗坡。

清・愛必達《黔南識略》卷二三《永從縣》 青龍山在城南五里，林木深秀，上有寺，出甘泉。皮林山在城東南三十里，有皮林洞，高爽寬廣，可容數百人，明參將鄧子龍題「過化」二字于石壁上，一名過化山。

又 灑洞山在城東南四十里，洞甚深險，寬廣可容百餘人。

又　仙鵞磴在城南四十里，孤峰峭峙，四面壁削，中開一坪，可容數千人。

清・愛必達《黔南識略》卷二四《大定府》　府治山脈自西蜀過畢節北鎮蜿蜒而來，矗爲城東北百里之九龍山，巍峩萬仞，高出雲表。迤而南爲城東之五鳳山，飛騰翔舞，凝爲郡治，勢甚雄壯。鳳山在城東三十里，俗名公雞山，山極高，望見數百里外。東二十里有凰山對峙，俗名母雞山。五老山在城西三十里，五峰拱向。火焰山在城東南一里。文龍山在城北一里，上有寺，下有靈塘，荇藻不生，産異草，葉如蘭，隨日影東西爲向背，木葉飛墮，烏輒銜出。雙山在城西北二十里大路旁，夾聳争高，望如天闕。萬松嶺在城東一里，連山皆松柯駢接，森若羽葆。比渡坡在城東南五十五里，渡六歸河而赴以列箐者必由此。阿北㘭在城西北二十里，㘭上寛可十里許，有田土池塘，周圍懸崖百餘丈，鑿石通道，劣纔容足，下繞長河，上抵平遠巴浪界。九里箐在城東十里，大路由其中。籔籠箐在城東四十里。鬼箐在城西三十里，茂林叢棘，陡絶難登。隴幾箐在城東北四十餘里，地勢最爲深阻。

清・愛必達《黔南識略》卷二五《平遠州》　環城皆山。東山在城東二里，石扉雲磴，致爲幽奇，城郭林巒一覽可盡。又有紗帽山、天馬山、玉屏山。懸霧山在城東五十里，四面陡絶，人跡罕通，頂平闊可十畝，舊有蓮池，泉水澄碧，晨夕多霧。火石山在城東七十里，其石擊則火出。鳳凰山在城西南三十里，高四里，山頂平闊，林麓坦衍，穆將軍戰壘在焉。白巖山在城西十里。碧山在城西二百里，崖石峭峙，下臨大河，深不可測。墨續山在城北十里，孤峰獨立，黝若染墨，下有墨溪。紅崖在城南六十里，頳壁如霞。

清・愛必達《黔南識略》卷二五《黔西州》　獅子山在州署後，旁有山，小而圓，名繡毬山。牛飲山在城内，上有石如牛。金雞山在城東八十里，頂有石雞，明時置驛于山下。【略】白塔山在城西北一百里，一峰卓石，儼如白塔，上有泉，極清涼。

清・愛必達《黔南識略》卷二六《威甯州》　石龍山在城南二十里，蜿蜒起伏，大路經其上。

又　烏門山在城東北一里，兩厓對峙如門。

清・愛必達《黔南識略》卷二七《興義府》　龍井山在城東隅，三峯峭峙。上有洞，廣數丈，深莫測，名曰天坑。中峯下有泉水，名珍珠泉，味清洌，城中汲飲，餘溢成溪溉田，即東龍井。

又　興隆山在城西二十里，舊名坡疊山，四面巀嶭，步徑裁通。上建有興隆寺。

又　九峯山在城西七里，周十餘里，高二里，上聳九峯，中有水田。

又　天榜山在南城外，高數百仞，上有古刹。

又　籠納山在城北七十里，自普安縣境抵貞豐州西北，横亘數十里，籠納溪出焉，灌田數千畝，入貞豐州界。

清・愛必達《黔南識略》卷二八《安南縣》　尾灑山在城南二里，山勢高聳。其巔常有雲霧，土人因名尾灑，猶華言水下也。

又　龍翔山在城東北五里，一名巍山，俗呼歪山。山頂有洞，泉水四時不涸。

又　盤江山在城東三十里，跨永甯、普安諸界，高出諸山，鳥道千盤，民艱汲飲。

又　白駒山在城西南二十餘里，一名白山。自鵶關横亘至西坡河，峻峥層聳，旁有峭壁，傳上有白駒，見則歲大豐。

清・愛必達《黔南識略》卷二八《永豐州》　州署後枕峻山，前俯平原，群峯拱立，屹爲形勢。城北七里有頂岡，層巒互嶂，遠望如欄，與州城相倚。迤而西，一小山峙城之右，望同螺髻，特茁石筍，高二丈餘，色青黝如古鐵，叩之有聲，謂之珉球柱，正對署後山，爲州之屏。那山在城北十五里，危峯桀豎，其下多居民。九盤山在城北九十里，連山相接數十里，最爲險峻。花江巖在城北九十里，兩山夾水，陡入不測，行旅經此，無不危心。又有石屯距州一百四十里，徑懸蹬仄，上者如梯，下者如墮，過者猿挂而行。者黨嶺在城西南二十里，羊場縈繞，界以急流深谷，州之關隘也。

清・愛必達《黔南識略》卷二八《册亨州同知》　城西南三里有玉屏山，横亘數里，壁立如削，朝暉夕霧，白光照耀，故名。其奇險最著者有者㘭山，望如層城，人莫窮其境。坡鄧山四時瘴霧，人不可涉。

清・愛必達《黔南識略》卷二九《普安直隸廳》　番納牟山在城西北一里，廳之鎮山也。驛道舊經此，一名雲南坡，危巒層疊，往來行石齒中。西一里許，有和合山，形如雙髻。

又　八部山在城東三十里，九峯摩空，一泉奔注。

又　八納山一名廣午山，在城北九十里，高數十里，有七十二小峯。頂有龍泉九，滙爲大池，池旁多翠鳥，樹葉落水中，鳥即銜出。

又 羅磨堎山在城北一百八十里，四面峭壁，上有砦，路僅容趾。其東北厓下瞰盤江。

又 黨壁山在城西南二百七十里，四山環繞，東南一箐，外狹中廣，可容數百家，土人常避暑於此，又名躲瘴山。

又 得都山在城東南四百二十里，一名白厓，舊産雄黄、水銀。

又 格孤山在城東北四百五十里，山勢雄峻，界連滇蜀。

清·愛必達《黔南識略》卷三〇《遵義縣》 鳳山在城東一里，形如鳳翥。湘山在城東二里。湘江上有鶴池洞，林木罨藹，泉石涓潔，爲遊憩勝地，上有寺。龍鎮山在城東十里，一名高巖。香風山在城東二十里，上有石洞。相近有玉屏山、仙人山。聚秀山在城東四十里，一名水園山，林壑隱秀，山麓有清水橋。板角山在城東九十里，勢極險峻，舊有板角關。

又 錦屏山在城西南二里，茂林修竹，如屏障然。

又 元寶山在城西四十里，上有瀑布，相近又有大水田，上有池，可資灌溉。

又 崆峒山、雷變山在城西八十里，山麓有池，寬平數十丈，可灌田。

又 洪關山在城西八十里，有温泉。石筍山在城西百里。緝麻山在城西南一百里。

又 眠象山在城北十五里，相近有蘭山、白鹿山、蟠龍山。

又 永安山在城北六十里，外高内平，有田二千餘畝。

又 婁山在城北九十里，俗名大樓山，舊有關曰太平關，亦曰婁山關，又曰婁關，爲自川入境第一險要。【略】婁山萬峯插天，叢箐中一徑，纔數尺。

又 碧雲峯在城西十里，四峯並峙，中一峯迥出，青碧如雲，下有碧水。

又 滴水巖在城東南五十里，有石洞可容萬人。黄鐘巖在城北四十里，一名伴雲峯。櫃巖在城北三百里，中有石穴，穴前有石如櫃，故名。

清·愛必達《黔南識略》卷三一《桐梓縣》 魁巖山在城東半里，上有池，山後有天橋，高百餘丈。石女山上有石如女立。

又 鼎山在城南十里，踞羣山之巔，四圍削壁，其形似鼎，元置鼎山縣，即以此山爲名。金鵝山在城西一里，山下有井，井中常見雙鵞，羽色如金，故名。

清·顧炎武《肇域志·雲南·雲南府·嵩明州》 彌雄山，在州北三十里。嶺崟疊出，望之蔚然。土壤肥沃。山下有泉，南流入羅婆澤。

又 烏納山，在楊林縣西南一十里。周百餘里，西距呈貢，東接宜良，水草宜牧。絕頂有石如馬首，遠近禱祀，競以氈毳裹之，土人呼馬首爲「烏納」，故名。

清·顧炎武《肇域志·雲南·甯江府·江川縣》 疊翠山，在縣北二十里。山勢如寨。其半湧泉三派，西入滇池，東入撫仙湖，南入星雲湖，溉田極爲民利。

清·顧炎武《肇域志·雲南·麗江軍民府》 雪山，在府西北二十餘里，一名玉龍山。條岡百里，巋然千峯，上插雲漢，下臨麗水。山巔積雪不消。

又 玉臺山，在府城東，舊名羅槃山。凡二十五峯，懸崖絕壁，險阸難登。

又 路通山，在府東五十五里，舊名馬籠山。北瞰禮社江，高峯千仞，蔽虧日月，青入天際。一線羊腸，通臨安路。

清·顧炎武《肇域志·雲南·永昌軍民府》 哀牢山，在府東二十五里。本名安樂，夷語訛爲哀牢。高三百丈，袤延三十里許。絕頂有一石如人坐，懷中有二穴，名天井。土人於春首視水之盈涸，以卜歲之豐凶，至者見水溢以爲吉兆。穴下相通，取左穴水則右穴水涸，取右亦然。又山下有一石狀如鼻，二泉出焉。一温一涼，號爲玉泉，故又名玉泉山。

清·顧炎武《肇域志·雲南·永昌軍民府·永平縣》 和丘山，在縣西三十里。高千餘仞，盤迴五十里。東麓一潭，四時澄澈，流爲木里場河。西麓有泉，流爲曲洞河。

又 博南山，在縣西南四十五里。一名金浪巔山，俗訛爲丁當丁山。陟降約三十餘里，崇坡峻阪，委曲嶙峋，爲西郵通衢。高二十里，連亘百餘里，漢以此山名縣。乃昔蒲蠻出没之所。北麓有泉，流爲花橋河。

又 横嶺山，在縣東北一百三十五里。高三十里，延袤七十里。山極陡峻，驛路經其上。其西有泉，下流爲九渡河。

清·顧炎武《肇域志·雲南·臨安府·新化州》 徹崇山，在州北五十里。林木蓊鬱，巖石峻險。延長一百五十里。下有温泉，其熱如湯。

清·顧炎武《肇域志·雲南·蠻莫安撫司》 蒙樂山，在司東二百里。巍然高峻，行一日方至其頂。中有毒泉，人畜飲之即死。

清·顧炎武《肇域志·雲南·芒市長官司》 青石山，在司西南。峭拔千仞，奇怪萬端。

清·顧炎武《肇域志·雲南·永昌軍民府·保山》 雲巖山，在城北二十五里。高二百餘丈，盤迴三里許。雜木陰森，巖石深百步。中有石横臥於下，長丈餘，好事者鑿而爲佛，建寺以覆之，扁曰「雲巖臥佛」。其左有洞，洞門高三尺，深十丈餘。寺外築臺建門，臺下有池。東望沉寥，足爲佳麗。

又 羅岷山云云。巖下時墜飛石，過者驚趨，俗謂之「催行石」。按：飛石本巖上野獸拋踏而下，相傳有人於將曉時，見石自江中飛上，霧中甚多。羅岷之南爲險山，勢極峻絶，邇年循鳥道闢仄路以通往來，行者便之。

清・顧炎武《肇域志・貴州・思南府》 巖門山，在城西。兩山對峙，巖壁險峻，官道出其中。左曰大巖門，右曰小巖門，永勝、武勝二關依巖而立，郡之門户也。

清・顧炎武《肇域志・貴州・安順府・普安州》 羅磨塔山，在州北一百八十里。四面峭壁，上有寨，惟一徑可達，東北瞰盤山。

清・顧炎武《肇域志・貴州・平壩衛》 谷定山，在城北十里《一統志》：西北五里。懸巖斗壁，瀑布分流，冬夏不涸。

清・謝聖綸《滇黔志略》 金馬山，在會城東十里，山如覆盂。

又 碧雞山，在會城西三十里。【略】下臨滇池，蒼崖百尋，緑陂千頃，月映澄波，雲横絶頂，省會大觀也。

又 螺山，在雲南府城北，山石青色，盤旋如螺髻然。下有潮音洞，好事者嘗燃炬行兩日，阻水而止。自滇池望之，惟此山與碧雞獨高。

又 點蒼山，在大理府城西三里，【略】郡鎮山也。山自北而南，綿亘百餘里，高六十里，横列如屏，内抱如弛弓，即《漢書》謂「邪龍、雲南，山似扶風、太乙之狀」是也。層青接漢，疊翠排空，谷奥巖懸，獸蟲罕托，龍雲卧頂，隨諸峯起伏以爲高低，朝暾映之，五色爛然；陰崖積雪，盛夏不消。其峯十九，中一峯特尊，是曰中峯；其餘諸峯，劍簇矛攢，巖巖之氣，有似岱宗，神物所宫，陰晴乍變。故蠟屐之徒，莫有能躡其頂者。

聖綸按：元郭松年《大理行記》云：「點蒼山，蒼崖邃壑，紫雲戴雪，雄秀陰森，氣象萬千。上則高河寶海，泉源噴湧，水境澄澈，纖芥不容，佳木奇卉，垂光倒影，吹風嘘雲，神龍所宅。派爲十八溪，懸流飛瀑，瀉於十九峯之間，雷霆砰轟，煙霞暗靄，功利布散，皆可灌溉。」又明楊士雲《蒼洱圖説》云：「夏秋之交，山腰白雲，宛如玉帶，昔人題雲『天將玉帶封山公』。五月積雪未消，和密餉人，頗稱殊絶。春碓用泉，不勞人力。石家金谷園最誇水碓，此地獨多。」

又 玉案山，在洱河東，崖上有刻云：「此水可當兵十萬，昔人空有客三千。」其他諸山，若青巔、若□嵓、若羅筌、若纍葱、若黿、若蛇，連帶左右，争獻幽奇。洞窟嘘雲，巖崖欹水，漁家子婦嵌而棲之，蹊徑遐折，林木浮青，西拱點蒼，清麗愈勝。

又 石門山，在點蒼山之背，兩壁墻立，青蒼萬仞，有若門焉。其中萬松參天，高崖蔽日，陰森窈窕，深十餘里，仄處如鐵峽，廣如桃源。南岸峻削，石色蒼然；北崖亦斗絶，浪泉穿石，往往成溪。東一峯尖削，積雪未消，蒼翠之中忽植一玉笋，與壑中水石相照耀，驚飆飛墜，聲如雷轟，豁目駭聽，不可名狀。

又 九峯山，在縣治西北十五里。周圍石峯有九，若拱若揖。中一峯尤峻拔，額有洞，高廣三四丈，緇廬鱗叠，閣道珠聯，均嵌於懸崖聳壁之間。

聖倫按：九峯山，丹碧參差，萬松蒼翠，草木都饒别韵。余宰雲邑時，公餘嘗躡屐此山，名人題咏甚多。黔人黄元治《九鼎山歌》頗肖其勝概。其略云：「梁王山外攢九峯，峯峯石崖青削空。九點危峯九座寺，寺寺嵌在崖縫中。崖削徑仄架高閣，十閣八九相聯絡。一二不聯崖斷邊，石橋石梯復穿鑿。閣道已危更上攀，黝迷不得開心顔。轉倚閣欄從下矚，通身颯颯起寒栗。如此險峭僧爲家，却多古木横枝枒。蒼龍風擾松柏影，絳雪冬放櫻桃花。」

又 佛光山，在縣東二十里，崖峻路削。山半有洞，可容萬人。山陰尤險，名「一女關」。武侯擒孟獲，傅友德破元普顔篤皆於此山。

又 鳥吊山，在縣西南四十里，《水經》曰葉榆水「西北有鳥吊山」，即此。相傳昔有鳳凰死於此，每歲秋冬，百鳥群集，潔啾哀鳴，奇毛異羽，無色不備，土人乘夜燃火羅之。康熙三十年制提兩臺刊石，嚴禁其風，少衰。

又 罷谷山，在縣北十五里。《水經》曰：「罷谷之山，洱水出焉。」山趾空洞，水不擇地而出。」古樹千章，怪石蟠之。上有水神祠，祠東有樓，曰瀲碧。登樓瞰水，涵天浴日，心目湛然。

又 雞足山，在大理所屬賓川州境内。自麓至巔，高九千四百丈，周圍四百里。前列三峯，後拖一嶺，宛然雞足之形。其中分見之山四十有奇，峯十有三，崖壁三十有四，洞四十有五，溪泉一百餘。所至於岡嶺澗壑、林谷峽石，有不可勝數者。大約山踞三州之勝。三州謂賓川、鄧川、北勝也。

又 四觀峯，即天柱山之高峯，乃雞足絶頂處也。峯勢陡絶，上聳霄漢，秋冬時有積雪，青雲籠繞，蒼素萬狀。攀躡而登至頂，平正如舒掌，張直指建羅城於其上。樓四閣：東曰日觀，觀日出也；西曰海觀，觀洱海也；北曰雪觀，觀西域雪山也，南曰雲觀，觀白雲中現大圓光也。

又　花石山，即雞足左峯。考《白古通》：名此峯爲花石迴龍峯，又名雞足爲花石山，即此山也。逶迤起伏三十餘里。東南一壁，陡削千仞，嶙峋環抱，山中名刹多建其下。崖壁間茅庵團標不下百所。

又　華首門，高十三丈，廣六丈，飛簷突出丈餘，中裂一隙，宛然雙扉門狀。既奇而崖壁直削，上仰千尺，下俯萬仞，横開四五里，矗直陡立，雖猿狖登陟，亦窮於攀緣。山崖之奇，罕見其埒。

又　樂榮山，在臨安府城南。山勢巍峩，蒼翠逼人。其土香美，作餅炙熟可食，僰婦嗜之。

又　陽暮山，即龍洞山，在寧州界。山腹有三洞，多奇石，夕陽倒影，金碧萬狀，故名。

又　定遠會基山，高三千仞，有五十餘峯。滇境群山之脈起於此。

又　負金山，在曲靖府治。頂有穴，深尺餘，土人謂之硯池。童子競於穴中取水置硯，雲不爾，則讀書無成。

又　陸梁州有石門山，石笋森布十餘里，望之如林。東西行者經其中，故曰石門。

又　哀牢山，在府城東二十五里，與太保山相向，孤峯聳秀。本名安樂，夷語訛爲哀牢，非二山也。頂有石穴，土人呼爲金井，春首視其盈涸，以卜豐歉。山下有石如鼻，出泉二道，一温一冷。

又　九隆山，在永昌府城南。山有九嶺，相傳九隆兄弟世居此山之下。諸葛亮南征時鑿斷山脈，以泄其氣。

又　博南山，一名金浪巔山，俗訛爲丁當丁山，在永平縣西。山極險隘，高三十里，乃浦蠻出没之所。漢顯宗通博南山，渡瀾滄江，即此江，在府城東北羅山下。

又　高黎山，又名崑崙隅，在騰越西南。山勢高峻，華夷之大界也。蒙氏僭封爲西岳。

又　絳雲山，又名雲龍山，即今禄勸州烏蒙山。蒙氏僭封爲東嶽。其峯十二，上有共鳥命穴。

又　獅山，在武定城西八里，高千餘仞，山石巀嶭，伏如獅形。絶頂平闊，上有石城、清池，中藏深谷，可容萬人。明建文從亡諸臣遺迹在焉。

聖綸按：龍隱臺，在獅山之巔，孤峯入雲，兩石相抱，中容數人。

又　雪山，一名玉龍山。其山九峯，在麗江府城西北，蒙氏僭封爲北嶽。山巔積雪，經夏不消。山産茶，謂之雪茶，清苦能解煩渴。

聖綸通判維西，每赴麗必道經山麓之喇水壩。玉峯瑩潔，晃耀心目，洵異觀也。又有四蟒大雪山，在維西與藏地交界之處，延袤數百里，環山積雪，雖盛暑不消，巍峩晶瑩，高插天漢，險巇阻深，人迹所不能到，望之如海外神山。

又　老君山，在劍川之西，介金沙、瀾滄兩江之間，爲全滇諸山之祖，崔嵬磅礴，直入雲表。上有仙迹、龍池、蒼鹿、白鶴，佳木葱鬱，異草芬馨，人不能陟其巔以窮其奥。秋夏之交，紫燕群集於峭壁巉巖，以數萬計。

又　劍川石寶山，上有石穴、石棧、石象、石獅、石鐘、石鼓之異，五色陸離，掩映陵谷，可稱奇觀。

又　鳳凰山，在蒙化府城西南。昔有鳳死此，每歲冬季，衆鳥哀吊其上。土人於鳥來夜燃炬候之，鳥輒赴火死。

又　蒙樂山，在府城北，一名無量山。高不可躋，連亘三百餘里，控扼緬僰，一峯特出，狀若崆峒。

又　蜢蝶山，在府城北，高奇嵌空，宛如鬼鑿。遊人至此，每每有挾風生羽之思。

山麓聚蠻落，號蜢蝶，因以名山。

又　沅江、武定之間有魯葵山，方千里。

又　廣西府近安南有莫冶峯，高萬仞，終歲雲霧不開，在師宗、彌勒之境。惟三月三日起至四月三日止，一月(皎潔)，遊人登其巔，望見安南宫室。山中多金、銀礦，故民物殷富。

又　烏龍山，在東川城北五十里，一名雲弄山，高峻百里，下臨金沙江，危峯十二，秀出雲表。山腰有縮泉，人取之者有銅鐵器及人聲，則收縮不流。

又　高連山，在會城南二里。諸山高而連絡，有天馬、貴人諸峯。《唐史》謂「牂牁境内有高連、石門二山」，即此。貴人峯，又名貴山，州之得名以此。

又　栖霞山，孤峯特立，峭壁凌虚。由北坡曲折而上，至巔，則平坦如枰局，四高中窪。繞廊西行，入大士洞，登舍身岩。穿紫竹徑，西昇杰閣，遥瞻會城，烟火萬家，歷歷在目。

又　西望山，在修文城西北六十里，盤亘百餘里，與南望山對峙。山巔有池,曰鳳凰澗,可里許。前有三峯,曰翠屏,曰目游,曰莫若,皆壁立萬仞,蒼松虬結。而目游更奇,峭不可登。有疊石如浮屠,又石笋數株,高插天際。有盤陀石,上平下削,約高二丈許,可坐百人。相去數百武有小峯,曰模羅石,甚險峻,遊人捫蘿而上。有小澗,落懸崖間如飛練。澗左有雙石如柱,高可數百尺,曰天門。誠西南巨觀也。

又 盧山,在定番州城北盧山司南,極高峻。旁有三石峽如門,盤旋而上,平廣可容千人,有泉,有池,田上可耕。又南有茶山,産茶。又司南有五門山;司西有寶堖山,峯巒尖削如堖;司北有紗帽山。

又 龍鼓山,在府城東南七里。萬山攢疊,忽展雲坪,曲徑盤旋,半山石壁下有門如砌。稍入數步,宏敞若堂。門左一穴,湫水注焉,碧瀲隱深,莫可底極,相傳有靈物居内。春時嘗有聲如鼉鼓,或聞八音具奏,乍響乍沉,亦遠亦近,數年始得一聞,五七日方止。

又 天臺山,在府城南二十里。亂雲斷石中特起孤峯,儼若百丈金莖,石壁嶄截,危蹬接雲。絶頂樓閣莊嚴,乃白雲僧所開,多有詩詞紀其勝。

又 安籠箐山,在州城西慕役司北。山巒相接,林木蓊密,周四十里。舊入滇路經其中,險阻難行。秋冬多霧,昏曉不辨。又有香樹坡、小箐口坡、白口東坡、胡樹凹打罕坡,行者苦之。

又 紅巖山,在城西北八十里,壁立萬仞。巖側有洞,深廣數十丈,或時聞洞中有鐘鼓聲。恍見巖上紅花如雨,則其年必有瘴癘。

又 福泉山,在平越府城内,明張三豐修仙處。山形靈秀,上有高真觀、禮門亭,前有浴仙池,夏不盈,冬不竭。旁有古桂一株,久枯。忽有丐者來浴於池,山僧穢之。丐曰:「無傷也。吾能活此樹。」乃掬水沃其根,掛巾於樹而去。是年,桂復榮。人以爲三豐再來也。桂至今猶茂,池水雲可療病,四方汲者不絶。

又 疊翠山,在平越城東南十里。大小百峯,峻秀插天,中峯名老人。或雲近此居者多壽。九十九峯在江外,一峯獨在江内,名將軍峯。三江會其下,獨砥中流,平越絶景。

又 崆峒山,在杉溪。其山空虚多洞穴,故名。清音洞、留雲洞,俱在其陽。

又 牛塘山,在城東北二十里。高數十里,巔有犀牛塘,廣數畝,水四時不涸。上構石殿,古木陰森,夏猶積雪,爲邑之勝。

又 朝陽山,在城西一里。下臨流水,懸崖峭壁。日初出時,頂有彩色暉映於上。下有朝陽洞。

又 瑪瑙山,在城西十五里。三面石壁多五色,雨後日初,光彩尤麗。

又 飛雲崖,在城東二十里大路旁。崖倚山麓,勢如垂天之雲。崖下頗軒敞,中有小洞,深黑不可究極。左有瀑布,淙淙作珮玉聲。前一小峯特起,上構聖果亭,有明王守仁碑記。又有古柏十數株,千餘年遺植也。又有月潭古寺,爲黔中第一奇境。

又 雙箭峯,在舊草塘司東。雙峯并峙,尖削如箭。下有石,名晴明石:天久雨將晴,其色如玉;久晴將雨,其色如墨。

又 驚蟄魚石,在城南十里,普濟橋邊。碧漪翠浪中白石齒齒。每年驚蟄前後數日,魚叢聚石邊,土人網之以爲樂,因名。

又 七星山,在府城北七里,拱列如七星。内有洞,梯石而下,如聞風雨聲。初甚紆暗,行數武便得平地極寬。中有潭,風急濤駭,寒氣逼人。隱有一船隨波往來,人不能近。

又 龍山,在府城西二里,逶迤若龍。有圃可畦,有泉可汲,有洞可棲,俯臨劍河。天將雨則雲生一縷,漸繞峯巒,郡人以此卜陰晴。初名蟒山,明遷客張翀易今名。

又 香爐山,在清平城東南四十里。四面陡絶,三疊而上,有田,有井,有潭,可容萬衆。

又 聖綸按:《黔志》云:「香爐山,形如磨盤。盤之下,壁立四圍,堅若金城。盤之隅,平衍千頃,穩稱巢穴。而盤之上則突兀盤旋,可望而不可登。賊據此以爲天險,人望之以爲虎穴。【略】」

又 中河山,在府城東。兩水夾流,山居其中,石壁鐫有「楚橋風順」四字。香爐山,在中河山畔水中,上豐下削,形若香爐,崖上鐫有「泝流光」三字。

又 觀音山,在府城東十里,地名觀音塘。崖石錯立,高數十丈。中有洞,廣一丈,袤三丈,高如之,内涵清漪,連舫可進。洞半有竅如窓,上有石如佛像。洞頂色碧,石文隱起若龍蛇。北岸有觀音小龕。

又 雲臺山,在城西北三十里。獨立萬山中,如臺几然。雲停煙結,仄徑紆迴,攀緣而上及巔,平衍可數百畝。旁有石如列屏,群巒皆拱伏,環望無際。石壁藤蘿,虬龍倒掛,誠異境也。

聖綸按:明張拱樞有《記》云:「雲臺山,在施秉縣之西北,去城三十里。從望元闢入山，皆深澗幽壑，古木崇嶺。山形四面削成，獨迴出於層霄之半，俯瞰萬山，羅列如兒孫。左峙塔山，右對彌勒山。腰有石洞，擊之若鐘鼓聲。洞旁有龍泉，紆徑而右，會自埰河，繞其山麓。絶壁有白雲洞，如哆吻張齶。盤旋而入，朝夕閑雲往來，山巔如臺隍然，因得名焉。」

又 萬勝山，在府城東一里。下臨德江，高數千仞，四面陡絶。麓有龍洞泉，可灌田千畝。【略】頂有真源井，清澈一潭，旱甚不涸。思唐山，在城東四里。《方輿勝覽》作唐山，昔人因名郡曰思唐。思玉山，在城西南三百里，一名門山，爲古費州扶陽縣界，舊有思玉城。

又 大聖登山，在城北五里。端正聳拔，頂平闊三里許，昔人建鐵瓦寺於上。每冬雪深數尺，入夏始解，不異峨眉。又呼大石墩。石可作杯皿，名爲黑玉。其麓有葉魚洞。

又 梵浄山，在銅仁府烏羅司北，一名月鏡山。群峯聳峙，分爲九支。中湧一峯，週圍僅四丈，突兀陡絶，其高千仞，中如斧劃。隔五六尺許，名曰金刀峽。峽有飛橋相接，左右皆立梵宇，廣闊可容數十人。寺側有石，曰説法臺，陟者攀絙上下，如蹈空而行。寺在極頂，風峭不可瓦，治以鐵。千里風煙，可一覽而盡，有拜佛臺、香爐峯、綿絮崖、煉丹臺、藏經崖。有井，曰定心水。山後有池，曰九龍池。又相傳有辟支佛遺跡。山下有九十九溪，環繞紆折。黔中勝概，無逾於此。

又 五龍山，在開泰縣城内。山有五支，二水夾流。中爲南龍山，即府治，又名騰蛟山。萬福山，在城東二里，山多奇石。龍標山，在城西北龍里司。

又 鳳山，在城東三十里，俗名公雞山，高入雲霄，數百里外皆見之，山形似鳳。距二十里有凰山，俗名母雞山。對峙皆峻。

鳳凰山，在平遠城南三十里。高二十里，突起孤峯如鳳首昂霄，俯視萬峯。每歲秋冬，常有百鳥駢集，翔舞一日夜乃去。傳有鳳凰巢其上，故百鳥集焉。

又 翠屏山，在畢節城西八十里。

又 格孤山，在普安城東四百五十里。山勢雄峻，界連滇蜀。【略】廣午山，在城北九十里，一名八納山，高數十里，有七十二小山。頂有龍泉九，匯爲大池。池旁多翠鳥，凡樹葉落水中，鳥即銜出之。

清·許瓚曾《滇行紀程·貴陽地勢》 自貴陽而上，至威清衛，日加隆聳。右畔青山，尖頂石數點芙蓉，可俯而捫。從來見雲霞之狀，如畫中之樹，扁而不圓。至此衛館舍西南，一望羣峯矗立，白雲千頃，如在足下，變幻百出。或如沸湯，或成堆壘，昔之所稱爲車，爲布，爲輪，爲馬，爲牛，皆不足以狀其妙。蓋俯視則雲氣之全體皆見，怪怪奇奇，無所不備也。

清·佚名《西藏志·山川》 東方之山

禄馬嶺，山不甚高，綿長百里，四時積雪，烟瘴難行。【略】

濯拉，漢人呼爲瓦子山，層層頑石，狀如瓦片，故名。上下約五十里，路崎，有瘴難行。離江達二日。

拉里山，崎嶇險陡，四時積雪，上下五十里。下至拉里，北接玉樹，乃青海要津。離濯拉一日。

魯工拉，不甚陡峻，途長百餘里，盛夏積雪不消，累有數仞深者。烟瘴甚盛最爲難行。【略】

砂工拉，高險難行，綿長百餘里，四時積雪，盛夏不消，烟瘴撲人，亦是骷髏之地。離拉里七日。

賽瓦合拉，雖不甚陡，而綿亘百餘里，四時積雪，有烟瘴。離砂工拉四日。過山二日至説扳多，又二日至洛宗。北通青海，南接咱義，堪稱重地。間有夾垻，出没其中。

瓦合一柱拉，不甚陡，而路險難行。一連四山相接，綿長百六十里，四時積雪，有深數十丈之窖。行其上，愁雲瘴霧，日色慘澹，鳥獸藏跡，别是一天風景。【略】

過脚山，路陡積雪，綿長五十里，有烟瘴。離瓦合一柱拉三日，過山至昌都二日，乃川、滇、西藏三界之中最爲重地。兩河環抱，左右有大木橋，東走四川，南達雲南，西通西藏，北通青海，乃扼要之樞。

昂地山，陡險積雪，有瘴，途長百里。離昌都七日。

大所山，崎陡積雪，有瘴，途長百二十里。離巴塘一日。

立登三巴山，路陡有瘴，途長五十里。離巴塘二日。

納哇奔松山，路崎有瘴，途長六十里。離巴塘七日。

撥浪工山，有瘴，綿長九十里。離德靖營西一日。

高日寺山，途長六十里。離德靖營二日。

折多山，路崎有瘴，途長五十里，離打箭爐一日。自昌都至此，其中之昂地、乍丫、洛家宗、石板溝、谷黍、江卡、兒空子頂等處，爲官角桑昂邦上下打拉一帶

夾垻出没之所。【略】

南方之山

鍋噶拉，高大，積雪難行，途長百里。離召一日。

宗噶拉，連絡重疊，崎嶇難行，途長八十里。離召三日。

扎拉，路崎不甚險，途長五十里，與宗噶拉相連。

西方之山

阿里拉，高大多瘴，途長八百餘里，積雪奇冷，不可行。

甘不拉，即西崑崙山，路崎難行，途長九十里。

鍋噶拉，途長七十里，路崎多瘴。

墨雨拉，高峻積雪，有烟瘴，途長百里。

北方之山

喇根拉，在騰格那爾東，途長五十里。

克里野拉，千餘里。淤沙積雪，烟瘴逼人，冬夏不可行。自楊八景入草地，由哈拉烏素至玉樹、白兔河等處，皆大山平川，夏秋濕潮，冬春多瘴。

清・松筠《衛藏通志》卷三《山川》 布達拉山，前藏地方。四面皆崇山峻嶺，不生草木，殆古所云鐵圍也。其中原隰平衍，南北約六七十里，東西約二百餘里。中通藏江，自東北繞西南流。【略】

招拉筆洞山，布達拉西南。山勢起伏相連，中嶺鑿斷，接砌石塔，中通大道，山極陡峻，亦似平地突起，高二里許。南鄰藏江，山頂疊砌層樓，業醫喇嘛居之。

磨盤山，招拉筆洞之西北，亦似起伏相連，形如磨盤，故名。

羅卜嶺岡，布達拉西南二十五里，藏江南岸。其北岸平野叢林，開砌池沼，引藏江水灌之。【略】

牛魔山，藏江之南，高二百餘丈，爲布達拉屏障。【略】

僧格拉山，前藏南，連絡重疊，崎嶇難行。唐古忒語謂獅曰僧格，以山形似獅，故名。

扎拉山，與僧格拉山相連，路不甚險峻。

鍋噶拉山，前藏南行二日，桑葉地方。山高積雪不消，中多瘴氣。

奔巴拉山，前藏東南。唐古忒語謂瓶曰奔巴，山形如奔巴瓶，故名。

洞噶拉山，布達拉西三十里。聳峻連霄，高四百餘丈。唐古忒語謂海螺曰洞噶，山形似螺，故名。【略】

業党山，前藏西南行三十里，名登龍岡，過大橋，又西南折。山勢陡峭，爲前藏西面屏障。【略】

根柏山。布達拉北面屏障，與別蚌寺後山相連。

札羊宗山，前藏山南。上建多爾濟札古寺，山有石門。

色拉山，布達拉北二十里，色拉寺後。唐古忒謂金曰色，其山産金，故名。【略】

浪黨山，色拉寺後。平險參半，上下約三十里。

角子拉山，前藏東北。上建呼正寺，俗曰熱正寺。路徑曲折，鳥獸寂然。如喇嘛振鐸呼之，山禽獐鹿畢集。

郎路山，前藏東北。

乳牛山，前藏東北。

沙羽克岡拉山，前藏北。

喇根拉山，前藏北。

噶勒丹山，俗名甘丹山，前藏東，噶勒丹寺後

克哩野拉山，前藏北。途長，淤沙，積雪，煙瘴逼人。自羊八井入草地，至巴彦圖河，皆大山難踰。

墨雨拉山，前藏西。高峻，積雪，多瘴。

噶木布拉山，俗名甘不拉，前藏西。行一百七十里至曲水。【略】

岡巴則山，離曲水五十里。由溝内登陟過嶺，南即西海子，亦頗側難行。

札什倫布山，過春堆四十里。入山口，亦平原宏敞，有山自西北蜿蜒而結成平巒，形如蠏鰲，名札什倫布。【略】四面皆平遠岡巒，岝㟼拱抱，惟北面有崇巖疊嶂，高不可測。

岡底斯山，即大雪山也，阿哩地方之東北，周一百四十餘里。峯巒陡絶，積雪如懸崖。山頂百泉聚流，至麓即伏，實諸山之祖脈，《梵書》所謂阿耨達山也。

達木殊喀巴普山，岡底斯山之東。【略】山形似馬，口有泉流出，故名。

朗卜切喀巴普山，岡底斯山之南。唐古忒語，朗卜切，象也。山形似象，口有泉流出，故名。

僧格喀巴普山，岡底斯山之北。唐古忒語，僧格，獅子也。山形似獅子，口有泉流出，故名。

瑪卜加喀巴普山，岡底斯山之西。唐古忒語，瑪卜加，孔雀也。山形似孔

雀，口有泉流出，故名。

通拉大山，後藏西南十餘里。峰巒峻峭，積雪不消，由定日通聶拉木大道經此。

狹巴嶺山、鍋拉納山、畢都納山、朗古山、納汝克喀山、朗雜山，札什倫布西。由脅噶爾、定日、宗喀、薩喀等處通此數山，此外爲廓爾喀境。

波底山，由絨轄通此山，此外爲哲孟雄境。

杏撒熱喀山、臥龍支達山、羊瑪山，由定結通此數山，此外爲哲孟雄境。

洛納山、丈結山、雅納山，由甘壩通此數山，此外爲哲孟雄境。

支木山、臧猛谷山，由帕克哩通此二山，此外爲哲孟雄、布魯克巴二部落境。

圖巴鄂色山，登龍岡之西。嘛哩噶布山，業黨之西。

札克洞山，曲水之東。日洞山，曲水。

拉里大山，在大寺西。山勢如龍形，上下五十里，極險峻，四時積雪。下至拉里，北接玉樹，乃青海要津。

瓦子山，番人呼爲濯拉山。層層頑石，其狀如瓦片。故名。上下約五十里，多積雪，崎嶇難行，離江達二日。

必達拉山，在拉子西南沿。山平坦而小，上下十里。

沙工拉山，一名丹達山，過丹達塘十五里。上山頗側難行，俯臨雪窖，西望峭壁摩空。中一小溝，蜿蜒而上，凜冽冰城，刺肌奪目，少有微風，斷不可過。有丹達神廟，必虔誠祈禱，乃得平靜見寺廟門。

魯工拉山，與沙工拉相連。山勢平衍，長百餘里，冬春積雪不消，離拉里一日。

章拉山，在碩板多東。高峻險阻，上下約三十餘里，至曲齒，又名紫駝。

烏底拉山，在碩板多西南。勢不甚峻，越二十五里，至撥浪山寺，又五里，至中義多。

巴拉山，在碩板多西南。勢平坦，上下約三十里，至巴星郎。

朔馬拉山，一名賽瓦合山，在碩板多西。邊風獵獵，亂山皆童，踰二十餘里，至索馬郎。

得貢拉山，在洛隆宗東。山勢陡峻，上下約三十里，至嘉裕橋。

得噶拉山，在洛隆宗西。山路陡險，九十里，過鐵凹塘，交碩板多界。

又 瓦合大山，在類烏齊西南。山大而峻，路險難行，四山相接，綿亘一百六十里。四時積雪，有數十丈之窖。行其上，愁雲瘴霧，日色慘淡。立有望竿堆，合周天三百六十之數，藉爲鄉導，戒勿出聲，違則冰雹驟至。按：康熙五十九年，雲南官兵三百餘員名至此山下紮營，一夜風雪，人馬僵仆，盡陷窖中。

過腳山，路陡積雪，綿長五十里，有煙瘴。離瓦合山三日，八十里至拉貢，至察木多二日，乃川滇西藏三界之中，最爲重地。兩河環抱左右，有大木橋，東走四川，南達雲南，西通西藏，北通青海，乃扼要之區。

擦噶拉山，山頗平坦，上下約二十里。

葉達拉山，勢頗平衍，上下約三十里，至嘉裕橋，交洛隆宗界。

達蓋拉山，在察木多東。山勢危峻，上下約四十餘里，接熱丫界。

沖得拉山，在察木多東。高峻沖霄，上下約六十餘里，接哈申松林口界。

奪布拉山，在察木多東南。平坦易行，約二十里。

鼎格拉山，在察木多東南。疊嶂重崖，上下約五十里。

魚別拉山，在察木多西南。不甚險峻，上下約二十五里，接乍丫、巴貢界。

列木拉山，在察木多東。上下約五里。

指達拉山，在乍丫東。頗平坦，上下約十里。

昂拉山，在乍丫西北。危峻難踰，上下約八十里。進藏要道，冬春積雪，行者苦之。

作拉山，在乍丫西北。高陡險峻，上下約三十里。

甲噶拉山，在巴塘東。淩霄插漢，上下約八十里。

龍新山，在巴塘東。險峭特絶，上下約三十餘里，冬春多積雪，行者苦之。

卜伊拉山，在巴塘南。不甚險峻，上下約二十里。

空子拉山，在巴塘西南。山勢平衍，上下約七十餘里。

甯静山，在巴塘西南。山頂平坦，四十餘里。【略】

喜松山，在巴塘西。勢甚高峻，上下約四十餘里。【略】

達俄岡山、赤喇岡山、出喇山、蟒喇山、甲噶山、大松山，俱在里塘東，勢頗平坦，不甚險峻。紫木喇山，在里塘東，上下各十五里。漳喇山，在里塘東南，其山甚險，上下約百餘里。【略】阿拉柏桑山，在里塘西南，平順可行，上下約三十里，至海子口界。拉枯山，與柏桑山相連，亦頗平坦，約十餘里。色勒隆宗山，與拉枯山相連，勢亦平順，上下約十餘里。額東勒山，與隆宗山相連，上約十五里，平順易行，下約二十里，陡險盤曲。【略】雲龍拉山，頗平坦，上下約二十餘里。鎖龍山、火燒坡，均在里塘。【略】壘雜山，在壘雜地。喇布山，在甲宗地。藏木山，在藏木地。沙布山，在沙魯布。革凹山，在革凹奔松地。喇嘛山，在喇爾地。二郎雪山，在二郎灣。三壩山，在立登三壩地。打山，在毛茂丫。射鹿山，在立渠河頭地。毛丫山，在曲登地。窮藏山占對交界。

南無脊山，在爐東一百里。高五百餘丈。

金釵塢，在爐東七里。險窄巉巖。

大岡山，在爐東八十里。高陡盤折。

郭達山，在爐東北一里。高七百餘丈。【略】

阿拉木公山，在爐西。高八百餘丈。

折多山，在爐南。進藏要道。

大蓋雪山，在爐北八十里。

清·李榮陛《雲緬山川志》 雲緬來山與南内幹同祖，於大崑崙山東行至蘭滄江尾分幹，南行亦謂之大雪山，出番界入雲南，大抵西逼潞江，東逼蘭滄。布勢不遠至永昌而漸廣，其體東欹爲羅岷山入順寧。《滇遊記》云：其山分三支，西南及直南下者俱短，惟東南一支挾蘭滄江而東爲都魯山，復分支爲瀕江東去者爲右甸，爲順寧、雲州諸山。而直南下者爲枯河嶺，則分水之脊是也。枯柯嶺東南行度草房哨，又南爲杜偉山，嶙峋獨聳，東南爲萬岷山，入雲州界東連飛雞山。過其嶝，折而北，屏峙爲黑馬塘，東北穿大凹，東南行爲長坡嶺，爲芹菜塘，爲蠻賴山，爲迤乃山，聳爲接天山，入緬寧界。西南行爲南掌箐，爲南岷山，西轉南爲大雀山，接猛猛界矣。其去路東南逕耿馬、孟連、孟艮、八百、安南占城而絶於瀰海，今撦其幹枝之在境内者志焉。

又 萬岷山，在州西南順寧界上，東連飛鷄山，羣峰高秀。山北水爲草埧河，下流附蘭滄入南海。山南水爲盤河，下流附潞江入西南海。萬里蠻龍之脊，不特雲緬宗之而已。

又 黑馬塘山，其脈西北自萬岷來，南馳爲懸膽箐、檔木嶺、張臘山、乾坡而盡於盤口，北馳爲昆奔，爲猛麼而盡於下衙嬰之一山也，橫亘二三百里。黑馬以南，其嶺夷坦深樹，冥冥行者仰不見日，身在二四十里上，以爲谷底也。猛麼楨州南，南河外與大雀山對峙，自州右望之如人字。山半平敞爲數村，居人多豐其屋，優游暇豫如地行仙焉。有明時，土州奉赦，與弟學不相能而出居。學據其上游以弟，故人以下衙目之。

又 長坡，其脈西南自黑馬塘來，伏於頭道箐而東起爲長坡，北轉爲獨木㵐、邦谷箐、黄草埧盡於猓扎。其西麓所派爲蠻培箐，爲荷花海子，爲田心村，爲草皮街，爲丙票瘴海。海子托體甚高，至海所四山轉平，藕花不種而茂，人傳其内有潛物焉。田心村據兩澗之會，地平曠有微瘴，少人居。瘴海廣僅十數畝，皆汗萊。三月間吐烟成綵，人不敢徑其邊。海西即玉案山，隔河與官署對。

又 蠻賴山，其脈西自長坡來，經南安蠻况轉而北合沓高空，馳八九十里而盡於昆桒，與阿輪南北相望，順甸河一大關也。巔皆老箐無人到，在城東六七十里。《滇志》誤移於城西，《府志》失載，云人莫知其名。然此山南鄰威信，北跨永平、太平諸里。其所隸諸村猶存蠻壘、蠻徠之名，故知其在此耳。

又 迤乃山，其脈西北自蠻賴來，東南繞緬寧而轉爲龍潭山。迤乃山、官房箐山聯延百里，實接天山之脈也。山之東水入兩麻，其西水入南丁。

又 接天山。《滇志》云：在府南三百里猛緬東界，多積雪。《府志》云：雪山在雲州城東南二百里猛麻境。其巔有平區，自然隴畝，高下葱韭羅生。又有石門石室，遊者時值之。予聞邦東人云：山半以上無人居，惟緬僧歲一板登採異花以供佛。山之西即緬寧境。蓋雪山，即接天矣。而《府志》遺其名，别于西粤山下注云：前有梳頭，山左爲偏邦，山右爲胡孫山。今按：此三山皆在緬寧，而西粤則懸隔順寧之西，彼此不相應，殆誤以雪山爲西粤也。蠻龍經行雲緬，此山爲高麓，西千里乃屆潞江，而東麓距蘭滄幾百里，體殊偏曲，然布勢益廣矣。

又 南掌山，一名南箐。其脈東北自雪山來，横抱緬村東南而抵于廟山，隔河與錫本相錯。箐柱層鬱不見天，披登中凹，北望城，大僅如盂，平田千百頃圍其外，裔疆所稀見也。山中皆夷巢，刻木以升無南北，入從旁户，男女環□而寢，其下牛豕居之，彼此不爲垣。與之語，重譯乃通，蓋其食無稻，衣無帛，無甲子之紀，宗支之係，度世冥冥然，前古之風畧具此矣。

又 南們山，其脈自南掌東北來，横帶緬南，亦謂之分水嶺。南丁源其北，折而西南入於潞，護蒜源其南，折而東入於蘭滄。

又 南岷山，在西南猛猛界上，東與南們連體而分脈北行，趒空掠遠，緬西諸山皆其分派也。《滇志》謂：猛緬西南界有山高六十里者，惟此可以當之，然箐勢渺莽無人徑，不能計其里之實，曾登箐門遥望羣峯嵂崒，與南們同其高，尚遜于接天耳。

又 大雀山，在西南猛猛界上，脈自南們北來，繞寧安之東。東支依護蒜而盡其幹，出界東南趨耿馬也。

又 習彌山，其脈出于都魯，都魯之山東南行近順寧城分爲二，其北出者爲偰山。抱城而東爲樂平山、萬峯山，東南入州境爲習彌山。《府志》云「在州北一百五十里，其高千仞，下臨滄江」是也。《通志》謂：在城東六十里，殊不應山之西。有龍潭，南流入于順寧河。凡順甸以北、蘭滄以南諸山，皆以此爲祖。

又 阿輪山脈西自習彌來，伏爲分水嶺，東起大山，嶂累百餘里。當伏脈處下去麓猶二十里。則頂之高可知。《滇志》云：高二千仞，下臨蘭滄，雲地惟此山積雪。《府志》云：與景東無量山隔江遥對。其險爲諸山之冠。予嘗於江外山巔玩，夾江形勢皆連嶺造天，此山尤冥然不測。所極殆欲傑出無量之上，《志》所稱不虚矣。沿山諸里爲遵化、僧户、歸化，土人率據其所分聚落，如楷木林之類，名之無有知阿輪者，惟分水嶺南下有哨名。按：羅即阿輪之轉音。前人設專哨在其間，其後分爲大平林，後而阿輪乃降居一隅，猶順寧三台山哨亦以分多降居西路，今志猶云三台去山頂十里，正此類也。然彼猶存三台之號，此則併本音而亦訛名，實是非之真，誰從辨之。山在城東北百二十里，諸志脱「北」字。

又 天馬山脈北自習彌來，過鑾冒山，山南挺爲天馬，新城依其東麓，其西即順寧境。萬峯山隔澗而臨之。山距城纔五里，土人以其最近，故爲之美名。然在雲諸山中不爲高。《滇志》云「如天馬騰空，登其巔，山川形勝無遺」，乃臆説也。《府志》別出鎮彝山、馬鞍山，益贅。

又 猛卯山，其脈北出於鑾冒，東行南折爲猛卯。長廣與天馬同而稍高。新城在其西麓，水外兩山之間頗有平甸，故明人改流時，建城於山，然遠山高而風不透，近山淺而泉不滋，瘴所以難祛也。山雖峻而無石，嵐昏十濕，草木焦然。《志》乃云「形如列戟，蒼翠欲流」褒之，非其實，不受矣。

又 瓊岳山，其脈與府治北之偰山同祖，而分支南行爲鬱密山、立斯基山、瓊岳山。山東南入州境，其勢北連把邊，南連大雀，西面延屬數百里，通貫爲一，不可窮其道里。而東盡於州之舊城，自州治沿脊行，一日可達。山半有吕祖閣、曇花庵及鹿塘、銀井，皆老箐阻絶。山之巔，時有雪，映旭而色赤，故受瓊名。兩腋水派爲南北河，其近州者，北爲阿苴河，南爲丙布谷，居人長翳霧，兩惟秋霽見曦焉。

又 象山出於瓊岳之中枝，直行十里而横延如象。南尾而北首，官署、民居、廟壇、墓市之屬皆憑之。右肋有乾海子，其水東流入於南河。

又 大雀山脈自瓊頂南劈爲冷水箐，逶迤而東爲大雀。其巔有磐石，可坐數十人。巖洞錯列於下，拽脈東行爲銜珠箐，環嶺如大城，一峯正鑰其户，亦幽居之選也。東伏再起爲内布峯，自南橋西望，衆山皆偃，惟此人立於高空。

又 八剌山，其脈西自鑾賴來，北抵順甸，東盡蘭滄，長六七十里。龍馬塘在其上。八剌，土音爲吧喇，今轉爲波羅矣。山在城南八十里，《滇志》誤爲十里，《府志》失載。夫府載其所屬，宜詳於省，而疏脱如此，其於《省志》亦未之寓目也。

又 東山，其脈西北自鑾賴山分，背而南行爲陶幹山、習宜山、白水巖。東山盡於南引河口。《府志》云：習宜山有泉，巖水自其端溯湃而下，如銀絲映空，十餘里外即望見之。下有白水村，又云猛麻寨。東山上有龍潭，方廣清深。前明世酋女逃兵亂於此遇害，酋哀其志，構庵於墓側衛之。其地絶險，僧無以自給，久而遂墟。

又 昆睦山，其脈西出於雪山，東岸於江，其地三面臨水。有潭在頂上橢而曲，兩端漸斂，如人目。江水清渾，潭輒應之。故土人目爲江眼焉。山之南即緬寧境。

又 邦東山，雪山東麓也。北與猛麻八道箐連氣，多平田古樹，清流怪石，村落周通，行者快其坦迤，然下距地面二十里矣。

又 西粤山，《滇志》云：山皆峭壁，有瓊英洞廣十餘丈，上浮翠蓋，如垂蓮深邃莫窮。《府志》云：在府南一百六十里阿度吾里，懸崖數十丈，流乳爲纓絡釵鈿，如笋如芝，石刻爲瓊英洞。天山之泉匯其中四五里爲池，盈水沉碧時，見巨蟹大如屋，人莫敢近。猛酋常遣人秉炬極探之，穿出山後箐中，花木秀異，阻水而返。其山在猛緬界。今按：緬之西接壤州之猛賴、猛回，與順非毗鄰。惟州之猛底，西連阿度吾西粤山，應在其界。然予未之到，其山水分合不能懸悉，附記於此，俟後之好遊者。

又 猢猻山，東與猛麻官房箐連氣，其水西入南丁。《滇志》云：在猛緬西北，高二十五里，二猛往來徑於此。

又 鳳凰山，其脈西自南岷來，東北行數十里，盡於南角水内。緬寧城據餘坡之上。山横如鳥布翅，故名。東麓有温湯，在丁河曲，硫烟漫白緬酋之所營。

山西有八仙洞，大小相涵爲房室。曲透有石牕天成，俯臨箐頂。酋歲於蘇暑時，籍待年之女，薪其下，視愜意者，以銀椀聘焉。洞外嘗庵守之，今並無廢。

又 梳頭山，與鳳凰山分脈於南岷，而外轉東行盡於城西南角水外。山高而多腳，畧如梳形，故以名。今土人別號其南小山爲獅頭者，形亦肖然。此山東臨平甸，與雪山遥對。《滇志》謂在緬西南，誤也。

又 美木山，其脈亦出南岷，而北行過箐門，左分邦帕，右分遮乃，又北爲美木山。西與雲州蠻烏連氣，皆老箐蟠結，紅娘子樹出其中也。蠻烏箐，其脈南自緬寧箐門來，入州南境爲蠻烏箐、蠻乃箐，上下張籠箐，北抵丁河之曲，其分蠻烏而南出者，歷昆康而盡於猛回，西南出者歷象扒而抵於邦紅，皆縱横轇轕，入瘴益深。

又 蠻彌山，《滇志》云：在城南一百五十里。以問州人無知者，審其里向得之西南界上。其山西北爲順寧，西南爲鎮康、耿馬，東北即州猛底也。耿馬人名爲猛止，州人稱爲漫母，語音輕重之差耳。南丁河帶其東南，《志》乃云濱蘭滄江，殊誤。予嘗登緬寧箐門山，霜天晴徹，遠嶺疊横，望此山，猶帶長雲。其尖殆合於霄漢也。土人云：北起右甸，南極南丁，綿亘數百里。與景東蒙樂山相似，故亦名無量。

又 筆架山，在蘭滄江東，景東界上，南内幹東行至雲南縣，分幹右出爲定西嶺，南東行至蒙化、景東爲蒙樂山，山分支西南，行過景谷山、猛戛山。又西南爲筆架，入緬寧，胡蚌村依其麓。

又 蠻茂山，其脈自筆架山，東分而南轉西行，連延爲蠻茂山，有村依其南麓。

又 貫衆山，在緬寧東南偶乃泊河側，距城二百里。其山分界三郡，東北景東，東南威遠，西北緬寧，筆架之委也。

清·張澍《續黔書·驛站》 黔之地，跬步皆山，上則層霄，下則九淵。其驛站之苦，有萬倍於他省者。

清·張澍《續黔書·牂牁江》 《十三州志》云：牂牁者，江中山也。《水經注》云：牂牁，江中兩山名。《異物志》：牂牁，系船栰也。其山在海中，小而高，可以繫船，俗人謂之越王牂牁。遠望甚小，石高不似山，望之似爲一株樹在水中也。

清·張澍《續黔書·游白雲山記》 廣順州東四十里有白雲山，層巒疊嶂，如渴驥奔泉，至此而止。白雲庵峰頂，陰晴皆見，爲建文帝荒遯之所。

又 歸途少轉，有蒼嶺横亘，挾雲欲飛，懸巖青石如婦人回首顧盼，簪髻宛肖。相傳有神嫗，每夜至帝所服役，後被人覘歘化爲石。

清·張澍《續黔書·梵浄山》 銅仁之山凡數十，而巖谷幽異，峰巒峭别，壯三江之形勢者以梵浄山爲尤。

又 又有香爐峰、綿絮巖、藏經巖，羅列競秀。下有九十九溪，紆折環繞，匡廬、武夷之勝，天台、雁蕩之奇亡以踰也。

清·張澍《續黔書·石刻》 銅仁之東山，突兀奇峭，俯瞰大江，絕壁鐫「雲彩江聲」四大字也。都匀之夢遇山有碑，鐫「仙人張三丰觀瀾處」八字也。

又 龍泉縣東五十里，有山高數十丈，上刻「仙羊巖」三字，相傳唐人之書也。

清·張澍《續黔書·馬化石》 貴定城南四十里有白馬山，上有古池，深不可測，人跡罕至，至則風雨晦冥。

清·張澍《續黔書·孝獸》 思南有甑峰，盤亘銅仁、思州、石阡數百里，大木碩草，莫不茂者。騰林拂雲，幽煙冥緬，窮崖造漢，亢石無階，杳無人居，人蹤亦不能到，所産草木多異狀。

清·李宗昉《黔記》卷一 安南縣龍翔山，一名巍山，在縣東北五里。山頂有洞，洞中有天成石碓、石爐。

清·李宗昉《黔記》卷二 黜靈山，在貴陽城西北三里許。有一峰蜿蜒從西北來，爲杖鉢峰，水潺潺繞山麓，爲檀山澗水，中峰矗立，即黔靈正峰。山口有楊柳泉，甚清冽，又進有天生石橋，翠竹掩映，過此則宏福寺也。

又 村前有豁抱山，後折而東轉，有岫參天，昂藏回首，乃獅子巖也。巖下有洞，洞下有豁，皆名檀山。自寶塔峰右，特起一嶺，自南而東，綿亘内向，與獅子岩對峙，如雙闕者，象王嶺也。又其外則獅子山，昂伏爲案，上有雲蓋三臺，縹緲天際。登象王嶺望貴陽城郭，歷歷如指掌。山後可眺聖泉。

清《嘉慶大清一統志·廣西·柳州一》 駕鶴山、東臺山、屏山、雷山、穿山、甑山、石魚山、新洞山、黄吉山、背石山、龍壁山、龍屯山、横賴山、雷村山、雙童山、屏石山、東黄山、氷玉山、鳳凰山、覆鐘山、青陵山、直滿山、伏安山、烏鶯山、青鳳山、雲蓋山。

清《嘉慶大清一統志·廣西·思恩府一》 大名山、玉印山、鷹山、安山、仙女山、三台山、崇武山、思隣山、起鳳山、伊嶺山、武臺山、暗山、都結山、帽山、劍脊山、南山、黄道山。

清《嘉慶大清一統志・廣西・泗城府一》 凌霄山、巴牙山、凌雲山、回顧山、壩樓山、累峯山、夾山、獨旺山、木龍山、界亭山。

清《嘉慶大清一統志・廣西・平樂府一》 鳳凰山、東山、團山、穿山、眉山、雲山、南山、誕山、紫山、華蓋山、昭山、密山。

清《嘉慶大清一統志・廣西・南寧府一》 青秀山、道人山、都茗山、横山、石燕山、武號山、石魚山、聖嶺山、烏風山。

清《嘉慶大清一統志・廣西・鎮安府一》 雲山、天保山、扶蘇山、東山、倫山、馬鞍山、梅山、鑒山、敢山、馬涼山、石門山、破山、高更山、更梯山、蓮花山、蒼崖山、獅子山、排磨山、騰煙山、嶺衛山、照陽山、鳳凰山。

清《嘉慶大清一統志・雲南・雲南府一》 五華山、祖遍山、扶葱山、金馬山、萬德山、碧雞山、高嶢山、太華山、羅漢山、大鼓浪山、赤甲壁山、進耳山、聚仙山、寶珠山、三華山、商山、文殊山、龍泉山、洞口山、松華山、靈芝山、顛臥山、九峯山、客爭容山。

清《嘉慶大清一統志・雲南・大理府一》 玉案山、點蒼山、石門山、雞額山、龍伯山、五佛山、青巔山、龍頂山、鳳儀山、宿龍山、天馬山、青華山、南華山、龍興和山、九鼎山、梁王山、東山、象山、雲龍山、啓始山、臥牛山、雞足山。

清《嘉慶大清一統志・雲南・曲靖府一》 青龍山、湯池山、紫溪山、蓮花山、分秦山、負金山、真峯山、勝峯山、龍華山、翠峯山。

清《嘉慶大清一統志・雲南・普洱府一》 普洱山、六茶山、仁壽山、玉屏山、六祖山、東山、哀牢山。

清《嘉慶大清一統志・雲南・開化府一》 東文山、阿香山、聳翠山、秀石山、老君山、獅子山。

清《嘉慶大清一統志・貴州・貴陽府一》 翠屏山、獅子山、虎山、銅鼓山、唐帽山、棲霞山、石門山、斗崖山、高連山、鳳凰山、化石山、簸箕山、臥牛山、板橋山。

清《嘉慶大清一統志・貴州・思南府一》 梵淨山、三台山、天馬山、思王山、崖門山、嵇公山、四閣山、屏風山、華蓋山、巖前山、臥龍山、河縫山、銅鼓山、大聖登山、十種山、仙峯。

清《嘉慶大清一統志・貴州・黎平府一》 五龍山、錦屏山、萬福山、石門山、石崖山、龍見山、特洞山、天府山、丑家山、大巖山、南泉山、寶帶山、南泉山、太平山、銀賴山、天井山。

清《嘉慶大清一統志・貴州・遵義府一》 鳳山、湘山、雙薦山、香風山、板角山、錦屏山、雷變山、崖孔山、畬陵山、元寶山、大水田山、龍巖山、永安山、定軍山、巖門山、紫霞山、大樓山、鼎山、南宫山、永山、拱宸山、仙人山、波利山、松山、石場清淨山、羅支山、峻嶺山、豹子山、九龍山、石笋山、石錠山。

清《嘉慶大清一統志・西藏》 岡底斯山，在阿里之達克喇城東北三百十里，直陝西西寧府西南五千五百九十餘里。其山高五百五十餘丈，周一百四十餘里。四面峯巒陡絶，高出乎衆山者百餘丈。積雪如懸崖，皓然潔白。頂上百泉流注，至山麓即伏流地下。前後環繞諸山，皆巉巖峭峻，奇峰拱列。按其地勢，由西南徼外，以漸而高，至此而極。山脈蜿蜒，分幹向西北者，爲僧格喀巴布、岡里木孫諸山，繞阿里而北二千五百餘里，入西域之和闐南山，及葱嶺諸山。向東北者，爲扎布列斜爾沖、角烏爾沖。

清・吴德煦《章谷屯志畧・山川》 章谷，金川北，湧雪嶂南。環實笮徼之藩籬，作洪流之砥柱，筠絢綿亘，蜿蜒萬丈，青紅石寨，圭稜橚矗，千尋璃筍，五百里之巒流，十八酋之鎖鑰。

又 章谷境内跬步皆山，大率多頑石，嶕嶫不堪，寓目間有靈秀者，又峭壁欑峯，艱於登陟。惟境東北三十里墨爾多山，脩極幽邃。山勢面東南，下如覆鐘，上如螺髻。山陰爲巴旺布、拉巴底兩土司界，望之若不甚高，而登峯造極非一日可到。

又 白蓋山，在章谷屯署之後，爲徼外大江砥柱，高四十餘里，長二百餘里，其形如屏幛，峯巒起伏，蜿蜒有致。山之巔古木參天。【略】。近山之巔稍東有喇嘛寺一所，寺外平曠，俯瞰江流如練，墨爾多諸山近在几案間。東有巨澗，爲衆壑匯流。

又 白蓋山對河一山，高數百丈，長數百里，峭壁陡崖，莫能登陟。山巔有白石一堆，望之酷肖人形，土人呼爲白神，故因其名曰白神山。

特殊地貌部（流水地貌、喀斯特地貌等）

晉・張華《博物志校正》佚文《太平寰宇記》引　牙門山。東峯有石穴，深數里，出鐘乳。常有人持火入穴，有蝙蝠大如箕，來撲火。穴中有水流，冬夏不歇。此山之外，又有小峨眉山。

南朝宋・盛弘之《荆州記》卷二《天門郡・澧陽縣》　天門郡出石鐘乳。

南朝宋・盛弘之《荆州記》卷三《桂陽郡・郴縣》　桂陽郡西南五十里有萬歲山，山有石室鐘乳。

又　桂陽郡西南五十里有萬歲山，有石窟，出鐘乳。

南朝宋・盛弘之《荆州記》卷三《始安郡・始安縣》　始安有甘巖，巖林峻茂，下有穴，達南北，其間可二百許步，口高二丈五尺，廣十九尺。其西北有三溪，殊源別澗，合注其下。

又　始安羣山坎中有彈丸，因以名「彈丸山」。

南朝宋・盛弘之《荆州記》卷三《始興郡・始興縣》　始興有扶容崗，有石室，狀穴。自西山潛通江，下通東岸。

又　始興機山東有兩岩，相向如鴟尾，石室數十所，經過皆聞有金石絲竹之聲。

清・陳運溶輯《荆州記》　桐柏，淮源湧發其中，潛流三十里，東出大复山南。

又　江出岷山，其源若甕口，可以濫觴，在益州建寧漏江縣潛行地底數里，出楚都，遂廣十里。

又　江夏郡城西臨江有黃鶴磯，又有鸚鵡洲。

又　蒲圻縣下流有魚嶽，小山孤峙於中，洲近在江南。

唐・樊綽《蠻書》卷三　于時既克大釐，築龍口城，歸義聞三浪兵至，率衆拒戰。三浪大敗，追奔過澄睒，敗卒多陷死于泥沙之中。

唐・樊綽《蠻書》卷五　并陽苴咩并澄川，今並南詔往來所居也。家室共守，五處如一。東南十餘里有舍利水城，在洱河中流島上。四面臨水，夏月最清涼，南詔常於此城避暑。

又　當五詔俱存，而蒙舍北有蒙巂詔，即楊瓜州也。同在一川，地氣有瘴，肥沃宜禾稻。又有大池，周迴數十里，多魚及菱芡之屬。川中水東南與勃弄川合流。南有龍磨些川。凡澄川河，蒙舍謂之川睒。然邑落人衆，蔬果水菱之味，則蒙舍爲尤殷。

唐・段公路《北户録》卷一《乳穴魚》　全義之西南有山，曰盤龍山。有乳洞，斜貫一溪，號曰「靈水」。其洞有金沙龍、盆魚，皆四足修尾丹腹，狀若守宫，游泳水濱，人莫敢犯。

唐・李泰《括地志・邢州・平鄉縣》　沙丘臺在邢州平鄉縣東北二十里。《地理志》：趙、中山地薄人衆，猶有沙丘紂淫亂餘民。

唐・李泰《括地志・甘州・張掖縣》　瀚海在流沙大磧西北數百里，東南去長安五千三百里。秦築長城經此海南。

唐・李吉甫《元和郡縣圖志》卷二一《山南道二》　大洪山，在縣西北二百里。孤秀爲衆山之傑，其山多鍾乳。

唐・李吉甫《元和郡縣圖志》卷二二《山南道三》　龍門山，在縣東北八十二里。出好鍾乳。

唐・李吉甫《元和郡縣圖志》卷二九《江南道五》　龍山，有鐘乳穴，在縣南二百四十里。

唐・李吉甫《元和郡縣圖志》卷三一《劍南道上》　中峨眉山，在縣東南二十里。有古穴，初纔容人，行數里漸寬。有鐘乳穴，穴有蝙蝠，其大如筐。

唐・李吉甫《元和郡縣圖志》卷三七《嶺南道四》　銀殿山，其下有鐘乳穴十二所，在縣東二十八里。

宋・羅願《新安志》卷五《婺源・山阜》　浙源山，在縣北七十里，亦曰浙嶺，高三百五十仞，周二十五里。北連黟縣魚亭山，舊有石英鐘乳。

宋・樂史《太平寰宇記》卷五《河南道五・西京三・潁陽縣》　倚箔山，在縣北十五里，望之如立箔。山西北崖下有鐘乳，隋時充貢。

宋・樂史《太平寰宇記》卷一九一《四夷二十・北狄三・匈奴下》　沙漠，今之大磧。

宋・蘇舜欽《蘇學士集》卷三《滯舟》　伊余何所適，舟滯數見窮。十步九暗灘，咫尺不可通。

宋・秦觀《淮海集箋注》卷三八《遊湯泉記》　自山椒轉而西南，盤紆徑復，又二里而至龍洞，其上巃嵸崟岑，不可窮竟。門則大穴也，漸下十數丈，窅然深黑，日光所不及，揭炬然後可行。腹中空豁，可儲粟數萬斛，屏以青壁，而泉嚙其趾。蓋以乳石而鼠家其竇，仰而視之，或突然傲岸而出，若有恃者；或侵尋而卻，若有畏者，雲繞而鳥企，鼻口呀而齗齶露。其㖼牙横還，卒愕之變。

宋・洪皓《松漠紀聞》 沙子者，蓋不毛之地，皆平沙廣漠，風起揚塵至不能辨色，或平地頃刻高數丈。

宋・方勺《泊宅編》 西安州即唐鹽州，西至流沙六日，沙深細，没馬脛，無水源，但乾沙爾。

又 通州治近海七十里，今止十里。宣和癸卯，鹽官縣蜀山、雷山一帶沙漲，而静海竝海十里内沙再毁。

宋・陸游《老學庵筆記》卷五 成都石筍，其狀與筍不類，乃累疊數石成之。所謂海眼，亦非妄；瑟瑟，至今有得之者。蜀食井鹽，如仙井大寧猶是大穴，若榮州則井絶小，僅容一竹筒，真海眼也。石犀在廟之東階下，亦粗似一犀。正如陝之鐵牛，但望之大概似牛耳。石犀一足不備，以他石續之，氣象甚古。

宋・陸游《入蜀記》卷六 十月八日。鍾乳歲久，垂地若柱，正當穴門。

宋・范成大《驂鸞録》 正月二十八日。中一洲，前尖長，後圓濶，如琵琶，故以清音名此堂。

宋・范成大《桂海虞衡志・志巖洞》 讀書巖，在獨秀峰下。峰直立郡治後，爲桂主山。傍無坡阜，突起千丈，峰趾石屋有便房，石榻石牖，如環堵之室。颜延年守郡時，讀書其中。

又 伏波巖，突然而起，且千丈。下有洞，可容二十榻。穿鑿通透，户牖傍出。有懸石如柱，去地一綫不合，俗名馬伏波试劍石。前浸江濱，波浪洶湧，日夜漱嚙之。

又 叠綵巖，在八桂堂後，支徑登山，太半有大洞，曲轉，穿出山背。

又 白龍洞，在南溪平地半山，中龕有大石屋，由屋右壁入洞，行半途，有小石室。

又 劉仙巖，在白龍洞之陽，仙人劉仲遠所居也。石室高寒，出半山間。

又 華景洞，高廣如十間屋，洞門亦然。

又 水月洞，在宜山之麓，其半枕江。天然刓刻作大洞門，透徹山背。顶高數十丈，其形正圓，望之端整如大月輪。江別派流貫洞中。踞石弄水，如坐捲蓬大橋下。

又 龍隱洞，龍隱巖，皆在七星山脚，没江水中。泛舟至石壁下，有大洞門，高可百丈，鼓棹而入，仰視洞頂，有龍迹夭矯，若印泥然，其長竟洞。舟行僅一箭許，别有洞門可出。巖在洞側，山半有小寺，即巖爲佛堂，不復屋。

又 雉巖，亦江濱獨山，有小洞，洞門下臨灕江。

又 棲霞洞，在七星山。七星山者，七峰位置如北斗。又一小峰在傍，曰輔星。

石洞在山半腹。入石門，下行百餘級，得平地，可坐數十人。旁有兩路。其一西行，兩壁石液凝冱，玉雪晶瑩。頂高數十丈，路闊亦三四丈，如行通衢中，頓足曳杖，彭鏗有鼓鐘聲，蓋洞之下又有洞焉。半里遇大壑，不可進。一路北行，俯傴而入，數步則寬廣。兩旁十許丈，鐘乳垂下㶁㶁。凡乳牀必因石脈而出，不自顽石出也。進里餘，所見益奇。又行食頃，則多歧，游者恐迷途，不敢進，云通九疑山也。

又 元風洞，去棲霞傍數百步，風自洞中出，寒如冰雪。

又 曾公洞，舊名冷水巖。山根石門砑然，入門，石橋甚華，曾丞相子宣所作。有澗水，莫知所從來，自洞中右旋，東流橋下，復自右入，莫知所往。或謂伏流入于江也。度橋有仙田數畝，過田，路窄且濕，俯視石罅尺餘，匍匐而進，旋復高曠，可通棲霞。

又 屏風巖，在平地斷山峭壁之下。入洞門，上下左右皆高曠百餘丈。中有平地，可宴百客。仰視鐘乳森然，倒垂者甚多。躡石磴五十級，有石穴，通明，透穴而出，則山川城郭，恍然無際。余因其處作壺天觀，而命其洞曰空明。

又 隱山六洞，皆在西湖中。隱山之上。一曰朝陽，二曰夕陽，三曰南華，四曰北牖，五曰嘉蓮，六曰白雀。泛湖泊舟，自西北登山，先至南華。出洞而西，至夕陽，洞旁有石門可出，至北牖。出洞十許步，至朝陽。又西至白雀，穴口隘狹，側身入，有穴通嘉蓮。

又 北潛洞，在隱山之北，中有石室、石臺、石果之屬。石果作荔枝、胡桃、棗、栗之形，人采取玩之，或以飣盤相問遺。

又 南潛洞，在西湖中，羅家山上。

又 佛子巖，亦名鐘隱巖。去城十里，號最遠。一山崒起莽蒼中。山腰有上、中、下三洞，最廣。中洞明敞，高百許丈。上洞差小。一寺就洞中結架，因石屋爲堂室。

又 廬秀洞，去城差遠。大石室面平野，室左右皆有徑隧，各數十百步，穿透兩傍，亦臨平野。以上所紀，皆附郭可日涉者，餘外邑巖洞尚多，不可皆到。興安石乳洞最奇。予罷郡時過之。上、中、下三洞。此洞與棲霞相甲乙，他洞不及也。陽朔亦有繡山、羅漢、白鶴、華蓋、明珠五洞，皆奇。又聞容州都嶠有三洞天，融州有靈巖真仙洞，世傳不下桂林，但皆在瘴地，士大夫尤罕到。

宋·周去非《嶺外代答》卷一《地理門·靈巖》 巖内有三聖殿，殿側有石鐘，其大合抱，自然天成。

又 洞内則有石佛、石磬、石獅子、石牀、石鐘。殿西則有靈源洞，由石穴而入，通行平坦，其屈曲約一二里，出于巖之西。洞内則有石羅漢、石象、石馬、石魚、石筍、石鼓。

宋·鄧牧《洞霄圖志》卷一《宫觀·洞霄宫》 兹山爲大滌元蓋洞天天柱福地，在杭州餘杭縣南一十八里。

宋·鄧牧《洞霄圖志》卷三《洞府·大滌洞》 在宫西北半里。《茅君傳》云：第三十四洞天，名大滌元蓋之天，周回四百里。内有日月分精金堂玉室，仙官校災祥之所，姜真人主之，與華陽林屋遂道暗通。相傳元同先生入游，見龍麟異境，花木鮮繁，自華陽而歸。洞門石鼓，廣可尋丈，扣之逢逢有聲。自此上下皆平如剗削，兩旁崖石委曲。夾道中閒一石若柱倒懸，因以「隔凡」名之。過柱一穴如竇，内闊丈餘，中有圓井無底，惟聞浪浪水聲，乃歷代朝廷遣使投龍璧之處也。常有白鼠長二尺許，游於高厓。厓上産草，名玉芝，餌之長生。《郡志》所載云爾。今洞中石潤如玉，作蒼黑色，行路屈折僅通人，至隔凡而止。每投龍簡，則命童子穿竇以入，云其中深杳不可測也。所謂白鼠、玉芝，則希有見者，豈在人緣契邪？

宋·鄧牧《洞霄圖志》卷三《洞府·棲真洞》 在大滌山前西天柱嶺上，去宫三里，一名西洞。《舊志》云：「大滌先生杜琛語弟子何法仁曰：『汝宜居西洞，可以遯世成真。』遂名棲真洞。」天生罳頂，狀若寶盖，龕室幽深，乳泉滴瀝。又東西二臺，東臺石閣厓上，有龍爪蟠拏蹴蹈之跡，或戲以手漫滅，翌日視驗如初，是知洞龍出入之徑也。西臺一石，平如棋局，白石子如拳，委積其上，旁列石坐環嚮焉。入洞門三丈許，有石仙人，爲仰卧狀。又越華蓋西，有石龕，可容數人。宋大觀三年，山人胡真隱居之。一日忽聞有聲，若鼉鼓數百，黑雲靉靆間，火毬相逐奔出洞口，已而迅雷烈風，震撼山谷，移時乃止。昔陳堯佐任漕，日來游，有詩云：「二天封部稼如雲，流水清寒出洞門。更愛林閒磐石上，松花吹散羽人樽。」今洞前亭曰谷口，亦取陳詩「谷口停驂上翠微」之句。

宋·鄧牧《洞霄圖志》卷三《洞府·石室洞》 兹洞，一名藏書，一名東玲瓏，在大滌山中峯前，白鹿山下。洞中三穴若品字，透見天日。門有石梁横其口，泉脈涓涓注石梁下，引而瀦之，可供十餘人，居者賴之。相傳郭真君登山採藥，嘗濯於此，名洗藥泉。《郡志》云：「吴天師筠脩鍊之所。天師既尸解於宣城，指令門人，藏書劍於此。」洞有石室，故以名之。又《景行録》載天師云：「當遷神於天柱石室，蓋太上俾我鍊蜕之處。」故卜其西麓，果有石坐巖扉，自然成備如是，則不惟書劍，亦天師藏真焉。按《石精金光經》言：曲晨飛精藏景，録神劍解之道，凡暫過太陰紫胞，鍊度皆四百年，所藏必發，蓋數足運會其靈，自有以發之耳。《舊志》謂：「天師石室之藏，巖扉呀啓，信也。」山腰有石窪樽、石茶竈，皆仙家遺跡。往年有葉道人居之。一日見巨蛇自山頂下，其首墜地，聲如隕石，身作漆黑色，目廣若杯，倒懸山椒，引首入洞飲水，良久復上。數日又來，熟於籬閒窺之，似覺爲人所見，其去差速。是夜徧山作風雨聲，疑爲發洪，而晦冥不敢出户，達旦乃止。視天宇澄霽，亦無所謂水。豈神蛇爲是邪？自是不復來。

又 在宫山西南十里嶺右，靈跡巋然。按：《記》云：「晉人遇一道士，衣巾爽麗，自洞中出，詢所自來，曰吾白茅先生，職此久矣。」因名之。其門如井，縋綆而下，一二丈至平地，即回環容坐二十人。復偃身下，入約又二丈許，則有仙人酒瓮石及石柱二。一竅上徹天光，境界奇絶，第高山路阻，希有至者爾。

又 在宫外一里道旁山上，雖石門阻隘，有童稚可入。云其閒廣埒兩屋，旁一小路，不知所極。上有穴泉流，爲丁當音。下入方池，未嘗减溢。耆舊云：「錢氏時，有鳳凰來鳴，故以名洞。其地亦改爲靈鳳鄉。」

宋·鄧牧《洞霄圖志》卷三《洞府·蜕龍洞》 在鳴鳳洞相對山厓中，相去百步許，喬木幽隱，巖穴嵌巉，深可數丈。宋皇祐初，羽人於洞間獲龍蜕，骨齒角皆具，故名。春夏多蛇虺出入，似欲回俗士駕者。《記》云：五洞潛通，此其一也。

宋·鄧牧《洞霄圖志》卷三《洞府·歸雲洞》 去宫五里，在棲真洞左偏半里許，即棲真之後門。深可百餘尺，石壁光瑩，洞有罳頂，亞於前洞。按：《記》云：「是神仙回車之便道，故曰歸雲。」常有雲氣往還於洞外，又有隙地，皆灌朩疎篁，隱映前谷，此《舊志》云爾。今洞門狹僅數尺，下入丈許。石皆如瑪瑙，五色紋理，如旋雲飛霞。直下方池，深不盈尺，廣可二尺，長可三尺，池底白色，如累珠鏤玉，可愛。泉水則盈涸不常。又下十數步，有白石若瓠者三。又下數步，左偏上陟，則有石盆，其上流泉涓涓，下入盆內，可以盥。四周石乳，如垂瓔珞。復返右偏，直下十四五步，闊二丈許，其中有石，如積銅錢者。周圍平坦，容三十餘人。

宋·曾極《金陵百詠》 白鷺洲。《丹陽記》：「在江中心，南邊新林浦，西邊白鷺洲，上多白鷺，故名。」

元·虞應龍《大元一統志》卷八《江浙等處行中書省·邵武路·山川》 聖水巖，在泰寧縣西瑞溪十五里。巖中有三石乳下垂，其大四五圍。禱雨屢應，有祠宇。

元·虞應龍《大元一統志》卷八《江浙等處行中書省·延平路·山川》 聖水巖，在將樂縣西百里陽源之東。孤峯峻峭，甘泉飛瀉，禱之飲之，可以愈疾。亦名祥云巖。

明·史鑒《西村十記·記風篁嶺靈石山煙霞洞五》 洞約高二丈，中窅然深黑，不知所止。溜水下滴石上，歲久成波浪粼粼然。洞頂及兩壁皆鐘乳凝結，青白黃碧相間，其紋如雲氣，如雨腳，如蓮花、龍鳳，不可勝計。雖甚巧，莫能角其技焉。

明·史鑒《西村十記·記石屋洞虎跑泉玉岑山六通寺六》 洞在山麓前，臨平地約高三丈許，深如高而闊倍之，爽塏明徹，可容數十人坐。洞口奇石倒懸，危欲下墮，下突起一石向之，連比昵接，儼然若二故人附耳語也。洞底如螺殼新蛻，旋轉深入，愈下愈小，窺之甚黑，莫測其淺深。西南有小穴，上出漏光納明，遥望見青天，如紫雲中懸一碧玉盤耳。

明·田汝成《西湖遊覽志》卷七《南山勝蹟》 山頂石笋林立，蒼翠玲瓏，森若朝拱。

明·田汝成《西湖遊覽志》卷九《北山勝蹟》 棲霞洞，在妙智庵左。地多怪石，隱翳榛莽中，賈似道望而異之，命施畚臿，倏見奇邃，乃抉藏剔幽爲亭，曰暢、曰鑰俗。入其中，穹然如夏屋，雙石相倚爲閈閎。風從南來，谽谺而出，寒骨凄神，不可久竚，故暑遊最勝。石甃小臺，突然坎中，衡二石，下達於坻，仰視左竇，四五通明，大者圓徑丈許，有水，洞深不可測。頃者，惡僧以遊人之多，塞兑垢徑，僅餘丈尺耳。紫雲洞，在嶺巔，去妙智庵數百步許，倚空如懸，陰涼徹骨。

明·田汝成《西湖遊覽志》卷一〇《北山勝蹟》 青林洞，一名理公巖，廣扉深杳，寒栗侵肌，暑遊最快。

明·金幼孜《北征録》 二十二日早，發捷勝岡。行數十里，但見荒山野草。上曰：「四望無際，莫知其極，此真所謂大漠也。」

又 二十二日早，發淳化鎮，渡河，深及馬鞍。既渡以爲無水矣，而入一澤中，長六七里，草深，泥水相交，復渡兩河。

明·郎瑛《七修類稿》卷一《天地類·生平奇見》 又雲南臨安府。去城數十里，有洞曰顔洞。嘉靖中，蒙自縣丞顔宏所開也。其地兩山夾峙，水從洞入。洞口白石一柱，如玉垂水中，闇然莫測，人莫敢進。顔放舟然火而入。窮其至極，然後知洞有三層，迤邐盤旋而上，入深四十餘里，廣處可坐千人，高不知其幾何。洞水出阿彌州。下洞一龍，仰附於洞前，二足捧頭而下，鱗角眼爪纖悉具備。中洞獅象相峙於口，内則飛走之禽、器具之物，不可枚數。若白鷺、青魚、黄羅傘、紅卓圍種種，色相宛然。而鐘鼓二石，叩之聲切肖也。入深，觀音半身，面如傅粉，唇若點硃，頭總一髻，左有青石浄瓶，右有白石鸚鵡。盡，則石牀一張，上下四柱，菱花片壁，即人間之拔步耳。上洞一僧一道蹲踞相視，若漁樵問答之狀。極後，洞門坐一老翁，戴東坡巾，但少生氣耳。又普安進山四十里，有玲瓏石樹二株，一則緑幹紅花之桃，一則青幹白花之李，非若繪畫於壁者也。

明·李攀龍《滄溟先生集·送徐汝思郎中入蜀》 岷江東流何渺茫，仙舟西去指華陽。峽深當晝暗雷雨，白帝青天豁大荒。

明·李攀龍《滄溟先生集·南溪老樹行》 老樹横溪十畝陰，下有跳波三百頃。

明·李攀龍《滄溟先生集·夏日同元美子與子相天寧寺送别公實》 西域黄金地，南訛大火天。

明·李攀龍《滄溟先生集·送汪伯陽出守慶陽》 大漠清秋迷隴樹，黄河落日見秦城。

明·李攀龍《滄溟先生集·同子與登湖上臺》 大漠蒼蒼鴻鴈迴，中原極目思悠哉。

明·宋雷《西吴里語》 沈家避洞，在下山東麓。有二竅，深不可測，入者以鐙燭行一二里許即返。洞中有泉滴下懸崖繡壁，亦奇觀也。

明・王士性《廣志繹》卷一　至於海外五嶽，《靈山道經》志之，其云：「東，廣乘之嶽，在東海中，上有碧霞之闕，瓊樹之林，紫雀翠鸞，碧藕白橘；南，長離之嶽，在南海中，上有朱宮絳闕，赤室丹房，紫草紅芝，霞膏金醴；西，麗農之嶽，在西海中，上有白華之闕，三素之城，玉泉之宮，瑤林瑞獸；北，廣野之嶽，在北海弱水中，上有瓊樓寶閣，金液龍芝；中，崑崙之嶽，在八海間，上當天心，形如偃蓋，東曰樊桐，西曰元圃，南曰積石，北曰閬苑，上有瓊花之闕，光碧之堂，瑤池琴台，金井玉彭。所恨海嶽路殊，仙凡地隔，覓之則身不生翰，思之則口爲流涎。」

明・王士性《廣志繹》卷三　中州山皆土壠，不生草木，亦不結鉗，局氣行於地而不行於山也。惟崧、高土皮石骨，蒼翠相間，特出爲奇。其他，則西南邊境處間有青山，山脈亦自西南而來，下終南，歷商洛、武關；東則一支循伊、洛、龍門而行，去爲嵩山；南則一支出魯山，經泌陽、桐柏去爲荆山，直循淮、泗南行爲正幹。

又　長山、沙門諸島在登、萊外，大者延袤十餘里，小者二三里，皆有饒沃田以千萬計，猶閩、浙之金、堂諸山也。

又　膠萊河與海運相表裏，若從淮口起運至麻灣而逕度海倉口，則免開洋轉登、萊一千五六百里，其間田橫島、青島、黄島、元真島、竹島、宫家島、青雞島、劉公島、之罘島、八角島、長山島、沙門島、三山島，此皆礁石如戟，白浪滔天，其餘小島尚不可數計。

明・王士性《廣志繹》卷四　寧、台、温濱海皆有大島，其中都鄙或與城市半，或十之三，咸大姓聚居。

又　浙中惟台一郡連山，圍在海外，另一乾坤。其地東負海，西括蒼山高三十里，漸北則爲天姥、天台諸山，去四明入海，南則爲永嘉諸山，去雁蕩入海。舟楫不通，商賈不行，其地止農與漁，眼不習上國之奢華，故其俗猶樸茂近古。

又　瓊州，南海中一大島，中峙高山，周圍乃平壤。

又　瓊地本東西長南北縮，《志》稱：「東至海岸五百里，西至海岸四百里，不及千里而遥，其至海南崖州乃云一千四百里者，中隔黎山，由弓背上行也，周圍二千餘里。」沉速諸香皆出其內。沉乃千年枯木、土蜂穴之，釀蜜其中，不知年代，浸透木身，故重者見水而沉，不甚沉者，未偏也。

又　自靈川至平樂皆石山拔地而起，中乃玲瓏透露，宛轉游行。如棲霞一洞，余秉炬行五里餘，人物飛走，種種肖形，鐘乳上懸下滴，終古累綴，或成數丈，真天下之奇觀也。

明・王士性《廣志繹》卷五　林次崖謂欽州四洞原内屬，不知寧遠大于四洞多矣。地多海子，蓋天造地設以潤極高之地，亘古不淤不堙，猶人之首上脈絡也。水多伏流，或落坎，輒數十百丈飛瀑，流沫數十里。

又　貴州多洞壑，水皆穿山而過，則山之空洞可知。如清平十里雲溪洞，水從平越會百里來，又從地道潛復流，雲洞盡處，水聲湯湯如溪流，洞右偏，土人又累石爲堤，引支水出洞南，灌田甚廣。新添母珠洞，發衛六七里，陟降高崖即見流水入山椒穿洞過，出水處亦一洞，乃名毋珠，嘗有樵者至洞中，數石子隨一大石，似子逐母，夜有珠光，故名也。最奇者，普安碧雲洞爲一州之壑，州之水無涓滴不趨洞中者，乃洞底有地道，隔山而出，洞中有仙人田，高下可數十畦，石塍迴曲界限，儼如人間，豈神仙所嘗種玉禾者耶？其無水而曠如者，偏橋飛雲洞。由月潭寺左拾級而登，仰視層巖如蜂房燕窠，級窮，上小平臺，石欄圍繞，臺後，巖嵌入巉絶。巖上如居人，重簷覆出而石乳懸竇，怪詭萬狀，洞前立二石，突兀更奇。他如鎮遠淩圓洞、清平天然洞、安莊雙明洞與平壩喜客泉、安莊白水，或道左而未過，或興過之而未窮其勝，不能一一紀之。

又　養龍坑長官司有坑在兩山之間，停蓄淵深，似有蛟龍在其下。當春時，騰駒遊牝，夷人插柳於坑畔，取牝馬繫之，已而雲霧晦暝，類有物蜿蜒與馬接者，其生必龍駒。

明・袁宗道《白蘇齋類集・早發臨洺行沙河道中憶兩弟》　鞭梢漠北煙沙黑。

明・袁宗道《白蘇齋類集・上方山三》　蛇行食頃，凡四五升降，乃達洞門。入洞數丈，有一穴甚狹，若甕口。同遊雖至羸者，亦須頭腰貼地，乃得入穴。至此始篝火，一望無際，方縱脚行數十步，又忽閉塞。度此則堆瓊積玉，蕩搖心魂，不復似人間矣。有黄龍、白龍懸壁上，又有大龍池，龍盤踞池畔，爪牙露張。卧佛、石獅、石燭，皆逼真。石鐘鼓樓，層疊虛豁，宛然飛閣。僧取石左右擊撞，或類鐘聲，或類鼓聲。突然起立者，名曰須彌，燭之不見頂。

明・袁宗道《白蘇齋類集・錦石灘》　余家江上，江心湧出一洲，長可五七里，滿洲皆五色石子，或潔白如玉，或紅黄透明如瑪瑙。

明・袁宗道《西湖記述・煙霞石屋》　烟霞洞，亦古亦幽，涼沁入骨。乳汁涔涔下，石屋虛朗，如一片雲，欹側而立，又如軒榭，可布几筵。

明·袁中道《珂雪齋集·遊三洞記》 洞外少狹而中寬，其上石乳下滴，積千百年，反騰而上，以掛於頂。

明·徐霞客《徐霞客遊記·遊天台山日記》 洞深數丈，廣容數百人。洞外，左有兩巖，皆在半壁；右有石笋突聳，上齊石壁，相去一線，青松紫蕊，蓊蓯於上，恰與左巖相對，可稱奇絶。

明·徐霞客《徐霞客遊記·遊雁宕山日記》 穴内石色俱黄紫，獨罅口石紋一縷，青紺潤澤，頗有鱗爪之狀。自頂貫入洞底，垂下一端如鼻，鼻端孔可容指，水自内滴下注石盆。此嶂右第一奇也。

又 北瞰山坳壁立，内石笋森森，參差不一。

又 洞中石色皆赭黄，而此石獨白，石理惝礪成鱗甲，遂以「龍」神之。

明·徐霞客《徐霞客遊記·浙遊日記》 初闢爲朝真，中墜爲冰壺，最下及谷底爲雙龍，所謂三洞也。洞門俱西向，層累而下，各去里許，而山勢嶄絶，俯瞰仰視，各不相見，而洞中之水，實層注焉。中支既盡，南下之脈，復再起而爲白望山，東與楊家山駢列于北山之前，而爲鹿田門户者也。朝真洞門軒豁，内洞稍窪而下。秉燭深入，左有一隙如夾室，宛轉從之，夾窮而有水滴瀝，然隙底仍燥，不知水從何去也。出夾室，直窮洞底，則巨石高下，仰眺愈穹，俯瞰愈深。從石隙攀躋下墜，復得巨夾，忽有光一縷，自天而下。蓋洞頂高盤千丈，石隙一規，下逗天光，宛如半月，幽暗中得之，不啻明珠寶炬矣。既出内洞，其左復有兩洞：下洞所入無幾，上洞宛轉，亦如夾室，右有懸竅，下窺無底，想即内洞之深墜處也。出洞，仍從突石峯頭南下，里許，折而西北，又里許，得冰壺洞，蓋朝真下墜之次重矣。洞門仰如張吻，先投杖垂炬而下，滚滚不見其底；乃攀隙倚空入其咽喉，忽聞水聲轟轟，愈秉炬從之，則洞之中央，一瀑從空下墜，〔冰花玉屑，從黑暗處耀成潔采。〕水墜石中，復不知從何流去。復秉炬四窮，其深陷蹐於朝真，而屈曲不及也。出洞，直下里許，得雙龍洞。洞闢兩門，瑞峯曰：「此洞初止一門。其南向者，乃萬曆間水傾崖石而成者。」一南向，一西向，俱爲外洞。軒曠宏爽，如廣廈高穹，閶闔四啓，非復曲房夾室之觀。而石筋夭矯，石乳下垂，作種種奇形異狀，此「雙龍」之名所由起。

又 隘五六丈，輒穹然高廣，一石板平庋洞中，離地數尺，大數十丈，薄僅數寸。其左則石乳下垂，色潤形幻，若瓊柱寶幢，橫列洞中。其下分門剖隙，宛轉玲瓏。溯水再進，水竇愈伏，無可容入矣。竇側石畔一竅如注，孔大僅容指，水從中出，以口承之，甘冷殊異。約内洞之深廣，更甚於外洞也。要之，朝真以一隙天光爲奇，冰壺以萬斛珠璣爲異，而雙龍則外有二門，中懸重幄，水陸兼奇，幽明湊異者矣。

又 洞門西向。洞既高亢，上下平整，中有垂柱四五枚，分門列户，界爲内外兩重。〔瓊窗翠幄，處處皆是，亦敞亦奥，膚色俱勝。〕洞之北隅復通一奥，宛轉深入，以無炬而返。下渡洪橋，循澗而東，山石半削，髡爲危壁。其下石窟柴積，縱横塞路，即夜來無問津處也。渡石梁，水源洞即在其側。洞門南向，正跨澗上。洞口垂石繽紛，中有一柱，自下屬上，若擎之而起；〔其上嵌空紛綸，復闢一竇，幻作海蜃狀。〕洞内上下分二層。下層即水澗所從出，澗水已涸。

明·徐霞客《徐霞客遊記·江右遊日記》 東向者三洞，北向者一洞，惟東北一角山石完好，而東南洞盡處，與西北諸面，俱爲燒灰者。鐵削火淬，玲瓏之質，十去其七矣。東向第一洞，在穹崖下。洞左一突石障其側。由洞門入，穹然而高十數丈。後洞頂忽盤空而起，四圍俱削壁下垂，如懸帛萬丈，牽綃迴幄，從天而卜者。其上復噓竇嵌空，結蜃成閣，中有一竅，直透山頂，天光直落洞底，日影斜射上層，仰而望之，若有仙靈遊戲其上者，恨無十丈梯，淩空置身其間也。由此北入，左右俱有旋螺之室，透瓣之門，伏獸垂幢，不可枚舉。而正洞垂門五重，第三重有柱中擎，剖門爲二：正門在左，直透洞光；旁門在右，暗中由別竇入，至第四門之内而合。再入至第五門，約已半里，而洞門穹直，光猶遥射。至此路忽轉左，再入一門，黑暗一無所覩，但覺空洞之聲，比明處更宏遠耳。欲出索炬冉入，既還步，所覩比入時更顯，垂乳列柱，種種滿前，應接不暇，不自覺其足之不前也。洞之南不十步，又得一洞，亦直北而入，最後亦轉而左，即昏黑不可辨，較之第一洞，止具體而微，然洞中瑰異宏麗之狀，十不及一二也。既出，見洞之右壁，一隙岈然若門，側身而入，其門高五六尺，而闊僅尺五，上下二旁，方正如從繩挈矩，而檻桔之形，宛然斲削而成者。其内石色亦與外洞殊異，圓竇如月，側隙如圭，玲瓏曲折，止可蛇遊猿倒而入。有風蓬蓬然從圓竇出，而忽昏黑一無所見，乃蛇退而返。出洞而南，不十步，再得第三洞，則穹然兩門，一東向，一南向，名合掌洞。中亦穹然明朗。初直北入，既而轉右。轉處有石柱潔白如削玉，上垂而爲寶蓋，綃圍珠絡，形甚瑰異。從此東折，漸昏黑，兩旁壁亦漸狹，而其上甚高，亦以無火故，不能燭其上層，而下則狹者復漸低，不能容身而出。自是而南，淩空飛雲之石，俱受大斧烈焰之剥膚矣。

又　其中一岡横間，内外分兩重，外重有巨石分列門口如臺。當臺之中，兩石筍聳立而起。其左右列者，北崖有石柱矗立，大倍於笋，而色甚古穆。從石底高擎，上屬洞頂，旁有隙，可環柱轉。柱根湧起處有石環捧，若植之盤中者。其旁有支洞。曲而北再進，又有一大柱，下若蓮花，團疊成柱，上如寶幢，擎蓋屬頂，傍亦有隙可循轉。柱之左另環一竅，支洞益穹。

明·徐霞客《徐霞客遊記·楚遊日記》　洞稍寬，可以測身矯首，乃始以炬前向。其東西裂隙，俱無入處，直北有穴，低僅一尺，闊亦如之，然其下甚燥而平。乃先以炬入，後蛇伏以進，背磨腰貼，以身後聳，乃度此内洞之〔第〕一關。其内裂隙既高，東西亦横亘，然亦無入處。又度第二關，其隘與低與前一轍，進法亦如之。既入，内層亦横裂，其西南裂者不甚深。其東北裂者，上一石坳，忽又縱裂而起，上穹下狹，高不見頂，至此石幻異形，膚理頓换，片竅俱靈。其西北之峽，漸入漸束，内夾一縫，不能容炬。轉從東南之峽，仍下一坳，其底砂石平鋪，如澗底潔溜，第乾燥無水，不特免揭厲，且免沾污也。峽之東南盡處，亂石轟駕，若樓臺層疊，由其隙，皆可攀躋而上。其上石竇一縷，直透洞頂，光由隙中下射，若明星鈎月，可望而不可摘也。層石之下，澗底南通，覆石低壓，高僅尺許；此必前通洞外，澗所從入者。第不知昔何以湧流，今何以枯洞也，不可解矣。由層石下，北循澗底入，其隘甚低，與外二關相似。稍從其西，攀上一石隙，北轉而東，若度鞍歷嶠，兩壁石質石色，光瑩欲滴，垂柱倒蓮，紋若鏤雕，形欲飛舞。東下一級，復值澗底，已轉入隘關之内矣。於是闢成一衖，闊有二丈，高有丈五，覆石平如布幄，澗底坦若周行。北馳半里，下有一石，庋出如榻，楞邊匀整。其上則蓮花下垂，連絡成幃，結成寶蓋，四圍垂幔，大與榻並。中圓透盤空，上穹爲頂；其後西壁，玉柱圓竪，或大或小，不一其形，而色皆瑩白，紋皆刻鏤，此衖中第一奇也。又直北半里，洞分上下兩層，澗底由東北去，上洞由西北登。

又　及炬至，導者從左洞之後穿隙而入。連入石門數重，已轉在外洞之後，下層之上矣。乃北逾石限穿隘而入，即下石池中。其水澄澈不流，兩崖俱穹壁列柱，而石脚匯水不漏，池中水深三四尺。中有石埂中臥水底，水浮其上僅尺許，踐埂而行，褰裳可涉。十步之外，臥埂又横若限，限外池益大，水益深，水底白石龍一條，首頂横脊而尾拖池之中，鱗甲宛然挨崖側。又前兩三步，有圓石大如斗，萼插水中，不出水者亦尺許，是爲寶珠，緊傍龍側，真睡龍頷下物也。珠之旁，又有一圓石大倍于珠，而中凹如臼，面與水平，色與珠共，是爲珠盤。〔然與珠並列，未嘗盛珠也。〕由此而前，水深五六尺，無埂，不可涉矣。西望水洞，宏廣若五畝之池，四旁石崖巑岏參錯，而下不洩水，真異境也。其西北似有隙更深，恨無仙槎一葉航之耳。還從舊路出，經左洞下，至洞迴望窪洞外層，氤氳窈窕。乃令顧僕先隨導者下山覓酒，而獨下洞底，環洞四旁，轉出列柱之後。其洞果不深邃，而芝田蓮幄，瓊窩寶柱，上下層列，崆峒杳渺，即無内二洞之奇，亦自成一天也。

又　其洞西向，高而不廣，其内垂柱擎蓋，駢筍懸蓮，分門列户，頗幻而巧。三丈之内，即轉而北下，墜深墨黑，不可俯視，豈與下水洞通耶？洞内左壁，有宋人馬姓爲秦景光大書「讀書巖」三隸字。其下又有一洞，門張而中淺，又非出水者，水從讀書巖下石穴湧出，水與口平，第見急流湧溪，不見洞門也。

明·徐霞客《徐霞客遊記·粵西遊日記》　洞前下瞰城東，江水下繞，直漱其足。洞内石門轉透處，風從前洞扇入，至此愈覺涼颼逼人，土人稱爲風洞。石門北向，當東轉之上，有一石刻臥像横置竇間，迦風曲肱，偃石鼓腹，其容若笑，使人見之亦欲笑。因見其上有石板平庋，又有圓竇上透，若樓閣之層架，若窗楞之裂。急與靜聞擇道分趨，余從臥像上轉攀石脊，靜聞從觀音座左伏穿旁竅，俱會於層樓之上。其處東復開隙，遠引天光，西多垂乳，近穿地肺。

又　巖在穿雲東北崖之上，在上巖東隅，洞口亦東南向，外亦高朗，置老君像焉。其内乳柱倒垂，界爲兩重，〔若堂皇之後，屏列窗櫺，分内外室者。〕洞巖穿竇兩岐，俱不深，而玲瓏有餘。

又　洞門乳柱縱横，徑竇逆裂。北有一徑，高穹下墜，東轉昏黑，亦有門東出，闇不復下。

又　撥草尋磴，登一巖，高而倚山半，其門南向，〔疑〕即穿巖矣。而其内乳柱中懸，瓊楞層疊，殊有曲折之致。由其左深入，則漸窪而黑，水匯於中。知非穿巖，乃出。由其右復攀躋而上，則崇巖曠然，平透山腹，徑山十餘丈，高闊俱五六丈，上若捲橋，下如甬道，中無懸列之石，故一望通明。洞北崖右有鐫爲「空明」者，由其外攀崖東轉，又開一洞，北向，與穿巖並列，而後不中通，内分層竇。若以穿巖爲皇堂，則此爲奥室矣。

又　其巖之東，先有二洞南向，余先入最東者，則洞敞而不深。稍西，則洞門側裂，外垂列乳，中横一屏。屏後深峽下墜，屏東西俱有門可瞰而下。由峽中北入，其竅旁裂，漸隘而黑。乃復出。又西上入大洞，其洞南下北上。穹然高透，頗如程公巖。

又　其洞北向，裂峽上並山頂，內界兩層。始向南，入十餘丈，乃攀崖而上，其中穹窿而暗。稍轉而西，乃豎梯向北崖上躋。既登，遂北入峽中五丈餘，透出橫峽。其峽東西橫亘，上高俱不見頂。由東行四五丈，漸闢生光，有大石柱中懸。繞出柱西，其峽又南北豎裂：南入而臨洞底，即穹窿暗頂之上也；北出而臨洞門，即裂峽分層之巔也。洞門中列二柱，剖爲一門二窗，延影内射，正當圓柱。

又　洞門南向，三竇旁通；其内垂石，如蓮葉捲覆，下多透漏，列爲支門。其後少削，而下輒復平曠，轉而西入數丈，仍南透天光。

又　門有石龍，下垂三四丈，頭分兩岐，擊之鏗然。旁有一坐平庋，下臨重崖，上矚垂乳，懸龍在旁，可臥而擾也。

又　由正南者數丈輒窮；由東南者，乳竇初隘，漸入漸宏。〔瓊葩雲葉，繽紛上下。〕轉而東北，遂成穹峽，高不見頂，〔其垂突蹲裂，種種開勝。〕深入，忽峽復下墜淵黑，不可以丈數計。以炬火星散投之，熒熒直下，久而不得其底。其左削崖不能受趾，其右乳柱分楞，窗户歷歷，以火炬隔崖探之，内若行廊，玲瓏似可遠達，惟峽上難於橫度，而火炬有盡，恐深入難出，乃由舊道出洞前，録《來仙洞記》。

又　則上層之洞，東入不深，而返照逼之，不可嚮邇。惟洞北裂崖成竇，環柱通門，石質忽靈，乳然轉異；攀隙西透，崖轉南向，連開二楹，下跨重樓，上懸飛乳，内不深而宛轉有餘，上不屬而飛淩無礙。巖之以凭虛駕空爲奇者，陽朔珠明之外，此其最矣。

又　洞口平夷，坐百客不啻。少憩，酒三行，始秉炬以進，過若堂殿者三四。火所照耀，上下四方，皆滴乳流注，千奇萬怪，恫心駭目，不可正視。有如人立，如獸蹲，如蛟蛇結蟠，如波濤洶湧，又有如仙佛之端嚴，鬼神之獰惡，如柱，如劍，如棋局，如鐘鼓鈴鐸，考擊之有聲。布地皆小石，正圓如彈丸，此巖之所以得名也。

又　入洞，内甚寬敞，先爇炬由其後右畔入，則乳柱交絡，户竇環轉，不數丈而出。又從其後左畔入，則乳柱宏壯，門竇峻峽，數丈之後，愈轉愈廓，寶幢玉笋，左右森羅，升降曲折，杳不可窮，亦不可記。

又　上巖者，水月洞南倚山凭虛之竅也；石山自東北來，南引而下，支分隊聳，而一支中出者。西瞰平蕪，削崖懸竇，層級皆不甚深，而此層最下，亦最擴。環峯石皆青潤，獨裂巖處色變赭赤，然其質猶極靈幻，尋丈之間，層庋縷掛，竇穿蓋偃，無所不備，亦無所不奇。

又　岐中倒垂一乳，長數丈，其端空懸，水由端涓涓下。

又　西洞之内，倏夾倏開，倏穹而高盤，倏垂而下覆，頂平若幙，裂隙成紋；至石形之異，有疊蓮盤空，挺笋森立者，亦隨處點綴，不顓以乳柱見奇也。西洞既窮，道者復攜炬遊東洞。其内夾而不寬，高而無岐，石紋水湧，流石形如劈翅，而蓮柱乳笋，亦復不汎。

又　乃由洞上躋，踞其中扃，則東西對闢，兩門交透。其上垂石駢乳，凝結兩旁；其内西下東上，故東透之門，高出西門之頂，自外望之，不知中之貫徹，必入門而後見焉。兩門外俱削壁千丈，矗列雲表，而東門地勢既崇，上壁尤峭，下趾彌峻。

又　井外即門，巨石東西橫峙，高於洞内者五尺，若門之閾。由井東踐閾，踞門之中，内觀洞頂，垂龍舞蛟，神物出没，目眩精摇；外俯洞前，絶壁摶雲，重淵破壑，骨仙神聳。此閾内井外峽，下透水門，亦架空之梁，第勢極崇峻，無從對矚耳。閾東透石隘東北下，磴倚絶壁，壁石皆崆峒，木根穿隙緣竅；蹬斷處，亦橫木飛渡。下里半而爲百感村。

又　門乃東臨絶壁，中有纖筍尖峙於前，北有懸崖倒垂於外，極氤氲之致。其下聞水聲潺潺，則南江之水，北轉而抵其下入穴者也，然止聞聲，而不見形焉。其内西壁，亦有羣乳環爲小龕，下皆編竹架欄，亦昔人棲隱者。此洞小而巧，幽爽兼備，爲隱真妙境。

又　二十八日，陸公昆仲至，同游青獅巖。巖在楊渡東南，過渡四里，乃至其巖。東西直透，東門平，西門高。洞内下甚寬平，上兩層中空透頂。西門内可望，而高不可上，須由山北小竇攀崖而入，下臨西門之頂。又東入深奥，又北透重門，俱在絶壁之上。

又　韋龜洞，在城西十里韋龜村。西由汛塘踰佛子嶺而北，其路近；北由羅墟轉石山嘴而南，其路遠。其中羣峯環繞，内拓平疇，有小水自北而南，分流石穴而去。惟北面石山少開，亦有獨峯中峙若標。韋龜之山，自東南中懸，北向而對之，函蓋獨成，山水皆逆，真世外丹丘也。數十家倚山北麓，以造紙爲業，棲舍累累，或高或下，層嵌石隙，望之已飄然欲仙。其西即洞門，門亦北向。初入甚隘而黑，西南下數步，透出石隙，忽穹然高盤，劃然內朗。其四際甚拓，而頂有懸空之穴，天光倒映，正墜其中。北向躋石而上，乳柱前排，內環平臺，可布几席；南向拾級而下，碧黛中匯，源泉不竭，村人之取汲者，咸取給焉。平臺之前，右多森列之柱，幢蓋駢錯，紋理明瑩；左多層疊之塊，獅象交踞，形影磊落。其內左右又可深入焉。秉炬由右西向入，漸下漸岐，而南可半里，又開一竅而出。秉炬由左東向入，漸躋漸踰而北，可半里，又轉一竇而還。聞由右壑梯險而上，其入甚深；然覓導不得，惟能言之，不能前也。是巖外密中寬，上有通天之影，可以內照；下有逢源之竅，不待外求。一丸塞口，千古長春。〔三里雖巖谷絕盛，固當以是巖冠。〕

又　由井下墜，即得平峽，西行三丈，又懸峽下墜，復得平窪。其中峽竅盤錯，交互層疊，乳柱花萼，倒垂團簇，不啻千萬。隨行胡生金陵人，折得石乳數十條，俱長六七寸，中空如管，外白如晶，天成白玉搔頭也。又有白乳蓮花一簇，徑大三尺，細瓣攢合，倒垂洞底，其根平貼上石，但懸一線，而實黏連處，蒂僅如拳，剜而下之甚易。

又　深入亦盤錯交互，多乳柱攢叢〔細若駢枝，團聚每千百枝〕與下層競遠。〔惟後營東洞，乳柱多而大，悉作垂龍舞虬狀，比列皆數十丈云。〕從東北者，不五丈，有北嵌之竅兩重，皆不甚深。東向攀崖而上，漸進漸曲，其盤錯亦如西洞，而深奧少殺之。

又　由南麓上躋，有兩門並列，暗洞在東，明巖在西，二門俱南向。先入明巖，中高敞平豁，後一石蕊中懸。穿蕊而入，轉門而西，又開一門，西向，亦明豁高爽，下臨絕壁。其內與南門轉接處，石柱或聳而爲臺，或垂而成龕，攢合透映，真神仙窟宅，雕鏤所不能就者也。仍出南門從其東北向，傴僂入暗洞。少下，洞遂穹然，篝火北入數丈，則玉乳倒垂，駢聳夭矯繽紛。由其腋透隙而入，少東轉，垂柱益多。平底中有堆石一方，土人號爲「棺材石」，以形似也。更入，復從洞柱隙東向上躋轉北，入其內層，上下平拓，乳柱四圍，又成一境。從此西北穿隘而下，其入甚遥，聞深處有溪成潭，下跨石爲梁，上則空透影。

又　東洞則橫拓空闊，其上水淙淙下滴，下似有潦停焉。坑之南，崖平覆如棧，惟北則自上直插坑底。坑之裂竅，南北闊二丈，東西長三丈，洞頂有懸柱倒蓮，恰下貫坑中，色潔白瑩映，更異衆乳。

又　門之中，石柱玲瓏綴疊，前浮爲臺，其東闢洞空朗，多外透之竇。

又　盧僧洞在龍隱北洞之旁，去北數十步即是。其門亦西向而甚隘，今有葬穴於中者，可笑也。既入，中闢一室，從東北攀隙上，又得一小室，其東北奧上懸垂蓋，下聳圓笋，若人之首，即指以爲盧僧者也。

又　穿隙而入，其內石柱更多。北入數丈，過一隘，又數丈，石壁忽湧起，如蓮下垂，而下無旁竇可入。

又　其西有巖北向，前有大石屏門而峙。洞深五丈，中高外閟，後壁如蓮花，葉蕊層層相疊，而綴隙扁狹，可窺而不可入焉。

明·徐霞客《徐霞客遊記·黔遊日記》　洞門東向，前有壘石爲垣，後亦中窪而下，然不甚深。其上懸崖雖高，中扃之玲瓏，乳柱之夭矯，反不若下洞也。

又　洞頂甚平，間有乳柱下垂，若帷帶飄揺。其內分爲三層：外層即洞門之前，曠若堂皇，中有圓石，如堆旋而成者。四、五丈之內，即陷空而下。其下亦平整圓拓，深約丈五，而大倍之。從其上下瞰，亦頗光明，蓋洞門之光，既從上倒下，而其底北裂成隙，亦透明於外，似可挨入而未及也。是爲下層。下層之東，其上復深入成洞，與外層對，第爲下陷所隔，不能竟達。由外層南壁攀崖而上，東透入腋，列柱如門，頗覺幽暗，而玲瓏嵌空，詭態百出。披竅北下，遂達中層，則外層之光，仍中射而入。其內千柱繽紛，萬竅靈幻，左入甚深，而窈窕莫窮，前臨下層，如在樓閣，亦貴竹中所僅見者。

又　洞前一巨石界立門中，門分爲二，路由東下，水由西入。入洞之中，則擴然無間，水循洞西，路循洞東，分道同趨。南向十餘丈，漸昏黑矣，忽轉而東，水循洞北，路循洞南，其東遂穹然大闢，遥望其內，光影陸離，波響騰沸，而行處猶闇闇也。蓋其洞可入處，已分三層：其外入之門爲一層，則明而較低；其內闢之奧爲一層，則明而彌峻；當內外轉接處，爲一層，則暗而中坼，稍束如門，高穹如橋，聳豁不如內層，低垂不如外層，而獨界其中，內外迴眺，雙明炯然。然從暗中仰矚其頂，又有一圓穴上透，其上亦光明開闢，若樓閣中函，恨無由騰空而上也。東行暗中者五六丈而出，則堂户宏崇，若阿房、未央，四圍既拓，而峻發彌甚；水從東南隅下搗奧穴而去，光從西北隅上透空明而入；其內突水之石，皆如踞獅泛鳧，附壁之崖，俱作垂旂矗柱。蓋內奧之四隅，西南爲轉入之橋門，西北爲上透之明穴，東南爲入水之深竅，而獨東北迴環迴邃，深處亦有穴高懸，其前有胷窟下墜，黑暗莫窺其底，其上有側石環之，若井欄然，豈造物者恐人暗中失足耶？由窟左循崖而南，有一石脊，自洞頂附壁直垂而下，痕隆起壁間者僅五六寸，而鱗甲宛然，或巨或細，是爲懸龍脊，儼有神物浮動之勢。

明·徐霞客《徐霞客遊記·滇遊日記》 蓋蘭宗所結廬之東，有石崖傍峽而起，高數十丈，其下嵌壁而入，水自崖外飛懸，垂空灑壁，歷亂縱橫，皆如明珠貫索。

又 洞門穹然，如半月上覆，上多倒垂之乳。中不甚深，五丈之內，後壁環擁，下裂小門。

又 石乳自洞簷下垂於外，長條短縷，繽紛飄颺，或中透而空明，或交垂而反捲，其狀甚異。

明·鄺露《赤雅·水月洞》卷中 水月，東距勾漏三十里，骨脈嵚崎，至水月則石體逾瘦，峰岐逾峭。西北清澗，縈洄曲折，跨野橋渡澗入洞，虛明顯爽，可坐數百人。乳溜凝懸，清湍互激，若海若獻，琛明珠巨貝，錯出於驚濤怒浪中。右折秉炬入洞，水石益怪，削爲芙蓉，伸爲仙掌，渦爲盤，立爲柱。爰有神鉦，懸如滿月，擊其兩面，作雌雄聲。石坎通澗，以火燭之，羣魚皆舞。攀巖鑿空，出西南左折，一峰峭豎，洞在其腹，是名天馬。馬蹄蹋石入寸許，不計其數。天馬西行，度兩峰，抵鈞天洞。洞出山半，石廉利，不堪正步。手援足徙，至一小潭。越潭至洞，洞枕潭水，有石如頹雲垂垂下，叩之若考鐘。又有懸磬，戛之如哀玉。洞下有洞，叩之，鞺鞳有聲。復陟上洞，軒豁敞朗，天光入焉。其廣可列數筵，令人下洞伐鼓鐘，聲滿天地，仙仙乎如坐九霄聆鈞天之奏。

明·李翊《續吴郡志》卷上《林屋洞》 《道書》云：「十大洞天之第九洞，一名左神幽墟之天洞。有三門同會一穴，内有名門爲隔凡，一名雨洞，一名暘谷。向東東有丙洞，中有石室、銀房、石鐘、石鼓、金庭玉柱，又有白芝隱泉、金沙、龍盆、魚乳泉。」

清·張縉彦《寧古塔山水記》 西則野潦千頃，漂没民舍無算，居民乘桴出入，甚苦之。

清·顧炎武《肇域志·陝西·鞏昌府·階州》 花石峽，在州北一里。其石青質黑文，作松柏、人物、木石、溪橋之狀，可爲屏。

又 又三十里有蛇倒退崖，最爲險阨。

又 又東二百里有仙人峽。其勢險惡，易據難攻，姦人之資也。其北一百八十里爲望賊關，東路咽喉，宜設防守。

清·顧炎武《肇域志·陝西·漢中府·寧羌州》 龍洞，在州東北百里。自高而下丈許。洞門三十重，每門有二石柱爲之障限。内有石牀，人曰龍牀。下有水不竭，凡遇旱進洞取水，水至境内，即大雨。又西一百五十里，中崖一洞，亦曰龍洞。有天生石橋，如龍門狀。内有石像，旁有仙桃，顆色特異，味美亦甘。

又 嘉雨洞，在州南七十里西流河崖畔。秋冬水涸則魚藏，春夏水漲則魚出，味美似鰣。

清·宋琬《安雅堂全集·黄茅灘》 羣山夾江流，其形如橐槖。緬想太古前，神工勞斧削。直下塞坤維，高空插冥漠。崩浪屢洄漩，層巒疊參錯。罨畫象樓臺，岩嶢類城郭。翠舍青黛光，白者爲粉堊。

清·宋琬《安雅堂全集·黄牛峽瀑布》 瀑布傳何處？匡廬五老峰。今來三峽内，飛灑萬芙蓉。素練翻銀壁，青天掛白龍。欲扶藜杖去，十里雨濛濛。

清·宋琬《安雅堂全集·跳石灘》 神女峰前江水平，危灘忽報客心驚。舟從豺虎鬚邊過，人踏黿鼉背上行。鳥道孤懸惟一髮，猿啼恨少第三聲。高唐雲雨空回首，霞氣霏微似赤城。

清·宋琬《安雅堂全集·瞿唐峽》 江入瞿唐窄，乾坤此户樞。高雲天一握，斷壁闕只雙孤。鳥避黄龕去，猿依黑樹呼。艱危思歷覽，幽興不能無。

清·高士奇《扈從東巡日録》 戊戌，駐蹕盧龍縣范家莊北。地皆沙磧，微風驟起，則驚塵撲面。

清·劉獻廷《廣陽雜記》卷一 方日生曰：「新城有洞山，長六七里。火而行，或廣或狹，不一其處。偶一咳唾，響應若雷，六七聲乃止。」

清·劉獻廷《廣陽雜記》卷二 南岳水簾洞，即所謂朱陵洞，有石刻「朱陵大虚」四字，爲《道書》第三洞天。山上有泉，至洞門如垂簾狀。洞口有石，方正，可坐可眠，在水中，上刻「冲退醉石」四大字。九仙云：此洞與羅浮相通。彭禹峰云：字鐫瀑水石上，爲水所激濺，不知若干年矣。字形模楷，固無恙也。

又 余案蔡九峰言：岷山之支爲衡岳，盡于洞庭之西，綿亘八百里。山列七十二峰、十洞、十五巖、三十八泉、二十五溪、九潭、九井。

又 衡山有觀音洞。洞上有石橋，陵空架石，自下望之，非復人間境界。橋畔蒼松倒垂，云昔已枯死，今其半復活焉，羅念菴所手植也。

清·劉獻廷《廣陽雜記》卷四 符五言：「荆西有蝦蟆洞水坑石，黑色；貴州飯甑山有金星石，皆硯材之良者。」金星石，予家有之，未知出飯甑山否，若蝦蟆洞則從未之聞也。

清・陳鼎《黔游記》 大風洞，即《道書》所謂時蒼洞天也，又名雲溪洞。後門在楊老，西與平越接壤，蓋深二三十里矣。中有蒼龍、白虎，石鐘可扣，石鼓可撾。入里許，則涼風颼颼竦人肌骨，雖六月，須披裘以游。至半有天穴如斗，斜逗日光，照見一切。洞外有亭，殊可憑眺。

又 古福洞，深四十餘里。中有大溪，水聲如雷。昔有持炬入游者，見蒼龍偃息溪中，鼾聲如雷吼，懼而返。余入游時當冬月，水涸，溪水僅尺，遂褰裳以渡。其中景物真天造地設。浮圖高十六級，每級三丈餘，皆玲瓏，有階可登，每級俱有瞿曇像、香爐、炬臺，皆天生成者。石鐘、石鼓，擊之，聲聞洞外，萬山俱響，百谷皆鳴，數十里都震動，苗人盡驚詫奔視。

又 觀音洞，深五百餘里。從洞中行，秉七日炬，可達都勻境。從來少人窮其穴者。明有直指方君曾盡游焉。余有好奇之癖，因具十日炬，裹一旬糧而入。初數里甚宏敞，愈入愈窄，止可容一身，若是者十餘里。及后愈窄，側身以行者三里。三里之外，則可馳五馬駕高軒矣。中有樓臺殿閣、人物花鳥之景，皆碧乳融成者也。

又 龍洞，去貴州省城五里，淺窄不可游。省城之水皆流入陸廣河下烏江者也。省以西，山川迴異，皆個個自生，不相聯絡，無復瞻顧依迴之狀，或如鐘鏞特豎，或如槍槊矗天，或如峰墩孤立，俱平地突起繞道而生。遠山則連亘插天，童然不毛。田皆石底，上惟尺土，五日不雨則苗枯槁。

清・吳振臣《甯古塔紀略》 夏則有哈湯之險，數百里俱是泥淖，其深不測。邊人呼水在草中如淖者曰「紅銹水」。人依草墩而行，略一轉側，人馬俱陷。

清・愛必達《黔南識略》卷二《貴定縣》 牟珠洞在城西二十里大道旁，俗名母豬洞，明庶子邱禾實易名「馮虛」，其後洞曰雷鳴，後鎮遠知府陳奕漣復易今名。洞口石筍一株，大可數圍，矗立十餘丈。秉燭深入則石乳結撰，嵌空玲瓏，雲譎波詭，莫可名狀。內有羅漢大士石像，妙麗莊嚴。石鐘鼓叩之有聲，石紋皆作梅花瓣，皎瑩如玉。他人物鳥獸之形，不可殫記。

清・愛必達《黔南識略》卷三《開州》 仙人洞在城南三十里。山其高峻，洞居山半，石液凝成人物各像。

清・愛必達《黔南識略》卷五《鎮寧州》 雙明洞在城南四里，一名紫雲洞，又曰太極洞。洞口東西相通，長十餘丈。舊路由洞之左，旁有潭，潭之上別穿一洞，橫石如橋，潭水出其下，雖晴時亦起細漚如疏雨，循橋而進，始知滴瀝者皆石乳也。中有大士羅漢像。今大路改由洞右，而游屐亦稀矣。巢雲洞在城北三里，石臺寬廣，有水繞其下。

清・愛必達《黔南識略》卷一《荔波縣》 白崖洞在城東七里，石壁峭立，皆白色。仙人洞在城西北二十里，內有石乳，凝成人物諸象。

清・吳震方《嶺南雜記》卷上 英德觀音巖，即碧落洞。層累而上，洞口俯江，有石乳如垂蓋，旁有小洞，號「雲華」，深不可測。

清・林佶《全遼備考》卷上《混同江》 自船廠至墨兒根，設二十站。由席百部中行皆沙漠，無山水。

清・謝聖綸《滇黔志略》 花魚洞，在彌渡南六十里。澗口甚隘，兩山壁削，仰窺天際僅一線。側行十里許，澗水窪而為潭。潭有花魚，深不可測。潭左右皆洞，洞寄崖腰，手捫石稜，路不容趾。至則豁開軒敞，如堂如室，泉乳倒掛，怪石層蹲，玲瓏瑰特，洵異觀也。

又 華藏洞，在賓川州北石洞村。洞門宏敞，高九丈三尺，闊五十六步。石乳飛懸，倒薤流珠，貫引凝結，千百異狀。進五十餘步，洞右別有一小洞，高二丈餘，廣九尺，深六丈。中具石柱、石磴、石黿、石螺，及崖穴突凹，雲奔霰落之形。過小洞數十步，則石髓滴注凝結，冰雪嶙峋，為筍，為柱，為劍盾矛戟，或聳為塔，高一二丈、大八九圍，或結為珠，或蟠為菌，森列錯雜，已極奇變。更進，路漸昏闇。秉炬縱觀，石狀愈奇。凝結其上者，為幢，為幡，為纓絡，為旗幟，為車馬蓋，為流蘇寶結，或迴旋縈委，如波翻濤卷，雷舞虹飛。其羅列於下者，或直而豎，或斜而曲，高下巨細，纏絡牽引，有人而踞者，仙而飛行者，佛而跏趺者，有牛而飲者，犬羊而眠者，又或蹲如獅，怒如猊，搏如虎豹，盤曲如蛇龍，飛舞如鸞鷟，其寬者如庭、如堂、如廊、如臺，小者如几、如屏、如臼、如車、如舟、如廪囷。再入半里，洞左有石，從頂倒垂而下，擊之噌吰遠震。又傍石突高，狀類鼓，擊之逢逢，聲震一洞。下有石田畝，澮、溝、塍、畢具，若可菑畲。其他小洞，潛通別穴，曲透玲瓏，不可窮紀。

又 崆峒奥洞，亦在賓川州北。【略】前橫溪水，北注數武，則大石跨於其上，奔流伏之。石高可十丈，廣可十畝。洞其腹以分三層，如重樓復閣，緇流托焉。其背則細竅玲瓏，若蜂房，若螺殼；旋之而下即水，水中有洞，奇樹古藤，如龍蛇掛壁。洞中有天然石觀音像，不假人工。

又　由平夷城入境五里，有清溪洞。洞口廣延數丈，再上有臺，石乳下滴成柱。再入則燃炬而行，石床、石几備焉。再入里許，旁有石縫，僅容一人盤屈而昇，天然有堂奧門户。土人言尚有十餘里，通紫泉洞，然幽秘杳冥，不可入矣。及出，見旁又有一洞，上有石鐘鼓形。宇宙靈奇，無所不有。高山大川之間，若此洞者，又烏可勝紀哉！

又　五色陸離掩映，陵谷可稱奇觀。青玄洞在鶴慶府治北，兩壁皆莓台，彩錯如錦上垂，石乳懸綴奇秀，郡人每歲六月二十六日土人執火入洞以游。

又　瀉玉洞，在會城北四十里。有山綿亘而下，峯圍水拱，中有石阜雄峙，豁開一洞。中石有如人立者、獸蹲者、笋出者、花綻者、石牀丹竈等，扣之有聲戛然。石竅清泉外噴，幾於匡廬瀑布。

又　白龍洞，在貴陽城西北十五里。崖石玲瓏，備極靈異。入數十丈，漸幽闇，非秉燭不得前。中有潭水，駕竹而度。石笋數莖，扣之鏗然若鐘聲。

又　留雲洞，在龍里縣城南里許。洞中懸二石乳，扣之如鐘鼓聲。左有一石臺，雲龍變幻。明巡撫郭子章題曰「雕雲」。《黔記》稱此洞「有雲溪之朗，而奇石怪壁非雲溪所有。有天然之巧，而高明洞矚非天然可侔」。雲溪、天然，清平縣二洞名也。

又　聖綸按：馮虚洞，俗名母猪洞，本朝鎮遠知府陳受漣復易名牟珠。邱氏所記，乃洞門之景耳。余曾秉炬游洞中，中或寬或仄，屈曲。石皆色白，洞石倒垂，或如肺肝，或如磬鐘。洞内平處有埂，横斜如田畝，深入則水聲澎湃。蓋山後溪澗繞穿洞腹，約長數里。出於洞門之左，亦高廣如洞，其聲響震山谷，俗呼爲雷鳴洞。

又　仙人洞，在開州城南三十里。一山摩霄隱日，洞居山之半。其中石液凝成鳥獸狀，洞南群石儼若列仙，坐者、立者、跪及拜者，各具生態。左有聯珠塘，水清可鑒毛髮。右有天生橋，横卧碧澗上。

又　觀音洞，在城西北三十里。從關嶺北行，歷落數峯，青翠欲滴。洞中軒闌若城垣，危磴叠梯而上，數十武有石平廣，可羅拜祀大士。於巔折而右，儼若長廊大廈，懸幔流蘇，靡不畢具。有白石若龜龍，鱗甲生動，乃積溜所成，昔人勒字曰「神龜玉」。

又　永寧州雙明洞，在城西五里。抵洞，蒼然兩山夾道，下有寒泉注爲澄潭，怡然我懷。從者曰：「未也。」白石壁立半折，巖側下有通徑甃竇，圓如滿月，奇哉洞也！從者曰：「未也。」緣門以入，小徑夾崖，前峯屼嵂，蒼碧潭流穿石，折而西回。又一方渚，磷磷有聲，雲氣覆面。静觀山色，山影沉澄如鏡，東西風日相射，南北繚繞，石盤如蓋，衍土一區，可坐可憩。往百步餘而輿入，風泉雲壑之外矣。顧崖間，石笋數尺，形類莊點佛座，虚可容背，傍婉曲侍童環立者可數人，俯皆平石。樾欣然，據笋而坐其巔。州守莫子起以請曰：「未也。渡此則雙明洞矣。」怳然。光敞堂壁，四周洞開一面，以吐日月，上圓下方，奇偉一室，環壁靈異，莫窮變態。

又　慈雲洞，在縣城東北二十五里。内有天生石大石像。洞前石笋高數十丈，一水繞前，左右怪石林立。每雲封洞門，則澍雨立至。明知縣韓任甫因題曰「慈雲洞」。

又　老君洞，在清平縣城東十五里黄茅山下。洞高十餘丈，闊如之。中懸一石，空其中而出乳洞。左循級而上，有石室，内有石牀。又左通一逕，有天生橋，長十餘丈，橋下有泉。秉炬至此，豁然天開。列坐橋上，洞中靈異一一可見。

又　天然洞，在清平城北十五里，一名小空洞。宏敞幽深，石乳倒垂，如蓮花萬朵。明嘉靖間，總兵石邦憲開其左爲太極洞。

又　龍洞，在麻哈州城東二里。有内外三洞，中界碧潭，有石如牀、如碁局。游者若過碧潭以探内洞則風起，火炬皆滅，無能進者。世傳有龍蟄在内。

又　華嚴洞，在府城西三十里大路旁。洞口宏敞，石乳凝結，有石大士像，左右石羅漢。内漸狹而黑，更入丈餘，復得空曠，日光不燭，爲水所限，不能窮。

又　蓮花洞，在平遠城東北三里。洞顶石形似蓮花，水从中滴。水下有池，池中石笋宛若人形。

又　由鎮寧州之安莊衛，西南行五里，有觀音洞，中安大士。洞中又有洞。石乳溜滴成柱，大數圍，擊之，一爲鐘聲，一爲鼓聲。從右直上，又有雙明洞。旁又有一洞，極小而黑，極境界之奇矣。十五里，至白水鋪。行未里許，見瀑布如簾，倒瀉石壁，群峯直上，高入雲表。五里，白虹橋，橋上瀑布更飄三四，折入溪，疾度橋下西去。過橋逐溪行，忽聞有轟雷聲不息，輿人云：此望水亭泉聲也。又五里，上望水亭，龍湫直下，白練千條，噴珠卷雪，注入百尺緑潭。雖天朗氣清，而激水噴濺，如行大霧中。數里以前所聞雷鳴者，蓋在此。里人云：潭内有水犀，風清月皎之時，往往出見。其龍湫掛處，内有水簾洞，甚深突，不可窮，土人多入此洞避兵。

清・趙翼《簷曝雜記・粵西灘峽》　粵西灘與峽皆極險。府江之昭平峽，横州之大灘，右江之努灘、鷄翼灘，左江之歸德峽、果化峽，余皆身經其地，而昭平峽最險。【略】横州大灘長三十里，舟行石縫中，稍不戒輒齏粉，亦奇險也。自黔江下至常德府，有清浪灘，略與横州灘相等。兩處俱有馬伏波廟。而黔中之頭灘、二灘、三灘，共三灘，路雖短而險更甚。

清・趙翼《簷曝雜記・響水塘瀑布》　天下瀑布皆洶湧下注而已。滇中廣南府有地名響水塘者，其瀑乃自下而上，躍出半空。初在三里外，即聞轟雷聲。漸近里許，則對面語不相聞。望見白雨濺空，皆噴而上，高十餘丈，碎點飛灑，濛濛成一片煙霧，闊可十畝。真天下奇觀也。噴而復落，流爲澗。驛路在澗之右，少焉循路而上，則與瀑頂相並，乃知其上又有大山，大山諸水匯於此，跌而下，正值大石如盤陀者，觸而激射，是以濺入空際，非真有逆流之瀑也。

清・張鵬翮《奉使俄羅斯行程路》　二十九日行平沙中，一望無際，寸草不生，馬前惟見沙堆纍纍，此古人所謂大漠也。出此三十里，忽有青草百畝，肥脆茂盛，停驂牧馬，殆有神助。過此復平沙六十里，駐阿爾七金他納，竟日無水，始此乾澗有蘆葦，勉強牧馬，下濕處掘地三尺餘，得水有土氣。

又　初二日【略】(克勒孫)是日，路有流沙二十餘里，陷沙一處。

又　二十八日，未刻冒暑行三十里，次荒沙，有草無水。

又　初三日【略】(至喜)其地沙磧漸少，而草生茂密，與中原漸近。

又　中有彈琴峽，兩山相疊，一洞對流。【略】丹崖壁立如玉筍，疊嶂若翠屏，又忽玲瓏倚伏，莫可名狀。

又　初七日【略】又八里出張家口，兩山對峙，石壁崎峭如削，中設一關，環山爲城。

又　十九日【略】(九原)郡北一舍有環遶之山，名曰祁連，中有捷徑故道甸城山谷。比之銀甕迢遥，漁陽險阻，近增一倍，抵天平七十餘里。

又　其山最高，雲霧蔽之，蒙古言此山長三百餘里，九高峯自古至今，未有見氷消者，終日雲霧常雨雪。一月之中，得晴三四日而已。

清・錢良擇《出塞紀略》　六月朔日。【略】入噶爾噶境，其岡巒形勝，與蒙古界中無甚大異，惟沙深倍常，非内地之比。

又　初二日。【略】行不數里，黄沙蓋地，其深過尺，山巔平地，厚薄畧同，馬蹄踐之，簌簌有聲，深處幾不可拔。【略】窪處軟沙尤厚，其色較白，足不可竚。有羣馬誤入其中，陷蹄没腹，強起復陷，人行其中，移步稍緩，亦即陷入。【略】沙中絶無水泉，而間有青草，馬稍得食，如是約三十里，沙乃盡。

又　初二日。【略】(波落呼祭兒)沙色黑白紅黃，錯雜不一，往往隨掘隨塌，蓋有沙無土，塞外無地不然也。

又　初四日。【略】行共九十餘里，所過惟荒岡沙磧而已，沙深處，須輕移疾走，方免蹶陷。

清・祁韻士《西陲竹枝詞・戈壁》　目斷龍堆寸草枯，尋常鴉鵲鳥還無。横空隔絶幾千里，不信運西有奥區。

又　十六日。【略】(烏奴蘇泰)薄暮登山四望，惟見荒岡高下，焦枯一色，目力所窮，黄沙之外無餘物。

清・洪頤煊《臨海記》卷一　黄石山泄水九層，沿崖注落如白練，東南玉峴路口有鐘乳穴，多水，有伏翼，大如鵝卵。

清・張澍《續黔書・游牟珠洞記》　牟珠洞，在貴定縣西十餘里。洞内有羅漢、大士石像，皆天生自然，妙麗莊嚴。石筍一株竦削鮮潤，青如瑶篸。余壬戌至黔，往來且蘭，數過其處。乃呼道士燃炬深入，則見石乳結撰，嵌空玲瓏，閶閭庨豁，天開別境，云譎波詭，莫可名狀。

清・李宗昉《黔記》卷二　牟珠洞在貴定縣西十五里大道旁。洞口爲石門，上有古松一株。門内有觀音蓮座，石乳所凝也。其上一圓洞透天光。再入，則必攜炬火，有石鐘、石鼓，亦鐘乳垂結，輪囷如象鼻，擊之其聲類金革也。又有羅漢像在巖下，如僧寺所塑尊者。其他石佛、石魚因形而命名者，不可悉記。

清・蔣攸銛《黔軺紀行集・華巖洞》　十七日，行三十里，瀾橋塘。又十里未至東坡塘，經飛雲巖。石筍嶙峋，嵌空削立，軒舉若華蓋，又如萬片碧雲垂天而下，窮極變態。巖半立大士像，縹緲欲仙；巖左流泉淙淙作佩玉聲。洞即在巖下，前有三石峰。近巖一峰，小亭臨其上，爲「聖果亭」；其下爲「雲霞瀑」，四時奔流不竭。又南左一峰，上有亭名「滴翠巖」。

清・姜宸英《海防總論》　夫乍浦灘塗淺闊，無所避風。

清・佚名《南河成案》卷三《雍正十二年・奏增葦營柴束章程》　康熙五十九年於蕩地淤墊，不産葦柴等事。

又　今年海灘一帶雨水調和，蕩地所産葦柴豐茂。

清・佚名《南河成案》卷二《雍正十三年・請定葦蕩地界清查淤墊曠工招懇

陞科並加增正柴招募兵夫部議》 現今葦蕩左營界外海州境內罘山地方沿海一帶長有嫩灘，約二千餘頃。

清・佚名《南河成案》卷五《題估清初次建設木龍部議（十二月十二日）》 至秋汛後，水落灘。現察看情形，其灘形狀較前低下五六尺，恐水長易漫。

清・佚名《南河成案》卷七《酌核上下兩江水利應修應停分别緩急次第辦理部議》 上下兩江衆水滙聚，地勢低窪。每遇伏秋，汛漲一時，宣洩不及。

清・佚名《南河成案》卷二六《奏清口四架木龍移建六架之下紮竣後已有成效情形（六月二十八日高吴奏）》 黄水直逼北岸陶莊積土之下，將北岸舊灘刷去長三十丈，上寬八丈，下寬十二丈。南岸新木龍上下新長淤灘長六十四丈，寬十一二丈，龍身之下沙淤一丈二尺，極爲穩固。現在清水直抵惠濟祠，迤下方與黄水交匯，已成清黄並流之勢。

清・佚名《南河成案》卷二八《奏覆清水縣今暢出黄水已不倒灌並仍在疏治情形（九月初一日高吴奏）》 本年見有新嫩灘一百餘丈。

清・佚名《南河成案》卷二八《勘估清口木龍第六架下添建緣由（十月十一日高吴奏）》 自六龍尾起至清水邊新嫩灘止計長一百五十丈，又自新淤灘嘴起至清口西壩止計長二百九十丈。

清・佚名《南河成案》卷二九《查勘海口沙淤是在情形覆奏（四月十八日薩奏）》 自南岸新淤尖至北岸四泓灘邊横量寬二百六十丈，水深四五尺。又于南尖頭至北尖頭横量寬一千六百餘丈，水深三四五尺。【略】雍正年間至今，兩岸又接生淤灘，長四十餘里。南岸遂有新淤尖。尖頭洋之名北岸有二泓、三泓、四泓之名。復查四泓業經淤墊，二泓現寬二十餘丈。潮退時，口門水深二三尺。三泓現寬四十餘丈，潮退時，口門水深二三四尺。

清・佚名《南河成案》卷二九《奏呈淮黄圖説（六月十八日高薩奏）》 黄河自建設木龍以來，挑溜東行，淤出灘面寬自一百四五十丈至三百三四十丈不等。

清・佚名《南河成案》卷三一《奏覆彭家馬頭嫩淤不能取原由及現在籌辦情形（四月十九日高奏）》 至彭家馬頭一帶嫩淤雖與新河清口無礙，但清黄交匯之處，河身兩旁俱有新淤，舟行實多阻滯，而目下清水勢又不壯，不能即資其沖刷。

清・佚名《南河成案》卷三一《清口西岸加築束水壩工（六月二十七日高薩奏）》 清弱黄强以致高家馬頭一帶黄水蕩漾停淤，清水力不能抵黄，又兼東風日多，未能沖刷深通。

清・佚名《南河成案》卷三三《道勘籌挑九里岡新河並接挑河頭淤灘及邳睢地下場合露出灘嘴分别挑切抽各溝緣由（七月十五日薩李奏）》 今引河照舊深通，惟河頭迆上露出淤灘一段，長有四百八十餘丈，水落灘露，中間河槽甚窄。

清・李侗、邵承照《五峰山志》卷上五 隱仙洞、棲真洞、崇元洞，三洞皆在三元殿之西，明周雲清剏修，或統名之曰朝陽洞。

清・景邦憲《紫柏山圖志》 露明洞，祠西一百里，門高五尺，濶二尺許，内暗，怪石笋立。

清・杜榛《海防述略》 崇明孤懸海外，又天生此一塊土，以爲蘇州之屏障，江海之鎖鑰者也。

清・溥儒《上方山志》卷一《山水》 雲水洞，在摘星陀西。其石突怒抉厲，崩巖而下，垂崒若雲，奔嶔若海。立燕山千里之景，蓋莫雲水善也，豈幽都之氣，獨鐘秀於此哉。益進，深不可極，君子慎之，慎所趨也。

又 華嚴洞，在兜率寺南三里，傳爲華嚴所開。石乳下垂，涓涓不竭。其下爲池，榜曰「清涼」。聞鐘乳之良者可以餌，彼藏巖抱穴，人不知采，若飛遯保名之士與。

陸地水文地理總部

湖泊沼澤部

《尚書·禹貢·兗州》 雷夏既澤，灉、沮會同。

《尚書·禹貢·徐州》 大野既豬，東原厎平。

《尚書·禹貢·揚州》 彭蠡既豬，陽鳥攸居。

又 震澤厎定。

《尚書·禹貢·荆州》 雲土夢作乂。

《尚書·禹貢·豫州》 滎波既豬。導菏澤，被孟豬。

《尚書·禹貢·雍州》 原隰厎績，至于豬野。

漢·劉歆《西京雜記》卷一 武帝作昆明池，於上游戲養魚。【略】池周迴四十里。

漢·班固《漢書》卷二八上《地理志上》 （揚州）藪曰具區，【略】寖曰五湖。【略】（荆州）藪曰雲夢，【略】寖曰潁、湛。【略】（豫州）藪曰圃田，【略】寖曰波、溠。【略】（青州）藪曰孟諸，【略】寖曰沂、沭。【略】（兗州）藪曰泰壄，【略】浸曰盧、濰。【略】（雍州）藪曰弦蒲，【略】寖曰渭、洛。【略】（幽州）藪曰豯養，【略】浸曰菑、時。【略】（冀州）藪曰揚紆，【略】浸曰汾、潞。【略】（并州）藪曰昭餘祁，【略】浸曰淶、易。

漢·班固《漢書》卷二八上《地理志上·右扶風》 （汧縣）北有蒲谷鄉弦中谷，雍州弦蒲藪。

漢·班固《漢書》卷二八上《地理志上·太原郡》 鄔，九澤在北。

漢·班固《漢書》卷二八上《地理志上·河南郡》 中牟，圃田澤在西，豫州藪。

漢·班固《漢書》卷二八上《地理志上·南郡》 華容，雲夢澤在南，荆州藪。

漢·班固《漢書》卷二八上《地理志上·廬江郡》 湖陵邑，北湖在南。

漢·班固《漢書》卷二八上《地理志上·山陽郡》 鉅壄，大壄澤在北，兗州藪。

漢·班固《漢書》卷二八上《地理志上·濟陰郡》 （濟陰郡），《禹貢》菏澤在定陶東。【略】（成陽縣），《禹貢》雷澤在西北。

漢·班固《漢書》卷二八上《地理志上·鉅鹿郡》 鉅鹿，《禹貢》大陸澤在北。

漢·班固《漢書》卷二八上《地理志上·琅邪郡》 奚養澤在西，秦地圖曰劇清（地）〔池〕，幽州藪。

漢·班固《漢書》卷二八上《地理志上·會稽郡》 （吴縣）具區澤在西，揚州藪，古文以爲震澤。

漢·班固《漢書》卷二八上《地理志上·丹陽郡》 宛陵，彭澤聚在西南。

漢·班固《漢書》卷二八上《地理志上·豫章郡》 彭澤，《禹貢》彭蠡澤在西。

漢·班固《漢書》卷二八上《地理志上·越巂郡》 （邛都），有邛池澤。【略】（定莋）步北澤在南。【略】（會無）東山出碧。【略】姑復，臨池澤在南。

漢·班固《漢書》卷二八上《地理志上·益州郡》 滇池，大澤在西，滇池澤在西北。【略】葉榆，葉榆澤在東。

漢·班固《漢書》卷二八上《地理志上·巴郡》 閬中，彭道將池在南，彭道魚池在西南。【略】朐忍，容毋水所出，南〔入江〕。【略】安漢，是魚池在南。【略】宕渠，符特山在西南。

漢·班固《漢書》卷二八下《地理志下·武都郡》 天池大澤在縣西。【略】武威，休屠澤在東北，古文以爲豬野澤。【略】蒼松，南山，松陝水所出，北至揟次入海。

漢·班固《漢書》卷二八下《地理志下·張掖郡》 居延，居延澤在東北，古文以爲流沙。

漢·班固《漢書》卷二八下《地理志下·敦煌郡》 （敦煌）正西關外有白龍堆沙，有蒲昌海。

漢·班固《漢書》卷二八下《地理志下·朔方郡》 朔方，金連鹽澤、青鹽澤皆在南。

漢·班固《漢書》卷二八下《地理志下·朔方郡》 （窳渾）屠申澤在東。

漢·班固《漢書》卷二八下《地理志下·雁門郡》 沃陽，鹽澤在東北，有長丞。【略】彊陰。諸聞澤在東北。

漢·班固《漢書》卷二八下《地理志下·梁國》 （睢陽）《禹貢》盟諸澤在東北。

漢・應劭《風俗通義》卷一〇《山澤》 藪 謹按：《爾雅》：「藪者，澤也。」藪之爲言厚也，草木魚鱉，所以厚養人君與百姓也。魯有泰野，晉有泰陸，秦有陽紆，宋有孟諸，楚有雲夢，吴有具區，齊有海隅，燕有昭餘祁，鄭有圃田，周有焦濩。今漢有九州之藪：揚州曰具區，在吴縣之西；荆州曰雲夢，在華容縣南，今有雲夢長掌之；豫州曰圃田，在中牟縣西；青州曰孟諸，不知在何處；兗州曰大野，在鉅野縣北；雍州曰弦蒲，在汧縣北蒲谷亭；幽州曰奚養，在虒縣東；冀州曰泰陸，在鉅鹿縣西北；并州曰昭餘祁，在鄔縣北；其一藪，推求未得其處。《尚書》：「紂爲逋逃淵藪。」《春秋左氏傳》曰：「山藪藏疾。」又曰：「藪之薪蒸，虞候守之。」是也。

又 澤 謹按：《尚書》：「雷夏既澤。」《詩》云：「彼澤之陂，有蒲與荷。」《傳》曰：「水草交厝，名之爲澤。」澤者，言其潤澤萬物，以阜民用也。《春秋左氏傳》曰：「澤之莞蒲，舟鮫守之。」《韓詩内傳》：「舜漁雷澤。」雷澤在濟陰城陽縣。

又 沆 謹按：《傳》曰：「沆者，莽也，言其平望莽莽無涯際也。」沆，澤之無水，斥鹵之類也。今俗語亦曰沆澤。

又 湖 謹按：《春秋國語》：「伍子胥諫吴王：『與我争五湖之利，非越乎？』及越滅吴，范蠡乘扁舟於五湖。」湖者，都也。言流瀆四面所猥都也，川澤所仰以溉灌也。今廬江臨湖、丹陽蕪湖縣是也。

漢・袁康、吴平《越絶書・外傳記吴地傳》 太湖，周三萬六千頃。其千頃，烏程也。去縣五十里。

又 無錫湖，周萬五千頃。其一千三頃，毗陵上湖也。去縣五十里。一名射貴湖。

又 尸湖，周二千二百頃，去縣百七十里。

又 小湖，周千三百二十頃，去縣百里。

又 耆湖，周六萬五千頃，去縣百二十里。

又 乘湖，周五百頃，去縣五里。

又 猶湖，周三百二十頃，去縣十七里。

又 語昭湖，周二百八十頃，去縣五十里。

又 作湖，周百八十頃，聚魚多物，去縣五十五里。

又 昆湖，周七十六頃一畝，去縣一百七十五里。一名隱湖。

又 湖王湖，當問之。

又 丹湖，當問之。

三國蜀・常璩《華陽國志・巴志》 土地山險，水灘。

又 閬中縣郡治有彭池大澤。

三國蜀・常璩《華陽國志・漢中志》 有池水，從旱山來入沔。

又 漢水所出，有天池澤。

三國蜀・常璩《華陽國志・蜀志》 其築城取土，去城十里，因以養魚，今萬歲池是也。惠王二十七年也。劉李本此句作小注，無也字。城北又有龍堤池，城東有千李本誤十。秋池，城西有柳池，冬夏不竭。其園囿因之。平陽山亦有池澤，蜀之漁畋之地也。

又 又識齊水脈，穿廣都鹽井，諸陂池。

又 山原肥沃，有澤漁之利。

治青衣江會。縣溉，有名灘，一曰雷垣，二曰鹽墮。

又 南安、武陽皆出名茶，多陂池。

三國蜀・常璩《華陽國志・南中志》 有澤水，週迴二百此下《後漢志》注引有五十兩字。里。所出深廣，下流淺狹，如倒流，故曰滇池。

又 穿龍池溉稻田，爲民興利。

南朝宋・山謙之《吴興記》 揚子湖出丹陽湖，下共邸閣水分流，合於苕水。《談志》

南朝宋・盛弘之《荆州記》卷一《江夏郡・雲杜縣》 雲杜縣左右有大浐、馬骨等湖，夏水來，則渺茫若海。及冬枯，則平林曠澤，四眺煙日。《初學記》卷七

南朝宋・盛弘之《荆州記》卷三《長沙郡・巴陵縣》 巴陵縣有青草湖，周回數百里，日月出没其中。湖南有青草山，因以爲名。《初學記》卷七、《太平御覽》卷六十六

南朝宋・盛弘之《荆州記》卷三《南康郡・南康縣》 南康仁空山上有平湖，湖中艑底浮在湖中，動摇便起風雨。《初學記》卷七

《南康記》曰：廬山上有平湖，湖中有艑底在浮湖中，動摇便風雨。《太平御覽》卷六十六

南朝宋・劉澄之《荆州記》 華容縣東南有雲夢澤，一名「巴丘湖」，荆州藪也。《初學記》卷七、《太平御覽》卷六十六

又 析縣有龍淵，深不測。《後漢書・郡國志》劉昭注

江陵縣東三里餘有三湖，湖東有水，名「長谷」。鄗有鄗湖，周回三里。取湖水爲酒，酒極甘美。《後漢書·郡國志》劉昭注宮亭，即彭蠡澤也，謂之「彭澤湖」，一名「匪孩貯反澤」，在豫章郡。青草湖，一名「洞庭湖」。《初學記》卷六十六

南朝宋·范曄《後漢書》卷一一二《郡國志四》 吴郡，【略】，震澤在西，後名具區澤。《爾雅》：十藪，吴越之閒有具區。郭璞曰：縣南太湖也。中有包山，山下有洞庭，穴道潛行水底，去無所不通，號爲地脈。《越絶書》曰：湖周三萬六千頃，又有大雷山、小雷山。

南朝宋·鮑照《鮑參軍集·自礪山東望震澤》 爛漫潭洞波，合沓崿嶂雲。漲島遠不測，崗澗近難分。

唐·王勃《採蓮賦》 況洞庭兮紫波，復瀟湘兮緑水。

唐·柳宗元《柳宗元集·游黄溪記》 黄溪距州治七十里，由東屯南行六百步，至黄神祠。祠之上，兩山牆立，如丹碧之華葉駢植，與山升降。其缺者爲崖峭巖窟，小石平布。黄神之上，揭水八十步，至初潭，最奇麗，殆不可狀。其略若剖大甕，側立千尺，溪水積焉。黛蓄膏渟，來若白虹，沉沉無聲，魚數百尾，方來會石下。南去又行百步，至第二潭。石皆巍然，臨峻流，若頦頷齗齶。

唐·樊綽《蠻書》卷二 昆池在柘東城西南百餘里，四十五里。案：此四字疑衍文。水源從金馬山東北來。柘東城北十數餘里，官路有橋渡此水，闊二丈餘，清深迅急，至碧雞山下，爲昆州，因水爲名也，土蠻亦呼名滇池。案：今晉寧川中，自有大池，在東南，當是滇池。水不可呼池，乃蠻不能別。滇池水亦名東昆池，西南繞山，又西北池流爲河，過安寧城下。亘水東西，有橋三十一，闊長三百餘步。徒行七日程與瀘水合。又量水川在滇池南兩日程，漢舊黎州也。川中有大池，其水東洩。流處出一石竇中，流水甚廣，石竇甚狹。土蠻云，忽竇穵，百姓憂溺。新豐川亦有大池甚廣。

唐·樊綽《蠻書》卷五 舊城内有池，方三百餘步。

唐·李泰《括地志·雍州·長安縣》 昆明池在雍州長安縣西十八里。《玉海》卷一百七十一《宫室苑囿》引。

又 彪池，今按其池周十五步。《長安志》卷十二《長安縣》引。

唐·李泰《括地志·衛州·衛縣》 酒池在衛州衛縣西二十二里。太公《六韜》云紂爲酒池，迴船漕而牛飲者三千餘人爲輩。《史記·殷本紀》「以酒爲池」《正義》引。

唐·李泰《括地志·冀州·信都縣》 扶柳故城在冀州信都縣西三十里，漢扶柳縣也。有〔扶〕澤，澤中多柳，故曰扶柳。《史記·吕太后本紀》「吕平爲扶柳侯」《正義》引。按據《漢書·地理志》信都國扶柳縣注引闞駰説補「扶」字。

唐·李泰《括地志·虢州·湖城縣》 湖水源出虢州湖城縣南三十五里夸父山，北流入河，即鼎湖也。《史記·孝武本紀》「因名其處曰鼎湖」《正義》引。

唐·李泰《括地志·濮州·雷澤縣》 雷夏澤在濮州雷澤縣〔北〕郭外西北。《山海經》云雷澤有雷神，龍身人頭，鼓其腹則雷也。《史記·五帝本紀》「漁雷澤」《正義》引。又《史記·夏本紀》「雷夏既澤」《正義》引，《詩地理考》卷六引均無「《山海經》云」以下文。按《詩地理考》引有「北」字，《元和郡縣志》卷十一雷澤縣亦云「雷夏澤在縣北郭外」，今補。

唐·李泰《括地志·戴州·楚丘縣》 〔鉅野〕，〔鄆〕〔戴〕州鉅野縣東北大澤是。《史記·河渠書》「而河決於瓠子東南注鉅野」《正義》引。按依《史》文出「鉅野」二字。

唐·李泰《括地志·曹州·濟陰縣》 菏澤在曹州濟陰縣東北九十里定陶城東，今名龍池，亦名九卿陂。《史記·夏本紀》「導菏澤」《正義》引。

唐·李泰《括地志·汴州·浚儀縣》 逢澤亦名逢池，在汴州浚儀縣東南十四里。《史記·秦本紀》「會逢澤」《正義》引，又《通鑑》卷二《周顯王紀》「會諸侯逢澤」注引。

唐·李泰《括地志·昆州·晉寧縣》 滇池澤在昆州晉寧縣西南三十里。其池水源深廣而末更淺狹，有似倒流，故謂滇池。《史記·西南夷列傳》「蹻至滇池」《正義》引。又《通鑑》卷十九《漢武帝紀》「始通滇國」注引首十四字。

唐·李泰《括地志·安州·安陸縣》 雲夢澤在安州安陸縣東南五十里。《史記·楚世家》「昭王亡也至雲夢」補《正義》引。

唐·李泰《括地志·涼州·姑臧縣》 都野澤在涼州姑臧縣東北二百八十里。《史記·夏本紀》「至于都野」《正義》引。

唐·李泰《括地志·沙州·壽昌縣》 蒲昌海一名泑澤，一名鹽澤，亦名輔日海，亦名〔穿〕〔牢〕蘭〔海〕，亦名臨海，在沙州西南。《史記·大宛列傳》「其水東流注鹽澤」《正義》引。按「穿」爲「牢」字之誤，又脱「海」字，據《水經·河水注》增改。牢蘭即樓蘭，其地爲古樓蘭國，故以名此澤爲牢蘭。

唐·李泰《括地志·甘州·張掖縣》 居延海在甘州張掖縣東北〔千〕六十四里。《地理志》云居延澤，古文以爲流沙。《史記·李將軍列傳》「過居延」《正義》引。又《史記·五帝本紀》「西至於流沙」《正義》引無《地理志》以下文。作「千六十四里」。按《李

將軍列傳》、《正義》引脱「千」字,《五帝本紀正義》引有。《元和郡縣志》説「居延海在張掖縣東北一千六百里」,疑《括地志》亦是,此「十四」兩字或「百」字之爛文。

又 瀚海在流沙大磧西北數百里,東南去長安五千三百里。秦築長城經此海南。《大藏音義》卷二十引。

唐·李泰《括地志·江州·潯陽縣》 彭蠡湖在江州潯陽縣東南五十二里。《史記·夏本紀》「彭蠡既都」《正義》引,《史記·五帝本紀》「三苗」《正義》。

又 《禹貢》三江俱會於彭蠡,合爲一江,入於海。《史記·夏本紀》「東爲中江入于海」《正義》引。

唐·李泰《括地志·潤州·丹徒縣》 丹徒故城在潤州丹徒縣東南十八里,漢丹徒縣也。《晉太康地理志》云吴王濞反,走丹徒,越人殺之於此城南。《徐州記》云秦使赭衣鑿其地,因謂之丹徒。鑿處今在故縣西北六里丹徒峴,東南連亘,盤紆屈曲,有象龍形,故秦鑿絶頂,闊百餘步,又夾阬龍首,以毁其形。阬之所在,即今龍、月二湖,悉成田也。《史記·絳侯周勃世家》「保於江南丹徒」《正義》引。

唐·李泰《括地志·岳州·巴陵縣》 巴丘湖中有曹由洲,曹公爲孫權所敗燒船處。《通典》卷一百八十三引《地志》,又《太平寰宇記》卷一百一十三引《括地志》。

又 洞庭湖在岳州巴陵縣西南一里,南與青草湖相連。《史記·五帝本紀》「三苗」《正義》。

唐·李泰《括地志·湖州·安吉縣》 南嶼山一名白水山,山上有湖,其水色白,因以名之。《太平寰宇記》卷九十四湖州安吉縣引。

唐·李泰《括地志·蘇州·吴縣》 笠澤江,松江之别名,在蘇州南三十五里。又云笠澤即太湖。《史記·吴太伯世家》「伐敗吴師於笠澤」補《正義》引。

又 〔干隧〕在蘇州吴縣西北四十餘里萬安山西南一里太湖。《史記·蘇秦列傳》「禽夫差於干隧」《正義》。按依《史》文補出「干隧」二字。

唐·李泰《括地志·西域》 火山國在扶(風)南東大湖海中。【略】《魏略》云大秦在安息、條支西大海之西,故俗謂之海西(國)。從安息界乘船直載海西,遇風利時三月到,風遲或一二歲。【略】《史記·大宛列傳》「奄蔡黎軒」《正義》引。按「風」字衍。據《漢書·西域傳》增「國」字。

唐·岑參《秋夜宿仙遊寺南凉堂呈謙道人》 石潭積黛色,每歲投金龍。亂流争迅湍,噴薄如雷風。

唐·岑參《太一石鱉崖口潭舊廬招王學士》 驟雨鳴淅瀝,颼飀溪谷寒。碧潭千餘尺,下見蛟龍蟠。石門吞衆流,絶岸呀層巒。幽趣倏萬變,奇觀非一端。

唐·岑參《與鄠縣源少府泛渼陂》 載酒入天色,水凉難醉人。清揺縣郭動,碧洗雲山新。

唐·岑參《熱海行送崔侍御還京》 西頭熱海水如煑。海上衆鳥不敢飛,中有鯉魚長且肥。岸旁青草常不歇。

唐·李吉甫《元和郡縣圖志》卷二《關内道二》 馬牧澤,在縣東南二十里。南北廣四里,東西二十一里。

又 百頃澤,在縣西二十五里。周迴十六里,多蒲魚之利。

又 龍臺澤,在縣東北三十里。周迴二十五里。

又 八部澤,在縣東南五里。周迴五十里。

又 望仙澤,在縣東南三十五里,中有龍尾堆。

唐·李吉甫《元和郡縣圖志》卷三《關内道三》 朝那湫,《郊祀志》云「湫泉祠朝那」,蘇林云「在安定朝那縣。方四十里,冬夏不增減,不生草木。旱時即祠之,以壺泹水,置之於所在,則雨;雨不止,反水於泉,俗以爲恒。」今周迴七里,蓋近代減耗。

唐·李吉甫《元和郡縣圖志》卷六《河南道二》 稠桑澤,在縣西十里。虢公敗戎於桑田,即是也。

又 廣成澤,在縣西四十里。後漢安帝永初元年,以廣成游獵地假與貧人。元初二年,鄧太后臨朝,鄧騭兄弟輔政,以爲文德可興,武功宜廢,請寢蒐狩之禮。於時馬融以文武之道並用,作《廣成贊》以諷。案此澤周迴一百里,隋煬帝大業元年置馬牧於此。

唐·李吉甫《元和郡縣圖志》卷七《河南道三》 沙海,在縣北二里。《戰國策》齊欲發卒取周九鼎,顔率説曰:「大梁之君臣欲得九鼎,謀於沙海之上,爲日久矣。」即謂此也。隋文疏鑿舊跡,引汴水注之,以習舟師,以伐陳。陳平之後,立碑其側,以紀功焉。今無水。

又 黄池,在縣南七里。魯哀公十三年,晉侯與吴子争盟於此。

又 孟諸澤,在縣西北十里。周迴五十里,俗號盟諸澤。

唐·李吉甫《元和郡縣圖志》卷八《河南道四》 滎澤,縣北四里。《禹貢》濟水溢爲滎,今濟水亦不復入也。

又 圃田澤,一名原圃,縣西北七里。其澤東西五十里,南北二十六里,西限長城,東極官渡。上承鄭州管城縣界曹家陂,又溢而北流,爲二十四陂,小鵠、大鵠、小靳、大靳、小灰、大灰之類是也。

又　臨潁皋，東西長五十里，即龍脾岡也。嵩高山東南三百里有龍脾，其地沃壤可居，即此岡也。今臨潁縣理在岡上。

又　東門池，在州城東門内道南。《詩・陳風》「東門之池，可以漚麻」，即此池也。

唐・李吉甫《元和郡縣圖志》卷九《河南道五》　豐西澤，在縣西一十五里。漢高祖斬白蛇於此。

又　永泰湖，縣南二里。周迴三百六十三里。其中多魚，尤出朱衣鮒。

又　碩濩湖，在縣北一百十六里，與海州朐山縣中分爲界。

唐・李吉甫《元和郡縣圖志》卷一〇《河南道六》　大野澤，一名鉅野，在縣東五里。南北三百里，東西百餘里。《爾雅》十藪，魯有大野，西狩獲麟於此澤。

又　坰澤，俗名連泉澤，在縣東九里。魯僖公牧馬之地，《詩》曰「駉駉牡馬，在坰之野」，是也。

又　漏澤，在縣東七十里。此澤漏穴有五，皆方丈餘，深二丈以上。其澤每春夏積水，秋冬漏竭。將漏之時，居人知之，不過三日，漏水俱盡，先以竹木作薄籬圍之，水族山積也。

又　天齊池，在縣東南十五里。《封禪書》曰：「齊之所以爲齊者，以天齊池也。」

又　濆溝泊，在縣西南五里。東西三十里，南北二十五里，水族生焉，數州取給。

唐・李吉甫《元和郡縣圖志》卷一一《河南道七》　菏澤，在縣東北九十里，故定陶城東北。其地有菏山，故名其澤爲菏澤。《禹貢》曰：「導菏澤，被孟豬」。

又　雷夏澤，在縣北郭外。灘、沮二水，會同此澤。

又　夷安澤，在縣北二十里。周迴四十里，多麋鹿蒲葦。

又　碩濩湖，在縣南一百四十二里。

又　奚養澤，在縣西北四十里。《周禮・職方氏》：「幽州其澤藪曰奚養。」

唐・李吉甫《元和郡縣圖志》卷一二《河東道一》　董澤，一名董池陂，在縣東北十四里。《左傳》廚武子曰：「董澤之蒲，可勝既乎？」

唐・李吉甫《元和郡縣圖志》卷一三《河東道二》　晉澤，在縣西南六里。隋開皇六年，引晉水溉稻田，周迴四十一里。

又　文湖，一名西河泊，在縣東十里。多蒲魚之利。

唐・李吉甫《元和郡縣圖志》卷一四《河東道三》　天池，在縣北燕京山上。周迴八里，陽旱不耗，陰霖不溢。故老言，嘗有人乘車，風飄墮池，有人獲車輪於桑乾泉。後魏孝文帝以金珠穿魚七頭放此池，後亦於桑乾泉得之。隋煬帝嘗於池南置宫，每夜風雨吹破，宫竟不成。今池側有祠，謂之天池祠。

唐・李吉甫《元和郡縣圖志》卷一五《河東道四》　大陸澤，一名鉅鹿，在縣西北五里。《禹貢》曰：「恒、衛既從，大陸既作。」按澤東西二十里，南北三十里，葭蘆茭蓮魚蟹之類，充牣其中。澤畔有鹹泉，煮而成鹽，百姓資之。

唐・李吉甫《元和郡縣圖志》卷一六《河北道一》　雞澤，在縣西南十里。《左傳》：「諸侯同盟于雞澤。」今其澤魚鱉菱芡，州境所資。

又　東山池，在縣西南十五里。東魏相高澄所築，引萬金渠水爲池，作遊賞處。

唐・李吉甫《元和郡縣圖志》卷一七《河北道二》　廣阿澤，在縣東二十五里。《爾雅》曰「晉有大陸」，廣阿即大陸別名，《淮南子》曰鉅鹿。大陸、廣阿，咸一澤也。

唐・李吉甫《元和郡縣圖志》卷一八《河北道三》　天井澤，在縣東南四十七里。周迴六十二里。

唐・李吉甫《元和郡縣圖志》卷二五《江南道一》　玄武湖，在縣北十里。周迴二十五里。

又　婁湖，縣東南五里。吴張昭所創，溉田數十頃，周迴七里。昭封婁侯，故謂之婁湖。宋時爲苑。

又　太湖，在縣西南五十里。《禹貢》謂之震澤，《周禮》謂之具區。湖中有山，名洞庭山。

又　臨平湖，在縣西五十五里。溉田三百餘頃。

唐・李吉甫《元和郡縣圖志》卷二六《江南道二》　鏡湖，後漢永和五年太守馬臻創立。在會稽、山陰兩縣界築塘蓄水，水高丈餘，田又高海丈餘。若水少則洩湖灌田，如水多則閉湖洩田中水入海，所以無凶年。隄塘周迴三百一十里，溉田九千頃。

又　樂安溪，源在縣西馮溪山，流經縣南，又東入臨海縣界。

唐・李吉甫《元和郡縣圖志》卷二七《江南道三》　雲夢澤，在縣南五十里。

《史記・司馬相如傳》云：「楚有七澤，其小者名雲夢，方九百里。」《左傳》云「鄖子之女，棄子於夢中」，無「雲」字。「楚子濟江入雲中」，復無「夢」字。以此推之，則雲、夢二澤，本自別矣。而《禹貢》及《爾雅》皆曰雲夢者，蓋雙舉二澤而言之，故後代以來，通名一事。《左傳》曰「畋於江南之雲夢」是也。

又 武湖，在縣南四十九里。黃祖閲武習戰之所。後宋謝晦舉兵叛，爲檀道濟所破，敗走武湖戍，生執之，即此地也。

又 洞庭湖，在縣西南一里五十步。周迴二百六十里。湖口有一洲，名曹公洲。

又 巴丘湖，又名青草湖，在縣南七十九里。周迴二百六十五里。俗云古雲夢澤也。曹公征荆州，還于巴丘，遇疾燒船，歎曰：「郭奉孝在，不使孤至此！」

又 溳湖一名翁湖，在縣南一十里。《爾雅》云「河水決出還復入者爲溳」，《左傳・定公四年》「吴人敗楚於雍澨，五戰入郢」，即此是也。

又 赤亭湖，在縣南八十里。侯景攻巴陵，遣將任約等入湖。湘東王使胡僧祐、陸法和夜以大艦遏湖口，因風縱火，鼓噪而前。賊窮聚湖中，俄然崩潰。即此也。

唐・李吉甫《元和郡縣圖志》卷二八《江南道四》 彭蠡湖，在縣西六十里。與潯陽縣分湖爲界。

又 丹陽湖，在縣東南七十九里。周迴三百餘里，與溧水分湖爲界。

又 慈湖，在縣北六十五里。吴將卞融於此屯兵。晉成帝咸和二年，陶侃與蘇峻戰於慈湖。侯景之亂，兵至慈湖，梁人聞之大恐。

丹陽湖，在縣西南二十八里。與當塗縣分中流爲界。

唐・李吉甫《元和郡縣圖志》卷二九《江南道五》 涓湖，溉良田二百餘頃，縣西七十里。

又 酃湖，在縣東二十里。可釀爲酒，晉紀武帝平吴，薦酃酒於太廟是也。

唐・李吉甫《元和郡縣圖志》卷二五《江南道一》 練湖，在縣北一百二十步，周迴四十里。晉時陳敏爲亂，據有江東，務修耕績，令弟諧遏馬林溪以溉雲陽。亦謂之練塘。溉田數百頃。

又 新豐湖，在縣東北三十里。晉元帝大興四年，晉陵內史張闓所立。舊晉陵地廣人稀，且少陂渠，田多惡穢，闓創湖成溉灌之利。初以勞役免官，後追紀其功，超爲大司農。

唐・李吉甫《元和郡縣圖志》卷三四《嶺南道一》 滄湖，在縣東南十里。周迴三十五里，南通瀧水。

唐・李吉甫《元和郡縣圖志》卷四〇《隴右道下》 文車澤，在縣東三十里。前秦苻堅遣將軍苟萇、毛盛伐北涼，造機械衝車於此，因名。

又 居延海，在縣東北一百六十里。即居延澤。古文以爲流沙者，風吹流行，故曰流沙。

又 白亭海，在縣東北一百四十里。一名會水。以衆水所會，故曰會水。以北有白亭，故曰白亭海。方俗之間，河北得水便名爲河，塞外有水便名爲海。

唐・李吉甫《元和郡縣圖志》闕卷佚文卷一《山南道》 穫湖，在縣東。沈攸之爲荆州刺史，堰湖開瀆田，多收穫，因以爲名。《紀勝》江陵府。

唐・李吉甫《元和郡縣圖志》闕卷佚文卷二《淮南道》 歷陽湖，在縣西三十里。昔有書生遇一姥，姥待之甚厚，生謂姥曰：「此縣前石龜眼赤血出，地當陷爲湖。」姥每往視之，門吏問姥，姥具以對。吏因以朱點龜眼，姥見遂走上西山，顧城已陷。今湖中有明府魚、婢魚、奴魚之名。《寰宇記》。《紀勝》和州引作「歷湖，歷湖在縣西三十里」。又引《淮南子》云「歷陽之都，一夕爲湖」。古「麻」字作「厤」，今誤爲「麻」，今謂之麻湖者，謬也。

又 巢湖，亦名焦湖，在縣東南六十四里。本居巢縣地，後陷爲湖。今與巢縣、廬江分湖爲界。《通釋》十二。

又 巢湖，在縣西五十里。周迴五百里，南出於東關口。《通釋》十二。

又 巢湖亦名焦湖，東南至合肥縣六十四里。本居巢縣地，後陷爲湖。今與巢縣、廬江分湖爲界。諸葛武侯曰：「曹操四越巢湖不成。」張魏公曰：「巢河之水，上通焦湖，濡須正扼其衝，東西兩關，又從而輔翼之，餽舟難通，故雖有十萬之師，未能寇大江。」《通釋》十二。周輯、《補志》輯。

唐・沈佺期、宋之問《沈佺期宋之問集校注》上册卷一《別侍御嚴凝》 七澤雲夢林，三湘洞庭水。

唐・沈佺期、宋之問《沈佺期宋之問集校注》下册卷四《洞庭湖》 地盡天水合，朝及洞庭湖。初日當中涌，莫辨東西隅。【略】野積九江潤，山通五嶽圖，風恬魚自躍，雲夕雁相呼。

唐・元稹《元稹集》卷三《古詩・後湖》 荆有泥濘水，在荆之邑郢。郢前水在後，謂之爲後湖。環湖十餘里，歲積潰與污。臭腐魚鱉死，不植菰與蒲。

唐・元稹《元稹集》卷一五《律詩・洞庭湖》　人生除泛海，便到洞庭波。駕浪沉西日，吞空接曙河。虞巡竟安在，軒樂詎曾過。唯有君山下，狂風萬古多。

唐・韋莊《三堂東湖作》　滿塘秋水碧泓澄，十畝菱花晚鏡清。影動新橋橫蝃蝀，岸鋪芳草睡鵁鶄。蟾投夜魄當湖落，嶽倒秋蓮入浪生。

唐・韋莊《李氏小池亭十二韻》　積石亂巉巉，庭莎綠不芟。小橋低跨水，危檻半依巖。華落魚爭唼，櫻紅鳥競鵮。引泉疏地脈，掃絮積山嵌。古柳紅綃織，新篁紫綺緘。養猿秋嘯月，放鶴夜棲杉。枕簟谿雲膩，池塘海雨鹹。語窗雞逞辨，舐鼎犬偏饞。踏蘚青粘屐，攀蘿綠映衫。

唐・韋莊《泛鄱陽湖》　四顧無邊鳥不飛，大波驚隔楚山微。紛紛雨外靈均過，瑟瑟雲中帝子歸。迸鯉似梭投遠浪，小舟如葉傍斜暉。鴟夷去後何人到，愛者雖多見者稀。

唐・韋莊《龍潭》　激石懸流雪滿灣，九龍潛處野雲閑。欲行甘雨四大下，且隱澂潭一頃間。浪引浮槎依北岸，波分晚日見東山。

《全唐詩》卷三李隆基《過晉陽宮》　井邑龍斯躍，城池鳳翔餘。林塘猶沛澤，臺榭宛舊居。

《全唐詩》卷四七張九齡《彭蠡湖上》　沿涉經大湖，湖流多行洪。決晨趨北渚，逗浦已西日。所適雖淹曠，中流且閑逸。瑰詭良復多，感見乃非一。廬山直陽滸，孤石當陰術。一水雲際飛，數峰湖心出。象類何交糾，形言豈深悉。且知皆自然，高下無相恤。

《全唐詩》卷八八張説《別灉湖》　念別灉湖去，浮舟更一臨。千峰出浪險，萬木抱煙深。南郡延恩渥，東山戀宿心。露花香欲醉，時鳥囀餘音。涉趣皆留賞，無奇不徧尋。莫言山水間，幽意在鳴琴。

《全唐詩》卷一八一李白《安州應城玉女湯作》　神女殁幽境，湯池流大川。陰陽結炎炭，造化開靈泉。地底爍朱火，沙傍歊素煙。沸珠躍明月，皎鏡函空天。

《全唐詩》卷一八一李白《荆門浮舟望蜀江》　春水月峽來，浮舟望安極。正是桃花流，依然錦江色。江色綠且明，茫茫與天平。逶迤巴山盡，搖曳楚雲行。雪照聚沙雁，花飛出谷鶯。芳洲卻已轉，碧樹森森迎。

《全唐詩》卷一八四李白《巴女詞》　巴水急如箭，巴船去若飛。

帆歸。

《全唐詩》卷一九七張謂《同王徵君湘中有懷》　八月洞庭秋，瀟湘水北流。

《全唐詩》卷七七二楊彝《過睦州青溪渡》　天闊銜江雨。冥冥上客衣。潭清魚可數。沙晚雁爭飛。川谷留雲氣。鵜鶘傍釣磯。飄零江海客。敧側一

《全唐詩》卷二四一元結《石魚湖上醉歌》　石魚湖，似洞庭，夏水欲滿君山青。山爲樽，水爲沼，酒徒歷歷坐洲島。長風連日作大浪，不能廢人運酒舫。

《全唐詩》卷三五六劉禹錫《洞庭秋月行》　洞庭秋月生湖心，層波萬頃如一作谿。熔金。一作鎔黃金。孤輪徐轉光不定，遊氣濛濛隔寒鏡。是時白露三秋中，湖平月上天地空。岳陽樓一作城。頭暮角絶，蕩漾已過君山東。山一作孤。城蒼蒼夜寂寂，水月逶迤繞城白。蕩槳巴童歌竹枝，連檣估客吹羌笛。勢高夜久陰力全，金一作爽。氣肅肅開星一作清。躔。浮雲野馬歸四裔，遥望星斗当中天。天鷄相呼曙霞出，斂影含光让朝日。日出喧喧人不閑，夜來清景非人間。

《全唐詩》卷三七五孟郊《遊韋七洞庭別業》　洞庭如瀟湘，疊翠蕩浮碧。松桂無赤日，風物饒清激。逍遥展幽韻，參差逗良覿。道勝不知疲，冥搜自無斁。曠然青霞抱，永矣白雲適。崆峒非凡鄉，蓬瀛在仙籍。

《全五代詩》卷五九羅處約《題太湖》　三萬六千頃，湖侵海內田。逢山方得地，見月始知天。南國吞將盡，東溟勢欲連。

《全五代詩》卷六〇可朋《賦洞庭》　周極八百里，凝眸望則勞。水涵天影闊，山拔地形高。

宋・樂史《太平寰宇記》卷一《河南道一・東京上・開封府・開封縣》　逢澤，在縣東北十四里。今名蓬池。《史記》：「秦孝公二十年，使公子少官率師會諸侯逢澤。」又爲衛國之匡地。唐天寶六年改爲福源池。

宋・樂史《太平寰宇記》卷一《河南道一・東京上・開封府・陳留縣》　青丘，亦曰玄池。女娀簡狄浴于青丘之水，有玄鳥遺卵，吞之生契，即此水也。

鴻池，即衛獻公射鴻于此。

宋・樂史《太平寰宇記》卷二《河南道二・東京下・中牟縣》　圃田澤，一名原圃，在縣西北七里。其澤東西五十里，南北二十六里，西限長城，東極官渡，上承鄭州管城縣界曹家陂，又益西北流爲二十四陂，小鵠、大鵠、小漸、大漸、小灰、大灰之類是也。

宋・樂史《太平寰宇記》卷二《河南道二・東京下・酸棗縣》　汝池，在縣東

南十五里。《爾雅》八：「沮洳也。」其地下濕，水潦沮洳，後人音訛呼爲汝溝。

宋·樂史《太平寰宇記》卷一九《河南道十九·齊州·長清縣》 湄溝泊，在縣西南五十里。東西三十里，南北二十五里。

宋·樂史《太平寰宇記》卷二一《河南道二十一·兖州·泗水縣》 漏澤，在縣東七十里。此澤漏穴有五，皆方丈餘，深二丈已上。其澤每春夏積水，秋冬漏盡。將漏之時，居人知之，不過三日，漏水都盡。以竹木作薄離圍之，水族山積也。

宋·樂史《太平寰宇記》卷二四《河南道二十四·密州·高密縣》 夷安澤，在縣北二十里。東西百餘里，灌田萬頃，民尤賴之，是多豪富。

宋·樂史《太平寰宇記》卷二六《關西道二·雍州二·鄠縣》 八部澤，在縣東南五里，周迴五十里。

宋·樂史《太平寰宇記》卷二七《關西道三·雍州三·興平縣》 馬牧澤，在縣東南二十里，南北廣四里，東西二十一里。

又 百頃澤，在縣西二十五里，周迴一十六里，多蒲魚之利。

宋·樂史《太平寰宇記》卷一〇六《江南西道四·洪州·南昌縣》 擔石湖，在州東北，水路屈曲二百六十里。其湖水中有兩石山有孔，如人穿擔狀。古老云壯士擔此二石置湖中，因以爲名。

金鐘湖，在西山天寶洞上，周廣三丈。唐則天賜天師萬振金鐘玉磬，後遺湖中。

宋·樂史《太平寰宇記》卷一一〇《江南西道八·撫州·臨川縣》 汝水，在縣東北一里。源接盱水，從石門已下，沿流三百二十四里，入洪州界，內有湍瀨三十五。

臨川水，在縣東北五十里。源出定川，沿流十里，與汝水合。本名定水，天寶六年勑改臨川水。

宋·樂史《太平寰宇記》卷一一一《江南西道九·江州·德化縣》 彭蠡湖，在縣東南，與都昌縣分界。湖心有大孤山，顧況詩云：「大孤山盡小孤山，月照洞庭歸客船。」按《郡國志》：「彭蠡湖周迴四百五十里，內有石，高數十丈，大禹刻其石以紀功焉。有乞飯鳥隨船行，舟人擲摶飯，鳥接之，高下不失粒。今此鳥沿江靈廟多有，不獨在彭蠡湖。」

宋·樂史《太平寰宇記》卷一一二《江南西道十·鄂州·武昌縣》 敗橋湖，在縣西。秋夏水深一丈餘，凡春冬即涸。

宋·樂史《太平寰宇記》卷一二五《淮南道三·舒州·望江縣》 大雷池，水西自宿松縣界流入。自發源入縣界，東南積而爲池，謂之雷池。又東流經縣南，去縣百里。又東入于海，江行百里爲大雷口，又有小雷口。晉成帝咸和二年，蘇峻反，溫嶠欲下衛京師，庾亮素忌陶侃，報嶠書曰：「吾憂西垂過于歷陽，足下毋過雷池一步。」宋鮑明遠有《登大雷岸與妹書》，乃此地。 又《孝子傳》曰：「孟宗爲雷池監，作鮓一器以遺母，母不納。」

宋·樂史《太平寰宇記》卷一二六《淮南道四·廬州·合肥縣》 巢湖，在今縣東南六十里。《吳志》云：「或云巢作勦字音。亦謂焦湖。耆老相傳曰：居巢縣地，昔有一巫嫗，豫知未然，所說吉凶咸有徵驗。居巢縣門有石龜，巫云若龜出血，此地當陷爲湖。未幾，鄉邑祭祀，有人以豬血置龜口中，巫嫗見之南走，回顧其地，已陷爲湖。人多賴之，爲巫立廟，今湖中姥之廟是也。《吳志》云：「鄭寶在巢湖擁衆萬人，廬江、九江人多依之。」即此湖也。吳、魏相攻，孫權以箭重迴舟，亦此湖也。

宋·樂史《太平寰宇記》卷一四六《山南東道五·荆州·江陵縣》 高沙湖，在枚迴洲上。《荆南志》云：「翠澤平晶，水陸瀰曠，芰荷殷生，鱗羽滋阜。湖南林野清曠，可以棲託，故徵士宗炳昔常家焉。北有小水，自湖通江，謂之曾口。」又《荆渚故事》云：「江陵城西二十里高沙湖，其中多魚。」

宋·樂史《太平寰宇記》卷一四八《山南東道七·夔州·大昌縣》 千頃池，在縣西三百六十里。波瀾浩渺，莫知涯際。分爲三道：一道東流當縣西爲井源，一道西流爲雲安縣陽溪，一道南流爲奉節縣西瀼水。

宋·蘇舜欽《蘇舜欽集·興慶池》 餘潤漲龍渠，疏溜連清滻。助曉遠昏山，浮秋明刮眼。漁歸別浦閑，雁下滄波晚。岸北有高臺，離魂蕩無限。

宋·蘇舜欽《蘇舜欽集·望太湖》 杳杳波濤閱古今，四無邊際莫知深。潤通曉月爲清露，氣入霜天作瞑陰。

宋·曾鞏《曾鞏集》卷三《古詩·碧蓮池》 神仙恍惚不可明，空有池蓮變紅碧。清香冷落秋風前，似被麻姑妬顏色。

宋·曾鞏《曾鞏集》卷四《古詩·南湖行二首》 二月南湖春雨多，春風蕩漾吹湖波。著紅少年里中出，百金市上裁輕羅。

南湖一吸三百里。

宋・曾鞏《曾鞏集》卷四《古詩・北湖》 常事泛西湖，已覺烟水永。北堤復誰開？長涵一川静。

宋・曾鞏《曾鞏集》卷一三《序・越州鑑湖圖序》 鑑湖，一曰南湖，南並山，北屬州城漕渠，東西距江。

宋・沈括《夢溪筆談・辯證一》 解州鹽澤，方百二十里。久雨，四山之水悉注其中，未嘗溢，大旱未嘗涸。滷色正赤，在版泉之下，俚俗謂之「蚩尤血」。唯中間有一泉，乃是甘泉，得此水然後可以聚(又)〔入〕。其北有堯稍稍音消。水，亦謂之巫咸河。大滷之水，不得甘泉和之，不能成鹽。唯巫咸水入，則鹽不復結，故人謂之「無鹹河」，爲鹽澤之患，築大堤以防之，甚於備寇盗。原其理，蓋巫咸乃濁水，入鹵中則淤澱鹵脈，鹽遂不成，非有他異也。

宋・沈括《夢溪筆談・辯證二》 舊《尚書・禹貢》云：「雲夢土作乂。」太宗皇帝時，得古本《尚書》，作「雲土夢作乂」，詔改《禹貢》從古本。予按，孔安國注，「雲夢之澤，在江南」，不然也。據《左傳》：「吴人入郢，楚子涉睢濟江，入於雲中。王寢，盗攻之，以戈擊王，王奔鄖。」楚子自郢西走涉睢，則當處於江南；其後涉江入於雲中，遂奔鄖，鄖則今之安州。涉江而後至雲，入雲然後至鄖，則雲在江北也。《左傳》曰：「鄭伯如楚，王以田江南之夢。」杜預注云：「楚之雲、夢，跨江南、北。」曰「江南之夢」，則雲在江北明矣。江北爲雲，予以《左傳》驗之，思之説信然。江南則今之公安、石首、建寧等縣。江北則玉沙、監利、景陵等縣，乃水之所委，其地最下。江南(二浙)〔上淅〕，水出稍高，〔雲〕方土而夢已作乂矣。此古本之爲允也。

宋・蘇軾《蘇軾文集》卷一一《記・錢塘六井記》 潮水避錢塘而東擊西陵，所從來遠矣。沮洳斥鹵，化爲桑麻之區，而久乃爲城邑聚落。凡今州之平陸，皆江之故地。其水苦惡，惟負山鑿井，乃得甘泉，而所及不廣。

宋・秦觀《送僧歸保寧》 西湖環岸皆招提。

宋・秦觀《和孫莘老題召伯斗野亭》 淮海破冬仲，雪霜滋不平。菱荷枯折盡，積水寒更清。輟棹得佳觀，湖天繞朱甍。

宋・秦觀《過六合水亭懷裴博士次韻三首》 晚岫潭潭碧，風池瑟瑟波。

宋・秦觀《流觴亭并次韻二首》 卧龍西畔北池頭，水擘華堂瑟瑟流。幾曲漪漣盤翠帶，一峰孤秀浴蒼虬。

宋・秦觀《次韻子由題九曲池》 蕭瑟通池閟茂林，岸傍無復屬車音。涵春似恨隋家遠，漲曉疑連蜀井深。

宋・秦觀《遊鑑湖》 畫舫珠簾出繚牆，天風吹到芰荷鄉。水光入座杯盤瑩，花氣侵人笑語香。翡翠側身窺緑酒，蜻蜓偷眼避紅妝。葡萄力緩單衣怯，始信湖中五月凉。

宋・秦觀《南池》 汎汎池中鳧，上下與水俱。

宋・秦觀《詠三十六湖》 高郵西北多巨湖，纍纍相貫如連珠。

宋・莊綽《雞肋編》卷中 曾鞏、子固爲越倅，作《鑑湖圖序》曰：「鑑湖，一曰南湖，南並山，北屬州城漕渠，東西距江。」【略】其周三百五十有八里，凡水之出於東南者皆委之，溉山陰、會稽兩縣十四鄉之田九千頃。【略】所謂湖高於田丈餘，田又高海丈餘。水少，則泄湖溉田；水多，則田中水入海。故無荒廢之田，水旱之歲也。【略】宋興，始有盗湖爲田者。

宋・吴若、陳克《東南防守利便》 沅湘衆水，合洞庭之波而轉之於江。

宋・方勺《泊宅編》 泉州萬安渡水闊五里，上流接大溪，外即海也。每風潮交作，數日不可渡。

又 又三日至西海，水味不甚鹹。中有顆鹽，大者重三四斤。其色紅瑩，軍行以和食飲。

又 西安有池産顆鹽，周迴三十里，四旁皆山。

宋・陸游《入蜀記》卷一 五月二十八日 予不至臨安八年矣，湖上園苑竹樹，皆老蒼，高柳造天，僧寺益葺，而舊交多已散去，或貴不復相通，爲之絶歎。

宋・陸游《入蜀記》卷六 十月八日 繚山腹，偃僂自巖下，至洞前，差可行。然下臨溪潭，石壁十餘丈，水聲恐人。

宋・范成大《驂鸞録》閏月六日 東湖秀而野，旁多幽居，松桂蒙鬱。

又 觀鐵柱，在東廡一小枯池中。有柱出地上，高三尺許，其端如槎牙，如枯枅怪石狀，不知其深幾何。

宋・范成大《吴郡志・川》 太湖，在吴縣西，即古具區、震澤、五湖之處。《越絶書》云：太湖周回三萬六千頃，《禹貢》之震澤。《爾雅》云：吴越之間巨區，其湖周回五百里。襟帶吴興、毗陵諸縣界，東南水都也。

又 明月灣，在太湖洞庭山下。

又 練瀆，在天湖。舊傳吴王所開，以練兵。

又 銷夏灣，在太湖洞庭西山之趾山，十餘里繞之。舊傳吴王避暑處，周圍湖水一灣，（冰）〔水〕色澄徹，寒光逼人，真可銷夏也。

又 投龍潭，在黿山。

又 胥口，在木瀆西十里，出太湖之口也。上有胥山，舟出口，則水光接天。洞庭東西山峙銀濤中，景物勝絶。

又 松江，在郡南四十五里，《禹貢》三江之一也。三江自具《辨證》門。今按：松江南與太湖接，吴江縣在江濱。垂虹跨其上，天下絶景也。

又 交讓瀆，在羅城之東北隅。

又 女墳湖，在吴縣西北，昔吴王葬女處。

又 越來溪，在横山下，與石湖連。相傳越兵入吴時自此來，故名。溪上有越城，雉堞宛然。

又 箭涇，一名採香徑。

又 夏駕湖，在吴縣西城下。吴王壽夢避暑，駕遊于此，故名。今城下但存外濠，即漕河也。河西悉爲民田，不復有湖。民猶於河之傍種菱，甚美，謂之夏駕湖菱云。

又 錦帆涇，即城裏沿城濠也，相傳吴王錦帆以遊。今濠故在，亦通大舟。間爲民間所侵，有不通處。

又 採蓮涇，在城内東南隅，運河之陽也。今可通舟，兩岸皆民居，亦有空曠爲蔬圃，此種蓮舊跡也。上有採蓮涇橋。

宋·范成大《吴郡志·水利上》 至和塘，舊名昆山塘。從古爲湖瀼，多風濤。本朝至道、皇祐中，嘗議興修，不果。至和二年，始修治成塘，遂以年號名塘。有昆山主簿丘與權之《記》甚備，今采載之。

宋·范成大《吴郡志·水利下》 荆溪受宣、歙、蕪湖、江東數郡之水，行四十五里至震澤。古人以溪流不足以勝數郡奔注之勢，復於震澤之口，開瀆百條。各有地分之名，而總謂之百瀆。又開横塘瀆一條，綿亘四十里，以貫百瀆，而通瀕湖諸鄉阡陌之水。蓋横塘直南北以經之，百瀆直東西以緯之。既分荆溪之流下震澤，由震澤入太湖，抵松江，由江入海，是以昔年未嘗有水患，而震澤亦不爲吴中害。今荆溪受數郡之水不少減，而百瀆横塘太半堙塞。又蘇、湖、常三州之水，瀦爲太湖，由松江以入海。慶曆二年，以松江風濤，漕運多敗官舟，遂接續築松江長堤，界於江、湖之間。堤東則江，堤西則湖。江之東，即大海堤，横截江流五六十里。震澤受吴中數郡之水，乃遏以長堤。雖時有橋梁，而流勢不快。又自松江至海浦諸港，復多沙泥漲塞，茭蘆叢生，堤傍亦沙漲爲田。是以三春霖雨，則蘇、湖、常、秀，皆憂彌漫。雖增吴江一邑之賦，顧三州逋失者不貲。今欲泄太湖之水，莫若先開江尾茭蘆之地，遷沙村之民。運其漲泥，鑿吴江堤。爲木橋千所，以通陸行。隨橋碶開茭蘆，爲港走水。仍於下流開白蜆、安亭二江，使太湖水由華亭、青龍以入海，則三州無水患。又以陽羨言之，臨江數里，皆民廬墓，今皆在風波浩渺中矣。風静水澄，樹根磚石畢見。官能於農隙，率清泉、祠山、君山三鄉瀕湖植利入户，尋百瀆與横塘舊界牌，分力開通，遇歲大水，則可疏荆溪交合之流，順注震澤。若歲大旱，則可引百瀆及横塘之水，灌溉民田。雖有水旱，豈能侵歲哉？謂又有書名《荆溪集》，亦載此説。時蘇文忠公在翰苑，奏其書，請行之，弗果。政和六年四月，御筆訪聞平江府三十六浦，自古置閘，隨潮啟閉，歲久湮塞，遂致積年爲患。仰莊徽差户曹趙霖，具逐浦經久利害，破驛券遞馬赴尚書省指説。徽，郡守也。

宋·范成大《吴郡志·人物》 蘇州，州地瀕雷澤，田多水。募遊手，疏五河，導極水入海。

宋·范成大《吴郡志·土物上》 白雲泉，在天平山腰，乳泉也。

宋·范成大《吴郡志·考證》 五湖，即太湖也。《風俗通》云：「湖都也。」《周官》：「揚州，其浸五湖。」張勃《吴録》：「五湖者，太湖之别名。以其周行五百餘里，故以五湖爲名。」虞翻又云：「太湖有五道口，則謂之五湖。」《史記正義》「越敗吴於夫椒」引杜預曰：「太湖中山也。」又引賀循《會稽記》云：「勾踐逆吴，戰於五湖中，大敗而退。今夫椒山，在太湖中洞庭山西北。」案：此吴越戰於五湖，直在笠澤一湖戰耳。《史記正義》及顧夷《吴地記》又云：「五湖者，菱湖、遊湖、莫湖、貢湖、胥湖，皆太湖東岸五灣，爲五湖。蓋古時應别，今並相連。菱湖在莫里山東，周回三十餘里。西口闊二里，其口南則莫里山。北則徐侯山，西與莫湖連。莫湖在莫里山西及北，北與胥湖連。胥湖在山西南，與莫湖連。各周回五六十里，西連太湖。遊湖在北二十里，在長山東湖西口，闊二里。其口東南岸樹里山，西北岸長山湖，周回五六十里。貢湖在長山西，其口闊四五里。口東南長山，山南即山陽村。西北連常州無錫縣老岸湖，周回一百九十里已上，湖身向東北，長七十餘里，兩湖西亦連太湖。」又解《（五宗）〔三王〕世家》「五湖之間」云：「五湖謂具區、洮、滆、彭蠡、青草也。」又云：「遊、莫、貢、菱、（胥）爲五湖，蓋太湖東岸，今連太湖。」蓋後五湖，當是也。今案《史記正義》及顧夷所記，五湖今並相連，《五宗》〔三王〕世家》解又以後五湖之説爲是，則五湖爲太湖一湖甚明。《越絶書》云：「太湖，闊三萬六千頃。」則一湖所占廣矣。《史記正義》又引《吴地記》云：「笠澤江，松江之別名。又云笠澤，即太湖。則江湖通爲笠澤矣。」《揚州記》曰：「太湖，一名震澤，一名笠澤，一名洞庭。」《史記》：三苗國，左洞庭，右彭蠡。裴駰注云：「今太湖中包山，有石穴，其深洞無知其極者，名洞庭。」此洞庭非與彭蠡爲對者，但通呼洞庭耳。彭蠡，即宫亭湖爾，裴説殊爲不審。又《水經》：「孫皓天璽元年，臨平湖開。又於湖邊得小石，上刻皇帝字。於是改天册爲天璽元年。孫盛以爲元皇中興之符證，五湖之石瑞也。」以此見古人通名浙西澤藪謂之五湖。又晉楊泉《五湖賦》，止爲太湖而作，此一證也。陸龜蒙云：「太湖，上稟咸池五車之氣，故一水五名。」或又以太湖、射貴湖、洮湖、一名長塘湖，在義興。上湖與隔湖爲五湖，尤謬。

宋・羅願《（淳熙）新安志・歙縣・水源》　黄墩湖，在縣西南四十五里，闊二十餘丈，長三百步，衆水所瀦。【略】

銅井潭，在縣東北四里，揚之水中，周二百尺。【略】

釜底潭，在縣南二里，揚之水中，潭底稍斂如釜。【略】

吕公灘，在縣南十二里，揚之水中，灘長二里，本名車輪灘，湍悍，善覆舟。

【略】

歙浦，在縣東南十五里，源出揚之水，一名新安江，歙之名縣由此浦也，南流百五里入嚴州界。

宋・羅願《（淳熙）新安志・休寧・水源》　尼潭，在縣西北六十里，澄澈百丈。

宋・吴曾《能改齋漫録》卷九《地理》　會稽鑑湖，今避廟諱，本謂鏡湖耳。《輿地志》曰：山陰南湖，縈帶郊郭。白水翠岩，互相映發，若鏡若圖。

宋・周去非《嶺外代答》卷一《地理門・桂林巖洞》　石湖嘗評桂山之奇，宜爲天下第一。

宋・談鑰《吴興志》卷五《湖》　西湖在縣西南五里，周回七十里。山墟名云，一名吴越湖，傍溉三萬頃，有水門二十四所引方山源注焉。《湖見統記》。

又　楊子湖在安吉縣北二十八里，舟楫不通。

又　五湖在縣東南七里曰五龍湖，在西南三里曰姚湖，在南九里曰穫湖，在北二里曰西畝湖，在東二里曰四龍湖，皆有灌溉之功。四龍在龍清觀後，吴越武王以望氣者言山有王氣，使人鑿之，忽有四鴿飛起，煙雲滃然，化爲四龍，因以名湖。

宋・楊潛《雲間志》卷上《古跡》　柘湖，舊圖在縣南七十里，湖中有小山，生柘樹，因以爲名。【略】又《吴地記》：「秦時有女子入湖爲神，湖周回五千一百一十九頃。」其後湮塞，皆爲蘆葦之場，今爲湖者無幾。

宋・楊潛《雲間志》卷中《水》　盤龍浦，自縣東北達於舊江，以其委蛇曲折如龍之盤得名。《祥符圖經》：「縣東北四十五里。」《續吴郡圖經》：「有盤龍滙者介於華亭、崑山之間，步其逕纔十許里，而洄穴迂緩逾四十里，江流爲之阻遏。」盛夏大雨則泛溢，渰稼穡，壞屋廬，殆無甯歲。自乾興以來，屢經疏決，未得其要。

又　崧子浦，按《舊圖》崧子浦在縣東北五十里，又崧子塘在縣北十五里。分而爲二者，蓋北十五里崧子浦之口，東北五十里者下注於舊江口也。慶曆《開顧會浦記》以爲嵩塘蓋此浦，與顧會浦同流而異派，皆瀉水於松江。

又　大盈浦，在縣西北七十里，南接澱山湖，北自白鶴滙以達於松江，浦闊三十餘丈。慶曆《開顧會浦記》論：「華亭浦溆五而大盈，居其一。」王介甫詩「徒嗟大盈北，浩浩無春秋」，即此浦也。

又　趙屯浦，在縣西八十里，南接澱山湖，北達於松江。浦闊五十餘丈，即王可交遇仙處。

又　薛澱湖，在縣西北七十二里，有山居其中。湖之西曰小湖，南接三泖，其東大盈浦，其北趙屯浦，蓋湖所以受三泖及西南諸港之水，自二浦以瀉於松江也。《舊圖》所不載止有小湖，在西北六十里，周回三里。《吴郡圖經》云：「西北有白蜆、馬騰、谷、瑇瑁四湖。」《舊圖》：「谷湖，在縣西北五十三里。馬騰，西北六十里。白蜆，西北七十里。」今白蜆湖在長洲界。所謂馬騰、谷、瑇瑁相去五十里間。澱湖，周回幾二百里，茫然一壑，不知孰爲馬騰湖，孰爲谷湖也。此湖古來鍾水之地，近者如白蜆湖皆成圍田。湖之四旁亦有築堤爲田者，歲有水潦則瀦水者益狹矣。

又　錡湖，在縣西北三十五里，周回二十里，一名洋湖。《舊經》云：「湖有陸錡宅，因以爲名。」又縣東南六十里亦有洋湖，徑十餘里，今皆爲蘆葦之場。

又　鶯竇湖，在縣東三十里，周回五里。

又　來蘇湖，在縣南七十里，周回十七里。

景陵等縣皆是也。

宋・趙彥衛《雲麓漫鈔》卷五　錢塘，《地理志》曰：「會稽，西部都尉治。」又《錢塘記》曰：「防海大塘在縣東一里，符郡議曹華信家議立此塘，以防海水。始開募，有能致一斛土者，即與錢一千。旬月之間，來者雲集。塘未成，而不復取，於是載土石者皆棄而去。塘以之成，故改名錢塘。」張君房《辨錢塘》引《十三州記》云：「杭州武林山高九十二丈，周回三十里，在錢塘縣南十二里，靈隱寺正坐其山。寺之東西瀵二水，東龍源，橫過寺前，即龍溪也，冷泉亭在其上。西曰錢源，其流洪大，下山二里八十步過橫坑橋，入於錢湖，蓋錢源之聚滀也。錢湖一名金牛湖，一名明聖湖，湖有金牛，遇聖明即見，故有二名焉，錢湖即本名也。今萬松嶺下西城第一門曰錢湖門，可驗其實；行次北第二門曰湧金門，即金牛出見之所也；第三門曰錢塘門，乃縣廨在焉。蓋自前古以來，居人築塘，以備錢湖之水，故曰錢塘。」與《圖經》不同。

宋・趙彥衛《雲麓漫鈔》卷一〇　洞庭有山水之分，吳中太湖內，乃洞庭山，產柑橘，香味勝絕，韋蘇州、吳融、王維、蘇子美《詩序》，皆指山爲言。楚之洞庭乃湖，連亘數州，邊湖亦產柑橘。《襄陽記》：「李叔平敕子曰：『龍陽洲有千頭木奴。』」龍陽洲在洞庭側旁。張華云：「橘在湘水側。」劉瑾云：「寄生於南楚。」謝惠連《甘賦》：「傾予節兮湖之區。」皆言湖邊，初不指湖爲言。今湖南多云鼎甘，亦此義。洞庭名同，其別如此。

宋・羅大經《鶴林玉露》甲編卷二《西湖長》　東坡守杭守潁，皆有西湖，故《潁川謝表》云：「入參兩禁，每玷北扉之榮；出典二州，輒爲西湖之長。」秦少章詩云：「十里薰風菡萏出，我公所至有西湖。欲將公事湖中了，見説官閒事亦無。」後謫惠州，亦有西湖。楊誠齋詩云：「三處西湖一色秋，錢塘汝潁及羅浮。東坡元是西湖長，不到羅浮便得休。」

宋・周密《癸辛雜識》續集下《西湖好處》　青山四圍，中涵綠水，金碧樓臺相間，全似著色山水。獨東偏無山，乃有鱗鱗萬瓦，屋宇充滿，此天生地設好處也。

宋・祝穆《方輿勝覽》卷三　柘湖在華亭縣南七十里。湖中小山生柘，因名。

又　龍潭在瑞安縣東北四十里。有瀑布四道，皆懸流數百尺。

宋・祝穆《方輿勝覽》卷九　南塘在雁山之南。舊多荷花，夾岸多橘圃。

又　噀鶴湖，在縣南四十五里，周回五十六里。

又　永興湖，在縣南四十里，周回三里。

又　沈涇塘，在縣西五里，南接運河，北接大盈浦。蓋自檇李城下水流東北，則此塘，所以瀉上流之水也。往時歲旱浚之，遇潮漲則亦可以引松江之水，以資灌溉。

又　古浦塘，在縣西行二十七里，以達於泖。歲旱亦可引三泖之水，以資灌溉。

又　鹽鐵塘，在縣東南長三十里。世傳吳越王於此運鹽鐵，因以爲名。

又　下沙浦，在縣東九十里。紹興乙丑，通判曹泳開港浦凡十八處。

又　白龍潭，在縣西北三里。世傳有龍蟠伏於中，歲旱常禱雨焉。

宋・楊潛《雲間志》卷下《詩》　柘湖，在縣南七十里。湖中有小山，生柘樹，因以爲名。

宋・魏峴《四明它山水利備覽》卷上《日月二湖》　《鄞志》稱城中日月二湖，皆源于四明山，自它山入于南門，瀦爲二湖。在城西南隅月湖中，有十洲三島之勝。湖之支渠，繚繞城市，往往家映修渠。

宋・魏峴《四明它山水利備覽》卷上《防沙》　它山一徑，其地皆沙，內水之咽既窄，引水之港復狹，以致流沙易于擁塞。沙之入港，凡有三焉。七八月之間，山水暴漲，極目如海，平地之上，水深丈餘，湍急迅疾，西岸之沙，逕從平底橫戛入港，須臾淤滿，一也。或遇積潦，雖不没岸，而溪亦湍急，沙隨急流，逶迤入港，日引月長，不覺淤塞，二也。自港口至馬家嘗一帶，兩岸之沙，或因霖雨衝洗，或因兩岸坍損，或因木植衝激，積久不已，亦能填淤，三也。

宋・趙彥衛《雲麓漫鈔》卷一　《書》云：「雲土夢作乂。」孔安國注云：「雲夢在江南。」按《左傳》：吳人入郢，「楚子涉睢濟江，入於雲中；王寢，盜攻之，以戈擊王；王奔鄖。」楚子自郢西走涉睢，則當出於江南，並後涉江入於雲中，遂奔鄖。鄖則今之安州，涉江而後至雲，入雲然後至鄖，則雲在江北也。《左傳》：「鄭伯如楚，王以田江南之夢。」則雲在江北明矣。雲夢之名互見，諸書不同。鄭伯「田江南之夢」，《地理志》云：「南郡華容縣南有雲夢澤。」杜預云：「南郡枝江縣西有雲夢城，江夏安陸縣亦有雲夢。」或曰：「南郡華容縣東南有巴丘湖，江南之夢。」雲夢一澤，而每處有名者，司馬相如賦云：「雲夢者方八九百里」，則此澤跨江南北，皆有名焉。在江南則今之公安、石首、武甯等縣，江北則玉沙、監利、

宋·祝穆《方輿勝覽》卷一二 黯黮灘在郡東十里。灘極峻，人多憚之。

宋·祝穆《方輿勝覽》卷二〇 濯湖在新昌縣東門外。今水清潔，故名。

宋·祝穆《方輿勝覽》卷二二 富池湖源出永興之翠屏六溪，至富池湖口入大江。

宋·祝穆《方輿勝覽》卷二八 南湖在望澤門外。周二十里。舊名赤欄湖。外與江通，長堤爲限。長街貫其中，四旁居民蟻附。

又 太平湖在嘉魚縣南三十里。頃歲中涸，夜有光怪，誌其處而掘之，得古銅鐘。秦少游爲吊鏄鐘文，即此。

宋·祝穆《方輿勝覽》卷二九 諸灘曰青草，曰西蛇，曰難禁，曰三溜，曰偏劫，曰叱波，曰趖灘，曰老翁，曰大蛇，曰鹿角，曰南、北兩席頭，曰上狼尾，皆在州西北。

宋·祝穆《方輿勝覽》卷三四 聖池在新會縣北二里。山頂有塘，花果不種而生，樵夫採之輒雷雨。

宋·祝穆《方輿勝覽》卷三六 東湖在韓山之後。四面回環，荷花彌望。

又 南海在海豐縣。多鮫鯢，其大吞舟。又有鯌魚，朝出食，暮則宿其母腹。

宋·祝穆《方輿勝覽》卷三七 蚌湖在興寧東北四十里。有老蚌大數尺，夜吐光。

又 鰲湖在州北。周回數里，龍潭之水注焉。

宋·祝穆《方輿勝覽》卷四一 清潭在州南七里。其水無源，而自成潭。

又 明鏡湖在州南三十五里，闊五頃。

宋·祝穆《方輿勝覽》卷五八 千頃池在大昌縣西三十六里。波瀾浩渺，分爲三道：一道東流，爲當縣井源；一道西流，爲雲安縣陽溪；一道南流，爲奉節縣西瀼水。

宋·祝穆《方輿勝覽》卷五九 黑潭在安居鎮。潭上有穹巖枵然，其下平廣。巖東偏有溪水自上流下，作水簾狀。

又 魯池在西山，即太守魯有開所鑿。廣百畝，植以紅蓮。

宋·潛説友《(咸淳)臨安志》卷三四《山川》 南上湖在溪南五里，塘高一丈四尺，上下各廣二丈五尺，周回三十二里二十八步，與下湖相接。

又 南下湖在溪南舊縣西二里六十五步，塘高一丈四尺，上廣一丈五尺，下廣二丈五尺，周回三十四里一百八十一步。

宋·潛説友《(咸淳)臨安志》卷三六《山川》 黑龍潭在寶月山寶月寺之西，莫測淺深，亢旱不竭。一曰天井山，下有天井巷。晴則潭水碧色可愛，將雨則湛黑，郡人以此候晴雨，多驗。

又 上潭在天目山東垂崖之下，崖高五十仞。其水紺碧，流奔中潭。登者畏之，但可據石援藤一瞰而已。

又 柯相公潭在縣東南十五里大溪，上曰小柳，下曰大柳，中有大石盤固，水勢湍激，潭在其下。

宋·潛説友《(咸淳)臨安志》卷三八《山川》 三池在天目之東北峯下，有溪曰大徑口、小徑口，世傳爲龍往來之地。未至龍湫數步有潭，形如仰箕，曰箕潭，中有巨石，潭水注入。上池在山東垂崖下，崖高五十仞，上有平地數丈，名拜斗壇，石壁如門，峭立對峙，以限水之出。巨潦泛溢，則激而反趨於寧出，故山前無水患。崖間有石如獅，下瞰潭水，登者據石援藤而眎，毛骨慘慄。水流入中池，又在垂崖三十仞之下，噴瀉如雷，飛濺巖壁，下池接焉。池周回三十餘丈，紺碧深邃，幽沕莫測，三面皆駢石環繞，南溪入大溪至紫溪，七十二灘皆發源於此。巖下有滴乳，民採以療病。歲旱療。

宋·魏泰《東軒筆録》卷八 麟州據河外，【略】有一沙泉，在城外。其地善崩，俗謂之抽沙。每欲包展入壁，而土陷不可城。

宋·鄧牧《洞霄圖志·山水·南湖》 此湖每歲梅雨，苕水盛時，必聚此而後洩於大溪。長堤小橋出其上，髣髴類杭西湖。餘時皆涸，靡望豐草而已。所直爲嶽祠道院間，有田疇在焉。

宋·鄧牧《洞霄圖志·山水·鏡潭》 洞酌之下有石竇，其泉清可鑒物，曰鏡潭。以上四條，悉舊志所載，而氷壺、鏡潭，今泉脈湮没，遂失其處。

宋·吴自牧《夢粱録》卷一二《西湖》 杭城之西有湖曰西湖，舊名錢塘湖。週圍三十餘里，自古迄今，號爲絶景。

又 下湖 下湖在錢塘門外，其源出于西湖，一自玉壺水口流出九曲，沿城一帶，至餘杭門外；一自水磨頭石函橋閘流出，策選鋒教場楊府雲洞北郭税務側，合爲一流。如環帶形，自有二斗門瀦泄之。

又 城内外河 茆山河，東自保安水門向西，過搉貨務橋轉北，過通江橋，一直至梅家橋元德壽宮之東。今宗陽宮有茆山河，因展拓宫基填塞及民户包占，雖存去水大渠，流至蒲橋後被修内司營填塞所不及，故道今廢之。

宋・董嗣杲《西湖百詠・行宫四首》 紫泥柳絲遮緑浪，鳳葉下金堤，澤廣豚魚洽。

宋・曾極《金陵百詠》 玄武湖在上元縣北十里。宋元嘉閒有黑龍見，故名。【略】當日湖光澈鏡心，龍旗鳳吹此登臨。而今鐵馬迴旋地，斜照黄塵一尺深。

又 渺然三十六陂春，石黛潮生歲歲新。楊柳杏花渾好在，吟邊只欠跨驢人。

宋・施諤《淳祐臨安志》卷一〇《山川・湖》 西湖在郡西，舊名錢塘湖，源出於武林泉，周迴三十里。

又 下湖在錢塘門外，其源出于上湖即西湖，一自玉壺水口，流出九曲，沿城一帶至餘杭門外；一自水磨頭石函橋東，入策選鐸教場楊府雲洞北郭税務側合爲一，流如環帶，然有二斗門瀦泄之。

《全宋詞》第三册曹冠《驀山溪・鑑湖》 鑑湖千頃，四序風光好。撥棹皺漣漪，極目處，青山繚繞。

元・單慶修、徐碩《嘉禾志・湖泖・録事司》 天心湖，一名天星湖，在縣東五十步。

元・單慶修、徐碩《嘉禾志・湖泖・松江府》 薛澱湖，在府西北七十二里。

又 錡湖，一名洋湖，在府西北三十五里，周回二十里。

又 鶯竇湖，在府東三十里，周回五里。

又 來蘇湖，在府南七十里，周回一十七里。

又 唳鶴湖，在府南四十五里，周回五十六里。

又 永興湖，在府南四十里，周回三里。

又 谷水，在府南，長一百五十步。

又 横浦，在縣東二里，闊一十二丈。

又 藍田浦，一名魯公浦，在縣南三里，長一十八里。

元・虞應龍《大元一統志・中書省統山東西河北之地・大都路・山川》

海子 大都之中，舊有積水潭，聚西北諸泉之水，流行入都城，而匯於此。汪洋如海，都人因名焉。世祖肇造都邑，壯麗闕庭，而海水鏡浄，正在皇城之北，萬壽山之陰。自至元三十年浚通惠河成，上自昌平白浮村之神山泉下流，有王家山泉、昌平西虎眼泉、孟村一畝泉、西來馬眼泉、侯家莊石河泉、灌石村南泉、榆河温湯龍泉、冷水泉、玉泉諸水畢合，遂建澄清閘於海子之東。有橋南直御園通惠河碑，有云：「取象星辰紫宫之後，閣道横貫，天之銀漢也。擬跡古昔，恣民漁采，澤梁無禁，周之靈沼也。」《日下舊聞考》五三引《元一統志》。

又 白茫淀在順州。在州東北二十五里。水色茫然而白，故名。《永樂大典》四六五六天字引《元一統志》。

元・虞應龍《大元一統志・中書省統山東西河北之地・大名路・山川》

西湖 在大名路濬州之西。乃故城之地，去州二十里。金時引水灌浸，尚不令竭。即今居民，塞其通河水口，以盗種田疇，然有潦溢，已爲洊矣。《永樂大典》二二六三湖字引《元一統志》。

又 西陽明湖 大名路濬州。在伾山東北，有峯孤拔。其下有穴，龍蟄此，晚形而出，盤屈螺殼，作竅而上，不知其極，有神異，至陰晦變而爲雨。《永樂大典》二二七一湖字引《元一統志》。

元・虞應龍《大元一統志・中書省統山東西河北之地・懷孟路・山川》

龍潭 在濟源縣西北五里。其源出延慶院之西，有泉湧出，匯爲池。廣數畝。人傳淵深處有龍居焉。東流經濟瀆廟前，又東北入於河。《大元一統志》一二二孟州。

又 太液池 在天壇西半崖間，有泉流出洑流而下。鄉人歲時遇旱，則禱焉。《大元一統志》一二二孟州。

元・虞應龍《大元一統志・中書省統山東西河北之地・濟南路・山川》

濯纓湖 在濟南路《永樂大典》依明代建制改「路」爲「府」，今正。珍珠泉西。本名灰泉。《甘露園記》云：「中夜至日中爲清泉，日晨至夜分噴出灰，積之成堆，鹹鹵不可飲。今則清冷甘冽，與昔不同。元至正初憲使珊竹希仁書「濯纓湖」三字。《永樂大典》二二七零湖字引《元一統志》。

又 西湖 在濟南城西。南原脱「南」字，今補。豐曾鞏守郡日有詩。宋熙寧六年八《欒城集》五《和李誠之待制燕别西湖詩》「八」作「九」。月李師中字誠之寶集「寶」作「天」。章閣待制自文登集「文登」作「登州」。來守濟南，明年二月移守河南，與其僚宴西湖上。蘇轍子由時爲掌書記，和誠之詩。序曰：「待制李公來守兹土，集「兹土」作「此邦」。慕其山川泉石「泉石」原誤「石泉」，據集正。之勝，慨集「慨」作「恨」。然有久留之意。此邦之人拜集「拜」作「安」。公之惠，亦欲公之久原脱上三字，據集補。於此。然自其始至，而民知其方將復用，懼其不能久矣。厥明年春之仲，集上六字作明年二月。詔書移牧河間。邦父老集老作兄。悼集悼作惜。其去，雖公亦欲集「欲」作「將」。留而不可得焉。於是數與其僚宴於湖上曰：此集「此」作「北」。方幸安，余將復老於此。酒酣賦詩以別，而作者三人。公平生每喜集「每喜」作「喜爲」。詩，所至成編。及來此邦，而未嘗有所爲，故尤貴之。遂相與刻於石，以慰邦人之思。詩曰：「東來亦何恃，夫子此分符。談笑萬事畢，尊罍與集「與」作「衆」。客俱。高情生遠岫，清興發平湖。坐使羈遊士，皆忘歲月徂。從歡「歡」原誤「觀」，據集正。真樂易，恨別不須臾。廟幄新謀帥，河間亦集「亦」作「最」。近湖。集「湖」作「胡」，應據正。安邊本餘事，清賞佚集「佚」作「信」。良圖。應是茲園好，流泉海外集「外」作「內」。無。《永樂大典》二二六三湖字引《元一統志》。

元・虞應龍《大元一統志・遼陽等處行中書省・遼陽路・山川》 蘄芋泊《滿洲源流考》依明代建制「泊」下增「在定遼衛」四字，據《盛京通志》刪。契丹地《盛京通志》「地」下有「理」字。志云：「浿水即古泥河也。」自東逆流數百里至遼陽，瀦蓄不流，有蘄芋草生於泊中，故名。《滿洲源流考》一五引《元一統志》。《乾隆盛京通志》二八引《元一統志》。

元・虞應龍《大元一統志・遼陽等處行中書省・大寧路・山川》 香爐山 在武平縣南三十里。其山孤高，形若香爐，故名。山中有水一泓，澄澈可愛，名曰聖水池。《熱河志》六八引《元一統志》。

元・虞應龍《大元一統志・河南江北等處行中書省・南陽府・山川》 大史湖 《李豸方叔記》：此文李廌濟南集失收。廌與豸通。汝州刺史宅引牛山水爲池，於石穿牙城之東，竇而入於塹。然其防岸墊缺，土堙水穢，或漫浸民室。自丞相富公領州以來，欲治未遑。他日郡置鑄錢官，派水共用，除歸於池，水溢大，池竇不能容洩，則又有決溢之慮，公私病之。今太守德安王公慨然曰：「郡以水名，而汝有海稱。且古語謂汝有三十六浸，是乃澤國。烏有吾池蹴步之外，輒使公私病之？亦政所當及也」。屬歲二月舉春令，命有司慎溝洫陂障，而以待時雨。於是因水所入，至水所出，源流匯委，一時濬治。發故竇爲門柵關鍵，以限內外。廣故塹爲湖，方行五舟。表景三十餘刻迺徧，其深有倍尋者。隄高恒有五尺，長二千步，雜植佳木彌望，命之曰萬家隄。並門駕橋，上可過車，下可通舫，命之曰萬紅橋。引餘波溝隄之南，注之州學。東與橋對，亦有溝，循昭惠廟，濡貫里巷，會南溝於通街之渠，流出東關，過東郭以入於黃陂。蓋前日蓬藋賫菉之怒生，今槐柳交蔭，桃李成蹊矣。前日蛙黽蚊蚋之閧集，今藻荇浮湛，鷗鷺翔戲矣。妙因佛刹，飛觀複閣，映帶其左。而古城喬木，樛枝蒼幹，蔽虧其右。汝陽樓據其北，少室、風穴諸山，又在其北。尊勝臺控其南，崆峒、魯陽諸山又在其南。陵波之亭，辛夷之洲，浮出於回塘菡萏之間。水光照衣履，山色滿欄楯。史君與客，步自西疇，臨石瀨，擷秋英。登舟於南陔之涘，循東西溪，所經皆竹里花塢，委蛇曲折，行錦罽罨畫上。度門至湖，忽空曠清明，如開奩出鏡。雲行日湛，鳶飛魚躍，皆在鏡中。遂爲一郡勝處。客曰：此湖延袤，幾與并汾柳隄等。而郡山浸碧，不減鄂杜渼陂。盍以嘉名之！或曰：成州之房公湖，漢陽之郎官湖，所以爲名，皆因太守。王史君於書無所不通，於文無所不能。妙齡擢上第，驟登瀛洲，領著作。熙寧以來，史官日曆，實與倫次。又嘗以家學典治曆，其成書曰大觀紀元。論者謂史家三長，使君能兼之，俱絶人遠甚，可謂善太史之識矣！宜以太史名之。俾而今而後，游覽於斯者，想其風流於無窮，不亦可乎？衆曰：唯州園十二景，惟望高香遠爲無恙，餘但遺址而已。訪之州人，雖少者猶及見之，而能指顧其處，然則其頽毀未遠也。《永樂大典》二二七〇湖字引《元一統志》。

元・虞應龍《大元一統志・湖廣等處行中書省・武昌路・山川》 武昌南湖 在《永樂大典》依明代建制「在」下增「府」字，今刪。望澤門外。周二十里。舊名赤欄湖。外與江通，長隄爲限，長街貫其中，四旁居民蟻附。《永樂大典》二二六五湖字引《元一統志》。

又 洞庭湖 在巴陵縣西南。北《輿地紀勝》六九無「北」字。連青草，亘赤沙七八百里。《永樂大典》二二六一湖字引《元一統志》。

元・劉壎《隱居通義》卷二九《地理》 惡谿沸海 惡谿在閩，多厲毒，中者温屯嘔泄，逾者脚輒腐弱，其多鱷。沸海常沸，尤多惡魚，炎州貢者經之。《路史》之所載如此。然予嘗仕閩數年，不聞有此也，惟聞延平宣差言：常汎南海，海水中有火出。郭學録又言：嘗見海嘯，其海水拔起如山高。

元・楊維禎《西湖竹枝詞》 八月潮聲動地來，赭龜山外響如雷。

元・劉應李《大元混一方輿勝覽》 房淵 方三百里。石勒時水變爲赤。燕慕容雋知郡，水忽生鹽如印形，其淵一日再長再減，不失其度。時見有龍狗之狀在傍。木葉落於中者，輒有群燕銜出。

元・脱脱等《宋史》卷九五《河渠志五》 起安肅、廣信軍之南，保州西北，畜沈苑河爲塘，衡廣二十里，縱十里，其深五尺，淺或三尺，曰沈苑泊。自保州西合雞距泉、尚泉爲稻田，方田，衡廣十里，其深五尺至三尺，曰西塘泊。自何承矩以黄懋爲判官，始開置屯田，築堤儲水爲阻固，其後益增廣之。凡並邊諸河，若滹沱、胡盧、永濟等河，皆匯于塘。【略】大抵河北塘濼，東距海，西抵廣信、安肅，深不可涉，淺不可舟，故指爲險固之地。

元·脱脱等《宋史》卷九七《河渠志七》 東錢湖容受七十二溪，方圓廣闊八百頃，傍山爲固，疊石爲塘八十里。

又 丹陽練湖幅員四十里，納長山諸水，漕渠資之，故古語云：「湖水寸，渠水尺。」

又 越州水：鑒湖之廣，周回三百五十八里，環山三十六源。

又 秀州水：秀州境内有四湖：一曰柘湖，二曰澱山湖，三曰當湖，四曰陳湖。東南則柘湖，自金山浦、小官浦入于海。西南則澱山湖，自蘆瀝浦入于海。西北則陳湖，自大姚港、朱里浦入于吴松江。其南則當湖，自月河、南浦口、澉浦口亦達于海。支港相貫。

元·元好問《鶴雀崖北龍潭》（清·顧嗣立《元詩選》） 層崖閟頑陰，水木深以阻。湍聲半空落，洶洶如怒虎。

元·方夔《無愁潭》 玉泉飛下東天池，分流一瀉數百里，直抵絶壑瀦清漪。鏡平百丈洞無底，其下深黑蟠蛟螭。幽蘭薜芷亂洲渚，倒影寒浸枯松枝。千回萬折流到海，波濤噴薄孤城危。

元·陳深《雪後遊石湖》 衆峰戴雪玉崔嵬，風定湖光鏡面開。

元·王惲《西湖》 西湖三面簇青山，浄拭菱花照翠鬟。蒼海月寒龍穴露，彩雲仙去鳳簫閒。

元·袁桷《過高郵湖》 七十二湖春浪濃，風力翦霞跳玲瓏。

元·黄溍《曉行湖上》 曉行重湖上，旭日青林半。霧露寒未除，鳧鷖静初散。

元·柳貫《過大野澤》 大野自爲澤，濟流安得通。渟涵就深廣，蟠際渺西東。

元·廼賢《西華潭金之太液池》 秋水清無底，凉風起緑波。

元·泰不華《雨中過長沙湖》 細雨灑秋色，平湖生白波。

元·黄鎮成《舟過大茅洋》 漲海渾茫寄一桴，候神東去接方壺。帆隨雪浪高還下，島浸冰天有若無。鴈影斜翻西日遠，潮聲直上晚雲孤。

元·張昱《過泖湖》 泖湖有路接天津，萬頃銀花小浪匀。

元·圓至《芳塘》 芳塘雨霽緑初肥，折得青條串露歸。一樹殘花喧鬭雀，紅香滿徑撲人飛。

明·宋濂等《元史》卷六五《河渠志二》 太湖爲浙西巨浸，上受杭、湖諸山之水，瀦蓄之餘，分匯爲澱山湖，東流入海。

明·金幼孜《北征録》 二十五日早，發金剛阜，午次小甘泉。有海子頗寬，水甚清，鹹不可飲，中多水鳥。

又 行數十里，有大海子，水稍深。

明·黄潤玉《寧波府簡要志》卷一《輿地志·湖》 日湖 即小江湖，與小江里接境，在城東安鄉。【略】

月湖 即鑑湖，在城武康鄉。宋時湖中十洲，曰柳汀、雪汀、芳草洲、芙蓉洲、菊花洲、月島、松島、花嶼、烟嶼、竹嶼，爲遊樂之所。【略】

廣德湖 府城西十二里，一名罌脰湖，溉西七鄉田。宋郡守樓異奏爲田，今收官租若千萬石。

東錢湖 縣東二十五里，一名萬金湖，以其爲利重也。

明·夏時《錢唐湖山勝槩記》 西湖，環三十里，宋號放生池，萬頃一碧水天。【略】湖之中有三塔，塔之下有三潭，淵淵沉沉，而莫測其深，澄澄湛湛，而莫盡其狀，魚龍變化，鷗鷺浮沉。【略】自法因沿山而行，至南高峯，峯自五雲山際天分劈疊嶂層巒，狀若奔走飛舞，湖中望之超然秀麗，獨出羣峰。【略】西湖過大小二麥嶺，【略】玉泉之水溢出，溉田青潤數里，大旱不竭，爲一方之民利。

明·羅朋《皁李湖水利事實·沿革三》 上虞縣西有皁李湖，一名皁里，去縣半舍，坐第十都，其都地勢高仰，民患旱暵。

明·羅朋《皁李湖水利事實·湖經三·堤塘》 堤塘東北堤岸，自東陡門閘起，至西廟山止，内壁山麓，外臨湖水，聽有産之家修築。西於廟山起，至西陡門閘止，計土石塘一百九十四丈，照依原定保分人民，自備石塊樁條修築。水際密樹楊柳，以禦波濤衝潰。不許砍伐，其塘下有田之人。

明·羅朋《皁李湖水利事實·湖經·詩》 春雲湖東有泉，出自百畝諸山，涓涓不息，注之於湖，曰「瀾嶺泉聲」。

明·徐獻忠《吴興掌故集》卷六 鮑照《自礪山東望震澤》云：「瀾漫潭洞波，合遝崿嶂雲。漲島遠不測，岡澗近難分。幽篁愁暮見，思鳥傷夕聞。以此藉沉痾。棲跡別人羣。結言非盡書。有念豈敷文。」

明·陳沂《游名山録·西湖》 水外離宫合四圍，宮花千樹泥芳菲。鑾回舞散歌聲歇，惟見年年錦翼飛。

明·張瀚《松窗夢語》卷二《北遊紀》 自沛以北，經二十餘閘，始達濟寧，爲山東界。涉獲麟渡，爲南旺湖。湖中遍栽蓮花，香芬襲人，積水以防泉涸。

又 自柴關迤東，懸崖峭壁，急流飛湍，溪中石白如粉，殊快心目。然皆平地，雖沿溪間有木橋，而溪淺岸低，不爲險也。

明·郎瑛《七修類稿》卷四《天地類·水高於山》 《北征録》云：「闊灤海子有山如長堤以限水。海子甚闊，望之杳無涯岸。遥望水高如山，但見白浪隱隱，自高而下。天下之物，莫平於水，獨此水遠見如山之高，近處若極下。【略】此水周圍千里，斡難、臚朐凡七河注其中，名曰玄冥池。

明·楊慎《雲南山川志》 滇池　滇池在府城南，一名昆明池，一名滇南澤，周廣五百餘里，合龍盤江、黄龍溪諸水，匯爲此池。中産衣缽蓮花，盤千葉，蘂分三色。下流爲螳蜋川，中有大小臥納二山。史記滇水源廣末狹，有似倒流，故曰滇。漢武帝欲伐滇國，於長安西南穿昆明池象之，以習水戰。

又 西洱海　西洱海在府城東，古葉榆河也。一名洱海，又名西洱河。源自鄧川，合點蒼山之十八川而匯於此，形如人耳，週三百餘里，中有羅筌、濃禾、赤厓三島及四洲九曲之勝，下流合於樣備江。濃禾島形如几案，故又名卞案山。

明·田汝成《西湖遊覽志》卷一《西湖總敘》 西湖，故明聖湖也，周繞三十里，三面環山，谿谷縷注，下有淵泉百道，潴而爲湖。

又 所謂合臨平湖，經槜澮，以入於海者，理或有之。若西湖，則自古不與江通也。乃今江既不徑臨平，繞越州而東注，而靈隱之南，吴山之北，斥鹵之地，皆成民居，而古蹟益不可考矣。

明·田汝成《西湖遊覽志》卷二《南山勝蹟》 相傳湖中有三潭，深不可測，西湖十景所謂三潭印月者是也，故建三塔以鎮之。

明·田汝成《西湖遊覽志》卷二〇《北山分脈城内勝蹟》 冷泉亭在其上，西有水曰錢源，過横坑橋，入錢湖。錢湖一名金牛湖，一名明聖湖，湖有金牛，遇聖明即見。

明·田汝成《西湖遊覽志》卷二二《北山分脈城外勝蹟》 碧沼，在湖墅西，左八郎祠前。池廣三畝，水極清洌，俗稱清水潭。

明·歸有光《三吴水利録》卷一《郏亶書二篇》 又況太湖蓋積十縣之水。一自江南諸郡而下，嶺阪重復間，當其霖潦積貯溪間，奔湍迤邐而至長安塘湖，又潤州之金壇、延陵、丹徒諸邑，皆有山源，併會於宜興以入太湖；一自杭睦宣歙山，源與天目等山衆流，而下杭之臨安、餘杭及湖之安吉、武康、長興以入太湖，即古所謂震澤也。

明·歸有光《三吴水利録》卷二《蘇軾奏疏》 太湖之水溢爲松江以入海。海水日兩潮，潮濁而江清。潮水常欲淤塞江路，而江水清駛，隨輒滌去，海口常通。

明·李攀龍《滄溟先生集·九日集殿卿池亭分賦》 灑翰湖山清，開樽魚鳥近。零露偃池荷，淒風擕籬槿。

又 寒空鵲嶺秀，霽野湖水闊。墟落散城隅，池亭入幽豁。雲陰出水鮮，石色含霜活。白鳥下煙際，歸鴻起天末。返照款長林，羣流亂相聒。紫蟹壯可持，濁醪美堪掇。

明·李攀龍《滄溟先生集·與茂秦金山寺亭上望西湖》 孤亭遥上翠微重，檻外空林何處鐘？秋到諸天開薝蔔，湖連雙闕散芙蓉。

明·徐渭《徐渭集》卷二三《記·西溪湖記》 湖東起湖山麓，北抵鄭家堡，迤北以西至龍舌嘴前村之高阜，南盡長港埭。從而長，得弓可九百二十七，衡而廣，損從者三之一，周而度之，爲丈者千七百五十二。當湖爲田時，計其畝可千六百二十六，兹復田以湖，宜仍抵湖以田也。

明·沈朝宣《嘉靖仁和縣志》卷二《山川》 城内池

白洋池，在梅家橋東，周三里。

白龜池，在錢塘門裏，舊錢塘治側。此水穢惡不堪，汲飲止資洗濯。

清明池，在錢塘門裏，大理寺議事廳畔。

仁和倉池，今在倉南。

景靈宫園水池，在武林山北。

城外池

洗馬池，去城南二里鳳凰山右翼下，古宋有馬厩於此。

渥洼池，去城東北五十里桐扣山下，佛日淨慧寺之左，泉甚清洌。

龍池，去城東北四十里黄鶴山下，池或出雲則雨。

磨劍池，在臨平山下，有片石，俗傳錢王磨劍于此。

巨源詩爲證。此真腐儒之言，不惟不知形勢高下，亦且漫無根據。《水經》只云「江經靈隱山下，山側有明聖湖」，固未嘗明言湖與相通也。至若賓王、巨源與李鄴侯相去不遠，設若唐時湖與江通，則江湖斥鹵無異矣，鄴侯何故開六井，鑿陰竇，引湖水入市，以便居民，而至今賴其利耶？

明·葉權《賢博編》《杭州郡志》謂西湖故與江通，引《水經》及駱賓王、楊

明·魯點《齊雲山志》卷一《山水》 雲龍潭 水自天池瀉珠簾，下爲碧蓮池，匯此爲潭，莫測其底。天欲雨，雲出其上，如戴笠。居人以此占陰晴，旱則禱之，或得蜥蜴蜿蜒，雨遂至。

明·宋雷《西吴里語》 孝豐天目山第三十四洞天，名太微玄蓋之天，高三萬六千尺，上有兩池，經旱不竭，如左右目，因名天目。其泉甚美，有異形之魚。東南有瀑布，下注數里，名蛟龍池。有十二龍潭，六潭屬孝豐，六潭屬於潛。歲旱禱雨，輒應。至第三潭即止。

又 上智潭旱澇不增減，有神龜出没其中。

又 德清餘英館有雙鴛沼。張子野《樂府》云：「雙鴛池沼水溶溶，南北小橈通。」即此。

又 吴興名州曰震曰湖，皆取太湖之義。太湖在郡治北。《禹貢》「震澤底定」，《職方》「具區五湖」。《五郡圖經》曰：「有小湖、五貢湖、遊湖、胥湖、梅梁湖、金鼎湖，悉屬太湖。」舊編爲固湖、遊湖、胥湖、菱湖、太湖，從寬數百里，苕霅衆水入焉。

明·王士性《五嶽遊草·遊西山記》 始沿河發二十里，行依水曲，峰巒轉盼明滅，漸近見長堤繞浸，是爲西湖。

明·王士性《五嶽遊草·越遊注》 南澗有沼，石文如錦，名錦鏡池。

又 東湖者，去鄞東三十里，受七十二溪之流，灌鄞七鄉，一名萬金湖。

又 又有天池深廣，四畔峻不可下。池之裏有崖，如兩扉而啟其一。

又 巔有湖，久雨則湖水溢下。湖畔大木蘢蓯如虯龍，此鼎湖峰也。傍有伏虎巖、蒼龍峽。

明·王士性《五嶽遊草·遊雁宕記》 小龍湫者，卓筆傍流泉墮澗，視大龍湫而小也。

又 靈雲寺者，在西谷外。從靈雲南入山牽藤而上，日午可到，是爲雁湖，闊頃畝，雁過南海，常棲止其中。湖水墮入澗，流谷口爲大龍湫。

明·王士性《五嶽遊草·入蜀記下》 又前里許爲玉泉亭，泉自岩竇出，泠泠也。

明·王士性《五嶽遊草·楚江識行》 鄱陽一名彭蠡，又名揚瀾左蠡，居南、饒、九江四郡之中。春水方漲，掛帆截洞，瞬息百里，茫無津涯，足配洞庭。

明·王士性《五嶽遊草·泛舟昆明池歷太華諸峰記》 余行滇中，惟金、瀾二江横絡，其他多積窪成海，如洱海、通海、楊林海，是不一海焉，非獨滇也。

明·王士性《廣志繹》卷二 西苑在禁垣西，内有太液池，池内有瓊華島，島上有廣寒殿。

又 南海子即古上林苑。中、大、小三海水四時不竭，禽、鹿、麞、兔、果蔬、草木之屬皆禁物也。據址，周一萬八千六百丈，尚不及百里，僅當漢之十一。雖有按鷹等臺，亦不爲甘泉校獵之用，乃本朝度越處。然非獨官家也，即史稱茂陵富民袁廣漢，築園於北山下，構石爲山，高十餘丈，養白鸚鵡、紫鴛鴦、犛牛、青兕，積沙爲洲嶼，激水爲波濤，致江鷗、海鶴孕雛産鷇，延漫林池，奇草異樹，重閣脩廊，移刻行不能徧。廣漢後罪没，鳥獸草木皆移入上林苑中。然袁園稱東西四里，南北五里，則亦周十八里。今極稱吴中佳麗，然縉紳中何得有此，況民間乎？

又 西湖在玉泉山下，泉水所匯。環湖十餘里，皆荷蒲菱芡，故沙禽水鳥盡從而出没焉。出湖以舴艋入玉河，兩岸樹陰掩映，遠望城闕在返照間。每駕幸西山，必由此回鑾。

又 玄武湖大十數里，中洲爲册庫，以藏版籍。樓開東西牖，隨日照之，得不蛀。初患鼠，賜督工老人毛姓者爲土地乃安。非督册臺省度支郎不得入其地。四山蘸翠，藕花滿湖，香氣襲人。月明之夕，游賞爲最。

又 太湖三萬六千頃，山環七十二峰。中有洞庭兩山，亦名包山。下有洞穴，潛行水底，九疑、衡岳無所不通，號爲地肺。

明·王士性《廣志繹》卷三 大明湖下有源泉，又爲諸泉所匯，當城中地三之二，古稱遥望華不注如在水中。夏時，芰荷滿湖，葦荻成港，汎舟其中，景之絶勝者，惜沿湖無樓臺亭榭以助憩息。

明·王士性《廣志繹》卷四 江右，江以章、貢爲大，澤以彭蠡爲潤，十三郡水皆歸焉，總會於九江而出，大姑、小姑二山攔扼之，此山川之最勝，亦都會之天成也。大姑在府城東南湖中，小姑在彭澤北百里，皆謂其四面洪濤，屹然獨聳。

又　洞庭水淺，止是面潤。括風，驚濤軟浪，帆檣易覆，故人多畏之。

又　洞庭水漲，延袤八百里，盜賊竊發，乃於岳州立上江防兵備，轄三哨官兵偵治之。上哨，自嶽州府南津港至長沙湘陰縣哨，約三百餘里，南接蒼梧，北達荆、郢，東會漢、沔，爲洞庭左臂，哨内小巡把總一，哨官鹿角，磊石、穴子、湘陰哨四，巡簡鹿角，營田各一，信地兵船自府五里至南津港，五里。荆埠港，十五里。河公廟，二十五里。新墻河口，十五里。萬石湖，六里。鹿角，二十五里。啄鉤嘴，二十五里。磊石，十五里。鯽魚夾，十五里。青草港，十里。顔公埠，十五里。穴子哨，十五里。白魚場，十五里。營田司，二十五里。大頭寨，五里。橫嶺，十五里。蘆林潭，水退，各船分移於扁山，高沙洲，沉沙港，蘆林潭等地。中哨，自君山後湖至常德傅家圻三百六十餘里，西北通巫峽，西抵辰，沅，東南極瀟，湘，爲洞庭右臂，哨内小巡把總一，哨官明山一，巡簡古樓一，信地兵船自君山後湖，五十里。蓼荆灣過洞庭大湖，至昌蒲臺，五十里。昌蒲臺内，七十里。石門山迤西，六十里。白苑磯迤北，十五里。傅家圻，自昌蒲外迤東，八十里。團山，二十五里。吉山，十五里。古樓，三十里。明山，水退，分移布袋口，洞庭夾，白水夾，上下井灘等信地。下哨，長江一帶，自岳州至嘉魚界墩子口，約三百餘里，南吞七澤，北迎湘，郢，東連潯，黄，西接三巴，爲洞庭咽喉，哨内小巡百户一，哨官茅埠，竹林各一，巡簡黄家，瓦子，城陵，白螺，鴨欄，茅鎮，石須共七信地，兵船過江北岸，四十里。瓦子灣，二十里。藤站湖，十五里。鹽船漥，二十五里。楊圻腦，二十里。黄家穴，六十里。上茅灣，六十里。西江嘴，西岸流水口，四十里。白螺磯，三十里。楊林山，一十里。白螺山，三十里。王家保，二十五里。新堤口，十里。茅埠鎮，三十里。烏林磯，十五里。竹林灣，十五里。杜家洲，五里。紀家洲，東岸城陵司，五里。團山磯，十五里。象骨港，二十里。道人磯，三十里。青江口，十五里。高家墩，三十里。石頭口，十五里。六溪口，十五里。邱公灣，十里。墩子口，十里。嘉魚縣。此萬曆乙酉馮仁軒露備兵岳州時刻圖。

明·王臨亨《粵劍編》卷一《志名勝》　豐湖，在郡城之西，今人呼爲西湖。延袤數裏，東以城爲儲胥，而西、南、北三方皆重巒爲衛，儼然武林苗裔也。

明·朱國禎《湧幢小品》卷一四《兩湖》　鑑湖周回三百五十餘里，溉田九千頃。湖高田丈餘，田又高海丈餘。後爲民侵佔。

明·何喬遠《名山藏·輿地記·南京》　湖曰洮湖，東連於震澤，五湖之一也。千里湖，陸機所謂末下鹽豉者也。投金瀨，擊縣女子以食子胥，有李白之碑。江曰中江，《禹貢》之三江也。城曰平陵。

又　太湖三萬六千頃，《禹貢》曰震澤，《周禮》曰具區，曰五湖。洞庭山在太湖中，四面水包之。亦名包山，或云仙人鮑靚所居。亦曰林屋山，林屋洞靈威丈人得羽書焉。莫釐山一名胥母，視包山差小。山西之石清以潤，山東之石黄以燥；西宜梨，東宜枇杷；西有兔無雉，東有雉無兔。石湖在縣西南，范蠡從入五湖處。三江口在縣東南三十里，松江、婁江、東江也。有銷夏之灣，錦帆之涇，雞陂鴨城，皆吴王遺跡，有孫武、干將、慶忌、要離之塚。

又　州北百里曰寶應縣，唐名，以上元中獲定國寶，漢平安縣，東漢安定縣。范仲淹嘗知此縣。湖曰白馬，又湖曰范光，禽則産鶴。

又　東北九十里曰安東縣，漢襄賁，昌慮。水曰漣水，湖曰石濩，湖面約三萬四千五百有餘丈。與海州、沭陽、贛榆接境。

又　州西南四百五十里曰英山縣，本蘄州羅田縣東鄉地。山曰英山，塘曰潤州，潤州水漲則塘水滿不流，水消則塘水淺不竭。

又　獨鹿山，有鹿鳴澤。漢武帝元封四年，出蕭關，歷鹿鳴澤者也。

明·袁宗道《白蘇齋類集·遊九龍池》　池上石壁躍起百餘丈，衡理稜層道緊。

明·袁宗道《白蘇齋類集·龍湖》　龍湖一云龍潭，去麻城三十里。萬山瀑流，雷奔而下，與溪中石骨相觸，水力不勝石，激而爲潭。潭深十餘丈，望之深青，如有龍眠。而土之附石者，因而夤緣得存，突兀一拳，中央峙立。青樹紅閣，隱見其上，亦奇觀也。

明·顧起元《客座贅語》卷九　金陵前誌諸湖，近皆堙塞，今獨後湖與莫愁湖在耳。其遺址可考者：燕雀湖，一名前湖，今大内後一半是其地。張陣湖，在石頭城。迎擔湖，在石城後五里。蘇峻湖，本名白石陂，在迎擔湖北。穩船湖，在金川門外，今水門内是，而陳魯南《南畿志》言在佛寧門外，恐非。三岡湖，在淳化鎮關東南。攝湖，在攝山之側。太子湖、夏駕湖，在丹陽鄉。半湯湖，即今湯泉。葛塘湖，在今葛塘寺。白家湖，在今鳳臺門外十里。其白米湖，烏意湖、西千湖、劉陽湖、白社湖、三城湖、婁湖、梁墟湖、高亭湖、石坳湖、河湖、笪湖、銀湖，白都湖類堙爲田地，其名間有存者，而不可考矣。

明·顧起元《客座贅語》卷一〇　後湖之中有五洲：西北曰舊洲，一名祖洲。西南曰新洲，上有郭璞墓，皆爲庫以貯册，前抱一小洲，中有溝，縈環如溪澗，今爲廚房，以供飲食。東二洲，一曰陵趾洲，一曰太平洲。近西小洲號別島，秀出可愛。西南之水獨深而澄，則所謂龍潭也，即劉宋時龍見處。

明・袁宏道《袁宏道集》卷一〇《西湖一》　山色如娥，花光如頰，温風如酒，波紋如綾，纔一舉頭，已不覺目酣神醉。

明・袁宏道《袁宏道集》卷一〇《鑒湖》　土人云：舊時湖在田上，今作海閘，湖盡爲田矣。賀監池去陶家堰二三里，闊可百十頃，荒草綿茫如煙，蛙吹如哭。

明・袁宏道《袁宏道集》卷一〇《五泄二》　飛瀑從岩巔掛下，雷奔海立，聲聞數里，大若十圍之玉，宇宙間一大奇觀也。

明・袁宏道《袁宏道集箋校》卷三七《由天池踰含鄱嶺至三峽澗記》　長江泛瀲，濁波一綫，鄱湖清澈如片照，細見帆影。湖中諸巒，或如蝕翠，或如砂斑之凸起。

明・張維新《華嶽全集》卷二《峯麓名勝紀》　黑龍潭　在頂之南峯上。人間暵旱，祈求必雨。

明・李應奇《崆峒山志・五言截》　西巖泉　西巖水泓澄，沮洳緑罅隙。攜炉就煮茗，爽徹滌肝膈。

琉璃泉　陽麓涌泉飛，瀌瀌逗甘液。道士養金丹，長此汲銀玉。

明・徐霞客《徐霞客遊記・遊廬山日記》　八月二十一日　（漢陽峰頂）南瞰鄱湖，水天浩蕩。

明・徐霞客《徐霞客遊記・遊黄山日記後》　又里許，爲大緑水潭。水勢至此將墮，大倍之，怒亦益甚。

又　九月初六日　復南向循山腰行五里，漸下。澗中泉聲沸然，從石間九級下瀉，每級一下有潭淵碧，所謂九龍潭也。黄山無懸流飛瀑，惟此耳。

明・徐霞客《徐霞客遊記・遊九鯉湖日記》　六月初八日　湖不甚浩蕩，而澄碧一泓，於萬山之上，圍青漾翠，造物之醖靈亦異矣！

明・徐霞客《徐霞客遊記・遊嵩山日記》　二月二十三日　一龍潭沉涵凝碧，深不可規以丈。

明・徐霞客《徐霞客遊記・遊天台山日記》　三月二十日　崖根澗水至瓊臺腳下，一泓深碧如黛，是名百丈龍潭。

明・徐霞客《徐霞客遊記・楚遊日記》　二月三十日　窪中有澄潭一，甚深碧，爲龍潭云。

明・徐霞客《徐霞客遊記・粤西遊日記一》　五月初二日　最東者垂石愈繁，洞亦旁裂，中有清泉下注成潭，寒碧可鑑。【略】

五月初四日　門内即池水一灣，南繞獨秀山之北麓，是爲月牙池。

明・徐霞客《徐霞客遊記・粤西遊日記二》　八月十一日　水洞在山西南隅，其門南向，中寬數畝，潭水四際，瀦而不流，其深不測，而淵碧如黛；其外淺處，紫碧浮映，想爲日光所爍也。

明・徐霞客《徐霞客遊記・西南遊日記十三》　十二月二十二日　又北二里，村聚高懸，中有水一池，池西有亭覆井，即所謂龍潭也。深四五丈，大亦如之，不溢不涸，前瀕於塘。

明・徐霞客《徐霞客遊記・西南遊日記十五》　二月十二日　蓋此中有二龍潭，北峽爲黑龍潭，此下爲香米龍潭，皆有洞自西山出，前匯爲潭，其勝如一軌，不煩兩探。

明・徐霞客《徐霞客遊記・西南遊日記十六》　二月十九日　南湖北海，形如葫蘆，而中東如葫蘆之頸焉。湖大而淺，海小而深，湖名茈碧，海名洱源。

明・蔣一葵《長安客話・郊坰雜記・西湖》　西湖去玉泉山不里許，即玉泉龍泉所瀦。蓋此地最窪，受諸泉之委，匯爲巨浸，土名大泊湖。環湖十餘里，荷蒲菱芡，與夫沙禽水鳥，出没隱見於天光雲影中，可稱絶勝。

明・蔣一葵《長安客話・郊坰雜記・清水澗》　出百望西六十里爲清水澗。是澗也，兩山如門。行可二十里，山皆奇峭巃嵸。泝流而行，有嶺焉，名曰鼇魚巖。吐百穴，匯而爲湖，決而東流，是爲清水之源。

又　十八盤西一舍許，碧駕鷹揚，高峙南北。有湖焉，小而深，在碧駕之巖，團結不見。每春夏之交，山水增流，則湖益清可鑒，曰合抱湖。

明・蔣一葵《長安客話・畿輔雜記・北潭》　縣境東三十里。有大潭，北通薊漕，南達於海，日有潮汐往來。每秋水澄徹，浮光射目。

明・顧震宇《萬曆仙居縣志》卷二　相湖　縣東十五里，四時不涸。嘗於湖中得石，刻「相湖」二字，有題於湖上者：半簾修竹翠舍雨，一鑒澄湖冷浸秋。

又　磐湖　縣東二十五里。相傳常有磐浮水上，光采奪目。

又　黄赤湖　縣東南二十里，修廣皆數丈。水四時如沸，夏飲寒浸毛骨，冬飲則如湯。相傳宋時嘗有龍出没云。

明·聶心湯《萬曆錢塘縣志·紀勝》 西湖，故明聖湖也。周繞三十里，三面環山，谿谷縷注，下有淵泉，有水道瀦而爲湖。漢時，金牛見湖中，人言明聖之瑞，遂稱明聖湖。以其介於錢塘也，又稱錢塘湖。以其輸委於下湖也，又稱上湖。以其負郭而西也，故稱西湖。云南北諸山峥嶸迴繞，匯爲西湖。停泓皎潔，若練若鏡，天然妙鏡，無事雕飾。

明·黎遂球《西湖雜記》卷一 湖于天下山水同，而潔媚特異，比西子選美人者，清麗爲上。戊辰遊有詩云：「和煙看去疑紗隔，潑水圖來怕墨濃。」思之無以易此。

明·刘中藻《洞山九潭志》 同薦叔觀龍潭 空潭深萬丈，竅與海相通。龍起雲蒸雨，我來谷響風。斷崖懸古樹，老竹間新叢。雙瀉秋成瀑，同觀惟汝逢。

明·黄宗昌《嶗山名勝志略·十一》 貯月潭自海門澗水曲折流，巨石交鎖，潭爲多，悉數之不盡。

明·宋彦《山行雜紀》 西湖北岸長堤五六里，砌石古色可愛。夾岸烟柳，緑蔭參天，樹多合抱者。龍王廟據其上，僅僅一廛耳。堤下菰蒲荇藻，交映翡翠。西北諸山環遶，鳧鴈滿中流，羣飛聲振林木。夏月行堤上，内視平疇千頃，緑雲撲地，外視波光十里，空灝際天。諸峯秀色在眉睫間，絶無武陵脂粉氣，更可賞也。

西湖水每合計重三兩，山間井水每合重二兩八錢五分，湖水淡微甘，山間水則甘而冽耳。

明·查志隆《岱史》卷四《山水表》 王母池 一名瑶池。在岳之南麓，池水之源乃岱岳山澗之水也。自黄現嶺會石徑峪、水簾洞諸源滙而爲斯池焉。昔黄帝建觀岱岳，遣女七人，雲冠羽衣，修奉香火，以迎西王母，故名。

玉女池 在岳頂元君祠右。甘冽，四時不涸。一名聖母水池。豫章謝廷傑勒石。

白龍池 在傲來山北。廣數尋，深不可測。池上有龍神祠，歲旱，禱輒應。按察黄鰲刻石曰「霖原」。

封家池 在岳南麓封家墅中，通白鶴泉之下流，涓涓滙焉。

明·釋大善《西溪百詠》卷上《永興湖》 在西溪之東安樂山卜永興寺前，一泓澄碧，紅蓮緑柳，映水臨隄。【略】

晴峰飛翠映蒼茫，一派平湖起碧光。緑柳拂絲花騎醉，紅蓮漾錦畫船香。

明·釋大善《西溪百詠》卷下《瑪瑙池》 在西溪之南出百丈，源清如碧靛，池底皆細石，圓繡如瑪瑙狀。

明·邵寶《慧山記·池澗》 黿池，在華孝子祠。泉流自下池轉而北行，入於黿池。池甃兩螭吻，南螭吐，北螭吞。小橋貫其中，北通金蓮池。

又 金蓮池，在寺庭中，方數丈，石梁貫之中，有金蓮花，故名「山姬」。漂紗較他水特潔，故又名「纑塘」。泉由此分，北流爲香積池，東流爲日月池。亦名「浣沼」。

又 香積池，在文襄祠。柏庭房廢址，故池名仍其舊。

又 日月池，在寺山門内，上有曲水亭，流泉至此引作九曲，今僅兩涔，不知舊何狀。互見勝覽。

又 仙人洗面池，在錫山東南，石圓有郭若盆，然竅通山腹，積水飲數百人，大旱不竭。

又 黄公澗，在南隱房前，下接錫山澗。

又 錫山澗，在張中丞廟前，下接梁溪。

又 回龍澗，在第八峯下。其水從山之西北轉龍尾，又東入運河。

又 月子蕩，在錫山前。

清·孫之騄《南漳子》卷上 古南漳湖 河渚本湖也，以南漳名者，起何時與？曰漳水有二焉：出大鼂谷者清，出鹿谷山者濁，取清濁相蹂義也。二漳俱出上黨，以入於海，豈漳水有時至錢塘入江以入海與？非也。南也者何也？海之南也。濱海之南，故謂之南。亦憑臆之所度，而非所詳矣。然則何以詳之？曰：天目之水注南湖，湖不能容，泛溢錢塘，其水來有舒疾，故其流如漳水之一清一濁相間。然南漳之名，或以此與。

清·汪汝謙《不繫園集·季春燕集園中》 西湖十里渾一碧，六橋橫空蝀水出。

清·汪汝謙《西湖韻事·史寄題韻》 千頃湖光百尺樓，鶴汀鳧渚勝丹邱。秋風應憶張騫到，夜月偏宜庾亮留。

清·談遷《棗林雜俎》中集《名勝》 龍潭 天啟丁卯立秋日，天台石梁下龍潭忽湧金錢二枚，各重一兩六錢，面鑄「太平通寶」字。考《縣志》，宋太宗鎮潭物也，遂名塔曰「聖祥」。

清·談遷《北遊録·後紀程》 戊辰，雨霽。【略】十五里韓莊閘，有土堡，居人百餘家。嶧縣界。自楊莊來，土多石脈，而韓莊南尤甚。相傳鑿河時，沃醋於石而去之，亦艱矣。閘西又有閘，以綰微山湖者。【略】三淺當一閘，古人瀦水，不欲概直概深也。

又 乙亥。行四里董家口，廣十餘丈，居人三百餘家。黄河自開封、徐、邳經口，波濤洶湧。土人方植椿，置埽。其腴畝直一錢，磽者以次減，蓋苦於役重也。晡刻雨，出黄河。風雖逆，倒退二十里。

又 戊戌，雨。【略】自是長隄多水竇，水瑩緑異常，左爲龐家湖。

清・談遷《北游録・紀詠上》 清溪小姑曲　清溪白下流，心馳日歌舞。小姑未解音，嘗獨守門户。

又 湖就姑曲　遵渚下湖就，兩姑異所居。大姑隔湖上，次姑門臨渠。相思致尺素，不嫌雙鯉魚。

又 龍笛曲　洞庭雲氣隨神龍，長空悽惋江聲通，精靈處處來天風。來天風，吹夜月。曲瀟湘，人秦越。

清・談遷《北游録・紀詠下》 甓社湖　荒蕪極望界長隄，湖上分帆波浪齊。聞有夜珠光似月，幾時爲一照窮黎。宋孫莘老家于湖陰，夜讀書，覺窗明如晝。循湖求之，見大珠，其光屬天。黄庭堅詩，甓社湖中有明月，淮南草木借光輝。

又 射陽湖　牙檣飛影度中流，日月雙雙鏡裏浮。水國魚龍三百里，白蘋紅蓼各爭秋。

又 新城帥府行　新城秋野如藪澤，燐注狐嗥月正白。【略】老熊當道據淮河。【略】定昆穿沼水澐澐。

又 路馬湖　平乘嘗四望，雈葦占湖光。避險渠新改，通漕利未忘。鴻陂銷衆怨，龍首樹堅防。堪歎朱工部，游魂尚渺茫。

又 赤山湖　山螺波面赤，水鏡月中舒。

又 南旺湖汶上　縈流餘百里，鷗鷺聚爲家。水淺菱多米，隄圍荻盡花。汶流阻鶺鴒，秋色報寒鴉。宛在中央者，同誰理釣槎。

清・談遷《北游録・紀文》 思陵記　八月朔，昧爽。【略】六里土城灣。土城，古薊丘也。十二里清河，三十里沙河，俱石梁如虹。【略】甘泉翠微。【略】會驟雨，【略】于山下值老閹。拱問余何往，曰：「銀泉山。」曰：「銀泉山頹甚。【略】」後幸南山。【略】今一抔之土，鞠爲茂草，酸棗數本，高不四五尺，求一號烏之樹不可得。【略】自紅門達于長陵二十里，有河前繞，分左右而南。

又 王介人傳　檇里南三十里曰梅溪。

清・談遷《北游録・紀聞上》

又 相傳大禹所開，岩壁有斧鑿痕，一溪中流。自蜀分派，歷西陽、保靖、永順。三月出北江，經辰、常，匯洞庭以達于海。水多碎石，流徙靡定。水性冽，土人涉水没脛，即仆不能起。下灘轉捷，數十里挽舟而上。少不逮，纜倒水溺矣。

又 珠池　廉州府城三門，官署外，俱茅舍，珠池即在海中。一望沉碧，周若干里，餘則濁浪排空矣。崇禎三年珠繁，其後甚少。天涯驛在城南，旁爲海角亭。

清・顧炎武《肇域志・南直隸・南京應天府》 玄武湖在太平門外，周迴四十里。中爲冊庫，築太平堤以捍之。

清・顧炎武《肇域志・南直隸・南京應天府・溧陽縣》 昇平湖，在縣西七十里，水自高淳縣五堰東流入湖。又有溪水，南自建平縣梅渚鎮來會。

清・顧炎武《肇域志・南直隸・南京應天府・溧水縣》 石臼湖，在南三十里，西連丹陽湖，水注大江。

清・顧炎武《肇域志・南直隸・蘇州府・昆山縣》 澱山湖，在縣東南八十里。東西三十六里，南北十八里，匯蘇、湖、秀三州之水，由西南趨東北入吴淞江，以達於海。

清・顧炎武《肇域志・南直隸・蘇州府・吴江縣》 鶯脰湖，在縣南四十里。枕平望鎮，分納荻塘，全納爛、車、黄、穆、急五溪之水，漲而爲湖。

清・顧炎武《肇域志・南直隸・松江府》 澱湖，在西七十二里。受三泖及西南諸港水，自大盈、趙屯二浦以瀉於松江。

清・顧炎武《肇域志・南直隸・常州府》 太湖，在東南一百里，連武進、無錫、宜興三縣界。自湖州府長興縣入宜興，又八十里入武進，又八十里入無錫，四十八里百二十步南入蘇州府吴縣。

清・顧炎武《肇域志・南直隸・常州府・宜興縣》 滆湖，在西北三十五里。東接太湖，西通蕪浦港，南北一百里，與武進中分爲界。

清・顧炎武《肇域志・南直隸・揚州府・高郵縣》 新開湖，在州西北三里，通樊良湖。天長以東諸水盡匯此河。遇風浪輒有覆舟之患，故鑿康濟河以避之。

清・顧炎武《肇域志・南直隸・揚州府・興化縣》 吴公湖，在縣北三十五里。西入海陵溪，通寶應。海陵溪，高郵、寶應、興化皆有之，其實一也。在高郵境内者，東北通興化縣，西抵新開湖堤；在興化境者，南自泰州來，合高郵州河，西入射陽湖；在寶應縣界首者，俗名琵琶頭，去縣東九十里，西北通射陽湖，東接馬長汀。

清·顧炎武《肇域志·南直隸·淮安府》 管家湖，在西門外，中築長堤，以便運舟。築高家堰，捍淮水，由清河會黃河入海。開清江浦，引府北一帶湖水，衝刷清口，通運入淮。

清·顧炎武《肇域志·南直隸·淮安府·鹽城縣》 射陽湖，在縣西一百四十里。西南接寶應縣界，西抵山陽縣，中流爲界，縈迴三百里，其源自楊家溝入，東注於海。

清·顧炎武《肇域志·南直隸·淮安府·安東縣》 碩項湖，在西北一百二十里。一名大湖。西連沭陽桑墟湖，東南各有小河，達於淮。袤廣四十里。

清·顧炎武《肇域志·南直隸·淮安府·海州》 桑墟湖，在西南九十里。上接沭河，下流入海。昔因銀山壩廢，通海，夏則瀦水，冬爲陸地。

清·顧炎武《肇域志·南直隸·安慶府·望江縣》 漳湖，四面受水，最爲田患。近有洲生湖中，土名漳腹洲。蘆課既歲增，而魚課則大妨焉。

清·顧炎武《肇域志·南直隸·寧國府·宣城縣》 南崎湖，在城東北四十里。其北曰北崎湖，總曰南湖。周廣四十餘里，東受廣德、建平諸水，宣之東境水並入焉。舊云宣州有五湖，今蕪湖，丹陽屬太平，固城屬應天，惟北崎，青土尚屬宣城耳。

又 南湖，瀦廣德、建平及宣、寧東境水，廣袤百餘里。郡東北方巨險也，溧陽、高淳間道阻焉。

清·顧炎武《肇域志·南直隸·應天府》 後湖中有五洲：西北曰舊洲，一名祖洲。西南曰新洲，上有郭璞墓。湖大數十里，中洲爲册庫，以藏版籍，樓開東西牖，隨日照之，得不蛀。前抱一小洲，中有溝，縈環如溪澗，今爲廚房，以供飲食。東二洲：一曰陵趾洲，一曰太平洲。近西小洲號別島，秀出可愛。西南之水，獨深而澄，則所謂龍潭也。即劉宋時龍見處。

清·顧炎武《肇域志·南直隸·應天府·揚州府》 揚州五塘：一曰陳公塘，延袤八十餘里，置自漢陳登；一曰句城塘，六十里，置自唐李襲譽；一曰小新塘，一百一十里；一曰上雷塘，下雷塘，各九十里，皆創自先朝。千餘年停蓄天長、六合、靈、虹、壽、泗五百餘里之水，水溢則蓄於塘，而諸湖不致泛濫，水涸則啟塘閘以濟運河。

清·顧炎武《肇域志·南直隸·應天府·高淳》 丹陽湖，在縣西二十五里。東沿與龍潭河相接，周迴二百餘里。

又 石臼湖，在縣北二十里。縱五百餘里，横四十餘里。西連丹陽湖，中流與溧水、當塗三分爲界。中有軍山、塔子山、馬頭山、雀壘山。其東廬山一源，由此以入丹陽湖。舊有二派入龍潭、梅梁港，經湯家埠通濁水，此道昔堙塞。洪武二十五年，命崇山侯李新開臙脂岡爲河，導湖水會於秦淮，以通蘇、浙糧運。今淤淺，屢開屢塞。

又 固城湖，在縣西南五里。縱二十五里，横三十里。北通丹陽、石臼二湖，南岸與宣城、慈溪界。舊志載與當塗界，謬。湖東有廣通鎮壩，壩外有河，舊築五堰，設閘啟閉，導湖水自宜興入太湖。後因蘇、常水患，以石窒五堰，液鐵以錮石。洪武間復疏通之。永樂初築壩，水遂不入太湖。

清·顧炎武《肇域志·南直隸·廬州府·合肥》 巢湖，一名焦湖，在縣東五十里。周迴四百餘里，占合肥、舒城、廬江、巢四縣之境，港汊大小三百六十，爲淮西巨浸。

清·顧炎武《肇域志·南直隸·和州·廬江》 黄陂湖，在縣東南十五里。徑八里許，受縣西五十里馬槽諸山之水，東出缺口入大江。

清·顧炎武《肇域志·南直隸·安慶府·懷寧》 蓮湖，在縣東十二里。其上割江水，其中出長風，其下趨梅林，達於樅陽，入於江。

清·顧炎武《肇域志·南直隸·安慶府·桐城》 孤山湖，即破堤。有河泊所，在縣東南百二十里。其湖倚山之阿，連縣東百二十里竹子湖，接五觀達於源子港，入於江。

清·顧炎武《肇域志·南直隸·安慶府·宿松》 白荆湖，在縣南六十里。其段三十有六，其水引蓮箬趨泊湖，達於雷港，入於江。

又 大泊湧湖，在縣東六十里。小泊湧湖，在縣東八十里。其水合張富，達於揚灣，入於江。

又 石臼湖，在溧水州西南四十里。縱五十里，衡四十里，西連丹陽湖。湖中有軍山、塔子山、馬頭山、雀壘山四山。其水舊有二派入龍潭，梅梁港，經湯家步通濁水，此道今堙塞。今開通胭脂河。

又 長塘湖，今作長蕩。在溧陽州北五十三里。《府志》二十。《縣志》同。周迴一百五十里，接金壇、宜興州界。舊名洮湖。周處、韋昭、酈道元皆以此湖爲五湖之一。中有浮山。其水東連震澤。

又 升平湖，在溧陽州西七十里。水自溧水州五堰東流入湖，即古中江所經之地。又有溪水南自建平縣梅渚鎮來會。

清·顧炎武《肇域志·南直隸·蘇州府》 其最者爲劍池，兩崖劃開，中涵石泉，深不可測。

清·顧炎武《肇域志·南直隸·常州府·宜興》 太湖，在縣東四十五里。南逾蘭山，抵董塘嶺，入長興界；北越竹山，抵百瀆口分水墩，入武進界。納見屬七十四瀆而來諸水，下注三江，以達於海。接太湖所受之水，最大者二：一自寧國、建康等處入溧陽，迤邐入長蕩湖，並潤州、金壇、延陵、丹陽諸水，會於宜興以入，一自宣、歙、天目諸山，下杭之臨安、餘杭，湖之安吉、武康、長興以入，而皆由吳江分流入海。惟寧國、建康諸水，因有東壩，故不注此矣。

清·顧炎武《肇域志·南直隸·揚州府·泰州》 包老湖，在州東北四十里，周四十里。水清而無滓，雖與他水會而不雜。

又 郭太保潭，在州治西北隅。廣袤數頃，深不可測。

清·顧炎武《肇域志·南直隸·太平府·當塗》 丹陽湖，在縣東南七十里。跨多福、黄池、積善、湖陽等鄉，而徽、池、寧國、廣德諸州鄰於本府者，皆以湖心爲界。東西七十五里，南北九十里，太平之巨浸也。

清·顧炎武《肇域志·南直隸·廣德州·全椒》 鄭湖，在縣西北三十里。源出三山尖，過破山口，通蘆陂，至鄭湖，自寨子澗入滁河。湖通廬州孔道，今名赤腳湖者，春夏山水暴漲，深不可渡車輿，淺不能通舟楫，往來難涉。《後魏志》：臨滁郡治葛城，領縣曰鄭。今葛城舊隸本州，此水繞葛城不半里，過毛湯橋入六合，疑縣嘗置於此。

清·顧炎武《肇域志·南直隸·廣德州·含山》 滸湖，在縣相參之地。舊爲郡巨浸，東西闊二十里，南北一十五里。

清·顧炎武《肇域志·南直隸·淮安府·宿遷》 埠子湖，在縣西四十里。多出魚蝦，爲商賈市利之所。

又 管坊湖，在縣北四十里。周迴三十里。歲旱即通車馬，實爲青、齊要路，夏秋之間，泥淖難行。萬曆丙申，知縣何東鳳修路建橋，鋪石其上。

清·顧炎武《肇域志·南直隸·安慶府·望江》 武昌湖，在縣東北三十里。其水受茗山、鳳棲、烏龍、匯馬頭、蘆薪，連青草，以達於江。

又 漳湖，在縣東北六十里。其水納白土，受武昌、青草，仰張山、焦城、車門，趨埭溝，達於山口，入於江。

又 泊湖，在縣西四十里。其水受香山、月山，連龍南、北澇，仰瀧西、金口山，連於吉水慎河，入於江。

清·顧炎武《肇域志·山東·濟南府·歷城縣》 大明湖，在城西北隅。源出歷下諸泉，一名西湖，其大占府城三之一。由北水門出，與濟水合。漲漫無際，遥望華不注峰，若在水中。歷下城絶勝處也。

清·顧炎武《肇域志·山東·兖州府·定陶縣》 范蠡湖，在城內西南隅。其地窪下多水，俗傳爲范蠡養魚所，今涸。

清·顧炎武《肇域志·山東·兖州府·東平州》 南旺湖，在西南三十里，漕河西岸，縈九十里，即鉅野大澤東畔也。宋時，與梁山濼水匯而爲一，圍三百餘里，宋江所據。及會通河開，劃爲二堤，漕渠貫其中，南去濟寧九十里。

又 蜀山湖，在東岸，即南旺東湖也，周圍六十五里。有山一區在水中央，望之若螺髻焉，曰蜀山。

清·顧炎武《肇域志·山東·兖州府·汶上縣》 準字池，在縣治堂上。有孔子準字池，以石爲之，外方內員，刻鯉魚四，注以水，上不在水面，下不在水底，以示中行之意。

又 蒲灣濼，在縣北三里，舊名仲勾陂。周圍十餘里，每秋水泛漲，一望無際。其水西南流七里，至金龍口，入汶河。

清·顧炎武《肇域志·山東·兖州府·東平州》 積水湖，在州西十八里。四面有堤，縈迴百里。正統三年，置減水閘，水漲則開通湖閘，泄運河之水以入湖，水涸則開積水湖閘，放水出河以濟運。但湖地卑而河地高，故入水易而出水難焉。

清·顧炎武《肇域志·山東·兖州府·費》 費城湖，在縣西北一十五里。廣千五百餘畝，有魚鼈、菱芡、蓮藕之利。

又 漏陂，在縣西一百三十里。雨降水集時，汪濊成湖，魚鼈生焉。至霜降後，一夕悉漏，聲聞數里。村人每伺此時具車乘，競取魚鼈，裝載而歸。後人訛爲雷澤湖。

清·顧炎武《肇域志·山東·兖州府·丞水》 滄浪淵，在縣北六十里，車稍峪下。淵西舊有石刻，孔子聽孺子歌滄浪處。四圍峯巒突兀，俯臨澗壑。澗下一池，水深碧，洞昧莫測。淵北有龍祠，土人謂内有穴數畝，達祠下，蓋神龍之宅也。宋宣和間，賜額爲霖澤廟，歲旱禱雨輒應。

清·顧炎武《肇域志·山西·平陽府·襄陵縣》 灰泉，在縣北二里。泉底皆灰，雖淘之不能盡，溉田，入於汾。

清·顧炎武《肇域志·山西·大同府·廣靈縣》 作疃池，在縣城西。方十畝。其水潛縮，中約五畝。遇雷雨動作，則水湧漲。

清·顧炎武《肇域志·山西·太原府·陽曲》 西湖，在南關後西北角，周圍有水養魚。關王廟在水中立，名爲水晶宫。

又 烈石池，在烈石廟牆西。一圓池内徐徐水出，入於汾，不相合。惟清水一泓，流二十餘里，方與汾水合，始渾。

清·顧炎武《肇域志·山西·太原府》 臺駘澤，一名晉澤，在縣南一十里。晉水下流，匯而爲澤，中産蒲魚，民人利之。澤廣二十里，今爲汾水所沫，盡成民田。

清·顧炎武《肇域志·山西·平陽府·臨晉》 五姓湖，在縣西南二十五里五姓村。村有五姓，因名。湖周圍四十里，即涑水、姚暹渠經流所鍾之地。西流至蒲州，入於河。每夏，荷花盛開，爛若披錦，雜以緑蒲紅蓼，足稱佳勝。

清·顧炎武《肇域志·山西·大同府·朔州》 天池，在燕京山原之上，方一里許。其水雖旱不涸，潦不溢，淵深叵測，潛通桑乾河。

清·顧炎武《肇域志·山西·大同府·馬邑》 金龍池，在縣西北十里洪濤山下。有泉一泓，後魏以來，深不可測，嚴冬不冰。池有二龍，時化爲馬，一驪一黄，遇天陰晦輒出。

清·顧炎武《肇域志·山西·平虜衛》 紅山，在城北三十里，土石色紅。

又 磨兒山，在城西北五十里。山形險峻，周環如磨之狀。

清·顧炎武《肇域志·山西·澤州·陽城》 濩澤，在縣北十里。在嶕嶢山下，瀦水一泓，深闊僅丈餘，澄清不竭。縣名濩澤以此。或云：莊子謂舜漁於雷澤，即此。

清·顧炎武《肇域志·山西·開封府·徐州》 秋湖，在州東二十五里。一名東湖。湖本二合爲一，潩水經其中。有魚、蝦、蚌、蛤、菱芡、蒲葦之利。

清·顧炎武《肇域志·河南·汝州》 西湖，在州西北五里。一名龍塘陂。其泉水灌溉田禾，民得其利。上有龍王祠。

清·顧炎武《肇域志·陝西·西安府·蒲城縣》 温湯，在縣東南六十里。源出沮水東岸石眼中，西流里許，入於沮水，四時温煖可浴。近有山曰太湖，平地突起，周五六里，高十餘仞，有危石、古木、流泉、魚稻。

又 東鹵池，在縣南二十里。蓮勺，有鹽池，縱廣十餘里。其鄉名曰鹵中。

又 西鹵池，在縣西南四十里。近池間時産硝，或偶爲鹽。

清·顧炎武《肇域志·陝西·鞏昌府·秦州》 天水湖，在州西南七里。其水冬夏平滿，不溢不涸。

清·顧炎武《肇域志·陝西行都指揮使司·甘州左右前後衛》 居延海，在都司城西北。《地理志》：「渡張掖河西北行，至合黎山硤口，傍河東壖曲屈東北行千五百里，有居延海。」是也。

清·顧炎武《肇域志·陝西·榆林衛》 蒲類海，一名鹽澤，去玉門、陽關三百餘里，廣袤三百里。其水冬夏不增減，一名婆惜海。

清·顧炎武《肇域志·湖廣·漢陽府·漢陽縣》 太白湖，在縣西一百里九真山之南，周二百餘里。春水泛溢，與揚孟池、新灘、馬影、蒲潭、沌河合而爲一，冬涸始分，跨沔陽州界。

清·顧炎武《肇域志·湖廣·嶽州府》 洞庭一湖，兼包青草、赤沙，皆在其内。秋夏水漲，則浩渺無涯。春冬水涸，則洲渚全露，惟一帶而已。

清·顧炎武《肇域志·浙江·金華府》 徐公湖，平石板有泉瀉出，分兩派：一小派往東行，經新開洞合赤松溪；一大派西行，經鹿田入仙洞，流出大溪。

清·顧炎武《肇域志·浙江·紹興府·上虞縣》 夏蓋湖，在西北四十五里。《府志》四十里。北枕大海，周一百五里。海岸有夏蓋山，湖直其南，蓄白馬、上妃二湖之水以防旱，地勢東低而西高，旁立三十六漾，溉田一千三百頃。

又 白馬湖，一名漁浦湖，在夏蓋之南。周四十五里，三面皆壁大山，三十六澗水悉會於湖。

又 上妃湖，在夏蓋之南，白馬之西。周三十五里。《水經》謂之上陂，今誤爲「妃」。元末亦稍爲豪民所侵。

清·顧炎武《肇域志·浙江·寧波府·定海縣》 蓮花洋，在縣東海中補陀巖，佛書所謂海岸孤絶處也。四方沙釋，春月渡海進香以萬數，施舍亦累千金，創建梵宇，極其雄麗。山林田園數十頃，可耕可蔬，足供數百人。

清・顧炎武《肇域志・浙江・杭州府》 西湖，故明聖湖也。周繞三十里，三面環山，溪谷縷注，下有淵泉百道，瀦而爲湖。

清・顧炎武《肇域志・福建・福州府・閩清縣》 鍾湖山，在縣南十五都，大山之西。其東有湖，泥如浦漵，環生蘆荻。舊傳其水應海潮盈縮。

清・顧炎武《肇域志・雲南・澂江府・陽宗縣》 明湖，在縣北一里。周七十里。水色深黑。源出羅藏山下，流入盤江。

清・顧炎武《肇域志・雲南・鶴慶軍民府・劍川州》 劍川湖，在州西北七十里。山頂有泉，廣可半畝，流注州東爲此湖。周數十里，繞流羅魯城，州南。出趙州境。

清・釋自如《上方山志》卷二《山水》 旱龍潭，一名躍龍，在兜率寺東南二里。昔傳神龍之宅華嚴驅龍，龍以水去。雲封苔合，萬古常涸。

清・陳維崧《陳維崧集・洗缽池泛月歌》 三月上日林塘游，盋池花竹何倏倏。

清・陳維崧《陳維崧集・虎丘劍池作》 山腹蒼皮罅。劈巉巖，一窪深黑，險於人鮓。仄嵌斜攢黿脊滑，林氣水聲交射。有屈曲、龍蟠其下。上搆危梁絶巘，窈而深，鑿孔行人怕。吸冷瀑，半空掛。

清・閔麟嗣《黃山志定本・形勝・潭》 白龍潭，在白雲溪由祥符寺左小徑，徑盡得潭，相傳黃帝取潭水鍊丹，感白龍見，因名。潭水深，作碧黝色，得日如瓊，得空如晶，澄澈可畏。方廣十餘丈，深不測，高三丈有奇。僅以數石纍湊而成，可想見石之大。大石無一落潭中，得成此奇也。水從疊石乘高而下，一石仰承兑潭之鵠，假從潭畔側落，亦不壯觀矣，洶湧之勢淩空噴射，徧溪澗水布見石藥銚水，亦入潭中，流入朱砂溪，合湯泉之水，而其源益盛。

又 百丈潭，在紫石峰下。潭水乘厓下瀉趨乎急澗，分映脩林，如積雪之未融，如亂雲之初起。

又 清潭，在清潭峰下，以一云即逍遥溪。

又 桃花潭，在桃花峰下，水流花開，別有天地。

又 九龍潭，丞相源道中可望。百丈飛泉，直落巖下，下注深潭。潭疊爲九，或方或圓，殆類鑿成。水色澄虛，徹底深碧。漸至其頂，潭復在下。

又 逍遥溪，諸潭盈溪皆石，石隙皆潭。潭行止不一色，行者銀鋪，止者黛蓄，憑高望之，有若衆星之繫於地。

又 鐵線潭，在石鼓峰後，千峰幽窈，神龍宫之歲旱，投黑金擾龍眠，霖雨立應。一云潭號赤線，即黃帝探玄珠處。

又 五龍潭，在松谷溪中，緣澗而上者二，左黑龍潭，右白龍潭。左窟形如方印，其色黝□以□澤匯以水流澗中，鏗然有聲，宜名漱玉。右在路傍，形狹長如拖紳，名曰流翠。又以玉檢呼之合洞，而源益巨，砯砰洸潰，不可名狀。上潭黃龍所居，其名珠淵，下潭則青龍偃伏，其底曰瓚玉，曰空青，曰澄碧，不一名。巨石亘其後，水潺潺出石罅中，下注於潭。以綆約之，深倍尋。其中青翠可摘，璀璨奪目。水味酷似揚子中濡泉，或謂過之。最下實稱油潭，其色緑，因名曰懸藜，共五潭。是溪魚有四足，與龍分地潛蟠，不侵不擾。

又 雲門溪諸潭，何以書紀其多也？纍纍者潭，嶄嶄者壁，青青者松。其地僻，其境幽，其徑險，其潭底倒影可觀也。觀之者宜風定時，雨晴時，雪霽時。

又 石井潭，在新羅源口，若巨石鑿成者，濶三丈，水深無底。新羅源近九龍潭，舊志未載。

又 石門潭，在烏泥嶺下，潭最弘濶。

清・閔麟嗣《黃山志定本・形勝・池》 月池。將至蓮花絶頂，一層石平濶如掌，一池圓若月。窟中產放光香砂，倏有倏無，時隱時見。清泉一泓，具異味。不雨不涸，不斟不腐。池之下有庵，庵之下有柏，盤折輪囷，順風所送，十里皆香。蓮花洞前一池，亦名月池。舊有石如蓮心，松柏合抱，生石旁，蘿附松上，故勝石何年而巳，木何年而伐，今則枯藤半掛，小樹半巖而已。

又 流杯池，今失所在。

清・屈大均《廣東新語》 羅山上有神湖，周迴五里，陸賈所謂「羅浮山頂有湖，環以嘉植」者也。

又 又東有數疊泉，經小瀦潭二。一大瀑布，長可三十餘丈，是謂大飛水潭。自西菴而下，又有短瀑布八九，小湫潭四，是皆所謂頂湖也。廣中之山，其頂多有積水，而是山爲湫爲潭者八九，絶與西樵相似。

又 羅浮介廣、惠之間，爲二州所瞻。今行者歌云：「下不見羅浮是廣州，上不見羅浮是惠州。」其厚阯盤迴數百里，支走通衢將並海，復奮起爲揭嶺，其勢逆趨而上，蜿蜒不斷。至惠則攢巒疊巘，如扆如屏，爲一城之擁蔽，其靈秀皆瀦於西湖。

又 西樵下有湖，環山東南，隨水勢曲折而成，長亘六十餘里。

又 會城中故有二湖，其一曰西湖，亦曰仙湖，在古甕城西，僞南漢劉龑之所鑿也。其水北接文溪，東連沙澳，與藥洲爲一。長百餘丈，歲久淤塞。

又 番禺治東北五十里，有小湖。每旦，湖中有一輪，光明如月，大四五尺，朝日射之，摇蕩照耀，土人以爲古鏡，因名湖曰照鏡。

清・顧祖禹《讀史方輿紀要》卷一《歷代州域形勢一》 藪雲夢，在湖廣德安府城南五十里。

又 藪圃田，圃田澤，在河南中牟縣西北七里。

又 藪大野，大野澤，在山東鉅野縣東五里。

又 藪貕養，貕養澤，在山東登州府萊陽縣東，于《禹貢》屬青州境。

又 南有洞庭、蒼梧，洞庭湖，在岳州府城西南一里。詳湖廣大川洞庭。蒼梧，《山海經》注云：「即九疑山也。」在今湖廣寧遠縣南六十里。詳見湖廣名山。

清・顧祖禹《讀史方輿紀要》卷九《歷代州域形勢九》 鄱陽湖之康郎山，鄱陽湖，在南康府城東五里，即彭蠡湖也，西接南昌，東抵饒州，長亘三百里。詳見江西大川。康郎山在饒州府餘干縣西北八十里，當鄱陽湖之南涯。

又 海子，《志》云：在宛平治西三里。舊名積水潭。凡西北諸泉入都城皆匯於此。汪洋如海，因名。又有南海子，在京城南二十里。舊爲下馬飛放泊，内有按鷹臺。永樂十二年增廣其地，周圍凡一萬八千六百六十丈，乃育養禽獸、種植蔬果之所。中有海子，大小凡三，其水四時不竭，一望瀰漫。因禁城北有海子，故别名爲南海子。正德十二年獵於南海子，即此。

又 太湖，府西南四十五里。廣袤十數畝，傍有二泉湧出，經冬不凍。東流爲洗馬溝，俗傳光武徇薊時洗馬於此。西湖，在府西玉泉山下。玉泉之水出石罅間，瀦而爲池，廣三丈許。池東跨小橋，水經橋下，東流匯爲西湖，周十餘里。荷蒲菱芡，沙禽水鳥，稱爲佳勝。

又 七里泊，府西北三十五里，地名碾莊。自昌平州流經此合高梁河，有青龍橋跨其上。又燕家泊，在府西北二十五里。廣袤五十餘畝，東南流入府西十里之玉淵潭，亦曰丁家潭。

又 金盞兒淀，州北二十五里。廣袤三頃，水上有花如金盞，因名。或云即古夏謙澤。胡氏曰：「夏謙澤在薊北二百餘里。」

清・顧祖禹《讀史方輿紀要》卷一一《北直二・遵化縣》 湧泉湖，在縣西南。湖不甚廣，而泉水澄渟不竭。徐貞明曰：「縣西南平安城及沙河鋪、湧泉湖、韭菜溝、上素河、下素河，皆利於耕屯處也。」

清・顧祖禹《讀史方輿紀要》卷一一《北直二・平谷縣》 夏謙澤，縣東北百餘里。晉隆安初，後燕慕容寶爲拓跋珪所迫，自中山至薊盡徙府庫北趣龍城。珪將石河頭時屯漁陽，引兵追之，及於夏謙澤，爲慕容會所敗。胡氏曰：「澤去薊北二百餘里。」今縣東北有海子，或以爲即故澤也。《水經注》「鮑丘水南入夏澤，澤南紆曲渚一十餘里，北佩謙澤，眇望無垠，蓋在潞縣境内」云。

清・顧祖禹《讀史方輿紀要》卷一二《北直三・保定府・清苑縣》 一畝泉，府西三十里。一名尚泉。其流與雞距泉合，亦曰西塘泊，民多利之。○雞距泉，亦在府西三十里。泉水噴流，狀如雞距。與一畝泉合流，由城外濠出爲減水口。元張柔作新渠，鑿西城以入水，水循市東行，轉北别爲東流，垂及東城又折而西，雙流交貫，由北水門而出，爲一城之勝，即清苑河上流矣。

清・顧祖禹《讀史方輿紀要》卷一二《北直三・安州》 邊吴泊，在州西南。亦曰邊吴淀。九河合流溢而爲泊處也。城南舊有邊吴塔，又有古堤，在州城北易水濱，東自邊村而下接雄縣，南自板橋而下接蠡縣，皆以防九河之決溢。《宋志》：「沿邊塘濼，東起雄州西至順安軍，合大蓮花淀、洛陽淀、牛横淀、康池淀、疇淀、白羊淀爲一水，衡廣七十里，縱三十里，或四十五里，深一丈，或六七尺。」今廢。又《會要》云：「邊吴淀西望長城口尚百餘里，皆山阜高卬，水不能至，契丹每言：『宋人安事塘泊？吾騎馳突，得此路足矣。』明道末亦引塘水開方田，始有險可恃。」

又 劉家淀。州西二十里。石橋河、一畝泉河自清苑縣流入境，匯而爲淀，北流入於易水。又州境舊有五門，濮頭等港，宋慶曆五年屯田司葛懷敏奏：「知順安軍劉宗言閉五門、濮頭港，下赤、大渦、柳林口漳河水不使入塘，臣已復通之，令注白羊淀。」蓋南引漳水入塘之道也。今俱廢。《志》云：州西北五里有牙家港，在易水旁；又朱家港，在州西南十五里；與濡水相連入白羊淀。

清・顧祖禹《讀史方輿紀要》卷一三《北直四・河間府》 大浦淀，在府西二十五里。下流注於滹沱。其決入之處一名百道口，亦曰大廉陂。○長豐渠，《唐志》云：「在河間縣西北百里。貞觀二十一年瀛州刺史朱潭所浚。」又開元二十五年刺史盧暉引滹沱河由東城以東通漕溉田，仍曰長豐渠。

清・顧祖禹《讀史方輿紀要》卷一三《北直四・任丘縣》 白洋淀，縣西三十里。周六十里，跨安州、新安、高陽之境。《志》云：淀在縣之開成村，衆水匯流處也。又三潞淀，在縣東北十三里，西接五龍潭。縣西北唐堤之南又有居龍淀，前後有塘，爲衆流之壑。○五官淀，在廢阿陵縣之東。上流諸水悉匯於此，東北接通州武清縣爲三角淀，達直沽以入於海。《志》云：五官淀即武清淀。是也。又有趙家泊，在縣東二十里，亦流入於五官淀。

又 掘鯉淀，在縣東南。鐵燈竿口之水自河間縣引流東北出，入縣境匯而爲淀，遇霖潦則洪波東注，溢入於五官淀而入海。《唐志》：莫州有九十九淀。今縣境以淀名者不一處，掘鯉淀其一也。

又 五龍潭，縣北十一里；縣西十八里爲白龍潭；水皆淵渟，大旱不竭。○唐堤，在縣西北。高阜綿延，凡十餘里，以障水患。蓋亦以唐河而名。

清・顧祖禹《讀史方輿紀要》卷一五《北直六・鉅鹿縣》 廣阿澤，縣北五里。亦曰大陸，亦曰鉅鹿，接趙州隆平縣界。《呂氏春秋》：「晉之大陸，赵之鉅鹿也。」《十三州志》：「廣阿澤，即唐、虞時大麓地，東西廣二十里，南北三十里，葭葦魚蟹之利，充牣其中。澤畔又有鹽泉，煮而成鹽，百姓資之。亦名沃洲。潴而復流，即寧晉之胡盧河也。」《食貨攷》：「漢堂陽縣有鹽官，蓋以地近廣阿澤云。」

清・顧祖禹《讀史方輿紀要》卷一六《北直七・大名縣》 張家澤。縣東二里。魚藻繁衍，冬夏不涸。《志》云：昔有縣令張珩者，結廬讀書澤上，因名。又縣西南三里有白水潭，林樹交蔭，菱荇縱横，爲近郊之勝，蓋即屯氏河之餘浸矣。

又 長豐泊，縣西二十里。《地理志》：「天下水名泊者二，一曰梁山泊，一曰長豐泊。」長豐泊即白祀、同山二陂水所匯也。自大河南徙，二陂漸堙，泊亦淺涸。今爲牧馬地，每遇霖潦，水輒泛溢。」《志》云：長豐泊向爲洿池之所，周數十里。嘉靖中邑令陸光祖因水涸時疏渠，南起交卸村，北抵屯子鎮，延袤九十餘里，一有水患，輒循渠而洩，地可耕藝。未幾湮塞，尋復濬治，至今爲民利。○裴家潭，亦在縣西，與長豐泊相近。宋天禧四年，李垂規度疏河利害，請自衛州東曹公所開運渠東五里引河，正北稍東十三里，破伯禹舊隄注裴家潭逕牧馬陂，正東稍北四十里繫大伾西山，釃爲二渠。不報。

清・顧祖禹《讀史方輿紀要》卷一六《北直七・開州》 西湖，在州城西南。舊時河流匯入，積而成湖，夏秋時彌漫甚廣，後漸淺涸，然猶渟流蕩漾，周數百畝，今無復舊觀也。○胡柳陂，在州東南五十里，與山東濮州接界。五代梁貞明四年，晉王存勗與梁軍大戰處也。今詳見濮州。

清・顧祖禹《讀史方輿紀要》卷一九《南直一》 太湖在蘇州府西南三十里，常州府東南八十里，浙江湖州府北二十八里。其濱湖之縣曰吳縣、吳江、武進、無錫、宜興、烏程、長興，縱廣三百八十三里，周回三萬六千頃。或謂之震澤。《禹貢》曰「三江既入，震澤底定」是也。或謂之具區。《職方》：「揚州藪具區。」《爾雅》亦謂之具區。《山海經》：「浮玉之山，北望具區。」或謂之笠澤。《左傳・哀十七年》「越伐吳，吳子禦之笠澤」是也。或謂之五湖。《職方》：浸五湖。《越語》：「越興師伐吳，至於五湖。」又范蠡曰：「與我爭三江、五湖之利者非吳也耶？」《史記・河渠書》：「於吳則通渠三江、五湖。」《吳世家》：「越王涉江襲吳，去城七里而軍。吳王聞之，去晉而歸，與越爭於五湖。」又范蠡乘舟出五湖口。太史公登姑蘇，望五湖是也。《山海經》注謂之三山湖，又謂之洞庭湖。張勃云：「五湖者，水周行五百里，故名。」虞翻曰：「太湖東通長洲松江，南通烏程霅溪，西通義興荆溪，北通晉陵滆湖，東南通嘉興韭溪，水凡五道，故曰五湖。」翻又云：「太湖有五湖，滆湖、洮湖、射湖、貴湖及太湖爲五湖，蓋太湖之小支俱連太湖，故太湖又得五湖之名。」陸龜蒙云：「太湖上稟咸池、五車之氣，故一水五名。」是皆以太湖爲五湖也。韋昭曰：「五湖者，胥湖、見下。蠡湖、見無錫縣。洮湖、見前。滆湖見常州府。就太湖而爲五。」酈道元曰：「長蕩湖、射湖、貴湖、射貴湖，今常州府之芙蓉湖也。當時或分爲二。又虞翻亦以射、貴爲二湖也。滆湖與太湖而五。」此即虞氏之説。司馬貞則曰：「具區、洮滆、貞以洮、滆二湖爲一湖。彭蠡、見江西大川。青草、洞庭俱見湖廣大川。爲五湖。」李善曰：「洞庭、彭蠡、震澤、巢湖、見廬州府。鑑湖見浙江紹興府。爲五湖。」夫《國語》明言「吳伐越，戰於五湖」矣，《河渠書》「於吳則三江、五湖」，《晉書》：「桓玄補義興太守，歎曰：『父爲九州牧，兒爲五湖長。』」此五湖即太湖之明徵也。《史記正義》曰：「五湖，菱湖、游湖、莫湖、貢湖、胥湖也，皆太湖東岸五灣。」今太湖之中亦自有五名：一曰菱湖，莫釐之東與徐侯山相值者爲菱湖，周三十五里，相傳吳王種菱處。徐侯山在蘇州西北四十里，濱湖。一曰莫湖，莫釐西北，與菱湖相連，周五十里。一曰胥湖，南連莫湖，東逼胥山，周六十里。胥山，在蘇州府西南六十里，當太湖口，亦曰胥口。一曰貢湖，長山西北連無錫老岸者曰貢湖，周百九十里。長山，在蘇州府西五十五里，濱湖。一曰游湖。在長山之東，周五十里。《姑蘇志》：明王鏊輯。「貢湖、游湖、胥湖、梅梁湖、金鼎湖爲五湖。」梅梁湖在西洞庭山之東北。相傳孫吳時進梅梁，至此沉於水。王鏊曰：「在夫椒山東。」金鼎湖，在梅梁湖西。相傳吳王嘗沉金鼎於此。王鏊云：「在杜圻之西，魚查之東。」又有東皋里湖，在西洞庭山之東。王鏊曰：「在林屋之東是也。」《名勝志》：「菱、莫、胥、貢、游五湖之外，梅梁、金鼎、東皋里別爲三小湖，今總名爲太湖。杜圻、魚查，皆湖中小山也。」《吳地記》唐陸廣微著。曰：「五湖，太湖東岸五灣也。古者水流順道，五湖谿徑可分，後世蓄泄不時，浸淫泛濫，五湖並而爲一，與具區無以辨矣。」宋葉夢得曰：「水瀰漫而灘淺者藪也，窪下而鍾水者浸也。太湖多灘淺處，有菱芡蒲魚之利，故曰藪。以富得民。」《吳郡志》：宋范成大著。「太湖東西二百餘里，南北百二十里，周五百里，中有七十二峰，爲三吳之巨浸。」蓋震澤之西北有建康、常、潤數郡之水，自百瀆注之，舊《志》：百瀆在宜興者七十四，在武進者二十六，凡四十餘里，今皆湮塞。西南則有宣、歙、臨安苕、霅諸水自七十二漊注之，七十二漊在烏程者三十有九，在長興者三十有四，今亦湮塞。《吳江志》云：「諸漊皆源於湖州嘉興境內，經吳江縣西南而北注太湖。」蓋舊道已堙。《志》雖列載其名，要非實録矣。其旁近州邑之水，類皆以太湖爲壑，源多流盛，惟賴三江導之入海而已。王鏊曰：「東南諸水，皆歸太湖，其最大者有二：一自寧國、建康等處入溧陽，迤邐至長蕩湖，並潤州金壇、延陵、丹陽諸水會於宜興以入；一自宣、歙、天目諸山下杭之臨安、餘杭，湖之安吉、武康、長興以入。皆繇吴江分流入海。」入海之處率多堈磧，且潮沙易淤，故太湖之水易噎而難洩，奔騰激盪，浙西恒多水患，蘇、松承其下流，剥膚爲甚。唐長慶四年太湖決溢。宋景祐初，范仲淹知蘇州，以州地濱震澤，田多水患，募游手疏五河，五河，常熟之白茆、許浦，崑山之茜涇、下張、七鴉也。導積水入海。元祐中單諤議置五堰於溧陽，開百瀆於宜興，置斗門於江陰，分列千橋於吴江，以經理太湖之水。紹興二十三年，諫議史才言：「浙西民田最廣，平時無甚害者，太湖之利也。近年瀕湖之地，多爲兵卒侵據，累土增高，旱則據之以溉，而民田不沾其利，澇則遠近泛濫不得入湖，而民田盡没。望盡復太湖舊迹，俾軍民均利。」明年大理丞周環言：「臨安、平江、湖、秀四州，下田多爲積水所浸。緣溪山諸水並歸太湖，自太湖分二派，東南一派繇松江入海，東北一派繇諸浦注之江。今泥沙淤塞，宜以時濬決，俾水勢疏暢，實四州無窮之利。」二十八年，轉運使趙子潚等言：「太湖者，數川之巨浸，而獨洩以松江一川，宜其勢有所不逮，是以昔人於常熟之北開二十四浦，二十四浦，謂許浦、白茆、福山及黄泗、奚浦、西成、東成、水門塘、崔浦、耿涇、魚磹、鄔溝、瓦浦、塘浦、高浦、金涇、石撞、陸河、北浦、千步涇、司馬涇、野兒、錢涇、黄鶯漕是也。疏而導之江，又於崑山之北開一十二浦，十二浦，謂掘浦、下張、七鴉、茜涇、楊林、六鶴、顧涇、川沙、五嶽、蔡浦、琅港、參浦也。時嘉定縣、太倉州未置，崑山之地東至於海。分而注之海。三十六浦漸爲潮汐泥沙所積，其開江之卒亦廢，於是民田有湮没之患。天禧、天聖間漕臣張綸嘗於常熟、崑山各開衆浦，景祐間郡守范仲淹亦親至海浦，開濬五河，政和間提舉官趙霖復嘗開濬。今諸浦湮塞，又非昔比，宜大加開濬。」詔如所請。元時亦嘗濬治。明以浙西爲財賦之本，特設水利之官，以董濬治之役，而未有修其職者。弘治七年工部侍郎徐貫議濬吴江長橋水口，導太湖之水散入澱湖、昆承、陽城等湖，而開吴淞江下流及大石、趙屯等浦以洩澱湖之水，開白茅、白魚洪、鯰魚口諸處俱在常熟縣東北。以洩昆承湖之水，開七浦、鹽鐵等塘常熟、崑山、嘉定、太倉俱有此塘。以洩陽城湖之水，使太湖下流分入江、海。又議開湖州漊涇洩天目諸山水自西南入太湖，開常州百瀆洩荆溪之水自西北入太湖，又開各斗門以洩運河之水繇江陰入江。尋復湮廢。嘉靖初撫臣李充嗣復議開七十二漊以治太湖上流，濬趙屯、大盈諸浦以洩吴淞下流，功亦未集。説者曰：「固五堰以清上源，濬三江以清下流，則太湖可保百年無事。」蓋五堰者，所以堰金陵、宣、歙諸水使自蕪湖入江者也。五堰始於楊行密，本作此爲拖船饋糧之計，宋人遂因之以節水入江，今東壩其故址也。見應天府溧陽縣廣通壩。元末五堰廢壞，明初復修東壩故址，於是宜興百瀆之流益減，所患三江舊迹日就淪廢而已。夫太湖居江、浙數郡之中，無事時爲財賦所資，有事時即要害所寄也。唐武德三年李子通爲杜伏威所敗，自京口東走太湖，收合亡散，襲敗沈法興於吴郡，遂取其地。五代時吴越、南唐往往相持於此。明初平張士誠，亦自宜興出太湖，先取其湖州。蓋自昔用兵者出奇之地，談地利者可不加之意哉？

清・顧祖禹《讀史方輿紀要》卷二〇《南直二・應天府》　玄武湖，在府城北太平門外。舊《志》：在上元縣北十里。一名蔣陵湖，一名秣陵湖，亦曰後湖，以在故臺城後也。湖周四十里，東西有溝流入秦淮，春夏水深七尺，秋冬四尺，灌田百餘頃。湖故桑泊也，三國吴謂之後湖，後廢。晉元帝太興二年創爲北湖，以肄舟師。明年築長堤以壅北山之水，東自覆舟山，西至宣武城，凡六里餘。太寧二年，王敦使王含等犯建康，顧颺説敦將沈充曰：「今決破栅塘，因湖水以灌京邑，乘水勢縱舟師以攻之，此上策也。」栅塘在秦淮水上，湖即玄武湖。宋元嘉二十二年，復築北堤，南抵城東七里之白塘，以肄舟師。二十三年黑龍見，乃立三神山於湖上，改名玄武，大閱水軍，號昆明池，俗呼爲飲馬塘。時又於湖側作大竇通水入華林園天淵池，復貫串宫掖注城南塹。元徽四年建平王景素舉兵京口，蕭道成屯於玄武湖以備之。齊永明中亦演水軍於此。永泰初王敬則舉兵會稽，至曲阿，詔沈文季屯湖頭備京口路。胡氏曰：「湖頭即玄武湖旁地，東接蔣山西巖，西抵玄武湖堤，地勢平坦，當京口大路。」永元二年崔慧景自京口逼建康，詔遣王瑩築壘湖頭，上帶蔣山西巖以拒之是也。梁太清二年，侯景作亂，邵陵王綸自京口入援臺城，繇蔣山而前，軍玄武湖，景軍於覆舟山，及戰，爲景所敗。既而梁將宋嶷降景，教之引玄武湖水以灌臺城，闕前皆爲洪流，臺城尋陷。紹泰初，齊軍踰鍾山，至玄武湖，陳霸先敗之於幕府山。《南唐邇事》「金陵北有湖，周數十里。名山大川，掩映如畫。六朝舊迹，多出其間。每歲菱藕網罟之利，不下數十百千」云。宋天禧初，知昇州丁謂言：「城北有後湖，往時歲旱水竭，給爲民田，凡七十六頃，蔭溉之利遂廢。今宜復舊制，疏爲陂塘以畜水，使負郭無旱歲。」從之。四年給爲放生池。熙寧八年王安石言：「金陵北關外有湖二百餘頃，古迹號爲玄武，前代以爲遊翫之地，今空貯波濤，守之無用。臣欲於内權開十字河源，洩去餘水，決瀝微波，使貧困饑人盡得螺蚌魚蝦之饒，此目下之利；水退之後，分濟貧民，假以官牛官種，又明年之計也。」詔從之。自是開十字河，立四斗門以泄水，湖遂廢爲田。又跨河爲橋，以通往來，歲久舊迹益堙，惟城北十三里僅存一池。祝穆云：「玄武湖今爲後軍寨是也。」元時亦廢塞，明初復開浚，中有舊洲、新洲及龍引、蓮萼等洲。洪武中置庫於湖中洲上，以貯天下圖籍。又築太平隄以備湖水潦溢。《實録》：「湖在三國時已有之，吴寶鼎二年開城北渠，引後湖水流入新宫是也。」或謂之練湖。徐爰《釋問》「湖實創始於東晉大興中」云。

又 黄天蕩，在府東北八十里。韓世忠與兀术相持處也。胡氏曰：「大江過昇州界浸以深廣，自老鸛嘴度白沙横闊三十餘里，俗呼黄天蕩。」《輿程記》：「黄天蕩一帶，大江闊四十里，中間有太子洲，其餘汊港村落，限隔横錯，水陸之盜，俱出於此，而龍潭斜溝特爲津要。」龍潭斜溝，見句容縣。白沙，見儀真縣。

清・顧祖禹《讀史方輿紀要》卷二一《南直三・壽州》 芍陂，在安豐城南百步。亦曰安豐塘，亦曰期思陂。《淮南子》：「孫叔敖決期思之水，灌雩婁之野。」《意林》：「孫叔敖作期思陂，而荆之土田贍。」《水經注》：「肥水東北逕白芍亭東，積而爲湖，謂之芍陂，周百二十里，在壽春縣南八十里。陂有五門，吐納川流。西北爲香門，陂水北逕孫叔敖祠下，謂之芍陂瀆，又北分爲二水，一水東注黎漿，一北至淝水。」《皇覽》：「楚大夫子思造芍陂。」崔實《月令》：「叔敖作期思陂。」《華夷對境圖》：「芍陂周回二百二十四里，與陽泉大業陂並孫叔敖所作。開溝引淠水爲子午渠，開六門，灌田萬頃。」《通釋》：「芍陂首受淠水，西自六安，北界驧虞石，東自濠州之南横石，水皆入焉。」《後漢書・王景傳》：「建初八年徙廬江太守，郡界有故芍陂稻田，景驅率吏民修起蕪廢，灌田可萬頃，繇是境内豐給。」《魏志》：「建安十四年曹操軍譙，引水軍自渦入淮，出淝水，軍合肥，開芍陂屯田。」蓋自芍陂上施水則至合肥也。建安五年，劉馥爲揚州刺史，鎮合肥，廣屯田，修芍陂、茹陂、七門、吴塘諸堰以溉稻田，公私有積，歷代爲利。後鄧艾重修此陂，堰山谷之水，旁爲小陂五十餘所，沿淮諸鎮並仰給於此。《吴志》：「赤烏四年，全琮略淮南，決芍陂，魏將王凌與琮戰於芍陂，琮敗還。」晉初，吴丁奉、諸葛靚皆出芍陂攻合肥。又劉頌爲揚州，亦修治芍陂。永和八年，謝尚與苻秦將苻雄戰於許昌，敗奔淮南，姚襄送尚於芍陂。九年姚襄自淮南進據芍陂，尋徙屯於盱眙。伏滔曰：「龍泉之陂，良疇萬頃。」謂芍陂也。宋元嘉七年，長沙王義欣爲豫州刺史，鎮壽陽，芍陂久廢。義欣修治陂防，因舊溝引淠水入陂，溉田萬餘頃，無復旱災。齊建元二年，豫州刺史垣崇祖修理芍陂屯田。隋開皇中趙軌爲壽州長史，芍陂舊有五門堰，軌更開三十六門，灌田五千餘頃。唐上元中亦於壽春置芍陂屯田。《元和志》：「芍陂周三百二十四里，逕百里。」宋熙寧中嘗議修治。元至元二十一年，江淮行省言：「安豐芍陂，可溉田萬頃，若立屯開耕，實爲便益。」從之，於安豐立萬户府，屯户一萬四千八百有奇。後廢。夫芍陂，淮南田賦之本也。曹公置揚州郡縣長吏，開芍陂屯田，而軍用饒給，齊、梁間皆於芍陂屯田，而轉輸無擾，乃棄而不事何歟？期思，見河南固始縣。芍，讀作鵲。

清・顧祖禹《讀史方輿紀要》卷二二《南直四・淮安府》 射陽湖，府東南七十里。亦曰射陂，一名博支湖。闊三十丈，長三百里，與鹽城、寶應縣分界。漢武帝子廣陵王胥有罪，其相勝之奏奪王射陂是也。唐大曆三年嘗置官屯於此，尋廢。今府境東南諸水皆匯於湖中，復灌輸於淮以入海。而潮沙溢入，淺淤且過半矣。

清・顧祖禹《讀史方輿紀要》卷五三《陝西一》 西海，在西寧衛西三百餘里。闞駰曰：「西海東去西平郡二百五十里。」亦曰湹海，酈道元曰：「古西湹之地也。」亦曰青海，亦曰卑禾羌海，闞駰曰：「金城臨羌縣西有卑禾羌海。」亦曰鮮水海，亦曰允谷鹽池，西海則其總名也。海方數百里。漢元鼎四年先零羌與匈奴通，攻令居，見西寧衛。圍枹罕，遣將李息、徐自爲擊平之，始置護羌校尉，羌乃去湟中依西海、鹽池。神爵初西羌叛，酒泉太守辛武賢請擊罕幵在鮮水上者。又趙充國請治湟陿以西道橋七十所，令可至鮮水左右。元始四年王莽誘塞外羌獻鮮水海允谷鹽池，置西海郡。後漢永元中，護羌校尉周鮪等擊滅叛羌，西海及大、小榆谷見西寧衛。無復羌寇。隃麋相曹鳳言：「自建武以來，諸羌犯法者常從燒當種起。所以然者，以其居大、小榆谷，土地肥美，有西海魚鹽之利，阻大河以爲固，故彊大，常雄諸種。今者衰困亡逃，宜及此時建復西海郡縣，規固二榆，廣治屯田，隔塞其交關之路。又植穀富邊，省委輸之役，國家可以無西方之憂。」從之，乃繕修故西海郡。晉隆安四年後凉楊軌叛，起兵攻姑臧，兵敗屯廉川，降於禿髮烏孤。軌尋爲羌梁饑所敗，西奔湹海，襲乙弗鮮卑而據其地。義熙九年沮渠蒙遜遣兵襲破卑和、烏啼二部，卑和即卑禾也。二部蓋在西海旁。十三年蒙遜復遣將襲烏啼及卑和部，皆破降之。西魏初凉州刺史史寧與突厥分道襲吐谷渾，還會於青海。隋開皇初遣元諧等襲吐谷渾，敗之於青海。《隋書》：「青海在吐谷渾中，周迴千餘里。海中有小山，每冬冰合，以良牝馬置此山，至來春牧之，牝馬皆孕，生駒號爲龍種。青海西十五里，吐谷渾伏俟城在焉。隋伐吐谷渾得其地，以俗傳置牝馬於小山上得龍種，因置馬牧，縱牝馬二千匹於川谷，以求龍種，無效而止。」唐貞觀八年段志寧出西海道破吐谷渾，追奔八百餘里，去青海三十里。既又使李靖出西海道節度諸軍，盡平其地。十二年吐蕃擊破吐谷渾，吐谷渾王諾曷鉢遁於青海北。龍朔二年吐蕃大破吐谷渾，屯於青海。咸亨二年薛仁貴等擊吐蕃，敗於大非川，青海遂没於吐蕃。儀鳳三年洮河總管李敬玄擊吐蕃，敗於青海之上。永隆元年吐蕃贊婆寇良非川，河源軍副使黑齒常之敗之，又追破之於青海。二年贊婆畜牧於青海，常之復掩破之。武後萬歲通天初，吐蕃請罷安西四鎮戍兵，并求分十姓突厥之地。郭元振議以青海吐谷渾爲國家要地，使吐蕃歸之，以易四鎮十姓，不果。開元十四年吐蕃悉諾邏寇大斗拔谷，見凉州衛。遂破甘州，焚掠而去。凉州都督王君㚟度其兵疲，引兵躡其後。吐蕃自積石軍西歸頓大非川，君㚟追之，及青海西，乘冰而渡，襲其輜重而還。三十五年河西節度副大使崔希逸敗吐蕃於青海西。天寶初隴右節度使皇甫惟明破吐蕃大嶺軍，又敗之於青海。五載，河西、隴右節度使王忠嗣與吐蕃戰於青海、積石，皆大破之。七載，哥舒翰爲隴右節度使，築神威軍於青海上，吐蕃來攻，翰擊破之。又築城於龍駒島，時有白龍見，因號應龍城，吐蕃不敢近青海。明年翰遣謫卒二千戍龍駒島，冬冰合，吐蕃大集，戍者盡没，於是以後中原多故，青海不復爲王土。明正統以後，逋寇竄集於青海，論者常引爲西顧之憂云。

清・顧祖禹《讀史方輿紀要》卷七五《湖廣一》　洞庭湖在岳州府城西南一里。或謂之九江。《禹貢》：「九江孔殷。」又云：「過九江至於東陵。」《山海經》：「洞庭乃沅、澧之交，瀟、湘之淵，夏秋水漲，方九百里。」許慎云：「九江即洞庭也。」沅、漸、無、辰、敘、酉、澧、資、湘九水皆合於洞庭中，東入江，故名九江。」或謂之五渚。《戰國策》：「秦破荆襄郢，取洞庭五渚。」又蘇代曰：「乘夏水下漢，四日而至五渚。」裴駰云：「五渚在洞庭，沅、澧、資、湘四水自南而入，荆江自北而過，洞庭瀦其間，謂之五渚。」劉伯莊曰：「五渚在宛、鄧間，臨漢水。」《韓非子》又作「五湖」也。或謂之三湖。三湖者，洞庭之南有青草湖，湖在巴陵縣南七十九里，在長沙湘陰縣北百里，周迴二百六十五里，自冬至春，青草彌望，水溢則與洞庭混而爲一矣；洞庭之西則有赤沙湖，湖在巴陵縣西百里，在常德府龍陽縣東南三十里，周迴百七十里，當夏秋水泛則與洞庭爲一，涸時惟見赤沙彌望；而洞庭周迴三百六十里，南連青草，西吞赤沙，横亘七八百里，謂之三湖。又或謂之重湖。重湖者，一湖之内，南名青草，北名洞庭，有沙洲間之也。祝穆曰：「青草湖一名巴丘湖，北連洞庭，南接瀟、湘，東納汨羅之水，自昔與洞庭並稱，然而巴丘實爲通稱矣。」《後漢志》：「巴丘，江南之雲夢也。」郭璞亦言：「雲夢，巴丘湖是也。」則巴丘又兼有雲夢之名。舊《志》曰：巴丘湖當沅、湘之會，表裏山川，寔爲險固，羣蠻所據也。則洞庭即爲巴丘矣。《志》又云：洞庭，太湖也，廣圓五百餘里，日月若出没於其中。吴起曰：「三苗之國，左洞庭，右彭蠡。」《莊子》：「黄帝張咸池之樂於洞庭之野。」《楚辭》：「邅吾道兮洞庭。」後漢《南蠻傳》：「吴起相悼王，南並蠻越，遂有洞庭、蒼梧。」是也。洞庭湖中有君山，亦名洞庭山，在岳州府西南十五里。在湖中心，方六十里。《巴陵志》：「湘君所遊，故曰君山。」唐武德四年李靖攻蕭銑曰：「蕭銑之地，南出嶺表，東距洞庭。」天復二年淮南將李神福攻杜洪於鄂州，荆南帥成汭引舟師來救，神福遣軍逆擊之於君山，大破之。後唐天成三年吴將苗璘等將水軍攻楚岳州，至君山，楚將許德勳禦之，潛軍角子湖，一名淄湖，見岳州府。使别將絶吴歸路，吴師還，遂擊擒之。宋崇寧四年詔開修青草、洞庭直河。紹興五年，嶽飛討楊么於洞庭，伐君山木爲大筏塞諸汊港，擒么斬之。今道出湖、湘間者，必問津於洞庭。洞庭吐納羣川，而大江西來，横亘其口，每歲六七月間岷、峨雪消，水暴漲，自荆江逆入洞庭，清流爲之改色。渡湖而南，則由長沙而之嶺、海，湖闊二百里；渡湖而西則由常德而道滇、黔，湖闊二百五十里；渡湖而西北則入澧州而取逕於荆州、常德之間，湖闊亦二百里：誠荆州之巨浸矣。

又　鄱陽湖即彭蠡湖，在南昌府東北一百五十里，饒州府西四十里，南康府城東五里，九江府東南九十里，周迴四百五十里，浸四郡之境。《禹貢》：「彭蠡既豬。」《史記》：「吴起曰：『三苗之國，左洞庭，右彭蠡。』」又漢武帝浮江出樅陽，過彭蠡。樅陽，見江南桐城縣。後亦謂之揚瀾左里。晉末劉裕破盧循於左里，即彭蠡湖口也。今南康府都昌縣有左里城。《水經注》：贛水總納十川，同湊一瀆，注於彭蠡，清潭遠漲，緑波凝净，而匯注於江。自隋以前概謂之彭蠡，煬帝時以鄱陽山所接，兼有鄱陽之稱。大業十二年劉子翊討鄱陽賊林士弘，戰於彭蠡湖，敗死。唐《十道志》：「彭蠡，江南之大川也。」《六典》曰：「彭蠡一名宫亭湖。」《圖經》：「鄱陽湖東至饒州餘干縣之康郎山，西至新建縣之荷陂里，南至進賢縣之北山，北至南康府都昌縣，其南入南昌界者則爲宫亭湖。」《饒州志》：「鄱陽湖收江、饒、衢、徽之流，會大江入海，長三百里，闊四十里。中有雁泊小湖，每春漲則與鄱江連接，水縮則黄茅白葦，曠如平野。湖中之山，其最大者曰康郎山，在湖西南涯；其近湖西北岸者曰鞋山，曰大孤山。又湖之西北近南昌、南康之界有狹處，謂之罌子口。」明初陳友諒攻洪都，太祖赴救，至湖口，友諒聞之，解圍東出，與明師遇於鄱陽湖之康郎山。友諒屢敗，欲退保鞋山，明師先至罌子口，横截湖面，友諒不得出。既又移泊於左蠡，截友諒於湖口，友諒旋敗死。混一海内之業，肇於鄱陽一戰。

清・顧祖禹《讀史方輿紀要》卷八五《江西三・鉛山縣》　江家湖，縣西一里。一名西湖，湖内生茭荷，旁多高柳，沙嶼迴折，景趣瀟灑。今故址僅存。○石井，在縣東北四里資聖院後。周六丈，深三丈。有巖三面回抱，瞰於井上。縣多膽水，味澀，此獨甘，晝夜流注，溉田數百畝。舊名玉洞泉，又名碧玉泉、慈濟泉，唐光啟中賜額曰石井。

清・顧祖禹《讀史方輿紀要》卷一一三《雲南一》　滇池，在雲南府城南。一名昆明池，亦曰滇南澤。戰國時楚將莊蹻滅夜郎，至滇池以兵威略定其地，又使部將小卜引兵收滇西諸蠻是也。漢元封中欲討昆明，以昆明有滇池，方三百里，乃於長安西南穿昆明池象之，以習水戰。蜀漢建興三年，諸葛武侯征南中，至滇池。常據《南中志》：「滇池縣有澤水，周迴二百餘里，所出深廣，下流淺狹如倒流，故曰滇。長老相傳池有神馬，交則生駿駒，俗稱之曰滇駒，日行五百里。」《南行録》：「滇池亦名積波池，周廣五百里，盤龍江、黃龍溪諸水之所匯也，稱南中巨浸焉。池中有大、小卧納二島。水之下委爲螳螂川，縈迴安寧州治，過富民縣而北達武定府東北界注於金沙江。今城西南八十里爲海口大河，即滇池導流處也。」《滇記》云：「郡城金馬、碧雞二山東西夾護，商山北來，而環列於前，中開一大都會。滇池受邵甸、牧羊山諸泉及黑白龍潭、海源洞諸水匯爲巨浸，延袤三百餘里，軍民田廬，環列其旁，而洩於稍西一小河，又折而北，不見其去，故又名滇海。」《元史》：「至元中張立道爲雲南勸農使，以昆明池夏潦必冒城郭，乃求泉源所出，洩其下流，得良田萬餘頃。」明初傅友德、沐英駐守雲南，皆事屯田，而滇池之水皆首爲灌溉之利。

清·王士禛《池北偶談》卷二六《談異七》 白雲湖　白雲湖一名劉郎中陂，在章丘縣西北七里許，周圍六十餘里，有河泊所與濼濟即今繡江。二水會同入大清河，邑乘載之甚明。而張中丞南溟鵬《重浚小清河議》乃云：「在滸山濼之東，陶唐口之西。」按長山縣無湖，西距白雲湖尚百里，不知何據也？章丘李中麓太常著《白云湖考》。

清·田雯《黔書·涵碧潭》 定廣、威平之水，至四方河始合流而入南明，越霽虹橋头，將折而北，水至此淵而不流，是爲涵碧潭。煙雲演漾，風日遲回，縠軟鷗眠，沙明蚌雨，令人悠然作濠濮間想。上爲鰲磯石，粱亘之昔所築以障水也。磯上有甲秀樓，阿閣三重，丹青綺分，望若圖繡，紫池人士讀書地也。

清·汪洪度《黃山領要録·洋湖》 太平縣西二十餘里，一山當前，怪石攢其上，芙蓉峰也。峰下湖名「洋湖」，湖十頃，峰環泉注，中生荇藻，絲髮可數，明霞返照，倒影湖底，夜嵐如曳練。蘆葦花時，秋雪漫漫，不見涯涘。

清·汪洪度《黃山領要録·白龍潭》 唐刺史李敬方浴湯泉，見白龍於潭，因作堂於湯之西，勒銘於石。潭之得名始此。或曰雨過風發，四山瀑水掉頭捽尾，望若奔虬，故名。潭方廣十餘丈，數大石纍湊而成，類有思致者爲之。水匯諸澗，泉高懸數丈，乘空落下。一石仰承，中凹處正受水，如臼之受杵，聲轟轟然。水急臼不任受，復湧起，從空横噴，然後瀉入潭中，勢以層疊而得壯猛。假從石旁側落，則勢緩矣。雨急泉怒則不暇，由故道横空越潭，挾千百雷霆飛下。潭静時，空明洞徹，作淺玻瓈色，望去若無。花片落著水上，微風漾作韡紋，始辨其爲水面也。四周高蘿古木，如張帷幄，如疊旌旆。時有羣猿纍纍，接臂而下飲焉。按白龍潭一山，衆水之門也。將雨或見白雲一縷起潭中，須臾彌布山谷，雨則大至。

清·汪洪度《黃山領要録·鐵線潭》 山中龍窟不一，最靈異者鐵綫潭。相傳昔歲大旱，獵人適得活虎，所司命斬虎頭，血淋漓投潭中，致龍驚而風雨作。

清·汪洪度《黃山領要録·五潭》 將至松谷，遥見澗泉亂流，蓋挾各道所行之水於層峰疊嶂間，盡力衝擊而下，轟虢贔怒，迸爲深潭。青、黃、黑、白，各如其名。流出則淨潔。同派從師子林外注，流入寺後者，爲黑龍潭。黃龍潭在青龍潭右，高隔一澗。三潭俱當寺之外壑。寺之上壑，則爲小白龍潭，潭在路旁，可先一憩。《志》稱松谷有四潭，合以油潭則五矣。

清·劉獻廷《廣陽雜記》卷二 南岳絡系潭，當華嶽嶺之右，其上飛流數道，穿諸嶺而來，匯於潭。潭在兩山峽中，亂石林立，急流觸之怒躍，旋而成潭。蓋水安流渾而爲一，則其色紺碧，一遇擊搏，衝破水面噴濺而起者，其色如珂如雪，如躍冶之銀，凡水皆然。兹急灘遇石而碎，急不得復合，而求合愈急，則漩而爲螺文。水當方破未合之際，色白如霜雪；水爲石碎，千條萬縷而下歸於潭，皆細如蛛絲，重重漩洑。潭如一極大車輪，運轉于下，而繅諸嶺之水，抽爲銀系以下泄。不知化母於何年月日，理此一副機杼，軋軋至今，歷終古而不窮也。初命此名者爲誰氏？可謂善于體物者矣。

清·陳鼎《黔游記》 涵碧潭在會城南，合定廣、威平之水而入南明河。越霽虹橋而東行，將折而西北至此，淵而不流，即涵碧潭也。

又 白水，自東北高山峰半流下，歷數十里而至白河。懸崖數仞，寬十餘仞，白練飛流，怒濤翻湧。隔峰有碑，題「白練晴川」四字。犀牛潭有五色雲起，潭有伏犀。水從峭壁直下，兩水相激成霧，飛灑數百步，沾人衣裾。

清·楊賓《柳邊紀略》卷一 中有潭，周二十五里《大明一統志》云：周八十里。《盛京志》云：四十里。吳漢槎《長白山賦》自注云：形如豕腎，纵餘五里，横八里。峯頂至潭二百五十丈。康熙十六年丁巳，寧古塔副都統薩不蘇奉旨丈量，得此數。潭水南流入海者三：曰土門江、曰鴨緑江、曰佟家江。北流者五：曰賽因訥因河、曰額黑訥因河、曰昂邦士拉庫河、曰娘木娘庫河、曰阿脊革土拉庫河，而總匯於混同江。康熙三十年辛未，刑部尚書圖納奉旨往繪全圖。

清·林佶《全遼備考》卷上《混同江》 虎兒哈河，即鏡泊下流。《盛京通志》：

「寧古塔城西南百里有湖，廣五六里，袤七十里。土人呼爲必爾滕，即鏡泊也。中有三山：曰俄莫賀昂阿山，阿克善山，牛条山。阿克善、牛条兩山之間有巖，曰白巖。湖之西南虎爾哈河東流入湖之處有崖，曰呼客兔崖。湖水東注，飛瀑躡空奔浪，雷吼聲聞數十里，土人呼爲發庫。金呼里改江也。闊二十丈，源出色出窩稽，繞寧古塔西南東北折入混同江，匯黑龍，烏蘇里二江入海。其水色白味甘，在第二泉上飲之益人精力。或曰參水也，故能然。

清・鄭元慶《石柱記箋釋》卷五　德清縣　金鵝山，上有池，深五尺，其水冬夏不竭。時有金鵝翔集，或風清雨霽，樵夫耕父，聞山上鵝鳴。山墟名。

清・葉封《嵩山志》卷九《形勝七》　上龍潭，自東龍門山入溝，西北行五六里，折而南，又三里爲上龍潭，在一大峽中，俗稱倒拜溝。《舊志》曰「有九龍聖母廟」，今廢。水自山巔懸流下注，穿石成潭，視九龍潭爲尤巨。幽波莫測，禱雨輒應。或瀆之，頃刻雨雹，走不及避。歐陽修《集古録》稱「石記戒人遊龍潭者，毋笑語以瀆神龍。龍怒，將有雷」，恐蓋指此也。土人今建龍王廟於其上。

清・湯展文《練湖歌敘録・秦按院題請復湖文案》　邑有練湖，水來上天，仰受長山驪山八十四流之水，漲而爲湖，去縣治百二十步，其勢高於運河。湖有上下兩名，貼近運河者爲下湖，蓋上湖以濟下湖之窮，而下湖以濟運河之窮者也。

又　明末漕運衍期，常至夏杪始出京口，惟時霉水正發，似若無需湖水。

清・湯展文《練湖歌敘録・劉郡侯勘語》　看得練湖幅圓方四十里，聚蓄長山八十四汊之水，由西而東。有上湖下湖之分，而湖之東北則爲運河，上湖高於下湖，下湖高於運河。

清・湯展文《練湖歌敘録・原道尊復湖勘語》　看得丹陽運河爲輓漕孔道，運河之西，則萬頃茫然之練湖也。湖高於河，苟不堤防節蓄，則水之就下，勢若建瓴。

清・湯展文《練湖歌敘録・馬撫院題請復湖奏疏》　查縣誌，西北有練湖，廣袤四十餘里。是湖有上下兩名，下湖貼近運道，但隔一堤，上湖仰受長驪諸山八十四流之水，由中埂石閘以入下湖，專濟運河之涸。惟有山水驟發，勢甚奔騰，溢則瀰漫，止則渴乏，是以向設閘涵關鎖，便於瀦蓄，冬春啟閘濟運，夏秋啟涵灌田。兩省漕運轉輸，數萬民田灌溉，實惟練湖之水是賴。其運河南北，有奔牛、呂城、陵口、黄泥壩各處閘座，依時啟閉，調濟漕運，規畫無不詳備。獨是練湖地勢較於運河更高，一遇水涸，湖底皆可墾種，每有奸豪垂涎侵占，妨漕病民，故明歷來嚴禁，碑誌照然。

清・湯展文《練湖歌敘録》卷二《引言》　康熙十九年，宦在諫垣，有言責，遂疏請廢湖矣。宦意本欲盡墾全湖，會巡撫都御史慕余二公，後先堪奏，卒奉下湖低窪，仍留蓄水之明旨。以故，下湖後雖廢于私，而卒未廢于官，然上下兩湖開墾田共一萬一千餘畝。

清・湯展文《練湖歌敘録・丹徒張宦請廢練湖疏》　今歲天雨愁霖，連綿兩月，洪水奔溢，洞澤無涯，江南地勢窪下，低田盡成澤國，此其大概也。然其中雖屬天時，亦由乎人事。臣生長江南鎮江府，稔知本郡地理輿情。今歲洪水患以鄰國爲壑者，莫甚于丹陽之練湖矣。此湖地界徒、陽兩縣，形如盆盂，本無源泉，止受長、麗諸山之水，匯瀦爲湖，淺而易溢，故夏秋山水泛漲，則高岸爲谷；冬春水滂枯涸，則陸地揚塵。

清・湯展文《練湖歌敘録・丹徒張宦請廢練湖疏・慕撫院覆本》　其湖地界徒、陽兩邑，延袤四十餘里。在北者爲上湖，在南者爲下湖。上湖受長山諸汊之水，由中埂以入下湖，與運河僅隔一堤，舊設涵洞閘座，原爲溉田濟漕起見。然昔日濟漕之説，蓋因百年以前，湖水甚深，可以閉涵久蓄，以濟冬春之漕。而今則桑滄變迁，湖身淤塞，夏漲秋涸，不留滴水，既與運道，絶無利賴，自可與民開墾陞科者也。

清・湯展文《練湖歌敘録・弊陞下湖三案總略》　來居七里廟之僧房，僧奉酒食惟謹，宦念無以答，而廟瀕大河，河之對岸即下練湖，其時上湖既廢，下湖堤閘失守，湖灘往往淺露。宦乃謂僧曰：「隔河湖大可種，曷不佃田數百畝以供朝夕乎？」僧愕然謝曰：「此奉旨仍留蓄水之下練湖也。吾何敢！吾何敢！」

清・湯展文《練湖歌敘録・竇縣主議復練湖詳文》　此丹陽之練湖不可不亟講於今日也，蓋長驪諸山八十四汊之水，奔騰交匯於丹陽，仰而承之者則爲上練湖焉。上湖形勢高阜，不能久存浩澤，俯而蓄之者則爲下練湖焉。上下各有涵閘，相時啟閉，以濟漕爲首務，而田畝之灌溉次之。緣上湖既高於下湖，而下湖復高於運河，縈迴聯絡，勢如建瓴，一遇河乾水涸，則導下湖之水，達諸運河，漕船賴以迅發。迨漕船過盡，又復留餘波，以待夏秋之涸。【略】每年運船過汛，例在春初，而丹陽河道，較蘇常等處，復高數丈，全恃下湖蓄積之水開放濟運。比年以來，湖既成田，水無所蓄，以致泥墊官河，羈遲漕運。【略】蓋長山諸汊，一經水發，則汪洋澎湃，勢若山頃，下湖既墾爲田，無區承受，自必瀰漫下流，一洩如注。

清·湯展文《練湖歌敘録·高縣主議復練湖詳文》 遵查得湖之名練，自晉始，及唐分而上下之。宋元明季，滄桑代變，載在邑乘者，固指不勝屈。至我朝定鼎之初，香日洪等侵佃九千餘畝。順治九年，按憲奏，特疏清復，碑碣猶存。嗣後閘涵堤壩，日就圮坍，而賀傅籙等又告佃矣。康熙三十年，撫憲馬題復永禁。至十九年，科臣張以湖水横決等事，請將上湖佃田，下湖蓄水，未幾而上湖既墾，下湖隨之。此則廢湖爲田之大略也。

又 昔之革田爲湖者，筑中埂以蓄上湖之水。埂有三閘，下湖之圍埂，東有四閘，西有九涵，平時閉塞，不使滲漏，故長山之水一下，上湖滿。然後啓中埂之閘，達諸下湖，恢恢乎實能容之。此所以成其爲湖也。

清·湯展文《練湖歌敘録·宋撫院慎重復湖奏疏》 該臣看得丹陽上下練湖，向有蓄水濟漕之説，刊有《湖漕成案》一書。然此係從前湖水甚深之時，故閉涵久蓄以濟冬春漕運。今則滄桑變遷，湖身淤塞，夏漲秋涸，已非昔比。康熙十九年間，經科臣張以近湖土豪奸民霸佔水利，反借蓄水濟漕爲名，實與漕運毫不相涉，妨農詘課，請令民佃種陞科，緣由條奏，復經前撫臣慕余先後勘明，上湖爲過水之區，下湖乃受水之所，議將上湖田地聽民開墾。下湖仍留蓄水，到底更易不得。

清·湯展文《練湖歌敘録·邵日茂等請詳蓄水呈案》 自康熙三十四年以後，私墾下湖殆遍，勺水無存，濱湖田畝，連年赤旱，茹苦難言。

清·湯展文《練湖歌敘録·黄郡侯清丈欺隱即已明請聽奸民佃墾詳文》 看得丹陽之練湖，乃古來瀦水之官湖也。有上湖下湖之分，上湖地勢稍高，可以成田。於康熙二十二年間，奉旨召民開墾，爲國增賦。前任本府同知許天榮丈量報陞田五千九百八十餘畝，造册報部在案。乃有生員吴之寅等，既開之後，復羨下湖尤爲膏壤，遂將上湖田抛荒，借稱抵補，於三十六年復將下湖私墾田三千四十一畝五分零。此即欺隱之所由來也。

清·湯展文《練湖歌敘録·陽邑侯清湖告示》 仰縣即將吴之寅等私墾盗種溢出下練湖田地四千四十七畝有零，盡數剷削還湖，堵塞湖堤洩水之口，仍爲聚水灌溉之區。【略】憲飭將私墾盗種溢出下練湖田地，照數清出，盡行剷削還湖。如有湖堤洩水之口，俱信星夜堵塞，并將各處湖堤幫筑高阜寬闊堅固，以便聚水灌溉。仍着九涵舉報殷實老誠，催管一切事務，各出遵依甘結送查。

清·湯展文《練湖歌敘録·旨飭查東南民田水利覆奏文案》 臣等親歷各屬河渠水口，詳加察勘，審度地勢，如太倉之大尺鎮，袁家渡常熟之福山塘，悉爲通江入海要道，均應建閘啟閉，以資蓄洩，灌溉田疇。

清·湯展文《練湖歌敘録·曹邑侯詳定放水碑》 奉飭按畝認糧，照田放水，不得偏私在案。至查放水時刻，各涵通例，計田四千畝，放水一晝夜。涵洞舊制，高廣各二尺，如頭二四八涵認糧田多，此四大涵之地勢卑下，水皆直瀉於河，兼之遠近不同，計田放水，定以時刻。餘五涵之田，多則一千餘畝，少則七八百畝。介於諸大涵之腹，貼近練湖，其注水之溝，短淺窄狹。

清·湯展文《練湖歌敘録·埠頭陳愫鬧湖取罪文案二》 徐元振、徐誠、徐友仁等訴爲攪亂舊章，毒殺萬命事。切惟練湖蓄水溉田，全類二壩爲功。湖内黄金大壩，攔東兩湖之水，無壩則奔瀉運河，而湖無涓痛之注，蓋練湖高而運河低也。湖外泥亭古壩，總束九涵之水，無壩則東瀉運河，南瀉金壇溧陽等河，而壩上諸水無涓滴之餘。蓋諸涵之溝洫高，泥亭壩上之溝洫低，而壩上之溝洫龍低也，水向低流，一洩無濟。

清·湯展文《練湖歌敘録·泥亭壩閘碑案》 呈稱練湖第四涵下，有泥亭古壩一座，收蓄本涵三十餘村之水，并總束諸涵下流之水。奈地處卑窪而土鬆，難築易坍，歷年受害不堪。

清·湯展文《練湖歌敘録·曹縣主詳禁佃湖文案》 旨飭令督撫查明蘇松常鎮四郡民田水利，應浚支河，應修閘壩，於是奉恩捐帑，重修練湖四閘。其時，下湖已陞之七千餘畝，尚在爲田。則是朝廷之捐帑修閘者，乃爲此未陞之四千餘畝特加瀦蓄，以濟民田灌溉也。然只此一下湖而四千餘畝蓄水，七千餘畝成田，不能遍溉濱湖田畝，且勢不兩立。

清·湯展文《練湖歌敘録·王道明等呈請全湖一體認糧文案》 呈爲查案弭奸請旨申定事。丹陽上下練湖，非自天成，實由人闢。前賢締造維持，流傳數千載，總爲濱湖赤子數萬民田起見。《湖漕成案》可考。康熙十九年，奉旨召佃上湖，其下湖仍留蓄水。至今忽更張，祇緣奸民得隴望蜀，併吞下湖毁閘放水，高處作弊陞科先廢七千二百餘畝，又私墾低窪四千四十七畝，全湖盡廢，濱湖田畝全荒。幸四十六年聖駕南巡，軫念東南水利，捐帑建造下湖四閘，而四千四十七畝先行清出蓄水，灌溉民田。

清·湯展文《練湖歌敘録·王邑侯修築湖堤告示》 此誠時勢刻不容緩者

也，若非賞示勘定畫一良規，湖堤萬難盡制，爲此急叩恩勘嚴督修築，務使埂高一丈二尺，面寬四丈，攔灘三丈俱要平坦，以成一勞永逸之舉。

清·張廷玉等《明史》卷八五《河渠志三》 諸泉所匯爲湖，其浸十五。曰南旺，東西二湖，周百五十餘里，運渠貫其中。北曰馬踏，南曰蜀山，曰蘇魯。又南曰馬場。又南八十里曰南陽，亦曰獨山，周七十餘里。北曰安山，周八十三里。南曰大、小昭陽，大湖袤十八里，小湖殺三之一，周八十餘里。由馬家橋留城閘而南，曰武家，曰赤山，曰微山，曰呂孟，曰張王諸湖，連注八十里，

又 湖漕者，由淮安抵揚州三百七十里，地卑積水，匯爲澤國。山陽則有管家、射陽，寶應則有白馬、汜光，高郵則有石臼、甓社、武安、邵伯諸湖。仰受上流之水，傍接諸山之源，巨浸連亘，由五塘以達於江。

清·張廷玉等《明史》卷八八《河渠志六》 蘇州知府況鍾言：「蘇、松、嘉、湖湖有六，曰太湖、龐山、陽城、沙湖、昆承、尚湖。」

又 十四年，倖言：「直隸蘇、松與浙西各府，頻年旱澇，緣周環太湖，乃東南最窪地，而蘇、松尤最下之衝。故每逢積雨，衆水奔潰，湖泖漲漫，淹没無際。按太湖即古震澤，上納嘉、湖、宣、歙諸州之水，下通婁、東、吴淞三江之流，東江今不復見，婁、淞入海故跡具存。

清·林謙光《臺灣紀略》 南路北路，溪港甚多，四通五達。中路離臺灣縣八里，曰鯽魚潭。

清·方式濟《龍沙紀略》 庫倫海週匝千里，在黑龍江之南，開抗里河之左，其南有烏里邊河、烏蘭泉及俄羅斯之克魯倫河，皆北來匯於此。

清·陳毅《攝山志》卷一 玲峯池 在中峯之側，孤亭屼峯與石樑遥對，群山萬壑中一泓，湛然可鑒毫髮。

清·愛必達《黔南識略》卷四《安順府》 山京海在城南五十里，衆水所滙，周二十五里，中峙一山，山上建殿閣，傳有龍潛此。乾海子在城南甯谷司東南，水泛成湖，波面甚闊。雲南值旱，則此水轉泛溢；雲南多雨，則此水轉枯涸，蓋地脉互爲盈縮也。

清·愛必達《黔南識略》卷五《鎮寧州》 海子在城北，舊係糧田。明時成巨浸，廣二十里，冬夏不涸。【略】宴樂池在城南玉亭山下。荻蘆池在城北六十里，周八里。

清·愛必達《黔南識略》卷九《八寨同知》 龍塘在城東北二十里，寬可十畝，深不可測。舊傳産異魚，能傷人。

清·愛必達《黔南識略》卷六《務川縣》 香墨池在城西三十里，其水清香，汲以注硯良佳。暖塘在城北五里，水至冬尤暖，魚皆聚焉。

清·愛必達《黔南識略》卷二六《威甯州》 南海子，亦名石海，又名草海子，在城南門外。春夏水漲，瀰漫數十里，遠望若海。迤而西北爲北海子，昔築二壩以積水，漸成陂澤。八仙海子在城西南十里，列石八，如人狀。

清·吴震方《嶺南雜記》卷上 七星巖在府北，下有瀝湖，巖洞深邃。

又 羅浮桂嶺，奇秀甲天下。【略】山自交趾銅柱、大廉、茂嶺蜿蜒而來，水自南盤、柳江、灘江匯流而至，洵爲海疆奥區，而星巖則尤據一郡之勝。其上爲崧臺，其下爲石室，南抱郡治，東則獨石，西則仙掌，北則金沙。水源自北山繞流而下爲瀝湖。崇崖聿光，窅洞穹窿。

又 宣德巖在屏風背下，去水巖二里許，其石髣髴水巖，今不可得。巖仔坑東有洞，廣如屋，曰「棲安洞」，舊時開坑石工所棲之所。又東有小山圓阜，下爲水坑。

又 惠州豐湖亦名西湖，【略】烟波渺瀰，山水環秀，仿佛明聖湖風景。

清·梁詩正《御覽西湖志纂》卷首 西湖古稱明聖湖，在浙江會城之西。方廣三十里，受武林諸山之水，下有淵泉百道，瀦而爲湖，蓄潔渟深，圓瑩若鏡。中有孤山，傑峙水心。山之前爲外湖，山後曰後湖。西亘蘇隄，隄以内爲裏湖，湖分爲三。

又 聖祖仁皇帝巡幸西湖，建亭其址。前爲石臺，三面臨水，御題平湖秋月扁額，奉懸亭中。旁構水軒，曲欄畫檻，蟫聯金碧，與波光互映。每當清秋氣爽，水痕初收，皓魄中天，玻璃澄澈，恍神遊於瓊樓玉宇間也。

清·梁詩正《御覽西湖志纂》卷四 湧金池，在湧金門内。《萬曆杭州府志》：吴越清泰元年，守將曹杲引西湖水爲池。錢王元瓘書湧金池三大字刻石其處。

又 萬工池，在淨慈寺前。《杭州府志》：宋建炎以前，寺累遭火。熙寧間，有善青烏之術者云，須鑿井以禳之。寺僧宗本乃募鑿池與力者萬人，故名。

又 錢王古井，《咸淳臨安志》：九曜山法因寺有錢王古井。

清·戴震《畿輔安瀾志·唐河》 龍潭溝《唐縣誌》一名龍門湖，在葛洪山北。兩山壁立，水出其中。長九里，横三里。有瀑布泉五注磐石下。羅漢澱，在

高陽縣東南三十里。

清・戴震《畿輔安瀾志・衛河》 大浪泊在静海縣東北四十里，亦曰大清水淀，又東即大河坑也。

又 大黄花泊，一名大泊，在静海縣東北六十里，西接大浪泊，東接小黄花泊。小黄花泊一名小泊。

又 波水窪一名大泊，又名大淀，俗名抛水窪，在静海縣東北，與天津縣接界，在大河坑西北五里，其東爲寧侯。大河坑在大黄花泊西北，大河坑西北爲清水淀，大河坑東爲張家泊，張家泊西北爲楊家泊，又波水窪西北爲大南河，大南河東爲小南河。

清・翟灝《艮山雜誌》卷二 御息湖在仁和縣東北十八里，周回五里。仁和縣東北十八里亦有明聖湖。湖則御息、明聖、陽陂、臨平。

清・于敏中《日下舊聞考》卷三六《宫室明四》 海子出源西山，繞出甕山後，匯爲七里濼，東入都城，瀦爲積水潭，南出玉河，入大通河，轉漕亦賴其利。

清・于敏中《日下舊聞考》卷八四《國朝苑囿・清漪園》 西湖去玉泉山僅里許，即玉泉龍泉所瀦。此地最窪，受諸泉之委，滙爲巨浸，土名大泊湖。

清・于敏中《日下舊聞考》卷八五《國朝苑囿・静明園》 玉泉山根碎石泉湧，去山不數武，裂帛湖也。泉迸湖底，狀如裂帛，涣然合於湖。湖方數丈，水澄以鮮，漾沙金色。

又 裂帛湖泉仰射如珠串，古榆蔭潭上，極幽秀。過趙家堤，水更深碧。長安可遊記

清・傅王露《西湖志》卷一《水利二》 東湖 《淳熙三山志》舊記，東湖在州東北，周二十三里。

又 南湖 《淳熙三山志》：在州西南。閩王築南月城，因設大壕百五十步，後爲蓮池。宣和五年榜曰：「南湖今多湮爲田矣。」《劉克莊濬河記》：今南湖半爲菱池。【略】城西南五里爲湖，二百四十步，接西湖之水灌於東南，今柳橋是也。又云：南湖之塞，不知何時其始。

清・傅王露《西湖志》卷三《水利四》 西湖之支流分四支：一支由西水閘口通西河；一支通道士洋埧，灌溉沿埧及各鄉民田；一支通窯角埧，灌溉沿埧及各鄉民田；一支由第二第三兩炮台間之小溝通塘池，爲城邊曹各鄉溝水會流入湖之處。

清・劉名芳《寶華山志・山水》 戒公池，在寺前。

又 蓮花池，在留雲閣前，縱横各五六丈。夏日芙蕖盈池，一若玉井之懸於太華峯頭也。

又 龍池，在拜經臺西北。池小而深，高懸于天半，縱大旱不涸，禱雨輒應。中有蜥蜴，名「龍子」，四足五爪，背黑腹丹，龍頭鰍尾，任人掬視，不可攜出，攜出至中途輒遇風雷，遁去。

又 龍沼，在拜經臺下龍池之東，視池稍狹。亦有蜥蜴，鄉人禱雨，較驗于池。

又 龍王池，在銅山有龍王廟。

清・劉名芳《寶華山志・古蹟》 戒公池，在寺前，長廣各十餘丈，繚以短垣，日飲戒子千餘指，雖旱不竭。天光水影交暎，而寺宇林木若入氷壺玉鑑中矣。

清・謝聖綸《滇黔志略》 滇海，在會城南，一名昆明池，週三百餘里，匯盤龍江、黄龍潭諸水。史稱源廣末狹，有似倒流，故曰滇；一説凡水皆東，此獨徂西而下也。《通志》

又 楊林海子，在嵩明州城東，周百餘里。《東還紀程》

又 青龍海，在雲南縣東十里，源出粱王山下，繞縣城入於青海。冬春之間，自金龍山望之，宛如遊龍，故曰青龍海。海凡三折，每折匯水成池，又謂之青龍三海。週四十餘里。《雲南縣志》

又 茈碧湖，在縣罷谷山下，即西洱河之源也，又名寧湖。《水經》曰：「罷谷之山，洱水出焉。山趾空洞，湖水碧色。」南行會大營、鳳羽二河，出蒲陀崆，入於鄧川湖。深無底，水如碧玉。白沙淺處，其碧依然，掬之則又如雪也。澄波映日，色如虹霓，日凡數變。傍東涯泉湧如珠，投以雜菓，翻起如樹，昔人謂之水珠樹。《浪穹縣志》

又 永寧府今永北府。東有瀘沽湖，週三百餘里，中有三島。《地理志》

又 州治之東有異龍湖，映帶城郭，周迴百五十里。湖之中流，三島浮峙。東南山有九曲，每一曲湖水斜入，山出一岡以逆抱之。其中層巒疊嶂，屈蟺相向，主峯蜿蜒而來，駐於山麓。所謂長虹飲澗，大率類此。《石屏州名勝記》

又 西湖，即寶秀海，在張本寨之北，形如倒壺。以水赤應科第，又名赤瑞湖。中有龍孔，出泉。湖西北一帶有石如龍，名曰版雲梯，相傳夜半如有書聲。

湖邊有水樓數間，一鏡泓然，漁舟往來，柳浪荷風之間，仿佛錢塘勝境。水由迤絡橋達九天觀，入異龍湖。

又 通海湖，源自河西縣來，周八十餘里。《廣輿記》

又 江川縣，漢時爲碌雲城，山麓多泉，流人星雲湖，周八十餘里，瀉入撫仙湖。由東循星雲湖上行，有海門橋，撫仙、星雲之通津也。《江川縣志》

又 劍湖，週六十餘里。尾曲流三折如川字，因以劍川名州。《廣輿記》

又 涵碧潭，在城南門外武侯祠下，南明河之所匯。碧流瑩澈，崖木薈蔚，舊多題詠。

又 山京海，在安順城南五十里，衆水所匯，週圍二十五里許。中峙一山，上建殿閣，頗稱勝概，常龍見於内。乾海子，在城南寧谷司東南，水泛成湖。若雲南旱，此水必泛溢；雲南潦，此水必涸。相傳地脈相通，故互爲盈縮。《黔記》

又 海子，在鎮寧城北高官堡。舊係糧田。有龍潭，明成化時忽變成海，週圍約廣二十里，其水冬夏不涸。《通志》

清·畢沅《關中勝跡圖志》卷一七 東湖，在縣東門外。《一統志》：「即宋蘇軾詩鳳翔八觀之一也。岐州水苦鹽濁，獨此水味甘美，多芰荷修竹，爲郡中遊覽之勝。」《通志》：「其水南流入雍水。」

清·姚鼐《惜抱軒詩文集·觀披雪瀑記》 雙谿歸後十日，偕一青、仲孚、應宿，觀披雪之瀑。水源出乎西山，東流兩石壁之隘，隘中陷爲石潭，大腹弇口若甖。瀑墜甖中，奮而再起，飛沫散霧，蛇折雷奔，乃至平地。其地南距縣治七八里，西北距雙谿亦七八里；中間一嶺，而山林之幽邃，水石之峭厲，若故爲詭愕以相變焉者。是吾邑之奇也。

清·姚鼐《惜抱軒詩文集·重修境主廟記》 龍溪水出群山之中，衆溪交絡，匯而奔出龍眠之口，橫嶂塞谿隘。

清·姚鼐《惜抱軒詩文集·萬松橋記》 黟之西南有葉村，村北大溪東流，達休寧漁亭，以合新安江水。村東西各有小溪，北流入於大溪。

清·姚鼐《惜抱軒詩文集·南望湖》 一花開湖尾，千楊映緑潯。孤霞照幽步，春風蕩遠陰。鱗鱗渚雲合，淼淼平湖深。不知水影外，猶受天光侵。

清·姚鼐《惜抱軒詩文集·蜀山湖》 南旺夾雙鏡，清汶劃橫帶。當空書日陰，將風天風大。連瀾將我心，超越長天外。廣宇静蕭條，歸鴻忽流瀨。卷石屹沆溶，明波被翳薈。

清·姚鼐《惜抱軒詩文集·大明湖夜》 南山已暝色，回見明湖光。秋盡濟南郭，渺然江水長。

清·姚鼐《惜抱軒詩文集·過蕪湖》 遠隨煙外席，時逗岸邊亭。鵲尾雲彌白，鳩兹山漸青。

清·姚鼐《惜抱軒詩文集·過黄陂湖》 滄淡風揚初日上，高低山匝一湖圓。連村黄葉叢叢霧，舉櫂滄波面面天。

清·李調元《南越筆記》卷三 西江 西有三江，其一爲灕，一爲左，一爲右。右江至潯而匯左爲一，而右江之名隱；左江至梧而匯灕爲一，而左江之名亦隱，惟曰西江。西江在西粵爲三，在東粵爲一，一名鬱水。

又 永安五江 永安縣有五大水以江名，名曰五江。自鷄公嶂至小黄花佛子凹岡脊之地，其水四馳，南爲秋鄉江，其流最長。西則神江諸水，東則琴江，北則藍口水源秋鄉江、神江、義容江。琴江其大者，小水注之甚衆。大者爲經，小者爲緯，源流見矣。

五江一曰秋鄉江，在永安城西南一百二十里。其源二，一出琴江寶峒山，一出官山嶂下，合流而北，過火帶社，西納車峒水，東納石坑鍾坑水，折而西，田子逕水南注之。至縣，轎尾水東北注之，堤坑水北注之，南下，猪母坑水又北注之。至半江，東納牙溪水。至馬頭山，西納下瀨水，又西納官坑水，又東納黄沙水，又東納雙螺濁水，又西納逆坑水，東南納軍糧水至鳳凰岡，北納清溪水，又東納南山水，又西納龜坑水、吉田水，至曲派，納下義水，入於東江。《廣東輿圖》云：其源一出縣東，一出縣北。衆山環繞，萬壑交流。百餘折而經馴雉司前，又折而至梅花嶺入於江口。其曰牙溪者，一出羊角嶂北，一出公坑西，至番流水合流，而北納羅坑村水，西至牙溪口入秋鄉江。曰黄沙水者，一出燕尾山，一出烏禽嶂。至祭頭合流，北過上下湯、梅子派西入秋鄉江。曰軍糧水者，出梅坑，逕北過唐田，西北入秋鄉江。曰清溪水者，其出寶山嶂者爲上下窖水，出狗頭山者，爲員墩水，合流納瓦屋頭水，過沙子，逕神宫前半，逕至旱塘。其出天子嶂者爲苦竹水，至旱塘合流，至鳳凰岡入秋鄉江。曰南山水者，出犁壁山，北過南山至石屯。其在歸善境者，一出黄草嶂，一出石塘至□塘合流，至上石屯合南山水，西北入秋鄉江。曰下義水者，出□石逕北爲捲蓬水，出犁壁嶂西爲犁壁水，過上義高岡合流，納梅子壩水，過下義至曲派，入秋鄉江。

二曰神江，在縣西北一百一十里。其源二，一源在林村埔北，東出小黄花，西出嶂下；一源在林埔南，東出佛子凹，西出雞冠山，合流，至龍潭脛北，受辣菜坑水，至黄竹徑又北，受曹坑水，至黄塘南，受白溪水，至横石，又南，受苦竹坑水，至□口北，受陳田水，至魚潭逕又北，受楊坑水，至陂角沙南，受龍頭山木公坑水，至停塘北，受花坑水，至企山下南，受大梨水，至鄧村又南，受禾坑水，入東江。《廣東輿圖》云：其源出雞冠嶂，周回百折，衆水注之。經梧桐山之前，又折而至江口入於東江。

三曰義容江，在縣西七十里。發源蔣峒尾，至飛鵝嶺合月角嶺水，過義容屯至烏鵲潭。其出大魯嶂、貓兒山者，至安全合流，至中田合桃子園水，至烏鵲潭入義容水，至黄坭塘受湯坑，入於東江。《廣東輿圖》云：其源出大魯山，折而至寬仁司之前，復折而入於東江。

四曰東琴江，在縣東四十里。自雞公嶂發源，西受北坑水。至上鎮東，受象鼻逕水。至水口村西，受塔凹水。至練坊西，受童坑水。至官屋埔東，受甘坑水。至楊梅埔西，受馮坑水。至寺坑東，受黄小塘水。至羊羔西，受黎坑黿湖水。過長樂米潭，至琴口，會南琴江入於横流渡。黎坑水出逃軍嶂，黿湖水出寶峒嶂。《廣東輿圖》云：北琴江自簾紫嶂發源，由山谷嶂折四十里入長樂界琴口。按東琴江初《志》稱曰北琴江，故《廣東輿圖》本之。然此江在縣之東，當名東琴江，稱北琴江，誤，今改正。其曰塔凹水者，一出芙蓉徑，過賀岡，一出解沙逕，過袁田，至塔凹合流，入東琴江。

五曰南琴江，在城東南六十里。其源自西來者，一出嶂下，一出横排嶺，合流至龍窩，納吉峒水。一出公坑嶂，一出岑裏，合流至清溪，合施坑水，俱至明亭水合流，至中湖納松坑水，至柘口。自南來者，一出祭頭，一出黄坑，合流至小鱉，合貉老坪水，過細女灘納掩桑水，至柘口，會西水過長樂大梧，至琴口會東琴江。《廣東輿圖》云：自羊角山發源，沿流由南嶺後曲折三十里，入長樂界琴口，與東琴江之水會合，入横流渡。其曰黄花水者，東出芙蓉徑，西出陳塘上不，至鯉魚頭合流，北至散灘徑納白溪水，出康禾。

清・和琳《衛藏通志》卷三《山川》 青海，【略】周七百餘里，中有二山，一曰魁孫拖羅海，一曰察漢峯，東西對出。水色青碧，冬夏不枯不溢。其東北有巴顔池，周四十餘里。南有功額池，周五十餘里。細納池，周四十餘里。其最大者，西南有拖孫池，周一百里。阿勒克池，周百六十里。東北有巴哈池，周百餘里。東北近洮州衛有湫池，周百餘里，即古天池大澤。又西北，有殷格池，周二百餘里。

清・錢泳《履園叢話》卷四《水學・太湖》 太湖之爲震澤、具區、笠澤、五湖，前人載之甚詳，可不具論。惟是襟帶三州，衆水所宅，東南之利害繫焉。其西北則自建康等處入溧陽，迤邐至長塘河，並鎮江、丹陽、金壇、茅山諸水，會于宜興、荆溪以入。其西南則自宣歙、天目諸山，由臨安、餘杭以及湖州之安吉、武康、長興、烏程，合苕、霅兩溪之水以入，匯爲巨浸，分布諸河。一由吴江出長橋入吴淞，一由長洲出崑山入劉河，一由無錫出常熟入白茆，皆入于海。其底定也，則灌溉三吴之民田而享其利；其汎濫也，則浸淫三吴之民田而被其害。是以古人之治水也，疏其源，導其流，皆爲民興利除害而已。

清・趙慎畛《榆巢雜識》卷上 星宿海 黄河發源星宿海，後人遂以星海之名，疑黄河從天上來，非也。康熙間，上遣侍衛西窮河源，至星宿海。蒙古名鄂敦他臘「鄂敦」即星，「他臘」即野。地上飛泉雜涌，成水泡千百，從高下望，大小圓點粲如列星，故名星宿耳。

清・張澍《續黔書・游白雲山記》 又有沈潭，瀰渟淵淡，涵碧無波。

清・陶澍《洞庭湖志》卷二 湖之雄，全在於水；湖之勝，亦資乎山，湖有山，猶海有島也。是故有包山之東西競秀，而震澤愈奇，有孤山之大小争妍，而彭蠡益著。流與峙並顯，斯號偉觀耳。洞庭一區，廣踰八百，以子湖計之，累百盈千，指不勝屈。當夏秋之交，洪波泛漲，一望迷天，吞日月，浴星辰，壯闊不慚海若矣。而其袤窿可望者，北有君山，南有鬫嘴，東有鹿角磊石之險峻，西有禹明團寄之森羅，或峙水以如浮，或濱湖而若立，真疑有神工鬼斧巧施錐鑿於其間也。備載之，亦覽勝者所必詳焉。

又 巴陵縣 洞庭湖在縣西南，因山稱洞庭而得名也。《山海經》洞庭之山，帝之二女居之，是在九江之間。郭璞注：君山有地道，潛通吴之包山，是湘君之所遊處。按包山亦名洞庭山，且號君山。三茅真君云：天無謂之空，地無謂之洞，人無謂之房，山腹中空，是謂洞庭。唐李密思云：蓋神仙洞府之一也。以其爲洞府之庭，故有是稱。其見於經傳者，《夏書》則名爲九江，《左傳》則名爲雲夢澤。郭璞《爾雅》注、《漢書・郡國志》則名爲巴邱湖，酈道元《水經注》、張説《詩》、韓愈《集》、盛宏之《荆州記》則名爲太湖，《戰國策》、《史記》則名爲五渚，《南遷録》則析爲重湖，《寰宇記》則分青草巴邱爲三湖。然要而言之，洞庭足以統之。其地東北屬巴陵，西北跨華容、石首、安鄉，西連武陵、龍陽、沅江，南帶益陽而環湘陰。凡四府一州，界分九邑，横亘八九百里。日月若出没於其中，水漲則長江亦與湖相通。雖江北之荆州、安陸、德安等郡水所到處，皆可目爲洞庭。自近代沿江各建堤垸，湖壖盡成阡陌，長江得以循隄而下。斯江之形勢分，而洞庭一湖亦遂以長江爲界，顯其畛域焉。

又（巴陵縣）赤沙湖在縣西，與洞庭湖相連，半隸華容。《水經注》澧水逕南安縣，又東與赤沙湖會。湖水北通江而南接澧，謂之決口。范晦叔《岳陽風土記》：郡有洞庭、青草、巴邱三湖，夏秋水泛，與洞庭爲一；涸時，惟見赤沙。王粲詩：悠悠澹澧口，下會赤沙湖。

又（巴陵縣）紫港湖在縣西。《風土記》：與洞庭會，北通於江。

又（巴陵縣）穆湖在縣西二十五里；么姑湖在縣西五十里；蚌湖在縣西五十里；砰頭湖在縣西六十里；採桑湖在縣西七十里；雞鳴湖在縣西八十里；翟家湖在縣北七里；魚洋湖在縣北十五里；白石湖在縣東北十里；青山湖在縣東十里；楓橋湖在縣東十里。

又（巴陵縣）閣子湖一名大橋湖，在縣東南三十里。後五代楚許德勳潛軍角子湖即此。《風土記》閣子即角子，以在洞庭之角故名。《岳郡舊志》：今灉湖水泛，即舟通閣鎮市。別無角子湖，或因市取其名歟。

又（巴陵縣）灉湖在縣東南五里，又名翁湖。《水經注》：湖之右有岸有山，世謂之烏頭石。石北右會翁湖口水，上承翁湖，左合洞渚。唐《張説集》：灉湖者，沅湘澧汨之餘波。夏潦奔注，則溢爲此湖；冬霜既零，則涸爲平野。《風土記》：春冬水涸，昔人謂之乾湖。水漲即渺瀰可勝，千石舟通閣子湖。

又（巴陵縣）雷公湖在縣南十五里；萬石湖在縣南五十里。

又（巴陵縣）漲水湖在縣南五十五里，與鹿角湖相近。

又（巴陵縣）黄茅湖在縣南六十里，湖岸古有窑廠。江堤未築之先，鹿角瓦器勝於湘陰。瓦窑遺跡今猶有存者。

又（巴陵縣）吉祥湖在縣南六十里許，與黄茅湖相近；白沙湖在縣南六十五里；銅盆湖在縣南六十七里；河塘湖在縣南七十五里；大麋湖在縣南河塘之上。

又（巴陵縣）小麋湖在縣南大麋湖之上，小麋上接古湖，屬湘陰縣界。俗訛爲大妹湖、小妹湖，即《水經》所載之微水也。考《水經》，湘水又北過下雋縣，西微水從東來流注之。酈道元注：湘浦北有萬石戍，湘水左則沅水注之，謂之横房口，東對微湖，世謂之麋湖口也。右屬微水，即《經》所謂微水，經下雋者也，西流注於江。按：微、麋音相近，妹又麋音之轉耳。

又（華容縣）雲夢湖一名雲夢澤，在縣東南，古荆州之藪。考班固《地理志》謂華容、枝江、江夏、安陸皆有雲夢，而杜預、郭璞、張楫諸家之説及宋《山川志》俱以華容南巴邱湖當之。范尉宗亦謂雲夢澤在華容南。鄭康成、孔穎達又謂華容之澤則雲夢，雖非華容所得專而以屬之，華容宜矣。明胥文相《君山志》引《岳郡舊志》云：雲夢湖與洞庭青草相連，洞庭在北，青草在南，雲夢在西，合爲一湖。此説似爲得之。按：雲夢即君山後湖，巴華二邑分界之地，過此則赤沙湖耳。

又（華容縣）思成湖在縣東南四十里層山之南，與須臾湖相通。須臾湖在縣東南四十里。

又（華容縣）青湖在縣南四里接縣港與赤沙湖合流入江，江水泛漲，則通入湖。

又（華容縣）長艷湖在縣南二十里會鄧家湖，長亘六七十里，漭蕩無際，居人編茅零處其間。上有岳城，宋岳忠武征楊太所築。

又（華容縣）鄧家湖在縣南與長艷湖相通；蔣家湖在縣南；褚塘湖在縣南二十五里，秋冬水涸，漁舟鱗次所在成市；赤沙湖在縣南八十里；古湖在縣西南；清水湖在縣西南；土地湖在縣西南；白浪湖在縣西南。

又（華容縣）狼跋湖在縣西南六十里，有景港水，《水經》謂之景口，自安鄉來會之，經杜家灘入西湖。

又（華容縣）大歇湖，《風土記》：岳陽到華容，過大穴漠、汴湖，一日程；又西到澧江口、鼎江口，皆過大穴漠、牛氏湖、赤沙湖，三日程。按：大穴漠即今華容之大歇湖也。

又（華容縣）汴湖在縣東南大歇湖之前；牛氏湖在縣南與石山門相近；萬林湖在縣東南龍開河口；層湖在縣東南層山下；葡萄湖在縣東南；延湖在縣南禹山之北；上西湖在縣南景港口前；大港湖在縣西南太陽山下；張野湖在縣南與褚塘湖相近，一名張家湖；白泥湖即在長艷湖内縣西南；大王湖在縣西南，長艷湖下流；藕池湖在縣西南宋田山之北。縣東北境之湖尚多，因距洞庭甚遠，茲不悉載。

又（華容縣）大鯨湖一名大鯨港，在縣西七里許，舊志云：昔有漁翁於此湖，一日忽雨雪，有大鯨魚入波間，翁舍舟跨鯨，俄失其所，因名。秋夜月色澄澈，一碧無暇。故鯨湖秋月爲縣八景之一。

又（武陵縣）青草湖在縣東北七十里，絨紫山下。笠湖在縣東北七十里，湖中沙洲常浮，其形如笠故名。鷹湖在縣東北六十里，漸水之所經，郡人羅時升作晚蓋堂臨其上，湖光月色，霜氣曉烟，使人應接不暇，名人題詠甚多。

又（武陵縣）太白湖在縣西八十里，東北入洞庭湖，西南會天心湖，達安樂湖入江。或曰李太白遊此，故名。

又（武陵縣）太滄湖在縣東二十里，《圖經》太滄湖又名白查湖，《隋書·地理志》龍陽縣有白查湖。洋湖在縣東北。青泥湖在縣西南。坦平湖在縣西南。紅沾湖在縣北一百里。陡明湖在縣西十五里。

又（沅江縣）石溪湖在縣南半里，民多漁此，獲利甚大。石湖秋月爲縣境八景之一。鶴湖在縣東三十里，曾有鶴集於此故名。龍池湖在縣南三十里，舊傳有龍潛此故名。天心湖在縣西北四十里，即與龍陽相連之天心湖也。彭池湖在縣東北。齊湖在縣東。南湖在縣東。赤鼻山湖在縣東北五十里。白泥湖在縣東南。安樂湖在縣西南。藍嘴湖在縣北。

又（湘陰縣）青草湖在縣北一百里，與洞庭湖相連，故名曰重湖。旁有磊石，山水落則見山足，水滿則與洞庭混而爲一，山浮水中。《水經注》湘水自汨口西逕磊石山，又東北爲青草湖口，右會荀逕北口與勞口合，又北得同拌口，皆湘浦右迤者也。盛宏之《荆州記》：青草湖周迴百里，湖南有青草山，故名。《風土記》：青草湖與洞庭相通，其南羅水出焉。夏秋荆江暴漲，則逆泛洞庭，瀟湘清流悉成混濁，岳人謂之翻流水。南至青草湖，杜甫詩：洞庭猶在目，青草續爲名。

又（湘陰縣）東湖在縣東治，一名澄鮮湖，又名放生池。洋沙湖在縣南三里。蚌湖在縣南二十里。大湖在縣西南十里，一名板竹池。菱湖在縣西南六十里，西接喬江，下通湖北，南水泛則水從外入，西水泛則水自内流。

又（湘陰縣）鶴塘湖或名鶴龍湖，在縣西南。上接張家灘，下連三陰潭，周環約百餘里。其中子湖甚多，有所謂三塘湖、牛車湖、平湖、長湖、白星池、水星窖者，其餘難以枚舉。激頭湖在縣西三十里。淳湖在縣西四十里。被裏二湖在縣西五十里。

又（湘陰縣）大輾三湖，《湘陰縣志》即古三谿水，在縣西北三十里。湘水紆流西北，東北合門水，謂之門逕口，又北得三谿水口。水通承太湖，西通湘浦，三水之會，故得三谿之目。按：俗名大衆三湖，又稱爲大湖，北接青山，南界蘆林潭，西連後江湖，東臨湘江，有所謂横嶺湖、枕頭湖、南湖、善湖、龍蝦湖、沙夾湖。其子湖共有四十八處，舉其大者而已。

清·徐璈《黄山紀勝》卷四　洋湖在芙蓉峯下，山峙水滙，瀰望淫淫。《領要録》：洋湖廣十頃。峯環泉注，中生荇藻。明霞返照，到浸湖底。夜嵐受月，上曳如□。

又　洋湖，屯溪衆水所滙。

清·吴振棫《黔語·夢草池》　按察司署廳事之西，曰「西園」，有池大數畝，曰「夢草池」。池中荷花極繁麗，池上亭亦曰「夢草」，今榜額爲乾隆壬子齊豐額公書，沿舊稱也。

清·穆彰阿《嘉慶大清一統志·直隸·順天府一》　七里泊、南新莊飛放泊、桃花泊。

清·穆彰阿《嘉慶大清一統志·順德府一》　七里河、沙底河、達活河、牛尾河、沙河、郎溝河、澧河、洺河、漳河、滏陽河、李陽河、順水河、馬河、聖水河、雞爪河。

清·穆彰阿《嘉慶大清一統志·江蘇統部》　洮湖、太湖。

清·穆彰阿《嘉慶大清一統志·江蘇·江寧府一》　蘇峻湖、元武湖、羊湯湖、攝湖、斐湖、陽劉湖、葛塘湖、慈湖、莫愁湖、赤山湖。

清·穆彰阿《嘉慶大清一統志·江蘇·蘇州一》　女墳湖、陽城湖、澹臺湖、殿山湖、巴城湖、崑承湖。

清·穆彰阿《嘉慶大清一統志·淮安府一》　射陽湖、洪澤湖、管家湖、阜安湖、馬鞍湖、大蹤湖、三角湖、傅湖、飛湖、大莊湖、邵家湖、谷莊湖、長湖、赤鯉湖。

清·穆彰阿《嘉慶大清一統志·安徽·安慶府一》　蓮湖、麻塘湖、石門湖、巢湖、圖亭湖、石塘湖、南湖、太湖、馬家湖、泊湖、慈湖、武昌湖、青草湖、漳湖。

清·穆彰阿《嘉慶大清一統志·山東·濟南府一》　四望湖、纓湖、大明湖、蓮子湖、鵲山湖、白雲湖、湄湖、

清·穆彰阿《嘉慶大清一統志·浙江·杭州一》　西湖、臨平湖、像光湖、御息湖、硤石湖、彭墩湖、黄道湖、小謝湖、陽陂湖、南湖、北湖。

清·穆彰阿《嘉慶大清一統志·浙江·嘉興一》　幽湖、東郭湖、聞家湖、麟湖、鶴湖、鸕鷀湖、永安湖、上谷湖。

清・穆彰阿《嘉慶大清一統志・浙江・湖州一》 凡常湖、碧浪湖、菱湖、太湖、西湖、風渚湖、揚子湖。

清・穆彰阿《嘉慶大清一統志・浙江・湖州一》 日湖、小江湖、廣德湖、杜湖、慈湖、萬壽湖、沈窑湖、仁湖。

清・穆彰阿《嘉慶大清一統志・湖南・長沙府一》 南湖、雲湖、涓湖、洋沙湖、鶴龍湖、後江湖、青草湖、東滄湖、賀家湖、鳳凰湖、瀾泥湖、茶湖、大汾湖、金花湖、馬梁湖、白泥湖、龍化湖。

清・穆彰阿《嘉慶大清一統志・江西・饒州府一》 鄱陽湖，在鄱陽縣西四十里，即《禹貢》彭蠡，隋時始曰鄱湖，以接鄱陽山而名也。會江饒衢嚴之水，匯於大江，跨南昌南康饒州九江四郡，周四百五十里。其東境屬饒。中有雁泊小湖，每春漲則與鄱江連接，水縮則黄茅白葦，曠如平野。餘詳見南康九江三府。 東湖、大雷湖、南珠湖、桂湖、族亭湖、北湖。

清・穆彰阿《嘉慶大清一統志・江西・南昌府一》 藥湖、鄱陽湖，在新建縣東北，跨南昌饒州南康九江四府之繞，長三百里，闊四十里，即古彭蠡也。一名宫亭湖。隋時以接鄱陽山，故又名鄱陽。 百斤湖，在豐城縣東十里，廣百餘頃，灌田四五百餘頃。又株湖在縣東十五里，長十餘里，溉田千餘頃。赤湖在縣東二十里，廣二三里，溉田五百餘頃。銅湖在縣東二十五里，上通豐富水，下接撫河，綿亘三十里。 坪港湖、敖家湖、蓮花湖、日月湖，在進賢縣界東北二十里，一名洪源湖，池陂水所匯。中有二小山，東曰日，西曰月。水涸則分爲二，漲則合爲一，北流入鄱湖，中有石人灘。 軍山湖、青嵐湖、白沙湖。

清・周道遵《甬上水利志》卷三 東錢湖 縣東三十五里，福泉瞻埼韓嶺諸山三面環繞，受七十二谿之流，匯成巨浸。

清・尚兆山《赤山湖志》卷一《赤山湖緣委考》 又案赤山湖之源委南北較長，爰分五第，每第分中東西首北後南，每行六方，每方十里。但首第之水全不入湖，今亦載之者，以向來説淮源，必曰華山天生楊柳二泉。今二泉之水全不入湖淮，故載之以見相沿之謬。且水之向背，非此不詳也。【略】其餘凡不入湖淮俱不載。

清・尚兆山《赤山湖志》卷二《赤山湖源委圖説》 原來説秦淮之源者，多曰華山、東廬山、茅山，大要茅山之來水爲盛然。茅山止西面入秦淮，其東面則由長蕩等湖以入太湖，不入秦淮也。流俗相傳，黄山一支由廣德建平以發茅山。茅山向北至駒驪等山三支，向東以發鎮江、蘇州。常州一支，正幹向西發華山，以生金陵鍾山，至冶城山而止。華山之旁有偏支，發句容。此湖之東北二面新大概也。黄山來脈於未發茅山處，先從嶺分一支，直北而行，至雨花臺伏土。入城分二支，一爲鳳臺山，一爲石觀音而止。大要雨花臺與冶城山東西相直其數里，此湖之西一面，秦淮水口也。計淮之源即赤山湖，全湖之四面，東、西、北三面既萬山迴繞，其南一面則溧水、溧陽二縣之山逼結阻絶之，故赤山湖之去路水口不得不專向秦淮計，四面峯巒環抱中央，東西幾二百里，南北五十里，湖居其中。句容則中而微，東北山内之水入赤山湖，山外之水入江入太湖，句容上元所治之境水入秦淮者七，溧水江甯水入者六，金壇入者百之一，溧陽入者五十之一。前人之説，皆曰華山天生泉、楊柳泉爲秦淮最大之源。按華山誠爲金陵之主山，然華山之水入淮者僅十之五，不得爲大源，而謂天生泉入淮者，其説尤妄。今天生泉北流而微，西爲楊柳，諸泉由何沖村、范家場、賈沖前後、劉圩村、河頭村入龍潭，俗稱之刀鎗河，由螺螄溝等河入江，其河又名老鸛河，即高宗純皇帝賜名之便民港也。北而微。東者由山裏蓬、丁家邊、劉家邊、年巷、地藏庵、徐家莊等處山澗沿下戊街之刀鎗河以入江。華山之前有小赤崦者，其西北兩面由張家橋至上下鮑亭村，前之石頭馬家壩、孫家岡、黄墅村旁，東陽街旁彭橋龍潭之刀鎗河以入江。華山之前有射烏山者，則並雞籠山、葛香村、雪浪菴及樺樹，西北十畝地之水向張橋入燕子橋，古西溝渡之刀鎗河以入江，旱歲則刀鎗河之水由石步橋入江。此其大番也。其小峯曲嶺由東北入江者尚多，是不但天生泉非秦淮之大源，即金華之水不入淮者亦相半矣。世皆稱天生泉入淮者，以由遊覽者多由金陵以往，止知山南一面，遂疑其泉爲水源耳。

清・曹廷杰《東北邊防輯要》卷上 其北麓水曰鄂古河、圖胡魯河，皆注於海，此皆外興嶺之南支也。

清・葛振元《沔陽州志》卷五《川》 百七十里曰陽名湖，其湖受復車河、張家池逕崇陽潭，入蘆花瀆，匯白湖。百六十里曰短汀湖，其湖受張家壩港，接魯陽潭，逕麻汀入白湖。

又 百四十里曰陽孟池，有湖曰郝盤泛，曰五老紹興池，曰浹夜，達于白湖。十有五里曰白鷺湖，二十里曰鼉湖。《荆州記》：沔陽有鼉湖。

又 南百八十里曰黄蓬湖，其湖納茅埠口許家池，連大含、白螺、上洪，俱湖。蓮子潭，趨復東，達新灘，入江，亦入白湖，江溢則溯洄入漢。

又　二百里曰千金白螺湖，在監利白螺山下。曰塘陵大舍湖。二百里曰烏流，曰龍巢，曰雲泛三湖，俱達于白湖。百四十里曰張家池，有湖曰塘林，深水潭曰浮溝，逕橫汊古村壩溝，入陽名。百五十里曰西湖，其湖受燕子河，穿柳林合西洋湖，入洪湖，逕大洪口，走黄蓬西之傍曰鄭道白涉壩潭，三湖俱達于洪。百三十里曰司馬小陽湖，其湖合牛頭湖、烏林溝、斗口湖，逕張家入陽名。七十里曰直步湖，其湖受柳口太馬河，逕明魚螺子瀆，逕渣潭李二河入陽名。

東南二百八十里曰下五湖，九十有五里曰西港鮀公。

清・李元《蜀水經》卷一〇　邛池，南人謂之邛河，河中有蚌巂山。《華陽國志》曰：「縣東南數里有邛廣都河，縱横二十里，深百餘丈，有魚長一二丈，頭特大，遥望如戴鐵釜狀。」

清・李元《蜀水經》卷一一　沱江又西滙爲湖。湖濶六七里，荷芰菰蒲，蔚然蒼翠，菱蓼花開，紅緑相映。當夜氣澄清時，明月波光，水天一色。上有超然臺、吹玉亭、愛蓮亭。舊時湖身甚濶，直包馬腦、凌雲二山之外。今爲居人墾田，束而狹之，纔一里有餘耳。

清・李元《蜀水經》卷一三　《名勝記》曰：「營山縣西南六十里扳衣山，天將雨輒有雲霧馳曳，如披衣狀。有池去江三十里，江水淺其池亦淺，江水漲其池亦漲，號天生池。」

清・楊棨《京口山水志》卷一二《丹徒》　龍目湖，在城東京峴山下。《太平御覽・郡國志》曰：潤州遏陂有湖，名龍目湖。又《京口記》曰：龍目湖，秦皇東游，觀地勢云：此有天子氣，使赭衣徒鑿湖中長岡使斷，因改爲丹徒。令水北注江也。又《梁典》曰：武帝望京峴山盤紆似龍，掘其右爲龍目二湖。《寰宇記》同。

又　秋月潭，在北固山下。宋嘉定中，郡守史彌堅因山址陂澤爲潭，以藏防江軍船。崖石間有舊刻「秋月潭」三字。

清・楊棨《京口山水志》卷一四《丹陽》　練湖，一名曲阿後湖。《水經注》：晉陵郡之曲阿縣下。晉陳敏引水爲湖，周四十里，號曰曲阿後湖。《元和郡縣志》：在丹陽縣北百二十步，周迴四十里。晉時陳敏爲亂，據有江東，務修耕績，令弟諧遏馬林谿以溉雲陽，亦謂之練塘。《新唐書・地理志》練塘周八十里。與《水經注》、《元和志》不同。《世説》：謝中郎經曲阿後湖，問左右：「此是何水？」答曰：「曲阿後湖。」謝曰：「故當淵注渟著，納而不流。」《語林》褚公游曲阿後湖。

清・楊棨《京口山水志》卷一六《金壇》　高湖，在縣西北十里，周百餘頃，北受五中瀆水，南流十二里入大谿。《嘉定志》。

清・查人漢《西湖遊記》　武林水出武林山，南澗北澗清泉沃。金沙港外匯爲湖，光見金牛不受污。負郭清于眉下眼，環山明似掌中珠。周湖二十一里半，湖光斂灩侵霄漢。【略】秋多旱兮春多雨。

清・陳汕《西湖竹枝詞》　八月潮聲動地來，赭龕山外響如雷。

清・柴杰《西湖百詠・行宫四首》　紫泥柳絲遮緑浪，鳳葉下金堤，澤廣豚魚洽。

清・許承祖《西湖漁唱》卷一《西湖》　潑眼空濛水氣多，列屏山勢湧青螺。春肥土鮒秋肥蟹，歲歲湖船倚櫂歌。

清・許承祖《西湖漁唱》卷二《將軍池》　在桂巖下清隱房側。《聖果寺志》：其深丈餘。石上鐫將軍像，故名。

鏡面魚鱗映虎牙，墨池誰擬右軍家。横戈躍馬成虛事，醉尉何煩月下譁。

清・許承祖《西湖漁唱》卷二《萬工池》　《杭州府志》：在淨慈寺外。宋建炎以前，寺屢遭火，鞠爲□墟。熙寧間，有善青烏之術者，云須鑿池以禳之。寺僧寶文乃募化開池，與力者萬人，因名。旁有橋曰慶芳，通西湖。《遊覽志》作崇熙間僧宗本鑿。

初地靈源一派通，清流活活應疎鐘。萬夫舉鍤回灰燼，人力真侔造化功。

清・許承祖《西湖漁唱》卷七《永興湖》　《錢塘縣志》：在安樂山下。陂塘屈曲，中植芰荷。舊極寬廣，居人載畫舫爲勝遊，今半没葑田。【略】

清湖屈曲逸陂陀，香雪林中間芰荷。一自葑田迷舊岸，更無遊舫沸笙歌。

清・許承祖《西湖漁唱》卷七《千鈞池》　一名「放生池」，在西溪西北。《西溪梵隱志》：池深廣而長，周數百畝，亘里許。多大魚，漁者可得千斤，故俗稱「千斤池」。相傳春深風雨有赤鯉巨如舴艋來朝，人或見之。【略】

玉池百尺浸苔磯，風雨春深池鯉飛。絶勝寒江垂釣處，雪花千片點蓑衣。

清・鄧傳安《蠡測匯鈔・彰化縣界外獅頭社潭中湧現小山記》　社南有哮貓山，粗坑水出其中，北流匯而爲潭，不知廣袤幾十畝；以在界外，非番割不能到。道光七年八月十五日，潭中忽湧起四小山，絡繹相連，如《爾雅》所釋，屬者嶧，是土人稱頭浮、二浮、三浮、四浮焉。

清・吴玉樹《寶前兩溪志畧》卷一《山川》 北洋潭，在前溪北，南凉山之南。方廣數頃，四圍桃柳，夾岸芰荷，仿佛西湖之裏湖，郡南之夾山漾。

鳳潭，在鳳林，深不可測。

清・佚名《南河成案・上諭》 乾隆十六年四月初十日内閣奉上諭。洪澤湖上承清、淮、潁、泗諸水，滙爲巨浸。所恃以保障者，惟高堰一堤，天然壩乃其尾閭。伏秋盛漲，輒開此壩洩之，而下游諸州縣胥被其患。冬月清水勢弱，不能刷黄，往往濁流倒灌。

又 乾隆二十二年四月初四日内閣奉。至下河、高寶諸湖之水入江入海，各有分途，小港、支渠，排比行列，但或淤或淺，以致水無所歸。

又 乾隆二十二年八月十七日奉。緊微湖、迤北、金鄉一帶之水，皆因湖身仰側，不能下注。荆山橋雖開放寛展，所洩者不過微湖、迤南之水，而於東省積水終不能十分宣洩。

又 乾隆三十年七月五日奉上諭。前因微山湖蓄水過多，遇夏秋漲溢之時，瀕湖窪地每多淹浸。

又 乾隆五十一年六月二十五日奉上諭，據李奉翰等奏，將王營減壩開放，減掣黄水，並裴家場等處，引河次第開放。後十三四等日大雨時行，洪澤湖水長至八尺二寸。正值連日西南大風，湧送清水，出口刷滌浮沙，河口通暢。

又 乾隆五十一年七月初三日奉上諭，據李世傑等奏，二十二三等日大雨如注，洪澤湖内雨後復長水一尺二寸，連前長至一丈五寸，水勢浩瀚。

又 乾隆五十一年七月初九日奉上諭，據李世傑等奏，自六月二十八日起至七月初二日，湖水又接續加長，連前共長至一丈三尺餘寸。暢出清口之勢既大，分注淮揚運河之水亦覺驟湧。

又 乾隆五十二年八月初九日内閣奉上諭，據李世傑等奏，本月初一二日風雨交加，高郵、邵伯等湖水勢湧漲，運河内陡長水三四尺。東岸、周家溝等處大堤有平水，漫水處所搶護不及。

清・佚名《南河成案》卷二《奏勘駱馬湖水利建壩挑河工程銀數部覆》 宿遷縣駱馬湖，一承東省運河之水，一承蒙沂諸山之水，一承荆山口宣洩各河之水，滙爲巨浸。且與運河僅隔一綫孤堤。舊有蓄洩口門，名十字河，引湖濟運兼以刷黄，歷年久遠，有利無患。其湖之尾閭，有六塘河一道以資宣洩，歷宿遷、桃源、清河、安東、沭陽以至海州歸海。

清・佚名《南河成案》卷三《詳議運河閘壩應增疏濬工程會議（總理事務和碩莊親王等奏）》 康熙十九年，洪澤湖水大漲，從高家堰漫入高寶湖。運河東堤，清水潭等處皆決。

清・佚名《南河成案》卷四《籌請毛城鋪水口大石減水壩（二月二十三日）》 洪澤湖洩出之水，全歸高寶諸湖。湖不能容，又從西堤放入運河。運不能受，又開東堤三大壩洩入下河。

清・佚名《南河成案》卷四《淮揚徐屬挑河築壩建橋寓賑於工部議》 又寶應湖内之華家灘引河，高郵湖内之王家港引河，邵伯湖内之湯家絆迤下尤家溼以及金灣滚壩下導水入江之引河，俱年久未疏，湖河水勢不能暢達。

清・佚名《南河成案》卷六《勘議宣洩洪湖疏導江路保護石林條陳覆奏》（八月）上年五月内，上游淮水陡長一丈有餘，以致洪湖之水亦驟長六尺餘寸。

又 高寶諸湖周圍數百里，一望汪洋，茫無崖岸，而歸之，僅寬數丈之運河賴以容洩。

又 今口門本寬，兼有定國寺等處引河四道，洪、巴、蔣三湖僅存其一，口大腹小，不能容納，無路宣洩。

又 洪湖上承全豫之水，並鳳、泗諸流，源長勢盛。平時全湖耑注清口，會黄入海，並分入運口，以濟漕運，由瓜洲入江。如過漲發，則由寶應、高郵、邵伯等湖歸入運河，分注泰州之運鹽河歸江，興鹽之串場河歸海。

清・佚名《南河成案》卷七《詳籌上下兩江水利並撥款辦理部議》 其次則有海州之青伊湖，上承沭河即及西北諸山之水，下由薔薇河至洪門口歸海。但薔薇河於水利案内，雖經挑濬，尚屬淺窄。

清・佚名《南河成案》卷八《奏安東添設木龍並山盱修建閘洞緣由（五月十七日高周奏）》 今查上年湖水盛漲，山盱三滚壩過水六尺，天然壩亦經開放。因寶應湖受水既盈，一時未能全下注入高郵湖，以致滚壩洩水平緩。

又 今湖河水勢情形，《高堰水誌》：湖水僅二尺三寸。較上年盛長水小一丈二尺二寸，再長六尺二寸，方與滚壩相平。黄河老壩口《水誌》亦僅二尺，較上年盛長水小一丈三尺六寸。目今清水微弱，清口湖水暢行，運河一律深通。

清・佚名《南河成案》卷八《敬陳駱馬湖蓄泄機宜移建閘座轉撥料物緣由（七月十二日部議）》 竊照宿遷縣之駱馬湖上接沂源，下係分注六塘。運河中間停蓄汪洋，周數十里，爲諸水滙瀦之區。

清・佚名《南河成案》卷八《奏請運河東岸另建石閘並停止馬莊等四閘部議(九月初十日)》 駱馬湖遇伏秋山水滙潴，勢極瀰瀚，其尾閭由六塘河入海。

又 乾隆十一十二兩年伏秋，湖水長發之時，由王家溝舊閘口門入運，其時運河容受已無餘量。宿遷挑清中河一帶至楊家莊會黄。

清・佚名《南河成案》卷九《聖駕南巡奏呈河工圖説(四月二十六日高斌奏)・駱馬湖》 駱馬湖在宿遷縣之西北境，環繞一百五十餘里，上承東省蒙沂白諸河之水，滙爲巨浸。一由湖之尾閭洩入六塘河，經宿、桃、安、清、海五州縣入海。一由運河北堤入中河，至楊家莊滙黄入海。此湖水之原委也。查駱馬湖入中河之處，舊即十字河口門與竹絡壩通黄之口門正對。黄水盛漲之時，直趨灌湖，日漸淤墊。

清・佚名《南河成案》卷九《聖駕南巡奏呈河工圖説(四月二十六日高斌奏)・清口運口》 洪澤湖滙豫省七十二山溪之水，出清口會黄以注海，爲黄淮之要津，全河之關鍵。

清・佚名《南河成案》卷九《禦壩木龍・洪澤湖》 洪澤湖在山陽縣西南、清河縣東南、盱眙縣東北，周環三百餘里，發源河南桐栢，經信陽羅山息縣、光州新蔡、固始、霍邱至正陽關與汝水合。又經安徽壽州與淝水合。歷臨淮、懷遠、定遠、五河、泗州、盱眙，合豫皖諸山河之水滙爲洪澤湖，由清口會黄入海。堤工自武家墩至泰家高崗，長一萬七千餘丈。查洪澤湖地居淮揚數十州縣之上游，堰盱堤工，所以障全淮之水，使不得分流旁出，併力北趨，以與黄會，復分入運口。

清・佚名《南河成案》卷一〇《勘估高堰堤工(十一月二十四日)》 勘得洪湖水勢，武家墩沿堤深三尺六寸，南至高堰水深八尺一寸，又南至蔣家閘水深三尺六寸。五壩已經斷流。今歲水勢較之往年雖旺盛，而現在逐日消耗，形情尚爲平穩。

清・佚名《南河成案》卷一二《敬籌湖河宣洩機宜會議(正月二十六日夢尹白稌奏)》 洪澤湖出水之路有三，一由清口會黄歸海，一由運口入運達江，一由山盱五滾壩過水，由高寶諸湖入運歸江歸海。

又 每年盛漲五壩減洩之時，運口入運之水源源下注，自清江以至高寶一帶，運河即已拍岸盈堤。又值五壩所過之水，滙於高寶諸湖，傾瀉而來，河水被湖水所截，湖水又爲河水所阻，勢必交相壅漲，以致下河七邑常受漫淹。

清・佚名《南河成案》卷一三《籌畫黄村壩至大穀山接築堤工(五月二十五日劉裘尹白奏)》 東省水患由微山湖之漲溢，而微山湖之漲溢由黄河北岸之内灌。

清・佚名《南河成案》卷一三《疏通微山湖張灘覆奏(六月初九日尹白奏)》 上諭，據夢麟奏，微山湖水漸次疏消，其湖口洩入荆山橋河，所有引支河三道。因近來疏消已暢，是以湖底漸涸，出路亦漸遠。隨經挑引河三百餘丈，源源導引，現在湖流自不致壅滯。

清・佚名《南河成案》卷一四《奏請陶莊地方切灘挑渠並接系清口木龍(五月十三日白鐘山奏)》 奏後臣於是日，即由清口前至高堰山盱查看洪湖一帶水勢情形，查本年正月初一日起至五月初七日止，長過水三寸，落過水一尺六寸。現存底水僅四尺七寸。【略】細加測量，又落水一寸。山盱滾壩，現在高出水面三尺九寸。目下大汛，將廟淮水尚未加長，湖水日見消落。雖將來水勢之大小難期，而現今清口對岸地名陶莊，向有淤灘一段，近復淤長更寬，挺阻中流，以致溜愈南趨。

清・佚名《南河成案》卷一四《奏湖河水勢加長開放駱馬湖尾閭緣由(閏六月初一日白鐘山奏)》 駱馬一湖上承蒙沂諸湖之水，滙注入湖。下由六塘河東流入海。緣上年秋冬之間，晴多雨少，上游山水未發，中河一帶水淺勢弱。

又 自五月以來，大雨時行，河水日長。測量中河水勢俱深，有一丈内外。駱馬湖内亦漸次加長，連底水現存六尺五寸。且伏汛初臨，正上游水勢加長之候。

清・佚名《南河成案》卷一七《啟拆清口東西二壩(四月十三日高奏)》 洪澤湖水勢三月二十六日長水一寸，二十七日長水三寸，二十八日長水二寸，山盱五滾壩高出水面三尺二寸及三尺七寸不等。

清・佚名《南河成案》卷一八《詳定駱馬湖章程》 駱馬一湖逼近湖濱之間，周圍一百四十三里。

清・佚名《南河成案》卷一八《酌開柳園頭王家溝石閘(八月初二日高奏)》 該湖名曰一隅，週圍不足三十里，係沂河支流分注該處停蓄，每年沂河水發之時，即汪洋一片。迨至冬春，湖已乾涸，停蓄之水僅止尺許，一瀉無餘，實不足以資濟運。

清・佚名《南河成案》卷一八《奏覆海口現在深通並詳籌辦理緣由(十月二十四日高李奏)》 本年大展清口湖水宣洩甚暢，由五套漫堰過水，流入潮河歸海，兩邊海灘蕩地今已斷流。

清・佚名《南河成案》卷一八《奏查勘過黄河下游工料並宣洩堤根積水情形(十月二十四日李奏)》 本年伏秋汛內，洪澤湖水由清口暢出，會黄東注。山海一帶，地處下游，水勢間有漫灘。

清・佚名《南河成案》卷二一《奏洪湖水勢加長續拆清口東西壩工緣由(六月十日日李宏奏)》 洪澤湖水於六月初九日長至五尺五寸。山盱五滾壩高出水面三尺及三尺五寸不等。當將清口東壩又折十二丈，連前共寬三十八丈，緣由業經會摺奏聞在案。茲查洪澤湖內自初九日展寬清口後，湖水仍見加長，初十日水長二寸，十一二三等日長水七寸。【略】至十四十五兩日，湖水又長五寸，連前共長至六尺九寸。

清・佚名《南河成案》卷二一《奏湖河水勢加長展寬清口壩工及查勘外山海等停各工平穩情形》 洪澤湖內，六月十五日展寬清口以來，水勢仍見加長。十六日起至二十日，又長水九寸。

清・佚名《南河成案》卷二一《奏湖河水漸消南關等壩封土未開各工平穩情形(八月十二日李奏)》 寶應、高郵、邵伯諸湖今年底水本小歸江，各引河一律通暢，上游來水循序漸進，原可隨長隨消。嗣因洪湖上游疊次加長，山盱滾壩過水兩月之久，又值本年江水甚大，七月閏七月，湖水亦盛，計長至一丈六尺二寸，不無抵遏，以致高寶諸湖之水未能驟消。寶應湖內先後加長一丈七尺，高郵湖內加長五尺八寸，邵伯湖內加長四尺七寸。

清・佚名《南河成案》卷二三《酌添瓜洲迴瀾壩碎石等江(三月十九日奏)》 高郵、寶應、邵伯諸湖所存底水，較上年此時計小二三寸。再洪澤湖內前於二月中旬，將東壩拆展八丈之後，清水漸次消落。迨交桃汛，湖內又陸續長水一尺二寸。

清・佚名《南河成案》卷二三《籌畫山盱仁義禮三壩暫築堰工(四月十三日奏)》 旬日以來，天氣晴霽，上游黄河內漸次報消。《徐城誌樁》消水一尺八寸。現存上水六尺三寸，較上年此時計大四尺二寸。下游外河山安海防一帶，因清口湖水抵至惠濟祠迤下，會黄東注，《老壩口誌樁》仍存水一丈六尺五寸。洪澤湖內前月下旬，正陽關淮水長發，連日湖水加增五寸。《高堰誌樁》長至八尺四寸。【略】外河清口(前因三月二十七日，黄河猶漾入東壩，是以暫緩啟拆)。今湖水加長，黄水漸消。

清・佚名《南河成案》卷二三《查明歷年湖河水勢情形壩頂石工無庸加增覆奏(五月二十五日高李奏)》 淮水自河南上江，各州縣挾七十二山河之水，滙歸洪澤一湖。當夏秋之除，水勢浩瀚，往往長至一丈四五六尺。【略】本年洪澤湖水桃汛復長至九尺二寸。【略】洪澤湖內每年霜降水落之時，壩頂原高出湖面八尺五寸及九尺不等。一交大汛，水勢長發，陸續長至八尺五寸及九尺。【略】從前乾隆七年、十一年、十八、二十等年俱長至一丈五六尺，近於乾隆二十年、三十二年，湖水長至一丈二尺、一丈一尺五寸。

清・佚名《南河成案》卷二四《酌量拆展東西二壩(七月十七日高李奏)》 通湖各引河頭水深四五六尺，太平河頭水深九尺至一丈二尺，各引河尾水深三四五六尺不等。

清・佚名《南河成案》卷二五《查過揚屬運河各工(二月初十日吴奏)》 洪澤湖水俱由清口暢洩，山盱五滾壩過水無多。現在高寶湖內所存底水甚小。

清・佚名《南河成案》卷二五《拆寬東西壩口及查勘堰盱工料(四月初一日吴奏)》 半月以來，河湖水勢有消有長，徐城黄河水誌現存水五尺七寸。洪澤湖內原存水六尺一寸，自三月二十日後，漸次報長。

清・佚名《南河成案》卷二六《酌量封築智義二壩覆奏(四月十八日高奏)》 本年洪湖驟長至一丈四尺八寸，較歷來水勢最大之年伏秋盛漲之日，尚大四寸。【略】各湖僅長水尺餘至八九寸不等，容納有餘。其高寶運河並未加長。

清・佚名《南河成案》卷二六《查勘歸江尾閭各河分別挑濬(五月初四日高奏)》 山盱義智二壩下注之水先至寶應湖，循序漸下，以達高郵、邵伯湖，由三溝閘入運。各湖地勢高下不等，水勢加長不一。核計邵伯湖自山盱滾壩過水以後，增長三尺七寸，連底水共存九尺九寸，尚不甚大盈科，而進由運河東岸之金灣、東灣、西灣、鳳凰橋、壁虎橋、灣頭閘等河入廖家溝、石羊溝、董家溝、芒稻閘分洩歸江。

清・佚名《南河成案》卷二八《奏覆清水縣今暢出黄水已不倒灌並仍在疏治情形(九月初一日高吴奏)》 八月十九以後，洪湖水勢又陸續加長六寸，旋即平定。現在清水勢旺，出口更爲有力，清口內外浮沙停積之處日見刷深通湖。

清・佚名《南河成案》卷二八《酌籌開放潘家屯臨黄壩工(九月十二日奏)》 現在微湖在水八尺三寸許，自四月間，重運尾帮北上後，雖已陸續長水一尺一寸六分，較之上年此時，多收長水七寸三分。

清・佚名《南河成案》卷二八《籌辦丁家集民堰仍於裏越補還開挑對岸引河及唐家灣倒勾河覆奏(閏十月二十四日高奏)》 因正河水勢漸落，潘家屯過水僅一尺五六寸及二尺餘寸不等，由引河下達入湖，源遠流長，間有沙泥停積，悉在引河之內，不致淤墊湖身。

清・佚名《南河成案》卷三〇《籌度高寶湖河形勢覆奏(十月二十二日高薩奏)》 其湖水歸宿之路，溯查從前水大之年，一由高郵以下西岸通湖二十四港入運，從東岸南關、五里車、邏昭關等壩洩入下河歸海。一由西岸三溝閘之通湖港及邵伯、鰍魚等港入運，從金灣、東西灣、鳳凰、壁虎橋等處歸江後，因歸海之路紆遠，下河民田易於被淹。

清・佚名《南河成案》卷三一《清口西岸加築東水壩工(六月二十七日高薩奏)》 洪澤湖內原存底水六尺五寸，入夏後，淮水未據報長，直至六月初九日起始據正陽關續報長水三尺三寸，流入洪澤湖僅長水八寸，連前現存水七尺三寸，比上年此時計小四尺餘寸。

清・佚名《南河成案》卷三二《奏水勢驟長各工搶獲平穩情形(五月二十八日李奏)》 宿遷駱馬湖內水亦盛長，連存水長至一丈九尺七寸，來勢急驟。【略】五月十四日起至十九日又長水六尺六寸，滙流而下。洪澤湖內，旬日以來，亦陸續長水九寸。

清・佚名《南河成案》卷三二《奏時届處暑水勢續消工程平穩情形(七月十二日李奏)》 其洪澤湖水亦續消一尺五寸。(連前共消二尺四寸。)

清・佚名《南河成案》卷三二《查勘洪澤湖水勢情形覆奏(十一月初一日奏)》 九月初旬，上游來水漸少，湖水已漸次消落一尺五寸，今考城縣張家油房溝槽刷寬分溜下注。洪澤湖水現未加長。

又 馳赴高堰、山盱一帶上下察看，湖水現存一丈一尺八寸，較之四十三年水大之時，長至一丈五尺一寸，已小三尺三寸。臨河大堤石工高出水面四五六尺不等，即再長水二三尺，儘可容納。湖身週圍三百餘里，水勢寬深。

清・佚名《南河成案》卷三四《奏勘微山湖並無淤墊及被水災民安堵情形(附夾片九月初四日薩奏)》 自豐至沛上下，查勘該二縣在昭陽、微山二湖之西，自豫省北岸滿溢後，水由山東巢單、金鄉、魚臺等縣漫衍而來，由漸增長。測量水深現自七八尺至一二丈不等，俱係清水，皆因微山、昭陽二湖今年底水本大，豫省漫水未曾直灌入湖，經由山東各縣地方數百里而來，逐漸停淤。迨至豐沛縣境內，業已澄清。是以湖內未致停淤，沿湖之豐沛一帶，水色亦清。

清・佚名《南河成案》卷三五《會籌開放柳家窪並開展條女潘家屯泄水緣由(三月十一日薩韓國奏)》 駱馬湖尾閭五道引河，上年盛漲時過水口面共寬一百四十一丈，水深自五六尺及一丈六七尺不等，下注六塘河，尚可容納。

清・佚名《南河成案》卷三八《黄水盛長各工搶獲平穩並防備湖水長發覆奏(八月初七日薩李奏)》 澤湖上年僅存底水二尺四寸。本年春夏以來，因雨澤稀少，湖水漸消，湖身早已騰空，足資容納。伏汛内淮河雖未長水，而秋汛正長。

清・佚名《南河成案》卷三九《黄水倒漾淤沙梗阻遵旨再行據實覆奏(八月二十四日薩李奏)》 本年洪澤湖內，因淮河自春徂夏並未發水，交秋以後共長水四尺八寸。現在正陽關淮河據報除消落外，淨存長水一尺六寸，是以洪澤湖內《高堰誌樁》僅存水二尺八寸。湖水之小爲從來所未有。湖水既小，自未能出口抵禦黄流，以致倒灌入運，直達淮揚。是本年湖水極小，實爲清口淤墊之病根。

又 乾隆三十六年，黄河南岸之陳家道口漫溢大溜，下注洪澤湖，由清口而出湖中，未嘗積淤，皆因經由支幹各河綿遠入湖之水已漸澄清。

清・佚名《南河成案》卷三九《會勘洪湖淮河水勢(九月十五日阿薩李奏)》 洪澤湖爲黄河以南濟運水櫃，湖面自西南斜向東北，週圍四百餘里。由清口至高堰關帝廟以北二十餘里，湖灘本高。又因六月内黄水倒灌五道，引河普律受淤，不見湖面。迨由關帝廟以南直抵蔣家壩二百餘里，則一望汪洋，莫辨涯際。【略】維時湖内底水存有二丈，樁底與湖心水面相平，樁高一丈八尺八寸，與堰工尺寸相等，爲湖水消長之驗。上年年底《誌樁》上所存長水已消落淨盡，湖内之水尚深一二三丈不等。

清・佚名《南河成案》卷四〇《酌定運河戽水限制覆奏(十月初三日阿奏)》 至江南運河，本藉江潮爲吐納，以太湖爲來源，從未聞有淺涸斷流之事。緣無錫、伍牧、洛社一帶乃江潮自北而來，湖水由南而注交滙之區，兩水相頂，未免畧有浮沙停淤。又值本年夏秋缺雨，農民戽水灌田晝夜不停，以致日就消涸。自九月初間，車戽既停，即長水三尺餘寸，河流通暢。現據閔鶚元扎知該處，水深四五尺。

清・佚名《南河成案》卷四二《酌放通湖引河覆奏(六月十四日李奏)》 淮

安、清口一帶地方大雨時行。初八九及十一二等日，霪雨如注，滂沛優渥，勢甚廣遠。上游之安徽、河南二省得雨，自必相同，淮水必然長發。洪澤湖水現在逐日加長，《高堰誌樁》已長水至七尺三寸。淮揚運河水勢較前倍加深暢，兩岸浮沙滌刷寬深。

清・佚名《南河成案》卷四二《山安裏河等屬漫塌堤工(附夾片七月初六日李李書奏)》 江省黃運湖河，水勢六月內已覺旺盛，至七月初二三四等日又接續盛長。黃河內因甘肅、寧夏發水下注，長至一丈一尺三寸至一丈八九尺不等。中河內因上游山水長發下注，陡長至一丈六七尺。洪澤湖內因淮河水發，《高堰誌樁》又長水二尺，連前長至一丈五尺七寸。黃運湖河同時並漲，驟而且大。

清・佚名《南河成案》卷四五《會勘洪澤湖淤墊情形覆奏(四月十八日謝李李奏)》 由高堰至山盱一帶，詳加履視，先測量《高堰誌樁》現存水六尺。《離誌樁》五丈以外水深七尺，該處爲太平等五道引河通湖之處，各河頭水深八九尺，均暢流下注。又由高堰迤上，沿堤繞至盱眙陡山口，逐一測量，凡靠石堤以及山腳之前，水俱深有三四尺至六七尺。由陡山口坐船至龜山約二十餘里，測量水深三四丈不等。復由龜山至蔣家壩約八十餘里，一路探測，水勢深淺不一，深者四五丈，淺者亦俱在一二丈之間。

清・佚名《南河成案》卷四六《周家溝黑魚塘漫水(八月初四日李奏)》 自高郵以至邵伯一帶，初一二日風雨交加，高郵、邵伯等湖水勢湧漲，連河內陡長水三四尺。東岸周家溝、黑魚塘等處大堤有平水漫水處。

清・佚名《南河成案》卷四七《邵伯周家溝漫工各官議處(三月二十一日部議)》 本月初一二日，風雨交加，高郵、邵伯等湖水勢湧漲，運河內陡長水三四尺。

清・佚名《南河成案》卷五〇《奏周家樓堵築漫工並霜降後湖河水勢情形(九月初八日蘭奏)》 洪澤湖內因八月中旬之後，淮水復長三尺餘寸，兼之連次大雨，又加以毛城鋪等處分洩之水滙歸洪澤湖，逐日見長，今截至九月初三日，《高堰誌樁》連底水又長至一丈二尺九寸。

清・佚名《南河成案》卷五四《恭報伏汛安瀾(七月初九日書蘭奏)》 六月十七日入伏後，黃河僅止長水二次。洪澤湖水因安徽一帶五六月間頻得大雨，淮水加長，滙注洪湖。《高堰誌樁》至六月二十五日長至一丈零四寸。清口以下，清黃並注，甚爲湍激。徐城北門《誌樁》仍存新舊長水一丈二尺餘寸，連日未見大消。

清・佚名《南河成案》卷五四《遵呈玉皇閣引河圖説並山盱五壩未經開放覆奏(七月二十五日)》 洪澤湖水截至六月初五日《高堰誌樁》原存底水四尺四寸。自初六以後，每日長水二三四五寸不等。自六月二十五日陸續新長水六尺，連舊存長水共一丈零四寸，勢甚浩瀚。

清・王復禮《孤山志》 西湖周繞三十里，三面環山，谿谷縷注，下有水道，瀦而爲湖。漢時，有瑞應，稱明聖湖。介於錢塘，又稱錢塘湖。其水輸委於下湖，又稱上湖。負郭而西，故稱西湖。然諸山之脈，皆宗天目。天目西去府治一百七十里，蜿蟺東來，淩深拔峭，舒岡布麓，若翔若舞，萃於錢塘，聯絡周匝，秀美鬱蔥，扶輿之氣，盤結鞏厚。林和靖詩云「匠出西湖作畫屏，望中渾恐是蓬瀛」，殆爲實録。

又 西湖 混元神巧本無形，匠出西湖作畫屏。春水浄於僧眼碧，晚山濃似佛頭青。欒櫨粉堵摇魚影，蘭杜煙從閣鷺翎。往往鳴榔與横笛，斜風細雨不堪聽。

又 《西湖》十里湖光緑染衣，滿船燈火夜忘歸。憑誰寄語林和靖，近歲梅花學雪飛。

清・余宷《塞程別紀》 又三十里至枯崙諾爾。凡言諾爾者，華言海也。海周數十里，色如米汁，飲無毒。其北里許，又小海，周十餘里，水甚清甘。二十里至二岔口。

清・周伯義《北固山志》卷一 鳳凰池在龍埂西麓，上有淮海書院址。

又 秋月潭在走馬澗下。

又 放生池即海涵河。

又 北固浦在山後海涵河外，廣一百八十丈，計二百七十畝。

清・謝元淮《雲臺新志・山水下》 萬金湖 《崔志》俗名五羊湖。《顧志》：去東海城北六十五里，南北抵山東，西通海內。產蘆葦、魚蟹之類。名以「萬金」者，以其利民者多也。今按此湖已爲平地。

又 烏龍潭 《顧志》：在新縣南。

又 黃龍潭 《顧志》：在隔村南澗中。

又 磊北龍潭 《顧志》：在石礌山之麓，深不可測。天將雨，潭內先吼，聲聞山中。

又　關中龍潭　《崔志》：在關中後村。

又　西捍海堰　《太平寰宇記》：在東海縣北三里，南接謝祿山，北至石城山南北，長六十三里，高五尺。隋開皇九年，縣令張孝徵造。

又　東捍海堰　《太平寰宇記》：在東海縣東北三里，西南接蒼梧山，東北至巨平山，長三十九里。開皇十五年，縣令元暧造。外捍海潮，内貯山水，大獲灌溉。案唐崔逸《鬱林觀東崖壁記》，開元七年東海縣宰爲河南元暧，與《寰宇記》所載年代懸隔。又案《北齊書・杜弼傳》：顯祖敕弼行海州事。弼於州東帶海爲起長堰，外遏鹹潮，内引淡水。今故跡亦不可考。

又　王公堰　《李志》：在雲臺山東南起大島，西抵鳳凰城東，東西五十里。明洪武初，州人大理寺評事王規奏築，以衛民田，鄉人德之。

又　南堰　《李志》：在鳳凰城南門外，自石岸渡口淤，没渡海者，由西山之麓，及東峽口，後二處又淤。遂於城南築土堰，以通南北。

又　大村堰　《崔志》：在大村西北，明州判唐伯元築。《顧志》：此堰上瀦山水，下捍海潮，歲久圮廢。唐公伯元判東海時與築，居民德之。

清・謝元淮《雲臺新志・勝蹟上》　金湖潮信　萬金湖，在沃壤村南，北抵山東，西通海，早潮夕汐，應候無差，居民以之驗晷刻焉。謹按：萬金湖，今爲平地。

清・佚名《湟中雜記》　青鹽池　鹽池在縣治西五百餘里，青海西南，今蒙古郡王車靈端多普貝勒札木巴勒多爾濟地界内，週圍二百餘里，滷水結爲厚蓋，鹽係天成。蒙古於蓋上鑿孔，以鐵勺撈取，販至内地貿易，郡民賴之。

清・秦綬章《江南水利全書》　太湖廣三萬六千頃，在蘇州府者十之五，爲吴縣、長洲、吴江、震澤四縣界；在常州府者十之三，爲無錫、陽湖、宜興、荆溪四縣界；其在浙江湖州府者十之二，爲烏程、長興二縣界。其來源則自廣通、設壩，宣歙、金陵之水不入矣。今惟天目、四安諸水會於霅苕以入者爲大，而金壇、溧陽各山水注爲百瀆者，亦自西北來以歸於湖也。

清・董恂《江北運程》卷三五《江南淮安府揚州府》　縣西十余里有白馬湖，當湖心而東即八淺隄。往歲隄決，湖水奔逸，建瓴而下，舟楫遇西風輒沈溺。決處闊八十餘丈，深二丈五六尺。

清・董恂《江北運程》卷三八《江南揚州府高郵州至甘泉縣境》　《揚州河渠志》：康熙六年，決露筋廟隄。次年堵塞。又西岸運隄至界首入高郵州境。「又南爲通湖牐，又南爲通湖港二十有二。平時實閉，湖水漲發，始放入運。隄西爲高郵諸湖，長闊一百五十餘里，名目繁多，皆無畔岸，莫可主名。姑據《舊志》言之。曰新開湖，曰甓社湖，曰平阿湖，曰珠湖，曰張良湖，曰石臼湖，曰姜里湖，曰七里湖，曰鶩兒白湖，曰武安湖，曰塘下湖。其天長水道入湖之路，有秦蘭河，在州治西六十里，自冶山發源，入武安新開等湖，其河過天長縣至秦蘭鎮大橋以北屬高郵。有石梁山河，發源大雲山，過天長縣入新開等湖。有三汊澗河，武汊澗河，皆自天長縣北入新開等湖。其由高郵諸湖北通寶應諸湖水道，有華家灘，又東有相家澗，又東有菜花港。其諸湖附近溪灣溝蕩之可名者，曰石梁溪，在州治西北，自天長縣發源入新開湖；曰平阿溪，在州治西，亦自天長縣發源入湖；曰樊良溪，在州治北，自天長縣流入珠湖，即古之樊良湖也。樊良湖，見徐堅《初學記》云：「山陽縣有樊良湖、射陽湖、津湖。」今樊良在高郵、射陽，半屬寶應。津湖在寶應，其初則俱屬山陽也。

清・董恂《江北運程》卷三九《江南揚州府甘泉縣至江都縣境》　甘泉縣境在官河上岸者，有邵伯、黄子、赤岸、朱家、白茆、新城六湖，統稱北湖。明陸君弼萬曆《江都縣志》：「邵伯、黄子、赤岸、新城、白茆、朱家六湖，皆在官河上岸，水相連接。」《甘棠小志》：「湖之在官河上岸者凡六，曰邵伯湖。」雍正《揚州府志》言在府城東北四十五里，東接艾陵湖，西接白茆湖，南通新城湖，北接甓社湖。每春夏時，湖水漲漫。

清・佚名《莫愁湖志》卷首《莫愁湖序》　湖之顯晦，豈真有數存耶？湖周迴約十餘里，碧波見底，深處尋丈許，環以岸柳汀蘆，旁植紅白蓮花，魚蝦可數，鷗鷺無猜。湖外皆高原平疇，僧舍漁邨。大江南北，諸峯屏列。東岸一堤之隔，即城河。近無崇岡峻嶺，瀑布奔泉，時有積雨行潦三路歸湖，漲則自泄入河，不致氾濫，或遇大旱欲涸，又可引入河水養魚，所以雨不勞，旱不竭也。

清・王榮商《東錢湖志》卷一《水利二・湖説》　東錢湖在鄞縣東三十里，周圍八十里。《夏侯曾先地志》云：其湖承錢埭水，故號錢湖。唐天寶三年，縣令陸南金開廣之。宋天禧元年，郡守李夷庚重修。一名萬金湖，以其爲利重也。在唐曰西湖，蓋鄮縣未徙時湖在縣治之西也。是湖受七十二溪之水。凡有七堰，錢堰、大堰、莫枝堰、高湫堰、栗木堰、平湖堰、梅湖堰。水入則蓄雨，不時則啟閘放之。鄞定海七鄉之田，資其灌溉。

又　東錢湖容受七十二谿，方圓廣闊八百頃，傍山爲固，疊石爲塘八十里。

又　城東有東錢湖，鄮縣未徙時湖在縣西，故又名西湖。湖水闊十萬畝，前古因山麓斷處續隄合之。受潤谷水七十二，環里八十爲堰。

又　原分東西二湖者，湖勢東高而西下，其水皆自東而西。或者西湖先成，東湖後闢，其究混而一之歟。石塘周圍八十餘里，有七隔焉，有四牐焉。浥注阡陌，直至定海崇邱鄉而止，蓋四明東道一巨浸也。

清・屠寄《齊齊哈爾城圖説》　境内泉泊，其最著者曰那吉泊，在音吉干泊西南。西南流百里，逕巴拜之地瀦於松津泊。又馬鞍泊，在那吉泊西南，松津泊東南。馬鞍泊之西南，又有百花泉。

清・徐庭曾《邗溝故道歷代變遷圖説》　射陽湖　《太平寰宇記》云：山陽射陽湖在縣東南八十里，與鹽城、寶應兩縣分湖爲界。寶應射陽湖在縣東六十里，中流與鹽城分界。鹽城射陽湖在縣西北一百二十里，闊二十丈，通海三百里。嘉靖《維揚志》云：湖瀠洄可及三百里，南北淺狹。自固晉口至喻口北沙入海。湖之東屬鹽城，西至固晉屬山陽，固晉而上至射陽屬寶應。顧氏《方輿紀要》云：湖東屬鹽城，西北屬山陽，西南屬寶應。東西深廣，爲羣川委流。乾隆《江南志》云：淮安府射陽湖在阜寧縣城北，寶應、鹽城、山陽三邑界之，其下流由廟灣新豐市入海。

又　艾陵湖　陸朝璣《江都志》云：艾陵湖在城東北四十五里邵伯鎮之東。《太平寰宇記》引阮昇之記齊高帝遏艾陵湖水立裘塘屯。董氏恂《甘棠小志》據劉瞻衡云：艾陵湖北荇絲湖地，南北約五里，東西約十里，皆屬邵伯之下橋鄉。又據趙輯五言：自楊家莊南三里入湖。沿右岸行船，首皆向西南，非直西也。

又　武廣湖　即武安湖。明嘉靖《揚州志》云：在高郵州西南三十里，武安郵與新開湖相接。又通露筋河。亦名南湖。

又　樊良湖　《方輿紀要》云：樊良湖在高郵西北五十里，上流爲樊良溪。自天長縣石梁河流入高郵州界，豬而爲湖，與新開、甓社爲高郵三湖。又引《繫年録》云：承楚之間有樊良等三湖，綿亘三百餘里。嘉慶《揚州府志》云：樊良溪在州北二十里，自天長石梁河流入州界，古樊良湖也。樊良一作「繁粱」。《陳書》云「太建中，徐敬成自繁粱湖下淮」是也。「繁粱」又作「樊粱」。《太平寰宇記》所云「樊良溪在高郵縣宋時爲縣。北二十里」是也。

又　博支湖　嘉靖《維揚志》云：博支湖在寶應縣東南九十里，西北通廣洋湖，北接馬長汀。《方輿紀要》引《揚州志》云：其所引當是《隆慶志》，余所未見。沈垛港在寶應縣東南八十里。又東南十里，即博支湖。博支湖之水北接縣東九十里之馬長汀，東北通鹽城縣，又北會於射陽湖。

又　白馬湖　《明會典》云：寶應白馬湖長三里。《漕河志》云：白馬湖在寶應縣治北十五里，南北接漕渠。嘉靖《維揚志》云：白馬湖西連三角村，東會官河，北接黃浦。萬曆《揚州志》云：東西長十五里，南北濶三里。嘉慶《揚州志》云：白馬湖北有温山溝，又西有護城河，又西有魚鹽牐，又稍西當湖之尾有潯河。

又　津湖　《明會典》云：長三里。《漕河志》云：在寶應縣治南四十里，西接范光湖，南接漕渠，東臨陸楊湖。嘉靖《維揚志》云：在寶應縣南六十里，通官河，西北會范光湖，東接高郵界。案湖自縣南四十里延袤至六十里以南北言，長三里以東西言。

江河部

《山海經·南山經》（招摇之山）麗麐之水出焉，而西流注于海，其中多育沛，佩之無瘕疾。

又（柤陽之山）怪水出焉，而東流注于憲翼之水。

又（箕尾之山）汸水出焉，而南流注于淯，其中多白玉。

又（柜山）英水出焉，西南流注于赤水，其中多白玉，多丹粟。

又　苕水出于其（浮玉之山）陰，北流注于具區。其中多鮆魚。

又　又東五百里，曰成山，四方而三壇，其上多金玉，其下多青雘。閡水出焉，而南流注于虖勺，其中多黄金。

又　又東五百里，曰會稽之山，四方，其上多金玉，其下多砆石。勺水出焉，而南流注于湨。

又　又東五百里，曰夷山，無草木，多沙石，湨水出焉，而南流注于列塗。

又（洵山）洵水出焉，而南流注于閼之澤，其中多芘蠃。

又（虖勺）滂水出焉，而東流注于海。

又（區吳之山）鹿水出焉，而南流注于滂水。

又（鹿吳之山）澤更之水出焉，而南流注于滂水。

又（禱過之山）浪水出焉，而南流注于海。

又（丹穴之山）丹水出焉，而南流注于渤海。

又（發爽之山）汎水出焉，而南流注于渤海。

又（雞山）黑水出焉，而南流注于海。

又（南禺之山）有穴焉，水出輒入，夏乃出，冬則閉。佐水出焉，而東南流注于海，有鳳皇、鵷鶵。

《山海經·西山經》（松果之山）濩水出焉，北流注于渭，其中多銅。

又（符禺之山）符禺之水出焉，而北流注于渭。

又（石脆之山）灌水出焉，而北流注于禺水。其中有流赭，以塗牛馬無病。

又（英山）禺水出焉，北流注于招水。

又（竹山）竹水出焉，北流注于渭，其陽多竹箭，多蒼玉。丹水出焉，東南流注于洛水，其中多水玉，多人魚。

又（羭次之山）漆水出焉，北流注于渭。

又（時山）逐水出焉，北流注于渭，其中多水玉。

又（南山）丹水出焉，北流注于渭。

又（大時之山）涔水出焉，北流注于渭。清水出焉，南流注于漢水。

又（嶓冢之山）漢水出焉，而東南流注于沔。囂水出焉，北流注于湯水。

又（皋塗之山）薔水出焉，西流注于諸資之水；塗水出焉，南流注于集獲之水。

又（黄山）盼水出焉，西流注于赤水，其中多玉。

又（騩山）淒水出焉，西流注于海，其中多采石、黄金，多丹粟。

又（泰冒之山）浴水出焉，東流注于河，其中多藻玉，多白蛇。

又（數歷之山）楚水出焉，而南流注于渭，其中多白珠。

又（高山）涇水出焉，而東流注于渭，其中多磬石、青碧。

又（龍首之山）苕水出焉，東南流注于涇水，其中多美玉。

又（鳥危之山）鳥危之水出焉，西流注于赤水，其中多丹粟。

又（皇人之山）皇水出焉，西流注于赤水，其中多丹粟。

又（長沙之山）泚水出焉，北流注于泑水，無草木，多青雄黄。

又（峚山）丹水出焉，西流注于稷澤。

又（泰器之山）觀水出焉，西流注于流沙。

又（槐江之山）丘時之水出焉，而北流注于泑水。

又（崑崙之丘）河水出焉，而南流東注于無達。赤水出焉，而東南流注于氾天之水。洋水出焉，而西南流注于醜塗之水。黑水出焉，而西流于大杅。

又（樂游之山）桃水出焉，西流注于稷澤。

又（軒轅之丘）洵水出焉，南流注于黑水，其中多丹粟，多青雄黄。

又（陰山）濁浴之水出焉，而南流注于蕃澤。

又（天山）英水出焉，而西南流注于湯谷。

又（陰山）陰水出焉，西流注于洛。

又（勞山）弱水出焉，而西流注于洛。

又（罷父之山）洱水出焉，而西南流注于洛。

又（申山）區水出焉，而東流注于河。

又（鳥山）辱水出焉，而東流注于河。

又（鳥山）湯水出焉，東流注于河。

又（諸次之山）諸次之水出焉，而東流注于河。

又（號山）端水出焉，而東流注于河。

又（盂山）生水出焉，而東流注于河。

又（白於之山）洛水出于其陽，而東流注于渭。夾水出于其陰，東流注于生水。

又（申首之山）申水出于其上，潛于其下，是多白玉。

又（剛山）剛水出焉，北流注于渭。

又（剛山之尾）洛水出焉，而北流注于河。

又（英鞮之山）涴水出焉，而北流注于陵羊之澤。

又（邽山）濛水出焉，南流注于洋水。

又（鳥鼠同穴之山）渭水出焉，而東流注于河。【略】濫水出于其西，西流注于漢水。

又（崦嵫之山）苕水出焉，而西流注于海。

《尚書・禹貢・冀州》 既載壺口，治梁及岐。既修太原，至于岳陽；覃懷厎績，至于衡漳。

《尚書・禹貢・兗州》 濟河惟兗州。九河既道。

又 浮于濟、漯，達于河。

《尚書・禹貢・青州》 嵎夷既略，濰、淄其道。

又 浮于汶，達于濟。

《尚書・禹貢・徐州》 海、岱及淮惟徐州。

又 淮、沂其乂。

又 浮于淮、泗，達于河。

《尚書・禹貢・揚州》 淮海惟揚州。

又 三江既入。

又 沿于江、海，達于淮、泗。

《尚書・禹貢・荊州》 江、漢朝宗于海，九江孔殷，沱、潛既道。

又 浮于江、沱、潛、漢，逾于洛，至于南河。

《尚書・禹貢・豫州》 荆河惟豫州。

又 伊、洛、瀍、澗既入于河。

又 浮于洛，達于河。

《尚書・禹貢・梁州》 華陽、黑水惟梁州。

又 沱、潛既道。

又 西傾因桓是來。浮于潛，逾于沔，入于渭，亂于河。

又 黑水、西河惟雍州。弱水既西，涇屬渭汭。漆沮既從，豐水攸同。

《尚書・禹貢・雍州》 浮于積石，至于龍門、西河，會于渭汭。

《尚書・禹貢・導水》 導弱水，至于合黎，餘波入于流沙。

導黑水，至于三危，入于南海。

導河、積石，至于龍門；南至于華陰，東至于厎柱，又東至于孟津，東過洛汭，至于大伾；北過降水，至于大陸；又北，播爲九河，同爲逆河，入于海。

嶓冢導漾，東流爲漢，又東，爲滄浪之水，過三澨，至于大別，南入于江。東，匯澤爲彭蠡，東，爲北江，入于海。

岷山導江，東別爲沱，又東至于澧；過九江，至于東陵，東迆北，會于匯；東爲中江，入于海。

導沇水，東流爲濟，入于河，溢爲滎；東出于陶丘北，又東至于菏，又東北，會于汶，又北，東入于海。

導淮自桐柏，東會于泗、沂，東入于海。

導渭自鳥鼠同穴，東會于澧，又東會于涇，又東過漆沮，入于河。

導洛自熊耳，又東，會于澗、瀍；又東，會于伊，又東北，入于河。

《楚辭・九章・懷沙》 滔滔孟夏兮，草木莽莽。

《楚辭・九章・抽思》 浩浩沅湘，分流汩兮。

《燕丹子》卷下 荆軻歌曰：「風蕭蕭兮易水寒，壯士一去兮不復還。」

《詩經・國風・碩人》 河水洋洋，北流活活。

漢・司馬遷《史記》卷二九《河渠書》 故道河自積石，歷龍門，南到華陰，東下砥柱，及孟津、雒汭，至于大邳。【略】北載之高地，過降水，【正義】：降水，源出潞州屯留縣西南，方山東北。至于大陸，【正義】：大陸澤，在邢州及趙州界，一名廣河澤，一名鉅鹿澤也。播爲九河，【正義】：言過降水及大陸水之口，至冀州分爲九河也。同爲逆河，入于勃海。【集解】：瓚曰：「《禹貢》云『夾右碣石入于海』，然則河口之入海乃在碣石。

武帝元光二年，河從東郡，更注勃海。禹時不注勃海也。」九川既疏，九澤既灑，諸夏艾安，功施于三代。

自是之後，滎陽下引河東南爲鴻溝，【索隱】：楚漢中分之界，文穎云即今官渡水也。蓋爲二渠：一南經陽武，爲官渡水；一東經大梁城，即鴻溝，今之汴河是也。以通宋、鄭、陳、蔡、曹、衛，與濟、汝、淮、泗會。

於楚，西方則通渠漢水、雲夢之野，東方則通（鴻）溝江淮之閒。於吳，則通渠三江、五湖。【集解】：韋昭曰：「五湖，湖名耳，實一湖，今太湖是也，在吳西南。」【索隱】：三江，按《地理志》北江從會稽毗陵縣北東入海，中江從丹陽蕪湖縣東北至會稽陽羨縣東入海，南江從會稽吳縣南東入海，故《禹貢》有北江、中江也。五湖者，郭璞《江賦》云具區、洮滆、彭蠡、青草、洞庭是也。又云太湖周五百里，故曰五湖。【略】

辟沫水之害，【索隱】：辟音避。沫音末。按：《說文》云「沫水出蜀西南徼外，與青衣合，東南入江」也。穿二江成都之中。【正義】：《括地志》云：「大江，一名汶江，一名管橋水，一名清江，亦名水江，西南自温江縣界流來。」又云：「郫江，一名成都江，一名市橋江，亦名中日江，亦曰内江，西北自新繁縣界流來。二江並在益州成都縣界。杜豫《益州記》云：「二江者，郫江、流江也。」《風俗通》云：「秦昭王使李冰爲蜀守，開成都縣兩江，溉田萬頃。神須取女二人以爲婦，冰自以爲女與神婚，徑至祠勸神酒，酒杯澹澹，因厲聲責之，因忽不見。良久，有兩蒼牛鬬於江岸，有閒，輒還，流汗謂官屬曰：「吾鬬疲極，不當相助耶？南向腰中正白者，我綬也。」主薄刺殺北面者，江神遂死。」《華陽國志》云：「蜀時濯錦流江中，則鮮明也。」」

西門豹引漳水溉鄴，【正義】：《括地志》云：「漳水，一名濁漳水，源出潞州長子縣西力黄山。《地理志》云：「濁漳水，出長子鹿谷山，東至鄴，入清漳。」按：力黄、鹿谷二山，北鹿也。鄴相州之縣也。以富魏之河内。

又 穿渠引汾。【正義】：《括地志》云：「汾水源出嵐州静樂縣北百三十里管涔山北，東南流，入并州，即西南流，入至絳州、蒲州入河也。」

其後，人有上書欲通褒斜道。【集解】：韋昭曰：「褒中縣也。斜，谷名，音邪。」瓚曰：「褒、斜，二水名。」【正義】：《括地志》云：「褒谷在梁州褒城縣北五十里。斜水源出褒城縣西北九十八里衙嶺山，與褒水同源而派流。《漢書·溝洫志》云『褒水通沔，斜水通渭，皆以行船』是也。」按：褒城即褒中縣也。

漢·辛氏《三秦記·山水》 涇水出安定朝郡縣西開頭山，東南經新平扶風，至京兆高陵縣而入渭，與渭水合流三百里，清濁不相雜。東合漆沮水至潼津入於河。《尚書》稱：「導渭自鳥鼠同穴。又東會於涇。」又云：「涇屬渭汭」。並是也。《初學記》卷六涇水條。

又 霸水，古滋水也。出雍州藍田谷北入渭。《漢唐地理書鈔》之《三秦記》輯本，引自《綱目集覽》。

又 渭水橋西有温水。《初學記》卷八關内道温水條。

漢之東渭橋，漢高帝造，以通櫟陽道。《類編長安志》卷七橋渡東渭橋條。

又 紫泥水在成州。《史記》卷八《高祖本紀》正義。

漢·班固《漢書》卷二八上《地理志一》 （揚州）川曰三江。【略】（荆州）川曰江、漢。【略】（豫州）川曰滎、雒。【略】（青州）川曰淮、泗。【略】（兗州）其川曰河、泲。【略】（雍州）川曰涇、汭。【略】（幽州）川曰河、泲。【略】（冀州）川曰漳。【略】（并州）川曰虖池、嘔夷。

漢·班固《漢書》卷二八上《地理志上·京兆尹》 （南陵）沂水出藍田谷，北至霸陵入霸水。霸水亦出藍田谷，北入渭。

漢·班固《漢書》卷二八上《地理志上·左馮翊》 （褱德）洛水東南入渭，雍州浸。

漢·班固《漢書》卷二八上《地理志上·右扶風》 鄠水出東南，又有潏水，皆北過上林苑入渭。

漆，水在縣西。

杜陽，杜水南入渭。

汧水出西北，入渭。芮水出西北，東入涇。

（武功縣）斜水出衙領山北，至郿入渭。褒水亦出衙領，至南鄭入沔。

漢·班固《漢書》卷二八上《地理志上·弘農郡》 （弘農）衙山領下谷，爓水所出，北入河。

盧氏，熊耳山在東。伊水出，東北入雒，過郡一，行四百五十里。又有育水，南至順陽入沔。又有洱水，東南至魯陽，亦入沔，皆過郡二，行六百里。

（黽池）穀水出穀陽谷，東北至穀城入雒。

丹水，水出上雒冢領山，東至析入鈞。

新安，《禹貢》澗水在東，南入雒。

析，黄水出黄谷，鞠水出析谷，俱東至酈入湍水。

上雒。《禹貢》雒水出冢領山，東北至鞏入河，過郡二，行千七十里，豫州川。

又有甲水，出秦嶺山，東南至錫入沔，過郡三，行五百七十里。

漢·班固《漢書》卷二八上《地理志上·河東郡》 （臨汾）洮水所出，東南至武德入河，軼出滎陽北地中，又東至琅槐入海，過郡九，行千八百四十里。

漢·班固《漢書》卷二八上《地理志上·太原郡》 晉水所出，東入汾。

汾陽，北山，汾水所出，西南至汾陰入河，過郡二，行千三百四十里，冀州浸。

上艾，緜曼水，東至蒲吾，入虖池水。

廣武。（河主）〔句注〕、賈屋山在北。

漢·班固《漢書》卷二八上《地理志上·上黨郡》 （長子）鹿谷山，濁漳水所出，東至鄴入漳。

屯留，桑欽言：「絳水出西南，東入海。」

沾，大黽谷，清漳水所出，東北至邑成入大河，過郡五，行千六百八十里，冀州川。

涅氏，涅水也。

（壺關縣）沾水東至朝歌入淇。

泫氏，楊谷，絶水所出，南至壄王入沁。

高都，莞谷，丹水所出，東南入泫水。

羊頭山世靡谷，沁水所出，東南至滎陽入河，過郡三，行九百七十里。

漢·班固《漢書》卷二八上《地理志上·河内郡》 （共縣）北山，淇水所出，東至黎陽入河。

隆慮，國水東北至信成入張甲河，過郡三，行千八百四十里。

蕩陰。蕩水東至内黃澤。西山，羑水所出，亦至内黄入蕩。

漢·班固《漢書》卷二八上《地理志上·河南郡》 滎陽，卞水、馮池皆在西南。有狼湯渠，首受泲，東南至陳入潁，過郡四，行七百八十里。

穀成，《禹貢》瀍水出替亭北，東南入雒。

（密縣）有大騩山，潩水所出，南至臨潁入潁。

漢·班固《漢書》卷二八上《地理志上·東郡》 東武陽，禹治漯水，東北至千乘入海，過郡三，行千二十里。

漢·班固《漢書》卷二八上《地理志上·陳留郡》 陳留，魯渠水首受狼湯渠，東至陽夏，入渦渠。

封丘，濮渠水首受（涑）〔泲〕，東北至都關，入羊里水，過郡三，行六百三十里。

（浚儀）睢水首受狼湯水，東至取慮入泗，過郡四，行千三百六十里。

漢·班固《漢書》卷二八上《地理志上·潁川郡》 陽城，陽城山，洧水所出，東南至長平入潁，過郡三，行五百里。陽乾山，潁水所出，東至下蔡入淮，過郡三，行千五百里，荆州浸。

漢·班固《漢書》卷二八上《地理志上·汝南郡》 （定陵縣）高陵山，汝水出，東南至新蔡入淮，過郡四，行千三百四十里。

雉，衡山，澧水所出，東至郾入汝。

舞陰，中陰山，瀙水所出，東至蔡入汝。

酈，育水出西北，南入漢。

平氏，《禹貢》桐柏大復山在東南，淮水所出，東南至淮（陵）〔浦〕入海，過郡四，行三千二百四十里，青州川。

魯山，滍水所出，東北至定陵入汝。又有昆水，東南至定陵入汝。

漳水所出，東至江陵入陽水，陽水入沔，行六百里。

（夷陵縣）夏水首受江，東入沔，行五百里。

枝江，故羅國。江沱出西，東入江。

巫，夷水東至夷道入江，過郡二，行五百四十里。

高成。洈山，洈水所出，東入繇。繇水南至華容入江，過郡二，行五百里。

漢·班固《漢書》卷二八上《地理志上·廬江郡》 金蘭西北有東陵鄉，淮水出。屬揚州。廬江出陵陽東南。北入江。

雩婁，決水北至蓼入淮，又有灌水，亦北至蓼入決，過郡二，行五百一十里。

尋陽，《禹貢》九江在南，皆東合爲大江。

沘山，沘水所出，北至壽春入芍陂。

漢·班固《漢書》卷二八上《地理志上·山陽郡》 湖陵，《禹貢》「浮於泗、淮，通於河」，水在南。

平樂，侯國。（淮）〔包〕水東北至沛入泗。

漢·班固《漢書》卷二八上《地理志上·濟陰郡》 乘氏。泗水東南至睢陵入淮，過郡六，行千一百一十里。

漢·班固《漢書》卷二八上《地理志上·沛縣》 城父，夏肥水東南至下蔡入淮，過郡二，行六百二十里。

漢・班固《漢書》卷二八上《地理志上・魏郡》 鄴，故大河在東北入海。

館陶，河水別出爲屯氏河，東北至章武入海，過郡四，行千五百里。

内黄，清河水出南。

武始，漳水東至邯鄲入漳，又有拘澗水，東北至邯鄲入白渠。

武安。欽口山，白渠水所出，東至列人入漳。又有浸水，東北至東昌入虖池河，過郡五，行六百一里。

漢・班固《漢書》卷二八上《地理志上・常山郡》 元氏，沮水首受中丘西山窮泉谷，東至堂陽入黄河。

石邑，井陘山在西，洨水所出，東南至廮陶入泜。

蒲吾，有鐵山。大白渠水首受綿曼水，東南至下曲陽入斯洨。

(靈壽)《禹貢》衛水出東北，東入虖池。

(上曲陽)並州山。《禹貢》恒水所出，東入滱。

房子，贊皇山，濟水所出，東至廮陶入泜。

中丘，逢山長谷，(諸)〔渚〕水所出，東至張邑入濁。

南行唐。牛飲山白陘谷，滋水所出，東至新市入虖池。

漢・班固《漢書》卷二八上《地理志上・清河郡》 靈，河水別出爲鳴犢河，東北至蓨入屯氏河。

信成，張甲河首受屯氏別河，東北至蓨入漳水。

漢・班固《漢書》卷二八上《地理志上・涿郡》 涿，桃水(受首)〔首受〕淶水，分東至安次入河。

(故安)閻鄉，易水所出，東至范陽入濡也，并州浸。水亦至范陽入淶。

漢・班固《漢書》卷二八上《地理志上・渤海郡》 成平，虖池河，民曰徒駭河。莽曰澤亭。

漢・班固《漢書》卷二八上《地理志上・平原郡》 平原，有篤馬河，東北入海，五百六十里。

漢・班固《漢書》卷二八上《地理志上・千乘郡》 博昌，時水東北至鉅定入馬車瀆，幽州浸。

唐，桑欽言漯水所出。

漢・班固《漢書》卷二八上《地理志上・泰山郡》 汶水出萊毋，西入濟。

蓋，臨樂(于)〔子〕山，洙水所出，西北至蓋入池水。又沂水南至下邳入泗，過郡五，行六百里，青州浸。

南武陽，冠石山，治水所出，南至下邳入泗，過郡二，行九百四十里。

萊蕪，原山，甾水所出，東至(傅)〔博〕昌入泲，幽(川)〔州〕浸。又《禹貢》汶水出西南入泲。汶水，桑欽所言。

漢・班固《漢書》卷二八上《地理志上・齊郡》 臨淄，師尚父所封。如水西北至梁鄒入泲。

昌國，德會水西北至西安入如。

鉅定，馬車瀆水首受鉅定，東北至琅槐入海。

(廣縣)爲山，濁水所出，東北至廣饒入鉅定。

臨朐，有逢山祠。石膏山，洋水所出，東北至廣饒入鉅定。

桑犢，覆甑山，溉水所出，東北至都昌入海。

腄，有之罘山祠。居上山，聲洋(丹)水所出。東北入海。

陽丘山，治水所出，南至沂入海。

漢・班固《漢書》卷二八上《地理志上・琅邪郡》 朱虚，凡山，丹水所出，東北至壽光入海。東泰山，汶水所出，東至安丘入維。

壺山，浯水所出，東北入淮。

柜，根艾水東入海。

横，故山，久台水所出，東南至東武入淮。

邞，膠水東至平度入海。

東莞，術水南至下邳入泗，過郡三，行七百一十里，青州浸。

箕，侯國。《禹貢》濰水北至(昌)都〔昌〕入海，過郡三，行五百二十里，兗州浸也。

椑，夜頭水南至海。

折泉，侯國。折泉水北至莫入淮。

漢・班固《漢書》卷二八上《地理志上・臨淮郡》 淮浦，游水北入海。

漢・班固《漢書》卷二八上《地理志上・會稽郡》 (吴縣)南江在南，東入海，揚州川。

(毘陵)江在北，東入海，揚州川。

蕭山，潘水所出。東入海。

(上虞縣)柯水東入海。

大末，穀水東北至錢唐入江。

句章，渠水東入海。

（鄞）東南有天門水入海。

（錢唐）武林山，武林水所出，東入海，行八百三十里。

（宛陵）清水西北至蕪湖入江。

石城，分江水首受江，東至餘姚入海，過郡二，行千二百里。

陵陽，桑欽言淮水出東南，北入大江。

蕪湖，中江出西南，東至陽羨入海，揚州川。

黝，漸江水出南蠻夷中，東入海。

鄱水西入湖漢。

漢·班固《漢書》卷二八上《地理志上·豫章郡》 餘汗，餘水在北，至鄡陽入湖漢。

艾，脩水東北至彭澤入湖漢，行六百六十里。

贛，豫章水出西南，北入大江。

南城，盱水西北至南昌入湖漢。

建成，蜀水東至南昌入湖漢。

宜春，南水東至新淦入湖漢。

雩都，湖漢水東至彭澤入江，行千九百八十里。

南壄，彭水東入湖漢。

漢·班固《漢書》卷二八上《地理志上·桂陽郡》 郴，耒山，耒水所出，西至湘南入湖。

（臨武）秦水東南至湞陽入匯，行七百里。

耒陽，（舂）〔舂〕山，（舂）〔舂〕水所出，北至酃入湖，過郡二，行七百八十里。

桂陽，匯水南至四會入鬱（林），過郡二，行九百里。

漢·班固《漢書》卷二八上《地理志上·武陵郡》 索，漸水東入沅。

鐔成，康谷水南入海。玉山，潭水所出，東至阿林入鬱，過郡二，行七百二十里。

無陽，無水首受故且蘭，南入沅，八百九十里。

辰陽，三山谷，辰水所出，南入沅，七百五十里。

義陵，鄜梁山，序水所出，西入沅。

充。酉原山，酉水所出，南至沅陵入沅，行千二百里。歷山，澧水所出，東至下雋入沅，過郡二，行一千二百里。

漢·班固《漢書》卷二八上《地理志上·零陵郡》 零陵，陽海山，湘水所出，北至酃入江，過郡二，行二千五百三十里。又有離水，東南至廣信入鬱林，行九百八十裏。

（都梁）路山，資水所出，東北至益陽入沅，過郡二，行千八百里。

漢·班固《漢書》卷二八上《地理志上·漢中郡》 旬陽，北山，旬水所出，南入沔。

南鄭，旱山，池水所出，東北入漢。

房陵，淮山，淮水所出，東至中廬入沔。又有築水，東至築陽亦入沔。東山，沮水所出，東至郢入江，行七百里。

安陽，鬵谷水出西南，北入漢。在谷水出北，南入漢。

漢·班固《漢書》卷二八上《地理志上·廣漢郡》 梓潼，五婦山，馳水所出，南入涪，行五百五十里。

雒，章山，雒水所出，南至新都谷入湔。

綿竹，紫巖山，綿水所出，東至新都北入雒。

甸氐道，白水出徼外，東至葭明入漢。過郡一，行九百五十里。

剛氐道，涪水出徼外，南至墊江入漢，過郡二，行千六十九里。

漢·班固《漢書》卷二八上《地理志上·蜀郡》 （蜀郡）有小江入，並行千九百八十里。《禹貢》桓水出蜀山西南，行羌中，入南海。

郫，《禹貢》江沱在西，東入大江。

臨邛，僕千水東至武陽入江，過郡二，行五百一十里。

青衣，《禹貢》蒙山溪大渡水東南至南安入渽。

江原，鄰水首受江，南至武陽入江。

嚴道，邛來山，邛水所出，東入青衣。

綿虒，玉壘山，湔水所出，東南至江陽入江，過郡三，行千八百九十里。

（旄牛）鮮水出徼外，南入若水。若水亦出徼外，南至大莋入繩，過郡二，行千六百里。

湔氐道，《禹貢》嶓山在西徼外，江水所出，東南至江都入海，過郡七，行二千六百六十里。

汶江，渽水出徼外，南至南安，東入江，過郡三，行三千四十里。江沱在西南，東入江。

漢·班固《漢書》卷二八上《地理志上·犍爲郡》 符，温水南至鄨入黚水，黚水亦南至鄨入江。

南廣，汾關山，符黑水所出，北至僰道入江。又有大涉水，北至符入江，過郡三，行八百四十里。

漢陽，都尉治。山闟谷，漢水所出，東至鄨入延。

（邛都）有邛池澤。遂久，繩水出徼外，東至僰道入江，過郡二，行千四百里。

臺登，孫水南至會無入若，行七百五十里。

青蛉。臨池灊在北。

蘇示，尼江在西北。

青蛉。臨池灊在北。僕水出徼外，東南至來惟入勞，過郡二，行千八百八十里。

漢·班固《漢書》卷二八上《地理志上·益州郡》 銅瀨，談虜山，迷水所出，東至談稿入温。

俞元，池在南，橋水所出，東至毋單入温，行千九百里。

收靡，南山臘[谷]，塗水所出，西北至越嶲入繩，過郡二，行千二十里。

秦臧，牛蘭山，即水所出，南至雙柏入僕，行八百二十里。

葉榆，葉榆澤在東。貪水首受青蛉，南至邪龍入僕，行五百里。

嶲唐，周水首受徼外。又有類水，西南至不韋，行六百五十里。

弄棟，東農山，毋血水出，北至三絳南入繩，行五百一十里。

毋棳，橋水首受橋山，東至中留入潭，過郡四，行三千一百二十里。

勝休，河水東至毋棳入橋。

（來唯縣）勞水出徼外，東至麋冷入南海，過郡三，行三千五百六十里。

漢·班固《漢書》卷二八上《地理志上·牂柯》 故且蘭，沅水東南至益陽入江，過郡二，行二千五百三十里。

鐔封，温水東至廣鬱入鬱，過郡二，行五百六十里。

鄨，不狼山，鄨水所出，東入沅，過郡二，行七百三十里。

毋斂，剛水東至潭中入潭。

夜郎，豚水東至廣鬱。

西隨。麋水西受徼外，東至麋冷入尚龍溪，過郡二，行千一百六里。

都夢，壺水東南至麋冷入尚龍溪，過郡二，行千一百六十里。

句町。文象水東至增食入鬱。又有盧唯水、來細水、伐水。

漢·班固《漢書》卷二八上《地理志上·巴郡》 宕渠，符特山在西南。潛水西南入江。不曹水出東北[徐谷]，南入灊。

漢·班固《漢書》卷二八下《地理志下·武都郡》 武都，東漢水受氐道水，一名沔，過江夏，謂之夏水，入江。

河池。泉街水南至沮入漢，行五百二十里。

沮，沮水出東狼谷，南至沙羨南入江，過郡五，行四千里，荆州川。

羌道，羌水出塞外，南至陰平入白水，過郡三，行六百里。

氐道，《禹貢》養水所出，至武都爲漢。

首陽，《禹貢》鳥鼠同穴山在西南，渭水所出，東至船司空入河，過郡四，行千八百七十里，雍州浸。

臨洮，洮水出西羌中，北至枹罕東入(西)[河]。

西。《禹貢》嶓冢山，西漢所出，南入廣漢白水，東南至江州入江，過郡四，行二千七百六十里。

漢·班固《漢書》卷二八下《地理志下·金城郡》 允吾，烏亭逆水出參街谷，東至枝陽入湟。

浩亹，浩亹水出西塞外，東至允吾入湟水。

令居，澗水出西北塞外，至縣西南，入鄭伯津。

白石，離水出西塞外，東至枹罕入河。

河關，積石山在西南羌中。河水行塞外，東北入塞內，至章武入海，過郡十六，行九千四百里。

（臨羌）北則湟水所出，東至允吾入河。西有須抵池，有弱水、昆侖山祠。

漢·班固《漢書》卷二八下《地理志下·武威郡》 姑臧，南山，谷水所出，北至武威入海，行七百九十里。

漢·班固《漢書》卷二八下《地理志下·張掖郡》 觻得，千金渠西至樂涫入澤中。羌谷水出羌中，東北至居延入海，過郡二，行二千一百里。

删丹，桑欽以爲道弱水自此，西至酒泉合黎。

漢・班固《漢書》卷二八下《地理志下・酒泉郡》 禄福，呼蠶水出南羌中，東北至會水入羌谷。

漢・班固《漢書》卷二八下《地理志下・敦煌郡》 冥安，南籍端水出南羌中，西北入其澤，溉民田。

氐置水出南羌中，東北入澤，溉民田。

漢・班固《漢書》卷二八下《地理志下・安定郡》 涇陽，幵頭山在西，《禹貢》涇水所出，東南至陽陵入渭，過郡三，行千六十里，雍州川。

鹵，灈水出西。

烏氏，烏水出西，北入河。

漢・班固《漢書》卷二八下《地理志下・北地郡》 馬領，直路，沮水出(東，西)〔西，東〕入洛。

眴卷，河水別出爲河溝，東至富平北入河。

歸德，洛水出北蠻夷中，入河。

郁郅，泥水出北蠻夷中。

漢・班固《漢書》卷二八下《地理志下・上郡》 白土，圜水出西，東入河。

高奴，有洧水，可爇。

漢・班固《漢書》卷二八下《地理志下・定襄郡》 武進，白渠水出塞外，西至沙陵入河。

武臯，荒干水出塞外，西至沙陵入河。

漢・班固《漢書》卷二八下《地理志下・雁門郡》 累頭山，治水所出，東至泉州入海，過郡六，行千一百里。

漢・班固《漢書》卷二八下《地理志下・代郡》 且如，于延水出塞外，東至寧入沽。

平舒，祁夷水北至桑乾入沽。

靈丘，滱河東至文安入大河，過郡五，行九百四十里。

廣昌，淶水東南至容城入河，過郡三，行五百里，并州浸

鹵城，虖池河東至參(合)〔户〕入虖池別，過郡九，行千三百四十裏，並州川。從河東至文安入海，過郡六，行千三百七十裏。 莽曰魯盾。

漢・班固《漢書》卷二八下《地理志下・上谷郡》 軍都，温餘水東至路，南入沽。

且居，(樂陽)〔陽樂〕水出東，(東)〔南〕入(海)〔沽〕。

漁陽，沽水出塞外，東南至泉州入海，行七百五十里。

白檀，洫水出北蠻夷。

漢・班固《漢書》卷二八下《地理志下・右北平郡》 平剛，無終，故無終子國。浭水西至雍奴入海，過郡二，行六百五十里。

俊靡，灅水南至無終東入庚。

字，榆水出東。

漢・班固《漢書》卷二八下《地理志下・遼西郡》 (遼西郡)有小水四十八，並行三千四十六里。

海陽，龍鮮水東入封大水。封大水，緩虛水皆南入海。

新安平。夷水東入塞外。

(柳城)參柳水北入海。

肥如，玄水東入濡水。濡水南入海陽。又有盧水，南入玄。

交黎，渝水首受塞外，南入海。

狐蘇，唐就水至徒河入海。

臨渝，渝水首受白狼，東入塞外，又有侯水，北入渝。

絫，下官水南入海。又有揭石水、賓水，皆南入官。

漢・班固《漢書》卷二八下《地理志下・遼東郡》 望平，大遼水出塞外，南至安市入海。行千二百五十里。

遼陽，大梁水西南至遼陽入遼。

居就，室僞山，室僞水所出，北至襄平入梁也。

沛，水出塞外，西南入海。

漢・班固《漢書》卷二八下《地理志下・玄菟郡》 高句驪，遼山，遼水所出，西南至遼隊入大遼水。又有南蘇水，西北經塞外。

西蓋馬。馬訾水西北入鹽難水，西南至西安平入海，過郡二，行二千一百里。

漢・班固《漢書》卷二八下《地理志下・樂浪郡》 浿水，水西至增地入海。

含資，帶水西至帶方入海。

分黎山，列水所出。西至黏蟬入海，行八百二十裏。

漢・班固《漢書》卷二八下《地理志下・鬱林郡》 (鬱林郡)有小溪川水七，

並行三千一百一十里。

廣鬱，鬱水首受夜郎豚水，東至四會入海，過郡四，行四千三十里。

臨塵，朱涯水入領方。又有斤(員)[南]水。又有侵離水，行七百里。

定周，[周]水首受無斂，東入潭，行七百九十里。增食，驩水首受牂柯東界，入朱涯水，行五百七十里。

領方，斤(員)[南]水入鬱。又有橋水。

漢・班固《漢書》卷二八下《地理志下・蒼梧郡》 猛陵。龍山，合水所出，南至布山入海。

漢・班固《漢書》卷二八下《地理志下・合浦郡》 臨允，牢水北入高要入鬱，過郡三，行五百三十里。

漢・班固《漢書》卷二八下《地理志下・九真郡》 (九真郡)有小水五十二，並行八千五百六十里。

漢・班固《漢書》卷二八下《地理志下・日南郡》 有小水十六，並行三千一百八十里。

漢・班固《漢書》卷二八下《地理志下・趙國》 邯鄲，堵山，牛首水所出，東入白渠。

西山，渠水所出，東北至任入浸。又有蓼水、馮水，皆東至朝平入湡。

漢・班固《漢書》卷二八下《地理志下・真定國》 綿曼，斯洨水首受太白渠，東至鄡入河。

漢・班固《漢書》卷二八下《地理志下・中山國》 北平，徐水東至高陽入博。又有盧水，亦至高陽入河。

北新成，桑欽言易水出西北，東入滱。

蒲陽山，蒲水所出，東入濡。又有蘇水，亦東入濡。

望都，博水東至高陽入河。

漢・班固《漢書》卷二八下《地理志下・信都國》 王都。故章河、故虖池皆在北，東入海。《禹貢》絳水亦入海。

漢・班固《漢書》卷二八下《地理志下・河間郡》 樂成，虖池別水首受虖池河，東至東光入虖池河。

弓高。虖池別河首受虖池河，東至平舒入海。

漢・班固《漢書》卷二八下《地理志下・廣陽國》 劇，義山，蕤水所出，北至壽光入海。

漢・班固《漢書》卷二八下《地理志下・甾川國》 東安平，菟頭山，女水出，東北至臨甾入鉅定。

漢・班固《漢書》卷二八下《地理志下・淮陽國》 扶溝，渦水首受狼湯渠，東至向入淮，過郡三，行千里。

漢・班固《漢書》卷二八下《地理志下・梁國》 蒙，獲水首受甾獲渠，東北至彭城入泗，過郡五，行五百五十里。

漢・班固《漢書》卷二八下《地理志下・魯國》 卞，泗水西南至方與入沛，過郡三，行五百里，青州川。

漢・班固《漢書》卷二八下《地理志下・廣陵國》 江都，有江水祠。渠水首受江，北至射陽入湖。

蕃，南梁水西至胡陵入沛渠。

漢・班固《漢書》卷二八下《地理志下・六安國》 (六縣)如溪水首受沘，東北至壽春入芍陂。

安豐，《禹貢》大别山在西南。

漢・班固《漢書》卷二八下《地理志下・長沙國》 荼陵，泥水西入湘，行七百里。

安成，廬水東至廬陵，入湖漢。

漢・班固《漢書》卷二九《溝洫志》 褒水通沔，斜水通渭，皆可以行船漕。

又 齊人延年上書言：「河出昆侖，經中國，注勃海，是其地勢西北高而東南下也。可案圖書，觀地形，令水工準高下，開大河上領，出之胡中，東注之海。【略】

自塞宣房後，河復北決於館陶，分爲屯氏河，東北經魏郡、清河、信都、勃海入海，廣深與大河等。

漢・張衡《張衡詩文集・南都賦》 爾其川瀆，則滍灃㶏濜，發源巖穴。潛廬洞出，没滑瀎潏。布濩漫汗，漭沆洋溢。總括趨欲，箭馳風疾。流湍投濈，砏汃輣軋。長輸遠逝，漻淚淢汨。

漢・應劭《風俗通義》卷一〇《山澤》 四瀆　河出燉煌塞外崑崙山，發源注海。《易》：「河出圖，聖人則之。」《禹貢》：「九河既道。」《詩》曰：「河水洋洋。」

廟在河南滎陽縣。河隄謁者掌四瀆，禮祠與五嶽同。江出蜀郡湔氏徼外崏山，入海。《詩》云：「江、漢陶陶。」《禹貢》：「江、漢朝宗于海。」廟在廣陵江都縣。淮出南陽平氏桐柏大復山東南，入海。《禹貢》：「海、岱及淮，淮、沂其乂。」《詩》云：「淮水湯湯。」廟在平氏縣。濟出常山房子贊皇山，東入沮。《禹貢》：「浮于汶，達於濟。」廟在東郡臨邑縣。

漢·劉熙《釋名》卷一《釋水》 天下大水四，謂之四瀆，江淮河濟是也。瀆，獨也，各獨出其所而入海也。江，公也，小水流入其中，公共也。淮，圍也，圍繞揚州北界，東至海也。河，下也，隨地下處而通流也。濟，濟也，源出河北，濟河而南也。

漢·王粲《王粲集》卷二《游海賦》 乘菌桂之方舟，浮大江而遥逝。翼驚風以長驅，集會稽而一睨。登陰隅以東望，覽滄海之體勢。吐星出日，天與水際。其深不測，其廣無臬。

又 從王師以南征兮，浮淮水而遐逝。背渦浦之曲流兮，望馬丘之高澨。泛洪櫓於中潮兮，飛輕舟乎濟濟。建衆檣以成林兮，譬無山之樹蓺。

三國蜀·常璩《華陽國志·巴志》 承三江之會，夏水漲盛，壞散顛溺，死者無數。

又 墊江縣郡西北中水四百里。

又 水道有東陽、下瞿數灘。

又 涪陵郡，巴之南鄙。從枳南入，折丹涪水，本與楚商於李本作淤，下同。之地接。

三國蜀·常璩《華陽國志·漢中志》 漢有二源：東源出武都氐道漾山，因名漾。《禹貢》「流漾爲漢」是也。西源出隴西嶓冢山，會白水，經葭萌，入漢。始源曰沔，故曰「漢沔」。

又 （沔陽縣）沔水所出。

又 房陵縣，有維山，維水所出，東入瀘。李本小注在書頭：「瀘字疑誤，當作漢。」吴何本此下有小注云：又按《巴》、《漢志》，新城郡有維水所出。亦云東入瀘。

又 孱水，出孱山。其源有何本作出。金、銀鑛，洗取，火融合之，爲金銀。陽泉，出石丹，大司馬蔣琬葬此。

又 武都縣東，漢水所出，有天池澤。

又 泉街縣，水入沮，合漢也。

又 河池水《漢志》作沮水。後《漢志》作沔水。所出東狼谷也。何本有小云。上禄故道二縣名。俱屬武都郡。

又 剛氏縣涪水所出。

又 甸氏縣有白水出徼外，入漢。

三國蜀·常璩《華陽國志·蜀志》 岷山導江，東别爲沱。泉源深盛，爲四瀆之首，而分爲九江。

又 蒙溪分水、白木劉李本作水。江，會武陽天社山下合江。

又 又有綿水，出紫巖山，經綿竹入洛。東流過資中，會江陽。皆溉灌稻田，膏潤稼穡。

又 又識齊水脈，穿廣都鹽井，諸陂池。

又 錦江，織錦濯其中則鮮明，他江則不好。

又 有布濮水，從布濮來合火井江。

又 有金堂山，水通於巴。

又 二十四年，黄龍見武陽，赤水九日，蜀以爲劉氏瑞應。

又 餘多惡水，水神護之，不可污穢及沉。亂髮照面，則使人被惡疾，一郡通云然。

又 臺登縣有孫水，一曰白沙江，入馬湖水。

又 有天《後漢志》注引作元，下同。馬河。

三國蜀·常璩《華陽國志·南中志》 郡特多阻險，有延江、霧赤、煎水爲池衛。

又 毋斂縣有剛（火）〔水〕也。

又 有遯水，通廣鬱林。

又 有塗水。何本小注云：按《漢書》爲牧靡。李奇靡音麻。《晉書》建寧郡有牧麻。

又 有漢水，入何本少入字。延江。

又 自僰道至朱提，有水、步李本作部。道。水道有黑水及羊官水，至險難行。步道渡劉吴何本作度。三二李本作二。津亦難阻。

又 山高四十里，越之，得蘭滄水。有金沙，以火融之，爲黄金。有光珠穴，出光珠。有虎魄，能吸芥。又有珊瑚。

又 有繩水也。劉吴何本無也字。何本小注云：按《廣志》曰有縹碧，石有青緑。

又 有無血劉吴何本李本亦作血。水。水出連山。水出連山四字，李本作注，在書頭。何本作正文。《漢志》作東農山。

又　有鹽官、濮水。

又　勝休縣有河水也。劉李本無也字。《後漢書》注引此作有大河，從廣百四十里，深數十丈。何本小注云：一本云河水從廣百四十里，深數十丈。《地道記》曰：水東至毋掇入橋水。

三國蜀・常璩《華陽國志・劉後先主志》　吴有三江之阻，蜀有重險之固。

晉・皇甫謐《帝王世紀・第一》　嬀水在河東虞縣歷山西汭水涯也，猶洛汭渭汭然也。

晉・張華《博物志》卷一　四瀆河出昆侖墟，江出岷山，濟出王屋，淮出桐柏。八流亦出名山：渭出鳥鼠，漢出嶓冢，洛出熊耳，涇出少室，汝出燕泉，泗出涪尾，沔出月台，沃出太山。水有五色，有濁有清。汝南有黄水，華山有黑水、澤水。淵或生明珠而岸不枯，山澤通氣，以興雷雲，氣觸石，膚寸而合，不崇朝以雨。

江河水赤，名曰泣血。道路涉骸，於河以處也。

北魏・酈道元《水經注・河水一》　**出其東北陬**，《山海經》曰：崑崙墟在西北，河水出其東北隅。《爾雅》曰：河出崑崙墟，色白；所渠并千七百，一川，色黄。《物理論》曰：河色黄者，衆川之流，蓋濁之也。百里一小曲，千里一曲一直矣。漢大司馬張仲議曰：河水濁，清澄，一石水，六斗泥。而民競引河溉田，令河不通利。至三月桃花水至，則河决，以其噎不泄也。禁民勿復引河。是黄河兼濁河之名矣。《述征記》曰：盟津、河津恒濁，方江爲狹，比淮、濟爲闊。寒則冰厚數丈。冰始合，車馬不敢過，要須狐行，云此物善聽，冰下無水乃過，人見狐行，方渡。【略】。**屈從其東南流，入渤海。**【略】郭義恭《廣志》曰：甘水也，在西域之東，名曰新陶水。山在天竺國西，水甘，故曰甘水。有石鹽，白如水精，大段則破而用之。【略】**又出海外，南至積石山下，有石門。河水冒以西南流。**

北魏・酈道元《水經注・河水二》　**又南入葱嶺山，又從葱嶺出而東北流。**河水重源有三，非惟二也。一源西出捐毒之國，葱嶺之上，西去休循二百餘里，皆故塞種也。南屬葱嶺，高千里。《西河舊事》曰：葱嶺在敦煌西八千里，其山高大，上生葱，故曰葱嶺也。河源潛發其嶺，分爲二水，一水西逕休循國南。【略】其一源出于闐國南山，北流，與葱嶺所出河合，又東注蒲昌海。**又東入塞，過敦煌、酒泉、張掖郡南。**【略】應劭《地理風俗記》曰：【略】酒泉，其水若酒味故也。【略】**又東過隴西河關縣北，洮水從東南來流注之。**【略】段國曰：澆河西南一百七十里有黄沙，沙南北一百二十里，東西七十里。西極大楊川。望黄沙，猶若人委乾精于地，都不生草木，蕩然黄沙，周回數百里，沙州于是取號焉。【略】《十三州志》曰：左南津西六十里，有白土城。城在大河之北，而爲緣河濟渡之處。魏涼州刺史郭淮破羌，遮塞于白土，即此處矣。河水又東，左會白土川水，水出白土城西北嶺下，東南流逕白土城北，又東南注于河。河水又東北會兩川，右合二水，參差夾岸連壤，負險相望。河北有層山，山甚靈秀。山峰之上，立石數百丈，亭亭桀竪。競勢争高，遠望嵾嵾，若攅圖之託霄上。其下層巖峭舉，壁岸無階。懸巖之中，多石室焉。室中若有積卷矣，而世士罕有津達者，因謂之積書巖。巖堂之内，每時見神人往還矣，蓋鴻衣羽裳之士，練精餌食之夫耳。【略】故《秦州記》曰：河峽崖傍有兩窟：一曰唐述窟，高四十丈；西二里有時亮窟，高百丈，廣二十丈，深三十丈，藏古書五笥。亮，南安人也。下封有水，導自是山溪水，南注河，謂之唐述水。河水又東得野亭南，又東北流，歷研川，謂之研川水。又東北注于河，謂之野亭口。河水又東歷鳳林北。鳳林，山名也，五巒俱峙。耆彦云：昔有鳳鳥，飛遊五峰，故山有斯目矣。【略】**又東過金城允吾縣北。又東過榆中縣北。又東過天水北界。又東北過武威媼圍縣南。又東北過天水勇士縣北。又東北過安定北界麥田山。**

北魏・酈道元《水經注・河水三》　**又北過北地富平縣西。**河側有兩山相對，水出其間，即上河峽也，世謂之爲青山峽。【略】《地理志》曰：卑移山在西北。河水又北，與枝津合，水受大河，東北逕富平城，所在分裂，以溉田圃，北流入河，今無水。【略】河水又東北，歷石崖山西，去北地五百里。山石之上，自然有文，盡若虎馬之狀，粲然成著，類似圖焉，故亦謂之畫石山也。**又北過朔方臨戎縣西。**【略】其水積而爲屠申澤，澤東西一百二十里，故《地理志》曰：屠申澤在縣東。即是澤也。【略】**屈從縣北東流。**河水又屈而東流，爲北河。漢武帝元朔二年，大將軍衛青絶梓嶺，梁北河，是也。**東逕高闕南。**《史記》：趙武靈王既襲胡服，自代並陰山下，至高闕爲塞。山下有長城，長城之際，連山刺天，其山中斷，兩岸雙闕，峨然雲舉，望若闕焉。即狀表目，故有高闕之名也。自闕北出荒中，闕口有城，跨山結局，謂之高闕戍。【略】**至河目縣西。**【略】又按《魏土地記》曰：縣有大鹽池，其鹽大而青白，名曰青鹽，又名戎鹽，入藥分。漢置典鹽官。【略】**屈南過五原西安陽縣南。屈東過九原縣南。又東過臨沃縣南。又東，過雲中楨陵縣南，又東過沙南縣北，從縣東屈南，過沙陵縣西。又南過赤城東，又南**

過定襄桐過縣西。【略】《地理志》曰：鹽澤在東北者也。今鹽池西南去沃陽縣故城六十五里，池水瀦渟，淵而不流，東西三十里，南北二十里。【略】《十三州志》曰：湳水又東流，入于河。河水左合一水，出善無縣故城西南八十里。其水西流，歷于呂梁之山，而爲呂梁洪。其巖層岫衍，澗曲崖深，巨石崇竦，壁立千仞，河流激盪，濤湧波襄，雷渀電洩，震天動地。【略】**又南過西河圁陽縣東。**【略】《山海經》曰：其木多漆椶，其草多芎藭，是多泠石，端水出焉，而東流注于河。河水又南，諸次之水入焉，水出上郡諸次山。《山海經》曰：諸次之山，諸次之水出焉。是山多木，無草，鳥獸莫居，是多象蛇。其水東逕榆林塞，世又謂之榆林山，即《漢書》所謂榆溪舊塞者也。【略】《山海經》曰：水出上申之山，上無草木，而多硌石，下多榛楛，湯水出焉。東流注于河也。**又南離石縣西。又南過中陽縣西。又南過土軍縣西。**【略】其城圓長而不方。漢高帝十一年，以封武侯宣義爲侯國。縣有龍泉，出城東南，道左山下牧馬川，上多產名駒，駿同滇池天馬河。其水西北流，至其城東南，土軍水出道左高山，西南注之。龍泉水又北，屈逕其城東，西北入于河。河水又南合契水，傍溪東入，窮谷其源也。又南至祿谷水口，水源東窮此溪也。河水又南，得大蛇水。發源溪首，西流入河。河水又南，右納辱水。《山海經》曰：辱水出鳥山，其上多桑，其下多楮，陰多鐵，陽多玉。其水東流，注于河。俗謂之秀延水。東流得浣水口，傍溪西轉，窮溪便即浣水之源也。辱水又東會根水，西南溪下，根水所發，而東北注辱水。辱水又東南，露跳水出西露溪，東流，又東北入辱水，亂流注于河。河水又南，左合信支水，水發源東露溪，西流注于河。河水又南，左會石羊水，循溪東入，導源窮谷，西流注于河。**又南過上郡高奴縣東。**域谷水東啓荒原，西歷長溪，西南入于河。河水又南，合孔溪口。水出孔山南，歷溪西流，注于河。孔山之上，有穴如車輪，三所，東西相當，相去各二丈許，南北直通，故謂之孔山也。山在蒲城西南三十餘里。河水又右會區水。《山海經・西次四經》之首曰陰山。西北二百七十里曰申山，其上多穀、柞，其下多杻、橿，其陽多金、玉，區水出焉，而東流注于河。世謂之清水。東流入上郡長城。逕老人山下，又東北流，至老人谷，傍水北出，極溪便得水源。清水又東，得龍尾水口，水出北地神泉鄣北山龍尾溪，東北流注清水。清水又東，會三湖水，水出南山三湖谷，東北流入清水。清水又東，逕高奴縣，合豐林水。《地理志》謂之洧水也。故言：高奴縣有洧水，肥可爇，水上有肥，可接取用之。《博物志》稱酒泉延壽縣南出泉水，大如筥，注地爲溝，水有肥如肉汁，取著器中，始黃後黑，如不凝膏，然之極明，與膏無異。膏車及水碓缸甚佳，彼方人謂之石漆。水肥亦所在有之，非止高奴縣洧水也。

北魏・酈道元《水經注・河水四》 **又南，過河東北屈縣西。**河水南，逕北屈縣故城西。西四十里有風山，上有穴如輪，風氣蕭瑟，習常不止。當其衝飄也，略無生草，蓋常不定，衆風之門故也。風山西四十里，河水南出，孟門山與龍門山相對。《山海經》曰：孟門之山，其上多蒼玉、多金，其下多黃堊、涅石。《尸子》曰：龍門未闢，呂梁未鑿，河出孟門之上，大溢逆流，無有邱陵高阜滅之，名曰洪水。大禹疏通，謂之孟門。故《穆天子傳》曰：北登孟門，九河之隥。孟門即龍門之上口也。實爲河之巨阸，兼孟門津之名矣。此石經始禹鑿，河中漱廣，夾岸崇深，傾崖返捍，巨石臨危，若墜復倚。古之人有言，水非石鑿，而能入石，信哉！其中水流交衝，素氣雲浮，往來遥觀者，常若霧露沾人，窺深悸魄。其水尚崩浪萬尋，懸流千丈，渾洪贔怒，鼓若山騰，濬波頹疊，迄于下口。方知《慎子》，下龍門，流浮竹，非駟馬之追也。又有燕完水注之，異源合舍，西流注河。河水又南得鯉魚，歷澗東入，窮溪首便其源也。《爾雅》曰：鱣，鮪也。出鞏穴，三月則上渡龍門，得渡爲龍矣。否則，點額而還。【略】**又南過皮氏縣西。又南出龍門口，汾水從東來注之。**昔者，大禹導河積石，疏決梁山，謂斯處也。即《經》所謂龍門矣。《魏土地記》曰：梁山北有龍門山，大禹所鑿，通孟津河口，廣八十步，巖際鐫跡，遺功尚存。【略】京房《易妖占》曰：河水赤，下民恨。河水又南，右合暢谷水，水自溪東南流，逕夏陽縣西北，東南注于河。河水又南逕梁山原東，原自山東南出至河，晉之望也。在馮翊夏陽縣之西北，臨于河上。山崩壅河，三日不流，晉侯以問伯宗，即是處也。《春秋穀梁傳》曰：成公五年，梁山崩，遏河水，三日不流。召伯尊。遇輦者不避，使車右鞭之。輦者曰：所以鞭我者，其取道遠矣。伯尊因問之，輦者曰：君親素縞，率羣臣哭之，斯流矣。如其言，而河流。河水又南，崌谷水注之。水出縣西北梁山，東南流，橫溪水注之。水出三累山，其山層密三成，故俗以三累名山。按《爾雅》，山三成爲崑崙邱。斯山豈亦崑崙邱乎？【略】**又南過汾陰縣西。又南過蒲坂縣西。又南至華陰潼關，渭水從西來注之。**【略】古語云：華嶽本一山當河，河水過而曲行。河神巨靈，手盪腳蹋，開而爲兩。今掌足之跡仍存。《遁甲開山圖》曰：有巨靈胡者，徧得坤元之道，能造山川，出江河，所謂巨靈贔屭，首冠靈山者也。常有好事之士，故升華岳而觀厥跡焉。自下廟歷列柏，南行十一里，東迴三里，至中祠；又西南出五里，至南祠，謂之君祠。諸欲升山者，至此皆祈請焉。從此南入谷七里，又居一祠，謂之石養父母，石龕、木主存焉。又南出一里，至天井，井裁容人，穴空，迂迴頓曲而上，可高六丈餘，山上又有微涓細水，流入井中，亦不甚沾人，上者皆所由陟，更無別路，欲出井，望空視明，如在室窺窗也。出井東南行二里，峻坂斗上斗下，降此坂二里許，又復東上百丈崖，升降皆須扳繩挽葛而行矣。南上四里，路到石壁，緣旁稍進，逕一百餘步，由此西南出六里，又至一祠，名曰胡越寺，神像有童子之容。從祠南歷夾嶺，廣裁三尺餘，兩箱懸崖數萬仞，窺不見底。祀祠有感，則雲與之平，然後敢度，猶須騎嶺抽身，漸以就進，故世謂斯嶺爲搦嶺矣。度此二里，便屆山頂。上方七里，靈泉二所，一名蒲池，西流注于澗；一名太上泉，東注澗下。上宫神廟近東北隅，其中塞實雜物，事難詳載。自上宫東北出四百五十步，有屈嶺，東南望巨靈手跡，惟見洪崖、赤壁而已，都無山下上觀之分均矣。河在關内南流，潼激關山，因謂之潼關。濩水注之。水出松果之山，北流逕通谷，世亦謂之通谷水，東北注于河。《述征記》所謂潼谷水者也。或説因水以名地也。河水自潼關北，東流，水側有長坂，謂之黄巷坂，涉此坂以升潼關，所謂泝黄巷以濟潼矣。歷北出東崤，通謂之函谷關也。邃岸天高，空谷幽深，澗道之峽，車不方軌，號曰天險。故《西京賦》曰：巖險周固，衿帶易守，所謂秦得百二，并吞諸侯也。【略】郭緣生《記》曰：漢末之亂，魏武征韓遂、馬超，連兵此地。今際河之西，有曹公壘。道東原上，云李典營。義熙十三年，王師曾據此壘。《西征記》曰：沿路逶迤，入函道六里，有舊城，城周百餘步，北臨大河，南對高山，姚氏置關以守峽。宋武帝入長安，檀道濟、王鎮惡或據山爲營，或平地結壘，爲大小七營，濱帶河險。姚氏亦保據山原陵阜之上，尚傳故跡矣。關之直北，隔河有層阜，巍然獨秀，孤峙河陽，世謂之風陵。戴延之所謂風埠者也。南則河濱姚氏之營，與晉對岸。河水又東北，玉澗水注之，水南出玉溪，北流逕皇天原西。周固記：開山東首，上平博，方可里餘，三面壁立，高千許仞，漢世祭天于其上，名之爲皇天原。【略】**又東過河北縣南。**【略】太史公《封禪書》稱：華山以西名山七，薄山其一焉。薄山，即襄山也。徐廣曰：蒲坂縣有襄山。《山海經》曰：蒲山之首，曰甘棗之山，共水出焉，而西流注于河。東則渠豬之山，渠豬之水出焉，而南流注于河。【略】湖水出桃林塞之夸父山，廣圓三百仞。武王伐紂，天下既定，王巡嶽瀆，放馬華陽，散牛桃林，即此處也。其中多野馬，造父于此得驊騮、緑耳、盜驪之乘，以獻周穆王，使之馭以見西王母。【略】黄帝採首山之銅，鑄鼎于荆山之下，有龍垂胡于鼎，黄帝登龍，從登者七十人，遂升于天，故名其地爲鼎胡。荆山在馮翊，首山在蒲坂，與湖縣相連。【略】《山海經》曰：西九十里曰夸父之山，其木多椶、枏，多竹箭，其陽多玉，其陰多鐵。其北有林焉，名曰桃林，其中多馬，湖水出焉，北流注于河。故《三秦記》曰：桃林塞在長安東四百里，若有軍馬經過，好行則牧華山，休息林下；惡行則決河漫延，人馬不得過矣。【略】**又東過陝縣北。又東過大陽縣南。**【略】孔安國《傳》：傅説隱于虞、虢之間，即此處也。傅巖東北十餘里，即巔軨坂也，《春秋左傳》所謂入自巔軨者也。有東、西絶澗，左右幽空窮深，地壑中則築以成道，指南北之路，謂之爲軨橋也。【略】**又東過砥柱間。**砥柱，山名也。昔禹治洪水，山陵當水者鑿之，故破山以通河。河水分流，包山而過，山見水中若柱然，故曰砥柱也。三穿既決，水流疏分，指狀表目，亦謂之三門矣。山在虢城東北，大陽城東也。【略】水出河南盤崤山，西北流，水上有梁，俗謂之鴨橋也。歷澗東北流，與石崤水合。【略】其水北流注于河。河水翼岸夾山，巍峰峻舉，羣山疊秀，重嶺干霄。鄭玄案《地説》：河水東流，貫砥柱，觸閼流。今世所謂砥柱者，蓋乃閼流也。砥柱當在西河，未詳也。余按：鄭玄所説非是，西河當無山以擬之。自砥柱以下，五户已上，其間百二十里，河中竦石桀出，勢連襄陸，蓋亦禹鑿以通河，疑此閼流也。其山雖闢，尚梗湍流，激石雲洄，澴波怒溢，合有一十九灘，水流迅急，勢同三峽，破害舟船，自古所患。漢鴻嘉四年，楊焉言：從河上下，患砥柱隘，可鐫廣之。上乃令焉鐫之，裁没水中，不能復去，而令水益湍怒，害甚平日。魏景初二年二月，帝遣都督沙丘部、監運諫議大夫寇慈，帥工五千人，歲常修治，以平河阻。晉泰始三年正月，武帝遣監運大中大夫趙國、都匠中郎將河東樂世，帥衆五千餘人，修治河灘，事見《五户祠銘》。雖世代加功，水流湍濟，濤波尚屯，及其商舟是次，鮮不踟蹰難濟，故有衆峽諸灘之言。【略】**又東過平陰縣北，清水從西北來注之。**【略】《史記》：魏武侯二年城安邑至垣。即是縣也。其水西南流注清水。水色白濁，初會清流，乃有玄素之異也。【略】河水又東，與教水合。水出垣縣北教山，南逕輔山。山高三十許里，上有泉源，不測其深。山頂周圍五六里，少草木。《山海經》曰：孟門東南有平山，平水出于其上，潛于其下。又是王屋之次，疑即平山也。其水南流，歷鼓鍾上峽，懸洪五丈，飛流注壑，夾岸深高，壁立直上，輕崖秀舉，百有餘丈。峰次青松巖，懸赬石于中，歷落有翠柏生焉。丹青綺分，望若圖繡矣。水廣一十許步，南流歷鼓鍾川，分爲二澗：一澗西北出，一百六十許里，山岫迴岨，纔通馬步。今聞喜縣東北谷口，猶有乾河里故溝存焉，今無復有水。一水歷冶官西，世人謂之鼓鍾城。城之左右，猶有遺銅及銅錢也。城西阜下有大泉，西流注于澗，與教水合，伏入石下，南至下峽。《山海經》曰：鼓鍾之山，帝臺之所以觴百神。即是山也。【略】《山海經》曰：教山，教水出焉，而南流注于河。是水冬乾夏流，實惟乾河也。今世人猶謂之爲乾澗矣。【略】**又東至鄧。**洛陽西北四十二里，故鄧鄉矣。

北魏·酈道元《水經注·河水五》 **又東過平縣北，湛水從北來注之。**【略】郭頒《世語》曰：晉文王之世，大魚見孟津，長數百步，高五丈，頭在南岸，尾在中渚，河平侯祠即斯祠也。【略】《山海經》曰：和山，上無草木，而多瑤碧，實惟河之九都。是山也，五曲，九水出焉，合而北流，注于河。其陽多蒼玉，吉神泰逢司之。是于萯山之陽，出入有光。【略】**又東，過鞏縣北。**【略】縣北有山，臨河，謂之崟原邱。其下有穴，謂之鞏穴，言潛通淮浦，北達于河。直穴有渚，謂之鮪渚。成公子安《大河賦》曰：鱣、鯉、王鮪，春暮來遊。《周禮》：春薦鮪。然非時及佗處則無。故河自鮪穴已上，又兼鮪稱。【略】**洛水從縣西，北流注之。又東過成皋縣北，濟水從北來注之。**【略】成皋之故城在伾上，縈帶伾阜，絶岸峻周，高四十許丈，城張翕峽，崎而不平。【略】河水又東，合汜水。水南出浮戲山，世謂之曰方山也。北流合東關水。水出嵩渚之山，泉發于層阜之上，一源兩枝，分流瀉注，世謂之石泉水也。東流索水，西注東關之水。西北流，楊蘭水注之。水出非山，西北流，注東關水。又西北，清水入焉。水自東浦西流，與東關水合，而亂流注于汜。汜水又北，右合石城水。水出石城山，其山複澗重嶺，欹疊若城。山頂泉流，瀑布懸瀉，下有濫泉，東流洩注，邊有數十石畦，畦有數野蔬，巖側石窟數口，隱迹存焉，而不知誰所經始也。【略】**又東過滎陽縣北，蒗蕩渠出焉。又東北過武德縣東，沁水從西北來注之。又東北過黎陽縣南。**【略】又東爲白鹿淵水，南北三百步，東西千餘步，深三丈餘。其水冬清而夏濁，渟而不流。若夏水洪泛，水深五丈，方乃通注般瀆。【略】**又東北過衛縣南，又東北過濮陽縣北，瓠子河出焉。又東北過東阿縣北。又東北過茌平縣西。又東過高唐縣東。**【略】黄溝承聊城郭水，水泛則津注，水耗則輟流。【略】黄溝又東北流，左與漯水隱覆，勢鎮河陸。【略】《地理風俗記》曰：漯水東北至千乘入海。河盛則通津委海，水耗則微涓絶流。【略】**又東北，過楊虚縣東，商河出焉。**【略】商河首受河水，亦漯水及澤水所潭也。淵而不流，世謂之清水。【略】商河又分爲二水，南水謂之長叢溝，東流傾注于海。溝南海側，有蒲臺，臺高八丈，方二百步。《三齊略記》曰：鬲城東南有蒲臺，秦始皇東遊海上，于臺上繙蒲繫馬，至今每歲蒲生，縈委若有繫狀，似水楊，可以爲箭。今東去海三十里。北水，世又謂之百薄瀆，東北流，注于海水矣。【略】《地理風俗記》曰：原，博平也，故曰平原矣。【略】晉灼曰：齊西有平原。【略】按《地理志》曰：高唐，漯水所出，平原，則篤馬河導焉。明平原非高唐，大河不得出其東，審矣。大河右溢，世謂之甘棗溝，水側多棗，故俗取名焉。河盛則委泛，水耗則輟流。故溝又東北，歷長隄，逕漯陰縣北。東逕著城北，東爲陂淀，淵潭相接，世謂之穢野薄。【略】**又東北過漯陰縣北。又東北過蓩城縣北，又東北過甲下邑，濟水從西來注之。又東北，入于海。**【略】《淮南子》曰：九折注于海，而流不絶者，崑崙之輸也。《尚書·禹貢》曰：夾右碣石入于河。《山海經》曰：碣石之山，繩水出焉，東流注于河。河之入海，舊在碣石，今川流所導，非禹瀆也。

北魏·酈道元《水經注·汾水》 **汾水出太原汾陽縣北管涔山。**《山海經》曰：《北次二經》之首，在河之東，其首枕汾，曰管涔之山，其上無木而多草，而下多玉，汾水出焉，西流注于河。《十三州志》曰：出武州之燕京山，亦管涔之異名也。其山重阜脩巖，有草無木，泉源導于南麓之下，蓋稚水濛流耳。又西南，夾岸連山，聯峰接勢。【略】汾水又南，與東、西温溪合。水出左右近溪，聲流翼注。水上雜樹交蔭，雲垂煙接。自是水流潭漲，波襄轉泛。【略】汾水又南，逕汾陽縣故城東，川土寬平，峘山夷水。《地理志》曰：汾水出汾陽縣北山，西南流者也。【略】山有羊腸坂，在晉陽西北，石隥縈委，若羊腸焉，故倉坂取名矣。【略】按司馬彪《後漢郡國志》，常山南行唐縣有石臼谷，蓋欲承呼沱之水，轉山東之漕。【略】洛陰水又西，逕狼孟縣故城南，王莽之狼調也。左右夾澗幽深，南面大壑，俗謂之狼馬澗。【略】**東南過晉陽縣東，晉水從縣南東流注之。**太原郡治晉陽城，秦莊襄王三年立。《尚書》所謂既脩太原者也。《春秋説題辭》曰：高平曰太原。原，端也，平而有度。《廣雅·釋地》曰：大鹵，太原也。《釋名》曰：地不生物曰鹵。鹵，罏也。《穀梁傳》曰：中國曰太原，夷狄曰大鹵。《尚書大傳》曰：東原底平，大而高平者謂之太原，郡取稱焉。【略】**又南，洞過水，從東來注之。又南過大陵縣東。**【略】汾水于縣左迤爲鄔澤。《廣雅》曰：水自汾出爲汾陂。其陂東西四里，南北一十餘里，陂南接鄔。《地理志》曰：九澤在北，并州藪也。《呂氏春秋》謂之大陸。又名之曰漚洟之澤，俗謂之鄔城泊。許慎《説文》曰：漚水出西河中陽縣之西，南入河，即此水也。𣶃水又會嬰侯之水，《山海經》稱謁戾之山，嬰侯之水出于其陰。北流注于祀水，水出祀山，其水殊源共舍，注于嬰侯之水，亂流逕中都縣南，俗又謂之中都水。侯甲水注之，水發源祁縣胡甲山，有長坂，謂之胡甲嶺，即劉歆《遂初賦》所謂越侯甲而長驅者也。【略】**又南過平陶縣東，文水從西來流注之。又南過冠爵津。**汾津名也，在界休縣之西南，俗謂之雀鼠谷。數十里閒，道險隘，水左右悉結偏梁閣道，纍石就路，縈帶巖側，或去水一丈，或高五六尺，上戴山阜，下臨絶澗，俗謂之爲魯般橋，蓋通古之津隘矣，亦在今之地險也。**又南入河東界，又南過永安縣西。歷唐城東。**【略】汾水又南與彘水合，水出東北太岳山，《禹貢》所謂岳陽也，即霍太山也。【略】霍太山有岳廟，廟甚靈，鳥雀不棲其林，猛虎常守其庭。又有靈泉以供祭祀，鼓動則泉流，聲絶則水竭。湘東陰山縣有侯曇山，上有靈壇，壇前有石井，深數尺，居常無水，及臨祈禱，則甘泉湧出，周用則已，亦其比也。【略】**又南過楊縣東。西南過高梁邑西。又南過平陽縣東。又南過臨汾縣東，**天井出東陘山西南，北有長嶺，嶺上東西有通道，即鈃隥也。【略】**又屈從縣南西流。又西過長脩縣南。**汾水又西與古水合，水出臨汾縣故城西黄阜下，其大若輪，西南流，故溝横出焉，東注于汾，今無水。【略】其水西南流，注于汾。汾水又逕稷山北，在水南四十許里，山東西二十里，南北三十里，高十三里，西去介山一十五里。【略】**又西過皮氏縣南。**汾水西逕鄈丘北，故漢氏之方澤也。【略】汾陰方澤，澤中有方丘，故謂之方澤。丘即葵丘也。許慎《説文》稱：從邑，癸聲。河東臨汾地名矣，在介山北，山即汾山也。【略】其山特立，周七十里，高三十里。文穎言在皮氏縣東南，則可，高三十里，乃非也。今準此山，可高十餘里。山上有神廟，廟側有靈泉，祈祭之日，周而不耗，世亦謂之子推祠。揚雄《河東賦》曰：靈輿安步，周流容與，以覽於介山。嗟文公而愍推兮，勤大禹于龍門。《晉太康記》及《地道記》與《永初記》，並言子推所逃隱于是山，即實非也。余按介推所隱者，綿山也。文公環而封之，爲介推田，號其山爲介山。【略】**又西至汾陰縣北，西注于河。**水南有長阜，背汾帶河，阜長四五里，廣二里餘，高十丈，汾水歷其陰，西入河。

北魏·酈道元《水經注·澮水》　**澮水出河東絳縣東，澮交東高山。**澮水東出絳高山，亦曰河南山，又曰澮山。【略】《遁甲開山圖》曰：絳山東距白馬山。謂是山也。【略】澮水又西南與絳水合，俗謂之白水，非也。水出絳山東，寒泉奮湧，揚波北注，懸流奔壑，一十許丈。青崖若點黛，素湍如委練，望之極爲奇觀矣。【略】**西過其縣南。又西南過虒祁宫南。**【略】**又西至王澤，注于汾水。**

北魏·酈道元《水經注·涑水》　**涑水出河東聞喜縣東山黍葭谷。西過周陽邑南。**【略】涑水西逕董澤陂南，即古池，東西四里，南北三里。《春秋·文公六年》，蒐于董，即斯澤也。涑水又與景水合，水出景山北谷。《山海經》曰：景山南望鹽販之澤，北望少澤，其草多藷藇、秦椒，其陰多赭，其陽多玉。【略】**又西南過其縣南。**【略】涑水自城西注，水流急濬，輕津無緩，故詩人以爲激揚之水，言不能流移束薪耳。【略】**又西南過安邑縣西。**【略】《地理志》曰：鹽池在安邑西南。許慎謂之鹽。長五十一里，廣七里，周百一十六里，從鹽省，古聲。呂忱曰：夙沙煮海謂之鹽，河東鹽池謂之鹽。今池水東西七十里，南北十七里，紫色澄渟，潭而不流。水出石鹽，自然印成，朝取夕復，終無減損。惟水暴雨澍，潢潦奔泆，則鹽池用耗。故公私共竭水徑，防其淫濫，謂之鹽水，亦爲堨水。《山海經》謂之鹽販之澤也。澤南面層山，天巖雲秀，地谷幽深，左右壁立，閒不容軌，謂之石門。路出其中，名之曰徑，南通上陽，北暨鹽澤。池西又有一池，謂之女鹽澤，東西二十五里，南北二十里，在猗氏故城南。《春秋·成公六年》，晉謀去故絳，大夫曰：郇，瑕，地沃饒近鹽。服虔曰：土平有溉曰沃，鹽，鹽池也。土俗裂水沃麻，分灌川野，畦水耗竭，土自成鹽，即所謂鹹鹺也，而味苦，號曰鹽田。鹽鹽之名，始資是矣。【略】**又南過解縣東，又西南注于張陽池。**【略】蘇林曰：屬河東，即斯城也。涑水又西南屬于陂。陂分爲二，城南面兩陂，左右澤渚。東陂世謂之晉興澤，東西二十五里，南北八里，南對鹽道山。其西則石壁千尋，東則磻溪萬仞，方嶺雲回，奇峰霞舉，孤標秀出，罩絡群山之表，翠柏蔭峰，清泉灌頂。郭景純云：世所謂鴦漿也。發于上而潛于下矣。厥頂方平，有良藥。《神農本草》曰：地有固活、女疏、銅芸、紫菀之族也。是以緇服思玄之士，鹿裘念一之夫，代往遊焉。路出北巘，勢多懸絶，來去者咸援蘿騰崟，尋葛降深，于東則連木乃陟，百梯方降，巖側縻鎖之跡，仍今存焉，故亦曰百梯山也。水自山北流五里而伏，云潛通澤渚，所未詳也。西陂即張澤也，西北去蒲坂一十五里，東西二十里，南北四五里，冬夏積水，亦時有盈耗也。

北魏·酈道元《水經注·文水》　**文水出大陵縣西山文谷，東到其縣，屈南到平陶縣東北，東入于汾。**【略】文水又南逕縣，右會隱泉口，水出謁泉山之上頂。俗云：暘雨愆時，是謁是禱。故山得其名，非所詳也。其山石崖絶險，壁立天固，崖半有一石室，去地可五十餘丈，爰有層松飾巖，列柏綺望。惟西側一處得歷級升陟。頂上平地一十許頃，沙門釋僧光表建二刹。泉發于兩寺之間，東流瀝石，沿注山下，又東，津渠隱没而不恒流，故有隱泉之名矣。兩澤豐澍，則通入文水。文水又南逕兹氏縣故城東，爲文湖，東西一十五里，南北三十里，世謂之西湖，在縣直東一十里。湖之西側，臨湖又有一城，謂之豬城。

北魏・酈道元《水經注・原公水》 原公水出兹氏縣西羊頭山，東過其縣北。又東入于汾。

北魏・酈道元《水經注・洞過水》 洞過水出沾縣北山。西過榆次縣南，又西到晉陽縣南。西入于汾，出晉水下者口也。

北魏・酈道元《水經注・晉水》 晉水出晉陽縣西懸甕山。又東過其縣南，又東入于汾水。

北魏・酈道元《水經注・湛水》 湛水出河内軹縣西北山。東過其縣北，又東過波縣之北。又東過毋辟邑南。又東南當平縣之東北，南入于河。

北魏・酈道元《水經注・濟水一》 濟水出河東垣縣東王屋山，爲沇水。【略】溴水又東南流，右會同水，水出南原下，東北流逕白騎塢南，塢在原上，據二溪之會，北帶深隍，三面阻險，惟西版築而已。【略】又東至温縣西北，爲濟水。又東過其縣北。屈從縣東南流，過墳城西，又南當鞏縣北，南入于河。與河合流，又東過成皋縣北，又東過滎陽縣北，又東至礫磎南，東出過滎澤北。【略】《晉地道志》曰：濟自大伾入河，與河水鬭，南泆爲滎澤。【略】水南帶三山，即三皇山，亦謂之爲三室山也。【略】夾城之間，有絶澗斷山，謂之廣武澗。【略】濟水右合黄水，水發源京縣黄堆山，東南流，名祝龍泉，泉勢沸湧，狀若巨鼎揚湯。西南流，謂之龍項口，世謂之京水也。又屈而北注，魚子溝水入焉，水出石暗澗。東北流，又北與濦濦水合，水出西溪，東流，水上有連理樹，其樹，柞櫟也。南北對生，凌空交合，溪水歷二樹之間，東流注于魚水。魚水又屈而西北，注黄水。【略】黄水又東北至滎澤南，分爲二水：一水北入滎澤，下爲船塘，俗謂之郟城陂，東西四十里，南北二十里。【略】又東過陽武縣南。【略】又東爲白馬淵，淵東西二里，南北一百五十步，淵流名爲白馬溝。【略】又東過封丘縣北。又東過平丘縣南。又東過濟陽縣北。又東過冤朐縣南。又東過定陶縣南。又屈從縣東北流。

北魏・酈道元《水經注・濟水二》 又東至乘氏縣西，分爲二。其一水東南流，其一水從縣東北流，入鉅野澤。【略】闞駰曰：首受别濟，即北濟也。其故瀆自濟東北流，左迤爲高梁陂，方三里。【略】濮水北積成陂，陂方五里，號曰同池陂。【略】又東爲陽清湖，陂南北五里，東西三十里，亦曰燕城湖。【略】又東北過壽張縣西界安民亭南，汶水從東北來注之。又北過須昌縣西。【略】京相璠云：今濟北東阿東北四十里，有故清亭，即《春秋》所謂清者也。是下濟水通得清水之目焉。亦水色清深，用兼厥稱矣。【略】又北過穀城縣西。【略】《魏土地記》曰：縣有穀城山，山出文石，陽穀之地。【略】又有狼水，出東南大檻山狼溪，西北逕穀城西。又北有西流泉，出城東近山，西北逕穀城北，西注狼水。以其流西，故即名焉。【略】又北過臨邑縣東。【略】《魏土地記》曰：盟津河别流十里，與清水合，亂流而東，逕洛當城北，黑白異流，涇渭殊别，而東南流注也。又東北過盧縣北。濟水東北與湄溝合，水上承湄湖，北流注濟。《爾雅》曰：水草交曰湄，通谷者微。犍爲舍人曰：水中有草木交合也。郭景純曰：微，水邊通谷也。《釋名》曰：湄，眉也，臨水如眉臨目也。【略】濟水又東北，濼水入焉。水出歷城縣故城西南，泉源上奮，水涌若輪。【略】濟水又東北，華不注山，單椒秀澤，不連邱陵以自高，虎牙桀立，孤峯特拔以刺天。青崖翠發，望同點黛。山下有華泉，故京相璠《春秋土地名》曰：華泉，華不注山下泉水也。【略】又東北過臺縣北。又東北過菅縣南。【略】右納百脈水，水出土鼓縣故城西，水源方百步，百泉俱出，故謂之百脈水。【略】又東過梁鄒縣北。又東北過臨濟縣南。又東北過利縣西。又東北過甲下邑，入于河。其一水東南流者，過乘氏縣南。【略】《郡國志》曰：乘氏有泗水。此乃菏澤也。《尚書》豫州下有導菏澤之説，自陶丘北，東至于菏，無泗水之文。又曰：導菏澤，被孟豬。孟豬在睢陽縣之東北。闞駰《十三州記》曰：不言入而言被者，明不常入也。水盛，方乃覆被矣。澤水淼漫，俱鍾淮、泗，故志有睢陵入淮之言，以通苞泗名矣。【略】又東過昌邑縣北。又東過金鄉縣南。又東過東緡縣北。又東過方與縣兗州北，爲菏水。又東過湖陸縣南，東入于泗水。又東南過沛縣東北。又東南過留縣北。又東過彭城縣北，獲水從西來注之。又東南過徐縣北。又東至下邳睢陵縣南，入于淮。

北魏・酈道元《水經注・清水》 清水出河内脩武縣之北黑山。黑山在縣北白鹿山東，清水所出也。上承諸陂散泉，積以成川。南流，西南屈，瀑布乘巖，懸河注壑二十餘丈，雷赴之聲，震動山谷。左右石壁層深，獸跡不交，隍中散水霧合，視不見底。南峰北嶺，多結禪棲之士，東巖西谷，又是刹靈之圖。竹柏之懷，與神心妙遠，仁智之性，共山水效深，更爲勝處也。其水歷澗飛流，清泠洞觀，謂之清水矣。溪曰瑶溪，又曰瑶澗。【略】《魏土地記》曰：脩武城西北二十里有吴澤陂，南北二十許里，東西三十里，西則長明溝入焉。【略】水上承州縣北，白馬溝東分，謂之蔡溝。東會長明溝水，又東逕脩武縣之吴亭北，東入吴陂，次北有苟泉水入焉。水出山陽縣故脩武城西南，同源分派，裂爲二水。南爲苟泉，北則吴瀆，二瀆雙導，俱東入陂。山陽縣東北二十五里有陸真阜，南有皇母、馬鳴二泉，東南合注于吴陂也。次陸真阜之東北，得覆釜堆，堆南有三泉，相去四五里，參差合次，南注于陂泉。陂在濁鹿城西。【略】今世俗謂之皮垣，方四百步，實中，高八丈。際陂，北隔水一十五里，俗所謂蘭丘也，方二百步。西一十里又有一丘際陂，世謂之勑丘，方五百步，形狀相類，疑即古攢茅也。【略】次東又得焦泉，泉發于天門之左，天井固右。天門山石自空，狀若門焉，廣三丈，高兩匹，深丈餘，更無所出，世謂之天門也。東五百餘步，中有石穴西向，裁得容人，自平地東南入，徑至天井，直上三匹有餘，扳躡而昇，至上平，東西二百步，南北七百步，四面險絶，無由昇陟矣。【略】有一石泉，方丈餘，清水湛然，常無增減，山居者資以給飲。【略】泉發于北阜，南流成溪，世謂之焦泉也。次東得魚鮑泉，次東得張波泉，次東得三淵泉，梗河參連，女宿相屬。【略】**東北過獲嘉縣北。又東過汲縣北。**【略】城西北有石夾水，飛湍濬急，人亦謂之磻溪，言太公嘗釣于此也。【略】太公避紂之亂，屠隱市朝，遯釣魚水，何必謂濱，然后磻溪，苟愜神心，曲渚則可，磻溪之名，斯無嫌矣。清水又東逕故石梁下，梁跨水上，橋石崩褫，餘基尚存。清水又東與倉水合，水出西北方山，山西有倉谷，谷有倉玉、珉石，故名焉。其水東南流，潛行地下，又東南復出，俗謂之雹水，東南歷坶野。自朝歌以南，南暨清水，土地平衍，據皋跨澤，悉坶野矣。【略】**又東入于河。**

北魏·酈道元《水經注·沁水》 **沁水出上黨涅縣謁戾山。南過穀遠縣東，又南過猗氏縣東。**【略】《竹書紀年》：梁惠成王十九年，晉取泫以濩澤者也。其水際城東注，又東合清淵水，水出其縣北，東南逕濩澤城東，又南入于澤水。澤水又東，得陽泉水口，水出鹿臺山。山上有水，淵而不流。其水東逕陽陵城南，即陽阿縣之故城也。漢高帝七年，封卞訢爲侯國。水歷嶕嶢山東，下與黑嶺水合，水出西北黑嶺下，即開隥也。其水東南流逕北鄉亭下，又東南逕陽陵城東，南注陽泉水。陽泉水又南，注濩澤水，又東南，有上澗水注之，水導源西北輔山，東逕銅于崖南，歷析城山北，山在濩澤南，《禹貢》所謂砥柱、析城，至于王屋也。山甚高峻，上平坦。下有二泉，東濁西清，左右不生草木，數十步外多細竹。其水自山陰東入濩澤水。濩澤水又東南，注于沁水。沁水又東南，陽阿水左入焉。水北出陽阿川，南流逕建興郡西，又東南流逕午壁亭東，而南入山。其水沿波漱石，淵澗八丈，環濤轂轉，西南流入于沁水。沁水又南，五十餘里，沿流上下，步徑裁通，小竹細筍，被于山渚，蒙龍茂密，奇爲翳薈也。**又南出山，過沁水縣北。**【略】按其《表》云：臣孚言，臣被明詔，興河内水利。臣既到，檢行沁水，源出銅鞮山，屈曲周迴，水道九百里。自太行以西，王屋以東，層巖高峻，天時霖雨，衆谷走水，小石漂迸，木門朽敗，稻田汎濫，歲功不成。【略】水西有孔山，山上石穴洞開，穴内石上，有車轍、牛跡。【略】**又東過野王縣北。**【略】丹水又東南，歷西巖下，巖下有大泉湧發，洪流巨輪，淵深不測。蘋藻冬芹，竟川含緑。雖嚴辰肅月，無變暄萋。丹水又南，白水注之，水出高都縣故城西，所謂長平白水也。東南流歷天井關，【略】故劉歆《遂初賦》曰：馳太行之險峻，入天井之高關。【略】**又東過周縣北。**【略】有白馬溝水注之，水首受白馬湖。湖一名朱管陂，陂上承長明溝。湖水東南流，逕金亭西，分爲二水，一水東出爲蔡溝，一水南注于沁水也。**又東過懷縣之北。又東過武德縣南，又東南至滎陽縣北，東入于河。**沁水于縣南，水積爲陂，通結數湖，有朱溝水注之。

北魏·酈道元《水經注·淇水》 **淇水出河内隆慮縣西大號山。**《山海經》曰：淇水出沮洳山。水出山側，頹波瀨注，衝激横山。山上合下開，可減六七十步，巨石磥砢，交積隍澗，傾瀾漭盪，勢同雷轉，激水散氛，曖若霧合。又東北，沾水注之，水出壺關縣東沾臺下，石壁崇高，昂藏隱天，泉流發于西北隅，與金谷水合，金谷即沾臺之西溪也。東北會沾水，又東流注淇水。淇水又逕南羅川，又歷三羅城北，東北與女臺水合。水發西北三女臺下，東北流，注于淇。淇水又東北歷淇陽川，逕石城西北。城在原上，帶澗枕淇。淇水又東北，西流水注之，水出東大嶺下，西流逕石樓南，在北陵石上，練垂桀立，亭亭極峻。其水西流，逕注于淇。又東逕馮都壘南，世謂之淇陽城，在西北三十里。【略】又東流與美溝水合，水出朝歌西北大嶺下，東流逕駱駝谷，于中逶迆九十曲，故俗有美溝之目矣。歷十二峿，峿流相承，泉響不斷，返水捍注，捲復深隍，隍閒積石千通，水穴萬變，觀者若思不周賞，情乏圖狀矣。【略】**東過内黄縣南爲白溝。屈從縣東北與洹水合。又東北過館陶縣北，又東北過清淵縣西。又東北過廣宗縣東，爲清河。又東北過東武城縣西。又北過廣川縣東。又東過脩縣南，又東北過東光縣西。又東北過南皮縣西。又東北，過浮陽縣西。又東北過濊邑北。又東北過鄉邑南。又東北過窮河邑南。又東北過漂榆邑，入于海。**

北魏・酈道元《水經注・蕩水》　蕩水出河内蕩陰縣西山東。東北至内黄縣，入于黄澤。【略】羑城北，水積成淵，方二十餘步，深一丈餘。

北魏・酈道元《水經注・洹水》　洹水出上黨泫氏縣。東過隆慮縣北。【略】縣有黄水，出于神囷之山黄華谷北崖上。山高十七里，水出木門帶，帶即山之第三級也。去地七里，懸水東南注壑，直瀉巖下，狀若雞翹，故謂之鷄翹洪，蓋亦天台、赤城之流也。【略】又東北出山，過鄴縣南。又東過内黄縣北，東入于白溝。

北魏・酈道元《水經注・濁漳水》　濁漳水出上黨長子縣西發鳩山。東過其縣南。屈從縣東北流。又東過壺關縣北。【略】又東北過屯留縣南，潞縣北。【略】漳水又東北歷望夫山，山之南有石人竚于山上，狀有懷于雲表，因以名焉。【略】水出林慮縣之倉石溪，東北逕魯班門西，雙闕昂藏，石壁霞舉，左右結石脩防。【略】又東過武安縣南。又東出山，過鄴縣西。又東過列入縣南。又東北過斥漳縣南。又東北過曲周縣東，又東北過鉅鹿縣東。又北過堂陽縣西。又東北過扶柳縣北，又東北過信都縣西。【略】縣有扶澤，澤中多柳，故曰扶柳也。【略】又東北過下博縣之西。又東北過阜成縣北，又東北至昌亭，與虖池河會。又東北至樂成陵縣，别出北。【略】《地理風俗記》曰：脩縣西北二十里有脩市城，故縣也。又東會從陂，陂水南北十里，東西六十步，子午潭漲，淵而不流，亦謂之桑社淵。從陂南出，夾堤東派，逕脩縣故城北，東合清漳。漳泛則北注，澤盛則南播，津流上下，互相逕通。【略】又東北過成平縣南。又東北過章武縣西，又東北，過平舒縣南，東入海。

北魏・酈道元《水經注・清漳水》　清漳水出上黨沾縣西北少山大黽谷，南過縣西，又從縣南屈。東過涉縣西，屈從縣南。【略】東至武安縣南黍窖邑，入于濁漳。

北魏・酈道元《水經注・易水》　易水出涿郡故安縣閻鄉西山。東過范陽縣南，又東過容城縣南。【略】其水之故瀆南出，屈而東轉，又分爲二瀆。一水逕故安城西，側城南注易水，夾塘崇峻，邃岸高深。左右百步，有二釣臺，參差交峙，迢遰相望，更爲佳觀矣。其一水東出注金臺陂，陂東西六七十步，南北五十步，側陂西北有釣臺，高丈餘，方可四十步。陂北十餘步有金臺，臺上東西八十許步，南北如減。【略】北有小金臺，臺北有蘭馬臺，並悉高數丈，秀峙相對。翼臺左右，水流徑通，長廡廣宇，周旋被浦，棟堵咸淪，柱礎尚存，是其基構，可得而尋。【略】儒水舊枝分南入城東大陂，陂方四里，今無水。陂内有泉，淵而不流，際池北側，俗謂聖女泉。濡水又東，得白楊水口，水出遒縣西山白楊嶺下，東南流入濡水，時人謂之虎眼泉也。濡水東合檀水，水出遒縣西北檀山西南，南流與石泉水會，水出石泉固東南隅，水廣二十許步，深三丈。固在衆山之内，平川之中，四周絶澗阻水，八丈有餘。石高五丈，石上赤土又高一匹，壁立直上，廣四十五步。水之不周者，路不容軌，僅通人馬，謂之石泉固。【略】闞駰曰：涿郡西界代之易水，而是水出代郡廣昌縣東南郎山東北燕王仙臺東。臺有三峰，甚爲崇峻，騰雲冠峰，高霞翼嶺，岫壑冲深，含煙罩霧。【略】司馬彪《郡國志》曰：雹水出故安縣。【略】易水又東逕孔山北，山下有鍾乳穴，穴出佳乳，採者篝火尋沙，入穴里許，渡一水，潛流通注，其深可涉。【略】上又有大孔，豁達洞開，故以孔山爲名也。【略】又東過安次縣南。又東過泉州縣南，東入于海。

北魏・酈道元《水經注・滱水》　滱水出代郡靈邱縣高氏山。【略】歷南山，高峰隱天，深溪埒谷。其水沿澗西轉，逕御射臺南，臺在北阜上，臺南有御射石碑。南則秀嶂分霄，層崖刺天，積石之峻，壁立直上。【略】東南過廣昌縣南。【略】滱水又東逕倒馬關。關山險隘，最爲深峭，勢均詩人高岡之病良馬，傳險之困行軒，故關受其名焉。關水出西南長溪下，東北歷關，注滱。滱水南，山上起御坐于松園，建祇洹于東圃，東北二面，岫鄣高深，霞峰隱日，水望澄明，淵無潛甲。【略】又東南過中山上曲陽縣北，恒水從西來注之。滱水自倒馬關南流與大嶺水合，水出山西南大嶺下，東北流出峽，峽右山側，有祇洹精廬，飛陸陵山，丹盤虹梁，長津泛瀾，縈帶其下，東北流注于滱。滱水又屈而東，合兩嶺溪水，水出恒山北阜，東北流歷兩嶺閒。北嶺雖層陵雲舉，猶不若南巒峭秀。自水南步遠峰，石隥逶迤，沿途九曲，歷睇諸山，咸爲劣矣，抑亦羊腸、邛崍之類者也。齊、宋通和，路出其間。其水東北流，注于滱水。又東，左合懸水，水出山原岫盤谷，輕湍濬下，分石飛懸，水一匹有餘，直灌山際，白波奮流，自成潭渚。【略】又東過唐縣南。【略】皇甫謐曰：堯山一名豆山。今山于城北如東，嶄絶孤峙，虎牙桀立。【略】余按：盧奴城内西北隅有水，淵而不流，南北一百步，東西百餘步，水色正黑，俗名曰黑水池。【略】又東過安喜縣南。又東過安國縣北。又東過博陵縣南。【略】其水自源東，逕其縣故城南，枉渚迴湍，率多曲復，亦謂之爲曲逆水也。【略】濡水又東，得蒲水口，水出西北蒲陽山，西南流，積水成淵，東西一百步，南北百餘步，深而不測。【略】《地理志》曰：城在蒲水之陰。漢章帝章和二年，行巡北岳，以曲逆名不善，因山水之名改曰蒲陰焉。水右合魚水，水出北平縣西南魚山，山石若巨魚，水發其下，故世俗以物色名川。【略】博水又東北，徐水注之。水西出廣昌縣東南大嶺下，世謂之廣昌嶺。嶺高四十餘里，二十里中委折五迴，方得達其上嶺，故嶺有五迴之名。下望層山，盛若蟻蛭，實兼孤山之稱，亦峻竦也。徐水三源奇發，齊瀉一澗，東流北轉逕東山下。水西有《御射碑》。徐水又北流，西屈逕南崖下，水陰又有一碑。徐水又隨山南轉逕東崖下，水際又有一碑。凡此三銘，皆翼對層巒，巖障深高，壁立霞峙。石文云：皇帝以太延元年十二月，車駕東巡，逕五回之險邃，覽崇岸之竦峙，乃停駕路側，援弓而射之，飛矢踰于巖山，刊石用讚元功。夾碑並有層臺二所，即御射處也。碑陰皆列樹碑官名。徐水東北屈逕郎山，又屈逕其山南，衆岑競舉，若豎鳥翅，立石嶄巖，亦如劒杪，極地險之崇峭。【略】徐水又東南流，歷石門中，世俗謂之龍門也。其山上合下開，開處高六丈，飛水歷其間，南出乘崖，傾澗泄注，七丈有餘，濟灅之音，奇爲壯猛，觸石成井，水深不測，素波自激，濤襄四陸，瞰之者驚神，臨之者駭魄矣。【略】又東北入于易。

北魏·酈道元《水經注·聖水》　**聖水出上谷。**【略】水出郡之西南聖水谷，東南流逕大防嶺之東首。山下有石穴，東北洞開，高廣四五丈，入穴轉更崇深，穴中有水。耆舊傳言：昔有沙門釋惠彌者，好精物隱，嘗篝火尋之，傍水入穴三里有餘，穴分爲二：一穴殊小，西北出，不知趣詣；一穴西南出，入穴經五六日方還，又不測窮深。其水夏冷冬温，春秋有白魚出穴，數日而返，人有採捕食者，美珍常味，蓋亦丙穴嘉魚之類也。是水東北流入聖水。聖水又東逕玉石山，謂之玉石口，山多珉玉、燕石，故以玉石名之。其水伏流里餘，潛源東出，又東，頽波瀉澗，一丈有餘，屈而南流也。**東過良鄉縣南。又東過長鄉縣北。又東過安次縣南，東入于海。**

北魏·酈道元《水經注·巨馬河》　**巨馬河出代郡廣昌縣淶山。**【略】淶水又南，逕藏刀山下，層巖壁立，直上干霄，遠望崖側，有若積刀，鐶鐶相比，咸悉西首。淶水東逕徐城北，故瀆出焉，世謂之沙溝水。又東，督亢溝出焉。一水東南流，即督亢溝也；一水西南出，即淶水之故瀆矣。水盛則長津宏注，水耗則通波潛伏，重源顯于酒縣，則舊川矣。**東過逎縣北。**淶水上承故瀆于縣北垂，重源再發，結爲長潭，潭廣百許步，長數百步，左右翼帶涓流，控引衆水，自成淵渚，長川漫下，一十許里。【略】**又東南過容城縣北。又東過勃海東平舒縣北，東入于海。**

北魏·酈道元《水經注·灅水》　**灅水出鴈門陰館縣。**【略】灅水又東北流，左會桑乾水，縣西北上平，洪源七輪，謂之桑乾泉，即溹涫水者也。耆老云：其水潛承太原汾陽縣北燕京山之大池。池在山原之上，世謂之天池，方里餘，澄渟鏡淨，潭而不流，若安定朝那之湫淵也。清水流潭，皎焉冲照，池中曾無片草，及其風籜有淪，輒有小鳥翠色，投淵銜出，若會稽之耘鳥也。其水陽熯不耗，陰霖不濫，無能測其淵深也。古老相傳，言嘗有人乘車于池側，忽過大風，飄之于水，有人獲其輪于桑乾泉，故知二水潛流通注矣。池東隔阜又有一石池，方可五六十步，清深鏡潔，不異天池。【略】又西北入桑乾枝水。桑乾枝水又東流，長津委浪，通結兩湖，東湖西浦，淵潭相接，水至清深。晨鳧夕鴈，泛濫其上，黛甲素鱗，潛躍其下，俯仰池潭，意深魚鳥，所寡惟良木耳。俗謂之南池。【略】東合旋鴻池水，水出旋鴻縣東山下，水積成池。北引魚水，水出魚溪，南流注池。池水吐納川流，以成巨沼，東西二里，南北四里，北對涼川城之南池，池方五十里，俗名乞伏袁池。雖隔越山阜，鳥道不遠，雲霞之間，常有西南流逕旋鴻縣南，右合如渾水，是總二水之名矣。【略】如渾水又南至靈泉池，枝津東南注池，池東西一百步，南北二百步。池渚舊名白楊泉，泉上有白楊樹，因以名焉，其猶長楊、五柞之流稱矣。南面舊京，北背方嶺，左右山原，亭觀綉峙，方湖反景，若三山之倒水下。【略】黄水又東注武周川，又東歷故亭北，右合火山西溪水。水導源火山，西北流，山上有火井，南北六七十步，廣減尺許，源深不見底，炎勢上升，常若微雷發響，以草爨之，則煙騰火發。【略】井北百餘步有東、西谷，廣十許步。南崖下有風穴，厥大容人，其深不測，而穴中肅肅，常有微風，雖三伏盛暑，猶須襲裘，寒吹陵人，不可暫停。【略】其水又東北流，注武周川水。武周川水又東南流，水側有石祇洹舍並諸窟室，比邱尼所居也。其水又東轉逕靈巖南，鑿石開山，因巖結構，真容巨壯，世法所希。山堂水殿，煙寺相望，林淵錦鏡，綴目新眺。【略】今城北有淵，潭而不流，故俗謂之爲平湖也。【略】耆彦云：有潛龍出于兹浦，形類青牛焉，故淵潭受名矣。潭深不測，而水周多蓮藕生焉。【略】《地理志》曰：王莽更名樹武。其泉從廣十數步，東出城，注協陽關水。雨盛則通注，陽旱則不流，惟洴泉而已。【略】《魏土地記》曰：下洛城東南四十里有橋山，山下有温泉，泉上有祭堂。雕簷華宇，被于浦上，石池吐泉，湯湯其下。炎涼代序，是水灼焉無改，能治百疾，是使赴者若流。【略】《山海經》曰：雁門之水，出于雁門之山。雁出其間，在高柳北，高柳在代北。其山重巒疊巘，霞舉雲高，連山隱隱，東出遼塞。【略】雁門水又東南流，屈而東北，積而爲潭，其陂斜長而不方，東北可二十餘里，廣一十五里，蒹葭叢生焉。**【略】又東過涿鹿縣北。**【略】又西，右與陽溝水合，水出縣東北，西南流逕居庸縣故城北，西逕大翮、小翮山南，高巒截雲，層陵斷霧，雙阜共秀，競舉羣峰之上。**【略】又東南出山，**瀔水又南出山，瀑布飛梁，懸河注壑，湍湍十餘丈，謂之落馬洪，抑亦孟門之流也。瀔水自南出山，謂之清泉河，俗亦謂之曰千水，非也。【略】瀔水又東南逕良鄉縣之北界，歷梁山南，高梁水出焉。**過廣陽薊縣北。**【略】瀔水又東與洗馬溝水合，水上承薊城，西之大湖。湖有二源，水俱出縣西北，平地導源，流結西湖。湖東西二里，南北三里，蓋燕之舊池也。綠水澄澹，川亭望遠，亦爲遊矚之勝所也。湖水東流爲洗馬溝，側城南門東注，昔銚期奮戟處也。**【略】又東至漁陽雍奴縣西入笥溝。**【略】瀔水東入漁陽，所在枝分，故俗諺云：高梁無上源，清泉無下尾。蓋以高梁微涓淺薄，裁足津通，憑藉涓流，方成川甽。清泉至潞，所在枝分，更爲微津，散漫難尋故也。

北魏・酈道元《水經注・瀔餘水》 **瀔餘水出上谷居庸關東。東流過軍都縣南，又東流過薊縣北。**瀔餘水故瀆東逕軍都縣故城南，又東，重源潛發，積而爲潭，謂之瀔餘潭。**【略】又北屈，東南至狐奴縣西南，入于沽河。**

北魏・酈道元《水經注・沽河》 **沽河從塞外來。**【略】陽樂水又東南傍狼山南，山石白色特上，亭亭孤立，超出羣山之表。又東南逕温泉東，泉在山曲之中。**【略】南過漁陽狐奴縣北，西南與瀔餘水合爲潞河。又東南至雍奴縣西，爲笥溝。又東南至泉州縣，與清河合，東入于海。**清河者，派河尾也。

北魏・酈道元《水經注・鮑邱水》 **鮑邱水從塞外來，南過漁陽縣東。**【略】水出峽下，峽甚層峻，峨峨冠衆山之表。其水西逕孔山南，上有洞穴開明，故土俗以孔山流稱。【略】又逕香陘山，山上悉生槀本香，世故名焉。又西逕石窟南，窟内寬廣，行者依焉；窟内有水，淵而不流，栖薄者取給焉。又西北逕伏凌山南，與石門水合。水出伏凌山，山高峻，巖鄣寒深，陰崖積雪，凝水夏結，事同《離騷》峨峨之詠，故世人因以名山也。**【略】又南過潞縣西。又南至雍奴縣北，屈東入于海。**【略】泃水又左合盤山水，水出山上，其山峻險，人跡罕交。去山三十許里，望山上水，可高二十餘里。素湍皓然，頹波歷溪，沿流而下，自西北轉注于泃水。【略】《開山圖》曰：山出不灰之木，生火之石。按注云：其木色黑似炭而無葉，有石赤色如丹，以二石相磨，則火發，以然無灰之木，可以終身，今則無之。

【略】《魏土地記》曰：徐無城東有温湯。即此也。其水南流百步，便伏流入于地下，水盛則通注灅水。又東南逕石門峽，山高嶄絶，壁立洞開，俗謂之石門口。

北魏・酈道元《水經注・濡水》 **濡水從塞外來，東南過遼西令支縣北。**【略】東南歷石挺下，挺在層巒之上，孤石雲舉，臨崖危峻，可高百餘仞。【略】濡水又東南逕盧龍塞，塞道自無終縣東出，渡濡水，向林蘭陘，東至清陘。盧龍之險，峻坂縈折，故有九峥之名矣。**【略】又東南過海陽縣，西南入于海。**【略】今枕海有石如甬道數十里，當山頂有大石如柱形，往往而見，立于巨海之中，潮水大至則隱，及潮波退，不動不没，不知深淺，世名之天橋柱也。狀若人造，要亦非人力所就。韋昭亦指此以爲碣石也。【略】至阜耳之溪，有贊水者，從左方涉，其深及冠；右方涉，其深至膝。

北魏・酈道元《水經注・大遼水》 **大遼水出塞外衛白平山，東南入塞，過遼東襄平縣西。又東南過房縣西。又東過安市縣西，南入于海。**

北魏・酈道元《水經注・小遼水》 **又玄菟高句麗縣有遼山，小遼水所出，西南至遼隊縣，入于大遼水也。**

北魏・酈道元《水經注・浿水》 **浿水出樂浪鏤方縣，東南過臨浿縣，東入于海。**

北魏・酈道元《水經注・洛水》 **洛水出京兆上洛縣讙舉山。東北過盧氏縣南。**【略】《開山圖》曰：盧氏山宜五穀，可避水災，亦通謂之石城山。山在宜陽山西南，千名之山，咸處其内，陵阜原隰，易以度身者也。【略】洛水又東，逕檀山南，其山四絶孤峙，山上有塢聚。俗謂之檀山塢。**【略】又東北過蠡城邑之南。又東過陽市邑南，又東北過于父邑之南。**【略】洛水又東，白馬溪水出宜陽山，澗有大石，厥狀似馬，故溪澗以物色受名也。【略】洛水又東，逕一全塢南，城在川北原上，高二十丈，南北東三箱，天險峭絶，惟築西面，即爲全固。一全之名，起于是矣。【略】洛水又東，渠谷水出宜陽縣南女几山，東北流逕雲中塢，左上迢遰層峻，流煙半垂，纓帶山阜，故塢受其名。**【略】又東北過宜陽縣南。**【略】洛水之北，有熊耳山，雙巒競舉，狀同熊耳，此自別山，不與《禹貢》導洛自熊耳同也。昔漢光武破赤眉樊崇，積甲仗與熊耳平，即是山也。山際有池，池水東南流，水側有一池，世謂之黽池矣。**【略】又東北出散關南。又東北過河南縣南。又東過洛陽縣南，伊水從西來注之。**【略】洛水又東，合水南出半石之山，北逕合水塢，而東北流注于公路澗，但世俗音訛，號之曰光禄澗，非也。上有袁術固，四周絶澗，迢遞百仞，廣四五里，有一水，淵而不流，故溪澗即其名也。【略】又東過偃師縣南。【略】洛水又東，逕百谷塢北。戴延之《西征記》曰：塢在川南，因原爲塢，高一十餘丈。【略】水出百稱山東谷，其山孤峰秀出，嶕嶢分立。【略】又東北過鞏縣東，又北入于河。

北魏・酈道元《水經注・伊水》 伊水出南陽魯陽縣西蔓渠山。東北過郭落山。又東北過陸渾縣南。【略】伊水歷崖口，山峽也，翼崖深高，壁立若闕。【略】伊水又東北逕伏睹嶺，左納焦澗水，水西出鹿鶻山，東流逕孤山南，其山介立豐上，單秀孤峙，故世謂之方山。【略】又東北過新城縣南。【略】《山海經》曰：大苦之山多瑀琈之玉，其陽，狂水出焉，西南流。【略】又東北過伊闕中。又東北至洛陽縣南，北入于洛。

北魏・酈道元《水經注・瀍水》 瀍水出河南穀城縣北山。東與千金渠合。又東過洛陽縣南，又東過偃師縣，又東入于洛。

北魏・酈道元《水經注・澗水》 澗水出新安縣南白石山。東南入于洛。

北魏・酈道元《水經注・穀水》 穀水出宏農黽池縣南墦冢林、穀陽谷。【略】《山海經》曰：傅山之西有林焉，曰墦冢，穀水出焉，東流注于洛，其中多珚玉。【略】穀水又東，逕缺門山，山阜之不接者里餘，故得是名矣。二壁爭高，斗聳相亂，西瞻雙阜，右望如砥。穀水自缺門而東，廣陽川水注之。水出廣陽北山，東南流注于穀。南望微山，雲峰相亂。穀水又逕白超壘南，戴延之《西征記》云：次至白超壘，去函谷十五里，築壘當大道，左右有山夾立，相去百餘步，道從中出，此乃故關城，非所謂白超壘也。【略】《山海經》曰：白石山西五十里曰穀山，其上多穀，其下多桑，爽水出焉。世謂之紵麻澗，北流注于穀。其中多碧緑。穀水又東，澗水注之。【略】《山海經》曰：瞻諸山西三十里婁涿之山，無草木，多金玉，波水出于其陰。世謂之百答水，北流注于穀。其中多茈石、文石。穀水又東，少水注之。《山海經》曰：廆山西三十里曰瞻諸之山，其陽多金，其陰多文石，少水出于其陰。控引衆溪，積以成川，東流注于穀，世謂之慈澗也。穀水又東，俞隨之水注之。《山海經》曰：平逢山西十里廆山，其陽多瑀琈之玉，俞隨之水出于其陰，北流注于穀。【略】東北過穀城縣北。又東過河南縣北，東南入于洛。

北魏・酈道元《水經注・甘水》 甘水出宏農宜陽縣鹿蹄山。東北至河南縣南，北入洛。

北魏・酈道元《水經注・漆水》 漆水出扶風杜陽縣俞山東，東北入于渭。

北魏・酈道元《水經注・滻水》 滻水出京兆藍田谷，北入于灞。

北魏・酈道元《水經注・沮水》 沮水出北地直路縣，東過馮翊祋祤縣北，東入于洛。

北魏・酈道元《水經注・渭水上》 渭水出隴西首陽縣渭首亭南鳥鼠山。【略】《地説》曰：鳥鼠山，同穴之枝榦也。渭水出其中，東北過同穴枝閒，既言其過，明非一山也。【略】東北過襄武縣北。又東過獂道縣南。又東過冀縣北。【略】其水東南流歷三堆南，又東流而南屈，入黃槐川，梗津渠，冬則輟流，春夏水盛，則通川注渭。次則牛谷水，南入渭水。南有長塹谷水，次東有安蒲溪水，次東有衣谷水，並南出朱圉山。山在梧中聚，有石鼓，不擊自鳴，鳴則兵起。【略】瓦亭水又東南得大華谷水。又東南得折里溪水，又東得六谷水，皆出近溪湍峽，注瓦亭水。又東南出新陽峽，崖岫壁立，水出其間，謂之新陽崖水，又東南注于渭也。【略】又東過上邽縣。【略】渭水東南，與神澗水合，《開山圖》所謂靈泉池也，俗名之萬石灣。淵深不測，實爲靈異。【略】又東過陳倉縣西。【略】(汧)水有二源，一水出縣西山，世謂之小隴山，巖障高險，不通軌轍，故張衡《四愁詩》曰：我所思兮在漢陽，欲往從之隴坂長。其水東北流，歷澗，注以成淵，潭漲不測，出五色魚，俗以爲靈，而莫敢採捕，因謂是水爲龍魚水，自下亦通謂之龍魚川。川水東逕汧縣故城北，《史記》：秦文公東獵汧田，因遂都其地是也。又東歷澤，亂流爲一。右得白龍泉，泉徑五尺，源穴奮通，淪漪四泄，東北流注于汧。汧水又東會一水，水發南山西側，俗以此山爲吴山，三峰霞舉，叠秀雲天，崩巒傾返，山頂相捍，望之恒有落勢。《地理志》曰：吴山在縣西，古文以爲汧山也。《國語》所謂虞矣。山下石穴廣四尺，高七尺，水溢石空，懸波側注，瀨濟震盪，發源成川，北流注于汧。自水會上下，咸謂之爲龍魚川。【略】渭水之右，磻溪水注之，水出南山兹谷，乘高激流，注于溪中。溪中有泉，謂之兹泉。泉水潭積，自成淵渚，即《吕氏春秋》所謂太公釣兹泉也。今人謂之丸谷，石壁深高，幽隍邃密，林障秀阻，人跡罕交。東南隅有一石室，蓋太公所居也。【略】

北魏・酈道元《水經注・渭水中》 又東過武功縣北。【略】杜彦達曰：太白山南連武功山，于諸山最爲秀傑，冬夏積雪，望之皓然。【略】渭水又東，温泉水注之，水出太一山，其水沸涌如湯，杜彦達曰：可治百病，世清則疾愈，世濁則無驗。【略】其水東南流，東逕杜陽縣故城，東西三百步，南北二百步，世謂之故縣川。【略】又東，芒水從南來流注之。

北魏・酈道元《水經注・渭水下》 **又東過槐里縣南，又東，澇水從南來注之。**【略】就水歷竹圃，北與黑水合，水上承接三泉，就水之右，三泉奇發，言歸一瀆，北流，左注就水。【略】**又東，豐水從南來注之。又東過長安縣北。**【略】山長六十餘里，頭臨渭水，尾達樊川，頭高二十丈，尾漸下，高五六丈，土色赤而堅。云昔有黑龍從南山出，飲渭水。其行道因山成跡，山即基，闕不假築，高出長安城。【略】**又東過霸陵縣北，霸水從縣西北流注之。又東過鄭縣北。**【略】渭水又東，西石橋水南出馬嶺山，積石據其東，麗山距其西，源泉上通，懸流數十，與華岳同體。【略】**又東過華陰縣北。**【略】縣有華山。《山海經》曰：其高五千仞，削成而四方，遠而望之，又若華狀，西南有小華山也。【略】山上有二泉，東西分流，至若山雨滂湃，洪津泛灑，挂溜騰虛，直瀉山下。【略】**東入于河。**

北魏・酈道元《水經注・漾水》 **漾水出隴西氐道縣嶓冢山，東至武都沮縣爲漢水。**【略】今西縣嶓冢山，西漢水所導也，然微涓細注，若通冪歷，津注而已。西流與馬池水合，水出上邽西南六十餘里，謂之龍淵水，言神馬出水，事同余吾、來淵之異，故因名焉。《開山圖》曰：隴西神馬山有淵池，龍馬所生。【略】漢水北，連山秀舉，羅峰競峙。祁山在嶓冢之西七十許里，山上有城，極爲巖固。【略】《開山圖》曰：漢陽西南有祁山，蹊徑逶迤，山高巖險，九州之名岨，天下之奇峻。【略】漢水又東南逕瞿堆西，又屈逕瞿堆南，絶壁峭峙，孤險雲高，望之形若覆壺。高平地方二十餘裡，羊腸蟠道三十六迴，《開山圖》謂之仇夷，所謂積石嵯峨，嶔岑隱阿者也。【略】漢水又東合洛谷水，水有二源，同注一壑於神蛇戍西。左右山溪多五色蛇，性馴良，不爲物毒。【略】故道水又西南，入秦岡山，尚婆水注之。山高入雲，遠望增狀，若嶺紆曦軒，峰枉月駕矣。懸崖之側，列壁之上，有神象若圖，指狀婦人之容。其形上赤下白，世名之曰聖女神，至于福應衍違，方俗是祈。【略】**又東南至廣魏白水縣西。又東南至葭萌縣東北，與羌水合。**【略】水出于平武郡東北，矚累亘下，南逕平武城東，屈逕其城南，又西曆平洛郡東南，屈而南，逕南陽僑郡東北，又東南，逕新巴縣東北，又東南逕始平僑郡南，又東南逕小劍戍北，西去大劍三十里，連山絶險，飛閣通衢，故謂之劍閣也。【略】**又東南過巴郡閬中縣。又東南過江州縣東，南入于江。**

北魏・酈道元《水經注・丹水》 **丹水出京兆上洛縣西北冢領山。東南過其縣南。又東南過商縣南，又東南至于丹水縣，入于均。**【略】又東入析縣，流結成潭，謂之龍淵，清深神異。【略】黃水北有墨山，山石悉黑，繢彩奮發，黝焉若墨，故謂之墨山。今河南新安縣有石墨山，斯其類也。丹水南有丹崖山，山悉赬壁霞舉，若紅雲秀天，二岫更爲殊觀矣。

北魏・酈道元《水經注・汝水》 **汝水出河南梁縣勉鄉西天息山。**【略】今汝水西出魯陽縣之大盂山黄柏谷，巖鄣深高，山岫邃密，石徑崎嶇，人蹟裁交，西即盧氏界也。其水東北流，逕太和城西，又東流逕其城北。左右深松列植，筠柏交蔭，尹公度之所棲神處也。又東屈堯山西嶺下，水流兩分，一水東逕堯山南，爲滍水也，即《經》所言滍水出堯山矣。一水東北出爲汝水，歷蒙柏谷，左右岫壑争深，山阜競高，夾水層松茂柏，傾山蔭渚，故世人以名也。津流不已，北歷長白沙口，狐白溪水注之。夾岸沙漲若雪，因以取名。其水南出狐白川，北流注汝水，又東北趣狼皋山者也。**東南過其縣北。**【略】其水自澤東南流，逕温泉南，與温泉水合。温水數源，揚波于川左，泉上，華宇連蔭，茨甍交拒，方塘石沼，錯落其間，頤道者多歸之。【略】**又東南過潁川郟縣南。**汝水又東，與張磨泉合，水發北阜，春夏水盛，則南注汝水。汝水又東，分爲西長湖，湖水南北五十餘步，東西三百步。汝水又東，扈澗水北出大劉山，南逕木蓼堆東，郟城西，南流入于汝。汝水又右，迤爲湖。湖水南北八九十步，東西四五百步，俗謂之東長湖，湖水下入汝，古養水也，水出魯陽縣北將孤山北長岡下。【略】**又東南，過定陵縣北。**湛水出犨縣北魚齒山西北，東南流，歷魚齒山下，爲湛浦，方五十餘步。【略】溝之東有澄潭，號曰龍淵，在汝北四里許，南北百步，東西二百步，水至清深，常不耗竭，佳饒魚筍，湖溢，則東注漷水矣。【略】**又東南，過郾縣北。又東南，過汝南上蔡縣西。又東南，過平輿縣南。又東至原鹿縣。南入于淮。**

北魏・酈道元《水經注・潁水》 **潁水出潁川陽成縣西北少室山。東南過其縣南。**【略】及春夏雨泛，水自山頂而迭相灌澍，崿流相承爲二十八浦也。暘旱輟津，而石潭不耗，道路遊憩者，惟得餐飲而已，無取澡盥其中，苟不如法，必數日不豫，是以行者憚之。山下大潭周數里，而清深肅潔。水中有立石，高十餘丈，廣二十許步，上甚平整。緇素之士，多泛舟升陟，取暢幽情。其水東南逕陽城西，石溜縈委，溯者五涉，故亦謂之五渡水。東南流入潁水。【略】**又東南過陽翟縣北。又東南過潁陽縣西，又東南過潁陰縣西南。又東南過臨潁縣南，又東南過汝南濦强縣北，洧水從河南密縣東流注之。又東過西華縣北。又南過女陽縣北。又東南過南頓縣北，濦水從西來流注之。又東南至新陽縣北，蒗蕩渠水從西北來注之。又東南至慎縣東，南入于淮。**

北魏·酈道元《水經注·洧水》 洧水出河南密縣西南馬領山。東南過其縣南。【略】洧水又東合武定水,水出北武定岡,西南流,又屈而東南流,逕零烏塢西,側塢東南流。塢側有水,懸流赴壑,一匹有餘,直注澗下,淪積成淵。嬉遊者矚望,奇爲佳觀。俗人覩此水挂于塢側,遂目之爲零烏水。【略】又東過鄭縣南,潧水從西北來注之。又東南過長社縣北。【略】洧水又東南與龍淵水合,水出長社縣西北。有故溝,上承洧水,水盛則通注龍淵,水減則津渠輟流。其瀆中泓泉,南注東轉爲淵,淥水平潭,清潔澄深,俯視游魚,類若乘空矣,所謂淵無潛鱗也。【略】又東南過新汲縣東北。又東南過茅城邑之東北。又東過習陽城西,折入于潁。

北魏·酈道元《水經注·潩水》 潩水出河南密縣大騩山。東南入于潁。

北魏·酈道元《水經注·潧水》 潧水出鄭縣西北平地。【略】潧水又南,懸流奔壑,崩注丈餘,其下積水成潭,廣四十許步,淵深難測。【略】東過其縣北,又東南過其縣東,又南入于洧水。

北魏·酈道元《水經注·渠水》 渠水出滎陽北河,東南過中牟縣之北。【略】渠水自河與泲亂流,東逕滎澤北,東南分泲,歷中牟縣之圃田澤北,與陽武分水。澤多麻黃草。故《述征記》曰:踐縣境便覩斯卉,窮則知踰界。今雖不能,然諒亦非謬。《詩》所謂東有圃草也。皇武子曰:鄭之有原圃,猶秦之有具圃。澤在中牟縣西,西限長城,東極官渡,北佩渠水,東西四十許里,南北二十許里。中有沙岡,上下二十四浦,津流逕通,淵潭相接,各有名焉。有大漸、小漸、大灰、小灰、義魯、練秋、大白楊、小白楊、散嚇、馬中、羊圈、大鵠、小鵠、龍澤、密羅、大哀、小哀、大長、小長、大縮、小縮、伯邱、大蓋、牛眠等浦,水盛則北注,渠溢則南播。【略】又東北分爲二水,一水東北流,注黃雀溝,謂之黃淵,淵周一百步。其一水東越長城東北流,水積爲淵,南北二里,東西百步,謂之百尺水。北入圃田澤,分爲二水。一水東北逕東武强城北。【略】又東北入黃瓮澗,北逕中陽城西。城內有舊臺甚秀。臺側有陂池,池水清深。【略】渠水又東流而左會淵水,其水上承聖女陂,陂周二百餘步,水無耗竭,湛然清滿,而南流注于渠。渠水又東南而注大梁也。又東至浚儀縣。【略】《陳留風俗傳》曰:縣有倉頡、師曠城,上有列僊之吹臺,北有牧澤,中出蘭蒲,上多儁髦,衿帶牧澤,方一十五里,俗謂之蒲關澤,即謂此矣。【略】又屈南至扶溝縣北。其一者,東南過陳縣北。又東南至汝南新陽縣北。【略】又東南過山桑縣北。又東南過龍亢縣南。又東南過義城縣西,南入于淮。

北魏·酈道元《水經注·陰溝水》 陰溝水出河南陽武縣蒗蕩渠。東南至沛爲過水。又東南至下邳淮陵縣入于淮。【略】過水又東,左合北肥水,肥水出山桑縣西北澤藪,東南流,左右翼佩,數源異出同歸,蓋微脈涓注耳。東南流逕山桑邑南,俗謂之北平城。昔文欽之封山桑侯,疑食邑于此。城東南有一碑,碑文悉破無驗,惟碑背故吏姓名尚存:熹平元年義士門生沛國蕭劉定興立。北肥水又東逕山桑縣故城南,俗謂之都亭城,非也。今城內東側,猶有山亭桀立,陵阜高峻,非洪臺所擬。

北魏·酈道元《水經注·汳水》 汳水出陰溝于浚儀縣北。【略】東至梁郡蒙縣爲獲水,餘波南入睢陽城中。

北魏·酈道元《水經注·猚水》 猚水出汳水于梁郡蒙縣北。【略】應劭曰:縣有碭山,山在東,出文石。秦立碭郡,蓋取山之名也。王莽之節碭縣也。山有梁孝王墓,其冢,斬山作郭,穿石爲藏。行一里到藏中,有數尺水,水有大鯉魚,黎民謂藏有神,不敢犯之。凡到藏皆潔齋而進,不齋者至藏,輒有獸噬其足。獸難得見,見者云似狗,所未詳也。【略】東,過蕭縣南,睢水北流注之。又東至彭城縣北,東入于泗。【略】《世本》曰:陸終之子,其三曰籛,是爲彭祖。彭祖者,彭城是也。下曰彭祖冢。彭祖長年八百,綿壽永世,于此有冢,蓋亦元極之化矣。其樓之側,襟汳帶泗,東北爲二水之會也。聳望川原,極目清野,斯爲佳處矣。

北魏·酈道元《水經注·睢水》 睢水出梁郡鄢縣。東過睢陽縣南。【略】睢水又東南流,歷于竹圃。水次綠竹蔭渚,菁菁實望,世人言梁王竹園也。【略】又東過相縣南,屈從城北東流,當蕭縣南,入于睢。

北魏·酈道元《水經注·瓠子河》 瓠子河出東郡濮陽縣北河。東至濟陰句陽縣爲新溝。又東北過廩邱縣爲濮水。【略】雷澤西南十許里,有小山,孤立峻上,亭亭傑峙,謂之歷山。山北有小阜,南屬迤澤之東北。【略】又北過東郡范縣東北,爲濟渠,與將渠合。又東北過東阿縣東。又東北過臨邑縣西,又東北過茌平縣東,爲鄧里渠。又東北過祝阿縣爲濟渠。又東北至梁鄒縣西,分爲二。其東北者爲濟河,其東者爲時水。又東北至濟西,濟河東北入于海。時水東至臨淄縣西屈,南過太山華縣東。又南至費縣東,入于沂。

北魏·酈道元《水經注·汶水》 汶水出泰山萊蕪縣原山,西南過其縣南。

【略】《從征記》曰：汶水出縣西南流，又言：自入萊蕪谷，夾路連山百數里。水隍多行石澗中，出藥草，饒松柏，林藿綿濛，崖壁相望，或傾岑阻徑，或迴巖絶谷。清風鳴條，山壑俱響，凌高降深，兼惴慄之懼，危蹊絶徑，過懸度之艱。未出谷十餘里，有别谷在孤山。谷有清泉，泉上數丈有石穴二口，容人行。入穴丈餘，高九尺許，廣四五丈。言是昔人居山之處，薪爨煙墨猶存。谷中林木緻密，行人鮮有能至矣。又有少許山田，引灌之蹤尚存。出谷有平邱，面山傍水，土人悉以種麥，云此邱不宜殖稷黍而宜麥，齊人相承以殖之，意謂麥邱所栖愚公谷也，何其深沈幽翳，可以托業怡生如此也！余時逕此，爲之踟躕，爲之屢眷矣。【略】**又東南過奉高縣北。屈從縣西南流。**【略】馬第伯書云：光武封泰山，第伯從登，山去平地二十里，南向極望無不覩。其爲高也，如視浮雲。其峻也，石壁窅窱，仰視巖石，松樹鬱鬱蒼蒼，如在雲中，俯視溪谷，碌碌不見丈尺。直上七里，至天門，仰視天門，如從穴中視天矣。【略】**過博縣西北。又西南過蛇丘縣南。又西南過剛縣北。又西南過東平章縣南。又西南過無鹽縣南，又西南過壽張縣北，又西南至安民亭，入於濟。**【略】《漢書》曰：哀帝時，無鹽危山土自起，覆草，如馳道狀，又瓠山石轉立。晉灼曰：《漢・注》作報山。山脅石一枚，轉側起立，高九尺六寸，旁行一丈，廣四尺。

北魏・酈道元《水經注・泗水、荷水》 **泗水出魯卞縣北山。**【略】杜預曰：魯國卞縣東南有桃墟。世謂之曰陶墟，舜所陶處也，井曰舜井，皆爲非矣。墟有漏澤，方一十五里，渌水徵渟三丈如減。澤西際阜，俗謂之嫣亭山，蓋有陶墟、舜井之言，因復有嫣亭之名矣。阜側有三石穴，廣圓三四尺。穴有通否，水有盈漏，漏則數夕之中，傾陂竭澤矣。左右居民，識其將漏，預以木爲曲狀，約障穴口，魚鱉暴鱗，不可勝載矣。自此連岡通阜，西北四十許里，岡之西際，便得泗水之源也。《博物志》曰：泗水出陪尾。蓋斯阜者矣。石穴吐水，五泉俱導，泉穴各徑尺餘。水源南側有一廟，栝柏成林，時人謂之原泉祠，非所究也。【略】**西南過魯縣北。又西過瑕邱縣東，屈從縣東南流，漷水從東來注之。**【略】京相璠曰：《地理志》，嶧山在鄒縣北，繹邑之所依以爲名也。山東西二十里，高秀獨出，積石相臨，殆無土壤。石間多孔穴，洞達相通，往往有如數間屋處，其俗謂之嶧孔。遭亂，輒將家入嶧，外寇雖衆，無所施害。【略】**又南過平陽縣西。又南過高平縣西，洸水從西北來，流注之。**【略】泗水南逕高平山，山東西十里，南北五里，高四里，與衆山相連，其山最高，頂上方平，故謂之高平山，縣亦取名焉。

【略】**又南過方與縣東。菏水從西來注之。又屈東南過湖陸縣南，涓涓水從東北來，流注之。又南，過沛縣東。又東南過彭城縣東北。又東南過呂縣南。**【略】泗水之上有石梁焉，故曰呂梁也。昔宋景公以弓工之弓，彎弧東射，矢集彭城之東，飲羽于石梁，即斯梁也。懸濤崩濟，實爲泗險。孔子所謂魚鱉不能游，又云：懸水三十仞，流沫九十里。今則不能也。【略】**又東南過下邳縣西。又東南入于淮。**

北魏・酈道元《水經注・沂水》 **沂水出泰山蓋縣艾山。**【略】沂水又東逕浮來之山，《春秋經》書公及莒人盟于浮來者也。即公來山也，在邳鄉西，故號曰邳來之間也。浮來之水注之，其水左控三川，右會甘水，而注于沂。沂水又南逕爆山西。山有二峰，相去一里，雙巒齊秀，圓峙若一。【略】**南過琅邪臨沂縣東，又南過開陽縣東。又東過襄賁縣東，屈從縣南西流，又屈南過郯縣西。又南過良城縣西，又南過下邳縣，西南入于泗。**

北魏・酈道元《水經注・洙水》 **洙水出泰山蓋縣臨樂山。西南至卞縣，入于泗。**

北魏・酈道元《水經注・沭水》 **沭水出琅邪東莞縣西北山。東南過其縣東。又東南過莒縣東。又南過陽都縣東入于沂。**

北魏・酈道元《水經注・巨洋水》 **巨洋水出朱虚縣泰山北，過其縣西。又北過臨朐縣東。**巨洋水自朱虚北入臨朐縣，熏冶泉水注之。水出西溪，飛泉側瀨，于窮坎之下，泉溪之上。源麓之側，有一祠，目之爲冶泉祠。按《廣雅》，金神謂之清明，斯地蓋古冶官所在，故水取稱焉。水色澄明，而清泠特異。淵無潛石，淺鏤沙文，中有古壇，參差相對，後人微加功飾，以爲嬉遊之處。南北邃岸凌空，疏木交合。【略】小東有一湖，佳饒鮮筍，匪直芳齊芍藥，實亦潔並飛鱗。其水東北流入巨洋，謂之熏冶泉。【略】巨洋水又東北逕委粟山東，孤阜秀立，形若委粟。【略】洋水又東南。歷逢山下，即石膏山也。麓三成，壁立直上。【略】**又北過劇縣西。**巨洋水又東北合康浪水，水發縣西南峿山，無事樹木，而圓峭孤峙，巑岏分立。【略】**又東北過壽光縣西。**【略】水上承營陵縣之下流。東北逕城東，西入別畫湖，亦曰朕懷湖。湖東西二十里，南北三十里，東北入海。【略】**又東北入于海。**

北魏・酈道元《水經注・淄水》 **淄水出泰山萊蕪縣原山。東北過臨淄縣東。**淄水自山東北流逕牛山西，又東逕臨淄縣故城南，東得天齊水口，水出南郊山下，謂之天齊淵。五泉並出，南北三百步，廣十步，山即牛山也。【略】今臨淄城中有丘，在小城內，周迴三百步，高九丈，北降丈五，淄水出其前，逕其左，故有營丘之名，與《爾雅》相符。【略】又東過利縣東。【略】陽水又東北流，石井水注之。水出南山，山頂洞開，望若門焉，俗謂是爲劈頭山。其水北流注井，井際廣城東側，三面積石，高深一匹有餘。長津激浪，瀑布而下，澎贔之音，驚川聒谷，漰渀之勢，狀同洪井，北流入陽水。余生長東齊，極遊其下，于中闊絶，乃積綿載。後因王事，復出海岱。郭金紫惠同石井，賦詩言意。彌日嬉娱，尤慰羈心，但恨此水時有通塞耳。陽水東逕故七級寺禪房南。水北則長廡徧駕，迴閣承阿，林際則繩坐疏班，錫鉢間設，所謂修修釋子，眇眇禪棲者也。陽水又東逕東陽城東南。義熙中，晉青州刺史羊穆之築此，以在陽水之陽，即所謂東陽城，世以濁水爲西陽水故也。水流亦有時窮通，信爲靈矣。昔在宋世，是水絶而復流，劉晃賦《通津》焉。魏太和中，此水復竭，輟流積年。先公除州，即任未朞，是水復通，澄映盈川，所謂幽谷枯而更溢，窮泉輟而復流矣。海岱之士，又頌通津焉。平昌尉民孫道相頌曰：惟彼繩泉，竭踰三齡。祈盡珪璧，謁窮斯牲。道從隆替，降由聖明。耆民河間趙巉頌云：敷化未朞，玄澤潛施。枯源揚瀾，涸川滌陂。北海郭欽曰：先政輟津，我后通洋。但頌廣文煩，難以具載。【略】又東北入於海。

北魏·酈道元《水經注·汶水》　汶水出朱虚縣泰山。北過其縣東。又北過淳于縣西，又東北入于濰。

北魏·酈道元《水經注·濰水》　濰水出琅邪箕縣。【略】濰水又東北，涓水注之。水出馬耳山。山高百丈，上有二石竝舉，望齊馬耳，故世取名焉。東去常山三十里，涓水發于其陰，北逕婁鄉城東。【略】東北過東武縣西。【略】《齊地記》曰：東武城東南有盧水，水側有勝火木，方俗音曰檉子，其木經野火燒死，炭不滅。故東方朔云：不灰之木者也。【略】又北過平昌縣東。又北過高密縣西。【略】水有二源。西源出奕山，亦曰鄣日山。山勢高峻，隔絶陽曦。晏謨曰：山狀鄣日，是有此名。伏琛曰：山上有鄣日，故名鄣日山也。【略】又北過淳于縣東。又東北過都昌縣東。又東北入于海。

北魏·酈道元《水經注·膠水》　膠水出黔陬縣膠山北，過其縣西。又北過夷安縣東。又北過當利縣西北，入于海。【略】海南，土山以北，悉鹽坑相承，修煑不輟。北眺巨海，杳冥無極，天際兩分，白黑分別，所謂溟海者也。

北魏·酈道元《水經注·沔水上》　沔水出武都沮縣東狼谷中。【略】漢水又左得度口水，出陽平北山。水有二源：一曰清檢，出佳鱮。一曰濁檢，出好鮒，常以二月、八月取之，美珍常味。【略】又東，右會温泉水口，水發山北平地，方數十步，泉源沸湧，冬夏湯湯，望之則白氣浩然。言能瘥百病，云洗浴者皆有硫黄氣，赴集者常有百數。池水通注漢水。漢水又東，黄沙水左注之。水北出遠山，山谷邃險，人跡罕交，溪曰五丈溪。水側有黄沙屯，諸葛亮所開也。其水南注漢水。南有女郎山，山上有女郎冢，遠望山墳，嵬嵬壯高，及即其所，裁有墳形。【略】褒水又東南得丙水口。水上承丙穴，穴出嘉魚，常以三月出，十月入地。穴口廣五六尺，去平地七八尺，有泉懸注。魚自穴下透入水。穴口向丙，故曰丙穴。【略】又東過南鄭縣南。又東過城固縣南，又東，過魏興安陽縣南，涔水出自旱山，北注之。【略】涔水出西南而東北入漢。左谷水出西北，而東南入漢。左谷水出漢北，即智水也。北發聽山，山下有穴水，穴水東南流，歷平川中，謂之智鄉，水曰智水。【略】壻水南歷壻鄉溪，出山東南流，逕通關勢南。山高百餘丈，上有匈奴城，方五里，濬塹三重。高祖北定三秦，蕭何守漢中，欲脩北道，通關中，故名爲通關勢。壻水又東逕七女冢，冢夾水羅布如七星，高十餘丈，周迴數畝。【略】水北有七女池，池東有明月池，狀如偃月，皆相通注，謂之張良渠，蓋良所開也。【略】漢水又東逕石門灘山峽也。東會西水，水北出秦嶺西谷，南歷重山，與寒泉合，水東出寒泉嶺。泉湧山頂，望之交横，似若瀑布，頽波激石，散若雨灑，勢同厭原，風雨之池。【略】漢水又東逕猴徑灘，山多猴猿，好乘危綴飲，故灘受斯名焉。【略】《漢中記》曰：自西城涉黄金峭、寒泉嶺、陽都坂，峻崿百重，絶壁萬尋，既造其峰，謂已踰崧岱，復瞻前嶺，又倍過之。言陟羊腸，超煙雲之際，顧看向塗，杳然有不測之險。山豐野牛野羊，騰巖越嶺，馳走若飛，觸突樹木，十圍皆倒。山殫艮阻，地窮坎勢矣。【略】又東過西城縣南。【略】漢水又東逕鱉池而爲鯨灘。鯨，大也。《蜀都賦》曰：流漢湯湯，驚浪雷奔，望之天迴，即之雲昏者也。漢水又東逕嵐谷北口，嶂遠溪深，澗峽險邃，氣蕭蕭以瑟瑟，風颼颼而颸颸，故川谷擅其目矣。漢水又東，右得大勢，勢阻急溪，故亦曰急勢也。【略】漢水又東爲鱣湍，洪波渀盪，漰浪雲頽。古者舊言，有鱣魚奮鰭遡流，望濤直上，至此則暴鰓失濟，故因名湍矣。【略】旬水又東南逕旬陽縣南，縣北山有懸書崖，高五十丈，刻石作字，人不能上，不知所述。山下有石壇，上有馬跡五所，名曰馬跡山。【略】漢水又東爲龍淵，淵上有胡鼻山，石類胡人鼻故也。下臨龍井渚，淵深數丈。漢水又東逕魏興郡之錫縣故城北，爲白石灘。【略】縣有錫義山，方圓百里，形如城，四面有門，上有石壇，長十數丈，世傳列仙所居。

北魏・酈道元《水經注・沔水中》 **又東過堵陽縣，堵水出自上粉縣，北流注之。**【略】有粉水，縣居其上，故曰上粉縣也。堵水之旁有別溪，岸側土色鮮黄，乃云可噉。有言飲此水者，令人無病而壽，豈其信乎？又有白馬山，山石似馬，望之逼真。【略】漢水又東，謂之澇灘，冬則水淺，而下多大石。又東爲淨灘，夏水急盛，川多湍洑，行旅苦之。故諺曰：冬澇夏淨，斷官使命，言二灘阻礙也。【略】**又東過鄖鄉南。又東北流，又屈東南，過武當縣東北。**【略】漢水又東爲倀子潭，潭中有石磧洲，長六十丈，廣十八丈，世亦以此洲爲倀子葬父于斯，故潭得厥目焉【略】沔水又東南徑武當縣故城東。又東，曾水注之。水導源縣南武當山，一曰太和山，亦曰嵾上山，山形特秀，又曰仙室。《荆州圖副記》曰：山形特秀，異于衆嶽，峰首狀博山香爐，亭亭遠出，藥食延年者萃焉。【略】沔水又東徑龍巢山下。山在沔水中，高十五丈，廣員一里二百三十步。山形峻峭，其上秀林茂木，隆冬不凋。**又東南過鄼縣之西南。又南過穀城東，又南過陰縣之西。又南過筑陽縣東，筑水出自房陵縣，東過其縣，南流注之。**【略】汎水又東逕巴西，歷巴渠北新城、上庸，東逕汎陽縣故城南，自縣以上，山深水急，枉渚崩湍，水陸逕絶。【略】筑水東南流逕筑陽縣，水中有孤石挺出，其下澄潭，時有見此石根，如竹根而黄色，見者多凶，相與號爲承受石，所未詳也。【略】**又東過山都縣東北。又東過襄陽縣北。又從縣東屈西南，淯水從北來注之。又東過中廬縣東，淮水自房陵縣淮山東流注之。**【略】縣故城南，有水出西山。山有石穴出馬，謂之馬穴山。漢時有數百匹馬出其中，馬形小似巴滇馬。【略】沔水又南與疎水合，水出中廬縣西南，東流至邔縣北界，東入沔水，謂之疎口也。水中有物，如三四歲小兒，鱗甲如鯪鯉，射之不可入。七八月中，好在磧上自曝。頭似虎掌爪，常没水中，出膝頭，小兒不知，欲取弄戲，便殺人。或曰：人有生得者，摘其皋厭，可小小使，名爲水虎者也。【略】**又南過邔縣東北。又南過宜城縣東，夷水出自房陵縣，東流注之。**【略】**又東過荆城東。**【略】楊水又東歷天井北，井在方城北里餘，廣圓二里，其深不測。井有潛室，見輒兵。【略】沔水又東得滻口，其水承大滻、馬骨諸湖水，周三四百里，及其夏水來同，渺若滄海，洪潭巨浪，縈連江沔。故郭景純《江賦》云：其旁則有朱滻、丹澡是也。【略】**又東南過江夏雲杜縣東，夏水從西來注之。又南至江夏沙羨縣北，南入于江。**

北魏・酈道元《水經注・沔水下》 **沔水與江合流，又東過彭蠡澤。又東北出居巢縣南。又東過牛渚縣南，又東至石城縣。分爲二：其一東北流，其一又過毗陵縣北，爲北江。**【略】縣南有落星山，山有懸水，五十餘丈，下爲深潭。潭水東北流，左入旋溪，而同注南江。【略】中平二年，分故鄣之南鄉以爲安吉縣。縣南有釣頭泉，懸湧一仞，乃流于川。【略】韋昭曰：五湖，今太湖也，《尚書》謂之震澤，《爾雅》以爲具區，方圓五百里。【略】湖有苞山，《春秋》謂之夫椒山，有洞室，入地潛行，北通琅邪東武縣，俗謂之洞庭。旁有青山，一名夏架山，山有洞穴，潛通洞庭。山上有石鼓，長丈餘，鳴則有兵。故《吴記》曰：太湖有苞山，在國西百餘里，居者數百家，出弓弩材。旁有小山，山有石穴，南通洞庭，深遠莫知所極。【略】是以郭景純之《江賦》云：爰有包山，洞庭，巴陵地道，潛逵旁通，幽岫窈窕。【略】山陰西四十里，有二溪：東溪廣一丈九尺，冬煖夏冷；西溪廣三丈五尺，冬冷夏煖。二溪北出，行三里，至徐村，合成一溪，廣五丈餘，而温涼不雜，蓋《山海經》所謂苕水也，北逕羅浮山而下注于太湖，故言出其陰，入于具區也。湖中有大雷、小雷三山，亦謂之三山湖，又謂之洞庭湖。楊泉《五湖賦》曰：頭首無錫，足蹴松江。負烏程于背上，懷太吴以當胸。岝嶺崔嵬，穹窿紆曲。大雷、小雷，湍波相逐。【略】**又東至會稽餘姚縣東入于海。**【略】浙江自臨平湖，南通浦陽江，又于餘暨東，合浦陽江，自秦望分派，東至餘姚縣又爲江也。東與車箱水合，水出車箱山，乘高瀑布，四十餘丈，雖有水旱，而澍無增減。【略】故子胥曰：吴、越之國，三江環之，民無所移矣。但東南地卑，萬漢所湊，濤湖泛決，觸地成川，枝津交渠，世家分夥，故川舊瀆，難以取悉，雖麤依縣地，緝綜所纏，亦未必一得其實也。

北魏・酈道元《水經注・潛水》 **潛水出巴郡宕渠縣。**【略】潛水蓋漢水枝分潛出，故受其稱耳。今受有大穴，潛水入焉。通岡山下，西南潛出，謂之伏水，或以爲古之潛水。鄭玄曰漢別爲潛，其穴本小，水積成澤，流與漢合。【略】**南入于江。**

北魏・酈道元《水經注・湍水》 **湍水出酈縣北芬山，南流過其縣東，又南過冠軍縣東。**【略】湍水又南，菊水注之，水出西北石澗山芳菊溪，亦言出析谷，蓋溪澗之異名也。源旁悉生菊草，潭澗滋液，極成甘美，云此谷之水土，餐挹長年。【略】湍水又逕其縣東南，歷冠軍縣西北，有楚堨，高下相承八重，周十里。方塘蓄水，澤潤不窮。【略】**又東過白牛邑南。又東南至新野縣。東入於淯。**

北魏・酈道元《水經注・均水》 **均水出析縣北山，南流過其縣之東。又南**

當涉都縣北，南入于沔。

北魏·酈道元《水經注·粉水》 粉水出房陵縣，東流過郢邑南。粉水導源東流，逕上粉縣。取此水以漬粉，則皓耀鮮潔，有異衆流，故縣水皆取名焉。又東過穀邑南，東入于沔。

北魏·酈道元《水經注·白水》 白水出朝陽縣西，東流過其縣南。又東至新野縣西，東入于淯。

北魏·酈道元《水經注·比水》 比水出比陽東北太胡山，東南流過其縣南，泄水從南來注之。太胡山在比陽北，如東，三十餘里，廣圓五六十里。【略】舊比水右會馬仁陂水，水出潕陰北山，泉流競湊，水積成湖，蓋地百頃，謂之馬仁陂。【略】又西至新野縣，南入于淯。

北魏·酈道元《水經注·淮水》 淮水出南陽平氏縣胎簪山。東北過桐柏山。【略】淮水又東逕義陽縣，縣南對固成山。山有水，注流數丈，洪濤灌山，遂成巨井，謂之石泉水，北流注于淮。【略】有九渡水注之，水出雞翅山，溪澗瀠委，沿遡九渡矣。其猶零陽之九渡水，故亦謂之爲九渡焉。于溪之東山有一水，發自山椒下數丈，素湍直注，頹波委壑，可數百丈，望之若霏幅練矣，下注九渡水，九渡水又北流注于淮。【略】又東過江夏平春縣北。【略】油水又東曲，岸北有一土穴，徑尺，泉流下注，沿波三丈，入于油水，亂流南屈，又東北注于淮。【略】又東過新息縣南。【略】淮水又東逕浮光山北，亦曰扶光山，即弋陽山也，出名玉及黑石，堪爲碁。其山俯映長淮，每有光輝。【略】又東過期思縣北。【略】又東過原鹿縣南，汝水從西北來注之。又東過廬江安風縣東北，決水從北來注之。又東北至九江壽春縣西，泚水、泄水合北注之。又東，潁水從西北來流注之。又東過壽春縣北，肥水從縣東北流注之。【略】淮水又北逕山硤中，謂之硤石。岸山上，結二城以防津要。西岸山上有馬跡，世傳淮南王乘馬昇僊所在也。【略】淮水歷潘城南，置潘溪戍。戍東側潘溪，吐川納淮，更相引注。【略】又東過當塗縣北，過水從西北來注之。又東過鍾離縣北。【略】水出陰陵縣之陽亭北，小屈，有石穴，不測所窮，言穴出鍾乳，所未詳也。【略】淮水又東逕浮山，山北對巉石山。梁氏天監中，立堰于二山之間，逆天地之心，乖民神之望，自然水潰壞矣。又東北至下邳淮陰縣西，泗水從西北來流注之。又東過淮陰縣北，中瀆水出白馬湖，東北注之。又東，兩小水流注之。又東至廣陵淮浦縣入于海。【略】東北海中有大洲，謂之郁洲，《山海經》所謂郁山在海中者也。言是山自蒼梧徙此，云山上猶有南方草木。今郁州治。

北魏·酈道元《水經注·湍水》 湍水出南陽酈縣西之堯山。【略】張衡《南都賦》曰：其川瀆則湍、澧、瀷、瀘，發源巖穴，布濩漫汗，漭沆洋溢，總括急趣，箭馳風疾者也。湍水又歷太和川東，逕小和川，又東，溫泉水注之。水出北山阜，七泉奇發，炎熱特甚。闞駰曰：縣有湯水，可以療疾矣。湯側又有寒泉焉，地勢不殊，而炎涼異致，雖隆火盛日，肅若冰谷矣，渾流同溪，南注湍水。又東逕胡木山，東流又會溫泉口，水出北山阜，炎勢奇毒。痾疾之徒，無能澡其衝漂。救養者咸去湯十許步別池，然後可入。湯側有石銘云：皇女湯，可以療萬疾者也。故杜彥達云：狀如沸湯，可以熟米，飲之，愈百病。道士清身沐浴，一日三飲，多少自在。四十日後，身中萬病愈，三蟲死。學道遭難逢危，終無悔心，可以牢神存志。即《南都賦》所謂湯谷湧其後者也。然宛縣有紫山，山東有一水，東西十五里，南北二十步，湛然沖滿，無所通會，冬夏常溫，世亦謂之湯谷也。非魯陽及南陽之縣故也。張平子廣言土地所苞，明非此矣。湍水又東，房陽川水注之。水出南陽雉縣西房陽川，北流注于湍。湍水之北有積石焉，世謂女靈山。其山平地介立，不連岡以成高，峻石孤峙，不託勢以自遠，四面壁絕，極能靈舉，遠望亭亭，狀若單楹插霄矣。北面有如頹落，劣得通步，好事者時有扳陟耳。【略】東北過潁川定陵縣西北，又東過郾縣南，東入于汝。

北魏·酈道元《水經注·淯水》 淯水出弘農盧氏縣攻離山，東南過南陽西鄂縣西北，又東過宛縣南。又屈南過淯陽縣東。又南過新野縣西，淯水又南入新野縣，枝津分派，東南出，隰衍苞注，左積爲陂，東西九里，南北一十五里。陂水所溉，咸爲良沃。【略】朝水又東南，分爲二水，一水枝分東北爲樊氏陂，陂東西十里，南北五里，俗謂之凡亭陂。【略】都水潭漲，南北一十餘里，水決南潰，下注爲灣。灣分爲二，西爲赭水，東爲滎源。堵水參差，流結兩湖，故有東陂、西陂之名。【略】又西南過鄧縣東。南入于沔。

北魏·酈道元《水經注·濯水》 濯水出汝南吳房縣西北奧山，東過其縣，北入于汝。

北魏·酈道元《水經注·瀙水》 瀙水出潕陰縣東上界山。【略】瀙水又東得奧水口，水西出奧山，東入于瀙水也。【略】東過吳房縣南，又東過瀙陽縣南。又東過上蔡縣南，東入汝。

北魏·酈道元《水經注·潕水》 潕水出潕陰縣西北扶予山，東過其縣南。

又東過西平縣北。又東過郾縣南。又東過定潁縣北，東入于汝。

北魏・酈道元《水經注・溳水》 溳水出蔡陽縣。【略】溳水出縣東南大洪山，山在隋郡之西南，竟陵之東北，槃基所跨，廣圓一百餘里。峰曰懸鉤，處平原衆阜之中，爲諸嶺之秀。山下有石門，夾鄣層峻，巖高皆數百許仞。入石門，又得鍾乳穴。穴上素崖壁立，非人跡所及。穴中多鍾乳，凝膏下垂，望齊冰雪。微津細液，滴瀝不斷。幽穴潛遠，行者不極窮深，而穴内常有風勢，火無能以經久故也。溳水出于其陰，初流淺狹，遠乃寬廣，可以浮舟栰巨川矣。時人以溳水所導，故亦謂之爲溳山矣。【略】東南過隋縣西。【略】水側有斷蛇丘，隋侯出而見大蛇中斷，因舉而藥之，故謂之斷蛇丘。後蛇銜明珠報德，世謂之隋侯珠，亦曰靈蛇珠。丘南有隋季良大夫池，其水又南與義井水合，水出隨城東南，井泉嘗涌溢而津注，冬夏不異，相承謂之義井，下流合溠。【略】又南過江夏安陸縣西。【略】溫水出竟陵之新陽縣東澤中。口徑二丈五尺，垠岸重沙，端净可愛。靖以察之，則淵泉如鏡。聞人聲，則揚湯奮發，無所復見矣。其熱可以爓雞，洪瀏百餘步，冷若寒泉。東南流注于溳水。【略】又東南入于夏。

北魏・酈道元《水經注・漻水》 漻水出江夏平春縣西。南過安陸入于溳。

北魏・酈道元《水經注・蘄水》 蘄水出江夏蘄春縣北山。南過其縣西。又南至蘄口南，入于江。

北魏・酈道元《水經注・決水》 決水出廬江雩婁縣南大别山。北過其縣東。又北過安豐縣東。又北入于淮。

北魏・酈道元《水經注・沘水》 沘水出廬江灊縣西南，霍山東北。東北過六縣東。北入于淮。

北魏・酈道元《水經注・肥水》 肥水出九江成德縣廣陽鄉西。北過其縣西，北入芍陂。又北過壽春縣東。【略】肥水又西逕東臺下，臺即壽春外郭，東北隅阿之榭也。東側有一湖，三春九夏，紅荷覆水，引瀆城隍，水積成潭，謂之東臺湖，亦肥南播也。肥水西逕壽春縣城北，右合北溪，水導北山泉源下注，漱石頹隍，水上長林插天，高柯負日，出于山林精舍右，山淵寺左。道俗嬉遊，多萃其下。内外引汲，泉同七净。溪水沿注西南，逕陸道士解南。精廬臨側川溪，大不爲廣，小足閒居，亦勝境也。溪水流注于肥水。【略】北入于淮。

北魏・酈道元《水經注・沮水》 沮水出漢中房陵縣景山，東南過臨沮縣界。沮水出汶陽郡沮陽縣西北景山，即荆山首也，高峰霞舉，峻竦層雲。《山海經》云：金玉是出。【略】沮水南逕臨沮縣西，青溪水注之。水出縣西青山，山之東有濫泉，即青溪之源也。口徑數丈，其深不測，其泉甚靈潔。至于炎陽有亢，陰雨無時，以穢物投之，輒能暴雨。其水導源東流，以源出青山，故以清溪爲名。尋源浮溪，奇爲深峭。盛弘之云：稠木傍生，凌空交合，危樓傾崖，恒有落勢。風泉傳響于青林之下，巖猨流聲于白雲之上，遊者常若目不周翫，情不給賞。是以林徒棲託，雲客宅心，泉側多結道士精廬焉。【略】又東南過枝江縣，東南入于江。

北魏・酈道元《水經注・漳水》 漳水出臨沮縣東荆山，東南過蓼亭，又東過章鄉南。荆山在景山東一百餘里，新城沶鄉縣界。雖羣峰競舉，而荆山獨秀。【略】又南至枝江縣北烏扶邑，入于沮。

北魏・酈道元《水經注・夏水》 夏水出江津，于江陵縣東南。東過華容縣南。【略】杜預云：枝江縣、交陸縣有雲夢。蓋跨川亘隰，兼苞勢廣矣。【略】又東至江夏雲杜縣，入于沔。

北魏・酈道元《水經注・羌水》 羌水出羌中參狼谷。東南至廣魏白水縣，與漢水合，又東南過巴郡閬中縣，又南至墊江縣，東南入于江。

北魏・酈道元《水經注・涪水》 涪水出廣魏涪縣西北。南至小廣魏，與梓潼水合。

北魏・酈道元《水經注・梓潼水》 梓潼水出其縣北界，西南入于涪。又西南至小廣魏南，入于墊江。

北魏・酈道元《水經注・涔水》 涔水出漢中南鄭縣東南旱山，北至安陽縣，南入于沔。

北魏・酈道元《水經注・江水一》 岷山在蜀郡氐道縣，大江所出，東南過其縣北。岷江即瀆山也，水曰瀆水矣，又謂之汶阜山，在徼外，江水所導也。《益州記》曰：大江泉源，即今所聞，始發羊膊嶺下，緣崖散漫，小水百數，殆未濫觴矣。東南下百餘里，至白馬嶺，而歷天彭闕，亦謂之爲天彭谷也。秦昭王以李冰爲蜀守。冰見氐道縣有天彭山，兩山相對，其形如闕，謂之天彭門，亦曰天彭闕。【略】《益州記》曰：自白馬嶺回行，二十餘里至龍涸，又八十里至蠶陵縣，又南下六十里至石鏡。又六十餘里而至北部，始百許步。又西百二十里，至汶山故郡，乃廣二百餘步。又西南百八十里至湔坂，江稍大矣。故其精則井絡纏曜，江漢昞靈。【略】縣有火井、鹽水，昏夜之時，光興上照。【略】又東南過犍爲武陽縣，青衣水、沫水從西南來，合而注之。又東南過僰道縣北，若水、淹水合從西來注之。又東，渚水北流注之。又東過江陽縣南，洛水從三危山，東過廣魏洛縣南，東南注之。又東過符縣北邪東南，鰼部水從符關東北注之。又東北至巴郡江州縣東，强水、涪水、漢水、白水、宕渠水合，南流注之。【略】縣下又有清水穴，巴人以此水爲粉，則皜曜鮮芳，貢粉京師，因名粉水，故世謂之爲江州墮林粉。粉水亦謂之爲粒水矣。【略】又東至枳縣西，延江水從牂柯郡北流西屈注之。又東過魚復縣南，夷水出焉。江水又東，右得將龜溪口。《華陽記》曰：朐忍縣出靈龜，咸熙元年，獻龜于相府，言出自此溪也。江水又東，會南、北集渠，南水出涪陵縣界，謂之于陽溪。北流逕巴東郡之南浦僑縣西。溪硤側，鹽井三口，相去各數十步，以木爲桶，徑五尺，脩煮不絕。溪水北流注于江，謂之南集渠口，亦曰于陽溪口。北水出新浦縣北高梁山分溪，南流逕其縣西，又南一百里，入朐忍縣，南入于江，謂之北集渠口，別名班口，又曰分水口，朐忍尉治此。江水又東，右逕氾溪口，蓋江氾決入也。江水又東，逕石龍而至于博陽二村之閒，有盤石，廣四百丈，長六里而復，殆于阻塞江川，夏没冬出，基亘通渚。又東逕羊腸虎臂灘。楊亮爲益州，至此舟覆，懲其波瀾，蜀人至今猶名之爲使君灘。江水又東，彭水注之。水出巴渠郡獠中，東南流逕漢豐縣東，清水注之。水導源出西北巴渠縣東北巴嶺南獠中，即巴渠水也。西南流至其縣，又西入峽，檀井溪水出焉。又西出峽，至漢豐縣東而西注彭溪，謂之清水口。彭溪水又南，逕朐忍縣西六十里，南流注于江，謂之彭溪口。江水又東左逕朐忍縣故城南。常璩曰：縣在巴東郡西二百九十里，縣治故城，跨其山阪，南臨大江。江之南岸有方山，山形方峭，枕側江濆。江水又東逕瞿巫灘，即下瞿灘也，又謂之博望灘。左則湯溪水注之，水源出縣北六百餘里上庸界，南流歷縣，翼帶鹽井一百所，巴川資以自給。粒大者，方寸，中央隆起，形如張傘，故因名之曰傘子鹽。有不成者，形亦必方，異于常鹽矣。王隱《晉書地道記》曰：入湯口四十三里，有石，煮以爲鹽。石大者如升，小者如拳，煮之，水竭鹽成，蓋蜀火井之倫，水火相得乃佳矣。湯溪下與檀溪水合，水上承巴渠水，南歷檀井溪，謂之檀井水。下入湯水。湯水又南入于江，名曰湯口。江水又逕東陽灘。江上有破石，故亦通謂之破石灘，苟延光没處也。常璩曰：水道有東陽、下瞿數灘，山有大小石城勢，靈壽木及橘圃也。故《地理志》曰：縣有橘官，有民市。江水又逕魚復縣之故陵，舊郡治故陵溪西二里故陵村，溪即永谷也。地多木瓜樹，有子大如瓶，白黄，實甚芬香，《爾雅》之所謂楙也。江水又東爲落牛灘，逕故陵北。江側有六大墳。庾仲雍曰：楚都丹陽所葬，亦猶枳之巴陵矣，故以故陵爲名也，有魚復尉，戍此。江之左岸有巴鄉村，村人善釀，故俗稱巴鄉清。郡出名酒，村側有溪，溪中多靈壽木。中有魚，其頭似羊，豐肉少骨，美于餘魚。溪水伏流逕平頭山，内通南浦故縣陂湖。其地平曠，有湖澤，中有菱芡鯽鴈，不異外江，凡此等物，皆入峽所無，地密惡蠻，不可輕至。江水又東，右逕夜清而東歷朝陽道口，有縣治，治下有市，十日一會。江水又東，左逕新市里南，常璩曰：巴舊立市于江上，今新市里是也。江水又東，右合陽元水，水出昆陽縣西南，高陽山東，東北流逕其縣南，東北流，丙水注之。水發縣東南柏枝山，山下有丙穴，穴方數丈，中有嘉魚，常以春末遊渚，冬初入穴，抑亦褒漢丙穴之類也。其水北流入高陽溪。溪水又東北流，注于江，謂之陽元水口。江水又東逕南鄉峽，東逕永安宫南，劉備終于此，諸葛亮受遺處也。其閒平地可二十許里，江山迴闊，入峽所無。城周十餘里，背山面江，頹墉四毀，荆棘成林，左右民居多墾其中。江水又東逕諸葛亮圖壘南，石磧平曠，望兼川陸，有亮所造八陣圖，東跨故壘，皆累細石爲之。自壘西去，聚石八行，行閒相去二丈，因曰：八陣既成，自今行師庶不覆敗。皆圖兵勢行藏之權，自後深識者所不能了。今夏水漂蕩，歲月消損，高處可二三尺，下處磨滅殆盡。江水又東逕赤岬城西，是公孫述所造，因山據勢，周迴七里一百四十步，東高二百丈，西北高一千丈，南連基白帝山，甚高大，不生樹木。其石悉赤。土人云，如人袒胛，故謂之赤岬山。《淮南子》曰：徬徨于山岬之旁。《注》曰：岬，山脅也。郭仲産曰：斯名將因此而興矣。江水又東逕魚復縣故城南，故魚國也。《春秋左傳·文公十六年》，庸與羣蠻叛楚，莊王伐之，七遇皆北，惟裨、儵、魚人逐之，是也。《地理志》江關都尉治。公孫述名之爲白帝，取其王巴蜀。章武二年，劉備爲吴所破，改白帝爲永安，巴東郡治也。漢獻帝初平元年，分巴爲三郡，以魚復爲故陵郡。蹇胤訴劉璋，改爲巴東郡，治白帝山，城周迴二百八十步，北緣馬嶺，接赤岬山，其閒平處，南北相去八十五丈，東西七十丈。又東傍東瀼溪，即以爲隍。西南臨大江，闚之眩目。惟馬嶺小差委迤，猶斬山爲路，羊腸數轉，然後得上。益州刺史鮑陋鎮此，爲譙道福所圍，城裏無泉，乃南開水門，鑿石爲函，道上施木天公，直下至江中，有似猨臂相牽，引汲然後得水。水門之西，江中有孤石爲淫預石，冬出水二十餘丈，夏則没，亦有裁出處矣。縣有夷溪即佷山清江也。《經》所謂夷水出焉。江水又東逕廣溪峽，斯乃三峽之首也。其閒三十里，頹巖倚木，厥勢殆交。北岸山上有神淵，淵北有白鹽崖，高可千餘丈，俯臨神淵。土人見其高白，故因名之。天旱，燃木崖上，推其灰燼，下穢淵中，尋即降雨。常璩曰：縣有山澤水神，旱時鳴鼓請雨，則必應嘉澤。《蜀都賦》所謂應鳴鼓而興雨也。峽中有瞿塘、黃龍二灘，夏水回復，沿溯所忌。瞿塘灘上有神廟，尤至靈驗。刺史二千石逕過，皆不得鳴角伐鼓。商旅上下，恐觸石有聲，乃以布裹篙足。今則不能爾，猶饗薦不輟。此峽多猨，猨不生北岸，非惟一處，或有取之，放著北山中，初不聞聲，將同狢獸渡汶而不生矣。其峽，蓋自昔禹鑿以通江，郭景純所謂巴東之峽，夏后疏鑿者也。

北魏・酈道元《水經注・江水二》 又東出江關，入南郡界。又東過巫縣南，鹽水從縣東南流注之。【略】溪水又南，屈逕巫縣東。縣之東北三百步，有聖泉，謂之孔子泉。其水飛清石穴，潔竝高泉，下注溪水。溪水又南入于大江。【略】江水歷峽東，逕新崩灘。此山漢和帝永元十二年崩，晉太元二年又崩。當崩之日，水逆流百餘里，湧起數十丈。今灘上有石，或圓如簞，或方似笥，若此者甚衆，皆崩崖所隕，致怒湍流，故謂之新崩灘。其頹巖所餘，比之諸嶺，尚爲竦桀。其下十餘里，有大巫山，非惟三峽所無，乃當抗峯岷、峨，偕嶺衡、疑。其翼附群山，竝槩青雲，更就霄漢，辨其優劣耳。【略】自三峽七百里中，兩岸連山，略無闕處，重巖疊嶂，隱天蔽日，自非停午夜分，不見曦月。至于夏水襄陵，沿泝阻絶，或王命急宣，有時朝發白帝，暮到江陵。其間千二百里，雖乘奔禦風，不以疾也。春冬之時，則素湍緑潭，迴清倒影，絶巘多生檉柏，懸泉瀑布，飛漱其間，清榮峻茂，良多趣味。每至晴初霜旦，林寒澗肅，常有高猿長嘯，屬引淒異，空谷傳響，哀轉久絶。故漁者歌曰：巴東三峽巫峽長，猿鳴三聲淚沾裳。江水又東逕石門灘。灘北岸有山，山上合下開，洞達東西，緣江步路所由。【略】**又東過秭歸縣之南。**【略】縣城南面重嶺，北背大江。東帶鄉口溪，溪源出縣東南數百里，西北入縣。逕狗峽西，峽崖龕中石，隱起有狗形，形狀具足，故以狗名峽。【略】**又東過夷陵縣南。**江水自建平至東界峽，盛弘之謂之空泠峽。峽甚高峻，即宜都、建平二郡界也。其間遠望，勢交嶺表，有五六峯，參差互出。上有奇石，如二人像，攘袂相對，俗傳兩郡督郵争界于此，宜都督郵，厥勢小東傾，議者以爲不如也。江水歷峽東，逕宜昌縣之插竈下，江之左岸，絶崖壁立數百丈，飛鳥所不能棲。有一火燼，插在崖間，望見可長數尺。父老傳言，昔洪水之時，人薄舟崖側，以餘燼插之岩側。至今猶存，故先後相承謂之插竈也。江水又東逕流頭灘，其水竝峻激奔暴，魚鼈所不能游。【略】袁山松曰：二灘相去二里。人灘水至峻峭，南岸有青石，夏没冬出，其石嶔崟，數十步中，悉作人面形，或大或小。其分明者，鬚髮皆具，因名曰人灘也。江水又東逕黃牛山，下有灘，名曰黃牛灘。南岸重嶺疊起，最外高崖間有石色如人負刀牽牛，人黑牛黃，成就分明，既人跡所絶，莫能究焉。此巖既高，加以江湍紆迴，雖途逕信宿，猶望見此物，故行者謠曰：朝發黃牛，暮宿黃牛，三朝三暮，黃牛如故。言水路紆深，回望如一矣。江水又東逕西陵峽，《宜都記》曰：自黃牛灘東入西陵界，至峽口一百許里，山水紆曲，而兩岸高山重嶂，非日中夜半，不見日月，絶壁或千許丈，其石彩色形容，多所像類，林木高茂，略盡冬春。猿鳴至清，山谷傳響，泠泠不絶。所謂三峽，此其一也。山松言：常聞峽中水疾，書記及口傳，悉以臨懼相戒，曾無稱有山水之美也。及余來踐躋此境，既至欣然，始信耳聞之不如親見矣。其疊崿秀峯，奇構異形，固難以辭敘。林木蕭森，離離蔚蔚，乃在霞氣之表。仰矚俯映，彌習彌佳。流連信宿，不覺忘返。目所履歷，未嘗有也。既自欣得此奇觀，山水有靈，亦當驚知已于千古矣！【略】袁山松爲郡，嘗登之矚望焉。故其《記》云：今自山南上至其嶺，嶺容十許人，四面望諸山，略盡其勢。俯臨大江，如縈帶焉，視舟如鳧雁矣。【略】袁山松言江北多連山，登之望江南諸山，數十百重，莫識其名，高者千仞，多奇形異勢，自非煙褰雨霽，不辨見此遠山矣。余嘗往返十許過，正可再見遠峯耳。江水又東逕白鹿巖。沿江有峻壁百餘丈，援所不能遊。有一白鹿，陵峭登崖，乘巖而上，故世名此巖爲白鹿云。江水東歷荆門、虎牙之間。荆門在南，上合下開，闇徹山南，有門像，虎牙在北，石壁色紅，間有白文類牙形，竝以物像受名此二山，楚之西塞也。水勢急峻，故郭景純《江賦》曰：虎牙桀竪以屹崒，荆門闕竦而磐礴，圓淵九迴以懸騰，溢流雷呴而電激者也。【略】**又東南過夷道縣北，夷水從佷山縣南，東北注之。**【略】北有湖里淵。淵上橘柚蔽野，桑麻闇日，西望佷山諸嶺，重峯疊秀，青翠相臨，時有丹霞白雲，遊曳其上。城東北有望堂，地特峻，下臨清江，遊矚之名處也。縣北有女觀山，厥處高顯，回眺極目。【略】**又東過枝江縣南，沮水從北來注之。又南過江陵縣南。**【略】二洲之間，世擅多魚矣。漁者投罟歷網，往往絓絶。有潛客泳而視之，見水下有兩石牛，嘗爲罾害矣。故漁者莫不擊浪浮舟，鼓枻而去矣。

北魏・酈道元《水經注・江水三、湘水》 又東至華容縣西，夏水出焉。又東南當華容縣南，涌水出焉。又東南，油水從西南來注之。又東至長沙下雋縣

北，澧水、沅水、資水合東流注之。湘水從南來注之。【略】江水自彭城磯東逕如山北，北對隱磯。二磯之間，有獨石孤立大江中。山東江浦，世謂之白馬口。【略】又東北至江夏沙羨縣西北，沔水從北來注之。又東過邾縣南，鄂縣北。【略】江中有節度石三段，廣百步，高五六丈，是西陽、武昌界，分江于斯石也。【略】又東過蘄春縣南，蘄水從北來注之。又東過下雉縣北，利水從東陵西南注之。

北魏·酈道元《水經注·青衣水》 青衣水出青衣縣西蒙山，東與沬水合也。至犍爲南安縣，入于江。【略】《益州記》曰：平鄉江東逕峨眉山，在南安縣界，去成都南千里。然秋日清澄，望見兩山相峙，如蛾眉焉。

北魏·酈道元《水經注·桓水》 桓水出蜀郡岷山，西南行羌中，入于南海。

北魏·酈道元《水經注·若水》 若水出蜀郡旄牛徼外，東南至故關爲若水也。【略】《山海經》曰：南海之内，黑水之閒，有木名曰若木，若水出焉。又云：灰野之山有樹焉，青葉赤華，厥名若木。生崑崙山，西附西極也。《淮南子》曰：若木在建木西，木有十華，其光照下地。故屈原《離騷·天問》曰：羲和未陽，若華何光？是也，然若木之生，非一所也。黑水之閒，厥木所植，水出其下，故水受其稱焉。【略】又南過越巂邛都縣西，直南至會無縣，淹水東南流注之。【略】又有温水，冬夏常熱，其源可燖雞豚。下湯沐洗，能治宿疾。【略】昔李驤敗李釗於温水是也。若水又逕會無縣，縣有駿馬河，水出縣東高山。山有天馬徑，厥跡存焉。馬日行千里，民家馬牧之山下，或産駿駒，言是天馬子。河中有貝子，胎銅，以羊祠之，則可取也。【略】山在縣東北烏句山南五百里，山生牧靡，可以解毒。百卉方盛，鳥多誤食烏喙，口中毒，必急飛往牧靡山，啄牧靡以解毒也。【略】又東北至犍爲朱提縣西。爲瀘江水。【略】郡西南二百里，得所綰堂琅縣，西北行上高山，羊腸繩屈八十餘里，或攀木而升，或繩索相牽而上，緣陟者若將階天。故袁休明《巴蜀志》云：高山嵯峨，巖石磊落，傾側縈迴，下臨峭壑，行者扳緣，牽援繩索。三蜀之人，及南中諸郡，以爲至險。有瀘津，東去縣八十里，水廣六七百步，深十數丈，多瘴氣，鮮有行者。【略】蘭倉水出金沙，越人收以爲黃金。又有光珠穴，穴出光珠，又有琥珀、珊瑚、黄、白、青珠也。【略】又東與禁水合。水自永昌縣而北逕其郡西。水左右甚饒犀象。山有鉤蛇，長七八丈，尾末有岐。蛇在山澗水中，以尾鉤岸上人牛食之。此水傍瘴氣特惡。氣中有物，不見其形，其作有聲，中木則折，中人則害，名曰鬼彈。【略】禁水又北注瀘津水，又東逕不韋縣北而東北流，兩岸皆高山，數百丈。瀘峰最爲傑秀，孤高三千餘丈。【略】《益州記》曰：瀘水源出曲羅巂下三百里，曰瀘水。兩峰有殺氣，暑月舊不行，故武侯以夏渡爲艱。【略】又東北至僰道縣入于江。

北魏·酈道元《水經注·沬水》 沬水出廣柔徼外。東南過旄牛縣北。東北與青衣水合。東入于江。

北魏·酈道元《水經注·延江水》 延江水出犍爲南廣縣，東至牂柯鄨縣，又東屈北流。至巴郡涪陵縣注更始水。【略】更始水東入巴東之南浦縣，其水注引瀆口石門，空岫陰深，邃澗闇密，傾崖上合，恒有落勢，行旅避瘴，時有逕之，無不危心于其下。又謂之西鄉水，亦謂之西鄉溪。【略】又東南至武陵酉陽縣，入于酉水。

北魏·酈道元《水經注·温水》 温水出牂柯夜郎縣。【略】温水又西南逕滇池城。池在縣西北，周三百許里，上源深廣，下流淺狹，似如倒流，故曰滇池也。長老傳言，池中有神馬，家馬交之，則生駿駒，日行五百里。【略】東至鬱林廣鬱縣爲鬱水。又東至領方縣，東與斤南水合。東北入于鬱。【略】按竺芝《扶南記》曰，扶南去林邑四千里，水步道通。檀和之令軍入邑浦，據船官口城六里者也。自船官下注大浦之東湖，大水連行，潮上西流，潮水日夜長七八尺，從此以西，朔望並潮，一上七日，水長丈六七。七日之後，日夜分爲再潮，水長一二尺。春夏秋冬，厲然一定，高下定度，水無盈縮，是爲海運，亦曰象水也，又兼象浦之名。《晉·功臣表》所謂金潾清逕，象渚澄源者也。其川浦渚，有水蟲彌微，攢木食船，數十日壞。源潭湛瀨，有鮮魚，色黑，身五丈，頭如馬首，伺人入水，便來爲害。

北魏·酈道元《水經注·淹水》 淹水出越巂遂久縣徼外。【略】東南至蜻蛉縣。縣有禺同山，其山神有金馬、碧雞，光景倏忽，民多見之。【略】又東過姑復縣南，東入于若水。

北魏·酈道元《水經注·葉榆河》 益州葉榆河，出其縣北界。屈從縣東北流。【略】郡有葉榆縣。縣西北八十里，有弔鳥山。【略】過不韋縣。東南出益州界。【略】盤水出律高縣東南盤町山東逕梁水郡北，賁古縣南，水廣百餘步，深處十丈，甚有瘴氣。【略】山溪之中，多生邛竹，桄榔樹，樹出麪，而夷人資以自給。故《蜀都賦》曰：邛竹緣嶺；又曰：有桄榔。【略】入牂柯郡西隨縣北爲西隨水。又東出進桑關。過交阯𡶀泠縣北，分爲五水，絡交阯郡中，至東界復合爲三水，東入海。

北魏・酈道元《水經注・夷水》　夷水出巴郡魚復縣江。夷水即佷山清江也，水色清照，十丈分沙石。蜀人見其澄清，因名清江也。【略】東南過佷山縣南。【略】夷水自沙渠入縣，水流淺狹，裁得通船。東逕難留城南，城即山也。獨立峻絶，西面上里餘，得石穴。把火行百許步，得二大石磧，竝立穴中，相去一丈，俗名陰陽石。陰石常溼，陽石常燥。每水旱不調，居民作威儀服飾，往入穴中，旱則鞭陰石，應時雨，多雨則鞭陽石，俄而天晴。【略】夷水又東逕石室，在層巖之上。石室南向，水出其下，懸崖千仞，自水上徑望見。每有陟山嶺者，扳木側足而行，莫知其誰。【略】夷水又東與温泉三水合。大溪南北夾岸，有温泉對注，夏煖冬熱，上常有霧氣，瘍疾百病，浴者多愈。父老傳此泉先出鹽，于今水有鹽氣。【略】南對長楊溪。溪水西南潛穴。穴在射堂村東六七里，谷中有石穴，清泉潰流，三十許步復入穴，即長楊之源也。水中有神魚，大者二尺，小者一尺。居民釣魚，先陳所須多少，拜而請之。拜訖，投釣餌。得魚過數者，水輒波湧，暴風卒起，樹木摧折。水側生異花，路人欲摘者，皆當先請，不得輒取。水源東北之風井，山迴曲有異勢，穴口大如盆。袁山松云：夏則風出，冬則風入，春秋分則静。余往觀之，其時四月中，去穴數丈，須臾寒慄。言至六月中，尤不可當。往人有冬過者，置笠穴中，風吸之。經日還涉楊溪，得其笠，則知潛通矣。其水重源顯發，北流注于夷水。此水清冷，甚于大溪，縱暑伏之辰，尚無能澡其津流也。縣北十餘里有神穴，平居無水，時有渴者，誠啓請乞，輒得水。或戲求者，水終不出。縣東十許里至平樂村，又有石穴，出清泉，中有潛龍，每至大旱，平樂左近村居，輦草穢著穴中。龍怒，須臾水出，蕩其草穢，傍側之田，皆得澆灌。從平樂順流五六里，東亭村北，山甚高峻，上合下空，空竅東西廣二丈許，高起如屋。中有石牀，甚整頓，傍生野韭。【略】又東過夷道縣北。【略】夷水又東逕釜瀨，其石大者如釜，小者如刁斗，形色亂真，惟實中耳。夷水又東北，丹水注之。其源百里，出西南望州山，山形竦峻，峰秀甚高。東北白巖壁立，西南小演通行。【略】丹水又逕亭下，有石穴甚深，未嘗測其遠近。穴中蝙蝠，大者如烏，多倒懸。《玄中記》曰：蝙蝠百歲者倒懸，得而服之，使人神仙。穴口有泉，冬温夏冷，秋則入藏，春則出遊。民至秋，闌斷水口，得魚，大者長四五尺，骨輭肉美，異于餘魚。丹水又逕其下，積而爲淵。淵有神龍，每旱，村人以芮草投淵上流，魚則多死。龍怒，當時大雨。丹水又東北流，兩岸石上有虎迹甚多，或深或淺，皆悉成就自然，咸非人工。【略】東入于江。【略】夷水又逕宜都北，東入大江，有涇渭之比，亦謂之佷山北溪。水所經皆石山，略無土岸。其水虛映，俯視遊魚，如乘空也。淺處多五色石，冬夏激素飛清，傍多茂木空岫，静夜聽之，恒有清響。百鳥翔禽，哀鳴相和，巡頹浪者，不覺疲而忘歸矣。

北魏・酈道元《水經注・油水》　油水出武陵孱陵縣西界。東過其縣北。又東北入于江。

北魏・酈道元《水經注・澧水》　澧水出武陵充縣西歷山，東過其縣南。澧水自縣東逕臨澧、零陽二縣故界。水之南岸，白石雙立，厥狀類人，高各三十丈，周四十丈。【略】又東過零陽縣之北。【略】澧水東與温泉水會。水發北山石穴中，長三十丈，冬夏沸湧，常若湯焉。【略】九渡水北逕仙人樓下，傍有石形，極方峭，世名之爲仙樓。【略】吴永安六年，武陵郡嵩梁山，高峰孤竦，素壁千尋，望之苕亭，有似香爐。其山洞開玄朗如門，高三百丈，廣二百丈，門角上各生一竹，倒垂下拂，謂之天帚。孫休以爲嘉祥，分武陵，置天門郡。澧水又東歷層步山，高秀特出。山下有峭澗，泉流所發，南流注于澧水。又東過作唐縣北。又東至長沙下雋縣，西北，東入于江。

北魏・酈道元《水經注・沅水》　沅水出牂柯且蘭縣，爲旁溝水，又東至鐔成縣，爲沅水。【略】盤瓠者，高辛氏之畜狗也。【略】沅水又東，施水注之。水南出施山，溪源有陽欺崖，崖色純素，望同積雪。【略】又東北過臨沅縣南。【略】沅南縣西有夷望山，孤竦中流，浮險四絶。昔有蠻民，避寇居之，故謂之夷望也。南有夷望溪水，南出重山，遠注沅。沅水又東得關下山東帶關溪，瀉注沅瀆。沅水又東歷臨沅縣西，爲明月池，白壁灣。灣狀半月，清潭鏡澈，上則風籟空傳，下則泉響不斷。行者莫不擁檝嬉遊，徘徊愛玩。沅水又東歷三石澗，鼎足均跱，秀若削成，其側茂行便娟，致可玩也。又東帶緑蘿山，頹巖臨水，懸蘿釣渚，漁詠幽谷，浮響若鐘。【略】又東至長沙下雋縣西北，入于江。

北魏・酈道元《水經注・泿水》　泿水出武陵鐔城縣北界沅水谷。南至鬱林潭中縣，與鄰水合。又東至蒼梧猛陵縣爲鬱溪，又東至高要縣爲大水。又東至南海番禺縣西，分爲二：其一，南入于海；其一，又東過縣東南，入于海。其餘水又東至龍川縣爲涅水，屈北入員水。員水又東南一千五百里入南海。

北魏・酈道元《水經注・資水》　資水出零陵都梁縣路山。資水出武陵郡無陽縣界唐糺山，蓋路山之別名也，謂之大溪水。東北逕邵陵郡武岡縣南，縣分都梁之所置也。【略】大溪逕建興縣南，又逕都梁縣南，漢武帝元朔五年，以封長沙定王子敬侯定之邑也。縣西有小山，山上有渟水，既清且淺，其中悉生蘭草，緑葉紫莖，芳風藻川，蘭馨遠馥。俗謂蘭爲都梁，山因以號，縣受名焉。**東北過夫夷縣。**夫水出縣西南零陵縣界少延山。東北流逕扶陽縣南，本零陵之夫夷縣也。【略】夫水又東注邵陵水，謂之邵陵浦水口也。**又東北過邵陵縣北。**縣治郡下，南臨大溪，水逕其北，謂之邵陵水。【略】溪水東得高平水口，水出武陵郡沅陵縣首望山，西南流逕高平縣南，又東入邵陵縣界，南入于邵水。邵水又東會雲泉水，水出零陵永昌縣雲泉山，西北流逕邵陽縣南，故昭陽也。雲泉水又北注邵陵水，謂之邵陽水口。自下東北出益陽縣，其間逕流山峽，名之爲茱萸江，蓋水變名也。**又東北過益陽縣北。**【略】茱萸江又東逕益陽縣北，又謂之資水。【略】水南十里，有井數百口，淺者四五赤，或三五丈，深者亦不測其深。**又東與沅水合于湖中，東北入于江也。**

北魏·酈道元《水經注·漣水》 **漣水出連道縣西，資水之别。**水出邵陵縣界，南逕連道縣，縣故城在湘鄉縣西一百六十里。控引衆流，合成一溪。東入衡陽湘鄉縣，歷石魚山，下多玄石，山高八十餘丈，廣十里。【略】漣水又逕湘鄉縣，南臨漣水，本屬零陵，長沙定王子昌邑。漣水又屈逕其縣東，而入湘南縣也。**東北過湘南縣南，又東北至臨湘縣西南，東入于湘。**漣水自湘南縣東流，至衡陽湘西縣界，入于湘水也。于臨湘縣爲西南者矣。

北魏·酈道元《水經注·湘水》 **湘水出零陵始安縣陽海山。**即陽朔山也。應劭曰：湘出零陵山，蓋山之殊名也。山在始安縣北，縣故零陵之南部也。【略】湘、灕同源，分爲二水，南爲灕水，北則湘川。東北流。【略】**東北過零陵縣東。**越城嶠水，南出越城之嶠，嶠即五嶺之西嶺也。秦置五嶺之戍，是其一焉。北至零陵縣，下注湘水。湘水又逕零陵縣南，又東北逕觀陽縣，與觀水合。水出臨賀郡之謝沐縣，西北逕觀陽縣西。縣蓋即水爲名也。又西北流注于湘川，謂之觀口也。**又東北過洮陽縣東。**洮水出縣西南大山，東北逕其縣南，即洮水以立稱矣。【略】其水東流注于湘水。**又東北過泉陵縣西。**營水出營陽泠道縣南流出。西流逕九疑山下，蟠基蒼梧之野，峰秀數郡之間。羅岩九舉，各導一溪，岫壑負阻，異嶺同勢，遊者疑焉，故曰九疑山。【略】營水又西逕營道縣，馮水注之。水出臨賀郡馮乘縣東北馮岡。其水導源馮溪，西北流，縣以托名焉。馮水帶約衆流，渾成一川，謂之北渚。歷縣北，西至關下。關下，地名也，是商舟改裝之始。馮水又左，合萌渚之水。水南出于萌渚之嶠，五嶺之第四嶺也。其山多錫，亦謂之錫方矣。渚水北逕馮乘縣西，而北注馮水。馮水又逕營道縣而右會營水。營水又西北屈而逕營道縣西，王莽之九疑亭也。營水又東北逕營浦縣南。【略】營水又北，都溪水注之。水出春陵縣北二十里仰山，南逕其縣西。【略】都溪水又南逕新縣東。縣東傍都溪，溪水又西逕縣南，左與五溪俱會。縣有五山，山有一溪，五水會于縣門，故曰都溪也。都溪水自縣又西北流，逕泠道縣北，與泠水合。水南出九疑山，北流逕其縣西南，縣指泠溪以即名，王莽之泠陵縣也。泠水又北流注于都溪水，又西北入于營水。營水又北流入營陽峽，又北至觀陽縣而出於峽。大小二峽之間，爲沿泝之極艱矣。營水又西北，逕泉陵縣西。【略】營水又北流注于湘水。湘水又東北與應水合，水出邵陵縣歷山，崖隥險阻，峻嶒萬尋，澄淵湛于下，應水湧於上。東南流逕應陽縣南，晉分觀陽縣立，蓋即應水爲名也。應水又東南流，逕有鼻墟南。【略】應水又東南流而注于湘水。湘水又東北得汜口，水出永昌縣北羅山。東南流逕石燕山東，其山有石，紺而狀燕，因以名山。【略】其水又東南逕永昌縣南，又東流注於湘水。**又東北逕祁陽縣南，**又有餘溪水注之。水出西北邵陵郡邵陵縣，東南流注于湘。其水揚清泛濁，水色兩分。湘水又北與宜溪水合，水出湘東郡之新寧縣西南，新平故縣東。新寧，故新平也。衆川瀉浪，共成一津。西北流，東岸山下有龍穴，宜水逕其下，天旱則擁水注之，便有雨降，宜水又西北注於湘。湘水又西北，得舂水口，水上承營陽舂陵縣西北潭山，又北逕新寧縣東，又西北流注于湘江水也。**又東北過重安縣東。又東北過酃縣西，承水從東南來注之。**承水出衡陽重安縣西，邵陵縣界邪薑山。東北流至重安縣，逕舜廟下。廟在承水之陰。又東合略塘。【略】承水又東北逕重安縣南。【略】武水入焉。水出鍾武縣西南表山，東流至鍾武縣故城南。而東北流至重安縣，注於承水。至湘東臨承縣北，東注於湘，謂之承口。【略】湘水又北歷印石，石在衡山縣南，湘水右側。【略】湘水又北逕衡山縣東。山在西南，有三峰，一名紫蓋，一名石囷，一名芙蓉。芙蓉峰最爲竦傑，自遠望之，蒼蒼隱天。【略】湘水又東北逕湘南縣東，又歷湘西縣南，分湘南置也，衡陽郡治。【略】湘水又北逕麓山東，其山東臨湘川，西傍原隰，息心之士，多所萃焉。**又東北過陰山縣西，洣水從東南來注之。又北過醴陵縣西，漉水從東來注之。**【略】湘水又北逕建寧縣，西傍湘水。縣北有空泠峽，驚浪雷奔，濬同三峽。湘水又北逕建寧縣故城下，晉太始中立。**又北過臨湘縣西，瀏水從縣西北流注之。**縣南有石潭山，湘水逕其西。山有石室、石牀，臨對清流。湘水又北逕昭山西，山下有旋泉，深不可測，故言昭潭無底也。亦謂之曰湘州潭。湘水又北逕南津城西，西對橘洲，或作吉字，爲南津洲尾。水西有橘洲子戍，故郭尚存。湘水又北，左會瓦官水口，湘浦也。又逕船官西，湘州商舟之所次也。北對長沙郡，郡在水東，州城南，舊治在城中，後乃移此。湘水左逕麓山東，上有故城，山北有白露水口，湘浦也。又右逕臨湘縣故城西，縣治湘水，濱臨川側，故即名焉。【略】湘水左合誓口，又北得石槨口，竝湘浦也。右合麻溪水口，湘浦也。湘水又北逕三石山東。山枕側湘川，北即三石水口也，湘浦也。水北有二石戍，戍城爲二水之會也。湘水又逕瀏口戍西，北對瀏水。**又北，溈水從西南來注之。**【略】湘水又北逕銅官山，西臨湘水，山土紫色，內含雲母，故亦謂之雲母山也。**又北過羅縣西，溳水從東來流注之。**湘水又北逕錫口戍東，又北左派，謂之錫水。西北流逕錫口戍北，又西北流，屈而東北，玉水注焉。水出西北玉池，東南流注於錫浦，謂之玉池口。錫水又東北，東湖水注之。水上承玉池之東湖也，南流注于錫，謂之三陽涇，水南有三戍，又東北注於湘。湘水自錫口北出，又得望屯浦，湘浦也。湘水又北，枝津北出，謂之門涇也。湘水紆流西北，東北合門水，謂之門涇口。又北得三溪水口，水東承太湖，西通湘浦，三水之會，故得三溪之目耳。又北，東會大對水口，西接三津涇。湘水又北逕黃陵亭西，右合黃陵水口，其水上承大湖，湖水西流。【略】湘水又北逕白沙戍西，又北，右會東町口溳水也。湘水又左合決湖口，水出西陂，東通湘渚。湘水又北，汨水注之。水東出豫章艾縣桓山，西南逕吳昌縣北，與純水合。水源出其縣東南純山。西北流，又東逕其縣南，又北逕其縣故城下。縣是吳主孫權立。純水又右會汨水。汨水西逕羅縣北，本羅子國也。【略】**又北過下雋縣西，微水從東來流注之。**湘水左會清水口，資水也。世謂之益陽江。湘水左逕鹿角山東，右逕謹亭戍西，又北合查浦，又北得萬石浦，咸湘浦也。側湘浦北有萬石戍。湘水左則沅水注之，謂之橫房口，東對微湖，世或謂之麋湖也。【略】湘水又北逕金浦戍，北帶金浦水，湖溠也。湘水左則澧水澧水注之，世謂之武陵江。凡此四水，同注洞庭，北會大江，名之五渚。【略】**又北至巴丘山入於江。**【略】水色青異，東北入于大江。有清濁之别，謂之江會也。

北魏・酈道元《水經注・灕水》 **灕水亦出陽海山。**灕水與湘水出一山而分源也。湘、灕之間，陸地廣百餘步，謂之始安嶠，嶠即越城嶠也。嶠水自嶠之陽，南流注灕，名曰始安水。【略】灕水又南合彈丸溪，水出於彈丸山。山有湧泉，奔流沖激。山嵁及溪中，有石若丸，自然珠圓，狀彈丸矣，故山水即名焉。驗其山高十餘丈，深數丈。復有石竇，下深數丈，洞穴深遠，莫究其極。溪水東流注于灕水。灕水又南逕始安縣東。【略】灕水又南，右會洛溪。溪水出永豐縣西北洛溪山，東流逕其縣北。縣本蒼梧之北鄉，孫皓割以爲縣。洛溪水又東南逕始安縣，而東注灕水。灕水又東南流入熙平縣，逕羊瀨山。山臨灕水，石間有色類羊。又東南逕雞瀨山。山帶灕水，石色狀雞，故二山以物象受名矣。漓水又南，得熙平水口。水源出縣東龍山，西南流逕其縣南，又西與北鄉溪水合。水出縣東北北鄉山，西流逕其縣北，又西流南轉，逕其縣西。【略】溪水又南注熙平水，熙平水又西注于灕水。【略】灕水又西逕平樂縣界，左合平樂溪口。水出臨賀郡之謝沐縣南歷山，西北流逕謝沐縣西南，西南流至平樂縣東南，左會謝沐衆溪，派流湊合，西逕平樂縣南。【略】**南過蒼梧荔浦縣。又南至廣信縣入于鬱水。**

北魏・酈道元《水經注・溱水》 **溱水出桂陽臨武縣南，繞城西北屈東流。**溱水導源縣西南，北流逕縣西，而北與武溪合。【略】武溪水出臨武縣西北桐柏山，東南流右合溱水，亂流東南逕臨武縣西，謂之武溪。【略】溪又東南流左會黃岑溪水，水出郴縣黃岑山，西南流右合武溪武水，又南入重山，山名藍豪，廣圓五百里，悉曲江縣界。崖壁峻峭，岩嶺干天，交柯雲蔚，霾天晦景，謂之瀧中。懸湍回注，崩浪震山，名之瀧水。【略】**東至曲江縣安聶邑東，屈西南流。**【略】瀧水又南合冷水。冷水東出冷君山。山，群峰之孤秀也。晉太元十八年，崩十餘丈。於是懸澗瀑掛，傾流注壑，頹波所入，灌於瀧水。瀧水又左合林水，林水出縣東北洭山。【略】林水自源西注於瀧水。又與雲水合，水出縣北湯泉。泉源沸湧，浩氣雲浮，以腥物投之，俄頃即熟。其中時有細赤魚遊之，不爲灼也。【略】瀧水又南歷靈鷲山，山本名虎群山，亦曰虎市山，以虎多暴故也。晉義熙中，沙門釋僧律，葺宇岩阿，猛虎遠跡，蓋律仁感所致，因改曰靈鷲山。【略】水出縣之韶石北山。南流逕韶石下，其高百仞，廣圓五里，兩石對峙，相去一里，小大略均，似雙闕，名曰韶石。【略】**過湞陽縣，出洭浦關，與桂水合。**【略】縣東有湞石山，廣圓三十里，挺崿大江之北，盤址長川之際。【略】**南入于海。**

北魏・酈道元《水經注・洭水》 **洭水出桂陽縣盧聚。**【略】峽西岸高岩，名貞女山。山下際有石，如人形，高七尺，狀如女子，故名貞女峽。【略】洭水又東南入陽山縣，右合湟口，水源出縣西北一百一十里石塘村。村之流水側，有豫章木，本徑可二丈，其株根猶存，伐之積載，而斧跡若新。羽族飛翔不息，其旁衆枝，飛散遠集，鄉亦不測所如，惟見一枝，猶在含洭水矣。【略】東南過含洭縣。【略】洭水東南，左合翁水。水出東北利山湖，湖水廣圓五里，潔逾凡水，西南流注於洭，謂之翁水口。【略】洭水又東南，左合陶水，水東出堯山。山盤紆數百里，有赭嵒迭起，冠以青林，與雲霞亂采。山上有白石英，山下有平陵，有大堂基，耆舊云，堯行宮所。【略】南出洭浦關爲桂水。

北魏・酈道元《水經注・深水》　深水出桂陽盧聚。【略】吕忱曰：深水，一名遂水，導源盧溪，西入營水，亂流營波，同注湘津。許慎云：深水出桂陽南平縣也。【略】西北過零陵營道縣南，又東北過營浦縣南，又西北過泉陵縣，西北七里至燕室丘，入於湘。

北魏・酈道元《水經注・鍾水》　鍾水出桂陽南平縣都山，北過其縣東，又東北過宋渚亭，又北過鍾亭，與灌水合。【略】桂水出桂陽縣北界山，山壁高聳，三面特峻，石泉懸注瀑布而下。北逕南平縣，而東北流屆鍾亭，右會鍾水，通爲桂水也。【略】又北過魏寧縣之東。又北入于湘。

北魏・酈道元《水經注・耒水》　耒水出桂陽郴縣南山。耒水發源出汝城縣東烏龍白騎山，西北流逕其縣北，西流三十里，中有十四瀨，各數百步，濬流奔急，竹節相次，亦爲行旅泝涉之艱難也。【略】又北過其縣之西。【略】水出西南萬歲山。山有石室，室中有鍾乳。山上悉生靈壽木，溪下即千秋水也。水側民居，號萬歲村。其水下合黄水，黄水又東北逕其縣東，右合除泉水。水出縣南湘陂村，村有圓水。廣圓可二百步，一邊暖，一邊冷。冷處極清緑，淺則見石，深則見底。暖處水白且濁，玄素既殊，涼暖亦異，厥名除泉，其猶江乘之半湯泉也。【略】黄溪東有馬嶺山，高六百餘丈，廣圓四十許里。【略】又北過便縣之西。又西北過耒陽縣之東。【略】縣有溪水，東出侯計山，其水清澈，冬温夏冷。西流謂之肥川。川之北有盧塘。塘池八頃，其深不測，有大魚，常至五月，輒一奮躍，水湧數丈，波襄四陸，細魚奔迸，隨水登岸，不可勝計。【略】又北過酃縣東。縣有酃湖，湖中有洲，洲上民居，彼人資以給釀，酒甚醇美，謂之酃酒，歲常貢之。【略】北入于湘。

北魏・酈道元《水經注・洣水》　洣水出茶陵縣上鄉西北，過其縣西。又西北過攸縣南。又西北過陰山縣南。【略】縣上有容水，自侯曇山下注洣水，謂之容口。水有大穴，容一百石，水出於此，因以名焉。洣水又西北逕其縣東，又西逕歷口。縣有歷水，下注洣水。謂之歷口。洣水又西北，與洋湖水會。水出縣西北樂藪岡下洋湖，湖去岡七里，湖水下注洣，謂之洋湖口。洣水東北有峨山，縣東北又有武陽、龍尾山，竝仙者羽化之處。【略】又西北入于湘。

北魏・酈道元《水經注・漉水》　漉水出醴陵縣東漉山，西過其縣南。屈從縣西，西北流至漉浦，注入于湘。

北魏・酈道元《水經注・瀏水》　瀏水出臨湘縣東南瀏陽縣，西北過其縣，東北與湧溪水合。瀏水出縣東江州豫章縣首禪山，導源西北流，逕其縣南，縣憑溪以即名也。又西北注於臨湘縣也。西入于湘。

北魏・酈道元《水經注・溳水》　溳水出豫章艾縣。西過長沙羅縣西。又西至累石山，入于湘水。累石山在北，亦謂之五木山。山方尖如五木狀，故俗人藉以名之。

北魏・酈道元《水經注・贛水》　贛水出豫章南野縣西，北過贛縣東。【略】贛川石阻，水急行難，傾波委注，六十餘里。【略】又西北過廬陵縣西。又東北過石陽縣西。豫章水又逕其郡南。城中有井，其水色半青半黄，黄者如灰汁，取作飲粥，悉皆金色，而甚芬香。【略】又東北過漢平縣南。又東北過新淦縣西。又北過南昌縣西。縣出燃石。《異物志》曰：石色黄白而理疏，以水灌之便熱，以鼎著其上，炊足以熟。置之則冷，灌之則熱，如此無窮。【略】水之西岸有磐石，謂之石頭，津步之處也。西行二十里曰散原山，疊嶂四周，杳邃有趣。【略】西北五六里，有洪井，飛流懸注，其深無底，舊説洪崖先生之井也。北五六里有風雨池，言山高瀨激，激著樹木。霏散遠灑若雨。西有鸞岡，洪崖先生乘鸞所憩泊也。岡西有鶴嶺，云王子喬控鶴所逕過也。號曰大蕭、小蕭，言蕭史所遊萃處也。【略】東大湖十里二百二十六步，北與城齊，南緣回折至南塘，本通大江，增減與江水同。漢永元中，太守張躬築塘以通南路，兼遏此水。冬夏不增減，水至清深，魚甚肥美。每于夏月，江水溢塘而過，居民多被水害。【略】贛水又北逕龍沙西，沙甚潔白，高峻而陁，有龍形，連亘五里中，舊俗九月九日升高處也。【略】又北過彭澤縣西。北入于江。大江南贛水，總納洪流，東西四十里，清潔遠漲，緑波凝淨，而會注於江川。

北魏・酈道元《水經注・廬江水》　廬江水出三天子都，北過彭澤縣，西北入于江。【略】廬山之北有石門水，水出嶺端，有雙石高竦，其狀若門，因有石門之目焉。水導雙石之中，懸流飛漱，近三百許步，下散漫十數步，上望之連天，若曳飛練於霄中矣。下有磐石，可坐數十人。【略】山東有石鏡，照水之所出。有一圓石，懸崖明淨，照見人形。晨光初散，則延曜入石，豪細必察，故名石鏡焉。又有二泉，常懸注，若白雲帶山。

北魏・酈道元《水經注・漸江水》 漸江水出三天子都。【略】又東逕遂安縣南。溪廣二百步，上立杭以相通，水甚清深，潭不掩鱗，故名新定。浙江又左合絶溪，溪水出始新縣西，東逕縣故城南，爲東西長溪。溪有四十七瀨，濬流驚急，奔波聒天。【略】水出吴興郡於潛縣北天目山。山極高峻，崖嶺竦疊，西臨峻澗。山上有霜木，皆是數百年樹，謂之翔鳳林。東面有瀑布，下注數畝深沼，名曰蛟龍池。池水南流逕縣西，爲縣之西溪。溪水又東南與紫溪合。水出縣西百丈山，即潛山也。山水東南流，名爲紫溪，中道夾水，有紫色磐石，石長百餘丈，望之如朝霞。【略】十餘里中，積石磊砢相挾而上，澗下白沙細石，狀若霜雪。水木相映，泉石争暈，名曰樓林。【略】山下有磐石，周迴十數丈，交枕潭際，蓋陵所遊也。【略】**北過餘杭，東入于海。**【略】水懸百餘丈，瀨勢飛注，狀如瀑布。瀨邊有石如床，床上有石牒，長三尺許，有似雜采帖也。【略】其水分納衆流，混波東逝，逕定陽縣。夾岸緣溪，悉生支竹，及芳枳木連，雜以霜菊金橙。白沙細石，狀如凝雪。石溜湍波，浮響無輟。山水之趣。尤深人情。【略】浙江又東逕靈隱山，山在四山之中，有高崖洞穴，左右有石室三所，又有孤石壁立，大三十圍，其上開散，狀似蓮花。【略】浙江又東北得長湖口，湖廣五里，東西百三十里，沿湖開水門六十九所，下溉田萬頃，北瀉長江。湖南有覆鬥山，週五百里，北連鼓吹山，山西枕長溪，溪水下注長湖。山之西嶺有賀臺，越入吴，還而成之，故號曰賀臺矣。又有秦望山，在州城正南，爲衆峰之傑，涉境便見。【略】北則石帆山，山東北有孤石，高二十餘丈，廣八丈，望之如帆，因以爲名。北臨大湖。水深不測，傳與海通。【略】溪之下，孤潭，周數畝，甚清深，有孤石臨潭。乘崖俯視，猨狖驚心，寒木被潭，森沈駭觀。【略】溪水下注大湖，邪溪之東，又有寒溪，溪之北有鄭公泉，泉方數丈，冬温夏涼。漢太尉鄭弘宿居潭側，因以名泉。【略】又東合浦陽江。江水導源烏傷縣，東逕諸暨縣，與泄溪合。溪廣數丈，中道有兩高山夾溪，造雲壁立，凡有五泄。下泄懸三十餘丈，廣十丈，中三泄不可得至，登山遠望，乃得見之。泄懸百餘丈，水勢高急，聲震水外。上泄懸二百餘丈，望若雲垂，此是瀑布，土人號爲泄也。江水又東逕諸暨縣南，縣臨對江流，江南有射堂。縣北帶烏山，故越地也。【略】浦陽江又東逕石橋，廣八丈，高四丈。下有石井，口徑七尺，橋上有方石，長七尺，廣一丈二尺。橋頭有磐石，可容二十人坐。溪水兩旁悉高山，山有石壁二十許丈，溪中相攻，曷響外發，未至橋數里，便聞其聲。【略】浦西通山陰浦而達於江。江廣百丈，狹處二百步，高山帶江，重陰被水，江閩漁商，川交樵隱，故桂棹蘭栧，望景争途。

北魏・酈道元《水經注・斤水》 斤江水出交阯龍編縣，東北至鬱林領方縣東，注於鬱。

北魏・酈道元《水經注・禹貢山水澤地所在》 都野澤在武威縣東北。縣在姑臧城北三百里，東北即休屠澤也，古文以爲豬野也。其水上承姑臧武始澤，澤水二源，東北流爲一水，逕姑臧縣故城西，東北流，水側有靈淵池。【略】居延澤在其縣故城東北。《尚書》所謂流沙者也。形如月生五日也。弱水入流沙，流沙，沙與水流行也。亦言出鐘山，西行極崦嵫之山，在西海郡北。山有石赤、白色，以兩石相打，則水潤。打之不已，潤盡則火出，山石皆然，炎起數丈，逕日不滅。有大黑風，自流沙出奄之，乃滅，其石如初。

南朝宋・盛弘之《荆州記》卷一《巴東郡・魚腹縣》 昔廩君浮夷水，射岩神於陽石之上。按：今施州清江縣水，一名夷水，一名鹽水，源出清江縣西都亭山。《後漢書・南蠻傳》張懷太子注、《太平御覽》卷七百八十五　按：盛氏宋人，其時無清江縣，縣名始於隋，尚屬荆州。至唐始有江南道施州清江縣之稱，所云「按：今施州」以下數語，殆張懷太子註中之註也。《御覽》豈遂因此而致誤耶？「一名夷水」四字，惟《御覽》有。

南朝宋・盛弘之《荆州記》卷一《南陽國・酈縣》 酈縣北五十里有菊溪，源出石澗山，有甘菊，村人食此水，多壽。《太平御覽》卷六十七。

菊水其源傍有芳菊浸潤，流其滋液，水極芳馨，飲之者皆壽考。《太平御覽》卷一百六十八。

又 菊水出穰縣，芳菊被涯，水極甘香。《後漢書・胡廣傳》張懷太子注。

南朝宋・盛弘之《荆州記》卷二《順陽郡・筑陽縣》 筑陽縣西有粉水，取其水以爲粉，今謂之「粉水口」。《北堂書鈔》卷一百三十五。

又 筑陽縣西有粉水，源出房陵縣。取其水爲粉，鮮潔異於餘水，故因粉爲名也。巴郡臨江縣有此水，亦常獻之也。《太平御覽》卷五十九。

南朝宋・盛弘之《荆州記》卷二《義陽郡・新野縣》 新野縣西七里有梅溪，源出紫山，南流注淯。故老傳：溪西有百里奚宅。《藝文類聚》卷六十四、《太平御覽》卷一百八十。按：「注淯」，《御覽》作「入清」，誤。

《郡國志》曰：鄧州梅溪出紫山南，百里奚故宅在焉。《太平御覽》卷一百八十。

南朝宋·盛弘之《荆州記》卷三《長沙郡·巴陵縣》 湘水北流二千里，入於洞庭湖。《文選》顔延年《登巴陵城樓詩》注。

南朝宋·盛弘之《荆州記》卷三《湘東郡·陰山縣》 湘東陰山縣西有鬲口溪。昔有大鬲，容百斛，出於此水，故因爲名。《太平御覽》卷七百五十七。

《郡國志》曰：耒陽有歷水，一名「池水」，中有大歷，可容百斛。《輿地紀勝》卷五十五。

南朝宋·盛弘之《荆州記》卷三《桂陽縣·郴縣》 桂陽郡東界郟公山下渌溪源，官常取此水爲酒。《北堂書鈔》卷一百四十八。

渌水出豫章康樂縣，其間烏程鄉，有酒官取此水爲酒，酒極甘美，與湘東酃湖酒年常獻之，世稱「酃渌酒」。《文選》張景陽《七命》注。

又 桂陽郡有國水，一邊冷，一邊暖，冷處青且清，暖處白且濁。《太平御覽》卷五十九。

又 （萬歲山）下有一溪，名爲「千秋水」。《太平御覽》卷六十七。

南朝宋·盛弘之《荆州記》卷三《始安郡·始安縣》 始安郡有東、北二江。北江發源於桂陽之臨武黄岑山，東江發源於南康大庾嶠，下經始興縣界，南流西轉，與北江合於郡東，注於南海。《初學記》卷六。

南朝宋·盛弘之《荆州記》卷三《始安郡·熙平縣》 始安熙平縣東南有山，山西其形狹長，水從下注塘，一日再減盈縮，因名爲「潮汐塘」。《太平御覽》卷七十四。

南朝宋·盛弘之《荆州記》卷三《始興郡·含洭縣》 始興含洭縣有滃水，下流有聖鼓，横在牀側。《太平御覽》卷七百四十三。

南朝宋·盛弘之《荆州記》卷三《始興郡·陽山縣》 如雨陽山縣有斟溪，水出岩穴，百十溢十皆，信若湖流。《北堂書鈔》卷一百五十八。

南朝宋·盛弘之《荆州記》 衆山水出，注於大溪，號曰「横流溪」。溪水甚小，冬夏不乾，亦謂之「貪泉」。《逸寰宇記》一百十七。

晉·庾仲雍《荆州記》 《文選》李善注引三事：

大城西九里有靈溪水。郭景純《遊仙詩》注。

清·陳運溶輯《荆州記》 （析縣）南十五里有陵水，東流注沔。

又 臨沮縣西北三十里有清溪，溪北即荆山首，曰「景山」，即卞和抱璞之處。《後漢書·郡國志》劉昭注。

又 昭陽縣東有餘水。《後漢書·郡國志》劉昭注。

又 臨沅縣南臨沅水，水源出牂牁且蘭縣，至郡界分爲五溪，故云「五溪蠻」。《後漢書·郡國志》劉昭注。

又 酈縣北五十里有菊溪，源出縣西北五十里石澗山，東南流會專水，兩岸多甘菊。《藝文類聚》卷九。

又 三溪水南流數里，南注大江。《初學記》卷八。

茹溪源出茹龍山，水極清激。《初學記》卷八。

又 舞溪東流注沅，西接牂牁。《初學記》卷八。

又 南石橋津泉水從紫蓋山下東流爲溪。《太平寰宇記》卷一百三十二。

南朝宋·范曄《後漢書》卷一〇九《郡國志一》 滎陽有鴻溝水。文穎曰：於滎陽下引河東南爲鴻溝，即官度水也。

又 穀城瀍水出。《博物記》曰：出潛亭山。

又 沁水。《山海經》曰：沁水出井陘東。

又 脩武故南陽，秦始皇更名，有南陽城。【略】《史記》曰：白起攻韓南陽，太行道絶之。《山海經》曰：太行之山，清水出焉。郭璞曰：脩武縣北黑山亦出清水。

又 共本國。淇水出。《前志》注曰：水出北山。《博物記》曰：有奥水，流入淇水，有緑竹草。

又 聞喜邑，本曲沃，【略】有涑水。《左傳》吕相絶秦，曰：伐我涑川。有洮水。

又 垣有王屋山，兖水出。《史記》曰：魏武侯二年，城王垣。《博物記》曰：山在東，狀如垣。

又 黽池穀水出。《前志》曰：出穀陽谷。有二崤。新安澗水出。《博物記》曰：西漢水出新安入雒，又有孝水。見潘岳《西征賦》。

又 弘農郡，【略】盧氏有熊耳山。《山海經》曰：其上多漆，其下多棪。浮豪之水出焉。西北流注于雒，其中多美玉，多人魚。伊水、清水出。《晉地道記》：伊東北入雒。

南朝宋·范曄《後漢書》卷一一〇《郡國志二》 潁川郡，【略】陽城，有嵩高山，洧水、潁水出。《晉地道記》曰：潁水出陽乾山。

南朝宋·范曄《後漢書》卷一一二《郡國志四》 南陽郡，【略】平氏桐柏大復山，淮水出。《前書》曰：在縣南。《荆州記》曰：桐柏淮源涌發，其中潛流三十里，東出大復山南，山南有淮源廟。《博物記》曰：有陽山，出紫草。

又 南郡，【略】臨沮侯國，有荆山。《荆州記》曰：西北三十里有清谿，谿北即荆山，首曰景山，即卞和抱璞之處。《南都賦》注曰：漢水至荆山，東别流，爲滄浪之水。

零陵郡，【略】零陵陽朔山，湘水出。羅含《湘中記》曰：有營水、有洮水、有灌水、有祁水、有宜水、有（春）〔舂〕水、有烝水、有耒水、有米水、有淥水、有連水、有（倒）〔瀏〕水、有（潙）〔溈〕水、有（伯）〔汨〕水、有資水，皆注湘。

南朝宋・范曄《後漢書》卷一一三《郡國志五》 廣漢郡，【略】梓潼。《地道記》：五婦山，馳水出。【略】白水。《山海經》曰：白水出蜀而東南流入江。郭璞曰：今在縣。【略】廣漢有沈水。

又 益州郡，【略】騰休。《南中志》曰：有大河，從廣百四十里，深數十丈。《地道記》曰：水東至毋棳，入橋水。

又 隴西郡，【略】氐道養水出此。《巴漢志》曰：漢水二源，東源出縣之養山，名養。《南都賦》注曰：漢水源出隴西，經武都至武關山，歷南陽界，出沔口入江。《巴漢志》曰：西漢，隴西嶓冢山，會白水經葭萌入漢。始源曰沔，故曰漢沔。首陽，有鳥鼠同穴山，渭水出。

又 上黨郡，【略】屯留，絳水出。《上黨記》曰：有鹿谷山，濁漳所出。

《孺子歌》（《先秦漢魏晉南北朝詩》先秦詩卷二） 滄浪之水清兮，可以濯我纓。滄浪之水濁兮，可以濯我足。

漢《張公神碑歌》（《先秦漢魏晉南北朝詩》漢詩卷一二） 綦水湯湯揚清波。東流□折□於河。

三國魏・曹操《步出夏門行》（《先秦漢魏晉南北朝詩》魏詩卷一） 東臨碣石，以觀滄海。水何淡淡。山島竦峙。樹木叢生。百草豐茂。秋風蕭瑟。洪波湧起。

南朝宋・孫詵《臨海記》卷一 臨海山，山有二水，合成溪曰臨海，一水是始豐溪，一水是東女溪，至州北兩溪相合，即名臨海溪。山因溪名。《太平御覽》四十七。

南朝宋・鮑照《鮑參軍集・吴興黄浦亭庾中郎別》 風起洲渚寒，雲上日無輝。連山眇煙霧，長波迥難依。

南朝宋・鮑照《鮑參軍集・還都至三山望石頭城》 泉源首安流，川末澄遠波。晨光被水族，曉氣歇林阿。兩江皎平迥，三山鬱駢羅。南帆望越嶠，北榜指齊河。關扃繞天邑，襟帶抱尊華。

南朝宋・鮑照《鮑參軍集・遇銅山掘黄精》 羊角棲斷雲，榼口流隘石。銅溪晝森沈，乳竇夜涓滴。既類風門磴，復像天井壁。

南朝齐・謝朓《謝宣城集》卷一《臨楚江賦》 爰自山南，薄暮江潭。滔滔積水，裊裊霜嵐。憂與憂兮竟無際，客之行兮歲已嚴。爾乃雲沈西岫，風蕩中川；馳波鬱素，駭浪浮天；明沙宿莽，石路相懸。於是霧隱行雁，霜眇盧林；迢迢落景，萬里生陰。

南朝・沈休文《新安江水至清淺深見底貽京邑遊好》（《文選》卷二七） 洞澈隨深淺，皎鏡無冬春。千仞寫喬樹，百丈見遊鱗。《淮南子》曰：豐水之深千仞，投金鐵焉，則形見於外。《抱朴子》曰：扶南金鋼，生於百丈水底。滄浪有時濁，清濟涸無津。《楚辭》曰：漁父歌曰：滄浪之水濁，可以濯我足。《戰國策》曰：蘇秦曰：齊有清濟濁河。《吴越春秋》曰：禹周行宇内，竭洛涸濟，瀝淮於澤。賈逵《國語》注曰：涸，竭也。《字書》曰：津，液也。涸，胡落切。

北周・庾信《庾子山集・明月山銘》 竹窗標嶽，四面臨虚。山危簷迥，葉落窗疏。看椽有笛，對樹無風。風生石洞，雲出山根。霜朝唳鶴，秋夜鳴猿。堤梁似堰，野路疑村。船横埭下，樹夾津門。

唐・駱賓王《駱臨海集》卷三《晚渡黄河》 千里尋歸路，一葦亂平源。《爾雅・釋水》：河出崑崙虚，色白。所渠并千七百一川，色黄。百里一小曲，千里一曲一直。通波連馬頰，迸水急龍門。《爾雅・釋水》：「馬頰」郭璞注：河勢上廣下狹，狀如馬頰。【略】照日榮光淨，驚風瑞浪翻。

唐・王勃《江曲孤鳧賦》 梓州之東南，涪江之所合，有潭焉。周數十步，青壁絶地，緑波澄天。常有孤鳧棲蕩其側，飛沈翻唼。

唐・王勃《泥谿》 弭櫂淩奔壑，低鞭躡峻岐。江濤出岸險，峰磴入雲危。溜急船文亂，巖斜騎影移。水煙籠翠渚，山照落丹崖。

唐・樊綽《蠻書》卷一 石門外第三程至牛頭山，山有諸葛古城，館臨水，名馬安渡。上源從阿等路部落，繞蒙夔山，又東折與朱提江合。

又 臺登城直西有西望川，行一百五十里入曲羅。瀘水從北來，至曲羅縈迴三曲。每中間皆有磨些部落，以其負阻深險，承上莫能攻討。案：承上，蠻官名，見後文。瀘水從曲羅南經劍山之西，又南至會同川。

唐・樊綽《蠻書》卷二 又有水，源出臺登山，南流過嶲州，西南至會州，諾賧與東瀘，古諾水也。源出蕃中節度北，謂之諾矣。江南郎部落，又東折流至尋傳部落，與磨些江合。源出吐蕃中節度西其籠川犛牛石下，故謂之犛牛河。環繞弄視川，南流過鐵橋上下磨些部落，即謂之磨些江。至尋傳與東瀘水合，東北過會同川，總名瀘水。蜀忠武侯諸葛亮伐南蠻，五月渡瀘水處，在弄棟城北，今謂之南瀘。兩岸葭，大如臂脛。川中氣候常熱，雖至冬，行過者皆袒衣流汗。又東北入戎州界爲馬湖，至關邊縣門，與朱提江合，流戎門南城入外江。

又 蘭滄江，源出吐蕃中大雪山下莎川。東南過聿齊城西，謂之瀨水河，又過順蠻部落。南流過劍川大山之西。蘭滄江南流入海。龍尾城西第七驛有橋，即永昌也。兩崖高險，水迅激。

又 又麗水，一名祿㫷江，源自邏些城三危山下。南流過麗水城西，又南至蒼望。又東南過道雙王道勿川。西過彌諾道立柵，又西與彌諾江合流。過驃國，南入于海。

又 又彌諾江在麗水西，源出西北小婆羅門國。南流過沺𠯋苴川，又東南至兜彌伽本柵，分流繞柵，居沙灘南北一百里，東西六十里。合流正東，過彌臣國，南入于海。

唐・樊綽《蠻書》卷六 鎮西城南至蒼望城，臨麗水，東北至彌城，西北至麗水渡。

唐・盧照鄰《盧照鄰集》卷一《秋霖賦》 登高一望，湛湛江水，悠悠千里；泣故國之長楸，見玄雲之四起。嗟乎！子卿北海，伏波南川，金河別鴈，銅柱辭鳶；關山天骨，霜木凋年；眺窮陰兮斷地，看積水兮連天。

唐・楊炯《楊炯集》卷一《浮漚賦》 在霖霪之可翫，唯浮漚而已矣，況曲潤兮增波，復坳堂兮漲水。霤滴瀝兮行注，階潺湲而浪起，寸步百川，咫尺千里。於是乍明乍滅，時行時止，排雨足而分規，擘波心而對峙。

唐・柳宗元《柳宗元集・愚溪詩序》 灌水之陽有溪焉，東流入于瀟水。

唐・柳宗元《柳宗元集・柳州山水近治可遊者記》 北有雙山，夾道嶄然，曰背石山。有支川，東流入于潯水。潯水因是北而東，盡大壁下。其壁曰龍壁。

唐・李泰《括地志・雍州・萬年縣》 滻水即荆溪、狗枷之下流也，在雍州萬年縣。《史記・封禪書》「長水」《正義》引。

唐・李泰《括地志・雍州・長安縣》 豐水北經靈臺西，文王引水爲辟雍靈沼，今悉無復處所，惟靈臺孤立。按今靈臺高二丈，周迴百二十步。《長安志》卷三《宮室》一引，又《玉海》卷一百六十二《宮室臺》引。按「豐水北經」以下十六字，據《水經・渭水》注增。

又 滈水源出雍州長安縣西北滈池。酈元注《水經》云：「滈水承滈池，北流入渭。」今按滈池水流入永通渠，蓋酈元誤矣。《史記・秦始皇本紀》「爲吾遺滈池君」正義引，又《詩地理考》卷三鎬今引無「今按滈池水」以下十五字。

又 注《水經》云：鎬水西逕磁石門注于渭。今按鎬池水又北流入永通渠，不至磁石門，亦不復入渭矣。今《圖經》滈水在縣西四十里，其水自鄠縣界入本縣界十里入清渠。《長安志》卷十二長安縣引。按「注《水經》云」以下十四字據《水經・渭水》注增。

又 豐、滈二水界已堰入昆明池，無復流派。《玉海》卷一百七十一《宮室園囿》引。

又 豐水渠今名賀蘭渠，東北流注交水。《長安志》卷十二長安縣引。

又 漆渠，胡亥築阿房宮開此渠，而運南山之漆。《長安志》卷十三咸陽縣引，又同卷一條引作「胡亥將運南山之漆而開此渠。」

又 滈水又名石壁谷水，又名高都水。漢王氏五侯大治池宅，引高都水入長安城。《長安志》卷十二長安縣引。

唐・李泰《括地志・雍州・富平縣》 沮水一名石川水，源出雍州富平縣，東入櫟陽縣南。

漢高祖於櫟陽置萬年縣，《十三州地理志》云：「萬年縣南有涇、渭，北有小河即沮水也。」《史記・夏本紀》「漆沮既從」《正義》引，又《詩地理考》卷四「自土漆沮」引無《十三州地理志》以下二十二字。

唐・李泰《括地志・雍州・咸陽縣》 蘭池陂即秦之蘭池也，在雍州咸陽縣界。《三秦記》云：「始皇都長安，引渭水爲池，築爲蓬萊山，刻石爲鯨，長二百丈」《史記・秦始皇本紀》「逢盜蘭池」《正義》引。

唐・李泰《括地志・雍州・新豐縣》 戲水源處新豐縣西南驪山。《水經注》云：「戲水出驪山馮公谷，東北流。」今新豐縣東北十一里戲水當官道，即其處。《史記・秦始皇本紀》「將西至戲」《正義》引。

唐・李泰《括地志・雍州・藍田縣》 灞水，古滋水也，亦名藍谷水，即秦嶺水之下流，在雍州藍田縣。《史記・封禪書》霸産《正義》引。

唐・李泰《括地志・雍州・武功縣》 漢武功縣在渭水南，今盩厔縣西界也。《史記・田叔列傳》「武功扶風西界小邑也」《正義》引。

唐・李泰《括地志・華州・華陰縣》 平舒故城在華州華陰縣西北六里。《水經注》云：「渭水又東經平舒北，城枕渭濱，半破淪水，南面通衢。昔秦之將亡也，江神送璧於華陰平舒道，即其處也。」《史記・秦始皇本紀》「夜過華陰平舒道」《正義》引。

唐・李泰《括地志・同州・河西縣》 郃陽故城在同州河西縣南三里，魏文侯七年攻秦至鄭而還築，在郃水之陽也。《史記・高祖本紀》「廢以爲郃陽侯」《正義》引。又《史記・吳王濞列傳》「廢以爲郃陽侯」《正義》及《詩地理考》卷四郃陽引「郃陽故城在同州河西縣南三里」十二字。

唐・李泰《括地志・岐州・普潤縣》 漆水源出岐州普潤縣東南岐山漆溪，東入渭。《史記・夏本紀》「漆沮既從」《正義》引，又《周本紀》「自漆沮度渭取材用」《正義》引，又《詩地理考》卷四「自土沮漆」引。

唐・李泰《括地志・隴州・汧源縣》 汧水源出隴州汧源縣西南汧山，東入渭。《史記・封禪書》「汧洛二淵」《正義》引。

又 河水又出於陽紆、陵門之山者，穆王之所至。《爾雅》云秦有陽紆，〔郭璞云〕在今扶風汧縣之西。宋羅泌《路史後紀》卷九疏仡紀引。據《爾雅》補「郭璞云」三字。

唐・李泰《括地志・寧州・定安縣》 湫谷水源出寧州（安）定〔安〕縣。《史記・封禪書》「湫淵祠朝那」《正義》引。按唐安定縣爲涇州治，定安縣爲寧州治，《正義》誤引爲安定縣，據《舊唐書・地理志》改。寧州定安縣即今甘肅寧縣，湫谷水是湫淵下流，今名海子河，在寧縣西。

唐・李泰《括地志・原州・百泉縣》 涇水源出原州百泉縣西南笄頭山涇谷，東南流入渭。《史記・夏本紀》「又東北至于涇」《正義》引，又《史記・夏本紀》「涇屬渭汭」補《正義》引。

唐・李泰《括地志・靈州・迴樂縣》 北河在靈州界也。《史記・衛將軍驃騎列傳》「梁北河」《正義》引。

唐・李泰《括地志・慶州・洛源縣》 洛水一名漆沮水，源出慶州洛源縣白於山，東南流鄜、丹、同三州，至華陰北南流入渭。非古公所度漆沮也。《詩地理考》卷三「瞻彼洛矣」引。又《史記・封禪書》「汧洛二淵」《正義》引作「洛水源出慶州洛源縣白於山，南流入渭」。

唐・李泰《括地志・慶州・華池縣》 二川原在慶州華池縣西子午嶺東，二川合，因名也。《史記・封禪書》「汧洛二淵」《正義》引。

唐・李泰《括地志・蒲州・河東縣》 嬀汭水源出蒲州河東〔縣〕南〔雷首〕山。許慎云：「天涯曰汭。」按《地記》云：「河東郡（青）〔首〕山（東山）中有二泉，下南流者爲嬀水，北流者汭水，二水異源合流，出谷西注河。」《史記・五帝本紀》「舜飭下二女於嬀汭」《正義》引。又《史記・陳杞世家》「居于嬀汭」補《正義》引作「嬀汭水源出蒲州河東縣南雷首山，《地記》云：「河東郡首山中有二泉，下南流者汭水」。按《五帝本紀》正義引脱「縣」及「雷首」三字，「青」爲「首」之誤，衍「東山」二字，依《陳杞世家》補《正義》引改正。《陳杞世家》補《正義》引「中有二泉」以下亦有脱誤，當如《五帝本紀》正義所引。

唐・李泰《括地志・絳州・絳縣》 乾河源出絳州絳縣東南淯山，南流注（河）〔澮〕。其水冬乾夏流，故曰乾河。《史記・白起王翦列傳》「取韓安邑以東到乾河」《正義》引。按乾河是教水支流，入澮不入河，今據《水經・澮水》注改。

唐・李泰《括地志・晉州・臨汾縣》 平陽河水一名晉水。《史記・五帝本紀》「帝堯者」《正義》引。

唐・李泰《括地志・隰州・隰川縣》 蒲邑故城在隰州隰川縣北四十五里。在蒲水之北，故曰蒲陽。即晉公子重耳所居也。《史記・秦始皇本紀》「攻魏垣蒲楊」《正義》引。又《史記・魏世家》「秦拔我垣蒲楊衍」《正義》引無末句。

唐・李泰《括地志・潞州・長子縣》 漳水一名濁漳水，源出潞州長子縣西力黄山。《地理志》云：濁漳水（在）〔出〕長子鹿谷山，東至鄴入清漳。《史記・河渠書》「西門豹引漳水溉鄴」《正義》引。按「在」當作「出」，據《漢書・地理志》改。

唐・李泰《括地志・潞州・屯留縣》 降水源出潞州屯留縣西南〔方山〕，東北流，至冀州入海。《史記・夏本紀》「北過降水」《正義》引。按各本《史記》此《正義》作「西南方東北流」，清吴春照校柯維熊本，張文虎校金陵本均删「方」字。《河渠書》「過降水」《正義》云「降水源出屯留縣西南方山」，蓋本《括地志》爲説，《元和郡縣誌》亦云「出方山」，今據增。

唐・李泰《括地志・澤州・濩澤縣》 析城山在澤州〔濩澤縣〕西南七十里。注《水經》云「析城山甚高峻，上平坦，〔下〕有二（水）〔泉〕，東濁西清，左右不生草木。」《史記・夏本紀》「砥柱析城」《正義》引。按此引脱縣名，據《水經・沁水》注「析城山在濩澤南」增「濩澤縣」三字。濩澤縣後改名陽城。「下」字「泉」字亦據《水經・沁水》注增改。

唐・李泰《括地志・并州・晉陽縣》 晉水源出并州晉陽縣（壅）〔甕〕山。《山海經》云：「縣（壅）〔甕〕之山，晉水出焉，東南流注于汾水。」晉趙襄子保晉陽，智氏防山以水灌之，不没者三版。其瀆乘高西入晉陽城以周溉灌，東南出城注于汾（陽）也。《史記・魏世家》「決晉水以灌晉陽之城」《正義》引。按「壅」誤，當作「甕」，縣甕山以山腹有巨石如甕而得名。「陽」字衍，據《水經・晉水》注删。

唐・李泰《括地志・嵐州・静樂縣》 汾水源出嵐州静樂縣北三十里管涔山。

山(北)，東南流入并州，即西南流入(至)絳州，[至]蒲州入河。《史記・河渠書》「穿渠引汾」《正義》引。按「北」字衍，「至」字錯在「絳州」上，今據《太平寰宇記》删改。

唐・李泰《括地志・相州・鄴縣》　按横水渠首接漳水，蓋西門豹、史起所鑿之渠也。《溝洫志》云：「魏文侯時，西門豹爲鄴令，有令名。至文侯曾孫襄王與羣臣飲，祝曰『令吾臣皆如西門豹之爲人臣也。』史起進曰：『魏氏之行田也以百畝，鄴獨二百畝，是田惡也。漳水在其旁，西門不知用，是不智；知而不興，是不仁。仁智豹未之盡，何足法也！』於是史起爲鄴令，遂引漳水以溉鄴，以富魏之河内。」左思《魏都賦》云「西門溉其前，史起溉其後」也。《史記・滑稽列傳》「西門豹即發民鑿十二渠引河水灌民田」《正義》引。

唐・李泰《括地志・相州・滏陽縣》　濁漳水又東經葛公亭北，經三户峽爲三户津，在相州滏陽縣界。《史記・項羽本紀》「楚雖三户」正義引。又《通鑑》卷六秦二世紀「引兵渡三户」注引作「三户津在相州滏陽縣界。」

唐・李泰《括地志・黎州・内黄縣》　繁陽古城在(相)[黎]州内黄縣二十七里。應劭云：「[在]繁水之北，故曰繁陽」也。《史記・趙世家》「廉頗將軍攻繁陽」《正義》引。按據《漢書・地理志》魏郡繁陽注增「在」字。

唐・李泰《括地志・邢州・平鄉縣》　濁漳水一名漳水，今俗名柳河，在邢州平鄉縣南。注《水經》云漳水一名大漳水，兼有浸水之目也。《史記・項羽本紀》「項羽軍漳南」《正義》引。

唐・李泰《括地志・瀛州・高陽縣》　故葛城一名依城，又名西阿城，在瀛州高陽縣西北五十里。以徐、滱二水並過其西，又俎經其北。曲曰阿，以齊有東河，故曰西阿城。《地理志》云瀛州屬河間，趙分也。《史記・趙世家》「成侯與魏惠王遇葛孽」《正義》引。按此引《括地志》因張守節删節不當，並有脱奪，多不可解。《地理志》十二字，或是「瀛州，隋河間郡。《地理志》云河間趙分也」，俟考。

唐・李泰《括地志・定州・恒陽縣》　定州恒陽縣西南四十里有白龍水，又有挾龍山。《史記・秦始皇紀》「以攻龍孤慶都」《正義》引。

唐・李泰《括地志・定州・唐縣》　鳴上故關今名汝城，在定州唐縣東北六十里，本晉鴻上關城也。又有鴻上水，源出唐縣北葛洪山，接北岳恒山，與鴻上塞皆在定州。《史記・趙世家》鳴之塞《正義》引。

唐・李泰《括地志・井州・井陘縣》　綿蔓水一名阜將，一名回星，自并州流入井陘界，韓信背水陣，即此水也。《史記・淮陰列傳》「信乃使萬人先行出背水陳」《正義》引。

唐・李泰《括地志・易州・易縣》　易水一名故安河，又名北易水，源出易州易縣西谷中之東，東南流過歸義縣東與滹沱河合。《通鑑地理通釋》卷十燕易水引。又《史記・蘇秦列傳》「南有滹沱易水」《正義》「易水出易州易縣，東流過歸義縣東與滹沱河合」按《通鑑地理通釋》引「西谷中之東」，當是「西山寬中谷東」。《括地志》蓋本《水經注》爲説，見易水注。

唐・李泰《括地志・易州・永樂縣》　易州永樂縣有徐水，出廣昌嶺，三源奇發，同瀉一澗，流至北平縣東南，歷石門中，俗謂之龍門，水經其間，奔激南出，觸石成井。《史記・趙世家》「以龍兑汾門臨樂與燕」《正義》引。

唐・李泰《括地志・嬀州・懷戎縣》　嬀州有嬀水，源出城中，耆舊傳云即舜釐二女于嬀汭之所。外城中有舜井，城北有歷山，山上有舜廟。《史記・五帝本紀》「舜冀州之人也」《正義》引。

又　嬀州懷戎縣東北有馬蘭溪水。《史記・絳侯周勃世家》「破綰軍上蘭」《正義》引。

唐・李泰《括地志・檀州・密雲縣》　漁陽故城在檀州密雲縣南十八里，在漁水之陽也。《史記・陳涉世家》「適戍漁陽」《正義》引，又《通鑑》卷七《秦二世紀》「適戍漁陽」注引。

唐・李泰《括地志・虢州・盧氏縣》　伊水出虢州盧氏縣東巒山，東北流入洛。《史記・夏本紀》「伊洛瀍澗」《正義》引。

唐・李泰《括地志・陝州・河北縣》　傅險即傅説版築之處。所隱之處窟名聖人窟，在今陝州河北縣北七里，即虞國、虢國之界。又有傅説祠。注《水經》云沙澗水北出虞山，東南逕傅巖，歷傅説隱室前，俗名聖人窟。《史記・殷本紀》「得説於傅險中」《正義》引。

唐・李泰《括地志・兖州・博城縣》　(魯)陽關故城在兖州博城縣南二十九里，西臨汶水也。《史記・田敬仲完世家》「魯伐我入陽關」《正義》引，又《通鑑》卷八《周烈王紀》「魯伐齊入陽關」注引作「其城之西臨汶水」。按陽關在齊不在魯，「魯」字衍，《通鑑》注引無「魯」字。

唐・李泰《括地志・兖州・泗水縣》　泗水源出兖州泗水縣東陪尾山，其源四道，因以爲名。《史記・夏本紀》「浮于淮泗」《正義》引。

又　泗水至彭城吕梁出石磬。《史記・夏本紀》「泗濱浮磬」《正義》引。

唐・李泰《括地志・徐州・豐縣》　斬蛇溝源出徐州豐縣平地中，故老云高祖斬蛇處，至縣西十五里入泡水。《史記·高祖本紀》「乃前拔劍擊斬蛇」《正義》引。

唐·李泰《括地志·豫州·上蔡縣》 蔡陽，今豫州上蔡〔縣蔡〕水之陽。《史記·秦本紀》「攻魏蔡陽長社取之」《正義》引。按此引有脱字，蓋蔡陽以在蔡水之陽而得名；見《方輿紀要》卷五河南五上蔡縣，今補「縣」字及「蔡」字。蔡水即今上蔡東南蔡溝。

唐·李泰《括地志·豫州·真陽縣》 新陽故城在豫州真陽縣西南四十二里，漢新陽縣城。應劭云在新水之陽也。《史記·陳涉世家》「呂臣起新陽」《正義》引，又《通鑑》卷八《秦二世紀》「起新陽」注引無「漢新陽縣城」以下文。

唐·李泰《括地志·青州·臨淄縣》 青州臨淄縣，古營丘之地，呂望所封齊之都也。營丘在縣北百步外城中。《輿地志》云秦立爲縣，城臨淄水，故曰臨淄。《史記·周本紀》「封尚父于營丘曰齊」《正義》。

唐·李泰《括地志·濮州·雷澤縣》 雍、沮二水在雷澤〔縣〕西北平地也。《史記·夏本紀》「雍沮會同」《正義》引。按《元和郡縣志》卷十一濮州雷澤縣云「雍水、沮水，二源俱出雷澤縣西北平地，去縣十四里」。此引脱「縣」字，今據增。

又 濮陽縣有故龍淵宮，俗名瓠子宮。《漢書》云河決瓠子，漢武起宮于決水之旁。又濮陽縣西南八里有赤龍渦，有決口故道，蓋古之龍淵宮也，非築宮之所。《太平寰宇記》卷五十七檀州濮陽縣引《坤元録》。

又 故龍泉宮俗名瓠子宮，在濮州濮陽縣北十里，州西北九十里。元光中河決瓠子，塞決河之傍，龍泉之側，因以爲名，亦云宣房宮。《玉海》卷一百五十五《宫室》一引。

唐·李泰《括地志·曹州·濟陰縣》 高祖即位壇在曹州濟陰縣界。張晏曰汜水在濟陰界，取其汜愛弘大而潤下。《史記·高祖本紀》「即皇帝位于汜水之陽」《正義》引。又《通鑑》卷十一《漢高帝紀》「即位于汜水之陽」注引首十二字。

唐·李泰《括地志·曹州·離狐縣》 〔濮水〕在曹州離狐縣界，即師廷投〔濮水而死〕處。《史記·樂書》「至于濮水之上舍」《正義》引。按據《史記》本文出「濮水」二字。又據《元和郡縣志》卷十二曹州南華縣濮水條增「濮水而死」四字，此引並脱。

唐·李泰《括地志·洛州·河南縣》 故甘城在洛州河南縣西南二十五里。《左傳》云甘昭公，王子叔帶也。《洛陽記》云河南縣西南二十五里甘水出焉，北流入洛。山上有甘城，即甘公菜邑也。《史記·周本紀》「惠后生叔帶」《正義》引。

唐·李泰《括地志·洛州·洛陽縣》 河陰縣城本漢平陰縣，在洛州洛陽縣東北五十里。《十三州志》云在平津大河之南也，魏文帝改曰阿陰。《史記·周本紀》「秦莊襄王滅東周」《正義》引。

唐·李泰《括地志·洛州·新安縣》 澗水源出洛州新安縣東白石山，東北與穀水合流，經洛州郭内東流入洛。《史記·夏本紀》「伊雒瀍澗」《正義》引。又《夏本紀》「東北會於澗瀍」《正義》引作「澗水出洛州新安縣白石山之陰」。

又 瀍水出洛州新安縣東，南流至洛州郭内，南入洛。《史記·夏本紀》「伊雒瀍澗」《正義》引。

唐·李泰《括地志·鄭州·滎陽縣》 東廣武、西廣武在鄭州滎陽縣西二十里。戴延之《西征記》云三皇山上有二城，東曰東廣武，西曰西廣武，各在一山頭，相去〔二〕百步。汴水從廣〔武〕澗中東南流，今涸無水。城各有三面，在敖倉西。郭緣生《述征記》云一澗横絶上過，名曰廣武。相對皆立城塹，遂號東、西廣武。《史記·項羽本紀》「與漢俱臨廣武而軍」《正義》引，又《通鑑》卷十《漢高帝紀》「軍廣武」注引。按據《郡國志》劉昭注引《西征記》增「二」字。「廣」下脱「武」字，據《水經·濟水》注增。

又 〔汴渠〕一名莨蕩渠，今名通濟渠，首受黄河，《漢書》有滎陽漕渠，如淳曰今礫溪口是也。自宋武北征之後，復皆湮塞。隋煬帝大業元年更令開導，名通濟渠。西通河、洛，南達江、淮，煬帝巡幸，每泛舟而往江都焉；其交、廣、荆、益、揚、越等州運漕商旅，往來不絶。《通典》卷一百七十七《州郡》七引《坤元録》。按《通典》本文補出「汴渠」二字。

唐·李泰《括地志·鄭州·新鄭縣》 洧水在鄭州新鄭縣北三里故新鄭城南。《韓詩外傳》云：鄭俗，二月桃花水出時，會于溱、洧水上，以自祓除。《史記·鄭世家》「伐鄭兵於洧上」《正義》引。

唐·李泰《括地志·汝州·魯山縣》 汝水源出汝州魯山縣西伏牛山，亦名猛山。汝水至豫州郾城縣名濆水，《爾雅》云「河有灉，汝有濆」，亦汝之别名。《地理志》高陵山，汝出，東南至新蔡縣入淮。《史記·禮書》「汝潁以爲險」《正義》引。

唐·李泰《括地志·襄州·義清縣》 鄢水源出襄州義清縣界託仗山。〔注〕《水經》云蠻水即鄢水是也。《史記·楚世家》「於是王乘舟將欲入鄢」《正義》引。按此爲《水經·沔水》注文，非《水經》，今增「注」字。

唐·李泰《括地志·黎州·綿谷縣》 潛水一名復水，今名龍門水，源出利州綿谷縣東龍門山大石穴下。《史記·夏本紀》「沱涔已道」《正義》引。

唐·李泰《括地志·鄧州·穰縣》 朝陽故城在鄧州穰縣南八十里，應劭云在朝水之陽也。《史記·三王世家》「子爲朝陽侯」《正義》引。

又 涅陽故城在鄧州穰縣東北六十里，本漢舊縣也，應劭云在涅水之陽。

《史記・項羽本紀》「封呂勝爲涅陽侯」《正義》引。

唐・李泰《括地志・鄧州・内鄉縣》 鄧州内鄉縣城本楚析邑，一名丑，漢置析縣，因析水爲名也。《史記・楚世家》「取析十五城而去」《正義》引。

唐・李泰《括地志・梁州・金牛縣》 漢水源出梁州金牛縣東二十八里嶓冢山，至荆州與大江合爲夏水。《詩地理考》卷一「江漢之域」引。又《史記・夏本紀》「江漢朝宗于海」《正義》引無末十字。

唐・李泰《括地志・梁州・城固縣》 黑水源出梁州城固縣西北太山。《史記・夏本紀》「華陽黑水惟梁州」《正義》引。

唐・李泰《括地志・均州・武當縣》 均州武當縣有滄浪水。庾仲雍《漢水記》云武當縣西四十里漢水有洲名滄浪洲也。《地記》云水出荆山，東南流爲滄浪水。《史記・夏本紀》「又東爲滄浪之水」《正義》引。

唐・李泰《括地志・商州・洛南縣》 洛水出商州洛南縣西冢嶺山，東北流入河。《史記・夏本紀》「道雒自熊耳」《正義》引，又《史記・封禪書》「汧洛二淵」《正義》引。又《史記・夏本紀》「伊雒瀍澗」《正義》引作「洛水出商州商洛縣冢嶺山，東流經洛州郭内，又東合伊水。」

唐・李泰《括地志・益州・成都縣》 大江一名汶江，一名管橋水，一名（清）〔流〕江，亦名〔外〕水江，西南自温江縣界流來。郫江亦名（成）都江，一名市橋江，亦名中（日）江，亦曰内江，西北自新繁縣界流來。二江並在益州成都縣界。任豫《益州記》云二江者，郫江、流江也。《風俗通》云：「秦昭王使李冰爲蜀守，開成都（縣）兩江，溉田萬頃。〔江〕神（須）〔歲〕取女二人以爲婦，冰自以女與神爲婚。徑自祠勸神酒，酒杯澹澹，（因）〔冰〕厲聲責之，因忽不見。良久，有兩蒼牛鬭於江岸，有間，（輒）冰還，流汗謂官屬曰：『吾鬭疲極，不當相助耶？南向腰中正白者，我綬也。』主簿刺殺北面者，江神遂死。」《華陽國志》云：「蜀時濯錦流江中，則鮮明也。」《史記・河渠書》「穿二江成都之中」《正義》引。按「清」當作「流」，脱「外」字，汶江即流江，又稱外水。都江因都安縣而得名，三國時人之稱，今都江堰古名都安堰，見《水經・江水》注，此引衍「成」字。中江即内江，「日」字衍。此引《風俗通》文字有脱誤，今據《水經・江水》注補正。

唐・李泰《括地志・益州・新繁縣》 繁江水受郫江，《禹貢》云岷山導江，東别爲沱」，（源）出益州新繁縣。《史記・夏本紀》「沱涔已道」《正義》引。按古以郫江爲江沱，此則以郫江支分爲沱，繁江水今無考，既云首受郫江，此「源」字應衍。

唐・李泰《括地志・綿州・龍安縣》 茶川水在龍安縣東六十里，西岸出茶，因名。《輿地紀勝》卷一百五十二引。

唐・李泰《括地志・眉州・彭山縣》 鼎山北有龍洲，東接導江。《太平寰宇記》卷七十四眉州彭山縣引。

唐・李泰《括地志・楚州・山陽縣》 楚州山陽本漢射陽縣。《吴地志》云在射水之陽，故曰射陽。《史記・項羽本紀》「乃封項伯爲射陽侯」《正義》引。

唐・李泰《括地志・渭洲・渭源縣》 渭水源出渭州渭源縣西七十六里鳥鼠山，今名青雀山。渭有三源，並出鳥鼠山，東流入河。《史記・夏本紀》「涇屬渭汭」《正義》引。

唐・李泰《括地志・岷州・溢樂縣》 江水源出岷州南岷山，南流至益州，即東南流入蜀，至瀘州東流，經三峽，過荆州，與漢水合。《孫卿子》云江水其源可以濫觴也。《史記・夏本紀》「江漢朝宗于海」《正義》引。

唐・李泰《括地志・伊州・伊吾縣》 黑水源出伊州伊吾縣北二十里，又南流二十里而絶。《史記・夏本紀》「道黑水至于三危」《正義》引。

唐・李泰《括地志・文州・曲水縣》 白馬水源出文州曲水縣西南，會經孫山下。《史記・樊酈滕灌列傳》「别擊西丞白水北」《正義》引。

唐・李泰《括地志・甘州・張掖縣》 合黎水一名羌谷水，一名鮮水，一名覆表水，今名副投河，亦名張掖河，南自吐谷渾界流入甘州張掖縣。《史記・夏本紀》「弱水至於合黎」《正義》引。

又 弱水在甘州張掖縣南山下。《史記・司馬相如列傳》「而浮弱水兮」《正義》引。

唐・李泰《括地志・甘州・删丹縣》 删丹西河名（云）弱水，《禹貢》崑崙在臨羌之西，即此明矣。《史記・司馬相如列傳》「西望崑崙」《正義》引。按「云」字衍，今删。

唐・李泰《括地志・蘇州・吴縣》 笠澤江，松江之别名，在蘇州南三十五里。又云笠澤即太湖。《史記・吴太伯世家》「伐敗吴師於笠澤」補《正義》引。

唐・李泰《括地志・西域》 阿耨達山亦名建末達山，亦名崑崙山。恒河出其南吐獅子口，經天竺入達山。嬀水今名爲滸海，出於崑崙西北隅吐馬口，經安息、大夏國入西海。黄河出東北隅吐牛口，東經（濫）〔泑〕澤，潛出大積石山，至華山北，東入海。其三河去入海各三萬里。此謂大崑崙，肅州謂小崑崙也。《禹本紀》云河出崑崙二千五百餘里，日月所相隱避爲光明也。《史記・司馬相如傳》「西望崑崙」《正義》引。按「濫」當作「泑」，據《水經・河水》注改。

又 弱水有二源，倶出女國北阿耨達山，南流會于〔女〕國（北又南歷國北）

東，去〔國〕一里，深丈餘，闊六十步，非（乘）〔毛〕舟不可濟，〔南〕流入海。《史記·司馬相如列傳》「經營炎火而浮弱水兮」《正義》引。按此引有錯脱，不可通，依《大宛列傳》「條支有弱水」《正義》補正。

唐·裴庭裕《東觀奏記》卷中　寘手狀謝曰：陛下此詩雖「湘水日千里，因之平生懷」，亦無以加也。

唐·劉恂《嶺表録異》卷上　白州有一派水，出自雙水山，合容州江，呼爲緑珠井，在雙角山下。昔梁氏之女，有容貌，石季倫爲交阯採訪使，以真珠三斛買之。梁氏之居，舊井存焉。案：《太平寰宇記》載此，作「舊井今已塞焉」。

唐·岑參《岑參集·初過隴山途中呈宇文判官》　隴水不可聽，嗚咽令人愁。

唐·岑參《岑參集·經隴頭分水》　隴水何年有，潺潺逼路傍？東西流不歇，曾斷幾人腸。

唐·岑參《岑參集·西過渭州見渭水思秦川》　渭水東流去，何時到雍州？

唐·岑參《岑參集·送張秘書充劉相公通汴河判官便赴江外觀省》　劉公領舟楫，汴水揚波瀾。萬里江海通，九州天地寬。

唐·岑參《岑參集·與鮮于庶子泛漢江》　酒光紅琥珀，江色碧琉璃。日影浮歸棹，蘆花罥釣絲。

唐·岑參《岑參集·萬里橋》　滄江東流疾，帆去如鳥翅。

唐·岑參《岑參集·江上阻風雨》　（岷江）江上風欲來，泊舟未能發。【略】積浪成高丘，盤渦爲嵌窟。雲低岸花掩，水漲灘草没。

唐·岑參《岑參集·東歸發犍爲至泥溪舟中作》　七月江水大，滄波漲秋空。【略】夜泊防虎豹，朝行逼魚龍。一道鳴迅湍，兩邊走連峯。猿拂岸花落，鳥啼崖樹重。

唐·岑參《岑參集·招北客文》　其東則大江澐潭，下絶地垠，百谷相吞，出于荆門。突怒吼劃，附于太白；渤潏硼砰，會于滄溟。跳噴浩淼，上濺飛鳥；蹙縮盤渦，下旋鼋鼍。三峽兩壁，亂峯如戟，槎岈屹崒，頹洞劃拆；高干天霓，雲外水積，晝日無光，其下黑窄；瞿塘無底，淺處萬尺，啼猿哀哀，腸斷過客。復有千歲老蛟，能變其身，好飲人血，化爲婦人，銜服靚粧，遊于水濱。五月之間，白帝之下，洪濤塞峽，不見灔澦，翻天蹙地，霆吼雷怒。亦有行舟，突然而去，人未及顧，棹未及舉，瞥見陽臺，不辨雲雨，千里一歘，日未亭午。須臾黑風暴起，拔樹震山，石走沙飛，波騰浪翻，舟子失據，摧檣折竿，漩入九泉，没而不還，支體糜散，蕩入石間，水族呀呀，拔剌爭餐。蜀之東兮不可以往，北客歸去來兮！

唐·岑參《岑參集·果毅張先集墓銘》　茂陵南頭，渭水東流。

唐·李吉甫《元和郡縣圖志》卷一《關内道一》　渭水，在縣北五十里。舊云北去縣五十里。

又　霸水，在縣東二十里。

又　樊川，一名後寬川，在縣南三十五里。本杜陵之樊鄉，漢高祖賜樊噲食邑於此。

又　御宿川，在縣南三十七里。漢爲離宫別館，禁禦人不得往來遊觀，止宿其中，故曰「御宿」。

又　涇水，在縣西南二十五里。初，鄭國分涇水置鄭渠，後倪寬又穿六輔渠，今此縣與三原界六道小渠，猶有存者。謹按：秦始皇元年，韓聞秦好興事，欲疲之，乃使水工鄭國閒説，令鑿涇水自仲山西邸瓠口爲渠，東注洛，三百餘里，欲以溉田。中作而覺，秦欲殺國。國曰：「始臣爲閒，然渠成亦秦之利。」秦以爲然，卒使就渠。既成，溉舄鹵之地四萬餘頃，收皆畝一鍾。關中無凶年，命爲鄭國渠。後至漢武帝元鼎六年，一百三十六歲，倪寬爲左内史，又奏請穿六輔渠，以益溉鄭渠旁高卬之田。後十六歲，趙中大夫白公又奏穿涇水注渭中，溉田四千餘頃，人得其饒而歌之。大唐永徽六年，雍州長史長孫祥奏言：「往日鄭白渠溉田四萬餘頃，今爲富僧大賈，競造碾磑，止溉一萬許頃。」於是高宗令分檢渠上碾磑，皆毁撤之。未幾，所毁皆復。廣德二年，臣吉甫先臣文獻公爲工部侍郎，復陳其弊，代宗亦命先臣拆去私碾磑七十餘所。歲餘，先臣出牧常州，私制如初。至大曆中，利所及纔六千二百餘頃。

又　渭水，南去縣三里。

又　酋水，出縣西南石樓山，北入渭。

又　霸水，故滋水也，即秦嶺水之下流，東南自商州上洛縣界流入，又西北流合滻水入渭。

唐·李吉甫《元和郡縣圖志》卷二《關内道二》　渭水，南去縣二十九里。

又　涇水，西北自池陽縣界流入，經縣南七里，又東南入高陵縣界。《春秋》襄公十四年，諸侯伐秦，濟涇而次，秦人毒涇，師人多死。

又　渭水，北去縣十七里。

又 豐水，出縣東南終南山，自發源北流，經縣東二十八里，北流入渭。

又 渭水，在縣南三十里。

又 汧水，在縣南一里。

又 長蛇川，在縣西二百步。

又 渭水，在縣南四十里。

唐・李吉甫《元和郡縣圖志》卷三《關内道三》 涇水，在縣東一里。

又 汭水，一名宜祿川，西自隴州華亭縣流入。

又 涇水，源出縣西南涇谷。《地理志》云涇陽縣开頭山，涇水所出。《淮南子》云「笄頭山一名薄落山」，故涇水亦曰薄落水。又南流經都盧山，山路之中，常如彈箏之聲，故行旅因謂之彈箏峽。

又 蔚茹水，在縣之西，一名葫蘆河，源出原州西南頹沙山下。

又 涇水，西北自宜祿縣界流入。

又 涇水，自新平縣界流入。

又 洛水，原出白於山，一名女郎山，在縣北三十里。

又 羅川水，在縣南二里。

又 庫利川，在縣郭南。昔有奴賊居此川内，稽胡呼奴爲庫利，因以爲名。

又 黄河，在縣東七里。河岸頓狹，狀似槽形，鄉人呼爲「石槽」，蓋禹治水鑿石導河之處。石槽長一千步，闊三十步，懸水奔流，黿鼉魚鼈所不能游。

又 清水，俗名去斤水，北自金明縣界流入。《地理志》謂之清水，其肥可然。鮮卑謂清水爲去斤水。斤一作「筋」。

又 吐延水，北自綏州綏德縣流入。

唐・李吉甫《元和郡縣圖志》卷四《關内道四》 安樂川，在靈州南稍東一百八十里。

又 無定河，一名朔水，一名奢延水，源出縣南百步。赫連勃勃於此水之北，黑水之南，改築大城，名統萬城。今按州南無奢延水，唯無定河，即奢延水也，古今異名耳。

又 烏水，出縣黑澗，東注奢延水。本名黑水，避周太祖諱，改名烏水。初，統萬城成，勃勃下書曰：「今都城已建，宜立美名。朕方統一天下，君臨萬國，宜以統萬爲名。」其城土色白而牢固，有九堞樓，峻險非力可攻。酈道元云：「統萬城蒸土加功，雉堞雖久，崇墉若新。」

又 無定河，自朔方縣界流入。

又 無定河，一名奢延水，自銀州撫寧縣界流入。

又 無定河自夏州界流入。

又 茹蘆水，源出縣理西北。

又 無定河，在縣北二十里。

又 黄河，西南自夏州朔方界流入。

又 大葭蘆水，縣西二百二十里。

又 小葭蘆水，縣西二百四十里。

又 平河水，首受黄河，隋文帝開之以通屯倉。其間地甚良沃。

又 金河泊，在縣東北二十里。周迴十里。

又 黄河，在縣東一十五步。闊一里，不通船檝，即河濱關，渡河處名君子津。

唐・李吉甫《元和郡縣圖志》卷五《河南道一》 洛水，在縣西南三里。西自苑内上陽之南彌漫東流，宇文愷築斜隄束令東北流。當水衝，捺堰九折，形如偃月，謂之月陂，今雖漸壞，尚有存者。

又 洛水，在縣北四里。

又 伊水，在縣東南十八里。

又 瀍水，在縣西北六十里。《禹貢》曰：「伊、洛、瀍、澗，既入於河。」孔安國注曰：「出河南北山。」《水經》云：「源出河南穀城縣北。」今驗水西從新安縣東入縣界。

又 盟津，在縣西北三十一里。

又 洛水，西自洛陽縣界流入。

又 黄河，西自偃師縣界流入。河於此有五社渡，爲五社津，後漢朱鮪遣賈强從五社津渡是也。

又 洛水，東經洛汭，北對琅邪渚入河，謂之洛口。亦名什谷，張儀説秦王「下兵三川，塞什谷之口」，即此也。

又 伊水，西自陸渾縣界流入。《左傳》「秦、晉遷陸渾之戎於伊川」，是也。

又 少水，今名慈澗水，出縣北。

又 穀水，南去縣二百步。東經秦、趙二城，俗謂之俱利城，東城在縣西十三里，西城在縣西十四里，昔秦、趙會於澠池之處。

又 穀水，在縣南二里。《國語》曰「穀、洛鬬，壞王宫」，是也。

又 伊水，在縣西南，自虢州盧氏縣界流入。

又 濟水，在縣西北三里。平地而出，有二源：其東源周迴七百步，深不測；西源周迴六百八十五步，深一丈，皆繚之以周牆，源出王屋山。《山海經》云：「王屋之山，𣶒水出焉。」郭璞注云：「𣶒，沇水之源。」《尚書·禹貢》云：「導沇水，東流爲濟，入於河，溢爲滎。」孔安國注云：「濟水入河，並流十數里而南截河，又並流數里溢爲滎澤。」《漢書》：「道沇水，東流爲泲，入於河，軼爲滎，東出於陶丘北，又東至於荷，又東北會於汶，又北東入於海。」顔師古云：「沇水流而爲濟。截河，又爲滎澤。陶丘，在濟陰定陶西南。荷即菏澤。過菏澤，又與汶水會，北折而東入於海」也。按：沇水出今王屋縣王屋山，東流至濟源縣而名濟水。滎澤在今鄭州滎澤縣。定陶，今曹州濟陰縣也。菏澤在今兖州魚臺縣。汶水出今兖州萊蕪縣。然濟水因王莽末旱，渠涸，不復截河南過，今東平、濟南、淄川、北海界中有水流入於海，謂之清河，實菏澤、汶水合流，亦曰濟河，蓋因舊名，非本濟水也。而《水經》是和帝已後所撰，乃言濟水南過滎澤至於乘氏等縣，一依《禹貢》舊道，斯不詳之甚也，酈道元又從而注之，尤爲紕繆矣。

又 汜水，出縣東南三十二里浮戲山，經武牢城東。漢破曹咎於此。

唐·李吉甫《元和郡縣圖志》卷六《河南道二》 黄河，自靈寶界流入。後漢獻帝東歸，至陜，議者欲令天子浮河東下。太尉楊彪曰：「從此以東，有三十六灘，非萬乘所當從也。」乃止。

又 黄河，西自陜縣界流入，東經砥柱，《水經注》曰：「(後)魏景(明中)〔初二年〕，帝遣諫議大夫寇慈，帥工五千人，歲時修理，以平河阻。」

又 涑川，在縣北四十里。《左傳》晉侯使吕相絶秦曰：「伐我涑川」。按：涑川東西三十里，南北七里。

又 鴻臚水，過縣北十五里入靈寶界，溉田四百餘頃。

又 全鳩水，一名全節水，漢戾太子亡匿之處。

又 湼水，出縣西大陌山。後漢世祖破王尋於昆陽，士卒赴水死者甚衆，湼水爲之不流，即此水也。

又 温湯水，在縣西四十里。狀如沸湯，可以熟米。側有石銘曰：「皇女湯，可已萬病。」

又 魯陽關水，俗謂之三鵶水，經縣西七里。其關三鵶鎮，在縣西南十九里，後周置以禦高齊，亦名平高城。

又 汝水，西北流入，去縣二十五里。

又 燒車水，在縣南二十四里。世祖破王尋，燒其輜重於此水濱，因以爲名。

又 汝水，經縣南，去縣一里。縣理廢汝州城，即古襄城，楚靈所築。後漢馮異據之，降世祖。《莊子》曰：「黄帝遊於襄城之野，七聖皆迷，遇牧馬童子而問道焉。」亦此地也。

又 汝水，在縣北四十五里，西南從梁縣界流入。

又 湛水，在縣東三十里。《春秋》襄公十六年「楚公子格帥師戰於湛坂」，是也。

唐·李吉甫《元和郡縣圖志》卷七《河南道三》 睢水，西南自寧陵縣界流入。

又 渙水，西南自寧陵縣界流入。

又 隕石水，源出縣北四十里。春秋時隕石于宋，其處爲潭。

又 睢水，西自雍丘縣界流入。

又 渦水，在縣西四十八里。魏黄初六年，文帝以舟師自譙循渦入淮。

又 淮水，西南流入，經縣南，去縣百里。

又 潁水，西北自陳州項城縣界流入，伏於城下。

又 汝水，西南自蔡州新蔡縣界流入，又東南入淮。

唐·李吉甫《元和郡縣圖志》卷八《河南道四》 濮水，在縣南二十里，西南自酸棗縣界流入。

又 索水，出縣南三十五里小陘山。

又 洧水，縣西北二十里。灌潁渠首受洧水，西魏遣王思政固守長社城，東魏相高澄遣將清河王高岳攻之，築堰通洧水渠，灌破長社城，即此渠也。

又 潁水，西南自襄城縣界流入。

又 溳水，俗名勑水，經縣西，其源出密縣大騩山。

又 洧水，自北流入，去縣十三里。

又 洧水，西北自長葛縣流入，去縣三十里。

又 洧水，西自許州鄢陵縣界流入。

又 蔡水，自西北流入，經縣理東一里。

又 蔡水，西北自汴州尉氏界流入。

又 渦水，首受蔡水，東流，經縣北。

唐·李吉甫《元和郡縣圖志》卷九《河南道五》 泡水，即豐水也，西去縣一百五十步。

又 淮水，入縣境南，與楚州山陽縣分中流爲界。

又 沭水，俗名漣水，西南自海州沭陽縣界流入。

又 泗水，西自彭城縣界流入。

又 沂水，經縣北分爲二水，一水於城北西南入泗；一水經城東屈曲從縣南亦注泗，謂之小沂水。水上有橋，昔張子房遇黄石公於圯上，即此處也。南人謂橋爲圯。

又 西濠水，出縣西南莫耶山，北入淮。

又 東濠水，出縣南濠塘山，東北入淮。

又 大溵水，上承汝水。自襄城至岐額城分流，南爲汝水，北爲溵水。

又 小溵水，縣西北六十里。至縣合爲大溵水。

又 淮水，西自唐州桐柏縣界流入，東北經縣，去縣三十七里。

又 溮水，出縣南霸山，去縣七十五里。山石之間，波流塞溮，因以爲名。

又 濟水，南自鄆城縣界流入，去縣西二里。

唐·李吉甫《元和郡縣圖志》卷一〇《河南道六》 汶水，北去縣二十四里，又北入須昌縣界。

又 桓水，在縣西八十里。晉桓温進軍，北次金鄉，鑿鉅野三百里以通舟運，自清水入河。以是桓所鑿，故曰桓水，亦曰桓河。

又 泗水，東自曲阜縣界流入，與洙水合。

又 菏水，即濟水也，一名五丈溝，西自金鄉縣界流入，去縣十里，又東南流合泗水。泗水東北自任城縣界流入，經縣東與菏水合，又東流入徐州沛縣界。

又 汶水，源出縣東北原山，西南流經縣理南，去縣三里。又有北汶、嬴汶、柴汶、牟汶、浯汶，《述征記》曰：「泰山郡水皆名汶。」按：今縣界凡有五汶，皆源別而流同也。

又 洙、泗二水，東自泗水縣界流入，又西南流經縣北，分爲二流，水側有一城，爲二水之分會也，南爲泗水，北爲洙水。二水之間，即夫子領徒之所居也。

又 沂水，亦名雩水，源出縣東南八里。

又 泗水，源出縣東陪尾山，其源有四，四泉俱導，因以爲名。

又 海水，在縣東北一百二十里。《禹貢》「海、岱惟青州」。今按：海，東接萊州，西接壽光縣界。

又 膠水，東去縣八十五里，與萊州膠水縣中分爲界。

又 海水，在縣東北一百一十里。東接北海縣界，西接博昌縣界。

又 淄、澠二水，西自千乘縣界流入，去縣四十里。

又 濟水，北去縣百步，又東北流入海。

又 百脈水，出縣東北平地，水源方百餘步，百泉俱出合流，故名之。

唐·李吉甫《元和郡縣圖志》卷一一《河南道七》 濮水，在縣南五里。昔殷紂使師延作靡靡之樂，武王伐紂，師延至投濮水而死，謂此水也。

又 濰水、沮水，二源俱出縣西北平地，去縣十四里。

又 瓠子河，上承黄河。《漢書》武帝時，河決瓠子，東南注鉅野，通於淮、泗。上使汲黯、鄭當時興人徒塞之，輒復壞。是時武安侯田蚡奉邑食鄃，鄃在河北，河決而南，則鄃無水災。乃言「江、河之決皆天事，非易以人力塞之」，乃不復塞。後二十餘歲，歲比不登，梁、楚尤甚。上使汲人、郭昌率卒數萬人塞瓠子決河，沈白馬玉璧，自將軍以下皆負薪，下淇園之竹以爲楗。上悼功之不成，乃作歌於是，卒塞瓠子，築宫於其上，名曰宣房。其後王尊爲東郡太守，河水盛溢，泛浸瓠子金隄，尊躬率佐吏民，沈白馬，祀水神，親執玉璧，使巫策祝，請以身填金隄。水盛隄壞，吏民皆奔走，尊立不動，而水漸退。

又 盧水，出縣東南盧山。水側有勝火木，野火燒死，其炭不灰，故東方朔有謂不灰之木者也。

又 濰水，在縣西南，自諸城縣界流入，去縣四十里。昔韓信與楚將龍且夾濰水而陣，信爲萬餘囊，盛沙遏水，引軍擊之。信僞退，且追北。信決水，且軍半不得渡，遂斬龍且。

又 淄水，出縣理東南原山，去縣六十里。俗傳禹理水功畢，土石黑，數里之中，波流若漆，故謂之淄水。

唐·李吉甫《元和郡縣圖志》卷一二《河東道一》 嬀汭水，源出縣南雷首山。《尚書》曰：「釐降二女於嬀汭。」

又 絳水，一名沸泉水，出絳山東谷，懸流奔壑，一十許丈，西北注於澮。《史記》稱智伯率韓、魏引絳水灌晉陽，不浸者三版，智氏曰：「吾始不知水可以亡人之國，今乃知之。」汾水可以灌安邑，絳水可以灌晉陽。於是韓、魏之君共殺智伯。水在縣北十四里。

又 汾水，北去縣五里。漢武帝行幸河東，作《秋風辭》，即此水也。

又 黄河，北去縣二十五里，即龍門口也。《禹貢》曰「浮于積石，至於龍門」，注曰「龍門山，在河東之西界。」大禹導河積石，疏決龍門，即斯處也。河口廣八十步，巖際鐫跡，遺功尚存。《三秦記》曰：「河津一名龍門，水陸不通，魚鼈之屬莫能上。江海大魚集龍門下數千不得上，上則爲龍，故曰『曝鰓龍門』。」《水經注》曰：「其魚出鞏縣鞏穴，每三月則上渡龍門，得則爲龍，否則點額而還。」

又 龍泉水，出縣東南，去縣十里。山下牧馬，多産名駒，故得龍泉之號。

唐・李吉甫《元和郡縣圖志》卷一三《河東道二》 洞過水，東自榆次縣界流入，西去縣三十里入晉陽縣界。

又 汾水，北自陽曲縣界流入，經縣東二里，又西南入清源縣界。

又 晉水，源出縣西南懸甕山。《水經注》曰：「晉水出懸甕山，東過其縣南。昔智伯遏晉水灌晉陽，城不没者三版，後人踵其遺跡，蓄以爲沼。沼水分爲二派，其北瀆即智氏故渠也，其瀆乘高東北注入晉陽城，以周灌溉，東南出城注入汾水。其南瀆，於石塘下伏流，東南出晉陽城南，又東南入於汾。」今按晉水初泉出處，砌石爲塘，自塘東分爲三派：其北一派名智伯渠，東北流入州城中，出城入汾水；其次派東流經晉澤南，又東流入汾水，此二派即酈道元所言分爲二派者也；其南派，隋開皇四年開，東南流入汾水。

又 洞過水，東自太原縣界流入，西入於汾，晉水下口也。《水經注》曰「劉琨之爲并州也，劉元海引兵邀擊之，合戰於洞過」，即是水也。今按此水出沾縣北山，沾即今樂平縣也，水經縣西南二十五里入汾水。

又 洞過水，東自壽陽縣界流入，經縣南四里，又西南入太原縣界。

又 汾水，經縣東，去縣九里，又東南入文水縣界。

又 洞過水，東自樂平縣界流入，在縣南五十里，又西南入榆次縣界。

又 胡甲水，一名太谷水，東南自潞州武鄉縣界流入，又南入汾州平遥縣界。

又 汾水，東北自清源縣界流入，經縣東十五里，又西南入汾州隰城縣界。

又 文水，西北自交城縣界流入，經縣西，又南入隰城縣界。

又 文谷水，出縣西南文谷。《水經》曰文水出大陵縣西山文谷。按大陵縣，在今文水縣北十三里大陵故城是也。文水發源此城西北，東南流入文水縣界，行八十里。

又 汾水，西自交城縣流入，經縣西南，去縣三十里，又東南入太原縣界。

又 滹沱水，西自代州五臺縣界流入，南去縣百里。

又 清漳水，出縣西南少山。《山海經》曰：「少山，清漳水出焉。」今按清漳出樂平，濁漳出潞州長子縣界。

又 汾河，在縣北十步，深一丈，闊三丈。

又 沁水，一名少水，出縣東南二十四里覆甑山。《左傳》曰「齊侯伐晉，封少水爲京觀」也。

唐・李吉甫《元和郡縣圖志》卷一四《河東道三》 臨泉水，在縣北一百步。縣因此水爲名。

又 漚夷河，亦曰瓠𤬏河，上槽狹，下流闊，有似瓠𤬏，因名。

又 漚夷水，一名滱水，出縣西北高是山。《周禮》曰「并州其川漚夷」，謂此也。

又 兹水，出縣西枝迴山，懸河五丈，湍激之聲，響動山谷，樵栰之士，咸由此度，巨木淪湑，久乃方出，或落崖石，無不粉碎也。《土地記》云：「枝回嶺與高是山連麓接勢。」

唐・李吉甫《元和郡縣圖志》卷一五《河東道四》 漳水，一名潞水，在縣北。闞駰曰：「潞水在縣北，爲冀州浸，即漳水也。」按王猛與慕容評相禦於潞川，評鬻水與軍人絹匹水二石，則此無他大川可以爲浸，所有唯漳水耳，故土俗尚謂濁漳爲潞水也。

又 丹水，在縣北十二里司馬山。俗傳秦坑趙衆，流血丹川，故名丹水，斯爲不經也。

又 泫水，在縣西一里。俗亦名曰脂溝。

唐・李吉甫《元和郡縣圖志》卷一六《河北道一》 丹水，北去縣七里。分溝灌溉，百姓資其利焉。

又 白溝水，本名白渠，隋煬帝導爲永濟渠，亦名御河，西去縣十里。

又 濁漳水，在縣北五里。西門豹爲鄴令，引漳水以富魏之河内。後史起爲鄴令，又引漳水溉鄴，人歌之曰：「鄴有賢令，號爲史公，決漳水兮灌鄴旁，終古潟鹵生稻粱。」今天谷井堰，即其遺址也。

又　黄河，西自新鄉縣界流入，經縣南，去縣七里謂之棘津，亦謂之石濟津。《左傳》「晉伐曹，曹在衛東。假道于衛，衛人弗許，還自南河濟」是也。宋元嘉中，遣宣威將軍垣護之以水軍守石濟，亦是此處也。

又　陽河水，出縣西北平地，即紂斮朝涉之脛處。

又　淇水，源出縣西北沮洳山，至衛縣入河，謂之淇水口。

唐・李吉甫《元和郡縣圖志》卷一七《河北道二》　綿蔓水，在縣西南八十里。韓信擊趙，使萬人先行，背水爲陳，信曰「陷之死地而後生」，謂此水也。

又　衡水，亦曰長蘆水，即濁漳水之下流也，西北去縣六十二里。

又　泒水，今名礓河，西自定州義豐縣界流入。

又　槐水，一名白溝河，南去縣二十五里。

又　泜水，在縣南二里。出白土，細滑如膏，以之濯綿，色如霜雪，如蜀錦之得江津也，故俗稱房子之纊，《魏都賦》曰「緜纊房子」。

又　鬲津枯河，在縣南七十里。《禹貢》兗州「九河既道」，鬲津即九河之一。鬲津至徒駭二百餘里，今河雖移，不離此城也。

又　馬頰河，在縣南十里。久視元年開決，又名新河。

又　漳水河，自貝州漳南縣流入，在縣西二十三里。

又　泜水，在縣西南三十五里。韓信斬陳餘處。李左車曰「陳餘軍敗於鄗下，身死於泜水上」，是也。

又　濟水，源出贊皇山，西北流，去縣南十里。此自别是一濟水，應劭以爲四瀆，誤也。

又　滳河，縣北二十五里。漢成帝鴻嘉四年，河水泛溢爲害，河隄都尉許商鑿此河通海，故以「商」字爲名，後人加「水」焉。

唐・李吉甫《元和郡縣圖志》卷一八《河北道三》　滱水，一名唐河，西去縣一百五十步。

又　滹沱河，縣南二十五里。光武爲王郎所追，至滹沱，欲渡，導吏還言水深無船，左右懼。上使王霸前瞻水，霸恐驚衆，乃言可渡。比至，冰合，以囊沙布冰上，乃渡。未畢數車，冰陷，今名溝傍合處爲危渡口。

又　涞水，一名巨馬河，東北二里。袁紹將崔巨業攻圍故安不下，退軍南還，公孫瓚擊破之於巨馬水，死者七八千人，即此水也。

唐・李吉甫《元和郡縣圖志》卷二一《山南道二》　淯水，東去縣三里。《南都賦》曰「淯水蕩其胸」，是也。

又　菊水出縣東石澗山。其旁多菊，水極甘馨，谷中三十餘家不復穿井，仰飲此水，皆壽百餘歲。王暢、袁隗爲太守，命酈縣月送水三十斛，飲食沐浴，悉皆用之。

又　析水，北自盧氏縣界流入，與丹水合，古今謂之析口。

又　温湯水，在縣南十五里。擁以溉田，其收數倍。流經其家，多凶。

又　比水，南去縣二里。後漢世祖破甄阜、梁丘賜於比水西，斬之，即此水也。

又　醴水，出縣東南桐柏山，西流經縣北三里。與淮同導，西流爲醴，東流爲淮。

又　溠水，在縣西四十里。《左傳》曰：「楚武王伐隨，莫敖屈重除道梁溠。」

又　漢水，去縣西北四十里。水中有洲，名滄浪洲，即《禹貢》云「又東爲滄浪之水」。

又　漢水，西自豐利縣界流入，南去縣三里。東有澇灘，冬即水淺，而下多大石。又東爲淨灘，夏水急迅，行旅苦之。歌曰：「冬澇夏淨，斷官使命。」

又　筑水，出縣西北葉山，經縣北二里。魏遣夏侯泉與張郃下巴西，集軍宕渠，劉備屯軍筑口，即此水也。

又　沮水，出縣西南景山，東南入於漢江。《左傳》曰：「江、漢、沮、漳，楚之望也。」

唐・李吉甫《元和郡縣圖志》卷二二《山南道三》　漢水，經縣南，去縣一百步。《禹貢》曰：「嶓冢導漾，東流爲漢。」裴秀云漢氏釋淮水改秩漢水爲四瀆，以其國所氏。

又　褒水，源出縣西衙嶺川。斜水與褒水同源而派分。褒水東流入於漢中郡褒城縣，斜水北流入渭，經武功縣及鳳翔、扶風三縣者也。漢孝武帝時，人欲通褒斜道及漕，事下御史大夫張湯。湯問其事，因言：「抵蜀從故道，多坂，回遠。今開褒水至斜，閒百餘里，以車轉，從斜下渭。如此，漢中之穀可致，山東從沔無限，便於砥柱之漕。且褒、斜林木竹箭之饒，擬於巴、蜀。」天子然之，拜湯子卬爲漢中守，發數萬人作褒斜道五百里。道果便近，而水多湍石，不可漕，遂止。

又　黑水，出縣西北太行山，南流入漢。諸葛亮《牋》曰：「朝發南鄭，暮宿黑水。」

又　黄金水，出縣西北百畝山黄金谷，南流經縣西，去縣九里。其谷水陸艱險，語曰：「山水艱阻，黄金、子午。」魏遣曹爽由駱谷伐蜀，蜀將王平拒之於興勢山，張旗幟至黄金谷，謂此山也。

又　潛水，出縣東北龍門山。《書》曰「沱潛既道」，是也。

又　故道水，出陳倉縣之大散嶺，西南流入故道川。今州理，即故道川也。

又　尚婆水，今名石磐水。水多磐石，因以爲名。俗語音訛，故云尚婆。

又　沮水，出縣東北八十二里。以其初出沮洳然，故名爲沮水。

唐·李吉甫《元和郡縣圖志》卷二五《江南道一》　淮水，源出縣南華山，在丹陽、湖孰兩縣界，西北流經秣陵、建康二縣之閒入於江。初，王敦搆亂，王導憂將覆族，使郭璞筮之，曰：「淮水絶，王氏滅。」即此淮也。

又　松江，在縣南五十里，經崑山入海。《左傳》云「越伐吴，軍於笠澤」，即此江。

又　浙江，在縣南一十二里。《莊子》云浙河，即謂浙江，蓋取其曲折爲名。江源自歙州界東北流經界石山，又東北經州理北，又東北流入於海。江濤每日晝夜再上，常以月十日、二十五日最小，月三日、十八日極大，小則水漸漲不過數尺，大則濤湧高至數丈。每年八月十八日，數百里士女，共觀舟人漁子泝濤觸浪，謂之弄潮。

又　霅溪水，一名大溪水，一名苕溪水，西南自長城、安吉兩縣東北流，至州南與餘不溪水、苧溪水合，又流入於太湖，在州北三十五里。

又　若溪水，釀酒甚濃，俗稱「若下酒」。

又　浙江，在州南一十里。又有東陽江，東南自婺州界來，至州南注浙江。

又　桐廬江，源出杭州於潛縣界天目山，南流至縣東一里入浙江。

唐·李吉甫《元和郡縣圖志》卷二六《江南道二》　東陽江，有二源，一南自永康縣界流入，一東自義烏縣流入，至縣界南合爲一，謂之東陽江。

又　浦陽江，在縣西北四十里。出雙溪山嶺，東入越州諸暨縣。

又　永嘉江，一名永寧江，在州東三里。

又　臨海江，有二水合成一水，一自始豐溪，一自樂安溪，至州城西北一十三里合。

唐·李吉甫《元和郡縣圖志》卷二七《江南道三》　江水，西南自蒲圻縣界流入。又北對峥嶸(州)〔洲〕，劉毅破桓玄於此。又北流經黄軍浦，相傳吴將黄蓋屯軍處。

又　大江水，南自復州沔陽縣界流入，去縣東二十步，東北流入黄州界。

又　漢水，一名沔水，西自汊川縣界流入，漢陽縣因此水爲名。

又　溳水，故清發水也，西北自隨州流入注於沔，謂之溳口。《春秋》「吴敗楚於柏舉，從之，及於清發」，是也。

又　大江水，西自黄陂縣界流入，經州南一百一十八里，東入蘄州界。

又　大江水，在縣南一百二十九里。西南自江夏縣界流入，又東入黄岡縣界。

又　龍驤水，在縣南七十二里。相傳晉龍驤將軍王濬率舟師伐吴，屯軍於此。

又　湖水，南自長沙縣界流入，又北入青草湖。昔王延壽有異才，年二十而得惡夢，作《夢賦》。年二十一溺死於湘浦，即斯川也。湘水至清，雖深五六丈，了了見底。

又　汨水，東北自洪州建昌縣界流入，西經玉笥山，又西經羅國故城爲屈潭，即屈原懷沙自沈之所，又西流入於湘水。

又　沅江水，西北自龍陽縣界流入。與華容縣中分爲界。

唐·李吉甫《元和郡縣圖志》卷二八《江南道四》　蕪湖水，在縣西南八十里。源出丹陽湖，西北流入于大江。漢末湖側亦嘗置蕪湖縣，吴將陸遜、晉謝尚、王敦皆嘗鎮此。

又　桐汭水，在縣西五十里。《春秋》「楚子期伐吴，至桐汭」，是也。

又　漸江，一名浙江，源出縣東南横鄣山，東流經歙縣，又東南入睦州界。

唐·李吉甫《元和郡縣圖志》卷二九《江南道五》　湘水，南自衡山縣界流入于岳州湘陰縣界。

又　瀟水，一名茱萸江，南自邵州流入，經縣南三十步。縣西有關羽瀨，南對甘寧故壘。昔羽屯兵水北，孫權令魯肅、甘寧拒于此水，寧謂肅曰：「羽聞吾咳唾之聲，必不敢渡，渡則成擒也。」羽夜聞寧處分，曰：「興霸聲也。」遂不渡茱萸江。

又　益水，出縣東南益山，東北流入瀟水。

又　蒸水，自臨蒸縣北東注於湘，謂之蒸口。

又　温水，在縣北。常溉田，十二月種，明年三月熟，可一歲三熟。

又 連江，在縣南三百里，東流入海。

唐·李吉甫《元和郡縣圖志》卷三〇《江南道六》 涪江水，在縣南，屈北流注于蜀江。

又 內江水，一名涪陵水，在縣西四十步。

又 盧水，在縣西二百五十里。即武溪所出。《武陵記》云：「溪山高可萬仞。山中有槃瓠石窟，可容數萬人。窟中有石似狗形，蠻俗相傳即槃瓠也。又有巴蛇，四眼，大十圍，不知長幾里。」

唐·李吉甫《元和郡縣圖志》卷三一《劍南道上》 大江，一名汶江，一名流江，經縣南七里。蜀守李冰穿二江成都中，皆可行舟，溉田萬頃。蜀人又謂流江爲懸笮橋水，此水濯錦，鮮於他水。

又 郫江，一名成都江，經縣西，去縣十一里。

又 大江，西自茂州界流入。按《孫卿子》曰：「江出汶山，其源可以濫觴。及至江津，下方舟避風，不可涉也。」

又 弩機水，如弩箭，水流甚急，故名之，縣東南四十里。

又 緜水，出縣西北紫嵓山。《蜀都賦》「浸以緜、洛」，謂此水也。蜀人稱郫、繁曰膏腴，緜、洛爲浸沃。

又 中江水，即牛鞞水也。昔羅尚乘牛鞞水凍征李雄，即此水也。

唐·李吉甫《元和郡縣圖志》卷三二《劍南道中》 浮圖水，一名車盧水，經縣西南五里。

又 瀘水，在縣西一百十二里。諸葛亮征越巂上疏曰「五月渡瀘，深入不毛」，謂此水也。水峻急而多石，土人以牛皮作船而渡，一船勝七八人。

又 念諸水，本名繩水，流入瀘水，在縣西北七百里。自羌戎界流入。

又 溺水，在七曲水北一百三十里。南北四百里，東西七百里，窮年密霧，未嘗睹日月輝光，樹木皆衣毛深厚，時時多水溼，晝夜沾灑。上無飛鳥，下絶走獸，唯夏月頗有蝮蛇。土人呼爲漏天也。

唐·李吉甫《元和郡縣圖志》卷三三《劍南道下》 涪江水，西北自郪縣界流入，在縣東一百步。灘十七所。

又 沈水，北自鹽亭縣界流入。公孫述令延岑盛兵于沈水固守，臧宮進兵縱擊，大破之，斬首溺死者萬餘人，即此也。

又 廉水，經縣東北，去縣五里。讓水，出縣北平地。宋明帝時，梓潼人范百年，因論事之次，帝語及廣州貪泉，百年對曰：「臣家梁、益，所居廉、讓之間。」謂此水也。

又 九節溪，出縣東三十六里。灘有九節，因爲名。

唐·李吉甫《元和郡縣圖志》卷三四《嶺南道一》 南海，在縣南，水路百里。自州東八十里有村，號曰古斗，自此出海，浩淼無際。

又 石門水，一名貪泉，出縣西三十里平地。即晉廣州刺史吳隱之飲水賦詩之處。

又 滑水，一名綏建江，經縣南，去縣三十步。

又 溱水，一名始興大江，北自韶州曲江縣界流入，東去縣一百一十步。

又 循江，西自河源縣界流入，西去縣五十里。

又 鬱水，一名西江水，經縣南，去縣十步。

又 臨賀水，一名封溪水，經縣西，去縣十五里。

又 湞水，在縣東一里。元鼎五年征南越，樓船將軍下橫浦，入湞水，即此水。

又 邪階水，今名階水，出縣東一百三十里。近水有邪階山，又有脩仁水，出縣東北東嶠山，仍有三楓亭、五渡水。齊范彦龍爲始興守，至脩仁，酌水賦詩曰：「三楓何習習？五渡且悠悠。寧飲脩仁水，不挹邪階流。」

唐·李吉甫《元和郡縣圖志》卷三七《嶺南道四》 桂江，一名灕水，經縣東，去縣十步。楊僕平南越，出零陵，下灕水，即謂此也。

又 湘水，出縣東南八十里陽朔山下，經零陵郡西十里。陽朔山，即零陵山也。其初則觴爲之舟，至洞庭，日月若出入其中。

又 建水，出縣北建山，南流，經縣東。

又 臨水，東去縣十步。又有賀水合，更名臨賀水。

又 龔江，一名潯江，亦名都泥江，在縣南五十步。

唐·李吉甫《元和郡縣圖志》卷三九《隴右道上》 渭水，在縣北十三里。西自伏羌縣界流入。

又 段谷水，源出縣東南山下。蜀將姜維，爲鄧艾破于段谷，星散流離，即此谷也。

又 六泉水，在縣東北原上。泉源有六，因以爲名。

又 落門水，出縣東南落門谷。後漢建武十年，來歙大破隗囂於落門，即此。

又 烏逆水，在縣西南二十許里。水西有馬蹄谷。漢武帝使李廣利伐大宛，得天馬。胡馬感北風之思，遂頓絶羈絆而馳，晨發京城，食時至敦煌塞下。今谷中石上猶存蹄跡。

又 河水，在縣北五十里。河，下也。按四瀆之中，河源最高，從高注下，故其流峻急。《禹貢》「導河積石，至於龍門」，又曰「導洛自熊耳」。按洛水出上洛西山，經熊耳之北，所言導者，皆謂紀所施功，不必自其源也。

又 湟水，名湟河，亦謂之樂都水，出青海東北亂山中，東南流至蘭州西南入黄河。

又 浩亹水，今謂之閤門水，經縣東，去縣五十五里。漢宣帝神爵元年，遣後將軍趙充國擊先零羌，充國欲罷騎兵，屯田以待其弊。計度臨羌東至浩亹，羌虜故田，人所未墾，可二千頃已上。又理湟陿以西道橋七十所，令可至鮮水左右留步士萬人屯田，爲必禽之具。詔從之。充國竟以屯田之利，支解先零。

又 洮水，出縣西南三百里强臺山，即《禹貢》西傾山也。

又 白水，一名墊江水，在州西六十里。

又 藥水，在縣東平地。人有患冷者，煎水服之，多愈。

唐·李吉甫《元和郡縣圖志》卷四〇《隴右道下》 石脂水，在縣東南一百八十里。泉有苔如肥肉，燃之極明。水上有黑脂，人以草盝取用，塗鴟夷酒囊及膏車。周武帝宣政中，突厥圍酒泉，取此脂燃火，焚其攻具，得水逾明，酒泉賴以獲濟。

又 懸泉水，在縣東一百三十里。出龍勒山腹。漢將李廣利伐大宛還，士衆渴乏，引佩刀刺山，飛泉湧出，即此也。水有靈，車馬大至即出多，小至即出少。

又 龍勒水，在縣南一百八十里龍勒山上。李陵發兵至遮虜障東浚稽山南龍勒水上，徘徊觀虜，所見即此水。

又 冥水，自吐谷渾界流入大澤，東西二百六十里，南北六十里。豐水草，宜畜牧。

又 柳谷水，有東西二源，出縣東北天山，南流十五里合。

唐·李吉甫《元和郡縣圖志·闕卷逸文》卷一《山南道》 沮水，出房州房陵縣東山，東南過枝江縣入於江。《通釋》十一。

又 枉水，出縣南蒼山，名曰枉渚，善卷所居，時人號曰枉渚。《楚詞》云「朝發枉渚，夕宿辰陽」，亦此謂也。《紀勝》常德府。

又 漢水，去州城百步。水出麩金，其色稍白，不任貢獻。嶓冢導漾，東流爲漢水，歷洋州，縈紆千數百里而後至金之境。《紀勝》金州。

又 洵水，出縣北洵山，去縣一百五十步。《紀勝》金州。

唐·李吉甫《元和郡縣圖志·闕卷逸文》卷二《淮南道》 大江，西北自六合縣界流入。晉祖逖擊楫中流自誓之所，南對丹徒之京口。舊闊四十餘里，今闊十八里。魏文帝登廣陵觀兵，戎卒數十萬，旌旗數百里，臨江見波濤洶湧，歎曰：「吾騎萬隊，何所用之？嗟乎，固天地所以限南北也！」《紀勝》揚州。

又 瀆水，今謂之山陽瀆，即邗溝也。舊水道屈曲，隋文帝重加修，水頗通利。《紀勝》楚州。

又 滁水，在縣南六十里。其源出廬州梁縣，東流經滁及六合縣，至瓜步入于大江。《紀勝》滁州。

又 横江，在縣東南二十六里，直江南採石渡處。東漢建安初，孫策自壽春經略江都，揚州刺史劉繇遣將屯横江，孫策擊破之於此。隋將韓擒虎平陳，自横江濟，亦此處也。《紀勝》和州。

又 運漕河，在縣南八十里。梁侯景之亂，王僧辨軍次蕪湖，景將侯子鑒屯兵梁山，以捍漕運，故名。《補志》引原文。

又 皖水，西北自霍山縣流入，經懷寧縣北二里，又東南流二百四十里入大江，謂之皖口。《通釋》二。

又 樅陽水，出縣東南硤石山，東南入于江。《紀勝》安慶府。

又 濡須水，源出縣西巢湖，亦謂之馬尾溝，東流經亞父山，又東南流注于江。建安十八年，曹公至濡須，與孫權相拒月餘，權乘輕舟從濡須口入。《通釋》十二。

唐·李吉甫《元和郡縣圖志·闕卷逸文》卷三《嶺南道》 瘴江，州界有瘴名，爲合浦江。《紀勝》廉州。自瘴江至此，瘴癘尤甚，中之者多死，舉體如墨。春秋兩時彌盛，春謂青草瘴，秋謂黄茅瘴。馬援所謂「仰視烏鳶，跕跕墮水中」，即此也。土人語則不爲病。同上。

又 都泥江，在州北，出宜至本縣，東經象入藤。潯州又有都泥水。《紀勝》賓州。

唐·宋之問《宋之問集·句》　洛水多清泚，嵩高有白雲。

唐·元稹《元稹集》卷一五《律詩·嘉陵水》　爾是無心水，東流有恨無？

唐·元稹《元稹集》卷一七《律詩·嘉陵江二首》　秦人惟識秦中水，長想吴江與蜀江。

千里嘉陵江水聲，何年重遶此江行？

唐·韋莊《雪夜泛舟遊南溪》　大江西面小溪斜，入竹穿松似若耶。兩岸嚴風吹玉樹，一灘明月曬銀砂。

唐·韋莊《汧陽間》　汧水悠悠去似絣，遠山如畫翠眉横。

唐·韋莊《峽程記》　六月下瞿唐，水高於堆，不知其幾。至峽口，則水洶湧逆流，舟人相顧失色。急水過堆，余曾冒險下峽。然舟人雖利之，責之，不敢下也。瞿唐水漲，一瀉千里。故太白詩云：朝辭白帝彩雲間，千里江陵一日還。急流處有瀆有漩，緩棹隨漩乃得出。不與水争，争即舟埋水矣。

《全唐詩》卷一七李白《將進酒》　君不見黄河之水天上來，奔流到海不復回。

《全唐詩》卷一七盧仝《有所思》　夢中醉臥巫山雲，覺來淚滴湘江水。湘江兩岸花木深，美人不見愁人心。含愁更奏緑綺琴，調高弦絶無知音。美人兮美人，不知爲暮雨兮爲朝雲。相思一夜梅花發，忽到窗前疑是君。

《全唐詩》卷一七柳宗元《涇水黄》　涇水黄，隴野茫。

《全唐詩》卷二四李白《君子有所思行》　渭水清銀河，横天流不息。

《全唐詩》卷二四鄭錫《邯鄲少年行》　霞鞍金口騮，豹袖紫貂裘。家住叢臺下，門前漳水流。

《全唐詩》卷二六沈佺期《古别離》　白水東悠悠，中有西行舟。舟行有返棹，水去無還流。

《全唐詩》卷二六李端《古别離二首》　水國葉黄時，洞庭霜落夜。行舟聞商估，宿在楓林下。此地送君還，茫茫似夢間。後期知幾日，前路轉多山。巫峽通湘浦，迢迢隔雲雨。天晴見海檣，月落聞津鼓。人老自多愁，水深難急流。清宵歌一曲，白首對汀洲。

《全唐詩》卷二六李賀《摩多樓子》　玉塞去金人，二萬四千里。風吹沙作雲，一時渡遼水。

《全唐詩》卷二七王建《渡遼水》　渡遼水，此去咸陽五千里。

《全唐詩》卷二七李涉《鷓鴣詞》　湘江煙水深，沙岸隔楓林。何處鷓鴣飛，日斜斑竹陰。

《全唐詩》卷二八劉禹錫《竹枝》　白帝城頭春草生，白鹽山下蜀江清。南人上來歌一曲，北人莫上動鄉情。山桃紅花滿上頭，蜀江春水拍江一作山。流。

《全唐詩》卷二八劉禹錫《浪淘沙》　九曲黄河萬里沙，浪淘風簸自天涯。如今直上銀河去，同到牽牛織女家。洛水橋邊春日斜，碧流輕淺見瓊沙。無端陌上狂風急，驚起鴛鴦出浪花。汴水東流虎眼文，清淮曉色鴨頭春。君看渡口淘沙處，渡卻人間多少人。鸚鵡洲頭浪颭沙，青樓春望日將斜。銜泥燕子争歸舍，獨自狂夫不憶家。濯錦江邊兩岸花，春風吹浪正淘沙。

《全唐詩》卷二八劉禹錫《瀟湘神二曲》　湘水流，湘水流，九疑雲物至今愁。君問二妃何處所，零陵香草露中秋。斑竹枝，斑竹枝，淚痕點點寄相思。楚客欲聽瑶瑟怨，瀟湘深夜月明時。

《全唐詩》卷四三李百藥《渡漢江》　東流既瀰瀰，南紀信滔滔。水激沉碑岸，波駭弄珠皋。

《全唐詩》卷四四徐珩《日暮望涇水》　導源徑隴阪，屬汭貫嬴都。下瀨波常急，迴圻溜亦紆。

《全唐詩》卷四七張九齡《湘中作》　湘流繞南嶽，絶目轉青青。

《全唐詩》卷五九李嶠《江》　日夕三江望，靈潮萬里回。霞津錦浪動，月浦練花開。湍似黄牛去，濤從白馬來。英靈已傑出，誰識卿雲才。

《全唐詩》卷五九李嶠《河》　源出昆侖中，長波接漢空。桃花來馬頰，竹箭入龍宫。德水千年變，榮光五色通。若披蘭葉檢，□□□□□。

《全唐詩》卷九六沈佺期《隴頭水》　隴山飛落葉，隴雁度寒天。愁見三秋水，分爲兩地泉。西流入羌郡，東下向秦川。

《全唐詩》卷一〇八韋述《晚渡伊水》　悠悠涉伊水，伊水清見石。是時春向深，兩岸草如積。迢遞望洲嶼，逶迤亘津陌。新樹落疏紅，遥原上深碧。

《全唐詩》卷一六二李白《公無渡河》　黄河西來決昆侖，咆哮萬里觸龍門。波滔天，堯咨嗟。大禹理百川，兒啼不窺家。殺湍湮洪水，九州始蠶麻。

《全唐詩》卷一七七李白《涇川送族弟錞》　涇川三百里，若耶羞見之。錦石照碧山，兩邊白鷺鷥。佳境千萬曲，客行無歇時。上有琴高水，下有陵陽祠。仙人不見我，明月空相知。問我何事來，盧敖結幽期。蓬山振雄筆，繡服揮清詞。

江湖發秀色，草木含榮滋。

《全唐詩》卷一八〇李白《登新平樓》　天長落日遠，水净寒波流。秦雲起嶺樹，胡雁飛沙洲。

《全唐詩》卷一八〇李白《望廬山瀑布水二首》　西登香爐峯，南見瀑布水。挂流三百丈，噴壑數十里。欻如飛電來，隱若白虹起。初驚河漢落，半灑雲天裏。仰觀勢轉雄，壯哉造化功。海風吹不斷，江月照還空。空中亂潨射，左右洗青壁。飛珠散輕霞，流沫沸穹石。

日照香爐生紫煙，遥看瀑布掛前川。飛流直下三千尺，疑是銀河落九天。

《全唐詩》卷一八〇李白《望天門山》　天門中斷楚江開，碧水東流至一作直。北迴。

《全唐詩》卷一八〇李白《金陵望漢江》　漢江迴萬里，派作九龍盤。

《全唐詩》卷一八〇李白《秋夜板橋浦泛月獨酌懷謝朓》　漢水舊如練，霜江夜清澄。

《全唐詩》卷一八三李白《越中懷古》　越水遶碧山，周迴數千里。乃是天鏡中，分明畫相似。

《全唐詩》卷一九九岑參《熱海行送崔侍御還京》　側聞陰山胡兒語，西頭熱海水如煮。海上衆鳥不敢飛，中有鯉魚長且肥。海中有赤鯉。岸傍青草常不歇，空中白雪遥旋滅。蒸沙爍石然虜雲，沸浪炎波煎漢月。

《全唐詩》卷二〇一岑參《經隴頭分水》　隴水何年有，潺潺逼路傍。東西流不歇，曾斷幾人腸。

《全唐詩》卷二二〇杜甫《閬水歌》　嘉陵江色何所似？石黛碧玉相因依。正憐日破浪花出，更復春從山際歸。

《全唐詩》卷三四七崔立之《曲池潔寒流》　閒尋欹岸步，因向曲池看。透底何澄澈，迴流乍屈盤。稍隨高樹古，迥與遠天寒。月入鏡華轉，星臨珠影斷。

《全唐詩》卷三五二柳宗元《柳州寄京中親故》　林邑山連瘴海秋，牂牁水向郡前流。勞君遠問龍城地，正北三千到錦州。

《全唐詩》卷三五二柳宗元《湘口館瀟湘二水所會》　九疑濬傾奔，臨源委縈迴。會合屬空曠，泓澄停風雷。高館軒霞表，危樓臨山隈。兹辰始澄霽，纖雲盡褰開。天秋日正中，水碧無塵埃。杳杳漁父吟，叫叫羈鴻哀。境勝豈不豫，慮分固難裁。升高欲自舒，彌使遠念來。歸流駛且廣，泛舟絶沿洄。

《全唐詩》卷三五六李渤《南溪詩並序》　桂水灘山，右匯陽江，數里餘得南溪口。溪左屏外崖巘，?鬭麗争高。【略】溯流數百步至巖，巖下有灣壤沮洳，因導爲新泉。山有二洞九室。西南曰白龍洞，横秀巽維，蜕骨如玉。西北曰玄巖洞，曲通坎隅，晴眺灕水。玄巖之上曰丹室。白龍之右曰夕室，巽維北。梯險至仙窟，北又有石室，參差呀豁，延景宿雲。其洞室並乳溜凝化，詭勢奇狀。【略】

玄巖麗南溪，新泉發幽色。巖泉孕靈秀，雲煙紛崖壁。斜峰信天插，奇洞固神闢。窈窕去未窮，環迴勢難極。玉池似無水，玄井昏不測。仙户掩復開，乳膏凝更滴。丹砂有遺址，石徑無留跡。南眺蒼梧雲，北望洞庭客。蕭條風煙外，爽朗形神寂。若值浮丘翁，從此謝塵役。

《全唐詩》卷三七七孟郊《泛黄河》　誰開崑崙源，流出混沌河。積雨飛作風，驚龍噴爲波。湘瑟颼飀弦，越賓一作客。嗚咽歌。有恨不可洗，虚此來經過。

《全唐詩》卷三八二張籍《泗水行》　泗水流急石纂纂，鯉魚上下紅尾短。春冰銷散日華滿，行舟往來浮橋斷。城邊魚市人早行，水煙漠漠多棹聲。

《全唐詩》卷三八九盧仝《蜻蜓歌》　黄河中流日影斜，水天一色無津涯，處處驚波噴流飛雪花。篙工楫師力且武，進寸退尺莫能度。

《全唐詩》卷四一四元稹《蒼溪縣寄揚州兄弟》　蒼溪縣下嘉陵水，入峽穿江到海流。

《全唐詩》卷四八二李紳《卻入泗口》　洪河一派清淮接，堤草蘆花萬里秋。煙樹寂寥一作蒼茫。分楚澤，海雲明滅一作見。滿揚州。望深江漢連天遠，思起鄉閭一作關。滿眼愁。惆悵路岐真一作惟。此處，夕陽西没水東流。

《全唐詩》卷四九四施肩吾《瀑布》　豁開青冥顛，寫出萬丈泉。如裁一條素，白日懸秋天。

《全唐詩》卷五〇八李敬方《汴河直進船》　汴水通淮利最多，生人爲害亦相和。東南四十三州地，取盡脂膏是此河。

《全唐詩》卷五二〇杜牧《杜秋娘詩並序》　京江水清滑。

《全唐詩》卷五二〇杜牧《漢江》　溶溶漾漾白鷗飛，緑净春深好染衣。

《全唐詩》卷五四八薛逢《嘉陵江》　備問嘉陵江水湄，百川東去爾西之。但教清淺源流在，天路朝宗會有期。

《全唐詩》卷五五八薛能《黄河》　何處發崑崙，連乾復浸坤。波渾經雁塞，聲振自龍門。岸裂新衝勢，灘餘舊落痕。橫溝通海上，遠色盡山根。勇逗三峯坼，雄標四瀆尊。灣中秋景樹，闊外夕陽村。沫亂知魚呴，槎來見鳥蹲。飛沙當白日，凝霧接黃昏。潤可資農畝，清能表帝恩。雨吟堪極目，風度想驚魂。顯瑞龜曾出，陰靈伯固存。盤渦寒漸急，淺瀨暑微温。九曲終柔勝，常流可暗吞。入間無博望，誰復到窮源。

《全唐詩》卷六四七胡曾《黃河》 博望沈埋不復旋，黃河依舊水茫然。沿流欲共牛郎語，只得一作待。靈槎送上天。

宋·樂史《太平寰宇記》卷一《河南道一·東京上·開封府·陳留縣》 阿谷水，在縣北五十八里。《家語》曰：「孔子南遊于楚，至阿谷之墜，使子貢奉觴，從女子乞飲。」即此也。

又 睢溝，在縣東南五里。《輿地志》云：「汴水自滎陽受睢水，東至陳留、彭城，南入泗水，經縣界入雍丘界。」自後開通濟渠，此渠廢。今無水。

宋·樂史《太平寰宇記》卷一《河南道一·東京上·開封府·尉氏縣》 筆溝，在縣東北四十里。與康溝相合，端直如筆。長明溝，在縣西四十五里。源出許州長葛縣界，與太溝合流。司馬彪《郡國志》云：「苑陵縣有白雁陂，引潰南流，謂之長明溝。」

宋·樂史《太平寰宇記》卷二《河南道二·東京下·襄邑縣》 睢水，在縣北三十里，西自雍丘界入寧陵。《水經注》云：「睢水出陳留縣西蒗蕩渠。」

宋·樂史《太平寰宇記》卷二《河南道二·東京下·太康縣》 渦水，首受蔡水，東流經縣北。

宋·樂史《太平寰宇記》卷二《河南道二·東京下·鄢陵縣》 洧水，在縣西北二十二里。

濮水，在縣西南四十里。從臨潁界入，東南出扶溝縣界。

宋·樂史《太平寰宇記》卷二《河南道二·東京下·東明縣》 五丈河，在縣南十二里。從陳留界來，入冤句界。

宋·樂史《太平寰宇記》卷三《河南道三·西京一·河南府·河南縣》 瀍水，在縣西北六十里。《禹貢》曰：「伊、洛、瀍、澗，既入于河。」孔安國注云：「瀍水出河南北山。」《水經》云：「瀍水出河南穀城縣北山。」今驗水西從新安界東入縣界。

又 孝水，《山海經》謂廆山「俞隨之水出于其陰，北流注于穀水。」水經注云：「世謂之孝水，在河南城西十餘里。故潘安仁《西征賦》云：「澡孝水而濯纓，嘉美名之在茲。」」

宋·樂史《太平寰宇記》卷五《河南道五·西京三·鞏縣》 黃河，西自偃師縣界流入。河于此有五社渡，又爲五社津，後漢朱鮪遣賈強從五社津渡是也。

宋·樂史《太平寰宇記》卷五《河南道五·西京三·密縣》 鄶水，《水經注》云：「溱水出鄶城西北雞絡塢下，東南流。」世亦謂之鄶水。

承雲水，《水經注》云：「出承雲山，二源雙導，世謂之東、西承雲。」

宋·樂史《太平寰宇記》卷五《河南道五·西京三·潁陽縣》 八風溪，溪水南流合三交水。此岸有沙，細潤，可以澡濯。

宋·樂史《太平寰宇記》卷五《河南道五·西京三·芮城縣》 龍泉水，在縣北七里，《水經注》云：「古魏城內有龍泉，南流出城。」源闊五寸，深一寸。

宋·樂史《太平寰宇記》卷六《河南道六·陝州·硤石縣》 硤石水，縣東二十里，水出上嶺，西經硤石山，因名，與橐水合流。

宋·樂史《太平寰宇記》卷六《河南道六·陝州·夏縣》 涑川，在縣北四十里。從聞喜縣界接河中猗氏縣。東北有青原，南拒安邑，沃野彌望一百餘里。《左傳》成公十三年，晉侯使吕相絶秦，曰：「伐我涑川。」

鴻臚川，一名鴻臚澗，一名門水，在縣西一里。西南自朱陽縣界入，溉田四百餘頃。《水經注》云：「即《山海經》所謂『陽華之山，門水出焉』者也。又東北歷峽，謂之鴻關水，東有城，即關亭也。」

宋·樂史《太平寰宇記》卷七《河南道七·許州·長社縣》 潁水，在縣西南三十里。

宋·樂史《太平寰宇記》卷七《河南道七·許州·陽翟縣》 大溵水，在縣南一里，上承汝水，自襄城至岐額城分流，南爲汝水，北爲溵水。又有小溵水，在縣北三十里。

宋·樂史《太平寰宇記》卷九《河南道九·滑州·胙城縣》 濮水，在縣南一里，西南自酸棗縣界流入。

宋·樂史《太平寰宇記》卷九《河南道九·鄭州·管城縣》 鄭水，一名不家水，源出梅山。

宋·樂史《太平寰宇記》卷九《河南道九·鄭州·滎陽縣》 鴻溝，在縣西。即楚漢分界之所。

又 索水，在縣南三十五里。

又　京水，在縣東二十二里。

宋・樂史《太平寰宇記》卷一〇《河南道十・陳州・宛丘縣》　蔡水，自西北流入，經縣東一里。

又　谷水，《水經注》云：「上承滂陂，南暨犖城，皆爲陂也。陂水東流，謂之谷水，東經滂城北，又東流入于沙水。」

宋・樂史《太平寰宇記》卷一〇《河南道十・陳州・商水縣》　溵水，從西華縣南來，經縣西四里過，入潁水。

宋・樂史《太平寰宇記》卷一一《河南道十一・蔡州・朗山縣》　淮水，經縣理南，去縣百二十里。

宋・樂史《太平寰宇記》卷一二《河南道十二・宋州・宋城縣》　睢水，在縣南五里。《水經注》云：睢、渙二水出蒗蕩渠。

宋・樂史《太平寰宇記》卷一二《河南道十二・宋州・楚丘縣》　堂水，在縣北四十五里，從單州成武縣入界，南行五里，合泡溝。

宋・樂史《太平寰宇記》卷一二《河南道十二・亳州・城父縣》　肥水，在縣西。《水經注》：「肥水源出桑縣西北澤藪，東南流，左右翼佩，數源異出同歸，蓋涓脈所注耳。」有鮑溪水，亦此。

宋・樂史《太平寰宇記》卷一二《河南道十二・亳州・鹿邑縣》　濄水，一名曲水，源從陳州宛丘縣東北濄河出，至縣界，入真源縣。

宋・樂史《太平寰宇記》卷一二《河南道十二・亳州・真源縣》　瀨水，在縣東南十二里，于苦縣界相縣故城西南五里谷水分流，入靈溪池，東入濄水。

宋・樂史《太平寰宇記》卷一三《河南道十三・曹州・清陰縣》　渮水，《水經》云：「菏水，俗謂之五丈溝，亦名南濟水。西自考城縣界來，東經陶丘，《尚書》所謂『東出于陶丘北，又東至于菏』。」

宋・樂史《太平寰宇記》卷一三《河南道十三・曹州・南華縣》　濮水，西自滑州韋城縣界入，在縣南五里，又東入乘氏縣界。昔殷紂使師延作靡靡之樂，武王伐紂，師延自投濮水而死，謂此水也。

宋・樂史《太平寰宇記》卷一四《河南道十四・濮州・濮州縣》　瓠子河，西北自濮陽界流入，北去縣二十一里，又東流入雷澤縣界。

宋・樂史《太平寰宇記》卷一四《河南道十四・單州・魚臺縣》　泗水：東北自任城縣界流入，經縣東，與菏水合，又東流入徐州沛縣界。

宋・樂史《太平寰宇記》卷一六《河南道十六・泗州・臨淮縣》　紅藍河，在縣東十里。上有土橋。南入淮，其河上源有村，取紅藍河爲名。

宋・樂史《太平寰宇記》卷一六《河南道十六・泗州・虹縣》　潼水，在縣西三百步。《水經》注云：「今潼水自萬安湖南流。」隋大業元年開汴河，塞潼水。

宋・樂史《太平寰宇記》卷一七《河南道十七・淮陽軍・下邳縣》　沂水，經縣北分爲二水，一水于城北西南入泗水，一水經城東屈曲從縣南亦注泗，謂之小沂水。

宋・樂史《太平寰宇記》卷一七《河南道十七・漣水軍・漣水縣》　大海，在縣東北百四十里。《禹貢》：「海、岱及淮惟徐州。」注云：「東至海，北至岱，南至淮也。」又云：「沿于江、海，達于淮、泗。」注云：「沿江入海，自海入淮，自淮入泗。」即此海也。

又　北漣水，西從海州沭陽縣沭水分流，南入縣界。在沭陽，名南漣水；北入縣界，名北漣水；南流四十九里，與南漣水合流。

宋・樂史《太平寰宇記》卷一八《河南道十八・青州・益都縣》　平盧河，河水與地平，故號平盧。

又　澠水，一名陽水。《風俗通》云：「羸馬不渡澠水。」言澠水之急也。

宋・樂史《太平寰宇記》卷一八《河南道十八・青州・臨淄縣》　康浪水，《三齊記》云：「甯戚叩牛角歌曰：『康浪之水白石粲，中有鯉魚長尺半。』」即此也。

宋・樂史《太平寰宇記》卷一八《河南道十八・青州・壽光縣》　淄、澠水，西自千乘縣界流入，至此合流，去縣四十里。

宋・樂史《太平寰宇記》卷一八《河南道十八・濰州・北海縣》　膠水，在州東八十六里。《漢書》云：「邦縣東，膠水所出。」《齊記》云：「膠水出琅邪五弩山。」《圖經》云：「水色如膠，北流三百里入海。」

又　汶水，在縣東南六十里，源出沂水縣小泰山，入縣界合濰水入海。

宋・樂史《太平寰宇記》卷一八《河南道十八・濰州・昌樂縣》　西丹水，在縣西北五十七里，源出臨朐縣凡山，入縣界，溉田。

宋・樂史《太平寰宇記》卷一九《河南道十九・淄州・長山縣》　濟水，西自齊州章丘縣界流入，在縣西北三十五里。

宋・樂史《太平寰宇記》卷一九《河南道十九・淄州・鄒平縣》　黄河，西北自齊州臨清縣東流入，經縣西北，去縣八十里。

宋・樂史《太平寰宇記》卷一九《河南道十九・齊州・歷城縣》 歷水，在縣東門外十步。按晏謨《三齊記》云：「歷水出歷祠下，泉源競發，與濼水同入鵲山湖。」

又 孝感水，在縣北門。按《三齊記》云：其水平地湧出爲小渠，與四望湖合流入州，歷諸廨署西入濼水。

宋・樂史《太平寰宇記》卷一九《河南道十九・齊州・章丘縣》 百脈水，在縣北十步，闊三丈。按晏謨《齊記》云：「源出亭山縣東界，水源方百步，百水之脈俱合流，因以名。西北入縣界，屈曲六十里入濟。」

宋・樂史《太平寰宇記》卷二一《河南道二十一・兗州・曲阜縣》 嶮水，在縣北四十二里，源出九山，東南流入洙水，其溪澗嶮隘。

又 達泉溝，在縣東南十里，源出縣東南平澤，西南流合卜沙溝，共流數里，同入于沂。

宋・樂史《太平寰宇記》卷二一《河南道二十一・兗州・乾封縣》 汶水，源出縣東北原山，西南流經縣理南，去縣三里。

宋・樂史《太平寰宇記》卷二二《河南道二十二・海州・朐山縣》 沭水，在縣西南百四十里。按《水經注》云「沭水出琅邪東莞縣西北大弁山」，流經沂州沂水縣，西南入泗州下邳縣。

宋・樂史《太平寰宇記》卷二三《河南道二十三・沂州・費縣》 漷水，源出縣西南連青山下。《左傳・襄公十九年》：「取邾田，自漷水。」今按：水發源自山下，東北流，又折而西南流，入徐州滕縣界。

宋・樂史《太平寰宇記》卷二四《河南道二十四・密州・諸城縣》 百尺水，源出東南五弩山之西麓。《水經注》云：「高密縣有密水，故有高密之名。然俗所謂百尺水者，蓋密水也。東北經高密故城，南十里，蓄以爲塘，方二十餘里，古所謂高密之南都也，溉田萬頃，散流下注夷安澤。」

宋・樂史《太平寰宇記》卷二四《河南道二十四・密州・莒縣》 濰水，源出縣東北濰山，去縣八十三里，東北流入諸縣界。

宋・樂史《太平寰宇記》卷二六《關西道一・雍州一・萬年縣》 渭水，北去縣五十里，西自長安縣界流入，霸水注之。

又 福水，即交水也。上承樊川、御宿諸水，出縣南山石壁谷南三十里，與直谷水合，即子午谷水。

宋・樂史《太平寰宇記》卷二六《關西道二・雍州二・鄠縣》 澇水，源出終南澇谷，經縣理西北，經貢陽宮，注于渭。

宋・樂史《太平寰宇記》卷二八《關西道四・同州・白水縣》 柳谷水，《郡國縣道記》云：「衙城側有柳谷水，即彭衙水，南流至縣理東北合洛水。」是也。

宋・樂史《太平寰宇記》卷三一《關西道七・乾州・奉天縣》 甘谷水，在州東北，從永壽縣温秀嶺流至縣界，卻入醴泉，合涇河。

宋・樂史《太平寰宇記》卷三三《關西道九・原州・臨涇縣》 陽晉水，在縣南一十五里。自羅使堡蕃界來，入本州八十里，入涇州保定縣界。

宋・樂史《太平寰宇記》卷三四《關西道十・邠州・新平縣》 漆水，按酈道元注《水經》云：「漆水自宜禄縣界來，又東過扶風漆縣北。」以《水經》驗之，即邠州所理是也。《漢志》注云：「漆水在縣西。」今縣西九里有白土川水，東北流逕白土原東、陳陽原西，又東北流注于涇水。或恐白土水是漢之漆水，但古今異名耳。今鳳翔府東北一百六十里麟遊縣東南亦有一漆水，南流與杜陽水合，非漢之漆水也，故舉此以明之。

宋・樂史《太平寰宇記》卷三四《關西道十・寧州・安定縣》 九陵水，在慶州華池縣界子午山。川中有九堆似陵，故謂之九陵水。

宋・樂史《太平寰宇記》卷三五《關西道十一・坊州・中部縣》 沮水，自升平縣北子午嶺出，俗號子午水。《禹貢》云漆、沮二水出馮翊北，即子午水。

宋・樂史《太平寰宇記》卷三五《關西道十一・坊州・宜君縣》 慈烏水，在縣西北四十里，源自昇平縣分水嶺，東流入當縣界。

又 石盤水，在縣東五十里，源自耀州同官縣大石盤出，東流入縣界。

宋・樂史《太平寰宇記》卷三五《關西道十一・丹州・宜川縣》 赤水川，在縣西北二里，闊三百步，從西延州臨真縣界入。

宋・樂史《太平寰宇記》卷三六《關西道十二・延州・門山縣》 渭牙川，在縣北二十五里，從西延州延長縣界來，五十里卻入延州門山縣，經縣西三十里，又七十五里入黄河川。內有水木，稽胡唤水木爲「渭牙」，因以爲名。

宋・樂史《太平寰宇記》卷三六《關西道十二・延州・豐林縣》 青化水，在縣東北四十三里，出自嘉泉，東流入濯筋河。嘉泉者，耆老云：「湧出飛流一丈，似團碾可嘉，因以名之。」

宋・樂史《太平寰宇記》卷四〇《河東道一・并州・陽曲縣》 汾水，西自交城縣流入，經縣西南，去縣三十里，又東南入太原縣界。

宋・樂史《太平寰宇記》卷四〇《河東道一・并州・平晉縣》 洞過水，東自榆次縣界流入，西去縣三十里入晉陽縣界。

宋・樂史《太平寰宇記》卷五〇《河東道十一・威勝軍・銅鞮縣》 銅鞮水，《水經注》云「銅鞮水，出覆釜山，經襄垣縣道」是也。又《冀州圖》云「烏蘇城在縣西北二十里，有銅鞮水」是也。

又 武鄉水，在縣西六十餘步。源出遼州平城縣南八賦嶺，西南流入榆社縣界武鄉故城下，因名武鄉水。

宋・樂史《太平寰宇記》卷五〇《河東道十一・大通監・交城縣》 沁水，一名少水。源出縣東南二十四里覆甑山，南流入上黨。

宋・樂史《太平寰宇記》卷五〇《河東道十一・岢嵐軍・嵐谷縣》 岢嵐河，在縣東。水從嵐州宜芳縣走馬嶺下流出，去縣四十里，西入合河縣界。

宋・樂史《太平寰宇記》卷四三《河東道四・晉州・臨汾縣》 汾河，《水經注》云：「汾水出平陽壺口山，東經狐谷亭。」《冀州圖》云：「汾水東北從西河界入，歷郡西南，入絳郡。」《前趙録》云：「晉永嘉三年，劉元海徙平陽於汾水，得白玉印，方四寸，高一寸二分，龍鈕。其文曰『新室之印』，即王莽所造。」又南，與平河水合流。

宋・樂史《太平寰宇記》卷五一《河東道十二・蔚州・興唐縣》 嘔夷河，亦曰瓠甗河，上槽狹，下流闊，形有似瓠甗，因名。

宋・樂史《太平寰宇記》卷五一《河東道十二・朔州・鄯陽縣》 秀容川，按：川東北接恒州，南接肆州，西限大河，北接朔州。東西六百里，南北四百餘里。

宋・樂史《太平寰宇記》卷五二《河北道一・孟州・温縣》 泲水，在故城西，東南流注于河。按《述征記》云：「泲水經河内温縣注于河。」又《九州島記》云：「濟水，一名沇水，出濟源山。」

宋・樂史《太平寰宇記》卷五二《河北道一・孟州・濟源縣》 濟水，在縣北二十八里，兼有故沁水城是也。

濟水，在縣西北三里。平地而出，有二源：其東源，周迴七百步，其深不測；西源周迴六百八十五步，深一丈，皆繚之以周墻，源出王屋山。《山海經》云：「王屋之山，瀰水出焉。」

宋・樂史《太平寰宇記》卷五三《河北道二・懷州・獲嘉縣》 清水，酈道元注《水經》云：「黑山在縣北，白鹿山東，清水所出也。上承諸陂散泉，積以成川，南流。西南屈，瀑布垂巖，懸河注壑二十餘丈。」

宋・樂史《太平寰宇記》卷五四《河北道三・魏州・永濟縣》 永濟渠，在縣西南。自汲郡引清、淇二水東流入白溝，穿此縣入臨清。

宋・樂史《太平寰宇記》卷五四《河北道三・魏州・内黄縣》 蕩水，《水經》曰：「蕩水又東北至内黄縣，入于黄澤。」

宋・樂史《太平寰宇記》卷五五《河北道四・相州・安陽縣》 洹水，《水經注》云：「西南自林慮縣界流入，東經殷墟北。」

宋・樂史《太平寰宇記》卷五五《河北道四・相州・鄴縣》 濁漳水，在縣東北。有永樂浦，浦西五里，俗謂紫陌河，此即俗巫爲河伯娶婦處。

又 黄衣水，隋《圖經》云：「黄衣水經野馬岡，東南注萬金渠，入鸕鷀陂。」即此水。

宋・樂史《太平寰宇記》卷五六《河北道五・衛州・新鄉縣》 清水，去縣北十里，西自懷州獲嘉縣界流入，與淇水合，東入白溝。酈道元《水經注》云：「黑山在縣北，白鹿山東，清水所出。」

又 大河，西從絳郡界入懷州東，又入當縣界，南入洛陽，即龍門也。

又 清淇，西自魏郡朝歌縣界入，分爲二派，一在郡東，一在郡西，俱南流入河。酈道元《水經注》云：「淇水南與清水合而入白溝，右會宿胥，皆故瀆之名。」

宋・樂史《太平寰宇記》卷五六《河北道五・衛州・衛縣》 錫盆水，一名盆水，一名錫水，源出縣西北四十里石坎下。灣屈似盆，其味如醴，故名錫盆。

宋・樂史《太平寰宇記》卷五六《河北道五・衛州・共城縣》 五穴水，《水經注》云：「菀水上承淇水，東南流歷土軍東北，得舊石逗，故五水分流，世號『五穴口』。」

宋・樂史《太平寰宇記》卷五六《河北道五・磁州・武安縣》 洺水，本名漳水，源出縣西北三門山，山下去縣八十三里。

宋・樂史《太平寰宇記》卷五九《河北道八・邢州・龍岡縣》 百泉河，在州東南八里。水自平地而出，其泉無數，故曰「百泉」，是澧河之上源也。

又 澧水，一名「澧水」；一名「鴛鴦水」。俗謂之「百泉」，源出縣東南平地，以其道源總納衆泉，合成一川故也。亦謂之「鴛鴦水」。《魏都賦》所云：「鴛鴦交谷。」

宋・樂史《太平寰宇記》卷六五《河北道十四・滄州・清池縣》 浮水，源自東光縣南界，永濟渠分出，東北流經州理南十里，又北經州城東一里，又東北入于海。故《土地十三州志》云：「浮水所出，東入海。」徒駭河，九河之一，與清池相接。

宋・樂史《太平寰宇記》卷六五《河北道十四・滄州・無棣縣》 赤河，在縣西南三百步。自饒安縣來，一百里入海，其水赤渾色。

宋・樂史《太平寰宇記》卷六九《河北道十八・幽州・薊縣》 紫淵水，《幽都記》云：「紫水，其泥亦紫。」

宋・樂史《太平寰宇記》卷七三《劍南西道二・漢州・什邡縣》 羅江水，在縣西南二十七里。源出彭州九隴縣兩岐山，經縣界入雒縣。亦名廉江。

宋・樂史《太平寰宇記》卷七三《劍南西道二・漢州・綿竹縣》 綿水，在縣東北三十里。源出當縣紫巖山。

宋・樂史《太平寰宇記》卷七五《劍南西道四・蜀州・新津縣》 黑水，在縣西十一里。流入青城縣。

宋・樂史《太平寰宇記》卷一〇三《江南西道一・歙州・歙縣》 苦溪，在縣東南。從揚之水東南下抵深渡，名曰八十里苦。其中亂石磯磯，洪港斗折，淙流騰激，其急如箭，雖三峽惡溪，不方其險也，故曰苦流。

宋・樂史《太平寰宇記》卷一〇四《江南西道二・歙州・祁門縣》 婺水，源從縣西北大廉山下出，南流九十里，至縣繞城過，與斜水合，南流入樂平鄉界。

宋・樂史《太平寰宇記》卷一〇五《江南西道三・池州・貴池縣》 大江，西自江州彭澤縣界與石水合，有連石入江，名石碑。又有大孤石，生于江中，俗謂羅刹洲，舟船上下爲之險艱。

宋・樂史《太平寰宇記》卷一〇六《江南西道四・洪州・分寧縣》 瀑布水，在縣西七里。其水從雞鳴峯西流出修水北岸石上，飛流直下三十丈餘。修水，在縣南二百二十步。按《水經注》云「修水出艾縣西」，東流屈曲六百三十八里，出建昌城，一百二十里入彭蠡湖是也。

宋・樂史《太平寰宇記》卷一〇六《江南西道四・筠州・高安縣》 鐘口江，在城南三十七里。源出荷山，入錦江。梁時，入于此獲古鐘，九乳，形制奇古，因以名江。

宋・樂史《太平寰宇記》卷一〇七《江南西道五・饒州・鄱陽縣》 鄱江水，自當縣，浮梁、樂平、餘干等城三縣合爲鄱江，經郡城南，東過都昌縣，入彭蠡湖。

宋・樂史《太平寰宇記》卷一〇七《江南西道五・饒州・餘干縣》 興業水，一名安仁港，在縣南一百二十里。發源自貴溪縣西漏石村，經縣過，合餘干江水。港中有崩崖横石，懸水千仞，湍走浪激，聲合風雷。其舟檝所歷，少有章準，或篙工失手，差以毫釐，則人墜諸泉，舟破于石。然其居人賴其膏澤之利，首冠一境焉。溉田一百二十頃。

宋・樂史《太平寰宇記》卷一〇七《江南西道五・永平監・信州・弋陽縣》 弋溪水，源出上饒縣靈山西南，從當縣太平鄉過，在縣東二十里。水口有大石，面如鐫成爲「弋」字。

宋・樂史《太平寰宇記》卷一〇八《江南西道六・虔州・贛縣》 貢水，源出雩都縣新樂山，從東南流入縣界，徑州西北流八十里，至縣郭東北二十里，與章水合流。

章水，源出大庾縣界聶都山。從南康縣東北流，合西扶、良熱等水，流三十里入縣郭，與貢水合焉。

宋・樂史《太平寰宇記》卷一〇八《江南西道六・虔州・南康縣》 益漿水，源出聶都山，在縣西五百九十一里。東流入貢水，合西符水，至南野口合良熱水。

封侯水，源出封侯山。水淺不通舟，西南入良熱水。

宋・樂史《太平寰宇記》卷一〇八《江南西道六・虔州・豊縣》 綿水，在縣東三十里。源出綿山，至烏口入桃江。西河水，在縣西百餘里。源出猶山，東流，自南折北至桃江。

宋・樂史《太平寰宇記》卷一〇九《江南西道七・袁州・宜春縣》 宜春水，出縣西四里。其水甘美，堪作酒。《晉書地道記》云：「縣出美酒，隨歲舉上供。刺史親付計吏。」

宋・樂史《太平寰宇記》卷一〇九《江南西道七・袁州・新喻縣》 袁水，在縣南五十步。西至一灘，灘長二里，其地嶮峻，號曰五浪灘，其側立爲五浪館。

宋・樂史《太平寰宇記》卷一〇九《江南西道七・袁州・萬載縣》 康樂水，在縣東北，水口去縣三十五里。自謝山源出，南流，即康樂侯謝靈運常遊之水。

宋・樂史《太平寰宇記》卷一一四《江南西道十二・潭州・湘潭縣》 湘水，源出桂州界及永州湘川縣楊梅山，東北流經永州，又北入衡山縣，又北至岳州，合洞庭湖入九江。郭景純謂湘水出永州陽朔山北，小異也。

宋・樂史《太平寰宇記》卷一一五《江南西道十三・衡州・茶陵縣》 茶水，源出雲陽山，北流至縣，合雲秋山水。

宋・樂史《太平寰宇記》卷一一六《江南西道十四・道州・營道縣》 營水，在縣西一里。經故城合巢水，自東南來，西流，於故城南合營水，謂之營陽峽。

宋・樂史《太平寰宇記》卷一一七《江南西道十五・郴州・平陽縣》 鐘水，一名衡唐水。自西南來，穿石門山，東北流經縣東三十五步，又北入常寧縣界。

宋・樂史《太平寰宇記》卷一一七《江南西道十五・郴州・郴縣》 郴水，水經郡東一里，北流入耒水。

宋・樂史《太平寰宇記》卷一一八《江南西道十六・郎州・武陵縣》 沅水，北流至長沙，入洞庭湖。酈道元注云：「沅水又東帶綠蘿山，頽巖臨水，懸蘿釣渚，漁詠幽谷，浮響若鐘。」

宋・樂史《太平寰宇記》卷一二〇《江南西道十八・涪州・武隆縣》 内江，一名涪陵江，一名巴江，在縣南，曲屈北流，水自黔州信寧縣界入。李膺《益州記》云：「内江水自萬寧西北二百八十里至闞頭灘，灘長百步，懸崖倒水，舟檝莫通。」

宋・樂史《太平寰宇記》卷一二〇《江南西道十八・黔州・彭水縣》 涪陵水，一名内江水，在州西五十步。西北至涪州，入蜀江。

宋・樂史《太平寰宇記》卷一二〇《江南西道十八・黔州・黔江縣》 阿蓬可通水，源出黔江縣武陵山，西流百餘里，經州理北，注内江水。

宋・樂史《太平寰宇記》卷一二一《江南西道十九・夷州・都上縣》 涪水，水，一名太平水，東北自施州清江縣界來，西南流經縣北一里，又南入洪杜縣界。

宋・樂史《太平寰宇記》卷一二一《江南西道十九・播州・道義縣》 夷牢一名洑野水，西北自綏陽縣界流入，經縣西十四里，又析西南流，入廢雞翁縣界。

宋・樂史《太平寰宇記》卷一二一《江南西道十九・播州・帶水縣》 帶水，水，西自帶水縣來，東流經縣北一里，又曲屈南流，入廢胡刀縣界。

源出故縣西大山，東流經縣城北，又東流至廢胡刀縣界，注湖江水。

宋・樂史《太平寰宇記》卷一二二《江南西道二十・思州・思邛縣》 思邛水，本出錦州洛浦縣界，經本縣四十步，至思王縣流入内江水。

宋・樂史《太平寰宇記》卷一二四《淮南道二・楚州・山陽縣》 淮水，酈道元注《水經》云：「淮泗之會，即角城也。左右兩川，翼夾二水入之，即謂泗口也。」

宋・樂史《太平寰宇記》卷一二四《淮南道二・楚州・淮陰縣》 瀆水，今謂之山陽瀆。東南自州郭下，西北流經縣北，流入于淮，即古之邗溝。昔吳王夫差將伐齊北霸中國，自廣陵掘江連淮，以通糧運。舊水道屈曲，多諸梁堘，隋文帝重加修掘通利焉。

宋・樂史《太平寰宇記》卷一二五《淮南道三・舒州・桐城縣》 巢湖水，在縣東一百一十里。按酈道元《水經注》云「施水又東經湖口戍」，即此湖也。其水發源于廬江縣界三公山，下入縣界。

宋・樂史《太平寰宇記》卷一二六《淮南道四・廬州・合肥縣》 肥水，出縣西南八十里藍家山，東南流入于巢湖。梁韋叡爲豫州刺史，討魏合肥，叡按行山川曰：「吾聞汾水可以灌晉陽，絳水可以灌安邑，即此是也。」乃堰肥水，親自督勵，堰成水通，舟艦繼至。初，魏夾肥水築二小城，叡先攻之，魏師五萬奄至，衆懼不敵，請表益兵，叡笑曰：「賊已至城下，方復求軍，臨難鑄兵，豈及馬腹。且吾求濟師，彼亦徵衆，猶如吳益巴丘，蜀增白帝。」軍監又勸叡退還巢湖，叡怒曰：「將軍死綏，有前無卻。」魏因築壘于堤以自固，叡起鬭艦，高與合肥城等，四面攻之，城遂潰。

宋・樂史《太平寰宇記》卷一二七《淮南道五・蘄州・蘄春縣》 温水，出當州蘄春縣界東北六十里山下。凝冬之月，蒸氣上騰，人皆沐浴。

宋・樂史《太平寰宇記》卷一二七《淮南道五・光州・光山縣》 柴水，源出仙居縣南，屈曲流一百一十里入淮。北向蔡州新息縣及西向仙居縣路並造橋渡。按《水經》云：「淮水又東，有壑水注之。」酈善長注云：「水出白沙山，東北經柴亭西，流入縣去合江，俗謂之柴水。」

宋・樂史《太平寰宇記》卷一二七《淮南道五・光州・固始縣》 決水，在縣東三里。源出霍山縣版石山，流入縣界。《漢書》云：「決水出廬江雩婁縣南大別山，北入安豐縣，又經蓼古城，與灌水入淮。」

宋・樂史《太平寰宇記》卷一二八《淮南道六・濠州・鍾離縣》 洛水，自定遠縣西白望堆入界，與壽春縣洛水口中流分界。屈曲北八里，流至所部新城村南一十五里入淮。按魏中山王元英、大將軍楊大眼軍敗，脱身走至洛口是也。又梁天監四年，後興兵伐魏，舟師十萬，以臨川王宏爲大都督，沿江入淮，軍次洛口澗，是也。

宋·樂史《太平寰宇記》卷一三〇《淮南道九·漢陽軍·漢陽縣》 漢水，一名沔水，西自汊川縣界流入。劉澄之《永初山川記》云：「沔口，古文以爲滄浪水，即屈原遇漁父所云『滄浪之水清兮』」是也。按《韓詩》云：孔子聞孺子歌曰「滄浪之水清兮，可以濯我纓」，則知是古歌，非漁父所作，蓋諷之。

宋·樂史《太平寰宇記》卷一三二《淮南道十·安州·孝感縣》 環水，在縣北一十五里。源出應山縣西雞頭山。初流一百步，遶山環流，因名環水。南流吉陽城東過，下通雲夢、汊川縣界。

宋·樂史《太平寰宇記》卷一三二《淮南道十·安州·應山縣》 溳水，在舊縣南一里。源出郢州長壽縣磨石山，東南流，名溠水。至復州景陵縣界，名溳水。又東南流，入當縣。

宋·樂史《太平寰宇記》卷一三三《山南西道一·西縣》 漾水，源出縣北四十五里獨石谷，南流經縣西二百步，南注漢水。

宋·樂史《太平寰宇記》卷一三四《山南西道二·鳳州·兩當縣》 尚婆水，今名石盤水。水多盤石，因以爲名。俗語音訛，故爲尚婆也。川中有鳥羣飛，二月從北向南，八月從南還北，音如簫管。俗云伎兒鳥。春來則種禾，秋去則種麥，人常以爲農候。

宋·樂史《太平寰宇記》卷一三四《山南西道二·文州·曲水縣》 白馬水，出縣西南曾敬山下。《水經注》云：「白馬水出長松縣西南白馬溪，東北經長松縣北，而東北注白水也。」

宋·樂史《太平寰宇記》卷一三六《山南西道四·合州·石鏡縣》 渠江水，在縣北十五里。源自萬頃池分來，經巴、達、渠、廣安軍等州界，至本州東北十里，與嘉陵江合。

宋·樂史《太平寰宇記》卷一三八《山南西道六·洋州·西鄉縣》 洋水，出廢洋川縣東巴嶺。又《水經注》云：「源出巴山。」經縣東八里，北流入黄金縣界。郡因此水稱名。

宋·樂史《太平寰宇記》卷一三八《山南西道六·渠州·鄰水縣》 鄰水，源出縣東北鄰山，南流經東，去縣二十六里，又南流。中有大磧，懸流十丈，奔急若驚湍電瀉。

宋·樂史《太平寰宇記》卷一三九《山南西道七·巴州·曾口縣》 北水，自化城縣界入，東南流經縣理西，又東南經縣理南，又東入歸仁縣界。

宋·樂史《太平寰宇記》卷一三九《山南西道七·巴州·其章縣》 潰溪水，西北自其章縣界來，南流經故縣東南，又東南流經縣北三里，又東南經始寧山東南，與思賴水合。

宋·樂史《太平寰宇記》卷一三九《山南西道七·蓬州·蓬池縣》 驗江水，一名流江水，西來自儀隴縣界，東流經縣理北，又東南流入良山縣。

宋·樂史《太平寰宇記》卷一四〇《山南西道八·集州·嘉川縣》 東遊水，一名宋熙水，自三泉縣界西南流，又合西遊水，又屈曲東南流經縣東一百一十步，又西南流入義清縣界。

宋·樂史《太平寰宇記》卷一四〇《山南西道八·壁州·通江縣》 巴字水，巴江有二水，並流自漢中，至城下入武陵，曲折如「巴」字，故曰巴江。今峽中謂之巴峽，即此水也。

宋·樂史《太平寰宇記》卷一四一《山南西道九·商州·上津縣》 杏水，在縣東北七十里，源出石城山西漢水側石臼中。色白而味甘，每上巳與端午日，遠近咸臻，飲之治冷疾。

宋·樂史《太平寰宇記》卷一四一《山南西道九·商州·洛南縣》 魚難水，在縣北八十里。魚難山有撲水崖，高五十尺，魚不能過，故曰魚難。又南流經石門入洛。

宋·樂史《太平寰宇記》卷一四二《山南東道一·鄧州·廢菊潭縣》 菊水，源出縣東石澗山，一名菊溪水。水出石馬峯，峯如馬，其水重於諸水。按盛宏之《荊州記》云：「源旁悉生芳菊，被涯浸潭，澗流滋液，其水極甘馨。谷中有三十餘家不穿井，仰飲此水。上壽百二十歲，中壽百餘，其七十八十者猶以爲夭。菊能輕身益氣，令人久壽，于此有徵矣。後漢胡廣，字伯始，爲侍中，久患風羸，南歸，飲此水，疾遂瘳。」

宋·樂史《太平寰宇記》卷一四二《山南東道一·唐州·泌陽縣》 九渡水，《水經注》云：「九渡水出雞翅山，溪澗縈委，沿洄九渡，其猶零陵之九渡水也。」

宋·樂史《太平寰宇記》卷一四三《山南東道二·均州·鄖鄉縣》 寒泉水，《水經注》云：「漢水又東，謂之滂灘，冬則水淺，而下多大石。又東爲淨灘，夏水急盛，川多湍洑，行旅苦之，故諺云：『冬滂夏淨，斷官使命。』言二灘阻礙也。」

宋・樂史《太平寰宇記》卷一四三《山南東道二・房州・竹山縣》　上玄水，在縣北六十里。源出庸嶺下，南流入孔陽水。有潭深不可測，或投石其中，即卒風暴雨。

浸水，在縣西四十里。出王冢山下，南流入武陵水。堪浣羅紗，色白如練。

孔陽水，在故縣西十步，其源出檀溪嶺下。其水洗物除垢，亦堪磨刀劍，甚利也。

宋・樂史《太平寰宇記》卷一四四《山南東道三・復州・沔陽縣》　沔水，水自西入大江。晉鎮南將軍杜元凱爲荊州刺史，自開陽口，起夏水達巴陵千餘里，內瀉長江之險，外通零桂之漕。

夏水，水自南入大江，一名長夏水，西南自監利縣界流入。《水經》云：「沔水又東南逕江夏雲社縣東，夏水從西來注之。爲中夏水。」《荊州圖副》云：「此夏水既非山流，有渃川瀦，冬斷夏通，故曰夏水。」

宋・樂史《太平寰宇記》卷一四五《山南東道四・襄州・襄陽縣》　涑水，亦名襄水。荊楚之地水駕山而上者，皆呼爲襄上也。今土人皆呼涑水上流亦呼爲襄，水名即無定，故陸澄《地理志》云：「襄陽無襄水也。」又按《襄沔記》云：「中廬有涑水，注于沔。此水中有物，如三四歲小兒，膝頭如虎，掌爪皆没入水中，出膝頭示人，小兒不知者，欲取弄之，輒便咬人。或人有生得者，摘其鼻厭，可小使之，名曰水虎。」

宋・樂史《太平寰宇記》卷一五〇《隴右道一・秦州・清水縣》　渭水，西自伏羌縣界流入。《水經注》云：「渭水又東出岑峽，入新陽川，逕新陽下城南，溪谷、赤蒿二水，並出南山，東北入渭。渭水又東與新陽崖水合，即隴水也。東北出大隴山。」

宋・樂史《太平寰宇記》卷一五四《隴右道五・洮州》　洮水，源出西傾山，亦曰強臺山，在縣西南三百三十六里，即吐谷渾界。《漢書・地理志》云：「洮水出西羌中，北至枹罕東入河。」又《沙州記》云：「洮水與墊江水俱出強臺山，山南即墊江源，山東則洮水源也。」

宋・樂史《太平寰宇記》卷一五五《隴右道六・疊州・常芬縣》　白江，即古羌之水，其江南流至利州益昌縣，嘉陵江合。其成州在益昌嘉陵之東、馬池嶺之南，據山川形勢，其五州並立合屬山南道，因是而定焉。

宋・樂史《太平寰宇記》卷一七三《四夷二・東夷二・高句麗》　大遼水，源出靺鞨國西南山，南流至安市也。

小遼水，源出遼山，西南流，又有大梁水在國西，出塞外，西南流注小遼水。

馬訾水，一名鴨綠水，水源出東北靺鞨白山，水色似鴨頭，故俗名之。去遼東五百里，經國內城南，又西與一水合，即鹽難水也。二水合流，西南至安平城，入高麗之地。以此水最大，波瀾清澈，所經津濟，皆貯大船，其國恃此以爲天塹。其水凡闊三百步，在平壤城西北四百五十里，遼水東南四百八十里。按《高麗記》云：「分前漢樂浪、玄菟郡之地，自後漢及魏，爲公孫氏所據。至淵滅，西晉永嘉以後，復入高麗。其不耐、屯有、帶方、安市、平郭、安平、居就、文龍城，皆漢二郡之屬縣，分則朝鮮、濊貊、沃沮之地，是也。

宋・樂史《太平寰宇記》卷一九一《四夷二十・北狄三・匈奴下》　多陵河。結盧水。天臣河。交河。

宋・樂史《太平寰宇記》卷一九六《四夷二十五・北狄八・突厥下》　達羅河。句慮劍水。三彌水。

宋・樂史《太平寰宇記》卷一九九《四夷二十八・北狄十一・烏洛侯》　完水，在其國西北，東北流合于難水。《蕃中記》云：「完水即烏丸水也，難水即那河，其地水小，皆注于此，東入于海。」

北水，國西北二十日行有于巳尼水，即謂之北海是也。

宋・樂史《太平寰宇記・闕卷逸文》卷一一九《江南西道十七・辰州》　辰溪，即五溪之一也。有白璧灣，灣如半月，亦號半月灣。《紀勝》卷七五。《拾遺》卷七。

宋・樂史《太平寰宇記・闕卷逸文》卷一一九《江南西道十七・敘州》　舞溪，《荊州記》云舞溪謂之朗溪，蓋與朗水合流也。又舞溪東流入沅而接牂牁，即此水也。《紀勝》卷七一。《拾遺》卷七。

宋・梅堯臣《梅堯臣集・黄河》　積石導淵源，沄沄瀉崑閬；龍門自吞險，鯨海終涵量。怒洑生萬渦，驚流非一狀；淺深殊可測，激射無時壯。常苦事隄防，何曾息波浪，川氣迷遠山，沙痕落秋漲。槎沫夜浮光，舟人朝發唱，洪梁畫鷁連，古戍蒼崖向。浴鳥不知清，夕陽空在望，誰當大雪天，走馬堅冰上。

宋・梅堯臣《梅堯臣集・潁水》　潁水苦流瀑，淺平秋與冬，岸深開地勢，底碧寫天容。

宋·蘇舜欽《蘇舜欽集·揚子江觀風浪》 晚至瓜州渡，繫舟泊西灣。日落暴風起，大浪得縱觀。憑淩積石岸，吐吞天外山。霹靂左右作，雪灑六月寒。

宋·蘇舜欽《蘇舜欽集·并州新修永濟橋記》 太原地括衆川，而汾爲大，控城扼關，與官亭民居相逼切。每漲怒則汩漱沙壤，批齧廉岸，勢躁豪，頗爲人憂。【略】自朝廷置守餘五十年，無梁構得以直絶，流悍且淺，復不勝方濟以爲濟，行者苦於涉久矣，往往中道遇暴，不善游則溺焉。

宋·蘇舜欽《蘇舜欽集·處州照水堂記》 有長溪者，源自閩來，趨過檻下，前向南明山，蓋王方平之舊隱也。

宋·范鎮《東齋記事》卷四 蜀州江有硬堰。【略】一夕，水暴至，蕩然無孑遺者。蓋蜀州江來遠，水勢緩，故爲硬堰。漢州江來近，水聲湍悍，猛暴難制，故爲軟堰。

宋·宋敏求《長安志》卷二《雍州》 《爾雅》曰：河西曰雝州。注：自西河至黑水。疏：李巡曰：河西其氣蔽雍，厥性急凶，故曰雍。雍，壅也。兼得梁州之地，西北之位，陽所不及陰壅也。

宋·宋敏求《長安志》卷一一《縣一·萬年》 渭水在縣北五十里，西自長安縣界流經縣界，入臨潼。渭陽之詩曰：我送舅氏，于渭之陽。《史記》曰：西伯獵，遇太公渭之陽，與語，大説。又曰：秦武王三年，渭水赤三日。昭王三十四年，又赤三日。《洪範五行傳》曰：赤者，火色也。盡赤以火沴水也。渭水，秦大川也。陰陽亂，秦用嚴刑敗亂之象。《漢書》曰：武帝元光六年春，穿漕渠通渭。《三輔決録》曰：項仲山飲馬渭水，日與三錢以償之。《山海經》曰：渭水出鳥鼠同穴山，東注河，入華陰北。《列子》曰：夸父逐日，渴飲渭水，不足，乃渴死。《淮南子》曰：渭水多力，宜黍。

又 霸水在縣東二十一里，自藍田縣來合滻水，北流入渭。

又 滻水在縣東北，流四十里入渭。《十道志》曰：荆谿狗枷二水之下流也。《水經注》曰：滻水出京兆藍田，北至霸陵入霸。二水終始盡于苑中，不復出。《地理志》曰：滻水出南陵縣之藍田谷，西北流與一水合，北至霸陵入霸水。《史記》曰：秦都咸陽，霸、滻、長、水、灃、澇、涇、渭皆非大川，以近咸陽，盡得祠之。

又 潏水今名沉一作沈。水，自南山皇子陂，西北流入縣界。《字林》曰：潏水出杜陵縣。許慎《説文》曰：潏，古穴反。水名，在京兆杜陵。《漢書》注晉灼曰：潏音決。師古曰：《地里志》鄠縣有潏水，北過上林苑入渭，而今之鄠縣則無此水。《水經注》曰：潏水自樊川西北流經杜伯冢，又西北經下杜城，其字或作水旁穴，與沈字相似，俗人因名沈水。《括地志》曰：潏水又名石壁谷水，又名高都水。漢王氏五侯大治池宅，引高都水入長安城。李善曰：潏水徑至昆明池入渭。

又 福水即交水也。《水經注》曰：上承樊川、御宿諸水，出縣南山石壁谷，南三十里，與直谷水合，亦曰子午谷水。

又 庫谷澗水，北流二十五里，合採谷水，下流入荆谷水，號滻水，下流二十五里，合霸水，號霸水，北流二里入渭。

又 採谷水來自藍田縣界，西北流三十里入縣界，二十里合採谷爲滻水，北流四十里，入霸水。

又 石門谷水來自藍田縣，北流十里入縣界，合採谷水，北流一十五里，合庫谷水爲滻水。

又 荆谷水一名荆谿，來自藍田縣，至康邨入縣界，西流二十里出谷，至平川合庫谷採谷石門水爲荆谷水，一名滻水。

又 義谷水自縣界由乾祐縣下流，入山二百里至谷口，西北流二十里合錫谷羊谷水，入坑河，西流一十五里入長安縣界。

又 郊谷水北流二十里合錫谷水，自谷口北流一十里爲坑河，入長安縣分界。

又 石鱉谷水北流一十五里，復西流一十里入長安縣界。

漕水由縣界沉河分水約五里西流。

宋·宋敏求《長安志》卷一二《縣二·長安》 渭水西在鄠縣界流入。《水經注》曰：渭又東過長安縣北，豐水從南來注之。

又 豐水出縣西南五十五里終南山豐谷。其原闊一十五步，其下闊六十步，水深三尺。自鄠縣界來，經縣界谿馬坊邨入咸陽，合渭水。詩曰：豐水東注，維禹之績。

又 鎬水出縣西北十八里鎬池。《水經注》曰：鎬水上承鎬池於昆明池北，周武王之所都也。故詩云：考卜維王，宅是鎬京。維龜正之，武王成之。鎬水又北流，與滮池水合，又北經清泠臺西，經慈石門，注于渭。《帝王世紀》曰：今鎬池即周之故都也。《廟記》曰：長安城西有鎬池，在昆明池北，周匝二十一里，蓋地二十三頃。

又 滮池水出縣西北二十里。滮池詩曰：滮池北流，浸彼稻田。毛萇注曰：滮，流浪也。鄭元云：豐鎬之間，水北流也。

又 澇水來自鄠縣界，流入渭。

滈水在縣南一十里，東自萬年縣界流入。

交水，東自萬年縣界流入。《水經注》曰：交水又西南流，與豐水支津合，其北又有漢故渠出焉，又西至石堨分爲二水，一水西流注豐，一水自堨石，北經細柳諸原，北流入昆明池。

又 坑谷水在縣南二十七里，自萬年縣界流經本縣五里，合交水。

戲水，《水經注》曰：源出驪山。

又 楩梓谷水出南山，北流合成國渠，又西北豹林谷水入焉，又西北流至縣東南三十里，入交水。豹林谷水出南山，北流三里，有竹谷水自南來會，又北流二里，有子午谷水自東來會。自北以下，亦謂之子午谷水。

又 灃谷水合豐水，西北入城，經西市，而入苑，沈水自南入焉。有福堰，下分爲二，水流一里，一水合郊水，一水西北流。又東流爲瀆，越沈水上過，名永安瀆。

宋·宋敏求《長安志》卷一三《縣三·咸陽》 渭水西自興平縣界來，流入高陵縣界。

豐水在縣西十一里，自長安縣界來，流至宋邨合入渭水。《水經注》曰：渭水又東與豐水會于短陰山，內其水，經南山郊，水合流。

宋·宋敏求《長安志》卷一四《縣四·興平》 渭水南去縣二十九里，自武功縣界來，澇水注之，入咸陽縣界。

宋·宋敏求《長安志》卷一四《縣四·武功》 褒水，《漢書》：亦出衙領山，至南鄭入沔。

武亭水，北自好畤縣來，至縣南立節渡合渭水。

又 白水本名雍水，亦曰圍川水，西自扶風縣界，至縣合武亭水。

莫谷水，《水經注》曰：莫谷水南經美陽縣，與中亭川水相合。舊圖經曰：自奉天縣界，十里流至縣東北，合武亭水。《十道志》曰：三時原莫谷水南經武功縣北。

又 雍水，《十道志》曰：俗名白水，亦曰圍川水，西北自扶風縣界流入。

又 温泉水出太一山，其水沸涌如湯。《水經注》：杜彦達曰可治百病，世清則疾愈，世濁則無驗。其水下合溪流，北注渭。

宋·宋敏求《長安志》卷一五《縣五·臨潼》 渭水在縣北十里，西自萬年縣界來，東入渭南縣界。

泠水在縣東三十五里，來自渭南縣界，亦曰百丈水。《水經注》曰：泠水出肺浮山，歷陰盤新豐兩原之間，北流注于渭。

又 戲水在縣東二十七里。《漢書》曰：陳涉之將周章西入關，至戲，秦將章邯距破之。應劭曰：戲，宏農湖縣西界也。孟康曰：水名也。蘇林曰：在新豐東南三十里。師古曰：戲在新豐東。今有戲水驛，其水本出藍田北界横嶺，至此而北流入渭。孟、蘇説是，應説失之。戲，許宜反。《水經注》曰：泠水出浮肺山，戲水出驪山鴻谷，又北歷戲亭東，即周幽王死處。《兩京道里記》曰：戲水，周幽王以褒姒遊於此，故以爲名。水至濁，北流入渭，東西有店，南去昭應縣二十九里。

又 陰盤城河水在縣東北十四里，出縣北楊邨社。

魚池水在秦始皇陵東北五里，周四里。《水經注》曰：泉出驪山，本導源北流，始皇葬於山北，水過而曲行，東注北轉。初造陵取土，其地汙深，水積成池，謂之魚池。

酋谷水在縣東三十里，流入渭。

宋·宋敏求《長安志》卷一五《縣五·鄠縣》 渭水北去縣十七里。

豐水經縣東二十八里，北流入渭。

潏水北過上林苑入渭。

又 澇水在縣西二里。《説文》曰：澇水出扶風鄠，北入渭。《山海經》曰：牛首之山，澇水出焉，西注於潏水，多飛魚，狀似鮒，可已痔疾。李善注《文選》曰：潦水即澇水也。《漢書》注：顔師古曰潦音牢，亦水名，出鄠縣西南山潦谷，而北流入于渭。

高觀谷水在縣東南三十里，闊三步，深一尺，其底並碎砂石，北流入長安縣界合豐水。

宋·宋敏求《長安志》卷一六《縣六·醴泉》 涇水自乾州永壽縣西北流入縣界。《尚書·禹貢》曰：涇屬渭汭。《毛詩》曰：涇以渭濁，湜湜其沚。《春秋左氏傳》：襄公十四年，諸侯之大夫從晉侯伐秦，以報櫟之役，濟涇而次。秦人毒涇上流，師人多死。

宋・宋敏求《長安志》卷一七《縣七・櫟陽》 渭河西自高陵縣界來入縣界，流入下邽。

石川河亦曰沮河，在縣東三十里，自華原富平兩縣來入縣界，合渭水。《水經注》曰：沮水東經萬年故城。《十三州志》萬年縣南有涇渭，北有小河，謂此水也。

五丈河在縣西南，今涸。

宋・宋敏求《長安志》卷一七《縣七・高陵》 涇水西南來自涇陽縣界，合渭水。

渭水在縣西南二十里，來自咸陽界，流入櫟陽界。

宋・宋敏求《長安志》卷一七《縣七・乾祐》 乍水在縣東五里，出萬年縣界秦嶺，下流入金州洵陽縣界。

蘊水在縣西南七里，出考山，下流入乍河。

洵河在縣西南一百里，出萬年長安兩縣界秦嶺，下南流經縣入金川洵陽縣。

宋・宋敏求《長安志》卷一八《縣八・盩厔》 渭水在縣北五里，自郿縣界來流入興平縣界。

芒水，《水經注》曰：出南山芒谷，逕玉女房水側山際有石室，世謂之玉女房，又北逕縣之竹圃，中分爲二。漢孺子詔曰：翟義作亂於東，霍鴻負倚盩厔芒竹。師古曰：芒竹在盩厔南界芒水之曲，而多竹林也，即今司竹園是其地矣。芒音亡，一水東北爲枝，一水北流注渭。

韓水在縣北三十里，出終南山蒲澗，北流二十五里入渭。

沙河在縣東二里，自終南山北流經縣界三十五里入渭。

曲河在縣西五里，其水亂，泉水合之，北流入渭。

田谷河在縣東南三十五里，出終南山下，北流入黑水河。

宋・宋敏求《長安志》卷一九《縣九・奉天》 莫谷水在縣東北二十里，自永壽縣温秀嶺經縣四十里入醴泉縣界，合涇水。

宋・宋敏求《長安志》卷一九《縣九・好畤》 武亭水在縣城東門外九十步，自麟遊縣界來，經縣四十里，流入武功縣界。

莫谷水在縣西二十五里，來自永壽縣界，流經縣，流入武功縣界。

宋・宋敏求《長安志》卷二〇《縣十・雲陽》 冶谷河水自縣西北湻化縣界來，經縣嵯峨、武康、青龍等鄉，溉民田。《雲陽宮記》曰：冶谷去雲陽宮八十里，《封禪書》所謂谷口是也。其山出鐵，有冶鑄之利，因以爲名。入谷便洪潦沸騰，飛泉激射，兩岸皆峭壁孤豎，橫盤坑谷，凜然凝沍，常如八九月中。朱明盛暑，當晝暫暄，凜秋晚候，緼袍不暖，所謂寒門者也。又曰入冶谷二十里，有百里槐樹，樹北有泉，名金泉，谷中有毛原監。

又 五龍谷水，《水經注》曰：五龍水出雲陽宮西南。

宋・宋敏求《長安志》卷二〇《縣十・同官》 同官川水在縣北五十里，自坊州宜君縣界來，經縣南流入華原縣界。《水經注》曰：同官水出役祤城東北，而西南經同官川，謂之銅官水。

又 雄同川在縣東北四十里，西南與同官川水合流，入華原縣界。

雷平川水在縣西北五十里，入同官川水。

烏埿川水在縣東二十五里，入蒲城縣界。

漢井泉水在縣東北三十里，南合入烏埿川水。

大石盤川水在縣東北五十里馬欄山北，東流入坊州宜君縣界。

宋・曾鞏《曾鞏集》卷四九《本朝政要策・卞水》 昔禹於滎澤下分大河爲陰溝，出之淮泗，至浚儀西北，復分二渠。其後或曰鴻溝，始皇疏之以灌魏郡者是也。

宋・曾鞏《曾鞏集》卷四九《本朝政要策・黄河》 河自西出而南，又折東，然後北注於海。

盛宋之隆，河數爲敗。

宋・沈括《夢溪筆談・辯證一》 水以漳名、洛名者最多，今略舉數處：趙、晉之間有清漳、濁漳，當陽有漳水，灨上有漳水，鄣郡有漳江，漳州有漳浦，亳州有漳水，安州有漳水。洛中有洛水，北地郡有洛水，沙縣有洛水。此概舉一二耳，其詳不能具載。予考其義，乃清濁相蹂者爲漳。章者，文也，別也。漳謂兩物相合，有文章且可別也。清漳、濁漳，合於上黨。當陽即沮、漳合流，灨上即漳、灨合流，漳州予未曾目見，鄣郡即西江合流，亳漳即漳、渦合流，雲夢即漳、鄖合流。此數處皆清濁合流，色理如螮蝀。【略】洛與落同義，謂水自上而下有投流處。今淝水、沱水，天下亦多，先儒皆自有解。

又 《唐六典》述五行，有禄命、驛馬、涖河之目。人多不曉涖河之義。予在鄭延，見安南行營諸將閱兵馬籍，有稱「過范河損失」，問其何謂「范河」，乃越人謂淖沙爲「范河」，北人謂之「活沙」。予嘗過無定河，度活沙，人馬履之，百步之外皆動，澒澒然如人行幕上。其下足處雖甚堅，若遇其陷，則人馬駞車，應時皆没，至有數百人平陷無孑遺者。或謂，此即流沙也。又謂，沙隨風流，謂之流沙。涖，《字書》亦作「涅」。按古文，涅，深泥也。《術書》有涖河者，蓋謂陷運，如今之「空亡」也。

又　古説，濟水伏流地中。今歷下凡發地皆是流水，世傳濟水經過其下。東阿亦濟水所經，取井水煮膠，謂之「阿膠」；用攪濁水則清。人服之，下膈、疏痰、止吐，皆取濟水性趨下清而重，故以治淤濁及逆上之疾。今醫方不載此意。

宋・沈括《夢溪筆談・辯證二》　司馬相如《上林賦》敘上林諸水曰：「丹水、紫淵，灞、浐、涇、渭，八川分流，相背而異態，灝溔潢漾，東注太湖。」八川自入大河，大河去太湖數千里，中間隔太山及淮、濟、大江，何緣與太湖相涉？郭璞《江賦》云：「注五湖以漫漭，灌三江而溯沛。」《墨子》曰：「禹治天下，南爲江、漢、淮、汝，東流注之五湖。」孔安國曰：「自彭蠡，江分爲三，入於震澤後，爲北江而入於海。」此皆未嘗詳考地理。江、漢至五湖自隔山，其末乃繞出五湖之下，流徑入於海，何緣入於五湖？淮、汝徑自徐州入海，全無交涉。《禹貢》云：「彭蠡既瀦，陽鳥攸居。三江既入，震澤底定。」以對文言，則彭蠡水之所瀦，三江水之所入，非入於震澤也。震澤上源，皆山環之，了無大川；震澤之委，乃多大川，亦莫知孰爲三江者。蓋三江之水無所入，則震澤壅而爲害；三江之水有所入，然後震澤(底)〔厎〕定。此水之理也。

宋・沈括《夢溪筆談・官政一》　深州舊治靖安，其地鹻鹵，不可藝植，井泉悉是惡鹵。【略】土之不毛，鹽鹻殆與土半。【略】唯胡盧水粗給居民，然原自外來，亦非邊城之利。舊州之北，有安平、饒陽兩邑，田野饒沃，人物繁庶。

又　錢塘江，錢氏時爲石堤，堤外又植大木十餘行，謂之「滉柱」。寶元、康定間，人有獻議取滉柱，可得良材數十萬。杭帥以爲然。既而舊木出水，皆朽敗不可用，而滉柱一空，石堤爲洪濤所激，歲歲摧決。蓋昔人埋柱，以折其怒勢，不與水争力，故江濤不能爲害。杜偉長爲轉運使，人有獻説，自浙江稅場以東，移退數里爲月堤，以避怒水。衆水工皆以爲便，獨一老水工以爲不然，密諭其黨曰：「移堤則歲無水患，若曹何所衣食？」衆人樂其利，乃從而和之。偉長不悟其計，費以鉅萬，而江堤之害歲有之。近年乃講月堤之利，濤害稍稀。然猶不若滉柱之利，然所費至多，不復可爲。

宋・沈括《夢溪筆談・官政二》　淮南漕渠，築埭以畜水，不知始於何時。舊傳召伯埭謝公所爲。按李翺《來南録》，唐時猶是流水，不應謝公時已作此埭。天聖中，監真州排岸司右侍禁陶鑑始議爲(復)〔複〕閘節水，以省舟船過埭之勞。是時工部郎中方仲荀、文思使張綸爲發運使、副，表行之，始爲真州閘。歲省冗卒五百人，雜費百二十五萬。運舟舊法，舟載米不過三百石。閘成，始爲四百石。(船)其後所載浸多，官船至七百石；私船受米八百餘囊，囊二石。自後，北神、召伯、龍舟、茱萸諸埭，相次發革，至今爲利。予元豐中過真州，江亭後糞壤中見一臥石，乃胡武平爲《水閘記》，略敘其事，而不甚詳具。

宋・沈括《夢溪筆談・權智》　熙寧中，濉陽界中發汴堤淤田，汴水暴至，堤防頗壞陷，將毀，人力不可制。都水丞侯叔獻時涖其役，相視其上數十里有一古城，急發汴堤注水入古城中，下流遂涸，急使人治堤陷。次日，古城中水盈，汴流復行，而堤陷已完矣。徐塞古城所決，内外之水，平而不流，瞬息可塞。衆皆伏其機敏。

宋・沈括《夢溪筆談・異事》　登州巨嵎山，下臨大海。其山有時震動，山之大石，皆頽入海中。如此已五十餘年，土人皆以爲常，莫知所謂。

宋・沈括《夢溪筆談・譏謔》　司馬相如敘上林諸水曰：「丹水、紫淵、灞、滻、涇、渭，八川分流，相背而異態，灝溔潢漾，東注太湖。」李善注：「太湖，所謂震澤。」按，八水入大河，如何得東注震澤？

宋・沈括《夢溪筆談・雜誌一》　昔人文章用北狄事，多言黑山在大(幕)〔漠〕之北，今謂之姚家族，有城在其西南，謂之慶州。予奉使，嘗帳宿其下。山長數十里，土石皆紫黑，似今之磁石。有水出其下，所謂黑水也。胡人言黑水原下委高，水曾逆流。予臨視之，無此理，亦常流耳。山在水之東。大抵北方水多黑色，故有盧龍郡。北人謂水爲龍，盧龍即黑水也。

又　熙寧中，初行淤田法。論者以謂《史記》所載「涇水一斛，其泥數斗，且糞且溉，長我禾黍」，所謂「糞」即「淤」也。予出使至宿州，得一石碑，乃唐人鑿六陡門，發汴水以淤下澤，民獲其利，刻石以頌刺史之功。則淤田之法，其來蓋久矣。

又　唐李翺爲《來南録》云：「自淮沿流，至於高郵，乃泝至於江。」《孟子》所謂：「決汝、漢，排淮、泗而注之江。」則淮、泗固嘗入江矣。此乃禹之舊跡也。熙寧中，曾遣使按圖求之，故道宛然，但江、淮已深，其流無復能至高郵耳。

又　漳州界有一水，號烏脚溪，涉者足皆如墨。數十里間，水皆不可飲，飲皆病瘴，行人皆載水自隨。梅龍圖公儀宦州縣時，沿牒至漳州，素多病，預憂瘴癘爲害，至烏脚溪，使數人肩荷之，以物蒙身，恐爲毒水所霑。兢惕過甚，瞿鑠，忽墜水中，至於没頂，乃出之，舉體黑如崑崙，自謂必死，然自此宿病盡除，頓覺康健，無復昔之羸瘵。又不知何也。

宋・單鍔《吴中水利書・伍堰水利》　公輔以爲伍堰者，自春秋時。吴王闔閭用伍子胥之謀伐楚，始創此河，以爲漕運。春冬載二百石舟而東，則通大湖，西則入長江。自後相傳，未始有廢。至李氏時，亦常通運，而置牛於堰上，挽拽船筏於固城湖之側。【略】及遇春夏大水，江湖泛漲，則園頭、王母、龍潭三澗，合爲一道，而奔衝東來。河之不治，愈可見也。

宋・蘇軾《進單鍔吴中水利書》　臣到吴中二年，雖爲多雨，亦未至過甚，而蘇、常、湖三州，皆大水害稼，至十七八。今年淫雨過常，三州之水，遂合爲一，太湖、松江，與海渺然無辨者。蓋因二年不退之水，非今年積雨所能獨致也。父老皆言，此患所從來未遠，不過四五十年耳，而近歲特甚。蓋人事不修之積，非特天時之罪也。三吴之水，瀦爲太湖，太湖之水，溢爲松江以入海。海水日兩潮，潮濁而江清，潮水常欲淤塞江路，而江水清駛，隨輒滌去，海口常通，故吴中少水患。【略】松江始艱噎不快，江水不快，軟緩而無力，則海之泥沙隨潮而上，日積不已，故海口湮滅，而吴中多水患。近日議者，但欲發民浚治海口，而不知江水艱噎，雖暫通快，不過歲餘，泥沙復積，水患如故。

宋・蘇轍《蘇轍集・齊州濼源石橋記》　濼水之源，發於城西之西南山下，北流爲埠，其淺可揭。

宋・蘇轍《蘇轍集・黄州快哉亭記》　江出西陵，始得平地，其流奔放肆大。南合湘、沅，北合漢、沔，其勢益張。至於赤壁之下，波流侵灌，與海相若。

宋・秦觀《同子瞻端午日遊諸寺分韻賦得深字》　雙溪貫城郭，暝色帶孤禽。

宋・秦觀《南都新亭行寄王子發》　洛水沄沄天上動，道入隋渠下梁宋。

宋・秦觀《與子瞻參寥會松江得浪字》　松江浩無旁，垂虹跨其上。

宋・秦觀《次韻太守向公登樓眺望二首》　茫茫汝水抱城根。

宋・秦觀《與倪老伯輝九曲池有懷元龍參寥》　雲月涓涓淮海秋，隋家池上共浮游。

宋・張耒《張耒集》卷一三《七言古詩・洛水》　洛水秋深碧如黛，亂石縱横瀉鳴瀨。清明見底不留塵，日射澄沙動璣貝。

宋・洪興祖《楚辭補注》九歌章句第四《哀郢》　劉澄之著《永初山川記》云：夏水古文以爲滄浪，漁父所歌也。因此言之，水應由沔。今按夏水，是江流沔，非沔入夏。假使沔注夏，其勢西南，非《尚書》又東文。余亦以爲非也。自賭口下沔水，兼通夏目，而會於江，謂之夏汭。

宋・洪興祖《楚辭補注》漁父章句第七　《禹貢》：嶓冢導漾，東流爲漢；又東爲滄浪之水。注云：漾水至武都，爲漢；至江夏，謂之夏水；又東，爲滄浪之水，在荆州。【略】《水經》云：武當縣西北漢水中有洲，名爲滄浪洲。《地説》曰：水出荆山，東南流爲滄浪之水。是近楚都，故漁父歌云云。余按：《尚書・禹貢》言導漾水東流爲漢，又東爲滄浪之水，不言過而言爲者，明非它水。蓋漢、沔水自下有滄浪通稱耳。

宋・葉夢得《避暑録話》卷下　虎邱池水不流，天竺石橋下無水，麓山力不副天奇，靈鷲擁前山不可遠視，峽山少平地，泉出山無所潭，此五所者極天下之奇觀，猶不能備，況吾居獨得其七之五哉！人心終不能無累，余雖忘此，而每見潭水澄澈，高木鬱然，未嘗不有慕。圓證寺大松，合抱三十餘株，夾道蔽日，猶國初時故物。石橋合諸澗水，道朱氏怡雲閣之前，其深處水面闊四五丈，張文規所謂金碧潭者也。其下流注朱氏子嵩之圃，噴薄激射，交流左右。去吾廬不滿三里，自可爲吾之别館。

又　《禹貢》導漾東流爲漢，又東爲滄浪之水。滄浪，地名，非水名也，孔氏謂漢水别流在荆州者。《孟子》記《孺子之歌》所謂滄浪之水可以濯纓者，屈原《楚辭》亦載之，此正楚人之辭。蘇子美卜居吴下，前有積水，即吴王僚開以爲池者。作亭其上，名之曰滄浪，雖意取濯纓，然似以滄浪爲水渺瀰之狀，不以爲地名，則失之矣。滄浪猶言嶓冢、桐柏也，今不言水而直曰嶓冢、桐柏，可乎？大抵《禹貢》水之正名而不可單舉者，則以水足之，黑水、弱水、澧水之類是也。非水之正名，而因以爲名則以水别之，滄浪之水是也。沇水伏流至濟而始見，沇亦地名，可名以濟不可名以沇，故亦謂之沇水。乃知聖者一字未嘗無法也。

又　酈元註引《地理志》：浙江出丹陽黟南蠻中者是已，即今自分水縣出桐廬號歙港者，與衢婺之溪合而過富陽以入大江，大江自西來，此江自東來，皆會于錢塘，然後南趨于海。然浙江不見于《禹貢》，以錢塘江爲浙江始見于《秦紀》，而衢婺諸水與苕霅兩溪等不見于《水經》者甚多，豈以小遺之，抑不及知耶？余守錢塘，嘗取兩路山水證其名實，質諸耆老，頗得其詳，欲使好事類爲一書，以補桑、酈之闕，會兵亂不及成也。

又 三江既入，震澤底定。孔氏以太湖爲震澤，而不名三江，意若以北江、中江與南江爲三江。在荆州之分漢、沱参流，則別爲三。在揚州之分，因入于海，則合于一。所謂北江者，今丹陽而下錢塘皆是也。孔氏本未嘗至吴，故其解北江以爲自彭蠡江分爲三，入震澤爲北江入海，不知北江本與震澤相通。以太湖爲震澤，亦非是。《周官》九州有澤藪、有川、有浸，揚州澤藪爲具區，其浸爲五湖。既以具區爲澤藪，則震澤即具區也，太湖乃五湖之總名耳。凡言藪者皆人資以爲利，故曰藪，以富得名，而浸則但水之所鍾也。今平望八尺震澤之間，水彌漫而極淺，與太湖相接，而非太湖，自是入于太湖，自太湖入于海。雖淺而彌漫，故積潦暴至，無以洩之，則溢而害田，所以謂之震，猶言三川皆震者。然蒲魚蓮芡之利人，所資者甚廣，亦或可隄而爲田，與太湖異，所以謂之澤藪。他州之澤，無水暴至之患，則爲一名而已。而具區與三江通塞爲利害，故二名以別之。《禹貢》方以既定爲義，是以言震澤而不言具區。此非吴越之人不知，而先儒皆北人，但據文爲説，宜其顯然失之地里而不悟也。三江與震澤相通者，或洩震澤而入海，或合震澤而入海，其一爲吴松江，固無疑矣，其二不可名，今青龍、華亭、崑山、常熟皆有江通海，與震澤連，意必在其間。韋昭言浙江浦陽松江者，其妄固不待較。而王氏言入者亦不可爲入海，凡言入于渭、入于河皆由之以往，言其終也。三江既自爲別水，非有所從來，前既未嘗言入于海，不得直言入。烏知入之爲入海，但文適同耳。當如既陂、既澤、既導、既豬之類，各就其本水言之。既入，若言由地中行也。凡傍海之江皆狹，非大江比，海水兩潮相往來，始至而悍激，則與沙俱至，既退而緩，則留其沙而水獨返，故不過三五歲，既淤浸障塞。水不入于江，則不能通于海，知澤受之而爲害。若江自由地中行，各分而入海，震澤安得有決溢耶？

宋・莊綽《雞肋編》卷上 鄭州去京師兩程，【略】寧州亦云：「雞足斜分三道水，蛇腰慢轉一條街。」蓋州依山而立，通衢宛轉而上也。三水會於城下，故驛名三河。謂九陵、三橋、馬嶺，皆合流於涇。九陵河在東南，出慶州華池縣千子山。川中九堆如陵，故名。三橋河在城西北，自襄樂界來，不知其源。馬嶺河在城西，自慶州樂蟠縣界天固府下流至縣。《水經注》云：「洛水，一名馬嶺川。」

宋・莊綽《雞肋編》卷下 梁徙於章、貢二水間。貢水在東，章水在西，夾城北流一里許，合流爲贛江。江中巨石森聳如筍，水湍激，歷十八灘，凡三百里，始入吉州萬安縣界爲安流。

宋・吴若、陳克《東南防守利便》 秦淮孫盛《晉陽秋》云：「淮水，秦所開。故謂之秦淮。」《建康實録》：「秦淮舊名龍藏浦，其上有二源。一發自華山，經句容縣南流。一發自東廬山，經溧水北流，入江寧界。二源合于方山，西注大江。分派曲折，不類人功，疑非始皇所開。」張紘云：「始皇東巡，望氣者云：金陵地有王者都邑之氣。」故掘斷連岡接石頭城處，今方山石漛橫瀆是也。南朝時，淮水流經建康、秣陵二縣之間，至於石頭入江。

又 潮溝、運瀆、清溪 《吴志》：令侍御史郗儉作運瀆。地志云：「潮溝，吴人帝所作。以引江潮，在六門之西，及今九州廟西瀆，是也」。《建康録》：吴赤烏四年，詔鑿東渠，名青溪，通城北塹潮溝」。以地志致之，古城西南行者，是運瀆，自歸善寺門前，東出青溪者，名潮溝。其實青溪引秦淮水，運瀆引江水，皆灌注古城中，曲折縈帶，皆通城北塹，轉入後湖。今運瀆已湮塞，潮溝在上元縣西四里，闊三丈，深一丈。今青溪在縣東六里，闊五丈，深八尺。歲久涸，水流斷絶，續不復通城北塹也。

宋・洪皓《扈從東巡日録》 松花江源出長白山湖中，北流合灰圦江至海，西流合混同江入海。

又 庚子，渡三坌河。按：遼河出東北小口爲范河，西南流爲大口。東梁河自東山西流，與渾河合爲小口。又名太子河，亦曰大梁水。渾河在東梁、范河之間，沙河出東南山，俱會于此入海，故曰三坌河。河通潮汐，兩岸寬廣。遼陽城在河東，廣寧城在河西。

宋・張敦頤《六朝事跡編類》卷上 其淮本名龍藏浦，上有二源，一源發自華山，經句容西南流。華山在句容縣界，高九里，似蔣山。一源發自東廬山，經溧水西北流入江寧界。東廬山在溧水縣東南十五里，高六十八丈，周回二十里。山西一源入秦淮。二源合自方山埭，西注大江，其分派屈曲，不類人功，疑非秦皇所開。

宋・孟元老《東京夢華録・東都外城》 東都外城，方圓四十餘里。城壕曰護龍河，闊十餘丈。濠之内外，皆植楊柳，粉牆朱户，禁人往來。蔡河正名惠民河，爲通蔡州故也。

宋・孟元老《東京夢華録・河道》 穿城河道有四。南壁曰蔡河，自陳蔡由西南戴樓門入京城。中曰汴河，自西京洛口分水入京城，東去至泗州，入淮，運東南之糧，凡東南方物，自此入京城，公私仰給焉。

宋・程大昌《雍録》卷一《五代都雍總説》 褒、斜二水，介衙嶺而分南北，此之斜水，即二水之北派也，斜逕武功而東入于渭也。

宋・程大昌《雍録》卷五《南山四》 湟水出金城塞外，而東北至金城允街縣，乃入于河，則是金城以西，至允街之西北，其南面皆有大山焉，礙水正派，而使之自鄯蘭以北入于河也。

宋・程大昌《雍録》卷六《漢唐都城要水圖・雍地四漆水》 雍境漆、沮，其在後世地書，名凡四出，而寔三派：雍州富平縣石川河，一也；邠州新平縣漆水，二也；鳳翔府普潤縣漆水，三也；鄭白渠亦名沮、漆，四也。四水之中，惟石川河當爲《禹貢》沮、漆，而《緜》詩之謂「自土沮、漆」者，蓋在岐不在邠也。若鄭白亦分沮、漆之名，則誤矣。今分三派而枚辨之，貴其不雜也。

宋・程大昌《雍録》卷六《漢唐都城要水圖・周漆沮》 按《水經》，渭水自雍縣東下至岐山，與岐水、漆渠水會，《漢志》：「扶風漆縣有漆水。」《元和志》曰：「普潤縣城西有漆水。」唐普潤縣即漢漆縣也。《志》於邠州又曰：「漆水在麟遊縣。」麟遊縣，漢杜陽縣也。《水經》亦曰：「漆渠水在杜陽縣。」按漆、杜地相並，皆在鳳翔府北，東水必通行。見者有疑，故詳載使有攷。 三水大小相敵，故渭力不能獨擅其名，是以猶得名漆也。此三水者，東及周原之北，岐山之南，是爲太王之邑。

宋・程大昌《雍録》卷六《漢唐都城要水圖・洛漆沮》 今按其水自入塞後逕鄜、坊，同之三州，乃始入渭。

宋・程大昌《雍録》卷六《禹周秦漢五沮漆圖・滻水》 滻，原出藍田縣境之西暨，稍北行至白鹿原西，即趨大興城。

宋・程大昌《雍録》卷七《霸上鴻門霸滻圖・霸水》 霸水出商州上洛縣，西北行至藍田縣境始出谷，谷即麗山之口，亦名藍田山也。本名滋水，秦穆公改名爲霸，以章己之伯功。 水至萬年縣東二十里，或云二十五里，或云三十里，或云在東南，皆是也。此水源長占方面多也。 滻水始自左方來，順水北向而命其方。是爲合霸之地也。

宋・程大昌《北邊備對・黄河四大折》 黄河自鹽澤西來暨達潼關，其面勢所向，凡四大折，或與北狄分境，或當北狄來路。其初一折由積石逕湟中，則鄯蘭也，是一折也；及至靈州西南遂轉北而行，凡千餘里，比河西岸即爲凉、肅、甘、沙四郡，是又一折也；迨其北流千里而遥至九原豐州則又轉而東流，故豐州北面正拄大河，是又一折也；豐州之東爲榆林，北境固抵大河，而河從此州之東又轉而南，故勝州北、東兩面皆抵大河也，自此而往，直至潼關，皆是河南矣，此又一折也。

宋・陸游《入蜀記》卷二 七月十三日 州正據姑熟溪北，土人但謂之姑溪，水色正緑，而澄澈如鏡，纖鱗往來可數。

宋・陸游《入蜀記》卷二 七月十四日 晚晴，開南窗觀溪山。溪中絶多魚，時裂水面躍出，斜日映之，有如銀刀。

宋・陸游《入蜀記》卷三 七月二十八日 自雷江口行大江，江南羣山，蒼翠萬疊，如列屏障，凡數十里不絶。自金陵以西，所未有也。是日，便風張颿，舟行甚速，然江面浩渺，白浪如山，所乘二千斛舟，摇兀掀舞，纔如一葉。

宋・陸游《入蜀記》卷三 八月二日 江自湖口分一支爲南江，蓋江西路也。江水渾濁，每汲用，皆以杏仁澄之，過夕乃可飲。南江則極清澈，合處如引繩，不相亂。

宋・陸游《入蜀記》卷四 八月二十日 挽行十四五里，江面始稍狹。隔江岡阜延袤，竹樹葱蒨，漁家相映，幽邃可愛。復出大江，過三江口，極望無際。

宋・陸游《入蜀記》卷六 十月十三日 龍門水尤湍急，多暗石，官漕差可行，然亦多鋭石，故爲峽中最險處，非輕舟無一物，不可上下。

宋・陸游《入蜀記》卷六 十月十五日 去江岸五里許，隔一溪，所謂香溪也。源出昭君村，水味美，録於《水品》，色碧如黛。

宋・范成大《驂鸞録》 閏月五日 其下江面極闊，雲濤浩然。

宋・范成大《驂鸞録》 閏月十三日 登清江臺，前眺江流，練練如横一帶。閣皂、玉笥諸山江外，殘雪未盡，紫青繚白，遠目增明。

宋・范成大《驂鸞録》 二月十九日 浯溪者，進山石磵也。噴薄有聲，流出江中，上有浯溪橋。臨江石崖數壁，纔高尋丈。

宋・范成大《驂鸞録》 二月二十二日 渡瀟水。即至愚溪，亦一澗泉，瀉出江中。官路循溪而上，碧流淙潺，石瀨淺澀，不可杭。

宋・范成大《驂鸞録》 二月二十五日 出山，遵湘水崖壁，行石磴上，清流如箭，境清而麗。佳處名「盤石山」，有泉自洞罅中噴出，當道，名「玉髓泉」。

宋・范成大《吴船録》卷上　自侍郎堤西行秦岷山道中，流渠湯湯，聲震四野，新秧勃然鬱茂。

又　西川夏旱，支江水涸，即遣使致禱，增堰壅水，以入支江，三四宿，水即徧，謂之攝水。

又　嘉爲衆水之會，導江、沬水與岷江，皆合於山下，南流以下犍爲。沬水合大渡河由雅州而來，直擣山壁，灘瀧險惡，號舟楫至危之地。

又　自郡城出西門，濟燕渡水，洶湧甚險。此即雅州江，其源自嶲州邛部合大渡河，穿夷界千山以來。

又　亂山如屏簇，有兩山相對，各有一溪出焉。並流至橋下，石壍深數十丈，窈然沉碧，飛湍噴雪，奔出橋外，則入岑蔚中，可數十步，兩溪合爲一，以投大壑。淵渟凝湛，散爲溪灘。灘中悉是五色及白質青章石子。水色麴塵，與石色相得，如鋪翠錦，非摹寫可具。朝日照之，則有光彩發溪上，倒射巖壑，相傳以爲大士小現也。

又　自觀前山開新路，極峻斗下。冒雨以遊龍門，竭蹶數里，欻至一處，澗溪自兩山石門中湧出，是爲龍門峽也。以一葉舟棹入石門，兩岸千丈巖壁，色如碧玉，刻削光潤。入峽十餘丈，有兩瀑布各出一巖頂，相對飛下嵌根，有盤石承之，激爲飛雨，濺沫滿峽，舟過其前，衣皆沾灑透溼。又數丈，半巖有圓龕，去水可二丈，以木梯升之，即龍洞也。峽中紺碧無底，石寒水清，非復人世。舟行數十步，石壁益峻，水益湍，亟回棹。

宋・范成大《吴船録》卷下　乙巳，發叙州。十五里，有南廣江來合大江，通百二十里，至南溪縣。四十五里，至瀘州江安縣。道中有灘，號張旗三灘。謂湍勢奔急，張旗之頃，已過三灘也。

又　七十里，至涪州排亭之前，波濤大洶，濆淖如屋，不可梢船。過州，入黔江泊。此江自黔州來合大江。大江怒漲，水色黄濁。黔江乃清泠如玻璃，其下悉是石底。自成都登舟，至此始見清江。

又　峽江水性大惡，飲輒生癭，婦人尤多。前過此時，婢子輩汲江而飲，數日後發熱，一再宿，項領腫起，十餘人悉然。

又　兩山束江驟起，水勢不及平，兩邊高而中窪下，狀如茶碾之槽，舟楫易以傾側，謂之茶槽齊，萬萬不可行。余來，水勢適平，免所謂茶槽者。又水大漲，渰没草木，謂之青草齊，則諸灘之上，水寬少浪，可以犯之而行。

又　黄牛峽盡，則扇子峽。蝦蟆碚在南壁半山，有石挺出，如大蟆，呿吻向江。泉出蟆背山竇中，漫流背上散下。蟆吻垂頤頷間如水簾以下於江，時水方漲，蟆去江面纔丈餘，聞水落時，下更有小磯承之。

又　漢水自北岸出，清碧可鑑，合大江濁流，始不相入。行里許，則爲江水所勝，渾而一色。凡水自兩岸出於江者皆然。其行緩，故得澄瑩。大江如激箭，萬里奔流，不得不濁也。

又　辛卯，發黄州。四十里，過巴河。水清澈，自北岸入濁流如漢口。

又　乙未，泊江州。早出南門，去城百里，至濂溪。溪水闊尋丈，漫流荒田中，豬爲小湖。

宋・范成大《吴郡志・古跡》　香水溪，在吴故宫中。俗云西施浴處，人呼爲脂粉塘。吴王宫人濯粧於此溪，上源至今馨香。古詩云：「安得香水泉，濯郎衣上塵。」

又　越來溪，在越城東南，與石湖通。溪流貫行春及越溪二橋，以入横塘，清澈可鑒。越兵自此溪來入吴，故以名。《史記正義》：「越自松江北開渠至横山東北入吴，即此溪。來，讀曰釐，吴音也。」

宋・范成大《吴郡志・土物上》　石井、松江二水，唐張又新品第東南烹茶之水爲七等，以虎丘石井爲第三，吴松江爲第六。今劍池傍經藏之後有大石井，面闊丈餘，嵌巖自然。上有石轆轤，歲久堙塞。今寺僧乃以山後寺中土井爲石井，甚可笑。紹興三年，主僧如璧，始淘古石井，去淤泥五丈許。四傍皆石壁，鱗皴天成。下連石底，漸窄。泉出石脈中，一宿水滿井。較之二水，味甘冷勝劍池。時郡守沈揆虞卿聞之，往觀，大喜。爲作屋覆之，别爲亭於井傍，以爲烹茶宴坐之所。自是古跡復出，邦人咸喜。

又　松江水，在水品第六，世傳第四橋下水是也。橋今名甘泉橋。好事者往往以小舟汲之。

宋・范成大《吴郡志・考證》　三江，按司馬相如《上林賦敘》：「上林諸水，曰丹水、紫淵、灞、滻、涇、渭，八川分流，相背而異態。灝、溔、潢、漾，東注太湖。」八川自入大河，去太湖數千里外。中隔大山，及淮、濟、大江，何緣與太湖相涉？郭璞《江賦》云：「注五湖以漫漭，灌三江而漰沛。」《墨子》曰：「禹治天下，南爲江、漢、淮、汝，東流注之五湖。」孔安國曰：「彭蠡江分爲三，入於震澤。後爲北江，而入于海。」此皆未嘗詳考地理。江漢至五湖，自隔大山。其末乃遶出五湖之下，流徑入于五湖？淮、汝自從徐州入海，全無交涉。《禹貢》云：「彭，蠡既瀦，陽鳥攸居。三江既入，震澤底定。」以對文言之，則彭蠡水之所瀦，三江水之所入，未必謂入于震澤也。震澤之源，皆山環之，了無大川。震澤之委，乃多大川。今三江故道，古今變遷，已不可堅定。然《禹貢》之説，謂三江之水無所入，則震澤壅而爲害。三江之水有所入，然後震澤底定，亦水之理也。《水經》云：「中江在丹陽蕪湖縣南，東至會稽陽羨縣入于海。震澤在吴縣南五十里，北江在毗陵北界，東入于海。」據此，則《水經》亦謂中江、北江皆在震澤傍近，但其跡不可考耳。與孔安國謂彭蠡江分爲三入震澤，爲北江以入海，遠近絶不同。《史記正義》解「三江既入，震澤底定」云：三江者，在蘇州東南三十里，名三江口。一江西南上，七十里至太湖，名曰松江，古笠澤江。一江東南上，七十里白蜆湖，名曰上江，亦曰東江。一江東北下，三百餘里入海，名曰下江，亦曰婁江。於其分處號曰三江口。又引顧夷《吴地記》云：「松江東北行七十里，得三江口。東北入海爲婁江，東南入海爲東江，并松江爲三江是也。言理三江入海，非入震澤也。按：太湖西南，湖州諸溪，從天目山下西北。宣州諸山，有溪並下太湖。太湖東北流，各至三江口入海。其湖無通彭蠡湖及太湖處，並阻山陸。諸儒及地志等解三江既入，皆非也。《周禮・職方氏》云：「揚州藪曰具區，川曰三江」。按五湖三江者，韋昭注非也。其源俱不通太湖，引解三江既入，失之遠矣。《郡國志》引《禹貢》「三江既入，震澤底定。」韋昭曰：「三江，爲吴郡南松江、錢塘江、浦陽江。」《水經》亦載韋昭以松江、浙江、浦陽江爲三江。虞氏《志林》云：「江於彭蠡分爲三。」又云：「江自太湖出于海，屈曲七百里。」世遂以韋昭爲謬，謂錢塘、浦陽，元不與震澤相關也。《水經》謂浦陽一名潘水，在會稽界。而彭蠡乃宫亭湖，去震澤更遠。虞氏之説尤荒唐。今松江之傍有小村落，名三江口。酈善長云：「松江，自湖東北徑七十里，至江水分流謂之三江口。」《吴越春秋》云：「范蠡去越，乘舟出三江之口，入五湖之中。」皆謂此地。《史記・春申君傳》云：「還爲越王，禽三渚之浦。」《正義》引《戰國策》：「三江之浦，即此是。」案：三江口，異名者三，姑備録之。

宋・范成大《桂海虞衡志・雜志》 癸水，桂林有古記，父老傳誦之。略曰：「癸水繞東城，永不見刀兵。」癸水，灕江也。

宋・陳田夫《南嶽總勝集》卷上《九溪》 舜溪、禹溪、清溪、明溪、雙溪、涓溪、宏溪、雲溪、夕陽溪。

宋・羅願《（淳熙）新安志・歙縣・水源》 揚之水，出績溪大尖山，東流六十里至臨溪，入歙縣界，抵郡城西，合四水，南入新安江。

布射水，出黄檗山，南流至縣北三十里，合揚之水。

豐樂水，出黄山，東流至縣西五十里，合揚之水。

富資水出昉源，南流至縣北一里，合揚之水。

昌溪水，出柳亭山，東南流四十八里至雙館，合揚之水。

緜溪水，出績溪佛論嶺，西流四十五里至州東鳳池村西十里，合揚之水。

武洪水，出梢雲山半壁中，南流二十一里經武洪村，又南流四里，合揚之水。

苦溪水，在縣東南，從揚之水下抵深渡，名曰八十里苦。其中亂石磋磋，洪港斗折，淙流騰激，其疾如箭，雖三峽不過，故名苦溪。

深渡水，在縣東百二十里。新安江中接嚴州界，從此而上，穹山峻流，秀爽尤異，峯巒掩映，狀若雲屏，實百城之襟帶。

宋・羅願《（淳熙）新安志・休寧・水源》 率水，出率山，北流百七十里，合吉陽水。

浙溪水，出浙嶺，東流縣南百一十一里。

方源水，出方源山，北流四十里，合源坑水。

源坑水，出鹿觶山，南流百五十里。

夾溪水，出石埒山，南流六十七里，合吉陽水。

五城水，出縣南三十里，北流。

南當水，出南當山，東流百五十里。

宋・羅願《（淳熙）新安志・祁門・水源》 大共水，出大共山，南流八十里，溉田五頃三十畝，西南流百二十里入浮梁界。

大北水，出歷山，東流五十八里，合大共水。

小北水，出舉根山，東流五十里。

盧溪水，出梅南山，屈流三十七里，合大共水。

新安水，出新安山，西流三十三里。

武亭水，出武亭山，南流四十五里，合大共水。

義城水，出玉嶺，東入沂竹坑。

赤溪水，出魚亭山，西流五十里，合大共水。

鳙溪水，出武陵山，西南流六十里入鳙口，合大共水。

閶門灘，在縣南十三里，衆水所注。夾灘有大石對踊，故號閶門。自餘怪石叢峙，迅川奔注。

懸雲灘，在西南十五里，奔浪洑流，爲艱險之最。

宋・羅願《（淳熙）新安志・婺源・水源》 婺水，出大廣山，南流五十八里，還繞縣城，又南流四十里，合斜水，舟行通鄱陽江。

武溪水，出浙山，南流五十里至縣西北，合婺水。

益陽水，今符溪源也，出浙山，西南流百八十三里至三溪村，合流入樂平界。

斜水，出斜山，南流九十里，合婺水，南入樂平界。通舟行。

大鱅水，出大鱅山，西北流十七里，合斜水。

小斂水，出小斂山，西南流四十里，入樂平界。

梅源水，出梅源山，東流三十七里，合浙水。

濬源水，出濬源山，南流，合吴溪水。

杭溪水，出石龍山，南流至杭口，入樂平界。

石牛潭，在縣南十里。岸旁有巨石如牛，歲旱，塗其背則雨。

石門灘，在婺水中，兩石夾溪，踊起如闕，中間通流，昔人以其險比灩澦。

宋・羅願《（淳熙）新安志・績溪・水源》 臨溪水，源出縣北三十里，又名乳溪，西南流七十八里，合揚之水。

徽溪水，出徽嶺，水分爲二，其東北流者入旌德界。此水入縣，經修仁鄉，詰曲四十里，南入常溪，合揚之水，入歙縣界。

登水，出借溪山，南流九十里，合揚之水，入歙縣界。

常水，出黄蘗山，南流五十里，合揚之水，入歙縣界。

宋・羅願《（淳熙）新安志・黟縣・水源》 吉陽水，出吉陽山，東流至白茆渡入縣界，屈曲九十里，經黎陽口，合南當水，東流三十五里，下黄墩村。北流四十五里，出歙浦，合揚之水。

章水，出縣北十八里章山，東南流二十七里至縣界，又東南流五里合横江水。

横江水，出武亭山，東南流二十八里，合章水，入魚亭口。

魚亭水，出魚亭山，東流二十里至魚亭口，合吉陽横江水，東流入休寧界。

牛泉水，出牛泉山，東南流八十里至魚亭口，合吉陽水。

宋・吴曾《能改齋漫録》卷九《地理》 脩水在分寧縣北，東南經縣治。又經武寧縣東北，流六百里至海昏，又東流一百里入彭蠡湖。世傳郭璞記曰：「有魚名脩，有水名滫。天下大亂，此地無憂。」言可避亂也。

宋・周去非《嶺外代答》卷一《地理門・廣西水經》 凡廣西諸水，無不自蠻夷中來。静江水曰灕水，其源雖自湘水來，然湘本北行，秦史禄決爲支渠，南注之融江，而融江實自猺峒來。漢武帝平南越，發零陵，下灕水，蓋泝湘而上，沿支渠而下，入融江而南也。灕水自桂歷昭而至蒼梧。融州之水，牂牁江是也。其源自西南夷中來。武帝發夜郎，下牂牁，即出此也。宜州之水，自南丹州合集諸蠻溪谷而來，東合于牂牁，歷柳歷象而至潯。邕州之水，其源有二：一爲左江，自交阯來；一爲右江，自大理國威楚府大槃水來。江合于邕，歷横歷貴，與牂牁合于潯而東行，歷藤而與灕水合于蒼梧。蒼梧者，諸水之所會，名曰三江口，實南越之上流也。水自是安行，入于南海矣。

宋・周去非《嶺外代答》卷一《地理門・羅叢巖》 是江也，西通猺峒，日瀉良材，貫巖而下，水深不可施篙，撑拄巖頂而後得出。余求之事實，謂此江古來繞出山外，忽雷雨數日，神龍穿破山腹，以定窟宅，遂命曰靈巖。

宋・周去非《嶺外代答》卷一《地理門・牂牁江》 西融州城外江水，即牂牁江之下流也。江面頗闊，昔嘗有大水泛出蜀南州牌。漢武平南越，發夜郎，下牂牁，非由融州，則何自而至南越哉？今静江府桑江寨，其水亦合于融江之上流，或云桑江，亦牂牁音之訛也。大抵融州之西，爲蜀之南，地本接連，但隔於蠻猺不可通耳。

宋・周去非《嶺外代答》卷一《地理門・靈渠》 湘水之源，本北出湖南；融江，本南入廣西。其間地勢最高者，静江府之興安縣也。昔始皇帝南戍五嶺，史禄於湘源上流灕水一派鑿渠，逾興安而南注于融，以便于運餉。蓋北水南流，北舟逾嶺，可以爲難矣。禄之鑿渠也，於上流砂磧中壘石作鏵嘴，鋭其前，逆分湘水爲兩，依山築堤爲溜渠，巧激十里而至平陸，遂鑿渠繞山曲，凡行六十里，乃至融江而俱南。今桂水名灕者，言離湘之一派而來也。曰湘曰灕，往往行人於此銷魂。自鏵嘴分水入渠，循堤而行二里許，有洩水灘。苟無此灘，則春水怒生，勢能害堤，而水不南。以有灘殺水猛勢，故堤不壞，而渠得以溜湘餘水緩達于融，可以爲巧矣。渠水遶迤興安縣，民田賴之。深不數尺，廣可二丈，足泛千斛之舟。渠内置斗門三十有六，每舟入一斗門，則復閘之，俟水積而舟以漸進，故能循崖而上，建瓴而下，以通南北之舟楫。嘗觀禄之遺迹，竊歎始皇之猜忍，其餘威能罔水行舟，萬世之下乃賴之。豈唯始皇，禄亦人傑矣。因名曰靈渠。

又 灕水自癸方來，直抵静江府城東北角，遂並城東而南。

宋·周去非《嶺外代答》卷一《地理門·癸水》 五代、靖康之亂，大盜滿四方，獨不至静江。風水之説，固有驗矣。昔於城東北角，溝灕水繞城而西，復南，東合于灕。厥後居民壅之，溝遂廢。范石湖帥桂，乃浚斯溝，漣漪如帶。於溝口伏波巖之下，八桂堂之前，刱爲危亭，名以癸水。

宋·周去非《嶺外代答》卷一《地理門·天分遥》 欽江南入海，凡七十二折。南人謂水一折爲遥，故有七十二遥之名。七十二遥中，有水分爲二川。其一西南入交阯海，其一東南入瓊廉海，名曰天分遥。

宋·周去非《嶺外代答》卷一《地理門·三合流》 海南四郡之西南，其大海曰交阯洋。中有三合流，波頭濆湧而分流爲三：其一南流，通道于諸蕃國之海也。其一北流，廣東、福建、江浙之海也。其一東流，入于無際，所謂東大洋海也。

宋·周去非《嶺外代答》卷一《地理門·潮》 江浙之潮，自有定候。欽廉則朔望大潮，謂之先水，日止一潮。二弦小潮，謂之子水，頃刻竟落，未嘗再長。瓊海之潮，半月東流，半月西流。

宋·方信孺《南海百咏》 甘溪，在郡東北五里北山脚下。

又 其下流爲甘溪，夾溪南北三四里，皆植刺桐木棉，旁則坦平大道。

又 乃《嶺表異録》中甘溪，今不復見。《圖經》并《番禺志》云：「即辭辭水也。水正在北山脚，岸高，水自石而下。其聲辭辭然，故以爲名。

宋·談鑰《吴興志》卷五《河濱·州治》 月河在湖州府貢院東，前谿支流環繞，形如初月。

宋·談鑰《吴興志》卷五《谿·烏程縣》 苕谿，《山海經》南山次二經之首句餘之山，又東五百里曰浮玉之山，苕水出於陰，北流注於具區。以今攷之，谿有二源。西南一源發自天目山之陰金石鄉、靈夾鄉，東至安吉縣治南之郘渡，又自縣東南至章渡，又北至丘渡東南。一源自獨松嶺西聚衆山水並浮玉山水，折旋亦至丘渡。二源合而東至倪渡，又折而西，復折而東北，至梅谿鎮，又至吴山北經彭匯入凡常湖，又合長興之南烏程之西衆山之水至城下，一自清源門入經漕瀆至江子匯爲霅水，一自清源門外徑趨釣魚灣，沿壕經迎禧門，又經奉勝門，合霅水以入太湖。

餘不谿，在湖州府，出天目山之陽，《舊圖經》云：「其水深澈，餘水則不，故名不平。」聲讀。經臨安縣，又經餘杭縣，又東至安谿，又東至奉口，經德清縣折而東北，至苎谿漾敢山牛墳戈亭，又後林邨，又東北爲菱湖，又東北至湖趺漾，經荻岡寺東直北折而西，爲大灣，又西北會前谿水，入峴山漾，入定安門，至江子匯，爲霅谿。

又 前谿在湖州府，出武康之銅峴山，合東小流南注，折而東至慶安鄉寧境廟静林寺，又折而東，又東至武康縣治前之千秋橋，名前谿，又東至縣學前，分爲二派。其一北流經太原鄉黄塊山之東，至沙邨號沙谿，與德清縣前北流水合以入定安門，經前谿匯至江子，匯爲霅谿；其一東流，經崇仁鄉下渚湖之南，以入餘不谿。

又 霅谿在縣東南一里，自定安門入，西合苕谿北入於太湖。《舊經》云「凡四水合爲一谿，自浮玉山曰苕谿，自銅峴山曰前谿，自天目山曰餘不谿，自德清縣前至州曰霅谿」，誤矣。自清源門入曰苕谿，其流濁；自定安門入曰霅谿，其流清，不過二谿耳。其餘不谿與苕谿皆出天目山。前谿雖出銅峴山，然至德清縣東已與餘不谿合爲北流，至定安門外迺謂之霅谿，不待與苕谿合，然後名之也。霅者以衆流合集爲義，而《舊經》按字書爲四水激射之聲，亦非也。

宋·談鑰《吴興志》卷五《谿·歸安縣》 東谿在歸安縣東南一百六十里。又四至東至秀州嘉興縣一百六十三里，以東谿水中分爲界。

小谿即施渚谿，在縣西北五十四里，源出上强山，東北會北流水。

寶谿在縣東南四十五里，即射村也，太守葛勝仲卜居。以昔有漁者，每見谿上有光，伺之，見大蚌乘風，而光從中出，逐之即沈，因以爲名。

宋·談鑰《吴興志》卷五《谿·長興縣》 罨畫谿在長興縣西八里，廣二十五弓，古木夾岸，叢篠翳其下，朱藤施其上，如是者十里。花時游人競集。谿半有罨畫亭【略】

合谿本名合澗，《統記》《圖經》皆作合澗。在縣西北六十里，源出蒼雲嶺，至山半分爲二道，繞孺獅隝南合爲一，因名。經尚吴鄉至縣西南門名箬谿。

箬谿在縣東五十步，一名顧渚口，一名趙瀆，即合谿之下流也。又一源出懸脚嶺，《統記》：懸脚嶺，山墟名，云箬水出焉。至縣東南門折而南分爲二。其正流名上箬，又折而東循卞山，至郡城西北角，沿城外入太湖；而遠其分流名下箬，東經至德一名趙瀆。入太湖。而近顧野王《輿地志》云：「夾岸叢生箭箬。南岸曰上箬，北岸曰下箬，二箬皆村名。郚人取下箬水釀酒，醕美勝於雲陽，俗稱下箬酒。」詳見《郡志・酒》下。《括地志》云：「縣前大谿，亦名箬谿，相同爲名也。」《統記》云：四時勝載二百石。

又 荆谿在縣西南六十一里，源出荆山，東流横入大谿。自安吉梅谿至吴山北總名荆谿，即苕谿之流也。李宗諤《續圖經》。

又 四安山谿在縣南四十三里，一名周瀆。見《舊編》。源出四安山，過清泉鄉，又過維新鄉，經本山下會苕谿。

餘嶨谿在縣東南二十三里。《輿地志》云：「長城南鄉有餘嶨水，以餘嶨封爲名。」【略】

邸閣谿在縣東南一百三里，與安吉邸閣山分界。

宋・談鑰《吴興志》卷五《谿・武康縣》 後谿在縣東北一里，即縣後之谿也。其源自烏回衆山流出，過龍尾橋，又通豐橋，東注於前谿之北流。慶元六年，知縣丁大聲以其廢淤，不利舟楫，募民濬治，自龍尾橋至獅子山下長一千二百丈，公私便之。廣五丈，役工一萬六千八百有奇，五旬而畢，邑人周祐爲記。

封谿在縣東一百步，源出於前谿，瀦爲風渚湖，古所謂風渚也。《統記》及諸書云在縣東一百步，見封谿注封谿。云在縣東三百里，誤也。

阮公谿在縣西十七里，接餘英谿，亦前谿上流也。【略】

砂谿在縣東三里，以沙羨爲名也。《統記》云合谿邊有沙村。舊爲兩谿之支流，其水清淺多砂石。今漲淤，多爲圭田。

新谿在縣東三里，自後谿東注。淳熙三年，知縣蔡霖以砂磧漲塞，舟楫不通，自汲谿口廢舊港徙水道東北注五里，合長安大谿，邑人便之，號蔡公谿。

長安谿在縣東北十二里，合衆流東注砂郚谿，東北匯餘不谿北流水，入於郡。

宋・談鑰《吴興志》卷五《水》 北流水在德清縣前，其水分派於餘不谿。自清和石橋下北流至沙郚與武康前谿水合，又北至峴山漾，與餘不谿水合，共入定安門，至江子匯爲霅谿。右霅水及苕水以下，四分爲五谿。見唐人《白蘋亭記》《舊編》云天目山南來之水自臨安餘杭至郡。

又 石圻水在長興縣北四十里，山墟名云圻。水岸以其多石故名。又有盧圻，其土黑。

苕水，在安吉縣治西南七十五里，至唐福堡九十五里，峻淺不通船。從唐福來四十五里。《山海經》云：「句餘山東五百里曰浮玉山，苕水出其陰，北流至於具區。」《郡縣志》：「發源天目山，經郡城入太湖。」《山海經》「出浮玉山」誤也。

南嶼水，一名白水，在安吉縣南二百八十里一十四步，東北窟行七十里，峻淺不通船，至下昇館入於苕水。

董嶺水，在安吉縣西南六十里，嶺上有水源，分東西流。東流入江東寧國縣；西流者入本縣。唐周朴賦詩云：「湖州安吉縣，門與白雲齊。禹力不到處，河聲流向西。」

宋・楊潛《雲間志》卷中《水》 三泖，按《廣韻》，泖水名華亭水也。陸龜蒙詩云：「三泖涼波魚蕝動。」注曰：「吾遠祖士衡對晉武帝三泖冬温夏涼，蓋謂此也。」【略】古泖縣西四十里，周回四頃，三十九畝。今泖西北抵山涇，南自泖橋出，東南至廣陳，又東至當湖，又東至瀚海塘而止。朱伯原《續吴郡圖經》曰：「泖在華亭境。泖有上中下之名，泖之狹者，猶且八十丈。」又按海鹽之蘆瀝浦海鹽即武原也，行二百餘里南至於浙江，疑此即谷水故道。《水經》以爲入海，而此浦入江，蓋支派之異也。今俗傳近山涇爲下泖，近泖橋爲上泖，或者其與陸士衡、朱伯原之言合。按《縣圖》又以近山涇泖益圓，曰團泖；近泖橋泖益闊，曰大泖；自泖而上，縈繞百餘里，曰長泖。此三泖之異也。或以須顧泖、謝家泖爲三泖。此二者在縣之東南，一陂澤爾，與古所謂三泖者相望五七十里，殊不知泖自有上中下之名也。

又 谷水，陸士衡詩：「彯彯谷水陽，婉變昆山陰。」陸道瞻《吴地記》云：「海鹽縣東北二百里有長谷，昔陸遜、陸凱居此。谷水東二里有崑山，父祖葬焉。水北曰陽，山北曰陰，則此水在崑山之北也。」《寰宇記》：「谷名華亭，谷水下通松江。」《祥符圖經》：「華亭谷水東有崑山。」《元和郡國圖志》：「在縣西三十五里」。朱伯原《續吴郡圖經》本之酈善長云：「松江東南行七十里入小湖，自湖東南出謂之谷水，南接三泖。」陸士衡詩所云，即此水也。或曰縣之西湖即谷水也，湖東灘磧即唳鶴灘也，鶴飲此水，其聲則清。按《圖經》，縣之西湖即瑁湖也。如陸士衡詩、《吴地記》、《寰宇記》、朱伯原《續圖經》言谷水如此，而世傳如彼，何也？獨《祥符圖經》曰：「谷水在縣南長百五十步。」世之所傳，其出於此乎？

又 松江，在縣之北境七十里，其源始於太湖口，而東注於海。《書》曰：「三江既入，震澤底定。」韋昭以爲三江者，松江、浙江、浦陽江也。今浙江、浦陽江與震澤不相入，韋説非也。《續吳郡圖經》據酈善長云：「松江自湖東北逕七十里，江水分流，謂之三江口。」《吳越春秋》云「范蠡去越乘舟，出三江之口，入五湖之中」，謂此也。庾仲初《揚都賦注》云：「太湖東注爲松江，下七十里有水口，分流東北入海爲婁江，東南入海爲東江，與松江而三。」今松江自吳江縣過甫里，逕華亭入青龍鎮。自湖至海凡二百六十里，若夫有新江、舊江之別者？嘉祐間，吳中水災時，李兵部復圭爲轉運使，韓殿省正彦宰崑山，開松江之白鶴滙如盤龍之法，其後崇甯中漕使郟亶又浚治之，遂爲民利。嘗詢之父老所以然者，松江東注，委蛇曲折，自白鶴滙極於盤龍浦，環曲而爲滙，不知其幾，水行迂滯，不能逕達於海。今所開松江自白鶴滙之北直瀉震澤之水，東注於海，略無迂滯處，是以吳中得免水患。

又　滬瀆江，在縣東北。《吳郡記》：「松江東瀉海曰滬海，亦謂之滬瀆，《廣韻》滬水名也。」《白虎通》：「發源而注海曰瀆。」陸魯望《漁具詩序》：「列竹於海澨曰滬，吳之滬瀆是也。」皮日休《吳中苦雨詩》：「全吳臨巨溟，百里到滬瀆。海物競駢羅，水怪争滲漉。」即此是也。江側有滬瀆壘，蓋虞潭袁崧防海之處。兩旁有東西蘆浦，瀉於瀆江。《舊圖》：「滬瀆江口，在縣東北一百十里。」

宋·楊潛《雲間志》卷中《水》　謝家泖，在縣東南二十里，泖北有泖涇。

宋·魏峴《四明它山水利備覽》卷上　它山水源

它山之水源，自越山委蛇緜歷幾二百里，由上虞縣分水嶺一名斤嶺，自趾至顛凡十六里，故名。百餘里，然後歷大小皎密、嵒樟郙、桓郙、平水，此其大派也。又一派出仗錫山，竝合衆山之流，會於大溪，至於它山。溪通大江潮汐，上下清甘之流，釃泄出海，瀉鹵之水，衝接入溪，來則溝匯皆盈。

宋·趙彦衛《雲麓漫鈔》卷一　三江，其説不同。孔穎達《尚書正義》云：「南江從會稽、吳縣南東入海；中江從丹陽、蕪湖縣西東至會稽、陽羨縣東入海；北江從會稽、毗陵縣北入海。」韋昭又以松江、浙江、浦陽江爲三江。今浙西之地，受上流諸郡之水以入江海，其大源有三：一自寧國、建康等處積上流衆水入溧陽爲金淵，即子胥沉金之所；至鎮江之金壇、延陵爲長塘湖，至常州、宜興、武進、晉陵爲隔湖；又自宜興環無錫，平江之吳縣，吳江、湖州之烏程爲太湖，又東爲松江，自崑山、秀州、嘉興、華亭入海。其二自寧國、徽、嚴界聚上流之水，下入杭州界，合臨安之於潛、新城、昌化等縣之水，東入江漲橋運河，北自湖州市入太湖。其三自廣德軍界積聚山北及上源之水，下入宜興、安吉，合長興等縣水入太湖，由松江以入海。此《尚書疏義禹貢》之三江也。但説得不分曉，故後人指江東之水爲廣德諸山限隔，焉得南下？今云：「廣德軍山北上源之水」，始渙然矣。或云：「此三水皆由太湖、松江入海，祇可云一江，合以浙江受二浙之水爲一江，揚子江爲一江。」理亦通。蓋此三江，皆獨入海。松江下又自有三江，酈善長云：「松江東南行七十里入小湖，自湖東南出，謂之谷水；谷水出小湖，逕由拳縣故城下，即秦之長水縣，又東南逕嘉興縣城西，鹽官縣故城南，過武原，出爲散浦，以通巨海。谷水既湮廢，故吳中多水，松江東流，聚爲小湖；西北接白蜆、馬騰、瑇瑁四湖。谷湖即谷水。又南接三江。今松江北逕七十里，江水分流，謂之三江口，即《吳越春秋》范蠡去越乘舟出三江口入五湖是也。」庾仲初《揚都賦注》云：「太湖東注爲松江，下七十里有水口分流，東北入海爲婁江，東南入海爲東江，與松江而三。」太湖發源既遠，匯爲巨壑，水不入海，則民不奠居，故云：「三江既入，震澤底定。」或云：「自岷山導江，所包地理闊遠，今三江萃於東南。」殊不知「三江既入」，係於揚州，豈可捨揚而它求哉？

又　《經》云：「嶓塚導漾，東流爲漢，又東爲滄浪之水，過三澨，至於大別，南入於江，東匯澤爲彭蠡，東爲北江，入於海。」此言漾、漢之水，自入江，循江之北而行，不與江混也。又「岷山導江，東別爲沲，又東至於澧，過九江，至於東陵，東迆北會於匯，東爲中江，入於海。」言江水至此盛大，居中而行，故曰「爲中江」，非謂別有南江也。漾、漢二水，不與江雜，《經》反復言之，解者因見有中、北二江之文，遂又添南江，失《經》旨矣。

宋·祝穆《方輿勝覽》卷七　蘭溪，在縣南七里。一名瀫水。出于衢，會于婺。二水類羅紋，岸多蘭茝，故名。

宋·祝穆《方輿勝覽》卷一一　九曲溪，在武夷山西南隅。發源于毛竹洞，灣環九曲，貫于羣岫。

宋·祝穆《方輿勝覽》卷一九　宜春水，在縣西五里。宜醸酒。

宋·祝穆《方輿勝覽》卷二四　耒水，在耒陽縣。一名歷水。中有大歷，可容百斛。

又　上潢水，在衡陽縣。出岣嶁山，屈曲流六十里會湘水，勝小舟。

又　洄溪，在江華縣三十里。四山之間，乳竇松膏之所漬，泉甘宜稻，飲之者壽。

宋・祝穆《方輿勝覽》卷二五　郴水，過郡城一里，始勝舟；又北行四十五里，至鯉園步江口，合東江，始爲大郴江；入耒水，方有水程。

宋・祝穆《方輿勝覽》卷二九　明月峽，在夷陵。倚江千崖面，其白如月，又如扇。

又　滄茫溪，在宜都。溪生五色石，細紋，紅如瑪瑙，青如玻瓈。夏雨過，人競採掇。

又　綵水出紫蓋山下，綵碧馨香。

宋・祝穆《方輿勝覽》卷三三　上元水，源出庸嶺下，南流入孔陽水。有一潭，投石其中，即有雷雨。

宋・祝穆《方輿勝覽》卷三四　東溪，在州東。夾流皆刺桐，郡人踏青之地。

宋・祝穆《方輿勝覽》卷三七　朔水，在始興縣東三十五里。水出贛州，遇月朔即漲，晦即減。

又　南海，在新會縣南百五十里。有浮洲，襟帶甚遠。山挺方木，水食珠母。

宋・祝穆《方輿勝覽》卷四〇　渌水，在平南縣南十五里。曠野之中，天然怪石甃其傍，泉水深碧而澄清。中有巨魚，人不敢捕。

宋・祝穆《方輿勝覽》卷四一　龍江，在城北一百步。石岸峭嶮，東流至柳、象、潯、藤、梧等州一千餘里，至廣州入於南海。謂江道如龍，故名云。

宋・祝穆《方輿勝覽》卷四二　崑崙水，在陸川縣。水中有石，似崑崙。

又　瀑布灣，在那容村。其瀑自石頂飛激，下成深灣。歲旱則投石於灣以禱之，雨立至。

宋・祝穆《方輿勝覽》卷四三　棋子灣，在峻靈山側。有石如棋子。每取之，即以紙錢抛神山之下。所取不得揀選。取畢視之，黑白相均。

又　清水池，在城東。四季荷花不絕。

宋・祝穆《方輿勝覽》卷五二　黑水，在永康縣西十一里，流入青城縣。溪石皆黑，故名。

宋・祝穆《方輿勝覽》卷五三　芙蓉溪，在青神縣。岸有芙蓉，因名。

又　魚蛇水，在青神縣南二十里。源出陵州木梓山，合導江。有魚似蛇，故名。

又　綿水，在雒縣東三十里。源出緜竹縣紫巖山，灌田頗廣。

宋・祝穆《方輿勝覽》卷五四　羅江，在本縣。兩水相蹙成羅纹，故名。

又　廉水，在彰明縣北，平地泉出。

宋・祝穆《方輿勝覽》卷五五　味江水，在青城縣，其水甘美，故名。

宋・祝穆《方輿勝覽》卷五六　龍池，在州東十里蘭若寺前，方廣十數丈。池上有龍祠。水中有枯楂三株，隱然如龍狀，觸之則暴風卒雨，變於俄頃，歲旱取湫立應。

又　黑水，在神泉北百餘里，合大江。水皆大石，湍險不通舟。

宋・祝穆《方輿勝覽》卷五八　建陽峽，在興山東七十里。源出寧都，曲折四十八渡，約十餘里，至建陽村中。

空舲峽，在秭歸縣東。絶崖壁立，飛鳥不能栖。有一火爐插石崖間，長數尺。相传堯洪水時，行者泊舟，繫於崖側，故插餘爐於此。至今猶曰「插竈」。

吒溪，在秭歸縣。水石相激，如噴吒之聲。在雷鳴洞之南，分三吒：官槽口爲上吒，雷鳴洞爲中吒，黄石口爲下吒。吒心大潭如甕，舟行多覆溺之患，故名「人鮓甕」。黄魯直詩：「命輕人鮓甕頭舡。」

合溪，在秭歸縣。兩溪合流。

宋・祝穆《方輿勝覽》卷五九　大江，即岷江也，在州東。其左有二石穴，名天倉、地倉。地倉滿則豐，天倉滿則歉。

宋・祝穆《方輿勝覽》卷六〇　桂溪，兩岸多桂。

又　巴江，在巴縣。水折三回如「巴」字。

又　白水，在州南二百二十里。其色如練，故名。

又　四十八渡水，在隆化縣東三十里。兩山壁立，一水灣環其中，涉是溪者凡四十有八渡。其門有穴，如户牖。

宋・祝穆《方輿勝覽》卷六一　鳴玉溪，在州北十里。有懸崖瀑布，高五十餘尺，潭洞奇邃，古木蒼然。

宋・祝穆《方輿勝覽》卷六二　鵝溪，在鹽亭縣境。其地産絹。

宋・祝穆《方輿勝覽》卷六三　珠江，相傳江中有光夜現如燈燭。劉光祖《狀元樓記》：「資號珠江，以地之靈，出産瓌異。」

宋・祝穆《方輿勝覽》卷六四　内江，在州南百步。源出剛氐徼外。有石屹立水心，正圓如月，其下嶄巖如雲氣，俗謂石鏡，冬出水可三丈。南流至渝州入江，又名涪江。

又 雙溪，在城北三里。一從西來，其水濁；一從東來，其水清，會城下。

又 隣水，在本縣。源出隣山，中有大磧，懸流十丈。

宋·祝穆《方輿勝覽》卷六五 鎖江，兩岸大石屹立，因置鐵絙横截其處，控扼夷、羌。

又 蘇溪，自州治泝流十里，有前後潭，瀑布自懸崖千尺而下。

又 滇池，在州西二十里。一名天池，一名波淩池。其池長五十里，闊七里。風雷一動，波浪淩山。中有芰荷。

又 柳溪，在金水縣南七里。嘗有柳葉從穴出。

又 篆水，去渠江縣五里有石洲，水之灌輸其間者，渦停渠别，莫知其幾。中兩渠相距二尺，廣深半之，可受流觴，天巧致然，非人力疏鑿，人多游焉。

又 硯石溪，在牛心山後。岸石如磬，可以爲硯。

宋·祝穆《方輿勝覽》卷六八 鰲水，去儀隴縣三十里。水湧，突出一石，如鰲，故名。

又 几水，在舊奇章縣。水屈曲如「几」字。

又 明水，在難江縣北五十餘里。水間出硯屏，林木山川之形，隱于石間。

宋·祝穆《方輿勝覽》卷六九 香泉，在城北。泉自石眼中流出，清冽而甘，宜釀酒。

宋·祝穆《方輿勝覽》卷七〇 紫水，出紫泥，可封璽。又出上品雄黄，色如雞冠。

宋·潛説友《（咸淳）臨安志·山川》卷三四 下湖，在錢塘門外，其源出於上湖。即西湖。一自玉壺水口，流出九曲，沿城一帶至餘杭門外。一自水磨頭石函橋東入策選鋒教場、楊府雲洞、北郭、税務側，合爲一流，如環帶然，有二斗門豬泄之。

宋·潛説友《（咸淳）臨安志·山川》卷三六 仇溪，《祥符志》云：在縣東北二十一里，闊二十步，深五尺，有二源。一出臨安高陸山，東流八十六里，至仇山之北。一出本縣獨松嶺，東流八十里一百步至仇山合流，而東行十二里一百步又合苕溪，行三十六里二百步入安吉州德清縣。以二水合流處有仇山，即嚴山也。故名。

又 猷溪，在縣北二十六里，闊一十步，深二尺，水源出高陸鄉，東入余杭縣界二十六里。

又 步溪，在縣西三十里，闊五丈，發源于貝山湖，南入浙江。

又 湖洑水，在縣西南九十里，闊五十步，東入錢塘江界，《地里志》云：湖洑水中有蜮，含沙射人。每遇夏秋，人不敢渡。

宋·張世南《游宦紀聞》卷五 玉河在國城外，源出昆山，西流千三百里，至國界牛頭山。分爲三：曰白玉河，在城東三十里；曰緑玉河，在城西二十里；曰烏玉河，在緑玉河西七里。源雖一，玉隨地變，故色不同。每歲五、六月，水暴漲，玉隨流至，多寡由水細大，水退乃可取。

又 揚子江心水，號中泠泉，在金山寺傍，郭璞墓下。最當波流險處，汲取甚艱。士大夫慕名求以瀹茗，操舟者多淪溺。寺僧苦之，於水陸堂中，穴井以紿遊者。往歲連州太守張思順，監江口鎮日，嘗取二水較之，味之甘冽，水之輕重，萬萬不侔。乾道初，中泠别湧一小峰，今高數丈，每歲加長。鶻棲其上，峰下水益湍，泉之不可汲，更倍昔時矣。

宋·鄧牧《洞霄圖志·山水·苕溪》 《山海經》云：「天目山，一名浮玉，苕溪出焉。」今由於潛臨安縣界，經餘杭及錢塘界，然後入湖州，達於震澤。郡志以爲夾岸多苕花，每秋風飄散，水上如飛雪然，因名苕溪。又《輿地志》云：「自餘杭西，亦名泠溪。乘舟到此，輕若凌虚，蓋取清泠之意。」溪兩涘，有琴鶴翁姥四山，皆有居民在其下。今自宫抵溪口五里，名天柱步。道旁有井，亦名天柱泉。蓋天柱流泉，循九鎖山東行，達是溪也。

宋·葉隆禮《契丹國志》卷二二《四京本末》 有訥都烏河。番語山爲「胡都」，水爲「烏」。其東北三十里，即長泊也。涉沙磧過白馬淀，渡土河，亦云撞撞水。

宋·宇文懋昭《大金國志·許奉使行程録》卷四〇 白溝巨馬河，源出代郡淶水，由易水界至此合流，東入於海。河闊止十數丈，深可二丈，南宋與契丹以此爲界。

又 其（混同江）源來自廣漠之北，遠不可究。自此南流五百里，接高麗鴨緑江入海。江面闊可半里許。

又 來流河，闊三十餘丈，以船渡之。

宋·曾極《金陵百詠·大江》 《郡國志》：「西北自六合縣界流入。舊闊四十餘里。」昔魏文帝登廣陵觀兵，戎卒數十萬，旌旗數百里，臨江見波濤洶涌。歎耳。

宋・施諤《臨安志》卷一〇《山川・江》 浙江 在郡之東南，源出於歙縣玉山，據《東漢志》引郭璞注。過建德合婺溪，經富春至浙江，入於海。《山海經》云浙江在閩西北入海，餘暨南。郭璞注云：按《地理志》浙江源出黟縣南率中，率即歙耳。

宋・施諤《臨安志》卷一〇《山川・城内四河》 卯山河 東自保安水門，向西過榷貨務橋，轉北過茆山井蒲橋至梅家橋，曰茆山河。舊德壽宫之東，元有茆山河，因展拓宫基填塞，積漸民户包占。惟存去水大溝至蒲橋，修内司營不復填塞，尚存河道，自後軍東橋至梅家橋河。

鹽橋運河 南自碧波亭州橋通江橋，與保安水門裏横河，過望仙橋、柴垛橋、薦橋、豐樂橋、鹽橋、仙林寺橋、西橋、梅家橋，出天宗、水門一派，自仁和倉後葛家橋、天水院橋，淳祐倉前出餘杭門水門。

市河俗呼小河。 東自清泠橋，西流至南瓦横河口，轉北由金波橋、巧兒橋、猫兒橋、舍人橋、炭橋、李博士橋、鵝鴨橋、北橋、軍頭司橋、清遠橋、仁和倉橋，轉東與茆山河水合。由天水院橋轉北過便橋，出餘杭門水門曰市河。

清湖河 西自府治前净因橋，過閘轉北，由樓店務橋、凌家橋、仁壽橋、轉運司橋轉東，由渡子橋與湧金池水相合流，至金文庫與旱河頭橋三橋水相合。由軍將橋、施水坊橋、井亭橋、洪福橋、鞔鼓橋、馬家橋、清湖橋投北，由石灰橋、結縛橋、下瓦橋、衆安橋又投北與市河相合，入鵝鴨橋，轉西一派，自洗麩橋、左藏庫橋、安福橋、丁家橋、紀家橋轉北由車橋、楊四姑橋、新莊橋、師姑倉橋、斜橋、便橋出餘杭門，曰清湖河。

宋・施諤《臨安志》卷一〇《山川・城外諸河》 運河 南自浙江跨浦橋，北自渾水閘、蕭公橋、清水閘、衆惠橋、櫂木橋、朱家橋，轉西由保安閘至保安水門入城，曰運河。土人呼城外河，曰貼沙河，一名裏沙河。

龍山河 南自龍山渾水閘，由朱橋自南水門入城，曰龍山河。

外沙河 南自竹車門北去，繞城東過紅亭税務今廢。前螺螄橋，東至蔡湖橋與殿司前軍寨内河相合，轉西過遊弈寨、前軍寨橋、太平橋、端平橋、無星橋與灞子橋河相合，入艮山河。沿城泛洋湖水，轉北至德勝橋，與運河相合，口外沙河。《舊志》作外河。城外既有裏沙河，則此河爲外沙河，明矣。今有外沙巡檢司。

菜市河 南自新門外，北沿城景隆觀，後至章家橋、菜市橋、壩子橋，入泛洋湖，轉北至德勝橋，與運河合流，曰菜市河。

下塘河 南自天宗水門接鹽橋運河、餘杭水門接城中小河、清湖河二水合於北郭税務前，由清湖堰閘至德勝橋，與城東外沙河、菜市河、泛洋湖水相合，分爲兩派：一由東北上塘，過東倉新橋入大運河，至長安閘入秀州，曰運河；一由西北，過德勝橋，上北城堰，過江漲橋，喻家橋，北新橋以北，入安吉州界，曰下塘河。

元・葉子奇《草木子・管窺篇》 江浙之潮，自有定候。欽廉之潮，則朔望大潮，謂之先水；日止一潮，謂之小水。瓊海之潮，半月東流，半月西流。潮之大小，隨長短星，不係月之盛衰，豈不異哉。

元・葉子奇《草木子・克謹篇》 至正初，揚子江一夕忽竭，舟楫皆閣於塗中，露有錢貨無數，蓋是累年覆舟之遺物也。人争取之，潮至輒走，潮退復然。亦有走不及而渰死者。如是累月，江復安流。識者曰：「此江嘯也。」其後果先失江南。

元・劉祁《歸潛志》卷一三 洹水，俗號安陽河。

元・單慶修、徐碩《嘉禾志・江海・松江府》 松江，在府北七十里。

元・單慶修、徐碩《嘉禾志・山阜・松江府》 滬瀆江，在府東北一百一十里。

又 海，在府東八十里，南九十里。

元・單慶修、徐碩《嘉禾志・碑碣・白龍潭記》 華亭在三輔爲莊縣，環邑皆水，交錯於中，其流濁而不深。有一水焉，獨深而潔，可淪可釀於衆流之間者，白龍潭也。潭以龍名，舊矣。按圖經，在縣西北三里。

元・虞應龍《大元一統志・中書省統山東西河北之地・大都路・山川》 通惠河 通惠河之源，自昌平縣白浮村開導神山泉，西南轉循山麓，與一畝泉、榆河、玉泉諸水合。自西水門入都，經積水潭爲停淵，南出文明，東過通州，至高麗莊，入白河。上下二百里，凡置閘二十有四：護國仁王寺西廣源閘二、西水門外會川閘二、萬億庫前朝宗閘二、海子東澄清閘三、南水門外文明閘二、魏村惠和閘二、籍田東慶豐閘二、郊亭北平津閘三、牛店溥濟閘二、通州通流閘二、高麗莊廣利閘二。按新開通惠河碑，至元二十九年八月興工，三十年八月工畢，平章政事皎貞專董其事。世祖聖德神功文武皇帝嘉其有成，賜名通惠。倡端建言圖上方略者，昭文館大學士中奉大夫知太史院領都水監提調通惠河道漕運事郭守敬也。《日下舊聞考》八九引《元一統志》。

又 新河　按本路所上圖册引酈道元《水經》云：灅水南出山謂之清泉河，東流入鮑邱，即潞河也。魏太祖開洵口「口」原誤「曰」，據《水經濡水注》正。俱導是也。故世謂之新河。在大興縣。《永樂大典》四六五五天字引《元一統志》。

又 鹽溝河在良鄉縣。源發自龍門口，東南與廣陽水合流，又東南入固安州界，合渾河。《永樂大典》四六五六天字引《元一統志》。

又 龍谷泉在良鄉縣。在縣西一十八里。金大定間里人有郭氏者，見岡下微潤，因以杖刷之，有泉湧出，味甘異常，引以爲渠，東流與鹽溝河合。《永樂大典》四六五六天字引《元一統志》。

又 東船河河原誤村，今改正。西出霸州永濟鎮，東入永清縣，東與武清縣三角白河合。《永樂大典》四六五五天字引《元一統志》。

又 清河出昌平縣。河源出縣西南一畝泉流入。《永樂大典》四六五七天字引《元一統志》。

又 榆河出昌平縣。河源出縣孟村西一畝泉，東流至順州入白河。《永樂大典》四六五七天字引《元一統志》。

又 芹城水在昌平縣。源出縣界會陽山。《永樂大典》四六五七天字引《元一統志》。

又 碾莊七里泊在昌平縣。自縣東南流入宛平縣，合高糧河。《永樂大典》四六五七天字引《元一統志》。

又 玉泉在昌平縣。泉源出縣東「東」原誤「西」，今改正。南七十里玉泉山，東南流入宛平縣界。《永樂大典》四六五七天字引《元一統志》。

又 温泉在昌平縣。在縣東南三十五里湯山下。《永樂大典》四六五七天字引《元一統志》。

又 處眼泉　源出昌平縣西北城下，至豐善村入榆河合流。《永樂大典》四六五七天字引《元一統志》。

又 潮河在順州。發源自檀州界，東北歷本州與白河合，又東南接通州潞河。《永樂大典》四六五六天字引《元一統志》。

又 白河在順州。在州東二里。古名白遂州。發源自密雲界，由本州東南流入通州潞河。水勢激衝，沙地疏惡，每歲雨潦暴溢，則汎濫散出，廣狹「狹」原誤「浹」，今正。深淺，無有常度。《永樂大典》四六五六天字引《元一統志》。

又 榆河在順州。在州《永樂大典》依明初建置改州爲縣，今改。西南二十里。古名温渝河。其源出昌平境，由本州孫堠店東南流入通州。《永樂大典》四六五六天字引《元一統志》。

又 潞河在順州。在州西南二十五里。出昌平縣界，西南歷孫堠上保，東南接連通州，合温餘河。《永樂大典》四六五六天字引《元一統志》。

又 柘溝水　溝水亦名盧溝水，即渾河與桑幹水也。以其水經柘城，因名柘溝。自大興縣界流至東安州境，南入武清縣界。《永樂大典》四六五七天字引《元一統志》。

又 渾河在固安州。在州西二十里。源出涿州，東入州境，南流於霸州，與拒馬河合。《永樂大典》四六五五天字引《元一統志》。

元·虞應龍《大元一統志·中書省統山東西河北之地·上都路·山川》

白羊河　源出興州樺皮嶺，流入松州，與落馬河合流，達高州塗河。《熱河志》七二引《元一統志》。

又 落馬河　在松州北八十里。發源州界鑼鍋嶺，下流入高州境一百里東《蒙古游牧記》無「東」字。入塗河。《熱河志》七零引《元一統志》。《蒙古游牧記》三引《元一統志》。

又 鋤刃河　在松州北二十里。發源興州界，流經州境，不與落馬河合。《熱河志》七二引《元一統志》。

又 陰涼河　在松州南四十里。發源興州界女嶺，經由州境，流與高州塗河合。《熱河志》七二引《元一統志》。

元·虞應龍《大元一統志·中書省統山東西河北之地·懷孟路·山川》

黄河　在河陽縣南一十七里。即孟州渡西，自濟源縣西王屋山夾中流出，南去縣四十五里，經從本縣境一百九十里，東至駝塢村南十里，入温縣界。蓋自河陽縣西來，歷温縣南，東入武陟縣界。《大元一統志》一二三孟州。

又 濟瀆　在濟源縣西北五《太平寰宇記》五二五作「三」，《明一統志》二八同。里，平地而出。其源有二。《禹貢》：導沇水東流爲濟。蓋沇水之源出於天壇山絶頂之西半崖間，洑流至此爲二源而出，東流與㶏水合。《山海經》云：「王屋山之東，㶏水出焉。」郭璞云：「㶏水是沇水之源。㶏、沇聲相近，即沇水也。」《禹貢》：「導沇水東流爲濟，入於河。溢爲滎，東出於陶丘北，又東至於菏，又東北會於汶，又東北入於海。」顔師古云：「導沇水而爲濟，截河又爲滎澤，陶丘在定陶西「西」原誤「而」，據《太平寰宇記》正。南，過荷澤，又與汶水會，北折而東入海也。」顔師古注見《漢書·地理志》，文與原注小異。按沇水出王屋縣王屋原脱「王屋」二字，據《太平寰宇記》補。山，東流至濟源縣爲濟水。然滎，滎原誤水，據《太平寰宇記》正。澤即今滎陽縣，定陶即今濟陰縣，菏澤即今魚臺縣，汶水在今，原脱「今」字，據《太平寰宇記》補。萊蕪縣。然濟水因王莽末旱，渠涸，但入河而已，不復截河南過。今東平、濟南、淄川、北海界中有水流入於海，謂之清河。實菏澤汶水合流，亦曰濟河。蓋因舊名，非本濟水也。而《水經》是「是」原誤引，據《太平寰宇記》正。漢和帝以後所撰，乃言濟水南過滎澤，至於乘氏等縣，一依《禹貢》舊道，斯不詳之故也。《九州要《太平寰宇記》無要字。記》云：「濟源縣有慢流水、玉漿澗、木溝，皆會於濟也。」《爾雅》云水注會曰瀆，蓋謂此也。宋嘉佑中白濟源祠東百步許開千倉渠一道，築千功堰一道。其水分爲二渠，「渠」下疑脱「一渠」二字。東北引水灌溉民田，東入於懷以灌城壕，一渠南流與漭溴相合，東歷孟州入於河。《寰宇記》云：「西池南出有二源。此句文字有誤。《太平寰宇記》濟水平地而出有二源，當據正。其東源周回七百步，深不可測。西源周「周」下疑脱「回」字。六百八十五步，深一丈。皆繚之以牆，源出王屋山。今按圖册云：「濟水有二源。東源池方百步，深不可測，繚之以垣，即今靈池也。西源周回約二百步，淵深亦然，東流入溫，南截河溢出爲滎澤」，是也。其水清潔，性喜潛洑，入河不渾。載之祀典，而尊崇之者爲有源以會衆水而朝於海也。《大元一統志》一二二孟州。

又 溴河 在濟源縣。其源有三：其一源出自原城西北琮山訓《水經·濟水》注琮山訓作山勳。掌谷口，俗呼爲白澗水。《春秋》會諸侯于溴梁，即此。一源出縣西二十里曲陽城西南山。一源出陽城南溪，至縣西南官橋村北出焉，東流至縣東，與漭水合，又東流去縣十里，至皮城村入河陽界，東入於河。《大元一統志》一二二孟州。

又 沁水 在濟源縣東北二十八里。其源出沁州陽城縣，經太行山，至本縣北燕川東出孔山，歷沁臺，入河内界。《大元一統志》一二二孟州。

又 泥溝河水 在濟源縣西南二十里。源出澤谷西。《水經》云：「泥溝水出軹城西南山下，轉流入軹，屈曲北流，東入於溴河。」《大元一統志》一二二孟州。

又 天漿水 在濟源縣南二十里。其源出軹城西南向城北。其水二源，各出一溪，東北合流。又東北至趙村會泥溝水，正東與漭、溴河相合。《大元一統志》一二二孟州。

又 白澗水 濟源縣西北琮山，即溴源也。《大元一統志》一二二孟州。

又 泗澗水 在濟源縣南二十里。稍西有澗水出焉。《大元一統志》一二二孟州。

又 五龍溪 在濟源縣沁口五龍祠北。白樂天詩云「公門欲返駕，溪路猶迴首」，是也。《大元一統志》一二二孟州。

又 淇水 在王屋山東，自天壇避秦溝出焉，引流而南入於河。《大元一統志》一二二孟州。

又 沸水 亦名溴河。在溫縣西三十五里。從河陽縣界流入縣境，駝塢村南，合入黄河。《寰宇記》云：「沸水在故「故」原誤「古」，據《太平寰宇記》五二正。城西，東南流注於河。沸與濟通，即淇水也。《大元一統志》一二二孟州。

又 漭水 源自濟源縣之西四里潘村，後出東流經縣之北郭，又東至柙橋，與濟水合，又東南與漭、溴合，又東入河陽縣界，東入於河。《大元一統志》一二二孟州。

元·虞應龍《大元一統志·中書省統山東西河北之地·河間路·山川》

漕河 在任丘。上流鐵燈竿河，自博野東流，即沙、唐、滋、青會爲滾水者。一股向任丘城西，由白洋以北注。一股向河間没，任丘之東而復北注者也。《萬曆任丘志》一引《元志》。

元·虞應龍《大元一統志·中書省統山東西河北之地·冠州·山川》 屯氏河 故道在冠州東南三十里。上自朝城大王寨流入，東行稍北入堂邑界。又州二十里有故河道，廣闊與大河等，而差平淺，南與大河相屬，北行稍東亦入堂邑界。即古屯氏河也。《乾隆東昌府志》六引《元一統志》。

元·虞應龍《大元一統志·中書省統山東西河北之地·太原路·山川》

黄河 在太原府郡西六百里。西北自大同路界流入本境内，經保德、興、臨、石四州之西界，下流入平陽路隰州界。《永樂大典》五二零二原字引《元一統志》。

又 汾河 在郡西二里。西北出自管州寧化涔山，經樓煩、清源、平晉、交城、文水、祁縣、平遥、介「介」原誤「界」，今正。休，南入平陽路靈石縣境。《永樂大典》五二零二原字引《元一統志》。

又 洞過水 在郡東二百二十里。自平定州樂平縣界陡泉嶺而出源，經壽陽，入祁縣南四里，西南入太原縣界。《太平寰宇記》四零：「榆次縣洞過水自壽陽縣界流入，經縣南四里，又西南入太原縣界。」據此知上文「祁縣」當作「榆次縣」。自壽陽縣南五十里，入榆次縣東十五里合流村，與涂水相合。又流五里至源渦村，又合源渦原衍「泉」字，今刪。榆次縣源渦水見《永樂大典》五二零二引《太原志》、《寰宇通志》七八、《明一統志》一九、《萬曆太原府志》八。水，通流經谿榆次縣三里，下流西南四十里入徐溝縣界。在平晉縣南二十里。來自榆次縣界合流村，合流村原誤西流入。《永樂大典》五二零二引《太原志》：「榆次縣洞渦水至本縣東十五里合流村，與大塗水相合」。又云：「太原縣洞渦水西流入榆次縣界，至合流村與涂水相合。」今據正。又合涂水，歷縣南境，而流入於汾水。《水經注》曰：「劉琨之爲并州，劉元海擊之，合戰於洞過水；即此水也。」洞過水自樂平縣陡「陡」原誤「陵」，今正。泉嶺出，經由壽陽縣，至榆次東十五里合流村，入涂水。《永樂大典》五二零二原字引《元一統志》。

又　文水在陽曲縣。在本原脱「本」字，今補。縣。自石州方山「山」下疑脱「廢」字。縣界出源，流入交城縣界，歷榆城龍門山，與文谷水相合流，出文谷口，入文水縣南，至本縣二十五里。其水多文，故曰文水。金泰和六年，有本縣完顔永貞自文谷口開渠，沿谷之山腰南通其水三分入城中，轉而出郭，其七分南行，隨溉民田。有常平渠、靈長渠、甘泉渠、千畝渠、蕩沙渠、豐稔渠等，通流灌田，入於汾水。今五渠俱廢。《永樂大典》五二零二原字引《元一統志》。

又　昭餘祁「祁」原誤「祈」，今正。下同。藪　在《永樂大典》依明代建制在下增「太原府」三字，今刪。祁縣東七里。舊已涸鹵。至元二十一年浚鑿爲九池，得細水，歲溉民田頃畝間，及浸隍下樹木。今其側立成湯祠，歲旱土人爆沙聚祠下，置瓶其上，以禱雨得水，累獲其應。今池廟俱各不存。《永樂大典》一一二四八「藪」字引《元一統志》。

又　澗河水在榆次縣。亦名赤坑村水。在本縣北二十里罕山麓出源。今無泉水，或遇天雨，乘勢西南急流，達於本縣西北。《永樂大典》五二零二原字引《元一統志》。

又　酎泉水在太谷縣。遇水漲合入回馬水。舊經云「商紂到此」，誤矣。其水北流，貯爲一池，中有芰荷，建鳳州亭。《永樂大典》五二零二原字引《元一統志》。

又　胡谷水在太谷縣。在本縣西南。自祁縣流入縣境，復西北入祁縣界。《永樂大典》五二零二原字引《元一統志》。

又　黑水河在壽陽縣。有三源。一出太安驛南支雙滄神祠下，北合西山石河，過狄那村，謂之狄那河。一出縣東土徑之北，過羊頭神祠下，謂之羊頭神河。一出縣北莨榆社南，謂之童子河。俱合流入洞渦水。《永樂大典》五二零二原字引《元一統志》。

又　文谷水在交城縣。在本縣。發源於孝文山之旁，歷交城縣西界，通流二百餘里，出入文水縣界柵城村，「村」原誤「材」，今正。又東南四十餘里，合入汾水。《水經》云文原衍生「谷」字，據《水經》六文水刪。《太平寰宇記》五零引《水經》有「谷」字，已同此誤。水出大陵縣西文谷口，即此水也。孝文山之村木，結栰浮泛而出，循流入汾水，遠近利之。出山開疏二渠，一名甘泉河，一名原脱「一名」二字，今補。石侯河，灌溉民田。《永樂大典》五二零二原字引《元一統志》。

又　赤洪水在石州。在本州方山廢縣東十里。南流入離市縣界。《永樂大典》五二零二原字引《元一統志》。

又　文山　在石州「州」原誤「本」，今正。方山廢縣東北五十里方山下發源，東流入文水縣。《永樂大典》五二零二原字引《元一統志》。

又　清河在寧鄉縣。在本縣南三十五里白石村發源，至本縣澆溉園圃，下流離石縣界。《永樂大典》五二零二原字引《元一統志》。

又　雲中水　一名肆蘆《太平寰宇記》四二四「蘆」作「盧」。《寰宇通志》七八、《元一統志》一九作「盧」，《萬曆太原府志》「八」作「四」樓，均誤。川水，一名新水。在秀容縣《永樂大典》依名建制縣下增「即今忻州」四字，今刪。西北七十里。出分水嶺下，東北經雲内鎮，入肆蘆川水，過故城之西，經六石村。俗名六石河。《永樂大典》五二零二原字引《元一統志》。

又　滹沱河　其源出堅州《永樂大典》依明代建制改堅州爲繁時縣，今正。大「大」疑秦之誤字。戲山。自代州崞州界流入忻口，歷縣北流二十里，東入定襄縣界，又東北流入臺州界。《永樂大典》五二零二原字引《元一統志》。

又　故關河在平定州。在本州東五十里山谷中。東流出井陘故關，又東流合入冶河。《永樂大典》五二零二原字引《元一統志》。

又　榆林河　在臨州《永樂大典》依明建制州下增「即今臨縣」四字，今刪。東北三里。出黄雲子山下榆林村，經本州東，下流入黄河。《永樂大典》五二零二原字引《元一統志》。

又　黄河在保德州。自西流至舊隩州久良津，經廢芭州東五十里，西南流經本州城北三里，入興州界。《永樂大典》五二零二原字引《元一統志》。

又　殺子谷河　在崞州《永樂大典》依明初建制州下增「即今崞縣」四字，今刪。西南六十里。自秦始皇三十六「六」當作「五」。年使扶蘇太子北監蒙恬於此。三十七年始皇崩，趙高矯詔賜扶蘇死，因名殺子谷，其水出焉。俗呼羊牧河。澆溉民田，東流合入滹沱河。《永樂大典》五二零二原字引《元一統志》。

又 汾河 《周禮·職方》：「冀州其浸汾。」按水出管州《永樂大典》依明初建制改管州爲静樂縣，今正。北管涔山，經管州城之西南四十里，過樓煩，在今巡檢司東，上從管州，下流交城縣鎮城村，南流入陽曲縣界。水在寧化廢城北五十里林溪山發源，經由本州《永樂大典》依明初建制改州爲縣，今正。北五里，合入天池水，下流入管州界。《永樂大典》五二零二原字引《元一統志》。

又 渥洼水在管州。在樓煩《永樂大典》依明初建制下煩增「即今静樂縣」五字，今刪。北五里。出石峽中，名温泉，流入汾水，嘗出龍馬。《永樂大典》五二零二原字引《元一統志》。

又 岢嵐水 在興州《永樂大典》依明初建制州下增「即今興縣」四字，今刪。東北六十里。上從岢嵐巡檢司界出谷，至本境北五十里，分溉民田，西合於黄河。《永樂大典》五二零二原字引《元一統志》。

又 嵐漪河 水從嵐州宜芳縣走馬嶺下流出，去州四十里，西入合河縣界。《永樂大典》五二零二原字引《元一統志》。

又 名源水在嵐州。在州北五十里雙松樹發源，經本州五十步東南入樓煩。《永樂大典》五二零二原字引《元一統志》。

又 牧馬水 在盂州《永樂大典》依明初建制州下增「即今盂縣」四字，今刪。北七十里。北流入滹沱水。《永樂大典》五二零二原字引《元一統志》。

元·虞應龍《大元一統志·中書省統山東西河北之地·平陽路·山川》

漳水 榆社縣西二里有漳水，自縣北紅花嶺發源，經縣西南流入武鄉縣界。和順縣西北石堠嶽二處漳水發源，東南流二里相合而下，入遼山縣界。今入遼州。《永樂大典》五二四五「遼」字引《元一統志》。

元·虞應龍《大元一統志·遼陽等處行中書省·遼陽路·山川》 大蟲江 在遼陽路。發源遼陽原脱「遼陽」二字，今補。縣東南之《滿洲源流考》一五無之字。龍鳳山分水嶺下，東南流經廢婆娑府南流合於鴨緑江。《滿洲源流考》一二引《元一統志》，又一五引《元一統志》。

又 斜江 在遼陽縣東。按圖册源自長白山，南流經廢婆娑府東十里流入於海。《滿洲源流考》一二引《元一統志》，又一五引《元一統志》。

又 鴨緑江 源出長白山，西南流經廢婆娑府東南入於海。《滿洲源流考》一二引《元一統志》。在遼陽路東五百六十里。按《唐書》「馬訾水出靺鞨白山西，與鹽難水合，又西南至安平入於海。□□□□□，遺邱孝忠耀兵於鴨緑水」，即此。今考其源，出於長白山，西南流經故婆娑府東南人海。《滿洲源流考》一五引《元一統志》。

又 遼河 在遼陽路西一百五十里。按《前漢·地理志》遼東郡望平縣下注云：「大遼水出塞外」。《後漢書》注引《山海經》曰：「遼水出衛皋「衛皋」原誤「白平」，據《山海經·海内東經》正。東。」郭璞曰：「出塞外衛皋「衛皋」原誤「御白平」，據《山海經·海内東經》正。山。」今按圖册上從咸平府界，流經瀋陽路「路」原誤「府」，今正。城西北一百二十里下流入廣寧路境。從咸平府界流經瀋陽西北達廣寧路境。《滿洲源流考》一二引《元一統志》。

又 渾河 在遼陽路。本路圖册引遼志云：源自越喜國出熊水，西北合衆流會淄水，屈曲數千里入於海。按《地志集略》云：「源出女真國，西流過貴德州，由州西流入梁水，西南七十里合遼河入於海。《滿洲源流考》一五引《元一統志》。

又 羊腸河 在遼陽路。源出「出」下疑脱「懿」字。州西之廢徽州境，經州北四十里，下流合入遼河。《滿洲源流考》一五引《元一統志》。

元·虞應龍《大元一統志·遼陽等處行中書省·大寧路·山川》 凌水 源出龍山縣南六十里師婆塞，至縣東南十五里入利州界。一云源出龍山縣南八十里紫草務，東北流一百里入利州界。又北《蒙古游牧記》無「北」字。經富庶縣東南三十里。《熱河志》七一引《元一統志》。《蒙古游牧記》引《元一統志》。又東經建州南四十里，又東入興中州界，經州東南下流入義州境。《熱河志》七一引《元一統志。

在大寧路「路」原誤「府」，今正。建州南五里。自富庶源流至本境四十里入興中界。一云發源龍山縣南八十里，東北流百里入利州界，又北經富庶縣東南三十里入建州境。《滿洲源流考》七引《元一統志》。

又 凌河 在大寧路興中州。源出龍山縣，經本州下流達建州。《滿洲源流考》七引《元一統志》。

在大寧路興中州南十里。源出龍山縣楊柳部落，流經本州。《滿洲源流考》一五引《元一統志》。

又 大淩河 自建州界流經興中州東南，下流入義州境。《滿洲源流考》七引《元一統志》。

又 小淩河 在興中州南一百五十里。源出玉泉井，溢而成川，流入錦州界。《熱河志》七二引《元一統志》。《蒙古游牧記》二引《元一統志》。

又　撒馬水　在大寧縣西北四十里。闊十步。遼太祖牧馬於此，因名。源出撒馬峪，東流經縣境一百五十里，合於塗河。《熱河志》七二引《元一統志》。

又　沁河　自富庶縣西四十里小澗，流經縣治西南一里許，東流四十里，合於淩河。《熱河志》七二引《元一統志》。

又　榆林和　源出和衆縣西三十五里司家店，東南流一《蒙古游牧記》無「一」字。百餘里入利州境，經州東三里霍司空莊，入淩河。《熱河志》七一引《元一統志》。《蒙古游牧記》二引《元一統志》。

又　確甯河　在大寧路金源縣西，東南入建州境，合於靈河。《滿洲源流考》七引《元一統志》。

在金源縣西三里。源出寺家莊西南三十步，平地湧出，溢而成川，流經縣西一里許，東南流九十里入建州境，合於淩河。《熱河志》七二引《元一統志》。

又　荆水　自金源縣界流入建州，經州東北荆山下，故名。下流合於淩河。《熱河志》七二引《元一統志》。

又　青龍河　發源惠和縣五十里麻場寨南二里澗，流經縣南一百步，又北流五十里，入高州界。《熱河志》七二引《元一統志》。

又　虎河　發源武平縣西南六十里葫蘆山，流經縣之霸州舖，合於遥剌河。《熱河志》七二引《元一統志》。

又　芍藥河　在利州東五十里。源自芍藥莊山谷間出，東流合於淩河。《熱河志》七二引《元一統志》。興中州有芍藥河。源自芍藥莊山谷間芍藥叢中流出。《熱河志》九四引《元一統志》。

又　薄河　源出惠州西北林津山，南至冷嶺，合爲寬河。《熱河志》六九引《元一統志》。

又　澈河　源出惠州西南乾山，東流至灤陽站東，合灤河。《熱河志》六九引《元一統志》。

又　青龍河　源出惠州之灰嶺，流經龍山縣南二百里，入平灤路境。《熱河志》六九引《元一統志》。

又　塗河　源出惠州西北，經州《蒙古游牧記》「州」作「縣」。界八十里，東北流入大寧縣南境，至大寧縣東北境二百二十里，入高州境。又東北流至行營草地，《蒙古游牧記》「地」下無「即此」二字。即此。《熱河志》七零引《元一統志》。《蒙古游牧記》二引《元一統志》。

自大寧縣流至東北入高州。《熱河志》六零引《元一統志》。

即今土河，亦名老河。《熱河志》六零引《元一統志》。

又　狗水　在惠州東一百八十里。源自指頭山崖出，東流一百二十里入利州界，合於淩河。《熱河志》七二引《元一統志》。

又　百里水　在川州東二十里。自迤北三叉口經州境，沿流一百里，故名。東流入義州界。《熱河志》七二引《元一統志》。

又　清水河　在川州西北五里。源出西北七十里紅土寨。《熱河志》七二引《元一統志》。

元・虞應龍《大元一統志・遼陽等處行中書省・瀋陽路・山川》　渾河　源出廢貴德州東北瑚呼瑪山。《滿洲源流考》一四引《元一統志》。

在瀋陽路。源出廢貴德州東北，西南經瀋州南一十五里遼陽西四十里，會太子河，合遼水，南注於海。舊稱瀋水。水勢湍激，沙土混流，故名渾河。今水澄澈，遇漲則渾。《滿洲源流考》一五引《元一統志》。

又　蒲河　在瀋陽路。源出鐵利國蒲谷，流經蒲水田過，《滿洲源流考》九無「過」字。故名。《滿洲源流考》引《元一統志》。又一零引《元一統志》。《乾隆盛京通志》一零零引《元一統志》。

又　合蘭河　在瀋陽路。經舊建州東南一千里入於海。《滿洲源流考》一五引《元一統志》。

經渤海建州東南一千里入於海。《滿洲源流考》一二引《元一統志》。

又　混同江　發源《盛京通志》「源」下有「在」字。長白山，北流經渤海建州西五十里，會諸水東北流，經上京，下達五國頭城北，又東北注於海。《滿洲源流考》一一引《元一統志》。《乾隆盛京通》一零二引《元一統志》。

元・虞應龍《大元一統志・河南江北等處行中書省・汴梁路・山川》　三十里河　發源管城縣西南五十里泰山，東經本縣三十里河，與十八里河合流。《大元一統志》二八二鄭州。

又　十八里河　管城縣泰山發源。出自本縣西南五十五里，經本縣十八里河，至縣界七里，與三十里河合流。《大元一統志》二八二鄭州。

又　圃田店河　在管城縣。一名欒巴河。源出新鄭縣東北五十里韓村，見此泉數道。金時於圃田店修隄堰，併入金水河南，京内兵革，皆散爲陂塘。又云：「圃田澤在縣東三里」。《大元一統志》二八二鄭州。

又 金水河 在管城縣西南二十五里。發源於迴山南。有宋建隆元年碑。東流鄭圃，溉稻一百餘頃。金貞佑二年開入南京宮城內，故號爲金水河。《大元一統志》二八二鄭州。

又 京水河 在管城縣西南三十五里迴山西楊李村發源，有宋碑。於本縣皇甫莊浸養鹽地，其後改入汴河。又云：「京水在滎陽縣東二十二里。」注《水經》云：「發源京縣黄堆山，東甫流。亦名祝龍泉。泉勢沸湧，狀如巨鼎揚湯。世謂之京水。」《大元一統志》二八二鄭州。

又 須水河 在滎陽縣東南三十五里楚邨。發源經須水鎮西，下流入滎陽縣田橋村，入於汴河。《大元一統志》二八二鄭州。

又 黄河 自鞏縣界流入汜水，去縣東四十二里至河陰縣，流入滎陽縣界。《大元一統志》二八二鄭州。

元·虞應龍《大元一統志·陝西等處行中書省·延安路·山川》 子午水 在宜君縣管内昇平廢縣北一百里。出子午嶺，東南流入中部縣合沮水。《大元一統志》五四四鄜州。

又 黄河 在府谷縣東。自原衍「西」字，今刪。豐州馮家會村入境東流一百五十里，至神木縣碾谷村，東南流十里經葭州長壽村，至吴堡縣東一百里下流豊化村出境。《大元一統志》五四八葭州。

元·虞應龍《大元一統志·陝西等處行中書省·興元路·山川》 漢水在金州。 去州城百步。其源出金井鎮嶓冢山下，東流歷洋州，縈紆千數百里，而後至金州境。水出麩金，其色稍白，不任貢獻。《大元一統志》五三八金州。

元·虞應龍《大元一統志·陝西等處行中書省·西和州·山川》 漢水 在古長道縣南。有諸葛壘，左右有豐草，亮所植也。《大元一統志》五八七西和州。

元·虞應龍《大元一統志·陝西等處行中書省·蘭州·山川》 黄河 在州正北。東流四十五里至金州界。其源見於積石。《大元一統志》五八五蘭州。

元·虞應龍《大元一統志·四川等處行中書省·廣元路·山川》 青川溪在龍州。 源出西番界，東南流經青川所南，又東南經府東一百二十里下流合白水入嘉陵江。又醍醐水源出府東清潭嶺，接青川溪，入嘉陵江。醍醐即啼狐也。《嘉慶四川通志》一五引《元統志》。

元·虞應龍《大元一統志·四川等處行中書省·重慶路·山川》 僰溪在江津縣。 在縣東南三十里。來自夜郎境。闊三十步，深七尺，可通二十石舟。《嘉慶四川通志》一一引《元一統志》。

又 大江 在瀘州。西來横州治之東，中江遶州治之北，二水合流於治之東北，而下大江。自敘州南溪縣入界，中江出雒昌山，歷簡、資、富順以至州治之北，與大江合。《永樂大典》二二一八瀘字引《元一統志》。

又 支江 在瀘州城北。自富順州界鴛鴦溪合流，下經安夷鎮，至江北一百六十里入汶江。其色赤，今與江合流處有涇渭之判焉。《永樂大典》二二一八瀘字引《元一統志》。

又 高灘溪在銅梁縣。 在巴川廢縣東十五里。灘口有崖高七丈，其廣三丈，水激而下。嘉定改元夜有聲如雷，崖忽陷下，岸旁民田如故。《大元一統志》七三零合川。

又 大「大」字破損，據《輿地紀勝》一五九補。安溪 王象之《紀勝》云：「在銅梁縣北二十餘里。」溪深多鯉，金鱗赤尾。《大元一統志》七三零合川。

元·虞應龍《大元一統志·雲南諸路行中書省·麗江路軍民宣撫司·山川》 些蘇溪在通安州。 姑霓溪、箇霓溪、塊麥溪等四溪水源，悉出神外龍山。周流州境，灌溉民田，南流出鶴慶路境。《大元一統志》通安志。

元·虞應龍《大元一統志·江浙等處行中書省·湖州路·山川》 西湖 在長興州西南五里。周回七十里。一名吴越湖。傍溉田三萬頃。有水門一《太平寰宇記》九四無「一」字。十四《太平寰宇記》「十四」作「四十」。所，引方山源《太平寰宇記》「源」作「泉」。注焉。舊記云：昔吴王築吴城葦土於此，遂成湖。《永樂大典》二二六三湖字引《元一統志》。

元·虞應龍《大元一統志·湖廣等處行中書省·梧州路·山川》 思良江 在州北二十里。亦名多賢《太平寰宇記》一六四「賢」作「鹽」。水。其中鰐魚狀如鼉，有四足，長者二丈，皮如鮧魚鱗。南方謂之鰐魚，亦以爲鮓。口長七寸，兩邊生齒如鋸。恒在山澗伺鹿，亦能啖人，故谷汲者往往遇害。乳於沙上。卵如鴨卵，或白或赤，可食。死後頭骨枯，牙齒朽落，隨更生，如此一歲一生，骨朽爛都盡則已。《蒼梧志》及《寰宇記》云。《永樂大典》二三四零梧字引《元一統志》。

又 西江 在州南一百步。源出牂牁，至潯合象水，又會容江，至本路合桂水，東流三十里，復合賀江，是謂三江口。經封、德慶、肇慶入於海。《永樂大典》二三四零梧字引《元一統志》。

元·乃賢《河朔訪古記》卷中《魏郡部》 蕩水出湯陰縣西石尚山案：《太平

寰宇記》作牟山。東流經縣故城，縣因水以取名。又東北至内黄縣，入於黄澤。唐貞觀元年，改爲湯水，以其水微温也。

美水在美里北二里，有橋曰美橋，橋下即美水也。《水經》曰：「美水，出湯陰縣西北四十里西山韓大牛泉。東經美城之北，積水成淵，方十餘步，深一丈餘。又東至内黄縣，與防水會。又東歷黄澤，而入蕩水」云。

元・劉塤《隱居通義》卷二九《地理》 順流赴劍，然後見谿灘湍激，石筍峭峻，舟行其間，時遭驚駭。

元・脱脱等《宋史》卷八五《地理志一》 其北又因瑶華宫火，取其地作大池，名曰曲江，池中有堂曰蓬壺，東盡封丘門而止。其西則自天波門橋引水直西，殆半里，江乃折南，又折北。折南者過閶闔門，爲複道，通茂德帝姬宅。折北者四五里，屬之龍德宫。

元・脱脱等《宋史》卷九一《河渠志一・黄河上》 黄河自昔爲中國患。【略】今西蕃朵甘思南鄙曰星宿海者，其源也。四山之間，有泉近百泓，匯而爲海，登高望之，若星宿布列，故名。流出復瀦，曰哈剌海，東出曰赤賓河，合忽闌、也里术二河，東北流爲九渡河，其水猶清，騎可涉也。貫出中行，出西戎之都會，曰闊即、曰闊提者，合納憐河，所謂「細黄河」也，水流已濁。繞崑崙之南，折而東注，合乞里馬出河，復繞崑崙之北，自貴德、西寧之境，至積石，經河州，過臨洮，合洮河，東北流至蘭州，始入中國。北繞朔方，北地，上郡而東，經三受降城、豐東勝州，折而南，出龍門，過河中，抵潼關。東出三門、集津爲孟津，過虎牢，而後奔放平壤。吞納小水以百數，勢益雄放，無崇山巨磯以防閑之，旁激奔潰，不遵禹蹟。

又 滑州土脈疏，岸善隤，每歲河決南岸，害民田。

又 天禧三年六月乙未夜，滑州河溢城西北天臺山旁，俄復潰于城西南，岸摧七百步，漫溢州城，歷澶、濮、曹、鄆，注梁山泊；又合清水、古汴渠東入于淮，州邑罹患者三十二。

又 五年，河流派别于魏之第六埽，曰二股河，其廣二百尺。自二股河行一百三十里，至魏、恩、德、博之境，曰四界首河。七月，都轉運使韓贄言：「四界首古大河所經，即《溝洫志》所謂『平原、金堤，開通大河，入篤馬河，至海五百餘里』者也。自春以丁壯三千浚之，可一月而畢。支分河流入金、赤河，使其深六尺，爲利可必。商胡決河自魏至於恩冀，乾寧入於海，今二股河自魏、恩東至于德、滄入于海，分而爲二，則上流不壅，可以無決溢之患。」

又 提舉河渠王亞等謂：「黄、御河帶北行入獨流東砦，經乾寧軍、滄州等八砦邊界，直入大海。其近海口闊六七百步，深八九丈，三女砦以西闊三四百步，深五六丈。其勢愈深，其流愈猛。

又 初，商胡決河自魏之北，至恩、冀、乾寧入于海，是謂北流。嘉祐五年，河流派于魏之第六埽，遂爲二股，自魏、恩東至於德、滄，入于海，是謂東流。

又 河北東路提點刑獄劉定言：「王莽河一徑水，自大名界下合大流注冀州，及臨清徐曲御河決口、恩州趙村壩子決口兩徑水，亦注冀州城東。【略】八月壬午，立之言：「臣自決口相視河流，至乾寧軍分入東、西兩塘，次入界河，於劈地口入海，通流無阻，宜修立東西堤。」詔覆計之。而言者又請：「自王供埽上添修南岸，於小吴口北創修遥堤，候將來礬山水下，決王供埽，使直河注東北，於滄州界或南或北，從故道入海。」

又 十月，冀州王令圖奏：「大河行流散漫，河内殊無緊流，旋生灘磧。

又 臣等昨按行黄河獨流口至界河，又東至海口，熟觀河流形勢，并緣界河至海口鋪砦地分使臣各稱：界河未經黄河行流已前，闊一百五十步下至五十步，深一丈五尺下至一丈；自黄河行流之後，今闊至五百四十步，次亦三二百步，深者三丈五尺，次亦二丈。乃知水性就下，行疾則自刮除成空而稍深。

又 自元豐四年河出大吴，一向就下，衝入界河，行流勢如傾建。經今八年，不捨晝夜，衝刷界河，兩岸日漸開闊，連底成空，趨海之勢甚迅。

又 河流自大伾之東而來，直大伾山西，而止數里，方回南，東轉而過，復折北而東，則又直至大伾山之東，亦止不過十里耳。視地形水勢，東西相直徑易，曾不十餘里間，且地勢低下，可以成河，倚山可爲馬頭，又有中潬，正如河陽。

元・脱脱等《宋史》卷九三《河渠志三》 河流衝至寸金潭，其勢就下，未易禦遏。近降詔旨，令就晝定港灣，對開直河。方議開鑿，忽自成直河一道，寸金潭下，水即安流。

又 嘉祐六年，汴水淺澀，常稽運漕。都水奏：「河自應天府抵泗州，直流湍駛無所阻。惟應天府上至汴口，或岸闊淺漫，宜限以六十步闊，於此則爲木岸狹河，扼束水勢令深駛。梢，伐岸木可足也。」

元·脱脱等《宋史》卷四七《河渠志四》 蔡河貫京師，爲都人所仰，兼閔水、洧水、潩水以通舟。閔水自尉氏歷祥符、開封合于蔡，是爲惠民河。洧水自許田注鄢陵東南，歷扶溝合于蔡。潩水出鄭之大隗山，注臨潁，歷鄢陵，扶溝合于蔡。凡許、鄭諸水合堅白鴈、丈八溝，京、索合西河、褚河、湖河、雙河、欒霸河皆會焉。

又 先準宣惠民、京、索河水淺小，緣出源西京、鄭、許州界，惠民河下合横溝、白雁溝，京、索河下合西河、湖河、雙河、欒霸河、丈八溝。

又 金水河一名天源，本京水，導自滎陽黄堆山，其源曰祝龍泉。

元·脱脱等《宋史》卷四八《河渠志五》 漳河源於西山，由磁、洺州南入冀州新河鎮，與胡盧河合流，其後變徙，入于大河。

又 滹沱河源於西山，由真定、深州、乾寧，與御河合流。

又 御河源出衛州共城縣百門泉，自通利、乾寧入界河，達於海。

又 胡盧河源於西山，始自冀州新河鎮入深州武彊縣，與滹沱河合流，其後變徙，入大河。

又 岷江水發源處古導江，今爲永康軍。《漢史》所謂秦蜀守李冰始鑿離堆，辟沫水之害，是也。

沫水出蜀西徼外，今陽山江、大皂江皆爲沫水，入於西川。

又 鄞縣水：嘉定十四年，慶元府言：「鄞縣水自四明諸山溪澗會至他山，置堰小涇，下江入河。

又 昇州水：乾道五年，建康守臣張孝祥言：「秦淮之水流入府城，别爲兩派：正河自鎮淮新橋直注大江；其爲青溪，自天津橋出柵砦門，亦入於江。

又 孝祥又言：「秦淮水三源，一自華山由句容，一自廬山由溧水，一自溧水由赤山湖，至府城東南，合而爲一，縈回綿亘三百餘里，溪、港、溝、澮之水盡歸焉。流上水門，由府城入大江。舊上、下水門展闊，自兵變後，砌疊稍狹，雖便於一時防守，實遏水源，流通不快。

又 黄巖縣舊有官河，自縣前至温嶺，凡九十里。其支流九百三十六處，皆以溉田。

元·脱脱等《遼史》卷三七《地理志一》 淶流河自西北南流，繞京三面，東入于曲江，其北東流爲按出河。又有御河、沙河、黑河、潢河、鴨子河、他魯河、狼河、蒼耳河、輞子河、臚朐河、陰涼河、豬河、鴛鴦湖、興國惠民湖、廣濟湖、鹽濼、百狗濼、火神淀、馬盂山、兔兒山、野鵲山、鹽山、鑿山、松山、平地松林、大斧山、列山、屈劣山、勒得山——唐所封大賀氏勒得王有墓存焉。

又 烏州，静安軍，刺史。【略】有遼河、夜河、烏丸川、烏丸山。

又 饒州，匡義軍，中，節度。【略】有潢河、長水濼、没打河、青山、大福山、松山。

元·脱脱等《遼史》卷三八《地理志二》 遼河出東北山口爲范河，西南流爲大口，入于海；東梁河自東山西流，與渾河合爲小口，會遼河入于海，又名太子河，亦曰大梁水；渾河在東梁、范河之間；沙河出東南山西北流，徑蓋州入於海。有蒲河；清河；浿水，亦曰泥河，又曰蓒芋濼，水多蓒芋之草。

又 遼州，始平軍，下，節度。【略】有遼河、羊腸河、錐子河、蛇山、狼山、黑山、巾子山。

元·脱脱等《遼史》卷四〇《地理志四》 涿州，永泰軍，上，刺史。【略】有大房山、六聘山、涿水、樓桑河、横溝河、禮遜河、祁溝河。

又 易州，高陽軍，上，刺史。【略】有易水、淶水、狼山、太甯山、白馬山。

元·脱脱等《遼史》卷四一《地理志五》 弘州，博寧軍，下，刺史。【略】有桑乾河、白道泉、白登山。

元·脱脱等《金史》卷二七《河渠志》 四年三月，延州刺史温撒可喜言：「近世河離故道，自衛東南而流，由徐、邳入海，以此，河南之地爲狹。」

元·元好問《五松平》(**清·顧嗣立《元詩選》**) 湍流落澗壑，細路深茅菅。

元·元好問《天涯山》 天涯一峰今日看，快似昂頭出環堵。

元·耶律楚材《黄河》 萬仞崑崙頂上頭，穨然委□下林丘。九隨地勢曲千里，一返天源經百州。積石西邊才北轉，太行南下已東流。□匀一綫穿滄海，直接銀河浸斗牛。

元·袁桷《灤河》 近山馬昂鬉，遠山鳳騰羽。百谷奔亂流，屈曲長蛇赴。維時雨新過，急溜糟牀注。居人匯爲井，千屨集沙步。寒光澄玉膏，甘冽過牛乳。茲泉成白溝，巨浸合沮洳。蓮芡充餱糧，魚蝦足租賦。

元·貢奎《沙河》 沙河冬欲涸，流淺日以急。膠舟不可行，念此勞苦劇。

元·貢奎《清河》 溪碧石生處，山青雲起時。藕花紅映岸，藤蔓翠牽籬。落日漁家網，微風酒市旗。順流船漸急，翻覺去心遲。

元·范梈《秋江》 秋生洲渚静，露下蒲荷晚。

元·張翥《吴江》 坐倚風檣看太湖，波濤澒洞半三吴。寒通上界咸池氣，黑入中流水伯都。雲暗蛟龍應起立，雪深鴻雁自驚呼。

元·貢師泰《河決》 去年黃河決，高陸爲平川。今年黃河決，長堤没深淵。濁浪近翻雪，洪濤遠春天。滔滔渾疆界，浩浩襄市廛。

元·陳樵《跳銀溪》 枕石聽泉伏草萊，跳銀溪上日徘徊。山間遠樹迎人出，日轉晴虹渡水來。雲氣長連西澗石，春寒猶在北枝梅。谷亭幾載秋無黍，沙上菰蒲暖更栽。

元·盧琦《過吴江》 興隨流水共悠悠，此地蘆花正滿洲。

元·陳基《江》 澤國長雲雨，春山半有無。江源起巴蜀，地勢控荊吴。

元·清珙《曉行吴淞江》 水轉沙涂又一灣，迎船孤塔出煙嵐。長江一道橫風起，兩岸争飛上下帆。

明·宋濂等《元史》卷六三《地理志六》 左江。左江出源州界，至合江鎮與右江水合爲一，流入橫州號鬱江。【略】

右江。右江源出峨利州，與大理大槃水通。大槃在大理之威楚州。

又 按河源在土蕃朵甘思西鄙，有泉百餘泓，沮洳散涣，弗可逼視，方可七八十里，履高山下瞰，燦若列星，以故名火敦腦兒。火敦，譯言星宿也。思本曰：「河源在中州西南，直四川馬湖蠻部之正西三千餘里，雲南麗江宣撫司之西北一千五百餘里，帝師撒思加地之西南二千餘里。水從地湧出如井。其井百餘，東北流百餘里，匯爲大澤，曰火敦腦兒。」羣流奔輳，近五七里，匯二巨澤，名阿剌腦兒。【略】思本曰：「忽闌河源，出自南山。其地大山峻嶺，綿亘千里，水流五百餘里，注也里出河。也里出河源，亦出自南山。西北流五百餘里，始與黃河合。」【略】思本曰：「自渾水東北流二百餘里，與懷裏火禿河合。懷里火禿河源自南山，水正北偏西流八百餘里，與黃河合，又東北流一百餘里，過郎麻哈地。又正北流一百餘里，乃折而西北流二百餘里，又折而正北流一百餘里，又折而東流，過崑崙山下，番名亦耳麻不莫剌。其山高峻非常，山麓綿亘五百餘里，河隨山足東流，過撒思加闊即、闊提地。」

又 近北二日，河水過之。思本曰：「河過闊提，與亦西八思今河合。亦西八思今河源自鐵豹嶺之北，正北流凡五百餘里，而與黃河合。」

又 行五六日，有水西南來，名納隣哈剌，譯言細黃河也。思本曰：「哈剌河自白狗嶺之北，水西北流五百餘里，與黃河合。」又兩日，水南來，名乞兒馬出。二水合流入河。思本曰：「自哈剌河與黃河合，正北流二百餘里，過阿以伯站，折而西北流，經崑崙之北二百餘里，與乞里馬出河合。乞裏馬出河源自威、茂州之西北，岷山之北，水北流，即古當州境，正北流四百餘里，折而西北流，又五百餘里，與黃河合。」

又 東北行一日，洮河水南來入河。思本曰：「自乞里馬出河與黃河合，又西北流，與鵬拶河合。鵬拶河源自鵬拶山之西北，水正西流七百餘里，過劄塞塔失地，與黃河合。折而西北流三百餘里，又折而東北流，過西寧州、貴德州、馬嶺凡八百餘里，與邈水合。邈水源自青唐宿軍穀，正東流五百餘里，過三巴站與黃河合，又東北流，過土橋站古積石州來羌城、廓州構米站界都城凡五百餘里，過河州與野龐河合。野龐河源自西傾山之北，水東北流凡五百餘里，與黃河合。又東北流一百餘里，過踏白城銀川站與湟水、浩亹河合。湟水源自祁連山下，正東流一千餘里，注浩亹河。浩亹河源自删丹州之南删丹山下，水東南流七百餘里，注湟水，然後與黃河合。又東北流一百餘裏，與洮河合。洮河源自羊撒嶺北，東北流，過臨洮府凡八百餘里，與黃河合。」

又 自發源至漢地，南北澗溪，細流傍貫，莫知紀極。山皆草石，至積石方林木暢茂。世言河九折，彼地有二折，蓋乞兒馬出及貴德必赤里也。思本曰：「自洮水與河合，又東北流，過達達地，凡八百餘里。過豐州西受降城，折而正東流，過達達地古天德軍中受降城、東受降城凡七百餘里。折而正南流，過大同路雲内州、東勝州與黑河合。黑河源自漁陽嶺之南，水正西流，凡五百餘里，與黃河合。又正南流，過保德州、葭州及興州境，又過臨州，凡一千餘里，與吃那河合。吃那河源自古宥州，東南流，過陝西省綏德州，凡七百餘里，與黃河合。又南流三百里，與延安河合。延安河源自陝西蘆子關亂山中，南流三百餘里，過延安府，折而正東流三百里，與黃河合。又南流三百里，與汾河合。汾河源自河東朔、武州之南亂山中，西南流，過管州，冀寧路汾州、霍州，晉甯路絳州，又西流，至龍門，凡一千二百餘里，始與黃河合。又南流二百里，過河中府，遇潼關與太華大山綿亘，水勢不可復南，乃折而東流。大概河源東北流，所歷皆西番地，至蘭州凡四千五百餘里，始入中國。又東北流，過達達地，凡二千五百餘里，始入河東境内。又南流至河中，凡一千八百餘里。通計九千餘里。」

吉利吉思、撼合納、謙州、益蘭州等處。【略】其境長一千四百里，廣半之，謙河經其中，西北流。又西南有水曰阿浦，東北有水曰玉須，皆巨浸也，會於謙，而注於昂可剌河，北入於海。

明·宋濂等《元史》卷六四《河渠志一》 通惠河，其源出於白浮、甕山諸泉水也。

又 金水河，其源出於宛平縣玉泉山，流至(義和)〔和義〕門南水門入京城，故得金水之名。

又 雙塔河，源出昌平縣孟村一畝泉，經雙塔店而東，至豐善村，入榆河。

又　盧溝河，其源出於代地，名曰小黄河，以流濁故也。自奉聖州界，流入宛平縣境，至都城四十里東麻谷，分爲二派。

又　渾河，本盧溝水，從大興縣流至東安州、武清縣，入漷州界。

又　白河，在漷州東四里，北出通州潞縣，南入於通州境，又東南至香河縣界，又流入於武清縣境，達於静海縣界。

御河，自大名路魏縣界，經元城縣泉源鄉於村度，南北約十里，東北流至包家渡，下接館陶縣界三口。御河上從交河縣，下入清池縣界。又永濟河在清池縣西三十里，自南皮縣來，入清州，今呼爲御河也。

又　灤河，源出金蓮川中，由松亭北，經遷安東、平州西，瀕灤州入海也。王曾《北行録》云：「自偏槍嶺四十里，過烏灤河，東有灤州，因河爲名。」

又　冶河，在真定路平山縣西門外，經井陘縣流來本縣東北十里，入滹沱河。

又　滹沱河，源出於西山，在真定路真定縣南一里，經藁城縣北一里，經平山縣北十里，《寰宇記》載經靈壽縣西南二十里。此河連貫真定諸郡，經流去處，皆曰滹沱水也。

又　會通河，起東昌路須城縣安山之西南，由壽張西北至東昌，又西北至於臨清，以逾於御河。

明・宋濂等《元史》卷六六《河渠志三》　至正四年夏五月，大雨二十餘日，黄河暴溢，水平地深二丈許，北決白茅堤。六月，又北決金堤，並河郡邑濟寧、單州、虞城、碭山、金鄉、魚臺、豐、沛、定陶、楚丘、武城，以至曹州、東明、鉅野、鄆城、嘉祥、汶上、任城等處皆罹水患，民老弱昏墊，壯者流離四方。水勢北侵安山，沿入會通、運河，延袤濟南、河間，將壞兩漕司鹽場，妨國計甚重。

又　南江東至鹿角，又東至金馬口，又東道大安橋，入於成都，俗稱大皂江，江之正源也。北江少東爲虎頭山，爲鬬雞臺。臺有水則，以尺畫之，凡十有一。北江三石洞之東爲外應，顏上、五斗諸堰，外應、顏上之水皆東北流，入於外江。五斗之水，南入馬壩渠，皆内江之支流也。外江東至崇寧，亦爲萬工堰。堰之支流，自北而東，爲三十六洞，過清白堰東入於彭、漢之間。

明・金幼孜《北征録》　其下即渾河，流出盧溝橋，有石柱數十比列於河側，其半出地上。

又　二十四日早，發宣平。行數里，度一河，水迅疾及馬腹。近岸，冰未解。水從下流，人馬從冰上度。間有缺處，下見水流，而薄處僅盈寸，度此甚戰栗。

又　五月初一日，早微雨，發順安鎮。【略】又行數里，臨臚朐河，立馬久之，賜名曰「飲馬河」。河水東北流，水迅疾。兩岸多山，甚秀拔，岸傍多榆柳。水中有洲，多蘆葦、青草，長尺餘，傳云不可飼馬，馬食多疾。水多魚，頃有以來進者。

又　二十九日，次盤流戍。六月初一日，次凝翠岡。初二日，發凝翠岡，午經闊灤海子。上令幼孜數人往觀。去營可五六里，有山如長堤以限水。海子甚闊，望之者無畔岸。遥望水高如山，但見白浪隱隱，自高而下。天下之物，莫平於水。嘗經江湖間，望水無不平者；獨此水遠見如山之高，近處若極下，此理極不可曉。觀畢復命，上曰：「此水周圍千餘里，斡難、臚朐凡七河注其中，故大也。」遂賜名曰「玄冥池」。晚次玉帶河。

又　初八日，發蒼松峽，渡泥河數次。河狹水淺，兩岸泥深，人馬多陷。

又　二十三日，發秀水溪，行十餘里，入淙流峽，甚險，一水流其中，路傾側臨水，縈迴曲折如羊腸，日凡七八渡，登高下低。

明・黄潤玉《寧波府簡要志》卷一《輿地志・江》　甬江　源自四明山，江與海潮相接，鹹不可食，田不可澆。唐令王元偉疊石於它山堰，山水漲時，七分歸江，三分入上河，旱時七分入上河，三分歸江。其流至謝家嶼，與奉化江合。至府城三江口會姚江入海。秦鄞縣改名鄞江，上有橋座。詳《河防志》後倣此。

奉化江　源自剡溪，九曲至江口合縣溪入甬江。

姚江　源自餘姚之太平山，經通明壩下七里灘過餘姚江橋，直至府城三港口，會鄞江入海。其丈亭分七沱入慈溪縣前，南流至西渡，入大江。因鹹潮入田，後築新塘以截之。

大浹江　即定海港口。昔晉孫恩寇上虞，劉裕戍句章，出守戰退還港口，即此。

小浹江　南去大浹江口十里，有竹嶼山海口分派西入，六十里抵鄞縣五鄉碶，背海舶由此入貿山。

明・黄潤玉《寧波府簡要志》卷一《輿地志・溪》　它水　即小溪，一曰光溪，府城西南四明諸山會源至它山入甬江，因名。它山後壩入上河爲甬水。

横溪　源自天梅山，經乾坑北流入於横溪河。

鄒溪　源自菩提嶺下，北流至大嵩港入海。

莊家溪　源出大雷山東，經林村市入廣德湖。上鄞縣。

慈溪　縣西南三十里，舊名大隱溪。漢董黯因母疾思飲此溪水，築室溪濱，後人以慈名溪。

文溪　縣東十五里，水流成文。

藍溪　縣西南六十里，源出自龔村，會大蘭山三十六嶴之水，合餘姚之楊溪而注於江。

漁溪　縣西四十五里，因魚蝦利，故名。上慈溪縣。

縣溪　源自鎮亭山北，流經金鐘墩，過南渡入大江。

剡溪　縣西七十里，源自四明山。溪有九曲，曰陸照，曰蹕駐，曰臼溪，曰三名，曰茅渚，曰斑溪，曰高嶴，曰公棠方，會大江口。

松溪　縣東一百里，源出鄞之菩提嶺，東流過陶溪，入於海。上奉化縣。

嘉溪　縣東四十五里。

黃馬溪　源出翁洲之茶嶺，注於海，民田賴以溉。已上定海縣。

爵溪　縣東二十里，源出前嶴嶺，入於海。

硃溪　縣東北三十里，源出珠巖山。已上象山縣。

明・黃潤玉《寧波府簡要志》卷一《輿地志・河橋》　小白河　源出黃瓦等溪，西流合東吳河，入大涵山橋，至滙綍橋注於東塘大河。

明・夏時《錢唐湖山勝槩記》　西湖，環三十里，宋號放生池，萬頃一碧。【略】湖之中有三塔，塔之下有潭，淵淵沉沉而莫測其深，澄澄湛湛而莫盡其狀，魚龍變化，鷗鷺浮沉。【略】西湖過大小二麥嶺，【略】玉泉之水溢出，溉田膏潤數里，大旱不竭，爲一方之民利。

明・陸容《菽園雜記》卷一　陝西城中舊無水道，井亦不多，居民日汲水西門外。參政余公子俊知西安府時，以爲關中險要之地，使城閉數日，民何以生？始鑿渠城中，引灞、滻水從東入，西出，環甃其下以通水，其上仍爲平地，迤邐作井口，使民得以就汲。此永世之利也。

明・陸容《菽園雜記》卷五　初過呂梁洪、沽頭閘、直沽，不知洪、沽字義。後考之，石阻河流爲洪，方言也。又蜀人謂水口爲洪，梓潼水與涪江，合流如箭，故有射洪縣。若沽，乃漁陽水名。今直沽雖與漁陽地相近，然注云「水出漁陽塞外，東入海。」則又非矣。所謂直沽、沽頭，蓋水道之通名，亦方言。如凄字，本雨不絶貌，今南方以爲溝渠之名，北人則不解道也。

明・陸容《菽園雜記》卷一〇　徐州百步洪、呂梁上下二洪，皆石角巉岩，水勢湍急，最爲險惡。

明・畢恭《遼東志》卷一《地理・遼陽》　鴨緑江，城東五百三十里，又名馬訾水，源出靺鞨長白山。水色如鴨頭，故名。由夾州城西南流與禿魯江合流，至艾州與豬婆江同流入海。

渤海，在都司城南七百三十里。《齊都賦》謂海之傍出者爲渤。遼東延袤二千里，其南皆臨渤海。

遼河，城西北一百里，源出靺鞨北建州城東諸山，經金山至洪州傍崖頭牛家莊出梁房口入于海。

湯河，城東三十里，出窟籠山東，至驛館站經平頂山通太子河。

梁水，一名太子河，城東北三里，源出斡羅山北，流至武良站經楊家灣出梁房口南入海。

太子河，一名東梁河，又名大梁水，源出斡羅山西，流五百里至都司城東北五里許折而西南流入渾河合爲小口，會遼河入于海。

南沙河，城西南三十里，源出西石門山，通梁水。

古城河，城西北八十里。

北沙河，城北八十里，源出東北諸山，通梁水。

深河，城東四百里，源出連山，合梁水。

響水河，城東南一百里，源出分水嶺，流入深河。【略】

大蟲江，城東南四百里，源出龍鳳山南，流入鴨緑江。

明・畢恭《遼東志》卷一《地理・錦州》　錦川，城西一百八十步許，源自大寧界，匯川入海。

女兒河，城西南五里。

蛤蜊河，城東十里。

小淩河，城東南五十里。

明・畢恭《遼東志》卷一《地理・寧遠衛》　女兒河，城西一里，源出境界北山溝，流過城西，東入於海。

湯沙河，城東三里，源出境外寨兒山南，東流入海。

七里河，城東北二十五里，源出和州，東流入海。

臭柳河，城東二十五里，源出和州，東流入海。

高橋河，城西北十五里，出臥佛寺北山，東流入海。

石橋河，城西十三里，源出鐵帽山，南流入海。

北沙河，城西三十里，源出小墨山，東流入海。

南沙河，城西四十里，源出羊角山，東流入於海。

寧遠河，源出城西山谷間，東流至城西分爲二派，環抱城郭，復合爲一，南流入海。

明・畢恭《遼東志》卷一《地理・開原》 小清河，城東門外，源出分水嶺西南，流至城南與大清河合。

扣清河，城東南四十里。

杓子河，城東南十五里，源出磻嶺西北，入大清河。

大沙河，城東三十里，源出哈城河西山，南流入遼河。

小沙河，城西四十里，源出哈城河西山，流入西沙河。

馬鬃河，城西二十里，源出黑嘴山，繞黄山後，西南流入大清河。

亮子河，城西五十里，源出城東北槍桿嶺，西流入遼河。

細河，城北八十里，源出那木川西石嶺山，西流循歸仁縣北，入小創忽兒河。

那木川，城東一百里，源出分水嶺，西南流入小沙河。已上俱在境内。

小創忽兒河，城西北九十里，源出分水嶺，西流入大創忽兒河。

大創忽兒河，城西北一百里，源出分水嶺，西流入遼海。

遼海，城西二百五十里，源接艾河，西流入梁房海口。

艾河，城東北二百五十里，源出那丹府西，流至黑嘴與土河會，別名遼海。

塗河，城西二百五十里，源出昌王營東北，髻山東，流至金山黑林嘴南，流入遼河。

土河，城北二百五十里，源出那丹府西山南，流至黑嘴與艾河合。

密河，西分水嶺界，去城東二百五十里，源出哈城河西山，東流入灰扒江。

灰扒江，城東三百五十里，源出歸德南東北山，東流入松花江。

明・黄衷《海語》卷二《畏途・萬里長沙》 萬里長沙，在萬里石塘東南，即西南夷之流沙河也。弱水出其南。風沙獵獵，晴日如盛雪。船誤衝其際，即膠不脱，必幸東南風勁，乃免陷溺。

明・康海《三志合編》卷五《地里志》 滹沱河，按《漢書・地理志》，以滹沱爲《禹貢》九河之徒駭。蔡九峰謂滹沱不與古河相涉，而取酈氏、程氏之説，謂九河之地已淪於海。《深州志》在嘉靖時，深州知州山陰錢楩云，【略】禹時黄河北流，西山諸水皆東注入河，滹沱其一也，滹沱正在大陸北，不得謂與古河不相涉。九河即恒山以東諸水，逆河即易水。逆與易音相近，呼稍譌耳。黄河自南而北，易自北而南，故曰逆河。相合東行，趨入直沽，故曰同爲逆河，入於海。蓋直以今保定、真定諸水爲九河，逆河皆天作之川，禹特疏而合之，而非分河之謂也。又謂漢唐諸儒以九河在滄州南皮、東光間者皆非。滄州南皮、東光皆在大陸正東，且濱海矣。

明・張瀚《松窗夢語》卷二《南遊紀》 嚴州以南，溪流差緩，水皆縠紋，無煩摇拽中流，自在而行。

明・張瀚《松窗夢語》卷二《東遊紀》 浙江下流有黄公洋，廣三百里，始自大海，納以巨澤，水勢相夾激而怒濤生。

明・陸深《蜀都雜抄》 吾郡松江本緣淞江得名，其地下每有水災，乃去水而作郡。吴淞江，今吴江實帶橋一路是已，亦名松陵。 眉州有江亦名松江，即蜀江分派，過州城與醴泉江合。

又 《大藏西域記》云：「阿耨達池在香山之南，大雪山北，周八百里。東南流入海者曰殑伽河，西南流入海者曰縛芻河，西北流入海者曰徙多河。又潛流地下出積石山東北流入海者，爲中國之河源。阿耨達華言無煩惱，似指所謂星宿海者。殑伽華言天堂，縛芻華言青，徙多華言冷。」

明・楊慎《雲南山川志》 瀾滄江 瀾滄江經司城東北八十五里羅岷山下，漢明帝兵開博南，行者愁怨作歌：「漢德廣開不賓，度博南越瀾津，渡瀾滄爲他人。」渡舊處以竹索爲橋，後廢。本朝洪武末，鎮撫華岳鑄三鐵柱於岸，岸以維舟。

明・田汝成《西湖遊覽志》卷二《孤山三堤勝蹟》 學士溝，在山南，由處士橋入。元時，西湖堙合，好事者疏之以通小舟。集賢學士揭曼碩祀南鎮，弭節葛嶺，見而助焉，因名學士溝，曼碩自爲記。

明・田汝成《西湖遊覽志》卷三《南山勝蹟》 南頫大江，波濤洄洑，舟楫隱見杳靄間。

又 龍井之南，爲九溪。其西，爲十八澗。九溪，在煙霞嶺西南，路通徐村，水出江幹，北達龍井。張光弼詩：「春山縹緲白雲低，萬壑争流下九溪。擬遡落花尋曲徑，桃源無路草萋萋。」十八澗，在龍井之西，路通六和塔。

明・田汝成《西湖遊覽志》卷五《南山勝蹟》 錢糧司嶺，吴越王建司於此，以徵山課。嶺側有龍母池，乾溪水。

明・田汝成《西湖遊覽志》卷一三《南山分脈城内勝蹟》　其河曰菜市河，又曰東運河。其源本通保安水門，自宋築德壽宮而湮之，故稱斷河頭也。

明・田汝成《西湖遊覽志》卷二四《浙江勝蹟》　浙江在郡城之東南，登西湖諸山，則大畧可瞰。其源發自徽州，曲折而東，以入於海，故名浙江，亦曰浙河。

又　按桑欽《水經》云：「漸江，水出三天子都，北過餘杭，東入於海。」酈道元注云：「浙江，一名漸江，水出丹陽黟縣南蠻中，又東北，經建德州，又北，至新城縣，東北，至富陽縣，又東北，過錢唐縣。」此其説，與今水道符合。其云：「東經靈隱山下，東合臨平湖，又東經禦兒鄉，又東經槎瀆，注於海。」

又　捍江塘，自吴越王，蓋江潮爲患，自唐已然，白樂天刺郡時，嘗禱於神云：「滔滔大江，南國之紀。安波則爲利，泛流則爲害。故我上帝，命神司之。今屬潮濤大湧，奔激西北，水無知也，如有憑焉。」

明・歸有光《震川先生集》卷三《水利論》　吴東北邊境，環以江海，中瀦太湖。自湖州諸溪從天目山西北宣州諸山谿水所奔注，而從吴江過甫里，經華亭青龍江以入海。蓋太湖之廣三萬六千頃，入海之道，獨有一路，所謂吴淞江者。顧江自湖口距海不遠，有湖泥填淤反土之患。湖田膏腴，往往爲民所圍占，而與水争尺寸之利，所以松江日隘。昔人不循其本，沿流逐末，取目前之小快，別鑿港浦，以求一時之利，而松江之勢日失。所以沿至今日，僅與支流無辨，或至指大於股，海口遂至湮塞。

明・歸有光《震川先生集》卷三《三江圖説》　今從郭璞，以岷江、淞江、浙江爲三江。蓋自揚州斜轉東南，揚子江、吴淞江、錢塘江三處入海，而皆以江名。其爲三江無疑。但淞江湮塞細弱，無復江之形勢，世遂忽之而不論耳。

宋淳熙中，直學邊寔脩《崑山志》，言大海自西沖分南北。由斜轉而西朱陳沙，謂之揚子江口；由徘徊頭而北黄魚垛，謂之吴淞江口；浮子門而上，謂之錢塘江口。三江既入，禹蹟無改。此今日之所目見。諸儒胸臆之説，不足道也。

明・歸有光《震川先生集》卷三《淞江下三江圖敘説》　《吴郡續志》云：淞江受太湖：一自長橋流入同里犂湖瀼，一由白蜆江入薛澱湖；一自甘泉橋由淞江尾東華澤湖自急水港至白蜆江入澱湖，而注之海。以《正義》、《吴地記》求其所在，則淞江北行七十里分流者，當在今崑山之境。説者徒欲尋求二江，而不知由淞江細弱，所以奇分之水遂不可見。《續郡志》云：「崑山塘自婁門歷崑山以達於海。」以劉家港爲婁江，意亦附會也。

明・歸有光《震川先生集》卷六《淞江下三江圖敘説》　白河出城外，經密雲，合大通、榆、渾諸河，在漷州東北出通州境，東南至香河界，又流入於武清，凡三百六十里，至直沽入海。《元史》言「榆、渾三河之水合流，名曰潞河」，白河亦名潞河也。【略】衛河自輝縣蘇門山合頭，歷輝縣界、新鄉、衛輝府、新鎮、李家道口、莘縣、小塔兒。清濁二漳自林縣合流，經臨漳、館陶、小塔兒，入衛河。漳、衛合行二百里，過臨清。自輝縣東北來一千六百里，又千餘里至直沽，合白河入海。元名御河。永樂初，會通河淤。自淮入黄河，至陽武，陸輓至衛輝，下衛河也。南行逆流，自静海，歷興濟、滄、交河、南皮、吴橋、景德、故城、恩武城、夏津、清河之境。静海、青、興濟、滄、德、故城、武城，皆臨河。

明・歸有光《三吴水利録》卷一《郟亶書二篇》　論天下之水，以十分率之。自淮而北，五分由九河入海，《書》所謂「同爲逆河入於海」是也。自淮而南，五分由三江入海，《書》所謂「三江既入，震澤底定」是也。而三江所決之水，其源甚大，由宣歙而來，至於浙界合常潤諸州之水，鍾於震澤。震澤之大幾四萬頃，導其水而入海，止三江爾。

明・歸有光《三吴水利録》卷二《蘇軾奏疏》　秀州青龍鎮有安亭江一條，自吴江東至青龍，由青龍泄水入海。

明・歸有光《三吴水利録・書三吴水利録後》　蓋東南之水，既匯而爲具區，具區實由吴淞一江東入於海，其流迅駛，左右南北之水五六里而爲一浦者，皆旁支也。

明・李攀龍《滄溟先生集・渡滹沱》　滹沱來不極，曉色蕩孤城。擊楫中流過，褰帷下吏情。天銜紆岸轉，日上大波行。獨在知津後，風塵見濯纓。

明・李攀龍《滄溟先生集・郡城樓送明卿》　西來山色滿城頭，東望漳河入檻流。

明・李攀龍《滄溟先生集・明溪篇二首贈周都閫》　明溪斜帶越臺高，遠送清光照錦袍。勢奪潮聲雄鼓角，波分海色壯旌旄。

明・王樵《槜李記》　錢唐江鳴潮，楊子江暗潮。欽廉日止一潮。瓊海潮半月東流，半月西流，乃隨長短星，不應月。桂林聖水巖子時潮上，午時潮落。

又　西興裏河用小舟可以盤壩。兩岸青山不絕，山下平疇。

明・徐渭《徐文長逸稿》卷九《賦・龍溪賦》　天有龍雲，地有龍支，山有龍崗，水有龍溪。爾其發源高岫，衍流迴隄，或九曲而百折，或一瀉而千里。涵萬族之瑰琦，滙五湖而未已，蕩紫鏡而莫凝，迅強弩之激矢。

明·沈朝宣《嘉靖仁和縣志》卷二《山川》 城内河

大河，舊爲鹽橋運河。南自錢塘界來，流至豐樂橋，河歷油局等。橋河直抵梅家橋，出武林水門。

小河，舊爲南河。南自錢塘界來，流至芳潤橋河，歷李博士等橋達梅家橋河，出武林水門。一派自觀橋西與清湖河合，亦出武林水門。

西河，舊爲清湖河。南自錢塘界來，流至井亭橋河，歷洪福橋河達衆安橋河，與小河合流出武林水門。又一派自八字橋河西清湖橋河轉北，過紀家橋達長壽等橋河抵便橋，亦出武林水門。

東運河，舊爲菜市河。南自錢塘界來，流至横河，達壩子橋河，出艮山水門，與城外河合。昔在城外，今在城内。

真珠河，在錢塘門内，水口在錢塘門外菩提寺後。今僅細流若溝渠然，舟不可行。

城外河

上塘外沙河，南自永昌門北，繞城東過永昌壩螺螄橋，東至蔡湖橋，北合慶春門外河，沿城轉西至無星橋會安壩，至艮山河西入泛洋河，轉北至德勝橋，東與上塘運河水合。

前沙河，在菜市門東太平橋外沙河北水陸寺前，入港可通湯鎮赭山仁和鹽場，東南接外沙河，北達後沙河。

後沙河，在艮山門外壩子橋北，其南接城内運河，北達蔡官人塘外河。

蔡官人塘河，在艮山門外九里松塘東，由姚陡門通河衢店湯鎮赭山止，其西南接後沙河，東北達赤岸河。

赤岸河，去城東北三十五里，赤岸南自運河入通高塘横塘，西接蔡官人河，東北達施何村河。

施河村河，去城東北四十五里桐扣山，通裏外沙河，北達方興河。

方興河，去城東北六十里臨平鎮，東通海甯縣長安壩。

下塘河，自武林水門接城内大河，並西河，過吴山水駬達清湖上、中、下三閘，至德勝橋與城東外沙河、菜市河、泛洋湖水合分爲兩派：一派由東北上塘至舊東倉新橋入運河，至長安壩，曰上塘河；一派由西北過德勝橋至江漲橋，與子塘河合流，至北新橋西北入湖州界，曰下塘河，北接新開運河。

子塘河，今在江漲税司北，亦爲斷河頭，其水北行經米市橋入清水潭，東入左家橋，西達餘杭塘河，北達新開運河，其源則自清湖河來，由南北陡門而下以經此。

塘棲市河，去城北五十里。

奉口河，去城西北四十五里，西南接錢塘奉口大溪，西北抵德清縣界。

明·葉權《賢博編》 錢塘江沙漸漲至洋泮橋上，將及閘口、六和塔下，今爲上船埠，與昔異矣。

明·桑喬《廬山紀事》卷二《通志·澗菴》《山疏》：錦澗者，擲筆峰後諸水之委也。在雲峰寺南一里所，水洶迸出石罅中，雪翻霆擊，一壯觀也。澗故有橋。成化中有蛟擁水出，水溢橋敗。

明·潘之恒《越中山水志·雁宕山》 蕩水南出爲大龍湫，東南會于寒坑板藏。大溪俱永嘉界，大溪即南溪。南入于海。經甌江入海。石門之水分自大龍湫，經長嶼原入于海。自芙蓉溪入海。石城之水會于小龍湫，經白溪入于海，此水之勝者也。

明·潘之恒《越中山水志·五泄山》 小雁蕩溪，源自富陽山峽來，下有東西兩龍潭，東龍潭即飛瀑處，有響鐵嶺。過嶺即浦江界。

明·于慎行《穀山筆麈》卷一二《形勢》 河流南徙，東匯於梁山張澤濼，分爲二派，一合南清河入於淮，一合北清河入於海。南清入淮，即今沂、泗南流由徐、邳入淮之道，宋、元以來，未之有改也，北道自張秋決塞，河不復來，而入淮一水，遂受河之委，倏南倏北，去海數百里間，而竭國家之力不能制而一之也。

明·魯點《齊雲山志》卷一《山水》 黟川，西來帶山之麓。霭江，獅子峰南山澗之支流。桃溪，桃嶺出。藕坑，支會黟川。黄川，黄土嶺出。軋溪，虚危池出，匯瀼壑入黟川。戴溪，石橋喦出。渠濱，山南太平嶺出，漁溪齊雲之山阻于此。資水，會渭水東注。藍渡，上接黟川，通荆楚，下會支流達吴越。自邑西買筏泝流，可直抵山麓。

明·宋雷《西吴里語》 吴興印渚，在於潛縣東七十里。渚旁有白石山，峻壁四十丈。印渚蓋衆谿之下流，印渚已上石瀨不可行船。印渚已下，水道無險，故行旅集焉。

又 董嶺水在孝豐西嶺，上有水源，分東西流，東流者入安吉，西流者入江東。寧國唐周樸詩云：「湖州安吉縣，門與白雲齊。禹力不到處，河聲流向西。去衙山色遠，近水月光低。聞有高人在，沙中曳杖藜。」

又 前谿在武康縣南，晉沈充居近焉。樂府有前谿曲，充所製也。

又 大理寺丞周環言：湖州等州下田多爲積水所侵，緣谿山諸水並歸太湖，自太湖分二派，東南一派由松江入於海，東北一派由諸浦注諸江。其松江泄水惟白茅一浦最大，今淤塞，宜決故道，俾水勢流暢，實無窮之利也。

又 唐釋靈一苕谿詩云：「苕水灘行淺，潛洲路漸深。不知天目下，何處訪雲林。」

又 歸安縣有寶谿，在縣東南四十五里，即射村也。昔有漁者，見谿上有光，伺之，見大蚌乘風而行，光從中出，逐之，即沈，故名寶谿。

又 苕水出孝豐天目山陰廣苕山下，一出浮玉山。至靈芝搭邊，合流曲折，由下灣三百六十灣而抵太湖。《山海經》云：「句餘山三百里，曰浮玉山，苕水出其陰，注於具區。」

明・王士性《五嶽遊草・嵩遊記》 登亭則伊、洛二河環繞其下，河外邙山横亘，山外復爲黄河一綫西來。

明・王士性《五嶽遊草・岱遊記》 西南涒鄰如縷，乍明乍滅者，汶、洸諸水也，徂徠素稱賓於岱，至此亦拱扶如兒孫。

明・王士性《五嶽遊草・西征曆》 洛、漳咸出晉地，穿太行而東。

又 次日過硤石，又次張茅。自此北去四十里則爲三門，兩崖怪石横截河，故堯時河上溢，禹乃鑿人、神、鬼三門以洩之。前爲底柱巖業起，又前巨磧星布，河出門過磧，勢如震霆，聞數百里，故不可舟也。

明・王士性《五嶽遊草・入天臺山志》 天臺山北水二：石梁水流入剡，雙溪水流入明。天封水東流過寧海入海，萬年水西流出黄杜入剡，餘皆會清溪而下靈江。

又 天目之山，苕水出焉。

又 過巖陵瀨，入蘭溪，水行二百里則有金華三洞之勝。

明・王士性《五嶽遊草・臺中山水可遊者記》 惡溪者，大小二惡灘，飛濤噴雪，在百步下。

明・王士性《五嶽遊草・入蜀記上》 高坪插雲，顔以「陳寶重關」，即大散關也。關下水北流入渭，南流入漢，堪輿家謂爲中龍過脈云。

又 晚宿涷河，則下平阪也。

又 又一宿，上鳳嶺，上下五十里。嶺南北水，各入白水江。

又 發三岔十里，水自松林北流，亦合白水。

又 關上流北仍白水，南入黑龍江。

又 發留壩，飯武關，則悉隨黑龍江南矣。水深處約二丈餘，然皆巨石激湍。

又 壬戌，飯黄沙，溯漢水行，將至沔，入謁孔明廟。墓在江南十里定軍山，風雨不成行也。次日發沔，飯沮水上。沮入漢處，其水自略陽來。時雨大注，大安河不得渡，乃再留青陽。自沔至青陽，緣江亂石無路。

又 早肅入謁禹廟，廟前水涓涓則漢源也。此去嶓冢尚餘百里，水初出名漾，又名沔，故云沔、漢一水。

又 州前高陵大麓，出南門半里許，山兩乳下垂城其上。黄壩水自西南來，繞城北，趨東南，接五丁峽流入漢。

明・王士性《五嶽遊草・入蜀記中》 江流繞雉堞如靛，即村舍扃扉田塍溝瀆，無非流水，蓋秦守李冰之績云。水從灌口鑿離堆，引岷江以入，分流百道，溉田千萬頃，遺跡依然。

又 岷江清，合馬湖始濁。

又 過納溪，止瀘州。瀘江左岸也，城東爲岷江，北爲資江，又合焉。

又 城東一水爲左瀼。

又 左山昂，據爲赤甲，對江爲白鹽江，水奔流如在石罅中出。

明・王士性《五嶽遊草・廬山遊記》 鶴鳴之右，水奔灑成千百縷而短，曰馬尾水。

明・王士性《五嶽遊草・楚江識行》 章、貢二水自西南來，蜿蜒右角，去東北入湖，憑欄浩淼無際。

又 出湖口，水則有江，島則有大孤、小孤。大江出蜀三峽，合漢、沔七澤九江之水而下，怒濤射日翻空，至湖口復會湖水，二山浮水面，直截狂流，與鞋山相望爲砥柱。

明・王士性《五嶽遊草・點蒼山記》 峰頭十八溪，自南而北，則有斜陽峰爲南溪一，馬耳峰爲葶藶溪二，佛頂峰爲莫殘溪三，聖應峰爲青碧溪四，馬龍峰爲龍溪五，玉局峰爲緑玉溪六，龍泉峰爲中溪七，中峰爲桃溪八，觀音峰爲梅溪九，應樂峰爲隱仙溪十，雪人峰爲雙鴛溪十一，蘭峰爲白石溪十二，三陽峰爲靈泉溪十三，鶴雲峰爲錦溪十四，白雲峰爲芒湧溪十五，蓮花峰爲陽溪十六，五臺峰爲萬花溪十七，蒼崀峰爲霞移溪十八，雲弄峰十九。

明・王士性《廣志繹》卷一　中國兩大水，惟江、河横絡腹背。河受山、陝、河南、半南直四省之水，江亦受川、湖、江西、半南直四省之水。河□塞外，經五千里方入中國，甚遠。而江近發源岷山。□至入海處，河委於一淮而足，而江尾潤至數十里也□。蓋江、河所受之水，中以荆山爲界。荆山以北，高□燥涸，水脈入地數十丈，無所浸潤，又大水入河，止汾、渭、洛三流耳，涑、淮、沂、泗皆不甚大，又止夏月則雨溢水漲，故其流迅駛，而他月則入漕，故河尾狹。荆山以南，水泉斥鹵，平於地面，時常湧泛不竭。又自塞外入水二，曰在渡河，曰麗江，自太湖千里延袤入者二，曰洞庭，曰彭蠡，自諸澤藪入者不計，曰七澤，曰巢湖，曰淮、揚諸湖之類，其來甚多，而雪消春漲，江首至没灩澦，高二十丈。江南四時有雨，霪潦不休，故其流迂緩而江尾闊。江惟緩而闊，又江南泥土黏，故江不移；河惟迅而狹，又河北沙土疏，故河善決。

又　黄河九曲，楊用脩謂其説出《河圖象緯》。其謂：「河導崑崙山，名地首，上爲權勢星，一曲也；東流千里至規其山，名地契，上爲距樓星，二曲也；卻南千里至積石山，名地肩，上爲別符星，三曲也；卻南千里入隴首間，抵龍門首，名地根，上爲營室星，四曲也；南流千里抵龍首，至卷重山，名地咽，上爲卷舌星，五曲也；東流貫砥柱，觸閼流山，名地喉，上爲樞星，以運七政，六曲也；西距卷重山千里，東至洛，會，名地神，上爲紀星，七曲也；東流至大伾山，名地肱，上爲輔星，八曲也；東流過洚水千里至大陸，名地腹，上爲虛星，九曲也。」元學士潘昂霄《河源志》：「黄河九折，胡地有二折，蓋乞里馬出、必反赤里也。」《禹貢》：「導河自積石。」以此參考之，《河圖象緯》及《河源志》與《禹貢》一一皆合。用脩博雅，當有據。

明・王士性《廣志繹》卷二　玉河源自玉泉山，流經大内，出都城東南注大通河。一以入禁禦，一以濟漕儲，故官民不得擅引，著爲令。城内止袁錦衣家分一股作池。

又　且開州有鯀堤，則九河必在大伾之東，瀛海左右，但年久湮塞，不可考。而馬頰諸河，今山東東昌、濟南間多以此冠舊河之名。如云鬲津枯河，白齊河經禹城，平原、德州、德平、陵東北至海豐入海，鉤盤枯河，自德州經德平東北至陽信；覆鬴枯河，自慶雲經海豐南入海。又濟陽縣東北至齊河縣境有馬頰枯河，莘、苑之間，亦有馬頰河。

又　直沽海口爲北直諸水尾閭。其流之最遠者，有桑乾河，出自雁門之陰，從保安州入下蘆溝，會白河入海；滹沱河，出自雁門之陽繁峙縣，從靈壽入下河間之易水入海；衛河，出自衛輝，遠納潞州之清濁漳，至臨清會運河，至交河北又會邢、貞諸水入海。此皆源出山西，腹穿太行而來者。

又　秦始皇以望氣者之言，鑿鍾阜，斷長壠，以洩王氣，故名秦淮。其源一出句容之華山，一出溧水東廬山，合源於方山埭，西流入城，至淮青橋乃與清溪合，緣南城而出水關。水上兩岸人家，懸椿拓梁爲河房、水閣，雕欄畫檻，南北掩映。夏水初闊，蘇、常遊山船百十雙，至中流，簫鼓士女闐駢，閣上舟中者彼此更相覷爲景。

又　吕梁洪石齒廉利，嘉、隆間，黄河漲，石漸入水，止水上盤渦。余癸酉上春官時猶及見之。至丁丑漲甚，則盤渦亦無矣。今河漸漲，堤漸高，行堤上人與行徐州城等。若黄河年年如此，則自開闢以來，今不且在半天乎？何不漲於昔而漲於今也？向思之，不得其故，及今行徧宇内，始窮山川源委而悉之。蓋此乃中龍過脈處也。泰山爲中龍之委，自荆山大幹生，至六蓼遂落平洋，牽連岡阜，至徐、邳過脈，北去而起泰山。黄河源流，泰山之北至直沽入海，此特泗水一派，北之，然中龍脈王伏地而行，河水流地上，畢竟不能斷絶其脈。而地脈之起伏有時，今此數十年正當其起也。脈湓湧而起，故河身日擎捧而高，此豈鐵埽帚、滚江龍之所能刷而低之乎？爲此策者，真兒戲見也。過數十年後，地脈既伏，沙泥自去，河身自陷下耳。或謂：「地脈何以知其起伏？」曰：「濟水昔行地上，王莽時伏地而行，遂至今不改，至趵突方穴而出，非耶？堪輿家指地墳而起者爲吉，正謂下有氣脈耳。」此理向無人識，須與通天地人者一抵掌。

又　清江板閘之外，乃淮河之身而黄河之委也。黄、淮合處，水南清北黄，嘉靖末年猶及見之。隆、萬來，黄高勢陡，遂闖入淮身之内。淮縮避黄，返浸泗、湖，水遂及祖陵明樓之下，而王公堤一線障河不使南，淮民百萬，岌岌魚鱉。

又　桃源三叉廟有老黄河故道。武宗南幸，欲兩岸牽挽龍舟，始塞泯之，今遺身猶隱隱存。若從此挑一河，與今河深闊齊，直至艸灣，放淮水與之合，祖陵與淮城自無恙。欲浚海口者，非也。海口二百里，從何濬？且海口比河低甚，非海口罪。

又 黃河之衝，止利卷埽而不利堤石，蓋河性遇疎軟則過，遇堅實則鬭。非不惜埽把之衝去也，計一埽足資一歲衝刷而止，明以一歲去此埽而護此堤也，來歲則再計耳。若堤以石，石不受水，水不讓石，其首激如山，遂穿入石下，土去而石遂崩矣。余見近督河者所作石堤往往如此，而常自護過，不肯以爲非。

又 揚州五塘，一陳公塘，延袤八十餘里，置自漢陳登；一曰句城塘，六十里，置自唐李襲譽；一曰小新塘，一百一十里；一曰上雷塘，下雷塘，各九十里，皆創自先朝。千餘年停蓄天長、六合、靈、虹、壽、泗五百餘里之水，水溢則蓄於塘，而諸湖不致氾濫，水涸則啟塘閘以濟運河。嘉靖間，奸民假獻仇鸞佃陳公塘，而塘堤漸決。鸞敗而嚴世蕃繼之，世蕃敗而維揚士民攘臂承佃，陳公塘遂廢。一塘廢而諸塘繼之。夫五塘大於氾光、邵伯、五湖數倍，水既不入塘，惟汎於湖，故湖堤易決，他日堤東興、鹽、高、泰五州縣之民悉爲魚矣。

又 三江以吴松江爲主，在吴江東，源出太湖，又名松陵江，又名松江，又名笠澤，經崑山入海。顧夷《吴地記》云：「松江東北行七十里得三江口，東北入海爲婁江，東南入海爲東江，並松江爲三江。」言經三江入海，非入震澤也，此與唐仲初《吴都賦》同，乃以吴三江言。其他如以松江、錢塘、浦陽爲三江者，韋昭之注也。以歷丹陽、毗陵入今大江者爲北江，首受蕪湖東至陽羨者爲中江，分外石城過宛陵入具區者爲南江，此黃鄮山之論也。以出岷山至楚邦名南江，至潯陽爲九道名中江，至南徐州名北江，入海，此徐鉉之注也。岷山，大江所出；峽山，南江所出；嶓山，北江所出，三江皆發源外蜀而注震澤，《禹貢》紀其源而及其委，此《山海經》之注也。此皆以天下言。大都三江既入，當以《吴地記》爲正，蓋此皆太湖水也。或者其初蕩溢至江口，分而入海，乃遂底定，亦疏九河之意，何必牽強以至蜀都。

又 三江口在姑蘇下流，《國語》所謂越王擒之於三江之浦是也。故當以《吴地記》爲正。今吴松江本支雖間湮塞，河身故存，黃浦即東江之別名，劉河乃婁江之舊跡，劉河則自入海，黃浦入處則與吴淞共口矣。吴淞南至錢塘，內海鹽、平湖、金山、華亭、上海共一捍海堤，並無涓滴自入江海，自吴淞北至京口，則七浦、楊林諸河徑入海，白茆、福山、孟瀆、九曲等河徑入江，共二十餘河。前代滄桑不能盡考，乃近日所導，則萬曆辛巳行水使者闞治江中淤塞四十里，復吴淞江之舊，又決去吴淞灘漲數十處，使太湖積水直流吴淞，又濬松之山涇等港，秀州，官鹽鐵、蒲匯、六磊等塘，洩澱泖之水於黃浦，浚蘇之吴塘、顧浦、戚、虞、涇、南北橫瀝等處，洩崑、嘉、太倉諸水於劉河，復浚白鶴溪、荆城港、西汎、裏河，洩長蕩、荆溪諸水入外運河，其他白茆、七浦自入江海，又於夏駕、漫水、江口並建一閘。

明·王士性《廣志繹》卷三 河南諸水，以河爲經，附河諸郡水，濟、潁、睢、淝、溱、洧、伊、洛、瀍、澗俱入焉。北以衛河爲輔，而漳於境外合之，南以淮河爲輔，而汝自境內合之。然多截流橫渡而已。

又 黃河故道由大名趨河間往直沽入海。自隋煬帝欲幸江都，龍舟十四丈，汴水狹不能容，乃引河入汴。當時止一時度舟計耳，不意河流迅急，一入不回，遂爲千百年之害。蓋河北地勢高，汴河身低，又河南土甚疏理，任其衝突奔潰，故一入不回。余見世廟時有欲求禹故道者，真迂儒之言也。

又 三門而下，石磧如山，連延百里，河過砥柱，響聲如雷。漢時轉漕關中，皆繇此路，不知何以挽舟而上。

又 四瀆惟濟水奇，性喜伏流。流雖伏，然迅急與地上等。本穿黃河截流而過，又能不與河水混。及其千里出地爲趵突，高六七尺。濟源出初之處，又能洄伏藏匿，所浮物至年餘而出，若用機者然。造物之怪如是。

又 龍門作關，伊水前朝，邙山後環，瀍、澗內裏，大洛西來，橫繞於前，出自艮方。嵩高爲龍，左聳秦山爲虎，右伏黃河爲玄武，後纏四山，城郭重重無空隙。

又 公劉徙邠，緊邠州。太王遷岐，緊岐山。至文王遷豐，始近今長安之境，緊鄠縣，豐水出其谷焉，靈臺基址尚存。又東則爲鎬水，武王都鎬，緊與豐東西對峙，相去二十五里，名宗周也。

又 咸陽有三，秦在本朝縣東三十里，隋城在縣東北二十里，唐城在渭水北杜郵館西。鎬京東徑磁石門乃阿房之西門，名卻□門，冀以吸□人隱刃，正在鎬水入渭之處。

又 無定河，河名也。此地浮沙善陷，輿人急走急換足，不則陷矣。故名。

又 濟河在汶上北，云即大清河。《禹貢》：「出於陶邱北，又東至于菏，又東北會于汶，又北東入于海。」酈道元謂：「濟水，當王莽之世，川瀆枯竭，伏地而行。」蔡九峰謂：「今歷下凡發地皆是流水，世謂濟水經流其下，故今以趵突當之。然趵突又引入小清河，則大清河乃濟之故道，非濟之本流。」世間水惟濟最幻，即其發源處，盤渦轉轂能出入諸物，若有機者然。昔人以糠試之，云自趵突出。

又 大清河，濟水之故道，經流長青、齊河、歷城、濟陽、齊東、武定、青城、濱州、蒲臺、利津入海。小清河一名濼水，即濟之南，源發趵突，東北經章邱、鄒平、新城、高苑、博興、樂安入海，今亦爲鹽河，兼資灌溉。而淤塞流溢，久離故道，水利失而水害興，各郡邑乃自以意爲堤而以鄰爲壑，如新城、博興、高苑之民，日尋干戈以競通塞，非朝夕故矣。故爲山東者，必當興復河流，講求故道。使竹口不辟則西民之水害不除，清河不修則東民之水利不舉，恐田野荒蕪，終無殷富之日。

又 洙、泗，洙水自尼山來，入沂水同流，今之洙水橋亦非其舊也。泗水出陪尾山下，四源共會，故稱泗，其源清澈可掬，出地激駛，滚滚有聲。至曲阜，南洙北泗中爲孔林，下濟寧，入徐州，會汴達淮，今會通河奪之。雷澤，夏溢秋涸，涸時水入地，聲如雷者經日，故云雷澤。汶水會七十二泉而成，至南旺分流南北濟運，南流短而北流長。

又 山東東、兖二郡水患不盡由本地，本地水乃汶、泗也，流漕河南北則已，惟中州黑洋山水經澶淵坡而東奔曹、濮之間，以一堤限之，堤西人常竊決堤，兼以黑龍潭諸水泙湃汪洋，其初咸自范縣竹口出五空橋而入漕河，邇來橋口淤塞，河臣不許浚之出，恐傷漕水，遂縮回浸諸邑，而濮尤甚。

又 沁水出沁州沁源綿山之東谷，經岳陽、澤州，穿太行出覃懷入黄河。狐首諸經云，界水則止。太行綿亘龐厚，非一水所能界，故桑乾、滹沱、清濁漳皆穿太行而東。當黄、淮泛濫時，當事者欲引沁水入衛以分河勢。不知河入中國，受涇、渭、澠、洛、汴、泗諸水，非沁一水之能分其勢也。且沁出太行而南，皆山麓險阻，不能引而之衛。若沁可入衛，則河復禹故道當不難矣。

又 贛州贛水乃章、貢二水合名也。章水源出南安聶都山，流府城西，貢水源出汀州新樂山，流府城東，皆環城而北合於一。又北流過萬安，其地怪石峻嶒，喧流洴湃，有十八灘，古稱險厄敗舟。余攜家過，心危之，至則見安流耳，豈余度險之多故耶？吉州惶恐諸灘，又不在十八灘之列。

又 三湘總之一湘江也，其源始海陽而北入洞庭。其流過永而瀟水入之，是謂瀟湘，過衡而蒸水入之，是謂蒸湘，過常而沅水入之，是謂沅湘。湘江其初最清，百尺而毛髮可鑑，比會衆流，下洞庭始濁。

明・王士性《廣志繹》卷四 宜章登舟即古所稱瀧水，兩岸咸石，頗似巴江，以其形似龍然，故稱瀧。然水小而險，最善壞舟。不數日而達廣之韶，其勢甚速，然僅可用舴艋，力不能載十石，不若蜀舟之大也。韓文公入潮陽由此。

又 雷州以雷名，或曰以在雷水之陽。雷水在擎雷山下，源出海康縣銅鼓村，南流七十里，東入於海，其初因雷震而得源者也。或又以爲地瀕南海，雷聲近在簷宇之間。

明・王士性《廣志繹》卷五 蜀有五大水入。嘉陵江從漢中自北入，岷江從松潘自西北入，大渡河從西番自西入，馬瑚江出雲南自西南入，涪江出貴州自南入，總會於瞿塘三峽向東而出。

又 此非放水不可出，而水路反出雲南，即今麗江，亦即瀘水，亦即金沙江，道東川、烏蒙而下馬湖，其水磯洑礁匯，奔駛如飛，兩岸青山夾行，旁無村落。

又 白下石頭城，僅西北里餘若金城石郭。天設之險，無如重慶者，嘉、巴兩水隔石脈不合處僅一線如瓜蒂，甚奇。此龍脈盡處，止可固守爲郡邑，非霸業之資也，故明氏據以爲都，不能自存。

又 離堆山在灌口，乃秦蜀守李冰鑿之以導江者也。

又 孔明五月渡瀘，雖非瀘州，亦即此瀘水上流千餘里，在今會川地，名金沙江，又名黑水。其水色黑，故以瀘名之。當時渡瀘，即從雲南北勝、姚安入。北勝，古浪蕖地，姚安，古弄棟地。今北勝去會川有捷徑，止可人馬單行，數日而至，不能通大軍也。

又 廣西水自雲、貴交流而來，皆合於蒼梧。左江正派始於盤江，北盤江出烏撒，繞貴普安之東，南盤江出霑益、六涼、澂江、通海，而皆會于阿迷，繞貴羅雄之南，兩江合而下泗城、田州，至南寧合江鎮又與麗江合，麗江出交趾廣源川，經太平、思明府。而下横州，至潯州南門爲鬱江，即古牂牁江，漢武帝使歸義侯發蜀罪人下牂牁江會於番禺即此。右江正派始於柳江，源出都匀府，下獨山，經慶遠至柳城與大融江合，大融江出靖州，經懷遠。過柳州至江口與洛溶江合，洛溶江出義寧，經洛溶。下象州與都泥江合都泥江出貴州程番府經南丹、來賓。始濁，乃入大藤峽。出峽抵潯州北門爲黔江，亦名潯水。黔、鬱二江合於潯東門而下蒼梧，與府江合，乃出封川過廣東入海。府江者，灕江也。灕水源興安之海陽山，一水相離，北入楚爲湘江，南入桂爲灕江。秦始皇命史禄鑿爲靈渠，取桂林、象郡。後唐李渤築斗門其間，經廣右省城，亦名桂江，下平樂而至梧，由肇慶、廣州二郡而後出海，幾八百里。海潮乃一日兩至蒼梧，雖山多而拔地無陂陀故也。

又 府江兩岸六百里湍流悍激，林木翳暗，猺僮執戈戟竄伏，鉤引商船，劫奪鹽米，甚至殺官傷吏，屢剿不止，只爲深林密箐，彼得伏而下，我不得尋而上也。

又 金沙江源吐蕃，過麗江、北勝、武定、烏撒、東川入馬瑚江，出三峽，滇池水過安寧入武定合之。雲南舊有議開此江以通舟楫，使滇貨出川以下楚、吴者。余初喜聞其議，會黄直指復齋鋭意開之，已遣人入閩取舟工柁師而黄卒。余同年郭少參朝石欲必終其事，余多方偵之，繪爲圖，乃知此江下武定境皆巨石塞江，奔流飛駛，石大者縱横數丈，小者丈餘，間有平流可施舟楫處，僅一二里絶流横渡者也。若順流而下，兩岸皆削壁，水若懸注，巨礁巉巖承其下，自非六丁神將，安能鑿此？過萬人嵌，深潭百丈，杉板所陷，舟無不碎溺者。又皆夷人所居，旁無村落，即使江可開，舟亦難泊，適爲夷人劫盜之資也。天下有譚之若美而實不然者，類如此。滇有兩金沙江，東江出東海，即此；西江下緬甸，過八百媳婦入南海。東江狹而險，西江平而闊，隔岸視牛馬如羊，然皆源自吐蕃，中隔瀾滄與怒江二江，地尚千里，而當時條陳開江有作一江論者，謂恐通緬人。最可笑。

又 貴州設山上中高而外低如闕索。乃貴鎮山四水傾流，内無停蓄，北二水一出涪江，一出瀘江，東一水出沅江，南二水一出左江，一出右江。有水源而無水口，故是行龍之地，非結作之場也。

又 思、石之間，水則烏江，發源播之南境，下合涪江。陸與水相出入，此川、貴商賈貿易之咽喉也，即古牂牁夜郎地。

明·王士性《豫志》 河南諸水，以河爲經，附河諸郡水，濟、穎、睢、淝、溱、洧、伊、洛、瀍、澠俱入焉。北以衛河爲輔，而漳於境外合之。南以淮河爲輔，而汝自境内合之。然多截流横渡而已。春夏水漲，則堤岸爲魚。冬水涸，則沙灘成地。

明·王臨亨《粤劍編》卷一《志古蹟》 程鄉而下百里爲蓬辣灘，懸溜百尺，澎湃喧豗，舟行最險道也。宦遊者經此，多從陸以避之。其地兩山夾程水而下注，透迤屈曲，具有幽致，當出七里瀨上。

明·何喬遠《名山藏·輿地記·南京》 長江，天所限南北也。河曰上新，舟檝所聚。水曰秦淮水，始皇斷方山長壟爲瀆，名秦淮焉。

又 渦河入於淮。

又 渦河在縣北一里，洛河淝河皆與渦河，入於淮。

又 東北百一十里曰五河縣，宋名。以沱、澮、漴、潼交流與淮河合名。

又 縣東有紂王城，西漢曰蓼縣，【略】澧豐二河之源出焉。龍池，張路斯與其九子變龍處也。

又 東南四十五里曰吴江縣。五代梁名吴江，在縣東，《禹貢》三江之一曰吴淞江，古笠澤江也。春秋時，越伐吴軍，笠澤有睡龍之灣。宋高宗所駐蹕泉曰六品，爲江南第六泉。

又 西七十里曰儀真縣，宋名。【略】儀真山曰瓜步，江曰揚子。

又 附郭曰山陽縣。山缽池，其形如缽，草木不生，王子喬所鍊丹也。河曰淮河。運河故沙河，皇朝平江伯開通，曰清江浦。湖曰射陽，漢高封項羽爲射陽侯，廣陵王胥坐罪此湖。

又 東南二百三十里曰鹽城縣，漢射陽鹽。瀆水曰海河，曰新運河、舊運河。

又 西五十里曰清河縣。古泗口有大清河小清河，源出山東泰安州。

又 東北百二十里曰銅陵縣，銅官之山，其下有泉，烹鍊浸銅於是乎取之，河曰銅陵。

又 東六十里曰績溪縣，縣界乳溪與徽溪相去一里，離而復合，有如績然。

又 州西北百二十里曰沛縣，秦縣，古偪陽國，春秋晉悼公滅偪陽沛宫在縣東南。泗水亭，漢高亭長於此。歌風臺，臺在泗西岸，水曰相水，春秋會吴於相。《後漢書》彭城國偪陽縣湖曰昭陽，鴻溝在縣治東十里。

明·何喬遠《名山藏·輿地記·北京》 東四十五里曰通州，金名，義取通漕。白河自密雲縣南合於潮河，至於州入於直沽，是名白，遂之河亦曰潞河。張家灣是白河下流，元有張萬户居此，以名灣。

又 州東七十里曰三河縣，唐名。七渡、鮑丘、臨泃三河逕焉。

又 州南五十里曰武清縣，唐名，漢雍奴。《水經》曰藪澤名也。四面有水曰雍，不流曰奴。水曰直沽，入於海。

又 州南百二十里曰大城縣，五代周名，漢名平舒，屬渤海郡。《周禮》曰：其川虖池嘔夷。鄭注：嘔夷出平舒。黄汉之河源出自交河。

又 北百二十里曰定興縣，金名，本隋范陽地。河曰五里。

又 東北百五十里曰新城縣，漢名，本督亢地。河曰白溝，宋與遼界。

又 西七十里曰完縣，秦之曲逆，《漢書》曰濡水，於曲逆城北曲而西流，故曰曲逆。漢封陳平焉，章帝醜其名，改曰蒲陰縣。西三十里曰伊祁山，堯母所居，祁水出焉。

又 東七十里曰安州，金名。洪武七年爲縣，十四年爲州。易水在城北，入於雄縣，爲瓦濟河，逕直沽入於海。

又 州東二十里曰新安縣，元名。曹徐二河出自安肅，合流於縣南，曰温義。

又 西北百二十里曰易州，隋名。《周禮》曰其浸淶易，易州淶水縣是也。秦上谷，漢涿郡地。易水發源故安縣，分南北二派，北出於西山之寬中谷，左與軍士川女思谷之水合，右則紫荊關之水，注之其地，名三會江，濡水出於窮獨之山，亦曰聖女水，有燕昭之廟，郭隗、樂毅、劇辛、鄒衍之祠，樊於期將軍之廟。

又 州東四十里曰淶水縣，後周名。水曰淶水，是有水田。

又 南六十里曰獻縣，以河間獻王名，漢樂城，東漢樂陵縣。西北三十里曰中水城，漢高封呂馬童爲中水侯。以居高、滱二水間，故曰中水。河曰滹沱。

又 南八十里曰交河縣，以滹沱、高河二水交流。

又 附郭曰真定縣，本戰國趙之東垣邑。滹沱河入於海，西韓河入於滹沱，滋河入甸水。

又 西南百五十里曰井陘縣，漢舊縣。陘即鉶也，燕趙之問，謂山脊爲鉶。

【略】甘陶河入於滹沱，綿蔓河合於甘陶。

又 南六十里曰欒城縣，漢舊縣，春秋晉欒武子封邑。河曰洨河。

又 州西九十里曰行唐縣，秦爲南行唐縣，後魏去。其南毘山毘盧佛所化身也。倒馬關水北合於滱水，告河出焉。

又 西南四十里曰魏縣，漢舊縣，周時地名洹水，戰國時爲魏武侯別都。河曰漳、曰御。

又 泉源在頓丘古城東北。《衛風》云泉源在左。又水曰澶水。

又 南百里曰内黄縣，漢舊縣。殷河亶甲居相，春秋襄公時，會於柯，皆此地。西南十二里有牽城，《春秋》公會齊人衛人於牽。水曰湯水。《水經》湯水又東北至於内黄。

又 州東九十里曰樂亭縣，河曰定流，又河曰清河。

明·何喬遠《名山藏·河漕記》 通惠河即玉河也，發源昌平州。神仙泉過榆河會一畝馬眼泉，遶甕山後，匯爲七里濼，東入都城西水門，貫積水潭。積水潭者，皇城内西海子也。又稍東從月橋入内府，環繞宫殿，南出玉河橋，繇大通橋至通州與白河合，袤一百六十里。元郭守敬所鑿，十里一閘，蓄水濟運，元人名通惠焉。國朝廢不治，天順二年，漕運總兵官都督楊茂先請修之，以省從張家灣陸輓者，命户部尚書楊鼎工部侍郎喬毅往視，還言，元人舊引白浮泉水往西逆流經山陵，恐不宜地理。一畝泉經白羊口，山溝雨水衝截西湖草橋，泉源不深，遠俱難引，惟玉泉龍泉及月泉柳河等泉皆出西北一帶山麓，誠從西湖源頭閉分水青龍閘，引諸泉水匯湖，從高梁河量分其半，仍從金山河出，餘自都城外濠流轉與之會，更洩入三里河水閘而並流。大通橋河隨旱潦爲啟閉，庶運舟近倉爲便。

又 白河源出胡地，經密雲縣靈霧山爲潮河川，而富河嚮口河七度河桑乾河三里河俱於此會，名白河，南流經通州，合通惠及榆渾諸河，至張家灣總名曰潞河，並南流楊村以北。通惠之勢峻若建瓴，白河之流淤沙易阻，夏秋水漲則懼潦，冬春水微則病澀，藉濬治焉。

又 沁河出沁源縣綿山東谷，經太行山麓，至武陟縣境與黄河會，而東注。達徐州，前代嘗引以通衛，國朝猶然。後河趨陳潁入淮，不與沁合，乃開沁達徐而入衛之道湮。其後建言者皆請引沁達漕，然沁終不能入漕也，議遂寢。

又 衛河舊名御河，出輝縣蘇門山北泉，東北流經濬大名館陶諸郡縣，下流會淇漳諸水，過臨漳分爲二。其一北出，經大名至武邑，以入滹沱。其一東流經大名，東北出臨清，至直沽會白河入海，今爲運河。自德州而下，漸與海近，卑窄易衝潰。永樂十五年，命宋禮經度二小渠，泄暴水入土河，復穿小渠抵海豐縣大沽河入海。正德十三年，引漳水西通入河。其後有言引黄河入衛通漕以達京師者，然皆不行。

又 濟河發源爲沇，既東爲濟，出垣曲縣王屋山，既見而伏，東出濟源縣，二源合流至温縣，歷虢公臺入河，復出河之南，溢爲滎。又東出於陶丘，又東北至壽張縣，安民合汶水北，東至博平入海，此汶之故道也。元時作堽城壩，遏汶入洸，南流至濟寧合沂泗二水，會於淮。我朝遏汶入南旺，於是洸沂泗自會濟而汶不復通洸。今沂州亦有汶河，一出蒙山東澗谷，一出沂水縣南山谷，俱入邳州河。

又 沂河源出曲阜尼山，西南分流爲二：一西流至兗州府城東金口壩，上與泗會；一與泗南下，二水南趨，其故道從塔里河出師家莊閘河。元時作金口壩遏二水，繇黑風口入濟，又南流會洸水，至濟寧出天井閘。國朝因之。又有出沂水縣艾山者，會家陀沂水諸泉，與沂水汶合流，至邳州入淮。按《職方氏》，青州其浸曰沂沭。《禹貢》於徐州亦曰淮沂，其又蓋青沂源也，徐沂流也。

又　泗河源出泗水縣陪尾山，四源併發，循山西流，二里過卞莊城，合爲一。又西流至兗州府城東，又轉南流，經横河與沂合。元人遏令繇黑風口入濟，西南入於河，復出河之南，溢爲滎。又東出陶丘北，又東至荷澤，又東北至壽張縣安民亭合汶水，又東北至博平縣，入於海。又自泰山北與齊東南諸谷水，西匯於黑水灣，又西北匯於柏涯灣，抵渴馬崖，崖北又湧爲趵突等七十餘泉，復溢爲大小清河。元人壩金口傍有河，西通濟洸，併入會通河。永樂中，宋禮開會通河，自安山河西南行繇壽張而北，至東昌又西北抵臨清，引汶絶濟屬之衛。

又　淮河出平氏縣胎簪山，經桐柏其流始大，至泗州龜山横截，遂界沙湖洪澤諸湖，出清河口，與黄河會，東入於海。

又　汶河三源，一名小汶，一曰大汶，一出萊蕪縣原山陰，與寨子村合而南流，會洸水至濟寧天井閘以濟運。國朝因之。山東水汶最大，伏秋防暴漲焉。

又　洸河，汶支也，《水經》不載，元人於寧陽堽城作斗門遏汶益漕，洸名始著。自寧陽縣西北，南流至高吴橋，會寧陽諸水，經濟寧城東與沂泗合，入天井閘。元人故道也。宋禮分水南旺汶，不復堽城會洸，然洸不可無紀也。

又　盧溝河出太原天池，伏流至朔州馬邑從雷山陽發爲渾泉，而爲桑乾河，鴈門應州雲中諸水皆會，經太行山入宛平縣界，東南至看舟口，分爲二。一東流至通州高麗莊入白河，是爲渾河。一南流至霸水，合易水，又南至丁字沽入運河，仍從本河。是河過懷來東兩山間，至京城西四十里石經山東，地平而土疏，衝擊震盪，遷徙不常，往代雖嘗修築，國朝特重云。

又　桑乾河發源馬邑金龍池，百斛湧泉，遞邐東下，從大同古定橋抵保安州，又流至盧溝，會於天津。起盧溝橋務里村，至古定，皆可舟。議者欲道宣大運道，以中道有石阻，乃罷議。

又　滹沱河出繁峙縣泰戲山，匯爲三泉，流稍延漫，循太行掠晉冀，蜿蜒而東，又東北至青縣，分山河口入運河，下直沽，入於海。班史稱徒駭是也，後就湮不可據。至國初，流藁城。迄今又不知幾徙。或謂是河東趨真定，繇晉州紫城口南入寧晉，會衛河入海。其故道自紫城口衝潰東流，道非其故，而束鹿深州被水患，後屢議浚復，中官大家重棄成田不欲也。

又　密雲河運密雲官餉也，本白河上流，自牛欄山而下與潮河川交會，水勢深廣。嘉靖三十四年，總督薊遼保定都御史楊博請捍塞就通利，合以濟餉。四十三年，總督劉燾發卒濬治，而潮河川直達通州，凡密雲鎮歲餉十萬，悉用小舟轉粟，省車輓入河費。

明·袁宗道《白蘇齋類集·過黄河》　飛蓋霽色新，爽氣來青嶂。行行見洪河，洪河流湯湯。津吏向我言，夜雨添新漲。一葉淩浩渺，沸波濺其上。

明·袁宗道《白蘇齋類集·極樂寺紀遊》　高梁橋水，從西山深澗中來，道此入玉河。白練千疋，微風行水上，若羅紋紙。堤在水中，兩波相夾。緑楊四行，樹古葉繁，一樹之蔭，可覆數席，垂線長丈餘。岸北佛廬道院甚衆，朱門紺殿亘數十里，對面遠樹，高下攢簇，間以水田。

明·袁宗道《白蘇齋類集·江上遊記》　蜀江數千里，奔瀉至吾邑，洶湧澎湃，如決囊而東，平沙一望，浩白黏雲。明月之夕，翻金鼓玉，淩爍目睛。

明·謝肇淛《五雜俎·地部一》　今中國之勢，惟河與海，環而抱之。河源出崑崙星宿海，蓋極西南之方，其流北行，經洮州，又東北越亂山中，過寧夏，出塞外，始折而南，入中國，至砥柱，折而東，經中州至吕梁，奔而入淮，直抵海口。海則從遼東、朝鮮，極東北界迤邐而南經三吴、甌、閩，折而西，直抵安南、暹邏、滇、洱之界，蓋其西南盡頭去星宿海亦當不遠矣。西北想亦當有大海環於地外。但中國之人，耳目所未到也。

又　以中國之水論之，淮以北之水，河爲大，而淝也，潁也，汴也，汶也，泗也，衛也，漳也，濟也，潞也，滹沱也，粱也，沁也，洮也，渭也，皆附於河者也。淮以南，江爲大，而吴也，越也，錢唐也，曹娥也，螺女也，章貢也，漢也，湘也，賀也，左蠡也，富良也，瀾滄也，皆附於江者也。至其支流小派，北以河名，而南以江名者，尚不可勝計也。而淮界其中，導南北之流，而會之以入於海，故謂之淮。淮者，匯也。四瀆之尊，淮居一焉。淮之視江、河、漢，大小懸絶，而與之並列者，以其界南北而別江、河也。

明·陳樋《羅浮志》卷一　雲母溪，在鳳凰岡下，其中出雲母石。

又　羅陽溪，在雙髻峯下，出籠葱竹。

明·袁宏道《袁宏道集》卷一○《新安江行記》　新安江清澈見底，峰巒疊翠，隱隱見水中，時有突出波面者，嵌空如湖石，江行之一快也。江爲山所夾，東流千里，石湍迅速，目所注視，輒不能了。而山喜爲回合，數步一轉，前舟莽莽，忽如入壁，折而隨之，乃知其爲竇也。或雲水東而山扃，其地不得不蓄。

明・袁中道《珂雪齋集・澧遊記三》 過金鴨灘，灘水上沸，奔雷轉石，聲聞四五里。

明・袁中道《珂雪齋集・南歸日記》 過沙河，積沙如雪，亦名湡水。至雞澤，與洺水合。

明・李應奇《崆峒山志・名勝六》 涇水，源出崆峒西南六十里，亦名笄頭山，百泉所匯，流而爲涇，世稱涇濁渭清，由來久矣。考之史載，鄭國鑿涇爲渠，引關淤之水灌瀉鹵之地。又漢《白渠歌》曰：涇水一石，其泥數斗。後人據此，遂誣之詩歌，形爲傳注，即朱子注詩亦爲前説所誤，不知此特就盛夏潦水言之耳。況鄭白二渠俱在涇六百里外，衆水所歸，焉得不濁？若論源頭，非盛夏其清見底。乾隆五十五年潞陽胡公奉。

明・李應奇《崆峒山志・名勝八》 後峽，在崆峒之陰，胭脂川水所經處。兩山逼峙，行二十里始出峽，水未及前峽之半，多奇石低昂，高下其勢，激湍清越，泠然若考泗濱浮磬。行至北臺後，回望西南峯巒，青如鬼面，奇詭萬狀，駭人心目。

明・徐霞客《徐霞客遊記・遊天台山日記》 峯南一溪，東向而入大溪者，即武彝溪也。

明・徐霞客《徐霞客遊記・遊九鯉湖日記》 林田有兩溪自南來，東渾赤如血，西則一川含緑，至此合流。

明・徐霞客《徐霞客遊記・遊天台山日記後》 又西爲秀溪之水，其源出萬年寺之嶺，西下爲龍潭瀑布，西流爲九里坑，出秀溪東南而去。諸溪自青溪以西，俱東南流入大溪。又正西有關嶺、王渡諸溪，余屐亦未經；從此再北有會墅嶺諸流，亦正西之水，西北注於新昌；再北有福溪、羅木溪，皆出天臺陰，而西爲新昌大溪，亦余屐未經者矣。

明・徐霞客《徐霞客遊記・江右遊日記》 河口有水自東南分水關發源，經鉛山縣至此入大溪，市肆甚衆，在大溪之左，蓋兩溪合而始勝重舟也。

又 嶺北水繞雷公而西北下崇仁，嶺南水由大陂而下永豐、吉水者也。

明・徐霞客《徐霞客遊記・楚遊日記》 崖前有小溪，自西而東，經崖前入於大澗。循小溪至崖之西脅亂石間，水窮於下，竅啟於上，即麻葉洞也。

又 蒸水者，由湘之西岸入，其發源於邵陽縣耶薑山，東北流經衡陽北界，會唐夫、衡西三洞諸水，又東流抵望日坳，爲黄沙灣，出青草橋而合於石鼓東。一名草江，以青草橋故。一名沙江，以黄沙灣故。謂之蒸者，以水氣如蒸也。舟由青草橋入，百里而達水福，又八十里而抵長樂。

耒水者，由湘之東岸入，其源發於郴州之耒山，西北流，經永興、耒陽界。又有郴江，發源於郴之黄岑山。白豹水，發源於永興之白豹山，資興水發源於鈷鉧泉，俱與耒水會。又西抵湖東寺，至耒口而合於回雁塔之南。

又 〔湘水自回雁北注城東，至石鼓合蒸，遂東轉經塔下。東合耒水北去，三水曲折，不及長江一望無盡，而紆迴殊足戀也。〕

又 〔舂水出道州舂陵山，歸水出寧遠九疑山，經桂陽西境，合流至此入湘，爲常寧縣界。由河口入，抵桂陽尚三百里。〕

又 又西南三十里，爲常寧水口，其水從東岸入湘，亦如桂陽之口，而其水較小，蓋常寧縣治猶在江之東南也。

又 又南踰一小嶺，三里，爲陽江。其江不能勝舟，西南自大葉江、小葉江來，至此〔二十餘里。〕東注於瀟。其北則所謂西嶺者，橫亘於右，其南則曹祖山、張家沖諸峯駢立於前。又南七里，直抵張家沖之東麓，是爲陳皮鋪。

又 一水東自山峽中出者，寧遠道也，此水最大，即瀟水也；一水南自平曠中來者，道州道也，此水次之，即沲水也。〔水小弱。〕乃舍瀟而南溯沲。

又 坳北有小洞東向，外石嶙峋，俯而入。下有水潺潺，由南竇出，北流而去。

又 於是過爛泥河，即前所涉之下流也。其處河底泥濘，深陷及膝，少緩，足陷不能拔。

又 半邊、鰲頭二山，其東北與紫金夾而爲牛頭江，西南與空寮〔香爐〕夾而爲瀟源江，即三分石水。此乃兩水中之脊也。二水合於玉琯東南，西下魯觀與蒲江合，始勝如葉之舟，而出大洋焉。

又 其下水東北者爲瀟源，合北、西諸水，即五澗交會者。出大洋，爲瀟水之源。直東者，自高梁原爲白田江，〔東十五里〕經臨江所，〔又東二十里〕至藍山縣治，爲巋水之源。東南者自〔高梁原東南十五里之〕大橋下錦田，西至江華縣，爲沲水之源。

明・徐霞客《徐霞客遊記・粵西遊日記一》 咸水之北，崇嶺重疊，曰三清界：此咸水南北之界也。咸水溪自三清界發源，流爲焦川，自南宅出山，至此透橋東南羅江口入湘。

又　二里，又一澗自北山夾中出，涉其南，又循一溪西來入，即西嶺之溪也。

又　南溪之山，高峙橋東，有水自西南直上逼西麓，〔繞山東北入灕去。〕石梁跨其上，即所謂南溪也。

又　〔灕江自桂林南來，兩崖森壁回峯，中多洲渚分合，無翻流之石，直瀉之湍，故舟行屈曲石穴間，無妨夜棹。

又　其處江之西涯，有圓峯端麗；江之東涯，多危巖突兀。〔其山南巖竅，有水中出，緣突石飛下墜江，勢同懸瀑。粵中皆石峯拔起，水隨四注，無待破壑騰空。

明・徐霞客《徐霞客遊記・粵西遊日記二》　〔有小溪自南寨破壑，西注柳江，曰山門沖。〕江之東爲洛容界，江之西爲馬平界。

又　左崖之北，有雙門墜峽而下，內洞北向，深削成淵，底有伏流澄澈，兩旁俱峭壁數十丈，南進窅然，不知其宗。

又　今分潯州、南寧、太平三府爲左江道，以鬱江爲左也；分柳州、慶遠、思恩爲右江道，以黔江爲右也。然鬱江上流又有左、右二江，則以富州之南盤爲右，〔交趾〕廣源之麗江爲左也，二江合於南寧西之合江鎮，古之左、右二江指此，而今則以黔、鬱分耳。南盤自富州徑田州，至南寧合江鎮合麗江，是爲右江。北盤自普安經忻城至慶遠，合龍江，是爲烏泥江。下爲黔江，經柳、象至潯州，合鬱亦爲右江。是南、北二盤，在廣右俱爲右江，但合非一處耳。

又　二里，越塘之北，先有一小溪自西而北，〔自古鼎來。〕横涉而過；又有一大溪自南而北，〔即赤龍巖前水，東過東梁至北。〕二水合而北行，有石梁横渡，於是東西俱駢峯成峽，溪流其中，是爲靈壽溪。又北一里，溪匯爲潭，是爲安靈潭，神龍之所窟也。

又　水分東西流：東流者即北溪，循城東，下登龍橋而入繡江者也；西流者爲南流江之源，西南合水月洞之水，經鬱林南門而西合羅望、定川諸水，南下廉州入海。是北流〔縣〕實南流之源，其曰北流者，以繡江南來，至此始大，〔東過容縣界，合洛桑渡水，經容邑南門，下藤縣，北入鬱江去，〕非北流源此也。

明・徐霞客《徐霞客遊記・粵西遊日記三》　二里，有小溪自西北來，至此東注，遂渡其北，復隨之東。又二里，其水南去入江。

又　此古左、右二江之分也。二水合至横州，又名鬱江。而慶遠之龍江，自貴州都匀、獨山來；融縣之潭江，自平越、黎平來；遷江之都泥，自普安七星來。三水經武宣，是名黔江。二江俱會於潯。

又　有小水自峽中出，横堤峽口，內匯爲塘，浸兩崖間，餘波缺出注於大溪。踰堤西轉，路始拾大溪。已復北轉，逾北面土山之西腋，復見溪自西來，路亦西北溯之。

又　枯榕江〔即州北大溪。〕自向武西南境東流，自北岸寨抵向武北龍巷村之前。其東有石峯一枝，東西如屏横列。江當其西垂，分而爲三：北枝東循峯北入峽，爲正派；中枝東循峯南停而大爲中江；南枝東南流田塍間，小而急爲南江。入峽者東北轉，五里，山勢四逼，遂東搗石崖穴中，勢若奔馬齊驅。

又　由村前東南行二里，踰一嶺而下，有小水自北夾來，西南入大江。越之而東，又一里，稍北轉，循北山行，有大道自東而西，始隨之東去。

明・徐霞客《徐霞客遊記・粵西遊日記四》　又東北行，屢涉南流小水，五里，一溪頗大，有木梁架之，至長於前二溪。其溪蓋自北崇山中來，有聚落倚其上流塢中，頗盛。

又　一里，有大溪自北而南，其流湯湯，入自南寧境，尚無比也。蓋關山南北水雖分流，猶南下鬱江。

又　又北二里，有小水自西塢出，東注於大溪。即古漏水。又三里，乃渡大溪之東，溪乃東轉，路亦從溪南隨之。共東十里，溪北之山東盡，溪南之山亦漸東轉而南，是爲山口。

又　又北五里，有大溪西自大明山東流而去，是又爲賓州、上林之界，其水較古漏諸溪爲大，故不能梁而涉焉。

又　五里，北至楊渡，一大溪西由上林崇山中東流至此，直逼北面石山下，又有一溪北由三里山峽中南向入之，二流合而其溪愈大，循石山而東，抵遷江入都泥焉。

又　三里以洋渡爲前門，有〔李依〕江西自上林縣大明山發源，東流至此，横爲楊渡。渡之南，則石峯離立，若建標列戟；渡之北，則石峯迴合，中開一峽，外湊如門，有小江自北而南，注於洋渡下流，〔即匯水橋下合流水也。〕

又　又西行一里，始見前溪從土山西畔北注，與石山西峽之澗合而東來，遂有湯湯之勢。

又　有水自其東谷來，即五砻橋東流之水，至黄岡而分爲二流，一東徑油羅村入龍江下流，一西北經龍隱之前而北過慶遠東門，入龍江。

又　蓋水從山南來，汎底而出，瀦爲此潭，當即黄窯之西〔巨塘〕分流而搗入山穴者，又透底而溢於此也。其水昔高湧於胸，今乃不及臍矣。

又　龍江，郡之經流也。其東北有小江，南入於龍，其源發於天河縣北界；其東南則五砻橋諸流北入於龍，其源發於多靈山東境，皆郡城下流也。郡城西南又有小水南自料高山北來，抵墨池西流，是爲龍溪。又西則九龍潭之水，自九龍山北流，與之合而西北之龍江。此郡城之上流也。

又　山麓有溪一支，環而北透其腋，即五砻之東流之分而北者。

又　由山麓遂其東北一里，溪水從兩山峽中破壁西北來，水石交和，漱空倒影，曳翠成聲，自成一壑，幽趣窈然。

又　其江大數丈，而深不測，再南下數里，即與金城江合，而入石穴中透出永泰里，而下懷遠鎮爲南江者也。

又　有水自東北注西南，深不及膝，闊約五、六丈，是爲大江。其源發於西北叢山壑中，南流東轉而至永順界，合東江下流者也。

明・徐霞客《徐霞客遊記・黔遊日記二》　共三里，又上，有溪自南峽北向下墜深潭，潭小而高，此西北小溪之源也。

又　又二里，越嶺下，則東南山塢大開，大溪自西北破峽出，湯湯東去，是曰大馬尾河。

又　橋上下水皆闊，獨橋下石峽中束，流急傾湧。其水西北自八納山發源，流經軟橋，又西南轉重谷間，至是北搗而去，亦深山中一巨壑也。

明・徐霞客《徐霞客遊記・滇遊日記二》　由哨前北行塢中六里，有溪自北而南，小石梁跨之，是爲矣各橋。溪水發源於東西界分支處，由梁下西注南轉，塢窮而南入穴，出於瀘源之上流也。

又　黄草壩東十五里，爲馬鼻河，又東五十里抵龍光，乃廣西右江分界；西二十里爲步雄，又西五十里，抵江底，乃雲南羅平州分界；南三十里，爲安障，又南四十里，抵巴吉，乃雲南廣南府分界；北三十里，爲豐塘，又北二十里，抵碧峒，乃雲南亦佐縣分界。

明・徐霞客《徐霞客遊記・滇遊日記三》　又西一里，稍下，有小水成溪，自北峽來，小石梁跨之，其水南注塢口而去。

又　其東南之水，下爲白石江；東北之水，下爲石幢河；而西則洩於馬龍之□江，而出尋甸，爲北盤江焉。

又　大堡、河澗合流於西界之麓，北出四通橋，分爲兩流：一直北下滇海；一東繞州北入歸化界，由安江村人滇海。

明・徐霞客《徐霞客遊記・滇遊日記四》　乃下坡西向行塢中，二里，有水東北自北界横亘中尖峯下來，是爲沙河。其流頗大，石梁東西跨之。河從梁下南去，螳川之水，自武趣西峽轉而北來，二水合於梁南，半里，遂西北至安寧州城之南，於是北向經城東而北下焉。

明・徐霞客《徐霞客遊記・滇遊日記六》　村北溪自西而東，其水一自三莊西谷來，一自河底村南谷來，皆細流；一自西北大山夾中來，俱合於河底村北，東流而去，亭橋跨之，橋北即龍珠山之南麓矣。

明・徐霞客《徐霞客遊記・滇遊日記八》　瀾滄江自吐蕃嵯和哥甸南流，經麗江、蘭州之西，大理、雲龍州之東，至此山下，又東南經順寧、雲州之東，南下威遠、車里，爲撾龍江，入交阯至海。

明・徐霞客《徐霞客遊記・滇遊日記九》　龍川江發源於峩山北峽峨昌蠻七藏甸經此，東爲高黎工，西爲赤土山。下流，至緬甸太公城，合大盈江。

又　其東亦有小溪，自南而北，則羅生山之正流也，與前過小流，共爲大盈之一源云。

又　其水，一東南出羅生山，北流經雷打田，至城東北；一東出亂箭哨，北流西出馬邑村西南，至城東北；一出龍從山，瀦爲海子，流爲高河，南至城東北。三水合爲一，是爲大盈江，由城西而南，過二橋，墜峽下搗，其深十丈，闊三丈餘，下爲深潭，破峽西南去，經和尚屯，又名大車江。此州四面之水也。

又　大盈江過河上屯合緬箐之水，南入南甸爲小梁河；經南牙山，又稱爲南牙江；西南入千崖雲籠山下，名雲籠江；沿至千崖北，爲安樂河；折而西一百五十里，爲檳榔江，至比蘇蠻界注金沙江入於緬。

明・徐霞客《徐霞客遊記・滇遊日記十》　一里餘，有大溪自北南墜，皆從石崖中破壁而去，此即清水朗東溪也。

明・徐霞客《徐霞客遊記・滇遊日記十一》　村之北有小溪東南流，村之南有小溪東北流，合於村之東而東去，此兩流即臥獅窩之水也。

明·徐霞客《徐霞客遊記·滇遊日記十二》　一支瀕江而東；一支直南而下，即枯柯之東嶺也，爲此中分水之脊，迤邐由灣甸、都康而南界瀾滄、潞江之中，爲孟定、孟艮諸彝，而直抵交阯者也。其瀕江東去之支，一包而南，爲右甸，再包而南，爲順寧、大侯即今之雲州。焉。

又　瀾滄江從順寧西北境，穿其腹而東，至苦思路之東，又穿其腹而南，至三臺山之南，乃南出爲其東界，既與公郎分蒙化，又南過雲州東，又與順江分景東。郡之經流也。

明·劉侗《帝京景物略》卷二《城東内外·三忠祠》　出崇文門三里，曰大通橋。運河數千里，閘七十二，抵橋下閘，不復通矣。大通云者，著有成也。水從昌平白浮村之神山泉，過雙塔榆河，會一畝、五泉諸水，入城，匯積水潭，繇玉河中出。橋下閘而灘之，洶洶沌沌，擫怒則鳴。過灘嗀然，汎汎活活，水乃疾行。

又　瀾滄至此，又自西東注。其形之闊，止半於潞江，而水勢正濁而急。疾者去之，緩以洄者取之，吱吱軋軋，林間之桔槔也。

明·劉侗《帝京景物略》卷六《西山上·石景山》（金閣）寺最遠眺望，望蒼黄一道，如帶南綴者，渾河也。渾河，古桑幹水，從保安舊城，過沿河口，過石港口，達盧溝。渾河，如云濁河也。盧溝，如云黑溝也。濁且黑，一水也。水雷殷而雲湧，亦曰小黄河。河迅岸危，石不得趾，而橋之以板。行板者，委身空中，無傍籍，踏踏閃閃，無詳步，而目下見水，水勢懾目。

明·蔣一葵《長安客話·郊坰雜記·渾河》　渾河即桑乾河，從保安舊城過沿河口通石港口，直抵盧溝河。渾河奔騰澎湃，勢如殷雷，亦曰小黄河。

明·蔣一葵《長安客話·郊坰雜記·清河》　出都城德勝門二十里爲清河，距昌平州五十里，以水清冽故名。

明·蔣一葵《長安客話·郊坰雜記·琉璃河》　良鄉縣南四十里有琉璃河，即古聖水，自房山龍泉峪流至霸州，入拒馬河。

明·蔣一葵《長安客話·畿輔雜記·藍水》　又縣西北有水，其色鬱藍可愛，呼曰藍水，其土如靛，蓄靛者恒取土和靛賣之。

明·蔣一葵《長安客話·畿輔雜記·湮水》　湮水源出崖兒口，經豐潤、玉田，由運河入海。凡水皆自西而東，此水獨西，故俗呼爲還鄉河。

明·蔣一葵《長安客話·畿輔雜記·濡河　白河》　濡河在密城東，自古北口折而東注，時作響如潮，亦名潮河，至縣西牛欄山，與白河合，入於潞河。縣東北八十里有白河澗，是白河來處。其所經石塘嶺一帶，山惡水深，間隔難行，金遣幹離不入檀州，郭藥師迎戰敗績，即此河也。

明·蔣一葵《長安客話·畿輔雜記·潞河》　潞水自塞外丹花嶺合九泉水，一南經安樂故城，與螺水合，爲東潞河。一南經狐奴故城，與鮑邱水合，爲西潞河。

明·蔣一葵《長安客話·畿輔雜記·泗河》　在漷縣東四里，即運河也。四水會流，故名泗河。一發源自塞外，東流經密雲，與潮河川合流，注通州城東北入白河，即通州潞河也。一自塞外西流入白羊口，經榆河下流沙河，由順義南界至通州城東北入白河，即通州富河也。一發源於昌平白浮村神山泉，出西南匯爲西湖，東入都城積水潭，入宫牆太液池，南至玉河橋，由東南大通橋迄東入慶豐等閘，即通會河，入白河。一自都城左安門外草橋流入南海子，東出弘仁橋，由水南新河至張家灣板橋入白河，總名運河。凡江南糧運自是達於京倉。河兩岸俱白沙，不生寸草，故亦名白河。

明·蔣一葵《長安客話·關鎮雜記·洋河》　洋河既合桑乾，其流甚濁，俗因別稱渾河，即宛平縣盧溝河是也。

明·蔣一葵《長安客話·關鎮雜記·嬀川》　嬀川水極清，俗名清水河。

明·蔣一葵《長安客話·邊鎮雜記·龍門城》　獨石、紅山二處之水從龍門峽南下，匯而爲川，名龍門川，水勢陡峻。

明·顧震宇《萬曆仙居縣志》卷二　永安溪　縣西二百十里大小二源，小源出馮師山，東流百里，至曹村，淺不可舟。自曹村而下，廣二十步，勝小艇。又東至妃姑，與大源會，廣三十步。又東六十七里而南，勝二十石舟。

又　曹溪　縣西九十里，源出括蒼嶺，南流四十里入大溪，嶺上有潭，曰曹潭。宋淳熙間，縣令蘇光廷禱雨，有物蜿蜒而出，一黑一黄，以承之，躍而入，迎止於潭下。翌日，大雨。先是，光廷夢有黄姓者，手二小龍而至，及是符其夢。遂創堂以祀。

又　杜蜀谿　縣南二十里。蜀王廟前頗幽險，俗名杜濁。

又　石牛谿　縣東十五里，中有石如牛。

明·聶心湯修、虞淳熙纂《萬曆錢塘縣志·紀勝》　錢塘江在縣之東南，本名浙江。虞喜云「潮水投浙山下折而曲」，一云江有反濤，水勢折歸，故云浙江。盧肇曰：「浙者，折也」。蓋取其潮出海，屈折而倒流也。一名浙河。《山海經》

云：禹治水至於浙河。

莊周曰：浙河之水，濤山浪屋，雷擊庭砰，有吞天沃日之勢，是也。又云曲江。枚乘《七發》曰「觀濤於廣陵之曲江」。今名錢塘江。其源發黟縣，曲折而東，以入于海。潮水晝夜再上，奔騰衝激，聲撼地軸，郡人以八月十八日傾城觀潮爲樂。聞昔有善泅者，泝濤出没，謂之弄潮，往往没溺。

明・鄺露《赤雅》卷中《七究》 南方山溪間謂之究，有西古一本作古西。郎究、金山郎究、越裳究、九德究、南陵究、文狼一本作廊。郎究、無勞一本作窮。究、金雞究。

明・鄺露《赤雅》卷中《三江》 三江一本作三水。 灕江一本作水。一名桂江，南注平樂，一本有縣字。出梧州陽朔，而下龍門。而上屬平樂府者，俗名府江。名既不雅，後古爲確。

左江發源交趾，經麗江、朗寧，一本無寧字。橫貫東江一本作出。潯州。右江自牂牁入粵，逕融柳，烏泥西來注之。又經象武，合左江於潯，合灕於梧，而東入一本有於字。海。按地形，左宜爲右，右宜爲左。夫粵處南珥一本作陬。之□者，皆從東粵。或下灕水，溯流逆上從逆流者分左右，不從地形分左右也。

又南寧亦有左右江。左出廣流，右出峨利，會於合江鎮，入橫州。是左江之中，又有左右江也，重複不便觀覽。一本云重複不易辨。予謂出廣源者，古夜郎豚水也，古名鬱江。出峨利者，古交濛泓水也，古名黔江。南寧二江，又當從古。

明・鄺露《赤雅》卷中《烏泥》 烏泥一本有多字。出盤江，多伏流，或落漈數百丈，飛濤走浪十數里，夾沙土，混混如黃河。

明・鄺露《赤雅》卷中《湘水》 湘水之出於一本無於字。陽朔，則鵤爲之舟。至洞庭，則日月若出入於其中也。

明・鄺露《赤雅》卷中《靈渠》 靈渠自北而南，三十二陡。由灕通銅鼓，水自東徂西，入永福六陡。六陡一本無此二字。冬月涸絶不行。予過陡時，水長月明，如層臺疊壁，從天而下。

明・王揚德《狼山志・山川》 江之濱里居者，懼海潮衝洗，因有壩，壩以内爲狼山河。近狼山者爲玉帶河。

明・朱國盛《南河全考》卷上 按：《禹貢》載所治諸水皆著其源，獨於黃河則曰：「導河積石」。蓋其源流荒遠不可臆説，聖人固慎之也。自漢張騫使西域，訪河源，以爲河發葱嶺，趨于闐，匯鹽澤，伏流千里至積石。而唐薛元鼎使吐蕃，訪河源，云得之悶磨黎山，世相傳以爲信。元世祖始命其學士蒲察都實佩金虎符往求之，得其源于吐蕃朵甘思之西四山中，有水匯爲澤若列宿然，曰火墩腦兒，譯言星宿海也。自此而東，爲赤賓河。東行歧爲九派，曰九渡河。於時尚清淺可涉。又東行約五里許，始渾濁而流益。大朵甘思東北有大山，四時皆積雪，蓋崑崙也。自崑崙東北流貴德、西寧之境至積石，經河州，過臨洮、蘭州，始入中國，繞朔方北地上郡，又東北經三受降城、東勝等州，折而南下龍門，迂迴行九千餘里。則張騫、薛元鼎之言皆不足據，然此無關於中國之利害，雖存而不論可也。禹鑿龍門，南經華陰，東至底柱，又東至于孟津，東過洛汭，至于大伾，北過洚水，至于大陸，又北播爲九河，同爲逆河入于海。説者以大陸今在冀州；而九河則爲今德州東光、南皮，滄州静海、平原，海豐諸州縣，其古迹猶微有存者，劉子所嘆：美哉，禹功明德遠矣。微禹，吾其魚乎？盖嘆河也。考之殷書，殷自祖乙都耿，圮于河水，乃遷于河南偃師，其告于臣民：言自湯以來，不常厥居，于今五邦。則盤庚之前業已數遷，其後復居于亳，是河水爲患，在殷已然。而《禹貢》載「海岱及淮惟徐州」，「浮于淮泗，達于河」。「淮海惟揚州沿」，「沿于江海，達于淮泗」，此河淮相通之槩也。

又 定王五年，河徙砱礫，南浮于海。晉景公十五年，《穀梁傳》曰「梁山崩，壅河三日不流」。

又 文帝十二年，河決酸棗，東潰金堤，于是東郡大興卒塞之。武帝建元三年，河水溢于平原。元光三年，河徙自頓丘，經瓠子通于淮泗。

又 元帝永光五年冬十二月，河決清河靈鳴犢口。

又 建始四年夏四月，河決館陶東郡金堤，汎濫兖豫，入平原灌四郡三十二縣居地十五萬頃，壞官亭廬舍且四萬所。河堤使者王延世使塞以竹落，長四丈，大九圍盛以小石，兩船夾載而下之，三十六日河堤成。

又 河平三年，河復決平原，流入濟南，千乘所壞敗者半。建始時，復遣王延世治之，六月迺成，復賜延世黃金百斤。

又 鴻嘉四年秋，渤海清河信都河水溢溢，灌縣邑三十一，敗官亭民舍四萬餘所。

又 新莽三年，河決魏郡，泛清河以東數郡。先是莽恐河決，爲元城冢墓患，今決東去，元城不憂水，故遂不堤塞。

又 同光二年秋七月，唐發兵塞決河。先是梁攻楊劉，決河水以限晉兵，梁所決河，連年爲曹濮患。命將軍婁繼英督汴滑兵塞之，未幾復壞。

又 天福二年河決鄆州，四年決博州，六年夏決中都，入於沓河。冬十月河決滑濮鄆澶州，七年三月歸德軍節度使安彥威塞決河於滑州。

又（天福）十一年黄河自觀城縣界楚里村隄決，東北經臨黄、觀城兩縣。

又（開運）三年秋七月河決楊劉，西入莘縣，廣四十里，自朝城北流。九月，決澶滑懷州。

又 乾祐元年五月河決魚池，三年六月河決鄭州。

又 廣順二年十二月，河決鄭州、滑州，周遣使修塞。周主以決河爲憂，王浚請自行視，許之。

又（乾德）三年秋大雨霖開封府，河決陽武，又孟州水漲壞中潬橋梁，澶鄆亦言河決，詔發州兵治之。

又（乾德）四年八月滑州河決，壞靈河縣大堤，詔殿前都指揮使韓重贇、馬步軍都軍頭王廷義等督士卒丁夫數萬人治之。

又 開寶四年十一月河決澶淵，汎數州。

又（開寶）五年，河大決濮陽，又決陽武，詔發諸州兵夫五萬人，遣潁州團練使曹翰護其役。翰至河上，親督工徒，未幾河決皆塞。

又 太宗太平興國二年秋七月，河決孟州之温縣。

又（太平興國）七年河大漲，蹙清河，凌鄆州，城將陷，塞其門，急奏以聞，詔殿前承旨劉吉馳往固之。

又（太平興國）八年五月河大決滑州韓村，汎澶濮曹濟，東南流至彭城界，入于淮，詔發丁夫塞之。

又 雍熙元年春，滑州復言房村河決，乃發卒五萬治之，又命翰林學士宋白祭白馬津，沈以大牢加璧，未幾役成。

又（雍熙）四年十月河決澶州，陷城，壞廬舍七十餘區，詔發卒代民治之。

又 真宗咸平三年五月河決鄆州王陵埽，浮鉅野入淮泗，水勢悍激，侵近州城，命使率諸州丁男二萬人塞之。

又 景德元年九月澶州河決横壠埽，四年又壞王公埽，并詔發兵夫完治之。

又 大中祥符三年十月，白浮圖村河水決溢。四年九月，棣州河決，聶家口復決，通利軍。

又（大中祥符）七年八月河決澶州大吴埽，役徒數千筑新堤，亘二百四十步，水乃順道。

又 仁宗天聖元年以滑州決河未塞，詔募京東、河北、陝西、淮南民輸薪芻，調兵伐瀕河榆柳，賙溺死之家。

又（仁宗天聖）六年八月河決于澶州之王楚埽，八年始詔河北轉運司計塞河之備，良山令陳曜請疏鄆滑界糜丘河，以分水勢，遂遣使行視遥堤。

又 十年五月滎澤河決，急詔判都水監俞光往治之。七月，河復溢。衛州王供及汲縣上下埽，懷州黄沁滑州韓村復大決。澶州曹村澶淵八月又決。鄭州滎澤自是北流斷絶，河道南徙，東匯于梁山。

又 元豐元年四月丙寅決口塞，詔改曹村埽曰靈平。五月甲戌新堤成，閉口斷流，河復歸北。

又（元豐）四年四月小吴埽復大決，自澶注入御河，恩州危甚，令李立之經畫以聞。

又（元豐）五年六月河溢北京内黄埽，七月決大吴埽堤以紓靈平，下埽危急。八月河決鄭州原武埽，溢入利津陽武溝、刁馬河歸納梁山濼，詔遣丁夫併力修築，至臘月竟塞之。

又（哲宗元祐）二年六月戊戌詔黄河未復故道，終爲河北患，決要回復故道。

又 世祖至元九年七月衛輝路新鄉縣廣盈倉南河北岸決五十餘步，八月又崩一百八十三步，去倉止三十步，於是□都水監丞馬良弼親詣視，併力修築。

又（至元）二十五年，汴梁路陽武縣河決二十二所，漂蕩麥禾房舍，令宣慰司督本路修治。

又 成宗大德元年七月河決杞縣蒲口，塞之。明年蒲口復決，漂歸德屬縣田廬禾稼，自是無歲不塞，水北入復河故道。

又（大德）三年五月河決浦口兒等處，浸歸德數郡，遣官修築，役夫七千九百二人。

又（仁宗皇慶）七年六月，河決滎澤縣塔海莊東横堤兩重，二十三日夜開封縣蘇村及七里寺復決。平章姑馬赤親率本路及都水監官併工修筑堤岸四十六處，役三萬一千四百十三人。

又（文宗至順）四年夏五月大雨，黄河水溢平地，深二丈許，北決白茅堤。六月又北決金場。

又（順帝至正）二十四年河決原武縣黑陽山南，由項穎至壽州正陽鎮全入於淮，賈魯河復淤。

又（英宗正統）十三年河決滎陽，經蒙城至懷遠東北入淮，又經曹濮決孫家渡，衝張秋，潰沙灣，全河南徙，以達于海。

又 孝宗弘治二年河決原武，支流爲三，一決封丘金龍口，漫祥符長垣而下趨張秋，衝會通河，而奔放于海。一出中牟，下尉氏。一溢蘭陽儀封考城歸德，至宿州瀰漫四出不可禁。議者至，請遷河南行省避其害，布政使徐恪持不可，命户部侍郎白昂治之。

明・朱國盛《南河全考》卷下《漕河通考》 漕河南盡瓜儀，北通燕冀。其間自昌平縣神山泉等水由西山貫都城過太通橋，東至通州入白河者，大通河也。自通州而南至直沽會衝水入海者，白水也。自臨清而北至直沽會白河入海者，衝水也。自汶上縣南旺分水河口，其分而北流，經張秋至臨清以會衝河，其分而南流，至濟寧。夫并閘上會泗沂洸三水者，汶水也。自濟寧州城東北以上會流而來出。夫并閘與汶水合，南流至南陽出夏鎮。每年俱于三月閼彭壩入泇河，出直口入黄，以濟重運入泇。至九月閉彭壩，由呂公堂濟回空由徐州大浮橋入黄南下者，泗洸沂并小東泉水也。自直河口至清口者，黄河水也。自清口通淮南至儀真瓜洲者，淮湖諸水也。

明・朱國盛《南河全考》卷下《大通河考》 大通河即通惠河，發源昌平縣白浮村神山泉，過□□□榆河，會一畝馬眼玉泉，匯于積水潭，復東入内府，折而南出都城東水門，過大通橋，至通州，凡一百六十四里。元世祖至元二十九年，郭守敬始鑿此河，因賜名通惠。又以白河、榆河、渾河之水合流，亦名潞河。

明・朱國盛《南河全考》卷下《白河考》 白河源出密雲縣霧靈山，南流經通州，會榆河、渾河諸水，以至直沽會衛河，同入于海者也。秦時欲攻匈奴，使天下飛芻輓粟，起于瑯琊負海之郡，轉輸于北河，北河者即此白河也。唐明皇運青萊之粟，浮海以給幽平之兵，亦由此河。

明・朱國盛《南河全考》卷下《衛河考》 衛河出輝縣蘇門山百門泉，東北流經新鄉濬縣館陶等處，其下流會淇、漳諸水，凡千里始至臨清，又北經德州滄州等處，凡千餘里至直沽會白河，同入于海。漢武帝時謂屯氏河，隋煬帝時謂永濟渠，亦名御河。近來漳水北跳徑由臨漳入滏陽下北海，不循衛河，濟運衛流微細。

明・朱國盛《南河全考》卷下《會通河考》 會通河即元運河，自濟寧州至臨清是也。初元都燕，糧運自浙西涉入江淮，由黄河逆流至中灤，陸運至淇門入御河，達丁京。二十年自任城開河分汶水，西北流至須城縣安民山入清濟故瀆，經東阿至利津河入海。後海口沙壅，又從東阿陸運二百里抵臨清，下漳御。時河尚未通也。二十六年，以壽張縣尹韓仲暉太醫院令史邊源相繼言，復自安民山之西南開河，由壽張西北至東昌，又西北至臨清，凡二百五十里，引汶絶濟，直歸漳御，因名會通河云。我朝洪武二十四年，河決原武，漫過安山湖，而會通淤。永樂九年，因濟寧州同知潘叔正言遣尚書宋禮、都督周長疏鑿元人故道，乃用老人白英計，築壩戴村，橫亘五里，遏汶水，勿東流入海，令盡出于南旺，分流爲二：四分往南以接侍郎金純所濬魚臺塌場口河，達于徐沛，六分北流，以達臨清。而會通河復開，陽武之陸運從此罷。

明・朱國盛《南河全考》卷下《汶河考》 汶水來源有三：一由山東萊蕪縣原山之陰；一由本縣寨子村；一出太山之陽仙臺嶺。三水俱名汶，至静封鎮合流。經泰安州寧陽縣分爲二：一自東平州戴村鎮西南流至汶上縣，會白馬河、鵝河，凡八十里，南北流號爲分水龍王廟；一自寧陽縣堽城壩西南流合泗沂二水，凡一百餘里，至濟寧州南天井閘，東合分水南流之汶。

明・朱國盛《南河全考》卷下《洸河考》 洸河源自寧陽縣北三十里堽城之西南，流循縣西三里許，又南流三十里，至高吴橋會寧陽縣諸泉、漕河水，又六十里，經濟寧城東隅與泗合，入濟寧天井閘河濟運。按：洸河乃汶水支流，自元人畢輔國於堽城之左作斗門，遏汶水以溢泗漕，則洸河之名始此。

明・朱國盛《南河全考》卷下《泗河考》 泗河源出泗水縣陪尾山，四泉并發，循西流過卞莊城，始合爲一，西流至兗州府城東又轉南流，經横河與曲阜縣沂水合。元導之以濟運，乃于兗州府東門外作金口閘，遏令東入府城，又轉南流會洸河以入濟寧天井閘河。初泗之水會沂水以南流，汎濫大澤，淹没爲甚。至隋文帝時，薛胄始于二水交流之處，積石堰之，決令西注陂澤，盡爲良田，號爲薛公豐兗渠。元至元間，復修薛胄舊堰爲滚水石壩，以引泗水入濟寧，而金口閘之建自此始。我朝因之。金口閘有三洞，夏秋水潦開閘，洩水南流，會沂水，由堵里河入師家莊閘河，冬春水微閉閘，遏水入府城，出濟寧。此泗水經流之跡也。《水經》曰泗水出汴縣北山，蓋泗水古汴縣也。陪尾山去縣北四十里，以四源並發，故謂泗水。

明・張聯元《天台山全志》卷三《溪》　閙溪，源出察嶺。

雙溪，在西安隱寺前。

秀溪，源出萬年寺前。

桐溪，源出桃源洞，一作銅溪。

惆悵溪，源出桃源。

玉女溪，一名女梭，在桐柏觀前。名女梭福地，發源自洞天山，過女梭洩爲瀑布，下入靈溪。

靈溪，福聖觀前。孫綽賦所謂過靈溪而一濯是也。又天台縣東三十里亦曰靈溪，有靈溪館。舊時驛路由靈溪至郡。宋元祐中羅提刑適改自横山出小石嶺以達於郡館，遂廢。

青溪，源出洞天山。天台山南流至桐柏，又南流經三井，洩爲瀑布，流入靈溪，與左溪秀溪及桃源之水匯入青溪。謝靈運登臨海嶠詩云：旦發青溪陰。唐元宗詩：青溪阻逸人。皆青字，俗作清字，誤。

南畧溪，源出寒風闕，會於國清溪。

國清溪，自佛隴山南流至神蹟石，會於大溪。

神蹟石溪，俗名白鶴溪，接國清之水，一入臨川橋，一入孝義橋，俱會於大溪。

赭溪，在臨川橋北，俗名後堂溪。自神蹟石流臨川橋以達大溪，以其溪皆赭石故名。夏赤城鋑見霞亭實臨其側。

栖溪，孫綽賦：濟栖溪而進。又杜甫詩云：饑拾栖溪橡。徐靈府記注源出華頂，從鳳凰山東南流入溪，則得名舊矣。又以齊顧歡嘗居其上，名歡溪。志要云：歡溪與靈溪諸水，合流而入大溪。

天台大溪，源出東陽縣界大盆山，合寒明兩巖鵓鴣諸山溪壑及桃源青溪靈溪諸流匯合，過東横山址透迤而東，至鳳凰山側，又會寶華之源，五百靈溪歡溪等水於大覺寺山麓，折流而南至臨海，入三江以達於海。

響山溪，源出響巖，流入大溪。

幽溪，源出大慈山，流入螺溪。

螺溪，發源自黄壇潭，一名折溪。

乾溪，在天台縣南一十五里。舊傳僧曇猷飛錫救老嫗，溪水立涸，故名。

界溪，在天台縣東四十里，與寧海分界，源出龍鳴山，流入寧海界。

小鱉溪，源出寧海之桐柏山。東桐柏。

寧海東溪，源出屈母山，北流二十里入寧和溪。

寧和溪，源出天台及屈母山，在寧海縣南七十五里。

上白溪，俗傳狐嘯溪，源出天台華頂，東北八十里會寧海。

大溪，由雙港渡東流入海。

湖濆溪，源出天台，會雙港渡。

水母溪，摘星嶺南，源自華頂，入寧海界。

福溪，在華頂西南四十里。晉東晳《啓蒙記》云：天台山去人不遠，路經福溪，水險而清。蓋是時已有此名矣。其流西入於剡。

羅木溪，羅公嶺南，源出華頂，流入剡。

新昌東溪，源自天台石橋瀑水，北經石筍，出青壇沃洲。

赤土溪，發源自會墅，經斑竹入赤土，西流與東溪會。

皇渡溪，發源天台萬年山，經下洲至槐潭，合流至嵊。

王澤溪，一源出四明奉化，由沙溪北至杜潭別。一源出天台寧海，由三坑經唐家洲。

剡溪，宋樓鑰云：剡溪山水俱秀，山圍平野，溪行其中。其源有四：一自天台山，一自奉化，一自寧海，一自東陽之玉山，兼四大流。

明《海道經・海道》　一自南京開洋，出龍江觀，靠東邊行使，到觀音山，中洪，一路好行。至礬山北，有淺灘，中洪可行。望方山東邊，中洪，一路淺灘，直過斬龍廟止，至鰣魚廠。東路至龍潭驛，一路水緊，北邊中洪，可過。徑到儀真，中洪，北道金山寺西首十餘里，水緊，不可抛錨。

一劉家港開船，出揚子江，靠南岸徑使候潮長，□西岸行駛，好風半日到白茆港，在江待之，潮平，帶蓬櫓摇，遇撑脚沙尖，轉過崇明沙嘴，挑不了水，望正東行駛，無礙，南有未入沙、婆婆沙、三脚沙，可須避之。楊子江内，北有雙塔，開南有范家港沙灘，東南有張家沙灘，江口有陸家沙脚，可避。口外有暗沙一帶，連至崇明洲沙，亦可避之。

明・查志隆《岱史》卷四《山水表》　渿河源出岳頂西南，諸谷滙爲西溪，由白龍池出大峪口，南流入泮河，會汶水以達於漕水。梳洗河源出黄峴嶺，諸谷之水滙爲中溪，過王母池，上有王母梳粧樓，故名。其水由州東南會泮河入汶水。泮河源出岳頂西桃花峪諸水，轉州治東南，二十里入汶。汶河其源有三，一出岳之東麓萊蕪縣原山，一出萊蕪寨子村，皆經徂徠山之陽，一出岳北山臺諸谷之水，西流經徂徠山陰會泮水南流三十里，曰大汶口，又西南經汶上縣北以達漕河。

又　東溪其源出岳陽登仙臺下，及青山諸水，經漢明堂。西溪其源出岳頂以西，諸水會百丈崖白龍池大峪。中溪其源出岳黄峴嶺下，會諸谷之水。鷹愁澗在十八盤下。投書澗在凌漢峯下，以胡安定投家書於此，故名。何東魯刻李果八分書澗名三大字於石。

明・包汝楫《南中紀聞》　辰沅江流迤，北自白漳來者，極清。其南自洪江一帶來者，水色黄濁。

明・何宇度《益部談資》卷上　蜀之水，宋王象之言之頗悉，四瀆惟江最大，發於岷，逕夔荆而入於海。自蜀而言江之外，其水有七，出於綿州者綿水，出於什邡者涪水，分流於永康者渝水，三水皆合於雒。自雒逕懷安、簡、資、富順至瀘，與江水會，總曰内水，發源於江汭。逕綿、潼東至於合，曰涪水。發源於沔，逕大安、利、閬，合於涪水，曰嘉陵水。發源於小巴嶺，逕巴蓬至於渠，曰巴水。出萬頃池，逕與巴水合曰渠水。巴渠二水合而與嘉陵涪水會，以達於渝，而江始大。若分流、出夷中入中國以附於江者，有三，曰青衣，曰羊山，曰馬湖。青衣逕洪雅，夾江而下羊山，逕漢源至嘉定，馬湖自夷都流至叙，俱與江合而下夔峽。惟漢水出嶓冢，與江分流，由漢金趨襄，至江夏大別山，始與江合，而達於海。

明・鍾惺《隱秀軒集》卷二〇《浣花谿記》　出成都南門，【略】西折，纖秀長曲，所見如連環，如玦如帶，如規如鈎，色如鑑，如琅玕，如綠沈瓜，窈然深碧，瀠迴城下者，皆浣花谿委也。然必至草堂而後浣花有專名，則以少陵浣花居在焉耳。

明・釋大善《西溪百詠》卷下《雞籠河》　在西溪之南，其河如雞籠之勢，乃一小埠，環山之貨，皆會于此。

明・顧世登、顧伯平《重刻昆侖高山志》卷二　高山之南八里許曰順塘河。西自鎮江丹陽來，繞常郡北郭東行數十里許，北達江陰，東南達無錫。又其南九十里許，爲太湖。其南十里許，經横山之陽者，爲運河，即自郡之東郭，分來而達于無錫。湖之北迤于運河者，曰戚墅港。高山之北十里許，曰大江。自石頭城北行抱鎮江，至圖山門東折，幾二百里，入於海。江邑對江北岸，則泰興及通州等處也。　順塘河古綱頭河。東行，至蒼頭橋入江，曰澡子港，至羊頭橋東入江，曰利港，至鄭陸東入江，曰蘆埠港。至三河口入而北達于江者，申港也。由春申君濬之而得名。起自高山西南至西北，去山四五里而遥。

順塘河又自三河口東行五里許至石堰口入而北達於江者，舜河也。由舜山而得名，一名新溝。起自高山南，繞山西麓而北去。

申港河由三河口聖堂橋入，逶迤而東北焉，經承家橋爲横溝西口。溝口有橋跨之，東行至龍潭橋入舜河。又北焉，經麻皮橋爲九曲河東口，稍東而北焉，出城門村之右又北焉，經河下橋，又北焉而爲陳溝西口，又北焉則爲西界溝之西口，又北焉經大軍橋，又北焉而繞季子墓之東，又北焉而入於江矣。《舊志》：「三十八里，江陰面濶十二丈，武進面濶十丈八丈。」

又　舜河由石堰口寨溝橋入而北焉，經焦墊南橋稍北，于是有支流西去，曰焦墊溝。南至翁升壩，壩屬順塘。北岸因坐圩低窪，恐河水下衝，故築壩隔之。即東折經焦墊中橋，其遂東行并蘆岐諸山之陰，經殳橋出夏港河者，龍溝也。旋而北折入焦墊東橋，又北焉經劉惟橋，又北焉經牛岸橋，稍東而北焉，經黄岸橋，又北焉爲横溝東口，龍潭橋跨之，于是稍東而北焉，迤而東焉，又迤爲北焉，經孫恭橋。昔所以界武江兩邑也。又北焉經虞門橋，萬曆年間，江民易橋道以石，而吾邑舜河居民共前監造，規度深廣，江令劉公學周爲文，有關晉陵宣洩要害等語，刻諸山間。又北焉而入于江矣。《舊志》：「長三十三里，江陰面濶十丈，武進面濶八丈、六丈。」

順塘河又自石堰東南，行二里許至匯嘴，有橋跨其嘴。分折而北繞秦望諸山之陽者，山溏河也，經南閘分流入夏港達于江，在高山東以受舜河支流之東出者。

又　横溝河，長八百五十丈，面濶四丈。吴經河，長一千五百三十丈。

又　後塘橋東北入江，曰申港。流皮港南來接之，東北入江，一自三山港石堰東北入江曰新溝，一自東姑出一枝北行爲九曲河又自聖堂分一枝至麻皮橋，與九曲河會而北出江陰大君橋曰舜河，東出則由孫公橋會三山港出虞門橋曰龍溝河。此一段多误，谨按江陰青山龍脈，并江入郡，以故沿江一帶高于腹内，而前人開鑿，每十里而一港焉。自江陰而西，曰黄田港，十里曰夏港，十里曰新溝港，即舜河。十里曰申港，十里曰蘆埠港，十里曰利港，十里曰桃花港。

又　舜河在縣西二十里，水自大江入，南行入武進三山等河。以此觀之，自三河口聖堂橋入至麻皮橋會九曲河，出江陰大君橋入江者，申港也。又東去十里，自三山石堰口入至焦墊及孫公橋，出江陰虞門橋入江者，新溝港，即舜河也。然則新溝、舜河一也而分爲二，九曲與舜河相去數里而合爲一，九曲爲申港麻皮橋西來之支派，龍溝爲舜河焦墊口東去之分流，皆東西會于諸港間者也，而互列于經水。跨舜河有劉惟橋，不聞有流皮港，前志所未載而幻入焉。且既云後塘橋東北入江曰申港，流皮港南來接之東北入江，則流皮港當在申港之東、新溝之西矣，其志江陰又曰「爲河港者，九夏港，流皮港，新溝港，申港」云，則流皮港又在新溝之東矣。

清·張廷玉等《明史》卷四〇《地理志一》 大興倚。東南有大通河，亦曰通惠河，水自玉河出，繞都城東南，下流至高麗莊，入白河，即元運河也。又有玉河，源自玉泉山，流經大內，出都城東南，注大通河。

又 宛平倚。西山在西。有桑乾河出山西馬邑縣，流千里入京師宛平縣境。出盧溝橋下，又東南分爲二：一至通州，入白河；一至武清小直沽，合衛河，入於海。又有沙河、高梁河、清河，皆在西北。

又 良鄉府西南。有琉璃河，即古聖水，下流入淀。北有天津關。

又 固安府西南。元固安州。洪武元年十二月降爲縣。西南有拒馬河，即涞水。源自代郡，下流合易水爲白溝，入三角淀。

又 東安府東南。元東安州，治在西。洪武元年十二月降爲縣。三年徙今治。南有鳳河，即桑乾分流，南入三角淀。

又 香河府東南。元屬漷州。洪武十年二月省入州。十三年二月復置，改屬府。西有板罾口河，源出通州東之孤山，經縣界，入於白河。

又 通州　洪武初，以州治潞縣省入。西有通惠河，西南有渾河，即桑乾，至州東張家灣，俱合於白河。有張家灣巡檢司。西南有弘仁橋巡檢司。

又 三河州東。北有泃河。又西有泇河，西南有鮑丘河，一名矣榆河，即東潞水，俱流入於泃河。

又 武清州南。元屬漷州。洪武十二年來屬。有三角淀，在縣南，即古之雍奴，周二百餘里，諸水所聚。有直沽，在縣東南，衛河、白河、丁字沽合流於此入海。

又 漷縣州南。元漷州。洪武十四年二月降爲縣來屬。有漷河，一名新河，東入于白河，即盧溝之下流。

又 大城州東南。東北有黄汊河，源自交河，分流至縣境，入三角淀。

又 保定州南少西。洪武七年九月省入霸州。十三年十一月復置。玉帶河在北，東流入會通河。西南有磁河，東南與玉帶河合。

又 房山州北，少西。西有大房山。北有大安山。西南有青龍潭，其下流爲挾河，一名韓村河，至涿州與胡良河合。

又 昌平州【略】又南有榆河，一名温餘河，下流爲沙河，入於白河。

又 清苑倚。北有徐河，一名大册水，自滿城經縣北至安州，東入淀。又西有清苑河。

又 唐府西，少南。西北有大茂山，即恒岳也，東麓有岳嶺口巡檢司。又唐河在西，源出恒山，流經定州曰滱水，下流合於南易水。

又 安州　洪武二年七月以州治葛城縣省入。七年降爲縣。十三年十一月復升爲州。北有易水，府境九河之水所匯也，下流至雄縣南，爲瓦濟河。

又 新安州東少北。元直隸保定路。洪武七年七月省入安州。十三年十一月復置，來屬。西有長流河，一名長溝河，其上源爲鮑河。南有曹河，又有徐河，經縣南，合流爲温義河，又南與長流河合，又東南入於瓦濟河。

又 易州洪武初，以州治易縣省入。西南有五迴山，雷溪出焉，徐河之上源也。西北有窮獨山，濡水所出。又南有易水，出州境之西山，與濡水並東流，而爲白溝河，所謂北易水也。又有雹水，一名鮑河，出縣西南，東南流爲長流河，所謂南易水也。

清·賈弘文《鐵嶺縣志》卷上 柴河　城北二里，源出城東松山之西諸山，西流由城北西入遼河。　泛河城南三十里，源出於東山諸山，西流出城南，至山塔流入遼河。　小清河城南六十里，源出歸德州南山，西流經懿路城南，流入遼河。歸德州，今不設。

清·孫之騄《南漳子》卷上 渦水　《水經》有洞渦水。渦，洿也。其地卑下，水潦塵埃歸焉。每淫雨浹旬，苕溪澎溢，陸可挽舟，屋中水盈尺。然數年一遇，不恒見也。

清·談遷《棗林雜俎》中集《名勝》 黄河　河南北諸水源，渟而暴漲。每遇發時，浪高數丈，排山倒岳，杠梁舟楫皆不易施。然其淺可立而待也，故俗以徒涉爲便。許松皋謂「孟子不知子産乘輿之事」，亦有理。《陸儼山外集》

又 九河　保定地卑，水自西北來者九，曰蘆溝、拒馬、夾河、琉璃、胡良、桑乾、烏流、白澗、白溝。是爲北九河，非禹疏九河也。從雄縣而下，滙於毛兒灣。

又 皇后水　武安縣西八十里，太行山中有池，夏涼冬温。世傳宋太祖下河東，將引皇后入晉陽，后病瘡，掬此水浴之遂愈。至今人稱皇后水。《武安縣志》

又 瀘水　諸葛孔明五月渡瀘，瀘水即黑水，非瀘州也。其水色黑，故曰瀘。《沈黎古志》：孔明南征，繇今黎州四百餘里至兩林蠻，自兩林南瑟琶部三程至巂州，十程至瀘水，瀘水四程至弄棟，即姚州也。金沙江在滇蜀間，一在武定府元江驛，一在姚安之左卻。據《沈黎志》，孔明所渡當是今之左卻。瑟琶一作虱琶，兩林今之邛部長官司也。

又 愛陽河水 宣府愛陽河，在炭山西北二十里。本牧地，深二尺餘，下有頑水，黑色者數尺。水上有浮草，性涼，宜牧馬。其地生黃花，大如錢，人馬蹂踐萎悴，明日復生如新。

又 石槽水 高陵縣清真觀，在縣東南二十里吴村，西魏文帝嘗過此。有石槽圍，方不及二尋，水常盈，以飲隨駕馬千餘匹不減涓滴。文帝異之，主觀者對曰：「臣有飲馬珠在内，故水不竭。」頓首獻珠。今石槽存。

清・談遷《北游録・後紀程》 丙辰【略】沿河積沙如雪，故曰「白河」。值風而颶。不生草木。

又 丙寅【略】北來至臨清南見山一，東昌南見山再，夏鎮南見山三。鎮久不雨，市人大雩，斷屠宰。【略】左右支河，右爲石牐，蓋左有山六七，流急，故石牐以障之。與尹平山、青山、東林山相宜。【略】又十里泊，夜大風。

又 戊子【略】十里月河，其西蜀山。

清・談遷《北游録・紀詠上》 隴頭水歌四疊征人作 隴水流涓涓，征人不能飯。隴水流洶洶，征人不思返。

又 隴頭水歌四疊征人作 隴水有斷流。

又 三洲歌二首 送懽白下橋，江水西欲流。

又 青驄白馬曲 沅湘之水分南北，日暮交流會綠烟。

又 女兒子 瞿塘巖業天青青，猿聲腸斷江風腥。峽舟來往無人色，懸崖萬仞攀湘靈。

清・談遷《北游録・紀詠下》 吴江道中 扁舟笠澤遠相同，落日松陵面面風。桑柘漸稀非浙右，蓴鱸未老自江東。十年人共忘癡叔，三日吾應媿阿蒙。翹首五湖無恙在，烟舸縹緲獨漁翁。

又 多景樓 登樓攬勝盡南徐，兩腋生風暑日餘。吴會全收山水盡，楚江西寄洞庭書。

又 昭關 汎汎江中水，分流怨楚湘。

又 七月既望泊寶應月蝕 芙蓉露冷浸金波，烏鵲南飛夜若何。掩鏡乍遮雲母障，汎珠空照蜆蠬河。河在寶應縣東北六十里。

又 淮安 濁浪繞城流，清淮舊楚州。

又 放生池 淮河當鼎沸，勝地各淒涼。池上今栽柳，舟前且避鳶。游魚潛自得，飲馬意難忘。斗水西江鮒，云何徧濊汪。

又 枚乘故里 平台賓客倦游梁，淮水湯湯入故鄉。

又 淮安晚發 天風青靄導輕舟，柳色空濛映濁流。

又 清河縣 河濱繁爨汲，即此問絃歌。同泊少鄰舫，斜陽減怒波。征夫徭頻累，使客驛常多。疲邑天爲閔，年年稔麥禾。

又 白洋河 滔天鼓浪白洋河，藉幸陽侯一瞬過。

又 張秋弘治中，劉大夏治河成，賜名安平鎮。 夾城行馬半蕭條，黄鵠猶聞舊日謡。烽燧四郊銷斥堠，舟車萬里會雲霄。南來水自漳汶合，東去山從岱嶽遥。

又 望嶽樓 岱宗青在望，萬雉拔雲端。趙魏交西鄙，汶漳會北瀾。

又 舟經朱相國南北園 玉燭餘閒事兩園，濟陰流水日潺湲。沙隄不待平章老，金谷雖同衛尉存。事隔崖州思醒石，酒容河上挹崑崙。鄭侯垣屋非難治，先恐風塵到相門。

清・談遷《北游録・紀文》 思陵記 八月朔，昧爽【略】六里土城灣。土城，古薊丘也。十二里清河，三十里沙河，俱石梁如虹。【略】甘泉翠微【略】會驟雨【略】于山下值老閹，拱問余何往，曰：銀泉山。【略】自紅門達于長陵二十里，有河前繞，分左右而南。

又 與詹去矜書 胥江之濤，即三日不流。

清・談遷《北游録・紀聞上》 海運新攷 白浪河至八溝河五十里。八溝河至小清河二十里。小清河至清河五十里。清河至絲網口十里。絲網口至江岔河十里。江岔河至大口子四十里。大口子至大清河十里。大清河至唐頭寨十里。唐頭寨至小沙河五里。小沙河至渾水汪十五里。渾水汪至降河三十里。降河至久山河十里。久山河至大沙河二十里。大沙河至泊油河十五里。泊油河至套河十五里。套河至沙頭河十里。沙頭河至大頭河三十里。大頭河至桑句河三十里。桑句河至徐家溝十里。徐家溝至乞溝河七十里。乞溝河至大沽河二十里。大沽河至天津衛百五十里。天津衛至張家灣八十里。自淮安至張家灣海道水程，共三千三百九十里。

又 黑山洋。近黑島，在威海衛東北洋，險不可泊。

又 界河。《海道經》云「開放萊州大洋收進界河」，即在此。黄河西六十里。今淺沙不可泊。

又 大沙河。西北東俱可泊。

又 套河。往裏二十餘里，可泊舡三十餘，至沙頭河十里。

又 沙頭河。可泊舡百十餘。

又 桑句河。至徐家溝十里。

清·談遷《北游録·紀聞下》 河决 庚寅九月二十八日河决儀封縣荆隆口、濟寧、壽張等隄，郡縣大被其害，甲午塞决口。五月四日復潰若干丈。七月朔潰盡。

清·孫承澤《河紀》卷上《徐問黄河考》 中原之水，惟黄河來最遠。攷《禹貢註》及諸儒説，黄河一自于闐國葱嶺，一自西吐蕃之崑崙山發源，合流二萬一千三百餘里，東北與積石河合屬漢金城郡，西南羌中而至龍門。《河渠一統志》皆云出今西番朵甘衛西，直四川馬湖蠻部正西三千餘里，去雲南麗江西北一千五百里，有水從地湧出，泓方七八十里，高瞰之若星列，俗傳爲星宿海。尋匯爲二大澤，復瀦曰哈剌海，東出曰赤賓河，合忽闌也里木二河，東北流經崑崙山之南爲九渡河，水清騎可涉，貫山中，行西戎都會爲細黄河，水流已濁，崑崙之北自貴德西寧之境至積石，經河州屬陝西，合洮河東北流至蘭州始入中國，又東北出沙漠，經三受降城東勝諸州，又折而東南入冀州，今山西境，凡九千餘里。乃元學士蒲察篤實所窮歷而得之。

清·顧士璉《婁江志》卷上 蘇州之劉河，劉河即婁江也。

又 順治九年十月，工部覆看得太湖爲古震澤，受三吴數郡之水，繇三江入海。三江既入，則震澤底定而不爲災，載在《禹貢》。今東江久湮，而吴淞淤沙隨潮日積，婁江即今劉河，亦成一線細流。水無所洩，勢必横溢，連年爲災，生民陷溺。

又 蘇松常鎮杭嘉湖七郡之水，以太湖爲腹，以三江入海爲尾閭。自吴淞塞，東江湮，獨有婁江，而婁江之委七十里曰劉家河，乃婁江入海之道。東南諸水，全藉此以歸墟。崇禎末年，陰沙忽漲，潮勢日微，七十里河身，不一年竟成平陸，所以旱則立槁，潦則平沉。

又 劉河，長七十五里。今聽石家塘壩外數里，通流免濬。

又 婁江之委名劉河者，更未易脩治也。蓋婁江自婁門至海，一百八十里而遥。上一百里名至和塘，下八十里名劉河。

清·顧士璉《婁江志》卷下 按《禹貢》曰：「三江既入，震澤底定。」震澤者，太湖也。西北受宣歙九陽荆溪之水，西南受天目杭湖諸山溪之水，浩渺不可涯涘。其底定也，則有灌溉之利。其泛濫也，則有浸淫之害。故古之治之者，疏其源，俾水之入者有所分，道其流，俾水之出者有所歸。

又 至和塘，自崑山縣達于婁門，凡七十里，自古皆積水，無陸途。民病涉久，欲爲長堤抵郡，無處求土。嘉祐中，有獻計就水中，以籧篨爲墻，栽兩行，相去三尺，去墻六丈，又爲一墻，亦如此。□□淤泥實籧篨中，候乾則以水車畞去兩墻門□水。墻間六丈，皆留半以爲堤脚，掘其半爲渠，取土以爲堤，每三四里，則爲一橋，以通南北之水。不日堤成，至今爲利。

又 凡水自西北來者，湖溪瀦瀆，合流入海，其味淡，其體清，其用肥五穀，澤草萊，其力始緩而末鋭。若大海潮汐，一日二汛，其味鹹，其體挾渾沙，其用敗稼傷諸萌，其力來鋭而去緩。諺云：「海水一潮，留泥一箬。」如湖水急下，則滌沙排鹵，故海中有交界嘴，爲湖海分流處。界以北，水鹹，不可口。

清·顧士璉《新劉河志·附集》 《書》曰：「三江既入，震澤底定。」自蔡注引唐仲初《吴都賦注》謂：「松江下七十里分流，東北入海者爲婁江，東南流者爲東江，併松江爲三江。其地今名三江口。」蔡注又云：「《禹貢》書法，費疏鑿者，雖小必記，無施勞者，雖大亦畧，明三江乃禹功也。」自孔安國以彭蠡分爲三江，韋昭以松浙浦陽爲三江，蘇氏以岷山嶓冢豫章爲中江、北江、南江，皆與震澤不相蒙。近歸震川引郭璞之説，以岷浙淞爲三江。夫三江乃禹鑿以定震澤，記治績也。岷浙天塹，似非人力所鑿，即江漢朝宗，已於荆州書之。震川謂淞江獨承太湖，下流別出者爲婁江東江，即唐氏三江口之説也。《禹貢》統言三江，未及其口，三江自並承震澤，不獨一淞江也。吴苐原三江，謂太湖之水，自東南分流，出白蜆，入急水澱山，繇小漕大瀝以入海者，曰東江。自龎山過大姚，經崑山石浦安亭，繇青浦達滬瀆，東瀉入海者，曰吴淞江。自東北分流，從□□東行，經古婁縣，從劉家港入海者，曰婁江。是三江並承震澤，不指二江爲下流別出也。東江爲海塘所障久矣，決不可復，不具論。婁江在北宋已堙，故郟氏父子不及之。范希文開五大浦，而不導婁江。

又 太湖向出淞江者，先因長橋左右，民居民佃，水不能直瀉，而龎山湖又成蘆蕩，水無從東去，迤邐而南，從徹浦橋、八斥鎮東出白蜆，達松之澱泖，入於黄浦。黄浦先繇范家浜決入淞江之口，至此又滙上流之勢，瀰洞無涯。陳仲醇以爲西浙大水口，即指爲東江云。于是太湖正東東北諸水，常州西來，郡城東下，沿江諸湖之水，咸注婁江入海。以一江當兩江之任，其勢重，其流駛，海口至嘯二里。不知何年而忽漲心灘，圍成田蕩，江身日高。先朝末，奇旱，湖水不下，潮泥淤淀，江遂塞。然湖水勢殺，亦有説。錢允治云：當年定鼎金陵，劉誠意取九陽江之水，自天生橋折而北，拱洪武門，繞京城，出龍江口，于是築東壩，斷西南宣歙東下之水。今太湖所受，唯荆溪天目諸水，是以湖水不至横溢。觀吴江長橋迤南，水洞填塞，沿堤皆成膏腴。在宋元時，稍塞蘆葦，水即四溢，何今久無水患耶？實西南諸水不入故也。太湖水源，視宋元大殺矣。湖水稍弱，即渾潮深入，積土於江。淞江、婁江之塞，職此故也。雖然，實繇人事之失。如淞江自海公後，未聞再濬。婁江沙漲，羣起爭佃。欲水東下，得乎？

清・顧士璉《新劉河志・开江記畧》 論江南水利，必原本二江，不知今昔有殊勢也。婁江名北江，吴淞江名中江，東江雖湮，黄浦足以當之。自吴江縣有垂虹橋，與石塘挽路，而吴淞江來原隘束，於是太湖之水，東南趨黄浦，東北趨婁江，而中江勢微，遂至淤塞。婁江則因海口漲沙壅塞。由是論之，治吴淞江者，在先其源，而後及其委。治婁江者，在先其委，而後及其源也。

清・黄宗羲《今水經・河水》 源出吐番朵甘思之南，曰星宿海。四山之間有泉百餘泓，湧出匯而爲澤，方七八十里，登高望之若列星，故名火敦腦兒。釋言星宿。其地在中國西南，直四川馬湖府之正西三千餘里，雲南麗江府之西北一千五百里。較之崑崙，殆爲近焉。東北流百餘里，匯爲大澤。又東流，號赤賓河。又東，忽蘭水合乞里出河來入之，其流寖大，始名黄河。又東北流，分爲九派，復合爲一，水始渾濁。又東行二十日，至大雪山，名勝乞里塔，即崑崙也。繞崑崙之南，折而東，亦八思河入之。又折而北，納鄰哈喇河入之。哈喇河出西番白狗嶺之西北，流五百餘里入河。又折而西，乞里出河入之。又西，鵬腦河入之。鵬腦河出西番鵬腦山，西流七百餘里入河。復繞崑崙之北，又轉而東北，過大通城。又東北，邈水西來入之。邈水出西寧州宿車谷，東流五百里入河。河水又東北，至陝西河州城。又東。（案：別本無又東二字及下達字。）北逕八十里，積石山，河水自大雪山至積石山行約二十餘日，河水又東北，過西寧衛南，鳳林河從南來入之。河水又東過河州北，湟水合浩亹河，從北來入之，浩亹河自甘州經山丹、永昌、涼州，至河川，北會湟水入于河。湟水源自西番，經西寧州，南過河州北，入浩亹河。河水又東，至莊浪界，洮水入焉。洮水源出臨洮府城西南一百五十里西傾山，東北流經臨洮府西南會河州水，北入于河。河水又東，過蘭州，經靖虜衛北五里，金水注之。過寧夏衛城東南四十里，至衛境東北，出塞外。經沙漠三受降城，折而南西，入山西境。由東勝州歷廢武州西北二百五十里，過延安府綏德州境東，吃那河合奢延水自河套北來入之。吃那河自宥州東南流至夏州，奢延水西來入之，又東流，經銀州，入綏德州境，東南流入于河。河水又南流，逕延川縣東，延水注之。延水源出延安府塞縣西北盧關嶺，東南流入盧施縣境，逕延長縣入于河。河水又南，逕石州寧鄉西入平陽府境，逕石樓水和大寧縣吉州出龍門口。龍門山在河津縣西北三十里。過河津縣西，汾水入焉。河水又南過滎河縣，西逕郃陽城，東至朝邑縣，洛水西來入之。洛水源自慶陽府界，東南流逕鄜州，同官，過朝邑縣南，東入河。河水又南過蒲州城西，自河源至此凡九千餘里。涑水西流入之。涑水源出絳縣爲絳水，逕聞喜、夏縣、安邑至蒲州，入於黄河。至華陰潼關，渭水從西來注之。河水又東逕芮城，南過閿鄉縣北，又東過陝州，北逕平陸縣，南流五十里，至底柱。又東逕孟縣南，又東逕洛陽北，洛水從南來注之。河水又東逕鞏縣北，温縣南，過汜水縣北，濟水從北來注之。河水又東過滎陽縣北，至武陟縣東，沁水從北來注之。

清・黄宗羲《今水經・濟瀆》 源發河南懷慶府濟源縣西八十里王屋山下，曰沇水，既見而伏，復出于濟源縣西北三里，東流爲濟。有二源，東源周圍七百步，其深莫測，西源周圍六百八十五步，其深一丈。兩源合流至温縣，南入于黄河，與河合流。又東過成皋縣北，又東過滎陽縣北。濟水性下且勁，過黄河之南，溢而爲滎。往來若斷若續，或伏或見。濟水又東過原武，又東北流，過陽武縣北，濟水又東，逕封丘縣北，爲北濟，過封丘縣南，爲南濟。北濟又東逕開州，又東北，過壽張縣西界安民亭南，汶水從東北來注之。濟水又東北流，逕東阿縣界，又東北，入濟南府界，經長清、齊河、歷城、濟陽、齊東、武定、青城、濱州、蒲臺、利津諸州縣界，入于海。南濟又東過曹州境，又東過定陶縣南，又東過金鄉、魚臺縣南，東入于泗，由徐邳達淮以入于海。

清・黄宗羲《今水經・汶水》 其源有三，一發濟南府城南七十里太山之旁仙臺嶺，一發源萊蕪縣東五十里原山之陽。淄水出原山之陰。一發萊蕪縣寨子村。至泰安州静封鎮合焉，名曰墊汶。西南流與泰安州東南四十里徂徠山陽之小汶河合，又西南流入兗州府境，逕寧陽、平陰、汶上縣界，又西，至東平州界，注于大清河。大清河即濟河之故道，蓋濟水伏流不見，故惟汶水由濟以入于海。

清・黄宗羲《今水經・遼水》 源出塞外，自三萬衛西北入境南流，大清河合小清河入焉。大清河源出三萬衛東北分水嶺，南流逕城東南十五里，合小清河入遼。小清河源出蓋州衛分水嶺，西南流逕城南，又西流合泥河。遼水又南流徑鐵嶺、瀋陽、都司之西境，廣寧之東境，珠子河從西北來注之。珠子河源出廣寧衛東北一百里白雲山，南流入於遼河。渾河合太子河從東北來注之。渾河一名小遼水，源出塞外，西南流至瀋陽縣，合沙河，又西南流至都司城西北入於太子河。太子河一名太梁水，源出幹羅山，西流五百里至都司城東北五里折而西南流，至渾河合爲小口，入于遼河。又南至海州衛，三岔關，入于海。約行一千三百五十里。

又 鴨緑江　源出長白山。其山去金故會寧府南六十里，其顛有潭，周八十里，北流爲混同江，東流爲阿也舌河，南流爲鴨緑江，去三萬衛東北十餘里，西南流逕遼東都司城東五百六十里，大蟲江入焉。大蟲江源出龍鳳山，南流入于鴨緑江。又西南至安市入海。

清·黃宗羲《今水經·混同江 松花江 大凌河 小凌河》 混同河，源出長白山，北流逕金會寧府，過五國城，又北合松花江，東入于海。

松花江，源出長白山，北流逕金故南京城，合黑龍江。黑龍江源出北山，即黑水靺鞨之舊居，南流約二千餘里入於松花江。至海西，入於混同江。

大凌河，源出大寧，自義州衛西六十里入境，南流逕廣寧左右屯衛界入海。

小凌河，源出大寧，自廣寧左屯衛西入境，合女兒河吟剌河南流入海。

清·黃宗羲《今水經·衛河》 一名御河，漢名爲屯氏河，源出河南衛輝府輝縣西北七里蘇門山，東流逕衛輝府城北一里，又東流，淇水西北來注之。其水源出彰德府林縣西大號山，流逕淇縣西北三十里合清水。清水源出輝縣西南七十里山陽鎮，東南流逕護嘉縣界，又東南至淇縣界，注于淇。淇水又東流入衛。衛水又東流過大名府濬縣内黃界，漳水入焉。衛水又東北入東昌府館陶縣西二里，至臨清，汶水即會通河。北流入之。過東昌府武城縣界入濟南府境，逕德州城西北，過河間府界，去景州城東二十里，歷故城吴橋，東光縣境，下至滄州，西流逕興濟縣界，合滹沱河、衛河，又東北過静海，至武清，與桑乾河合，又東北入于海。

清·黃宗羲《今水經·漳河》 其源有二，一名濁漳，出山西潞州長子縣西五十里發鳩山，東北流逕潞州城西南二十里，過襄垣、黎城二縣，自林縣西北入彰德府境。一名清漳，出平定州樂平縣西南二十里少山，西南流過和順之西北四十里石堠嶺，下流逕遼州東七十里，又西南入潞州黎城縣界，自涉縣西入漳德府境。二漳俱東，至林縣合流，至彰德府爲漳河，逕臨漳，入廣平府境，歷成安、廣平、肥鄉、曲周入于衛河。

清·黃宗羲《今水經·桑乾河》 源出大同府馬邑縣西北十里洪濤山，下與金龍池水合，東流過渾源州北，逕宣府保安州新城西南四十里，洋河東南流來注之。洋河源出境外，逕宣城南五里東流，逕保安州城西南一十里，（案别本作一十五里）又東南入于桑乾河。又東入宛平縣境，爲盧溝河。至看丹口分爲二派，其一東流，出通州高麗莊，入白河，其一南流，逕固安武清縣小直沽，入于衛河。

清·黃宗羲《今水經·淮水》 源發河南南陽府唐縣東南一百八十里桐柏山，其支岡有水，潛流三十里，東出大復山，又東逕汝寧府確山縣，信陽州息縣，至新蔡縣南，汝水從西北來入之，入潁上界。至壽州西北，潁水入之，又東淝水入之。淝水源出宿州龍山湖，東流至懷遠縣入淮。至懷遠縣，渦水入之。渦水源出河南太康縣，自黄河東流，逕蒙城縣北沿懷遠縣東北入于淮。淮水又東，至鳳陽府北境，濠水入之。濠水有二源，東源出鳳陽府舊城南六十里鍾乳山，西源出府南八十里鎮鄧山，至昇高橋合流，逕府舊城西南有石絶水謂之濠梁，又東南逕新河口，入于淮。又東，池水入之。池水自瀘州府界流入，歷定遠縣南一百四十里北流入于淮。又東北入泗州，至清河口，泗水入之。又東，邗溝入焉。邗溝自大江至揚子鎮南爲伊婁河，又自大江由儀真縣南爲獅子河，東北流逕揚州城東，南北通射陽湖爲邗溝入淮。淮水又東，縈迴淮安府城北五里，又東，沭水入之，過安東縣，東入于海。

清·黃宗羲《今水經·汝水》 源出河南汝州天息山。東流，過郟縣南。又東南，滍水合沙河入之。滍水源出魯山縣西堯山，流至葉縣入沙河。沙河源出桐柏山，東流合三里河入汝水。過襄城縣，又東南。過郾城縣北，又東南，入汝寧府境，經汝陽、上蔡，又東南逕新蔡，東流入于淮。

清·黃宗羲《今水經·潁水》 有三源，左源出登封縣東二十五里陽乾山，中源出嵩縣少室山，右源出少室南溪，流入鈞州界，又東南，過許州，又東南過臨潁、扶溝二縣，又東南，（案别本無南字。）洧水東流注之，洧水源出密縣，東至新鄭縣，會溱水爲雙洎河，至西華縣入潁。溱水源出密縣。又東，過西華縣北，又南，過太和縣北，又東南，過潁上縣北，又東南，入于淮。

清·黃宗羲《今水經·大江》 源出蜀之茂州岷山，故名岷江。【略】南流，逕茂州城，西南入威州境，過汶川縣，而東南至灌縣，别爲二。一渠由永康軍過新繁，入成都，謂之外江。一渠由永康過郫，入成都，謂之内江。合于成都府城南，過金馬口，至新津縣，皁江水入之。皁江源出岷山，逕温江縣治西南，東流入成都府界，注于岷江。岷江至眉州城東七里墓頤山下，爲玻瓈江，逕夾江縣，即平羌。繞烏尤下，在嘉定州治東。至嘉定州，與大渡河合。岷江又東南至敘州府城東，與金沙江合，即馬湖江。又東永寧河入之，永寧河源自七星關北，西北流逕烏撒貫永寧城，又西北逕納溪縣，北流入江。過瀘州治城東爲瀘江，入合江縣界，資江來注之。岷江又東北，過重慶府東，南江來注之。南江在南川縣衆溪會合，至三溪方通舟。椑行三十里至綦市，自綦市至南江口合于大江。大江至重慶府東北，與嘉陵江會。大江又東至涪州，與烏江合。又東過忠州萬縣，至夔州府雲陽縣，開江來注之。開江源自新寧縣霧山，逕開縣治，南合清江，過雲陽入泯。大江逕夔州府，入瞿塘峽，過巫山，歷歸州夷陵，至宜都縣，清江，一名夷水，來注之。夷水自紹慶發源，繞施州衛城，東流入荆州府界，經建始縣界，南至宜都縣，入于大江。大江逕枝江縣界，沮江入之。沮江在當陽縣，北出房陵縣，過臨沮縣界，漳水入之。漳水源出臨沮縣，南至當陽縣，北與沮水合，流通沱江。沱江在當陽縣治南，至枝江縣界入于大江。大江至松滋縣北，分爲三派，下流三十里，復合爲一，達于江陵，至荆州府城南爲荆江，逕公安石首東與漢江合，過城陵磯，下合洞庭諸水，逕岳州府臨湘縣，其清流者爲洞庭，濁者爲大江，又東自嘉魚縣入江夏境，至州西，沔水入焉。沔水源出襄水，逕漢陽府城西南三十里爲沔水，南入大江。過漢陽府城南至漢陽縣界，灄河入之。灄河發源在河南羅山縣，南流逕黄陂縣東北二百里，入漢陽縣界，與渝、索二水合流，南入于江。又過蒲圻縣，陸水注之。陸水自巴陵，歷通城崇陽二縣境，北過蒲圻縣，入于大江，即陸口。東流逕武昌縣入黄州黄陂縣界，至黄州府城下赤壁磯，東過蘄水縣，九江府西境，龍開河入之。龍開河源發瑞昌縣清溢鄉東，由大江逆泛爲鶴問湖，距九江府城西二十五里，又濂溪自廬山西流，逕九江城南一十五里下流合龍開河入于江。至九江府城北爲尋陽江，下流四十里，合彭蠡湖水，又東流，至安慶府城西，皖水來注之。皖水出安慶府潛出縣，北逕安慶府城西入于江。大江環安慶府西南東三面，北流至東流縣，又折而東過池州府北，池河北流來注之，池河源出標山流，爲管公明溪，歷龍河會于秀山倉埠潭，過白面渡匯爲秋浦。秋浦在池州府城西南八十餘里。又北流，入于大江。下至銅陵縣，大通河來注之，大通河在銅陵縣西四十里，其源一出九華山，一出梅横山，會于車橋湖，至大通鎮入于江。至荻港驛，荻港河來注之。荻港河在銅陵縣北八十里，源發朱村耆即坑邵家澗，會石洞南洪鳳凰貫上中下各耆之水，合流至北下社，入于江。又東，漳淮來注之。漳淮源出寧國府南陵縣南六十里呂山，至縣東溪與中港之水相合，流入小淮河，至石硊西出魯港。魯港一名魯明江，在太平府蕪湖縣西南三十餘里，與繁昌縣分界，入于大江。大江南逕無爲州，又過太平府城，西北七里，青弋江來注之。青戈江源出涇縣及池州石硤合中流，山蕪湖，入于大江。大江又南過和州界，巢湖來注之。巢湖一名焦湖，周圍四百餘里，港汊大小三百六十，占合肥、舒城、廬江、巢四邑境，淝水、桃溪皆注之。肥水源發廬州府城西北四十里雞鳴山，北流三十里分爲二。其一，西北流入淮，其一東南流貫廬州府城，過金斗驛，入于巢湖。桃溪發源六安州界，逕舒城縣北三十五里，入于巢湖。巢湖下流，其一東南流，逕無爲州和州界，爲棚江，即濡須口入于江，其一東流，逕和州城北爲烏江，入于江。又過應天府西北，秦淮入之。秦淮在上元縣東南三里，西北入于大江。大江又逕六合縣，滁河北來注之。滁河源出廬州府，過全椒縣，與襄水合流，至滁州東南三汊河會清流水，逕六合縣入于江。大江又逕揚州府儀真縣南，支流爲北運河。大江又逕鎮江府城西北六里，南運河入焉。逕常州府北五十里，過江陰縣西，泰州東南，至常熟縣北，通州南，入于海。

清·黄宗羲《今水經·大渡河》 原出吐蕃，南流爲若水，東流逕黎州城南九十里爲沈黎江，過越巂衛城北至夾江縣沫水入之，沫水源出雅州，逕天全六番招討司東南流至雅州城北，青衣水入之，又東南至夾江縣西九十里，入于大渡河。又東北至嘉州入于岷江。

清·黄宗羲《今水經·金沙河》 源出吐蕃共龍川，犛牛石下名黎水。流逕雲南麗江府巨津、寶山二州，又逕鶴慶府，由西而東，環北勝州治至姚安府，大姚江來注之。大姚江源出大姚縣東北一百五十里書案山，西流至大姚縣西北，合鐵索箐之水，折而南流，至縣西南，合姚州小橋村之水，折而東流，繞縣南，蜻蛉河入之，復東北流入于金沙江。又東，打沖河從北來注之。打沖河源自打沖河中在所逕中前所至普濟，南流約千里，入于金沙江。金沙江又東，入黎溪州，至會川衛城西南二百五十里，瀘水入焉。瀘水源出吐蕃，南流，寧番水西流入之。逕建昌城西，邛湘水西流入之。又南流，逕會川衛境，西入于金沙江。金沙江又東，過武定府元謀縣北，滇池之水入。逕東川府境西一百五十里，折而至府東牛欄江從南來注之。牛欄河其源出西河，在雲南馬龍州治西，東流合東河，東河在馬龍州治東入尋甸府爲牛欄江逕東南一百二十里（案別本二十作三十）北流入金沙江。金沙江過烏蒙府西南二百六十里，又東北，至敘州府城西南一百三十里爲石門江，馬湖水入之。馬湖在馬湖府城西一百八十里蠻夷長官司前，馬湖在山頂，長二十里，廣七里。又東，泉江南流來注之。泉江在芒部廣西北二百八十里。過敘州府城南，入于岷江。

清·黄宗羲《今水經·資江》 一名中江，源出汶山，自洛口分支，經漢州及新都縣東流入簡州資縣界，過内江縣西五里，經富順縣瀘州城北，支江來注之。支江源自富順縣鴛鴦溪，經安夷鎮，過瀘州城北入于資江。資江至合江縣界入涪江。

清・黄宗羲《今水經・巴水》 源出陝西漢中府西鄭縣六十里巴山，流經四川達蓬廣安三州，至渠縣東，爲渠江，又東經順慶府界，流至合州治東北，與嘉陵江合于渠口。

清・黄宗羲《今水經・烏江》 志名牂牁江，以江出于牂牁郡也。其源有二，東源出自程番府界，東北流過龍里衛西，翁首河東入之，翁首河在龍里衛平伐司東南二十五里，下流入清水江。至貴州城南，南明河西入之南明河在貴州城南，東北流過巴鄉西，歷平越衛西境四十里，過新添司，經貴州城東一百五十里爲清水江，過谷龍爲紫江，由眉潭入于西源之烏江。西源出自安順州西堡司西北五十里，東北流經司治前爲谷隴河，貫州城，過金筑西境，至威清衛城西，爲的澄河。

清・黄宗羲《今水經・洞庭湖》 在岳州府城西南，一名九江，沅、漸、無、辰、敘、西、澧、資、湘九水皆合也。沅、資、湘最大，皆自南而入荆。江自北而過，洞庭潴其間，名爲五渚。

清・黄宗羲《今水經・湘江》 源出廣西興安縣海陽山下，西北流至分水嶺，分爲二派，曰灕水流而南，曰湘水流而北，合越城嶠水。至全州，又合洮、灌二水。洮水源出全州北二十里文山下，流入于湘。灌水在灌陽南九十里，流經全州入于湘。經東安縣，廬洪江來注之。廬洪江在東安縣治東，東南流入于湘。至永州府城西南，永水來入之。永水源出永州府城西南一百里永山，入于湘。又東北入永州府界，至湘口，與瀟水合，曰瀟湘。經永州府城北一十里，又東經祁陽西北，祁水東流來注之。祁水源出寶慶府邵陽縣界，東北流九十里，至祁陽縣治北，東流入于湘。湘江經常寧縣西，春陵水從東來注之。春水源出道州寧遠縣東北七十里春陵山，東流經桂陽州藍山縣界，又東流至桂陽州界，北二十里，歸水入之。歸水出道州寧遠縣九疑山，東流經藍山縣界南，又東北經桂陽州入于春陵水，又北至長寧縣界入于湘。湘江至衡州府城東與蒸水合，曰蒸湘。蒸水源出寶慶府邵陽縣耶叢山，東北流至邵陽縣界，會卿陽水，又北流經衡州府城北入于湘。至衡州府東北，郴江來注之。郴江源發郴州城南三十六里黄岑山，北流經郴州城東爲郴江，下流水耒入之，經永興縣至森口，栖鳳水入之，郴江經衡州府耒陽縣界，歷府城北，至耒口，入於湘。耒水出桂陽縣南五里耒山，西流資興水入之，又西流八十里，水勢險惡，北入郴水。栖鳳水源出桂陽州南二十里郴州城西九十里龍度山，東北流至郴州界，過郴州城北五十里爲栖鳳水，又西北流經栖鳳渡，白豹水入之，流至森口入郴水。湘江又東流入長沙界，至於陵江口，攸水西流來注之。攸水一名伯水，源出江西安福縣封侯山，西流逕縣東一十五里爲攸水，洣水入之。洣水源出酃縣洣泉，經茶陵縣西北至攸縣東七里入攸水，攸水又至茶陵江口入于湘。湘水又北，漉水從東注之。漉水一源出江西袁州府萍鄉縣北七十里楊岐山，爲岐水，西流過萍鄉縣前，下入醴陵縣境東鹿山之水爲漉水，過其縣南，從縣西西北流，至漉浦入于湘。又北，漣水東流來注之。漣水，資水之別源，出寶慶府邵陽縣東八十里長沙府鄉縣西一百八十里龍山，(案別作大龍山)其水分爲二派，一入邵陽爲邵水，一入湘鄉爲漣水，又邐連山興龍山對峙，漣水別支出其下，奔流數里有石岩當路，水入岩中，伏流六七里，分爲三派，流出至湘鄉縣西五十里又名湄水，東入於漣，合流九十里，會側水，繞破石，轉至縣南匯而爲澤，又東過石潭百餘里，東流入于湘。又北過長沙府西，瀏水從東來注之。瀏水在長沙府城北五里，源出大圍山，有二源，曰大溪、小溪，合流經瀏陽縣西，名渭水，過縣前名瀏水，西流入于湘。又北，潙水從西南來注之。潙水在長沙府城北二十里，源出安化縣青羊山，流入潙山青潭中入于湘。又北過湘陰縣，汨水西流來注之。汨水在湘陰縣北七十里，源出江西寧縣至岳州平江縣東南，合純、廬二水，又西南會昌水下流，合羅水。羅水自湘陰縣分二水，南流曰汨水，一經古羅城曰羅水，至屈潭復合，故曰汨羅，西流入湘。湘江又北，至沅江縣與沅水合曰沅湘，會衆流以達于洞庭。

清・黄宗羲《今水經・贛江》 源自章貢而來。貢水源出汀州新樂山西，西南流，經瑞金，入會昌北，漣水入之。漣水源出安遠縣，北流至會昌縣界入於貢。貢水又西北流至雲都，虔化水、雲水入之，虔化水源出寧都縣，經雩都縣境南入於貢。雩水源出雲都縣之雲山，西南流入于貢。貢水又西北流，劍水北來入之劍水在典國縣東北，又西北流，三江水南來入之，又西北至贛州府城東，爲貢水，環城而北，與章水合。章水源出南安府大庚縣西南一百三十里聶都山，東流至南安府城南爲橫江，經南康縣治，東北流，猶水從西來注之，猶水源出湖廣州桂陽縣東北一十七里孤山，水屈直北流，一百五十里入江西南安府界，流經上猶縣爲猶水，東流至南康縣界，入於章。至城西爲章江，環城而北，與貢水合，名爲贛江。北流一百里凡二十四灘，怪石多險。至萬安縣，折而東流，遂水西來注之。遂水在龍泉縣治南，源出左右二溪，歷八十里灘入於贛。過泰和縣東，雲亭江東來注之。雲亭江一名繪水，源發興國縣，經泰和縣南西北流至珠林，入於贛。贛江北流至吉安府城東南，禾水東流注之。禾水源出永寧縣西禾山，經永寧縣北，至永新縣南，爲永新江，東流，廬水注之。廬水源出安福縣西二百二十里廬肖山，至安福縣城北爲廬水，東流，王江從安福縣東南東流來合之，入於合水，又東流，至泰和縣西五十里爲早禾江，至廬陵神岡山下入於贛。贛江達吉安府城東，又吉水來注之。贛江又北流，經峽江縣東，至臨江府城南五里爲清江，袁江水東流來注之。贛江又東北流入南昌府豐城縣南，豐水注之。贛江東北流至南浦，折而北流，至南昌府城西南，蜀江來注之。蜀江一名昌藤江，歷瑞州府城南而東匯於南昌之象澤潭（案一本無澤字），入於章江。贛江達南昌府城西爲章江，又奉新江東流來注之。章江又北流，入於彭蠡湖。

清·黄宗羲《今水經·北運河》 一自大江縣經儀真縣南爲獅子河，一自大江經揚子鎮南爲伊婁河，俱至揚州府城西爲邗溝，過邵伯，歷高郵州寶應縣，抵淮安府，入于淮。自大江至淮凡三百餘里。

清·黄宗羲《今水經·南運河》 自浙江杭州府餘杭縣，經嘉興府西，過吴江縣東，太湖水過之，經蘇州府城西，歷無錫，貫常州，抵丹陽縣吕城壩，又經丹陽北，練湖水注之。練湖一名練塘，在丹陽縣北，周一百二十里，納長山諸水凡十二流（案别本作十一流）。又至鎮江府城西爲海鮮河，北入于大江。自餘杭至京口約七百餘里。

清·黄宗羲《今水經·浙江》 其源有二，一出徽州婺源縣北七十里浙源山，一名浙溪，東流經休寧縣南，率水入之，率水出休寧縣東南四十里率山。至微州名微溪，揚州之水入焉，【略】爲灘三百六十，至淳安縣南爲新安江，又東，軒駐溪從北來注之，【略】又東，壽昌溪從南來注之壽昌溪在壽昌縣西六十里，經建德縣界，至巖州府城南合衢水一出衢州，金溪北注，文溪南來，金溪源自開化縣馬金嶺，西北流繞縣治名金溪，又轉而東南流，經常山縣東流，文溪入之。文溪出江山縣之石鼓山，東北流，永豐水注之，至江山縣南名文溪，下流合于金溪。會于衢州府城西二里，名信安溪，環城西北，東流入龍游縣界號盈川溪，又東，經蘭谿縣，東陽水入之【略】，又東至嚴州府城南與歙江合浙江水，又東，至富春山爲富春江，又東，至桐廬桐江北來注之，【略】又東，浦陽江南來注之，【略】又東，至杭州府城東三里爲錢塘江，又東，錢清，曹娥二江入之。【略】浙水又東，而入于海。海口有山，居其海中，潮每晝夜再至，其勢之大小，隨陰陽之交變也。

清·黄宗羲《今水經·建水》 源分東西二溪。東溪源出浦城之東，西南流約二百里，至建寧府城東，名東溪，過城南至城西，入于西溪。西溪源出崇安縣西北分水嶺。其下二源，入江西界，過崇安縣北至建陽縣東南，交溪東流注之。交溪在建陽縣東南，合武夷九曲之水交注于東山下，南入建水。至建寧府城西，名西溪，與東溪合爲建水。又南，松溪東來注之。松溪源出處州慶元縣之松源，經松溪縣南入于建水。又南，至南平縣治東，西會紫雲溪。紫雲溪源發邵武府光澤縣，西北至邵武府城北，東流經延平府順昌縣西，沙溪來注之。沙溪源出汀州府寧化縣，水勢險巇如龍門，經清流永定至沙縣，南爲沙溪，過縣東至延平府西南，入于紫雲溪。過府城東與建水合，名爲劍津，又東南流，龍溪入之。又東南流，抵福州府城南一十五里爲南臺江，自分水嶺至此凡七百餘里。又東南三十里與江東西峽，合流入于海。

清·黄宗羲《今水經·廣江》 合左、右與灘江、演水、龍川也。右江源出貴州都匀府西南境，會十二渡水過府城南，爲都匀江，經獨山州，入廣西南丹州，過慶遠府城北，又東流，至柳州府界，福禄江北來注之。【略】柳江又東，至柳城縣西，融水入之。融水出柳州府北懷遠縣，至融縣東，爲融水，又名潭江，下流與背江、思同江、卞華江、丹江、靈壽溪水合，歷柳城縣西，入柳江。又東至柳州府南境爲柳江，抵柳州府城東南，洛青江東來注之。洛青江在雒容縣一百二十里，源自桂林府，流至縣界入柳江。南流經來賓縣東，牂牁江西來注之。經象州至潯州府城北，東流爲黔江，經城南爲潯江，與左江合。左鬱右潯二江合流，至平南縣東南爲龔江，亦名都泥江。至平南縣北，烏江在縣西入之，白馬江在縣東入之。龔江又東，流過藤縣北爲藤江，又東，繡江入之。【略】藤江又東流，至梧州府城西與灘江合流爲桂江。東流至梧州府城南爲大江，陸川從南來注之。大江又東入廣東肇慶府西封川縣，東安水從封川界南流來注之。【略】大江過德慶州南，又東，瀧水北流來注之。【略】大江逕肇慶府城南，又爲西江，又東，新江北流來注之。【略】又東，綏江南來注之。【略】大江又東，至廣州府南海縣西爲西江，北江入之。南流，又合東江、龍川，入於南海。

清·顧炎武《肇域志·南直隸·南京應天府》 大江，源出四川岷山，合湘、漢、豫章諸水，來自都城之西南，轉西北，歷儀真、鎮江東入海。在本府界者二百餘里，名揚子江。

清·顧炎武《肇域志·南直隸·南京應天府·六合縣》 滁河，自滁、和二州界三汊口流至境，由瓜步入大江。

清·顧炎武《肇域志·南直隸·鳳陽府》 淮水自來入潁上界。至壽州西北，合淝水，至懷遠縣，合渦水，東流歷經鳳陽臨淮城北，至五河鐵橋浦，東北入泗州，至清河口，會泗水，東入於海。

清·顧炎武《肇域志·南直隸·鳳陽府·臨淮縣》 濠水有二源，東源出鐘乳山，西源出鎮鄒山，二水至昇高橋合流，歷鳳陽縣東境，至本縣西南，有石絶水，謂之濠梁，入於淮。即莊子、惠子觀魚處，即今之九虹橋也。又東北流經廣運橋，至城西北縣塗山門外。

清・顧炎武《**肇域志・南直隸・鳳陽府・懷遠縣**》　淝水，出宿州龍山湖，東流至縣入淮。

清・顧炎武《**肇域志・南直隸・鳳陽府・定遠縣**》　洛水，在縣西九十里。自定遠西北白望堆流入壽州境，屈曲北流八里，至新城村南十五里入淮。

清・顧炎武《**肇域志・南直隸・鳳陽府・五河縣**》　沱河，在縣北二里。源出宿州紫蘆湖，經靈璧縣東南，至縣西北，合澮水，東入於淮。

又　澮河，在南門外。源出河南永城縣馬長河，東流經宿州，過靈璧縣固鎮橋，至縣南，東入於淮。

又　潼河，在縣東三十里。源出虹縣羊城湖，通沱河，經天井湖，南至鐵鎖嶺入淮，北至虹縣石磯子，亦入淮。

清・顧炎武《**肇域志・南直隸・鳳陽府・宿州**》　淝河，在州南九十里。源出本州龍山湖，東流經蒙城，至懷遠縣雙墩村入淮。

又　睢水，在州北二十里。源出河南夏邑縣白河，東流，中經州之符離，通宿遷，至清河縣會泗，入於淮。

清・顧炎武《**肇域志・南直隸・鳳陽府・潁州**》　黄河，舊自太和縣界流入，經州北門，東至壽州正陽鎮注淮。正統十二年，上流淤塞，惟西華境一支入潁合流，下達淮、泗。

又　汝水，在州南一百二十里，出汝州，經新蔡朱臯東流入淮。

清・顧炎武《**肇域志・南直隸・蘇州府**》　三江，自太湖東經吴江、崑山、松江入海者爲吴淞江，分流東北經崑山、太倉入海者爲婁江，東南流者爲東江。

清・顧炎武《**肇域志・南直隸・蘇州府・昆山縣**》　新洋江，中有横塘，通小虞浦。其餘支派皆通運河。

清・顧炎武《**肇域志・南直隸・蘇州府・常熟縣**》　大江，在北四十里。江口福山，遥對通州，北連大海。縣北十五里。

清・顧炎武《**肇域志・南直隸・蘇州府・吴江縣**》　松江，一名吴淞江。《禹貢》三江之一也。枕縣東門，東行二百六十里入海，此其首也。其南接太湖，長橋當其交，横跨於上，凡一百三十丈，爲竇六十四，湖水北流，與龐山湖合，東北入海。

清・顧炎武《**肇域志・南直隸・松江府**》　松江，在府北七十二里，一名吴淞江。來自吴江，會趙屯等五大浦，至宋家橋，與黄浦合流入海。

又　黄浦，在東南八十里。自杭州、嘉興經府西南入浦，東北至上海縣入海。

清・顧炎武《**肇域志・南直隸・常州府**》　大江，在府北五十里。西接丹陽，東抵江陰，西北入泰州界。

清・顧炎武《**肇域志・南直隸・鎮江府**》　運河，自京口閘起，至杭州北郭務，計六百四十餘里。

清・顧炎武《**肇域志・南直隸・揚州府**》　大江，自儀真縣南，經泰、通二州，入於海。大江自黄天蕩，接六合界，下小帆山，入儀真境。東至鐵丁港，漫延東北流入江都境，歷泰興、如臯、通州、海門，上下五百餘里，至蓼角嘴，入於海。其南與丹徒、靖江、江陰、常熟、太倉境相對。

又　邗溝，自江東北通射陽湖，又西北入淮，即今之官河。

又　白塔河，在東北六十里宜陵鎮側，南通大江，北抵運河。其水冬涸春注，民得灌溉之利。宣德間，侍郎周忱開挑。正統中，築塞河口。至成化間，平江伯陳鋭仍挑去河口淤泥，置閘啟開，舟楫復便焉。

清・顧炎武《**肇域志・南直隸・揚州府・儀真縣**》　運河，一自瓜州，一自儀真，俱至揚子橋東，折北行，歷邵伯諸湖，至黄浦，接山陽界，自清江浦入海。

清・顧炎武《**肇域志・南直隸・揚州府・興化縣**》　運河，運鹽河也，南去縣四十五里。接高郵州河口鎮之豐樂橋，北去縣六十里，接鄒莊，至鹽城界首鋪。

清・顧炎武《**肇域志・南直隸・揚州府・通州**》　江三在軍山下者，曰軍山洪。在軍山與刀刃山之間，相對如峽，水勢甚急。瀕江有壩，壩以内爲狼山河。

清・顧炎武《**肇域志・南直隸・淮安府**》　淮水，在治西南五里。自泗州龜山東北流，繞府城北入海。《畿志》：「東北流與汴河合，東北入於海。」

清・顧炎武《**肇域志・南直隸・淮安府・清河縣**》　清河，在縣西，即泗水之下流也。源自泰安州，經徐州，流至邳州東境曰直河，西境曰沙河，又南下至縣西北三汊河口，分爲大小二清河，南達於淮。

清・顧炎武《**肇域志・南直隸・淮安府・安東縣**》　漣水，自沭水分流，南入縣境。在沭陽者，曰南漣水。入安東者，曰北漣水。八十里，海州、沭陽、安東，各得三分之一。

清・顧炎武《肇域志・南直隸・淮安府・沭陽縣》 沭河，在縣東南。源自青州西北馬脊固諸澗，會流至縣界，東入桑墟湖。

清・顧炎武《肇域志・南直隸・廬州府》 肥水，在南七十五里。出雞鳴山，北流二十里分爲二：其一，東南流入巢湖；其一，西北流入淮水。晉謝元破苻堅，梁韋叡堰水以灌合肥，皆此。《畿志》：出紫蓬山，東經雞鳴山，入金斗河，一支西北流，復東轉南下，至東門外，即今余公廟前，二水相合，故曰合肥。今上源塞。

清・顧炎武《肇域志・南直隸・安慶府・桐城縣》 潛水，亦曰皖水。有二派：一曰後河，自天堂龍潭東北百二十里。經烏石陂，至縣東二里。崩河下，與前河合；一曰前河，自五河大口經吴塘陂，分支流至縣西，横轉縣南，名黑河，正流繞縣北，轉縣東達石牌、皖口，入江。

清・顧炎武《肇域志・南直隸・安慶府・太湖縣》 馬路河，源出西北二百里英山山麓。南流爲麻灘河，又流爲三合灘，可舟。南折而東，循司空山而下，納銀河、白鹿、羊角諸水，漸大。又折而東南，與前部、北山、南陽三水合，東南流，由龍灣、青石而會舊太湖及小湖，又溢而南折，受洪渚、羅溪之水，繞龍山崖而出邑西南，東流入江。

清・顧炎武《肇域志・南直隸・寧國府》 青弋江，在西五十里。源出涇縣及池州石埭，合衆流，出蕪湖。入於江。唐咸通中，引此水置永曹陂。

又 青弋江，在城西六十里。源出石埭，涇、太及宣之西南諸水皆入焉。北至西北四十里行廊山，受白洋諸水，出楊青，合黄池，下流入境。

清・顧炎武《肇域志・南直隸・寧國府・南陵縣》 漳水，出縣西南六十里水龍洞；淮水，出南六十里吕山。合流繞縣東，則爲東溪，受諸水，合中、西二港入小淮河，西北匯於石硊河，與青弋江下流合，出魯港，達大江。今謂之漳淮。

清・顧炎武《肇域志・南直隸・池州府》 大江，在府北境上。自東流縣雁汊入界，北流又折而東，歷李陽河梅根口，下至銅陵縣大通河口，凡二百餘里，府境諸水皆入焉。江之洲曰古夾，曰烏落，曰官，曰新，曰上荷葉，曰武梁；磯曰攔江，曰羅汊，曰黄龍，曰劉婆。

清・顧炎武《肇域志・南直隸・池州府・石埭縣》 舒溪，在縣後，源出湘源，由太平縣弦歌鄉達縣之舒泉鄉，與蓋山佘溪、清溪、七井、龍泉、魚龍洞、雍溪諸水合流而東，派衝四注，東沿涇縣，至蕪湖之魯港，以入於江。

又 龍口河，在縣南九十里。其源三：一出鄱陽南坑，達白石溪；一出桃樹嶺，達黎痕溪；一出東西澗，過鬭龍溪，匯爲昭潭，合於茲河，迤入饒州之獨山湖，西達彭口，入於江。

清・顧炎武《肇域志・南直隸・池州府・東流縣》 江口河，在縣西一里。其源四：一出鄱陽北坑；一出九鳳山；一出馬坑。交於清潭，播於百步灘，納西參港，豬於官池，歷堯城渡；一出茹蘭溪，合蘇家溝，會梘田灣，經栅頭匯、石印洞，下引道由士查册溝，逕蒼埠小石潭，遶過路灘，落於青泥灣，溢於仙人湖、團湖，至蘇河，以入於江。

又 香口河，在縣南六十里。其源二：一出彭澤山林港，一出陳倉源，交於三汊，激於蘇姑，繞於查池，至蘇河以入於江。

清・顧炎武《肇域志・南直隸・徽州府》 徽溪，自績溪縣下與黄山水合。西流經府城西爲新安江，有三百六十灘，又合南港浦水，達休寧港，入於錢塘。

清・顧炎武《肇域志・南直隸・滁州》 滁河，出廬州，過全椒，與襄水合流，至州東南三汊河，會清溪水，經六合縣，入江。

清・顧炎武《肇域志・南直隸・徐州》 吕梁洪在東南五十里。洪有二，有上、下，相距可七里，蓋河之下流於濟，會於徐，以達於淮者。洪石森立如巨齒，而水爲所束，則驚湍迅波，一瞬數里，舟逆流而上者，則以尺寸計，古稱懸水三十仞，流沫四十里者是已。洪中有諸溜，乃激石而成者：曰盧家溜，曰門限石，曰貓兒窩，曰黄石溜，曰侯家溜，曰蝦蟆石，曰邀繩石，曰夜叉石，曰飲牛石，曰牛角哨，曰轂輪石。舟行經此，必以羣力挽之而後濟。

又 徐州洪，在州東南二里。一名百步洪。勢極險峻，舟行難於上下。外洪大石如獸蹲狀，人呼爲翻船石。裏洪壩下數灣曲，如「之」「玄」字，每歲損官民船以百數。

清・顧炎武《肇域志・南直隸・池州府・貴池縣》 黄溢河，在城西北九十里。其源三：一出貴池西溪，一出建德良禾、烏沙，合於雙河，播於東流之張家灘，沿於田埠；一出貴池魯祖山，繞於唐田，注於石龍潭，會於沙山，達蘇河，以入於江。

又 新河，在城西六十里。江之中流，有石槎杈横突，據爲攔江、羅汊二磯，奔流激蕩，運餉危之。晉發運使周湛役三十萬夫，作支流以避其險，自是往來無覆溺之患。其後江面日開，磯勢頗安，而支流所引，民田苦於巨浸。正德十一年，知府何紹正復塞之。

又 李陽河，在城西六十里。舊名李王河，源引大江，襟帶驛治，以江流之消長爲盈涸。

又 池口河，在城西五里，一名杜塢河。其源五：一出石埭之櫟山，至於七里；一出古源山，會杏溪、大溪，交於櫟流；一出洘溪；一出石嶺，折於龍舒河；一出東源，經上溪。衆流會於秋浦，匯於玉鏡潭，府西南七十里。又迤邐數十里，鍾爲谷潭，決爲炭埠港，注於杜塢，過鎮山，入池口河，以達於江。

又 清溪河，在城南門外。其源二：西南之源，一出洘溪，一出石嶺，與棠溪、峽川交於白洋，匯於府西南二十五里江祖潭，注於府西二十里上清溪，沿流與上洛嶺水會，繞於平天湖，湧於黄河灘，過齊山湖，瀉於濟川橋，南門外。激於響水灘；東南之源，出府南二十里太婆山，注於白沙河，折於蝦湖，繞於東塘湖，合三水之下流，至於清溪，以達於江。

又 梅根河，在城東四十五里。其源二：一出九華山，瀉於五溪橋，過黄屯，至鬪龍，沿於陷溝，折流於五埠河；一出太婆山，瀉於馬衙橋，繞於龍潭，與九華之流交於雙河，達蘇河以入於江。

又 大通河，在城東北八十里，爲貴池、銅陵界。其源自青陽者四：一出九華山；一出分流嶺，達臨城河，經峽山；一出黄蘗嶺，經木竹潭；一出水龍山，經雙河，會於管埠。自銅陵者三：一出梅衝山；一出伏牛山；一出天門山；會於東橋河，與諸水交於將軍灘，達蘇河，以入於江。

清·顧炎武《肇域志·南直隸·池州府·銅陵縣》 河口河，在縣南百餘步。其源有三：一出天井湖，一出劉家港，一出周家橋；合蘇河，以達於江。源微水淺，舟泊不便，每兑運艤江滸，值風或有漂失，恒責償於民，民甚病之。天順間，邑人陳綱奏開，歲久淤塞。嘉靖初，又改大通驛於其濱。二十一年，邑民潘孟倫等浚復之，於是江流内注，利輳泊矣。

又 荻港河，在縣北八十里，界抵繁昌。其源三：一出邵家澗龍洞泉，一出永城埭沸泉，一出寶山泉；會於三港口，西接鳳心閘，北接黄火河，匯蘇河，以入於江。

清·顧炎武《肇域志·南直隸·應天府》 秦淮經流三百餘里，地勢高下，屈曲自然，必非人工所爲。

又 大江隸集慶路界者一百二十里。西至和州烏江縣四十里，以鰻鰲洲中流爲界；東北至真州揚子縣七十里，以下蜀鎮中流爲界，北至真州六合縣界四十里，以瓜步中流爲界。自和州界，北流至三山，經盧龍、幕府、觀音諸山，相對瓜步山、石帆山，抵儀真界，東流一百二十里。

又 大江發源岷山，合湘、漢、豫章諸水，繞都城之西南，經西北，過鎮江，東流入海。隸府境者，江之南，上自慈姥浦，下至下蜀港；江北，上自浮沙口，下至東溝。南二百里而遥，北不及二百里。即《禹貢》所謂中江，亦名揚子江，又名宣化江。江之支流旁出，其大者曰河，小者曰港，曰溝，曰渡，石激水曰磯，水中可居處曰洲，兩水之間曰夾，縈回者曰套，水所注曰浦。異時江泊石頭，後漸徙而北，今又漸南。長老相傳，南岸民居，今當在北岸，然尚去石頭十餘里也。以此知陵谷變遷，典籍難據，兹特志其可知者。

又 清江板閘之外，乃淮河之身而黄河之委也。黄、淮合處，水南清北黄，嘉靖末年猶及見之。隆、萬來，黄高勢徙，遂闖入淮身之内。淮縮避黄，返浸泗湖，水遂及祖陵明樓之下，而王公堤一線障河不使南，淮民百萬，岌岌魚鱉。余丁亥冬過淮，適值行河省臣當且至，因預與淮父老講求之，上遡四陵，下泛海口，始悉顛末，謂非另造一支河不可。衆聞咋舌云：「黄河可造乎？」余爲析其故。桃源三义廟，有老黄河故道，武宗南幸，欲兩岸牽挽龍舟，始塞汜之，今遺身猶隱隱存。若從此挑一河，與今河深闊齊，直至草灣，放淮水與之合，祖陵與淮城自無恙。欲浚海口者，非也。海口二百里，從何浚？且海口比河低甚，非海口罪。因爲疏上之。而總河大臣與省臣謂余侵其事，百方阻不行。十年後，余入太僕時，祖陵且壞，直指發其事，河臣削籍待罪，司空氏始悔余言之不用也。復遣省臣行視之，仍依余言，僅於入口處稍改，從上流黄灞口入，漁溝以東，與余前疏同，畢竟另造一黄河，費近百萬。河成，淮出矣，方報竣，而黄河一夕南徙，又決黄涸口一千二百餘丈，下睢寧，當事者又恐徐、邳流竭，爲運道梗，議塞，漕河兩大臣言人人殊。今尚築舍道旁。

清·顧炎武《肇域志·南直隸·應天府·溧水》 胭脂河，在縣西一十里。國初定鼎金陵，欲通蘇、浙糧運，乃命崇山侯李新鑿臙脂岡，引石臼湖水會秦淮以入於江。自永樂時遷都，運道廢。兩崖壁立數十仞，旁皆巨石，有橋二座跨河，名天生橋。嘉靖戊子，南橋崩，今其北橋存。

清·顧炎武《肇域志·南直隸·應天府·高淳》 天生橋河，此河雖屬溧水，乃石臼湖東北水道，爲高淳要害。萬曆十五年，大水，山崩斷流。三十二年疏。

又　中河，在東壖、下壖之中，長十里，古胥溪也，東西皆不得水通。

清・顧炎武《肇域志・南直隸・應天府・江浦》　王家套河，在縣南三十五里。上通三山，下通八字溝，爲往來要渡。

又　浦子口河，在縣東二十里。源出定山卓錫、珍珠二泉，由浦子口城西，東流入江。

又　後河，在縣北三十里。源出廬州舊梁縣、全椒縣，通滁水，至境内過三汊河，又東出瓦梁、瓜埠口入江。

清・顧炎武《肇域志・南直隸・應天府・六合》　滁河，在縣南。水自廬州府舊梁縣發源，經滁、和州界合五十四流，入縣境分爲三，又名三汊河。其當縣治前，又名龍津。東南轉折三十餘里，至瓜步入江。

清・顧炎武《肇域志・南直隸・和州》　裕溪河，在州南九十里。源出巢湖，東南入於江。

又　渭野關，《畿志》作夾山關，在州北五十五里，即夾山浦。兩山壁立，夾道約五里餘，山口崎嶇。和與滁接界，此關爲南北咽喉。

清・顧炎武《肇域志・南直隸・和州・含山》　清溪河，在縣西三十里。受横路山西及馬橋、蒼山三澗水，西經亞父山入天河，由裕溪出大江。

又　三叉河，在縣南八十里。蓋天河流，自海子口、黄洛、運漕迤邐至此。又銅城閘别流南出與此合，同去裕溪。因其西通巢湖，東通大江，北通銅城閘，故名。

又　銅城閘河，在縣南八十里六都。天河由黄洛支流别出，東爲銅城閘河，至閘口又分流，一支東爲牛屯河，一支南爲三叉河。每江湖水泛，而牛屯河溢不易泄，衡溢田畝。自吴赤烏來，咸於銅城築堰設閘(旁注)記云：在州西南九十里，以捍其患。旱則積，澇則啟，遂成腴田三千餘頃，賦入當本州十之三。國朝洪武初，知州李相重建。

清・顧炎武《肇域志・南直隸・廬州府・合肥》　肥水，源出縣西七十里紫蓬山。上有李陵廟，又名李陵山。北流二十里，分爲二：其一東南流歸巢湖，其一西北流經壽春歸淮。一名金城河。

又　茅埠河，在縣北一百一十里，東流歸含山河達江。

清・顧炎武《肇域志・南直隸・廬州府・六安州》　淠河，一名白沙河。按漢志，水有二源：一出灊縣天柱山南，一出蘇口爲青龍河。州西一百三十里。皆迅激，於萬山中傾瀉而下。至九公之麓始合流，東爲縣家埠，州西南四十里。又爲斷簰洪，州西四十里。又東爲裴家灘，州西二十里。經郡城，通白沙，白沙橋州北二十里。以達於淮。

清・顧炎武《肇域志・南直隸・安慶府》　大江，在城南。自小孤匯潯陽、彭蠡而來，入宿松界，掠望江，下泊府西郭，繞南郭，引東郭而下趨入池口，帶桐城界，而下趨入無爲界。其上二百有十里，東以海門，接荆、襄。其下二百有十里，界以郎磯，接金陵，而東達於海。

清・顧炎武《肇域志・南直隸・安慶府・懷寧》　青山河，在縣西北十五里，宿松縣西五十里。出西源山，合潛水而達於瀼河，石牌、冶塘出皖口，入于江。

清・顧炎武《肇域志・南直隸・安慶府・桐城》　白兔河，在縣東三十里。其水出獨山湖，達於樅陽，入於江。

又　孔城河，在縣東三十里。其河發雙河，連白兔，達於樅陽，入於江。

又　雙河，在縣東三十里。一曰東江，出縣東十五里魯硔山；一曰西河，出縣東四十里洪濤山。其水至此合趨孔城、白兔，衷獨山湖，達於樅陽。入於江。

清・顧炎武《肇域志・南直隸・安慶府・潛山》　皖水，在縣西北二十里。源出皖山，經霍山畫烏石，繞縣治東，迤南合於灊，經府城西達於皖口，入於江。

清・顧炎武《肇域志・南直隸・安慶府・太湖》　後部河，在縣北百三十里。源出英山之麓。自司空統諸山，納衆水，至龍山，西北三里。西流過縣前折花山，南五里。與縣東復河合，南紆迴東入於江。今河流已淤縣，後與復河合矣。

又　復河，在東城外半里。北二里許。源出縣東北八里四面山，縈回數折，過北門，南流至雙河口，與馬路河合，過折花山，東入於江。嘉靖末年，淫雨，西河横決，東衝北門，始爲洶潭。

清・顧炎武《肇域志・南直隸・揚州府》　東南曰揚子江，源出岷山，由成都下三峽，合東，逕武昌，與漢水合，又逕九江，滙爲彭蠡，下蕪湖，又東過江寧而愈大。在揚子江者，西至黄天蕩西牛步沙，與建康爲界。由瓜步下小帆山，入儀真境，横亘縣南。東下至鐵釘港、鵞翎蘸，與鎮江分界。東北趨入江都，逕通、泰，海門入海。

清・顧炎武《肇域志・南直隸・揚州府・儀真》　運河，即古邗溝也，一名官河，一名漕河。《隋書・高祖紀》：開皇七年，揚州開山陽瀆，以通運漕。其西南一路，自儀真縣江邊起，東行四十里，入石人頭，入江都縣界，又十五里至揚子橋。其南一路，自江都縣瓜州鎮站船塢起，北行三十里，亦至揚子橋，二河始合。東轉，又北行六十里，入邵伯湖，又北行六十里，入高郵湖，又北行四十里，至界首入寶應湖，北行至黃浦，接淮安府山陽縣界，由清江浦入於淮。

又 運鹽河，亦名運河。本府所屬江都縣灣頭，去府東北二十里。自灣頭起，東行七十里，至斗門，入泰州界；又東行一百六十里，至海安，入如皋界；又東南行一百一十里，至白蒲，入通州界；又東行七十里，至新寨，入海門界；又東行八十里，達呂泗場。其支派通各鹽場者，皆爲運鹽河。

清·顧炎武《肇域志·南直隸·揚州府·泰州》 東河，在州東三里。通北運河，水旱不涸。歲久湮塞，成化年，守彭福開浚。

清·顧炎武《肇域志·南直隸·太平府·當塗》 大信河，在縣西南二十五里延福鄉。河水南自蕪湖白岸湖分派北行，過梅塘河、墓山之間，西行過馬鞍山，又西過大信下鎮，會龍山港入江。

清·顧炎武《肇域志·南直隸·太平府·貴池》 池口河，在城西，源出石埭之櫟山，爲管公明溪，至府西南九里秀山，有待月溪，又至狼山，本志作郎山，府西南七十里。有玉鏡潭，過白面渡，府西六十里。匯爲秋浦，又迤邐爲杜塢湖，過鎮山，爲池口，入大江。

清·顧炎武《肇域志·南直隸·太平府·青陽》 五溪湖，在縣西二十里。發源並自九華，一曰池溪，二曰龍溪，三曰漂溪，四曰雙溪，五曰澗溪，合流經五溪橋，達梅根入江。

又 横橋河，其源有二，經漪港，合青山水，會於分橋。以上諸河，統會峽山，北流達大通入江。

又 三溪口，在縣南六十五里。三溪合流爲河，兩山夾水峭立，路出山下，最爲險要。

清·顧炎武《肇域志·南直隸·太平府·銅陵》 大通河，在大通鎮。源出九華、天門、梅冲三山，會車橋河，至大通鎮入江。

又 荻港河，在縣北八十里，界抵繁昌。有三源：一出邵家澗龍洞泉，一出永城埭沸泉，一出賓山泉，會米村、即坑、石洞、南洪、鳳凰諸水，今至北下社入江。

清·顧炎武《肇域志·南直隸·寧國府·涇》 賞溪，在縣西。一曰涇溪。西南接太平府之麻川。其源有三：一出石埭舒姑泉，下龍門，經考溪；一出太平黃山，下三門，至六刺灘合流；一出績溪，經旌德，至楓溪。三水會合，下滋灘，至九里潭，稍下爲還羅浮潭、萬村潭，川隨山繞，旋折數重，其西爲太平境。北至落馬潭，又北至桃花潭、落星潭，受諸水，逕復山，至巖潭，與藤溪合。至於縣西，又北經柏山，又北爲赤灘鎮，又北逕馬頭山、蘆塘，下爲青弋江，宣城、南陵分境。《南畿志》小異。

清·顧炎武《肇域志·南直隸·廣德州·含山》 滁河，在州東南六十里。源出廬州府舊梁縣，入全椒界，至石潭，與全椒縣襄水合。流入本縣疑是州字。界，東北流至五十餘里，至三汊河與清流河合，又東出瓦梁，由瓜埠入於江。

又 清流河，一名北角河，在州東二里。源出清流沛上，州西。有梁村澗水，下與白茆、瓦店河合，北流通常山，與嘉山、白道河及沙子澗水合，流至東關門，會於東河，入清潭，下至烏衣東五里，(旁注)烏衣集，州東南三十里。又與來安縣河合，謂之三汊河。自此入滁河，過瓦梁，出瓜埠，入於江。

又 西澗，在州西北五里。總之，合州之水凡二十有四，西北自清流沛下，東北流逕城北，合來安、嘉山諸水，達清流河；東南自琅琊溪下在琅琊山中。東南流，會菱溪，州東十里。諸沛水，出烏衣鎮匯三汊河，合南湖，州東南三十五里。白禪四十里。二河，來安水口河，東出瓦梁，過六合，自瓜埠入於江。

清·顧炎武《肇域志·南直隸·淮安府·宿遷》 白洋河，在縣南四十里。西南一百二十里，通虹縣汴河。巨浸瀦漫，望之如洋，故名。今涸，故道猶存。

清·顧炎武《肇域志·南直隸·鳳陽府·泗州》 古汴河，在州東北二里。自大梁通淮，達邗溝，至揚州，隋時所開。今上流湮塞，夏月水漲，舟楫可通虹縣，冬月水涸不通。汴河南對盱眙山。

又 潼河，在州西一百二十里，源自出虹縣羊城湖，流至州境入淮。夏月水漲，可通虹縣。

又 渦河，發源自葛河口，由鹿邑西來，至北城外，與馬尚河合，東流逕蒙城，至懷遠縣東北入淮。

清·顧炎武《肇域志·南直隸·鳳陽府·太和》 柳河，在縣南三十里。源出白洋湖，會絲稅以南諸水，積流至於許家窩，乃成大河。東流十餘里，折而南行，過魚營，魚營湖在縣西南二十里。南通於柳河。而出大臺，下流石羊鋪入於沙河。淝河，在縣北九十里。自亳州界流入縣境，東經宋塘河，縣北六十里，北流淝河。過板橋、斤溝，南抱嶽廟，環遶張村鋪，東經靳家渡，折而南，縈迴董家集，又南經馬家淺，入壽州境，至硤石口而注於淮。

清・顧炎武《肇域志・山東・濟南府》 淯河，在縣東一里。源出縣之會仙山，合百脈泉及東西二麻灣泉，西北匯爲白雲湖，流入小清河。

清・顧炎武《肇域志・山東・濟南府・淄川縣》 孝婦河，一名孝水，一名瀧水，在西門外。源出益都縣顔神鎮南三里孝感泉，謂之籠溪水，合瀧萌二水，北流經長山、新城縣界入小清河。

清・顧炎武《肇域志・山東・濟南府・長山縣》 糸河，在縣北二十里苑城店，西與孝婦河接。有形無水須水潦，孝婦不能容，東溢而入此河。東北流入新城界，合烏河。

清・顧炎武《肇域志・山東・濟南府・新城縣》 孝婦河，在縣西北二十五里。源出益都顔神鎮西山麓，經淄川西門，至北會明水，經長山，至縣西北岔河，與小清合。

清・顧炎武《肇域志・山東・濟南府・濱州》 舊黄河，亦名土河，在州西二十五里。乃九河故道。秋水時至，亦經循梁山泊。一派通大清河，繞州東北入海，時漲時涸。

清・顧炎武《肇域志・山東・兖州府》 雩水，出曲阜縣南馬跑泉，過鄒縣而來，入府城而西，至西門外納闕、黨、蔣、翊七泉，合而成流，謂之濟河。過土樓閘、杏林閘，凡六十里至濟寧州，東屈從南門徑合於洸水，入於漕。

又 汶水，出泰安州，西南流至本府，經寧陽、平陰、汶上縣界，又西至東平州界，注濟河故道。又東北流經東阿縣，至濟南府界入海。

又 泗河，在縣北八里。發源泗水縣東陪尾山，西南入會通河濟運。

清・顧炎武《肇域志・山東・兖州府・寧陽縣》 大小汶河，合流至本縣西北，分而爲二：其一爲元人所改，由縣北三十里。省志：東北三十五里。堽城南流，則爲洸水；其一由堽城西流，至東平州東五十里，會坎河諸泉，至四汶口而分。其西流者入大清河，由東阿而北，至利津入海，此故道也。永樂中，開會通河，乃於寧陽之北築堽城壩，以遏其入洸之流；於汶河之西築戴村壩，以遏其入海之路。使其全流盡出汶上城北二十五里，受欒滄諸泉，謂之魯溝；又西南流至城北二里，受蒲灣泊水，謂之草橋河；又西南流十里，謂之白馬河；又西南流二十里，謂之鵝河。鵝河者，故宋之運道也，涸而爲渠，汶水由之。又西南十五里，謂之黑馬溝；又西南至南旺，入於漕。

清・顧炎武《肇域志・山東・兖州府・東平州》 安山河，在州西十五里，漕河西岸，縈迴可百里，繞安民山下。四面有堤，置閘以時蓄泄，謂之水櫃。

清・顧炎武《肇域志・山東・兖州府・忻州》 浚河，在縣北四十里。源出聰山，東流會諸水，經古費墟而東，至王莊合於祊，經沂州，會沂水，由郯城達於邳，入河。

清・顧炎武《肇域志・山東・青州府》 小清河，源出濟南府趵突泉。僞齊劉豫導之東行，自新城縣界流入境，會孝婦河，經高苑、博興、樂安、合時水、馬車瀆水，東北入於海。

又 孝婦河，源出益都縣西顔神鎮南三里，經淄川縣，西南合瀧水，東北會萌水，北經長山、新城，又達小清河，抵高苑、博興、樂安東北高家港，入於海。

清・顧炎武《肇域志・山東・登州府・萊陽府》 金水河，一名泗水，源出州南八十五里横堆，會諸溪澗，東北經州城東五里許，又東流入海。

清・顧炎武《肇域志・山東・濟南府・章丘》 瓜漏河，在縣西南七里。每夏秋雨溢，與淯河合，盈涸不常，居民患之。【略】夏秋積雨，群峪之水來匯，溢至城南，會於淯河。雨既霽，灣以下復爾枯竭，故以「漏河」目之。然曰滲曰漏，土人知爲河之滲漏，而不知爲濟之伏也。先儒謂濟水性下勁疾，能入河穴地，流注顯伏。以今考之，是河自滲水灣以北二十里至於月宫，於枯河涯側泓顯一泉；又東北四十里，至於明水，則湧百脈、麻灣諸泉，驗之色味皆同，水勢相敵。蓋泉自滲水灣伏流地中，經月宫，見而仍伏，至百脈、麻灣而後湧出也。所謂若斷若續，而實有源流；或見或伏，而脈絡可考者是已。若其暴溢則潢潦耳，非河之本水也。

清・顧炎武《肇域志・山東・濟南府・泰安州》 汶河，其源有三：一出嶽之東麓萊蕪縣原山，一出萊蕪寨子村，皆經徂徠之陽；一出嶽北仙臺嶺諸谷之水。至州治東四十里爲塹汶河；西流經徂徠之陰，會泮與諸泉水，南流三十里，曰大汶口；又西南經汶上縣北，以達漕河。

清・顧炎武《肇域志・山東・濟南府・德州》 篤馬河，(旁注)土河。在州東四十里。河水常枯，如濟寧黑馬溝水漲，自東昌魏家灣溢出，循故道，東北注於海，俗呼爲土河。陵縣西二十五里亦有篤馬河。

清・顧炎武《肇域志・山東・兖州府・滕》 界河，在縣北三十五里。源出龍山西麓，西至界河驛，會鄒之白水，遂名白水河。西流五里，稍折而南，逕染山前，西南瀦爲郁郎淵。又西納聖母池水，至於橋頭，入於漕。即新河。

又 北沙河，在縣北十五里。源出自鄒之嶧山，南流經龍山後，繞出其左，過孤山西南，逕龍山前，過東陳，南折至於周林，納七里泉水，至洪疃，分爲二河：一出休城南，西至望塚，南至於馬家口，入於漕；一趨休城北，納大吴泉，又西受北石橋泉，又西會白水河，同至橋頭，入於漕。

又 南梁水，在縣南一里。源出自縣東北十五里，左曰趵突泉，右曰荆溝泉，並南流，會爲一。西南至於洪村，折而南三里餘，復轉而西，過躋雲橋，又西經舊滕城北，西南流，折爲九曲，西納絞溝泉水，泉出滕城西南平澤；又西會漷河、滿家湖，入於漕。

清·顧炎武《肇域志·山東·萊州府·平度》 沽尤河，在州東八十里。《膠州志》：沽河在州東北六十里。《左傳》昭公二十年：姑、尤以西。注：齊東界。姑水、尤水，皆在城陽郡，東南入海。按沽水有二：大沽河，源出黄縣南蹲狗山；小沽河，源出掖縣南馬鞍山。二水皆流經平度縣相合，總名沽河，經膠州東北六十里，即墨西北六十里兩界入海。《左傳》云姑、尤以西，姑即大沽，尤即小沽耳。逕膠水縣東南朱毛城東相合，名爲沽河，至膠州東南入海。沽水起北海，至南海，行三百餘里，絶齊東界，故云「姑、尤以西」。尤即小沽河耳。

又 新河，由膠州東北三十里，高密縣東北四十里，與膠水下流合，逕平度州西北八十里，由海倉口入海。在州南七十里，轉而西北入海，即膠水下流。海運時開此河，自膠州南海以達北海，甚捷徑，可以避海濤之險，自此以入直沽，至今有海倉故地。

清·顧炎武《肇域志·山東·萊州府·濰》 寒浞河，在縣東北三十里。源出車流莊，北流三十里經寒亭，又八十里入海。

清·顧炎武《肇域志·山東·萊州府·即墨》 淮涉水，在縣南半里，發源石城山，經縣西二里合墨水，北流入海。

清·顧炎武《肇域志·山東·登州府·蓬萊縣》 黑水，在城西南十里。源出黑石山，逕流府城内，西北入海。

清·顧炎武《肇域志·山東·登州府·寧海州》 金水河，一名沁水。源出州南黄堆，會諸溪澗水，北過州城五里，又東北流入海。

清·顧炎武《肇域志·山東·兖州府·泗水》 泗水，在城東五十里。出陪尾山下，四源並出，故曰泗水，即所謂泉林也。陪尾山之東，爲漏澤湖，地在費縣，亦謂之雷澤。《水經注》曰：「魯國卞縣東南桃墟有澤，方十五里，渌水澂渟三丈如減，澤西際阜，俗謂之嫣亭山。」阜側有三石穴，廣圓三四尺，穴有通否，水有盈漏。民居識其將漏，預障穴口，魚鱉暴鱗，不可勝載。自此連岡通阜，四十許里，岡之西際，便得泗水之源，蓋謂陪尾山矣。山下有仁濟侯廟，以祀泗水之神。廟前石穴吐水，數泉俱導。其前有寺，緑林茂樹，蔽虧欞森。寺之左右，大泉十數，泓渟澄澈，互相灌輸，會而成溪，是爲泗水。西南經卞城之東，有橋曰卞橋。《水經》：「卞縣南有姑蔑城。」水出二邑之間。是也。自卞橋而西。至於邑城，復有大泉數十，南北交會，入於泗水，以達曲阜。大抵邑境數十里内，泉如星列，皆泗水也。

清·顧炎武《肇域志·山東·東昌府·夏津》 衛河，在縣西四十里。源出河南衛輝府輝縣蘇門山百門泉，東北引淦洹淇三水，流千里爲館陶，會漳水，又北九十里至臨清，與會通河合。北流至半壁店入境，八里至裴家圈，三十里至渡口驛，又五里許爲武城界，其委入海。漢名屯氏河，隋名永濟渠，又名御河，即此。

清·顧炎武《肇域志·山東·濟南府·章丘》 清河，在縣東一里許。一名繡江。會百脈、浄明、麻灣諸水，西北至濟陽城東北入大清河。

又 漯河，在縣東七里。一名獺河，一名楊緒水。源自長白山之王村峪，西北流於柳塘口，經小清河故道。流入鄒平、長山、新城界，會孝婦河，東流入海。

清·顧炎武《肇域志·山東·濟南府·淄川》 般水，一名魚頭河。源出縣東南十五里，經路村、馬家莊，至城東分爲二：一支逕達城南門外，一支環城西北，並達南門外，西入孝婦河。

清·顧炎武《肇域志·山東·濟南府·新泰》 鉤盤河，在州北一十里，陽信境内。故道從陵縣東南、臨邑西南，分而爲二：其一由德平、商河之間北行東北至陽信城南二十里而斷，有截河鋪，又東復續經霑化東南劉家道口，亦會土河入海；其一由德平西行，經樂陵、海豐南，過霑化北，而東至久山鎮入海。今陵縣東，臨邑西，有盤河店云。

清·顧炎武《肇域志·遼東都指揮使司·寧遠衛》 寧遠河，出本衛西北山谷間，南流至城西，分爲二派，環抱城郭，復合爲一，南流入海。

清·顧炎武《肇域志·遼東都指揮使司·遼海衛》 松花江，出長白山湖中，北流經南京城，與灰扒江合，至海西與混同江合，東流入於海。已上俱境外。

清・顧炎武《肇域志・山西・太原府》 黄河，自府西北大同府界，流經保德、岢嵐州、興縣，西南入縣界。

又 黄河，自河曲縣東北古東勝州境，轉而西流八十里至平泉村，復轉而西流九十里至天橋子，南流，經保德、興、臨、石、寧鄉、石樓、永和、大寧、吉、鄉寧、河津、滎河、蒲諸州縣，東折，經芮城、平陸、垣曲諸縣，入河南澠池、濟源縣界，入孟津而下。其在蒲州城西爲瀆。

又 汾河，在府西二里。源出静樂縣管涔山，流經太原、清源、交城、文水、祁縣，至汾州府平遥縣界。

又 澗河水，有二源：一出府城東北五十里，西南流，入汾；一出榆次縣東北二十里赤坑村，又名赤坑水，西南流，經陽盤、聶店二村，引爲二渠溉田，又引入太原縣界，注於汾。

清・顧炎武《肇域志・山西・太原府・榆次縣》 小塗水，出縣東南八十里鷹山下，西流入大塗水，合洞渦水，流經太原、清源縣界，注於汾。

清・顧炎武《肇域志・山西・太原府・祁縣》 昭餘祁藪，在縣東七里。舊已涸。元鑿，(旁注)至元十一年浚。得細水溉田。今亦涸。

清・顧炎武《肇域志・山西・太原府・清源縣》 清源水，在縣西北五里。源出趙簡子祠前平地，引以溉田，故又名平泉，一名不老池。溢則東南注於汾。

清・顧炎武《肇域志・山西・太原府・壽陽縣》 壽水河，在縣南二里。其源有二：一出要羅村南三里山谷中，一出頡紇村北十里山谷中，合流，經縣西南十里，入洞渦水。

又 黑水河，源出縣西四十里黑水村之西山，三源合一，東流至縣西，合壽水，曲折南流五十里，至冷泉，入洞渦水。

又 龍門河，在縣西北二十五里。其源有二：一出西可村山谷中，一出西張村山谷中，合流入壽水。

清・顧炎武《肇域志・山西・太原府・樂平縣》 沾水，出少山之沾嶺，北流十八里，復折而南，名爲遡流水，又南入和順縣，合梁榆水，經遼州東七十里，又南流經黎城縣北九十里，入黄河。

清・顧炎武《肇域志・山西・太原府・岢嵐州》 嵐漪河，源出州東黄道川北分水嶺，與之馬嶺西舟道溝二水合流，經州城西南，合河水，西流經興縣界，入黄河。

清・顧炎武《肇域志・山西・平陽府・太平縣》 雷鳴水，其源有二：一出縣西北二十五里西侯村，一出縣西北十五里蔚村。俱引灌田，東流入汾。

清・顧炎武《肇域志・山西・平陽府・岳陽縣》 八十里川，在縣東南一百六十里。源出潞州長子縣發鳩山，流經縣東謨盛村，合沁水。川長八十里，故名。

清・顧炎武《肇域志・山西・平陽府・汾西縣》 小潺澗，在縣東北五里。東入汾。其聲潺潺，故名。冬寒，其水若湯。嘗有白蛇出没，又名白龍池。

又 轟轟澗，在縣東一十五里。澗東南有轟轟神廟，又名淵逸真人祠。下有潭，深不可測。廟後有石洞，澗中有穴，望前嘘而出聲，望後吸而入聲，其聲如雷，故名。

清・顧炎武《肇域志・山西・平陽府・絳縣》 涑水河，源出縣横嶺山乾洞，伏流盤東地中而復出。西流經聞喜縣東，合甘泉，引爲四渠，曰東外、喬寺、觀底、蔡薛，溉田百二十八頃。西流經夏縣、安邑。又西入猗氏縣，南入臨晉，合姚暹渠，入五姓湖。過蒲州孟盟橋，入黄河。

清・顧炎武《肇域志・山西・大同府・渾源州》 神溪水，在州西北七里。溪中有孤石，方畝，高丈餘。上有律吕神祠。(旁注)周圍泉水混出，旁有受水池，雖隆冬不冰，俱西南流。祠下水曲折而西北，入桑乾河。

清・顧炎武《肇域志・山西・大同府・山陰縣》 黄水河，在縣北半里。源出龍灣等峪，流經應州西北八里，入桑乾。滂則泛，旱則涸。

清・顧炎武《肇域志・山西・大同府・蔚州》 滋水，有二：一在州西南三十里南馬莊，一名神水泉。金時置鐵板一片，十竅，分流灌田。東北入壺流河。(旁注)葫蘆。一在靈丘縣西枚回嶺。懸流五丈，湍激之聲，震動山谷。東流入溏河。

清・顧炎武《肇域志・山西・太原府・清源》 清源水，在縣北五里。源出西山下，平地湧出，清可鑒髮，邑因以名，一名平泉，一名不老池。東南入汾。

清・顧炎武《肇域志・山西・太原府・盂》 滹沱河，在縣北一百二十里梁家砦前。源出繁峙縣東泰戲山，三泉列如品字，西南流三里，至故福都合五斗泉。又三里，合三泉都之三泉，亦列如品字。又至東沙岡合北樓口水，又西至新興村合華巖嶺水，至天城口，經本縣。兩山相夾，其勢洶湧。

清・顧炎武《肇域志・山西・太原府》 汾水，源出静樂縣，經府城西流入本縣南屯等村，由西南馬村流入清源縣界。至夏泛漲，多没禾稼。

清・顧炎武《肇域志・山西・太原府・嵐》 緑水河，在縣東四十里。源自雙松嶺東偏而下，受兩崖之匯。行四十里，繞縣東北，一折而東南行，再折而東入汾河。雨集則澎湃澒洞，建瓴而注，雨止随涸，雖泉流涓涓，微細難引。沿溪之地，亦無資灌溉。而汾、寧以上，通偏、老諸邊，皆取道焉。

清・顧炎武《肇域志・山西・平陽府・洪洞》 汾河，在縣西二里。發源太原，經於太岳。《禹貢》曰：既修太原，至于岳陽。是也。其水渾濁，沿河居民多鑿渠灌田。夏秋水漲，亦多崩決湮没之患。其源二：出静樂縣管涔山天池，林溪山龍眼泉，至支鍋石村合流，南發過楊縣，西下臨汾，至榮河縣入於黄河。

清・顧炎武《肇域志・山西・大同府・應州》 黄水河，在州西南八里。出自山陰縣西南龍灣峪，經流西北八里，入桑乾河。滂則泛，旱則涸。

清・顧炎武《肇域志・山西・汾州府・介休》 謝谷水，在縣西南一十里。源出谷南磨子溝，平地湧泉，大小十數眼。流入本谷，經十餘村，至小宋，曲北入汾。

又 三道河，在縣東北六里。源出宋粘村後，平地湧泉。既流，分三派，因名，三河至下站村北入汾。

又 洪山水，一名石洞水。在縣東南三十里洪山山腰，有泉數竅，四時不竭。

清・顧炎武《肇域志・山西・平陽府・靈石》 小水河，在縣北門外。源出綿山興地峪及柏溝、曲買峪，流經静介等里，至縣，流入汾河。夏秋水瀑漲，洶湧迅急，勢如建瓴，縣處下流，數被其患。

清・顧炎武《肇域志・山西・汾州府・永寧州》 南河，出寧鄉，北流入交口村，與衆水合。永寧三州受害。山高水猛，故地多衝没焉。

清・顧炎武《肇域志・山西・澤州・高平》 長河，在縣東北。南流入丹水。夏秋之交，衆溪交流，勢如江海，至冬始涸。

清・顧炎武《肇域志・山西・開封府・鄢陵》 三道河，在縣西南二十里，自許州東秋湖流入境内。河本二汊，中夾支流，並列三渠，渠各有橋，東南合清流河。

清・顧炎武《肇域志・山西・開封府・扶溝》 蔡河，流逕扶溝之境，因黄河南徙，横流衝決，始亂其故道。其依然猶存不可湮滅者，張單口迤南是也。

清・顧炎武《肇域志・山西・彰德府》 漳水有二：一出山西潞安府長子縣發鳩山，一作鹿谷山，名濁漳，自林縣西北入境；一出山西平定州樂平縣南少山，名清漳，自涉縣西入境。俱東至林縣，合流經安陽、磁州、臨漳、館陶縣界，入衛河。

清・顧炎武《肇域志・山西・懷慶府・濟源縣》 沇水，在縣西北三里。源出天壇山之太乙池，伏流於此，復出爲濟。有二源：東源周迴七百步，其深莫測；西源周迴六百八十五步，其深一丈。與東源合流，至温縣南入黄河。其水性下且勁。過河，南溢而爲滎。往東，若斷若續，或見或伏，而入於海。

清・顧炎武《肇域志・河南・河南府・盧氏》 湯河，在縣南一百二十里熊耳山之西。其水雖隆冬亦熱，可以澡浴。

清・顧炎武《肇域志・河南・河南府・閿鄉》 湖水，出秦山，迤邐而西折，抱城而流，北入於河。

又 玉溪澗，在縣西五十里。源出秦山，其色清冷如玉。經文底鎮，北入於河。

清・顧炎武《肇域志・河南・河南府・澠池》 黄河，上自三門、集津，下訖釣兒嘴，奔流迅激，舟筏多覆。惟南村、垣曲接岸者稍平夷，爲刋津古渡云。

清・顧炎武《肇域志・河南・南陽府・鎮平》 潦河，在縣東四十里。源有二：一出南陽縣馬峙坪，一出南陽縣曹峯山。（旁注）南陽縣西北八十里。至太莊，合爲一，南流七十里，至南陽縣塚頭，入淯水。

又 趙河，在縣西十五里。源出騎立山龍湫，南流九十里，入鄧州湍水。又東南至新野七里河，匯淯水，達於漢江。

清・顧炎武《肇域志・河南・南陽府・桐柏》 淮水，在縣西北二十五里。發源胎簪山，伏流數里，湧三泉，因浚浮流六、七里成河。東經汝寧，會於泗，達於海。

又 月河，在縣東二十五里。一水如帶，旋繞山岑，入於淮。

清・顧炎武《肇域志・河南・汝州》 黄澗河，在州東三十里。俗呼趙落河。發源嵩谿，委折而南，匯成巨津，爲秦、晉、楚、吴孔道。發源於左村之北，南流合於汝河。

清・顧炎武《肇域志・河南・汝州・寶豐》 浄腸河，在縣北門外。發源青條山，自城西環繞而東如帶，經流東南境上，入汝。

清・顧炎武《肇域志・河南・汝寧府・西平》 汝河，在縣西北二里。源出本縣雲莊諸山、遂平縣馬鞍等山溝壑間。細水下流，合而爲二，至新柵鎮總而爲一。縣西五十里即合水鎮。經縣城東十里，復分而爲二，一入上蔡縣朱馬河，一入新蔡縣洪河。此河雖名汝河，非古出天息山之汝水。

清・顧炎武《肇域志・河南・汝寧府・安陽》 漳水，舊自安陽豐樂鎮北，東流過臨漳南，入東北至館陶縣南入衛。正德庚辰秋，水溢南決，自安陽顯王村南流，折而東，至崔家橋，又東過永和呂村入衛，袤百餘里。當水盛時，廣四十里。凡安陽上田，悉注汙潦，其患甚巨。《續志》：「今自顯王村遷三宗廟、張村集、秤鉤灣、呼村營入衛河。」

清・顧炎武《肇域志・河南・彰德府・磁州》 滏水，在南關外。其源有二：一出西鼓山滏泉，一出神麕山下黑龍泉。環城流，東南入於漳。其水冬温夏寒，以其湧沸，如湯出釜，故名。

清・顧炎武《肇域志・河南・懷慶府・温》 溴水，出濟源縣崍山，流入孟縣。經城東而南至孟江口，曲逶而東二十五里至沇河鎮，與沇水合流，入温縣界。每遇秋潦，水勢衝突，決小金堤，縣西三十里。本名沇河堤。由楊家營、駝塢、五羊店、溝南、黃門、平皋，東入武陟界。又二十五里至南賈村，投沁水，下入黃河。自孟江口至入河之處，共計七十五里。一河爲害，三縣受其咎。近年河流逕自孟江口趨入黃河，方八里耳。水勢便利，民害頓息，可無事於隄防矣。

清・顧炎武《肇域志・河南・汝寧府・羅山》 小黃河，在縣南門外。源自靈山，繞縣城下流而流入竹竿河。色類黃河。

清・顧炎武《肇域志・河南・懷慶府・修武》 新河，在縣北七里。故通舟楫，年久淤塞。知縣張甫疏之，東入衛水。

清・顧炎武《肇域志・陝西・西安府・盩厔縣》 黑水河，在縣東一十五里，出終南山。其水色黑，北流入渭。

清・顧炎武《肇域志・陝西・西安府・白水縣》 白水河，在縣西三里。水色如雪，縣以此名。

清・顧炎武《肇域志・陝西・西安府・三水縣》 温涼河，在縣西三里。四時不滿，冬温夏涼，故名，南入汃河。

清・顧炎武《肇域志・陝西・西安府・白水》 白石河，在縣西三十里。水色特白，故以專名縣，南入漆。

清・顧炎武《肇域志・陝西・鞏昌府・階州》 犀牛江，在州北二百四十里大石山下，東流入嘉陵江。水色白，即晦夜猶如月色也。其上有犀牛廟。

又 北峪河，在州西二里。發源於南平，合流於赤砂，水勢洶湧，時衝決爲害，築堤捍之。

又 東八十里曰紫水。水色赤黑相間，出福津溝，南入於白水。有紫泥，有雄黃。

清・顧炎武《肇域志・陝西・靖虜衛》 黃河過會州，入韋静山。石峽險窄，自上垂流直下，高數十丈。

清・顧炎武《肇域志・陝西行都指揮司・甘州左右前後衛》 張掖河，在都司城西一十里。源出擺通川，經祁連山西，出合黎北，名合黎水，又名鮮水，流入亦集乃界。

清・顧炎武《肇域志・陝西行都指揮司・永昌衛》 水磨川，在衛西二十里。一名雲川。源出自鸞鳥山、平羌、腦兒都山口，以水勢急流，能激轉水磨，故名。

清・顧炎武《肇域志・陝西・涼州衛》 黃羊川，在衛東南一百五十里。其地多水草，宜畜牧。

清・顧炎武《肇域志・陝西・延安府・葭州》 葭蘆川河，在州西五里。岸多蘆葦，故名。宋元豐中，於此立寨。

清・顧炎武《肇域志・陝西・臨洮府・狄道縣》 東峪河，在府城東三、二里。源出渭源縣界分水嶺，會馬兒藏、南峪水、成河，入於洮。

清・顧炎武《肇域志・陝西・臨洮府・蘭州》 五泉水，在臯蘭山下。泉有五眼，灌溉田甚多。

清・顧炎武《肇域志・陝西・洮州衛軍民指揮使司》 洮河，在衛城南三十五里。源出西傾山柏木溝，東流入岷州衛界，過狄道，入黃河。地高流急，冬不及凍結冰，蔽河而下，所謂洮河流珠者也。每初冬水凝凍，圓如彈子，蔽水而下，俗呼爲「珠子凌」。

清・顧炎武《肇域志・陝西・漢中府・略陽縣》 嘉陵江，在縣治西南。西二十里，又作一十里。源出鳳縣東大散關之西，歷兩當、略陽，會東谷等水，流經四川利、閬、合州，至重慶府入大江。舟楫至漁關始通。

清・顧炎武《肇域志・陝西・鳳翔府・隴州》 汭水。以上諸水，不時泛漲，衝崩田廬，爲患頗大。

清・顧炎武《肇域志・陝西・鞏昌府・隴西》 郭北曰渭水，其水出渭源縣北之南谷，至鳥鼠山東流，有泉三，其色清，其味冽。自西南流東北轉東，初才數勺，已乃盈科。及至隴西縣北，遂沛然，然其流皆湜湜，故自隴至秦，資以沃田，引以轉磑者，不下四百里，民賴之。又東過寧遠縣北，又東過伏羌縣北，又東北過秦州，東南出寶雞縣大散關，而又漸大。

清・顧炎武《肇域志・湖廣・長沙府・寧鄉縣》 乾江，在縣西北八十里。江上三峯秀聳。山下二江，一流歸寧鄉，一流歸湘鄉。春夏則水皆歸寧而江溢，秋冬則水皆歸湘而江乾。

清・顧炎武《肇域志・浙江・湖州府・歸安縣》 苕水，出天目山之陰，歷金石、廣苕山下，至沿干分東西二支：曰龍溪，曰旱溪，合流至安吉州；又分東西二支：曰外溪，曰裏溪，納諸水，合流至府西門。出天目之陽，自臨安、餘杭入德清境，折而西北流，至府南門者，曰餘不溪；自武康銅峴諸山，歷縣治，北流至沙村者，曰前溪；自德清縣治東下沙村，與前溪水合者，曰北流水。三水合入府南門，匯於前江渚，而苕支流入西門會焉，曰霅溪，出北門外昆山，合苕溪，下大錢港，入太湖。

清・顧炎武《肇域志・浙江・嚴州府・桐廬縣》 桐江，在縣南六十步。其源有三：一出徽州，一出衢州，一出金華。三水合而東北注，九十里至縣南曰桐江，東流歷富陽，經杭、紹爲浙江。

又 桐溪，在縣北三里。源出杭之天目山，經於潛、分水二縣，東流六十里，繞縣北而東南出桐君山下，入於桐江。

又 白雲源，在縣西三十五里。一名蘆茨源。自源口抵浦江縣界七十里，重山插天，林木茂盛。鄉民采薪爲炭，供數州蒸爨之用。源口對釣臺，唐處士方千隱於此。

清・顧炎武《肇域志・浙江・金華府・蘭溪縣》 蘭溪，在縣西南二里，一名瀫水。其源有二：一自衢城而東北流至於縣，謂之衢港；一自婺城而西流至於縣，謂之婺港。二水合而匯於縣之西南蘭陰山下，復折而北五十五里，爲焦石灘，又下爲金家梁。

清・顧炎武《肇域志・浙江・衢州府・江山縣》 文溪，在南三十五里。

（旁注）禮賢鎮西。其源有四，一自石鼓山，一自廣源，一自廣嶺永豐之後洋，一自括蒼之半桃山，至鎮合爲是溪。

清・顧炎武《肇域志・浙江・處州府・龍泉縣》 靈溪，在縣治南。一名槎溪，一名大溪，上流與秦溪、蔣溪合而爲一，中阻留槎州，廣袤約一二里，溪因分而爲二，下復合流以達於海。

清・顧炎武《肇域志・浙江・紹興府・山陰縣》 西小江，在西北四十五里。其源分自諸暨之浣江，歷五十里入縣境，初經天樂鄉西北入蕭山，折而東北入於海。

清・顧炎武《肇域志・浙江・紹興府・新昌縣》 嵊縣剡溪，其源有四：一自天台山，北流會於新昌，入於溪。一自東陽之玉山，東流會於縣城南門，入於溪。一自奉化，由沙溪西南轉北，至杜潭出浦口，入於溪。一自寧海，歷三坑西，繞爲三十六渡，與杜潭合，入於溪。兼四大流，而入境內。如顧凱之所謂：萬壑争流之水，四面咸湊，或奔或匯，淺而爲灘，漸深而爲淵潭，驟急而爲湍瀾，曲折迂迴凡五十里，過嶀浦，而後達於江。

清・顧炎武《肇域志・浙江・台州府・黃岩縣》 永寧江，在縣西北。有二源：大源出塵山，東南流二百一十里，至左溪村；小源出黃巖山，東北流一百里，至大溪與大源合。然平淺不通舟，又東流三十里，至官嶴村。無灘磧，直下永寧江，廣逾百步，可通舟。又東流一百里，從縣北過，三十五里會臨海縣江口入於海。從源至海，水程四百八十里。

清・顧炎武《肇域志・浙江・杭州府・昌化縣》 柳溪，在縣東南二十五里。乃一邑聚水合流之口，亘三十里，巨石參錯，水勢湍激。

又 晚溪，在縣西七里。東流至近縣，有洲，中分爲雙溪，過縣東，復合流爲下阮溪，南流三十餘里，入於柳溪。

清・顧炎武《肇域志・浙江・嘉興府・嘉興縣》 爛溪，在永新鄉北。受車溪及湖州之苕溪諸水，波流湍急，自青鎮以東橫亘十里，北屬吳江，東屬秀水，下平望達於吳江，又自吳江下潯溪而達震澤者，曰西溪。

清・顧炎武《肇域志・浙江・嚴州府・淳安》 新安江，在縣南。一名青溪。出於徽州，自歙縣深渡入縣界，至白馬砂，入建德縣界，湍險迅急，春夏漲溢，中流不可行舟，秋冬澄澈見底。

清・顧炎武《肇域志・浙江・金華府・浦江》 浦江 浦陽江，去縣南一里許。源出縣西五十里深裊山中，東流三十餘里，繞縣郭之南復東注，透迤百餘里，入紹興之諸暨境始通舟，又綿延二百餘里，以入於海。

清・顧炎武《肇域志・浙江・衢州府・常山》 球川，在縣西五十里。四山環抱若金盤，溪水清潔，民間多造紙。

清・顧炎武《肇域志・浙江・寧波府・慈溪》 江通於海，而海潮自蛟門西入，合鄞、奉二流，其水澄淡，海潮遇之，勢不得輒入，故桃花渡所鹵淡恒半。然天時有旱澇，而盈縮進退因之。由是而西渡，而赭山，縣南十里。西抵丈亭，俗呼爲前江。緣江百里許，並無北入之浦，唯南受鄞、慈、餘諸山水，故其水恒淡。又由丈亭北折而東，呼爲後江，凡浦皆南入，不通江。

清・顧炎武《肇域志・福建・延平府》 劍津，在府城東。二溪合於此，一曰建溪，自建寧府來；一曰大溪，又名將樂溪，自邵武建寧縣來。東流至順昌，合邵武水，又東合沙縣水，經府城西，又東合建溪，而南下爲劍津，又南合尤溪，抵福州，入於海。二溪之灘，凡二十二。其水湍急，其石廉利，而最險者爲黯淡灘，距府城五里。

清・顧炎武《肇域志・福建・汀州府・上杭縣》 大溪，在縣南。發源於長汀縣界，衆溪匯合入縣境，與舊州語口水會，至縣治南山下，過美女峯，縈迴三折，環抱而出，又西流五百步，南經潭口，直抵廣東潮州入於海。

清・顧炎武《肇域志・福建・邵武府・光澤縣》 連江（旁注）名鰲江。在縣南百步許。源出羅源縣王土溪、黄柏潭、懷安縣桃洲密溪，三派合流至縣前，東西環抱如帶，東流入海。

清・顧炎武《肇域志・廣東・廣州府・連山縣》 梁肯水，在縣西北一百里。發源永福鄉山泉，經舊縣，若腰帶然，曲折而合上吉水，入於灘，即廣西大寧江。

又 連溪，在縣東城外。縣北四十里。高數百丈，周約一百里。其脈自巾子山來，山勢高聳，中有石梯。

清・顧炎武《肇域志・廣東・韶州府・樂昌縣》 三瀧水，在西六十里。源出湖南莽山，南合武水，曰新瀧，曰腰瀧，曰垂瀧。垂瀧最險，亦名盧溪，飛湍奔瀨，響震山谷。

清・顧炎武《肇域志・廣東・韶州府・翁源縣》 岑水，在縣北二十里羊逕。兩崖對峙，水流其中，險峻曲折，凡二十餘里。其水可浸鐵爲銅，一名銅水，性極腥惡，所過砂石爲之盡赭，不生魚鼈，尤害禾稼，與曲江膽礬水同源而異派，東流三十里，入英德吴水。

清・顧炎武《肇域志・廣東・潮州府》 韓江，在城東。源於汀、漳、梅、循諸水，會爲三河，合産溪、九河、鳳水，過鳳棲峽，經鱷溪，至於江，逕老鴉洲，流分爲三，入南海。溪故有鰐魚，四足黄身修尾，其狀若鼉，似龍無角，蛇而有足，舉止趫疾，口森鋸齒，其聲吼，鹿必駭慄墮崖，運尾取之，如象鼻然，亦數爲民害。韓愈爲文祭之，鱷南徙，故名。

清・顧炎武《肇域志・廣東・高州府・化州》 平樂水，在州西五十五里。源出奮禾嶺下，東流四十餘里，與陵水合。内淺外深，簰筏所至無灘險，因名。

清・顧炎武《肇域志・廣東・高州府・石城縣》 九洲江，在縣東北二十里，源出廣西陸川縣南橋江，南流，西接本縣前雙水，入海。其江至冬水淺，沙渚出露有九，故名。

清・顧炎武《肇域志・廣東・廉州府・欽州》 龍門江，在州南六十里。至府一百八十里，一作二百一十里。兩山對峙，形勝若門，故曰龍門。門外羣山錯列海中，有七十二徑。西徑涌淪，周墩，入於交阯永安州，乃欽州之要害地也。

清・顧炎武《肇域志・廣東・廉州府・靈山縣》 南岸大江，在縣東南一里。發源羅陽天堂二山，中有四灘：曰陽險，曰滑石，曰雞冠，曰大冠。其水至欽州入於海。會於欽江。

又 洪崖江，發源有二：一出自宋太鄉羅陽山下，一出洪崖山下，各經於縣，中有四灘：曰羊險、滑石、雞冠、大冠，會入欽江。

清・顧炎武《肇域志・廣東・雷州府・徐聞縣》 東十里有大水溪，源出龍牀山，流接大水。有石灘，水聲響急，下旋迴爲潭，深不可測，名爲龍潭。南經海安城，東入海。號爲靈山鎮海灘。

清・顧炎武《肇域志・雲南・武定府》 金沙江，在府北三百八十里。源出吐蕃共龍川犁牛石下，流經姚安，至本府北界，又東入黎溪州。蒙氏封爲四瀆之一。沿江多嵐雨，即冬月行猶浹汗。行者多以雨中及夜渡。

清・顧炎武《肇域志・雲南・永昌軍民府・潞江安撫司》 潞江，舊名怒江。《府志》。在府城南百里。源出雍望，經安撫司之北，兩岸陟絶，瘴癘甚毒，夏秋不可行。蒙氏封爲四瀆之一。其深莫測，兩岸平廣，夏秋多瘴毒，行者患之。昔渡以索橋，今渡以舟。

清・顧炎武《肇域志・雲南・永昌軍民府・保山》 瀾滄江，在羅岷山之麓。《漢書》謂博南蘭津，即此江也。後世誤爲瀾滄，謫吏楊慎始正其誤。一名鹿滄。石形似鹿，故名。俗呼爲浪滄。源出吐蕃嵯和哥甸，或云出莎川石下。度雲龍，江至於羅岷，廣二十六丈，其深莫測，其流如奔。東流於順寧，達於車里，江入於南海。

清・顧炎武《肇域志・貴州・貴州宣慰使司》 清水江，在東一百五十里。水甚清明。岸峰壁立，崎嶇難行，乖西、巴鄉諸部苗、佬倚此爲險。

清・顧炎武《肇域志・貴州・思州府》 轉水，在治西北四十里。四面山嶺，水合衆流，盤旋數曲，風氣完固，可建城邑。

清・顧炎武《肇域志・貴州・思南府》 鮎魚峽，在城南十里。烏江之下流，至此頓發，奔湧澎湃，險不可言。旁有大巖，巖有一孔，若鮎魚口然。

清・顧炎武《肇域志・貴州・平壩衛》 八字河，在東二里。水自遠澗發源，與西流合，中大石觸激，分流如八字。

清・宋琬《安雅堂全集・左仲郛浮渡詩序》 江水既合彭蠡，過九江而下，折而少北，益漫衍浩汗，而其西自壽春、合肥，以傳淮陰，地皆平原曠野，與江、淮極望，無有瑰偉幽邃之奇觀。

清・宋琬《安雅堂全集・左仲郛浮渡詩序》 昔余嘗與仲郛以事同舟，中夜乘流出濡須，下北江，過鳩兹，積虚浮素，雲水鬱藹，中流有微風擊於波上，其聲浪浪，磯碕薄湧，大魚皆砉然而躍。

清・王夫之《薑齋詩餘・夕堂戲墨卷七・瀟湘怨詞・瀟湘十景詞・寄調蝶戀花》 瀟湘八景，不知始誰，差遣唯洞庭月瀟湘雨耳，他皆江南五千里所普攝也。湖南清絶地，萬古一長嗟，杜陵遊蹟十七於神州，而期兹萬古，豈徒然哉。瀟水出自營浦，西北流五百里而得湘，湘水出興安之海陽山，與灕背流，既合於瀟，北流千二百里至巴陵北，大江自西來注之，然後瀟湘之名釋而從江。此千五百里間，縠波繡壁，楓岸荻洲，清絶之名，於斯匙矣。

清・王夫之《薑齋詩餘・夕堂戲墨卷七・瀟湘怨詞・瀟湘十景詞・香塘淥水》 湘水徑東安縣東有沈香塘，石壁罅插一株，云是沈水香，澄潭清泠，緑蘿倒影。

湘水自分離水下，曲曲潺湲，千里飛哀瀉。冰玉半灣塵不惹，停凝欲挽東流駕。百尺危崖誰羽化，一捻殘香，拈插莓苔罅。憶自尋香人去也，寒原夕燒悲餘灺。

清・王夫之《薑齋詩餘・夕堂戲墨卷七・瀟湘怨詞・瀟湘十景詞・君山浮黛》 湖光極目，至君山始見一片青芙蓉浮玻瓈影上。自此出洞庭與江水合，謝眺所云「大江流日夜，客心悲未央」者，於焉始矣。湖南清絶，亦於此竟焉。

清・陳維崧《陳維崧集・感秋》 同杜于皇、孫豹人、冒巢民、青若、宗定九、王雨相、葉桐初、許山濤、華龍眉、吴暉吉、汪舟次、左嚴、叔定、季用、魯紫漪、夏次公分賦。西風颯颯聲哀號，長江白浪如山高。

清・陳維崧《陳維崧集・贈王升吉兼寄吴中諸舊游》 暨陽城下風颼颼，横江白浪高山丘。

清・陳維崧《陳維崧集・大水行》 長安急溜白日昏，渾河濁浪何騰掀。是時雷電互激射，十日大雨如翻盆。河流挾雨勢益壯，嚙堤潰壑衝城根。

清・陳維崧《陳維崧集・和相國魏貞庵先生汎舟詩其三》 城西彭水碧如烟。

清・陳維崧《陳維崧集・春晚行洧川道中》 洧水一以流，垂楊自然緑。

清・陳維崧《陳維崧集・月夜渡揚子江》 淼淼江天，聽中流笛響。推篷看，一川淒爽。

清・閔麟嗣《黄山志定本・形勝・溪》 洗藥溪，在鍊丹峰下，搗藥石臼石杵儼然尚存。

又 香泉溪，在天都峰下，白石齒齒出鳴瀨間，水因石，石因水，水香愈浮，石色愈麗。

又 湯泉溪，在紫石峰下。按《歙州圖經》：黟山東峰下香泉溪中有湯泉。

又 桃花溪，在桃花峰下。桃花世傳黄帝所植，三月盛開，謝時花片滿溪，如霞光電采。溪下注湯溪，上泄蓮花。朱砂白雲陰阬，諸水雨漲則浪駭濤奔。晴久漲落則積潦沸騰，飛泉灑激沮石成潭爲碧玉，爲玻瓈，爲靈氣，爲秋空，溪不一潭，潭不一色。

又 朱砂溪，在朱砂峰下，水東流入湯泉溪。

又 白雲溪，在雲際峰下，水東流入桃花溪。

又 浮丘溪，在浮丘峰下，俗名「浮溪」。進溪山行寥廓無際，磵穿兩山之腹，老梅萬樹，糾結石罅間，約十里。每當春夏之交，梅始花，梅子大如巨桃。山民雖知之，無入林採之者，年年溪壑中聽其潰爛而已。水東南流三十里，與曹溪合。

又　曹公溪，在黃山之東腋，左皂莢嶺，右雙嶺。曹公不知何時人，於此得大還去。溪曰「曹溪」，公獨有也。

又　容成溪，源出容成峰下，俗名「容溪」。溪去峰七十里，上有容成臺，行人過此臨流弔古，有蟬脱人間之思。

清・閔麟嗣《黃山志定本・形勝・溪》　紫雲溪，在軒轅峰下，常有紫雲不散。按《舊志》傳有釀酒道士僊去。

又　阮公溪在上昇峰下，溪太古無名稱，因阮公得名。近黟縣界二十里，而合浮溪在雲門峰前。

又　逍遥溪，一名「錦魚溪」，在清潭峰下。溪有三源合而溪，溪下多潭，上多洞，洞奇潭尤奇。洞石或白或緑或紫。潭形或曲或方或圓，其色於溪爲最。就石置足，爲涂雀躍蝠旋狼顧猿，接不一狀。溪中水石障之塞之必擇罅，趨瑩磬折參伍而後去，其去也不以順，以怒不以脩，以促稍舒如初。溪口落落數家，因畏虎，皆遠徙，以故終歲虚無人焉。聞探源至七八里者，會日暮路迷，羣坐石上，見數處火光燭天，因大恐，昏黑中攀援踰山，十餘里乃達石筍矼。

又　青牛溪，在翠微峰下。昔人於此逐青牛，入水不見。按《漢書》及《互中記》：青牛萬年木精。

又　弦歌溪，在望僊峰下，溪水之聲在下，步虚之聲在上，聲有時獨焉，有時共焉，非時時常共焉。故聞之者，有聞有不聞。

又　九龍溪，在九龍峰下。溪流善折，望之如神龍之夭矯。

又　甘泉溪，在聖泉峰下。水極清洌掬而飲之，甚甘。

又　石門溪，在石門峰下。

又　雲門溪在雲門峰下，溪水從二峰中流向東南。

又　紅泉溪，在布水峰下。溪水紅色。按謝靈運賦訊丹砂于紅泉，疑有紅泉處即産丹砂。

又　丹霞溪，在丹霞峰下。時有流霞隨水出，故名。

又　榆花溪，在紫雲峰下。溪多榆，故名。水流入湯泉溪口。按《榆毛詩》曰：「隰有榆，榆腴也。先生葉後生莢，莢如小錢，初生捋食之，色變白則落，錢滿地。」有姑榆，有枌榆，有刺榆，有郎榆，有栒榆，凡數種。葉莢皆相似，皮與理異。惟郎榆無莢，榆材可備器用。

又　飛泉溪，泉出高原激迸于石，散爲大珠小珠，飛灑入溪。溪光因泉而碎，人立其上，影摇摇，目閃閃，不得澄觀。

又　松林溪，在松林峰下。凡峰之麓多溪，溪從乎峰也。凡溪之中必怪石，必奇洞，峰奇溪之洞與石俱奇也。松林溪可坐者石，可觀者溪中峰影，而不可登者峰，峰不可登可望，峰之松不可撫可聽松濤者，莫善於松林溪。

又　白龍溪，溪水明瑩若氷壺山光樹影草色，鳥跡獸蹤咸攝入水中，是溪之能也。沈於上不見於下，謂之濁，沈於上，畢見於下，謂之清，清豈溪之能哉。

清・陸隴其《三志合編》卷五　滹沱河　按《漢書・地理志》以滹沱爲《禹貢》九河之徒駭。蔡九峰謂滹沱不與古河相涉，而取酈氏程氏之説，謂九河之地已淪于海。《深州志》：在嘉靖時，深州知州山陰錢楩云：班固以滹沱爲徒駭，未必無據。禹時黄河北流，西山諸水皆東注入河，滹沱其一也，滹沱正在大陸北，不得謂與古河不相涉。九河即恒山以東諸水，逆河即易水，逆與易音相近，呼稍譌耳。黃河自南而北，易自北而南，故曰逆河，相合東行，趨入直沽，故曰同爲逆河，入於海，蓋直以今保定、真定諸水爲九河，逆河皆天作之川，禹特疏而合之，而非分河之謂也。又謂漢唐諸儒以九河在滄州、南皮、東光間者皆非，滄州、南皮、東光，皆在大陸正東，且濱海矣。

清・屈大均《廣東新語》　縣境多水，水從諸嶂而出，大小皆數百折。大者爲江，江有五，以爲之經。小者爲溪爲坑澗，凡百餘道，爲之緯。四面争流，或分或合，而秋鄉江最長，自火帶逕以下二百餘里，皆號秋鄉江，納小水三十有八，自南而北而西，又而南而西以入東江。

又　唐李徊以衡陽爲五嶺門，以五嶺之中，皆南嶽之奥室也。南嶽，君也。羅浮，其東諸侯也。羅浮分南嶽之司以治五嶺，而朱明洞與南嶽之朱陵洞相通，則羅浮者，南嶽之神氣所聚者也。南嶽之都在南嶽，而離宫别館在羅浮，故亦稱羅浮爲南嶽。北之太行，西嶽之臂也。南之五嶺，南嶽之臂也。然五嶺以大庾爲首，則始安、臨賀、桂陽、揭陽，又大庾之臂也。故予詩：「五嶺南拖衡嶽臂，迢遥直與海天長。」或謂臺城之嶠在大庾，騎田之嶠在桂陽，都龐之嶠在九真，萌渚之嶠在臨賀，越城之嶠在始安。是嶺有五，而廣東得其一，廣西得其三，湖廣亦得其一。然騎田今屬陽山，去陽山城北二里，一名黃岑，即古湟谿關也，則廣東得嶺之二矣。又乳源西五里有臘嶺，爲五嶺之一，亦名騎田。連揭陽而言，則廣東又得嶺之三。

又　西江倒捲北江迴。」西江既出羚羊，勢乃沛然，與北江合爲一大川，每當夏漲，水如萬馬奔騰，巖壑盡崩，舟與驚濤相爲勍敵。其性既湍悍，又苦峽門隘小，稍失勢，則帆檣倒下千尺。

又　西江發自夜郎，盡納滇、黔、交、桂諸水而東，長幾萬里。然趨海之道，苦爲羊峽所束，咽喉隘小，廣不數武。霪雨時至，則狂波獸立，往往淹没田廬人畜，民居城上，南門且築三版。故老言，伏波平定側、貳，築堤於其國，使交水不爲粤患。自是交人恒虞泛濫，賄粤吏去石一版，遂以我爲壑。

又　南江，古瀧水，一名晉康水。其源出西寧大水雲卓之山，會雲河松抱坎底上烏之水至大灣，又會東水至德慶南岸入于西江。予詩：「西江一道吞南北，南北雙江總作西。」北謂湞水，南謂晉康水也。西江之源最長，北江次之，東江又次之，南江最短。然其水清於西江，西江歲五六月必暴漲，瘴氣隨之而東而南，飲者腹脹。

又　三水者，自肇慶而來者曰牂牁江，爲一水，自清遠而來者曰湞江，爲一水，自廣寧而來者曰綏江，爲一水，皆會于三水縣東南之崑都山下，是爲三水。志以牂牁、湞二江達於廣州入海者爲一水，非也。綏江至四會，會龍江顧水，東南出南津口以入湞江，又分一支。西南出清岐口以入牂牁江，其水甚大，不減湞江，一源而二流，西北二江皆受其灌注，可以爲一水與二水參。夫以一水而能灌注二江，天下之所少。入西江以爲上流，入北江以爲下流，而不得合西北二江以稱三水，此前人志山川者之疎也。

又　思鄉水，源出廉州之廢石康縣思峒山，至武利江復還本縣界內，入晏江，以其去而復還，故名思鄉水。

清·顧祖禹《讀史方輿紀要》卷一《歷代州域形勢一》　濟水發源河南濟源縣王屋山，至山東利津縣入海。詳《川瀆異同》。

又　華陽、黑水惟梁州，華山，在陝西華陰縣南十里。詳陝西名山。黑水，或以爲雲南境之瀾滄江。詳《川瀆異同》。

又　黑水、西河惟雍州。黑水，今陝西肅州衛西北十五里有黑水。河在古雍州東，曰西河者，主冀州而言也。

又　三江，一曰松江，自太湖分流，由蘇州府吴江縣長橋口至嘉定縣東南四十里吴淞口入海；一曰婁江，亦自太湖分流，經蘇州府城東至太倉州東南七十里劉家河口入海；一曰東江，亦自太湖分流，从吴江縣東南入浙江嘉興府境，至海鹽縣東北三十五里入海，今由南直松江府合松江入海。詳南直大川。

又　川江、漢，江水，發源四川茂州西北之岷山，歷梁、荆、揚三州之域，至南直海門縣入海。漢水，發源陝西寧羌州東北之嶓冢山，至湖廣漢陽府城東北入大江。俱詳《川瀆異同》。浸潁、湛。潁水，發源河南登封縣陽乾山，至南直潁上縣東南入淮。詳河南大川。湛水，出河南汝州魚齒山，經葉縣北下流入汝。二水在《禹貢》爲豫州域内。

又　川滎、洛，滎，或以爲滎澤，誤也。滎灘同。鄭氏曰：「河出爲灘。」今之汴水是矣。洛水，出陝西商州南冢嶺山，至河南鞏縣北入河。俱詳河南大川。浸波、溠。波水，出河南魯山縣西北歇馬嶺，流入汝水。溠水，出湖廣棗陽縣東北黄山，流入涓水。

又　浸沂、沭。沂水，出山東臨朐縣沂山，至南直邳州南入泗水。沭水亦出沂山，至南直安東縣入淮水。

又　川涇、汭，涇水，出陝西平凉府西南幵頭山，至高陵縣西南入渭。詳陝西大川。汭水，出弦蒲藪，至邠州長武縣合於涇水。亦詳見大川涇水。浸渭、洛。渭水，出陝西臨洮府渭源縣西南谷山，至華陰縣北入於河。洛水，出陝西合水縣北白於山，南流合漆沮水，至朝邑縣南入渭水，此雍州之洛水也。俱詳見陝西大川。

又　川河、泲，浸菑、時。菑水出山東萊蕪縣東原山，至壽光縣東北入於海。亦曰淄水。時水出山東青州府臨淄縣西二十五里，西至博興縣合小清河入海。二水于《禹貢》皆在青州境。

又　川漳，漳水有二，濁漳出山西潞安府長子縣西發鳩山，清漳出山西太原府平定州樂平縣西南少山，至河南臨漳縣西合焉。其下流復分爲二，經流自北直獻縣合滹沱河，支流自山東東昌府館陶縣合於衛河，俱經北直静海縣北小直沽入海。今詳見北直大川。浸汾、潞。汾水，出山西静樂縣北管涔山，至滎河縣西入大河。詳見山西大川。潞水，闞駰曰：「即濁漳水。」今濁漳經潞安府城西南二十里，土人猶呼爲潞水。《通典》：潞水在密雲縣。今北直通州之白河，即潞水也。

又　川滹沱、嘔夷，滹沱水，出山西代州繁峙縣東北泰戲山，至北直河間府静海縣北小直沽入海。詳北直大川。嘔夷水一名唐河，出山西大同府靈丘縣西北高是山，至北直保定府安州北而合於易水也。浸涞、易。涞水在北直涞水縣北，一名拒馬河，下流合於易水。易水出易州西山，有三源並導，分流東注合衛河及滹沱河以入於海。今詳北直大川。

又　《戰國策》：蘇秦曰：「魏地南有鴻溝，鴻溝即汴河也，舊自滎陽東南至南直泗州入於淮。今詳河南大川汴水。東有淮、潁，淮、潁二水，見前《禹貢》及《職方》。

又　會於洹水之上，洹水一名安陽河，出河南林縣西林慮山，至北直内黄縣合於衛水。

又　東帶江、淮、穀、泗，穀即睢水也，自汴河分流逕徐州南境，下流入於泗。詳見南直大川睢水。

清·顧祖禹《讀史方輿紀要》卷三《歷代州域形勢三》 參軍譙縱出涪水。涪水源出松潘衛小分水嶺，至合州東南入嘉陵江，所謂内水也。見四川大川涪江。

清·顧祖禹《讀史方輿紀要》卷四《歷代州域形勢四》 涪水自成都府綿州東南至合州入江曰内水。俱詳四川大川。

又 據襄陽之城，斷黑水之路，《水經注》：「黑水出南鄭北山，南流入漢。」今陝西褒城縣西有褒水，一名黑龍江，或以爲即黑水。英盖謂得襄陽則梁州之路斷也。

清·顧祖禹《讀史方輿紀要》卷七《歷代州域形勢七》 阻河依賀蘭山爲固。黄河，在寧夏衛城東南四十里。賀蘭山，在寧夏衛城西六十里。詳見陝西名山。

清·顧祖禹《讀史方輿紀要》卷八《歷代州域形勢八》 並桐柏山以爲固。桐柏山，在今南陽府桐柏縣東一里。

又 自金沙江乘革囊及筏以濟，金沙江出雲南麗江軍民府西北，一名麗江，亦曰瀘水，流經四川叙州府東南合於大江。詳見雲南大川。

又 復入交趾，敗交人於洮江。洮江，即富良江也，見前。是時交趾王陳日煚遁入海，遂屠其人而還。既而交趾復據其地，降於蒙古。

清·顧祖禹《讀史方輿紀要》卷九《歷代州域形勢九》 至涇江，即禁江也，在湖口縣東北九十里，下接小孤、上通九江。

又 遂由肇慶泝西江而上，西江自廣西梧州府會黔、鬱、桂三江之水，東流歷肇慶府境，至廣州府城南注於海。詳川瀆盤江及廣東大川。

清·顧祖禹《讀史方輿紀要》卷一〇《北直一》 桑乾河，源出山西馬邑縣西北十五里洪濤山，亦名累頭山，㶟水出焉，即桑乾河上源也。《漢志·注》謂之治水，治讀曰除。《水經注》謂之㶟水，又謂之索涫水。東流經大同府南，山陰縣、應州、渾源州之北，又東流經廣靈縣及蔚州北境，入直隸保安州界，經州西南出西山，至順天府西南曰盧溝河。俗呼小黄河，以其流濁而易淤也，亦謂之渾河。出盧溝橋下，東南流爲看丹口，或悮爲燕丹口，《元史》作「東麻谷」，去府四十里。分二派：一東流至通州南高麗庄在州西南十三里，稍東南即張家灣也。合白河，一南流經良鄉縣東，固安縣西，爲巨馬河，與霸州界河合，東流經永清縣及東安縣，南至武清縣小直沽達於海。後漢建武十三年，王霸治飛狐道，陳委輸事，從㶟水漕以省陸輓之勞，即此也。《漢志·注》：「治水過郡六，雁門、代郡、上谷、涿郡、廣陽、漁陽。行千一百里。」又桑乾水入幽州境亦謂之南桑乾水。隋煬帝大業七年伐高麗，宜社於南桑乾水上是也。宋宣和四年，童貫侵遼，遣劉延慶等出雄州，至良鄉爲遼所敗。降將郭藥師請奇兵，夜半逾盧溝襲燕京，入迎春門，以軍無後繼，不能克。延慶營於盧溝橋，潰還，遼人追至涿水而去。乾道六年，金人議開盧溝河以通京師漕運，自金口河導至京城北入濠，又東至通州北入潞水。既而以地峻水濁，不堪舟楫，漕渠竟不成。元致和元年，上都諸王忽剌臺等入紫荆關，游兵進逼盧溝橋，爲燕帖木兒所敗，遁去。盧溝蓋京師南面之巨塹也。《志》云：渾河流濁勢盛，自大興而東南入東安、武清界，金、元時皆修築堤岸，以防潰决，綿亘三四百里，而武清崩圮尤甚，每費修塞。有明隄防之役，亦常不乏焉。

又 滹沱河，源出山西繁峙縣東北百二十里之大戲山。由繁峙縣折而西南流，經代州東南，又西南經崞縣、忻州及定襄縣東，復折而東南流，經五臺縣南、盂縣北，又東入北直真定府平山縣界，經縣北，又東經靈壽縣及真定府城南，歷藁城縣北，趨晉州城南，繞保定府束鹿縣南，又過安平縣南，達深州北，復東出饒陽縣北，歷河間府獻縣南、交河縣北，入青縣界，至縣東南岔河口合於衛河，東北流至静海縣小直沽入於海。《周禮·職方》：「并州川曰虖池。」虖池讀曰呼駞。《禮記》「晉人將有事於河必先滹沱」是也。亦謂之惡池。惡讀曰污。《戰國策》：「趙攻中山以擅滹沱。」《漢志·注》：「虖沱，過郡六，代郡、太原、真定、常山、鉅鹿、勃海，凡六郡。行千三百七十里。」更始二年，世祖自下曲陽見晉州。馳至滹沱渡河，所謂倉卒滹沱河麥飯也。建武十三年，以匈奴寇邊，遣馬武屯滹沱河以備之。建安中，曹操自饒陽北引滹沱河爲平虜渠。後魏時，冀州刺史王質以滹沱河流屈曲，疏而直之。又刺史楊真請改滹沱河爲清寧河。《唐六典》：「河北大川曰滹沱。」自安、史之亂，滹沱南北常爲戰争之所。五代時契丹南牧，晉人每禦之於滹沱。宋咸平中，何承矩築隄儲水以限戎馬，則引滹沱爲塘泊。蓋滹沱横亘於河北，燕、趙有事，滹沱上下皆津渡處矣。

又 衛河，源出河南輝縣西北七里之蘇門山，東流經新鄉縣北，過衛輝府城北一里，又東北入北直大名府濬縣境謂之白溝，淇水入焉，亦謂之宿胥瀆。志云：衛水，小水也。後漢建安九年，曹操於淇水口下大枋木遏淇水東入白溝，是時淇水入大河，故操遏使東北流以便漕運。衛河乃附淇水而東。淇水見河南淇縣。隋大業四年，又引白溝爲永濟渠，亦曰御河，自是衛河專有御河之名，而淇水之名遂掩。今衛河由濬縣經内黄縣北、魏縣東南，又經大名府城南，東北流與故屯氏河相接；屯氏河亦名王莽河。歷山東東昌府館陶縣西，漳河合焉；又東北流至臨清州西，與元人所開會通河合，流濁勢盛，漕河得此始無淺澀之虞；由此歷武城縣及恩縣之西，至北直故城縣南，又東北歷山東德州西，又北歷北直景州東境、吳橋縣西境，過東光縣西，交河縣東，南皮縣西，又北抵滄州西及興濟縣西，又北至青縣南岔河口而合於滹沱；又北至靜海縣與霸州文安縣接界，引而東達天津衛，又東百里而入於海。曲折幾二千里，此衛河之大略也。宋時黄河北流，往往浸溢衛河，屢費修塞。元初漕舟涉江、淮入河，至於封丘，（河南開封府屬縣。）陸運一百八十里至淇門，（今衛輝府淇縣。）入於御河，達於京師，蓋用衛河之全也。國家復濬會通河，乃用衛河之半云。詳見《川瀆》漕河。

又 易水，源出保定府易州西山谷中。（《漢志·注》："易水出故安縣閻鄉。"《水經注》亦云："易水出故安縣閻鄉西山。"故安即今易州也。顔師古曰："閻鄉在故安西，入廣昌縣界。"）《周禮·職方》："并州浸淶、易。"《戰國策》：蘇秦曰："燕南有滹沱、易水。"又云："趙之攻燕也，渡滹沱，涉易水，不至四五日而距國都矣。"《史記》："燕太子丹使荆軻刺秦王，祖道易水上。又始皇二十年，秦軍破燕易水之西。"《漢志》："易水東至范陽入濡。"一云至范陽入淶。（漢范陽縣，在今易州東南六十里。）建安十一年，曹操伐烏桓，還至易水，上郡、代郡、烏桓皆來賀。晉永安初，幽州都督王浚入鄴，還至易水，以所將鮮卑多掠鄴中婦女，命敢有挾藏者斬，於是沉於易水者八千人。二年，石勒襲浚至易水，督護孫緯欲拒戰，勒紿浚至薊奉戴，浚信之，因禁諸將勿擊，勒遂滅浚。還渡易水，緯遮擊之，勒僅免。唐光化三年，汴將張存敬攻定州，幽州帥劉仁恭遣子守光救之，軍於易水上，存敬襲擊守光，殺獲甚衆。（此易水，蓋安州以東之南易水。）朱梁乾化二年，晉將周德威伐燕，劉守光東出飛狐，與鎮定軍會於易水，進下祁溝關。（此易水，蓋即易州境之北易水。祁溝關見涿州。）樂史云："易水有三源，流經易州南三十里者曰中易水；出州西北三十里窮獨山者謂之濡水，亦曰北易水；出州西南六十里石獸岡者謂之雹水，（一作『鮑水』。）亦曰南易水。"中易水流經定興縣西亦謂之白溝河，淶水縣之拒馬河流合焉；（拒馬河即淶水，《漢志》所云"東入淶"者也。自是易水兼有白溝河、拒馬河之名。宋人引之與遼分界，於是又有界河之名。）又東經安肅縣北及容城縣北，濡水流合焉；（所謂北易水也。）又經新城縣南，亦曰拒馬河，歷雄縣北及順天府霸州之北，（良鄉縣之琉璃河，固安縣之盧溝支河皆流合焉。）又東經東安縣及永清縣南，（宋霸州治永清，時拒馬河經縣北，金、元時始徙流縣南。）入武清縣之三角淀，又東南至小直沽，與衛河合達於海，此易水之東出者也。其南易水，（即雹水也。）自安肅、容城縣南，又東南經安州北，曹河、徐河、石橋河、一畝泉河、滋河、沙河、鴉兒河、唐河與易水共爲九河，合成一川，統名爲易水，東至雄縣南亦名瓦濟河。又東歷河間府任丘縣北，霸州之保定縣、文安縣南引而東，合於滹沱，同注於海。此易水之别出而東南流者也。蓋易水之源並出於易州，而其流自不相亂。或曰易水，或曰故安河，則推其本而言之也。或曰拒馬河，或曰白溝河，則從其流而言之也。其於南易水或曰滋河，或曰沙河、唐河，則因其所匯合之川言之也。宋何承矩議引易水爲塘埭，謂："既可以限敵騎，又可以利耕屯。"然自宋人引水作塘之後，而川流之故道益亂矣。或曰易水本無正流，附合支川以達於海。故自漢以來言易水之源流者，多未得其詳云。

又 漳水有二源：濁漳水出山西長子縣西五十里之發鳩山，（《地理志》謂之鹿谷山。）經潞安府西南二十里，東北流歷襄垣、潞城、平順縣北、黎城縣南，入河南彰德府林縣境，過縣北至臨漳縣西而合於清漳；清漳水出山西樂平縣西南二十里之少山，（《地理志》謂之大黽谷。）入遼州和順縣，經縣西至州東南，又歷潞安府黎城縣東北，入彰德府涉縣南境，過磁州南，至臨漳縣西而合於濁漳。此漳水之上流，歷久不變者也。自是而下，雖決徙不常，然大抵分爲兩途。其一爲漳之經流，《禹貢》所稱横漳者也。由臨漳縣東北入北直廣平府境，經成安縣南，廣平、肥鄉縣北，至曲周縣西，又東北歷雞澤縣，東合沙、洺諸水入順德府平鄉縣境，（杜佑曰："洺水縣南有衡漳瀆。"《禹貢》"覃懷厎績，至於衡漳"，蓋謂此。洺水今威縣也。漳水嘗由此東北過順德府廣宗縣東入真定府冀州界。）又北至南和縣西合於澧河，（舊流自平鄉縣東，又北經廣宗縣西、鉅鹿縣東而北注於大陸澤。近代決徙不常，遂合澧河而注於大陸。）經任縣東，至趙州隆平縣東北匯於大陸澤，又經寧晉縣南，又東過新河縣及南宫縣北、冀州西北，又經深州之南，衡水縣及武邑縣之北，又經武强縣東而入河間府阜城縣西北境，又東經交河縣南合於滹沱。或謂之衡水，或謂之枯洚水，或謂之葫蘆河，或謂之長蘆河，其實皆漳水也。《通釋》："漳水舊從德州長河縣（今見河間府景州。）東北流經瀛州平舒縣（今霸州大城縣。）入於河，周定王五年河徙而南，故漳水不入河而自達於海。"天陵谷變遷，誠難意測，今漳水附滹沱而入海，不自達海也。其一爲漳河之支流，從臨漳縣東入北直大名府魏縣界，經縣南分新舊二漳，歷府城西，東北流入山東東昌府館陶縣西境而合於衛河，漳濁衛清，衛得漳流始盛而水亦濁，過臨清西而合運河，運河弱而衛强，於是設閘於河口以防夏秋潦溢之患，運船至此，謂之"出口"，東北達於天津由小直沽入海。自元以來，類資漳河爲轉輸之助，故經流日就湮塞。間或從臨漳挾滏水東北出，議者鰓鰓然憂之，恐衛流漸弱不足以濟運也。志云：河間府東光縣城西有濁漳水，由東昌府之恩縣入景州之故城縣界，又經吴橋縣東，復北流入東光縣合於衛河。此即漳、衛合流之水隨時散溢者，今湮塞已久，非漳河正流也。萬曆初，漳河嘗北徙，由魏縣入曲周縣之滏陽河，而館陶之流幾絶。是後臨漳、濬縣、内黄、魏縣之境往往決塞不時，蓋水流淤濁之故也。大抵經流盛則支流衰，支流盛則經流竭，消長有時，而臨漳已下漳水已合爲一，志或言清或言濁者，不過參錯言之，非合流之後又有二漳水也。清漳合濁漳以後，清者亦爲濁所奪，故《通典》多言濁漳。夫横漳之稱，肇於《禹貢》。《職方》：「冀州其川漳。」《戰國策》：蘇秦言：「秦甲渡河，踰漳據番吾，見真定府平山縣。則兵必戰於邯鄲之下矣。」張儀曰：「秦、趙戰於河漳之上，再戰而趙再勝。」至於史起鑿渠以富國，曹公導流以通漕，皆漳水也。詳見河南彰德府。《漢志·注》：「漳水過郡五，上黨、魏郡、清河、信都、勃海。行千六百八十里。」《唐十道志》：「河北大川曰漳水。」

又 灤河，源出宣府衛西百二十里之炭山，東北流經雲州堡北六十里，馬營堡南二十餘里，又北流經廢桓州南入舊開平衛境，東南流經古北口邊外小興州東，又東南與邊外九道流河及諸小水合勢始大，由薊州遵化縣東北團亭寨入内地，經永平府遷安縣東，至府西合於漆河，又經灤州東至樂亭縣南入於海。自源徂流横亘於北境，蓋千有餘里。《水經注》：「濡水自塞外來，過令支、肥如、海陽等縣入於海。」濡水即灤水也。濡，乃官反，音與灤同。亦謂之灅水。晉元康五年，鮮卑拓跋禄官分其國爲三部，一居上谷之北濡源之西，即今宣府以西地也。義熙三年，北魏主珪北巡至濡源，自是以後，往往爲巡行頓舍之處。十三年，魏主嗣遣將延普渡濡水，擊叛將庫傉官斌，斬之，進攻燕令支。劉宋元嘉六年，魏主燾大破柔然、高車，徙降附之衆於漠南，東至濡源，西暨五原陰山，三千里中，使之耕牧而收其貢賦。九年，魏主燾至濡水，遣將奚斤發民兵運攻具出南道，會和龍以伐北燕。《括地志》：「灤水導流深遠，爲幽、平之外塹。」《北使録》：「灤水闊不盈丈，而中甚深。兩岸柳條叢生，秋時採爲箭簳。彝人以河水青緑急流，呼曰『商都』。」此謂今開平廢衛以東之灤河。元至元二十八年，議疏濬灤河，漕運上都。大德五年，灤水漲溢，平州城郭俱被其患。元人亦謂灤河曰御河。《元史》：「延祐四年，上都城南御河西北岸圮。開平縣亦言東關灤河水漲，衝損北岸，議修築之。」泰定二年，永平路復請築隄以防灤水。三年，上都言灤水嚙隄，請及時修治。蓋灤水源高流迅，易於決溢。自開平棄，而灤河中流遂屬荒外，倘狡焉者爲壅塞之謀，平、灤一帶能不以沉溺爲慮哉！

清·顧祖禹《讀史方輿紀要》卷一一《北直二·順天府》 盧溝河，府西南四十里。自保安州流經西山中，東南出，地勢平而土脈疏，最易衝決。有劉師堰，魏劉靖所築，後廢。又東南爲白狼窩口，舊築堤於此，袤百六十餘丈，曰固安堤。又東分二流，入通州及良鄉縣界。詳見大川桑乾河。

又 大通河，在府城東南。《元史》：「至元二十八年，都水監郭守敬言水利，欲導昌平白浮村神山泉，西折南轉，過雙塔、榆河，引一畝泉、玉泉諸水，經甕山泊至西水門入都城，環匯於積水潭，復東折而南出南水門，東至通州高麗莊入白河，共一百六十四里有奇。每十里置一牐，以時蓄洩。從之。二十九年開大通河，明年成，亦曰通惠河，自是都民免陸輓之勞，公私稱便。」歐陽玄曰：「通惠河首導昌平白浮之水，次循太行西山之麓，會諸山之流爲七里泊。東流入都城西水門匯積水潭，又東傍宫墻，環大内之左合金水河，東折而南出都城東水門，經大通橋，東流至通州城西北永通橋，又東會於白河是也。」《河漕攷》：「元時通惠河築堰，起白浮村至青龍橋，長五十餘里，以障諸水入都城。」明永樂四年，北京行部言：「宛平、昌平二縣西湖、景東、牛欄莊及青龍、華家、甕山三閘，水衝決堤岸百六十丈。」命發軍民修治。五年復言：「自西湖、景東至通流凡七閘，河道淤塞。自昌平東南白浮村，至西湖、景東流水河口一百里，宜增置十二閘，請以時修治。」今並湮廢。又通州陸輓至都城僅五十里，元人開運河，總計百六十里，置閘壩二十四所。然通州以西，雖有慶豐、文明、會川等閘，皆河流淺淤，而積水潭在禁城北，漕舟既集，亦無停泊之所，又分流入大内，然後南出，其啓閉蓄洩，非人所得專，故通惠河幾廢。嘉靖六年始濬大通橋至通州城北之石壩凡四十里，地勢高下四丈。修慶豐上下二閘，平津上中下三閘。又東爲普濟閘以蓄水，造剥船製布囊盛米，遞相轉輸，以達都中，軍民稱便。俗謂之裏漕河。

又 高梁河，在府城西。自昌平州沙澗，東南流經高梁店，又東南流入都城積水潭。宋太宗伐遼，與遼將耶律沙等戰於高梁河是也。金人亦謂之皂河，上有高梁橋。蒙古兵入居庸，至皂河欲度高梁橋，爲金將胡沙虎所敗。《水經注》：「高梁水至潞縣注於潞河。」今大通河蓋即高梁河下流也。

又 沙河，府北六十里，即榆河也。《志》云：源出居庸。河至昌平舊縣南而伏，又南十餘里復出，流入宛平縣界。《水經注》謂之濕餘河。《遼史》作「温榆河」。自府北合清河，東流入順義縣，下流會於白河。或曰沙河有二源：一出昌平州西南五十里龍泉寺，合西山諸泉東流爲南沙河；一出昌平州西南之四家莊，逕雙塔村東流爲北沙河。二河分流，至沙河店東南竇家莊合爲一，入通州界注於白河。沙河店在二河之間，故名。永樂十二年北征，駕次清河，明日次沙河。又明日次龍虎臺是也。

又　清河，府北二十里。源出昌平州一畝泉，流經雙塔店合雙塔河，入府境東南流，經此又東會沙河入白河。一云源出玉泉山，分流北出，會於沙河。元至正二十四年，孛羅帖木兒鎮大同，與太子有隙，遣兵犯闕，入居庸關，兵至清河，太子東走。未幾，太子還宮，孛羅復犯闕，入居庸。太子率兵禦於清河，軍潰，遂南遁。

又　金口河，在府西三十五里東麻谷，即盧溝河東岸。金人於此分引盧溝河一支東流，穿西山而出以通漕運。下視都城，高十四丈餘，金末恐暴漲爲害，塞之。元至元二年，郭守敬議按故迹開導，上致西山之利，下廣京畿之漕；又於金口西預開減水口，西南還大河，令深廣以防漲水突入之患。不果。至正二年，議者又欲於通州高麗莊開新河百十餘里，而放西山金口河及引渾河之水東流合御河達通州接引海運，至大都城輸納。脱脱從之，役夫萬餘人，開河置閘。許有壬言：「渾河之水，湍悍易決，足以爲害，淤淺易塞，不可行舟。况西山水勢高峻，金時在城北，入郊野雖有衝決，爲害亦輕；今在都城西南，若霖潦漲溢，加以水性湍急，宗社所在，豈容僥倖。設或成功一時，亦不能保其永無衝决之患。」不聽。河成，果水急泥壅不可行舟，復罷之。

又　百泉溪，在府西南十里麗澤關。平地有泉十餘穴，匯而成溪，東南流爲柳村河，下流注於盧溝河。

清·顧祖禹《讀史方輿紀要》卷一一《北直二·固安縣》　桑乾河，縣西北二十里。自良鄉縣流經縣界，又東南流入東安縣境，合於拒馬河。《志》云：明正德中，桑乾河堤潰決，禾黍之場悉爲巨浸。嘉靖初徙流縣北十里入永清縣界，雨潦浹旬，輒有衝決之患。

清·顧祖禹《讀史方輿紀要》卷一一《北直二·東安縣》　拒馬河，縣西南二十里。《志》云：盧溝河入縣境復分流入霸州界，謂之拒馬河，或謂之安陽河。五代周顯德六年，世宗遣先鋒將劉重進據固安，自至安陽水作橋，謀取幽州，會有疾而還。又明建文時燕王駐兵固安，渡拒馬河，即此。

又　盧溝河，在縣西。自固安縣流入境。《元志》「皇慶初渾河水溢決東安境内黄堝堤一十七所」是也。又東南合霸州之拒馬河。

又　易水，在縣南。舊易水過安次縣界爲固安河，今與拒馬河同爲一川矣。又縣境有白祠溝水。《水經注》：白祀溝出廣陽縣之婁城店，東南經常道城西，去良鄉城四十里。今堙。

清·顧祖禹《讀史方輿紀要》卷一一《北直二·香河縣》　龍灣河，縣南四十里。有大、小龍灣，夏秋之際，二水合流，經寶坻縣界入永平府昌黎縣之七里海。相傳遼時海運故道。又有百家灣河，在縣北。其水無源，四時不竭。

清·顧祖禹《讀史方輿紀要》卷一一《北直二·通州》　白河，州東二十里。源出宣府衛龍門所東滴水崖，東流入密雲縣北境之石塘嶺，過縣西入通州界；其支流亦從石塘嶺過懷柔縣西、順義縣東，入通州東境合焉；東南經漷縣、武清縣東而入直沽，合衛河入海。一名潞河，亦曰沽水。《水經注》：「鮑丘水出禦夷鎮北塞中，俗謂之大榆河，南過潞縣爲潞水。」後漢建武二年，遣將鄧隆討彭寵於漁陽，隆軍潞水南，爲寵所敗。宇文周宣政初，幽州人盧昌期起兵據范陽，高寶寧時據和龍，引兵聲援，至潞水，昌期已爲周軍所平，乃還。唐武后萬歲通天二年，契丹孫萬榮作亂，寇掠河北諸州，既而敗走潞水東，爲其下所殺。宋宣和六年，金斡離不自平州破檀、薊至三河，郭藥師迎戰於白河，敗還，遂以燕山一路降金。明嘉靖二十九年，俺答自古北口闌入近境，都御史王忬馳至通州，收艚舟艤潞河西，勿使爲敵用。俺答屯河東二十里孤山、汊口諸處，阻水不得渡是也。

又　渾河，在州西南。自盧溝橋分流，經州南十五里謂之張家灣。《志》云：張家灣以元時萬户張瑄督海運至此而名。今東南運艘，由直沽至河西務凡百十里，又百三十里至張家灣，乃運入通州倉。官民舟航，皆駢集於此。《燕録》「白河至州東折而迤西處曰張家灣」，蓋盧溝河與白河會流處也。今置張家灣巡司於此。

又　通惠河，在州城西。即大通河也。自京城東至州城南，會於白河，又南會直沽入海，凡二三百里，俱曰通惠河。元至元十七年濬通州運河，即此。今城西六里有永通橋跨通惠河之上，正統十三年建。餘詳京城大通河。

清·顧祖禹《讀史方輿紀要》卷一一《北直二·三河縣》　鮑丘河，在縣西南。即白河之别名也。自密雲縣流經通州東境米莊村，又流經縣界，至寶坻縣境合於泃河。

又　泃河，在縣北。自薊州平谷縣流入縣境，又東南流入寶坻縣界合於鮑丘河。《竹書》：「梁惠成王十六年，齊師及燕戰於泃水，齊師遁。」或以爲即是水也。又《唐志》：「縣北十二里有渠河塘，西北六十里有孤山陂，溉田三千頃。」渠河即泃河之訛矣。

又　洳河，在縣西。自密雲縣石峨山流經縣境，至縣東南入泃河。嘉靖中俺答突犯，營於孤山洳口，即洳河之口也。七渡河，在縣西北。一名黄頒水。源自順義縣黄頒峪，流經縣界，下流入於白河。

清·顧祖禹《讀史方輿紀要》卷一一《北直二·武清縣》　白河，縣東三十五里。即運河也，北接漷縣，南達天津。《元志》云：「盧溝河與白河合流，潰決爲害。至大二年決縣境皇甫村，延祐初決劉家莊，皆興役修塞。」

清·顧祖禹《讀史方輿紀要》卷一一《北直二·漷縣》　白河，縣東四里。自通州流至此，又東南入武清縣境。《志》云：白河濱有長陵營、馬頭店、白浮圈、曹家莊諸堤鋪，皆運河必經之道也。

又　漷河，在縣西。一名新河，自盧溝河分流至縣界析而爲三：其正河爲漷河，東入白河；其一爲新莊河，南流入武清縣界；其一爲黄沍河，東注馬家莊之飛放泊。各去縣十里。

清·顧祖禹《讀史方輿紀要》卷一一《北直二·寶坻縣》　潮河，在縣東二十里。一名白龍港。其上源一自遵化縣之梨河，一自三河縣之泃河、鮑丘河至縣界三叉口合流，亦曰糧運河，東南入於海。

又　柳沽河，縣東北三十里。玉田縣之水匯流入縣境曰柳沽河，下流注於白龍港。又縣東南有草頭湖，遵化、豐潤縣境之水流入縣界，溢而爲湖，俱匯潮河入海。

清·顧祖禹《讀史方輿紀要》卷一二《北直三·霸州》　巨馬河，舊在州北。宋界河也。自保定府雄縣流入。《志》云：巨馬河自盧溝河分流，經固安縣，過州治北，東合白溝河，後徙流州治西會霸水至直沽入海。今霸水淤塞，巨馬、琉璃諸河復合流，經州治北，東入東安、永清縣界。霸水，在州南三里。舊《志》云：白溝河之支流也。自雄縣流入境，東會於巨馬河。州以此名。今堙廢。

又　沙河，在州南。又有唐河與沙河合流而東，蓋九河之水匯流於安州雄縣之界，溢而旁出者也。東經文安縣界入海。其入海處呼爲飛魚口。《寰宇記》謂之五渠水，又謂之長鳴水。《志》云：城西有瓦河水，亦流合於沙河。

清·顧祖禹《讀史方輿紀要》卷一二《北直三·文安縣》　易水，在縣西。自保定縣流入境，即沙河諸水下流也。《水經注》：「易水東至文安與滹沱河合。」《寰宇記》：「滹沱河在縣西三十里，又東溢爲趙淀。」《圖經》云：「縣有狐狸淀，俗謂之掘鯉淀。」今川原改易，滹沱經縣東南，未嘗經縣西也。

清·顧祖禹《讀史方輿紀要》卷一二《北直三·大城縣》　黄汊河，縣東北八十里，即易水下流。自文安縣分流入境，又東北入武清縣之三角淀。

清·顧祖禹《讀史方輿紀要》卷一二《北直三·保定縣》　玉帶河，在縣北。遶縣東南入於磁河。或曰即霸水之下流也。《宋志》：「緣邊塘濼，其一水東北起霸州莫金口，西南至保定軍父母砦，合糧料淀、回淀諸水，横廣二十七里，縱八里，其深六尺。」後廢。又云：「初霸州至保定軍，並塘岸，水最淺，故延平、景德中契丹南牧，每以霸州信安軍爲歸路。」

又　磁河，在縣西南。《一統志》：「源自保定府安州，聚九河之水至雄縣爲瓦濟河，至保定縣爲磁河，東南流入文安縣界。」《志》云：縣東北自路疃村起，直抵西營、唐頭等村，計長四十里，其南爲文安縣界，北則霸州也。議者謂决霸州之堤以疏水性，而築大堤於南以衛文安，則畿南十數州皆可免於水患。

清·顧祖禹《讀史方輿紀要》卷一二《北直三·涿州》　涿水，在州北三十里。源出保安州之涿鹿山，經山谷中，歷房山縣界，東南流至州北，又南合於挾河。○胡良河，在州東北二十里。源出房山縣大安山東麓，流入州境，又南與挾河合流入良鄉縣界注於琉璃河。《志》云：琉璃河即聖水也。自房山縣流經州北，大房山之孔水入焉。石橋跨其上，形勢巨麗，亞於盧溝。

又　挾河，州西北二十里。《一統志》：「自房山縣流入州界，與胡良河合入於琉璃河。」一名挾活河。湯有光曰：「涿水源從大同得勝堡外地界入，至老班溝，一入淶水縣，一入涿州，沙水俱活，東西不定，故謂之挾活水，又謂之聖水也。經督亢亭及州南一帶，至新城縣，皆是涿水下流。北魏刺史盧文偉修爲陂，以資灌溉，民享其利。」亦名巨馬河。《水經注》：「巨馬水經督亢澤北屈匯於桃水、督亢水，又南謂之白溝水。」

又　范水，在州南。自易州淶水縣流入境，下流合於巨馬河。范陽之名本此。又州境舊有桃水。《水經注》：「桃水出涿縣西南奇溝東八里大坎下，東北與洹水合，至涿縣東與聖水合。」今水流遷徙，非復舊迹矣。

又　北涉溝，在州西北。自淶水縣流入，即故洹水也。又南涉溝，即故督亢水也。《一統志》：「良鄉縣東有南涉溝、北涉溝。」蓋謂州北故良鄉縣耳。

清·顧祖禹《讀史方輿紀要》卷一一《北直二·房山縣》 挾河，出縣東南中浣谷，流入涿州界。又胡良河，亦自縣北流經縣東，入涿州界。

又 聖水，在縣西。《水經注》：「聖水出上谷郡西南谷中，東流經大房嶺。」或曰今大房山下聖水泉，即聖水之上源。其委流爲琉璃河，經涿州北入良鄉縣界。又有龍泉河，出縣北大安山；廣陽水，出縣北三十里之公村；俱流入良鄉縣界。

清·顧祖禹《讀史方輿紀要》卷一一《北直二·昌平縣》 榆河，在州南二十里。一名濕餘河。《水經注》：「源出居庸關，南流出關謂之下口，水伏流十餘里發爲濕餘潭。」《志》云：濕餘河源出軍都山，至舊縣西而伏，又南復出謂之榆河。其發處爲月兒灣。或名温榆河，即濕餘之訛也。今上流已涸。其下流爲沙河，入宛平縣北境，經順義縣會於白河。元致和元年，燕帖木兒禦遼東之師，次於三河，聞上都兵入居庸，乃還軍次榆河，既而戰於榆河之北，敗之，追奔至紅橋，據之以拒上都之兵。紅橋，在州西南十二里，橋亡而名尚存。

又 官河，在州西南二十里。源出一畝泉，分爲二流：一曰官河，流入宛平縣合高梁河；一曰雙塔河，在州西南三十里，經雙塔店入榆河。《志》云：一畝泉在州西南新屯，廣一畝許，因名。又清河，源亦出一畝泉，流入宛平縣界。其下流皆匯於沙河。

又 黄花鎮川河，在州東北三十五里。源出塞外，自二道關流入黄花鎮口，經州境，歷渤海所至懷柔、順義縣界入白河。俗謂之九度河，以河流九曲也。又芹城水，在州東北四十里。《水經注》：「芹城水出北山，南逕芹城東南注濕餘水。」志云：「芹城在州東三十里。有橋，橋下即芹城水」。今爲戍守處。其水西南流至藺溝入榆河。杜佑曰：「芹城在順州西南五里。」今順義縣，故順州也。似悞。

又 高梁河，在州西。《水經注》云：并州，黄河之別源也。經州西南三十里之沙澗泉，又東南逕高梁店入都城。又有清泉水，在州北三十里。諺云「高梁無上源，清泉無下尾」，蓋以高梁憑藉衆流，而清泉分流散漫故也。

清·顧祖禹《讀史方輿紀要》卷一一《北直二·順義縣》 白河，在縣城東。自塞外流經密雲縣石塘嶺，過密雲城下，又歷懷柔縣東流入界，經靈蹟山，黄花鎮川河入焉；又南經牛欄山東麓，潮河流合焉；又南經縣城東門外，至通州爲潞河。宋宣和末，金斡離不入順州，宋郭藥師迎戰於白河，敗績，遂降金。明嘉靖末，督臣劉燾以密雲歲運悉由通州陸運至牛欄山，費多，乃疏此河下達通州，更駕小舟轉粟逕抵密雲，省費什之七。

又 榆河，縣西南二十里。自昌平、大興流入縣境，亦曰西河，又名沙河。經後店、葦溝二村，東至通州而注於白河。○大水峪河，在縣北三十里。源亦出塞外，經懷柔縣流入界，至孫家莊東北合於黄花鎮川河。

清·顧祖禹《讀史方輿紀要》卷一一《北直二·懷柔縣》 白河，在縣東七里。又東十五里即潮河。《一統志》：「潞水自塞外丹花嶺合九泉水南流，經密雲縣東北，又西南流至縣境，紅螺山水合焉，下流入順義縣。」戚繼光曰：「白河至密雲石塘嶺關分二支，一由密雲西，一由懷柔西，俱入通州界。」似悞。

清·顧祖禹《讀史方輿紀要》卷一一《北直二·密雲縣》 白河，在縣城西。亦曰鮑丘水，亦曰大榆河。自縣北石塘嶺流經縣界，又南經懷柔、順義縣流入通州境。萬曆中，議者謂順義縣牛欄山而下，白河、潮河二水交會，水勢深廣，漕舟易達。牛欄山而上，水源既分，支流自弱。密雲城西有白河故道，宜於楊家莊地方築塞新口，疏通舊道，使白河自城西經流直至潮河交會，則水勢至大，牛欄山至密雲亦可以舟運矣。

又 潮河，在縣東南。自古北口流入縣界，西南流至順義縣合於白河。宋景定二年，蒙古忽必烈親將諸軍由檀、順州駐潮河川。明弘治十三年，火篩自大同深入，分遣大臣戍此。李東陽曰：「朵顔通潮河川，古北口一日而近。」是也。《邊防攷》：「潮河寬處可一二里，狹處僅二三丈，昔人每以木石縱横布列，以限戎馬。川之兩旁，築垣立臺。東臺下有鐵門關，爲出入道，常扃鑰不開，而臺上有樓，總督大臣每以撫賞諸夷時蒞此。關外爲夾墻，下有小城曰北關營。川口東南又有小城曰潮河川堡，設潮河川守禦千户所戍守。」《志》曰：潮河川直衝境外，横闊百七十餘丈，夏秋水漲，則成巨浸，水退則爲坦途，可通萬騎。地皆流沙，不能築城鑿渠。弘治中撫臣洪鍾議以古北口東三里許二砦三砦間，其山外高内低，約餘二丈，鑿爲兩渠，以殺水勢。復於口外砌石堰，使水由川中行，仍於堰内築外關一座，以防寇衝。詔從之。議者謂：「於柏查山築墻，則川在墻内，鑿之無益。」既而功久不成，議者又言：「潮河川古道門外有蜂窩嶺，增墩濬川，設橋其間，可防衝突。」許論謂：「潮河川係殘元上都故道，尤爲寇衝，設橋則浮沙難立，爲塹則漲水易淤，若多建石墩列川中，錯綜宛轉，令不礙水路，亦備禦一法也。」嘉靖中，邊民哈舟兒者，常導俺答自潮河川入京，東逼古北口。萬曆中，議者欲於潮河川、西山、野豬嶺，北至猪嘴寨、河口墩，又迤北至石崖創修横城一道，以爲險固云。今潮河川新、舊營寨，俱爲防守要地。

又 要水，在縣東北。亦曰清水。源出古北口外，自大、小黄崖口流入境，至縣西北又東入於潮河。漢要陽縣以此名。又東北有武列水，亦曰三藏川。其水三川派合，曰西藏川、中藏川、東藏川，其合處曰三藏口。晉咸康四年慕容皝伏兵於此，敗趙將麻秋處也。《水經注》：「要水、武列水、三藏水並注於濡水。」濡同灤，潮水亦有灤河之名。

清·顧祖禹《讀史方輿紀要》卷一一《北直二·薊州》 龍池河，州城南。一名漁水。源自州北盧兒嶺口流入，南合遵化縣之梨河，經玉田縣入寶坻縣之白龍港。成化間，西北盤山水發，始合州境之砂河、窑河及五里河並入沽水。

又 泃水，一名廣漢川，在州北四十里。發源黄崖口，一支西南流，經盤山之陰入平谷爲泃河；一支東南流，經盤山之陽過三岔口入寶坻縣之白龍港。宋廣川郡之名以此。《水經注》：「漁陽有灅水，流經石門峽入徐無縣境。」或云灅水蓋即灤水支流，自遵化縣流經石門，下流至玉田縣合於梨河。

又 沽河，州南五里。自陽河以西，泃水以東，諸水皆入焉，其下流經新開河至直沽達於海。漕運泝流而上，直抵城南。《通典》：「漁陽有鮑丘水，又名潞水，即沽水矣。」後漢興平二年，幽州牧劉虞爲公孫瓚所殺，虞從事鮮于輔等合兵攻瓚，破瓚於鮑丘水。《水經注》：「鮑丘水從塞外來，南過漁陽縣東，即鮮于輔等破瓚處。」志云：沽水一名西潞水，一名東潞水。或曰在通州東者曰西潞水，在薊州南者爲東潞水，下流皆合於寶坻縣，亦兼有鮑丘水之名。李賢曰：「今海濱有二沽，一曰水套，一曰新開，相去纔十里。」天順初開河通潮，以便薊州漕運，此二水也。

又 陽河，州西五里。亦名五里河，以去城五里而名。源出城西鵓毛臺，臺亦名紙坊山，下流入於沽水，水性暖，遇寒不冰，故曰陽河。相去一里有涼泉水，泉出地中，方廣丈餘，盛暑彌涼，因名。

清·顧祖禹《讀史方輿紀要》卷一一《北直二·玉田縣》 梨河，在縣東二十里。自遵化縣南流經縣境，又南入寶坻縣界，縣東境諸水多流入焉。○藍水，在縣西北二十里。出縣北境三欒臺山，西南流入州南白龍港。

又 庚水，縣東北四十里。《水經注》：「庚水出徐無縣北塞中，南歷徐無山，有黑牛谷水、沙谷水並西出山東流注庚水，又有灅水亦自徐無縣西北東南流合於庚水。」庚水下流合於梨河，蓋即豐潤縣之浭水。

清·顧祖禹《讀史方輿紀要》卷一一《北直二·豐潤縣》 浭水，在縣北八十里。一名還鄉河，或謂之雲浭水。源自遷安縣，歷崖兒口西南流經縣境入玉田縣界合於梨河。又沙流河，在縣西四十里。源出縣西北五十里之黨峪山下，經兩山口，又西南流會於還鄉河。元致和初，懷王襲位，上都兵自遼東入討，撒敦等拒之於薊州東沙流河是也。

又 沙河，在縣南。源出灤州界，西北流經縣之越支社，又屈而東南流入於海。《志》云：成祖北征三衛還，駐蹕沙河，即此。又韓城鎮河，在縣南五十里韓城鎮。源出車軸山，經鎮北，又西流十餘里入漫泊，下流會還鄉河。

清·顧祖禹《讀史方輿紀要》卷一一《北直二·遵化縣》 灤河，在縣東北。自縣北塞外逕團亭寨流入内地，東南入永平府遷安縣境。唐開元二年，幽州帥薛訥出檀州擊契丹，至灤水山峽中，契丹伏兵遮其前後，從山上擊之，訥大敗，即此地也。今詳大川灤河。

又 梨河，在縣西南。源出縣北山谷中。舊《志》云：出灤州界，流入縣境。縣西北有湯河，出鯰魚口；又有清水河，出道溝峪；俱流合焉，經玉田縣入寶坻縣界合於潮河。明建文三年，遼東兵圍遵化，燕兵敗之於清水寺橋，橋蓋在清水河上。○五里河，在縣北五里。源自一片石谷口，流經沙坡峪，至縣西南入於梨河。或謂之沙河。建文初，大寧帥劉貞引兵至沙河攻燕遵化。永樂二年，成祖北征三衛還，駐蹕沙河，即五里河也。

清·顧祖禹《讀史方輿紀要》卷一一《北直二·平谷縣》 泃河，在縣東南。自薊州流入界，又南入三河縣境。《志》云：縣東十里有馬莊河，源出縣東北海子，與縣東北三十里獨樂河及縣境之五百溝河、鄉泰河俱合流入於泃河。

又 洳河，在縣東南五里。源出密雲縣石峨山，流經縣境，又西南流入三河縣界。縣西十里有周村河。源出口外，下流入洳河。

又 逆流河，在縣東南。一名小碾河。源出縣南泉水山，西北流，凡九十九曲而入泃河。又有龍泉，在縣東南十里。成祖嘗駐蹕於此，飲水而甘，錫以今名。

清·顧祖禹《讀史方輿紀要》卷一二《北直三·保定府·清苑縣》 清苑河，

府西二里。源出府西三十里雞距泉，至此分流，繞城南北，經城東合流入黄狗窊，又東入安州界。一名沉水。《宋志》：緣邊塘濼，起安肅、廣信軍，南至保州西北，蓄沉河爲塘，横廣三十里，縱十里，深五尺，淺三尺，曰沉苑泊；又自保州西合雞距泉、尚泉，爲稻田、方田，衡廣十里，深五尺至三尺，曰西塘泊。今多湮廢。

又 徐河，府北十五里。出易州西五回嶺，經滿城縣北名大册河，出郎山下，東南流至府北名徐河，又東入安州界入於易水。《水經注》「徐水出北平，東逕清苑縣城東而至高陽縣」是也。唐武德五年，劉黑闥遣其弟十善等擊唐幽州總管李藝於鼓城，既而戰於徐河，十善等大敗。宋太平興國四年，契丹入寇鎮州，都鈐轄劉延翰帥衆禦之，先至徐河口。六年，八作使郝守濬開徐河、雞距河五十里入白河，以濟關南之漕。咸平六年，知保州趙彬奏決雞距泉，又分徐河水南注運渠，置水陸屯田。景德初邊臣閻承翰開漕渠，復堰徐河水入雞距泉以息挽舟之役，又於保州境内屯田凡百餘頃。宋范成大曰：「徐河在清苑北十里，繞流於保州威虜潤。宋每恃此以禦契丹入寇。金人謂之饋糧河。」鼓城，今晉州是也。

又 石橋河，府南二十里。自滿城縣方順河東流，經此入黄狗窊，俗亦名梁頭河，合於清苑河。又梁河，在府東三十里。自唐縣唐河分流經此，又東入安州境，合於易水。○土尾河，在府東南九十里。源自蠡縣唐河分流，經此入高陽縣界。《宋志》：緣邊塘濼，東起順安軍，西邊吳淀，至保州合齊女淀、勞淀爲一水，横廣三十餘里，縱百五十里，深一丈三尺，或一丈。今二淀俱湮廢。

清·顧祖禹《讀史方輿紀要》卷一二《北直三·保定府·滿城縣》 方順河，縣南五十里。其上源即完縣之祁水也，東流入縣境曰方順河，亦曰順水。又東入清苑縣爲石橋河。《水經注》：「光武追銅馬、五幡於北平，破之於順水，乘勝追北。爲其所敗，短兵接，光武自投崖下，遇突騎王豐，下馬授之，始僅免，退保范陽，即此水也。」

又 易水，在縣北。自定興縣流入境，又東入容城縣界，即白溝河也。《水經注》：「易水東流屈逕長城西，又東南流過武遂縣南、新城縣北，俗謂是水爲武遂津。」晉咸康六年慕容皝伐後趙，自薊城進破武遂津是也。津北對長城門，謂之汾門。《史記·趙世家》「孝成王十九年趙以汾門與燕」，即此。亦曰分門，又謂之梁門。志云：易水東分爲梁門陂，五代周置梁門口砦，以此。宋范成大《北使録》：「自安肅軍出北門十五里至白溝河，又一百五里至涿州。」

又 徐水，縣南四十里，與清苑縣分界。上有徐橋。志云：縣南二十五里有曹水，西北出曹河澤，東南流經北新城南入於徐水。○南昌水，在縣西。《輿地記》：「南昌水東流過梁門，去縣西二十里，引爲陂塘以溉民田。」

又 鮑水，在縣西北。自易州流入境，又東南流入容城縣界。今城北有鮑河渡，即此水也。《宋會要》：「咸平四年，知静戎軍王能請自姜女店東決鮑河水北入閻臺淀，又自静戎之東引河北注三臺、小李村，其水溢入長城口而東，又壅使北流，東入於雄州。議者以閻臺村地高，決河引水非便，議寢。五年，順安軍都監馬濟請自静戎軍東引鮑河，開渠入順安軍，又自順安軍西引入威虜軍，置水陸營田於渠側，以達糧運，以隔朔騎。從之。」《金志》遂城縣有鮑河，下流合於易水。又縣北有趙曠川，舊爲戍守處，宋人所云「趙曠川、長城口皆契丹出入要害」是也。○柳灣，在縣北。《志》云：宋與契丹分界二十里，即此。俗名蘆草灣，今堙。

清·顧祖禹《讀史方輿紀要》卷一二《北直三·保定府·定興縣》 拒馬河，縣西一里。亦謂之淶水。自淶水縣流經此與五里河、白溝河合，入安肅縣界。其合處有渡曰河陽渡。《志》云：劉琨嘗守此以拒石勒，因名。守處蓋在縣境。

又 白溝河，在縣西。自易州流入縣界，東合拒馬河，即易水也。又五里河，在縣西南十里。自易州白楊嶺流入縣界，東流入拒馬河。

又 遒闌河，縣西北三十五里。自淶水縣流入界，下流與易州之梁村水、白楊嶺水、馬跑泉水合流而東入拒馬河。一名沙河。宋雍熙三年曹彬等敗於岐溝，夜渡拒馬河，南趣易州，方瀕沙河而飯，聞契丹將耶律休哥追至，驚潰，死者過半，沙河爲之不流，即此水也。

清·顧祖禹《讀史方輿紀要》卷一二《北直三·保定府·新城縣》 白溝河，縣南三十五里。自安肅、容城縣界流入境，亦曰拒馬河。宋人與遼分界於此，亦曰界河。石晉開運二年，契丹入寇，晉兵敗之於陽城，契丹逾白溝而去，蓋自此逾河而北也。邑志：縣東南有王大本口堤，昔人築此以防拒馬河之泛溢。永樂十年堤潰，尋復修塞。陽城，見完縣。

又 馬村河，縣西北四十里。自淶水縣流入境，東南流合於白溝河。志云：馬村河本自拒馬河分流，由淶水縣東南境赤土社經縣之馬村，因名。宋咸平五年修堤塘，壅鮑河開渠入順安軍及威虜軍，詔莫州部署石普護静戎軍，壁於馬村，以張軍勢，即此。

又　南里河。縣東北二十里。志云琉璃河支流也，與順天府良鄉縣接界。又縣東三十里，爲渾河，自順天府固安縣分流，合南里河，經雄縣境，而入霸州界。

清・顧祖禹《讀史方輿紀要》卷一二《北直三・保定府・雄縣》　易水。縣南二十五里，自安州流入境。相傳燕太子丹送荆軻於易水上，蓋在此處。唐光化三年，朱全忠遣將張存敬寇易、定，幽州帥劉仁恭遣其子守光救定州，軍於易水上，存敬襲敗之。一名瓦濟河。志云：易水至雄縣南，東合白溝河，是爲瓦濟河。又東合清河，是爲三岔口河。縣西三里有黄灣河，則易水之支流也。

又　白溝河，縣北三十里。亦曰巨馬河。自新城縣流入境，即宋之界河也。宋宣和四年，童貫伐遼至高陽關，遣种師道總東路兵趨白溝。既而師道次白溝，遼人擊敗其先鋒楊可世於蘭溝甸，師道退保雄州。未幾，童貫復遣劉延慶等出雄州，度白溝以侵遼，至良鄉爲遼所敗。明建文中，燕王與李景隆大戰於白溝河，即此處也。宋《北使行程記》：「雄州之北，界河之南，有白溝驛。」

又　雄河，縣南三里。自安州易水分流，逕縣界，東流仍合於易水。《宋會要》：「沿邊塘濼，東南起保定軍，西北抵雄州，合百水淀、黑羊淀、小蓮花淀爲一水，衡廣六十里，縱二十五里，或十里，其深八尺或九尺。」後廢。今縣南五里有閘河，相傳宋楊延昭浚此運糧；又南十里爲高陽河，自高陽縣流入而名；又縣東南五十里有清河：俱流合於易水。

清・顧祖禹《讀史方輿紀要》卷一二《北直三・保定府・容城縣》　易水，在縣南。自安肅縣流入境，復東北流，經新城縣境，又東南入雄縣界。亦曰白溝河，亦曰拒馬河。《水經注》：「易水逕容城縣南，又東渥水注之。其水上承二陂於容城縣東南，謂之大、小渥澱，南流注易水，謂之渥洞口。」今渥水湮廢久矣。邑志：縣自東而北有長堤，延袤五十里，以防白溝河漲溢。永樂十四年潰決，尋修塞之。

又　濡水。在縣西。自易州流入境，亦曰北易水。《水經注》：「濡水出故安縣西北窮獨山南谷，東流至容城縣西北大利亭，又東南與易水合。」邑志「縣西南二十里有黑龍渡，易水與鮑河合流處」，誤以濡水爲鮑水也。○雹水，在縣南，即鮑水也。自安肅縣流入境，又東南入新安縣爲長流河。

清・顧祖禹《讀史方輿紀要》卷一二《北直三・保定府・唐縣》　唐河，縣西三十里。古嘔夷水也。源出恒山谷中，自山西靈丘縣東南流，經倒馬關至縣境，又東南入定州界，謂之滱水，至祁州與沙河合。《水經注》：「唐水導源盧奴縣西北，至唐城西北湓㵎而爲河，其水南入小溝，下注於滱水。」似悞。

清・顧祖禹《讀史方輿紀要》卷一二《北直三・保定府・完縣》　濡水，在縣西南。《水經注》：「濡水出蒲陰縣西，枉渚迴湍，率多曲復，亦謂之曲逆水。」志云：今縣北一里有曲逆水，繞縣東南合於祁水。或以此即祁水之别源，非故濡水也。又有蒲水。《水經注》：「蒲水出縣西北蒲陽山，逕蒲陰縣北，下流合於濡水，又東入於博水。」今故道多湮。○龍池，在縣北四十里。舊有灌溉之利，今湮。

清・顧祖禹《讀史方輿紀要》卷一三《北直四・故城縣》　潢盧河，縣西南五十里。一名索盧河，亦曰枯河。其水無源，數年一至。泛溢則波濤洶湧，漂廬拔樹，隨流而下；遇旱輒涸，民播種其中，收穫倍利。北流入冀州棗强縣界。或以爲即衛河之支流云。

清・顧祖禹《讀史方輿紀要》卷一四《北直五・真定府》　滹沱河，在府城南一里。《圖經》云：「府背倚恒山，面臨滹水是也。」其上流自靈壽縣流入界，又東入藁城縣界。范成大曰：「渡河五里即州城。」唐天寶末李光弼入常山，史思明自饒陽趣救，光弼與賊夾滹沱而陣，敗却之。光化三年朱全忠侵鎮州，前軍逾滹沱攻南門，焚其關城，王鎔懼而請和。五代梁龍德初，成德將張文禮弑其主鎔，晉王存勗遣兵討之，渡滹沱，圍鎮州，夾漕渠以灌城，未下。二年，晉將閻寶攻鎮州。寶築壘掘塹，決滹沱水環其城，内外斷絶。寶以城破在即，不爲備。賊來攻，遂壞長圍而出，寶敗保趙州。既而李存進攻鎮州，亦夾滹沱爲壘，與賊相持於東垣渡。舊有中渡橋，在府東南五里，跨河上。晉開運三年契丹趣恒州，晉杜威禦之，至中渡橋，契丹已據橋，晉軍争之，契丹焚橋而退，與威夾河而軍。李穀謂威曰：「今多以三股木置水中，積薪布其上，橋可立成，因與恒州合勢擊之，彼必遁。」威不從，尋以其衆降契丹。及契丹入汴，遷晉主於北荒，晉主至中渡橋，見重威寨，慟哭而去。胡氏曰：「中度橋，州人津渡之所也。其上下流各有渡，故此爲中渡。」宋熙寧九年，程昉於此創繫浮橋。元豐五年轉運副使周革言：「浮梁增費數倍，既非形勢控扼，請易以板橋，至四五月防河即折去，權用舡渡。」從之。今府南跨河有通濟橋，猶沿其制。又滹沱河流迅急，每患漂溢，歷代皆修築堤防以禦之。金大定八年決真定堤岸，十七年決郡西白馬岡。元大德十年決堤浸城，至大初復漂南關百餘家。延祐以後，屢屢修築，爲患未已。《堤防攷》：「府西滹沱河北舊有曹馬口堤，長三十餘里，以護城垣。宋天聖間堤壞，尋復修築。明成化十三年大水，堤復潰，水勢逼城西南隅，壞民廬舍，關城中幾爲巨浸。守臣田濟請於舊河之數里外鑿新河，延袤十餘里，分殺其流；復築堤以禦舊河之水，於是水有所歸；復於新河北築堤，長四千餘丈，環拱關南，公私攸賴。自是屢有決溢，皆因舊址疏築。」餘見前大川。

清·顧祖禹《讀史方輿紀要》卷一六《北直七·大名府》 漳河，府西北二十里。有新舊二河，俱自魏縣流經府境。志云：舊漳河自魏縣東南流，經府城西南入衛河。後徙從魏縣東北流經府北，下流至館陶縣界入衛河，謂之新漳。《五代史》：「梁開平五年，晉王存勗敗梁兵，自趙州進圍魏州，梁將楊師厚引軍自磁、相赴救，晉解圍去，師厚追之，逾漳水而還。」宋時嘗引漳水注雕馬河入府城灌御河，又從東北陡門出灌流沙河，復入漳河以通漕運。今故渠已湮。《河渠攷》：「漳水流濁，最多決溢。明洪武初，漳水溢。三十一年漳、衛並溢，郡城遂圮。自宣德以後，横流決齧，不可勝紀。其最甚者莫如嘉靖三十六年，漳、衛横流，盤旋於元城、大名、南樂、魏、濬、内黄等縣境，民至有攀木而栖者。」蓋漳盛而衛不能容，泛濫爲災也。又云：「漳、衛二河並在府境，大抵衛常安流，漳善決齧。明初，漳水從魏縣北歷西店，東注館陶合衛水。正德初，漳河決魏縣閻家渡，又十年決雙井渡，皆合衛水由艾家口東北經小灘鎮而入館陶界，堤堰完固，環抱郡城，雖有決齧之患，補塞亦易。嘉靖三十六年復決於魏縣西南迴隆鎮，遂舍艾家口，經大名縣南分流汗漫，東至岔道村始合舊河，公私皆以泛濫爲病。隆慶三年，漳水大溢，大名縣城垣室廬幾至爲墟。萬曆十九年，始自大名縣西白水村至艾家口開渠十一里達漳河故道，復自艾家口導支流入府城壕。工甫畢淫潦適至，賴二流分派，大名縣得以無恙。因擬益爲閘壩以節宣之，自是水患差小。」餘詳大川漳水。

又 屯氏河，在府東。志云：《漢書》「武帝塞宣防後，河復決於館陶，分爲屯氏」，即此河也。按此蓋屯氏別河，決於成帝時，泛濫兖、豫者，其後流絶，亦名爲王莽河。班固曰：「禹釃二渠以引河，一則漯川，今河所經；一則北瀆，王莽時絶，故世俗名是流爲王莽故河。」唐建中三年，朔方帥李懷光等與朱滔戰於愜山，敗績，是夕滔等堰永濟渠入王莽故河，絶官軍糧道及歸路。明日水深三尺餘，馬燧等大懼，卑辭謝滔，始得與諸軍涉水而西，退保魏縣。興元初，朱滔與田悦有隙，攻悦貝州，會田緒殺悦，滔喜，遣兵攻魏州，軍王莽河。又後唐同光四年，趙在禮等作亂，自臨清、永濟、館陶趣魏州，州將孫鐸請乘城爲備，且募壯士伏王莽河逆擊之，監軍史彦瓊不聽，賊掩至魏州，城陷。宋時大河自澶州而東北出大名、元城之東，其後決徙不一，屯氏河之故迹遂堙。《一統志》：「王莽河一名毛河，即屯氏河之訛矣。」又金堤，邑志云：在舊府城北十九里。即漢成帝時所築，北盡館陶縣界。

清·顧祖禹《讀史方輿紀要》卷一九《南直一》 大江自江西九江府彭澤縣流入界，江北岸爲宿松縣及望江縣，又東北至安慶府城西南，江南岸爲東流縣，以至池州府城西北，經桐城縣境南，桐城縣屬安慶府。銅陵縣城北，銅陵縣屬池州府。而入廬州府無爲州界及太平府繁昌縣界。自此益折而東北，江西岸爲和州，東岸爲蕪湖縣，太平府天門、采石之險在焉。又東北經應天府界，江北岸則六合縣、江浦縣，以至揚州府之儀真縣瓜洲鎮，江南岸則應天府以及句容縣北境，至鎮江府京口閘與瓜洲南北相對，爲渡江之津要。自此引而東，南岸經丹陽縣、常州府境及江陰縣城北，又東爲蘇州府常熟縣之北境，北岸則歷泰興、靖江、如皋縣境，又東歷通州之狼山，與常熟縣福山對境，又東至海門縣入於海。海門縣今堙於海。而靖江則孤懸於江中，靖江縣在江中，本屬江南，今城北新沙平闊，直接江北泰興縣，而江在城南矣。崇明則翼峙於江口。此境内江流之大略也。吴紀涉曰：「長江自西陵以至江都，五千七百里，疆界雖遠，而險要必争之地不過數四處，猶人有八尺之軀，靡不受患，其護風寒亦數處耳。」北魏陸叡曰：「長江浩蕩，敵之巨防也。」宋吴表臣曰：「古來都建康者，以大江爲要會。大江之南，上自荆，鄂，下至常、潤，不過十郡。十郡之間，其要不過七渡。上流最緊者三，荆南之公安、石首，二縣俱屬荆州府。岳之北津；即府西北三十里之三江口。中流最緊者二，鄂之武昌，太平之采石；下流最緊者二，建康之宣化，鎮江之瓜洲。」《宋會要》：一作「中興會要」，宋梁克家輯。「紹興二年，命沿江岸置烽火臺以爲斥堠，自當塗之褐山、東采石、慈湖、繁昌、三山至建康之馬家渡、大城岡、池州之鵲頭山，凡八所。又紹興七年葉夢得言：「建康、太平、池州緊要隘口，江北可濟渡處凡一十九處。」咸淳十年汪立信言：「沿江之守不過七千里，若距百里而屯，屯有守將，十屯爲府，府有總督，其尤要害處，輒三倍其兵，無事則泛舟長江，往來游徼，有事則東西齊奮，戰守並用，互相形援，以爲聯絡，率然之勢，此上策也。」時宋已失荆、襄，故濱江之備切。王應麟曰：「塞建平之口，建平，今荆州府歸州。使自三峽者不得下；據武昌之津，使自漢水者不得進；守采石之險，使自合肥者不得渡；據瓜步之衝，使自盱眙者不得至，此守江之策也。」明初以大江當建康肘腋，而江南財賦淵藪，轉輸所必資，增置營軍，特命大臣經理。上自九江，濱於大海，設險置防，皆爲重地。嘉靖間倭寇充斥，東南糜爛，於是江防、海防之議益起，沙洲浦渚，節節爲防，詳且密矣。然而機變無方，風帆迅疾，未可繩以守株之見也。唐順之曰：「江口蓼角嘴，見廢海門縣。營前沙，見崇明縣。南北相對，海面闊百四五十里，此江防第一重門户。江北周家橋，見揚州府。與江南岸圌山相對，圌山，見鎮江府。江中有順江洲爲兩岸分界，周家橋南至順江洲江面止六七里，順江洲南至新洲夾江面止七八里，新洲夾至圌山江面不過十四五里，此爲江防第二重門户。京口、瓜洲南北相對，江面不過十八里，此江防第三重門户也。」今瓜洲渡江至京口，江面不過七里有奇。餘詳《川瀆異同》。

又 淮河自河南固始縣而東流入界，經潁州南，霍丘縣北，潁上縣南，又東經壽州北及懷遠縣城南，又東經鳳陽府城及臨淮縣城北，又東北經五河縣城東，盱眙縣城北，泗州城南，又東北至清河縣南合大河，又東經淮安府城北及安東縣城南而入海。長淮南北大小羣川，無不附淮以達海者，而渦、潁、汴、泗諸水則尤要害所關也。《春秋》襄三年：晉會諸侯於雞澤，見北直廣平府。使荀會逆吳子於淮上。三國魏黃初五年謀伐吳，爲水軍，親御龍舟，循蔡、潁，蔡、潁二河也。浮淮如壽春。六年復伐吳，帥舟師自譙循渦入淮，至廣陵。晉永和中，姚襄屯歷陽，夾淮廣興屯田，殷浩惡其強盛，遷之於梁國。自南北分疆，往往以長淮爲大江之蔽。陳人失淮南，遂爲隋人所并。唐末楊行密與朱温亟戰於淮上，温不能渡淮，楊氏遂能以淮南之境與中原抗。五代周取淮南，而李氏之亡不旋踵矣。宋王德曰：「淮者江之蔽也，棄淮不守，是爲脣亡齒寒。」紹興三十一年，金亮南侵，詔劉錡等備清河、潁河、渦河口。開禧二年，金人以韓侂胄敗盟，遣僕散揆等分道入寇，一出潁、壽，一出渦口，一出清河口。時丘崈爲兩淮宣撫，或勸崈棄廬、和爲守江計。崈曰：「棄淮則與敵共長江之險，吾當與淮南俱存亡耳。」又寶慶三年李全據楚州，趙范言：「有淮則有江，無淮則長江以北港汊蘆葦之處，敵人皆可潛師以濟，江面數千里，何從而防哉？」真氏曰：「淮東要害在清河口，淮西要害在渦、潁口，欲固兩淮，先防三口。」楊氏萬里曰：「固國者以江而不以淮，固江者以淮而不以江也。」餘詳《川瀆異同》。

又　黄河自宋神宗時決於澶州，合南清河而入淮，自是淮北遂被河患，五六百年之間，川原故道，幾幾盡失其舊矣。而國家漕運，又藉黄河以相灌注，故補救之法，萬緒千端，猶虞無濟。今大河在境中者，繇河南歸德府永城縣界流經徐州碭山縣北，又東至豐縣南，又經沛縣南及蕭縣北，至州城東北而合於泗水，蓋奪汴水入泗之舊道也。入泗以後遂奪泗水之經流從吕梁洪而東經邳州宿遷縣之南，桃源縣之北，至清河縣而合於淮，東注於海，并奪淮河之經流矣。詳見《川瀆異同》。

又　清河即泗水也，亦曰南清河。源出山東泗水縣東五十里之陪尾山，四泉並發，西流至縣北八里始合爲一，又西經曲阜縣北，過兖州府城中，至濟寧州城東分南北流，北流入會通河，南流自魚臺縣南入徐州境，經沛縣東至州城東北又東南流，過邳州宿遷縣南，又東經桃源縣北，至淮安清河縣西北三十里三汊河口分爲大小二清河，又南達於淮，志云：大清河繇清河縣治東北入淮，小清河繇縣治西南入淮，相去僅五里。謂之清口，亦曰泗口，亦曰淮口。《禹貢》曰：「浮於淮、泗。」《周禮·職方》：「青州川淮、泗。」《漢志》：「泗水過郡六，魯國、山陽、濟陰、沛、楚國、泗水。行千一百一十里。」景帝三年，吳、楚七國反，周亞夫擊之，堅壁昌邑，見山東金鄉縣。使弓高侯等弓高侯，韓頹當也。將輕騎出淮、泗口，絶吳、楚兵後，塞其餉道。吳、楚糧絶，卒以敗散。後漢初平四年，曹操擊敗陶謙於彭城，進攻郯，見山東郯城縣。坑殺男女十萬口於泗水，水爲不流。晉大寧初，徐州刺史卞敦鎮泗口，聞石勒寇彭城、下邳，退保盱眙，淮南大震。二年，勒將石瞻復寇下邳、彭城，取東莞、東海，兖州刺史劉遐自彭城退保泗口。永和五年石季龍死，國亂，褚裒上表請伐趙，即日戒嚴，直指泗口。八年殷浩北伐，亦屯軍於此。太元三年，苻秦圍彭城，謝玄等馳救，軍於泗口。義熙五年，劉裕伐南燕，帥舟師自淮入泗。十三年伐秦，自淮、泗入清河。此清河謂濟水。宋元嘉七年，遣到彦之等將兵復河南地，彦之自淮入泗，水滲，水下漉爲滲。日行纔十里，自四月至秋七月始至須昌，今見山東東平府。乃泝河西上。泰始三年，徐州刺史薛安都以彭城降魏，魏將尉元等入彭城。宋張永等引兵攻之，不克而退，會天大雪，泗水冰合，永等棄船步走，尉元與薛安都前後邀擊，永等大敗。尉元以彭城兵荒之後，公私困竭，請發冀、相、濟、兖四州粟，取張永所棄船九百艘，沿清運載，以賑新民。魏主從之。此清水謂濟水及泗水也。元嘗言：「宋人圖淮北，必自清、泗趨下邳。」是也。既而宋主復遣沈攸之擊彭城，攸之以清、泗方涸，運糧不繼，固執以爲不可。宋主強遣之。尉元大敗攸之於淮、清口，攸之退走淮陰。齊建元二年，遣領軍李安民巡行清、泗諸戍以備魏。梁天監五年，將軍藍懷恭與魏將邢巒戰，敗於睢口，睢水入淮之口。巒進圍宿預。懷恭復於清南築城，清水南也。巒與楊大眼攻拔之。陳大建十年，吳明徹北伐，圍彭城，堰泗水灌之。周將王軌馳救，引兵據淮口，結長圍以鐵鎖貫車輪數百沉之清水，以遏陳船歸路，又於兩端築城，一旬之間，水路斷絶。明徹乃決堰，乘水勢退軍，冀以入淮。至清口，水勢漸微，舟礙車輪不得過，爲軌所擒。陳主大懼，因命樊毅都督清口上至荆山緣淮諸軍。毅遣軍渡淮北對清口築城，軍士棄城還。唐乾寧四年，朱全忠大舉擊楊行密，分遣龐師古等將徐、宿、宋、滑之兵壁清口。將趨揚州，或告師古營地汚下，不可久處，不聽。行密拒之於楚州，壅淮上流，分軍潛渡淮襲之，汴軍倉皇拒戰，淮水大至，行密濟淮夾擊之，斬師古，汴軍遂潰。周顯德四年克唐泗州，唐人以戰船赴援，泊洞口，聞泗州敗没，退保清口。洞口，見盱眙浮山。周主命步騎夾南北兩岸而進，水軍復自中流追之，大敗唐兵於楚州西北。宋紹興五年，韓世忠鎮楚州，州控扼清河口，恒屯重兵戍守。三十一年，金亮南侵，遣其臣李通造浮梁於淮水上，將自清河口入淮東，又以舟運糧至清口。時劉錡在揚州，移軍駐清口，使善没者鑿沉其舟，金人不得進，乃繇渦口渡淮。隆興二年，金將紇石烈志寧自清河口入淮，魏勝拒戰於淮陰，敗績，金人遂陷楚州。開禧二年，金人分道入寇，一出潁、壽，一出渦口，一出清河口。既而金將胡沙虎自清口渡淮，圍楚州。淳祐十一年，蒙古忽必烈置經略司於河南，分兵屯田，西起襄、鄧，東連清口、桃源，列障守之。既而瀘州叛將（州屬四川。）劉整復獻策於蒙古曰：「清口、桃源，河、淮要衝，宜先城其地，屯山東軍以圖進取。」朝廷聞之，命於清口擇地利築城備之。胡文定公曰：「欲固下流，必守淮、泗。」真氏嘗言：「淮東要害在清河口。」是也。今大河南徙，奪泗流而合於淮，清口當河、淮交會之衝，形勢至重。且國家歲漕東南數百萬，悉由清口而北，此誠南北咽喉所係，不可一日忘備矣。

又 肥水出廬州府西北四十里鷄鳴山，（呂忱《字林》：「肥水出良餘山，俗謂之連枷山。」或以爲獨山，即今廬州府西二十里之大蜀山也。《寰宇記》：「肥水出府西南八十里之藍家山。」《南畿志》：「肥水出府西南七十里之紫蓬山。」今以王象之《紀勝》爲據。）北流二十里分爲二：其一東南流過府城東，又東南七十餘里而入巢湖；其一西北流二百里至鳳陽府壽州城東北，又西流十餘里至州北入於淮。《爾雅》：「歸異出同曰肥。」王象之曰：「古者巢湖水北合於肥河，故魏窺江南則循渦入淮，自淮入肥，繇肥而趣巢湖，與吳人相持於東關。吳人撓魏亦必繇此。司馬遷謂『合肥、壽春受南北潮，蓋此水耳。』建安十四年，曹操至譙，引水軍自渦入淮，出肥水，軍合肥。晉太元八年，苻堅入寇，陷壽陽，謝玄等拒之。堅軍逼肥水而陣。玄遣使謂秦人，願移陣少却，使晉兵得渡，決勝負。堅欲乘其半渡擊之，揮兵使却，秦兵一退，不可復止，玄等引兵渡肥水擊之，秦兵大敗。義熙十三年，劉裕伐秦，遣王鎮惡等自淮、肥向許、洛。宋景平元年，魏人入寇淮南，時廬陵王義真鎮壽陽，遣其將沈叔狸將兵屯肥口以備之。齊建元二年，垣崇祖守壽陽，魏人來攻，崇祖欲治外城堰肥水以自固，議者謂：「郭大難守，且自有肥水以來未嘗堰也。」崇祖曰：「若棄外城，敵必據之。外修樓櫓，內築長圍，則坐成擒矣。守郭築堰，是吾不諫之策也。」乃於外城西北堰肥水，堰北築小城，周爲深塹，使數千人守之。魏人力攻小城，謀破肥堰，崇祖登城，決堰下水，魏軍皆被漂溺，遂退走。又永元二年魏取壽陽，陳伯之引兵攻之，防淮口甚固。（此淮口，汝水入淮之口也，在潁州東南，去壽陽不過百里。）魏汝陰太守（汝陰，今潁州。）傅永將兵救壽陽，去淮口二十餘里，牽船上汝水南岸，以水牛輓之，直南趣淮，下船即渡，遂入壽陽，擊伯之軍於肥口，大破之。梁天監五年，韋叡攻魏合肥，案行山川，曰：「汾水可以灌平陽。」即此是也。」乃堰肥水，堰成水通，舟艦繼至。既而使軍主王懷静築城於岸以守堰，爲魏所拔。魏人乘勝至堤下，且來鑿堤，叡親與之争，魏兵却，因築壘於堤以自固。又起鬬艦，高與城等，四面臨之，城遂潰。陳大建五年，王琳以齊兵屯壽陽，吳明徹攻之，堰肥水以灌城，城中大困。遂克之。説者曰：肥水經壽陽城外，引流入城，交絡城中，堰肥水以灌城，其勢順易也。十一年，周人侵淮南，梁士彦至肥口，與韋孝寬合軍圍壽陽，克之。隋、唐以來，肥水皆爲壽州津要。《六典》：「淮南道大川曰肥水。」五代周顯德二年，周主至壽州城下，營於肥水之陽，命諸軍圍城，既又遣侯章等攻其水寨，決壕之西北隅，導壕水入肥，尋克其城。夫廬、壽二州爲江、淮形勢之地，而肥水又爲廬、壽戰守之資，今水陸變遷，肥水故道幾不可問云。

又 睢水，汴水之支流也。汴水詳見河南大川。《水經注》：「睢水出陳留縣西浪蕩渠，（《漢志注》：『睢水首受莨蕩水。』皆汴水也。）其下流過睢陵縣故城北。（睢陵，今見盱眙縣。）而東南流，經下相縣故城南，（下相，今見宿遷縣。）又東南流入泗。」今自河南開封府陳留縣東北四十里與汴河分流，東南流經杞縣北，又東經睢州北及寧陵縣之南，又東經歸德府城南，又東至夏邑、永城縣南，（永城以上皆屬河南。）而入徐州之碭山、蕭縣界。過縣南，又東歷徐州南境，宿州北境，過靈壁縣北，又東出睢寧城北，至宿遷縣東南而合於泗水，（今爲大河經流。）亦曰睢口，亦曰小河口，以睢水亦兼小河之名也。《春秋》僖十九年：「宋襄公使邾子用鄫子於次睢之社」，此水之社也。漢二年，漢王率諸侯兵入彭城，項羽擊漢軍於睢水上，水爲之不流。漢三年，楚、漢相持滎陽、成皋間，彭越爲漢遊兵，度睢水，與項聲、薛公戰下邳，大破楚軍。後漢建安十五年，曹操軍譙，治睢陽渠，蓋因睢水而作渠。（渠今在河南陳州、睢州之間。）宋泰始二年，沈攸之奉詔攻彭城，至焦虛，去下邳五十餘里，（下邳，即今邳州。）下邳戍主陳顯達引兵迎攸之，至睢清口，（泗水曰南清河，故睢口爲睢清口。）爲魏將孔伯恭所敗。梁天監五年，將軍藍懷恭與魏邢巒戰於睢口，敗績，巒進圍宿預。蓋南北交兵，睢口常爲兵衝矣。明建文四年，何福拒燕兵，相持於小河之上。在今靈壁縣。弘治十六年，河決張秋。白昂自歸德小壩導水經睢寧至宿遷小河口，入漕河濟運，即此睢水也。《漢志》：「睢水歷郡四，（謂陳留郡、梁國、楚國、臨淮郡也。）行千三百六十里。」《元和志》：「睢水勢雖小而流長，於梁、楚間，實爲衿東之處。」

又　涂水即滁河，滁音除。源出盧州府合肥縣東北七十里廢梁縣界，《歷陽志》：「滁河出廢梁縣廳事側，呼爲龍潭。」《寰宇記》：「滁源出慎縣西暴兖古塘。」慎縣即梁縣是也。東流過滁州全椒縣南六十里，《通釋》：「涂水南去和州亦六十里。」又東至滁州東南爲三汊河，又東入應天府六合縣爲瓦梁河。東南流至瓜埠口而入大江。瓜埠，見六合縣。《三國志》：「吴赤烏十三年作堂邑涂塘以淹北道。」堂邑即今六合縣，涂塘即瓦梁堰。又今滁州古曰涂中。晉咸寧五年，諸軍分道伐吴，琅邪王伷出涂中。咸和元年，議欲作涂塘以遏北寇，祖約聞之曰：「是棄吾也。」時約鎮壽春，在涂塘外也。因謀爲變。太元四年，苻秦寇淮南，謝石帥舟師屯涂中。元興元年，桓玄東下，遣將馮該攻歷陽，豫州刺史譙王尚之衆潰，逃於涂中，爲玄軍所獲。北齊於六合置秦州，以州前江浦通涂水，乃伐大木柵水中以備陳人。陳大建七年，吴明徹攻拔之。《唐六典》：「淮南大川曰滁水。」《五行志》「太和八年滁州大水，溺萬餘户」，即滁水也。五代時南唐於滁水上立清流關，見滁州。又立瓦梁堰，爲東、西瓦梁城。周顯德三年，南唐何延錫言於其主曰：「六合西二十五里有堰曰瓦梁，水曰涂河，泝河而上數百里，鉅細駢比，輻輳吴堰，按吴堰，瓦梁堰之别名，以孫吴始作此堰也。又瓦梁城一名吴王城，今其地亦名姜家渡。中閼横斷，羣山迴環，不止魚三州氓，三州，滁、和及雄州也。南唐時置雄州於六合縣。海四百里，其實據天經而絶地緯之要者，請修築之。」功未就而罷。宋景德元年廢瓦梁堰，知全椒王巘嘗言：「吴堰衆流輻集，羣山迴環，東西相望，底若大陸，如瓦之口，丸泥可封也。」紹興十一年，金亮南侵，屯重兵滁河，造三閘，儲水深數尺。虞允文敗金人於采石，命别將張深守滁河口，扼大江之衝。開禧二年金人南犯，僕散揆屯瓦梁河，控真、揚諸州之衝，張旗幟於沿江上下，江表大震。明初下滁、揚，元人扼瓦梁壘，王師力戰克之。蓋自昔控扼之地也。薛氏宋薛居正撰《五代史》，今未見。曰：「孫氏割據，作涂中東興塘見後東關。以掩北道。南朝城瓦梁城，塞涂河爲淵，障蔽長江，號稱北海。大抵淮東之地，沮澤多而丘陵少；淮西山澤相半，無水隔者獨郏城白沙戍見湖廣黄州府。入武昌及六安、舒城走南硤見安慶府桐城縣。二路耳。古人多於川澤之地立塘堰，以遏水溉田。在孫氏時盡罷縣邑，治以屯田都尉。魏自劉馥、鄧艾之後，大田淮南，迄南北朝增飾彌廣。今舒州有吴陂堰，見安慶府潛山縣。廬江有七門堰，見廬州府舒城縣。巢縣有東興塘，滁、和州、六合間有涂塘、瓦梁堰，天長有石梁堰，高郵有白馬塘，揚州有邵伯埭、裘塘屯，倶分見本處。楚州有石鱉塘，今見寶應縣。射陂、即射陽湖，見淮安府山陽縣。洪澤陂，亦見山陽縣。淮陰有白水屯，同上。盱眙有破釜塘，今曰洪澤浦。安豐有芍陂，見壽州。固始有茹陂，見河南固始縣。是皆古人屯田遏水之迹，其餘不可勝紀。大要六安以東有芍陂之險，鐘離以東無非湖濁之地，西自皖東至揚則多斷流爲阻，故自前世征役，多出東道，如吴邗溝，魏廣陵，周鸛河，亦見山陽縣。率資堰水之利，南北所通行也。惟廬、壽一路，陸有東關、濡須、硤石此亦謂桐城縣之南硤石。之阨，重以陂水之艱，最爲險要。」《宋會要》：即《中興會要》。紹興三年，命江、淮南引塘濼，開畎澮，以阻金兵。朱氏黼曰：「吴大帝築堂邑涂塘以淹北道，王淩請攻討，而司馬懿不許。諸葛恪一城東興以遏巢湖，而魏之三將數十萬之衆皆覆没於堤下，則堰水以固圉，未爲非策也。」

清・顧祖禹《讀史方輿紀要》卷一九《南直一・應天府》　秦淮水，在上元縣治東南三里。吴張紘曰：「秦始皇以金陵有王氣，故掘斷連岡接石頭城處，今方山石湍横瀆是也。」《建康實録》云：「秦淮水舊名龍藏浦。有二源，一發句容縣北六十里之華山，南流；一發溧水縣東南二十里之東廬山，北流；合於方山，西經府城中，至石頭城注大江。其水經流三百里，地勢高下，屈曲自然，不類人功，疑非始皇所鑿也。」孫吴至六朝，都城皆去秦淮五里，吴時夾淮立柵十餘里，史所稱柵塘是也。梁天監九年新作緣淮塘，北岸起石頭迄東冶，南岸起後渚籬門迄三橋，以防漲溢。又作兩重柵，皆施行馬，時亦呼爲馬柵。秦淮上自石頭至方山運瀆，總二十四渡，皆浮航往來。亦曰二十四舫，惟大航用杜預河橋之法，遇警急即撤橋爲備。自楊吴時改築金陵城，乃貫秦淮於城中。今秦淮二源合流入方山埭，自方山之岡隴兩岸北流，經正陽門外上方橋，又西入上水門北，經大中橋與城濠合，又西接淮清橋與清溪合，又南經武定橋而西，歷桐樹灣，穿鎮淮、飲虹上下二浮橋，北通斗門橋，合運瀆出下水門，經石頭城入江，綿亘縈紆於京邑之内。晉咸和四年蘇峻作亂，峻使其弟逸據石頭，諸軍進攻之，逸將蘇碩度淮逆戰，温嶠擊斬之。隆安末孫恩作亂，自海口奄至丹徒，建康震駭，分遣將軍劉襲柵斷淮口，丹陽尹司馬恢之戍秦淮南岸。義熙六年盧循逼建康，至淮口，劉裕屯石頭以拒之，既又出陳於南塘。南塘，秦淮南岸也。時裕懼循侵軼，亦伐樹柵石頭淮口。宋元嘉末元凶劭弑逆，武陵王駿自江州東下討之，悉遷淮南居民於北岸。義師漸近，劭又焚淮南岸室屋及淮内船舫，悉驅民家渡水北。既而柳元景至江寧，使别將薛安都帥鐵騎耀兵於淮上，劭尋遣軍攻元景於新亭，劭衆潰，墜淮死者甚衆。齊永元二年南兖州刺史崔慧景逼臺城，蕭懿自采石渡江入援，頓越城。慧景遣其子覺將兵渡淮南岸，爲懿所敗，赴淮死者二千餘人。覺單馬退，開桁阻淮，懿軍尋渡北岸，慧景衆皆散走。梁太清二年侯景圍臺城，援軍大集於新林、蔡洲，緣淮樹柵，景亦於北岸樹柵應之。承聖初王僧辯等敗侯景兵於姑孰，進至張公洲，遂督諸軍乘潮入淮，景塞淮口，緣淮作城，十餘里中，樓堞相接。紹泰初徐嗣徽引齊軍襲建康，據石頭城，與陳霸先相持，韋載言於霸先曰：「今急於淮南因侯景故壘築城，以通東道轉輸，分兵襲彼之糧運，則齊將之首旬日可致。」從之，齊人敗去。陳禎明末，隋將韓擒虎等自采石趣建康，司馬涓請南斷淮水以拒之。隋軍漸逼，任忠謂陳主曰：「今宜固守臺城，緣淮立柵，北軍雖來，勿與交戰，分兵斷江路，無令彼信得通，給臣精兵下江逕掩六合，則諸軍不擊自去矣。」時隋晉王廣以大軍屯六合也。宋開寶八年曹彬擊江南，進次秦淮，江南兵水陸十萬陳於城下，時舟楫未具，潘美率兵徑渡，大軍隨之，江南兵大敗。秦淮在金陵南面，自昔爲緣城險要云。

清・顧祖禹《讀史方輿紀要》卷二九《南直十一・徐州》 百步洪，州城東南二里，泗水所經也。水中若有限石，懸流迅急，亂石激濤，凡數里始静。一名徐州洪。或曰洪有亂石峭立，凡百餘步，故曰百步洪。形如川字，中分三道，中曰中洪，西曰外洪，東曰月河，亦曰裏洪。俗傳唐尉遲敬德經略徐州，鑿徐州、吕梁二洪以通水道。宋元祐中亦嘗修鑿，置月河石堤及上下閘。明永樂中陳瑄復鑿之，亦於洪口置閘。既以運艘損壞，凡再鑿之。嘉靖二十年管河主事陳穆復鑿百步洪，遂成安流。舊有閘，今廢。

清・顧祖禹《讀史方輿紀要》卷三〇《山東一》 濟水舊自河南流入境，其上源曰沇水。《禹貢》：「導沇水，東流爲濟。」又曰：「浮於濟、漯，達於河。」《職方》：「兖州川曰河、濟。」春秋時濟水經曹、衛、齊、魯之界。莊三十年，公及齊侯遇於魯濟。杜氏曰：「濟水歷齊、魯間，在齊界爲齊濟，在魯界爲魯濟也。」又僖三十一年，取濟西田，分曹地也。襄十一年，晉率諸侯伐齊，會於魯濟。定九年，齊與衛地，自濟以西。濟之見於《春秋》者，不一處矣。《戰國策》：「蘇秦説齊宣王：『齊西有清河，北有勃海。』」所謂清河，即濟水也。又燕王謂蘇代曰：「齊有清濟、濁河，可以爲固，長城鉅防，足以爲塞。」《史記》：「齊湣王四十年樂毅并護趙、楚、韓、魏、燕之兵以伐齊，戰於濟西，齊師大敗，遂入臨淄。」《漢志》：「濟水過郡九，河東、河内、陳留、梁國、濟陰、泰山、濟南、齊郡、千乘也。行千八百四十里。」《淮南子》：「濟水通和，宜麥。」《水經》：「濟水出河東垣縣王屋山，其下流東北入海。」舊志：濟水自河南鞏縣南入河，並流過成皋縣陽溢爲滎，東過楊武、封丘縣北，又東過冤句、定陶南，又東北流與菏水合，東至乘氏西分爲二：其一東北入鉅野澤，過壽張西合汶水；其一合菏水東南流入泗，故泗水亦有南清河之稱。今詳見曹州。酈道元曰：「王莽之世，川瀆枯竭，濟水便入於河，不復絶流而南，其餘流自東平以東北者皆謂之清水。」晉太和四年，桓温自兖州伐燕，至金鄉，鑿鉅野三百里，導汶水會於清水，温引舟師自清入河。郗超曰：「清水入河，難以通運，若寇不戰，運道又絶，因敵爲資，復無所得，此危道也。」温不聽，敗還。劉氏曰：「時清水入河，亦即在碻磝、東阿間，非《禹貢》浮汶達濟之道也。」義熙十三年劉裕伐秦，將水軍自淮、泗入清河，泝河西上。宋元嘉七年，到彦之取河南，與魏人戰，不克，乃沿河置守，還保東平。復引兵自清入濟，南至歷城。此惧以鉅野北出者爲清水，汶水合流者爲濟水也。郭緣生《述征記》亦云：「清河首受洪水，北流入濟。洪水亦鉅野澤之分流，一名桓公瀆。」詳見鉅野縣。八年檀道濟自清水救滑臺，至濟上轉戰至歷城。二十三年魏人寇青、兖、冀三州，至清東而還。時青治東陽，兖治須昌，冀治歷城，皆在清水東也。《唐六典》：「河南大川曰濟水。」杜佑曰：「濟水絶流已久，今自東平以東北入海者，實菏澤、汶水之合流耳。」宋樂史曰：「東平、濟南、淄川、北海界中有水流入海，謂之清河。」王應麟曰：「濟水通得清水之名，以水道清深也。」《宋史》：「李師中知濟、兖二州，濟河堙塞久，師中訪古道，自兖城西南啟鑿之，功未半而去。」今大清河自汶上縣北出，其上源會東南諸山泉溝澤之水，與會通河合流。至東平州西安山閘，舊時濟流經此始與汶合，今並注於南旺湖，合流而北出。又西北與運河分流，經東阿縣西復折而東北，逕東阿縣北，又東逕平陰縣北，又東北逕長清縣北，齊河縣東，又北逕歷城縣北，而東北會於濼水，即小清河。又北經臨邑縣東，又東北逕濟陽縣南，又北逕齊東縣北，又東北逕武定州南，又東逕青城縣北及濱州之南，又東北逕蒲臺縣北，至高苑縣北，又北逕利津縣東而東北入於海。繇安山閘而下，皆謂之大清河。近《志》：元人始於寧陽縣北築堽城壩，遏汶水入洸，以通運河。永樂中又於東平州東築戴村壩，盡遏汶水入會通河。今之大清河，乃自平陰縣南之柳溝諸泉，繇東平州北門外過，西折而東北，夏秋運河泛漲，則張秋迤南東岸，張秋即安平鎮，見東阿縣。有減水閘分流來合而東北出，此即今鹽運所經。鹽船自濼口故關由大清河而上，泊於魚山，又南則由河渠至於東平，西則由小鹽河至於張秋，故大清河有鹽河之名。即濟水之故道，説者謂大清河古濟而今汶者也。舊《志》：濟水勁疾，故穴地伏流。郭緣生《述征記》：「濟水入河，性與河別，滲漉入地，伏行而溢爲滎。今之歷下，發地皆是流水，濟所過也。東阿之井，正濟所溢，清而且重，善下，故阿膠能治淤濁逆上之痾。」唐高宗嘗問許敬宗：「濟水甚細，何以列於四瀆？」對曰：「瀆之言獨也，不因餘水，獨能赴海者也。」夫濟流雖與古異，然今東平、歷下諸泉皆入大清河，則仍爲濟水溢流，不得全謂之汶水矣。于慎行曰：「大清第得汶之首尾，實以東平諸泉由濟故瀆入海。」又小清河，一名濼水，源出濟南府城西南趵突泉。《水經注》：「濼水出歷城故城西南，泉源上湧若輪是也。合馬跑、金線諸泉並城北流，屈而東至城北水門，大明湖水出注之，東北經華不注山合華泉，又東北入大清河。」僞齊劉豫始導之東行，至韓家店西，分一支爲小清河，逕章丘縣及鄒平縣北，又東逕長山縣東北及新城縣北，會孝婦河，又東逕高苑縣及博興縣南，又東逕樂安縣北，至馬車瀆入海，屈曲行幾五百里。自歷下以東之水，昔入濟者，並入小清河。近年河漸淤，其水復由東北入大清河矣。蓋濼水亦即濟水之伏流旁出者，與大清河雖分二流，而脈絡正同也。今見《川瀆異同》。《元五行志》「至正二年濟南山水暴漲，衝東西二關，流入小清河。又黑山、天麻、石固等寨及卧龍山水通流入大清河，漂没上下民居千餘家」云。

又　汶水，出濟南府泰安州萊蕪縣東北七十二里原山之南，《水經》所謂北汶也；又有汶水，出縣東南寨子村；俱流經州東南徂徠山陽。又一源出嶽北僊臺嶺，會諸山谷之水，經州東四十里曰埶汶，西南流經徂徠之陰，又南流三十里曰大汶口，而與萊蕪之汶水合流。又有小汶水，在新泰縣東北三十里，出泰山之龍池，西南流百餘里，亦合於汶水。自州西南流，經寧陽縣北堽城壩分二流：其正流西經平陰縣南過東平州界，又西南流至汶上縣東北合白馬河、鵝河諸水，凡八十里入南旺湖，南北分流爲分水閘，即今會通河也；支流爲洸河，自寧陽縣西南流達兗州府城西，合沂、泗二水，凡百餘里，至濟寧州南天井閘東，而合於分水南流之汶，亦即運道所經也。《運河記》：「汶水自泰安州經寧陽、汶上縣界，又西至東平州注濟水，此故道也。元憲宗七年濟倅畢輔國始於汶陰堽城之左作斗門一，遏汶南流，至任城合泗水，以餉宿、蘄戍邊之衆，謂之引汶入泗，而汶始南通於泗。至元間以江、淮水運不通，自任城開渠，達於須城安山：爲一閘於奉符，即堽城閘，時寧陽縣廢，其地屬奉符縣也。以導汶入洸；爲一閘於兗州，今府城東金口閘是也。以導泗、沂會洸合而至會源閘南北分流。二十六年又用壽張尹韓仲暉等言，復自安山西開河，繇壽張西北屬衛、漳，謂之引汶絶濟，而汶始北通於漳。」明朝永樂九年，時以北京爲行在，濟寧州同知潘叔正言：「故會通河四百五十餘里，其淤者三之一，可濬之以通漕。」乃命廷臣宋禮等往治。築壩於東平州之戴村，横亘五里，遏汶水西南流，令盡出於南旺。見汶上縣。至分水龍王廟，分爲二支，四分南流以接徐、沛，六分北流以接臨清，蓋運河之原委全藉汶河也。《禹貢》「浮於汶達於濟」，《詩》「汶水湯湯」，《史記・河渠書》「泰山下引汶水穿渠，溉田萬餘頃」，汶水之爲大川，繇來舊矣。

清・顧祖禹《讀史方輿紀要》卷三七《山東八・遼東都司》　遼水，司西百六十里，又西距廣寧衛二百里。自塞外流入三萬衛西北境，南流經鐵嶺、瀋陽而至此，又南至海州衛西南入海，行千二百五十里。魏司馬懿伐公孫淵，圍襄平，會大霖雨，遼水暴漲，運船自遼口竟至城下，平地水數尺。隋大業七年伐高麗，至遼水，衆軍俱會，臨水爲大陣。高麗阻水拒守，隋兵不得濟。命宇文愷造浮橋三道於遼水西岸，既成，引橋趨東岸。橋短丈餘，士卒赴水接戰，高麗乘高擊之，爲所敗。乃引橋復就西岸，命何稠接橋，二日而成，諸軍進戰於東岸，高麗大敗。明年復度遼攻遼東城，未克，會楊玄感作亂，引還。唐貞觀十八年遣營州都督張儉等討高麗，值遼水漲，儉等久不得濟。既而車駕至遼澤，泥淖三百餘里，人馬不可通。詔閻立德布土作橋，軍不留行。既濟，即撤之以堅士卒之心。及師還，以遼澤泥潦，遣長孫無忌將萬人剪草填道，水深處以車爲梁而度。今遼地遇雨則多淖，蓋天設之險矣。永樂築邊墻於遼河内，東西曠絶。自廣寧至遼陽以遼河爲津要，秋冬冰結，人馬可以通行，易於應援。冰開時爲敵所據，則兩城勢孤，雖有渡船，不能猝濟。天順十一年邊臣馬文升請復浮橋以聯聲援，從之。自是常加修治。《遼志》：「遼河出東北山口爲大河，西南流爲大口入海。」

又　鴨緑江，司東五百六十里。《漢志注》：「玄菟郡西蓋馬縣有馬訾水，西南至遼東郡西安平縣入海，過郡二，行一千一百里。郡二，玄菟、遼東也。」《新唐書》：「馬訾水出靺鞨長白山，色若鴨頭，號鴨渌水。」杜佑曰：「鴨渌水闊三百步，在平壤西北四百五十里，遼水東南四百八十里。」隋大業八年伐高麗，分道並進，皆會於鴨渌水西。唐貞觀十九年程名振等拔卑沙城，遣將耀兵於鴨渌水。又龍朔元年契苾何力討高麗，高麗守鴨渌水，不得濟，何力乘冰堅渡水，大破之。乾封二年李勣伐高麗，管記元萬頃檄文曰：「不知守鴨渌之險。」高麗報曰：「謹聞命矣。」即移兵拒守，唐兵不得渡。乾封三年李勣大破高麗兵於鴨渌柵，進圍平壤，高麗降。宋大中祥符二年契丹主隆緒伐高麗，渡鴨渌江，高麗敗保銅州。元至正二十年元主廢高麗王，伯顔帖木兒立其昆弟在京師者曰塔思帖木兒，以兵送之國，高麗國人不服。至鴨渌江，高麗伏兵四起，兵敗，僅餘十七騎還京師。今鴨渌水源出長白山，下流入海，與高麗分界。萬曆二十年大帥李如松等援朝鮮，出石門至鳳凰山，渡鴨渌江而東是也。○大蟲江，在司東四百里。源出龍鳳山，南渡入於鴨渌江。

清・顧祖禹《讀史方輿紀要》卷三九《山西一》　汾水源出太原府静樂縣北百四十里管涔山，南流經府城西，太原縣城東，微折而西經清源縣及交城縣東南，又經文水縣東南及祁縣西南境而入汾州府平遥縣界，經縣西及汾州府東，又南經孝義縣東，介休縣西，而入平陽府霍州靈石縣境，經縣城及霍州之西，又南歷汾西縣東及趙城縣、洪洞縣西，又南經平陽府城西及襄陵縣、太平縣之東，又南經曲沃縣西境，折而西逕絳州南，又西歷稷山縣、河津縣南，至滎河縣北而入於大河。《周・職方》：「冀州浸汾、潞。」潞水即漳水，見北直大川。《詩》：「彼汾沮洳。」《左傳》：「子産曰：『臺駘能業其官，宣汾、洮，帝用嘉之，封諸汾州。』」《戰國策》：「汾水可以灌平陽。」俗作「絳水」，誤。晉太元末拓跋珪取燕并州，遣將略地汾州。又周、齊相擊争汾北之地，周主邕圍晉州，軍於汾曲。唐取關中，自汾而西。宋圍太原，壅汾、晉二水灌之。《漢志・注》：「汾水經郡二，太原、河東也。行千三百四十里。」《唐六典》：「汾水，河東之大川也。」

清・顧祖禹《讀史方輿紀要》卷三九《山東一》 沁水源出沁州沁源縣西北百里綿山東谷，西南流經平陽府岳陽縣東，又折而東南，經澤州沁水縣東，又南經陽城縣東而入河南懷慶府界，歷濟源縣東北，又南經府城北，又東經武陟縣東，脩武縣西，而入於大河。《漢志・注》：沁水出穀遠縣即今沁源縣。羊頭山世靡谷，賈氏曰：「穀遠北山上。」東南至滎陽入河，過郡三，上黨、河内、河南也。顔師古曰：「沁水至武陟縣界入河，此云滎陽，疑轉寫之誤。」行九百七十里。曹魏末司馬孚言：「沁水源出銅鞮山，沁州，故銅鞮縣也。屈曲周圍水道九百里，天時霖雨，每致汎濫，請累石爲門，蓄泄以時。」隋大業四年開永濟渠，引沁水南入河，北通涿郡，亦曰御河。《唐六典》：「河東道大川曰沁水。」唐乾元初李嗣業軍河内，安慶緒將蔡希德等自鄴涉沁水攻之，爲嗣業所拒，還走。金貞祐三年遷汴，議開沁水便運道。近時議者多以引沁入衛可濟運河，然沁水流闊勢急，又穿太行而南，多沙易淤，冬春之間深不盈尺，夏秋淫潦，往往汎溢爲害，故懷、衛間常堤塞以防其衝決。今詳見河南懷慶府。

清・顧祖禹《讀史方輿紀要》卷三九《河南一》 黄河自陝西榆林衛東北折而南，經廢東勝州西，又南流歷大同府朔州西界，又南入太原府河曲縣界，經縣西，又南歷保德州、岢嵐州及興縣之西，又南入汾州府界，經臨縣及永寧縣、寧鄉縣西，又南歷石樓縣西而入平陽府界，經隰州之永和縣、大寧縣西，又南經吉州及鄉寧縣西，又南經河津縣、滎河縣西而汾水注焉，又南經臨晉縣界，至蒲州城西南而涑水入焉，又南過雷首山折而東，經芮城縣、平陸縣南，又東過底柱至垣曲縣東南而入河南懷慶府濟源縣界。《禹貢》：「浮於龍門西河，會於渭汭。」蓋河在冀州西也。春秋時爲秦、晉争逐之交，戰國屬魏。《史記》：「魏武侯浮西河而下，曰：『美哉！山河之固，此魏國之寶也。』」後入於秦，而三晉遂無以自固。今詳見《川瀆異同》。

又 河南境内之川，莫大於河；而境内之險，亦莫重於河；境内之患，亦莫甚於河。蓋自東而西，横亘幾千五百里，其間可渡處約以數十計，而西有陝津，見陝州大陽津。中有河陽，見下河陽三城。東有延津。白馬以西數十里間皆謂之延津，今延津縣亦因以名。自白馬變爲平陸，而延津之險移於中灤。又東則黄陵岡、塌場口，亦嘗爲津要。白馬見北直滑縣，中灤見封丘縣。黄陵岡見儀封縣。塌場口見山東魚臺縣。自三代以後，未有百年無事者也。至鞏、洛以東，河流屢變，兆端於周，浸淫於漢，横潰於宋。自宋至今，安流不可得而數見矣。今由潼關以東，歷閿鄉、靈寶、陝州之北，又東經澠池、新安縣北，過河南府北邙山下，歷孟津、鞏縣北，與懷慶府濟原、孟縣、温縣、武陟縣分界，又東歷汜水、河陰、滎陽、滎澤、原武、中牟縣，而經開封府北，與河北衛輝府之獲嘉、新鄉、胙城及陽武、封丘分界，又東歷蘭陽、儀封縣北，又東爲睢州考城縣及歸德府北，又東爲虞城、夏邑縣北而與山東、南直接界。詳見《川瀆異同》。

又 淮水自南陽府桐柏縣流經信陽州北，又東歷羅山縣北、確山縣南，又東流經真陽縣、息縣南及光山縣、光州固始縣北而入南直潁州界。其地居淮南上游，自古争淮南者必争淮西，争淮西必争于義陽、建安之間，建安，詳固始縣。蓋南北襟要憑焉，不特一面之險也。《漢志》：「淮水過郡四，謂南陽、汝南、九江、臨淮也。行三千二百四十里。」疑遠。今詳見《川瀆異同》。

又 汴水即《禹貢》之灉水，所謂河出爲灉也。春秋時謂之邲水。邲音汳，即汴字，後避「反」字改爲「卞」。宣十三年晉、楚之戰，楚軍於邲，即是水也。《水經注》：「濟水東合滎瀆，濟水於此亦兼邲之稱，其地蓋即滎口受河之處。」今在河陰縣西。秦、漢間曰鴻溝。《史記》：「滎陽下引河東南爲鴻溝，以通宋、鄭、陳、蔡、曹、衛，與濟、汝、淮、泗會於楚。」孔氏曰：「即汳水也。」汳水首受濟，東南與淮通，《漢志》謂之狼蕩渠。前漢平帝時汴河決壞，至明帝永平中浸淫益甚，遣王景、王吴修築，絶水立門，河、汴分流，復其舊迹，亦曰滎陽漕渠。《説文》：「汴水受陳留浚儀陰溝，狼蕩渠亦曰陰溝。至蒙今江南蒙城縣。爲灉水，東入於泗。」《元和志》：「禹塞滎澤，開渠以通淮、泗，漢永平中命王景修渠，景所修築謂之渠堤。歲久湮廢。晉末劉裕滅秦，發長安，自洛入河，開汴渠而歸。其後復塞，隋大業初更開導，名通濟渠，西通河、濟，南達江、淮。」唐自天寶以後，汴水湮廢。廣德二年，時漕運者皆自江、漢抵梁、洋，迂險勞費，乃命劉晏爲河南、江淮以東轉運使，開汴水以通運，自是歲運米數十萬石給關中。唐末汴水潰決，埇橋東南埇橋見南直宿州。悉爲污澤。周顯德二年方謀伐唐，命武寧帥武行德發民夫因故堤疏導之，東至泗上。五年濬汴口，導河流達於淮，江、淮舟楫始通。胡氏曰：「此即唐時運路，江、淮割據，漕運不通，水路堙塞，今復濬之。」宋太平興國中，汴水決溢不時。至道元年詔張洎等講求汴水疏鑿之由，洎言：「汴水横亘中國，首承大河，漕引江、湖，利盡南海，半天下之賦由此而進。禹初於滎澤下分大河爲陰溝，出之淮、泗，至浚儀西北復分二渠。二渠詳見祥符縣鴻溝注。其後或曰鴻溝，始皇疏之以灌魏都者也。或曰莨若渠，莨若渠作『狼蕩』，又爲『莨蕩』。自滎陽五池口五池口見中牟縣。來注鴻溝者是也。或曰浚儀渠，漢明帝時循河水故瀆作渠，渠成流注浚儀者是也。《水經注》：漢末河入汳，灌注兖、豫，永平中導汴水絶河而受索。或曰石門渠，靈帝建寧四年於敖城西北壘石爲門，以遏渠口者是也。石門渠東合濟水與河渠東注，至敖山之北敖山見河陰縣。而兼汴水，又東至滎陽北而旃然之水東流入汴。旃然水見滎陽縣。惟汴渠首受旃然水，謂之鴻渠。桓温將通之而不果。晉太和中桓温自兖州伐燕，郗超曰『道遠，汴水又淺，恐漕運難通』，蓋兵亂之餘，汴水填淤，未經浚治而淺也。劉裕伐秦浚之，始有湍流東注，而岸善崩潰。裕更於北十里疏鑿以運漕者，義熙十三年也。《水經注》：『劉公命劉遵考漕此渠，而山崩壅塞，乃於渠北十里更鑿故渠通之。』皇甫誼發河南丁夫百萬開之，起滎澤入淮千餘里，更名曰通濟渠者，隋大業三年也。陳無己曰：『隋大業初合河、索爲通濟渠，別而東南入於淮，今於畿爲白溝，於宋爲沙，於單爲石渠，於徐爲汳，而入於南清。』裴耀卿言江南租船自淮西北泝鴻溝轉輸河陰、含嘉、太原等倉，河陰縣有河陰倉，東都有含嘉倉，陝州有太原倉。凡三年，運米七百萬石者，唐開元之二十三年也。唐初改通濟渠爲廣濟渠。開元末河南採訪使齊澣以江、淮漕運經淮水入汴，淮流湍激多損壞，遂浚廣濟渠下流，自泗州虹縣至楚州淮陰縣北八十里合於淮，功畢而水流迅急，不可行，乃廢。又貞元十四年，董晉作汴州東西水門。時晉爲宣武帥。五代漢乾祐三年，河決鄭州，盧振請修汴河立斗門以備旱潦。振上言：『汴河兩岸堤堰不堅，每歲潰決，正當農時，勞民役衆。莫若沿汴水訪河故道，陂澤處立斗門，水漲溢時以分其勢，即潦水無漂没之患，旱則兼收灌溉之饒。』周顯德四年疏汴水北入五丈河。五丈河，見後。六年命王朴如河陰案行河堤，立斗門於汴口；又命韓令坤自大梁城東導汴水入蔡水，以通陳、潁之漕；命袁彦導汴水入五丈渠，以通青、鄆之漕。蔡水，見後。宋建隆二年導索水自旃然與須水合，索水、須水，見滎陽縣。入於汴，謂之金水河。金水河本京、索水，導自滎陽縣東南黄堆山，其源曰祝龍泉，過中牟曰金水河。宋漕運四渠之一也。詔河陰汴口每歲均節水勢，濟江、淮漕運。《宋國史》：『太平興國三年浚汴口。四年名汴河水門曰上善、通津、大通。汴水入城西大通門，分流出城東上善、通津門。九年又治汴堤。淳化二年汴決，景德三年汴溢，皆築堤塞之。』大中祥符二年汴水溢，詔遣使相度。《宋會要》：「時自京至鄭州汴水浸溢道路，詔減汴口水勢。既而水減阻漕，乃復浚汴口。四年白波發運判官史瑩，請於汜水縣東孤柏嶺下緣南岸山趾開汴口，以均水勢。會内臣閻從翰請於下流開減水四道，以防泛溢，從之。瑩議廢。尋又於中牟、滎澤各開減水河，而浚渠修堤之役以時間舉。八年馬元方請浚汴河中流，闊五丈，深五尺，可省修堤之費。詔相度修治，因浚泗州夾岡一帶。」天聖三年汴水淺澀，詔疏河口。四年復以漲溢爲患，詔度京城西賈岡陂地洩之於護龍河。嘉祐六年都水監奏：「汴河自泗州至南京，今歸德府。道直流駛，不復須治。自南京以上至汴口，水散漫多淺，請自南京都門三百里修狹河木岸，扼束水勢。」從之。功成而人以爲便。《會要》：「嘉祐初自京至泗州俱置狹河木岸。」熙寧四年於故河口西創開訾家口，《宋志》：「汴首受黄河之處在河陰縣南，每歲自春及冬，常於河口均調水勢，止深六尺，以通行重載爲準。然大河向背不常，故河口歲易，易則度地形相水勢，爲口以逆之。訾家口在河陰縣石門之西，近汜水縣界。」纔成而淤，乃復開舊口。《宋史》：「時有應舜臣者上言：『新口在孤柏嶺下，當河流之衝，其便利可常用勿易，水大泄以斗門，小則爲輔渠於下流以益之。』王安石善其説。後三年河水壅溢，積潦敗堤，提舉汴口官王琉請塞訾家口而留輔渠。八年侯叔獻復浚訾家口。既而汴水大漲，乃復閉之。」六年都水丞侯叔獻言：「汴河兩岸沃壤千里，牧地廢田二萬餘頃，欲稍置斗門，泄其餘水，分爲支渠及引京、索河并三十六陂以溉田。」三十六陂俱在汴南。既而祥符、中牟之民大被水患。又汴河數淤，常至絶流，公私大困。八年議因故道鑿渠置閘，釃汴水入蔡河通漕。元豐初張從惠言：「汴河歲閉塞，修堤防勞費。往有建議導洛入汴，患黄河嚙廣武山，見河陰縣。須鑿山嶺十數丈以通汴渠，功大不可爲。去年七月水退，河稍北，距廣武山麓七里，退灘高闊，宜鑿渠導洛，爲萬世利。」都水丞范子淵請於汜水鎮北門導洛爲清汴通漕。既又言：「河陰十里店以西至洛口，地形西高東下，可行水。請起自鞏縣神尾山即龍尾山，見鞏縣。至士家堤，築大堤四十七里以捍大河。起沙谷，亦在鞏縣東。至河陰十里店，穿渠五十二里，以引洛屬汴。」於是遣内侍宋用臣等相視興役，自任村沙口任村，在汜水縣西南。至河陰縣瓦亭子達汴口接運河，長五十一里，每二十里置束水一，以芻楗爲之，節湍急之勢。兩岸爲堤長一百三里，時又引古索河爲源，注房家、黄家、孟家三陂及三十六陂高印處，瀦水爲塘，以備洛水不足則決以濟之。又自汜水關北開河五百五十步，屬於黄河，上下置閘啟閉，以通黄、汴二河船筏。又即洛河口置水澾，以泄伊、洛漲水入大河。其古索河等暴漲，則即魏樓、滎澤、孔固三斗門以泄之。仍修黄河南岸堤埽，以防侵奪新河之漸。於是閉汴口，徙官吏於新洛口。自是汴、洛通流。三年，興修狹河六十里。時以洛水入汴至淮，河流漫闊多淺澀，因修狹河以扼束之。五年，又自汴河北引洛水入禁中，賜名天源河；於城西咸豐門立堤，凡三千三十步。是年又廢金水河透水槽，以阻礙汴舟也。六年，范子淵請築新堤及開展直河。子淵請於武濟山麓至河岸並嫩灘上修堤及壓埽堤，又築新堤於新河兩岸及開展直河，長六十里。明年武濟河潰，詔縱其分流，止護廣武三埽。武濟即廣武北山，嫩灘，新灘也。元祐初廢水匱。時蘇轍言：「汴口以東州縣所置水匱，徒費損民田，清汴水流自足，未曾取以灌注，乞盡廢以便失業之民。」從之。五年復導河入汴。四年梁燾上言：「廣武山北即大河故道，舊洛水至此入河，今闢大河於堤北，攘其地以引洛，中間缺爲斗門，名通舟楫，實盜河以助洛之淺涸也。廣武三埽，歲費無慮數百萬，新沙疏弱，力不能制悍河，倘怒流循洛而下，直冒京師，是廿以數百萬之費，養異時萬一之患。宜復爲汴口導引大河，啟閉以時，誠爲得策。」至是從之。紹聖初紹述議起，因復閉汴口引洛水。《宋史》：「自引洛後，洛水漲溢入河，廣武埽危急。朝議以埽去洛河不遠，恐漲漫下灌京師，詔都水丞馮忱之相度，築欄山簽堤。既而洛水大溢，注於河。帝曰：『若廣武埽壞，河、洛爲一，則清汴不通，京都漕運可憂。』詔吳安持等規度。安持言：『廣武第一埽危急，決口與清汴口絕近。緣洛河之南廣武山千餘步，地形稍高。自鞏縣東七里店至今洛口不滿十里，可別開新河，導洛水近南行，地里至少，用功甚微。』詔再按視。李偉復言：『自武濟以下二十里神尾山，乃廣武埽首所起，約置刺堰三里餘，就武濟河下尾廢堤、枯河基址，增修疏導，回截河勢東北行，留舊埽作遥堤，可以紓清汴下注京城之患。』復詔宋用臣等覆按。四年楊琰乞依元豐例減放洛水入京西界大白龍坑及三十六陂，充匱以助汴河行運，詔賈種民等相度。種民言：『元豐改汴口爲洛口，汴河爲清汴，以取水爲洛也。復匱清水，以備淺澀而助行流。元祐間却於黄河撥口分引渾水，令自達上流入洛口，比之清洛，難以調節。請一依元豐舊制。』從之。」宣和初大水，汴堤決壞，詔復修治。時河水漲入都城以西，漫爲巨津，東決汴堤。汴水將溢，諸門皆城守，奔流東南注。有司募人決水下流，由城北五丈河中通梁山濼而止。既而以汴河淤淺，堤岸隤損，復詔興修。靖康初，汴河上流爲盜所決數處，塞久不合，運河乾涸，綱運不通，責都水措置，尋復舊。夫汴河本自大河支分，宋元豐中每事更張，汴、洛亦不獲循其故道矣。梁燾言：「洛水本清，自引洛入汴之後，汴常黄流，是洛不足以行汴。而所以能行者，乃附大河之餘波也。又舊汴、洛未通，汴口析大河三分之一。導洛而後，洛口所竊大河之水十分之一耳。河流盡北，則河北多潰决之虞，若迴溥洛口則京師又有湮溺之慮，故不如復汴口爲長策也。」其言甚深切，而時不能寤。又沈括曰：「國朝汴渠，發京畿附郡三十餘縣歲一濬，祥符以後三歲一濬。其後益弛，汴渠有二十年不浚者。歲歲堙澱，東城東水門下至雍丘、襄邑，渠底皆高出堤外平地一丈二尺，自堤下瞰民居，如在深谷。」此決溢之患所以日多也。張方平曰：「漕運以河渠爲主。國初浚河渠三道，通京城漕運。自後定立上供軍額，汴河六百萬石，廣濟六十二萬石，惠民六十萬石。惟汴河所運供京師億萬口之需，國家於漕河至急至重，而汴河又建國之本，非可與區區水利同言也。」蘇軾曰：「世謂煬帝始通汴入泗，非也。晉王濬伐吴，杜預與之書曰：『自江入淮，逾於泗、汴，自河而上，振旅還都。』王濬舟師之盛古今絕倫，而自汴泝河以班師，則汴水之大小，當不減於今矣。」今考汴河故道，自河陰縣東北十里廣武澗中，東南流過陽武、中牟縣界，至開封府城南，東流過陳留杞縣北，又東過睢州北、考城縣南、寧陵縣北，而東經歸德府城南。自隋以前，自歸德府界東北流，達虞城、夏邑縣北而入南直徐州界，過碭縣北、蕭縣南，至徐州北合於泗。自隋以後，則由歸德府境東南流，達夏邑、永城縣南而入鳳陽府宿州界，東南流經靈壁縣及虹縣南，至泗州兩城間而合於淮。宋時東南之漕，大都繇汴以達於畿邑，故汴河之經理爲詳；南遷以後，故都離黍，江、淮漕運自是不資於汴，於是汴河日就湮廢。金人雖常都汴，而周章匆遽，亦欲經理漕渠自泗通汴，宋嘉定十五年，金元光元年也，議引汴通漕，不果。卒未遑也。明初議建北京於大梁，規畫漕渠，以浚汴爲先務。洪武六年浚開封漕河，即汴河也。既而中格，自是河流橫決，陵谷倒置，汴水之流，不絕如綫，自中牟以東，斷續幾不可問矣。

又　洛水出陝西西安府商州南六十里之冢嶺山，經洛南縣東北流，入河南盧氏縣西南境，又東北經永寧縣、宜陽縣南而入洛陽西南境，又東則澗水流入焉；澗水之上源曰穀水，出澠池縣南山中穀陽谷，東北流經縣南，又東北至新安縣南，又東北而澗水合焉；澗水出澠池縣東北二十三里之白石山，東流合穀水，遂兼有穀水之稱，引而東又折而南，俱至府城西故苑中入於洛。洛水又東經故洛陽城南而瀍水入焉；瀍水出洛陽縣西北五十里之穀城山，東流經府城北，至洛陽故城西而南流入洛。東漢以後則經洛陽故城東，又東南經偃師縣南，又東而復入於洛也。洛水自洛陽故城南，又東至偃師縣西，而伊水入焉；伊水出盧氏縣東南百六十里巒山，一名悶頓嶺。《水經注》：伊水出南陽縣西荀渠山。《地志》：伊出熊耳。《六典》謂商州之熊耳，非也。商州熊耳在冢嶺西北，則伊水在洛水北矣。顔師古曰：「伊水出陸渾山。」山，伊水所經，非所出也。今以《括地志》爲據。東北流歷嵩縣南，經汝州伊陽縣西，又東北至府城東南，又東至偃師縣西而入洛。洛水又東北流，至鞏縣北入於大河。《禹貢》曰：「伊、洛、瀍、澗，既入於河。」又曰：「導洛自熊耳，見盧氏縣。東北會於澗、瀍，又東會於伊，又東北入於河。」《周書·洛誥》：「我乃卜澗水東，瀍水西，惟洛食。卜王城也。我又卜瀍水東，亦惟洛食。」卜下都也。《周語》：「伯陽父曰：『昔伊、洛竭而夏亡，河竭而商亡。』」又周靈王二十三年穀、洛鬬，將毁王宮。澗水於是始有穀水之名。戰國時以河、洛、伊爲三川，故張儀曰：「三川，周室天下之市朝也。」秦因之置三川郡。漢呂后三年伊、洛溢。《漢志》：「時二水溢，流千六百餘家。」東漢初定都洛陽，建武二十三年張純引洛水通漕，謂之陽渠，堰瀍、穀之水自洛陽城北東屈而南曰千金渠，會於陽渠。自是瀍、穀非復故流矣。曹魏文、明之世，大營宮殿，分引支流，灌注苑囿，延及晉代，川谷漸移。及元魏遷都，更復營治。太和七年，穀水自河南城北合瀍水亂流，而城西之支渠遂絶。大約時所務者，都邑之漕渠而已。及隋大業九年改建東都，并河南、洛陽而一之，大變成周之轍，而通濟之渠復起，於時又以穀、洛二水周匝都城爲急，故復引穀南流以會於洛，從城西遶城而南以達於城東，經偃師、鞏縣之間而注於洛口。其千金、九曲之故迹，漢千金渠，後魏爲九曲瀆。又未嘗過而問也。《漢志・注》：「洛水自冢嶺至鞏入河，過郡二弘農、河南。行千七十里。」唐《十道志》：「河南大川曰洛水。」自貞觀以後，伊、洛二川往往決溢，爲東都患，貞觀十一年穀、洛水溢入洛陽宮，壞官舍民居，溺死六千餘人。永淳初洛水溢，溺民居千餘家。神龍初洛水又溢，流二千餘家。開元八年瀍、穀溢，漂溺幾二千餘人。十年伊水溢，十八年洛水復溢，皆漂溺東都千餘家。又二十年洛水溢，溺死千餘人。於是屢費修塞。《宋志》：「洛水貫西京，多暴漲。」然唐、宋皆以洛邑爲陪京，渠堰之利，大抵皆因舊制補偏救弊而已，無赫然可紀者。《唐六典》：「天下造舟之梁四：河三洛一。河則蒲津、見山西重險。大陽、見陝州。盟津，見後河陽三城。洛則孝義。在偃師縣。石柱之梁四：洛三灞一。灞橋，見陝西西安府。洛則天津、在府城西南。永濟、在宜陽縣。中橋，亦名洛中橋，在府城東南。灞則灞橋也。大柱之梁三：三渭橋也。俱見西安府。舉京都之衝要爲巨梁者凡十有一，而洛居其四云。

又 潁水源出河南府登封縣東二十五里陽乾山，流經開封府禹州北入許州界，經襄城縣北亦謂之渚河，又東經臨潁縣北，又東經西華縣北、陳州之南，又東經項城縣南、沈丘縣北，接歸德府鹿邑縣南境而合於蔡河。蔡河首受汴，自祥符縣東南，通許縣西，尉氏、扶溝縣之東境，太康縣之西境，至鹿邑縣南而合於潁河，謂之蔡河口。《水經注》：「莨蕩渠自中牟東流至浚儀縣分爲二水，南流曰沙水，東注曰汴水。」魏收曰：「汴水在大梁城東，分爲蔡溝。」《續述征記》：「汴、沙到浚儀而分，汴東注，沙南流。」沙即蔡也，潁水合蔡亦兼有沙河之稱。自鹿邑縣東南流入南直鳳陽府界，經太和縣及潁州之北，潁上縣之東南，當壽州西北正陽鎮而入淮，謂之潁口。《漢志・注》：「潁水歷郡三，潁川、淮陽、沛郡。行千五百里。」自古用兵之地也。《左傳》襄十年：「晉帥諸侯伐鄭，楚救鄭，晉師進與楚夾潁而軍，鄭人肖涉潁與楚盟。」此即今禹州北之潁水。三國魏黄初五年，曹丕爲水軍，親御龍舟，循蔡、潁浮淮，如壽春，將以伐吴。正始四年，司馬懿欲廣田蓄穀於揚、豫間，使鄧艾行陳、項以東至壽春，艾以爲：「昔太祖破黄巾，因爲屯田，積穀許都，以制四方。今三隅已定，事在淮南。每大軍出征，運兵過半，功費巨億。陳、蔡之間，土下田良，可省許昌左右諸稻田，并水東下。胡氏曰：『汝水、潁水、莨蕩渠水、渦水，皆經陳、蔡間東入淮。』令淮北屯二萬人，淮南屯三萬人，什二分休，常有四萬人且田且守；益開河渠，以增灌溉、通漕運。計除衆費歲合五百萬斛，以爲軍資，六七年間，可積三千萬斛於淮上。此則十萬之衆五年食也。以此乘吴，無不克矣。」懿善之，遂北臨淮水，自鐘離以南，鐘離，今南直鳳陽府治。横石以西，横石，一作「硤石」，見壽州。盡沘水四百餘里，沘水即淠水，見固始縣及南直六安州、壽州境。五里置營，營六十人，且田且守。兼修廣淮陽、百尺二渠，淮陽、百尺渠，俱在陳州。上引河流，下通淮、潁，大治諸陂，於潁南、潁北穿渠三百里，溉田二萬頃。淮南、淮北倉庾相望，自壽春至京師農官屯兵，雞犬之聲，阡陌相屬。每東南有事，大兵出征，汎舟而下達於江、淮，資食有儲而無水害，艾所建也。晉太元八年苻堅大舉入寇，堅至項城，苻融等將兵先至潁口。唐建中二年田悦、魏博帥。李惟岳、恒冀帥。李納、淄青帥。梁崇義襄鄧帥。拒命，舉天下兵討之，諸軍皆仰給京師，而李納、田悦兵守渦口，見南直懷遠縣。崇義扼襄、鄧，南北漕引皆絶。江淮轉運使杜佑以秦、漢運路出浚儀西十里，入琵琶溝，絶蔡河，至陳州而合潁河。自隋鑿汴河，官漕不通。若導流培岸，功用甚寡，疏雞鳴岡首尾，尉氏縣有雞鳴城。或曰今南直合肥西北之雞鳴山，淝水出焉。可以通舟，陸行纔四十里，則江、湖、黔中、嶺南、蜀漢之粟可方舟而下，由白沙見南直儀真縣。趣東關，在南直巢縣。經廬、壽浮潁涉蔡，歷琵琶溝入汴河抵東都，無濁河泝淮之阻，佑蓋欲由大江通淝水，由淝水達蔡河。減故道二千餘里。會李納將李洧以徐州歸朝，時渦口屬徐州。淮路通而止。三年淮西帥李希烈叛，徙鎮許州，與李納相結，絶汴渠餉道，由是東南轉輸者皆不敢由汴渠自蔡水西上。宣武節度使李勉因治蔡渠，引東南饋。元和十一年討吴元濟，初置淮、潁水運使，揚子院米自淮陰泝淮入潁，至項城入溵，輸於郾城，以饋淮西行營諸軍，省汴運之費。《舊史》：時運米泝淮至壽州四十里入潁口，又泝流至潁州沈丘界五百里至於項城，又泝流五百里入溵河，又三百里輸於郾城。凡歷千三百餘里，蓋迂言之。五代周顯德四年攻唐淮南，先習水戰於大梁城西汴水側，至是命將王環將水軍數千，自閔水沿潁入淮，閔水亦蔡河之異名。唐人大驚。六年自大梁城東導汴水入於蔡，韓令坤浚。以通陳、潁之漕。宋建隆二年浚蔡渠，先是元年浚蔡河設斗門，至是復命陳承昭督其役。導閔水自新鄭與蔡水合，此閔水謂蔡河上流溱、洧諸川也。貫京師，南歷陳，潁達壽春，以通淮右之漕，舟楫畢至，都人利之，於是以西南爲閔河，東南爲蔡河。乾德二年又鑿渠自長社今許州。引溴水至京師溴水亦見許州。合閔水，渠成民無水患，閔河之漕益通。開寶六年改閔河爲惠民河，太平興國四年名城南惠民河水門曰普濟、廣利。爲漕運四河之一。端拱初，陳堯叟等言：「漢、魏、晉、唐於陳、許、鄧、潁暨蔡、宿、亳至於壽春，用水利墾田，陳迹具在。今用古法大開屯田，以通水利，導溝瀆，築防堰，每屯千人，人給一牛，治田五十畝，畝約收三斛，歲可收十五萬斛；七州之間置二十屯，可得三百萬斛，因而益之，數年可使倉廩充實，省江、淮漕運矣。」議不果行。淳化二年以溴水泛溢，自長葛開小河，導溴水分流二十里合於惠民河。至道初大理丞皇甫選言：「鄧、許、陳、潁、蔡、宿、亳七州境內，有公私閑田三百五十一支，合二十二萬餘頃，民力不能盡耕，皆漢、魏以來召信臣、杜詩、杜預、司馬宣王、鄧艾等立制墾闢地，有陂塘防埭舊址，即不能照舊增築，宜擇其堤防未壞可興水利者，先耕二萬餘頃，他處漸圖建置。」從之，未幾復罷。咸平二年霖雨，蔡河溢，開封守寇準治丁岡古河洩導之。在府城東南。大中祥符二年，陳州請自許州長葛浚減水河及治棗村舊河在臨潁縣。以入蔡河。從之。既又於頓固減水河口修雙水門，在商水縣南。以減陳、潁水患。九年知許州石普請於大流堰穿渠，在尉氏縣。置二斗門，引沙河以漕。天聖二年復修大流堰斗門，開減水河通漕。《宋志》：「時田承說獻議，重修許州合流鎮大河堰斗門，創開減水河通漕，省迂路五百里。」嘉祐三年開京城葛家岡新河，分入魯溝。魯溝見陳留縣。時秋霖水溢，爲京城患也。熙寧九年於順天門外汴城西南門。通直河至染院，後入護龍河，即城壕。至咸豐門南城西北門。入京、索河。元祐四年知陳州胡宗愈議浚八丈溝，在陳州。分蔡河之水爲一支，由潁、壽入河。詔經理之。大觀初復開溴河入蔡河。蔡河蓋兼閔水、溴水以通漕舟也。歐陽忞曰：「蔡河即古之琵琶溝。」胡氏曰：「琵琶溝自東京戴樓門入，南面西來第一門，本名安上門。京城宣化水門出，南面東來門也。投東南下，經陳州，過鹿邑縣界蔡河口而入潁。」今由朱僊鎮見祥符縣。而東南，有水道經西華、南頓、沈丘以達於潁、壽，蓋即蔡河故迹。又有五丈河，亦宋漕運四河之一也。《九域志》：「五丈河即《禹貢》之菏澤，自汴城北歷陳留、曹、濟及鄆，其廣五丈。」周顯德四年疏汴水北入五丈河，東流經定陶北入於濟，齊、魯舟楫皆達大梁。先是顯德二年於京城西引水入五丈河達於濟。六年浚五丈渠，東過曹、濟，梁山泊見山東壽張縣。以通青、鄆之漕。宋建隆二年發曹、單民浚五丈河。先是河塞，命衛將軍陳承昭於京城西夾汴河造斗門，自滎陽鑿渠百餘里，引京、索二水通城壕入斗門，架流於汴水上，東匯於五丈河，以便東北漕運。此即金水河。見前汴水。開寶六年改爲廣濟河。興國四年名城東水門曰咸通。又熙寧十年名城北水門曰永順。五丈河蓋自永順門入京城，而達於東之咸通門。景德三年內侍趙守倫議自京東分廣濟河，由定陶至徐州入清河即泗水。以達江、湖漕運，役成復罷。《宋史》：「徐州運河成，帝以地有龍阜，水勢極淺，難置渠堰，又歷呂梁灘磧之險，非可漕運，罷之。」天聖六年閻貽慶言：「廣濟河下接濟州之合蔡鎮，見山東鉅野縣。通梁山濼，請治五丈河入夾黃河，鄆、濟間小河也。引水注之。」因立橋梁置壩堰，詔有司相度。慶曆中又濬徐、沛之清河，任城、金鄉之大義河，見山東任城，即齊寧州。以通漕運。熙寧七年有司請於通津門汴城東面門也。汴河東岸開河，下通廣濟，以便行運。從之。元豐五年廢廣濟輦運司，移上供物於淮揚軍界入汴，名清河輦運。尋復加修治。元祐中都水監言：「廣濟河以京、索河爲源，轉漕京東歲計，請於宣澤門處置槽，架流入咸豐門，宣澤、咸豐二門，俱在汴城西面，咸豐又在宣澤之北。由舊道復河源以通漕。」從之。建炎初宗澤留守東京，開五丈河以通西北商旅。《宋會要》：「汴都以惠民、金水、五丈、汴爲四渠，而汴、黃、惠民、廣濟亦曰四河，蓋河渠流通，轉輸易達，此汴、洛所以爲天下樞也。」明朝洪武八年大河南決，挾潁以入淮，而蔡河之流漸絶。三十年河復南決，擁蔡水入陳州。永樂初計臣郁新奏言：「淮、黃淤淺，官運不通，請自淮安用輕舟運至沙河及陳州潁岐口，以大舟載入黃河，復陸運入衛河以達北京。」從之。正統以後，大河決塞不一，潁、蔡、五丈諸流盡失故道，其可辨者無幾矣。

又　汝水出汝州魯山縣西南七十里大盂山，東北流出縣北，經伊陽縣及汝州之南，又東南經寶豐縣及郟縣南而入南陽府裕州界，經葉縣北，又東入開封府許州之襄城、郾城縣南而入汝寧府西平縣，自縣北東南流，經上蔡縣西至汝陽縣北，又東經新蔡縣西，息縣北，至南直潁州南而注於淮。《左傳》成十六年：「楚以汝陰之田求成於鄭。」十七年：「諸侯圍鄭，楚救鄭，師於汝上。」哀元年：「楚圍蔡，使彊於江、汝之間。」十七年：楚子穀曰：「文王以彭仲爽爲令尹，縣申、息，朝陳、蔡，封畛於汝。」《國語》：「齊桓公伐楚，濟汝踰方城。」荀子曰：「楚汝、潁以爲險。」《淮南子》亦曰：「潁、汝以爲洫。」《漢志·注》：「汝水歷郡二，潁川、汝南。

行千三百五十里。」呂后三年，汝水溢。流八百餘家。唐開元十年，汝水溢。漂溺千餘家。《十道志》：「河南大川曰汝水。」宋劉敞曰：「汝水南遠淮，北距潁，懸瓠之險，爲南北必争之處。」元至正間汝水泛溢，有司自舞陽斷其流，舞陽屬裕州，蓋下流壅而汝水逆上舞陽也。約水東注。今大河屢經決塞，汝水亦非復故流也。

清・顧祖禹《讀史方輿紀要》卷五三《陝西一》 大河自西域入西寧衛及河州之境，遶蘭州而北，經靖邊、寧夏及榆林之境乃折而南，出龍門，抵華陰，復折而東，周匝三垂，皆大河也。《禹貢》曰：「浮於積石，至於龍門西河，會於渭汭。」又曰：導河積石，至於龍門，南至於華陰。禹迹至今未改矣。又龍門以南，河山之會，秦、晉之郊也。春秋時其地屬晉，故其力足以拒秦。魯僖公九年，秦穆公援立夷吾。夷吾請割晉之河西八城與秦；《左傳》作「賂秦伯以河外列城五」，此從《秦紀》。背約不與。十五年戰於韓，獲晉君以歸；夷吾獻河西地，既而晉復取之。戰國初魏使吴起守西河，秦兵不敢東向。武侯嘗浮西河而下，所謂「美哉山河之固」者也。方是時魏築長城，自鄭濱洛以北，鄭即今華州。有上郡。其後秦數出兵攻魏，魏日以削。秦惠王六年魏始納陰晉，即今華陰縣。八年魏納河西地，孔氏曰：「同、丹二州之地也。」丹州，今延安府宜川縣。十年魏納上郡十五縣，今延安以北地。而河西之地盡入於秦。《戰國策》：摎留謂韓王：「魏兩用犀首、張儀，而西河之外亡。」是也。呂氏曰：「秦孝公用商鞅取河西地，其盡得河西則犀首、張儀之力也。」《呂氏春秋》：「吴起去西河而泣曰：『君誠知我而使我畢能，秦必可亡，而西河可以王；今君聽讒人之議而不知我，西河之爲秦也不久矣。』吴起果去魏入荆，而西河畢入秦，魏日以削，秦日益大。」《秦紀》：「穆公時常得河西地，而晉復取之，故孝公元年下令曰：『三晉攻奪我河西地。』於是出兵東圍陝城。」十年東地渡洛，此即謂北之洛川，所謂自鄭濱洛者也。賈生《過秦》所云「商君佐之，拱手而取西河之外」者也。自秦、晉以後，争於關、河之交者，其盛衰强弱，無不以是爲判。又大河在關中，饋運所資也。《春秋》僖十三年：「秦輸粟於晉，自雍及絳相繼，命之曰汎舟之役。」孔穎達曰：「秦都雍，雍臨渭。晉都絳，絳臨汾。繇渭入河，又繇河以泝汾也。」漢歲漕關東粟以給中都官，多至六百萬石，大率取於關東諸郡，從河入渭。隋、唐都長安，皆泝河爲運。而河有三門底柱之險，見河南名山底柱。水流湍悍，輸輓爲勞。隋開皇三年以長安倉廩尚虚，謂西自蒲、陝，東至衛、汴，水次十三州，募丁運米，十三州，華、陝、虢、洛、管、汴、汾、晉、蒲、絳、懷、衛、相是也。於衛州置黎陽倉，陝州置常平倉，華州置廣通倉，轉相灌輸，漕關東及汾、晉之粟以給長安。唐大曆中劉晏爲轉運使，以江、汴、河、渭水力不同，各隨便宜，緣水置倉，轉相受給，江船不入汴，汴船不入河，河船不入渭；江船之運積河陰，今河南河陰縣。河船之運積渭口，渭船之運入太倉，歲輸粟百餘萬，無升斗溺者。宋以陝西用兵，歐陽修謂宜按唐裴耀卿之迹，不憚十餘里陸運之勞，裴耀卿置倉三門東西，亦見河南名山底柱。則河漕通而物可致，且紓陝西之困。明天順中延、綏多故，楊鼎請循河通餉；且議摘漕糧數千石赴陝，謂河南陝州。就令教習山、陝、河南之人，待舟楫通後乃許回運；且可順攜解鹽數十萬以充淮課，則國利大有益。鄭曉曰：「河自蒲州北至龍門，兩岸平廣可渡者百餘里，此誠關中之襟要，而華陰渭口又運道之喉嗌也。」今詳見《川瀆異同》。

又 漢水有二。一曰西漢水，源出鞏昌府秦州西南九十里嶓冢山，西南流經西和縣北，又南至成縣西接階州東北境，復折而東南，經成縣南流入略陽縣西謂之犀牛江，又南流經寧羌州東而合於嘉陵江，此即嘉陵江之上流，非《禹貢》所稱漢水也。嘉陵江見四川大川。其自寧羌州嶓冢山東流，經沔縣及褒城縣南，又東南經漢中府南，又東經成固縣及洋縣之南，西鄉縣之北，又東經石泉縣南，乃折而南經漢陰縣、紫陽縣之西，復折而東出興安州之北，又東經洵陽縣南，白河縣北而入湖廣鄖陽府界者，此即《禹貢》所云「嶓冢導漾，東流爲漢」之漢水也，俗亦謂之東漢水。詳見川瀆異同。

又 渭水出臨洮府渭源縣西二十五里之南谷山，流經鳥鼠山下，在渭源縣西二十里。過縣北，東流經鞏昌府北及通渭縣，寧遠縣、伏羌縣之北，又流經秦安縣南，秦州之北，至州東南清水縣西，又東南流經山谷中，入鳳翔府隴州南界，又經寶雞縣南，而汧水自北入焉；汧水出隴州汧山，歷汧陽縣，至寶雞縣東三十里入於渭。又東經岐山縣及扶風縣南，又東經郿縣北，而斜水自南入焉；又東流入西安府乾州武功縣南，又東經盩厔縣北、興平縣南，又東經鄠縣北、咸陽縣南，而灃、鎬二水自南入焉；詳見西安府。又東過西安府城北，而霸、滻二水亦自南入焉；詳見西安府。又東歷臨潼縣北、高陵縣南，而涇水自北入焉；又東歷渭南縣北及華州之北，又東歷同州朝邑縣南，而漆、沮二水亦自北入焉；又東至華陰縣北而入於河。《禹貢》：「導渭自鳥鼠同穴，東會於灃，又東會於涇，又東過漆、沮，入於河。」《漢志》：「渭水出鳥鼠同穴山，東至船司空見華陰縣。入河，過郡四，謂天水、扶風、京兆、馮翊。行千八百七十里。」漢漕渠所經也。元光六年鄭當時言：「異時關東漕粟從渭上，度六月罷，而渭水道九百餘里，時有難處。引渭穿渠起長安，旁南山下，至河三百餘里，徑易漕，度可令三月罷，渠下民田萬餘頃又可得以溉。此損漕省卒，而益肥關中之地，得穀。」上以爲然，令水工徐伯穿漕渠，渠成，水大便利，民得以溉。《淮南子》：「渭水多力，宜黍。」杜篤《論都賦》：「洪渭之流，徑入於河，大船萬石，轉漕相過。」是也。建安十六年，曹操擊馬超、韓遂，自蒲阪渡西河，循河爲甬道而南。超等自潼關退拒渭口。操多設疑兵，潛以舟載兵入渭，爲浮橋，夜分兵結營於渭南。既而進軍悉渡渭，與超等戰，大破之。晉義熙十三年，劉裕伐姚秦，王鎮惡等至潼關，請帥水軍自河入渭，徑趣長安。後魏太和二十一年，自長安還洛陽，汎渭入河。隋開皇元年，詔郭衍開漕渠，引渭水經大興城北，東至潼關，漕運四百餘里，關中賴之，名富人渠。四年又以渭水多沙，深淺不常，漕者苦之，詔宇文愷鑿渠引渭，自大興城東至潼關三百餘里，名廣通渠。漕運通利。唐天寶三載，韋堅爲運使，規漢、隋舊渠，皆起關門，西抵長安，通山東租賦，乃占咸陽壅渭爲堰，絕灞、滻竝渭而東，注永豐倉下，見華陰縣，即渭水入河處。復與渭合。《五行志》：「元和八年渭水漲，絕濟。」太和元年歲旱河涸，輓漕者揞沙而進，米多耗。咸陽西十八里有興成堰，秦、漢故漕渠也。咸陽令韓遼請疏之，東抵潼關二百里，可以罷車輓之勞。從之。天復四年，朱全忠劫遷車駕於洛陽，毀長安宮室百司及民間廬舍，取其材，浮渭沿河而下，長安自此丘墟，而漕渠之利亦廢不復講。王氏應麟曰：「渭川自大散關以北達於岐、雍，夾渭南北岸，沃野千里，謂之秦川。」關中有事，沿渭上下可度者不一處，戰守之宜，所在皆急，此誠都城之襟帶，畿輔之塹防也。

又 涇水，出平涼府西南四十里幵頭山之涇谷，《淮南子》：「涇水出薄洛之山。」《華戎對境圖》：「涇水上接蔚茹水，南流至幵頭山乃折而東。」東流經府城北，又經涇州北，又東歷邠州長武縣北，汭水入焉。汭水源出鳳翔府隴州西四十里弦蒲藪，東北流入平涼府華亭縣南，又東經崇信縣北，至涇州城北，又東南過長武縣北，而東流合於涇水。涇、汭同流，過邠州北，又東南流經淳化縣西南，又南經永壽縣東，又南歷谷口，見醴泉縣。至醴泉縣東，又東南流過咸陽縣東北，涇陽縣南，至高陵縣西南二十里而合渭水。《禹貢》所謂「涇屬渭汭」者是也。《周禮·職方》：「其川涇、汭。」《詩·公劉》：「芮鞫之即。」芮、汭同。鞫，水外也。《左傳》成十三年：「晉侯以諸侯之師及秦師戰於麻隧，在涇陽縣西南。秦師敗績，師遂濟涇，及侯麗而還。」劉伯莊云：「侯麗在涇陽縣境。」襄十四年：「晉帥諸侯之師伐秦，濟涇而次，秦人毒師上流，師人多死。」欒史曰：「濟處即今涇陽縣之睢城渡。」《史記》：「秦桓公二十六年，晉率諸侯伐秦，秦軍敗走，追至涇而還。景公十八年，晉悼公敗秦軍，追度涇，至棫林而還。」棫林，或曰即咸林，今華州也。又關中溉田之利，莫如涇水。《漢志》：「涇水出幵頭山，東南至陽陵入渭，陽陵見高陵縣。過郡三，安定、扶風、馮翊也。行千六十里。」秦始皇初，韓聞秦好興事，欲罷讀疲。之，毋令東伐，乃使水工鄭國間説秦，令鑿涇水自中山見涇陽縣。西抵瓠口爲渠，瓠口，《索隱》曰：「即谷口。」見醴泉縣。竝北山東注洛北山即九嵕、嶻嶭諸山。三百餘里，欲以溉田。中作而覺，秦欲殺鄭國。國曰：「始臣爲間，然渠成亦秦之利也。」秦以爲然，卒使就渠。渠就，用注填閼之水，溉舄鹵之地四萬餘頃，收皆畝一鍾，六斛四斗爲鍾。於是關中爲沃野，無凶年，秦以富强，卒併諸侯，因命曰鄭國渠。漢元鼎六年，左内史倪寬請穿六輔渠以益溉鄭國旁高卬仰通。之田。太始二年，趙中大夫白公復奏穿渠，引涇水，首起谷口，尾入櫟陽，見臨潼縣。注渭中，袤二百里，溉田四千五百餘頃，因名曰白渠。顔師古曰：「六輔渠在鄭渠上流之南，白渠在鄭渠下流之南。」民得其饒，歌之曰：「田於何所？池陽、谷口。鄭國在前，白渠起後。舉臿爲雲，決渠爲雨。涇水一石，其泥數斗。且溉且糞，長吾禾黍。衣食京師，億萬之口。」言此兩渠饒也。後漢遷雒，而鄭、白兩渠漸廢。晉建興四年，劉聰使劉曜寇長安。曜陷馮翊，轉掠上郡、北地，進至涇陽，謂涇水北。渭北諸城悉潰，遂逼長安。義熙十三年，劉裕伐秦，王鎮惡自河入渭。秦主泓遣其將姚彊等合兵屯涇上以拒之，爲鎮惡所敗。其時涇水左右皆戰地也。宇文周以後，渠堰之利復起。唐永徽六年，太尉長孫無忌言曰：「渠水帶泥淤，灌田益肥美。又渠水發源本高，向下支分極衆，若使流至同州，則水饒足。比爲碾磑用水，洩渠水隨入渭，加以壅遏耗竭，所以失利。」詔盡毀水上碾磑，以利民田。天寶以後，涇、渭之間，屢遭寇亂。廣德二年回紇、吐番逼奉天，還攻涇州不克，遂涉涇而遁。又是時勢豪之家，多引涇水營私利，民田益困。大曆十三年，敕毀白渠支流碾磑以溉田。杜佑曰：「秦、漢時鄭渠溉田四萬頃，白渠溉田四千五百頃，唐永徽中兩渠灌浸不過萬頃，大曆中減至六千頃，畝腴一斛，歲少四五百萬斛。復兩渠之饒，誘農夫趣耕，河、隴可復也。豈徒自守而已哉？」《元和志》：「太白渠在涇陽縣東北十里，中白渠首受太白渠，東流入高陵縣界；南白渠首受中白渠，東南流，亦入高陵縣界。」劉禹錫曰：「涇水東行注白渠，釃而爲三，以沃關中。白渠之利不廢，關中可無磽埆憂也。」《宋史》：「淳化二年涇陽民杜思淵言：『涇河内舊有石翣，以堰水入白渠，溉雍、耀田，歲收三萬斛。其後多歷年所，石翣壞，三白渠水少，溉田不足，民頗艱食。乾德中節度判官施繼業率民用竹木爲堰，壅水入渠，緣渠之民，頗獲其利。然每遇暑雨水驟，堰輒壞，至秋復以民力葺治，役煩而堰終不固。乞依舊修疊石堰，爲暫勞久逸計。」詔從之，尋復中止。至道初度支判官梁鼎、陳堯叟言：「鄭、白二渠舊史溉田以萬計，今所存不及二千頃。鄭渠難興工，請修三白渠舊迹。」詔皇甫選、何亮相度。選等言：「鄭渠並仲山而東，鑿斷岡阜，首尾三百餘里，連亘山足，岸壁頽壞，堙廢已久。度其制置之始，涇河平淺，直入渠口。暨年代寖遠，涇河陡深，水勢漸下，與渠口相懸，水不能至。峻巖之處，渠岸廢久，實難致力。三白渠溉涇陽、櫟陽、高陵、雲陽、三原、富平六縣田三千八百五十餘頃，宜增築堤堰以固護之。舊設斗門一百七十有六以節水，宜悉繕治。渠口舊有六石門，謂之洪門。亦曰洪口堰。今亦圮，若復議興置，則其功甚大。且欲就近度岸勢，別開渠口，以通水道，令渠官行視疏濬。又涇河中舊有石堰，修廣皆百步，捍水雄壯，謂之將軍翣，廢壞已久。杜思淵嘗請興修而不克，仍止造木堰，涉夏水潦堰輒壞。欲自今溉田畢，即命水工拆堰木寘岸側，充秋季修堰之用。」詔行之，於是自仲山南移治涇陽，未幾復敗。景德三年，博士尚賓經度鄭、白渠。賓言：「鄭渠久廢不可復，今自介公廟在涇陽縣北。回白渠洪口，直東南合舊渠以畎涇河，灌富平、櫟陽、高陵等縣，經久可以不竭。」工畢，民果獲利。景祐三年漕臣王沿言：「三白渠溉田數萬頃，今纔及三千餘頃，宜以時修治。又鄭、白渠皆上源高處爲堰，沿渠立斗門，多者至四十餘所，以分水勢，其下別開小渠，分以溉田。其作堰之法，用石錮以鐵積之於中流，擁爲雙派，南流者仍爲涇水，東流者釃爲二渠，故雖駭浪不能壞其防。」詔從其言，修三白渠。熙寧五年詔三白渠爲利甚大，又有舊迹，可極力修治。是年涇陽令侯可議鑿小鄭渠，引涇水高與古鄭渠等。又都水丞周良孺言：「自石門北開二丈四尺，堰涇水入新渠，可溉田二萬餘頃；開至臨涇，涇陽縣西三十里涇水南有臨涇鎮。就高入白渠，則水行二十五里，利益廣；開至三限口，五十餘里接雲陽，可溉田三萬餘頃。」詔如其議，自石門至三限合白渠興修，既而復罷。六年復詔修舉。大觀四年豐利渠成，見涇陽縣。疏涇水入渠，下與白渠會，溉涇陽、醴泉、高陵、櫟陽、三原、富平、雲陽七邑之田，總二萬五千九十有三頃。」《元史》：「宋熙寧中修白渠故蹟，自仲山旁開鑿石渠，從高瀉水，名豐利渠。大統八年涇水漲，毀堰塞渠，復疏導之。至大初御史王琚請於豐利渠上更開石渠，從之。至正三年以新渠堰壞，導流益艱，乃復治舊渠口堰，成，凡溉農田四萬五千餘頃。」明洪武中耿炳文守西安，修築涇陽洪渠諸堰以溉民田，繇是軍需無缺。永樂以後屢經修治，成化中項忠、余子俊、阮勤等並鑿石通水，引涇入渠，謂之廣惠渠，白渠之利得以不廢。水分三限，舊志：自仲山下截涇河築洪堰，引入白渠，下至涇陽縣北白公斗門，分爲三限，宋、元以來舊迹也。上限入雲陽、三原、櫟陽，亦曰北限。中限入三原、高陵、櫟陽，南限入涇陽，皆立斗門以均水，凡一百三十五處。志云：三限閘在涇陽縣北五里，北曰大白，中曰中白，南曰南白。大白之下爲邢堰，堰之上渠分爲二，北曰務高渠，南曰平皋渠。中白渠之下二十里爲彭城閘，渠分爲四，北曰中白渠，南曰中南渠，又南曰高望渠，又南曰禺南渠。中南渠之下又北分者曰析陂渠，南分者曰昌連渠。獨南白渠無分。其五縣分水以三限及彭城爲要地云。說者謂秦、漢時涇河平淺，古溝澮猶有存者，故引河作渠，直易易耳。年久涇河益深，水勢與渠口相懸，必益就上流，然後能引水，而疏鑿非故渠，且多石，故其用力尤難。劉麟有言：「北隨舊址以開渠，南高涇、渭之岸，東北杜入河之口，如李冰壅江作堋法，即高陵、櫟陽以北，舄鹵變爲沃壤矣。」

清·顧祖禹《讀史方輿紀要》卷六六《四川一》 岷江出岷山北，舊志云：江源出羊膊嶺，一云出木塔山。今詳考二山，諸志俱未審也。或云松潘衛北大分水嶺即羊膊嶺，大抵皆岷山以北之支阜矣。經松潘衛西，又南經疊溪所西，復南流歷茂州及威州西，折而東南至灌縣，導流益多，包絡於成都府境而南入眉州界，經州東，又南歷嘉定州東，復東南流歷敘州府城北，又東北經瀘州城東，又東北歷重慶府南，又東經涪州北，復東北出經忠州城南，又東經夔州府城南，出巫峽而入湖廣界。志云：岷江亦曰汶江，亦曰都江，亦曰外水，其在州郡城邑間者，往往隨地立名，而都江、外水則岷江之通稱也。岑彭之攻公孫述也，泝都江而上，拔武陽。見眉州彭山縣。先主取益州，諸葛武侯自荆州來會，克巴東，今夔州府。至江州破巴郡，今重慶府。遣趙雲從外水定江陽、犍爲。今敘、瀘以西。晉桓溫伐李勢，取道外水。義熙初毛璩自益州東討桓振於江陵，使其弟瑾等將兵出外水。四年劉裕使劉敬宣討譙縱，敬宣遣別將温雅出外水。八年復使朱齡石討之，逕從外水取成都是也。自夔州上下亦謂之峽江。《唐史》：「中和二年賊帥韓秀昇等斷峽江路，西川帥陳敬瑄遣兵討之，不克。時車駕幸成都，斷峽江則荆、蜀路絶，王命不復行於東南，於是江、淮貢賦及雲安、淯井鹽運皆不至，公私窘迫。三年高仁厚討平之。」《輿程記》：「自江源至成都九百九十里，水不甚急。自瀘州以東，長川巨浸悉委於岷江，而波流益以浩衍，百石大船，止於瀘州。自瀘以西江水漸狹也。由瞿唐而下，謂之峽江。」郭仲產云：「峽江兩岸，重巖疊嶂，蔽日隱天。至於夏水襄陵，沿泝阻絶。王命急宣，有時朝發白帝，暮到江陵，其間千二百里，雖乘奔御風，不能及也。」餘詳見《川瀆異同》。

又　涪江出松潘衛北九十里之小分水嶺，東南流過小河所北，又東南逕龍安府東及江油縣北，又東南經劍州西南入成都府境，經彰明縣東，又歷綿州城東南，亦謂之綿水。又歷羅江縣治東北，亦謂之羅江水。又東南入潼川州境，過州城東，歷射洪縣東及遂寧縣城南，又東南入重慶府境，經銅梁縣北，定遠縣西南，至合州城東南而與嘉陵江合。又東南至府城北而東入於岷江。《漢志·注》：「涪水過郡二，謂廣漢、巴郡也。行千六十九里。」後漢建武十一年岑彭討公孫述，使臧宮從涪水上平曲。見合州定遠縣。宮破延岑之兵，進拔綿竹，破涪城，拔繁、郫，與吴漢會於成都。建安十六年先主入蜀，至巴郡，由墊江水詣涪。墊江今之合州。蓋從墊江泝涪水逕上涪城也。十八年先主自葭萌進據涪城，益州從事鄭度謂劉璋：「莫若盡驅巴西、梓潼民内涪水以西，其倉廩野穀一皆燒除，高壘深溝，静以待之。」璋不聽。晉義熙初益州刺史毛璩將東討桓振於江陵，分遣參軍譙縱等出涪水，縱等至五城水口見潼川州中江縣。遂作亂。四年，劉裕使劉敬宣討之。敬宣既入峽，遣巴東太守温祚等出外水，自帥大軍繇墊江轉戰而前，至黄虎，去成都五百里，譙縱悉衆守險，敬宣不能克。九年又遣朱齡石伐之，密敕齡石從外水取成都，而以别將從中水取廣漢，以疑兵從内水向黄虎。譙縱果重兵守涪城以備内道，齡石出其不意，而縱敗亡。沈約曰：「涪江爲内水。」庾仲雍云：「巴州江州縣對二水口，右則涪内水，左則蜀外水。」是涪江爲内水也。由内水入涪城則已奪成都之險。故昔人重兵戍涪城，所以保涪之上游也。重兵戍墊江，所以保涪之下流也。涪江實中分益州之地，而可忽乎哉？

又　嘉陵江出陝西寶雞縣大散關東之嘉陵谷，西流經漢中府鳳縣北，又西入鞏昌府徽州境，歷兩當縣及州之南境，又西南入漢中府寧羌州界，經略陽縣城南，又西南至州東而西漢水合焉。西漢水，詳陝西大川漢水。又南入保寧府境，經廣元縣西，又西南歷昭化縣東北而白水流合焉。白水，詳見陝西文縣。過縣界至劍州東境，又東南流經蒼溪縣南，歷府城西，又東南經南部縣東而入順慶府界，過蓬州西經府治東，又南經岳池縣西境入重慶府界。經定遠縣北境至合州城東北而渠江合焉。又經州城東南而涪江合焉。並流至府城北，又東南而入於岷江。亦曰漢水，以上流合西漢水也。亦曰閬水，以流注閬中也。亦曰巴水，以水流曲折也。亦曰渝水，以歷渝州而名也。即今重慶府。蓋嘉陵爲巴中之大川矣。

又　巴江源出陝西南鄭縣南境之大巴嶺，入保寧府界，經南江縣南及巴州東南而入順慶府界，經蓬州儀隴縣東，又經州東北而東南歷營山縣，至廣安州渠縣北，又東合於渠江。渠江出夔州府達州太平縣東北之萬頃池，經州南而入渠縣界合於巴江。並流而南，經廣安州東曰篆水，亦曰洄水。又南歷鄰水縣西，至重慶府合州城東北而入於嘉陵江。又東南會於涪江至府城北，又東而入於大江也。《通釋》云：「自蜀而言，大江之外，其水有七：曰綿水、曰雒水、曰湔水、曰涪水、曰嘉陵水、曰巴水、曰渠水。七水合於江而江始大。」今按綿水、湔水入雒而巴、渠合爲一水，則大江之外爲巨川者四而已矣。其出於徼外入中國而附於江者又不與焉。近説以岷、瀘、雒、巴爲四大川，故有四川之名，於義未安。

又　瀘水出黎州所西徼外，其源曰若水，《山海經》：「黑水之間有木名若，若水出焉。」《水經注》：「若水南經雲南之遂久縣，又東流合繩水、孫水、淹水、瀘水注於馬湖。昔黄帝長子昌意降居斯水爲諸侯，娶蜀山氏，生顓頊於若水之野，即此處也。」《漢志·注》：「旄牛有鮮水，南入若水。若水亦出徼外，南至大莋入繩。」下流曰瀘水，一云西番境内有可跋海，周七十餘里，東南流出雲南者爲漾備水，出會川者爲瀘水。流經建昌行都司南，又南經會川衛西而入金沙江。其水深廣多瘴癘，夏月尤甚，故諸葛武侯以五月渡瀘爲艱也。漢元光五年司馬相如使西南夷，除邊關西至沬、若水，沬、若水即瀘水也。後漢建武十九年益州蠻相率叛亂，遣武威將軍劉尚發廣漢、犍爲、蜀郡人及朱提夷討之。尚渡瀘水入益州，大破棟蠶等羌。棟蠶，見雲南姚安府境内。蜀漢建興三年武侯討南中蠻，渡瀘水，《出師表》所云「五月渡瀘，身入不毛」者也。晉大寧初成李驤等寇寧州，刺史王遜遣將姚嶽敗驤於堂琅，追至瀘水，成兵争濟，溺死者千餘人。唐貞元四年吐蕃寇西川，發雲南兵數萬屯瀘北，西川帥韋皋以計却之，雲南兵遂引去。太平中李德裕帥西川，亦經營於此以拒南詔。其金沙江亦出吐蕃界，經雲南西北境今詳雲南大川。至會川衛界而合於瀘水。又東北流經東川府曰納彝江，亦曰黑水。又東北入烏蒙府亦名金沙江。又東北入馬湖府境，至府南曰馬湖江。又東入敘州府界，至府城東南而北注於岷江。《通釋》曰：「瀘水，蜀西南境之大川也。」

又　大渡河出雅州西北生羌界，一名沫水。《史記》：「司馬相如除邊關，關益斥，西至沬、若水。」此即沬水也。沬音妹。《水經注》：「沬水出廣柔徼外，東合青衣水入江。」《通釋》云：「大度河一名羊山江，出鐵豹嶺。」羊一作「陽」。鐵豹嶺即岷山之異名也。流經雅州蘆山縣北，又西南流經黎州所西，折而東南經建昌行都司越巂衛北境，東流入嘉定州界，歷峨眉縣南，至州城東南而入於大江。自昔設險於此以禦蠻夷。蕭齊永明二年大度獠恃險驕恣，益州刺史陳顯達襲破之。唐長壽元年吐蕃酋長曷蘇率部落請內附，遣張玄遇將兵迎之。軍至大渡水西，曷蘇事洩，爲國人所擒。大曆末吐蕃、南詔寇西川，李晟追破之於大渡河。貞元十七年韋皋使黎州經略使王有道將兵過大渡河，深入吐蕃界。太和三年南詔將嵯顛入寇，陷邛州徑抵成都，陷外郭，節度使杜元穎保牙城拒之。尋大掠而去，自大渡水南還。明年李德裕爲帥，築仗義城，以制大渡河、清溪關之阻。關見下。咸通二年南詔陷安南，復陷巂州以牽制西南，西川帥蕭鄴率屬蠻鬼主邀敗之於大渡河。十年南詔陷巂州，攻清溪關，官軍退屯大渡河北。蠻乘船筏爭渡，官軍潰還，蠻遂陷雅、黎。十三年路巖帥西川，亦扼大渡河治故關。邛崍關也。乾符初復入寇，絙舟大渡河以濟，黎州刺史黃景復俟其半濟擊之，蠻敗遁，斷其浮梁。蠻以中軍旂幟當其前，而分兵潛出上下流各二十里，夜作浮梁，詰朝俱濟，襲破諸城柵。景復還黎州，設伏以待，蠻至敗却，追至大渡河南。會蠻歸全之羅谷，在越巂衛南。遇國中發兵繼至，遂復寇大渡河，與唐夾水而軍。又自上下流潛濟，與景復戰連日，西川援軍不至，蠻衆日益，景復不能支，軍潰。南詔乘勝陷黎州。乾符二年高駢爲西川帥，至成都時，南詔方入犯至新津而還，駢遣騎追至大渡河，殺獲甚衆，修復邛崍關、大渡河諸城柵。五代梁乾化四年南詔寇黎州，王建遣王宗範等追敗之於大渡河，蠻走渡河，橋絶溺死者數萬人。宗範將作浮橋濟大渡河攻之，蜀主召還，自是蠻寇益少。宋乾德中以爲邊界，祝穆曰：「大渡河，唐西川要害也。大渡之戍一不守，則黎、雅、邛、嘉、成都皆擾。」宋初乾德三年，王全斌平蜀，以圖來上，議者欲因兵威服越巂，藝祖以玉斧畫此河曰：「外此吾不有也。」於是爲黎之極邊。昔時河道平廣，可通漕船，自玉斧畫後河之中流忽陷下五六十丈，水至此澎湃如瀑，從空而落，舂撞號怒，波濤洶湧，舡筏不通，名爲「噎口」，殆天設險以限中外。父老云：「舊有寨將欲載杉木板繇陽山入嘉定貿易，以數片試之，板至噎口爲水所舂没須臾片片自沬水浮出，蠻人聞之益不敢窺伺。」政和末大理通貢，有上書乞於大渡河外置城邑以便互市，詔問得失，知黎州宇文常言：「太祖觀地圖畫大渡河爲境，歷百五十年無恙；今若於河外建城邑開邊隙，非中國之福也。」議遂寢。寶祐初蒙古忽必烈侵大理，出大渡河至金沙江。元至順初羅羅斯土官撒加伯以兵撤毀棧道，潛結西番，聚兵大渡河，進寇建昌以應雲南諸王禿堅等，尋擊平之。明初傅友德平西南夷設大渡河千户所，造舟以達建昌。曹震言：「建昌驛道經大渡河多死瘴癘，請置驛於峨眉。」蓋大渡河之爲險要也尚矣。

清・顧祖禹《讀史方輿紀要》卷七五《湖廣一》 江水自四川巫山縣流入界，經巴東縣及歸州之北，又東至彝陵州南、宜都縣北，而歷枝江縣、松滋縣之北，又歷荆州府城南至公安縣、石首縣之北，又經監利縣南及華容縣東北而至岳州府之北，又經臨湘縣北而東北流過嘉魚縣西，又北至漢陽府城東、武昌府城西而會於漢水，復北折而東，歷武昌府北黃陂縣南，又東歷黃州府南、武昌縣北，又經蘄水縣及蘄州城南、興國州之北，又東南歷廣濟縣、黃梅縣之南而東入江南宿松縣界，江之南岸即江西德化縣界矣。自西而東，回環境內者約千八百里，自昔南北相争，沿江上下，所在皆險，蓋不特楚地之襟要，又爲吴會之上游也。今詳見《川瀆異同》。

又 漢水自陝西白河縣流入界，經鄖陽府城南，又歷均州及光化縣之北，穀城縣之東，又東至襄陽府城北折而東南，經宜城縣之東，又南經承天府城西，荆門州之東，復東南出經潛江縣北及景陵縣南，又東歷沔陽州北及漢川縣南，至漢陽府城東北大別山下會於大江。《禹貢》：「荆州江、漢朝宗於海。」《詩》：「滔滔江、漢，南國之紀。」《左傳》：「楚漢水以爲池。」又曰：「江、漢、睢、漳，楚之望也。」《史記・楚世家》：昭王曰：「先王受封，望不過江、漢。」夫楚之初漢非楚境也，故屈完對齊桓云：「昭王之不復，君其問諸水濱。」自楚武伐隨，軍於漢、淮之間，自是漢上之地漸規取之矣。吴之伐楚也，與楚夾漢，而楚之禍亟焉。林氏曰：「楚之失始於亡州來，符離，其再失也由於亡漢。」晉蔡謨謂：「沔水之險，不及大江。」不知荆楚之有漢，猶江左之有淮，脣齒之勢也。漢亡江亦未可保矣。孫氏曰：「國於東南者，保江、淮不可不知保漢，以東南而問中原者，用江、淮不可不知用漢，地勢得也。」《水利考》曰：「漢之患多在襄，承，江之患多在荆州，九江之患多在常、岳，蓋上流既盛，下流未合，故横溢不免。洞庭合江，江合漢，而滔滔順流矣。夫禹之治水也，疏瀹決排而已。蓋盛則利於疏，淺則利於瀹，壅則利於決，急則利於排，必至之理也。《周禮》稻人職曰：『稻人掌稼下地以豬畜水，以防止水，以溝蕩水，以遂均水，以列舍水，以澮寫水。』」説者謂雖主治田之事，而亦治水之法也。後世阡陌既變，水流益亂，惟恃堤防以捍衡流，苟免滲溺，復因而爲之利，紆回壅障，以便田作，大水時至，則盡委於壑矣，蓋但知蓄止而不知均寫之宜也。誠因其故堤增高培薄，使經流不至越軼，復視其漲塞之至急者，疏爲支渠，使有所游蕩，如賈讓治河，所謂多穿漕渠以分殺水怒，則江、漢未必終於不治也夫？」詳見《川瀆異同》。

又 湘水出廣西興安縣南九十里之海陽山。其初出處曰靈渠，流五里分爲二派，志云：有分水嶺。流而南者曰灕水，流而北者曰湘水。灕，離也，言違湘而南。湘，相也，言有所合也。湘水東北流經全州城南，有灌水合焉；又東北流入境，經永州府東安縣南至府城西南，去府城十里。引而北有瀟水會焉；又經祁陽縣東而入衡州府常寧縣西北境，又經府城南引而東北，有烝水會焉；又經衡山縣東而北流入長沙府湘潭縣境，過縣西至府城西環城而下，過湘陰縣西，又北而達青草湖注於洞庭湖。《地理志》：「湘水過郡二，零陵、長沙也。行二千五百三十里。」《水經注》：「湘水出陽海山，即海陽山。北至巴丘山入江。」吴、蜀分荆州，以湘水爲界，長沙、江夏、桂陽以東屬吴，南郡、零陵、武陵以西屬蜀，湘水實貫於數郡間矣。時又置關水上以通商旅，謂之湘關。建安二十四年關羽得于禁降軍，糧食乏絶，擅取權湘關米，權聞之遂發兵襲羽。自其合瀟水而言之則曰瀟湘，自其合烝水而言之則曰烝湘，自其下洞庭會沅水而言之則曰沅湘，實同一湘水也。

又 沅水出四川遵義府境。班固曰：「沅水出牂牁郡故且蘭縣東北。」是也。近志曰：沅水出貴州鎮遠府境。今攷沅水本無正源，蓋羣川會流，至辰州府沅州界而益大，因有沅江之名。沅水過沅州城南，又逕黔陽縣城南，又東接靖州會同縣西界，東北流經辰溪縣北、盧溪縣南，又過辰州府城南，東北至常德府桃源縣南，又東逕常德府城南、龍陽縣北，至沅江縣之西南而注於洞庭湖。其地名紅沾口。《地理志》：「沅水東北至益陽入江，今沅江縣本長沙益陽地也。過郡二，謂牂牁、武陵也。行二千五百三十里。」《楚辭》「濟沅、湘以南征」，《淮南子》「楚地南卷沅、湘」，太史公「浮沅、湘」，蓋楚地南境之水，莫大於沅、湘。後漢建武二十三年武陵蠻反，遣劉尚將兵泝沅水入武谿擊之，敗没。武谿，見盧溪縣。今辰州以西五谿諸水，皆附沅水而達於洞庭，蓋水流深險，溪蠻依以爲阻也。近志：湖北之水，常德、辰、靖曰湖北。以沅水爲宗云。

又 資水出靖州綏寧縣東南百里之唐糺山。班固曰：「資水出都梁之路山。」酈道元曰：「即唐糺山矣。」山本在武岡州西南，舊屬武岡界。武岡，漢都梁縣也。資水東北流經寶慶府武岡州北，又經府城北，邵水會焉，或謂之邵江；北流至新化縣東而入長沙府安化縣境，逕縣西，又東北出益陽縣南，寧鄉縣北而入常德府沅江縣西南境注於洞庭湖。《地理志》：資水過郡二，謂零陵、長沙也。行千八百里。今其水紆曲，行多灘險。按《禹貢》言「九江孔殷」，許慎曰：「九江，沅、漸、無、辰、漵、酉、澧、資、湘也。」今考漸水在常德府武陵縣合於沅江，無水在沅州城西，亦入沅江。《漢志》注：「無水首受故且蘭，南入沅，行八百里。」一作潕水。辰水則在辰州府沅陵城東入沅江，酉水亦在沅陵城西入沅江，而漵水則在辰州府漵浦縣西，亦北流入沅江，惟澧水出岳州府澧州慈利縣西三十里之歷山，經縣北，又東逕石門縣南，至州城南謂之蘭江，又東逕安鄉縣、華容縣南而入洞庭湖。《唐志》：「景龍三年澧水溢，害稼。」《禹貢》所謂東至於澧，《楚辭》所稱澧浦者是也。《漢志》：「澧水東至長沙下雋縣入沅，過郡二，行千二百里。」郡二，武陵、長沙也。今澧水惟在澧州界內，所行不過五百餘里。或云澧水自安鄉東南流會於常德府沅江縣之沅水云。然則所云九江者，惟四江達於洞庭耳。近志曰：九江四在湖南，瀟、湘、烝、資也；五在湖北，沅、漵、漸、辰、酉也。以澧水爲不在九江之數，恐悮。然瀟水、烝水亦湘水支川耳，其會衆川以入洞庭者，於東則湘水爲宗，於西則沅水爲長，而出於二水之中者資水爲雄，由此而北，庶幾以澧水爲君矣。

又 沮水出鄖陽府房縣西南二百里之景山，東南流經襄陽府南漳縣南境，又南逕荆州府夷陵州之遠安縣東而入承天府荆門州界，至當陽縣北，又東南合於漳水。漳水出南漳縣南境之廢臨沮縣南。《山海經》：「荆山，漳水出焉。」《水經注》：「出臨沮縣東荆山南。」經當陽縣北，又東南與沮水合流，達縣南之沱江，至荆州府枝江縣而入大江。沮本作「睢」。《左傳》定四年：「吴人敗楚及郢，楚子出涉睢。」又哀六年楚子所謂「江、漢、睢、漳」者也。後從沮，又訛爲柤，讀曰租。今襄陽以南沮水左右地皆曰沮中，亦謂之柤中。後漢建武二十三年南郡蠻反，劉尚討破之。杜佑曰：「潳山蠻也。」潳亦作「柤」，即柤中蠻矣。或曰緣沔諸山蠻也。《襄陽記》：「柤中在上黄界，今南漳境內廢縣。去襄陽一百五十里。魏時夷王梅敷兄弟部曲萬餘屯此，分佈在中盧、宜城西山鄢、沔二谷中，中盧，見南漳縣。土地平曠宜桑麻，有水陸良田，蓋柤中者沔南之膏腴沃壤也。」故臨沮、上黄、沮陽、長寧等縣皆沮中地。《郡縣志》：「南漳縣東北一百八里有柤山，吴朱然、諸葛瑾從沮中乘山險道北出處也。」按《吴志》：「赤烏四年朱然圍樊，諸葛瑾取柤中。」又《朱然傳》：「赤烏五年征柤中，九年復征柤中，殺掠數千人而還。」或云司馬懿鑿八疊山開路於此停租，因名。八疊山亦見南漳縣。《魏志》：「正始四年諸葛瑾攻沮中，司馬懿曰：『沮中民夷十萬，隔在水南，逆救却之。』」何承天謂襄陽之屯，民居星散，司馬懿謂宜徙沔南以寔水北，曹爽不用，果亡沮中者也。又王基言：「荆州有沮、漳二水，溉灌膏腴之田以千數。安陸左右，陂池沃衍，若水陸並農，以實軍資，然後引兵詣江陵、夷陵，分據夏口，順沮、漳，資水浮穀而下，吴可滅也。」又景元二年襄陽太守胡烈表言：「吴將鄧由、李光等十八屯同謀歸化，欲令郡兵臨江迎援。」詔荆州都督王基逕造沮水迎之，不果。晉隆安五年桓玄移沮漳蠻二千餘户於江南，立武寧郡，治編縣。更招集流民，立綏寧郡。治長寧，俱見荆門州。玄敗，其黨桓謙匿於柤中復作亂。蓋柤中水陸紆險，蠻蛋錯處故也。自唐以來，沮、漳之水皆自江陵西入江，宋淳祐中孟珙障而東之，復北入於漢，爲三海之利。詳見江陵縣。

又 九江即大江也，在九江府城北。其上流自湖廣興國州東流入瑞昌縣界，又東南流，北岸爲湖廣黄梅縣之新開口鎮，東南流六十里，經府城東北之潯陽驛，又六十里爲湖口縣之彭蠡驛，又東北六十里爲彭澤縣之龍城驛，又百十里即南直望江縣之雷港驛也。亦曰潯陽江，蓋大江之隨地易名耳。《禹貢》：「九江孔殷。」又曰：「過九江。」蓋今之洞庭湖，而説者以爲在潯陽。司馬遷曰：「余南登廬山，觀禹疏九江。」淮南王安曰：「禹鑿江而通九路。」班固曰：「九江在潯陽南，東合大江。」應劭曰：「江自廬江潯陽分而爲九。」鄭玄曰：「江至潯陽分爲九道。」郭璞《江賦》：「源二分於崌崍，流九派於潯陽。」《潯陽地記》：「禹疏九江，一烏白江，二蚌江，三烏江，四嘉靡江，五畎江，六源江，一作『沙源江』。七廩江，八提江，九菌江。菌一作『箘』。」張須元《緣江圖》云：「一三里江，二五州江，三嘉靡江，四烏土江，五白蚌江，六白烏江，七箘江，八沙提江，九廩江，參差隨水短長，或百里，或五十里，始於鄂陵，終於江口，會於桑落洲。」張僧監曰：「九江一名白馬江，去州五里，是大禹所鑿九江，分流三百餘里，至桑落洲合流。」孔穎達曰：「大江分爲九江，猶大河分爲九河。」賈耽曰：「江有八洲，與江爲九。」宋白曰：「九江在江州西北二十五里。」晁公武曰：「九江一水而名九者，猶太湖一湖而名五湖，昭餘祁一澤而名九澤耳。」又劉歆言：「九江者，湖漢九水入彭蠡澤也。」湖漢水即今貢水。酈道元則云：「自沔口以下有湖口水、加湖江水、武口水、烏石水、舉水、巴水、希水、蘄水、利水，皆南流注於江。」皆可傅合九江之説。宋曾氏云：「豫章之川如彭水、即今章水。鄱水、淦水之類凡九，合於湖漢，東至彭蠡入江，九江之名，或取諸此。」蓋傳疑久矣。今府治後百餘步有庾公樓，其磯石突出江千百許步，爲岷、嶓以下滔滔東流之少駐。自六朝以來，州常爲中流雄鎮，得其人守之，未易越潯陽一步也。至於江中洲嶼，節節有之，自舟行附南岸者謂之内路，附北岸者謂之外路。宋晉安王子勛將劉胡自鵲尾見南直寧國府。敗還潯陽，於江外夜趣沔口。蒼梧王初以黄門郎王奂鎮夏口，恐過潯陽爲桂陽王休範所劫，留使自太子洑竟去，太子洑見湖廣黄梅縣。蓋即江外趨沔口之路。今江防之設，始自潯陽，蓋大江越梁、荆而來，小水附入者益多，波流衍溢，汊港縱横，且東近金陵，風帆易達，故爲備不可緩也。

又 贛水亦曰南江，其上流分二源，西出者爲章水，東出者爲貢水。志云：章水出湖廣郴州南三十六里之黄岑山，自宜章縣流入南安府崇義縣界，經聶都山，《漢志》謂之彭水；《漢志·注》：「彭水出豫章南埜縣，東入湖漢水。」是也。又東經府城南亦謂之横江，亦謂之横浦；東北流經南康縣城南亦謂之芙蓉江；又東北經贛州府城西，環城而北，會於貢水。貢水出福建汀州府西六十里新路嶺，流入贛州府瑞金縣界，經縣南，《漢志》謂之湖漢水；又西經會昌縣北謂之湘洪水；又北達雩都縣西，而府東北寧都、石城二縣之水，府南安遠、龍南、信豐三縣之水，又北興國縣之水皆匯焉；西北流至府城東，環城而北，會於章水，始名爲贛水。漢時亦謂之領水。淮南王安上書言：「越人入中國必下領水。領水之山峻峭，漂石破舟，不可以大船載糧下也。」亦謂之大庾嶠水。庾仲初云「大庾嶠水北入豫章，注於江」，即此。以其自南而北，通謂之南江。梁末陳霸先起義師討侯景，軍於南康，尋自南江出湓口會王僧辯之師。又自南康至豫章，其地皆謂之南川，陳初臨川周迪欲自據南川是也。從贛城北至吉安府萬安縣，江中有一十八灘，謂之贛石。舊志：虔州城至萬安縣凡一百八十里。一云贛石之險，凡三百里。五代梁貞明四年，楊吴遣兵擊譚全播於贛州，時嚴可求以厚利募贛石水工，故吴兵奄至城下，虔人始覺。又東北經泰和縣至府城南，折而北，遶吉水縣城西而東北流，亦謂之吉水；入臨江府峽江縣界，經縣城南亦謂之峽江；又東北經新淦縣城西，又東北經府城南，亦謂之清江；又東歷樟樹鎮入南昌府豐城縣界，經縣城西北而至府城西，亦謂之章江；繞城而流，廣十里，度江之北曰石頭口，又東北流入於鄱湖，北出九江府湖口縣西而入於江。唐《十道志》：「江南大川一曰贛水。」自南昌以南諸郡之水悉流合於贛水，而委輸於鄱湖。地勢南高而北下，上流之重恒在南方，故嶺嶠發難，贛江上下千里之間皆爲戰地，振古如兹矣。

清·顧祖禹《讀史方輿紀要》卷八九《浙江一》 浙江之源有三：一曰新安江，或謂之徽港，《班志》謂之漸江水。源出徽州府西北百二十里之黟山，今名黄山。

經府南東流至竹節磯，而入嚴州府淳安縣界，經縣南東流六十里，而遂安縣境之水流合焉，又東九十里而經府城南，東陽江流合焉，此浙江西出之源也；一曰東陽江，或謂之婺港，《水經》謂之吳寧溪。源出金華府東南百三十里之大盆山，經縣南境而爲畫溪，西入義烏縣界而爲烏傷溪，至府城東合於南溪，又西流至蘭溪縣西南六里而信安江流合焉，此浙江東南別出之源也；一曰信安江，或謂之衢港，亦曰穀水。源出衢州府開化縣東北六十里之百際嶺，經縣城東謂之金溪，又東南入常山縣境而爲金川，至縣城東則江山縣丈溪之水流合焉，又東南經府城北，而江山縣南，仙霞嶺北諸溪谷之水皆流合焉，又至府城東十五里而定陽溪流合焉，又東北經龍游縣北四里而爲盈川溪，亦曰穀溪，又東北經湯溪縣北境，又東北經金華府蘭谿縣城西而與東陽江合流，此浙江西南別出之源也。三江既合，東北流百餘里，至嚴州府城東南二里而與新安江會。三源同流，東過桐廬縣或謂之桐江。又東北入杭州府富陽縣界而爲富春江。經縣城南，又東經府城南而謂之錢塘江。東北流入海寧縣界，南岸則爲紹興府蕭山縣界，舊志：浙江在臨安府錢塘縣治南十二里，越州蕭山縣治西二十五里。夾岸有山，南曰龕，北曰赭，二山相對，謂之海門。又東則錢清、曹娥之水並匯於紹興府北，而爲三江海口。此浙江源流之大略也。亦曰浙河。《山海經》曰：禹治水至於浙河。莊翼云：「浙河之水，濤山浪屋，雷擊霆砰，有吞天浴日之勢。」亦曰漸江，《水經》：「漸江水出三天子都。」《漢地理志》：「漸江水出黟縣南蠻中。」亦曰羅剎江，志云：取風濤險惡之意。然而浙江之名尚矣。《吳越春秋》：越王至浙江之上，望見大越山川重秀，天地再清。《史記》：「楚威王殺越王無疆，盡取故吳地，至浙江。」又秦始皇至錢唐，臨浙江。水波惡，乃西百二十里從陿中渡。後漢建安初孫策引兵渡浙江，取會稽。晉咸和三年，會稽內史王舒等起兵討蘇峻之亂，使庾冰將兵西渡浙江。隆安三年孫恩據會稽，劉牢之等討之，進臨浙江，恩聞之曰：「我割浙江以東，不失作句踐。」牢之既濟，恩遂走入海島。隋開皇十年越州高智慧等作亂，楊素擊之。智慧據浙江東岸爲營，周亘百餘里，船艦蔽江。別將來護兒以奇兵潛渡，遂破之。東南有事，未有不以浙江爲襟要者。盧肇云：「浙者，折也。取潮水出海，屈折倒流也。」燕肅云：「浙江上游受婺、衢、歙三港之水，水出兩山間，盤迴百折，過蕭山入海，龕、赭兩山之間岸狹勢逼，湧而爲濤。」祝穆云：「浙江之口，山居江中，潮水投山，十折而曲，故名浙江。」海潮之盛，莫過於浙江，以其去海至近，而江流不足以敵之耳。昔因海潮著爲圖論者，不下數十家。大略卯酉之月爲陰陽之交，氣以交而盛，故潮獨大於餘月。朔望之後爲陰陽之變，氣以交而盛，故潮獨大於餘月。小則水漸漲不過數尺，大則湧濤高數丈，每歲八月十八日爲觀濤之候。《輿程記》：「近志謂潮以曲折而大，又云因海門二山阻其怒而大，皆非也。浙江自婺源浙嶺發源，山嶺高峻，緣山取道，凡十八曲折而上，故因以爲名。夫折當緩阻亦當緩，潮之大以浙江三百里即黃公洋，洋廣三百里始至大海，納以巨澤，潮勢因之而盛也。」盧肇《海潮賦》所謂「夾羣山而遠入，以巨澤灌其喉」者也。自東漢以浙江之東皆爲會稽，浙江之西皆爲吳郡，兩浙之名，實起於此。《唐六典》：「江南道大川曰浙江。」上承三州之水，又歷杭、睦、越三州而入於海。自古至今，常有漂溢之患。唐末諸志所載浙東、西諸郡水患，皆浙江漂溢也。

又 浦陽江，源出金華府浦江縣西六十里深裊山。謝惠連云：「朝發浦陽汭，暮宿浙江湄。」言相近也。《説文》：「水北曰汭。」又水相入爲汭，此指江邊之地而言。或云浦陽江亦名浦陽汭，悞矣。《水經注》：「浦陽江導源烏傷，浦江縣亦古烏傷也。東連諸暨，與泄溪合。」今江水經浦江縣南東流入紹興府諸暨縣界，自源徂流，凡百二十里始通舟楫，經縣南折而北流，縣境諸水皆流入焉，北經山陰縣南，分爲二支：一西北經蕭山縣東南三十里之臨浦，又北折而東，經府西五十里之錢清鎮名錢清江，又東入於海，是錢清江即浦陽江也；亦名西小江。今江口爲潮沙所遏，其內則爲運河，亦與錢塘江相隔。一自山陰縣東南分爲小舜江，今名東小江。又東與嵊縣剡溪之下流合，經府東九十二里之曹娥廟而爲曹娥江，又北至上虞縣西北五里之龍山下而西北折，以入於海，是曹娥江亦浦陽江分流所匯也。《禹貢》云「三江既入」，韋昭以爲三江者松江、錢塘江、浦陽江。浦陽之水微矣，而亦稱江者，以其入於海云。

又 苕溪有二源：一出天目山之陽，經杭州府臨安縣西逕縣南而東，謂之南溪。入餘杭縣界，又東流經餘杭縣治南，又東流二十七里入錢塘縣界，自源徂流凡百八十里始通舟楫，潘氏曰：「苕溪支流大抵自餘杭縣西南二里之南湖，溢入於錢塘之西溪，入杭州府北十里之北關河以濟漕渠。」又東北入湖州府德清縣境，經縣城東南，謂之餘不溪，武康縣境前溪諸水皆流合焉。又北經府城南合諸溪之水謂之霅溪。匯爲城濠，此苕溪之東派也；其一源出天目山之陰，經孝豐縣東南，又北流經安吉州西折而東，經長興縣南境，縣境荊溪諸水皆流合焉。至府城西亦謂之苕溪，此苕溪之支派也。兩溪匯流，由小梅、大錢二湖口小梅湖在府北十八里，大錢湖在府東北三十八里。入於太湖。又苕溪經湖州府城下分流爲運河，經府東七十里之潯溪達於蘇州府吴江縣南四十里之鶯脰湖，而與杭、嘉二郡之運河合。唐天授二年敕錢塘、於潛、餘杭、臨安四縣租税皆取道於苕溪，公私便之。然今自餘杭以上漲淌不時，未可方舟而濟矣。潘季馴曰「浙西運河大都發源於天目」，蓋以苕溪爲之委輸也。

清・顧祖禹《讀史方輿紀要》卷九五《福建一》　建江亦曰閩江，亦曰建溪，至延平府境亦曰劍江，至福州府境亦曰西江，往往隨地立名，實同一建江也。其源出建寧府浦城縣北四十里漁梁山，繞流經縣城南達縣西，或曰建溪之源出自楓嶺。今楓嶺南里許有分水關，梨嶺北麓之水，楓嶺南麓之水會流經此，即建溪上源也。按水流環通，仙霞以南之水東流則歸於處郡之大溪，西流則歸於廣信之永豐溪，而南流大都歸於建溪，漁梁嶺路之極南，爲衆流所匯之地，從其易見者而言，遂謂建溪出於漁梁也。楓嶺、梨嶺，俱見浦城縣。經灘澗中，引而南，凡一百八十里曰水吉鎮，爲建陽縣界，又五十三里曰雙溪口，而崇溪之水流合焉。崇溪源出建寧府崇安縣西北七十里分水嶺，流經崇安城東南，又南納武夷九曲之水，歷建陽縣城東，一名錦江，亦名西港。又東南至雙溪口而合於建溪。並流而南，八里爲葉坊驛，又四十五里而達建寧府城西，繞城南而東松溪之水亦流合焉。松溪源出浙江慶元縣西南二十里松源山，入建寧府界，經松溪縣城東北，引而南，政和縣境之水亦流入焉，謂之東溪，至府城東而合於建溪。舊志：建溪之源凡三，一出浦城，一出崇安，一出松溪，三源而下，凡五派合流，是謂建溪。今考上遊之水自西北來者皆匯於建溪，三源、五流，亦概言之。又南行四十里曰太平驛，又四十五里爲房村舖，又十里曰大横驛，又三十里爲黯淡灘，又五里至延平府城東南，而西溪流合焉。西溪上源一出邵武府光澤縣西北九十里之杉關嶺，謂之杭川，南流至邵武府城北合樵溪、紫雲溪諸水流入延平府順昌縣境，合順陽諸溪至縣城南，合將樂縣之將溪，又東至沙溪口合沙縣之沙溪。將溪、沙溪，即汀州府大溪之下流也。大溪發源汀州府寧化縣山中，流經縣東南，又東歷清流縣東南境而爲九龍灘，又東分二流，一自歸化東北流入延平府將樂縣界謂之將溪，經縣南至順昌縣城南合於順陽溪；一自延平府永安縣東北流經沙縣南謂之太史溪，亦名沙溪，又東北出沙溪口而合於順昌諸溪。其下復合，共引而東，謂之西溪。又東至延平府城西，繞出城東南而合於東溪，謂之劍江。又東南四十里曰吉溪口，又十八里曰茶陽驛，又三十二里曰尤溪口，尤溪縣之水自此北合於建江也。又十五里曰樟湖坂，又二十里爲黄田驛，入福州府古田縣界，又五十里而至水口。自水口已上達於浦城，計程幾六百里。灘石嵯岈，縱横林立，舟行罅隙中，灘高水急，略無安流，流船輕脆，石齒堅利，稍或不戒，沉溺及之矣。相傳始於浦城，迄於水口，諸灘之有名者以三百計，然至險者亦不過數處：曰將軍灘，在浦城縣南十里。和尚灘，俗名阿彌陀佛灘，在建寧府北六十五里。黯淡灘，在延平府北五里。大傷灘，在延平府東南十八里。大灣灘，在水口北二十里。其最著者也；次則火燒灘，在浦城縣南三里。倒亂灘，在浦城縣南百十里。大、小羅灘，小羅灘在浦城南百十三里，又南十四里即大羅灘。樹林灘，在大羅灘南六十五里。大米、小米灘，小米灘在樹林灘南十二里，又三里即大米灘。菱角灘，去大米灘三十餘里。梨灘，在建寧府城北十五里。箭孔灘，在延平府東南六十五里。梅花灘，在箭孔灘南六十六里。亦時有摧溺之慮；而汀、邵二溪又有九龍，在清流、永安二縣界，最險。三門、虎口在延平府西境。諸灘之險。其水工非熟於水道，輕捷夙成者，則節節皆險耳。夫閩江本無正流，大約疏鑿山峽而成。上流地高水迅，易於淺涸，居民往往積石壅水，爲灌溉及水碓之利，山水驟發，輒衝激爲患，灘險比下流較多。其下流水勢益盛灘益大，而險淫潦時，波濤洶湧，勢若懷襄，旬日不雨，則石塉磷磷，淺狹處可褰裳涉也。水口灘險已盡，而列石江中，參差數里，水勢震蕩，勢猶洶洶。出水口則江流浩衍，以風阻爲虞矣。繇水口而東五十里曰小箬驛，又東十里曰閩清口，又四十里曰白沙驛。自白沙而下分爲兩支：其自東而南者二十里爲竹崎所，又四十里曰芋原驛，又東南至府西十里曰洪塘浦，又東南流二十里曰南臺江，又東南流五十里爲馬腸江；其自南而東者經府西南六十里曰陽崎江，折而東二十里曰西峽江，復東流二十餘里會馬腸江。府境諸水俱會流於此以達海，蓋自西北而東南，横亘三郡之中，幾千餘里，爲津梁之要會。自劍溪東下福州，水路縈紆，幾數百里，而水勢湍急，可以朝發夕至也。陳天嘉五年章昭達自東興嶺趨建安東興嶺，見江西新城縣。討陳寶應，寶應據晉安、建安二郡水陸爲柵以拒之。昭達與戰不利，因據上流，命軍士伐木爲筏，施拍其上。會大雨江漲，昭達放筏衝寶應水柵，盡壞之，寶應繇此敗滅。五代漢乾祐三年，南唐劍州帥查文徽遣劍州刺史陳誨將水軍下閩江襲福州，會大雨水漲，一夕行七百里，抵福州城下，史作「七百里」，悞也。自劍州至福州四百里。敗州兵，整衆鳴鼓，止於江湄，蓋順流漂急，勢莫能禦也。

清・顧祖禹《讀史方輿紀要》卷一〇〇《廣東一》　西江即廣西黔、鬱、桂三江之水。自梧州府東流入肇慶府界，歷德慶州封川縣西而賀江流入焉，賀江，見廣西賀縣。經縣南，又東至州城南，亦曰南江，亦名晉康水；又東繞府城，而東南流出羚羊峽入廣州府順德縣界，亦謂之龍江；又東流至府城西北，會北江之水，又流至府城南而會東江之水，並流而入於海。漢伐南越，灕水、牂牁之師並會於番禺，即是道也。《南齊書》：「西、南二江，川源深遠，別置都護，專征討之任。」西江實兼南江之名矣。謂之二江，悮也。梁大同十一年交趾李賁作亂，命楊瞟爲交州刺史討之，又命定州刺史定州，今廣西鬱林州。蕭勃會瞟於西江。太清末陳霸先爲西江都護，起兵討侯景。隋、唐以後，嶺南用兵恒以西江爲要害。宋皇祐四年儂智高陷邕州，沿江東下，濱江州郡悉被殘破，遂圍廣州，官軍拒却之。明初廖永忠等定廣州，復奉詔引兵趨廣西，由肇慶泝西江而上抵梧州是也。今西粵往來，百斛巨舟可方行無礙者，惟西江耳。詳見川瀆盤江。

又 北江即湟水、湞水合流之水也。湟水出湖廣寧遠縣九疑山，流入廣州府界，《通志》：「湟水俗呼湞江，以出於郴州黄岑山，亦名黄水。」悮。經連州陽山縣東，西南流經州城東，又折而東南入韶州府英德縣界，又南流入廣州府清遠縣境，至縣東南與湞水合，亦曰洽水，亦曰洭水，亦曰洸水，其合湞水之處亦曰洭口，亦曰洸口。漢元鼎五年伐南越，伏波將軍路博德引兵出桂陽，下湟水。陳大建二年廣州刺史歐陽紇以州叛，陳將章昭達將兵討之，兼行至始興。紇聞昭達奄至，出頓洭口，多聚沙石，盛以竹籠，置於水柵之外，用遏舟艦，昭達居上流，裝艦造拍，乘流突進，紇衆大敗，遂擒之。宋開寶三年，潘美克南漢之郴州，劉鋹懼，遣其臣邵廷琄屯洸口是也。湞水出南雄府北大庾嶺，東南流，復折而西南，經府城南，又西南經始興縣西而入韶州府界，經府城東；有武水出湖廣臨武縣之西山，流經郴州宜章縣南而入韶州府樂昌縣境，又東南流至府城東南而合湞水，亦曰曲江，亦曰相江，亦曰始興江；又南流經英德縣西出湞陽峽入廣州府清遠縣界，經縣東，又南則湟水流會焉；又南流經三水縣西，至府西北三十餘里，透迤而下會於西江。漢伐南越，樓船將軍楊僕引兵出豫章，下湞水是也。今自庾嶺而南取水道，由始興江口可以徑抵廣州，且東達惠、潮，西屆潯、梧矣。又有東江，源出江西安遠縣界，流入惠州府龍川縣境，至縣南爲龍江，又西南流經河源縣南爲槎江，南流至府城東北，折而西過博羅縣南，又西南流入廣州府東莞縣境，經縣北，又經增城縣南，而至府之南境會西江以入海，亦謂之三江口，以東、西、北三江爲名也。《南史》：「宋元嘉十年徙謝靈運於廣州。或告靈運令人買兵器，結健兒，欲於三江口篡取之，不果，靈運因棄市。即此三江口也。」三江周匝三垂，南則濱大海云。

清・顧祖禹《讀史方輿紀要》卷一〇六《廣西一》 灕江與湘江同源，出桂林府興安縣海陽山，東北流至興安縣北釃爲二流，灕水則從零渠南出，繞桂林府城而南流，岸旁數山，或扼其衝，或遮其去，故間有亂石沙潭處，清淺爲灘，湛碧爲潭，餘雖深至一二丈，俯視水中草石，洞然清澈無翳也。志云：灕水上流謂之靈渠，自興安縣而南有，斗門，上下六十里。昔秦戍五嶺，命史禄鑿渠以通舟楫。漢滅南越，使歸義越侯嚴爲戈船將軍，出零陵，下灕水。又東漢建武十七年，馬援討徵側，因史禄舊渠開湘水六十里以通餽餉。後江水潰毁，渠遂廞淺。唐寶曆初，觀察使李渤立斗門以通漕舟，自是累加修濬。或謂之埭江。《新唐書》：「景龍中王晙都督桂州，因埭江開屯田數千頃，以息轉輸。」又咸通五年，安南爲南詔所陷，諸道兵屯聚嶺南，江西、湖南餽運皆泝湘江入零渠、灕水，勞費艱澀，諸軍乏食。有潤州人陳磻石請自福建運米汎海，不一月至廣州。從之，諸軍食始足。九年桂州刺史魚孟威因大修靈渠，增置斗門，渠復通利。宋初計使邊詡復修之，嘉祐四年提刑李師中更加濬治。今自靈川縣而南，亦曰靈江，又曰融江；入臨桂界亦曰桂江，亦曰始安江；又經陽朔縣東而入平樂府界，亦名府江；自平樂而南，經昭平縣西以入於梧州界。《平樂舊志》云：「府江北抵桂林，南連梧州，上下八百餘里，兩廣舟船必由之路。其西岸山勢劈削，樹木叢密，苗賊往往據險出没，致江道阻塞，雖調兵征剿，而林箐深密，不能盡殄也。」《府江考》：「府江自桂林達梧州，亘五百餘里，爲廣右咽喉。東岸連富川、賀縣，北抵恭城；西岸連修仁、荔浦，南抵永安。東則有上中下古摺及桂冲石峒、黄泥嶺、葛家峒諸巢；西則有大小黄牛、大小桐江及磅碌象磯、馬尾冲、蓮花汀等巢，而朦朧、仙迴、高天、水滙等峒與五指、白冒諸巢，皆爲羽翼。江介諸嶺，深箐蒙翳，諸猺憑阻其間，縱横爲患，成化以後始漸就撫。未幾縱惡如故，萬曆初患始息。」《南征記》：「府江諸灘鱗次，由梧州而上有象棋、大結、小結、簡較、三門、鑼鼓諸灘，皆奇險，而雷霹灘尤爲險惡。」府江至梧州之西北仍曰桂江，亦曰灕江，南流過府城西合於左、右二江，謂之三江口，又東入廣東封川縣界謂之西江，東至番禺入於海。范成大曰：「湘、灕二水皆出靈州之海陽山，行百里，分南北下：北下曰湘，稠灘急瀧，二千里而至長沙水始緩；南下曰灕，名灘三百六十至梧州，又千二百里而至番禺」云。《漢志・注》：「灕水出陽海山，東南至廣信入鬱林，九百八十里。」

又 右江之源有三：一曰福禄江，源出貴州古州長官司西南，下流入柳州府懷遠縣境，繞縣西，歷融縣東，又南歷柳城縣東，合龍江至府城西而名柳江，泝其源而言亦曰黔江，從其流而名亦之曰潯江也；一曰都匀江，源出貴州黄平州西南，下流入慶遠府天河縣，又南歷府城北謂之龍江，又東經柳州府柳城縣北，又東合於融江，並流至府城西南而爲柳江，又東南經象州西亦曰象江，又南入武宣縣界合於横水江；一曰都泥江，源出貴州定番州西北界，三源委曲，俱詳見《川瀆異同》。流入慶遠府南丹州南及那地州北，又東歷忻城縣南，又東南經遷江縣北復東南流，經賓州南爲賓水，又東北流歷來賓縣南，又東至武宣縣西而合柳江，以其自西而東或謂之横水江也。三水同流，歷武宣縣東南而爲大藤峽，兩岸連山，中多灘險，綿亘數百里，經潯州府武靖州而南繞府城，北至城東而合於鬱江。二江同流，又東過平南縣而爲龔江，又東入梧州府藤縣而爲藤江，至府城西合於桂江，又經府城南而東流以至於番禺，通名大江也。由西北而東南，中分粵西之地，猺、僮出没，多在其間，而自黔入粵，此實爲必争之道矣。

又 左江之上源即盤江也。有二源：一曰北盤江，出四川烏撒府西亂山中，經貴州慕役長官司東南合於南盤江；一曰南盤江，源出雲南曲靖府東南，兩源委曲亦俱詳《川瀆異同》。亦流經慕役長官司東南而會於北盤江，於此並流而入廣西界，經泗城州東始謂之左江。從其流而言之亦曰鬱江。鬱江歷田州東南、奉議州北而入南寧府界，經歸德州南、隆安縣北，又東經府城之南，有左、右江自府西南來合焉，二江出交趾界，流合鬱江，非左、右江正流也。詳見南寧府。又東流經永淳縣及横州南，又東經貴縣及潯州府城南，繞府城而東合於黔江，並流經藤縣北至梧州府城西而合於桂江，又東而爲廣東肇慶府之西江也。本名牂牁江。《漢書・西南夷傳》：「夜郎臨牂牁江，江廣百餘步，足以行船。南粵以財物役屬夜郎，西至桐師。夜郎國，今見四川遵義府。顔師古曰：『桐師，西南夷種也，在夜郎西，葉榆西南。』唐蒙乃上書曰：『南粵地東西萬餘里。今以長沙、豫章往，水道多絶，難行。若通夜郎浮船牂牁，出其不意，此制粵一奇也。』元光五年司馬相如通西夷，除邊關，關益斥，西至沫、若水，見四川大川瀘水及大渡河。南至牂牁爲徼。元鼎五年秋，伐南越，以路博德爲伏波將軍，出桂陽，下湟水；楊僕爲樓船將軍，出豫章，下横浦；一作「湞水」。故歸義粵侯二人爲戈船、下瀨將軍，出零陵，或下灕水，或抵蒼梧；使馳義侯因巴、蜀罪人，發夜郎兵，下牂牁江，咸會番禺。蓋自蜀入粵之道，自漢啟之也。《漢志・注》：「鬱水首受夜郎豚水，注又云：『温水出牂牁郡鐔封縣，豚水出牂牁郡夜郎縣，俱東至廣鬱入鬱水。』鐔封或曰在今遵義府東境，夜郎見遵義府桐梓縣。歐陽忞曰：『鬱江即豚水。』似悮。又陶弼詠鬱江云：『昔年觀地志，此水出牂牁。』亦未是。蓋江以道通牂牁而名，非遂出於牂牁也。東至四會入海，四會即今廣東屬縣。過郡四，鬱林、蒼梧、合浦、南海。行四千三十里。」《水經注》云：「温水出牂牁夜郎縣，與《漢志》不合。東至鬱林廣鬱縣爲鬱水，漢時謂之牂牁江。」然則灕、鬱二江，自漢已爲通道，惟黔江則近代始闢焉，故大藤峽之蓁塞，幾如異域也。又西南土司皆以左、右江爲分。右江所轄者，慶遠境內羈縻州、縣、長官司及鎮安府田州、向武、奉議、泗城、歸順諸州，安隆、上林二長官司，以至思恩九巡簡司是也。左江所轄者，南寧境內羈縻府、州、縣皆是也。蘇濬《土司志序》曰：「兩江谿洞，舊皆荒服。唐太宗時諸夷内附，始置羈縻州縣，隸於邕州都督府。宋參唐制，析其種落大者爲州，小者爲縣，又小者爲峒，推其雄者爲首領，籍民爲壯丁，以藩籬內郡。其酋皆世襲，分隸諸寨，總隸於提舉。元豐以後，制漸隳矣。元以左、右兩江羈縻州縣俱屬南寧帥府，分司管轄，而上下相遁，姑息爲甚。明初受命，兩江土酋東泝交闕，西緣牂牁，際滇之廣南莫不納土歸款，朝廷第因舊疆，稍稍增省而已。其初約束甚堅，綏懷亦至，間有調發，趨命恐後，事已則賜賚亦隨之，邊陲無警者且百年。其後桀驁漸萌，反覆多有，議者欲倣賈生衆建之説，擇封疆延袤兵力雄盛者，則因其勢而瓜分之。夫西南土司，與交州爲鄰，交人不敢窺内地者，以土酋力足制之耳，而可自薄其藩垣哉？嗟夫！中官武弁視土官爲外府，而墨吏以漁人收之，土司尚知奉我之威令乎？故曰：『黷貨則玩，玩則無震。』言兩江者，盍亦反其本哉？」

清・顧祖禹《讀史方輿紀要》卷一一三《雲南一》 金沙江，源出麗江軍民府西北旄牛徼外，以産金沙而名。亦曰麗水。流入巨津州北境，唐時謂之神川。天寶以後吐蕃有其地，置神川都督於此。貞元五年南詔破吐蕃於神川。十年南詔復擊吐蕃於神川，大破之。《載記》云：「南詔之地，北至神川是也。」東南流，環麗江府境之三面，流入寶山州境，經州南而入鶴慶軍民府東北境，又經順州之南而入北勝州界，從州南而東入姚安府北境，又東歷武定府北境，又東達四川之會川衛，西南而合瀘水，於是金沙江亦兼瀘水之名。繇會川衛而南過金沙江，即武侯五月渡瀘處也。兩崖峻極，府視江流，如在井底。煙瘴拍天，冬月行人過此亦皆流汗，惟雨中及夜分乃無虞。元李京云：「從滇池至越嶲，道經金沙江，計程一千三百里。」繇會川而東北流，經東川烏蒙府境，又東北經馬湖府南爲馬湖江，又東流至敘州府東南而北注於大江。亦見四川大川瀘水。蒙氏封爲四瀆之一。蒙古憲宗三年，忽必烈征大理，過大渡河至金沙江，乘革囊及筏以濟，其濟處蓋在麗江府之北。又至順初搠思班擊雲南叛者諸王秃堅等，奪金沙江，遂直趨中慶抵南平，所奪蓋在武定、姚安間也。志稱雲南左右分畫，界以大江，東北曰金沙，西北曰瀾滄是矣。楊士雲議開金沙江書云：江名麗水，源出吐蕃界共龍川犁牛石下。本名犁水，訛犁爲麗。東經麗江府巨津、寶山二州，三面環府界；又東經鶴慶，受漾、共諸水；又東經北勝，受桑園、龍潭、程海諸水；又東經姚安府界，受青蛉、大姚、龍蛟諸水；又東經楚雄定遠，受龍川諸水；又東經武定府，受元謀、西溪諸水，又受滇池、螳螂諸水；士雲所引諸水，源流多不可考，武定以下，次第亦復舛錯。又東經東川府，西入滴慮部，受尋甸牛瀾江、谷壁川、喟嚙、化溪諸水；又東經烏蒙南，又東經鹽井、建昌、會川、越巂諸衛合瀘水，受懷遠、寧遠、越溪、雙橋、長河、瀘沽、大渡、魚洞、羅羅、打冲、東河、熱地諸水；又東至馬湖界，受泥溪、大、小汶諸水；又東至敘州府合大江。此南中西北之險，蒙氏僭稱北瀆者也。漢武帝開益州郡，諸葛亮平南中四郡，皆先得此險，而始通西南夷。歷晉迄隋，通塞靡常。至唐蒙氏世爲邊患，至酋龍極矣，即晟祐隆。屢寇黎、雅，一破黔中，四盜西川，皆繇我失險，坐基南詔亡唐之禍。宋太祖鑒此，以玉斧畫大度河曰：「此外非吾有。」繇棄此險，遂成鄭、趙、楊、段氏三百餘年之僭。元世祖乘革囊及筏渡江，進薄大理，虜段智興以破此險，遂平西南夷。明初梁王拒命，太祖命將征討，諭潁川侯等曰「關索嶺路本非正道，正道又在西北」，蓋謂此也。夫雲南四大水，惟金沙江合江、漢朝宗於海，爲南國紀。天造地設，本爲天下用也。歷代乃棄諸夷酋，資其桀驁，雖建立城戍，斤斤自守，時或陷沒。豈知天有宿度，地有山水，人有脈絡，《禹貢》於州末必曰浮某水，達某水，入某水，逾某水，詳敘貢道達都，著天下大勢，以水爲經紀也。孰謂滔大川，可浮可逾，反舍而陸，乃北至永寧，東至鎮遠，不亦迂乎？誠一勞永逸，暫費永寧，纘神禹疏鑿之績，恢四海會同之風，息東西兩路之肩，拊滇雲百蠻之背，變彼險阻奧區，而爲掌中腹裏，一統無外之治，實在此矣。《滇志》：「正統間靖遠伯王驥議濬金沙江，不果。嘉靖間撫臣黃衷復議濬之，爲武定土酋鳳朝文所梗，事遂寢。既而撫臣汪文盛亦議修舉，卒中止。其後梟臣毛鳳韶上議：『雲南水路，昔人謂由滇之海口浮船武定金沙達馬湖僅七日，其武定府迤東水路，自雲南海口至安寧、羅次、富民、只舊、你革、達古、普河、安革、法於、土色，出東川大江至阿納木姑，共一十三站，惟土色有疊水。又迤西水路，自雲南陸路至富民、武定、虛仁、環川凡五站，於金沙江巡司浮舟至罵喇母、白馬口、粲喇則、五曲革、直勒則、卓剌、除魯、圭寧、抄塔甸、沙吉、撒麻村，亦至土色大江、阿納木姑，凡一十四站，惟卓剌、沙吉有疊水。』又金沙江土司言：『弘治、正德、嘉靖間木商多自馬湖伐杉木，以五板巨艦載之，中經虎跳、天生橋，雖險阻無害也。』又姜驛驛丞言：『木商結簰筏，自本司江流六日即抵馬湖。』大抵武定迤東最爲捷徑。迤西則水道益廣，中間雖有虎跳、天生二灘，皆沙石易鑿。誠於東西二道勘實，鳩工隨宜利導，若果崖石險絕，人力難施，亦須設法變通，水陸兼濟。至於郡邑遠近，村舍稀密，堪立驛遞哨堡者，皆當以次修舉，所關不獨一時一方之利而已。適地方多事，竟不行。隆慶初撫臣陳用賓復申前議，亦不果。天啟中安酋倡亂，貴陽道阻，復議開通。梟臣莊祖誥謂：『自金沙巡司而東，由白馬口歷普隆、紅巖石、喇鮓至廣翅塘，皆祿勸州地，其下有三灘，水溢沒石。乃可放舟，涸則躋岸，纜空舟以行。又歷直勒村、罵喇、土色，皆會理州地，其下有雞心石，石如堆者三疊。江中行舟，必度水勢緩急。又歷踏照、頭峽、喇鮓至粉壁灘，甚駛，皆東川地。又歷驛馬河、新灘至虎跳灘，陰溝硐，皆烏蒙地。虎跳湍瀉陡石，不可容舟。陰溝二山相接，水行山腹中，皆從陸過灘，易舟而下。又歷大、小流灘，爲蠻夷司地。又歷黃郎、木鋪、貴溪寨、業灘至南江口始安流。自黃翅塘至南江約十日程。又至文溪，鐵索江數灘，歷麻柳灣、教化巖，爲馬湖府地。又歷洩灘、蓮花、三灘、會溪、石角灘，至敘州府。此金沙江道里之可據者也。』」

又 瀾滄江出吐蕃嵯和哥甸鹿石山。一名鹿滄江，亦曰浪滄江，亦作蘭倉水，流入麗江府蘭州境，南歷大理府雲龍州西，又南經永昌府東北八十五里羅岷山下，兩崖壁峙，截若垣墉，纜鐵飛橋，懸跨千尺，亦曰博南津。《後漢書》：「永平十二年得哀牢地，始通博南山，度蘭倉水，行者苦之，歌曰：『漢德廣，開不賓，度博南，越蘭津，度蘭倉，爲他人。』」指此也。志云：瀾倉江逕雲龍州入永昌，廣僅三十餘丈，其深莫測，其流如奔，有大瘴，零雨始旭，草玄葉脫時，行旅忌之。自永昌東流入蒙化府西南界，又流經順寧府東北，至府東南百二十里之泮山下會於墨會江。墨會江者，即樣備江也。源出西番境內可跋海。一云出鶴慶軍民府劍川州南五里之劍川湖。亦曰漾濞江，亦曰濞溪江，亦曰黑惠江。流經大理府浪穹縣西，又南過府西之點蒼山後會西洱海，程大昌曰：「唐樊綽以麗水爲黑水，恐其狹小，不足爲雍、梁二州界，惟西洱河與《漢志》葉榆澤相貫，廣處可二十餘里，既足以界別二州，其流又正趨南海，昔人謂此澤以榆葉所積得名，則其水之黑似榆葉，積漬所成，尤爲證驗。」大昌蓋以樣備水爲葉榆澤也。流入趙州西南，亦曰神莊江，又南流經永昌府永平縣之東境，蒙化府之西境，又南至順寧府東北境，南流至泮山下合於瀾滄江。志云：瀾滄江中有物黑如霧，光如火，聲如折木，破石觸之則死，或曰瘴母也，《文選》謂之鬼彈，《內典》謂之禁水。惟順寧江中有之，他所絕無。二水合流至雲州南，又東南經景東府及鎮沅府，西南過者樂甸長官司南界達元江府西南境，車里宣慰司東北境，又東南過交趾界爲富良江而入於南海。蒙氏以墨會江、瀾滄江皆列於四瀆。

明洪武二十年詔沐英於瀾滄江津要築壘，置守以備平緬是也。李元陽《黑水考》云：「《禹貢》『黑水、西河惟雍州，華陽、黑水惟梁州』。又曰『導黑水至於三危，入於南海』。釋經者擬議其説而卒無所據。夫黑水之源固不可窮，而入南海之水則可數也。何則？隴蜀無入南海之水，惟滇之瀾滄江、潞江二水皆發吐蕃西北來，與雍州相連，水勢並洶湧，皆入於南海，是豈所謂黑水者乎？然潞江西南流，蜿蜒緬中，内外皆夷，其於梁州之境若不相屬，惟瀾滄發西北迤邐向東南，徘徊雲南郡縣之界，至交趾入海，今水内皆爲漢人，水外則爲夷緬，禹之所導，於以分別梁州界者，惟瀾滄足以當之。孟津之會曰髳人，在今北勝；濮人，在今順寧；皆在瀾滄江内也。《地理志》謂『南中山曰昆彌，水曰洛』，《山海經》『洱水西流入於洛』，故瀾滄江又名洛水，言脈絡分明也。《元史》『至元八年大理勸農官張立道使交趾，並黑水，跨雲南以至其國』，亦一證也。夫古今郡縣因革之名不可紀及，而山川之蹟則不可移，不據不可移之蹟，而據易變之名，末矣。所以然者，論者但知隴在蜀之北，蜀在滇之東北，故以《禹貢》黑水爲梁、雍二州界，又入南海爲疑。不知隴、蜀、滇三方鼎立，隴則西南斜長入蜀，滇則西北斜長近隴，蜀則尖長入滇、隴之間，故雍以黑水爲西界，對西河而言也，梁以黑水爲南界，對華陽而言也。惟三危之山不可考，或謂近在麗江，夫《禹貢》明言三危爲雍州山，且三苗所竄，豈復在南夷之地乎？姑置之闕如可也。」今黑水見《川瀆異同》。

又　潞江，在永昌府潞江安撫司東北五十里。源出吐蕃雒望甸，東南流經司北，兩岸陡絶，瘴癘甚毒，夏秋之間，人不敢渡。本名怒江，以波濤洶湧而名也。《滇記》：「諸葛武侯七擒孟獲，駐兵怒江之滸，即此。」又東經永昌府南百里，復東南流經孟定、芒市界達木邦、緬甸入於南海。潞江源委，諸志皆以荒遠略之。元人朱思本《圖》稍悉，亦難盡據。蒙氏封爲四瀆之一。正統三年麓川土酋思任發作亂，遣兵斷潞江，立栅以守，官軍討之不得渡，都督方政渡江擊走之。四年復命沐昂等征麓川，敗賊於潞江，進抵隴把，今隴川宣撫司治此。不能克而還。或曰潞江自孟定府西入於麓川江，而麓川江自隴川宣撫司西南入於金沙江，三水源異而歸同也。麓川江者，即龍川江。源出騰越州徼外峨昌蠻地之七藏甸，繞越甸而東南，經高黎共山下，其渡處地名夾象石，在江之東岸，南流至南甸宣撫司東南境爲孟乃河。經芒市西界入隴川司東爲麓川江。川流湍迅，蠻人恃以爲險。思任發之亂，方政擊敗之於潞江西岸。別將高遠追賊度龍川江，敗賊於高黎共山下，乘勝深入，與方政等逼賊於上江。上江，賊重地也。遠力憊無援，敗没。政亦西度龍川追賊，遇伏戰死。繼而樞臣王驥督大兵進討，遣總兵劉聚自下江夾象石徑進攻上江賊砦，破之。於是驥引大軍發夾象石度下江，通高黎共山道，至騰衝，發南甸搗賊巢，平之。上江、下江者，土人以江近麓川城爲上江，而近騰越爲下江也。發隴川而南接芒市西界，西南流入金沙江。金沙江即大盈江也，亦名大車江。源出騰越州西徼吐蕃界，流入州境，南流經南甸及干崖宣撫之西境，有檳榔江亦出吐蕃界，東南流合焉。朱思本曰：「大車江、檳榔江二水合流始名大盈江也。」大盈江又東南流，繞芒市西南界，隴川西北界，又南而麓川江西南流合焉，並流經孟養宣撫司東境謂之金沙江。江合衆流，水勢益盛，浩瀚洶湧，南流入緬甸界，闊五里餘，經江頭、大公、蒲甘諸城而入於南海，蓋雲南西南境之巨津，又與東北之金沙江異流而同名也。龍川、麓川、大盈、金沙諸川，《志》皆錯雜不可考，今略爲是正。

又　西洱河，在大理府城東。源出鄧川州浪穹縣北二十里罷谷山，匯山谿諸流，又合點蒼山十八川而爲巨浸，下流合於漾備江，即古葉榆澤也。相傳黑水伏流，別派自西北來會於太和縣東而爲洱河，《後漢志·注》謂之禺河，亦曰榆葉河。《水經注》：「諸葛平南中，戰於榆水之南。」是也。亦曰珥水，以形如月抱珥也。一云如月生五日。亦曰洱海，亦曰西洱海，杜佑謂之昆彌川。漢武帝象其形，鑿以習水戰，非滇池也。古有昆彌國，亦以此名。隋開皇十七年，史萬歲擊南寧叛爨，至南中，過諸葛亮紀功碑，度西洱河，入渠濫川，見昆陽州。行千餘里，破其三十餘部。唐武德四年嶲州都督韋仁壽檢校南寧，將兵五百，循西洱河，開地數千里，置七州十五縣。貞觀二十二年，梁建方討松外蠻，破走之，於是遣使詣西洱河諭其酋帥歸附者七十餘城。復遣奇兵自嶲州道千五百里，掩至西洱河，蠻帥楊盛駭懼請降，其西洱河蠻酋楊棟、東洱河蠻酋楊斂等俱請入朝。或曰即一洱河，而蠻分東西爲界也。《新唐書》：「發郎州走三千里達西洱河。」天寶九載鮮于仲通伐南詔，十一載李宓又伐之，皆敗於西洱河。河形如人耳，周三百餘里，中有三島、四洲、九曲之勝。三島者，一曰金梭，一曰赤文，一曰玉几。金梭島亦名羅莶島，洱河東北岸有青巔山，島在其南。玉几島亦名濃禾島，以形如几案，故名。亦曰玉案，在洱河東岸。赤文島，亦名赤崖島。四洲者，一曰青沙鼻，一曰大貫淜，一曰鴛鴦，一曰馬簾。九曲者，一曰蓮花，一曰大鶴，一曰蟠磯，曰鳳翼，一曰蘿蒔，一曰牛角，一曰波乍，一曰高崑，一曰鶴翥也，皆可田可廬。而大鶴洲隨水浮沉，冬夏不改。河繞城而西南流，會於樣備江，波濤千頃，澄泓一色，因謂之西洱海。志云：洱河繞城西南，繇石穴中出。石穴即天橋，東岸有分水崖，儼如斧劃。漁人謂自岸下分水爲兩，南河北海，鹹淡不類，河魚不入海，海魚不入河。元郭松年《行記》曰：「洱水涉歷三郡，渟蓄紫城，東北自河首，南盡河尾，汪洋浩瀚，揚波濤於兩關，周迴百有餘里。」今西洱河袤百里，廣三十里，蓋匯羣流而成。蘇軾曰：「南詔有西洱河，即牂牁江。」悮矣。

清・顧祖禹《讀史方輿紀要》卷一二〇《貴州一》 烏江，在貴陽府北二百里。出水西境內，與四川遵義府分界，湍流洶悍。其渡處有烏江關。兩境恃以爲險。東北流經平越府餘慶縣及甕安縣西，又北經石阡府西，又北入思南府，經府西北流入四川重慶府彭水縣界而爲涪陵江，經縣西又東北經武隆縣治南，復折而西北，經涪州城東而入於大江。蓋貴州東北境之大川也。

又 盤江，在貴州境者爲北盤江。出四川烏撒府西百五十里，《一統志》：盤江有二源，北流曰北盤江，南流曰南盤江，環繞諸部，各流千餘里，至平伐橫山砦而合焉。曲靖府霑益州正據南北二江之間。蓋盤江之源流，諸志皆未備。《一統志》雖言有二源，而源所從出者既不詳，其言合於平伐横山砦，亦殊荒略。羅氏云源出陸涼州，亦非也。今詳見廣西大川右江。東南流至烏撒南九十五里謂之可度河，又東南爲七星關河，折而南經雲南霑益州界入貴州境，經安南衛東，又南經永寧州西境，普安州東境，盤迴曲折於山箐間，陰翳蒙密，夏秋多瘴。《安南志》：「盤江兩岸崖壁阨束，林木深阻，江流闊狹無時，隱見不一，藏垢伏穢，蒸爲瘴癘。」流經慕悦長官司東南，而南盤江流合焉，又東南入廣西泗城州境而謂之左江。陶弼云：「左江即盤江，盤江即牂牁江也。」漢武帝時唐蒙欲浮船牂牁以制越，武帝遂使馳義侯發夜郎兵下牂牁江會番禺。諸葛武侯南征亦至盤江，此貴州西南境之大川也。今詳見《川瀆異同》。

清・杜臻《海防述略》 江南東濱巨海，北亘長淮，中貫大江，其與浙江連界者爲松江，自金山衛至南匯所。

又 今吴淞江口即爲黄浦口子。

清・王士禎《浯溪考》卷上 浯溪在祁陽縣南五里。《方輿勝覽》浯溪在祁陽縣南，流入湘江，有清江、白河江及三江水皆注入。《天下名勝志》浯溪自雙井發源繞漫郎宅，過渡香橋，北入湘。《永州府志》浯溪在祁陽縣上游五里瀟湘江之南，峿水自三泉嶺發源，北行五里與湘水合。《浯溪志》。環永之治百里，北至於浯溪，西至於湘之源，南至於瀧泉，東至於黄溪，其間名山水而村者以百數。柳宗元《黄溪記》。

又 元結《浯溪銘序》：「浯溪在湘水之南，北滙於湘。【略】溪世無名稱者，余自愛之，故命曰浯溪。」銘曰：「湘水一曲，淵洄傍山，山開石門，流水潺潺，山開如何，巉巉雙石，臨淵斷厓，夾一作隔溪，絶壁，水實殊怪，石又尤異。」

又 《峿台銘序》語：「未申至丑寅，崖壁斗絶，左屬回鮮，前有磴道高八九十尺，下當洄潭，其勢碉磳，半出水底，蒼然泛泛，若在波上，石巔勝異之處。」

又 《唐亭銘序》：「浯溪之口有異石焉，高六十餘丈，周迴四十餘步，面在江口，東望峿臺，北臨大淵，南枕浯溪。」

清・王士禎《長白山録》 潔水，即楊緒水，源出長白山之陽，俗曰獺。德會水，出摩訶峰下，《齊乘》曰蒙水，俗曰沙河。魚子溝水，《水經注》瀧水至梁鄒東南，與魚子溝水合。水南出長白山柳或作仰。泉口，【略】北流注於瀧水。

清・王士禎《池北偶談》卷二《談故二》 柳條邊，哈達城在撫順東北，有哈達河。其東插柳結繩以界蒙古，長亘千里，南至朝鮮，西至山海關。有私越者置重典，名柳條邊。見高宫詹士奇《扈從東巡日紀》。

清・王士禎《池北偶談》卷一一《談藝一》 錦秋亭辨 自夏莊橋渡時水俗名烏河而東，竝河北行，內河外湖，浩淼無際。十里至灣頭，新、博二邑分界處也。時水自南而北，小清故河自西而東，匯於灣頭，與湖相望，中亘長堤。灣頭煙火數百家，夾河以居，艖舟漁艇，鱗次市橋。再渡灣頭橋而北，市廛盡處，堤直如弦，屬於博昌城，凡十里，櫸柳夾之。兩岸皆稻塍荷塘，籬落菜圃，與緯蕭交錯。時十月下澣，過之，煙雨空濛，水禽矯翼，黄葉滿地，人行其中，宛若畫圖，時見牧人蓑笠御觳觫歸村落間，邈然有吴越間意。明日晴，遂由東城騎行而南，舍騎過石梁，登架筆山。山疊土爲之，三峰起伏，雜植桃柳，錦秋亭在東峯。此亭元中統所建，《齊乘》以爲在東南城上，而山乃嘉靖甲辰僉事黄鰲所築，則亭之移，當在是時也。北枕城堞，西望河堤，東南俯臨極浦，備煙波曠渺之趣。因憶徐隱君夜舊示予《錦秋亭辨》，具録於此，以備兹亭故實，使來者有所考焉。

清・田雯《黔書・山水》 烏江源自六圭，邛水直通巫峽。

清・田雯《黔書・牂牁江》 則牂牁江即今日之烏江。

又 有水出於郁江，長而狹，色如紫練，其出不常，分兩派，一自縣門下流，一自縣上流，下名曰「紫泉」。

又 則郁江也、遁水也、牂牁江也，一而已矣。紫泉雖出粵西，而實源於郁江，謂黔爲紫池，其亦可也。

清・田雯《黔書・鐵索橋》 盤江之源，出自金沙，入烏撒，繞曲靖西，道畢節七星關而注於安南，入滇所必經也。兩山夾峙，一水中絶，斷岸千尺，湍激迅悍，類天設以界滇黔。不知莊蹻當日何以飛渡也。

清・田雯《黔書・白水巖》 安莊南有白水河，來自萬山。渾洪赑怒，濤湧波襄，雷犇雲洩，縹緲帶阜，不知幾何里。而後戢志斂魄，安步鋪光，以至於層巖之巔，與石相參疊爲三而後下。馮高作浪，雲垂烟接；白虹飲澗，銀漢倒傾。雖鄧艾縋厓，天孫織錦，豐隆奮地，不是過也。十丈之外，濺珠跳沫，時時浣人衣裾。風湍傳響於青林之下，嶺猿流聲於白雲之上。行李所徑，驂停馬立，常若目不周翫，情不給賞。下有靈犀泳游出沒，踏碧淩晶，固太真之所不照，古冶之所勿挾者。每晨曦欲吐，重霧上騰，縈光塞河，遮蒙掩映，遥看素練，跡倏有無，如冰綃之被玉肌，烟縠之籠皎魄，尤爲曠絶。不知何人鐫二大字於瀑下之石，盤空既奇，斲骨尤巧矣。

清・萬斯同《崑崙河源考》 《山海經》【略】按此經所言崑崙，不知在西域何國。據其上文，謂西次三經之首曰崇吾之山，在河之南。西北三百里曰長沙之山，泚水出焉，北流注於泑水。又西北三百七十里，曰不周之山，東望泑澤，河水所潛也，其源渾渾泡泡。又西北四百二十里曰峚山，丹水出焉，西流注於稷澤。又西北四百二十里曰鍾山。又西百八十里曰泰器之山，觀水出焉，西流注於流沙。又西三百二十里曰槐江之山，邱時之水出焉，而北流注於泑水，其上多青雄黄，多藏琅玕黄金玉，其陽多丹粟，其陰多采黄金銀，實惟帝之平圃。

又 海内崑崙之墟，在西北，帝之下都。崑崙之墟，方八百里，高萬仞，赤水出東南隅，以行其東北，西南流注南海，厭火東。河水出東北隅，以行其北，西南又入渤海，又出海外，即西而北，入禹所導積石山。洋水、黑水出西北隅，以東，東行，又東北，南入海，羽民南。弱水、青水出西南隅，以東，又北，又西南，過畢方鳥東。

又 桑欽《水經》：「首叙崑崙，以河源所從出也。其言曰，崑崙墟在西北，去嵩高五萬里，地之中也。其高萬一千里，河水出東北陬，屈從其東南流入於渤海。是數言者，吾嘗疑之。」

又 《山海經》之言積石有二，一曰又西三百里曰積石之山，其下有石門，河水冒以西流。又西者自崑崙西行二千一百里，方至積石，其水西流。《史記》所謂于闐之河，水皆西流注西海是也。一曰海内崑崙之墟在西北，河水出其東北隅，以行其北，西南入於渤海，又出於海外，即西而北，入禹所導積石山。《史記》所謂于闐之東水皆東流注鹽澤是也。二山東西相距，不知幾千里，不可合而爲一明矣。乃桑欽《水經》謂：「崑崙墟在西北，河水出其東北陬，屈從其東南流注於渤海。又出海外南至積石山，下有石門，河水冒以西南流，是合二山而爲一矣。夫河水冒以西流，本指西方之積石。禹本導之積石。《山海經》曷嘗有是言？欽乃移置於其下，固已大謬矣。更於西流改爲西南流，不知河自鹽澤而下，實皆東流而非西流。

又 《史記・大宛傳》：「張騫使西域，還爲天子言，于闐之西，水皆西流注西海，其東則東注鹽澤，鹽澤潛行地下。其南則河源出焉。多玉石，河注中國。【略】河源出于闐，其山多玉石，采來，天子案古圖書，名河所出山曰崑崙。」【略】《漢書・西域傳》：「【略】北有大山，中央有河，東西六千餘里，南北千餘里。東則接漢，阸以玉門陽關，西則限以葱嶺。其南山東出金城，與漢南山屬焉。其河有兩源，一出葱嶺山，一出于闐。于闐在南山下，其河北流，與葱嶺河合，東注蒲昌海。蒲昌海一名鹽澤，去玉門、陽關三百餘里，廣袤三百里，其水亭居，冬夏不增減，皆以爲潛行地下，南出於積石爲中國河云。

又 《新唐書・吐谷渾傳》：「【略】西觀河源，其地有三山，中高而四下，曰紫山，古所崑崙山。番曰穆穆哩山，東距長安五千里，河源其間，是有兩河源也。元都實往究，亦謂源出星宿海，與吐谷渾傳合矣。又謂東北去九股河八九日程，九股河去崑崙二十日程，是河源之去崑崙幾三千里，與元鼎所言迴不符。

又 按河源在吐蕃朵甘思西鄙，有泉百餘泓，沮洳散涣，弗可逼視，方可七八十里。【略】思本曰：「河源在中州西南，直四川馬湖，蠻部之正西三千餘里，雲南麗江宣府撫之西北一千五百餘里【略】水從地湧，出如井，其井百餘，東北流百餘里，匯爲大澤，曰鶻端諸爾。羣流奔湊，近五七里，匯二巨澤，名鄂楞諸爾，自西而東，連屬吞噬，行一日，迤邐東鶩成川，號赤賓河。又二三日，水自西南來，名伊爾齊，與齊必勒河合。又三四日，水南來，名呼蘭。又水東南來，名伊拉齊，合流入齊必勒，其流浸大，始名黄河。然水猶清，人可涉。思本曰：「呼蘭河源出自南山，其地大而峻嶺，綿亘千里，水流五百餘里，注也里出河，也里出河源亦出自南山，西北流五百餘里，始與黄河合。」又一二日，岐爲八九股，名伊遜鄂羅木，譯言九渡，通廣六七里，可渡焉。又四五日，水渾濁【略】

又 河源出自茂必爾徹伯爾山，番人呼黄河爲茂處犛牛，河爲必力處赤巴者，分界也。其山西南所出之水，則流入犛牛河，東北之水，是爲河源【略】其源東抵崑崙可七八百里，所涉處尚三百餘里，下與崑崙之水合流，中國相傳以爲源自崑崙，非也。

又 班固《西域傳》云：「河有葱嶺于闐兩源，合而東注蒲昌海，一名鹽澤，即泑澤也。去玉門陽關三百餘里，廣袤三百里，其水冬夏不增減，潛行地中，南出積石山爲中國河。」范氏云：「西域内屬諸國，自玉門陽關西至葱嶺六千餘里，其紀河源同符漢，自燉煌西至鹽澤，列起亭障。

又 《史記・正義》云：「河州有小積石山，河源出大崑崙，入鹽澤，東南潛行，入吐谷渾界大積石山，又東北流至小積石山，皆河源所出爲大崑崙，似以臨羌山爲小崑崙矣。又以河源闗爲小積石山，吐谷渾界者爲大積石，其名跡未盡溷也。

又 都實則云河源出星宿海，距崑崙二三千里，其下流赤賓河，始名黄河，然其水猶清，人可涉，則知其上流非黄河矣。非黄河而强名之爲河源。

清・高士奇《扈從西巡日録》 駐蹕苑家口，志云夾河源自上谷涿鹿山，合胡良河至霸州界。苑家口洪濤瀰漫，一望無際，所謂苑口秋濤也。

又 庚子，渡三岔河。按：遼河出東北小口爲范河，西南流爲大口。東梁

又 松花江源出長白山湖中，北流合灰扒江至海，西流合混同江入海。

河自東山西流，與渾河合爲小口又曰太子河，亦名大梁水。渾河在東梁、范河之間，沙河出東南山，俱會於此入海，故曰三岔河。河通潮汐，兩岸寬廣，遼陽城在河東，廣寧城在河西。

清・劉獻廷《廣陽雜記》卷三 子騰言：黄河之水，泥沙在上，其下乃清流也。靖逆侯張勇，令人于蘭舟橋施百尺之繩，而沈桶于河底。桶上有蓋，以機約之，桶至底而機張，蓋啓水入，繳之而上，則機復閉其蓋，濁水絲毫不混也。以之烹茶，美過金山第一泉矣。

清・劉獻廷《廣陽雜記》卷四 岷江萬里奔流，至江南已就坦途，逶迤東去。若安慶以上，其浩蕩之氣猶未盡網，又受彭蠡之流，阻以小姑之險，澒洞震動，不可方物。江南兩岸，固不乏山，亦皆寬衍平舒，此則層巒疊嶂，與江勢争雄峭，森秀如荆關之畫，而情爲之移。

清・劉獻廷《廣陽雜記》卷五 湘江之源出粤西陽海山，入冰州與瀟水合，入衡州與蒸水合，入沅州與沅水合。《寰宇志》稱湘鄉曰上湘，湘潭曰中湘，湘陰曰下湘。

又 江出岷山，其源自西羌萬山來，至嘉州而沫水自嶲州合大渡河、穿邊界千山以合之，至敘州而馬湖江會之，又十五里而南廣江會之，至瀘州而内江又自資、簡會之，自涪州而黔江合南番諸水會之，至萬縣而開江水自開、達等州會之，然后總而入峽。是江自峽而西，受大水凡八；及出峽而下岳陽，則洞庭湖所受南北諸水也；又自是而下鄂渚，則會之者漢口與興元諸水也；又自是而下黄州東四十里，則會之者巴河也；又自是而下九江，則會之者彭蠡，今名鄱陽湖，所受江東西諸郡水也；又自是而下則皖水所受淮西諸水也，然后總而入海。是以自峽而東，又受大水凡五。畧計天下之水，會于江者居天下之半，其名稱之大而可攷者，凡十有三焉。

清・張鵬翮《江防述略》 其入江之道有二，北有縣後匾擔二沙，南有竹箔、送信二紫，北道水淺，南道水深，截四沙之口，更無入江之路矣。

又 大江之鎖鑰有四，廖角嘴前兩沙相對，海闊一百五十里，爲第一重。狼福兩山相對，江闊一百二十里，爲第二重。江陰、靖江相對，江闊四十里，爲第三重，圌山與永生州相對，江闊一十餘里，爲第四重。

清・陳焯《浮山志》卷一 天下之水無不東流，道書稱西流最貴，是出神仙，或謂龍川縣夾城十裏西流，以爲羅浮之仙源，不知酥醪洞前自有西流數十里，此水自白水門發源數里，與黄仙洞小蓬萊二水合，經徑日塘，又合桃源洞，水出大河壩，過酥醪觀前，與觀左澗水合，又合五池泉、梅谷下陂之水，總匯出水口峽，經凝碧潭黄石處至歐陽洞，其間旋折數十里，大勢概歸西流入鐵場潭，匯羅山之水，由里陂水出，過石龍之墟，歷增江石灘口與扶胥水合，遂匯於海。

又 《西流水飲牛》 西流水，一名西溪，杳深盪激，雖支分派別，合浮山一洞，直歸西流，此地深静曠閒，禾稼既收，溪上叢落人争放牛。

清・陳焯《浮山志》卷四 《羅水》 一杯羅水不容舠，流往西南亦太勞，直到天池千萬里，鵬摶鯤化起洪濤。

清・陳焯《浮山志》卷五 《浮山十詠・暗花谿》林暗疑欲雨，花香飛過山。不知花落水，吹入幾重灣。樵響峯腰出，漁歌谷口還，連朝杜鵑放，人住彩雲間。

清・陳鼎《滇游記》 洱海源出下關，北流合金沙江，江屬麗江府，所謂恒河

也。海産大頭魚，食之皮脱，土人不忌，蒼山絶頂有高河葉，七八月生，紅莖碧葉，味辛如芥。

清·陳鼎《滇黔紀游》 昆明池，方數百里，跨雲南、安寧、晉寧三州郡，水如倒流，故曰滇水。無洩處，或曰由西南流入金沙江，以趨蜀，未知是否。

又 洱海，源出下関，北流合金沙江，江屬麗江府，所謂恒河也，海産丈頭魚，食之皮脱，土人不忌，蒼山絶頂有高河，葉七八月生紅莖碧葉，味辛如芥。

又 金沙江有二，在緬甸者流而南，在麗江者流而北，南趨南極，北則達西極，合黄河而入中國，皆發源大理之洱海，即葉榆澤也。黑水源出吐蕃嵯和哥界，而流爲瀾滄江，以西洱爲黑水者非也，故足跡不到，盡信書不如無書也。

清·陳鼎《黔游記》 鎮遠府河勢紆曲，水由黄平州萬山中來，峰巒聳拔，上出重霄，無城郭，依山爲衛，隔河有衛城。

又 紫池，即紫泉，發源於鬱江，乃遁水與牂牁江之源也，流入洞庭，匯于大江而入海。

又 鐵索橋，架盤江而造。江源出自烏撒苗境深山中，冬日水涸，始見其泉凡十七處俱臨于一溪，繞曲靖，道畢節而注安南縣，合粵西烏梅江而下海，入滇所必由也。兩峰夾峙，一水中絶，斷岸千尺，飛流如駛，蓋天設以界黔、滇者也，往往舟濟多覆溺患。

清·楊賓《柳邊紀略》卷一 黑龍江《元史》合蘭河。發源塞北，南流而東。混同江發源長白山，北流而東。雖入海處合而爲一，而其源則相去甚遠。《金史·世紀》稱混同江，亦號黑龍，大誤。又兩江之水，手掬之皆白色。惟遠望略如柳汁耳。《金志》及《松漠紀聞》稱掬之則色微黑，皆不可信。

清·朱書《遊歷記存》·《燕秦之道》 盧溝本桑乾，水出太原天池。伏流至朔州馬邑。從雷山陽爲渾泉，雁門、雲門諸水皆會焉。《水經注》【略】《元·河渠志》曰：「小黄河，今按本一水也，以其濁，故呼渾河。以其黑，故呼盧溝。」燕人以黑爲盧也，水嘗衝溢爲患。

又 又曰：「唐水，一名雹水，自合恒水，一曰恒川，即禹貢所謂恒衛既從也。水逕中入亭南【略】《水經注》又有博水，出望郡，亦名溢水，入於濡。《春秋》與齊燕會於濡水，杜預曰：「濡水出高易縣東北，至河間鄭縣入易水，是濡水於虖池、滱、易，互舉通稱矣。

又 沙滋皆不入水經，大抵西北出北岳之麓，東南流入滹沱，沙河水甚盛，滋廣可二里許，常涸。沙漫難行。

又 滹沱。《禮記》作惡池，《周禮》作虖池，《漢書》作呼沱，俗曰蒲桃河。

又 縣西半里有潼水，源出驪山谷中，味甘美異於他水。北流注渭，宋大中、祥符間，以城臨潼水，故以名焉。

清·林佶《全遼備考》卷上《都魯》 黑龍江，元史作合蘭河發源塞北，南流而東。混同江發源長白山，北流而東，雖入海處合而爲一，而其源則相去甚遠，《金史·世紀》稱：「混同江亦號黑龍。」大誤。又兩江之水，手掬之皆白色，惟遠望略如柳汁耳。《金志》及《松模紀聞》稱：「掬之則色微黑。」皆不可信。

清·林佶《全遼備考》卷上《長白山》 （白花山）中有潭，周二十五里。【略】峯頂至潭二百五十丈。【略】潭水南流入海者三：曰土門江，曰鴨緑江，曰佟家江；北流者五：曰賽因訥因河，曰額黑訥因河，曰昂邦土拉庫河，曰娘木娘庫河，曰阿脊革土拉庫河，而總匯於混同江。

清·林佶《全遼備考》卷上《混同江》 （混同江，一名粟末江，又名速末江，又名宋瓦江，又名松花。哩烏喇松花哩者，漢言天烏喇者，漢言河，言其大若天河也。混同江之名，改於遼聖宗四年，其源發於長白，北流繞船廠，城東南出邊，受諸尼江東注，北受黑龍江，南受烏蘇里江，曲折流入大東海。其在船廠東南者闊二十丈。《魏書·勿吉傳》：「國有大水，闊三里餘，名速末水。」余去時爲己巳十月二十一日，江已冰，乘車過。是日晴和，冰少融見土，余疑爲江底。土人曰：「江深二丈餘，冰上積土，土上復冰，今所融者，土上冰耳。」歸時爲庚午二月二十一日，流澌蔽江，鋒甚利舟不肯渡，余策馬從亦拉江徑涉。亦拉者，漢言三也。蓋尼失哈站下流兩沙洲分江水爲三，故以此名，水僅没馬腹，余所乘高麗馬則没頸。

清·季麒光《臺灣雜記》 黑水溝，在澎湖之東北，乃海水横流處。其深無底，水皆紅、黄、青、緑色，重疊連接，而黑色一溝爲險。【略】舟過溝，水多腥臭，蓋毒氣所蒸也。

清·葉封《嵩山志》卷一一《形勝九》 三交水，《水經注》曰：「狂水，又西得三交水口，水有二源，各導一谿，並出山，南流合。故世有三交水之名也。西南流注于狂水。」

清·吴振臣《甯古塔紀略》 江之南，有索兒河溪，噶什哈必兒汀，此處水極深，上有崇崖插天。

清·張廷玉等《明史》卷四〇《地理志一》 大興倚。東南有大通河，亦曰通惠河，水自玉河出，繞都城東南，下流至高麗莊，入白河，即元運河也。又有玉河，源自玉泉山，流經大內，出都城東南，注大通河。

又 宛平倚。西山在西。有桑乾河出山西馬邑縣，流千里入京師宛平縣境。出盧溝橋下，又東南分爲二：一至通州，入白河；一至武清小直沽，合衛河，入於海。又有沙河、高梁河、清河，皆在西北。

又 良鄉府西南。有琉璃河，即古聖水，下流入淀。北有天津關。

又 固安府西南。元固安州。洪武元年十二月降爲縣。西南有拒馬河，即淶水。源自代郡，下流合易水爲白溝，入三角淀。

又 東安府東南。元東安州，治在西。洪武元年十二月降爲縣。三年徙今治。南有鳳河，即桑乾分流，南入三角淀。

又 香河府東南。元屬漷州。洪武十年二月省入州。十三年二月復置，改屬府。西有板營口河，源出通州東之孤山，經縣界，入於白河。

又 通州 洪武初，以州治潞縣省入。西有通惠河，西南有渾河，即桑乾，至州東張家灣，俱合於白河。有張家灣巡檢司。西南有弘仁橋巡檢司。

又 三河州東。北有泃河。又西有泇河，西南有鮑丘河，一名矣榆河，即東潞水，俱流入於泃河。

又 武清州南。元屬漷州。洪武十二年來屬。有三角淀，在縣南，即古之雍奴，周二百餘里，諸水所聚。有直沽，在縣東南，衛河、白河、丁字沽合流於此入海。

又 漷縣州南。元漷州。洪武十四年二月降爲縣來屬。有漷河，一名新河，東入於白河，即盧溝之下流。

又 大城州東南。東北有黃汊河，源自交河，分流至縣境，入三角淀。

又 保定州南少西。洪武七年九月省入霸州。十三年十一月復置。玉帶河在北，東流入會通河。西南有磁河，東南與玉帶河合。

無圖

又 房山州北，少西。西有大房山。北有大安山。西南有青龍潭，其下流爲挾河，一名韓村河，至涿州與胡良河合。

又 昌平州【略】又南有榆河，一名温余河，下流爲沙河，入於白河。

又 清苑倚。北有徐河，一名大册水，自滿城經縣北至安州，東入淀。又西有清苑河。

又 唐府西，少南。西北有大茂山，即恒岳也，東麓有岳嶺口巡檢司。又唐河在西，源出恒山，流經定州曰滱水，下流合於南易水。

又 安州 洪武二年七月以州治葛城縣省入。七年降爲縣。十三年十一月復升爲州。北有易水，府境九河之水所匯也，下流至雄縣南，爲瓦濟河。

又 新安州東少北。元直隸保定路。洪武七年七月省入安州。十三年十一月復置，來屬。西有長流河，一名長溝河，其上源爲鮑河。南有曹河，又有徐河，經縣南，合流爲温義河，又南與長流河合，又東南入於瓦濟河。

又 易州洪武初，以州治易縣省入。西南有五迴山，雷溪出焉，徐河之上源也。西北有窮獨山，濡水所出。又南有易水，出州境之西山，與濡水並東流，而爲白溝河，所謂北易水也。又有雹水，一名鮑河，出縣西南，東南流爲長流河，所謂南易水也。西有紫荆關。

又 淶水州東北。東有淶水，亦曰拒馬河，源出山西代郡，下流合易水。

又 獻府南。元獻州。洪武初，省州治樂壽縣入焉。八年四月降爲縣。有滹沱河自代郡流入境，經縣南，至青縣合衛河達於海。

又 交河府東南。元屬獻州。洪武八年四月改屬府。十年五月省入獻縣。十三年十一月復置。東有衛河，源自衛輝，流入故城境，經縣東，過滄州，又東北至直沽入海，一名禦河。又西北有高河，經縣南，合滹沱，謂之交河，下流入衛縣，以此名。又南有洚河。

又 青府東北。元清州。洪武初，以州治會川縣省入。八年四月降爲縣，尋改清爲青。滹沱河自縣南流入衛，謂之岔河口。其支流經縣之北者，曰獨流河。

又 故城州南，少西。有衛河，自山東武城縣流入境。又西南有索盧枯河。

又 鹽山州東南。東濱海，産鹽。東南有鹽山。

又 真定倚。滹沱河在城南。又北有滋河，自山西靈丘縣流入，經行唐縣之張茂村伏流不見，至府北南孟社復出，下流合於南易水。

又 靈壽府西北。東北有衛水，源出恒山，《禹貢》「恒、衛既從」即此。俗名雷溝河，東北入於滹沱。

又 濬 府西南。元濬州治在浮丘山之西。洪武二年四月降爲縣，徙治於山東北之平坡。嘉靖二十九年復徙城於山巔，即今治也。東有大伾山，一名黎陽山，又名清澶山。西有衛河。北有洪水，自河南淇縣流入，經縣南，東入於衛，謂之黎水，亦謂之濬水。

又 盧龍倚。東南有陽山。西有灤河，自開平流經縣境，有漆河自北來入焉。東有肥如河，經城西入於漆。

又 撫寧府東，少南。舊治在陽河西，洪武六年十二月所徙。十三年又還於兔耳山東。東南濱海。又東有榆河，又有陽河，一名洋河，俱自塞外流入，俱東南注於海。

又 樂亭州東南。南濱海。西有灤河，經縣北岳婆港分爲二：東曰胡盧河，西曰定流河，各入於海。景泰中，胡盧河塞，定流河獨自入海，其水清碧，亦謂之綠洋溝。

又 保安州【略】又桑乾河在西南，自山西蔚州流入，東有嬀川來入焉，謂之合和口。

又　宣府左衛【略】西有灤河，源自炭山，下流入開平界。南有桑乾河，洋河東流入之。又有順聖川，延袤二百餘里，下流亦合於桑乾河。

又　會州衛洪武二十年九月置【略】永樂元年廢。南有冷嶺。西北有馬孟山，廣袤千里，土河之源出焉，下流合於潢河，又南入於遼水。

又　營州前屯衛【略】元興州南有老河，源出馬孟山，流經此，又經行都司城南，東北入於潢河。

又　溧陽府東南。元溧陽州。洪武二年降爲縣。東南有鐵山、銅山。西南有鐵冶山。北有長蕩湖，一名洮湖，與宜興、金壇二縣分界。西北有溧水，一名瀨水，上承丹陽湖，東流爲宜興縣荆溪，入太湖，舊名永陽江，又曰中江也。

又　臨淮府東北。元曰鍾離，爲濠州治。洪武二年九月改曰中立。三年十一月改曰臨淮。七年爲府屬。北濱淮。有二濠水，東源出濠塘山，西源出鎮鋣山，至城西南合流，東入淮。

又　壽州元安豐路，屬河南江北行省。太祖丙午年曰壽春府。吴元年曰壽州，屬臨濠府。洪武二年九月直隸中書省。四年二月還屬，後以州治壽春縣省入。北濱淮。淮水經山硤中，謂之硤石山，有西肥水來合焉。東北有八公山，東肥水逕其下，西入淮，謂之肥口。又西北有潁水，亦入淮。又南有芍陂水，西有淠水，俱入淮。

又　宿州元屬歸德府。洪武四年二月來屬。龍山在西南，北肥水出焉。又北有睢河，自河南永城縣流入，下流至宿遷縣合淮，亦曰小河也。南有汴河，亦自永城縣流入，又有澮河與渙水合。又東南有沱水。

又　潁州元屬汝寧府。洪武四年二月來屬。淮河在南，自河南固始縣流入，下流合大河入海。又南有汝水，自河南息縣流入，經朱臯鎮入淮。又北有潁河，自河南沈丘縣流入。洪武二十四年，黄河决於河南，由陳州合潁，逕太和縣，又逕州城北，又逕潁上縣，至壽州同入於淮。永樂九年，河復故道。宣德、正統、成化、正德間，河、潁時通時塞，俗亦稱潁爲小黄河。

又　山陽倚。北濱淮。高家堰在其西南。南有運河，永樂中濬。西南有永濟河，萬曆九年開，長六十五里，亦謂之新運河。

又　邳州【略】北有艾山，接山東沂水縣界。西有沂水，自沂州西流，至下邳入泗。又西北有洳河。

又　宜興府南。元宜興州。太祖戊戌年十月曰建寧州，尋復曰宜興州。洪武二年降爲縣。西南有荆南山，又有國山，又有龍池山。又東南有香蘭山，臨太湖。又有唐貢山，産茶。

清・張廷玉等《明史》卷四一《地理志二》　歷城倚。天順元年建德王府。南有歷山。東有華不注山。有大清河在西北，即濟水故道，自壽張縣流經縣界，東北至利津入海。又小清河，即濟之南源，一名濼水，出城西趵突泉，經城北，下流至樂安縣入海。

又　淄川【略】又西有孝婦河，自益都縣流入，合瀧、萌、般諸水，下流入小清河。

又　滕【略】又西南有新運河，北自南陽，南至境山，長一百九十四里，嘉靖四十四年所開，又薛水，源自縣東高、薛二山間，西南流，合瀄水，一名南沙河，至沛縣入運。

又　益都倚。洪武三年四月建齊王府，永樂四年廢。十三年建漢王府，十五年遷於樂安。成化二十三年建衡王府。南有雲門山，與劈山連。西北有堯山。又西有九迴山，北陽水出焉，亦曰澠水，經治嶺山麓，曰五龍口，下流經樂安縣，入巨淀。又有南陽水，源出縣西南石膏山，流經城北，又東北合北陽水。又西有淄水，下流至壽光入海。又西南有顔神鎮，孝婦河出焉，入淄川縣界。

又　樂安府北。東北濱海，有鹽場。

又　壽光府東北。北濱海，有鹽場。

又　臨朐府東。南有朐山，又有大峴山，上有穆陵關巡檢司。又東有沂山，一名東泰山，沭水、瀰水俱發源於此。瀰水，一名巨洋水，西合石溝水，至壽光入海。又東北有丹山，一名九山，西丹河及白狼水出焉。

又　掖倚。北濱海，有鹽场。

又　平度州【略】東有大沽河，源自黄縣蹲犬山，流經州，與小沽河合，通名爲沽河，至即墨縣入海。小沽，即尤水也。

又　蒲州【略】又大河自榆林折而南，經州城西，又經中條山麓，又折而東，謂之河曲。

又　長治倚。永樂六年，瀋王府自瀋陽遷此。元上黨縣。洪武二年省入州。嘉靖八年二月復置，更名。東南有壺關山，舊置壺口關於山下。西南有潞水，即濁漳水，自長子縣流入，下流至河南臨漳縣，合清漳水。又西有藍水，東流與濁漳水合。

清・張廷玉等《明史》卷四二《地理志三》　太康府東南。北有渦水，自通許縣流入，下流至南直懷遠縣入淮。

又　鄭州　洪武初，以州治管城縣省入。西南有梅山，鄭水出焉，下流舊入汴水，後堙。又西有須水，源出滎陽縣，舊亦入於汴水。正統八年嘗濬以分決河之流，後亦堙。

又　滎陽州西。南有大周山，汴水出焉。又東南有嵩渚山，京水出焉。又有索水，源出小陘山，北流與京水合，下流入於鄭水。又大河在北。東有須水鎮，崇禎十年築城。

又　洛陽倚。洪武二十四年建伊王府。嘉靖四十三年廢。萬曆二十九年十月建福王府。北有北邙山，西南有闕塞山，亦曰闕口山，亦曰伊闕山，俗曰龍門山。又西北有穀城山，亦曰簪亭山，瀍水所出。又東南有大谷，谷口有關。又大河在北。又有洛水，源自洛南冢嶺山，東經盧氏、永甯諸縣，至洛陽、偃師、鞏縣入於河。又東有伊水，自盧氏縣東北流至偃師縣而入洛。又北有瀍水，西有澗水，俱流會於洛。又西南有孝水。

又 汝陽倚。天順元年三月建秀王府，成化八年除。十年建崇王府。洪武初，縣廢，四年七月復置。北有汝水，源出天息山，東流入境，過新蔡東南入淮。又南有㵲水，又有汶水，又有溱水，又西北有㶏水，俗名泥河，下流俱入於汝。

又 鎮平府西。洪武十年五月省入南陽縣。十三年十一月復置。西北有五朵山，産銅。

又 河內 倚。永樂二十二年建衛王府。正統三年除。八年，鄭王府自陝西鳳翔府遷此。北有太行山，又有碗子城山，上有關。又有沁河，源出山西沁源縣，流入府境，下流至武陟入大河。又有丹河，自澤州流入，注於沁河。

又 臨漳府東北。元末廢。洪武元年九月復置。西有清、濁二漳水，合流於此，曰交漳口，入北直界。又有滏水，下流入於漳河。西南又有洹水。

湯陰府南。元末廢。洪武元年九月復置。西有蕩水，經縣治北，下流入衛水。

林府西，少南。元林州，後廢。洪武元年九月復置。二年四月降爲縣。西北有隆慮山，亦曰林慮，洹水出焉。又西南有天平山。西有太行山。又北有濁漳水，自山西平順縣流入。

又 郟州東，少南。東南有汝水，西有扈澗水流入焉。

寶豐州東南。【略】南有汝水，又有滍水。

伊陽【略】西有伊陽山。又有堯山，即天息山也，上有分水嶺，滍水出焉，俗又名沙水。又南有汝水。西有伊水。

清·張廷玉等《明史》卷八三《河渠志一》 黄河，自唐以前，皆北入海。宋熙寧中，始分趨東南，一合泗入淮，一合濟入海。金明昌中，北流絶，全河皆入淮。元潰溢不時，至正中受害尤甚，濟寧、曹、鄆間，漂没千餘里。

又 二十四年四月，河水暴溢，決原武黑洋山，東經開封城北五里，又東南由陳州、項城、太和、潁州、潁上，東至壽州正陽鎮，全入於淮。而賈魯河故道遂淤。又由舊曹州、鄆城兩河口漫東平之安山，元會通河亦淤。

又 九年七月，河復故道，自封丘金龍口，下魚臺塌場，會汶水，經徐、吕二洪南入於淮。

又 黄河自陝州以西，有山峽，不能爲害；陝州以東，則地勢平緩，水易泛溢，故爲害甚多。洪武二十四年改流，從汴梁北五里許，由鳳陽入淮者爲大黄河。其支流出徐州以南者爲小黄河，以通漕運。自正統十三年以來，河復故道，從黑洋山後徑趨沙灣入海，但存小黄河從徐州出。岸高水低，隨濬隨塞，以是徐州之南不得飽水。

又 巡撫暹言：「黄河舊從開封北轉流東南入淮，不爲害。自正統十三年改流爲二。一自新鄉入柳樹，由故道東經延津、封丘入沙灣。

又 太僕少卿黄仕儁亦言：「河分兩派，一自滎澤南流入項城，一自新鄉八柳樹北流，入張秋會通河，並經六七州縣，約二千餘里。

又 三年正月，昂上言：「臣自淮河相度水勢，抵河南中牟等縣，見上源決口，水入南岸者十三，入北岸者十七。南決者，自中牟楊橋至祥符界析爲二支：一經尉氏等縣，合潁水，下塗山，入於淮；一經通許等縣，入渦河，下荆山，入於淮。又一支自歸德州通鳳陽之亳縣，亦合渦河入於淮。北決者，自原武經陽武、祥符、封丘、蘭陽、儀封、考城，其一支決入金龍等口，至山東曹州，衝入張秋漕河。去冬，水消沙積，決口已淤，因併爲一大支，由祥符翟家口合沁河，出丁家道口，下徐州。此河流南北分行大勢也。合潁、渦二水入淮者，各有灘磧，水脈頗微，宜疏濬以殺河勢。合沁水入徐者，則以河道淺隘不能受，方有漂没之虞。況上流金龍諸口雖暫淤，久將復決，宜於北流所經七縣，築爲堤岸，以衛張秋。

又 十一年，河決歸德。管河工部員外郎謝緝言：黄河一支，先自徐州城東小浮橋流入漕河，南抵邳州、宿遷。今黄河上流於歸德州小壩子等處衝決，與黄河別支會流，經宿州、睢寧，由宿遷小河口流入漕河。於是小河口北抵徐州水流漸細，河道淺阻。且徐、吕二洪，惟賴沁水接濟，自沁源、河內、歸德至徐州小浮橋流出，雖與黄河異源，而比年河、沁之流合而爲一。

又 初，黄河自原武、滎陽分而爲三：一自亳州、鳳陽至清河口，通淮入海；一自歸德州過丁家道口，抵徐州小浮橋；一自窪泥河過黄陵岡，亦抵徐州小浮橋，即賈魯河也。【略】十八年，河忽北徙三百里，至宿遷小河口。正德三年又北徙三百里，至徐州小浮橋。四年六月又北徙一百二十里，至沛縣飛雲橋，俱入漕河。

又 黄河自正德初載，變遷不常，日漸北徙。大河之水合成一派，歸入黄陵岡前乃折而南，出徐州以入運河。

又 御史戴金言：「黄河入淮之道有三：自中牟至荆山合長淮曰渦河；自開封經葛岡小壩、丁家道口、馬牧集鴛鴦口至徐州小浮橋口曰汴河；自小壩經歸德城南飲馬池抵文家集，經夏邑至宿遷曰白河。

又 綰言：「漕河資山東泉水，不必資黄河，莫若濬兗、冀間兩高中低之地，道河使北，至直沽入海。」

又　世寧言：河自汴以來，南分二道：一出汴城西滎澤，經中牟、陳、潁，至壽州入淮；一出汴城東祥符，經陳留、亳州，至懷遠入淮。其東南一道自歸德、宿州，經虹縣、睢寧，至宿遷出。其東分五道：一自長垣、曹、鄆至陽穀出；一自曹州雙河口至魚臺塌場口出；一自儀封、歸德至徐州小浮橋出；一自沛縣南飛雲橋出；一自徐、沛之中境山、北溜溝出。六道皆入漕河，而南會於淮。

又　九年五月，孫家渡河堤成。逾月，河決曹縣。一自胡村寺東，東南至賈家壩，入古黄河，由丁家道口至小浮橋入運河。一自胡村寺東北，分二支：一東南經虞城至碭山，合古黄河出徐州；一東北經單縣長堤抵魚臺，漫爲坡水，傍穀亭入運河。

又　十一年，總河僉都御史戴時宗請委魚臺爲受水之地，言：河東北岸與運道鄰，惟西南流者，一由孫家渡出壽州，一由渦河口出懷遠，一由趙皮寨出桃源，一由梁靖口出徐州小浮橋。

又　十三年正月，裳復言：「今梁靖口、趙皮寨已通，孫家渡方濬。惟渦河一支，因趙皮寨下流睢州野雞岡淤正河五十餘里，漫於平地，注入渦河。

又　十五年，督漕都御史周金言：「自嘉靖六年後，河流益南，其一由渦河直下長淮，而梁靖口、趙皮寨二支各入清河，匯於新莊閘，遂灌裏河。水退沙存，日就淤塞。故老皆言河自汴來本濁，而渦、淮、泗清，新莊閘正當二水之口，河、淮既合，昔之爲沛縣患者，今移淮安矣。

又　至四十四年七月，河決沛縣，上下二百餘里運道俱淤。全河逆流，自沙河至徐州以北，至曹縣棠林集而下，北分二支：南流者繞沛縣戚山楊家集，入秦溝至徐；北流者繞豐縣華山東北由三教堂出飛雲橋。又分而爲十三支，或横絕，或逆流入漕河，至湖陵城口，散漫湖坡，達於徐州，浩渺無際，而河變極矣。

又　四年秋，黄河暴至，茶城復淤，而山東沙、薛、汶、泗諸水驟溢，決仲家淺運道，由梁山出戚家港，合於黄河。【略】是時，淮水亦大溢，自泰山廟至七里溝淤十餘里，而水從諸家溝傍出，至清河縣河南鎮以合於黄河。

清・張廷玉等《明史》卷八四《河渠志二》　桂芳復言：「黄水抵清河與淮合流，經清江浦外河，東至草灣，又折而西南，過淮安、新城外河，轉入安東縣前，直下雲梯關入海。

又　黄水入徐，歷邳、宿、桃、清，至清口會淮而東入海。淮水自洛及鳳，歷盱、泗，至清口會河而東入海。此兩河故道也。

又　濁河淤墊，高出地上，曹、單間闊一二百丈，深二三丈，尚不免横流，徐、邳間僅百丈，深止丈餘，徐西有淺至二三尺者，而夏、永、韓家道口至符離，河闊深視曹、單，避高就下，水之本性，河流所棄，自古難復。

又　三十二年正月，部覆化龍疏，大略言：「河自歸德而下，合運入海，其路有三：由蘭陽道考城至李吉口，過堅城集，入六座樓，出茶城而向徐、邳，是名濁河，爲中路；由曹、單經豐、沛，出飛雲橋，泛昭陽湖，入龍塘，出秦溝而向徐、邳，是名銀河，爲北路；由潘家口過司家道口，至何家堤，經符離，道睢寧，入宿遷，出小河口入運，是名符離河，爲南路。南路近陵，北路近運，惟中路既遠於陵，且可濟運，前河臣興役未竣，而河形尚在。」

又　十六年二月，堪賡上言：「河之決口有二：一爲朱家寨，寬二里許，居河下流，水面寬而水勢緩；一爲馬家口，寬一里餘，居河上流，水勢猛，深不可測。兩口相距三十里，至汴堤之外，合爲一流，決一大口，直衝汴城以去，而河之故道則涸爲平地。

清・張廷玉等《明史》卷八五《河渠志三》　逮會通河開，海陸並麗。南極江口，北盡大通橋，運道三千餘里。綜而計之，自昌平神山泉諸水，匯貫都城，過大通橋，東至通州入白河者，大通河也。自通州而南至直沽，會衛河入海者，白河也。自臨清而北至直沽，會白河入海者，衛水也。自汶上南旺分流，北經張秋至臨清，會衛河，南至濟寧天井閘，會泗、沂、洸三水者，汶水也。自濟寧出天井閘，與汶合流，至南陽新河，舊出茶城，會黄、沁後出夏鎮，循泇河達直口，入黄濟運者，泗、洸、小沂河及山東泉水也。自茶城秦溝，南歷徐、吕，浮邳，會大沂河，至清河縣入淮後，從直河口抵清口者，黄河水也。自清口而南，至於瓜、儀者，淮、揚諸湖水也。過此則長江矣。長江以南，則松、蘇、浙江運道也。淮、揚至京口以南之河，通謂之轉運河，而由瓜、儀達淮安者，又謂之南河，由黄河達豐、沛曰中河，由山東達天津曰北河，由天津達張家灣曰通濟河，而總名曰漕河。

又　河漕者，即黄河。上自茶城與會通河會，下至清口與淮河會。其道有三：中路曰濁河，北路曰銀河，南路曰符離河。

又　泗出泗水陪尾山，四泉並發，西流至兖州城東，合於沂。汶河有二：小汶河出新泰宫山下；大汶河出泰安仙臺嶺南，又出萊蕪原山陰及寨子村。俱至靜豐鎮合流，繞徂徠山陽，而小汶河來會。經寧陽北堽城，西南流百餘里，至汶上。其支流曰洸河，出堽城西南，流三十里，會寧陽諸泉，經濟寧東，與泗合。

清·張廷玉等《明史》卷八六《河渠志四》 白塔河者，在泰州。上通邵伯，下接大江，斜對常州孟瀆河與泰興北新河，皆浙漕間道也。【略】

衛漕者，即衛河。源出河南輝縣，至臨清與會通河合，北達天津。自臨清以北皆稱衛河。

白漕者，即通濟河。源出塞地，經密雲縣霧靈山，爲潮河川。而富河、罾口河、七渡河、桑乾河、三里河俱會於此，名曰白河。【略】南流經通州，合通惠及榆、渾諸河，亦名潞河。三百六十里，至直沽會衛河入海，賴以通漕。楊村以北，勢若建瓴，底多淤沙。夏秋水漲苦潦，冬春水微苦澀。衝潰徙改頗與黄河同。

清·張廷玉等《明史》卷八七《河渠志五》 淮河，出河南平氏胎簪山。經桐柏，其流始大。東至固始，入南畿潁州境，東合汝、潁諸水。經壽州北，肥水入焉。至懷遠城東，渦水入焉。東經鳳陽、臨淮，濠水入焉。又經五河縣南，而納澮、沱、漴、潼諸水，勢盛流疾。經泗州城南，稍東則汴水入焉。過龜山麓，益折而北，會洪澤、阜陵、泥墩、萬家諸湖。東北至清河，南會於大河，即古泗口也，亦曰清口，是謂黄、淮交會之衝。淮之南岸，漕河流入焉，所謂清江浦口。又東經淮安北、安東南而達於海。

又 泇河，二源。一出費縣南山谷中，循沂州西南流，一出嶧縣君山，東南與費泇合，謂之東、西二泇河。南會彭河水，從馬家橋東，過微山、赤山、吕孟等湖，逾葛墟嶺，而南經侯家灣、良城，至泇口鎮，合蛤鰻、連汪諸湖。東會沂水從周湖、柳湖，接邳州東直河。東南達宿遷之黄墩湖、駱馬湖，從董、陳二溝入黄河。

又 衛河，源出河南輝縣蘇門山百門泉。經新鄉、汲縣而東，至畿南濬縣境，淇水入焉，謂之白溝，亦曰宿胥瀆。宋、元時名曰御河。由内黄東出，至山東館陶西，漳水合焉。東北至臨清，與會通河合。北歷德、滄諸州，至青縣南，合滹沱河。北達天津，會白河入海。所謂衛漕也。其河流濁勢盛，運道得之，始無淺澀虞。然自德州下漸與海近，卑窄易衝潰。

又 漳河，出山西長子曰濁漳，樂平曰清漳，俱東經河南臨漳縣，由畿南真定、河間趨天津入海。其分流至山東館陶西南五十里，與衛河合。

又 正德元年，濬滏陽河。河舊在任縣新店村東北，源出磁州。經永年、曲周、平鄉，至穆家口，會百泉等河北流。

又 沁河，出山西沁源縣綿山東谷。穿太行山，東南流三十里入河南境。繞河内縣東北，又東南至武陟縣，與黄河會而東注，達徐州以濟漕。其支流自武陟紅荆口，經衛輝入衛河。

又 滹沱河，出山西繁峙泰戲山。循太行，掠晋、冀，逶迤而東，至武邑合漳。東北至青縣岔河口入衛，下直沽。或云九河中所稱徒駭是也。

又 桑乾河，盧溝上源也。發源太原之天池，伏流至朔州馬邑雷山之陽，有金龍池者渾泉溢出，是爲桑乾。東下大同古定橋，抵宣府保安州，雁門、應州、雲中諸水皆會。穿西山，入宛平界。東南至看舟口，分爲二。其一東由通州高麗莊入白河。其一南流霸州，合易水，南至天津丁字沽入漕河，曰盧溝河，亦曰渾河。河初過懷來，束兩山間，不得肆。至都城西四十裏石景山之東，地平土疏，衝激震盪，遷徙弗常。《元史》名盧溝曰小黄河，以其流濁也。上流在西山後者，盈涸無定，不爲害。

又 膠萊河，在山東平度州東南，膠州東北。源出高密縣，分南北流。南流自膠州麻灣口入海，北流經平度州至掖縣海倉口入海。

清·張廷玉等《明史》卷八八《河渠志六》 雲南總兵官沐璘言：「城東有水南流，源發邵甸，會九十九泉爲一，抵松花壩分爲二支：一繞金馬山麓，入滇池；一從黑窯村流至雲澤橋，亦入滇池。」

清·沈德潛《古詩源》卷一《臨河歌》 狄水衍兮風揚波。舟楫顛倒更相加。歸來歸來胡爲斯。

清·沈德潛《古詩源》卷一《渡易水歌》 風蕭蕭兮易水寒。壯士一去不復還。

清·吴焯《徑山遊草·登徑十里松濤》 繚繞芙蓉萬級懸，長松夾道翠蔭連；如聽峽口三巴水，不放雲門一级天。恍惚寒飛江練起，驚疑鯨舞浪花濺；唐年宋址俱忘卻，時有乘風白鶴眠。

清·吴焯《徑山遊草·過雙谿》 百里雙流匯此方，倚篁合澗鬱相望。雲生石腳水痕白，日射烟梢山氣黄。未許游鱗衝瀲灩，儘多啼鳥弄笙簧。行人已入桃源路，何必前溪問棹郎。

清·吴焯《徑山遊草·觀瀑布二首》 一道神龍水，横空出半山。聲摇青峽底，練掛白雲間。折石成雙曼，穿松鎖百灣。何人尋勝境，仙掌杳難攀。風雨激雷霆，飛濤下翠屏。猿啼雲不散，龍浴水猶腥。仄徑即懸棧，危峯似隕星。豈辭歸海遠，長喜映山青。

清・方式濟《龍沙紀略》 黑龍江源，《明一統志》云：「出北山。」《盛京通志》亦祇云：「出西北塞外。」今按：江源出俄羅斯境，其上游爲鄂诺河。鄂诺源出安巴，在興安諸山之南，東流六百里，與科勒蘇河合。又東北八百里，受衆流爲黑龍江，北會尼布楚河，經尼布楚城東又三百餘里，北流至昂班格里必齊河界碑，入我境。東抵察哈鹽峰，凡一千五百餘里。復東南流六百里，經多斯峰、呼瑪拉故墟之間，至額蘇里與精奇尼江合。其合處，猶未至艾渾數十里也。

過新艾渾城東門，稍東南，流經托里爾峰，博果里山，西北至蘇爾喜峰之北。又折而東，經茂峰、喀木之間，至葉爾博和河，與松阿里江合。西北視艾渾城，已千里矣。

江在俄羅斯境內，河之自西而東入江者九：曰巴爾吉，曰阿哈楚，口塔爾巴哈泰，曰圖魯泰，曰塔拉巴爾集，曰特楞，曰額克碩，曰額倫，曰昂依德。河之自南而北入江者三：曰布拉克窩集，曰圖里格，曰温多。

其自界碑横而東也，河之由西北而南入江者九：曰阿集格格里必齊，曰卓爾克奇，曰昂班格里必齊，曰俄羅，曰鄂爾多尼，曰烏里蘇，曰博倫穆渰，曰額爾格，曰必勒罩也。自南而北入江者四：曰鄂爾固納河，曰穆河，曰額穆勒河，曰旁庫河。鄂爾固納爲俄羅斯界河，故其名獨著。小河匯此而入江者十有一：曰依木，曰诺爾，曰然里爾克，曰特爾布爾，曰根，曰開拉里，曰伊密，曰特納克，曰魁，曰默爾根，曰札敦。而伊密、特納客、魁、莫勒根、札敦五河，又匯於開拉里，以入鄂爾固納達於江。

又 （黑龍江）江自察哈鹽峰而南也，至呼瑪拉城，始有支河，曰呼瑪拉河，由西北入也。其滙入呼瑪拉之小河四：曰塔哈，曰呼集里，曰窩勒科，曰呼蘭。其發源多斯峰下者，有河曰模林；發源阿拉爾山下者，有河曰默勒爾，由東北入也，斜與默勒爾相對。由西北入者，曰庫鼎河。又新艾渾城之前，曰昆河，博果里山麓，曰孫河，入孫河滙流者曰占河，皆由西北入。又朱赫德山發源者，曰默里爾克河；圖勒爾山發源者，曰博屯河。皆由東北入，與孫河相射。

江自蘇爾喜峰復折而東也，峰之左曰尼滿河，峰之右曰哈拉河。又茂峰之左曰吉林河，茂峰之右曰庫穆納河。又有朱春河、康裕魯河、蘇魯河、必占河，由東北而入江者八也。又卧龍旗河、烏爾噶爾河、汤里穆第爾河、西雅滿河，滙尼滿以達於江者也。與尼滿斜對曰擴爾芬河，過此又有五音河、嘉里河、富河、宰河、葉爾博和河，由西南而入江者六也。

《盛京通志》云：「黑龍江即薩哈連江。薩哈連者，黑也。」《金史》云：「混同江，一名黑龍江，水微黑。」考混同，源出長白山，舊名粟末江，遼故爲混同江，土人呼松阿里江。《金志》誤宋瓦，又傳誤松花。其流自南而北，黑龍江自北而南。其與黑龍會，歷二千五百里之遥，則兩江不得混稱明矣。松阿里江北與諸尼江合流，折而東北受黑龍江，又南受烏蘇里江，滙注於海。因其納三江之大，故名混同。則其上游未會於諸尼，仍當稱松阿里江也。

又 精奇尼江，《盛京通志》不載。【略】江源出境内極北之山，在察哈鹽峰之北，將及千里。江形如弓，東南流八百餘里，合錫里穆第河。復折而西三百餘里，至額蘇里，與黑龍江合。

河之自西北而東南，入於精奇尼江者二：納爾赫蘇布河、托喀河也。自東北而西南以入者十有七：最大者曰阿爾集，曰寧尼，曰錫里穆第也；其小河由阿爾集以達者，額爾格也，烏能也，烏拉喀也；由寧尼以達者，勒都也，帖牛也；由錫里穆第以達者，陰鏗也，畢沙也，陽奇爾也，纳喇也，鄂爾糢爾科也，穆敏也。翁額也。外此曰烏爾格，曰托瑪，曰貝敦。烏爾格與江發源一山，雙汊並下百里而合托瑪，貝敦，發源於都立奇山，後迤邐以入，而江將盡矣。

又 諾尼江即腦温江。《盛京通志》作納尼，蒙古謂腦温。爲碧諾尼意同，今呼嫩江。《明一統志》云：「源出西北邊外，不可考。」蓋江之在明爲甌脱，而《一統志》載之者，第指其與松阿里合流處，故不知其源。今按：江源出宜呼爾山，山在黑龍江之南，興安嶺下。江流自北而南，經察克達奇山之東、額勒克爾山之西，循默爾根城北門，復稍轉西，下抵卜魁城西門。凡一千四百餘里，與松阿里江合。

河之自西北而東注諸尼者，十有八：曰東郭羅，曰喀诺，曰孤壘鏗，曰納都固，曰多布科爾，曰謳鏗，曰甘河，曰雞窩兒，曰诺敏，曰必臘，曰格尼，曰阿倫木，曰库爾奇魯，曰雅爾，曰機勒，曰哈岱坎，曰綽爾，曰圓沁也。東郭羅發源於興安嶺，與江源斜並進望，水光夾瀉。近接宜呼爾山，故誤謂諸尼兩源並出也。至諸河互有支幹，雞窩兒由甘河達江，必臘格尼由诺敏，機勒由库爾奇魯河，哈岱坎由雅爾河，圓沁由綽爾河。

河之自東而西入諸尼者，十有一：曰納玉爾，曰喀魯爾，曰鄂多，曰密奇爾，曰默勒爾，曰納木爾，曰赫魯爾，曰默爾根，曰羅拉喀，曰木納爾，曰塔葛爾也。密奇爾由默勒爾達江，木納爾由赫魯爾達江，羅拉喀由納木爾達江。又納玉爾、喀魯爾之間，有湖曰依克車勒克奇湖，不通江。

又 境之南界松阿里江，發源長白山。西北流四百餘里，經吉林鎮城之東，又西北流二百里，出法塔哈邊，折而西，繞白都納城南西北三面，凡三百餘里，與諾尼江合。其上游之支河，不具載。自合諾尼東北，流一千六百里，北會黑龍江。又四百里，南會烏蘇里江，是名混同江。江之南，屬寧古塔。其北爲境内地，河之自南而北入江者六：曰拉林，曰阿爾楚喀，曰非克圖，曰奇普拉，曰默音，曰呼拉哈。西北入江而流長者曰伊克河；其小河亦由伊克以達者曰希費勒，曰博和里，曰發爾圖渾。又有鄂罕河、音達穆河、安巴河，皆西北流以入焉。河之自北而南入江者，曰呼倫河。其小河之由呼倫以達者五，曰通恩，曰納敏，曰額渾，曰額密集，曰呼拉庫。其呼倫以東、河之南滙於江者曰碩羅，曰富特庫，曰穆淋，曰阿濟格富勒渾，曰昂班富勒渾，曰西林，曰昂班烏納渾，曰錫伯，曰昂班呼特亨，曰巴蘭。江之北三百餘里，有團海，發源汪濊，出坎滙小河十有三，東達於江：曰烏穆魯，曰哈木奇，曰依春，曰徹里，曰必罕，曰窩集，曰活，曰屯，曰洪果，曰穆遜，曰圖，曰哈羅，曰阿西克灘。

又 烏蘇里江發源西噶塔山之北，在寧古塔之東千餘里。歷千二百里，北與混同江合。將入之數十里，東西歧而爲二。自是東北流，合黑龍、精奇、尼諾、尼松阿里、烏蘇里五江之水，歷千餘里入海。此千餘里内，河之自北而南滙入者二：曰奇穆尼，曰庫魯。河之自西而東滙入者十有九：曰諾雷布拉布，曰克赤，曰富達爾塔拉哈，曰默爾奇塔拉哈，曰格林，曰爾根，曰科兒古，曰卓羅，曰多林，曰赤克圖哈，曰必占，曰犀陳，曰梅庫，曰亨滾，曰齊林依，曰喀圖密，曰約密，曰里赤，曰法特海。其由格林河以達者，爲多斯密河；由亨滾河以達者，爲哈達烏爾河，額密勒河。河之自東而西滙入者，二十有三：曰敦敦，曰巴拉兒，曰必勒古，曰由特，曰喀爾集，曰希拉河，曰粘達哈，曰合里，曰達斡，曰希爾巴希，曰納木登特，曰敖梯，曰約敏，曰奎瑪，曰夏里，曰瑪噶爾齊，曰赫勒里，曰發停，曰器寧，曰河科起，曰巴喀，曰敖達里，曰科齊。按：黑龍江發源俄羅斯境，自西至東，凡七千餘里。精奇尼江源以南、松阿里江源以北，南北凡三千餘里。百谷萬派，莫不循度。

清·張侗《臥象山志》卷一 灝水，入谷，霹靂碾亂峰欲碎者，灝水也。

清·黃叔璥《臺海使槎錄》卷一《赤嵌筆談》 上澹水在諸羅極北，中有崇山大川，深林曠野；南連南嵌，北接雞籠，西通大海，東倚層巒。計一隅可二百餘里，洵扼要險區也。外爲澹水港，八裡岔山在港南，圭柔山（一作鷄柔）在港北；兩山對峙，夾束中流。南北有二河：南河源出武勝灣，行四十餘里；北河源出楓仔嶼，行百餘里；俱至大浪泵會流，出肩脰門（一作千豆），入澹水港，曲折委宛，五十餘里而歸於海。

清·查拉、吳麟《江源記》 金沙之源有二：一出唐武特蓋古烏斯藏地西僧號達賴喇麻者世居之境。内有山狀類牛，水從其尾流出，名烏甯穆蘇。西南流六七日程，名穆魯烏蘇，入巴黨。巴黨者，西僧所屬之城名也。又名巴除，入雲南麗江府，是爲金沙江歷鶴慶武定至蜀之馬湖口。昔南詔蒙氏有國時，册爲四瀆之一，即此也。一出呼湖諾爾，即唐人青海地，有山名馬爾雜爾，柰泉水出焉，爲雜馬木特河南流入唐武特之裏塘，名亞龍江入打箭廬，名密尼雅克。

清·孫嘉淦《南游記》 太行而北，則吾山西境矣。總而計之天下大勢，水歸二漕山，分三幹河，出昆侖，江源岷蜀，始於四極，入於東溟，大河以北，水皆南流，大江以南，皆北注，漢南入江，淮北入河，雖名四瀆，猶之二也，太行九邊西接玉門，東祇朝鮮，是爲北幹五嶺橫亙，西接峨眉，東祇會稽，是爲南幹，岷嶓華嵩，是爲中幹。

清·盧見曾《焦山志》卷一九 江自岷山導源，迤邐千里而至京口。兩岸崖壁嶂峽，紆青繚白，奚翅萬里，特立中流，不爲怒濤奔浪所摧。

清·愛必達《黔南識略》卷一《貴陽府》 貫城河源出城東北五里之砦龍山，由北門外水關入城，至六洞橋水關流滙南明河，亦名玉帶河。【略】日久淤塞，夏秋漲溢爲患。道光六年巡撫嵩溥檄郡守于克襄濬治，易名太平河，捐貲歲修。

又 南明河在城南門外，源出廣順州東北阿沙壩，過中曹司，至府城西南，下流爲牛渡河，至巴香北流合烏江。

又 龍洞河在城南十里，下流入於南明河。四方河源出廣順州，滙於南明河。濟番河在城西南三十里，俗名花犵狫河，入番路所經，明成化初宣慰使宋昂壘石爲橋，下流入南明河。富水在城南，源出八里屯之龍井，入南明河。澤溪在城北，源出庫樓山，流合貫城河，亦名宅溪。

清·愛必達《黔南識略》卷二《貴定縣》 八字河在城東二里，兩水合流有石中分如八字，築堰灌田。麥新溪在城西，流合八字河。南壩河在城南四里。翁樹河在城南四十里。翁黄河在把平司，翁黄山下，司南有羅鴨溪入焉。乾溪在城西十里。以上諸水俱入甕城河。甕城河在城西二十里，自府屬龍里交之高坡發源，逕龍里東北諸境入縣界，下流合清水河。

又 清水河亦名清水江，在城西北三十里，上白南明河流滙府境諸水，自巴香合甕城。河又東北經開州界至巖門入烏江。三岔河在小平伐司，三水滙流，合於甕城河。十萬溪在城北四十里【略】。（雍真河在平伐司西南。）

清・愛必達《黔南識略》卷三《開州》 白馬洞在城南三十里，下有河，自山流出，爲洗泥河之上源，滙諸澗水，迤而東爲洗泥河，又東逕州之廉里，會貫定流來之清水江，由天星橋八弔口棉花渡東入於巖門，注烏江。

清・愛必達《黔南識略》卷三《定番州》 濛江，一曰洪水江，亦名都泥江，俗名烏泥河，源出州西北二十里亂山中，曰濛潭。其注于濛江者，則有州北二里之玉帶河，又州西二十里之九曲江。盧番司東之洗馬河，羅番司南之環帶江，合金石司之回龍江，羅番司之羅番河，臥龍司南之繞翠江，洪番司南之小溪水，又奔龍江，自大龍司合大龍河，東流注之。又東南有底乃河，自方番司南合小番河，雲溪水並注之。又東南有冷水河，從小程番司南合漣江，東流注之。又東南有腰帶河，自盧山司南合擺遊河，東流注之。歷廣西泗城、慶遠、思恩、柳州諸府界，流入潯州府武宣縣，合潯江。【略】上馬橋河在西北二十里，下流入于南明河。清水塘在城南，灌田數百畝。

清・愛必達《黔南識略》卷三《大塘判州》 其水有隴黄擺鋪洞，得諸山及甲港山麓之水，俱流入于甕城河，又篠茶山下有藤茶河。亦東北流入于甕城河。

又 水則打來河，源出巴連洞，東南流至溝亭，有巴歪渡爲境内要津。水勢深迅，設有渡船。猛雨則不能渡。又打如河源出雙井，亦名雙井河，自羅方亭而下，東南流合打來河，入紅水江。

清・愛必達《黔南識略》卷三《廣順州》 九曲河在州南，縈繞如帶。一宿河在從仁里。明惠帝曾宿此，故至今無蚊。尤愛溪在從仁里，水出山腹中，東折復入山腹，瀉爲瀑布，注於濟番河。龍潭在阿沙壩，南明河之所出也，合濟番河，會一宿河、尤愛溪諸水，入府境下流注烏江。麻線河在州北十里，下流入都泥江，天生橋從仁里。石壁千仞，還繞如城，水流其下，人行其上，平坦如橋，橋下石如蜂房，蟹匡，歷歷可數。聖水在城西一里，人汲則湧，不汲則伏。

清・愛必達《黔南識略》卷四《安順府》 碧波橋河在城東，甯穀橋河在城南，九溪河在城東南四十里，九溪滙而成河。谷龍河在城北四十里。三岔河在城北六十里，舊稱水内，水外者此也，源出威甯，由喇雍河至西堡，谷龍河折而入，過此爲思蠟河，過平遠爲簸朵河，至大定爲六歸河，經黔西爲羅革河，下歷清鎮爲鴨池河，經修文、遵義縣爲陸廣河，爲烏江，入思南爲德江，至四川彭水縣達岷江。

清・愛必達《黔南識略》卷五《鎮甯州》 烏泥江即都泥江，在城南百里，流入廣西田州。白水河在城西南三十里，源出山中，懸巖飛瀑，自高注下，三塄相承，直落數十仞，湍激若雷，潭中迴薄，作雲氣湧起者丈餘，上有觀瀑亭，下流入甯谷河。黑洞河發源城東之黑洞，穿城西流入白水河。公具河在十二營司公具寨下。阿破河在十二營司阿破寨下。楊吉河在城西南十五里。菜子河、石溪在城南四十里，俱合白水河於甯谷，流達盤江。【略】賀家溪在城東，源出石岡，貫城中，土人云，每春水如潮至者三，歲則豐稔。

清・愛必達《黔南識略》卷六《安平縣》 東門河有二源，一發源於西北母豬潭，一發源於雙龍潭，行一里許始合流，逕城東南宋家河、學壩河、平川河諸水入焉。東南流，折而北，逕車頭堡南，謂之車頭河，又北流逕上洛陽、下洛陽請寨東，謂之洛陽河。又東北流逕焦家橋，謂之焦家橋河，亦名馬路河。【略】又東流逕羊場西，謂之羊場河。下至清鎮界，入於的澄河。

又 又城南十里有麻線河，由廣順州入縣界，謂之鋪隴河，逕府屬麻濫、狗場西，與二灣河合，東北流逕清鎮縣羊昌寨南，合於東門河。

又 沙家大河在城西南西堡，自即岱黄家渡北流數百里，入縣屬平寨，渡跳蹬小河入焉，又至土牛渡，豬場小河自北來入焉，又有波治河自平遠州南來入焉，又至江家渡，梁家箐水南入焉，又至柴家壩渡，有小河自平遠州屬小龍場東來入焉，又至播了渡，即岱平遠交界處之波玉河西南來入焉，又東北行二百里至柔西，謂之思臘河，亦曰思喇河。

清・愛必達《黔南識略》卷七《平越直隸州》 麻哈江一曰兩岔江，又曰算水，逕麻哈州至城東五里許，兩山側寨峴，高澗深，水黝如膠，寡見曦景。【略】馬場河發源城西北，從金橋東南流注麻哈江。羊腸江發源城東北二十里，南流亦注於麻哈江，是爲三江口。

清・愛必達《黔南識略》卷七《湄潭縣》 湄水在城外，彎環如眉，因名。大洞溪在城南，流入湄水。花水溪在城北二十里，水草浮蔓，生花如蘭蕙，冬夏不凋。落花屯水在城東南，滙入湄。三江在城西南，有三源俱出苗界山箐中，合窄溪渡、上水、花水溪、湄水、大洞溪、馬渡溪、角路溪、大溪諸水，經廢容山司，至望浦，以流注烏江。

清·愛必達《黔南識略》卷七《甕安縣》 甕水亦名甕安江，在城南，自高坪司由乾溪里至縣，流人江界河。白崖河在城南二十里，匯衆溪經劉家堡入甕安江。江界河在城北五十里，入烏江。又有高坪水、袁家渡水、城西河、蛇子河、紅頭堡河、草塘司河，皆流合於烏江者也。長灘水在城南十里。青坑水在城西二里，山麓有池，每卯酉二時水潮湧沸，候之弗爽。

清·愛必達《黔南識略》卷七《餘慶縣》 白泥江在城南，即牛場（渡河，發源甕安，流合烏江。小烏江在城西三十里，）發源九龍山，會白泥江，巖門江，在城西南八十里即烏江下流也。有渡曰巖門渡，爲黔楚蜀通津。白渡口至箐口場十數里，喬林翳薈，致爲幽奇。新村河在城東，源出響水，遶翠蘿山，由冷水小城寨入白泥江。新街河在城東，源出官山下，至縣治前，流入白泥江。鼇溪在城西九十里，發源魚鼓洞，流入巖門江。杉溪在城北，深不可測，中産大魚。柳湖在城西，他山之下，大可百畝，中有十九泉，旁生大柳數百株。

清·愛必達《黔南識略》卷九《八寨同知》 雞賈河在城西四十里，劍河之下流，注于清水江。

清·愛必達《黔南識略》卷一〇《麻哈州》 麻哈江在城南五里，其上源爲兩岔江，又爲算水，下流入清江。罷遞河在城南三里。平定河在城東平定司地，即清水江也，自郡東北流達凱里向梗寨，雍正七年知州杜理疏濬之。舟溪江在平定司東十里，入麻哈江。【略】又司東北五十里爲山江河，亦入麻哈江。樂平溪在樂平司南，下流合麻哈江。

清·愛必達《黔南識略》卷一〇《獨山州》 獨山江在城東南，即邦水河之下流，源出府屬之邦水司，下流至三腳屯，始通舟楫，爲都江。鳳飲河在城南，即獨山江上流，逕大河寨北，有水自碏寨來注之。灣河在三腳屯西北，入都江。【略】打然河在城東南，自雞公山東南流注于獨山江。樟木河在城東北，入獨山江。又有馬場河在城東，亦入獨山江。深河在城北。又有王政河、豐陽河諸水，皆合于獨山江。

清·愛必達《黔南識略》卷一一《清平縣》 便河在城内。清江在城東四十里，發源都勻，逕麻哈州之平定司界爲平定河，又逕凱里城西北爲龍頭河，又逕崖頭土司西北爲崖頭河，又逕臨江堡北有螃蟹渡及重安江。水自北來，注之下流入黄平州界，達黔陽爲沅江。重安江在城北三十里，上流即麻哈江，由楊義司逕重安江驛爲重安江，下至樂安堡，南入清江。山江河在城東北四十里，源出縣諸山澗中，滙流入重安江。勇勝溪在城東。香爐山水在城東北。洛邦河在城南十三里，逕城西北與凱旋溪台，下流俱滙爲山江河。

清·愛必達《黔南識略》卷一一《荔波縣》 打狗河在城西南七十里。河有二源：一由巴容里滙聚諸溪澗水，繞城東南至勞村江，又逕蒙石、巴灰地方至董界；一由羊安、甲站二處滙聚諸溪澗水，經方村至董界，俱合于打狗河之崖底，伏而不見。

清·愛必達《黔南識略》卷一三《台拱同知》 小江在城西南，其源一出丹江牛皮箐，經廳屬之南牛等寨，過清江之雞攡尾汛；一出丹江之崖寨，經廳屬之羅翁寨，繞城南，西北出施洞塘；一出丹江之黄茅嶺，經廳屬忙肥等寨，並出施河塘；又有一源出凱里，由廳屬黄施衛出施洞塘，均入于清水江。

清·愛必達《黔南識略》卷一三《清江通判》 清水江在城東北，發源於都勻，經麻哈州之甕城、清平縣之凱里、黄平州之崖門司、施秉縣之下秉諸處，青凱里河、平定河、雞賈河、長河、劍河、馬尾河諸名。下至廳界之稿貢汛北，又經廳城北，又東至柳霽汛，過黎平府之王寨，又東北至天拄縣之甕東，入湖南黔陽縣，南會於潕水。【略】烏陽河源於鎮遠府東禾山，至松香堡入廳境，下至南高寨入清水江。烏孟河源于古州之高陽寨，至魯里入廳境，至南嘉堡會展牙溪水，流至南孟寨入清水江。烏沙河一源于丹江之牛皮箐，至台賴入廳境；一源於古州之陽舍山，曰烏攡河，至旁洞入廳境；一源於朗洞之者林山，曰烏拉河，至南哨會烏攡、烏蔑兩河，三水合流，至下格東總名曰烏沙河，入清水江。又有八卦河，由天柱縣界逕黎平之黄寨達清水江。

清·愛必達《黔南識略》卷一四《施秉縣》 小江在城南，源出北門河，至城東合大江。大江即無水，在城北源出黄平之都凹山，過舊州爲西門河，入縣境受瓦窑、杉木等水，至城東合小江，謂之兩江口，下諸葛洞，至鎮遠爲鎮陽江。杉木河在城北，流合大江。凱溪在城東，合大江。秉溪、別溪、鳳溪、鶴溪均在城南。

清·愛必達《黔南識略》卷一五《天柱縣》 鑑水江在縣北，又名北門江，發源新溪，繞城而下，與清江合。又西江在縣西北，下入鑑水江。分水凹在縣北七十里，沅州界，水自凹分，一歸沅州，一歸鑑江。清水江在縣南六十里，發源都匀，歷係生苗盤踞，雍正八年，貴東道方顯招撫，開通舟楫可行。自清江廳東北，至天柱之甕東，始入湖南黔陽縣界，鎮遠江自東北來會之，蓋自源至此，已千一百餘里矣。

清・愛必達《黔南識略》卷一六《思南府》 其江曰水德江，即烏江也。自石阡府入府界，逕城西有鯉魚峽，峽長十里，湍流灣谿，上有竇，若魚口然，又逕香爐灘，下爲白鷺洲，又北三十里歷獅吼洞，有泉下瀉十餘丈，激流怒吼，兩石排立，俗呼爲鯉魚朝天，洞下爲湖底灘，商旅皆於此易舟而下。又北三百里爲龔灘，濤湧波喧，迄十餘里，惟輕舟始得濟。又北歷袁灘入四川彭水縣界，又北至涪州城東北銅柱灘，入岷江謂之涪陵江。【略】上費溪在城東北百里，後周宣政元年以此水名郡，北流入四川黔江縣界曰黔江，東北入湖北施州界曰清江。【略】石馬江在沿河司西，下流合於德江。亭子溪在沿河司，自龍岡中流出；又北七里有後溪，自馬鬃嶺流出，俱入河由江。又有甫南溪、鴦溪。北竹溪在朗溪司，一日三潮，又名三潮溪，居民引水以溉田。暮溪在城東三里；昔樂溪在城東十里；憲溪在城南五里；掌溪在城南二十里；青灣溪在城西三十里，俗稱黑鴦溪，鸚鵡溪在城北三十里；俱滙於德江。

清・愛必達《黔南識略》卷一六《務川縣》 豐樂河在城東五十里，其水由龍泉、湄潭折入縣境，至洪渡入龔灘，北匯蜀江。河只水在城東十里，羅多水在城東八十里，其流合於豐樂河。【略】倒羊江在城北五里，一名曉羊江，源出華蓋山，至隘雞渡滙豐樂河。洪渡河源出龍泉縣北境，逕縣境而煎茶溪水於龍河注焉。

清・愛必達《黔南識略》卷一六《印江縣》 思邛江在城南，源出府屬朗溪司，北流入水德江，後譌邛爲印，遂以名縣。桶溪在城北二里，綱陀溪在城北二十里，皆合思邛江關。

清・愛必達《黔南識略》卷一七《石阡府》 龍底河在城西南三里，其上源爲包溪，逕城東黄茅因合大溪，繞郡前，至思南界注烏江。烏江自甕安、餘慶之崖門渡趨而東入郡境，經葛閃渡，有餘慶之白泥司佛山，河水北流來注之；又東經郡之桶口渡，有餘慶之滿溪及郡之龍底河、凱科江、洋溪、深溪、樂回溪東北流來注之。又東爲三江口，入思南。大溪即今白崖江，稍東爲凱科江，上有凱科關，今譌爲斜，逕城南與龍底河合。樂回溪在舊葛彰司，南過方竹箐，注深溪。深溪在城西北二十里，洋溪在城北十裏，來自銅仁之提溪司，皆入于龍底江者也。

清・愛必達《黔南識略》卷一七《龍泉縣》 義陽江在城東北五十里，發源于穿簾穀，三跳石諸處，環抱縣治，通烏江。泥水河發源東山，通義陽江。桶口河在城東一百三十里，入烏江。石貫塘河在城北二里，上流由老木橋，三跳石二水會成大河，下流過青溪，合桶口河、犵木溪，在城南入清江溪。清江溪在城北五里，合桶口河。

清・愛必達《黔南識略》卷一九《銅仁府》 銅仁江又曰大江，源出松桃廳屬烏羅司西南之九龍山，東南流逕省溪、提溪二司界，又東至銅崖，小江水入焉，有渡曰雙江渡，繞城東南，又東入湖南麻陽縣界，逕錦州故寨謂之錦水，又逕麻陽縣東北龍門山下，至辰溪縣合沅江。小江源出梵浄山，有九十九溪，最大者爲甕濟洞各溪，合甕濟水南流至城西南入大江。

清・愛必達《黔南識略》卷二一《黎平府》 郡之東北以清水江爲界，古之沅江也。古州江繞其西南，古之牂牁江也。新化江出府西天甫山，東北流經八舟、新化、亮寨、湖耳諸司，至王寨會八封河，入於沅。潭溪在潭溪司南，高鏡溪源出廢曹滴司南三十里，高韋溪出廢曹滴司東七十里，俱流合於新化江。朗溪在湖耳司，亦名楠溪，舊流東合清水江，其後南徙，土人謂之變溪，源出石檑山，逕湖耳司地，又逕錦屏鄉西北繞而東，又逕湖耳司地入新化江。東茶溪在歐陽司東北，源出東茶山，流入亮寨司界合朗溪。上黄溪源出灑洞山，入洪舟江，下流入於沅。古泥江在洪舟司，源出靖州，由洪州司、永從縣逕懷遠縣入古州江。

清・愛必達《黔南識略》卷二二《右州同知》 榕江在城西北，發源於清江、台拱界南瓦山，經奔波潭至城北三里，與車江會。車江在城西北，因繞車寨得名，發源於清江高亮山，經府屬育洞南流與榕江會，逕城東繞而南與都江會。古州江發源於都匀府地，東流至都江廳城西南，謂之都江，又逕廳城滙榕江、車江，西折而南，過下江及丙妹，入廣西懷遠、雒容二縣界，至廣東南海縣入海。

清・愛必達《黔南識略》卷二五《平遠州》 穿城一水導源鳳凰山下，經卜牛塘自城南入，會東南兩龍潭水，合流出北門，又合別流東北行十五里，穿山腹而出，入簸朵河。簸朵河在城東一百里，源出安順三岔河，入大定界爲六歸河，深數十丈，兩岸危峰礙日沈碧不流，臨之，冷人毛骨，州境水以此河爲最大。

清・愛必達《黔南識略》卷二五《黔西州》 陸廣河在城東北九十里，即烏江之上流，由畢節之七星河經大定爲六歸河，又經城東南爲鴨池河，有渡曰鴨池渡，又西爲陸廣河，有渡曰陸廣渡，舊爲水西驛道。【略】猓革河即平遠簸朵河之下流，經州境入陸廣河。西溪河在城西，出崖洞小溪，合楠木溪、猓隴河、高家河等水，注陸廣河。西門河在城西，上洪下洪合而成河，其下流爲沙壩河。又流爲洛則河，入渭河又有隴溪河、安樂河入焉。又有以濟河出州西北上合打鼓寨水及渭河、烏慶河並注陸廣河。

清·愛必達《黔南識略》卷二六《威寧州》 黔之烏江源自八仙海，營菩薩汛露州，各溪澗流出，經大定、貴陽諸府界，至遵義府始名烏江，至四川涪州入大江。

又 七星河在州西三十里，縈繞山谷間，經此須渡者凡七處，故名。又有九十九渡水在城西南百里，又桃花溪在城南二十里，皆流合可渡河。五道河在城東野馬川，性惡不可飲。

清·愛必達《黔南識略》卷二六《畢節縣》 闗下爲七星河，源出威甯爲可渡河，逕山下折而南，逕雲南霑益州界入貴州境，達粵西即盤江之上流也。兩崖壁削，水出其中，犇騰澎湃，險不可犯。

又 永清河在城內，自響水河流入城，注於通津門之惠泉，下入東門河。響水河在城東北三里，亦曰東門河，當兩山間，石梁横亘，水經三疊而下，層湍迅激，聲吼如雷，下流入落折河。赤水河在城北，即落折河，舊名赤虺河。唐駱賓王姚州露布河，淪赤虺即此水也。虺音似水遂謌今名。源出雲南鎮雄州，外嫣井阿朗一百餘里，至此又七十里至鄢家渡，八十里至仁懷縣，爲猿猴河，達岷江。杉木河在城東一百里，土人伐木山中，皆由此出，下流入赤水河。

清·愛必達《黔南識略》卷二八《安南縣》 盤江在城東四十里，其源出威甯州，折而南，逕雲南霑益州仍入貴州界，曰可渡河。又折東流至大山而伏，又東南二十餘里出山，東南流曰天生橋。又東南逕縣境，始曰盤江。又東南逕永甯州西境，即今之鐵索橋，與永甯州夾江爲界者也。其間崖壁扼束，林箐深阻，江流紆回隱見，廣不過里許。至沙麓津則上下皆迫狹，鬱蒸瘴癘，行旅艱阻。【略】大章河在城東四十里，有舟渡。阿黑河在城東南十餘里，蹊徑幽僻深不可測，樹葉落其上，烏輒銜之。

清·愛必達《黔南識略》卷二八《貞豐州》 北盤江在城西北，導源於威甯州西亂山中，南流入雲南霑益州界，又東南入安南縣境，逕永甯州之募役長官司，沿州界九盤山下爲清水江。其江萃上游山溪諸水，狹深湍激，逕九盤、花江、板貴、董箐、百層、者坪、羅炎、打賓、者香、渡邑諸處，下會紅水江入於粵。南盤江即紅水江，源出雲南霑益州花山洞，東南流逕郡南，自西南入州境。其水四時皆赤，故名紅江。沿册亨流至雙江口，入廣西泗城府界，謂之左江，注於海，此南北盤江之原委也。城西小溪發源於安南之水橋，流入州城山後，入地伏流十一里，出爲小溪，入北盤江。

清·愛必達《黔南識略》卷二九《普安直隸廳》 盤江在城東一百二十里，自安南縣流入永甯州界，又繞流入廳境，又東南流入永甯州。募役長官司界。

又 拖長江在城東七十里，源出沙陀石巖中，下通盤江，有海子鋪、北水、豬場河、西安河，俱注拖長江。

又 又南板橋河在城東八十里，上接城南三十餘里之大水塘，俱流入盤江。

又 又者下河在城東南一百八十里，源出城南百六十里之楊那山，曲折二百餘里，至永甯州界入於盤江。

又 木浪河出廳南界山，西流注馬別河，下入紅江。三一溪在城東七十里，其源有三：一出沙河莊，一出目前山，一出雲南坡，三流合一，故名，入於城南水洞。

又 響水在城南五十里，入洞觸聲聞數里。

清·愛必達《黔南識略》卷三一《桐梓縣》 蒙渡河在城北七十里，傳漢唐蒙渡此。源出縣北境山，有兩源，合北流百數十里，曰松坎河，西南有一小溪注之，又北數十里坡頭河入焉，盤繞縣境入四川南川縣界。又北至三溪口始通舟楫，逕綦江縣東而北，又西北流至江津縣入大江。

又 齋郎河在城西六十里，齋郎者苗民也，河以名焉。源合龍巖山水，繞縣東楚米坡，逕縣城南流，謂之水坎河，經仁懷縣之二郎裏，至二郎灘，與赤水河合，俗呼爲米糧渡，下流入岷江。

又 官渡河在城外一里，寬丈許，左發源於城東三十里之楚米坡，右發源於距城十五里之黑石溪，近城之楊村溝，陽家河、溱溪、南溪水皆匯焉。又十里爲方家洞。再三里流分爲二，左入葫蘆洞，即俗所謂消水洞，右爲周家洞，洞口穿山而過，爲大馬孔，總名馬家壩，距城僅十五里，水至此四山圍繞，並無出路，向由二洞瀉水，自乾隆五十三年後，惟葫蘆一洞，尚能消納，其餘方家各洞，先後淤塞，每春夏山水漲發，縣受其患。

清·愛必達《黔南識略》卷三二《正安州》 芙蓉江在舊州南一百里，源出婺川。自烏江分流，東經故思義寨，環流出州東南境，又北入彭水縣界，注於涪陵江。三江在舊州北五十里，一名明溪源，出州西境羊毛坡，東南流，虎溪水合焉，下注於芙蓉江。虎溪在舊州西南七十里，源出遵義北委家嶺，逕舊珍州城下流入三江。北溪在舊州北。林溪在城西南五里。又五里有林溪壩。貫珠溪在城西南，源出州西杉木門，流入州境落水孔。思溪在舊州西七十里，源出四川南川縣牛角寨，流入州境，東南流入於三江。卯溪在城北山後。

清・吴震方《嶺南雜記》卷上　英德觀音巖，即碧落洞，層累而上，洞口俯江，有石乳如垂蓋，旁有小洞，號「雲華」，深不可測。

又　雷雨來中峽，喧豗百谷排。界青千嶂瀑，掩翠一江霾。水急催行櫂，涼生浄客懷。汲泉歸瀹茗，沙軟濕青鞋。

又　肇慶城臨江，降水自西粤來，謂之「西水」。每歲夏秋間，霪雨連日，則江水暴漲，漂屋廬城中，亦可行舟乃塞城門以抵之。城外江口又多颶風，夏日時作，發屋拔木【略】每四五月，西水發時，粤西大山深澗，衝下孔雀糞及毒蛇、毒蟲、紅蚯蚓等惡水，由封川、德慶繞郡而東，水如黄河之濁，飲之腹腫悶脹，所謂瘴毒也【略】唯十里外靈山寺，泉甚佳【略】西門外梅庵井泉爲亞。

又　羅浮桂嶺，奇秀甲天下【略】山自交趾銅柱。大廉、茂嶺，蜿蜒而來。水自南盤、柳江、灕江、匯流而至。洵爲海疆奥區，而星巖則尤據一郡之勝。其上爲崧臺，其下爲石室，南抱郡治，東則獨石，西則仙掌，北則金沙。水源自北山繞流而下爲瀝湖。崇崖崋岪，窅洞穹窿。

又　鱷溪一名惡溪，又名意溪。唐宋時有鱷魚爲患，其物似龍無角。而黄色，口森鋸齒，四足修尾，尾有三鈎，極利。遇人畜以尾擊而食之。鱷之運尾，猶象之運鼻也。生卵甚衆。或云鼉龍之屬。今溪中絶無此。潮人亦無有見之者。人但知文公爲文驅鱷魚，盡徙其族。不知宋時其害未息。咸平間，通判陳堯佐捕而烹之。

清・楊應琚《據鞍録》　十三日黎明，行出州南門二里，過沂水至馬滕河，出岍山，即《禹貢》導岍及岐是也，隴州諸水會於汧水，復南至寶雞縣，邸店入於渭，渭水又入於河，所謂殊途同歸也。西陲地高多山，千流萬派無江海可歸，故皆會於黄河，而層巒疊嶂，河亦束縛不能張其勢，故銀夏諸處尚養其灌溉，而受其益，至入中原，地平如掌，河已屈伏萬餘里，從此暢流奔放，亦勢所必，至者又行數里，雲氣開朗，有奇峰如人掌，高指碧空，形勢秀拔。

清・梁詩正《御覽西湖志纂》首卷　西湖雖不通江，而江湖實相表裏。錢塘江本名浙江亦名曲江，以江流三折，故稱曲焉。《枚乘七發》云：觀濤於廣陵之曲江是也。凡江皆有潮，而觀濤獨於浙江者，因海潮逆流而上，受龕赭兩山約束，蹙不得騁，與山争勢，洶而爲濤，或云下有沙潬横亘隔閡，洪波起而爲濤一日，夜再至，而秋八月尤盛。

清・梁詩正《御覽西湖志纂》卷三　金沙澗，即靈隱山北澗之水流入西湖處。澗沙明浄，作黄金色，故名。金沙入湖，漸成深廣，遂稱港焉。其淺陂則稱金沙灘，居民皆以捕魚爲業，網罟之外，多放鸕鷀以取魚。《爾雅》所謂：鷀鶿嘴，曲如鈎，食魚者是也。

清・梁詩正《御覽西湖志纂》卷四　九溪，《萬曆杭州府志》：在煙霞嶺西，路通徐邨水出大江，北達龍井。

又　十八澗，《明一統志》：在龍井之西，路通六和塔水出錢塘江。

清・梁詩正《御覽西湖志纂》卷六　錢塘江，在縣東南。《萬曆錢塘縣志》：本名浙江，虞喜志林云：潮水投山下，折而曲。盧肇曰：浙者折也，潮出海，曲折而倒流也。一名浙河，《山海經》禹治水至於浙河。又名漸江，水經漸江，水北過餘杭東，入於海。又名曲江，枚乘七發，觀濤於廣陵之曲江。又名羅刹江，以江心有羅刹石，故云。今稱錢塘江因縣得名。《漢書・朱雋封錢塘侯注》錢唐記云：郡議曹華信，作塘以捍海潮，募人致土石一斛與錢一千，塘成遂名錢塘。

又　錢清江，在蕭山縣。東漢劉寵爲會稽郡守，有惠政，將去郡，父老各持百錢以送之。寵選受一錢，投之於江，江水遂清，因名錢清江。岸有劉寵祠，後人建一錢亭，邨民聚居於此，曰錢清鎮。

清・郁永河《采硫日記》　二十五日，天稍霽，行三十里，渡烏龍江，宿霧初收，江光如練。

又　初二日，行四十里，至劉五店，即五通渡也。渡實支海，廣十餘里。登舟飆風驟至，巨浪如山，帆掠水三尺，傾斜欲覆，浪入舟中。

又　二十二日，平旦，渡黑水溝。臺灣海道，惟黑水溝最險。自北流南，不知源出何所。海水正碧，溝水獨黑如墨，勢又稍窳，故謂之溝。廣約百里，湍流迅駛，時覺腥穢襲人。又有紅黑間道蛇及兩頭蛇繞船游泳，舟師時時以楮鏹投之，屏息惴惴，或順流而南，不知所之耳。紅水溝不甚險，人頗泄視之。然二溝在大洋中，風濤鼓盪，而與緑水終古不淆，理亦難明。

又　初十日，渡虎尾溪、西螺溪，溪廣二三里，平沙可行，車過無軌迹，亦似鐵板沙，但沙水皆黑色，以臺灣山色皆黑土故也。又三十里，至東螺溪，與西螺溪廣正等，而水深湍急過之。轅中牛懼溺，臥而浮，番人十餘，扶輪以濟，不溺者幾矣。

又 至八里分社，有江水爲阻，即淡水也。深山溪澗，匯爲此水。廣五六里，港口中流有雞心嶕，海舶畏之；潮汐去來，淺深莫定。余停車欲渡，有飛蟲億萬，如急雨驟至，衣不能蔽，遍體悉損。

清·劉大櫆《劉大櫆集》卷三 綦自堂時文序 江水自巴蜀東注。而蟠冢、滄浪由秦之金牛，蜿蜒東南數千里，至大別入江，江、漢合流，當荆州之都會。踰嶺而南，爲百粵之地。而嶺北諸水，瀟、湘、沅、澧、敘、酉、辰、無、資，漸東北匯爲洞庭，以合於江、漢。洞庭之廣方八百里，韜涵沈浸，噴雲納霧。

清·劉大櫆《劉大櫆集》卷九《雜記類》 遊黃山記【略】折左紆行可半里，有洞穹然出崖山上，洞石瑩潔可愛，深三丈，高二尋，廣半之。洞盡，復有小洞，如龕如堂奧然。飛泉蔽洞門而下，灑灑不絕，是曰水簾之洞。出洞循崖而左，有二小洞，中隔如牆，曰餐霞之洞。而山之左腋，有水穿亂石而下，是曰藥溪。溪石廣丈餘，中凹如臼仰承上流，是曰藥銚。銚左攲，而水出懸溜。折而承溜一石如圓盎，弇口而中如螺旋，異石五色，白者如珠，是曰丹井。折而右，爲蓮花庵。入庵登閣，下瞰白龍潭。潭廣十餘丈，其上大石橫亘，高三丈餘，而藥銚合諸溪之水，從疊石乘高而下，而潭以一石仰承之，其勢撞衝奮躍，下可坐飲數十人，白龍潭今爲蛟龍所敗，彌望皆沙礫，以其名勝也，故記從其舊。黃山三十六峯，而以天都、蓮華兩峯爲最高。登文殊之院，則天都峯在左，蓮華峯在右，兩山夾立如門，而院之背，實倚玉屏峯。玉屏峯界天都、蓮華之中，亞而平。【略】黃山之峯，皆峭石，拔地數百仞，指天如執圭，

清·温睿臨《出塞圖畫山川記》 陽時木河盤統六七百里。【略】既下塵沙蔽天，亂山欲瞑，數百里人絕煙，真荒僻不毛之境也。【略】查沙克台吉界松花、烏喇二江之西，肥饒千餘里，人物豐樂，煮池爲鹽。大城四，有摶土爲瓦甓者，寶塔一，有暖泉大寒不凍，亦一都會也。【略】劍門不足爲險，其水源千派萬道，俱從山出，會爲大江，入海艾湖。【略】安山水泉支流以百千數，至都思黑兒公查沙克圖王界。

清·趙元祚《滇南山水綱目》卷下《滇水綱目》 金沙江，滇之北界大水也，即古麗水，產金沙，故名金沙。發源犛牛石，即蒙番之阿克達母必拉，番部水名。在巴顏哈拉母魯即崑崙山。南四百餘里，東南流經烏斯藏諸部落，連納六水，約行千三百餘里，始至塔城關，入雲南界。南流二十餘里，關南山水東入焉。又東南流三十餘里至巨甸汛，魯甸水東入焉。又東南流三十餘里至橋頭汛，溪水東入焉。又東而南流六十餘里至石鼓汛，拉把山以東之水會老君山以北之水而東入焉。又東北流六千餘里至麗江府雪山之北，轉而東南流四十餘里，溪水西入焉。又東流四十餘里，至永北府土順州西北界，無量河西南入焉。無量河發源永寧土府西北，蒙番波羅南，東流二百五十餘里，東納永北之西葡河，麥架河、走馬河。西番河、站河、大松河、清水河。六河系永北府之水，共會爲五郎河，又西南流三十餘里，南納府東，南觀音河之水，經城之東之北，同爲無量河，入金沙江。又南流五十餘里至江邊村，土順州城西之水西南入焉，漾弓江東入焉。漾弓江發源麗江府雪山南，二源東西交府城而會於城東南角，南流七十餘里至鶴慶府城東南，次第西納三水爲沖江河，行四十餘里，東入金沙江。又南流六十里折而東南三十餘里至枯木河東北入焉。枯林河發源白牙廠，爲白牙河，東流而南納蘆濟河、清水河、高間河，即枯木河，約行七十餘里入江。又東流三十餘里至陶營巡檢司三道，河南入焉。發源永北府，南流二十里，東納大沖河，二水西納一水，行三十里入江，又東流十餘里苔亘河北入焉。苔亘河即寶川之濠溪，發源州南山下，二水合於城西南，經城西而北流，西納雞足以東之水，東納片角河，經答旦村東，而西納村南之水，約共行百四五十里入金沙江。又東流五十餘里，泡江東北入焉。泡江發源雲南縣北山，經縣城東北而東南流四五十里，又折而北流七十餘里，至人投關西南，納尼甸河水，又北流三十餘里，東南納白鹽井之水，北流七十餘里入金沙江。又東流三十餘里，二小水北入焉。又東北流五十餘里，苴却方山以西之水北入焉。又東流五十餘里，至四川界烏喇、倮果地方，永北界東南之泚那河、大羅河，會而東南入焉。蜀之雅礱江會安寧河南入焉。雅礱江發源蒙番巴顏哈拉母魯之正東，即昆侖山東小星宿海，蒙古名七察爾哈那，番名查楚必拉，東南流，左右納蒙番十餘大水，行千有餘里，至四川西南界，納占對與喇滾二安撫司、鹽井衛以東諸水，又南行八九百里爲打沖河，將入金沙，未四五十里地，會安寧河。安寧河發源寧番衛瓦刺河，南流經建昌衛，西納建昌東、西諸水，約行五六百至倮果，入雅礱江以入金沙江。又東南流十餘里，大姚河東北入焉。大姚河，即弄棟之蜻蛉川，發源姚安府，府東南，界鎮南州之北界，北流經郡城東，納光祿鄉西來之水，小關口東南來之水，經大姚縣城東，納縣城西、北來支水，折而東北流，約共將二百里入金沙江。又東南二十里，四川黎溪站水南入焉。又東流四十餘里至巡檢司北，龍川江東北入焉。龍川江，即元謀縣大河，一源發鎮南州西界山中，東南流州城南六十餘里，至呂河，北納紫甸河水，西南納楚雄府西界，北流之水，又東南流經郡城北，約四十餘

里至郡城東北角，南納南安州青龍河水，折而東北流二十餘里，東納腰站水，又折而北流三十餘里，西納琅井，自定遠縣西北經縣城南東流至水，又折而東北流三十餘里，南納經廣通縣城西北流之水，又東北流四十餘里，西納琅北山經縣城南東流之水，又折而東北流三十餘里，南納經廣通縣城西北流之水，又東北流四十餘里，西納琅井北山以東東流之水，又北流四十餘里至元謀縣西北角，東納經縣城西流至水，又北流三十餘里，西納河西一帶，諸山東流之水，又北流三十餘里至龍街子，折而東北入金沙江。又東流四十餘里至白馬口，獅子廠南大環州之水東北入焉。發源元謀縣大麥地山，北流經獅子山以西約百里，經環州城東，東納幕西流之水，折而東北入金沙江。會川衛水北流，會東安河北入焉。又東流百十餘里，至東川雪山之西北，普渡河北入焉。普渡河，發源雲南府滇池，即昆明池，池週三百餘里，東北納嵩名州邵甸、木央九十九泉之水，爲盤龍江源，西南流五六十里至松花壩，分爲金汁河，循東山南流，經金馬山，西折而西南入滇池。盤龍江自松花壩西南流十餘里，西納黑龍潭水，南流十餘里，西納陑山東白龍潭水，又西南流二十餘里，經會城東至禹王廟，分爲二：一南流，經南壩河入滇池；一西流，至西嶽廟，分永昌河，西南入滇池，又繞而北，經小澤口，分西壩河入滇池，又北流爲城河，繞小西門而入滇池。此皆以人力環城郭，資灌溉也。又西北納海源河水，東北納楊林以南板橋之水，東納呈貢、歸化諸水，南納晉寧之水，西南納昆陽之水，匯爲昆池。週三百餘里，源源流狹。此滇之所由名也。自昆陽州六街子石龍壩西瀉，而北折，曰四十餘里至安寧州東南，南納新興州北古城以北，昆陽以西、三泊以東北流之水，又經安寧州城東，北流二十餘里，東納溫泉水，即楊升庵題「天下第一湯」者。又北而稍東，流五十餘里，經富民縣城南，又東北八十餘里至款莊，東納尋甸州西南界可郎、柯渡入蟒蛇河之水，西納祿勸州上撒甸掌鳩河南流之水，武定府城南香水泉，城北惠娚湖，獅山以東之水，又北流百十餘里至法戛，東納亦郎九龍山北流之水，倘甸、雪山西流之水，爲普渡河，入金沙江。金沙江自是入四川界矣。又東流四十餘里，玉虹河東南入焉。玉虹河，發源會川衛分水嶺，東南流百十餘里入金沙江。又北流四十餘里，會通河東南入焉，會通河，發源會理州百餘里山下，南流至州東，東納梁山以東之水，又三十餘里入金沙。又東北流二十餘里，小江水北入焉。小江水，發源雲南尋甸州西南清水海，經州之西北而稍微東，流五十餘里至空山，東納山溪，經四川涼水井塘西，轉而西北流六十餘里至必古壩會倉溪、花溝、五竜北流之三水，同爲小江，入金沙江。又東北流八十餘里，以禮河北入焉。河發源在川府南界反補之潭水，東納以濯河、洛泥河，北流四十餘里，經府西，又北流七十餘里入金江。又北流百二十餘里，牛欄江西北入焉。牛欄江，即滇車洪江，發源雲南嵩明州嘉利澤，即楊林海南納楊林水，西納州城，西南三水，北納州城東北二水，由小河口東流，折而北流，經易隆驛之西，八十餘里至尋甸州城東南角，西納城南至水，又東北流六十餘里，經倘唐驛山之西，折而西北，三十餘里至江邊塘，爲三省交界之所，東納貴州威寧府南界可渡河西來支水，又北流六十餘里，東納威寧府西界瓦擦、松樹二小河之水，又西南流三十餘里，南納黑土溪、頭道河之水，又折而西南流三十餘里，南納鐵索橋之水，又西北流七十餘里，在蜀爲牛欄江，入金沙江。又北流二百四五十里，東西次第入者七水焉。源俱不過二三十里，南納鐵索橋之水。又折而東北流二百餘里至馬湖府城南，馬湖水、黃鐘溪、芭蕉溪，自西而東約百七八十里，轉而東南入焉，大鹿溪又東北入焉，三又水北入焉，又東流六十餘里至安邊鋪，橫江東北入焉。橫江，發源烏蒙土府東龍洞山之西，自東南經府城西面爲撒油河，北流百三四十里，東會各魁河自南來之水，西納小雪山北東來支水，又北流二十餘里，西納會通溪爲大文溪，又東北流八十餘里，西納小文溪，同爲橫江，東北五十里入金沙江。又東北流五十餘里，至敘州府城東來復渡，宋江東北入焉。宋江，發源鎮雄之北百里大山下，北流百餘里至高縣東北，西會筠連縣東北流之水，經慶符縣西，又東北流八十餘里入金沙江。至是，金沙江與岷江會而爲一焉。

岷江，發源岷山，西番界。稍東而南流三百里至黃勝關，始入四川西北界，經松潘衛城西南，流三百餘里至長寧堡，黑水東南入焉。黑水，發源西番馬爾隆必拉、雅爾隆必拉二水，中隔大山，一西南流二百餘里，一南流百五十里，會而爲一，又東南流五百餘里始入四川界，又東南流百七十餘里入岷江。附黑水辨於後。又東南四十餘里，經茂州城西，又折而西南流五十餘里。經威州城西，又西南流三十餘里，經汶州縣城西，又南流七十餘里，茂威二州，汶州、保縣諸水東西入焉，至娘子嶺南尤溪口，納兕河、龍池，發源三江口河，二水東南入焉，白沙河西南入焉，經灌縣城南分爲十餘河，在白塔山以東，成都府以西之內分流，廣二百餘里之地，東南流百五六十里至新津縣城南，始合爲一水焉。又東南流三十餘里，成都城南南流之水西南入焉，又南流二百餘里至嘉定州城東南，大渡河水東入焉。大渡河，發源大金川、小金川左右，納蜀西一帶之水，西南流三百餘里至大岡，西納打箭爐諸河之水，南經瀘定橋二百餘里，西連納松林、鹿子、老鴉、漩河諸河之水，折而東流，百五十餘里至大峩山之陽，西南納越嶲之水，又東流經三峩山之陽同，爲大渡河，又爲陽江，入岷江。又東南流經犍爲縣城東，左、右十餘大溪，東、西次第入焉，約二百餘里至敘州府城東，與金沙江會而爲一焉。窮江之源，則岷山猶近也，《禹貢》：「岷山導江」，蓋自九州言之耳。若窮江源則金沙之源，在崑崙之南，雅礱江之源，在崑崙之東，似與河源在崑崙之東北者，可以配饗，未知是否」此後凡支流小水之入江者，以諸家自有經註，各處自有水攷，無與滇水，故不悉載，只記所經城郭，源源流長至大者，以終金沙朝宗於海至意。大江由是曲折，而東北流約二百餘里至瀘州城南，過城東，內江東南入焉。發源綿竹縣北，不止一源，諸水會爲大江，經成都以東一帶地方，歷經簡州東，資陽縣西南，內江縣北，富順東南，折而東南流，約千餘里至瀘州城北，而東入大江。又折而東南流，約百餘里至合江縣城西，又曲折而東北流，約二百三四十里，經江津縣北，至綦江口，又東北流百十餘里至重慶府城東，左渠河、中嘉陵江、右涪江，至合州，會爲一江，南流而轉東入焉。嘉陵江：一發源陝西岷峨山，東折而南流，至七盤關西入四川界；一發源陝西分水嶺，至昭化合，亦爲岷江，南流經朝天關西，納劍門諸水，約三百餘里，歷經廣元縣城西，昭化縣、蒼溪縣城西，至保寧府城西，轉城南，又南流經南部縣城北，而東南流，約百餘里，經蓬州東，又折而西南流百餘里，經順慶府城東，又曲折南流，二百餘里至合州，與涪江合。支水入者不詳。○涪江，發源川、陝交界摩天嶺西，西南流百餘里，經龍安撫城西，會仙女縣以西諸水，曲折南流二百里，經江油城東南角，又西二南流百餘里，經綿州城東，又東南流百五十餘里，經潼川州城東，至射洪縣城東，又曲折東南流百二三十里，經遂寧縣城東，又東南流百五十餘里，從合州城南而東與嘉陵江合。支水入者不詳。○渠河諸源。俱發蜀東北川、陝交界，東一源發九龍山、金城山。爲前江，一源發白支山，爲中江，一源發太平縣太黄山，爲後江，三江爲一派，西南流歷經東鄉縣城南、達州城約四百餘里，爲渠河西一源發南江縣北一源發通江縣北二江爲一派。南流三百餘里，同爲渠河。西南流，歷經渠縣城南，廣安州城南，約三百餘里，至合州入嘉陵江，合涪江。支水入者不詳。又曲折而東流，歷經長壽縣城南，涪州城北，約二百二三十里，至酆都縣城東南角，又折而東北流，約三百餘里，歷經忠州城南，至萬縣城南，又東流二百四十餘里，經雲陽城南，至夔州城南，又東流八十餘里，經巫山縣城入湖廣界，又東流歷經巴東縣城北，歸州城北，約二百餘里至彝陵州城西，又東南流百餘里，經宜都縣城東至支江縣城北，又東百餘里，經松滋縣城北至荆州城南，又折而南流百五十餘里，至石首縣城北，又東流百十餘里至監利縣城南，又曲折而南流百二三十里至嶽州府城北，洞庭湖東入焉。又東北流經臨湘縣城北，約三百里至嘉魚縣城北，又東北流二百里，經漢陽府城之南、之東，武昌府城之西，至漢口，漢江東入焉。又東流百餘里，折而南流四十餘里，經黄州府城西，轉府城南，經武昌縣城北，東流四十餘里，又折而東南流經蘄州城西，約百五十里，折而東流百餘里，至馬脊山北，入江西界，又東流歷經九江府城北，湖口縣城北，彭澤縣城北，約三百餘里，折而東北，入江南界。東北流，歷經望江縣東，東流縣城西，安慶府城南，池州府北，銅陵縣城北，蕪湖縣北，太平府北，江浦縣東，約共七百餘里，至江寧府，經省城西轉而北，經鐘山北而東，流經儀真縣城南，約百五十里至京口金山，爲揚子江。經鎮江府北，折而東北，繞而東南流，經靖江縣城南，江陰縣城北，約三百餘里朝宗於海。

瀾滄江，滇西界内之大水也，發源蒙番阿克必拉，番部水名。與金沙江源僅隔諸莫渾五巴什達巴罕番部山名。東南來幹龍之山脊，南流五百餘里，窩七河屯之水東入焉。又東南流七百餘里，始至你那山入雲南界。南流三十餘里，呼拉因郭兒之水南合焉，又東南流十餘里，你那山下小水西入焉，又南流二十里，怒山小水東入焉，又東南流十餘里，你那山下小水西入焉。又南流二十里，二水東西對入焉。又南而少西流八十餘里，白水河東南入焉。又東南流十餘里，小水西南入焉，又西南流二十餘里，一水東入焉，又南流五十餘里，一水西南入焉，又南流二十餘里至表村東，表村河二水東入焉，又東南流五十餘里，松牧溪東入焉，又南流十餘里，一水西南入焉，又南流二十里，一水東南入焉。以上入者十三水，源俱不遠。又東南流五十餘里至雲龍州南界，沘江西南入焉。沘江，發源弩弓河，東南流五十里至白地坪東北納小鹽井南來之水西連納二水又南流四十餘里經灃井西東納二水西納二水又東南流五十餘里至大波浪東，納大朗河，西納一水，東連納二水，又南流經諾鄧井西五十餘里，經雲龍州城東，又四十里至乾海子，次第東納兒四水爲沘江，入瀾滄江。又南流五十餘里，沙木河西入焉，小水東入焉，又東南流百餘里，永平縣東之水，南流百餘里而西入焉，又東南流九十餘里，漾濞江南入焉。漾濞江，發源拉把山之西，合工江汛諸水爲工江，南流東納通甸、分江塘、魔導河等七水，西納舊蘭州以東二水爲白沙江，經彌沙井西，約二百餘里，東北納劍川州之老君河、千水河、螳螂河共至州東，縱百餘里，匯爲劍湖西南流經沙溪約百二三十里與白石江合同爲漾濞江又東南流百五六十里至合江舖與洱海之水合○西洱海即古集榆河以其形似耳，故名洱在大理府城之東縱百餘里横三十餘里，東納雞足山以西之水，西納蒼山十八溪諸水，東南納趙州城東波羅江水，西北則狼穹縣北之黑水河、梅茨河、白沙河。合而南入縣城東茈湖，南流經鄧川州城東，合彌苴河，南入洱海，既匯，而西南流過下關，又流四十餘里，南入瀾滄江。又東流二十餘里，鳳皇山水南入焉，又南流七十餘里，順甸河東入焉。順甸河，發源右甸城，爲右甸河，東南流百五六十里，經順寧府至南，折而東北，三十餘里至雲州城南，北納順寧富城東北流來經州城西之水，南納永鎮觀水，又北納猛郎河經州城東之水，爲順甸河，東行四十餘里入瀾滄江。又南流四十餘里，一溪東入焉，又南流三十餘里，猛麻河東南入焉，又西南流二百餘里至仙人山之東南，辣蒜江東入焉。辣蒜江，發員耿馬，東納南别河水，西南納董河諸水，爲猛滲河南流折而東流，北納南猛河，南納猛伊河，同爲辣蒜江，約百餘里入瀾滄江。又東南流七十餘里，巴景河西南入焉，巴景河，發源鎮沅土府東樹根河，府西猛統河，南流四五十里至抱母井合而東納思更河，西納正統河，西又納景谷河，東納難可河，經威遠土州城東，又西納猛戛河，爲巴景河，約行百四五十里，西南入瀾滄江。又東南流六十餘里，康顛河東入焉，又南折而東流四十餘里，普洱追栗河會，猛賴、鬧馬、暖裡、鐵廠四河，約二百餘里，西南入焉，又東南流百餘里至車里宣慰司，爲九龍江，又東南流經橄欖壩，百餘里至猛淪羅梭河西南入焉，又東南流四十餘里，入阿瓦國之東北界，由阿瓦國入南海。阿瓦水道未詳。

怒江，亦滇之西界大水也，即黑水江，非《禹貢》所云華陽黑水。以其來自怒彝，故名怒江，發源於蒙番哈拉努爾色楞格、哈拉烏蘇衣色禽。之湖中，其流南少東多，連納諸達巴罕六七水，約行千餘里入怒彝地方，東南流又四百餘里，始至怒山入雲南界。循怒山西，俱納山溪小水，而南流五百餘里至永昌府正西之蒲縹河口，蒲縹河西入焉，又南流五十餘里，經潞江安撫司東，司在騰越正東。爲潞江，一水西入焉，分水嶺之水東入焉。又南流三四十里，邦賣河東入焉，施甸水西入焉，鎮安所迴還河西北入焉，又少東而南流百餘里，南甸河西入焉。南甸河，分南北二派，北一源發永昌府北哀牢山，三水合而南流三十餘里，經府城東，匯爲清華海南流，西納府城南河水，稍折而東流三十餘里，又折而南流百餘里，西北納老姚關水，又東南流三十里灣甸土州城南，與鎮康北流之水合爲南甸河。〇南一源發鎮康土州南，無量山之北，烏木龍河、怕江河各北流三十餘里，至真康城西，合而北流，東納一水，約八九十里至灣甸土州城南，與永昌南流之水河爲南甸河，西行四十餘里入潞江。又西南流百餘里，折而西流八十餘里入阿瓦國之西北界，入於南海。

附騰越州二水〇龍川江，在潞江之西，發源猓猓，自大塘隘入騰越州北界，南流經馬面關，約百十餘里至曲石街東，瓦甸水西入焉，曲石河自北折而東入焉，又南流經橄欖坡，東折而西南流，又折而南流約百四五十里，經清涼山西至猛弄，二水西入焉，又西南流八九十里，沙木龍山東之水入焉，又南流五十餘里，芒市河西南入焉，又西南流百二三十里至漢龍關東，隴山宣撫司蠻胆、景坎河、南瀾河，共爲崗碗河，南入龍川江，至天馬關而西入緬國之東北界。〇大盈江，發源騰越州城東北半月池經城北、城西南流，東納城南之水，西納一水，經南甸宣撫司西，約北流二三十里至千崖宣撫司，北入檳榔江。檳榔江，源自古湧州南流百餘里至此，與大盈江會而西南流四百五十餘里，入緬國之東北界。景東河，即李仙江、瀾滄江南半截以東之水也。發源定邊縣西南界鳳皇山東虎街西，二源合而東南流四十餘里至安定關，定安河西南入焉，又東南流三十餘里至新站街，南沙羅河西南入焉，又折而南流四十餘里至景東府北，板橋河、灰窑河、大頓河以次東入焉，爲景東河。又經府城東，而東南流三十餘里，約百二三十里至者樂甸，南歷有蠻謝河、中所塘河、品秀河、蠻崗、怕莫河，諸水以次西入焉，阿薩、大弄河以次西入焉，又南流五十餘里至鎮沅新府汎東，凹必河、蠻莫河以次東入焉，又南流二百餘里至把邊塘，少折而東，爲把邊江，麻黑河北入，慢岡河南入焉。以上所入水，源俱不遠。又曲折而東南，百餘里至三江口，阿墨江南入焉。阿墨江，發源哀牢山，哀牢山，說見《滇山綱目》中。經三家坡汛，西南流二百餘里至墨江塘西，東納慢會河，又東北納甸索河，合他郎河之水，又南流百餘里入景東河。又東南流十餘里，薩普河西南入焉，故名三江口，同爲李仙江。又東南流百三十餘里入交趾之西北，老撾之東北交界處，由交趾入於南海。

楊瓜江，即河底富良江，乃大理漾濞江以東，景東阿墨江以東，臨安曲江以西，雲南縣泡江、楚雄龍川江以南，貫穿滇服而歸正南界之大水也。發源趙州西南界山陽，東南流五十餘里，經蒙化府城西，折而城南，又東南流六十餘里，經定邊縣城北，至城東，定邊河東入焉。河發源羅求場西北山，東流百餘里，經縣城南而東入揚江。又東流七十餘里，彌渡水東南入焉。水發源百崖，東南流四十餘里，經彌渡西，西納一水，又東南流八九十里，北納一水，復東南四十餘里入楊江。又東南流百五十餘里，大廠河南入焉。馬龍河，發源楚雄府正西界紫溪山下，二源合而東南流，經舊哨汛西，約百三四十里至三江口入楊江。禄豐河水西南入焉。禄豐河，發源羊溪冲山北，北流三十餘里，東納富民縣西大山以西之水，並羅次縣南之水，又北流二十餘里，經羅次縣城西，至羊圈折而西南流，五十餘里至禄豐城北，北納響水河，又西南十餘里，北納九盤山之水，又西南流四十餘里，北納捨資河，二水合而南來支水，又南流十餘里，西南納的禄村南沙甸河、的禄村北妥稍河合而東北流之水，又東南流十餘里至太和街之西，東納煉象關西來之水，又曲折南流八十餘里，東會易門縣水易門水發源老鴉關東，與關西水合而南流，二十餘里至矣栖村之西，西納舊縣並易門莊之水，又南流三十餘里至縣城東，西納縣北之水，又西南流五十餘里，與禄豐河會，又西南流五十餘里，南納新化廢州北流之水，折爲西南流二十餘里，北納李海、大橄欖二水，折而西南入楊江。即沅江之上遊也。又南循哀牢山而流七十餘里，折而東南流百五十餘里，經沅江府城東北，城水東南入焉，又經府城東南，城南清水河東入焉。又東南流八十餘里至末竜塘，南崑河、南充河、思陀河，三河以次西北入焉。又東流十餘里，新平亞泥河南入焉。亞泥河，發源新平縣東北山中，南流四十餘里，西納縣城南襟帶河水，又東南流四十餘里，經魯魁山東窩泥塞西北，納怕念鄉河水，河二南流四十餘里，東納寶秀自白花竜西來支水，又南流百餘里，西納魯魁山以東之水，東納石屏州山界亦西之水，入沅江。沅江至是爲河底江。又東流六十餘里，思陀、瓦渣、溪處三司之水，以次東北入焉，又東南流四十餘里，納樓司水南入焉，又東南流百八九十里，清水河東入焉，至壩西汛入交趾國北界，由交趾入於南海。

蒙自之白期河，經縣東界，東會那木果河，西會鑽天箐河，爲三岔河，南流百六十餘里入交趾界。

開化之烏期、迷勒、路梯、磨底四河之水，自西會而穿府北天生橋東南，流經府城東南，從府城東又穿天生洞南流，復穿天生橋，約共二百里而入交趾界。

八達河，滇之東界大水也，即赤江河，古番禺，牂牁江之上游，以其周迴多方，故名八達。發源霑益州松林驛花山之東，而南流經新州城北，又經城東，三十餘里至州東南，磨刀溪水東入焉。又東南流二十餘里，至曲靖府城東南，府南水東入焉，又南流百二十餘里至陸涼州東南，薛官堡水北入焉。又折而西流，百餘里至宜良東北，爲赤江河，陽宗海水合湯池水東入焉，縣城北水亦東入焉。又折而南流百餘里至席家渡，又折而東南流三十餘里至鸚哥嘴，路南巴盤江西入焉。巴盤江，發源州城東北白龍潭，南流會黑龍潭水，經陳東而西南流，九十餘里入赤江。又西南流十四五里至拖黑村南，溦江水東南入焉。溦江，發源府南撫仙湖，湖周百餘里，西南納江川縣南應星河流入海窩門至水，西北納西浦黑龍潭之水，北納梁王河之水，東北納花藏寺下發源之水，湖水東南泄，爲流循烏乍山南，五十餘里，入八達河。又南流經十八寨西，分水嶺東，八十餘里至舊甸東南，曲江東入焉。曲江，發源新興州北古城之北山，西南流經古城西北，三十餘里至新興州北，東納城北之水，又曲而西南流，三十餘里，西納嶍峨北界之水，又曲而東南流，三十餘里至嶍峨縣城東，西納城南老魯觀來之水，又曲而東南流四十餘里，西納棚苴之水，又東南流經河西縣南界，又曲而經通海縣南界，又曲而東流，約百餘里至曲江驛南，又曲而北流，四十餘里至丁老莊北，納寧州南來之瓜水，又曲而東流爲小曲江，四十餘里至舊北，乃入八達河。此江蟠繞五州縣，周東西南北，曲之名當夾。通海城北雙湖，相傳伏流於江川，湖不入此江。又東南流三十餘里，竹園河南入焉。竹園河，發源米勒州東北，三水合於城東而西南流，經竹園西百餘里入八達河。又東南流五十餘里，至阿迷州東北界，瀘江河東北入焉。瀘江河，發源石屏州異龍湖，西北納寶秀山水，經城南折而東北二十里，南納象沖河水，穿岩洞而東南三十餘里，穿燕子洞，折而西北流，三十餘里經阿迷州城東，東納南洞水，又折而北流三十餘里入八達河。又東流四十餘里，開化水東入焉，又折而東北流二百餘里至廣西界，清水河東北入焉。清水河，發源邱北汛西，二源合於汛東，東北流百餘里入之。馬別河北入焉，馬別河，發源開化府北法吐竜，之北界，一水西北入焉，又折而北流八十餘里至小江口，小江水西入焉，江邊塘北流五十餘里至衣落寨，西納二水，又東北流八十餘力至別河塘，東納者種河，復北流八十餘里入八達河。又折而北流，六十餘里至新寨，九龍河南入焉，九龍河，發源白水驛之南，而東流五十餘里至平彝縣自涼水井，折而東南流，五十餘里至大水井，西納思勒村來之水，發源得勒坡爲蛇傷河，曲折而東南五十餘里，又東流經羅平州城北，七十餘里至大水井，共會爲九龍河，南流八九十里入八達河。八達河自此遂東入廣西省西隆州界，又東流二百餘里至西隆州北，貴州盤江南入焉，又流爲紅水河，經泗城土府之北，約三百餘里至那地土州城南，折而東南流，爲烏泥江，經思恩府之北界，約二百五六十里至安定土司南，又曲折而東流，經慶遠府之南，遷江縣城北，約三百餘里至來賓縣城南，又折而東北流，歷經象州城西，經雒容縣城東爲洛清江，經永福縣城南、城東爲白石江，經桂林府城東而南入於海。

清・劉名芳《五山全志》卷四 曲水流觴，一水澄泓曲折，自馬鞍山通濟閘右，繞黄泥山陰，沿麓委蛇過鎖流石達狼山港。

清・于敏中《日下舊聞考》卷五《形勝》 盧溝河惟下游地平土疏，間有遷徙。至其上游，則西山崖谷爲之鍵束，河循山轉，自西而南，以縈帶都城。明陳全之《蓬窗日録》謂：盧溝爲京師之朱雀水，此今昔所同之軌跡也。

又 北京青龍水爲白河，出密雲南流至通州城。白虎水爲玉河，出玉泉山，經大内，出都城，注通惠河，與白河合。朱雀水爲盧溝河，出大同桑乾，入宛平界，出盧溝橋。元武水爲濕餘、高梁、黄花鎮川、榆河，俱繞京師之北，而東與白河合。蓬窗日録

清・于敏中《日下舊聞考》卷八《形勝》 盧溝河即桑乾河，水黑曰盧，故以名之。

清・于敏中《日下舊聞考》卷四三《内城中城一》 〔原〕玉河即西苑所受玉泉注入西湖，透迤從御溝流而東，以注於大通河者。【略】〔增〕玉河源出宛平縣玉泉山，匯爲昆明湖，分流而東，南入德勝門西水關，至皇城内太液池，由大内經金水橋流出玉河橋，達正陽門東水關，東流少北至東便門東水關，出注通惠河，亦名御河，元時曰金水河，以其自西門入，故名。大清一統志

清・于敏中《日下舊聞考》卷四四《内城中城二》 〔增〕皇城内河來自玉泉山，經高梁橋分而爲二：一灌城隍；一從德勝水關匯入後湖，至藥王廟西橋下流入禁地。春明夢餘録

清・于敏中《日下舊聞考》卷六一《外城北城》 〔臣等謹按〕涼水河今流經南苑，由張家灣入白河，在外城之外。

清・于敏中《日下舊聞考》卷七四《内城中城二》 舊稱三海，今實有五海子，但第四、第五夏秋方有水，冬春則涸耳。諸水實爲鳳河源，藉以瀰渾防運穿。海子内泉源所聚曰一畝泉，曰團河，而瀦水則有五海子。考一畝泉在新衙門之北，曲折東南流經舊衙門南，

至二閘，涼水河自海子外西北來入苑?之。其水發源右安門外之水頭莊，東流折而南，入海子北牆，至此又南流，五海子之減水自西南注之。又東南流出海子東牆，過馬駒橋，至張家灣，入運。團河在黄村門内，導而東南流，逕晾鷹臺，南過南紅門，五海子之水自北注之，又東流出海子東南，是爲鳳河。東流歷東安、武清境，至天津之雙口，與永定河會，渾水藉此盪漾，乃成清流。又東至韓家樹，入大清河，又東至西沽入運。雖五海子之水與涼水河團河時相灌輸，而二河正流仍各判别，若玉泉則由昆明湖達於長河，穿禁城出，東南流爲通惠河，至通州入運，並不經行海子，與一畝泉、團河渺不相涉。綜而論之，通惠河原在北，入運最近；涼水河源居中，入運次近；鳳河源在南，入運最遠；源委秩然不紊。前代著述家未加稽考，率以玉泉牽附海子，支離可笑，因詳訂之。

清・于敏中《日下舊聞考》卷七五《國朝苑囿・南苑二》 鳳河其形如鳳，河源在南苑，中流出東南隅，至武清之堠上村，河身深廣，以下填淤斷續，一遇伏秋，雨潦散漫無歸。【略】〔臣等謹按〕涼水河即大紅門外繞垣之水，源出右安門西南鳳泉，復合南苑之一畝泉及三海子諸水，由馬駒橋入運河，是爲苑内北源之水，與南源之團泊、鳳河經流迥别。

清・于敏中《日下舊聞考》卷七六《國朝苑囿・暢春園》 東西兩堤之外，大小河數道，環流苑内，出西北門五空閘達垣外，東經水磨村，趨清河，西流則出馬廠北注入圓明園，自宫門至此爲暢春園中路。

清・于敏中《日下舊聞考》卷八四《國朝苑囿・清漪園》 〔臣等謹按〕萬壽山後溪河亦發源於玉泉，自玉河東流，經柳橋曲折東注。其出水分爲三，一由東北門西垣下牐口出，一由東垣下牐口出，並歸圓明園西垣外河；一由惠山園南流出垣下牐，爲宫門前河，又南流由東堤外河，會馬廠諸水，入圓明園内。

清・于敏中《日下舊聞考》卷八九《郊坰二》 〔原〕通惠河之源自昌平縣白浮村開導神山泉，西南轉循山麓，與一畝泉、榆河、玉泉諸水合，自西水門入都，經積水潭爲停淵，南出文明，東過通州，至高麗莊入白河，上下二百里，凡置牐二十有四。

又 〔原〕大通河發源於昌平之白浮村神山泉，西南會一畝、馬眼、玉泉，繞出甕山後，復匯爲七里濼，東入都城西水門，貫積水潭，又稍東由月橋入内府，環繞宫殿，南出玉河橋水門，東行會南北城河二流，由大通橋東下通州高麗莊，凡一百六十餘里。

又 〔原〕大通橋河源出自昌平州神山泉，南會一畝、馬眼二泉，繞出甕山，復滙七里濼，即今之西湖，東入都城西水門，貫積水潭，即今之海子，又東至月橋入内府，南出都城東水門，過大通橋，又東五十餘里，至通州入白河。

清・于敏中《日下舊聞考》卷九〇《郊坰南》 〔臣等謹按〕良鄉縣南亦有涼水河，水經謂之欒水，與都城外之涼水河異派。此河源出右安門外西南鳳泉，東流經萬泉寺，分爲二支，一南經草橋，一北經廣恩寺，俱東注永勝橋，復合爲一，東南流至小紅門之西，入南苑，滙一畝泉及三海子諸水，由五空橋出，經馬駒橋東流至張家灣，入潞河。

又 〔增〕涼水河在宛平縣南，由水頭莊泉發源，東流入南苑内，經馬駒橋，又東逕通州南，曰南新河，至張家灣城南入白河。大清一統志

又 〔增〕乾隆三十九年御製涼水河作涼水出鳳泉，玉泉各别路。源出京西南，分流東南注。涼水河出右安門西南鳳泉，東流經萬泉寺，分爲二支。一自南經草橋曲折東注，一自北經廣恩寺曲折東注，至永勝橋復滙爲一，東南流，循南苑繚垣而東，至小紅門之西，入苑牆，東南流經沙底橋，折而南，歷頭牐至二牐，一畝泉之水自西來滙之。又南而東至鹿圈村，三海子以上之水自西南來注之，又東南流至五空橋，出苑牆，經馬駒橋，迤東行至張家灣入潞河。此涼水河之經流，與玉泉之貫繞京城入通惠河者各不相涉也。

清・于敏中《日下舊聞考》卷九二《郊坰西二》 〔原〕㶟水即桑乾河，至馬陘山爲落馬河，出山謂之清泉河，亦曰幹泉，至雍奴入笥溝，謂之合口。隋圖經

又 〔原〕盧溝河亦謂黑水河，河色最濁。其急如箭。北轅録

又 〔原〕盧溝河發於太原之天池，伏流至朔州馬邑，從雷山之陽發爲渾泉，而爲桑乾河，雁門、雲中諸水皆會焉。過懷來，行兩山間，拘束齟齬不得肆。至京城西四十里石徑山之東，地勢平而土脈疏，衝激震蕩，遷徙弗常。水部備考【略】

又 〔原〕盧溝河出太原天池，伏流至朔州馬邑，從雷山陽湧爲金龍池，迤邐東下曰桑乾河，雁門、雲中諸水皆會，由大同古定橋抵宣府保安州，通懷來，行兩山間。至京城西四十里石徑山之東，地平土疏，衝激遷徙不常。至看丹口分爲二，一東流至通州高麗莊入白河，是爲渾河，一南流至霸州合易水，又南至丁字沽入運河。吴文恪集

清・于敏中《日下舊聞考》卷九三《郊坰西三》 永定河，古桑乾河也。發源

天池，泆流馬邑，滙雲中、雁門諸水，穿西山而注盧溝，亦曰盧溝河。魏氏土地記

又〔原〕薊城南七里有清泉河，上承桑乾河，東流與潞河合。

〔臣等謹按〕郎蔚之隋圖經雲：濕水即桑乾河，至馬陘山爲落馬河，出山謂之清泉河。

清·于敏中《日下舊聞考》卷九八《郊坰西八》〔原〕高梁河離西直門僅半裏。橋跨河上，茲水源發西山，滙爲西湖，東爲小渠，由此入大内，稱御河。水急而清，魚之沈水底者，鱗鬣皆見。

清·于敏中《日下舊聞考》卷一一七《郊坰西十七》〔原〕土城關北十二里爲清河，其水出玉泉山，分流而北逕此，又東會於沙河，入於白河。

清·于敏中《日下舊聞考》卷一一八《京畿通州一》〔原〕潞河一名沽河，一名鮑邱水，北自檀州密雲縣界流入。《魏氏土地記》潞縣城西三十里有潞河，源出北山，南流，謂此水也。太平寰宇記

又〔原〕潞水自塞外丹花嶺合九泉水，一南經安樂故城，與螺水合爲東潞河。一南經狐奴故城，與鮑邱水合爲西潞河。長安客話【略】

〔臣等謹按〕潞河源出密雲縣霧靈山，潮河水自塞外注之，南流經州城東北，會渾、榆諸河，凡三百六十里，至直沽合衛河入海。

清·于敏中《日下舊聞考》卷一一九《京畿通州二》〔原〕白河自密雲南至牛闌山，與潮河合流，至通州入直沽，一名白遂河。明一統志

又〔原〕河兩岸皆白沙，不生青草，故名。通州志

又〔原〕都城經通州六十里爲大通河，通州至直沽三百六十里爲白河。漕船志

〔臣等謹按〕大通橋河即通惠河，白河即潞河。

又〔原〕州東二十里白河，源出宣府衛龍門所東滴水崖，東流入密雲縣北境之石塘嶺，過縣西入通州界。其支流亦從石塘嶺過懷柔縣西，順義縣東，入通州東境，合焉。東南經漷縣、武清縣東而入直沽，合衛河入海。一名潞河，亦曰沽水。水經：鮑邱水出禦夷鎮北塞中，俗謂之大榆河，南通潞縣爲潞水。

又〔原〕白河在漷州東四里，北出通州潞縣，南入於通州境。又東南至香河縣界，又流入於武清縣境，達於静海縣界。

又〔原〕富河在州城北，源出甕山，自白羊口經榆河下流爲沙河，由順義縣南界流至州城東北，與白河會焉。通州志

清·于敏中《日下舊聞考》卷一一〇《京畿通州三》〔原〕泗河在漷縣東四里，即運河也。四水會流，故名泗河。一發源自塞外東流，經密雲縣與潮河川合流，注通州城東北入白河，即通州潞河也。一自塞外西流，入白洋口，經榆河下流沙河由順義南界至通州城東北入白河，即通州富河也。一發源於昌平白浮村神山泉，出西南滙爲西湖，東入都城積水潭，入宮牆太液池，南至玉河橋，由東南大通橋迤東入慶豐等閘，即通會河，入白河。一自都城右安門外草橋，流入南海子，東出宏仁橋，由水南新河至張家灣板橋入白河，總名運河，亦名白河。長安客話

〔臣等謹按〕泗河即運河，在漷縣舊城東三里。

又〔原〕漷河在縣西，一名新河，自盧溝河分流至縣界析而爲三：其正河爲漷河，東入白河；其一爲新莊河，南流入武清縣界；其一爲黄漚河，東注馬家莊之飛放泊，各去縣十里。方輿紀要

清·于敏中《日下舊聞考》卷一一一《京畿三·河縣》〔原〕七渡河在縣西北，一名黄頒水，源自順義縣黄頒峪流注縣界，下流入於白河。鮑邱河在縣西南，即白河之别名也。自密雲縣流經通州東境米莊村，又流經縣界，至寶坻縣境合於泃河。泃河在縣北，自薊州平谷縣流入縣境，又東南流入寶坻縣界，合於鮑邱河。唐志縣北十二里有渠河塘，西北六十里有孤山陂，溉田三千頃。渠河疑即泃河之譌也。方輿紀要

清·于敏中《日下舊聞考》卷一一三《京畿·寶坻縣》〔原〕潮河在縣東二十里，一名白龍港，其上源一自遵化縣之黎河，一自三河縣之泃河、鮑邱河，至縣界三叉口合流，亦曰糧運河，東南入於海。志稱縣治東北有渠河自香河縣來。蓋泃水經香河縣而後東入縣界，故縣有渠陽之稱。方輿紀要【略】

又〔原〕渠河水自香河縣蒲石河東注，疏經城池，内開源水關入城，經武曲橋直注文昌閣下，過文明橋西抵文廟之泮池，復南流由通津橋出節流水關，蜿蜒百里，至八門城會潮河入海。同上

清·于敏中《日下舊聞考》卷一一四《京畿·薊州一》〔原〕泃水在州北四十里，一名廣漢川，發源黄崖口，一支西南流，經盤山之陰入平谷爲泃河。一支東南流，經盤山之陽，過三叉口，入寶坻縣之白龍港。宋廣川郡之名以此。方輿紀要

〔臣等謹按〕廣漢川源出塞外，從州北之黄崖關流入境，水分爲二：一支西南流，經盤山之陰爲獨樂河，平谷靈山泉水注之，入三河爲泃水，過草橋河滙盤

山左去之水，至三叉口入寶坻縣之白龍港。一支東南流，經薊南五里橋，滙盤山右去之水，入澱流河。方輿紀要以東南流一支謂入寶坻縣之白龍港，則仍是西南流一支之水矣。

又〔原〕陽河在州西五里，亦名五里河，源出城西鵝毛臺。臺亦名紙坊山，下流入於沽水，水性暖，遇寒不冰，故曰陽河。相去一里有涼泉，水出地中，方廣丈餘，盛暑彌涼，因名。方輿紀要

又〔原〕沙河在城西二十五里，源出盤山，經沙嶺之麓東南會五里河入沽河。薊州志〔臣等謹按〕沙河一名沙流河。

又〔原〕瀑水在城西二十五里，出於石山之麓，流經塔山之陰，有泉自石竇出，極清冷，初夏或有冰浮出。薊州志〔臣等謹按〕瀑水在州西三十里，從盤山之陰而來，南流合白澗泉入沽河。

清·于敏中《日下舊聞考》卷一一八《京畿·香河縣》〔臣等謹按〕蒼頭河今名窩頭河。伏秋之交，通州烟郊以南之水皆滙於窩頭，分爲二支：一支南流入扳罾口運河，一支東流至吴村，滙於百家灣、蒲石河等處，經七里莊入寶坻界。

清·于敏中《日下舊聞考》卷一一九《京畿·霸州一》〔增〕巨馬河在州北，自盧溝橋經州境東合界河，後徙南孟店，北至直沽入海，今淤。霸州志【略】

又〔增〕界河在州北一里，上接盧溝，下通東海，即宋遼分界處，今淤。

清·于敏中《日下舊聞考》卷一二二《京畿·文安縣》〔臣等謹按〕滹沱之環文安者三支：北支由河塘下白洋淀；中支由晉州天宫口至河間下五官淀；南支，即子牙河也。又最南一支，由深州衡水清河單家橋下青縣入御河。後諸支俱淤，惟子牙河一支會諸流滙三角淀。今益改而東，下流逕會清河達西沽矣。【略】

〔臣等謹按〕通志，子牙河總會南北二泊滏滹諸水，而滹沱實爲經流。其性湍悍，伏秋水發，河間以北，静海以南，皆當其衝。

清·于敏中《日下舊聞考》卷一二三《京畿·大城縣》〔增〕沿河自河間縣之龍華橋入縣界，東北流至縣東南二十五里四呈口，合黑龍港河，亦名交河，北折繞縣東十二里趙扶村，又北折逕子牙村，故名子牙河。又北二十里逕王家口，分爲二派：一西北流八十里出新挑河；一北流迤東六十里由王慶坨入三角淀。大城縣志

〔臣等謹按〕今子牙河由河間縣屬劉穀莊橋流入大城縣境，至張家莊分爲正支二河：正河自北岔河口起，至王家口新河口止；支河自岔河口起，至青縣界止。

清·于敏中《日下舊聞考》卷一二四《京畿·固安縣》〔原〕桑乾河在縣西二十里，至燕丹口分而爲二：其一至通州入白溝河；其一逕小直沽入於海。名勝志

清·于敏中《日下舊聞考清》卷一二六《京畿·東安縣》〔原〕盧溝水至東安，過耿就橋，一分東至界河入土樓東南，一分西至界河入左奕西南。今自盧溝橋下流，從固安縣經永清縣北東注，自孫家垈，一分派永清之南，一分派東安之西。

清·于敏中《日下舊聞考》卷一三〇《京畿·房山縣一》·〔又按〕房山縣河道有由境内發源者曰半壁店河，曰長溝河，曰韓村河，曰犇流河，曰雅河。其半壁店河上流，一自西域寺出者爲西域寺河，一自白玉塘出者爲白玉塘河。白玉塘河至獨樹村會西域寺河注半壁店，歸挾河。其長溝河自上方山逕甘池等村，歸挾河。其韓村河上流，一自禪窩水出逕婁子水、瓦井等村，一自青龍潭逕龍門口村，至南章村，匯爲韓村河，亦歸挾河。其犇流河上流有四：一自茶樓頂經山口等村者爲壩兒河；一自牛口峪馬跑泉經顧册等村者爲涼水河；一自西北荆山經塔窪紅寺等村者爲西沙河；一自沙峪溝經歇息岡北折而東者爲東沙河，至坨頭村東，四水交匯爲犇流河，歸琉璃河。其雅河自河西村逕南公村入良鄉界。有由境外發源者曰拒馬河，曰大石河，曰啞叭河，曰順水河。其拒馬河自紫荆關來入房山境張坊村，至上灘村東分爲二：一名風水新河，由正子營西歸淶水縣；一爲東拒馬河，由正子營東歸涿州拒馬河。其大石河自宛平柳林入房山境長草村，東南歸琉璃河。其啞叭河自宛平檀柘寺入房山境石甫村，至怪它村歸良鄉界。其順水河自宛平太倉嶺馬蹄泉入房山境北歸良鄉界。

清·于敏中《日下舊聞考》卷一三一《京畿·房山縣二》〔原〕十度河在縣之西南，曲折旋繞，由十度村至石嶋店，歷經十度，故名。即拒馬河之上流也。房山縣志

又〔原〕六山河自黑龍關來，東南入琉璃河，上有半壁山，壁立千仞，石罅古柏蒙茸，然長不滿二尺。其西山半一小竇曰辟穀洞，峭絶不可上。北爲背陰洞，對山望其東，有正覺洞。北游紀方

〔臣等謹按〕六山河因黄山、穀積山、半壁山、辟穀山、張良洞、正覺洞、朝陽

洞諸水所會，故名。

又　（原）防水出良鄉縣西北大防山南，東南流逕羊頭阜下，俗謂之羊頭溪。房山縣志

清・于敏中《日下舊聞考》卷一三四《京畿・昌平州一》　（原）榆河源出州西南四十里月兒灣，下流爲沙河，經順義會白河。昌平州志　（臣等謹按）是爲北沙河，南接宛平縣界，至沙河店東南，合南沙河入通州界。

又　（增）榆河，今曰北沙河，繞州西，會翠屏山泉而東南流，又東至州東南三岔口，會南沙河、高麗河，經順義縣西南三十里，又東南至通州東北八里，入白河。俗又名爲富河。册説

清・于敏中《日下舊聞考》卷一四二《京畿・平谷縣僑治附》　（臣等謹按）獨樂河一名獨漏河，其水自口外由薊州境至北獨樂河莊，漏入地中不見，故稱獨漏河。

清・戴震《畿輔安瀾志》　永定河舊名盧溝河，即桑乾下流也，亦曰渾河。一作南桑乾河，非也。水流無定，衝決爲患，康熙三十七年賜名永定河。

又　（謹案）永定河自東沽港起，至右各莊，即入北埝，小河歷西州抵東州，爲鳳河之下尾，匯入於龐家莊，至蕭家莊出境，入天津界，河身屈曲，約長二十餘里。

清・戴震《畿輔安瀾志・永定河卷二》　永定河故道支流在太興、宛平、通州界者爲古高梁河，一名皂河。

清・戴震《畿輔安瀾志・永定河卷三》　其一支西南出涿州東固安縣北，又徙縣之西，又徙縣城南，上奪廣陽、鹽溝、琉璃，挾活胡良諸河道，清渾交錯，爲患最鉅。諸河詳淶水篇。

又　金門閘減水河乾隆三年開起自閘口，分水由良鄉縣屬之韓家營西流入涿州之陶家營，東逕北蔡南蔡西，又南逕白家莊，西南入宛平縣長安城屯子頭，草壩引河之水入焉。

清・戴震《畿輔安瀾志・桑乾河卷上》　桑乾河，盧溝河上源也，一名㶟滄水。源出山西忻州静樂縣漢曰汾陽。燕京山之天池洑流。

又　（又）青羊渠在神池縣東北，匯諸山谷之水，流入朔州灰河。臘河在朔州北二十里，洪濤山之陽，南流合圩澗河，注灰河。圩澗河在朔州北十里，源出州西北石槽村東，南入灰河。七里河在朔州北七十里，流經酸棗村東南，入灰河。泥河泉在朔州西五十里，東流匯爲西湖，南入灰河。沙楞河在朔州東南三十里，流經賈家莊，東入灰河。

又　《山西通志》黄水河發源雁門關之東，廣武之西，流出三泉口，至山陰縣朱家莊，入於桑乾。

又　（謹案）桑乾河之在宣化縣境内者，西接西寧縣之大小渡口，合蔚州壺流河，東流至縣屬華稍營前入境，南去城一百三十里，又東逕東西打魚灣、油房里，北合黑眼山之大黑溝乾沙河。又東，狼洞溝泉水注之。逕百子井秦家灣，又北會上河溝。乾沙河東出黑龍山，黑龍灣泉水注之，流三十里折而東南，流九里，逕下沙嘴，又折而東北，流七里，逕謝家灣，復東流，逕水磨灣。王家灣有泉水自北注之，東逕栗家灣，又東逕搶紅崖，有泉水自南注之。又東有乾沙河流入焉。又東逕史家灣、大沙河、張家灣，流三十二里，折而東北，逕西窯溝，望扒梁有泉水自南注之。又東逕胡甲里、傳家灣、李家圪、塔北岸，入懷來縣，屬東窯溝鑾子營，又東逕縣屬西眼里，而東入懷來縣屬之湛家莊。上葫蘆有乾沙河，起自西北圪馬山，東南逕柴家莊有泉水流注之。又東南逕顧家坡、馬家灣北入於正河。又東過鷹山，背長疃堡《保安州志》在城西十里蓋境相接也。二抵十字坡一名石子坡。流三十五里，上下兩山夾峙。又五里，至保安州屬之南北孤山，出境共長一百十八里。

清・戴震《畿輔安瀾志・唐河上卷》　唐河，古滱水也，亦名温夷水，源出山西大同府靈邱縣高是山。

又　唐河故道支流皆在三河合流之後，因滋沙二河俱入唐河，故皆從唐河。其一支自安平縣西北二十五里之院西口，爲院西口河，俗名古滋河，亦曰岔河，東南流入饒陽縣北境，南流與滹沱河會。

清・戴震《畿輔安瀾志・沙河卷一》　沙河，古派水也。源出山西太原府繁峙縣白坡頭東南，由阜平縣西北一百六十里之大寨口入直隸境。

又　（謹案）鷂子河在阜平縣東北十五里，源出山西靈邱縣，自縣北鐵嶺口東入境，南流二十里，逕龍窩村，又東南流五十里，逕方太口村入沙河。

又　靈河在曲陽西四里，自土壩東流至三角潭，與曲逆溪合流，曲逆溪在縣南方。

清・戴震《畿輔安瀾志・曲河上卷》　（謹案）曲河在行唐北二十里，源出縣西北武莊社之北山，東流逕縣東北之賈莊村，又名賈莊河，下流入於沙河《方輿紀

要》謂賈莊河源出恒山下流入於沙河。《志》云：自恒山南滱水流入滹沱，誤也。然《紀要》以爲源出恒山，亦誤。又東南流逕岸下村，入新樂縣西北境，又東南流二十里，逕新縣城南，郜河自行唐縣西北合沙溝、龍門溝、賈木溝、龍泉池、蓮花池諸水。又會甘泉河。又會倒馬關，水入之。

清・戴震《畿輔安瀾志・滋河卷一》 滋河，一名資河，源出山西大同府靈邱縣西北枚回嶺。

又 滹沱河，即惡池也。源出山西代州繁峙縣東北之泰戲山品字泉，西南流合玉斗泉，又西合老泉，又西合華嚴嶺水。

清・戴震《畿輔安瀾志・滹沱河卷一》 滹沱未徙之前，其故道自藁城縣東南入晉州漢曰鼓城流逕州城南爲新河道，又東流三十里，入束鹿縣唐置，漢曰安定，隋曰鹿城。西境之東張岔口，二派分流，而合於縣東南之石千村、回生村，凡二十里出境。

又 又東南流，自束鹿縣舊道之南境入寧晉縣東北之白木村。合滏陽河者，南流東轉西北境，入冀州漢曰信都，爲滹滏合流河。

清・戴震《畿輔安瀾志・滹沱河卷二》 龍治河係滹沱河岔支，上接深州三龍堂，自武邑縣屬柳家莊，後入境起。

又 （謹案）黑龍港河有三支：曰東黑龍港河亦名馬家河、曰中黑龍港河亦名胡家店河、曰西黑龍港河。係疏消上游獻縣河間一帶瀝水，並無來源，會歸子牙新河北流，由靜海縣新河一帶直達獨流老淀，三支惟西支最長。首獻縣東南之雙隄口東北，流逕小屯、楊家圈、拋莊、穀莊、壘頭，沿莊入河間縣之東，柳村苑各莊，邢各莊、孤莊，頭，曹家務、留埝、石佛寺、竇店、牙兒莊則有王淋口支河長一千一百三十丈，乾隆五年知縣李時憲重開，自縣東北引注流入大城縣，長六里有奇，又東北逕孔家務、白塔務，下入大城縣東南之遠南頭其東岸則青縣之邢家務，自此犬牙相錯矣。

又 （謹案）滹沱遷徙無常跡，其所行南趨晉冀，北擾深瀛，其正流自北而南趨清水河，奪滏陽河之道而別河。別水依舊下合漳御，下合潮白，以海爲歸宿也。其故道支流自正定以下，不獨川瀆改移，即名稱亦亂。而瀛莫之間其東南，中間相距數百里，所有乾河以漳河爲總支，西北中間亦相距數百里，頗多湮廢，而以唐河爲古瀆，以是推尋，則昔時水道尚可約略其大概也。

清・戴震《畿輔安瀾志・漳河卷上》 漳水有清濁二源。清漳，《周職方》之漳水也。濁漳，《周職方》之潞水也。清漳出山西平定州樂平縣西北二十里之少山去縣二十五里。

又 《山西通志》涅水一名甲水，源出縣西九十里護甲嶺之南，流逕縣西五里東陧村，入漳河。

又 《磁州志》清漳由黎城縣清串村流至涉縣西毛嶺口。濁漳由和順縣馮家莊流至林縣西北牛嶺村。二水至涉縣東南田家嘴合爲一，古名交漳口。東二里至昊家河入磁州西南境，又東流逕羊城爲吳家河。

又 南北漳既合於元城縣之西店，東流逕楊家橋至趙鴨寨，入山東東昌府館陶縣西界之李鴨寨，長三十六里，抵秤鉤灣，全漳入衛。其行善村支河自申家橋入元城縣境，由南馬頭、西馬頭至鄭兒莊，仍穿大名縣境復入元城縣西北境之馬寨。又東流逕迤兒莊，南支溝之水由萬家隄繞三岔河口合爲一，流至齊固村出元城縣境，逕館陶縣西之爐隄村徐家倉入衛，又縣東三里引河，上接金家潭。漳河故道之流逕王家莊何家莊入漳衛，合流至山東臨清州，則有會通河水自東南來注之，其經流則是，而名稱則非也。

清・戴震《畿輔安瀾志・漳河卷中》 分爲二，一自州西入邯鄲縣東境之南大屯，東北流逕沙河堡西張莱，入永年縣西南境之裴家堡。

又 一支自河固村東北流逕小新寨、小連寨，小第入北龍堂。又東北流逕張逯村，則有自山東館陶縣北出，至縣東北王固村之支河流入焉。又北流入順德府平鄉縣南境，逕麟兒橋，是爲小漳河。

又 一支西北出曰洛河，故道亦曰黃河，枯槽實即漳水支流也。土俗稱之曰趙旺河，上起曲周縣之北劉村即劉上固，斜入冠縣西南之黎園頭，北逕威縣之河窪村，又北逕廣宗縣之油布村、丁家莊，復入威縣之小高廟。

又 《冀州志》漳河在南宮縣西南五十里，此是山東邱縣東行之一支，所謂老漳河也。

又 （謹案）古漳河在南宮縣東南七十里之和生社，自清河北界流入。

又 《冀州志》此老漳河也，在武邑縣城東南四十二里，自棗強北界入境，至阜城西界出境，長六十二里，又北逕景州西。

又 新漳河，漳河之支流也，一名小漳河，自山東邱縣北出，入直隸廣宗平鄉距鹿縣境，又北至趙州隆平縣，爲清水河，入寧晉縣之寧晉泊。

又 （謹案）《冀州志》：漳河在州西北二十五里，此新漳河也，又雲胡盧河，此漳滏之會流也，在州西北二十五里。

又　（謹案）新漳河所行之道其來已久，自冀州以下爲滹沱所亂然在武邑、武强二縣間，酈道元已歷歷言之《水經·漳水》又東北至昌亭，與滹沱河會注，經敘阜城於下博之下，昌亭之上，考地非比於事爲同渤海阜城，又在東昌之東，非也此是後漢安平國之阜城，乃前漢信都國之昌城，故注明其非渤海之阜城也。　漳水又東北逕武邑郡，北魏所置也。又東逕武强縣北，而東逕武隧縣故城南《方輿紀要》：城在武强縣東北三十里，漢縣屬河間國，後漢屬安平國，北齊省入武强，今爲沙窩村。　白馬河注之，水承滹池，東逕樂鄉城北《方輿紀要》：城在深州東三十里。　饒陽縣南，又東北逕武邑郡北，而東入衡水，謂之交津口衡漳，又東逕武邑縣故城北，又東北右會張平口故溝，上承武强淵，淵之西南側水有武强縣故治，故淵得其名焉。

清·戴震《畿輔安瀾志·漳河卷下》　古沙河，起山東武城縣東南，東北流至直隸故城縣，曰沙溪河，又名南河，匯於縣西之龍潭，自縣西關外牛谷莊起至馬家莊出境，又東北至景州大洋村，注於漫河。

又　絳河原名江江河，亦名曲流河，源出古城縣西南二十五里，蓋因地勢高下，而挑濬之者，逕縣城西北入景州之西南境，即古沙河也。以逕州境之江江村故名。又東北過北江江村，仍入故城縣界，又東北逕趙普村，復入景州界，又北逕王道童村、玲瓏脊、百碾西梧村、蓨市縣故城，又東北逕司馬莊、永興屯與大洋河合而北流，入阜城縣界，又東北逕東光縣，合普頭河。　又東北逕交河縣境，下入青縣之家鮑嘴歸運。

又　沙河在交河縣東二十里，首起縣東佟家莊，逕李家沙河頭，東入東光縣之西境，逕代家莊西北，由董家溝復入交河縣之常樂村西，分爲二。一南由本村金馬駒至簸箕張家莊南，入漫河。　一北由後陳家莊冷飯店等村至簸箕張家莊，入漫河。

清·戴震《畿輔安瀾志·漳河卷下》　《方輿紀要》：倒流河在交河縣東北五十里，縣東境之水皆匯於此，西流四十里注於滹沱河，故曰倒流。

清·戴震《畿輔安瀾志·衛河卷一》　衛河，古清淇二水所導也。　漢爲白溝，亦曰宿胥瀆，隋爲永濟渠，宋元曰御河，明曰衛河。

又　（謹案）宿胥古瀆即宿胥口頓邱故城，在濬縣西，遮害亭在縣西南五十里，黎山在縣東南二里，古黃河至宿胥屈而北流，宿胥口即舊河口也。

又　《河防志》三渡河源出百泉之南，流入衛河。

又　（謹案）三渡源在衛河之西，筠溪之東，《宋史》所謂舊河槽不知何指。《方輿紀要》以爲舊黃河，恐非。　考黃河故瀆，古未有至輝縣境者，惟蓮花泉之引流在筠溪東。三渡河西或即《宋史》之舊河槽歟？

又　《看河紀程》：預河即小丹河，由修武縣南門外東流至獲嘉，入衛河漕運，水淺則藉以濟運。　小丹河名爲九道堰，實從丹河支分，第一條沿山麓東行，淺隘如溝，常因水發淤墊衛河，水勢屈曲至合河鎮凡三十里，此衛水合小丹處。清河源出輝縣西南七十里山陽鎮，東南逕獲嘉縣界，至新鄉合河鎮正西與衛合，今自獲嘉境内即會於小丹河。

又　《河防志》：自大丹河石斗門分流爲小丹河，經河内武陟脩武獲賈，至新鄉縣岔河尖入衛，長一百九十二里。　新鄉縣衛河，自輝縣界塊村營，至汲縣界曲里村，計九十二里，深至一丈七八尺。

又　（謹案）《水經》，清水出河内修武縣之北黑山隋改修武曰獲嘉，即今獲嘉縣。

又　《看河紀程》：峪河在輝縣西南五十里，源發太行山麓。

又　《水部備考》：沁水一支自武陟小原村東北，由紅荆口經衛輝府，凡六十里，入衛河。　昔隋煬帝引沁水，北通涿郡，蓋即此地。　又東流入濬縣界，則淇水自林縣西南流注之，即宿胥瀆也，其西岸爲淇縣。

又　《七省漕程》：安陽河，一名洹水，源出林縣洹山。　其水屢伏屢見，流逕安陽縣永和鎮，合衛河。　淅水，源出淅川縣淅水村，流逕林縣南，與洹水合。

清·戴震《畿輔安瀾志·衛河卷二》　運河，即衛河，一名御河，一名永濟渠，亦曰南運河，亦曰北河，亦曰漕河，又名衛漕，又名清河。

又　《河防志》：運河自臨清州衛與汶水合流，而北謂之衛河，隋以後謂之永濟渠，又謂之御河。　元明以來名之曰運河，對薊運河而言，亦名南運河，又名北河，又名漕河。

又　（謹案）會通河之源爲汶水。　汶出山東萊蕪縣東北原山之陽，西南流逕泰安縣南，又西南至寧陽縣東北之故剛城枝津左，出爲洸水，又西南逕滋陽縣西，又西南逕濟寧州城東，而西會於漕渠。

又　《清河縣志》御河在縣東南二十五里油房集，即衛河。　上界臨清，下抵夏津，凡四十里。　至聾漢口、賈家口等處，及其要者淺鋪入俱臨河。

又　《南皮縣志》永濟河在半壁店北漕運，衛河即縣西界，在境回環五十餘里，自德州而下漸近於海水，流甚急，易涸易盈，邑無水利，而多水患。

又 《畿輔通志》三汊河本名三岔口，亦名三岔沽，衛河西南自静海縣來，逕縣北而東，其流濁。白河，西北自順天府武清縣來，亦逕縣北而東，其流清，各流至縣東北二百步許而合流，謂之三岔河。海河，南北運淀河之會流也，自天津東北三岔口迄大沽口，長一百二十里。

清·戴震《畿輔安瀾志·衛河卷三》 《畿輔通志》大河故道有三：其一自河南滑縣流入，經開州西北，又東北經清豐縣北，又東北逕南樂縣西北，又東北逕府城東，又東北入山東館陶縣界，此西漢以前黄河經行之故道也。一自滑縣入，經開州西南，又東北逕清豐縣南，又東北入山東觀城縣界，此東漢以後及唐宋時黄河所經之道也。一自河南封邱縣流入，經長垣縣南，又東經東明縣南，又東入山東曹州界，此宋南渡以後黄河所遷之故道也。黄河自金明昌五年，南北分流，元世祖至元時會通河成，河始全入於淮，不經大名府境。明萬曆十五年，荆隆口決，而長垣東明復被何患，蓋亦一時潰入之水，非正流也。

又 《長垣縣志》五里河在縣北，來自滑縣界，繞樊相堡、楊家樓、小岡村，轉逕羅村東南流入，於河西南接小務口五六里乃黑山羊諸水之衝也。嘉靖間知縣白大用濬小務口達於此河，以引黑羊山諸水，俾不近城。黑羊山即青堈，在縣西二十里，平地突起丈餘，土皆青，上有寺曰龍泉，下有池曰白蓮，即此河矣。

又 老黄河，古鬲津河也。首起直隸元城縣，入山東冠縣界，循陳公隄而北，逕山東館陶縣，至臨清州逾會通河，繞舊城威武門外，始有沙河之名，北至管家新店入清平縣界，又北至夏津縣界，入恩縣境，始有河形。東北流逕苦水鋪平原縣之看樹墳，至趙家莊轉入德州之青演寺，後又東北流逕甜水鋪，至九龍廟，有四女寺減水壩引河入之。又東北至避雪店，行五十六里入直隸河間府吴橋縣之西南境，東北流逕岔河，分爲二支，其一支東北流逕千佛閣入於鉤盤河，其正支東北流逕王泉莊，有哨馬營、滚水壩支河水入之，即鉤盤河也，又東流逕溝店鋪，則有漫河之水自東南來注之，又東北逕黄家鎮，入寧津縣西境，又東北逕縣西北隅之馮家莊，入天津府南皮縣之東南境，河流二縣之間，土壤交錯，自南皮縣東北流間關於鹽山慶雲並山東樂陵縣境，凡五十四里，又東流入慶雲縣西境，又東逕慶雲縣城南，又東流北轉至南臺橋復入鹽山縣東南境，又東北逕白鵝棗莊，入山東海豐縣境，又東北逕板橋宣惠河合無棣溝，分岔河，明白窪之水東流入之，又東北逕三官廟，至馬谷山前，由大沽河口入於海。

清·馮昌奕《寧遠州志》卷一 寧遠河，源出新臺門，分而爲二，東爲湯沙河，西爲女兒河。環城復合爲一入海。湯沙河，城東一里，源出火燒門山，南流遶城東合女兒河。乾柴嶺河，城東五里，源出勾家屯南流入海。首山河，城東五里，源出礶子山，南流遶城東入湯沙河。雙樹鋪河，城東十八里，源出礶子山，東南流遶茨兒山入海。寨兒山河，城東十八里，源出寨兒山，東南流入湯沙河。女兒河，城西一里，或呼三女河，源出邊外自新臺門，入州境南流遶城西至海防，一城南入海。長帽河，城西十八里，源出磨盤山，東南流入女兒河。曹莊河，城西南十二里，源出龍灣嘴，東南流遶曹莊西南入海。東沙河，城西南三十里，源出大頭山，遶中右所城東南流入海。煙臺河，城西南四十里，源出邊外，自新臺門西三十五里南入境，東南流入海。曲尺河，城西南四十八里，源出鷹窩山，南流入海。東關驛河，城西南六十里，源出鷹窩山，東南流分而爲二，一遶東關驛東，一遶城西又折而東合爲一，東南流至新莊屯，散漫於荒甸。偏山河，城西南七十五里，源出偏山，西南流入六州河。六州河，城西南七十九里，源出邊外，自高臺堡東十里南流入境，遶中後所城東南流入海。按：《明一統志》自大寧等六州之水合流而南，故名，又呼六股河。馬家河，城西南八十七里，源出東大石臺山，南流入海。沙河站河，城西南一百里，源出小石礶子山，遶沙河站城西東南流入海。葉家墳河，城西南一百十里，源出楊家山，遶葉家墳屯東南流入海。高河，城西南一百十五里，源出邊外，自高臺堡門西四十里南流入境，遶高兒河堡西東南流入海。涼水河，城西南一百二十里，源出官帽山，遶涼水河站東南流入海。石子河，城西南一百三十三里，源出邊外，自高臺堡門西八十里南流入境，遶前屯衛城西西南流入海。王寶河，城西南一百四十五里，源出桃園屯，泉東南流入石子河，俗呼陡破臺河。中前所東沙河，城西南一百六十五里，源出破山洞，遶中前所城東南流入海。急水河，城西南一百八十里，俗呼老軍屯河，源出九門，東南流入海。荆條河，城西南一百八十五里三道關，南流入海，俗呼薑女河。

清·傅王露《西湖志》卷六《山水五》 沙溪，《閩都記》：源出分水關，經建劍而來，下至芋原與大江合，中有沙壅成洲，故名。《清一統志》：在侯官縣西北二十里，流經芋原驛入江。

清·傅王露《西湖志》卷六《山水十三》 金獅山，《葭柎草堂集》：與馬鞍山相連，山嶺頑石無根而林立，土人以磽瘠不可爲圃，視爲廢區。又云：去城北五里，其頂夷曠。

又 黄巖山，《閩書》：在西室山東有瀑布，高百餘丈，聲聞里許。

又 臥龍山，《淳熙三山志》：舊記云：陳寶應時，此山有巨石自移，有得愛亭，箋經臺。《閩書》：山有三石，圓聳如品字，名品石巖叩之，則諸山響應，又名應石，有翠楚亭。《謝肇淛遊昇山記》玄帝亭折而西度嶺，蜿蜒爲臥龍山，山椒三石鼎峙。《雍正福建通志》：出井樓門迤四五里。《閩中録》：出嚴勝門迤東行二里，轉而北，至七橋，隔溪西望一山自北來，甚娟秀，山椒三石屹然，此品石也。

清・陳竑《秀山志》卷二 古蹟 浦水發源於楺山，綿延二百餘里，由鱝口入大江，按古水道繞秀山之口，迤邐北行，由郎山下，今則徙而東流，秋浦城故址，已在波瀾瀠迴間矣。

清・劉名芳《寶華山志・古蹟》 秦淮源 在山北自戒公池。一澗北下，匯天井，楊柳二泉爲秦淮之源。《府志》：「秦淮之源二：一出句容華山；一出溧水東，廬山合流，入方山埭，自通濟水門入於郡城。」

清・劉名芳《寶華山志・記》《華山遊記》李維徵本寗小溪通龍潭大江。

又 《遊寶華山小記》盛時泰仲交大城二十里至湯水。湯水即近華山，謂可一遊也，而不知山之勢甚。大湯水特山之西南隅爾。由湯水入山。

清・謝聖綸《滇黔志略》 西洱河，即古葉榆水也，源出浪穹縣罷谷山下，出蒲陀崆，至於鄧川，入太和之北界，奔駛而南，劃開天塹，形如月生五日。河首、尾抱雲弄、斜陽二峯之足，中虛其腹，納十八溪之水，以爲巨浸，風簸驚濤，拍天皆雪。靜則涵虛蓄碧，淵湛不流，帆掛斜陽，鴛鴦出浴；入夜則千村漁火，如星辰之倒輝。廣二十里，長可六倍。又西南行，龍尾關扼之，水由洞天橋而下趨迴繞蒼山之背，合漾、濞之水，注瀾滄江而入海。中有三島，曰金梭，曰赤文，曰玉幾。洱有四洲，曰青莎鼻，曰大貫淜，曰鴛鴦，曰馬廉；又有九曲，曰蓮花，曰大鶴，曰礌磯，曰鳳翼，曰蘿時，曰牛角，曰坡垉，曰高崗，曰大場，皆可田可廬。東又有分水洱，儼如斧劃，水分兩界，西爲河，北爲海，海鹹河淡，魚不混遊，各自崖下而返。相傳八月十五夜有珊瑚樹出水面，冬月夜水面嘗有火高數丈，漁人往往見之云。《大理志》

又 十八溪，在蒼山中峯下者即爲中溪，中溪迤北溪十有一，迤南溪十有六。諸溪泉源瀉自山椒，加雨作雪，融匯爲怒瀑，如素練曳空，如玉龍赴海，轉千鈞之石有如弄丸。山頂又有馮河，亦名高河，相傳有黑龍在此，人不敢犯。仝上

又 玉龍瀑，在牟尼庵西。其源自仰高峽來會，華嚴諸流下奔，而峽中有巨崖，水自崖上飛流，如崩濤舞雪。遊人從解脱坡對壑而觀，真有玉龍走潭之勢。蓋當登山之始，層峯冠雲，殊壑擁翠；而松崖蘿壁之間，飛流漱玉，響答鐘磬。奇秀森靈，實厭衆目。

又 瀾滄江，有二源：一源於喀木之格爾玑欒噶兒山，名欒褚河；一源於喀木之齊魯肯他拉，名敖母褚河。二水會於義木多廟之南，名拉克褚河；流入雲南境，爲瀾滄江；南流至車里宣撫司，名九龍江，流入緬國。康熙五十八年 上諭

又 瀾滄之西爲哈拉烏蘇，今雲南所謂潞江也。其水自達賴喇嘛東北哈拉腦兒流出，東南入喀木界，又東南流入怒夷界，爲怒江；入雲南大塘隘，名潞江，南流經永昌府潞江安撫司境，入緬國。潞江之西爲龍川江之源，從喀木所屬春多嶺南流入雲南大塘隘，西流爲龍川江，至漢龍關入緬國。此諸水在東南大幹之外，故皆流入南海也。又雲南邊境有檳榔江者，其源發自阿里之岡底斯東打母朱喀巴珀山，譯言馬口也；有泉流出，爲牙母藏布江，從南折東，流經藏危地，過口噶公噶兒城傍，合噶兒詔母倫江之南，流經公布部落地，入雲南古勇州爲檳榔江，出鐵壁關，入緬國。康熙五十八年 上諭

又 騰越州西有大盈江，亦曰大車湖，自徼外流入，下流至比蘇蠻界，注于金沙江。又名大金沙江，在緬甸北。東有阿瓦河，自孟養流入緬境，下流入大金沙江，注于南海。《地理志》

又 金沙江，源自達賴喇嘛東北烏捏烏蘇流出。烏捏烏蘇，譯言乳牛山也。其水名母魯烏蘇，東南流入喀木地；又東南流經中甸，入雲南塔城關，名金沙江；至麗江府，亦名麗江。至永北府，會打衝河，東流經武定府，入四川交界。至敘州府，合岷江，流經夔州府，入湖廣境；由荆州府至武昌府，與漢江合。康熙五十八年 上諭

又 瀘水，出旄牛徼外，經朱提至僰道入江。在今嶲州南特有瘴氣，三月、四月經之必死，五月以後，行者得無害。故諸葛表云「五月渡瀘」，言其艱苦也。《漢書》注

又 若水，在賓川州東北，即金沙江也。《山海經》曰：「南海之內、黑水之間有木，名曰若木，若水出焉。」《水經注》曰：若水南經雲南之遂久縣，即今永北府巡檢司地也。《賓川州志》

又 孫水，金沙江之別流。《水經注》曰白沙江，漢司馬相如、梁孫原，南至會無，即此。入若水，與繩水、瀘水、淹水、大渡水會爲一津，東流注於蜀之馬湖。《通志》

又 禮社江，源出趙州巍山，由蒙舍川合毘雌、赤水二江，經楚雄定邊縣，合

瀾江，出沅江，入交趾。《通志》

又　霑益州北有北盤江，其上流即貴州畢節衛之可渡河流人州境。又有南盤江，即南寧之東山河。《地理志》

又　黑惠江，即漾濞江，在蒙化府西，發源于大理之洱海。一名神莊江，與永平縣分界，南入順寧府境爲黑惠江，又名黑會江。南流至府東泮山下，合于瀾滄江，繞緬甸而入于海。《地理志》聖綸按：蒙氏僭封雲南四大水爲四瀆，一金沙江，一瀾滄江，一潞江，一黑惠江。三江皆發源于西藏，獨黑惠江發源於洱海，繞蒙化、永昌、順寧諸境而合于瀾滄。是滇中腹地之水，惟黑惠江爲最大也。

又　南木溪，其水常温，可浴。《廣輿記》

又　南明河，在城南門外。源出廣順州界東北，流經郡城，至下流爲牛渡河，至巴香北流合烏江，通思南府，入蜀涪州界，合岷江。

又　富水，在會城南。源出八里屯，流入南明河。

又　清水河，在城東北百二十里，與貴定縣分界，即南明河之下流。水甚清冽，兩岸峯崖壁立，崎嶇難行。

又　烏江，即夜郎水，出貴陽府修文縣西北之陸廣河。其上自威寧各溪澗流出，過畢節縣七星山下爲七星水。又東流至大定，而落折、烏西、六歸、簸朵諸河及武著、墮極、織金、西溪等河水咸注之。又東至黔西州東南，爲鴨池河，有渡曰鴨池渡，兩岸如劈，崇崖如雪，黔西、大定要津。又東至修文縣西北，是爲陸廣河，距修文五十里。舊爲水西驛道，有渡曰陸廣渡，明王文成公《曉發詩》有曰「白鳥去邊迴驛路，青崖缺處見人家」，謂斯處也。又受安平、清鎮、永寧諸縣水，東過修文縣養龍司北，是爲烏江。唐李學士白流夜郎，有《烏江留别宗十六璟詩》，所謂「白帝曉猿斷，黄牛過客遲，遥瞻明月峽，西去亦相思」者，蓋其地云。今有渡曰烏江渡，關曰烏江關，黔蜀要津。又東至開州，受遵義、綏陽、桐梓、正安諸州縣水。又東南至崖門，受貴陽、貴定、平越諸河水，東北會於崖門。崖門在開州東甕安、餘慶二縣西北，有渡曰崖門渡，爲黔、楚、蜀通津，波流湍激，合沓淜湃，固衆壑之關竅，亦一川之樞要矣。又東至龍泉縣西南，餘慶縣、石阡府諸水注之。又東流過思南府城南，是爲德江，有渡曰德江渡。又東有白鷺洲，浮沙清淺，宕漾江心，遊觀者泥焉。又東得鸚鵡溪水，其西有石門焉。唐史載牂牁境内有石門山，此其是耶？又東過婺川縣東北界而達涪州，爲涪水，通於蜀，入於江。唐史稱城樂縣西一百五十里有涪陵水，《方輿勝覽》稱思州有巴江水者，是也。晏斯盛《黔中水道考》

又　十萬溪，在城北四十里。山峯特立如群筆插天，下皆深溪，苗仲每恃險作叛。相傳總兵石邦憲率師十萬，圍之不克，因有是名。飛雪溪，在城北四十餘里。高巖壁立，急端飛瀑，如雪花亂墜。每入夏，魚迎瀑逆飛而上，土人置竹籠於巖畔，俟魚落籠中取之。俗名曰跳籠，邑令陳以明更是名。巖下石有足跡，長尺許，深一寸，五指宛然。《貴定縣志》

又　盤江，在城西三十里。源出烏撒可渡河，流入廣西泗城州界。武侯平南中，戰於是水之南。《水經注》云：「水廣百餘步，甚有瘴氣。朱褒之反，李恢追至盤江。」即此。仝上

又　盤江，源出威寧可渡河。又東南流，有花魚洞水及曲靖府界諸水注之。又南至安南縣，有落白河，自曲靖府界注之。又東至永寧州西安南縣東，是爲盤江。有橋曰盤江橋，爲入滇孔道，兩山夾行，水勢湍駛，不利操舟，亦難架石。明參政朱家民冶鐵爲絙懸兩崖間，覆以板，東西各建樓堞，行者賴之。盤江又南，受普安州、永寧州、鎮寧州及南籠府諸河水而南合永豐州，又東南過廣西之泗城府入於粤，達於海。《水道考》

又　盤江水，出烏蠻。江廣三十餘丈，水深無底，左右石崖，廉利如劍戟。自昔濟此者，用渡船行駭波中，一不戒輒葬魚腹。古法，必樹杙于兩崖，貫之以索，憑索曳舟，乃得横渡，所謂牂牁是也。嘉、隆以前，俱用牂牁濟，無有議建橋者。天啟初，水、藺酋叛，滇黔道絶，時有安普朱監軍道，建議築橋以通滇。先於兩岸築石墩，高一十三丈有奇，寬亦如之；鎔鐵爲扣，聯扣爲索，索三百餘扣，扣重十八九觔。索凡三十絙，貫兩岸石窟中。索上横鋪巨木，蓋以大板，石猊、水犀之屬，爲橋鎮者悉備焉。又以索末所餘十餘丈，盤繞鞏固。費金錢巨萬。起工于崇禎元年正月，落成于三年十一月。此所謂鐵索橋也。《紀程》

又　白水河，在永寧州城東北四十餘里大路旁。色白異於他水，從高飛落直下數十丈，白練千條，轟雷捲雪，注入緑潭。雖天氣晴朗，而激湍噴濺，如行大霧中，澎湃之聲遠聞數里外。其飛落處内有洞，曰水簾。昔孫可望至此，見水中有神物，欲涸水以索之，而潭水絶深，戽數日不可竭，乃止。洞中有碑，刻「雪浪川霞」四字。《通志》

又　賀家溪，在城東，源出石岡，貫城中。每歲冬則涸，春二、三月間忽如潮水驟至，俄頃即退。如是者三，則歲豐稔。《通志》

又　西門河，在黃平州城東三十里舊城西，即鎮陽江之上流，可行舟，直達楚沅江。【略】北攸河，在城北三十里，原名都凹水，即潕江之源。《水經注》云：「沅江，出牂牁且蘭縣，爲旁溝水。」《山海經》所謂出象郡鐔城西是也。《平越府志》

又　長河，在城西南，一曰劍河，即清江之上流。有二源，俱出山澗，至城東合流，出湖廣之黔陽縣。向多怪石，不通舟楫。雍正七年，知府王鍾珣詳請總督鄂爾泰、巡撫張廣泗開鑿，自城起，歷三百餘里達施秉，入黔陽界。麥沖河，在城西南。【略】邦水河，在城西，自邦水司發源，下經獨山州，東流爲都江，過古州，合車江、溶江南流，出廣西懷遠縣界。《都勻府志》

又　都江，在城西。發源獨山州之舊爛土司山中，六十里至三角屯，江流漸廣，可以浮舟。又百餘里，過城西。又南經來年、定旦諸寨，至古州城東會車江、溶江，南流入廣西懷遠縣之容江。

又　鎮陽江，在鎮遠府治前，即潕溪，亦作潕，爲五溪之一。黃平、興隆、施秉諸水合流至此，是爲鎮陽江。又東會諸水，入於沅州，達於江。

又　清江，古曰劍河，又曰長河，舊陷苗境，舟楫不通。【略】江有二源，並發源都勻府山澗中。自都勻至湖南黔陽縣，總一千二十餘里，通行無阻。經麻哈州之甕城、清平縣之凱里、黃平州之巖門司、施秉縣之下秉入境，東經柳羅山，又東過黎平之黃寨，又東至天柱之甕洞入黔陽，合於沅水。《水道考》

又　德江，在城西南一里。其上爲烏江，下流入四川涪水，合岷江。《水經注》云：「江水東至枳縣西，延江從牂柯郡北流，西屈注之，亦曰涪陵水。」唐史，樂城縣西一百五十里有涪陵水。《方輿勝覽》云：「思州有巴江水，即此。」秦司馬錯泝舟此水，取楚黔中地。蜀延熙中，鄧芝伐徐巨，射元猨於此。中流亂石林立，激水成灘，行者苦之。有石狀如牛眠，爲牛犢灘；有石如僧趺跏，爲和尚灘。又有齊袁、九門、七星、香爐、相公諸灘。最險者無如龔灘，波濤洶湧，震聲如雷，長十餘里，行舟至者，盡虛其中乃得過焉。《思南府志》

又　平江，在玉屏縣城北。上流爲鎮陽江，至府境匯灑溪、異溪諸水，下流入沅江，即古雄溪，五溪之一也。中有顯靈灘，水勢最爲險惡。《玉屏縣志》

又　銅仁江，又曰大江，發源四川酉陽司，會提溪、省溪諸水，東至銅崖。崖當江流，壁立千仞。在府治西南，其巔有跨鰲亭。又東過府城南，迤東城内有山曰東山，突兀崎峭，俯瞰江流，濤聲撼之，響振林木。絕壁間有「雲彩江聲」四大字，書法古道，佚其名。山巔舊有大觀樓，尋廢，復起雙峯閣於上。又東過石笏山南。又東有烏羅溪，水自烏羅司東，合羊溪水，南流爲乜溪，東南來注之。又東至辰溪縣，入沅水而達於楚江。《水道考》

清・戴震《水地記》　鮮水西北白？堆沙之東曰三危，是山不協禹貢之文，其名蓋後起也。

清・趙翼《簷曝雜記・鎮安水土》　惟水最清削，極垢衣盪漾一、二次，則膩盡去，不煩手擱也。【略】。余嘗探其水源，在城西三十里，地名鑒隘塘。水從山腹中出，有長石横攔之，長三十餘丈。水從石上跌而下作瀑布，極雄壯。【略】。滙而成川，繞城南而過。川皆石底，無土性，故魚之肉甚堅而無味。又東流，亦從山腹中出左江。蓋滇、黔、粵西諸水大半在山腹中通流，其見於溪澗者不過十之一、二而已。

清・趙翼《甌北集》卷一四《滇海》　黔蜀粵諸山，其水皆赴海。惟滇遠難注，衆流自成匯。蒼茫五百里，彌望綠浼浼。

清・趙翼《甌北集》卷一四《洱海》　滄波浩渺映朝嵐，極浦人家浸蔚藍。一片風帆天際杳，教人馬上憶江南。

清・趙翼《甌北集》卷一四《瀾滄江》　絕壁積鐵黑，路作之字折。下有百丈洪，怒噴雪花熱。

清・錢大昕《十駕齋養新録》卷二〇《松江》　唐人詩文稱松江者，即今吳江縣地，非今松江府也。松江首受太湖，經吳江、崑山、嘉定、青浦至上海縣，合黃浦入海。亦名吳淞江。唐時未有吳江縣，則松江上流爲吳縣南境。

清・畢沅《關中勝跡圖志》卷三　大川　西安府渭水在長安縣北三十里。西自咸陽流入境，東出咸寧界。

又　豐水　在長安縣西南四十里，自鄠縣界流入，又北至咸陽入渭。【略】《長安志》：「豐水自鄠縣界來，由馬坊村入咸陽。」《雍勝略》：「豐水北流，其西高觀、太平二谷水入焉，東則雪谷、龍鬮、西和、白石、羅什諸谷水入焉，爲西交河。又北有東交河水入焉。」

又　滈水　在長安縣南二十里。自咸寧界流入，又西北入渭。《水經注》：「泬水上承皇子陂於樊川，北逕長安城，西與昆明池水合。」謹案：泬即滈字。《長安志》：「滈水東自萬年縣界流入交水。」《通志》：「皂河即漕河，自牛頭寺入縣境，西北流至丈八溝，謹案：溝在縣西南十五里。分流爲通濟渠。」

又　交水　在長安縣南三十二里，源出咸寧縣南山，西北流至縣界入豐水。

《水經注》：「交水又西南與豐水枝津合，又西至石碣分爲二水，一水西流注豐，一水北逕細柳諸原，北流入昆明池。」

又 鎬水　在長安縣西南。【略】《雍勝略》：「鎬水源出太乙山西谷中，北流池西得石鼈豹林諸谷，水過御宿川北香積寺南，西合渭水爲東交河，又西入豐水。」

又 渭水　在咸寧縣北三十里，自長安縣界流入，東逕高陵，入臨潼縣界。

又 滻水　在咸寧縣東十五里，自藍田界流來，合灞水。《長安縣志》：「藍田庫谷水北流二十五里，合採谷、石門谷水，下流入荆谷水，號滻水。謹案：荆谷水即荆渠水，亦曰長水，此即酈道元所非之説。詳見下。又下流二十五里合灞水，又北流二里入渭。」《通志》：「滻川在城東南三十里。焦戴川自東南來，滻川自西南來，兩川相合爲滻，與樊川、御宿號爲三川。」

又 灞水　在咸寧縣東二十一里，自藍田縣來，合滻水，北流入渭。或作霸同。《水經注》：「霸水左合滻水，歷白鹿原東，謂之霸上。又北，長水注之，又西北，左合狗枷川水，其水北注荆溪水，又北注霸縣，有温泉入焉，亂流注於霸，俗謂之滻水，非也。」

又 勞水　在鹹陽縣西南二十里。自鄠縣來，北流逕縣境入渭。

又 涇水　在鹹陽縣東北四十里。自醴泉之谷口來，東南流過咸陽入涇陽縣界。

又 泥渠水　在咸陽縣南十五里。源出鄠縣化羊谷，流入縣境，又東北逕釣魚臺入渭。一名扈水。

又 渭水　在興平縣南二十里，自武功縣流入，與盩厔分界，又東入咸陽界。《水經》：「渭水又東，芒水從南來流注之，又東過槐里縣南。」注：「又東與芒水枝流合。又東北逕黄山宫南，就水注之。又東合田溪水。又東逕槐里故城南。東有漏水，又東北，耿谷水注之。又東合甘水。」

又 川河　在興平縣西南，即石川水。《水經注》：「渭水又東，石川南注焉。」省志：「自武功縣川口流入，凡三支：其自武功西北來者曰漆水，俗名遊豐河；謹案：此河源出麟遊。自武功東北來者曰沮水，亦名浴水，俗名沐浴河；謹案：此河源自永壽。自武功西南來者曰漳水，俗名渾水河。謹案：此河源出鳳翔。漆、沮二水合流於武功縣東五里，其下流又合漳川水，經川口東流入本縣界，又東南入渭。」縣册：「即雍水。」

又 板橋泉　在興平縣西十七里。《魏書·地形志》：槐里縣有板橋泉。《長安志》：「泉深百尺。」

又 龍泉　在興平縣西十七里，一名温泉。《水經注》：「成國故渠東逕龍泉北。」《魏書·地形志》：始平縣有温泉。謹案：始平故城在縣南。《長安志》：「又名姜子泉，周數十步，深不可測。」

又 醴泉　在興平縣東南二十里。《金史·地理志》：「興平縣有醴泉。」縣志：「舊圖經曰：泉在扶風鄉，唐貞觀十二年自然湧出，其味如醴，飲之療疾。」

又 馬嵬泉　在興平縣西二十五里。《長安志》：「周數十步，深百尺，流入白渠。」

又 潼水　在臨潼縣西一里。縣志：「源出驪山西繡嶺，即飲濟泉也。流至縣西門外數百步，合縣東之臨河入渭。臨河源出驪山東繡嶺。」謹案：潼水即温泉。

又 漆沮水　在臨潼縣東北四十里渭水北，北自富平縣流入，又南入渭，一名石川河。《書·禹貢》：「渭水又東過漆沮入於河。」《魏書·地形志》：萬年縣有漆沮水。謹案：萬年故縣即櫟陽鎮，在今縣東北。《長安志》：「石川河在櫟陽縣東三十里，自華原、富平兩縣界來合渭水。」縣志：「石川河自富平斷原入縣境，東逕康橋入葡萄河水，又折而南至相橋，與清水合流，至交口渡入渭。其葡萄河發源富平之温泉，至康橋西流入漆沮，其水微温，冬月不冰，中多蟹蛤。」

又 戲水　在臨潼縣東二十七里。《水經注》：「渭水又東，戲水注之。水出驪山馮公谷，東北流。」顔師古漢書注：「戲水在新豐東。今有戲水驛。其水出藍田北界横嶺，至此北流入渭。」《兩京道里記》：「周幽王與褒姒遊於此，故名。水至濁。」

又 清水　在臨潼縣北五十里，自高陵界來，東流合石川河水入渭。《水經注》：「渭水又東與五丈渠合，水出雲陽縣石門山，謂之清水。」《長安志》：「即冶谷水下流也。」縣志：「清河自三原、高陵界隨荆山東下，至黑策橋，折而南，至櫟陽鎮，復折而東，至相橋入石川河。」

又 渭水　在高陵縣南十里，自咸寧界西南流入，又東入臨潼界。《書·禹貢》：「渭水又東會於涇。」縣志：「渭水在縣南，每遇泛漲，瀰漫十餘里，然皆南徙。其北岸爲諸原所障，故曰高陵。」

又 涇水　在高陵縣西南二十里。《水經注》：「涇水逕涇陽縣南，東入高陵界，又東逕昆沙鎮南、鹿苑原北，至上馬渡合於渭。」郭璞《山海經注》：「涇水自京兆高陵縣入渭。」

又　清水　在高陵縣東北，自三原縣流入，又東南入臨潼界。《水經注》：「清水東南入高陵縣，逕黄白城西，又南絶白渠，又屈而東流，謂之曲梁水。又東南逕高陵縣故城北，又東南絶白渠枝瀆，而東南入萬年縣。」

又　澇水　在鄠縣西二里流入咸陽界。《山海經》：「牛首之山澇水出焉，西流至於潏水。」《説文》：「澇水出右扶風鄠，北入渭。」《水經注》：「澇水出南山澇穀，北逕漢宜春觀，又東北逕鄠縣故城，西北流入於渭。」《長安志》：「澇水自縣北之元村入渭。」謹案：今澇水入渭，不入潏水。省志襲山海經之説亦入潏者非。今從是正。又澇作潦，見文選上林賦注云。

又　豐水　在鄠縣東三十里，流逕長安，入咸陽界。作灃，又作酆，同《書》：「灃水攸同。」詩：「豐水東注。」《漢書·地理志》：鄠縣，酆水出東南，北過上林苑入渭。《司馬相如傳》注：張揖曰：「豐水出鄠縣南山豐谷。」《後漢書·郡國志》：鄠縣，豐水出。《元和郡縣志》：「豐水自縣東南終南山發源，北流逕縣東二十八里，又北流入渭。」《水經注》：「豐水出豐溪。」縣志：「豐水自紫閣而下，逕秦渡鎮，北入渭。」

又　扈陽谷水　在鄠縣東二十里，北流入咸陽界。《水經注》：「扈水上承扈陽池。」《十道志》：「一名扈水，今名馬腹陂。」縣志：「鄠南化羊谷，谷有水出焉。本名扈陽，其水流至咸陽縣，爲泥渠之上源。」

又　太平谷水　在鄠縣東南三十里，北流入長安縣界，合豐水。《太平寰宇記》：「太平谷水，一名林谷水，源出終南，即清水渠之上流。」縣志：「太平谷中有鳳池，即水之源也。東爲高觀谷水，源出高觀谷，谷有石穴、石潭，潭最靈，旱禱輒應。」

又　耿谷水　在鄠縣西，接盩厔界。《長安志》：「耿谷水在縣西南三十里，甘谷水在縣西南二十二里，皆北流入興平界入渭水。」《雍大記》：「甘水出鄠縣南甘谷，夏啓與有扈戰於甘之野，即此地也。自甘河鎮合於渭。」

又　藍水　在藍田縣東南三十里。《雍勝略》：「藍水發源秦嶺，北逕藍橋藍關，過王順山下，西北流入灞水。」縣志：「一名清河。」

又　滈水　在藍田縣北三里，又注水在縣北五里。《通志》：源出清岡凹，又沙河在縣北二十里，又紅河在縣西北並流入於灞。

又　留谷水　在藍田縣東南出藍田山東谷。《長安志》：「一名泥水。」謹案：泥一作涅，俗誤作渥。又名青泥水。《水經注》：「涅水西逕嶢關，北歷嶢柳城，魏置青涅軍於此。」《通志》：銅谷水出縣東，銅谷傾谷二水西流注泥水。

又　荆谷水　在藍田縣西南，入咸寧界。《咸寧縣志》：「荆谷水，一名荆溪，本名長水。」謹案：韋述《兩京記》曰：長水以避姚萇諱，改名荆溪。縣志：「荆谷水發源秦嶺荆谷，西北合廣谷、庫谷、石門谷諸水，經白鹿原東流入滻。庫谷水在縣西南五十里。又繞川在縣西南，又焦戴川在縣西三十里，又採谷水在縣西南三十里。其水俱北流，合滻入渭。」

又　木谷溝水　在藍田縣西二十里。《通志》：「下流入堰兒溝，經咸寧界入滻河。相近雙溪水自章坡流來，入鯨魚溝，經咸寧之高橋入滻河。」

又　狗枷川水　在藍田縣西南五十里。《長安志》：「狗枷東川水出終南山。」

又　土膠河　在藍田縣東北里許，以其混濁，故名。今譌爲土橋河。本名白馬谷水。《長安志》：「水出縣東白馬谷，南流，逕縣東，又西南入灞水。」

又　輞川　在藍田縣南八里，一名輞谷水。《水經注》：「輞谷水西流入泥水。」《長安志》：「輞川出南山輞谷，北流入灞。」《通志》：「輞川在縣南嶢山之口，其水淪漣如車輞，故名。」謹案：輞川在銅谷水東，輞入涅，涅入灞。《水經注》言之甚明。通志：以爲輞，一名涅水，既誤涅爲渥，又溷兩水之次，今所不取。

又　涇水　在涇陽縣西，自醴泉流入，逕涇陽縣南，東入高陵界。《隋書·地理志》：「雲陽縣有涇水。」《元和郡縣志》：「涇水在雲陽西南二十五里。又逕涇陽縣南七里，又東南入高陵界。」《水經注》：「涇水東流歷峽，謂之涇峽。又東南逕瓠口，鄭、白二渠出焉。」縣志：「涇水自縣西北仲山、九嵕之間出谷口，始落平壤。以在縣南，故以名縣。」

又　冶谷水　在涇陽縣西北，自淳化流入，又東合清谷水，入三原界。《水經注》：「鄭渠自中山，又東逕捨車宮南，絶冶谷水。」縣志：「冶谷水當仲山東、嵯峨山西，出谷處爲臨江潭，在縣西北六十里，瀑布飛激，俗呼龍潭。至縣東北合清谷水。」《通志》：「潭東有文川水，北接百頃原水，村種植花木，望之甚麗，故名。」

又　清谷水　在涇陽縣東北，自淳化流入，逕嵯峨東麓，出谷南流，逕清涼原，謂之靖川。謹案：其地爲唐李靖故居，故名。又折而南，合冶谷水。

又 清谷水 在三原縣南、北兩城之中，自耀州流入，東南逕涇陽，復過縣境，入高陵界。《水經注》：「清水自役祤縣歷南原出，謂之清水谷，東南流絶鄭渠，又東南入高陵縣。」《太平寰宇記》：「清谷水在縣西北，自華原流入。」縣志：「一名清水，自縣西北十五里出谷口，冶谷水來會，東逕縣北門外，東流至臨潼界入石川河。」《通志》：「一名曲梁水。」

又 濁谷水 在三原縣北，自耀州流入，出三原孟侯原侯，至縣樓底鎮分數渠灌田，南入清谷水。《水經注》：「濁水上承雲陽縣東大黑泉，東南流，謂之濁谷水。又東南出原，注鄭渠，又東歷原，逕曲梁城北，又東至太上陵南原下，北屈逕原東，與沮水合。」《長安志》：「濁谷水自縣西北華原下來，逕縣西十五里東流。」《耀州志》：「其水峻急渾濁，故名。」

又 趙氏河 在三原縣東北。縣志：「其上源口澗谷河，自耀州流入，下流至富平科子頭與石川河會。」

又 渭水 在盩厔縣北五里。《水經注》：「渭水自逕郿隖，又東合洛谷水，又東，芒水從南來注之，又東與芒水枝流合，又東北就水注之，又東合田溪水，又東逕盩厔縣北，又東南有漏水北注之，又東合甘水。」縣志：「渭河由郿縣青化堡入境，東流逕鳳泉里四十里過縣，北爲武功界，又東流六十里入興平界。」

又 韋谷水 在盩厔縣西南三十五里。縣志：「源出韋谷，其正流西逕郿縣境，支流東引爲韋谷渠，散入縣界，經啞柏鎮西北入渭。」

又 強谷水 在盩厔縣西二十里。縣志：「源出強弩谷，北流五里合稻谷水，又北逕陽化鋪爲陽化河，東北入渭。」

又 駱谷水 在盩厔縣西二里，一作洛谷。《水經注》：「水出南山洛谷。」縣志：「駱谷水正流爲沙河，至人遠村南合新口谷水，又北逕縣東二里尖角村北入渭。其支流分爲廣濟渠，又北至西關，引爲城壕，東西分流，合馬家河，北入於渭。」

又 就谷水 在盩厔縣東二十里。《水經注》：「水出南山就谷，北逕老子陵，歷竹圃北，與黑水合。」縣志：「就谷水至三清殿、軍寨之東爲沙河，又合飛昇谷水，逕大谷村北，合西觀谷水，入於黑河。」

又 田谷水 在盩厔縣東二十里，一名田溪水。《水經注》：「田溪水出南山田谷。」縣志：「田谷水自田谷北流，至大堅社爲萬裏河。其西支流爲磨渠，至樓觀村合聞仙谷水，又至省村合東觀谷水；其東支流爲金水渠，並入渭。」

又 赤谷水 在盩厔縣東，即漏水。《水經注》：「漏水出南山赤谷，北逕望仙宮東北，耿谷水注之。」縣志：「赤谷水自赤谷北流，牛谷水注之，東北合檀谷水，北流入渭。」

又 耿谷水 在盩厔縣東五十里。《水經注》：「水發南山耿谷。」縣志：「一名白馬河，北流入興平，合渭水。」

又 甘谷水 在盩厔縣東六十里。《水經注》：「水出南山甘谷。」縣志：「北流分二支：西支流逕雙溪鎮西爲沙河，至宋村東北入渭；東支流逕雙溪鎮中爲瑞福河，至史家莊入渭。」

又 澇谷水 在盩厔縣東七十里。谷岸直，西爲盩厔縣境，東爲鄠縣境，北流至澇店，入興平界。《水經注》：「甘水東得澇水口，水出南山澇谷。」

又 黑水河 在盩厔縣南十六里，即芒水。《水經注》：芒水出南山芒谷，水受芒水於竹圃，東北流，又屈而北，入於渭。縣志：「黑水源出黑水谷，合韓谷、黄谷諸水，北流至紅崖分爲盧家河，又東北至沙谷堆分爲泥河，又東北逕黑河灣入渭。」

又 渭水 在渭南縣北四里，自臨潼交口渡入縣境，東逕縣城北，又東入華州界。《水經注》：「渭水自合泠水，又東得首水，又東得西陽水，又東得東陽水，又東與竹水合。」

又 泠水 在渭南縣西四十里。發源馬谷，北流合白莊溝水，謹案：白莊溝水出駒兒嶺。又北合杜化谷水，歷新豐原，北入渭。

又 酋水 謹案：一作酋水，一作首水。酋與湭同，首酋字形相近。在渭南縣西門外。《水經注》：「湭水南出到虎山，逕秦步高宮東、步壽宮西，又北入渭。」朱可衻《湭水橋記》：「湭水，古首水也。源出石鼓山麓，與武渠、羊谷、大小谷、曹谷、清水、石泉諸水合流於清澗頭，迤邐而北，逕縣城西門注於渭。」

又 明光峪水 在渭南縣東三里。縣志：「源出明光谷，東北流入渭。」

又 西陽谷水 東陽谷水 在渭南縣東八里。《水經注》：「西陽水、東陽水，並南山廣鄉原，北垂入渭。」縣志：「其水北流至官路南北，突如脊，名分水嶺，此水以東西得名之由也。」

又 赤水 在渭南縣東二十里華、渭之界，一名竹水。《水經注》：「竹水南

出竹山，俗謂之大赤水。」《太平寰宇記》：「大赤水一名箭谷水。」縣志：「一名清水河，北流入渭。」已上渭南

又　漆沮水　在富平縣西南，自耀州流入，又南入臨潼界。《括地志》：「沮水一名石川河。」縣志：「漆沮水從縣西而南，至盤龍原，澗谷水入之。謹案：澗谷水在縣西十八里，一名趙氏河，即耀州澗谷河下流。又東流，歷荆山之陰，自斷原而南，温泉河入之。」

又　頻水　在富平縣東北七十里。通志：「源出頻山，即大、小石谷二澗水。」謹案：《長安志》：大石谷澗在美原縣北十五里，小石谷澗在縣北十里。縣志：「頻水微甚，出山不一二里即涸。山前爲通川，一名錦川，秦王翦求美田即其地。」

又　涇水　在醴泉縣東北五十里。《水經注》：「涇水東逕九嵕山東，仲山西。」《通志》：「自淳化縣界流入縣境，又東南入涇陽界。」縣志：「涇水入縣界，泔水流入焉。東岸則鄭、白渠所出也。」

又　泔河　在醴泉縣北十里。自乾州界流入，又東合於涇水。一名甘泉。《魏書·地形志》：寧夷縣有甘泉。《隋書·地理志》：醴泉縣有甘泉水。《長安志》：「甘河自縣西北甘北鎮來，至縣東北，逕甘渡入涇水。」

又　石泉谷水　在醴泉縣西北四十里，一名浪水。縣志：「水自石泉谷出，兩水合流入於甘。」《隋書·地理志》：醴泉縣有浪水。《太平寰宇記》：「承陽山有石泉。三輔黄圖謂之浪水。」

又　豆盧谷水　在醴泉縣七十里。相近有白水谷水、波水谷水、巴谷水。又縣東北有巖谷水，並南流入於泔水。

又　泥河　在醴泉縣城北。《通志》：「源出泥泉，東流入泔水。北岸有誌公泉，相傳梁僧寶誌卓錫於此。」

又　沮水　在同官縣西四十餘里，自宜君界逕耀州，流入縣界，又南流入耀州界。《水經注》：「沮水又西南逕宜君川，又謂之宜君水。」《耀州志》：「宜君水自州西北南入同官縣境爲梁塞河，又南受吕村河，又西南受沙羅河，又南，復入州境。」

又　漆水　在同官縣東北五十里。縣志：「源出北高山，西南流，合銅官川，又南，受雄同川水，謹案：在縣東四十里。又西南，受雷平川水，謹案：在縣西二十里。又西南入耀州界。其水善溢，甚爲邑害。」

又　同官川　在同官縣北五十里，一作銅官水。《水經注》：「水出縣東北，西南逕銅官川，謂之銅官水。」縣志：「銅官川亦謂之同水，自縣北南流，與漆水合。」

又　烏泥川　在同官縣東北三十里。《通志》：「源出鼇背山，逕縣東南入白水縣爲白水，又入蒲城縣爲南河，又東南入洛。」

又　石盤川　在同官縣東北三十里。又有小石盤川，在縣北四十里。《耀州志》：「小石盤川循烏蘭山北而東流，合大石盤川。」《長安志》：「川在烏蘭山北，東流入坊州宜君縣界。」已上同官

又　沮水　在耀州西門外，自同官界流入，又東南入富平界。《隋書·地理志》：「華原縣有沮水。」州志：「沮水自宜君東北界來，一出銀兒坪，一出太子石，俱西南至楊秀川，合流爲宜君水，又南受諸川水入同官界，又南入州境爲堰頭河，又南受胡思泉，始名沮水。過錦陽川，逕州城西，循西乳山，受粱家泉水，東會漆水合流出鵲鵲谷入富平界，又通名石川河。」

又　漆水　在耀州城東門外，即同官水。《長安志》：「漆水自同官界來，逕縣十五里，南流入富平界，合沮水，俗名石川河。」州志：「自同官西南入州境，尹師澗水入焉。謹案：澗在五臺山北五里。又南逕城東五臺山，至西乳山下合沮水。」

又　澗谷河　在耀州西南十五里。《通志》：「水清見石，又名見底河。」州志：「水出州西北孝義鄉焦岩村東南，過牛村，名申家河，又東南名魚池河，又東南入三原界。」

又　濁谷河　在耀州西南二十餘里。《水經注》：「濁水上承雲陽縣東大黑泉，東南流，謂之濁谷水，又東南出原注鄭渠。」州志：「水出州西北甲池堡南馬鞍口，南流二十里爲堡泉河，又南爲涼泉河，又南至三原曰樓底河。」

又　清谷河　在耀州西三十五里。《水經注》：「清水流逕黄嶺山西，又南入祋祤縣歷原南出，謂之清水口。」《通志》：「一名清河，自三原縣合流入，又南入三原界。」州志：「水出州西北石門山麓，南至小丘，合環河。」謹案：環河在州西北六十里，源出大唐山。已上耀州。

清·畢沅《關中勝跡圖志》卷一二　同州府渭水　在府城南三十五里，自渭南華州界流入，又東入朝邑華陰界。洛水在府城西南五里，自澄城、蒲城界來，南逕商原，又經大荔縣西沙苑北，又東至霸城村入朝邑界。

又　黄河　在朝邑縣東七里，自郃陽界流入，與山西蒲州接界，又南入華

陰界。

又 渭水　在朝邑縣南四十里，自同州界來，又東至華陰界入河。《水經注》：「渭水東經平舒城北水之陽，即懷德縣。」洛水在朝邑縣南五里，自大荔縣界流入，又東南入河。《漢書·地理志》：「懷德洛水東南入渭。」

又 郃水　在朝邑縣北五十里，自郃陽縣界南流六十餘里入縣界，又東流逕滂谷鎮入於河。縣志：今名金水河。

又 黄河　在郃陽縣東四十里，自韓城縣界與山西臨晉縣分界，又南入朝邑界。《水經注》：「河水南經郃陽城東，又南瀵水入焉，又南逕陶城西。」謹案：陶城今屬山西臨晉縣。

又 徐水　在郃陽縣北十五里。《水經注》：「徐水出西北梁山，東南流逕漢武登仙宮東，又東南逕子夏陵北，東入河。縣志：「一名橋頭河，源出梁山東谷，逕城東北入河。順治中，邑人引水西流，環城而東如圍帶，又名腰帶水。」以上郃陽

又 洛水　在澄城縣西二十里，自白水界來，又東南入蒲城界。《漢書·溝洫志》：「武帝時穿渠自徵引洛水至商顏下。」謹案：元和志即龍首渠也，在同州西三十里，其龍首之尾曰乾坑。

又 雲門谷水　在澄城縣西北四十里。《太平寰宇記》：「雲門谷水源出澄城縣界。」《通志》：「以流逕長寧城，故又名長寧河。」

又 大谷河　在澄城縣東三十里。縣志：「源出界頭山，與郃陽分界，至蒲城入洛，亦名撲地河。」以上澄城

又 黄河　在韓城縣東十五里，自宜川界流入，與山西河津滎河分界，又南入郃陽界。《水經注》：「河水南出龍門口，又南右合暢谷水，又南逕梁山原東，又南崌谷水注之，又南右合陶渠水，昔魏文侯與吴起浮河而下，美山河之固即於此也。縣志：自龍門而南距郃陽下不百里，河堧多客，土遇潦輒潰，與滎河縣接界。」

又 錯開河　在韓城縣北七十里。《通志》：「龍門山北有河口，略似龍門，而不能通，相傳鯀治水時所鑿，今名錯開河。」

又 暢谷水　在韓城縣北百十里。《水經注》：「暢谷水自溪東南流逕夏陽縣西北，東南注於河。縣志：「一名盤水，源出硃砂嶺，歷縣北逕馮峯口東過薛曲里，暖水自西南入焉，又南過帶村，東入於河，又縣北二十里有文水，合盤水入於河。」

又 崌谷水　在韓城縣西南一里。《水經注》：「崌谷水出縣西北梁山東，南流横溪注之。謹案：横溪即今之洫水。東南逕夏陽故城北，又東南流入河。」《通志》：「一名濾水，源出麻繩嶺，東流爲白馬潭受八水。謹案：八水謂離水、景封谷水、洫水、澗水、漸水、潦水、滄水、芝水。入河。」

又 陶渠水　在韓城縣二十三里。《水經注》：「陶渠水出西北梁山，逕司馬子長墓北，東南流入河。」縣志：「一名芝川河，源出方山東，南流潗水、遂水、沆水來會同濾水入河。」

又 冶户川　在韓城縣北八十里。《衛氏地圖記》：「錯開河之西有澗，曰冶户川。」《通志》：「川口産鐵，舊置冶户，故名。」

又 黄河　在華陰縣東北四十里，自朝邑界南逕縣東北，合渭水，又東入潼關界。《水經注》：「河水南至華陰潼關，歷船司空，與渭水會。縣志：「黄河自龍門南下，經本縣東北葫蘆灘寺，南至潼關，折而東注，寺南即渭亂河處。」

又 渭水　在華陰縣北二十里，自華州界來與朝邑接界，又東流入於河。

又 敷水　在華陰縣西二十五里。《水經注》：「敷水南出石山之敷谷，北逕告平城東，謹案：告平城在今縣西。北流注于渭。」縣志：「源出大敷谷，入穀三里有百索潭，又南有撾鼓潭，皆敷水之源也。其谷受秦嶺以北東西諸水，故其流最大，經敷水鎮東北逶迤至灘子里入渭。」

又 良餘水　在華陰縣西二十里。《山海經》：「良餘之山，餘水出于其陰，而北流注于河。」《水經注》：「良餘水南出良餘山之陰，北流入于渭，俗謂之宣水。」

又 灌水　在華陰縣東南二十七里。《山海經》：「經松果之山，灌水出焉，北流注于渭。」《水經注》：「灌水出松果之山，即今潼谷水。」謹案：灌水，今山海經本作濩。

又 黄酸水　在華陰縣西十里。《山海經》：「升山，黄酸之水出焉，而北流注于河。」《水經注》：「黄酸水，世名之爲干渠水，水南出升山，北流注於渭。」縣志：「黄酸水至干渠頭東合仙谷水。謹案：仙谷水源出谷中車箱潭，亦謂之車箱水。又北經縣西長城橋下，又東流入于渭。」

又 長澗水　在華陰縣西門外。《水經注》：「長澗水源出太華山側長城東，而北流注于渭。」縣志：「源出太華山，玉泉西北流，過朝元洞循古長城北注

爲王家河，過縣西爲西河，又西轉北折而東流爲清河，又東至員莊入于渭，又有小澗水在縣南，一名竇谷水，源出王刁洞西北，流逕城南入長澗水，又有大澗水在縣東南，源出黄神谷，一名黄龍潭水，俗曰大澗，西北流入長澗河。」

又　沙渠水　在華陰縣東十五里。《水經注》：「沙渠水出南山北流，又西北入長城，又北入渭。」縣志：「一名蒲澗水。」

又　泥泉水　在華陰縣東三十五里。《水經注》：「泥泉水出南山靈谷，北流注于渭。」縣志：「靈谷在水谷西，今近水谷下有泉，水濁而赤，由小月溝金盆寨過橋西，北注於渭，或以爲即泥泉水也。」

又　洛水　在蒲城縣東四十里。縣志：「洛經白水澄城入縣境，合南河水，折而東南流入同州境。」

又　白水河　在蒲城縣北，自白水縣流入界内，入洛。《魏書·地形志》：「南白水縣有白水。謹案：南白水故城即今治。」縣志：「白水即同官之烏泥川，入縣境或名丁家河，或名高家河，皆以傍水居民爲名，東流納白石水、龍門溝、虎頭溝諸水，歷縣北經五龍山陰入於洛。」

又　温湯水　在蒲城縣東六十里。《通志》：「源出沮水東岸石穴中，又西流里許入於沮水，四時温暖可浴。」縣志：「一名温塘，旁有太湖山平地突起，周五六里，高十餘仞左右，危石流泉爲邑名勝。」

又　洛水　在白水縣東三十里。自宜君界來，東南逕縣東，又東南入澄城蒲城界。《雍録》：「洛在漆沮之東，至白水縣與漆沮合而南流，所謂洛即漆沮，言其本同也。」縣志：洛水抵黄龍山麓，東折又南過阿門村，距縣三十里，又東循五龍山陰南流入蒲。

又　沮水　在白水縣西三里，東南流至蒲城界入洛水，經注沮水自逕當道城南，謹案：當道今屬富平。又東逕蓮勺縣故城北，又逕粟邑縣故城北，謹案：粟邑故城在今縣西北。又東北注于洛。《太平寰宇記》：「洛水東南，沮水入焉，故洛水亦名漆沮水，其境東南多白玉，因又名白水。」府志：即烏泥川之下流，由縣西而來，北受白石水，又北受龍門溝水，又受虎頭溝水，又折而東至五龍山陰入于洛。臣謹案：《水經注》：沮水至富平分二派，其一自富平逕臨潼北境入渭；其一自富平至白水入洛，今白水縣沮水爲同官縣烏泥川之下流，蓋富平之流已絶也。以上白水

又　渭水　在華州北十五里，自渭南界來，又東入華陰界。《水經注》：「渭水自白渠口東逕鄭都城北，謹案：鄭都城在州西北。又東灌水注之，又東合沙溝水，又東合西石橋水，又東合敷水。

名高谷水。」

又　小赤水　在華州西三十里。《山海經》：「石脃之山，灌水出焉，而北流注于禺水。」《水經注》：「小赤水，即《山海經》之灌水也，水出石脃之山，北逕蕭加谷于孤相原西，東北流與禺水合，又北注于渭。」《太平寰宇記》：「小赤水，今名高谷水。」

又　禺水　在華州西。《山海經》：「出英山，禺水出焉，北流注于招水。」《水經注》：「愚水與招水相得亂流西北注于灌。」謹案：今《水經注》本禺作愚，同《山海經》言灌水入禺，此言禺水入灌，蓋相入，後兩水並得通名也。《太平寰宇記》：「禺水出孤相原。」《華州志》：「禺水亦名喬谷水，先自龍灣北逕聖山村入灌水，明永樂間水暴漲，北逕遇仙橋而北入渭，因又名。此爲仙橋河故道，在今高塘朱渠村諸處，又有漁村川水，舊入喬谷水，後亦因水漲入遇仙橋河，或疑即古之招水也，又有短嶺水亦流入遇仙橋河。

又　西石橋水　在華州西十里。《水經注》：「西石橋水南出馬嶺山，北流注於渭，闞駰謂之新鄭水。」州志：「石隄谷水源出石隄穀，北流至良侯村之北，名五港河，合赤隄谷水入沙澗，經石橋舖以達於渭，蓋即西石橋水矣。」

又　東石橋水　在華州東。《水經注》：「石橋水故沈水也，亦南出馬嶺山，北流逕武平城東，謹案：武平即武城故城，在華州東。又北逕沈城北入渭，謹案：沈城即沈陽縣故城，在華州東北。州志：「東石橋水源出構谷，亦名構谷水。謹案：構當作穀，即楮木也，可爲紙，今華州多穀，故名。作構者疑誤。」

又　西溪水　在華州西南。州志：「時人目之爲小曲江，以杜甫爲州司功時所嘗遊也，源出州南山澗，經故縣河澗諸村，又太平橋水在州東，亦謂之泥河，亦謂之北溪水，合西溪水入渭。以上華州」

又　黄河　在潼關北一里。自華陰界來，逕雷首山西折而東，是爲河曲，入河南界。《水經注》：「河自關東北流經黄巷阪東出。」

又　潼河　在潼關南城外。《水經注》：「灌水出松果之山北，流經通谷，世謂之通谷水，東北注於河，所謂潼谷水也，或説因水以名地也。」《元和郡縣志》：「潼關西一里有潼水，因以名關。」《太平寰宇記》：「潼谷在華陰縣東四十里。」縣志：「北流經蠍子山入黄河。以上潼關。」

清·畢沅《關中勝跡圖志》卷一七　鳳翔府汧水　在鳳翔縣西三十里，自汧陽縣流入。通志：「一名汧陽河。」

又　雍水　在縣南，又東南流入岐山界。《水經注》：「雍水出雍山，東南流，歷中牢溪，世謂之中牢水，亦曰冰井水，南流而左會左陽水，又與東水合，世亦名之爲淬空水。又東流，鄧公泉注之。」《太平寰宇記》：「雍水源出縣西北平地。」

又　東水　在縣西北三十里。《水經注》：「東水北出河桃谷，南流，右會南源，世謂之返眼泉。亂流，南逕岐州城東而南合雍水。州居二水之中，南則兩川之交會也。」通志：「泉出，似人返眼，故名。」

又　左陽水　在縣東二里。《水經注》：「左陽水，世名之西水。北出左陽溪，南流逕岐州城西，又南流注於雍水。」縣志：「左陽水行十里至西平，伏行三十里至三岔復出，東流合於塔寺河，故亦名塔寺水。」

又　杜水　在縣東三十里。《水經注》：「杜水出杜陽山，其水南流，謂之杜陽川。又東南流，左會漆水，俗謂之小横水。」

又　湋水　在岐山縣南四十里，自寶雞界流入，又東入郿縣界。《水經注》：「湋水自合磻溪水，又東逕石原南，又東逕五丈原北，又東至郿縣。」

又　雍水　在縣南十里，自鳳翔界流入，又東入扶風界。《水經注》：「雍水自合鄧公泉，又東逕召亭，世謂之樹亭川，蓋邵、樹聲相近而誤耳。又東南流，與杜水合。」謹案：今雍水在岐山者俗名灕河，一名後河。至扶風縣合漳水，自下又通名爲漳水，亦名白水。皆即雍水之誤也。

又　斜水　在縣南，自褒城界流入，又東北至郿縣界入渭。《史記·河渠書》：「褒水通沔，斜水通渭。」「褒之絶水至斜，間百餘里。」《括地志》：「斜水出衙嶺山，與褒水同源而派分。」《通志》：「桃川在縣南百五十里，其水出大山中，流爲斜谷水，逕太白峽，斜穀關北流入渭，一名石頭河。」

又　杜水　在縣南三里，自鳳翔界流入，合雍水。《水經注》：「杜水東南合漆、岐二水，俗謂之小横水，或名之米流川，逕岐山西，又屈逕周城南，謹案：周城在縣東北。又歷周原下，自下亦名岐水。又東逕姜氏城南爲姜水，與雍水合。」《九域志》：岐山縣有姜水。縣志：「自鳳翔界流來，合潤德泉水，又逕縣西，有南寺溝水自實相寺南流入之，又八畝溝水自縣城北來流入之，又東南流，會灕河爲交河，亦名雙溪。謹案：此水俗又謂之潢河，即横水之誤。

又　漳水　在縣東，又東南合雍水，流入扶風界。《漢書溝洫志》：關中有漳渠。如淳注：「漳水，出漳谷。」《元和郡縣志》：扶風縣南漳川水近代譌作圍」。《太平寰宇記》：「源出縣東北六里漳谷東。」縣志：「漳水，一名白水，亦名圍川，唐以此名縣。」謹案：縣東十里有魯班溝水，二十里有龍尾溝水、麻葉溝水，俱以小水南流入於雍水。案之，亦即漳水也。今俗間直以雍川富之，府、縣志並承其誤者非。

又　岐水　在縣北，源出麟遊普潤里，東南流入漆。

又　雍水　在扶風縣南門外，自岐山界流入，又東入武功界。《水經注》：「雍水自合姜水，又東逕美陽縣之中亭川。」謹案：美陽故城在縣北。

又　美水　在縣東十五里，一名浪店溝。《通志》：「源出美山，逕美陽故城，至縣東浪店南入漳水。」謹案：漢美陽縣在此水之北。

又　時溝河　在縣東十步，俗亦指爲漆水。《通志》：「源出縣西北五十里，自岐山界龍泉寺流來，至縣東門外合雍水。」謹案：此水入雍水與麟遊縣入小横水之漆水別爲一水。

又　渭水　在郿縣北三里，自岐山界流入，又東入盩厔界。《水經注》：「渭水東逕積石原，又東逕五丈原北，又東逕郿縣故城南，又東逕武功縣北，斜水自南注之。又東逕馬冢北，又逕武功縣故城北，又東合雍水。」《通志》：「渭河自入縣界，逕西磑汶家村，又逕縣北，東流過槐芽鎮柿林里，至龍舞屯，凡流七十五里出縣界。」

又　斜水　在縣西南三十里，與岐山接界。《漢書·地理志》：武功縣，「斜水出衙嶺山，北至郿入渭。」《水經注》：「斜水出武功縣西南衙嶺山，北歷斜谷，逕五丈原東以出武功縣，亦謂之武功水。其水北流注於渭。」《通志》：「斜谷河分導縣境者曰清水河，逕馬鞍山，循紅崖東北流二十里入渭，源微而委緩，清澈可鑒，故名。其東導一派曰磨渠河，逕景家橋，與蒼龍谷水合，亦曰蒼谷水。東入乾溝河，以在城南，亦名南河。」

又　赤谷水　在縣東二十五里。縣志：「駱谷之東有赤谷水，俗呼紅河，源出太白湫，名太白峽水，自山巖噴飛而下，出谷分三派：其逕河底注渭者，曰洪溝河，又名寧曲河；其逕第二坡由教坊注渭者，曰教坊河；其逕馬頭原清湫里者，曰清湫河，北流二十里入渭。又有黑谷水，在赤谷水東，出於滴水崖坪，坪下有潭，清澈見底。再南即四嘴山，有白馬仰天池，或曰即谷水之源也，北流入於清湫河。」

又　山河　在郿縣東三十里清湫河東。《通志》：「源發太白湫，出潭谷口流二十餘里爲槐芽泉，其水湍激，西流注於渭。」

又 沙河　在縣東。《通志》：「大振谷水，俗稱仙人峽水。在湯谷東，源出燕子窩，北流二十里，至睡佛寺與韋谷水合，故名沙河，亦名兩谷河。」

又 乾溝河　在縣東五里。《通志》：「其源有五。一名五谷水，一曰磨石谷水，出滴水崖，合并索谷水，水出觀音池，逕曲兀堡，合萬户谷水，又逕西梁閣，合桐谷水，稍東又合駱谷水，逕洪寺谷合流。紆曲四十餘里，雨滂時五谷水皆會，旱則絶流，故名乾溝。」謹案：此駱谷别是一水，非盩厔之駱谷水。

又 渭水　在寶雞縣南一里，自隴州流入，又東入岐山界。《水經注》：「渭水東與楚水合，又東入散關，又東逕西武功北，與扞水合，又東，右合南山五溪水，諸澗流注之，又東逕陳倉縣西，陳倉水東南注之，又東與綏陽溪合，又東逕郁夷故城南，汧水入焉。渭水之右磻溪水注之，又東逕石原。」謹案：西武功故城在縣西南。又案《太平寰宇記》：郁夷故城在隴州西。則渭水不應逕陳倉而復逕郁夷也。疑傳寫之誤。

又 楚水　在縣西二十五里。《水經注》：「楚水南流，逕長蛇戍，又南流注於渭。」《通志》：「今名陸川，亦曰長蛇水。」

又 扞水　在縣西南十五里，自鳳翔界來，東北流入于渭。《水經注》：「扞水經故道縣西，又東北歷大散關入渭。」謹案：故道縣今屬鳳縣。

又 五溪水　在縣南五里，東北流入渭。《通志》：「一名清澗河，在縣西南七十里，出煎茶坪山頂。懸流如布，又名瀑布泉。」

又 陳倉水　在縣東南二十里。《水經注》：「陳倉水出陳倉山下，東北流注於渭。」

又 汧水　在縣東三十里，自汧陽界流入，又東南入渭。《水經注》：「汧水逕郁夷縣，又逕平陽故城南，又東流注於渭水。」謹案：平陽故城今屬岐山縣。《通志》：「一名汧陽河，出隴州北境，東南流六十里入渭。」

又 綏陽水　在縣東南六十里，源出南山，北流入渭。《水經注》：「綏陽溪水上承斜谷，自斜谷分注綏陽溪，北至陳倉入渭。」

又 箕谷水　在縣東南六十五里，源出箕谷，北流三里入渭。《通志》：「蜀漢建興六年，諸葛亮以大兵出祁山，揚聲由斜谷道取郿，使趙雲、鄧芝爲疑兵據箕谷是也。有箕谷水出焉。又温水穀，亦在縣東南四十里，温水出焉，北流入渭。」

又 故道水　在縣西南五十餘里，又西南流逕黄牛堡入鳳縣界。《水經注》：「故道水出陳倉之大散嶺，西南逕故道縣。」

又 金陵河　在縣東五里，源出五峯山，南流入渭。《通志》：「在渭水北，自隴州流入縣境，又南逕陵原入渭。」

又 虢川　在縣東南百五十里。《太平寰宇記》：「虢縣有桃。虢川路通漢中。」《通志》：「虢川水源出奥山下，北流十里，又折而西流六十里，逕進口關入鳳縣界。」謹案：此即鳳縣之紫金水源。

又 暉川河　在縣西。《通志》：源出馮坊里，爲北山之水所聚，勢極猛迅，南流七十里入於汧。

又 漆水　在麟遊縣西，東南流入岐山縣界。《詩・周頌》：「猗與漆、沮。」《毛傳》：「漆、沮，岐周之二水。」《山海經》：「羭次之山，漆水出焉。」郭璞注：「漆水出岐山。」《漢書・地理志》：右扶風漆縣，「漆水在縣西。」謹案：漆縣故城在縣西。《十三州志》：「漆水出漆縣西北，至岐山東入渭。」《水經注》：「漆水出度陽縣之漆溪，謂之漆渠。漆渠水南流，大欒水注之，二川並逝，俱爲一水，南與杜水合。」謹案：「杜陽故城即今治。」《元和郡縣志》：「普潤縣城西有漆水。」謹案：普潤故城在縣西。《太平寰宇記》：「漆水源出普潤縣東南漆溪。」《通志》：「源出縣西南百二十里舊普潤西之青青山，合岐水入渭。」《雍録》：「岐之與邠，固皆同隸漢世漆縣，然漢志漆水特一出，無兩漆也。」《元和郡縣志》務合鄭説，遂分漢志一漆而著諸兩縣，故普潤、新平皆有漆水，仍於新平明立之説曰：漆水在縣西九里，西流注乎涇，今麟遊亦有漆水，與此異。據此，不獨一漆分爲兩漆，而意指所向，正謂邠州漆水應經，而岐下漆水不與經應也。夫《漢志》但著一漆，而吉甫直以邠漆爲漆，不以岐漆爲漆，則酷信康成之過也。」《通志》：「鄭氏綿詩注云：公劉遷豳，居漆、沮之地。故元和志謂邠州之漆别爲一水入涇，寰宇記亦以白土川當之。《元和志》又云：隋置普潤屯，後廢屯立縣，在漢爲漆地。亦明指普潤即漆縣矣。大昌之辯，似不爲無見。」【略】

又 岐水　在縣西。《淮南子》：「岐水出石橋山，東南流。」論衡：「王季葬於滑山之尾，欒水齧其墓。」《水經注》：「大欒水出杜陽縣西北大道川，東南流入漆，即故岐水也。」《隋書・地理志》：「普潤縣有岐水。」《太平寰宇記》：「漆水即大欒水也，源出普潤縣，東南流入漆水。」

又 杜水　在縣南城下，東南流入乾州界。《漢書・地理志》：杜陽縣有「杜水，南入渭。」顔師古注：「詩曰：民之初生，自土沮漆」，齊詩作自杜，言公劉居杜與沮漆之地。」《水經注》：「水發杜陽縣大嶺側，世謂之赤泥峴。沼波歷澗，俗名大橫水，疑即杜水矣。其水東南流逕杜陽故城，世謂之故縣川，二坑水注之。水有二源，一水出西北，與瀆魮水合而東歷五將山，又合鄉谷水，水出鄉溪，東南流入杜水，謂之鄉谷川。杜水又南合莫水。」《隋書·地理志》：普潤縣有杜水。《太平寰宇記》：「杜水源出普潤縣東南溪澗間。」《通志》：「杜水出縣西五十里，招賢鎮杜山之陰，行石澗中，東南流至舊九成宮西，納鳳臺山北西海口一帶之水，而流始大，蓋西海口納良舍、西坊兩流也。又東納清水河一帶之水，而其流愈大。杜水又接排雲殿山細流而東逕縣南，北受通濟橋、五龍泉、和尚泉等水，又東，則南受馬家溝口水，又東折逕火星廟北，過峽東，轉合於澄水。縣治居杜、澄二水之中。復折而過慈禪寺，受石臼山史家河一派，再折至柴石山後，受吳雙以北之水而可以勝舟矣。又數折，北受縣東之尉遲澗水，又受小花石溝水，而其勢益大，出縣境，逕乾州，又至武功入渭。」

又 二坑水　在縣西十里。《通志》：「合青蓮山、箭括山下兩流，北流入杜水。」謹案：今俗清水河。

又 細川谷水　在縣西。《太平寰宇記》：「細川谷水在普潤縣南，北流入涇州界。」《一統志》：「後魏永安中，高平賊帥萬俟醜奴散營於岐州之北百里細川，即此。」

又 渭水　在隴州南一百四十里，自秦州清水縣入境，又東入寶雞界。《水經注》：「渭水東南出石門，度小隴山，逕南由縣南，東與楚水合，又東入散關。」《元和郡縣志》：「渭水在南由縣南四十里。」《太平寰宇記》：「渭水在隴安縣西南四十五里。」

又 汧水　在州南，又東南流入汧陽界。《史記秦本紀》：周孝王使非子養馬於汧渭之間。《漢書·地理志》：汧縣，「汧水出西北，入渭。」《續漢書郡國志》：汧水出汧山。《水經注》：「汧水出汧縣之蒲谷鄉弦中谷。《爾雅》曰：水決之澤爲汧，汧之爲名，實兼斯舉。水有二源，一水出縣西小隴山，其水東北流，歷澗注以成淵。潭漲不測，出五色魚，俗以爲靈，莫敢採捕，因謂是水爲魚龍水，自下亦通謂之魚龍川。川水東逕汧縣故城北，又東歷澤，亂爲一，右合龍泉，又東會一水，自水會，上下咸謂之魚龍川。《隋書·地理志》：汧陽縣有汧水。《括地志》：「源出汧源縣西南汧山，東入渭。」《録異記》：「隴州路七十餘里有洞，中有石，或大或小，隨水流出，破之皆有魚龍形，過者並不敢語，語者便聞風雷之聲。」通志：「汧河源出汧山，東流會北河，東南入汧陽界。濱水之地，自州西至汧陽、寶雞，幾二百里，謂之汧川。」唐許棠汧湖詩：「偶得湖中趣，都忘隴坻愁。邊聲風下雁，楚思浪移舟。静極亭連寺，涼多島近樓。吟遊終不厭，還似曲江頭。」

又 楚水　在州西南。《山海經》：「數歷之山，楚水出焉，而南流注於渭。」《水經注》：「楚水，世所謂長蛇水，出汧縣之數歷山，南流，逕長蛇戍東，又南注於渭。闞駰以是水爲汧水。」《元和郡縣志》：「長蛇川在南由縣西百步。」通志：「在吳山縣舊境内，其流委曲如蛇，後魏以此名縣。」

又 芮水　在州西北。周官職方氏：「其川涇、芮。」《漢書·地理志》：「芮水出西北，東入涇。」顔師古注：「詩『芮鞫之即』，韓詩作『芮陒』。」《水經注》：「芮水出小隴山。」謹案：隴州之水，凡出吳山及弦蒲者，不入於渭，即入於汧，並無入涇之水。蔡沈書傳以爲汭水出弦蒲，汭即芮也。《元和郡縣志》：汭水出涇州良原縣，一名宜禄川，西自華亭縣流入，至長武入涇，則與漢志所云合，與書傳所云異矣。

又 白環谷水　在州西。《九域志》：吳山縣有白環水。《金史地理志》：汧源縣有白環水。《雍大記》：「白環谷，白環水所出。」通志：「水流如環，故名。」

又 八渡河　在州東南。《水經注》：「汧水有二源，一水發南山西側山下，石穴廣四尺，高七尺，水溢，石穴懸波側注，發源成川，北流注於汧。」州志：「一水發源望輦峰，左旋，繞廟前東北流，入汧水。」謹案：水經注云汧水有二源，一水出縣西山，一水發南山西側。則二源皆汧水也。本文甚明，自昔人誤謂一水爲水名而不察汧有二源之語，遂呼爲一水，其謬甚矣。

清·畢沅《關中勝跡圖志》卷二一　漢中府漢水　在南鄭縣南三里，自褒城界流入，又東入城固界。《書·孔安國傳》：「沔至漢中，東流爲漢水。」【略】注：「廉水于縣南北注漢水，又右合池水，又東得長柳渡。」

又 褒水　在南鄭縣西二十里，自褒城界來，南流至龍江鋪西小柏鄉入漢。《通志》：「一名黑龍江。」

又 廉水　在南鄭縣西南四里，自褒城界來，東北流入於漢。

又 漢水　在褒城縣南，自沔縣界流入，又東南入南鄭縣。

又 褒水　在褒城縣東一里，其上流爲紫金水，再下流曰黑龍江，俗稱之爲山河。

又 武關河　在褒城縣北百四十里，一名石溝河，自鳳縣流逕武休關東，合於褒水。

又 漢水　在城固縣南四里，自南鄭界流入，又東入洋縣界。

又 壻水　在城固縣東北六里，自南鄭界來南流入漢。

又 漢水　在洋縣南二里，自城固界流入，又東入西鄉界。

又 子午河　在洋縣東北。縣志：「蒲河源出秦嶺，南流會椒溪、文水二河，名三河口，又至白沙鋪，名子午河，南流入漢。」

又 漢水　在西鄉縣東北百二十里，自洋縣流入，又東南流入石泉界。

又 七十二渡河　在西鄉縣東南三百五十里。《雍勝略》：「源出金竹山，其水縈洄，凡七十二渡，北流入洋河。」

又 漢水　在沔縣城南，謹案：漢水至此爲沔水，古稱也。自寧羌界流入，又東入褒城界。

又 沮水　在沔縣西三十里。《述異記》：「漢沔會流處，岸上有石銘云：下至水府三十一里，傳爲李斯刻石。」縣志：「沮水，出縣北百八十里母豬山南，流逕縣北，又南入漢。」

又 西漢水　在略陽縣城西，自成縣流入，南入寧羌州，亦曰嘉陵江。

又 北谷水　在略陽縣東八十步，自徽縣來，經城西南入嘉陵江。

又 西漢水　在寧羌州西北百里，自略陽界流入，又西南入四川廣元界。

清・畢沅《關中勝跡圖志》卷二三　延安府清水　在膚施縣東北，自安塞縣南流入境，又東入延長界。

又 洛水　在安塞縣西北百二十里，自保安界來，東南逕縣西，南入甘泉界。

又 清水　在安塞縣西北，源出蘆關谷，南流抵城下鳳凰山，會西川水，又東南入膚施界。

又 背水　在安塞縣北百五十里。縣志：「源出武家南塔，東流至臥牛城三十里入綏德州，合於無定河。」

又 洛水　在甘泉縣西百步，自安塞界流入逕縣西，又東南入鄜州界。

又 辱水　在安定縣北門外，東流逕清澗縣至延川縣東入河。

又 潘陵川　在安定縣南八十里。縣志：「發源縣之鴉鴿嶺，南流入膚施界，爲清化河。已上安定」

又 洛水　在保安縣西百里。自慶陽府安化縣流入，又東南入安塞界。

又 馬步川水　在保安縣西百三十里。《雍勝略》：自安化縣東流入洛。

又 黃河　在宜川縣東百里，北由延川界逕本縣南至龍門入韓城界。

又 清水　在宜川縣東北二十里。自延長界來東流入黃河。

又 銀川水　在宜川縣西二里。《雍勝略》：圍繞縣城北流，合城南河。

又 南川水　在宜川縣城東。縣志：「源出神道嶺至縣境付曲村，合丹陽水流經縣之東北二門，與仕望銀川二水合。謹案：南川今皆以爲即赤石川，疑誤。

又 黃河　在延川縣東七十里。自清澗縣流入，與山西永和縣分界又南入宜川界。

又 三山水　在定邊縣西南百里。縣志：「源出三山，水東西二岔，合石澇池水，逕饒陽堡饒家水東注之，又南入北蕭關，合木瓜城水、黑城子水、跌腳城水、沙家掌水、梁家溝水、汝麻臺水、塔掌水入紅城子，經環縣西南即馬領水上源也。

清・畢沅《關中勝跡圖志》卷二四　奢延水　在榆林縣西南。自懷遠界來，逕魚河堡與西河合，又東南入米脂界。

又 黃河　在府谷縣東三十步東南，正南至河皆一百步，自塞外流入，又南入神木界。

又 清水川　在府谷東北五十里，自西北沙漠界流入東南，注於河。

又 黃河　在葭州東一里，自神木界流入，與山西興縣臨縣分界，又南吳堡界。

又 彌勒河　在葭州北七十里，自神木界屈家南溝歷彌川寨，至州北萬户谷，東入黃河。《延綏志》：「在高家堡，南宋於此置彌勒砦。」

又 永利河　在葭州北百七十里，自神木縣界流逕高家堡西北入禿尾河。《通志》：「即《水經注》之神銜水。」

清・畢沅《關中勝跡圖志》卷二五　丹水　在商州南一百里，源出州西北，秦嶺東南入商南界。

又 洵水　在鎮安縣西南七十里，自長安界入境，又流入洵陽界。

又 洛水　在雒南縣北五里，源出秦嶺東流逕熊耳山，入河南盧氏縣界，「洛」或作「雒」。

又 甲水　在山陽縣西南七十里，自鎮安界流入，又東南入湖廣鄖西界。

清・畢沅《關中勝跡圖志》卷二六　莫谷水　在乾州西，謹案：明志以爲在州南。自永壽縣流入，合錦川水，又南入武功縣界。

又 渭水　在武功縣南三十五里，自郿縣界來，與盩厔接界，又東入興平界。

清・畢沅《關中勝跡圖志》卷二七　冶谷水　在淳化縣東，又東南入涇陽界。《長安志》：雲陽縣冶水自西北淳化縣界來。縣志：「冶谷水在縣東門外，即縣河，一名淳化河，源出蠍子掌山，逕縣東合甘泉水、馬跑泉，又東南流逕縣南合葫蘆河，流逕涇陽縣至三原縣，與清谷水合流，入冶谷水。」

清・畢沅《關中勝跡圖志》卷二八　間河　在洵陽縣西二十五里，即澗水，源自平利縣來，北流入漢。

清・畢沅《關中勝跡圖志》卷二九　牛武川　在鄜州東北五里，西南流注洛河。州志：「自牛武城東來入洛。」

又 洛水　在中部縣東北三十五里，自鄜州南流逕交口，合胡蘆河，又南合沮水流入宜君界。

又 洛水　在宜君縣東北八十里，自中部界流入，又南與洛川接界，又東南入白水界。

清・畢沅《關中勝跡圖志》卷三〇　綏德州黄河　在州東百二十里，自吴堡界流入，與山西永寧州寧鄉縣分界，又南入清澗界。

又 平水　在綏德州西北城下，自米脂縣流入，逕州西北東流入無定河，今名大力川。

又 走馬水　在綏德州東南十里，自清澗縣流入，又逕州南入無定河。

又 黄河　在清澗縣東百二十里，自綏德界流入，與山西石樓縣分界，又南至張家山入延川界。

又 無定河　在清澗縣東北，自綏德界入境，又逕縣東入十里東南流入黄河。

又 走馬河　在清澗縣西北，自安定南溝岔入境，流七十里，東北逕綏德州入無定河。

又 白羊水　在清澗縣東北，源出吐谷嶺，東北流五十里入無定河。

清・姚鼐《惜抱軒詩文集・登泰山記》　泰山之陽，汶水西流；其陰，濟水東流。陽谷皆入汶，陰谷皆入濟。

清・姚鼐《惜抱軒詩文集・遊雙谿記》　蓋龍谿水西北來，將入兩崖之口，又受椒園之水，故其會曰雙谿。松隄内繞，碧巖岩外交，勢若重環。處於環中以四望，煙雨之所合散，樹石之所擁露，其狀萬變。夜共一鐙，憑几默聽，衆響皆入，人意蕭然。

清・姚鼐《惜抱軒詩文集・德州浮橋》　運河繞齊魯，勢若張大弓。限中抱泰嶽，兩簫垂向東。德州倚河壖，南北適要衝。

清・姚鼐《惜抱軒詩文集・渡淮》　淮源山萬重，飛流下穹昊。

清・姚鼐《惜抱軒詩文集・登黄鶴樓次補山韻》　夷陵西望巴山連，大江出空如墮懸。奔流一抹蹙滄海，大別黄鵠横障天。導江至此一夾束，瀠洄衣帶高樓前。

清・姚鼐《惜抱軒詩文集・榆中》　直北天低見磧山，黄河南下曲如環

清・姚鼐《惜抱軒詩文集・汶上舟中》　春風迎我自是江淮，岸柳將陰花漸開。盡室相看浮汶去，數山如畫入船來。微波夕照融當面，飛鳥長空近好懷。

清・李調元《南越筆記》卷三　西江　西有三江其一爲灘，一爲左，一爲右。右江至潯而匯左爲一，而右江之名隱；左江至梧而匯灘爲一，而左江之名亦隱，惟曰西江。西江在西粵爲三，在東粵爲一，一名鬱水。

又 永安五江　永安縣有五大水以江名，名曰五江。自鷄公嶂至小黄花、佛子凹、岡脊之地，其水四馳，南爲秋鄉江，其流最長。西則神江諸水，東則琴江，北則藍口水源秋鄉江、神江、義容江。琴江其大者，小水注之甚衆。大者爲經，小者爲緯，源流見矣。

五江一曰秋鄉江，在永安城西南一百二十里。其源二，一出琴江寶峒山，一出官山嶂下，合流而北，過火帶社，西納車峒水，東納石坑鐘坑水，折而西，田子逕水南注之。至縣，轎尾水東北注之，堤坑水北注之，南下，豬母坑水又北注之。至半江，東納牙溪水。至馬頭山，西納下瀨水，又西納官坑水，又東納黄沙水，又東納雙螺濁水，又西納逆坑水，東南納軍糧水至鳳凰岡，北納清溪水，又東納南山水，又西納龜坑水、吉田水，至曲派，納下義水，入於東江。《廣東輿圖》云：其源一出縣東，一出縣北。衆山環繞，萬壑交流。百餘折而經駟雉司前，又折而至梅花嶺入於江口。其曰牙溪者，一出羊角嶂北，一出公坑西，至番流水合流而北納羅坑村水西至牙溪口入秋鄉江。曰黄沙水者，一出燕尾山，一出烏禽嶂。至磜頭合流，北過上下湯、梅子派西入秋鄉江。曰軍糧水者，出梅坑逕北，過唐田，西北入秋鄉江。曰清溪水者，其出寶山嶂者爲上下窖水。出狗頭山者，爲員墩

水。合流納瓦屋頭水，過沙子，逕神宮前半，逕至旱塘。其出天子嶂者爲苦竹水，至旱塘合流，至鳳凰岡入秋鄉江。曰南山水者，出犁壁山，北過南山至石屯。其在歸善境者，一出黄草嶂，一出石塘至湴塘合流至上石屯合南山水西北入秋鄉江。曰下義水者，出礤石逕北爲捲蓬水，出犁壁嶂西爲犁壁水，過上義高岡合流，納梅子垻水過下義至曲派，入秋鄉江。

二曰神江，在縣西北一百二十里。其源二：一源在林村埔北，東出小黄花，西出嶂下；一源在林埔南，東出佛子凹，西出雞冠山，合流，至龍潭脛北，受辣菜坑水至黄竹逕又北受曹坑水，至黄塘，南受白溪水至横石，又南受苦竹坑水，至鹹口北受陳田水，至魚潭逕又北受楊坑水，至陂角沙，南受龍頭山木公坑水至停塘，北受花坑水，至企山下，南受大梨水，至鄧村又南受禾坑水，入東江。《廣東輿圖》云：其源出雞冠嶂，周迴百折，衆水注之。經梧桐山之前，又折而至江口入於東江。

三曰義容江，在縣西七十里。發源蔣峒尾，至飛鵝嶺合月角嶺水，過義容屯至烏鵲潭。其出大魯嶂、貓兒山者，至安全合流，至中田合桃子園水，至烏鵲潭入義容水至黄坭塘受湯坑入於東江。《廣東輿圖》云：其源出大魯山，折而至寬仁司之前，複折而入於東江。

四曰東琴江，在縣東四十里。自雞公嶂發源，西受北坑水，至上鎮東受象鼻逕水，至水口村，西受塔凹水。至練坊西受童坑水。至官屋埔，東受甘坑水。至楊梅埔，西受馮坑水，至寺坑，東受黄小塘水。至羊羔西受黎坑龜湖水。過長樂米潭至琴口會南琴江入於横流渡黎坑水出逃軍嶂龜湖水出寶峒嶂。《廣東輿圖》云：北琴江自簾紫嶂發源，由山谷嶂折四十里入長樂界琴口，按東琴江初《志》稱曰北琴江，故《廣東輿圖》本之。然此江在縣之東，當名東琴江，稱北琴江，誤，今改正。其曰塔凹水者，一出芙蓉徑，過賀岡，一出解沙，逕過袁田，至塔凹合流，入東琴江。

五曰南琴江，在城東南六十里。其源自西來者，一出嶂下，一出横排嶺，合流至龍窩，納吉峒水。一出公坑嶂，一出岑裏，合流至清溪，合施坑水，俱至明亭水，合流至中湖納松坑水，至柘口。自南來者，一出磜頭，一出黄坑，合流至小鰲，合貉老坪水，過細女灘納掩桑水，至柘口，會西水過長樂大梧，至琴口會東琴江。《廣東輿圖》云：自羊角山發源，沿流由南嶺後曲折三十里，入長樂界琴口與東琴江之水會合入横流渡。其曰黄花水者，東出芙蓉逕，西出陳塘上不，至鯉魚頭，合流北至散灘逕，納白溪水出康禾。

清·姚遠翮《華嶽志》卷一《同州府志》：「仙谷水源出谷中，車箱潭亦謂之車箱水，其水出谷西北流合黄酸水。」

清·姚遠翮《華嶽志》卷一〇 其上淫出爲潭，爲池，爲瀑布，以匯于青柯坪下者，皆玉井之水，水至坪又受諸峽十八盤之水流，繞峰腰與石争道，勝者冒出石上澎湃有聲，不勝者凹凸相受，旋雙瀠洄，或伏流尾下，乍隱乍顯，至谷口乃噴薄直瀉，以入於渭華。故多峪，峪多水而以醉溪爲大五里，至桃林坪有小瀑，當門一破石。

清·姚遠翮《華嶽志》卷一 關中八水滙，清渭獨朝宗，黄河西北來，交會船司空，河流挾底柱，嶽勢分弘農，山河兩戒首，氣壓殽函東。

清·李調元《羅江縣志》卷三《東鄉》 羅江即東門河也。右水自安縣來，即安昌水也。左水自綿州來，即涪水也。合流而經此，蹙成羅紋，縣因以名，謂之紋江《方輿紀要》。

按：「今東水自安縣石堰子經臬水河，過神泉之塔水場來；西水自睢水關、白水河、兩河口來，至北寺合流而南，至中江，並不與涪水合。涪水與龍安水皆歸舊州大江，此云涪水誤。

芙蓉溪，在縣東一里，一名蚌溪，又名三柴水，源出白馬關山下，東南曲流十五里至城南，入羅江。《四川縣志》

温水河俗名冷水河，自西北由安縣河壩場混江鎮分派，由羅江野人山入境，離城三十五里。由石皮灘，又過石坎至獅子院東流，同乾河與灃河合流，作三堰，至北寺前，與寧江合流。波流瀠洄如羅紋，故名羅江。由東門外轉南二里，合芙蓉溪水，合流至三輛車，又十五里至斜灘河，又十里至潰子河口出口至中江縣下流。

乾河，城西北三十里，亦自安縣發源，由彰明旱壩又至安縣觀音壩入羅江境，離城三十里，過石坎灌園堆壩田，至獅子院與灃水合流，同歸羅江。至潰子口入中江芒江堰，即乾河水也。

綿陽河，縣西北四十里，自茂州牛心山發源，經天池大壩至綿竹縣東北綿陽口，分數派。西一支灌綿竹十餘堰，東一支由河壩場南流入羅江境，爲乾河。又中分一派，經野人山，西分一支，灌德陽柳梢堰，其綿陽河正流。溉彰明穿山堰，又灌羅江玉女堰，出紅砦山口，灌略坪村田，又爲紅砦、天池二堰，又東入羅境爲後壩堰。又灌德陽茂包堰，又灌羅江麻山堰，南由德陽境下流。《舊縣志》

按：綿陽江，即《蜀都賦》所謂浸以綿洛也。蜀地名綿，皆因之。有誤作沔陽，非也。沔在漢中。

墨水，在羅江西北，自安縣南流入境，下流會於漢洲之綿水。

清·金玉岡《天臺雁蕩紀遊》 下嶺水聲洶洶，大谿出於道左，水自兩山間瀉落，源自蘆谿釣艇石而來，是爲蘆谿。左右皆亂峯，夾徑或大石丹碧横疊而起，厓閒多老木，倒控如仲巨臂攫人者。俯視谿中，幽深冥漠，亂石疊疊倍極奇古，或折爲曲澗，或聚爲深淵，散而成瀨，聚而成湍，石滑則波媚，石起則水喧，噴雪流雲，喧寂不一，而潺湲澎湃噌吰鏜鞳之音，無不備矣。如此數里，隨余杖履至國清寺。

清《西藏志·山川》 東方之川

機楮河，即藏江，有船通渡。離召十里。

工布江達河，有橋設隘。

拉里河，離拉里東半里許，夏秋泛漲，湍急難渡。

假夷三巴橋河，離洛隆宗一日。左山右河，最險，有橋。

拉工河，有橋，離昌都西三日。

六古三巴河，有橋，離昌都西三里。

察木多河，分左右二江，有大木橋。察木道即昌都康平。

金沙江，即巴塘河。泝江百二十里，至竹巴隆，過渡有船。

雅隆江，即中渡德靖營，有船。

南方之川

春結，即藏江。前後藏之河會流于南，由赤書羅卜喜洛出藏境。

洛巴河，即工布江達之水，皮船通渡。

怒江，即外夷界，不可渡。

西方之川

業党楮河，有鐵索橋，乃守隘要地。

藏布河。

北方之川

羊木陸海，自扎什隆布至阿里，夏天隨地皆水，人呼曰海。

彭多河，有鐵索橋，亦有皮船。離藏三日。

哈拉烏素，皮船通渡。離藏八日。

阿克打木，離藏二十五日。

春艮諾爾，離藏九日，即天池也。

清·貢震《靈璧河渠原委》上 靈璧水患爲大淮次之，睢次之，沱澮又次之，蓋自黄河奪泗合淮，淮於是乎溢。淮溢而睢沱澮下流無所容，靈璧之地之不爲沼者鮮矣。治靈璧者不能使水之不容，而但求水之易消，誠使多濬溝渠以容以洩。冬春閒地無積潦，二麥得以播穫。民病庶幾有瘳。

又 泗　靈璧北境於《禹貢》爲泗濱，自黄河南徙徐城以下，泗水之故道既爲河流所占，徐城以上又引汶濟諸水合而通漕，而泗水幾不可問。然其初，泗雖混於衆流而入淮，則仍由故道也。迨至泇河，阜河，中河相繼而成，悉引山東諸泉入運，而泗水乃無涓滴，至於靈璧之境矣，泗不入境，故其原委可置弗録而特著，其變遷之故一爾。

又 河　黄河之在靈璧北境者，才二十二里，而張家九房埽工，百餘丈通河，稱爲極險，往時防河之責，專屬河員。

又 淮　淮水之在靈璧南境者，西自懷遠縣交界之蚌步集，東至鳳陽縣交界之西門渡，中間二十餘里。每歲夏秋水發濱淮之地，悉成巨浸深且逾丈，此非溝渠所能宣洩，隄堰所能捍禦也。所以然者，淮水發源桐柏挾七十二道山溪之水東趨入海。唐宋以前，漲溢爲患，史不絶書。宋以後，黄河南徙合淮或由潁至壽春入，或由渦至懷遠入，其後專奪泗，由徐邳至清河，入清河，距海三百里。淮水之尾閭，强半爲河所占，淮漲則扼於黄而不行暢流，淮消則黄且乘其虚而倒灌。治河者慮黄之倒灌而又欲借淮之清以刷黄之濁也，則東以清口鄣以高堰。且於徐邳，黄河南岸多設閘壩以分黄助淮，由是而洪澤滿，泗州沈，臨淮没，下愈壅，則上愈潰，必至之勢也。靈璧南鄉數十里安得不常爲沼乎？

又 睢　睢河，俗稱「小河」，亦稱「行河」，屬靈璧境内者，上自霸王城西宿州界，下至板橋睢寧縣界，約長七十餘里。中間陵子里以上至宿州徐溪口，河形尚在徐溪口以上，久已淤爲平陸。陵子里以下至宿遷歸仁隄，一片湖泊，不見涯涘蓋久矣。今之睢水非復古之睢水矣。古之睢水來源甚少而下流甚暢。今之睢水來源愈多而下流愈澀。何以明其然也？古者徐豫閒岡原陂澤之水分流於汴、泗，汴水引河，其初未有隄也。睢特汴之支流耳。自漢脩汴渠，隋開通濟，於是隄以防之。宋以後黄水入泗，衝突爲患，又隄以防之，向者汴、泗所受之水，悉爲横絶瀦蓄無所畢凑於睢，而睢乃大矣。

又 本朝靳文襄公治河於南岸，建閘壩九座，減洩黄水匯於靈璧五湖，流清而停濁。是時徐溪口以上久經淤塞，靳公於閘壩下各開引河入睢，上游置不謂矣。則睢又分黄之委，而睢更大矣。古者睢河至靈璧，由孟山後東趨小河口才百里耳，而宿遷境内尚有白洋河、朱家溝、周家溝、胡家溝，俱係宣洩埠子諸湖入泗之路，小河一口不足以洩，睢之漲則賴此以分之，故其流暢，雖大不爲害。明萬曆間河決，單縣之黄堌口數年不塞，總河楊一魁言，歸仁之北有白洋河、朱家溝、周家溝、胡家溝、小河口，洩入運河，勢如建瓴，可見當時睢湖諸水入泗之路，不專恃小河口也。康熙中，張文端公治河尚議，開胡家溝引睢入黄，因其地亢，故改至隄頭，詳見《河防志》。明季河決，睢寧孟山以東，睢河之故道悉淤，楊疃、陵子亭里瀦而爲湖。今楊疃、陵子諸湖，皆明時有糧之地淤斷瀦而爲湖。○國初賠糧，民不堪命，鄒平馬宛斯先生宰靈，始以水沈拋荒，詳請豁免。於是睢水漫溢於靈虹、睢宿之境，然其下游，仍由小河口、白洋河而入黄也。迨至歸仁決而睢水南，睢水南而黄水入宿境，河溝悉爲淤墊。睢水不得不常假道於歸仁以趨洪澤矣。夫導水之法取道宜直不宜紆，宜近不宜遠。孟山之至歸仁也，百里而遥，歸仁之至洪澤也，又百里而遥，其道里已倍於小河口，且睢出小河口，則以泗爲壑也，至洪澤則不得以淮爲壑也。何也？夏秋暴漲之時，淮既挾汝潁肥濠池諸大川以匯於洪澤，而東則鄣於高堰，北則束於清口，方且震盪，衝激於其中而不得逞。而睢適當其怒，勢不能與淮抗衡而出，故睢之以淮爲壑者，在清口之外，而不在清口之内。則其去孟山也四百里而遥，且朱家海決口而宿虹諸湖飽矣。烏鴉嶺之砂礓聚於歸仁集如門限矣。夫睢合豫、徐，岡原陂澤及黄河之水，行千里入淮，而一阻於歸仁，再阻於清口，靈璧安得不病？或曰：「睢之害，宿州以下竝受之矣，獨靈璧。」然靈璧之地，較他州縣尤霪，故治河者以爲水匱，宿居上游，睢河之寬深過於靈璧，愈下愈窄，愈窄愈淺。宿州又隄其兩岸，東西百餘里，束水歸靈，至靈而散漫，四出匯爲巨浸，又甚，則南至汴埂，北至河隄，洞庭波濤之險，起於平陸，此宿虹諸邑所未有也。故特詳其原委如左。

又 《漢書·地理志》：陳留郡浚儀縣下云睢水首受狼湯渠，東至取慮入泗。浚儀縣，今開封府祥符縣，取慮音秋廬，今徐州府宿遷縣。

又 《水經注》：睢水出陳留縣西、蒗蕩渠東，流至下相縣故城南，又東南入泗，謂之「睢口」。陳留縣西即祥符也，下相故城在宿遷縣。

又 今《一統志》：睢水，汴水之支流也。今自河南陳留縣東北，與汴河分流，經永城縣南而入徐州。碭山縣界下流至邳州宿遷縣東南而會於泗，謂之「睢口」，亦曰「小河口」，以睢水亦兼「小河口」之名也。

又 《河南通志·開封府下》云：睢水在陳留縣東北四十里，東流經相睢寧陵，達於徐，又歸德府，下云「睢水」。在夏邑縣南二里，經永城縣，合沙、白二水，達於宿州。沙水即蔡河也，源出蒗蕩渠，睢河上源亦名白河，此二河今淤。

又 鄭元慶《小谷口薈蕞》云：歸德府商邱縣南有古睢水，自寧陵縣流入東，入夏邑界，今湮，其曰穀水者，即睢水也。《江南通志》云：睢水東出者，曰穀水，南出者，曰蘄水。

又 《鳳陽府志》：睢水在宿州北二十里，源出河南夏邑縣，白河經州境東流至清河縣，會泗入淮。明嘉靖間，御史武金言黄河入淮之道有三，其一自小壩經歸德城南飲馬池至土家集，經夏邑至宿遷，曰「白河」，則睢河兼白河之説由來久矣。菴府志脩於康熙二十三年，曰源出夏邑泗，其近也。彼時小河口已塞，睢水過歸仁集入淮，故曰至清河縣，但不應仍言匯泗耳。

又 《睢寧縣志》：睢水自宿州靈璧東流而下，入睢寧界，歷孟山潼郡一里，名並屬靈璧，《睢志》誤也。至子仙鎮，經堌頭，過廟灣，繞縣治後，再東抵高作、耿車，兩地名。而盡於小河口入黄河。自天啟二年、崇禎二年，黄河衝決，沙爲平陸，故道遂湮。今小河自孟山東下，歷縣治南界，由找溝而東南入祠堂，湖口俗之所謂山河者，即昔睢寧也。乾隆十八年夏四月，余因捜捕蝻孽至孟山，見有斷河，寬十餘又深三四尺，時雖旱，夫涸中有漁者，土人稱是老黄河上下淤斷，僅存數里，睢靈以此爲界。余竊疑之，詢之紳士，無有知其文者。及觀遂寧縣志，乃知此即睢河故道。明白昂濬古睢河以導黄，劉大夏繼之。終明之世，黄水之取道於睢者數矣，老黄河之稱非無自也。二十年春正月，余登孟山，觀所謂老黄河者，則無有矣。土人言十八年張家馬路決口，黄水直趨孟山，老黄河由此淤平。烏乎，余至此才兩年耳，北鄉陵谷變遷已非一處，蚩蚩者知之而不能言，其能言者又漫不留意，歲月浸久，湮没無傳。靈璧之事，大抵如斯□歟。故余鑑古今見聞之有據者，以存十一於千百云。

又 鮑斐英《治河説》曰：「睢水受商邛、寧陵、永城、夏邑、豐碭、靈虹無源之水。」此句説得最好。睢爲汴之支流，汴爲河之支流，自河汴屢決。凡河南一切水道，俱爲湮没，而各州縣地志，猶仍舊曰：「某水發源某處，是無異於刻舟求劍也。」直説無源之水，而岡原雨淹千溝萬澮，紛至沓來。其洶湧有十百於原泉之混混者矣。從宿遷白洋河小河口入黃，前人防其入淮，築歸仁隄以捍之。潘虹川《河防一覽》云：「歸仁集隄，所以捍禦黃水、睢水、湖水使不得南射泗州，竝攻高堰，而又遏睢水、湖水使之併入黃河，益助衝，則關擊最爲重大。然其橐籥則又在小河口之通塞，蓋小河通則睢水逕入黃河，而歸仁之水減半，其藩籬則又在耿車，時兒灘一帶之隄，蓋此隄高厚堅固，則睢水不能侵入埠子等湖，而小河常通矣。況小河常通，則靈睢宿遷積水得泄，而沮洳漸成膏腴，舟行徑直，免犯湖險。而小民便於販易，爲地方利，又非淺鮮也。」順治時，河決河小河口，而白洋河入黃之道遂淤。靳文襄公開便民閘導之入淮。靳公奏疏云：「歸仁一隄原以障睢水，並永堌邸家、白鹿諸湖之水，不使侵淮，且令由小河、白洋河二處入河，助黃刷沙者也。自順治十六年，歸仁隄衝決之後，睢湖諸水悉由決口侵淮，不復入黃刷沙。以致黃水及從小河口、白洋河二處逆灌，停沙積漸淤成陸地。」又《治河書》云：「宿遷縣歸仁隄便民閘一座，五堡閘一座，二閘水俱減入洪澤湖助淮，淮不能容，而旁洩六壩，遂爲高寶，興泰七邑之災。張文端建安仁、利仁諸閘東水入黃去，白洋河、小河口僅數里，地勢高仰不能入河。康熙三十九年，張文端公開引河，自九龍廟至桃源縣境老隄頭，黃河旁上，引睢湖諸水以達於黃，又建歸仁隄閘三座，西曰「利仁」，東曰「歸仁」。中曰「安仁」。又建老隄頭出水閘一座，曰「祥符」，月河小閘一座，曰「五瑞」，其說曰：「黃水大則閉老隄頭閘，開歸仁隄閘，以放水入淮；黃水小則閉歸仁隄閘，開老隄頭閘以引水刷黃。節宣有制，可以垂久遠而無弊矣。」今莫若相形勢，開引河，使永遠入黃河，水小則助淮出清口，以刷黃，水大則清口以上，淮不能刷沙，睢爲之刷，是謂助淮刷黃之法。案山法，仍是文端遺意，淮黃相制、互有強弱，以睢水調□。其閘立法之善，更密於潘、靳二公矣。然文端開老隄頭引河時，測地高下，量水淺深，幾經議奏而後興工乃河成數年，外高內窪，雨不能出，至今越五十年矣。河底日益高，而河旁之地又因朱家海決口，沙墊數尺，歸仁隄五堡各閘衝盪無存，司河者久已棄之矣。前人之良法豈復能行之今日耶？

又 汴 汴渠之在靈璧者，西自宿州界，宿靈菴。東至虹縣界，隄達虞姬墓隄北，長直溝集。橫亘南北之中，唐宋時江淮漕運由此達京師。然渠水引河本易淤塞。宋初發畿輔民，歲一浚，祥符以後浚汴。夫借充他役汴渠，久不脩治，日就淺澀。

又 汴渠原委最不可曉，胡朏明所謂支汴交絡，名稱互見，使人目眩心搖者也。舉其大要，則《史記・河渠書》言：「滎陽下引河東南爲鴻溝，以通宋鄭陳蔡曹衛與濟汝淮泗會。」一句是其主腦。

又 沱 《河防志》：沱河，源出宿州紫蘆湖，經靈璧縣東，南至五河縣西北，會澮水東，入丁淮。今考沱河之在縣境者，自觀音閣西宿州交界起，東南至沱河集三十餘里。又東過砂礓壩，至濠城集四十餘里。又東至虹縣交界之胡家莊，二十餘里，淤塞已久。每歲夏秋，水發□州東境，與本境汴隄南諸山湖之水，畢歸此河而下，沱河集以上地高仰，水易瀉，集北地卑四面水來匯，爲巨浸，大路沉於水底，橋頂僅浮水面，官民來往悉用筏渡砂礓壩，東西河湖相連，不見涯涘。濠城北龍虎橋上，水深三四尺，城南數十里之平地被渰，則以此河不通之故也。今余嘗謂北鄉濱睢南鄉，濱淮之地，十年九澇，無法可治，蓋其來源甚大，縱有溝渠可以消，冬春積水，而不能制夏秋暴漲。若城南之地所患者，一時雨潦尚易宣洩，惟將沱河開寬十丈、深五六尺，又於兩岸疏通舊溝，使腹地之水暢流無滯，則汴隄以南、澮河以北之地，可使歲歲有秋矣。

又 其東南濠岡亦北臨澮河，連城則有城可據。濠岡則因洨得名，所謂洨縣故城，二者或居其一，大抵淮北州縣，每當割據之世，城郭邛墟，人煙斷絕，兵燹而後，文獻無徵，以譌傳譌，相沿失實。即如洨在淮北，濠在淮南，濠水有二源，並在今鳳陽縣南，山中，東源出濠塘山，西源出莫邪山，至昇高橋，今流東至臨淮縣城西，有石絕水，謂之濠梁，即莊子觀魚處，北流入淮。雖相隔祗此一淮，而水之源流判然各別，何乃南北相混以洨爲濠，穢史已然，無怪後世矣。魏收《地形志》：「連城縣有濠城、濊水」，「濠」即「洨」也，「濊」即「澮」也。收北人此地，在南北邊界，考之弗詳耳。又按張文端《河防志》云：「澮河，源出河南永城縣馬腸河東，流經宿州，過靈璧固鎮橋，至五河縣南入淮，此據《鳳陽府志》也。所謂馬腸河者，蓋即蘄水上流，洨水受蘄，蘄首受睢。永城睢河久淤，故蘄無所受，然志載宿州以下澮河之源流，與《水經注》洨水無與，安得謂其有兩水乎哉？史「洨」之譌爲「濠」也，聲之似也，猶濡水之譌爲濼。《漢志》：「遼西肥如縣濡水，南入海」，陽師古曰：「濡」音，乃官反讀「若」難，後譌爲「濼」，以聲相近也。邲水之譌爲汳也，音義已見汴水篇。「洨」之變爲「澮」也，「義」之道也，「交」與「會」一義，《康熙字典》：「澮」又音「滑」，兩水合也。猶黑水之變爲瀘，《禹貢錐指》云：「梁州之黑水，漢時名瀘水。「瀘」，本作「盧」，如盧弓、盧矢、盧橘之類，皆訓「黑」。劉熙《釋名》：土黑，曰「盧」。沈括《筆談》云：「夷人謂黑爲盧，漢中山盧奴縣有黑水」，酈道元云：「水黑曰盧，不流曰奴，尤盧水爲黑水之切証也。」引葭水之變爲長蘆也。《水經注》：「衡水，西逕樂鄉縣故城南，又東引葭水注之」，又云衡水，自堰分爲二，其右水東北注出石門，謂之長蘆水，蓋「變」引「葭」之名也。按長字之義，與「引」通，「蘆」即「葭」耳。雅俗異音，古今異趣也。

又　澮河自固鎮以下，寬二三十丈，深二三丈不等。境內河道之最通暢者，上至蘄縣，寬深減半，再上至永城境，淺窄不能通舟矣。明萬曆間，河決，單縣之黄堌口，歷久不塞，復決其上流，蕭家口全河奔潰，南下谿澮河，趨固鎮入淮，今澮河兩岸，高灘中有沙洲數處，皆黄水經過所致，父老猶有知其故者。每歲夏秋，水發，淮漲於下，則澮漲於上，固鎮橋面，水深三四尺，河灣窪地被淹，下流順河集一帶，漸近五河口。淮水倒漾，受害□甚，然無法可治，惟俟其消退而已。

又　澥　《鳳陽府志》：澥河，源出宿州之仁義鄉，東流經靈璧縣入淮。《通志》同。今境內澥河，西自宿州界之喬家莊，東至周家渡，又東至新馬橋，東入於澮，不見其入淮也。考張文端《河防志》，凡淮河南北之水之入淮者，雖小必録，亦竝無澥水入淮之文，蓋府志誤也。河身久淤，夏秋雨集，水面寬二三里，至新馬橋，匯爲巨浸，風濤相激，舟渡甚險，蓋澥水入澮，澮漲則澥不能消，若冬春閒固可褰，裳而涉耳。

又　肥　肥河自懷遠縣交界之劉家橋，東南至八壋集，又東南至甘家橋，屬靈璧境內，又東南入鳳陽縣界，至沫河口，南入於淮，此現在河形也。按《河防志》：肥河源出宿州龍山湖，東流至懷遠縣之正義村，匯爲巨浸，東入於淮，《通志》載：肥河在懷遠縣之雙墩入淮。《府志》載：肥河在懷遠縣荆山東入淮，所記入淮之處，地名不一，皆在懷遠界內，未有言及鳳靈者。又考《通志》載：清溝河在懷遠北二十里，自□□之龍山湖東南流，合十湖八堰諸水至縣北會肥河，而水始大。舊靈璧南境，至府治沫口河入淮，今下流淤塞，時有汎溢之患，乃知縣□肥河，即懷遠之清溝河。八壋集北里名清河，是其證也。今土人皆稱爲小河。　因其與肥同源，故亦名肥河耳。《爾雅》歸異出同曰「肥」。　此河洩宿州龍山湖及懷靈兩境，窪地之水南入于淮，年久淤塞，不能暢流，以致汎溢，固已然，他處溝渠宜疏，而此獨否，何也？從前淮水不似近年之大，故內水得出，今則黄水逼於清口之外，高堰鄣於洪澤之東，睢湖諸水又改從歸仁而出，淮之大十倍於前。夏秋水發，內水未來而淮之倒灌者，已先至八壋集，周迴數十里，水深逾大，居民村無異波一浮鷗，若肥河再濬深，通則淮水倒灌更易，此不可不慮也。

清·貢震《靈璧河渠原委》中　黄泥溝　縣境西北與銅蕭接壤，銅蕭諸山之水由眉山前東入縣境，因其渾濁，故名黄泥溝。形甚小，東合境內君實、靈覺諸山之水，至李家窪其流始大。東至古城，又東南至練灘合運料河水，南過張家橋，又南入潼河，此舊溝形也。乾隆十八年九月，黄水從張家馬路南來，古城一帶正當大溜頂衝，平地沙高數尺。黄泥溝填滿水無出路。十九年春，余從士民請祭開濬，改就新衝，從古城起首，東南至毛山，又東南至鄭家樓，又東南接漁溝，共成五千四百八十余丈。本府通判徐延琳任宿州知州，張開士承挑以是年十一月，興工至次年二月告竣。附近新河之地可以永無水患，惟古城二餘里沙土鬆浮岸善崩而易淤歲脩之功，官與民房勿憚其勞也。

黄泥溝頭由眉山東至靈谷原甚淺窄，今爲黄水淤平迤東至鄂家山、李家窪。雖有新衝溝形，然淺深寬窄不一，不加挑濾不成河道。從前勘估黄泥溝，因此地尚爲水占，故斷。從古城起首嗣後民有餘力勸。今將溝頭，十餘里一律間挑，庶幾山水陡發不至散漫於靈谷迤東爲地方病矣。

又　黄泥溝正身從古城而東，其西南有一汊由吴城寺至田家口入青家湖、田家口，又分一汊俗名苗家河。東南過魏家廟至固賢城入拖尾河，此兩漢雖經黄水衝刷河形閒斷猶存。古城迤東地既淤高水行斯河，不若西南舊河之順民于汊口，築土壩一道，遏其兩洩之路，大雨時行，羊山南下之水衝開土壩，遂挾黄泥溝二流通注田家口。古城西南數十里受害甚烈，自今以後古城汊口須用老土堅築，使其衝盪不開，然後疏濬。田家口上下汊河分洩一方平地之水，庶幾東高四窪皆成沃壤，不至如近日彼此偏枯矣。

又　運料河　康熙中墨家口防險，淮徐道潘公尚智于謝家樓其首開小河一道，南至練灘入潼河，運至孟山湖、毛家蘆，外□後工程平穩，獠既不運，河亦旋發。乾隆十八年，黄水南來。沙爲平陸，不可□濬矣。

又　房村涵洞引河　明時黄河縷隄，由徐州房村集東南入靈璧縣境，東至謝家樓東北之雙溝集。本朝靳文襄公治河，以此處地勢甚窪，隄形兜灣，慮其囊水，因於瀕河高處築子隄，以攩漫溢嗣後增築高厚遂以新隄爲縷隄而舊隄爲月提，月隄之內，東西十五六里，南北四五里。除柳園數頃屬官外，其餘悉係銅靈兩縣民地，舊時河灘皆成沃壤。惟是兩潦積中無處宣洩，往往被淹。康熙五十年，徐州張某遣家人劉茂脩具呈河憲，案下□於房村東設涵洞一座以洩數十年積水，奉批鳳廬淮徐二道，命勘有無妨礙，下流隨經勘明水無出路，詳覆銷案。張某又屬邳，睢廳詳請疏濬，水流由涵洞通運料河。每年霜降後，啟放靈邑士民訟之不勝，此涵洞所由設而涵洞河之所由開也。然是時運料河方通，水由所歸，未爲大害。乾隆十八年黄水南來運料河淤爲平陸，涵洞之水仍無出路。十九年四月霖雨兼旬，月隄內積水數尺，銅民忽將涵洞偷開。水流平地，散漫無歸，北鄉垂熟二麥及早種秫豆，盡被渰没，適值河憲駕臨，雙溝居民哀籲，蒙飭汛官堵閉，令堡夫看守，不許私開。迨至霜降後淺啟放普漫土陵之東，陳疃之西而武家樓一帶首害尤甚，於今三年矣。居民屢請開濬小河引涵洞之水東入閘河，因地方連年被災，民力艱窘不克興工，然此實土陵陳疃等處切膚之災，不可不急，爲籌畫者也。

又 閘河　康熙二十三年，靳文襄公建峯山四閘，閘下開引河一道，由睢寧馬家淺南至焦官營，又南至段官營，又南至蘇塘營，又南至胡家集，又南至劉山，又南入孟山湖，原係睢寧城夫挑濬。《睢寧縣誌》可考。乾隆四年，離河臺整理四閘改拼引河，由焦官營西南至宋官營，又西南至靈境，單家橋，又西南至枕頭山，又南至漁溝又南入孟山湖單家橋以南即漁溝舊河也。因其開通峯山閘，土人遂稱爲閘河焉。河成之明年，啟頭閘放黄水，黄水西行不順，潰隄，四出睢境，新河全淤，惟靈境單家橋以南猶□河形。東西兩岸淤高，内水不出，連年被祲，加以十八年，黄水普漫，吴城土陵等處，西高東窪。武家樓一帶，衆水所趨，常爲□□，房村涵洞之水，直注東南瀦蓄於此，毫無出路。居民苦之，議欲從老牛角起首，東南開五枕頭山以通閘河。余謂閘河不開，内地雖有溝渠，水不得出。查房村涵洞之東至老牛角，有新衝河形，可以瀉水，又東至薄家馬路治隄一帶，固築隄取土，挖成溝形，又東至紀家涵洞，即係明時遥隄内小河，潘印川之遺跡猶有存者。從此入閘河，通漁溝，其勢甚便，因而導之，以洩涵洞之水，以運張工之料，以通雙溝之南，其利甚溥。閘河既開，然後於兩岸多穿泄水溪溝，使腹地之水順河而下，北鄉水患可以永除。現在新令，用余記詳，請開濬，如蒙允准，百姓之福也。即不能行，此河兩岸村莊，邳睢銅靈四境交錯，宣洩之利，彼此均沾。而河一亦賴其力，若河員與州縣長吏協力勸民成，功可必也。然而有可慮者，近聞邳睢，廳請濬峯山閘引河，仍自馮家淺開至漁溝集，委邳州同知張林勘估，估册已申送淮徐道若果行，此北鄉水患必再倍於往日，何者？往時黄泥溝下流由潼河南出漁溝，所受祇是雙溝以南平地之水。今漁溝爲黄泥溝尾閭，西北山原之水，盡從此出。去年，汎溢之禍，自來未有。若復從此洩黄，既開河必築堰，北鄉縱横五十余里之水，俱無出路，其爲害可勝言哉！夫靳公之舊河行，水自順故道尚可循也。高公之新河行，水自逆前車，又可□也。必欲舍彼取此不計。

又 三渠　三渠者，京渠、章渠、杜渠，竝在陳疃里衆山之中，山水之所注也。京渠在九頂山西北，西繞丁公山，而南約五里許，則爲章渠，又南三里許，則爲杜渠。渠之南，則爲申家橋與睢寧界。渠水過申家橋而南，東至馬山前，又東南過魏家橋，仍入靈境孟山湖。觀其舊跡始，末，未嘗不深廣，久不脩治，淤墊，將平山水，一發湮鬱不下，加以九頂山北姬家湖，受睢寧界淺以南，平地之水田貫山前，入京渠。而甯家山後有溝一道，受睢寧裴家集一帶山原之水，西至靈境朝陽集，又西至牧豬山，過孟家橋，又南至吴家廟，入章渠，又土山左右，諸窪之水往年□通杜渠。每歲大雨時行，山根水繞，經月不退，若伏秋大漲，峯山啟閘，黄水從焦營，段營漫溢而南，横入姬家湖，則三座樓、槐樹園、寶林寺一帶，水與山相搏，淜動澎湃，有江湖之巨觀，不復知其爲田疇也。從此右轉，包一公圍，土山村莊，雖高岡，實浮水面。此地山多田少，居民千數百家，歲歲有秋，不敷衣食，如此頻遭水患，何以克堪？往年士民王枚等，倡議開濬，因久雨，水發，未終厥功。然余爲此地設，縱使開濬三渠，可以納諸山之雨泉，而不能消姬湖之汎漲，冉三相度，惟九頂山之北貫山之南，中間平地里許，可以堅築土壩，鑲以碎石，令附近人家築舍，遷居其上，以防睢民盜決，使姬湖之水，不得漫溢西東。

又 潼河　潼河，在潼山之麓，北接三汊河。三汊者，古城以東之黄泥溝，謝家樓以東之運料河，房村以東之涵洞河，合流於練灘者也。土人因地指目，名稱互異，或稱爲三汊河，或稱爲運料河，南至無影山，又稱爲影山河，東至申村寺，又稱爲申村河，申村而下，東至大龍觜，合漁溝之水，南入孟山湖，土人又稱爲小河，其實祇此一河也。乾隆五年，峯山啟閘，放黄漁溝，下流淤爲平陸。大龍觜之水不能東出，南由華家口入湖，則潼河之尾閭，既已不能暢流矣。十八年，黄水南衝潼山以北，上游亦全淤。余於十九年請開黄泥溝，原從游家集南至潼河，本道覆勘，恐中閒地形高仰，出水不順，改就漸衝從耳。毛東南今漁溝，潼河豈不議矣。本府又慮西北數十里，平地之水止，藉漁溝宣洩，河狹不能容，仍議開濬潼河，從楊家窪起首，西至潼山後，南至無影山前，皆因舊河而深廣之，又鑿新河四○許，由無影山南至王家井，入拖尾河，通長一千七百二十八丈。舊河一千一十四丈，新工七百一十四丈。雙溝主簿李若迪承挑，以是年十一月興工，次年二月告竣。此河分洩北來之水固爲直捷，所慮者，西水盛大，拖尾河已不能容，併以潼河，汎濫愈甚。查開河山以來，潼河下流舊形尚在，可以勸民疏濬水之東去，更捷於南行，此不可不務也。

又 潼河之北有舊溝一道，從影山里姜家窪起，東至申村，又東至鴨汪，汪南有青龍溝，南通潼河，與華家溝相對。溝東有大小二窪，土名大龍觜。漁溝下流既塞，潼河及鴨汪之水，竝匯於此，南趨華家溝，而出此溝甚窄而淺，不能暢流，易致汎漲。雍正間，俞令曾勸民築子堰於潼河之北岸，西起無影山，東至孟河里。彼時潼河下流與漁溝相通，尚未塞也，然所以防之者已如此，數十年來，潼河既淤，子堰亦平，彭家場、晏家灣等處，常沈水底入此各溝，所當與潼河下流一體疏浚者也。

又 拖尾河　縣境西北青家湖，蕭宿諸山之水所趨也。湖之大，周迴八十餘里。蕭宿各半分界，其東南有河一道，洩湖水以入睢，土人名爲「拖尾」，蓋以湖爲首，則河爲之尾耳。河所經皆北鄉極窪之地，淤塞多年，河形幾失，一經暴雨，岡原之水四面而來，匯爲巨浸，其又甚，則北受黃泥溝南來之水，西受支河東來之水，南受睢河北來之水，三村固賢楊疃等里，平地深五六尺，三冬不涸。蓋其地處五湖上游，形如釜底，是以渰沒，居先消退，獨浚既無魚利，又不獲稼穡，人民逃散，土地荒蕪，北鄉水患，莫此爲甚。數十年來，鄉民請開此河，而廢格不行者，屢矣。乾隆十九年春，余順民情，詳請動帑開濬，幸蒙允准，即以是，至十月二十六日興工，至次年三月三十日報竣。自湖濱三汊河起，東南至李家集，又東南至固賢城，又東南至王家井，又東南至解家閣前，又東南至唐家莊前，入陵子湖，通長六千三百七十丈，原估土方銀一萬五千四百餘兩。是役也，戽水挑上井，則民夫八千有奇。開工之日，舊河積水未涸，凍結則堅硬如石，融釋則泥淖如漿，畚鍤難施，夫役甚苦。迨春融凍釋，晝夜趲挑，二月上旬，工垂成矣。忽遭霖雨，幾於束手無措，蓋以河身極窪，未雨之□，鍬入則水出，隨戽隨挖，隨挖隨滲，兩岸坦坡數丈，出水無溝，惟恃新挑之土，築堰坡上層層平戽。河將成，而堰內平地先已一片汪洋。陰雨兼旬，積水圍堰，防護稍解，則堰土卑薄之處，潰決入河。或民間麥地被渰，乘夜偷，故至三月初間，天氣雖晴，而新河之水已出岸二三尺。若非兩堰界於波面，則河道幾無可尋。當是時，睢河水發，陵子、孟山諸湖漲溢於外，內水消退甚遲。中旬以後，河頭一千五百餘，又方露兩涯，因賢城王家井一帶，地窪如井，止。藉工尾一路出水，消退無期。查甄家汪以東，有汊河一道，從解家閣後，東至新陵子入睢，出水頗順，因於新河南岸，下埽僉樁，用小船裝土，築成子堰，高出水面二尺，其地高露涯之處，則開引溝，寬六尺，深隨其高窪，令可通舟，乃於甄家汪，挖開北堰，放上流之水，分洩入睢。再於新河中，逐段椿築壩，戽水入，引溝而東。余乘小舟，從引溝來往督□夫役，查驗寬深，隄岸趨洮，晝夜不息，至月底，甫得告竣。

又 魁山支河　明萬曆間，潘印川濬魁山支河，以消徐城積水，即今徐州府。城外財神閣下南流，由宿州柏山頭，至靈璧三村口入睢河者也。河長一百餘里，發源於徐州石狗湖，兼受蕭宿衆山之水，年年泛漲。由時村上下，普漫入灘，自宿州於睢河，北岸築子堰以禦黃。於是支河之水，遂爲擱截，合清水河，東來由三村一口而出，口門以內，積年爲黃水淤墊，西水壅滯，宿境先北其害，然後從余家霪東入五丈溝，北至胡家集，而靈邑、固賢三村，楊疃一帶，俱爲巨浸矣。然口門雖淤，猶有河形，尋常雨潦，尚資宣洩。去年伏秋雨汎，黃水大漲，毛城鋪以下閘壩悉行，啟放五閘，月而後閉。由是睢河北岸，如解家閣前之疾家溝、朱家路之挑溝，門樓前之王家溝，處處填塞，而三村口尤壅，高尺許，西來之水，盡趨拖尾河，漫至無影山，溢入楊家窪，並歸漁溝而出。自來水患未有若此之甚者，此三村口之所以急，宜疏濬深通也。或曰：「三村口未塞，睢水倒灌，往年見之矣。」然則聽其淤塞，以禦睢水，不亦可乎？余曰：「非也。睢水之所以倒灌者，以內水之低也。內水之所以低者，以支河之水不入睢而入拖尾也。若開濬支河，用其土築成兩堰，束水入睢，內水盛而外水自不能入矣。」潘印川初開此河，原有兩隄束水，成書具載，可考而知也。

又 五丈溝　溝寬五丈，故名。起自宿境余家窪，東至靈境三村寺，後又東至渡口張家莊，又東至尹家樓，又東至王家井入拖尾河。今溝形淤平，幾不可識，但地勢較窪，春雨一犁，兩面水歸，宛然河道，向來支河東來之水，俱從此灌入內地。若開通三村口，使西水入睢，復濬此溝，以洩本境平地之水，固賢里一帶水患可減，鄉民自願出力，所當順而導之也。

又 五湖　靈璧五湖之名，舊志所不載。靳文襄公建黃河南岸閘壩，減洩黃水，由陵子、孟山等湖澄清而入淮，後人因之，遂有楊疃、陵子、土山、孟山、崔家等五湖之目，其實彼此通連，並無分限。今觀五湖之內大小村莊，無慮數百，有土城，毛城在楊疃湖。有馬場，明時牧馬之地，在陵子湖，今尚徵租。有大路，尹家大路在楊疃湖，洪家大路在陵子湖，張家大路在孟山湖。有溝渠，其詳見後。有墳塋，有基磉碌礴，蓋從前原係田廬，而其地特窪。明萬曆間，睢河下流全淤，睢水一入靈境，漫衍於此，經年不涸，瀦而爲湖。治河者遂假此以爲水匱。

又 李宿家溝　李宿家溝，其初原從霸王城西宿境，睢河南出，故其地名爲三汊河，東至李家莊入靈境，又東至陳郝莊，又東至張連家莊，後東入斗溝，通長三千五百餘丈，其後，宿州於睢河南岸開清水河，築子堰，以攩黃水，三汊口遏塞。乾隆十三年，監生趙長治捐秫糧三百石，開濬此溝，即接清水河，東至韋疃湖入睢，其原不出於睢河，其下流亦不會於斗溝矣。數年以來，又經黄水淤塞，若疏濬深通，雖不能消伏秋大水，而尋常雨潦可資宣洩，爲地方利亦不小矣。

又　斗溝　斗溝發源於宿境楊家湖，至固疃里梁家莊之西，入縣境，東至楊家集，又東至韋疃里李家莊，又東至楊疃里張家莊，又東北至十一里胡家宅，會楊疃溝，北入睢河，通長一萬一千餘丈。積年黄水淤墊。乾隆十二年，蘇令勸民開濬，尚嫌淺窄。十九年春，余復勸民續挑，起自楊家集東至李家莊，入韋疃湖，猶大寬浪而水已通注，繼此再加開展，則雨水匀調之歲，三村、固疃等里畝可數鍾矣。

又　塘溝　塘溝，原從宿境燕子口分睢河之水，東南至三村里之王家莊入縣境。又東至吴家莊，又東至劉家莊，又東至孫家莊，又東至楊家集入斗溝，通長二千九百餘丈。燕子口既塞，今此溝受宿境磨臍溝之水，東入固疃、韋疃之地，亦復爲黄水停沙淤平，水無出路，地畝荒蕪，所當與斗溝，一律開湧者也。

又　五湖内各溝　五湖原係窪地中閒，瀉水溝渠不一而足，余所知者，有明浄溝、黄泥溝、郭家溝、葉家溝、魏塘河、蔣家滂等，其他舟楫未到之處，尚不知有溝凡幾，因其久在水中，知與不知，第弗深考耳。至如尹家渡、波羅林、許家閘、胡家宅、馬場北等溝，皆係宣洩土山，楊疃諸湖水入睢之口，且通南北舟航，今則俱爲黄水淤塞，若不疏濬，河湖水落，舟航不通，商民大困。十九年春，已見其事，余督鄉民於胡家宅東鑿溝三里許，内通魏塘，往來稱便。是年秋，黄水由睢河灌入，已淤其半，至去年則全淤矣。尹家渡以下各溝亦只在一二年淤平。余初至此，冬春尚可行舟也，目下只存黄泥溝，勉強行船，春水不發，恐往年之病，又在目前也。

又　長直溝　長直溝，自縣東北潼郡集起，南至板橋，又南至魏橋，又南至荀家鋪，又南至長直溝集北止。今虹志地圖，以長直溝通連虞姬墓側之吴公橋，非也。吴公橋下之水，自石湖南來，與長直溝東西相隔十四五里，惟大水乃通爲一耳。通長六十餘里，溝西爲靈璧境，溝東爲睢寧虹縣境，考《金史·河渠志》：章宗元光元年，於靈璧境潼郡鎮設倉都監，及監支納，以方開長直溝，將由萬安湖。按《虹志》：萬安湖，即今天井湖。宋朱弁詩云：「離汶來逾千里到，渡淮先泛萬安湖。」舟運入汴，至泗以貯粟，此長直溝之所由昉也。彼時睢河在潼郡之北，故溝從潼郡鎮起。明天啟二年，豫章劉一景撰《潼郡元帝廟碑》：「尚有河流環繞乎後」之句，即於是年河決，睢寧睢河古道全淤，睢水乃從板橋，横截長直溝而東。長直溝集正在汴隄上，當是。彼時，汴水與長直溝交接之處，今溝形淺窄，每歲夏秋，水發孟山以南，河湖相連，直抵汴隄，所謂長直溝者，渺不可見。窮冬水落，方露溝形。

又　石湖四溝　三注山下，湖名甚多，而其大者，以石湖爲最，四面各有溝一道，西北入水，東南出水，縣東水道一大關鍵也。斜溝，在石湖之北，起自孟山湖，南涯蔣家廟，南至倒橋、劉家莊，又南至張家集，又南至楊家廟，又南至石湖，通長五千二百餘丈，洩西北，諸湖泊之水，由石湖以趨虹境，淤塞已久，夏秋水發，南北湖泊，通連無際，冬春雖露，溝形不能瀉水。乾隆十二年，蘇令勸民疏濬，業經勘丈，未及興工，迄今十年，地方士民，無有議及此溝者。楊家窪溝，在石湖之西，又潘家集北老橋口起，東南至郭家橋，又東南至新河西口，又東南至新河東口入石湖，通長二千二百餘丈。楊家窪，受土山溝之水，由此分洩於石湖，以趨虹境者，此溝淤塞已久。雍正十二年，督憲趙以宿靈虹，連年被水，籌畫宣洩之法，於靈璧議開楊家窪、老鸛脖等溝，由虹縣汴河，達泗州天津湖，以歸洪澤。當時履勘河道者，上自三院，下及州縣佐貳官，往來絡繹，應接不暇。

又　老鸛脖溝，在石湖之東，洩石湖之水，横截長道溝，東入虹境荀家溝者也。溝長九百餘丈，積年淤塞。雍正閒，議與楊家窪溝同開，不果。乾隆十八年春，余勸民濬之，已興工矣。是時虹縣亦議開荀家溝，遇有沮格中止，因约，靈民亦輟工，以此地居上游故也。明年春，里民不謀於官，踴躍開通，石湖之水，東出甚暢。

又　范家溝，在石湖之南，洩石湖之水，南過吴公橋入岳家河，以通虹境草溝者也。湖之南有李家橋，橋南二里許有東西坊路，路南爲三里溝，溝南爲亶家窪，窪之南遂爲汴隄。吴公橋，下接岳家河，通長二千二百餘丈。北段一千餘丈，地形稍高，前經張、蘇兩任，勸民開濬，尚有溝形，其南悉爲窪地，石湖水發至此，渟滀汎濫。吴公橋一空金門，甚窄，宣洩不暢，汴隄以北，東西二十餘里，田廬皆被其害。乾隆十九年春，余勸范家里民於姜家窪接挑一溝，直抵吴公橋下，二十年又改建吴公橋，添爲三空橋，圈加高三尺。金門之闊，旁兩空，如舊制，中倍之。於是石湖之水，南注岳家河，直捷通暢。是歲夏秋，洊饑北鄉，麥豆並缺，商販徑由吴公橋出入，南至草溝入淮，北至禪堂入睢，地方稱便。繼此加挑深廣，再將楊家窪溝一律開通，溝水四時不涸，舟楫常行，其利更無窮矣。

又　土山溝　《舊志》：土山溝在縣北三十里，源出注湖北，流入小河，《志》

載：注湖在縣北十五里，以有二山之水注於湖中，故名。蓋即今丁家汪一帶窪地是也。蓋在今陳家廟起首，廟已久廢，僅存空基。北至潘家集，過楊家窪，又北至禪堂集，過土山湖，以入睢河者也。陳家廟以南，向無溝形。康熙中，程商欲便行鹽，捐資接開小溝，南通十里店，後漸淤塞。乾隆十九年，開挑鳳河及范家溝，由是土山溝向爲北流者，今轉而爲南流矣。丁家汪以西之水，西南入鳳河，楊家窪以南之水，東南入石湖，以趨范家溝。

又　鳳河　靈邑四鄉，年年被水，而附郭數十里，並無河道通城，商旅裹足，市廛凋敝，譬猶人身血脈梗塞於胸膈之閒，將日見其憔悴而枯槁也。邑中士民欲開渠以通城者，議之有年矣。上下沮格，迄無成功。乾隆十九年春，太守項公駐靈督賑，乘暇親詣十里店，登五龍山，察看形勢，諭令勸民開小河一道，北接土山溝，西繞鳳皇山，東入城濠於池，方有益，勿畏其難。震承命出示勸諭，即於賑務倥偬之日，分段派夫，事順人情，衆皆踴躍，以二月十五日開工，從潘家集起首，屈曲至城，通長六千餘丈，不市月而告竣。

又　陸家溝　陸家溝，發原於宿州麻湖，東至縣境傅家橋，東北至陸家莊，又東北至劉家莊，又東北過閆家橋，至楊疃集北，入楊疃溝，通長四千三百餘丈。麻湖受宿境八丈溝、蓮花池諸水，以及本境徐元里婁子莊，迤北湖窪之水，俱由此以達睢河。年久淤塞，漫溢爲患。往年楊疃捕蝗，忽逢霖雨，睢水尚未出岸，而陸家溝之水先已普漫東來，一晝夜而平地深尺許，乃知麻湖之爲害於地方者大也。

又　楊疃溝　楊疃溝，起自穆家湖北涯之冉家橋，北至楊疃集，會陸家溝東來之水，東北至沈家庄，會崔家溝北來之水，東北至郭家莊，又東北至胡家宅，入睢河。沈家莊又分一汊，從邱家莊至許家閘，亦入睢河，溝長三十餘里，宣洩楊疃四面數十里溝窪之水，縣西北水道一大關鍵也。近年以來，各溝淤淺，而入睢兩口盡爲黃水泥沙堵塞，不特内水無從外出，而睢水既盛，倒灌入内。楊疃湖底又復淤，高不能容納，然則縣城西北數十里，汗漫之水，安所置之。今楊疃湖水由土山湖東下。穆佳家湖水，自鳳河范家溝既開，亦分趨東南兩路，不由北出，水道盡變於前矣。且楊疃溝口所洩之水，不第如前所以云也。塘溝、斗溝、李宿家溝之水，盡入韋疃湖，向由土橋至尹家渡口入睢，此口既塞，其水併楊疃一湖。湖北出水三口，今不存一。是則楊疃溝之不可不濬也，明矣。然而有可慮者。睢河自尹家渡以下，逼近陵子諸湖，歷年黃水至此與清水相抵，不能迅流刷沙，以致河底日高，河口日窄，兩岸沙灘高於内地五六尺，加以去歲伏秋，黃水入睢更盛，歷時又入波羅林以下，河身僅如一綫。冬春以來，新沙爲清水衝刷，壅積陵子湖口，睢河正身幾於斷流矣。若開濬楊疃溝，則睢水由此趨南，不復東出，其爲害可勝言哉！爲今之計，必先將睢河兩涯各展十丈，河底挑深四五尺，陵子湖口淤灘亦设法疏濬，睢河之尾閭既通，然後於胡家宅另鑿新口洩湖水以入睢口門，須迤邐東北爲人字形，不可仍前丁字。湖水之出既順，即睢水内灌，此口倒勾，不致迎溜，其勢稍緩，爲害亦較輕矣。

又　崔家溝　崔家溝起自十里店北五空橋，北至任家廟，又北至郭家橋，又北至崔家莊，由北至黃家橋，又西北至沈家門前，入楊疃溝，通長二十餘里。原以洩五龍山北湖地之水，歸於睢河者也。自睢河南岸淤高，楊疃湖口閉塞，此溝之水不北而東。鳳河既開，又轉而南矣，稍加疏濬，使楊疃舟楫如禪堂，可以通城，亦地方一大利也。

又　秤池溝　秤池溝，原自汴隄余家墩北起首，北至亢家湖，又北至陳中家莊，又東北至楊家莊，又東至解家橋，又東至胡家莊，入穆家湖，通長不足二十里，以洩界溝鋪東北湖窪之水，由穆家湖通楊疃溝，以入睢河者也。今亢家湖以上，無復溝形，陳家莊以下，雖間段淤淺，其深處尚二三尺，疏濬非難，但鳳河既開，亢家湖一帶之水，普漫東來，不復循軌北出。查其地，有東西水窪，土名馬路溝，於此略加挑濬，引入鳳河，甚便，其陳家莊以下，仍導入穆家湖可耳。

以上各河渠，並在睢河之南，汴隄之北，其水半入睢河，半由虹境達五河縣入淮。

清·貢震《靈璧河渠原委》下　城濠　城濠内受四關涵洞之水，外受城北諸山之水，向由杜家沖南出，每遇大雨時行，山水陡發，城壕水溜，從涵洞倒灌入城，居民塞洞口以禦之。外水既退，然後開泄内水。乾隆八年，張令疏濬羅家溝，分水從東南出，城内免於水患。然濠水無源，宣洩太甚，雨潦一過，河底揚塵枯槁，而無潤澤，亦關廂之所病也。十九年春，余既開鳳河，以爲之源，又重濬羅家溝，以暢其流。城濠之水四時不竭，舟楫之便，魚蝦之利，居民賴之。然有尚須經理者。杜家沖正在城南，非出水之所，其下又無溝渠容洩，水出則普漫爲災，此不可以不塞也。往年春，余以士民請築關廂人，夫堵閉沖口，接脩護，城隄已告竣矣。夏六月，大雨水，是時鳳皇山東，水深四五尺，重舩經從十里店揚帆而南。父老言，康熙三十五年有山以後，今之見。羅家溝宣洩不及，仍潰杜家沖新隄，而南又衝開護城隄之西南隅，直趨姚家莊，以至粱家廟，城南數十里俱爲巨浸。然則鳳河之水，非別求分洩之方，杜家沖其可清議堵塞乎！蓋四開菜市橋，有舊河一道，可以開通鳳河，堵其東入城濠之口，南通大路，西溝分鳳河之水，南至高家橋，東入小草溝，如此，則城濠之水減半，而杜家沖可以堵塞矣。然尚慮夏秋雨集，城濠水盛不能驟消，倒灌入城，爲城内居民之患。再三籌畫惟西城可建石閘一座時其水之大小以爲啓閉水 則閉閘啓涵洞以放内水内水盡出然后閉涵洞外水南之被水，其偶也。鳳河開而城南常被渰没，並城内亦虞水患，是移手足之病於頭目，其害適相當也。既濟之象曰：「君子以思患而豫防之。」吾豈敢侈鳳河之利而隱其害乎！

又 羅家溝 羅家溝舊自縣南羅家橋起，上接七里溝，下達岳家河，以洩城南窪地之水。東關外又有小溝一道，南入羅家溝，年久並淤。乾隆八年，張令請帑開濬，從東關外起首，東至戴家莊，南過小橋，至西家集，又南至羅家橋，接羅家溝，東至西家橋，又東迤北歷焦家橋、張家橋，以至岳家河，通長五千餘丈。城濠之水一瀉無餘，祇因夾岸村莊，人畜作踐，十數年來仍復淤塞。十九年春，余既開鳳河，引北湖之水繞城而東，復因張令舊溝重加脩治，寬深一律惟嫌戴家屋後溝形兜灣，又東於兩岸民居，水行不暢，溝有五橋，舊制卑狹不可行舟，必將戴家屋後空基切去東北一角，各橋亦拆，脩高闊洩水，通舟方爲兩便，而尤要者，在西關開浚支河，分淺鳳河之水以殺羅家溝水勢，不然東關外街南居民及溝尾王家、岳家兩村，難保無渰没之患，去年曾見之矣。

又 七里溝 七里溝起自縣南梁家廟之西，東過大路單空，又東迤北至周家小莊，迤南至西家場，東入羅家溝，通長三千五百餘丈。城西王家湖、城南杜家沖之水，竝由此溝宣洩，年久淤平，雨潦普漫，爲方隅一里之害，若既塞，杜家沖復將此溝挑濬，城南窪地皆可有秋矣。

又 岳家河 岳家河起自縣東吴公橋，以洩隄北石湖之水，東南至岳家莊後，會羅家溝水，東入虹境，下通草溝，此河在靈境者十里，而近歷經前任，用民疏濬，行水甚暢，所患者虹境余家城、臧家橋、楊家臺等處，溝身淤塞，橋座多壞，水大則湮，鬱不下水，小則舟楫不通，爲靈虹兩邑之害。近日虹縣已詳請疏濬矣。事果可行，洩水行舟，不特虹邑之利，即靈民亦沾惠不淺矣。

又 大路溝 城南至固鎮，昔年半爲湖路，夏秋雨集，窪地積水，經月不退，田畝被浸，行人病之。乾隆七年，大災之後，欽差閣部陳及總河周查勘靈璧地勢。題請脩□大路旁，各開深溝，以洩平地之水，行人既不病涉，窪地亦得有秋。其有德於靈民甚厚，而形家謂此路反，挑方沙飛水走之象，以余觀之，殊不足慮。大路九十里，中間高下不等，水流就下，有自東北而西南，亦有自西南而東北。即如南門外之水，順路溝而南，梁家廟之水，順路溝而北，竝由七里溝東入羅家溝。城南之水，東西交會，是形家合襟之説也。梁家廟以南之水，順路溝而南，晏路口以北之水，順路溝而北，並由高家橋入小草溝，東過倒橋而下晏路口，以西各溝之水，竝合大路溝水，南入沱河，東過龍虎橋而下。若從羅家橋南起首，脩築濠城大路，路西亦開深溝，引羅家溝之水，由倒橋直抵龍虎橋，則小草溝之水至倒橋，而東西又一會沱河之水，至龍虎橋，而東西又一會。是又形家合襟之説也。羅家橋在城南七里，倒橋二十里，龍虎橋五十里，五十里之内，東西諸水會合三重，無論積潦歸溝，田不被災，舟車兩便，即以形勢論，亦極回護之妙，飛走之説安足慮哉！所患者溝渠淤塞，道路不脩，水行散漫，無所統束耳。

又 開大路溝纔十餘年耳，鄉民於溝中填土取路，阻水漁魚，以致溝形，日就淺澁，每歲春閒，票飭里民，脩路濬溝哉！柳習爲具文相率規避，獨不思此溝在通塞，於地方利害何如？春日閑居，人人游手，脩治溝洫，視爲畏途，雖諱疾而忌醫，其愚不若此之甚也。

又 大路東西兩溝，原估口寬一丈五尺，若將西溝加長一丈，從城南直至高家橋，再於橋西疏通小草溝頭至柯家湖，接葛家溝，引鳳河之水，南與各溝相會，則澮河之舟，由貝溝而北，睢河之舟，由草溝而西，竝達於路溝以通城，塊然者靈城也。一旦而北引睢河，南控淮澮，邑中氣象豈不頓然改觀哉！

又 小草溝 齊眉山東南諸湖之水匯於柯家湖，湖東有小草溝一道。以虹縣草溝爲大，故此稱小。東過大路高家橋，東南過倒橋，又東南至藕兒莊，過吕家橋入虹境，東南至草溝集入草溝，即岳家河下流。虹人所稱北沱河者也。淤塞已久，倒橋以上全無河形。乾隆十二年蘇令集夫開濬從高家橋起首，東南至靈虹交界處，約長二十餘里，泄水甚暢，數年來又復爲民間截壩漁魚，日漸阻塞。夏秋水發湮鬱不下，大爲田疇之害，查城南大路以西洩水之溝，不少，東則惟此一溝晏路口，東西諸湖之水俱藉宣洩，必須開濬深廣，且此溝東南至淮不過百里，草溝集以下便爲巨川，上游若得常通，漁利既興，商賈亦至，爲地方利，又何如也。

又 小草溝之南，有游溝一道，從楊家湖起，東南至韋家廟，又東南過張家橋，又東南入沱河溝，形淺窄不足以洩諸湖之水，一逢大雨，坡水從韋家集普漫而東，爲城二里地方之害，亦宜加挑深廣以助宣洩。

又 沱河北各溝　城南大路以西，城西隄路以南，無水不入沱河。沱河既淤，各溝亦通者少，而塞者多。城南數十里地畝被潦，職此故也。

葛家溝起首自柯家湖南，過大路胡家橋至火神廟，又南至董家莊入沱河，通長三千餘丈。乾隆八年虹縣白令承挑，旋以迴避去，張令接挑，完竣，洩水甚暢然。近年亦復淤淺矣。姚家溝在葛家溝西，亦起自柯家湖。此湖東西二十餘里，南涯有柯家莊，故名，土人雖有蘇家湖、晏路湖□中間並無界址。南至姚家莊，又南至五里張家莊，過大路單空橋，又南過陳家橋入沱河，其長與葛家溝相等，久不脩治，間段淤淺，水尚通流。乾隆十八年春，諸生劉長祚等請濬葛家、姚家兩溝上游，並由隄路南以至柯家湖，各長二十餘里。余委典史錢繼岳督夫挑濬，旋以捕蝗輟工，續挑兩春，方得完竣。齊眉山東，各湖之水由此兩溝宣洩，頗有成效。今年春，劉生屬余記其事，勒石於兩溝之間，以勸里中歲脩焉。李家溝在姚家溝西，起自楊家集南山前湖，南至李家廟，又南至劉家橋南，入沱河，約長十五六里。乾隆十九年，余以里民請督夫，挑濬溝水通流，但從前脩築大路，橫截溝尾數十丈，湖水至此不能直出，轉入路溝，西行水壅而高，衝塌大路。夏秋雨集，汪洋里許，無路可尋，嗣後或於大路建橋，或將路溝加挑深廣，脩完，大路洩水既暢，而行人亦不病涉矣。小龍溝在李家溝西，起自齊眉山西北之葉家湖，西南過習家廟，至黃泥汪，南過楊孝子墳，東過楊家橋，又東南至豐家莊，西至交龍谷堆，南入沱河，溝形屈曲，約長二十四五里，隨地異名。葉家湖西南菜玉山下有小龍窪，溝水經其北，故稱小龍溝，過習家廟，故稱習家溝。黃泥汪西有朱七湖，水發通連，故又稱朱七家溝。楊家橋一帶溝形，東西橫亘，故又稱橫溝。至豐家莊，則又稱豐家溝。橫溝以上，溝形間斷有無，以下溝形雖存，亦多淤淺。查齊眉山，東西羣峯環峙，山下湖窪不可勝計，其東南有小草溝，葛家、姚家、李家等溝，分路宣洩。西北則惟此一溝爲堤路南洩水要道，而淤塞既久，田畝被潦，不可不急爲疏濬。乾隆十二年，蘇令皆爲民詳請，奉委桃源主簿查勘，事格不行，經今又十年矣。溝功不大民力可成，要在實心勸率之耳，毋徒爲此喋喋也。

洪溝，在司家坊之西，坊西與宿州接壤，率多湖窪。溝從高家湖、邵家湖、司家湖，南至長安集西，又南過錢家莊入沱河，約長十五六里。徐無集以南，平地之水俱由此溝宣洩，往年長安集里民具呈請挑，雖經集夫興功，尚未完竣。或曰：沱河以北各溝，疏濬深通，則城南永無水患乎？曰：未成也，不濬各溝，則諸山諸湖之水，湮鬱不下濬之而沱河不能容洩，必更增兩岸居民之害，故今日之曆務必以大挑沱河爲要也。

以上各河渠竝在汴隄之南、沱河之北。其水半入沱河，半由虹縣草溝至兩河口，會沱河入淮。

又 溧澗　溧澗，源出沱河，北起觀音閣，東之三空橋，南至澮河宿靈，以此界故，亦名界溝。由三空橋而南十五里，至半邊店，又五里至馬路溝，久爲民間佔種，髣髴猶有溝形，馬路溝南十餘里，溝形漸闊，自二三丈至五六丈不等，深亦自一二尺至七八尺不等。溧澗鋪橋邊，源且逾丈，又南七里至固鎮西三里灣入澮河溝，形漸復淺窄，寬不過一二丈，深不過一二尺，每遇夏秋大雨，宿靈兩境之水，順溝而下，溧澗鋪一帶，地形高仰，下流不通，鋪路大橋上，水深數尺，人馬難行，往往稽遲公事，查此溝中間十餘里，現在寬深無須挑濬，馬路溝北二十里，溝旁有婁莊，固鎮通衢，溝淤平，陸亦殘缺，居者、行者交受其病。至溧澗鋪南，淺窄者不過六七百丈，開挑深廣，公私兩利，宿靈兩境，官民所當協力興脩者也。

又 馬路溝　馬路溝自宿州來，宿境溝形幾失，不知發源何處，日與沱河同源，蓋亦擬議□辭耳。至申邊店南五里許，橫截界溝，而東入靈璧境十餘里至大路，從前脩築大路，橫截馬路溝，未曾建橋，過水，今馬路溝西段之水入大路西溝而南，大路東溝之水，入馬路溝而東。又東十餘里至舊貝溝頭，舊貝溝頭原在丁家巷之東，鄒家巷之西，從馬路溝，分水東南至石家莊。余欲導石家莊以北之水，東北歸沱河，乃改就鄒家巷之東，以順其勢。又東五里至北直溝頭，又東三十里至鳳陽衛地，又東十五里至五河縣，甄家集南入澮河，此溝在沱河之南、澮河之北。東西橫貫洩水最爲順直，今溝形深不過一二尺，淺者幾與地平。民間佔爲稻地，而寬則有五六丈至八九丈不等者。本係巨川，不知何年淤塞至於如此。按府志於宿靈五河三州縣俱未載，有馬路溝之文，而靈璧舊志，稱馬路溝在縣南四十里，西抵沱河東，入於虹，蓋考之弗詳耳。志又云：以其近洨侯國爲通衢，久而成溝。此亦未必可信，然近日鄉民，猶有傳其說者，且以爲此溝起自河南之夏邑縣，竊嘗因是思之，諺言千年，大路變成河，是固無可疑者，果如志言，通衢由西北迤邐東南而盡於澮河，則洨侯國定在澮河之南，而不得以今之濠城集當之矣。

又 蘇陳溝　蘇陳溝，在固鎮東，起自大路七里橋下，南至王家橋，又南至徐家小樓之東入澮河，約長十五六里，久不脩治，溝形淤塞，王家橋上下皆成坡地，小雨輒浸，幸其地勢高仰，易於消退，未至大害耳。

又 陡溝　陡溝，在蘇陳溝，東起自馬路溝，南過齊湖，又南入澮河，通長二十五六里，朱家、康家、時家諸湖之水，皆由此以南洩。今齊湖以北十餘里，溝形相平，幾不可識。齊湖南至澮河溝，雖淺窄，小水可瀉，水大則普漫，而東不復循溝南下。舊志稱：宋李顯忠復陡溝，遂克靈璧，即此地也。

又 貝溝　貝溝在陡溝之東，亦從馬路溝起，南至石家莊，又南至寧王家莊，又西南過吴家橋，入澮河，溝長二十五里。北段久已淤平，軍王家以南僅有溝形五里許，上人所謂貝溝梢者也。余惟南鄉百數十里，向無河道通城，公私交困。貝溝在東西之中，與縣城南北相直。馬路溝南濬，舊溝以通澮，北則開新溝以通沱，再於高家橋之西濱小草溝上游，以通葛家溝。又濬西闕支河加展大路。西溝引鳳河之水，南入高家橋，如此則城南之舟由路溝沿流而至高家橋，由高家橋泝流而至葛家溝，由葛家溝沿流而至沱河，亂沱河而南，由貝溝泝流而至馬路溝，又沿流而至澮河，才七十五里耳。連城集至貝溝一里，固鎮集三十里，九灣集十五里，順河集三十五里，沱河集至葛家溝二十里，濠城集十五里，通沱澮而屬之，城南鄉，血脈處處聯絡，而且淮河之舟，可以北睢河之舟，可以南避洪澤之畏途，爲通高之閒道，此其爲利，豈特在靈璧一縣之民享之而已哉。

又 北直溝　北直溝，在貝溝之東，亦起於馬路溝，南至劉家莊，又南至蔣家莊，又南至倪家橋，入會通溝，長十餘里。從前，馬路溝水盛，故多穿分洩之溝。今則一槩淤塞，闞疃等里，安得不常爲澤國乎？

又 會通溝　會通溝亦在貝溝之東，起自羅家橋，東南至倪家橋，分兩支，一支南流至高皇廟，又南至九灣之西入澮河，長二十餘里，是爲珍珠溝。其一支東南流，合北直溝水至吕家橋，又東南至朱家橋，又東南至梁家橋，入李家湖，以達澮河，通長三十餘里，是爲會通溝。闞疃里中率多湖地，砂礓壩東南，仝賴此溝宣洩，而梁家橋以上，久經淤塞，往年諸生劉濬等，呈請脩治，未及興工而余以削籍離任矣。

又 蔡家湖溝　濠城南蔡家湖有溝一道，起自張家莊，東南至蔡家莊，又東南至藕塘王家莊入蔣家湖，以歸澮河，約長二十餘里。新馬里東之水，藉此一溝宣洩，而淤塞既久，小雨輒滂，年來彌甚，不可不督里民疏濬也。

以上各河渠並在沱河之南、澮河之北，其水悉歸澮河入淮，惟貝溝之北段歸沱河耳。

又 蘆溝　蘆溝，在澥河之南，跨於鳳陽、靈璧兩縣之境，中隔鳳中、長淮兩衛之地。其水自衛地蘆溝集東西分流，西至高家莊入懷遠境，東至簡家廟入靈璧境，又東過衛地至仁和集，又東北至新馬橋之西，入澥河。蘆溝集以東約長二十餘里，溝北諸湖之水，俱藉宣洩，年久淤平，水無出路。居民各挑小溝於蘆溝之北，徑入澥河。西有黄馬溝洩蘇家湖水，東有許家溝洩桂家湖水，又東有趙家溝洩朱家湖水，東有谷家溝洩孫家湖水，谷溝雖不寬深，而蘆溝既塞，之後諸湖之水藉此分洩，其爲利於地方不小。

又 格子溝　格子溝，鳳陽、靈璧之界溝也。溝東屬鳳，溝西屬靈，中間雖有長灘衛地，舊溝自九灣對岸起首，南過張信實家莊，又南至界碑，過大路橋，又南入長灘衛地，過洪溝，又南至葉家莊，又南至陳家莊，受運糧溝水，又南至遲家莊，入觀音溝，鳳靈窪地及長淮衛祁家湖之水，俱藉宣洩。今大路南至洪溝七里許，溝形已失。洪溝以南尚有溝形，十五六里亦復淤淺。其大路以北，溝水北流入澮，與南絶不相通。余嘗謂澮河以北，開通貝溝，澮河以南開通格子溝，則縣城至府治老北門，一舩可達。然此溝縣衛三境，交錯互相牽制，往年曾與鳳陽狄君商之，欲俟民力稍紓，約會興工，未幾而狄君與余相繼離任。姑志之以俟後來者。

又 觀音溝　觀音溝，由鳳陽縣境釣魚臺西來，至遲家莊南，入靈璧境，受格子溝水，南至甘家橋之東，入肥河。在靈境者，不過三里許，現在寬深無須開濬。

又 洪溝　洪溝起自長淮，衛祁家湖，西至蕭家莊，入靈璧境，又西至林家巷，與懷遠交界，又西南至三汊口，入肥河，通長二十餘里。其在靈璧境内者，自蕭家莊至林家巷三里許。林家巷以南，則懷遠靈璧之界溝也。此溝宣洩衛地，積水居多，往年衛户挑濬此溝，余亦督縣民協力挑濬，雖不甚深而夏秋雨潦，可資宣洩。

又 運糧溝　運糧溝，一名大溝，在格子溝之西，洪溝之南，起自長淮衛李家莊，南至邵家莊入靈境，又東南至陳家莊入格子溝，溝在衛境者三里，在縣境者七里，相傳爲軍户運糧之溝，而衛地李家湖及縣境平地之水，俱資宣洩，余於往年督夫疏浚，現在深通。

又 方家溝　方家溝，在蚌步集東，淮河之濱，東北至太平岡，盡處便無溝形，蓋淮水衝刷而成溝也。淮水一漲即從溝口灌入内地，濱淮二三十里，俱爲巨浸。居民每於溝口築隄，堵禦水至，仍復衝決。頻年大水，隄不能禦，至今日而築隄之舉亦寢，蓋淮水泛漲，自古患之，年來益甚。沐口之水既由東南而入，方家溝之水又由西南而入，此靈邑南鄉水患之所以大也。然沫口倒勾，而方家溝迎溜，其爲害之輕重緩急，有不可同日而語者，果能築塞，水小之年，於地方不爲無益。若去年之水，濱淮高地，悉沉水底，屋舍無存，雖盡堵淮北各溝之口，豈有濟乎！以上各河渠並在澮河之南、淮河之北，其水由瀨肥等河以入於淮。

清・趙慎畛《榆巢雜識》卷上 衛河 衛河，即南運河也，亦曰永濟渠，亦曰御河。源出河南衛輝府縣之蘇門山百門泉。東北會淇、漳諸水，過臨漳分流爲二：其一北出，經大名，至武邑以入滹沱；其一東流，經大名東北，出臨清，合會通河至直沽，會白河入海。自山東德州界入直隸景州，經吳橋、東光、南皮、滄州、青縣、靜海，至天津府北三岔口入海，計長八百餘里；自德州桑園至臨清板閘，計長三百五十里，皆曰衛河。其間建閘、開渠，爲漕、農之交賴者有三：一曰小舟河，乃衛河迤西之分支；一曰百泉，乃衛河發源之正派；一曰洹河，乃衛河迤北之分支。三處分洩，均入衛河。其流似衆，然在春水未長，僅涓涓泉流，設遇亢燥，則泉流更細。漕運、民田，均需調劑，故有「三日放水濟漕，一日閉口灌田」之例。

清・洪吉亮《卷施閣文乙集續編・黑神河贊》 黑神河者，牂柯江之別名也。觀其懸流一絲，獨下千里，石亂若屋，魚飛似星，雖未遠接天，而離地已百仞矣。是以終日疾行，不覩寸壤；一夜數起，惟聞怒雷。花氣灼日，雲光亦紅；松濤接天，波影俱黑。

清・洪吉亮《卷施閣文乙集續編・白水河贊》 永甯州城東北四十餘里，有白水河。其始也，自地至天，倒行者百丈；其繼也，由上迄下，橫飛者數里。

清・李斗《揚州畫舫録・草河録》 新河，古名市河。

又 蜀岡諸山之水，細流縈折，瀦出曲港，宣洩歸河，大起樓南，以池分之，千絲萬縷，五色陸離，皆從此出，謂之練池。

清・李斗《揚州畫舫録・城南録》 三汊河在江都縣西南十五里，揚州運河之水至此分爲二支，一從儀徵入江，一從瓜州入江。

清・李斗《揚州畫舫録・小秦淮録》 城河即市河，南出龍頭關，有壩蓄水，與官河隔，謂之針橋。北出大東門水關至高橋，亦有壩蓄水，與官河隔，謂之黄金壩，此古市河也。今龍頭關淤塞。

清・李斗《揚州畫舫録・蜀岡録》 山下陂池，即得勝湖。

清・祁韻士《西陲竹枝詞・黑水》 莫作雞山故蹟求，大通支派在瓜州。誰言積石能飛越，暗渡黄河向海流。

清・祁韻士《西陲竹枝詞・蒲昌海》 滔滔匯合水西來，鹽澤亭居暗溯洄。九曲崑墟何處是，莫將星宿漫相猜。

清・祁韻士《西陲竹枝詞・苦水》 混際誰甘飲盜泉，生怕滴水苦茶煎，刮蘆車上朝朝掛，昏暮求人便值錢。

清・祁韻士《濛池行稿・汾水》 力驚兩山開，滔滔自北來。幾番聽濁浪，一路響奔雷。姑射層峯迴，文中故里迴。西流入黄水，瞻望白雲限。

清・和琳《衛藏通志》卷三《山川》 騰格爾池，在拉撒西北，日喀則城東北，其東北隔山即潞源之布喀池，其北隔山則流沙也。池廣百六餘里，周千里，東西長，南北狹，蒙古呼天爲騰格爾，即天地也。其東有三水流入，皆名察哈蘇太河。西有二水流入，北曰羅薩河，南曰達爾古布河，合西來數池水，東流入池。

海子，通後藏大道，過岡巴則嶺下，周圍行四十八日。水深不測，中有山環繞，西南隅有多爾濟拔姆宫。

彭多河，前藏北行三日，有鐵索橋，亦有皮船。

春艮諾爾，前藏北行九日，相傳亦天池也。

春結江，藏南前後藏之水於此合流，由赤書羅卜喜洛出藏境即藏布江之別名也。

怒江，即外夷界，急湍奔浪，不可渡。

臧曲大河，哲孟雄部落，西與廓爾喀交界。

阿耨達河，在岡底山下，阿哩東境。

陸海，自扎什倫布至阿哩，夏間隨地皆水，故名。

年楚河，後藏東北水源有二：一出珠母拉木山，東北流；一出其東順拉嶺池，匯爲一水，又曰章魯河。

業黨河，離前藏一百八十五里，由曲水過鐵鎖橋，今廢，有皮船可渡。

同妥楮河，在拉里東，發源魯工拉山，經流擦竹卡，歷四十餘里，合得褚河，一名拉里河。

得楮河，在拉里東北，發源大偏闊大山，經流拉里，會同妥楮河。

松茹楮河，在拉里東，發源大偏闊之大山巢，經流桑楮松多，與林楮河合流，至拉里，會得楮河。

熱水塘，在拉里東，四時常温，番人呼擦楮卡。

撒楮河，在達隆宗北，發源朔瑪拉山巢，經流索馬朗等處，東南流，入偶楮河。

邊楮河，在達隆宗東南，發自達隆大山，合胄楮河，至賓巴，流入察木多等處，會偶楮河。

俄楮河，源出沙工拉之嘉木磋嶺，經流朗吉工等處，合葉楮河。

葉楮河，源出魯工拉山巢，經流至工多，合工楮河，又至阿南多，合俄楮河，同歸偶楮河。

胄楮河，源出烏底山，經流四十里，至碩板多，合杜馬郎錯河，會於偶楮河。

洛隆宗

偶楮河，在洛隆宗西，源出噶爾藏骨岔海子，流入納克樹，至擦畦岡後，合瀾滄江。

峽隆喜楮河，在洛隆宗南，源出噶喇山，東流，至洛隆宗得貢拉山下，合偶楮河。

紫楮河，在類烏齊東北，即昂楮河下流。

昂楮河，在察木多左，源出中壩，因通雲南，亦名雲河。

雜楮河，在泰木多右，源出九茹，因通四川大道，亦名川河，二水合流，入雲南界。

瀾滄江，番名雜楮必拉，有二源：一出喀木之雜坐裏岡城西北格爾濟雜噶那山，即古和甸之鹿石也。其水東南流，有庫克噶巴拉山水自北來會。又東南，會左一池水，右二池水。又東南，有一水自西來會，始稱雜楮必拉。又東南，折南，逕蘇噶莽城西南，又東南，有一水自東北來會，一水自西北來會。又東南，有一水自東北來會，折南，又西南，逕察木多廟東境，又西南，而與鄂木楮必拉合。鄂木楮必拉之源，出巴喇克拉丹蘇克山，其山在格爾濟噶那山之東，山下有十餘池，匯而西南流；有一源曰普陀戎他拉，自西南大山南流屈曲，合巴哩哈達水來會。又屈曲折東南流，逕察木多廟之西，而與雜楮必拉合。二源既合，亦統名曰雜楮必拉也。江水南流，又東南，折西南，逕賈廟西北，有一水自東北匯東南來之袞兆宗城及查木敦廟水來會。江水至此，番稱默楮必拉也。又西南，得札什達克雜木橋，喀木番部境之大橋也。又南，有自出河自西北來會。洛隆宗城東北有楚充千兩池水番俱(名)多布格鄂模，合而東南流，會雜楮果貢阿林之水。又東南，逕靈渦車廟前，又東南，屈曲數百里，入瀾滄江，江水又南，有一水自西來會。又東南，有一水自東北來會。又西南又一水自西來會。又南，得占什達克薩瑪橋，又西南，逕察喀羅巴西。又西南，有雅爾瑪巴山水自西來會。又東南有喀塔噶哩布嶺水自西來會。又東南，逕屈蟲帝穌店西南，又東南，逕蒙番東境、怒夷西界，折東北北流，又東南，有一水自西來會，又東南，有一水自西來會。又東南，至雲南塔城關西，入麗江府，曰瀾滄江。

勒楮河，在大寺前，源出昂拉山下，合甲倉河。

樂楮河，源出作拉山，亦合甲倉河。

甲倉楮河，源出官覺，經流洛隆宗，合樂楮河，到乍丫界。

色楮河，源出上納多，經流江卡等處，西南流，入察木多大河。

巴沖楮河，在巴塘民堡之旁，源出占對，流入德爾格，合金沙江。

金沙江，番名色楮河，舊志載源出俄洛木拜圖，流入木魯烏蘇等處，至巴塘庫子勒，入麗江。歷寧番涼山，合雅龍江。會於敘州府大河。此江渡口甚多。【略】。按：金沙江亦名犁牛河，古麗江也。番名木魯烏蘇，源出巴薩通拉木山東麓，山形高廣，形似犁牛，其西麓水曰雅爾嘉藏布江，西流入喀齊國者是也。東麓水爲金沙江，亦曰倫不楚必拉，亦曰巴楚必拉，其水東北流，與西北源合。其水出巴薩通拉木山之西數百里勒脅爾烏蘭達普蘇阿林，曰喀齊烏蘭木倫，東南流，入金沙江。金沙江又東北，與南源合，其水出拜都嶺，曰拜都河，北流入金沙江。三源既合，水勢始盛，又東北，有阿克達木河自南來會，其水源出布哈山東北伊克諾木渾烏巴什嶺北之特門，塔拉二池，東北流，有小水二自東北來會，曰伊克阿克達木水。又有小水自西來會，曰巴哈阿克達木，入於金沙江。江水又北，折而西，有托克托乃烏蘭木倫自西北來會，其水源出勒脅爾山東北西金烏蘭拖羅海山，東流，入金沙江。自此山綿亘而東，繞木魯烏蘇之北千數百里，皆稱巴顏喀拉山。其陰即黃河源也。江水又北折而東，又東南，有波羅必拉自南來會，其水源出伊克阿克達木河北之察蘇拉圖山。北流而得烏蘭必拉，其水源出格爾濟雜噶那山之西麓，有烏蘭池，周七十餘里，自西流出，爲必拉，有巴圖拉水南自多倫巴圖爾嶺來會，又北，有庫博渾必拉東北來會，又西北，咸會於波羅必拉。波羅必拉又西北，有郭汝克必拉，南自察蘇拉圖山之西北麓來會，又西北，入金沙江。烏蘭池東，則瀾滄江所出之格爾濟雜噶那山也。江水又西北，折東，有洞布倫山，水自南來會，山在格爾濟雜噶那山之北，有賽音庫博渾山，連岡相接。又北，曰洞布倫山，有二水，一出山西，一出山東，合而西北流，入金沙江。江水又東，逕那木唐隆山、古爾板波羅吉山，始折東南流。有圖虎爾河自南來會，其水源出格爾濟雜噶那山之東北同布勒西洛西山，一曰空楚河，一曰和秦河，北流而合。東北逕好勒嶺，及活呵洛好勒察漢峯之東北，有水南自卓爾長山北麓合，而入金沙江。江水又東南，有烏捏河自南來會，其水源出厄爾機根嶺，西北流，逕巴木巴拉嶺西，至薩拉隆達山北，入金沙江。江水又東南，有那木齊圖烏蘭木倫自西北來會，其水源出巴顏哈拉得哩奔山，東南流，入金沙江。江水又東南，折而西南，分爲七脈，二十餘里而復合，有濟渡，番名多倫鄂羅木伊多渾。伊多渾者，華言濟渡處也。江水又東流，有庫庫烏蘇東北來會，其水源出巴彥喀拉西倫衣山，西南流，入金沙江。江水又東，有濟渡。番名巴木布勒伊多渾。江水折西南流，有小水自西南來會，又南，分爲二派，三十餘里而複合，又南，逕殷得勒圖西勒圖山，及特門烏珠山之西南麓。又南，有古爾板疤爾哈圖山，水自東來會，其水出山南麓，曰圖哈爾圖哈拉烏蘇，西南流，折西北，有克蘇乞老河，東南自阿拉爾巴顏哈拉達巴罕之西北麓注之，又西南，有毛伸霍爾霍河，自南來注之，又西南，有噶布拉河自東北來注之，又西南，入金沙江。此水隔山之東，乃黃河源。江水又南流，有伊克庫庫色必拉自西來會，有濟渡，曰伊克庫庫賽爾伊多渾，舟楫渡也。多倫鄂羅木、巴木布勒貳伊多渾，則皆馬渡也。江水又南，有一水自西南來會，又東南，折東，有池水自東北來會，池水廣二十餘里。江水又東南，有一水自西南來會，其水曰巴罕庫庫賽必拉，有濟渡，冬春馬渡，夏秋皮船渡也。江水又東南，有一水曰尼林哈拉烏蘇，源出雜佛洛巴顔哈拉達巴罕，此山西北，即拉木拖羅海山，又西，即烏哈那哈達，其東北，即哈拉機達拉克呵林，其東南，即薩喀勒拉克山，北隔星宿海者，其水西南流，入金沙江。江水又東，有齊齊爾哈納庫庫烏蘇自南來會，其水源出蘇克布蘇克木山，綿亘而東，有七大山，流出七大水，又有威衣木、查鄂模二池之水，俱東北流，合而爲一，曰齊齊爾哈納庫庫烏蘇，入金沙江。江水又東，有忒默圖水自南來會，其水源出打克木喀木雜噶山，西北流，入金沙江。江水又東，折東南，有一水自北來會，水出巴顔哈拉達巴罕之東南山。江水又南，有一水自南來會，水出租蘭達租山東麓。江水又東南，有一水自北來會，水出雜巴顔哈喇山之西南麓，此水隔山東北，即雅龍江源也。江水又南，有角克池水自西北來會，其池周六十里，在蘇噶莽河屯之北，東南入金沙江。江水又東南，入喀木境，始名布倫楚必拉也。有小水自西北來會江水又東南，折西南，又東南，逕仲郭廟，有一水自北來會，其水源出朗普格山，東南入金沙江。江水又東折而南，有濟渡，曰罩沖郭哩多渾。江水又南，有一水自東北來會，水源出裡達達巴罕，西南入金沙江，江水折西南流，至里木山西南，拉都格巴東北，有一水自東北來會。江水又南流，至達拉哈達東，月里拉達巴罕西，又折西南流，至巴塘城西境，有一水自東北來會，源出越里達拉巴罕南麓，西南流，逕巴河屯南，入金沙江。江水至此，亦有巴塘河之稱也。江水又南，逕巴塘他拉西，又折西南流，始名巴楮必拉，有濟渡，曰巴楮必拉多渾，江水曲曲流又西南，有一水自西北來會，其水源出巴河屯西北重山中，東南流，合三小水，入金沙江。江水又東南，有敦楮、馬楮、縮楮自東北合而來會。敦楮河，亦曰敦楮必拉，源出岡里拉馬爾山，西南流，有扎木哈達山水東北注之，即馬楮河也，亦曰麻楮必拉。敦楮河又南，有噶木布乃哈達山，水自東北來會，即縮楮河也，亦曰縮楮必拉。三河匯而入金沙江，江水又東南，有一水自東北來注之，水源出巴特瑪郭出山，西南流，逕東噶爾河屯南，傑達麻他拉北，又西南，匯而爲池，又西南，入金沙江。江水又東南，入雲南麗江府西北塔城關，曰金沙江。入金沙江之水，有無量河，上源曰多克出河，源出陽頂文廟西北之沙里出諾爾池，東南流，折東北，有里出河東北來會，其水源出里木山東麓，東流，有沙魯齊山，水自西南來會，又東，折南流，至里塘東南，有二水，北出波羅朵拉達巴罕，一東南流，一西南流，合而來會，又西南，至迷黎拉岡地，入無量河。無量河又東南，入雲南界。

裏楮河，在裏塘門首，河源出瓦達長垣蒙了沙，向東南流，至眉里喇卡哈雅，入內地，河口稍窄於裏塘，上行十餘里，有桑巴橋，通巴塘大道，下行六十餘里，至江宗。

色隆達河，在裏塘西南，源出額東勒山，流入雪山根，合袁達楮河，由喇嘛了至鄉城，會金沙江。

拉梯楮河，源出立登三壩，經流二郎灣，傳莫博松等處，入金沙江。

交界河，在鄉城朔竹地。

立渠河，在裏塘射鹿山發源，經流與下渡河合。

温塘泉，有三，一在裏塘西十里，一在裏塘南二十里，一在喇嘛了熱水塘汛。三泉之水，四時常温。

雅龍江，【略】。源出雜巴顔哈拉山，在裏塘城西北，其山在雜佛洛巴顔哈拉山之東南，有東西二源，東南流，番名曰雜楮必拉。又東南，有一水自東北來會，番名曰齊齊爾哈那必拉，又南流，有一水自北來會，曰瑪木齊奇哈那必拉。又東南，有朗普格山水自西南來會，其山水東北出，匯爲拉木楮池，廣五十里。東北出，爲囊必池，廣六十里。西北出，爲噶拉木池，廣五十里，池旁皆山，其水入雅龍江。江水又東南，有小水自北來會，又東南，有小水自西南來會。又東南，有一水自西北來會，水源出巴顔圖呼木達巴罕之西山，又東南，有小水自南來會，又東南，有一水自西北來會，水源出巴顔圖呼木嶺之東山。又東南，至巴顔哈巴拉巴林之南，折南流，又東南，有二水自西南來會，又東流，番稱雜楮齊奇拉哈納必拉也。

江水又東南，至瑪木巴顔哈拉山西南，有瑪木齊齊爾哈那必拉自北來會，其水源出瑪木巴顔哈拉山之東南流，合東北之彌那克楮必拉，又西南，入雅龍江。江水又南，有脅楮必拉自東北來會。其水源出年泥莽楮山，南流，折西，入雅龍江。江水折西南流，有鄂尼楚爾古河自西來會，亦曰敖楚爾必拉也。其水源出澤賽國嶺之北山，南流，有尼雅克楚必拉西南流注之，又東北，入雅龍江。江水折西，又東南流，有一水自東北來會，水源出噶又格拉嶺，西南流，入雅龍江。江水折西南流，有小水自西北來會，又南流，至瑪拉木岡嶺東北，又東南流，折西南，得濟渡處，番曰巴拉馬珠蘇多昏，亦曰必爾麻珠蘇木渡。此喀木番部東往打箭爐販茶路也，渡在打箭爐西徼外二百餘里。江水又西南，曰雅龍江，南入四川界，爲占對地方。自此而南，其東爲四川地，其西爲番地。入雅龍江之水有霸拉河源出打箭爐鑪西南大山，西南流逕占對，東南入雅龍江。有北爲番界，番人稱爲黑惠江，亦曰納夷江，古合瀘水入繩，今合若水入繩也。

雅納溝河，源出大蓋雪山西北，南流八十里，至爐，與瀘河會，又七十里，入魚通河。

瀘河，源出折多山西南，東流七十里，至爐。

頭道水，打箭爐東六十里，高崖夾峙，一水中流，居民皆住山麓，巖後瀑布百丈，夭矯噴礴砰訇如雷，亦一大觀，過客皆題詠焉。

黄河，源出星宿海西，巴顔喀拉山東麓，山石色黑。蒙古謂富爲巴顔，黑爲喀拉，二泉瀋發，東南流數里而匯，曰阿爾坦河，其水色黄，蒙古謂金曰阿爾坦。折東又北，有小水自南來會，又東南，有烏哈峯水自西南來會，又東，有拉母疤羅山水自南來會，又東，有西拉麓山山水自北來會，又東，有七眼池水自北來會，始得鄂敦他拉，蒙古以星爲鄂敦，以水灘爲他拉。【略】。阿爾坦河既會於鄂敦他拉，又有巴爾哈布山水自北來會，哈拉答爾罕山自南來會，番名古爾板索爾馬，蒙古謂三爲古爾板，以阿勒坦河合二水爲三也。東南流，注於槎靈。

海西北，得水爲海。海大澤也，其澤周三百里，東西長，南北狹，河亘其中，番人呼白爲查，長爲靈。《爾雅》云河出崑崙虛，色白者也。自海東南流，有查克拉峨山水自南來會，其水一曰色納楮河，一曰多河，俱出山東北流，合而爲一，又合庫克查池水入於河，河水又東南。

折而東北，有哈拉河自東南來會，而注於鄂靈海。《元史》所謂阿剌腦兒是也。蒙古以青爲鄂，言其水色青。由海折東北流，折東南，有敖博圖噶順水、多木達噶順水，查哈噶順水自南來會，又有敖羅海池水自東南來會，而抵巴顏圖渾嶺，有呼蘭河自西來會，其水源出盔呑池，東北流，得庫得勒古河，折東南，入於河。河水又東南，有博勒圖河自東北來會，其水出阿拉克薩拉山，西南流，入於河。河水又東南，有哈麻古爾台河自東北來會，又有泉水小大五十餘，曰厄得靈忒得靈鄂模，匯成白圖河，東流入河。又有厄魯克河東南流入河，哈爾吉河西南流入河，薩克河東南流入河。河水又東南，水色漸黃，屈曲五百餘里，環阿木尼麻禪母孫山之南，即大雪山也，有多爾呑河自北來會，呼呼烏孫河自西南來會，登河自北來會，巴爾鄂河西南來會，巴罕薩拉河自北來會，哈拉河、拜多河、巴里馬河皆自南來會。又有伊克薩勒河自西北來會，他哈拉馬克河、烏捏河、布喀河皆自西南來會。又有小水二自西北來會，西拉河、伊克巴爾和河、巴罕巴爾和河自西南來會。河水至此，折東北流，繞大雪山之支阜，曰噶海山，又噶拉濟山之麓。大雪山者，《元史》所謂亦耳麻莫布拉，譯言騰格哩塔是也，華言昆侖山。其山綿亘三百餘里，上有九峰，中峰獨高，冬夏積雪不消。番人以祖爲阿木尼，險峻爲麻禪，冰爲母孫，稱冰山，與稱大雪山同耳。河水東北流，有三昆都侖河自東南來會。三昆都侖者，即土人謂古爾板昆都侖河，《元史》所謂納鄰哈拉河、乞哩馬出河、鵬楞河也。納鄰哈拉河，今曰德忒昆都侖，源出賴柞山，東北流，入於河。乞哩麻出河，今曰多木達圖昆都侖，源出納克多木精山，西北流，入於河。其納克多木精山，岡出山之東南，即四川松潘同知界也。河水至此而始大，又西流，繞烏蘭莽乃山之北，逕納林通布珠山，折西北流，繞大雪山東北；有巴罕哈留圖河東北來會，又有伊克哈留圖河東北來會，其水源出巴罕土魯跟山，西南流，入於河。河水又西北，有齊普河自西南來會，其水源出滂馬山，曰圖聲圖河，東北流，與得爾多河合，其水出哈爾濟嶺，東流入圖聲圖河，又北，曰齊普河，入於河。河水又北，有察普楚河自西南來會，其水源出索諾木達西嶺，北流，繞大雪山西，折東北，有密喇河西南來合之，繞大雪山北有西拉哈卜齊海西北來合之，又得阿爾昂河而入於河，河水又折而東北流有塔克圖河自東南來會，其水源出伊克圖爾根山，東北流，折而北，合巴罕圖爾根山水，又西北，合伊西克山水，入於河。河水又北，有滾俄羅吉河自西北來會，其水源出青海西南濟哩山，東南流，合盔呑西哩克地諸泉水，入於河。河水又東北，有蘇勒吉爾河自東南來會，其水源出古爾板圖爾哈山，西北流，入於河。河水又東北，有小澗水自南來會，又東，有烏蘭河自東南來會，其水源出他蘇拉海山，西流，合大成嶺水，又西北，逕敷隆臥拖羅海山北，入於河。河水又東北，逕古城址北，甘肅河州之西界也，有庫庫賽河自南來會，又東，有鄂涿蘭河自南來會，又東北，有烏蘭布拉克河自西北來會，其水源出青海東南，衆泉匯發，東南流，入於河，河水又東北，有也巧雀匣河自南來會，其水出保安堡東南，西北流入於河，河水又東北，逕蘇魯古山南，折而東南流，有姑楚河自南來會，其水源出古爾板拖羅海山，東北流，入於河，河水又東南，折而東北，逕積石山南，阿木尼達拉嘉山北，北界西寧府徼外，南入河州內地，此《禹貢》導河之積石也，《水經注》曰唐述山。自鄂靈海至此，蒙古統謂之喀屯河。入河之水，有離水，源出西南徼外，打城達巴罕山之東南，東流受小水二，又北流，有五普威河自東南來會，折西北流，受小水二，入大夏堡北，曰大夏河；有洮水，源出洮州衛西南徼外，西傾山東麓，番名羅插普拉山，衆泉匯出，曰巴拉巴河，東南流，折而東，受小水十餘，入衛境；有湟水，番名波洛克克河，源出西甯府徼外，當青海之東，曰噶爾藏嶺，元人名之曰祁連山，《明史》所謂熟水山也。三泉迸發，一曰伊克烏拉古爾台，匯而南流，其東有布虎圖嶺水，曰昆都侖，南流，受毛哈圖河來會，又東南，有洞郭爾廟南，有土爾根察漢河自西南來會，水勢始盛，折東流，至鎮海營，曰西甯河；入湟之水，曰浩亹河，番名烏蘭木倫河，源出青海西北阿木尼厄庫山，東南流，有哈爾昏河自北來會，折東北曲曲流，有滿楚克河自西北來會，東逕甘州府南徼外番大山，東南流，南北受小水十餘，至大通堡，曰大通河。

岷江，大江亦曰岷江，源出松潘同知城西徼北外岷山羊膊嶺，有二源，北曰岡出阿林，從嶺東麓東南流，其西北麓即多拉昆都侖河也，南曰那格多木精阿林，從嶺南麓南流，屈曲東流，與北源會，又東流，東南至黃勝關，入四川界。入江之水，有黑水河，即鐵豹嶺水也。有二源，北源出九里古拉達巴罕嶺，在岷江南源之西南，東北流，折而東南，入四川界。

又 海子，通後藏大道，過岡巴則嶺下，周圍行四十八日，水深不測，中有山環繞，西南隅有多爾濟拔宫。

彭多河，前藏北行三日，有鐵鎖橋，亦有皮船。

阿克達木河，春結江，怒江，即外夷界，急湍奔浪，不可渡。

又 瀾滄江，番名雜楮必拉，有二源，一出喀木之雜坐裏岡城西北，格爾濟雜噶那山，即古和甸之鹿石也，其水東南流，有庫克噶巴山水自北來會，又東南，會左一池水，右二池水，又東南，有一水自西來會，始稱雜楮必拉，又東南，折南，逕蘇噶芥城西南，又東南，有一水自東北來會，一水自西北來會，又東南，有一水自東北來會，折南，又西南，逕察木多廟東境又西南與鄂木楮必拉合，鄂木必拉之源，出巴喇克拉丹蘇克山，其山在格爾濟雜噶那山之東，山下有十餘池，匯而西南流，有一源曰普陀戎他拉，自西南大山南流屈曲，合巴哩哈達水來會，又屈曲折東南南流，逕察木廟之西，而與雜必楮拉合，二源即合，亦統名曰雜楮必拉也。江水南流，又東南，折西南，逕買廟西北，有一水自東北匯東南來之滾兆宗城及查木敦廟水來會，江水于此，番稱獸楮必拉也，

又 金沙江，番名色楮河，舊志載源出伊洛木拜國，流入木魯烏蘇等。

又 雅龍江，舊志載在裹塘東，源出青海之□□地方，流入霍爾咱地。

又 黃河。

又 岷江，大江，亦曰岷江，源出松潘同知城西徼北外岷山羊傳嶺，有二源，北曰岡出阿林，從嶺東麓東南流，其西北麓，即多拉昆邵侖河也，南曰那格多木精阿林，從嶺南麓南流，此爲岷江正源，屈曲東流，與北源會，又東流，東南至黃勝關，入四川界。入江之水，有黑水河，即鐵豹嶺水也，有二源，北源出九里古拉巴犁嶺，在岷江南源之西南，東北渡，折而東南，入四川界。

清·嚴如熤《三省山内風土雜識》 嘉陵江者，東自陝西散關發源，由鳳縣、略陽，諸治西南斜注。西自甘肅西和、成徽、兩當、諸縣而來之水，合於置口關，東入四川之廣元縣境，道經嘉陵山之西，故以嘉陵名。西至昭化縣，有來自階州之白水，龍安府之青州水注之，又納蒼溪縣之宋江，梓潼縣之小潼川，下至合州之渠口。則渠江諸水注之，南下至州治之東南，入於涪江，按嘉陵江兩面，夾以高山，水流湍急，然至陝西之略陽，其流已鉅，可通舟楫，較漢江之在褒沔者，爲深廣矣。

又 渠水源出陝西之定遠廳大巴山下，至巴州東南，分爲三流，而中央横貫，勢若巴字，名曰巴江，又稱字水，合源出廣元縣通平鎮之清水江，源出通江縣之宕水，龍灘水，由金華山西斜注東南，有通川江者，發源達州之萬頃池，自東注之。江南下渠縣之東，又爲渠江，納渠縣之白水溪、大竹縣之東流溪，廣安州之翁水，至合州之渠口，合於嘉陵江，此水舟楫直通巴州。其分支別派，間亦可泛輕舸。

開江，源出新寧縣欒山，坎流而下，南入開縣，合源出達州萬頃池之清江，源出高粱山之墊江，俱下雲陽，入於岷江，此水雖蟠折山谷中，而小舟尚可運載。

清·錢泳《履園叢話》卷四《水學·總論》 嘗論天下之水，自淮而北，由九河入海，《書》所謂「同爲逆河，入于海」者是也。自淮而南，由三江入海，《書》所謂「三江既入，震澤底定」是也。今九河既塞，故燕、趙之間多霖潦，三江既塞，故三吴之間多水患。

江南治江，淮北治河，同一治也，而迥然不侔。黃河之水，遷徙不常，順逆乍改，其患在決。雖竭人功，而天司其命。江南之水，紆迴百折，趨納有準，其患在塞。雖仰天晛，而人職其功。

清·錢泳《履園叢話》卷四《水學·三江》 三江之説，自昔互異。或以班固、韋昭、桑欽諸家爲是，或以孔安國、郭璞、張守節、程大昌爲是。余以爲俱可弗論，總之以導江入海爲第一義，俾有蓄洩以溉三吴之民田爲第二義。蓋古之治，治水也，今之治，治田也。時代既移，滄桑莫定，雖考訂精詳，尋其故道，豈再能復禹之舊蹟乎？但以目前而論，震澤之下可通入海者，惟吴淞、劉河、白茅爲最利，即今日之三江也。

清·錢泳《履園叢話》卷四《水學·來源》 三吴水源，天目爲大，其水東出臨安，汎溢而爲苕、霅，入于具區。又自天目東南出杭州天竺諸山，匯而爲西湖，一由昭慶寺前流入松木場爲下河，一由湧金水門入城爲濠，分布諸河，至得勝諸壩爲上河，以灌海寧之田。如西湖水溢，則由諸壩流入下河，合于餘杭塘河。一遇霖潦，則從石門、桐鄉、嘉興、松江以入吴淞、黃浦諸港，則下流先爲浸溢，太湖之水相與抗衡，反無歸縮之路矣。

清·錢泳《履園叢話》卷四《水學·枝江》 三江爲幹河，諸浦爲枝河。幹河則用孟子之水利，濬河導海是也。枝河則用孔子之水利，盡力溝洫是也。

既知太湖之來源矣，則太湖諸水從何處去乎？曰枝河也。既知三江之入海矣，則三江諸水從何處來乎？曰枝河也。故治水者，幹河既深，而枝河亦自要緊。凡民田落在官塘者，不過百分中之一分，其田多在腹内，其利多在枝河。譬如花果樹，百千枝幹，皆附一本而生，開花結實者，則從枝幹而發。若僅治幹河，不治枝河，徒費財力無益也。

大凡濬治水利者，往往于大工告成之後，力疲心懈，不復議及善後經久之計，每置枝河于不問，輒曰且俟異日，而不知前功盡棄矣。必使各枝河得利業户照田論工，先後並舉，各治己田，水遠路遥，一時尚難周遍，況漠然置之哉！濬幹河時，凡幹河諸水，悉決諸枝河，而後大工可就。濬枝河時，凡枝河之水，悉歸諸幹河，而後小工易成。此不易之論也。

清·錢泳《履園叢話》卷一八《古跡·九河故道》 余嘗過南皮，訪之土人，云九河故道渠岸形蹟猶有存者，徒駭在西北，太史在古皮城南，馬頰在城西南，覆鬴在東南，胡蘇在西城下，簡、潔俱在城西，鉤盤在西北，惟鬲津即今之天津。皆爲當時注海之處。南皮

清·錢泳《履園叢話》卷一八《古跡·潯陽江》 九江府治後城上有庾樓，庾

亮刺江州時所建，樓下即潯陽江也。城西半里許有琵琶亭，以白香山詩得名。前榷使姜公開陽所建。乾隆五十四年四月十四日垂晚，余嘗停橈亭下。時江波漾月，柳影翻風，南望廬山，青蒼不斷。江上時有小舟載婦人彈琵琶，真江行絶景也。友人周竹珊詩云：「琵琶一様聽來慣，聽到潯陽便有情。」德化

清・錢泳《履園叢話》卷一八《古跡・烏江》　烏江在和州東南，距江口三里許。有土山甚峻，叢木鬱然。山下有項王廟，遺像在焉，兩側以亞父范增、司馬龍且配享。後殿塑夫人像，是爲虞姬也。又有項王墓在廟後，據《史記》，葬項王穀城，安得復有墓在此乎？想前人附會耳。讀汪佃碑記，知舊時有唐李少温篆額，今不存。又一碑刻王畫像半身，石光瑩然若鏡，余有詩云：「不渡江東忍自亡，天心人事本難量。英雄已足稱千古，香火還留祭一方。叢木秋風餘殺氣，鬼燐墓雨落星光。我來艤櫂寒塘晚，惟聽江流悲未央。」和州

清・錢泳《履園叢話》卷一八《古跡・淮水》　淮水出桐柏山胎簪峰，下有禹廟，廟前有三井，是爲淮源。自漢以來，治淮者嘗禱之。余至正陽關，必渡淮水，是年淮水大決，淹没民田以數十萬計，爲歎息者久之，乃作詩云：「淮瀆滔滔控數州，東馳千里未能休。幾看禱廟尋三井，安得探源溯上流？秋潦漲時成竄鼠，阪田没處有浮鷗。我來問渡斜陽晚，白草黄沙漫野愁。」

清・錢泳《履園叢話》卷一八《古跡・潁水》　潁水出潁州府城北。余自乾隆丁未十月將之汴梁，道出潁川，由太和至周家口，舟行者數日，遇如皋林鐵簫，有詩云：「潁水流不息，楓林落日黄。扁舟獨西走，羣雁向南翔。兄弟經年别，關河去路長。篷窗無限意，還見野鴛鴦。水邊鴛鴦甚多。暮寒泊郵店，沽酒認青旗。犬吠閉門早，樵歸生月遲。喜聞鄉國信，況有故人期。相對挑燈坐，舉杯聊酌之。」

清・錢泳《履園叢話》卷一八《古跡・錢塘江》　余以乾隆乙巳歲春三月始遊錢塘，嗣後往來于浙東西者幾三十餘年。其山則有南高峰、北高峰之峻險，其水則有西湖、玉泉之清冽，其寺宇則有淨慈、靈隱之雄壯，其洞壑則有飛來、金鼓之幽深。古蹟之多，名勝之雅，林木之秀，花鳥之蕃，當爲海内第一。惟八月之濤最爲奇觀，其來如三座雪峯，其聲如百萬軍鼓，心摇目眩，頃刻而至，則天下所無矣。按錢塘之號，先于周、秦，見《史記・始皇本紀》。至先武肅王築塘捍海，而名益著耳。

清・桂敬順《恒山志》元集《水志》　滱水東逕嘉牙川，川有一水，南來往之，水出恒山北麓，又云：「滱水自倒馬關南流，與大嶺水、合水出山西南，大嶺下東北流出峽，峽右山則有祗恒精廬，飛陸陵山丹，盤虹梁長津，汎瀾縈帶其下，東北流注于滱。滱水又屈而東合兩嶺，谿水出恒山，北阜東北流，歷兩嶺間，北嶺雖層陵雲舉，猶不如南巒峭秀，自水南步遠峯，石磴逶迤，沿途九曲歷睇，諸山咸爲劣矣。抑亦羊腸邛崍之類者也，齊宋通和，路出其間，其水東北流注于滱水，又東左合縣水，水出山原，岫盤輕湍濬下，分石飛縣水一匹，有餘直灌山際，白波奮流，自成潭渚，其水東南流揚湍，注于滱。滱水又東流歷山，世謂是處爲鴻頭，疑即《晉書・地道記》所謂鴻上關者也。關尉治北平而畫塞于望，都東北去北平不遠，兼縣上所拯也。滱水于是左納鴻上水，水西北近谿，東南流注于滱水也。又云：「滱水又東，恒水自西來注之，自下滱水，兼納恒川之通稱焉。即《禹貢》所謂恒衛既從也。」又云：「滱水又東，右會長星溝，溝在上曲陽縣。」

又　滱水發源恒山，東北流至定州境，會唐水南，入於衡。《通典》

清・焦循《邗記》卷一　且《郡國志》劉昭注補明言：有梁湖，有博芝湖。《水經注》言：中瀆水自廣陵北出武廣湖東、陸陽湖西，二湖東西相直五里，水出其間，下注樊陽湖，東北出博芝、射陽二湖，西北出夾邪，乃至山陽梁湖即樊梁湖，今在高郵城西北，博芝湖在寶應城東南九十里，二湖屬之，射陽則射陽縣地，不獨爲今之寶應，而且組入高郵矣。《水經》言：淮水東過淮陰縣北，中瀆水出白馬湖，東北注之。

清・焦循《邗記》卷二　剡以溪有聲，清川北注，下與江接樂史《寰宇記》曰：在縣南一百五十步。其水合山流爲溪，殆如顧愷之所謂萬壑争流者。其源有四：一自天台山北流，會於新昌，入於溪；一自婺之武義西南流經東陽，復東流與北流之水會於南門，入於溪；其一導鄞之奉化，由沙溪西南轉北至杜潭，入於溪；一自台之寧海，歷三坑西繞爲三十六渡，與杜潭會出浦口，入於溪，合四流爲一，入於江。

清・英和《卜魁紀略》　嫩江水勢平緩，沙石停滯，多出奇石，與寶石、瑪瑙相似，往往於岸側拾得。打牲烏拉官兵採取東珠，間年一至。岸畔石子，多含水珠，有類空青。

清・李榮陛《雲緬山川志》　蘭滄江西北來離。順寧縣境而水衷兩郡，左蒙

化，右雲州，互爲天塹焉，水環州北東二方。從此首入，右切習彌之山，東南行經神舟渡。【略】右過丙老河，水繞阿輪山麓，而東經阿古止渡，過習宜水，又東經普明灣，渡至平掌。過丫尾水，又東左岸入景東境經羊街渡，漸轉南微東行，經溫慎渡，過習騰水，又南經戛舊渡，過蠻槐水。又南過佑順河口，又南經葉蒲蘆渡，過其水，又南繞龍馬塘麓，過蠻弄水，又南繞波羅山麓。過其水，南經烏言渡，轉東微南行，繞葛蒲塘麓，過其水入猛麻境，轉南行過蠻蚌箐水，邦感水溫卜水南繞丙乾山麓，經玀玀渡，過其水又南過打黑水，又南過南麻河口，逕昆睦山之東又南過那戈水，繞行八道箐以屬於緬寧，計其長約三百餘里。渡子云自神舟沿江下四十里，阿古止二十里普明灣，三十里羊街，五十里溫慎，一百二十里戛舊，九十里葉蒲蘆，九十里烏言，一百八十里玀玀渡，長幾六百里。江路紆迴，倍於鳥路，耳神舟羊街鳥言玀玀，皆官爲船濟行旅。餘五渡民自爲之，然渡子利過客之錢，率不以聞。頃年奉李制府公文，設卡於神舟，以書役主之江楚遊民之入州者，並禁焉。瀾滄江從緬寧東首入其境，曲折南行至戛里，過上渡，轉而西南，右過那限河。河西出猛麻界，接天山，山之水四分，西爲嶍堡河，北爲那戈河，東爲那限河。那限河左抱邦東山麓，東南入於江。又西南行左岸，離景東境，全江入於緬寧，西行轉微南，右過蠻槐，大水蚌練水。水並西北，出接天山，東南入於江。又西南過南掌箐，水至虎指過下渡，又西南，右過蠻頂河，左過沈家砦河，又西南右過等蹇河那摩河、那笋河，南行，左過蠻茂河口。河東北出景東界分水嶺，西南行逕上下蠻茂村，過饅丫水，於其左折而西，又西南右過護蒜河口。河北出於南們山，山西北連體南岷西南幹所經也。其水東南行過圈答又南右合寧安水，於大雀山之東，東行過護蒜汛爲護蒜水，入於江。轉南出緬寧境，入威遠地。其下游轉而東，左過緬寧之乃泊河滇南東西去。河東北出景東之界，其山北與蠻茂河分水，西南行，右過蠻丫水，而南至乃泊，出緬寧境，下游逕威遠入于江。瀾滄江自東迤南，斜貫緬中鳥路約二百餘里。按瀾滄爲黑水之副中區，自江河外無與絜長者。然在雲緬間，廣率不能半里，逼處萬山無十丈之平，上下千里無城郭、村落、田疇，故無行船，非人不能通，無所用之也。右岸阿輪山、八剌山接天山左岸，無量山並連亘與州司相終始。其高造雲冬夏雪積山之半，氣清無暑，蒸嵐浥其下，爲毒淫，故邊發瘴尤厲。滇志云歲五六月，江中有物，色如霜光，如火聲，如析木破石，謂之瘴母。人觸之則死，又云起于春末，止于秋杪，岸上草相結爲草頭瘴，時則行旅皆絶，土風兇惡如此，故非其土夷及附近之爲客者，不敢問津焉。

又　孟佑河導源府西北，右甸之董兌山爲右甸河東，南行合猛佑水，爲孟佑河繞阿度吾里，折而東，右帶萬岷，左帶雪山，納其水。東北由州境西首入小孤山，峙於右，逕昆奔箐，東行，左過大雀山，右抱白石崖，過兩溫湯水，北轉過衙珠箐、猛麼箐，又東行抱下衙廢墟，而下過螃蟹之口。其水南出頭道箐黑馬塘山，與昆奔分水。黑馬之泉北流合衆源，過永鎮關，爲螃蟹河，又北過蠻培水、荷花海子水。水出東山頂，物怪守之。其荷人不敢取，常有盜水蔭田者，雲雷暴起，幾斃山下，其水並墮於螃蟹河又北行過蠻槐，左抱下衙村，入孟佑河。又東左過南辛河口。河一名小龍河，西北出大雪山，過河中村，南行，右合冷箐，左合瓊南箐，薄於線天之岩，其口聳壁絶高，有石室翳深木中，又南過擔簦橋，有村曰丙布。據南辛之心田，勝一牛平岡，回合可念，其水曲折，出水入孟佑河。東行逕舊城南大侯州，奉氏土城也，亦謂之上衙焉。奉氏有土之始，不可詳。萬曆中兄赦爲知州，治此。弟學爲目，治下衙，既而設流官治新城，故目此爲舊城。河水繞城，散爲數汊，南草橋聯其上，謂之南河，其橋舊名新惠。康熙中，州人以鐵索架梁爲之，後圮於水，轉北行，右負玉案山至鎖水橋，聞之左與順寧河會。其橋，明季名砥柱，見於《滇遊記》。康熙中，知州刁飛龍復成之，更名廣德，以無堅岸亦就圮。

又　順寧河導源府城北之?門箐，東南行過衢亨橋，桃源水董永。水自左來，會過迎春橋，右轉趨交鳳山尾。合甕桑水爲順寧河，南行，左帶樂平山、九龍山，右帶鬱密諸山，收其水，南微東行過洛甸河。河西南出中阿山，東北流至洛黨，入順寧河。又南過曇花山箐，轉而東，右合於大箐。東南穿把邊山峽以出，又南過石頭箐，收瓊岳阿苴之水，左合於龍潭。由州境西首入，右繞象山之角，出舊城北，北草橋跨其上爲北河，一名南坎河，蓋夷語，不識其義。北河東至鎮水閣之左，入於孟佑河，府志複出順寧衢亨，又謂臘門，失考。而以洛甸爲浴甸皆誤，入州境亦然。諸水雖土人號爲河，實細流也。近繞城下，志尚昧其首尾分合，況他乎。兩河既合爲順甸河，一名順佑河，東北行，右過黃草壩諸箐，左過新城河口。河北出猛卯山之首，經丙龍而南，地多砂礫，夏水暴田，輒壞又南逕新城之東雲州城也。明萬曆中，改流建州治於此，河水又南過乾海口，海舊西坡上廣可十頃。其初，水澄深有物潛焉。州人爲樓市其側，航舟以遊賞，後或傳爲龍徙，海漸不盈。城中瘴亦作而地墟矣，其水下注新城河，又南東入於順甸河。

清・俞正燮《癸巳類稿》卷一《碣石入河義》　碣石今存者有二：一在今武

定府海豐，一在今廣東所謂碣石鎮也。《禹貢》冀州之碣石，今已無之。《漢書·地理志》「石北平郡驪城」，本注云：「大碣石山在縣西南」，則爲今之撫寧縣地。《武帝紀》注：「文穎云：在遼西絫縣」，則今昌黎也。《山海經》言碣石之山，澠水出焉，東流注于河。」此澠，乃古入禹河今入灤之小水，若山東之澠，則入淄，不可言入河，《禹貢》言島夷夾右碣石入於河，則碣石不必正當河流，應在禹河入海處之西北。撫寧、昌黎之説，與經文爲近，以導山有云太行、恒山至於碣石，此又云島夷夾右入河，信在今山海關南之海中矣。《水經注》云：「韋昭言：歷世久，水漸淪入海，去岸五百餘里。」其言可信，《禹貢地理今釋》言是海豐碣石，如此則兗州非冀州，又與太行、恒山不相接，且萊夷夾左入河，非島夷夾右入河矣。

清·俞正燮《癸巳類稿》卷八《黟縣山水記》 石山會諸水，在縣東南十里，連山夾峙，播液發靈，清淺則鳴漱，盈滿則奔駛。東至潘山，東頭嶺水自北來會之。

又 潘山水出東頭嶺南，徑西遞東，又南行，西遞西水自北來入之。西遞在府西，舊爲鋪遞所由。東頭嶺東路則出東亭橋。西遞水又南行，長演嶺西水自東來入之。山壤樹木蒙密，春花上浮木杪，望之不見土石。又南過十里鋪橋。又南行，出潘山。東行，合石山上水，託坑水自南來入之。又東行，逕黛峯下，望塔院，趾盤崿挺，東徑視竈，迴沈潆浥，最深静處也，金村水自北來入之。

又 黟水清而不寒，其味甘，水深淺皆見底，多石骨，邑人多飲井水，味尤腴云。水從土中過，能養人，船至魚亭㵒至石山。

清·張澍《涼州異物志》 天竺有水，其名恒源，一號新陶，水特甘香，下有鹽水，萬國畢仰。原注天竺國有新陶水，味甘美，下有石鹽，白如水精。

清·張澍《續黔書·捍水議》 盖江流自清浪入熊溪城，西有獅子峰，雄踞江口，水無所泄其怒。北有鎮平、玉屏兩山作障，則水不得不折而東，而城当其冲。下流則書岩、蓮峰隔江夹峙，碕岸既狭，疏泻未易，勢亦愈奋迅。

清·張澍《續黔書·李白至夜郎辯》 烏江，在今遵義府南八十里，源出黔西，經縣之湘、洪、仁三江，由思南北流，入蜀之涪江。

清·張澍《續黔書·牂牁江》 夫七星關之水，固東出烏江，不注可渡河矣。可渡，源發金沙江，來自吐蕃，由雲南之麗江、塔城關入中國，經鶴慶、姚安、東川、武定諸府，至四川之敘州，與岷江合，入於東海，非若盤江之從粵入南海也。且盤江，兩山夾峙，波濤湍瀉，蛟龍魚鱉之所不窟，而謂可操舟耶？若定番之濛潭，雖注泗城州而入粵，而不能入番禺，且涓滴流也，亦與《史記》所記廣數里者不符。

清·張澍《續黔書·銅仁》 郡之西南隅有銅巖，郁然高峻，與雲氣相連接，下有銅仁江，白沙如米，青石似魚，洵嘉境也。

清·張澍《續黔書·豚水》 《海内東經》云：「鬱水出象郡，而西南注南海，入須陵東南。」按，鬱水即豚水也。漢《地理志》云，牂牁郡，夜郎豚水，東至廣鬱。又云，鐔封温水，東至廣鬱入鬱。又云，鬱林郡，廣鬱鬱水，首受夜郎豚水，東至四會入海。《水經》云：「温水出牂牁夜郎縣。又東至鬱林廣郁縣，爲鬱水。又東至領方縣東，與斤南水合。東北入於鬱，注云：鬱水，即夜郎豚水也。」又按，豚水，亦即牂牁江水。《華陽國志》云牂牁江水出南徼之東，通四會，至番禺入海。是鬱水即豚水，豚水即牂牁江水，審矣。牂牁水，即鬱林江，即駱越水，亦名温水也。

清·陶澍《洞庭湖志》卷三 沅水。據《水經》，出牂牁且蘭縣，爲旁溝水，又東至鐔城縣，爲沅水，東逕無陽縣。無陽者，漢武陵郡之故縣也。有水從東南入沅，是爲無水。

又 無水亦出牂牁且蘭，至無陽縣入沅，謂之無口。按：《説文》無本古舞字。故無水或作舞水，又加作潕，後人以無省作無，又以無訛作元，究即《水經注》所載之無水也。沅既合無，又南通運水。逕辰陽縣，縣有龍谿水，南出龍橋之山，北流入於沅，又有溰水南出扶陽之山，亦北流會沅，沅乃東與序谿合。按：無陽即今之貴州鎮遠府無陽縣也，序通作敘後加水爲漵浦縣，水所滙也。

又 漵水亦名楠水，爲五谿之一。出義陵郡鄜梁山，下爲鄜渠，川西北逕義陵縣西北入沅，沅又合柱水，東逕辰陽縣，南合辰水。

又 辰水出辰陽縣三山谷，東南流，獨毋水注之，逕辰水之暘。楚詞所謂：夕宿辰陽者也。右與沅水合，謂之辰谿口。武陵郡有五溪，辰谿其一焉。水又經沅陵縣，西會武谿水，即馬援聞笛處也。再會施水，下與西水合。

又 西水導源巴郡臨江縣，故武陵郡充縣西源山東南流逕無陽，故縣南又東逕遷陵，故縣界逶迤注於沅，謂之受水，其水所入名曰西口。沅與西合，又合東谿水，諸魚谿水分嶺谿水東夷水夷望谿水，再下爲明月池、白壁灣、三石硐，又東歷枉渚入龍陽縣境與漸水合。

又 漸水一名澹水。《水經注》：出漢壽縣西楊山，南流東析逕其縣南即索縣之故城也。又東歷諸湖，方南入沅水，所入之處，謂之鼎口。

又　資水出寶慶府之武岡州之路山。《水經注》：出武陵無陽縣。唐糺山蓋即路山之別名也，謂之大谿水，又逕建興縣，南又逕都梁南，東北合大水，逕扶陽縣，又東北合紹陵水口，又東逕益陽縣北，謂之資水，至茅夾河分三支出喬口，北通南湖洲，又過徐河口，入沅江大河，流出布袋口，中出關公潭、白馬寺、塞梓廟，又四十里出臨資口，會湘水入湖。

又　湘水發源廣西興安靈川二縣界，海陽山有分水嶺，南流爲灕水，北流爲湘水。羅含《湘中記》：湘水之出於陽朔，則觴爲之舟至洞庭，日月若出没於其中，又云湘水至清雖深五六丈，下見底如樗蒲矣，五色鮮明，白沙如霜雪，赤岸若朝霞，至所經之地，首會趙城嶠水。下合觀水，謂之觀口，又東北合洮水，又合營水，逕九疑山，又東北合應水，透迤至永州府零陵縣，與瀟水合。

又　瀟水源出九疑山朱明峰。《一統志》：瀟水出九疑山，南流至三江口，東北與迤水合。一云與瀑漢漭合流，又東北至永州城外湘口，合於湘，是爲瀟湘，又過祁陽縣至衡州府北郭，與蒸水合。

又　蒸水發源寶慶府邵陽縣耶薑山，透迤入衡陽境，是水其氣如蒸故名。至今衡陽縣北郭草橋河口入湘是爲蒸湘，又過衡山、湘潭、善化、長沙四邑，至湘陰縣臨資口，會資水再下合沅水，注洞庭，是爲沅湘。此三湘之所由名也。

又　澧水發源武陵郡充縣西歷山之東，過其縣，南逕零陵縣，北與温水合，又東會零谿水，又東九渡水注之，又東會婁水，至澧陽右會渫水，注會黄水又東過作唐縣，左會涔水，東合澹水，折而從華容傅家磯下湖。

又　五渚。《水經注》：湘水左會水青口，資水也，世謂之益陽江。湘水左則沅水注之，謂之横房口。右屬微水經所謂微水，水經下雋者也。西流注於江，謂之麋湖口，湘水左則澧水注之，世謂之武陵江。凡此四水同注洞庭，北會大江，謂之五渚。

又　微水在巴陵縣。《水經》湘水又北過下雋縣，西微水從東來注之。酈道元注：側湘浦北有萬石戍，湘水左則沅水注之，謂之横房口。東對微湖，世或謂之麋湖也，右屬微水，所謂微水經下雋者也。

又　夏水、沱水在華容縣北一里，一名華容河，《晉書・杜預傳》，預以巴邱湖沅湘之會，荆蠻所恃，乃開楊口，起夏水，達巴陵。内瀉長江之險，外通零桂之漕，南土歌之，見明孫羽侯《華容縣志》。今按：蔡氏書傳華容縣有夏水，首出於江尾，入於沔，亦謂之沱。則預所開當始江陵，今華容河乃從石首來，冬竭夏流，故當時均以沱夏稱非沔陽之長夏河也。

又　涌水在華容縣南，《水經》：江水又東南當華容縣南，涌水出焉。酈道元注：水自夏水，南通於江，謂之涌口。《春秋傳》楚大夫閻敖遊涌而逸注涌水在華容。按：此水本入江，洞庭秋漲亦與湖通。

又　浼水在華容縣東南。

又　繡水在華容縣西北，入長艷湖，歸洞庭。

又　景水自安鄉縣來至華容縣，西南會於景港。《水經》謂之景口，逕杜家灘入湖。

又　芷水在龍陽縣，《方輿勝覽》：芷水即沅水别流，其地多生杜蘅、白芷故名。

又　壽水在龍陽縣。《水經注》：沅水又東逕龍陽縣北城側，沅水又東合壽谿，内通大谿口。

又　滄水、浪水在龍陽縣。《廣輿記》：滄山、浪山下，各有水出，合流入於沅，《楚辭》所謂滄浪之水是也。

又　良水在龍陽西南七十里，有良山良水出焉。

又　羅水出岳州府平江縣西北，即盧水南流逕故縣城入汨注於湖。《水經注》：汨水西逕羅縣北，謂之羅水，又西逕汨羅戍南。西流注於湘，《風土記》：洞庭之南羅水出焉。《岳州舊志》：盧水在平江縣西北，發源盧山，南流入汨，以其過古羅縣，故名羅水。按：盧山在平江縣東五十里，盧水發源於此，非出平江縣之西北，文疑有訛。

又　汨水在長沙府湘陰縣北七十里。《水經注》：湘水又北汨水注之，其水出豫章艾縣桓山西南，逕吴昌縣北，與純水合，純水出其縣東南，純山又西逕羅縣，湘陰本羅子國也。故城在襄陽宜城縣西楚文王遷之於此，又西逕玉笥山，汨羅戍南西流注於湘。春秋之羅汭即此。世謂之羅汭口，盛宏之《荆州記》：羅縣北帶汨水，源出豫章艾縣，會宏水，西逕羅子國，又名羅水，一水而源流異名。汨以水名羅，以國名也。《湖南通志》：自岳州府平江縣流入，西注湘水，亦名汨羅江。

又　玉水在湘陰縣治南陽門外。《水經注》：玉水出玉池山東南注於錫浦，謂之玉池口。

又　錫水在湘陰縣北二十里，宋置錫江寨，今江上有山平起，民聚居，以漁爲業。《水經注》：湘水又北逕錫口戍東，又非左泒，謂之錫水，西北流逕錫口戍北。

又　黄水在湘陰縣北三十五里，即今羹膾湖水流逕黄陵祠故名。《水經注》：黄水上承太湖，湖水西流逕二妃廟，世謂之黄陵廟也，又西流入於湘，謂之黄陵口。

清・徐璈《黄山紀勝》卷一　由潛口歷容成溪而北，逾山口嶺右徙中至湯口山麓。縣北三十里爲潛口，又北楊千社容成溪。《歙志》潛溪一名阮溪，經紫霞山而出莘墟。余按茲鎮當潛溪之合。

清・徐璈《黄山紀勝》卷四　布水峯在雲門峯西，峯巔流泉飄曳如練，高出雲端。紅泉溪在峯下，水色赭赤，疑有丹砂産此。渲映成流也。丹霞峰石壁赭色，望之如霞，下有石室。汪纂冊丹霞峰。

又　（黄山）其水北入揚子江，南爲新安江，以達于海。《劉大槐記》：黄山水北出者入池之石埭，東北出者入宣之太平，南出者入歙浦。而山西之諸水合歙浦，逕嚴州而下錢塘江。

又　《歙志》：黄山水之出自白雲溪、松林澗、九龍潭、逍遥溪者，皆逕太平而北入于江。《江南通志》：青弋江在寧國府西六十里。發源黄山會石埭，太平旌德諸水至蕪湖入江。《水道提綱》：青弋江源有三，曰梅溪河、小溪河、楊溪河，皆在黄山之北。余按《水經註》：南江又與貴長池水合，又東逕宣城之臨城縣南東合涇水池口。涇口皆黄水北出之滙，以達于江者也。又汪鎬京曰：黄山水西合彭蠡入揚子江。此則祁婺以南之水，遠溯泉脈，接于鯿鄭矣。

清・李宗昉《黔記》卷一　白水河，其地多黄果樹，故以樹名名村市。過市分兩道，一往雲南，一往興義，河流瀉瀑，所在道上并見之。瀑對山有望水亭，嘉慶二年爲叛苗所毁。

又　安南縣東，哈馬關南老雅關，極險峻，外有盤江以爲固。

清・李宗昉《黔記》卷二　遵義、貴陽以烏江爲界，烏江以西，山色秀潤，樹木葱蘢，過江則皆童阜，多臃腫狀，一水之隔而風景迴殊。烏江上名大王坡，其假借極可笑。

又　鎮遠潕水流爲沅江，諸山溪水多會之。東北二十餘里，有一溪名潮水溪，其水濁，相傳發源處有伏犀焉。

清・黄本驥《三志合編》卷五　滹沱河按《漢書・地理志》以滹沱爲禹貢九河之徒駭，蔡九峰謂滹沱不與吉河相涉而取，酈氏程氏之説，謂九河之地已淪于海。《深州志》在嘉靖時，深州知州，山陰錢楩云……禹時黄河北流，西山諸水皆東注入河，滹沱其一也，滹沱正在大陸北，不得謂與古河不相涉，九河即恒山以東，諸水逆河即易水，逆與易音相近乎，稍譌耳。黄河自南而北，易自北而南，故曰逆河，相合東行，趨入直沽，故曰同爲逆河，入于海，蓋直以今保定、真定諸水爲九河，逆河皆天作之川，禹特疏而合之，而非分河之謂也。又謂漢唐諸儒以九河在滄州南皮、東光間者，皆非滄州，南皮、東光皆在大陸正東，且濱海矣。

清・徐松《西域水道記》卷一　羅布淖爾者，黄河初源所渟滀也。《爾雅》曰：河出崑崙虚，色白。《河圖始開》曰：崑崙之墟，河水出四維，崑崙□□底斯里也。

又　其河二源，西源曰雅璊雅爾河。水出其山（阿喇古山）西，南流四百里，有木言：水自西北三百六十里來會合，南流逕和什庫珠克嶺東，凡數十里瀦爲哈喇庫勒。

又　《海涼土異物志》云：葱嶺之水分流東西，西入大海東爲河源，是則喀楚特西大山，即葱嶺矣，源處偏西四十二度，極三十七度至三十八度，西源東流百六十里，至羌琿山，有齊齊克里克嶺水，南流百二十里，經塞勒庫勒莊東來會塞勒庫勒，在葉爾羌城西八百里爲外藩總會之區。

又　東源曰聽雜阿布河。東源出庫克雅爾山，在和闐西，與其南山屬水二支同出合流二百四十里，至沙圖城北，回語沙圖梯也。分爲二，行百八十里復合。東行百里，爲聽雜阿布河。帕爾西語聽雜平緩之意，阿布水也，河流平緩也。亦曰：哈喇斯坦河。《唐書》于闐西五十里有筆間，又西經渤海，西北渡緊館河，或即聽雜阿布歟，源處偏西三十九度，極三十六度六分，聽雜阿布河又東北流逕裕勒阿里克卡倫東。

又　葱嶺南河自始，會折而西北，行至愛濟特呼軍臺東北六十里。臺距葉爾羌城七十里。又折而東北流六十里，逕賴里克軍臺南，又東北九十里，逕邁那特軍臺南，又東北百里，逕阿郎格爾軍臺南，又東北八十里，逕阿克薩克瑪喇爾軍臺南，其軍臺有倉諺曰：倉臺乾隆。

又　額里齊城南五百八十里，有察克瑪克曲底雪山，所謂南山也。《漢書》曰：于闐在南山下，出水分流，其源處偏西三十六度八分，極三十六度，出谷而會東北流三百餘里，逕敖札特卡倫東，又東北流三十里，逕待達克卡倫西阿哈薩爾卡倫，東北流分爲二，西支西北流七十里，逕哈喇哈什城西三十里，卓窪勒軍臺東。

又 淖爾水伏流東南千五百餘里，涌出於巴顏哈喇山之麓，其地曰阿勒坦噶達素齊老，蒙古語：噶達素，北極星也，齊老，石也，指石以極其地。偏西二十度四分，極三十五度，崖土黄赤，飛流數薄，色成黄金，是爲阿勒坦郭勒。數處溪流其出，從北面及中間流出者，水皆緑色，從西南流出者，水則黄色。臣沿溪行四十餘里，水伏流入土，隨其痕跡又行二十餘里，復見黄河湧出。又行三十里，至噶達素齊老地方，乃通藏大路也，西面一山，山根有二泉流出，其色黄，詢之蒙番等，其水名阿勒坦郭勒，此蓋河源也。

清·徐松《西域水道記》卷二 布朗吉爾，水源發布朗吉爾城西南三十餘里，平地七泉，羅列如星，漾爲苴澤，是生細柳，諺曰：柳湖。又曰七星泉。柳湖水北流分二支，一支西北流經月牙湖東，入蘇勒河，一支東北流至布朗吉爾城西，城之四圍處處湧泉鍾爲小澤，侵嚙城墉。

又 黨河逕縣（敦煌）北六十三里，至黄墩堡西，堡周二里四分，高丈八尺，東西門二，雍正五年建。河逕堡，又北流三十里，至庫庫沙克沙，分爲二支，東西流，是曰雙河岔。

又 南源爲晶河，固爾圖喀喇烏蘇西二百五十餘里爲晶河，河出安阜城南山，其山即伊犁哈什河北岸山陰也，山有峽口，曰：登努勒台。

清·徐松《西域水道記》卷三 巴勒喀什淖爾者，伊犁河所瀦也。伊犁河二源，西南源爲特克斯河。特克斯河出汗騰格里山，準語謂，君爲汗，謂天爲騰格里，猶言天山也。在納喇特嶺西五百里，山脈來自木素爾嶺，山勢尊嚴，羣峯環拱爲天山之主峯，特克斯河出其北麓。《水道提綱》云：特克斯河出根克多貝格根地之大山東麓，西三十四度，極四十三度六分。準語謂野山羊爲特克，謂衆多爲斯言濱河多此也。河三支並出，會流逕特克斯塞沁小卡倫西。

又 空格斯河源出哈喇沙爾西北境，鄂敦庫爾嶺，一作額通古里，即音之轉。西麓，其東麓有温泉，石梵尚存故老言是準部遺跡使《準噶爾行程記》云：自阿拉癸山口，至空格斯河源，凡九日程，阿拉癸山口西行四百七十里至大裕勒都斯，又六十里，至鄂敦庫爾山口。

清·徐松《西域水道記》卷四 喀喇河出薩爾巴克圖，河東岸山東流逕察哈爾右翼廟北，右翼察哈爾夏秋游牧於河側，其北岸即鄂拓克賽里河所逕也。喀喇河凡東流百里而近，入淖爾。

又 雅爾哈齊克水西八十里爲納林布魯克河，河出巴爾琿嶺陰，北流峽中數十里，逕巴爾琿博勒齊爾，又北流七十里出巴爾琿山口入淖爾南，河以東爲薩爾巴噶什部落布魯特牧地。

清·馮道立《淮揚水利圖説·淮揚水利全圖》 淮揚水勢四瀆中，江、淮、河已有其三，淮水發源於豫之胎簪，歷七十二山河，齊集於山陽之高堰。其在北者，與黄同入海，在南者，與高寶諸湖共入江。若夫由昭關車邏等壩向東者，乃江海路塞姑假道於民田也。余昔著《淮揚治水論》，分四路下水法，無非順其就下之性，專以不傷民田爲主，但測蠡之見，未知可許。

清·馮道立《淮揚水利圖説·淮黄交匯入海圖》 淮安各縣，乃古今淮水入海故道。自黄河南徙，淮水始不得暢流入海。

清·馮道立《淮揚水利圖説·禦壩常閉水不歸黄沿江分洩圖》 淮水入海原是正道，但近日黄河壅注，定當大開江路，方是出水之門，無如下江之路，無多兼之，水口相距不遠，設江潮一大陡洩，必難。

清·馮道立《淮揚水利圖説·漕隄放壩下河築堤束水歸海圖》 車邏昭關等壩本因洩水歸海而設，然水性盈科後進兩旁必有堤岸，方可直行無礙。今查漕堤之東，周圍千有餘里爲田，約三十餘萬頃，因歷年水衝，田邊無堤，河中又無槽，以故上壩一啟，水勢奔放，横行者多，直行者少，海口縱深，無由徑達。

清·馮道立《淮揚水利圖説·漕堤放壩水不歸海汪洋一片圖》 漕堤之上有閘壩，范堤之上即有海口，昔人創法誠爲盡善，但當日河深堤高，兼有湖蕩可以容貯，故從前放壩，猶未爲甚害。今時景象，迥非昔比。諸壩一啟如履平地，田園渰盡，方到海門。所以西水下注，周圍千里汪洋一片，數月不退。每遇西風一起，巨浪拍天，野處之家，波高於屋，即或鄉村高阜，勉搆巢居而無食無衣，惟有泣對洪波，束手待斃而已。

清·馮道立《淮揚水利圖説·東臺水利來源圖》 東臺分海陵之半，其地南北可二百餘里，西抵泰界，東則至於海，幅員未嘗不廣，惜來源不正，祇有遠水與暗水、淺水三處，何謂遠？西南二百里外有孔家涵，向北分來之水也，何謂暗泰堤中各涵洞減下之水也。何謂淺？海安東有楊冒河繞富安新河，出口之水也。以上三處孔家涵水多，從澄子等河，北趨興化，各涵洞水皆被近洞，民田灌溉而去其稍可宣通者，莫如楊目河，居一縣上游，可以順流而下。無如地屬如泰分界河道淺撇，即旁有老樹孔與洋河等路，均可交行，而水大則通，水小則塞，且多奸民私設浮橋土壩以漁商賈之利。故每年旱魃爲災，陸海揚塵，闔境動成涸地矣。

清・馮道立《淮揚水利圖説・東臺水利去路圖》 東臺之水，范堤以西俱從堤西各路，與丁溪小海洩范堤以東，祇從丁溪小海洩，無如旱年去路嫌多，澇年去路反少，何則？東臺僻處東隅凡水從西北至者即從西北去，故每逢旱年一洩而盡，若到澇年，西北諸地又因車邏等壩減下之水抵住，絶不驛退。其丁溪之南，如梁安富五埸以及堤西各溝港，全仗古河口與王家港通行，方可入海，奈此兩河皆爲沙淤，非時常挑濬，則尾閭不通，腹脹亦難消矣。

清・劉文淇《揚州水道記》卷一 邗溝一名渠水，一名中瀆水，一名合瀆渠，一名山陽瀆。

清・戴寶蓉《水利鏡》 唐河發源山西渾源州、恒山南麓之高氏山，龍嘴村，經靈邱縣，水僅涓涓抵廣昌縣之高家台城子等村，有馬跑泉入焉。至新城子，入唐縣界，由倒馬關曲折南流至神北村入完縣界，經神南葉裏板，上偏姑等村，至東唐湄復入唐縣界，自清虚山之東轉，而西南流至大洋，復轉南向得恒河，逆流之水經河神祠西南，風山下，流至勺隄村，下入定州界，新城子至勺隄計長二百餘里，即滱水是也。

又 恒河發源縣屬西北恒岳山之北麓，曲折南流，歷唐縣曲陽二界，至賢表村，入唐縣恒河十八渡東丈灣，至北屯村入唐，河流長九十餘里，《禹貢》恒衛既從註恒水，入滱水、衛水，入滹沱河，楊公於萬曆三十二年開渠引此河水，灌南北屯村，地四頃三十餘畝。逆流河發源縣屬西北，北城子之北栗山，曲折西南，流越萬里，長店大洋等四五村，至西大洋之西南入唐河計長四十餘里，因源東流西，故有逆流之名。騰河發源縣屬西北黄金峪之西南山澗，小泉涓涓，西南流越北雹水、東雹水等村，至南雹水村，西接廣利渠，横衝南下。五六月間，山水暴注，澎湃傾瀉至下素村，西流入唐河楊公之設，騰橋所謂客水即此是也。

清・蔣攸銛《黔軺紀行集・畫卦臺》 州界漳、滏二水之間，國朝州牧蔣擢疏滏陽河爲南、北二渠，至今彌望，稻田兼有芰荷之勝。

清・蔣攸銛《黔軺紀行集・謁岳忠武穆祠二首》 十七日，行三十五里，過淇水橋。橋南有「淇水」二字碑，水聲湯湯，甚湍急，但無所謂「籊籊竹竿」者。

清・蔣攸銛《黔軺紀行集・渡黄河二首》 背風旋拆泝中流，南北蒼茫大地浮。慣見雲烟人海闊，忘機不啻小於鷗。

清・蔣攸銛《黔軺紀行集・驛館燕來》 初二日，行六十里，抵南陽府南陽縣。縣爲韓宛邑，府城即漢宛城，光武起兵、春陵立更始于淯水上在此。淯河，俗名白河。

清・蔣攸銛《黔軺紀行集・臥龍崗謁武侯祠三首》 初六日，行三十里，渡白河。河即淯水，發源嵩山雙雞嶺西南，入漢河，上有「望夫石」。

清・蔣攸銛《黔軺紀行集・荆門懷古次漆林簡討韻》 以建陽河得名，一名建水，又名陽水，自龍陂合白中、昏官三湖水，經太陽瑙入于漢，謂之「陽口」，一名中夏口，宋元嘉中欲廣漕運，引湖下注陽口，故又名大漕河。

清・蔣攸銛《黔軺紀行集・桃園行》 流泉由洞口落石壁下，出洞里許伏流至北三里桃花溪合流出江。洞門有方池，不盈不竭，亦異事也。

清・蔣攸銛《黔軺紀行集・壺頭山馬伏波祠二首》 西江自四川酉陽發源，由東北而西南；有溪自西來，經山麓，名小西溪。土人以此山爲江與溪合流之所，故名二酉。

清・蔣攸銛《黔軺紀行集・題萬卷書岩》 前大石橋，即爲城内鎮陽江，即沅溪，合西來諸水入沅，通舟楫之利。

清・蔣攸銛《黔軺紀行集・華岩洞》 城北三十里有北攸河，原名都凹水，即沅江之源。

清・吴振棫《黔語・牂牁江》 牂牁江，今都江也。源出都勻府境，至獨山，徑都江廳入古州，匯榕江、車江，西折而南過下江廳界，至丙妹入廣西境爲龍江，亦名柳江。經懷遠、洛容諸縣界，至廣東南海縣入海。

清・吴振棫《黔語・開通清江之利》 清江，源出都勻東北諸山，繞城西南合流，俗名長河，又曰劍河，亦名馬尾河；在八寨廳境曰雞賈河；在麻哈州境曰平定河；在清平縣境曰凱里河；入清江廳界始名請江。

清・吴振棫《黔語・盤江》 北盤江，源出威寧州西山中，南徑雲南沾益、宣威二州界，仍入黔。折而東至大山而伏，又東南二十餘里出山，東南流曰「天生橋」。又東南徑普安、安南、郎岱、永寧，挾上游山溪諸水，徑九盤、花江、板貴、董箐、百層、者坪、羅炎、打賓、者香、渡邑諸處至雙江口，東會紅衣江入于粤。在威寧曰可渡河；在郎岱曰毛口河；在貞豐曰羅炎河，以水清亦曰「清水江」。隨地稱名，診其源流無殊派也。

又　南盤江即紅水河，四時水皆赤，故名。源出雲南沾益州花山洞東南，流徑南寧縣界，爲東小河；又徑陸涼州東，爲中延澤；又徑宜良縣東北，爲大赤江；又南徑路南州西，爲巴盤江；又東南徑師宗、彌勒二縣，環曲靖、雲南、澂江三府、廣西一州之境，至羅平州入黔界。經遵義府南，爲紅水江，亦曰巴皓河；經册亨，亦曰八渡江。劃黔、粵之界，會北盤江入廣西泗城府界，謂之左江，注于海。此南、北盤江之源委也。

清・吴振棫《黔語・黄平河》　黄平西門河，在城東三十里舊州城西，即鎮陽江之上流，合諸水入施秉縣。縣東北十里有諸葛洞，一名「瓮蓮洞」，江心巨磧鱗次，驚波轉騰。

清・吴振棫《黔語・戴家溝紀略》　桐梓城外里許爲官渡河，上游諸水之壑也。又十里爲方家洞。又二里河分二流。右爲胡盧洞，暗流消水，俗稱消水洞；左爲周家洞，水穿山而過，爲馬江壩，蓋去城十五里，水至此而四山環繞無去路矣，向賴方家、胡盧諸洞以資消納。乾隆間，方家洞塞，春夏水漲，則官渡河兩岸盡淹灌。道光辛卯，水高于城，城中人悉奔徙。大府檄守令相視疏鑿，乃有開戴家溝之議。溝在馬江壩左。

清・龔自珍《龔自珍全集》第三輯《蒙古水地序》　羣水南來，【略】水東行，入黑龍江，未至，經大川四：曰潢河，曰大遼河，曰諾尼河，曰混同江；一本「混同」作「松花」。水北行，入色楞格河，未至，經大川三：曰愛畢哈河，曰土喇河，曰鄂爾渾河。黑龍江入東海，色楞格河經俄羅斯入北海。東以黑龍江爲主，其目四，又其目受某部某某水。北以色楞格河爲主，其目三，又其目曰受某部某某水。具如志。

清・西清《黑龍江外記》卷一　黑龍江，發源蒙古喀爾喀部之壑特山，其上游，蒙古謂之鄂倫河，他書亦作敖嫩河，即《元史》斡難河。元太祖始興地也。自此東北流經俄羅斯尼布楚城之南，入省北境，受西南來之額爾古訥河，經雅克薩城折而東南，至黑龍江城北九十里，受北來之精奇里江，繞城東南流，會混同江，入吉林境，受烏蘇里江及恒衮格林諸水，東入於海。

又　嫩江，發源興安嶺之伊勒庫里山，南流至墨爾根城西北，又南流至齊齊哈爾城東北，折而西南入蒙古境，受拖爾河水，經都爾伯特、郭爾羅斯兩部，出而東與混同江會。

又　額爾古訥河，自呼倫池東北流出，受諸河之水，入黑龍江。每歲，齊齊哈爾察邊者卓帳南岸河之北，俄羅斯地。

又　格爾畢齊河，源出興安嶺，南入黑龍江，河口東岸有石勒、清、漢、蒙古、及俄羅斯，喇第諾案拉第諾謂西洋文字五體字。

清・毛鳳枝《陝西南山谷口攷》　在藍田縣東南三十里，灞水出焉，西北流入渭。

又　在咸甯縣東南六十里，滈水出焉，西北流會鎬水即交谷水，又西會灃水入渭北。

又　在潼關城南三十里，潼水出谷中，北入河有潼谷。

又　又西爲水谷，在華陰縣東南，有泥泉水，北入渭谷，南爲秦嶺，又西爲靈谷，在華陰縣東南。

又　又西爲蒲谷，在華陰縣東南，有蒲谷水，北入渭，又西爲寶谷，一名杜谷，在華陰縣東南，有寶谷水，北入渭。又西爲黄神谷，在華陰縣東南，有黄龍潭水，北入渭。

又　又西爲甕谷，在華陰縣西南十五里，有黄酸水，北入渭。

又　又西爲大敷谷，一名羅敷谷，在華陰縣西南三十里，有敷谷水，受秦嶺諸小水，經流最大，北入渭。

又　又西爲蔥谷，在華陰縣西南三十里，有蔥谷水，北入渭。

又　又西爲白崖谷，在華州東南谷之北，有移山潭，又北爲蓮花池，二水自池中北流爲渠，會溝谷水入渭。

又　又西爲太平谷，一名太白谷，在華州東南，有太平谷水，北入渭。

又　少華山之西爲白石谷，又西爲潭谷，又西爲水谷，均在華州西南，有潭谷水，北入渭。又西爲石隄谷，在華州西南十二里，有石隄谷，水北流爲石橋鋪，河又北入渭。

又　又西爲赤隄谷，在華州西南，有赤隄谷水，東北流貫石隄谷，水至華州城，西爲西溪，復折而西會石隄谷水，北流入渭入谷，南行有葫蘆潭谷，又南二十里即秦嶺。

又　又西南曰元象山，在渭南縣南七十里，酒水出焉，北入渭。

又　又西南曰倒溝谷，一名倒回谷，西至留谷五里。在藍田縣東南五十里，有倒溝谷水，一名石門水，西北流入灞。

又　又西曰採谷，西至陽谷十里。在藍田縣西南三十里，有採谷水，北入灞。

又　又西爲大義谷，俗名大峪谷，谷西至白道谷三里，在咸甯縣東南六十里，滈水出焉，西北流會鎬水，即交谷水，又西會灃水入渭。

又　又名駱駝山，在長安縣南，有楩梓谷水，西北流會交水，注灃入渭。

又　又西爲豹林谷，俗名抱龍峪，在長安縣南有豹林谷水，西北流，會交水注灃入渭水。

又　又西爲子午谷，在長安縣六十里，有子午谷水，北流會交水，注灃入渭。

又　又西爲白石谷，又西爲太和谷，一作太河谷，均在長安縣南五十里，有小水二注交水，會灃入渭。

又　又西爲高冠谷，一名高觀谷，在長安縣西南，鄠縣東南三十里，有高冠谷水，北流會灃，入渭谷口，有鐵鎖橋爲長安鄠縣連界處。

又　又西曰皂谷，在鄠縣西南二十里，有皂谷水，北入渭。

又　又西爲蒼龍谷，在郿縣西南，有蒼龍谷水，北入渭。

又　又西爲磻溪谷，一名兹谷，一名儿谷，在寶雞縣東南八十里，有磻溪水出秦嶺，北入渭，谷中有煙霞洞，三省邊防圖入磻溪谷，南行有路，逋方柴關可達留壩。又西爲箕谷，在寶雞縣東南六十五里，有箕谷水，北入渭。

又　又西爲洛谷，古名綏陽谷，在寶雞縣東南六十里，有綏陽溪水北入渭。

又　又西爲馬谷，在寶雞縣東南四十里，有馬谷水，北入渭。

又　在寶雞縣西南五十二里，漢中府鳳縣東北百二十里，有人散關，在嶺上爲秦蜀之襟喉，嶺北之水名塔河，一名扞水，北入渭河，嶺南之水曰故道河，西南流經鳳縣境，又經甘肅兩當嶽縣境，至陝西畧陽縣境，入西漢水。顧氏景范曰：終南山自藍田而西至此，方盡，又西則隴首。

清・網柏心《導江三議》　濬虎渡口導江流入洞庭議　十數年來，江心驟高，沙壅爲州，枝分歧出，不可勝數。【略】按水自江出爲沱，枝江亦沱也，澧即今湖南澧州，曰又東至于澧者，是江水南出公安而下經澧州也。九江即洞庭，以九水所入得名，大水入小水曰過，其曰過九江者，是江水南由澧州安鄉過洞庭也。

清・穆彰阿《嘉慶大清一統志・直隸部》　其大川則有桑乾河。自山西大同府，流逕宣化府。入順天府境，古名㶟水。無人謂之盧溝河。以其流濁而易淤，亦曰渾河。滹沱河自山西太原府流入。經正定保定河間天津之境。《漢志》：「滹沱河，東至文安，過郡六，行千三百七十里。今下流曰鹽河，亦曰子牙河。衛河。自河南衛輝府流入，經大名及河間之境，即古清淇水。亦謂之白溝。【略】

又　易水，在易州，古爲并州之浸。有中南北三水，出易州西者，謂之中易，出州西北者，曰濡水，謂之北易。出州西南者曰雹水，謂之南易，自宋興唐樂，故道多湮。漳水，自河南彰德府流入，經廣平順德冀州河關之境。白河，源出邊外，自宣化府入順天府境，至天津與衛河合，古名沽河，今亦謂之北運河。灤河。在永平府境。源出宣化府獨石口外，屈曲流千餘里入邊，由樂庭入海，即古濡水也。

易水，在易州，古爲并州之浸。有中南北三水，出易州西者，謂之中易，出州西北者，曰濡水，謂之北易。出州西南者曰雹水，謂之南易，自宋興唐樂，故道多湮。漳水，自河南彰德府流入，經廣平順德冀州河關之境。【略】白河，源出邊外，自宣化府入順天府境，至天津與衛河合，古名沽河，今亦謂之北運河。【略】灤河。在永平府境。源出宣化府獨石口外，屈曲流千餘里入邊，由樂亭入海，即古濡水也。

清・穆彰阿《嘉慶大清一統志・直隸・順天府一》　渤海，在寧河縣東南。西南街天津府天津縣，東接遵化州豐潤縣界。七里海。大通河。會清河。三里河、風河、涼水河、高粱河、永定河、鹽溝河、廣陽河、琉璃河、白河、蒲池河、香河、牛濟河、蒼頭河、葉清店河、北運河、七渡河、白馬關河。塔河、富沱河、渤河、新河、八門城河、薊運河、高麗河、馬河、南沙河、潮河、雙塔河、大水峪河、俠河、會同河、通濟河、漫水河、胡良河、中庭河、子牙河、沽河、芹城水、三城水、獨樂河、龍池河、甘泉水、涿水、霸水、盤山水、瀑水、道人溪。

清・穆彰阿《嘉慶大清一統志・直隸・保定府二》　清苑河、方順河、界河、徐河、渝河、雹河、曹河、巨馬河、故渾河、琉璃河、唐河、玉帶河、龍泉河、清水河、高河、

清・穆彰阿《嘉慶大清一統志・直隸・河間府一》　漳河、南運河、古黄河、豬龍河、玉帶河、四角河、流河、清河、倒流河、土河、枯河、胡蘇河。

清・穆彰阿《嘉慶大清一統志・直隸・天津府一》　渤海、南運河、子牙河、滹沱河、漳河、古界河、水河、清河、大清河、浮河、黑龍港河、屯氏河、無棣河、石碑河、獻河、明溝河、厭河。

清・穆彰阿《嘉慶大清一統志・直隸・正定府一》　西韓河、洨河、沙河、泜水河、衛河、陽河、旺簍河、平陽河、派河、胭脂河、北流河、浩河、賈莊河、浴河、井陘水、聖水、滹滹水、沛水。

清・穆彰阿《嘉慶大清一統志・直隸・廣平府一》　滏陽河、漳河、沙河、余公河、舊滏河、拳壯河、渚沁二河、賀蘭河。

清·穆彰阿《嘉慶大清一統志·大名府一》 古黄河、衛河、漳河、硝河、沙河、洪河、濮河、豬龍河、澶水。

清·穆彰阿《嘉慶大清一統志·直隸·宣化府二》 清水河、金河、水泉河、西沙河、東沙河、陽樂河、壺流河、龍王河、南洋河、西洋河、溝口河、媯河、漳河、滄河、温泉河、板橋河、澗河。

清·穆彰阿《嘉慶大清一統志·直隸·承德府二》 前白河、柴河、柳河、車河、伊遜河、興州河、清水河、乾塔河、水峪河、白馬關河、馮家峪河、鞍子嶺河、七渡河、潮河、白河、固都爾呼河、伊瑪圖河、湯河、庫爾奇勒河、清河、澈河、濟伯格河、默沁河、賽音河、綽諾河。

清·穆彰阿《嘉慶大清一統志·直隸·遵化州一》 泉河、興龍口河、冷觜頭河、沙河、十河、五里河、黑龍潭河、韓城鎮河、還鄉河、沙流河、雙城河、采亭橋河、紫輝河。

清·穆彰阿《嘉慶大清一統志·直隸·易州一》 五里河、安河、酒欄河、唐河。

清·穆彰阿《嘉慶大清一統志·直隸·冀州一》 胡盧河、古黄河、古清河、漳河、索盧河、鹽河、洚水。

又 清水河、槐河、沛河、新溝河、新豐河、七里河、滹沱河。

又 鴉兒河、胡盧河、古白馬河、古鐃河、滋河、鐵燈竿河院西口河。

清·穆彰阿《嘉慶大清一統志·直隸·定州一》 沙河、盧奴河、滹沱河、滋河、靈河、龍泉河、唐水、恒水。

清·穆彰阿《嘉慶大清一統志·盛京·奉天府一》 遼河、馬官橋河、高素屯河。伊爾登河、渾河、白塔鋪河、沙河、蒲河、湯河、太子河、十里河、楊柳河、英納河、淤泥河、三汊河、五重河、鞍山河、畢哩河、清河、南沙河、冷水河、熊岳河、浮渡河、駱馬河、夏家河、小沙河、澄沙河、大清河、小清河。

清·穆彰阿《嘉慶大清一統志·盛京·錦州府一》 女兒河、小哈喇河、冷泉河、大定河、湯沙河、首山河、乾柴嶺河、寨兒山河、曹莊河、中右所東沙河、煙臺河、六州河、馬家河、寧遠河、黑水河、養息牧河、遼河、破臺河、三臺河、大安堡河。

清·穆彰阿《嘉慶大清一統志·盛京·吉林一》 混同江、鴨緑江、嫩江、烏蘇哩江、圖們江、黑龍江、拉發河、穆稜河、諾壘河、岳塞河、僧庫勒河、畢楞河、托穆津河、瑚爾哈河。

清·穆彰阿《嘉慶大清一統志·盛京·黑龍江一》 嫩江、雨哩江、呼倫河、巴蘭河、薩琳河、額爾伯克依河、托蘿河、雅爾河。

清·穆彰阿《嘉慶大清一統志·江蘇統部》 大川則有大江。黄河。清河、睢水、運河。

清·穆彰阿《嘉慶大清一統志·江蘇·江寧府一》 小清河、靖安河、浦子口河、沙河、芝麻河。

清·穆彰阿《嘉慶大清一統志·江蘇·常州府一》 得勝新河、孟瀆河、鴨城河、雙河、五寫河、横河、長河。

清·穆彰阿《嘉慶大清一統志·江蘇·淮安府一》 黄河、故城河、永濟河、涇河、渾河、老鸛河、草灣河、丹溝河、戴溝河、窰頭河、曹溝河、穿里河、楊家河、大沙河、十字河。

清·穆彰阿《嘉慶大清一統志·江蘇·揚州府一》 運鹽河、白賴河、新河、伊簍河、瓜洲閘河、瓜洲月河、三叉河、鳳凰橋引河、邵伯新河、邵伯越河、愧家河、山陽河、槐子河。

清·穆彰阿《嘉慶大清一統志·江蘇·徐州府一》 黄河、運河、濁河、茶城河、留城小河、荆山口河、西流河、夾河、段莊河、華家坡河、順堤河、鴻溝河、泡河、沙河。

清·穆彰阿《嘉慶大清一統志·江蘇·海州一》 景濟河、板浦河、一帆河、武障河、官河、陸里河、義澤河、高墟河、玉帶河、小沙河、大沙河、新挑河、

清·穆彰阿《嘉慶大清一統志·安徽·安慶府一》 青山河、雙河、沙河、九井河、黄馬河、後部河、羊角河、秀河、西源河、上長河、舊縣河。

清·穆彰阿《嘉慶大清一統志·安徽·池州府一》 博山河、三溪河、蓉溪河、横橋河、江口河、車橋河。

清·穆彰阿《嘉慶大清一統志·安徽·廬洲府一》 派河、三汊河、茅埠河、黄屯河、西河、羅昌河、曹王河、馬槽河、龍舒河、泥汊河、花林河、馬腸河、裕溪河、新河、芙蓉河。

清·穆彰阿《嘉慶大清一統志·安徽·鳳陽府一》 濠水、東濠水、沙水、渦水、洛水、淮水、肥水、涣水、北肥水、沱水、泡水、解水、睢水、古洨水、古汴水、黄河、溪河、龍子河、清溝河、沫河、大香河、阜口河。

清・穆彰阿《嘉慶大清一統志・安徽・泗州》　浼水、潼水、北潼水、一字河、紅藍河、直河、汴河、池河、啄戈河、運河、秦蘭河、白楊河、汊澗河、石梁河、沱河。

清・穆彰阿《嘉慶大清一統志・山西・太原府一》　牛坑水、木瓜水、涂水、回馬谷水、胡谷水、象谷水、通光水、侯谷水、伏羆水、屠溝水、清源水、龍王堂水、蔚汾水、潤河、沙河、金水河、城南河、石佛河、孔河、奇嵐河、砂河、清水河、大賢河、南川河、黄河。

清・穆彰阿《嘉慶大清一統志・山西・潞安府一》　汾水。

清・穆彰阿《嘉慶大清一統志・山西・汾州》　汾水、文水、清溝水、向陽水、原公水、隱泉水、勝水、吐京水、義水、長壽河、三迺河、湫河、甘泉河、鐘底河、黄河、麻峪河、榆林河、東川河。

清・穆彰阿《嘉慶大清一統志・山西・大同府》　黄水河、清水河、木瓜河、白泥河、天河、枕頭河、黑龍河。

清・穆彰阿《嘉慶大清一統志・山西・代州》　沱河、泉巖河、虒陽河、清水河、南橋河、楊武河。

清・穆彰阿《嘉慶大清一統志・山東・濟南府一》　運河、育河、瓜漏河、沙河、孝婦河、乾溝河、徒駭河、古黄河、壩水河、古王翁河、古屯氏河。

清・穆彰阿《嘉慶大清一統志・山東・昌平府一》　古黄河、馬頰河。

清・穆彰阿《嘉慶大清一統志・山東・登州府一》　萬盛河、陶章河、五龍河、大姑河。

清・穆彰阿《嘉慶大清一統志・河南統部》　大川則有大河、淮水、汴水、洛水、潁水、汝水。

清・穆彰阿《嘉慶大清一統志・山東・萊州府一》　墨水、海、萬歲河、白沙河、沽河、現河、藥石河、西于河、媒河、雲河、碧溝河、柜城河、五龍河、秀水河、渠河、長直河。

清・穆彰阿《嘉慶大清一統志・山東・武定府一》　古黄河、大清河、沙河、鉤盤河、篤馬河。

清・穆彰阿《嘉慶大清一統志・山東・沂州一》　鶴水、夜頭水、葛陂水、黄華水、洛水、絲水、大海、蒙河、皁河、白馬河、朱龍河。

清・穆彰阿《嘉慶大清一統志・山東・濟寧州一》　新開河、牛頭河、馬場河、淶河、澹臺河。

清・穆彰阿《嘉慶大清一統志・陝西・漢中府一》　褒水、華陽水、丙水、文水、玉泉水、玉谷水、黑水、龍涓水、子午河、大沙河、羊溪河、斜谷河、黄壩河。

清・穆彰阿《嘉慶大清一統志・陝西・榆林府一》　芹河、屈野河、黄河、

清・穆彰阿《嘉慶大清一統志・陝西・乾州一》　漠谷水、甘谷水、渭水、雍水、涇水、錦川河。

清・穆彰阿《嘉慶大清一統志・甘肅・蘭州一》　黄河、清水河、浩亹河、湟水、阿干水、潤水。

清・穆彰阿《嘉慶大清一統志・甘肅・寧夏府一》　黄河、黑水河、西河、白草水、高平水。

清・穆彰阿《嘉慶大清一統志・甘肅・秦州一》　田家河、粟亭河、斜陽河、渭水、涇谷水、段溪水、藉水。

清・穆彰阿《嘉慶大清一統志・浙江・杭州一》　浙江、富春江。

清・穆彰阿《嘉慶大清一統志・浙江・杭州一》　龍山河、大河、清湖河、外沙河、前沙河、後沙河、餘杭塘河、宦塘河、市河、六十里塘河、袁花塘河、運塘河、二十五里塘河、郭店堂河、洛塘河、新江塘河、慶春河。

清・穆彰阿《嘉慶大清一統志・浙江・湖州一》　奉化江、小浹江、范家河、趙河、西河、瑞龍河、西大河、東大河。

清・穆彰阿《嘉慶大清一統志・湖南・衡州府一》　湘江、茶陵江、永樂江、武水、清水、柿江水、沔渡水、瀘渡水、河漠渡水、洣泉水。

清・穆彰阿《嘉慶大清一統志・湖南・桂陽州一》　桂水、鐘水、屯湖水、潮水、春水。

清・穆彰阿《嘉慶大清一統志・四川・成都府一》　沱江、郫江、清白江、白沙江、白馬江、金水河。

清・穆彰阿《嘉慶大清一統志・四川・重慶府一》　大江、嘉陵江、涪江、渠江、涪陵江、長橋河。

清・穆彰阿《嘉慶大清一統志・四川・保寧府一》　嘉陵江、清水江、巴江、西水河、閬水。

清・穆彰阿《嘉慶大清一統志・四川・敘州府一》　馬湖江、石門江、錐江、支江、思晏江、水車河、石城河、秦沙河、南廣水。

清・穆彰阿《嘉慶大清一統志・四川・潼川府一》 中江、硝河、梓潼水、雙橋河。

清・穆彰阿《嘉慶大清一統志・四川・綿州一》 射水河、白水河、馬尾河、涪水、羅江水。

清・穆彰阿《嘉慶大清一統志・廣東・潮州一》 韓江、練江、清遠河、神泉河。

清・穆彰阿《嘉慶大清一統志・廣西・桂林一》 湘江、大融江、富河江、黄源江、西江、白石江、義江。

清・穆彰阿《嘉慶大清一統志・廣西・思恩府一》 那江、西江、李依江、臨浦江、思覽江、南江、北三江、右江、紅水江、姑娘江、清水江。

清・穆彰阿《嘉慶大清一統志・廣西・平樂府一》 沙江、誕山江、平樂江、西水江、富江、賀江、延寶江、丹竹江、山月江、修江、富郡江、明源江、歸化江、濁水江、銀江、眉江。

清・穆彰阿《嘉慶大清一統志・雲南・雲南府一》 盤龍江、大池江、龍巨江、星宿江、大堡河、洛龍河、利資河、金水河、青水河。

清・穆彰阿《嘉慶大清一統志・雲南・曲靖府一》 交河、愧澤河、大渡河、可渡河、木冬河。

清・穆彰阿《嘉慶大清一統志・雲南・麗江府一》 怒江、金沙江、長康江、温水河、南拱河、木青河、落僮河、桃樹河、觀音山河、石耳河、大橋頭河、桃羌河、沙溪河、彌沙浪河、老君潭河、春水、鸚哥河、崖場河。

清・穆彰阿《嘉慶大清一統志・貴州・貴陽府一》 烏江、清水江、回隆江、祥柯江、四方河、鴨池河、八字河、加牙河、甕真河、甕首河、三岔河、藤茶河、甕城河、落白河、翁黄河、陸廣河、龍井河、大韋河、小河、小水河、腰帶河、上馬橋河、玉帶河、啉線河、一宿河。

清・穆彰阿《嘉慶大清一統志・貴州・思南府一》 烏江、水德江、河由江、思印江、豐樂河。

清・穆彰阿《嘉慶大清一統志・新疆・伊犁》 伊犁河，古曰伊利河，亦曰伊麗河，又曰帝帝河，即今伊犁河也。東源爲空格斯河，西南源爲特克斯河，源流共長一千四百里，準部巨川也。南北支流不一，北則固爾札河，古爾班察罕水。阿里瑪圖河，策準河。南則呼那海博拉河，古爾班哈爾奇拉河，左右交注，合爲西流，四百餘里。折而北流，又四百餘里，南會支河。北行二百里，入巴勒喀什池。喀什河，在伊犁東，空格斯河北，源出哈喇古顏山南麓，南流二百四十里。至都爾伯勒津，西會空格斯河。空格斯河在伊犁河東南，源出空格斯東額通古里嶺西麓，西北流三百餘里，至都爾伯勒津，西南會特克斯河，又西流三十里，東北會哈什河，西爲伊犁河。古爾班哲爾格河、庫穆什河、阿爾沙河、哈喇布拉河、阿斯哈河、塔拉錫克河、古爾班賽里河。

清・穆彰阿《嘉慶大清一統志・新疆・吐魯番》 吐魯番河，源出西仝嶺，有南北二流，其南流經吐魯番城西，南行數里入於地。北流渝布拉里克西，折而東行，至森尼木西，又折而南行，入玉門口，分爲二支，其東支西流，經哈喇和卓城東二十里，爲哈喇和卓河，其西支經河斯塔克城西，各十數里，入於地。齊克塔木河、闢展河、魯克察克河。

清・穆彰阿《嘉慶大清一統志・新疆・庫車》 塔里木河，在庫車東南，即額爾勾河之下游也，大河西來三源並會其處在布古斯孔郭爾郭之西，爲阿克蘇之東南境，庫車之西南境，東流至塔里木地，名塔里木河。烏恰特河、額爾勾河。

清・穆彰阿《嘉慶大清一統志・新疆・烏里雅蘇台》 烏里雅蘇台河，源出中後旗，西流東合一水，經烏里雅蘇台城南，南納舒魯克河，北納蘇布拉河，注北扎布噶河。扎布噶河。

清・穆彰阿《嘉慶大清一統志・西藏》 雅魯藏布江，源出藏之西界，卓書特部落西北三百四十餘里達木楚克喀巴布山，會諸水東流二千五百餘里，從噶木巴拉嶺北入衛地，至日喀爾公喀爾城東北，喀爾招木倫江自北來會，合爾爲一。復東南流一千二百餘里，經衛之南界，過羅喀布古國，轉西南流，入厄訥特克圖，會諸水注於南海，此水源出甚遠，不入中國。

清・穆彰阿《嘉慶大清一統志・河南・開封府一》 汴河、五丈河、白溝河、楊柳河、青岡河、海子河、惠濟河、小青河、周家河、黄渡河、賈魯河。

清・穆彰阿《嘉慶大清一統志・陳州府一》 古黄河、沙河、潤河、青泥河、渚河、虹河、瓦河、燕城河、穎水、蔡水、洧水、渦水。

清・穆彰阿《嘉慶大清一統志・河南・歸德府一》 黄河、古汴河、陳梁沙河、豐樂河、古宋河、何家窪河、八里屯河、刺河、急三道河、明河、白河、楝溝河、清水河、巴清河、小黄河、巴河、會河、惠濟河、横河、睢水。

清・穆彰阿《嘉慶大清一統志・河南・彰德府一》 新河、黄河故道、儒教河、響水河、硝河、溝河、衛水、漳水、淇水、洺水、湯水、美水、防水、汙水、滏水、浙水、女臺水、新開水、倉谷水、黄水、畢泉水、繁水。

清・穆彰阿《嘉慶大清一統志・河南・衛輝府》 古黄河、衛河、孟姜女河、小丹河、鯉河、小石河、三度河、波羅河、硝河、沙河。

清・穆彰阿《嘉慶大清一統志・河南・懷慶府》 黄河、廣濟河、新河、東道山河、餘濟河、澇河、買魯河。

清・穆彰阿《嘉慶大清一統志・河南・河南府一》 伊水、湟水、瀍水、石淙水。穎水。

清・穆彰阿《嘉慶大清一統志・河南・汝寧府一》 朱馬河、流堰河、閼泥河、吴寨河、汝水。汶水。

清・穆彰阿《嘉慶大清一統志・河南・汝州一》 汝水。

清・穆彰阿《嘉慶大清一統志・江西・臨安府一》 袁江，在府城南，自袁州分宜縣流入新喻縣界，又東入清江縣界。古名南水，亦名峯水，又名渝水。湘水，在新淦縣南一里，源出縣東三十里高嶺，經縣南門外惠政橋，入贛江，曰南河口，又峯岡秀水，在縣南十里，源出縣東北瀑布下七里坡，南流合桂湖，亦達惠政橋入江。

清・穆彰阿《嘉慶大清一統志・江西・九江府一》 湓水，在德化縣西一里，源出瑞昌縣清湓山，亦名湓潤，東流會溪，溪經縣治南，俗名南河。繞城而東會諸小水入德化縣界，東經府城下，又名湓浦港，又北入大江，其入江處，即古之湓口也。金帶河，在德安縣西，源出縣西南二十里豹子巖，舊流經縣界南。合廬山諸水，四面旋繞如帶。【略】廬山河、西河、沙頭河。

清・穆彰阿《嘉慶大清一統志・江西・饒州府一》 樂安江，在樂平縣南，上流名大溪水，源出安巖婺源縣芙蓉嶺，西流入德興縣境，至縣東北六十里海口村，合銀港南部諸水，流徑縣北二十里，又西南至港口，合泊水，又西至樂平縣明口，合長樂水爲樂安江，【略】又西合吴溪水，經縣南，又西至鄱陽縣界，會諸水爲鄱江。昌江，在浮梁縣南門外，亦名大河，又名北河，【略】即縣東北界，西南流匯小北港，及鄱源歷降大演諸江。

清・穆彰阿《嘉慶大清一統志・江西・南昌府》 章江 在府城西章江門外，闊十里。一名贛水，即古湖漢水也。自臨江府清江縣，流入豐城縣界，經縣西，又北經南昌縣界，又北經新建縣界，又北注鄱陽湖，入南康府星子縣界。

清・張穆《蒙古游牧記》卷一 嫩江，一作妹江，又名諾泥江，古名難水，亦曰那河。明人謂之腦温江，又曰忽刺温江。方式濟龍沙紀略蒙古謂腦温爲碧諾尼意同。今呼嫩江，《明一統志》云：源出西北邊外，不可考，蓋江之在明爲甌脱。統志第指其與松阿里合流處，故不知其源，今按江源出，宜呼爾山，山在黑龍江之南，興安嶺下，江流自北而南，經查克達奇山之東，額勒克爾山之西，循墨爾根城北門，復稍轉西下，抵卜魁城西門，凡一千四百餘里，與松阿里江合。

又 阿嚕坤都倫河出札嚕特旗西山東流，哈古勒河出其西北山，二水合東南流來會，經游牧而東豬於沙。《一統志》合河，蒙古名和爾出札嚕特左翼之北，東流入境，經左翼西北三百三十里，又東經右翼西一里，又東經右翼前旗後旗地，人因沁察漢地阿嚕坤都倫河，在左翼西北三百里，自札嚕特左翼流入境，經葛剌圖温都爾山，東流會額伯爾坤都倫河，入右翼界，西北經奎屯山，東南流，會於合河。穆案合河，即哈古勒河，東豬於沙，即豬於因沁察罕池，今没其名矣。

又 遼河在游牧東南四百五十里，自永吉州西北流入境，經額爾金山西北，流入左翼後旗界，又西南流，會潢河入邊。西遼河，即潢河也，在游牧西南六十里，自札嚕特左翼流入境，經噶爾岡，東南流，會遼河，水逆提綱。大遼河即潢河，古稱饒樂水、濫真水、託紇臣水、吐護真水，皆即此河。今蒙古稱曰西喇木倫，猶漢言黄河也，源出克什克騰部界内山，左麓至阿嚕科爾沁之南二百里，合自狼河，勢益大，又東北至札嚕特南界，奈曼北界，始折而東南流，分爲二派，數十里復合。又東南經喀爾喀二旗北，又東經科爾沁左翼境。又東南有赫爾蘇河，自東北來會，又東南流入盛京開原縣西境之柳邊。赫爾蘇河源出永吉州西南柳邊内，二源西北流而合，俗曰母當阿赫爾蘇河，亦曰遼河。西北流，有枯魯河自南來，東北流注之，又北經赫爾蘇驛東，又北百餘里，有雅哈河，亦兩源合而西北流，百里來會。又西北流出赫爾蘇之柳邊，即科爾沁境，經額爾金山，入左翼後旗界，轉西南流三百里，將至柳邊，西會潢河。穆案：齊氏以古託紇臣水吐護真水，並爲潢河之别名，誤。辨見喀喇沁右翼牧地老河下。

清・張穆《蒙古游牧記》卷二 老哈河。《隋書・契丹傳》當遼西正北二百里，依託紇臣水而居。《唐書・地理志》長城口北八百里，有土護真河，奚王牙帳也。《遼地理志》中京大定府，有土河。《金地理志》大定府大定縣，有土河，長興縣，三韓縣有塗河。《元一統志》塗河源出惠州西北，經縣界八十里，東北流入大寧縣南境，至大寧縣東北境，一百二十里入高州境，又東北流至行營艸地。《契丹國志》契丹有水曰北乜里浸里，復名陶猥思没里，源出中京西馬盂山，東北流，華言所謂土河也。《方輿紀要》土河自馬盂山發源，逕大寧衛南，又東北流至朵顔衛之木葉山，合於潢水者是也。初纂《承德府志》老河在平泉州西北境，源出州屬喀喇沁右翼南百九十里之永安山，會諸小水，東北流自大寧故城之西南，逕大寧故城之東北，有被流入赤峰縣境，逕建昌縣西北境，會英沙河，又東北流入朝陽縣北境，共行五百餘里。與潢河會，下流爲遼河，亦名土河，又作塗河，即古託紇臣水，亦名土護真水，蒙古名老哈穆楞。《熱河志》案《隋書》稱契丹依託紇臣水，《唐書》又稱奚依吐護真水者，蓋土河流經五百餘里，發源今平泉州境流入今建昌朝陽縣北境，當初發源牯爲奚王牙帳所在。及東北流至潢河南，則屬契丹之地，正當隨遼西郡正北也。又舊以託紇臣土護真二水，並爲今潢河之別名，攷《隋書》稱託紇臣水在遼西正北二百里，《唐書》稱潢水在營州北四百里，則託紇臣水，尚在潢河之南，相距二百里，不得强合爲一。又謂土河之名，始於遼時，疑即今之白狼水亦非。攷《隋書·契丹傳》有託紇臣水，而《地理志》又有白狼水，《唐書·地理志》有吐護真河，奚傳有吐護真水，而又有白狼河，兩名分見必非一水。至《方輿紀要》稱土河亦名温榆河，攷《遼史·地理志》稱奚部建牙，當饒樂河之南，温榆河之北。下文又稱聖宗過土河之濱，因議建都，是土河、温榆河，並非一河，更不待辨而明矣。宋蘇頌過土河詩：「長叫山旁一水源，北流迢遞勢傾奔。秋來注雨瀰郊野，冬後層冰渡輻轅。白艸悠悠千嶂路，青煙裊裊數家邨。終朝跋涉無休歇，遥指郵亭日已昏。」自注：中京北一山最高，土人謂之長叫山。此河過山之東，才可漸車，又北流百餘里，則奔注瀰漫，至冬冰厚數尺，可過車馬，而水底細流，涓涓不絶。注互見中旗牧地下。《元一統志》大甯路，塗河千秋橋，又龍王廟在大定府南關外塗河之濱，乙酉歲建，遇旱禱雨輒應。

又　岳洋河。接牧場界。岳洋河，亦作鵶鷹河，在牧場西北九十里，自旗東北流入邊，會蘇巴爾哈河。旗東二十五里有卧牛石泉。蒙古名烏克爾齊老，西南流，會蘇爾哲河。六十里有百湖，蒙古名兆布拉克。

又　當道斯河。百里接喀爾喀左翼界。旗北五里有陶金圖山，三十五里有伊克翁山，山麓有古塔一。四十里有巴噶翁山，四十餘里有台吉圖山，山西有古塔一。七十里有阿哈里陀羅海山，七十五里有馬盂山，蒙古名哈卜塔海，旗北八里有布爾罕達巴罕，亦名盤道嶺。旗北三十里有大堤河，蒙古名蘇爾哲，東南流入廣寧縣東北境，七十里阿哈里河，源出阿哈里陀羅海山。東流會烏誚蘇台河。八十里有烏誚蘇台河，東北流，會庫崑河，百里有庫崑河，源出喀爾喀左翼，流入境。又東流入養息牧河，旗北百里有烏哈爾温泉。

清·張穆《蒙古游牧記》卷三　達布蘇圖河。哈奇爾河，出所部西北山，東南流傲木倫河出其西北山，二水合東南流，又東南，綽諾河出所部西山，折而東來會。爲達布蘇圖河，又東至札嚕特境，豬於沙。《一統志》哈喜爾河在旗北二百里，源出薩碧爾漢山，南流經庫格圖山，折而東流，入札嚕特界。烏爾圖綽農河在旗西南百三十里。自巴林流入境，經刻勒峯，東南流會哈喜爾河，又西北九十里有和戈圖綽農河，源出錫喇温都爾山，南流會烏爾圖綽農河，入哈喜爾河。

又　蘇布山。漢名珍珠山，百里接巴林右翼界，旗西五十里有刻呼納山，百二十里有樂游山，蒙古名得納格爾。

清·王鳳生《浙西水利備考》　東南水利七府一州總圖説　浙西之水雖發源于杭湖，而三江太湖係其尾閭，俱隸江蘇境内，非合二省統觀，莫悉端委，且浙西之流即吴中之源，兩治均利，獨治徒費也。

又　婁江説　婁江，一名下江，在昔爲禹貢三江之一，自太湖之東，從吴縣鮎魚口，北出五龍橋入運河，經蘇州郡城婁門東流，由至和塘迤昆山縣城之東，有新洋江水自南來會之，抵太倉之劉家河口入海中，亘一百八十里。在長洲縣界者，則南通匠門塘、下揚涇、金涇滄、陳湖、西鮎魚涇、東鮎魚涇、朝天湖、吴淞江、瀆墅湖、澱山湖、邱家浜、沙湖、陳家浜，共十三道，北通陽城湖、西龍漊、昆承湖、上陽涇、巴城湖、東龍漊、唐灣、界浦，共八道。在崑山縣界者，則南通真義浦、尤涇、金瀆、蝦蟆浜、須浦、新洋江、咸子涇、大虞浦、小虞浦、羅莊涇、千步涇、圬墟涇、南黄泥港、南泥塘、金雞河、界浦，共十六道。北通真義浦、十五堰、西石漊、江稍河、東石漊、白馬涇、夾潮塘、清水港、馬涇、金雞河、杭塘涇、廟了涇、北黄泥塘、北泥塘、吴塘，共十五道。在太倉州界者，則南通吴塘、小張涇、張涇河、南魯漕、南蒔溝、楚城涇、南鹽鐵、公塘、六度港、北通薛敬塘、渡船浜，共十一道。北通湖川塘、楊涇、小塘子、度長河、天妃宫港、北蒔溝，共六道。以上兩岸港浦，纍若貫珠，考之順治年間《松江郡志》所載，惟時劉家河口尚闊出海近無曲折，能瀉太湖之水，今則江面侵狹江底淤高，僅一綫澁流，與渠漊等，其出水之港浦，大率湮塞，半無舊跡可循。宜乎一遇霪霖，輒横溢四出，東南命脈攸關，究心民瘼者，可不亟籌疏濬與。

又　吴淞江説　吴淞江爲《禹貢》三江之一，後以江南多水災，去水從松，亦曰松陵江，跨吴江、長洲、崑山、青浦、嘉定、上海六縣，横亘二百六十里。自太湖之吴家港，屬震澤，出垂虹橋，屬吴江，截運河入龎山湖，抵崑山界分而爲二，南爲吴淞江，北爲勦孃江，至千墩浦復河爲一，又名慢水江，東流至上海縣之踰口入海。其水之在長洲界者，則南通都陛塘、西符家浜、甪直港、蒔蘆浦、東符家浜、新竈港、清水港、周家浜、界浦，共九道北通浦塘、青邱港、廟涇港、大豐、陳巷港、吴巷港、界浦共七道，在崑山縣界者，則南通楊家港、大頭港、時來港、安然港、西金家浜、大直浦、張浦、諸天浦、同邱浦、小直港、少里浦、洛浦、千墩浦、脊浦、善浦、大浜浦、平陽口、鶴浦、小新塘、湯浦、蔣浦、漳潭浦、蕩里浜。華莊浦、陳解浦、纂上浦、陳家浦、通經浦、西浦、文浦、道褐浦、小浜浦、蘆市浦、孟涇浦、大石浦，共三十五道。北通簡浦、楊柳浦、搧浦、通義浦、尤涇、陸家浜、徑材浦、小虞渚、南涇、團涇、馬蟻里、大潭、何涇、小浜、新洋涇、西洋涇、方家港、宋浦、新河港、西陽梨浜、楊梨浜、桃仁浦、陳郎浜、新河、徐浦、天明浦、毛老浦、下駕浦、木瓜浦、直浦、赤浦、楊浦、翔浦、黃布浦、陳巷港、明浦、北澥浦、徐公浦、舊江、顧浦、浦家港、楊南涇、舊江、瓦浦、北孟涇、西黃家浜，共五十二道。在青浦縣界者，則南通金家浜、小吴涇、内勛浦、燒窑涇、趙屯浦、小趙屯浦、盧浦、尚浦、分莊浦、烏珠浦、直浦、南澥浦、梁纥浦、蔡浦、古盆浦、盛裔浦、救浦、顧思浦、西拖浜、淮浦、華韶浦、青天浦、蔣浦、小白鶴江、大盈浦、舊江、舊港、施家港、赤眼浦、高家浜、儼倘浦，共三十一道。在嘉定界者，則南通浦家浦、韩泾、杨潭、黄家港、艾初浦、赵浦、孟涇、朱墅浦，共八道，北通西張浦、安亭港、西吴塘、吴塘、渡船浜、封溪港。師家浜。曹家港。松涇口、羅家浜、鹽鐵塘。曹家港、宋家港、豐家港、黃家浜，共十五道。在上海界者，則南通新港、莊家港、華漕、新港、上澳浦、沙浦、許浦、木門港、諸家浜、陶浜、草長浦、蘆溝、雙涇，共十三道。北通西沙洪、中沙洪、中沙洪、孫基港、牧瀆港、桃樹浦、廬浦、川洪，共八道。以上各蒲港，以松郡西北之趙屯、顧會郡北之崧浦郡、東之盤龍、青浦縣北之大盈，五浦爲最大。攷之明張國維《吴中水利全書》載稱：兩岸港脈，如蛇足歷歷可數，推原古人創法之精，非維導使歸江，且恐海潮泥沙濫積，將以清水爲刷滌也。

又　東江蒲匯塘附　東江，爲《禹貢》三江之一。書傳三江者，北爲婁江，中爲淞江，南爲東江。明王圻云：「唐開元元年，筑捍海塘，起杭州之鹽官，迄吴淞江，一百五十里，沿海港口盡爲堵截，而東江故道遂湮没無考。」酈道元《水經注》云：《漢書·地理志》曰，秦於故越地武原鄉置海鹽縣，後没爲枯湖，徙治武原，又淪爲當湖，南有谷水出澉浦以通巨海，疑此即東江也。今東江既湮塞，惟黃浦在吴淞江之南，與同出海，故近以黃浦爲東江，且戰國時，楚黃歇於東江之南，鑿支流以入海，其説亦不爲無攄。明夏原吉又於出口處擴而充之，開范家浜，致成巨川焉。源自太湖牛毛墩東南，出唐家湖，越運河而東。有白蜆江，急水港之水入澱山湖，分洩于爛路港金澤塘，注三泖，又合嘉郡。自平湖嘉善出口湖郡，分由南潯出口之水，西南來會之匯瀦于長泖，出斜塘黃橋門至橫潦涇瓜涇入黃浦，其水之在婁縣界者，則南通驅塘、石臼浦、張涇、米市塘、吴家濫、斜涇、鹽鐵塘、沙岡塘、竹岡塘、橫浦塘、張涇塘、金匯塘、陶宅鎮，共十三道。北通南錢港、米市塘、官紹塘、鹽鐵塘、語兒涇，共五道。在上海縣界者，則西北通語兒涇、沙岡塘、北橫瀝、鸓寶河、王店塘、烏泥涇、竹岡塘、閔行、橫瀝、何涇、俞塘、華涇、龍華涇、口赤港、陸家浜、肇家浜、洋涇浜、陳家浜、薛家浜、侯家浜、聞港，共二十一道，東南通閘　港家浜、鹽鐵塘、計家浜、王家浜、杜家行、黃溜漊、農茂塘、黃家浜、顧家浜、隱淑、沈莊塘、馬浦塘、三林塘、楊溜漊、高行浜、楊涇兵、曹　浜、西橫浦、張家浜、馬家浜，共二十道至上海縣城東隅范家浜故道，匯吴淞江之蹌口同入海，上下計二百五十餘里，深通疏暢三江于斯爲最。推原太湖之水，本以淞、婁二江爲尾閭，兹二江淺狹，淤阻不能翕受，惟北流瀉泖，並蘇松之水，俱於黃浦是趨，雖海潮混濁而有清流爲之蕩滌，故江面日闊，江底日深，前人已有浦，反足吞江之説。今尤大彰明較著者也。《禹貢》載：三江既入，而後震澤可以底定，即今太湖。宣洩之途析于三江者，今專屬之黃浦，東南水利顧可置而弗論，與至於浙江平湖嘉善二縣，在泖湖之西南，其水入泖，達黃浦以歸海，雖踞其上游，藉以宣達，而下游之渾潮，淤積泖湖，亦賴以疏導焉。已另爲説，以申言之再。蒲匯塘在于青浦縣東，上承趙屯浦，曹港來水，歷嘉定華亭縣界西，受盤龍泗涇諸水，東流至上海縣之龍華港入黃浦，由黃浦而歸海。明季屢經疏濬，今已淤阻，若深通之，松郡之水，亦可藉以分洩也。

又　浙省内外成河圖説　杭州地濱江海，居民向以泉鹵苦爲患，唐刺史李泌始引西湖水作六井，民稱便焉。及白居易復濬西湖放水入運河，自河入田灌溉千頃，惟湖水多葑，若不常濬即淤積成田，故運河失湖水之利，則取給於江湖渾濁多沙泥穿闤闠，中行三年一淘爲市井大累。宋元祐見數十濬茅山鹽橋二河，以茅山一河專受江湖，以鹽橋一河專受湖水，復造堰閘以蓄洩，然後潮不入市，取葑田積之湖中爲長隄以通南北，並募人種菱。

又　仁和縣水道圖説　杭州省城仁和與錢塘分轄，東南面錢塘江，西北枕西湖，城河大率犬牙相錯，以中河概之，則以豐樂橋爲界，北係仁和縣境。河渠之大者有三，曰「上塘」，曰「下塘」，曰「宦塘」，而溯其來源，則皆上承錢塘之水。上塘河由西湖之湧金、清波二閘，分注省城中小二河，南出候潮門、永昌壩經慶春門之貼沙河入清涼閘，迤西折北至太平橋、板橋以達上河，北出武林水門，從清河閘至枯樹灣折而南，入蜜駝橋，分灌於壩子水門及施家橋，有貼沙河，水自會安壩下來會之，又直北出於興福橋，折而東，至東新關與清涼閘下，水合流，過臨平，達海寧州界。其中赤岸橋西，有水來自黃山金門，檻前有二水，一來自皐亭，一來自黃鶴諸山，褚家橋有水，來自龍駒、桐扣兩山，然山皆坡陀，無層巒疊嶂，非久雨霪淋，不能源源挹注也。下塘河由西湖石函等閘出松木場，會西溪小和山，水至華光橋，有餘杭塘水西來會之，又至北新關橋，有奉口陡門，迄會安橋受苕溪瓶窯之水而來，爲官塘河匯流，出拱宸橋，從塘棲分而爲二，一北出武林橋至德清縣界，一納五富橋内瓶窰來水，直東出雙橋，由德清大麻直達石門縣界，此仁和水道之原委也。再施家橋之東，由太平等橋出打鐵關，達潮神殿，通小港至翁家埠，爲海寧之土備塘河，是又上塘河之支流也。貼沙河與西湖，地勢高於上塘，而下塘河仰視上塘，高下相去又丈餘。貼沙河、西湖俱有閘壩截水，因時啟閉，無從漏洩，上塘河雖有滚壩閘，筧以閉之，第百里長流，塘身單薄，潦歲固有潰決之虞。旱歲又有枯涸之患，甚有下塘居民利其灌溉，私掘溢洞，以致漏卮，易竭，亟宜培築塘堤，濬治河道，俾上塘數十里之田，俱成沃土，誠百世之利，且上塘與下塘節節流通，如八壩内之王家缺口。泥壩，則通新馬頭；沈塘、姚家二壩，則通登雲橋；雋堰壩，則通駝子橋；皐亭與大小袁家三壩，則通横井橋；其餘金家堰，通十三都；白洋筧，通十五都；梅潭堰、潘公閘、吴家堰、婆娑閘、臨平陡門，通大麻塘河。金門檻、費仁堰、施家堰，均有運洞，若上游浚深，則瀉入下游，如建瓴之勢，可不疏而自暢矣。此外，支港尚多，無涉源流，故不冗載。

又　錢塘縣水道圖説　錢塘，負山面海，腹抱西湖而外環海塘，東界錢江，西北界餘杭，北界仁和、德清，南依山與富陽界，向以江潮爲患甚鉅。自江分疏爲河者二，曰「龍山」，曰「貼沙」；自湖分洩爲河者亦二，曰「新河」，曰「下湖河」；又有河係自餘杭東流，抵江漲橋，爲餘杭塘，舊稱龍山，二河防在江潮。餘杭一河防在溪漲，惟下河有利無患，今則不然。江岸南徙龍山閘，悉漲成沙地，城河爲上中小之分，易貼沙爲環城河，江潮隔絶，悉以湖水注之，惟下河與餘杭塘河名，仍其舊境内。水道來源有四，一西承天目苕溪之水，由瓶窰出安溪橋，下至德清，一西接餘杭塘河之水，由長橋、觀音橋出賣魚橋，以達北新關，一由西谿諸山發源之，水凡七支匯而爲河，分金嶺其一，小和山其二，屏風山南其三，金竺嶺其四，花塢其五，石人嶺其六，龍溪塢其七，出八字橋直至左家橋，折而北達江漲橋以入下河；一由西湖諸山發源之水，凡八支：棲霞嶺水，出岳庙者一；玉泉山桃园嶺水，出環碧橋者二；靈陰天竺諸山水，出流金橋者三；天馬二龍諸水，出卧龍橋者四；丁家山水，出隱秀橋者五；三臺山大小麥嶺水，出景行橋者六；南高峯隱秀山水，出濬源橋者七；鳳凰九曜山水，經方家峪出長橋者八；瀦注西湖一洩石函，澗水二閘入松木場，出八字橋，一洩聖塘閘徙新河壩，出左家橋，會西谿諸水同達江漲橋，以入下河，此錢塘四大河之源流也。再縣西閑林鎮，從餘杭南湖滚壩出水，歲，分爲三港，曰「後荆山橋」，曰「板橋」，曰「阮家橋」，北通西谿，南通餘杭塘河，其餘杭塘河，南通西谿者，則有普寧橋，北通瓶窰河者，則由女兒橋，迄化灣陡門禾橋，迄安溪陡門三墩鎮良馬關，迄烏麻陡門東，至奉口陡門與仁和交界，此又四河支絡相聯之形勢也。查西谿沿山等河，沙淤石積，河流不無壅塞，瓶窰鎮爲苕水下流，泥沙淺阻，盛漲易濫，旱暵、無瀦二者，皆來源嗌要之處，宜疏浚深通。餘詳《省城内外河道説》内，此外尚九谿十八澗水，分流二道，直注錢江，無關水利，不煩疏瀹者也。

又　海寧州水道圖説　海寧地處平陽，西南臨高而東北就下，南瀕大海，外環石塘以捍之，北界石門桐鄉，東北界海鹽，西界仁和德清。按誌載，境内著名之河凡十，總之，則備塘河，上塘河，下塘河而已。一曰備河即昔之六十里塘河故道，久堙，今源於仁和境内。施家橋打鐵關流至潮神殿，由小港通翁家埠，計程五十里至州西門，遶城北流，與上塘河會，又直東五十里至尖山閘出石家漾，入袁花河。一曰「上塘河」，自西湖發源，至仁和交界之鹽官第一橋，入海寧境，計二十五里，至安鎮又二十五里，抵州北門入城河，復繞城而西，與備塘河合流，名爲二十五里塘河。一曰「下塘河」，自北新關大河從塘棲，至石門德清交界之大麻，入海寧境，東流至莊婆堰折而北，計十里，爲運塘河。通石門八里亭，折而南進高橋，爲滓江塘河。又直東爲洛塘河，計程七十里，抵硤石鎮，由黄道湖跨河橋，東出海鹽界，迤塘而西，又名許公塘河。亦有港二道，一通石門，一通桐鄉之路仲里。其滓江塘河，迤南進萬歲橋，至胭脂涇，迄州東水門，爲郭店塘河。迤北出斜橋，流入洛塘河，以達硤石，又徙郭店塘河，逆流而南，出聚秀橋，折東進教場橋，至袁花鎮，名爲袁花塘河，直抵海鹽包家山界中間，南接黄灣尖山閘二水，折北至行頭三環洞橋，與硤石交會，此海寧三塘河，分而爲各河道之原委也。至於洪流巨浸，東北之溢爲支河，通海鹽桐鄉者無算，殊流同歸，無庸備載。查海寧形勢，備塘高於上塘，上塘高於下塘，下塘之水自西而東，瀉路甚多，而河道寬通，且與上河諸閘壩相委輸，尚不至於蕩洩，惟備塘河扼其上游，全河淺窄，宜速開浚，並修復尖山閘設板，因時啟閉，上河一帶，尤爲城東百數十里田疇利，賴節節有堰閘垻壩，其名不可勝紀，全藉河水充盈，灌溉兼以餘潤，溢入下游。今則淤淺滲漏，隄身單薄，甚有居民，便其私圖偷掘運洞者，故每屆亢旱，輒即斷流，不通舟楫，迨久雨霪淋，又不克容納，汎溢爲殃，若不亟濬，並培築塘隄，修整堰壩，何以爲旱潦之備？其餘城河及下塘之市河，間有淺阻，能以餘力治之，益臻完善矣。

又　餘杭縣水道圖說　餘杭東界錢塘，西界臨安，南界富陽，北界武康，雖地勢較臨安爲平衍，而西、南、北三面，重山疊嶂，受水來源，一經驟漲，直流奔涌，盡決而東，若宣洩不舒，必致漫溢爲患。按境内水凡四支，一由縣西臨安界之苕溪，水經杜墟橋，丁橋過縣城，涌濟橋縈迴五十里，直達瓶窯，入錢塘界，是爲餘邑之南苕溪；一由臨安界之横板溪，過冷水、長樂、邵墓等橋，繞北湖至湯灣渡，合南苕溪流，是爲中苕溪；一由縣北之獨松嶺百丈塢，發源經黄湖雙溪鎮地方，又縣西之大麓山，水出林橋，而水匯入潘板橋，繞北湖至涇山港口，與中南苕合流，是爲北苕溪，併歸瓶窯，直達錢塘，此南北中三苕溪之一總匯處也。又一支自武康界孔井山發源，過邑之馬頭關，由錢塘境内之窯壩，入瓶窯。大河以上四水，至此合流，總名曰「苕溪」。從錢塘而至德清，直趨湖郡，以歸太湖，再邑城之東，逼臨南苕。有烏龍、朱婆二瀽及西涵陡門，自溢洞内引水，出部伍橋，爲餘杭運河，至河之東北一帶，均有支汊與錢塘河節節流通，以同發源，故不冗載。河之南又有上下南湖在邑南門外，葫蘆橋之西南，係由縣西之溪旁龍舌嘴，鑿口灌水歷沙溪進石門橋，以殺南苕暴漲之勢，其水從滚壩瀉流，一由舒橋，一由水獺橋中受，由拳篠嶺二水，同入蔣家潭，至臨安倉前匯歸運河，出錢塘境之賣魚橋，以抵北新關。此又南苕上流分注南湖，合由拳篠嶺水歸入錢塘官河之源委也。第上南湖久經佔據無餘，今下南湖亦淤成陸地，亟宜挑複另詳南湖說。中邑之北門外十里許，於中北二苕溪之間，又有北湖周回六十里，歲久不濬，湖身高溪丈許，盡成阜地，且四圍無隄，不能囊蓄，詢之士人，每當中北二苕盛漲，尚可於此分流藉資紓衍，近爲民人貪利佃種，恐久而築埂自蔽，無從宣洩爲害甚鉅。應追繳佃照，永禁侵墾，仍其舊址，毋庸復挑，惟瓶窯鎮之涇山港爲三苕會流出口之所。今溪中沙漲，百畝有奇，阻塞嘸要，致下流不能順軌，上游因之凝滯，應亟剷削以疏水道，至棚民墾山掘土之害，訪察輿情與臨邑，異口同聲且相度情形，不特臨餘二邑爲切膚之災，即杭嘉湖三郡，水利均受其患。

又　餘杭縣治南湖説　餘杭縣城之南，有上下二湖，係漢熹平年間縣令陳惲開築，其并溪者曰「上南湖」，環三十二里，自前明以來，久被居民佔據，僅存遺址倚山者，曰「下南湖」，環三十四里，以南苕上承天目諸山之水，每遇山水驟發，勢甚洶湧，宣洩不及，泛濫爲憂，故闢以瀦水於溪之西南隅龍舌嘴鑿口分灌，至沙溪由石門橋而入湖阯，以三官廟爲東界，石涼亭爲北界，東嶽廟爲東南界，三賢祠爲東北界，石門橋爲西北界。東北面築有塘隄，高四丈四尺，面廣五丈，底廣十丈，南面依山爲隄，西面近上南湖，地勢高阜，即以地爲岸，未設塘隄。湖心築十字隄，分爲四井，以分殺南苕之暴漲。塘之東西廣二里二百七十二步，南北廣二里三百一十步。冬春水涸，湖身高於溪水，夏秋盛漲，則溪流澎湃，分洩入湖。誠恐湖量不勝，乃空湖東南五畝爲塍，長四百九十五丈高五尺，俾湖水繞塍徐下，由石檔橋過安樂鄉以歸南渠閑林二河並于其會流處節以石堰名曰石雨張則閉以顧東鄉之田，落則啓以走渠港之潦迫水退塍下湖水仍徙石門橋還納于溪蓄洩之法已極得宜嗣以湖底漸淺水易汎濫不及盤繞五畝塍宣洩。嘉靖年間，縣令陳天貴因就塍中築設滚壩，加高五畝塍，以扼其吭，湖水乃從滚壩瀉出，一由水獺橋出蔣家潭，一由方家壩出舒橋，總匯入運河。康熙元年縣令宋士吉又加築輔壩以固之，此舊制相沿，歷漢唐宋明並。

又　臨安縣水道圖説　臨安居萬山中，地勢高阜，東界餘杭西界於潛，南界富陽新城，北界。武康孝豐。凡水皆積山泉而成流，絶不受涓滴於鄰邑境内。水凡四道，惟以苕溪發源於天目大仙峯者爲較大。自分經臺，下垂虹橋，至山腰，合白龍潭之水會流至錦源橋，歷竹林橋長獨山、公山、青山延長七十三里，直入餘杭。大溪是爲臨水苕溪之正身，山之右又有董溪水，自等寺山來，至觀蓮橋合流者，山之左有閈口水，一出黄洞，一出白沙雙溪，合流至濟川橋下并流者，此苕溪發源之處也。至溪之南，有大阪水蒳村水潘溪，水溪之北有青嶺水，郜溪水下有馬溪水、雙林水，並在獨山以上，附入苕溪，併達餘杭，以其來源涓細，故於圖内不繪。再，縣南鄉有錦溪，源發龍頭，屏出錦橋、湖橋，中受牛大塢、玲瓏山、姚家村諸水，至獨山下合苕溪流，並有錦溪之南，名靈溪者，來自沈嶺，出花橋鶴山橋，復合珠犀仙阪、琴山諸小水，由公山脚下同入苕溪，此又錦靈二溪併匯苕溪之原委也。其中受之水，因流細亦不繪。再，城北又有溪流一道，水從穆公山下來，古名仇溪，即今黄坂溪，合大山倪嶺之猷溪大錢山之白水，經勾山下界橋，同流入余杭境内，爲中苕溪，水至此，外别有山口水入新城界者，源淺而流小，於浙西水利并無關涉，再查臨邑，地高水瀉，當其山水驟至，儼如巨浸，然朝望汪洋，夕仍沟溝澮境内，并無巨陂、深潭以爲之豬，一經久旱，則溪涧細流，僅成涓滴，故田之肥磽，惟視水之停注，而欲水之停注，則必須填沙疊石，設堰以資蓄洩，且恐易遭冲決，宜立堰長以司歲修。今溪河節節有堰，尚彼此相安端在良有司之善爲保護耳。特溪中每多沙泥淤積，詢之，士人僉稱，以外來棚民租山耕種苞蘆，將山之沙土刨鬆，致水發時隨流而下，凝注日久，漲滿淤高，水難容納，不特潦歲有汎濫之虞，即旱歲亦難爲瀦蓄之備，亟宜設法禁逐，爲久遠計，誠水利清源之一大關要也。

又　太湖水道圖説　太湖襟帶三郡十邑，廣三萬六千頃，週圍五百里，東西二百里，南北一百二十餘里，中有七十二山，東南之澤，此爲巨浸焉。《禹貢》謂之震澤，《周礼·職方》名曰「具區」，太史公以范蠡乘舟入五湖，又謂之曰「五湖」，《顧夷吴地記》云：五湖者菱湖、莫湖、胥湖、遊湖、貢湖即太湖之東岸五灣是也。湖水發源，除寧國建康諸水由宜興及大江而來者，自築東壩，後不復攔入外，其由西北來者，則有宜興之長蕩湖、西隔湖，俱源自長山、三茅諸山，荆溪源自金壇溧陽諸水，及本境之君山。章山運河源自常郡，無錫分流之水，其由西南來者，則有長興之顧渚溪，源自顧渚山；合溪，源自白蜆諸山；四安溪，源自石硐及廣德諸山；孝豐之苕溪，源自天目山陰。霅溪，一源武康銅峴山，名「前溪」；一源臨安天目山陽，亦名。苕溪至德清，名「餘不溪」，二水至湖郡江子匯，統名「霅溪」。以上各水及常湖二郡堰壩，浦漾所瀦蓄者，皆待洩於太湖也。至於湖水之委，其一曰「吴淞江」，自吴家港，屬震澤，出長橋，屬吴江。截運河入龐山湖，歷元和崑山二縣界，至上海縣入海，計二百六十餘里，係其正東之幹流。其一曰「婁江」，從鮎魚口過五龍橋，又分由澹臺湖出寳帶橋入運河，至婁門東，經至和塘，達太倉之劉河入海，計一百八十餘里，係其支流。一曰東江，從牛毛墩，屬震澤。東南出唐家湖，截運河而東，又南合湖州嘉興全郡之水，奔流東注，由澱山湖瀉於三泖達黄浦而入海。是又太湖之幹支二流，不能宣暢溢而旁流者也。若形勢則無錫居其東北，陽湖居其北，宜興、荆溪居其西北，長興居西，烏程居其西南，六縣，以太湖爲壑，震澤、吴江居其東南，吴縣長洲居其東，四縣地本窪下，爲太湖之水所由出，湖中諸山，只繪其五，東西兩洞庭，禹蹟拏犨峯之綱領，大雷、小雷別江浙之疆域也。沿湖水口間有識者，標要害也。瀕湖每有風潮之警，西南風盛，則常郡漊瀆，逆流而上；東北風盛，則湖郡漊港，倒灌奔騰，一遇霪霖，尤虞泛溢，雖湖嘯之患有其説，而近亦罕見，然思患豫防，殆不可忽。

又　烏程縣水道説　江蘇吴縣三十八里，以太湖水面小雷山爲界，東南界歸安之小市巷，西南界歸安之吕村，東北界震澤之湮澤浦西北界長興之下山村。境内地勢卑窪，雖西南多山，亦復濱臨水面，蜿蜒漪處流通，故昔人以水晶宫稱之。水之來源有三，一南由德清餘不溪、武康餘英溪二水滙于碧浪湖，而來者爲霅溪；一西北由孝豐之天目、廣苕會安吉諸山水與長興，四安溪合流至月海山而來者，爲苕溪；一西由本境妙喜諸山而來者，爲郭西灣，水環繞城外，分貫城中，西北瀉于小梅港，北由毘山漾，瀉于大錢港，又縈迴紆折，分瀉于小梅以東，大錢以西，各漊港統歸太湖東。由文昌閣出八里店橋，爲東塘，抵南潯出平望，又自東塘支分而注于北塘，由北塘屈曲而趨於大錢，以東各漊港歸太湖，此其大略也。總之，烏程以苕霅二溪爲總貫，而郭西灣水亦附焉。霅溪一曰南條水，東由錢山漾，西由衡山門繞鮑山北流，滙注于碧浪湖，會郭西灣水，南入定安門者，又滙驛西橋水，苕溪分流。過潮音橋月河灣，至江渚滙，誌稱四水。至此總聚，霅然有聲，故爲霅溪四水者，蓋謂苕水西來餘英溪、餘不溪及北流水，在德清。會于峴山漾南來是也。折而東者，一出鎖苕橋，至毘山漾與苕溪水會，一出八里店橋，爲東塘。運河歷昇山，德星三際西壽星、東壽星、垂虹，通津諸橋至南潯出新橋，分水墩抵震澤境，東入吴江之鶯脰湖。又由南潯東柵外分一支，南流經應天寺，過嚴墓入秀水界。以上二水，係其巨流又東塘之南，由三際橋轉入東阡橋，經馬要没羅橋，迤東過茅家橋，至柵橋爲烏鎮市河，其茅家橋西南爲安風塘橋，與歸安界迤柵橋，北岸爲通濟橋，轉東出太師橋，至分水墩，爲震澤界，又東塘之北，亘横河一道，名曰北塘。西接毘山漾，自王母來橋經外溪，逢陸蔡塔塘下諸漾，及塘下，元通、太平、婚對、聖塘、百念畝、萬壽等橋七所，至張官橋東，抵震澤界，其上即承東塘之支流，如二里、三里毛兒、迴龍等橋出水，則瀉于談家壩西米山漾，如昇山、晟舍舊館，諸汛出水，則瀉于蔡塔港，後林港、徐店橋、常樂村、堂子橋，港如三際，東遷汛南潯西柵、東柵出水，則瀉於北，以歸太湖苕溪，一曰「西條水」，自目海山入境，至楊家庄入龍溪，分而爲三，一支循北城而東出青塘橋迤北進機坊港歷上下莘橋分西入電機橋，爲白雀港，又斜西北行，過南北皐橋至小梅港，出金鎖橋歸太湖；一東出横渚塘橋，駟西橋，合郭西灣霅溪水入定安門即南門。一斜東行入青源門即西門。過永安儀鳳橋，俱會于江渚滙，併出臨湖門即北門。經通濟橋、新橋，入毘山漾，其分流于北者，經奉勝門入小梅港，分流于東者，出鎖苕橋，大會于毘山漾，北趨大錢出太湖。又自毓秀橋南折而東，過倉橋出迎春門，會霅溪水入東塘。又西由機坊港，東由毘山漾瀦，爲灌子漾、西山漾、觀音漾、大苞漾，迤邐而注于毘山漾，西岸各港歸太湖郭西灣，發源于縣西之妙喜諸山。又中受西塞山球塢蘇台山水，過半路橋，溢爲夾山漾，出百名橋、沈店橋，至碧浪湖，與苕溪水會，是烏程水道之源委也。總核大勢，烏程西南二方爲七邑下流之藪，汪洋傾注，儼如巨浸洪濤，惟賴北有太湖以爲蓄洩，東由運河而注吳江之鶯脰湖，東南由瀾溪潯水，瀉於秀水震澤，故章國泰水利條議云，譬諸入身湖郡咽喉也，太湖腸胃也。入湖諸港，壅阻既多，如咽喉抑塞不通，則腸胃四肢均受其害，又云碧浪湖，受南來諸水，今泥沙堆積于中郭西灣，諸山水尾閭不通，以致旁溢害田。又云諸水不能頃刻歸湖者，亦由于落北河道不通，自白雀港口至南阜橋一帶，爲小梅上流，自毘山溪以北，加抄溪口等處，爲大錢上流，今皆淤阻是也。由東關外至平望官塘苕霅諸水，皆歸于塘北，由漊濱而至太湖，其塘橋內支河，現在淤淺者十之六七，宜早爲疏濬，毋使附近居民分踞，綱斷東塘之水，港不通即有漊瀆，難洩丁元薦湖塘遺議，云湖之東塘往來要道，河直而狹，洪水驟發，數至踰岸，築之宜高等語，證以現勘情形，歷歷不爽。今碧浪湖沙泥愈漲愈寬，僅餘錢山漾、衡山門出口二水道而已。及今不治，更數十年，必成陸地，且菜花涇，文昌閣抄溪口爲洩水歸東要道，亦爲蘆灘壅阻。北塘爲漊港之源，自王母來橋至聖塘橋之左右，菱蘆叢生，百念畝橋至張官橋八九里許，港內全行淤淺，春漲僅深尺許，通衢大港，舟楫難行，亟宜開濬以通上流，至漊港內口，南至橫港外口，北出太湖，率多淺狹，爲居民侵佔，并外口之距太湖深水處所尚遠，尤宜疏濬深通。

又　歸安縣水道說　荻塘境內原隰平衍，惟西北南多山地，稍高阜，其山水源於孝豐安吉而出埭溪，餘皆上承餘不溪、餘英溪水，下注烏程分流。石門桐鄉秀水，一曰橫溪，自德清漱山漾入境，西爲雙林漾，東分一支出菱湖鎮，與含山塘水會直北，爲天花漾，又東受思溪水，西合荻港水，過湖蚨漾，即平板溪。至錢山漾，一曰含山塘，自新市東柵徐家橋入境，過含山橋，分一支東流，通石門之五河涇，又分一支東接桐鄉境，入烏程之南柵，出秀水新城，歸嘉興運河，直北至錢城塘橋、北家橋，迤東過北六里橋，經璉市西成橋，文星、施興等橋，又轉南出日暉橋，安風橋抵烏鎮，由烏程縣界歸爛溪迤西，由堰境橋曆方家漾，過安稳、吳興、施恩等橋，抵菱湖與溪，合流至錢山漾，俱會于碧浪湖，其由北六里橋，斜東北行則歷馬要、東遷橋至昇山塘，出南潯，一曰「洛舍漾」，自武康沙村與德清斜港水合，經候射塘橋，有武康之龍山、金山、安吉、孝豐之金山頭及七十二村水，西出埭溪合流，過茅山吳昇門至衡山門，與錢山漾水會於碧浪湖，又西合郭西灣、馹西橋水入定安門，至江渚滙，北出臨湖門，與苕溪水會，折而東過倉橋山，迎春門入東塘，又由錢山漾，分出紫經塘、黃泥港、菜花涇，迤東南過八里店，至昇山塘東塘，爲東塘，運河入烏程界，由南潯以達平望，又東北分出三里橋、二里橋、鎖苕橋，人會諸水於毘山漾，由大錢港入太湖，此歸安水道之源委也。總之，歸安與烏程相表里，凡程邑興利之處，即安邑去害之由而漊港，又與淞婁二江相貫通，若太湖之水，無所委輸，即漊港之疏，亦南暢洩。

又　長興縣水道圖說　宜興縣懸腳嶺六十里，東南界烏程之水灣中心，西南界安吉之白水澗，東北至太湖西北界，宜興之義鄉山境內，水凡四道四。安溪來自西南之廣德州，苕溪來自西南之孝豐安吉合溪，顧渚溪源於本境，西南諸山衆水東注湖郡，又東北分洩于三十六漊港，以歸太湖，此其大略也。一四安溪，發源廣德諸山，經之灣入境，屈曲而達於四安鎮之塌水橋，東流進新橋，歷許家埸，管埭及天平林城，虹星大德諸橋，折北爲橫塘，渡過跨塘橋、五星橋，迤西轉東，至縣東門外之倉橋，與合溪水會。其由橫塘渡折而南，經呂山鎮至胥倉橋迤南，而西爲龍溪，出卞明、廬龍二橋，至和平鎮與烏程縣界，又龍溪之東爲目海山界，烏程直北過四安塘橋、鈕店橋、引鳳橋，西至橫塘渡均與苕溪水會。一苕溪，亦名南溪，發源天目、廣苕諸山，由小溪入縣境，東北流歷吳山彭匯陳村。下源和平葛涇莫灣，至目海山達烏程境，又北入四安塘橋、胥倉橋與四安溪水會。一合溪，北自宜興太華山，經張家澗而來，南自廣溪青葉嶺，經槐花磡而來，二水匯流至合溪鎮。東南過吳店渡、紫金橋，分一支西出畫溪橋通四安水，又北過吊橋，循縣城北而東，歷北湖橋、金蓮塔至倉橋，與廣苕、四安水會，又分入城東門，過鳳仙橋灌城河，至縣前大溪，亦名箬溪。一顧渚溪，發源顧渚堯市，二山西合金沙泉水，歷水口鎮，又西受徐富山，隔山來水，出藝香橋有南北二川，鳳凰香蘭，諸山水北出鼎嘉橋、德順橋、水東橋。繞藝香山，自東來會之，至和尚兜爲包洋湖，又由鼎嘉橋分流而南，併注於湖，過曲塘橋，至金蓮塔與四安、廣苕、合溪諸水會，是水夾溪，悉生箭箬，南岸曰「上箬」，北岸曰「下箬」，故亦名箬溪，其由鼎嘉橋包洋湖，各分一道，徑從夾浦歸太湖，是則水到渠成，不待治而自理者，此長興水道之源也。各水條分滙注於東北爲橫港，一道南至蔡浦，接烏程之小梅港，西至夾浦爲水口鎮，來源貫於三十六漊港之端，順流而下導於太湖。又四安溪水南出和平鎮胥倉橋、四安塘橋，會廣苕水，下注烏程，此長興道之委也。總之，長邑三面阻山，一臂當水，地勢西南高於東北，每山水驟發，洶湧澎湃，勢若建瓴。由梅溪而來，則南溪一帶浸没；由四安而來，則方山謝公固瀆管埭一帶浸没；由合溪而來，則尚吳、平定及近城一帶浸没，全以漊港深通暢達，爲合境宣洩之歸墟，至程邑僅爲梅溪下流，及分瀉四安溪之一角而已。今漊港淤阻，水無所歸，一遇霖潦，輒有汎濫之患，亟宜疏濬，另詳於漊港圖說，惟上六區，係屬山鄉，田多高仰，久雨則百川沸騰，久旱又千頃龜裂，陂池之鑿，不可不思患、豫防。

又 德清縣水道說 錢塘境內，川澤縱橫交錯，多在東北，而起源則來自西南。一源於天目山苕溪，一源於杭州下塘河，二者又以苕溪水爲最大，每遇霆霖山水驟漲，傾注而下，直灌城河，有澎湃奔騰之勢，自此而分支，擘泒百川貫盈，惟邑城爲首衝焉。至於武康餘英溪、封渚湖來水，僅西北一角，隨匯苕水而注歸安，非其要隘。苕水從仁和錢塘之奉口入境，曰「清溪」，經險塘至南門外，相傳晉孔愉微時，曾於溪上放白龜，龜左顧數四而没，愉以功封余不亭侯，鑄印龜紐，作左顧狀，更鑄復然，后人神之，即其放龜處，名「龜溪」，入南門，又名「餘不溪」，以其水清澈，餘則不故也。東流過阜安長橋，出東水門轉北，經戴灣文明塔，轉水灣漱山溪至錢家潭，抵湖郡，又于南門內分一支折而西進清河橋，經學宫、縣署、富寧橋，出西門，有峻明橋、新橋二水自南來至斜港合流，西會武康、餘英渚湖之水，過烏程山武德橋。又有武康沙村水從西北來滙，出市簷頭、吴家壩、望漾橋，至洛舍漾，抵歸安境，此苕溪之幹流也。又由東門外出大虹橋，北會小虹橋，水爲三里塘分流，一過戴坊頭大小港柵，至白雲橋，與下塘河來水會，一過丁家橋，烏山港，南爲半段漾，至十字港，北爲蠡山漾，至山西橋，均出大河，與下塘河來水會。又由文明塔轉西出東橫橋、千秋橋或從石村或從前後庙，至郡城。又由轉水灣東出齊眉山，下至蔡家橋，又由漱山溪，東出漱山漾俱與下塘河來水會，此苕溪之支流也。若夫險塘之龜迴壩，勞家陡門分洩于雁潭，三白二漾，西接板橋，張三橋，自奉口支流，東達王婆漾，此又其分支旁逮者，杭州下塘河之水，一由武林橋過王婆漾，西合雁潭、三白漾水，南合順德橋水，折西至大小港柵，經城東門，與苕溪水會折東出白雲橋，經十字港平政橋、茅山橋、蔡家橋。苧溪漾、漱山漾，西出錢家潭至湖郡，中會半段漾、蠡山漾、轉水灣、白龍潭、漱山溪、均苕溪，自西來水、一由塘棲之三分橋，經桑育橋。

太史漾合下舍橋，來水出荷葉浦、韶村漾、寺環橋。又有新塘水自西南來會之，過東環橋、步雲橋，至新市南柵。一由四通橋經河墩漾，會勾疊村之水，過淘奇漾、西葑漾，出火燒橋，貫橫塘橋，達石門境之千青高橋。一由大麻進衆安橋，歷油車橋、白馬高橋，直至新市南柵合步雲橋水，折北抵東柵，南爲徐家橋界，歸安北爲馬鳴塘橋界，石門此下塘河之幹流也。又由寺環橋北，出元扁橋，分三支，一經青墩過代舍橋，至梅林一經白彪村過長安橋。一迤西曆下市村，樹林村會苧溪漾水出五福橋，又由新市東柵、小南柵，北流紆迴環繞，出西北二柵，以上各水，俱達歸安，此下塘河之支流也。

又 武康縣水道圖說 境内幹水，凡三大支，皆來自西南，而分注於東北，一曰「餘英溪」，亦名「前溪」，西自簰頭鎮，有銅峴山，高塢二水，從北來上郎山水，從南來滙于秋家橋下，東流至大堰橋，又合黄迴山南來之水，過餘英嶺。中受岑嶺水，經縣前千秋橋、桂枝橋，斜東北行至横塘橋，直東一支出跨塘橋，由德清境入歸安，迤東北一支繞王母山，前出沙溪村滙餘不溪水，併至歸安是爲正支；其由博貨橋折東北流者，名「後溪」，過碧泉橋與前溪水會，出板橋注于阜溪，又由千秋橋折東南流者，名「封溪」，今淤塞，僅有一綫通湘溪，是又餘英溪之分支也。一曰「湘溪」，源自西南之金車山，覆舟山二水，滙流于望仙橋，過上陌鎮南津橋，中受石城山封溪，封山諸水東入諸湖，爲一瀦蓄，分瀉二支，由險塘之興陡門塘涇陡門與德清、餘不溪水會，如值溪水盛漲，仍倒灌于渚湖。又直北至楊家山橋，一斜東南流，入塘涇陡門，一斜東北流，由金鵞山抵德清境，滙注歸安，又北出横塘橋，與餘英溪水會，一曰阜溪，源自西北之莫干山，雙髻山，烏青山，三水滙流于三橋埠，上市橋南合湘溪、餘英溪，水出廣乘橋，經沙溪至歸安，此武康水道之原委也。

又 安吉縣水道圖說 獅子山界二十里，北至長興縣小溪口界四十五里，又東南界餘杭之獨松關及武康縣之康嶺、古竹灣，西南界孝豐縣之環山嶺，東北界歸安縣之石門村，長興縣之沙埠村，西北界長興縣之龍潭嶺境，匝萬山獨一川，自西南折而東北，名曰「大溪」，亦曰「西溪」，源自天目、浮玉、廣苕諸山，而下至沿千始入縣境，繞城東南，經塔潭，下曹埠橋，浮塘橋，萬埭橋，梅溪鎮荆灣，小市鎮白雲橋，抵小溪，汛入長興界，其在沿干爲龍溪，便民倉前爲總溪，梅溪鎮爲梅溪荆灣，爲荆溪，即一水而分上下，名之者也。溪之東，一曰「吴渚溪」，自大溪山發源，經上插虹橋，俱孝豐境。南來，一曰「豐食溪」「箭東溪」，自五義嶺發源，經五港口，俱孝豐境。南來，一曰「東溪」，自幽嶺發源孝豐境，經獨松關雙溪橋南來，一自石馬山赤塢發源，俱武康境出見龍橋東南來，一曰「魯家溪」，自刹山三山，俱武康境，發源經石門山東來，各水滙于江渚溪，由塔潭下入大溪，一曰「四公溪」，東南接三山刹山之水，經聖塘橋、錢坑橋、横溪橋，中有金竹關，張渚塢水自東來會之，由樂平橋經小市鎮段勘橋，西北流出白雲橋，泥埠港折東轉北流，由散濟橋、楊家橋出，高木橋、青橋港併入大溪，溪之西一源于本境獅子山，北繞朱墓山，由姚湖南來，一源于本境浮門山，經青松里包家橋至西坑溪，二水合流出白雲橋，分而爲二，一繞吴家山出曹埠橋，一繞鶴山出浮塘橋，均入大溪，一曰「渾水瀆」，一源于孝豐縣之金雞嶺，由晏子城經湯灣橋、龍灣橋、中橋、謝公橋、黄埭橋，遶湖南山出萬埭橋，入大溪。一源于廣德諸山，由施家徑廣德境。遶南湖至楊家橋，一源於段村出禹家橋，俱廣德境。分流，前後楊橋至塌水橋，三水合流，又西南會渾水瀆之水，過黄埭橋，遶湖南山，出萬埭橋入大溪。此東西各山水統注大溪之原委也。大抵縣境東南爲高，西次之北爲最下。溪以天目、廣苕二水之源爲幹，滙東西南三方山水，北注長興，分流烏程，俱由漊港歸太湖。惟東南地高，水瀉盛漲易盈，稍暵輒涸，故多築壩通渠以代車戽。

又 孝豐縣水道圖説　廣苕諸水自西南遶而東，董嶺諸水自西北遶而南，萬壑千巖，要以此二流爲統貫，一苕水源於天目山之陰，於潛境。合石門山水至荻浦，又合廣苕山深景二溪，並青堆、黄柏二塢水，下山公潭，出妙山潭，稽山口抵唐福街。一董嶺发源，分一支，北入寧國至蕪湖，直東入孝豐境磨盤溪，合前薄、後薄二村，黄村、黄圩之水，過暘山至唐福街，與苕水滙而爲一，北流抵獅子山入安吉境，達梅溪，總名曰「苕水」，是其正支也。又縣西北有一水焉，自金雞嶺發源，廣德交界，經梅家山施村錦塢西茂楊村、吴村，入安吉之湯灣橋，爲渾水瀆，出萬埭橋，入大溪。又縣西南有三水焉，一自大溪山，發源合俞嶺之水，出青山下盧村，又會天打橋景村，水自仲圩至下沸，上下插虹橋，注安吉之吴渚溪；一自五義嶺發源，合臨安烏山關南來之水，出五港口，注安吉之箭東溪；一自幽嶺，發源經青山潭至安吉之遞舖注東溪，先後由塔潭小市鎮併入大溪，分趨烏程長興而歸太湖。

又 澱泖源流圖説　薛澱湖，一名澱山湖，以湖之中有澱山也。在松江府西北七十二里，舊志載南接三泖。其東大盈浦，其北趙屯浦，蓋湖所以受三泖，及西南諸港之水，自二浦以瀉於吴淞江，周回幾二百里。宋時在湖心，並湖以北中，爲一澳，曰山門澑。當湖之衝爲吞納湖水之地，此宋元時之形勢也。今則東西十八里，南北三十六里，周七十餘里，澱山已在陸地，距湖四里餘，較昔之寬廣，僅十之三。湖有二洲，北曰「金家莊」，西南曰「蔡浜湖」，源有二，西由大小硃砂港，承蔓萊洲；水，西南由急水港，承白蜆江水，東南，直趨爛路，由圓泖至斜港達黄浦，自明夏忠靖開范家浜，導浙水入浦以來，澱湖即由此道歸海，不復入吴淞江矣。且趙屯大盈之瀉於吴淞者，亦反南流分達泖浦，原同委異，又今昔之殊形也。三泖者，一曰「圓泖」，以近山涇，其水形圓，故名；近泖橋，則益寬而大，故曰「大泖」；自泖橋而上，縈繞百餘里，曰「長泖」。《松江府舊志》云：泖之界西北，抵山涇南，自泖橋出東南至廣陳，又東至當湖嘉興柳，志云：當湖，乃泖之所，自出以今地證之，當以北至山涇，南至斜塘，中有泖塔者，爲圓泖，踰懸星涇而北，南至泖橋者，爲大泖，其由泖橋，南至當湖者爲長泖。近修松江《新志》云：長泖在今金山平湖之間，雖淤廢成田，闊如支渠，而其名尚存；大泖，在今婁金之間，已爲田爲蕩，絶無形跡；圓泖，在今婁青之間，周不過二十里，即近山涇之泖。其論甚確，俗指圓泖，而統謂之三泖者，非也。按長大泖向因黄浦未暢，浙水歸吴淞入海，由南直北必經由三泖。今吴淞淤塞，而黄浦深通，故平湖縣之横泖、龍頭、新埭、虹橋等水，嘉善縣之冒家圩、九曲港、楓涇等水，均自西達東，穿泖之大蒸塘，懸星涇、如塘、秀洲塘、黄沙涇、大茫塘、胥浦，歷瀆等塘以及朱家涇、蔣涇、歸涇、六里涇，各河道由五舍、生平等港，黄橋門、朱涇各口徑，注黄浦，水勢極爲直捷通暢，其自南直北之長大二泖，故道水不經流，僅存三四條，形如溝澮，間以通。自西而東之各塘浦，横港而已，不特深谷爲陵，彌望高厚，田疇櫛比，勢難復舊，即使挑復，恐水勢仍不經流，徒令潮水縈迴，泥沙灎積，日久如前淤澱，徒費無益，惟將浙省嘉善、平湖二縣，婁金二邑出泖，各口因勢利導濬使深通，並撤除沿途堰壩魚簖，剷削蘆墩浮漲，俾水勢寬廣，傾注東流，自不致於阻遏，然後浚深淞婁二江，分洩澱湖及松郡諸水，復入吴淞故道，不與浙水爭趨黄浦，庶幾無抵觸之虞。至圓泖西南，受爛路山涇，自澱湖來水，南受柘澤斜瀝，自青浦縣來水，東受古浦横山、走馬等塘，自松郡來水，匯注於泖，而以澱湖之水爲最大，下由斜港大泖漕，北達黄浦，今水面雖寬，而淤沙綿亘，幾半成陸地，僅東西兩沼，洩水尚暢，而西沼南首，近亦接漲，淤灘直至大爛路處，水涸畢露，若不大加剷除，恐阻截澱水下流，則松郡、華青諸邑，設遇霪霖，勢必泛溢旁決，或亟濬吴淞導澱湖北洩，以復舊制，亦挹彼注此之一法，而異日斜塘，南下之水，定無復今之浩瀚矣。

又 嘉興縣水道總説　自海寧海鹽而以平湖嘉善爲去路，凡幹河之著者，十有一要，以四塘爲統貫，一曰「長水塘」，自海寧硤石東北流，歷雙板橋王店鎮至大馬王塘，分爲二支，其正支出秀水橋入湖南，其旁支出小馬王橋西北，流入秀水縣境之姚家蕩；一曰「横塘」，亦名「海鹽塘」，自海鹽北流，至横塘閘汛入境，歷薦涇塔塘等橋直北而達南湖，此嘉邑水道之原也。一曰「漢塘」，係長水横塘等水匯注淲湖，由東塔寺轉而東流，出會龍橋四十五里，至萬程橋入平湖縣界。其塘以北，自新豐之和平橋，與嘉善縣，節節流通，約水之注嘉善者，居十之七八，灌平湖者，僅十之二三。其由淲湖直北流爲春波門外，五合水斜東出聚奎橋，至相家湖抵嘉善，爲下官塘，與華亭塘水會。一曰「魏塘」，自會龍橋與漢塘分而北趨，出七里埶橋，計二十餘里，抵嘉善爲華亭塘，由張涇鎮入泖。此嘉邑水道之委也。並長水塘之東，自南而北，又有練浦塘，亦自海寧流至斜尖，入長水塘而歸南湖，並横塘之東，自南而北又有麒麟塘，即王廟塘、空廟塘、衆歡塘。自海鹽分支東流，又三王子塘、沈塘，自新行鎮東南流，各出焦山門、十八里等橋，及新豐鎮九里亭，併入漢塘。又漢塘之北分一支，東北流出大王橋，過龍口至鍾埭鎮，與平湖接壤。此又諸塘統貫於四塘之原委也。其間衆水之賴以停瀦，則惟南湖、鴛鴦湖、淲湖及相家湖之東南尾焉。此外界連桐鄉者，有殳山來水一道，東入長水塘，歸南湖。又國界橋來水一道，東北流，一通姚家蕩，一達濮院鎮，與秀桐交界，至於支浜叉港隨地有之，難以悉數。

又　秀水縣水道圖說　秀水古檇李舊，隸嘉興，自明宣德四年始割郡城之西壤而置縣，以其地有秀水故名。東界嘉善，東南界嘉興，東北界江南吴江，西北界湖郡，烏程西與西南界桐鄉，而府城皆屬之境內，原隰如砥地，以西南爲稍高，水以漕渠爲最大。漕渠之水，自桐鄉界二十五里，歷皂林麻溪至正家橋入境，由西而東經陡門、莫家涇，三塔灣於通越門外，即西門，轉入西麗橋，循城北流過小西門，至城西北隅，遶望吴門外，即北門。北麗橋出端平橋，杉青閘涇橋，至長虹橋、王江涇入吴江縣界，計程九十里，是爲運河之幹流。其由西麗橋，轉而南分爲三支，一直南出五龍橋、秀水橋，與姚家蕩、馬王塘橋之水會；一由五龍橋東流出娱老橋，與鴛鴦湖之水合流，至青龍港爲嘉興縣界；一循城而東會南湖，水自放生橋而來，遶春波門，即東門，出宣公橋、秀成橋與北麗橋之運河，接此處三汊水匯而成漾，即誌稱「川呈五邑」之秀水也。又由通越門、澄海門，灌水入城，出望吴、春波二門。又由秀成橋分一水，北流出鉏家橋，並端平橋外，分一水東流，出秋涇橋會相家蕩水，爲東郭湖塘，經三店鎮抵嘉善界，又瀦爲陳盛蕩、聞家湖、天花蕩、陸家蕩北入汾湖，是爲運河之支流。縣西南境又有濮院鎮水出通秀橋，南來亂運河進正家橋，爲麻溪，迤東北流至新城鎮，有爛溪之水，自北來會之，逸能仁寺出虹橋，直東經和尚蕩、錢家溪、雁蕩分而爲二，一由王江涇出聞店橋，達長虹橋北，一合主城橋，南來之水出涇橋達長虹橋，南均與運河水會，其由虹橋折而南者，經徐王橋、里仁橋，至栅堰橋，與運河水會。又由爛溪分瀉，一支東流，出洋橋抵吴江之洋溪入運河，又主城橋迤南而東，有水曰「穆溪」，亦由杉青閘歸運河。以上各水均湖州爛溪來源，與運河匯流者也。

又　嘉善縣水道圖說　東北界蘇郡長洲，北界松江青浦，西北界蘇郡吴江，西界秀水，南界嘉興，東南界平湖，地勢窪下，爲嘉秀、平邑衆水之壑而分注於泖湖。境内川澤縱横環繞，難以悉數，其大旨，則源自嘉興秀水，由西横亘而東者，有二塘焉。一曰「華亭塘」，今名「上塘」，一曰「東郭湖塘」，今名「下塘」。塘之南岸，係其來源北岸，皆其去路。華亭塘自入境之三里橋至上塘，汛會漢塘來水，分一支東流亂伍子塘，遶城南而東；一支斜東行至跨塘橋，入城西門穿闤闠中，出城東門與上塘汛支水合流，並中受白水、大雲等塘，自漢塘來水東流，至九曲港入婁縣界。其港面半漲，成田港，底淤淺，僅尺許，亟宜疏濬，惟地隸婁縣，須與江省會辨。東郭湖塘，自入境之三店鎮，汛東流，歷上春壩至跨塘橋，與華亭塘水匯流，併穿縣城，至九曲港入婁縣界，是二塘之去水。其在縣城以西，則由浮雲橋之蔣家蕩，石井塘之南許漾，長春橋之江涇塘，夏墓蕩庵橋之烏金塘，斜塘鎮同入於分湖，其在縣城以東，則由江家橋、金家橋、小寺橋、檀弓橋、石灰橋、康濟橋、青龍莊、孫家橋各小港，分流於茜涇塘而入黄蕩。又由永豐橋出圓明橋入於馬蕩，又由張涇鎮，會松風港之水，自平湖南來，歷王帶鎮北趨於楓涇，分而爲三。一迤東由市河而北，出婁縣之白牛塘；一由東北流爲冒家圩同入泖；一直北過東王、東錢諸漾，而入於崇福蕩。以上北向各蕩以及分湖，自西抵東匯，出泖湖由黄浦以入海。又源自漢塘新豐鎮，由南而北貫縣城中流者，有一塘，曰「伍子塘」，從南門直過北門，合茜溪塘水歸黄蕩以入泖。此嘉善縣水道之原委也。

又　海鹽縣水道圖説　此邑多山，東南濱臨大海，捍以土石塘，西南倚山爲界，西界海寧州之峽石鎮，並與桐鄉接壤，北界嘉興，東北界平湖，地勢西南高於東北，而以縣在南隅論，則又西高於東。境内水道來源，大都皆出於山，以地有高低，故節設閘堰以蓄之，一爲永安湖，源自談仙嶺、高陽鹽台諸山，注匯爲湖，湖水自閘下注於中河，中河形如十字，一縱四横以孫家堰、六里堰截水，而東有老人堰，通澉城濠，西有上下轉水，三閘流注下河，皆因時啟閉以灌近湖田八千三百餘畝，至澉浦則南受長牆、青山諸水流入城濠，縈迴交互，與中河水會，又西行出日暉橋，由六里堰備之轉水閘，至張公橋入下河，東至滾水壩止，漫爲長川壩，計長十里有半。潮山之水自北來注之，一爲紫雲村之水源，自紫雲山會海寧黄灣廟灣山來水，出西咸橋港；一爲邵灣村之水源，自邵灣山出金竹大橋港，至留嘉橋，合二村之水流，出鉢渡堰橋，有角里山之水，自西來會之，其由留嘉橋直東流者，爲獨匯涇，南會張公橋，水由五湖涇，出爛皮橋至窰墩橋。又獨匯涇，分一支斜西北行，出虞家橋至御溪橋。以上各水均北匯於浦漾，東流至通元鎮，又有金水堰之水源。自惹山出廣恩橋，大河堰之水，源自羊山、馬鞍、隱馬諸山，俱自南來入秦溪。秦駐塢之水，源自秦駐山，出祖龍橋西行，會長川壩，直北出石鼓橋，其支流由白洋河循流而北一十八里，至邑城東南鮑家橋入於城濠，其經流則西行抵豐山，一循山之東而北，一循山之南，横行過西至通元鎮，古皆謂之秦溪。鎮之寧海寺前以秦溪名橋，蓋東西横亘數十里。凡西南、正南、東南，三方之水源出自山者，無不歸於秦溪也。自是有縱有横，而總以招寶、烏坵塘兩經流爲統貫。招寶塘者，自秦溪北流出郭家橋，經勾城橋，招寶橋入於官塘大渠爲縱流之招寶塘，而官塘大渠由東過西横行者，亦以招寶名之也。其西有源自海寧硤石之水，出錦占橋會於鸕鷀河，直東經楊家橋、吕家橋，出豐橋，同入於官塘大渠焉。烏邱塘者，亦從秦溪北，流至大涇塘橋，會豐山來水分爲二支，其東行者由平駕橋港轉而北，出董志橋合於城南濠，其北行者爲朝橋港，而入於官塘大渠，由是招寶、烏坵兩水，會流入城西門。又與烏邱塘分流，平駕橋出董志橋入城南門之水，相會於城中，而從北門出焉。此海鹽縣水道之來源也。至於招寶塘以北之水，係自歟城北流出大橋，直至横塘閘與嘉興交界，其在瑱城以西者，系峽石之水。從鸕鷀河、吕冢橋而來，又斜西北行爲面長港，至沈蕩出環橋而至嘉興。一由面長港北流通嘉興之王店鎮，其在歟城以東者，或從尚胥，或從小栅橋港，或從城北分流，統會於白苧橋，以達平湖至四顧橋交界，此海鹽縣水道之委也。總之，縣境以南，地高多山，宜疏浚深通，以資瀦蓄，縣境以西，應濬上游之海寧來水源之不竭，自可無旱暵之虞，至其下游，注嘉興平湖以歸泖，尚爲順軌，若夫泖潮之由平湖入者，近已達縣城，而西以抵峽石，亦足以資灌溉，惟東南高阜，勢不能溯流而上，正本清源之論，必得挑濬永安湖及澉浦、城濠，白洋河一帶，踞高處以蓄水，則樽節宣洩，似無難於溥逮也。

又　石門縣水道圖説　新市之水，總向東北流，會于舍山，大約流于歸安者三四五六七都及十一、十二都流于石門者，十三下都，十四下都以歸安石門，在德清東北隅也，互相參證并相度情形，凡大麻橋衆安橋、七星橋、千村高橋皆其來水，夫以德清之地極窪下，尚爲石門，西境上游宜乎有大浸爲魚之慮矣。所賴西北之去路有三，一會歸安水，出含山橋直瀉平望，一出西爽橋瀉于歸安之璉市，一各涇水匯注五河涇，分瀉于號路橋、三登橋、石灰橋，或由通市橋歸桐鄉，或由玉溪堰橋入運河，或由白馬塘橋歸爛溪，至于縣東之地雖高，而桐鄉係其去路，如冷墅廟橋瀉于酕醄漾，西莊橋、亭子橋同瀉于屠鎮沙渚塘橋瀉于雁城，惟縣南之水係源自海寧，如騎塘橋則通斜橋峽石，大通橋則通張婆堰，登雲橋則通新涼亭之運塘河，勞家高橋則通科同橋是也。郡縣誌雖略言之，而揆今形勢，塘石諸涇之水，分半由含山至歸安境而入太湖，分半截運河而注塘左諸涇，以達桐鄉，歷歷不爽。故誌稱，舊議治塘東宜先濬河渠以蓄之，治塘西宜先築圩岸以捍之，其信然與。若夫運河之松老橋至北三里橋，中歷彭河橋、大德新橋、包角堰橋。司馬高橋、青陽橋、迎恩橋，語兒涇之郭南橋、黑板橋，張涇之九里塘橋、茅家涇之茅橋莊，福板橋，石人涇之止馬橋至西萬橋，中歷姚家橋、馬家店橋、齊鄉橋、沈洞橋，沙木涇之龍進橋至星橋，中歷横板橋，及萬代橋𣶒門涇之田家橋均淤淺，宜予深通，固利本境亦通局水道之脈絡也。

又　平湖縣水道圖説　川原沃衍，泖水一日兩潮，均需利澤，雖東南隅稍形窿阜，而渠港通亦能曲達，故爲嘉郡膏腴之最。境内來源之幹水有二，曰漢塘，自入境之萬程橋，直西穿城，而東分三支，由水洞入東湖，又迤東由孟家橋折北，抵善邑爲嘉善塘。又自教化橋遶城而北，德聚橋遶城而南，俱入東湖，又迤南至王家墳港，會界涇橋西來之水，俱東出新橋，曰海鹽塘者，自入境之四顧橋東流分爲二支，一斜東北行，歷將軍青蓮騎塘三寺進朱車橋、平家港，與王家墳來水合流同出新橋。又有廣行橋之水，由轉塘橋南來會之，進西塔橋入東湖，一直東至乍浦，長豐橋，遶城河而東。又斜東北行，出虹霓橋，東南過林家埭至獨山西北，歷聖塘橋，麪杖港，進東塔橋入東湖，此平湖水道之原也。統於東湖爲一大瀦蓄，至自湖之東北出者，皆委矣。一由第一觀出普濟橋，經會龍橋、廟橋，過全公亭，金絲孃橋，至界河橋達金山縣，其西爲黄姑塘，東爲金山渠。又南自獨山林家埭，北通於徐埭鎮者，爲運港塘，一由飛錫菴北出倪莊港，過白沃廟至廣陳鎮，爲廣陳塘。鎮之東北過明正菴、紫青寺，汛出金山口，通朱涇鎮之南，自兼葭圍抵全公亭鎮之東，至蘆瀝爲鹽運河。北有環洞橋，亦由金山出水，又東爲新倉鎮，至舊衙名新開河。舊衙之東歷長生橋、施王廟、興隆橋與金山界河橋相埒，其北出永福橋至新廟橋，放港爲秦河。又北至金山姚家廊下，出口達黃浦之德勝港。一由萬峰寺北出廣福橋，過半路廟、曹家港、羊白地之東，以抵溪塘大河。一由潔芳橋過諸仙匯，穿新埭鎮，至龍頭入泖。一由呂公橋出，爲魚圻塘，至諸仙匯分爲三支，其正支迤東北流至溪塘，與萬峰寺潔芳橋來水匯，流經青羊匯，直達龍頭，出泖通西者；其北經指揮墳漾，穿新埭鎮，折而東出三官塘橋，仍歸龍頭。又自諸仙匯，迤西北至馬坡塘，繞珠圓塔之東北出口，又指揮墳漾迤西，歷閘口庫港橫橋，轉而北，有北城濠水自斜港南來會之，過石洞橋出口，以上皆其旁流與婁縣接界。按平湖大率水鄉，且有潮汐以資灌溉，惟南境傍海一帶，岡身較高，東自獨山，西至雅山，港汊絶少，每有旱暵之憂，苟能接海鹽之白陽河開鑿成渠，貫通縣亘，爲利甚遠。至潦歲之宣洩，雖本境無虞，惟泖湖日受黃浦渾潮汆湧，挾入沙泥，全賴清水滌蕩，所有西北出泖各河道，自應疏浚深通，剷削漲沙，清釐舊趾，并撤去壩堰，俾水勢暢溜，以清刷黃，不致長泖久而淤塞，設遇霪霖，尚可爲翕受之停淵也。

又 桐鄉縣水道圖説 吴江水道瀠洄，無大川巨浸之嘗，形勢西南高於東北，而以運河貫其中。源自石門之玉溪鎮，由西橫亘，而東至正家橋，直達秀水官塘縣之南，爲沙渚塘，亦西自石門羔羊來水入境之亭子橋，由界墩頭東北流至日暉橋，折而西北爲車溪港，經晏城魏婆橋出和盛橋，截運河進秀溪橋爲金牛塘，歷爐鎮莊北張橋，至青鎮分水墩與江南吴縣交界，名曰爛溪。由此以歸太湖。其西爲太師橋，係歸安縣界，亦分洩溪水入太湖。又運河萬年橋以西，分一支北流出洪濟橋，爲白馬塘，中歷白馬雙橋、西莊橋，會青鎮之水同歸爛溪縣之東。南有長水塘，南自海寧來水，由六角亭北流至嘉興界之施公廟，東入南湖。又由長水塘折而西，分爲二支，一過殳山薛薄橋、屠店鎮至大板橋，西通十字港、迎鳳橋入縣城東水門。又東過梧桐橋，轉北經濮院鎮，截運河出妙智汛石灰橋，爲白旂漾，至中塔廟橋以入瀾溪。一出松林橋，直西過日暉橋，通沙渚之水，轉北過東山橋與十字港交流，繞郭之水即於此合注焉。葢城河水則由運河之皂林橋，進北水門旁通曲，逮其餘各鄉支港甚多，無關水利。總之，本境西南鄉，高阜而畏旱，全藉石門、海寧二路來源，東北低窪而畏潦，則惟嘉興、秀水歸安之是洩，大率由東入南湖以歸泖者，十之二三，北入爛溪以歸太湖者，十之八，上下疏通，則本境之水，無不治，至圩岸尚高，河流亦暢，緣農民向於冬令挖泥挑築堤壩故也。

清・文祥《巴林紀程》 抵巴林橋，河名色倫木。水面甚寬，獨近橋處僅二丈餘，水與橋平，橋下之水深至十餘丈，據土人云：夏間盛漲，上下游水均泛溢出岸，惟橋下寬深如故，傳爲神異。

清・周道遵《甬上水利志》卷三 大嵩河 縣東南七十里，三面環山，東南際海向無河渠。

清・周道遵《甬上水利志》卷四 南鄉河 自它山堰西南十里入長春門，即所謂甬水也。故長春門，亦號甬水門，其源出於四明山之西，自會稽縣歷幾二百里，由上虞縣斤嶺自趾至巔，凡十六里，故稱斤嶺。歷小嶺上莊石壇龔村，小皎而東，其出上莊以南者，經蘆棲坑口《曹志》謂：出分水嶺之南，不知分水嶺即斤嶺別名，見《魏峴備覽》。下流亦入二皎，一脈出仗錫山，歷杜嶴鄭家巖，與蘆棲水合至鯨魚山前。二皎之水亦合由密巖樟桓村，至平水又南二脈，一出天井山，一出灌頂山，俱至平水，而合衆山之流會於大溪。

清・周道遵《甬上水利志》卷五 西鄉河 有二源。一源出大雷諸山，下流四達，其北行者，直抵西壩，爲西河塘，由西津橋折而東五里，至高橋；一源出林村，下寮山。

清・周道遵《甬上水利志》卷六 鄞江 源出四明山，自仗錫過大皎，出它山堰，迤邐東來，會大埠頭剡源水，同出斗門橋，又會奉化金溪龍溪水，自方橋出，是名三江口，東南經北渡狗頸塘，翻石渡銅盆浦周宿渡長春塘，過郡城之東，迤北而慈谿江，自西流入焉。又名三江口，合流東北，經白沙梅墟，至鎮海入海，名大浹港。

清・徐宗亮《黑龍江述畧》卷一 黑龍江爲北徼大水，源出蒙古喀爾喀，車臣罕境内入俄羅斯國界，歷一千七百餘里，至安巴格爾必齊河及額爾古納河等處始入省界，其間名川匯流入江及附江河，以入小水，凡數百。下至黑河口入吉林省境，與松花江，烏蘇里江會爲混同江，以注於海。

又 諾尼江，古腦温江，今名嫩江，源出内興安嶺山陽之宜呼爾山，自北而南，循墨爾根城、齊齊哈爾城門外歷一千四百餘里，與吉林省屬松花江會，復東行循黑河口入黑龍江。

清・曹廷杰《東北邊防輯要》卷上 鴨緑一江爲高麗分界，其發源處踞圖們江源，不遠對高麗謝山、茂山二城之間，查由謝山西至小辰城再向西行，至該諸爾河折而西南入平安道。

又　一百四十餘里額伊呼河源出納穆窩集，南流合拉發河西，入混同江。

又　一百七十里噶嚕河源出塞齊窩集西，入混同江，滿洲語噶嚕天□也。

又　四百十六里色勒河源出塞齊窩集西，流入混同江，

又　四百三十里汗察罕河源出塞齊窩集東南，會勒富善河。蒙古語汗君長也，察罕白色也。

又　四百三十里堪濟哈河源出塞齊窩集東南，入勒富善河。滿洲語堪濟哈紅嘴白頭雁也，又眼下純白牛也。

又　一百七十里瑪延河源出庫勒納窩集，東入混同江，又有一在城東北百三十里。

又　九百三十七里永安錫庫河源出納秦窩集北，流入混同江，滿洲語永安砂也。錫庫撒袋内襯格也。

又　三百二十里輝發河源出納嚕窩集，即□吉善河、圖們河、三屯河合流，東北入混同江，《明一統志》有輝發江源出瀋陽衛廢□德州東北流入松花江，西去開原城三百五十里即此。

又　四百七十里布爾堪河源出庫勒納窩集東南，流合坦頻河入輝發河，其東南又有支流，曰固思河。

又　四百七十里發河源出佛斯亨山北，流入輝發河，又有一在城南六百六十餘里，源出納秦窩集北流至兩額昔合流處入混同河。

清・屠寄《黑龍江輿圖説・總圖説》　水則以黑龍江、嫩江、松花江爲經流，而呼倫貝爾西南之水又以呼倫池爲總匯。黑龍江，源出外蒙古喀爾喀車臣汗部中後旗，小肯特山之西北，即元祕史所謂不兒罕合勒敦山，今亦作布爾罕哈。勒都那水之上游，曰敖嫩河，亦作鄂諾，蒙古語狼也，《元史》所謂斡難河。東北流五百里許，自阿勒斯特鄂博之西入俄羅斯國薩拜喀勒省界，折而北，右合温達河，左合音果達河。又折而東北流左合尼布楚河，又東北流，彼國呼爲石勒喀河，國語呼薩哈連烏喇，譯言黑龍江。《北史》所謂完水，《唐書》所謂室建河，舊書所謂望建河。（望建，即莽監之對音，國語青也，北人謂黑爲青，故曰望建）《太平寰宇記》所謂烏桓水，《金史》所謂石里罕河，一作石里很。《元史》所謂撒合兒兀魯也。室建石里、罕石里也。

又　又東北流百四十里許，左納安巴格爾必齊河，即鄂爾歸奇雅河入中鷹黑龍江，城舊界左岸有滿、漢、蒙古、喇第諾四種文。界石國語曰：額爾登額倭赫，又東北流五十里，左納阿吉格爾必齊河，阿吉格，西語小也。又東流二百五十七里，額爾古納河，東北流來會。會口左岸有額爾登額倭赫，又東流七十五里，右納察爾巴奇河，即薩坡什喀河。又東迤北流二十里，右合阿瑪匝爾河。又東流三十五里，左納烏爾堪河。又東迤南流三十里，右納謨河，即墨河，亦即漠河。又東南流三十五里，左納烏勒爾喜河，又東南流三十里，左納鄂爾河，即烏魯赤河，折東北流七十五里，左納鄂爾多昆河，又曲曲如弓，東南流百二十里左納利威爾河。

又　又東南三十里，左納烏爾蘇河，又東南流十五里，逕雅克薩城西南，右合額穆爾河，又東南五十里，右納旁烏河，又曲曲而東百有十里，左納波羅穆達河。又東折而西南，又折而東北流百六十里，左納額爾格河。折而南四十里，又折而東二十八里，左納爾巴爾坦河。又折而南二十五里，左納托羅河，又曲折如弓，南流百餘里，右納烏庫爾河。又東三十里，折西南十五里，左納鄂嫩河，又曲曲東南流百四十里，左納淘斯河。又東南四十五里，瑚瑪爾河，東北流來會。又東南七十里，作一大曲形如弓字，凡二百六十里，曰烏魯蘇穆丹，譯言重彎也。曲處左岸，有烏魯蘇穆丹故城。國初，索倫庫爾，喀部人，博木博果爾所據之城也。又東南流百里，右納滾河、克拉河、克魯倫河，右納布蘭河。又東南流三十里，左納固蘭河、額蘇里河。折而西南流逕額蘇里城西，又西南流五十五里，逕哈喇泊西，哈喇，蒙古語黑也。語譌爲海蘭泡，今漢語呼爲黑河。俄羅斯人呼爲布拉郭威什臣斯克。折而西南又折而東北流五十里，逕黑河屯北海蘭泡南，又東精奇里江合西林穆迪河，西南流來會，又東迤南流七十里，逕愛琿故城，西黑龍江城，東又南流二十五里，右納坤河。

又　又東南流五十五里，逕特爾德尼城，北折東流五十五里，逕札喀蘇城南，札喀蘇蒙古語魚也。蓋元時，打魚水達達故城，國初，畢喇爾部人所據。又東五十里，左納謨里爾克河，右納遜河。又東左納博屯河，又南迤西折而東七十里，右納科爾芬河，又東南三十五里，右納喀達罕河，折而東北流七十四里，牛滿河西南流來會。又折東南流九十里左納哈拉河，又東南二十里右納烏伊河，又東南百三十里左納果爾幹努喀訥河、塔拉木河、喀䓘努河、庫木努河，右納喀達爾奇河、尼堪河、安河，折而西南五十里右納福河，又折而東南五十里左納上珠春河，右納薩里巴什河，折西南二十五里右納札伊河，又折而東南左納下珠春河，格林河，右納烏勒敏河，又折西南四十里迤而南百十有五里左納庫魯河、右

納集達河。又東南七十五里，斐爾法鄂模水，東北流來注之。又東迤北百十有五里左納畢占河。又東迤南五十里，逕奧里米東故城，北松花江東北流來會。又東北流入吉林界嫩江，亦曰諾尼木倫。《魏書》謂之難水，《唐書》謂之那河。亦即狃爾根城伊勒呼里山。

又　東南流二百里左納額勒赫肯河，迤而南流三十里右納喀奈河，又南迤東流二十里左納喀羅爾河，又東南流九十里左納鄂多河，又南江中有九狼石，國語曰烏云倭，和沃赫水流成灘，凡十五里。迤南流七十五里右納喇都里河，又西南流六十五里右納多布庫爾河，自此西南流右岸入布特哈境三十五里，右納歐肯河。又西南流百七十里，兩岸皆山水，行曲折如弓，曰達巴爾罕穆丹。又南流左納謨魯爾河，又南流三十五里逕喀布齊老哈達東麓左納和羅爾河，又西南流四十里附墨爾根城南下右納甘河，又西南七十二里逕伊拉哈站西三十五里，左右岸皆入布特哈境，又西南流百有五里，逕舊布特哈總管府之東府所在，即金源長春邊堡起築地，所謂達里帶石堡子也。

又　迤而東南流二十里逕布特哈，即博爾多站。西二十二里又南流三十里，左納穆爾河。又南迤西流三十里諾敏河，東南流來會，又西南流三十二里右納楚勒嘎勒河，入齊齊哈爾境。又西南流八十里右納阿倫河，又西南流二十四里右納音河，又東南流二十里逕齊齊哈爾舊城東，又西南十二里逕齊齊哈爾城西，三里而下，又西南流四十五里逕富勒爾濟屯。

又　四里逕茂與站南，郭爾羅斯牧地之金肇州故城南。松花江自吉林伯都訥城西北流來會，松花江，國語曰：松嘎里烏喇，譯言天河。《明一統志》語譌爲松花即古速末水也，亦作粟末或作涑沫，遼、金史謂之混同江，《金史》亦號黑龍江或曰宋瓦江，《元史》謂之烏剌江，《祕史》謂之浯剌江，源出長白山顛他們泊，西北流逕吉林府城南。又西北流逕伯都訥城南，又逕其城西，又西北流至金肇州故城南，與嫩江會，土名三汊口。《金史》所謂叉剌春水之地也，既會嫩江、松花江，折東北流二百二十四里，逕郭爾羅斯後旗牧地，黑龍江借設之博爾濟哈臺、察布齊爾臺、鄂爾多圖臺、布拉克臺，又東北流六十八里逕札喀和碩臺，南右納吉林之拉林河，即《金史》來流河，《元史》剌憐河。左岸入呼蘭城界，又東北流八十四里，右納吉林之阿勒楚喀河，即金史按出虎水。又東北流十一里左納呼蘭河，又東北流三十二里右納匪克圖河，即《金史》匹古敦水。又北迤東流七十六里左納碩羅河，又東逕呼蘭廳南迤而南流二十八里，右納吉林之察巴拉河。又北東折而南又折而東流百餘里，右納吉林之色勒站溝子。又東流四里左納察罕泊水，又東流二十四里，左納布雅密河，松花江既納布雅密河。又東流八里右納海倫固爾河，即《金史》海古水，亦作海姑。又東流百二十八里，右納吉林之瑪顏河，即《金史》僕鷰水。遼時五國蒲聶部，即盆奴里部所居也，左納四林河，又東流六十四里右納吉林之拉格里河。又東北流九十二里右納吉林之瑚爾哈河，即《唐書》渤海忽汗河。《遼史》斡朗改《金史》鶻里改里一作胡里，改路之水《元史》所謂胡裡改江也。又東北十二里逕三姓城北，右納吉林之發爾圖渾河，亦曰歐肯河。左納巴蘭河又東北流八十四里，屯河，即吞河，東南流來會。自布雅密河以東至吞河，會松花江口之固木納城吉林沿江左岸借地設站五，曰：佛思亨次東，曰：富拉葷次東，曰：崇固爾庫次東，曰：鄂勒郭本索最東，曰：廟噶珊。松花江既納吞河，又東北流二十八里，右納吉林之鄂恰河，又東北流四十里右納吉林之音達穆河，又東北流四十里左納富爾涸河，又東北流三十六里左納烏爾河，又東流八十四里左納都爾河，右納吉林之安巴河，又東北流五十二里，右納吉林之喀勒建河。又東北流百四十里，逕奧里米故城，東北與黑龍江會，呼倫池，蒙古呼達賴諾爾。即唐俱倫泊《元史》闊欒海子祕史闊連海子，亦呼合渤澧海子，在呼倫貝爾副都統駐防西二百七十二里東南鄂爾順河來匯東北達賴鄂羅木河西南，克魯倫河並來會。池形如瓠，南北徑八十里，東西廣八十二里，東南至西北袤六十里，西南至東北袤百二十里，周可三百六七十里。大產魚。池底潛通海眼，故朔望子午有潮信，受衆水而不溢不竭。《唐書》稱室建河出，俱倫者傳聞之誤也。臺站，站分南北，兩路至齊齊哈爾城卜魁站。

清·吴德煦《章谷屯志畧·山川》　儹拉江源由沃克什之巴郎山發源，至明郭宗，合日隆關五色山大溪之水，迤邐而西至達圍，合木坪後寨溪流，復西行至猛固，合龔崗底木達大河，直趨懋功，令合美諾溝水，由三官橋而西過僧格宗汛入章谷境。曲折南行，至甲楚橋東匯徼外大江，及綏靖崇化布拉克底巴旺革布什咱明正之海子山諸水，由南而東，至程堵入懋功屯漢牛守備界，下魚通注大渡河，山高嶺峻，地畝之間，難資灌溉，水凶灘險，亦難施以舟楫。

清·葛振元《沔陽州志》卷五《川》　沔南二百里口大江其源出岷山。地志在蜀郡，湔氏道徼外，今成都茂州也。東別爲沱，又東至于澧，僅水名，今澧州，江至此，凡受水二十，詳見《水經》。過九江今洞庭，凡受水九，故名九江，詳見《書傳》。至于東陵今巴陵，逕白螺山南在監利，又逕止烏林南即烏林，見《水經》。東過茅埠口，又東過竹林灣口塞，又東過新灘，水洪二口，又東北過忳口，忳水入焉。《水經注》：忳水通沔陽之太白湖，南通江曰忳口。又東過漢口，與漢水合。

又　西北曰襄河，漢之潛也。《爾雅》漢別出爲潛。漢水自安陸東播爲蘆洑河入于潛江，東南至于上新口，逕鮎魚套逕三儀口，達于三江口，又至上新口，播于下新口，逕北口，復自柳口，折于三江口，合流趨于白湖，又至柳口，東播于蔞蒿汀至直步夏水，從西來注之，逕螺子濱，逕渣潭東北趨太陽入于襄河，又自渣潭東南逕小陽，逕張家池，逕壩港入陽名湖，俱匯于白湖。出沌口入江。漢水又自蘆洑，播于排沙，逕深江，逕刋河，逕范谿闢，逕栗林，逕麻港，逕南灣，至黃荆口入下帳，湖東匯于白湖。又自范溉南播于劉家渡入于三江口。又自栗林口播于蔣家灣，逕達臺趨大湖口，合黃荆口，水漕河自柳口環城，西北達于三江口。

又　南四十里曰長夏河即夏水。江之沱也《爾雅》江出爲沱。夏水自監利入，東爲太馬長川過沙口，又東北過柴林河至直步與漢水合。

又　南百八十里曰復車河，亦沱也。江自茅埠灌黃蓬，湖東爲河，逕牛埠，逕三灣，逕平放東出新灘口，又自三灣，逕斗湖至陽名匯于白湖，出沌口入江。東二百五十里曰太白湖《水經注》：沌口通沔陽之太白湖，《漢陽志》李太白嘗遊於此，因名。一曰九真白湖，一曰土渚，其湖潛，自西北注之西湖李老泗港，沙湖諸水匯焉。沱自南注之直步黃蓬陽名諸水匯焉。沔之巨壑也，週二百餘里，達于沌口入江。故屬沔，今半屬漢陽。

清・李元《蜀水經》卷一　江水南經長寧堡受翼水，源出松潘，二水合流如張兩翼，故名，一名疊溪，即黑水也。《提綱》曰：「黑水有兩源，北源出九里古拉達巴罕頰，水東北流折而東南曲曲行二百餘里，其南源出西南山中，東北流二百餘里來會，又東南百里入邊，又東南百餘里折南流八十里，又折東南流九十里，至堡西北與大江會。

又　江水西南經茂州城西受白水，白水源出州南巨人山西入江。巨人山有石如人立，因名。山頂有龍湫，其水下流爲龍溪，舊引入城，兩池瀦之，資居民汲引，今自城外西入江，謂之白水。

清・李元《蜀水經》卷二　《埤雅廣要》曰：「由灌陽軍遡牛溪而行百里溪，益遠山益峻，及其源窮天峙地境幽絕，人跡罕到，邑士王逍世居之，後陷爲池乞水，則雨隨至，謂之滋茂池。外史曰：滋茂龍池，在汶川之尤溪，萬山叢立中有方池，周四十畝，廣幾百畝，清水鏡開，芳草四積，真靈境也。《登真書》曰：滋茂龍池一名慈姥，在益州西南四百里，有靈藥可以已疾，山無毒害，故曰慈姥。

又　《寰宇記》曰：「味江出青城縣長樂山，下有大石，高數丈號大坎，小石在其下，亦高數丈爲小坎，水激其上洶湧聞數里，古老傳聞水味甘美，故名。

又　天社山即修覺山，一名寶華山，橫跨江表，俯瞰平川，有峯矗然，冬春多雪，謂之雪峯，左右有二井，春夏汲東，秋冬汲取西，水則甘冽，反之則否，是爲林泉，亦曰靈泉也。

清・李元《蜀水經》卷四　玻璃江在眉州城外，狀其清澈也。《吴船録》謂：「冬時水清，方夏潦怒濤張皆黃流耳。」東坡詩云：「共餘玻璃江」。陸游詩云：「玻璃江水千丈深，又云玻璃江上柳如絲」。

又　江水又南經蟇頤山，山在江東七里，狀如蟇頤，腹有龍洞。

又　洣水即大渡水也。九頂山亦名凌雲山，上有九峯曰集鳳樓，鸞靈寶就日丹霞，祝融擁翠望雲兑，說九峯立於東岸，起伏聯絡迤邐而南末二峯，當洣水之衝巖穴奇峭，引人入勝。

又　江水又南經沉犀山，赤壁峭臨江岸，長延十餘里，其下爲龍泉三灣，所謂上有赤壁數丈，下有元水千尺也，山有沈犀洞，或曰犀牛溺江處，或曰李冰沉犀以厭水怪處，此沉犀郡所由名。

又　江水又東北經伏犀灘，巖勢險峻，狀如犀牛，在縣東南六十里，《任豫益州記》曰：伏犀灘東南六十里有黃魚像，在僰道縣界。

清・李元《蜀水經》卷五　涇灘在縣南三十里，溪水自山頂而下，瀑布飛洒，長數十丈，滙爲溪潭。

又　江水又東北經銅鑵驛，有飛龍山，臥龍石厥狀惟肖，江中有雞心石爲行舟之險，山勢巍峩，直齒江湍，若龍之戲珠，羣峯秀聳，雙溪映帶，上有天池，方廣二十三丈，四時不涸，古井圍一丈二尺，深不可測，爲一域勝地。

清・李元《蜀水經》卷六　鳴玉溪俗名西溪，長溝逶迤，亂石錯雜，高則爲瀑，低則爲潭，聲如佩玉之鳴，兩岸皆峻嶺，林木森茂。產木蓮，土人呼黃心樹，大者高五丈，入冬不凋，身如青楊，有白文，葉如桂，厚大無脊，花如蓮，香色艷麗，皆同獨房蕊。有異溪，上有懸崖，瀑布高五十餘丈，潭洞深邃，古木蒼然，其對岸屏風山有唐陸宣公墓。

又　《寰宇記》曰：千頃池在大昌縣西三百六十里，波瀾浩渺，莫測涯際，分爲三道，一道東流大昌縣爲井源，一道西流爲雲安縣湯溪，一道南流奉節縣爲西瀼水。按萬頃池，在太平縣東三百里，峽口山之南，幽谷溪箐瀦爲池水流分四道。

清・李元《蜀水經》卷七　江水又東南經業灘，此灘險在夏漲，漲則過廓，涸則波平，諺云：有業無新，有新無業，蓋新灘在於涸正相反易而峽中之險，莫如二灘矣。

清・李元《蜀水經》卷八　浮圖水源出縣（廬山）東伏牛山。《寰宇記》曰：「大渡水從生羌界流入浮圖水，浮圖水在縣東五里，從生羌界來，水中有孤巖，狀如浮圖，出黃金。

又　沫水又東受聖水，聖水性善伏，故名。初流里許而伏，伏三里復出分爲五流，又里許而合。

清・李元《蜀水經》卷九　瀘水謂之金沙江，源出吐蕃犂牛山。

又　瀘水色黑，故以盧名。《元和志》謂：瀘水在瀘縣西一百二十里，水峻急多石，土人以牛皮船渡嶲州，南至瀘渡四百五十里，蓋即今金沙江也。

清・李元《蜀水經》卷一〇　若水謂之金沙江，源出青海之良錯，有二源，左源爲雜母都必拉，右源爲托母楚必拉，合流而南爲鴉礱江。

又　孫水又南經瀘沽峽，峽中山立如壁，深數百丈，潤不盈尋，孫水流其中，淙淙有聲。

又　三渡水源出旄牛山，西南獏狻境內，波浪縱橫，舟楫難渡。

清・李元《蜀水經》卷一一　沱江又折而東南流經青山峽，兩岸諸山蜿蜒盤曲，至峽口高峯巃嵸兀起，對峙如門，仰天一綫，洛水中流瀠洄三折，水色碧深，兩岸巨石蹲踞，或起或伏，盛夏水漲，觸石怒險，江中有海螺堆，巨石峙立，若海螺狀。

清・李元《蜀水經》卷一二　漢水源出陝西寶雞縣大散關之陽。

清・李元《蜀水經》卷一三　漢水又南經溫湯峽，峽長五里許，上有溫泉，昔人迎流砌池，方廣四丈許，上翼以亭，前滙爲大池，懸巖作瀑布。

又　漢水又東南經觀音峽，兩巖石壁數仞，左有龍泉，高二丈許，深不可測，洞中泉水潺潺，三道分流謂之三分水，洞颼颼然有風，陰森不可近。春夏水漲則洞口淹没，舟不敢行，右懸巖多瀑布，直注江湍，半壁有蜀漢所鑿匾，路若棧道。水漲峽難行舟，則登岸，由匾路出峽。

又　漢水又東南經玉女峽，左右石巖各十餘丈，嶄巖如削，上有一石，名玉女石，冬月水落，巨石綿亙夾束，江水如匣中行，浪行波湛，水天一色。夏秋水漲，石盤漸没，色黑浪翻，最爲奇險。

又　漢水又東南經魚鹿峽，涪江中流出二石，一狀如魚，一狀如鹿，亦名石門峽，兩石聳峙江心，高數丈，分三門而下，其狀因水漲落爲變易，故有鹿之名，猶灧澦堆之如象如馬也。上有九石岡下有牛角沱，夏秋水漲，舟行最險，其上爲縉雲山，有九峯曰朝日、香爐、玉尖、寶塔、獅子、猿嘯、聚雲、石照、蓮花，唯香爐、獅子爲最秀，左接魚鹿峽入涪江，右入江津華蓋峯達於岷江，橫過二百餘里，山下有泉，水東西分流，温冷各異，傳云黃帝合丹於此，有相思巖。巖産紅豆，樹高數丈，實如豆大，赤色，名相思子，相思竹形如桃釵，有相思鳥巢竹樹間，食宿飛鳴，雌雄相應，籠其一則一隨之。

清・李元《蜀水經》卷一四　巴江源出南江縣北大巴山。大巴山爲古巴國高聳千尋，巖徑之險過于連雲棧，下通漢中要路，其東相連爲小巴山，上多雲霧，盛夏積雪，險次大巴而高峻過之。

又　白水溪源出白水洞，口廣數丈，深不可測，水色瑩白，自洞口飛出，雷震千山，珠簾百丈，爲瀑布奇觀。

清・李元《蜀水經》卷一五　涪江源出松潘廳北雪欄山與龍泉。雪欄山在廳東三十里，山勢蟠蜒，積雪不消，俗呼寶頂山，山頂有穴曰風洞，多惡風，每午輒作灰沙蔽天，寒氣襲人，觸之多死。《漢書》曰：「涪水出剛氐道徼外南至墊江入漢，過郡二行一千六十九里。

又　凱江又東經牛頭山入涪。牛頭山在三臺縣城外西南一里，形如伏牛，山半有洞與青神之中巖相通。四面孤絶，俯臨城郭舊多樓閣，爲一州之勝。

清・李元《蜀水經》卷一六　邛水又東受斜江，斜江源出鶴鳴山，東西二溪出兩腋間，委曲斜繞東南受乾溪，又東南爲官渡河，又南入邛。鶴鳴山形如覆甕，上有二十四洞，應二十四氣，七十二穴應七十二候，每一氣候至則一洞穴開，餘皆閉塞，太清宫是其喙，元真坊是其頂，大坪是其背，天柱山石柱巖是其兩翼，冠子山是其尾也。

又　綦江又北受丹溪，丹溪源出湼婆山東入綦，其色如丹，亦名赤水，亦名葛溪。

又　蓬江亦名阿蓬水，亦名太平水。七十八溪一名四十九溪，溪水折流四十九灣夾於兩岸，春月百花飄落，隨水可愛，黃魯直《竹枝歌》：「日落四十九渡明」是也。俗以此水爲黔江，然黔江即涪陵水，黔中黔州俱以涪陵水得名。

清·楊棨《京口山水志》卷九《丹徒·水一》 大江，在縣西北，自江寧府句容縣界流入，與揚州府江都縣分界，又東徑丹陽入常州界，亦名京江，又名丹徒江。徐堅《初學記》：長江有別名，則有京江，江帶郡縣因以爲名，則有丹徒江。《元和郡縣志》：江今闊一十八里。春秋朔望有奔濤。《太平寰宇記》：京江水干寶《晉紀》魏文帝臨江歎曰：嗟呼，固天所以限南北也。《論衡·儒書》言：伍子胥恨吳王驅水爲濤。今會稽、錢唐、丹徒江皆立子胥祠，欲止其濤也。

清·楊棨《京口山水志》卷九《丹徒·水十一》 漕河自常州府武進縣流經丹陽縣南，又西北經縣西，又北踰大江入揚州府界。《太平御覽·吳志》曰：岑昏鑿丹徒至雲陽，而杜野小辛閒皆斬絶陵，功力艱辛。又《吳録》曰：句容縣大皇時使陳勳鑿開水道，立十二埭以通吳會諸郡，故船行不復由京口。《三國志·孫權傳》：赤烏八年，遣校尉陳勳將屯田及作士三萬人，鑿句容中道，自小其至雲陽西城通會市，作邸閣。《齊書·州郡志》：丹徒水道入通吳會。《入蜀記》：自京口抵錢唐，梁陳以前不通漕，至隋煬帝始鑿渠八百里，皆闊十丈，夾岡如連山，蓋當時所積之土，朝廷所以能駐蹕錢唐，以有此渠耳。汴與此渠皆假手隨氏。而爲吾宋之利豈亦有數耶。

清·許承祖《西湖漁唱》卷二《錢塘江》 本名浙江，在郡城東南，其源發自徽州，曲折而東，以入于海，亦曰「浙河」。《山海經》：禹治水至于浙河，又名「漸江」。桑欽《水經》：潮江水出三，天子都北過餘杭東流，至錢塘縣入海。又名曲江。枚乘《七發》：觀濤于廣陵之曲江，以江勢三折，故名曲焉。又名羅刹江，江心有羅刹石，風濤至此極險。曰錢塘者，以縣得名也。《錢唐記》云：宋亘(曹)華信議立此塘，以防海水。始開時，募有能致一斛士者，與錢一千，來者雲集，因不復取，皆棄去而塘成，故名「錢塘」。沿江有浙江渡、龍山渡、鮎魚口，一折二折三折諸名江口，南曰龕山，北曰赭山，並峙于江海之會，謂之海門。下有沙渾横亘，激射海水逆流，鼉不得馳起而爲，濤一日夜再至，盈丁朔望，虛于兩弦，息于眺朒消于朏魄，歷四時皆同。秋八月尤盛。詳元裴伯宣《潮侯圖》，吳亨壽《論潮書》。

曲折江流霸業開，早潮纔罷晚潮催。穿山重水前朝恨，月月盈虛六十回。

清·許承祖《西湖漁唱》卷五《雙檜峯》 在白雲峯之右。《上天竺山志》：上有雙檜婆娑，因以名之。昔翊大師嘗結趺于此。下即雙檜巖，亦稱百丈巖。峯頂臺平如掌，可眺覽可觴詠，俗謂負樵者，至此乃喜，名歡喜臺。遊覽、西湖諸志皆失載「歡喜臺」名。

重岡叠巘勢峥嶸，幾度登臨暢容情。剩有婆娑雙檜在，凌空天橋挾秋聲。

清·韓奕《海防集要》 周家橋與山相對，周家橋北岸至順江洲與江南分界，江面約闊六七里，順江洲至新洲夾江面約闊七八里，新洲夾至山南岸江面約闊十四五里，爲第三重門户。

清·閔敘《粵述》 疊綵山，一曰桂山，在府城北。諸峯相屬，綵翠間布，其半有岡，透出山背，世謂風洞。

華景山，在城西北，下有洞，高數十間。屋前有横塘，金波夕麓，上有卧龍岡，祠諸葛武侯。

又 灕山，在城外東南隅，灕水經其下，山立水中，故曰沈水山，又曰象鼻山，以形色似也。

驪山，改曰宜山，其麓有水月洞天，剖洞門透徹山背，頂高數十丈，圓若月輪，江水貫之。

又 石魚山，在柳州西南，小而卓削，形如立魚，山半有巖曰立魚，巖東麓有泉雷鳴，西奔迴伏，澗中多青緑異魚。

仙奕山，在城西南，山上有穴，穴中有屏有室有字，下有流石，如人物什器甚衆，磐石黑肌赤脈，十有八道可奕。

新洞山，在城西南十里，有洞高廣，可坐百人，石乳融結，粉成異像，穴以杖觸之，輒作鐘吼。

清·蕭雄《聽園西疆雜述詩》卷一 葱嶺横亘南北，上有阿寿遠池，即大龍池也。東西三百餘里，南北五十餘里，爲中外河源，水東流者，會於巴爾楚克，經行四千餘里，注蒲昌海，自海中入地，伏流二千里，出星宿海，爲中國黄河，水西流者分二道，其一，繞北爲嬀水，流至布哈爾國，入裏海，其一，繞南復爲東西二道，環貫印度諸國入南海，則爲恒河。

清·蕭雄《聽園西疆雜述詩》卷四《河道》 河木來從雪嶺頭，幾支西去幾東流，八千疆土惡分潤，百萬生靈待有秋。

清·謝鍾英《武陵五溪考》 《水經注·沅水篇》武陵有五溪：雄溪，樠溪，無溪，西溪，辰溪。《元和郡縣志》：「辰州下西溪，在州西，次南武陵溪，次南沅溪，次南辰溪，次東南熊溪，次東南朗溪。」熊朗二溪，與《水經注》不同，惟其次第相當五溪，盡在辰州界。

清·項蕙《廣寧縣志》卷一 東沙河，城東門外，源出醫巫閭山三道溝，東南流遶城北而南至板橋河，西北名沙河，東南名板橋河，俱南入海。 羊腸河，城東四十五里，源出邊外，由白土廠邊門，東入境至蛇山散。 蛤蜊河，城東八十里，即遼河，分流曲折三百里入三汊河。莽獐湖，城東九十里。陡坎湖，城東九十五里。高橋湖，城東南四十里。三汊河，城東南一百九十里，係遼河渾河太子河合流入海處海城縣界。南門幹河，城南門外，源出醫巫閭山二道溝，東南流入東沙河。大石橋河，城南一里，源出醫巫閭山玉泉寺東南流，遶大石橋，又東南入東沙河。南沙河，城南十二里，源出醫巫閭山，由牽馬嶺東南流合東沙河入海，即閭陽驛河。西沙河，城南三十一里，源出醫巫閭山青巖寺，其在北者名泥河，在東南名西沙河，南流散漫。板橋河，城南七十里。雙峰河，城西南二十里，在二十里鋪南源出醫巫閭山，背陰寺東南流入泥河。鋪前河，城西南二十里，源出二十里鋪泉，東南流至二十里鋪，南又東南流至祖家屯南散漫。泥河，城西南三十四里，源出醫巫閭山青巖寺，山澗東南流遶北堡鎮，又東南流入西沙河。蘇家溝，城西南四十里。松川溝，城西南五十里。灌腸溝，城西南九十里。楊郎河，城西門外源出城西北泉，南流經南關入東沙河。義喇溝，城西五十五里。石佛寺河，城北十三里，源出醫巫閭山，東南流入馬市河。馬市河，城北二十五里，源出魏家嶺東南流，遶中安堡城東南流散漫。分水關河，城東北九里，源出分水關南流入東沙河。珠子河，城東北四十里。蓮子湖，城東北九十里。五道河，城東北二百十里，即楊檉木河分流三十里入遼河。楊檉木河，城東邊二百二十里，源出邊外由彰武臺邊門入境流二百七十里入遼河。遼河，城東北二百三十里，即巨流河，源出邊外有二，其一自西北來者遠不可考，其一自東來者出長白山西北諸窩，集中爲黑兒蘇等河，合而北流出邊西北，遶鄧子村，又西南折與自西北來之河合而爲一，西南流自開原縣明安貝勒屯十里入，邊流經鐵嶺縣北清河，自東來會入雙峽口，西南分爲二，曰内遼河，外遼河。遶鐵嶺西南合而爲一。至開城爲巨流河，又分流複南經海城縣，西與太子河會爲三汊河，入海。此河左右即遼東、遼西所由分也。泥河，義州南七里源，出宋八屯泉北流至徐家屯西，入大淩河。王巨河，義州南十五里，俗呼幹河溝，源出錦縣灰山東北，流合七里河入大淩河。石河，義州南三十里，源出石廠山，由城東南至錦縣界入大淩河，即孫淩堡河。齊家堡七里河，義州南四十五里，源出斑石山，東南流，遶望高山入錦縣界冷泉河。大安堡河，義州西南三十里，源出紅石□子，山泉北流遶大康堡，西入大淩河。楊樹溝河，義州西南六十里，源出帽兒山西，泉南流至半截塔東入小淩河。湯泉河，義州西南七十里，源出湯泉南流入楊樹溝河。小沙河，義州西二里，源出魏家屯，南泉遶城西北入大淩河。柳河川河，義州西三十里，源出邊外由九官臺邊，門西一里入境東流入大淩河。老公溝河，義州西三十五里，源出老公溝泉，北流入柳河川河。大淩河，義州東北一里，源出邊外自九官臺邊門，入由萬佛山至城東，出頭山流入錦縣界。西沙河，義州東北十五里，源出營城東泉東，南流入東沙河。東沙河，義州東北十六里，源出大寧堡城西，泉南流遶出頭山入大淩河。清河，義州東北五十里，源出邊外，由清河邊門西入境，經大清堡入細河。細河，義州東北六十里，源出邊外，由清河邊門東入境合清河，至錦縣界入大淩河。

清·楊鑣《遼陽州志》卷七《山川》　湯河，城東五十二里，源出分水嶺，流至高城子北入太子河。苔喇河，城東南八十里，源出海城黑山流。脱至字，馬蹄峪西入湯河。沙河，城南三十里，源出千山，流至船城南入太子河。太子河，城北十五里，源出邊外撒木禪山，自葦子峪東入邊，西南流匯渾河遼河爲三汊河。十里河，城北六十里，源出廟兒嶺，流至楊家灣，合沙河入渾河，舊名偶柳河，河北爲承德縣界。柳河，城東北六十里，源出曹千户嶺，經磯子山紅寶山，南入十里河。龍潭，城外東北隅有龍潭水，深不可測，相傳有人曳櫓於此，即龍王也。

清·賈弘文《鐵嶺縣志》卷上　柴河，城北二里，源出城東松山之西諸山，西流由城北西入遼河。泛河，城南三十里，源出於東山諸山，西流出城南，至山塔流入遼河。小清河，城南六十里，源出歸德州南山，西流經懿路城南，流入遼河歸德州，今不設。

清·駱雲《蓋平縣志》卷上　五重河，城東二百二十里，源出海城縣分水嶺，東南流經秀巖，合鳳凰城杓子河入羊河，俗呼五道河。祭祀溝，城東二百二十里，源出冰峪，東南石佛溝河。石嘴河，城東二百六十里，源出蘭姑嶺，東南入五重河。石佛溝，城東二百七十里，源出貓兒嶺，東南會祭祀溝入鶯納河。鶯納河，城東南二百二十里，源出冰峪，流至鳳凰城鐵山東入海。沙河，城東南一百六十里，源出鷄冠山，流至小松島東入海。畢利河，城東南九十里，源出布霧山、貓兒嶺兩處，流至歸服堡東入海。清河，城南二里，《明一統志》云源出蓋州衛分水嶺，西南流經城南，名州南河，又西流合淤泥河入海，今按河源出哈達山流至連雲島入海。沙河，城南三十五里，即堝頭河，源出滾馬嶺，流至望海山南入海。冷水河，城南四十里，源出火石山北荒甸泉西，流入海，六月長寒。熊岳河，城南六十一里，源出蘇子峪，流至兔兒島入海。浮渡河，城南九十里，源出萬家嶺老虎峪，流至鉛礦山北入海，即鐵場河。新安河，城南九十五里，源出新安鋪南入浮渡河。窟河，城南一百七十九里，源出駱駝山，荒甸流至復州入沙河。復州河，即沙河城南一百九十里。麻河，城南二百三十五里，源出鈀犂山，西流入沙河俗呼欒古河。淤泥河，城北五十五里，按《遼史》遼陽縣，在漢浿水縣北，浿水亦曰泥河，一曰蓒芋濼水，水多蓒芋之草。《明一統志》從之乃又以朝鮮大通江爲浿水，似兩浿水矣。今按淤泥河源出海城界内之聖水山，流至迷真山，西散漫

荒甸，則此河或即古之浿水。《遼史》之蓒芓濼，而今淤塞或朝鮮界内，別有浿江
俱不可考，相傳爲唐太宗征遼陷馬處。

清・張聯元《天台山全志》卷三《溪》　閼溪，源出察嶺。

玉女溪，一名女梭在桐柏觀前。名女梭福地，發源自洞天山，過女梭洩爲瀑布下入靈溪。

惆悵溪，源出桃源。

桐溪，源出桃源洞，一作銅溪。

秀溪，源出萬年寺前。

雙溪，在西安隱寺前。

靈溪，福聖觀前。孫綽賦所謂「過靈溪而一濯」是也。又天台縣東三十里亦曰靈溪，有靈溪館。舊時驛路由靈溪至郡。宋元祐中羅提刑適改自横山出小石嶺以達於郡館遂廢。

青溪，源出洞天山，天台山南流至桐柏，又南流經三井，洩爲瀑布流入靈溪，與左溪秀溪及桃源之水匯入青溪。謝靈運《登臨海嶠》詩云：「旦發青溪陰」。唐元宗詩：「青溪阻逸人」。皆青字俗作清字誤。

南畧溪，源出寒風闕會於國清溪。

國清溪，自佛隴山南流至神蹟石會於大溪。

神蹟石溪，俗名白鶴溪接國清之水，一入臨川橋，一入孝義橋，俱會於大溪。

赭溪，在臨川橋北，俗名後堂溪。自神蹟石流臨川橋以達大溪，以其溪皆赭石故名。夏赤城鏃見霞亭實臨其側。

楢溪，孫綽賦「濟楢溪而直進」，又杜甫詩云：「饑拾楢溪橡」。徐靈府記注源出華頂，從鳳凰山東南流入，溪則得名舊矣。又以齊顧歡嘗居其上名《歡溪志要》云：歡溪與靈溪諸水，合流而入大溪。

天台大溪，源出東陽縣界大盆山，合寒明兩巖，鵰鵠諸山溪壑，及桃源、青溪、靈溪諸流匯合，過東横山址逶迤而東，至鳳凰山側，又會寶華之源，五百靈溪、歡溪等水於大覺寺山麓，折流而南至臨海，入三江以達於海。

響山溪，源出響巖流入大溪。

幽溪，源出大慈山流入螺溪。

螺溪，發源自黄壇潭一名折溪。

乾溪，在天台縣南一十五里，舊傳，僧曇猷飛錫救老嫗，溪水立涸，故名。

界溪，在天台縣東四十里，與寧海分界，源出龍鳴山流入寧海界。

小鱉溪，源出寧海之桐柏山車桐柏。

寧海東溪，源出屈母山，北流二十里入寧和溪。

寧和溪，源出天台及屈母山，在寧海縣南七十五里。

上白溪，俗傳狐嘯溪，源出天台華頂，東北八十里會寧海。

大溪，由雙港渡東流入海。

湖瀆溪，源出天台會雙港渡。

水母溪，摘星嶺南，源自華頂入寧海界。

福溪，在華頂西南四十里，晉東晳《啓蒙記》云：天台山去人不遠，路經福溪，水險而清，蓋是時已有此名矣。其流西入於剡。

羅木溪，羅公嶺南，源出華頂流入剡。

新昌東溪，源自天台石橋瀑水，北經石笥，出青壇沃洲。

赤土溪，發源自會墅，經斑竹入赤土，西流與東溪會。

皇渡溪，發源天台萬年山，經下洲至槐潭，合流至嵊。

土澤溪，一源出四明奉化，由沙溪北至杜潭別一源出天台寧海由三坑經唐家洲。

剡溪，宋樓鑰云：剡溪山水俱秀，山圍平野，溪行其中。其源有四，一自天台山，一自奉化，一自寧海，一自東陽之玉山，兼四大流。

清・龍一鵬《塞外雜識》　三江，源在長白山頂，周圍幾及百里，泉源如沸，清可見底，荇藻參差，纖塵不染，乃鴨綠、松花、黑龍三江發脈之處也。

清・李心衡《金川瑣記》卷一《山川》　金川大江，發源西北徼外，合岷江下注越嶲大渡河。復滙衆流，逕四川、湖廣、江西、江南，至鎮江入海，蓋岷江爲江源，此又爲岷江之源。嘗按《水經注》「江水又出汶江道，汶出徼外岷山玉輪阪，下而南行，又東注於大江。又大渡水出徼外，至髦牛道漢志作旄牛，南流入於若水。又濛水發蒙溪濛水即大渡水，東南流，與涐水合。水出徼外，逕汶江道」，蓋謂茲水。

清・吴玉樹《寶前兩溪志畧》卷一《山川》　寶溪一名餘溪，一名射溪。【略】《勞志》：在東南四十五里，昔有漁者，見溪上有光，伺之見大蚌光從中出，故名。案寶蚌，至今常于溪中，或遇之輒噴冷水莫之敢近。宋太守葛勝仲卜居溪上。【略】

餘英溪，諸水蜿蜒數十里，徑東溪橋由仙溪溪畔，北至射村，合西來之水，東

抽一派徑射村，過懷吳橋，合仙溪水，北注東通龍溪，北由金價漾入波濤港一作葡萄港。其北流至下庄涇，復分一派東流入鳳潭是爲前溪。一由下昻入硯山，漾産湖珠。里人稱珠明夜水，列入勝景。

又 寶溪，諸水北注下昻，東分支入鳳潭，由月灣逾前邱，合清溪水，北注波濤港，經荻埕入湖趺漾。

又 清溪，寶墅諸水北注金價漾，北折而東，由龍瀦諸北合前溪，達清溪橋，入波濤港，産白蘋。

又 寶帶河，在射村，案射村一名寶墅河，蜿蜒墅中，如帶之束，故名泛金溪。

又 金價漾，在前邱南射村，諸水皆會于此。白蓮、紅芰、紫蟹、銀魚、利甲諸水，故以金價名焉。中有三墩，形如貫珠。里人稱金漾，兩餘列入勝景。

白漾，在射村東南，堪輿家謂水停，脈止龍秀沙迴中，歲吉地世列三台。

蓮花蕩，在射村東南，栽蓮特盛，故名。

箭潭，在射村上，多箭竹，故名。里人稱箭潭泛月，列入勝景。

清·佚名《南河成案·上諭》卷上 乾隆二十二年七月十六日內閣奉 沂河自北而南流入駱馬湖，近因水大於邳州之盧口，向西散漫入運，與荆山橋洩下之水相阻，以致不能通暢，皆爲沛縣受病之由。

又 乾隆二十五年六月十三日奉 上諭據高晉奏，淮河等處因五月中多雨，以致水長，幸大小河道俱深通，下達甚速，等語。

又 乾隆三十年二月十一日內閣奉 去歲秋冬間，四運河水勢署覺微弱。

又 乾隆三十一年八月二十三日內閣奉 上諭據李宏奏 八月初八日以後黃水驟漲，已開放峯山四閘，宣洩盛漲，所有銅沛廳屬之韓家堂地方，因溜勢汕刷大堤。於十八日滿溢過水六十餘丈。

又 乾隆四十二年九月二十五日亥刻准 大學士公阿桂、大學士于敏中字寄 兩江總督高晉、河道總督薩載乾隆四十二年九月十六日奏 上諭本日薩載奏河湖水勢平穩。一摺。據稱，山陽、寶應、高郵一帶運河水，深六七尺至一丈二三尺不等。（尚屬深通，前聞運河久未挑濬，河身逐漸淤高。）

又 乾隆四十三年六月十五日准 亥刻准 大學士公阿桂、大學士于敏中字寄大學士管 兩江總督高晉、江南河道總督薩載。乾隆四十三年閏六月初九日奉 上諭前，因清口每經黃水倒漾，是以酌開陶莊引河使黃水迤北而行，不進清口，而移清黃交滙處向下數里，以避其患。自應河開成以後，黃水不復有倒漾之事。第因豫省自秋至今夏缺雨，淮源微弱，清水不能暢出刷黃，致高家馬頭一帶，屢長嫩淤，糧艘亦爲阻滯，恐系所開引河未善之故。

清·佚名《南河成案·上諭》卷下 乾隆四十五年七月初九日奉 上諭據陳輝祖奏邳、睢所屬黃河，因上遊水發於六月十五六等日。水勢加長，邳、睢南岸溜往南趨，更兼東北大風河浪撞擊，水高堤頂，隨搶隨塌，人力難施。於十七日丑時，睢寧縣郭家渡堤工，滿溢二十餘丈。

又 乾隆四十八年三月十一日接尚書額駙公福隆安、尚書和珅字寄內開乾隆四十八年三月初八日奉 上諭據薩載奏，南河北岸臨黃各水口，一律堵閉，完圍情形一摺。昨阿桂等奏報於三月初一日，開放引河，黃河已歸故道，流行暢達。約計初三日黃水即可入江南碭山縣境等語。

又 乾隆五十一年正月二十五日奉 上諭據薩載等奏淩汛已過，各處工程水勢情形一摺內稱，邳、宿運河上年挑浚以後，汶河、沂河入運各水口。並王母山、砂礓溜等處係屬古淺，仍有浮沙流積等語。

又 乾隆五十一年四月十六日奉 上諭據李奉翰奏，桃汛已過。黃水消落，清水現高一尺三寸。先將太平河攔湖壩工，啟放壩門，拆寬三丈二尺，湖內清水暢出直注，流行迅疾，重運遄行無滯等語。

又 乾隆五十一年七月十一日內閣奉 上諭據李世傑等奏初三四等日大雨滂沱，異常傾注。清水、黃水并中河之水同時並漲。

又 乾隆五十一年七月十八日奉 上諭前據李世傑等奏初四五等日清水、黃水同時並漲。又值疾風暴雨搶護不及，以致黃、運兩河堤工同時漫塌數十餘丈。又於初八九日河湖水勢續長。

清·佚名《南河成案》卷三《敬籌毛城鋪減水河道覆奏（六月·嵇奏）》 詳述情形前來伏查江南徐州黃河南岸毛城鋪，減水口門係前河臣靳，輔與建興王家山，天然石閘及邳州之峯山，四閘俱屬減洩黃漲，保工衍民之要務。俾減下之水會歸洪澤，助清刷黃，爲全河關鍵。歷年既久，水道淺澁，更兼從前朱家海、黃河決口迤下河道淤平，難於容受易致散漫。

清·佚名《南河成案》卷三《敬陳淮揚一帶運河大興挑挖原奏（七月二十日日·常奏）》 自數十年來，運河不復挑濬。每遇清水微弱，不能敵黃。黃水渾濁，灌入運河，泥沙淤墊，日甚一日，以致運河之底漸高，水面因之亦高，而河(臣)

祗事加高堤岸，形如壁立。寔係摔全河之水，激而行於地上也。

清・佚名《南河成案》卷三《詳議運河閘壩應增疏濬工程會議（總理事務和碩莊親王等奏）》 伏查淮揚運河，自清口至瓜州計程三百餘里，其上源係分清口、洪澤湖之水入天妃閘，建瓴而下經淮安、寶應、高郵，揚州以達於江。

又 （奴才）接奉部文隨即遴委文武河員，將運口通身測量。現在水深者有一丈五六尺至二丈不等，淺者亦有七八九尺至一丈一二尺不等。

又 聖聰竊惟淮揚兩府地方，宋元以前並無水患，其時黃水淮水分道入海，各不相犯。自前明以來，黃水北流盡絶，全河南徙，淮水爲黃水所逼，力弱不能制黃，所屯洪澤湖水，遂致漫爲害。

又 今海口淤澱，黃水倒灌清口。西則逆漲洪澤湖滿溢。東南則直灌運河。湖河俱爲黃水墊高。每遇水發之年，黃、淮、運河交會爲一，漫溢無所不至。

又 聞近來黃水倒灌，漲入洪澤湖口，堰外餘地俱淤成坦坡。不但湖水出口無力，並湖口受水之地亦漸狹隘。

又 萬曆間，潘季馴爲總河，用束淮刷黃之策，堅築高家堰蓄洪澤湖所注。全淮之水以七分入清口刷黃入海，而以三分入運河，自山陽、寶應、高郵、江都三百里内以達之江。

又 康熙元年，南河分司，吴煒擅開周橋，洪澤湖水直入高寶湖，以致淮水中分，力弱不能刷黃，而清水流緩。雲梯關又漸淤此。海口之受病者二也。

又 現在清口之上流，如爛泥淺裴家場等七道，引河之上惟有一道，開通則清口之淤此，又其明驗矣。黃水既不能出清口上流，惟有漫溢於洪澤湖。

又 自康熙六十年六十一年，北岸決口塞後，雖屢次於南，然每決必淤，淤則河身必高。十數年來，南岸河身高於北岸，故北岸險工最多，況河之淤也？由下而上，曩時河決在徐邳桃宿。今徐邳桃宿皆淤，則其決又必在曹單豐沛，此黃河變遷之形勢也。淮水逆漲泗州城。于康熙二十一二年，已沉水中。近又已逆漲于五河宿州一帶。

清・佚名《南河成案》卷四《淮揚徐屬挑河築壩建橋寓賑於工部議》 題估在案，所有宿遷縣運河東岸，駱馬湖尾閭之六塘河經由宿遷、桃源、清河、安東、沭陽、海州六州縣導流歸海。但河道綿長。查有原未估挑並新淤墊之處，水勢未能暢達，多致散漫爲患。

又 又清口三汊引河一道，上承洪澤湖之水，下達清口，出水最順，因河形淺窄。

清・佚名《南河成案》卷五《會勘疏濬淮揚河道建設閘座派委大員撥銀兩奏議（正月初七日那高許奏）》 江都縣之揚子橋沙壩河、董家溝皆係上河通江之道。揚子橋河從深港橋入江，沙壩河從袁家橋入江，董家溝從李墅河入江，以上三處現在河身窄至七八尺不等，寬至二三丈不等，深至二三尺不等。

又 又山陽縣之漁濱河，東達阜寧縣馬家蕩，由射陽河入海。查馬家蕩漁濱等處年久淤塞。

清・佚名《南河成案》卷五《會籌淮揚通屬疏濬河道修建移置各閘加築堤圩動支銀兩部議（二月二十五日）》 再查下河地方田畝低窪，河道本淺，因將歷年之水勢情形細訪耆民，僉稱三壩不開。縱遇雨水盛大，河水出岸亦不過二三尺。

又 查鹽城之東，塘河及上崗草堰二閘内外河道並阜寧、山陽、寶應、興化、泰州各屬河道，今俱淤墊淺涸。

又 又揚州灣頭閘河迤下係運河分流入江。要區俱各深通。惟芒稻下抵通州河道現在淺澁。

又 又城南揚子橋閘河形勢頗小，類如溝渠，其閘底比運河底高一丈四尺。

清・佚名《南河成案》卷六《湖河宣洩事宜》 惟是運河雖經開放，而上游運河之水源源而來，水勢未能大消，恐將來洪湖減下之水歸入高寶諸湖，未免仍然盈滿。

清・佚名《南河成案》卷六《請復毛城鋪天然壩高郵舊制》 近年以來支河俱已淤平，僅留倒勾河三道，紆迴曲折，流長勢緩，進水無幾，以致南岸日漸淤高，北岸日漸刷低，黃河大溜，全行側注北岸石林一帶。

又 今徐州以上，地勢緊束。黃流湍急，且北岸之石林壩已經堅堵水勢，且水中泓暢達則以水攻沙，沙隨水去。

又 惟念高寶諸河承上游分洩之水，衆流滙聚周圍數百里。一望汪洋，勢甚浩大，而歸之僅寬數丈之運河賴以容洩，兩岸長堤危如一綫。

清・佚名《南河成案》卷七《會議開浚濉河淤淺窄狹緣由》 六月進京即因驛路雨水積聚，屢乘野渡經過小河一道，問名濉河，係毛城鋪減下黃水經由之處。（臣）視兩岸平曠，村莊禾稼四望無際，而河身旁淤沙墊積成灘，幾與岸平，河心甚窄。

又 濉河發源于河南夏邑，入江南界，納毛城鋪減下黃水，經由蕭縣、宿州、靈璧、虹縣紆迴數百餘里，歸宿於洪澤湖。舊時河身原寬三十餘丈至六七十丈不等。積年黄水停淤宿州，則僅存河心一二十丈，深亦不過五六尺餘，而止至靈虹，則淤灘更大，並有居民因淤佔成湖蕩種菱藕者。是以黄水未發，舟楫不通，一經長發即四散漫溢。

又　濉河二股俱發源于河南，一自永城，一自夏邑，至濉溪口，會毛城鋪減下之水，由符離集灰谷堆入五湖，再由小河口下達安河，滙歸於洪澤湖，紆迴數百餘里，經江南、蕭宿、靈虹等州縣，即古所謂浪蕩渠也。其濉溪口以上本係清流，自會毛城鋪蔣溝等河減下之黄水濁沙停蓄，每易淤墊。

清・佚名《南河成案》卷七《詳籌上下兩江水利並撥款辦理部議》　江南地方，爲黄淮二瀆經由歸宿之所，千支萬派衆水滙聚，洪澤一湖寔爲瀦蓄之區，而上江鳳潁泗下注淮徐海等，屬濱臨湖河。

又　惟河形灣曲甚大，轉折紆迴，兩岸多有淤灘，以致阻隔水勢，不能暢注。

又　今查大山頭下，地系礓石，河底高仰，出水不暢，仍致倒灌沙淤，水從窪地東漫。

又　今查山陽之吉家橋河、鹽城之九曲河，阜寧之積溝河、放生河、清河之民便河、史家蕩古河、安東之尤家蕩河、桃源之劉老澗河、鹽城之積水河，俱屬淤淺。

又　沭河發源於東省之馬耳等山。由沂郯之馬陵山入沭陽縣龍王廟，分爲二河，其前沭河由十字橋出陸家口歸漣河入海，（後沭河由孫家口溢泥洪歸漣河入海。）

清・佚名《南河成案》卷七《勘籌海州水道建壩挑河築堰部議》　奏稱海州境内，鹽河自新安鎮分洩運河水，由板浦洪河歸海，南北横截一百三十餘里。西有六塘，南北二股河水之穿過鹽河，由武障、義澤、六里等河歸北潮河入海。

又　又查沭河發源於東省莒州馬耳等山，由沂州郯城之馬陵山東南流至禹王臺，穿過山西。河寬三四百丈不等。由宿遷至沭陽，分爲二支入海州，漣河歸海。

又　再查新河頭係海州之烏龍河，枉沙河之南與沙河不相聯絡，須由沙河鎮黄家圈平地開河三十餘里，由烏龍河入海。其沙河北之圍子河亦與沙河不相連接，須與本地開河三十餘里至范家口入海。

又　再查大沙河發源於蒼山，約寬二三四五十丈不等，自沙河鎮至海口計長九千餘丈。

又　確查海州境内鹽河分洩運河之水，由武障、義澤、六里等河歸北潮河入海。

清・佚名《南河成案》卷七《酌定海州水道分別緩急工程次第辦理部議》　再圍子河在贛榆之東南，經仙邱鎮范家口入海。（下段雖屬深通。上段多有淤淺之處。）

又　又大河發源蒼山，經黄家圍大沙河鎮入海。（以上兩岸尚高，迤下一帶，岸低水泛，難免淹没。）

清・佚名《南河成案》卷八《奏安東添設木龍並山盱修建閘洞緣由（五月十七日高　周奏）》　今湖河水勢情形《高堰水誌》：湖水僅二尺三寸。較上年盛長，水小一丈二尺四寸。再長六尺二寸，方與滚壩相平。黄河老壩口水志亦僅二尺，較上年盛長，水小一丈三尺六寸目。今清水微弱，清口湖水暢行，運河一律深通。

又　兹於十三日午刻，黄河汛水陡長二尺。黄水倒漾至清口草壩以内而止。水頭一過，清水旋即暢行。

清・佚名《南河成案》卷八《奏請運河東岸另建石閘並停止馬莊等四閘部議（九月初十日）》　上年伏秋大汛，東省汶沂等河山水大發，邳宿運河盈堤拍岸，一片汪洋，闈座亦漫水中。

清・佚名《南河成案》卷八《奏復竹絡壩臨黄運二壩淤塞淮徐漕艘繚道緣由（九月黄奏）》　訪聞該處老民，咸稱從前黄河大溜自宿遷縣，由西向東直注於城西稍北馬陵山脚之下，被山阻止溜向東，而西引入竹絡壩以濟運，故名倒勾河，距竹絡壩一千五六百丈，勢遠溜緩，徐徐内注，有益無害，是以水勢常流，並無淤積，而大溜亦不至冲擊爲患，甚合機宜。自臨黄壩門堵閉，而壩外嫩硬淤灘普遍長。不特當日倒勾河身蹤跡已泯，莫可尋求，即馬陵山脚之下迴水，僅存微形，與昔年迥不相同，勢難復舊河。

清・佚名《南河成案》卷九《聖駕南巡奏呈河工圖説（四月二十六日高斌奏）・十字河竹絡壩》　欽遵口門北通湖，南通黄運河，横亘其間，形如十字，因名十字河。迨雍正初年黄河形勢變遷，大溜北徙，刷去外灘，直逼竹絡壩口門灌入。十字河淤墊駱馬湖。

清・佚名《南河成案》卷九《聖駕南巡奏呈河工圖説（四月二十六日高斌

奏）・九里崗埽工》　黄河自豫北虞城縣入江南境，奔騰千里至清口，會淮以達於海。　桃源地方居徐、邳之下游，在清口之上首，水勢盈聚。

清・佚名《南河成案》卷九《禦壩木龍・芒稻河歸江各路閘壩》　高寶諸湖之水歸入運河。邵伯以上向從高郵、車邏、南關五里，各壩分注下河入海。邵伯以下向從金灣三閘及鳳凰壁虎橋灣頭閘各路分注，由芒稻河入江。　查運河入江，較入海之路甚爲近捷，而運河之水高於江面，通流順勢，消退亦速。

清・佚名《南河成案》卷九《禦壩木龍・瓜洲江上》　大江源出岷山，南流經四川松潘衛，歷夔州府，出三峽，至漢陽大别，與漢水合流，經江西九江府入江南，至瓜洲江口。又東至通州入於海。

又　至雍正五六年以後，江溜北趨直逼瓜洲，江岸逐漸埽卸，逼近城垣。

又　臣等謹查瓜洲江面寬闊，江潮洶湧兼之風浪澎湃，一經埽卸，沖刷最深。

清・佚名《南河成案》卷九《禦壩木龍・黄河海口》　黄河入海之口，在安東縣雲梯關下百有餘里。《禹貢》導淮入海，故道自宋時，黄河南徙而與淮合會流東注。　先是因黄河上游宿遷之徐家灣蕭家渡安東之時家，馬頭山陽之童家營潰決。　黄既分流，水緩沙停，屢有淤墊。

又　賜名大通口，又命廣闢清口。淮水悉出會黄二瀆河流，東注積沙盡滌。河面寬至二百餘丈至一百八九十丈，深至四丈五六尺至三丈五六尺。　自大通口至惠家港八灘入海之處俱深三四丈不等。

清・佚名《南河成案》卷一〇《詳議治河條奏事宜（十二月十一日劉策尹鄂奏）》　自泗州城水沉，而後灘水不慮南侵，且欲其暢流入湖，而黄河南岸淤高。灘水亦不能入黄。　今昔形勢不同。

又　黄河在河南山東境内，河身尚寬，一入江南，地形窄狹，水勢湍激。

清・佚名《南河成案》卷一一《籌辦黄運兩河工程（正月初五日德富奏）》　黄河自清口以下，今歲適逢異漲之水。　全黄入湖，湖水出口力盛且係清水刷沙有力，由清口以下逐段量驗，水深一丈七八尺至二丈不等，安東以下抵六套竈工尾，水深二丈四五尺至三丈不等。　水大溜急，河道深通，海口地方必候。

清・佚名《南河成案》卷一一《籌辦張工挑河築倉事宜（二月初八日尹富白奏）》　銅、沛、邳、睢、宿、虹各廳，所管河道内多有曲折大灘，或近南岸，或近北岸，或横阻中間，此等沙灘日淤日積，將河道日淺，一遇大汛盈堤拍岸爲患。

清・佚名《南河成案》卷一一《奏修補黄運兩河殘缺堤工（九月二十日富奏）》　本年伏秋大汛，黄淮水勢異常盛漲，較之十八年尚大二尺不等，寔爲東來所僅見。

清・佚名《南河成案》卷一二《宣導淮揚運河水道（六月二十四日嵇奏）》　淮揚運河，東堤減入下河之水，自邵伯以北者皆歸海，邵伯以南者皆歸江。

清・佚名《南河成案》卷一二《敬陳荆山橋河道善後事宜（六月二十九日夢白奏）》　查豐楊廳黄河北岸漫灘，黄水俱歸微山諸湖。　自五年孫家集漫溢之後，湖口沙淤盡成仰臉目。今全湖形勢寔爲南高北窪，以致東省潦水屯積難下，且現在湖水入河，俱係挾沙帶泥而行，附近支河各寬數丈至數十丈不等。　若不亟爲堵塞，竊恐將來又貽淤墊之憂。查銅沛廳，丁家樓地方漫灘，黄水滙入蘇家閘河，行内直衝荆山橋，河身截攔水勢淤墊最易。

清・佚名《南河成案》卷一二《設立水志並各官報水責成部》　淮水發源於南陽府，屬桐柏縣西境之胎簪山，伏流三十餘里，至淮井而始顯，寬只丈餘，深僅尺許，有時竟無勺水，雖當春夏水亦如斯。　自淮井至縣治東北之固縣鎮，河身漸寬，流亦平緩。　至花蕊店出境，共長六十餘里。　入汝寧府屬信陽州之申新村東北，曲流一百里至長台關，如遇水發，河流寬廣。　又七十里至陡溝出境，計在州境潆洄一百七十里。　支河汊港、山澗溪流俱入於淮，而水勢滋大。　從兩河口入羅山縣之西北境，東流由江家埠至周家渡口，下至青龍寺孫家店出境。　從揚名埠入光州屬之息縣境，其北岸係正陽縣界，離縣治九十里，仍由羅山入息境。　其南岸係光山縣光州界，各離城六七十里不等，俱入息境。　自息境之揚名埠下，至縣治南關外十里，大埠口轉東過臨河店、長陡店、烏龍集、淮汝集，計程二百五十里，出息境，入固始縣境，亦離縣治七十里，惟經過往流集。　東流三十里至三河尖入江南霍邱境，彙於正陽關。　此豫省淮水經由之情形也。

清・佚名《南河成案》卷一二《酌籌沛縣疏洩事宜（七月十六日尹奏）》　山東有沂河一道，自北向南流入駱馬湖。近因水大，於邳州之盧口向西散漫入運河之水過多，與荆山橋洩下之水相阻，不能通暢。

又　黄河兩岸灘地内每遇伏秋大汛，水勢盛漲之時，往往有刷成支河，引溜汕堤爲患。

清・佚名《南河成案》卷一二《會勘宿靈虹積水疏濬事宜（八月十二日裘高奏）》　濉河自徐溪口至符離集七十餘里。　河□平岸，河形全失。　自符離集至時村集迤下，至靈璧之霸王城，一百數十里，俱間段淤塞，此濉河現在之情形也。

清・佚名《南河成案》卷一二《疏濬六塘河淤灘挑切堤添建桃源中和閘座》 六塘河上承駱馬湖水，至清河以下分爲兩股，由武障、義澤等河入湖歸海，綿長三百餘里，河身並無阻隔。惟間段有淤灘數十處，以致河身積水停蓄，不能通流。

清・佚名《南河成案》卷一二《刨撈安省及鮑家河工段（十一月二十二日裘夢白陳高）》 上江地方諸水開通之後，皆歸安河，以達洪湖。安河計長一百二十餘里。金鎖鎮劉李埂陡門間段淤淺。

清・佚名《南河成案》卷一三《酌辦補修黄運兩河堤工（正月初四日奏）》 江南黄河居陝豫之下游，以千支萬派之水會歸畢注，本屬浩瀚，且豫省地土平衍，河面寬濶，尚能容蓄。一入江省境内，民居稠密，城埠交錯，河面愈窄，溜勢愈湧。

又 山寶以南，運河灘土甚高，河身淺窄。一遇水發，即患其多。而兩岸堤工亦多卑矮單薄，湖河盛漲之際，撞激堪虞。

清・佚名《南河成案》卷一三《擬請湖口閘北添設石壩（七月初四日）》 東省運河自濟寧以北，有汶府等河，並蜀山馬踏諸湖之水濟運，（濟寧以南又有泗、洸等河並南陽獨山、微山等湖之水濟運。）

清・佚名《南河成案》卷一四《豐銅二廳善後堤工（四月二十八日）》 江南徐州境内黄河，河身狹窄。自乾隆二十一年，孫家集漫溢之後，河底又復淤墊。

清・佚名《南河成案》卷一四《查明清口水勢情形復奏》 本年桃汛以來，淮水未發，湖水未長，以致湖水出口微弱。又值東北大風，將黄水漾入清口，因而運口以内畧有倒灌之勢。風色停止，淮水暢出，清口黄流仍即抵回。

清・佚名《南河成案》卷一五《會議挑濬小關徐家莊運河淤淺緣由（九月十五日白楊奏）》 江南邳宿運河，綿長二百餘里，上承東省諸山泉各湖之水，以爲來源。其中地勢本有高下，勢不能深淺一律，且水性就下春間，山泉未發，來源無多，自須相機攔束，使之循序漸進，不致下注過驟。

清・佚名《南河成案》卷一七《查勘江防廳迴瀾壩坍情形（七月十三日高奏）》 本年伏汛内，黄運湖河水勢旋長旋消，各工均獲平穩，惟江水長至一丈五尺八寸，爲數年來未有之大水。

又 七月初六，風潮迴瀾壩一帶，江灘忽然兩頭並後身裂縫，登時坍陷，入江計長九十餘丈。測量該處水深四五丈至六七丈不等，（與護城河相連，距瓜洲城十一二丈及三四丈等。）

清・佚名《南河成案》卷一七《籌辦五套過水各工（六月二十八日）》 正河溜勢湍急，安瀾順軌。其漫灘之水深一二三尺不等，由五套流入潮河歸海，其勢甚緩。（查乾隆十八年並二十五年俱經由此，漫水未幾。黄河水落即經掛淤。）

清・佚名《南河成案》卷一八《詳定駱馬湖章程》 沂河經過邳境，有蘆口一壩，西通徐塘口入運。壩係亂石，雖堵塞，而涓涓之流終年不斷。

清・佚名《南河成案》卷一八《酌開柳園頭王家溝石閘（八月初二日高奏）》 江南邳宿運河，本無來源，全藉山東湖河之水，以資接濟。一係微山湖水由河口閘出臺莊閘，是爲運河之正流。又由伊家河並荆山橋出靳家河、潘家河、彭家河等水口入運者，是爲運河南岸之旁流。一係山東沂之水，下達駱馬湖，其由蘆口、壩山沙家口、徐塘口，又由駝車頭、一隅頭、王家溝、柳園頭各水入運者，是爲運河北岸之旁流。惟王家溝柳園頭設有閘座，其餘水口俱係修做草壩以資。

又 沂河諸水發源蒙陰諸山，流入江南邳境蘆口地方，正流直達駱馬湖，旁流由蘆口迤下壩，分注沙家徐塘二口入運。

清・佚名《南河成案》卷一八《奏覆海口現在深通並詳籌辦理緣由（十月二十四日高李奏）》 黄河海口通暢如舊，正河之内上下並未停淤。無虞阻塞。其北岸五套掛淤處，所補修舊堰土格，正在攢辦，日内即可完工，至舊堰内皆係蕩地，現在溝渠三道，一由殷家溝入潮河歸海，一由蔣家溝，一由辣樹溝滙入太平河以達潮河歸海，河路通流，亦無阻碍。

清・佚名《南河成案》卷一九《奏報韓家堂漫口正河溜勢購辦料物調集官夫撫恤居民情形（八月二十九日高晉奏）》 韓家堂漫口，在銅沛廳，屬黄河南岸。水漫後，大溜並未全奪，現有三四分，由正河行走其趨入，漫口之水由陵子、孟山等湖滙注洪澤湖，水勢平漫。

清・佚名《南河成案》卷二〇《奏韓家堂漫工進歸河湖水勢情形（九月初六日高晉李宏奏）》 洪澤湖水勢，八月十五日以前，因淮河水發，報長一尺一寸。自黄水漫溢之後，滙注入湖，又加長九寸。

清・佚名《南河成案》卷二一《挑浚毛城鋪蘇家山二壩覆奏（八月初三日高李奏）》 本年秋汛内，黄河水勢加長。北岸蘇家山滚壩，初以漫灘之水，從上游管粥集一帶，迤邐流至壩根，過壩時水已澄清，過水無多，隨即斷流。迨閏七月初五六日，黃水長至一丈一尺六寸，甫有濁水過壩。而初七初八初九等日，大河內水即消落二尺五寸。

又 再黃河水勢，因臨夏具報閏七月十四日水長五尺六寸。徐州一帶復加長二尺三寸，現已平定。徐城誌樁存長水七尺五寸，各工平穩。洪澤湖消水六寸，後連日復長水三寸。高郵、邵伯諸湖亦漸加增。

清・佚名《南河成案》卷二二《奏報桃汛工程水勢平穩情形（三月初八日李奏）》 現在湖水暢出，清口會黃歸海。上下運河水深六七尺及一丈四五寸不等。

清・佚名《南河成案》卷二一《接築清口東壩復奏（七月十六日高李奏）》 嗣於六月下旬，洪澤湖清水加長一尺六寸，清水可望抵出清口，迨至交秋後，黃河又驟長水四尺五寸。清水力弱，黃水進口更多。

清・佚名《南河成案》卷二二《徐家莊工加築外越堤（七月二十一日高李奏）》 本年黃河水勢交秋後屢次加長，徐城水誌於七月初八日長至一丈一尺九寸。本年六月以來黃河水勢疊次加長，北岸忽又陡長新灘，挺入河心，逼溜直趨南岸。

又 此次黃河上游來水甚大，唐家灣迤上雷大樓一帶，普面漫灘，由倒勾引河滙入毛城鋪石壩下注。

清・佚名《南河成案》卷二二《奏報護王家田頭漫工並所用工料應著分賠（九月十八日高李奏）》 今於十四日，清水已暢出清口，雖黃水尚未大消，而清水之力足以抵黃，其分入淮揚運河之水亦甚浩瀚，存在盈堤拍岸。

清・佚名《南河成案》卷二二《奏清口內外及運河淤墊乘時疏治緣由（九月二十二日高奏）》 本年黃河水勢疊次加長，大而且久，幸清口南岸木龍挑護，甚爲得力。全河溜勢直趨北岸，東注歸海。其由惠濟祠一帶，迴溜之水倒灌進口。蓋因本年夏秋雨水稀少，淮水未經大長，以致湖水力弱，清不抵黃。

清・佚名《南河成案》卷二三《續接清口東西壩工（十一月初四日高奏）》 十月初十日探量運口，黃水增長一尺三寸。正溜七分由惠濟祠一帶東注，迴溜約有三分，由清口東西壩口門倒漾入湖，（湖水亦長數寸。其由惠濟祠東注之水至中河口門亦微有漾入。）

清・佚名《南河成案》卷二四《開放王營減壩及劉家澗宣洩黃河異漲並搶獲支河漫口情形（七月初七日高李奏）》 六月下旬以後，黃河水勢疊次加長，清口倒灌日甚一日。徐城誌樁長至一丈二尺四寸，爲數年來所未有。

清・佚名《南河成案》卷二一四《遵籌濬治運河積沙並清口壩工形勢各工水勢覆奏（七月二十七日高奏）》 清黃交滙一帶，自清水暢出後，奔騰下注，凡壩外新淤沙灘均已衝刷殆盡。現在水深計有一丈一二尺以至二丈不等，清水以內淤灘一俟，拆至壩根亦可順水刷去。

又 乾隆三十三年黃水倒灌三月有餘，後清水暢出。雖將運河兩腮浮沙刷去，而河底不無積淤。本年黃水倒灌計期又逾兩月，未免復有淤墊。現雖水勢深通，往來船隻無阻，而河底既漸淤高，則一遇清水加長，即致不能容納。近日黃水消落，清水暢出。

清・佚名《南河成案》卷二四《春秋分後黃河復漲桃南陳家道口蟄堤漫工並各工搶獲情形（八月二十六日高吳奏）》 黃河水勢七月下旬漸次消落。徐城志樁止存水六尺一寸。前經（臣）高晉於八月十二日恭摺奏，仕案奏報後，黃河又消水四寸，迨八月十六日起至二十一日，黃河忽陡長水七尺三寸。徐城誌樁連前長至一丈三尺，水勢浩瀚。

清・佚名《南河成案》卷二五《借項挑浚運鹽河道》 揚州甘泉縣境內有運鹽河一道，自金灣閘起，歷江都縣境而至泰壩至天池，綿長九十餘里。【略】年久未經挑浚，河底淤墊。

清・佚名《南河成案》卷二五《查勘邳宿運河估挑工段（十二月初六日奏）》 宿運河水無來源，惟賴上游東省閘河及微山湖存蓄之水。

清・佚名《南河成案》卷二七《奏借帑疏浚濉河水利各工並補修子堰緣由（正月初四日高奏）》 安省宿州境內，濉河上承豫省永夏及江省蕭碭諸河之水，並爲毛城鋪減洩，黃水要道，下達五湖以歸洪澤，源遠流長，衆水滙聚，易長淤墊，從前淤成平陸。

清・佚名《南河成案》卷二七《勘辦潘家屯建立滾壩開挑引渠疏浚耿河添築子堰覆奏（十月初八日高奏）》 自乾隆二十三年，黃河北岸築堤之後，此河日漸淤廢，僅存間段，河形寬深不一，自河崖以至湖邊，統計八十餘丈，逐一測量河唇高於外灘三尺，外灘高於裡灘六尺，計河頭高於湖邊九尺。現今徐城志樁存水九尺。潘家屯河唇高出水面四尺。

清・佚名《南河成案》卷二七《淮城湖嘴板閘一帶積水全消（十一月十日高奏）》 淮揚一帶，運河水勢深通，可冀遄行無阻，惟鎮江之徒陽運河，值此冬令，潮汐較小，行走未免濡滯。

清·佚名《南河成案》卷二八《奏覆清水縣今暢出黄水已不倒灌並仍在疏治情形（九月初一日高吴奏）》 江南河工，自六月二十四五及七月初七八并十二三等日，黄水盛漲三次，而洪澤湖水並未加長，以致清口倒灌。

清·佚名《南河成案》卷二八《籌辦丁家集民堰仍於裏越補還開挑對岸引河及唐家灣倒勾河覆奏（閏十月二十四日高奏）》 聖懷至丁家集一帶黄河曩走北岸，因年久河勢兜灣溜向南，趨北岸河形漸成平陸，長出新灘，挺入河心。

清·佚名《南河成案》卷二九《疏治張家莊裴家場引河覆奏（三月二十二日高吴奏）》 引河五道内，惟張家莊河尾水深二尺一二寸，又裴家場河水深二尺二三寸。

又 今張家莊、裴家場二引河，僅水深二尺一二三寸不等，必因黄水倒漾，以致引河淤淺。

又 内張、福口天然引河，太平引河，水深五尺四五寸至八九寸不等，總會處水深一丈一二尺，其張家莊河尾、裴家場河身前此水深二尺一二三寸者，經疏浚之後，河尾現深四尺五六寸不等，較前已覺寛深，惟河頭尚有二三尺之處。

清·佚名《南河成案》卷二九《挑浚丹徒縣境内運河各工（三月二十九日高奏）》 丹徒丹陽二縣運河，爲江浙兩省漕運經由要道，潮汐灌注，挾沙而行，兼之兩岸土崖高陡，泥性浮鬆，一經雨水淋漓，坍卸入河，易致淤墊。

又 丹陽縣境内，運河水深自三尺二三寸至四寸不等。

又 惟丹徒縣境内，運河自江口至西閘止，長二百一十丈，又自窑灣起至孫家樓止，河長四百餘丈，俱係淺澁。又江口東岸及横閘對岸各有淤灘一段，挺入河心。

清·佚名《南河成案》卷二九《查勘海口沙淤是在情形復奏（四月十八日薩奏）》 黄河自安東縣雲梯關以下計長三百餘里，紆迴曲折，中泓水深九尺至一丈四五尺及二丈不等，其自二泓起至南北尖海口約三十餘里。水中淤有暗灘，與兩岸灘坡相連，係屬硬沙。潮退水平時，自西向東至海水、黄水相接處逐段測探，水深八九尺至四五尺不等，河底漸覺高昂，灘勢綿亘，即係相傳之攔門沙。

清·佚名《南河成案》卷二九《奏報駱馬湖及宿遷河水勢驟漲展寛各壩並開放劉老澗閘座搶獲平穩情形（六月初六日薩奏）》 五月二十三日起至二十六日大雨時行，上游東省發水下注，駱馬湖内水勢驟漲。宿遷、桃源一帶運河亦陡長水八九尺。兩岸縴堤，尤家灣、小家渡、高工莊衆興集、十里堡等處，俱經平水漫水。【略】今歲運河底水本大，誌樁存有一丈四五尺不等，今二十三四五六等日又驟長水八九尺，連底水長至二丈三四尺，既驟且大，勢甚浩瀚，在在盈堤拍岸，寔屬異常盛漲。其駱馬湖連底水長至二丈五尺二寸，（亦今年來未經見者。）【略】天晴雨止，駱馬湖内已消水三尺，運河内消水二尺二寸。

清·佚名《南河成案》卷二九《奏霜降後水勢續長又消各工穩固情形（十月初五日薩奏）》 前月中旬以來，黄水又加長一尺九寸。徐城誌樁連前長至一丈一尺三寸。豐碭南岸唐家灣引河尚未堵閉，毛城舖過水三尺五寸，邳州宿遷一帶，運河因東省大汶口兩處發水滙歸下注，又長水二三尺不等，洪澤湖内上游，正陽關淮河於九月二十一日起至二十八日共長水六尺七寸，下注洪湖。高堰誌樁陸續加長四寸，連前長至九尺七寸。

清·佚名《南河成案》卷二九《奏報陶莊引河挑竣及酌籌緩放緣由（十二月十八日高薩奏）》 引河估長一千零六十丈，河頭估寛四十丈，深一丈，河身估寛三十五丈，深一丈二尺五寸，河尾估寛三十丈，深一丈五尺。

清·佚名《南河成案》卷三〇《奏報挑浚丹徒運河工竣緣由（正月初八日高奏）》 除丹陽境内河道通順，毋庸挑浚。虚縻帑項，惟丹徒縣境内運河自江口至魏家村上内有淤淺。

清·佚名《南河成案》卷三〇《查勘陶莊自古河流覆奏（二月二十三高奏）》 檢查書籍，三代時，河未南行。自漢以後，屢見入淮，旋經唐治，仍由北行入海。惟至宋紹熙五年，即金章宗明昌五年，是歲河徙陽武而東分爲二派，一由北清河入海，一由南清河入淮，是爲黄河南行入淮之始。明宏治六年築斷黄陵岡河，全南行北派流絶。正德四年，河決曹縣楊家口直抵豐沛，自汴城而下徐州，經邳宿而桃源，自挑源三義鎮入口，由毛家嘴繞清河縣舊治後大河會淮流，謂之老黄河，接入三義口，出清河縣舊治後，會淮，係在陶莊迤北。嘉靖初年，三義口淤塞，河流南徙出清口縣舊治前，與淮水交會於小清口。按小清口，即今淮水所出至清口，係在陶莊以南。

清·佚名《南河成案》卷三〇《查勘陶莊新河情形並請添紮木龍緣由（六月二十七日）》 其陶莊新河内南岸河崖，自時家莊對岸起至河尾一帶，共長三百四十一丈，因灘土逼近，新堤春間用木筏擋護。現在均屬平穩，溜往北趨北岸，日見塌坂，灘崖陡立，惟是該處河面現寛七八十丈及九十丈不等。

清・佚名《南河成案》卷三〇《酌放唐家灣引河水志（八月十七日高薩奏）》 豐碭廳屬之唐家灣，倒勾引河爲減洩黄河盛漲之水，由毛城舖石壩下注，歷洪河以達濉河，經孟山等五湖滙歸洪澤湖。每年伏秋大汛，曩以徐城水誌長至一丈一尺五寸。

清・佚名《南河成案》卷三〇《勘明淮揚運河酌量挑挖覆奏（九月十七日高薩奏）》 淮揚運河綿長三百四十餘里，自乾隆二年，大挑之後，歷經四十載，其間水勢大小不一，黄水入運已非一次，流沙停積，勢所難免。如乾隆三十三及三十九等年，黄水倒灌淮安，上下河身淤高丈許，水深僅三四五尺，迨後，清水旺盛，流行迅疾，浮沙逐漸刷除。

清・佚名《南河成案》卷三〇《疏治淮揚運河並修添閘座再行覆奏（十月初二日高薩奏）》 自入運以至歸江一路，細加查勘并督率道將廳營逐段測量，深者現有一丈三四尺，至淺之處亦有五六七八尺不等。漕艘足資，浮送兩岸，堤工高出水面三四尺至六七尺不等，亦足容納因查，至淺之五六尺許，所係在寶應以下，高郵一帶地方間段七八處，長止數十丈至百餘丈不等。

清・佚名《南河成案》卷三〇《籌度高寶湖河形勢覆奏（十月二十二日高薩奏）》 淮揚運河因從前黄水倒漾，上下河身雖不無停淤，而水勢下注仍無阻碍。兩年來，清水暢出，自運口以至寶應業經刷深，現在水深一丈二三四尺不等，因寶應洪濟舊閘爲之一束，水勢未免較緩，未能暢刷，以致高郵上下，間有淺處數段，然現在水深亦有五六七尺不等。

又 前往運河上下逐段測量，自下寶應運河水深八九尺至一丈一二尺，河面較高，湖面一丈二寸。氾水汛，運河水深六七八尺，河面較高，湖面六尺七寸。永安汛，運河水深六七尺，河面較高，湖面五尺五寸。迤下六滿閘至萬家塘一帶，河面較高，湖面四尺五寸及二尺九寸、一尺八寸不等。迨至高郵一帶，運河水深五六七尺，河面與湖面相平，惟露筋閘迤下至三溝閘通湖港一帶，則湖面高於河面自二寸、四寸、一尺不等。此高郵以上，河高而湖低，高郵以下，湖高於運河之寔在情形也。

清・佚名《南河成案》卷三一《奏覆彭家馬頭嫩淤不能娶原油及現在籌辦情形（四月十九日高奏）》 該處河泓寬十七八丈至二十餘丈，深三尺二三寸至四五尺不等。

清・佚名《南河成案》卷三一《清口西岸加築束水壩工（六月二十七日高薩奏）》 高家馬頭一帶淤淺情形，緣六月初四以後，黄河水勢逐漸加長，上游徐城水誌長至一丈二尺，下游老壩口誌樁長至一丈七尺一寸。

清・佚名《南河成案》卷三二《奏水勢驟長各工搶獲平穩情形（五月二十八日李奏）》 邳州宿遷境内，因東省蒙沂諸山河發水，由大泛口盧口等處下注邳州清、定、成三閘。閘河内陡長一丈三四尺，連前存水長至一丈八尺九寸。

清・佚名《南河成案》卷三二《奏時届處暑水勢續消工程平穩情形（七月十二日李奏）》 外河山安海防，三廳黄河内，因清口出水溜急，暢流東注，河底日益刷深。七月初一日起至十一日，又消水一尺九寸，連前共消三尺八寸。

清・佚名《南河成案》卷三二《奏湖河水勢續消各處壩工接築封堵緣由（十一月初二日奏）》 黄河内上旬清口，下至海口，久經清水刷滌，一律寬深。現在中泓深有三丈二三尺及二丈五六尺不等，較往年冬間，刷深八九尺及一丈不等，兩腮浮淤消除盡净。

清・佚名《南河成案》卷三二《奏覆通湖各引河現在並無淤阻情形（八月初二日薩陳奏）》 洪澤湖水由張福口、天然、張家莊、裴家場、太平等五道引河滙出清口，從前遇清弱黄强時，常有倒漾之事，以致各引河積有淤沙，而引河頭接連湖邊之處，淤墊尤甚。

又 黄河北岸水勢全注青龍岡，灘面又塌，寬七十餘丈，水深一丈四五尺。現在盤頭裹護，而孔家莊等三處，溝槽俱已掛口斷流。

清・佚名《南河成案》卷三四《酌籌運河來源去路分洩事宜（八月初八日奏）》 此次豫省黄河北岸漫溢，水由桃北兩股分注其下，達江南境者，大都滙注于微山湖，一由湖口閘分洩入運，一由伊家河分洩入運，一由藺家山草壩出荆山橋河分洩入運，此三處皆微山湖洩水出路。而洩下之水又皆滙注於邳，宿運河以爲歸總之去路，其邳宿運河之水一出楊家莊口門，仍入黄河故道歸海，一出鹽河閘由鹽河内之莞瀆、武障等河歸海，是邳宿運河，爲宣洩漫水最要關鍵。

清・佚名《南河成案》卷三四《籌辦運河淤墊情形覆奏（八月十九日奏）》 豫省北岸漫口，全在黄水，去路通暢，水急沙行，俛赦停淤湖底，有妨濟運，尤在迅速合龍，使黄水早歸故消。今據薩載稱，豫省北岸漫水下達江南境者，滙注於微山湖，由湖口閘、伊家河及荆山橋河三處分洩入運，滙注於邳宿運河。一出楊家莊口門，仍入黄河故道歸海，一出鹽河閘由莞瀆、武障等河歸海。

清・佚名《南河成案》卷三六《估挑裏河太平引河（正月二十七日李奏）》 從前黃水倒漾之年，未免停積淤淺。近年清水暢出，該處引河漸次刷深，但每年經臨大汛，各處山水挾沙而來滙注洪湖，流行迅疾，尾閭一帶普面漫灘，水行至此。下有灘土刷動，上有浮沙蕩漾，是以河內不無停滯。

清・佚名《南河成案》卷三六《順勘黃河工程及估磨盤壩工（四月初四日李奏）》 黃河水面寬九十餘丈至一百三四十丈不等，水深一丈二三尺至一丈四五尺不等，一律深通，流行迅疾，毫無阻滯，大溜仍循舊軌東注，惟豐碭北岸石林地方從前溜走中泓。二十年來，舊工淤閉，今黃流下達溜勢稍向北趨，現在尚存灘面三十餘丈。

清・佚名《南河成案》卷三六《奏覆李家莊新河堵閉楊家莊口門事實暢達情形（七月二十一日薩李奏）》 上年致令中河水勢大消，較盛時已消一丈四五尺。本年黃流已復故道。伏汛內，黃水大長。李家莊口門外黃水漸次增高。

清・佚名《南河成案》卷三六《恭奏黃水續長旋消各工溜勢險要搶獲平穩情形（七月二十九日李奏）》 黃水於七月二十前後，已漸次消動而隨消隨長，今於二十五六七等日又消水一尺六寸，連前共消水二尺三寸。

又 江南黃河地處下游，一切埽工，三年未經伏汛大溜，六年未經秋水淘刷。今兩汛黃水接續盛長，驟而且大，大而且久，幸河底刷深，未至處處平堤拍岸。

清・佚名《南河成案》卷三六《搶獲豐碭北岸石林要工（九月十八日李奏）》 黃河水勢前月下旬已漸次消退，徐城誌樁止存底水一丈四寸。嗣於本月初四日起至初七日又陸續長水二尺二寸，連前長至一丈二尺六寸，溜勢湍激。

清・佚名《南河成案》卷三六《疏消銅沛張工放淤事宜（九月二十二日薩李奏）》 自八月至今，黃水長過四次，每長一次，內塘即澄淤一次。現在時屆霜降，水勢消落，徐城誌樁止存水九尺三寸。查勘張工放淤塘內，通身一律淤平，現在淤土已高出水面四尺。

清・佚名《南河成案》卷三七《會議運中河一帶應緩估挑覆奏》 邳宿桃清一帶，運中河內，上承東省各山泉及蒙沂諸水挾沙下注，本易淤淺。乾隆四十六七等年，微山湖漫水下注，兩岸浮沙，雖經藉資刷滌，惟各處砂礓，年年增長，水力不能沖刷。去冬運河水勢尚屬充裕，今春天氣久晴，存水日消。各處砂礓間段淺阻。

清・佚名《南河成案》卷三七《奏伏汛水勢工程平穩及查勘黃河海口深暢情形（六月十五日李奏）》 月初以來，大雨時行邳州、宿遷、桃源一帶，運中河內因東省蒙沂各山泉長發，會歸下注。六月初四五六七等日，陡長水一丈一尺二寸，連舊存底水，長至一丈八九尺，水流浩瀚。

清・佚名《南河成案》卷三七《黃水陡長各工搶獲事宜（七月初六日李奏）》 咨會陝州萬錦灘黃河內，六月二十二日辰時，二十三日戌時，陡長水六尺，又沁河內陡長水二尺五寸，滙歸下注。

又 伏汛內黃水已消存六尺五寸，今交秋後，六月二十五日起至二十八日止，三日內黃水亦陡長五尺八寸。徐成誌樁連前長至一丈二尺三寸，來勢湧驟，溜甚湍急。

清・佚名《南河成案》卷三七《清口磨盤大壩下首空檔處添紮木龍（七月二十四日李奏）》 今歲夏秋以來，黃水節此陡長，清口溜勢較前又有不同，因北岸清河舊縣，溜勢搜刷坐灣，大溜下移，直射南岸。

清・佚名《南河成案》卷三七《奏處暑後水勢續長周家莊新生埽工並各工搶獲平穩情形（七月二十四日薩李奏）》 （懷慶府沁河內先於）七月初二日陡長水四尺九寸，陝州萬錦灘黃河內，復於初十日陡長水四尺五寸，滙歸下注。

又 徐州黃河水勢十三日起至十五日陡長水三尺九寸。誌樁上長至一丈一尺八寸。邳、睢、宿、虹、桃源外，河山安海防等處十四五六等日，亦俱長水三尺八九寸至四尺二三寸不等，外河老壩口誌樁連底水長至一丈八尺二寸，水流湍激，奔騰浩瀚。

清・佚名《南河成案》卷三七《奏白露前後黃水兩次陡長各工防獲穩固情形（八月初五日李奏）》 於十九日起黃水忽又陡長，至二十一日午後，兩日之間，共長水五尺七寸徐城誌樁連前長至一丈三尺五寸，來勢急驟，汪洋浩瀚，溜行迅疾，甚爲洶湧。

清・佚名《南河成案》卷三八《奏黃運混河水勢消落相幾籌辦（四月二十日李奏）》 月初以來，各處水勢隨長隨消，黃河徐城誌樁，桃汛內，原存水六尺一寸，今消存二尺六寸。外河老壩口誌樁原存水九尺八寸，今消存六尺七寸。洪澤湖內今春並未長水，高堰誌樁，原存水一丈二尺四寸。近日漸次消落，止存水一尺七寸。清黃交滙之處，時深時淺。

清・佚名《南河成案》卷三八《遵查新挑邳宿運中河淺阻分別參賠覆奏（五

月初八日薩李奏）》　該河上自山東交界，黄林莊起，下至楊莊運口止，計長三百餘里，其河長六萬二千二百八十餘丈。測量水勢深淺不一，深者二尺餘寸，淺者一尺八九寸不等。内淮徐道所轄邳、宿運三汛河長四萬二千七百九十三丈。

清・佚名《南河成案》卷三八《奏報重運催入東境及黄運河湖淺阻情形（六月初四日薩李奏）》　黄河五月内長水三次，旋長旋消，溜勢平穩。茲於五月二十九日起至六月初三日，黄水加長甚驟。徐城誌樁已長至八尺五寸，溜勢湧猛。

又　運河水勢自茅家山放水，由彭家河入運後，邳境河成閘以下至宿遷一帶河水比前增長，内中何家莊、窑灣、貓兒窩、馬莊集等處，此前流沙停積淺處。目下水深三尺七八寸及四尺三四寸不等。

清・佚名《南河成案》卷三八《恭報伏汛河水勝長各工平穩修獲情形（薩李奏）》　五月二十六日及六月初三、十九等日，萬錦灘黄水先後長發，俱有三四尺，滙流下注江南徐淮揚兩道所屬黄河内。六月望前，已長過二次，徐城誌樁每次長至六七尺及八九尺不等，隨長隨即消退。【略】茲于六月二十二日起至二十五日，黄水加長，驟而且大，徐城誌樁陡長五尺八寸，連前長至一丈二尺三寸，水勢盛大。

又　山清、高寶一帶，運河水深六七尺至一丈一二尺不等，邳、宿、桃、清運中河内發水較遲。現在水深六七八尺至一丈一尺不等。再瓜洲京口江潮，六月十八日長水五尺八寸，亦較往年爲小。

清・佚名《南河成案》卷三八《黄水盛長各工搶獲平穩並防備湖水長水覆奏（八月初七日薩李奏）》　伏汛内，淮河雖未長水，二秋汛正長。【略】淮水於七月初六日起至十二日止，已陸續長水四尺二寸，下注洪湖。又因黄河水勢節次加長。

清・佚名《南河成案》卷三九《籌辦清口淤墊事宜（九月初四日阿奏）》　由揚莊運口渡黄入清口一帶，逐細察看，因黄水倒漾日久，東西兩岸淤沙有濶十餘丈至數十丈不等。中泓止存數丈，河溝一道水深三尺餘寸。輕舟往來尚無阻滯。現在黄水日漸消落，而測量尚較湖水高五尺餘寸。就下之勢，不論遠近。此黄水倒灌，清口淤墊寔在情形也。至清口異常微弱之故，寔緣春夏以來，河南、安徽雨澤稀少，濉河並未發水。正陽關浄存長水一尺六寸。洪湖内高堰誌椿僅存水二尺八寸。本年湖水之小，爲從來所未有，不但黄强清弱，至六月以後，竟至清水涓滴無出。黄水又值盛漲，以至倒灌入運，亦達淮揚，是淮水未發，湖水極小，寔爲清口淤墊之由。

清・佚名《南河成案》卷四一《奏估辦駱馬湖三道引渠勒限挑挖並花山引渠應行緩辦緣由（二月初三日薩李奏）》　又邳境運河全恃微山湖爲來源，一由東省湖口雙閘，經八閘注入江境，一由藺家山壩於茶城、小梁山、花山三道引河出荆山橋入運，各該引河連年以來積淤深厚。

清・佚名《南河成案》卷四一《奏覆汶沂入運各水口並王母山砂礓等處挑挖緣由及邳宿境内毋庸添建閘座情形（二月初四日李奏）》　惟汶河、沂河入運各水口，向係噴沙並王母山、砂礓等處，過水一年，均不免於流沙停積。

清・佚名《南河成案》卷四一《察勘清口水勢情形並酌辦調劑事宜》　阿桂於二十日馳抵桃源，次早乘船渡黄，由清黄交滙處所，直至通湖五道引河各處，詳細履勘。目下高堰誌樁存長水五尺一寸。清水由太平引河放出分爲兩股，一股出清口會黄，清水力弱，尚未足以抵禦；一股流入淮揚運河，流行頗爲迅疾。

又　四十八九等年高堰水誌三四月分，均止存水四尺以内。前年冬底，誌樁長水已消落無存。上年五月中旬以前，湖水尚能外出濟運。迨五月下旬，黄河水長，始形倒漾，至七月河水異漲，直灌入湖。又值湖水過弱，五道引河普律受淤，清水遂涓滴不能外出。今年三月高堰誌樁存水四尺六寸，嗣陸續加長，共存五尺一寸。

清・佚名《南河成案》卷四二《山安裹河等屬漫塌堤工（附夾片七月初六日李李書奏）》　江省黄運湖河，水勢六月内已覺旺盛，至七月初二三四等日，又接續盛長。黄河内因甘省、寧夏發水下注，長至一丈一尺三寸至一丈八九尺不等，中河内因上游山水長發下注，長至一丈三寸至一丈八九尺不等，中河内因上游山水長發下注，陡長至一丈六七尺。洪澤湖内因淮河水發，《高堰誌樁》又長水二尺，連前長至一丈五尺七寸。黄運湖河同時並漲，驟而且大。

清・佚名《南河成案》卷四二《桃園南岸司家莊漫工（李李書奏）》　洪澤湖高堰誌樁又長水五寸，連前共長至一丈六尺二寸，較之乾隆七年水勢最大之時尚大六寸，汪洋浩瀚，實爲數十年來未有之異漲，而徐屬各廳黄河之水接續加增，長有一丈三四尺及一丈七八尺不等，盈堤拍岸。

清・佚名《南河成案》卷四四《奏覆二套引河水勢情形暫緩煞壩展挑並請挑切西岸灘工（十一月初三日李李書奏）》　該河原估口寬二十丈及十五丈十丈不等，今測量河頭已刷寬至四十餘丈，水深一丈二三尺不等，流行迅速，迤下各段亦漸刷寬。蓋自上游司家莊、李家莊、湯家莊等處堵閉之後，黄河歸一下游，水勢尚大。雲梯關外正河較前沖刷寬深，測量現在河面寬自二百數十丈至三百餘丈不等，滔滔東注，甚屬迅利。二套引河流行亦暢，但河面寬止四十餘丈，究不及正河十分之二。

清・佚名《南河成案》卷四五《奏夏至工程小勢外河湯董莊復生埽工鑲整情形（五月初二日李奏）》 高寶運河，今歲水勢充裕，深有八九尺至一丈四五尺不等，邳宿運河水又加長。

清・佚名《南河成案》卷四六《奏報洪湖水勢加長酌開仁義二壩（七月十一日李奏）》 豫省黄河，因六月内上游節次長水，又兼異常風雨，睢州漫口日漸刷寬，大溜全注口門，正河内僅存水一分。

清・佚名《南河成案》卷四六《酌開二套引河覆奏（八月初四日李李奏）》 大通河即今之歸海尾閭，今測量該處，正河現寬二百一十二丈至三百四十五丈不等。較之康熙年間寬至三倍。中泓水深一丈五六尺至二丈二三尺及二丈六七尺不等。

清・佚名《南河成案》卷四六《奏徐屬埽壩擇要預修並黄運兩河水勢情形（十月二十六日李奏）》 其黄河水勢，九月十七日到境，似來河内有長無消，至十月中旬又接續加長。徐城誌樁連前長至七尺五寸，較上年此時計大一尺餘寸。

清・佚名《南河成案》卷四八《奏時逾夏至工程水勢平穩情形（五月二十四日李奏）》 山安海防一帶，爲黄淮入海尾閭，現在深通暢順，流行迅速。正陽關淮河内，四月下旬至五月初間，水勢接續消落，五月初十、十一、十二等日已報長二尺四寸。洪澤湖内高堰誌樁仍存水四尺六寸。

清・佚名《南河成案》卷四八《奏河湖水勢續長搶護王家馬路劉家莊堤岸展寬清口兩壩酌放智壩封土並駱馬湖尾閭二壩保護緣由（七月二十日書李奏）》 立秋以來，黄河内因豫省之萬錦灘及武涉縣之沁河，節次長水，滙流下注。徐州誌樁消後續長。數日之間，又長至一丈三尺三寸，來勢湧驟，汪洋浩瀚。

清・佚名《南河成案》卷四八《奏白露節後河水續長各工保護平穩（八月二十七日李奏）》 沁河内，八月初八日陡長水二尺二寸。十三日，萬錦灘黄河内陡長水三尺，滙歸下注。【略】上游黄河内，自八月初十日起至十八日，又陸續長水三尺八寸。徐城誌樁連前長至一丈二尺六寸。

清・佚名《南河成案》卷四八《奏秋汛安瀾黄運等河各壩應行堵蓄接築緣由（李奏）》 今年黄河水勢雖比上年較大，而運中河之水，亦屬旺盛，加以清口暢出之水會黄東注，流行迅駛，去路暢達，上下河道悉已刷深，多未出槽。

清・佚名《南河成案》卷四九《奏覆陶莊引河水勢情形並查勘新鹽河已挑工程分數（四月十四日蘭奏）》 測量河面，現寬八九十丈至百餘丈不等。此時伏汛未届，水勢已深一丈七八尺至二丈一二尺不等。據道將等僉稱較之從前，沖刷甚爲寬深，會清東注，與五十一年黄水盛漲並無倒灌情形相同。

又 自清口以下各河滙注，河面寬衍，中溜水深一丈四五尺至二丈四五尺不等。

清・佚名《南河成案》卷四九《奏勘鎮揚運河工程並拆修瓦甸閘緣由（四月二十七日蘭奏）》 淮揚運河，水勢充裕，深自八九尺及一丈三四尺至二丈餘尺不等。

清・佚名《南河成案》卷五〇《查勘毛城鋪外灘民堰過水情形酌籌辦理緣由（十月二十二日書蘭奏）》 本年伏秋大汛，黄河水勢疊漲。上游毛城鋪，西首外灘河勢分爲兩股，一股由張王莊之北新闢河道，一股由張王莊之南舊河行走。因漫灘水大，將南岸外灘民堰漫缺三處，水勢滙注毛城鋪，滚壩塌。

又 張王莊以北，新闢之河現在寬一百八十餘丈，水深二丈二三尺，已成大河，較舊河直捷暢順，自應聽其行走。其張王莊以南舊河轉覺彎曲，現在水面寬七十餘丈，水深四五尺至丈餘不等，稍分溜勢，驟難歸併新河。

清・佚名《南河成案》卷五二《奏黄水加長夏駕馬路安紮木龍陳家莊趕築土壩各工搶護平穩情形（五月二十九日書蘭奏）》 據寧夏府，由報五月初七八等日，黄河共長水七尺四寸。又據山西報稱，萬錦灘於五月十四日酉時陡長水三尺，而江境自五月十二三等日，澍雨大沛後，湖河之水亦同時並長。

清・佚名《南河成案》卷五二《奏報五堡王家莊唐家鋪接廂新埽伏汛平穩情形（六月二十七日韓蘭福奏）》 據河南武涉縣稟報，六月初七八等日，沁河長水五尺一寸，灌入黄河，下注江南徐揚一帶。

清・佚名《南河成案》卷五二《奏秋汛水長會籌宣洩搶護各工並夏家馬路新紮木龍得勢情形（七月初七日福蘭奏）》 六月二十七八九等日，黄河水勢陡長，據各廳稟報，三日之内共長水三尺四五寸至四尺四五寸不等。徐城誌樁連舊存長水共一丈三尺四寸。【略】此次長水既驟且大，漫灘拍岸，勢甚浩瀚。

清・佚名《南河成案》卷五二《黄水續長毛城舖過水情形及各工搶護平穩緣由(七月十五日蘭韓奏)》 據武陟縣報稱六月二十七、七月初一等日，沁河共陸長水三尺九寸。【略】萬錦灘於七月初三日辰時陡長水六尺，初四日卯時又陡長水六尺。南河各工於初六七等日長水四五尺至七八尺不等。徐州北門外，誌樁連舊存長水共一丈四尺五寸。南北兩岸水勢浩瀚。

清・佚名《南河成案》卷五三《徐屬一下各廳工程平穩情形(五月十八日)》 據安徽壽州承包正陽關淮水，于五月初六七八日共長水九尺，是以洪澤湖水亦見長，由清口暢出，敵黄甚爲得力。

清・佚名《南河成案》卷五四《奏覆加緊防護各工水勢情形(六月初二日蘭奏)》 黄河水勢於六月初一二日增長尺餘，旋見消落。據甘肅、寧夏府馳報，寧夏地方於五月十七八日長水七尺二寸。詢之將弁人等，俱稱向來寧夏長水一尺，流至江境不過二三寸，其淮河上游亦屢報長水，而河面寬濶，現在高堰誌樁仍祇長水三尺三四寸。

清・佚名《南河成案》卷五四《河水加長開放各工搶護平穩緣由(八月二十八日)》 新河内水深一丈二三尺至一丈五六尺不等，分洩甚爲暢利。其北門，正河水勢消落一尺二寸。

清・佚名《南河成案》卷五四《白露後河水長落各工搶護平穩緣由(八月二十八日)》 萬錦灘黄河於八月十八日子時陡長水三尺，又於本日巳時陡長水二尺。江南黄河各工自十八九日至二十二三日，陸續長水二尺八九寸至三尺一二寸不等。

清・周伯義《北固山志》卷一 大江亦名揚子江，一名京江。《元和郡縣誌》：北固山下臨長江，江今濶一十八里，春秋朔望有奔濤。

又 海鮮河在甘露寺西，約長二里許，河外爲譚家洲，洲外爲江。

清・謝元淮《雲臺新志・山水上》《國朝商盤鷹遊門觀海》《質園集》《禹貢》紀徐州，淮海環其外，衆水聯絡之曲折勢，交匯兹州。

清・謝元淮《雲臺新志・山水下》 海 《大清一統志》：海，北自山東，安東衛斜石界入海州境。齊召南水道提綱。海江南自荻水口南經贛榆縣，東有小水口四。又南經海州城東，有小水口五。州東隔海巨島，即古鬱洲也，懸居海中，原注：洲東有雲臺山，有二水入海口，西北有墟溝城，西南有鳳凰城其北隔海，有鶯遊山。海又南，稍東經新壩、板浦、白河港三口。又南，爲鹽河，入海，俗稱曰：「淮河口」。又南稍東，經安東縣，東北之雲梯關，是爲大河淮瀆入海口也。原注：自荻水口至此，二百八十里。口東三度五分，極三十四度。《唐州志》：舊時，雲臺山在海中，今潮東徙自州至山，已成平陸，惟西連諸島，尚須渡洋。案李吉甫《元和郡縣圖志》、宋樂史《太平寰宇記》俱云：海在東海縣東二十八里。今大洋距山麓約五十餘里。

又 南夾河 《崔志》：即小海，向爲對口灣渡海處，今皆爲平野。惟夾河一道，尚存舊跡。

又 九嶺河 有九嶺橋。《顧志》在東海城北九嶺山下。

又 温水河 《陳州志》：去大義村一里，祁寒不冰，南爲五龍聖泉。

又 大義河 有大義橋。《顧志》：大村之北，舊有橋，因圮重修。

又 瀘水河 有瀘水橋。《趙續志》：在新縣西。

又 官河 有官河橋。《趙續志》：在瀘水橋東，通海。

又 北河 有北河橋。《趙續志》：在官河橋北。

又 北湖 在東海城北門内。

又 于公浦 《大清一統志》：在故東海城北十里。《張州志》：漢于公故里，闊四丈，深五尺。

又 社林浦 《張州志》：東海城東北六里，下通海潮。《陳州志》：長十五里，闊四丈，深五尺。

又 白溝浦 《張州志》：東海城東北三十八里，無源，下通海潮。

又 大義浦 《郡國利病書》：東海城北五十里。《張州志》：西通海潮，便鹽艘。

又 山陰浦 《張州志》：東海城北通海潮。

又 當路浦 《張州志》：東海城北四十里，西通海潮，便鹽運。

又 棲雲浦 《陳州志》：東海城北六十里，無源，下通海潮，長五里，闊三丈深七尺。

又 臺浦 《郡國利病書》：東海城北八十里。《陳州志》：無源，東引海潮，長五里，闊三丈。岸有石墩如臺，故名。

又 徐瀆浦 《方輿紀要》：東海城東北四十里，上接巨平諸山之水入海。

又 宿城浦 《大清一統志》：在東海城東北七十里，四面皆山，舟楫遇風則宿於此。

垺。薄暮抵頭灘口，辛丑行十餘里至納溪縣，奔流泛溢，附近低凹，村居半没水中，傳説瀘州各處小河水漲，故江水汪涵連成一片，舟行迅疾不可停泊。午夜即抵瀘州，計程二百餘里，其他頭二三涇梁南田埧諸灘，以水大，過不之覺，然餘湍𣶐漩，舟行其上，尚有高下抑揚之勢。

又　歷十月，甲寅，余亦事竣，舟居十二日，於丁卯黎明開，行九十里至班竹沱宿焉。戊辰，行九十里艤舟扇背沱。己巳，行十里至臺盤子灘，余適晨餐過後方覺，蓋仲冬，水落與春夏自不同也。十里至長壽縣，土垣無城，人家半居山上。八里至不語灘，俗云：「舟行過此，人多言則水瀆湧，不語則平易」，余行過此未嘗無言，殊不見其澎湃之狀，豈灘亦有然有不然耶？又九十里泊舟李渡，庚午曉行二十里至横石灘，亦不甚險，考《通志》載後漢岑彭破公孫述將侯丹於黄石，即此，俗名二石灘。十里至涪州城，水溜未及停泊。又十里至羣猪灘，奔湍沸湧，亂石參差，昔馬提幹過此有詩云：「灘急羣猪沸，崖高落馬懸」，味此二語其形勢可以想見。又八十里泊舟作方沱。辛未，發十餘里過酆都縣，余眠未起，未審何狀，又一百一十里至忠州城，頗雄闊，未及登覽，又十餘里至菜園沱。壬申，行四十里至折尾子灘，春夏水漫易過，秋冬水落險甚。巖北建張桓侯廟，廟右巖半舊有石刻「對我來」三字，字如斗大，筆力遒勁，不知爲何人所書，後爲風雨墮巖下，折作三節，至今尚存，蓋此灘之水由西轉東至廟前稍折爲灘，而灘下多亂石，水多瀆激，操舟者必對廟右急溜處放下，然後撥轉往東始能無害，故前人題「對我來」三字以警之。近今灘水逾北折廟右，水勢更急，南面水勢稍緩，放船者咸由西南直下東去，頗覺平穩，儻仍對廟上石刻三字行來，當不知作何險異。所以桓侯有靈，默碎此石刻以救往來過客，而愚人不之察也。又四十里泊舟石鼓峽，峽不甚長，相傳上有石鼓云。癸酉，行五十里至拖母雞沱，會風遂停泊。甲戌，行七十里至萬縣，又東二里至使君灘，《寰宇》記載晉楊亮爲益州時至此覆舟，蜀人名使君灘，又張騫奉使西域于此覆舟，又名博望灘。余有詩云：「奉使西來指益州，使君灘爲使君留。張騫雲外乘槎者，博望何緣又覆舟。」蓋疑其爲傳聞之誤，而後人遂附會其説以實之也。又五十餘里至盤沱。乙亥，行六十里至雲陽縣，又十里至青軍子，東風大作，船不能進守，至戊寅始風恬浪静，蓋前一日丁丑冬至，一陽初生，故隆冬亦有蘋末之占也。十里至東陽灘，五里至廟基灘，水溜溜急，下多峭石，舟行其上，少不用力便多失事。十里至磁莊子，灘亦險惡，八十里抵夔關奉節縣，候關吏查驗三日始行。壬午，行五里至灩澦石，北岸即白帝

又　沃壤浦《郡國利病書》：東海城北七十里。

清·丁柔克《柳弧》卷二　漢水　襄河即漢水，自嶓塚山發源，至漢口入江，所謂「嶓塚導漾，東流爲漢」是也。漢水之岸，兩旁皆沙泥，往往遷徙不常，東崩西出，北轉南旋。自均州以上，則灘凶湍疾，怪石森立，如瞿塘灧澦，有過之無不及也。舟行稍不慎，必碰擊沉溺。又有跑沙、奔坎。跑沙者，沙共水馳也。奔坎，岸如山倒也。一有不測，碰其跑沙，或船如筆立，或船被沙埋。遇其奔坎，或船爲齏粉，或船滿泥污。夏秋水大，不可行也。予奉大吏委，查通省釐局數年，跑沙、奔坎、凶灘、怪石無不遇之，幸臨危遇救，絶處逢生。自今思之，肌髮洒淅。

清·佚名《湟中雜記》　黄河源　其水色黄，迴旋三百餘里，穿入鄂敦他拉。蒙古謂星爲鄂敦，水灘爲他拉，即星宿海也。他河自發源爲塞外諸水會注，凡三大折流二千三百餘里，至貴德邊界，水色全黄，始名黄河源。

又　星宿海　青海直南由哈套峽至牛格渡、木户爾等處，千有餘里，皆荒草淖泥，過此則火敦腦爾即星宿海也。其味甘冽，其色湛碧，周四百餘里，有黄流如綫，入自坤地，出於異方，一脈蜿蜒，界乎其中。雖大風鼓蕩不爲少亂，乃黄河之本派。

又　西海　又謂之青海，在縣治西二百七十餘里，周圍海面七百餘里，東西長亘，南北狹，中央有山突起，形如螺殼，稍西又出一山，狀若駝峯，望之如積雪焉。

清·丁謙《異域録》卷上　昂噶拉河　自柏海兒湖流出，向西北遶過厄爾口城，仍向西北而流滙于伊聶謝河，歸入北海，水清溜急，大於色楞格河。兩岸皆山，有高峻峯巒，亦有平阪山岡，多林藪，有杉、松、馬尾松、楊、樺、櫻、薁、刺玫，岸有叢柳。

清·金科豫《解脱紀行録》　自敘永城外鐵爐灘，登舟行三十里，暝艤舟老君營。庚子五鼓啟行，四十里至大灘，水勢急激，然石少，尚易下。又十里許，陡聞水聲如雷，殷殷絶壁下，夾岸怪石攢空，奔濤競赴，中繞一綫可通舴艋，倚篷窗遠望，令人意怖，詢之榜人，知爲江門峽。操舟者由高趨下，左旋右折，不頃刻已出峽中。蓋峽首尾長幾三十里，兩山逼窄，水勢激怒，故其奔放也，一發而不可收。予有絶句云：「望裡雙峯峭插天，江聲雷吼夕陽邊。當門一落奔濤疾，催送扁舟掠晚烟」。又：「亂石堆雲怪且頑，江流一綫響潺潺。恍如十八灘頭水，瀉作蠶叢九折灣。」予昔從家大人宦嶺南，由昌樂歷十八灘，其灘勢險惡，與此相

城，樹木莽蒼，四門舊址猶存，下爲武侯八陣磧，相傳有石八堆縱横岸上，水落則見，水長則没，昔東坡有詩云：「平沙何茫茫，髣髴見石嵒」。縱横滿江上，歲久沙水齧」。灩澦，古作淫豫，《南史》云：「淫豫大如樸，瞿唐不可觸」，樂府云：「淫豫大如馬，瞿唐不可下」。又《類要》云：「淫豫大如鼈，瞿唐行舟絶」，蓋灩澦當兩峽之口，高可廿丈，大數百圍，春夏之間驚濤驅赴，勢如奔馬。而此石適當其衝，險出萬狀，下流舟楫往往觸之覆交，冬水落石出，則無害。《水經註》有灩澦歌云：「灩頭白浡堅相持，倏忽淪没別無期」，白浡蓋言春夏逆浪同湍之險急也。過此即瞿唐峽，長十數里，水尚平穩，《通志》云：「秋冬水落爲瞿，春夏水溢爲唐」。又二十五里至虎鬚灘，灘甚惡，老杜詩云「瞿唐漫天虎鬚怒」蓋指此也。又五十里過巫山縣，遥矚十二峯，恍在天半，氤氳飄渺，不可指數，昔蘇穎濱《巫山賦》有云：「峯連屬以十二兮，其九可見而三不知」，神女之説且不必辯其有無，而峯巒之忽隱忽見，離奇變幻已足以甲天下矣。三里至空網沱，由此入峽，峽長百里，兩岸峭壁如削，迂迴環抱，直插雲霄。傍晚猿聲淒楚，不堪入聽，故巴人歌之曰：「巴東三峽巫峽長，猿鳴三聲淚沾裳」，「巴東三峽猿鳴悲，猿鳴三聲淚沾衣」。三峽謂巫峽、歸峽、唐瞿峽也。抵暮行五十餘里泊黄草城。癸未，大風。甲申，行九十里至湖北巴東縣界。乙酉曉發，七十里至叱灘，上有真人廟，江中時有烏鴉數十，往來迎送行舟，舟人以食飼之，每不避凝，《真觀紀傳》載有云西王母之女稱雲華夫人，助禹驅鬼神，斬石疏波有功，今封妙用真人。又數里至人鮓甕，春夏險甚，昔周洪謨有詩云「蕩蕩東去幾迴灣，虎頭狼尾如連環。赤甲下映人鮓甕，黄牛高枕鬼門關。」黄牛蓋指黄牛峽也。黄牛峽在歸州東二十里，太白詩云：「三朝上黄牛，三暮行太遲。三朝又三暮，不覺鬢成絲」。又歐陽公詩云：「朝朝暮暮見黄牛，徒使行人過此愁。山高更遠望猶見，不是黄牛滯客舟」。峽之迂阻難行大類如此，傍午過葉灘，灘甚陡峻，又行十數里至歸州石門泊焉。丙戌，行十餘里過黄牛峽，又十數里至新灘，新灘起自天聖中，山奔爲灘，江水逆流，舟楫不通，至皇祐三年知歸州尚書都官員外郎趙誠聞于朝疏，鑿之用工八十日而水始通，前進士曾華旦勒碑記之。至今雖通舟楫而奇險異常，往來過者或换本地小船分受其載，舟輕可保無患，或賃人由崖次陸運至下流歸載，傍崖居民不下數百家，別無良田桑麻可以養生者，惟恃此以謀朝夕，噫嚱，天豈以厄行人者拯貧人耶？春夏水漲時洪流漫雞肝石，可以放下，交秋末冬初，雞肝石露出，則無論官私勢非起駁斷不可下，蓋雞肝石高一二丈，横亘中流，水勢至此如山崩泉湧，急不可遏，而傍復多亂石、回湍，放舟者惟從正流巨浪中直下方可出，不則打入亂石回湍中，又將有出坎須臾之患矣。下此數武即二灘，水勢亦惡然，尚不敵頭灘之險，至三灘則水勢稍殺矣，左下爲黄靈廟，廟宇嚴整，碑碣羅列，前人詩句如林。丁亥起駁，至已亥始得放灘抵黑巖子。庚寅歸載，辛卯開行十餘里至崆岭峽，土人謂之牛肝馬肺峽，蓋兩岸石壁玲瓏蒼黄紫黑，狀若牛肝馬肺，故得名。其下即崆玲灘，水落時亦險，必先遣人於淺處標識之，然後無害。壬辰，行五十餘里至斗船沱。癸巳，行五十里至黄荆藏，又二十里至東湖縣，覺江面廣闊，水勢平穩，眼界頓開矣。是行也，幸值冬初水落，故凡有名諸灘皆歸平易，倘際春夏之交，洪流泛漲，其險阻艱難當更有遠出萬端者，其僅報部七十餘灘已哉。余之紀是雖就一己之所見，書之不嫌鎖亦以爲涉川者慎履冰之戒耳。

清·金科豫《行吟雜録·曉渡渝江》 萬頃奔濤一葉舟，日光初逗曉涼收。巴渝遠江水落横孤石，極浦風輕下野鷗。城市人烟依絶壁，江天雲影漾中流。巴渝咫尺饒清景，雙槳頻來韻亦悠。

清·金科豫《行吟雜録·送别秦明府》 迢遞三川水，應嗟行路難。丹山牛肺峽在湖北歸州界内，白浪虎鬚灘在巫山縣界内。怪石兼天湧，陰雲匝地寒。吟髭霜幾許，休對鏡中看。

清·金科豫《行吟雜録·新灘》 傳聞天聖中，山崩歸峽口，江波潺湲逆不流。斷巘離披紛厄紐，行人無計達重淵，帆檣坐困迷津久。迨歷皇祐三年初，都官員外膺簡書，用工累月，殫全力疏通，未盡，遺崎嶇。至今雞肝突江面，孤峯轉向奔濤戰。掀天白浪競喧豗，扁舟直下疾如箭。隨風旋折臨飛泓，山鳴谷應聲漴漴。回湍左右勢激盪，簸揚一葉輕飄蓬。二灘三灘復在望，鯨鯢怒捲遥相向。榜人大叫聲力俱，一揮掉破連天浪。噫嚱危乎蜀道難，衝破逆折如雲攢。淪没倏忽固天命，使人對此生悲歎。君不見，益州刺史晉楊亮，使君灘下神怏悵。萬里艱辛奉命來，幾將忠血埋寒漲。我行正值朔風淒，滿山雪壓猿猱啼。布帆遥指幸無恙，姊歸有客相招攜。滿斟黄柑且痛飲，一任江聲汩汩吼空隄。

清·劉源溥《錦州府志》卷三《山川》 小淩河，城東十五里，源出邊外，由松嶺門西五里，東南入邊，遶府城西又名錦川，南流五十餘里，至唐家臺西入海。大淩河，城東四十里，源出邊外，自義州九官臺門流入，經出頭山，流九十三里至團山東，又東南六十五里，至鮎魚塘東入海。枯淩河，城東南四十里，即大淩河故道，分流至柴火溝東入海，旱則水乾，故名。七里河，城西南四十里，自水虹螺東山發源，東南流至四方臺，東又折西南入海。高橋河，城西南四十七里，源出小虹螺山，東南流遶高橋城，南會七里河入海。飲馬河，城西南六十里，源出老鸛堡南泉，東南流遶塔山城西，又東南流入海。稠柳河，可名笊籬河，城西南七十里，源出境內長嶺東，南流遶笊籬山東入海。連山河，城西南八十里，源出大虹螺山東，南流遶連山城，東至葫蘆島入海。五里河，城西南八十里，源出千家峪泉，東南流遶團山東，又東南流至剌兒山東入海。長嶺河，城西南九十五里，源出寧遠州界礶子山東，南流至長嶺臺入縣界，又東南遶連山城西，會五里河流入海。女河，城西十八里，源出邊外，由新臺門北六十里入縣界，東流遶吕洪山與小淩河合流入海。湯河，城西三十里，源出境內鷹窩山南泉，南流會女兒河入海。頭道河，城東北十五里，源出龍嘴山，經紫荆山西與二道河合流入小淩河。二道河，城東北十二里，源出境內亂石山，經紫荆山西入小淩河。小蛤蜊河，城東北十二里，源出郭家臺泉，東南流與二道河、頭道河合流，入小淩河。大蛤蜊河，城東北四十里，源出櫻桃園東，南流遶遊家山北入大淩河。冷泉河，東北四十五里，源出義州斑石山，東南流經魚子嶂入大蛤蜊河。大定河，城東北五十五里，源出義州石廠山，由古開州南入縣界東南，流經小方家堡入大淩河。破臺河，城東北八十里，源出高黄山東，北流至破臺西，又東南流至柳家溝西入海。五臺河，城東北八十五里，源出聖水山東，南流經五臺北，又東南流至金剛屯東散漫荒甸。三臺西河，城東北九十三里，源出香爐山東流，至上五旗南入三臺東河。三臺東河，城東北九十五里，源出境內乾柴嶺南，流經三臺東，又東南流至柳家溝南入海。頭臺河，城東北一百四里，源出境內乾柴嶺，東流經土城南，又南流十五里散漫荒甸。

清·吴承志《今水經注》卷一　北水　河水源出吐番朵甘思之南，曰星宿海。四出之間，有泉百餘泓，湧出匯而爲澤。方七八十里，登高望之若列星，故名火敦腦兒譯言星宿。

又　河水源出今青海玉樹土司境，巴顔哈喇山東麓噶達素齊老山，飛泉百道，自崖壁上，湧出東南爲阿爾坦河，其上源曰羅布淖爾，在吐魯番廳西南古泑澤也。亦曰鹽澤，又曰蒲昌海，或謂之牢蘭海。

又　忽蘭水今呼藍河。《提綱》云：源出盔吞池，西流環折而北，而東北有枯得勒古河，自東南盤旋來會，又北受一小水，又東百餘里東南流入河。

清·吴承志《今水經注》卷二　汾水至平遥、介休過汾州城東二十五里，南入平陽府境。

又　渭水源出臨洮府渭源縣西二十五里，南谷山至鳥鼠山下轉而東流。

又　涇水源出平涼府界笄頭山，逕涇州又東南至邠州北界，馬蓮河從北來注之。

又　洛水源出陝西商縣西北一百二十里，讙舉山。

又　汶水有二源，出西南兩麓，出南麓者自朞山西北西南流逕萊蕪城北，又西南會縣南諸水，古爲牟汶别源，後魏移嬴縣於南，因又名嬴汶，今通謂之汶水，出西麓者自分水嶺西，西南流逕士子口，會北山諸水，即《漢志》與淄水同出。《水經》：西南過嬴縣，南之汶縣，今俗謂之會河，二水至范家集合而爲一。

又　沁水源出山西沁州沁源縣北一百里綿山東谷。

又　松花江源出長白山，北流逕金故南京城。

又　大淩河源出大甯，自義州衛西六十里入境，南流逕廣甯左右屯衛界入海。

又　膠水源出膠州西南一百二十里鐵橛山，過密州五弩。

又　丹水有二，東丹河源出昌樂縣東南二十里方山。西丹河源出臨朐縣丹山，二水皆北流，至昌樂歷城西合流，至壽光縣界入于海。

又　墨水源出平度州墨山，南至即墨縣界入海。

清·吴承志《今水經注》卷三　滹沱河源出山西繁峙縣東北三十里泰戲山，歷代州崞縣，忻州定襄五臺盂縣。

又　滹沱水一名泒水，源出代州繁峙縣東泰戲山。有三泉並導，西南流合州境，諸水至忻州北境忻口東南，流經定襄、五台、盂縣，迴環九百里，入黑山關，又東五十里合衛水。

又　桑乾河源出大同府馬邑縣西北十里洪濤山下，與金龍池水合。

清·吴承志《今水經注》卷四　淮水源發河南南陽府唐縣東南一百八十里桐柏山。其支岡有水潛流三十里，東出大復山。

又　濠水出今鳳陽東南濠塘山，北流逕濠梁驛，至臨淮故城，西北入淮濠塘山，即鐘乳山也。

又　泗水源出山東兖州府泗水縣東五十里陪尾山，四泉併發，故以爲名。

清·佚名《無爲州江壩記》　無爲州江壩記廬郡，屬無爲州，東南二百餘里，皆濱大江。自明以來，隄江岸而爲田廬，所謂江壩也。然江水湍急，堤壩常被衝潰漫溢。國朝二百年間，屢築屢坍矣，固江水之爲患，抑守土者，不思先事而防後事而懼致然歟。道光十一年五月，江水異漲，始溢隄面，終決堤身，不終日而桑麻膏沃之墅，貨殖輻輳之場，頓成巨浸。民間依高阜露處，哀號徹於旦晝，藁目傷心過者，泣亦不能自止，然此猶幸免其魚之傷者也。有父母斯民之責者，其何以堪乎？時余守廬郡，隨趨州視灾，急督州牧撫恤。秋九月，江漲方退，遂周歷驗視，乃歎曰：「茲隄豈惟保障全州？」蓋亦和含廬巢之遮罩也。田賦則歲以二十餘萬計，民命則億萬衆所託處也，使此隄數年、十數年之交輒，當衝潰漫溢之患負。

清・秦綬章《江南水利全書》 吴淞江自吴江長橋起至海口，凡二百六十里，太湖之東流正幹也。歷吴江、震澤、吴縣、元和、崑山、新陽、嘉定、青浦、上海九縣，地舊合澱山湖、大泖、長泖、圓泖諸湖蕩，趙屯、大盈、顧會、崧子、盤龍五大浦之水以入於海，故其源甚清，其流亦壯。

清・董恂《江北運程》卷三五《江南淮安府揚州府》 《大清會典》：「淮揚運河由瓜洲儀徵迆北至清江浦天妃牐皆運道所經。明永樂間，通淮河爲运道於淮安府東南高家堰上築堤以防淮水東注。」

又 然明以前由運口至瓜儀中間數百里。河身高仰。江淮庳下，不獨淮不能達江，江亦不能達淮。

又 隋開皇七年於揚州開山陽瀆以通運漕。大業元年，發淮南諸州郡丁夫十餘萬，開邗溝，自山陽至揚子入江，三百餘里。水面闊四十步。淮入江之始。按煬帝通濟渠，自東都西苑引穀洛之水達於河，又自板渚引河水達於汴，又自大梁東引汴水入泗達於淮，又自山陽至揚子達于江。於是，江、淮、河、汴之水相屬而爲一矣。又開永濟渠，因沁水南連於河，北通涿郡，又穿江南河自京口至杭州八百里。

又 元豐六年建，開龜山運河長五十七里，闊十五丈，深一丈五尺。

又 元符元年，工部言淮南開河，所開修楚州支家河道漣水與淮通，賜名通漣河。初，楚州沿淮至漣州，風濤險，舟多溺。

又 西引盱眙天長以來衆湖之水，起自揚州江都，經高郵及楚州寶應山陽，北至淮陰，西達於淮。又自高郵入興化，東至鹽城而極於海。又泰州海陵南至揚州泰興而徹于江。【略】又開濟州泗河，自淮至新開河，由大清河至利津河入海。因海口沙壅，又從東阿旱站至連臨清入御河。

又 冬春淮水退消，清江浦淤淺，外河與裏河湖水高下懸隔。

又 自嘉靖六年，河流益南。一支入渦河直下長淮，一支仍由梁清口出徐州小浮橋，一支由趙皮寨出宿遷小河口。各入清河口，匯由新莊牐入裏河，水退沙存，日就淤塞。

又 查揚州灣頭原有通鹽官河一道，内由芒稻、白塔二河直達大江，勢甚通便，年久淤淺。【略】又言高寶、江都堤内田地及興泰山鹽地方，外受減水牐之餘瀝。内蓄時伏連綿之積雨，皆由射陽湖經朦朧喻口，出廟灣入海，渠道見存，計長一萬二千六百丈。

又 十七年，築寶應西土隄。寶應縣月河自黃浦至三官廟前，長二十里，水多旁潰入湖，致流緩沙停。

又 按如春所言，則萬曆時已資淮水濟運，其淮黃河深日墊高仰，運河反低，亦淮揚運河古今之大變也。四十年，開寶應縣宏濟河，北月河一道，長一百三十丈。南月河一道，長一百五十丈。

又 將興化鹽城等州縣海口詳勘得，山陽、寶應、高郵、江都、泰州、興化、鹽城等州縣之水，原從車路河、白塗河等處流入運鹽串場河，出白駒場、丁溪場、草堰場、劉莊場等十餘口，由苦水洋闢龍港、信陽港廟灣入海。今因年久，車路等河串場河及各場出口俱被沙土淤淺。

又 今於張福口、裴家場中間開引河一道，會張福、裴場等引河之水並力敵黃。但黃水會合衆流來自萬里，頻年河身墊高，勢大而力强。淮水止發源桐柏迄今方出清口，一半敵黃，又一半濟運，終虞力分而勢弱，故蓄高堰之水以助其勢。幸而黃水不大，亦足以敵之。

又 九月，武進縣言，漕運及官民船由本縣孟瀆河出，泝流三百里始達瓜洲壩，往往爲風浪漂没。縣舊有新河，四十里出江。正對泰興縣新河，入泰州壩一百二十餘里。至揚子灣出運河，比今白塔河尤爲便利，第歲久泥淤，乞加修濬。

又 而興化之堂子鎮、戴家窯、海溝河、白駒三十團竈，則牛灣之支河也。黃土溝、阜角樹至綱門登瀛橋河，則姜堰之支河也。安豐場至清備灌鋪，則廟灣之支河也。其何垛場至白駒場一帶淺阻尤甚。又河東一帶舊係糧鹽大河，洪水衝決，河身與岸相平，故水不軌道。

又 《水道提綱》：「石梁河，源出天長縣西覆釜山，東南流有汊澗河，自南來注之，合東流經汊澗鎮。又東經石梁鎮，曰石梁河。又東經城北，又東經城門鄉之東南入邵伯湖。」

又 《皇朝通志》：「運河分淮水一支，東流折東北，經清江浦前，東南流經淮安府城西，其東岸洩水支河口，爲澗河，爲射陽湖。又南流東岸爲涇河，爲廣洋湖。又南經寶應湖口北。東岸有洩水支河入廣洋湖。又經寶應縣西。西岸濱寶應湖，東岸皆有洩水支河。又南經高郵州城西。又南經邵伯湖東。又南，東岸並有洩水支河。折西南，經揚州府城東，分二派，一南流，又分支津，先後由瓜洲入江；一西南流，經儀徵縣東北，又經城南，西南流入於江。」

清·董恂《江北運程》卷三七《江南揚州府寶應縣至高郵州境》 《揚州府志》：「揚州運河，上自山陽縣黄浦與寶應縣交界起，下過郡城，少折而西，至三汊河，南行至瓜洲入江止，爲糧運正道。又自三汊河，西南行至儀徵縣入江止，爲鹽船入江之路，歷寶應、高郵、甘泉、江都、儀徵等州縣。」《一統志》：「州府運河，即古邗溝水，舊曰官河，北自淮安府山陽縣界南流入，經寶應縣、高郵州西。又南，經府城東北，繞城而南，至揚子橋三汊口分爲二支，一支西南流經儀徵縣東，又分爲二，一南流至舊江口入江，一西南流至下江口入江，爲上江糧運入河之口，一支南流，即伊婁河，至瓜洲鎮西南入江，爲江南糧運入河之口。」

清·董恂《江北運程》卷三八《江南揚州府高郵州至甘泉縣境》 官河經高郵州。《揚州府志》：「高郵州運河，西受甓社三十六湖所匯七十二澗之水，南至露筋三十里甘泉界，由江都至瓜儀二處入江，又由甘泉之邵伯鎮入江都芒稻、白塔二河，東南入江。北至界首六十里入寶應界。」《高郵州志》：「運河，即邗溝也，亦名官河。西受七十二澗之水，由甓社等湖受金門、姚港口二牐而入，是名高郵漕河。南至露筋三十里江都洵按：雍正九年分置甘泉縣，遂爲甘泉界。由瓜儀二處入江。又由邵伯芒稻、白塔河二處東南入江。北至界首鎮六十里寶應界，接天妃牐淮水入渠，與湖水合流爲漕河。」

清·董恂《江北運程》卷四〇《江南揚州府江都縣達大江》 《張公奏議》：「瓜儀運河自江都三汊河以南經瓜洲出大江，計程二十七里。又自三汊河以西經儀徵出大江，計程七十二里。河水至此分流入江，江潮吞吐，消息靡常。」

又 運河自此分二支，一支南流經瓜洲古伊婁河也。《圖志》：「運河經揚州府城東北，繞城而南，至揚子橋三汊口，分爲二支。一支西南流經儀徵縣東，又分爲二，一南流至舊江口入江，一西南流至下江口入江，爲上江糧運入河之口。一支南流即伊婁河，至瓜洲鎮西南入江，爲江南糧運入河之口。」嘉靖《揚州河渠志》：「運河過郡城，少折而西，至三岔河，南行至瓜洲入江止爲糧運正道。又自三岔河，西南行至儀徵縣入江，止爲鹽船入江之路。」

又 漕舟南下至此入揚子江。《方輿紀要》：「揚子江在府南四十里，由六合縣，經儀真縣，至瓜洲鎮。又東過泰興、如皋，歷通州故海門縣而入海。江心有南泠水，與鎮江府分界。」

又 《會典》：「黄河以北，中河經桃源縣至楊莊牐入河。截河至清口泝淮，至惠濟牐入運口，南流經清河縣、山陽縣、寶應縣、高郵州，西納白馬、寶應、高郵、邵伯等湖水，東分洩入下河，南流經甘泉縣至江都縣分爲二，一爲瓜洲運河，一爲儀徵運河，皆入江，由瓜洲運河出口，截江而南，是爲徒陽運河。」

清·王儒行《惠濟河輯説》卷一 蔡註詳矣，攷漢劉熙《釋名》濟濟也，源出河北濟河而南也。《晉地道志》：濟自大伾山。

又 蔡註滎波二水，名謂滎，因濟水潛行絶河，南溢爲滎，波水自洛出爲波，地理今釋滎波澤名，在今開封府滎澤縣南三里古城村。

又 蔡註許慎曰：汳水受陳留浚儀陰溝，至蒙爲灉水，東入于泗水，經汳水出陰溝，東至蒙爲狙獾《水經注》汳水至梁郡爲灉水，又獲水出汳水，於梁郡蒙城北，無狙獾字當是獲灉二字之訛。則灉水即汳水矣。灉之下流入于睢水，沮水，《地志》：睢水出沛國芒縣皇輿表漢沛國芒縣，今歸德府永城縣。睢水其沮水歟。晁氏曰：《爾雅》自河出爲灉，濟出爲濋，求之於韻，沮有楚音二水，河濟之别也。會者水之合也。同者合而一也。

又 滎澤在滎陽東南，與濟隧合，上承河水，濟隄猶存焉。酈道元云：昔大禹塞其淫水爲滎澤開，蒗蕩渠以通淮、泗，其後濟隧絶焉。至周復導爲滎川，引河東南爲鴻溝，與濟、汝、淮、泗會鴻溝，首受河處一名蒗蕩渠，一名汴渠，即今之河陰縣西二十里之石門渠也。

又 北佩渠水東西四十里許，南北二十里許，中有沙岡，上下二十四浦澤流逕通淵潭，相接各有名焉。水盛則北注渠，溢則南流。

清·王儒行《惠濟河輯説》卷三 惠濟河即汴河也。自中牟縣西十里鋪出賈魯河，經祥符陳留杞縣，入歸德府睢州柘城，至江南亳州，下達於淮，乾隆六年。

清·王儒行《惠濟河輯説》卷四 惠濟河查自中牟縣，迤西從賈魯河分支，直達祥符陳留，杞縣、睢州、柘城、鹿邑，至江南之亳州，滙入洪澤湖，各縣長三四百里。

又 睢水，汴水之支流也。今自河南陳留縣東北，與汴水分流，經永城縣南而入徐州碭山縣界，下流至邳州宿遷縣東南，而會於泗，謂之睢口，亦曰小河口，以睢水亦兼小河之名也。

又 雎水在陳留縣東北四十里，又名隄河，在雎州北一十二里，州之得名。

清・周慶雲《莫干山志》卷三《山水》 阜溪，阜溪之源自西來者，一分水嶺，一嶗紫嶺，合流經胡村、胡蝪里、蔣家堰而至三橋埠之陽，一莫干，一方山，經庚村合高峯水，出瓜橋至三橋埠之陽，合胡村來水過太平橋，至時津橋。上自西北來者，一雙髻峯，一笨嶺，一姚塢關合流，經施家橋、亭子橋溪頭而至石津橋。上自北來者，一青山關，一仙人嶺，一相思嶺，合流經下窑而至時津橋上，諸源會合，出時津橋，至亞兒墩分一支上南出二石橋，一出三石橋，至獅山瀁與前溪水會其大支，經郭林橋、合車口、赤岸之水而至獅山瀁口，與瀁中來水合，至清水港又與前溪大支水合，而出廣乘橋歸於王母山。乾隆《武康縣志》

餘英溪，溪源出銅硯山，東流四十九里，抵縣南，一名前溪。乾隆《武康縣志》

雙溪，在縣西北四十五里，發源銅硯山，東流入餘英溪。道光《武康縣志》

合溪，在縣西北三十二里，西北諸水皆會合於此，故名。有堰曰合溪堰，又曰英紅堰。道光《武康縣志》

阮公溪，在縣溪二十一里。

清・趙佩茳《花山志》卷一 敍水 斗裏阮本稱砥嶠阮，小泉支流出石牛第二支山。

清・陳善同《豫河續志》卷一一《沿革》 源流，桑欽水經沁水出上黨湼縣謁房山。酈註沁水，即湼水也，或言出穀遠縣羊頭山，世靡谷三源奇注，逕瀉一隍，又南會三水，歷落出左右，近溪參差翼注之也。南過穀遠縣東，又南過陭氏縣東。沁水又南經陭氏縣故城東，沁水又南歷陭氏關，又南與？𩾚𩾚水合，水出東北巨駿山，乘高瀉浪，觸石流響，世人因聲以納稱，西南流注於沁，沁水又南與秦川水合，水出巨駿山東，帶引衆溪積以成川，又西南逕端氏縣故城東，其水南流入於沁水。又南過陽河縣東。沁水南逕陽河縣故城西，《魏土地記》曰：「建與郡治陽阿縣，郡西四十里有沁水南流，沁水又南與濩澤水合，水出濩澤城，白澗嶺下東，逕濩澤」。應劭曰：「澤在縣西北，又東逕濩澤縣故城南，蓋以澤氏縣也。其水際城東注，又東合清淵水，水出其縣北，東南逕濩澤城東，又南入於澤水。澤水又東得陽泉口。水出鹿臺山，刊誤曰出上，落水字。山上有水淵而不流，其水東逕陽陵城南，水歷譙嶢山，東下與黑嶺水合，水出西北，黑嶺下即開隥也，其水東南流經北鄉亭下，又東經陽陵城東南，注陽泉水。陽泉水又南注濩澤水，濩澤水又東南有上潤水注之。水導源西北輔山，東逕銅于崖南，歷析城山北，山在濩澤南。《禹貢》所謂砥柱析城，至於王屋也。下有二泉，東濁西清，其水自山陰東，入濩澤水，濩澤水又東南注於沁水。沁水又東南陽阿水左入焉。水北，出陽阿山南流逕建興郡西，又東南流逕午壁亭東，而南入山。其水沿波漱石湔澗，八丈環濤轂，轉西南流入于沁水，沁水又南五十餘里，沿流上下步徑栽通小竹細筍，被于山渚，蒙龍茂密，奇爲翳薈也。又南出山，過沁水縣北。沁水南逕石門，謂之沁口，《魏土地記》曰：「河內郡，野王縣西七十里有沁水，左逕沁水城西附城東南流也。」

又 沁水源出銅鞮山，屈直周迴水道九百里，自太行以西，王屋以東層巖高峻，天時霖雨，衆谷走水，小石漂迸，木門朽敗，稻田氾濫，歲功不成。

又 其水南分爲二水，一水南出爲朱溝水，沁水又逕沁水縣故城北，蓋藉水以名縣矣。春秋之少水也，沁水又東逕沁水亭北，沁水又東，右合小沁水，水出北山臺渟湖，南流爲臺渟水，東南入沁水，沁水又東倍澗水注之，水北出五行之山南，流注於沁水。又東過野王縣北，沁水又東，邘水注之，水出太行之阜山，即五行之異名也。其水南流經邘城西邘水，又東南逕孔子廟東邘水東南逕邘亭西，其水又南流注於沁。沁水東逕野王縣故城，北沁水又東朱溝，枝津入焉。又東與丹水合，水出上黨高都縣故城東北阜下。俗謂之源。源水出。

又 《水道提綱》：「沁水源出山西，沁州沁源縣北之緜山車家嶺。」俗曰：「水谷河，東南流，其東源出琴谷者，自東北來會，經緜上鎮南，又南經陽城村西南宫軍鎮，東有二小水，自東北來會。一香果山水，一馬圈溝水西南流有五龍川、合浩河自西北來會。五龍川出土嶺西山，東南流，有浩河出仁霧山，東流經韓洪鎮北，郭道鎮，南與五龍川會，東南流入沁水。又南經縣東，而南有青龍河自東來會，折西南有西川河自西北來會，南流，經圍寨鎮，西有大南川，自西北來會。又南經屯留縣西境，岳陽縣東境之高壁村，東有和川自西來會，又南經蘇村東衛寨西，有邊寨鎮，水自東北來注之。又西南至端氏鎮，南有邢堡水，自西北來注之，其南即三峽偃月山也。又東流一小水，自東北來注之，又南經沁水縣東境，有海河合諸水自東北來會。海河出沁水縣西之烏嶺關東流北合一水東南流經縣城北，又東南流有固鎮水，合一水，自西南來會，又東有碧峯山，水自北來會，俗曰大峪溝，又東有友泉村，水自南來注之，東入沁水。又東流有海子河，玉谿河，自東北合來注之，折而東南，經澤州西北境至陽城縣東，有小水自東來，蘆水自西來並會。又南有澤河，自西來會。澤河出陽城縣西南境，析城山西北之岳神山，東北流合一水，水折東南流逕濩澤故城南，又東流有小水，西北自西山來會。又南流有桑村河，自西來會，又東入沁。折而東，受東北來之長河，水又南流入河南界，經懷慶府西北濟源縣北之太行山東，南流經窰頭村南，又東南至府西北，有一水自西南來注之，東經府城北，而東有廣濟河，支津自西南穿城而東北流來會，其北受大丹河，水勢益盛。

又 沁河源出山西沁源縣，穿太行山，出濟源縣，經內武陟入黃河，自濟源大陂界起至河內縣，計長七十里，又東與大丹河，合而至武陟界，計長七十里，又東流繞武陟城北，由東而南北岸，計長七十里，南岸計長五十里，寬一百六七十丈，中皆浮沙淺深無定，伏秋水發常虞泛濫。《懷慶府志》：「沁河源出山西沁州綿山，穿太行達濟源，自武陟流經濩嘉縣界東南，接新鄉縣界，至開封府境入黃河。

又 《濟源縣志》：「沁河源出山西沁源縣銅鞮山，由澤州入澤源界。」又云：「沁河在縣東北三十里，自山西澤州經本縣流入河內縣界。」《河內縣志》：「沁水源出山西沁源縣，經陽城縣出太行山，經濟源縣東北沙溝村入縣界窰頭村。」

又 安泉水出陽洛山麓縣西北第一泉也。連環五六泉，若貫珠然。土人名果泉，東南流至小王范村，屈南流穿村出沁隄，依隄東流，經長溝村南。南流入於沁，沁水南岸爲縣之清下，四圖覆背村也。又東南經龍泉村堯池水入焉。堯池水一名安阜河，仙人河，入陽洛山東，仙人口，南流七八里，磨石嶺當其衝水分爲二。一逕東紫陵鎮西，一逕西紫陵鎮東，各行五六里復合爲一，東流入安阜河，安阜河出城西北三十里，太行山麓，捏掌村泉畔有堯廟，廟前處處有水，掬手可飲，匯而東南，蒹葭掩映，灌田可耕，流二十里入於沁。沁水南岸西王曲鎮也。《水道提綱》又：「東南至府西北有一水，自西南注之。

又 邘水出城西北二十里邘泉村，土人名葦園泉，在邘臺鎮東南，南流十餘里，倍潤寺東入沁，其流甚微，傍泉栽蓮風翻馥郁，堪稱香國。又東經縣北西，沁陽村，流浚渠入焉。沁水北岸諸渠皆出於丹水九道堰，獨流浚渠上，流不可見，今自陳村，其流方大南入於沁。又東康濟渠入之，康濟渠上流亦湮。又東經南華陽村下清南渠下，清北渠入之。渠水上承丹水於九道堰五里至張家坡，分爲二，屈曲南行入於沁。又東經郭巨寺村，又東經北金村，永興渠入之。渠承九道堰水至白龍廟後雞心石，分爲二東南行，爲中泗渠，至沙灘園村復合焉。永興渠屈曲南行約三十里，入於沁，又東經北金村東，丹水合焉。丹沁交會在利上一圖北金村，東距城東北八里，其南岸爲西王召村，《水道提綱》沁水東經府城北而東有廣濟河，支津自西南穿城而東北流來會，其北受大丹河水，水勢益盛。又東經劉村張金渠入之，渠承九道堰水一支，爲小太保河東南行經七里長灘，水順灘流入張金渠灘，上爲小太保，河灘下爲張金渠，張金渠南流屈而東南三十里入於沁。又東經蔣村大太保渠入之，其南濟水自西南來會焉。渠承九道堰水，東南流至狄嶺村又東南二十八里入於沁，其南岸爲龍潤村，濟水穿城，自西南來合之。又東老武自沾二渠入之。渠承九道堰水，至狄嶺村北播爲二，其迆西爲老武渠，迆東者爲白沽渠，各行三十里入沁。又東經胭粉莊，張濟渠入之。渠承九道堰水東南流至十里店，三郭渠水，會之，水自九道堰分流過新莊，許良鎮。店村至十里店，合張濟渠東南流三十里入於沁。又東南量下，西渠量下東渠入之，渠自九府墳首，受西民渠水，南流至辛莊村，分爲二，迆東者爲東渠，迆西者爲西渠，二渠各行三十里，東渠至東界溝村入於沁，西渠至陳村入於沁，舊統名曰量下渠，無東西之別焉。沁水南岸爲尚香鎮。又東經內都村，其南岸爲徐堡鎮。又東經武格寨入武陟縣界，其南岸爲武德鎮，少東爲西張計村入武陟縣境。《武陟縣志》：「沁水自山西陽城縣東南，流入河南界經濟源縣北之太行山東南，流出五龍口，又東南至府西北，經府城北而東受大丹河水，又東自河內縣東境之西張村計村，入武陟縣界，過東張計北，其北岸曰沁陽村，又過王順滑封陶村岳莊，大虹橋北，又過古樊南，過山濤廟，張村之北。其北岸曰小劉村，又過王張村、原村、韓村楊莊北，其北岸曰蘆里下封，大原村于原村又經縣城北，自西折而南流經縣東門外，其東岸曰木欒店，有政濟橋，又南過蓮花池、三里店、郭村、南賈村東，其東岸，曰方陵。又南至姚期營，又折而東流，過梁營南，又迆南流至詹店馬營口壩，東南入黃河。

又 沁水自太行山，出枋口，入濟源縣境，是爲沁口，有廣濟、永利、利豐三渠，自秦以來，引沁水以溉民田者也。其北岸有廣惠渠，又東逕沙溝村，入沁陽縣境之窰頭村，南岸猶爲濟源縣境，又東逕武頭村南岸曰覆背村。

清・陳善同《豫河續志》卷一九《附录》 丹河考　丹河有二，一大丹河發源山西潞安府南之太行山，南流東合陵川，西合高平諸小水，經絳州東南，穿太行山口，入河南懷慶府北境之方山，又南入沁水者，此經流也，俗名大丹河。一小丹河，自方山分一支，東南流經清化鎮南，折東流經溫縣武陟縣北，修武縣城東南，又東北有諸山泉來會，又東南經濩嘉縣北，有五峪水自西北來會，又東北至合河鎮之北，有輝縣百泉水先後自北來注，名小丹河。自此以下别名衛河，又東經新鄉、汲淇等縣東北約七八百里，至臨清與南來之運河會，再由天津以達於海，此大小丹河源流之大畧也。

按大丹河出山西潞安府西南山，南流至高平縣東北，有浮雲河西北來會，南經縣城東又南許河，自西來注之，有耳白水東北自陵川縣東北之聖宫山西南，流合蒲水來會，又南流東受白羊河水，又南經澤州東南境，有白河、黄沙河西北，自州城合而東南會，天井關北，水東入丹河，又折而東南入河南界，經懷慶府北境之方山東，又東南出山流，分爲二，其東流者曰小丹河，東北經修武獲嘉，與衛河合者也。其南流者曰大丹河至懷慶府之東北入沁水。

又 《河内縣志》：「丹水源出潞安府西南山，歷高平澤州繞縣北，拷栳山、方山經九峯山出山。」《水道提綱》：「大丹河經懷慶府北境之方山東，又東南出山，流分爲二，其東流者曰小丹河，東北經修武，滰嘉，與衛河合者也。其南流者曰大丹河，至懷慶府城之東北入沁水。出山東南行，一水東出者，爲上秦渠。次爲小丹河，又其次爲民渠，其一水西出者爲上清渠。

又 丹水自九道堰下東岸出者爲花園渠，郭魯渠，流澇渠，陳添渠，張金渠，小太保渠，大太保渠，老武渠，白沽渠，張濟渠，三郭渠，西民渠，董下東，西渠西岸出者爲中泗渠，永興渠，下清南北渠，康濟渠，流浚渠，凡十九渠，自九道堰出，引以溉田，歷載久遠，碑石無有創興之代不可考，現沿俗名，稱爲九道堰云。屈西南行經辛店東。丹水雖分流爲十九渠，而經流尚盛，屈而西行，其西岸爲辛店鎮東岸，爲許良鎮也。又南行屈而東過二仙廟西花渠合之。渠受丹水於九道堰，與郭魯渠流澇渠間出至聖母廟十里，長灘分流花園渠，至二仙廟郭魯渠至崔莊，流澇渠至閃拐店，皆復歸於丹。又東南過陳村東，陳添渠合之。渠承九道堰水，自龍王廟至陳莊，行十九里復歸於丹。又東過北金村，東合於沁。

清・朱其詔《永定河續志》卷九 永定河下口，東阻北運，南臨東淀，自八工以下，渾流散漫於葉淀沙，淀周迴數十里，沙澄河清，然後由鳳河，入六清河，出西沽，會北運子牙，至三漢河，會南運，同入海河原，因渾沙善淤，不能有徑，行歸宿之路，今擬於八工，尾接挑長河，一道夾築兩堤，不令散漫，直入海河，爲導河入海之上第。

又 永定河身大勢，北高南下於冰窖，作爲下口順，其就下之勢，出水甚爲順利。

又 永定河於乾隆十六年改由冰窖出，水循南坦坡埝導入葉淀，頻年來下口去路，復積漸淤高。

又 永定河自麥汛以後，陰雨連綿，河水疊次長發，二十三日，夜雨傾盆，河内長水，亦衹三四尺，詎鳳河下游，清水驟長，至一丈二尺，南埝中汛，外清水與埝頂相平，下汛清水從埝頂漫入，因清水下阻，以致渾水宣洩不及旁溢，一股至北，埝三十四號，又一股至十七號，旋俱斷流，又一股直注十二號，水勢涌起於二十日，漫出北埝，斜注遥埝，循埝根里許，仍轉向東南，歸入沙淀，去路甚暢。又遥埝，外瀝水自十八九日，連次大雨之後，積與埝平，東西寬四五十里，深六七八九尺不等，復加，二十三日夜間，大雨岔河，地方埝身浸透，二十四日，午後平蟄四百餘丈，幸地勢向北漸高，故瀝水南趨，而渾水不致北泛，其有漾出，埝下減河者，仍轉入鄭家莊南遥埝之内。

又 永定河發源山西馬邑縣，行萬山中挾沙奔馳，會歸各水，至直隸石景山、盧溝橋以下，散漫無定，康熙三十七年間蒙。

又 永定河水勢之大，爲從來所未有，波濤怒激，猛勇異常。

又 永定河水勢連歲北趨，上年，伏秋異漲，致將北岸六工十六號舊提衝缺，河流溯注北岸，由缺口過水，向北岸六工八號以東，北七北八兩工隄根，行走情形甚爲著重。

清・朱其詔《永定河續志》卷一〇 永定河匯灅恢，桑乾壺流三洋，諸川之水自西山建瓴而下，一過盧溝，則地勢漸平，水流漸緩，而沙亦見停，及至下游，則沙無去路而日漸淤塞。蓋永定河不能獨流入海，必南會大清河，又南會子牙河及南北兩運河，而後達津歸海。以全省地形而論，則四河皆在前，而永定獨居其後，當大汛之時，清流前亘衆水争趨，渾流不能暢達。則水緩而沙停，是永定有洩水之區，而無去沙之路，此其所以難治也，所恃以容沙者。惟四十餘里之下，口可以任其蕩漾，但歷年既久，南淤則水從北泛，北淤則水向南歸，凡低窪之區，可以容水者，處處壅塞，已無昔日暢達之極，下口淤高，上游河身亦隨之而高。

又 永定河發源山西，穿西山而出，每遇盛漲，夾沙帶泥，勢甚洶猛，自有南隄以束之，中腹日見沙停，下口易致淤積，百數十年，改移下口，不下十次，改一處淤一處，東北勢成高仰，近年由三河頭横漫而出，致淀水停緩不暢。

又 永定河自盧溝橋以下，水勢盪激，濁流挾沙，河身日淤日高，以致大溜旁決，加以下游達海之路，逐年淤淺，每逢盛漲輒遭潰溢，治之之法，惟在挑空河身，疏通下口，使永定之濁流徑自達海，不與大清河東西兩淀混雜，則清濁各有所歸，始爲萬全之策。

又 永定河亘長四百餘里，土性純沙，溜勢靡定，加以舊工新險，層見疊出。

清·朱其詔《永定河續志》卷一二 永定河水性挾沙帶泥，自西北直抵東南，匯入大清河入海。兩河形勢，一從一横，清河頂托於前，故濁流日形淤墊。溯查道光四年修復金門閘，並於十一年間。

又 永定河湍急沙浮，河流遷徙，靡定南北，兩岸綿亘四百餘里。

清·朱其詔《永定河續志》卷一五 五月二十二日以來，永定河水勢雖有增長，大溜直走中洪迅趨下口，兩岸隄工隱固。一摺覽奏，稍慰廑念。至所稱，各處河水旋長旋消，初一日，辰刻金門閘過水六寸，已時既已斷流等語。金門宣洩，永定河盛漲其形，與南河之毛城舖相似，永定河挾沙而行，與黄河水性亦同，向來毛城舖於過水後，即將口門及河流去路隨時疏濬，以免淤停。

又 永定河本名無定，發源山西朔州之馬邑，千里外千溪，萬澗奔騰，下駛泥沙，雜半過盧溝橋，地平土疏，易淤善潰，衝擊靡定，從古未曾設官營治，蓋知其治之不易也。

又 永定河本名渾河，其爲害畿南已非一日，古人治之之説詳矣備矣。或培固近隄，或改築遥堤，或疏歸故道，使不入淀，獨上游之治，則絶無言及者，查渾河正流，發源於山西朔州馬邑之金龍池，性挾泥沙，素號難治，入直境以後，計河流之水大者，凡入張家口之北溝，西溝，東溝，懷安之東陽河，西陽河，南洋河，蔚州之壺流河，宣化之柳川河，以上八水，惟南洋河發於山西大同縣之聚落村，尚是内地，其餘諸水皆來自塞外衆派瀠滙，至保安東之燕尾河，始合爲一，經懷來界入太行山，及出山，已去盧溝橋不遠，地勢西北高而東南下，奔流湍急，勢若建瓴，往往下方潰岸，而上已揚塵，故河之難治，其病源在上游太驟，非下游不能容，實下游不及洩。

又 現在水面寬十丈，溜勢奔騰，下注衝齧崖根，崖石，壁立如削，約高水面數十丈，人不能往，水之深淺莫能測量。

清·朱其詔《永定河續志》卷一六 鳳河來源細弱，不足以爲恒流。雍正四年導涼水河至堠上村，入鳳河，改由韓村等處，今流通之水，即永定河下口所出之水也，向屬永清縣，雍正八年始改屬天津府，其岸隄一切工程仍歸永定河，道屬三角淀通判管轄，蓋鳳河水，上係渾河舊渠，下爲今永定河出水要津，雙口上下，每苦淺狹。

又 神京山勢何屹？，千山東水水盤折。回流屈曲勢鬱結，奔騰怒吼山欲裂。蛟龍挾水出山穴，長驅下注肆奔齧。濤頭突兀堅似鐵。浪花高捲白於雪。沙平土踈眼一瞥。

清·王榮商《東錢湖志》卷一《水利三·山水五十二》 上水溪，在湖東南，源出福泉山北，經横街村，再經溪堰村，上水萬安橋入湖泊。

又 韓嶺溪，在湖之南，源出泗水之北，經過韓嶺市街下鑑湖橋流入於湖。

下水溪，在湖之東南，源出福泉山，北經楊山嶴村，再經緑埜嶴村，過下水村溪橋而入湖泊。

又 郭潼溪，在湖西南，源出郭潼山，經寨基村前，流入於湖。

象坎溪，在湖之南，源出象坎山，經象坎村溪橋入湖泊。

柴場溪，在湖東南，源出柴場山，經支溪會合流入湖泊。

三峡溪，在湖之東，源出三峡山，此有三溪之水，會合流入於湖泊。

青山溪，在湖之北，源出青山嶺，經青山寺舊址，湖工局門前流入湖泊。

黄菊溪，在湖東南，源出黄菊嶴山，經忻氏晚香莊前而下於湖。

清·王榮商《東錢湖志》卷一《水利三·山水五十三》 椅子溪，在湖之東，源出寶華山，經椅子嶴村居前流入於湖。

范嶴溪，在湖之南，源出范嶴山，此二溪經范嶴村居前流入湖泊。

泉月溪，在湖之西，源出泉月庵後，新嶺經泉月庵前流入於湖。

郭峙溪，在湖之西，源出郭峙山，經過郭家峙村居前流入於湖。

塘嶴溪，在湖東南，源出塘嶴，經二支溪，會合流入於湖。

大慈溪，在湖之東南，源出大慈山，經過宫驛河頭村居前流入湖泊。

清·李宗蓮《金蓋山志》卷一 北流水 武康餘英溪，水自侯射塘合埭溪東林諸水，經茅山過吴昇門入衡山門，而會於碧浪湖。

清·屠寄《黑龍江輿圖説·凡例》 嫩江，自温托昏站以南，已入内蒙古杜爾伯特旗札賚特旗境，松花江，自札喀和碩臺以西左岸，皆郭爾羅斯後旗境。然名山大澤，不以封故。

清·屠寄《黑龍江輿圖説·總圖説》 水則以黑龍江、嫩江、松花江爲經流，而呼倫貝爾西南之水又以呼倫池爲總匯。黑龍江，源出外蒙古喀爾喀車臣汗部中後旗，小肯特山之西北，即《元祕史》所謂不兒罕合勒敦山，今亦作布爾空哈。東北勒都那水之上游，曰敖嫩河，亦作鄂諾，蒙古語狼也，《元史》所謂斡難河。

流五百里許，自阿勒斯特鄂博之西入俄羅斯國薩拜喀勒省界，折而北，右合温達
河，左合音果達河。又折而東北流左合尼布楚河，又東北流，彼國呼爲石勒喀
河，國語呼薩哈連烏喇，譯言黑龍江。《北史》所謂完水，《唐書》所謂室建河，舊
書所謂望建河。（望建，即莽監之對音，國語青也，北人謂黑爲青，故曰望建）《太
平寰宇記》所謂烏桓水，《金史》所謂石里罕河，一作石里很。《元史》所謂撒合兒
兀魯也。室建石里、罕石里也。

又 又東北流百四十里許，左納安巴格爾必齊河，即鄂爾歸奇雅河入中鷹
黑龍江，城舊界左岸有滿、漢、蒙古、喇第諾四種文界石，國語曰：額爾登額倭
赫。又東北流五十里，左納阿吉格格爾必齊河，阿吉格，西語小也。又東流二百
五十七里，額爾古納河，東北流來會。會口左岸有額爾登額倭赫，又東流七十五
里，右納察爾巴奇河，即薩坡什喀河。又東迤北流二十里，右合阿瑪匝爾河。又
東流三十五里，左納烏爾堪河。又東迤南流三十里，右納謨河，即墨河，亦即漠
河。又東南流三十五里，左納烏勒爾喜河，又東南流三十里，左納鄂爾河，即烏
魯赤河，折東北流七十五里，左納鄂爾多昆河，又曲曲如弓，東南流百二十里左
納利威爾河。

又 又東南三十里，左納烏爾蘇河，又東南流十五里，逕雅克薩城西南，右
合額穆爾河，又東南五十里，右納旁烏河，又曲曲而東百有十里，左納波羅穆達
河。又東折而西南，又折而東北流百六十里，左納額爾格河。折而南四十里，又
折而東二十八里，左納爾巴爾坦河。又折而南二十五里，左納托羅河，又曲折如
弓，南流百餘里，右納烏庫爾河。又東三十里，折西南十五里，左納鄂嫩河，又曲
曲東南流百四十里，左納淘斯河。又東南四十五里，瑚瑪爾河，東北流來會。又
東南七十里，作一大曲形如弓字，凡二百六十里，曰烏魯蘇穆丹，譯言重彎也。
曲處左岸，有烏魯蘇穆丹故城。國初，索倫庫爾，喀部人，博木博果爾所據之城
也。又東南流百里，右納滾河、克拉河，克魯倫河，右納布蘭河。又東南流三十
里，左納固蘭河、額蘇里河。折而西南流逕額蘇里城西，又西南流五十五里，逕
哈喇泊西，哈喇，蒙古語黑也。語譌爲海蘭泡，今漢語呼爲黑河。俄羅斯人呼爲
布拉郭威什臣斯克。折而西南又折而東北流五十里，逕黑河屯北海蘭泡南，又
東精奇里江合西林穆迪河，西南流來會，又東迤南流七十里，逕愛琿故城，西黑
龍江城，東又南流二十五里，右納坤河。

又 又東南流五十五里，逕特爾德尼城，北折東流五十五里，逕札喀蘇城，
南札喀蘇，蒙古語魚也。元時，打魚水達達故城，國初，畢喇爾部人所據。又東
五十里，左納謨裡爾克河，右納遜河。又東左納博屯河，又南迤西折而東七十
里，右納科爾芬河，又東南三十五里，右納喀達罕河，折而東北流七十四里，牛滿
河西南流來會。又折東南流九十里左納哈拉河，又東南二十里右納烏伊河，又
東南百三十里左納果爾幹努喀訥河、塔拉木河，喀惹努河、庫木努河，右納喀達
爾奇河，尼堪河、安河，折而西南五十里右納福河，又折而東南五十里左納上珠
春河，右納薩里巴什河，折西南二十五里右納札伊河，又折而東南左納下珠春
河、格林河，右納烏勒敏河，又折西南四十里迤而南百十有五里左納庫魯河、右
納集達河。又東南七十五里，斐爾法鄂模水，東北流來注之。又東迤北百十有
五里左納畢占河。又東迤南五十里，逕奧里米東故城，北松花江東北流來會。
又東北流入吉林界嫩江，亦曰諾尼木倫。《魏書》謂之難水，《唐書》謂之那河。
亦即狃爾根城伊勒呼里山。

又 東南流二百里左納額勒赫肯河，迤而南流三十里右納喀奈河，又南迤
東流二十里左納喀羅爾河，又東南流九十里左納鄂多河，又南江中有九狼石，國
語曰烏云倭，和沃赫水流成灘，凡十五里。迤南流七十五里右納喇都里河，又西
南流六十五里右納多布庫爾河，自此西南流右岸入布特哈境三十五里，右納歐
肯河。又西南流百七十里，兩岸皆山，水行曲折如弓，曰達巴爾罕穆丹。又南流
左納謨魯爾河，又南流三十五里逕喀布齊老哈達東麓左納和羅爾河，又西南流
四十里附墨爾根城南下右納甘河，又西南七十二里逕伊拉哈站西三十五里，左
右岸皆入布特哈境，又西南流百有五里，逕舊布特哈總管府之東府所在，即金源
長春邊堡起築地，所謂達里帶石堡子也。

又 迤而東南流二十里逕布特哈，即博爾多站。西二十二里又南流三十
里，左納穆爾河。又南迤西流三十里諾敏河，東南流來會，又西南流三十二里
右納楚勒嘎勒河，入齊哈爾境，又西南流八十里右納阿倫河，又西南流二十四
里右納音河，又東南流二十里逕齊哈爾舊城東，又西南十二里逕齊哈爾城
西，三里而下，又西南流四十五里逕富勒爾濟屯。

又 四里逕茂興站南，郭爾羅斯牧地之金肇州故城南。松花江自吉林伯都
訥城西北流來會，松花江，國語曰：松嘎里烏喇，譯言天河。《明一統志》語譌爲
松花即古速末水也，亦作粟末或作涑沫，遼《金史》謂之混同江，《金史》亦號黑龍
江或曰宋瓦江，《元史》謂之烏剌江，《祕史》謂之浯剌江，源出長白山顛他們泊，

西北流逕吉林府城南。又西北逕伯都訥城南，又逕其城西，又西北流至金肇州故城南，與嫩江會，土名三汊口，《金史》所謂叉剌春水之地也。既會嫩江、松花江，折東北流二百二十四里，逕郭爾羅斯後旗牧地，黑龍江借設之博爾濟哈臺、察布齊爾臺、鄂爾多圖臺、布拉克臺，又東北流六十八里逕札喀和碩臺，南右納吉林之拉林河，即《金史》來流河，《元史》剌憐河。左岸入呼蘭城界，又東北流八十四里，右納吉林之阿勒楚喀河，即《金史》按出虎水。又東北流十一里左納呼蘭河，又東北流三十二里右納匪克圖河，即《金史》匹古敦水。又北迤東流七十六里左納碩羅河，又東逕呼蘭廳南迤而南流二十八里，右納吉林之察巴拉河。又北東折而南又折而東流百餘里，右納吉林之色勒站溝子。又東流四里左納察罕泊水，又東流二十四里，左納布雅密河，松花江既納布雅密河。又東流八里右納海倫固爾河，即《金史》海古水，亦作海姑。又東流百二十八里，右納吉林之瑪顏河，即《金史》僕鷲水。遼時五國蒲聶部，即盆奴里部所居也，左納四林河，又東流六十四里右納吉林之拉格里河。又東北流九十二里右納吉林之瑚爾哈河，即《唐書》渤海忽汗河。《遼史》斡朗改《金史》鶻里改里一作胡里，改路之水《元史》所謂胡里改江也。又東北十二里逕三姓城北，右納吉林之發爾圖渾河，亦曰歐肯河。左納巴蘭河又東北流八十四里，屯河，即吞河，東南流來會。自布雅密河以東至吞河，會松花江口之固木納城吉林，沿江左岸借地設站五，曰：佛思亨次東，曰：富拉葷次東，曰：崇固爾庫次東，曰：鄂勒郭本索最東，曰：廟噶珊。松花江既納吞河，又東北流二十八里，右納吉林之鄂恰河，又東北流四十里右納吉林之音達穆河，又東北流四十里左納富爾澗河，又東北流三十六里左納烏爾河，又東流八十四里左納都爾河、右納吉林之安巴河，又東北流五十二里，右納吉林之喀勒建河。又東北流百四十里，逕奧里米故城，東北與黑龍江會，呼倫池，蒙古呼達賴諾爾，即唐俱倫泊，《元史》闊灤海子《祕史》闊連海子，亦呼合渤澧海子，在呼倫貝爾副都統駐防西二百七十二里東南鄂爾順河來匯東北達賴鄂羅木河西南，克魯倫河並來會。池形如瓠，南北徑八十里，東西廣八十二里，東南至西北袤六十里，西南至東北袤百二十里，周可三百六七十里。大產魚。池底潛通海眼，故朔望子午有潮信，受衆水，而不溢不竭。《唐書》稱室建河出，俱倫者傳聞之誤也。臺站，站分南北，兩路至齊齊哈爾城卜魁站。

清·屠寄《黑龍江城圖說》 次東南有精奇里江，曲曲西南流逕愛琿城，北來會精奇里，國語黃色也，漢語呼爲黃河，俄羅斯人呼爲結雅，即唐靺鞨郡利部所居之水也。

清·屠寄《墨爾根城圖說》 水則嫩江貫境，南流自伊勒呼里山，發源至城西南右納博爾奇河，入布特哈界，凡行境内鳥道七百餘里，曲折千餘里。其右岸支渠最著者，北曰伊什肯河，源出伊什肯山，東南流百有八里，左右各合二小水注於嫩江，次南曰喀奈河，亦源出伊勒呼里山。

又 次南有二雅普薩台河源均出察顏山西流，上雅普薩台河西流五十餘里注於嫩江，下雅普薩台河西南流折西北流七十餘里注於嫩江。

清·李侗《五峰山志》卷上 南沙河，在山下，《通志》謂：「源出五峰山，逕青崖南滾粟北，又西流至沙河門，入大清河。」《縣舊志》謂：「發源三尖頭七仙嶺下，經青崖山南滾粟山北，西流至沙河門頭入大清河。」邑人任躋莘《沙河源論》謂：「西沙河即《舊志》南沙河，發源於五道陵。《通志》及《縣志》皆誤，其實沙河非一源，有源發於五道陵者，有源發於日光寺，自張家莊北折，中界鳳山至黑峪北而合流西折者，是爲東派。其西派則一發源於白石崖，一發源於劉家口及金牛山北麓下。中界隔馬山，至崮土合流至苾村鋪與東派合流，至沙河門頭入大清河。」總之，沙河爲衆水之會歸，五峰三尖山諸泉亦無不流入沙河，即謂發源五峰，發源三尖山，亦非舛誤，但不得泥定爲一源耳。

清·佚名《燕趙水利論》第四節《述水道》 吾國十八省分三流域，曰珠江流域，曰揚子江流域，曰黃河流域。黃河流域者，北五省水道屬之，而按諸今日直隸全境，唯最南之極小部分爲黃河所經過，餘則脱離黃河，而獨成流域焉，蓋因太行山脈繞於西陰山山脈，包於北凡陰山以南，太行以西之水皆趨注於渤海之涯，而黃河則游行於太行之外，非復二千年前之故道矣。故直隸之水道可分爲渤海西岸、渤海北岸及西北水道之三區域。渤海西岸之水，皆匯萃於天津，而成一系統，可名之曰海河系統；渤海北岸之水，則脈脈平行，而南注於渤海；其西北水道，則爲陰山阻隔而東流，以入奉天省。

又 漳水者自山西、河南流入境，支脈分歧，流行於大名、廣平、順德、冀州、河間、天津者也。有二源，曰清漳，曰濁漳，並出山西省太行山脈中。清漳二源出山西省遼州之大黽谷及八賦嶺，納數水東南流經遼州境，而入河南省彰德府之涉縣境，復東南流，至交彰口，與濁漳會。自此以下，流行於平地，濁漳二源，一出潞安府西之發鳩山，一出沁州之伏牛山，二源合而納數水經潞安府境，復東流入漳德府涉縣境之交彰口，與清漳會。二漳既合東流，經彰德府治北及廣平府之磁州南，又東經彰德府之臨彰縣城北，而東流入直隸廣平府之成安縣之西南界。（自此以下入直隸境）又東北經縣東南，又東至廣平縣西南境，分爲二派，一東北流爲老漳河，一東流爲漳河，東流者經大名府治北，又東北入山東冠縣西界，與南來之衛河合，謂之漳衛合流。東北至臨清州入運河。東北流者（老漳河），經廣平府廣平縣東南，又東北經肥鄉縣東，又東北入山東界，至臨清州之邱縣，南分兩歧。

又 滹沱河者，自太行、恒山兩脈之間，繞太行山之西，東折出太行之縱谷，以入直隸平原，流行於正定府、深州、冀州、河間府及京津之南境者也，源出山西省，代州繁峙縣東北之泰戲山，西流繞五台山之北，及西及南而東趨太行山之縱谷，納多數之河流，及將入直隸境，有秀水河，自西南來注之，於是東經黑山關之南，及井陘山之北麓，至平山縣城西，有衛河（與前衛河不同）。自西北來注之，又有桃水出山西平定州西北，東經州城北又東入娘子關經井陘縣之南，而東而東北，有沾河自平定州之西南，向東北流，西納一水，入井陘縣南境，爲西韓河，又北流合桃水來注之，又東流經平山縣城北，（此下水流平地）又東南流經靈壽縣南，正定府治西南，又東流經藁城縣北，晉州之西南境，又東南流經束鹿縣之西南境，分一支，東北流經深州城東至饒陽縣南，入瀦水，正支南入甯晉泊，自泊東北流經冀州北，又東北流經衡水縣城西北，又東北經武邑縣，北又東北，經交河縣西境至獻縣南，而水分爲二派，一派東流經獻縣南，而北行百三十里，至滄州西境杜林鎮，與南來之漳河合。又北至青縣城東南，與運河會，一派北流經獻縣城西北，折東北流經景和鎮西，又東北經青縣西境，順天府之大城縣城東，又北經子牙汎，因又名子牙河，又北經靜海縣西境，過獨流鎮，與西來之清水河合，又東與南運河會，又東南經天津城北，至三岔河口，與白河會，爲海河，遂至大沽口，入渤海。

又 大清河者，發源於太行、恒山之高地，東落於平原，而韜於窪地，蓋流行於定州，易州、正定府、保定府及順天、河間二府之間者也；其名爲清水河者，以桑乾河水濁，而兹水獨清故也；兹水獨清者，以附近諸湖有滲水之功也。其上流水道紛紜，實分屬於四脈，即拒馬河北，易水南，易水，豬龍河是也。分述如下：（一） 拒馬水系者，出於恒山山脈之東，而流行於保定西北境，順天西境，南境及易州一帶之山地者也，拒馬河即淶水、古桃水也，源出易州，廣昌縣北，厓古塔，當廣昌縣之東，東北流經長城，浮圖峪北又東循，長城北至塔厓驛，南有一水，南自山中，北流來會，又東流至紫荆關北，入長城，又東南經西陵，北境山中有水，自長城外小五台山，南流來會，又東經易州治及淶水縣北境山中，又東經涿州城北而東，有胡良河，自西北來會，胡良河，出房山縣西南之大安山東南，經涿州之北，又東南流入拒馬河，又東琉璃河，自北來會，琉璃河源出房山縣西北，山中東南流經良鄉縣西南，又東南有小水，自北來會，折而南流，入拒馬河，又南流經涿州城東，又南經固安縣西南境，又西南經新城縣東南，又南有北易水，（易水有三，曰武，曰濡，曰雹，北易則武濡之合，南易則雹也），西北自易州定與來會。（二） 北易，水源出易州西山，即五迴嶺之東麓，共二源，東流而合，又東有濡水，自西北窮獨山來會，又東出山，經州城東南又東至定興縣城西南，有淶水，自淶水縣北拒馬河，分出經縣城東而南流，經定興縣城西來會，又東南流經容城縣城北，而東會拒馬河（河水至清，故拒馬至此有白溝之名）。又東南流經雄縣西，即趙北口之東北，而東流入四角淀。（三） 南易水即雹水，源出易州，西南五迴嶺之東南麓兩澗合東南流，經安素縣城北，又東南至新安廢縣西南，徐河合曹河諸水，自西來會。徐河之源，據云出紫荆關前山，未知確否，東南流百餘里出山，經滿城縣北，又東流經保定府治清苑縣北，又東南經安州城西北，有府河、方順河，合金縣河，自西南來會。府河西出滿城縣境，東南流至保定府城西，環城而東南，有石橋河（即方順河）自西來會。石橋河出完縣，有二源，一出縣東山，曰五雲泉，一出縣西北境，曰祁河，東流至完縣，東南方順橋而合，曰方順河。又東流經溼陽驛，南又東經清苑縣，南過石橋，又東北至安州西金縣，河自西南來會，金線河者，繞博野縣城，折東北，流經高陽西北，石家橋之北，又東北會府河於安州西南，又北與徐河會於州城西北，又東經州城北而東至新安縣西南，雹河自北來會，東入四角淀。（四） 豬龍水系者，西出於太行恒山之脈，而流行於正定府北境，及定州保定府之間者也，其源有三，曰滱河，曰滋河，曰沙河，而滱河尤大，源出山西大同府渾源州南恒山之西麓，三小水東流，循恒山之南麓，經靈邱縣城南，又東折而南經三山，隘門，入直隸界，倒馬關之北（即易州廣昌縣南），而東南流，北會三會河，循抱陽、伊禮兩山之西麓，南流至保定府唐縣城北，有恒河自西北曲折來會之，又繞經唐縣城西，迤邐東南流來會之，又東南入保定府境，至定州治東南有小青河，西自曲陽縣城東，東南流來會之，又東南入保定府至祁州城東南，沙河，滋河，合流來會。沙河源，出山西繁峙縣東界巖頭山（其西即滹沱河源所謂泰櫱戲山也），東南流穿長城，入直隸阜平縣界，東南流，有北流河，自西來注之，又東南經阜平縣城西，而南而東，南有小水，自北來注之，又東有板蛄河，北自神仙山，南流來注之，又東南流至王快鎮，有胭脂河，西自青杆嶺來注之，又東南流經定州曲陽縣之南境，又經行唐縣城東，新樂城西，而南有？河，自行唐縣西北，而東南流繞城南來會，又東流徑新樂縣城南，又東過定州境，至保定府祁州西南之樓底鎮，與滋河會。滋河出山西五臺山東境，爲牛山北麓，東流穿長城，入直隸正定府境，東南流經靈壽縣北，行唐縣南，又東南流經正定縣北境，無極縣城南，折東北流，過定州之深澤縣西北，至祁州西南樓底鎮，與沙河會，復東北與滱河會，爲豬籠河，東北流經祁州城南，又東北經博野縣城南，又東北經蠡縣城南，又東而東北經高陽縣東境，北入白陽淀。

四派既會，經白洋、四角諸淀，東出爲大清河，經保定縣城北而東，名玉帶河，又東由北分出一支，名中亭河，又東至宛家口，分爲三支，又東穿三角淀，經楊柳青之北，與南運河會，過天津城東北，與白河會爲海河。今並述大清河附近之諸淀，庶幾讀者知其水勢之盛，與地勢之低，相表裏也，摘要敘述如左。

又 桑乾河今名永定河，全河四分之三在叢山之中，在平原者不過四分之一耳，而流行於山西省朔平、大同，及直隸、宣化、順天、天津五府之間者也，源出山西甯武府，管涔山之北麓，曰灰河，北流出邊城，經朔州城東南，向東北流於大同府之南境，南納黃水河，渾河，北納十里河、御河，及諸小水，遂經渾源州北境，陽高縣天鎮縣南境，入直隸宣化府界，經西甯縣南，又東北經懷安縣南境之東城鎮南，又東北有壺流河，西南自山西之廣靈縣境，流入蔚州來會。壺流河出山西廣靈縣西，望弧山之東麓，東北流入宣化蔚州境，又東北經蔚州城北，又東北行山中，折而西北，入桑乾河，又東北百餘里，經保安州南，又東北有東洋河合清水河，西北自宣化府城西南來會，水勢益盛。東洋河源出山西大同府，邊外兆哈嶺之東，曰兆哈河，東南流，納七七哈那河，入邊城，經大同府北境，而入宣化境，過西陽河堡、柴溝堡之南有西洋河，小水，自山西來注之，又東流，有南洋河自西南來會，南洋河出山西大同府，陽河邊外，太僕牧地，東南流入邊城，經大同北境，以入直隸宣化境，東北流至萬全境，西南之柴溝堡東南，與東洋河合，又東流至萬全縣東南，有託台水，西南自懷來縣西來注之，又東清水河，北自張家口南流來會。清水河源出張家口東北太平莊上，源在獨石口？南山，西南流百餘里，合數小水，折而西又六十里，與拜察河會，俗曰古爾板河也。拜察河源出張家口東北之拜察村，經桑阿蘇台山，南流入張家口，會清水河，又南折而西南，入東洋河。東洋河既會清水河，折而東南流，經宣化府城西南，又東南至保安州東北之雞鳴驛南，入桑乾河。桑乾河又東，經保安城沙城子等堡，再東南而南流至合河口，有溈水自延慶州東北山，經州城南，復經懷來縣城南，而來會，東南流入邊城（東去居庸關約百里）行大漢嶺之北玉泉山之西南，經昌平州及宛平縣西境。（自發源至此，俱行於萬山之中，山高水急，此下陡入平原）又東南出盧溝橋下，又東南經良鄉縣東固安縣北，又東南經永清縣北，霸州東北，東安縣南，大清河自西南來會，東流過三角淀，子牙河，自南來會，又東流陽柳青之北，又東至西沽南，白河自北來會，又東南至天津城東北，與南運河會，又東南至大沽河口，入渤海。

又 白河者，出於燕山山脈中，而流行於京津間之大平原者也。白河上源有二，東北曰潮河，源出古北口外西北，御馬廠地南大山東，南流百餘里，至豐甯縣之西南境（與潮河僅隔一山）有唐河自西北經五郎海山北麓而來會，又東南流至近邊，有鶴鶉溝水，自東北來注之，又東南有巴克井水自東北來注之，南入邊於古北口之西，折而東南流，有一水東北自土？入邊來注之，西南流至密雲縣城東南，有一水自東來注之，水出邊城外，東流入止水峪口，西流經鎮羅營及了鑾山北，至密雲縣城東，南入潮河，又西南，白河自北來會。白河上源出獨石口邊北，馬尼圖嶺之南麓，入邊城至雲州堡，有小水自西來會，又東南經赤城縣東，又東南有小水，自東北來會，又南有龍門水，兩源自西河而來會，折東流，有一水北自邊外入盤道口來會，又東出邊城，南北納兩水，又東復入邊城於古道峪口，折南流，有黑河，北自五郎海山南，入白崖峪口來會，南流至密雲縣城南與潮河會，既會潮河，西南流經懷柔縣東南，有九道河，自西北來會，乃折而南經順義縣東，又南至通州東北，有沙河自西來會。沙河出昌平州，西南之居庸關附近，東南流經南口東，又東南至州南之沙河城，有一水自西來會，又東流至宛平北境，海淀水自西南來會，又東至通州北入白河。稍南，玉河水西自玉泉山，東流穿都城東流來會，此元運河也，亦曰惠通河。

又 薊運河者，發源於燕山及盧龍山脈中，而傾注於平原，蓋流行於京東及遵化州之間者也，有數源，最東北者出遵化州東北，龍井關南山，南流折而西，經州城東南，又南折而西，循連山北麓，至姚家莊南，有沙河自東北合諸水來會，沙河有二源，出州北邊城外，一西南流入蔡家峪口，一東南流入千家峪口，至州北合而南經州城西北，又西南經石門，南有馬蘭河自北來會，馬蘭河北出邊城外。

兩源一東南流入馬蘭關東之鲇魚口，其東北源西南流入大安口來會，於馬蘭經景陵之東南，又西南會沙河，又西南與東來之沽河會，又西經馬神橋之南，有淋河自北來會，淋河出邊外東南，流入古强口，經景陵，西又南至馬神橋東南會沙河，是薊運諸源也。又西數十里，經薊州城南，有盤山東水，自西北來會，水自盤山東北，南流經州南，入沙河，又西南折而東南，經上倉西又南經下倉西，白龍港之北，平谷水自西北來會，水自平谷縣城南，繞盤山之北及西，西南流折而東南，經三河縣城東，又西南至白龍港北，與沙河會，自下倉之西而東南流，有玉田水，自東北來會，水自玉田縣東北，西南流經縣城東南，又西南經林南倉之南，又西南注薊運河。又東南至港黄口東，有還鄉河，東北自豐潤來會，還鄉河即梨河，有二源，東北出山中，西南流經豐潤縣城北，又西南而遵化州南之沙流河，自北來會，又西南至豐臺入薊運河，又東南經蘆臺，而西南而東南，至北塘河口入海。

又　遼河即潢水，今蒙古稱曰西喇木倫河，猶漢言黄河也，流行於陰山北麓，及興安嶺東南之山地，東流於直隸之北界線，上即赤峰州，及承德、朝陽兩府之北境，再東入内蒙科爾沁之平原，南入奉天省而入海於營口者也。源出圍場之北，克什克騰部界内，白岔山左麓，北流折而東北，南受碧七克圖河，北受碧落河，又東有拜察河，自南來會，有東北有察罕木倫，及二赤木倫河，西北合而來會，又東流至阜新縣之北境，有老哈河，西南自赤峰及承德府境來會。老哈河，又曰白狼河，源出喀拉沁右翼南之明安山，曰察罕河。西南流折而西北，西受活爾活克河及巴爾喀河，又東北經建昌縣城西，及北折而北流。有哈爾紀河，自東南來會，又北有英金河，西自白岔山蝦蟆兒嶺、大衍嶺。書庫里嶺、克勒嶺等山之東麓，合温泉水、五谷代河、坤兑河、克勒河，西爾哈河西伯河及北來之卓孫河諸水，東流經赤峰州境來會，老哈河，水勢益盛，又北有白爾格河，自西北來會，又東北至敖漢旗，即阜新縣之正北，與遼河會，老哈河，水勢益大，東南流經奈曼旗之北，出直隸界，以下經内蒙入奉省，至營口入海，不復贅。

遼河之南盧龍山脈，松嶺山脈之間，有大小淩河附録於此。（一）大淩河源出建昌縣南之尾薊圖山，俗曰傲不倫東北流，有二水，自西來會，又東流至朝陽府城南，而東有一水自北來會，又東出柳邊入奉天省境，經義州城南，又東南至錦州府東南入海。（二）小淩河源出朝陽府之西南，明安喀喇山，俗曰明安河，亦曰蘇八寒兒河，東流出柳邊入奉天省境，有何郎歸河，自朝陽府南，西流出柳邊來會，又東南流經錦州府城西及南，又東南入海。

清·任士虎《南樂豬龍山河圖説》　古豬龍河。豬龍河或云古之繁水，即澶淵下流，杜預《春秋注》，亦云澶淵，今名繁汙是其證也，然自汴宋時，大河徙決不常，繁水澶淵舊跡皆遠不可考。

又　今豬龍河，河形始於開州東之田邨，及西北逕東北庄。入清豐縣東南境，逕西南營北流逕紙房邨，又西北逕清豐縣城北，有馬頰河決口十餘處注焉，馬邨河東岓舊有堤，名金堤，自清豐之南三里鋪，至黄家營約七八里，甃堤以通人行，凡十三處，大者寬十餘步，次六七步，次五六步，狹者容車。其最大者五一在南三里鋪，東北注南關，入城濠。此自關而清之疊道也，疊道横亘於河甃堤以達於南關，疊道之中有三空橋。然河水皆由疊道之溝注，南關入城濠橋壅不流。

一在西窑上邨，西由邨後入西南城濠。一在西關元帝廟北，由陳家庄前入西北城濠。至城濠之東北，出蘇家井，北經王家庄，入於豬龍河。一在鄭家墳前，俗呼傳家河。一在鄭家墳後，俗呼啞叭堤口。過鄭家墳，墳二口之水，乃合流東北。逕葛家營入於豬籠河。自是豬龍河以一河統二河，北逕英滿城，又北逕吉邨入南樂縣。逕吉道村，又北逕胡家庄，又北至趙家祭，固河形，盡其水奔入於南樂之城濠，城濠不能受也。遂漫溢於東南兩鄉之平地，不復有豬龍河之名。

又　馬頰河　馬頰亦宋二股河東流故道，今開州以上皆由漫窪受硝河水，開州以下始有河形。其西受硝河水也，有二支，南支自孔悝城南，東北逕仲子墓，合北支，北支自西白倉南，東流注於南支，二水合而河形成。北流逕觀音堂則有趙村陂之水穿金堤而西者，逆注之。北逕清豐縣之宋家堤口，又北逕江濆廟順水河來入之。順水河亦硝河，支流自河南内黄縣之七張固，東逕清豐縣之順河集，又東逕許邨，又東逕開州之金家橋，又東逕清豐之永固村，入馬頰河。又北逕潘生村，又北逕清豐城之南三里橋，河身淤墊，東決三里鋪，西窑上元帝廟等處入城濠注豬龍河。又北決鄭家墳啞叭堤口，東北逕葛家營入豬龍河，自諸口而下。雖淤墊河形，宛在北逕，傳店村，又北逕李固村。入邑西南境之閻王廟，又北逕杏園村，至是河身復通暢。又東北逕茁儒，固又北逕潘古寧甫，爲堤所障，不能東下，乃北由漫窪抵五花營，轉而東南，逕波兒村，又東南逕邵郭村，復入故道，東徑小西樓村。又東徑元城縣之東小樓村，又東北逕傳通固，又東北逕東館集。又東北入山東朝城縣之張虎牙村。自朝城而莘縣，而堂邑，雖淤墊河形亦宛在，通呼之曰馬頰無異名。

又　六塔河　六塔河乃宋時大河所決故道，今在清豐縣東南境之黄龍潭以下，始有河形。上由漫窪受豬龍河，瀝水，過瀝水與潭水泛濫，則由六塔集，北逕埝頭，又北逕瓦屋頭，又北逕漢寨草場，又北逕堤上劉家，又東北逕兑家堂，又東北逕東吉村。折而西北流，入邑之孫黑村，東又北逕吉干村，東又北逕資聖寺，又北經傳家廟，又東北逕下庄村東，又東北逕隄口村東，自孫黑村以下，統受諸隄口水，至韓張堡而河形湮没。六堤河，有古堤一道，豬龍之水，漫溢於平田，阻於堤而不能洩，則鑿堤口以洩之，此六塔所以受豬龍也。

又　硝河之水，永濟一渠，雖淤墊，然其形宛在，足以瀉水，故無停積之憂，苟因而理之，其勢易易也。馬頰之水自清豐已注於豬龍，故其勢差減，惟豬龍河上流，既受馬頰而河形，復盡於塿，固於是溢出地上而爲害獨甚。

清·孫彤《關中水道記》卷一《河水》　河水，自塞外東流至廢勝州西南入塞，逕陝西榆林府府谷縣東。《水經》：河水東過雲中楨陵縣南，又東過沙南縣北，從縣東屈南國沙陵縣西，即于此也。漢沙南境在今縣東北，唐置河濱縣。《元和郡縣志》：河濱縣，黄河在縣東一十五步，闊一里，不通船楫，即河濱關是矣。河水又南，河東則山西河曲縣也，黄甫川水東南注之。水自塞外牛武城南流，逕黄甫營邊牆入口。又南入于河，河水又南，清水川東南注之，水自塞外野麻灣逕清水營邊牆入口。右合石山水溝水，又東南逕塔兒山，西入于河。按《通典》：榆林有金河，紫塞河，自馬邑郡善陽縣界流入，唐榆林境勝州在今縣北，則清水即金河。石子溝水疑亦紫塞河也。河水又南，河東則山西保德州也。孤山水南注之，水出塞外，九河合流，又南入塞。右合桑溝水孤山水，又東南，左合木瓜河水，水亦出塞外南流，逕木瓜園西，入於孤山水，河水又西南，右得石馬川水，西南逕神木縣，東南屈，野川水自塞外來注之。《元豐九域志》：連谷銀城二縣皆有屈野川者也。河水又南，入葭州界，彌勒河水自神木縣來東注之，南宋置彌勒砦于此。水受其名矣。河水又南，園水東注之，今謂之秃尾河也。河水又南，寧河水東南注之，按《山海經》：號山，端水出焉，而東流注于河。《水經注》以爲在此。今水出州北八十里王元溝，南流，左合寧河寨水，歷山谷中逕州境，北入于河也，河水又南，逕州境東，河東則山西臨縣也。諸次水自榆林縣來東南入之。其水亦名茹蘆水也，河水又南，右得神泉水，水在州西十五里。河水又東，烏河水東入之。水出州西六十里，河水又南，湯水東注之，俗稱黑水坑這也。水出綏德州東。又南逕清澗縣界，生水東南注之，《水經注》謂之奢延水，唐謂之無定河也。《水經注》：河水又南，逕離石縣西，奢延水注之，今永寧州即離石境也，河水又南，河東則山西石樓縣也。又南，逕延安府延川縣東，河東則山西永和縣也，辱水自安塞縣來，東入焉。《水經注》：河水右納辱水，俗謂之秀延水者也。河水又南，入宜川縣界區，水自安塞縣來東注之。《水經注》：高奴縣河水右會區水，世謂之清水，今謂之清斤河也。河水又經石槽。《元和郡縣志》：河岸頓狹狀似槽形，人呼爲石槽，蓋禹鑿石導流之處。今俗名爲石溢也。河水又經孟門山。《水經注》：孟門即龍山之上口是也，案《山海經》稱淩門之山，河出其中，即謂此矣。凌龍聲相近。所謂龍門，道元疑《山海經》所言爲域外之山，何其謬也。黑水自甘泉縣來東注之，《水經注》：河水又南合黑水，黑水東南流右會定水。《元和郡縣志》之庫利川也。今俗謂之洛川水。河水又南，河東則山西吉州也。蒲川水合丹陽川北注之，《水經注》之蒲水，今俗謂之仕望川也。河水又南，白水注之。《水經注》：河水又南，合蒲水，又南，丹水東北會白水口。丹水又東北入于河，是亦與丹水通流也。河水又南河清川水東北注之，水出同州府韓城縣朱砂嶺。案《水經注》：河水于此有黑水，出丹山東而東北入河，疑即此水也。其水清澈，未詳黑水之目矣。河水又南，入同州府韓城縣，冶户川東注之。《水經注》：河水又南，至嶇谷傍，河水又南，洛水自獵山枝分東派，東南注于河。昔魏文侯築館河陰，指謂是也。今冶户川疑即是水也。《水經注》云：「是洛水枝分，所未詳矣。」今俗謂此水爲錯開河，云伯鯀治河，不由水性，是有其名。其類齊東之語矣。河水又南，河東則山西河津縣也，暢水出縣西北，朱沙嶺東注之。《水經注》：右合暢谷水，即于此也。今俗謂之盤水。河水又南，逕縣境東則山西滎河縣也。南谷水東注之，水出縣西北蘇山也。河水又南，洰水東入之。《水經注》謂之崌谷水。《太平寰宇記》謂之崌谷水也。河水又南，入郃陽縣界，百良河水東南注之。水出縣北新莊邨也，河水又南，河東則山西臨晉縣也，徐水出梁山，東南注之，俗名橋頭河也。河水又逕子夏石室東，俗謂之飛浮山，案《金史·地理志》則謂之非山也，河水又南，𠛬首水出焉。《春秋傳》：秦敗晉于令狐，至于𠛬首。《通典》：郃陽有𠛬水。《太平寰宇記》：亦名郃陽，有鄂首坑也。𠛬首水又名陽班湫。《唐書·地理志》言貞元四年堰𠛬谷水成矣。河水又南，入朝邑縣界。河東則山西蒲州也。郃水自郃陽來，東南注之，水亦漢水也。河水又南，逕縣境東，河東則山西永濟縣也。又南與洛水會，又逕華陰縣東北，渭水西來入之。河水于此亦名楊旰。《竹書·穆天子傳》稱：天子西征，鶩行至于陽紆之山，河伯馮夷之所居都。《淮南子》：禹以身解于楊盱之汙，高誘曰：楊盱河在秦地。《山海經》中極之淵深三百仞。惟馮夷都焉。張首節按《魚龍河圖》亦云：馮夷華陰潼鄉隄首人，河伯之都其在此矣，縣故又祠。《封禪書》云：河祠臨晉。《括地志》云：大河祠在同州朝邑縣南三十里。祠于魏大統中又立四瀆祠于廟廷。周天和中宇文護于此建碑。唐封靈源公者也，今遺基存焉。河水又南，屈東入潼關塵界，楊家河水注之。河水又東，逕塵境北，灌水東來注之，《述征記》謂之潼谷水。《元和郡縣志》又謂之潼水也。《山海經》言此水入渭，今入河，蓋潼關華陰河渭之會，互得迪稱矣。河水又東，源望溝水北注之，水出劉果山也。河水又經黃巷坂北。潘岳《西征賦》：泝黃巷以濟潼，在此矣。《水經注》言歷北出東崤，同謂之函谷關也。自坂以西南，則皆桃林之藪，本夸父之□麓矣。河水又東，入河南閿鄉縣界，逕河南山東江南三省，又北出于海。

清・孫彤《關中水道記》卷一《屈野川水》　屈野川水，出山西檜林府神木縣北塞外。《元豐九域志》：連谷、銀域二縣，皆有屈野川。今連谷故城在縣北邊外，出塞地無蘭窌兒，東南流入襄城。右合老龍泉水，水在縣西北十五里，屈野川又東南逕縣境西，芹河東入焉。水出塞外，東南流逕筆架山，南入于屈野川，山在縣西北三里本名駝兒山。明武宗駐蹕之所名也。屈野又東南，左得泗滄河水，水自永興堡來，西流逕縣南入于屈野川。屈野川又東南，右得柏油河水，水東西二源俱出柏油堡境外，南流入邊，逕柏油堡，合關王窌水。又東南入于屈野川，屈野川又東南柏林河水東南入焉。水自縣西南五十里，柏林堡來也。屈野川又東南長澗川西南注之。水在縣東六十里，導原沙溝，世亦謂之燕子谷川也，其水入屈野川，屈野川又南，入于河。

清・孫彤《關中水道記》卷一《圓水秃尾河》　圓水，出山西榆林府葭州塞外，《地理志》：上郡白土，圓水出西，東入河。《水經注》：圓水出上郡白土縣，圓谷。《隋書・地理志》：開光有圓水。顔師古《漢書注》：今有銀州，陰水即是舊名，名猶存，但字變耳。今漢白土境在州北塞外，其水二源俱導。一爲蘇麻河，一爲惡水河。蘇麻河水東經石城子南。案《水經注》言圓水東經其縣南，疑即白土故城也。其水又南入塞，左合神銜水，水出神木縣柏林堡塞外，俗名永利渠。按《水經注》言：神銜水出縣納銜山峽東至長城，入于圓，則是此水也。銜山當在塞外，今失其名耳。神銜水入長城，左與一水合，水出神木縣西水洞儲合流。又西南入葭州界，逕高家堡北。又西入于圓水，圓水又東南，疾藜川水東注之，出建安堡東也，圓水又逕三角城東圓光川水東南注之《水經注》：圓水又東逕鴻門縣。又東，梁泉水注之，水出西北梁谷，東南流注圓水。今水出州北黑龍潭，去州百二十里，俗謂之開光川，即《水經注》之梁水也。後周于此置開光郡，因以名焉。隋始縣之，州西北亦其境也。圓水又東南入于河。《水經注》：圓水逕圓陰北。又有桑谷水出西北桑谿，東北注圓水，今無水也。《通典》：銀州理榆林在圓水之陰。《唐書・地理志》：銀州東北有無定河。或言唐人以圓水即無定河。然考《水經注》無定河、圓水是二水也。今神木縣是漢圓陽境，葭州是漢圓陰境，水在神木縣南葭州北，其爲圓水無疑矣。俗謂此水爲秃尾河，志家亦多以爲圓水也。圓訇正字，圓譌字，銀假音字也。

清・孫彤《關中水道記》卷一《諸詞水茹蘆水》　諸次水，出陝西榆林府境北塞外，《山海經》：諸次之山，諸次之水出焉。《水經注》：水出上郡諸次山，其水東逕榆林塞，世又謂之榆林山，即《漢書》所謂榆林舊塞者也。今水出府東雙山堡西北塞外，諸次之山疑在其地，俗失其名也。水亦名茹蘆水。《元和郡縣志》：真鄉縣，茹蘆水源出縣西北。《太平寰宇記》言真鄉縣茹蘆水源出縣西平地。《真鄉縣故志》：在今府境東葭州境，即此水，其水東南流入葭州界，右合家川水，水在州西北百三十里。按《水經》云：諸次水東入長城，小榆水河合焉。水即關家川也，諸次水又東南，真鄉川東南注之，水在州西北百里。按《水經注》：諸次水又東合首積水，水西出首積谿，疑即此水也。周置真鄉郡于州北，因以名焉。諸次水又東南，五里川東南注之，水出州北百二十里姬家畔，東南流歷落珠崖、清風寺，南與金明寺水合。又東南至州西北，入于諸次水，諸次水又南。逕州境西，屈東逕州境，南入于河。

清・孫彤《關中水道記》卷一《生水奢延水　朔水》　生水，出陝西延安府靖邊縣東。《山海經》：孟山水出焉。《水經注》謂之奢延水，云西出奢延縣西南赤沙阜東北流。洛川在南，俗因縣土謂之奢延水，又謂之朔水。《元和郡縣志》：朔方縣，無定河一名奢延水，源出縣南百步。今縣東北塞外是朔方故境也。有水出縣東酸茨溝，俗名混忽都河，疑即生水之源。水東箭竿嶺或即孟山，非所詳矣。其水東北流莜麥河合紅柳河，自靖邊縣東來合之。水出靖邊縣東南十里莜麥城下北流，逕縣境東又北，左合紅柳河水，水自寧塞堡逕范老關西。又東逕縣北與莜麥河合，莜麥河又東北出邊，逕□羅堡北，又東入塞，逕鎮靜堡北，又東至龍州堡西，入于生水。或以爲生水別源。按《山海經》：孟山西二百五十里曰白於之山，洛水出于其陽，東流注于渭水，夾水出于其陰，東流注于生水，夾水當即紅柳莜麥水也，今靖邊縣南有白路山，疑即白於之譌。洛水出其南，此水出其東北，是合《山海經》之説矣。生水合夾水東北流，出長城至清平堡入塞，逕榆林府懷遠縣界，清平水北注之。又東，柳兒泉北注之，又東，狄青原水北注之，皆在懷遠縣西，生水又東，海棠河東西二河俱出鎮靖堡塞外東南注之。按《水經注》：奢延水東北與温泉合，疑即是水也。生水又東逕懷遠縣境北，又東，黑水東南注之《水經注》黑水出奢延縣黑澗，東南歷沙陵注奢延水，《元和郡縣志》：朔方縣鳥水出縣黑澗，

東注奢延水，本名黑水。《太平寰宇記》：鳥水源出縣北平地亦契吴之麓。今水在武威堡北塞外，俗稱石穴羔水，東南流。北則打狼河亦自塞外東南來注焉。合流又南，入于生水，昔赫連勃勃築統萬城于奢延水北，在黑水之南，即此水也，生水之北，又有一水南會焉，志家以爲圓水。按《水經注》：奢延水又東合交蘭水，水出龜兹交蘭谷，東南流注于奢延水，當即是也。龜兹故城在榆林縣北，亦縣東北境矣。生水屈南，一水東北注之，水出縣南，東北流逕五龍山至鮑家寺，合寺子溝水，又至響水堡北入于生水，俗稱黑木頭河。按《水經注》奢延水又東北流，與鋭波水合，水源出南邪山南谷，東北流，注于奢延水，當即此水也。邪山亦當在縣境，今失其故名矣。志家以黑木頭河爲即《水經注》之交蘭水，其水南流。此水北注，非作證矣。生水又東南逕榆林縣界。又東南至嗣武城山，帝原水來會焉，今俗謂之西河也。《水經注》：奢延水又東，逕膚施縣，帝原水東南注奢延水，即此。今綏德州古膚施縣境。榆林懷遠之南界亦其地也。生水又南入綏德州米脂縣界。又南背于川自葭州西入之。又南逕縣境西飲馬水西注之，水出縣北，西南流合米脂水，水出縣東張家山，西流逕縣南入于飲馬河，水合流又西注于生水。生水又西南，入綏德州界，又東南，逕州境北，大力川北注之，水即平地也。《水經注》：膚施縣，又有平水出西北平谿。東南注奢延水。《隋書·地理志》：大斌縣有平水。大斌故城在州境。《太平寰宇記》綏州廢龍泉縣州西，有大力川也。其水東南與大力川合。又東至米脂縣。西北入有生水，今俗亦稱大理河，小理河。《方輿勝覽》：大理水在綏州。神宗朝种諤復綏州，夜渡大理水駐師，理力聲之緩急也，生水又東，逕嗚咽泉北，唐胡曾知所賦矣。又東，走馬水自安定縣來北注之，俗名懷寧河也。生水又東，滿堂川南注之，俗云宋將楊滿堂屯兵于此，遂以名川矣。生水又南逕清澗縣東北。自羊谿水北注之。水出縣東吐谷嶺，《水經注》：白羊水出于西南白羊谿，循谿東北注于奢延水，即是水也，唐時以吐谷渾部族僑治州界，是有其名。其水又東北入于生水，俗謂稱此爲白家河也。生水又東南，入于河。

清·孫彤《關中水道記》卷一《帝原水西河》 帝原水，出陝西榆林府榆林縣西北塞外。《地理志》：膚施有帝原水。《水經注》：帝原水西北出龜兹縣東南流，今龜兹故城在縣北，水出塞外胡盧海，俗名西河也，其水南流合獐河水，水出常樂堡西注帝原水。帝原水又南流入塞，逕紅石峽，其水衝厓南下，陡落數仞。西則芹河入焉。水出塞北，有湖曲依山勢，作饒芹操。因有時名，芹河水合小沙河。又東入塞，注于帝原水。帝原水又南，逕府境西東，則鐘家溝水西注之。次南劉指揮川西注之，西則與柳河合焉，帝原水又南右得黑河，水在縣西南五十里，東南流入帝原水。帝原水又南，與奢延水會。《水經注》云：自下亦爲通稱也。

清·孫彤《關中水道記》卷一《走馬水懷寧河》 走馬水，出山西延安府安定縣北高柏山。《後漢書·段潁傳》：潁追羌出橋門至走馬水。《水經注》：膚施縣走馬水，出西南長城北陽周縣故城南橋山。今水出高柏山，俗名懷寧河也。山在縣北八十里。《水經注》云：上有黃帝冢。攷《地里志》：陽周橋山在南，有黃帝冢。張守節按《括地志》及《元和郡縣志》皆云：黃帝陵在寧州羅川縣東八十里子午山。隋羅川，唐改真寧。李吉甫云是漢陽周地，今爲慶陽府真寧縣，則黃帝冢當在甘肅。自漢以來皆言是矣。而酈道元以橋山爲哉此，又説走馬水出陽周故城南，則陽周故境又在懷遠按定識間，志家相承亦云安定縣北九十里有陽周故城。一説東南縣隔，中阻諸水，非所詳矣。橋由今俗云在中部葉，走馬水有東，右合一水，又東，逕綏德州清澗縣北黑水自延安府安定縣離開東南注之。水出安定Ⅰ型按北黑水堡西也，走馬水又東北，入綏德州界，又逕州境東，又東北，入于生水。

清·孫彤《關中水道記》卷一《辱水秀延水 吐延水》 辱水，出陝西延安府安塞縣北西山，經中山北二百里曰鳥山，辱水出焉。而東流注于河。《穆天子傳》：己酉天子飲于溽水之上。《水經注》：辱水俗謂之秀延水。《元和郡縣志》謂之吐延川，云延川縣取吐延川爲名。吐延水北自綏州德縣流入，今出安塞縣北王家掌，東北流入安定縣界，逕泰重嶺北，浣水北注之，嶺雜縣西南三十里，疑即鳥山也。浣出水嶺西北，俗稱麻兒河。按《水經注》：秀延水東流得浣水

口，旁谿西轉，窮谿便即浣水之源，則此水也。今俗以爲麻兒河也。辱水又東于叉川水東南入之，水出于叉山，山在縣西五里，東北流河黑牛川水，又東，逕堡子山北，南入辱水。辱水又東，逕縣境北，又東，李家川北注之。水在縣南三十里，俗名李家川也。辱水又東，革半班水南注之，辱水又東，入綏德州清澗縣界，又東南，西河水出縣北官山南注之。辱水又南逕縣境西，又東，南河出縣東吐谷嶺，北會目宿嶺水西南流，又西，逕縣境南入于辱水。辱水又南，黑龍溝水首受永平川東南注之。永平川水出延安府安定縣東岸南黑山，俗名郝家川。東南流，入延川縣界，又東左合樓兒河水，水亦出安定界。又名白津川也。其水至延川縣界入于永平川水，永平川水又東，入清澗縣界，合于黑山溝。其水又東南，入于辱水。按《元和郡縣志》：城平縣，後魏孝明帝于今縣埋三十里庫仁川置城平縣。隋自庫仁川移于今理。攷唐城平縣東北至綏州一百里，則故境當在縣境西南。知庫仁川即永平川也。辱水又南，入延安府延川縣界，站水東注之，出處縣西禪梯嶺，東經縣境北入于辱水。辱水又南，逕縣境東南，河水東注之，水出縣西宫道山也，辱水又東南，交口川水東注之，水出延長縣西北亦名高家原水，東南流，逕獨戰山南。《太平寰宇記》：延安縣獨戰山在縣北四十五里，山高峻險，一人獨戰可以當千，是又其名也。其水又東南入延川縣界，合于辱水，辱水又東，入于河。

清・孫彤《關中水道記》卷一《區水清水　去斤水　延水》　區水，出陝西延安府安塞縣北蘆關嶺西山，經罷父山百七十里曰中山，區水出焉，而東流注于河。《水經注》：區水世謂之清水，東流入上郡長城，逕老人山下，又東北流至老人谷旁。水北出，極谿便得水源。《隋書・地理志》：金明縣有清水，故城在縣境北。《元和郡縣志》：膚施縣清水俗名去斤水，北自金明縣界流入，鮮卑謂清水爲去筋。《太平寰宇記》謂之濯斤水，云昔日尸毗王於此水中濯其筋骨，故名。今水出蘆關嶺，嶺北屬靖邊縣，南去縣百五十里。當即《山海經》所謂中山也。區水出而南流，逕縣境西，又南入膚施縣界，渾州川水自安塞縣來東注之。《太平寰宇記》：金明縣，渾州川水在縣西二十里，自閤門府來至縣西，今水出靖邊縣南牛頭坡，南流，逕杏子城入保安縣界，俗稱杏子河，又稱園林川。又東南入安塞縣界，俗稱西川水，東南流，右與龍尾水會。《水經注》：龍尾水出北地神泉障北山龍尾谿。《太平寰宇記》：膚施縣龍尾水出郡北龍尾谿，故名是也，俗亦稱小平川水，東南注于渾州川水，渾州川水又東南至膚施縣北入于區水，區水又南，逕縣境東，右則柳湖合南河水北注焉。龍尾水出郡北龍尾谿，故名。是也俗亦稱小川水，東南注于渾州川水，《水經注》：清水又東，會三湖水，水出南山湖谷，當即此也。柳湖東北合南河水，水出縣南亞支山。北流，左合牡丹川水，自縣西南牡丹山，東北流注之，合流。又北會柳湖入于區水。按《地理志》：高奴有洧水肥可難。《水經注》謂之豐林水。云清水又東，逕高奴縣合豐林水，豐林川長津瀉注北流，會清水。漢高奴今安塞縣，膚施亦其東境。洧水疑即南河及牡丹川也。《元和郡縣志》則云清水即地理志之洧水，非所詳矣。區水屈東，烏邪谷水南注之，水出烏邪谷。按《水經注》：奚水西出奚川，東南流入清水，邪奚聲相近，疑即奚谷水也，區水又東，青化水自安定縣來南注之。《太平寰宇記》：豐林縣，青花水在縣東北四十三里。自嘉泉東流入潔筋河。嘉泉者，耆老云：水湧出飛流一丈似圓碾可嘉，因以名之。今水出安定縣南鴉鴿嶺，俗名潘陵川，南流，一水自東來合之，俗名南塔水，東逕蟠龍鎮，東入青化水，青化水又西南入膚施縣界。又西南入于區水，區水又東入延長縣界，關子口川東北注之。水出縣西南甘泉縣界地也。區水又東逕縣境南，漱玉泉水南注之，區水又東南，安溝河水東注之，水出縣南口，東流逕安溝鎮南，又東，入于區水，區水又東，入宜川縣界，逕重覆山北，又東南，入于河。

清・孫彤《關中水道記》卷一《黑水庫利川　汾川水》　黑水，出陝西延安府甘泉縣東九谷溝，《水經注》：黑水出定陽縣西山，二源奇發，同瀉一壑。今水自縣東東流，又南，右合一水。《水經注》所謂二源。是其一也，俗稱馬市川水，合流又東，逕臨真鎮，鎮故魏臨真縣。唐宋因之。《元和郡縣志》謂此水爲庫利川。云昔又奴賊居此，川内稽胡呼奴爲庫利，因以爲名。《太平寰宇記》云：臨真縣庫利川在縣北一十五里者也。《初學記》：按《水經注》謂之鳥川水。云源出汾川縣西北。按道元以此爲黑水，而徐堅所引《水經注》乃號鳥川，詳其縣名亦是隋唐所置。知道元之外别有書矣，其水又東入宜川川縣界北，縣北則漢定陽故境也。應劭注，縣在定水之陽，《水經注》亦云定陽縣黑水逕其縣北。又東流，右合定水，俗謂之白水，水西出其縣南山定水谷，今是水之南無水以應之，疑定水亦黑水之名矣。黑水又東，逕殺狗嶺南，樂史按《水經》云：汾川縣西有殺狗嶺者也。黑水又東，逕汾川鎮南，鎮故縣境矣。黑水又東，入于河，俗謂黑水曰汾川。水者也。《太平寰宇記》云：宜川縣庫禍川合丹陽川，庫禍即庫利之譌，其云合丹陽川，誤也。

清·孫彤《關中水道記》卷一《蒲水銀川　丹陽川》　蒲水出陝西延安府宜川縣西。《水經注》：蒲水西則兩源並發俱導，一山出西河陰山縣，《初學記》《太平寰宇記》按《水經注》曰：蒲水南自鄜州洛川縣流入丹陽川，今水出鄜州晉師山，山東北去宜川縣百里。世傳晉文公駐師于此，俗名此水爲銀川。《金史·地理志》云：洛川有圓水，即此也，攷書傳則是蒲水也。其水東流，逕縣境北，又東，長宋水北注之。《水經注》：陰山東麓南水，東北與長松水合，水西出丹陽山東，東北流，左入蒲水。《元和郡縣志》謂之丹陽川，云汾州魏廢帝改爲丹州，因丹陽川爲名。《太平寰宇記》：宜川縣丹陽川在縣西南，今水出鄜州洛川縣北界牌山，東北流入縣西南境。又東，一水西北注之，水出神道嶺，俗名南川水，亦曰赤石川也。按《元和郡縣志》：丹州永徽二年移于赤石川口。《太平寰宇記》云在縣西北。今此水在縣南，赤石之名，志家之所誣矣。長松水又北，逕縣境東入于蒲水，蒲水又東，左合仕望川水。按《水經注》：蒲水又東北，與北谿會同爲一川。東北注河則是此水俗名仕望川也。水出甘泉縣東界。東流逕縣北公字山，南合于蒲水，或説仕望川即赤石川，《水經注》又有赤水出罷谷山，東謂之赤石川。《太平寰宇記》：宜川縣赤水川自縣西北二里，闊三百步，從西延州臨真縣界流入，是此水已然。按《水經注》：赤石川與蒲水各自入河。吃石川入河，有在蒲水之北，疑此水今竭也。志家説蒲水長宋西谿水多誤。今依書傳攷正焉。又《水經注》云：蒲水出西河陰山縣，知鄜州西北宜川之西是漢陰山境，陰山縣以山名，故《地形志》云：敷城縣有女陰山，雒川亦魏敷城地，疑晉師山即山也。志家不言漢陰山值今何縣地，亦不詳《地形志》女陰山所在也。

清·孫彤《關中水道記》卷一《暢谷水丝水》　暢谷水，出陝西同州府，韓城縣西北梁山。《水經注》：暢谷水自谿東南流逕夏陽縣西北今水出朱沙嶺，嶺亦梁山也。去縣百二十裡，俗稱盤水也，東流，經柏林洞南，右合暢谷水，又東，屈南，文水東北來會焉。水出縣西北文家嶺南，東流至開元寺前，合于暢谷水，暢谷水又東南，入于河。

清·孫彤《關中水道記》卷一《湢水□濾水》　湢水，出陝西同州府韓城縣西北梁山。《水經注》：夏陽縣，崌谷水出縣西北梁山，東南流。《太平寰宇記》謂之崌谷水，今謂之濾水，湢水崌聲之緩急，湢濾字皆俗作也。《説文解字》有湢水，是此水矣。水出縣西北梁山，俗名其嶺門麻線嶺，嶺去縣百二十里，其水東南流，右合白馬灘水，其水二源俱發于梁山，合流東注湢水。湢水又東南，離水自洛川界來東注之。湢水又東，谷水南注之，水出朱沙嶺南，湢水又東，左合淔水，湢水又東，逕舊韓城北，又東，屈南，逕縣境西南，又東，淔水東入焉。按《水經注》横谿水出三累山，又東逕夏陽縣故城南，今夏陽故城在縣西南，知谿水即淔水也，水出于巍山，山在縣西南四十里，其山孤巒獨聳，是合韓三累之名。居人謡亦曰：華山高，只直巍山要。是真酈道元所云三累矣。今失其名以爲巍山也。谿水東流，逕韓源東，又東入于湢水，湢水又南，西則漱水東注之，次南，潦水東注之，次南，澮水東注之，湢水又南，芝水東入焉，水即陶渠水也。《水經注》：陶梁渠水出西北梁山，東南流，逕漢陽太守殷濟精廬南，俗謂之子夏廟。今水出香山，山亦俗名，梁山連麓也。韓城境界圖簿云，山以白居易名，水出而東南流，右會諸山水。又東，温水南入之，陶渠水又東，遂水北注之。陶渠水又逕高門原南。樂史按《水經》云：高門原有層阜，秀出雲表，俗謂馬門原是也。又東南，逕司馬祠沇水南來注之，陶渠水又南，《水經注》所謂逕夏陽故城南也。又東南，逕司馬祠北，祠即永嘉漢陽太守殷濟所建石室故址也。祠南又墓村焉。遷自敘生于龍門，卒亦在是矣。陶渠水又東南會渠水入于河。《水經注》説此水入河，今不獨入河也。

清·孫彤《關中水道記》卷一《徐水橋頭河》　徐水，出山西同州府郃陽縣西北梁山。《水經注》：徐水，出西北梁山，東南流逕漢武登仙宫東，東南流，絶疆梁原。今山在縣西北四十里，水出而東流，俗名橋頭河也。

清·孫彤《關中水道記》卷一《郃水》　郃水，出陝西同州府郃陽縣西北梁山。《詩》：在洽之陽。《地理志》：郃陽應邵曰：在郃水之陽。《水經注》：郃陽縣南有瀵水，東流注于河水，即郃水也。今水出梁山西谷，俗名金水河。

清·孫彤《關中水道記》卷一《灌水通谷水　潼水》　灌水，出陝西同州府潼關廳南潼谷《西山經》：來山西四十五里曰松果之山，灌水出焉。北流入于渭，其中多銅。《水經注》：潼關灌水注之，水出松果之上，北流，逕通谷，世亦謂之通谷水。

清·孫彤《關中水道記》卷二《洛水漆沮》　洛水，一名漆沮水，出陝西延安府定邊縣西南。《夏書》：渭東過漆沮。《傳》曰：漆沮亦曰洛水，出馮翊北。《山海經》：孟山西二百五十里曰白於之山，洛水出于其陽西，東流注于渭。

清·孫彤《關中水道記》卷二《華池水羅川水　蒲萄河》　華池水，出甘肅慶陽府合水縣東北。《史記·封禪書》：二淵爲小川。《正義》曰：《地理志》云：二川源在慶州華池縣子午嶺東，二川合因名也。

清·孫彤《關中水道記》卷二《瀘水寇家河》 瀘水，出陝西鄜州中部縣西子午嶺，嶺與徽寧爲界，桑欽《水經》，瀘水出北地直路縣，東過馮翊縣北，東入于洛。《説文》：瀘水出北地直路西，東入洛。《地理志》曰：直路縣沮水出西，東入洛。

清·孫彤《關中水道記》卷二《白水》 白水，出陝西西安府同官縣東。《元和郡縣志》：白水縣南臨白水，因以爲名。《金史·地理志》：白水縣有白水，今水出同官縣東，俗名挽車溝，左得漢井泉水合流，謂之鳥泥川。

清·孫彤《關中水道記》卷二《涇水》 涇水，出甘肅平涼府平涼縣西南井頭山，東南流，又東，入山西邠州長武縣界，馬嶺河上承泥水東南注之。《地理志》之泥水，《元和郡縣志》以爲馬蓮河，今俗稱馬蓮川，嶺蓮聲之誤也。

清·孫彤《關中水道記》卷二《羅川水》 羅川水，出陝西邠州三水縣北。《元和郡縣志》：三水縣界有羅川谷。《太平寰宇記》：真寧縣羅川水自彭原縣界流入，又曰羅川水出羅山。

清·孫彤《關中水道記》卷二《梁渠水》 梁渠川，出陝西邠州三水縣北，三水之一也。文同《丹淵集》謂之炭泉澗，起于溥原，自北而西南，遠其境謂之過澗。或以爲即《詩》之過澗也。其水逕縣境北，西南流，又西入邠州界，又西南入于涇。

清·孫彤《關中水道記》卷二《汃水潘水　師水　縣河》 汃水，出山西邠州三水縣東北。《説文》：汃西極之水也。《爾雅》：西至于汃國。《金史·地理志》：新平有潘水，潘汃聲相近故也。水出宜君縣境窩山，西南流入縣界，俗名此水爲師水，亦曰縣河。西南流，左合連家河水，又西，逕縣境南。

清·孫彤《關中水道記》卷二《七里川》 七里川，出陝西邠州三水縣東石門山南麓，西南流，逕黑石巖北，俗謂之佛面坡。又西南，逕縣境南，又西南，入淳化縣界，小峽溝水西南入焉。七里川又南，五龍谷水西南注之。

清·孫彤《關中水道記》卷二《甘水》 甘水，出陝西乾州永壽縣東北。《地形志》：寧夷有甘泉。《隋書·地理志》：醴泉縣有甘泉水。《長安志》：禮泉縣甘河，自縣西北甘北鎮西來。今水出縣東一里，導原分水嶺，嶺亦高泉山連麓，俗有是名也。其水東南流入西安府禮泉縣界。

清·孫彤《關中水道記》卷三《渭水》 渭水，出甘肅蘭州府渭源縣西鳥鼠山。《夏書》曰：導渭自鳥鼠同穴。《周禮·職方氏》：雍州其浸渭洛，桑欽《水經》，渭水出隴西首陽縣渭谷亭南鳥鼠山。張守節按《括地志》云：渭水原出縣西七十里鳥鼠山，今名青雀山，渭有三原，並出鳥鼠山，東流入河。今水出於縣西二十五里南谷山，山去鳥鼠山五里，東流逕鳥鼠山，與別原合。

清·孫彤《關中水道記》卷三《汧水》 汧水，出陝西鳳翔府隴州隴山。《爾雅》：汧出不流。又曰：水決之澤爲汧。《地理志》：汧縣汧水出西北，入渭。《郡國志》：汧有吴嶽山，本名汧，汧水出。《括地志》：汧水原出汧原縣西南岍山，東入渭水。今水出隴山，山在州西六十里。

清·孫彤《關中水道記》卷三《斜水》 斜水，出陝西鳳翔府郿縣西南太白山。《地理志》：武功，斜水出衙嶺山，北至郿入渭。《水經注》：武功縣，渭水于縣，斜水自南來注之。水出縣西南衙嶺山，北歷斜谷，逕五丈原東，餘水出武功縣，故亦謂之武功水也。其水北流，注于渭。

清·孫彤《關中水道記》卷三《雍水》 雍水，出陝西鳳翔府鳳翔縣西北雍山。《水經注》：渭水又東，逕雍縣南，雍水注之。水出雍山，東南流，歷中牢谿，世謂之中牢水，亦曰冰井水。《太平寰宇記》：大興縣雍水在縣北二里，原出平地，今水出雍山，山在縣西北三十里，水出而南流，逕縣境西，屈東逕三良墓南。

清·孫彤《關中水道記》卷三《漆水》 漆水，出陝西鳳翔府麟遊縣西俞山。《夏書》：漆沮既從。《詩經》：自土沮漆。桑欽《水經》，漆水出扶風度陽縣俞山，東北入丁渭。

清·孫彤《關中水道記》卷三《杜水》 杜水，出陝西鳳翔府麟遊縣西杜山。顔師古案：《齊詩》自杜沮漆。《地理志》：杜陽，杜水南入渭。《水經注》：武水發杜陽縣大嶺側，東西三百步，南北二百步。世謂之赤泥峴，沿波歷澗，俗名大横水也。疑即杜水矣。

清·孫彤《關中水道記》卷三《澇水》 澇水，出陝西西安府，盩厔縣東南澇谷。司馬相如賦：八川有潦。《説文》：澇水出扶風鄠縣，北入渭。桑欽《水經》：渭水又東過槐里縣南，澇水從南來注之，澇水出南澇谷，北逕漢宜春苑，又北逕鄠縣故城西，澇水際其城北，合渼陂水澇水北注甘水而亂流入于渭。

清·孫彤《關中水道記》卷三《豐水》 豐水，出陝西西安府鄠縣東南豐谷。《夏書》：豐水攸同。《詩》：豐水東注，維禹之績。傳曰：堯時洪水，豐水亦氾濫爲害，禹治之，使入謂東注河。

清・孫彤《關中水道記》卷三《鎬水》 鎬水，出陝西西安府長安縣南。《詩》：宅是鎬京。司馬相如賦：八川有鎬。《水經注》：渭水又逕太公廟北，又東北，與鎬水合。水上承鎬池于昆明池北，周武王之所都也。

清・孫彤《關中水道記》卷三《潏水》 潏水，出陝西西安府西安寧縣東南南山，司馬相如賦：八川有潏。《說文》：潏水名在京兆杜陵。

清・孫彤《關中水道記》卷三《霸水》 霸水，出陝西西安府藍田縣東南藍田谷。《地理志》：南陵霸水出藍田谷北入渭，古曰俗本作師古曰滋水。

清・孫彤《關中水道記》卷三《滻水》 滻水，出陝西西安府藍田縣西南庫谷。司馬相如賦：八川有滻。《魏書・地形志》：山北有苦谷山北縣今屬咸寧滻水出焉。《水經注》：霸水又逕藍田縣東，又北，長水注之。出杜縣百鹿園，其水西北流，謂之荆谿。

清・孫彤《關中水道記》卷三《沮水》 沮水，出陝西鄜州中部西北。《夏書》：漆沮既從。《詩》：自土沮漆。子午嶺。《地形志》：萬年有漆沮水。《水經注》：水與澤泉合，俗謂之漆水，又謂之爲漆沮水，又曰澤。泉逕懷德城，北合沮水，故濁水得漆沮之名。

清・孫彤《關中水道記》卷三《冶谷水》 冶谷水，出山西邠州淳化縣北山。《水經注》：鄭渠又東，逕中山南，又東，逕拾車宮南，絶冶谷水，《長安志》：雲陽縣冶谷河水，自縣西北淳化縣界來。

清・孫彤《關中水道記》卷三《濁谷水》 濁谷水，出陝西西安府楊州西北甲池堡南馬鞍口。《水經注》：濁水上承雲陽縣東大黑泉，東南流謂之濁谷水。《長安志》：華原縣濁谷河水，自縣西北孝義鄉大海邨來，今東有孝義邨也，水出而南流，入西安府三元縣界。

清・孫彤《關中水道記》卷三《禺水》 禺水，出陝西西同州府華州西南秦嶺。《山海經》：少華山西一百四十里，曰石脆之山，灌水出焉，而北流注于禺水。又西七十里曰英山，禺水出焉，北流注于招水。

清・孫彤《關中水道記》卷四《西漢水》 西漢水，出甘肅秦州西縣嶓冢山曰漾水。《夏書》：嶓冢導漾。《地理志》：隴西氐道禹嘗漾水出，又西。《禹貢》嶓冢山，西漢水所出。孔安國云：泉始出山爲漾。

清・孫彤《關中水道記》卷四《故道水》 故道水，出陝西鳳翔府寶雞縣大散嶺。《水經注》：兩當水出陳倉縣之大散嶺，西南流入故道川，謂之故道水。西南逕故道城東。

清・孫彤《關中水道記》卷四《濁水》 濁水，出甘肅階州成縣南，東南流逕秦州徽縣界，又東南入陝西漢中府略陽縣界，與故道水會亦曰白水。《水經注》：濁水出濁城北，又東逕武街城南，又逕白石縣南，濁水即白水之異城也。

清・孫彤《關中水道記》卷四《北谷水》 北谷水，出陝西漢中府略陽縣西北，西南流，屈逕縣境，入于西漢水。《水經注》：北谷水出武興東北，面西南逕武興城北，謂之北谷水。

清・孫彤《關中水道記》卷四《東漢水》 東漢水，出陝西漢中府寧羌州。《夏書》：東流爲漢。《地里志》：武都縣東漢水受氐道水，一名沔。張守節按：《括地志》原出梁州金牛縣東二十八嶓冢山，今有水出州北金牛峽。《地形志》曰爲嶓冢山。

清・孫彤《關中水道記》卷四《沮水》 沮水，出陝西漢中府略陽縣東北狼谷。桑欽《水經》曰：沔水出武都沮縣東狼谷。《括地志》：武都沮縣沮水出東狼谷。《元和郡縣志》：順政縣沮水出縣東北八十三里。

清・孫彤《關中水道記》卷四《褒水》 褒水，出陝西鳳翔府郿縣太白山西奥山。《地里志》：武功縣褒水出衙嶺山，至南鄭入沔水。《水經注》：褒水西北出衙嶺山，東南逕大石門，歷故棧道下谷。

清・孫彤《關中水道記》卷四《洋水》 洋水，出陝西漢中府西鄉縣星子山。《水經注》：洋水導原巴山，東北流，逕平陽城。

清・孫彤《關中水道記》卷四《月川水》 月川水，出陝西興安府漢陰西分水嶺。《唐書・地理志》：漢陰西有月川水。《太平寰宇記》：漢陰漢梁門山在今縣東十八里，即月川水之原也。今分水嶺在縣西三十里。月川水出而東流，山谿河水出白家嶺，北流，合墩谿河水北注之，北則沐浴河水出太行山，來流注之。

清・孫彤《關中水道記》卷四《闖谷水》 闖谷水，出陝西興安府洵陽縣西南連嶺山。《太平寰宇記》：洵陽縣澗水在縣西二十七里，一名圓谷水，北注于漢。其闖字亦爲驢字，今連嶺山在縣南百五十里，接平利界，水出而東流，俗稱驢河也。

清・孫彤《關中水道記》卷四《旬水》 旬水，出陝西商州鎮安縣北。《地理志》：旬陽北山，旬水所出。《水經注》：旬水北出洵山，南逕平陽戍，下與直水枝分。

清・孫彤《關中水道記》卷四《甲水》 甲水，出陝西商州秦嶺。《地理志》：

上雒甲水出秦嶺山，東南至錫人沔。《水經注》：甲水出秦嶺山，東南流，逕金并城南。今水出縣西南秦嶺，嶺去州百里。

清·孫彤《關中水道記》卷四《武里水》 武里水，出陝西商州雒南縣西南。《水經注》：上洛縣洛水，又東歷清池山。東合武里水，水南出武里山，東北流，注于洛。今水出縣西南四十里，俗稱縣河，東流，秦王川東入焉。

清·孫彤《關中水道記》卷四《清池水》 清池水，出陝西商州北清池山。《水經注》：上洛縣丹水流與清池水合，水源東北出清池山，西南流，入于丹水，又曰洛水。

清·孫彤《關中水道記》卷四《楚水》 楚水，出陝西商州西南楚山，亦曰南秦水。《魏書·地形志》：上洛縣有南秦水，《水經注》：注上洛縣洛水東過其縣，東楚水注之。水原出上洛縣西南楚山，今在州西南九十里，俗以楚山爲秦望山，又以爲良餘山，水曰乳水。

清·徐庭曾《邗溝故道歷代變遷圖説》 邗溝　邗溝以廣陵邗江得名，而由江達淮皆謂之「邗溝」，非專指今江都縣境內，受江處而言。《太平寰宇記》：山陽縣下云，邗溝水南自安宜縣界流入淮陰縣下，云濁水。自縣北入淮古邗溝。案宋山陽爲今山陽縣地，淮陰爲今清河縣地，乃一云邗溝水流入，一云即古邗溝，是今山陽、清河兩縣境內，皆有邗溝，可知謝靈運《西征賦》云：「貫射陽而望邗溝」。案劉宋時射陽在今寶應縣境內，既至射陽乃望邗溝則邗溝必非今江都之邗溝。可知《文苑英華》載：楚州伍相神廟碑云，相與立祠邗溝上，楚州今淮安府地廟，在淮安而云邗溝，愈可爲邗溝，不專屬江都之證。

又 邗江　當專指邗城下之江水而言，杜注云於邗江築城穿溝，今廣陵韓江是《元和郡縣志》云邗城，下築深溝，謂之「邗江」，皆指漢江都境內。受江水處而言，自晉時水斷，通江之道遂漸遷移，而邗江故道遂歷久湮没，不知其處。

又 合瀆渠　《元和志》云：合瀆渠在江都縣地。案唐江都即今江都，是專指今江都之渠水而言。其實由江達淮之渠，皆可謂之合瀆渠，説詳邗溝下。

又 山陽濁　「山陽」二字非專指今淮安府之山陽而言。劉氏《水道記》：山陽濁，注云濁即瀆也。山南曰「陽」，邗溝起蜀岡之陽，凡由蜀岡下渠水以通淮者，皆名山陽，亦由邗溝爲淮揚兩郡渠水之統名，從其初起處名之也。江都高郵實應皆有山陽河說詳下。《太平寰宇記》：淮陰縣下亦云山陽濁，經縣北流入淮。案淮陰爲今清河縣地。《寰宇記》以山陽屬之淮陰，不以屬之山陽，則山陽不專有此名，愈可知也。

又 唐官河即合瀆渠　《元和志》云：合瀆渠在江都縣東二里，今謂之「官河」，又云「漕河」，貫城中即古邗溝。案唐江都城，其地在今揚州郡城西北，貫城中者，貫唐江都城中，非貫今郡城中也。

又 合濬渠　此合濬指灣頭以北之渠水。

又 中瀆水　此當是邵伯以北之渠水。劉氏《水道記》云：中瀆水由廣陵北出至邵伯皆是渠水，不由湖。邵伯以北有武廣、陸陽二湖，中瀆水出二湖之間，亦是由渠不由湖。至樊良則下注湖矣。酈注於中瀆水，自廣陵北出之後詳言。邵伯以南皆由渠，無湖道以相混，故畧之也。

清·徐庭曾《邗溝故道歷代變遷圖説·晉永和時代》 義徵運河　即官河，有南北二汊。一汊通靈草堰，一汊通揚子江。自縣治西南迤東行四十里，至烏塔溝入江都界。

清·徐庭曾《邗溝故道歷代變遷圖説·隋開皇時代》 江都山陽河　雍正《揚州志》云：山洋河在府東北六十里，南通大江北至樊汊達高郵界。

又 高郵山陽河　雍正《揚州志》云：在高郵州治東十五里，南通樊汊鎮，接江都山陽河界，北至三垜子橋口，入射陽湖，達山陽界。

又 寶應山陽河　萬曆《寶應志》云：射陽北廠南廠在縣東三阿鎮，東至三王河，即三王溝。西至山陽河，是寶應亦有山陽河也。三王溝在縣東六十里，西北通廣洋湖，東北入射陽湖，山陽河在三王河之東，去射陽不遠。高郵山陽河北至三垜子橋口，必由寶應之山陽河而後入射陽也。

又 揚州山陽瀆　《漕河志》：瀆，即溝也。《隋書》言：山陽瀆者，自揚州以至山陽舉首尾而言也。或以爲僅言揚州之山陽瀆者誤。

清·徐庭曾《邗溝故道歷代變遷圖説·宋太平興國時代》 故沙河　即清江浦。《方輿紀要》云：在淮安府城西自城外達於淮，凡六十里，舊爲沙河，一名烏沙河。

又 末口　此末口即今清江浦以上之夾河。

清·徐庭曾《邗溝故道歷代變遷圖説·明永樂時代》 清江浦　乾隆《江南志》云：在淮安府山陽縣西北三十五里，古運道自郡城東北入淮，宋喬惟岳曾開此以達清口。歲久淤塞。陳瑄因故老言：城西管家湖西北至鴨陳口僅二十里，與清河口相值，宜鑿爲渠，引湖水入淮，以便漕運，瑄從之。

泉源部

《詩經·衛風·竹竿》 泉源在左，淇水在右。泉源，水名，在朝歌城西北，東南流與淇水合。陳奐傳疏：「水以北爲左，南爲右。泉源在朝歌北，故曰在左。淇水則屈轉于朝歌之南，故曰在右。」淇水在右，泉源在左。

漢·辛氏《辛氏三秦記》 酒泉郡中有泉，味如酒也。

三國蜀·常璩《華陽國志·巴志》 縣下有清水穴。

三國蜀·常璩《華陽國志·漢中志》 又有度水。水有二源：一曰清檢，二曰濁檢。有魚穴，清水出鰋，李本作鱮。濁水出鮒，常以二月八日劉吴何本作月。取。

三國蜀·常璩《華陽國志·蜀志》 有泉水，稻田。

又 井有二水，取井火煮之，一斛水得五斗鹽。家火煮之，得無幾也。

又 有鹽井、漁田之饒。大豪馮氏，有魚池、鹽井。縣凡有小井十數所，及漁何本作魚。田應作井。之饒。江有魯劉李本作魚。漕。梁山有鐵鑛，江西有安稻田，穿山崖過水二十里。

又 有溫泉穴，冬夏熱，其溫可湯雞、豚。下流治疾病。

三國蜀·常璩《華陽國志·南中志》 亦有溫泉，如越嶲溫水。

又 鐔封縣有溫水。

三國蜀·常璩《華陽國志·廣漢士女》 於是有湧泉出於舍側，有江水之香，朝朝出鯉魚二頭，供二母之膳。其泉灌田六頃，施及比鄰。

晉·皇甫謐《帝王世紀》第四 王室定，遂居成周。小不受王都，故壤霍泉而廣之。泉源既塞，明無故處。《水經注》卷十六引

《晉太康三年地記》 廣寧郡 涿鹿城東一里有阪泉，【略】阪泉亦地名也。泉水東北流，與蚩尤泉會。水出蚩尤城。

晉·張華《博物地名記》 延壽縣南有山石，出泉水，大如筥，注池爲溝。其水有肥如煮肉，洎羕羕永永如不凝膏，然之極明，不可食，縣人謂之石漆。

晉·張華《博物志》卷九 酒泉延壽縣有山，出泉，水大如筥，注池爲溝。其水有脂，如煮肉汁，挹取若著器中，始黃後黑，如不凝膏。然之極明，與膏無異。其膏車及水碓缸甚佳，但不可食。彼方人謂之石。

晉·張勃《吴地理志》 艾縣有熱泉，如湯。以生物投之，須臾爛熟。

南朝宋·山謙之《吴興記》 天泉山山上有長流泉，謂之天泉，旁多沃壤，可耕植。《寰宇記》九十四。《紀勝》四少末二句。勞鉞《湖州府志》作可以耕種。一名唐鎚山。《湖録》。

南朝宋·盛弘之《荆州記》卷一《南陽國·宛縣》 南陽郡城北有紫山，紫山東有一水，無所會通，東夏常溫，因名「湯谷」。《文選》張平子《南都賦》注。

南朝宋·盛弘之《荆州記》卷二《義陽郡·新野縣》 新野城北有柴山，山上有清冷之淵，耕父楊光之處。《太平御覽》卷七十

又 新都縣有溫泉，冬月，未至數里，遥見白氣如煙，上下交映，狀如綺疏。又有車輪雙轅形，世人傳：昔有玉女乘車，自投此泉。人時見女子姿儀光麗，往來倏忽。人造泉，一有聲，則沸從下出而不可止也。《太平御覽》卷七十一。案：《後漢·郡國志》云：新野東有故新都。

新陽縣惠澤中有溫泉，冬月，未至數里，遥見白氣如煙，上下交映，狀如綺疏。又有車輪雙轅形，世人傳：昔有玉女乘車，自投此泉。人時見女子姿儀光麗，往來倏忽。《藝文類聚》卷九。案：「新陽」是「新都」之訛。

南朝宋·盛弘之《荆州記》卷二《義陽郡·隨縣》 隨郡北界有九井，相傳神農既育，九井自穿。《藝文類聚》卷九。

南朝宋·盛弘之《荆州記》卷二《義陽郡·棘陽縣》 棗陽縣界有溫泉，其下有田，資以浸灌，一年三熟。《太平御覽》卷七十一。案：「棗陽」爲隨縣，此是「棘陽」之訛。

南朝宋·盛弘之《荆州記》卷二《建平郡·巫山》 城東北三百步有孔子泉，其水甘馨，雖蔗漿無以過也。《太平御覽》卷七十。

南朝宋·盛弘之《荆州記》卷二《宜都郡·夷道縣》 夷道縣句將山下有三泉，傳云：本無此泉，居者皆苦遠汲，人人多賣水與之。有一女子，孤貧藍縷，無以貿易。有一乞人，衣粗貌丑，瘡痍竟體，村人見之，無不穢惡。唯女子獨加哀矜，割飯飴之。乞人食畢，曰：「我感姬行善，欲思相報，爲何所需？」女答曰：「何恩可報？且今所需之物，非君能得。」因問所需，女子曰：「正願此山下有水可汲。」乞人乃取腰中書刀，刺山下三處，即飛泉湧出，因便辭去，忽然不見。《藝文類聚》卷九。

宜都陸縣南勾將山下有三泉。傳云：本無此泉，居者苦於汲水。有一女子，孤貧。忽有一乞人，瘡痍竟體，村人無不稱惡。此女哀矜，飼之。乞人乃腰中出刀，刺山下三處，即飛泉湧出。《太平御覽》卷七十。案「陸」字是「陵」字之訛。

宜都夷道縣西南九十里，有望州山，四面壁立，登此，見一州內東有湧泉，欲雨輒有赤氣，故名「丹水」。《藝文類聚》卷七。

《荆州圖》曰：宜都郡望周山，袁山松《宜都記》曰武鐘山。山根有湧泉成溪。溪水窪，天陰欲雨，輒有赤氣，故名曰「丹溪」。《太平御覽》卷十五。

南朝宋·盛弘之《荆州記》卷二《南平郡·江安縣》 自游溪南行五十里有一泉，傳云：南平江安縣有牧羊者，見羊人此案穴，當失之時，後乃聞出泉口潛行，可四百餘里，因名爲「羊門」。《北堂書鈔》卷一百五十八。

南朝宋·盛弘之《荆州記》卷三《桂陽郡·郴縣》 桂陽郡西南宿山水出注大溪，號曰「横溪水」，甚深，東夏不幹，俗謂之「貪泉」，飲者輒冒於財賄。《藝文類聚》卷九。

桂陽郡横溪水，甚深，東夏不幹，俗謂之「貪泉」也。《太平御覽》卷六十七。

又 黄箱山，一名黄芩山。【略】又有浪井，井三日一湧。《太平御覽》卷四十九。

又 桂林郡界有温泉，其下流有泉，恒資以浸灌，常十二月種，至明年三月，新穀便登。温液所州正可數畝。過此，水氣輒冷，不復生苗。《太平御覽》卷八百二十一。

桂陽郡西北接耒陽縣有温泉，其下流百里。《太平御覽》卷八百三十七。

南朝宋·庾仲雍《荆州記》 臨沮縣有清溪山，山東有泉。

清·陳運溶輯《荆州記》 郴城南六里、縣西北有温泉，其下流數十畝田。《後漢書·郡國志》劉昭注。

又 新陽縣出温泉，俍山縣出温泉，耒陽縣出温泉。《初學記》卷七。

又 沔陽縣東二十里有鼉湖。《初學記》卷八。

又 郴縣温泉下流有田。《初學記》卷八。

又 夷道縣有望周山，山下有泉。欲雨，泉中有赤氣，上騰於天。《太平御覽》卷十五。

又 夏首東二十里有湧口，二水之間，爲之「夏洲」。首尾七百里，華容、監利二縣在其中。《太平御覽》卷五十九。

又 內鄉縣西有泉，泉中有白璧赤柱，相傳曰「龍泉」。《太平寰宇記》卷一百四十二。

南朝梁·范雲《渡黄河詩》 河流迅且濁，湯湯不可陵。

南朝梁·王訓《度關山》 關山恒掩藹，高峰白雲外。遥望秦川水，《文苑》作中。注云：一作水。千里長如帶。

隋·郎蔚之《隋州郡圖經》 薊縣笄頭山有温泉，可治百病。

唐·駱賓王《駱臨海集》卷九《聖泉詩序》 玄武山有聖泉焉，浸淫歷數百千年。垂巖泌涌，接磴分流，下瞰長江，沙堤石岸。【略】既而崇巒左岐，石壑前瑩。丹崿萬尋，碧潭千傾。松風唱響。竹露熏空。

唐·王勃《澗底寒松賦》 尋茅溪之澗，深溪絶磴。

唐·王勃《益州緜竹縣武都山浄惠寺碑》 緜溪錦瀆，下浸重巒。

唐·段成式《酉陽雜俎》卷一〇《物異》 華陽雷平山有田公泉，飲之除腸中三蟲。用以浣衣，勝灰汁。

又 元街縣有泉，泉眼中水交旋如盤龍。或試撓破之，尋手成龍狀。驢馬飲之，皆驚走。

又 玉門軍有蘆葭泉，周二丈，深一丈，駝馬千頭飲之不竭。

唐·段公路《北户録·乳穴魚》 全義之西南有山，曰盤龍山。有乳洞，斜貫一溪，號曰「靈水」。其洞有金沙龍、盆魚，皆四足修尾丹腹，狀若守宫，游泳水濱，人莫敢犯。

唐·李泰《括地志·雍州·長安縣》 豐水源在雍州長安縣西南豐谷。

唐·李泰《括地志·雍州·鄠縣》 雍州鄠縣終南山，澧水出焉，北入渭水。《史記·夏本紀》「澧水所同」正義引。

唐·李泰《括地志·華州·華陰縣》 鎬泉是河眼，亦謂之鎬池。宋樂史《太平寰宇記》卷二十九華州華陰縣引。

唐·李泰《括地志·岐州·岐山縣》 茲泉水源出岐州岐山縣西南凡谷。《吕氏春秋》云：「太公釣於茲泉，遇文王」。酈元云：「磻溪中有泉，謂之茲泉，〔潭〕積（冰爲陳）〔成淵〕，即太公釣處，今謂之凡谷。有石壁深高，幽〔隍〕邃〔密〕，人跡罕及。東南隅有石室，蓋太公所居。水次磐石釣處，即太公垂釣之所也，其投竿跪餌兩膝遺跡猶存，是〔有〕磻溪之稱也。其水清冷神異，北流十二里注于渭。」《說苑》云：「吕望年七十釣于渭渚，三日三夜，魚無食者。望即忿，脱其衣冠。上有農人者，古之異人，謂望曰：「子姑復釣，必細其綸，芳其餌，徐徐而投，無令魚駭。」望如其言，初下得鮒，次得鯉。刺魚腹得書，書文曰「呂望封子齊」，望知其異。《史記·齊太公世家》「以漁釣奸周西伯」正義引，又《史記·范睢蔡澤列傳》「釣於渭濱」正義引作「兹泉水源出岐州岐山縣西南凡谷，北流十二里注於渭。太公釣於此，所謂磻溪」。按此引酈道元《水經注》與今本多不同，且有錯脱，今據《水經·渭水》注增删。

唐·李泰《括地志·蒲州·河東縣》 嬀汭水源出蒲州河東〔縣〕南〔雷首〕山。許慎云：「天涯曰汭。」按《地記》云：「河東郡（青）〔首〕山（東山）中有二泉，下南流者爲嬀水，北流者汭水，二水異源合流，出谷西注河。」《史記·五帝本紀》「舜飭下二女於嬀汭」正義引。又《史記·陳世家》「居於嬀汭」補正義引作「嬀汭水源出蒲州河東縣南雷首山，《地記》云：「河東郡首山中有二泉，下南流者汭水」」。按《五帝本紀》正義引脱「縣」及「雷首」三字，「青」爲「首」之誤，衍「東山」二字，依《陳杞世家》補正義引改正。《陳杞世家》補正義引「中有二泉」以下亦有脱誤，當如《五帝本紀》正義所引。

唐·李泰《括地志·虞州·解縣》 濁水源出（蒲）〔虞州〕解縣東北平地。《史記·趙世家》「伐魏敗涿澤」正義引，又《通鑑》卷一周威烈王紀「戰于濁澤」注引。

唐·李泰《括地志·絳州·絳縣》 絳水一名白水，今名沸泉，源出絳山，飛泉奮湧，揚波（北）注，縣（績）〔流奔〕壑（二）〔一〕十許丈。望之極爲奇觀。《史記·魏世家》「絳水可以灌平陽」正義引。又《通鑑》卷一周威烈王紀「絳水可以灌平陽」注引作「絳水一名白水，今名沸泉水，源出絳山，飛泉奮揚注，縣績壑三十餘丈，望之極爲奇觀。」按《魏世家》正義引及《通鑑》注引皆有脱誤，今據《水經·澮水》注與《元和郡縣志》校正。

唐·李泰《括地志·絳州·翼城縣》 澮高山，又云澮山，在絳州翼城縣東（北）〔南〕二十五里，澮水出北山。《史記·魏世家》「翟敗我于澮」正義引。按澮水出澮山，澮水在翼城東南，澮山所在當同，《元和郡縣志》作「東南二十五里」是，今據改。

唐·李泰《括地志·泰州·龍門縣》 龍門山哉（絳）〔泰〕州龍門縣。《史記·貨殖列傳》「龍門碣石」正義引。

唐·李泰《括地志·懷州·王屋縣》 沇水出懷州王屋縣北十里王屋山頂崖下，石泉渟不流，其深不測，既見而伏，至濟源縣西北二里平地其源重發，而東南流爲（汜）〔泲〕水。《史記·夏本紀》「道沇水東爲濟」正義引。按沇水無汜水之名，「汜」當作「泲」，形近致誤，今據水經濟水注改。

唐·李泰《括地志·洺州·武安縣》 漳水源出洺州武安縣三門山。《史記·魏世家》「與盟漳水下」正義。

唐·李泰《括地志·定州·恒陽縣》 恒山在定州恒陽縣西北四十里。道書《福地記》云：「恒山高三千三百丈，上方二十里，又有太玄之泉，神草十九種，可度俗。」《史記·夏本紀》「太行常山」正義引。

唐·李泰《括地志·嬀州·懷戎縣》 舜井在懷戎縣西外城中。其西又有一井，耆舊傳云並舜井也，舜自中出。《帝王世紀》云河東有舜井，未詳也。《史記·五帝本紀》「舜穿井爲匿空旁出」《正義》引。

又 阪泉今名黄帝泉，在嬀州懷戎縣東五十六里，出五里至涿鹿，東北與涿水合。《史記·五帝本紀》「戰于阪泉之野」《正義》引。

唐·李泰《括地志·兗州·曲阜縣》 女陵山在兗州曲阜縣南二十八里。干寶《三日紀》云「徵在生孔子空桑之地，今名空竇，在魯南山之空竇中。無水，當祭祀時灑掃以告，輒有清泉自石門出，足以周用，祭訖泉枯。今俗名女陵山。」《史記·孔子世家》「生而首上圩頂」《正義》引。

唐·李泰《括地志·豫州·汝陽縣》 西平〔故〕縣在豫州西北百四十里，有龍淵水也。《史記·孟子荀卿列傳》「而趙亦有公孫龍爲堅白同異之辯」《正義》引。按此西平縣指漢至唐初西平縣，貞觀元年廢，《括地志》成書時無無此縣，此脱「故」字。

唐·李泰《括地志·亳州·谷陽鄉》 苦縣在亳州谷陽縣界，有老子宅及廟，廟中有九井尚存。《史記·老子韓非列傳》「老子者楚苦縣萬鄉曲仁里人也」《正義》引。

唐·李泰《括地志·濮州·雷澤縣》 濮州雷澤縣有歷山、舜井，又有姚墟，云舜生處也。《史記·五帝本紀》「舜耕歷山」《正義》引，又《通鑑地理通釋》卷四「歷山」引。

唐·李泰《括地志·洛州·鞏縣》 温泉水即（尋）〔鄩水〕，源出洛州鞏縣西南四十里，注《水經》云鄩（城）水出北山鄩溪。《史記·張儀列傳》「塞什谷之口」《正義》引。按《水經·洛水》注「洛水東北歷鄩中，而鄩水注之，水出北山鄩溪」。此引有脱誤，今據改。

唐·李泰《括地志·洛州·崇陽縣》 潁水源出洛州嵩（高）〔陽〕縣東南三十里陽乾山，今俗名潁山泉，源出山之東谷。其側有古人居處，俗名爲潁墟，故老云是潁考叔故居，即酈元《注水經》所謂潁谷也。《史記·鄭世家》「遷其母武姜於城潁」《正義》引。又《史記·禮書》「汝潁以爲險」《正義》引作「潁水源出洛州嵩高縣東南三十五里陽乾山，俗名潁山。《地理志》陽乾山，潁水出，東至下蔡入淮也。」按《禮書正義》引「嵩高」亦當作「嵩陽」。作「三十五里」，不同。

唐・李泰《括地志・鄭州・汜水縣》　汜水源出(洛)〔鄭州〕汜水縣東南三十二里方山。《山海經》云浮戲之山，汜水出焉。《史記・項羽本紀》「渡兵汜水」《正義》引，又《通鑒》卷十《漢高帝紀》「渡兵汜水」注引。

唐・李泰《括地志・梁州・褒城縣》　斜水源出褒城縣西北九十八里衙嶺山，與褒水同源而流派。《漢書・溝洫志》云褒水通沔，斜水通渭，皆以行船是也。《史記・河渠書》「欲通褒斜道」《正義》引。又《史記・留侯世家》「良送至褒中」《正義》引無「九十八里」四字及「是也」二字。

唐・李泰《括地志・綿州・龍安縣》　通化山一名精石山，在龍安西三十餘里。乾江水出精石山。《輿地紀勝》卷一百五十二引。

唐・李泰《括地志・甘州・删丹縣》　蘭門山一名合黎〔山〕，一名窮石山，在甘州删丹縣西南七十里。《淮南子》云弱水源出窮石山。《史記・夏本紀》「弱水至於合黎」《正義》引。按《方輿紀要》卷六十三「丹州衛合黎山」引《括地志》有「山」字，今據補。

唐・李泰《括地志・潭州・長沙縣》　賈誼宅在縣南三十步。《湘水記》云：「誼宅中有一井，誼所穿，極小而深，上斂下大，其狀如壺。傍有一局腳石牀，容一人坐，形流古制，相承云誼所坐。」《史記・屈原賈生列傳》「賈生爲長沙王太傅」《正義》引。

唐・李泰《括地志・越州・餘姚縣》　越州餘姚縣有歷山舜井，濮州雷澤縣有歷山舜井，二所又有姚墟，云生舜處也。及嬀州歷山舜井，皆云舜所耕處，未詳也。《史記・五帝本紀》「舜耕歷山」《正義》引。

唐・李泰《括地志・湖州・烏程縣》　烏程東北有孫皓爲烏程侯時井一所，口圓徑一丈六尺。《太平寰宇記》卷九十四湖州烏程縣引。

唐・岑參《終南東溪口作》　溪水碧於草，潺潺花底流。沙平堪濯足，石淺不勝舟。

唐・李吉甫《元和郡縣圖志》卷二《關内道二》　苦泉，在縣西北三十里許原下，其水鹹苦，羊飲之，肥而美。今於泉側置羊牧，故諺云「苦泉羊，洛水漿」。

唐・李吉甫《元和郡縣圖志》卷九《河南道五》　温湯，在縣南山中，其湯緑色。

又　盜泉，源出縣東北高徑山之陰。《淮南子》曰：「孔子不飲盜泉之水。」

唐・李吉甫《元和郡縣圖志》卷一三《河東道一》　澤發水，一名皁漿水，亦名妒女泉，源出縣東北董卓壘東。今其泉初出，大如車輪，水色青碧。泉傍有祠，土人祀之，婦人袨服靚妝，必興雷電，故曰妒女。故老傳此泉中有神似鼇，晝伏夜遊。神山，水隨神而涌。其水東北流入井陘縣界。

唐・李古甫《元和郡縣圖志》卷一七《河北道二》　鹿泉，出井陘口南山下。皇唐貴族有上門崔家，爲天下甲族，今土門諸崔是也，源出博陵安平。

唐・李吉甫《元和郡縣圖志》卷二二《山南道三》　太白泉，一名羌水，經縣北，去縣一里。

唐・李古甫《元和郡縣圖志》卷二〇九《江南道五》　横溪水，俗謂之貪泉，飲者輒冒於貨財。

唐・李吉甫《元和郡縣圖志》卷三一《劍南道上》　姜詩泉，在縣北三十九里。詩母好江水，一旦泉湧舍側，味如江水。

唐・李吉甫《元和郡縣圖志》卷三〇《江南道六》　神泉，在縣西平地。冬夏温沸，氣如附子，能愈衆疾。

唐・李吉甫《元和郡縣圖志》卷三四《嶺南道一》　黿泉，在縣西青山。有神黿，帶銅鐶上此水，有穢此水，則便澍雨。

唐・房玄齡等《晉書》卷一四《地理志上》　（汝南郡）西平，故柏國。有龍泉，水可用淬刀劍。

唐・沈佺期《隴頭水》　隴山飛落葉，隴雁度寒天。愁見三秋水，分爲兩地泉。西流入羌郡，東下向秦川。

唐・沈佺期《峽山寺賦》　峽山精舍，端溪妙境。中有紅泉，紛飛碧嶺。

《全唐詩》卷二李治《過温湯》　温渚停仙蹕，豐郊駐曉旌。路曲迴輪影，巖虛傳漏聲。暖溜驚湍駛，寒空碧霧輕。林黄疏葉下，野白曙霜明。

《全唐詩》卷一三九儲光羲《詠山泉》　山中有流水，借問不知名。映地爲天色，飛空作雨聲。轉來深澗滿，分出小池平。恬澹無人見，年年長自清。

《全唐詩》卷一八一李白《桓公井》　桓公名已古，廢井曾未竭。石甃冷蒼苔，寒泉湛孤月。秋來桐暫落，春至桃還發。

《全唐詩》卷一八三李白《求崔山人百丈崖瀑布圖》　百丈素崖裂，四山丹壁開。龍潭中噴射，晝夜生風雷。但見瀑泉落，如潀雲漢來。

《全唐詩》卷二二八杜甫《龍門鎮》　細泉兼輕冰，沮洳棧道溼。

《全唐詩》卷二二〇杜甫《南池》　崢嶸巴閬間，所向盡山谷。安知有蒼池，萬頃浸坤軸。呀然闖城南，枕帶巴江腹。芰荷入異縣，粳稻共此屋。皇天不無意，美利戒止足。高田失西成，此物頗豐熟。清源多衆魚，遠岸富喬木。獨歎楓香林，春時好顔色。

《全唐詩》卷二二一杜甫《引水》 月峽瞿塘雲作頂，亂石崢嶸俗無井。【略】白帝城西萬竹蟠，接筒引水喉不乾。

《全唐詩》卷二四一元結《引東泉作》 東泉人未知，在我左山東。引之傍山來，垂流落庭中。【略】衆源發淵竇，殊怪皆不同。此流又高懸，灑灑在長空。

《全唐詩》卷二四一元結《朝陽巖下歌》 朝陽巖下湘水深，朝陽洞口寒泉清。

《全唐詩》卷二四一元結《無未洞口作》 無爲洞口春水滿，無爲洞傍春雲白。

《全唐詩》卷三四三韓愈《峽石西泉》 居然鱗介不能容，石眼環環水一鍾。

《全唐詩》卷二五六顧況《石寶泉》 風沙復噴石，曲折仍圓旋。

《全唐詩》卷四八二李紳《别石泉》 在惠山寺松竹下，甘爽，乃人間靈液，清澄鑒一作見。肌骨。含漱開神慮，茶得此水，皆盡芳味。

素沙見底空無色，青石潛流暗有聲。微渡竹風涵淅瀝，細浮松月透輕明。桂凝秋露添靈液，茗折香芽泛玉英。應是梵宫連洞府，浴池今化醒泉清。

《全唐詩》卷八九〇靈一《宜豐新泉》 泉源新湧出。洞澈映纖雲。稍落芙蓉沼。初淹苔一作碧蘚文。素將空意合一作了將空色淨。淨一作素與衆流分。每到一作著對清霄月。泠泠一作然夢裏聞。

宋·樂史《太平寰宇記》卷八《河南道八·汝州·魯山縣》 皇女湯，《水經注》：「温泉水出北山阜，七泉奇發，炎熱奇毒，痾疾之徒，無能澡其衝漂。救疾者咸去湯十許步别池，然後可入。湯側有名石銘曰『皇女湯』，可治萬病，亦可熟米。」

宋·樂史《太平寰宇記》卷二三《河南道二十三·沂州·臨沂縣》 温湯水，源出縣東北湯阜下，三泉並導，各爲一池，其沸如湯。

宋·樂史《太平寰宇記》卷二八《同州·馮翊縣》 甘泉，出匱谷中，其水尤美，最堪造酒。

宋·樂史《太平寰宇記》卷二八《同州·澄城縣》 温泉，《水經注》云：「泉有三原，奇川鴻瀉，西注于洛，亦曰帝譽温泉」。又有甘泉水，出匱谷中，其水尤美，堪造酒。泉東至新里。

宋·樂史《太平寰宇記》卷三六《關西道十二·延州·延水縣》 五龍泉，在縣東一里。平石縫中湧出，有雄吼之聲。其水甘美，可濟一方。上有五龍堂，故曰五龍泉。

宋·樂史《太平寰宇記》卷一〇三《江西道二·歙州·歙縣》 湯泉，在縣北北黟山東峯下香溪中，泉口大如碗，出于石澗，熱可燖雞。

宋·樂史《太平寰宇記》卷一〇七《江南西道五·饒州·餘干縣》 龍泉池，在縣南六十里。水極深，亢旱投以楮鏹，有魚銜之而去即雨。

佛指泉，在縣西隅能仁寺前。井底有石指，泉從上湧，甘冽不竭。

宋·樂史《太平寰宇記》卷一〇九《江南西道七·袁州·宜春縣》 甘泉，在縣北十五里。泉從山竇中流出，味甚清甘。

宋·樂史《太平寰宇記》卷一〇九《江南西道七·吉州·安福縣》 大泉，在縣南六十里。泉有兩穴，中有石室，硤不通船，闊三尺，自然盤石爲人坐。

宋·樂史《太平寰宇記》卷一〇九《江南西道七·吉州·永新縣》 聰明泉，在縣北二十里。水自山下湧出，古今學者飲之，多成事業，土人謂之聰明泉。

宋·樂史《太平寰宇記》卷一五〇《隴右道一·秦州·大潭縣》 龍馬泉，源出縣西北平地，水下渥洼沙作龍馬之狀。故老相傳：「每春夜放牝馬飲此泉水，自然懷孕生駒，初無毛，不能起，以氊裹之，經數月内生毛，不至三歲，與大宛馬略同。」

宋·陳舜俞《廬山記》卷一 瑞井極深，溢江有風浪，井水輒動，邦人號應浪井。

宋·陳舜俞《廬山記》卷四 李白《望廬山瀑布》 西登香爐峰，南見瀑布水。掛流三百丈，噴壑數千尺。欻如飛電來。隱若白虹起。初驚河漢落。半洒雲天里。仰觀勢轉雄，壯哉造化功。海風吹不斷，江月照還空。空中亂潨射，左右洗青壁。飛珠散輕霞，流沫沸穹石。

日照香爐生紫煙，遥看瀑布掛長川。飛流直下三千尺，疑是銀河落九天。

又 陸蟾《瀑布》 正源人莫測，千尺掛雲端。岳色染不得，神功裁亦難。夏噴猿鳥凝，秋濺斗牛寒。待濟滄溟後，翻濤更好看。

又 徐凝《瀑布》 瀑泉瀑泉千丈直，雷奔入海無暫息。今古長如白練飛，一條界破青山色。

宋・梅堯臣《庶子泉》 沙穴石竇無限泉，此泉緣底名不滅。庶子去來多少年，依舊清心共泉潔。

宋・蘇舜欽《蘇舜欽集・越州雲門寺》 老松偃蹇若傲世，飛泉噴薄如避人。

宋・蘇舜欽《和子履雍家園》 飛泉來從遠嶺背，林下曲折寒波翻。

宋・蘇舜欽《天平山》 石竇迸玉泉，泠泠四時雨。若粉乳，旱年或播洒，潤可足九土。奈何但泓澄，未爲應龍取。

宋・蘇舜欽《寄題豐樂亭》 愛此泉一鍾。古今未見賞，荒然草苔封。公來闢一徑，疏鑿隨指蹤。揮洗落塵慮，甘涼灑煩胸。

宋・蘇舜欽《蘇州洞庭山水月禪院記》 （水月廟）旁有澄泉，潔清甘涼，極旱不枯，不類他水。

宋・蘇洵《嘉祐集》卷一六《荆門惠泉》 古郡帶荒山，寒泉出西郭。嘈嘈幽響遠，衮衮清光活。

宋・宋敏求《長安志》縣三《咸陽》 馬跑泉在縣西二十五里。要册泉在縣北八里。下邨泉在縣西北一十五里。李邨泉在縣西北十里。

宋・宋敏求《長安志》縣四《興平》 玉女泉在縣東南。史家泉在縣北楊妃故冢西。板橋泉在縣西北一十七里，深百尺，流入白渠。後魏《地形志》曰：槐里縣有板橋泉。龍泉亦名温泉，又名姜子泉，在縣西一十七里，周數十步，深不可測。涇龍泉、新泉相去十餘步，在縣西一十七里，周數十步，流入白渠。

又 馬嵬泉在縣西二十里，周數十步，深百尺，流入白渠。靈寶泉在縣東南二十里，周數十步，深不可測。舊圖經曰：漢帝時，邊韶得靈寶符于此泉，後祈晴有應，因名之。

宋・宋敏求《長安志》縣一〇《雲陽》 鄭泉在縣西四十里。《雲陽宫記》曰：漢鄭朴子真隱於谷口，高節不屈，耕於巖石之下，名震京師。時人因子真所居，名爲鄭泉。

又 金泉，《雲陽宫記》曰：泉出數穴，清澈無底。《雍州記》曰：有人飲此泉水，見有金色，從山中照水，往取得金，故名金泉。

宋・曾鞏《曾鞏集》卷三《古詩・瀑布泉》 飛泉一支天上來，寒影沉沉瀉龍穴。山靈慾以怪動人，山路先冬積霜雪。

宋・曾鞏《曾鞏集》卷七《古詩・舜泉》 山麓舊耕迷故壟，井幹餘汲見飛泉。清涵廣陌能成雨，冷浸平湖别有天。

宋・沈括《夢溪筆談・辯證一》 解州鹽澤，方百二十里。久雨，四山之水悉注其中，未嘗溢，大旱未嘗涸。滷色正赤，在版泉之下，俚俗謂之「蚩尤血」。唯中間有一泉，乃是甘泉，得此水然後可以聚（又）〔入〕。其北有堯梢水，亦謂之巫咸河。大滷之水，不得甘泉和之，不能成鹽。唯巫咸水入，則鹽不復結，故人謂之「無鹹河」，爲鹽澤之患，築大堤以防之，甚於備寇盜。原其理，蓋巫咸乃濁水，入滷中則淤澱鹵脈，鹽遂不成，非有他異也。

宋・沈括《夢溪筆談・神奇》 越州應天寺有鰻井，在一大磐石上，其高數丈，井纔方數寸，乃一石竅也，其深不可知。唐徐浩詩云：「深泉鰻井開」，即此也，其來亦遠矣。鰻將出遊，越中必有水旱疫癘之災，鄉人常以此候之。〔蒲陽壺公山有蟹泉，在嵌嵓之側。一杖大可容臂，其源常竭，求涓滴不可得。州縣遇旱暵，即遣吏齋沐，置浄器於前，以茅接之，泉乃徐徐引出，滿器而止。有一蟹，大如錢，色紅可愛，緣茅入器中戲泳，俄頃乃去。若遇蟹出，雨必霑足。此亦應天寺鰻井之類也。〕

宋・沈括《夢溪筆談・雜誌二》 信州鉛山縣有苦泉，流以爲澗，挹其水熬之，則成膽礬，烹膽礬則成銅；熬膽礬鐵釜，久之亦化爲銅。水能爲銅，物之變化，固不可測。

宋・蘇軾《東坡志林》卷一《逸人遊浙東》 到杭州一遊龍井。【略】孤山下有石室，室前有六一泉，白而甘，當往一酌。湖上壽星院竹極偉，其傍智果院有參寥泉及新泉，皆甘冷異常。

宋・蘇軾《東坡志林》卷一《遊白水書付過》 紹聖元年十月十二日，與幼子過遊白水佛迹院，浴於湯池，熱甚，其源殆可熟物。循山而東，少北，有懸水百仞。山八九折，折處輒爲潭，深者磓石五丈，不得其所止。雪濺雷怒，可喜可畏。

宋・秦觀《湯泉賦》 大江之濆，東城之野，有泉出焉。直回峯，負深谷，分埒引源，迤邐相屬。晨夜有聲，涵雲注玉。薄爲虎鬚，泆爲魚目。鱗介莫潛，遇者斯浴。此何水也哉？野老告余曰：泓泓涓涓，莫虞歲年；不火而燠，其名湯泉。

宋・秦觀《寄題傅欽之草堂》 河陽有洑流，經營太行根。盛德不終晦，發爲清濟源。

宋・秦觀《次韻莘老初至湯泉》 地勝連龍洞，泉温注鬼湯。

宋・秦觀《題湯泉二首》 温井霜寒碧甃澄，飛塵不動玉奩清。

宋・秦觀《次韻子由題蜀井》 蜀岡精氣滀多年，故有清泉發石田。乍飲肺肝俱澡雪，久窺杖屨亦輕便。炊成香稻流珠滑，煮出新茶潑乳鮮。

宋・秦觀《龍井記》 龍井，舊名龍泓，距錢塘十里，吴赤烏中方士葛洪嘗鍊丹於此，事見圖記。其地當西湖之西，淛江之北，風篁嶺之上，實深山亂石中之泉也。每歲旱，禱雨於他祠不獲，則禱於此，其禱輒應，故相傳以爲有龍居之。

宋・秦觀《遊湯泉記》 景申，遂浴於湯泉之墟，西惠濟二百步，周袤不踰一成，有泉五：一曰太子湯，舊傳梁昭明所遊，今廢於野，一在居民朱氏家，其三則隸於惠濟，而惠濟三泉，旁皆甃石爲八方斛，竅其兩崖，一以受虚，一以泄滿。泉輸其中，晨夜不絶，其色深碧沸白，香氣襲人。

又 惠濟有庵二，一在太子泉南百步崦中。

又 丘勢坡陁，前有小澗，涓涓而流，藩以齊篠，閎以雙松。每泠風自遠而至，泛篠薄，激松梢，度流水，其音嘈然如奏笙籟。

宋・秦觀《玉泉井》 雲蒸崑山液，月浸藍田英。臨風咽沆瀣，滿腹珠璣鳴。

宋・郭祥正《錢塘西湖百詠》 白沙泉 幽泉出白沙，流傍野僧家。欲試甘香味，須烹石鼎茶。

西溪 西溪在湖外，一派濯殘陽。遊子能漁艇，卻愁歸山長。

宋・葉夢得《避暑録話》卷下 居高山者，常患無水。京口甘露、吴下靈巖，皆聚徒數百人而汲水于下，有不勝其勞者。今道場山亦無水，以汙池積雨水，供濯溉，不得已則飲之。人無食猶可，水不可一日闕，但有水者不知其爲重爾。吾居東西兩泉，西泉發于山足，蓊然澹而不流，其來若不甚壯，匯而爲沼纔盈丈，溢其餘流于外。吾家内外幾百口，汲者繼踵，終日不能耗一寸。東泉亦在山足，而伏流決爲澗，經碧淋池，然後會大澗而出，傍澗之人取以灌園者皆此水也。其發于上以供吾飲，亦纔五尺。兩泉皆極甘，不減惠山，而東泉尤冽，盛夏可冰齒，非烹茶釀酒不常取。今歲夏不雨幾四十日，熱甚，草木枯槁，山石皆可薰灼人，凡山前諸澗悉斷流，有井者不能供十夫一日之用，獨吾兩泉略不加損。平居無水者既患不能得水，有水而易涸者方其有時又以爲常而不貴，今吾泉乃特見衆艱于得水之時，故居者始知其利，蓋近于有常德者。天固使吾有是居也哉！

宋・莊綽《雞肋編》卷上 越州在鑒湖之中，繞以秦望等山，而魚薪艱得。故諺云：「有山無木，有水無魚，有人無義。」里俗頗以爲諱，言及「無魚」，則怒而欲争矣。又井深者不過丈尺，淺者可以收汲。霖雨時，平地發之則泉出。然旱不旬日，則井已涸矣。皆謂泉乃横流故爾。蓋滅裂不肯深浚，致源不廣也。又諺云：「地無三尺土，人無十日恩。」此語通二浙皆云。

宋・朱弁《曲洧舊聞》卷四《鉅鹿再來泉》 去鉅鹿郡西北一舍，有泉。按《水經》名達活，源深流長，廣輪數百里享其利。

宋・程大昌《雍録》卷二《漢宮及離宮圖・甘泉宮》 古以甘泉名宫者三：秦之甘泉在渭南，一也；漢之甘泉在雲陽縣磨石嶺上，二也；隋之甘泉在鄠縣，三也。《長安志》曰：「磨石嶺山有甘泉。」《十道志》曰：「甘泉出石鼓西原」也。漢甘泉宫在山上，即秦林光宫旁也，此則取石鼓甘泉以名者也。

宋・程大昌《雍録》卷四《華清宮圖・温泉》 温湯在臨潼縣南一百五十步，新豐、慶山皆其地。在麗山西北。《十道志》曰：「泉有三所，其一處即皇堂石井，後周宇文護所造。隋文帝又修屋宇，并植松柏千餘株。」

宋・陸游《老學庵筆記》卷六 漢嘉城西北山麓，有一石洞，泉出其間，時聞洞中泉滴聲，良久一滴，清如金石。黄魯直題詩云：「古人題作東丁水，自古丁東直到今。我爲改名方響洞，要知山水有清音。」

宋・陸游《入蜀記》卷四 八月九日 卓錫泉，在遠公祠堂後，皆久廢不汲，不可食，爲之太息。

宋・陸游《入蜀記》卷六 十月十二日 微泉泠泠，自巖中出，舟行急，不能取嘗，當亦佳泉也。溪上又有一峯孤起，秀麗略如小孤山。

又 十月十三日 遊江瀆北廟，廟正臨龍門。其下石罅中，有温泉，淺而不涸，一村賴之。

宋・范成大《驂鸞録》 十九日 堂前小池，石如牛馬，虺隤其中。池後山屏上洗出之石，甖積嵌巖，巧怪萬狀，缺罅清泉泓泓，叢桂覆其上。

宋・范成大《吴船録》卷上 山頂有泉，煮米不成飯，但碎如砂粒。

宋・范成大《吴郡志・古跡》 柳毅井，在洞庭東山道側。按：小説載毅傳書事，或以謂是岳之洞庭湖。以其説有橘社，故議者又以爲即此洞庭山。

宋・范成大《吴郡志・土物上》 憨憨泉，在寶華山寺之東山半，極清冽。相傳爲得道僧名憨憨和尚者卓錫所出。

又 法雨泉，在穹窿山。

又 隱泉，在洞庭西山毛公壇道側。《真誥》所謂白芝隱泉，其水紫色。

宋・范成大《桂海虞衡志・志酒》　瑞露，帥司公廚酒也。經撫廳前有井清洌，汲以釀，遂有名。今南庫中自出一泉。近年只用庫井酒，仍佳。

又　古辣泉，古辣本賓，横間墟名。以墟中泉釀酒，既熟，不煮，埋之地中，日足取出。

宋・陳田夫《南嶽總勝集》卷上《二十五泉》　玉砂泉、鶴鳴泉、觀音泉、夢應泉、甘泉、虎跑泉、夜樂泉、得道泉、浴丹泉、普谷泉、懸泉、又曰鳳凰。金砂泉、白鶴泉、卓錫泉、靈泉。洗藥泉、白龜泉、雷霆泉、安樂泉、蒼龍泉、一酌泉。

宋・陳田夫《南嶽總勝集》卷上《九池》　仙人池、長生池、浴丹池、二。法兩池、洗鉢池、雷池、二。洗藥池。

宋・羅願《淳熙新安志・歙縣・山阜》　水流而下，合揚之水，爲浙江之源。山高而靈，雷雨在下，峯上往往有笙簫之聲。第四峯下有泉，沸如湯，出香溪中，號朱砂湯。

宋・周去非《嶺外代答》卷一《地理門・桂林巖洞》　泉源清徹，四時不涸，中有異魚存焉。

宋・周去非《嶺外代答》卷四《風土門・瘴地》　横、邕、欽、貴皆無石井，唯欽江水有一泉，乃土泉非石泉也。

宋・周去非《嶺外代答》卷一〇《古蹟門・冰井火山》　梧州城東有方井二，冰泉清洌，非南方水泉比也，謂之冰井。其南隔江，有火山，下有丙穴，嘉魚生焉。元次山嘗爲梧州，有「火山無火，冰井無冰」之句。

宋・方信孺《南海百咏》　晉唐相望已千年，香火如今數十賢。不見古人空再拜，祠堂西去有貪泉。

又　越臺井，此井冷而甘，《番禺雜志》亦云：越井半存石甃，曰趙陀井。水味清甘，劉氏呼爲玉龍泉。

又　貪泉，在石門，乃吴隱之酌泉賦詩處。

又　虎跑泉，在實象峯之下寺之西，盈不滿尺，雖久旱不涸也。

又　卓錫泉，在七仙寺中，亦由景泰禪師卓錫得之。泉中有雙蟹，月明時，往往浮出，人卒莫能得之，真靈怪也。

宋・陳耆卿《嘉定赤城志》卷二〇《山水門二》　龜巖山在縣東南七十里，以其巔有石如龜，故名。下有井泉，常白色。

宋・陳耆卿《嘉定赤城志》卷二四《山水門六》　委羽井在縣南五里洞南百步，深不五尺，旱澇不損益。其味甘，尤宜釀酒。

又　甘露井在縣西八十里，【略】泉宜造茶。

又　鎮頭山井在縣東南五十里，清可見底，味尤甘。

又　滴水灣在縣北一十里，自馬鞍山滴水成灣，甘潔可愛。

又　冷水泓在縣西五里，旱不枯涸，夏冽而冬温。

宋・楊潛《雲間志》卷上《古跡》　寒穴泉在金山，山居大海中，鹹水浸灌，泉出山頂，獨甘冽，朝夕流注，不竭毛澤。民作寒穴泉銘，以爲與惠山泉不可分等差。

宋・楊潛《雲間志》卷中《水》　沸井浜，在滬瀆東。西有蘆浦，中間一水相通，有數尺許，特深如井。然水騰涌，晝夜不息，或云海眼也。常有戲浴於中者，二三尺以下其氣稍温。

宋・楊潛《雲間志》卷下《詩》　寒穴，金山北有寒穴，清泉出焉，其味甘香。絶頂干雲峻，寒泉與穴平。

又　寒穴　神泉冽冰霜，高穴與雲平。

宋・祝穆《方輿勝覽》卷一　憨憨泉　在寶華山寺之東，極清冽。相傳爲得道僧名寶華者卓錫所出。

宋・祝穆《方輿勝覽》卷七　浮石潭　在縣東北五里。溪中有石，高丈餘，水泛亦不没。

宋・祝穆《方輿勝覽》卷九　蒙泉　在城内。深二尺許。其味極清甘，今汲以釀酒。

宋・祝穆《方輿勝覽》卷一〇　湧泉　在鼓山。有一竇，自平地湧出。

又　瀑布泉　在浦城西北四十五里萬葉寺後。亘地數百尺，天下號爲第三瀑布。

宋・祝穆《方輿勝覽》卷一三　蟹井　在壺山石穴中，有雙蟹。歲旱，縣官率詣祈禱，以茅葉引之至缶中，迎歸即雨。

又　西湖　泉極甘美，可以辟瘴癘。

宋・祝穆《方輿勝覽》卷一九　雙井　在分寧縣西二十里。黄山谷所居之南溪有二井，土人汲以造茶，爲草茶之第一。

宋・祝穆《方輿勝覽》卷二〇　廉泉　在報恩寺，本張氏居。宋元嘉中，一夕霹靂，忽有湧泉，時郡守以廉名，故曰廉泉。

宋・祝穆《方輿勝覽》卷二一 凤山泉 在郡西偏。其泉甘冽，釀酒醇美。

宋・祝穆《方輿勝覽》卷二三 碧泉 在湘潭西南七十里。澄碧如染，溉田五千畝，南入湘。胡安國、朱文公曾遊，有詩。五峰胡宏創亭曰有本。

宋・祝穆《方輿勝覽》卷二五 潮井 在黄岑山上，一日三湧。

又 燕泉 在城西。燕來時泉生，去時泉涸。折彦質居郴時，剪茅爲亭。

又 熱泉 在桂陽東百里。其沸如湯。今廢，牛彘溲飲其中。

宋・祝穆《方輿勝覽》卷二八 白巖泉 在武昌縣南百六十里。泉石幽絶，有馬祖禪師道場。

宋・祝穆《方輿勝覽》卷二九 南泉 出白崖麓之南。其水溉田千頃。

又 蒙泉 在城西蒙山。南曰蒙泉，北曰惠泉。晝夜兩潮，水溢數寸。世傳南出玉，北出珠。

宋・祝穆《方輿勝覽》卷三一 金井 邪直深淺不等。寶之所生，皆有礓石以爲之墻壁，而礦在其中，善取者乃得真礦。辨礦之術，銅豆爲先，黄窠、烏窠次之。若金星見于石，則爲興廢之兆也。有爐院，有水池。臨池作亭，乃監官閱視之所。

宋・祝穆《方輿勝覽》卷三三 潮泉 在州北深谷中。有泉出於石，日再潮，至則有聲如雷。

又 鹽池 在武當東南百里。水氣所染，着草木如霜雪，土人呼爲鹽花。

宋・祝穆《方輿勝覽》卷三五 雲水源 在曲江縣。有湯泉沸湧，每至雪霜，其上蒸氣高數丈。生物投之，俄而熟矣。

宋・祝穆《方輿勝覽》卷三六 曾井 曾姓者所鑿泉，甘而清。人若瘴癘，一歃疾即止。

宋・祝穆《方輿勝覽》卷三七 龍井 在州北道傍寺中，深百餘尺。舊傳通海眼，時有龍躍。蘇子瞻、張順之皆有詩。

宋・祝穆《方輿勝覽》卷三八 靈泉 山麓泉，大類轂。雷鳴西奔二十尺，有洄在石澗，因伏無所見。多緑青之魚及石鯽，多儵。

宋・祝穆《方輿勝覽》卷四〇 冰井 在州東北一里。味甘且冷。元結過郡，目曰冰井。又爲銘，刻石泉上，有「火山無火，冰井無冰」。

又 龍泉 去郡城二里。《宜陽志》「龍泉湧其前，龍江繞其後」是也。其水湧出猶勺合，然而潤澤丘畝，綽有餘裕。

宋・祝穆《方輿勝覽》卷四三 雙泉 乃兩井，相去咫尺而異味。

宋・祝穆《方輿勝覽》卷四五 包老湖 縣北四十里。湖水清而無滓，挈壺氏取以供滴漏。

宋・祝穆《方輿勝覽》卷五四 夏冰泉 在城北駱氏家。池水清瑩，爲避暑之地。

宋・祝穆《方輿勝覽》卷五六 神泉 在縣西平地。冬温夏沸，氣如附子，能愈衆疾。

宋・祝穆《方輿勝覽》卷五八 清冷泉 出東溪石罅，極清冷。作亭其下，因泉爲名。石碣尚存。

宋・祝穆《方輿勝覽》卷六二 滴乳泉 在城西真如寺。自崖石中流出，味甚甘。魯直經行，大書此三字。

宋・祝穆《方輿勝覽》卷六三 火井 在長江縣客館鎮之北二里伏龍山下。地窪若池，以火引之則有聲，隱隱然發於池中，少頃熾炎。夏月積雨停水，則焰生水上，水爲之沸，而寒如故。水涸則土上有焰，觀者至焚其衣裾。

又 破石井 在城西。其水清冽，乃一巨石鑿開而得水，云陳摶相地所開。

宋・祝穆《方輿勝覽》卷六五 石龍泉 在報德禪院。經藏坐脚以自然全石爲之。初，石工刻就龍形，自爾龍口水滴。今廢。

又 嘉魚泉 去城一里。馬鞍山之趾，泉漱石湧出，有小魚四時如一，不增不長，故以名之。邦人釀酒，必用山後糯米及嘉魚泉，則味極甘，否則剛硬。

宋・祝穆《方輿勝覽》卷六七 香泉 在陰平縣二十五里。平地湧出，周迴八十步。其水香碧，故名。

宋・祝穆《方輿勝覽》卷七〇 玉繩泉 在州南七里龍峽之下，萬丈潭之旁。有秦鳳憲喻陟題詩：「萬丈潭邊方丈山，山根一竇落飛泉。玉繩自我題巖石，流作人間美事傳。」

宋・潛説友《咸淳臨安志》卷二四《山川三》 冷泉 在洞霄宫外半里，路石罅間水脈甚細，冬夏不絶，瑩然若玉壺之貯沆瀣也。山行者掬飲，毛骨悚然。炎月投以熟物，至晚即冰結。

宋・潛説友《咸淳臨安志》卷二六《山川五》 在縣西南三十五里，上有三池相接，在高崖絶壁間，其水奔流如瀑。

宋・潛説友《咸淳臨安志》卷二七《山川六》 在縣西六十五里，南新鄉中有合龍池，或曰合靈池。巖上有三池，深莫能測，奇詭萬狀。西又一池，耆舊言，其源與天目龍池通。每歲旱禱雨者，旁午于道廟，在合龍池之前。

宋・潛説友《咸淳臨安志》卷三七《山川十六》 烏龍井 在縣東七十里福濟廟，廣四尺，深七尺，冬夏不竭，旱歲賴以給。

宋・張世南《游宦紀聞》卷一〇 玉乳泉，在丹陽縣練湖上，觀音寺中。本一小井，舊傳水潔如玉。思順以淳熙十三年，沿檄經由，專往訪索。僧蹙頞而言，此泉變爲昏黑，已數十年矣！初疑其紿，乃親往驗視，果如墨汁。嗟愴不足，因賦詩題壁曰：「觀音寺裏泉經品，今日唯存玉乳名。定是年來無陸子，甘香收入柳枝瓶。」明年攝邑，六月出迎客，復至寺，再汲，泉又變白。置器中，若雲行水影中。雖不極清，而味絶勝。詰其故，蓋紹興初，宗室攢祖母柩于井左，泉遂壞，改遷不旬日，泉如故。異哉！

宋・周密《癸辛雜識》前集《吴興園圃》 趙氏小隱園 在北山法華寺後，有流杯亭，引澗泉爲之，有古意，梅竹殊勝。

又 章氏水竹塢 章農卿北山别業也，有水竹之勝。

宋・周密《癸辛雜識》後集《遊園古泉》 石有如玉色者，聞匠者取以爲環珥之類。中有石棋，杳而深，泉涓涓自内流出，疑此即所謂閱古泉也。

宋・倪守約《金華赤松山志・水類》 小桃原，在官之側宫内，自左廡可問桃源之津，泝流而舟，泉石相搏，無風而濤。

宋・施諤《臨安志》卷八《山川》 醴泉 《陸羽寺記》：大曆六年，忽出醴泉，酌之療疾。又有卧犀泉。

宋・鄧牧《洞霄圖志・山水・丹泉》 是泉發源最高。歷天柱山半，初但聞有聲殷殷若雷，至大滌洞西百餘步，始出地上，既清且甘，大旱不竭，有方池瀦焉。天宇清明，則有赤光。四旁苔蘚，時作紫暈。東坡居士詩云：「一庵閒寄洞霄宫，井有丹砂水常赤。」故扁丹泉，池上亭曰清音，取左太沖「山水有清音」之句。除引供厨堂及十八齋之外，一境田疇咸仰灌溉云。

宋・鄧牧《洞霄圖志・山水・冷泉》 在宫門外會仙橋之東路旁石罅間。泉脉甚微，四時不絶。行者掬取飲之，寒甚氷雪，故名。

宋・鄧牧《洞霄圖志・山水・桃花泉》 在龍洞西數十步，其泉自石罅横注入溪。昔人每見有桃花片流出，莫知從來，故名。

宋・鄧牧《洞霄圖志・古跡・撫掌泉》 在宫内龍祠下，深僅三尺，清泠可鑑。古詩云：「却疑三尺底，别是一壺天。」其泉五色，變易不常。每一變，則有吉事。《餘杭圖經》載：「錢武肅王至宫，有雙鶴飛舞其上，因撫掌招之，鶴墜而泉湧。漕使陳堯佐因按察至焉，問羽士所以名泉之意，答曰：『昔仙人撫掌而泉湧，公於是撫掌亦然。』」吴天師觀碣云：「水旱不易，縈照軒宇。夏寒而辨沙礫，冬温而冒萍藻。」宋熙寧初，有物狀如鮫鰻，繞欄楯間，兩目如丹，時人以杖扑之，即墜入泉去，須臾陰霧周布，一山大水，自天柱源來，洶湧可畏，將墊殿堂乃止。或龍之怒也。今環甃以石，結亭覆其上，圍以朱欄者，宋高宗嘗酌之也。

宋・董嗣杲《西湖百詠・龍井名泉》 龍井泉流異，飛泉掛碧峯。清聲來枕上，積水浸雲容。和樂熏風解，包藏景氣濃。南山爲聖壽，千載此時逢。

宋・曾極《金陵百詠》 寶公井，在市心。一片當街百尺深，行人環轍免苔侵。塵容俗狀慙窺影，欲汲寒泉洗此心。

宋・洪适《貪泉》 桄榔色暗芭蕉繁。中有貪泉湧石門。一杯便使人心改，屬意金珠萬事昏。【略】

貪泉水，山乳涓涓甘似醴。

元・劉祁《歸潛志》卷一三 又行數里，得泉之泓澄渟滀者焉，洑出石罅，激而爲迅流者焉。陰木蔭其顛，幽草繚其趾。

又 又前數十步，忽聞有聲如風雨震山，又如千人喧笑不已。逼視之，乃流泉一派，自山下入絶壑，穿林絡石，雪練飛逐，竚聽久。前至烈風厓，厓險特，蓋兩峰最高，苍藤赭蔓蒙冒，下有泉源。諸人相謂曰：「此境絶不可不誌。」即手泉研石各題詩。又前數步，路益險，見西厓間復有泉出，流大石上。樹影交冪，聲鏘鏘，微風吹散，珠琲四落。余曰：「此石名琴泉。」

又 翌日，同邑中士人尊酒坐池上。池有數泉觱沸，如玻璃盆涌出萬珠。柳陰映翳，頗瀟灑。

又 張君曰：「泉之上有路平坦，直抵天平。望絶壁有石竅，曰青龍洞尾，蓋門在天平也。其中闇黝多水。東北有高歡避暑宫殿，址尚存，且有碑。」以路絶，不能到。

又 張云：「由南而往殊勝。」厓轉三潭，灩出大石間，相通，號疊研。皆流泉所瀦，細流布石上，縈紆明澈。潭水□□黝碧，云有蛟龍居。共坐潭側嘯咏，仰山俯泉，極快愜。

又 自四年冬十一月初，出北界，行西北向，地浸高。竝夏國前七八千里，山之東水盡東，山之西水亦西，地浸下。

又 山曰塔必斯罕者，方五六十里，葱翠如屏，檜木成林。山足而泉。

元·虞應龍《大元一統志·中書省統山東西河北之地·大都路·山川》

香山在宛平縣。山頂有泉，出自山腹，清潔甘冽，鑿高通絶，螭口噴流，下注溪谷。《永樂大典》四六五四天字引《元一統志》。

又 玉泉山在宛平縣 庚子年十二月編脩趙著碑記云：燕城西北三十里有玉泉。泉自山而出，鳴若雜佩，色如素練，泓澄百頃，鑑形萬象。及其放乎長川，渾浩流轉，莫知其涯。西南狼山與燕山等列領羣峯而來，草樹煙霞，風云月露，朝夕變態無窮。凡來覽者，若歷物外。山有觀音閣，玉泉湧出，有玉泉二字刻於洞門。泉極甘冽，供奉御用。同上。

又 覺山 宛平縣西三十里。按《大都圖册》：懸崖之上即冕山，有寺。寺西有三泉。翰林脩撰同知制誥黄華王庭筠子萬慶撰《中都覺山清泠洊至泉記》有云：「都城之西北三十里近有山曰覺山。北之平坡，東之盧師，三山相距，咫尺鼎足，然覺山寺爲最勝。開窗面山，玉峯瑶林，出没有無間。舍利塔前，有泉深數丈。其水澄澈而甘，不綆而汲。井邊作石溝引之於南，下至澗谷。北不十數步有巖，巖嶔最佳，奇峯怪石，不可名狀。上蘿薜荔，下懸細溜，泠然如琴聲，下注於地。」《永樂大典》四六五四天字引《元一統志》。

又 海子 大都之中，舊有積水潭，聚西北諸泉之水，流行入都城，而匯於此。汪洋如海，都人因名焉。世祖肇造都邑，壯麗闕庭，而海水鏡浄，正在皇城之北，萬壽山之陰。自至元三十年浚通惠河成，上自昌平白浮村之神山泉下流，有王家山泉、昌平西虎眼泉、孟村一畝泉、西來馬眼泉、侯家莊石河泉、灌石村南泉、榆河温湯龍泉、冷水泉、玉泉諸水畢合，遂建澄清閘於海子之東。有橋南直御園通惠河碑，有云：「取象星辰紫宫之後，閣道横貫，天之銀漢也。擬跡古昔，恣民漁採，澤梁無禁，周之靈沼也。」《日下舊聞考》五三引《元一統志》。

又 通惠河 通惠河之源，自昌平縣白浮村開導神山泉，西南轉循山麓，與一畝泉、榆河、玉泉諸水合。自西水門入都，經積水潭爲停淵，南出文明，東過通州，至高麗莊，入白河。《日下舊聞考》八九引《元一統志》。

又 洗馬溝 在舊城南門外大興縣地。按本路所上圖册引酈道元《水經》云：薊南有大湖，其源二，俱出縣西北平地。湖東西二里，南北二里，燕之舊池也。東流爲洗馬溝。《永樂大典》四六五五天字引《元一統志》。

元·虞應龍《大元一統志·中書省統山東西河北之地·懷孟路·山川》

白澗山 在濟源縣東北三十里。有懸泉，邑人號曰白澗。《大元一統志》一二二孟州。

又 懸泉 在濟源縣東北白澗山。其水從上穴空而落下澗，東南入於沁。《大元一統志》一二二孟州。

又 馬頭溪 在燕川之北，沁水一帶地名也。韓愈詩云：「馬頭溪深不可厲，倩車載過水入箱。」《大元一統志》一二二孟州。

元·虞應龍《大元一統志·中書省統山東西河北之地·太原路·山川》

方山在壽陽縣。唐李長者名通玄，滄海人。唐宗室，隱迹不仕，著華嚴論。囊經行山下，有虎馴伏，當途而待。長者告曰：「爲我擇棲止之地。」以囊掛其背，虎望方山三十里，當土龕前蹲駐，長者遂居之。四旁無水，其夕暴風拔樹，根下成潭，遂名長者泉。《永樂大典》五二零二原字引《元一統志》。

又 僊洞山在離石縣。在本縣《永樂大典》依明初建制縣下增「即今石州」四字，今删。東北五十里。其洞深遠，人不可窮。洞中有澗，以人投之，不得其底。每遇天旱，有誠心者入深五更，祈得聖水，禱原脱「禱」字。《寰宇通志》七八仙洞山：「其澗深遠有澗，禱雨祈水即應。」《明一統志》一九僊洞山：「洞中有澗，旱，禱祈水雨即應。」今據補。雨無不應。洞上有龍祠。《永樂大典》五二零二原字引《元一統志》。

元·楊維禎《西湖竹枝詞》 玉泉，在青蓮寺内，甃石爲池，方廣三丈許。水清可鑑，中畜五色魚。

元·陶宗儀《南村輟耕録》卷二六 瑞應泉 湖州長興州金沙泉，唐時用此水造紫筍茶進貢。泉不常出，有司具牲牢祭之，始得水。事訖即涸。宋季屢加浚治，泉迄不出。至元十五年歲戊寅，中書省遣官致祭，一夕水溢，可溉田千畝，遂賜名瑞應泉。

元·劉應李《大元混一方輿勝覽》 温泉。昌平東南三十五里有温泉，能愈瘡疹。

又 涿水 出涿縣故城西南奇溝東大坎下，數泉同發，西流注桃水。

又 齊雲巖 岩壑崒嵂，古木齊藤，盤延蓊蔚。其間泉甘，可以療病。

又 小雄山 介大雄山之左，多奇峯。石罅泉甘，行客酌之，蘇痾滌渴。

又 毛公井 清池縣。昔有毛公爲清池令，母老，苦水鹹，無以供養，乃於縣舍穿地，泉涌而甘，其民謂之毛公井。

又　中山　上有巖泉瀑布數十丈。

又　玉女泉　泉有白氣騰上，人謂玉女被衣，此雨候也。

又　苦池　其水鹹苦，牛羊不飲，因名水，小名紅花池。

又　暖泉井　在州之西北。泉七眼，其味甘美，冬温夏冷。遇大寒，衆泉凍，此泉流溢不減，甚濟居人。

又　一綫泉　在坊州，酌之可以療病。

又　香泉　在城北。泉自石眼出，清洌，甚宜釀酒。

又　温冷泉　出於保巖之陰，半温半冷。

又　聖公泉　昔有修行於巖壑得道，卓立出泉，能愈百病，遇旱不竭。

又　藥水巖　上有院，南有二石洞，洞門有泉水，能療疾。

又　香泉　平地湧出，其水香碧，故名。

又　温泉　雲南諸郡湯池一十七所，惟安寧州者爲最。石色如碧玉，水清可鑒毛髮，雖驪山玉蓮池遠不及。然風俗混，男女雜浴不恥，禁之不能止。

又　熱泉　在桂陽東，其沸如湯。

元·脱脱等《宋史》卷九五《河渠志五》　塘濼，緣邊諸水所聚，因以限遼。【略】凡水之淺深，屯田司季申工部。其水東起滄州界，拒海岸黑龍港，西至乾寧軍，沿永濟河合破船淀、灰淀、方淀爲一水，衡廣一百一十里，縱九十里至一百三十里，其深五尺。東起乾寧軍、西信安軍永濟渠爲一水，西合鵝巢淀、陳人淀、燕丹淀、大光淀、孟宗淀爲一水，衡廣一百二十里，縱三十里，或五十里，其深丈餘或六尺。東起信安軍永濟渠，西至霸州莫金口，合水汶淀、得勝淀、下光淀、小蘭淀、李子淀、大蘭淀爲一水，衡廣七十里，或十五里或六里，其深六尺或七尺。東北起霸州莫金口，西南保定軍父母砦，合糧料淀、回淀爲一水，衡廣二十七里，縱八里，其深六尺。【略】東南起保安軍，西北雄州，合百水淀、黑羊淀、小蓮花淀爲一水，衡廣六十里，縱二十五里或十里，其深八尺或九尺。東起雄州，西至順安軍，合大蓮花淀、洛陽淀、牛横淀、康池淀、疇淀、白羊淀爲一水，衡廣七十里，縱三十里或四十五里，其深一丈或六尺或七尺。東起順安軍，西邊吴淀至保州，合齊女淀、勞淀爲一水，衡廣三十餘里，縱百五十里，其深一丈三尺或一丈。

元·脱脱等《遼史》卷四〇《地理志四》　灤州，永安軍【略】有扶蘇泉，甚甘美，秦太子扶蘇北築長城嘗駐此。

元·脱脱等《遼史》卷四一《地理志五》　弘州，博寧軍【略】有桑乾河、白道泉、白登山，亦曰火燒山，有火井。

又　可汗州，清平軍【略】有嬀泉在城中，相傳舜嬪二女於此。又有温泉、版泉、磨笄山、雞鳴山、喬山、歷山。

元·高啟《高清丘鳧藻集》卷一《游天平山記》　復有泉出亂石間，曰白雲泉，綫脈縈絡，下墜于沼。舉瓢酌嘗，味極甘冷。

元·元好問《少林》　澄泉深餘習，高鳥唤長往。

元·元好問《遊龍山》　山泉谷口出迎客，石罅戛擊琳琅球。

元·元好問《丙辰九月二十六日挈家遊龍泉》　藤垂石磴雲添潤，泉漱山根玉有聲。

元·元好問《太平泉》　試從澗底覓根源，剔蘚剜苔得舊泉。

元·趙孟頫《趵突泉》　濼水發源天下無，平地湧出白玉壺。谷虚久恐元氣泄，歲旱不愁東海枯。雲霧潤蒸華不注，波濤聲震大明湖。時來泉上濯塵土，冰雪滿懷清興孤。

元·趙孟頫《寒月泉》　我嘗遊惠山，泉味勝牛乳。

元·趙孟頫《玉簾泉》　飛泉如玉簾，直下數千尺。新月横簾鉤，遥遥掛空碧。

元·袁桷《寒月泉》　曉汲寒泉清，明月各在缶。缶空不見月，引水復在手。

元·張養浩《趵突泉》　物平莫如水，陻阻乃有聲。【略】微水坤焉浮，非天水奚生。

元·迺賢《羅漢泉》　錫杖虚空落，靈泉發地中。忽看流菜葉，始信石橋通。

元·迺賢《靈鰻井》　甃石瀦山溜，蜿蜒竹色青。風來忽凉冷，雨氣隔林腥。

元·陳樵《寶掌泉》　屋上無端雨亂飄，雨留石罅碧寥寥。浮光出穴藏丹淺，浣水爲花到地消。石髪年深長滿洞，玉魚春冷未生苗。泉中自是蛟龍窟，頃刻陰雲滿樹腰。

元·陳樵《三泉》　泉眼離離傍石棱，奔流脈脈到軒楹。

元·周權《松下泉》　長松蔭層巒，岱色入崖骨。鬱爲翠雪浮，蒸滃香不歇。融液作寒泉，飛迸出石窟。不濯軟紅塵，空山瀉明月。

元·周權《惠山寺九龍峯下酌泉》　我來山下討幽境，自挈瓶罌汲清冷。味如甘雪凍齒牙，紺碧光中敲鳳餅。

元·朱德潤《題子明雪泉》 萬壑輕澌渡薄寒，碧雲深處互漫漫。六花濺沫成天巧，一脈潛流激暮湍。

元·朱本《玉簾泉》 燦爛金爲屋，玲瓏玉作簾。飛泉來百道，定有老龍潛。

元·鄭玉《響泉》 歷盡崎嶇上碧岑，高山流水似鳴琴。

元·顧瑛《陸羽井》 雪霽春泉碧，苔侵石甃青。

元·張雨《丹泉》 涵渟萬象一泓中，欲探靈源未易窮。丹窖久埋泉眼赤，珊瑚長浸石頭紅。

明·宋濂等《元史》卷六四《河渠志一》 海子岸，上接龍王堂，以石甃其四周。海子一名積水潭，聚西北諸泉之水，流行入都城而匯於此，汪洋如海，都人因名焉。

又 白浮甕山，即通惠河上源之所出也。白浮泉水在昌平縣界，西折而南，經甕山泊，自西水門入都城焉。

明·金幼孜《北征録》 十六日五鼓，駕發由東，山重疊，頂皆石，山下有泉水，一溝甚清，飲馬其上。泉旁多豐草，間無一人。

又 二十六日，發小甘泉。上召語虜中山川，上曰：「女直有山，其巔有水，色白，草木皆白，產虎豹亦白，所謂長白山也。」

又 晚，有泉躍出於地，如神應泉，足飲人馬，名曰「天錫泉」。上命幼孜三人及尚書方賓、侍郎金純往觀，至見人馬填滿泉水，上溢出，旋復壅塞。

又 初九日早，發鳴轂鎮，是程若遠，然地甚平曠。午至一山谷中，有二舊井，水可飲，新掘井皆鹽苦。

明·陸容《菽園雜記》卷一 温泉在臨潼縣驪山北麓，即唐之華清宫故址。山上有玉女祠，乃其發源處。唐時每歲臨幸，宫殿壯麗，今惟此池存焉。上覆屋數楹，四周甃以甓石，其水寒暖適調，清徹可鑒絲髮。湯泉若句容、宣府、遵化等處亦有之，其佳勝宜莫如此。然以官府掌之，非貴宦無由得浴；其外别引泉，爲男女混堂二處，則居民共之。

又 居庸以北，水甘美，穀菜皆多；環縣之北皆鹻地，其水味苦，飲之或至泄利。驛官於冬月取雪實窖中，化水以供上官。尋常使客，罕能得也。

又 慶陽西北行二百五十里爲環縣，縣之城北枕山麓。【略】其土沙瘠，其水味苦，乍飲之，病脾泄。出趙大夫溝者，味甘，然去城十餘里。歲祀先師，則取釀酒，不可以給日用也。

明·畢恭《遼東志》卷一《地理》 鞍山温泉，城西南六十五里。龍泉在千山，泉自半山厓石竇出，下有龍泉寺。

徐文華《千山温泉》 石罅源泉湧，方池瑩欲流。不緑陰火烈，那得沸湯浮。

明·都穆《遊名山記》卷一《驪山》 經雷神殿東折，門有綽楔，榜曰温泉池。過此有室三楹，啟其扃，即温泉也，人呼爲官池，蓋非貴人不得浴。此池四周甃石如玉環狀，中一小石上鑿七竅，泉由是出。

明·都穆《遊名山記》卷三《南岳銅棺二山》 有卓錫泉，旱歲不竭。

明·徐獻忠《吴興掌故集》卷一〇 招賢山山麓有毛公醴泉。

又 天泉山一名唐鎚山，山麓有泉，涓涓不竭，蔭注田間，賴以常稔。以爲天之所賜，故名。

明·陳沂《游名山録·觀玉泉》 山池一徑平，池下暗泉生。蛟弄明珠起，魚吹細浪行。静中時蹙沸，動裏自澄泓。西嶺飛干澗，標亭獨有名。

明·張瀚《松窗夢語》卷二《南遊紀》 惟湯門内外有湯井一、湯池二，水皆温煖，但多硫黄氣，不堪沐浴。

明·張瀚《松窗夢語》卷二《東遊紀》 至水簾洞，飛泉湍瀉而下，渾如珠簾。

明·張瀚《松窗夢語》卷二《西遊紀》 至荆州，走觀音巖觀瀑布泉。泉右雨後溪流奔騰如雷，一奇觀也。

又 將至蟠龍，遥見飛泉數十道從空而下，山崖草樹翠青，而泉白真如垂練。

明·郎瑛《七修類稿》卷一《天地類·吴山第一泉》 杭吴山之麓有大井，乃吴越王時韶國師所鑿也。其水泓深寒潔，異於衆泉。淳祐丁未大旱，城中諸井皆竭，獨藉此水。

明·楊慎《雲南山川志》 瀑布泉 瀑布泉在府城西二十里寶珠寺後。崖高十餘丈，泉自上注下，噴珠濺沫，清澈可愛。

明·田汝成《西湖遊覽志》卷二《南山勝蹟》 （六一）泉在孤山之址，勤上人之居在焉。

明·田汝成《西湖遊覽志》卷三《南山勝蹟》 （法因寺）錢王井，甘冽，雖旱不枯。

又 （水樂洞）巖石盤峙，洞壑虚窈，泉味清甘，聲如金石。

又 （南高）峯頂有鉢盂潭、潁川泉，大旱不涸，大雨不盈。

明・田汝成《西湖遊覽志》卷四《南山勝蹟》 筲箕泉，出赤山之陰，合於惠因澗。

又 （楊次公）《龍井》云：「崖下一泓泉，窈奥不可測。有時靈氣生，散作人間澤。」

又 龍井，本名龍泓。吴赤烏中，葛稚川煉丹於此。林樾幽古，石鑑平開，寒翠甘澄，深不可測，疏澗流淙，泠泠然不舍晝夜，閒花寂草，延緣其旁，或隱或見，蒼山圍繞，杳非人間，時聞鳥韻樵歌，響答虚谷。

又 龍井之上，爲老龍井。老龍井有水一泓，寒碧異常，泯泯叢薄間，幽僻清奥，杳出塵寰，岫壑縈迴，西湖已不可復覩。

明・田汝成《西湖遊覽志》卷五《南山勝蹟》 虎跑泉，宋學士濂銘敘云：「虎跑泉，在杭之南山大慈定慧禪院，距城十里而近。」

又 真珠泉，在襲慶寺内。周顯德間，泉自地迸出，寺僧因甃爲方池，聞剥啄聲，則泉益湧，纍纍如貫珠。宋景祐中，官家取以釀酒，遂以爲酒名。雷峯路口張園，亦有真珠泉。董嗣杲詩：「泉光四散駭猿猱，迸起平池點滴高。誰欲斗量徒積夢，人將瓶汲肯辭勞。聲隨後雨穿疎箔，名逐春風入小槽。別有雷峯峯下圃，一泓埋没在蓬蒿。」

明・田汝成《西湖遊覽志》卷八《北山勝蹟》 亂泉井，去看松臺百步所，泉白而甘。

又 一勺泉在崇壽院右壁，太僕丞張瑛名之。詩云：「絶頂盤峯秀，蛟龍擁地蓮。塔棲南斗下，僧問劫灰年。鬼斧摧堅石，神功琢湧泉。派疑銀漢瀉，溜訝玉龍穿。沆瀣雲根滿，分明琬琰鐫。一泓通海眼，孤浸立山巔。正正華沉月，渟渟碧醮天。味翻流乳滑，嵌洩濺珠圓。魚躍金梭見，虹垂寶帶懸，洗甌僧瀹茗，供佛客擎錢。幾許詩脾沁，徒爲俗慮牽。静焉仁者學，湛者定心禪。渴想斟瓢飲，酣宜漱石眠。何人識恬淡，終日愛潺湲。莫怪頻來此，煩疴頓覺捐。」

明・田汝成《西湖遊覽志》卷一〇《北山勝蹟》 茯苓泉，在靈隱寺後山，古松婆娑，泉極甘冽。

明・田汝成《西湖遊覽志》卷一一《北山勝蹟》 夢泉，宋崇寧元年，浙西大旱，寺中廚水不給，主僧玉法師夢泉發於西坡，鑿之果得，遂名夢泉。

又 大悲泉，在講堂下，流遶殿前，經如意池。池以青石爲之，方丈，面鏤如意文，曲折回遶，可流觴焉。

明・田汝成《西湖遊覽志》卷一四《南山分脈城内勝蹟》 汲古泉又名觀音泉，乃法慧寺舊井。宋時有石刻云：「此泉清甘，雖旱不竭。故老相傳，飲之，有疾者愈，宜愛護之。」嘉泰改元，立石，今歸布政司。

明・李攀龍《滄溟先生集・虎跑寺泉》 二虎自南嶽，掉尾從師遊。神威攫地脈，佛力驅陽侯。枯火迸石罅，松根解綢繆。勢寧決踊去，揮錫怒不休。至今噴巖壑，水猶咆哮流。

明・盛時泰《棲霞小志・品外泉》 白鹿泉由石罅中出，入中峰澗，祇涓涓纖滴爾，而自澗而出，則潺潺有聲。抵石澗窮處，入伏槽。由地中行過無量壽佛前，斜與石塔對，乃會而爲池，池六稜，中刻石蓮座。泉自蓮口中潰出。聞往時高可幾尺，今惟三四寸而已。紛然如雪，燦然若珠。拄杖而觀，則木葉滿池，而聚而復散，來而復去，令觀音忘歸路也。池下再轉，而伏出禪房供衆用。水之德，普矣，泉之味，佳哉。世有鴻漸，當必有以定之。

明・桑喬《廬山紀事》卷二《通志・澗菴》 《朱晦翁山北紀行》：天池寺，在小峰絶頂，乃有石池，泉水不竭。

明・桑喬《廬山紀事》卷三《温泉經臺山》 黄龍山北麓有二池水，曰温泉。

《周景式廬山記》：主簿山在胡郎廟南數里，山下有温泉穴，口圍一丈許，沸泉湧出如湯，冬夏常熱。

《豫章古今記》：輔山下有二泉，其一常温。

《舊志》：靈陽泉在黄龍山麓。

《新志》：湯泉有四井。

《山疏》：温泉今止二池，井尚有存者，皆没於水中。其無井處有沸泉，當其沸處，砂石熱不可履，其不沸處即冷如常沙。而東一池尤熱，可瀹雞。西池稍深，又有他水來雜之，故其冷者三之一，無所謂穴口圍丈及五池云。

《舊志》：靈陽浄慧禪寺在湯泉上。《山疏》：俗謂之靈湯寺，寺僧嘗鑿石，爲龍首以出泉，今並廢。

明・岳岱《陽山志》卷上《泉石第二》 丁令威井，在山東麓，相傳是處有宅，故井尚存焉。絶頂石壁下有井，鑿石而成，雖旱水不縮，清冽味甘，非他水可及。每至必屢啜而歸。雲泉，在大石塢，水自石上瀉納小池，雖山下居民，不以操罌爲遠者，蓋亦泉之美也。上清澗，在山北，有橋，亦從澗之名。有澗在白龍塢，其水潺湲噴薄，雨後益奇。澗至山半有石積如臺，是處可坐，水於是分焉。下而復合，皆伏流亂石中。又出而下，去里許，歸於谿。吴興白鐵道人王濟以厥勢蜿蜒，題曰飛龍。

明・魯點《齊雲山志》卷一《山水》 三潭，九井下。

謁□，謁嶺下極深，不可測。傳云：有神物潛其中，遇旱擊之即雨。

九曲泉，白嶽亭下。

虛危泉，宫二門。

珠簾泉，雨君洞上，四時雨落不竭，宛如簾挂石壁間。

吐雲泉，雲水亭上。

琴泉，浴仙池下瀉石壁間，听之若琴鳴。

五龍泉，宫後玉屏山上，春如懸布，冬若水流。

飛雨泉，在紫霄巔，流注太乙池，濺石跳珠，四時如雨。

馬尾泉，在吊馬硔。

丹泉，浮雲巔畔，瀉出丹崖間。

七布泉，天柱峰下。

玉階泉，在南山嶺。

天泉，石橋崑罅中流□。甘冽不竭。郡守馮時雍建新泉精舍，甘泉湛若水先生講《孟子・盡心章》，詩示同志於此。

九井泉，在南山澗。

天井泉，九井之下，泉流至此，如奔雷噴雪，高濺石渠，積雨爲天界。

飛空泉，天泉崑東。

井泉，西天門裏。

湧泉，飛雨之下。

又 桃花澗，在石壁塢。

飲鹿澗，步瀛橋下。

南山澗，南山麓。

碧蓮澗，水達天泉崑。昔有異僧説法於此，碧蓮花葉竟尺流出。

磨鍼澗，在桃花塢。

虛危池，宫之二門前，左右二石，隱約若龜蛇拱狀。

起龍池，石門項。

碧蓮池，珠簾泉滴處。

浴仙池，更衣亭左。

偃月池，宜南宫前。

洗藥池，鵲橋峰下，取盥者能去痍。

太乙池，飛雨下。

上華池、下華池，俱在華抹塢。

玉屏池，在玉屏仙館。

龍池，宫後五龍泉匯處，鄉民□旱即祈□帝取歸少許，設壇洒二，以爲雨，信輒應。

天池，一獨聳□□一珠簾泉□。

液池，在碧霄峰之麓。

藕塘，紫霄崖前。

獨聲塘，飲鹿澗口。

新塘，在茆山竹塢。

觀塘，在□□□，上聚水，可救旱田數千畝。

明・魯點《齊雲山志》卷四《古詩》 李敏（邑人）《雲龍潭》水雲溟叵測，神物潛靈湫。曉日耀金光，嚧沫潭上浮。雷雨倏騰變，奇踪那可求。

明・宋雷《西吴里語》 半月泉，在德清慈相寺石壁之下。晉咸和僧墨卓庵其處，鑿石罅如半月得泉，清涼甘美，名曰鑿泉。後人即其形似，更名半月。

又 玉竇泉，在長興縣西南，深廣皆二尺，色紺碧，味甘。

又 毛公醴泉井在武康招賢山，泉色如乳。縣令毛滂取以京茶，其味甘冽，因鑿爲井。滂遊禪静寺詩云「煎茶玉醴輕」，正謂此也。因稱爲毛公醴泉井。

又 金砂泉，在顧渚山貢茶院側，碧泉湧砂，粲如金星。

明・王士性《五嶽遊草・嵩遊記》 庵前岩壁繡綴，井四爲祖卓錫而成者。泉相去杖許，味各異。

明・王士性《五嶽遊草・岱遊記》 定師佛圖澄於石趙間創寺無泉，則見雙鶴棲山麓，遂卓錫而視，鶴立與錫卓處咸湧二池，爲雙鶴、卓錫二泉。

又 香積廚東，石龜高六尺，空其中以盛甘露泉。泉脈近塞而龜遂裂，好事者引別流以存故實，爲甘露亭。

明・王士性《五嶽遊草・華遊記》 峽畔有泉自石中出，匯爲泓，盤渦轉轂以下，是第二關也。

明・王士性《五嶽遊草・衡遊記》 絡絲潭，潭水澂徹見底，溪流從亂石中跳躍而來，注之如瀑布。

明・王士性《五嶽遊草・西征曆》 西行十里，温泉出焉。山壁立臨潼之南門，下爲二竅，水正温洌，可浴亦可溉，余浴其中甚適。

明・王士性《五嶽遊草・遊西山記》 山麓咸石，石竇出泉，籠泉以亭，捧亭以池，架池以石梁。亭故我宣廟所常駐蹕之地也。泉出其下，纍纍如貫珠湧水面，清澈靡所不照，微波動處，見遊魚如針伏石底，娓娓不能隱形。

明・王士性《五嶽遊草・登吴山記》 山下有泉闊如廣廈，甃五石眼，丹鱗赤鬣之魚，盈尺而躍，不避汲綆，前樹石楔爲「吴山第一泉」。

明・王士性《五嶽遊草・白嶽遊記》 復西里餘，峰側有石如虹臥，泉一縷傍注爲洗藥池者，曰鵲橋之峰。

明・王士性《五嶽遊草・遊雁宕記》 巖罅泉水下滴，唧唧如秋雨鳴屋簷間，令人大呼，呼聲繞洞中不即出，泉墮半未至於地，爲聲所軋，則飄吹衣冠草木盡濕，謂靈巖。

明・王士性《五嶽遊草・遊峨眉山記》 後有石並峙，下深成井，水自石井薨薨出，爲玉液泉，石鐫陳圖南「福壽」二字。

明・王士性《五嶽遊草・太和山遊記》 入宫登百級之階，池三：日、月、七星。泉二：真一、太善。

明・王士性《五嶽遊草・廬山遊記》 雙劍之左，懸掛千百丈如匹練而長，曰瀑布泉。二流合山峽石扇碉訇中爲青玉峽，出峽練飛而紺，匯爲龍潭。前有小石坎爲浴仙池，從潭引水遇石溜，鑿爲泓曰龍井，亭其上爲漱玉，今廢，立小石塔當之。

又 遠公影堂後爲冰壺泉，覽十八賢像，想其素心，盡洗腸中積垢。

明・王士性《廣志繹》卷三 大明湖下有源泉。

又 城中泉最多，如金線泉、南北兩珍珠泉、舜泉、杜康泉、趵突泉。總之，趵突佳，入城與諸泉俱匯大湖，出北門，達小清河。

明・王臨亨《粤劍編》卷一《志古蹟》 浮丘，【略】東下六十里爲長樂縣，泉俱從東流，達潮州而入海。西下五十里爲龍川縣，泉俱從西流，過惠州而入海。余以五月初經此，爾時積雨初霽，萬壑皆泉聲，洪者如震雷，細者如蛙鼓，怒而駛者如萬馬赴敵，徐而衍者如一鶴横江。諸泉會歸處，大小疾徐不一，其響又如數部鼓吹引客子出山也。上下山阪，紆回曲折，夾道多古木陰之，雜以新篁，令人衣袂皆碧。

湯泉去霤白二十里，水從地噴出，其熱如湯，左方一泓更熱，長公詩所謂「僅可燖狐兔」，非虚語也。水甚潔清，惜無好事者築一浴室以惠遊客耳。

明・朱國禎《湧幢小品》卷一五《温泉》 温泉最多，而驪山、安寧爲佳。驪山泉出有二穴：朔後出左穴，望後出右穴。澆田至五里外方冷。暖水灌禾必枯，而此水無恙。其泉清澈，深五尺，毛髮都鑑。又水中蹲緑玉石，坐而浴，甚佳。驪山泉出穴甚熱，到浴池正温。安寧出穴即可浴，然初浴覺稍熱，久之反温。新安黄山温泉亦佳，余嘗浴之，正温。

明・朱國禎《湧幢小品》卷一五《靈泉》 博平縣西三十里，有靈泉，一名涵管洞。巨石甃成，六管三竅，以洩暴水。永樂九年，疏會通河，其水遂塞。可見水溢不在彼則在此。一會通河，不但通南北咽喉，而天地之氣賴以節宜多矣。

明・朱國禎《湧幢小品》卷一五《甘泉》 東昌府茌平縣西北有丁家崗，出泉甘洌，釀酒甚美。

又 萊州府濰縣有鹹水泉，在濰東三十里劉郈。地勢甚高，平泉流數十步，伏流於地。他水在左右者皆淡，惟此泉獨鹹。因甃爲池，立祠祀之。

明・朱國禎《湧幢小品》卷一五《石穴水》 蜀黔之水都出石穴。處州東十里有龍泉，或一日一漲，或三日一漲。消則清，漲則渾，人莫能測。若京師玉泉之甕山，我湖之廣苕山，自趾及頂，在在從石罅溢出，而草翳之，又不必穴也。

明・袁宗道《白蘇齋類集・遊百丈泉》 青嶂岧嶤赴郢東，寒泉飛處鬱葱蘢。諸天晴灑千林雨，六月涼生萬壑風。小人傍崖驚浴鷺，斜穿曲澗掛飛虹。

明・袁宗道《白蘇齋類集・遊西山一》 （觀音堂）予細尋之，乃石磐下有小竇出泉，淙淙琤琤，下擊石底。

明・袁宗道《白蘇齋類集・遊西山二》 自觀音堂下，穿疎木中，數度石澗，趾漸高。【略】巷盡，見朱門碧澗，是爲碧雲澗，深丈餘，作琴瑟響。【略】復下觀阜錫泉，泉瀉小石澗，東西流注方池。【略】泉伏流其間，至香積廚，以手掬飲，清冷徹肌。

明・袁宗道《白蘇齋類集・上方山四》 （陡泉）石壁躍起百餘丈，壁淡黄色，平坦滑澤，間以五彩。壁上有石，若冠若柱，熟視似欲下墮，使人頭眩。壁腰有一處，巉巉攢結，成小普陀。【略】泉在壁下，泓停清徹。

明・徐光啟《農政全書》卷一四《水利・東南水利中》 玄扈先生看泉法曰：取過泉。過泉者，乃山泉遠來，大旱不絶。其流横來，將下流作壩，水隨壩長，乃無限之水。又看流之緩急，緩者源小，急者源大。又看嚴冬不凍，其氣如霧，即春夏用水之時，又無竭涸之患。此過泉之當取也。棄仰泉。仰泉者，乃地泉也，其泉即從本地而起。水來有限，不能隨壩長。有限之水，即有鉅河，其流必緩，嚴冬必凍。用水之時，必有乾涸之患矣。此仰泉之當棄也。

明・徐光啟《農政全書》卷二〇《水利・泰西水法下》 第四察泉脈　凡掘井及泉，視水所從來而辨其土色。若赤埴土，其水味惡赤埴，黏土也，中爲甓爲瓦者是。若散沙土，水味稍淡。若黑墳土，其水良黑墳者，色黑稍黏也。若沙中帶細石子者，其水最良。

明・謝肇淛《五雜俎・地部一》 閩中白沙溪北有温泉焉，地名湯院。山上出石，脆而易琢，粗而滋水，窟宅峯巒礧磈之奇，不可名狀。閩人園中常以此代太湖。然太湖終見石質，而湯院歲久，苔滋草生，薈蔚其上，竟可作小山矣。

又 閩地近海，井泉多鹹，人家惟用雨水烹茶，蓋取其易致而不臭腐，然須梅雨者佳。江北之雨水不堪用者，屋瓦多糞土也。

以余耳目所及之泉，若中泠、錫山等泉，人所共賞者不載，若濟南之趵突泉，臨淄之孝婦泉，青州之范公泉，吴興之半月泉，碧浪湖水，杭州西湖龍井水，新安天都之九龍潭水，鉛山之石井寺水，觀音洞水，武夷之珠簾泉，太姥之龍井水，支提之龍潭水，閩中鼓山之喝水巖泉，冶山之龍腰水，東山之聖泉，金陵蔣山之八功德泉，攝山之珍珠泉，皆甘冽異常，其他難以枚舉。但在窮鄉遐僻，無人鑑賞耳。

又 温泉，江北惟驪山、沂州有之，江南黄山、招州有之。至吾閩中則多矣。吾郡城内外温泉共十五處，而其一在湯門外，最小而極熱，土人呼爲殺狗泉，蓋盗狗者常於此治之也。晦翁注《論語》，謂魯有温泉，理或然也。然晦翁未至魯，豈不習閩乎？而乃以理斷之，何也？大凡温泉之發源，其下必有朱砂，或硫黄、礬石，蓋天地至陽之精所結也。閩中諸泉皆作硫黄氣，甚者薰人不可耐。人有疥者，浴之輒愈。竹木浸一宿，則終不蠹。蓋硫黄能殺諸蟲也。

明・謝肇淛《五雜俎・地部二》 蜀有火井，其泉如油，熱之則然。有鹽井，深百餘尺，以物投之，良久皆化爲鹽，惟人髮不化。

明・袁宏道《袁宏道集》卷一〇《龍井》 龍井泉既甘澄，石復秀潤。流淙從石澗中出，泠泠可愛。

明・袁宏道《袁宏道集》卷五一《游蘇門山百泉記》 百泉蓋水之尤物也。吾照其幽緑，目奪焉。日晃晃而燦也，雨霏霏而細也，草摇摇而碧也，吾神酣焉。

明・陳槤《羅浮志》卷一 錫杖泉，在寶積寺，景泰禪師駐錫之地。宋唐子西有《卓錫泉記》。

又 瀑布泉，在夜樂洞中，上界三峯，側飛三十仞。

又 小水簾，在明福觀左，此處多隱者庵。

又 湯泉，在白水巖佛迹寺西，眉山唐子西有記。

明・陳槤《羅浮志》卷八 過水北十餘里，得白水山。山行一里許，得佛迹院。院中湧二泉，其東所謂湯泉，其西雪如也。二泉相去步武間，而東泉熱甚，殆不可觸指。以西泉解之，然後調適可浴。意山之出二泉，專爲浴者計哉？或説炎州地性酷烈，故山谷多湯泉。或説水中出硫磺，地中即温。

明・張維新《華嶽全集》卷二《峯巒名勝紀》 醴泉　在古庵直下，水微有酒香，爲國之瑞，屢招鳳飲。傍有玉女神祠。

玉泉　在張超穀口，其水色如漿，因置玉泉院。

明・徐霞客《徐霞客遊記・遊天台山日記》 水瀑從石門瀉下，旋轉三曲。上層爲斷橋，兩石斜合，水碎迸石間，匯轉入潭；中層兩石對峙如門，水爲門束，勢甚怒；下層潭口頗闊，瀉處如閾，水從坳中斜下。

又 循深潭而行，潭水澄碧，飛泉自上來注，爲鳴玉澗。【略】澗窮路絶，一瀑從山坳瀉下，勢甚縱横。

明・徐霞客《徐霞客遊記・遊雁宕山日記》 龍湫之瀑，轟然下搗潭中，巖勢開張峭削，水無所著，騰空飄蕩，頓令心目眩怖。

明・徐霞客《徐霞客遊記・遊白岳山日記》 循崖而行，泉飛落其外，爲珠簾水。嵌之深處，爲羅漢洞，外開内伏，深且十五里，東南通南渡。崖盡處爲天門。崖石中空，人出入其間，高爽飛突，正如閶闔。門外喬楠中峙，蟠青叢翠。門内石崖一帶，珠簾飛灑，奇爲第一。

又 水下滴曰龍涎泉，頗如雁宕龍鼻水。

明・徐霞客《徐霞客遊記・遊黄山日記》 湯深三尺，時凝寒未解，而湯氣鬱然，水泡池底汩汩起，氣本香冽。

又 澗水三轉，下注而深泓者，曰白龍潭；再上而停涵石間者，曰丹井。

又 兩旁泉瀉如練。餘即從此攀躋上，泉光雲氣，撩繞衣裾。

明・徐霞客《徐霞客遊記・遊武彝山日記》 登山里許，飛流汩然下瀉。俯瞰其下，亦有危壁，泉從壁半突出，疏竹掩映，殊有佳致。

明・徐霞客《徐霞客遊記・遊廬山日記》 如是三里，得綠水潭。一泓深碧，怒流傾瀉於上，流者噴雪，停者毓黛。

又 遥望山左脅，一瀑從空飛墜，環映青紫，夭矯滉漾，亦一雄觀！五里，過棲賢寺，山勢至此始就平。以急於三峽澗，未之入。里許，至三峽澗。澗石夾立成峽，怒流衝激而來，爲峽所束，迴奔倒湧，轟振山谷。

明・徐霞客《徐霞客遊記・遊九鯉湖日記》 瀑布爲第二漈，在湖之南，正與九仙祠相對。湖窮而水由此飛墮深峽，峽石如劈，兩崖壁立萬仞。水初出湖，爲石所扼，勢不得出，怒從空墜，飛噴衝激，水石各極雄觀。【略】從此上下嶺澗，盤折峽中。峽壁上覆下寬，珠簾之水，從正面墜下；玉筯之水，從旁靄沸溢。兩泉並懸，峽壁下削，鐵障四圍，上與天並，玉龍雙舞，下極潭際。潭水深泓澄碧，雖小於鯉湖，而峻壁環鎖，瀑流交映，集奇撮勝，惟此爲最！所謂第四漈也。

明・徐霞客《徐霞客遊記・遊太和山日記》 東五里，有池一泓，曰青泉，上源不見所自來，而下流淙淙。

明・徐霞客《徐霞客遊記・遊天台山日記後》 從崖側逾隙而下，反出石筍之上，始見一石矗立澗中，澗水下搗其根，懸而爲瀑，亦水石奇勝處也。

又 溯之，三折而溪窮，瀑布數丈，由左崖瀉溪中。余昔來瀑下，路窮莫可上，仰視穹崖北峙，溪左右雙鬟諸峯，娟娟攢立，嵐翠交流，幾不能去。

明・徐霞客《徐霞客遊記・遊雁宕山日記後》 （梅雨潭）飛瀑自絶壁下激，甚雄壯，不似空濛雨色而已。

又 又二里，漸聞水聲，則大龍湫從卷崖中瀉下。水出絶頂之南，常雲之北，夾塢中即其源也。溯水而上二里，水聲漸微。又二里，逾山脊。【略】昔歷其西，今東出其上，無有遺憾矣。返下雲静庵，循溪至大龍湫上，下瞰湫底龍潭，圓轉夾崖間，水從卷壁墜潭，躍而下噴，光怪不可逼視。

又 水從石後建瓴下注，匯潭漾碧，儵然沁人。

明・徐霞客《徐霞客遊記・遊五臺山日記》 從西北歷棧拾級而上，十二里，抵馬跑泉。泉在路隅山窩間，石隙僅容半蹄，水從中溢出，窩亦平敞可寺，而馬跑寺反在泉側一里外。

明・徐霞客《徐霞客遊記・江右遊日記》 （廣信）城東有靈溪，則靈山之水所洩；城西有永豐溪，則永豐之流所注。西南下三十里，有峯圓亘，色赭崖盤，名曰仙來山。

又 （弋陽）城南臨溪上，溪至此稍遜而南，瀕城乃復瀦支流爲濠，下流復與溪合。雨中過縣前，又西至西南門，遇一龜巖人舒姓者欲歸，遂隨之出城。過濠梁三里，渡大溪。

又 上危壁而下澄潭，潭盡，竹樹扶疎，掩映一壑，兩崖飛瀑交注，如玉龍亂舞，皆雨師山靈合而競幻者也。

又 谷左高崖盤亘，一入即有深巖，外垂飛瀑。

又 麻姑以水勝，而詘於峯巒。半山亭之上，有水横騫，如卧龍蜿蜒。上至噴雪，則懸瀑落峯間，一若疋練下垂，一若玉筯分瀉。分瀉者，交縈石隙，珠絡縱横，亦不止於兩，但遠眺則成兩瀑耳。既墜，仍合爲一，復如卧龍斜騫出峽去。但上之懸墜止二百尺，不能與雁宕、匡廬争勝。再上，五級連注，可名「五泄」。五泄各不相見，各自争奇。

又 二里，復循山北陰崖而行，屢有飛澗從山巔墜下，路横越澗上（流者五、六次），下復成溪。

又 有澗自東南來，四山環繞，中開一壑，水口緊束，灣環北去。

又 蓋溪自曹山後嶺北山峽而來，南下而轉至鵬風橋者。此流尚細，而宜黄、崇仁之界，因逾接龍橋而西，即爲崇之東南境。從此入山共三里，逾大霍嶺，直逼龍骨山下。又二里，逾骨嶺，水猶東注。又三里，下襆頭嶺，水始西流。又四里，至純鄉，則一溪自南而北矣。【略】十里，至廖莊橋，有溪自南而北，其大與純鄉之溪並，東北流，當與純溪同下崇仁者也。又西五里，過練樹橋，橋跨巴溪之上。又西過坳上，蓋南來之脈，北過相山者也。其東水下練樹橋，爲小巴溪，西水下雙溪橋，爲大巴溪，俱合於罕滸，北即峙爲相山，高峙朱碧街之北。

又 又五里爲瀟瀧，溪束兩山間，如衝崖破峽，兩岸石骨壁立，有突出溪中者，爲「瑞石飛霞」，峽中有八景焉。

又 一溪自西南山峽中來，與南來常衝之溪合而北去。瞻北一岡横障溪前，若爲當關。溪轉而西，環岡而北，遂西北去。路始拾澗，北過一崗。又五里，下至平疇，山始大開，成南北兩界，是曰臺上塘前，而盧子瀧之溪，復自西轉而東。（遂成大溪，東由洋溪與平田之溪合。）

又〔武功山東西横若屏列。正南爲香爐峯，香爐西即門家坊尖峯，東即箕峯。三峯俱峭削。而香爐高懸獨聳，並列武功南，若欞門然。其頂有路四達：由正南者，自風洞石柱，下至棋盤、集雲，經相公嶺出平田，十八都爲大道，余所從入山者也；由東南者，自觀音崖下至江口，達安福；由東北者，二里出雷打石，又一里即爲萍鄉界，下至山口達萍鄉；由西北者，自九龍抵攸縣；由西南者，自九龍下錢山，抵茶陵州，爲四境雲。〕

又　從山上望此猶在重霧，漸下漸開，而破壁飛流，有倒峽懸崖湍之勢。

又　共六、七里，至湯家渡，始與大溪遇。〔此溪發源於祝高南，合南下所經諸澗，盤旋西山麓，至此東轉始勝舟。〕

明·徐霞客《徐霞客遊記·楚遊日記》（碧泉岩）内有泉一縷，自洞壁半崖滴下，下有石盤承之，清洌異常，亦小洞間一名泉也。

又　石間有止水一泓，澄碧迥異，名曰五雷池，雩祝甚靈。

又　洞門有石峯中峙，界門爲兩，飛泉傾墜其上，若水簾然。巖之右，垂石縱横，巖底有泉懸空而下，有從垂石之端直注者，有從石竇斜噴者，衆隙交亂，流亦縱横，交射於一處，更一奇也。

又　始由巖左之下層捱隙歷蹬而下，水從巖左飛出注，與人争級。級盡路竟，水亦無有。

又　此巖之瀑，非若他處懸崖瀉峽而下，俱從覆石之底，懸穿竇下注若漏巵然。其懸於北巖上洞之前者，二瀑皆然而最大；其懸於右岩窪洞之上者，一瀑而有數竅，較之左瀑雖小，内有出自懸石之端者一，出於石底之竇而斜噴者二，此又最奇也。

又　下嶺里半，有溪流淙淙，其側石穴中，有泉一池，自穴頂下注，清泠百倍溪中，乃掬而飲之，以溪水盥焉。

又　遂從村側北上嶺，嶺東坳中，洞水瀉大石崖而下，懸簾洩布，亦此中所僅見。

又（郴）城東山下有泉，方圓十餘里，其旁石壁峭立，泉深莫測，是爲鈷鉧泉。

又　泉一方，當（甘泉）寺前坡下，池方丈餘，水溢其中，深僅尺許，味極淡冽，極似惠泉水。

又　峭崖之突於右者，有飛瀑掛其腋間，雖雨壯其觀，然亦不斷之流也。

明·徐霞客《徐霞客遊記·粤西遊日記一》　劉（家）後有澗，其上一里，懸峽飛瀑，宛轉而下，修竹迴巖，更相掩映。

又　澗復墜路東破峽出，連搗三潭：上方，瀑長如布；中凹，瀑轉如傾；下圓整，瀑勻成簾。下二潭俱有圓石中立承水，水墜潭作勢瀠迴尤異。

又〔其下山環成城，瀑垂其中，出西壁，與那叉東大溪合而東南去。〕見西峽中又一瀑如線，透山而下，連泄九層，雖細而甚長。

明·徐霞客《徐霞客遊記·黔遊日記一》　二里，有觀音閣當道左，閣下甃石池一方，泉自其西透穴而出，平流池中，溢而東下，是爲馬跑泉，乃關索公遺跡也。

明·徐霞客《徐霞客遊記·黔遊日記二》　又西半里，有泉自北崖裂隙間，宛轉下注，路經其前，爲架橋横度，泉落於橋内，復從橋下瀉峽去。坐橋上仰觀之，崖隙欹曲，泉如從雲葉間墮出，或隱或現，又瀑布一變格也。

明·徐霞客《徐霞客遊記·遊太華山記》　崖南轉折間，泉一方渟崖麓，乃朝天橋迸縫而下者，曰勺冷泉。

明·徐霞客《徐霞客遊記·滇遊日記六》（西來）寺西有萬佛閣，石壁下有泉一方，嵌崖倚壁，深四五尺，闊如之，瀦水中涵，不盈不涸。萬峯之上，純石之間，匯此一脈，固奇，但不能如白雲龕之有感而出，垂空而下，爲神異耳。觀其水色，不甚澄澈，寺中所餐，俱遥引之西峽之上，固知其益不如白雲也。

又　瀑布從西南透峽，玉龍閣跨之。由觀瀑亭對崖瞰瀑布從玉龍閣下隤，墜崖懸練，深百餘丈，直注峽底，峽逼箐深，俯視不能及其麓。然踞亭俯仰，絶頂浮嵐，中懸九天，絶崖隤雪，下嵌九地，兼之霽色澄映，花光浮動，覺此身非復人間。

又　由坪上溯流半里，北向入峽，峽中之流，傾湧南向。溯之一里，澗形不改，而有巨石當其中。石之下，則湧水成流；而石之上，

惟礫石堆澗，絶無水痕。又溯枯澗北行半里，路窮茅翳，蓋其澗自西峽來，路當北去也。乃東向躡嶺，攀崖躋棘，又半里，得南來路。

明·徐霞客《徐霞客遊記·滇遊日記九》　山至是環聳雜遝，一澗自東來者，即大阪之水；一澗自南峽來者，墜峽倒崖，勢甚逼仄，北下與東來之澗，合而北去，小木橋横架其上。

又　蓋塢中有小水自東峽中注而西者，冷泉也。小水之左右，泉孔隨地而

出，其大如管，噴竅而上，作鼓沸狀，滔滔有聲，躍起水面者二三寸，其熱如沸，有數孔突出一處者，有從石竇中斜噴者，其熱尤甚。

明・徐霞客《徐霞客遊記・滇遊日記十三》 此間有三瀑：東箐者，最上而小；西峽者，中懸而長；下塢者，水大而短。

明・劉侗《帝京景物略》卷一《城北内外・滿井》 出安定門外，循古壕而東五里，見古井，井面五尺，無收有榦，榦石三尺。井高於地，泉高於井，四時不落，百畝一潤，所謂濫泉也。泉名則勞，勞則不幽，不幽則不蠲潔。

明・劉侗《帝京景物略》卷五《西城外・温泉》 山北十里，平疇良苗，温泉出焉。泉如湯未至沸時，甃而爲池，以待浴者。泉雖温乎，其出，能藻，能蟲魚，禾黍早成，早於他之秋再旬。【略】泉而東六十里，大湯山，又一温泉。再東三十里，小湯山，又一温泉。

又 （法雲）寺有雙泉，鳴於左右，寺門内甃爲方塘。殿倚石，石根兩泉源出：西泉出經茶竈，繞中溜；東泉出經飯竈，繞外垣；匯於方塘，所謂香水已。

明・劉侗《帝京景物略》卷八《畿輔名跡・九龍池》 不知其氣行地中也，酌其泉而甘，權他泉而重焉，熟之速，涼之遲焉，四氣春夏備已。

又 峰下泉，曰一斗泉。泉於峰爲下，於上方寺，高踞百尺也。清則流水，渟則止水，澹焉，凝焉，則雪雨露水。相傳注泉熟腥，便伏，懺謝，復蠕蠕矣。

明・劉侗《帝京景物略》卷八《畿輔名跡・湯泉》 湯泉在遵化縣北四十里，泉從山坡下沸而四出。魏氏土地記曰：徐無城東有温湯水，出北山溪，即温源也。養疾者，不能澡其炎漂，以其過灼。萬曆五年，戚大將軍繼光甃石池之，深二丈，方四尋，覆以堂，曰九新。水東出於石，爲之龍吻，噴甚怒。未至泉數十步，氣熻熻，聲洶洶，其不可即。即之，静若鑒。投錢池中，翻翻若黄蝶，百折而下，至底，宛然錢也。以熟生物，與炊者等候。

明・蔣一葵《長安客話・郊坰雜記・玉泉山》 泉出石罅間，瀦而爲池，廣三丈許，名玉泉池。池内如明珠萬斛，擁起不絶，知爲源也。水色清而碧，細石流沙，緑藻翠荇，一一可辨。

明・蔣一葵《長安客話・郊坰雜記・盧師山》 山有潭廣丈許，覆以巨石，其下深不可測，二龍潛焉。每出則雲氣隨之，歲旱禱雨輒應。

明・蔣一葵《長安客話・畿輔雜記・珍珠泉》 紅螺山有泉一綫，以珍珠名，其水湧如噴珠故也。

又 三河縣西北有一泉，汲以洗目，可愈目疾，因名聖水。

明・蔣一葵《長安客話・畿輔雜記・駐蹕泉》 涿縣儒學西有井，其泉甚甘，相傳遼蕭后所鑿，俗呼駐蹕井。

明・聶心湯《萬曆錢塘縣志・紀勝》 有泉曰卓錫水，極甘洌。

又 白鶴峯與大慈峯對，有泉曰虎跑，從地下湧起，剌剌有聲，極甘洌，泉品第一。

又 風篁之北爲棋盤山、爲獅子峯、爲老龍井。老龍井茶品武林第一，有沖泉，泉甚洌，宜茶。

明・鄺露《赤雅》卷中《犀泉》 犀泉，出富川縣。坎深丈許，長四丈，横可八尺。緑蘿紫藤，蒙結坎上。觀者呼之，應聲即出，須臾盈科。

明・鄺露《赤雅》卷中《婆娑泉》 婆娑泉，出思恩縣。形如玉臼，潔似清冰。飲者呼之，渴盡渴盡一本作消渴。則止。一人千人亦復如是。

明・鄺露《赤雅》卷中《漱玉泉》 漱玉泉，出白石洞天。每鐘鼓動，則踴躍而來，聲歇隨縮。三泉靈異，可與壽州咄泉、茅山喜一本作嘉。客泉、撫掌泉、無爲州笑泉，併入靈品。

明・鄺露《赤雅》卷中《陽塘》 漩桂皆山，一本無上四字。漩桂皆水也。灕江、陽江、彈丸、西湖、白竹、鼉城、郭市、一本作匝。日域一本作城。姑未暇論，即城中揭諦、梓童、一本作潼。華景、西清，色色入品，惟陽塘最勝。陽塘東西横貫，中束以橋，東曰杉湖，西曰蓮蕩。一本作塘。

明・黄宗昌《嶗山名勝志略》 玉女盆巔有窪處，如盆水盈其中，不涸。自邑中少年攜妓浴之，水遂絶。

又 天液泉，與玉女盆並列者也。石上出泉，大如盂，不溢亦不竭。好事者撤其水，夜復盈。君子之盎然於天地間者，豈人所得而損益之哉？

明・王揚德《狼山志・山川》 泉二：一在狼山金剛殿側，名「寒玉泉」，取汲之其水更清洌。一在軍山靈官殿側，新甃水甚甘。

明・張聯元《天台山全志》卷四《泉》 醴泉，在桐柏觀衆妙臺下，水甘可以愈疾。

甘露，葛洪煉丹天台，有慶雲、甘露之瑞。

明・宋彦《山行雜紀》 山中諸泉，圓通寺前水第一甘清香洌，皆備寶藏，次之甘稍勝。平陂諸山稍淡，碧雲玉泉稍軟，烏龍潭大洌矣。

明・查志隆《岱史》第三卷《形勝考》 《法苑珠林》曰：泰山之東有醴泉焉，其形如井，本體皆石，欲取飲者皆洗心跪而挹之，則泉出如流。若或污慢，則泉縮焉。蓋有神明以宰之也。

明・查志隆《岱史》第四卷《山水表》 碧天泉在岳頂廣生殿東。碾駝泉在丈人峯下，岳頂居人皆取給於此。天紳泉在傲來山百丈崖下，巔崖十丈許，懸流下瀉如垂紳。白鶴泉在岳南麓，冽而甘美，以城中井泉稱較之，輕重亦異。護駕泉在黃峴嶺御帳之下。聖水泉在回馬嶺。水簾泉一在西百丈崖，一在巖巖亭右。滌塵泉在岳南麓后土廟內，游人多掬水滌目，又名眼光泉。飛鸞泉在王母池右，水甚清冽，流注池中。醴泉一在天書觀，即宋王欽若所奏於真宗者。今雖不竭，無異凡水。《法苑》所稱醴泉，今失所在。

又 香井在岳南古岳廟前，伍缉之《從征記》曰：泰山廟前有大井，水極香玲，異於凡水。朱日藩詩曰：廟前香井歲投錢，蓋謂此也。天井在岳之東北十里許，廣數畝，滙諸峪之水，由東轉南入於汶河，又名天井灣。

又 王母池一名瑶池，在岳之南麓，池水之源乃岱岳山澗之水也。自黃現嶺會石經峪水簾洞諸源滙而爲斯池焉。

又 飛鸞泉在王母池右，水甚清冽，流注池中。

明・查志隆《岱史》第十八卷《登覽志》 從西折北二里有王母池，泉甘而冽，瀵沸潾灂，不竭不溢。

又 復從頂東下數十步，有玉女泉，水清甘美。

又 又東行二十步，曰龍口泉。大石有罅，如龍哆其口，水自中出，其流㵍㵍有聲。

又 自西山小山折旋而東，層嶂疊出，泉湧石上，奔瀉數十丈，縷縷如簾，名水簾泉。

又 左一石墳起，細泉漫流其上而出，透迤墮石澗，則所謂水簾也。

明・釋大善《西溪百詠》卷上《將臺鐘乳泉》 在西溪東北，即吳越王將臺基。【略】鐘乳泉甘冽可掬。

明・釋大善《西溪百詠》卷上《梅花泉》 在西溪之北柏家園左，隱荒田亂草中，泉底旋漾雪漚，似分五瓣作梅花狀，味甘美如第二泉。【略】

亂草斜灘隱碧窪，自憐澄潔映明霞。旋旋沙吐三潭乳，泛泛星浮五瓣花。

明・邵寶《慧山記・泉》 慧之爲山，以泉名天下，泉之故於山爲大，其源流不可不窮，故首列之爲諸泉附焉。慧山泉，唐人陸羽品爲天下第二，故名「第二泉」，又名「陸子泉」，在第一峰下，源出石中，或正或側，皆東流渟於上池，池圓甃甃朱闌上有亭，傳聞宋高宗飲泉於斯，故亭頂繪雙龍云。演於中池，池方去上池二尺許，石底若鉎釜，活水細流，澄澈可愛。於是有渠承之左右，諸穴咸會瀑於龍吻，匯於下池。池縱二丈，橫三丈，深一丈，在漪瀾堂下，汪然漫流。唐人詩泉聲到此盡者此也。龍吻，舊小且竅。弘治間，邑人楊理重製。北過於黿池，於金蓮池，於香積池，以上紆迴六池，制輕洩也。論泉者謂石池漫流者爲上。東入於芙蓉湖，又北東達雙河合五瀉水入於江，此其正脈也。入江在江陰界，去泉百里。又一脈，由下池東下錫山澗，入於梁谿，又西南入太湖，運河皆資之。其餘旁支別派，斜分曲匯，溉田數十頃云。

又 若冰泉在慧泉左右石洞前，洞高數尺，廣方丈。水自洞浸出，流於石罅，蓋慧泉別源也。唐僧若冰闢巖得之，故名。北行合慧泉，餘流歷黃公澗，合錫山澗，入於梁溪。

又 龍縫泉，去慧山六十餘步，一名「龍淵」，自石縫中出，深廣可三尺。

又 慧照泉，宋天聖間僧慧照闢地得之，因名。今不知所在。

又 龍眼井，在寺佛殿後左右。梁大同間鑿，又名「大同井」。

又 羅漢泉，在寺禪堂後左。

又 靈泉，在錫山下嶽廟西廡前。宋政和元年，道士盧至柔符甓而甃之，有疾者汲飲輒有驗。一名「聖水井」。

又 洞酌泉，在明陽觀中。《邑志》稱在山半，與今不合。

又 松苓泉，聽松庵上有大松，盛都憲冰壑名之。

又 遜名泉，在邵氏尚德書院前，正德五年浚。

明・邵寶《慧山記・雜考》 凡山泉悉甘，而斯泉爲勝，以其感錫之氣也。

又 慧山泉甘美，置之第二不忝，特未知康王谷水何如爾。《文獻通考》。

清・孫之騄《南漳子》卷下 白兔泉在秦亭山下，碧峰在秦亭山西，有佛慧寺，下有碧沙泉。

清・錢謙益《牧齋有學集》卷八《耦耕堂詩序》 耦耕堂在虞山西麓下，余與孟陽讀書結隱之地也。天啟初，孟陽歸自澤潞，偕余棲拂水，磵泉活活循屋下，春水怒生，懸流噴激，孟陽樂之，爲亭以踞磵右，顔之曰聞詠。

清・李確《九山補志・山水》 一脈泉 在雅山東麓平地上。山純石，獨此一勺，大旱不竭，知山脈所鍾。邑先達趙伊有題詠，今甃以甎，遠近皆汲焉。

清・談遷《棗林雜俎》中集《名勝》 喜客泉 句容茅山喜客泉，闊二丈，深三四尺，清冷見底。客至拍手浩嘆歡笑，泉底噴沫如珠串，咥咥向人浮出。相戒默然無言，泉亦沈静。

又 澮泉 海鹽尚胥橋北，河中方丈許，沸湧，味淡，蓋海眼也。或繩探之，莫測。土人沈氏偶篙中之，反躍一木爲梁。又縣城西天寧寺有澮泉，鄭端簡「澮泉」本此。

又 酒泉 東昌茌平縣西北丁家岡甘泉，宜釀。

又 肥泉 《水經》有肥泉，如《括地志》有肥纍城，其地在今東垣之境。《泉水》詩曰：「我思肥泉，兹之永嘆。」釋謂「衛女思歸」。肥泉，爲自衛而來所渡水。今此水當在邢衛之間。予往經是縣，泉水又不多見也，但覩其土壤沃饒，優於鄰境。肥之名其以是與？陳棐《廣平府舊志》。

又 膽泉 鉛山縣西七里銅寶山，有貌平坑，石竅中膽泉流出，浸鐵可銅。又鵝湖鄉去縣治七十里，有溝漕七十所，取本地水積爲池，隨地開溝，碎鐵鋪之，浸染色變，鍛則爲銅。又德興縣北銅山下，一名銅泉，浸鐵數日，類朽木，刮其屑鍛銅。福建上杭縣紫金山膽水池亦如之。宋游經言，膽水可浸鐵爲銅者，凡十一所。古坑有水處曰膽水，無水處曰膽土。膽水可浸銅，膽土可煎銅。

又 婆婆泉 廣西慶遠府思恩縣北五十里，有水常隱不見。遇行人渴飲，婆婆則湧出，飲足復竭。《慶遠府志》。

又 聖泉 貴州城西五里，泉出石罅，滙爲方池，一日百盈百竭，《弇州録》名「百刻泉」。郭中丞子章往觀，倏盈倏竭。偶雨集井溢，僕夫趣歸，言百舉成數也。《一統誌》稱「聖泉」。長史劉汝楫記曰：「宇内名泉，若湯泉、火井、瀑布、趵突諸類，洎陸羽所品次，靡可縷指，特壤界色味稍殊，而無潮汐。惟漳浦蠟湖，侯官潮泉，鍾山應潮，建州潮泉，固亦消息有期。而其地瀕海，乃緣海爲潮汐，泉不得與也。若池陽潮泉，章貢三潮，安寧海眼，樂平鳳游，荆門蒙泉，郴州潮泉，吾鄉龍驛潮井，去海懸絶，似與聖泉爲伍。第彼潮候，僅再至三至，亦未有百刻消長，别具一橐籥者。則聖泉之靈且異，在别境寧復有此乎？」

又 喊泉 武夷山喊泉，當製貢茶，太守禱畢，大呼「天子要茶」，泉即溢，復呼「太守要茶」，泉復溢，否則涸。按何喬遠《閩書》：建安縣御泉，一名鳳凰泉，一名龍焙泉，宋上供茶取此。深僅二尺許，有暗渠通溪，泉日夜從渠出。而舊志謂喊之則出，遣畢則竭，蓋神異其説以表美矣。

又 趵突泉 濟南府吕祖廟前趵突泉，三穴並湧，高數尺，如隱雷，蓋沆水下流也。崇禎己卯正月，濟南陷，泉勢亦減。

又 温泉 泉貴甘冽，至於温，異矣。又並泉也，一温一冷，猶是泉也。倏温倏冷，不異之異乎？《博物志》：「凡水源有硫黄，其泉則温。或云神人所暖，主療人疾。」後周王褒《温泉銘》云：「白礬上徹，丹砂下流，乃知温泉，必白礬、丹砂、硫黄三物爲之根，乃蒸爲暖流耳。」明廣陵御史桑喬曰：「雷火所灼，其氣亦硫，豈以雲雷之中而亦有硫哉？蓋極陽之氣也。夫温泉亦極陽所聚，蘊隆如五行變化，奚所不至？蕭山之墟有涼焰焉，可云其下有冷石耶？」愚深服其辨，而温冷變换，又所未解，政聖人之不論不議也。概見《一統志》，間有遺采，偶彙之，似終未盡。

北京：順天府昌平縣西北二十五里，湯洛山下有温泉，又東南三十八里湯山下湯泉。四時常温，浴之愈疾。遵化縣西北福泉寺山下，寬平約半畝，泉水沸出，温可浴。真定府平山縣西四十里温泉。阜平縣西北八十里湯池，俗傳昔有吴工經此欲浴，池水忽熱，王惡之，旁即有冷泉噴出。至今兩泉，一温一冷。順德沙河縣西北七十里湯山下湯泉，可愈疾。永平府撫寧縣東北七十里温泉，浴之愈疾，望之熱氣氤氲。延慶州西北三十里，佛峪山下有温泉。保安州城南十五里温泉。萬全都指揮使宣府城東六十里，湯池山有温泉，愈疥癬。又西南順聖廢縣東二里温泉，下流半里滲地。赤城堡龍門鎮，宣府城東百四十里。北鄉赤城寺側山根湧出，暴熱而流。有一冷泉，浴之愈疾。雲州堡寶濟鄉暖湯一處，出泉凡七十二眼。

南京：應天府上元縣東六十里湯山，湯泉六穴，以煮豆穀，終日不熱，草木灌之愈鮮茂。劉宋江夏王義恭銘曰：「秦都壯温谷，漢京嚴湯泉。炎德資遠液，暄波起斯原。」□□府城東北四十里，水同一壑，冷熱相半。熱可瀹雞，中皆有魚，魚交入輒死。民引熱水溉田，一歲再熟。又府東南雁門山上，有温泉可浴。江浦縣西三十里湯泉，一名香泉。其泉有二，相去百餘步。南唐韓熙載記其泉能蠲除疾疹。又溧水縣西南香泉同。盧州府巢縣東北十五里，半湯山有二泉，名半湯池，一冷一熱，合流。其初冷熱仍異，數里之外始相混。魚自冷泉觸熱即亟回。舒城縣西南七里湯泉，冬夏常熱，可以烹茶。英山縣東西皆有湯泉，四時沸騰不竭。安慶府望江縣，菩提寺北司馬龍井，冬温夏冷，可以愈疾。

皖公山上湯泉，四時如湯可浴。徽州府歙縣西北百二十里，黃山第四峰有泉，沸如湯，常湧丹砂，浴之能愈風疾。和州北三十五里平疴湯泉，其色深碧，沸白，香氣襲人，愈瘡疥。太子泉即湯泉之一，梁昭明太子嘗浴此。含山縣永興院半湯泉。

山西：太原府定襄縣東北二十里，聖阜山有温泉。龍朔中嘗賜錦幡李治，有碑記。遼州東八里温泉，冬寒，熱氣上騰五六尺。沁水南一里暖泉，隆冬不冰。孟縣北百二十里，温泉有三穴。一穴出盤石中，尤熱。舊《經》云，北齊濟南王有疾，於此沐浴，遂愈。其水南注滹沱河。一出縣東二十里，名温池泉。孝義縣西九十里，高唐山之側温泉，靈液淡淡，和氣如薰，經嚴冬積雪不冰。大同府治東北火井，南北七十步，廣減尺許，深不見底。炎熱上並，常若雷霆。以草爨之，則煙騰火發。又東北去火五六尺湯井，廣輪如火井，熱勢亦同。以草内之，皆沾濡露結，故俗以湯井爲日昇井。静樂縣東十五里，北山下石縫中温泉，流入碾河。蔚州府西三十里暖泉，夏涼冬暖，可資灌溉。岢嵐州城南山下温泉，其穴數十，引爲水磨。永寧州城西崖下，温泉湧出，南流與川水合。寧鄉縣西南百里暖泉村，其泉有氣，又名牛尾泉，西北流入黃河。五台縣東南四十里有温泉，東流入清水。

山東：兗州府曲阜縣南七里温泉。沂州東北郯城縣西北俱有温泉。青州府安丘縣西七十里温泉。登州府城南七十里温泉。福山縣西三里奇泉自石孔出，味甘，冬温夏冷。招縣城東二泉並出，一寒一温。寧海州東四十里龍泉，文登縣西七里湯泉，又東北六十里温泉，皆寒温二泉，並廢。萊州即墨縣東四十里温泉，鳥墮輒爛。旁有冷泉。遼東都指揮使司温泉凡六，一都司城南五十里，一城東南五十里柳河，一西南七十里鞍山，一曹莊驛東十五里，一寧遠衛東南二里，一廣寧前屯衛北七十里。

河南：河南府城南温泉，冬温夏涼。又新安、澠池、嵩縣俱有之。南陽府城北二十五里，紫山有水，冬夏常温，曰陽谷。裕州歷山七峰，山各有泉，冬暖。汝州西南六十里，温湯泉有九眼，東南流注廣城澤，可療疾。唐武后嘗幸此，有温湯碑。又有寒泉南流。汝寧府固始縣西南山中温泉，其熱如湯，其色緑。商城縣南温泉，能已瘍疾。涉縣西北三十里温泉，今淤塞不存。

陝西：西安府臨潼縣東南二里，驪山温泉，下乃礬也。秦始皇於此砌石起宇，漢武加修飾，唐時建温泉宮。藍田縣西南四十里，石門湯泉。武功縣太乙山有水，沸湧如湯，可療百疾。鳳翔府寶雞縣，太白山有温泉，可治百病。世傳清則疾愈，濁則無驗。平涼府北城之闉有温泉，即古柳河也。深數尋，溢出灌溉諸園圃，冬暖不冰。趙時春《平涼府志》曰：平涼府爲川者二十而羸，爲泉而冬不冰者以數百，而冰者不與焉。鎮原縣鹽池東有泉，冬温。又有泉可植蓮，皆東入高平鄉。隆德縣城東百步，温泉出石穴，寒冱不冰，萍草冬青。下有廢蓮池，闉可二里。靈臺縣保山之陰温冷泉，半温半冷，浴之愈疾。静寧州城東五十里有暖泉，冬弗凍。又城東三十里，乾磑川有温泉。延安府治南泉有七眼，味甘，冬温夏冷。遇大寒，流溢不凍，甚濟居人。甘泉縣南四十三里，温泉山下有温泉。陝西行都指揮使司永昌衛城西南三十里，暖泉二穴湧出，四時常温，東北流入水磨川。寧夏靈州守禦所西南一百餘里，山東滾泉自地湧出，高丈許，其沸如湯。寧夏韋州暖泉，在鹽池西南。

浙江：金華府東陽縣東南四十五里夏山上有池，冬温夏冷。台州府仙居縣東南二十里黃赤湖，修廣皆數丈，水四時如沸，夏飲寒浸毛骨，冬飲則如湯。相傳宋時嘗有龍出没云。桐廬縣北十五里神泉，冬温夏涼，病者飲之或瘥，祈禱多應。

江西：南昌府寧州西黃龍山下，冷暖二泉同出，相去數尺。奉新縣九仙山，湯泉湧出道間，一温一沸。南康府建昌縣西八十里湯泉，愈瘡疾。廬山主簿山在胡郎廟南數里。山下有温泉，穴口闊一丈，湧出如湯沸，冬日恒熱。建昌府新城縣東四十里，温泉有硫黃氣，浴之愈疥瘡。撫州府臨川縣城西三十里，温泉中有伏石，分爲二流，其陰水差寒，其陽水常沸。吉安府龍泉縣湯泉凡三，一縣西八里，一新田院側，一硃砂嶺下。袁州府宜春縣城南三十里有温泉，泉有魚，投以生卵即熟。贛州府温泉凡九，在信豐者一，在寧都者二，在安縣龍南者三，皆温如湯，而寧都尤熱。九江府德安縣三十里廬山下，湯泉石池五。南池極熱，手不可探。北四池稍温，浴之有硫黃氣。

湖廣：武昌府蒲圻縣南五里，湯泉冬夏常沸。襄陽府光化縣南五里温水河，舊有一泉，其水温暖。今河尚存。房縣東，湯泉中有硃砂。德安府應城縣北六十里，京山有温泉，淵静如鑒，聞人聲則湯奮發，其熱可燖雞。又應城西五十里玉女泉，其泉熱沸。隋州城西百二十里，大洪山西北有暖水。蘄州城北百四十里，泉沸如湯，有硫黃氣。岳州府平江縣北九十里，幕阜山有温泉三穴。長沙府攸縣東六十里温水泉，冬温夏涼。又縣東百二十里有暖水石泉，宜冬浴。衡州府耒陽縣平陽五都有二泉，其水春夏温和，冬滚沸。永州府零陵縣温泉。常德府桃源縣西北百二十里湯泉，又有冰泉，人曰陰陽泉。郴州興寧縣東北五十里石牛山，其巔有雁池，冬月温燠，雁嘗食息其中。郴州北二十里平地泉，湧出如湯，沐之愈疾。桂陽縣北三十里，白芒温泉，冒風者浴之多愈。宜章縣東二十里温泉池。又縣西六十里有桃花湯，其水冬夏常暖。

四川：成都府新都縣温泉，冬月未至，數里遥見白氣如煙。順慶府儀隴縣火井，天寒焰從地出。敘州府富順縣火井。重慶府城西南百六十里温湯峽，泉自懸崖而下湧出，四時騰沸如湯。合州東五里温泉。夔州府開縣三潮溪，冬熱夏涼。又縣南温井，冬夏常温。潼川州蓬溪縣西二百里官館鎮之北，伏龍山下火井，地窪若池，以火引之，有聲隱隱發地中，少頃炎熾。夏月積雨停水，則焰從水上，水爲之沸，而寒如故。冬月水涸，則土上有焰，觀者至焚其衣裙也。又邛縣西八十里火井，《博物志》云：井深二三丈，以竹木投取火。後人投燭井中，火即滅，絶不復燃。東川軍民府西南三十五里湯池，水出石竇中，熱如沸湯，清徹如鑒。四川行都指揮使司温泉二，曰寧番衛城東百四十里，曰越嶲衛城東二十里。四時温暖，可愈疾。都司北七十里熱水池，四時常熱，流入溪河，合瀘水接金沙江。

福建：福州府城東崇賢里湯泉，味甘而性和，熱甚，硫黄氣。謝肇淛《五雜俎》云：「吾郡城内外温泉共十五處。」汀州府城東四十里湯泉。興化府莆田縣城西南大溪中湯泉，有三穴，如井，熱甚。漢時胡道人棄丹於地，水遂温，浴之多壽。以上見《一統志》。而莆田又錦江西桃源温湯池，又上杭橋西北岸温泉，潮退可浴。餘縣搜附於後。南安縣城山，温泉有四，三熱一温。德化縣湯巔，湯泉出焉。永春縣湯泉二，一在湯邊，一在登瀛橋北。安溪縣湯泉六。大田縣湯坑，湯熱可浴。沙縣熱水池，其水夏冷冬温。永安縣湯池六：熱水口、苦竹村池、仕洋湯池、温湯池、龍峰湯池。上杭縣温泉二：小拔湯。長汀縣南何田市湯泉，周數十丈，熱能熟生，名無垢泉。又一在縣南安仁院，石竇湧出，可溉田。清流縣温泉三：池溪、嵩口、北原。可以熟卵。連城縣湯泉。永定縣湯泉三：大洲湯泉出地中，下洋湯泉出石壁，李田湯泉熱能熟物。旁有温泉，可以和之。龍溪縣温泉，舊西廂城址下。漳浦縣梁山南北兩麓各有温泉。龍巖縣温泉在塗潭社，四時可浴。一在小溪社，熱氣尤盛。南靖縣温泉四：永豐里二，歸德里一，清寧里二。長泰縣湯泉二。平和縣温泉二：清寧里、新安里。寧洋縣湯池。

廣東：廣州府清遠縣東九十里湯泉，有石如錢出泉，熱可熟物。韶州府城東南五十里，湯泉能熟生物。每霜雪時，泉氣上蒸，赤魚時見，人不能獲。又曲江縣西北四十里，泉有三穴，四時沸湧，可以芼烹。又樂昌縣東北四十里温水，冬夏常温，愈疾。又乳源縣西北二里，石穴中温泉。又靈君山周山嶺，温泉二。瓊州府感恩縣北七里，温泉夏冷冬沸，能愈風疥瘴氣。高州府温泉三：曰府城北一百七十里，曰信宜縣治南，曰石城縣北五十五里。

廣西：柳州府來賓縣西北一百里雙泉，冬温夏涼。象州東三十里温湯泉，其水常熱，可熟物。萬州城西温泉。

雲南：雲南府安寧州北十里湯池。雲南温泉非一，此爲甲，色碧如玉可鑒。臨安府治温泉，每春莫郡人浴三日，謂祛時疫。又西北四十五里，及建水、石屏、阿迷三州，通海、河西、嶍峨、蒙自四縣，俱有之。鶴慶府城東南温泉，每歲三月浴之，愈瘡。麗江軍民府通安州阿失村有温泉。廣西府彌勒州西十里阿欲部山下温泉。蒙化府城南甸尾山下温泉，相傳蒙納奴邏母病，浴之愈。尋甸軍民府南五十里温泉，俗呼熱水塘。沅江軍民府城西北十五里温玉泉，石間迸出如湯。北勝州温泉二：曰州城枯木村，曰州南沙田村。馬龍多郎甸長官司北五十里，徹崇山温泉，其熱如湯。金齒軍民指揮使司城東二十里，哀牢山下有石狀如鼻，二泉出焉，一温一涼，曰玉泉。又城西二十里虎障山下温泉。隴州宣撫司，湯泉從石罅出爲河，熱甚。

貴州：貴州普安州温泉有二：一在城東南八十里，一在樂民千户所西，水温可浴。

清・談遷《北游録・紀文》 寄張元岵書　第清泉白石，【略】煮鶴爨琴，强爲勸駕。

清・談遷《北游録・紀聞上》 金龍池　馬邑縣西北十里，洪濤山下，有水一泓，深不可測，嚴冬不冰。後魏以來，人傳池有二龍，時化爲馬，一驪一黄。遇天陰晦，民間之馬遇之，生駒神駿，或有角，如鹿茸然。馬邑縣志。洪濤山下，淵深無底。唐初有一馬，從池中躍出，里人驚怪，莫敢近之。馬每朝出，奔騰郊坂，暮復投水中，以爲常。尉遲恭往收之，從太宗征伐，翊成開創之功。後馬不知其所終。今曰「金龍池」。雲中志。

又 甘水　京師天壇城河水甘，餘多苦。蘭州黄學士《諫京師水記》云：

「自郊畿論之，玉泉第一。自京師論之，文華殿東大庖廚井第一。」謙正統壬戌探花。又故相石瑶《酌泉詩》：「往往城中水，不如郊外甘。如何城市客，不肯住長安。」京師各巷，有汲者車水相售，不得擅汲，其苦水聽之亡論。

清·黃宗羲《匡廬遊録》（景德觀）再上有小泉出壁間，石鐫「谷簾泉」三大字。桑子木云宋人所書。今土人便指小泉爲谷簾泉，非也。觀未廢時，有山月軒，益公云「下臨大谿，簾水所注，終夜如大風聲」。朱子夜飲軒中，有「把酒聽鳴泉，相看疾如雨」之詩。

又 三疊泉 五老新瀑近方出，朱子聞之爽然失。濺雷噴雪發夢寐，恨未一往起衰疾。黃陳二子圖新泉，摩挲坐起張一室。

清·顧炎武《肇域志·南直隸·應天府》一人泉，在鍾山絶頂，古法雲寺側。僅容一勺，挹之不竭。

又 攝山棲霞寺，寺在攝山，一名繖山。有中峯屹然卓立，迤邐南下，左右山環抱如拱。入山繁陰覆路，若别一洞天者。【略】循中峯澗而上，有白鹿泉出石隙，方廣僅數尺，清澈可鑒。【略】堂後循山隙而入，有泉曰真珠，有岩如浪，曰疊浪。【略】又上爲天開岩，陡絶甚奇。此一帶在中峯之右，虚谷深朧，僧寮倚山架壁，各擅其勝。上至中峯頂，下視大江，曳若縞練，幽深隱奥者，忽焉而閎覽八荒矣。

清·顧炎武《肇域志·南直隸·安慶府·宿松》青溪。《實録》：吴赤烏四年，鑿東渠，名青溪，通城北塹潮溝，闊五丈，深八尺，以泄玄武湖水。發源鍾山，西南流經京，出今青溪閘口，接於秦淮。及楊溥城金陵，青溪始分爲二。在城外者，自城濠合於淮。今城東竹橋西北接後湖者，青溪遺迹固在。但在城内者悉皆堙塞，惟上元縣治南流入大内，西出竹橋，入壕而絶，又自舊内旁周繞出淮清橋，皆其故迹。《圖考》：今竹橋下水西入舊城壕者，乃自潮溝從西南流之故道，自舊内傍南流經淮青橋合秦淮者，則城内所存之一曲。

又 鎖石溪，在上元縣東南四十八里，源發白石岩，經攝湖六十餘里，入大江。

清·顧炎武《肇域志·山東·濟南府·歷城縣》黃山，在西南六十里。趵突泉之所出，源自山西王屋山下，伏流至於河南濟源縣，湧出道黃河，溢爲滎水；西北至黃山渴馬崖，伏流五十里，至城西爲此泉。或以糠驗之，信然。會諸泉入城，匯爲大明湖，流爲小清河。山勢周圍如城，岱陰諸泉之水，奔流至山西渴馬崖，匯爲池，圍數畝，不溢而伏，流至城西，伏出，爲趵突泉。

又 趵突泉，在府城西。平地泉湧，高或至數尺。蓋濟水伏流至此，發爲濼水之源也。由東北注小清河，入海。

又 金線泉，在城西。石甃方池，泉湧亂髮，其下注城濠，澄澈見底，波心南北有金線一道，隱起水面。□西南，趵突泉東北，流經來鶴橋，入趵突泉。

又 珍珠泉，在府城内。有二：南泉已淤，北泉在都司西北白雲樓前。濟南名泉七十二，趵突爲上，金線、珍珠次之，其餘皆不能與三泉侔矣。□乙乙觀入德府城中矣。泉爆起，粒粒如珍珠，匯爲大明湖。

清·顧炎武《肇域志·山東·濟南府·章丘縣》百脈泉，在縣南三十里明水鎮。方員半畝許，其源上湧，百脈俱發。左曰東麻灣泉，類百脈，右曰西麻灣泉，自石竅中湧出，俱會百脈泉。東西二麻灣泉，俱在百脈泉西北。

清·顧炎武《肇域志·山東·濟南府·鄒平縣》醴泉，在縣西南三十二里。泉深丈許，冬夏不竭，旁有醴泉寺與范文正公祠。

清·顧炎武《肇域志·山東·濟南府·淄川縣》黌山，在府北十里，縣東北十二里。《三齊略》云：「鄭玄注詩、書，棲遲於此。」山上有古井，獨生細草，葉似薤，俗謂鄭公書帶。即今黌堂嶺，與長白山相連。

清·顧炎武《肇域志·山東·青州府·諸城》天井，山西北。四面皆山，中有碧潭，與東海相通，久旱將雨，或久雨將晴，井中先有聲如雷，亢旱抛石，擊井則雨。

清·顧炎武《肇域志·山東·青州府·沂水》銅井泉，在縣西南六十里。其泉四出西嶺下，有土爲壤地而伏流滚滚聲聞於外者，匯爲一水，下流五里入於沂。泉下有平地數十頃，沂水地可以興水利者，惟有此泉。

清·顧炎武《肇域志·山東·兖州府·寧陽》柳泉，在縣西十里。舊南流十五里入洸，爲積沙所滲。

又 魯姑泉，在鶴山之陽。西南流二十五里，會濼當山泉。

又 濼當山泉，在縣西北三十五里羅山村，西南流入蒲灣泊。

清·顧炎武《肇域志·山西·太原府·平定州》嘉山，在州西八里。上有晉公子祠，祠下有龍井，井旁有黑水泉，流經州城，東合洮水。

清·顧炎武《肇域志·山西·太原府·岢嵐州》長城山，在州東三里。山下有白龍泉，流合嵐漪河。其味甘美，夏涼冬温。

清·顧炎武《肇域志·山西·平陽府·臨汾縣》 澐泉，在縣東南二十里東亢村，出於平地。上有神祠，禱雨輒應。

清·顧炎武《肇域志·山西·平陽府·芮城縣》 洹泉，一名洹澤，源出縣東北三十五里中條山南。其水流入黃河，又名洹津渡。

又 鼓堆泉，在州北二十五里。源出九原山，泉上有堆，形如覆釜。履之，聲如鼓。分爲二道，一曰清泉，一曰灰泉。其一灌田，其一引入州城灌汲。

清·顧炎武《肇域志·山西·大同府·懷仁縣》 灰泉，在縣東二十五里。元大德乙巳夏，大同地震，有聲如雷。懷仁縣地裂二所，湧出水盡黑，漂出松柏朽木，即此泉也。

又 莎泉，在縣。後魏嘗以此名縣。

清·顧炎武《肇域志·山西·大同府·朔州》 三答蒐山，在州西北二十五里。山半有泉，名三答蒐泉，歲旱，禱雨有應。

清·顧炎武《肇域志·山西·大同府·廣靈縣》 林管山，在縣西南四十里。下有泉，名石家泉，入壺流河。上有勒漢砦。

又 涞源泉，在縣南半里。東流，合拒馬河，入紫荊關。

清·顧炎武《肇域志·山西·太原府·陽曲》 烈石泉，在縣西北四十里。山下發源，與汾水合流溉田。

清·顧炎武《肇域志·山西·平陽府·臨晉》 桑泉，在縣東北十三里。汲之不竭，決之不流，既湮復出。

又 瀵泉，在縣西三十里。其泉有五，郃陽有四，此有其一。異出同源，故名曰瀵。其大如車輪，常時沸湧。

清·顧炎武《肇域志·山西·平陽府·浮山》 懸泉，又名鳴泉，在縣東北二十里北堯山西巖。懸崖涓滴，戛然有聲。西流成溪，甘涼透骨，湛然不淆，號曰清溪。又西北與黑水合流，達高梁，入於汾。

清·顧炎武《肇域志·山西·平陽府·霍州》 霍泉，發源霍山南麓，分南麓、北麓二渠，以溉本州、趙城洪洞三處田。

清·顧炎武《肇域志·山西·潞安府·長子》 五龍泉，在縣西一十六里。方一丈三尺，深七尺，流一十五里，入濁漳。

清·顧炎武《肇域志·山西·汾州府·汾陽》 馬跑泉，本原公水，又名壺溪水。源出府城西北三十里白彪山麓。相傳後魏賀虜將軍駐師此山，馬跑地得泉，故名。其水邊山南注，至谷口轉折而東，歷城東北數十村，溉田萬畝。東南與文湖水合，雨澤豐澍，則漲流而入於汾，以故東方多沃壤焉。而園林廣茂，樹木繁息，水碓山亭，雷隱雲連，則谷中爲勝。

清·顧炎武《肇域志·山西·汾州府·介休》 懸泉，在縣東南四十里硔谷南山之上。四面山圍，中有石岩，高空數仞，周廣三里。岩頂有泉，倒流岩中，若瀑布然。

清·顧炎武《肇域志·山西·平陽府·石樓》 屈産泉，在縣東南四里。從山下石眼噴出。

清·顧炎武《肇域志·河南·河南府·陝州》 馬鬃渠，即白楊渠，在州東二十里交口村。堰水越澗，蜿蜒入城，注召公池、瑞蓮池。

清·顧炎武《肇域志·河南·河南府·閿鄉》 阿對泉，在縣西五十里皇天原麓，二泉相對。楊震家僮阿對引灌於校書堂前，故名。原上居民，皆下汲之以供炊，至今倚以爲利。

又 九龍泉，在縣南十五里。有泉九淵，淵不竭。唐開元間，敕封躍泉侯。廟在泉側，歲旱禱雨有應。

清·顧炎武《肇域志·河南·汝州》 温泉，在州西南四十里。泉如圓箕，熱如鼎沸，冬夏不異。其源有九眼，東南流入廣成澤。

清·顧炎武《肇域志·河南·彰德府·林縣》 雙泉，在縣西北二十里。一名靈巖水。源出魯班門，東北流入葦泉，俗名埋子莊前河後河。

清·顧炎武《肇域志·河南·衛輝府·汲》 太公泉，在縣西北二十五里。流十餘里，伏流入地，在太公廟東。

清·顧炎武《肇域志·陝西·西安府·好畤縣》 漆泉，在縣東北四十五里，色如漆。

清·顧炎武《肇域志·陝西·西安府·潼關》 醴泉，在古庵直下，水微有酒香，爲國之瑞，屢招鳳飲，旁有玉女神祠。

又 玉泉，在張超谷口。水色如漿，因置玉泉院。

清·顧炎武《肇域志·陝西·鞏昌府·文》 鐵窟山，其巔有泉湧，冬亦不竭。

清·顧炎武《肇域志·陝西·平涼府》 暖泉，在府城北。其水湧出，四時温熱。魚鳥菰蒲，宛若江南勝境。

清·顧炎武《肇域志·陝西行都指揮司·甘州左右中前後衛》 草湖泉，在張掖河西岸，數十處生蘆草，可收以飼戰馬。

清·顧炎武《肇域志·陝西·延安府·延長縣》 油泉，在翟水南。內有一孔，油水並出，油浮其上，水沉其下，居民取以燃燈。

清·顧炎武《肇域志·陝西·臨洮府·蘭州》 紅泥泉，在州東南十五里。出自皋蘭山麓，入於河。

又 梁泉，在州東南八十里。出金城之南山，即白石山下泉也。

又 萬眼泉，在州東北五、三十里。

清·顧炎武《肇域志·陝西·平涼府·平涼》 暖泉，元柳湖泉，出府城北。潭深數尋，溢出，灌溉諸園圃，冬暖不凍。

清·顧炎武《肇域志·陝西·漢中府·沔》 三泉，在縣西八十五里。舊大安軍東門外瀕江蒼石上，窪然爲泉者三，如車輪，如盤蓋，品列鼎峙，幽穴之溜，涓涓而注，汲者甫就擔，而泉複滿。

清·顧炎武《肇域志·陝西·平涼府·華亭》 東海，在州東北十五里。半山間有泉眼，東西長五里，南北闊二里。

清·顧炎武《肇域志·陝西·鞏昌府·隴西》 九十里曰西山，廣陽水出焉。有九龍泉，其泉冬春湧流，會於廣陽。

清·宋琬《安雅堂全集·跑馬泉》 出逢秋雨霽，坐愛石泉流。髡柳迷深岸，荒蒲接遠疇。

清·釋自如《上方山志》卷一《山水》 一斗泉，在象王峰半，美竹幽葩，流丹澄碧，陰巖滴泉，伏流入聖泉庵。

一斗泉在象王峰腰右，華嚴開山，驅龍索水，僅得一笠，瀉而成泉，故曰一斗。《上方舊志》。

清·陳維崧《陳維崧集·醴泉記》 掘地甫踰咫，水濈濈然佩環鳴，衆曰泉也。掬而漱之，甘。

清·閔麟嗣《黃山志定本·形勝·源》 煉丹源，在煉丹峰丹臺之下，煉丹水出焉，飲之令人壽。

又 香谷源，在天都峰下，長聞異香馥郁，不辨蘅薇。凡辨香以少蘭蕙之屬，以清梅荷之屬，以濃桂娑羅之屬以異，則不知何屬。

又 採藥源，在青鸞峰下，山涯水滸，藥草生焉。相傳爲黃帝採藥處。

又 湯泉源，在紫石峰下，源水流入湯泉溪。

又 擲鉢源，在鉢盂峰下，一名「丞相源」。深三十餘里，相傳爲宋丞相營菟裘處，或云陶學士，石刻尚存。

又 桃花源，在桃花峰下。從源溯而上，石潭如釜，爲藥銚。上別一潭，豐首銳體，爲藥瓢。又巨石束流如矢，望瓢中的即藥溪。沿溪至蓮花庵。

又 朱砂源，在朱砂峰下，源深莫測，惟聞水聲潺潺然。汪公榮和曾窮其源，不能至。

又 香林源，在獅子峰下，源中嘉樹林立，時發芬烈之氣。山中古木屑之皆香，亦一奇也。玆林殆不異栴檀者。

又 蓮花源，在蓮花峰下，水流入朱砂溪，與桃花溪合。

又 白鹿源，在石人峰下，源中昔有白鹿，奇毛勝雪，人獵之，莫能獲。

又 乳水源，在雲際峰下，味甘如乳。下有布水，流入白雲溪。

又 陰阬源，在疊嶂峰下，終古不見日景，涼風肅肅淩人。雖有四時，似缺三伏。源水東流入白雲溪。

又 五雲源，在浮丘峰下。相傳浮丘公於此乘五色雲去。

又 紫煙源，在容成峰下。常有紫煙籠蓋，是靈氣之所聚也。相傳容成子曾遊息源中，故源中多遺蹟。

又 紫芝源，在軒轅峰下。按《周書異記》，黃帝曾於源中採紫芝，迄今紫芝叢生。

又 浮丘源，在僊人峰下，峭壁嶄嶄。

又 阮公源，在上昇峰下。

又 布水源，在清潭峰下。山原畜於水聲，玆地上承靈液，濺灑之韻悠然。猿鳥不枯，松石咸潤，枕流漱石之客，耳根苦喧不苦寂矣。

又 翠微源，在翠微峰下，僻澗上夾青天，僧影盡碧。

又 僊都源，在僊都峰下。

又 龍鬚源，源在望僊峰下，源中產龍鬚草，長者可織席。

又 九龍泉，在九龍峰下，險同蠙室，朗晨霽午，山雨欲來。

又 甘泉源，在聖泉峰下，淙淙然如奏笙筑者，泉聲也。茸茸然如鋪繡綺者，靈草也。酌之，泉味甘美。

又 石門源，在碁石峰下，山如門，石如根，一徑坦坦，爲雲車鶴馭、犁雨綸烟、往來出入之所，是曰「石門源」。兩峰緬然與青霄連接，殆所謂重關天險者也。

又 碁石源，亦在碁石峰下，採藥人往往聞碁聲，持柯而進，冀庶幾一遇之。

又 石壁源，在石柱峰下。中有石壁峭舉，日近雲高，故源受斯名焉。

又 雲門源，在雲門峰下。雲門峰俗呼「翦刀峰」。蓋志不之名而見山者，咸以是名名。

又 百藥源，在布水峰下。源名「百藥」，藥實不止百也。辨者采，不辨者不采，采不若不采者之侈也。《本草圖經》恐亦未經物色。

又 石室源，在石牀峰下。石室深十餘丈，爰居處人世間小歇腳場，真安樂窩也。寄語死心學道人，當無爲青山白雲所待。

又 紅术源，在丹霞峰下，遍源生紅术。陰陽結氣，服之長生。

又 杏花源，在雲外峰下。曰杏花天，以春雨也，以夕陽也。曰杏花村，以流水也，以酒家也。曰「杏花源」，源也。皆杏花矣。山之香，水之色，蓝紅始之，飛白終之。

又 黄連源，在松林峰下。源中多産黄連。

又 柏木源，在紫雲峰下。源中多古柏，人行柏中，風來柏子落，其聲丁丁然。柏之枯掌掌片片滿空山，其音蹌蹌然。柏之翠，目及之。柏之香，鼻入之。柏之陰，身受之。柏之形，幹□焉，枝欄焉，葉屏障焉。人得而擬似之，近源人家爲室爲器爲薪，皆柏也，而柏不減其多，豈玉衡之精，獨鍾此地耶。

又 白馬源，在芙蓉峰下。相傳黄帝遊行之地。溪南有馬蹄石。

又 百花源，在飛龍峰下，奇蘊異萼種種。昔人詠野花「食客三千皆失姓，古詩十九不知名」二語，可爲此源寫照。

又 白龍源，在采石峰下，有布水自上趨下，如素虬倒飲，故其聲怒而遠聞。

清·閔麟嗣《黄山志定本·形勝·泉》 百丈泉，自湯口行三四里，即過此。幽篁古杉，漸逼峭蒨。又三里至湯泉。

又 湯泉，在朱砂峰下，長丈許，濶半之。泉口大如椀，湧沸石間，雖冱寒如温。春時色微紅，蓋朱砂泉也。水過熾石罅，别出寒泉流入池，温涼正適。屆冬則涸。讓池之温池左畔，碧蘚縈軟，一竅流垢，駛瀏靡停，隋滌隨潔，浴者快之。池上天生片石，覆池之半，爲泉廣，居然偎聚。嘉靖中，溪南某鑿石砌亭，惜哉！去池數十武有泉窟，亦芳温可浴，尚未池疏之鑿之，是在後之好事者。

又 法眼泉，在慈光寺，可供千鉢。有片石如雲，當之日闔石常留此。泉在山中，法眼一宗，於今未墜。

又 錫杖泉，在鉢盂峰下。東國神僧卓錫湧出。今在雲谷，傳供堂前所云靈錫泉者是。

又 天眼泉，在獅子峰。小泉滴瀝，雖亢沴不竭，其味甘。

又 瀑布泉，在雲門峰下。石林雲起，玉水布飛，遊人望樹頭百尺，大聲出其間者，瀑布泉也。立其下，耳爲之震，語不得聞。

又 飛雨泉，從湯寺遥望，山高泉落，其淙散珠飄，最爲可翫。

又 朱砂泉，在朱砂峯下。相傳軒帝取水鍊丹處。

又 澡瓶泉，在石門峰半壁，壁有石瓶，狀如杓柄，中有流泉出焉。

又 勝水泉，在蓮花峰脰，微有泉脈，安公疏泉成池，吴趨朱鷺，取經勝蓮義，題以勝水。

又 千秋泉，泉甚清澈。

又 丹泉，在煉丹峰偎人橋。水無定形，無定色，亦無定名。在佛爲法，在偎爲丹。飲之者果能知味，謂泉可，謂丹可，即謂一滴水具四大海亦可。

又 聖水泉，自湯寺泝洄桃花溪二里可至。又二里爲鳴絃泉。

又 鳴絃泉，由丹井上半里，有石若舸，對岸右皆懸石絶壁，壁下有横石長數十丈，狀如琴，中空，豐左殺右，泉從絶壁拂琴上，裊裊有聲。

又 落星泉，從停雪石入谷行半里，有泉潨然，勢如遊龍飛虹，雪翻谷鳴，注石而成科坎者，三盈科復下，衝激而成坎者五，曰落星泉，即今鳴絃澗。澗名而泉隱，人能名澗不能名泉也，特表出之。

又 三昧泉，近天海庵，其水清且漣漪。

又 秋泉，在石筍矼左壑右臺下，天成二小池，可留水三四斗，不事甃治。佘書升獲於立秋日，因名秋泉。

清·閔麟嗣《黄山志定本·形勝·井》 丹井，在白龍潭，亂石間，井故弇口而淺中，其上斜倚大石，如覆護然。底若螺旋，乃窌五色卵石爲壘。中央粹白者，不啻珠玉。石上一孔環尺有咫如規，測之半仞。清泉冷然，率天成無斧鑿痕。「丹井」二字，汪司馬道昆題。

清·屈大均《廣東新語》卷三《白雲山》 月溪下有九龍泉，流爲大小水簾，志所稱重重挂玉簾處。

又 其大水凡二，其源於月溪者爲溪一，曰雙溪，溪本一而名曰雙，以其上爲月溪，而下復爲此溪也。溪上瀑布交流，陳宗伯嘗築邀瀑亭焉。其源於泰泉者爲澗一，曰蒲澗，澗流爲溪者二而湖一。

清・屈大均《廣東新語》卷三《西樵》 凡泉三十有二，其一在噴玉巖，一在錦巖，一在漱玉巖，二在垂虹洞。左右交流，如雙虹下飲，故曰垂虹。又有二泉在雲谷，谷中群峰迴合，勢若層城，有白沙書院，瀑布左右夾之，合流行石上，委曲數里，從巖頂噴飛，因名其下巖曰噴玉。又有泉二，在天峰左者曰左天泉，右者曰右天泉，合奔雲谷，注於九曲之溪。有二亭，曰左瀑，曰右瀑，以收其勝。其在廣郎洞口者，凡作三級，透迤而下，冰轟雪吼，倒射青冥，勢益暴。又一在水簾洞，是曰水簾，爲九曲溪下流，披灑壁間，霏微若珠箔。又一在雲端村，其曰瀉錢泉者，從空細下，傾擊有聲，石薄巖虛，琮琤相應，亦一瀑布也。其在碧玉洞者，擘厓而出，橫直恒無定勢，餘氣爲煙爲霧者，冥濛竟數十丈，望之常若非泉然。蓋自噴玉巖至此，爲飛泉者十有三矣，而以此碧玉之瀑爲最奇。予嘗冒雨從飛玉臺至泉頂觀之，絶愛友人陳中洲「壁立一片雪，風含白雲端」之句，書于石上，以與山中人共賞。是山故多泉，諸飛泉外，其迸出石間者，或仄或湧，爲乳爲湯，大瀾小淪，無不極其變怪之態，盤舞噴薄，響振一山。

清・屈大均《廣東新語》卷三《三白水山》 上有天池龍井，注爲飛泉，一派十三疊，一疊一狀，或橫或直。在壁中則直，在壁外則橫，各隨石壁之勢。

清・屈大均《廣東新語》卷四《潮水泉》 韶州清溪驛東五里許，有潮泉。泉有雌雄，雄大而雌小，一雄長則一雌消，日凡三長三消。初以雞鳴，次午次酉。消則涓滴不留。惟秋冬間泉無消長，乃有細水長流。土人以泉應潮，名曰潮泉。

清・屈大均《廣東新語》卷四《豐湖二泉》 惠州豐湖有二泉，曰清醒，曰古榕。清醒在豐湖南姚坑，泉口僅如盂，日汲數十石不竭，水比他泉稍重。古榕在湖峰西麓，迸出石隙，甚芳冽，清醒則甘。然冬盡春初，古榕泉味復與清醒埒，清醒不變而古榕獨變，亦異甚。

清・屈大均《廣東新語》卷四《醴泉》 醴泉，在開建縣一里，從石中流出，味甘如醴，一名酒井，人聲一呼，輒有白沙滾起，泉隨沙上，涓涓不息。

清・屈大均《廣東新語》卷四《壽泉》 壽泉井，在興寧東二十里，每大雨，諸坑塹濁水交流于井，井水獨清，土人名其地爲井子唇。濁在唇而清在腹，汲者去其唇之濁，取其腹之清，味甚甘，飲之多壽，是曰壽泉。

清・屈大均《廣東新語》卷四《三泉》 瓊州有三泉，其在府城東北者曰雙泉，相去咫尺，一甘一鹹異味，蘇子瞻名曰洄酌，有詩云：「酌彼兩泉，挹彼注茲。一缾之中，有澠有淄。」其在州北郭三里者曰粟泉，出石罅中甚甘，泉底多銀沙星，有粟葉長青，時時浮出粟米，啖之香美，子瞻名爲粟泉。或曰泉非真浮粟可食者也，泉脈上湧細白沙，累累若浮粟耳。凡佳泉多兑之所出，乃天地血脈之水，最養人。山中石泉，則天地精髓之水，坎之所出，味寒冽，不甚養人。此泉與大澤相通，又含粟米之氣，是真可以久服者。

清・屈大均《廣東新語》卷四《甕泉》 甕泉，在龍門南四十里，有石甕七，大者徑二丈，小者一丈，其深莫測。上有泉，自石間湧出入於甕，濤聲春天，如雷闐闐。

清・屈大均《廣東新語》卷四《十三疊瀑布》 春州十三疊瀑布，爲天下飛泉之冠。廬山三疊泉方之，尠如也。予詩云：「匡廬三疊挂虹梁，復有黄山九疊長。爭似春州十三疊，交飛白水一天涼。」又云：「陽春白水十三疊，勢比增城白水長。更有崆峒巘洞好，龍床偃臥絶清涼。」

清・屈大均《廣東新語》卷四《温泉》 電白縣西三十里，有冷水池。池中有温泉噴出，縷縷如貫珠，至溪則怒流澎湃，觸石生煙，熱乃愈甚，一二里猶炎蒸，鬱鬱不散。其餘山谷，亦有温泉四湧，遥見火云蓬勃，丹氣炎熅，行者莫不汗流浹體。泉微作硫黄氣，其熱可以湯雞瀹卵，而寅、午、酉三時尤灼，他時則稍殺。

又 西北二百二十五里，有大坪温泉。而海岱温泉有四，與椰木橋水尤熱。曲江東南五十里有温泉，每霜雪時，益沸涌，炎氣雲浮，以熟生物，與炊者等候。然時有細赤魚遊其中，弗爲灼也。化州有温泉，在州北，爲羅水之源。遂溪有温泉，在瀏洲，其泥黑，以浣衣可白如雪。新安有湯井，在玉勒村，秋冬嘗有煙氣。新會有湯湖，在城西南一百十里，迤邐長溪，中流一帶，其熱如湯，上下之流皆冷。東安有熱泉，在城西南之西山。從化有温泉，在縣東山麓。陽山有温泉，在龍阪灘側。翁源有温泉，在縣北桂竹峒，與韶城通，常有芝麻浮出。龍門有温泉二，一在縣西十里，一在縣南六十里。清遠有温泉二，一在邑東滙江陽塘村，一在邑西善化鄉。樂昌有温泉三，一出冷君山下，一出縣北之周山，一出九峰湯塘。始興有温泉，出靈水源上，當隆冬時，蒸氣數丈。凡二井，上浴而下烹。又有四温泉，一出涼源，一出躍溪，一出葫蘆洞，一出清化。興甯有温泉三，一出吉湖傍，既泛湖滑，復潛行地中，自竇湧出，居人燖盥以爲常。一出南墩，其一出北墩尤熱。一出縣南泥沙中，廣可百尺，如蟹眼者百餘。河源有溫泉六，一在和溪，一在黃沙，一在熱水，一在立溪，一在黃田，一在康和。和平有溫泉三，一在湯坊水，一在馬塘江，其一在浰頭者尤熱。長樂有溫泉六，曰雞子嶂，在縣東南三十里。曰下埠，在縣東南六十里。曰排嶺，在縣東南七十里。曰橫陂，在縣東南五十里。曰大渡，在縣東百里。曰嵩口，在縣西二十里。海豐有溫泉，在縣西北鵝哺嶺下。潮陽有溫泉二，一在新田山後，深廣四五尺。一在縣西坤柄山，地曰湯坑。饒平有溫泉，在東十里湯溪，流爲別溪者三，入于海。惠來有溫泉，在西坑，冬時益熱。平遠有溫泉潭，在城東南五十里鐵礦山側。瓊山有溫泉，在縣南西黎都上十三峰下。文昌有湯泉，在縣南五十里多尋都，周百餘步，冬夏常溫。樂會有溫泉二，一在縣西上北偏鄉，一在城南十五里。嘉濂小河之側，名溫泉河。萬州有溫泉，在西四十里普禮村，凡五六所，而西田埇者尤熱。陵水有溫泉，在西北五十里。崖州有溫泉，在篦簩嶺下。又有熱水塘，在州北三里。感恩有溫冷池，在城東十里許，池週三丈，中分兩脈，一溫一冷。又有溫湯泉，在城北七十里。昌化有水曲泉，在縣南黎都，四時恒溫。澄邁有溫泉三，一曰南滾泉，在縣西封平都田中，夏冷冬溫。一曰滴豔溫泉，在縣西青嶺東。一曰水曲泉，在縣南黎都，四時常溫。臨高有冷熱泉，在縣西南百里，其源自討倫嶺，中分冷熱。信宜有溫泉二，一在譚峨鄉，一在縣城南半里許，春夏溫，秋冬大熱。羅定有溫泉二，一在平寶白龍堡柏水坪，一在云際山麓，廣二尺，一名雲沙。陽江有溫泉二，一出北慣官路南，秋冬尤熱，氣蒸蒸嘗若煙霧，一出南河蚺蛇岡東。陽春有溫泉二，一在城東之南鄉，方廣四丈，深二尺，香潔無硫黃氣。一在城西北丹竹村，廣可三丈，長四尺，深半之。恩平有溫泉三，一在那吉峒，一在雲立山，一在仕峒之馬蹄岡。石城有溫泉，在縣東北八十里，石洞山之北，冬夏如沸。龍門有熱水潭，在鸕鷀石上，隆冬水暖可浴。靈山有旺泉，冬溫而夏涼。蓋嶺南十郡，無地不有溫泉，而泉又善變，忽寒忽熱。蓋五金與八石相爲制化故也。其多夏涼，則以夏時火在天上也。多冬熱，則以冬時火歸地中也。

清·屈大均《廣東新語》卷四《龍井》 西寧治東五里，山半有龍井，大僅尺許，深五寸，滲出沙中，不盈不竭，飲之味洌以甘。

清·屈大均《廣東新語》卷四《官井》 樂昌治東南百步，石上有湧泉數穴，味甘洌，名曰官井，亦曰玉井。井水流入小溪，潺潺有聲。上有古榕數株，垂陰茂密，人家列居其旁，不用繘井，而水無不至滿而溢焉。則溪分兩道以流之，溪之水爲其所奪，濁而使清，輕而使重，溪蓋有厚幸焉。凡井水從地脈遠來者爲上，近爲江湖所滲出者次之。玉井伏流山谷間，至此趵突而出，乃天然美泉，非井也。

清·屈大均《廣東新語》卷四《西樵三十二泉》 西樵有三十二泉。其出於大科中峰之南，天峰之北，東流兩崖之下，瀉于雲谷者爲左天泉。南自福老峰，流於天峰之南，瀉于雲谷者爲右天泉。二泉最高，西樵第一泉也。雙流過仰眠峰，飛瀉於噴玉巖下，出於大坑。又南則四峰之泉，注洗研池，出于匡子坑，流于九龍洞，出于西坑口，至于大坑，會噴玉泉而東，入于江。西則煙霞洞泉，伏流洞口，會于錦巖泉，又會于鐵泉，又會于龍泉，流于石子田，瀉于樂堯莊，爲左垂虹泉。其雲端井泉二溢，流于龜頭社，瀉于樂堯莊，爲右垂虹泉，合流洞口，出于羅漢巖，達于黃岡，而西入于江。北則大科村泉，流於西竺，會于寶鴨池，西出會于飲馬泉，南下爲瀉錢泉，歸於天湖。其碧雲三泉，一出流清館，一出山坳，一出村邊，盈積五六池，瀉于觀翠巖，北會于階梯泉，與貴峰大槽之泉，歸于天湖，流出于豬坑，注無底井，又注于官山下，而北入于江。南則雲路二泉，流于村南，出於大紫山下帽峰，達于江村而南入于江。噫。一山之巔，九十六峰之間，飛泉四出，其多若此。

清·屈大均《廣東新語》卷四《日月一泉》 廣州城中有日月二泉，日之泉每夜輒有一日在其中，月之泉每夜輒有一月在其中。日泉今失其處，惟月泉在金華大人廟神座下，有巨石覆之。又有星泉。

清·顧祖禹《讀史方輿紀要》卷一一《北直二·房山縣》 杖引泉，縣西南六十里。泉水湧出，匯而成溪，流經涿州東南，入胡良河。

清·顧祖禹《讀史方輿紀要》卷一一《北直二·昌平縣》 虎眼泉，在州西八里舊城下。一作「馬眼泉」，流經州東南豐善村入榆河。《河漕考》「大通河出白浮村神山諸泉，過雙塔、榆河會一畝泉、虎眼泉，至府城西會玉泉」是也。

清·顧祖禹《讀史方輿紀要》卷一四《北直五·真定府》 大鳴泉，府西二十里。西韓河發源處也。又有韓家、曹馬口等泉凡四十餘穴，溉田百餘頃。又雕橋泉，在府西十五里。橋跨西韓河上。其下有泉四十五穴，歲久淤塞，明宣德初重濬以溉田，大爲民利。

清·顧祖禹《讀史方輿紀要》卷二七《南直九·石埭縣》 龍巖泉，縣西四十里。清洌而甘，大旱不竭，鄉田賴以灌溉。又蕭侯陂，在縣北。明成化中縣令蕭環所築，有二溝交流，瀦此溉田，民被其利。清水灣，或云在縣南。元至正十二年星吉復池州，分兵攻石埭諸縣，進據清水灣，大破徐壽輝將趙普勝之兵是也。

清·顧祖禹《讀史方輿紀要》卷二八《南直十·含山縣》　馬跑泉，縣北十五里。即昭關泉，繇縣西清江斷澗入縣河。俗傳伍子胥過昭關，馬跑泉出，此其遺跡云。宋紹興末張浚於昭關築城，置水櫃以遏金人，即此泉也。

清·顧祖禹《讀史方輿紀要》卷三一《山東二·濟南府》　趵突泉，在府城西南。一名瀑流。平地湧出，蓋濟水伏流重發處也。曾鞏曰：「泰山之北與齊東南諸谷之水西北匯於黑水灣，又西北匯於柏崖灣，而至渴馬崖，水之來也衆，其北折而西，悍疾尤甚，及至崖下，則泊然而止。自崖以北至歷城之西，蓋五十里，有泉湧出，高或至數尺，土人名曰趵突。齊人謂嘗有棄糠黑水灣者而見之於此，蓋泉自渴馬崖潛行地中，至此復出也。其水冬温，泉旁蔬甲，經冬長榮，故又謂之温泉。其注而北則謂之濼水，達於清河以入海。」金線泉，在城西。石甃方池，泉亂發其下，東注城濠，澄澈見底。波心南北有金線一道，隱起水面，因名。又珍珠泉，在城中。有二：南珍珠近東偏，今塞；北珍珠泉在城東迤北，今入德府中。泉瀑如珍珠，匯流入大明湖。又有舜泉及杜康諸泉，俱在城内。曾鞏曰：「齊多甘泉，甲於天下，其顯名者以十數，而色味皆同。以予驗之，蓋皆濼水之旁出者也。」《一統志》：「濟南名泉七十二，趵突爲上，金線、珍珠次之，餘者不能與三泉侔矣。」

清·顧祖禹《讀史方輿紀要》卷三五《山東六·安丘縣》　雹泉，縣南四十里。自石罅中湧出，綿綿不絶，東流入濰水。又沸泉，在縣西四十里，泉出如沸，東流合城西之靈河，又東亦入於濰水。又縣西七十里有温泉，以四時皆温而名。

清·顧祖禹《讀史方輿紀要》卷四三《山西五·和順縣》　飲馬池，在縣境西山之陰。水甚清澈，相傳石勒飲馬處。又有漚麻池，在縣東北三十里李陽邨，《志》以爲即石勒與陽所争者。萬水泉，在縣東六十里，流合漳水。

清·顧祖禹《讀史方輿紀要》卷五四《陝西三·朝邑縣》　苦泉，縣西北四十五里。水鹹苦，羊飲之而肥美，唐因置豐羊牧於泉側。《唐書》「永徽二年以同州苦泉牧地賜民」，即此。又縣有太白池，在縣西南四十里。

清·王士禛《池北偶談》卷二《談異一·趵突泉異》　濟南趵突泉，地中湧出三尺許，餘則方塘漫流，清鑒毛髮。康熙庚戌，藩臬置酒，邀提督楊宫保捷，忽大雷雨，龍首入户，泉湧起丈餘，水大上。諸公急呼騎，水頃刻及馬腹，踣墜而死者數人。從來未有之異也。

清·田雯《黔書·山水》　百盈、噴珍之泉，胭脂、神魚之井，亦得豎碑於淵底也。

清·田雯《黔書·扁趵泉》　貴陽城西，岡巒稠複，石徑縈紆，衆山之間有泉一泓。瀏然清淺，廣不數尺，輕風徐來，波鱗微動，盡一晝夜，其盈其縮以百爲度。

清·田雯《黔書·扁趵泉附賦》　富水之西，去城五里，峰迴逕轉，隱軫駢闐。在彼中阿，有流出焉，名曰「百盈」，字之「聖泉」。庱庱溯溯，潛潛涓涓，虎鬚方聚，魚目更煎。閱寒歷暑，不知歲月；置準其中，以驗後先。俯仰升沉，罔越罔愆；蓂莢謝榮，璣衡廢旋；重黎解放，常羲罷占；綫景徒測，葭灰徒然。蟻運周髀之磨，儀渾顓頊之天。麟朴修墜而未精，郭許晰理而難詮。

清·田雯《黔書·雙井》　習安城東北隅一井，名雙井。上有石欄，居人汲左以炊則色紅，汲右以炊則色白，是豈可以尋常理道求哉？

清·張英《南巡扈從紀畧》卷七　上觀珍珠泉，池四圍甃以石，從可四五丈，横可六七丈，清泉澄澈，中有游魚，大者二尺，小者數寸，鱗鬣皆見，時有珠湧起。

清·韓則愈《雁山雜記》　雁山之泉，無處不佳。以水從石出，無泥渣渾濁，故與他處不同耳。

清·汪洪度《黄山領要録·浮溪》　山中空，而泉實其腹。諸峯之泉匯而爲二十四溪，皆由太平逕涇縣至蕪湖入江，惟浮溪出雲門峯，爲豐樂水之源，東南流入歙。距雲門二十里有橋曰「浮溪橋」。《志》稱：浮溪以上舊有老梅萬樹，糾結石罅間，實時溪路險隘，人不能盡。采以供猿鼠，猿鼠亦不能盡食也。任其摽落，實復爲樹，遂鬱而成林云。

清·汪洪度《黄山領要録·朱砂泉》　泉之温，率硫之華也。天下泉之不藉硫而温者有三：驪山以礜石，安寧以碧玉，黄山以朱砂。朱砂泉在香泉溪上，石池天成，長丈許，廣半之，深不踰三尺，瑩澈見底，旁有欹石，碧色可枕，上蒸汽如甑，下布細砂，砂中沸泡噴湧，蟹眼、魚眼以次而升，旋復成珠，迸散而四射。沸處砂熱不可擱，魚蝦誤入輒斃。而水中苔蘚，終古不變蒼翠。春時色微紅，夏秋水過灼，則石罅别出寒泉瀉入，温涼適劑。至冬而别派竭，水加灼焉。左畔小石竅水□□□從竅流，借穢濁以出，駛疾靡停終日，人浴而垢不積。舊有片石覆池之半爲天生泉，乃不知何年鑿石甃亭如橋孔，遊者惋惜至今。大曆中，刺史薛邕就立廬舍，設盆杅，以病入浴者多愈。【略】凌晨水變赤色，地勢傾動，波沸湧聲如雷，【略】曰是朱砂見也。【略】成化中，泉赤三日，人無知者。一僧浴之，壽踰百歲。萬曆乙卯朱砂見，徧溪皆赤，香聞數里。天啟中，佘書升浴湯泉，見鼠長尺餘，純赤色，從地躍出，曰「朱砂鼠」。《志》稱：山有湯泉二，此爲上池，溪流數十步爲下池。下池又分爲二小者，稍隘，大者廣倍之而無覆石。

清・汪洪度《黄山領要録・桃花源》 故老相傳，桃花峯下沿澗舊有桃花數萬株，花時競□，徧山皆赤，名桃花澗。花落隨流而下，名桃花浪，入湯泉名桃花湯。邑人佘書升建菴於澗上之谷中，舊名「藥谷」。曰「桃花源」。

清・汪洪度《黄山領要録・鳴絃泉》 沿香泉溪行數里，中像類分明，呈奇獻巧者無窮，視之皆石也。【略】入谷行半里，有泉泠然注石，而成科者三，盈科復下，衝激而成科者五，光粲粲然，曰「落星泉谷」。折而陘，有石倚巖坼裂曰「劍石」，其下皆溪。溪中亂石間有井，弇口而溓，中底如圓盎，受水十斗許。下積五色卵石，出石成斛，底如故，不能測其所窮。

清・汪洪度《黄山領要録・九疊泉》 循苦竹溪十餘里，古木深林，交柯接蔭，石級遞引直上青天，中有亭曰「天紳」。坐亭中，雨耳風濤聲無斷續者，對山峽中泉鳴也。仰視泉飛處則瀑，瀑渟處則潭，潭復注下，則又瀑數，其潭則九也。當峽静水緩時，潭色澄虚如一串緑珠分散峽中而嵌之。大雨過，激湍怒浪，盤旋衝擊，覺徧山飛溜，盡爲瀑□，以助其肆。秋末深林，木得霜丹黄錯繡，色與山翠相間。練帛一道，半隱半露，蜿蜒雲中。《志》一稱九龍潭。從亭右折而上，回顧九疊，忽在下，聲亦漸遠。然其源罕有能窮者。

清・汪洪度《黄山領要録・逍遥溪》 雲谷後踰二嶺徑中源菴舊址，又里許，礫没骭，箐没頂，望空明以趨，徑窮壁轉，溪水硌硌出絶□中。漸進闊復得曠豁者，逍遥溪也，一名「錦魚溪」。沿溪水石相半，石峻嶒詭變，蹲者、昂者、削者、輪囷者，皆透通宛轉。一石各具一態，人行石上，水行石下，呼吸之聲相應。乍舍礀而凌峭，猿鳥幾不能至。有朽木梁之履而中折，捫壁作蝸，延復振起，跉踔以免。溪有三源，一源中出，東西源夾之。東力稍勁，則合中西以敵，激鬭方石間。

清・高士奇《塞北小鈔》 駐蹕石盤峪，南峪内有龍潭，百步許，形如石盆，水深無底，相傳有龍時見。

清・張鵬翮《江防述略》 （洋山）唯山嶺一泉，清淡可汲。

清・陳焯《浮山志》卷一 白水門，在鴉髻峯左最高處，望飛雲上界，三峯隱然相接。上當兩山之凹，下臨千仞之谿，爲浮山諸水關鎖，即爲酥醪洞諸水匯之源，故曰水門。

又 暗流水 飛清之上石澗三百步有暗流水，來源至此，蹤跡全無，幽杳之中，砰磅訇磕，聲如地雷，人坐石上，尋覓不得。歷盡一重，從空跑突，別有奇觀。

清・陳焯《浮山志》卷二 艮泉在白水門峽流六七里，原名山背水。

又 艮泉之勝以水石。水自谷口入，一折一瀑，瀑下即注成潭。潭作青黑色，不可逼視。瀑注潭不即瀉，由潭底噴薄而上，鼎沸珠散如碧琉璃，中罩飛絮千萬朵，自潭奔注，或掛如晶簾，或蒸如翠金，忽而兩旁石壁夾束成渠，如修蛇赴穴，不得蜿蜒，拗怒益力，忽而巨石如船，中流屹峙，如海客乘槎上衝。

又 洗耳泉當即《指掌圖記》之小水簾洞，故記云此處多隱者庵。羅山本有水簾洞，在雲峯岩下，宋留丞相、張秘書讀書處。鄒師正以所稱無別，故以小名。《謝里甫遊記》「入石洞，觀洗耳泉。至則山頂大石，不知何時墜落，泉由石面平流，不從上滴下，失洗耳妙趣矣」。余觀之信然。小水簾之景，其變遷以此。

清・陳焯《浮山志》卷三 唐寅《湯泉記》過水北十餘里，得白水山。山行一里許，得佛跡院。院中湧二泉，其東所謂湯泉，其西雪如也。二泉相去步武間，而東泉熱甚，殆不可觸指，以西泉解之，然後調適可浴。意山之出二泉，專爲浴者計哉！或説炎州地性酷烈，故山谷多湯泉；或説地中硫黄，水中即温，初不問南北。臨潼湯泉，乃在正西，而炎州餘水未必皆熱，則地性之説，固已失之。然以硫黄置水中，水不能温，則硫黄之論亦未爲得。吾意湯泉在天地間，自爲一類，受性本然，不必有待，然後温也。凡物各求其類，而水性尤耿介。得其類，雖千萬里而伏流相通；非其類，則横絶徑過，十字旁午而不相入。故二泉之間，不能容尋常，而炎涼特異如此，蓋亦無足怪者。吹氣爲寒，呵氣爲温，而同出於一口，此其譬也。

清・陳焯《浮山志》卷四 蘇軾《詠湯泉》 積水焚大槐，蓄油災武庫。驚然丞相井，疑浣將軍布。自憐耳目隘，未測陰陽故。鬱攸火山烈，觱沸湯泉注。豈惟渴獸駭，坐使癡兒怖。安能長魚鱉，僅可燖狐兔。山中惟木客，户外時芒屨。雖無傾城浴，倖免亡國污。

又 洗耳泉 長嘯吹高松，流影亂泉水。祇恐雲未深，有人來洗耳。

清・陳焯《浮山志》卷五 艮泉 四百擅名山，仙人水石寰。誰憑五丁手，更破老天慳。鯤徙南溟遠，龍眠白日間。清泉觀止止，流不到人間。

又 羅浮雜詠　飛瀑萬千道，空中雷雨鳴。出山泉盡濁，惟有艮泉清。

又 遊白水門觀瀑布作歌　登此山者必長生，飲此水者必不死。紅葉如桃花，流出八瀛九萬里。緑苔兼菖蒲，壽過一部廿二史。我觀羅浮三千六百丈之瀑布，如讀皇甫一十二萬年之帝紀。上至九天，下至九淵，吾不能見其首，亦不能見其尾。前有千古，後有萬年，吾不能知其終，亦不能知其始。咄哉造物真奇詭，顛倒英雄如傀儡。飲石泉兮蔭松柏，有人疑我爲山鬼。對此無言惟叫絶，石上徘徊不忍別。無人爲我鎸姓名，自將名字留花葉。日暮空山生白雲，更呼山鬼禮雲君。抱琴獨下空山去，海水天風亦不聞。

清・陳鼎《滇黔紀游》　紫池，即紫泉，發源於鬱江，乃遯水與牂牁江之源也。流入洞庭，滙于大江而入海。

扁釣泉，在會城西十餘里，黔靈西南山中，廣不盈尺，一晝夜百盈百縮，置表以測，莫之或爽，俗呼百刻泉，又名百盈泉，又名聖泉，味甘而冽，久服可愈瘋、黑髮、駐顔、卻老。

又　安寧州有温泉，甲於諸泉，稱三絶。第一無硫氣；二則身有垢，不假澣濯，入水俱浮；三、有疥瘡者，一澡即痊。

清・陳鼎《黔游記》　憑虚洞，去新添衛十里，衛省，入貴定縣矣。洞深十里，中有瀑泉，聲如雷吼，俗呼「母珠洞」。下五里瓮城橋，長百餘步，其水入蜀。

又　龍井在會城内西北隅，冬夏不竭，大旱三年亦不涸。泉甘而碧，合城皆賴之。

又　谷水龍，在會城西南五十里，有大寺，容衆數百。去寺十里，有泉從石壁流出，甘美清碧，居人咸飲之。遇有兵變，則色赤如血。

又　羅漢洞，深十餘里。中有泉一泓，其色如黝，甘香清冽，煮茗則色如渥丹，飲之唇齒亦赤，七日乃復。

清・查慎行《廬山紀遊》　三峽澗之源自五老、漢陽、太乙諸峯下，合白水、漕没泉、桃林澗、長壠、黄石港、萬壽源諸水，大小支流九十有九，皆滙於此。從高而下，遠者三四十里，近者數里，散行亂石間。

又　舊有朝淙亭，亭下有聰明泉，志謂「泉味甘於瀑布」，今泉存而亭廢。

又　宋僧若愚鑿大石槽，承以石柱，連絡數百丈，引瀑入庖湢約里許，至漱玉亭。亭之西峭壁萬仞，瀑布從雙劍峯東下，至布水臺，峭壁間縣掛數十百丈，爲龍池所吞。池廣數十餘畝，上有磐石，側埋横截，旁通一罅，水爲所束，矯如白龍，曳尾而下，復有澄潭受之，當其噴激，人意與之俱怒。及其渟泫涵蓄，觀者亦不覺氣之平矣。

又　鵝池在寺後山上。池側大石，多名刻。上有玉簾泉，出金輪峯下。其相近爲流水厓，上有龍潭，水自遠山奔注，即馬尾水。稍東又有一滴泉。皆自鵝池下流入鷲谿。

清・季麒光《臺灣雜記》　水沙漣，在半線東山中。方數丈。其口似井，水深而清。天將雨，潭中發響，水即混濁，溢出潭外。

清・葉封《嵩山志》卷八《形勝六》　七星泉，在七星嶺下，《嵩書》曰：「泉自山出，七孔相連。」

清・葉封《嵩山志》卷九《形勝七》　跑馬泉，在太室東，相傳有神馬跑，地泉出，今有馬跑村。

又　車箱潭，兩崖壁立，水渟不流，狀如車箱。

清・許纘曾《東還紀程》　金蝦蟆　雲南永寧城外，有曹溪寺，殿左右各有一泉。西泉稍大，水從底湧出。東泉止闊七八尺，長丈餘，深不及尺，有小龍王祠。泉口鑿龍頭，泉從龍口漬出，潮至則水湧過龍首。溢溢流注，每日或三次，謂之聖水三潮。然亦有日不至，或一二志者。水中有金蝦蟆，時時出遊。

清・孫廷銓《顔山雜記》卷一　初至第三潭，潭淺而澄，寒石相依，寂寞幽潔，若爲冬意所束。又百餘步，則第二潭，皆氷矣。石氣互映，不可辨氷。上有枯樹痕，勁枝頹榦，皆如畫。復進，則石之或植或臥，咸丈餘，錯礪相承。初謂徑且窮，既數踰之，衣袂泠有聲，受吾趾者，皆若奔雲積雪。目力所聚，惟蒼寒肅肅而已。初潭淵瑩秀徹，石環之，以鑑其古貌，嵯峩參差，大者箕踞，小者旁睨。

又　大洪泉又名白雲泉。在鳳嶺之陽，阿巉岩壘壘相承如版幹，怒濤裂石而出，水竇處可濶八尺，高六七寸，傾岩争吐，石淙懸注，下激深潭，驚湍急峽，恍忽動摇。每清秋霽夕，緣溪洄溯，雪浪飛寒，覺微風扇於蘋末。臨石徙倚，如霧露沾人。雖去之，若遥砰雷之聲，猶自在耳。

又　藥王泉　出大洪泉下。白石硍砢，荇芹蒙密，吹浪翻瀾，汩汩四出。以上承洪泉之頹波，不辨其際，但覺水面至此乃突而高。洪水有涸，此泉不絶。

又　支離泉　出鳳山峽口。本沙泉細水，而枯旱不竭。

又　二女泉　出城南峩嶺之北麓，東西有二泉。東泉清深，珠而不藻；西泉淵闕，藻而不珠。

又 范泉 出東阜范文正公祠堂下。祠前臨秋谷，澗道迴合，舊富喬木。

又 張一泉 皆出西山，旱溢無時。夏秋水漲，則粼粼成川。同爲沙溝河，以達孝水。

清·張廷玉等《明史》卷四二《地理志》 輝府西北。元輝州，後廢。洪武元年九月復置。十二月降爲縣。西有太行山，西北有白鹿山。又有蘇門山，一名百門山，山有百門泉，泉通百道。其下流爲衛水，故又名衛源。又西南有清水。

清·張廷玉等《明史》卷六一《河渠志三》 閘漕者，即會通河。北至臨清，與衛河會，南出茶城口，與黄河會，資汶、洸、泗水及山東泉源。泉源之派有五。曰分水者，汶水派也，泉百四十有五。曰天井者，濟河派也，泉九十有六。曰魯橋者，泗河派也，泉二十有六。曰沙河者，新河派也，泉二十有八。曰邳州者，沂河派也，泉十有六。

清·沈德潛《古詩源》卷一《書井》 原泉滑滑，連旱則絶。取事有常，賦斂有節。

清·吴焯《徑山遊草》 香水海泉生石上，謹容一拳，深半尺，水多不流，旱亦不涸。果是須彌同一粒，何妨杯水説神通。盤窩不見涓涓迹，收拾滄溟石钵中。

清·張侗《卧象山志》卷一《雲鏡泉 黄姑確》 再西北折歷四百級，漸聞水音，漩劃而騁駼，曰雲鏡泉，水乳白，味甘，飲人無宿疾。其下爲黄姑確，泉水濺其上，軋軋作投杵音。

清·黄叔璥《臺海使槎録》卷三《赤嵌筆談》 北路阿拔泉、虎尾溪，源同出水沙連；經牛相觸山口，二水分流。阿拔泉極清，虎尾溪極濁，水性湍急，最爲深澗，西流二十餘里入地，伏流於海。

又 湯泉南路二：一在澹水社，出赤山，水流如湯，亦無定處；一在大滚水山，山不甚高，其上瀵湧出泉而温，故名。相去十餘里，又有小滚水山，脈絡相屬。北路二：一在玉山最深處，泉流氣蒸如沸；一在大雞籠隔港山朝山内。康熙辛丑，我師與賊戰於鯤身，正值炎歊；隨地掘尺餘，皆甘泉。

又 郡治濱海，各井皆澹水，微苦鹹；惟傀儡山馬兵營井極清冽，爲郡中第一泉。安平城上，紅毛井水高於海，而味亦甘。彭湖居海之中，井亦澹水，以觀音亭、副將署二井爲最。

又 萬壽亭一泉，屯兵萬餘，汲取不窮，今名萬軍井。

又 龍目井有二：南路阿猴林内竹仔寮兩井相連，狀如龍目，因名；北路大雞籠山之麓，下臨大海，四周斥鹵，泉湧如珠，甘冽異諸井。

清·戴名世《戴名世集》卷一〇《游天臺山記》 行十餘里至華亭，觀石梁水。一自康嶺來，一自華頂來，會于雲華亭之左。凡三折至石梁下，則洶湧澎湃，滚滚而去。

清·戴名世《戴名世集》卷一〇《龍鼻泉記》 鼻端有小孔出泉，水時時下滴，飲之清寒，雖盛暑如冰。鼻上下皆有石若爪，爲攫拏之勢，半露半入石中。遊者或歌或笑，或奏管弦，聲輒繞石罅中悠揚不即出。

清·戴名世《戴名世集》卷一〇《游大龍湫記》 大龍湫，爲天下第一奇觀。水自雁蕩湖，合諸溪澗，會成巨淵，淵深黑不可測。其側有石檻，中作凹，水從凹中瀉下，望之若懸布，隨風作態，遠近斜正，變幻不一。或如珠，或如毬，如驟雨，如雲，如煙，如霧，或飄轉而中斷，或左右分散而落，或直下如注，或屈曲如蜿蜒。下爲深潭，觀者每立於潭外，相去數十步，水忽轉舞向人，灑衣裙間，皆沾濕，忽大注如雷，忽爲風所遏，盤溪横而不下。

清·戴名世《戴名世集》卷一〇《温泉記》 温泉在舒城縣東南七十里山間，泉出石下，沸而出，若釜中湯然。

清·陳毅《攝山志》卷一 珍珠泉 泉纚纚出石間，歷澗而下。相傳遊人拍手呼笑，則白珠點點上浮，晶瑩可玩。

又 左則泉流縈帶隱約旁達者，曰中峯澗。澗出一泓，流自石隙，其色正白者，曰白乳泉。

清·陳毅《攝山志》卷五 其左流泉縈帶者爲中峯澗，澗出一泓，流自石隙，中色正白者爲品外泉。

又 石蓮中擊鑿爲泉眼，水引自下，而滴自上，泠泠有韻可聽。

又 下爲中峯澗，泉流縈帶，溪徑窈窕。

又 卜有白乳泉，其迹已没，水若沮洳然。

又 東峯之泉有三，其水纚纚而出，歷澗而下者是爲真珠。

清·盧見曾《金山志》卷一《山水》 龍井在山西麓。

清·愛必達《黔南識略》卷一《貴陽府》 貫城河源出城東北五里之岦巃山。【略】濬河時於北門橋西掘出一井，味甘冽，詢之土人，云舊名三元井，今重甃之，圍以石欄。

又 靈泉在城内大興寺，泉極澄澈。舊傳月出没時，雖偏在東西，泉中皆見影。

又 漏趵泉在黔靈山後。其泉晝夜盈縮，以百爲度，名曰聖泉，亦名百盈。

又 九十九泉在城西二十里高寨，泉出山頂，凡九十九穴。

又 神應泉在城北二十里，擊石則泉出，因名神應。

又 温泉在城北九十里楊郎壩，初出熱甚，可熟生物，稍遠方可浴。

又 珠泉在城西三十里。龍井在城内，水出石隙，味甚清洌。

又 海螺井在城南百里白納司地，形如螺甲，每日三潮，若吞吸然。

清·愛必達《黔南識略》卷三《定番州》 滴水巖在城東南十里，泉水四時不絶，行人資以濟渴。

清·愛必達《黔南識略》卷四《安順府》 雙井在城東北隅，亦名雙眼泉，左井水微紅，右井色白，甘鹹亦互異。胭脂井在城東北隅，自石穴出，汲水炊飯，色如胭脂。

清·愛必達《黔南識略》卷五《鎮寧州》 既濟泉在城東北，其地極熱，此水獨涼。清泉在城西三里，中産異蟹，紫赤色，極鮮妍。

清·愛必達《黔南識略》卷六《安平縣》 龍洞泉在城南龍洞堡之側。信泉在城西門外百餘步，又曰百刻泉，亦曰靈泉。泉從石罅中出，一時之間，盈縮曾不少輟。噴珠泉在城西沙作鋪，泉色澄碧，客至則如珠迸出，明參政焦希程勒曰「嘉客泉」，康熙中總督甘文焜更今名。珍珠泉在城南謝華寨，與噴珠泉無異。

清·愛必達《黔南識略》卷七《平越直隸州》 福泉在福泉山。月山泉在城南月山寺。翰墨池在城南潮音閣下。海螺井在疊翠山南，地名樂岡，有石穴形如螺殼，水自中湧出不竭也。

清·愛必達《黔南識略》卷九《八寨同知》 龍井在城西十里，水潔味甘，四時不涸。

清·愛必達《黔南識略》卷一一《荔波縣》 荔泉在城北土地關崖下，其味甘冽，甲于他水，荔波所出名也。

清·愛必達《黔南識略》卷一四《施秉縣》 湧珠泉在城西隅，泉出如貫珠。響泉在城南，泉聲觸石如雷，冬春常溢，灌溉甚廣。

清·愛必達《黔南識略》卷一六《思南府》 馬公泉在城南十二里，俗稱白水泉。靈泉在朗溪司東北，水從石底湧出，不消不長。珍珠泉在沿溪司南，亦名温泉。

又 黄魚泉在城北五里，産魚皆黄色。緑井在朗溪司，嘗有緑鳩羣浴其中。楊柳井在城北山麓，泉甚清，中有赤碧色小蛇，遇大旱，出即雨。

清·愛必達《黔南識略》卷一六《務川縣》 龍泉在城東二十里，其泉一日三潮，消則澄清，長則混濁，居人資以灌溉。

清·愛必達《黔南識略》卷一七《龍泉縣》 魚子孔泉在城東，常有小魚自石竇中出，故名。暖塘在城北門外，泉水常溢。

清·愛必達《黔南識略》卷二六《威寧州》 龍井在飛鳳山麓，水清澈，天旱不竭。城内無水汲飲，惟此水距城二里許，近于城内掘四塘，然不可飲也。龍潭灣在城東南八里，深不可測。湧珠泉在城北，噴沫如珠，累累不絶。三潮水在城北，其水一日三潮，音如餅笙。

清·愛必達《黔南識略》卷二六《畢節縣》 惠泉在城東南通津門月城内，明指揮林晟鑿，今爲縣中洩水之區。福井在城東普惠寺，今呼爲雙井寺，清甘異于他水。龍潭在城東三里，德溝在城東南十里，平疇夾岸，風景殊勝。

清·愛必達《黔南識略》卷二八《安南縣》 爆石巖在城東二十里，山半有泉，流注深潭。

又 白石巖在城西南五里，飛泉千仞，暑月生寒。

又 朝陽洞在城東一里，日出則光先照。有泉澄澈如練。

又 碧玉洞在城東南三十五里，懸崖峭壁，上有三小洞，中有寒泉，冬春不竭。

又 白麓泉在城南一里，源出晴龍山澗中。

又 東門池在城東，廣數畝。飲馬池在城南三里鴉關下，傳漢將軍關索至此，人馬渴甚，泉忽湧出成池。明參政林喬勒石曰「甘泉勝跡」。

清·愛必達《黔南識略》卷二八《貞豐州》 龍井在城南二里，清冷澄澈。相對半里許，有泉自石匣流出，名石匣泉，州城資以汲飲。城内有安樂井，以之炊粟，則變而赤，土人食之無患，漢人食之則病，惟龍泉、石匣爲佳。署後山頂有泉，清冽倍常，病熱者取飲可解。

清·愛必達《黔南識略》卷二九《普安直隸廳》 洗心泉在城内。又有普濟泉，味甘，人多汲飲。

又　香乳泉在城東二十里。温泉一在東南八十里，其水如沸；一在城西百里樂民所，水温可浴。

清・吴震方《嶺南雜記》卷上　電白縣西三十里，有熱水山。【略】今廢山下有泉湧出如沸鼎。

清・梁詩正《御覽西湖志纂》卷首　有泉發自棲霞山，涓涓伏榛莽中，上多桃花，舊名桃溪。雍正九年，創建祠宇，祀湖山之神，復見迤西一隅，清泉從竹徑出，有蘭亭曲水之致，闢地爲園。

又　玉泉在清漣寺内，發源西山，伏流數十里，至此始見。舊傳，齊建元中，僧曇超説法，龍君來聽，爲撫掌出泉。因建龍祠，甃石爲池，方廣三丈許，清澈見底。中畜五色魚，游泳潑剌，鱗鬣可數，投以香餌，則揚鬐而來，吞之輒去，有相忘江湖之樂。泉上有亭，曰洗心。旁一小池，水色翠緑，以白粉投之，亦成緑色。

又　冷泉即石門澗之源，一名靈隱浦。漢志所稱，武林山出武林水是也，在雲林寺前環飛來峯。【略】舊傳冷泉深廣，可通舟楫。唐刺史元藇作亭水中，故白居易記云，可濯足於牀下，可垂釣。

清・梁詩正《御覽西湖志纂》卷三　有泉一泓，名曰渟泉。

又　貯月泉　圓影入平池，一泓恰受之。虚明兩無著，蕩漾總相宜。方寸靈臺湛，高天宿霧披。鏡花同會悟，坐玩故遲遲。

又　六一泉，在孤山西南，即唐孤山寺。

又　金沙井，《咸淳臨安志》：在孤山廣化寺，白居易嘗酌此泉，甘美，視其沙燦如金色，故名。

又　君子泉，《武林舊事》：定業院有君子泉。《兩湖塵談》：北山鳳林寺後有乳泉，頗甘洌，峭壁側立，涵以石池。石上刻君子泉。按鳳林本唐喜鵲寺，而《武林舊事》又稱泉在定業院，寺與院皆鳥窠禪師道場，二地相去不遠，故指院以爲寺歟？《錢塘縣志》：今在諸公祠内。

清・梁詩正《御覽西湖志纂》卷四　劉公泉，在南高峯下。《西湖遊覽志》：泉出石竇間，清澈見底。宋常平劉常甃爲池，篆刻三字於泉上。

又　葛洪井，在翁家山。

清・梁詩正《御覽西湖志纂》卷五　虎跑泉，在大慈山上，泉清渫而甘寒，與龍井玉泉相埒。《宋濂虎跑泉銘序》：唐元和十四年，性空大師來遊兹山，樂其靈氣盤鬱，棲禪其中。尋以無水，將他之，忽神人告曰：自師之來，我等邀惠甚大，奈何棄去？南岳童子旋當遣二虎來，移無憂也。翌日果見二虎跑山，出泉甘冽異常。

又　真珠泉，在襄慶寺内。《西湖遊覽志》：周顯德間，泉自地迸出，寺僧因甃爲方池，聞剥啄聲則泉益湧，纍纍如貫珠。宋景祐中取以釀酒，遂爲酒名。

清・梁詩正《御覽西湖志纂》卷七　乳泉，去看松臺百步許，泉白而甘。

又　一勺泉，在崇壽院右壁。

又　葛翁井，在智果寺西南。《西湖遊覽志》：上方下圓，相傳葛稚川投丹之所，今在馬氏園。宣德間大旱，甃而涸之，得石匣一，石瓶四，匣固不可啓，瓶有丸，啗之絶無味，乃棄之。有漁人獨啗一丸，年百有六歲。井遂淤惡不可食，仍以匣投之，甘冽如故。

又　後僕夫泉，在瑪瑙寺後。《西湖遊覽志》：先是，智圓居孤山，僕夫藝竹得泉，號僕夫泉。後徙寺於此，藉葛井以汲，寺僧艱之，元僧芳洲鑿池得此，遂名後僕夫泉。

又　玉泉，在淨空院内。《萬曆杭州府志》：南齊建元中，靈悟大師曇超説法於此，龍君來聽，撫掌出泉。今龍祠前小方池深不尋丈，清徹可鑒，異魚數百，游泳其中，旱潦不盈竭。流出山外，溉田三十餘頃。淳祐中，趙與篙甃爲二池，元末院燬而泉如舊。嘉靖間，郡守陳仕賢爲亭其上。《西湖遊覽志》：旁一小池，水翠緑，以白粉投之，亦成緑色。

又　細雨泉，在玉泉寺後。《錢塘縣志》：泉眼上湧，浮激波面，每斜風踈點，遊人輒驚雨而去，故名。

清・梁詩正《御覽西湖志纂》卷八　蓮花泉，在飛來峰頂。石巖無土，清可啜茶。

又　冷泉，在靈隱山下，環飛來峰。

清・梁詩正《御覽西湖志纂》卷九　青衣泉，在青衣洞口。《西湖遊覽志》：泉淅淅出石罅，清鑑毛髮。崖壁鐫有唐開成五年道士諸葛鑑八分書題名，傍鐫佛像及大字心經。山頂巨石墜下，有石承之，若餖飣然。前有石門，上横石梁，壁間皆細字，水波紋不知何年浲水至此。宋慶元間，韓侂胄賜第寶蓮山下，建閲古堂引泉注之，名閲古泉。

又　吴山井，在吴山北麓。《成化杭州府志》：周四丈，吴越錢氏時韶國師始開此井，品其味爲錢塘第一。宋淳祐丁未大旱，城中諸水皆涸，獨此井日下萬綆如常，都人神之。安撫趙與篤奏立祠以旌異之，又爲亭覆其上。《杭州府志》：明洪武七年，浙東參政徐本立石表，刻吴山第一泉五字，紀宋遺事於石表之陰，復建亭井上。井中有五色大魚數十，時出游泳，人不敢取。成化甲午亭圮，井爲瓦礫填委，居民病之。《七修類藁》：弘治間，參政周木復甃，面開五眼，至今存。

又 天一井，在佑聖觀内。《西湖遊覽志》：元道士王景周開東園以居，即今錢塘公館是也。有泉甘洌異常，以所得開元宫浴鵠池八稜石欄置其上，名天一泉。石欄上刻虞集天一泉銘。

清・郁永河《采硫日記》 復越峻坡五六，值大溪，溪廣四五丈，水潺潺巉石間，與石皆作藍靛色，導人謂此水源出硫穴下，是沸泉也。余以一指試之，猶熱甚，扶杖躡巉石渡。

又 左旁一溪，聲如倒峽，即沸泉所出源也。

清・劉名芳《五山全志》卷三 恒清泉，在狼山釋伽殿東，飛來石下，爲僧智幻所鑿，一名不乾池。宋紫翠山人燕谷勒詩及恒清泉三大字於石上。昔爲方丈，後改建施公祠，填爲平地，今恒字猶露出土面。議者以勝蹟之毁爲憾事，然識者謂清泉之不恒，其地氣使然耶。

又 寒玉泉，在郎山東麓，金剛殿左，僧智幻所鑒，清冷瑩澈，旱澇不加盈涸。後浚爲井，一名幻公井。

又 明月泉，在狼山大山門東。月出先照，故名。今淤，或云即寒玉泉。

淨智泉，在狼山北麓海月巖北，泓深瑩潔，雖旱不枯。

白雲泉，在軍山東半山上，爲僧法空所鑿，碧瑩而甘，清洌而寒，識者謂江北之第一泉。今規爲井，曰垂百綆，大旱不竭。旁有品泉茶竈二丂。

乳乳泉，在軍山東旭半庵故址，後滲出石壁上，色白而流細，味甘洌。

塔院泉，在軍山東南六和塔後，爲僧法空建塔時所鑿，今淤塞。

洗鉢泉，在馬鞍山半大悲殿後，石乳暗流，僧東明掘爲池，常洗鉢其中，而洒清激素，暘旱不枯，俗呼爲不乾池。

清・于敏中《日下舊聞考》卷五《形勝》 遷安縣北徐流營山下湧出五泉，合流注桃林河。又三里橋湧泉流出澡河。又蠶姑廟湧泉成河，與澡河相接，夾河皆可田之地。盧龍縣燕河營湧泉成河，及營東五泉湧漫四出，至張家莊。撫寧縣西臺頭營河流亦自燕河營湧泉而來，皆可成田。

清・于敏中《日下舊聞考》卷八《形勝》 西山泉皆洑流，至玉泉山勢中豁，泉歕躍而出，雪湧濤翻，

濟南趵突不是過也。

又 玉泉在宛平縣西北三十里。山有石洞三，一在山之西南，其下有泉，深淺莫測。一在山之陽，泉自山而出，鳴若雜佩，色如素練，澄泓百頃，鑑形萬象，莫可擬極。一在山之根，有泉涌出，其味甘洌。洞門刻玉泉二字。山有觀音閣，又南有石巖，名吕公洞，其上有金時芙蓉殿廢址，相傳以爲章宗避暑處。以茲山之泉，逶迤曲折，蜿蜿然其流若虹，故曰玉泉垂虹。燕山八景圖詩序。

清・于敏中《日下舊聞考》卷八五《國朝苑囿・静明園》 玉泉之水流繞樂景閣前後匯爲湖，其流一曲西南水城關出，一曲東宫門前南牐出，同入高水湖，又自北牐會裂帛湖諸水，經小東門外，東匯於昆明。

又 玉泉山以泉名。泉出石罅，瀦而爲池，廣三丈許，水清而碧，細石流沙，緑藻紫荇，一一可辨。池東跨小石橋，水經橋下，東流入西湖。【略】玉泉山在西山大功德寺西數百步。山之北麓鑿石爲螭頭，泉自口出，瀦而爲池，瑩徹照映，其水甘潔，上品也。

清・于敏中《日下舊聞考》卷八九《郊坰》 白浮泉今入清河。一畝泉在甕山後，已塞。甕山下玉龍、雙龍、青龍等泉入西湖，經高梁橋，注皇城濠。一自西流入内，一自東會入通惠，四里至慶豐，慶豐十一里至平津。慶豐地形高平津一丈許，水陡絶，故平津開，則慶豐河身立見矣。病逸漫記。

清・于敏中《日下舊聞考》卷九九《郊坰》 西山、碧雲、香山諸寺皆有名泉，其源甚壯，以數十計。然惟曲注於招提精藍之内，一出山則伏流而不見矣。玉泉地就夷曠，乃騰迸而出，瀦爲一湖。

清・于敏中《日下舊聞考》卷一〇一《郊坰西十一》 西山泉脈，隨地湧現。其因勢順導，流注御園以滙於昆明湖者，不惟疏派玉泉已也。其自西北來者尚有二源：一出於十方普覺寺旁之水源頭；一出於碧雲寺内石泉。皆鑿石爲槽，以通水道。地勢高則置槽於平地，覆以石瓦；地勢下則於垣上置槽。

清・于敏中《日下舊聞考》卷一一一《京畿》 三河縣西北有泉，汲以洗目，可愈目疾，因名聖水。《長安客話》。

清・于敏中《日下舊聞考》卷一一四《京畿》 賢渠泉在賢渠莊之東北，平地有泉涌出，南流至柳子口入沽河。《薊州志》。

清·于敏中《日下舊聞考》卷一三五《京畿》 湯泉知名者七：匡廬、汝水、尉氏、驪山、鳳翔之駱谷、和州之惠濟、渝州之陳氏山居也。燕之昌平李陵臺，亦有温泉。《研北雜志》。

清·于敏中《日下舊聞考》卷一四一《京畿》 渤海泉在縣東三十里，泉涌如珠，時有雲氣。

清·汪孟鋗《龍井見聞録》卷九《遊龍井烹茶》 龍井泉既甘澄，石復秀潤，流淙從石澗中出，泠泠可愛。

清·戴震《畿輔安瀾志·桑乾河》卷上 三泉二，一在縣南五十里，一在縣東五十里。小蒲泉在縣西北五里。黄道泉在縣西北八里。上源泉在縣西北十里。金龍池在縣西北，而司馬泊不言里細。蘆灣泉在縣西北，派同金龍池水。玉泉在縣西北雁門山西。皆參差互異。考上泉、玉泉在雷山東側洪濤山下，俗名神頭山，三泉出三眼，故名。在今馬邑縣治西北十里之神頭村，由洪濤山北湧出，寬被九十餘丈，池廣二畝許，俗呼神頭海子司馬。洪濤在金龍池上流，中有陂陀泉。

清·戴震《畿輔安瀾志·桑乾河》卷下 灰泉在西寧縣西北，出灰泉山，下流爲橋梁水，南流逕黄羊陂，入滸河。

清·戴震《畿輔安瀾志·滹沱河》卷二 龍井在正定縣北龍王廟前。

又 五龍井在晉州東門外，宋乾德中鑿。

又 傾井在束鹿縣治西南二十里傾井村。

又 古龍井在安平縣西三十里，深數丈，泉出不竭。

清·馮昌奕《寧遠州志》卷一 首山泉，城東五里。温泉，城東南四里，明都指揮韓斌構亭其東北，垣外有隕星石，一在城西一百里，一在城西一百六十里，一在城西南一百五十里，今俱湮。龍潭，一在城南八里，昔爲禱雨處。一在前屯衞東南四十里，俱湮。八角井，城西南八十里。玉皇潭，城西南一百里。桃園泉，城西南一百五十里，王寶河發源於此。西湖，城西十五里，久湮。蓮花池，城西八十里，今湮。卧龍潭，城西八十里。水口，城西九十里。香水泉，城西一百十里，清冽甘香。

清·傅王露《西湖志》卷二二《古跡五十一》 北庫泉，《榕城考古畧》：北庫内有泉，甚甘冽，爲城中第一。《葭柎草堂集》：與龍腰苔泉同一脈，水色微藍。又云：北庫與苔泉相表裏。

清·劉名芳《寶華山志·山水》 湯山 在山之西南，爲金陵過龍。建康得南離之盡，湯水出焉。東南麓俱有泉穴，匯爲湯池。初出熱不可觸，入蟲魚輒爛，灌草木愈鮮。

又 石門岡 在山南，形繚繞若龍。有洞如口，泉自洞中出，俗呼爲「石龍泉」。

又 龍井泉 在歡喜嶺白雲亭下，一泓澄澈，浚爲方井，刻石成龍首，引泉從龍口出，淙淙有聲。

又 天井泉 在山北麓，泓深瑩潔，大旱不涸。李維徵記云：「方廣可十丈，與潮汐相應。萍藻冒之，緑不見影。流百餘步，道旁復有楊柳泉匯之。」

又 楊柳泉 在山北麓瑯琊鄉南。其地皆楊柳，故名。楊文貞《龍潭十景詩》序「華麓柳彎」，即此。泉匯爲大澗，溉田萬畝。

又 石門泉 在山之西北石門巖下。上下兩池，中間以橋，泉脈暗湧，泛如串珠。一名「卓錫泉」，相傳誌公以錫卓之，泉輒湧出。石竇多生菖蒲根九節，葉青翠如髮。旁有石門菴，今徙建西麓，上即誌公洞。

又 蒲塘泉 在山之西南。蒲團菴側，泉出石間，甃石爲塘，多茁青蒲，故菴亦名蒲塘。久之，訛「塘」爲「團」。

又 鏡泉 在拜經臺南麓，九蓮社下。清潔晶瑩，寒光浚發，規爲小池，形圓若鏡，因名。

又 山水洞泉 在山之西南蒲團菴岡右。泉出岩洞間，澄徹如鑑。

又 無極泉 在雪浪山西，一泓清冽，自山腰而下，雨暘不加盈縮。相傳爲釋無極所鑿，故名。

又 青龍井 在寺前左側，戒公池之上。涵清激素，旱暘不枯。

又 碧澗井 在寺左貴人峯之東南麓。井介澗中，竹樹陰翳，倒映井中，水光爲碧。

又 寶公井 在山西北東陽鎮道旁。日受數千綆不竭。

清·劉名芳《寶華山志·記》 洞復沮洳，僧深其口。【略】岸下石出泉如井，汲之不竭。

又 小坎號「龍池」，蜥蜴十許。【略】有龍沼，較西池稍狹，亦有蜥蜴。

又 寺門石池上，泉伏流。池中朱魚萬頭，錯以瑇瑁諸色，施食争取，羣游成隊。池水盡赤。

又 下循池而得橋，琮琤聲，即池洑流泉。可百步又一泉，會之爲池。

又 濯泉，方廣可十丈云，與潮汐相應，萍藻冒之，緑不見影。

又　回龍，其地多流水。新篁蒙密，又饒藥草。

又　有池，可三四里，水咸，取汲焉。上有龍池，時多小龍出没，鱗甲金光畢。興，誠一山之勝也。

清·劉名芳《寶華山志·賦》　天井匯楊柳之泉兮，暗通乎江。

清·謝聖綸《滇黔志略》　烏龍山，在東川城北五十里，一名雲弄山。【略】山腰有縮泉，人取之者有銅鐵器及人聲，則收縮不流。《東還紀程》。

又　雲南安寧州城外有曹溪寺，殿左右各有一泉。西泉稍大，水從地底湧出；東泉止闊七八尺，長丈許，深不及尺。有小龍王祠，泉口鑿龍頭，泉從龍口瀆出，潮至則水湧過龍首，溢溢流注，每日或三次，謂之「聖泉三潮」，然亦有日不至或一二至者。水中有金蝦蟇，時時出遊，過客見之，以爲佳瑞。寺對河有湯泉。《東還紀程》。

又　白雲泉，在念佛堂後，青壁千仞，雜樹倒垂。傍突一石，又支崖凌空，上實下虚，宛若懸鐘。水自石腹中散綴而下，不見泉脈，飛珠噴霰，如刻漏之垂注。其石高處中空，漸上漸隘。水從空頂中墜下爲方池一泓，四旁皆崩崖巉石，欹曲倚側，乃水不溢於坎而溢於脊，不溢於脊之外崩而溢於脊之中管，管中之液又不溢於旁伏而溢於中垂。其靈異如此。

又　聖母泉，在雪陰橋南。上有大石横偃，空如張吻，名雲鶴石。石下泉水奔湧，迴注斜射，與山中諸水相匯。夏秋澍雨後，溪水皆濁，而孔水獨澄浄如故，雖與諸水合流而清濁不雜。昔時有人朝山，在西洱海邊午餐，所攜食盒落水流去；其人既至山下，小憩此水之傍，則見原盒繇此孔中流出，以爲神異，知其地脈潛通。於時俗呼此爲盒子孔。後蒙氏得國，建號大理，乃封其水爲河子孔。蓋西洱海故名洱河也。《雞山志》。

又　萬勝山，在府城東一里。下臨德江，高數千仞，四面陡絶。麓有龍洞泉，可灌田千畝。【略】頂有真源井，清澈一潭，旱甚不涸。《思南府志》。

又　廣午山，在城北九十里，一名八納山，高數十里，有七十二小山。頂有龍泉九，匯爲大池。池旁多翠鳥，凡樹葉落水中，鳥即銜出之。《通志》。

又　聖泉，在貴陽城西八里黔靈山後，一名百盈，一名漏勺。自山麓湧出，晝夜百盈百竭，應刻漏之數，似有橐籥，莫測其端。明鎮遠侯顧成甃石爲池，覆以亭，池中立一石，以驗消長。《通志》。

又　龍泉，在城東五里，澄清澈底，大旱不涸。啞泉，在龍泉右，飲之則啞，有禁碑。《黔記》。

又　雙眼泉，在安平縣城内東北隅。左井色紅，右井色白，甘鹹亦異。胭脂井，在城内北隅。水自石隙出，漬米炊飯，色如胭脂。《黔記》。

又　噴珠泉，在安平城西沙作鋪路旁。深數尺，寬廣如之。泉色清澈微碧，客至喧嘩鼓掌，則數千百珠迸逗而出。明參政焦希程勒石紀勝，名曰「喜泉」。本朝總督甘文焜更名「噴珠泉」。《通志》。

又　關索廟門外有啞泉，【略】今泉脈閉矣。廟後有泉頗甘美，謂之磨刀泉。《紀程》。

又　雲根五漏泉，在府城西五里文德關側。有石生五竅，泉自竅中迸出。大瀑布，在城西六里。有瀑布數條自巖巔飛下，高百餘丈，爲郡奇觀。《大理府志》。

清·趙翼《簷曝雜記·安寧州温泉》　滇南處處有温泉，其熱者可以燖雞鴨，惜無人爲之甃池架屋，徒流注於野溝荒港而已。一夕駐師象達，見山麓亂草中煙氣騰上，探之則温泉也。然氣息殊惡，蓋山下有石炭或硫磺，則泉雖温而不離其母氣。惟下有朱砂者氣最正，兼可愈風濕之疾。滇城西六十里爲安寧州，前明楊文襄一清故里也，有温泉極佳，有司已築室其上。

清·趙翼《簷曝雜記·永昌府珍珠泉》　永昌府城外九龍山，亦名太保山。下有易羅池，方二丈許。池底常噴出如碎珠者萬顆斜而上，將至波面，輒散爲水不可見。池中有魚，其首皆俯趨。蓋泉初出時味最甘，故魚慣趨而下也。池水流出，又有一大池，可五六十畝，頗有煙波浩淼之致。傅文忠經略來滇，明中丞特構一亭於湖中，比杭之湖心亭，而架曲木橋以通之，頗可憩。惜堤上無樹，若植桃、柳數百株，當稱「小西湖」也。黔之威寧城外有葡萄泉，亦從池底湧出，其顆大如葡萄，色嫩緑，亦如之，惜無廊檻映其旁，但一破亭而已。余方欲經始，適去官，遂不果。

清·畢沅《關中勝跡圖志》卷三　聖女泉水　在長安縣西北二十里，一名冰池，即滮池也。《長安志》：「聖女泉出昆明池北平地，周十步，西北流五十步，與牧豬泉合。」

又　石門湯泉　在藍田縣西南四十里，俗名湯谷。縣志：「有泉五：曰玉女、融雪、連珠、漱玉、濯纓，可療風濕。」已上藍田。

又　澤多泉　在富平縣西北，即澤泉水。《水經注》：「沮水東與澤泉合，水出沮東澤中，與沮水隔原，相去十五里，俗謂是水爲漆水，東南注鄭渠，合沮水。」縣志》：「一名温泉河，源出縣西北仲山麓，隆冬不冰。又澗頭水在縣西北十里，流逕懷德故城西，澤多泉入之，爲薄臺川。又流至縣北，北泉入之。又東至南陽村北，龍川入之。謹案：川在縣北五里。又至安頭之南，入石川河。」已上富平。

又 醴泉　在醴泉縣東南三十里。《通志》：「周數十步，深不可測，漢宣帝時湧出，隋因以名縣。」

清·畢沅《關中勝跡圖志》卷一一　玉泉　《雍勝略》：「玉泉在張超谷口，其水色如漿，相傳玉井滲出者，因置玉泉院。」謹案：從雲臺觀至玉泉一里，爲登嶽者發軔之始。

清·畢沅《關中勝跡圖志》卷一二　九龍泉　在大荔縣，南入里沙苑。《太平寰宇記》：「泉有九穴，同爲一注，因名九龍。今謂之鵝鴨池。」《通志》：九泉同流，州所由得名也。鍾而爲池，廣袤五頃，今漸堙廢。以上大荔。

又 苦泉　在朝邑縣西北三十里。《元和郡縣志》：「其水鹹苦，羊飲之肥。今於泉側置羊牧，故諺云：苦泉羊，洛水漿。」

又 帝譽温泉　在澄城縣東北十五里。《太平寰宇記》：「泉有三源，奇川瀉注，西注於洛。」

澄泉　在澄城縣西三里。《雍大記》：「源潔流清，會甘泉入洛，又名官泉。」《雍勝略》：「縣以此名。」

清·畢沅《關中勝跡圖志》卷一七　鄧公泉　在縣北十里。《水經注》：「水出鄧艾祠北，故名。數源俱發，逕雍縣城南，又東流，注於雍水。」《通志》：「今名鄧水。」

又 橐泉　在縣城内東南隅。《漢書·地理志》：雍縣有橐泉宫。謹案：宫以泉名也。《通志》：「其泉注水旋盈旋涸，有似無底，故名橐泉。」

又 虎跑泉　在縣東北十五里。《通志》：「在大像寺前，一名金沙。」謹案：蘇軾詩：金沙泉湧雪濤香，灑作醍醐大地涼。即此。

又 潤德泉水　在縣西北十五里周公廟後。蘇軾周公廟詩自注：「廟後百步許有泉，依山涌冽異常，國史所謂潤德泉也。」《元一統志》：「唐大中元年十月，大風忽作，飛泉噴湧。節度使崔琪上其事，褒賜今名。」

又 鳳泉　在縣東北五十里。《雍勝略》：「在明月山西，相傳文王時鳳鳴岐山，曾飲於此。」《通志》：「泉在天度鎮北十里，其泉爲瀦水，時或溢出檻外，已復縮入。有禱輒應，人稱靈異。」已上扶風。

又 鳳泉　在縣東五十里。《唐書·地理志》：「郿縣有鳳泉湯。」《通志》：「隋、唐之鳳泉縣以此名。」謹案：鳳泉故址在縣東，亦名温泉，俗名湯谷河。

又 茲泉　在縣東南八十里，即磻溪水。《吕氏春秋》：「太公釣於茲泉。」《水經注》：「磻溪水出南山茲谷，乘高激流，注於溪中。溪中有泉，謂之茲泉。泉水潭積，自成淵渚，今人謂之凡谷。東南隅有石室，蓋太公所居也。水流次平石釣處，即太公垂釣之所也。其投竿跪餌，兩膝遺跡尚存。其水清冷神異，北流十二里注於渭。」《括地志》：「慈泉出岐山縣西南凡谷。謹案：慈與茲同。」《通志》：「一名璜河，在渭水南，源出秦嶺，北流五十里入渭。」

又 阿谷泉　在縣東五里西平原之麓。《通志》：「其水清冽，禱祀靈應，號爲神泉。」

又 珍珠泉　在縣南三里。《通志》：「一名吐珠泉，在三泉鄉。其泉自山罅迸出，清冽較勝諸水，相傳飲此可以消癭。」

又 五龍泉水　在縣西南，流入杜水。《通志》：「水味作酒異常。宋熙寧中，王竦爲記立石，今不存。」謹案：王竦，宋時縣令，見萬年宫銘刻石額。

又 醴泉　在縣西五里。唐魏徵《醴泉銘序》：「貞觀六年，帝避暑九成宫。歷覽臺閣，閑步西城，躊躇高閣之下，俯察厥土，微覺有潤，因以杖導之，有泉隨而涌出，乃承以石檻，引爲一渠，味甘若醴。」《雍勝略》：「泉在九成宫中。」已上麟遊。

又 龍泉　在州東四十里。《水經注》：「汧水右合龍泉，泉徑五尺，源流奮通，淪漪四泄，東北流注於汧。」《通志》：「龍泉在州東南，梨林州水出如注，污之即涸。一名白龍泉，今曰金泉。」

丹泉　在州東二里。《雍勝略》：「在谷神觀東。」

清·畢沅《關中勝跡圖志》卷二一　湧泉　在南鄭縣北六十一里天臺山。《雍勝略》：「其泉地中行，人於泉上甃一井，深一尺五寸，水深四寸，常取此水禱雨。以瓶著井，水自湧起注瓶中，故名。」

又 碧玉泉　在褒城縣南五十里。宋禮部牒：「山道村有碧玉泉，深廣五七丈，琉璃色。水自下吐出如珠，夏潦不溢，冬寒不竭。」

鶴騰泉　在褒城縣西南六十里。《通志》：「源出中梁山，由二穴湧出，南注溪中，有石梁天成，平分兩渠，餘水還峽中，下注鶴騰澗爲瀑布焉。」

又　定庾泉水　在膚施縣東一里。《雍勝略》:「在萬佛寺北出半崖，其泉温潔，流入延水。」

又　龍泉水　在膚施縣東北五龍山下。一名牧龍川。

清・畢沅《關中勝跡圖志》卷二四　龍王泉水　在榆林縣城中。《延綏志》:「一名南門河，一名南泉。自山半湧出，匯而爲池，疏而爲竇，周灌城中，鎮人所汲養也。嚴冬翁勃，水氣如蒸。而南入西河。」

清・姚鼐《惜抱軒詩文集・遊媚筆泉記》　桐城之西北，連山殆數百里，及縣治而迤平。其將平也，兩崖忽合，屏矗墉回，嶄橫若不可徑。龍谿曲流，出乎其間。以歲三月上旬，步循谿西入。積雨始霽，谿上大聲淙然十餘里，旁多奇石、蕙草、松、樅、槐、楓、栗、橡，時有鳴鶴。谿有深潭，大石出潭中，若馬浴起，振鬣宛首而顧其侶。援石而登，俯視溶雲，鳥飛若墜。【略】南有泉，明何文端公摩崖書其上，曰:「媚筆之泉」。泉漫石上，爲圓池，乃引墜溪內。

清・姚鼐《惜抱軒詩文集・遊靈岩寺記》　巖尻有泉。皇帝來巡，名之曰甘露之泉。

清・姚鼐《惜抱軒詩文集・獲嘉渡河》　竹林亭立明玕清，原泉飛下珍珠散。

清・姚鼐《惜抱軒詩文集・登天平山觀白雲泉》　萬木塞崯岈，環巖抱秋静。澄泓中一池，導源仰幽敻。壓頂累穹石，側足折微徑。略可半畝平，深隱小潭瑩。酌口識清甘，煩慮豁開醒。僧牕啟絶壁，遠納湖光浄。

清・金玉岡《天臺雁蕩紀遊》　觀大龍湫作　寒瀑垂空萬仞懸，白虹吐處有龍眠。飛來陰嶺千秋雪，掛落東甌半壁天。絶頂曾問惟雁過，名山得到亦仙緣。芒鞵幾破探靈異，不使匡廬匹練傳。

又　小龍湫，過龍鼻，在靈岩右。最幽奥處，瀑自巖際懸落千餘尺，垂如玉柱然，非若大龍湫能横空飛灑，淩風夭矯也，蓋此處峯壑巖密，天風不易下耳。

清・汪淮《黝山紀游》卷二四　緑湯泉折而右，苦竹溪十里，九龍潭。林藿緜濛，巖鄣交合，有飛泉界苔壁間，深高不可丈尺，盤曲爲九，故名九龍。傾瀾蕩空，迅若雷轉，觸石散氛，昏比霧合。

清・李斗《揚州畫舫録・橋東録》　江園中勺泉，論水者皆弗道，不知保障湖中皆有泉，其味極甘冽。

又　九曲池西南角有二泉，水極清冽，謂之雙泉，即錦泉也。

清・姚循義《西湖志》卷二《亭館四》　苔泉，一名龍舌泉，在越王山之北，石刻苔泉二大字，蔡君謨書，泉甘而冽。

清・姚遠翿《華岳志》卷一　《雍勝畧》:「玉泉在張超谷口，其水色如漿，相傳云玉井滲出者。清冽而甘，服之可去沉疴。」《隴蜀餘聞》:「希夷洞測有大石，玉泉環流。」

又　國朝朱楓詩:谷口水石間，泉聲流復咽。緣源稍稍深，忽疑身世别。

又　惟地不愛寶，乃能出醴泉，其味敵石髓，其香分金莖。

清・姚遠翿《華岳志》卷一《記》　玉泉故在張超谷，與玉井潛通，味甘冽，久服可蠲沉疾。(玉泉)院當玉泉注處，半圮矣。峪谷有醉溪，亦發源玉泉。

又　玉井大五尺，其水潛流，西注澗爲二十八宿潭，東抵玉女峰，北注壁爲瀑布。

清・姚遠翿《華岳志》卷九《雜著》　山無水則不靈，天台雁蕩，泉雄天下，至太華水簾洞之奇，恐宇宙無衡勝者。水簾在西峰之腰，正臨削辟，諺名老君臍。玉井泉出于西峰，匯二十八潭，奔注兩峰澗，懸瀑數千仞，至洞口下有丹石承之，泉倒灌入洞，伏而不見，至青柯坪于石隙中如珠簾散布而出，流行成澗，出峪谷以入渭。放激觸石，或如雷鬭，或如龍奔，坐石觀之，悠然忘去。峰間瀑布，僅于雲臺峰、蒼龍嶺遥矚之，若下有駐足之地，得仰觀萬丈，飛泉噴薄，貫注龍湫，石梁安足擅美。

又　宅泉水出焉，西北流注于谷，如練如虹，洛洛如雨。

清・祁韻士《西陲竹枝詞・鹽池》　廣斥何須問海濱，不毛土半白如銀。鹹鹺自足供民用，關塞稀聞淡食人。

清・祁韻士《西陲竹枝詞・柳樹泉》　皮存僅剩劫餘灰，噴玉跳珠混混來。歲歉歲豐皆可卜，天然一孔好傳杯。

清・和琳《衛藏通志》卷三《山川》　温塘泉有三，一在裹塘西十里，一在裹塘南二十里，一在喇嘛了熱水塘汛。三泉之水，時常温。

清・錢泳《履園叢話》卷一八《古跡・趵突泉》　趵突泉在山東濟南府西門外呂祖廟前，三竇突起，聲如殷雷。相傳此泉自王屋山來，爲濼水之源也。乾隆壬子六月，余入京，爲遊第一次。自後每過濟南，必往觀焉。

清・錢泳《履園叢話》卷一八《古跡・芍陂》　芍陂在壽州南八十里，春秋時爲楚相孫叔敖所造。陂周三百二十四里，横徑百里。陂有五門，上承淠水，吐納川流。西北爲香門，陂水北流，經孫叔敖廟下，謂之芍陂瀆。又北分爲二水：一水東注，爲黎漿；一水曰葛瀆。又北流入壽春城中，又北逕相國城東，又北出城，注淝水。《壽州志》云：「西自六安州龍穴山，東自濠州横石，東南自龍池山，其水胥會于此。」按《後漢書》，建初八年，王景爲廬江太守，郡界有故芍陂稻田，景率吏民修起蕪廢，灌田可萬頃，境内豐贍。《魏書》志建安五年劉馥修芍陂堰。《宋書》高祖遣毛修之復芍陂，灌田數千頃。又長沙王義欣鎮壽陽，使參軍殷肅因舊溝引淠水入芍陂，溉田萬餘頃。自唐、宋、元、明以來，或濬或廢。本朝順治十二年，壽州知州李大升又修之。真萬世之利也。

清・陳文述《西溪雜咏・梅花泉》 在九沙柏家園左，泉從地湧起作梅花瓣，深不能咫，灌田十餘頃。

清・陳文述《西溪雜咏・安樂泉》 安樂山邊水一泓，照來毫髮盡分明。交從澹處交應久，泉到名時泉自清。暮靄獨教開舊畫，斜陽偏許弄新晴。居坡畢竟居山好，嚴石招人大有情。

清・朱孝純《泰山圖志》卷三上《山水》 雪花橋其上爲三磴崖，東曰飛瀑嵓，瀑水懸流，曰護駕泉，又名銀河。

清・梁章鉅《歸田瑣記》卷一《品泉》 品泉始於陸鴻漸，然不及我朝之精。記在京師恭讀純廟御製《玉泉山天下第一泉記》云：「嘗製銀斗較之，京師玉泉之水斗重一兩，塞上伊遜之水亦斗重一兩，晉安珍珠泉斗重一兩二釐，揚子金山泉斗重一兩三釐，則較玉泉中二釐或三釐矣。至惠山、虎跑，則各重玉泉四釐，平山重六釐，清涼山、白沙、虎邱及西山之碧雲寺各重玉泉一分。然則更無輕於玉泉者乎？曰有，乃雪水也。常收積而烹之，較玉泉斗輕三釐。雪水不可恒得，則凡出山下而有冽者，誠無過京師之玉泉，故定爲天下第一泉。」

清・張澍《涼州異物志》 縣泉水，一名神泉，在酒泉縣東一百三十里，出龍勒山腹。

清・張澍《續黔書・游白雲山記》 又有跪井，舊無水，龍神爲之涌波，恒雨不溢，恒陽不涸，時有雙鯉出没其間，取水者必跪汲乃可得云。

清・張澍《續黔書・梵浄山》 有井曰定心，水寒沁肌骨，清鑒毛髮。疑飲之者可洗躁進之懷也。山後有池曰九龍池，皎焉沖照，浄無斥草。疑有翠鳥銜其淪澤也。

清・張澍《續黔書・聖泉》 寰宇源泉，何啻億選，而效靈廣堪者，殆難更仆數。以予稽職方所載，奇詭尤著者，如滄州之澄緑泉，泛金石不沉也。允街之泉，水交施如盤龍，攪之亦成龍狀也。廣陽之妒女泉，富人炫服靚妝，必興雨雹也。霍山廟之泉，鼓動則流，聲絶則竭也。江乘之湯泉，半冷半温，共出一壑也。多喜山之雄雌泉，春夏左盈右竭，秋冬右盈左竭也。安豐之咄泉，大叫則大涌，小叫則小涌，咄之則涌益甚也。是皆别具橐籥，壯坤輿之觀，不僅飲石上寒猿，娱云邊野客已也。而要以黔之聖泉，可驗潮汐，爲尤足異。夫漳浦蠟潮，侯官潮泉，鍾山應潮，連州潮泉，固亦消息有時矣。然則彼地瀕海隅，緣海爲潮汐，而于泉無與。又若嫣亭石穴池、陽湖泉、章貢三潮、安寧海眼、連州斟溪、樂平風游、荆門蒙泉、郴州潮泉、青城潮泉、龍場驛潮，并去海迥絶，似與此泉爲伍。第彼之潮候僅再至、三至，亦未有百盈百竭，不爽晝夜如此泉者。

清・徐珹《黄山紀勝》卷四 天宇清霽，聲亦窅然。循聲跡之，則諸潭在焉。吴伯與記：庵前後五龍潭折而下，曰青龍潭。石壁峭峻，奔泉争涯，淵渟瀯泓，瓊玉流碧。其水味過揚子中濿也。

清・李宗昉《黔記》卷二 安順參將署後有井，其水煮飯，白米皆成紅色如晚稻。

又 威寧州有泉從地出，甃石爲池，其泉自泥沙中湧出，如貫珠池中，凡十數處，終日沸起，俗呼爲葡萄泉。

清・黄本驥《湖南方物志》卷二 白沙泉在善化縣東南二里，廣僅尺許，味甘洌，足供全城汲飲。或云泉眼上應長沙。予星汲之，桶底浮於桶面，參以他水則否。《三長物齋長説》。

又 寧鄉縣西南九十里有湯泉，亦名「灰湯」。三穴竝湧，上沸可燖雞鴨，中熱可瀚衣，下温可濯足。溢流合注於塘，塘水一邊冷一邊熱，冷處有魚。其地産鵝，極肥美。《縣志》。

又 漣水在湘鄉縣南四十五里，煮水一石，得鹽五升。《元和志》。

又 鹽井在縣東南，五代馬氏曾置場煮鹽，得不償費而罷。明洪武永樂間亦嘗議煮，旋罷。《一統志》。

又 鄉泉在湘鄉縣城内。《一統志》。泉香如椒蘭，釀酒殊勝。若參以他水則變。南齊時有水貢，後江水泛濫，失井所在。宋至道間開鑿此井，以存其跡。《名勝志》：宋畢日《香水詩》：坎上浮圖已拂天，椒蘭餘馥尚依然。九重無復修常貢，空有香名與邑傳。

又 渌水池在醴陵縣學前。酌而澄之，其色深緑，可以書字。《明統志》。

清·宋思仁《泰山述記》卷二 瑶池，俗名王母池。池上爲羣玉菴，祀王母。下臨虬在灣，前有飛鸞泉。【略】池受小蓬萊之水，深廣可勝小艇。夏秋間，山水瀑漲，作江潮吼，振摇城市。

又 小蓬萊在虬在灣北。《泰山紀勝》云：澗東清湍迅激，巖石傾蓋，盛夏布几中流，壘石蹲坐，浮觴避暑，下有寒潭，引溪風作飀飀聲，頓覺轉炎爲凉。

又 西北一里爲天紳巖，山坳古洞出水，即水簾洞。巖下懸崖飛瀑曰水簾泉。陳又燭記云：水自數千仞注於絶壑，如玉虹垂地，銀河落天。泉水東注中谿。

又 （朝陽洞）《紀勝》云：洞中澄泉甘洌，硼上滴露如懸珠。

又 （大龍口）邵伯温《聞見録》云：龍口泉出大石罅，如龍哆其口，水自中出。

又 （萬福泉）《泰山小史》云：石穴涌流，甘洌異凡。

又 （神水泉）味甘洌，飲之却疾。

又 聖水泉在元君祠東。謝肇淛云：山頂苦乏水泉，獨是池，未嘗竭。

又 玉女池舊有秦李斯篆刻石，今亡。《文獻通考》：泰山玉女池在泰山頂，池側有石像，泉源素壅而濁。

又 自天空山北爲九龍崗，上有鑑池，清可鑑毛髮，或呼玉女洗頭盆。

清·蔣攸銛《黔軺紀行集·玩龍臺》 三十日，行三十里，謁光武祠。祠旁有井，相傳光武駐師于此。扳石得泉，即泉成井，俗名扳倒井祠。

清·蔣攸銛《黔軺紀行集·宜城縣觀武當山圖》 州東北六十里嚴山，上有子陵井，名客星井。

又 西門外龍泉書院：東爲荆園，有洗心堂，環以方池，林木陰翳；西倚象山，山下有蒙、惠、龍、順四泉，引泉東流爲方塘。由書院門右而入，繞荆園，至方塘，東南而出有橋，名來龍橋。

清·蔣攸銛《黔軺紀行集·鎮遠驛不寐二首》 十五日，行十里青鎮山頂，過文德關。舊名油榨關。側有石五竅，泉自竅中迸流，名雲根五漏泉。

清·蔣攸銛《黔軺紀行集·圍中題金笠庵同年（科豫）蜀江紀行録並詩》 城西黔靈山后，有聖泉，一名百盈，一名漏勺，自山麓湧出，晝夜百盈百竭，應刻漏之數。二十里高寨，有泉出山頂，計九十九穴，遂以名泉。

清·蔣攸銛《黔語·新舊聖泉》 貴陽城西五里有聖泉，亦曰「百盈泉」，《通志》名之「扇趵」。道光丙午秋，與同人往游，有石亭半傾圮矣。泉在亭外。

又 聞安平西門外有信泉，寸晷間消長不少輟。湄潭之青坑，其麓有池，值卯酉時則水涌沸。余慶他山之西有三潮水，日溢三次。則皆得之傳説，而未履其地者。

清·龔自珍《龔自珍全集》第一輯《説昌平州》 州南門之外有泉焉，曰龍王泉，泉上有龍王祠；泉南流，西南又有泉焉。出大覺寺，又西，有村焉；村有多泉，村人自名曰百泉。百泉之泉，與大覺之泉，皆東南流，以入於沙河。州之北二十有五里，曰南口；南口者，州之蔽也，居庸之基也，入延慶州界矣。

清·唐仲冕《岱覽》卷一〇 玉皇頂東北崖，石罅涓滴如貫珠，曰珍珠泉。

清·唐仲冕《岱覽》卷一一 大龍峪，承石壁峪之下，衆水歸峽，飛泉若瀉。

清·唐仲冕《岱覽》卷一四 臥龍峪，一名五龍峪，言峪水深曲也。

又 繡綵灣，其水紆折，有綺綰繡錯之文。

清·唐仲冕《岱覽》卷一五 馬蹄灣，以馬蹄峪水匯此名。黄西河逕丹穴嶺東鳳凰山，北受八里溝，亦匯於此，而逕竹林寺西，爲竹林西河矣。

又 百丈崖，有東西二崖。東，飛瀑若垂綏，曰天紳泉。泉水由岳頂西溪流至崖巔倒瀉，下注黑龍潭，緑沈陰閟，湛㵎無底，蓋神物所蟠窟也。

又 西百丈崖與東崖相去約三百步，高殆十倍過之。懸流鋪練若湘紋，亦曰水簾泉。

又 白龍池，碧湫皚石，瑩潔澮溶。

又 銅鑼灣，水石激搏，窾坎鏜鞈，如鉦鼓聲。

又 耀星灣，水光濚濚，與珠斗相輝映。

清·唐仲冕《岱覽》卷一九 頭陀巖，桃峪水逕其南，折而西北，爲混元池。周岸石皆黧色，中央獨白，如月印瀓潭，圓靈水鏡。又西北流，三汊澗自西來入之。西北爲鷹窩崖，石壁峻絶，征鳥聚而巢焉。桃峪逕其西。其北爲清風嶺。

又 碧花池，翠石碧紋，天然池甃。

又 紅雨川，即桃花峪，匯諸澗谷，舊多桃花，丹英飾澗，碧鏡飛霞，幽奥之區，獨饒清綺。

清·唐仲冕《岱覽》卷二四 甘露泉，出絶景亭東崖趾。明熊相記云：泠然有聲如弦磬。掬以烹茗，色味類金焦。西流繞甘露亭北，又西過御河橋下，北折入御花園，匯魚池，洑行而南，靈岩第一名泉也。蒼崖碧蘚中，觸處逢源，涓涓數泓，渟演爲池，白石清泉與虬松翠粒相映蔭。

清・唐仲冕《岱覽》卷二五　卓錫泉在五花閣東北，蒼崖之陽，一名錫杖泉。世傳佛圖澄至此卓錫，涌泉。泉西流三四步，匯爲鏡池，亦曰功德池，苾衆汲飲之所。

清・唐仲冕《岱覽》卷二六　北有飲虎池，西北流，中匯方泉。東崖有虎窩池，池水西逕積翠巖南，又西南流，小横溝源也。

清・唐仲冕《岱覽》卷二七　龍洞泉，在寺東。洞門半掩，石龍半露，水自中出，經青龍岡通聖橋，西注玉水。

又　冰泉，在長城嶺北，秋千臺下，陰寒多積冰，經夏始解。

清・穆彰阿《嘉慶大清一統志・直隸・順天府一》　新湯泉、温泉、百泉、白玉石塘泉。

清・穆彰阿《嘉慶大清一統志・直隸・正定府一》　旺泉、涼樓坡泉、蒙泉、河西泉、温泉、野孤泉。

清・穆彰阿《嘉慶大清一統志・直隸・宣化府一》　沙城暖泉、大水泉、鷹窩泉、恒公泉、金波泉、滋泉、飲馬泉、海子泉。

清・穆彰阿《嘉慶大清一統志・直隸・遵化州一》　聖水庵泉、涌珠泉、茂公泉、湯泉、孟家泉、光沙泉、螺山寺泉、醴。

清・穆彰阿《嘉慶大清一統志・山東・濟南府一》　趵突泉、珍珠泉、天鏡泉、淨明泉、七仙泉。

清・穆彰阿《嘉慶大清一統志・山東・登州府一》　花山泉、聖母泉、奇泉、通中泉、聖水泉、平泉。

清・穆彰阿《嘉慶大清一統志・山東・萊州府一》　漱玉泉、鹹水泉、白龍泉、濯硯泉、馬蹄泉、温泉、渴檝泉、玉液泉、萬里泉。

清・穆彰阿《嘉慶大清一統志・甘肅・蘭州一》　紅泥泉、神泉、萬眼泉、温泉、黄眼泉、玉潤泉、唐古泉、石井泉、通濟泉、九眼泉。

清・穆彰阿《嘉慶大清一統志・四川・重慶府一》　鹹泉，在涪州東南。

清・陳蔚《齊山巖洞志》卷一　碑目云：齊山之泉，大小凡十一，而半巖爲勝，玉壺連星爲奇，飛觴濯纓爲大。

清・陳蔚《齊山巖洞志》卷八《桂鋆游齊山記》　石窟有泉，四時不竭，可飲一人。

清・陳蔚《齊山巖洞志》卷八《慎蒙同林三泉游齊山記》　磐陟巖之右，度石梁，經壽字巖，則兩崖劃立，高可千尺，上有泉，其聲淅淅然，瀉出於草間，以手盛之，漱齒滌頰。

清・陳蔚《齊山巖洞志》卷九《姜龍章齊山泉石銘有序》　泉爲山之髓，髓不腴山不昌；石爲山之骨，骨不勁山不強。山不恃乎木茂泉清者良，山不恃乎土厚石奇者長。泉清而冽，味腴而芳，漱我口，滌我腸，可濯可飲，有似乎鑑徹冰涼；石奇而秀，質勁而蒼，虚其腹，鋭其铓，能隱能見，有似乎龍臥鳳翔。吾於齊山泉得養心法，吾於齊山石得持身方。《蓉江文鈔》。

清・陳蔚《齊山巖洞志》卷一二　洞側有飛觴泉。《洞天記》：齊山之泉大小凡十一，而飛觴、濯纓爲大。

陳汝恬《飛觴泉》　石罅清泉十斛多，擕將春酒泛春波。流觴不讓蘭亭會，暢敘何須説永和。《鷗浦詩存》。

清・陳蔚《齊山巖洞志》卷一三　（清峭）臺西南數武爲一勺泉。吴子玉《重遊齊山記》：過繡春書院觀一勺泉，横汙也。《圖畫志》：一勺泉在清泠臺西南，數武泉出石竅中，時一上沸，陳太守良器取以飲二老，因名。

夏耘《一勺泉》　臺臨清峭境偏幽，一勺泉看石上流。三伏客因逃暑至，煎來雪乳泛冰甌。《懷琴集》。

陳蔚《一勺泉》　一勺寒泉水，難教二老嘗。游人方苦熱，涓滴也清涼。《梅緣詩鈔》。

清・陳蔚《齊山巖洞志》卷一三《郎遂枕流小記》　從華子西故宅層級而上，至繡春書院廢址，前有石如屏，西行數武丘壑間有泉一泓，瀏然清淺，廣不數尺，清風徐來，波鱗微動。山僧指曰：「昔建書院，稱洗研泉，今題作餉僧可也。」余按宋王哲記云：齊山之泉大小凡十一，而半巖爲勝，玉壺、連星爲奇，飛觴、濯纓爲大，惜寂處山阿，荒煙蔓草埋没者多矣。舊志：一人泉在九鼎洞内，口極小，傴僂而入，中有一石，高三尺，泉涓涓滴其上，以器盛之，可供一人飲，故名。

清・陳蔚《齊山巖洞志》卷一四　《圖畫志》：一人泉在九鼎洞内，一穴深入上竅，通日光，有泉涓涓集於石上，可供一人飲，非寄隱巖前一人泉也。

陳夢虞《一人泉》　露承仙掌自年年，静漱何須萬斛泉。只此蹄涔涵澥海，洞天深處聽潺湲。《李志》。

汪步青《一人泉》　峪岈古洞倚雲空，懸乳涔涔石竅通。儘好一人充飲酌，嘗來兩腋亦生風。《墨跡》。

清·陳蔚《齊山巖洞志》卷一五　徐鳳翔《連星泉》　石隙誰穿成，雙星度秋夕。寒泉静不波，倒映天光碧。

僧了惺《連星泉》　寒泉高傍石崖生，化作連星兩兩明。抱甕卻驚天在水，分涵瘦影一般清。《墨跡》。

清·陳蔚《齊山巖洞志》卷一九　自嶺陰沿湖而東，湖莊後有三及泉。吴子玉《游齊山記》：至醒翁巖觀三及泉。三及泉者，三級頫之也。初所從來者，高如傾瀑布，中如盆注，下灑蘆葦中，以繞覆釜石。至石虎洞，下漱之若神瀵焉。翁其聽泉而醒者矣。《圖畫志》：三及泉在醒翁巖，從高而下凡三級。乾隆《池州府志》：醒翁巖疊磴而下爲三及泉。

又　李方元有《待巖石刻》云：齊山之泉，大小凡十一，而飛觴、濯纓爲大。李志：餉僧泉在華蓋洞西兩山麓足，供庵僧之汲。吴門錢墋《游齊山題詩巖畔》：偶洗筆於此，易名洗筆池。梅緣曰：唐李刺史云：齊山之泉凡十一，飛觴、濯纓爲大。今徧覽是山泉。水之大者有四，一在史巖之潛虯洞内者，半巖泉也；一在醒翁巖湖莊後三級而下者，三及泉也；一在勝槩坊北，奔流迅駛，可以流杯者，飛觴泉也；一在蒙泉峽口淵渟静注可以浣濯者，洗筆池也。則今之洗筆池，即古之濯纓泉，無疑也。而吴司訓乃以寄隱巖東之一人泉爲濯纓泉，不思濯纓最大，一人最小，大小懸殊，豈得混指耶！

清·李元《蜀水經》卷一一　綿水又東南逕連山東受土溪。土溪源出湧泉，大小二源，大者在高原，形如仰釜，周迴千餘丈，水如沸，嘗見有異物如牛浮水上，見人即隱小者，在平地數脈湧出如玉田。《沙録異記》曰：「湧泉水脉五六自山下湧出，積成大池，二三百步可激碓磑。

清·查人漢《西湖遊記》　金沙井畔沙如金。井在孤山廣化寺，其地沙光燦如金。白樂天嘗酌此，泉甘美可愛。六一泉懷六一人。六一泉在孤山后巖坡，公守杭時有懷歐陽公，適泉出，因名。

清·陳汕《西湖竹枝詞》　玉泉，在清蓮寺内，甃石爲池，方廣三丈許。水清可鑑，中畜五色魚。

清·許承祖《西湖漁唱》卷一《六一泉》　在孤山西南，即唐孤山寺。《遊覽志》：宋大中祥符間改爲廣化寺。東坡銘序云：歐陽文忠公將老，自謂「留意居士」。予通守杭州，別公而南，公曰：西湖僧慧勤甚文，長于詩，子閒于民事，求人于湖山而不得，則往從勤乎。予到官三日，訪勤像，祀之，有泉出講堂下，遂本勤意，而名之曰六一泉，復于泉後作東坡菴以自寓。南宋改建延祥觀。理宗時改西太乙宫，又改帝師祠，遂久湮廢。明洪武初誠意伯劉基復建，仍名廣化寺。僧行昇者，作石屋覆泉上，重刻銘序。成化丙申，大理卿夏時正訪得于榛穢中，掃薙而濬發至之，澄泓如故。

往蹟勤公數百年，清泠猶自映湖天。平生感舊懷人意，觸撥還從六一泉。

清·許承祖《西湖漁唱》卷一《金沙井》　咸淳《臨安志》：舊在廣化寺，白樂天愛酌之。井底沙燦如金，撥以杖皆黑。董嗣杲《金沙井詩》云：「井傍沙至」，今作金星。寶祐初井前重建墨臻堂，扁曰德馨，久廢。馮夢禎《孤山記》作「金屑井」。

素綆銀瓶汲引深，清虚不受一塵侵。何緣拾取寒沙屑，散作人間萬斛金。

清·許承祖《西湖漁唱》卷二《乳泉》　亦名報國泉。《報國寺考古録》：在寺西南山麓，水色如乳，故名。東有故宋宫井，桐蔭清涼，水味甘美，曰「桐井」。

何來地上湧天漿，梅色平分雪遜香。一勺清泉垂玉乳，金金莖沆瀣合同嘗。

清·許承祖《西湖漁唱》卷二《靈鰻井》　在梵天寺墻下。《遊覽志》：先是，四明阿育王山有靈鰻井。吴越王迎阿育舍利歸，梵天寺奉旨甃井南廊，鰻忽見，因名。僧替甯撰記。志又載：寺有金井，今失考。

勝水殘山無限情，荒垣零落失峥嶸。靈鰻何物偏多幻，兩地銀牀共著名。

清·許承祖《西湖漁唱》卷二《蓬萊泉》　在雷峯下。《西湖志》：即宋内侍甘昇小蓬萊遺址。明爲黄汝亨讀書之地曰寓林石，上有青雲巖鼇峯奔云諸刻字。《杭州府志》：亞于虎路，品泉者謂微重耳。

龍液甘寒亞虎跑，山泉一勺勝醇醪。蓬池路近分清淺，烹茗頻將石火敲。

清·許承祖《西湖漁唱》卷二《神運井》　《浄慈寺志》：在香積廚，泉極甘冽。其下縱廣約二丈餘，引汲不竭。嘉泰四年，僧道濟自爲疏行化巖陵，以袈裟籠罩諸山，山木自拔，浮江而至。衆將集工搬運，濟曰：無庸巳，在香積井中矣。俄有六丈夫勾之出，監寺欲酧之，辭曰：我六甲神，豈受汝酧邪？故名。相傳其脉與江水通，又名通江井，俗稱「運木井」。

汲井偏能運棟樑，神僧跡共碧流長。定知吸盡西江水，衍出曹溪一脉香。

清·許承祖《西湖漁唱》卷二《圓照井》　《浄慈寺志》：在羅漢殿後。宋熙寧癸丑，歲大旱，湖井皆涸，圓照本禪師于此卓錫，有金色鰻魚隨甘泉湧出，因浚爲井，以其魚別甃方池，于浄居之傍放生其間，故至今池以金鰻名焉。

照影金鰻話昔年，飛筇卓處瀉甘泉。楊枝一滴龍湫湧，梵唄何勞呪法筵。

清·許承祖《西湖漁唱》卷二《錢王古井》　咸淳《臨安志》：九躍山法因寺有錢

王古井深洌，雖旱不枯。寺舊額報慈。長興四年，吴越文穆建殿，鑄古鐵塔，今不存。

夾道旌幢返故廬，舊時巖石悉芬敷。人言負擔猶纏錦，標誌曾加古井無。

清・許承祖《西湖漁唱》卷二《甘露泉》 在雙髻峯廣澤禪寺。《遊覽志》：晉天福六年，吴越王建寺，有甘泉一泓，甘澄可啜若甘露然，因名。舊稱「甘露寺」，宋治平二年，改今額。《虎跑寺志》：泉在大慈山左翊，碧瑩而味醇，乃虎跑之餘派也。

曼陀羅雨静空廊，水雪消融露滴香。一掬甘泉嘗自在，盡除煩熱泼清涼。

清・許承祖《西湖漁唱》卷二《虎跑泉》 萬曆《杭州府志》：在大慈山上，泉清渫而甘寒。杭之聖水也。宋濂《虎跑泉銘序》：唐元和十四年，性空禪師來遊慈山，樂其靈氣盤鬱，因卓錫焉。尋以乏水供庖福，將它徙。一日禪定，有神人儀觀甚偉，跪而告曰：子師之來，我等徼惠甚大，那和棄去？南岳童子旋當遣二虎來移，師無憂也。翌日果見二虎跑山，出泉甘洌勝常，師遂留，建立道場。後有子南嶽來，□問童子泉何如，曰回矣。于是泉以虎跑得名。蘇文忠公守杭爲之賦詩，有「虎移泉眼赴行腳」之句，蓋紀實也。康熙二十八年，聖祖仁皇帝南巡，臨幸。三十八年，聖駕再幸。乾隆十六年，皇上省方至浙，並賦御製詩，恭摹勒石泉上。

煮茗鐺頭榾柮香，味同清露沁心涼。於菟也解隨行腳，花雨從教沛法王。

清・許承祖《西湖漁唱》卷二《真珠泉》 在崇先襄慶寺内。寺晉開運二年吴越王建，俗呼真珠寺。《遊覽志》：周顯德間泉自地迸出，寺僧因甃爲方池，聞剥啄聲則泉益湧，纍纍如貫珠。《虎跑寺志》：其泉清洌。暹猛每有小沫上灑，散漫如珠，故名。亦虎跑之歧也。宋景祐中，官家取以釀酒，遂爲酒名。又雷峰路口張循王園亦有真珠泉。

亂滚鮫盤瀉碧流，蕊珠纍纍碎光浮。漫將合浦評真僞，百斛從教載滿舟。

清・許承祖《西湖漁唱》卷三《甘溪》 《錢塘縣志》：石屋洞前有甘泉水，從水樂匯虎跑諸泉入于江。【略】

淼淼千重疑匣鏡，溶溶一片儼玻瓈。匏樽坐酌煩襟雪，始信甘溪勝建溪。

清・許承祖《西湖漁唱》卷三《錫杖泉》 一名「定光泉」。《夢梁録》：在長耳相院西定光菴側。《杭州府志》：相傳定光在山修行，因歲旱乏水，乃以杖引泉，故名。盤瀑飛流，濺沫可愛。久旱不涸漫漶。又古佛修證處隸書碑刻，西湖諸志並失書。

憑將飛錫卓山腰，法海横空慧力超。疑是葛陂龍化後，寒泉一道亂松濤。

清・許承祖《西湖漁唱》卷三《九溪》 萬曆《杭州府志》：在烟霞嶺西，衆山泉水所出，南通徐村入大江，北達龍井。

謖謖松風步步苔，清流淅瀝繞香臺。落花何與幽溪事，也學愁腸日九迴。

清・許承祖《西湖漁唱》卷四《一勺泉》 《杭州府志》：在寶石山崖下，舊無題詠。太僕丞張瑛遊保叔寺，醉坐泉石，因名。《遊覽志》謂在崇壽院右壁。

濺雪噴珠下薜羅，一瓢試與酌巖阿。玉川茗飲應嫌少，坡老詩腸沁已多。

清・許承祖《西湖漁唱》卷四《佛足泉》 《杭州府志》：在巨石下石壁有足跡二，長約三尺，廣尺許，俗稱錢武肅王故跡。亦云佛所履者。苔蘚不生，潤可玩。《西湖遊覽》諸志皆不載。

婆留往蹟敢身論，呪水神通象教存。一葦踏傳登彼岸，雙稱力合印雲根。

清・許承祖《西湖漁唱》卷四《參寥泉》 在智果禪寺。《遊覽志》：先是，蘇公在黄州時夢與僧道潛賦詩，有「寒食清明都過了，石泉槐火一時新」之句。後七年守杭，道潛居智果院泉忽出石縫間。寒食之明日，公訪之，汲泉鑽火，烹黄柏茶，適符所夢，因名其泉曰參寥，作記以銘之。寺既徙北山，泉亦適出其後好事者遂仍名參寥，以志舊蹟。

石泉槐火夢黄州，名托參寥信有由。北嶺誅茅分舊脉，香餐茗椀話風流。

清・許承祖《西湖漁唱》卷四《後僕夫泉》 在瑪瑙講寺。《杭州府志》：元僧芳洲所鑿。先是，智圓居孤山，有僕夫藝竹得泉，號「僕夫」。後徙寺北山，藉葛井以汲，寺僧喜之。芳洲鑿地得此，遂名「後僕夫泉」。

古寺幽泉號僕夫，佳名先後信同符。七絃試奏蕤賓鐵，流水琤淙似舊無。

清・許承祖《西湖漁唱》卷四《白沙泉》 《錢塘縣志》：在棲霞嶺後，泉自白沙中出，清甘與虎跑埒，爲南北山諸泉之最。《夢梁録》謂：靈隱寺西石筍峯亦有白沙泉。《西湖志》遂引郭祥正等《白沙泉詩》載後。按石筍白沙久湮廢，《遊覽志》已云：自黄氏徙普圓院爲葬地，勝跡泯矣。且聶心湯《錢塘舊志》：石筍峯北有泉曰「金沙」曰銀沙，並無白沙。郭詩當載入于此爲是。

脉脉清光逗草萊，泉香沙白勢瀠洄。山行不減參軍渴，十斛塵消水一杯。

清・許承祖《西湖漁唱》卷四《丹井》 亦稱「葛翁井」。《遊覽志》：在智果寺西南馬氏岡，上方下圓。相傳葛稚川投丹之所。宣德間大旱，甃而涸之，得石匣一，石瓶四，匣固不可啟，瓶中有丸藥若芡，嚼之絶無臭味，乃棄之。漁翁施姓者，獨啗一枚，後年百有六歲。井遂淤，惡不可食。以匣投之，甘洌如故。康熙初，御史顧豹文築丹井山房，今廢。

葛翁仙去留丹井，一汲能教五色鮮。勾漏高風傳里俗，鳴弦酌酒菊花天。

清・許承祖《西湖漁唱》卷五《玉泉》 在清漣寺。《杭州府志》：靈悟大師説法于此，龍君來廳，爲之撫掌，泉出，遂甃爲池。方廣畝許，清徹見底。旱潦不盈竭。流出山外，溉田千頃。吴越相鮑慶臣采地在焉，世稱鮑家田，中蓄五色魚，左右夾以迴廓曲檻，浮沉上下，鱗鬣可數。投以香餌，則揚鬐而來，吞之輒去，有相忘江湖之適。東坡詩「龍作浪花供撫掌」，指此。《遊覽志》：宣德間，置白紙局就池造紙，淆濁久之。後局廢，泉復洌。旁一小泉，水翠緑，雖以白粉投之，亦成緑色。

策策争呈尾鬣奇，穿波吹浪看盈池。閒雲過處分明晦，魚樂魚驚總不知。

清・許承祖《西湖漁唱》卷五《細雨泉》 張遂辰《湖上編》：玉泉寺後有細雨泉，泉眼上湧，浮激波面，每斜風疏點，遊人輒驚雨而去，故名。

瀲灔方塘一鏡平，濱濛如霧散餘清。遊人底事生惆悵，空聽泉聲作雨聲。

清・許承祖《西湖漁唱》卷五《煖泉》 咸淳《臨安志》：一名「渦渚」，在東嶼，傍有洗耳潭。

渟泓秋水淨無塵，玉椀分嘗似飲醇。活火煎來魚眼細，太和散作武林春。

清・許承祖《西湖漁唱》卷五《卧犀泉》 成化《杭州府志》：在禮泉側。《靈隱寺志》作伏犀泉。按《浙江通志》又《萬曆府志》，伏犀泉外尚有月桂、永清、偃松、聰明、倚錫五泉，又品稍下者。有無着、永安、彌陀、騰雲諸泉，皆載，出靈竺支塢，近無知者，豈盡湮没耶。錢塘西湖諸志俱漏，並録以備考。

不向林閒芳草卧，偏依巖際落花眠。醴泉瀠覺松風夢，牛渚何須温嶠然。

又 咸淳《臨安志》：在靈隱無垢院後山，谷松蔭之，白石齒齒，泉極甘冽。取《博物志》松脂入地千年爲茯苓意以名。《武林舊事》：院爲無着禪師道場。慶元中，韓平原據爲生壙。啟師塔，有陶龕焉；容色如生，髮垂至肩指爪，盤屈遶身，舍利數百粒，三日不壞，竟荼毘之，遂移院南山鵶雞峯側，仍名「無垢」，有泉亦曰「茯苓」。

虬松根下水潺潺，采斵身輕好駐顔。避俗何時烹白石，闢身藥物撿林間。

清・許承祖《西湖漁唱》卷五《如意池》 《杭州府志》：在上天竺正殿前，與大悲泉合，甃以清石，方丈許，面鏤如意文，曲折四達，可流觴焉。

一曲清池覆緑筠，迴塘如意簇雕文。遊魚也愛潭光静，吹浪晴空泛白雲。

清・許承祖《西湖漁唱》卷五《夢泉》 在雙檜峯下。《遊覽志》：宋崇寧元年，浙西大旱，寺中廚水不給，主僧玉法師夢泉發于西坡，鑿之果得，因名。舊有夢泉亭，久廢。又無垢院僧宗静欲立三門上石，無所取。夢神語曰：「但于巖下取之，得泉而止」且贈以七古詩，有「海變桑田因禹力」之句。僧夢中聞鐘聲而覺，祇記其五。及穴地，泉果出，並得石劍雷斧，亦名「夢泉」。見《湧幢小品》，宗静事諸志俱不載。

寒烟低護碧流清，瓊液偏因夢裏成。已向堦前醒行客，又來枕畔遞嚴更。

清・許承祖《西湖漁唱》卷六《子午泉》 一名「玉壺泉」，在石龜巷真聖觀，水極清冽。《武林紀事》以泉溢于子午二時，故名。俗稱子午井焉。《錢塘縣志》：泉後爲蕉池，舊植蕉花一株，以盛衰卜休咎。元道士趙肖先生居之，一日羽客來訪，趙適他出，題二詩于蕉葉而去，有「午夜君山玩月回，西陵小圃碧蓮開」之句，識者以爲吕洞賓榴皮所書也。自是士夫題詠甚多。鄭厚撰記府志，以元時改觀爲元妙，遂真聖與元妙分列爲二。《西湖志》從之，殊誤。《遊覽志》祇載蕉池而遺玉壺，尤誤。

斗從子建璣衡正，日到午亭氣象尊。試向泉頭叅妙諦，始知水底有乾坤。

清・許承祖《西湖漁唱》卷六《白鹿泉》 在三茅觀東，舊三仙閣下。三像一立一卧一坐。相傳張三丰隱此。明童漢臣西湖八社詩帖以白鹿爲紫陽詩社一勝。祝時秦方久敘等，皆有題詠。觀中汲飲，日取此泉，至今尚存。《錢塘遊覽》《西湖》諸志俱失載名，白鹿則在通元觀內。宋劉能鎮夢鹿得泉，因名，并以自號。泉上鐫鹿一。其水久涸，舊跡湮没。康熙中，導士宋廣見另鑿一泉以應之，不過存其名耳，非吴山之名勝也。諸志訛「白鹿」爲鹿泉，祇載鹿泉而遺白鹿，謬甚，特補入之。

夢蝶敢希莊叟逸，覆蕉欣得醴泉寒。飄然白鹿知何處，揮手紅塵一倚闌。

清・許承祖《西湖漁唱》卷六《郭婆井》 在鐵冶嶺北面，界十眼泉，味清美亞于虎跑。《遊覽志》作郭璞井，相傳晉郭景純所相度者。蓋其時杭苦斥滷，艱于甘泉，地脉非璞不可識，因以璞爲名。《杭州府志》作：郭婆井，釀酒煮藥者多汲之。《七修類藁》亦作「郭婆井」。嘉靖己亥，浙西半歲無雨，井泉俱竭，惟吴山郭婆井泉自石壁流出，宛如平日。所載各異。按毛先舒《郭婆井説》：昔有郭公好施，穿井濟人，妻與子亦雅有同心。公所穿曰「郭公井」，在今高士坊，子所穿曰「郭兒井」，一在清平山，一在江干。此郭婆井，妻所鑿也。後人以郭婆井名不雅馴，乃改景純之名。但郭璞未嘗至杭，焉得鑿井？辨甚確鑿，且《通志》亦稱「郭婆」。《西湖志》誤從《遊覽》，特改正之。

古井還將姓字誇，青絣素綆汲泉華。當年遺跡憑誰問，異泒同源總一家。

清・許承祖《西湖漁唱》卷六《吴山井》 在吴山北，周四丈，面界五眼。《杭州府志》：吴越錢氏時韶國師始開，品其味爲錢塘第一。宋淳祐丁未大旱，城中諸水皆涸，獨此井日下萬綆如常，都人神之。趙安撫與憲奏請立祠旌異，又爲亭覆其上。明洪武七年，叅政徐本立石表刻「吴山第一泉」五字，紀宋遺事于石表之陰。井中有五色大魚，時出游泳，人不敢取，相傳自井底泉眼中來。成化甲午亭圮，爲瓦礫填委。弘治間参政周木復甃之。樓鑰有《吴山井詩並序》：俗稱「大井」。《太平寰宇記》載吴山之北有寒泉，清甘不竭，即此井。《郡邑志》：寒泉與吴山並列，分而爲二者，悮也。

迸溢寒泉甘且清，銀床侵曉轆轤聲。人言此時神龍宅，應有驪珠水底生。

清・許承祖《西湖漁唱》卷六《六井》 《唐書・李泌傳》：代宗時，泌爲常袞所忌，出爲杭州刺史，有風績。郡地苦斥鹵，民日汲鹹水，難以安土，始鑿六井，開陰竇引湖水入城，資飲民甚利之，爲立祠湧金門內，後稱「嘉澤廟」。按：六井最大者曰「相國井」，在甘泉坊清河中，今井亭橋者是也。其西曰「西井」，一名「化成井」。相國寺西水口今爲城基，少西而北曰「金牛池」，亦稱「金牛井」，久廢。又北而西，附城曰「方井」，俗呼「四痕井」，在舊富藏庫。

西水口在玉蓮堂北，曰白□河在錢塘門東舊錢塘治側。此水不湛，汲飲止資洗濯。又北而東，至錢塘舊治之南，曰「小方井」，俗呼「六眼泉」，水口在菩提寺前，今亦城基。長慶初，刺史白居易重甃函筧。宋嘉祐間，知州事沈遊作南井以補金牛之缺，人稱「沈公井」，亦名「惠遷井」，在三橋西金文河酒庫北，水口在豐豫門外龍王堂前。熙寧中，六井及沈公井俱廢。知州陳襄命工討其源流，渫而甃之，歲旱不爲害。元祐四年，蘇軾守杭，復爲開浚。乾道、淳祐、咸湻間，安撫周宗趙與憲潛説友相繼修治，各撰記識其事。元明以來，城中井無慮數萬，不全賴此以汲，六井旋復壅塞，惟相國西井水自有源，至今不泯，詳《西湖志水利》。

三萬牙籤李鄴侯，九仙骨相擅風流。白龜湮没金牛廢，汲古何人説井由。

清·許承祖《西湖漁唱》卷六《湧金池》 咸湻《臨安志》：在湧金門内。後唐真定人曹杲仕金華令，郡兵叛，以計平之。吴越王嘉其攻，擢守婺州。宋初錢氏入朝，委以國事，杲即城隅引西湖水以通城河，浚三池，曰湧金。即没，民爲立祠池上，稱金華將軍廟。《夢梁録》：「湧金池」三大字，吴越王元瓘書旁欵云：清泰三年，丙申之歲，建午之月，特開此池。咸湻初，安撫李芾刻石于廟之右偏。

陳蹟争傳界郭西，金池曲曲玉塘低。短碑清泰難摩讀，寂寞城頭烏夜啼。

清·許承祖《西湖漁唱》卷七《西溪》 在西湖志西。洪瞻祖《西溪舊志》：溪流深曲，劃原田，穿市鎮，受餘杭南湖之浸，礦山環之，凡三十六里。有三路可入：一由寶石止，後陸行；一由仙姑山之西經法華山而北，一水道由松木塲入古蕩，羣山回繞。支港淺狹，不容巨舟。沙蘆汀重重間隔，畧約以通。行人有車馬所不能至者。夾岸皆茶竹梅栗。二月梅始開，香□霏霏襲人，故有西溪探梅之目。《杭州府志》：相傳宋高宗南渡初，以其地豐厚，欲都之。後卜得鳳凰山，乃云西溪。且下後遂以爲名，土人亦稱樓下云。

法華分派翠成屏，駐蹕曾聞耀帝星。坑冷灰飛千載夢，山容還是舊時青。

清·許承祖《西湖漁唱》卷七《白兔泉》 聶心湯《錢塘縣志》：秦亭山下有白兔泉，其支爲黄姑山。《西溪梵隱志》載：智勝寺之左泉曰白兔，甃石方坎，一泓清洌，内泛白星，汲飲不絶。釋大善《西溪百詠詩》：澗甘清勝兔兒泉，則白兔名由來舊矣。今《錢塘新志》作塊泉，云在秦亭山塊下，故名。不唯失真，亦且俚甚。《西湖志》從之，非是，因仍舊名。

一線寒流石罅穿，莓苔深處聽涓涓。蟾蜍孤影秋波落，碧海青天恨與傳。

清·許承祖《西湖漁唱》卷七《方井》 《杭州府志》：在桃源嶺下，徑六尺，深一仞，玉甃地湧，不盈不涸。相傳王方平曾飲此，故名。舊有亭，宋米南宫書額。《西溪梵隱志》：亭久圮。明正德十年，里人王槐重修，鄧鑾爲記。尚書洪種補書「方井桃源嶺」五字。

仙人何處寄幽栖，古井猶存秦嶺西。悟得麻姑清淺説，方壺移向石牀題。

清·許承祖《西湖漁唱》卷七《法華泉》 《西溪梵隱志》：在廟塢古法華寺之别院，泉甘徵可掬院。明隆萬間，雲間鄭昭服拾宅爲之，初號雲栖别室，亦名鄭菴。又南山滿覺壠，亦有法華泉，見《杭州府志》。

佳名聞共妙香清，靈液還憑法雨成。一鑑空明疑玉井，蓮花合向此泉生。

清·許承祖《西湖漁唱》卷七《冷水孔》 《百詠序》：在西溪之南大嶺坡下，水清瑩逼人。客至臨流，無不凉生肺腑。巖旁瑪瑙池，水出百丈，源色同碧靛，池底皆細石，圓繡如瑪瑙狀。又南爲牛滑嶺，望若濃黛，松竹□森，不能通步。《西湖志》祗録瑪瑙池，孔與嶺俱失載。

清泉出穴冷侵膚，一色精瑩似有無。引脉試教歸瑪瑙，笑看寒月浸水壺。

清·許承祖《西湖漁唱》卷七《上埠溪》 《錢塘縣志》：在西溪西南水發源處，百貨就估之所。溪口爲象卧山，形如象卧，故名。【略】

輕煖輕寒淡淹天，賈帆齊卸夕陽邊。源頭水活紅雲彈，目送浮花去杳然。

清·許承祖《西湖漁唱》卷七《梅花泉》 《錢塘縣志》：在西溪之北柏家園左，與仰家園坊家園壤接。《百詠序》云：三園蔚□相望，指此泉。隱荒田亂草中，底旋深，雪漚似分五瓣，作梅花狀，深不能咫，灌十許頃田。《西溪梵隱志》：味極甘美，品泉者擬之惠山第一。

春意潛生水底天，泡痕散作玉鱗鮮。暗香莫問根荄在，并入松風雪乳煎。

清·商雲雛《華山經》 其東南有太上泉，側有池。

清·朱維魚《河汾旅話》卷二 潤泉縣。曾游沙州，有泉出平衍，水流與沙環抱，形如新月，土人名月牙。泉清潔，木葉落泉中，有鳥輒銜出之。

清·項蕙《廣寧縣志》卷一 二十里鋪泉，城西南二十里鋪前，河發源於此。八角寺泉，城西南三十里，寺南一泉湧出，東南流十里餘入泥河。洪井，城西四里。玉泉，城西醫巫閭山中。龍潭，城西三十五里，醫巫閭山之麓，周圍三丈許，上有石如棚覆之。楊郎泉，城西北一泉湧出，爲楊郎河。滿井，城西北三里，水味甘美，雖旱不竭。八角井，城北隅。古老無名泉，城東北角一泉湧出，四時不竭，南流百步入大凌河。魏家屯泉義州西南二十里，小沙河發源於此。宋八屯泉，義州西南二十里，泥河發源於此。湯泉，義州西南七十里，湯沙河發源於此。老公溝泉，義州西三十五里，老公溝河發源於此。營城東泉，義州東北十五里，西沙河發源於此。大寧堡泉，義州東北三十里，東沙河發源於此。

清·張聯元《天台山全志》卷四《泉》 醴泉，在桐柏觀衆妙臺下，水甘可以愈疾。

甘露，葛洪煉丹天台，有慶雲、甘露之瑞。

清·周伯義《北固山志》卷一 天津泉在山南麓。

又　鰻井在大士庵内，或云在蔬圃中。

清·謝元淮《雲臺新志·山水上》　姚陶《登雲臺山記石刻》：上下澗水淙淙，爲九龍洞。山中溪流九道，匯於橋下，故名。橋上平坦，下極幽邃。橋畔有松一株，蒼秀可愛，薜蘿苔蘚護滿其上。

又　姚陶《登雲臺山記石刻》：出由殿東石徑，上一里許，爲水簾洞。洞中石泉極淺，冬夏不竭，泉甚甘美。

清·謝元淮《雲臺新志·山水下》　飛泉　在大村獅子巖下，注爲濯纓泉。

又　五龍聖泉　《趙州志》：在東海大義村，温水河東，有泉五，中爲大泉，久旱不涸。

又　烏龍潭　在大村南首山巔有泉一泓，大旱不涸。沿山行半里許，有山澗奔流而下，即飛泉之頂也。獅子巖在其側。

又　白龍潭　張峰州志：在巨平山中，崖下方三十步。顧志：深不可測，水勢洶湧。自潭口噴出如珠，雖隆冬不凍。

又　當路澗　有當路橋。

又　九龍澗　《崔志》：在竹節嶺下，有九龍廟，其東爲接引茶庵，九澗森流，半空飛瀑，中横石橋，即名「九橋」，一曰「萬壽橋」。

又　李白澗　《崔志》：俗傳李白遊海上，曾飲於此。《顧志》：在雲臺山後。

又　桃花澗　在羊石村，有蓮花橋。《顧志》：小村迤北，折而東坐雲臺正西嶺外，春夏積水，可溉田。俗傳殷氏女通醫，以桃愈疾，人種桃一株以報，數年花滿巖谷。

又　大清澗　《顧志》：在隔村山南，水自峰頂流入民田，恒資灌溉。

又　滴清汪　《顧志》：在山東村北麓，約半畝餘，其深無底，遇旱如常。

又　墟溝　《崔志》：在沃壤山陰，即南固山大澗也。

清·謝元淮《雲臺新志·勝蹟上》　濯纓泉　《崔志》：在大村獅子巖下，泉水清泠。

又　龍湫　在法起寺東，溪水澄碧，遊魚聚泳。

又　佛座崖　《崔志》：在舍利山陰，面臨大海，片石莊嚴，宛若佛座。

又　瀑布泉　《顧志》：在法起寺側。

又　龍潭瀑布　《崔志》：漁灣山中有龍潭三，曰老潭、二潭、三潭，相距數武，瀑布疊掛，噴及數十丈外。

清·丁柔克《柳弧》卷一　姑娘龍泉　滇南羅次縣一山，逸其名，中有泉，爲姑娘龍。龍口出水，貴人、善人呼之，其水陡長，賤惡人則水立涸。水如是，而年之豐凶隨之，是故鄉人不欲外人知也。典史孫仲烈、把總柳、幕友劉約予往游。舍騎徒步，鳥道蠶叢，亂山合沓，空翠爽肌，中一竹林，真仙境也。泉出於石，細如線。遂共呼，忽山鳴谷應，風起水湧，平地水深一尺許，人皆立高處避之。孫君命一隸卒戲呼之，忽涓滴皆無。四人復呼，則復出。如是者數次，乃大驚。逮至今，孫公陣亡，柳公戰死，劉病卒，豈因二人忠義所致耶？居今溯昔，如夢如雲。後友人某亦欣然往，雲樹凄迷，紅塵漭瀁，空有子驥之歎矣！

清·張道《定鄉小識》卷一　靈泉一名虎跑泉。《咸湻臨安志》：靈泉，廣福院有靈泉一泓，覆之以亭。《湖山便覽》在六和塔南。徐俯蘇詩註言：廣福院亦有虎跑泉，即謂此靈泉也。

清·顧雲《盋山志·園墅》　芙蓉池，即烏龍潭。潭又名白蓮池，其中蓮花悉白，未濬時猶然。唐李德裕嘗遊此，所稱「漾舟緑潭，白芙蓉素萼盈尺，皎如霜雪」者也。《名山勝概記》。

又　放生池，在顔魯公祠前。公天下放生池碑銘所稱八十一所之一也。其池即烏龍潭而隄乎。其西池多蓮，楊柳夾隄。立夏夜尋涼其際，誦芙蓉露下，落楊柳月中疏句，疑昔人詠此矣。參《魯公文集》。

清·周慶雲《莫干山志》卷一《山水》（鑄劍池）水常清澈，水旱禱焉。

清·周慶雲《莫干山志》卷三《山水》　古天池，在天池寺右石巖下，池廣二丈許，水清湛而甘冽。

又　玉乳泉，在高峯。

清·景邦憲《紫柏山志》　黄龍洞，祠西十里，南向頂有清泉一泓，不溢不涸，草多紫葉、紅莖，白花，雖巖冬不枯，石壁題曰「不老春光」。

清·李心衡《金川瑣記》卷二《温泉》　温泉在綏靖屯治東六十里，約長半里許。熱可澡浴，時有浮漚泛湧，雖嚴冬沍寒，蒸汽騰鬱。而泉水發源自黨壩，土司部落名。直趨大江，並寒沁與常水同，殆不可解。因憶楊用修《丹鉛録》云：「温泉所在，必有白礬、硃砂、硫黄三物爲之根，蒸爲暖流，乃知硃黄諸物尤有凝結盤薄處。」詢之土人，果有硫黄氣息。惜相距稍遠，未遑議建屋宇，爲歲時祓除遊也。

清・李心衡《金川瑣記》卷四《玉帶泉》　泉在綏靖屯屬之巴布里，飛泉懸注若玉帶。

清・楊同桂《沈故》卷一《温泉》　遼陽東南之湯溝，小甸子海城北之湯，岡子寧遠城東十里之某處，蓋平城南之鶯哥嶺均有温泉，唯海城寧遠二處築室其上，沐浴者絡繹不絕。或云，坐湯可以卻病。

清・劉源溥《錦州府志》卷三《山川》　老鸛泉，城西南六十里，飲馬河發源於此。筆架山泉，城西南六十里，海内長元寺西。涼水泉，城西九十里。千家峪山，城西九十五里，五里河發源於此。二郎洞泉，城北十五里，在洞東。水泉子，城東北三十一里。櫻桃園泉，城東北三十里，大蛤蜊河發源於此。郭家泉，城東北三十五里，小蛤蜊河發源於此。

清・李宗蓮《金蓋山志》卷一　甘泉　在南金蓋山，有巨人跡，中有泉，味頗甘。《金蓋志畧》。源自金蓋山，流入道場一派。《縣志》。

清・李侗《五峰山志》卷上　清冷泉，一名志仙泉，在洞真觀東。泉上有亭，亭畔有橋，泉流石泉上，作琴築聲，是爲第一泉。

又　青龍泉，在山東岩畔安樂軒下。平時水涓涓不絕，大雨時行，泉建瓴而下，響振山谷，流入沙河。

清・邵涵初《慧山記續編・泉》　滴露泉，在二泉書院點易臺石壁中流出。先文莊點易臺成，有「安得泉分一道來」之句，忽有涓流出石壁間，乃鑿渠九曲而引之，淵然成池。後廢。國朝咸豐甲寅，涵初浚石壁下甃六角池，深四五尺，泉出自地中石縫，瀅然一淵，冬春不竭，石壁中涓流亦復至。

又　雲泉，在張中丞廟前。萬曆十五年，僧堀地得之，今甃爲井。

又　珠簾泉，《邑志》稱「石門飛瀑，濺激如珠，有水簾洞」。

又　鳳泉，在石門石壁，生鐵線影入泉中，作飛舞狀。

又　仙姑池，在錫山石浪庵之前。乾隆三十年，邑人秦瀛偕劉松苓、鮑汀信宿是庵，見灌莽中有泉噴出，搜剔得石，石上有「仙姑池」三字。《邑志》刻本譌作「女姑」。本嘉慶年《邑志》而更正其譌字。

又　王公泉，在松滋王公祠益詠堂右。

又　錫泉，在錫山半山亭下。乾隆二十七年，無錫令吴鉞掘地得之，因刻「錫泉」二字於石。

又　李文肅讀書堂下有泉，舊無泉名，文肅《別泉石詩序》稱爲「人間靈液」。**【略】**今堂基在亂冢中，泉廢久矣。

又　野翁泉，在施廉野翁莊内。**【略】**施閎、李庶、倪祚、潘箴俱有野翁泉題詠。今廢。

又　龍腰泉，在擔鉤隝半山茅蓬禪院觀音殿後。天生黄石，有穴如方，池深二尺許，春冬不增減。舊無泉名，咸豐丁巳涵初名之曰「龍腰泉」。

又　松泉，今在昭忠祠丙戲臺前，琅琊王澍篆題碑碣其上。此泉不知起於何時。《邑志》未載，今補之。

清・吴闡思《匡廬紀勝》　玉簾泉　由歸宗寺後，登松嶺，千餘步，折而西，澗水奔湃，下視杳冥，云是右軍養鵝池。策杖而上，則大悲岡。岡長不及里，左右臨深谷。岡盡，攀鳥道，側身捫蘿，過石壁，行漸下，高竹數千竿生石澗旁。遵澗過石梁，有巨石，上架小樓三楹，憩樓倚窗，三面皆絶壁，瀑水百丈，噴珠壓窗，六月如深秋也，故名玉簾泉。

又　招隱泉　橋東有泉名招隱，勺水耳，取之不竭。

又　三疊泉　五老之陰，衆水會而成溪，長數十里，繞九雲屏而東注溪，盡絶壑千丈，瀑布迅注，凡三疊始下玉川門。始一線天登嶺，折而南，峯迴崖曲，三疊不全見。近麻姑崖，有孤松倚絶壑，抱松擲身，憑虚下眺，始見匹練三折，拱手青壁，玉簾讓其高，黄崖遜其幽，匡廬瀑布，斯爲第一也。

土壤地理總部

土壤性質與分類部

《尚書·禹貢·冀州》厥土惟白壤。

《尚書·禹貢·兗州》厥土黑墳。

又　厥田惟中下，厥賦貞，作十有三載乃同。

《尚書·禹貢·青州》厥土白墳，海濱廣斥。

《尚書·禹貢·徐州》厥土赤埴墳。

《尚書·禹貢·揚州》厥土惟塗泥。

《尚書·禹貢·荊州》厥土惟塗泥。

《尚書·禹貢·豫州》厥土惟壤，下土墳壚。

《尚書·禹貢·梁州》厥土青黎。

《尚書·禹貢·雍州》厥土惟黄壤。

《管子·地員篇》瀆田：息土，五種無不宜；其草宜蚖菕與杜榮，其木宜楚棘。見是土也，命之曰五施，五七三十五尺而至於泉。呼音中角。其水蒼，其民彊。赤壚，歷、彊、肥，五種無不宜；其麻白，其布黄；其草宜白茅與蓯，其木宜赤棠。見是土也，命之曰四施，四七二十八尺而至於泉。呼音中商。其水白而甘，其民壽。黄唐，無宜也，唯宜黍秫也。宜縣澤。行牆落，地潤數毀，難以立邑置牆。其草宜黍秫與茅，其木宜櫄、擾、桑。見是土也，命之曰三施，三七二十一尺而至於泉。呼音中宮。其泉黄而臭，其民流徙。斥埴，宜大菽與麥。其草宜萯、蓯，其木宜杞。見是土也，命之曰再施，二七十四尺而至於泉。呼音中羽。其泉鹹赤，其民流徙。黑埴，宜稻、麥。其草宜苹蓨，其木宜白棠。見是土也，命之曰一施，七尺而至於泉。呼音中徵。其水黑而苦。

又　墳衍者。六施，六七四十二尺而至於泉。陝之旁，七施，七七四十九尺而至於泉。陒陝，八施，八七五十六尺而至於泉。杜陵，九施，七九六十三尺而至於泉。延陵，十施，七十尺而至於泉。環陵，十一施，七十七尺而至於泉。巒山，十二施，八十四尺而至於泉。附山，十三施，九十一尺而至於泉。附山白土，十四施，九十八尺而至於泉。中陵，十五施，百五尺而至於泉。青山，十六施，百一十二尺而至於泉。青龍之所居，其下庚泥，不可得泉。磝山赤壤，十七施，百一十九尺而至於泉，其下清商，不可得泉。陛山白壤，十八施，百二十六尺而至於泉，其下駢石，不可得泉。土山，十九施，百三十三尺而至於泉，其下有灰壤，不可得泉。高陵土山，二十施，百四十尺而至於泉。

又　羣土之長，是唯五息。五息之物，或赤、或青、或白、或黑、或黄，五息五章。五息之狀，淖而不〔黍刃〕，剛而不觳，不濘車輪，不汚手足。【略】五息之土，乾而不垎，湛而不澤，無高下葆澤以處，是謂息土。

又　息土之次，曰五沃。五沃之物，或赤、或青、或黄、或白、或黑；五沃五物，各有異則。五沃之狀，剽忞橐土，蟲豸穴處；忞剽不白，下乃以澤。【略】五沃之土，乾而不坼，湛而不澤，無高下葆澤以處，是謂沃土。

又　沃土之次，曰五位。五位之物，五色雜英，各有異章。五位之狀，不塥不灰，青忞以落。【略】無高下葆澤以處，是謂位土。

又　位土之次，曰五蘟。五蘟之狀，黑土黑菭，青怵以肥，粉然若灰。【略】蓄殖果木，不若三土以十分之二。是謂隱土。

又　蘟土之次，曰五壤。五壤之狀，粉然若屯以澤。【略】忍水旱，無不宜也。蓄殖果木，不若三土以十分之二。是謂壤土。

又　壤土之次，曰五浮。五浮之狀，捍然如米以葆澤，不離不坼。【略】蓄殖果木，不如三土以十分之二。

凡上土三十物，種十二物。

又　中土，曰五忞。五忞之狀，廪然如壏，潤濕以處。【略】忍水旱。蓄殖果木，不若三土以十分之三。

又　忞土之次，曰五壚。五壚之狀，彊力剛堅。【略】蓄殖果木，不若三土以十分之三。

又　壚土之次，曰五壏。五壏之狀，粉然若糠以脆。【略】蓄殖果木，不若三土以十分之三。

又　壚土之次，曰五壏。五壏之狀，華然若糠以脆。【略】蓄殖果木，不若三土以十分之四。

又　剽土之次，曰五沙。五沙之狀，粟焉如榍，塵糲。【略】蓄殖果木，不如三土以十分之四。

又　沙土之次，曰五塥。五塥之狀，累然如僕累。不忍水旱【略】。蓄殖果木，不若三土以十分之四。

凡中土三十物，種十二物。

又 下土，曰五猶。五猶之狀如糞。【略】蓄殖果木，不如三土以十分之五。

又 猶土之次，曰五壯。五壯之狀，如鼠肝。【略】蓄殖果木。不如三土以十分之五。

又 壯土之次，曰五埴。五埴之狀，甚澤以疏，離坼以臞。【略】蓄殖果木，不如三土以十分之六。

又 五埴之次，曰五觳。五觳之狀，婁婁然。不忍水旱。【略】蓄殖果木，不如三土以十分之六。

又 觳土之次，曰五鳧。五鳧之狀，堅而不骼。【略】蓄殖果木，不如三土以十分之七。

又 鳧土之次，曰五桀。五桀之狀，甚鹹以苦。【略】蓄殖果木，不如三土以十分之七。

又 凡下土三十物，其種十二物。

凡土物九十，其種三十六。

漢·氾胜之《氾胜之書·耕田》 春地氣通，可耕堅硬強地黑壚土，輒平摩其塊以生草，草生復耕之，天有小雨復耕和之，勿令有塊以待時。所謂強土而弱之也。

春候地氣始通：椓橛木長尺二寸，埋尺，見其二寸；立春後，土塊散，上没橛，陳根可拔。此時二十日以後，和氣去，即土剛。以此時耕，一而當四。和氣去耕，四不當一。

杏始華榮，輒耕輕土弱土。望杏花落，復耕。耕輒藺之。草生，有雨澤，耕重藺之。土甚輕者，以牛羊踐之。如此則土強。此謂弱土而強之也。

春氣未通，則土歷適不保澤，終歲不宜稼，非糞不解。慎無旱耕。須草生，至可耕時，有雨即耕，土相親，苗獨生，草穢爛，皆成良田。此一耕而當五也。不如此而旱耕，塊硬，苗穢同孔出，不可鋤治，反爲敗田。秋無雨而耕，絶土氣，土堅垎，名曰臘田。及盛冬耕，泄陰氣，土枯燥，名曰脯田。脯田與臘田，皆傷田，二歲不起稼，則二歲休之。

凡麥田，常以五月耕，六月再耕，七月勿耕，謹摩平以待種時。五月耕，一當三。六月耕，一當再。若七月耕，五不當一。

冬雨雪止，輒以藺之，掩地雪，勿使從風飛去；後雪復藺之；則立春保澤，凍蟲死，來年宜稼。

漢·班固《漢書》卷二九《溝洫志》 成帝初，清河都尉馮逡奏言：「郡承河下流，與兗州東郡分水爲界，城郭所居尤卑下，土壤輕脆易傷。頃所以闊無大害者，以屯氏河通，兩川分流也。

漢·劉熙《釋名》卷一《釋地》 壤瀼也，瀼瀼，肥濡意也。廣平曰原，原，元也，如元氣廣大也。高平曰陸，陸，漉也，水流漉而去也。下平曰衍，言漫衍也。下濕曰隰。隰，蟄也，蟄蟄，濕意也。下而有水曰澤，言潤澤也。地不生物曰鹵，鹵，爐也，如爐火處也。徐州貢土五色，有青、黃、赤、白、黑也。土青曰黎，似藜草色也。土黃而細密曰埴，埴，膱也，黏昵如脂之膱也。土赤曰鼠肝，似鼠肝色也。土白曰漂，漂，輕飛散也。土黑曰盧，盧然解散也。

三國蜀·常璩《華陽國志》卷一《巴志》 厥土青黎。厥田惟下上。

三國蜀·常璩《華陽國志》卷二《漢中志》 厥壤沃美。

又 岷山多梓、柏、大竹，頹隨水流，坐敢劉吳何李本作致材李本作林木，功省用饒。又溉灌三郡，開稻田。於是蜀沃野千里，號爲陸海。

三國蜀·常璩《華陽國志》卷三《蜀志》 又有綿水，出紫巖山，經綿竹入洛。東流過資中，會江陽。皆溉灌稻田，膏潤稼穡。

又 是以蜀川人稱郫、繁曰膏腴，綿、洛爲浸沃也。

又 蓋亦地沃土豐，奢侈不期而至也。

又 土地沃美。

又 美田。有鹽井。

又 二縣在中，多山田，少種稻之地。

又 土地剛鹵，不宜五穀，惟種麥，而多冰寒，盛夏凝凍不釋。

三國蜀·常璩《華陽國志》卷四《南中志》 畬山爲田。無蠶桑。

又 郡土大平敞劉吳何李本作敞。原田。多長松。皋有鶤鷄、孔雀、鹽池、田、漁之饒，金、銀、畜産之富。

又 土地沃腴。劉本誤膄。

三國蜀·常璩《華陽國志》卷六《劉先主志》 益州險塞沃野，天府之土，高祖因之以成帝業。

三國蜀·常璩《華陽國志》卷一二《序志》 華嶽降精，江漢吐靈，濟濟多士，命世克生。

菽芋，下泉宜稻，得其宜，則利百倍。

晉・張華《博物志校正》卷一 五土所宜，黄白宜種禾，黑墳宜麥黍，蒼赤宜

隋・郎蔚之《隋州郡圖經》 高邑縣房子城出白土，細滑膏潤，可以塗節，兼用濯錦，可致鮮潔。一名赤石罔。

唐・李泰《括地志・洛州・洛陽縣》 洛陽故城在洛州洛陽縣東北二十六里，周公所築，即成周城也。《輿地志》云：「成周之地，秦莊襄王以爲洛陽縣，三川守理之。後漢都洛陽，改爲『雒』。漢以火德，忌水，故去『洛』旁『水』而加『隹』。魏於行次爲土，土，水之忌也，水得土而流，土得水而柔，故除『隹』而加『水』。」《史記・項羽本紀》「故立申陽爲河南王都洛陽」《正義》引。又《通鑒》卷九《漢高帝紀》「故立申陽爲河南王都洛陽」注引無「輿地志云」以下文。

宋・沈括《夢溪筆談》卷一一《官政一》 深州舊治靖安，其地鹻滷，不可藝植，井泉悉是惡滷。土之不毛，鹽鹻殆與土半。唯胡盧水粗給居民，然原自外來，亦非邊城之利。舊州之北，有安平、饒陽兩邑，田野饒沃，人物繁庶。

宋・沈括《夢溪筆談》卷二四《雜誌一》 昔人文章用北狄事，多言黑山在大(幕)〔漠〕之北，今謂之姚家族，有城在其西南，謂之慶州。予奉使，嘗帳宿其下。山長數十里，土石皆紫黑，似今之磁石。有水出其下，所謂黑水也。胡人言黑水原下委高，水曾逆流。予臨視之，無此理，亦嘗流耳。山在水之東。大抵北方水多黑色，故有盧龍郡。北人謂水爲龍，盧龍即黑水也。黑水之西有連山，謂之夜來山，極高峻。契丹墳墓，皆在山之東南麓。近西有遠祖射龍廟，在山之上，有龍舌藏於廟中，其形如劍。山西別是一族，尤爲勁悍，唯啖生肉血，不火食，胡人謂之「山西族」，北與「黑水胡」、南與「達靼」接境。

宋・范成大《吴郡志・風俗》 吴農器甚備，以其平地夷盡爲田也。

又 吴中自昔號繁盛，四郊無曠土，隨高下悉爲田。

宋・范成大《吴郡志・山》 崦裏，傍黿山。下有良田二十頃。

宋・周去非《嶺外代答》卷五《財計門・廣西鹽法》 廣西土瘠民貧。

宋・周密《癸辛雜識》續集上《回回沙磧》 回回國所經道中，有沙磧數千里，不生草木，亦無水泉，塵沙眯目，凡一月方能過此。每以鹽和麵作大臠，置橐駞口中，仍繫其口，勿令噬嗑，使鹽面之氣沾濡，庶不致餓死人。人則以面作餅，各貯水一榼於腰間，或牛羊渾脱皮盛水置車中。每日略食餌餅，濡之以水。或迷路水竭，太渴，則飲馬溺，或厭馬糞汁而飲之。其國人亦以爲如登天之難。今回回皆以中原爲家，江南尤多，宜乎不復回首故國也。

元・劉應李《大元混一方輿勝覽》 歸州【略】郡少農桑。《荆州記》。最爲境瘠。《建平郡嘉木》詩序：「湖楚之北，郡十有二，歸之地最爲墝瘠。」

元・脱脱等《宋史》卷九一《河渠志一》 水退淤澱，夏則膠土肥腴，初秋則黄滅土，破爲疏壤。深秋則白滅土，霜降後皆沙也。

元・脱脱等《宋史》卷九二《河渠志二》 然商胡、横隴故道，地勢高平，土性疏惡，皆不可復，復亦不能持久。

元・王禎《農書・農桑通訣集之一・地利篇第二》 今按《禹貢》，冀州厥土惟白壤，厥田惟中中；兖州厥土黑墳，厥田惟中下；青州厥土白墳，厥田惟上下；徐州厥土赤埴墳，厥田惟上中；揚州厥土惟塗泥，厥田惟下下；荆州厥土惟塗泥，厥田惟下中；豫州厥土惟壤下土墳壚，厥田爲中上；梁州厥土青黎，厥田爲下上；雍州厥土黄壤，厥田惟上上。由是觀之，九州之内，田各有等，土各有差；山川阻隔，風氣不同，凡物之種，各有所宜。

元・葉子奇《草木子・觀物篇》 智襄子爲美室，士茁曰：「高山峻原，不生草木，松柏之下，其土不肥。今土木勝，臣懼其不安人也。室成三年而智氏亡，此造室太大之占也，必凶。」

明・陸容《菽園雜記》卷一 慶陽西北行二百五十里爲環縣，縣之城北枕山麓。【略】其土沙瘠，其水味苦，乍飲之，病脾泄。出趙大夫溝者，味甘，然去城十餘里。歲祀先師，則取釀酒，不可以給日用也。驛廩稍供稻米，蓋買諸慶陽，粟一斗得稻米一升。薪木則買諸開城。開城亦小邑，去環八十里，地有美薪，其愈環可知矣。

明・鄭曉《邊紀略》 寧遠東西兩屯頗安，給錦義地瘠寡生。

又 (蘇州)又地壤深厚，樹畜魚鹽黍稷之利。

又 河套沃土，葉爲虜巢。

明・焦竑《焦氏筆乘・石留》 《三都賦》：「林藪石留而蕪穢。」石留，言土地多石如人之有留結也。《國策》：「段規謂韓王曰：『分地必取成皋。』韓王曰：『成皋石留之地，無所用之。』」賦本此。

明・王士性《廣志繹》卷二 江南泥土，江北沙土，南土濕，北土燥，南宜稻，北宜黍、粟、麥、菽，天造地設，開闢已然，不可强也。

明・王士性《廣志繹》卷三 洛陽水土深厚，葬者至四五丈而不及泉，轆轤

汲綆有長十丈者。

又 確山南多稻田，近楚俗，北乃旱地，漸見風塵。

又 山西地高燥，人家蓋藏多以土窖，穀粟入窖，經年如新，蓋土厚水深，不若江南過夕即浥爛。

明・王士性《廣志繹》卷四 龍沙在豫章城北，江水之濱，白沙湧起，堆阜高峻，其形如龍，俗爲重九登高處。

明・王臨亨《粤劍編》卷一《志名勝》 山之隸南雄者，大都紫泥所結，不耐斧鑿，蓋土石之間耳。

明・徐光啓《農政全書》卷七《農事・營治下》 土壤氣脈，其類不一，肥沃磽确，美惡不同。治之，各有宜也。大黑壤之地信美矣，然肥沃之過，不有生土以解之，則苗茂而實不堅。磽确之土信惡矣，然糞壤滋培，則苗蕃秀而實堅栗。土壤雖異，治得其宜，皆可種植。

明・徐光啓《農政全書》卷二〇《水利・泰西水法下》 第四察泉脈 凡掘井及泉，視水所從來而辨其土色。若赤埴土，其水味惡（赤埴，黏土也，中爲甓爲瓦者是）。若散沙土，水味稍淡。若黑墳土，其水良（黑墳者，色黑稍黏也）。若沙中帶細石子者，其水最良。

明・沈德符《萬曆野獲編》卷三〇《外國・西域記》 火州在柳城西七十里。城北近山，其地多熱，山青紅若火，故名火州。城方十餘里，僧寺多而居民少。

又 柳城古中柳縣，在火州東，去哈密千餘里，經一大川至其國。地皆沙磧，無水草，道傍多骸骨，土人相傳有鬼魅，行旅或早暮失侶，多迷死。出大川，度流沙河，有山青紅如火燄，山下城屹然，廣二三里，即魯陳城。

明・顧岕《海槎餘録》 海南之田幾三等，有沿山而更得泉水，曰泉源，曰有靠江而以竹桶裝成天車，不用人力，日夜自車水灌田者，曰近江田，此二等爲上栽稻，二熟。又一等，不得泉不靠江，旱澇隨時，曰近江田，止種一熟，爲下等。其境大概土山，多平坡，一望無際，咸不科税。雜植山萸、綿花，獲利甚廣。誠樂土也。但其俗好鬬，健訟不容人耕耳。

明・顧世登、顧伯平輯《重刻昆侖高山志》卷一 高山四境，土有黄泥，有夜潮。黄泥宜穀，夜潮宜麥，而夜潮土樹藝與他地頗異，非獨種之美，而按候壅穫，治法固殊焉。

清・錢謙益《牧齋雜著・牧齋有學集文鈔補遺・陳崑良詩序》 唐墅在邑東偏，水稠地肥，宛然聚落。

清・談遷《棗林雜俎・義集・名勝》 紅土：宣府蔚州衛，城東南三十里太白山，多奇山，其紅土爲印色。傳爲周穆王乘八駿游此，馬斃，其血化爲紅土。《蔚州誌》。又貴溪縣龍虎山有五色土，張真人以書符録。

清・談遷《北遊録・紀詠上》 經高郵寶應諸湖放歌 淮南諸山俱積土，雖有卷石不足數。土德何如水德嬴，馮夷據作神仙府。【略】

清・談遷《北遊録・紀聞上》 【土炭】 丹陽練湖旱時，土人掘葑淤二尺餘，得土。色黑，性埴，可焚代炭。

清・談遷《北遊录・後紀程》 丁卯。午風利，行三里，郗山集在運河東，其右即微山湖也。山以「微子」名，直湖中。登郗山望之，雖帶水瀰瀰，不異望洋。【略】大半徙微山，微山流籍殆萬家。田數千頃可畊【略】湖最廣，茫茫無畔岸。崇禎十三年旱，亦涸。【略】晚行二十里，泊微山湖西岸。地多獐，或逐之不獲。夜雨。

清・屈大均《廣東新語》 嶺南瀕海之郡，土薄地卑，陽燠之氣常泄，陰溼之氣常蒸。

又 香山土田凡五等。一曰坑田，山谷間稍低潤者，墾而種之，遇澇水流沙衝壓，則歲用荒歉。二曰旱田，高硬之區，潮水不及，雨則耕，旱幹則棄，謂之望天田。三曰洋田，沃野平原，以得水源之先者爲上。四曰鹹田，西南薄海之所，鹹潮傷稼，則築堤障之，俟山谿水至而耕。然堤圮，苗則槁矣。五曰潮田，潮漫汐乾，汐乾而禾苗乃見。每西潦東注，流塊下積，則沙坦漸高，以蕢草植其上，三年即成子田。子田成然後報税，其利頗多。

清・張鵬翮《奉使俄羅斯行程录》 十九日【略】（九原）厥土惟瘠鹵，厥田惟下中，原高且平，墾耕牧養。

清・張縉彦《寧古塔山水記》 土皆黑壤，雨水過之亦皆黑。

清・林佶《全遼備考》卷上《混同江》 遼河套在開原西北，舊顯州城下。水甘土厚，平地不下萬頃。

清・張廷玉等《明史》卷八三《河渠志一》 蓋沙灣地土皆沙，易致坍決，故作壩作閘皆非善計。

清・黄叔璥《臺海使槎録》卷一《赤嵌筆談》 三十六島巨細相間，坡隴相望，有七澳居其間。大約有土無木，土瘠不宜禾稼。

又 土壤肥沃，不糞種；糞則穗重而仆。近年臺邑地畝水衝沙壓，土脈漸薄；亦間用糞培養。

清・王應奎《柳南續筆》 松江府東去五十里許曰烏泥涇，地高仰，不宜五穀，元至正間，偶傳此種，植之於地，頗茂。

清・愛必達《黔南識略》卷九《八寨同知》 田畝東北稱饒沃，西北多磽瘠。

清・愛必達《黔南識略》卷二八《冊亨州同知》 田畝多在山凹水溝之旁，土黑而肥，高處即多磽薄。

清・愛必達《黔南識略》卷二九《普安直隸廳》 田畝南里、南俄、平彝稍膏腴，其餘均屬磽瘠。

清・吴震方《嶺南雜記》卷上 山稠耕地少，樹密瘴雲深。

又 以耕膏腴之田。

又 新立縣之地，其土膏腴，若有告承，每畝量出公費，以爲工築。

又 東莞【略】地磽土瘠，種薯芋充食。【略】鹽田近海。

清・顧炎武《肇域志・南直隸・常州府》 帶長江，襟太湖。土沃而川平，三吴之善地。

清・顧炎武《肇域志・南直隸・池州府・銅陵縣》 沿江，地瘠，事煩。

清・顧炎武《肇域志・南直隸・徐州・蕭縣》 土沃人勁，比遭河患，蕩析離居，俗亦囂敝。

清・郁永河《裨海記游》卷二八 總論臺郡平地形勢，東阻高山，西臨大海，自海至山，廣四百五十里。自鳳山縣南沙馬磯至諸羅縣北雞籠山，袤二千八百四十五里，此其大略也。雖沿海沙岸，實平壤沃土，但土性輕浮，風起揚塵蔽天，雨過流爲深坑。然宜種植。

清・郁永河《采硫日記》 臺灣西向俯汪洋，東望層巒千里長；一片平沙皆沃土。

清・高士奇《扈從東巡日録》 戊辰，駐蹕阿尔灘讷門，由开原至烏喇驿道也。自嘉祐禅至此，罕有人徑。地湫湿黑壤，落叶積雪，穷年相仍，漸成淤泥，深者二、三尺，淺者尺余。兩山積水，沉滯不流，色如铁锈，溅衣则赤，土人謂之「紅锈水」。

清・陸祚蕃《粤西偶記》 桂林山俱青黑色，不生樹木。巉削直上，不可登陟。

清・謝聖綸《滇黔志略》 滇境河土平敞，有鹽池田漁之饒、金銀畜産之富，人俗豪忲，居官者皆富及累世。《後漢書》

聖綸按：滇境河土，視黔中爲平敞，而土性則瘠薄，耕田必駕兩牛，一人前牽，一人後馭。又所收稻田，每穗寥寥數粒，不及内地之半，故民間有「廣種薄收」之謡。所需日食，半資南豆。南豆，即蠶豆，稻將熟即點種稻根之旁，不藉糞溉，秋末發榮滋長，青蔥遍野，春仲擷其實，與米共炊。

又 哀牢土地沃美，宜五穀蠶桑。

清・蔣攸銛《黔軺紀行集・荆門懷古次漆林簡討韻》 南門外有息壤，其土掘去復生，相傳即鯀所竊以湮洪水者，不可輕發掘，多至水潦，詢之土人，信然。

清・姚遠翿《華嶽志》卷一 高崕下黄上黑曰八公，龕其上多黑墳之土。

清・朱點輯《東郊土物詩・橐籥沙》 濱海産異沙，厥名曰橐籥。光潤質本良，模範用匪約。但使就匡稜，安貴彌融爚。頗疑大造爐，萬物資附著。

清・韓奕《海防集要》 成都土地險塞，沃野千里。

土壤利用部

《尚書·禹貢·冀州》 恒、衛既從，大陸既作。

《尚書·禹貢·兗州》 桑土既蠶，是降丘宅土。

《尚書·禹貢·青州》 萊夷作牧。厥篚檿丝。

《尚書·禹貢·梁州》 蔡、蒙旅平，和夷底績。

《尚書·禹貢·雍州》 三危既宅，三苗丕叙。

《管子·地員篇》 瀆田：息土，五種無不宜；其草宜蚖萮與杜榮，其木宜楚棘。

赤壚，歷、彊、肥，五種無不宜；其麻白，其布黃；其草宜白茅與雚，其木宜赤棠。

黃唐，無宜也，唯宜黍秫也。宜縣澤。行牆落，地潤數毀，難以立邑置牆。其草宜黍秫與茅，其木宜櫄、榎、桑。

斥埴，宜大菽與麥。其草宜萯、雚，其木宜杞。

黑埴，宜稻、麥。其草宜苹、蓨，其木宜白棠。

又 山之上，命之曰縣泉，其地不乾，其草如茅與蘆，其木乃樠；鑿之二尺乃至於泉。山之上，命曰復蔓，其草魚腸與蕕，其木乃柳，鑿之三尺而至於泉。山之上，命之曰泉英，其草蘄、白昌，其木乃楊，鑿之五尺而至於泉。山之材，其草蔹與薔，其木乃椵，鑿之二七十四尺而至於泉。山之側，其草葍與蔞，其木乃樞榆，鑿之三七二十一尺而至於泉。

又 羣土之長，是唯五息。【略】其種大重、細重，白莖白秀，無不宜也。五息之土，若在陵在山，在墳在衍，其陰其陽，盡宜桐、柞，莫不秀長；其榆其柳，其檿其桑，其柘其櫟，其槐其楊，羣木蕃滋，數大、條直以長。其澤則多魚，牧則宜牛羊。其地其樊，俱宜竹箭，棗、楸、楢、檀；五臭生之，薜荔、白芷、蘪蕪、椒、連。五臭所效，寡疾難老，士女皆好，其民工巧。

又 息土之次，曰五沃。【略】其種大苗、細苗，赨莖黑秀，箭長。五沃之土，若在丘在山，在陵在岡，若在陬、陵之陽，其左其右，宜彼羣木：桐、柞、枎、櫄，及彼白梓；其梅其杏，其桃其李，其秀生莖起；其棘其棠，其槐其楊，其榆其桑，其杞其枋，羣木數大，條直以長。其陰則生之楂棃。其陽則安樹之五麻，若高若下，不擇疇所。其麻大者，如箭如葦，大長以美；其細者，如蘿如蒸，各有異名。大者不類，小者易治，揣而藏之，若衆練絲。五臭疇生，連與蘪蕪、藁本、白芷。其澤則多魚，牧則宜牛羊。其泉白青，其人堅勁，寡有疥騷，終無痟酲。

又 沃土之次，曰五位。【略】其種大葦無、細葦無，赨莖白秀。五位之土，若在岡在陵，在墳在衍，在丘在山：皆宜竹箭，棗、楸、楢、檀，榆、桃、柳、楝，羣木安逐，條長數大；其桑其松，其杞其椇，種木胥容；羣藥安生，薑與桔梗、小辛、大蒙。其山之淺，有龍與芹；其山之皐，多桔符榆；其山之半，有箭與苑；其山之旁，有彼黃蝱，及彼白昌、山藜、葦、芒。羣藥安聚，以圉民殃。其林其麓，其槐其楝，其柞其榖，羣木安逐，鳥獸安族，既有麋麃，又且多鹿。

又 位土之次，曰五隱。【略】其種大櫑葛、細□葛，赨莖黃秀恚目，其葉若稅。

又 隱土之次，曰五壤。【略】其種大水腸、細水腸，赨莖黃秀以慈。

又 壤土之次，曰五粰。【略】其種大蘆忍、細蘆忍，葉如蘿以長，狐茸，黃莖、黑莖、黑秀，其粟大，無不宜也。

又 中土，曰五态。【略】其種大稷、細稷，赨莖黃秀慈，細粟如麻。

又 态土之次，曰五壚。【略】其種大邯鄲、細邯鄲，莖葉如枎櫄，其粟大。

又 壚土之次，曰五壏。【略】其種大荔、細荔，青莖黃秀。

又 剽土之次，曰五沙。【略】其種大秠、細秠，白莖青秀以瑞。

又 沙土之次，曰五塥。【略】其種大樛杞、細樛杞，黑莖黑秀。

又 下土曰五猶。【略】其種大華、細華，白莖黑秀。

又 猶土之次，曰五壯。【略】其種大青粱、細青粱，黑莖黑秀。

又 壯土之次，曰五埴。【略】其種鴈膳，黑實；朱跗，黃實。

又 五埴之次，曰五觳。【略】其種大菽、細菽，多白實。

又 觳土之次，曰五凫。【略】其種棱稻，黑鵝、馬秩。

又 凫土之次，曰五桀。【略】其種白稻，長狹。

漢·司馬遷《史記》卷二九《河渠書》 岸善崩，乃鑿井，【集解】如淳曰：「洛水岸。」【正義】言商原之崖岸，土性疏，故善崩毀也。

漢·氾胜之《氾胜之書·溲種法》 薄田不能糞者，以原蠶矢雜禾種種之，則禾不蟲。

又馬骨剉一石，以水三石，煮之三沸；漉去滓，以汁漬附子五枚；三四日，去附子，以汁和蠶矢羊矢各等分，撓令洞洞如稠粥。先種二十日時，以溲種如麥飯狀。常天旱燥時溲之，立乾；薄布數撓，令易乾。明日復溲。天陰雨則勿溲。六七溲而止。輒曝謹藏，勿令復濕。至可種時，以餘汁溲而種之。則禾不蝗蟲。無馬骨，亦可用雪汁，雪汁者，五穀之精也，使稼耐旱。常以冬藏雪汁，器盛埋於地中。治種如此，則收常倍。

驗美田至十九石，中田十三石，薄田一十石，尹擇取減法，神農復加之骨汁糞汁溲種。剉馬骨牛羊豬麋鹿骨一斗，以雪汁三斗，煮之三沸。以汁漬附子，率汁一斗，附子五枚，漬之五日，去附子。擣麋鹿羊矢等分，置汁中熟撓和之。候晏温，又溲曝，狀如後稷法，皆溲汁幹乃止。若無骨者，煮繰蛹汁和溲。如此則以區種，大旱澆之，其收至畝百石以上，十倍於後稷。此言馬蠶皆蟲之先也，及附子令稼不蝗蟲；骨汁及繰蛹汁皆肥，使稼耐旱，使稼耐旱，終歲不失於穫。

漢・氾胜之《氾胜之書・區田法》 湯有旱災，伊尹作爲區田，教民糞種，負水澆稼。

區田以糞氣爲美，非必須良田也。諸山陵近邑高危傾阪及丘城上，皆可爲區田。

區田不耕旁地，庶盡地力。

凡區種，不先治地，便荒地爲之。

以畝爲率，令一畝之地，長十八丈，廣四丈八尺；當横分十八丈作十五町；町間分十四道，以通人行，道廣一尺五寸；町皆廣一丈五寸，長四丈八尺。尺直横鑿町作溝，溝一尺，深亦一尺。積壤於溝間，相去亦一尺。嘗悉以一尺地積壤，不相受，令弘作二尺地以積壤。

種禾黍於溝間，夾溝爲兩行，去溝兩邊各二寸半，中央相去五寸，旁行相去亦五寸。一溝容四十四株。一百合萬五千七百五十株。種禾黍，令上有一寸土，不可令過一寸，亦不可令減一寸。

凡區種麥，令相去二寸一行。一行容五十二株。一畝凡九萬三千五百五十株。麥上土令厚二寸。

凡區種大豆，令相去一尺二寸。一行容九株。一畝凡六千四百八十株。

區種荏，令相去三尺。

胡麻相去一尺。區種，天旱常溉之，一畝常收百斛。

上農夫區，方深各六寸，間相去九寸。一畝三千七百區。一日作千區。區種粟二十粒，美糞一升，合土和之。畝用種二升。秋收區別三升粟，畝收百斛。丁男長女治十畝。十畝收千石。歲食三十六石，支二十六年。

中農夫區，方九寸，深六寸，相去二尺。一畝千二十七區。用種一升。收粟五十一石。一日作三百區。

下農夫區，方九寸，深六寸，相去三尺。一畝五百六十七區。用種半升。收二十八石。一日作二百區。

區中草生，茇之。區間草以剗剗之，若以鋤鋤。苗長不能耘之者，以劬鐮比地刈其草矣。

漢・氾胜之《氾胜之書・禾》 種禾無期，因地爲時。三月榆莢時雨，高地強土可種禾。

小豆忌卯，稻麻忌辰，禾忌丙，黍忌丑，秫忌寅未，小麥忌戌，大麥忌子，大豆忌申卯。凡九穀有忌日，種之不避其忌，則多傷敗，此非虚語也。其自然者，燒黍穰則害瓠。

稙禾，夏至後八十九十日，常夜半候之，天有霜若白露下，以平明時，令兩人持長索相對，各持一端，以槩禾中，去霜露，日出乃止。如此，禾稼五穀不傷矣。

獲不可不速，常以急疾爲務。芒張葉黄，捷獲之無疑。

獲禾之法，熟過半斷之。

漢・氾胜之《氾胜之書・黍》 黍者暑也，種者必待暑。先夏至二十日，此時有雨，彊土可種黍。畝三升。黍心未生，雨灌其心，心傷無實。

凡種黍，覆土鋤治，皆如禾法；欲疏於禾。

漢・氾胜之《氾胜之書・稻》 種稻，春凍解，耕反其土。種稻區不欲大，大則水深淺不適。冬至後一百一十日可種稻。稻地美，用種畝四升。始種稻欲温，温者缺其塍，令水道相直；夏至後太熱，令水道錯。

漢・氾胜之《氾胜之書・稗》 稗既堪水旱，種無不熟之時，又特滋茂盛，易生無穢。良田畝得二三十斛。宜種之備凶年。

漢・氾胜之《氾胜之書・大豆》 三月榆莢時有雨，高田可種大豆。土和無塊，畝五升；土不和，則益之。種大豆，夏至後二十日尚可種。戴甲而生，不用深耕。種之上，土纔令蔽豆耳。厚則折項，不能上達，屈於土中而死。

大豆須均而稀。

區種大豆法：坎方深各六寸，相去二尺，一畝得千二百八十坎。其坎成，取美糞一升，合坎中土攪和，以内坎中。臨種沃之，坎三升水。坎内豆三粒；覆上土，勿厚，以掌抑之，令種與土相親。一畝用種二升，用糞十二石八門。豆生五六葉，鋤之。旱者溉之，坎三升水。丁夫一人，可治五畝。至秋收，一畝中十六石。

漢・氾胜之《氾胜之書・小豆》　椹黑時，注雨種，畝五升。豆生布葉，鋤之；生五六葉，又鋤之。

漢・班固《漢書》卷二九《溝洫志》　故盡河壖棄地，師古曰：「謂河岸以下緣河邊地素不耕墾者也。壖音而緣反。」民茭牧其中耳，師古曰：「茭，乾草也。謂收茭草及牧畜産於其中。茭音交。」今溉田之，師古曰：「溉而種之。」度可得穀二百萬石以上。

三國吴・沈瑩《臨海水土異物志・夷洲》　〔夷洲〕土地饒沃，既生五穀，又多魚肉。有犬，尾短如麝尾狀。

三國蜀・常璩《華陽國志》卷二《漢中志》　蜀時大將軍鎮之。有宕田、平稻田。

又　有麻田氏傻，多羌戎之民。

三國蜀・常璩《華陽國志》卷三《蜀志》　有泉水，稻田。

又　小亭，有好稻田。

又　綿與雒各出稻稼，畝收三十斛，有至五十斛。

又　什邡縣山出好茶。

又　山原肥沃，有澤漁之利。

又　土地雖迫，山水特美好。宜蠶桑，有鹽井。魚池以百數，家家有焉。

三國蜀・常璩《華陽國志》卷四《南中志》　穿龍池溉稻田，爲民興利。

又　土地無稻田、蠶桑，多虵、蛭、虎、狼。

又　土地有稻田、畜牧，但不蠶桑。

晉・張華《博物志校正》佚文《後漢書》劉昭注引《博物記》　麋，千千爲羣，掘食草根，其處成泥，名曰麋畯。民人隨此畯種稻，不耕而穫，其收百倍。

唐・劉恂《嶺表録異》卷上　新瀧等州山田，揀荒平處鉏爲町畦。伺春雨丘中聚水，即先買鯇魚子散于田内。一二年後，魚兒長大，食草根竝盡。既爲熟田，又收魚利；及種稻，且無稗草。乃齊民之上術。

宋・莊綽《雞肋編》卷上　陝西沿邊地苦寒，種麥周歲始熟，以故黏齒不可食。如熙州斤麪，則以掬灰和之，方能捍切。羊肉亦羶臊。惟原州二物皆美，麪以紙囊送四旁爲佳遺。

又　陝西地既高寒，又土紋皆堅，官倉積穀，皆不以物藉。雖小麥最爲難久，志二十年無一粒蛀者。【略】土若金色，更無沙石。

宋・方勺《泊宅編》　七閩地狹瘠，而水源淺遠，其人雖至勤儉，而所以爲生之具，比他處終無有甚富者。墾山隴爲田，層起如階級，然每遠引溪谷水以灌溉，中途必爲之碓，不唯碓米，亦能播精。

宋・方信孺《南海百咏》　花田，在城西十里三角市，平田彌望，皆種素馨花，一名那悉茗。《南征録》云，劉氏時，美人死葬骨於此，至今花香異於他處。

元・單慶修、徐碩《嘉禾志・沿革・風俗》　《前漢・地理志》云：「江南地廣，或火耕水耨，民食魚稻，以漁獵山伐爲業。果蓏蠃蛤，食物常足，故呰窳偷生而亡積聚。呰，短也。窳，弱也。言短力弱材不能勤作，故朝夕取給而無儲偫。呰，音紫。窳，音庾。

元・單慶修、徐碩《嘉禾志・物産》　是郡號爲澤國，原野衍沃，田宜麥禾，陸宜麻豆，他有資於民日用者，煮水成鹽，殖蘆爲薪，地饒蔬茹，水富魚蟹而已。至若草木禽獸，果實藥品之類，亦他郡所有。

元・楊惠《至正昆山郡志》卷六《土産》　按：《隋志》：川澤沃衍，有海陸之饒，故今高下悉田稻色，多種食物。

元司農司《農桑輯要》卷一《耕墾・耕地》　凡秋耕欲深，春夏欲淺。犂欲廉，勞欲再。犂廉耕細，牛復不疲，再勞地熟，旱亦保澤也。秋耕稀，青者爲上。比至冬月，青草復生者，其美與小豆同。初耕欲深，轉地欲淺。耕不深，地不熟，轉不淺，動生土也。菅茅之地，宜縱牛羊踐之，踐則根浮。七月耕之則死。非七月，復生矣。

凡美田之法：菉豆爲上，小豆、胡麻次之。悉皆五、六月中穊羹懿反。漫種也。種，七月、八月犂稀殺之，爲春穀田，則畝收十石，一石大約今二斗七升，十石今二石七斗有餘也。後《齊民要術》中石斗倣此。其美與蠶矢、熟糞同。

又　凡地有薄者，即須加糞糞之。其踏糞法：秋收治田後，場上所有穀穰等，並須收貯一處。每日布牛脚下，三寸厚；古一尺，大約今一尺三寸有餘。後《齊民要術》尺寸倣此。每平旦收聚堆積之，還依前布之，經宿即堆聚。至十二月、正月之間，即載糞糞地。

又　凡地除種麥外，並宜秋耕。先以鐵齒擺縱横擺之，然後插犂細耕，隨耕隨撈。至地大白背時，更擺兩徧。至來春地氣透時，待日高復擺四五徧：其地爽潤，上有油土四指許，春雖無雨，時至便可下種；秋耕之地，荒草自少，極省鋤工。如牛力不及，不能盡秋耕者，除種粟地外，其餘黍、豆等地，春耕亦可。

大抵秋耕宜早，春耕宜遲。秋耕宜早者，乘天氣未寒，將陽和之氣掩在地中，其苗易榮。過秋天氣寒冷，有霜時，必待日高，方可耕地，恐掩寒氣在內，令地薄不收子粒。春耕宜遲者，亦待春氣和暖，日高時依前耕擺。

元司農司《農桑輯要》卷二《播種・收九穀種》 又，薄田不能糞者，以原蠶矢雜禾種種之，則禾不蟲。

元司農司《農桑輯要》卷二《播種・種穀》 凡穀田，菉豆、小豆底爲上，麻、黍、胡麻次之，蕪菁、大豆爲下。常見瓜底，不減菉豆，本既不論，聊復記之。凡春種欲深，夏種欲淺。凡種穀，雨後爲佳。遇小雨，宜接濕種；遇大雨，待薉音穢。生。小雨不接濕，無以生禾苗。大雨不待白背，濕輾則令苗瘦。薉若盛者，先鋤一徧，然後納種乃佳也。春若遇旱，秋耕之地，得仰壟待雨。春耕者，不中也。夏若仰壟，匪直盪汰不生，兼與草薉俱出。

元司農司《農桑輯要》卷二《播種・木棉》 栽木棉法：擇兩和不下濕肥地，于正月地氣透時，深耕三徧，擺蓋調熟，然後作成畦畛。每畦長八步，濶一步，內半步作畦面，半步作畦背。深斸二徧，用杷耬平；起出覆土，於畦背上堆積。

元司農司《農桑輯要》卷二《播種・大小麥青稞附》 《齊民要術》：大小麥皆須五月、六月暵地。不暵地而種者，其收倍薄。崔寔曰：「五月、六月菑麥田也。」

《孝經援神契》云：黑墳宜麥。

元司農司《農桑輯要》卷二《播種・旱稻》 《齊民要術》：旱稻用下田，白土勝黑土。非言下田勝高原，但夏停水者，不得禾、豆、麥；稻田種，雖澇亦收。所謂彼此俱穫，不失地利故也。

又 凡下田停水處，燥則堅垎，濕則汙泥，難治而易荒。

又 其春耕者，殺種尤甚。故宜五六月暵之，以擬大麥。麥時水澇，不得納種者，九月中復一轉，至春種稻，萬不失一。

凡種下田，不問秋夏，候水盡地白背時，速耕、杷、勞。頻煩令熟。過燥則堅，過雨則泥，所以宜速耕也。

元司農司《農桑輯要》卷二《播種・黍穄稗附》 《孝經援神契》云：黑墳宜黍。

元司農司《農桑輯要》卷二《播種・大豆豍豆附》 《孝經援神契》曰：赤土宜菽也。

元司農司《農桑輯要》卷三《栽桑・論桑種》 《士農必用》：桑之種性，惟在辨其剛柔，得樹藝之宜，使之各適其用。桑種甚多，不可偏舉，世所名者，荆與魯也。荆桑多椹，魯桑少椹。葉薄而尖，其邊有瓣者，荆桑也；凡枝幹條葉堅勁者，皆荆之類也。葉圓厚而多津者，魯桑也；凡枝幹條葉豐腴者，皆魯之類也。荆之類，根固而心實，能久遠，宜爲樹。魯之類，根不固而心不實，不能久遠，宜爲地桑。然荆桑之條葉，不如魯桑之盛茂，當以魯條接之，則能久遠而又盛茂也。魯爲地桑，而有壓條換根之法，傳轉無窮，亦是可以長久也。荆桑之類，宜飼大蠶；其絲堅紉，中紗、羅。《書・禹貢》：「厥篚檿絲。」注曰：「檿，山桑。」此荆之類而尤佳者也。魯桑之類，宜飼小蠶。

元司農司《農桑輯要》卷三《栽桑・地桑》 栽地桑法：秋後於熟白地內，深耕一犂，就壠加糞，撥土爲區。如無牛，掘區亦可。

布地桑法：牆圍成園。將園內地，或牛犂，或钁斸熟。方五尺內掘一阬，內地一畝，合栽一百四十科。方深各二尺。阬內下熟糞三升，生糞不中。壯地不用。和土勻，下水一桶，調成稀泥。將畦內種成魯桑連根掘出，一科自根上留身六七寸，其餘截去。

元司農司《農桑輯要》卷三《栽桑・柘》 其高原山田，土厚水深之處，多掘深阬，中種桑柘者，隨阬深淺，或一丈、丈五直上，出阬乃抹疎四散。此樹條直，異于常材。十年之後，無所不任。

元司農司《農桑輯要》卷五《瓜菜・種瓜》 區中瓜法：六月雨後種綠豆，八月中犂掩殺之；十月又一轉，即十月終種瓜。率兩步爲一區，坑大如盆口，深五寸。以土壅其畔，如菜畦形。坑底必令平正，以足踏之，令其保澤。以瓜子、大豆各十枚，徧布坑中。瓜子、大豆，兩物爲雙，藉其起土故也。以糞五升覆之。亦令均平。又以土一斗薄散糞上，復以足微躡之。冬月大雪時，速並力推雪於阬上爲大堆。至春草生，瓜亦生，莖葉肥茂，異於常者。且常有潤澤，旱亦無害，五月瓜便熟。其掐豆、鋤瓜之法，與常同。若瓜子盡生，則大概，宜掐去之，一區四根即足矣。

元司農司《農桑輯要》卷五《瓜菜・芋》 又種芋法：宜擇肥緩土近水處，和柔，糞之。三月注雨，可種芋。率二尺下一本。芋生根欲深，斷其旁以緩其土。旱則澆之。有草鋤之，不厭數多。治芋如此，其收常倍。

又 《務本新書》：芋宜沙白地。地宜深耕。二月種爲上時。

元司農司《農桑輯要》卷五《瓜菜·葵》　春必畦種水澆。春多風旱，非畦不得。且畦者省地而菜多，一畦供一口。　畦長兩步，廣一步。大則水難均，又不用人足入。深掘，以熟糞對半和土覆其上，令厚一寸；鐵齒杷耬之令熟，足蹋使堅平；下水，令徹澤。水盡，下葵子，又以熟糞和土覆其上，令厚一寸餘。葵生三葉，然後澆之。澆用晨，夕，日中便止。

每一掐，輒杷耬地令起，下水加糞。三掐更種。一歲之中，凡得三輩。凡畦種之物，治畦皆如種葵法，不復條列煩文。

早種者，必秋耕。十月末，地將凍，散子勞之，一畝三升。正月末散子亦得，人足踏踐之乃佳踏者菜肥。地釋即生。鋤不厭數。

元司農司《農桑輯要》卷五《瓜菜·蘿蔔胡蘿蔔附》　《四時類要》：種蘿蔔，宜沙糯地。五月五犁六徧。

元司農司《農桑輯要·竹木·松杉柏檜附》　插枝者，二三月檜芽蘖動時，先熟斵黄土地成畦，下水飲畦一徧，滲定，再下水，候成泥，將斫下細如小指檜枝，長一尺五寸許，下削成馬耳狀，先以杖刺泥成孔，插檜枝於孔中，深五七寸以上。栽宜稠密。常澆令潤澤。

元·脱脱等《宋史》卷九五《河渠志五》　秘書丞侯叔獻言：「汴岸沃壤千里，而夾河公私廢田，略計二萬餘頃，多用牧馬。計馬而牧，不過用地之半，則是萬有餘頃常爲不耕之地。觀其地勢，利於行水。欲於汴河兩岸置斗門，泄其餘水，分爲支渠，及引京、索河並三十六陂，以灌溉田。」

又　河北安撫副使沈披，請治保州東南沿邊陸地爲水田，皆從之。

又　今臣權領都水淤田，竊見累歲淤京東、西鹹鹵之地，盡成膏腴，爲利極大。

元·王禎《農書·農桑通訣集之二·播種篇第六》　《孝經》授神契曰，「黄白土宜禾，黑墳宜麥與黍，赤土宜菽，汙泉宜稻，所謂『因地制宜』也。

元·王禎《農書·農桑通訣集之三·糞壤篇第八》　《農書·糞壤篇》云，土壤氣脈，其類不一，肥沃磽确，美惡不同，治之各有宜也。夫黑壤之地信美矣，然肥沃之過，不有生土以解之，則苗茂而實不堅。磽确之土信惡矣，然糞壤滋培，則苗蕃秀而實堅栗。土壤雖異，治得其宜，皆可種植。

元·王禎《農書·農器圖譜集之一·田制門》　圍田，築土作圍，以繞田也。蓋江淮之間，地多藪澤，或瀕水，不時淹没，妨于耕種。其有力之家，度視地形，築土作堤，環而不斷，内容頃畝千百，皆爲稼地。

又　櫃田。築土護田，似圍而小，四面俱置瀽穴，如櫃形制；順置田段，便於耕蒔。若遇水荒，田制既小，堅築高峻，外水難入，内水則車之易涸。淺浸處宜種黄穋稻。【略】高涸處亦陸種諸物，皆可濟饑。

又　梯田，謂梯山爲田也。夫山多地少之處，除磊石及峭壁例同不毛，其餘所在土山，下自横麓，上至危巔，一體之間，裁作重磴，即可種藝。如土石相半，則必疊石相次，包土成田。又有山勢峻極，不可展足，播殖之際，人則傴僂蟻沿而上，耨土而種，躡坎而耘。【略】上有水源，則可種秔秫；如止陸種，亦宜粟麥。

又　沙田，南方江淮間沙淤之田也，或濱大江，或峙中洲，四圍蘆葦駢密，以護堤岸；其地常潤澤，可保豐熟。普爲塍埂，可種稻秫，間爲聚落，可藝桑麻。

元·葉子奇《草木子·觀物篇》　莊子曰：「百昌皆生於土，皆歸於土。此土者，所以始萬物而終萬物者也。」

明·曹履泰《靖海紀略》卷一《通詳寬限蠲免稿》　看得同安縣，僻處海濱，山多田少，素艱粒食。

明·曹履泰《靖海紀略》卷二《定商人穀價告示》　照得閩地，穀少人稠。

明·田汝成《炎徼紀聞》卷二　山多縵土，沃而敏樹，諸猺皆側耕危穫，不服租庸。

明·田汝成《西湖遊覽志》卷九《北山勝蹟》　其泉溉田千頃，近者曰鮑家田，吴越相鮑慶臣采地也。

明·田汝成《西湖遊覽志》卷一九《南山分脈城外勝蹟》　月塘寺，在艮山門外何衡店。宋淳熙間建，在月塘之北。嘉熙三年，潮壞，徙今所。元至正初，潮水復壞，徙高原，尋燬，洪武間重建。月塘者，沙田也，土脈宜瓜，宋有周姓者，善種瓜，號「周家算筩瓜」。

明·田汝成《西湖遊覽志》卷二〇《北山分脈城内勝蹟》　入門而南，有虎林山，土阜陂陀，高可三丈，廣不滿百步。宋楊至質記云

明·宋雷《西吴里語》　紹興間諫大夫史才言浙西民田最廣而平，時無甚害者，太湖之利也。今年瀕湖之地多爲人所侵據。

明·徐光啓《農政全書》卷一《農本·諸家雜論上》　羣土之長，是爲五粟。五粟之物，或赤或青或黑或黄或白。五粟五章。五粟之狀，淖而不肕，剛而不觳，不濘車輪，不汙手足。其種大重細重，白莖白秀，無不宜也。五粟之土，若在

陵在山，在隫在衍，其陰其陽，盡宜桐柞，莫不秀長。其榆其柳，其檿其桑，其柘其櫟，其槐其楊，羣木蕃滋，數大條直以長。其澤則多魚，牧則宜牛羊。其地其樊，俱宜竹箭，藻黽楢檀，五臭生之。薜荔白芷蘪蕪椒連。五臭所校，寡疾難老，士女皆好，其民工巧，其泉黃白，其人夷姤。五粟之土，乾而不格，湛而不澤，無高下葆澤以處，是謂粟土。

粟土之次，曰五沃。五沃之物，或赤或青或黃或白或黑。五沃之物，各有異則。五沃之狀，剽忞橐土，蟲易全處。忞剽不白，下乃以澤。其種大苗細苗，赨莖黑秀，箭長。五沃之土，若在丘在山在陵在岡，若在陬陵之陽，其左其右，宜彼羣木，桐柞扶櫄，及彼白梓。其梅其杏，其桃其李，其秀生莖起。其棘其棠，其槐其楊，其榆其桑，其杞其枋，羣木數大，條直以長。其陰則生，乂之楂梨。其陽則安，樹之五麻。若高若下，不擇疇所。其麻大者，如箭如葦，大長以美。其細者，如雚如蒸，欲有與名。大者不類，小者則治，揣而藏之，若衆練絲。五臭疇生，蓮與蘪蕪，藁本白芷。其澤則多魚，牧則宜牛羊。其泉白青，其人堅勁。寡有疥騷，終無痟酲。五沃之土，乾而不斥，湛而不澤，無高下葆澤以處，是謂沃土。

沃土之次，曰五位。五位之物，五色雜英，各有異章。五位之狀，不塥不灰，青忞以落。其種大葦無、細葦無，赨莖白秀。五位之土，若在岡在陵，在隫在衍，在丘在山，皆宜竹箭。求黽楢檀。其山之淺，有籠與斥，羣木安逐，條長數大。其桑其松，其杞其茸，種木胥容。榆桃柳楝，羣藥安生，姜與桔梗，小辛大蒙。其山之梟，多桔符榆。其山之末，有箭與苑。其山之旁，有彼黃䖟，及彼白昌，山藜葦芒，羣藥安聚，以圉民殃。其林其漉，其槐其楝，其柞其穀，羣木安逐，鳥獸安施，既有麋麃，又且多鹿。其泉青黑，其人輕直，省事少食。無高下葆澤以處，是謂位土。

位土之次，曰五蘟。五蘟之狀，黑土黑菭，青怵以肥，芬然若灰。其種櫑葛，赨莖黃秀，恚目，其葉若苑。以蓄殖果木。不若三土以十分之二。是謂蘟土。

蘟土之次，曰五壤。五壤之狀，芬然若澤若屯土。其種大水腸、細水腸，赨莖黃秀以慈。忍水旱，無不宜也。蓄殖果木，不若三上以十分之二。是謂壤土。

壤土之次，曰五浮。五浮之狀，捍然如米，以葆澤，不離不坼。其種忍蘟，忍葉如雚葉以長狐茸，黃莖黑莖黑秀，其粟大，無不宜也。蓄殖果木，不如三上以十分之二。

凡上土三十物，種十二物。

中土，曰五忞。五忞之狀，廪焉如壏，潤濕以處。其種大稷、細稷，赨莖黃秀以慈，忍水旱。細粟如麻。蓄殖果木，不若三土以十分之三。

忞土之次，曰五纑。五纑之狀，强力剛堅。其種大邯鄲、細邯鄲，莖葉如扶櫄，其粟大。蓄殖果木，不若三土以十分之三。

纑土之次，曰五壏。五壏之狀，芬焉若糠以肥。其種大荔、細荔，青莖黃秀。蓄殖果木，不若三土以十分之三。

*壏土之次，曰五剽。五剽之狀，華然如芬以脤。其種大秬、細秬，黑莖青秀。蓄殖果木，不若三土以十分之四。

剽土之次，曰五沙。五沙之狀，粟焉如屑塵厲。其種大萯、細萯，白莖青秀以蔓。蓄殖果木，不若三土以十分之四。

沙土之次，曰五塥。五塥之狀，累然如僕累。不忍水旱。其種大櫓杞、細櫓杞，黑莖黑秀。蓄殖果木，不若三土以十分之四。

凡中土三十物，種十二物。

下土曰五猶。五猶之狀如糞。其種大華、細華，白莖黑秀。蓄殖果木，不如三土以十分之五。

猶土之次，曰五弘。五弘之狀，如鼠肝。其種青粱，黑莖黑秀。蓄殖果木，不如三土以十分之五。

弘土之次，曰五殖。五殖之狀，甚澤以疏，離坼以臞塉。其種雁膳，黑實：朱跗，黃實。蓄殖果木，不如三土以十分之六。

五殖之次，曰五觳。五觳之狀，婁婁然，不忍水旱。其種大菽、細菽，多白實。蓄殖果木，不如三土以十分之六。

觳土之次，曰五鳧。五鳧之狀，堅而不骼。其種陵稻，黑鵝、馬夫。蓄殖果木，不如三土以十分之七。

鳧鳧土之次，曰五桀。五桀之狀，甚鹹以苦。其物爲下。其種白稻，長狹。蓄殖果木，不如三土以十分之七。

明·徐光啓《農政全書》卷二五《樹藝·穀部上》 《孝經援神契》曰：「黑墳宜黍麥。」《尚書考靈曜》云：「夏、火星昏中，可以種黍。」《氾勝之書》曰：「先夏至二十日，此時有雨，彊土可種黍。一畝三升。」「黍心未生，雨灌其心，心傷無實。」「凡種黍，覆土鋤治，皆如禾法，欲疏於禾。」

明·顧世登、顧伯平輯《重刻昆侖高山志》卷一 地宜高，種宜早。種宜穀雨前，故又名轂雨花。

清·張縉彦《寧古塔山水記》 然地多磽确，其爲晦亢而枯，時常苦旱，收穫薄，人多貿易城中，販雞豚粟布以爲食。

又 沙岭地廣民稀，其壤肥美，其俗醇朴而近古，其生畜蕃庶，种植者收获倍于他處，故爲寧古樂土焉。

又 聚村皆平壤高腴之田，五谷咸宜，每多獲，倍于他處。

清·屈大均《廣東新語》 嶺南瀕海之郡，土薄地卑，陽燠之氣常泄，陰溼之氣常蒸。

清·王士禛《池北偶談》卷一七《談藝七》 紫泥 《青溪暇筆》云：「晉朝爲詔，以青紙紫泥，紫泥猶今泥金之類。蓋泥紫色以書字也。」予按漢舊儀，天子信璽六，皆以武都紫泥封之。青囊白素裏，兩端無縫。《西京雜記》云：「漢以武都紫泥爲璽室，加緑綈其上，非以書字也。」《藝林伐山》云：「今之紫泥，古謂之芝泥，皆濡印染榴之具也。」姚説誤。

清·吴振臣《甯古塔紀略》 地極肥饒，五穀俱生，惟無稻米。

清·方式濟《龍沙紀略》 卜魁四面數十里，皆寒沙，少耕作。城中數萬人，咸資食於蒙古糜田。蒙古耕種，歲易其地，待雨乃播，不雨則終。不破土，故歲饑恒多。雨後，相水坎處，攜婦子牛羊以往，氊廬孤立，布種輒去，不復顧。逮秋復來，草莠雜穫，計一畝所得，不及民田之半。

清·張鵬翮《奉使俄羅斯行程路》 十九日【略】（九原）厥土惟瘠鹵，厥田惟下中，原高且平，墾耕牧養。

清·黄叔璥《臺海使槎録》卷一《赤嵌筆談》 西北近海多平地可耕，土番及人民聚落以數百。

又 彭湖居民，以海爲田，以魚爲糧，稻穀升斗必仰給臺郡。以地盡沙磧，海風甚厲，艱於播種，惟植高粱、麻豆，亦不足用。

清·黄叔璥《臺海使槎録》卷三《赤嵌筆談》 三縣皆稱沃壤，水土各殊。臺縣俱種晚稻。諸羅地廣，及鳳山澹水等社近水陂田，可種早稻；然必晚稻豐稔，始稱大有之年；千倉萬箱，不但本郡足食，並可資贍内地。

又 臺邑土壤褊小，絶少水田，農人多種瓜、蓻麻，雜植蔬豆，栽蔗碾糖，間種早稻以佐食，納糧時每於兩路糴買輸將。

清·錢良擇《出塞紀略》 招哈窩兒，譯言莊地，其地平衍如掌，四面皆山，山下有泉，泉傍茅舍分列，地多耕種。

又 十六日【略】行十六七里，遇有土城。【略】自城以北，地多開墾，頗饒耕具。

又 十七日【略】一望地皆平坡沃饒，頗多種麥者。

清·林謙光《臺灣紀略》 其耕田，以草生爲準；秋成日，謂之一年。

又 但澎湖初無水田可種，人或採捕爲生，或治圃以自給。

清·郁永河《采硫日記》 雖沿海沙岸，實平壤沃土，但土性輕浮，風起揚塵蔽天，雨過流爲深坑。然宜種植，凡樹藝芃芃鬱茂，稻米有粒大如豆者；露重如雨，旱歲遇夜轉潤，又近海無潦患，秋成納稼倍内地；更產糖蔗雜糧，有種必穫。故内地窮黎，繈至輻輳，樂出於其市。惜蕪地尚多，求闢土千一耳。

又 山外平壤，皆肥饒沃土，惜居人少，土番又不務稼穡，當春計食而耕，都無蓄積，地力未盡，求闢土千一耳。

又 又臺□土宜稼，收穫倍蓰，治田千一。

清·愛必達《黔南識略》卷三《大塘州判》 田畝則丹行、丹平，通州三處田頗膏腴，餘則忌澇多石，田不可耕。

清·吴震方《嶺南雜記》卷上 築城爲縣【略】尺土可藝。近山之田，每畝量助工築數厘。

又 新立縣之地，其田膏腴。若有告承，每畝量出公費，以爲工築。

清·顧炎武《肇域志·南直隸·廬州府》 民淳土沃，比來人習遊惰，率女子耕耰，地不盡利。

清·胡澍《揚州水利圖説·圩田水利》 瀕江地勢霪下，非圩不能成田，故魚鱗栉比，连亘數十里皆圩也。

清·鄧傳安《蠡測匯鈔·水沙連紀程》 明日，以熟番爲引導，履勘田原。新墾地不及三十甲，尚未成田；舊墾田十倍於此，早已荒蕪。此地東通秀孤鸞，南連阿里山，北連未歸化之沙裏興，爲全臺適中之地，而平曠膏腴，彷佛内地莆田一縣，真天地自然之美利。

清·鄧傳安《蠡測匯鈔·番俗近古説》 生番人希土曠，地無此疆彼界。但就居之所近，隨意樹藝，不深耕，不灌溉，薄殖薄收，餘糧已不勝食。

清·黄輔辰《營田輯要校釋》 圍田：建堤障水以圍其田也。江淮之間，地多藪澤，度地築土作隄，内可以爲稼地。復有圩田，謂疊爲圩岸，捍護外水，與此相類。

又 櫃田：似圍而小其面，若遇水荒，田制既小，堅築高竣，外水不入，內水則車之易涸。淺浸處宜種黄穋稻（黄穋，自種至收，不過六十日），高涸處可種諸物，皆可救饑。一名壩田，因壩水以溉田也，此救水荒之正法。

又 葑田：東坡開杭之西湖，謂「水涸草生，漸成葑田」，亦名架田。縛木爲田邱，浮繫水面，以葑泥附架上而種藝之，隨水高下，自不渰浸。亦宜種黄穋穀，無旱澇之災。

又 梯田：梯山爲田也。山多地少之處，自麓至頂，横截爲磴，即可種藝。如土石相半，則必疊石包土，方可成田。其極竣者，旁開曲徑，蟻沿而上。有水源則可種秫秔，如無水亦可種粟麥雜糧，旱則難望有秋。此皆人力艱難所爲，從而税之，良可憫也。

又 塗田、淤田：海壖、河濱之側，草長泥淤，因以爲田，《禹貢》所謂「厥土惟塗泥」也。收穫倍於他田，其低窪者宜防水潦。

又 沙田：南方江淮間沙淤之田也。或濱大河。或列中州，其以蘆葦四圍作堤岸者，有礙於河道，其灘漲亦未可常恃。

又 筒車田：臨水之處，田岸甚高，傍岸作渠，截筒縛竹車，筧水灌之，早春灌地，豆麥可滋，一車足供數頃。

資源地理總部

動物資源部

《山海經》卷一《南山經》 有獸焉，其狀如禺而白耳，伏行人走，其名曰狌狌，食之善走。

又 東三百里，曰堂庭之山，多棪木，多白猿，多水玉，多黃金。

又 東三百八十里，曰猨翼之山，其中多怪獸，水多怪魚，多白玉，多蝮蟲，多怪蛇，多怪木，不可以上。

又 東三百七十里【略】，有獸焉，其狀如馬而白首，其文如虎而赤尾，其音如謠，其名曰鹿蜀，佩之宜子孫。怪水出焉，而東流注于憲翼之水。其中多玄龜，其狀如龜而鳥首虺尾，其名曰旋龜，其音如叛判，佩之不聾，可以爲底。

又 東三百里柢山【略】，有魚焉，其狀如牛，陵居，蛇尾有翼，其羽在魼下，其音如留牛，其名曰鯥，冬死而夏生，食之無腫疾。

又 又東四百里，曰亶爰之山【略】，有獸焉，其狀如貍而有髦，其名曰類，自爲牝牡，食者不妒。

又 東三百里，曰基山【略】，有獸焉，其狀如羊，九尾四耳，其目在背，其名曰猼訑，佩之不畏。有鳥焉，其狀如雞而三首六目，六足三翼，其名曰鵸鵂，食之無臥。

又 東三百里，曰青丘之山【略】，有獸焉，其狀如狐而九尾，其音如嬰兒，能食人，食者不蠱。有鳥焉，其狀如鳩，其音若呵，名曰灌灌，佩之不惑。英水出焉，南流注于即翼之澤。其中多赤鱬，其狀如魚而人面，其音如鴛鴦，食之不疥。

又 《南次二經》之首曰柜山，西臨流黃，北望諸毗，東望長右，英水出焉【略】，有獸焉，其狀如豚，有距，其音如狗吠，其名曰貍力，見則其縣多土功。有鳥焉，其狀如鴟而人手，其音如痺，其名曰鴸，其鳴自號也，見則其縣多放士。

又 東南四百五十里，曰長右之山【略】，有獸焉，其狀如禺而四耳，其名長右，其音如吟，見則郡縣大水。

又 東三百四十里，曰堯光之山【略】，有獸焉，其狀如人而彘鬣，穴居而冬蟄，其名曰猾裹，其音如斲木，見則縣有大繇。

又 東五百里，曰浮玉之山，北望具區，東望諸毗。有獸焉，其狀如虎而牛尾，其音如吠犬，其名曰彘，是食人。苕水出于其陰，北流注于具區。其中多鮆魚。

又 又東四百里，曰洵山【略】，有獸焉，其狀如羊而無口，不可殺也，其名曰䍺。洵水出焉，而南流注于閼之澤，其中多芘蠃。

又 又東五百里曰鹿吴之山，上無草木，多金石。澤更之水出焉而南流注于滂水，水有獸焉，名曰蠱雕，其狀如雕而有角，其音如嬰兒之音，是食人。

又 東五百里，曰禱過之山，其上多金玉，其下多犀、兕，多象。

又 東五百里曰禱過之山【略】，有鳥焉，其狀如鵁而白首、三足、人面，其名曰瞿如，其鳴自號也。泿水出焉，而南流注于海。其中有虎蛟，其狀魚身而蛇尾，其音如鴛鴦，食者不腫，可以已痔。

又 東三百里曰基山【略】，有鳥焉，其狀如雞，五采而文，名曰鳳皇，首文曰德，翼文曰義，背文曰禮，膺文曰仁，腹文曰信。是鳥也，飲食自然，自歌自舞，見則天下安寧。

又 東五百里，曰發爽之山，無草木，多水，多白猿。

又 東四百里，至于旄山之尾，其南有谷，曰育遺，多怪鳥，凱風自是出。

又 東五百里，曰雞山【略】，其中有鱄魚，其狀如鮒而彘毛，其音如豚，見則天下大旱。

又 東四百里曰令丘之山，無草木，多火。其南有谷焉，曰中谷，條風自是出。有鳥焉，其狀如梟，人面四目而有耳，其名曰顒，其鳴自號也，見則天下大旱。

又 東五百八十里，曰禺稾之山，多怪獸，多大蛇。

又 東五百八十里，曰南禺之山【略】，有穴焉，水出輒入，夏乃出，冬則閉。佐水出焉，而東南流注于海，有鳳皇、鵷鶵。

《山海經》卷二《西山經》 華山之首，曰錢來之山【略】，有獸焉，其狀如羊而馬尾，名曰羬羊，其脂可以已腊。此羊也羬。

又 西四十五里，曰松果之山。【略】有鳥焉，其名曰螐渠，其狀如山雞，黑身赤足，可以已㬥。

又 西六十里，曰太華之山，削成而四方，其高五千仞，其廣十里，鳥獸莫居。有蛇焉，名曰肥𧔥，六足四翼，見則天下大旱。

又 西八十里，曰小華之山。其木多荆、杞，其獸多㸲牛，其陰多磬石，其陽多瑀琈之玉，鳥多赤鷩，可以禦火。其草有萆荔，狀如烏韭，而生於石上，亦緣木而生，食之已心痛。

又　又西八十里曰符禺之山【略】，符禺之水出焉，而北流注于渭。其獸多葱聾，其狀如羊而赤鬣。其鳥多鴖，其狀如翠而赤喙，可以禦火。

又　又西七十里曰英山【略】，禺水出焉，北流注入招水，其中多鮭魚，其狀如鼈，其音如羊。其陽多箭䈆，其獸多㸲牛、羬羊。有鳥焉，其狀如鶉，黃身而赤喙，其名曰肥遺，食之已癘，可以殺蟲。

又　西五十二里曰竹山【略】，竹水出焉，北流注于渭【略】。丹水出焉，東南流注于洛水【略】，有獸焉，其狀如豚而白毛，大如笄而黑端，名曰豪彘。

又　西七十里曰羭次之山，漆水出焉，北流注于渭【略】，有獸焉，其狀如禺而長臂，善投，其名曰囂。有鳥焉，其狀如梟，人面而一足，曰橐𩇯，冬見夏蟄，服之不畏雷。

又　西百七十里曰南山，上多丹粟。丹水出焉，北流注于渭。獸多猛豹，鳥多尸鳩。

又　西三百二十里曰嶓冢之山，漢水出焉而東南流注于沔；囂水出焉，北流注于湯水【略】，獸多犀兕熊羆，鳥多白翰赤鷩。

又　西三百五十里，曰天帝之山【略】，有獸焉，其狀如狗，名曰谿邊，席其皮者不蠱。有鳥焉，其狀如鶉，黑文而赤翁，名曰櫟，食之已痔。

又　西南三百八十里曰臯塗之山，薔水出焉，西流注于諸資之水；塗水出焉，南流注于集獲之水【略】，有獸焉，其狀如鹿而白尾，馬腳人手而四角，名曰玃如。有鳥焉，其狀如鴟而人足，名曰數斯，食之已癭。

又　西百八十里，曰黃山【略】，有獸焉，其狀如牛，而蒼黑大目，其名曰䍶。有鳥焉，其狀如鴞，青羽赤喙，人舌能言，名曰鸚䳇。

又　西南三百里，曰女牀之山【略】，其獸多虎、豹、犀、兕。有鳥焉，其狀如翟而五采文，名曰鸞鳥，見則天下安寧。

又　西二百里，曰鹿臺之山【略】，有鳥焉，其狀如雄雞，而人面，名曰鳧徯，其鳴自叫也，見則有兵。

又　西四百里，曰小次之山【略】，有獸焉，其狀如猿，而白首赤足，名曰朱厭，見則大兵。

又　西百八十里，曰泰器之山。觀水出焉，西流注于流沙。是多文鰩魚，狀如鯉魚，魚身而鳥翼，蒼文而白首，赤喙，常行西海，遊於東海，以夜飛。其音如鸞雞，其味酸甘，食之已狂，見則天下大穰。

又　西南四百里曰崑崙之丘，是實惟帝下之都【略】，有獸焉，其狀如羊而四角，名曰土螻，是食人。有鳥焉，其狀如蜂，大如鴛鴦，名曰欽原，蠚鳥獸則死，蠚木則枯。有鳥焉，其名曰鶉鳥，是司帝之百服。

又　北二百五十里，曰求如之山【略】，滑水出焉，而西流注于諸毗之水。其中多滑魚，其狀如鱓，赤背，其音如梧，食之已疣。其中多水馬，其狀如馬，文臂牛尾，其音如呼。

《山海經》卷三《北山經》　北三百里，曰帶山，其上多玉，其下多青碧。有獸焉，其狀如馬，一角有錯，其名曰䑏疏，可以辟火。有鳥焉，其狀如烏，五采而赤文，名曰鵸鵌，是自爲牝牡，食之不疽。彭水出焉，而西流注于芘湖之水，其中多儵魚，其狀如雞而赤毛，三尾、六足、四首，其音如鵲，食之可以已憂。

又　北四百里，曰譙明之山，譙水出焉，西流注于河。其中多何羅之魚，一首而十身，其音如吠犬，食之已癰。有獸焉，其狀如貆而赤豪，其音如榴榴，名曰孟槐，可以禦凶。

又　北三百五十里，曰涿光之山，囂水出焉，而西流注于河。其中多鰼鰼之魚，其狀如鵲而十翼，鱗皆在羽端，其音如鵲，可以禦火，食之不癉。其上多松栢，其下多椶橿，其獸多麢羊，其鳥多蕃。

又　有獸焉，其狀如鼠，而兔首麋身，其音如獋犬，以其尾飛，名曰耳鼠，食之不腂，又可以禦百毒。

又　北二百八十里，曰石者之山，其上無草木，多瑤碧。泚水出焉，西流注于河。有獸焉，其狀如豹，而文題白身，名曰孟極，是善伏，其鳴自呼。

又　北百一十里曰邊春之山【略】，有獸焉，其狀如禺而文身，善笑，見人則卧，名曰幽鴳，其鳴自呼。

又　北二百里，曰蔓聯之山，其上無草木。有獸焉，其狀如禺而有鬣，牛尾、文臂、馬蹄，見人則呼，名曰足訾，其鳴自呼。有鳥焉，羣居而朋飛，其毛如雌雉，名曰鵁，其鳴自呼，食之已風。

又　北百八十里，曰單張之山。其上無草木。有獸焉，其狀如豹而長尾，人首而牛耳，一目，名曰諸犍，善吒，行則銜其尾，居則蟠其尾。有鳥焉，其狀如雉，而文首、白翼、黃足，名曰白鵺，食之已嗌，痛可以已痸。

又　北三百二十里，曰灌題之山，其上多樗柘，其下多流沙，多砥。有獸焉，其狀如牛而白尾，其音如訆，名曰那父。有鳥焉，其狀如雌雉而人面，見人則躍，名曰竦斯，其鳴自呼也。

又　北二百里，曰潘侯之山【略】。有獸焉，其狀如牛，而四節生毛，名曰旄牛。邊水出焉，而南流注于櫟澤。

又　北二百八十里，曰大咸之山【略】。有蛇名曰長蛇，其毛如彘豪，其音如鼓柝。

又　又北三百二十里曰敦薨之山【略】，敦薨之水出焉，而西流注于泑澤。出于昆侖之東北隅，實惟河原。其中多赤鮭，其獸多兕、旄牛。其鳥多鳲鳩。

又　北二百里，曰少咸之山。無草木，多青碧。有獸焉，其狀如牛而赤身、人面、馬足，名曰窫窳，其音如嬰兒，是食人。敦水出焉，東流注于鴈門之水，其中多魳魳之魚，食之殺人。

又　北二百里，曰獄法之山。瀤澤之水出焉，而東北流注于泰澤。其中多鱳魚，其狀如鯉而雞足，食之已疣。有獸焉，其狀如犬而人面，善投，見人則笑，其名山𤟹，其行如風，見則天下大風。

又　北二百里曰北嶽之山【略】，有獸焉，其狀如牛，而四角、人目、彘耳，其名曰諸懷，其音如鳴鴈，是食人。諸懷之水出焉，而西流注于囂水，其中多鮨魚，魚身而犬首，其音如嬰兒，食之已狂。

又　北百里，曰羆差之山，無草木，多馬。

又　北百八十里，曰北鮮之山，是多馬。

又　北百七十里，曰隄山，多馬。有獸焉，其狀如豹而文首，名曰狕。隄水出焉，而東流注于泰澤，其中多龍龜。

又　北五十里，曰縣雍之山【略】。其獸多閭麋，其鳥多白翟、白鶮。晉水出焉，而東南流注于汾水，其中多鮆魚，其狀如儵而赤麟，其音如叱，食之不驕。

又　北三百五十里曰敦頭之山【略】，旄水出焉，而東流注于印澤，其中多騁馬，牛尾而白身，一角，其音如呼。

又　北三百五十里，曰鉤吾之山，其上多玉，其下多銅。有獸焉，其狀如羊身人面，其目在腋下，虎齒人爪，其音如嬰兒，名曰狍鴞，是食人。

又　北三百里，曰北囂之山，無石，其陽多碧，其陰多玉。有獸焉，其狀如虎，而白身犬首，馬尾彘鬣，名曰獨𤞣。有鳥焉，其狀如烏，人面，名曰鷩鶋，宵飛而晝伏。

又　北三百五十里，曰梁渠之山，無草木，多金玉。脩水出焉，而東流注于鴈門，其獸多居暨，其狀如彙而赤毛，其音如豚。有鳥焉，其狀如夸父，四翼、一目、犬尾，名曰囂，其音如鵲，食之已腹痛，可以止衕。

又　北三百八十里，曰湖灌之山，其陽多玉，其陰多碧，多馬。湖灌之水出焉，而東流注于海，其中多䱻。

又　《北次三經》之首曰太行之山，其首曰歸山【略】，有獸焉，其狀如麢羊而四角，馬尾而有距，其名曰驒，善還，其鳴自訆。有鳥焉，其狀如鵲，白身、赤尾、六足，其名曰鶌，是善驚，其鳴自詨。

又　東北二百里，曰龍侯之山，無草木，多金玉。決決之水出焉，而東流注于河，其中多人魚，其狀如鯑魚，四足，其音如嬰兒。

又　東北二百里曰馬成之山【略】，有獸焉，其狀如白犬而黑頭，見人則飛，其名曰天馬，其鳴自訆。有鳥焉，其狀如烏，首白而身青、足黃，是名曰鶌鶋，其鳴自詨，食之不飢，可以已寓。

又　東北二百里，曰天池之山【略】，有獸焉，其狀如兔而鼠首，以其背飛，其名曰飛鼠。澠水出焉，潛于其下，其中多黃堊。

又　東三百里，曰陽山，其上多玉，其下多金銅。有獸焉，其狀如牛而赤尾，其頸腎，其狀如句瞿，其名曰領胡，其鳴自詨，食之已狂。有鳥焉，其狀如雌雉，而五采以文，是自爲牝牡，名曰象蛇，其鳴自詨。留水出焉，而南流注于河。其中有鮥父之魚，其狀如鮒魚，魚首而彘身，食之已嘔。

又　南三百里曰景山，南望鹽販之澤，北望少澤【略】，其陽多玉；有鳥焉，其狀如蛇，而四翼、六目、三足，名曰酸與，其鳴自詨，見則其邑有恐。

又　東百八十里，曰小侯之山【略】。有鳥焉，其狀如烏而白文，名曰鴣鸐，食之不灂。

又　東北二百里，曰軒轅之山【略】。有鳥焉，其狀如梟而白首，其名曰黃鳥，其鳴自詨，食之不妒。

又　北二百里，曰神囷之山，其上有文石，其下有白蛇，有飛蟲。

又　北二百里，曰發鳩之山，其上多柘木。有鳥焉，其狀如烏，文首、白喙、赤足，名曰精衛，其鳴自詨。

又　北百里，曰繡山，其上有玉、青碧，其木多栒，其草多芍藥、芎藭。洧水出焉，而東流注于河，其中有鱯、黽。

又　北三百里，曰泰戲之山【略】，有獸焉，其狀如羊，一角一目，目在耳後，其名曰辣辣，其鳴自訆。

又　北四百里，曰乾山，無草木，其陽有金玉，其陰有鐵而無水。有獸焉，其狀如牛而三足，其名曰獂，其鳴自詨。

又　北五百里，曰倫山【略】。有獸焉，其狀如麋，其川在尾上，其名曰羆。

又　北五百里，曰碣石之山。繩水出焉，而東流注于河，其中多蒲夷之魚。

又　北五百里【略】。是有大蛇，赤首白身，其音如牛，見則其邑大旱。

《山海經》卷四《東山經》　《東山經》之首，曰樕𧍕之山【略】。其中多鱅鱅之魚，其狀如犂牛，其音如彘鳴。

又　南三百里曰栒狀之山【略】，有獸焉，其狀如犬，六足，其名曰從從，其鳴自詨。有鳥焉，其狀如雞而鼠毛，其名曰蚩鼠，見則其邑大旱【略】。其中多箴魚，其狀如儵，其喙如箴，食之無疫疾。

又　南三百里曰番條之山，無草木，多山，減水出焉，北流注于海，其中多鱤魚。

又　南四百里，曰姑兒之山，其上多漆，其下多桑柘。姑兒之水出焉，北流注于海，其中多鱤魚。

又　南三百里，曰犲山，其上無草木，其下多水，其中多堪孖之魚。有獸焉，其狀如夸父而彘毛，其音如呼，見則天下大水。

又　南三百里，曰獨山，其上多金玉，其下多美石。末塗之水出焉，而東南流注于沔，其中多偹蟰，其狀如黃蛇，魚翼，出入有光，見則其邑大旱。

又　南三百里曰泰山【略】，有獸焉，其狀如豚而有珠，名曰狪狪，其鳴自訆。

《東次二經》之首，曰空桑之山，北臨食水，東望沮吳，南望沙陵，西望湣澤。有獸焉，其狀如牛而虎文，其音如欽，其名曰軨軨，其鳴自叫，見則天下大水。

又　南三百八十里，曰葛山之首，無草木。澧水出焉，東流注于余澤，其中多珠蟞魚，其狀如胏，而有目，六足有珠，其味酸甘，食之無癘。

又　南三百八十里曰餘峩之山【略】，雜余之水出焉，東流注于黃水，有獸焉，其狀如兔而鳥喙，鴟目蛇尾，見人則眠，名曰犰狳，其鳴自訆，見則螽蝗爲敗。

又　南三百里，曰耿山，無草木，多水碧，多大蛇。有獸焉，其狀如狐而魚翼，其名曰朱獳，其鳴自訆，見則其國有恐。

又　南三百里，曰姑逢之山【略】。有獸焉，其狀如狐而有翼，其音如鴻鴈，其名曰獙獙，見則天下大旱。

又　南五百里，曰鳧麗之山，其上多金玉，其下多箴石，有獸焉，其狀如狐，而九尾、九首、虎爪，名曰蠪姪，其音如嬰兒，是食人。

又　南五百里，曰䃌山，南臨䃌水，東望湖澤。有獸焉，其狀如馬，而羊目、四角、牛尾，其音如獆狗，其名曰峳峳，見則其國多狡客。有鳥焉，其狀如鳧而鼠尾，善登木，其名曰絜鉤，見則其國多疫。

又　《東次三經》之首，曰尸胡之山【略】。有獸焉，其狀如麋而魚目，名曰妴胡，其鳴自訆。

又　南水行五百里，曰流沙【略】。有魚焉，其狀如鯉，而六足鳥尾，名曰鮯鮯之魚，其鳴自叫。

又　南水行九百里，曰踇隅之山【略】。有獸焉，其狀如牛而馬尾，名曰精精，其鳴自叫。

又　《東次四經》之首曰北號之山，臨于北海【略】，食水出焉，而東北流注于海，有獸焉，其狀如狼，赤首鼠目，其音如豚，名曰猲狙，是食人。有鳥焉，其狀如雞而白首，鼠足而虎爪，其名曰鬿雀，亦食人。

又　南三百里，曰旄山，無草木。蒼體之水出焉，而西流注于展水。其中多鱃魚，其狀如鯉而大首，食者不疣。

又　南三百二十里曰東始之山【略】，泚水出焉，而東北流注于海，其中多美貝，多茈魚，其狀如鮒，一首而十身，其臭如蘪蕪，食之不糟。

又　東南三百里，曰女烝之山，其上無草木。石膏水出焉，而西注于鬲水，其中多薄魚，其狀如鱣魚而一目，其音如歐，見則天下大旱。

又　東南二百里，曰欽山，多金玉而無石。師水出焉，而北流注于皐澤，其中多鱃魚，多文貝。有獸焉，其狀如豚而有牙，其名曰當康，其鳴自叫，見則天下大穰。

又　東南二百里，曰子桐之山。子桐之水出焉，而西流注于餘如之澤。其中多䱻魚，其狀如魚而鳥翼，出入有光，其音如鴛鴦，見則天下大旱。

又　東北二百里，曰剡山，多金玉。有獸焉，其狀如彘而人面，黃身而赤尾，其名曰合窳，其音如嬰兒。是獸也，食人，亦食蟲蛇，見則天下大水。

又 東一百里，曰太山，上多金玉、楨木。有獸焉，其狀如牛而白首，一目而蛇尾，其名曰蜚，行水則竭，行草則死，見則天下大疫。鉤水出焉，而北流注于勞水，其中多鱃魚。

《山海經》卷五《中山經》 《中山經》薄山之首曰甘棗之山，共水出焉，而西流于河【略】，有獸焉，其狀如猷鼠而文題，其名曰𪕊，食之已癭。

又 東十五里，曰渠豬之山，其上多竹。渠豬之水出焉，而南流注于河。其中是多豪魚，狀如鮪，赤喙尾，赤羽，可以已白癬。

又 北三十里，曰牛首之山。勞水出焉，而西流注于潏水。是多飛魚，其狀如鮒魚，食之已痔衕。

又 《中次二經・濟山》之首，曰煇諸之山。其上多桑，其獸多閭麋，其鳥多鶡。

又 西三百里，曰鮮山【略】。鮮水出焉，而北流注于伊水。其中多鳴蛇，其狀如蛇而四翼，其音如磬，見則其邑大旱。

又 西三百里，曰陽山。多石，無草木。陽水出焉，而北流注于伊水。其中多化蛇，其狀如人面而豺身，鳥翼而蛇行，其音如叱呼，見則其邑大水。

又 西二百里，曰蔓渠之山。其上多金玉，其下多竹箭。伊水出焉，而東流注于洛。有獸焉，其名曰馬腹，其狀如人面虎身，其音如嬰兒，是食人。

又 《中次三經》萯山之首曰敖岸之山【略】，北望河林，其狀如蒨如舉。有獸焉，其狀如白鹿而四角，名曰夫諸，見則其邑大水。

又 東十里，曰青要之山，實惟帝之密都。是多駕鳥。南望墠渚，禹父之所化，是多僕纍、蒲盧。䰠武羅司之，其狀人面而豹文，小要而白齒，而穿耳以鐻，其鳴如鳴玉。是山也，宜女子。畛水出焉，而北流注于河。其中有鳥焉，名曰鴢，其狀如鳧，青身而朱目赤尾，食之宜子。

又 東十里曰騩山【略】。正回之水出焉，而北流注于河，其中多飛魚，其狀如豚而赤文，服之不畏雷，可以禦兵。

又 西五十里，曰扶豬之山【略】。有獸焉，其狀如貉而人目，其名曰麐。

又 西一百二十里，曰釐山，其陽多玉，其陰多蒐。有獸焉，其狀如牛，蒼身，其音如嬰兒，是食人，其名曰犀渠。滽滽之水出焉，而南流注于伊水。有獸焉，名曰獺，其狀如獳犬而有鱗，其毛如彘鬣。

又 西三百里，曰牡山【略】。其獸多怍牛、羬羊，鳥多赤鷩。

又 東三百里曰首山【略】，其陰有谷，曰机谷，多馱鳥，其狀如梟而三目，有耳，其音如録，食之已墊。

又 西十里，曰廆山【略】。其中有鳥焉，狀如山雞而長尾，赤如丹火而青喙，名曰鴒䴋，其鳴自呼，服之不眯。

又 西七十二里，曰密山，其陽多玉，其陰多鐵。豪水出焉，而南流注于洛。其中多旋龜，其狀鳥首而鼈尾，其音如判木。

又 西五十里，曰槖山，其木多樗，多𣘶木，其陽多金玉，其陰多鐵，多蕭。槖水出焉，而北流注于河。其中多脩辟之魚，狀如黽而白喙，其音如，食之已白癬。

又 西九十里，曰夸父之山。【略】。其獸多怍牛、羬羊，其鳥多鷩【略】。其北有林焉，名曰桃林，是廣員三百里，其中多馬。

又 東二十里，曰苦山。有獸焉，名曰山膏，其狀如逐，赤若丹火，善詈。

又 東五十二里，曰放皋之山【略】。有獸焉，其狀如蜂，枝尾而反舌，善呼，其名曰文文。

又 東五十七里曰大𦳊之山【略】，其陽狂水出焉，西南流注于伊水，其中多三足龜，食者無大疾，可以已腫。

又 東七十五里曰半石之山【略】，來需之水出于其陽，而西流注于伊水，其中多鯩魚，黑文，其狀如鮒，食者不睡。合水出于其陰，而北流注于洛，多鰧魚，狀如鱖，居逵，蒼文赤尾，食者不癰，可以爲瘻。

又 東五十里曰少室之山【略】，休水出焉，而北流注于洛，其中多鯑魚，狀如盩蜼而長距，足白而對，食者無蠱疾，可以禦兵。

又 東北百里，曰荆山【略】。其中多犛牛，多豹虎【略】。漳水出焉，而東南流注于睢，其中多黄金，多鮫魚，其獸多閭麋。

又 東北百二十里，曰女几之山，其上多玉，其下多黄金，其獸多豹、虎，多閭、麋、麖、麂，其鳥多白鷮，多翟，多鴆。

又 東北二百里，曰綸山【略】。其獸多閭、麈、麢、㚟。

又 東北一百里，曰美山。其獸多兕牛，多閭麈，多豕鹿。

又 東南二百里，曰琴鼓之山【略】。其獸多豕、鹿，多白犀，其鳥多鴆。

又 東北三百里，曰岷山。江水出焉，東北流注于海，其中多良龜，多鼉【略】。其獸多犀象，多夔牛，其鳥多翰、鷩。

又　東一百五十里，曰岷山，江水出焉，東流注于大江，其中多怪蛇，多鰲魚【略】。其獸多夔牛、麢、㚟、犀、兕。有鳥焉，狀如鴞而赤身白首，其名曰竊脂，可以禦火。

又　東四百里，曰蛇山【略】。有獸焉，其狀如狐，而白尾長耳，名㹨狼，見則國内有兵。

又　東五百里　曰鬲山　其陽多金　其陰多白珉。蒲鸏之水出焉，而東流注于江，其中多白玉。其獸多犀象熊羆，多猨蜼。

又　東一百五十里，曰風雨之山，其上多白金，其下多石涅，其木多棷樿，多楊。宣余之水出焉，東流注于江，其中多蛇。其獸多閭麋，多麈、豹、虎，其鳥多白鷮。

又　東北二百里，曰玉山【略】。其獸多豕、鹿、麢、㚟，其鳥多鴆。

又　西二十里，曰復州之山【略】。有鳥焉，其狀如鴞，而一足彘尾，其名曰跂踵，見則其國大疫。

又　東北一百五十里，曰朝歌之山。潕水出焉，東南流注于滎，其中多人魚【略】，其獸多麢麋。

又　東南三百里，曰豐山。有獸焉，其狀如蝯，赤目、赤喙、黄身，名曰雍和，見則國有大恐。

又　東六十里，曰瑶碧之山【略】。有鳥焉，其狀如雉，恒食蜚，名曰鴆。

又　東四十里，曰支離之山。濟水出焉，南流注于漢。有鳥焉，其名曰嬰勺，其狀如鵲，赤目、赤喙、白身，其尾若勺，其鳴自呼。多㸲牛，多羬羊。

又　西北一百里，曰堇理之山【略】。其獸多豹虎。有鳥焉，其狀如鵲，青身白喙，白目白尾，名曰青耕，可以禦疫，其鳴自叫。

又　東南三十里，曰依軲之山，其上多杻橿，多苴。有獸焉，其狀如犬，虎爪有甲，其名曰獜，善駚坌，食者不風。

又　東南三十五里，曰即谷之山，多美玉，多玄豹，多閭、麈，多麢、㚟。

又　東南三十五里，曰從山，其上多松柏，其下多竹。從水出于其上，潛于其下，其中多三足鼈，枝尾，食之無蠱疫。

又　東南二十里，曰樂馬之山。有獸焉，其狀如彙，赤如丹火，其名曰㻗，見則其國大疫。又東南二十五里，曰葴山。視水出焉，東南流注于汝水，其中多人魚，多蛟，多頡。

又　東三十里，曰倚帝之山，其上多玉，其下多金。有獸焉，狀如鼣鼠，白耳白喙，名曰狙如，見則其國有大兵。

又　東三十里，曰鮮山，其木多楢杻，其草多虋冬，其陽多金，其陰多鐵。有獸焉，其狀如膜大，赤喙、赤目、白尾，見則其邑有火，名曰𤟤即。

又　東北七十里，曰歷石之山，其木多荆芑，其陽多黄金，其陰多砥石。有獸焉，其狀如狸，而白首虎爪，名曰梁渠，見則其國有大兵。

又　東二百里，曰丑陽之山，其上多椆椐。有鳥焉，其狀如烏而赤足，名曰䳜餘，可以禦火。

又　東三百五十里，曰几山，其木多楢檀杻，其草多香。有獸焉，其狀如彘，黄身，白頭、白尾，名曰聞豨，見則天下大風。

又　東南一百八十里，曰暴山【略】。其獸多麋、鹿、麔就。

又　東南二百里，曰即公之山【略】。有獸焉，其狀如龜，而白身赤首，名曰蛫，是可以禦火。

又　南九十里，曰柴桑之山【略】。其獸多麋鹿，多白蛇飛蛇。

又　東二百三十里，曰榮余之山【略】，其蟲多怪蛇、怪蟲。

《山海經》卷六《海外南經》　比翼鳥在其東，其爲鳥青、赤，兩鳥比翼。一曰在南山東。

又　畢方鳥在其東，青水西，其爲鳥人面一脚。一曰在二八神東。

又　滅蒙鳥在結匈國北，爲鳥青，赤尾。

又　龍魚陵居在其北，狀如貍。一曰鰕【略】。一曰鰲魚，在夭野北，其爲魚也如鯉。

《山海經》卷八《海外北經》　北海内有獸，其狀如馬，名曰騊駼。有獸焉，其名曰駮，狀如白馬，鋸牙，食虎豹。有素獸焉，狀如馬，名曰蛩蛩。有青獸焉，狀如虎，名曰羅羅。

《山海經》卷一〇《海内南經》　巴蛇食象，三歲而出其骨，君子服之，無心腹之疾。其爲蛇青黄赤黑。一曰黑蛇青首，在犀牛西。

又　旄馬，其狀如馬，四節有毛。在巴蛇西北，高山南。

《山海經》卷一一《海内西經》　孟鳥在貊國東北，其鳥文赤、黄、青，東鄉。

《山海經》卷一二《海内北經》　犬封國曰犬戎國【略】，有文馬，縞身朱鬣，目若黄金，名曰吉量，乘之壽千歲。

又 蚼犬如犬，青，食人從首始。窮奇狀如虎，有翼，食人從首始，所食被髮，在蚼犬北。一曰從足。

又 大蠭其狀如螽，朱蛾其狀如蛾。

又 林氏國有珍獸，大若虎，五采畢具，尾長于身，名曰騶吾，乘之日行千里。

《山海經》卷一六《大荒西經》 有五采之鳥，有冠，名曰狂鳥。

又 大荒之中，有山，名曰鏖鏊鉅，日月所入者。有獸，左右有首，名曰屏蓬。有巫山者。有壑山者。有金門之山，有人名曰黄姖之尸。有比翼之鳥。有白鳥青翼，黄尾，玄喙。有赤犬，名曰天犬，其所下者有兵。

又 有青鳥，身黄，赤足，六首，名曰鸀鳥。

《山海經》卷一七《大荒北經》 東北海之外，大荒之中，河水之閒，附禺之山，帝顓頊與九嬪葬焉。爰有鴟久、文貝、離俞、鸞鳥、凰鳥、大物、小物。有青鳥、琅鳥、玄鳥、黄鳥、虎、豹、熊、羆、黄蛇、視肉、璿、瑰、瑶、碧，皆出衛于山。丘方圓三百里，丘南帝俊竹林在焉，大可爲舟。竹南有赤澤水，名曰封淵。有三桑無枝，丘西有沉淵，顓頊所浴。

又 大荒之中，有山，名曰不咸。有肅慎氏之國。有蜚蛭，四翼。有蟲，獸首蛇身，名曰琴蟲。

又 大荒之中有山名衡【略】，有黑蟲如熊狀，名曰猎猎。

又 大荒之中有山名融父【略】，有赤獸，馬狀無首，名曰戎宣王尸。

《山海經》卷一八《海内經》 南海之内黑水青水之間有水名若木，若水出焉，有禺中之國，有列襄之國，有靈山，有赤蛇在木上，名曰蝡蛇，木食。

三國吴・沈瑩《臨海水土異物志・寄度魚》 寄度魚，長三寸，似白魚。

三國吴・沈瑩《臨海水土異物志・邵魚》 邵魚，狀如鳶魚。

三國吴・沈瑩《臨海水土異物志・鱬鯛魚》 鱬鯛魚，狀如鳶魚形。

三國吴・沈瑩《臨海水土異物志・伏念魚》 伏念魚，似吹沙魚。

三國吴・沈瑩《臨海水土異物志・⿱豕魚魚》 ⿱豕魚魚，似蒲魚，長三尺。

三國吴・沈瑩《臨海水土異物志・陶魚》 陶魚，長三尺，似鱦魚。

三國吴・沈瑩《臨海水土異物志・石斑魚》 石〔斑〕魚，婬魚，六蟲爲一。

又 石〔斑〕魚，婬蟲。蝘螯也。〔鼈〕魚，長尺餘，其〔斑〕如虎文。俗言：蝘螯于水邊，呼之，因走上岸合牝，其子不可食也。

三國吴・沈瑩《臨海水土異物志・戴星魚》 戴星魚，狀如鳶魚，背上有兩白瑠如指大，因名之云。

三國吴・沈瑩《臨海水土異物志・鈐魚》 鈐魚，似鮎魚。

三國吴・沈瑩《臨海水土異物志・機杼魚》 機杼魚，狀如鰵魚，味美於諸魚。

三國吴・沈瑩《臨海水土異物志・雒鰭魚》 雒鰭魚，形如雒魚，戲於重川，靡有定所。

三國吴・沈瑩《臨海水土異物志・土奴魚》 土奴魚，頭如虎，有刺螯人。

三國吴・沈瑩《臨海水土異物志・新婦魚》 新婦魚，似雒魚，長一丈。

三國吴・沈瑩《臨海水土異物志・鯤鮑魚》 鯤鮑魚，似海印魚。

三國吴・沈瑩《臨海水土異物志・鈆刀魚》 鈆刀魚，似⿱豕魚。鈆刀，魚名，似⿱豕魚魚。

三國吴・沈瑩《臨海水土異物志・蝦蟇魚》 蝦蟇魚，色如魚，頭似蝦蟇，尾又似鳶。

三國吴・沈瑩《臨海水土異物志・弓魚》 弓魚，長三寸，似鯇魚。

三國吴・沈瑩《臨海水土異物志・⿰魚壹⿰魚嬰魚》 ⿰魚嬰⿰魚壹魚，長一尺。

三國吴・沈瑩《臨海水土異物志・黍魚》 黍魚，長三尺，似鱝鮆。

三國吴・沈瑩《臨海水土異物志・鱠魚》 鱠魚，兩肋下有大肉如炙臠大。

三國吴・沈瑩《臨海水土異物志・土拌魚》 土拌魚，長七寸，白黑〔斑〕文。

三國吴・沈瑩《臨海水土異物志・⿰魚真魚》 ⿰魚真魚，俗謂之「猪魚」。

三國吴・沈瑩《臨海水土異物志・鰧魚》 鰧魚，似鱦〔魚〕，長二尺。

三國吴・沈瑩《臨海水土異物志・琵琶魚》 琵琶魚，無鱗，形如琵琶。

三國吴・沈瑩《臨海水土異物志・黄雀魚》 黄雀魚，常以八月化爲黄雀，到十月入海爲魚。

三國吴・沈瑩《臨海水土異物志・⿱燕魚魚》 ⿱燕魚魚，長五寸，陰雨起飛高丈餘。

三國吴・沈瑩《臨海水土異物志・鳶魚》 鳶魚，狀如鳶，唯無尾足，陰雨日亦飛高數丈。

三國吴・沈瑩《臨海水土異物志・井魚》 井魚，頭有兩角。

三國吴・沈瑩《臨海水土異物志・鏡魚》 鏡魚，如鏡形，體薄少肉。

三國吴・沈瑩《臨海水土異物志・含光魚》 含光魚，一名臘魚。黄而美，故謂之䲞。有光照燭。

三國吳·沈瑩《臨海水土異物志·鯊魚》 鯊魚，三月生溪中，裁長一寸，至十月中東還於海，死於海，香氣聞於水上，到時月輒復更生。

三國吳·沈瑩《臨海水土異物志·吹沙魚》 吹沙，長三寸，背上有刺，犯之螫人。

三國吳·沈瑩《臨海水土異物志·婢屣魚》 婢屣魚口近腹下，形似婦人屣。

三國吳·沈瑩《臨海水土異物志·銅吮魚》 銅吮魚，長五寸，似鯊魚。

三國吳·沈瑩《臨海水土異物志·鼠魚》 鼠魚，長七寸，頭如鼠。

三國吳·沈瑩《臨海水土異物志·三蝬》 三蝬，似蛤。

又 三蝬，蛤屬。

三國吳·沈瑩《臨海水土異物志·蚶》 蚶〔側〕（則）徑四尺，背似瓦壟，有文。

又 蚶，有側徑四寸者。又有烏頭而似蚶者，一名「蝛」云。

三國吳·沈瑩《臨海水土異物志·蠣》 蠣長七尺。

三國吳·沈瑩《臨海水土異物志·蛤蜊》 蛤蜊，殼薄且小。

三國吳·沈瑩《臨海水土異物志·蛺蠳》 蛺蠳，似蛤，如蜆大。

三國吳·沈瑩《臨海水土異物志·羊蹄》 羊蹄，似蚌，味似車螯，羅江小廬有之。

三國吳·沈瑩《臨海水土異物志·蘆雉》 蘆雉，似蛤蜾，殼小薄耳。

三國吳·沈瑩《臨海水土異物志·越王□》 越王□，形似蝛，殼赤，尾如人爪形。

三國吳·沈瑩《臨海水土異物志·倚望》 倚望，常起，顧睨西東，其狀入彭蜎大。行塗上，四五，進輒舉兩螯八足起望，行常如此，入穴乃止。

三國吳·沈瑩《臨海水土異物志·竭樸》 竭樸，大如彭蜎〔也〕，殼黑斑有文章，〔螯正赤〕，常以大螯障目，屈其小螯〔以〕取食也。

三國吳·沈瑩《臨海水土異物志·沙狗》 沙狗，似彭蜎，〔壞〕（壤）沙爲穴，見人則走，易遯，不可得也。

三國吳·沈瑩《臨海水土異物志·蘆虎》 似彭蜎，兩螯正赤，不中食也。

三國吳·沈瑩《臨海水土異物志·招潮》 招潮，大于蟹，八足，殼通赤，狀〔如〕鴨卵。

三國吳·沈瑩《臨海水土異物志·蜂江》 蜂江，如□蟹大，有足兩螯，殼牢如石蛔同，不中食也。

三國吳·沈瑩《臨海水土異物志·海月》 海月，大如鏡，白色，正圓，常死海邊。其柱如搔頭大，中食。

三國吳·沈瑩《臨海水土異物志·土肉》 土肉，正黑，如小兒臂大，長五寸，中有腹，無口目，有三十足，炙食。

三國吳·沈瑩《臨海水土異物志·陽遂足》 陽遂足，此物形狀：背青黑，腹下正白，有五足，長短大小皆等，不知頭尾所在。生時體軟，死即乾脆。

三國吳·沈瑩《臨海水土異物志·蝟》 蝟，似蝦。益人顏色，有愛媚。

三國吳·沈瑩《臨海水土異物志·鼊䴈》 與黿〔蟕〕（辟）相似，形大如蘧，生乳海邊沙中。肉極好，中啖。

三國吳·沈瑩《臨海水土異物志·䴈鼊》 鼊䴈，與黿〔蟕〕相似，形大如蘧，初甯縣多寧，鼅形，薄頭，喙似鵝指爪。生乳海邊沙中。肉極好啖。

三國吳·沈瑩《臨海水土異物志·黿》 黿魚，長五寸。

三國吳·沈瑩《臨海水土異物志·蟕鼂》 鼂〔鼊〕（蟕），其狀龜形，如笠，味如黿，可食。卵大如鴨卵，正圓，中生啖，味美於諸鳥卵。其甲黄點注之，廣七八寸，長二三尺，有光色。

三國吳·沈瑩《臨海水土異物志·瑟䲭》 瑟䲭，與鼂相似。

三國吳·沈瑩《臨海水土異物志·海龜》 海鴬如鼂，狹後廣前，其肉中食，亦又多膏。

三國吳·沈瑩《臨海水土異物志·鼂》 鼂類，似黿〔鼊〕（蟕），腸如羊胃，中啖。

三國吳·沈瑩《臨海水土異物志·陵龍》 陵龍之體，黄身四足。形短尾長，有鱗無角。南越嘉羞，見之竟逐。

三國吳·沈瑩《臨海水土異物志·蜈蚣》 東南海中蜈蚣長數丈，啖牛。俚人秋冬間遇之，鳴鼓然火炬驅逐之。

又 晉安東南昊嶼山，蜈蚣千萬積聚。或云：長丈餘者以作脯，味似大蝦。

三國吳·沈瑩《臨海水土異物志·石雞》 石雞形似家雞，在海中山上，每

〔潮〕(朝)水將至，輒羣鳴相應，若家雞之向晨也。

三國吴・沈瑩《臨海水土異物志・山雞》 山雞狀如人家雞。安陽諸山中多此雞。恃距好鬬。當時以家雞置其處，取即可得。

三國吴・沈瑩《臨海水土異物志・杉雞》 杉雞，黄冠青綬，常在杉樹下。頭上有長黄毛〔如垂緌〕，頭及頰正青。

三國吴・沈瑩《臨海水土異物志・獨春鳥》 獨春〔鳥〕，鳴聲似春聲，鳴聲多者五穀再薄，鳴聲少者五穀熟。

三國吴・沈瑩《臨海水土異物志・鶗鴂》 鶗鴂，一名杜鵑，至三月鳴晝夜不止，夏末乃止。

又 鶗鴂，一名田鵑，春三月鳴，晝夜不止，音聲自呼。俗言：取梅子塗其口，兩邊皆赤，上天自言乞〔恩〕(思)。至當〔陸〕(麥)子熟，鳴乃〔得〕止耳。

三國吴・沈瑩《臨海水土異物志・啄木鳥》 啄木〔鳥〕，大如雀，喙足皆青，毛色正青，翠鳥類也。凡與啄木異種，舌長五寸，杪有刺針。

三國吴・沈瑩《臨海水土異物志・鸂鶒》 鸂鶒，水鳥，毛有五色，食短狐。其在溪中無毒氣。

三國吴・沈瑩《臨海水土異物志・世樂鳥》 世樂鳥，五色成文，丹喙赤頭，頭上有冠，鳴曰：「天下太平」。王者有德則見。

又 世樂鳥，五色，頭上有冠，丹喙赤足，有道則見。

三國吴・沈瑩《臨海水土異物志・獨足鳥》 東垂有一足鳥，俗名曰「獨足」，疑是商羊。文身赤口，唯食蟲豸，不害稻粱。鳴如人嘯聲，將雨轉鳴。或曰：「山譟鳥」，晝伏夜翔，或時晝出，則羣鳥譟之。

三國吴・沈瑩《臨海水土異物志・黄雀》 黄雀，常以八月化爲黄雀，到十月入海爲魚。

三國吴・沈瑩《臨海水土異物志・江潮鳥》 江潮，海鳥，大如鸛，喙長八寸，潮上即鳴。

三國吴・沈瑩《臨海水土異物志・鷵鸗潮鳥》 鷵鸗鳥，海鳥也。喙長八寸天欲風雨，納喙於土中，向風，海師以爲候，鳴如嘯。

三國吴・沈瑩《臨海水土異物志・蜜母鳥》 蜜母，小鳥也，色黑。正月，旦爲蜜蜂周行諸山求安處，蜂隨之。蜜母暮還入蜂中。

三國吴・沈瑩《臨海水土異物志・鷵雉》 鷵雉，鳴聲哀。俗云：繼母欲嫁，因爨，使人守之，母遂不還。兒因呼母，言「鷵雉」也。

三國吴・沈瑩《臨海水土異物志・遊鳥》 遊鳥，如鵝大，其色黑。以青絲頭擊竹竿，呼之即來入手。俗言是東海神所養，不可食也。

三國吴・沈瑩《臨海水土異物志・獨姑鳥》 獨姑鳥，如隼，其色黑，其鳴如人呼雞聲。

三國吴・沈瑩《臨海水土異物志・苦姑鳥》 有鳥耀儀，名曰「苦姑」。

三國吴・沈瑩《臨海水土異物志・祖端端鳥》 祖端端，小鳥，天欲雨即鳴。

三國吴・沈瑩《臨海水土異物志・除溪鳥》 除溪鳥，小於鴝鵒，甚黑。天欲陰雨即鳴，音言「溪瀆」。

三國吴・沈瑩《臨海水土異物志・賓師鳥》 賓師，形大如鴝鵒，毛色正黑。

三國吴・沈瑩《臨海水土異物志・餘鱝》 虎鯌，長五丈，黄黑斑，耳目齒牙有似虎形，唯無毛。或曰變乃成虎。又有蝦鯌，尾似蝦。

又 鳶魚，似鳶。鷰魚，似燕。陰雨皆能飛高丈餘。

又 南方鏡魚，圓如鏡。

又 鏡魚，圓如鏡也。

又 鯩魚，大者長三尺，作膾、炙，尤香而美。

又 鰇，似烏賊而肥，炙食甘美。

又 蚶，有側徑四寸者，又有烏頭而似蚶者，一名蜮云。

又 蚶之大者，徑四寸，肉味佳。(今浙東以近海田種之，謂之「蚶田」。)

又 姑勞，如車螯而殼薄。

又 蘆雉，似蛤蜊，殼小薄耳。

又 石蚒，附石，似鮔鯌。

又 郎君子，生南海，有雌雄，青碧色，狀如兩擘杏仁。欲驗真假，先含口內令熱，然後放醋中，雌雄相趁便合，即下其卵。

又 蝤蛑乃蟹之巨者，兩螯大而有細毛如苔，八足亦皆有微毛。

又 撥棹子，狀如蝤蛑，螯足無毛，後兩小足薄耳微闊。然亦頗異，其大如升，南人皆呼爲蟹。八月間盛出，人採之與人鬬。其螯甚巨，往往能害人。

又 沙狗，似蟛蜞，壞沙爲穴，見人則走，屈折易道，不可得。

又 望潮，殼白色。居則背坎外向。潮欲來，皆出坎舉螯如望，不失常期。

又 蚷江，如蟹，兩螯足極小，堅如石，不可食。蘆虎，似蟛蜞，正赤，不可食。蟛蜞，大於〔蟛〕蜎，小於常蟹。

又　似車螯而角不正者曰「移角」；殼薄者曰「姑勞」；小者曰「羊蹄」，出羅江。移角，似車螯而角不正者。

又　羊號，似車蚶而小者。

又　海月，形圓如月，亦謂之蠣鏡。

又　土肉，正黑，如小兒臂大，長五寸，中有腸無目，有三十足如釵股，大者一頭長尺餘。

又　黽鼊，龜屬也。其形如笠，四足縵胡無指，其甲有黑珠，文采如瑇瑁，可以飾物。肉如龜肉，肥美可食。

又　鼅鼊，似黽鼊而甲薄，形大如龜，味極美，一枚有膏三斛。

又　蠵龜，其形如龜，其甲黃點有光，廣七八寸，長二三尺。

又　鼂，似黽鼊。一名匽鼂，又名鼂鼊，一枚有三斛膏。

又　鶻鵃，海鳥，大如鸛，喙長八寸，潮上即鳴，聲如嘯。天欲風雨，內喙土中向風，海師以爲候。

又　遊鳥，大如鵝，色黑，以青絲繫竹竿，呼之即來入手。俗言東海神所畜，不可傷。

又　東海有鳥，文身赤口而一足。唯食蟲豸，不害稻粱。其鳴如人嘯聲，晝伏夜翔，或時晝出，則羣鳥譟之。俗名「觸觸」，或曰「山譟」，疑即商羊也。

又　獨足，文身赤口，晝伏夜飛，或時晝出，羣鳥譟之。唯食蟲豸，不害稻粱。聲如人嘯，將雨轉鳴。即孔子所謂一足之鳥商羊者也。

又　鶺鴒，一名雝渠，飛則鳴，行則搖，首尾相應，以比兄弟。

又　練鵲，似鵲而小，尾長，色白。又名拖白練。《禽經》一名帶鳥，俗呼壽帶鳥。

又　燕，紫胸輕小者是越燕，胸斑黑聲大者是胡燕，其作巢甚長。

又　鴆鶲，巢於高樹，生子在窟，未能飛，皆銜其母翼以飛上下也。

又　吞舟之魚，其名曰鯪。背腹有刺，如三角菱。罟師畏之，網羅莫膺。

又　石首之魚，有石在頭。瑩白如玉，可植酒籌。

又　東海比目，不比不行。兩片得立，合體相生。狀如鞋履，鰈實其名。

又　鰕實四足，而有魚名。頭尾類鯷，岐岐而行。長生山澗，出入沉浮。云是懶婦，怨懟自投。

又　䱛魚長咫，大如竹竿。爆之爲燭，光明有燦。脊骨又美，可作羹餐。

又　魚有婢屣，亦有奴屬。其名雙偶，其行兩肖。味皆堪噉，出臨海嶠。

又　石斑蝹蟲，虎文形蚓。蝘螯爲牡，水邊呼引。石斑即走，上岸合牝。其性既惡，羹不可飲。

又　戴星之魚，背有星文。點黥玓皪，因名之云。

又　鯬魚之味，其美在額。古諺有之，價擬世宅。鱣鰓沙刺，黃骨鯰脊。南烹所珍，百倍秦炙。

又　魚之最巨，曰海鰌爾。舟行逢之，不知幾里，七日逢頭，九日逢尾。產子仲春，赤徧海水。

又　陵龍之體，黃身四足。形短尾長，有鱗無角。南越海人，嘉羞見逐。

又　錦雞，文如丹地，錦大於雉，其雌文五色。

晉·常璩《華陽國志》卷一《巴志》　厥貢璆、鐵、銀、鏤、砮、磬、熊、羆、狐、狸、織皮。

又　桑、蠶、麻、紵、魚、鹽、銅、鐵、丹、漆、茶、蜜、靈龜、巨犀、山雞、白雉、黃潤、鮮粉，皆納貢之。

又　牲具六畜。

又　秦昭襄王時，白虎爲害，自秦、蜀、巴、漢患之。秦王乃重募國中：「有能煞虎者邑萬家，金帛稱之。」於是夷朐忍廖仲、藥何、射虎秦精等乃作白竹弩於高樓上，射虎。中頭三節。白虎常從羣虎瞋恚，盡搏煞羣虎，大呴而死。秦王嘉之曰：「虎歷四郡，害千二百人。一朝患除，功莫大焉。」欲如要，王嫌其夷人。乃刻石爲盟要：復夷人頃田不租，十妻不算；傷人者，論死，倓錢。盟曰秦犯夷，輸黃龍一雙；夷犯秦，輸清酒一鍾。」夷人安之。漢興，亦從高祖定秦，有功。高祖因復之，專以射白虎爲事，户歲出賨錢口四十。故世號白虎復夷。一曰板楯蠻。今所謂弜頭虎子者也。

又　板楯七姓，以射白虎爲業。

又　有桑蠶牛馬。

又　（朐忍縣）山有大、小石城，勢靈壽木、鹽井、靈龜。咸熙元年，獻靈龜於相府。

又　漢時有扶徐，荆州，着石楚訪，有弜頭、白虎復夷者也。

又　巴東南接武陵，西接牂牁，北接巴郡【略】，無蠶桑，惟出茶、丹、漆、蜜、蠟。

又 見元猨緣其山，芝性好弩，手自射猨，中之。猨子拔其箭卷木葉塞其創。芝嘆曰：「嘻！吾傷物之性，其將死矣。」

又 （巴東）山有大龜，其甲可卜，其緣可作義，世號靈義。

又 （巴西郡）土地山原多平，有牛、馬、桑蠶。

晉・常璩《華陽國志》卷二《漢中志》 （沔陽縣）又有度水。水有二源：一曰清檢，二曰濁檢，有魚穴。清水出鰋，濁水出鮒，常以二月八月取。

又 （武都郡）出名馬、牛、羊、漆、蜜。

晉・常璩《華陽國志》卷三《蜀志》 其寶，則有璧、玉、金、銀、珠、碧、銅、鐵、鉛、錫、赭、堊、錦、繡、罽、氂、犀、象、氈、毦、丹、黄、空青、桑、漆、麻、紵之饒，滇、獠、賨、僰，僮僕六百之富。

又 （廣都縣）有鹽井、漁田之饒。大豪馮氏，有魚池、鹽井。縣凡有小井數所，及漁田之饒。江有魯劉漕。梁山有鐵鑛，江西有安稻田，穿山崖過水二十里。

又 （新都縣）有棗、魚梁。

又 郪縣有山原田，富國鹽井，濮出好棗。宜君山出麋，尾特好，入貢。

又 （德陽縣）山原肥沃，有澤漁之利。

又 （漢安縣）土地雖迫，山水特美好。宜蠶桑，有鹽井。魚池以百數，家家有焉。

又 （汶山郡）牛、馬、旄、氈、班罽、青頓、毞毲羊羖之屬特多。

又 （會無縣）民家馬牧山下，或產駿駒，云天馬子也。

又 （會無縣）河中有銅胎，以羊祀之，可取，河中見存。

又 （會無縣）土地時產犀牛。

晉・常璩《華陽國志》卷四《南中志》 （牂柯郡）畬山爲田。無蠶桑。

又 （晉寧郡）司馬相如韓説初開，得牛、馬、羊屬三十萬。

又 （晉寧郡）土大平敞，多長松。阜有鸚鵡、孔雀、鹽池，田、漁之饒，金、銀、畜產之富。

又 （堂螂縣）有堂螂附子。

又 （南廣郡）土地無稻田、蠶桑，多蛇、蛭、虎、狼。

又 （永昌郡）土地沃腴，黄金、光珠、虎魄、翡翠、孔雀、犀、象、蠶、桑、綿、絹、采帛、文繡。又有貊獸，食鐵；猩猩獸，能言，其血可以染朱罽。有大竹，名濮竹，節相去一丈，大受一斛許。其梧桐木，其華柔如絲，民績以爲布，幅廣五尺，潔白不受污，俗名曰「桐華布」。

又 （永昌郡）又有罽、旄、帛、疊、水精、琉璃、軻蟲、蚌珠。

又 （南里）縣有翡翠、孔雀。

又 （雲南郡）本云川地有熊，倉山上有神鹿，一身兩頭，食毒草。

又 （雲南郡）孔雀常以二月來翔，月餘而去。

又 （青蛉縣）同出，山有碧雞、金馬，光影倏忽，民多見之。

又 （興古郡）多鳩獠、濮。

晉・常璩《華陽國志》卷八《大同志》 廣漢有馬生角，長大各半寸。又有驢無皮毛，袒肉，飲食，數日死。

晉・常璩《華陽國志》卷九《李特雄壽勢志》 天應人悦，白魚登舟。

又 有馬生駒一頭，二身相着，六耳，一牡一牝。

又 有猿居鳥巢，至城下。地仍震，又連生毛。

晉・常璩《華陽國志》卷一〇中《廣漢士女》 處地金銀、琥珀、犀象、翠羽出。

又 於是有涌泉出於舍側，有江水之香，朝朝出鯉魚二頭，供二母之膳。其泉灌田六頃，施及比鄰。

晉・常璩《華陽國志》卷一二《序志》 子鵑鳥，今云是嶲，或曰嶲周。

又 冀之北土，馬之所產。

三國魏・王粲《王粲集・白鶴賦》 白翎稟靈龜之修壽，資儀鳳之純精。接王喬於湯谷，駕赤松於扶桑。餐靈岳之瓊蘂，吸雲表之露漿。

三國魏・王粲《王粲集・鶡賦》 惟茲鶡之爲鳥，信才勇而勁武。服乾剛之正氣，被淳駹之質羽。愬晨風以羣鳴，震聲發乎外宇。厲廉風與猛節，超羣類而莫與。惟膏薰之焚銷，固自古之所咨。逢虞人而見獲，遂囚執乎緤纍。賴有司之圖功，不開小而漏微。令薄軀以免害，從孔鶴與園湄。

三國魏・王粲《王粲集・鸚鵡賦》 步籠阿以躑躅，叩衆目之希稠。登衡幹以上干，噭哀鳴而舒憂。聲嚶嚶以高厲，又憀憀而不休。聽喬木之悲風，羨鳴友之相求。

三國魏・王粲《王粲集・鶯賦》 覽堂隅之籠鳥，獨高懸而背時。雖物微而命輕，心悽愴而慜之。日掩靄以西邁，忽逍遥而既冥。就隅角而斂翼，倦獨宿而宛頸。歷長夜以向晨，聞倉庚之羣鳴。春鳩翔於南甍，戴鵟集乎東榮。既同時而異憂，實感類而傷情。

三國魏·阮瑀《阮瑀集·鸚鵡賦》 惟翩翩之豔鳥，誕嘉類于京都。穢夷風而弗處，慕聖惠而來徂。被坤文之黄色，服離光之朱形。配秋英以離緑，苞天地以耀榮。

晉·張勃《吴地理志》 建安陽縣多狖，似猿而露鼻孔，郡內及臨海皆有之。

晉·郭璞《山海經圖讚》 狌狌。又有獸，狀如禺而白耳，伏行人走，其名曰狌狌。

又 鯥。祇山有魚，狀如牛，陵居，蛇尾，有翼，其羽在魼下，其音如留牛，其名曰鯥。

又 鸚鵡。黄山有鳥，青羽，赤喙，人舌能言，名曰鸚鵡。

鸚鵡，慧鳥，青羽赤喙，四指中分，行則以嘴。

又 鰠魚。鳥鼠同穴山，渭水出焉，中多鰠魚，其狀如鱣魚。

又 旄牛。潘侯山有獸，狀如牛而四節生毛，名曰牦牛。

又 鮆魚。晉水出縣雍山中，多鮆魚，其狀如儵，而赤麟。

又 鮫魚。漳水出荆山中，多黄金，多鮫魚。

晉·張華《博物志校正》卷三《異魚》 東海蛟錯魚，生子，子驚，還入母腸，尋複出。

吴王江行，食鱠，有餘，棄于中流，化爲魚。今魚中有名吴王鱠餘者，長數寸，大者如箸，猶有鱠形。

廣陵陳登食膾作病，華佗下之，膾頭皆成蟲，尾猶是膾。

東海有物，狀如凝血，從廣數尺，方員，名曰鮓魚，無頭目處所，内無藏，衆蝦附之，隨其東西。人煮食之。

晉·張華《博物志校正》卷四《物性》 蠶三化，先孕而後交。不交者亦産子，子後爲蠶，皆無眉目，易傷，收採亦薄。

鸐雉長毛，雨雪，惜其尾，棲高樹杪，不敢下食，往往餓死。時魏景初中天下所說。

鸛，水鳥也。伏卵時，卵冷則不沸，取礜石周繞卵，以時助燥氣。故方術家以鸛巢中礜石。山雞有美毛，自愛其色，終日映水，目眩則溺死。

屠軀，解其肌肉，唯腸連其頭，而經日不死，猶能齧物。鳥往食之，則爲所得。漁者或以張鳥，神蛇復續。

蠐螬以背行，快於足用。

百足一名馬蚿，中斷成兩段，各行而去。

晉·張華《博物志校正·佚文》 果下馬高三尺，乘之可於果樹下行，故謂果下。《三國志》裴松之注引。

又 鵂鶹一名忌欺，白日不見人，夜能拾蚤蝨也。《玉燭寶典》引。

又 水蛭三段而成三物。《續一切經音義》引。

又 翡身通黑，唯胸前、背上、翼後有赤毛。翠身通青黄，唯六翮上毛長寸餘青。其飛則羽鳴翠翡翠翡然，因以爲名也。《史記》三家注引。

又 南海有水蟲名曰蒯，蚌蛤之類也。其中小蟹大如榆莢。蒯開甲食，則蟹亦出食。蒯合蟹亦還入。始終生死不相離也。嘉魚出於丙穴，魚鱗細似鱒魚。《北户録》引。

又 雲南郡出茶首，茶首其音爲蔡茂，是兩頭鹿名也。獸似鹿兩頭，其腹中胎常以四月中取，可以治蛇虺毒，永昌亦有之也。《事類賦》引。

又 河陰岫穴出鮪魚焉。

東海有蛤，鳥常啖之。其肉消盡，殼起浮出。更泊在沙中岸邊。湖水來往，碏薄蕩白如雪。入藥最精，勝採取自死者。《太平御覽》引。

又 孔雀尾多變色，或紅或黄。陸佃《埤雅》引。

又 鯨魚大者數十里，小者猶數十丈。郭知達《九家注杜詩》引。

又 啄木鳥，此鳥能以嘴畫字，令蟲自出。

海獱頭如馬，自腰以下似蝙蝠，其毛似獺，大者五六十斤，亦可烹食。李時珍《本草綱目》引。

南朝宋·范曄《後漢書》卷一一二《郡國志四》 南郡【略】，中廬侯國。《襄陽耆舊傳》曰：古廬戎也。 縣西山中有一道，漢時常有數百匹馬出其中，馬形皆小，似巴、滇馬。三國時，陸遜攻襄陽，又值此穴中有數十匹馬出，遜載還建業。蜀使來，有五部兵家滇池者，識其馬色，云亡父所乘，對之流涕。《荆州記》云：是析縣馬頭山。又縣南十五里有疎水，東流注沔。水中有物如馬，甲如鮮鯉，不可入。七八月中好在磧上自曝，膝頭似虎掌爪，小兒不知，欲取弄戲，便殺人，或曰，生得者，摘其鼻，厭可小，小便名爲木盧。

南朝宋·范曄《後漢書》卷一一三《郡國志五》 越嶲郡【略】，邛都南山出銅。《南中志》曰：縣東南數里有水名邛廣都河，從廣二十里，深百餘丈，有魚長一二丈，頭特大，遥視如戴鐵釜狀。

永昌郡【略】，楪榆。有河。《廣志》曰：有弔鳥山。縣西北八十里。在阜山，衆鳥千百羣共會，鳴呼啁哳，每歲七月、八月晦望至，集六日則止，歲凡六至，雉雀來弔，特悲。其方人夜然火伺取，無嗉不食者，以爲義鳥，則不取也。俗言鳳皇死於此山，故衆鳥來弔。《地道記》：有澤，在縣東。

南朝宋·鮑照《采桑》 乳燕逐草蟲，巢蜂拾花蕚。

南朝梁·江淹《江文通集》卷一《石蜐賦》 海人有食石蜐，一名紫囍，蚌蛤類也。春而發華，有足異者。

南朝梁·江淹《江文通集》卷一《翡翠賦》 彼二鳥之奇麗，生金洲與炎山。

南朝梁·蕭統撰、唐·李善註《文選》卷四左思《蜀都賦》 孔翠群翔，犀象競馳。白雉朝雊，猩猩生夜啼。金馬騁光而絶景，碧鷄儵忽而曜儀【略】。孔，孔雀也。翠，翠鳥也。孔雀特出永昌南涪縣。翡翠常以二月、九月羣翔興古十餘。白雉出永昌。猩猩生交趾封溪，似猨，人面，能言語，夜聞其聲，如小兒啼。《春秋傳》曰：豕人立而啼。服子慎曰：啼，呼也。《淮南子》曰：猩猩知往。《地理志》曰：金馬、碧雞，在越巂青蛉縣禺同山。

南朝梁·蕭統撰、唐·李善註《文選》卷五左思《吴都賦》 《異物志》云：鯨魚，長者數十里，小者數十丈，雄曰鯨，雌曰鯢，或死於沙上，得之者皆無目，俗言其目化爲明月珠。《鄧析子》曰：釣鯢者不於清池。一説曰：鯨猶言鳳，鯢猶言皇也。《異物志》曰：朱厓有水蛇，鮫魚出合浦，長二三尺，背上有甲，珠文堅強，可以飾刀，口可以爲鑢。鯔魚形如鯢，長七尺，吴、會稽、臨海皆有之。琵琶魚無鱗，其形似琵琶，東海有之。鯸鮐，魚狀如科斗，大者尺餘，腹下白，背上青黑，有黄文。性有毒，雖小，獺及大魚不敢餤之。蒸煮餤之肥美，豫章人珍之。鯽魚長三尺許，無鱗，身中正四方如印。扶南俗云：諸大魚欲死，鯽魚皆先封之。鰆有横骨在鼻前，如斤斧形，東人謂斧斤之斤爲鰆，故謂之鰆鯌。魚二十餘種，此其尤異者。此魚所擊，無不中斷也。有出入錯子，朝出求食，暮還入母腹中，皆出臨海。烏賊魚腹中有藥。擁劍，蟹屬也，從廣二尺許，有爪，其螯偏大，大者如人大指，長二寸餘，色不與體同，特正黄而生光明，常忌護之如珍寶矣，利如劍，故曰擁劍。其一螯尤細，主取食，出南海、交趾。鼅鼊，鼅屬也，其形如笠，四足縵胡無指，其甲有黑珠，文采如瑇瑁，可以飾物，肉如鼅肉，肥美可食。鯖魚出交趾、合浦諸郡。鰐魚長二丈餘，有四足，似鼉，喙長三尺，甚利齒，虎及大鹿渡水，鰐擊之皆中斷。生則出在沙上乳卵，卵如鴨子，亦有黄白，可食。其頭琢去齒，旬日間更生，廣州有之。

又 鶡鷄，鳥也，好鳴。鷫䴘，水鳥也。鶖，如鷺而大，長頸赤目，其毛辟水毒，丹陽、鄱陽皆有之。鶢鶋，鳥也，似鳳。《左傳》曰：海鳥爰居，止魯東門外三日，臧文仲使國人祭之，不知其鳥，以爲神也。鸂鶒，水鳥也，色黄赤，有班文，食短狐蟲，在水中，無毒，江東諸郡皆有之。鸕鷀，似鴨而鷄足。鶬鶴，出南海、桂陽諸郡。

又 《異物志》云：麢狼，大如麋，角前向，有枝下出反向上，長者四五尺，廣州有之，常居平地，不得入山林【略】。於菟，虎也，江、淮間謂虎爲於菟。犀，狀如水牛，頭似豬，四足類象，倉黑色，一角當額上，鼻上角亦墮也，又有小角長五寸，不墮，性好食棘，口中灑血，武陵已南山中有之。兕，獸也，似牛。

又 鷓鴣南翥而中留，孔雀綷羽以翱翔。山雞歸飛而來棲，翡翠列巢以重行。鷓鴣，如雞，黑色，其鳴自呼。或言此鳥常南飛不北，豫章已南諸郡處處有之。孔雀，尾長六七尺，緑色有華彩，朱崖、交趾皆有之，在山草中。山雞，如雞而黑色，樹棲晨鳴。今所謂山雞者，鷩蛦也。合浦有之。翡翠，巢於樹顛生子，夷人稍徙下其巢，子大未飛，便取之。皆出於交趾鬱林郡。

又 王逸曰：陵魚，陵鯉也。有四足，狀如獺，鱗甲似鯉，居土穴中，性好食蟻。《楚辭》曰：陵魚曷止。王逸曰：陵魚，陵鯉也。浮石，體虚輕浮，在海中，南海有之。桴，舟也。比目魚，東海所出。王餘魚，其身半也。俗云：越王鱠魚未盡，因以殘半棄水中爲魚，遂無其一面，故曰王餘也。

南朝梁·蕭統撰、唐·李善註《文選》卷八司馬長卿《上林賦》 赤首圜題，窮奇象犀。張揖曰：題，頟也。窮奇，狀如牛而蝟毛，其音如嗥狗，食人者也【略】。其獸則麒麟角端，騊駼橐駝。郭璞曰：麒，似麟而無角。角端，似貊，角在鼻上，中作弓。韋昭曰：背上有肉似橐，故曰橐駝也。蛩蛩驒騱，駃騠驢贏。郭璞曰：驒騱，駏驉類也。駃騠，生三日而超其母。

又 於是乎玄猨素雌，蜼玃飛蠝，張揖曰：蜼，似母猴，卬鼻而長尾。玃，似獮猴而大。飛蠝，鼠也，其狀如兔而鼠首，以其髯飛。郭璞曰：蠝，鼯鼠也，毛紫赤色，飛且生，一名飛生。蜼，音遺。蠝，音誄。善曰：玄猨，言猨之雄者玄色也。素雌，猨之雌者素色也。玃，音钁。蛭蜩蠼猱，司馬彪曰：《山海經》曰：不鹹之山，飛蛭四翼。蜩，蟬也。玃猱，獮猴也。郭璞曰：蛭蜩，未聞。如淳曰：蛭，音質。猱，奴刀切。獑胡豰蛫，張揖曰：獑胡，似獮猴，頭上有髦，要以後黑。郭璞曰：轂，似鼬而大，要以後黃，一名黃要，食獮猴。蜙，未聞也。

南朝梁·蕭統撰、唐·李善註《文選》卷一三賈誼《鵩鳥賦》 晉灼曰：《巴蜀異物志》曰：有鳥小如雞，體有文色，上俗因形名之曰鵩。不能遠飛，行不出域。鴞，于妖切。

南朝梁·蕭統撰、唐·李善註《文選》卷一三張茂先《鷦鷯賦》 鷦鷯，小鳥也，生於蒿萊之間，長於藩籬之下，翔集尋常之內，而生生之理足矣。色淺體陋，不爲人用，形微處卑，物莫之害，繁滋族類，乘居匹遊，翩翩然有以自樂也。

南朝梁·徐陵《玉臺新詠》卷一《古樂府詩六首·雙白鵠》 飛來雙白鵠，乃從西北來。十十將五五，羅列行不齊。忽然卒疲病，不能飛相隨。五里一反顧，六里一徘徊。吾欲銜汝去，口噤不能開。吾欲負汝去，羽毛日摧頹。樂哉新相知，憂來生別離。峙𡾊顧羣侶，淚落縱橫垂。今日樂相樂，延年萬歲期。

南朝梁·徐陵《玉臺新詠》卷四鮑照《詠雙燕》 雙燕戲雲崖，羽翮始差池。出入南閨裏，經過北堂陲。意欲巢君幕，層楹不可窺。沉吟芳歲晚，徘徊韶景移。悲歌辭舊愛，銜泥覓新知。

南朝梁·徐陵《玉臺新詠》卷四吴邁遠《擬樂府四首·飛來雙白鵠》 可憐雙白鵠，雙雙絶塵氛。連翩弄光景，交頸遊青雲。逢羅復逢繳，雌雄一旦分。哀聲流海曲，孤叫出江濆。豈不慕前侣？爲爾不及羣。步步一零淚，千里猶待君。樂哉新相知，悲來生別離。持此百年命，共逐寸陰移。譬如空山草，零落心自知。

北魏·佚名《大魏諸州記》 小平津有洞穴，鯉魚從穴中出入，大者重千斤。

唐·段成式《酉陽雜俎》卷一六《廣動植之一·羽篇》 鳳，骨黑，雄雌夕旦鳴各異。黃帝使伶倫制十二籥寫之，其雄聲，其雌音。樂有鳳凰臺，此鳳腳下物如白石者。鳳有時來儀，候其所止處，掘深三尺，有圓石如卵，正白，服之安心神。

又 孔雀，釋氏書言，孔雀因雷聲而孕。

又 鸛，江淮謂群鸛旋飛爲鸛井。鶴亦好旋飛，必有風雨。人探巢取鸛子，六十里旱。能群飛薄霄激雨，雨爲之散。

又 烏鳴地上無好聲。人臨行，烏鳴而前引，多喜，此舊占所不載。貞元四年，鄭、汴二州，群烏飛入田緒、李納境內，銜木爲城，高至二三尺，方十餘里。納、緒惡而命焚之，信宿如舊，烏口皆流血。俗候烏飛翅重，天將雨。

又 燕，凡狐白、貉、鼠之類，燕見之則毛脫。或言燕蟄於水一曰井底。舊說燕不入室，是井之虛也。取桐爲男女各一，投井中，燕必來。胸斑黑，聲大，名胡燕。其巢有容疋素者。

又 雀，釋氏書言，雀沙生，因浴沙塵受卵。蜀弔烏山，至雉雀來弔最悲，百姓夜燃火伺取之。無嗉不食，似持一日特悲者，以爲義，則不殺。

又 鴿，大理丞鄭復禮言，波斯舶上多養鴿。鴿能飛行數千里，輒放一隻至家，以爲平安信。

又 鸚鵡，能飛。衆鳥趾前三後一，唯鸚鵡四趾齊分。凡鳥下瞼眨上，獨此鳥兩瞼俱動，如人目。

又 杜鵑，始陽相催而鳴，先鳴者吐血死。嘗有人山行，見一群寂然，聊學其聲，即死。初鳴先聽其聲者，主離別。厠上聽其聲，不祥。厭之法，當爲大聲應之。

又 雛鴿，舊言可使取火，効人言勝鸚鵡。取其目睛和人乳研，滴眼中，能見烟霄外物也。

又 鵝，濟南郡張公城西北有鵝浦。南燕世，有漁人居水側，常聽鵝之聲。衆中有鈴聲甚清亮，候之，見一鵝咽頸極長，羅得之，項上有銅鈴，綴以銀鎖，隱起「元鼎元年」字。

又 異鳥，天寶二年，平盧有紫蟲食禾苗。時東北有赤頭鳥，群飛食之。開元二十三年，榆關有虸蚄蟲，延入平州界，亦有群雀食之。又開元中，具州蝗蟲食禾，有大白鳥數千，小白鳥數萬，盡食其蟲。

又 吐綬鳥，魚復縣南山有鳥，大如鴝鵒，羽色一曰毛多黑，雜以黃白，頭頰似雉，有時吐物長數寸，丹采彪炳，形色類綬，因名爲吐綬鳥。又食必蓄嗉，臆前大如斗，慮觸其嗉，行每遠草木，故一名避株鳥。

又 鸛鶇，一名墮羿，形似鵲。人射之，則銜矢反射人。

又 鸛雕，喙大而勾，長一尺，赤黃色，受二升，南人以爲酒杯也。

又 菘節鳥，四腳，尾似鼠，形如雀，終南深谷中有之。

又 老鵵，秦中山谷間有鳥如梟，色青黃，肉翅，好食烟。見人輒驚落，隱首草穴中，常露身。其聲如嬰兒啼，名老鵵。

又 柴蒿，京之近山有柴蒿鳥，頭有冠如戴勝，大若野鷄。

又 蝦蟆護，南山下有鳥名蝦蟆護，多在田中，頭有冠，色蒼，足赤，形似鷺。

又　啾金鳥，出昆明國。形如雀，色黄，常翱翔於海上。魏明帝時，其國來獻此鳥。飴以真珠及龜腦，常吐金屑如粟，鑄之，乃爲器服。宫人争以鳥所吐金爲釵珥，謂之辟寒金，以鳥不畏寒也。宫人相嘲弄曰：「不服辟寒金，那得帝王心。不服辟寒鈿，那得帝王憐。」

又　鵄鳥，武周縣合火山，山上有鵄鳥。形類鳥，觜赤如丹。一名赤觜鳥，亦曰阿鵄鳥。

唐·段成式《酉陽雜俎》卷一六《廣動植之一·毛篇》　師子，釋氏書言，師子筋爲絃，鼓之衆絃皆絶。西域有黑師子、捧師子。集賢校理張希復言，舊有師子尾拂，夏月，蠅蚋不敢集其上。

又　象，舊説象性久識，見其子皮必泣。一枚重千斤。釋氏書言，象七久柱地六牙。牙生理必因雷聲。又言，龍象六十歲骨方足。今荆地象色黑，兩牙，江豬也。

又　馬，虜中護蘭馬，玉白馬也，亦曰玉面諳真馬，十三歲馬也。以十三歲以下，可以留種。

又　牛，北人牛瘦者，多以蛇灌鼻口，則爲獨肝。水牛有獨肝者殺人，逆賊李希烈食之而死。相牛法：岐胡有壽，膺匡欲廣，毫筋欲横，啼後筋也。常有聲，有黄也。角冷有病。旋毛在珠泉無壽。睫亂觸人。銜烏角偏妨主。毛少骨多有力。溺射前，良半也。疏肋難養。三歲二齒，四歲四齒，五歲六齒。六歲以後，每一年接脊骨一節。

又　鹿，虞部郎中陸紹弟爲盧氏縣尉，嘗觀獵人獵，忽遇鹿五六頭臨澗，見人不驚，毛斑如畫。陸怪獵人不射，問之，獵者言：「此仙鹿也，射之不能傷，且復不利。」陸不信，强之。獵者不得已，一發矢，鹿帶箭而去。及返，射者墜崖，折左足。

又　駝，性羞。《木蘭篇》：「明駝千里脚」，多誤作「鳴」字。駝卧腹不帖地，屈足漏明，則行千里。

又　天鐵熊，高宗時，加一日伽毗葉國獻天鐵熊，擒白象、師子。

又　狼，大如狗，蒼色，作聲諸竅皆沸。胜中筋大如鴨卵，有犯盗者，薰之，當令手攣縮。或言狼筋如織絡，小囊蟲所作也。狼糞煙直上，烽火用之。或言狼狽是兩物，狽前足絶短，每行常駕狼，失狼則不能動，故世言事乖者稱狼狽。臨濟郡西有狼塚。近世曾有人獨行於野，遇狼數十頭，其人窘急，遂登草積上。有兩狼乃入穴中，負出一老狼。老狼至，以口拔數莖草，羣狼遂競拔之。積將崩，遇獵者救之而免。其人相率掘此塚，得狼百餘頭殺之，疑老狼即狽也。

又　貊澤，大如犬，其膏宣利，以手所承及於銅鐵瓦器中，貯悉透，以骨盛則不漏。

又　猪猸，徼外勃樊州，重陸香所出也，如楓脂，猪猸好啖之。大者重十斤，狀似獺。其頭身四肢了無毛，唯從鼻上竟脊至尾有青毛，廣一寸，長三四分。獵得者斫刺不傷，積薪焚之不死，乃大杖擊之，骨碎乃死。

又　香貍，取其水道連囊，以酒燒乾之，其氣如真麝。

又　狒狒，飲其血可以見鬼。力負千斤，笑輒上吻掩額，狀如獼猴，作人言，如鳥聲，能知生死。血可染緋，髮可爲髲，舊説反踵，獵者言無膝，睡常倚物。宋建武高城郡進雌雄二頭。

又　大尾羊，康居出大尾羊，尾上旁廣，重十斤。又僧玄奘至西域，大雪山高嶺下有一村養羊，大如驢。罽賓國出野青羊，尾如翠色，土人食之。

唐·段成式《酉陽雜俎》卷一七《廣動植之二·鱗介篇》　龍，頭上有一物，如博山形，名尺木。龍無尺木，不能昇天。

又　異魚，東海漁人言，近獲魚，長五六尺，腸胃成胡鹿刀槊之狀，或號秦皇魚。

又　井魚，井魚腦有穴，每翕水輒於腦穴蹙出，如飛泉散落海中，舟人競以空器貯之。海水鹹苦，經魚腦穴出反淡，如泉水焉。成式見梵僧菩提勝説。

又　鯉，脊中鱗一道，每鱗有小黑點，大小皆三十六鱗。國朝律，取得鯉魚即宜放，仍不得喫，號赤鯶公。賣者杖六十，言「鯉」爲「李」也。

又　黄魚，蜀中每殺黄魚，天必陰雨。

又　烏賊，舊説名河伯度一日從事小吏，遇大魚輒放墨，方數尺，以混其身。江東人或取墨書契，以脱人財物，書跡如淡墨，逾年字消，唯空紙耳。海人言，昔秦皇東遊，棄算袋於海，化爲此魚，形如算袋，兩帶極長。一説烏賊有矴，遇風則蚪前一須下矴。

又　臽魚，凡諸魚欲産，臽魚輒舐其腹，世謂之衆魚之生母。

又　馬頭魚，象浦有魚，色黑，長五丈餘，頭如馬，伺人入水食人。

又　印魚，長一尺三寸，額上四方如印，有字。諸大魚應死者，先以印封之。

又　石班魚，僧行儒言，建州有石班魚，好與蛇交。南中多隔蜂，窠大如壺，常羣螫人。土人取石班魚就蜂樹側炙之，標於竿上向日，令魚影落其窠上，須臾有鳥大如燕數百，互擊其窠。窠碎，落如葉，蜂亦全盡。

又 鯢魚，如鮎，四足長尾，能上樹。天旱輒含水上山，以草葉覆身，張口，鳥來飲水，因吸食之，聲如小兒。峽中人食之，先縛於樹鞭之，身上白汗出如構汁，此方可食，不爾有毒。

又 鱟，雌常負雄而行，漁者必得其雙。南人列肆賣之，雄者少肉。舊説過海輒相負於背，高尺餘，如帆乘風遊行。今鱟殼上有一物，高七八寸，如石珊瑚，俗呼爲鱟帆。成式荆州嘗得一枚。至今閩嶺重鱟子醬。鱟十二足，殼可爲冠，次於白角。南人取其尾，爲小如意也。

又 飛魚，朗山浪水有之，長一尺，能飛，飛即淩雲空，息即歸潭底。

又 温泉中魚，南人隨溪有三亭城，城下温泉中生小魚。

又 羊頭魚，周陵溪中有魚，其頭似羊，俗呼爲羊頭魚。豐肉少骨，殊美於餘魚。

又 瑇瑁，蟲不再交者，虎鴛與玳瑁也。

又 螺蚌，鸚鵡螺如鸚鵡，見之者凶。蚌當雷聲則㾮，一曰痢。

又 平原郡貢糖蟹，採於河間界。每年生貢，斲冰火照，懸老犬肉，蟹覺老犬肉即浮，因取之。一枚直百金。以疏密束於驛馬，馳至於京。

又 蝤蛑，大者長尺餘，兩螯至強。八月，能與虎鬬，虎不如。隨大潮退殼，一退一長。

又 蛤蟆，候風雨，能以殼爲翅飛。

又 擁劍，一螯，極小，以大者鬬，小者食。

又 寄居，殼似蝸，一頭小蟹，一頭螺蛤也。寄在殼間，常候蝸一曰螺開出食。螺欲合，遽入殼中。

又 牡蠣，言牡，非謂雄也。介蟲中唯牡蠣是鹹水結成也。

又 玉桃，似蚌，長二寸，廣五寸，殼中柱炙之如牛頭肱項。

又 數丸，形似蟚蜞，竟取土各作丸，丸數滿三百而潮至，一曰沙丸。

又 千人捏，形似蟹，大如錢，殼甚固，壯夫極力捏之不死。俗言千人捏不死，因名焉。

唐·段成式《酉陽雜俎》卷一七《廣動植之二·蟲篇》 蟬，未脱時名復育，相傳言蛣蜣所化。秀才韋翾一曰翻莊在杜曲，嘗冬中掘樹根，見復育附於朽處，怪之。村人言蟬固朽木所化也，翾因剖一視之，腹中猶實爛木。

又 蝶，白蛺蝶，尺蠖繭所化也。秀才顧非熊少年時，嘗見鬱棲中壞綠裙幅，旋化爲蝶。工部員外郎張周封言，百合花合之，泥其隙，經宿化爲大蝴蝶。

又 蟻，秦中多巨黑蟻，好鬬，俗呼爲馬蟻。次有色竊赤者。細蟻中有黑者，遲鈍，力舉等身鐵。有竊黄者，最有兼弱之智。成式兒戲時，嘗以棘刺標蠅，置其來路，此蟻觸之而返，或去穴一尺，或數寸，纔入穴中者如索而出，疑有聲而相召也。其行每六七有大首者間之，整若隊伍。至徙蠅時，大首者或翼或殿，如備異蟻狀也。元和中，成式假居在長興里。庭有一穴蟻，形狀如竊赤之大者，而色正黑，腰節微赤，首鋭足高，走最輕迅。每生致蠖及小魚一曰蟲入穴，輒壞垤窒穴，蓋防其逸也。自後徙居數處，更不復見此。

又 蜘蛛，道士許象之言，以盆覆寒食飯於暗室地上，入夏悉化爲蜘蛛。

又 蜈蚣，綏安縣多蜈蚣，大者兔尋，能以氣吸兔。一云「大者能以氣吸兔」。小者吸蜥蜴，相去三四尺，骨肉自消。

又 顛當，成式書齋前，每雨後多顛當，窠秦人所呼深如蚓穴，網絲其中，土蓋與地平，大如榆莢。常仰捍其蓋，伺蠅蠖過，輒翻蓋捕之，纔入復閉，與地一色，並無絲隙可尋也。其形似蜘蛛。如墻角亂緺中者，《爾雅》謂之王蛈，《鬼谷子》謂之蛈母。秦中兒童戲曰：「顛當顛當牢守門，蠮螉寇汝無處奔。」

又 蠅，長安秋多蠅，成式嘗日讀《百家》五卷，頗爲所擾，觸睫隱字，驅不能已。偶拂殺一焉，細視之，翼甚似蜩，冠甚似蜂。性察於腐，嗜於酒肉。按理首翼，其類有蒼者聲雄壯，負金者聲清聒，其聲在翼也。青者能敗物。巨者首如火，或曰大麻蠅，茅根所化也。

又 壁魚，補闕張周封言，嘗見壁上白瓜子化爲白魚，因知《列子》言朽瓜爲魚之義。

又 天牛蟲，黑甲蟲也。長安夏中，此蟲或出於離壁間，必雨，成式七度驗之皆應。

又 異蟲，温會在江州，與賓客看打魚。漁子一人，忽上岸狂走。温問之，但反手指背，不能語。漁者色黑，細視之，有物如黄葉，大尺餘，眼遍其上，嚙不可取，温令燒之方落。每對一眼，底有觜如釘，漁子出血數升而死，莫有識者。

又 冷蛇，申王有肉疾，腹垂至骭，每出則以白練束之，至暑月，常鼾息不可過。玄宗詔南方取冷蛇二條賜之，蛇長數尺，色白，不螫人，執之冷如握冰。申王腹有數約，夏月置於約中，不復覺煩暑。

又 異蜂，有蜂如蠟蜂稍大，飛勁疾，好圓裁樹葉，捲入木竅及壁罅中作窠。成式常發壁尋之，每葉卷中實以不潔，或云將化爲蜜也。

又 白蜂窠，成式修竹里私第，果園數畝。壬戌年，有蜂如麻子蜂，膠土爲窠於庭前簷，大如雞卵，色正白可愛。家弟惡而壞之，其冬果釁鐘手足。《南史》言，宋明帝惡言白。問金樓子言，子婚日，疾風雪下，幃幕變白，以爲不祥。抑知俗忌白久矣。

又 毒蜂，嶺南有毒菌，夜明，經雨而腐化爲巨蜂，黑色，喙若鋸，長三分餘。夜入人耳鼻中，斷人心繫。

又 竹蜜蜂，蜀中有竹蜜蜂，好於野竹上結窠。窠大如雞子，有帶，長尺許。窠與蜜並紺色可愛，甘倍於常蜜。

又 水蛆，南中水溪澗中多此蟲，長寸餘，色黑。夏深變爲虻，螫人甚毒。

又 水蟲，象浦其川渚有水蟲，攢木食船，數十日船壞。蟲甚微細。拖搶，水蟲也。形如吉蜣，稍大，腹下有刺似搶，如棘針螫人，有毒。

又 負子，水蟲也。有子多負之。

又 避役，南中名避役，一曰十二辰蟲。狀似蛇醫，腳長，色青赤，肉鬣。暑月時見於籬壁間，俗云見得多稱意事。其首倏忽更變爲十二辰狀。成式再從兄鄠嘗觀之。

又 食膠蟲，夏月食松膠，前腳傳之，後腳攝之，內之尻中。

又 竈馬，狀如促織，稍大，腳長，好穴於竈側。俗言灶有馬，足食之兆。

又 謝豹，虢州有蟲名謝豹，常在深土中。司馬裴沈子常治坑獲之。小類蝦蟆，而圓如毬，見人以前兩腳交覆首，如羞狀。能穴地如鼢鼠，頃刻深數尺。或出地聽謝豹鳥聲，則腦裂而死，俗因名之。

又 碎車蟲，狀如唧聊，蒼色，好棲高樹上，其聲如人吟嘯，終南有之。一本云，滄州俗呼爲搔前，太原有大而黑者，聲唧聊。碎車，別俗呼爲没鹽蟲也。

又 度古，似書帶，色類蚓，長二尺餘，首如鏟，背上有黑黄衣斕，稍觸則斷。嘗趁蚓，蚓不復動，乃上蚓掩之，良久蚓化。惟腹泥如涎，有毒，雞喫輒死。俗呼土蟲。

又 雷蜞，大如蚓，以物觸之乃蹙縮，圓轉若鞠。良久引首，鞠形漸小，復如蚓焉。或云齧人毒甚。

又 矛，蛇頭鼇身，入水緣樹木，生嶺南，南人謂之矛。膏至利，銅瓦器貯浸出，惟雞卵殼盛之不漏。主腫毒。

又 藍蛇，首有大毒，尾能解毒，出梧州陳家洞。南人以首合毒藥，謂之藍藥，藥人立死。取尾爲腊，反解毒藥。

又 蚺蛇，長十丈，常吞鹿，消盡，乃繞樹出骨。養創時肪腴甚美。或以婦人衣投之，則蟠而不起。其膽上旬近頭，中旬在心，下旬近尾。

又 蝎，鼠負蟲巨者多化爲蝎。蝎子多負於背，成式嘗見一蝎負十餘子，子色猶白，才如稻粒。成式嘗見張希復言，陳州古倉有蝎，形如錢，螫人必死。江南舊無蝎，開元初，嘗有一主簿，竹筒盛過江，至今江南往往亦有，俗呼爲主簿蟲。蝎常爲蝸所食，以跡規之，蝎不復去。舊説過滿百，爲蝎所螫。蠍前謂之螫，後謂之蠆。

又 虱，舊説虱蟲飲赤龍所浴水則愈。虱惡水銀。人有病虱者，雖香衣沐浴不得已。道士崔白言，荆州秀才張告，嘗捫得兩頭虱。有草生山足濕處，葉如百合，對葉獨莖，莖微赤高一二尺，名虱建草，能去蟣虱。有水竹，葉如竹，生水中，短小，亦治虱。

又 蝗，荆州有帛師，號法通，本安西人。少於東天竺出家，言蝗蟲腹下有梵字，或自天下來者，乃忉利天。梵天來者，西域驗其字作木天壇法禳之。今蝗蟲首有「王」字，固自不可曉。或言魚子變，近之矣。舊言蟲食穀者，部吏所致，侵漁百姓則蟲食穀。蟲身黑頭赤，武吏也。頭黑身赤，儒吏也。

又 野狐鼻涕，螵蛸也，俗呼爲野狐鼻涕。

唐・段成式《酉陽雜俎續集》卷八《支動》 鯸鮧魚，肝與子俱毒。食此魚必食艾，艾能已其毒。江淮人食此魚，必和艾。

又 野牛，高丈餘，其頭似鹿，其角丫戾，長一丈，白毛，尾似鹿，出西域。

又 潛牛，勾漏縣大江中有潛牛，形似水牛。每上岸鬭，角軟還入江水，角堅復出。

又 貓，目睛暮圓，及午豎斂如綖。其鼻端常冷，唯夏至一日煖。其毛不容蚤虱，黑者暗中逆循其毛，即若火星。俗言貓洗面過耳則客至。楚州謝陽出貓，有褐花者。靈武有紅叱撥及青驄色者。貓一名蒙貴，一名烏員。平陵城，古潭國也，城中有一貓，常帶金鎖，有錢飛若蛺蝶，士人往往見之。

又 鼠，舊説鼠王其溺精一滴成鼠。一説鼠母頭腳似鼠，尾蒼口鋭，大如水中獺，性畏狗，溺一滴成一鼠。時鼠災多起於鼠母，鼠母所至處，動成萬萬鼠。其肉極美。凡鼠食死人目睛，則爲鼠王。俗云鼠齧上服有喜，凡齧衣欲得有蓋，無蓋凶。

又 千歲燕，齊魯之間謂燕爲乙，作巢避戊巳。《玄中記》云：「千歲之燕，户北向。」《述異要》云：「五百歲燕，生鬍髯。」

又 勾足鸛鴿，交時以足相勾，促鳴鼓翼如鬬狀，往往墜地。俗取其勾足爲媚藥。

又 大蝎，安邑縣北門縣人云：「有一蝎如琵琶大，每出來，不毒人，人猶是恐。其靈積年矣。」

又 紅蝙蝠，劉君云：「南中紅蕉花時，有紅蝙蝠集花中，南人呼爲紅蝙蝠。」

又 青蚨，似蟬而狀稍大，其味辛，可食。每生子，必依草葉，大如蠶子。人將子歸，其母亦飛來。不以近遠，其母必知處。然後各致小錢于巾，埋東行陰墻下。三日開之，即以母血塗之如前。每市物，先用子，即子歸母，用母者，即母歸子，如此輪還，不知休息。若買金銀珍寶，即錢不還。青蚨，一名魚伯。

又 寄居之蟲，如螺而有腳，形似蜘蛛，本無殼，入空螺殼中載以行。觸之縮足，如螺閉户也。火炙之，乃出走，始知其寄居也。

又 蜾蠃，今謂之蠮螉也。其爲物純雄無雌，不交不產。取桑蟲之子祝之，則皆化爲己子。蜂亦如此耳。

又 鯽魚，東南海中有祖州，鯽魚出焉，長八尺，食之宜暑而避風。此魚狀，即與江河小鯽魚相類耳。潯陽有青林湖，鯽魚大者二尺餘，小者滿尺，食之肥美，亦可止寒熱也。

又 黄魟魚，色黄無鱗，頭尖，身似大槲葉。口在頷下，眼後有耳，竅通於腦。尾長一尺，末三刺甚毒。魟音烘。

又 劍魚，海魚千歲爲劍魚。一名琵琶魚，形似琵琶而喜鳴，因以爲名。虎魚老則爲鮫。江中小魚化爲蝗而食五穀者，百歲爲鼠。

又 金驢，晉僧朗住金榆山，及卒，所乘驢上山失之。時有人見者，乃金驢矣。樵者往往聽其鳴響。土人言：「金驢一鳴，天下太平。」

又 聖龜，福州貞元末，有村人賣一籠龜，其數十三，販藥人徐仲以五鍰獲之。村人云：「此聖龜，不可殺。」徐置庭中，一龜藉龜而行，八龜爲導，悉大六寸。徐遂放於乾元寺後林中，一夕而失。

又 五時雞，影鵝池北有鳴琴苑伺夜雞鳴，隨鼓節而鳴，從夜至曉，一更爲一聲，五更爲五聲，亦曰五時雞。

唐・樊綽《蠻書》卷一 閣外至夔嶺七日程，直經朱提江，下上躋攀，傴身側足，又有黄蠅、飛蛭、毒蛇、短狐、沙虱之類。

又 大部落則有鬼主，百家二百牛馬。案此句未詳。 無布帛，男女悉披牛羊皮。

唐・樊綽《蠻書》卷二 螺山遍地悉是螺蛤，故以名焉。

又 （麗水）水中有蛟龍、鰐魚、烏鰂魚。又有水獸似牛，游泳則波濤沸湧，狀如海潮。

唐・樊綽《蠻書》卷四 當天寶中，東北自曲靖州，西南至宣城，邑落相望，牛馬被野。

又 長褌蠻，本烏蠻之後，部落在劍川，屬浪詔。其本俗皆衣長褌曳地，更無衣服，惟牛羊皮。

又 磨蠻，亦烏蠻種類也。鐵橋上下及大婆、小婆、三探覽、昆池等川，皆其所居之地也。土多牛羊，一家即有羊羣。終身不洗手面，男女皆披羊皮。

又 撲子蠻，勇悍矯健。以青娑羅段爲通身袴。善用白箕竹，深林間射飛鼠，發無不中。部落首領謂酋爲上。無食器，以芭蕉葉藉之。

又 尋傳蠻，閣羅鳳所討定也。俗無絲綿布帛，披波羅皮。跣足可以踐履榛荆，持弓挾矢射豪豬。案：豪字原本作蒙，今據《新唐書・南詔傳》改正。

又 有外來侵暴者，則射之。其妻入山林採拾蟲魚菜螺蜆等歸，啖食之。

又 臣見僧無礙説云：案：此句原本作臣見僧元得，今考《通鑑考異》有引樊綽所説僧無礙之文，知得礙字形相近，而無又訛爲元耳，謹改正。 此日午前旋殺賊並馬，僅二三千賊，馬三百來匹。

又 婦人亦跣足，以青布爲衫裳，聯貫珂貝、巴齒、真珠，斜絡其身數十道。有夫者豎分兩髻，無夫者頂爲一髻。其地宜沙牛，亦大於諸處，牛角長四尺已來。

又 婦人披五色娑羅籠。孔雀巢人家樹上，象大如水牛。土俗養象以耕田，仍燒其糞。

又 崇魔蠻，去安南管内林西原十二日程。溪洞而居，俗養牛馬。

又　客館在門樓外東南二里。館前有亭，亭臨方池，周回七里，水深數丈，魚鱉悉有。

又　蠻夷騎馬，遥望廟即下馬趨走。西南管柘南城，土俗相傳，呼爲要鎮。正南過唐封川，至茫天連。自蘭滄江已西，越賧撲子，其種並是望苴子。俗尚勇力，土又多馬。

唐・樊綽《蠻書》卷七　馬，出越賧川東面一帶，岡西向，地勢漸下，乍起伏如畦畛者，有泉地美草，宜馬。初生如羊羔，一年後，紐莎爲攏頭縻繫之。三年内飼以米清粥汁，四五年稍大，六七年方成就。尾高，尤善馳驟，日行數百里。本種多驄，故代稱越賧驄，近年以白爲良。藤充及申賧亦出馬，次賧、滇池尤佳。東爨烏蠻中亦有馬，比於越賧皆少。一切野放，不置槽櫪。唯陽苴咩及大釐、登川各有櫪槽，喂馬數百匹。

又　犀，出越賧、高麗。其人以陷穽取之。每殺之時，天雨震雷暴作。尋傳川界、殼弄川界亦出犀皮。蠻排甲並馬，統備案：《新唐書》作統倫。馬騎甲仗，多用犀革，亦雜用牛皮。負排羅苴已下，未得繫金佉苴者，悉用犀革爲佉苴，皆朱漆之。

又　大蟲，南詔所披皮，赤黑文深，炳然可愛。云大蟲在高山窮谷者則佳，如在平川，文淺不任用。

又　沙牛，雲南及西爨故地並只生沙牛，俱緑地多瘴，草深肥，牛更蕃生犢子。天寶中，一家便有數十頭。通海已南多野水牛，或一千二千爲羣。彌諾江巴西出犛牛，開南巴南養處，大於水牛。一家數頭養之，代牛耕也。

又　鹿，傍西洱沙諸山皆有鹿。龍尾城東北息龍山，南詔養鹿處，要則取之。覽賧有織和川及鹿川。龍足鹿白晝三十五十，羣行齧草。

又　鯽魚，蒙舍池鯽魚，大者重五觔。西洱河及昆池之南接滇池。冬月，魚、雁、鴨、丰雉、水扎鳥遍于野中水際。

又　大雞，永昌、雲南出，重十餘觔，觜距勁利，能取鸇、鶚、[illegible]、鵲、梟、鴿、鴝、鵒之類。

又　象，開南、巴南多有之，或捉得，人家多養之，以代耕田也。豬、羊、貓、犬、騾、驢、豹、兔、鵝、鴨，諸山及人家悉有之。但食之與中土稍異。蠻不待烹熟，皆半生而喫之。

唐・樊綽《蠻書》卷八　本土不用錢，凡交易繒、帛、氈、罽、金、銀、瑟瑟、牛羊之屬，以繒帛冪數計之，云某物色值若干冪。

唐・樊綽《蠻書》卷一〇　崑崙國，正北去蠻界西洱河八十一日程。出青木香、檀香、紫檀香、檳榔、琉璃、水精、蠡坯等諸香藥、珍寶、犀牛等。

唐・盧照鄰《盧照鄰集》卷一《窮魚賦》　有一巨鱗，東海波臣。洗静月浦，涵丹錦津。映紅蓮而得性，戲碧浪以全身。宕而失水，屆于陽瀕。漁者觀焉，乃具竿索，集朋黨，梟趨雀躍，風馳電往。競下任公之鉤，争陳豫且之網。螻蟻見而甘心，獱獭鬨而抵掌。於是長舌利嘴，曳綸争鉤；拖鬐挫鬣，撫背扼喉。動揺不可，騰躍無蹤。有懷纖潤，寧望洪流。

唐・柳宗元《柳河東集》卷一六《捕蛇者説》　永州之野産異蛇，黑質而白章，觸草木盡死，以齧人，無禦之者。

清・曹寅、彭定求《全唐詩》卷七四八李中二《鶯》　羽毛特異諸禽，出谷堪聽好音。薄暮欲棲何處，雨昏楊柳深深。

唐・曹寅、彭定求《全唐詩》卷七七六侯夢昌《鳳》　好是山家鳳，歌成非楚鷄。毫光灑風雨，紋彩動雲霓。竹實不得飽，桐孫何足栖。岐陽今好去，律吕正淒淒。

清・曹寅、彭定求《全唐詩》卷七八〇徐夤《香鴨》　不假陶鎔妙，誰教羽翼全。五金池畔質，百和口中煙。嘴鈍魚難啄，心空火自燃。

清・曹寅、彭定求《全唐詩》卷七八〇徐夤《白鴿》　舉翼淩空碧，依人到大邦。粉翎棲書閣，雪影拂瓊窗。振鷺堪爲侶，鳴鳩好作雙。狎鷗歸未得，覩爾憶晴江。

清・曹寅、彭定求《全唐詩》卷七八〇徐夤《龜》　行止竟何從，深溪與古峯。青荷巢瑞質，緑水返靈蹤。鑽骨神明應，酬恩感激重。仙翁求一卦，何日脱龍鐘。

清・曹寅、彭定求《全唐詩》卷七八一《猿》　宿有喬林飲有溪，生來蹤跡遠塵泥。不知心更愁何事，每向深山夜夜啼。

清・曹寅、彭定求《全唐詩》卷八二四子蘭《鸚鵡》　翠毛丹觜乍教時，終日無寥似憶歸。近來偷憶一作倚。人言語，亂向金龍説是非。

清・曹寅、彭定求《全唐詩》卷八二五文益《鷺鷥》　白蘋紅蓼碧江涯，日暖雙雙立睡時。願揭金籠放歸去，卻隨沙鶴鬬輕絲。

清・曹寅、彭定求《全唐詩》卷八二八貫休《黄鶯》　一種爲春禽，花中開羽翼。如何此鳥身，便是黄金色。金黄色，若逢竹實終不食。

清・曹寅、彭定求《全唐詩》卷八三〇薛濤《鷹離鞲》 爪利如鋒眼似鈴，平原捉兔稱高情。無端竄向青雲外，不得君王臂上一作手裏。擎。

清・曹寅、彭定求《全唐詩》卷八三八齊己《雉》 角角類鬪鬪，春晴錦羽乾。文呈五色異，瑞入九苞難。墓宿紅蘭暖，朝飛緑野寒。山梁從行者，錯解仲尼歎。

清・曹寅、彭定求《全唐詩》卷八三八齊己《野鴨》 野鴨殊家鴨，離羣忽遠飛。長生緣甚瘦，近死爲傷肥。江海游空闊，池塘啄細微。紅蘭白蘋渚，春暖刷毛衣。

清・曹寅、彭定求《全唐詩》卷八四二齊己《水鶴》 鴛鴦與鸂鶒，相狎豈慚君。比雪還勝雪，同羣亦出羣。静巢孤島月，寒夢九皋雲。歸路分明(箇)〔過〕，飛鳴即可聞。

清・曹寅、彭定求《全唐詩》卷八四九可朋《桐花鳥》 五色毛衣比鳳雛，深花叢裏秖如無。美人買得偏憐惜，移向金釵重幾銖。

唐・曹寅、彭定求《全唐詩》卷八七〇李貞白《詠罌粟子》 倒排雙陸子，希插碧牙籌。既似犧牛乳，又如鈴馬兜。鼓槌并瀑前，直是有來由。

唐・曹寅、彭定求《全唐詩》卷八七六《江陵語》 琵琶多於飯甑，措多大於鯽魚。

唐・王勃《王子安集》卷三《春日還郊》 魚牀侵岸水，鳥路入山煙。

唐・王勃《王子安集》卷三《焦岸早行和睦四》 猨吟山漏曉，螢散野風秋。

唐・封演《封氏聞見記》卷八《大魚腮》 海州土俗工畫，節度令造海圖屏風二十合。予時客海上，偶於州門見人持一束黑物，形如竹篾。予問之，其人云：「海魚腮中毛，擬用作屏風貼。」因問所得。云：「數十年前，東海有大魚死於岸上，收得此。惟堪用爲屏風貼，前後所用無數。今宫造屏風，搜求得此。」奇文異色，澤似水牛角，小頭似豬鬃，大頭正方，長四五尺，廣可一寸，亦奇物也。今人間大魚腮中鬈毛長不盈寸，此物乃長四五尺，魚亦大矣。

唐・封演《封氏聞見記》卷八《竊蟲》 人家有小蟲，至微而響甚，細尋之，卒不可見。俗人以其難見，號「竊蟲」。云「有此者不祥」。余曾覩此蟲，大如半胡麻，形類鼠婦，有兩角，白色，振其頭則有聲，或時暫止，須臾複振，牀壁窗户之間，暗黑之處，多有之。

唐・張鷟《朝野僉載》卷五 嶺南有報冤蛇，人觸之，即三五里隨身即至。若打殺一蛇，則百蛇相集，將蜈蚣自防乃免。

顧渚山赬石洞有緑蛇，長可三尺餘，大類小指，好棲樹杪。視之若鞶帶，纏於柯葉間。無螫毒，見人則空中飛。

山南五溪黔中皆有毒蛇，烏而反鼻，蟠於草中。其牙倒勾，去人數步，直來疾如繳箭，螫人立死。中手即斷手，中足則斷足，不然則全身腫爛，百無一活。謂蝮蛇也。有黄喉蛇，好在舍上，無毒，不害人，惟善食毒蛇。食飽則垂頭直下，滴沫地墳起，變爲沙虱，中人爲疾。額上有「大王」字，衆蛇之長，常食蝮蛇。

唐・張鷟《朝野僉載》補輯 劍南彭蜀間有鳥大如指，五色畢具。有冠似鳳，食桐花，每桐結花即來，桐花落即去，不知何之。俗謂之「桐花鳥」，極馴善，止於婦人釵上，客終席不飛。人愛之，無所害也。

唐・段公路《北户録》卷一《通犀》 置大霧重露下，終不沾濡。又堪爲釵𩐈。撓藥酒，酒生沫。若貯米飼鷄，鷄見輒驚散。一呼爲「駭鷄犀」。或中茵箭，刺置於創中，立愈。蓋犀食百毒棘刺故也。

唐・段公路《北户録》卷一《孔雀媒》 雷、羅數州收孔雀雛養之，使極馴擾，致於山野間，以物絆足，傍施網羅，伺野孔雀至，則倒網掩之舉無遺者。或生折翠羽，以珠毛編爲簾子拂子屬，粲然可觀。真神禽也。一説孔雀不必疋偶，但音影相接，便有孕，如白鶂，雌雄相視則孕。或曰：雄鳴上風，雌鳴下風，亦孕。見《博物志》。又《周書》曰：成王時，方人獻孔鳥，方亦戎别名。《山海經》：南方孔鳥。郭璞注：孔雀也。《宋書》曰：孝武大明五年，有郡獻白孔雀爲瑞者。噫，象以齒而焚，麝因香而死。今孔雀亦以羽毛爲累。得不悲夫！愚按《説文》曰：率鳥者，繫生鳥以來之，名曰囮，字林音由。今獵師有囮也。《淮南・萬畢術》曰：鵁鶄致鳥。注云：取鵁鶄，折其大羽，絆其兩足，以爲媒。張羅其旁，衆鳥聚矣。《博物志》又云：鶄鶻，一名鵁鶄。

唐・段公路《北户録》卷一《鷓鴣》 衡州南多鷓鴣，解嶺南野葛諸菌毒。及辟温瘴，前臆文爲白圓點。又一名鵴，多對啼。每啼連轉數音，其音甚高。《廣志》言：遮姑鳴云，但南不北。《古今注》云：其鳴自呼。《南越志》云：鷓鴣，陽鳥也。雖複東西迴翔，然而命翮之始必先南翥。其鳴自號杜薄州，食之亡癌。此三説啼處，豈同於牛屋辯哉？唯《本草》説鳴云鉤輈格磔，竹客反。小類。

唐・段公路《北户録》卷一《鸚䳇瘴》 廣之南新勤春十州，呼爲南道，多鸚鵡，翠衿丹觜，巧解人言。有鳴曲子如喉轉者，但小不及於隴右。每飛則數千百頭。食木葉榕實。凡養之俗：忌以手頻觸其背，犯者即多病顫而卒，土人謂爲鸚鵡瘴。

唐·段公路《北户録》卷一《赤白吉了》　晉寧有廉州民獲赤、白吉了各一頭，獻於刺史者。其赤者，尋卒；白者久而能言。凡笑語悉皆教人。斯珍禽也。

唐·段公路《北户録》卷一《緋猨》　公路咸通十年往高涼，程次青山鎮，其山多猨，有黄緋者，緋者絶大，毛彩殷鮮，真謂奇獸。夫猨則狙玃猱猴也。狖似猿。之類，其色多傳青白玄黄而已，今則豈可窮其族類歟！其猨能伏鼠，多羣行，玄者善啼，雌黄而雄黑也。啼數聲，則衆猨叫嘯騰擲。如相去呼焉。其音淒入肝脾。方知當去呼一部鼓吹，豈獨鼉聲然哉！

唐·段公路《北户録》卷一《蚺蛇牙》　蚺蛇，大者長十餘丈，圍可七八尺，多在樹上，候麞鹿過者，吸而吞之。至鹿消，即纏束大樹。出其頭角，乃不復動，夷人伺之，便以竹籤籤煞之，取其膽也。故《南裔異物志》曰：蚺惟大虵，既洪且長。采色駁犖，其文錦章。食豕吞鹿，腴成養創。《元和御覽》引《括地志》云：蚺虵牙長六七寸，土人尤重之，云辟不祥，利遠行。賣一枚，直牛數頭。

唐·段公路《北户録》卷一《紅虵》　公路至雷州對岸，倚舟候風勢，見羣小兒簇二巨虵，各長丈餘，一如孔雀尾，毛色金翠奪目。一如真紅色，鮮明若血。又有十餘頭白虵，前後相次。若導從，俱入一榕藤竅内，竟不復去。故知虵有草木水土四種，其類不可窮也。

唐·段公路《北户録》卷一《蛤蚧》　蛤蚧，首如蟾蜍，背淺緑色，上有土黄斑點，若古錦文，長尺餘，尾絶短，其族則守宮蜥蜴蝘蜓。多居古木竅間，自呼其名，聲絶大。或云一年一聲，驗之非也。又有十二時，亦其類也。大者一尺，尾長於身。背生鬐鬣，行疾如箭。

唐·段公路《北户録》卷一《紅蟹殻》　儋州出紅蟹，即蝤蛑擁劍，彭蜞倚望，招潮，竭朴，沙狗，蘆虎，數丸，大小殻上多作十二點，深燕支色，亦如鯉之三十六鱗耳。其殻與虎蟹堪作疊子。按：蟹，一名蛫。

唐·段公路《北户録》卷一《紅蝙蝠》　紅蝙蝠出隴州，皆深紅色，唯翼脈淺黑，多雙伏紅蕉花間，採者若獲其一，則一不去，南人收爲媚藥。

唐·段公路《北户録》卷一《金龜子》　金龜子，甲蟲也。五六月生於草蔓上，大於榆莢。細視之真金帖龜子，行則成雙，類壁龜耳，其蟲死，金色隨滅，如螢光也。南人收以養粉，云與永粉相宜。

唐·段公路《北户録》卷一《乳穴魚》　全義之西南有山，曰盤龍山。有乳洞，斜貫一溪，號曰靈水。其洞有金沙龍、盆魚，皆四足修尾丹腹，狀若守宮，游泳水濱。乳洞有金沙龍盤魚，皆四足，修尾丹腹，狀若守宮，游泳水濱，人莫敢犯。

唐·段公路《北户録》卷一《魚種》　南海諸郡郡人，至八九月，於池塘間采魚子，著草上者，懸於灶煙上，至二月春雷發時，卻收草浸於池塘間，旬月内如蝦蟆子狀，悉成細魚，其大如髮，土鬻於市，號魚種，即鯇鯉之屬。育池塘間，一年内可供口腹也。

唐·段公路《北户録》卷一《水母》　水母，兼名苑云，一名蚱，一名石鏡，南人治而食之。云性熱，偏療河魚疾也。

唐·段公路《北户録》卷二《蚊母扇》　端新州有鳥，類青鵁而觜大，常在池塘間捕魚而食，每作一聲，則有蚊子羣出其口。

唐·段公路《北户録》卷二《鵝毛被》　邕之南有酋豪，多熟鵝毛爲被，毛取頂上及腹下嫩毛蒸治之。如稻畦衲之，其温軟不下綿絮也。

唐·段公路《北户録》卷二《紅蝦杯》　紅蝦出潮州、潘州、南邑縣，大者長二尺，十人多理爲盃。或釦以白金，轉向餉遺，乃玩用中一物也。

唐·段公路《北户録》卷二《雞毛筆》　番禺諸郡如隴石，多以青羊毫爲筆，韶州擇雞毛爲筆，其三覆鋒，亦有圓如錐，方如鑿，可抄寫細字者。昔溪源有鴨毛筆，以山雞毛、雀雉毛間之，五色可愛。

唐·段公路《北户録》卷二《雞卵卜》　邕州之南有善行禁咒者，取雞卵墨畫，祝而煮之，剖爲二片，以驗其黄，然後決嫌疑，定禍福，言如響答，據此乃古法也。

唐·段公路《北户録》卷二《雞骨卜》　南方逐除夜及將發船，皆殺雞，擇骨爲卜，傳古法也。占吉即以肉祠船神，呼爲孟公孟姥，其來尚矣。

唐·段公路《北户録》卷二《象鼻炙》　廣之屬城循州、雷州，皆産黑象，牙小而紅，堪爲笏裁，亦不下舶上來者。陶真白云：凡夏月治藥，亦宜以象牙置邊。土人捕之，争食其鼻，云肥脆，偏堪爲炙。滋味小類豬而含消，今之炙也。亦不知一割牛心猩猩唇之美也。

唐·段公路《北户録》卷二《鵝毛脡》　恩州出鵝毛脡，乃鹽藏鱎魚，其味絶美，其細如鰕。又有嘉魚出邕江石穴中，魚下至梧州戎城縣水口，絶肥美，亦堪爲脡。

唐・裴庭裕《東觀奏記》卷下　山南西道觀察使奏：「渠州犀牛見」。

唐・李泰《括地志・青州・北海縣》　溟字大海，魚龍興雲震雷霆，大怒貌也，泛者之大難也。《大藏音義》卷八十一引。按《元和郡縣志》青州北海縣説海水在北海縣東北二百二十里。

唐・李泰《括地志・宋州・宋城縣》　宋州城，羿所封之地。羿五歲，父母與之入山，處之木下，以待蟬，還欲取之，而羣蟬俱鳴，遂捐而去。羿爲山間所養。年二十，習於弓矢。仰天歎曰：「我將射四方，矢至吾門止。」因捍即射矢靡地截草徑至羿之門，乃隨矢去。《路史・後紀》卷十三《疏仡紀》《夏后紀》引。

又　兔園在宋州宋城縣東南十里。葛洪《西京雜記》云：梁孝王苑中有落猨巖、棲龍岫、雁池、鶴洲、鳧島。諸宮觀相連，奇果佳樹，瑰禽異獸，靡不畢備。俗人言梁孝王竹園也。《史記・梁孝王世家》「於是孝王築東苑」《正義》引。

唐・李泰《括地志・戴州・楚丘縣》　獲麟堆在戴州鉅野縣東十二里。《春秋》哀十四年《經》云：西狩獲麟。《國都城記》云：鉅野故城東十里澤中有土臺，廣輪四五十步，俗云獲麟堆，去魯城可三百餘里。《史記・孔子世家》「狩大野」《正義》引。

唐・李泰《括地志・渭州・渭源縣》　鳥鼠山，今名青雀山，在渭州渭源縣西七十六里。《山海經》云鳥鼠同穴之山，渭水出焉。郭璞注云：今在隴西首陽縣西南。山有鳥鼠同穴。鳥名鵌。鼠名鼣，如人家鼠而短尾。鵌似鵽而小，黄黑色。穴入地三四尺，鼠在内，鳥在外。《史記・夏本紀》「道渭自鳥鼠同穴」《正義》引。

唐・李泰《括地志・湖州・安吉縣》　五山有五峯。昔村人姚紾嘗於此採樵，忽遇仙人。及還家，因入甕中隱身，謂家人云：可七日勿開。日限未至，家人開之，紾變爲白鶴，飛向五山。《吴興記》云五山亦名奕山也。《太平寰宇記》卷九十四湖州安吉縣引。又《輿地紀勝》卷四引作「五峯山，仙人姚紾所居。陳虞寄《報恩寺碑》云四鶴齊飛，五峯相映」。

唐・李泰《括地志・建州・建安縣》　閩中越地即古東甌，今建州亦其地。皆蛇種，有五姓，謂林、黄等是其裔。《太平御覽》卷一百七十引《坤元録》。

唐・李泰《括地志・建州・邵武縣》　邵武有庸嶺，一名烏頭嶺，北隰中有大蛇長七八丈，爲患，都尉長吏多致死者。巫言啖童女，其都尉令長遂佔賃人家婢子養之，八月祭送蛇穴，已九女矣。將樂縣李誕有六女無男，小女名奇，及受雇，應之，責買好劍，仍作數石米飧，用蜜灌之，以置穴口。蛇夜出，目如三尺鏡。奇放犬咋蛇，奇從後以劍斫之，蛇踴出，至庭而死。《太平寰宇記》卷一百一邵武軍邵武引《坤元録》。又《太平御覽》卷四一二十七引《坤元録》作「邵武北有庸嶺，一名烏嶺，北隰中有大蛇，爲將樂令李誕女所殺者」。

唐・李泰《括地志・西域》　天竺一名身毒，在月氏東南數千里，俗與月氏同，而卑濕暑熱。其國臨大水，乘象以戰。其民弱於月氏。修浮圖道，不殺伐，遂以成俗。土有象、犀、瑇瑁、金、銀、鐵、錫、鉛。西與大秦通，有大秦珍物。明帝夢金人長大，頂有光明，以問羣臣。或曰西方有神，名曰佛，其形長丈六尺而金黄色。帝於是遣使天竺問佛道法，遂至中國，畫形像焉。萬震《南州志》云：地方三萬里，佛道所出。其國王居城郭，殿皆彫文刻鏤。街曲市里，各有行列。左右諸大國凡十六，皆供奉之，以天地之中也。《浮圖經》云：臨兒國王生隱屠太子。父曰屠頭邪，母曰莫邪屠。身色黄，發如青絲，乳有青色，爪赤如銅。始莫邪屠夢白象而孕。及生，從母右脅出。生有髮，墮地能行七步。太子生時，有二龍王夾左右吐水，一龍水暖，一龍水冷，遂成二池，今猶一冷一暖。初行七步處，琉璃上有太子脚跡見在。生處名祇洹精舍，在舍衛國南四里，是長者須達所起。又有阿輸迦樹，是夫人所攀生太子樹也。《史記・大宛列傳》「其東南身毒國」《正義》按據上文增「屠」字。

又　南蠻北接氐羌，西過蠻界即入土番南界，越數重高山峻嶺，涉歷川谷，凡經三數千里，過土番界，度雪山南脚即入東天竺，東南界迦摩縷波國，其次近南三摩怛吒國，呵利雞羅國及耽摩立底國。此山路與天竺至近，險阻難行，是大唐與五天陸路之捷徑也。仍須及時，盛夏熱瘴毒蟲不可行履，過者難以全生；秋多風雨水泛，又不可行；冬雖無毒，積雪沍寒，又難登陟；惟有二三月乃是過時，仍須譯解數種蠻夷語言，兼賚買道之貨，仗土人引道，展轉問津，即必得達。《大藏音義》卷八十一引。

又　阿耨達山亦名建末達山，亦名崑崙山。水出，一名拔扈利水，一名恒迦河，即經稱恒河者也。自崑崙山以南，多是平地而下溼。土肥良，多種稻，歲四熟，留役馳馬，米粒亦極大。《史記・大宛列傳》「身毒國」《正義》引。

又　王舍國，胡語曰罪悦祇國。其國靈鷲山，胡語曰耆闍崛山。山是青石，石頭似鷲。鳥名耆闍，鳩也。崛，山也。山周四十里，外周圍水，佛於此坐禪，及諸阿難等俱在此坐。《史記・大宛列傳》「身毒國」《正義》引。

又　火山國在扶〔風〕南東大湖海中。其國中山皆火，然火中有白鼠皮及樹皮，績爲火浣布。《魏略》云大秦在安息、條支西大海之西，故俗謂之海西國。從安息界乘船直載海西，遇風利時三月到，風遲或一二歲。其公私宮室爲重屋，郵驛亭置如中國。從安息繞海北陸到其國，人民相屬，十里一亭，三十里一置。無盜賊。其俗人長大平正，似中國人而胡服。朱應《異物志》云大秦之北附庸小邑，有羊羔自然生於土中，候其欲萌，築牆繞之，恐獸所食。其臍與地連，割絶則死。擊物驚之，乃驚鳴，臍遂絶，則逐水草爲羣。又大秦金二枚，皆大如瓜，植之滋息無極，觀之如用則真金也。《史記・大宛列傳》「奄蔡黎軒」《正義》引。按「風」字衍。據《漢書・西域傳》增「國」字。《隋書經籍志》有《扶南異物志》一卷，朱應撰，《舊唐書經籍志》同，此誤爲「宋膺」，今據改。「秦」上脱「大」字，據下文增。

又　小人國在大秦南，人纔三尺。其耕稼之時，懼鶴所食，大秦衛助之。《史記・大宛列傳》「奄蔡黎軒」《正義》引。

又　火林山生不燼之木。其山晝夜大火常然，猛風不盛，暴雨不滅。其木皮花皆堪績布，而皮布粗，花布細。又有火浣獸，其形似鼠，可重百斤，毛長三四寸，色白，細如絲，常居火中，炯赤如火。時時出外，人以水逐而沃之，得水即死。取其毛績以爲布，經有垢汙，若以灰水洗終日仍舊；若置於火中燒之，與火同赤，出而振之，塵去潔白如新，因名火浣。《大藏音義》卷十五引。

唐・李泰《括地志・東夷》　靺鞨國，古肅慎也，在京東北萬里以下，東及北各抵大海。其國南有白山，鳥獸草木皆白。其人處山林間，土氣極寒，常爲穴居，以深爲貴，至接九梯。養豕食肉，衣其皮，冬以豬膏塗身，厚數分，以禦風寒。貴臭穢不潔，作廁於中，圜之而居。多勇力，善射。弓長四尺，如弩，矢用楛，長一尺八寸，青石爲鏃。葬則交木作椁，殺豬積椁上，富者至數百，貧者數十，以爲死人之糧。以土上覆之，以繩繫於椁，頭出土上，以酒灌酹，繩腐而止，無四時祭祀也。《史記夏本紀》「島夷皮服」《正義》引。

唐・李吉甫《元和郡縣志》卷二九《江南道》　因城湖，在〔溧水〕縣南一百里。周回九十里，多蒲魚之利。

唐・李吉甫《元和郡縣志》卷三〇《江南道五》　劉洞，在〔郴州〕縣西北二十三里。出偃鼠，如牛，將爲災乃出畎畝，散落其尾，悉爲小鼠。

唐・李吉甫《元和郡縣志》卷三五《嶺南道一》　官鄣湖，在〔海隅〕縣東南二十里。出名龜，以卜，勝於含洭龜也。

唐・李吉甫《元和郡縣志》卷三九《隴右道上》　扶延山，在〔化城〕縣東北七十里。多麋鹿。

唐・劉恂《嶺表録異》卷上　瑇瑁形狀似龜，惟腹背甲有紅點。

又　番禺地無狐兔。

又　廣之屬郡潮循州，多野象。潮循人或捕得象，爭食其鼻，云肥脆，尤堪作炙。

唐・劉恂《嶺表録異》卷中　容管廉白州，産秦吉了，大約似鸚鵡，嘴腳皆紅，兩眼後夾腦，有黄肉冠。善效人言語，音雄大分明于鸚鵡。以熟雞子和飯如棗，飼之。或云，容州有純白色者，俱未之見也。

又　越王鳥，曲頸長足，頭有黄冠如杯，用貯水，互相飲食衆鳥雛，取其冠，堅緻可爲酒杯。

又　有鳥形如野鵲，翅羽黄緑，間錯尾生兩枝，長二尺餘，直而不曲，惟尾梢有毛，宛如箭羽。因目之爲帶箭鳥。

又　蚊母鳥，形如青鷁，嘴大而長，于池塘捕魚而食。每叫一聲，則有蚊蚋飛出其口。俗云采其翎爲扇，可辟蚊子，亦呼爲吐蚊鳥。

又　北方梟鳴，人以爲怪，共惡之。南中晝夜飛鳴，與烏鵲無異。桂林人羅取生鬻之，家家養使捕鼠，以爲勝狸。

又　鴞大如鳩，惡聲，飛入人家不祥。其肉美堪爲炙。故《莊子》云：見彈求鴞炙。《説文》：梟，不孝鳥，食母而后能飛。《漢書》曰：五月五日作梟羹，以賜百官。以其惡鳥，故以五日食之。古者重鴞炙及梟羹。蓋欲滅其族類也。

又　鵂鶹即鵋也，寫繇案：繇原本作繇，音由。攷《北户録》引《字林》云：「繇音由。今獵師有繇也。謹校改。可以聚諸鳥。晝日目無所見，夜則飛撮蚊蟲，乃鬼車之屬也。

又　韓朋鳥者，乃鳧鷖之類。此鳥每雙飛，泛溪浦，水禽中鸂鶒、鴛鴦、鵁鶄，嶺北皆有之，惟韓朋鳥未之見也。

又　鷓鴣，吴楚之野悉有，嶺南偏多，此鳥肉白而脆，遠勝雞雉，能解冶葛并菌毒。臆前有白圓點，背上間紫赤毛，其大如野雞，多對啼。

又　交阯人多養孔雀，採金翠毛爲扇。

又　嶺表所産犀牛，大約似牛而豬頭，脚似象，蹄有三甲。首有二角，一在額上爲兕犀，一在鼻上較小爲胡帽犀；鼻上者，皆窘束而花點少，多有奇文。牯犀亦有二角，皆爲毛犀，俱有粟文，堪爲腰帶。千百犀中，或遇有通者，花點大小奇異，固無常定。有偏花路通，有頂花大而根花小者，謂之倒插通。此二種亦五色，無常矣，若通白黑分明，花點差奇，則價計巨萬，乃希世之寶也。又有墮羅犀，犀中最大，一株有重七八觔者，云是牯犀。額上有心，花多是撒豆斑，色深者，堪爲胯具，斑散而淺，即治爲盤楪器皿之類。又有駭雞犀、原注：羣雞見之驚散。辟塵犀原注：爲婦人簪梳塵不著也、辟水犀原注：云此犀行于海，水爲之開，置角于霧之中，不濕矣。光明犀原注：處于暗室，則有光明。此數犀但聞其說，不可得而見也。案：張世南《游宦紀聞》引此書云：「犀有二角，一在額上爲兕犀，一在鼻上爲胡帽犀。牯犀亦有二角，皆爲毛犀。」與此詳略互異。

又　紅飛鼠多出交趾及廣管瀧州。背腹有深毛茸茸，惟肉翼淺黑色，多雙伏紅蕉花間。採捕者若獲一，則一不去。南中婦人皆買而帶之，以爲媚藥。

又　瓊州不産贏馬，人多騎黃牛，亦飾以鞍韉，加之銜勒。可騎者，皆自小習其步驟，亦甚有穩快者。

唐·劉恂《嶺表録異》卷下　嘉魚，形如鱒，出梧州戎城縣江水口。甚肥美，衆魚莫可與比。最宜爲鮀，每炙，以芭蕉葉隔火，蓋慮脂滴火滅耳。漁陽有鮇魚，亦此類也。案：原本脱「漁陽有鮇魚」五字。今據《太平御覽》增入。

又　鱟魚，其殻瑩淨，滑如青瓷盌，鏉背，眼在背上，口在腹下，青黑色。腹兩傍爲六脚，有尾，長尺餘，三棱如椶莖，雌常負雄而行。案：「負」原本訛「附」。今據《玉篇》《廣韻》及《西陽雜俎》改正。捕者必雙得之，若摘去雄者，雌者即自止，背負之方行。腹中有子如菉豆，南人取之，碎其肉脚，和以爲醬食之。尾中有珠，如粟色黃。雌者小，置水中，即雄者浮，雌者沈。

又　黃臘魚，即江湖之橫魚。頭嘴長而鱗皆金色，南人臠爲炙，雖美而毒。或煎煿，或乾，夜即有光如燭。北人有寓南海者，市此魚食之，棄其頭于糞筐中，夜後忽有光明。近視之，益恐懼，以燭照之，但魚頭耳！去燭復明，以爲不祥。及取食奩，窺其餘臠，亦如螢光，達明。偏詢土人，乃此魚之常也。憂疑頓釋。

又　竹魚，産江溪間，形如鱧魚，大而少骨，青黑色。鱗下間以朱點，鬛可翫，或烹以爲羹臛，肥而美。

又　烏賊魚，只有骨一片，如龍骨而輕虛，以指甲刮之，即爲末，亦無鱗，而肉翼前有四足，每潮來，即以二長足捉石，浮身水上。有小蝦魚過其前，即吐涎惹之，取以爲食。廣州邊海人，往往探得大者，率如蒲扇，煠熟，以薑醋食之，極脆美。或入鹽渾腌爲乾，槌如脯，亦美。吴中人好食之。左思《吴都賦》曰：「烏賊擁劍。」

又　石頭魚，狀如鱅魚，隨其大小，腦中有二石子，如蕎麥，瑩白如玉。有好奇者，多市魚之小者，貯于竹器，任其壞爛，即淘之，取其魚腦石子，以植酒籌，頗爲脱俗。

又　比目魚，南人謂之鞋底魚，江淮謂之拖沙魚。

又　雞子魚，口有觜如雞，肉翅無鱗，尾尖而長。有風濤，即乘風飛于海上船，梢類鮐鰑魚。

又　鱷魚，其身土黃色，有四足脩尾，形狀如鼉，而舉止趫疾，口森鋸齒，往往害人。南中鹿多，最懼此物。鹿走崖岸之上，羣鱷嘷叫其下，鹿怖懼落崖，多爲鱷魚所得，亦物之相攝伏也。故李太尉德裕，貶官潮州，經鱷魚灘，損壞舟船，平生寶玩、古書圖畫一時沈失，遂召舶上崑崙取之，但見鱷魚極多，不敢輒近，乃是鱷魚窟宅也。

又　鮎魚，南人云：「魚之欲産子者，須此魚以頭觸其腹而産。」俗呼爲「生母魚」。

又　鮯魚，案：《類篇》云鯩。鯩，小魚。鯩魚蟲連行紆行也。此鮯魚疑當作鯩魚。如白魚而身稍短，尾不偃，清遠江多此魚，蓋不産于海也。廣人得之，多爲膾，不腥而美，諸魚無以過也。

又　鹿子魚，赬其尾，鬛皆有鹿斑，赤黃色。余曾覽《羅州圖》云：州南海中有洲，每春夏，此魚躍出洲，化而爲鹿。曾有人拾得一魚，頭已化鹿，尾猶是魚。南人云：魚化爲鹿，肉腥不堪食。

又　鱠魚，形似鯿魚，案：《字書》云：鯧魚，閩人誤爲魚，鱠殆嶺南俗字。而腦上突起連背而圓，身肉甚厚，肉白如凝脂，止有一脊骨。治之，以薑蔥炰原注：音缶。蒸也。之粳米，其骨自軟。食者無所棄，鄙俚謂之狗瞌睡魚。以其犬在盤下，難伺其骨，故云「狗瞌睡魚」也。

又　溪內有魚，皆脩尾四足，丹其腹，游泳自若，漁人不敢捕之。《爾雅》云：鯢似鮎，四足，聲如小兒。案：此二句非《爾雅》本文，見郭璞《注》。邢昺《疏》云：鯢雌鯨也。今商州山溪內，亦有此魚，謂之魶魚。案：《太平寰宇記》魶作納。攷《博雅》云：鯢，魶也。《類篇》云：魶，鯢也。此作魶爲是。

又 海鰌，即海上最偉者也，其小者，亦千餘尺。吞舟之説，固非謬也。案：原本脱此二句。今據《太平廣記》補入。每歲，廣州常發銅船過安南，貨易路經調黎。原注：地名。海心有山，阻東海濤險而急，亦黄河之西門也。深闊處，或見十餘山，或出或没，篙工曰：「非山島，鰌魚背也。」雙目閃爍，鬐鬣若簸朱旗，日中忽雨霡霂。舟子曰：「此鰌魚噴氣，水散于空，風勢吹來，若雨耳。」近魚即鼓船而譟，倏爾而没。原注：魚畏鼓，物類相伏耳！交趾迴，乃捨舟取雷州，緣岸而歸。不憚苦辛，蓋避海鰌之難也。乃静思曰：「設使老鰌瞋目張喙，我舟若一葉之墜眢井耳！寧得不皓首乎？」

又 海蝦，皮殻嫩紅色，就中腦殻，與前雙脚有鉗者，其色如朱。

又 石矩亦章舉之類。身小而足長，入鹽乾燒食極美。又有小者，兩足如常，曝乾后，似射踏子也。

又 紫貝即砑螺也。案：曾慥《類説》所載作「砑螺謂之紫貝」。與此意同文異。

又 鸚鵡螺，旋尖處屈而朱，如鸚鵡嘴，故以此名。殻上青緑斑文，大者可受三升，殻内光瑩如雲母，裝爲酒杯，奇而可翫。又，紅螺大小亦類鸚鵡螺殻，薄而紅，亦堪爲酒器，刳小螺爲足，綴以膠漆，尤可佳尚。

又 瓦屋子，蓋蚌蛤之類也。南中舊呼爲「蚶子頭」。因盧鈞尚書作鎮，遂改爲瓦屋子，以其殻上有棱如瓦壠，故名焉。殻中有肉，紫色而滿腹，廣人尤重之。多燒以薦酒，俗呼爲「天臠炙」，喫多即壅氣，背膊煩疼，未測其本性也。

又 水蟹螯殻内皆鹹水，自有味。廣人取之，淡煮，吸其鹹汁下酒。

又 黄膏。蟹殻内有膏如黄酥，加以五味和殻博之。食亦有味。赤蟹，殻内黄赤膏，如雞鴨子黄，肉白，以和膏，實其殻中，淋以五味，蒙以細麪，爲蟹饦，珍美可尚。紅蟹殻，殷紅色，巨者可以裝爲酒盃也。虎蟹，殻上有虎斑，可裝爲酒器，與紅蟹皆産瓊岸海邊。

又 蝤蛑，乃蟹之巨而異者。蟹螯上有細毛如苔，身上八足，蝤蛑則螯無毛。後兩小足，薄而闊，俗謂之撥棹子。與蟹有殊，其大如升，南人皆呼爲蟹。

又 蛤蚧，首如蝦蟇，背有細鱗如蠶子。土黄色，身短尾長，多巢于樹中。端州古牆内，有巢于廳署城樓間者，暮則鳴。案：《政和本草》云「多巢于榕樹中」，較此本多一「榕」字。又云「旦暮則鳴」，較此本多一「旦」字。自呼蛤蚧。

又 海鏡，廣人呼爲「膏葉盤」。案：膏葉，《海録碎事》及《説郛》作「膏菜」。兩片合以成形，殻圓，中甚瑩滑，日照如雲母光，内有少肉，如蚌胎，腹中有小蟹子，其小如黄豆而螯足具備。海鏡饑，則蟹出拾食，蟹飽歸腹，海鏡亦飽。余曾市得數箇，驗之，或迫之以火，即蟹子走出，離腸腹立斃。或生剖之，有蟹之活在腹中，逡巡亦斃。

又 蠔，即牡蠣也。其初，生海島邊，如拳石，四面漸長，有高一二丈者，巉巖如山。每一房内，蠔肉一片，隨其所生，前後大小不等。每潮來，諸蠔皆開房，見人即合之。海夷盧亭，往往以斧楔取殻，燒以烈火，蠔即啓房。挑取其肉，貯以小竹筐，赴墟市以易酒。原注：盧亭好酒，以蠔肉换酒也。肉大者，醃爲炙；小者炒食。肉中有滋味，食之即能壅腸胃。

又 竭朴，乃大蟚蜞也。殻有黑斑，雙螯一大一小，常以大螯捉食，小螯分自食。

又 招潮子，亦蟚蜞之屬。殻帶白色，海畔多潮，潮欲來，皆出坎舉螯如望。故俗呼「招潮」也。

又 水母，廣州謂之水母，閩謂之蛇。原注：疑駕切。其形，乃渾然凝結一物，有淡紫色者，有白色者。大如覆帽，小者如碗盌。腹下有物，如懸絮，俗謂之足，而無口眼。案：曾慥《類説》所載作「有口無眼」與此不同。常有數十蝦寄腹下，咂食其涎。浮汎水上，捕者或遇之，即欻然而没，乃是蝦有所見耳。《越絶書》云：海鏡，蟹爲腹，水母即蝦爲目也。南人好食之。云性煖，治河魚之疾。然甚腥，須以草木灰點生油，再三洗之，瑩淨如水晶紫玉，肉厚可二寸，薄處亦寸餘。先煮椒桂，或荳蔻生薑，縷切而煠之，或以五辣肉醋，或以蝦醋如鱠，食之最宜。蝦醋亦物類相攝耳，水母本陰海凝結之物，其理未詳。案：自「南人好食之」以下，原本無之。今據《太平廣記》校增。

又 十二時蟲，則蛇師蜥蜴之類也。土色者，身尾長尺餘，腦上連背有髻鬣，草樹上行極迅速，亦多在人家籬落間。俗傳云：一日隨十二時變色，因名之。

又 南土有金蛇，亦名蝪蛇，又名地鮮，州土出，案：此句上疑有脱誤。黔中桂州亦有。即不及黔南者，其蛇粗如大指，長一尺許，鱗甲上有金銀，解毒之功不下吉利也。

又 蚺蛇，大者五六丈，圍四五尺；以次者，亦不下三四丈，圍亦稱是。身有斑乂，如故錦纈，俚人云：春夏，于山林中等。鹿過則銜之，自尾而吞，惟頭角凝于口中。案：原本脱此十四字。今據《太平廣記》補入。則于樹間閣其首，俟鹿壞頭，角隊地，鹿身方嗾入腹。如此蝮蛇極羸弱，及其鹿消，壯俊悦懌，勇健于未食鹿者。或云一年則食一鹿。

又 蚺蛇膽，普安州有養蛇户，每年五月五日即擔蚺蛇入府，衹候取膽。余曾親見。皆于大籠之中，藉以軟草盤屈其上，兩人舁一條在地上，即以十數拐子從頭翻其身，旋以拐子案之，不得轉側，即于腹上約其尺寸，用利刃決之，肝膽突出。即割下其膽，皆如鴨子大。曝于以備上貢。卻合内肝，以線合其瘡口，即收入籠。或云舁歸放川澤。

兩頭蛇，嶺外多此類。時有如小指大者，長尺餘，腹下鱗紅，皆錦文，一頭有口眼，一頭似蛇而無口眼。云兩頭俱能進退，謬也。昔孫叔敖見之不祥，乃殺而埋之。南人見之爲常，其禍安在哉！

蜈蚣，《南越志》云：大者其皮可以鞔鼓。取其肉曝爲脯，美于牛肉。又云：長數丈能噉牛，里人或遇之，則鳴鼓燃火炬，以驅逐之。

又 扈蜂生于山野，多在橄欖樹上。形如蜩蟬，腹毒而薄，其鳴自呼爲「扈蜂」，但聞其聲，採得者鮮矣。人以善價求之，以爲藥。

又 嶺南蟻類極多，有席袋貯蟻子窠鬻于市者，蟻窠如薄絮囊，皆連帶枝葉，蟻在其中，和窠而賣也。有黄色大于常蟻而脚長者。云：南中柑子樹，無蟻者實多蛀。故人競買之，以養柑子也。

清・李調元輯《全五代詩》卷六二王鼎《鸂鶒》 棲息應難近小池，性靈閑雅衆禽希。

清・李調元輯《全五代詩》卷七八韓偓《蜻蜓》 碧玉眼睛雲母翅，輕於粉蝶瘦於蜂。

宋・樂史《太平寰宇記》卷一一《河南道十一・蔡州》 土産：舊貢：龜甲雙距綾，四窠云花灘鶩綾。今貢：龍鳳蚊幮，澤蘭，茱萸，蝱蟲，水蛭，以上二物各二兩。蓍草，生石斛。

宋・樂史《太平寰宇記》卷一七《河南道十七・漣水軍》 土産：淮白魚，海鯔魚。

宋・樂史《太平寰宇記》卷二〇《河南道二十・登州》 土産：文蛤，牛黄，以上舊貢。水葱，席，今貢。紗布。

宋・樂史《太平寰宇記》卷二〇《河南道二十・登州・文登縣》 海驢島，島上多海驢，常以八九月於此島上乳産，皮毛可長二分，其皮水不能潤，可以禦雨。時有獲者，可貴。

又 海牛島，《郡國志》云：「不夜城北有海牛島，無角，紫色，足似龜。長丈餘，尾若鮎音黏魚，性捷疾，見人則飛赴水，皮堪弓鞬，脂可燃燈。」

宋・樂史《太平寰宇記》卷三二《關西道八・隴州》 土産：龍鬚席，鸚鵡，山丹，雉尾，羊，馬，狨。

宋・樂史《太平寰宇記》卷三六《十關西道十二・靈州》 土産：甘草，青蟲子，鹿支，紅花，鳥翎，雜筋，野馬支，貢。鹿角膠，麝香，代赭，白鵰翎，花蓯蓉，野豬黄。

宋・樂史《太平寰宇記》卷七一《河北道二十・營州》 土産：豹尾，麝香，絹，畜宜牛，馬，羊，豕。

宋・樂史《太平寰宇記》卷七一《河北道二十・燕州》 土産：豹尾，綿貨，栗。《貨殖傳》云：「燕，秦千樹栗。」

宋・樂史《太平寰宇記》卷七三《劍南西道二・永康軍》 土産：舊貢：交梭布。馬鞭，草藥有紫背龍芽，白背龍芽，大鶴仙，小鶴仙。

宋・樂史《太平寰宇記》卷一〇八《江南西道六・虔州・豊縣》 肥潭，闊二丈，深數尺。産肥魚，無骨而味佳。

宋・樂史《太平寰宇記》卷一一三《江南西道十一・嶽州》 土産：白紵布，魚，稻，鱉甲，貢。舶魚，龜甲，鱏魚。

宋・樂史《太平寰宇記》卷一一三《江南西道十一・興國軍》 土産：茶，銅，鐵，銀。

宋・樂史《太平寰宇記》卷一一三《江南西道十一・興國軍・永興縣》 峻山，在州東南四百六十里。《武昌縣記》云：「其山嶮峻，有黄藥，多毒蛇，無人敢取。」

宋・樂史《太平寰宇記》卷一二二《江南西道二十・南州》 土産：象牙，犀角，班布。

宋・樂史《太平寰宇記》卷一二二《江南西道二十・牂州》 土産：熊羆，狐狸之皮，隔織，麝香。

宋・樂史《太平寰宇記》卷一三八《山南西道六・洋州》 土産：熊羆狐狸皮，麝香，隔㦸。

宋・樂史《太平寰宇記》卷一四三《山南東道二・均州》　土産：鹿脯，今貢。羚羊，舊貢。麝香，山雞皮，葳蕤，椒，蠟。

宋・樂史《太平寰宇記》卷一四四《山南東道三・復州》　土産：白紵布，大膝，狼毒，大戟，烏啄，鹿皮。

宋・樂史《太平寰宇記》卷一五〇《隴右道一・成州》　土産：麝香，羚羊角，狨皮。

宋・樂史《太平寰宇記》卷一五一《隴右道二・鄯州》　土産：牸犀，羱羊，駞，馬。

宋・樂史《太平寰宇記》卷一五三《隴右道四・沙州・敦煌縣》　三危山，其山有三峯，故曰三危。俗亦名爲昇雨山。在縣東南二十里。《書》：「竄三苗于三危。」是此山。又云：「導黑水，至于三危，入于南海。」蓋黑水自北而南，經三危，過梁州，入南海。《山海經》云：「三危之山，青鳥居之。」三青鳥，主爲西王母取食者，别自棲息于此山也。又按《段國沙州記》云：「山中鳥鼠同穴者，鳥如家雀而小白，鼠小黄而無尾。凡同穴地皆肥沃，壤盡軟熟如人耕，多生黄花紫草。」

宋・樂史《太平寰宇記》卷一五九《嶺南道三・韶州》　土産：蕉布，竹布，石斛，甲香，水馬，鮫魚皮，髯蛇。蛇多髯故也。

宋・樂史《太平寰宇記》卷一八三《四夷十二・西戎四・滑國》　土俗物産：其獸有獅子，兩腳駝，野驢有角。

宋・樂史《太平寰宇記》卷一八三《四夷十二・西戎四・天竺》　其國出獅子，貂，豹，楎，胡昆切。槖駝，犀，象。

宋・樂史《太平寰宇記》卷一九二《四夷二十一・北狄四・南匈奴》　土俗物産：羊，馬，槖駝，氈毯，毹褐，酥酪。

宋・樂史《太平寰宇記》卷一九三《四夷二十二・北狄五・鮮卑》　其獸異于中國者，有野馬，原羊，角端牛，以角爲弓，世謂角端弓者也。郭璞注《爾雅》曰：「原羊似吴羊而角大，出西方。」《漢書音義》曰：「角端似牛，角可爲弓。」又有貂、豽、鼲子，皮毛柔軟。豽，音女滑切。鼲，音胡昆切。貂、鼲並鼠屬。豽，猴屬也。故天下以爲名裘。

宋・樂史《太平寰宇記・闕卷逸文》卷一一九《江南西道十七・辰州・沅陵縣》　芋山，在沅陵，山有蹲鴟，如兩斛大，食之終身不饑，今民取之。《紀勝》卷七五。《勝覽》卷三一二十。《拾遺》卷七。

宋・朱弁《曲洧舊聞》卷三　溱洧之源出馬嶺，今在河南府永安界，號玉仙山，歷城東南爲溱洧。其水清，有魚數種。土人不善施網罟，冬積柴水中，爲罧音滲以取之。以擣澤蓼，雜煮大麥，撒深潭中，魚食之輒死，浮水上，可俯掇，久之復活，謂之醉魚云。

宋・梅堯臣《宛陵集》卷一《傷白雞》　我庭有素雞，翎羽白如脂；日所慮狂犬，未嘗憂孽貍。

宋・梅堯臣《宛陵集》卷五《范饒州坐中客語食河豚魚》　春洲生荻芽，春岸飛楊花。河豚當是時，貴不數魚蝦。其狀已可怪，其毒亦莫加。忿腹若封豕，怒目猶吴蛙。庖煎苟失所，入喉爲鏌鋣。若此喪軀體，何須資齒牙。持問南方人，黨護復矜誇。皆言美無度，誰謂死如麻。

宋・梅堯臣《宛陵集》卷一七《賣鹿角魚》　水中龍，角而足，海小魚，角矗矗。不擬龍，譬彼蝸，抗爾犢。

宋・蘇舜欽《蘇學士集》卷一《獵狐篇》　老狐宅城隅，涵養體豐大。不知窟穴處，草木但掩藹。秋食承露禾，夏飲灌園派。暮夜出旁舍，雞畜遭横害。晚登埤堄鳴，呼吸召百怪。或爲嬰兒啼，或變豔婦態。

宋・蘇舜欽《蘇學士集》卷六《夏中》　池中緣滿魚留子，庭下陰多燕引雛。

宋・吴處厚《青箱雜記》卷八　海有魚虬，尾似鴟，用以噴浪則降雨。

宋・曾鞏《曾鞏集》卷一《一鶚》　北風萬里開蓬蒿，山水洶洶鳴波濤。嘗聞一鶚今始見，眼駕骨緊精神豪。

宋・曾鞏《曾鞏集》卷四《鴻雁》　江南岸邊江水平，水荇青青渚蒲緑。鴻雁此時儔侣多，亂下沙汀恣棲宿。

宋・沈括《夢溪筆談》卷三《辯證一》　《莊子》云：「程生馬」。嘗觀《文字注》：「秦人謂豹曰程」。予至延州，人至今謂虎豹爲程，蓋言蟲也。方言如此，抑亦舊俗也。

又　《莊子》言：「野馬也，塵埃也」，乃是兩物。古人即謂野馬爲塵埃，如吴融云：「動梁間之野馬」；又韓(渥)〔偓〕云：「窗裏日光飛野馬」，皆以塵爲野馬，恐不然也，野馬乃田野間浮氣耳，遠望如羣(羊)〔馬〕，又如水波，佛書謂「如熱時野馬陽焰」，即此物也。

宋・沈括《夢溪筆談》卷七《象數一》　四方取象：蒼龍、白虎、朱雀、(龜)〔騰〕蛇。唯朱雀莫知何物，但謂鳥而朱者。羽族赤而翔上，集必附木，此火之象也。或謂之「長離」，蓋云離方之長耳。或云：鳥即鳳也，故謂之鳳鳥。少昊以鳳鳥至，乃以鳥紀官。則所謂丹鳥氏，即鳳也。又旗旐之飾皆二物，南方曰「鳥隼」。則鳥、隼蓋兩物也。然古人取象，不必大物也。天文家朱鳥乃取象於鶉，故南方朱鳥七宿曰鶉首、鶉火、鶉尾是也。鶉有兩種，有丹鶉，有白鶉，此丹鶉也，色赤黄而文。鋭上秃下，夏出秋藏，飛必附草，皆火類也。或有魚所化者。魚，鱗蟲龍類，火之所自生也。天文東方蒼龍七宿，有角、亢、有尾。南方朱鳥七宿，有喙、有嗉，有翼而無尾。此其取於鶉歟？

宋・沈括《夢溪筆談》卷一〇《人事二》 林逋隱居杭州孤山，常畜兩鶴，縱之則飛入雲霄，盤旋久之，復如籠中。

宋・沈括《夢溪筆談》卷一三《權智》 《莊子》曰：「畜虎者不與全物、生物。」此爲誠言。嘗有人調山鷓使之鬭，莫可與敵。人有得其術者，每食則以山鷓皮裹肉哺之，久之，望見(其)〔真〕鷓，則欲搏而食之。此以所養移其性也。

宋・沈括《夢溪筆談》卷一七《書畫》 鯉魚當脇一行三十六鱗，鱗有黑文如十字，故謂之鯉。文從魚、里者，三百六十也。然井田法則以三百步爲一里，恐四代之法，容有不相襲者。

宋・沈括《夢溪筆談》卷二〇《神奇》 彭蠡小龍，顯異至多，人人能道之，一事最著。熙寧中，王師南征，有軍仗數十船，泛江而南。自離真州，即有一小蛇登船，船師識之，曰：「此彭蠡小龍也，當時來護(君)〔軍〕仗耳。」主典者以潔器薦之，蛇伏其(中)，船乘便風，日棹數百里，未嘗有波濤之恐。不日至洞庭，蛇乃附一商人船回南康。世傳其封域止於洞庭，未嘗踰洞庭而南也。有司以聞，詔封神爲順濟王，遣禮官林希致詔。子中至祠下焚香畢，空中忽有一蛇墜祝肩上。祝曰：「龍君至矣。」其重一臂不能勝。徐下至几案間，首如龜，不類蛇首也。子中致詔意曰：「使人至此，齋三日然後致祭。王受天子命，不可不齋戒。」蛇受命，徑入銀香奩中，蟠三日不動。祭之日，既酌酒，蛇乃自奩中引首吸之。俄出，循案行，色如溼胭脂，爛然有光。穿一翦彩花過，其尾尚赤，其前已變爲黄矣，正如雌黄色。又過一花，復變爲緑，如嫩草之色。少頃，行上屋梁，乘紙旛腳以行，輕若鴻毛。倏忽入帳中，遂不見。明日，子中還，蛇在船後送之，踰彭蠡而回。此龍常遊舟楫間，與常蛇無辨，但蛇行必蜿蜒，而此乃直行，江人常以此辨之。

又 天聖中，近輔獻龍卵，云得自大河中。詔遣中人送潤州金山寺。是歲大水，近山廬舍，爲水所漂者數十間，人皆以爲龍卵所致。至今匱藏，予屢見之，形類色理，都如雞卵，大若五(門)〔升〕囊，舉之至輕，唯空殼耳。

宋・沈括《夢溪筆談》卷二一《異事》 至和中，交趾獻麟，如牛而大，通身皆大鱗，首有一角。考之記傳，與麟不類，當時有謂之山犀者，然犀不曾有鱗，莫知其的。(回)〔詔〕欲謂之麟，則慮夷獠見欺；不謂之麟，(則)未有以質之，止謂之異獸，最爲慎重有體。今以予觀之，殆天禄也。按《漢書》「靈帝中平三年，鑄天禄蝦蟆於平(津)門外」注云：「天禄，獸名。」今鄧州南陽縣北宗資碑旁兩獸，鐫其膊，一曰天禄，一曰辟邪。」元豐中，予過鄧境，聞此石獸尚在，使人墨其所刻天禄、辟邪字觀之，似篆似隸。其獸有角鬣，大鱗如手掌。南豐曾阜爲南陽令，題宗資碑陰云：「獻膊之所刻獨在，製作精巧，高七八尺，尾鬣皆鱗甲，莫知何象而名此也。」今詳其形，甚類交趾所獻異獸，知其必天禄也。

又 《嶺表異物志》記鱷魚甚詳。予少時到閩中，時王舉直知潮州，釣得一鱷，其大如船，畫以爲圖，而自序其下。大體其形如鼉，但喙長等其身，牙如鋸齒。有黄、蒼二色，或時有白者。尾有三鉤，極銛利，遇鹿豕即以尾戟之以食。生卵甚多，或爲魚，或爲鼉、黿，其爲鱷者不過一二。土人設鉤於大豕之身，筏而流之水中，鱷尾而食之，則爲所斃。

又 嘉祐中，海州漁人獲一物，魚身而首如虎，亦作虎文；有兩短足，在肩；指爪皆虎也；長八九尺。視人輒淚下。异至郡中，數日方死。(有)父老云：「昔年曾見之，謂之海蠻師。」然書傳小説未嘗載。疑此物即虎頭鯊也，能變虎。

宋・沈括《夢溪筆談》卷二二《謬誤》 海物有車渠，蛤屬也，大者如箕，背有渠壟，如蚶殼，(故)〔攻〕以爲器，致如白玉，生南海。《尚書大傳》曰：「文王囚於羑里，散宜生得大貝，如車渠，以獻紂。」鄭康成乃節之曰：「渠，車罔也。」蓋康成不識車渠，謬解之耳。

宋・沈括《夢溪筆談》卷二三《譏謔》 信安、滄、景之間，多蚊虻。夏月，牛馬皆以泥塗之，不爾，多爲蚊虻所斃。郊行不敢乘馬，馬爲蚊虻所毒，則狂逸不可制。行人以獨輪小車，馬鞍蒙之以乘，謂之木馬。挽車者皆衣韋袴。冬月作小坐牀，冰上拽之，謂之凌牀。予嘗按察河朔，見挽牀者相屬，問其所用，曰：此運使凌牀，此提刑凌牀也。聞者莫不掩口。

又 吴人多謂梅子爲曹公，以其嘗望梅止渴也。又謂鵝爲右軍，以其養鵝也。有一士人遣人醋梅與燖鵝，作書云：「醋浸曹公一甏，湯燖右軍兩隻，聊備一饌。」

宋・沈括《夢溪筆談》卷二四《雜誌一》 契丹北境有跳兔，形皆兔也，但前足纔寸許，後足幾一尺。行則用後足跳，一躍數尺，止則蹶然仆地。生於契丹慶州之地大漠中。予使虜日，捕得數兔持歸。蓋《爾雅》所謂蟨兔也，亦曰蛩蛩巨驉也。

又 蟭蟟之小而緑色者，北人謂之螓，即《詩》所謂「螓首蛾眉」者也，取其頂深且方也。又閩人謂大蠅爲胡螓，亦螓之類也。

又 北方有白雁，似雁而小，色白，秋深則來。白雁至霜降，河北人謂之霜信。杜甫詩云：「故國霜前白雁來」，即此也。

又 予奉使河北，遵太行而北，山崖之間，往往銜螺蚌殼及石子如鳥卵者，横亙石壁如帶。此乃昔之海濱，今東距海已近千里。所謂大陸者，皆濁泥所湮耳。堯殛鯀於羽山，舊説在東海中，今乃在平陸。凡大河、漳水、滹沲、涿水、桑幹之類，悉是濁流。今關、(陝)〔陜〕以西，水行地中，不減百餘尺，其泥歲東流，皆爲大陸之土，此理必然。

又 元豐中，慶州界生子方蟲，方爲秋田之害，忽有一蟲生，如土中狗蠍，其喙有鉗，千萬蔽地，遇子方蟲，則以鉗搏之，悉爲兩段。旬日，子方皆盡，歲以大穰。其蟲舊曾有之，土人謂之傍不肯。

又 養鷹鸇者，其類相語，謂之味漱。味音以麥反。三館書有《味漱》三卷，皆養鷹鸇法度，(及)〔具〕醫療之術。

又 處士劉易，隱居王屋山，嘗於齋中見一大蜂，罥於蛛網，蛛搏之，爲蜂所螫墜地，俄頃，蛛鼓腹欲裂，徐行入草，蛛嚙芋梗微破，以瘡就嚙處磨之，良久腹漸消，輕躁如故。自後人有尾蜂螫者，挼芋梗傅之則愈。

又 宋明帝好食蜜漬鱁鮧，一食數升。鱁鮧乃今之烏鰂腸也，如何以蜜漬食之？大業中，吴郡貢蜜蟹二千頭、蜜擁劍四瓮。又何(嗣)〔胤〕嗜糖蟹。大抵南人嗜鹹，北人嗜甘。魚蟹加糖蜜，蓋便於北俗也。如今之北方人，喜用麻油煎物，不問何物，皆用油煎。慶曆中，羣學士會於玉堂，使人置得生蛤蜊一簣，令饔人烹之。久且不止，客訝之，使人檢視，則曰：「煎之已焦黑，而尚未爛。」坐客莫不大笑。予嘗過親家，設饌，有油煎法魚，鱗鬣虯然，無下(筯)〔筋〕處。主人則捧而横嚙，終不能咀嚼而罷。

宋・沈括《夢溪筆談》卷二五《雜誌二》 宜州寧國縣多枳首蛇，其長盈尺，黑鱗白章，兩首文彩同，但一首逆鱗耳。人家庭檻間，動有數十同穴，略如蚯蚓。

又 太子中允關杞曾提舉廣南西路常平倉，行部邕管，一吏人爲蟲所毒，舉身潰爛。有一醫言能治，呼使視之，曰：「此爲天蛇所螫。病已深，不可爲也。」乃以藥傅其創，有腫起處，以鉗拔之，有物如蛇。凡取十餘條，而疾不起。又予家祖塋在錢塘西溪，嘗有一田家，忽病癩，通身潰爛，號呼欲絶。西溪寺僧識之，曰：「此天蛇毒耳，非癩也。」取木皮煮〔汁〕，飲一斗許，令其恣飲，初日疾減半，兩三日頓愈。驗其木，乃今之秦皮也。然不知天蛇何物。或云：草間黄花蜘蛛是也。人遭其螫，仍爲露水所濡，乃成此疾。露涉者亦當戒之。

又 刁約使契丹，戲爲四句詩曰：「押燕移離畢，看房賀跋支。餞行三匹裂，密賜十貔貍。」皆紀實也。貔貍，形如鼠而大，穴居，食果殼，嗜肉，狄人爲珍膳，味如㹠子而脆。

又 關中無螃蟹。元豐中，予在陝西，聞秦州人家收得一乾蟹，土人怖其形狀，以爲怪物，每人家有病瘧者，則借去掛門户上，往往遂差。不但人不識，鬼亦不識也。

宋・沈括《夢溪筆談》卷二六《藥議》 按《月令》：「冬至麋角解，夏至鹿角解。」陰陽相反如此。今人用麋、鹿茸作一種，殆疏也。又有刺麋、鹿血以代茸，云茸一血耳，此大誤也。竊詳古人之意，凡含血之物，肉差易長，其次筋難長，最後骨難長。古人自胚胎至成人，二十年骨髓方堅。唯麋角自生至堅，無兩月之久，大者乃重二十餘斤，其堅如石。計一晝夜須生數兩，凡骨之頓成(生)長，神速無甚於此，雖草木至易生者亦無能及之。此骨(血)之至強者，所以能補骨血，堅陽道，強精髓也。〔頭者諸陽之會，衆陽之聚，上鐘於角〕，豈可凡血爲比哉？麋茸利補陽，鹿茸利補陰。凡用茸，無藥太嫩。世謂之「茄子茸」，但珍其難得耳，其實少力。堅者又太老。唯長數寸，破之肌如朽木，茸端如瑪瑙、紅玉者，最善。又北方戎狄中有麋、麖、麈、駝，麈極大而色蒼，(麃)〔尻〕黄而無(班)〔斑〕，亦鹿之類。角大而有文瑩如玉其茸亦可用。〔角大而有文，堅瑩如玉，其茸亦可用。〕

又 枸杞，(陝)〔陜〕西極邊生者，高丈餘，大可作柱，葉長數寸，無刺，根皮如厚朴，甘美異於他處者。《千金翼》云：「甘州者爲真，葉厚大者是。」大體出河西諸郡，其次江池間〔圩〕埂上者。實圓如櫻桃，全少核，暴幹如餅，極膏潤有味。

又 按：文蛤即吴人所食花蛤也，魁蛤即車螯也，海蛤今不識。其生時但海岸泥沙中得之，大者如棋子，細者如油麻粒。黄白或赤相雜，蓋非一類。乃諸蛤之房，爲海水礱礪光瑩，都非舊質。蛤之屬其類至多，房之堅久瑩潔者，皆可用，不適指一物，故通謂之海蛤耳。

宋・沈括《夢溪筆談・補筆談》卷三《藥議》 孫思邈《千金方》人參湯，言須用流水煮，用止水則不驗。人多疑流水、〔止水〕無異。予嘗見丞相荆公喜放生，每日久市買活魚，縱之江中，莫不洋然；唯鰌魻入江中死。乃知鰌魻但可居止水，則流水與止水果不同，不可不知。又〔鯽〕魚生流水中，則背鱗白而味美；生止水中則背鱗黑而味惡，此亦一驗。《詩》所謂「豈其食魚，必河之魴？」蓋流水之魚，品流自異。

又 吳人嗜河豚魚，有遇毒者，往往殺人，可爲深戒。據《本草》：「河豚味甘温，無毒，補虛，取溼氣，理腰腳。」因《本草》有此説，人遂信以爲無毒，食之不疑，此甚誤也。《本草》所載河豚，乃今之鯸魚，亦謂之鮠五回反。魚，非人所嗜者，江、浙間謂之回魚者是也。吳人食河豚有毒，本名侯夷魚。《本草注》引《日華子》云：「河豚有毒，以蘆根及橄欖等解之。肝有大毒。又爲鯸魚、吹肚魚。」此乃是侯夷魚，或曰胡夷魚，非《本草》所載河豚也，引以爲注，大誤矣。《日華子》稱：「又名鯸魚」，此卻非也，蓋差互解之耳。規魚浙東人所呼。又有生海中者，腹上有刺，名海規。吹肚魚南人通言之，以其腹脹如吹也。南人捕河豚法，截流爲棚，待羣魚大下之時，小拔取棚，使隨流而下，日莫猥至，自相排蹙，或觸棚，則怒而腹鼓，腹語水上，漁人乃接取之。

宋・沈括《夢溪筆談・續筆談十一篇》 杜甫詩有「家家養烏鬼，頓頓食黃魚」之句，近世注杜甫詩，引《夔州圖經》稱：「峽中人謂鸕鷀爲烏鬼。」蜀人鄰水居者，皆養鸕鷀，繫繩其頸，使之捕魚，得到則倒提出之，至今如此。又嘗有近侍使過夔、〔陝〕〔峽〕，見居人相率十百爲曹，設牲酒於田間，衆操兵仗，羣噪而祭，謂之養鬼。言烏蠻戰殤，多與人爲厲，每歲以此禳之。又疑此所謂養烏鬼者。

又 王元之知黃州日，有兩虎入郡城夜鬭，一虎死，食其半。

宋・秦觀《淮海集》卷一《歎二鶴賦》 廣陵郡宅之圃，有二鶴焉，昂然如人，處乎幽閑。翅翮摧傷，弗能飛翻。雖雌雄之相從，常悒悒其鮮懽。時引吭而哀唳，若對客而永歎。

宋・秦觀《淮海集》卷六《寄蓴薑法魚糟蟹》 鮮鯽經年漬醽醁，團臍紫蟹脂填腹。後春蓴茁滑於酥，先社薑芽肥勝肉。

宋・秦觀《淮海集》卷一〇《春日五首》其三 翠碧黃鸝相續去，荇絲深處見遊魚。

宋・秦觀《淮海集》卷三八《遊湯泉記》 或曰：洞有小蛇，青色而赤章，旱歲禱雨多應云。

宋・張耒《張耒集》卷四《鵯鵊詞》 樹頭玄衣郎，神爽聲復清。

宋・張耒《張耒集》卷四《寒鴉詞》 寒鴉來時九月天，黃粱蕭蕭人刈田。

宋・張耒《張耒集》卷五《逐蛇》 福昌官居，北負山爲堂。有大蛇穴堂北，時下飲堂南水中。人皆以爲神，見者不敢逐，或禱祠焉。

宋・張耒《張耒集》卷一一《食蟹》 世言蟹毒甚，過食風乃乘。風淫爲末疾，能敗股與肱。我讀《本草》書，美惡未有憑。筋絶不可理，蟹續牢如緪。骨萎用蟹補，可使無騫崩。

宋・張耒《張耒集》卷一六《聞紅鶴有感》 東風吹曉麥青青，柯山樹頭紅鶴鳴。

宋・張耒《張耒集》卷二〇《雙鳧》 雙鳧元自白，況乃小池清。

宋・張耒《張耒集》卷二三《雁》 知時避就物之難，千里蕭蕭振羽翰。水國稻收朝食乏，海天霜重夜飛寒。烟雲秋去南山暖，風日春歸朔野寬。九萬騰陵那可測，弋人矰繳漫多端。

宋・何薳《春渚紀聞》卷三《啗蛇出虱身輕》 滄州泥姑寨。【略】每春初啟蟄時，塘路羣蛇横道。

宋・何薳《春渚紀聞》卷七《杜牧之詩》 【略】有大蛇枕道，其首如甕，兩目煒然可畏也。《十洲記》載，鳳麟洲上多麟鳳，人取鳳咮及麟角合煎爲膠，號集賢膠，又名連金泥。

宋・何薳《春渚紀聞》卷七《兔有雌雄》 東坡先生云：中秋月明，則是秋必多兔。野人或言兔無雄者，望月而孕。信斯言，則《木蘭詩》云：「雌兔眼迷離，雄兔腳撲握」，何也？先生《徑山詩》有「煖足惟撲握」，若雄兔在月，則徑山正公又非得而煖足也。

宋・何薳《春渚紀聞》卷九《躍魚見木石中》 陳臯【略】用以貯水注硯，因閒硯之中有一鯽，長寸許，游泳可爱。意爲偶汲池水得之，不以爲異也。

宋・葉夢德《避暑録話》卷下 浙東溪水峻急，多灘石，魚隨水觸石皆死，故有溪無魚，土人率以陂塘養魚，乘春魚初生時取種于江外，長不過半寸，以木桶置水中，細切草爲食，如食蠶，謂之魚苗，一夫可致數千枚，投于陂塘，不三年長可盈尺。但水不廣，魚勞而瘠，不能如江湖間美也。《大業雜記》載吳郡送太湖白魚種子，置苑内海中水邊，十餘日即生。其法取魚産子着菰蔣上者，刈之曝乾，亦此之類。但不知既曝乾，安得復生？必别有術。今吴中此法不傳，而太湖白魚實冠天下也。

宋·洪皓《松漠紀聞》卷一　女真率來獻方物，若貂鼠之屬。

宋·洪皓《松漠紀聞》卷二　關西羊，出同州、沙苑，大角虬上盘至耳。最佳者，爲卧沙細肋北羊。皆長面，多髯，有角者百無二三，大僅如指長，不過四寸。皆目爲白羊，其實亦多渾黑。亦有肋細如箸者，味極珍。性畏怯，不抵觸，不越溝塹。善牧者，每群必置羖䍽羊數头，羖䍽音古力，北人訛呼「羖」爲「骨」。仗其勇狠，行必居前，遇水则先涉，群羊皆随其后，以羖䍽发風，故不食。生達靼者大如驴，尾巨而厚。类扇，自脊至尾或重五斤，皆膋脂，以爲假熊白，食饼饵。

又　渤海螃蟹，紅色，大如碗。螯巨而厚，其跪如中國蟹螯。石舉、鮀魚之屬皆有之。

又　犀有三種：重透，外黑，有一暈，白中又黑，世艰得之；正透，又曰通犀；倒透，亦曰花犀或班犀，有游魚形。諸犀中，水犀最貴。

清·高士奇《扈從東巡日録》卷上　大小沮水出兩山間，與滦河合流，渔人网罟時時集此取滦鲫。徑尺鲜鳞，一方珍味，京師争购，以入食单。

清·高士奇《扈從東巡日録》卷下　我太祖高皇帝攻取烏喇，地爲我有。【略】江有鱏魚，禽有鹰鹞、海東青之类，兽有麋鹿、熊、豕、青鼠、貂鼠之类，颇称饶裕。

又　珠蚌生支江山溪中，人于五六月間入水采老蚌，剖取最大者充貢。其色微青，不甚光瑩，亦不常有。但清水急流處色白，浊水及不流處色暗。亦往往有得細珠者，不敢私取，仍投水中。然總不及南海之珠珍而且多。

又　貂鼠喜食松子，在深山松林中，一名松狗。有黄、黑二種，紫黑色者，蔚而不耀，尤爲難得。其窟或土穴，或樹孔。

清·高士奇《扈從東巡附録》　你玛哈蘇姑厄图枯。魚皮衣也。海滨有魚，名打不害，肉疏而皮厚，長數尺，每春漲，溯烏龍江而上入山溪間。烏稽人取其肉爲脯，裁其皮以衣，無冬夏，袭焉。日光映之，五色若文锦。

又　哈食馬。拉姑，水族也。似虾有螯，似蟹無甲，長寸許，産溪間。土人謂天厨之珍，岁荐陵寝必需焉。

清·林壽圖《啓東録》卷四　沃沮即窝集【略】。有熊及野豕，貂鼠，黑、白、灰鼠等物，皆资松子、橡實以爲食。

宋·方勺《泊宅編》卷六　烏青墩鎮在湖、秀二郡之間，有烏將軍廟，前一池，鼋居其中，孳息日繁，窟穴漸深。其大者如甕盎，每春夜遺卵岸草，鎮人竟取鹽之。以爲包苴之物。

宋·方勺《泊宅編》卷七　山間小青蛙，一名青鳧，飛走竹樹上，如履平地，與葉色無别，每鳴則雨作。又一種，褐色而澤居，名旱渴，晴則鳴，鄉人以此卜之。

又　《方言》曰：齊、宋之間，凡物盛多謂之寇。注云：今江東有小鳧，其多無數，俗謂寇鳧。

又　鶻、隼皆鷙鳥也，而有義焉。鶻冬取小禽燠爪掌，旦則縱之，視其所適之方，則是日不于其方擊搏。

宋·陸游《老學庵筆記》卷六　《嘉祐雜志》云：「峨眉雪蛆治内熱。」予至蜀，乃知此物實出茂州雪山。雪山四時常有積雪，彌遍嶺谷，蛆生其中。取雪時并蛆取之，能蠕動。久之雪消，蛆亦消盡。

宋·陸游《入蜀記》卷一　六月四日　池中黿無數，聞人聲，皆集，駢首仰視，兒曹驚之不去。

宋·陸游《入蜀記》卷三　七月二十日　江中江豚十數出没，色或黑或黄，俄又有物長數尺，色正赤，類大蜈蚣，奮首逆水而上，激水高二三尺，殊可畏也。

又　七月二十三日　泊梅根港，巨魚十數，色蒼白，大如黄犢，出没水中，每出，水輒激起，沸白成浪，真壯觀也！

又　七月二十五日　僧言貴池去城八十里，在秀山下，江之一支，别匯爲池，四隅皆因山石爲岸，産鯉魚，金鱗朱尾，味極美，本以此得貴池之目。

又　七月二十八日　早間同行一舟，亦蜀舟也，忽有大魚正緑，腹下赤如丹，躍起柂旁，高二尺許，人皆異之。

宋·陸游《入蜀記》卷五　八月三十日　洑中有聚落，如小縣。出鱘魚，居民率以賣鮓爲業。

又　九月十六日　過白湖，渺然無津，抛江至升子鋪。有天鵝數百，翔泳水際。

宋·范成大《吴郡志》卷二《風俗》　魚具，吴中水國，夫〔矢〕魚之具尤多。

宋·范成大《吴郡志》卷二九《土物上》　緑頭鴨，水禽，村人皆養之。養者名家鴨，野牛者名野鴨。野鴨多緑頭。世傳陸龜蒙居笠澤，有内養使杭州，舟出舍下。龜蒙家童以小舟驅群鴨出，内養彈其一，折頸。龜蒙遽從舍出，大呼云：「此緑鴨有異，善人言，適將獻狀本州，貢天子。今持此死鴨，以詣官自言耳。」内養甚驚，厚祈之，龜蒙笑而止。因徐問龜蒙曰：「此鴨何言？」曰：「常自呼其名。」

又 鶴媒，吴人射鳥，養一馴鶴。使行前，而以草木葉爲盾以自翳，挾弩矢以伺之。群鳥見鶴，以爲同類，無猜，遂爲矢所中。陸龜蒙有《鶴媒歌》以譏同類相陷者。

又 鵁鶄，水禽。陸龜蒙嘗得之於震澤，黑襟，青脛，丹爪嘴，色幾及項。龜蒙哀其野逸，而囚録籠檻。

又 炙魚，吴公子光將殺王僚，與專諸謀之。專諸曰：「王好何味？」光曰：「好嗜魚之炙也。」專諸乃去，從太湖學炙魚，三月得其味。光饗王僚，王僚被棠鐵之甲三重。專諸置魚腸炙魚中以進，擘炙魚，推匕首，刺王僚，貫甲達背焉。《吴越春秋》。

又 魚鱠，吴王聞三師將至，治魚爲鱠，將到之日，過時不至，魚臭。須臾，子胥至，闔閭出鱠而食，不知其臭，復重爲之。吴人作鱠，自闔閭始也。《吴越春秋》。

又 鱠殘魚。吴王孫權江行食鱠，有餘，因棄之中流，化而爲魚。今有魚，猶名吴餘鱠者，長數寸，大如筯，尚類鱠形。案：此即今之鱠殘魚。《博物志》。

又 鱸魚，生松江，尤宜鱠。潔白鬆軟，又不腥，在諸魚之上。江與太湖相接，湖中亦有鱸。俗傳江魚四鰓，湖魚止三鰓，味輒不及。秋初魚出，吴中好事者競買之，或有遊松江就鱠之者。後漢左慈，嘗在曹操坐。操曰：「今日高會，珍羞略備，所少吴江〔松〕鱸魚耳。」慈曰：「此可得也。」因求銅盤貯水，以竹竿餌鉤於盤中。須臾，引一鱸魚出。操曰：「一魚不周坐席，可更得乎？」慈乃更餌沉之須臾，復引出。皆長三尺餘，生鮮可愛。操使鱠之，周浹會者。鱸鱠爲世所珍，久矣。晉張翰字季膺〔鷹〕，爲大司馬東曹掾。因秋風起，思鱸魚鱠、菰菜羹，遂罷官歸。《金谷園記》謂：鱸魚，常以仲秋從海入江。菰菜，南越人以箭筍和爲羹，甚珍。魚白如玉，菜黄如金，隋人已呼爲金羹玉鱠。大業中，吴郡嘗獻鱸鱠、絲鱠，事具《鮸魚》條。

又 白魚，出太湖者爲勝。舊説此魚於湖側淺水菰蒲之上産子。民得采之，隨時貢入洛陽。吴人以芒種日謂之入梅，梅後十五日謂之入時。白魚於是盛出，謂之時裹白。

又 石首魚。《吴地記》：吴郡魚城下，水中有石首魚。至秋化爲鳧，鳧頂中有石。《吴録》又云：婁縣有石首魚，至秋化爲鳧，鳧頭中猶有石。今惟海中，其味絶珍，大略如巨蟹之螯，爲江海魚中之冠。夏初則至，吴人甚珍之。以楝花時爲候。諺曰：「楝子花開石首來，筍中被絮舞三臺。」言典賣冬具以買魚也。此時已微熱，魚多肉敗氣臭。吴人既習慣，嗜之無所簡擇，故又有忍臭吃石首之譏。二十年來，沿海大家始藏冰，悉以冰養，魚遂不敗。然與自鮮好者，味終不及。以有冰故，遂販至江東金陵以西，此亦古之所未聞也。海上，八月間又有一種石首。此時天涼，不假冰養而自鮮美，謂之回潮石首。

又 河豚魚，世傳以爲有毒能殺人，魚無頰無鱗，與目能開闔，及作聲者有毒。而河豚備此四五者，故人畏之。此魚自有二種，色淡黑有文點謂之斑子，尤毒。然人甚貴之。吴人春初會客，有此魚則爲盛會。晨朝烹之，羹成候客至，率再温之以進，云尤美。或云其子不可食，其子大如一粟，浸之經宿則如彈圓。又云：中其毒者，水調炒槐花末及龍腦水、至寶丹皆可解。橄欖子亦解魚毒，故羹中多用之。反烏頭、附子、荆芥諸風藥，服此等藥而食河豚，及食河豚而後即服藥，皆致死。蘇文定公轍嘗記吴人丁驚因食河豚而死，以爲世戒。《明道雜誌》。

又 針口魚，口有細骨半寸許，其形如針。春時，群集於松江長橋之下。土人撈取以爲乾，餉遠，味甚腴。

又 熙寧七年，太和宫得大龜，徑二尺，其尾五介，甲甚堅。人云：計數百歲。

又 蟹，江湖海浦皆有之。《松陵倡和》有《海蟹》詩。然能發風生疾，故皮日休詩云：「病中無用雙螯處」，陸龜蒙詩云：「藥盃應阻蟹螯香」，蓋吴人所嗜也。相傳稻之登也，率執一穗以朝其魁，然後從其所之。早夜觱沸，指江而奔。漁者緯蕭承其流而障之，曰蟹斷〔籪〕。而求之。其得遁者奔紛越軼，以入于江，則形質浸大矣，漁者又斷〔籪〕而求之。其得遁者遂入於海，形質益大，海人亦異其稱謂矣。《笠澤叢書》。

宋·范成大《吴郡志》卷三〇《土物下》 彭蜞，吴人呼爲彭越，蓋語訛也。足上無毛，堪食。吴越間多以鹽藏貨於市。《嶺表録異》。

又 白魚種子。隋大業六年，吴郡貢入洛京，敕付西苑内海中。以萬〔草〕把別遷，著水十數日，即生小魚。取魚子法：候夏至前三五日，日暮，時白魚長四五尺者，羣集湖畔淺水中有菰蔣處，産子著菰蔣上，三更産竟，散去。漁人刈取草之有魚子著上者，曝幹爲把。故洛苑有白魚。《大業雜記》。

又 鮸魚，出海中。鱗細紫色，無細骨，不腥。隋大業六年，吳郡獻鮸魚乾膾十四瓶。浸一瓶，可得徑尺盤十所。又獻其作乾膾法：五六月，海中取此魚，縷切曬乾，盛以瓷瓶，密封泥。欲食開取，以新布裹大盆，盛井底。浸久，出布瀝卻水，則敷然散著盤上。帝以示羣臣曰：昔術人介象於殿庭，釣得海魚，此幻化耳。今日之膾，乃是東海真魚，亦一時奇味。又獻鱸魚乾膾六瓶，作膾法如鮸魚。《大業雜記》。

又 鮸魚含肚。隋大業六年，亦吳郡獻之，多至千頭。六七月，取魚長二尺珍者，□□皮光徹如黄油，□鹹有味，賢於石首。含肚，時有口味。使大都督會稽人杜濟者，作此等食法，以獻煬帝。《大業雜記》。

又 海蝦子，大業六年，吳郡獻四十挺。挺一尺，闊二寸，厚寸許。先取海中白蝦子，以小布袋盛末鹽封之。日曬，夜則平板壓，乾則破袋出之。包如赤琉璃，美勝鱝子。其説又云：白蝦一石，僅約五升。暴殄之酷，無烈於此。今鱝子猶存，而蝦子則人不忍作矣。《大業雜記》。

又 鯉腴鮓，出太湖。隋大業十二年，吳郡獻之。純以鯉腴爲之，一瓶用魚四五百頭，味過鱣鮪。《大業雜記》。

又 蜜蟹、擁劍，皆大業六年吳郡所獻。蜜蟹，糖蟹之類。擁劍，即《吳都賦》所謂烏賊擁劍者。自白魚子而下至蜜蟹等，皆煬帝窮侈縱欲之時，吳郡以爲貢。多殺物命以共口腹，旋致喪亡之禍，《續圖經》言之切矣。此等物，今不復製作。但其事登載未詳，故重録之，並以爲世戒。

宋・范成大《吳郡志》卷四四《奇事》 咸平元年夏四月，昆山縣有漁婦李氏，張罾河上。得一白龜如錢大，其色玉瑩，朱眸電〔雪〕尾，宫畫粲然。婦愛之，因授兒爲戲。又恐爲所傷，放於河。頃之，龜復在網，如是者三。婦雖怪之，然復棄去。中夜，岸有火熒熒，往觀之，白龜在焉。因取以歸。近村王道榮留龜置神像前，翌日失之。道榮私念，此或靈物。若虔禱，當復見，則必獻於官府。禱之，忽自鼠竇出，精瑩愈於前。乃具狀獻於縣令李維，維上之郡，時陳省華守蘇州之二歲也。異而神之，曰：「麟、鳳、龜、龍，王者之嘉瑞。今見於是，豈天意俾予尸之，以告新駿命耶？」即具表以聞。時張君房客於蘇，省華以白龜事訪之。君房曰：「按孫氏《瑞應圖》云：龜千歲，巢蓮葉之上。是龜之質，固可巢於蓮葉。而其出也，又將以應於千歲之運乎？且其色白，白，西方也。豈其應在西戎乎？龜者，歸也。西方其有逆命不廷之虜，畏威懷德歸我乎哉？」明年朔方叛帥李繼遷貢馬請命，遂有銀、夏、綏、宥四鎮之拜。君房嘗爲之頌，省華尋徙漳州。明年秋，賦試進士昆山進白龜詩。《乘異記》。

宋・范成大《吳郡志》卷四五《異聞》 乾符中，震澤之東，稻將熟。群鼠夜出，齧而僵之。信宿，食殆盡。陸龜蒙作《記稻鼠》一篇。《笠澤叢書》。

又 陸龜蒙視獲于甫里。夜有梟鷖，蔽天而下若風雨。所當之禾，竭穗而去。作《禽暴篇》。

又 崑山臨江鄉，有南翔寺。初，掘地得石，徑丈餘。常遊二鶴，飛集其上。

又 慶曆中，李元者，管城人。泛舟過吳江，岸傍見小朱蛇長尺餘，爲牧童所困。元以百錢售得，洗去傷血，放茂草中。明年，復經吳江，縱步長橋。有展刺來謁者，稱進士朱浚，少年風骨清聳，趨進可觀。曰：「大人願見君子，年老久不出，敢爾坐邀。所居，去橋數百步耳。」元拒，不獲已，乃相從過橋。已有彩舫艤岸，浚拉元登舟，去如飛。俄至一山，數十吏立涘水濱。乘元以肩輿，欻至其處。朱扉，侍衛甚嚴，殿閣淩空。王侯之居莫及也。一人高冠道服立殿上，侍立皆美人。吏曰：「此吾王也。」浚引元升殿，再拜。王答拜曰：「小子閑遊江岸，不幸爲頑童所辱，幾死其手，賴君子以仁存心，救此微命，不然化爲江濱土矣。」元方記救蛇事。王顧浚，令百拜，且持元坐受其禮。曰：「此不足報厚德。」乃置酒高會，元從容謂王曰：「願聞王所以居此。」王曰：「吾南海鱗長，有薄功于世，上帝命爲安流王，且使居此。江湖清深，易作膏澤。水甘泉潔，足以養老。」又曰：「吾欲少報君，有女童年未笄。君若納之，當得其助。」又以白金百斤遺元，曰：「珠璣之類，非敢吝，白金易售也。」乃別去，與女升舟，諸吏送之，少選至長橋別去。女童自言：「小字雲姐，年十三矣。」言笑惠敏，元甚愛之。後二年，科詔下，明日當試。女童曰：「我爲君入禮闈，竊所試題。」出門不久，復還。探懷出題，元檢閲宿備。明日入試，果脗合。既捷薦名，遂登科，調丹徒簿。女童之來，至是六年矣。忽辭去，留之不可。離席，苒苒不復見。《朱蛇記》。

又 熙寧六年六月，龍見於郡：東方黑龍二，北方白龍二。云氣盛作而不雨，獨承天寺前雨二寸。

又 吳王夫差時，有雙鷺飛出鼓中而去。《古今樂録》。

又 晉元康中，吳郡婁縣懷瑤家，忽聞地中有犬聲。視聲所自發，有小穿，大如螾穴。瑶以杖夾剌之，入數尺，覺有物。掘視得犬子，雌雄各一，目猶未開，形大於常犬，哺之而食。長老或云：「此名犀犬，得之者富昌，當養之。」以目未開，還置穿中，覆以磨礱。宿昔發視，失所在矣，瑶家亦無他。太興中，吴郡府舍中，又得二枚物如初。其後，太守張茂爲吴興兵所害。《尸子》曰：「地中有犬，名曰地狼。」《夏鼎志》曰：「掘地得狗名曰賈。」蓋此類也。《法苑珠林》、《林搜神記》。

又 東晉太興中，吴民華隆養一快犬，號的尾，常將自隨。隆後至江邊伐荻，爲大蛇圍繞周身。犬便咋蛇，蛇死。隆僵僕無知，犬彷徨涕泣。走還船，復反草中。徒伴怪隨往，見隆悶絶，將歸家，犬爲不食。比隆復蘇，始食。隆愈愛惜，同於親戚。

又 隆安初，吴郡治下，狗當夜吠聚高〔皋〕橋上，人家狗有限，而吠聲甚衆。或有夜覘，視之一狗，有兩三頭，皆前向亂吠。無幾，孫恩亂。《歷代神異感應録》。

宋・范成大《桂海虞衡志・志器》 雞毛筆，嶺外亦有兔，然極少。俗不能爲兔毫筆，率用雞毛，其鋒踉蹡不聽使。

宋・范成大《桂海虞衡志・志禽》 孔雀，生高山喬木之上，人探其雛，育之。喜卧沙中，以沙自浴，拍拍甚適。雄者尾長數尺，生三年，尾始長。歲一脱尾，夏秋復生。羽不可近目，損人。飼以豬腸及生菜，惟不食菘。

又 鸚鵡，近海郡尤多。民或以鸚鵡爲鮓，又以孔雀爲腊，皆以其易得故也。此二事，載籍所未紀，自余始志之。南人養鸚鵡者云：此物出炎方。稍北中冷，則發瘴噤戰，如人患寒熱，以柑子飼之則愈，不然必死。

又 白鸚鵡，大如小鵝，亦能言。羽毛玉雪，以手撫之，有粉黏著指掌，如蛺蝶翅。

又 烏鳳，如喜鵲，色紺碧，頸毛類雄雞鬃，頭有冠，尾垂二弱骨，各長一尺四五寸，其杪始有毛羽一簇。冠、尾絶異，大略如鳳。鳴聲清越，如笙簫然，度曲妙合宫商，又能爲百蟲之音。生左、右江溪峒中，極難得。然書傳未之紀，當由人罕識云。

又 秦吉了，如鸜鵒。紺黑色，丹味黄距，目下連頂有深黄文，頂毛有縫，如人分髮。能人言，比鸚鵡尤慧。大抵鸚鵡聲如兒女，吉了聲則如丈夫。出邕州溪峒中。《唐書》：「林邑出結遼鳥。」林邑，今占城，去邕、欽州，但隔交趾，疑即吉了也。

又 錦雞。又名金雞，形如小雉，湖南、北亦有之。

又 山鳳凰，狀如鵜雁，嘴如鳳，巢兩江深林中。伏卵時，雄者以木枝雜桃膠封其雌於巢，獨留一竅，雄飛求食以飼之。子成，即發封；不成，則窒竅殺之。此亦異物，然未之見也。

又 翻毛雞，翮翎皆翻生，彎彎向外，尤馴狎，不散逸，二廣皆有。

又 長鳴雞。高大過常雞，鳴聲甚長，終日啼號不絶。生邕州溪峒中。

又 翡翠。出海南，邕賀二州，亦有腊而賣之。

又 灰鶴，大如鶴，通身灰慘色，去頂二寸許，毛始丹，及頸之半。亦能鳴舞。

又 鷓鴣，大如竹雞而差長。頭如鶉，身文亦然，惟臆前白點正圓如珠，人采食之。

又 水雀，蒼色，似鵁鶄。飛集庭户，翾翾然，與燕雀爲伍。

宋・范成大《桂海虞衡志・志獸》 象，出交趾山谷，惟雄者有兩牙。佛書云四牙，又云六牙。今無有。

又 蠻馬，出西南諸蕃，多自毗那、自杞等國來。自杞取馬於大理，古南詔也。地連西戎，馬生尤蕃。

又 大理馬，爲西南蕃之最。

又 果下馬，土産小駟也。以出德慶之瀧水者爲最，高不逾三尺。駿者有兩脊骨，故又號雙脊馬。健而喜行。

又 猿，有三種：金絲者，黄；玉面者，黑；純黑者，面亦黑。金絲、玉面皆難得。或云：純黑者雄，金絲者雌。又云：雄能嘯，雌不能也。猿性不耐著地，著地輒瀉以死，煎附子汁與之，即愈。

又 蠻犬，如獵狗，警而猘。

又 鬱林犬，出鬱林州。極高大，垂耳拳尾，與常犬異。

又 花羊，南中無白羊，多黄褐白斑，如黄牛；又有一種，深褐黑脊白斑，全似鹿。

又 乳羊，本出英州。其地出仙茅，羊食茅，舉體悉化爲肪，不復有血肉。食之宜人。

又 綿羊，出邕州溪峒及諸蠻國，與朔方胡羊不異。

又 麝香，自邕州溪峒來者名土麝。氣臊烈，不及西蕃。

又 火狸，狸之類不一。邕別有一種，其毛色如金錢豹，但其錢差大耳。彼人云：歲久則化爲豹，其文先似之矣。

又 風狸，狀似黄猿，食蜘蛛。晝則拳曲如蝟，遇風則飛行空中。其溺及乳汁主治大風疾，奇效。

又 懶婦，如山豬而小，喜食禾。田夫以機軸織紝之器掛田所，則不復近。安平、七源等州有之。

又 山豬，即豪豬。身有棘刺，能振發以射人。二三百爲羣，以害禾稼，州峒中甚苦之。

又 石鼠，專食山豆根。賓州人以其腹乾之，治咽喉疾，效如神，謂之石鼠肚。

又 香鼠，至小，僅如指擘大，穴於柱中，行地中，疾如激箭。

又 山獺，出宜州溪峒，俗傳爲補助要藥。洞人云：獺性淫毒。山中有此物，凡牝獸悉避去。獺無偶，抱木而枯。洞獠尤貴重。云能解藥箭毒，中箭者研其骨少許，傅治，立消。一枚直金一兩，人或求買。但得殺死者，功力甚劣。

宋・范成大《桂海虞衡志・志蟲魚》 珠，出合浦海中。有珠池，蜑户没水探蚌取之。歲有豐耗，多得謂之珠熟。相傳海底有處所，如城郭大，蚌居其中，有怪物守之，不可得。蚌之細碎蔓延於外者，始得而采。

又 硨磲，似大蚌，海人磨治其殼，爲諸玩物。

又 蚺蛇，大者如柱，長稱之，其膽入藥。南人腊其皮，刮去鱗，以輓鼓。蛇常出逐鹿食，寨兵善捕之。數輩滿頭插花，趨赴蛇。蛇喜花，必駐視，漸近，競拊其首，大呼紅娘子。蛇頭益俛不動，壯士大刀斷其首。衆悉奔散，遠伺之。有頃，蛇省覺，奮迅騰擲，傍小木盡拔，力竭乃斃。數十人舁之，一村飽其肉。

又 蟕蠵，形如龜黿輩。背甲十三片，黑白斑文，相錯鱗差，以成一背。其邊裙闌缺，齧如鋸齒。無足，而有四鬣，前兩鬣長狀如楫，後兩鬣極短。其上皆有鱗甲，以四鬣棹水而行。海人養以鹽水，飼以小鮮，俗傳甲子、庚申日輒不食，謂之蟕蠵齋日，其説甚俚。

又 蜈蚣，有極大者。

又 青螺，狀似田螺。其大兩拳，揩磨去粗皮，如翡翠色，雕琢爲酒杯。

又 鸚鵡螺，狀如蝸牛殼。磨治出精采，亦雕爲杯。

又 貝子，海旁皆有之。大者如拳，上有紫斑。小者指面大，白如玉。

又 石蟹，生海南，形真是蟹。云是海沫所化，理不可詰。又有石蝦，亦其類。

又 鬼蛺蝶，大如扇，四翅，好飛荔枝上。

又 黑蛺蝶，大如蝙蝠，橘蠹所化，北人云玄武蟬。

又 嘉魚，狀如小鰣魚，多脂，味極腴美，出梧州火山。人以爲鮓，以餉遠。

又 蝦魚，出灕水，肉白而豐，味似蝦而鬆美。

又 竹魚，出灕水。狀似青魚，味如鱖魚。南中魚品如鯉、鯽輩皆有之，而以蝦、竹二魚爲珍。

又 天蝦，狀如太飛蟻。秋社後有風雨，則羣墮水中，有小翅。人候其墮，掠取之爲鮓。

宋・黄震《黄氏日鈔》卷六七 孔雀、山鳳凰、鸚鵡，有紅白。又烏鳳、秦吉了、錦雞、翡翠。又靈鵲爲人突巢穴，能禹步作法以去之。翻毛雞、長鳴雞，皆雞之異者。

又 象，出交趾象山。一軀之力皆在鼻。二廣亦有野象，盗酒害稼，目細，畏火。欽州人以機捕之，皮可爲甲，或條截爲杖，甚堅。

又 土産出德慶之瀧水者，名果下馬。高不逾三尺，而駿健能辛苦。以歲七月十五日會江上交易。湖南邵陽、營道等處，亦出一種低馬。

又 珠。有池在合浦海中孤島下，名斷望池。去岸數十里，望島如一拳。池深可十丈，四周如城郭，蚌細零溢生城郭外者，乃可採。歲有豐耗，多得謂之珠熟。蜑人没水采蚌，每以長繩繫竹籃攜之以没，或遇惡魚海怪則死。

又 貝子，大者如拳，紫斑。小者指面大，白如玉。世既不尚，人亦稀採。

又 嘉魚，出梧州火山下丙穴。如小鰣魚，多脂，煎不假油。蜀中丙穴亦出，肥美相似。

又 石蟹、石蝦，云海沫所化。

又 硨磲，大蚌之屬，殼可爲荷葉杯。

又 瑇瑁，背甲十三片，無足而有四鬣，皆花紋。飼以小鮮。甲子、庚甲輒不食，俗謂之瑇瑁齋。

又 蚺蛇，大如柱。逐麋鹿田中。南人插花呼妖，音大，姊也。或呼紅娘子以誘之。花置蛇首，蛇俛不動，則殺之。

宋・周煇《清波雜志》卷三 乳羊，英州碧落洞乳羊，飲鐘乳潤水，體白如乳，然不常有也。通、泰監地，糜食艾，生茸入藥，故人極力捕獵，以邀善價。

宋・羅願《新安志》卷二《物産・水族》 鰱鱮也，大頭而細鱗，魚之不美者也，是數魚者不過終歲盈尺矣。

又 鲇，古之鰋也，其大而多鬚者曰鱯鱖，巨口而細鱗，其牡文采尤鮮明，繫之溪中，可以致羣牝。或以鮮明者爲鱸鱖，亦曰蘆花鱖，大率盛夏藏石罅中，徒手捫得之。

又 童魚亦以二月來，小而爲羣，首如科斗，古之童子魚也。白條白如銀，即儵魚也。石斑青而揚赤，夏月，食其子，令人善嘔。土步，鱗黑而肉白，即土父也。鱓魚，鬣赤，一去極遠，絶有力者。

又 鯿、鯉、儵、鱖色別，爲羣唯鱤爲大，將其羣以先欲觸網，破則羣魚隨之而出網，不破往往悶絶，此魚之豪横耿介者也。鱒，赤目，多獨行，或二三相從，見網輒遁。鮰魚味美而不常有。鱷魚，略似鯇，多纖骨。黄尾魚如鱷而尾黄，婺源謂之黄姑魚。鰌伏泥中。鉏，黄質黑章。黄魞，鰊魞也，色黄無鱗，搦之有聲，亦名黄顙。鰻，長如蛇，伏淟泥中，負黑抱白，無鱗而甚腴。掌禹錫云：鰻鱺，五色者，出歙州。

又 鱖有三，竹管鱖體圓，蘆花鱖長，大板鱖似鯽，乃石鱖也。鰊魞亦有三，有長而纖者，有頭大而促者，有極小如指者，名各不同。石鯽長而尾紅。旁皮魚似石鯽而尾青。石活魚常在石中。鉤子魚、黄公魚皆以春三月團聚而上。梭子魚首尾鋭，其大如指。師官魚亦如指大，有長鬚四五略如鰊魞。沙鰌上唇如鷹咮，長者尺有五寸。古僂羅魚，色黑斑，有蟲寄其腹中，或一或二，大者如負盤，小者如鼠婦，穴其鬐旁以食。餘不可勝載，其外骨則黿、鼈、螺、蜶、倮，蟲則蛙蛇之屬。

宋・羅願《新安志》卷二《物産・羽族》 青鳩色蒼緑，人多蓄之。鶉小而善鬭。鶻嘲能爲聲。秭歸候歲而先鳴。鴠逢春則聲，圓美而可喜，至夏不復鳴。

又 竹雞如鷓鴣，天將雨則爲泥滑滑之聲。蠹蝝聞之則化而爲水。白鷳大如雞，白質黑章，其稺純黑。

又 山雞文采似白鷳而小，緑雞色緑，皆雉之類。鷹鶡善搏啄木，善啄。鵀，戴勝也，頭有華勝，故以降于桑爲蠶事之候。山鵲，色蒼緑，味足皆赤，特其首尾輕翹而好爲聲，要爲鵲之類。水鵲甚似鵲而小，好在水旁，人以其聲爲喜也。烏大而反哺，慈烏小而多聲。鴨鴂鳴將旦，體雖小，鷹與烏不能敵也，其尾如匕，一名青鵄，一名鵄臼。

又 摇鶄者，脊令行則自摇其鶄也。唤姑，大如鳩，黑色長尾，唯兩翅赤而不鮮，其音呱呱。淘河者鵜淘去河水而取魚也。鸕鷀，約頸以環使没水取魚，爲人用者也。魚鷹翔水上，以兩爪搦魚，挽就水次啄食之，小鮮則銜以飛臒，兩翼白，其鳴自呼，好在田中。又有鳥大小如臒，黑而長喙。林宿而水食，其聲澌而不揚，令人惡聞者，名曰賣瓦，鳴則當晴。鷺之類，而翼下紅者曰紅鶴。翠碧鷸鳷、鵁、鶄皆水鳥也，俗之言駕去。鵝者，鸛也。白頭翁者頭白畫，麋眉似畫也，在水曰水畫，在籬塹中者曰塹畫，小者石畫，亦取其聲以候陰晴。白練小雀尾如曳練也，山雀如家雀，稍大而微赤，青菜言菜色也，囷子似山雞，而小無尾鴿鳥一名楚雞，尤愛其羽，中矰弋則守死不動。

宋・羅願《新安志》卷二《物産・獸類》 土人以熊之高大而似馬者爲馬熊，庳小似豬者爲豬熊。野豕有奇牙，大者數百斤，類能傷人，冬伏於深谷聚籜之下，獵者矛箭之號槍。鬃豪豕如簪，長五六寸，能激以射人。蝟似鼠，而毛勁縮之如栗房，其皮可以治練。山羊角細而驄色，能越峻險大山，乃有之。豺似黄狗而長，數十爲羣，好竊羊以食。狸有貓斑者，有豹文者，牛尾貍的顙而大，尾螫則不食，舐掌而肥，別名曰白額，亦曰玉面貍也。竹狗似之而臊，貛豚體促，可三四斤，額亦白。獺之小者，土人謂之抓鰌鯪鯉，四足而巨鱗，其光如鯉，能陸能水，可以已蟻螻。山中時有鹿麝，而尤多麐兔狐沐猴之屬，麐之驄色者麖，其大如麐而黑者俗謂之郭。《舊經》有獐猨則未知二者之果有否也。鼠之豐尾者曰栗鼠，亦曰松狗，漢侍中所珥貂也。鼯者五技之鼠，大而有翼，飛且乳，夜呼爲怪祥者也。鼠狼似鼠而要脊長，善捕鼠，亦以媒鳥雀。

宋・羅願《新安志》卷二《物産・畜擾》 水牛色蒼而多力，其角如環，古所謂吴牛也。黄牛小而垂胡，色褋駁不正，黄土之所産，亦有從江西來者，自績溪以往牛羊之牧，不收斂之南境。羊晝夜山谷中，不畏露草。

又 其餘則雞、犬、鵝、鶩，雞高而善鬭者所謂魯雞也。烏雞冠珥皆青，肉色如墨，時或有之，號能已病。

宋・吴曾《能改齋漫録》卷一五《方物》 鶡有數種　鶡大如鷹，蒼黑色，尾稍短。善擊梟雁，中必提之而飛，遇幽穩處，則下食。鶡有數種，俊而大者，俗謂之木鶡，可以捕鳥鵲。其養離也，一巢數隻，各有等差。最下者羽毛麄重，鼻根黄如蠟色，俗呼之曰蠟鼻。更無他能，反爲衆鳥所侮，故江湖間呼不肖子爲

「蠟鼻」。

又　吉了禽　予考鄭熊所作《番禺記》云：「秦吉了，出藤州。身紺，觜丹，兩眼旁有眉，如胭脂抹，彎環垂下，秀媚可愛，深類鴝鵒。注云：南中亦呼鴝鵒爲牛吉了。頭上微有冠，如雞然。舌辨而語清。所食惟魚肉。」

又　狸然獸　《番禺雜記》亦云：「獸出歡愛州，能言獸也，亦猩猩之類。形似猿，而有五色，每色各異。彼人取之，以皮韂鞍韉。最重純黄色者，云不異金絲猿。

又　石首魚　兩浙有魚，名石首，云自明州來。問人以石首之名，皆不能言。予偶讀張勃《吴録地理志》載：「吴婁縣有石首魚，至秋化爲冠鳧，言頭中有石。」又《太平廣記》云：「石首魚，至秋化爲冠鳧，冠鳧頭中有石也。」有《嶺表録異》云：「石頭魚，狀如鯔魚，隨其大小。腦中有二石子，如蕎麥，瑩如白玉。」

又　蜂子　東萊先生吕居仁作《蜜蜂賦》，略云：「早出暮歸，聚房以居，生理甚微，檜花菊英，反爲身害。雖云甚甘，終以是敗。既奪之食，又臘其稚。【略】云云，蓋東萊不察。凡今宣州所出蜂子，非蜜蜂也。乃山間火蜂，其色紅黑，其長徑寸，其大如之。

宋·周去非《嶺外代答》卷一《地理門·龍門》　潯、象之間有龍門。春水大至，鱘鰉大魚自海逆流而上，漁師於龍門之下，迴瀾之中，設網横江，舉而得之。

宋·周去非《嶺外代答》卷五《財計門·邕州横山寨博易場》　蠻之所齎，麝香、胡羊、長鳴雞、披氈。

宋·周去非《嶺外代答》卷六《器用門·筆》　廣西多鬭雞，羽毛甚澤，人取其頸毛絲而聚之以爲筆，全類兔毫。

又　嶺外亦有兔，其毫乃不堪爲筆。

宋·周去非《嶺外代答》卷六《器用門·螺杯》　南海出大螺，南人以爲酒杯。

宋·周去非《嶺外代答》卷六《器用門·羽扇》　鷲，大禽也，以其羽爲扇，長數尺，黑色多風，勇士用之，頗壯觀。

又　其説謂交阯地多蛇，鶴能食蛇，蛇聞鶴羽之氣，必遠避之。用鶴以却蛇也。

宋·周去非《嶺外代答》卷六《器用門·藥箭》　溪峒弩箭皆有藥，唯南丹爲最酷。南丹地産毒虺，其種不一，人乃合集醖釀以成藥。以之傅矢，藏之竹筒，矢、鏃皆重縮。

宋·周去非《嶺外代答》卷六《服用門·水紬》　廣西亦有桑蠶，但不多耳。

宋·周去非《嶺外代答》卷六《服用門·氈》　西南蠻地産綿羊，固宜多氈毳。

宋·周去非《嶺外代答》卷六《服用門·蟲絲》　廣西楓葉初生，上多食葉之蟲，似蠶而赤黑色。四月五月，蟲腹明如蠶之熟，横州人取之，以釅醋浸，而擘取其絲，就醋中引之，一蟲可得絲長六七尺，光明如煮，成弓、琴之弦。

宋·周去非《嶺外代答》卷七《食貨門·珠池》　合浦産珠之地，名曰斷望池，在海中孤島下，去岸數十里，池深不十丈。蜑人没而得蚌，剖而得珠。

又　海中惡魚，莫如刺紗，謂之魚虎，蜑所甚忌也。

宋·周去非《嶺外代答》卷七《食貨門·辟塵犀》　欽人有往深山，得大蜈蚣蜕，一節尺餘，堅如鐵石。持歸，雞犬皆驚，窗隙日影，更無霏埃。有博物者曰：「是所謂辟塵犀者耶？」

宋·周去非《嶺外代答》卷七《食貨門·琥珀》　人云茯苓在地千年，化爲琥珀。欽人田家鋤山，忽遇琥珀，初不之識，或告之曰：「此琥珀也，厥直頗厚。」

宋·周去非《嶺外代答》卷七《食貨門·硨磲》　南海有蚌屬曰硨磲，形如大蚶，盈三尺許，亦有盈一尺以下者。惟其大之爲貴，大則隆起之處，心厚數寸。切磋其厚，可以爲杯，甚大，雖以爲瓶可也。其小者猶可以爲環佩、花朵之屬。其不盈尺者，如其形而琢磨之以爲杯，名曰潋灔，則無足尚矣。佛書所謂硨磲者，玉也，南海所産，得非竊取其名耶？

宋·周去非《嶺外代答》卷七《食貨門·大貝》　海南有大貝，圓背而紫斑，平面深縫，縫之兩旁，有横細縷，陷生縫中，《本草》謂之「紫貝」。亦有小者，大如指面，其背微青，大理國以爲甲胄之飾。且古以貝子爲通貨，又以爲寶器，陳之廟朝，今南方視之，與蚌蛤等，古今所尚，固不同耶？

宋·周去非《嶺外代答》卷九《禽獸門·象》　交阯山中有石室，唯一路可入，周圍皆石壁，交人先置芻豆于中，驅一雌馴象入焉。乃布甘蔗于道以誘野象，俟來食蔗，則縱馴雌入野象羣，誘之以歸。既入，因以巨石室其門。野象饑甚，人乃緣石壁飼馴雌，野象見雌得飼，始雖畏之，終亦狎而求之。益狎，人乃鞭之以箠，少馴則乘而制之。凡制象，必以鈎。交人之馴象也，正跨其頸，手執鐵鈎，以鈎其頭。欲象左，鈎頭右；欲右，鈎左；欲却，鈎額；欲前，不鈎；欲象跪伏，以鈎正案其腦，復重案之。痛而號鳴，人見其號也，遂以爲象能聲喏焉。人見其羣立而行列齊也，不知其有鈎以前却左右之也。蓋象之爲獸也，形雖大而不勝痛，故人得以數寸之鈎馴之。久久亦解人意，見乘象者來，低頭跪膝，人登其頸，則奮而起行。象頭不可俯，頸不可回，口隱於頤，去地猶遠，其飲食運動，一以鼻爲用。鼻端深大，可以開閉，其中又有小肉夾，雖芥子亦可拾也。每以鼻取食，即就爪甲擊去泥垢而後捲以入口。其飲水亦以鼻吸而捲納諸口。村落小民新篘熟，野象逐香而來，以鼻破壁而入飲，人之大患也。象足如柱，無指而有爪甲，登高山，下峻阪，渡深水，其形擁腫，而乃捷甚。交人呼而驅之，似能與之言者。貢象之役，一象不甚馴，未幾病死。呻吟數日，將死，回首指南而斃，其能正邱首如此，是亦非凡獸也。欽州境内亦有之。象行必有熟路，人於路傍木上施機刃，下屬於地，象行觸機，機刃下擊其身，苟中其要害，必死。將死，以牙觸石折之，知牙之爲身災也。苟非要害，則負刃而行，肉潰刃脱乃已。非其要害，而傷其鼻者亦死。蓋其日用無非鼻，傷之則療不可合，能致死也。亦有設陷穽殺之者，去熟路丈餘側，斜攻土以爲穽，使路如舊而象行不疑，乃墮穽中。世傳象能先知地之虚實，非也。第所經行，必無虚土耳。象目細，畏火。象羣所在，最害禾稼，人倉卒不能制，以長竹繫火逐之，乃退。象能害人，羣象雖多不足畏，惟可畏者，獨象也。不容於羣，故獨行無畏，遇人必肆其毒，以鼻捲人擲殺，則以足蹴人，血透肌而以鼻吸飲人血。人殺一象，衆飽其肉，惟鼻肉最美，爛而納諸糟邱，片腐之，食物之一雋也。象皮可以爲甲，堅甚。人或條截其皮，硾直而乾之，治以爲杖，至堅善云。

宋·周去非《嶺外代答》卷九《禽獸門·虎》 虎，廣中州縣多有之，而市有虎，欽州之常也。城外水壕，往往虎穴其間，時出爲人害，村落則晝夜羣行，不以爲異。

宋·周去非《嶺外代答》卷九《禽獸門·天馬》 邕州溪峒七源州有天馬山，山上有野馬十餘匹，疾迅若飛，人不能邇。熙寧間，七源知州縱牝馬于山，後生駒，駿甚。自後屢縱，迄不可得矣。

宋·周去非《嶺外代答》卷九《禽獸門·蠻馬》 龍、羅、張、石、方五部蕃族，謂之淺蕃，亦産馬，馬乃大口，項軟，趾高，真駑駘爾！唯地愈西北，則馬愈良。南馬狂逸奔突，難於駕馭，軍中謂之棄命撞。一再馳逐，則流汗被體，不如北馬之耐。

宋·周去非《嶺外代答》卷九《禽獸門·果下馬》 果下馬，土産小駟也，以出德慶之瀧水者爲最。高不踰三尺，駿者有兩脊骨，故又號雙脊馬。健而善行，又能辛苦，瀧水人多孳牧。歲七月十五日，則盡出其所蓄，會江上馳騁角逐，買者悉來聚觀。會畢，即議價交易。它日則難得矣。湖南邵陽、營道等處，亦出一種低馬，短項如豬，駑鈍，不及瀧水，兼亦稀有雙脊者。

宋·周去非《嶺外代答》卷九《禽獸門·蠻犬》 蠻犬，如獵狗，警而猘。諸蠻以馬互市於橫山，皆作茅舍野次，謂之茅寮，率攜一犬以自防，盗莫敢近。

宋·周去非《嶺外代答》卷九《禽獸門·猨》 猨有三種：金線者黄，玉面者黑，純黑者面亦黑。金線、玉面皆難得。或云純黑者雄，金線者雌，又云雄能嘯，雌不能也。子能抱持其母，牢不可拆，人取之，射殺其母，取其子，子猶抱母皮不釋。獵猨者，可以戒也！猨性不耐著地，著地輒瀉以死。煎附子汁與之，即止。登木好以兩臂攀枝上，不甚用足，終日纍纍然。

宋·周去非《嶺外代答》卷九《禽獸門·白鹿》 欽州平野多鹿，中有一鹿，大軀，長角，玉雪其色。嘗墮蘇氏網羅，幾擒而逸。淳熙乙未二月，有野婦把一白麛鬻於市，太守鄭以錢七百得之。日取生牛乳飼之，長大乃雌爾，然馴狎可愛。鄭求得張曲江進白鹿故事，作纍金羈絡掩尾之飾，將以進呈而不遂。然欽之白鹿，自昔有之，不足異也。南方野鹿成羣，望人不去，近逼之而後走，性癡畏聞人氣，人在上風，其走必速，下風則走遲。獵者從下風逼射之。

宋·周去非《嶺外代答》卷九《禽獸門·蜼》 深廣山中有獸似豹，常仰視，天雨則以尾窒鼻，南人呼爲倒鼻鼈。捕得則寢處其皮，士夫珍之以藉胡牀，今冕服所畫蜼是也。夫獸能以尾窒鼻禦雨，斯亦智矣，其登於三代之服章，厥有由哉！

宋·周去非《嶺外代答》卷九《禽獸門·人熊》 廣西有獸名人熊，乃一長大人也。被髮裸體，手爪長鋭，常以爪劃橄欖木，取其脂液塗身，厚數寸，用以禦寒暑，敵搏噬。是獸也，力能搏虎，每踸踔而行，道遇一木根，必拔去而後行。登木而食橡栗，必折盡而後已。

宋·周去非《嶺外代答》卷九《禽獸門·山豬》 山豬即毫豬，身有棘刺，能振發以射人。二三百爲羣，以害苗稼，州峒中甚苦之。

宋·周去非《嶺外代答》卷九《禽獸門·花羊》 花羊，南中無白羊，多黄褐白斑，如黄牛。又有一種深褐，黑脊白斑，全似鹿羣，山谷望之，真鹿也。肴饌中，羊皮率青黯可憎，以無白羊故也。

宋・周去非《嶺外代答》卷九《禽獸門・綿羊》 綿羊，出邕州溪峒及諸蠻國，與朔方胡羊不異。有白黑二色，毛如繭纊，剪毛作氈，尤勝朔方所出者。

宋・周去非《嶺外代答》卷九《禽獸門・大貍》 凡貍之類不一，多有穴於城郭園林者，其大倍猫，身有黑黯，鳴號洶厲，處處有之。邕别有一種大貍，其毛色如金錢豹，但其錢差大耳。

宋・周去非《嶺外代答》卷九《禽獸門・風貍》 風貍，狀如黄猨，食蜘蛛。晝則拳曲如蝟，遇風則飛行空中。其溺及乳汁，主治風疾，奇效。有野夫籠一枚，詣賓守劉仔任。道晝伏不動，夜則奔躍於籠中不休。需錢五十千，劉笑却之。

宋・周去非《嶺外代答》卷九《禽獸門・仰鼠》 欽州有鼠，形如豬，黑身白腹，仰生土中，攻土而行，逆順前却，迅疾難捕。人見土面迤邐墳起，即知其爲鼠。急以鑁斷其前後，夾掘而擒之。不然，一聞鑁聲，退而逝矣。

宋・周去非《嶺外代答》卷九《禽獸門・香鼠》 香鼠至小，僅如指擘人。穴於柱中，行地上疾如激箭。官舍中極多。

宋・周去非《嶺外代答》卷九《禽獸門・石鼠》 石鼠，專食山豆根。賓州人捕得，以其腹乾之，治咽喉疾，效如神，功用勝山豆根，謂之石鼠肚。

宋・周去非《嶺外代答》卷九《禽獸門・麝香》 自邕州溪峒來者，名上麝，氣臊烈，不及西香，然比年西香多僞雜，一臍化爲十數枚，豈復有香？南麝氣味雖劣，以不多得，得爲珍貨，不暇作僞，入藥宜有力。

宋・周去非《嶺外代答》卷九《禽獸門・懶婦》 懶婦，世傳織婦慵懶者所化，狀如山豬而小，喜食禾苗。田夫以機軸織紝之器掛田所，則不復近。安平、七源等州有之。

宋・周去非《嶺外代答》卷九《禽獸門・山獺》 山獺，出宜州溪峒，俗傳爲補助要藥。峒人云：獺性淫毒，山中有此物，凡牝獸悉避去。獺無偶，抱木而枯。峒獠尤貴重，云能解藥箭毒，中箭者，研其骨少許，傅立消，一枚直金一兩。人或買，但得殺死者，功力甚劣，抱木枯者，土人自稀得之，徒有其説而已。

宋・周去非《嶺外代答》卷九《禽獸門・山鳳凰》 鳳凰生丹穴，丹穴，南方也。今邕州溪峒高崖之上，人跡不至之處，乃有鳳凰巢焉。五色成章，大逾孔雀，如今所畫，而頭特大。百鳥遇之，必環列而立。其頂之冠常盛水。雌雄更飯，未始下人間，南人謂之山鳳凰。

宋・周去非《嶺外代答》卷九《禽獸門・孔雀》 孔雀，世所常見者，中州人得一則貯之金屋，南方乃腊而食之，物之賤于所産者如此！膽能殺人，以膽一滴，霑于酒盞之脣而酌以飲人，亦死。前志謂南方有大雀，五色成文，爲鸞鳳之屬，孔者大也，豈是物與？

宋・周去非《嶺外代答》卷九《禽獸門・烏鳳》 烏鳳如喜鵲，色紺碧，頸毛類雄雞鬃，頭有冠，尾垂二弱骨，各長一尺四五寸。其杪始有羽毛一簇。冠尾絶異，大略如鳳。鳴聲清越如笙簫，能度曲，妙合宫商，教之精熟，至能終一闋，又能爲百蟲之音。生左、右江溪峒中，極難得。飼以生物，故又難蓄。南方珍禽之尤，然書傳未之紀，當爲難得，人罕識云。

宋・周去非《嶺外代答》卷九《禽獸門・秦吉了》 秦吉了，如鴝鵒，紺黑色，丹咮黄距，目下連項，有深黄文。頂毛有縫，如人分髮。能人言及咳嗽謳吟，聞百蟲音，隨輒效學，比鸚鵡尤慧。大抵鸚鵡聲如兒女，秦吉了聲則如丈夫。出邕州溪峒中。

宋・周去非《嶺外代答》卷九《禽獸門・翡翠》 翡翠，産于深廣山澤間，穴巢于水次。一壑之水，止一雌雄，外有一焉，必争界而鬭死。人乃用其機，養一媒，擎諸左手，以行澤中，翡翠見之，就手格鬭，不復知有人也。乃以右手取羅掩之，無能脱者。邕州右江産一等翡翠，其背毛悉是翠茸，窮侈者用以撚織。

宋・周去非《嶺外代答》卷九《禽獸門・雁》 雁，秋南春北，謂之陽鳥。吴中太湖雖盛夏亦有留雁，蓋太湖深處至涼，且有魚蚌可戀也。衡陽有回雁峯，云雁至此不復南征。余在静江數年，未嘗見一雁，益信有回雁之説。蓋静江雖無瘴癘，而深冬多類淺春，故雁不至，況于深廣常燠之地乎！

宋・周去非《嶺外代答》卷九《禽獸門・靈鶻》 邕州有禽曰靈鶻，狀如啄木而差大。巢于木穴，生子其中。人以木窒其穴，鶻至無所歸，乃至地禹步，俄而所窒躍去，乃得入穴。其後以灰布地，而窒其穴，欲觀其步而效之。鶻既步，急以爪畫步而入穴，人欲效之，無由。

宋・周去非《嶺外代答》卷九《禽獸門・骨噪》 邕州有禽曰骨噪，似竹雞，生茅茨中，人即其巢，原本闕三字。折其骨，母乃原本闕一字。藥如馬腦，大方寸許原本闕三字。之骨，復能步。人逐其母，奪其藥，竟不知原本闕三字。以用，但以囊盛藥，爲小兒辟惡，久而藥亦復不見，謹收不過。原本闕。

宋・周去非《嶺外代答》卷九《禽獸門・鴆》 邕州溪峒深山有鴆鳥，形如鴞而差大，黑身紅目，音如羯鼓，唯食毒蛇。鴆禹步遇蛇，其聲邦邦然，蛇入石穴，鴆于穴外禹步，有頃石碎，吞之。凡山有鴆，草木悉枯，鴆集于石，其石必裂。或云鴆秋冬脱羽，人以銀作爪勾取，致之銀瓶，否則手爛。欲加鴆于人，以一羽致酒即死。

宋・周去非《嶺外代答》卷九《禽獸門・春蟲》　白鳥、鶬、鸛之屬，秋則自北而南，春則自南而北，猶雁然，而地不同，静江府人謂之春蟲，欽州蓋春蟲南歸之地也。

宋・周去非《嶺外代答》卷九《禽獸門・鶉子》　廣西海山多鶉，雷、化間羅爲鮓，至富也。鶉乃海中黄魚所化成者，黄魚當秋冬羽翼以化于水中，俟北風拍岸，遂登岸成鶉，便能行入茅葦。

宋・周去非《嶺外代答》卷九《禽獸門・鬭雞》　凡雞，毛欲疏而短，頭欲豎而小，足欲直而大，身欲竦而長，目欲深而皮厚，徐步眈視，毅不妄動，望之如木雞，如此者每鬭必勝。

宋・周去非《嶺外代答》卷九《禽獸門・長鳴雞》　長鳴雞，自南詔諸蠻來，一雞直銀一兩。形矮而大，羽毛甚澤，音聲圓長，一鳴半刻。

宋・周去非《嶺外代答》卷九《禽獸門・潮雞》　廣有潮雞，潮至則啼。身小足矮。

宋・周去非《嶺外代答》卷九《禽獸門・枕雞》　欽州有小禽一種，大如初生雞兒，毛翎純黑，項下有横白毛，向晨必啼，如雞聲而細。人置枕間，以之司晨。亦名曰鶉子，余命曰枕雞。

宋・周去非《嶺外代答》卷九《禽獸門・翻毛雞》　雞翮翎皆翻生，彎彎向外，雌雄皆然。二廣皆有之。

宋・周去非《嶺外代答》卷一〇《蟲魚門・蚺蛇》　蚺蛇，能食獐鹿，人見獐鹿驚逸，必知其爲蛇，相與赴之，環而謳歌，呼之曰妋妋，徙架反。謂姊也。蛇聞歌即俯首，人競採野花置蛇首，蛇愈伏，乃投以木株，蛇就枕焉。人掘坎枕側，蛇不顧也。坎成，以利刃一揮，墮首於坎，急壓以土，人乃四散。食頃，蛇身騰擲，一方草木爲摧。既死，則剥其皮以鞔鼓，取其膽以和藥，飽其肉而棄其膏。蓋膏能痿人陽道也。人謂大風油即稱蚺蛇膏，非是。夫蛇之死，可謂愚矣，然天地之間，物理有所不可曉者。以蛇之大，而甘受制，誠愚，然特其未見水耳，彼一見水，必夭矯其形，不受制伏，起而吞人。雖不遇水，有小兒在側，亦忽吞之。是其死也，殆有機緘者存，非蛇之愚也。

宋・周去非《嶺外代答》卷一〇《蟲魚門・六目龜》　聞欽七洞有六目龜，欣然異之，因人求得，乃真目之上，有四僞目耳。所謂僞目，即頭上金黄花紋，圓長中黑，似目也。然僞目與真目排比，端正不偏，無一不然，亦足愛矣。常龜養之不死，是龜旬日即死，是殆不以龜養龜而然歟！

宋・周去非《嶺外代答》卷一〇《蟲魚門・鼊瑇瑁》　欽海有介屬曰鼊，大如車輪，皮裹有薄骨十三片如瑇瑁。今人用以爲篦刀筒子者是也。瑇瑁背甲亦十三片，自然成斑紋。世言鞭血成斑，斯言妄矣。

宋・周去非《嶺外代答》卷一〇《蟲魚門・蟺音壇》　欽州海濱有穴處水族曰蟺，狀如龍而無角，長五尺許。蜑人得之，縶而售諸市。管界巡檢劉昂者，見而市之。將烹，同僚念其形之似神物也，請縱之江。其未得水，則類死矣。一得水則奮迅蹴踏，夭矯滅没，波頭爲起，俄然而逝。彼么麽其形，而猶若是，況真龍哉！

宋・周去非《嶺外代答》卷一〇《蟲魚門・鱘鰉》　春水發生，鱘鰉大魚，自南海入江，至潯、象之境，龍門之下，或爲漁網所得。余東歸，將至番禺，有蜑急棹就舟，縶二鱘鰉求售，大者長六尺，小者四尺，修鼻侈腮，口隱於頤，身無細鱗，上各有鋒刃，與凡魚不同。

宋・周去非《嶺外代答》卷一〇《蟲魚門・嘉魚》　蒼梧大江之南山曰火山，下有丙穴，嘉魚出焉，所謂「南有嘉魚」，詩人傳之也。嘉魚形如大鰣魚，身腹多膏，其土人煎食之甚美。其煎也，徒置魚於乾釜，少焉，膏溶，自然煎熬，不别用油，謂之自裹。

宋・周去非《嶺外代答》卷一〇《蟲魚門・河魚》　《左氏》「河魚腹疾」語，迄無定説。余仕古縣，常食市魚，廚者曰：「此魚病肚，不堪食。」剖視之，滿腹黄水也。後汎舟見一魚死於舟側，舟人曰：「此魚病肚死矣。」問：「何謂病肚？」曰：「凡物皆有疾，魚在水，無他疾，唯病肚乃死。」因悟申叔時河魚之説。

宋・周去非《嶺外代答》卷一〇《蟲魚門・竹魚鰕魚》　竹魚出灕水，狀似青魚，味如鱖魚。鰕魚亦出灕水，肉白而豐，味似鰕而鬆美。大抵南中魚品，如鯉鯽者甚多，而鰕、竹二魚爲珍。

宋・周去非《嶺外代答》卷一〇《蟲魚門・鬼蛺蝶》　鬼蛺蝶，大如扇，四翅，共徑六七寸，褐質，間雜色，晃然。下兩翅有翠點，尤光彩。好飛荔枝上。

宋・周去非《嶺外代答》卷一〇《蟲魚門・黑蛺蝶》 黑蛺蝶，大如扇，橘蠹所化。翅墨黑而有翠綵一行，特爲鮮明，北人或名元武蟬。

宋・周去非《嶺外代答》卷一〇《蟲魚門・天蝦》 南方有飛蟲，有翅如飛蛾，其尾如蟋蟀，色白，身長似小蝦然。夏秋之間，晚飛蔽天，墮水，人以長竹竿横江面，使風約之，如萍之聚。早乃棹舟摶取，縷肥肉，合以爲鮓，味頗美。然此夜墮水，次早即取乃可用，稍遲一夕，已脱而化矣。

宋・周去非《嶺外代答》卷一〇《志異門・南法》 邕州溪峒有禽曰靈鶻，善禹步以去窒塞。又有鴆鳥亦善禹步以破山石。

宋・周去非《嶺外代答》卷一〇《志異門・柳州蜈蚣》 柳州種甘堂，頃年夜有光，出柱上蠹穴中，滿堂如月，劚視，見鱗甲大如鏡。太守知異物，集吏卒持斧鋋，齊刺之，有聲砉然。破柱，乃大蜈蚣，長竟柱，腦中得珠如鵝卵，圓走盤，光遂不見。

宋・周去非《嶺外代答》卷一〇《志異門・桂林猴妖》 静江府疊綵巖下，昔日有猴，壽數百年，有神力，變化不可得制，多竊美婦人，歐陽都護之妻亦與焉。歐陽設方略殺之，取妻以歸，餘婦人悉爲尼。猴骨葬洞中，猶能爲妖。向城北民居，每人至，必飛石，惟姓歐陽人來，則寂然，是知爲猴也。張安國改爲仰山廟。相傳洞内猴骨宛然，人或見，眼急微動，遂驚去矣。

宋・方信孺《南海百咏》 每歲春時，有羣龍集於此，磨角其上。

又 在增城縣，《圖經》云：熙寧七年，有鳳皇飛集於法華寺，羽毛五色，光彩陸離，高六尺，長九尺。

宋・陳耆卿《嘉定赤城志》卷一九《山水門》 騰嶼在縣東北六十里，南有溪清泚，出巨蟹焉。

宋・陳耆卿《嘉定赤城志》卷二五《山水門七》 赤湖在縣西七十里，其初煙水極目。有赤眼巨魚長丈餘游泳其中，今不復存在，湖亦半爲田矣。

宋・陳耆卿《嘉定赤城志》卷三六《風土門》 鮫華 蘇恭云：形以鼈，無足而有尾，《山海經》曰鮫沙皮可以飾紉，今南人但謂之沙魚。

又 飛生鳥 《本草》云：鼺鼠出山都平谷即飛生鳥也。狀如蝙蝠，大如鵝鳶，毛紫色。

烏 《説文》云：一名慈烏，以其能反哺而名。其腹白者曰鵶，又一種名寒鴉，狀差小，初冬來自西北云。

鵲 俯鳴則陰，仰鳴則晴。聞其聲則喜，故曰喜鵲。

鸛 陶宏景云：有兩種，似鵠而巢木者爲白鸛，黑色曲頭者爲烏鸛。

鷹 蒼黑色，亦名鷙鳥，又有㖃唽而聲悲者曰鷂。蒼褐色而似鵰者曰隼。

鳩 斑色，方言曰鵻，又一種色不斑，人視其鳴爲耕，候曰布穀。

黄鸝 一名倉庚，俗呼爲黄鶯。

雉 即書名華蟲。

山雞 觜與足皆紅色。

竹雞 自呼爲泥滑滑，俗傳白蟻聞之即化爲水。

鵪鶉《列子》云：蛙變爲鶉，又云鼠亦爲鶉，善鬥，人以密網取之。

鴝鵒 人畜其雛，以竹刀剔其舌可使能言，似鵙而有幘者是。

鴿 一曰舶鴿。

鷗 似水雞而色白。

翠碧 毛可爲飾，南方人呼爲紅翠。

郭公 身赤而頭尾黑。

畫眉 白眉褐鳴善鳴好鬥。

雪姑 毛羽黑白相間。

白頭翁 似雀而大，首有白點。

謝豹 一名杜鵑，又名子規，曰謝豹者似其聲。

雀 斑褐色，又有黄色者曰黄雀，八九月羣飛稻田間，人取爲披綿鮮，或曰海魚所化，八月爲雀，十月復入海爲魚。

啄木 按《本草》：褐者爲雌，斑者爲雄，穿木食蠹。

搗藥禽 其聲丁當似之。

婆餅焦 似雀而大，羽褐色。

青絲 似雀而小，羽青色如絲。

山鵲 長尾而碧色，觜與足皆紅。

伯勞 名鵙，一名博勞。

鵜鶘 頤下有皮，可容二升物，又名淘河。

青菜 嫩緑色，腹下黄色。

黄頭 褐色善鬥。

鴞 似鵰而小，一名鵂鶹。

鸂鶒 《臨海志》云：毛五色，善敕水取魚。

鸕鷀 口中吐雛，土人以捕魚。

鷺 足修而羽白，《南越志》云：隨潮上下。

鷗 臆白翅青，《南越志》云：能隨潮上下。

梟 飛甚速。

鴛鴦 毛羽五色，雌雄相逐水濱。

紅鸛 身白，觜與足皆赤。

鶻 似鷹而小，又有一種名鶻鵃，似鵲，尾短。《東京賦》云：「鶻鵃春鳴」是也。

花臈 似雀而大，色黄褐白黑相間，如花善鳴。

噪天 似雀而大，色如之性，善鳴，愈鳴即飛愈高。

百舌 一名孟桑，遇春初作百鳥鳴。

十二紅 羽毛紅褐碧緑相間。

獸之屬

豹 有赤黑二種，又有文圓者，名金錢豹。

豺 方言曰豺犬。

狼 似虎而小。

野豬 牙利如鎌刃，毛黑如錐，一名豪豬，即封豕也。

山羊 有筋力，善走。

麅 《爾雅》：麅，犬麋麢也，旄毛狗足。又有一種相類曰麂。

香狸 形如羊而小，有力，味甚珍，一名牛尾狸。

兔 《博物志》云：望月而孕。《論衡》云：嗜雄豪而孕。

猿 貫休詩「黄猿領白兒」。

猴 舊傳大曆中，有數百集寧海杉林中，裏人伐木欲殺之，有一老者飛出，縱火爇其木，於是人走救火，猴得脱去，其黠如此。

鯪鯉 似鯉而有四足，能陸能水，一名鱗鯉，又名穿山甲。

刺蝟 足短多刺，近人則縮。

獺 似犬而口鋭毛，細水不能濡，善捕魚，人有魚鯁，以其爪爬項即愈。

鼠狼 生田野中，似鼠而尾如帚，善捕鼠。

鼯 《爾雅》云：似小蝙蝠。

栗鼠 一名鼢鼠。

竹鼴 贊寧云：凡竹刺入肉不能出者，啖此物立消，以其食竹故能化竹毒也。

魚之屬 水族附

鱸 肉脆者曰脆鱸，味極珍，又有江鱸差小。

石首 一名鯼魚，頭大尾尖，腦有雙小石瑩如玉，故名。鱗色如金，小者曰郎君，黄衫又其次，盛於春者曰春魚，僅尺許。

鮭 一名鯢，俗稱烏狼，腹多刺，肝毒殺人，烹之必去，齒目涎血。冬月爲上味。腹有肭，白如酥，名西施乳。又一種小而黄，春半方出，名黄鮭。

鯇 俗作鰵，三腮曰鯇，四腮爲茅狂。

鰜 似魴魚而膩，宜鹽煎炙。

鯧 板身而鋭，狀若鎗刀，曰鯧扁。

沙 二十四種，有白蒲沙、黄頭沙、白眼沙、白蕩沙、青頓沙、烏沙、斑沙、牛皮沙、狗沙、鹿文沙、鮧沙、鰡沙、燕沙、虎沙、犂到沙、昌沙、丫髻沙、刺沙，其類甚衆。

比目 雙則比目，單則王餘魚，狀如牛脾，鱗細紫黑色，眼相合乃行。

楓葉 形小，味極珍。土人重之。《海物異名記》云：楓葉入水所化也。

鮆 子多而肥，夏初曝乾可以寄遠。又有大者曰馬鮆可膾，一名魛魚。

鯔 身圓長而鱗細，黑味甘。

鯉 無大小，行皆三十六鱗。陶洪景稱爲魚王。

銀 口尖身鋭，如銀條，以爲鮓尤美。

鰣 一名箭魚。

鯯 小者曰康鯯。

白 板身，肉美，多細鯁。

鯌 似鯔而目大，似鯉而鱗麄，能以鬣刺水蛇食之。

鯽 出海中曰海鯽，出陂塘中者止曰鯽，其形皆扁，而鯽首味甘。

梅 首大，朱口，金鱗。土人暴以致遠次於鮆。

魛 骨多而肉白。

馬鮫 無鱗而鋸齒青斑色。

短 項縮而短，又有一種曰鸚哥魚。

火　頭巨，尾小，身圓通赤。故以火名。

鰯　身如膏髓，骨柔無鱗。

竹夾　近魛，尾有硬鱗。

白袋　形似牛而白，每自海入江則爲水潦之兆。

謝豹　杜宇鳴時有之。

烏澤　與鯔相類。

柿核　一名秀才魚。

魟　形圓似扇，無鱗，口向下，尾長於身，最大曰鯨魟，次曰錦魟，又次曰黄魟。

鯗　形似魟，以鹽浥暴乾，俗呼老鴉鯗。

地青　尾有刺甚長，逢物則撥之，毒能中人，色白者曰地白，與魟□相類。又名邵陽魚，鼠尾魚。

細鱗　生溪塘中，以鱗細故名。

石勃卒　一名末魚。

鮎　《爾雅》：鯷魚大者，長尺餘，無鱗，亦名鰋。又呼爲魛。

鮬　身圓至小宜爲鹹。

華臍　形如箬笠有帔，可食，一名老婆魚。

帶　《南海異名記》云：修若練帶，曰帶魚。

鱔　黄色，狀如蛇，或傳荇蓼根莖所化。

鰻　出海中者齒尤銛利，冬晴鱐之名，風鰻宜於致遠。出溪洞者曰鮫鰻，江湖者曰湖鰻。又有一種曰鯧鰻或曰鰈鰻，形似箬，江海俱有之。

鰫　背青無鱗，多腴。目旁有骨名乙禮，曰魚去乙。《鄭注》云：東海鰫魚也，品最下，不登賓俎，惟鹽襄以爲鯗則佳。暴其肚，名赤魚鰾云。

鰍　生泥中，品頗下。

章巨　八足，首圓。《南海異名記》正名曰蜛蝫。郭璞《江賦》「蜛蝫森衰而垂翹」是也。海濱人訛曰章魚，又曰章舉。一種足似之而小口，望潮魁首駢足，目在腰股，其足長三五尺許者曰石蚷。

江珧　以柱爲珍，東坡有《江珧傳》言其甘。郭璞《江賦》曰王珧。

螺　多種，揜白有香曰香螺，味辛曰辣螺，有刺曰刺螺，又有丁螺、斑螺、黄螺、白螺、田螺之類。又有生深海中可爲酒杯者曰鸚鵡螺。

車螯　歐陽公詩：璀璨殼冰玉，斑斕點生花。美此物也。一名昌蛤，一名魁蛤。

蝦　有赤白青黄斑數色，青者大如掌，土人珍之。以餉遠梅熟時曰梅蝦，蠶熟時曰蠶蝦，狀如蜈蚣而大者曰蝦姑，身尺餘，須亦二三尺曰蝦王，不常有，皆産於海。其産於陂湖者曰湖蝦，二鉗比他種其長倍之。

鱅　一名團魚。

烏賊　腹有墨，性嗜烏，浮水上伺烏，啄其腹則以鬚卷食之骨。名海鰾鮹。土人以元夕陰晴卜多寡云。

蛤蜊　善醒酒，山谷詩「商略督郵風味惡，不堪持到合利前」是也。一種小而殼薄者名蛤蜊姑。

蟶　大者曰竹蟶，長二三寸，大如指而頭開。

蚶　《爾雅・謂之魁陸有瓦壟蚶，毛蚶數種。《臨海土物志》有云：有側徑四寸者又有烏頭而似蚶者，一名蜮云。

蜼　似蛤而長殼有毛。

龜腳　以狀似之郭璞《江賦》「石蜐應節以揚葩」是也。

牡礪　陶洪景云：百歲鵰所化。《本草》以左顧爲牡礪，生海際崖石上，磈礧相連如房曰礪房，又有一種曰金錢牡礪云。

蝤蛑　八足二螯，隨潮退殼，一退一長，最大者曰青蟳，斑者曰虎蟳，後二足扁闊名撥棹云。

蟹　類蝤蛑而殼鋭，螯銛利斷截如翦，故一名曰蠘。有赤膏者俗呼爲母蟹，冬以鹵漬之曰剛蟹，其無膏者曰白蟹。

螃蟹　俗呼曰蟹螯，跪帶毛糟之可致遠，東坡云「蟹微生而帶糟」是也。

彭越　《爾雅》名彭蝟，土人以其色青呼爲青越螯，赤者名擁劍，名執火。又一種爲彭蜞，性極寒，正蔡謨所謂「讀《爾雅》不熟，幾爲所誤」是也。

千人擘　《海物異名記》：聚刺獷殼擘之，不能入。

蚌　有珠，郭璞《江賦》曰：璿蚌晞曜而瑩珠。

海月　形圓如月，亦謂之蠣鏡。土人刮磨其表取通明者，鱗次以蓋天窗，謝靈運詩所謂「掛席拾海月」是也。

石帆　生海中石穴，紫黑色，枝柯相連。

石蝨　形圆色紫而有刺。

鱟　雌常負雄而行，漁者雙取之。子如麻醬之可致遠。韓愈詩云「鱟實如惠文，首眼相附行」是也。

蛇　一名水母，形如覆釜，常有蝦隨食，其涎縷其膚縮以礬，可致遠。

蛤　每一潮生一暈，姚寬天臺詩所謂「春潮生蛤」是也。海濱人以苗栽泥中伺其長，然後出。生吴都者佳。

淡菜　一名夾殼，或有産珠者。

蠊　一名老婆牙，生於岩或篙竹上。

蟲之屬

蛇　十種，青竹蛇與竹同色。黄花蛇黄色，喜捕鼠。蝮蛇胎化腹裂子生，最毒，惟烏蛇不螫人。

蜈蚣　腐草所生，足多。有青赤二色。

蜥蜴　似蛇，四足以備。四色者爲雄，餘爲雌。緑籬落而黑色小者名蝘蜓，在壁名守宫。

蠅虎　似蜘蛛而灰色，善捕蠅。

蛙　三足者名蟾蜍，大者名封蛤，水中鳴者名蝦蟆。

蚯蚓　俗名曲蟮。

蜘蛛　織網取蚊小者名蟢子。

蟻　有黄白二種。

䖟　能啖牛馬血。

蝸　雨時涎壁如銀色。

蜻蜓　小而黄者曰胡梨。

蜂　有蜜蜂、沙蜂、山蜂數種。

蝶　大者曰蛺蝶，有黄白黑數種。

蠅　色蒼，其首赤而差大者呼爲影跡，見《歐陽公賦》。

螢　淮南畢萬術螢火卻馬注云：取螢火裹以羊皮置土中，馬見之鳴卻不敢行。

螳螂　青色長臂。

蜩　《詩》云：五月鳴蜩。本生土中，夏則登木而蜕，秋鳴爲蟬。

蟋蟀　一名促織，有尾爲雌，無尾爲雄，雄者能鳴，鳴於九月後爲寒蛩。

宋·羅大經《鶴林玉露》甲編卷一《池鷗》　太學蘊道齋有小池，忽一鷗飛來，容與甚久。一同舍生題詩云：「朝來池上有斯事，火急報教同舍知，昨夜雨餘春水滿，白鷗飛下立多時。」讀者賞其醖藉。

宋·羅大經《鶴林玉露》甲編卷二《能言鸚䳇》　上蔡先生云：「透得名利關，方是小歇處。今之士大夫何足道，真能言之鸚䳇也。」朱文公曰：「今時秀才，教他説廉，直是會説廉；叫他説義，直是會説義。及到做來，只是不廉不義。」此即所謂能言鸚䳇也。夫下以言語爲學，上以言語爲治，世道之所以日降也，而或者見能言之鸚䳇，乃指爲鳳凰鸑鷟，惟恐其不在靈臺靈囿間，不亦異乎？

宋·羅大經《鶴林玉露》甲編卷二《進青魚》　宋文帝時，啖柑，嘆其形味並劣，義康曰：「今年柑殊有佳者。」吕許公不肯多進淮白魚。顯仁太後言近日子魚大者絶少。夫人對曰：「妾家有之，當以百尾進。」歸告檜，檜咎其失言，與其館客謀，進青魚百尾。顯仁拊掌笑曰：「我道這婆子村，果然！」蓋青魚似子魚而非，特差大耳。觀此，賊檜之姦可見。

宋·羅大經《鶴林玉露》甲編卷四《孤鴈獨鶴》　杜陵詩云：「孤雁不飲啄，飛鳴聲念群。誰憐一片影，相失萬重雲。望斷似猶見，哀多如是聞。野鴉無意緒，鳴噪自紛紛。」又云：「獨鶴歸何晚，昏鴉已滿林。」以興君子寡而小人多，君子凄涼零落，小人噂遝喧競。其形容精矣。

宋·羅大經《鶴林玉露》甲編卷四《蝶粉蜂黄》　楊東山言：道藏經云：蝶交則粉退，蜂交則黄退。周美成詞云「蝶粉蜂黄渾退了」，正用此也。而説者以爲宫粧，且以「退」爲「褪」，誤矣。餘因歎曰：區區小詞，讀書不博者，尚不得其旨，況古人之文章，而可臆見妄解乎！

宋·羅大經《鶴林玉露》甲編卷五《放魚詩》　王荆公新法煩苛，流毒寰宇，晚歲歸鐘山，作放魚詩云：「物我皆畏苦，舍之寧啖茹。」其與梁武帝窮兵嗜殺，而以麪代犧牲者何殊？餘嘗有詩云：「錯認蒼姬六典書，中原從此變蕭疎。幅巾投老鐘山日，辛苦區區活數魚。」

宋·羅大經《鶴林玉露》甲編卷五《浦鷗》　杜陵詠鷗云：「江浦寒鷗戲，無它亦自饒。卻思翻玉羽，隨意點春苗。雪暗還須落，風生一任飄。幾群滄海上，清影日蕭蕭。」言浦鷗閒戲，使無他事，亦自饒美，奈何不免口腹之累，故閒戲未足，已思翻玉羽而點春苗，爲謀食之計，雖風雪淩厲，有所不暇顧。末言海鷗之曠逸，清影翛然不爲泥滓所點染，非浦鷗所能及。以興士當高舉遠引，歸潔其身如海鷗，不當逐於聲利之場，以自取賤辱若浦鷗也。

宋・羅大經《鶴林玉露》甲編卷五《鷗雁》　吾郡陳國才詩曰：「紅日晚天三四雁，碧波春來一雙鷗。」周益公、楊誠齋盛稱之。

宋・羅大經《鶴林玉露》甲編卷六《猴馬》　唐明皇時，教坊舞馬百匹，天寶之亂，流落人間。魏博田承嗣得之，初不識也，嘗燕賓僚，酒行樂作，馬忽起舞，承嗣以爲妖，殺之。昭宗養一猴，衣以俳優服，謂之「侯部頭」。朱温既篡，引至坐側，猴忽號擲，自裂其衣，温叱令殺之。嗚呼！明皇之馬，有愧於昭宗之猴矣。

宋・羅大經《鶴林玉露》丙編卷二《婺州鷹巢》　婺州州治，古木之上有鷹巢，一卒探取其子。郡守王夢龍方據案視事，鷹忽飛下，攫一卒之巾以去。已而知其非探巢之卒也，銜巾來還，乃徑攫探巢者之巾而去。太守推問其故，杖此卒而逐之。禽鳥之靈識如此。其攫探巢者之巾，固已異矣。於誤攫他卒之巾，復銜來還，尤爲奇異。世之人舉動差謬，文過遂非，不肯認錯者多矣，夫子所謂可以人而不如鳥乎？

宋・羅大經《鶴林玉露》丙編卷二《蝗》　蝗才飛下即交合，數日，産子如麥門冬之狀，日以長大。又數日，其中出如小黑蟻者八十一枚，即鑽入地中。詩注謂螽斯一産八十一子者，即蝗之類也。其子入地，至來年禾秀時乃出，旋生翅羽。若臘雪凝凍，則入地愈深，或不能出。俗傳雪深一尺，則蝗入地一丈。東坡雪詩云「遺蝗入地應千尺」是也。蝗灾每見於大兵之後，或云乃戰死之士冤魂所化，雖未必然，但余曩在湖北，見捕蝗者雖群呼聚喊，蝗不爲動。至鳴擊金鼓，則聳然而聽，若成行列。則謂爲殺傷沴氣之所化，理或然也。

宋・羅大經《鶴林玉露》丙編卷三《四蟲》　冰蠶不知寒，火鼠不知熱，蓼蟲不知苦，蝍蛆不知臭。

宋・羅大經《鶴林玉露》丙編卷五《猫犬》　東坡云：「養猫以捕鼠，不可以無鼠而養不捕之猫；畜犬以防姦，不可以無姦而畜不吠之犬。」余謂不捕猶可也，不捕鼠而捕鷄則甚矣。不吠猶可也，不吠盜而吠主則甚矣。疾視正人，必欲盡擊去之，非捕鷄乎？委心權要，使天子孤立，非吠主乎？

宋・祝穆《方輿勝覽》卷五一　嘉魚　細鱗。蜀中謂之拙魚。

又　桐花鳳　桐花中有小鳥，紅翠碧相間，生於花間。人畫桐花鳳扇，即此也。

宋・張世南《游宦紀聞》卷二　世南嘗觀《文選》，左太沖《吴都賦》曰：「乘鲎黿鼉，同眾共羅。」劉淵林注云「鱟形如惠文冠，青黑色，十二足，似蟹，足悉在腹下。長五六寸，雌嘗負雄行。漁者取之，必得其雙，故曰乘鱟。」

又　犀似牛，豬首大腹，脚有三蹄，色黑，好食棘，其皮每孔生三毛。頂一角，或云兩角，或云三角。郭璞《爾雅》注：「犀三角：一在頂上，一在額上，一在鼻上。鼻上者，即食角也，小而不隋。他果反，亦有一角者。」《嶺表録異》曰：「犀有二角，一在額上爲兕犀，一在鼻上爲胡帽犀。」牯犀亦有二角，皆爲毛犀；而今人多傳一角之説。向在蜀，見畫圖犀之形，角在鼻上，未審孰是。

此數種，俱有粟紋，以粗細爲貴賤。貴者，有通天花文。犀有此紋，必自惡其影，常飲濁水，不欲照見也。文理絶好者，有百物之形。或云通天者，是其病理，不可知也。通天犀，腦上角千歲者，長且鋭，白星徹端。能出氣通天，則能通神，可破水駭雞，故曰通天。《抱樸子》曰：「通天犀有白理如綫者，以盛米，雞見即駭。其直者，刻爲魚；銜入水，水開三尺。」俗所謂離水犀者是也。犀胎時，見物象戾天，則形于角上，故云通天。有倒插，有正插，有腰鼓插。倒插者，一半以下通；正插者，一半以上通；腰鼓插者，中斷不通。其類極多，皆以爲奇異。故波斯呼象牙爲白暗，犀角爲黑暗，言難識别也。

犀中最大者曰墮羅犀，一株有重七八斤者，云是牯犀額角。其花多作撒豆斑。色深者，堪作帶胯；斑散而色淺者，但可作器皿耳。或曰兕是犀之雌者，未知的否。又曰犀之佳者是牸犀，紋理細膩，斑白分明，俗謂斑犀。服用爲上。然入藥，則不如雄犀也。凡犀入藥者，有黑白二種。以黑者爲勝。其角尖又勝。方書多言生犀相承，謂未經水火湛將廉反熾者是，或謂不然。蓋犀有捕得，殺而取者爲生犀；有得其蜕角爲退犀，亦猶用鹿角法耳。

唐相段文昌門下醫人吴士皐，因職于南海，見舶主，言海中取犀牛之法：先于山路多植木，如豬羊棧。其犀以前脚直，常依木而息。植木久必蠹，犀忽倚焉，即木折犀倒，而因斃之，取其角。又云：犀每自蜕角，必培土埋之。海人跡其處，潛易以木角。若直取之，則犀徙去别山遁迹，不可尋已。未知今之取犀角，果如此否。《異物志》云：山東海水中犀牛，樂聞絲竹，彼人動樂，犀則出。祥符間，老璫李德永，撰《點頭文》一編。其間有論犀帶至貴者，無出于黑犀。謂生犀徹骨黑者，名黑骨犀。不經湯火，只如餅餡，劈四邊，取方爲銙具。其文頭或如桑椹，或似狗鼻，以墨蠟刷之，自然光潤。性全脂脈在内，兼無皴裂，四邊雲頭兩脚直者，是也。不拘黔、螺、牸、牯；黔謂無紋，螺謂紋旋，牸紋細，牯紋大而匀。或每一粒紋尖上，更有一眼者，佳也。又有赭黄犀，須是裏外透明，瑩浄如真金色者，至寶也。

又一説，犀有二種：曰山犀，曰水犀。水犀少見。《五谿記》云：山犀者，食竹木，小便竟日不盡。夷獠以弓矢採取，故曰黔犀。

大率犀之性寒，能解百毒。世南友人章深之，病心經熱。口燥唇乾，百藥不效。有教以犀角磨服者。如其言，飲兩碗許，疾頓除。

成都雙流縣，有一匠者，能以牛角造通犀。但刻畫太逼真，易爲人所識别。然色澤粟紋，自有不可掩揜者。井邑間市語，謂犀下品爲鬼犀，乃死犀角。其紋、色，絶不堪也。

宋·張世南《游宦紀聞》卷五　三山谿中産小魚，斑紋赤黑相間。里中兒豢之，角勝負爲博戲。昔有鬥禽，未見有鬥魚，亦可觀也。聞永嘉亦有之。

宋·張世南《游宦紀聞》卷七　西海多龍，枕石一睡，涎沫浮水，積而能堅，鮫人採之，以爲至寶。新者色白，稍久則紫，甚久則黑。

宋·宇文懋昭《大金國志》卷三九《初興風土》　禽有鷹鸇海東青之類，獸多牛、馬、麋、鹿、野狗、白彘、青鼠、貂鼠。

明·葉子奇《草木子》卷一《管窺篇》　鱗蟲皆卵生也，獨海鯊胎生，故其爲魚也最巨。

又　江之水族，如揚子大江，族類各有所限。江蟹至潯陽則少，鱘魚至鴨欄磯則少，鮰條魚惟城陵磯冬至前後始有之，其理猶鸜鵒不踰濟。貉踰淮而死，當由地氣使然。

又　鱗蟲有蟄，龍蛇是也。羽蟲有蟄，鶯燕是也。毛蟲有蟄，黄鼠是也。介蟲有蟄，黿鼉是也。夫蟄物，又造物減其半功也。故其用不能全。

又　世間萬物無不生蟲，木水土之中，生蟲至多，固其常也。至於火中生蟲，則火鼠也。極南方有之，其毛以爲火浣布，而火南雞亦食火也。陰山以北，積雪歷世不消。生蛆如瓠，謂之雪蛆，味極甘美。張子和醫者著儒門事親書，言見民家一鐵鍋底上，起一鐵泡，鎚破，有一紅蟲。其走如飛，其嘴至硬，是金鐵中亦有蟲也。

又　石決明，海中大螺也。生於南海崖石之上，海人泅水取之，乘其不知，用手一撈則得。苟其覺知，雖用斧鑿，亦不脱矣。

又　南海中秋有月，則蚌胎生珠，無月則否也。

又　雉善聽，狼善視。狐善疑，駱駝善知泉。象善知地虚實，浣布以灰。濯錦以魚，洗金以鹽。

又　物有相資以生者，璅蛣腹蟹也。物有相待以動者，水母目蝦也。

又　水魚不瞑，土蟲不息。

又　雁順陰陽而南北，魚順陰陽而上下，鶯燕蛇蛙，順陰陽而出入。

又　鰷浮水面，鯰沈水底，鯽遊水中。

又　有雌而無雄，其名大腰，黿鼉是也。有雄而無雌，其名細腰，蜂蠆是也。

又　飛之至高者，鶴也，鵠也，天鵝也，鷹鸇也。餘皆下風也。

又　萬物既生，如是形矣。其爲技也，有不待教而後能，且鳥也。百舌合百舌而成一舌，故善變聲。啄木舌端有棘鍼，故善取蠹。鸚鵡舌似人，故能言，一受其成形，故不待教而後能。

明·葉子奇《草木子》卷三《克謹篇》　至正九年間，河内民家養蠶，及熟而上箔，共結成一幅，宛如旗狀。又一家蠶數千萬，共結成一繭，大如數石甕。蓋亦倮蟲之孼，爲兵之兆也。

又　鄜州路宜君縣孟皇村，呼景賢母舅石氏，養蠶三十箔。其蠶忽變，萬蠶合併爲千，千化爲百，百化爲十，十化爲一巨蠶，大如瓜瓠。及老而簇吐絛，計重一十五斤。當時以爲瑞。及元末，小總兵王保保與慶陽李思齊治兵相攻，屠翦其村，石氏遂滅。蓋倮蟲之孼也。

又　又呼家，其母養蠶將老，蠶忽唧唧有聲。次年母卒。

又　至正甲午乙未年，龍泉縣人家有一雞二形。一邊毛羽純雄，一邊毛羽純雌。既能雄鳴，又解雌伏。蓋氣之乖亂，羽蟲之孼也。次年，青田山賊陷縣治。

又　乙未年中，江淮間羣鼠擁集如山，尾尾相銜度江。過江東來，湖廣羣鼠數十萬，度洞庭湖望四川而去。夜行晝伏，路皆成蹊，不依人行正道，皆遵道側。其羸弱者走不及，多道斃。

又　己亥冬，盛寒之月，蜂蝶競出。多入人家香鑪上立，後多凍死。按此物當春暖花香則出，苦寒出非其時，此變也。變不虚生，宜有其證，後龍鳳年間。多選良家子弟爲湖務閑官，少年多以事被戮，是其應也。

又　至正二十二年間，黄河自河東清者千餘里。河魚歷歷，大小可數。

又　庚戌年。岳州府羣蟻同穴，無故自鬭而死。處處皆積成小堆。

又　庚申帝幼年，遠貶南服，舟汎清江。忽有二老猴登舟獻果而拜，及去，使人尾之。至山洞中，羣猴凡四五百，上命近寺僧每日設飯飼之。及癸酉還都登極，羣猴復相率拜送，餘猴數百皆去。忽其中大猴卒死者三十六枚。當時皆惘然，莫知所以。蓋申肖猴，迎拜，見祥也。送死，示孽也。庚申帝既貶而得國，在位凡三十六年而亡國，蓋天示之象也。在昔唐明皇酉生肖雞，明皇好鬬雞。兵爭象也，其後卒有祿山之亂。

又　兼之中原連年旱蝗，野無遺育，人無食，捕蝗爲糧。

明·葉子奇《草木子》卷三《雜制篇》　海東青，鶻之至俊者也。出於女真，在遼國已極重之。因是起變而契丹以亡，其物善擒天鵝。飛放時，旋風羊角而上，直入雲際。能得頭鵝者，元朝官裏賞鈔五十錠。

又　鱣魚三月上官於孟津。

又　鵰鴿向日飛。

又　鳳骨黑，雌雄夕旦鳴各異。其雄聲，其雌音，雄鳴節節。雌鳴足足。行鳴曰歸嬉，止鳴曰提袂。

又　蛇有水草木土四種。

又　孔雀尾端一寸，名珠毛。

又　蜀郡無兔鴿，江南無狼馬，朱提以南無鳩鵲。

又　唐鄭復禮言，波斯舶上多養鴿。鴿能飛行數千里，輒放一隻至家，以爲平安信。

又　鸚鵡能言，衆鳥趾前三後一。惟其四指齊分，凡鳥下臉貶上。獨此鳥兩臉俱動如人目，舌亦如人。

又　獅子尾拂，夏月蠅蚋不敢集其上。舊説蘇合香，獅子糞也。

又　象性久識，見其子皮必泣，牙生理必因雷聲。象膽隨四時在四腿，春在前左，夏在前右，如鼉無定體也。鼻端有爪，可拾鍼，肉有十二般。惟鼻是其本肉，惡聞犬聲，耳後有穴。薄如鼓皮，一刺而斃，胸前有橫骨。灰之酒服，令人能浮水出没，食其肉。令人體重，象孕五歲始生。

又　虎鬚治齒。齒痛，拔插齒間即愈。虎殺人，能令屍起，自解衣，方食之。虎威如乙字，長一寸，在脇旁兩旁皮内。尾端亦有之，佩之臨官佳，能役倀鬼解衣。

又　馬四歲兩齒，至二十歲，齒盡平。戎馬八尺，田馬七尺，駑馬六尺。豬槽飼馬，石灰泥槽，汗而繫門，三事落駒。

又　狼作聲，諸竅皆沸。胜中筋大，如鴨卵，如織絡，小囊蟲所作也。狼糞煙直上，烽火用之。

又　鯉脊中鱗一道，每鱗有小黑點，大小皆三十六鱗，唐制，取得鯉魚即宜放，賣者杖六十，石斑魚好與蛇交。

又　鯢魚如鮎，四足長尾。能上樹，天旱輒含水。上山如草葉，覆身張口，鳥來飲水。因吸食之，聲如小兒。峽中人食之，先縛於樹鞭之，身上白汗出如構汁。去此方可食，不爾有毒。

又　蒐國出百足蟹，長九尺，四螯煎爲膠，謂之「螯膠」，勝鳳喙膠也。

又　擁劍，一螯極小，以大者鬬，小者食。

又　寄居，殼似蝸。一頭小蟹，一頭螺蛤也。寄在殼間，常候蝸開出食。螺欲合，遽入殼中。

又　牡蠣言牡，非謂雄也。介蟲中，惟牡蠣是鹹水結成也。

又　顛當巢深如蚓穴，網絲其中，土蓋與地平，大如榆莢。常仰扞其蓋，伺蠅蠖過，輒翻蓋捕之，纔入復閉。與地一色，並無絲隙可尋也，其形似蜘蛛。

又　冷蛇，申王有肉疾，腹垂至骭。玄宗詔南方取冷蛇數條賜之，蛇長數尺，色白，不螫人。執之冷如握冰，申王腹有數約。夏月置於約中，不復覺煩暑。

又　度古似書帶，色類蚓，長二尺餘，首如鏟，背上有黑黃襴，稍觸則斷。常趁蚓，蚓不復動，乃上蚓掩之。良久蚓化，惟腹泥如綖。有毒，雞喫輒死，俗呼「土蟲」。

元·劉祁《歸潛志》卷一三　唯桑五穀頗類中國，種樹亦人力。其鹽産於山，釀蒲萄爲酒，瓜有重六十觔者。海棠色殊佳。有葱蘆，美而香。其獸則駝而孤峯，牛有□脊，羊而大尾。又有獅、象、孔雀、水牛、野驢。有蛇四跗。有惡蟲，狀如蜘蛛，中人必號而死。自餘禽兽、草木、魚蟲，千態萬狀，俱非中國所有。

元·單慶修、徐碩《至元嘉禾志》卷六《物産·禽之品》　雞　鵞　鴨　鴻　雁　鸛　燕　雀　鴿　鳥　鵲　鳩　鶉　鷗　鷺　鷹　鵶　雉　野鳧　黃雀　鵓鴣　啄木　鴝鵒

又　獸之品　牛　羊　豬　犬　貓

又　魚之品　鱖　鯽　白　鮎　鱸　鯿　鯖　鰷　鱓　鰌　鰻　蟹　鰕　鼂　鼈　銀魚　黃顙　蚌　蜆　鯧此以下出海鹽松江路　勒　鱉　石首

海鱸　海鯔　蟶　蛤　梅魚　鰌蚌　膨蚏　蠣　青蝦　白蝦　黄蝦　白蜆　水母　白蟹

元·虞應龍《元一統志·江西等處行中書省·廣州路·土産》　麋　番禺、南海、東莞出。《永樂大典》一一九零七廣字引《元一統志》。

又　羊　番禺、南海出。《永樂大典》一一九零七廣字引《元一統志》。

又　野豬　《永樂大典》一一九零七廣字引《元一統志》。

又　狸　番禺、南海、東莞、香山並有。《永樂大典》一一九零七廣字引《元一統志》。

又　兔　南海縣出。《永樂大典》一一九零七廣字引《元一統志》。

又　獺　南海、東莞有。土産有水馬皮。《永樂大典》一一九零七廣字引《元一統志》。

又　鷓鴣　《永樂大典》一一九零七廣字引《元一統志》。

又　白鷳　《永樂大典》一一九零七廣字引《元一統志》。

又　骨雞　《永樂大典》一一九零七廣字引《元一統志》。

又　雉雞　東莞、香山、南海、番禺並出。《永樂大典》一一九零七廣字引《元一統志》。

又　山烏　即山胡也。清遠、新會並有。《永樂大典》一一九零七廣字引《元一統志》。

又　仙鶴　番禺、東莞、香山並有。《永樂大典》一一九零七廣字引《元一統志》。

又　琢螺　《永樂大典》一一九零七廣字引《元一統志》。

又　蛤蜊　一名車馬。《永樂大典》一一九零七廣字引《元一統志》。

又　車螯　《永樂大典》一一九零七廣字引《元一統志》。

又　絲蚶　《永樂大典》一一九零七廣字引《元一統志》。

又　獵涉　《永樂大典》一一九零七廣字引《元一統志》。

又　馬蹄螺　《永樂大典》一一九零七廣字引《元一統志》。

又　蟛蜞　白者佳。《永樂大典》一一九零七廣字引《元一統志》。

又　鯽魚　南海縣出。《永樂大典》一一九零七廣字引《元一統志》。

又　鞋底魚。《永樂大典》一一九零七廣字引《元一統志》。

又　髻撒魚　《永樂大典》一一九零七廣字引《元一統志》。

又　坦殼魚　南海、東莞、香山並有。《永樂大典》一一九零七廣字引《元一統志》。

又　鱠魚　南海、香山並有。土産有鮫魚皮。《永樂大典》一一九零七廣字引《元一統志》。

又　銀魚　亦名曰白飯魚。東莞、南海並有。《永樂大典》一一九零七廣字引《元一統志》。

又　鱭魚　蚶　鯅魚　香山縣並出。《永樂大典》一一九零七廣字引《元一統志》。

又　鱔　《永樂大典》一一九零七廣字引《元一統志》。

又　細鳳尾魚　《永樂大典》一一九零七廣字引《元一統志》。

又　魚有赤魚、鰽魚、尋龍魚、鳳尾魚、短頸魚、馬交魚之屬。其尤大者曁魚，脊若鋒刃，數年一至南海廟前，俗謂之來朝，必有疾疫。又有紅螺、白蜆、龜脚、馬甲、蠔、鱟等，名品甚多，土人以爲美味。《寰宇通志》一零二引《元一統志》。

又　曁魚　或數十年一來，或一年數至。時至南海王廟前而退，人謂之來朝，俗謂來數，則人有疫癘。《永樂大典》一一九零七廣字引《元一統志》。

又　鱟　東莞縣十七都東莞場鹹水海底生。蜑人採取貨賣。殼如蓬，可以爲杓。尾長尺餘。足於蟹腹，厚如緑豆。土人以爲美味。《永樂大典》一一九零七廣字引《元一統志》。

又　蠔　東莞縣八都靖康場所産。其處有蠔，因生鹹水中，民户歲納税糧採取貨賣。蠔殼堅而肉白，又有小而肉稍黄。《永樂大典》一一九零七廣字引《元一統志》。

元·虞應龍《元一統志·江西等處行中書省·潮州路·土産》　魚　地産鮫魚皮。《永樂大典》五三四三潮字引《元一統志》。

又　鱟魚　諸縣有。**【略】**《永樂大典》五三四三潮字引《元一統志》。

又　蛤　**【略】**《永樂大典》五三四三潮字引《元一統志》。

又　蠔　**【略】**《永樂大典》五三四三潮字引《元一統志》。

又　章舉馬甲柱　**【略】**《永樂大典》五三四三潮字引《元一統志》。

元·虞應龍《元一統志·江西等處行中書省·梧州路·土産》　嘉魚　出蒼梧縣。**【略】**《永樂大典》二三四零梧字引《元一統志》。

元·虞應龍《元一統志·湖廣等處行中書省·邕州路·土産》　蠻犬　宣化、武緣兩縣皆出。《永樂大典》八五零七寧字引《元一統志》。

又　嬾婦獸　【略】《永樂大典》八五零七寧字引《元一統志》。

又　山豬　即毫豬。身有棘刺，能震發以禦人。二三百爲羣，以害苗稼。《永樂大典》八五零七寧字引《元一統志》。

又　鸚鵡　出兩縣山間。能言。《永樂大典》八五零七寧字引《元一統志》。

又　秦吉了　出兩縣山林間。似鸚鵡，教之能言。《永樂大典》八五零七寧字引《元一統志》。

又　倒掛　出兩縣山間。毛緑。常倒挂於樹林。《永樂大典》八五零七寧字引《元一統志》。

又　越鳥　飛生鳥，兩縣諸山有。《永樂大典》八五零七寧字引《元一統志》。

元・虞應龍《元一統志・湖廣等處行中書省・藤州・土産》　嘉魚　【略】《永樂大典》二三四零梧字引《元一統志》。

元・虞應龍《元一統志・遼陽等處行中書省・大寧路・山川》　和龍山在興中州東。南北長六十里，東西廣三十里。一峯特聳，號曰天柱孤峯。《熱河志》六七引《元一統志》，《蒙古游牧記》二引《元一統志》。

南北長《蒙古游牧記》無「長」字。六十里，東西三十里。遼天授皇帝嘗獵其間，獲一香麝，因名其崖曰麝香崖，峪曰駐龍峪，泉曰神射泉。《熱河志》六七引《元一統志》，《蒙古游牧記》二引《元一統志》。

天授皇帝嘗獵獲一香麝，因名其泉曰神射。《熱河志》七二引《元一統志》。

又　魚　瑞州産魚曰《蒙古游牧記》無「魚曰」二字。秦王鱠，以唐太宗口口駐此得名。《熱河志》九八引《元一統志》。《蒙古游牧記》二引《元一統志》。

元・虞應龍《元一統志・雲南諸路行中書省・麗江路軍民宣撫司・土産》

馬　獵犬　紙　降真香　氈　布　木瓜　石達　茨子　虎皮　熊皮　麝香　野豬　鷹鷂　猴《大元一統志》通安州。

又　粳糯　麥　粟　馬　羊　獵犬　鹿茸　野豕　鷹鷂　赤山白雞　猴　飛鼠　熊皮　麝　巨津州及臨西縣並出。《大元一統志》麗江路軍民宣撫司。

元・虞應龍《元一統志・湖廣等處行中書省・鬱林州・土産》　鮫魚　在南流縣及定川界内。狀如團扇，口在腹下而方。尾間有刺，傷入甚毒。皮裝刀靶。蔡絛《國史補》及《寰宇記》云。《永樂大典》二三四零梧字引《元一統志》。

又　鰐魚　在南流縣及所廢黨、牢州界内有。狀如鼉，四足。身長二丈，口長四尺。齒如鋸，食人。爲窠生卵，如鵝子大。死後骨已枯，齒落更生，朽盡始止。蔡絛《國史補》及《寰宇記》云。《永樂大典》二三四零梧字引《元一統志》。

元司農司《農桑輯要》卷四《養蠶・論蠶性》　《齊民要術》：《春秋考異郵》曰：「蠶，陽物，大惡水，故蠶食而不飲。」

《士農必用》：蠶之性，子在連則宜極寒，成蟻則宜極暖，停眠起宜温，大眠後宜凉，臨老宜漸暖；入簇則宜極暖。

元司農司《農桑輯要》卷四《養蠶・三光》　《蠶經》：白光向食，青光厚飼，皮皺爲飢，黄光以漸住食。

元司農司《農桑輯要》卷七《孳畜・鵝、鴨》　鵝惟食五穀，稗子及草萊，不食生蟲。鴨，靡不食矣。水稗實成時，尤是所便，噉此足得肥充。

元・陶宗儀《南村輟耕録》卷二四　天隕魚　至正丙午八月辛酉，上海縣浦東俞店橋南牧羊兒三四，聞頭上恰恰有聲，仰視之，流光中隕一魚，刺麻佳上成二創，其狀不常見。自首至尾根僅盈尺，似闊霸而短。是日晴無陰雲，亦無雕鶴之類，是可怪也。日昳時，縣市人閧然指流星自南投北，即此時也。橋下一細家取欲烹食，其妻鹽而藏之，來者多就觀焉。或者曰：志有云：天隕魚，人民失所之象。

元・脱脱等《宋史》卷八五《地理志一》　及金人再至，圍城日久，欽宗命取山禽水鳥十餘萬，盡投之汴河，聽其所之。拆屋爲薪，鑿石爲砲，伐竹爲笓籬。又取大鹿數百千頭殺之，以啖衛士云。

元・脱脱等《宋史》卷八六《地理志二》　朔方、樓煩，馬之所出，歲增貿市以充監牧之用。

元・脱脱等《宋史》卷八八《地理志四》　瑞安府【略】，貢鮫魚皮、蠲糨紙。

又　台州【略】，貢甲香、金漆、鮫魚皮。

又　通州【略】，貢獐皮、鹿皮、鰾膠。

又　衡州【略】，貢麩金、犀。

又　寶慶府【略】，貢犀角、銀。

元・脱脱等《宋史》卷八九《地理五》　漳州【略】，貢甲香、鮫魚皮。

又　政州【略】，貢麩金、羚羊角、天雄。

元・脱脱等《宋史》卷九〇《地理六》　潮州【略】，貢蕉布、甲香、鮫魚皮。

又 連州【略】，貢紵布、官桂。

元·脱脱等《遼史》卷三九《地理志三》 次至大同館【略】。山中長松鬱然，深谷中時見畜牧牛馬橐駝，多青羊黄豕。

元·脱脱等《遼史》卷四〇《地理志四》 南京析津府，本古冀州之地【略】。其利魚、鹽，其畜馬、牛、豕，其穀黍、稷、稻。

元·脱脱等《金史》卷二五《地理志中》 河間府【略】。産無縫綿、滄鹽、藺席、馬蘭花、香附子、錢蝦蟹、乾魚。

又 益都府【略】。産石器、玉石、沙魚皮、天南星、半夏、澤瀉、紫草。

元·脱脱等《金史》卷二六《地理下》 同州【略】，舊貢圓筋繭耳羊，大定十一年罷之。

明·王濟《君子堂日詢手鏡》卷下 横地多産珍異之鳥，吴浙所有者不録。若烏鳳、山鳳、秦吉了、珊瑚、倒掛之屬，皆有。孔雀，龍州山中甚多，横亦時或有之。其烏鳳，狀類繪家畫鳳，色黑如鴉，翎腹皆淡紅，長頸紅冠，喙腳俱赤，有距。山鳳，狀如烏鳳，色具五彩，若今繪者，但尾稍短，其聲甚惡，好食蛇。二者以其類鳳，故以鳳呼。范石湖《桂海虞衡》云：「山鳳狀如鵝雁，嘴如鳳。」殊未然。又云：「巢兩江深林中，有卵，雄者以木枝雜桃膠封其雌於巢，竅以飼之，鷇乃發封，殈則窒之而死。」又餘所未知也。倒掛，小巧可愛，形色皆如緑鸚鵡而小，畧大於尾雀，好香，故名收香倒掛。東坡有「倒掛緑毛麼鳳」之句，即此。珊瑚鳥，比畫眉差大，彼皆寫珊瑚二字，不知何義。餘謂以其珍貴故耳。或別有名，考諸《埤雅》《爾雅》，皆不見録。然此鳥好鬥，彼人多畜以賭勝負，甚至以鞍馬爲注者，如吾地鬥促織然。秦吉了，俗呼爲了歌，教之能人言，狀如雊鵒而大，嘴爪俱黄，眼上有黄肉。鷓鴣甚多，如小牝雞，虞人捕賣市中，五錢可得一只，甚肥美。又有緑鳩，捕得亦可食。詢山間人，異鳥甚多，不可一一名狀。

清·林佶《全遼備考》卷上《混同江》 尼失哈站南山上有潭，産小魚。魚皆逆鱗，人不敢食。

清·林佶《全遼備考》卷上《東北邊部落考》 俗類窩稽産貂，又東二百余里住伊瞞，河源者曰欺牙喀喇【略】。其地産貂，無五穀。

又 東邊部落貢盛京者曰庫牙喇，俗與窩稽同。産海豹、江獺。

清·林佶《全遼備考》卷下《貂鼠》 貂鼠喜食松子，大抵穴松林中，或土窟，或樹孔。捕者以網布穴口而煙熏之【略】。貂出避輒入網中，又有縱犬守穴口伺其出，而嚙之者，然不貴，恐其損毫毛也。紫黑色毛平而理密者爲上，紫黑而理密者次之，紫黑而疏與毛平而黄者又次之，白斯下矣。胡嶠《陷虜記》所謂黑白黄貂鼠皮也。

清·林佶《全遼備考》卷下《廟》 席百北有鹿，大若橐駝，各康大罕角可爲指決。

又 海豹皮出東北海中，唐開元中，新羅國與果下馬同貢者也，長三四尺，闊二尺許，短毛淡緑色，有黑點。

又 大發哈魚，一作打法哈，子若梧桐子，色正紅，噉之鮮水耳，其皮色淡黄若文錦。

清·林佶《全遼備考》卷下《風土》 遼以東皆産鷹，而寧古塔尤多，設鷹把勢十八名【略】。每年十月後即打鷹，總以得海東青爲主。海東青者，鷹品之最貴者也，純白爲上，白而雜他毛者次之，灰色者又次之。

又 牛魚，鱘魚也，頭畧似牛，微與南方有别然。土人直呼爲鱘，惟中土人或謂之爲牛耳，重數百斤或千斤，混同黑龍兩江、虎兒哈河皆有之，最不易得，得之則羣聚而臠食之【略】。銀魚、牛魚二牛，又云牛魚，出渾同江，其大如盤【略】。鯽魚大者三斤，小者若欒鯽則牛魚在遼金時已貴重矣，然其味猶在鯽魚下。【略】。鮮美不可言，狀若牛魚徒肥耳，不甚鮮也，塞外凡魚皆肥美，余去時於棉花街市一鰱魚，重十斤【略】，十五人食之不盡。

清·唐晏《渤海國志》卷二《物産志》 所産最貴者太白山之兔。按：《黑龍江外記》：「兔有兩種，内興安嶺以南者體長毛雜，土人呼爲跳兒；嶺以北者，目赤毛純白純黑，好事者捕而畜之不食。」

又 鄚頡之豕。按：《黑龍江外記》：「野豬極大，生山谷，以榛子、橡子爲糧。吉林者則食松子。」

又 李賓之馬。按：《柳邊紀略》：「東北部落素産馬，宋時女真嘗至登州賣馬，明女直建州毛憐海西等部共歲貢馬一千五百匹。今柳邊内外絶不産馬，皆自山海關西及高麗國來。」

又 湄沱之鯽。按：《吉林外記》：「鯽魚似小鯿花，出寧古塔南湖者極佳。」《柳邊紀略》：「魚大者三斤，小者若欒鯽，鮮美不可名狀。」

又 海豹。按：《柳邊紀略》：「海豹出東北海中，長三四尺，闊二尺許，短毛淡緑色，有黑點。」

又　貂鼠。按：《吉林外記》：「吉林寧古塔三姓、阿勒、楚喀諸山林多有之其輕煖。英俄嶺以南者色黄，嶺北者色紫黑。」

又　鷹。按：《柳邊紀略》：「遼以東皆産鷹，而甯古塔尤多。每年十月後即打鷹，總以得海東青純白爲上，白者次之，灰色者又次之。」

又　鶻。按：鶻即鵙也，其翎可製扇。《左昭十七年》，鶻鳩氏杜注鶻雕也。

又　文魚。按：《柳邊紀略》：「大發哈魚，其皮色淡黄，若文錦，可爲衣，爲裳，爲履，爲襪，爲綫。寧古塔之貧者多服用之。」

又　熊。按：《吉林外記》云：「吉省深山密林中，樵採者時常遇之，獵户捕之易得也。」

又　虎。按：《黑龍江外紀》云：「呼蘭多虎，虎過父子、兄弟不相讓，獨殺之以獻幕府。」

又　白兔、白鷹等。《唐會要》：「靺鞨所産，靺鞨亦屬渤海。」

又　渤海物産俗所貴者曰太白山之兔，原作菟今從《震志》【略】。扶餘之鹿、鄚頡之豕、率賓之馬【略】。湄沱湖之鯽。【略】。渤海螃蟹，紅花大如椀，螯巨而厚，其跪如中國蟹螯。石舉魷魚之屬，皆有之。《契丹國志》。貢獻品曰鷹，曰鶻，曰馬，曰熊皮，曰羆皮，曰大蟲皮，曰貓皮，曰貂鼠皮，曰海豹皮，曰白兔，曰緇魚，曰文魚，曰鯨鯢睛。

明・宋雷《西吴里語》　武康銅官山有石燕洞，燕之隱見以春秋分，與巢燕同，則其地多雨。

又　紅白魚出太湖，惟近湖州有之，他蘇常郡則無也。四五月閒水漲時，其味尤佳。葉氏《避暑録》云：「太湖白魚冠天下。」即此魚也。蘇人於此時以冰函之歸賣爲佳品。

又　湖州多蚊而豹腳尤毒。

又　海豹皮出東北海中，唐開元中，新羅國與果下馬同貢者也，長三四尺，闊二尺許，短毛淡緑色，有黑點。

清・吴騫《桃溪客語》卷一　荆溪中出鯸魚。

清・楊光輔《淞南樂府》　河豚狀如蝌蚪，即《吴都賦》鯸鮐也。腹極甘腴，故名西施乳。煮之非法，毒人立斃，紅目紅翅者尤毒，蘆芽長尺許便不可食，中毒者急以橄欖汁灌之可解，諺云：拚死喫河豚。

明・王士性《廣志繹》卷一　東南饒魚鹽、秔稻之利。

又　中州、楚地饒漁。

又　南饒犀、象、椒、蘇、外國諸幣帛。

又　北饒牛、羊、馬、臝、羢氊。

又　海南人食魚蝦。

又　天下惟閩、浙人殺物命最多。寧、台、温、福、興、泉、漳等處傍海，食魚蝦蛤蜡，即尺罾拳笱，尚不可以類計，況罟網之大者乎？

又　中原北塞，雖日夕畋獵，然麞豕兔鹿之類，咸以數數。

明・王士性《廣志繹》卷二　南海子即古上林苑。中、大、小三海水四時不竭，禽、鹿、麞、兔、果蔬、草木之屬皆禁物也。據址，周一萬八千六百丈，尚不及百里，僅當漢之十一，雖有按鷹等臺，亦不爲甘泉校獵之用，乃本朝度越處。然非獨官家也，即史稱茂陵富民袁廣漢，築園於北山下，構石爲山，高十餘丈，養白鸚鵡、紫鴛鴦、犛牛、青兕，積沙爲洲嶼，激水爲波濤，致江鷗、海鶴孕雛産鷇，延漫林池，奇草異樹，重閣脩廊，移刻行不能徧。廣漢後罪没，鳥獸草木皆移入上林苑中。然袁園稱東西四里，南北五里，則亦周十八里。今極稱吴中佳麗，然縉紳中何得有此，況民間乎？

明・王士性《廣志繹》卷四　蘄竹爲器，抽削如絲，纖巧甲於天下。復有蘄艾、蘄龜、蘄蛇。艾則惟荆王府内片地出者佳，然不多得。蛇與龜皆生于他鄉村。蛇則頭有方勝，尾有指甲，兩目如生，自刳腸盤屈而死者，可已大風。龜則背有緑毛可辟蠅蟲，置之書篋，數年不死，然多贋者，以小龜塗馬矢放陰溝中，緑毛自生，擕出者不久即落也。竹則以色瑩者可簟，節踈者可笛，帶鬚者可杖。

又　楚木澤國，最稱多魚，淮、揚、吴、越之地未嘗非水鄉，然未若長沙、武陵之間魚可以澤量者，亦地産異也。大江上下則美鱘、鰉，然此魚雖佳而最醜惡，如身長五尺則鼻亦四尺餘，惟鼻長，故口在鼻下如在腰間，魚蝦遇輒避，苦不得食，每仰游，開口接而食之。

又　鳥則有翡翠、孔雀、鸚鵡、鷓鴣、鵔鸃、潮雞、鴆。翡翠以羽爲婦人飾。孔雀食蛇，毛膽俱毒，最白愛其尾，臨河照影，目眩投水中。鸚鵡紅嘴緑衣，不減川、陝，有純白者勝之。鷓鴣滿山亂啼，聲聲「行不得哥哥」，行旅聞之，真堪淚下。鵔鸃似山雞，以家雞鬬之則可擒，其羽光彩，漢以飾侍中冠。潮雞似雞而小，頸短，能候潮而鳴。鴆羽些須可殺人，止大腹皮樹入藥，刮去其糞。獸則有潛牛、犦牛、熊。潛牛魚形，生高肇江中，能上岸與牛鬭，角軟則入水濕之，堅則復出。犦牛出海康，項有骨，大覆如斗，日行三百里。熊有似牛、似人，膽明如鏡。亦有蚺蛇膽，用與熊異，熊治熱毒，蚺治杖毒。魚之奇而大者有鯨、鰐、鋸、鯌。鯨魚吹浪成風雨，頭角可數百斛，頂上一孔大於甕；鰐魚如鯪鯉，四足長數丈，登涯捕人畜食之。鯌魚大盈丈，腹有洞，貯水以養其子，左右兩洞容四子，子朝出暮入宿，出從口，入從臍。鋸魚長二丈，則口長當十之三左右，齒如鐵鋸，生於潮，惠爲多。其他紅螺、白蜆、龜腳、馬甲、蠔、鱟等，名品甚多，不可枚計。若夫犀、象、椒、蘇、岐南、火浣、天鵝、片腦之類，雖聚於廣，皆西洋諸國番舶度海外而來者也。

明・王士性《廣志繹》卷五　廣右山多蛇虺，獨不藏匿，洞中極其清潔。

又　地產蚺蛇，性善淫，土人縛草爲芻靈，粉飾之，蛇見則抱而戲，人徑裂胸而取其膽，蛇對面而不知也。若擊而取之，擊頭則膽隨頭，擊尾則膽隨尾，久而死，膽亦化矣，徒遺水，膽不足用也。取蛇而籠之，如路遇婦人，籠內頓跌幾欲絕。孔雀、鷓鴣、白鷴、翠鳥多出東、西粵，但養之不甚馴，亦不能久存。

又　蠱毒，廣右草有斷腸，物有蛇、蜘蛛、蜥蜴、蜣蜋，食而中之，絞痛吐逆，面目青黄，十指俱黑。又有挑生蠱，食魚則腹生活魚，食雞則腹生活雞。

明・陳懋仁《泉南雜誌》　草魚，清脆頗隃諸肴，然其形似病疸，小兒臂指所切，不堪寓目。

又　龍虱，如牛糞上蟲，似黑而薄，劈食之，小有風味。

又　鱟魚，碧血海中介魚也。似蟹足十有二，長六七寸，漁者醢其肉，居人以其殼作水杓。

又　蝦，有長一二尺者，名龍蝦。肉實有味，人家掏空其殼，如船燈掛佛前。

又　鬭魚，大如指，長二三寸，花身紅尾，善鬭，人家盎畜之。俗呼爲丁斑魚。

又　牡蠣，麗石而生，肉各爲房，剖房取肉，故曰蠣房。泉無石灰，燒蠣爲之，堅白細膩，經久不脫。

清・馮一鵬《塞外雜識》　松花江多鱘魚，大者二丈許。

明・宋濂等《元史》卷五九《地理志二》　合蘭府水達達等路【略】。有俊禽曰海東青，由海外飛來，至奴兒干，土人羅之，以爲土貢。

明・宋濂等《元史》卷六三《地理志六》　崑崙以西，人簡少，多處山南。山皆不穹峻，水亦散漫，獸有髦牛、野馬、狼、麅、羱羊之類。其東，山益高，地亦漸下，岸狹隘，有狐可一躍而越之處。

又　吉利吉思、撼合納、謙州、益蘭州等處。土產名馬、白黑海東青。

明・金幼孜《北征録》　初七日早，發興和。行數里，過封王陀，今名鳳凰山。山西南有故城名沙城，西北有海子，鴛、鶒、鴻、鴈之類滿其中，遠望如人，立者，坐者，行者，聲欬者，白者如雪，黑者如墨，或馳騎逐之即飛起，人去旋下，翩躚回翔于水次。

又　上令中使下馬取觀，復以示幼孜三人觀之。適中官射一野馬來進，上召幼孜與光大、勉仁及尚書方賓前觀。上曰：「野馬如馬，此野騾非野馬，汝輩詳觀之。」

又　二十七日，上令衛士掘沙穴，中跳兔，與幼孜三人觀。大如鼠，其頭、目、毛、色皆兔，爪足則鼠，尾長，其端有毛，或黑或白，前足短，後足長，行則跳躍，性狡如兔，犬不能獲之，疑即《詩》所謂「躍躍毚兔」者也。有鹽海子，出鹽，色白，瑩潔如水晶，疑即所謂水晶鹽也。

又　二十八日，移營於大甘泉北十里屯駐。二十九日午，次清水源。有鹽池，鹽色或青或白，軍士皆采食。三十日，駐蹕清水源。去營六七里，地忽出泉，予與光大往觀，至則泉溢數畝，人馬飲之俱足。

又　五月初一日，早微雨，發順安鎮【略】。又行數里，臨臚朐河，立馬久之，賜名曰「飲馬河」。河水東北流，水迅疾。兩岸多山，甚秀拔，岸傍多榆柳。水中有洲，多蘆葦、青草，長尺餘，傳云不可飼馬，馬食多疾。水多魚，頃有以來進者。

又　二十七日，發長樂鎮，草間多蚊，大者如蜻蜓，拂面嘬嗜，拂之不去。

明・錢古訓《百夷傳》　其屬達魯方等輒立滿散之子思侖發，而殺思瓦發於外。即譴使貢白象、犀、馬，方物於朝。

又　婦人用钁鋤地，事稼穡，地利不能盡，然多產牛、羊、魚、果。

又　其飲食之異者：鰍、鱔、蛇、鼠、蜻蜓、蝻、蛟、蟬、蝗、蟻、蛙、土蜂之類以爲食，魚肉等汁暨米湯信宿而生蛆者以爲飲。

又　有大如斗之柑，有鮎头鯉身之魚，水牛头黄牛身之牛，绵羊头山羊身之羊。雄鷄多伏卵，亦有生卵者。

又　境內所產珍物：雅琥、琥珀、犀、象、鸚鵡、孔雀、鳞蛇、脑、麝、阿魏、金、銀、玻瓈之类。

明・陸容《菽園雜記》卷三　國初，江岸善崩，土人謂有水獸曰豬婆龍者，搜抉其下而然。適朝廷訪求其故，人以豬與國姓同音，諱之，乃嫁禍於黿。上以黿與元同音，益惡之，於是下令捕黿。大江中，黿無大小，索捕殆盡。老黿逃捕者，不上灘淺，則以炙豬爲餌釣之。衆力掣不能起，有老漁云：「此蓋四足爬土石爲力耳。當以甕穿底，貫釣縉而下，甕罩其頭，必用前二足推拒，從而並力掣之，則足浮而起矣。」如其言，果然。豬婆龍，云四足而長尾，有鱗甲，疑即黿也，未知是否。聞黿之大者能食人，是亦可惡。然搜抉江岸，非其罪也。夫以高皇之聰明神智，人言一遷就，禍及無辜如此。則朋黨獄興之時，人之死於遷就者，可勝言哉！

又　予之齒者去其角，傅之翼者兩其足。或云有齒無角，若犬豕似矣。牛羊有角，未嘗無齒也。角當作用，謂鳥咮，譌爲角耳。蓋以爲獸予之角，則無鳥之咮；鳥傅之翼，則無獸之四足。翼足互言鳥獸，齒角不當專以獸言。此説有理，但考之韻書，用無釋鳥咮義，不知何所據也。

又　宣府、大同之墟産黄鼠，秋高時肥美，土人以爲珍饌。守臣歲以貢獻，及餽送朝貴，則下令軍中捕之。價騰貴，一鼠可值銀一錢，頗爲地方貽害。凡捕鼠者，必畜鬆尾鼠數隻，名夜猴兒，能嗅黄鼠穴，知其有無，有則入嚙其鼻而出。蓋物各有所制，如蜀人養烏鬼以捕魚也。

又　國初官馬，養於各苑馬寺各監苑而已。永樂中，始以官茶易和林等處馬，養之民間，謂之茶馬。

又　鳥鼠同穴之説，自幼聞之。及讀《禹貢》蔡氏傳，則以爲二山名，頗疑之。後訪陝西人，莊浪山鳥鼠二物同穴，同穴而處，遂爲雄雌，行者多見之。蓋仲默，理學之士，止據常理以自信，殊不知物之以類自爲配偶，此理之常。亦有非常理所能該括者，如螽與蚯蚓異類，同穴而交，龍與馬交，蛇與龜雉交，蜈蚣多與促織同穴。淛東海邊有小蚌，名瑣蛣，殼中必有一小蟹，失蟹則死，皆異類也。知此則鳥鼠之同穴，無足怪矣。

又　湖廣長陽縣龍門洞有鳥，四足如狐，兩翼蝙蝠，毳毛黄紫，緣崖而上，乃翥而下，名曰飛生。有怪鴟，貍首肉角，斷箬使方而銜之，呱呱而鳴，名曰負版，遇之則凶。

明・陸容《菽園雜記》卷五　嘗聞火雞食火，犀食棘刺，野羊刳腹取脂，脂復生。又見《列子》等書，言昆吾之劍，切玉如泥，火浣之布入火愈鮮，不灰之木，火爇不壞。皆未之信。近日滿剌加國貢火雞，軀大於鶴，毛羽雜生，好食燃炭。駕部員外郎張汝弼親見之。甘肅之西有饕羊，取脂復生。聞之高陽伯李文及彼處奏事人云。然犀之食棘刺，則予所親見也。火浣布，友人淩季行有一縷如指，不灰木譯□劉榊有束帶，以火驗之，信然。由是觀之，切玉之劍，蓋或有之，特未之見耳。

又　聞都御史朱公英云：「廣東海鯊變虎，近海處人多掘岸爲坡，候其生前二足緣坡而上，則襲取食之；若四足俱上坡，則能食人而不可制矣。」又聞按察使孔公鏞云：「廣西蚺蛇，其大者，皮甲鱗皺，雜生苔蘚，與山石無辨。獐鹿誤從摩癢，則掉尾絞而吞之。土人取其膽，則轉腹令取，略不傷嚙；後復遇人取膽，仍轉腹以瘢示之。人知其然，亦不復害也。」

明・陸容《菽園雜記》卷六　《月令》言：十月雉入大水爲蜃。人不知其能化蛟也。張啟昭翰撰言其鄉民嘗逐一雉入山穴中，守之，久不出，乃以土石塞之而去。每過其處，竊視之，封閉如故，人不知也。久之，見其處有水流出不已。踰時又過其處，則山已崩裂，其下成渠。問之居民，云風雨之夕，有蛟出故也。逐雉者爲言其事，始知雉亦能爲蛟云。

又　《莊子》言「即且甘帶」，即且，蜈蚣，帶、蛇也。初不知甘之之義，後聞崑山士了讀書景德寺中，嘗見一蛇出游，忽有蜈蚣躍至蛇尾，循脊而前，至其首，蛇遂伸直不動，蜈蚣以左右鬚入蛇兩鼻孔，久之而出。蜈蚣既去，蛇已死矣。始知所謂甘者，甘其腦也。聞蜈蚣過蝸篆，即不能行。善物各有所制，如海東青，鷙禽也，而獨畏燕。象，猛獸也，而獨畏鼠。其理亦然。

又　嘗登嶧山，山僧作水飯爲供，食一蔬，味佳，問之，云：「張留兒菜。」令採觀之，乃商陸也。餘姚人每言其鄉水族有彈塗，味甚美。詳問其狀，乃吾鄉所謂望潮郎耳。此物吾鄉極貧者亦不食，彼以爲珍味。商陸在吾鄉牛羊亦不食，彼以爲旨蓄。正猶河豚在吴中爲珍異，直沽漁人刳其肝而棄之。時魚尤吴人所珍，而江西人以爲瘟魚，不食。世之遇不遇，豈惟人爲然，夫物亦有然者矣。仲裘聞張留乃樟柳也。

明・陸容《菽園雜記》卷七　鮠魚字一作鮰，味美而子有毒，不減河鲀子，食之能殺人。聞蛇亦能化鱉，凡鱉在旱地得者，不宜食，下水則無毒矣。

又　成化庚子，山西石州民家生一豬，二頭二尾八足，共一脊，生即死。王主事禄公差卒其地，嘗聞之知州云。

又 嘗與鄭介庵會飲，介庵問魚餒肉敗，不直曰魚爛肉腐，而云然，何如？予不能對，因請教，曰：「魚之爛自内始，如腹之餒；肉之腐自外入，如軍之敗。」請問何出，云：「不知所出，嘗聞之先輩張伯緒如此。」後讀程沙隨《思問録》，中具此説，始知出於程。嘗見晦庵先生稱沙隨爲程丈，蓋前輩也。《思問録》於《論》《孟》多所發明。

明・陸容《菽園雜記》卷八 成化十三年，福建長樂縣平地長起一山，長三日而止。度之，高二丈餘，横廣八丈；其旁一池，忽生大蜆，民取食之，味甚美，乃争取食。食者不數日患痢，死者千餘人。

明・陸容《菽園雜記》卷九 雎鳩，揚雄、許慎以爲白鷹，郭璞以江東人謂之鶚，陸機以幽州人謂之鷲。黄公紹識其皆以意求之，斷以爲即今之杜鵑，云：「自蜀人作《華陽國志》，妄稱望帝所化，遂有杜鵑、杜宇之名。而雎鳩、王雎，世反不識。」此正以五十步笑百步者也。惟朱子《詩傳》云「狀類鳬鷖」，最爲得之。今吴音謁呼雎爲鷖。婚禮，好事者必求鴛鴦王雎，以備名件，蓋非尚珍異。鴛鴦，取其匹而有思；王雎，以其摯而有别也。

又 梅聖俞《河魨詩》云：「春洲生荻芽，春岸飛楊花。河魨當此時，貴不數魚蝦。」而吾鄉俗語則云：「蘆青長一尺，莫與河魨作主客。」蘆青，即荻芽也。荻芽長，河魨已過時矣。而聖俞云然，予嘗疑之。後觀范石湖《吴郡志》，始知此魚至春，則泝江而上。蘇、常、江陰居江下流，故春初已盛出，真、潤則在二月。若金陵上下，則在二三月之交。池陽以上，暮春始有之。聖俞所云，殆池陽，當塗之俗。而歐公所謂「羣游水上，食絮而肥」，南人多以荻牙爲羹，則又附會之説，非真知河魨者也。

又 觀屬目，聞屬耳，然佛書有觀其音聲之文，杜詩有「心清聞妙香」之句。正猶鳥不可以牝牡言，獸不可以雄雌言，《易》有牝雞，《詩》有雄狐。此文字中活法，可以意會而不必泥也。

明・陸容《菽園雜記》卷一一 然天下風氣不同，土産異宜，自有不能律者。如鹿兔北方最易得，南方澤國，則得之已難。今蘇、松、嘉興二祭，鹿兔皆買之鄰郡，價亦頗費。廣東全不産兔，每以胡孫代之。聖人知周天下，而猶如此，然則堯、舜猶病，亦勢然也。

又 廣西有蚺蛇，其肉無毒，土人食之。其脂與涎沫著男陰，即消縮不舉。嘗聞有軍士若干，涉一水，皆病陰痿，蓋此水乃蚺蛇出没處，有涎沫其中故也。《輟耕録》記佛達少年奸淫，藥被人左使，致終身不舉者，疑即其脂也。又見孫思邈《千金方》。鹿脂亦然。

明・陸容《菽園雜記》卷一二 馮婦善搏虎，卒爲善，句士則之。句野有衆逐虎，虎負嵎，馮婦攘臂下車，衆皆悦之，其爲士者笑之。近見嘉興刻本，點法如此，頗覺理勝。蓋悦之者，搏虎于野之衆。笑之者，則之之士也。前後相應。

又 世傳水母以鰕爲眼，無鰕則不能行。云鰕聚食其涎，因載之以行。近聞温州人云：水母大者圓徑五六尺，肥厚而重，一人止可擔二箇。頭在上，面正中，兩眼如牛乳。剖之，中各有小紅鰕一隻。故云以鰕爲眼。前説非也。又水母俗名海蟄，直列反，但不知爲某字。《松江志》作海蟄，或作海蜇。《翰墨大全》作海蛇。按：蟄，蟲冬伏也，蜇，蟲傷人也。皆非物名，亦非直列音。蛇，音除駕，《本草》作蜡，音同，音雖非直列，實水母之異名。温州人又呼水母爲鮓魚。鮓字無義，豈即蛇音之訛耶？

又 成化末，里人朱全家，白日羣鼠與貓鬬，貓屢却。全臥見之，以物投鼠不去，起而逐之，才去。

明・陸容《菽園雜記》卷一三 石首魚，四五月有之。浙東温、台、寧波近海之民，歲駕船出海，直抵金山、太倉近處網之，蓋此處太湖淡水東注，魚皆聚之。它如健跳千户所等處，固有之，不如此之多也。金山、太倉近海之民，僅取以供時新耳。温、台、寧波之民，取以爲鮝，又取其膠，用廣而利博。予嘗謂瀕海以魚鹽爲利，使一切禁之，誠非所便。但今日之利，皆勢力之家專之，貧民不過得其受雇之直耳。其船出海，得魚而還則已，否則遇有魚之船，勢可奪，則盡殺其人而奪之，此又不可不禁者也。若私通外蕃，以啟邊患，如閩、廣之弊則無之。其採取淡菜、龜腳、鹿角菜之類，非至日本相近山島則不可得，或有啟患之理。此固職巡徼者所當知也。

又 貓生子胎衣，陰乾燒灰存性，酒服之，治噎塞病有效。聞貓生子後即食胎衣，必候其生時急取則得，稍遲則落其口矣。

明・陸容《菽園雜記》卷一五 成化甲辰，泗州民家牛生一麟，以爲怪，殺之。工侍賈公俊時公差至此，得其一足歸。足如馬蹄，黄毛中肉鱗隱起，皆如半錢。

永康尹崑城王循伯時爲進士，親見之，云然。

又 弘治五年，揚之瓜州聚船處，一米商船被雷擊，折其桅。近本處，大小鼠若干皆死。蓋鼠竅空而窟宅其中也。大鼠一重七斤，小鼠約二斗。鄉人印綬初聞而未信，嘗親問其船主，云然。意者天恐風折於揚帆時，致誤民命，故擊之耶！

又　江西山水之區多產蛟，蛟出，山必裂，水必暴湧。蛟乘水而下，必有浮苴擁之，蛟昂首其上。近水居民聞蛟出，多往觀之，或投香紙，或投紅綃，若爲之慶賀者然。云蛟狀大率似龍，但蛟能害及人畜，龍則不然；龍能飛，且變化不測，蛟則不能也。

又　北方有蟲名蚰蜒，狀類蜈蚣而細，好入人耳。聞之同寮張大器云：「人有蚰蜒入耳不能出，初無所苦，久之覺腦痛。疑其入腦，甚苦之，而莫能爲計也。一日將午飯，枕案而睡，適有雞肉一盤在旁，夢中忽歕嚏，覺有物出鼻中，視之，乃蚰蜒在雞肉上，自此腦痛不復作矣。」又同寮蘇文簡在山海關時，蚰蜒入其僕耳，文簡知雞能引出，急炒雞置其耳旁，少頃，覺有聲鉤然。乃此蟲躍出也。

明・黃衷《海語》卷二《物產・象》　象嗜稼，凡引類於田，必次畝而食，不亂蹂也，未旬即數頃盡矣。島夷以孤豚縛籠中，懸諸深樹，孤豚被縛，喔喔不絕聲。象聞而怖，乃引類而遁，不敢近稼矣。夫體巨而力強者，物莫象若。張本作莫如象。佛書言：菩薩之里，撲入龍象，是匹龍也。孤豚之聲乃怖而遁之，島夷之術奇矣，抑何所受邪？噫！世之屏目任耳，而自致疑懼者，獨象也哉！

明・黃衷《海語》卷二《物產・海犀》　海犀間出海上，類野兕而額鼻有角，與陸犀同所遊止處，水爲分裂，夜則淵面，白光熒熒，此其異也。島夷是候原作傷，據張本改。之，然竟無獲者，遂爲希世之物矣。舊說溫嶠然犀照水神怪，莫遂即其角也。錢吴寶庫有水犀帶一具，國亡流落人間，不知所終。云又野犀有名通天者，角表夜光如炬，亦奇物也。

明・黃衷《海語》卷二《物產・海馬》　海馬，色赤黃，高者八九尺，逸如飛龍，山食而宅海，蓋龍種也。東南島夷老於泛海者間一見。云昔人有得得字據張本補。巨獸骨者，以問沙門贊寧，曰是爲海馬骨，水火俱不能毀，惟漚糟以腐即爛矣。試之果然。前代緇流博雅，乃爾則名爲大儒者，其可及哉！

明・黃衷《海語》卷二《物產・海驢》　海驢多處東海，狀如驢，舶估有得其皮者，毛長二寸許。晴則毵毵下乘，陰則鬔練整整據張本疊整字。也。或以制臥裀善人御之，竟夕安寢，不善人枕藉，魂乃數驚矣。島夷詫其靈，不敢蓄也。

明・黃衷《海語》卷二《物產・海狗》　海狗，純黃，形如狗，大乃如猫。嘗羣遊，背風沙中，遥見船行，則没海。漁以技獲之，蓋利其腎也。醫公以爲即膃肭臍，云按《本草》膃肭出西戎，豕首，魚尾而二足。《圖經》云：黃毛三莖一竅，恐別種也。

明・黃衷《海語》卷二《物產・獵猜》　獵猜有白有黑有黃有驪，原作狸，據張本改。狀酷類猫，而大亦高足而結尾，捕鼠捷於猫也。諸國皆產而張本作雜。暹羅者，良舶估挾之廣州，常猫見而避之。豪家每十金易一云。

明・黃衷《海語》卷二《物產・海鼠》　海鼠大如豕，重亦百觔。目正赤，然猶原作亦，據張本改。畏猫。或獻於夷酋畜之，別囿遇猫嚙，公目死焉。

明・黃衷《海語》卷二《物產・海鷗》　海鷗似鳶而大，不識人。舶過嘗集人肩頂，人輒捕而烹之。

明・黃衷《海語》卷二《物產・海雞》　海雞，毛色如家雞，惟雙足鼈類爾。

明・黃衷《海語》卷二《物產・海鶴》　海鶴，大者修頂五尺許，翅足稱是，吞常鳥如啖魚鱔。成化間，有至漳州者，漳人射殺之，復有以頂貨者，類海河而銳味。雄大雌小，晝啄於海，暮宿嚴谷間。島夷豫以小鏢付犺，月夕則伏於鶴常宿所擇，其大者而刺之。平旦，有獲五六頭者，島夷乃剥其頂售於舶，估比至閩廣價等金玉。予嘗見廣中善宦有以鶴製飲器數百，事雜飾金寶，餉餉字據張本補。諸貴璫朝，右以希顯柄，然卒止方岳，豈數然邪，抑公道可憑邪！

明・黃衷《海語》卷二《物產・海鸚哥》　海鸚哥，黑喙，羽足亦鼈也。

明・黃衷《海語》卷二《物產・海鷰》　海鷰，大如鴉，原作鳩，據張本改。春回巢於古巖危壁，茸壘乃白海菜葉。島夷伺其秋取，以修竿接鏟取而鬻之，謂之海鷰窩，隨船至廣，貴家宴品珍之，其價翔矣。

明・黃衷《海語》卷二《物產・火雞山鳳》　火雞出滿刺加山谷，大如鶴，多紫赤色，能食火吐氣，亦煙焰也。子如鵞胎，殼厚踰重錢，或斑或白。島夷採張本無採字。爲飲，蓋見者多珍奇之。山鳳，喙首如鶴頂，足率七八尺，翅翮過之。能吞衆鳥，及張本作敵。人而啄其腦，若刀斧，然子大如椰瓢。近時暹羅哪噠挾一以餉盤，檢悦之，倩巧匠裁爲酤瓶。市井誇謂僅見也。夫明王之世不貴異物而杜淫巧，此何爲者哉？張本少一句。

明・黃衷《海語》卷二《物產・海鯊》　鯊有二種，魚䱇之鯊，蓋閩廣江漢之常產。海鯊、虎頭鯊，體黑紋鼈足，巨者餘二百觔。常以春晦陟於海山之麓，旬日而化爲虎，惟四足難化，經月乃成矣。或曰：虎紋直而而自據張本補。疎且長原作花，據張本補。者，鯊化也。炳成章者常虎也。

明·黄衷《海語》卷二《物産·海龜》 海龜，鷹首鷹吻，大者方徑丈餘，春夏之交，遊卵於沙際。島夷遇而捕之，輒垂淚歔氣如人遭圍厄然，或原作後，據張本改。論之曰：汝再垂淚歔氣，當解汝縛，龜便應聲潸然鳴若哀牛。島夷舁至海濱釋之，龜比入水，引頸三躍，若感謝狀而逝。

明·黄衷《海語》卷二《物産·海鰉》 鰉有二種，常鰉類河魚而小，江河原本作池河海，張本作河海，並誤，今改。皆有也。海海字據張本補。鰉身首差短，歲二八月羣至，數百騰於沙張本有摩字。嶼，移時化爲鳥，俗呼火鳩是也。海濱居民候其上也，譟而驚之，化者纔十五，鱗鬣全不開者，不全化矣。居人差者市者，瀕海皆足。予少時嘗見廣海人有以槽鰉餉縣大人，張北作夫者。比發瓻，鳥首而魚身者二，先大人張本作夫。愀然不懌，曰：是欲化而不可得者也。無乃人離造化之情邪？尚忍食哉？命覆之。

明·黄衷《海語》卷二《物産·海鰌》 海鰌，長者亙百餘里，牡蠣聚族其背，曠歲之積，崇十許丈。鰌負以遊，鰌背平水則牡蠣崪屼水面，張本無水面二字。如山矣。舶猝遇之，如當其首輒震以銃砲。鰌驚，徐而没，猶漩渦，數里舶顛頓。久之乃定，人始有更生之賀，蓋觀甚奇而災甚切也。

明·黄衷《海語》卷二《物産·鰻鱺》 鰻鱺，大者身徑如磨盤，長丈六七尺，鎗嘴鋸齒，遇人輒鬭。數十爲隊，常隨盛潮陟山而草食所經之路，漸如溝澗。夜則鹹涎發光，舶人以是知爲鰻鱺所集也。燃灰厚厚字據張本補。布所開路，執鏢戟諸器，羣譟而前，鰻鱺循路而遁，遇見灰體，澀不可竄，移時乃困，舶人恣殺之，皮厚近寸，寸字據張本補。食之美於肉也。

明·黄衷《海語》卷二《物産·印魚》 印魚，出南海中，似青魚而修廣過之，頭骨中坼如解顱自嬰，腦後乖皮，方徑三寸許，若道巾之披餘，然上有黑文儼入篆籀。島夷間有獲者，必珍藏之，不知其何謂也。

明·黄衷《海語》卷二《物産·河豚》 河豚，出於江河者，皆不盈尺，海中大者如豕，服雜紅黄文彩可玩。當魚率穎穎字據張本補水而遊此，則旋迴戲躍噴沫之聲，鳥馬如訓狐舶。張本無舶字。人聞其聲如其下有河豚也。以小絚擊叉，擲而獲之有有字據張本補重數十斤者云。

明·黄衷《海語》卷二《物産·蜘蛛》 海蜘蛛，巨若丈二車輪，文具五色。非大山深谷不伏也。遊絲隘中，牢若絚纜，晨暉照耀，光燄奕奕，虎豹等張本作虎豹麇鹿。間觸其網，蜘蛛益吐絲如縞霞纏糾，卒，張本無卒字。不可脱俟。遇絲輒燃，紅遍山谷，入設庭燎，蛛潛愈邃密，惟恐其及也。或云取皮未履，不航而涉，豈其然哉？

明·黄衷《海語》卷三《畏途·物怪》 海和尚，人首鼈身，足差長而無甲。

明·黄衷《海語》卷三《畏途·飛頭蠻》 飛頭蠻，亦海山中鬼物也。居處嗜好與人無别。

明·郎瑛《七修類稿》卷四《天地類·鳩》 予嘗至山東沂州，偶見一鳩，羽毛皆灰白色，駭之。且詢土人曰：鳩，蒼班者。此何異也？土人曰：此地惟有一色尚白勝者，不知其有蒼班。後至臨淄，見皆果然，而聲亦小異。

明·郎瑛《七修類稿》卷四《天地類·蝗》 《爾雅》以蝗有四種，予所見者灰黄二色。大率於苗之心葉根節，盡食之。或者四種寓於二色，不可知也。纔飛即交，數日産子如麥門冬。後數日，中出如黑蟻子八十一枚，即鑽入地中。詩注：螽斯一産八十一子，是也。其子入地，來年禾秀時乃出，旋生翅羽。遇臘雪大則入地至深。坡詩「遺蝗入地應千尺」是也。其飛止跳躍，所向羣往，無一反逆者。渡水則後啣前翅，由由然若繩索之狀【略】。蓋此物畏水，而旱則生，所以雪大深入於地。

明·郎瑛《七修類稿》卷二一《辯證類·落霞》 落霞乃鳥也，余舊嘗於内臣養户處見之，形如鸜哥少大，遍體緋羽。《螢雪叢説》以爲飛蛾，誤矣。

明·郎瑛《七修類稿》卷二六《辯證類·蜻蜓螢火》 蜻蜓貼水飛時以尾蘸水中，杜詩所謂「點水蜻蜓款款飛」是也。然不知點水者乃生子也，既遺水中，青鮹魚食之，腹脹孕蟲，噬母腹而出，身似蟬而小，名曰蝦鱉蟲，及蜕始爲蜻蜓。此西湖舟子所言。腐草爲螢，《月令》、《古今注》皆然。然米中細蟲，尾亦熒熒，久而生翼飛去，此則毛詩熠燿宵行者是也。

明·郎瑛《七修類稿》卷三三《詩文類·啄木》 啄木，本名鴷也，俗稱啄木，《異物志》謂大如雀。喙與足背皆青色，今所見相符。但形大於雀，而時有紅嘴者。及見王元之詩曰：「淮南啄木大如鴉，頂似仙鶴堆丹砂。」則形色又異之矣。後讀《爾雅翼》，方知有兩種，大者頂有紅毛，謂之山啄木。然以青色者爲主。故《内經》載「青緑之羽蟲」是也。

明·郎瑛《七修類稿》卷四一《事務類·火魚》 杭自嘉靖戊申來，生有一種金鯽，名曰火魚，以色至赤故也。人無有不好，家無有不蓄。

明·郎瑛《七修類稿》卷四三《事務類·鰐魚》 正德間，蘇州白蓮橋漁人網得一物，黿頭鮎尾，四足如鴨，狀類小犬，眼甚赤。鱗甲悉具。時以爲怪而放去，蘇人皆不識。

明・郎瑛《七修類稿》卷四三《事務類・金魚》 其紅真如血色，然味比之鮒、鯽也遠不及。杭又有金鯉，亦佳。二魚雖有種生，或曰食市中汙渠小紅蟲，則鮒之黑者變爲金色矣。

明・黃省曾《獸經》 麟，仁獸。麒，似麟而無角。牡鳴曰游聖，牝鳴曰歸和。夏鳴曰扶幼，秋鳴曰養綏。毛蟲之長也，騶虞，一曰白虎。白質黑文。獬觸邪，獸也，亦曰神羊。鹿，陽獸也。牡鹿曰麚，牝鹿曰麀，亦曰麎，曰麌，其子曰麑。一歲曰麃，二歲曰麛，三歲曰麈。麋多慾善述。麝，懷香買害。麞，有牙不噬。麈，大尾能揮。麐，大麃也，三足曰靈麐。麠，大麢也，亦曰麃。□，大羊也，亦曰羚羊。兩頭麋，神鹿也，亦曰蔡茸。機獸之登木者曰猿，援也，善嘯。猴，候也，喜躍，亦曰狙，亦曰王孫，亦曰獼猴。猱，揉也，嗜睡。玃，攫也，好顧，千歲變蟾蜍，頰有髮，曰猓然，亦曰狖，亦曰蜼首，有髮曰騰豻，亦曰騰豺。熊羆直眼，猦姆叩頭，角端一角，獨一鳴，夔一足。猩猩音如小兒，東夸曰生生，狒狒見人則笑，亦曰梟羊，北方曰土螻。虎，西方獸也，宋魏曰李父，江淮曰李耳，南楚曰於□，亦曰伯郭，白者曰□，黑者曰虪，亦曰□□，小而猛者曰彪，有角曰虒。食虎豹者曰狻猊，亦曰白澤，條支曰獅子。貘糞切玉，猰㺃殺人，食父爲獍，類馬曰駮，豹無前足，貙生五指，酋耳尾長三尺，獌狿身長百尋，人面虎足者，曰梼杌。人面龍首者曰猰貐。人面虎身者曰馬腸。人面彘身者曰合窳。彀之黃腰，豸之白喙，朱獳魚鬣，蠪蛭虎爪，犰狳鴟目，猙獰狐尾，豹以霧隱，猈以風見，膃肭水居而好浮，狤猸火燒而不死，麢以林而掛角。螝以草而塞尻，貊膏貯器而透，猣皮禦瘴而消。蒙貴小而能捕，羬羊大而甚健。蟲雕一目，似豹也，犢一目亦似豹。懷四角，如牛也。猸四角亦如牛。昆邪山也，獸亦曰昆邪，天狗星也。獸亦曰天狗，類有髮，似熊也。猎無髮亦似熊，獜黃尾，似彘也。羲白尾亦如彘馬，月精也。一歲曰駭，二歲曰駒，三歲曰駣，八歲曰馴，前足皆白曰騱，後足皆白口□。前右足白曰啟服，後右足白曰驤，後左足白曰馵，四蹢白曰踏雪，黑鬣曰駱，黑脣曰駩，黑喙曰騧，白顛曰的顙，亦曰的盧，玄色曰的吻，色深黑曰驪，赤黑曰鐵，白腹曰騵，白跨曰□，□尾曰騴，面顙曰馰，黃騂曰黃，青驪曰駽，連錢曰驄，□鬣曰騤，逆毛曰馻，黃白曰駓，陰白曰駰，亦曰泥驄，蒼白曰□，蒼黑曰騅，彤白口騢，青黑曰騏。駉白曰駮，七尺曰騋，八尺曰駴，行三百曰飛菟，行萬里曰飛黃，行一萬五千里曰騕褭。蹄姸善登曰騉駼，白首虎文曰騼騆，亦曰騶駘。足有四節，曰旄。馬有角曰騅。疎角如鹿茸，曰□，四角曰驛。足前高後低曰駏驢，出北海曰騊駼。驢善旋而負物，騾多力而駕車。兕皮厚而堅，牛性遲而順，海犀之角重八斤。橐駝之蹄行千里，象垂鼻而吸水。狐擊尾而出火。豸貍知搏。貒貉知患，狗知警，豻知守，豺霜降而祀。兔月缺而生。狼入卜野，獺祭入川，豪豬射人，良犬咋獸，懶婦食禾而避。風貍棲木而羞，豕趨下而汙。羊內柔而狠狽，足短而附行。猫睛細而暗視，猶以猶豫名，能以賢能著者，性馴者晝出，氣戾者夜出，肉食者爪利，草食者足疾，類同則鳴，羣合則遊，或處巖穴，或散林丘，毛色變化，強弱狡獪，所貴聖人，并有不害。

明・田汝成《西湖遊覽志》卷三《南山勝蹟》 屬歲旱，湖水盡涸，寺西隅甘泉出，有金色鰻魚遊焉，因鑿爲井，寺衆千餘，飲之不竭，名曰圓照井。

又 俗傳湖中有白蛇、青魚兩怪，鎮壓塔下。

又 蝙蝠洞，在石屋洞側，內產蝙蝠，大者如鴉，亦有純白者，其糞即夜明砂也。建炎間，里人避兵于中，容數百人，皆免。

明・田汝成《西湖遊覽志》卷四《南山勝蹟》 井中相傳有龍居焉，禱雨多應，或見小蟹、斑魚、蜥蜴之類，上覆以樓。

明・田汝成《西湖遊覽志》卷九《北山勝蹟》 祠前有池畝許，清澈可鑑，蓄五色魚數十頭，游泳如畫。

明・李詡《戒庵老人漫筆》卷一 倒挂鳥 倒掛鳥大如雀，綠色，宿則倒掛。常置籠中，以好香薰之，則展毛羽受香，畢而飲。客至，置几案間，仍以香引之，如前展羽，一室芬馥。

又 石鴿石斑魚 浦城有石鴿，大如青蛙，待客最貴之物，龍游謂之石鴨。西安有石斑魚，生石池冷水，味佳甚。

明・李詡《戒庵老人漫筆》卷五 鶴卵鷂 鶴卵略牽長，有一點紅，鷂出殼，腳猶短，七八日漸長繡頂，七八日不食，多以鰍鱔餵之則易，猶小兒出痘，調理失宜，間有亡者。

又 綠鸜鵒 鸜鵒有綠色者，毛羽如鸚哥可愛，然不常有。

明・李詡《戒庵老人漫筆》卷六 猴畏 猴性畏竹扇聲，道州最多。

又 布穀鳥 布穀鳥當四五月插秧時，自呼其名，分明云布穀布穀。因重疊其聲，人驟聞之，音相近而疑似。如云郭公郭婆，又如云看蠶看火，今人遂稱爲看蠶看火鳥，亦稱郭公鳥，失其本名矣。

明·張瀚《松窗夢語》卷二《南遊紀》 梧州產多海物，而鮒魚四時有之。深山產大蛇，土人捕獲，食之如甘魚鱉，最者長數丈，目如炬光，行人夜過，畏避如虎，恐爲所啖也。

明·張瀚《松窗夢語》卷二《西遊紀》 自漖泛舟而東，沿江一路多魚。南溪大鯉，重至百斤，小者亦二三十斤。

明·張瀚《松窗夢語》卷五《鳥獸紀》 南海生孔雀，鸞鳳之亞也。尾生五年後成，長六七尺許，展如車輪，金翠煒然。初春始生，秋月漸彫，與花萼同榮悴。尤自珍愛，遇芳時美景，聞弦歌鼓吹，必舒翼張尾，眄睞而舞。雌者尾短，略無文彩，以聲影相接而孕。

又 閩中白鷴，紅嘴緑首，赤足文身，尾長二尺許，飛鳴如雉，而文彩勝之。

又 東粵產麝，狀如小麋，冬月香滿臍中，入春急痛，以爪剔之，落處草木焦黄。其性畏人，晝處叢林，夜窺人室。

又 象產南越，獸之最大者。其身數倍於牛，而目深如豕。鼻長五六尺，狀如懸臂，食飲恃之。惟雄者有牙，長三四尺，歲遇一易。能别道途虚實，稍虚輒止。故夷人難獲，以陷阱不能試也。

又 荆、楚多麋鹿，爲陽獸，性淫而游山。夏至得陰氣，角解，從陰退之象。又曰：麋，鹿之大者。豈小陽而大陰耶？今海陵至多，千百爲羣，多牝少牡。

又 鸛似鴻而大，喜巢大樹，含水畜魚巢中以哺子，性好旋，飛必以風雨。

又 錦雞似雉，而身備五采，紅黄相間，色澤鮮明，遠勝於雉。

又 關中有鬥雞，僅如兩月雛，團鷃無尾，小喙短頸，羽青如翠，足紅如朱，雄雞有高大一二尺者，遇之喙囁而下之，遂辟易去。

又 鳥中最警敏者，土人呼爲聒聒雞，以其聲之尖利也。燕有二種：越燕小，黑而紫，多呢喃語，巢於門楣；胡燕比越差大，羽多斑點，聲亦較大，巢屋兩楹間，古稱玄鳥。

又 西蜀山深，叢林多虎豹，每夜遇之。遥望林中目光如電，必列炬鳴鑼以進。性至猛烈，雖遭驅逐，猶徘徊顧步。其傷重者咆哮作聲，聽其聲之多少爲遠近，率鳴一聲爲一里。靠巖而坐，倚木而死，終不僵仆。其搏物不過三躍，不中則舍之。有黑白黄三種，或曰黄者幼、黑者壯、白者老。虎嘯風生，風生萬籟皆作；虎伏風止，風止萬籟皆息；故止樂用虎。豹亦有赤玄黑白數種。俗傳虎生三子，中有一豹。豹似虎而微，毛多圈文，尤勝於虎。

又 猴狀似愁胡，其聲嗝嗝若咳。今蜀中至千百爲羣，凡過山峽，目猨上下，遇行人不避。余時於蜀道中遇之，輿人卻步，俟其行盡，方敢前進。猿亦相類，色多黄黑。又曰雄者黑、雌者黄。雌者善嘯，故巴人諺曰：「巴東三峽巫峽長，哀猿三聲斷人腸。」

又 河東黄鼠能拱而立，所謂「相鼠有禮」，象人之威儀也。兩目甚炯，善窺伺。人稍遠，疾趨至地，以兩足分土爲穴，頃刻深入，急以水灌乃出。故云：「往託於社，燻之恐焚其木，灌之恐敗其塗。」是以喻君之左右。

又 隴州鸚鵡，千百爲羣。《禮》曰：「鸚鵡能言，不離飛鳥。」今所見惟紅嘴能言，黑嘴不能言。近南中有大紅者，毛羽光豔，亦不能言。其足指前後各二，異於羣鳥。舌小而圓，故能委曲其聲，以像人言。江南鸚鵡亦能言，第形小色烏，不能及耳。

又 西回回貢獅子，狀如小驢，面似虎，身如狼，尾如貓，爪亦如虎。其色純黄，毛較諸獸爲長，而旋轉不若圖繪中形。

明·李攀龍《滄溟集》卷一《烏生》 黄口四五雀，羅坐秦氏桂樹間。啄啄樹上蠹，母子相哺自言安【略】。有輕薄少年，臂坐一鷂子，鷂子小小如人拳，出入雀東西。一縱即中兩黄口，毛羽摧頹，魂魄飛上蒼浪天。

明·葉權《賢博編》 金鯽魚，孳生盆盎中，余弱冠時猶未見，今家家有之。食以紅蟲，其赤如火，以少水置白瓷碗中，併碗俱赤。又有赤白相間，生成花樣，各立名色，頭頭可愛。

又 萬曆元年三月間，婺源縣溪水中螺，首尾相接如繩，長十餘里。每數十必一大者爲首，若隊伍然。

又 余在嶺南海上，見螺殼中有小蟹，時出，不離殼口，觸之即縮入殼。此名寄居，實一體，非二物也。又有殼如蛤蚌，蟹居中，饑則出索食，飽則卻入蚌中，名海鏡。所謂海鏡以蟹爲腹，水母以蝦爲目者也。郭璞《江賦》亦云。

明·葉權《賢博編·遊嶺南記》 有五色鳩，又有青鵝，以爪捏嫩草納喙中，不類他鳥啄食，夜則每更次必鳴，與所謂知更雀者相類。其五色鸚鵡及赤者，俱番舶攜至，但畏寒，間可帶回吾土。

明·王臨亨《粵劍編》卷三《志物產》 鷓鴣，形如鵝，味亦如之。羽毛微有文彩，而尾短。其聲亦頗類鵝，第音節殊促，不堪聽。

孔雀，生嶺西，山中有獲而訓之者，亦能伏卵而化。余于朱氏園見之。

白鷴，雌雄大異。吾鄉所畫，皆雄像也。雌者，遍體灰黄色。

水鵝，形如鵝，黑羽朱頂。鵝鴨頗畏其喙，嘗遠避之。鄉人畜雛者多蓄之，以驅鵝鴨。青鵝，翠羽朱頂，稍大於水雞。二物皆野禽也，多有馴者。

象，産安南，廉之欽州與安南界亦多象。

人熊，嗜人目睛，深山中有之。

鰣魚，近海江中皆有之，絶無味。緣江中皆沙土，瘠博故也，人亦不重。

嘉魚，獨産端州江中，九十月間有之，粤人以爲名味。

鱟，形如箕，醜甚。行必雌雄相附，雄常在上，雌常在下，漁者舉網，每每兩得之。味如蟹。

沙螺，即西施舌。沿海俱有之，味亦平平。

蚺蛇，巨頭方口，遍體緑色，不嚙人。而性喜淫，見婦人必來逐。識其性者，隨解一中衣與之，彼即戀戀此衣，不復逐人矣。腹中有二膽，其一如常，其一則護身膽也。人有見而擊之者，此膽隨所擊處以爲内護，必不能傷。唯取一葛繩投之，彼即伏，不敢動，旋以葛繩系其頸而牽之，頫首就戮矣。

又　石蠏，出崖州臨川水中。初採之，頗軟，出水則堅如石矣。按《海槎餘録》云：石蠏生於崖之榆林港，港内半里許，土極細膩，最寒，蠏入則不能運動，片時成石矣。性能明目。

明・焦竑《焦氏筆乘・沐猴》《史記》：「沐猴而冠」，沐猴，猴名，出罽賓國，見《漢書》。郭義恭《廣志》曰：「沐猴，即獮猴也。不知者多以沐浴之沐解之。」

明・焦竑《焦氏筆乘・玄鶴射干》賦中三用玄鶴，三用射干，《漢書・文選》芷若下無射干，顔籀、李善並謂俗本誤增也。其云「鵷雛孔鸞，騰遠射干」，乃狐類；其云「槀本射干」，乃香草，不嫌其複也。又「赤猨蠷猱，犀象野牛，窮奇獌㹟」之句，《漢書》《文選》俱無之。

明・焦竑《焦氏筆乘・鱖魚》張志和詩：「桃花流水鱖魚肥」，「鱖」音「愧」。《爾雅翼》曰：「凡牛羊之屬有肚，故能嚼，唯魚不然。鱖獨有肚，能嚼，江南名鱖魚。」又《水經注》：江水至魚復爲巴鄉村。村則有溪，多靈壽木，水中有魚，其頭似羊，豐肉少骨，名水底羊云。

明・焦竑《焦氏筆乘・飛龍》飛龍，鳥名，鳳頭龍尾，其文五色，以象五方；一名飛廉，一名龍雀。漢銅鑄其象，以彰瑞應。明帝至長安，迎取龍廉天馬，置平樂觀，故曰：「龍雀蟠蜿，天馬半漢。」天馬即銅馬，言其形容之高，半入雲漢也。六臣注未詳，宜補入之。

明・焦竑《焦氏筆乘・烏鬼》鸕鷀，水鳥，似鶂而黑，峽中人號曰烏鬼，子美詩：「家家養烏鬼，頓頓食黄魚。」言此鳥捕魚而不得食之也。又元微之云：「病賽烏爲鬼，巫占瓦代龜。」

明・焦竑《焦氏筆乘・醫方》《月令》：「仲夏日，鹿角解。仲冬日，麋角解。」鹿以夏至隕角而應陰，麋以冬至隕角而應陽。鹿肉暖，以陽爲體，麋肉寒，以陰爲體者，以陰爲末；以陰爲體者，以陽爲末。末者角也。故麋茸補陽，利於男子；鹿茸補陰，利於婦人。見王璧所著甚明。今人不惟一概作男子補精益血之劑，於麋鹿亦不能辨矣。《卮言》。

明・焦竑《焦氏筆乘・鰒魚》鰒，步角反。郭璞《三蒼注》曰：「鰒似蛤，偏著石。」《廣志》云：「鰒無鱗有殼，一面附石，細孔雜雜，或七或九。」北齊顔之推云：即石決明。肉旁一年一孔，至十二孔而止，以合歲數。登州所出，其味珍絶。然漢以前未聞其貴，至王莽欲敗時，但飲酒啗鰒魚。而光武時，張步據青、徐，遣使詣闕上書，獻鰒魚。又臨淄太守吴良賜鰒魚百枚，則兩漢時已自珍之。宋時淮泊北屬，江南無復能得。或有間關得至者，一枚直數千。今則視爲常品，往往乾之，以百枚爲一串，用餉京貴。物之貴賤，有時如此。

明・焦竑《焦氏筆乘・鳥鼠同穴》「導渭，自鳥鼠同穴。」孔傳謂：「鳥鼠共爲雌雄，同穴而處。」蔡氏以爲怪誕，不取。按《甘肅志》：「凉州之地有兀兒鼠者，形狀似鼠，尾若贅疣。有鳥曰本周兒者，形似雀，色灰白，常與兀兒鼠同穴而處。所謂鳥鼠同穴也。」凉州唐屬隴右道，然則孔説非誕。

明・焦竑《焦氏筆乘・一物數名》蟋蟀一名蜻蛚，又名寒蛩、莎雞、促織。萴子，一歲名鳥喙，二歲名附子，三歲名鳥頭，四歲名天雄。《廣韻》枸杞，春名天精子，夏名枸杞葉，秋名却老枝，冬名地骨皮。《爾雅》：「芙蓉，其花芙蓉蕖，其蕊菡萏，其根藕，其莖茄，其葉荷，其本蔤，其實蓮，其中菂，菂中薏。」以子名曰蓮華，以葉名曰荷華，以根名曰藕華。在陸生秋華者，名木芙蓉。

明・何喬遠《名山藏》卷四七《輿地記・北京》州東南百二十里曰寶坻縣，金名。以境内産鹽，漢泉州縣地是，生銀魚曰麵條之魚。

明・徐光啓《農政全書》卷四一《牧養・六畜雜附》鵝　《爾雅》曰：舒雁，

鵝。《廣雅》曰：駕鵝，野鵝也。《説文》曰：鴚鵝，野鵝也。晉沈充《鵝賦序》曰：於時緑眼黄喙，家家有焉。太康中，太倉有鵝，從喙至足，四尺有九寸。體色豐麗，鳴驚人。

明・謝肇淛《五雜俎》卷九《物部一》 象體具百獸之肉，惟鼻是其本肉，以爲炙，肥脆甘美。《吕氏春秋》曰：「肉之美者，有髦象之約焉。」約即鼻也。

獸莫仁於麟，莫猛於狻猊（即獅子），莫巨於（長四百尺），莫速於角端（日行一萬八千里），莫力於𧈅𧈅，莫惡於窮奇（食善人不食惡人）。

新安樵者得小熊，大如貓，蹣跚庭中，犬至猛者見之亦溺下。又長興人得一虎子，其隣家有犬，最警猛，初見亦怖溺；少選復來窺，又走；如此數四，至暮則徑往咋殺之矣。

今熊、羆之屬，世亦稀見。江南多豺、虎，江北多狼。狼雖猛不如虎，而貪殘過之，不時入村落，竊取小兒，銜之而趨。豹，凡遇一虎，逐之，雖數晝夜不舍，必得而後已。故虎、豹常以比君子，而豹狼常以比小人也。

又 鹿之屬則有麋，有麖，有麝，有麈，有麞；猴之屬則有猕，有猿，有玃；狐之屬則有狸，有貉，有貛；鼠之屬則有貂，有蟨，有㹢，有鼷，有鼯，有鼠炎，有鼢。然麢似羊而從鹿，蜼似猿而從蟲，鯪鯉似獺而從魚，古人作字當别有取義也。麞之性怯，飲水見影，無不驚奔，故人食其心者，多恇怯，不知所爲。蟨鼠前而兔後，趨則頓，走則顛，故常與卭卭距虚比。即有難，卭卭距虚負之而走。蟨齧得甘草，必以遺卭卭距虚也，號爲比肩獸，然世未嘗見之。宋沈括使契丹，大漠中有跳兔，形皆兔也，而前足才寸許，後足則尺許，行則跳躍，止則仆地，此即蟨也，但又未見卭卭距虚耳。物之難博如此。狼亦負狽，今狼恒見，而狽不恒見也。

又 余在齊久，其地多狼，多蝟，多貛，多鼠狼。貛如犬，穴地中，常以夜定出田野覓食，雞鳴即還，其行皆有熟路。土人覓其穴，置罝於穴口，雞鳴時縱犬嗾之，奔而入穴，即獲焉。其肉脂甚，不能多啖也。鼠狼雖小，而竊食雞、鴿之類，一齧即斷其喉。十百爲羣，皆齧殺無遺而後去，行走如飛。其氣腥惡，狗齧之亦噦吐竟日云。

江南山中多豪豬，似野豕而大，能與虎鬬。其毛半白半黑，勁利如矢，能激以射人。人取以爲簪，云令髮不垢。

齊、晉、燕、趙之墟，狐魅最多。今京師住宅，有狐怪者十六七，然亦不爲患。

又 凡魚之游，皆逆水而上，雖至細之鱗，遇大水，亦搶而上。鳥之飛亦多逆風，蓋逆則其鱗羽順，順而返逆矣。人之生於困苦而死於安樂，亦猶是也。陳後山《談叢》謂魚春夏則逆流，秋冬則順流，當再考之。

《孟子》曰：「緣木求魚。」言木上必不得魚也。今嶺南有鯢魚，四足，嘗緣木上。鯰魚亦能登竹杪，以口銜葉。《莊子》曰：「衆雌無雄，而又奚卵？」今雞、鴨無雄，亦自有卵，但不雛耳。婦人亦有無人道而生子者，況物乎？

又 梟、鴞、鵂鶹、鵋䳢、訓狐、貓頭皆一物而異名，種類繁多。鬼車、九首則惟楚、黔有之，世不恒見。

又 鶻與隼，皆鷙擊之鳥也。然鶻取小鳥以煖足，旦則縱之。此鳥東行，則是日不東往擊物，西南北亦然，蓋其義也。隼之擊物，過懷胎者，輒釋不殺，蓋其仁也。至鷹則無所不噬矣。故古人以酷吏比蒼鷹也。

鷹産於遼東，渡海而至登萊。其最神駿者能見海中諸物，輒撲水而死，故中國之鷹不及高麗産。

又 東方有魚焉，如鯉，六足，有尾，其名曰鮯。南方有鳥焉，三首，六目，六足，三翼，其名曰鷩鶻。西方有兽焉，如鹿，白尾，馬足，人手，四角，其名曰玃如。北方有民焉，九首蛇身，其名曰相繇。中央有虵焉，人面豺身，鳥翼虵行，其名曰化虵。此五方之異物也。

又 五臺山有蟲，狀如小雞，四足，有肉翅，夏月，毛羽五色，其鳴若曰「鳳凰不如我」。至冬，毛落而毬，忍寒而號，若曰「得過且過」。其糞如鐵，狀若凝脂，恒集一處，醫家謂之「五靈脂」是也。

又 海參，遼東海濱有之，一名海男子。其狀如男子勢然，淡菜之對也。其性温補，足敵人參，故名海參。

又 京師多蠅，齊、晉多蠍，三吴多蚊，閩、廣多蛇。蛇蠍與蚊，害人者也。蠅最癡頑，無毒牙利嘴，而其攪人尤甚，至於無處可避，無物可辟。且變芳馨爲臭腐，涴浄素爲緇穢。驅而復來，死而復生。比之讒人，不亦宜乎！

又 天地間氣化形化，各居其半。人物六畜，胎卵而生者，形化者也。其他蚤虱、蟫蠹、科斗、蚌蚄之屬，皆無種而生；既生之後，抱形而繁，即殄滅罄盡，無何復出。蓋陰陽氤氲之氣，主於生育，故一經薰蒸醞釀，自能成形，蓋即陰陽爲之父母也。

水馬逆流水而躍，水日奔流，而步不移尺寸。兒童捕之，輒四散奔逃。惟嗜蠅，以髮繫蠅餌之，則擒抱不脱，釣至案几而不知也。

明・沈德符《萬曆野獲編》卷二一《佞倖・滇南異産》 范石湖《桂海虞衡志》紀山獺，云出宜州溪洞，性最淫毒，山中一有此獸，則牝者皆遠避，獺不得雌，抱木而枯，取以爲媚藥，甚驗。又周草窗云：出粤西之南丹州，號曰插翹，夷人珍之，不令華人得售。初疑其言之過，今雲南孟艮府小孟貢江産肥魚，食之能日禦百女，故夷性極淫，無貴賤，一人有數妻，不相妒忌，此正堪與山獺對爲水陸珍藥。

明・沈德符《萬曆野獲編》卷二四《畿輔・口外四絶》 宣府出黄鼠最珍，其肥甘脆美，北味所無，今都下相餽遺皆鹽漬其瘠者以入，徒存其名耳。

明・沈德符《萬曆野獲編》卷二四《風俗・種羊》 又如吴中之種鱉，以莧菜和鱉剉成小餤，與牝豕食之，久之豕産小鱉以百計，畜之池塘，最肥而不甚大，今所謂馬蹄鱉是也。又如鄞人之種蚶，取蚶椎碎置竹杪，其脂血滴入斥鹵中，一點成一蚶，其種地多蚶田，值最貴。若以語北人亦未必肯信。《唐書・西域傳》：驢分國羊生土中臍屬地，俗介馬而馳，擊鼓以驚之，羊臍絶則食水草。與所紀略同，但不云種耳。元人白誕詩亦云：漠北種羊角，産羊其大如兔，食之肥美。

明・沈德符《萬曆野獲編》卷三〇《外國・西域記》 獸有獅、豹、良馬、牛、羊、雞、犬。獅子生於阿木河蘆林中，云初生時目閉，七日始開，土人恒于目閉之時取之，調習其性，稍長大則不可馴致云。

又 魯陳城【略】畜有牛、羊、馬、駞。氣和候暖，人皆醇樸。

又 土魯番在火州之西【略】，畜多羊馬。

又 卜花兒在撒馬兒罕西北七百餘裡。城周十餘里，居平川，民富庶，户以萬計。地卑下，氣候温和，冬月亦食鮮菜。土産五穀，桑、麻、絲、綿、布，羊、魚、天鵝、雞、兔，皆有之。

明・董斯張《吴興備志》卷二六《方物徵第二十二》 畫鮎，魚類也，似鼠形，黑色，有尾長興。出茶之處有此，多在嚴岸臨水深鬱之下，專候畫眉鳥而食之，故以爲名。

明・徐霞客《徐霞客遊記・粤西游日記一》 形如小豬而肥甚，當即竹鼦也。筭根稚子，今姑見之矣，大者斤許，小者半斤，索價每頭二分，但活而有聲，不便筐負，乃聽而去。蓋山中三小珍：黄鼠、柿狐、竹豚。惟竹豚未嘗，而無奈其活不能攜，況此時筍過而肥，且地有觀音美筭，其味未必他處所能及。

又 真仙巖中明爽可棲，寂静無塵，惟泉聲轟轟不絶，幽處有蛇，不爲害，而蚊蚋甚多，令人不能寐。

又 邊魚南寧頗大而多，他處絶無之。巨者四五觔，小者亦二三觔，佳品也。鯽魚頗小而少，至大無出三寸者。

又 畜物無所不有：雞豚俱食米飯，其肥異常。鴨大者重四觔而方。此邦鯽魚甚艱，長僅踰寸，而〔此地〕獨有長四五寸者。三里出孔雀。

又 西潭之南，石壁高數丈，下插潭底，〔潭多巨魚。〕

又 海中細魚溯流入洞，是名「金線魚」。魚大不踰四寸，中腴脂，首尾金一縷如線，爲滇池珍味。

又 下瞰級盡處，峽中有水一方，獨清瀦，土人指爲青魚塘，言塘中青魚大且多。

又 洞中野鴿甚多，俱巢於洞頂，見人飛擾不定，而土人設機關以取之。

又 每年八月十五，有小魚出其中，大亦如指，而周身俱油，爲此中第一味，過十月，復烏有矣。

明・劉侗《帝京景物略》卷三《城南内外・胡家村》 永定門外五里，禾黍嶷嶷然被野者，胡家村。禾黍中，荒寺數出，墳兆萬接，所産促織，矜鳴善鬥，殊勝他産。秋七八月，遊閑人提竹筒、過籠、銅絲罩，詣蓁草處、缺牆頽屋處、磚甓土石堆磊處，側聽徐行，若有遺亡，跡聲所縷發而穴斯得。乃掭以尖草，不出，灌以筒水，躍出矣，視其躍状而佳，逐且捕之。捕得，色辨、形辨之，辨審，養之。養得其性若氣，試之，試而才，然後以鬥。《促織》曰：蟲生於草土者，身軟；磚石者，體剛；淺草瘠土者，性和；磚石、深坑及地陽向者，性劣。若是者穴辨。凡促織，青爲上，黄次之，赤次之，黑又次之，白爲下，號紅麻頭、白麻頭、青項金翅、金絲額、銀絲額，上也。黄麻頭，次也。紫金、黑色又次也。若是者色辨。首項肥，腿脛長，背身闊，上也，不及斯次，反斯下也，其號之油利撻、蟹殻青、棗核形、土蜂形、青沙、金琵琶、紅沙、青沙、紺色爲一等，長翼、梅花翅、土狗形、螳螂形、飛鈴爲一等，皂雞、蝴蝶形、香獅子爲一等。若是者形辨。

又 然嬉之蟲，又不直促織。有蟲黑色，鋭前而豐後，須尾皆歧，以躍飛，以翼鳴，其聲蹬棱棱，秋蟲也。暗即鳴，鳴竟刻，明即止。瓶以琉璃，飼以青篙，狀其聲名之，曰金鐘兒。有蟲，便腹青色，以股躍，以短翼鳴，其聲聒聒，夏蟲也，絡緯是也。晝而曝，斯鳴矣，夕而熱，斯鳴矣，秸籠懸之，餌以瓜之餉，以其聲名之，曰聒聒兒。其先聒聒生者，曰叫蝎蚱，以比於聒聒，腹太似，恨騫；翅太似，恨長；鳴太似，恨細。有螂蟉者，蜩也。馬蟉螂者，蟬也。名以聽音之所爲情，寂寥然也。鳴蓋呼其候焉。三伏鳴者，聲躁以急，如曰伏天、伏天。入秋而涼，鳴則凄短，如曰秋涼、秋涼。取者以膠首竿承焉，驚而飛也，鳴則攸然。其粘也，鳴切切，如曰吱吱。入乎手而握之，鳴悲有求，如曰施施。促織之别種三：肥大倍焉者，色澤如油，其聲呦呦，曰油胡盧。其首大者，聲梆梆，曰梆子頭。鋭喙者，聲篤篤，曰老米嘴。三者不能鬥而能聲，擯於養者，童或收之，食促織之餘草具。螞蚱之種三：俱不鳴，青冀而黄身，躍近而飛遠，飛則見其襲羽，或紅焉，或黄焉，曰螞蚱。其青而長身者，曰匾蜑，嬉者股系而提之，使飛不止，以觀其襲羽。其扁身長脰，昂首出目者，刀郎，螳螂也，性怒無所畏讓，嬉者亦股系而觸之，以觀其怒也。蜻蜓之類三：大而青者，曰老青。紅而黄者，曰黄兒。赤者，曰紅兒。好擊水而飛飛，童圈竹結采綵線網，曰絯。循水次，群逐而撲之，名呼以祝，曰棲棲。撲著，曰絯著。得一，曰一朵，以色玩如花也。别有鱉身象鼻而貝色，大如朱櫻，曰椿象。生椿，其臭椿也，不可觸。有若半赤豆而萆麻點者，曰瓢兒，生蔬畦，捉之，則溺腥黄，汙不可脱，而童手之不已也。有金光而緑色，甲堅而須勁以動，曰金牛兒。黑色白點，曰春牛兒。無所可娱也，系而斃之則已。有玄身而兩截，形剛而性媚，掐其後，首則前頓，聲嚗嚗然，仰置之，彈而上，還複其故處，不能遂覆而走也，曰叩頭蟲，一曰搗碓蟲焉。

明・劉侗《帝京景物略》卷三《城南内外・聚燕臺》　采育東南二十里，有埠，高丈，廣三四十尺，曰聚燕台。歲秋社，燕辭巢日，京殘城村燕，必各將其成雛數千百，聚此台，呢喃竟二日，然後乃能去之，爲話將别，爲語約所羣歸也。聞燕歸有國矣，又曰藏焉，伏氣穴土及樹中空。然明中春來復葺乳其舊巢者，定故燕爾，蓋主人曾以彩線約足而識之。

明・劉侗《帝京景物略》卷三《城南内外・盧溝橋》　考盧溝水，出太原天池，伏流至馬邑，從雷山陽，發爲渾泉，是曰桑乾水。雁門雲中水皆會，經太行，經宛平東南，至看丹口。支爲二：其東支，通州注白河。其南支，霸州會易水，又南經丁字沽，注運河。是水過懷來，委委兩山間，磬折回射，不得自左右，惟所東之，迺亦挾其㕿怒，迤宛平而西四十里。石景山東，地衍土疏，惟觸斯受，水雷奔雲泄，意左趨左，意右趨右。

明・蔣一葵《長安客話・郊坰雜記・馬鞍山》　薊中不産蛇，獨此山有七寸蛇，至毒，被螫者不救。

明・蔣一葵《長安客話・畿輔雜記・寶坻銀魚》　寶坻銀魚都下所珍，北入稱爲麫條魚，形似東吴鱠，賤而倍大，出海中蛤山下。秋深霜降後泝流而上，育子諸溵淀中，映日望之，波浪皆成銀色。

清・方拱乾《絶域紀略》　川有魚，不網而刀，月明燎火棹小舟，見魚而揕之。有遮鱸者大可百餘斤，有骨而無刺，如中華之鯉，而其味更勝。他魚亦隨地有之。有刺姑焉，身如蝦，兩螯如蟹，大可盈寸，搗之成膏，至今宗廟必需之，届期馳驛而進御。雞豚鵝鴨視所畜，客至則操刀而割，家墮地即充庖焉。

明・鄺露《赤雅》卷上《鳥章》　鳥毳之精，織成文章者，謂之鎖袱。鳥毳之粗，市於狑獞，謂之鵝罽。詩曰：「鵝毛禦臘逢山罽。」

明・鄺露《赤雅》卷上《龍母山》　容縣南白一本無白字。花村有龍潭，渟泓莫測。瑶女飲水，爲龍所據，陰雲罩幕，既歸，常有寒氣，人莫敢一本作能。近，女亦勿覺也。歲餘産龍，無血，水數升，下雲霧扶去，一本云下霧挾去。母無恙。數年母卒，既殮，龍擁其骸向潭。潭側一本云龍來擁抱其骸，向潭之側。萬峰回拱，成一月堂。衆隨去，石裂，龍負骸入，龍出一本作入。石合。與褒城張魯女浣衣事同，庾信所稱南國女郎砧者，是也。一本無與褒城張魯以下二十二字。廟在梧江，祝風雨輒應。一本作驗。

明・鄺露《赤雅》卷上《毒矢》　射鴞一本作鴆。捕蛇，以合百草。煉時日，作毒矢。仰射飛走，透肌及骨，百不失一。

明・鄺露《赤雅》卷上《蚳醢》　山間得大蟻，卵如蚌一本作斗。者，用以爲醬，甚貴之。按《内則》，腵修蚳醢即此。

明・鄺露《赤雅》卷上《蝸牛膾》　山中有蝸殼可容升者，以米水去涎，竹刀膾之，角大如指，甘脆，去積解毒。餘東粤亦食之，鮮有如其大者。

明・鄺露《赤雅》卷上《無頭鲊》　山中有物，形如蠶蛹，無頭、蠕動。獠人得之爲鲊，食之令人不寒。昔陶璜守九真，築城，得一大者，長十九丈，大二十圍，無頭蠢動，割其肉如脂一本作豬。肪，爲臛甚香美。一本作甚美且香。璜食之，三軍皆食。又名地蠶。

明・鄺露《赤雅》卷上《插翅春》　插翅春按《桂海虞衡志》《齊東野語》，當作插翹春山獺骨，能續骨，解箭毒用。爲丸，勝海狗腎，一枚一一本作十。金，私貨出界者斬。山一本無山字。獺性最淫，凡物皆交，交至一二日不休。有獺則諸牝悉避。獺無偶，獠女采藥歌簫，獺聞氣，即躍抱其身，遂扼殺之。驗之法，令婦人擦手一呵，取至掌心一本作上。骨，喜跳舞，否則鼠璞猴胎之贗耳。

明・鄺露《赤雅》卷上《龍鹽》 龍生三卵，一曰一本作爲。吉弔，上岸與鹿交，精遺草木，結成蒲桃，號曰紫稍一本作綃。花，美人采之，用於帷箔，勝插翅春矣。

明・鄺露《赤雅》卷下《緑含鳳》 博白遠邨，號緑含。高山大樹，人跡罕至，斗米一二錢。其山多鳳，有高三尺者，冠彩與白州同。其飛，衆鳥皆隨，常棲高樹之巔。喔明，則雙飛而出。又有大如鵝者，五色金冠，尾甚長，羽聲薨薨，響若轉輪。諸鳥見之，斂翼俯首，伏不敢鳴。俗名大頭鳳。間爲瑶獞所射，獻於一本無於字。其主，肉備衆美，緝毛成裘，涅而勿淄。紫鳳之庖，不必皆沃民之國也。

明・鄺露《赤雅》卷下《兩江鳴鳳》 鳴鳳如孔雀紺碧，頭上彩毫，光逾掣電。冠上垂二弱骨，長一尺五寸。鳴聲清越如蕭笙，能變曲，妙合宮商。間出兩江溪洞中間出句，一本云：兩江溪洞中間出之。予謂緑含即紫鸞，鳴鳳即一本無即字。青鳥也，鳳皇出於丹穴，豈不信然！

明・鄺露《赤雅》卷下《鴆》 邕州朝天鋪及深山處有之，其種有二：一大如鴉，黑身赤目；一大如鴞，毛紫緑色，頸長七八寸。雄曰運日，雌曰陰諧。聲如羯鼓，遇毒蛇，則鳴聲邦邦。蛇入石穴，禹步作法，石裂蛇出。秋冬間，解羽蟄穴。薰之出走，應弦而斃。以義甲取膽著銀瓶，否則指斷。鴆矢著人立死。鴆羽瀝酒，犀角立解。鴆穴多犀，天地所以制殺機也。

明・鄺露《赤雅》卷下《天雞》 天雞，朱冠錦尾，其飛也翔。弄喔對舞，天雞鳴而潮雞鳴，潮雞鳴而家雞鳴。謝康、樂天「雞弄和風」，得之矣。

明・鄺露《赤雅》卷下《鷫鸘》 林邕有鳥，其飛肅肅，必兆隕霜。織而爲裘，可以禦涼。人多不知其名，予謂即古鷫鸘也。

明・鄺露《赤雅》卷下《北鶴》 止不向明，巢必拱北，其聲圓吭，百變不窮。吴時，越雋獻背明鳥，即此。

明・鄺露《赤雅》卷下《鉤鵅》 鉤鵅，不祥鳥也。形質短小，聲如冷笑。入城城空，入宅宅滅。聞之速辟，否則死亡。

明・鄺露《赤雅》卷下《深掘》 貓首鳥喙，似鵂鶹而大，放聲而哭，哭畢，鳴曰「深掘深掘」，意賈生所謂鵩也。

明・鄺露《赤雅》卷下《訓胡》 訓胡，惡鳥也，鳴則後竅應之。

明・鄺露《赤雅》卷下《山都》 山都，形如昆侖，青毛有尾，見人輒閉目，張口如笑。好在深澗中，翻石覓蝌啖。一本作食之。

明・鄺露《赤雅》卷下《猩猩》 人面猿身，最機警。通八方言，學蟲鳥語無不曲肖，聲如二八女子，啼最清越。嗜酒好屐，虞人以此誘之，毁罵而去。一本無此四字。予在緑鴉山見之，群相語曰：「客必東人也」，踴躍出視。予適有蘇酒一包，寄酒少許，召而飲之。四者齊下，未飲先謝，既飲輒醉，知予之無機也。予徘徊，恐爲後人所害。忽然一雙飛下古木，一本云忽古木間一雙飛下。囂然相謂曰：「上客過勞，兒當負之而去耳」。《禮》曰：「猩猩能言，不離走獸。」予終不一本無不字。敢以爲信。

明・鄺露《赤雅》卷下《巢巢》 巢巢，梟羊也。見人則握手而笑，然後食之。人因以竹筒置一本作貫。臂，姑與之握。握則必笑，笑則上唇掩目。曲臂以鑿，綴其唇於額，格而殺之。《吴都賦》云：「猩猩啼而就擒，巢巢笑而被格。」

明・鄺露《赤雅》卷下《狒狒》 狒狒，狀如猴，力舉百鈞，人言鳥音，能知生死。笑似巢巢，上吻覆一本作垵。額。血可一本作乃。染緋。髮髴紅發，飲其血能見鬼物。

明・鄺露《赤雅》卷下《荼首》 荼首，出羈縻州。似鹿而兩頭，食香草，其行如飛，鳴曰「蔡茂蔡茂」。荼首二字，音蔡茂也。亦有五六頭者，是名元仙，敬之終吉，射之悔亡。

明・鄺露《赤雅》卷下《子路》 熊名子路，居有熊穴居有熊穴，一本作穴居。穴有神人，冬蟄春啟，非其時則主兵。見穢一本有則字。合穴死，食盡亦死。其膽，春在首，夏在腹，秋在左足，冬在右足。前曰掌，後曰蹯，黑而鋭喙。去穴五百里，壘石爲館，名曰熊館。申一本作升。木引氣，名曰熊經。獞人呼之：子路可一本無可字。出，熊一本無熊字。即出。子路可一本無可字。關，熊一本無熊字。即關。聞有緑者，土司一本無土司二字。瑶獞，取爲駿馬障泥，塵不敢揚，威攝虎豹。一尺百金。其牝曰羆，力能拔樹，指爪一本作甲。鋒攢，披發人立。遇虎豹樵牧，皆抗其喉，捏血飲之。其胸白脂，名曰羆白，味過熊掌。

明・鄺露《赤雅》卷下《嫩婦》 嫩婦，似豪豬而小，好食禾黍。田畯以機杼織纖懸於墩一本作田。塍，望之而走。齒長，入海化爲巨魚。其名奔鱘鮮，其狀蛟螭，雙乳垂腹。取以煎油，其膏百斛，澆蠟作燭；取以飲酒，紫焰生花，令人發興；取以讀書，昏昧泯墨，必至黑甜。作詩自嘲曰：「丁年誤買奔鱘燭，丙夜誰傳太乙書。」

明·鄺露《赤雅》卷下《犕牛》 犕牛，與毒蛇同穴，嗜蠱。土人以蛇藥浣手，裹蠱探之。角若瓊玖，用以爲甲。鳩箭蛇槍，如涼雨之灑荷葉。

明·鄺露《赤雅》卷下《白貘》 貘生銅坑中，象鼻，犀目，牛尾，虎足。食銅鐵，不茹他物。衣其皮，殺鬼精。煉糞爲兵，可以切玉。接溺爲水，可以銷鐵。有十頭者，謂之白貘。《蜀都賦》：「戟食鐵之獸，射噬毒之鹿」，則指貊也。貊似熊，與貘不同。

明·鄺露《赤雅》卷下《肉翅虎》 肉翅虎，出石拖山，晨伏宵出。其飛也，𤢱常向鬼門關。食人，爲獞人射殺，予得見之。比凡一本無凡字。虎差小，翅如蝙蝠，眼閃閃如陰磷，渾一本無渾字。身虎文。飾其皮以辟百鬼。一本止此，無下二行。予詩附見：「朝登緑珠渡，暮宿鬼門關。合浦懸明月，長藤引白蠻。金蠶驚客夢，肉翅飽人還。以此聞征鐸，淒淒思故山。」

明·鄺露《赤雅》卷下《禍斗》 禍斗，似犬而食犬糞。噴火作殃，不祥甚矣。一本云不祥之獸。

明·鄺露《赤雅》卷下《麝》 麝食香草，至冬香滿，入春則臍𩋽急癢悶，一本云入春則臍急悶。跳躍不可禁，故剔出之耳。一本無不可禁故剔出之耳句。剔出之香，著於百草，一本無於百草三字。百草皆枯，佳人采芳，拾以相贈；馨香盈袖，經年不退。一本作消。吾見夫一本無吾見夫三字。今之爲麝香矣，生而割之，天香未蘊，臍穢尚腥，調以酥酪，和以百草，微香差見，失其性矣。嗚呼！生售而失其性，豈獨一麝也哉！

明·鄺露《赤雅》卷下《象》 象耳濈濈，其大如掌。行動鼓舞，目常帶笑，有歡悦發揚之意。狀似犀而角小，居草茅而知吉凶。生於兩粵，東曰茅犀，西曰豬神。遇之則吉，罔敢有害。

明·鄺露《赤雅》卷下《鯖魚》 藤江鯖魚，形象草鯇，色青黑，大者百餘斤，取用鉤筒。其膽治目，功比空青。一本無此四字。魚大膽小者上上，魚大膽大者上中，魚小膽大者中下矣。漁者得魚，到一本作詣。縣親剖，官税其膽，始敢出市，私開者杖。今之一本無之字。售者，皆以鯇膽灌黄藤膏僞爲之耳。一本無耳字。黄藤，亦行血去翳也，辨之不精，一本云：黄藤亦行血者，醫辨之不精。必見笑於魚目。一本止此，無下二行。予詩附見：「地僻見聞異，去家三月餘。金環殉吉鵝，花縣税鯖魚。鑿井氓歸洞，燒雲客滿畬。坐令南雁盡，不寄一行書。」

明·鄺露《赤雅》卷下《白妾魚》 白妾魚，出大荒山深澗中，一名婢妾。臉若芙蕖，膚如凝脂，有天然肉結，辮若垂雲，長四尺五寸。臍下有帶，白光映人。胡天星邀予作膾，香脆甘美，水陸無有方者。諸峒聞獲是魚，盛禮來賀。一本有予字。瞯其所答，皆不多。其油止妬。其他伴禮者，熊掌、虎皮、麝香、鳩箭，紛如也，貴重如此。楚辭「魚鱗鱗兮媵予意」者指此。小詩附見一本云予賦詩云：「獨尋芳草過王孫，爲膾銀絲出露盆。湯媪玉環妃子淚，縷殘金穀緑珠魂。淩波豈複觀微步，齒劍終然一本作悲合報恩。誰識蒯緱歸思苦，不堪彈鋏向朱門。」

明·鄺露《赤雅》卷下《印魚》 印魚，方額有印文，類竹葉符，鳴如鐘鈕，長尺有三一本作五。寸。巨魚將死，以印封之。予在龍門灘，愛其神怪，市而放之，獻者勿識也。

明·鄺露《赤雅》卷下《海鑾師》 海鑾師，魚身虎頭，無鱗甲，短脚利爪，渾身豹文，長八九尺。見人泣數行下。蜑人網得，輒復放之。

明·鄺露《赤雅》卷下《潛州留》 東粵曰潛牛，西曰潛州留，楚曰鰅鱅。出澗與虎鬥，角軟，用水一湛，堅則複鬥。予在湘中見之。柳子厚詩「桂江秋水見鰅鱅」。

明·鄺露《赤雅》卷下《鬼魚》 鬼魚似鱷，用以禱鬼克敵。人誤食之，立死。請巫咒之，立生。

明·鄺露《赤雅》卷下《忽雷》 忽雷，鱷魚也。居溪渚中，以尾鉤人而食之。扶南王範尋，有神術，常於大雲山鑿池畜魚決獄，有罪者投之，無罪，魚勿食也。今其枯骨齒一本有椽複二字。生，用作樂器，聲一本無聲字。極唔。一本作嗍啾。《經》云：「河南有怪魚，厥名爲鱷。其身已朽，其齒三作。」

明·鄺露《赤雅》卷下《王虺》 王虺，江北曰虺，江南曰蝮。首大如臂，背青腹赤，有齒極毒，齧人立死。大招南有炎火蝮蛇、蜒、鰅鱅、短狐、王虺、騫。九頭者曰雄虺。《天問》：「雄虺九首，倏忽焉在。不須齧人，見之立死。」猶叔敖之兩頭蛇也。予謂見者踏一本無踏字。殺之，亦成佳事。《吴都賦》云：「雖有雄虺之九首，將抗足以哘之。」一本止此，無下二句。可謂先得我心矣，書備一笑。

明·鄺露《赤雅》卷下《赤蟻》 赤蟻一本有大字若象，渾身帶火，力負萬鈞，雜食虎豹蛇蟲，遺卵如門山。人取爲醬，是名蚳醢。見於《周官》。

明·鄺露《赤雅》卷下《蚺蛇》 蚺蛇，尾有鉤，口無齒。其聲甚怪，似貓非貓，似虎非虎。擊之則鳴，猶鼉焉，灼之則鳴也。九十丈者吞一本有赤字。蟻，六十丈者吞象，三十丈至九丈者，吞豺、狼、虎、豹與鹿、豕、人。吞之法，以尾鉤卷定，以氣沖死，濡濕乃吞。吞畢，卷一本作懸。於樹上，絞至糜爛，骨角皆從皮出，望之若神龍蛻骨耳。

明·鄺露《赤雅》卷下《蚺無棄物》 蚺蛇三膽，一附於肝者止痛，一水膽白漿止瀉，一膽隨身一本作肉。擊其處則隨至，名護身膽，最佳。眶辟邪殺鬼，佩之吉祥。肉辟風寒。皮過三十丈者，曰龍皮一本無皮字。一端千金。波斯市之爲鼓，聲振百里，雄視萬國。一本無雄視萬國句。

明·鄺露《赤雅》卷下《蝍蛆》 蝍蛆即且一本作蝍蛆，下同。一名蜈蚣，狀若水蝦，小至一寸，大至一丈，其尾閃閃有光。山中修蛇無故而死者，被敝也。蛇腐皆化皆化一本作化。爲即且，猶螟蛉之咒子也。儒書：「螣蛇遊霧而敝於即且。」

明·顧岕《海槎餘録》 蚺蛇，產于山中，其皮中州市爲縵樂器之用，其膽爲外科治瘡瘇之珍藥，然亦肝內小者爲佳。此地兼產山馬，其狀入鹿，特大而能作聲，尾更板潤，與鹿稍異。

又 馬，產于海南者，極小，只可仵之驢騾而身稍長耳，毛片不殊于中州，當少剪綜時極駿可愛，然騎駛則無長力，上等價，可四兩，尋常不出二兩。

又 鸚鵡杯，即海螺，產于文昌海面，頭淡青色，身白色，周遭間赤色，數稜。

又 江魚，狀如淞江之鱸，身赤色，亦間有白色者，產于鹹淡水交會之中。

又 玳瑁，產於海洋深處，其大者不可得，小者時時有之，其地新官到任，漁人必携一二來獻，皆小者爾。此物狀如黿鼈，背負十二葉，有文藻即玳瑁也。取用時必倒懸其身，用器盛滾醋潑下，逐片應手而下，但不老大，則其皮薄，不堪用耳。

又 翡翠，生於深黎之茂林峻嶺，人罕得見。傳云晴霽日中始一出，陰晦竟日不出，小大僅侔梁燕羽翰，五色離披可愛。人必積久探視，羅其巢，始獲之也。

明·任洛等《遼東志》卷一《地理·物產》 禽 鵝、雞、鴨、雁、梟、鴿、鷹、燕、鳥、鵲、雀、鷗、鷺、鴛鴦、翡翠、鶴、鳩、布穀、野雞、白頭翁、天鵝、鷲。

獸 馬、牛、驢、騾、豬、羊、貓、犬、虎、豹、豺、狼、熊、獐、水獺、刺猬、野豬、黃羊、野馬。

水族 鯽、占、鯉、鰱、蚯、螺、烏魚、重唇、黃骨、沙魚、白魚、河豚、石首、青魚、哈利、海蟄。

清·談遷《棗林雜俎》卷四八四《中集·蹟動》 蟒。《爾雅》：蟒者，大蛇也。蟒無角無足，龍則具角足。今織蟒俱龍，非禮。見弘治元年都察院左副都御史邊鏞奏禁。

又 蛇 京師西山潭柘寺有青蛇二，歲四月八日，僧函示大衆施錢，手摩之祈免死。

梧州火山有蛇廟，佛爐上蛇時纏之，大小不等，少則百餘，多至四五百枚。盗狡不服，予蛇撚之，是盗則嚙，否則絕不傷人。

天啟初，福清葉相國向高應召。道淮陰，苦清口涸，禱於金龍大王廟。或作神語：「此地屬張將軍，當問之。若外河，吾當護送。」夜果水漲達清口。是日蛇附於柁，薄暮昇柁樓，忽不見。相國勒記廟中。

崇禎□□大旱，某縣有三蛇，金背白腹，長三四尺餘。有司設酒殽祭之，一蛇躍上臺案吸酒盡，須臾不見。《陳眉公集》。

脆蛇出崑崙，聞人聲即自寸斷。人伺其斷，鉗取之，須寸各異處，待風乾入藥。若少須無人聲，寸寸動躍，仍續而蛇也。主治色勞，以驚疑喪膽，惟此可續命。《本草》方書不載。《玉鏡新譚》。

清·談遷《棗林雜俎》卷四八五《中集·蹟動》 石魚 蘇東坡曰：《倦游録》云：隴州地名魚龍，出石魚，掘地破石得之，多鰍鯽之形，鱗鬣皆具，一如描畫。魚龍，古之陂澤也，豈非魚生其中，山頹塞久，土凝爲石，遂留形跡耶？萊陽聚溪出魚鳥石，云魚淤沙土，久之化石。《文大青集》。

又 飛魚 國初杜侍郎寅彦正云：有人航海，得飛魚於黑水之陽，其長二寸，頤兩鬣，各廣長寸餘，張爲兩翅，海風發作，從波濤飛船上，如燕雀。既止，則不能飛。意者爰居海鳥，亦此類與？莊周所謂「鵾化爲鵬」者，荒誕也。

清·談遷《棗林雜俎》卷四八六《中集·蹟動》 五色魚 隴州魚龍水潭，深不測，產五色魚，俗以爲靈，莫敢采捕。

又 狼山魚 崇禎元年八月十三日，狼山兵人喻棠布罾於港，夕得魚，可三尺，巨首細尾，體甚重，投笭箵中，忽太息曰：「我游自海上，乃受制乎！」棠駭之，即移歸。漸縮作鮒，三其尾。棠懼，擲殺之。

又 䰾魚 云南百夷中有小孟貢江，產䰾魚。食之，日御百婦。故夷性極婬，貴賤俱有數妻。山中又有彎薑，餌一刀圭，終身斷絕人道。土人以飼牝馬，不宦也。《滇程記》。

又 鯑魚 《四川通志》：滎經縣生鯑魚，狀如鯢，有四足，大首長尾，聲如嬰兒，緣木弗墜。

清・談遷《棗林雜俎》卷四八七《中集・蹟動》 通州鰣魚 通州人葛原六，魁梧豪俠人也。以布衣獻鰣魚百尾。時用法嚴，或阻之，原六笑曰：「爾不上食父母耶？君猶親也，庸何傷！」及至，上召問之曰：「魚羹何如？」對曰：「臣未進，不敢嘗也。」上大説，命賜酒食，仍還其一，曰「勞汝、勞汝」。斯後歲進至九十九尾，著爲令。

又 畫魚 重慶府龍門山寺，吳道玄畫魚籃觀音，池魚五色，類籃中物。相傳僞失之，魚水頓竭，既獲即如初。陳周《蝶菴存稿》。

又 石花魚 保德黄河之鯉，肥美甲天下。産處僅三十里，以食石花而肥，曰「石花魚」。

又 銀魚 寶坻縣銀魚，每歲霜降，銀魚自海泝流而上。縣設六廠，各漁户百七十人，每歲中官下廠督捕，進貢七次。

清・談遷《棗林雜俎》卷四八八《中集・蹟動》 鯽魚 南京中貴，惟胡惟庸故府，每歲於玄武湖中勅賜打魚三日，名「飯魚」。

滁州城濠産鯽，歲貢一千四百尾，以元日、冬至分進留都。南京後湖、灤洲河，並産鯽。

西寧衛西五百餘里青海，方數百里，一名卑禾羌海，有魚皆負黑點。漢末王莽諷卑禾羌獻西海地置郡，即此。

又 蛙 峨眉山天樂池中有蛙，遊人鼓掌，則一鳴，羣蛙次第相和。將終，則一蛙大鳴，羣蛙頓止。宛然一部鼓吹。

又 玉蟾 楊城李瑛從宦葭州，署後圃見白蝦蟆甚大，如瑩玉。呼家衆視之，已失所在。

又 蝗 蝗腹下有梵字，自忉利天、梵天來西域，作天壇禳之。《酉陽雜俎》。

江中魚化爲蝗而食五穀者，百歲爲鼠。（《述異記》）

清・談遷《棗林雜俎》卷四八九《中集・蹟動》 螢蟬 懷慶無麥秋，大梁無螢無寒蟬。然寒蟬螢北京有之矣。地之異耶？冷使然耶？《李夢陽集》。

又 金蠶 無錫鄒迪光《金蠶説略》曰：「金蠶，閩中有之，形似蠶，色黄。」其説不見於諸書。閩人云：蠶所在，有金焉，或過而拾其金，蠶必與俱之家，若不令與俱，輒瞢瞢然緣足而上。撲之復起，旋撲旋起，延及身手，膠手掣足，瞶耳窒鼻，兩目眊眩，頰無色澤，四肢百骸，惝怳若失，而死迫矣。即不與俱而還其金，亦由首企踵，逌然下地。而不然者，果死矣。既已之家，必倍其金以嫁於道路，乃出，否則不出也。而所居家日殺一人，亡論親疏怨德，觸之必死，死必其日所首觸者。其毒蓋寓於盤飡飲食間。故閩人有不知而偶拾其金以歸，及已知而苦無金倍送者，或雖知且有金而性貪以忍者，往往育是蠶云。《鬱儀樓集》。

蠱蟲，北海所無。獨西南方有之，閩、廣、滇、貴、延綏、臨洮俱有。閩字從蟲，謂金蠶也。

清・談遷《棗林雜俎》卷四九〇《中集・蹟動》 野蠶 《夢溪筆談》：《禹貢》「萊夷作牧，厥篚檿絲」，《史記》作「畬絲」，《爾雅》曰「檿，山桑」，顔師古曰「山桑之絲，其韌中琴瑟之絃」，蘇氏曰：「惟東萊爲有此絲，以之爲繒，堅韌異常，萊人謂之山蠻。《爾雅》曰：蟓，桑蠒，讐田，樗蠒，棘繭，欒繭，玩蕭繭。今萊陽之山蠒紬，蓋樗繭也。枚乘《七發》：『野蠶之絲以爲絃』，殆所謂蟓繭而韌堅者與？」《文太青集》。

永樂時，山東進野蠶絲製衾，薦之太廟，羣臣稱賀。今東齊山谷有之，與家蠶等。蠶月浴種出蟻，蠕蠕然，即散置槲樹上。槲樹初生時，猗猗不異柔桑，聽其眠食。食盡，即枝枝相换，樹樹相移，皆人力爲之。彌山徧谷，一望皆蠶。其蠶自能壯大，生而習野處，風日雨中不爲罷。然或傷水暵，畏雀啄。野人飼蠶，必架廬林下，手長竿逐樹按行，爲之察陰陽，御鳥鼠，其稔也，與家蠶相後先。其穰者，春夏秋歲三收焉。繭大者二寸，非黄非白，色類土，淺則黄壤，深則赤埴，墳如果蠃，繁實離離，綴木葉間，又或如雉雞鷇也。蠶食槲名槲，食椿名椿，食椒名椒。蠶之小者，作繭堅如石，大才如指，在深谷叢條間，不關人力。樵牧遇之，收曰山繭，縑不加染，黯而有章，敝不易色。宋王禹偁《小畜集》云：「野蠶自成繭，繅密爲山紬。此物産何許，萊夷負海州。一端重數斤，裁染爲褻裘」云云。讀是詩，則知宋時未始珍也。且曰「裁染」，不幾於漆方竹杖乎？

清・談遷《棗林雜俎》卷四九一《中集・蹟動》 鳳尾 正德中，武陵陳洪謨守漳州之三年，海上田者見大鳥飛過，遺羽一於水涯，長七八尺，五采炫煥，衆以爲鳳尾。來獻，命藏庫中。後鎮閹來取，答以焚棄。陳洪謨字宗禹，弘治丙辰進士，兵部左侍郎，所著《高吾詩集》。

又 碧雞 歙縣許文穆相國國孝廉時，讀書宣城石山寺，偶見二青鳥，飛鳴移時乃去。僧曰：「碧雞也。傳聞唐時李翰林自蜀中攜來者，我明惟舒梓溪狀元一見。」因出所藏圖卷示之，許作《碧雞篇》綴其後。

又　雞足山異鳥　賓川州雞足山有金雞泉，日有異鳥飲之。鳥來必雙，至二十雙而止，四時皆然。鳥無增減，水無盈縮。

又　石燕　零陵石燕，相傳能飛，飛即風雨。唐詩「石燕拂雲晴亦雨」是也。謝鴻云：「向在鄉中山寺爲學，見高巖上石有如燕狀者，因以筆記之。石爲烈日所暴，忽有驟雨過，石即銜起，往往墜地，蓋寒熱相激而迸落，非真能飛也。」《五雜俎》。

清・談遷《棗林雜俎》卷四九二《中集・蹟動》　朱鷺　《密縣誌》：紅鶴大如舒鴈，羽白而竊朱，聲最濁，食魚巢樹。疑漢朱鷺，此也。

又　海鵬　正德末，有鳥黑色，大如象，舒翅如船蓬，飛入長安門内大樹上，啖人鵝如拾蛆蟲然。數月方去，人以爲海鵬也。

又　石鵝　萬曆庚子七月，山東任城縣浚河，於石中剖得二小鵝，大如拳，能行動。一老工曰，三十年前曾得一。

又　白蝙蝠　《李太白集》：荆州玉泉山多乳窟，中有白蝙蝠，飲乳水而長生，其大如鵝。

清・談遷《棗林雜俎》卷四九三《中集・蹟動》　鶴　萬曆庚寅，夏臣謨入朝，偶見苑中五色鶴，異之，有詩。

山東泰安州甘露寺，林鶴每六月朔去，臘月朔來巢。

遼陽多鶴，嘗千百盤空。《列仙傳》所云「遼陽鶴」，不虚也。

淮安海州，産鶴於濱海萑葦之區。捕者深入，必折葦記徑。或得其卵，蒸置故處，七蒸七伏，因剖爲杯注酒，氣形而上，如鶴。

又　鸛　鸛有長水石，故能於巢中養魚而不涸。鸛取礬石周卵，以助煖氣。

又　鷓鴣　弋陽汪少宰偉嘗赴中官席，飯僅半甌，香滑而膏，異於常産。問所出，則蜀中歲進，其米生於鷓鴣尾上，每尾止取二粒，放去，來時仍可取也。

清・談遷《棗林雜俎》卷四九四《中集・蹟動》　鸚鵡　萬曆三年乙亥，黄克悔北征。道出九江，同知洪樂卿告曰：元年癸酉正月二十五日，中使自西域取二鸚鵡歸，一紅一白，毛羽鮮麗，蓋人所未覩者。自言踰蜀始得之，至楚而穆皇已賓天矣。有詩紀感。

又　沙雞　萬曆間，京師市上有鳥，大如鷓鴣，毛色淺黄，足五指，有細鱗如龜紋，名曰沙雞。云自塞外至者，其味亦似山雞。《五雜俎》。

沙雞，西北邊鳥也。虜騎數擾，沙雞無止，冬月薄暮，羣飛過都，如風成陣，後飛止江北，食禾稼。鳳陽守臣奏異鳥。崇禎七年事。陳子壯《南宫集》。

壬申，沙雞入京。每來則邊警，蓋古突厥雀也。丙子，虜入宣府，舉朝未聞。上從宫中傳諭本兵，始知其事。楊士聰《玉堂薈記》。按：唐高宗甘露元年秋，鳴鵽羣飛入塞，人呼鳴鵽。突厥雀南飛，戎馬必至，已而泥孰匐反。至春羣飛出塞，多墮靈武問死，視之無首，後泥孰匐亡。噫！以古準今，昭若左契矣。

清・談遷《棗林雜俎》卷四九五《中集・蹟動》　緑鸚采雞　諸暨有貨藥毒人者，問於鄺煖。鄺曰：「汝欲其急死乎？」曰：「然。」曰：「亟死禍將及身，不若緩之，使其人不知，可自免也。」其人善之，乃易緑鸚與之，約有數月始應。至期又問曰：「汝欲其必死乎？抑尚可解也。」曰：「吾昔有甚怒，今稍解矣。」曰：「前與者緑鸚也，不能殺人，殆緩爾怒耳。」其人悔謝而去。是年母雞抱卵，三日羽毛變五采，頭距易狀。遍邑人來觀，曰鳳雛也。恐非地方利，夜縱之長山上。錢德洪有《緑鸚采雞傳》。

又　雞　雞昏鳴，俗所異也。崇德曹廣遠思，崇禎庚辰登第，其家雞昏鳴，詰朝捷至。《元氏長慶集》云：「元和十五年，奉宣令採同州雙雞五聯，各種四斤，頻年採取，一聯不獲。自臣到州詢問採捕人等，皆云二十年採得一聯雞耳，昨旬日之内併獲兩聯，斤兩輕重悉符詔旨。」今同州雞無聞，止稱泰和雞、萊陽雞。

鴉　廣東無鴉。又四川龍安府，鴉至四月終，有鳥羣啄之，鴉俱匿影。華亭包長明守羅定所説。

清・談遷《棗林雜俎》卷四九六《中集・蹟動》　羅雀　桐城左遺直光斗，萬曆庚子，離館里許有白雀巢園，飛集環數百雀。江南老人指示士人曰「此巍科之應」。左即登鄉榜，飛去。丁未會榜，又來巢，榜發又飛去。後官中丞歸，被逮。公子往宿壽州，居停誇言羅有白雀，視之左翅有黑點，仍庚子、丁未巢館園者。問其羅日，曰三月二十九日，即中丞被逮日也。爲之嗟嘆，購之，隨身至宿州，屬宿公館未發。中丞問狀，曰：「白雀爲羅，命也夫！」緣其毛羽爲虞人所損，附歸善飼，俟其滿縱之。中丞父甚愛護，七月二十四夜忽遇貓害，中丞父慘然，知非佳兆。後凶聞至，果二十四日也。

又　牴詭　衛輝府治前石獸曰牴詭。《説文》云：「此獸其性忠直。」

又　桃拔　西域諸國，烏弋有獸桃拔，一云符拔，似鹿長尾。一角者或爲天鹿，兩角者或爲闢邪。安息有大鳥爵，其頸身似鷹，蹄似橐駝，色蒼，舉頭高八九尺，張翅丈餘，食大麥。曾以大鳥卵獻漢，即此鳥卵也。條枝亦有大鳥，卵如甕。大月氏出一峰橐駝，謂脊上有一峰也。

清·談遷《棗林雜俎》卷四九七《中集·贖動》 昆耶 瓊州臨高縣西市昆耶山，有獸似犬，里人呼爲「昆耶」。

又 裴休 峨眉有獸，送客，呼以「裴休」則應。

又 騰豻 廣東肇慶府西北十五里騰豻嶺，以産騰豻故名。騰豻，沐猴類，頭正方，貌類人。髮長尺餘，嘗覆面。欲有所睨，輒摇頭，以兩手披之。

又 獅 天順中，西番獻獅子。道死，獻其皮。錦衣衛指揮僉事喜信使其人上書，求通開西域。

西苑獅日食一羊，西域胡人主之，白布纏首，帶衣緑，支正三品料。

清·談遷《棗林雜俎》卷四九八《中集·贖動》 鹿 南京靈谷寺，太祖手書「第一禪林」。鹿百十爲羣，其懸銅牌者，國初所畜。

又 犬 雲南縣南二十里木山寺有木犬。貴客至，木犬自吠。

俗説犬豕獨産不利，《爾雅》：犬生三，猣；二，師；一，玂。豕生三，豵；二，師；一，特。郭璞注：豬生子嘗多，故别其少者之名。又《致富奇書》：犬生一子，其家三年内大發。

又 羊 山西羊有八角，至四角、六角爲常。

松潘出六角羊，土人云：「羊與鹿交，故六角。」

又 白兔 虎鹿兔皆年千歲，滿五百歲者其毛色白。萬曆中，有舶商自暹羅攜白兔歸閩，售四百金，每季而育，其種日蕃。蓋另一類，生即白色。崇禎中，浙直徧有之，直三四金。

清·談遷《棗林雜俎》卷四九九《中集·贖動》 鼠 《詩》：「相鼠有體，人而無禮。」陸機云：「河東有大鼠能人立，交前大腳於頭上跳舞，善鳴。」相，地名。按地志，相州與河東相鄰，則知相州有此鼠，詩人蓋取譬焉。又密縣開暘山周圍三里産香鼠，惟經人行之路，則抱蒿莖棘枝而死。或樵牧者偶遇之，亦不能多得。黄花鎮禮鼠，色如貂毛而淺，冬聚榛實於穴，作歧穴貯之，多至三斗。其榛實皆美好倍常，山氓多掘取之。鼠失榛實，牝牡皆窄脰樹枝，懸死若縊。鎮將閔之，雖厲禁，不能止。

又 麟 麟，《爾雅》釋：麕身，牛尾，馬蹄，一角。春秋所獲麟也，大麃，一角，牛尾，即漢武郊雍所獲麟也。不角者麒。宋仁宗嘉祐二年，交趾所進二麒麟，牛身象耳，狗足魚鱗，所食草木，皆中國無有。

又 豪彘 《山海經》：華山西七百里曰高山，出豪彘。今平涼美高山，六盤是也。豪彘狀如彘，毛似刺蝟而大，可以爲簪，黑上白下，甚美，弩之能射物以自衛。嘉靖以前多有《平涼府志》。

清·談遷《棗林雜俎》卷五〇〇《中集·贖動》 馬 平涼苑馬寺主一，監七苑馬政：開城苑，荒熟地三萬六千四百七十頃四十三畝，縱一百二十里，横八十里，碑標二十九樹，額軍七百人，原馬並駒二千六百三十八匹。

廣寧苑荒熟地二萬五千八百八十頃五十三畝，縱五十里，横一百里，碑標十五樹，額軍五百人，原馬並駒千二百五十六匹。

黑水苑荒熟地萬一千六百二十七頃九十六畝，軍民地相交，碑標十五樹，額軍二百七十六人，原馬並駒一千四百匹。

安定苑□□□□□□□□□□□□□□七百匹。

清平苑荒熟地二萬五千九百一十頃三十一畝，縱七十里，横四十里，碑標二十二樹，額軍五百四十二人，原馬並駒二千四百七十四匹。

萬安苑原缺。

武安苑荒熟地二千九百五十七頃四十三畝，額軍四百四十六人，原馬並駒千九百四十九匹。

長樂監，轄廣寧、開城、黑水、安定四苑。靈武監，轄清平、萬安、武安三苑。共以下原缺。

清·談遷《北游録·後紀程》 丁卯。大霧，午泊天津而晴。天津産魚鹽，榷署在河西務，昨歲增滿洲官二人，知回漕多販魚，又税之。時回漕五百七十一艘，余置鮑魚一石，費二金。

又 辛未。晴。唐官屯産鹽，余從衆置鹽一石，余拘人也。亦魚亦鹽。

又 乙卯。晴【略】。土人繫一小狼，如灰犬，喙尾略長，須五十錢。

又 乙亥。行四里董家口，廣十餘丈，居人二百餘家。黄河自開封、徐、邳經口，波濤洶湧。土人方植樁，置埢埽。其腴畝直一錢，磽者以次減，蓋苦於役重也。晡刻雨，出黄河。風雖逆，倒退二十里。

又 丁丑。陰。有籠小獐二，斑文似鹿。

清·談遷《北游録·紀詠上》 朱鷺 朱鷺，朱鷺遐哉翔以集，揚華纓，啄□魚，鱗鱗以滕余。食之未飢，吐之未鮓，朱鷺潔鮮，天池浼浼清且漣。

清・談遷《北游録・紀聞上》 牧羊　北人牧羊，嘗數百爲羣，暮歸，從隘道。兩人交挺如乂，羊逐一躍過，即得其數。

又 銀魚　寶坻銀魚似吴中膾殘，而大倍之。出海中舡山下，秋深霜後，泝流而上，育子諸淀中。夏霧映日，波浪皆成銀色，人每候其至網之。瓦窑頭出尤佳，有銀魚廠，命内監提督。冬月抱子以冰進，價頗貴。

又 沈氏人頭鳥　天啟間，義烏沈司城明道。家于野塘，人頭鳥一雙，獲其一，大如鵝，灰色，飼以飯，後死。其孫幼嘗見之，爲余言。余按山海經顒鳥如梟，人面四目而有耳，見則大旱。沈氏所獲或顒鳥，然不言其四目也。

又 魚類不一，有鯊魚，唇豐腦滿，脊青腹白，匿石隙，不耐水。土人夜維兩艇，秉炬，前人持叉。後叩板，魚□聲仰腹，叉中之，百不一失。

又 舍把各居一莊，自耕織，畜産不等。所獵禽獸，董之以饋外客。馬少而駿，登山如履平也。

又 土官食蒸豚，喜全體，豚雖稺，味腴，重不過十斤。

又 鲥魚　鲥魚不過鴨闌驛，上饒鄭以偉詩，出似游魚過鴨闌。

又 麒麟皮　弘光帝初，顧瑞屏餽錢謙益麒麟皮，方二尺，土蚨殼，容升餘。

清・談遷《北游録・紀聞下》 白鷹　乙未，高麗獻白鷹，按：䳤，茅鴟也。似鷹而白，高麗固産白鷹，諒不與茅鴟等。

又 物怪　王鐸微時，距所居八里，民家豕作人言休咎。鐸同族兄孝廉某往，豕言若有所避，此尚書。後縣官以爲妖，命除之。清江浦楊鑑川，牙客也。家頗殷，既没，見夢其子，于某家爲花牛。其子買歸，善飼之，今存。

又 石獸　臨清以南運河築閘，閘左右鐫石獸，虎首鱗身，四足五爪，蓋天吴之類也，以厭水怪。

清・張縉彦《寧古塔山水記》卷一 其畜宜馬、牛、犬、豕、雞、鵝。多虎、狼、獐、鹿、狐、鼠、雉、兔。

又 其山隔河二三里，河淺小如山澗，文漪美石，蕩激有声，土人編柳爲梁，絶流取魚，魴鯉鯽鰻之小者，日集于筐。

又 魚雖多種，而此魚獨著，漁者得之。

又 虎，夏伏冬出，陰類也。

又 鹿，凡山皆有，若千百成群，三二年乃一至，不知從何來。一群之中，必有一大鹿長角者在前，摇尾引之。【略】烏棘有駝鹿，土人名曰康達里，其角堅自如玉，中有黑⺆，射者用以貫指，甚貴重。

又 熊有二種，一緣木，一山栖。緣木者，冬蜇枯木中，山栖者入石穴。其雄有力者，敢與虎鬥。其威在掌中，熊心下有白如鏡面，捕之者，槍箭必中其白，乃斃。其傷人以掌，人爲所困，則以舌舐之，骨肉俱爛。

又 黑筋部落有狗，能駕車行冰上，名爲扒犂，日行五百里。車上以鐵笋貫之，欲止則插入冰中，車不能□，不然，狗性佻急，不能止也。

又 蒙古之地有雕狗。雕孕三卵，則有一狗。□□□(時)，蒙古人竊而視之，若有三卵，計其將出，守之，出則□其狗□之，不然，則雕食之矣。狗長成，逐獸如飛。

又 蒙古之北百里，有大獸，如象如駝，頭有一角，人不能捕。其來十數爲群，土人名爲薄荷木爾□，不知何獸也。

又 魚有折羅，其大數十斤。又有打不害，肉最美，魚子大如梧桐子。

又 螻蛄影如兩蟹相連，後尾如蝦頭，亦相類。味美可食。

又 烏有□(飛)□(龍)，大如鴿，自朔至望，其飛漸高，自望至晦，其飛漸低，二十八九，乘騎可逐得之。今以祭。

又 貂鼠出烏棘山中，穴居。取之者，雪地看其踪迹，跟尋得其巢穴，或用弓弩，或用木夾，潛置行處，以火熏之，中機而□。冬皮毛長而蒼，秋皮毛短而軟。

又 海物有比目魚、大烏魚、海帶。

又 白蛉，狀如飛塵，夏月，黎明則出，人逢之，面腫發癢，日出則隱伏不見，至晚複出。耕出及行人，甚苦之。畏煙火，故城中、屯中無之。

又 土人以蒼耳飼豬，以野瞿飼鵝，甚肥壯。

又 水上有小白鵝。秋後乃出，出十八日則霜落，土人晚田畏霜，每指此爲驗，不爽。

雕有水雕、沙雕二種。其翎以水雕爲勝。多棲在山中高樹，數十成群。取之者遍結繩，套於樹上，待其棲定，驚之使亂飛，系其足則取之，非從射而得也。

又 鐵角山，雀之最小者，紅頂黄嘴，聲甚嬌好，冬來春去，來則千百成群。結滚籠如輪轉，系谷穗於上，以一雀誘之，則墮入籠中，日得百十。燒炙以食，味甚美脆。

清・吴偉業《吴梅村全集》卷四五《謝天童孝廉墓誌銘》 其説滃居南北二

洋之中，吴與閩之交會，外以犄角寧、紹、臺、温，内以遮捍杭、嘉以東七郡，土沃宜穀，魚鹽蜃蛤竹木之利，可給數萬人之食。

清·顧炎武《肇域志·南直隸·松江府》 古岡身，曰沙岡、竹岡、紫岡，在縣東七十里。南屬於海，北抵松江，長百里。入土數尺，皆螺蚌殼，其地高阜，宜菽麥。

清·顧炎武《肇域志·南直隸·鎮江府》 鑿水圍山，江潮往來，山田多荒白，圩田多坍江。

清·顧炎武《日知録》卷三二《草馬》 《爾雅》：「馬屬，牡曰騭，牝曰騇。」郭璞注以「牡爲騭馬，牝爲草馬。」《魏志·杜畿傳》：「爲河東太守，課民畜牸牛草馬。」《晉書·涼武昭王傳》：「家有騧草馬生白額駒。」《魏書·蠕蠕傳》：「賜阿那瓌父草馬五百匹。」《吐谷渾傳》：「吐谷渾嘗得波斯草馬，放入海，因生驄駒。」《隋書·許善心傳》：「賜草馬二十四。」今人則以牡爲兒馬，牝爲騍馬，而唯牝驢乃言草驢。

清·顧炎武《日知録》卷三二《草驢女貓》 今人謂牝驢爲草驢。《北齊書·楊愔傳》：「選人魯漫漢在元子思坊，騎秃尾草驢。」是北齊時已有此語。山東、河北人謂牝貓爲女貓。《隋書·外戚·獨孤陁傳》：「貓女可來，無住宮中。」是隋時已有此語。

清·王士禛《分甘餘話》卷二《蝦鬚簾》 簾名蝦鬚，鰝，海中大蝦也，長二三丈，游則竪其鬚，鬚長數尺，可爲簾，故以爲名。

清·王士禛《分甘餘話》卷三《臺灣物産》 臺灣物産多異中土【略】。新婦啼，魚名。狀本鮮肥，熟則拳縮。飛籍魚，傳是沙燕所化，兩翼尚存，漁人懸燈以待，則結陣飛入舟中。鸚哥魚，鳥喙紅色，周身皆緑。翠蝌，色如翠羽。海龍，頭鬣如龍形，無爪牙，冬日雙躍灘上，以之入藥，功倍海馬，産澎湖澳。

清·宋琬《安雅堂全集·烏鰂》 烏鰂生海中，形如鱉而差小。無鱗鬣，肉鬚連蜷以代厥足。脊中有骨，塊然笏起。色熒質輕，刮之如玉屑。醫方《本草》所謂海鰾鮹也。肉在骨外，色正白無血，鱠以爲羹，與象箸無別。口有涎，著水便黑。春夏之交，遊於漁澨，其羣以萬數，見人則萬口噴沫，海水爲之墨數里。漁人逐墨下網，盡其族而殲焉。

清·宋琬《安雅堂全集·憨子》 海中小蟲如蟹，大不及一戎菽。出入潮汐濤浪中，惟夜無所棲焉。蛤之爲物，不能行方寸，而且善餧。是蟲得食而飽，以其餘飼蛤，哈利其能哺我也，至暮則張穀納之。是蟲以爲得華堂廣廈，酣寢無憂，故樂爲盡力。質明而出，日凡數飼，如人之納僦屋錢也。漁人取蛤在夜半潮退時，蟲睡未醒，而蛤已爛釜底矣。剖之中有一小蟹，間有空其二三，乃其最勤而早出者。

清·戴名世《戴名世集》卷一〇《窮河源記》 産魚二種，身圓而無鱗，腹濶，頭尾皆尖削，其色黄，其口齊，身有黑點，長二三寸至四五尺，口小者土番名曰那胡，口大者土番名曰布哈。

清·屈大均《廣東新語》卷二《地語》（永安縣） 雞公、鹿母、黄獐、鹿㹸，以鳥獸名。

清·屈大均《廣東新語》卷一五《貨語》 貝 徐聞之西，每天霽，海水清澈見底，渾然砥平，皆石也。石上多有石欄杆、海菜、鐵樹、雲根、石菌、靈柟、土芝等物。砂中復有蠃、蛾、蜃、蜊、蠔、蚶、蝤蛑之屬。凡古之威斗、大鍾、刑鼎、瓊弁、敦牟、卮匜，以及罍、缶、甗、釜豆、區、棬、筥之狀，無不畢具。磨盪既久，肌理滑瑩，皆作五色光怪。

清·屈大均《廣東新語》卷二〇《禽語》 鳳 有山鳳凰者，大如鵝鴈，伏卵時，雄者以木枝雜山桃膠封其雌于巢，而留一竅。雄飛求食以飼之，子成發封，否則窒竅殺之，蓋鳳之不仁者也。而大頭鳳者卵於石，積柴封之，雛則抉石而起。鄺露云：博白渌含之山多鳳，有高三尺者，五彩冠似金杯，天晴則雙飛而出，衆鳥隨之。又有大如鵝者，尾甚長，羽聲甍甍，響若輪轉，諸鳥見之，斂翼俛首，伏不敢鳴。名大頭鳳。傜僮間射得之，肉備衆美。獞娘握兵者，多以其毛爲裘。或以鷫鸘羽代之，色久逾鮮，湼而弗滓。

又 小鳳凡數種，有曰桐花鳳，丹碧成文，羽毛珍異，其居不離桐花，飲不離露。桐花開則出，落則藏，蓋以桐花爲胎，以露爲命者也。兒女子捕之，飲以蜜水，用相傳玩。漁洋有詞云：「郎似桐花，妾似桐花鳳。」謂此也。有曰么鳳，似鸚鵡而小，緑衣黄裏，色甚姣麗。常倒懸架上，屈體如環，東西相穿，轉旋不已，一名倒挂子。東坡詞云：「倒挂緑毛么鳳。」羅浮梅花村多有之，倒挂梅花枝上，人至不去以爲常。志稱：惠州梅花上珍禽，多倒挂子，似緑毛鳳而小，其枝亦香，俗人畜之帳中是也。有曰鳳頭雀，大小毛片皆如燕，惟頭作鳳冠而尾紅，兒女養之馴，放去一二日復來。有曰金鳳，出儋州，大如指許，身五色，冠首修尾，儼如釵上金鳳花。有曰鳳雞，毛色花斑似鶺鴒而小，尾短身圓，度之僅及荔支大，足脛微細如一髮，裊裊欲斷。歲十月，從羅浮飛至新安田上，或至東莞茶滘，人以紅絲爲網，見輒驚人，畜久馴習。然畏寒，至臘月必死，其聲頗似雞雛，故名曰雞。喉小穀麥不能進，食惟芝麻稗米而已。多巢花萼中，亦桐花鳳之類。

又 鶴　南方之鶴皆灰色，白者則小。去頂二寸許毛始丹，亦能鳴舞。有水鶴，亦小，狀類白鷺。其性通風雨，有風雨則鳴而上山，否則鳴而下海，尋常多在榕樹。

又 孔雀　孔雀者，炎方之偉鳥也。孔，大也。鸞之大者曰孔鸞，鳳之大者曰孔鳳，故雀之大者曰孔雀也。孔雀生深山喬木上，高三四尺，通身金暈，五色層疊如錦錢，隆背細頸，口丹黄輔，有三采毛在頂，參差直上，長三四寸許，鍾會所謂「戴翠旄以表弁，垂緑蕤之森纚」是也。其文尤在尾。尾有大小，小者成以三年，大者五年。莖長四五尺，珠毛相串，翹翹然若順風揚麾，而其色多變，紅黄不定。

又 鸚鴞　澳門有西洋鸚鴞，大紅者内毬毛黄，大緑者内毬毛赤。每抖擻其羽，則赤者爲黄，緑者爲赤，表里俱變。有純白者，五色者，翅尾作翠縹青，黄裹白腹者，皆來自海舶。瓊州所產多紺緑，羽有極細花紋，名曰鸚哥。

又 五色雀　五色雀，產羅浮山，比鸚鴞而小，羽儀四時鮮明，未嘗氄毨。一雀二色或五色，其大絳者君也，朱藍相間若朝服者大臣也。飛則數千百爲羣，不雜他鳥，而以兩鐵冠烏色者司進止。有賢人入山則出見，一日數集如數朝，山中人謂之小鳳。白者大如鳩，素表黄裏，獨見亦以爲瑞。

又 紅翠　羅浮有紅翠，每更則鳴，響徹山谷。日出時，碧雞先鳴，則紅翠、山鵁鶄以次相應。

又 鷦鷯　鷦鷯，詩所謂桃蟲也。因桃蟲而變，故其形小，性絶精巧。以茅葦羽毳爲房，或一或二，若雞卵大，以麻發懸繫樹枝，雖大風雨不斷。一名巧婦鳥。久畜之，可使爲戲及占卦，名和鵲卦。

又 石燕　石燕，產西樵巖穴中，大如乳燕，足生翼末，山人小兒羸瘦，取食之。

又 青雛　青雛狀如鴿，青色，喜食橄欖烏者，囫圇吞之，肉爛乃吐其核，一名橄欖雛。秋深自粵西來，春半乃去。宿則倒懸一足樹杪。弋得之，肉厚味腴。其生於檳榔林者曰檳榔雛，喜食檳榔之未熟者，性亦相類。

又 四雀　四雀，一曰吉吊雀，狀如鵓鴿而大，青首翠翮，其名自呼曰兜兜，一名兜兜雀。產東莞大奚山中。其出則風。一曰玄鈎雀，產高明粟砦山中，其鳴則雨。

又 鸏鷥　鸏鷥，一名越王鳥，大如孔雀，有黄白黑色，喙長尺許。羅山疏云：越王鳥，其狀如鳶。口句末可受二升許，南人以爲酒爵，珍於文螺。不踐地，不飲江湖，不唼百草，不餌蟲魚，惟噉楓楠諸木葉，故其糞香似薰陸，山人以爲香末，又治雜瘡。其名一曰象鸍，亦曰越王鸍，言其大也。

又 鴨　廣州瀕海之田，多產蟛蜞，歲食穀芽，爲農害，惟鴨能食之。鴨在田間，春夏食蟛蜞，秋食遺稻，易以肥大，故鄉落間多畜鴨。

又 竇鴨　竇鴨，似梟而小，頭有緑毛，身文采，鴛鴦之屬也。一種名琵琶鴨，與相類，皆池塘之玩。

又 野鴨　野鴨，比家鴨稍小，色雜青白，背上頗有文，短喙長尾，卑脚紅掌，性肥而耐寒，常入水取白蜆食之，又名蜆鴨。

又 鴿　鴿之高下在目。目有黑底天青者，黑底插黄者，黄油白氣者，焦油者，以此四種爲上。其睛清而深，有重暈，以日照之，精光四閃。暈邊復有血粒，如石榴子，則極聰慧者矣。其頭宜小，尾宜短，翼宜與尾齊。翼與尾齊則飛高，飛高則可免鷹擊之患。故鴿之佳者，價之重輕與金等。翼凡大毛十二莖，每出轂至二三月則調毛，四調五調六七調曰初王，則可用，調至十一十二則老。

又 白頭公　白頭公者，似瓦雀而尾稍長，頭有白毛，五更鳴啁哳可聽。

清·屈大均《廣東新語》卷二一《獸語》 虎　高、雷、廉三郡多虎，商旅遇之，輒詬罵以奪虎氣，斥之爲大蟲。

又 鹿　雷州之野多鹿。鹿以清明前後三日生子，子生三日始開眼，遇雨乃起而跑，未雨雖墮地一月，其脛猶軟，跬步即顛踣。

又 牛　瓊州多山牛。牛也而兩睛紅，常百十成羣，見人吆喝弗避。或曰山牛有四眼，以其眼上有兩旋毛，狀似四眼，故云。瓊州又多山馬，似鹿而大，千百爲羣，角彎而内向無歧，眼下復有二眼，日閉夜開以燭物。善入棘叢，黎人得之，以其皮易布。皮可爲臥具禦溼。其毛牛也，不識者以爲山牛也。

又 果下馬　羅定之羅鏡，西寧之懷鄉，產小馬，高僅三尺，可騎行樹下，名果下馬，一曰果騮。多海石榴色。駿者有雙脊骨，能負重淩高躡險，輕疾若飛。

又 熊　嶺之南，熊有三種，曰人熊，曰豬熊，曰狗熊。狗熊即《爾雅》所謂熊虎醜其子狗者也，郭璞謂熊之子名狗，非也。狗熊者，熊之小者也。以其小，故曰熊子也。

又 猿　大庾嶺有白猿洞，洞多梅樹，白猿嘗攀挂其上，花與猿，皓然莫辨也。行者聞風生，始知爲白猿吟嘯。復有緋猿，善啼，啼必三聲。高州青山鎮，其山多猿，有黄緋者，絶大，毛彩殷鮮，有黄色玉面者，有身面俱黑者。羅浮則有金絲猿，毛如織絨，其啼聲絶大。瓊州多猿，射之輒騰躍樹杪，于四周伐去竹木，然後張網得之。

又 猴　瓊州多猴，以小者爲貨，曰拳猴。大者曰獮猴，亦曰母猴。母非牝也，母音轉爲馬，猶魚有馬鮫，蛍有馬蛍，薊有馬薊，藍有馬藍，皆其類之特大者。凡物之特大者曰馬，故又曰馬猴也。

又 狨　東粤山中有狨，大小類猿，色純黄，名金線狨，一名猱，以毛柔長可緝藉也。尾絶自愛，中藥矢即自齧斷其尾。蹻捷善緣木，獮猴絶怖畏之，其以獮猴爲食也甚怪。

又 兔　粤無兔，比年乃稍有之。蓋兔者太陰之精，一兔居於月腹而顧天下之兔，天下之兔皆望之而孕，故曰顧兔。上顧而下望，其精自口而入，故兔吐而生子，兔與月相爲性命。鷄在日中亦然。故曰中秋月光多兔少魚。月者，兔之命也。北方多兔，月之世也；南方少兔，日之世也。

又 麂　麂，一名麖，旄尾狗足，牡者有短角，黧色。喜食橄欖，高州實山多有之。其聲如破鈸，每鳴則赦書至，居人以爲瑞。

又 麞　麞，似鹿而小，黄黑色，無角，雄者有牙出口外。秋冬居山，春夏居澤，獵者得之以釀酒，有消風之功，八月至十一月食之勝羊肉。

又 獴猬　獴猬，似貍，高足而結尾，有黄、白、黑三種。其産于暹羅者尤善捕鼠。

又 狗　韶州有赤狗，穴居，吠則不祥。雷州有喙夜食，尾大而喙甚長，夜從樹上取食不以晝，故曰喙夜食。蓋狗之族，其曰豺狗者豺也，曰毛狗者狼也。粤東少豺狼，故不識者以爲狗。或曰封川多狼，青色，尾特大，作聲諸竅皆沸，能食犬羊，攫小兒。

又 番狗　蠔鏡澳多産番狗，矮而小，毛若獅子，可值十餘金，然無他技能，番人顧貴之。

又 乳羊　廣東綿羊，少有所産，羊肉味甚澹，惟英德乳羊食仙茅，肥甘補人。

又 獺　水獺，一名猵獺，類青狐而小，喙尖足駢，能知水信高下爲穴，廣人以占水旱。善捕魚，一歲二祭魚。《淮南子》云：「畜池魚者必去猵獺。」廣人謂蛋家，男曰獺公，婦曰獺婆，以其能入水取魚也。其以猿爲雌者，插翅山獺也。

又 箭豬　箭豬，即封豕也。封者，大也，故象亦曰封獸。封豕初本泡魚，泡魚大如斗，身有棘刺，故化爲毫豬。毫在項脊間，尺許如箸，白本黑端，人逐之則激毫以射人。婦女以金銀鑲之爲簪，能止頭癢，除白屑。其毫如蒿然，亦曰蒿豬。又有山豬，雄大而多力，口旁出兩牙，長六七寸，甚猛利，肉味美多脂，以多食禾稻故也。一名懶婦，以機軸紝織之器置田間，則不敢近。齒長輒入海化爲巨魚，狀如蛟螭而雙乳垂腹，名曰奔鯙。

又 香貍　雷州産香貍，所觸草木生香，臍可代麝，《本草》稱靈貓，自爲牝牡者也，亦名果貍。其食惟美果，故肉香脆而甘。秋冬百果皆熟，肉尤肥。予詩「食果三秋美，眠花一尺長」。又云：「果香生骨肉，花味入膏脂。」南越有貍無狐，香貍外有玉面貍，白面紅爪牛尾，亦食果，飯則以水淘淡乃食。有貓貍，文如錦錢。有火貍，毛色如金錢豹，其錢差大，歲久輒化爲豹。有藤貍，生長藤間，食藤實而多倒挂。有香麞，味甘性温，食之不畏蛇毒。臍名麝香，非麞也，貍之似麞者也。

又 碩鼠　廣中近多碩鼠，狀如兔，色白，皆以爲白兔也。嗜食芭蕉、蕹葉，四十日一胎，子産一日即受孕。番舶至，購以重金。蓋廣中無兔，且無白兔，故以碩鼠當之，雌者多黑褐色而小。

又 竹䶉　竹䶉，穴地食竹根，毛鬆，肉肥美亦鬆。肉一二臠可盈盤，色紫，味如甜笋，血，鮮飲之益人。傜中以爲上饌，謂之竹豚。

清・屈大均《廣東新語》卷二二《鱗語》 怪魚　海上多怪魚，大小不一。開洋時，隨風鼓舞，往往飛入舶中，人不敢取。有一魚長數十丈，其首有二大孔，噴水上出，遇舶則昂首注水舶中，須臾而滿。

又 暨魚　暨魚，大者長二丈餘，脊若鋒刃。嘗至南海廟前，謂之來朝。或一年數至，或數十年一至。若來數，則人有疫疾。

又 潛龍鯊　南海有巨魚，曰潛龍鯊，蓋魚種而龍者也。有網得者，長五尺許，重百斤。其小魚從者數千，至不可網。肉甚甘，諸骨柔脆，惟鱗堅不可食。鱗大者如掌，可爲帶及酒器飾，小者中雜佩。脊一行，腹二行，鱗皆十三。兩翅兩行，鱗皆三十。

又　黄雀魚　有黄雀魚者，多産惠州，八月化爲黄雀，十月後復化爲魚，魚與黄雀迭相化也。吾不知其始爲魚而終爲黄雀耶，抑始爲黄雀而終爲魚也。魚與黄雀，化於何始于何終，他魚不化，而黄雀魚獨化，其必有故矣。

又　廣州地多池塘，所畜者鰱、鱅、鯇、鯪、鯽，皆以魚秧長之。

又　魚花　南海有九江村，其人多以撈魚花爲業，曰魚花户。魚花産于西江。粤有三江，惟西江多有魚花。取者上自封川水口，下至羅旁水口，凡八十里，其水微緩，爲魚花所聚，過此則魚花稀少矣。魚花之步凡數十，步皆有餉，魚花户承之，歲納于朝。

又　鱔　鱔之族有曰鰻鱺，背有肉鬣連尾，無鱗，口有舌，腹白，大者長數尺，脂膏最多。其有黄脈錦紋者，名金絲鰻鱺，善穿深穴，冬時穴熱乃出，名走風鱓。有曰白鱔，以産池塘中烏耳者爲佳。有曰黄鱔，黄質黑章，多涎沫，大者長二三尺，小者佳。有曰藤鯶，其曰泥鰍，長二三寸，無鱗，以涎沫自染。曰温魚，與泥鰍相似而多肉，與諸鱔皆喜伏水土之下，味甘可以滋陰。大抵鱔與魚相反，魚屬火可以滋陽，故蛋人多子，以多食魚。又方書，魚鰾白爲丸，可以種子。鱔屬水滋陰，故患痰火者宜食之。

又　龍蝦　龍蝦，巨者重七八斤，頭大徑尺，狀如龍，采色鮮耀，有兩大鬚如指，長三四尺。其肉味甜，稍粗于常蝦。以殻作燈，光赤如血珀，曰龍蝦燈。東莞、新安、潮陽多有之。

又　鯊虎　南海多鯊魚，虎頭鱉足，有黑紋，巨者二百餘觔。嘗以暮春至海山之麓，旬日化爲虎，惟四足難化，經月乃成。有虎皮、白皮、料影三種。鯊魚亦能化虎，故凡炳炳成章者，虎之虎也。紋直而疏且長者，鯊之虎也，有見鯊之虎者，但擊其足則斃之。或曰：鰐魚一名忽雷，秋時亦多化虎而三爪。然則南海之虎類多矣。鯊與鰐之所化者，人猶能識之；人之所化者，未知何狀。

又　飛魚　海南多飛魚，或謂《吴都賦》「文鰩夜飛而觸綸」，即此。有句云：「飛魚從未見，漁父説文鰩。」飛魚有兩翅，飛疾如鳥，觸綸輒有光射潮，夜見漁火，争投船上。烹之味甚美。

又　似嘉魚　四會有烏龍潭，在縣西二百里。潭底石隙中，多産鮮魚，柔鱗肥甲如水晶，土人謂之似嘉魚，其味如鰣。蓋四會爲二江所匯，地多白蕩，其魚多野生，不俟下種。德慶之嘉魚，其種至此而變，未可知。似嘉魚者，嘉魚之庶孽也。

又　鰣魚　順德甘竹灘，鰣魚最美。其灘上鰣魚，以罾取之；灘下鰣魚，以大網取之。罾小，一罾僅得鰣魚一尾，以灘小不能容大網也。南海九江堡江中有海目山，所産鰣魚亦美而甘，竹灘尤勝。

清·屈大均《廣東新語》卷二三《介語》　鱟　鱟大者尺餘，如覆箕，其甲瑩滑而青緑。眼在背，口藏在腹。其頭蜣螂而足蟹，足蟹而多其四，尾三稜，長一二尺，其血碧。凡諸血皆赤，惟鱟碧色。碧生於鹹，赤生於淡，海之水鹹，故色碧。鱟之血與海水同，得鹹之氣多故也。其子如粒珠，出而爲鱟者僅二，餘多爲蟹爲蟛蜞麻蝦及諸魚族。蓋淡水之魚，多生於魚；鹹水之魚，多生於鱟，鱟乃諸魚蝦之母也。鱟者，候也，善候風，諸水族亦候之而出，故曰鱟。性喜羣遊，雌常負雄於背。背有骨如扇，作兩截，常張以爲帆，乘風而行，雌雄相積，雖遇驚濤不解，名曰鱟帆。

又　珠鱉　珠鱉，産高州海中，其背隆起者有珠，珠或從口吐出。予《高涼曲》有云：「蚌含明月浮滄海，珠鱉江中亦吐珠。」又記云：「珠鱉三足，有珠百碧。」或云六足。珠鱉味甚美。伊尹云：魚之美者醴水之魚，名曰朱鼈。

又　玳瑁　玳瑁，産廉、瓊州，一作玳瑁龜。夜伏沙汀，注目上視，與月争光，月之精華因入焉，而爲文介。

又　龜　毛龜出韶州，大如錢，以水養之，其毛披放，色碧緑。置之幾案可辟蠅。有六目龜，出欽州，本兩目，其四目乃金黄花紋，圓長中黑，與真目排比，狀似六目，故名。有卜龜，出雷州，俯行者靈。有巨龜出惠州，背生樹木，望之嚴如洲渚，然不常見。有紅白二龜，在文昌北石井中，旱禱之，紅出則雨，白出則否，亦神龜也。

又　蟹　蟹類甚多，有曰小娘蟹，其螯長倍于身，大者青緑如錦，味與諸蟹同。而新安人賤之，惟熟其螯以進客。有擁劍，五色相錯，螯長如擁劍然。新安人以獻嘉客，名曰進劍，爲敬之至。有飛蟹，小者如錢，大者倍之，從海面飛越數尺，以螯爲翼。網得之，味勝常蟹。此三者，蟹之異者也。

又　石蟹　環瓊水鹹，獨崖州三亞港水淡，故産石蟹。

又　蟛蜞　凡春正二月，南風起，海中無霧，則公蟛蜞出。夏四五月，大禾既莳，則母蟛蜞出。其白者曰白蟛蜞，以鹽酒醃之，置荼蘼花朵其中，曬以烈日，有香撲鼻，牛毛者曰毛蟛蜞。嘗以糞田飼鴨，然有毒，多食發吐痢，而潮人無日不食，以當園蔬。

又 蠔 蠔，鹹水所結，其生附石，磈礧相連如房，故一名蠣房。房房相生，蔓延至數十百丈，潮長則房開，消則房闔，開所以取食，闔所以自固也。鑿之，一房一肉，肉之大小隨其房，色白而含緑粉，生食曰蠔白，醃之曰蠣黄，味皆美。以其殼累牆，高至五六丈不仆。殼中有一片瑩滑而圓，是曰蠔光，以砌照壁，望之若魚鱗然，雨洗益白。小者真珠蠔，中嘗有珠。大者亦曰牡蠣，蠣無牡牝，以其大，故名曰牡也。東莞、新安有蠔田，與龍穴洲相近，以石燒紅散投之，蠔生其上，取石得蠔，仍燒紅石投海中，歲凡兩投兩取。

又 白蜆 番禺海中有白蜆塘，自獅子塔至西江口，凡二百餘里，皆産白蜆。歲二三月，南風起，霞氣蔽空，輒有白蜆子飛落，微細如塵，然落田輒死，落海中得鹹潮之力乃生。秋長冬肥，積至數丈乃撈取。

又 蛤 蛤，生田間，名田雞。冬藏春出，篝火作聲，呼之可獲。

又 璅蛣 璅蛣，狀似珠蜯，殼青黑色，長寸許，大者二三寸。生白沙中，不汙泥淖，互物之最潔者也。有兩肉柱能長短，又有數白蟹子在腹中，狀如榆莢，合體共生，常從其口出，爲之取食。蓋二物相須，璅蛣寄命於蟹，蟹托身於璅蛣。

又 蠃 蠃，種最多，以香蠃爲上，産潮州，大者如盤盂，其殼雌雄異聲，可應軍中之用。次則珠蠃，出東莞大步海，南漢常置三千人採之，名其地曰媚川都，人曰珠蠃户。有銀母蠃，狀若蚌，内多小珠，而珍色不及，殼厚而瑩，可以截鑲器皿，亦名珠母。其曰銀母者以殼言，曰珠母者以多珠子言也。其肉最珍而性寒。有九孔蠃，産珠與蚌珠類。有鸚鵡蠃，珠光隱隱可燭，文采五色類鸚鵡，有指甲蠃，一名紫蜐。

又 蚌 蚌，川澤處處有之。凡狹而長者皆曰蚌，廣而圓者皆曰蛤。車白與蜆皆蛤屬。

又 白蜆 凡南風霧重則多白蜆，北風霧則否，蓋白蜆之生生於霧，霧味鹹，鹹爲白蜆之生之本。始生時，白蜆之形如霧，自空而下，若無若有，人見之以爲霧也。漁人知之，以爲天雨蜆子也。蜆子既成，以天暖而肥，寒而瘠。在茭塘、沙灣二都江水中，積厚至數十百丈，是曰蜆塘。取之若泥沙，量之以舸艓。以食，以糞田，以壅蔗，以飼鳧鴨，其利頗大。自冬至春，淘者、鬻者，所在有之。

又 瑇瑁 瑇瑁，如黿，大者如盤盂，上有鱗，發之因見其文，有光輝，可作器，生帶之。遇有蠱毒，則其甲自動摇，每爲爲驗。一種名脊鱗，大如巨黿，甲上有膜一層，以火向下焙之，可坼而起，文似瑇瑁而質薄，廣人所飾器用皆以此。

又 弔 弔，介之屬也，産瓊州海口港中，蛇頭鼉身，水宿木棲，其膏甚輕利，貯以銅瓦皆滲出，惟雞卵盛之則不漏。以治諸腫毒，功同熊膽。

又 白鱉 白鱉，可以愈痰火症，其初得之神授，廣人甚珍之。有口號曰：「烏耳鱔，白腳魚，滋陰降火只須臾。」

又 仙蟹 仙蟹，産羅浮阿耨池旁，形如錢大，色深紅，明瑩如琥珀，大小數十，羣行見人弗畏。以泉水養之，可經數月，見他水則死，相傳仙人擲錢所變。

又 鯪鯉 鯪鯉，似鯉有四足，能陸能水，其鱗堅利如鐵，黑色，絶有氣力，能穿山而行。一名穿山甲，蓋陸之魚也。

清·屈大均《廣東新語》卷二四《蟲語》 天蠶 天蠶，出陽江，其食必樟楓葉，歲三月熟，醋浸之。抽絲長七八尺，色如金，堅韌異常，以作蒲葵扇緣，名天蠶絲。亦有成繭者，大於家蠶數倍。

又 蟬 羅浮東峰下有石洞，洞中楓樹千萬株，嘗有蜩蟬數百種，數里間鳴則齊鳴，止則齊止，無一參差斷續者。又有異鳥和之，聲若木魚以爲節。

又 蝙蝠 粤山多巖洞，蝙蝠宫之。以乳石精汁爲養，夏間出食荔支，冬則服氣。純白者大如鳩鵲，頭上有冠，或千歲之物。其大如鴉而未白，亦已百歲。而皆倒懸，其陽精在腦，腦重，故倒懸也。餘則背腹茜紅而肉翼淺黑，多雙伏紅蕉花間，雌雄不舍，捕者得其一，則一不去，婦人佩之爲媚藥。

又 蠬螽 陽春有蠬螽，嘗附橄欖樹而生，雖有首足，與木葉無别，須木葉凋落乃得之。土人以置篋笥，每遇蠱毒必鳴，鳴則自呼，又以其聲之清濁卜禍福，粤以雞卜，又以蠬螽卜，人罕知之。

又 蝦 蟳蝦産鹹水中，大者長五六寸，出水則死。漁人以絲粘網，其深四尺有五寸長六尺者，仄立海中。絲柔而輕，蟳蝦至則鬚尾穿罥，弗能脱也。兩兩乾之爲對蝦，以充上饌。鮮者肉肥白而甘，其次曰黄蝦、白蝦、沙蝦，最小者銀蝦，狀如繡鍼。以紵布爲網，綢大丈有二尺，以二罾䋐繫之，口向上流，取蝦卵及禾蟲，亦復如是。銀蝦稍大者出新安銅鼓角海，名銅鼓蝦，以鹽藏之，味亦美。其蝦醬則以香山所造者爲美，曰香山蝦。

又 天蝦 天蝦，色白，西江多有之，狀如蛺蝶。四五月間，從空飛入水，化而爲蟲，黄魚食之而肥，名黄魚蟲。漁人取其未化者炙食之，云味甘美，或以爲蝦所化，以其自天，故曰天蝦。

又　水母　水母，生海中，以鹹水之渣滓爲母，故名水母。鮮煮之輒消釋出水，一名海蛇。氣最腥，爲蟲之所宅，蟲者蝦也。水母以蝦爲浮沉，故曰水母目蝦，性冷，能化物，不能自化，脾胃弱者勿食。乾者曰海蜇，腹下有腳紛紜，名曰蜇花。八月間乾者肉厚而脆，名八月子，尤美。

又　禾蟲　夏暑雨，禾中蒸鬱而生蟲，或稻根腐而生蟲。稻根色黄，禾蟲者，稻根所化，故色黄。大者如筋許，長至丈，節節有口，生青，熟紅黄。霜降前禾熟則蟲亦熟。

又　螢　螢之類初如蛹，腹下有火，數日能飛者，茅根所化，爲螢。其長如蛆，尾有火不能飛者，竹根所化，爲熠燿。螢飛而熠燿行，故曰宵行。嶺内秋夕螢始飛，廣則夏秋俱見。熠燿四時有之。或謂熠燿即放光蟲，如百足而小，夜緣屋壁，身有火，色雜紅緑，以手觸之成粉，粉所著處生光，逾時不滅。其光生於鹹，鹹故作火光也。螢亦溼熱所化，腐草與陽氣相蒸，故生焉。

又　金花蟲　金花蟲，大者如斑貓，有文采，其背正緑如金貼，有翅生甲下，一名緑金蟬。喜藏朱槿花中，一一相交，取帶，令人相媚。

又　荔枝龍眼二蟲　荔枝樹有蟲名曰石背，喜食荔枝花蕊。

又　蚊　蚊，多生於腐葉、爛灰及陰溼地，或臭溝沙蟲所化。而新州有蟲母焉。

又　海珠　海珠，狀如蛞蝓，大如臂，所茹海菜，于海濱淺水吐絲，是爲海粉。鮮時或紅或緑，隨海菜之色而成，曬晾不得法則黄，有五色者可治痰。或曰：此物名海珠母，如墨魚，大三四寸，海人冬養於家，春種之瀕海田中，遍插竹枝，其母上竹枝吐出，是爲海粉，乘溼舒展之，始不成結。以點羹湯佳。

又　蜈蚣　蜈蚣，短者也，其長者節節有足，是曰百足。足赤腹黄，有雙鬚，尾歧，螫人最毒。

又　蜞　蜞，有青黄二種。青者生深山樹葉中，名曰飛蜞。聞聲輒飛，刺人取血，專集耳後，使人不知。始如鍼，血飽則如指，隨手拔去，稍遲深入膚理矣。凡山行，以無患子，或蒜，或薑汁，或茶子末塗身，則飛蜞不敢近。黄者生地下，吮血如螞蝗，入水則死。螞蝗一名水蛭，池澤處處有之，入人肌肉咂血。誤吞之，則生子腹中，噉食臟血，飲黄土水數升可解。或以灸蜜，則螞蝗化水而死。

又　雨師雲師　霍山有雨師、雲師，雲師如蠶，長六寸，雨師如蛸，長七八寸。每出則有雲有雨。山人以爲驗。

又　蟋蟀　蟋蟀，於草中出者少力，於石隙竹根生者堅老善鬭，然多以東莞熊公鄉所産爲最，其地名花溪銀塘，熊公飛昔與元人大戰之所也。其産于東莞伯何公真、羅中丞亨信、彭中丞誼、陳少保策墓上者皆最。

又　大蟻　廣中蟻冬夏不絶。有黄赤大蟻，生山木中，其巢如土蜂窠，大容數升。

又　白蟻　廣多白蟻，以卑溼而生，凡物皆食，雖金銀至堅亦食。

又　潮州大馬蟻山，有蟻祖廟，歲五月，羣蟻來朝。

又　蚺蛇　崖州多蚺蛇。新官至，黎人輒以蚺蛇爲獻。其長至丈，巨盈尺，秋時眼矇而休，茅草萌芽，自其腹出于鱗甲，春暖始可屈伸，行者視茅草盤旋即知之。性畏簑披木，猝遇之，以簑披木爲禦，人多則掊擊斃之。首尾兩分，猶奔勝數十里，以有水旱二膽轉運周身，故踰半日乃死。其性淫，以婦袒衣置穴外，蚺蛇聞氣出蟠伏。

又　蛤蚧　蛤蚧，長五六寸，似蜥蜴，四足，有毛尾絶短，嘗自呼其名以鳴，一歲則鳴一聲。有鳴至數十聲者，人以爲神，羅浮多有之。《方言》曰：桂林之中，守宫能鳴。即此。一名吉度蛇，吉度者，象其聲也。其背色緑，有黄斑點若古錦。自旦至暮，常變十二種色。有得其一，閉於籠中玩之，止見變黄、褐、赤、黑四色。多居古木竅間。人以其聲與色之異，喜捕取之，得其雌雄合者益陽。

又　白蠟蟲　粵人以蟲大如蟣虱者，芒種後置之菁細樹上，樹狀類冬青，蟲食樹汁，吐沫粘嫩莖上，化爲白脂。至秋取之，以水煮鎔濾成蠟，文理瑩徹，若石膏然。以之澆燭入藥，甚適用。蟲嫩時白色，作蠟及老則赤黑。其結苞于樹枝，初若黍米，入春漸長如雞頭子大，色紫赤，纍纍抱枝，宛如樹之作實，是稱蠟種，亦白蠟子。子内有白卵，一苞數百。次年立夏，以箬葉包之，繫於樹上。芒種後苞拆，白卵化蟲，乃復上樹作蠟也。黄蠟成于蜜蜂，白蠟成於此蟲，各有其能若此。白蠟瓊州最多，以之爲炬，大者可五六觔，每夜爇用至數百石，其價頗賤。

又　禾蟲　禾蟲，狀如蠶。長一二寸，無種類。夏秋間，早晚稻將熟，禾蟲自稻根出。

又　斷草烏　斷草烏者，蛇也，大僅指許，長五六寸，頭如龍形而小，身純烏。其行也，百草沾之立斷，人見斷草，輒跡得之，故蛇每離地丈許。使身如矢，直以入穴，使不沾草，故人莫得而取之。以酒煮食，愈痲瘋。

又　蝦母　蝦之母名曰水母，瑰然如破絮，黑色，有口無目，常有蝦隨之，食其涎沫，水母以蝦爲目，每浮水上，或取之，欻然而散。有曰蝦姑者，一名海馬，亦曰水馬，蝦類也，主催生。其扁如蜈蚣者，燒服，主夜遺。

清·王士禛《池北偶談》卷三《談故三》 三國貢物 康熙丁未夏，荷蘭國甲婁吧王油煩嗎綏極遣陪臣卑獨攀呵閏等入貢，內有刀劍八枚，其柔繞指；旃檀樹四株，各長二丈許；西洋小白牛四，高一尺七寸，長二尺有奇，白質斑文，項有肉峰；荷蘭馬四，鋭頭卓耳，形態殊異；又玻璨箱、牡丁香、哆囉尼絨之屬。是歲，暹羅國王森烈拍臘照古龍拍臘馬嘑陸坤遣貢使握坤司答喇耶邁低禮，貢六足龜、孔雀、馴象等物。回回國貢牛，三角三目云。

清·王士禛《池北偶談》卷四《談故四》 荷蘭貢物 荷蘭國自康熙六年入貢，今二十五年。臺灣平，設郡縣，其王耀漢連氏甘勃氏遣陪臣賓先吧芝復奉表進貢，表詞有云：外邦之丸泥尺土，乃是中國飛埃；異域之勺水蹄涔，原屬天家滴露云云。貢物大珊瑚珠一串，照身大鏡二面，奇秀琥珀二十四塊，大哆囉絨十五疋，中哆囉絨十疋，織金大絨毯四領，烏羽緞四疋，綠倭緞一疋，新機嗶嘰緞八疋，中嗶嘰緞十二疋，織金花緞五疋，白色雜樣細軟布二百一十九疋，文采細織布一十五疋，大細布三十疋，白毛裏布三十疋，大自鳴鐘一座，大琉璃燈一圓，聚耀燭臺一懸，琉璃盞異式五百八十一塊，丁香三十擔，冰片三十二斤，甜肉荳蔻四甕，廂金小箱一雙（內丁香油、薔薇花油、檀香油、桂花油各一罐），葡萄酒二桶，大象牙五支，廂金鳥銃二十把，廂金馬銃二十把，精細馬銃十把，彩色皮帶二十佩，廂金馬銃中用繡彩皮帶十佩，精細馬銃中用精細小馬銃二十把，短小馬銃二十把，精細鳥銃十把，廂金佩刀十把，起花佩刀二十把，廂金雙利劍十把，雙利闊劍十把，起金花單利劍六把，照星月水鏡二執，江河照水鏡二執，雕製夾板三雙。

清·王士禛《池北偶談》卷九《談獻五》 神魚井 何騰蛟，字雲從，明末以都御史撫楚。其先山陰人，戍貴州黎平衛，遂爲黎平人。所居有神魚井，素無魚，騰蛟生，魚忽滿井，五色巨鱗，大者至尺餘，居人異之。後騰蛟盡節死，井忽無魚。

清·王士禛《池北偶談》卷一四《談藝四》 魚上木 元人《竹枝詞》云：「黃魚上得青松樹，阿儂始是棄郎時。」然《本草》陶注：「鰻鱺魚能緣樹，食藤花。」《雜俎》：「鯢魚能上樹。」贊曰：「有足若鯢，大首長尾，其啼如嬰，緣木弗墜。」宋祁《方物略》曰：「魶魚出西山溪谷及雅江，狀似鯢，有足，能緣木。」

清·王士禛《池北偶談》卷一九《談藝九》 相鼠鼫鼠 《詩·相鼠》，孫奕云：相，地名。陸璣云：河東有大鼠，能人立，交前兩腳於頭上跳舞，善鳴。按《地志》：相州與河東相鄰。《荀子》：鼫鼠五技而窮。《本草》《廣雅》皆謂螻蛄一名鼫鼠。《易》晉如鼫鼠，孔穎達正義引蔡邕《勸學篇》云：鼫鼠五能，不成一技，《荀子》云云。竝爲螻蛄也。

清·王士禛《池北偶談》卷二〇《談異一》 六足龜 暹羅國進貢，有六足龜十枚，比至京師，止存其三。其足前二後四，趺趾相連。予在主客時見之。按龜三足曰「賁」。

又 魚舅魚爺 蜀中自嘉定至隆慶，江間有魚，曰魚舅。楊用修《異魚贊》云：「嘉州魚舅，載新厥名。鱗鱗迎媵，夫豈其甥。其文實鮥，江圖可徵。」或以爲嘉魚，非也。嘉魚出丙穴，在漢中府，桃花時，則從穴出，亦名鮇魚，或名鯅。《爾雅》曰：鮥，當魱。郭註：海魚，似鯿而大鱗，肥美多鯁，今江東呼最大長三尺者曰當魱。《說文》：鮥，當互也。《正字通》：魱，呼故切，鮪別名，一名鮥。鮥，其九切。俗作鮊，非。鯅，他鼎切。鯔，魚名。《異魚圖贊》：鯔魚極眇，一斤千頭，名曰鮡鯅，不以網收。廣東文昌縣有井，出巨魚，紅頂，名魚爺，見《一統誌》。

清·王士禛《池北偶談》卷二一《談異二》 墨魚 蜀嘉州凌雲烏尤山下有魚曰墨魚，行則噀墨，云郭璞注《爾雅》於此，魚食硯墨所化。立春後泛子，漁人以燈火照之，輒止不去。《南越志》謂烏鰂懷墨而知禮。《蜀本草圖經》云，烏鰂名海鰾鮹，九月烏鶍入水所化。不知即此一種否？予在蜀見之。

又 異鴉 邑東北耿氏墓林中，有鴉一只，碧色，飲啄自異，不與羣鴉爲伍，亦不見其蕃育，人往往見之。按《唐書》：滕縣有羣鳥，猲兼柴爲城，中有白鳥、碧烏各一。又城東旬召店有白燕二，居民家井中。皆康熙十二三年間事。

又 淨池鳥 宗弟九青侍講豫嘉，扶風人，家渭水上，去太白山二十里。云太白一峯，直上三十里，盛夏雪霰不絕，人無能登其巔者，惟六月可上。上有太白神殿，以鐵瓦覆之，有五池，有鳥紅色，大如雀，池有滓穢，則啣去之，名淨池鳥。山奇寒，無林木鳥獸，此鳥亦不知栖止何所也。按《客座新聞》云：每墮葉，則鴛鴦鳥啣出之，紅魚有長丈餘者。

清·王士禛《池北偶談》卷二二《談異三》 波斯犬 嘗於慈仁寺市見一波斯犬，高不盈尺，毛質如紫貂，聳耳尖喙短脛，以哆囉尼獲其背，云通曉百戲，索價至五十金。亦宋太宗桃花犬之屬也。

清・王士禛《池北偶談》卷二四《談異五》 箐雞 箐雞，産水西，長尾白羽，羽之周遭，黑文緣之，如澹墨所畫。或畜之，見人輒避去，終不馴擾。門人黃自先元治官平遠府通判，云然。

又 水蠶 吾鄉山蠶，食椒椿槲柘諸木葉而成繭，各從其名。故相國益都沚亭孫公廷銓作《山蠶説》，曲盡物性，文多不録。唐小説載元和八年，大軫國貢神錦衾，水蠶絲所成。云其國以五色石甃池塘，採大柘葉飼蠶於池中。始生若蚊睫，游泳其問，及長，可五六寸。池中有挺荷，蠶經十五日，即跳入荷中成繭，自然五色，亦謂靈泉絲。山蠶、水蠶，皆物産之異。

又 御馬 供奉周道言，御廄有千里馬，毛色純黑，惟顱及四蹄白，長可一丈，腹有逆鱗，高麗所貢也。

清・田雯《黔書》卷上《象冢》 有一象，深伏小塹，鼻吸泥水數斛，乘賊不意，突出跑吼，躍起數丈，噴鼻中泥水作雲霧，直挫賊鋒，人馬皆辟易。復卷一悍賊，擲天墜地，蹙踏如糜，賊咸披靡。

清・田雯《黔書》卷下《水西馬烏蒙馬》 水西之馬狀甚美，前視雞鳴，後瞷犬蹲，膈闊膊厚，腰平背圓。秣之以苦荞焉，啖之以薑鹽焉，遇暑渴又飲之以虀漿焉。體卑而力勁，質小而德全。登山踰嶺，逐電欻雲，鄙螳螂而笑蝘蜓也；龍髭鳧臆，肉角蘭筋，志倜儻而精權奇也。有馬如此，不可謂非良矣。然而未若烏蒙之異也，烏蒙之馬，體貌不逮水西，而神駿過之。食簮筤之根，飲甘泉之水。首如碓，蹄如盂，齒皆黃區，耳則桃記。以平涂試之，夷然弗屑，反不善走，而志在千里，隱然有不受羈勒之意。所以英雄之才不易測，而君子之道貴養晦也。

清・田雯《黔書》卷下《脆蛇》 長尺許，圍如錢，背黑腹白，暗鱗斑斑可翫也。生黔地，伏草澤間，出入往來恒有度。捕之者置竹筒於其徑，則入其中，急持之，方可完，少緩則自碎，故名「脆」。暴之使乾，已風去痛。視其身之上、中、下，以治人之頂、腹、脛、足，罔不驗。

清・田雯《黔書》卷下《魚》 黔中止鯉一種，無他魚也。都勻亦有鯽，味不佳。蝦蟹俱鮮，不堪食。鎮遠有水獺，曰捕魚數十，以能捕鱉者爲上。

清・田雯《黔書》卷下《鹿》 龍里東仡佬村某年十月有鹿突至，内一黑者，毛黝肉肥，仡佬以火器斃之，舁回村中食之。鹿項上一銅牌，鐫「孔明放生」四字，凡食者皆斃。

清・田雯《黔書》卷下《虎》 闕索嶺下蠻村中，一婦人化爲虎，虎文炳妒。奪門而出，不知所之。或一月或數日，必來顧其子，少頃，垂頭鞅鞅而去。

清・劉獻廷《廣陽雜記》卷一 辟臭蟲方：用木瓜打碎，燒煙薰之。若加人言少許，其子粒粒皆爆碎。

又 楊可師曰：寧波人有以魚須爲尺者，色黑若牛角，柔若藤，蓋出日本國云。

又 康熙二十三年七月，暹羅國由廣東进貢方物三十九種，内象二隻；孔雀八隻，斃其二；六足亀八隻，斃其三。餘莫能知。

又 丙寅五月，内土魯番國回王阿不喇米札法兒減的也民巴哈都兒阿子漢，遣使無路火者等，進貢西馬四匹，達馬十匹，單峰駱駝二只，鴉虎一聯，黑鷹一聯，西洋布二匹，玉石一千斤，金鋼二錢，西弓二張，西品二塊。

又 凡泛水諸禽，其腳中空外連，如鵝鴨之類是也；水邊諸禽，其腳皮半連，如鶴鷺之類是也；若雞不近水，則中實不連矣。李含英云。

又 麂皮之有扢搭者，乃以粟米壓成者也。余向以爲生成者，茹紫庭言，始知之。

又 以柿子汁塗蟹殼而蒸之，殼皆爆碎。以漆點蟹殼上，點處皆成穴，將蟹黃自穴流入滚湯中爲蟹粉。

又 鱟魚之血，其色碧。渔人得雌鱟，則其雄守而不去；得雄鱟，則雌者遠逝矣。

又 潮有竹蛄，一作蟶。狹長尺餘，而殼如蛤，味甚美。又有海豆菜，形如豆牙菜，其首如泥螺，蘸醋生食。初食之，遍體生癮塊，不癢，少時即消。

又 馬子騰云：鶺鴒，皆蝦蟆所化也。

清・劉獻廷《廣陽雜記》卷二 衡山朝岳門佛子坳，有子抱母樹，如孩提之童，依依膝下，見之令人動孺慕之悲。後爲愚民所斧，今不可得見矣。

又 在衡時，三月中聞蟋蟀聲，虞臣以爲異。非曾曰：「吾鄉四時常鳴也。」又有蟢蛛堕于前，色爛然如白銀，此亦中原及東南所未見者。

又 衡山山峽中，遍地皆野蘭。葉不及福建者，花绿色如碧玉，香遠過之。

清・劉獻廷《廣陽雜記》卷三 王騰蛟家有一狗，斑斕其毛，呼曰斑狗焉。每月初二、十一、二十一，必齋三日，值齋日則不食終日，糞穢水漿，略不入口。置飯于其前，必臥而守之，有雞猫等物來食其飯者，必起而逐之，復臥而守之如故。全次日始食，百不失一也。

又 子騰言：四川多狨，食猴者也。鼻孔反上向天，見雲起，聞雷聲，即趨避隱處，取樹葉以覆其鼻；少雨滴入，輒死矣。

又 子騰又言：平凉静寧之間，有物如猫，而首大色黄，人呼曰黄妖。家猫見之即随之去，飲于河以滌其腸胃，至妖前聽其食。妖以舌舐之，毛隨舐落，磔猫而食之，此不知何物。後偶案：原作偶後。檢字書，㲉字，呼木切，烘入聲，犬屬，似豹而小。郭璞曰：「似貄而大，腰以後黄，一名黄腰。」《漢書音義》曰：「㲉，白狐子也。」案：此即子騰所言之黄妖，妖乃腰之誤。久不讀《爾雅》，不意於此遇之，當更檢《爾雅注疏》及《漢書音義》耳。

清·陳鼎《黔游記》 脆蛇，出土司中。長尺余，伏草莽間，見人輒躍起，跌爲數段，少頃複合爲一。其色如白金，光亮可愛。誤拾之，觸毒即斃。其出入有度，捕者置竹筒徑側，彼以爲穴也而入其中，急持之則完，稍緩則自碎矣，故名碎蛇。暴干以去瘋疾，視其身上、中、下，以治頭、腹、脛、股，罔不效也；又可接斷骨，價值兼金。

又 圓蛇，狀如石卵，斑斕可愛，誤持之，得人氣即化爲蛇。啮人即斃，尸不敢收，五里内外，人不敢行，觸其穢氣，腫脹而斃。苗人三日后取竹矢插死所，七日取用，中人輒斃。

清·楊賓《柳邊紀略》卷一 尼失哈站南山上有潭，産小魚，魚皆逆鱗，人不敢食。尼失哈者，漢言小魚，蓋地以物名者也。

清·楊賓《柳邊紀略》卷二 柳條邊外山野江河産珠，色微青，所謂東珠也。圓而粗者，天子諸王以之飾冠，價甚貴。人葠、貂、獺猞、猁猻、雕、鹿、麅、鱘鰉魚諸物。

清·楊賓《柳邊紀略》卷三 海豹皮出東北海中，唐開元中新羅國與果下馬同貢者也。長三四尺，闊二尺許，短毛淡緑色，有黑點，京師人誤指爲海龍皮。染黑作帽。海龍皮大與海豹等毛稍長，純灰色，又京師人指爲海獺皮者也。

又 大發哈魚，一作打法哈子，子若梧桐子。色正紅，噉之鮮水耳，其皮色淡黄若文錦，可爲衣爲裳，爲履爲襪，爲線，本産阿機各喀喇，而走山及甯古塔之貧者，多服用之。

又 牛魚，鱘魚也。頭略似牛，微與南方有别。然土人直呼爲鱘，惟中土人或謂之爲牛耳。重數百斤，或千斤。混同、黑龍、兩江、虎兒哈河，皆有之。

清·吴桭臣《甯古塔紀略》 予曾於六月中簷下遘一蛇，長三四尺。以小刀斷爲三四，頃刻即連。又斷四五，復即如舊，行更速。再斷之，每段用木夾擲牆外，有懸於樹上者，始不能連。後有識者云：此即續弦膏，弓弦斷處，以此膏續之，膠固異常。雖用之積久，他處斷而接處不斷，乃無價寶也。甚爲惜之。

又 江中有魚，極鮮肥而多。有形似縮項鯿，滿名「發禄」，滿洲人喜食之，夏間最多。予少時喜釣，每於晡夕，持竿垂釣，頃刻便得數尾而歸。又有一種，生於江邊淺水處石子下者，上半身似蟹，下截似蝦，長二三寸，亦鮮美可食，名哈什馬，今上祭太廟必用此物，亦有鱘鰉魚，他如青魚、鯉魚、鯿魚、鯽魚，其最多者也。

又 城之西北十餘里，名額富里。又六十里，即舊城臨河，河内多蚌蛤，出東珠極多，重有二三錢者。有粉紅色，有天青色，有白色。非奉旨不許人取，禁之極嚴。

又 四季常出獵打圍。有朝出暮歸者，有兩三日而歸者，謂之打小圍。秋間打野雞圍，仲冬打大圍，按八旗排陣而行，成圍時無令不得擅射，二十餘日乃歸。所得者，虎、豹、豬、熊、獐、狐、鹿、兔、野雞、雕羽等物。獵犬最猛，有能捉虎豹者。虎豹頗畏人。惟熊極猛，力能拔樹擲人。野雞最肥，油厚寸許，遼東野雞頗有名，然迥不及矣。每一獵，車載馬駝，不知其數。鷹第一等名海東青，能捉天鵝，一日能飛二千里。又有白鷹、蘆花鷹，俱極貴重，進上之物。餘則黄鷹、兔、虎、鷂子，亦皆猛於他處。有雕，極大而多，但用其翎毛爲箭。

又 其上烏聲咿啞不絶。鼯鼪狸鼠之類，旋繞左右，略不畏人。

清·方式濟《龍沙紀略》 路多蝱如蜂，其長徑寸，天無風或雨後更熾，行人嘗虚廬帳以納蝱。而宿于外，帬十數齊下，人始得餐，螫馬牛流血，身股盡赤。馬軼覔深草，間見蝱高如邱，知其必斃棄不顧矣。

又 耕以馬，不以牛。牛千百爲羣，故於野。欲食牛，則射而仆之，曳以歸邊。

又 貂産索倫之東北，捕貂以犬，非犬則不得貂。虞者往還，當自減其食以飼犬。犬前驅停嗅深草間，即貂穴也，伏伺噙之。或驚竄樹末，則人犬皆息，以待其下。犬惜其毛，不傷以齒。貂亦不復戕動，納于囊，徐俟其死。

又 貢莫貴於貂與珠，已載之《經制》。其黄羊、野彘、雉鹿之獲於野者，作邊土之物貢，宜矣。

又 海青，即海東青，出遼東鷹鶻之最俊者。《明一統志》云：「小而健，能擒天鵞。」今出黑龍江左右。

又　鷓雞雉屬，出艾渾深山中，及札賴特地。雌者，毛色若灰；雄者濃靛，訛呼黑雞。歲捕生者入貢。

又　遮鱸魚，類白魚，而首鋭無骨，味若鱸，一名赭鱸，一名細鱗。歲貢百尾。九月，棲江濱，捕而畜之。

又　索倫産馬，身長足健，毛短而澤。

又　鄂倫春無馬，多鹿，乘載與馬無異。廬帳所在皆有之用。

又　黑龍江産魚，惟鯽一種。諾尼江無蝦蟹，而魚屬皆備【略】。六七月水漲，則大魚不入網。江凍，鑿冰取之價十倍。夏多鯉，冬多鯽鱖，味淡而腥。

又　勾星魚，鱗斑然如列星，長喙。

又　堪達含，駝鹿也，項多肉。陸佃《埤雅》云：北方有鹿，形如駝。即此。色蒼黄，無斑角，堅瑩如玉。中有黑理，横截之，鏤爲決，使理周於外，一線勻圓。選一決於數十角，直錢萬錢。弟世莊有詩曰：「臃腫額端欺鹿角，郎當項下鬬狼胡。可憐骨碎三軍指，會助天山一箭無。」

又　沙雞，鳩形，鶉毛，足高二寸許，味勝家雞。

又　老鎗雀，一名千里紅，與雀無異，惟頰有紅毛，産俄羅斯地。至以十一月囮而化之，炙食甚美，籠畜之輒死。

清·黄叔璥《臺海使槎録》卷一《赤嵌筆談》　三十六島巨細相間，坡隴相望，有七澳居其間。大約有土無木，土瘠不宜禾稼，産胡麻、菉豆，山羊尤多。居人煮海爲鹽，釀秫爲酒，採魚蝦螺蛤以佐食。

又　地宜牧牛羊，散食山谷間，各鑿耳爲記。《海防考》。

又　潮漲，淹没滬岸，魚蛤隨漲入滬；潮退，水由滬門出，魚蛤爲網所阻。

又　鳳山採捕烏魚；内山之番，不拘月日，捕鹿爲常；平埔諸社，至此燒埔入山，捕捉麞鹿，剥取鹿皮，煎角其膠，漬肉爲脯及鹿茸筋舌等物，交付贌社，運赴郡中，鬻以完餉【略】。塗鱝魚出，天時蒙霧，齊浮水面，捕獲倍多。

清·黄叔璥《臺海使槎録》卷三《赤嵌筆談》　白鳩，每當風雨舞翅盤旋，霜衣雪襟，可爲近玩；或呼爲洋鴿，云自嘎喇吧來者。初開臺時，一雙不卜二十金，近飼養將雛者多，價不及十分之一。

又　海八哥，黑身，紅頂，緑足，一名田雞。烏鬚，鷙鳥也，能搏擊羽族；尾長，黑色，時集於田間牛背上。聞有鳥名彩囊，似雞而小，頂上有五彩囊；五鳴雞，大如鶴鶉，項白，每漏下一鼓，則一鳴；雷舞，蒼赤色，聞雷即舞，未見。

又　白八哥，白畫眉，亦未見。或云鹽水港、統領埤加冬樹大數圍，其上每年生白八哥。相近居民，伺其將雛，攫而飼之。

又　番鴨，大如鵝；足微短，兩頰紅如雞冠，雄者色更赤。畜之常飛去。人每載入内地，然褷褷唼唼，無足充玩。

又　山無虎，故鹿最繁。昔年近山皆爲土番鹿場；今則漢人墾種，極目良田，遂多於内山捕獵。角尾罩弱，絶不似關東之濯濯。角百對，只可煎膠二十餘觔。鹿雖多，街市求一臠不得。冬春時，社番截成方塊，重可觔餘，皆用鹽漬運致府治；色黑味變，不堪下箸，而值亦不輕。

又　福州東島，視彭湖爲近，内惟産鹿，千百爲羣；島人捕得，取其腸胃連糞食之，以爲至美。其全體，則鬻之福州人。今所鬻鹿脯、鹿筋，皆東島物也《玉堂薈記》。

又　鹿以角紀年，凡角一岐爲一年，猶馬紀歲以齒也。番人射鹿爲生，未見七岐以上者。向謂鹿仙獸多壽，又謂五百歲而白、千歲而元，特妄言耳。竹塹番射得小鹿，通體純白，角才兩岐，要不過偶然毛色之異，書固未足盡信也。《番境補遺》。

又　山鼠，土人捕獲，以蔗梗填腹，去毛炙黄，合豬肉煮食。又山貓，取其毛以束筆，微短而輭。鄉間亦有捕蟬，紙裹煨熟以下酒者。

又　魚二種，志所未録：一曰新婦啼，狀本鮮肥，熟則拳縮，意取新婦踧踖也。一曰飛藉魚，疑是沙燕所化，兩翼尚存；漁人伺夜深時懸燈以待，乃結陣飛入舟中，甚至舟力不勝滅燈以避。鯊魚，胎生。市得一魚，可四五觔，用佐午炊。庖人剖腹，一小魚從中躍出，更得五六頭，投水中，皆遊去。《赤嵌集》。

又　鯊類不一，龍文鯊、雙髻鯊，志言之矣。外此有烏翅鯊，身圓，翅尾黑色；鋸仔鯊，齒長似鋸；烏鯊，口濶，大者類百觔，能食人；虎鯊，頭斑如虎，齒迅利，噬人手足立斷；圓頭鯊，亦食人；鼠䱜鯊，皮白，齒如梳；蛤濛鯊，口濶，尾尖；油鯊，身圓而長，尾似蝦尾；泥鰍鯊，口尖；青鯊，身青色；扁鯊，身扁尾小；乞食鯊，皮可飾刀鞘；狗纏鯊，身長尾尖；狗鯊，頭大，上有烏赤點，離水終日不死。

又　魴有錦魴，身圓，有花點，大者三四百觔，皮生沙石，尾長數尺，骨弱肉粗；黄魴，身圓，黄色；泥魴，皮黑；掃箒魴，尾如箒；烏燕魴，頭、身、翅俱似燕，肉黑；四開魴，頭似燕，肉赤；鬼角燕魴，頭有輭角；水沉魴，澹紅色，身扁頭尖。

又 海翁魚，有言如小山，草木生之，樵者誤登其背，須臾轉徙，不知所之；此無可考。志云：「後壠番社有脊骨一節，高可五六尺，兩人合抱未滿其圍。」漁人云：大者約三四千觔，小者亦千余觔，皮生沙石，刀箭不入。有自僵者，人從口中入，割取其油，以代膏火。肉粗，不可食。口中噴涎，常自爲吞吐；有遺於海邊者，黑色、淺黃色不等，或云即龍涎。番每取之以賈利，真贋亦莫辨也。

又 志載諸魚已詳。又有金精魚，花點細鱗；三牙魚，或赤或白，有三齒；田鴿魚，體圓，兩鬚極長；梳齒魚，黑色，花點，齒如梳，魚肚食之立死；泥鱠魚，黑色，口濶，大者五六十觔；珠鱠魚，黑色，身有紅白點；小鱠魚，黑色；小波浪魚，青身小尾；歸秉魚，身扁肉澁；赤海魚，紅色；刣額魚，金鱗，頭内有石子一枚；鰔魚，口邊有兩大刺；牛尾魚，狀似牛尾；泥龍魚，身長有暗刺；青箭魚，色青口尖，行如箭；交網魚，色烏、赤兩種；牛牯鰊，頭濶，皮青；金梭魚，金鱗身輭；竹梭魚，口尖，身長；飛烏魚，色青，有翅能飛；咬網狗，黑色，歪口，無分左右；海鱺魚，頭大，皮黑；含西魚，身扁，色白，有刺；圭䊋魚，色黑，唇厚；徧身苦魚，身有花點；安米魚，細鱗，有赤有白；旗魚，色黑，大者六七百觔，小者百餘觔，背翅如旗，鼻頭一刺長二三尺，極堅利，水面毆魚如飛，船爲所刺，即不能脱，身一轉動，船立沈；鯸魚，俗呼海豎，頭似豬，大則千餘觔，小亦五六百觔，常於水面躍起，高丈餘，噴水如雪，漁人見之即避。又海和尚，色赤，頭身似人形，四翅無鱗；海狗，頭似狗，尾尖，四翅；海馬，狀似馬，頸有騣，亦四翅。漁人網獲，均爲不詳。

又 蟳，螯生毛者；無毛者爲蟳。有翠蟳，蔚然深藍，大不盈掌；巨者螯長六七寸，殼有斑文，呼曰青腳蠘。有虎蟳，《閩小紀》云：「質粗味劣，無足取。殼極類門户上所繪虎頭，色亦殷紅斑駁，人有鑲爲酒器者。冬來生子，充盈臍外。」

又 石蟳，赤色；沙鑽蟳，色黄，徧身有刺，遇人即伏沙底；沙馬蟳，色赤，走甚疾；大腳仙蟳，身小，一螯大，一螯小，色有赤、白；虎獅蟳，徧身紅點；青蚶蟳，青白色，兩螯大；金錢蟳，身扁，赤黑色。

又 䱱鼊，龜屬，卵生，狀似鼈，四足漫胡，無指爪；大者百餘觔，小者數十觔。常從海岸赴山凹，鑽孔伏卵。人伺其來時，尾而逐之，行甚疾，衆並力反其背，則不能動矣。剥割時，兩目淚下。嗜者謂味同牛肉，值亦相等。甲可亂瑇瑁，亦以飾物；但薄而色淺，不任作器。市販鹿膠，每以其板殼與鹿角骨同煎。南路鼊壁港以此名，今寫訛。劉欣期《交州記》作蚼蝷。

又 文蛤，味極鮮美。往年絶少，惟癸卯春夏魚市不絶。《西溪叢話》：「蛤蜊、文蛤，皆一潮生一暈。」《博物志》云：「東海有蛤，鳥常食之；殼在海岸，潮水往來碏薄，潔白如雪，入藥最精。」往在大擔僧寺，見海邊蛤殼，各種奇異，有競爲携取者。

又 龍蝦，昂首奮角，如畫龍狀；甲硬如蟳殼，鬚長二尺餘，鉗六七寸，上有芒刺，尾下子纍纍相屬。又有九節蝦。

又 海龍，産彭湖，冬日雙躍海灘，漁人獲之，號爲珍物。首尾似龍，無爪牙，長不徑尺。或云入藥功倍海馬。

又 海蒜，一名海腎，殼類蛤，肉垂三寸餘，白色，上有黑點，形狀甚劣。食之多患腹瀉。

又 海舟夜眠，潛伏艙内，尚喜無蚊。臺地四時皆受其害，更有不見不聞而爲所刺，愈抓搔則愈癢。《閩小紀》云：「閩地有小蟲若微塵，視之不見，刺人較蚊蚋尤甚，密帷亦不能間之，名没子。」

又 四時階砌蛩鳴不絶，蟬於二月即噪樹間。聽蟲鳴以占候，未可與此地律也。

又 蜈蚣，腹下有光，夜間青熒，閃爍如螢；毒氣如琉璜，以足踏之，光熠耀不絶。

又 《南州異物志》：「寄居之蟲，如螺而有腳，形如蜘蛛；本無殼，入空螺殼中，戴以行，觸之縮足如螺閉户，火炙之乃出走。」《異苑》謂：「鸚鵡螺常脱殼而朝遊，出則有蟲如蜘蛛入其殼中，戴以行，夕返則此蟲出。」庾闡所云「鸚鵡外遊，寄居負殼」者也。臺地呼寄生。

清・黄叔璥《臺海使槎録》卷四《赤嵌筆談》 四曰：「鹿之生也，或斑而文，或黧而黝；忽散忽聚，乍往乍來。於是弓矢殪之，鏢棚搦之，罟穽伏之，鉛礮擊之。肉堪調篕，角則成膠；皮毛稛載，外洋是資。牛之來也，千百爲羣，憑陵谿谷。聚飲則涓源爲涸，迴食則蔓草皆赭。閑以圍稠，制以鉤盾。百步就羈，以耕以駕。至乃犬能攫羆，羊可燖羹。朝飛之雉，倚草棲林。夜嘯之猿，依山緣木。豹文隱霧，兔窟藏煙。若夫大鱠斷流，修緷横海，魦、鯧、鯉、鰋，鯉、蛤、蚶、蟳，挽青猊之鬣，截白黿之皮，捘龍籍，羅蜃府，莫不布雕俎，就鸞切。具粽五味，腥膏饜飫。」

清・黄叔璥《臺海使槎録》卷六《番俗六考》 餘榻面山，霾霧障之，凡五日苦不得一覩其麓，忽見開朗，殊快。不知山後深山當作何狀，將登麓望之。社人謂野番常伏林中射鹿，見人則矢鏃立至，慎毋往。予策杖披荆拂草而登，既陟巔，荆榛樛結，不可置足。林木如蝟毛，聯枝累葉，陰翳晝暝。仰視太虛，如井底窺天，時見一規而已。雖前山近在目前，而密樹障之，都不得見。惟有野猿跳躑上下，向人作聲，若老人咳。又有老猿，如五尺童子，箕踞忽視。風度林杪作簌簌聲，肌骨欲寒。瀑流潺潺，尋之不得。而修蛇乃出踝下。

清・愛必達《黔南識略》卷五《鎮寧州》 既濟泉在城東北，其地極熱，此水獨涼。清泉在城西三里，中産異蟹，紫赤色，極鮮妍。

清・愛必達《黔南識略》卷七《甕安縣》 地向産錦雞、竹雞、麞麝之類，近亦罕有。

清・愛必達《黔南識略》卷一一《凱里縣丞》 新井灣産黑鉛，由縣抽撥。

清・愛必達《黔南識略》卷一五《黄平州》 燕子洞在城西十五里，紫燕千百潛藏于此。

清・愛必達《黔南識略》卷一六《思南府》 黄魚泉在城北五里，産魚皆黄色。緑井在朗溪司，嘗有緑鳩羣浴其中。楊柳井在城北山麓，泉甚清，中有赤碧色小蛇，遇大旱，出即雨。

清・愛必達《黔南識略》卷一六《務川縣》 香墨池在城西三十里，其水清香，汲以注硯良佳。暖塘在城北五里，水至冬尤暖，魚皆聚焉。

清・吴震方《嶺南雜記》卷上 肇慶城臨江，江水自西粤來，謂之西水。每歲夏秋間，霪雨連日，則江水暴漲，漂屋廬。城中亦可行舟乃塞城門以抵之。城外江口又多颶風，夏日時作，發屋拔木【略】。每四五月，西水發時，粤西大山深澗，衝下孔雀糞及毒蛇、青蟲、紅蚯蚓等惡水，由封川、德慶繞郡而東，水如黄河之濁，飲之腹腫悶脹，所謂瘴毒也【略】。唯十里外靈山寺，泉甚佳【略】。西門外梅菴井泉爲亞。

又 康熙十三年六月，廉州海濱，風雨晝晦，有龍在海面往來鬬觸，海水頓湧數丈。守兵以砲擊之，一物從空而墜，少頃水退。

清・吴震方《嶺南雜記》卷下 雄鴨，以南雄府得名。鴨嫩而肥。醃而以麻油漬之，日久肉紅味鮮，廣城甚貴之。

又 龍豬，出南雄龍王巖，在城東百里，重一二十斤，小耳庳腳細爪。土人醃熏，以竹片綳之，皮薄肉嫩，與常豬不類。廣城亦重之。又出江西贛州龍南縣。

又 魚膠，大者徑數尺，小者如盤，厚且堅，不知何魚之鰾。或云齊明帝所嗜鱁鮧即此。

又 孔雀，産廣西，而羅定山中間或有之。雌者尾短無金色，雄者尾大而緑。金翠奪目，其毛羽初春而生。四月後復凋。與花相榮衰。然自愛其尾，欲棲息，必先擇置尾之地【略】。不肯妄飛，恐傷其尾，至死愛護之【略】。初年生緑毛，三年生小尾小火眼，五年生大火眼大尾。

又 海膽，蚌螺類也。出陽江、海豐等處，殼圓有栗粒，附石而生，互相聯綴。取一帶十，若觸破其一，餘皆粘石不可動。縱椎之破，亦不得脱也。肉色黄，有四瓣，鮮煮甚美。乾者味如鹿脯。其殼朱漆其内爲盃，爲盒，大者爲香爐，然脆不經用。

又 柔魚，類墨魚而長，無螵蛸骨，故名柔魚。海豐名鎛魚，較他産脆美，大約鱆魚、柔魚、墨魚一類也。

又 燕窩，有數種，白者名官燕，斯之絲縷如細銀魚，潔白可愛。黄色者次之。中有紅者名血燕，能治血痢。白者入梨加冰糖蒸食，能治膈痰。日本以爲蔬菜供僧。此乃海燕食海邊蟲，蟲背有筋，不化，復吐出而爲窩，綴于海山石壁之上，土人攀援取之。春取者白，夏取者黄，秋冬不可取，取之則燕無所棲，凍死，次年無窩矣。

又 蠔，肉最美，其殼砌墻，鱗鱗可觀。蝠形似蜆而大，沙螺類蟶而肥，若鼃腳，真下品矣。

又 蠔崽，音宰，小蠔也。潮州以薑醋蘸，生食，味甚清脆，不覺其腥。

又 禾蟲，形如百腳，又如馬蝗，身軟如蠶，細如箸，長一二寸餘，青黄色相間。中有白漿，狀甚可惡。産海濱田中，禾根長數尺，或至丈許，縷縷如血絲，隨海水而出，漾至海濱，寸寸自斷，即爲此蟲。

又 石蛤，一名坐魚，閩浙皆有之，即蛙之大者耳，重者斤餘，項短身青黑。土人連皮食之，云不可脱去此錦襖子。

又 蚦蛇，粤西及海南州縣有之。大者能吞鹿食人。性極淫，人卒遇之，取婦女弊褌投擲，蛇以首戴之，俯仰頓撼甚樂，俟其倦悶，即斃之。或投以婦人衣，則亦盤繞不去。捕之之法，度其出入之地，先釘樁數行，狹僅容其身，壯士持橄欖棍伏其中，出一人于外，颺婦人裙褲以招之。蛇望見即仰首高五六尺，來逐。人退入羅椿內，蛇身既巨，到狹處曲折，則轉身不便，蜿蜒屈伸間，人持棍擊之。

又 倒挂，形如小鸚鵡，徧身緑色，臆尾兩翼，俱有大紅。雌者止尾翼有紅，飼以水飯，夜則倒掛籠中，或止以一爪掛籠。性畏寒，不能度嶺。攜者籠上幕以布，時以胡椒水洒之，夜置幃中。余攜歸兩對，比冬皆斃。

又 烏猿出羅定州及石城，渾身如墨，止眼碧齒白，即舌亦黑也，短身長臂，臂倍于身，行走如人，性甚警慧。余攜歸，畜之甚馴。有黑身白眉者，有連鬢白者，有尾長過身者。好居樹上，跳越如飛，捕之者逐使地下，在無樹木之處，則束手受縛矣。

又 石猴，小如拳，出高州、羅定等處。可于筆筒中睡。

又 嶺南有狨，似猿猴而大，毛深厚而金色，以猿猴爲糧，每嘯則羣猴皆集，列跪其前，狨乃一一手按之，自首至尻，驗其肥瘠，視肥者以石戴其頂，此猴跪捧不敢動，餘乃散去。戴石之猴隨狨至水次，入水洗濯，又自拔毛浄訖，乃臥而聽狨食之。物之相制至于如此，哀哉！狨皮爲褥，最温，其價甚貴。

又 山鳥，形如八哥，能作種種禽獸音，教之亦能學人語。餘攜歸二雙，臆間有黑色，圓長者善鳴，眼紅者善鬭，彼處多畜之。

又 鸚鵡，有白者，較緑者差大，頂有角毛墳起，時放花，淡黄緑色，瓏玲可愛。有大紅者，毛赤如血，有五色者，光采陸離，皆從洋中而來，洋貨店中多有之，五色者少，稍北行即苦寒病，飼以紅柑有愈者。

又 緑鳩，似斑鳩，而色緑，自廣西而來。相傳每年九月，黄魚化爲之。出水集巖樹間，網之輒得。粵東甚貴之，而粵西以充庖。

又 西洋雞，頭高爲趯，與常雞甚異，亦有黑白雜色諸種。

又 火雞，毛黑毵毵下垂，高二三尺，能食火炭，相傳火雞火鼠毛爲火布。此雞毛焚之，亦成灰燼，恐非。此雞亦自海外來。

又 翠雞，形如雞而極大，徧身翠毛。余攜一雙至家，不數日而斃。

又 鷓鴣，形如雌雞而小，雌雄相對啼，飛不甚高，嶺南之佳味也。

又 新興縣，有優曇缽，無花而實，實似枇杷。非佛經之優曇鉢羅花也。

又 西洋狗，小者最貴，有黑者，有黄色者，鬼子與之同飲食寢處。又有一種，稍大而毛長尺許，深目短喙，狀如獅子，有獰醜。

又 桄榔，身似椶櫚而色緑，亦有絲自裹，高七八丈，亭亭直上，葉生頂上，大如掌。甚穠蜜，其杪抽絲蔓千百條，長丈餘，下垂如縷，蕤蕤可玩。結子紋如檳榔，可爲素珠。其木可爲大小盤，紋如椶竹，但質理虛脆。攜之北行，易裂，皮中有麪可食，名桄榔麪。

又 《羅浮志》載：仙蝶爲仙人彩衣所化，大如盤而五色。人得其繭，蝶亦化出，數日即有一蝶自來，引之而去。雖數千里之外，藏之箱篋，亦化去也。然惠潮山中多產此繭。或作于竹葉，或作于樹葉，山中人採而貿之。抽絲撚線，制爲繭綢，出程鄉者最佳，每端三四金不等。然非仙蝶也，因疑羅浮蝶，亦《誌書》附會之説。

又 粵中温熱，最多白蟻。新構房屋，不數月爲其食盡傾圮者有之，尤異。此物能食銀。

又 粵山中道傍一種小樹，狀如木蘭，亦類紫薇，高一二尺，葉大如指頭，頗帶藍色，葉老則有白篆文如蝸涎，名「鬼畫符」，葉下有小花如粟米。至晚則香聞數十步，恍若芝蘭，又名夜蘭。山間暑月有蚊，即折此樹逐之，蚊即驚散，故又名「蚊驚樹」。彼人凡一切風寒諸病，取樹葉煎湯服之，少頃大吐痰涎，立效。或行路，寒暑所侵，吐瀉腹痛，雖危篤者，採摘數葉嚼之，或吐或不吐，病徐即愈。城市人無知者，亦異草也。

又 烏犍牛，出陽春、電白等界，毛色光膩，土人飾鞍轡乘之，以代騾驢。

又 嶺南人喜食蛇，易其名曰「茅鱔」，食草龜，易其名曰「茅蝦」，鼠曰「家鹿」，曲鱔曰「土筭」。

又 海邊黄魚，化爲鸚鵡，泡魚大者如斗，化爲豪豬，鯊魚之虎頭者化爲虎，班者化爲鹿。

又 潮州龍蝦，大者長五六尺，頭與龍無二也。更大者其鬚可爲杖，然不可見。小者亦重三四斤。肉味不甚佳，置牆下，羣蟻食之，不日可盡，洗滌其殼，可以爲燈。

又 狗印，出潮州，如蛇，有四足。

又 鼠脯，順德縣佳品也。鼠生田中，大者重一二斤，斷得其穴，纍纍數十，小者縱之，大者炙爲脯，以待客。筵中無此，以爲不敬。《禮記》迎貓爲其食田鼠也，殆即是歟。

又 鎖管，形如鎖，十餘相連，味如蠣房，鮮食醃食俱佳。

又 跳魚，長二三寸，形如上鮒而細長，頂高而方，兩眼生頂上，身有細緑點，能跳躍。又名「花魚」。炙食佳，亦可作羹。

又 角魚，頭有稜角四起，飛魚翎鬣如針而稀，能飛水上。龍蝦長鬚有二角，肉最美。花魚編身而鱉斑。以上數種，皆出海豐。

又 海豐水族甚夥，有馬鮫魚、鰨魚、淡鯊脯、土鯀脯，似比目半體，而兩眼生在一處。炙食最鮮。黑魚脯、鰣魚脯、鳥耳鰻、乾油箸、風螺、乾西施舌、絲蚶、金鉤蝦米、對蝦、沙蜆、龍虱、海鴨脯、金鵪脯即鵪鶉、赤蟹、麪蠔、珍珠蠔、菩提菜、沙白海膽、鮭魚鰾、鯊魚翅、帶子即鮒魚。又有日月者，蚌類也，大如掌而圓扁，殼半片白，半片紅，土人直名曰日月。

又 凡魚皆孚子卵生，唯鯊魚胎生。魚在胞中，多者一二十枚，少者數枚，口吐而生。破腹取胞魚，目未開，肉嫩中羹。若鯊魚則美在翅，肉粗淡無味也。

又 廉州府學中，有大蜈蚣，長四五尺，身闊三寸。每逢風雨之夜，飛出殿楹之外，白光如曳練，頭有圓光，如毬，霍霍有聲。余族弟章成爲廉府教授，舉家見之。

又 瓊州有雷公馬，狀如蜥蜴，腹紫，背青緑，頭頸有髮如馬，多在樹上，螫人立死。雷州亦有雷公馬，其形相同而無髮，多在海灘沙上，又名沙鰍，見人即藏入沙中。雷州人取食之。

又 果下馬，高不過三尺，背有雙脊，健而能行，可以果樹下乘之，故名。產高州。

又 山馬，形似鹿，千百爲羣，角彎繞後。

又 山牛，與牛無異，但眼紅耳。山中作隊而行，見人不畏。海南山中甚多。

清・于敏中《日下舊聞考》卷五《形勝》〔南京户口三十萬，大内壯麗。〕而桑柘麻麥羊豕雉兎不問可知。

又 李清臣議戎策云：燕古爲瀕山多馬之國，其土莽平，宜畜牧耕稼。

又 京師負重山，面平陸，地饒魚鹽穀馬果蓏之利。

清・于敏中《日下舊聞考》卷六《形勝》 走有奇獸，飛有靈鳥。樂寬閒以棲息，恣回翔以馴擾。復有天閑十二，駿骨軒昂。渥洼神龍之種，大宛名駒之良。並權奇而雄傑，或磊落而騰驤。又若麇臾輪囷，惟萬惟億。

又 又有珍禽異獸，則若鷹鸛鴻鵠。熊猿雉兔，虎豹麇鹿。翱翔郊藪，馳驅林谷。

又 至乎御馬之苑，惟二十區。日閑輿衛，歲產龍駒。肇昔八駿以靖難，迄今七驥之翰如。乃有榜葛麻林，麒麟並車。周郊石固，迭獻騶虞。福祿文逾於吉皇，元虎豪勝於黔菟。馬哈雙角垂腰而類獬，駝雞元翎玉翮而異鵌。

清・于敏中《日下舊聞考》卷七《形勝》 海有神鼇、巨蝤，贔屭，蜃樓蚌珠。擁劍八帶，甲鮑青鯿。巨靈駕而往來，海若鼓而馳驅。奇鱗蜿蜿而變龍，含利颬颬而化車。長鯨負山而若漚，修鯢吞航而罔嚅。又有鵁鶄鸛鵝，環薄於扶桑；鵾鴹駕鵝，浮蕩於渤海。大鵬巨鯤，扶搖於雲衢；輕鷗修鯢，漂没於澎湃。青骹奮隼以鷹揚，白羽紛驚而沉介。何風舉雲搖之匪常，而倏忽莫窮其幻怪。山有昆駼獑猢，巨狿豻貙。狻猊狒猥，蛩蛩巨虛。文豹隱霧於崖谷，白虎嘯風而負嵎【略】。又有猨狖騰捷於林莽，飛鼯垂蔦而捕雀。遊鷂踆踆於盤磴，鷹鶻奮翅而莫搏。異鳥回翔而擇木，猛獸陸梁以趨壑。易貌分形，牢落翬散而驚狷。河則洲浮鴻雁鵠鵾歸鳧之鳥，渚戲鮦鯸鱨鯉鱣鰅之魚。

又 其騂騂者則青驄獅子，赤汗玉騧。驊騮騕褭，驌騻駼騊。奔紅騰黃，擁甲鴞鑣。其蔚蔚者則石菌天花，蔓荆葴莎。菅蒯荔芫，茵薹婆娑。玉蕣懷羊，苯蓴彌皋【略】。狐兔之所奔走，麇鹿之所駭駘。樓煩彎弓而莫發，俠客控騎而相猜。兕麃驚而伏草，鳧鷺駭而毰毸。湫上林於莫數，蓋視雲夢爲瓶罍。八荒貢賦，四通而達。其南則南金赤玉，珠貝珊瑚。駭雞火齊，琳瑉昆吾。庶土百珍，集於天都。越羅吳錦，三壤之租。千艘萬艫，達於張灣之瀘。其西則球琳琅玕，熊羆織皮。硨磲鏐鐵，氆氌氍毹。大宛名馬，蒟醬蟾酥。千輪萬轂，屯於張掖之郭。其東則銀貂白狐之裘，海豹玄獺之革。果下青驄，朝鮮弧韣。來於薊門之磧。其北則氈裘皮革，駿馬海青。韓盧駱駝，貘貉黃鼪。度於居庸之陘。

又 欺江南之蓴菜，邁南國之鮭鰕。列於一市，山貛海獺，原貂隰楚。

又 冀之北土，素產良馬，牲牲紜紜，輻輻轔轔。羣飲漑橈，迴食野豬。編户成羣，方春游牝。

清・于敏中《日下舊聞考》卷二一《國朝宮室・西苑一》 水闊鳧依寧北去，鳧雁以春候北嚮，至塞外換羽育卵。液池水闊，有留集於此者，故特紀之。堂深燕賀定南來。

清・于敏中《日下舊聞考》卷二九《宮室金遼》 九月，獵黃花山，獲熊三十六。

清・于敏中《日下舊聞考》卷三〇《宮室元一》 十一年仍至其登陸處，用私錢市其土物白馬、黑犬、琥珀、蒲萄酒、蕃鹽之屬以進。

清・于敏中《日下舊聞考》卷三一《宫室元三》　國朝每宴諸王大臣，謂之大聚會。是日盡出諸獸於萬歲山，若虎豹熊象之屬，一一列置訖，然後獅子至。身才短小，絶類人家所蓄金毛猱狗。諸獸見之，畏懼俯伏，不敢仰視，氣之相壓也如此。《輟耕録》。

清・于敏中《日下舊聞考》卷四二《皇城》　〔增〕太液池北紫光閣旁有百鳥房，多畜奇禽異獸，如孔雀、金錢雞、五色鸚鵡、白鶴、文雉、貂鼠、舍狸猻、海豹之類。

清・于敏中《日下舊聞考》卷一五〇《物産》　〔增〕冀之北土，馬之所生。《左傳》。

又　〔增〕冀之北土，馬牧之所蕃庶，故天苑之象存焉。《唐天文志》。

又　〔增〕冀馬填厩而駔駿。《魏都賦》。

又　〔增〕幽冀馬四足，可當中人之産。《石甕記》。

又　〔增〕波斯貓極大，拂菻狗極小，今爲京師土産。《燕京賦注》。

清・于敏中《日下舊聞考》卷一五一《物産》

又　〔原〕京師北山鳥有紅雅、沙雞、文雉、半翅。《薊邱集》。

又　〔原〕鵽鳩，褐色，昌平北山有之。《爾雅・釋鳥》云：鵽鳩，寇雉是也。今土人呼曰沙雞，亦呼半翅，或曰即突厥雀。《唐書》：車鼻未叛，鳴鵽羣飛入塞。吏曰：所謂突厥雀者南飛，寇必至。《爾雅》名以寇雉，疑古即有此占矣。《芹城小志》。

又　〔原〕鵽，大如鴿，似雌雉，鼠脚，無後指，岐尾，爲鳥憨急羣飛，出北方沙漠地。《爾雅》郭璞注。

又　〔增〕半翅，盤山多有之，即沙雞也，一名鐵脚。《居易録》。

又　〔原〕桃雀，狀類黄雀而小，燕人謂之巧婦，亦謂之女匠。《禽經》。

又　〔原〕睢鳩，深目，目上骨露出，幽州人謂之鷲雕，一名鶚。鳩，幽州人謂之鶻鵃。黄鳥，幽州人謂之黄鶯。鶡鴠，幽州人謂之鞠鳩。《詩草木鳥獸蟲魚疏》。

又　〔補〕幽州之墟，有善鳴之禽，人面鳥喙，八翼一足，毛色如雉，行不踐地，名曰青鸐。《拾遺記》。

又　〔增〕翎之品：海東青、句白海青、句青海青、句白黄鷹、句黄鷹、皂鵰、鴉鶻、赤鶻、兔鶻、角鷹、白鷂、崖鷹、魚鷹、鐵鷂、木鶻鷂、崧兒、句百雄、句茸垛兒、以上俱爲羽獵之雄者。天鵝、禿鶖、鵚老、地鵏、地鵏、白雉、朱鷺、鉤觜鷺鷥、句香匙觜鷺鷥、句山雞、鶡雞、花頭鴨、雉雞、句錦札鵪鴣、句赤眼鸛、句白頸鴉、斑鳩、翠禽、山鵲、山和尚、早種穀、句拖白練、句樂官頭、句杜鵑、黑翼、句臙脂雞、句青灰弗、句黄灰弗、句啄木、句絆鵪、句鶺鴒、山雉、拖紅、練角雞、石雞、小雞、章雞。以上在處通有。《圖經志書》。

又　〔原〕鷹有房山白者，紫背細斑，三斤以上，四斤以下，便兔，生房山白楊、椴樹上，向范陽、中山飛。漁陽白，腹背俱白，大者五斤。便兔，生徐無及東西曲，一名大曲、小曲。白葉樹上生，向章武、合口、博海飛。黑阜鷴，大者五斤，生漁陽山松杉樹上，多死，時有快者，章武飛。白阜鷴，大者五斤，生漁陽、白道河、陽漠北，所在皆有，生枯柏樹上，便鳥，向雲邱、中山、范陽、章武飛。青斑，大者四斤，生代北白楊樹上，細斑者快，向靈邱山、范陽飛。《酉陽雜俎》。

又　〔增〕近京師花兒市鬻黄鴿二，毛羽作黄金色，索直甚高。《居易録》。

又　〔原〕有熊有羆，有貓有虎，獻其貔皮，赤豹黄羆。《毛詩》。

又　〔原〕貔，北燕朝鮮之間謂之貊。《方言》。

又　〔原〕漁陽以豬爲豟。纂文

又　〔原〕獸有虎、豹、奇狸、狼、野干、白駁、豪豬、兔、麅。《薊邱集》。

又　〔增〕安塔哈即野駱駝也，似驢而差小，項下垂瘻毛，朔北野馬川甚廣，其性深喜飲人便溺，見則忘軀而吸飲之，蓋其地艱於水故也。因其喜飲水，故以誘其來而陷阱填獲焉。禁中有之。《圖經志書》。

又　〔原〕魴魚，廣而薄，肥恬而少力，細鱗，魚之美者。漁陽泉州鱮似魴，厚而頭大，幽州人謂之鴞鸔，或謂之胡鱅。《詩鳥獸草木蟲魚疏》。

又　〔補〕燕人膾鯉，方寸切其腴以啗所貴。《山谷别集》。

又　〔增〕金魚之種，深赤曰金，瑩白曰銀，雪白質黑章、赤質黄章曰瑇瑁，而别以管若簁；管者，鬣下而尾上，周其身者也，簁者，不及鬣，周其尾者也。魚有異種者，白而朱其額曰鶴珠，朱而白其脊曰銀鞍，朱脊而白點七曰七星，白脊而朱畫八曰八卦。有蝦種者，銀目、金目、雙環、四尾之屬。種故善變。飼以渠小蟲，魚則白，白則黄，黄則赤。無生而赤者。歲穀雨後，魚則市，大者歸他池若沼，小者歸盆若盎、若琉璃瓶。歲盛夏，遊人攜罍飲此，投餅餌，唼呷有聲，其大者銜餌竟去。《帝京景物略》。

又　〔原〕寶坻銀魚，都下所珍，北人稱爲麪條魚，形似東吴鱠殘而倍大，出海中蛤山下。秋深霜降，上温泉産子，映日望之，波浪皆成銀色，人每候其至網之。《燕山叢録》。

又〔增〕房山甘池石將軍廟下穴中有一目魚，長可四寸，每於清明日出穴，行則二魚相附。《北游紀方》。

又〔增〕大防嶺山下有石穴，其水夏冷冬温，春秋有白魚出穴，數日而返。人有採捕食者，美珍常味，蓋亦丙穴嘉魚之流類也。《水經注》。

又〔原〕涿水有魚重脣，甘池有魚一目。《析津日記》。

又〔原〕寶坻銀魚，霜降後自海中蛤山出，逆流北上薊州温泉下育子，其色瑩白如銀。《寶坻縣志》。

又〔原〕北方黄鼠穴處，各有配匹，人掘其穴者，見其中作小土窖，若床榻之狀，則牝牡所居之處也。秋時蓄黍菽及草木之實以禦冬，各爲小窖，别而貯之。天氣晴和，出坐穴口，見人則拱前腋如揖狀，即竄入穴。韓孟聯句所謂禮鼠拱而立者也。惟畏地猴。地猴形極小，人馴養之，縱入其穴，則銜黄鼠喙曳而出之，味極肥美。元朝恒爲玉食之獻，置官守其處，人不擅取也。《霏雪録》。

又〔原〕黄鼠，足短善走，極肥，見人則交其前足，拱而如揖。《昌平州志》。

又〔原〕黄花鎮有鼠，色如貂而毛淺，初冬掇榛實貯穴中，爲岐洞貯之，多至二三斗，美好倍於人所收者，土人每掘取之。鼠失榛，乃槁死樹上，纍纍相望。鎮將哀而禁之，不能止。《昌平山水記》。

又〔增〕鼠之品：銀鼠、青鼠、青貂鼠、山鼠、赤鼠、花鼠、火鼠、黑貂。《析津志》。

又〔增〕松鼠有二種，一小者大不過三寸，通身豹紋，最靈黠，名松鼠。一大者灰色，善盗果實，名膜鼠。《盤山志》。

又〔原〕蝙蝠，北燕謂之蟙蠌。蜥易，北燕謂之祝蜓。蚰蜒，北燕謂之蚰蜺。馬蚿，北燕謂之蛆蟝。蚍蜉，燕謂之蛾蛘。蠭，燕趙之間謂之蠓螉，其小者謂之蠮螉。鼅鼄，北燕朝鮮冽水之間謂之蝳蜍。《方言》。

又〔原〕螽斯，幽州人謂之春箕。莎雞如蝗而斑色，毛翅數重，其翅正赤，六月中飛而振翼，索索有聲，幽州人謂之蒲錯。蟋蟀，似蝗而小，正黑有光澤如漆，幽州人謂之趣織，督促之言也。里語曰：趣織鳴，懶婦驚，是也。《詩草木鳥獸蟲魚疏》。

又〔原〕永定門外五里胡家村産促織，善鬬，勝他産。《帝京景物略》。此條原在郊坰門，今移改。

又〔臣等謹按〕胡家村在永定門外迤東，今尚産促織。

又〔增〕促織感秋而生，其音商，其性勝，秋盡則盡。今都人能種之，留其鳴深冬。其法實土於盆養之，蟲生子土中，入冬以其土置暖炕，日水灑綿覆之，伏五六日，上蠕蠕動，又伏七八日，如蛆然，置子蔬葉，仍灑覆之，足翅成，漸以黑，匝月則鳴細於秋，入春反僵也。同上。

又〔增〕考促織，《爾雅》曰：螒，天雞。李巡曰：酸雞。郭璞曰：莎雞，一曰樗雞。《方言》：蛆蟧，一曰蜻蛚。《爾雅翼》曰：蟋蟀生野中，好吟於土石甎甓間，鬬則矜鳴，其聲如織，故幽州謂之促織也。同上。

又〔增〕蟋蟀别種三：肥大色澤如油曰油葫蘆，首大者曰梆子頭，鋭喙者曰老米嘴。同上。

又〔增〕絡緯，便腹青色，以股躍，以短翼鳴，其聲聒聒，以其聲名之曰聒聒兒。同上。

又〔增〕蜻蜓，大而青者曰老青，紅而黄者曰黄兒，赤者曰紅兒，好擊水而飛。同上。

又〔增〕黑蛺蝶大如扇，橘蠹所化，北人云元武蟬。《桂海虞衡志》。

又〔增〕蠭，北方地燥，多在土中，故多土蜜。《方言》：燕趙之間謂之蠓螉，其小者謂之蠮螉。《爾雅翼》。

又〔增〕蜂有土蜂、蜜蜂、馬蜂各名。螓蛄即寒螿。蝨螽，燕俗呼螞蚱。《涿州志》。

又〔增〕鼅鼄，一種扁薄貼壁間者，北人呼爲壁蘚。馬蚿，《方言》：北燕謂之蛆蟝，大曰馬軸。《淮南子》：幽州曰秦渠，一曰馬陸蟻。《爾雅》：蚍蜉大曰蟻，小曰螘。《方言》：蚍蜉燕謂之蛾蛘。同上。

清・方觀承《卜魁風土記》 貂産裳倫之東北，捕貂以犬。虞者裹糧以往，犬嘗前驅，見其停嗅深草間，即貂所在，伏伺貂出逐而嚙之。

清・閔麟嗣《黄山志》卷上《物産・禽屬》 山藥鳥，祥符寺龍池有啼禽，名山藥鳥，侣常八九聲，甚異有節，奏有疾徐若歌若答。鶴古謂之僊禽。山中有之，不數見。白鷳，雄采而文素角，元英見於黄山者，色澤而神王。元鸛鸛，水鳥而巢棲，多白色，黄山之鸛獨元，異於常鸛。碧雞形色如雉，翠膊碧臆，鳴聲甚清。鴛鴦出容溪，大如鶩，杏黄色，頭戴白長毛，垂之至尾，尾翅皆黑。

又 僊猿一白二元，常在蓮花峰腰，不與衆猿爲伍。白者踞石如雪，元者長鬚，三猿出没，常見之者少。白鹿僊獸，曾見之石人峰下。蒼豹，按豹似虎。圜文其斑錢，石人峰有之。朱砂鼠，色赤，曾見湯池中。獨角獸，羅願《爾雅翼》曰如驢，一角曰閭或曰如驢岐蹄。熊形類大豕，竪目人足黑色。有角者，有無角者，輕捷好緣高木，引氣冬蟄於穴，春乃出巢，山崖枯木中謂之熊館。或折木疊如牀，卧其上，謂之熊牀。背上肪色白如玉，味美。寒月則有，夏月則無，謂之熊白，饑則自舐其掌。故其美在掌，謂之熊蹯。陸佃《埤雅》云其膽春近足，夏在腹，秋在左足，冬在右足。山羊一名野羊，角大。《爾雅》云羱也。角細者爲莧羊。莧音桓，形質如吴羊，黑色或深褐色，行走峻阪，猥捷其血，專治傾跌諸症。

清·閔麟嗣《黄山志》卷上《物産·蟲魚屬》 石蜜山蜂盧石間，釀花爲蜜，味勝桶蜂，蓋物有以野爲貴者。石䵹俗稱石鴨，狀異常䵹，味遠勝之，宿溪澗洞石中。山民暮夜秉火照水涯取之，至秋不可食。蓋地臘前蛇食石鴨，至秋石鴨食蛇，道家以端午爲地臘。魶魚生諸潭中，似鯷，四足長尾無鱗，聲如孩兒，能升木，其膏然燈久而不耗。石斑魚頭小身圓，長數寸，大者尺，白鱗黑斑，千百爲羣，浮游近山溪澗中。南方《異物志》云：魚有雌無雄，春月與蛇交牝，不可食。錦鱗魚生逍遥溪亂石間，其鱗文采斑錯，聚族碧波中，比之朱鼠金鱗更爲艷秀。

清·徐璈《黄山紀勝》卷四 其禽魚有山樂鳥、神鴉、白猿、魶魚、石䵹。《汪澤民記聞》：啼禽聲甚異，若歌若答，節奏急徐，名山樂鳥，山下咸無之。《山志》：山樂鳥侣常八九，鳴不擇時，聲有節奏，或曰頻伽鳥也。余至獅子林獲聞鳥鳴，其音如拊玉磬，如擊雲璈，纍纍五六轉，甚爲清越。其疊唱齊鳴，又如管篪列奏。按《寰宇記》：岳池縣岳安山上有音聲，鳥殆其族伍也。僧云：鳥色青，尾如燕，大如鳩。山半以上有之。來去無常，不食粟麥，莫得而籠致焉。汪洪度曰：山樂鳥種類有三：其一較鸜鴒差大，每集必數十，毛淺赤而黄，腋下如碎錦歷碌。其一近似百舌，亦數十爲羣。其聲屢遷，如彈弦裂帛，又如轉轂之轔轔，洞簫之嫋嫋。其一質小而輕，多至數百，散依叢薄，聲如鈴鐸，耐傾聽。按黄在中賦曰：樂鳥稱仙馴猿，狎客松根不土，蓮胎在木。斯以表山産之奇矣。《許楚記》：至文殊有二神鴉，自峯際翔下集僧掌中，應侯取食，客亦無忤。忽目送行，雲竟舁餠餌而去。《山志》：山之神鴉，客欲至輒先鳴，客遊山輒行而先，若導焉。

清·謝聖綸《滇黔志略》卷一〇《雲南·物産》 哀牢土地沃美，出孔雀、翡翠、犀象、猩猩、貊獸。《漢書》。

又 鎮沅府，産孔雀。又有小雞，形矮小，鳴無晝夜，聲異中國。元沅江府，亦産孔雀。《廣輿記》。

又 孔雀群飛，每數十爲偶。雌者尾短，無金翠。雄者生三年有小尾，五年成大尾，始春而生，三月四月後復凋，與花萼相榮衰；然自喜其尾而甚妬，凡欲山棲，必先擇有置尾之地，然後止焉。南人生捕者，候甚雨往擒之，尾霑而重，不能高翔，人雖至，且愛其尾，恐人所傷，不復騫翔也。雖馴養頗久，見美婦人好衣裳與童子絲服者，必逐而啄之。芳時媚景，聞管弦笙歌，必舒張翅尾，盼睇而舞，若有意焉。山谷夷民烹而食之，味如鵞，解百毒，人食其肉。飲藥不能愈病，其血與其首解大毒。南人得其卵，使雞伏之即成，其腳稍屈，其鳴若曰都護。土人取其尾者，持刀於叢篁可隱之處自蔽，伺過急斷其尾；若不即断，迴首一顧，金翠無復光彩。《紀聞》。

又 滇中多産鸚鵡，獨雞足山爲最多。以山多松木，此鳥好食松實故也。《雞山志》。

又 靈鷲鳥，其形如鵝，每春夏之間，數十爲群，飛集樹上，多在羅漢壁、獅子林等處。土人不識，呼爲旱鵝。後有西番僧見之，曰此即天竺靈鷲鳥也。

又 念佛鳥，其大如鸚鵡，每啼，便作「彌陀佛」三字。

又 松雞，毛羽蘆花色，形如鷓鴣而稍大，多宿松樹上，其聲咯咯然，若老人之咳且笑於山谷也。以上《雞山志》。

又 聖綸按：《石屏志》云：「屏南箐邱多松，有鳥名松雀，喜食松子，隨風飛墜即生松樹，不假人力。」石屏所謂松雀，殆即雞山所謂松雞也。

又 信天翁，水鳥也，食魚而不能捕魚，俟魚鷹所得偶墜者拾而食之。滇中水次有此。《通志》。

又 聖綸按：鳥獸之外有魚，猶草木之外有竹。滇魚族類頗多，惟金沙江、瀾滄江地高而氣寒，祇産沙魚一種，皮厚耐冷，更無他族。洱海有弓魚最著稱，以其形似弓，故名，余食之，亦不甚佳【略】。《紀程》云：「海首有石穴，八九月産油魚，海尾産細鱗魚，皆魚族之至美。」二者余未嘗入口，惟海尾有螺絲蛋，潔白如珠，以肉汁和羹，味甚鮮美。魏武帝《四時食製》曰：「滇池鯽魚，至冬極美。」《紀程》又謂：「洱海冬鯽，甲於諸郡。」

又 永昌郡有猩猩，能言，其血可染朱罽，色鮮不黯。

又 象之爲獸，形體特詭；身倍數牛，目不踰豨；鼻爲口役，望頭若尾；馴良承教，聽言則跪，素牙玉潔，載籍所美；服重致遠，行如邱徙。《異物志》。

又 明季，沐國公送匹馬於雲南撫軍，其色黑，胸有白毛如月，名捧月烏騅，亦名血汗馬，來自西番，龍種也。撫軍文吏，不知珍貴，豢之群馬中，漸消瘦不食。一人請於撫軍曰：「駿馬以馳驟出汗，不生他疾。」撫軍許可。出廄試之，兩耳但聞風聲，而目不辨所見；約一時，往回越百數十里，視之周身流血。撫軍以爲傷其力，實血汗也。自此騰躍超群，人皆以爲千里馬。《南中雜説》。

又 雲南縣有神鹿，兩頭，能食毒草。《華陽國志》。

又 聖綸按：《雞山志》云：「山中有玄鹿，與常鹿異，非久住山者不恒見，見則主吉祥。」又：「山多玄猿，較諸猴爲大，深崖積修之士多見之。」又有小花鼠，「其形似鼠而毛色花紋可愛，多棲崖壁間」。又《廣輿記》云：「雲南廣西府，產白面猿。」

清・謝聖綸《滇黔志略》卷一八《貴州・山》 格孤山，在普安城東四百五十里。山勢雄峻，界連滇蜀【略】。廣午山，在城北九十里，一名八納山，高數十里，有七十二小山。頂有龍泉九，匯爲大池。池旁多翠鳥，凡樹葉落水中，鳥即銜出之。《通志》。

清・謝聖綸《滇黔志略》卷二四《貴州・物產》 錦雞，生深山中。龍泉縣有金雞山，與東山並峙，錦雞最多。《石阡志》。

又 杜鵑，一名子規。春深始鳴，土人呼爲催耕鳥。仝上。

聖綸按：太白詩云「楊花落盡子規啼」，政《黔志》所謂「春深始鳴」也，啼聲悲切，徹宵不息，聞之令人慘惻。黔中亦產鸚鵡，但不若滇南之多。他如鶺鴒、布穀、鶻隼、鸜鵒、鵁鶄、啄木、百舌諸鳥，各郡所屬亦間有之。

又 西南夷自昔出良馬，而產於羅鬼國者尤良。或云羅鬼，疑即古之鬼方。其地有養龍坑，在兩山中，泓渟淵深，乃開闔靈氣，而蛟龍實藏其下。當春日始和，物情酣㽔，土人立柳坑畔，擇牝馬之貞者繫之，已而雲霧晦冥，咫尺不能辨色，類有物蜿蜒上與馬接，蓋龍云。逮天色開霽，視馬傍之沙有龍跡者，則與龍遇。謹其芻茭而節宣之，暨產必獲龍駒焉。粵若洪武四年六月壬寅，夏國長明升以全蜀降，獻良馬凡十，而其一色正白，乃得之於坑者。身長十有一尺，首高九尺，尾之高比首而殺其二尺。有肉隱起項下，約厚五分，廣三寸餘，貫膺絡腹，至尾閭而止，精彩明晃。振鬣一鳴，萬馬爲之辟易。韉勒不可近，近輒作人立而吼。上謂：「天既生此英物，必有神以司之。」親撰祝策，詔有司以牲牢祀於馬祖，然後敕典牧副使臣高敬囊沙四百觔壓之，人跨囊上，使其遊行苑中，久之性漸柔馴。適八月癸酉，上將行夕月禮於清涼山壇，上於是乘之而出，如躡雲而馳，一塵驚。皇情弗悅豫，賜其名爲「飛越峯」，復命御用監直長臣馬晉臣繪其真形藏焉。臣濂以文字爲職業，際兹盛美，不敢默而無言。謹述贊辭一首，以貽諸後世。贊曰：天駟熒，蛟龍升，靈淵澄，神馬生；祥飆瑞靄晝杳冥，太一翕聚通精靈。龍翳盈，梟臆輕，竹披耳，鏡懸睛；花雪捲毛光照夜，汗溝有血霞流赬。振鬣鳴，萬馬驚，閃流電，逐飛星，九霄彷彿從龍行，但聞瀟瀟風雨聲。山川平，八極寧，真龍媒，獻龍廷。出入天門駕龍騈，太霞五彩滿瑶京。皇風清，皇道貞，皇威明，茫茫堪輿內，孰敢不來庭？陋彼漢將軍，空圍貳師城，乃知天子在樹德，不必連年徒用兵。宋濂《天馬贊》。

又 思南有山曰甑峯，所產草木多異狀。有獸曰宗彝，類彌猴，巢於樹，老者直居上，子孫以次居下。老者不多出，子孫居下者出，得果即傳遞至上；上者食，然後遞傳至下，下者始食；上者未食，下者不敢食也。先儒謂先王用以繪於衮者，取其孝也。《侯鯖録》。

又 余按：黔中產良馬，而革器則有藉於牛。馬牛之外，如思南府之猴，其小如拳，可供孩童戲弄。大定府之竹鼠，一名竹䶉，嶺南所珍，其狀類松鼠，重可二三觔，食筍，故腴美，得之最難。又產豪豬，身有刺，又名刺豬，白根黑端，能射物，苗人拾其豪以爲簪。鎮遠府產味蠏，小如螃蜞而有味，故名。又東江上產油魚，味最肥美。玉屏縣出鱸魚，巨口細鱗，味亦美。永寧州有七星魚，即鱧魚，又名鮦魚，首有七點細鱗黑花。又諸魚膽皆苦，惟鱧魚獨甘，可食。都匀江出鰣魚，一名箭魚，土人於春夏之交間網之，亦不多得。遵義府產鰉魚，人偶得之，亦如都匀鰣魚，以通省所無而珍也。

清・趙翼《簷曝雜記》卷一《木蘭殺虎》 上較獵木蘭，如聞有虎，以必得爲期。初出塞，過青石梁，至地名兩間房者，其地最多虎。

清・趙翼《簷曝雜記》卷一《木蘭物產》 地有鼠，土疎而墳，一鼠在土中穿突，土輒高起如塚。【略】。野雞味最鮮。

清・趙翼《簷曝雜記》卷三《鎮安多虎》 鎮安多虎患，其近城者，常有三虎，中一虎已黑色，兼有肉翅。

清・趙翼《簷曝雜記》卷三《獨秀山黑猿》 鎮安府署東北有獨秀山，高百丈。山之半一洞，深不可測。其中有黑猿，不輕出，出則不利於太守。

清・趙翼《簷曝雜記》卷三《山羊、石羊》 山羊之血，治刀斧傷最靈。是物生山箐中，嘗食三七故也。粵人餽遺，多有贋者。余在鎮安，土官有饋生者，似羊而大如驢，生取其血，較可信。又一種石羊，身較小，其膽在蹄中。凡山巖陡絶處，能直奔而上，力乏，則曲蹄於口餂之，力輒完，複奔而上，故其膽可止喘。

清・趙翼《簷曝雜記》卷三《蛤蚧》 蛤蚧，蛇身而四足，形如虢虎，身有癞，五色俱備，其疥處又似蝦蟆，最醜惡。余初入鎮安，路旁見之，疑爲四足蛇，甚惡之。問土人，乃知爲蛤蚧也。郡衙倚山，處處有之。夜輒聞其鳴，一聲曰蛤，一聲曰蚧，能叫至十三聲方止者乃佳。其物每一年一聲，十三聲則年久而有力也，能潤肺補氣壯陽。口咬物則至死不釋，故捕者輒以小竹片嬲之使咬，即攜以來。雖已入石縫中，亦可乘其咬而掣出也。遇其雌雄相接時取之，則有用於房中術。然不易遇也。藥肆中所售兩兩成對者，乃取兩身聯屬之耳。其力在尾，而頭足有毒，故用之者必尾全而去其頭足。

清・趙翼《簷曝雜記》卷三《碎蛇、緬鈴》 聞孟艮邊外有碎蛇，每日必上樹，跌而下，至地則散如粉，俄又合成一蛇，蜿蜒而去。蓋其生氣鬱勃，必一散以泄之也，爲接骨治傷之勝藥。然余在滇未得見。又緬地有淫鳥，其精可助房中術。

清・姚元之《竹葉亭雜記》卷八 揚州洪氏園中蓄一鳥，似鶴而大，高三尺許，色純白，喙長尺許而青，腭下至頸有皮下垂，宛同牛嗉。日飼小魚四五觔，守園者稱爲海鵝。殆即《爾雅圖》所繪鵜鶘者，注「俗謂之癡鳥」。

又 徐星伯同年言伊犁道中見一鼠如常鼠，見人則拱而立。《詩》所謂「相鼠」也。晉公昌鎮伊犁時，蓄鼠數種，惜未能考其名矣。《禹貢》鳥鼠山，郭景純注謂在隴西首陽縣，今甘肅蘭州渭源縣是也。一名青雀山。《爾雅》云其鳥爲鵌，其鼠爲鼵，注：「鼵如人家鼠而短尾。鵌似鵽而小黄黑色。」星伯同年言賽喇木淖爾岸最多，皆穴地而窟。天將明，鳥先出翱翔，形如喜鵲而小，緑身長尾。鼠如常鼠，蹲穴口顧望，漸走平地。鳥張翅登鼠背，一鼠負一鵲。夏氣生涼，野地平闊，往來互馳，半時許方散。然則不僅渭源有之矣。形與注亦少異。

又 都城市中有戲海豹者，圍以布幔，索錢三文乃許入視。其物實魚而狗頭，喙若虎，四足，類鼈，黑質黄斑若豹皮，長三尺餘，其嘘如吼。與之食物，能以前兩足據桶，出水而奪之，狀甚獰狰。戲者謂之海豹。按《山海經》：北嶽之山，諸懷之水出焉，其中多鮨魚，魚身而犬首。《説文》有鮨、鮪。郝蘭臯農部謂極似今海狗，登州海中有之，豈即膃肭耶？

又 麈即今之四不像也，似鹿非鹿，似麀非麀。

又 徐星伯言阜康縣至綏來縣相距五六百里，有一白鹿，大如馬，往來各城，或亦至衙署。見則人喜，所過城市競以芻秣飼之，多不食，食則其人必福，所入之署，官必有喜。長文襄自伊犁將軍升任陝甘總督，經阜康，鹿立於公館門外，次日啟行複至。

又 甘肅徽縣多蝦蟆精。往往晴天陡作黑雲，遂雨雹，禾稼人畜甚或被傷。土人謂之「白雨」。其地每見雲起，輒以槍擊之，轟聲羣振，雲亦時散。平時有入山者，見山谷間蝦蟆無數，不論大小，口俱銜冰。臯蘭沈大尹仁樹爲徽縣少府時，有陣雲起，衆槍齊發，雲中墮一皂靴，送置城隍廟，翌日，失所在。沈之侄親爲星伯同年言之。蓋蝦蟆，陰類，陰氣所積，時或爲災。北地亦常有之。此精乃喜着皂靴，殊可怪也。

又 陝中金錢龜産于郭汾陽家廟蓮花池中。小者如拇指，愈小愈珍，小者直錢百餘。餘購得數枚，裹以紙，置行笥中。越數日，取出透風，少飲以水，仍包置笥中，可遠行也。《山堂肆考》：「蘇州城南有道士養一龜，狀如錢，置合中，時使出戲衣褶間。」殆即此也。

又 龍睛魚 此種黑如墨，至尺餘不變者爲上，謂之墨龍睛。其有純白、純紅、純翠者，又有大片紅花者、細碎紅點者、虎皮者、紅白翠黑雜花者，變幻花樣，不能細述。文人每就其花色名之。總以身粗而匀，尾大而正，睛齊而稱，體正而圓，口團而闊，要其於水中起落遊動穩重平正，無俯仰奔竄之狀，令觀者神閑意静，乃爲上品。又有一種蛋龍睛，乃蛋魚串種也。

又 蛋魚 此種無脊刺，圓如鴨子。其顔色花斑均如龍睛，唯無墨色，睛不外突耳。身材頭尾所尚如前。又有一種於頭上生肉指餘厚，致兩眼内陷者，尤爲玩家所尚。此種純白而紅其首肉爲上色，共名之曰獅子頭。魚逾老，其首肉逾高大。此種有於背上生一刺，或有一泡如金者，乃爲文魚所串之故，不足貴也。

又 文魚 此種顔色花斑亦如前，亦無墨色者，身體頭尾俱如龍睛，而兩眼不外突耳。年久亦能生獅子頭。所尚如前。有脊刺、短者、缺者、不連者，乃蛋魚所串耳。此三種另有洋種，無鱗，花斑細碎，尾有軟硬二種。

又 世多草魚，花色皆同此，而身細長，尾小。佳者以紅魚尾有金管、白魚尾根有銀管者爲尚。亦無墨色者，名曰金魚。

又有赤鯉、金鯽，皆食魚所變。無三四尾者，皆直尾也。不過園池中蓄以點綴而已。養法亦如各種，亦能生子得魚。此三種另有洋種，無鱗而花斑細碎，其尾又有軟硬二種。

漢・滎氏《遁甲開山圖》 霍山南嶽有雲師、雨虎。

解曰：雲師如蠶，長六寸，有毛似兔。雨虎如蠶，長七八寸，似蛭。雲雨之時出在石上，肉甘，可熟而食。

霍山南嶽其獸多柴獺，又曰其獸多赤貂。

解曰：山近水故有柴獺。

漢・佚名《括地圖》 天池之山有獸如兔，名曰飛兔，以背毛飛。

北魏・佚名《大魏諸州記》 小平津有洞穴，鯉魚從穴中出入，大者重千斤。

晉・裴淵《廣州記》 魴魚廣而肥甜，魚之美者也。

鯨鯢長百丈，大亦稱之。雌曰鯢，雄曰鯨。目即明月珠。死不見有眼睛，而噴浪翳於雲日。

鱟廣尺餘，形如熨鬥，頭如蜣螂，腹下有十足，南人重之，以爲鮓。

䱜魚長二丈，大數圍皮皆鑢物。生子于小溪，毋覓食，驚則還入母腹。

清・姚鼐《惜抱軒詩文集・安肅道中》 高禾連壟出芒槊，行潦逾道跳蛙黽。更有水田白鷺飛，便如長夏江南境。

清・姚鼐《惜抱軒詩文集・王鮪岫居》 鞏洛多奇產，山深慶有魚。懸岩應罕到，王鮪獨憑居。

清・李調元《羅江縣志》卷一〇 土產 桃花犬：淳化，合州貢羅江桃花犬，甚小而性慧。

清・羅天尺《五山志林》卷七《辨物・狨賦》 《九歌草堂集》云：東粵山中有狨，大小類猿，色純黃，名金線狨，一名猱，以其尾柔長可緝藉也。尾絕自愛，中藥矢，即自齧斷其尾。蹻捷善緣木，獮猴絕怖畏之，以其獮猴爲食也。元孝有賦云：「維猴于狨，若見大吏，縮爪戰唇，相泣而跪。狨呼猴前，膝行蒲伏。伸手探猴，捫胸抵脊。驗其腹腰，孰肥孰瘠，瘠者遣之，肥首戴石。使自湔洗，使自拔毛，須臾之間，飫彼貪饕。」王新城云：「順德友人陳元孝作《狨賦》，以寄諷刺，其文甚工」。余按陸佃云：「狨尾作金色，俗謂金線狨，一名猱。猱，獮猴，楚人謂之沐猴，毛柔長可藉，不言食猴。」又按，石狥，獸名，食猴，則元孝之賦作「石狥」爲是，狥音菊。《異物類苑》云：「狥如獅子，蒼黑色，瞑目聳耳，出武當山。」尺謂元翁考訂雖未確，而賦可風。鈕玉樵曰：「恭尹此賦，豈目擊狨之爲狀，而著之於詞歟？抑有見於同類者之擇肥而食，故假狨以況之，而多方以致肥之猴，亦其所自取歟？或曰：宋文武二品以上用狨坐，惟其有之，是以似之，大吏之喻，寄慨深矣。屈華夫又云：從化山中有猓然者，似猴，身黑而白，其尾長過身，數以尾自度其身以自娛，其自愛尾，亦似狨。狨尾短，以金色而溫柔，不能自保；猓然尾長，以無可用而自保，亦各有幸有不幸。與屈言，又別有慨也。

清・羅天尺《五山志林》卷七《辨物・禾蟲》 《順德雜志》云：蠶蟲如蠶，微紫，間以綠絲，長丈餘，斷爲一二寸。無種類。

清・李斗《揚州畫舫錄・草河錄》 鯿魚、白魚、鯽魚爲上，鯉魚、季花魚、青魚、黑魚次之。鱉魚、羅漢魚爲上。其蒼鯿、勒魚、紅蓼魚、鞋底魚，則自海至也。蟹自湖者爲湖蟹，自淮者爲淮蟹，淮蟹大而味淡，湖蟹小而味厚，故品蟹者以湖蟹爲勝。

又 黃鱉如寧波，海鯉如武昌，火者鯊，皮又珠文，肥甘可食，小者以竹貫，爲乾成皴。最小爲銀魚，沿海拾螺鮮者鮑之，不能鮑者乾之，其肥在鼻。海魚割其翼曰魚翅，蛇魚割其肉曰蛇頭，其裙曰蛇皮。石首春產于江，秋產于海，故狼山以下人家，八月頓頓食黃魚也。

又 北郊蟋蟀，大于他處，土人有鳴秋者，善豢養。識草性，著相蟲譜。

清・錢泳《履園叢話》卷二四《雜記下・大蛇》 吾鄉長丘頭有大蛇，其穴在於水車棚之下，有早起耕田者見之，身長數丈，仰頭吸露於高阜之上，其人驚而逸去。近民受其毒者，不一其人，皆浮腫死，居民患之非一日矣。有一年十二月，居民聚數十人欲捕之，其先一日，設香燭酒醴祭土神，告以故。忽起東南風，黑氣一條迤邐向西北去。其次日發之，惟有古墓，磚大如箕，杳無蹤跡，蓋龍蛇之靈，事誠有之。今京師都察院有蟒蛇，其圍如大柱，而能出入窗櫺。內務府西十庫內亦有蟒二條，皆首矗一角，鱗甲作黃金色，將啟鑰必先鳴鉦，恐見之也，京中士大夫莫不知之。

清・英和《卜魁紀略》 堪達漢，《爾雅》所謂麋也。角以爲決，皮以爲衣、裙、韡、鞊，可避鎗箭。親達卑老兔也，一名天馬，生於密林，其皮毛，冬白色，春夏秋青色，爲衣，最輕暖。

又 獺兒形似水獺而小，穴於土中。

清・俞正燮《癸巳存稿》卷一《魚軒》 陸璣《詩疏》云：「魚獸似豬，東海有之，一名魚貍。其皮背上斑文，腹下純青，以爲弓鞬步靫。」今牛魚。

清・梁章鉅《歸田瑣記》卷一《鰣魚》 居揚州口，偶以江鰣二尾獻阮云臺師，師以手柬報之曰：「此鰣魚，即《爾雅》之鯦當魱，曾考之否？余行篋無書，以屬黄右原比部，右原作《鯦魱説》甚詳。按「鯦」或作「鰣」，通作「時」，見《韻會》。《爾雅》鯦當魱注：「海魚也，似鯿而大鱗，肥美多鯁。」《集韻》：「鯦音囚，似鯿而大鱗，肥美多鯁。或作『鰽』。」惟《類篇》言其出有時，故名鰣。《正韻》言似魴肥美，江東四月有之。然吾閩秋冬間亦有之，則其出有時不説，不盡然也。廣西梧州亦有之，名三黎魚，又呼三來魚，蓋一音之轉，其味稍減。此本海魚，得江水蕩滌之，其味愈美，故以出揚子江者爲佳，余守荆州，皆得食之。昔人謂荆州有鰣，主起刀兵，不以食。余以八月食鰣，次年五月升任去荆，毫無他警，則前説亦不盡然也。此皆右原説中所未及者，故附記之。

清・梁章鉅《歸田瑣記》卷二《鯤鮞》 許畫山《青陽堂文集》中有《延師説》一首，蓋吾鄉近事也。説云閩有富室，欲延師教子，訪之三年矣，始得一老宿，歲供百金。其自業南華者也，初授以《逍遥遊》，請曰：「鯤何魚也？」師曰：「小魚也。」富翁竊聽而笑之。越三月，業及《庚桑楚》，又請曰：「鯢何魚也？」師曰：「大魚也。」富翁大笑曰：「魚之大小竊不能辨也，是可與卒業乎？」辭之去。世之知其一而不知其二者，如此富翁矣。雖老師宿儒，曾不能以享百金之食也，可慨也夫！按畫山之責富翁誠是矣，抑其師亦不能無咎焉。《爾雅・釋魚》：「鯤，魚子也。」《國語・魯語》：「魚禁鯤鮞。」此鯤爲小魚之説所本也。《左傳》宣十二年：「取其鯨鯢而封之。」注：「鯨鯢，大魚名。」此鯢爲大魚之説所本也。然《逍遥遊》之鯤明爲大魚，《庚桑楚》之鯢明爲小魚，彼老宿者，獨不顧文而思義乎？則所謂知其一不知其二者，實惟淇師當之，于富翁何則焉？

清・梁章鉅《歸田瑣記》卷八《北東園日記詩》 千峯百嶂轉芝城，添作山廚鬣尾羹。更喜海蟳來突兀，持螯一例助詩情。鬣與蟳皆海族，而建寧府往往有之。自余至南浦，而負擔來售者始頻至。

清・張澍《續黔書・鯰魚洞》 洞在玉屏大江右，石壁百丈中凹一洞。碧水珠迸，大如筥簴，産鮎魚焉。或曰洞中一石，垂爲鮎形，故名也。

清・張澍《續黔書・孝獸》 有獸焉，形類獮猴而大，尾長四五尺而歧端，色蒼黄，鼻露向上，雨即自懸于樹，以尾塞鼻，或以兩指。

清・張澍《續黔書・小羊》 吾涼出封羊，其背如駝，高者六尺許，春夏之交，青草豐茂，毛澤而肥。食其肉，可以勝身；飲其酪，可以養性，真俊味也。

清・張澍《續黔書・人首魚》 癸亥之五月，鎮遠霑霖，沅江暴漲。上流夾岸人居，塒雞、牢豕悉被沖汎。鎮之漁咸飛櫂争取，忽洪波卓立，盤渦雷轟，見一巨魚，人首，長徑丈，鬐鬣殷紅，沖網駛去。

清・張澍《續黔書・圓蛇》 蛇之善者堆升卿，其惡者曰博叔。然玄蛇食麈，蚺蛇食鹿，巴蛇吞象，活褥捕鼠，要皆形狀宛若，可爲趨避，未有蹤跡詭異，厥毒奇酷如圓蛇者也。圓蛇産古州八萬土司中，圓如卵，有五彩文，或山水、花鳥、竹木，歷歷如繪。狀同六合石子，人見之無不欣愛，拾而撫摩之，不忍遽捨去。少頃，得人氣，于中心迸出一頭，口目畢具，舌如火輪，噬人，無幸免者。

清・張澍《續黔書・啣啣》 山石之間有物焉，形似蛙，又似鮎，色青鮮美。苗人得之進上客，呼之爲啣啣。

清・張澍《續黔書・九香蟲》 玆聞畢節之赤水出九香蟲，服之身輕，喜甚。詢之土人，言蟲生澗水中，春夏出游水面者不可用。秋冬潛伏澗石，土人掀石得之售人。

清・李宗昉《黔記》卷二 遵義縣署有方池，池水緑色，其旁石穴中有巨蟒，時或見之。府署有緑蛙，長二尺，大如斗。

清・西清《黑龍江外記》卷八 海青，一名海東青，身小而健捷異常，見鷹隼以翼搏擊，大者力能制鹿。《本草集解》：「青鵰出遼東，最俊者謂之海東青。」《元史》：「合蘭府有海東青，由海外飛來。」《明一統志》：「五國城東出海東青，今歲以十一月入貢，中途飼以鴨肉，旦夕嘗引其爪立冰上，性惡熱也。」

清・李心衡《金川瑣記》卷三 鸚鵡 每歲麥莜成熟時，鸚鵡千百羣飛，蔽空而下，緑羽璀璨，其聲咿呀。農人持竿守護，有黠者設械穗間，俟翔集時機發潛罥其足，可以生擒。性極畏煙，觸之，病目死。有紅嘴、黑嘴二種。一説雄者紅，雌者黑；又一説由黄口漸黑而變紅，未知孰是，總之紅嘴者習人語較易，黑嘴者差難耳。

又 雪鵝 嘗友人貽予一建昌鴨，其大如鵝，頭戴雞冠。又嘗行卡撒，道見雪鵝數十，翔步雪中，或先或後，不甚畏人，白毛紅嘴，與家鵝無少異，微覺高大，但距印雪上作鴻爪痕，不似尋常連趾鵝鴨禽畜耳，種類之異乃爾。天下之大，真無物不有也！土人云：「雪鵝喜眠食雪中。」

黄鴨　野鶩之屬，較家鴨微小，毛羽深黄色，土人網得數頭來獻，予厚賚之。爲剪其翼翎，與家禽同畜，日漸馴熟，聞呼祝祝聲，輒逐隊競前，物我忘機，真有飛鳥依人之趣。後爲繆明府清泉攜去。

清・李心衡《金川瑣記》卷四　羌活魚　羌活遍地有之，走卒輩山行渴甚，輒折取咀齧。云清涼如蔗漿。巨者蔚茂，高二三尺，根下每有水潭，藏羌活魚一二，其形如鯢魚，有四足，長僅四五寸。土人云：可治心痛症。市得數尾，亦不敢妄試。嘗閲鄭仲夔冷賞載：凡産黄連之地，必有小蛇尺許盤旋其中，觸之傷人，必先去小蛇，然後敢恣采。羌活中有魚，亦猶黄連中有蛇，未足爲異也。

又　蚊　金川無蚊蚋，間有一二，飛聲薨然，大如蜻蜓，不螫人，乃知金文靖《北征録》中紀元故都處有蚊如蜻蜓，信然。嘗撲獲一枚，豹文長腳，頭有黑翎，如箭羽，戲臘諸書籍中，以爲他日佐笑。

又　雪魚　昔嶺在綏靖屯治東一百十里。討逆酋時，曾立營盤牆卡，至今尚存，俗呼萬裏城是也。積雪袤丈，雖三伏日，山徑常封。土人云：中有雪魚。其大如臂，想亦雪蛆、雪蝦蟇之類，然在綏靖數年，未嘗親覯。章穀屯屬之棱嶺，亦積雪不化。繆清泉云其章姓典吏曾一見之云。

又　星宿雞　又名翠角雞，頭生兩肉角，翠色鮮潤，能伸縮，驚恐時其形嶽嶽，無事下垂，頷際如帶，毛色陸離可愛，每一翎輒有白眼如豆大。似孔雀翎眼，惟白色稍異耳。勻淨不紊，因有星宿之稱，或曰即吐綬雞，他如山雞、馬雞之屬，種類甚多，因中土常有不足異，未及備紀。

又　么鳳　章谷屯出么鳳，連毛羽大僅如拇指，五色咸備，視丹山鸑鷟，具體而微。性極靈警，不易獲，間爲土人設械罥取，可綴婦女雲鬟，與釵頭雙燕争勝。每歲二三月，千百成群，飛往成都府屬之灌郫一帶。啄食桐花，花謝即歸。巢深岩密洞中，終歲不再見，土人亦謂之桐花鳳。蘇子瞻詩：「故山亦何有，桐花集么鳳。」喬子曠詩：「那能飛作桐花鳳，一集佳人白玉釵。」蓋即指此，特未明言其所從來耳。

又　延壽果　又名長壽果，金川處處有之，形如羊棗，叢生沙土中。去皮和米煮粥，極香甜有味，亦可入牛酪烹煮。

清・陳其元《庸閒齋筆記》卷二　乃漁户網得一大魚，四足，有尾，獨無角耳，重數百斤。

清・李恩綬《紫蓬山志・物産》　綬鳥　一名練鵲，俗名壽帶，又名玉帶，似鵲而小尾，長尺餘，色有數種，或紅或白或淺藍色，《禽經》云雌者尾短，雄者尾長。春夏時，山中甚富，冬令時間或見之。

黄鸝　季春出谷，中秋入谷，歷五月餘，間關語滑，清脆如篁。誠所謂「俗耳鍼砭，詩腸鼓吹」者矣。

翡翠　狀如鴉鶺，背有采羽，光耀奪目。

鷹、隼、鸇、鵰、鶚、鶻、鷂　七鳥一類，咸賦鷙殺之性，小鳥畏之如仇寇，山中四時皆有。

白頭翁　頭白故名，春夏之時，往往見之。

鳩　一名不噎鳥，晴久則呼，雨久亦呼。有三種，羽色黑白相間輒名珍珠，斑瓦灰色名禿姑呆，灰赤色名火球。

畫眉　形似鷹而小，羽色黄黑相間，其眉如畫，巧作聲。

鵂鶹　晝伏夜出，天欲雨則鳴，額際四旁有毛高聳似耳，俗呼爲貓頭鷹云。

布穀　《木草釋名》：布穀，名者多因其似呼爲割麥插禾，脱卻布褲，麥黄好過。俗又呼之爲疑情鳥。

野雞　雌者灰麻色，短尾小冠；雄者尾長高冠，有采羽。

百鴒　形大於鴿，黑羽長尾，喙足淡黄色。

八哥　形與百鴒相類，黑羽高冠禿尾，洞巢者喙足淡黄色，窠巢者喙足鐵色。

山鸞　大於拳，尾長灰色黑頭，其音不可辨，故名。

竹雞　形如山鸞，尾長，喜棲竹叢中，故名。

啄木鳥　大小不等，顔色不同，喙長尾禿，緣木而上，捷如松鼠，樹中有蟲與否，以喙探之立得。

杜鵑　大於拳，羽色全黑，長尾有叉，天將明時，唱和熱烈，俗呼叱客郎，又名催耕鳥也。

叫大　形狀似麻雀，巢於草根土穴中，飛起天空御風旋轉而鳴。又名叫圈。

繡眼　大於拇指，灰黄色，白眉毛，故名。

鵪鶉　似雞而小，尾禿短，飛鳴時，喙插地中。又名奔牛。

黄安　大如八哥，黄色喙足粉白色，叫聲似呼洋鬼奴。

花麻雀　大如普通麻雀，羽毛黑白相間，小尾，居山洞牆壁及草堆中。又名山麻雀。

青蛇　產竹中，又名竹葉青。性猛毒，傷人立斃。

赤色　色赤於火，又名赤斑蛇，又名火赤練，性猛毒。

土蛇　色黑於土，又名土公蛇。

竹節蛇　形似竹節，性毒。

布雲虎　蛇屬，頭尖，尾長，四足，又名四足蛇，縣內求雨者常籠放缸，令小童執柳，擎而歌之，曰蜷蝭。蜷蝭吞雲吐霧，天降滂沱，放汝歸去云云。

蚓　天欲雨輒出，又名蚯蚓，俗名出蟮。

蟬　聲清而遠，自初夏至仲秋，晨夕無間。俗呼知晝。

蜂　千百成羣，穿竹木作孔。

蜨　五色俱備，栩栩穿花，光彩奪目，最大如掌，惟黑色居多。

蟋蟀　每至秋令，唧唧牆陰瓦礫中。

草蟲　種類不一，自仲夏迄季秋，每向晚叢鳴草際，達旦始休。

蜈蚣　有紅白兩種，山中最多，惟不多傷人，俗呼爲有德蟲也。

壁虎蛇　黑灰色，四足，善走，喜噉蚊虻，小蟲尾斷，能旋轉，數小時不已，據土人云：旋入人之耳中即致人死。

雞冠蛇　又名野雞象，性最毒，首紅身，具五色。民國十二年秋，丐者獲之，長約二尺六寸，腰圍約一尺，經夢東開，士賂丐者，去其齒放之，並爲受皈戒令勿傷生。至今每天陰即鳴，聽之如鷄聲云。

狼　形狀大如狗，毛蒼色，耳聳嘴裂，性殘忍，喜肉食，往往傷小兒鷄畜等。

狐　黃色，身修而細腿，短尾毛長嘴黑人耳，性多疑，有居山洞中，靜修仙去者俗謂之狐仙云。

黃貓　黃色，身修細，嘴尖如鼠，俗名黃鼠狼，食小鳥鷄畜等。

毛狗　灰黃色，白臉膛尖嘴大尾，爲鷄畜中之害獸也。尾端有叉如小掃帚者，年多能迷惑人。

狗貛　形如小狗，後腿高於前腿，性善，不傷人。

兔　灰黃色，小狗大耳高聳，身穴居草食，性善。

刺蝟　大於小貓，頭修似鼠，短足小尾，全身肉刺，喜食瓜菓芋筍等物，遇敵蜷之如刺球，敵不能近。

猪貛　形如小猪，尖嘴短尾矮腿，穴居，爲植物之害獸也。

清·陸以湉《冷廬雜識》卷一　蠼螋音瞿搜，蟲名。《玉篇》曰「蛷螋」，《博雅》曰「蟱蛷」，昌黎詩「蜿垣亂蛷蛆」，即此。吾鄉俗呼爲蛒蛸。二鬚六足，狀如小蜈蚣，而體較短闊。

清·陸以湉《冷廬雜識》卷五　鯦魚　《爾雅》：「鯦，當魱。」郭璞注：「今江東呼最大長三尺者爲當魱。」《邵氏正義》謂：「即鰣魚。」

清·方浚師《蕉軒隨録》卷一《暨領》　居暨，獸名，似蝟，毛赤。暨音機。

清·方浚師《蕉軒隨録》卷二《八叉蟲》　伊犂有八叉蟲，如土蜘蛛，長腳善走，噬人便死。見之者用黃紙收裹，送入廟中，亦有呼爲八爺者。外夷人見之，臥於地，任其行走，以爲祈福，如見喇嘛然。關門外到處有之，一入關中，絶不見矣。

清·方浚師《蕉軒隨録》卷三《璧虱》　璧虱狀如狗蠅而黑，臭穢之蟲。惟畏斑鳩，聞聲則化爲水。人多養鳩避之。見《暖姝由筆》。

清·方浚師《蕉軒隨録》卷三《山胡》　粵中有鳥名山胡，或云即桑扈，形類百舌，善鳴。予曾購一頭，能學人言，尤奇。東坡《涪州得山胡次子由韻》詩云：「誰知聲嘵嘵，亦自意重重。」

清·方浚師《蕉軒隨録》卷七《倒退蟲》　南海黎棠村國琛《連山學者雜詠》詩云：「豈知倒退蟲相似，蹲伏虛堂一樣閒。」按：連山有蟲，在屋內地作穴，穴形如臼，光滑異常。穴有廣狹，因蟲之大小爲之。

清·方浚師《蕉軒隨録》卷八《魚鷹》　鸕鷀食魚，入喉則爛，其骨主鯁及噎。峽中人稱鸕鷀爲烏鬼，蜀人養此鳥使捕魚，得魚則倒提而出。杜詩「家家養烏鬼，頓頓食黃魚」，蓋言此鳥捕魚而人得食也。禽經：「王雎、雎鳩，魚鷹也。」注：「毛詩曰王雎，鷙而有別，多子，江表人呼爲魚鷹。」江干漁户馴養極多，捕魚出，不令食，鷹饑則捕魚愈力。」或亦烏鬼之類歟？

清·方浚師《蕉軒隨録》卷九《麥魚》　麥魚生東流縣臥虎潭一帶，麥熟時出，其形似麥，上至石人山瀨則形漸大，過此則化蜻蜓。又有君魚產貴池，緑魚產石埭，鲖魚產青陽之九華山，皆水鮮之最美者。

清·釋德基《寶華山志》卷二《山水》　龍池　在拜經臺西北。池小而深，高懸于天半，縱大旱不涸，禱雨輒應。中有蜥蜴，名龍子，四足五爪，背黑腹丹，龍頭鰍尾，任人掬視，不可攜出，攜出至中途輒遇風雷，遁去。

清·釋德基《寶華山志》卷九《記·華山遊記》　李維徵本甯寺門石池上，泉伏流。池中朱魚萬頭，錯以瑇瑁諸色，施食爭取，羣游成隊。池水盡赤。

清·釋德基《寶華山志》卷九《記·遊寶華山記》 新城王士禎阮亭公所刱經，始時陰雨晦冥，忽放大光明。經時始散。遂登西峯觀龍池，涓涓一泓出，石罅間蜥蜴數十頭，游泳自如，見人不驚。僧徒以盎貯之，形如守宫，腹尾作硃色斑。然有文僧言：「每將雨雲霧，輒自池中出。」按《山海經》云：龍池之山中央，有池方七百里，羣龍居之。

清·釋德基《寶華山志》卷一〇《賦·寶華山賦》 王著宓草測視蜥蜴于龍沼兮，微妙通靈。

清·吴慶坻《蕉廊脞録》卷八《蜀中子規到處有》 蜀中子規到處有之，余所至則以寧遠府考棚内外樹間爲最多。夜深聞之，其聲慘悽。又有鳥名悔悔降者，以其鳴聲類此三字而名之，三四月間有之，先曾大父有《補禽言》詩，此其一也。

清·丁柔克《柳弧》卷一 獅 獅，神獸也。純廟時，西洋貢獅，南巡携之舟中。獅一吼如銅鉦萬響。色黄白，大如小驢，不類世之繪者。每日飼以數豕及雞、鴨、鵝等物。豕在岸，人畀之，豕皆大嗥。一至獅前，豕見獅即駭絶無聲。獅食鵝鴨等，以口含而噴之，噴時其毛滿天。凡獅一鳴，百獸震恐，馬牛犬豕聞其聲，皆伏地戰慄，矢溺皆遺。

清·丁柔克《柳弧》卷六 褰鼻蛇 湖北蘄州出蛇，名蘄蛇，身有方勝，即褰鼻蛇。頭方有角，尾有勾，噬人則毒至不可解救。得而懸之，則以尾自破其腹。麝獲裂臍，狨擒斷尾，亦自知懷璧其罪。

又 叩頭蟲 《小瑯環》載：「樹上咨諏批頰鳥，窗前逼迫叩頭蟲」，以爲戲語，不知實有此二物也。庚辰秋杪，予偶見一蟲，長五分，寬半分，灰色，有殼，頭尾共三段，無足。行時，身一躍尺許，落地復躍，頃刻數尺，響聲真「逼迫」二字，落地時作叩首狀。方信人言叩頭蟲即此物也，俗又名「打卦蟲」。惟批頰鳥未之見也。

又 蟲 蟲類萬狀。余足跡半天下，所見各處之蟲，如弓尺蟲，行時如弓步地上。青丁子，色緑有毛，巢於樹上，負殼而居。猴菓子，以葉爲巢，掛於樹上。漣漫蟲，江南最多，大者尺餘。澡娘子，有節而臭。米湯蟲，白色而小。金緑蟲，兩廣最多，可爲首飾，通州呼爲檳榔蟲。江南又多楊牛兒，其角極長。叫驢子，出山東。咨牛兒，江北多有。化蝶蟲名「偷搭」，身緑，背内有紅鬚，能螫人。水蝦蟲，形似蝦，生陰溝中。書中又有種蟲，形扁，如蜘蛛，紅色，前有二足，行則高舉向前。蚱兒，色緑能鳴，江南女子多以葫蘆飼之，能經年。錢駝子，似蟋蟀而無翅，生濕地，跳躍而行。紡紗婆，似蚱兒，鳴聲如績。剪刀箍兒，緑色，夏日鳴草中，聲札札然。雞虱子，形極小，生雞身，多至數萬。白螞蟻，形扁，白色，有翅，大如筆尖。

又 喜鵲 雲南省城内無喜鵲，城外則盈千累萬。相傳吴三桂分藩時，特逐之出城云。思茅有毛牛，即犛牛也。

又 筆筒猴 雲南多松鼠，緣行樹上，多至千百，不甚懼人，人亦見慣不爲意也，小孩多飼於袖中。喜食松子，毛毿毿可愛。四川多猴，小者四五寸，名筆筒猴，價甚貴，不可多得。善伺人意，飼於筆筒中，教之磨墨，磨墨後入筒中。俟寫字畢，一唤即出，擄硯舐食餘墨，甚有意思。如得一對，尚可育子，每對約值百金云。

又 哈巴狗 京都多哈巴狗，小者五六寸，眠主人鞋内，聞聲起吠，甚靈動也。毛有花白黑黄數種，毛長至地，兩耳如獅，臉亦短小。内官太監多飼之，珍如拱璧，亦不易得。

清·謝元淮修、許喬林纂《雲臺新志·山水上》 國朝紀映鍾《望東滋山》己字《山樵詩集》 張網向潮頭，日夕水中宿，蟹蚌如泥沙齊醢。

清·謝元淮修、許喬林纂《雲臺新志·物華》 禽屬 鶴、仙鶴、灰鶴二種。鷗、鴈、鷹、鷂、鴞、燕、鵝、雞、鴨、雉、梟、鷺鷥、天鵝、章雞、青鵜、淘鵝、即鵜鶘，亦名「淘河」，俗呼「淘鵝」，似鵝而巨，吭能淘水取魚。鶖鶬、鵓鴿、鵪鶉、倉庚、黄脰、俗名黄褐侯。桑扈、伯勞、戴勝、鸜鵒、翡翠、山鵲、烏鴉、練雀、家雀、黄雀、啄木、蝙蝠、吐綬鳥。

又 獸屬 牛、馬、騾、驢、羊、豬、犬、貓、鹿、角鹿、麋鹿二種。獐、兔、野豬、貛、貉、狐、狸、蝟、鼠、黄鼠狼、狼。

又 鱗屬 鯉魚、鯽魚、鱸魚、魴魚、烏魚、鮎魚、泥鰍、黄鱌、鰷魚、鰣魚、鯔魚、鯧魚、鰻魚、鯸魚、鱔魚、青魚、鱘魚、黄魚、春魚、似黄魚而小。鰱魚、命魚、形似「命」字，此水鱧色黄。鮰魚、海豚、即豬魚。獺毛魚、即水獺，毛可作裘。沙魚、水鱧魚形如鐵鏟頭。銀魚、銀刀、形如刀，長數尺。石首魚、即黄魚之小者。烏賊魚、有卵，味肥美可食。馬鮫、比目魚、浄餅魚一名「佛手魚」。

又 介屬 龜、鱉、蝦、草蝦、大白、桃紅三種。節蟹、蟶、牡蠣、蟹、螃蜞、螃蜮、背其人面，土人呼「閻王蟹」。水蟹、對蝦、蛤蜊、蛙、蝦蟇、海蜇、時螺、蛇、蜈蚣、蜆。

又　蠃屬　蜘蛛、蚓、果蠃、螳螂、蜩、蟬、蜂、蝶、蛾、蠶、螢、蚊、蠅、蟻、蜻蜓、虮蚱、蟋蟀、蝘蜓、蠅虎。

清·謝元淮修、許喬林纂《雲臺新志》卷一七《雜綴》　東海漁人近獲魚，長五六尺，腸胃成胡鹿，刀槊之狀，或號「秦皇魚」。《酉陽雜俎》。

又　東海有魚，尾似鴟，鼓浪即降雨，遂設像於屋脊。《談賓録》。

又　海人魚，東海有之，大者常五六尺，狀如人眉，目、口、鼻、手、爪、頭皆具。皮肉如玉，無鱗，有細毛，五色，輕軟。長一二寸，髮如馬尾，長五六尺。《洽聞記》。

又　海州人有以射營生者，於東海山中射鹿，忽見一蛇，黑色，大如連山，長近十丈，兩目成日，自海而上。人見蛇驚懼，知不免死，因伏念佛。蛇至人所以口銜人。及其弓矢渡海而去，遥至一山置人於高巖之上。俄而復有一蛇，自南來至山，所狀類先蛇而大倍之。兩蛇鬭於山下，初以身相蜿蟺，久之口相噬。獵人知其求己助，乃傅藥注之大蛇，先患一目，人乃復射其目，數矢累中。久之，大蛇斃，黑蛇入巖穴深處，銜得珠璣瑟瑟等寶物無算，置獵人前，俟其納諸懷，復銜人及弓矢渡海，置原處而去。《太平廣記》。

又　嘉祐中，海州漁人獲一物，身首如虎，亦作虎文，有二短足在肩，指爪皆虎也，長八九尺，視人輒下淚舁，至郡數日死。父老云：昔年曾見，謂之「海蠻師」。《夢溪筆談》。

植物資源部

《山海經》卷一《南山經》 有草焉，其狀如韭而青華，其名曰祝餘，食之不飢。有木焉，其狀如穀而黑理，其華四照，其名曰迷穀，佩之不迷。

又 東三百里，曰堂庭之山，多棪木，多白猿，多水玉，多黃金。

又 東三百里，曰基山，其陽多玉，其陰多怪木。

又 東三百七十里，曰侖者之山，其上多金玉，其下多青雘。有木焉，其狀如穀而赤理，其汗如漆，其味如飴，食者不飢，可以釋勞，其名曰白䓘，可以血玉。

《山海經》卷二《西山經》 西八十里，曰小華之山。其木多荊、杞，其獸多牿牛，其陰多磬石，其陽多㻬琈之玉，鳥多赤鷩，可以禦火。其草有萆荔，狀如烏韭，而生於石上，亦緣木而生，食之已心痛。

又 西八十里，曰符禺之山【略】。其上有木焉，名曰文莖，其實如棗，可以已聾。其草多條，其狀如葵，而赤華黃實，如嬰兒舌，食之使人不惑。

又 又西六十里，曰石脆之山，其木多椶枏，其草多條，其狀如韭，而白華黑實，食之已疥。其陽多㻬琈之玉，其陰多銅。

又 西七十里，曰英山，其上多杻橿，其陰多鐵，其陽多赤金。

又 又西五十二里，曰竹山，其上多喬木，其陰多鐵。有草焉，其名曰黃雚，其狀如樗，其葉如麻，白華而赤實，其狀如赭，浴之已疥，又可以已胕。

又 又西百二十里曰浮山，多盼木，枳葉而無傷，木蟲居之。有草焉，名曰薰草，麻葉而方莖，赤華而黑實，臭如蘼蕪，佩之可以已癘。

又 西七十里，曰羭次之山，漆水出焉。北流注于渭。其上多棫橿，其下多竹箭。

又 西百八十里，曰大時之山，上多穀柞，下多杻橿，陰多銀，陽多白玉。

又 其上多桃枝鉤端。

又 西三百二十里，曰嶓冢之山。漢水出焉而東南流注于沔。囂水出焉，北流注于湯水。其上多桃枝鉤端，獸多犀兕熊羆。有草焉，其葉如蕙，其本如桔梗，黑華而不實，名曰蓇蓉，食之使人無子。

又 西三百五十里，曰天帝之山。上多椶枏，下多菅蕙。【略】有草焉，其狀如葵，其臭如如蘼蕪，名曰杜衡，可以走馬，食之已癭。

又 西南三百八十里曰皋塗之山。薔水出焉，西流注于諸資之水。塗水出焉，南流注于集獲之水。其陽多丹粟，其陰多銀、黃金，其上多桂木。【略】有草焉，其狀如槀茇，其葉如葵而赤背，名曰無條，可以毒鼠。

又 《西次三經》之首，曰崇吾之山，在河之南，北望冢遂，南望䍃之澤，西望帝之搏獸之丘，東望螞淵。有木焉，員葉而白柎，赤華而黑理，其實如枳，食之宜子孫。

又 西北三百七十里曰不周之山【略】。爰有嘉果，其實如桃，其葉如棗，黃華而赤柎，食之不勞。

又 西南四百里曰崑崙之丘，是實惟帝之下都【略】。有木焉，其狀如棠，華黃赤實，其味如李而無核，名曰沙棠，可以禦水，食之使人不溺。有草焉，名曰薲草，其狀如葵，其味如葱，食之已勞。

《山海經》卷三《北山經》 《北山經》之首，曰單狐之山，多机木，其上多華草。

又 北二百里，曰丹熏之山，其上多樗柏，其草多韭䪥，多丹雘。

又 北二百八十里，曰石者之山，其上無草木，多瑤碧。

又 北百一十里，曰邊春之山，多葱、葵、韭、桃、李。

又 北二百里，曰潘侯之山，其上多松柏，其下多榛楛。

又 北三百二十里，曰敦薨之山。其上多椶枏，其下多茈草。

又 北二百里，曰北嶽之山，多枳棘剛木。

又 北五十里，曰北單之山，無草木，多蔥韭。

又 北二百里，曰狐岐之山，無草木，多青碧。

又 北三百八十里，曰湖灌之山【略】。有木焉，其葉如柳而赤理。

又 北水行五百里，流沙三百里，至于洹山，其上多金玉。三桑生之，其樹皆無枝，其高百仞，百果樹生之。

又 東北七十里，曰咸山【略】，是多松、柏，草多茈草。

又 南三百里，曰景山，南望鹽販之澤，北望少澤，其上多草、藷藇，其草多秦椒。

又 東二百里，曰京山，有美玉，多漆木，多竹。

又　東二百里，曰蟲尾之山，其上多金玉，其下多竹，多青碧。

又　北二百里曰發鳩之山，其上多柘木。

又　北百里，曰繡山【略】，其木多栒，其草多芍藥、芎藭。

又　北三百里，曰高是之山【略】，其木多椶，其草多條。

又　南四百里，曰姑兒之山，其上多漆，其下多桑、柘。

又　南三百里，曰嶽山，其上多桑，其下多樗。

《山海經》卷四《東山經》　西南四百里，曰嶧皋之山，其上多金玉，其下多白堊，嶧皋之水出焉，東流注于激女之水，其中多蜃珧。

又　南三百八十里，曰餘峩之山，其上多梓枏，其下多荊芑。

又　南水行七百里，曰孟子之山，其木多梓、桐，多桃、李。其草多菌蒲。

又　《東次四經》之首，曰北號之山，臨于北海。有木焉，其狀如楊，赤華，其實如棗而無核，其味酸甘，食之不瘧。

又　南三百二十里，曰東始之山，上多蒼玉。有木焉，其狀如楊而赤理，其汁如血，不實，其名曰芑，可以服馬。

《山海經》卷五《中山經》　《中山經》薄山之首，曰甘棗之山。共水出焉，而西流注于河。其上多杻木，其下有草焉，葵本而杏葉，黃華而莢實，名曰籜，可以已瞢。

又　東二十里，曰歷兒之山，其上多橿，多櫔木，是木也，方莖而員葉，黃華而毛，其實如揀，服之不忘。

又　東七十里，曰脫扈之山。有草焉，其狀如葵葉而赤華，莢實，實如椶莢，名曰植楮，可以已癙，食之不眯。

又　北三十里，曰牛首之山。有草焉，名曰鬼草，其葉如葵而赤莖，其秀如禾，服之不憂。

又　北三十五里，曰陰山【略】。少水出焉，其中多彫棠，其葉如榆葉而方，其實如赤菽，食之已聾。

又　東北四百里，曰鼓鐙之山【略】。有草焉，名曰榮草，其葉如柳，其本如雞卵，食之已風。

又　西百二十里，曰葌山【略】。有木焉，其狀如棠而赤葉，名曰芒草，可以毒魚。

又　東十里曰青要之山，實維帝之密都。北望河曲，是多駕鳥；南望墠渚，禹父之所化【略】。有草焉，其狀如葌，而方莖、黃華、赤實，其本如藁本，名曰荀草，服之美人色。

又　西二百五十里，曰柄山。有木焉，其狀如樗，其葉如桐而莢實，其名曰茇，可以毒魚。

又　西二百里，曰熊耳之山，其上多漆，其下多椶。浮濠之水出焉，而西流注于洛，其中多水玉，多人魚。有草焉，其狀如蘇而赤華，名曰葶薴，可以毒魚。

又　西三百里，曰牡山。其上多文石，其下多竹箭、竹䉋。

又　東三百里，曰首山。其陰多穀、柞，其草多茉芫。

又　東北五百里，曰條谷之山，其木多槐、桐，其草多芍藥、虋冬。

又　東五百里，曰成侯之山，其上多櫄木，其草多芃。

又　東十里，曰良餘之山。其上多穀柞。

又　東北二十里，曰升山，其木多穀、柞、棘，其草多藷藇、蕙，多寇脫。

又　西五十里，曰穀山。其上多穀，其下多桑。

又　西五十里，曰橐山，其木多樗，多構木。

又　西九十里，曰夸父之山，其木多椶枏，多竹箭。

又　《中次七經》苦山之首，曰休與之山【略】。有草焉，其狀如蓍，赤葉而本叢生，名曰夙條，可以爲簳。

又　東三百里，曰鼓鍾之山，帝臺之所以觴百神也。有草焉，方莖而黃華，員葉而三成，其名曰焉酸，可以爲毒。其上多礪，其下多砥。

又　東二百里，曰姑媱之山。帝女死焉，其名曰女尸，化爲䔄草，其葉胥成，其華黃，其實如菟丘，服之媚於人。

又　東二十里，曰苦山【略】。其上有木焉，名曰黃棘，黃華而員葉，其實如蘭，服之不字。有草焉，員葉而無莖，赤華而不實，名曰無條，服之不癭。

又　東二十七里，曰堵山。神天愚居之，是多怪風雨。其上有木焉，名曰天楄，方莖而葵狀，服者不㖶。

又　東五十二里，曰放皋之山。明水出焉，南流注于伊水，其中多蒼玉。有木焉，其葉如槐，黃華而不實，其名曰蒙木，服之不惑。

又　東五十七里，曰大𦵯之山【略】。有草焉，其狀葉如榆，方莖而蒼傷，其名曰牛傷，其根蒼文，服者不厥，可以禦兵。

又　東七十里，曰半石之山。其上有草焉，生而秀，其高丈餘，赤葉赤華，華而不實，其名曰嘉榮，服之者不霆。

又　東五十里，曰少室之山，百草木成囷。其上有木焉，其名曰帝休，葉狀如楊，其枝五衢，黄華黑實，服者不怒。

又　東三十里，曰泰室之山。其上有木焉，葉狀如棃而赤理，其名曰栯木，服者不妒。有草焉，其狀如茶，白華黑實，澤如蘡薁，其名曰䔄草，服之不昧。

又　北三十里，曰講山，其上多玉，多柘，多柏。有木焉，名曰帝屋，葉狀如椒，反傷赤實，可以禦凶。

又　東三十里，曰浮戲之山。有木焉，葉狀如樗而赤實，名曰亢木，食之不蠱。

又　東四十里，曰少陘之山。有草焉，名曰䔄草，葉狀如葵，而赤莖白華，實如蘡薁，食之不愚。

又　東南十里，曰太山。有草焉，名曰梨，其葉狀如荻而赤華，可以已疽。

又　東三十五里，曰敏山。上有木焉，其狀如荊，白華而赤實，名曰葪柏，服者不寒。

又　東三十里，曰大騩之山，其陰多鐵、美玉、青堊，有草焉，其狀如蓍而毛，青華而白實，其名曰蒗，服之不夭，可以爲腹病。

又　《中次八經》荆山之首，曰景山，其上多金玉，其木多杼檀。

又　東北百里，曰荆山【略】。其木多松栢，其草多竹，多橘櫾。

又　東北百五十里，曰驕山。其上多玉，其下多青雘。其木多松柏，多桃枝、鉤端。

又　東北二百里，曰綸山。其木多梓枏，多桃枝，多柤、栗、橘、櫾。

又　東百三十里，曰光山。其上多碧，其下多木。

又　東百五十里，曰岐山【略】。其下多青雘，其木多樗。

又　東百三十里，曰銅山【略】。其木多穀、柞、柤、栗、橘、櫾。

又　東北百里，曰大堯之山。其木多松栢，多梓桑，多机，其草多竹。

又　東北三百里，曰靈山【略】。其下多青雘，其木多桃、李、梅、杏。

又　東北七十里，曰龍山。上多寓木，其上多碧，其下多錫。其草多桃枝鉤端。

又　東五十里，曰師每之山。其陽多砥礪，其陰多青雘。其木多栢，多檀，多柘，其草多竹。

又　東南二百里，曰琴鼓之山。其木多穀、柞、椒、柘。

又　《中次九經》岷山之首，曰女几之山。其上多石涅，其木多杻橿，其草多菊茶。

又　東北三百里，曰岷山【略】。其木多梅棠。

又　東北一百四十里，曰崍山，江水出焉，東流注大江。其陽多黄金，其陰多麋麈，其木多檀柘，其草多䪥韭，多葯空奪。

又　東一百五十里，曰崌山【略】。其木多楢、杻，多梅、梓。

又　東三百里，曰高梁之山。其上多堊，其下多砥礪。其木多桃枝、鉤端。有草焉，狀如葵而赤華，莢實白柎，可以走馬。

又　東四百里，曰蛇山【略】。其木多栒，多橡章，其草多嘉榮、少辛。

又　東北三百里，曰隅陽之山【略】。其木多梓桑，其草多茈。

又　東二百五十里，曰岐山，其上多白金，其下多鐵，其木多梅梓，多杻楢。

又　東三百里，曰勾檷之山【略】。其木多櫟柘，其草多芍藥。

又　東一百五十里，曰風雨之山【略】。其木多棷、樿，多楊。

又　東北二百里，曰玉山【略】。其木多豫、樟、楢、杻。

又　東一百五十里，曰熊山【略】。其木多樗柳，其草多寇脱。

又　東一百四十里，曰騩山【略】。其木多桃枝、荆、芑。

又　東二百里，曰葛山【略】。其木多柤、栗、橘、櫾、楢、杻【略】。其草多嘉榮。

又　東一百七十里，曰賈超之山【略】。其木多柤、栗、橘、櫾，其中多龍脩。

又　西南五十里，曰繁繢之山。其木多楢杻，其草多枝勾。

又　西三十里，曰楮山。多寓木，多椒，椐，多柘，多堊。

又　西五十里，曰涿山。其木多穀，柞杻。

又　西七十里，曰丙山。其木多梓檀，多弞杻。

又　《中次一十一山經》荆山之首，曰翼望之山【略】。其上多松栢，其下多漆梓。

又　東北一百五十里，曰朝歌之山【略】。其上多梓、枏【略】。有草焉。名曰莽草。可以毒魚。

又　東南二百里，曰前山。其木多櫧，多柏。

又　東北八百里，曰兔牀之山。其陽多鐵，其木多藷藇，其草多雞穀，其本如雞卵，其味酸甘，食者利于人。

又 東六十里，曰皮山。多堊，多赭，其木多松、柏。

又 東北五十里，曰袟筩之山。其上多松柏机柏。

又 西北一百里，曰堇理之山。其上多松柏，多美梓。

又 東南三十里，曰依軲之山。其上多杻橿，多苴。

又 東南四十里，曰雞山，其上多美梓，多桑，其草多韭。

又 東南三十里，曰游戲之山。多杻、橿、穀。

又 東南三十五里，曰從山，其上多松柏，其下多竹。

又 東南三十里。曰嬰硜之山，其上多松柏，其下多梓櫄。

又 東三十里，曰虎首之山。多苴，椆、椐。

又 東四十里，曰卑山，其上多桃、李、苴、梓，多櫐。

又 東三十里，曰雅山。澧水出焉，東流注于視水，其中多大魚。其上多美桑，其下多苴。

又 東五十里，曰宣山。淪水出焉，東南流注于視水，其中多蛟。其上有桑焉，大五十尺，其枝四衢，其葉大尺餘，赤理黃華青柎，名曰帝女之桑。

又 東四十里，曰豐山。其上多封石，其木多桑，多羊桃，狀如桃而方莖，可以爲皮張。

又 東三十里，曰鮮山。其木多楢、杻，其草多亹冬。

又 東五十里，曰區吳之山。其木多苴。

又 東北七十里，曰歷石之山。其木多荆、芑。

又 東南一百里，曰求山。求水出于其上，潛于其下，中有美赭。其木多苴，多䉋。

又 東二百里，曰丑陽之山。其上多椆、椐。

又 東三百里，曰奥山。其上多柏杻橿。

又 東百十里，曰杳山。其上多嘉榮草。

又 東三百五十里，曰凡山，其木多楢、檀、杻，其草多香。

又 東南五十里，曰雲山，無草木。有桂竹，甚毒，傷人必死。

又 東南一百三十里，曰龜山。其木多穀柞椆椐【略】，多扶竹。

又 東南五十里，曰風伯之山【略】。其木多柳杻檀楮。其東有林焉，名曰莽浮之林，多美木、鳥獸。

又 東一百五十里，曰夫夫之山【略】。其木多桑楮，其草多竹、雞鼓。

又 東南一百二十里，曰洞庭之山【略】。其木多柤梨橘櫾，其草多葌蘪蕪芍藥芎藭。

又 東南一百八十里，曰暴山。其木多椶柟荆芑竹箭䉋箘。

又 東南二百里，曰即公之山【略】，其木多柳杻檀桑。

又 東南一百五十九里，有堯山【略】，其木多荆芑柳檀，其草多藷藇茉。

又 東南二百里，曰真陵之山【略】，其木多穀柞柳杻，其草多榮草。

又 東南一百二十里，曰陽帝之山【略】，其木多橿杻檿楮。

又 南九十里，曰柴桑之山【略】，其木多柳、芑、楮、桑。

又 東二百三十里，曰榮余之山【略】，其木多柳、芑。

《山海經》卷八《海外北經》 三桑無枝，在歐絲東，其木長百仞，無枝。

《山海經》卷一〇《海内南經》 窫窳龍首，居弱水中【略】。有木，其狀如牛，引之有皮，若纓、黃蛇。其葉如羅，其實如欒，其木若蓲，其名曰建木。在窫窳西弱水上。

《山海經》卷一六《大荒西經》 有蓋山之國。有樹，赤皮支幹，青葉，名曰朱木。

又 有岳之山，尋竹生焉。

又 大荒之中，有衡石山、九陰山、洞野之山，上有赤樹，青葉，赤華，名曰若木。

《山海經》卷一八《海内經》 南海之内，黑水青水之間，有木名曰若木，若水出焉。

又 白之丘、赤望之丘、參衛之丘、武夫之丘、神民之丘。有木，青葉紫莖，玄華黃實，名曰建木，百仞無枝，有九欘，下有九枸，其實如麻，其葉如芒。

《尚書・禹貢・兖州》 厥草惟繇，厥木惟條。

《尚書・禹貢・徐州》 草木漸包。

又 嶧陽孤桐。

《尚書・禹貢・揚州》 篠簜既敷，厥草惟夭，厥木惟喬。

又 厥包橘柚錫貢。

《尚書・禹貢・荆州》 杶、幹、栝、柏，礪、砥、砮、丹，惟箘簵、楛，三邦底貢厥名。

《管子・地員篇》 山之上，命之曰縣泉，其地不乾，其草如茅與蘆，其木乃𣗥；鑿之二尺乃至於泉。山之上，命曰複𡾰，其草魚腸與蕕，其木乃柳，鑿之三尺而至於泉。山之上，命之曰泉英，其草蘄、白昌，其木乃楊；鑿之五尺而至於泉。山之豺，其草葴與薔，其木乃椵；鑿之二七十四尺而至於泉。山之側，其草葍與蔞，其木乃樞榆；鑿之三七二十一尺而至於泉。

又 凡草土之道，各有穀造，或高或下，各有草物。葉下於𧃅，𧃅下於莧，莧下於蒲，蒲下於葦，葦下於雚，雚下於蔞，蔞下於荓，荓下於蕭，蕭下於薛，薛下於萑，萑下於茅。凡彼草物，有十二衰，各有所歸。九州之土，爲九十物。每土有常而物有次。

漢・滎氏《遁甲開山圖》 霍山上有石芝，生大石上，萬人牽終不拔，以竹刀割之即斷。

又 徐無山出不灰之木，生火之石。

解曰：其木黑色，似炭而無葉，有石赤色如丹。

又 遼東有襄平山，多饒鬼目之菜，生而有神虎龍蛇大魚守之，雲氣覆之，食之令人不飢。

解曰：鬼目菜，形似魚，守之常有氣如龍虎蛇魚之狀。

漢・司馬相如《司馬相如集・子虛賦》 其北則有陰林巨樹，楩柟豫樟，桂椒木蘭，蘗離朱楊，樝梨梬栗，橘柚芬芳。

漢・司馬相如《司馬相如集・上林賦》 於是乎崇山矗矗，巃嵸崔嵬；深林巨木，嶄巖參差。九嵕巀嶭，南山峩峩；巖陁甗錡，摧崣崛崎。

晉・裴淵《廣州記》 廣州別有柚，號爲雷柚，實大如升。

枸櫞樹似橘，實如柚大而倍長，味奇酢，皮以蜜煮爲糝。

龍眼子似荔枝而圓，七月熟。荔枝樹高五六丈，大如桂樹，實如雞子，甘而多汁，似安石榴有甜酸者【略】。

嶺外檳榔小於交趾者，而大於蒳子，土人亦呼爲檳榔。

五子樹實如梨，裏有五核，因名五子，治霍亂金瘡。

槃多樹不花而結實，實從皮中出。自根著子至杪，如橘大【略】。

有瓜冬熟，號爲金釵，味乃甘美。

蕹菜生水中，以爲菹。

漳平縣偏饒麥門冬，出當歸續斷半夏。

漢・司馬遷《史記》卷二九《河渠書》 且褒斜材木竹箭之饒，擬於巴蜀。

漢・司馬遷《史記》卷一二九《貨殖列傳》 夫山西饒材、竹、穀、纑、旄、玉石，山東多魚、鹽、漆、絲、聲色，江南出枏、梓、薑、桂、金、錫、連、丹沙、犀、瑇瑁、珠璣、齒革，龍門、碣石北多馬、牛、羊、旃裘、筋角，銅、鐵則千里往往出山棊置：此其大較也【略】。夫燕亦勃、碣之間一都會也。少慮，有魚鹽棗栗之饒【略】。齊帶山海，膏壤千里，宜桑麻，人民多文采布帛魚鹽【略】。而鄒、魯濱洙、泗【略】，頗有桑麻之業【略】。而合肥受南北潮，皮革、鮑、木輸會也【略】。江南卑濕，丈夫早夭。多竹木。豫章出黃金，長沙出連、錫【略】，番禺亦其一都會也，珠璣、犀、玳瑁、果、布之湊。【略】安邑千樹棗；燕、秦千樹栗；蜀、漢、江陵千樹橘；淮北、常山已南，河濟之間千樹萩；陳、夏千畝漆；齊、魯千畝桑麻；渭川千畝竹【略】。蜀卓氏之先，趙人也，用鐵冶富。唯卓氏曰：「此地狹薄。吾聞汶山之下，沃野，下有蹲鴟，至死不饑。」

漢・劉歆《西京雜記》卷一 樂遊苑自生玫瑰樹，樹下多苜蓿。苜蓿一名懷風，時人或謂之光風，風在其間，常蕭蕭然，日照其花，有光采，故名苜蓿爲懷風。茂陵人謂之連枝草。太液池邊皆是彫胡、紫萚、綠節之類。菰之有米者，長安人謂爲彫胡；葭蘆之未解葉者，謂之紫萚；菰之有首者，謂之綠節。其間凫雛雁子布满充積，又多紫龟綠鼈。池边多平沙，沙上鹈鹕、鷓鴣、鵁鶄、鸿鶂，動輒成羣。

又 終南山多離合草，葉似江蘺，而紅綠相雜，莖皆紫色，氣如蘿勒。有樹直上百尺，無枝，上結叢條如車蓋，葉一青一赤，望之斑駁如錦繡，長安謂之丹青樹，亦云華蓋樹。亦生熊耳山。

又 初修上林苑，羣臣、遠方各獻名果異樹，亦有製爲美名，以標奇麗。梨十：紫梨、青梨、實大。芳梨、實小。大穀梨、細葉梨、縹葉梨、金葉梨、出琅琊王野家，太守王唐所獻。瀚海梨、出瀚海北，耐寒不枯。東王梨、出海中。紫條梨。棗七：弱枝棗、玉門棗、棠棗、青華棗、桃棗、赤心棗、西王棗。出崑崙山。栗四：侯栗、榛栗、瑰栗、檞陽栗。峄陽都尉曹龍所獻，大如拳。桃十：秦桃、褫桃、緗核桃、金城桃、綺葉桃、紫文桃、霜桃、霜下可食。胡桃、出西域。櫻桃、含桃。李十五：紫李、綠李、朱李、黃李、青綺李、青房李、同心李、車下李、含枝李、金枝李、顏淵李、出魯。羌李、燕李、蠻李、侯李。柰三：白柰、紫柰、花紫色。綠柰。花綠色。查三：蠻查、羌查、猴查。椑三：青椑、赤葉椑、烏椑。棠四：赤棠、白棠、青棠、沙棠。梅七：朱梅、紫葉梅、紫花梅、同心梅、麗枝梅、燕梅、猴梅。杏二：文杏、材有文采。蓬萊杏。東郭都尉於吉所獻。一株花雜五色，六出，云是仙人所食。桐三：椅桐、梧桐、荆桐。林檎十株，枇杷十株，橙十株，安石榴十株，楟十株，白銀樹十株，黄銀樹十株，槐六百四十株，千年長生樹十株，萬年長生樹十株，扶老木十株，守宮槐十株，金明樹二十株，扶風樹十株，鳴風樹十株，琉璃樹七株，池離樹十株，離婁樹十株，枏四株，樅七株，白俞梅、杜梅、桂蜀漆樹十株，楔四株，楓四株。

漢·劉歆《西京雜記》卷二 會稽岁時獻竹簟供御，世號爲流黄簟。

漢·劉歆《西京雜記》卷三 尉佗獻高祖鮫魚、荔枝，高祖报以蒲桃锦四匹。

漢·劉歆《西京雜記》卷六 太液池西有一池，名孤樹池。池中有洲，洲上煔樹一株，六十餘圍，望之重重如蓋，故取爲名。

漢·辛氏《三秦記·池苑》 漢武帝園，一名樊川，一名御宿。有大梨，如五升瓶，落地則破。其主取者，以布囊承之，名含消梨。藝文類聚卷八十六果部上梨條。

漢·張衡《張衡詩文集·賦·西京賦》 上林禁苑，跨谷彌阜。東至鼎湖，邪界細柳。掩長楊而聯五柞，繞黄山而款牛首。繚垣綿聯，四百餘里。植物斯生，動物斯止。衆鳥翩翻，羣獸駓騃。散似驚波，聚以京峙。伯益不能名，隸首不能紀。林麓之饒，于何不有？木則樅栝椶楠，梓棫楩楓。嘉卉灌叢，蔚若鄧林。鬱蓊薆薱，橚爽櫹槮。吐葩颺榮，布葉垂陰。草則葴莎菅蒯，薇蕨荔苀，王芻茵臺，戎葵懷羊。苯䔿蓬茸，彌皋被岡。篠蕩敷衍，編町成篁。山谷原隰，泱漭無疆。

漢·張衡《張衡詩文集·賦·南都賦》 其木則檉松楔棱，槾栢杻橿，楓柙櫨櫪，帝女之桑。楈枒栟櫚，柍柘檍檀。結根竦本，垂條嬋媛。布緑葉之萋萋，敷華蘂之蓑蓑。玄雲合而重陰，谷風起而增哀。攢立叢駢，青冥盰瞑。杳藹蓊鬱於谷底，森蓴蓴而刺天。【略】共竹則鐘龍篁篾，篠簳箛箠。緣延坻坂，澶漫陸離。阿那蓊茸，風靡雲披。【略】其原野則有桑漆麻苧，菽麥稷黍。百穀蕃廡，翼翼與與。若其園圃，則有蓼蕺蘘荷，藷蔗薑䪤，菥蓂芋瓜。乃有櫻梅山柿，侯桃梨栗，樗棗若留，穰橙鄧橘。其香草則有薜荔蕙若，薇蕪蓀萇。晻曖蓊蔚，含芬吐芳。

漢·應劭《風俗通義》卷一○《山澤》 林 謹按：《詩》云：「殷商之旅，其會如林。」《傳》曰：「山林之士，往而不能反。」《禮》記將至泰山，必先有事於配林。林，樹木之所蘩生也。今配林在泰山西南五六里，予前臨郡，因待祀之行，故往觀之，樹木蓋不足言，猶七八載間有衰索乎！

漢·王粲《王粲集》卷二《槐樹賦》 惟中唐之奇樹，稟天然之淑姿。超疇畝而登殖，作階庭之華暉。形禕禕以暢條，色采采而鮮明。豐茂葉之幽藹，履中夏而敷榮。既立本於殿省，植根柢其弘深。鳥願棲而投翼，人望庇而披衿。

漢·王粲《王粲集》卷二《白鶴賦》 白翎稟靈龜之修壽，資儀鳳之純精。接王喬于湯谷，駕赤松於扶桑。飡靈岳之瓊蘂，吸雲表之露漿。

漢·佚名《三輔黄圖》卷三《甘泉宫·扶荔宫》 扶荔宫，在上林苑中。漢武帝元鼎六年，破南越起扶荔宫，以植所得奇草異木：菖蒲百本；山薑十本；甘蕉十二本；留求子十本；桂百本；蜜香、指甲花百本；龍眼、荔枝、檳榔、橄欖、千歲子、甘橘皆百餘本。上木，南北異宜，歲時多枯瘁。荔枝自交趾移植百株於庭，無一生者，連年猶移植不息。後數歲，偶一株稍茂，終無華實，帝亦珍惜之。

漢·佚名《三輔黄圖》卷四《苑囿·禦宿苑》 禦宿苑，在長安城南禦宿川中，漢武帝爲離宫別館，禁禦人不得入。往來遊觀，止宿其中，故曰禦宿。《三秦記》云：「禦宿園出栗，十五枚一勝。大梨如五勝，落地則破。其取梨，先以布囊承之，號曰含消，此園梨也。」

漢·佚名《三輔黄圖》卷四《苑囿·梨園》 梨園，《云陽宫記》曰：「云陽車箱阪下有梨園一頃，數百株，青翠繁密，望之如車蓋。」

漢·佚名《三輔黄圖》卷四《苑囿·琳池》 琳池，昭帝始元元年，穿琳池，廣千步，池南起桂台以望遠，東引太液之水。池中植分枝荷，一莖四葉，狀如駢蓋，日照則葉低蔭根莖，若葵之衛足，名曰低光荷。實如玄珠，可以飾佩，花葉雖萎，芬馥之氣徹十餘裡，食之令人口氣常香，益脈治病。

三國吴·沈瑩《臨海水土異物志·石華》 石華，附石生，肉中啖。

又 石華，附石，肉可啖。

三國吴·沈瑩《臨海水土異物志·越王算》 越王算，如笄大，正白，長(赤)(尺)餘，生海邊沙中。見便取之即可得，心中存來取則入土中。

三國吴·沈瑩《臨海水土異物志·石蚜》 石蚜，附石，似踞錯。

三國吴·沈瑩《臨海水土異物志·移角》 移角，似車螯。角移不正，名曰移角。

三國吴·沈瑩《臨海水土異物志·姑勞》 姑勞，如車螯而殼薄。

三國吳・沈瑩《臨海水土異物志・烏頭》 烏頭，似蚶。

三國吳・沈瑩《臨海水土異物志・下來蜮》 下來蜮，雖似烏頭，各自有種。

三國吳・沈瑩《臨海水土異物志・蜮蛤》 蜮蛤，有似烏頭。

三國吳・沈瑩《臨海水土異物志・石蚑》 石蚑，生附石，長三寸，如小竹大，有甲正黑，中食。

三國吳・沈瑩《臨海水土異物志・玉蛦》 玉蛦，似蚌，長二寸，上大下小，其殼中柱炙之，味似酒。

又 玉珧柱，厥甲美如珧。

三國吳・沈瑩《臨海水土異物志・般腸竹》 般腸實中，與笆相類，於用寡宜，爲筍殊味。般腸竹，生東郡緣海諸山中，其筍最美，云與笆竹相似，出閩中。

三國吳・沈瑩《臨海水土異物志・百藥竹》 百藥參差，生自南垂，傷人則死，醫莫能治。亦曰篣竹，厥毒若斯，彼之同異，余所未知。

三國吳・沈瑩《臨海水土異物志・篩竹、簟竹》 篩簟二族，亦甚相似。杞髮苦竹，促節薄齒。束物體柔，殆同麻枲。

又 篩簟二種，至似苦竹而細軟肌薄。篩筍亦無味，江漢間謂之苦篩。

三國吳・沈瑩《臨海水土異物志・狗竹》 狗竹有毛，出諸東裔。物類衆詭，千百不計。

又 狗竹，生臨海山中，節間有毛。

三國吳・沈瑩《臨海水土異物志・簵篃竹》 簵篃竹大如脚指，堅厚修直，腹中幕籣隔，狀入濕面生衣。〔六月生筍〕，將成竹而笋皮未落。輒有細蟲齧之，隕籜之後，蟲齧處往往成赤文，頗似繡畫可愛。南康所生。

三國吳・沈瑩《臨海水土異物志・楊桃》 楊桃，似橄欖，其味甜，五月、十月熟。諺曰：「楊桃無蹙，一歲三熟。」其色青黃，核如棗核。

三國吳・沈瑩《臨海水土異物志・梅桃子》 梅桃子生晉安侯官縣，一小樹得數十石。實大三寸，可蜜藏之。

三國吳・沈瑩《臨海水土異物志・楊搖子》 楊搖子有七脊，子生樹皮中。其體雖異，味則無奇。長四五寸，色青黃，味甘。

三國吳・沈瑩《臨海水土異物志・冬熟》 冬熟，如指大，正赤，〔其〕味甘勝梅。

三國吳・沈瑩《臨海水土異物志・猴闥子》 猴闥子，如指頭大，其味小苦，可食。

三國吳・沈瑩《臨海水土異物志・關桃子》 關桃子，其味酸。

三國吳・沈瑩《臨海水土異物志・土翁子》 土翁子，如漆子大，熟時甜酸，其色青黑。

三國吳・沈瑩《臨海水土異物志・枸槽子》 枸槽子，如指頭大，正赤，其味甘。

三國吳・沈瑩《臨海水土異物志・雞橘子》 雞橘子，大如指，味甘。永寧界中有之。

三國吳・沈瑩《臨海水土異物志・猴總子》 猴總子，如小指頭大，與柿相似，其味不減於柿。

三國吳・沈瑩《臨海水土異物志・多南子》 多南子，如指大，其色紫，味甘，與梅子相似。出晉安。

三國吳・沈瑩《臨海水土異物志・王壇子》 王壇子，如棗大，其味甘。出侯官。越王祭太一壇邊有此果，無知其名，因見生處，遂名「王壇」。其形小于龍眼，有似木瓜。〔七月熟，甘美也。〕

三國吳・沈瑩《臨海水土異物志・楊梅》 楊梅，其子大如彈子，正赤，五月熟。似梅，味甜酸。

又 楊梅，其子大如彈丸，正赤，五月中熟。熟時似梅，其味甜酸。

三國吳・沈瑩《臨海水土異物志・餘甘子》 餘甘子，如梭形。初入口苦澀，后飲水更甘，大如梅實，核兩頭銳。東岳呼爲餘甘、橄欖。

又 餘甘子，梭形。初入口舌〔澀〕酸，飲水乃甘。又如梅實，核兩頭銳。呼爲餘甘、橄欖，同一物異名耳。

又 餘甘子，如梭形。出晉安侯官界中。餘甘、橄欖，同一果耳。

三國吳・沈瑩《臨海水土異物志・杬》 〔杬〕味如楮。

三國吳・沈瑩《臨海水土異物志・桄榔木》 桄榔木，作鋥鋌，利如鐵，中石益利，唯中蕉根致敗。物之相伏如此。皮中有如米粉，中作餅餌。

三國吳・沈瑩《臨海水土異物志・桄榔木》 桄榔木，外皮有毛，似栟櫚而散生。其木釭，作鋘鋤利如鐵，中石更利，唯中蕉根乃致敗耳。皮中有似擣稻米片，又似麥麪，中作餅餌。

三國吳・沈瑩《臨海水土異物志・姑榔木》 姑榔木，生牂牁山谷。外皮有毛如棕櫚而散生。其木剛利如鐵，可做釤鋤，中濕更利，惟中焦則易散爾，物之相伏如此。皮中有白粉，似稻米粉及麥麪，可作餅餌食，名桄榔面。彼土少穀，常以牛酪食之。

三國吳·沈瑩《臨海水土異物志·鐘藤》 鐘藤，附樹，作根軟弱，須緣樹而作藤，既纏裹，樹便死，且有惡汁尤令速朽也。藤盛長樹若木，自然大者，或至十圍。

又 鐘藤，附樹，作根軟弱，須緣樹而作上下條。此藤〔既〕纏裹樹，樹死，且有惡汁尤令速朽也。藤盛成樹若木，自然大者，或至十五圍。

三國吳·沈瑩《臨海水土異物志·萪藤》 萪藤，圍數寸，重于竹。可以爲杖，〔篾〕以縛船及以爲席，勝于竹也。

三國吳·沈瑩《臨海水土異物志·丹邱穀》 丹邱穀，夏冬再熟。

三國吳·沈瑩《臨海水土異物志·雌黄》 丹山，草木赫然，盡彤雌黄，所産煒煌，内含奇寶，外發英光。昔隸交部，今則南康。

三國吳·沈瑩《臨海水土異物志·餘輯》 石帆，生海中石穴，紫黑色，枝柯相連。

又 沙蒜，一種曰圖筍。

又 石髮，水苔也，青緑色。

又 苦竹，以筍味苦，故名。《海物記》：「越人以苦毒竹爲槍，中虎即斃。」

又 簩篣竹，又名合肚，大如脚指，長丈餘，堅厚修直，腹中白幕闌隔，如濕麪生衣。六月生筍，將成竹而笋皮未落，輒有細蟲嚙之。隕籜後，嚙處往往成奇文，如繡畫可愛。

又 楊梅子，如彈丸，赤色，五月中熟。

又 楊桃，色青黄，其核似棗。

又 楊桃，似橄欖，味甜，五月十月熟，生晉安侯官縣。實大三寸，可蜜藏之。

又 楊榣子，生閩越。其子生樹皮中，其體有脊，形甚異而味甘無奇，色青黄，長四五寸。

又 餘甘，唯泉州有之。其自梭形，又如梅實，兩頭鋭，有刺。始嚼味酸澀，飲水乃甘，餘甘、橄欖，同一物異名耳。以蜜藏之亦佳。

又 三廉，大實不但三。雖名三廉，或四、五、六枝，食之多汁，味酸且甘。藏之尤好與衆果相參。

又 王壇子，如棗，味甘。出侯官。越王祭大乙壇邊有此果，無知其名，因生處遂名爲「王壇」。

又 關桃子，其味酸。士翁子，如漆子大，熟時甜酸，其色青黑。枸槽子，如指頭大，正赤，其味甘。雞橘子，大如指，味甘，永寧界中有之。猴總子，如小指頭大，與柿相似，其味不減于柿。多南子，如指大，其色紫，味甘，出侯官。越王祭太乙壇邊有此果，無知其名，因見生處，遂名「王壇」。其形小於龍眼。

又 杬，味似楮。用其皮汁河鹽漬鴨子。

又 種藤，附樹，作根軟弱，須緣樹而作上下條。此藤纏裹樹，樹死，且有惡汁尤令速死也。藤緣樹，成若木，自然大者，或至十五圍。

又 葭蒲，藤類，蔓延他樹以自長，養子如蓮菆，著枝葛間，一日作扶相連。實外有殼，裏又無核，剥而食之，煑而曝之，甜美，食之不饑。

又 杜芳藤，形不能自立根本，緣繞他木作。房藤，連結如羅綱，相冒，然後皮理連合，鬱茂成樹。

又 扶留藤，似木防己。扶留、檳郎，所生相去甚遠，爲物甚異而相成。俗曰：「檳郎扶留，可以忘憂。」

晉·常璩《華陽國志》卷一《巴志》 其地東至魚復，西至僰道，北接漢中，南極黔涪。上植五穀。桑、蠶、麻、紵、魚、鹽、銅、鐵、丹漆、茶、蜜、靈龜、巨犀、山雞、白雉、黄潤、鮮粉，皆納貢之。

其果實之珍者，樹有荔支。蔓有辛蒟，園有芳蒻、香茗，給客橙、葵。其藥物之異者，有巴戟天椒。竹木之璝者，有桃支、靈壽。

又 故其詩曰：「川崖惟平，其稼多黍。旨酒嘉穀，可以養父。野惟阜丘，彼稷多有。嘉穀旨酒，可以養母。」其祭祀之詩曰：「惟月孟春，獺祭彼崖。永言孝思，享祀孔嘉。彼黍既潔，彼犧惟澤。蒸命良辰，祖考來格。」

又 各有桑麻、丹漆、布帛、魚、池鹽、鐵，足相供給兩近。

又 於是宕渠出九穗之禾，朐忍有連理之木。

又 有荔枝園。至熟，二千石常設廚膳，命士大夫共會樹下食之。縣北有稻田，出禦朱。陂池出蒲蒻藺席。

又 有桑蠶牛馬。

又 有橘官。

又 山有大、小石城，勢靈壽木、鹽井、靈龜。咸熙元年，獻靈龜於相府。

又 無蠶桑，惟出茶、丹漆、蜜蠟。

又 土地山原多平，有牛馬桑蠶。

晉・常璩《華陽國志》卷二《漢中志》 而車渠、瑪瑙、珊瑚、林碧、罽賓、明珠、玳瑁、虎魄、水精、琉璃、火浣之布、蒲桃之酒、筇竹、蒟醬，殊方奇玩，盈於市朝。

又 土地出金、銀、丹漆、藥、蜜也。

又 漆、藥、蜜所出也。

又 有麻田，氐傁多羌戎之民。

晉・常璩《華陽國志》卷三《蜀志》 其寶則有璧玉、金、銀、珠、碧、銅、鐵、鉛、錫、赭、堊、錦、繡、罽、氂、犀、象、氈、毦、丹黃、空青、桑、漆、麻、紵之饒，滇、獠、賨、僰僮僕六百之富。

又 其山林澤漁，園囿果瓜，四節代熟，靡不有焉。

又 岷山多梓、柏、大竹，頹隨水流，坐致材木，功省用饒。又溉灌三郡，開稻田。於是蜀沃野千里，號爲陸海。

又 安漢上下朱邑出好麻，黃潤細布，有羌筒盛。

又 綿與雒，各出稻稼，畝收三十斛，有至十五斛。

又 什邡縣山出好茶。

又 有棗，魚梁。

又 郪縣有山原田，富國鹽井。濮出好棗。宜君山出麋，尾特好，入貢。

又 有柑橘官社。

又 南安、武陽皆出名茶，多陂池。

又 有荔支、巴菽、桃枝、蒟、給橙。

又 土地雖迫，山水特美好，宜蠶桑，有鹽井，魚池以百數，家家有焉。

又 特多雜藥，名香。

又 土地剛鹵，不宜五穀，惟種麥，而多冰寒，盛夏凝凍不釋。

又 有漆，漢末，夷皆有之。巂取焉。

晉・常璩《華陽國志》卷四《南中志》 不狼山，出鷩水，入沅，有野生薜，可食。

又 有遯水，通廣鬱林，有竹王三郎祠，甚有靈響也。

又 郡土大平敞，原田多長松。皐有鸚鵡、孔雀、鹽池、田、漁之饒，金、銀、畜產之富。

又 升麻縣，山出好麻。

又 繫馬枊柱生成林。今夷言無雍梁，夷言馬也。

又 出銀、鉛、白銅、雜藥。

又 土地無稻田、蠶桑，多虵、蛭、虎、狼。

又 土地肥腴，黃金、光珠、虎魄、翡翠、孔雀、犀、象、蠶、桑、綿、絹、采帛、文繡。又有貊獸，食鐵；猩猩獸，能言，其血可以染朱罽。有大竹，名濮竹，節相去一丈，大受一斛許。其梧桐木，其華柔如絲，民績以爲布，幅廣五尺以還，潔白不受污，俗名曰桐華布。

又 土地有稻田，畜牧，但不蠶桑。

又 自梁水、興古、西平三郡少穀，有桄榔木，可以作麵，以牛酥酪食之，人民資以爲糧。欲取其木，先當祠祀。

晉・常璩《華陽國志》卷六《劉先主志》 舍東南角籬上有桑樹生，高五丈餘，遥望童童如車蓋。

晉・常璩《華陽國志》卷八《大同志》 蜀中山川神祠皆種松柏。濬以爲非禮，皆廢壞燒除，取其松柏爲舟船，惟不毀禹王祠及漢武帝祠。

又 有木連理、嘉禾、黃龍、甘露之祥。

又 繁、什邡、郫、江原生草，高七八尺，莖葉赤，子青如牛角，内史耿滕以爲朱草，表美於成都王。

三國吴・陸璣《毛詩草木鳥獸蟲魚疏》卷上 蕳，即蘭香草也。《春秋傳》曰：「刈蘭而卒。」《楚辭》云：「紉秋蘭。」孔子曰：「蘭當爲王者。」香草皆是也，其莖葉似藥草，澤蘭但廣而長節，節中赤，高四五尺，漢諸池苑及許昌宮中皆種之。可著粉中，故天子賜諸侯茝蘭，藏衣著書中，辟白魚也。

又 蝱，今藥草貝母也。其葉如栝樓而細小，其子在根下，如芋子，正白，四方連累相著，有分解也。

又 蓷似萑，方莖白華，華生節間，舊説及魏博士濟陰周元明皆云菴蕳，是也。《韓詩》及《三蒼説》悉云蓷，益母也，故劉歆曰：「蓷，臭穢，即茺蔚也。」

又 杞，其樹如樗，一名苦杞，一名地骨，春生作羹茹，微苦；其莖似莓子，秋熟，正赤。莖葉及子服之，輕身益氣。

又　蕢，今澤蕮也。其葉如車前草大，其味亦相似，徐州廣陵人食之。

又　蔦，一名寄生。葉似當盧子，如覆盆子，赤黑甜美。女蘿，今兔絲，蔓連草上生，黄赤如金，今合藥兔絲子是也。非松蘿，松蘿自蔓松上生，枝正青，與兔絲殊異。

又　荇，一名接余，白莖，葉紫赤色，正圓，徑寸餘，浮在水上，根在水底，與水深淺等，大如釵股，上青下白，其白莖以苦酒浸之，肥美可案酒。

又　蘋，今水上浮萍是也。其麤大者謂之蘋，小者曰荓季。春始生，可糝蒸以爲茹。又可用苦酒淹以就酒。

又　藻，水草也，生水底。有二種，其一種葉如雞蘇，莖大如箸，長四五尺；其一種莖大如釵股，葉如蓬蒿，謂之聚藻。扶風人謂之藻聚，爲發聲也。此二藻皆可食煮。

又　茆，與荇菜相似，葉大如手，赤圓，有肥者著手中滑不得停。莖大如匕柄，葉可以生食，又可鬻，滑美。江南人謂之蓴菜，或謂之水葵，諸陂澤水中皆有。

又　有草似竹，高五六尺，淇水側人謂之菉竹也。菉竹，一草名，其莖葉似竹，青緑色，高數尺。今淇澳傍生此，人謂此爲緑竹。

又　苕，一名陵時，一名鼠尾，似王芻。生下隰水中，七八月中華，紫似今紫草。華可染皂，鬻以沐髮即黑。葉青如藍而多華。

又　遊龍，一名馬蓼，葉麤大而赤白色，生水澤中，高丈餘。

又　蘋，葉青白色，莖似箸而輕脆，始生香，可生食，又可蒸食。

又　蘩，皤蒿，凡艾白色爲皤蒿。今白蒿。春始生，及秋香美可生食，又可蒸食。一名游胡，北海人謂之旁勃，故《大戴禮·夏小正》傳云：「蘩，游胡，游胡，旁勃也。」

又　莪蒿也，一名蘿蒿，生澤田漸洳之處。葉似邪蒿而細科，生三月中，莖可生食，又可蒸食，香美，味頗似蔞蒿。

又　蔞蔞，蒿也，其葉似艾，白色，長數寸，高丈餘，好生水邊及澤中。正月根芽生旁，莖正白，生食之香而脆美，其葉又可蒸爲茹。

又　卷耳，一名枲耳，一名胡枲，一名苓耳。葉青白色，似胡荽，白華細莖，蔓生可煮爲茹，滑而少味。四月中生子，正如婦人耳中璫。今或謂之耳璫草。鄭康成謂是白胡荽，幽州人呼爲爵耳。

又　葑蔓菁，幽州人或謂之芥。菲，似葍，莖粗葉厚，而長有毛。三月中蒸鬻爲茹，甘美可作羹。幽州人謂之芴，《爾雅》又謂之葸菜，今河内人謂之宿菜。

又　蕨鼈也，山菜也。周秦曰蕨，齊魯曰鼈。初生似蒜，莖紫，黑色，可食，如葵。

又　薇山，菜也。莖葉皆似小豆，蔓生，其味亦如小豆，藿可作羹，亦可生食。今官園種之，以供宗廟祭祀。

又　葍，一名蕾。幽州人謂之燕葍，其根正白，可著熱灰中，温噉之。饑荒之歲可蒸以禦饑。漢祭甘泉或用之。其草有兩種，葉細而莖赤，有臭氣也。

又　芑菜，似苦菜也。莖青白色，摘其葉白汁出，肥，可生食，亦可蒸爲茹。青州謂之芑，西河雁門芑尤美。土人戀之不出塞。

又　苕，苕饒也。幽州人謂之翹饒。蔓生，莖如勞豆而細，葉似蒺藜而青，其莖葉緑色，可生食，如小豆藿也。

又　莫，莖大如箸，赤節，節一葉似柳葉，厚而長有毛刺。

又　藟，一名巨苽，似燕薁，亦延蔓生，葉如艾，白色，其子赤，可食，酢而不美。幽州謂之推藟。

又　莜，一名芘芣，一名荊葵，似蕪菁華，紫緑色，可食，微苦。

又　蕭荻，今人所謂荻蒿者是也，或云牛尾蒿，似白蒿。白葉，莖麤，科生，多者數十莖，可作燭，有香氣，故祭祀以脂爇之爲香。許慎以爲艾蒿，非也。《郊特牲》云：「既奠然，後爇蕭，合馨香是也。」

又　臺，夫須。舊説夫須，莎草也，可爲簑笠。都人士云：臺笠緇撮，或云臺草有皮堅細滑緻，可爲簦笠。南山多有。

又　菅，似茅而滑澤，無毛，根下五寸中有白粉者，柔韌，宜爲索漚，及曝尤善也。

又　蘞，似栝樓，葉盛而細，其子正黑如燕薁，不可食也。幽州人謂之烏，服其莖葉，煮以哺牛，除熱。

又　蔚，牡蒿也。三月始生，七月華，華似胡麻，而紫赤；八月爲角，角似小豆，角鋭而長，一名馬新蒿。

又　萇楚，今羊桃是也，葉長而狹，華紫赤色，其枝莖弱，過一尺，引蔓於草上，今人以爲汲灌重而善没，不如楊柳也。近下根刀切其皮，著熱灰中，脱之，可韜筆管。

又　芃蘭，一名蘿摩。幽州謂之雀瓢。蔓生，葉青緑色而厚，斷之有白汁。鬻爲茹，滑美。其子長數寸，似瓠子。

又　蓫，牛蘈。揚州人謂之羊蹄，似蘆服，而莖赤，可瀹爲茹，滑而美也，多啖令人下氣。幽州人謂之蓫。

又　條，槄也，今山楸也，亦如下田楸耳。皮色白，葉亦白，材理好，宜爲車板，能濕，又可爲棺木，宜陽其北山多有之。梅樹，皮葉似豫章，葉大如牛耳，一頭尖，赤心，華赤黄，子青，不可食。柟葉大可三四葉一藂。木理細緻于豫章，子赤者材堅，子白者材脆。荆州人曰梅，終南及新城上庸皆多樟柟，終南與上庸新城通，故亦有柟也。

又　楰，楸屬，其樹葉木理如楸，山楸之異者，今人謂之苦楸。濕時脆，燥時堅。今永昌又謂鼠梓。漢人謂之楰。

又　常棣，許慎曰：「白棣樹也」，如李而小，如櫻桃正白，今官園種之。又有赤棣樹，亦似白棣，葉如刺榆葉而微圓，子正赤，如郁李而小。五月始熟，自關西天水隴西多有之。

又　楝葉如柞，皮薄而白，其樹理，赤者爲赤楝，一名楝。白者爲楝，其木皆堅韌，今人以爲車轂。

又　杻，檍也。葉似杏而尖，白色，皮正赤。爲木多曲少直，枝葉茂好，二月中，葉疏，華如楝而細，蕊正白，蓋此樹。今官園種之，正名曰「萬歲」，既取名於億萬，其葉又好，故種。共汲山下人或謂之牛筋，或謂之檍材，可爲弓弩榦也。

又　檉，河柳生水旁，皮正赤如絳，一名雨師，枝葉如松椐，横節中腫似扶老，今靈壽是也。今人以爲馬鞭，及杖宏農共，北山甚有之。

又　樞，其針刺如柘，其葉如榆。瀹爲茹，美滑於白榆，榆之類。有十種，葉皆相似，皮及木理異爾。

又　栲，葉似櫟木，皮厚數寸，可爲車輻。或謂之栲櫟。許慎正以栲讀爲糗，今人言栲，失其聲耳。

又　穫，今椰榆也，其葉如榆，其皮堅韌，剥之長數尺，可爲絙索，又可爲甑帶，其材可爲栝器。

又　杞，柳屬也。生水傍，樹如柳，葉麄而白色，木理微赤，故今人以爲車轂。今共北淇水傍，魯國泰山汶水邊，純杞也。

又　楛，其形似荆而赤，莖似蓍，上黨人織以爲斗筥箱器。又揉以爲釵，故上黨人調問婦人欲買赭否，曰竈下自有黄土；問買釵否，曰山中自有楛。

又　蒲柳，有兩種，皮正青者曰小楊，其一種皮紅正白者曰大楊。其葉皆長廣，似柳葉，皆可以爲箭幹，故《春秋傳》曰：「董澤之蒲，可勝既乎？」今人又以爲箕鑵之楊也。

又　山樗與下田樗畧無異，葉似差狹耳，吴人以其葉爲茗。

又　椒聊，聊，語助也。椒樹，似茱萸，有鍼刺，莖葉堅而滑澤，蜀人作茶，吴人作茗，皆合煮其葉以爲香。今成皐諸山間有椒，謂之竹葉椒，其樹亦如蜀椒，少毒，熱不中，合藥也。可著飲食中，又用蒸雞豚最佳者，東海諸島上亦有椒樹，枝葉皆相似，子長而不圓，甚香，其味似橘皮，島上麞鹿食此椒葉，其肉自然作椒橘香也。

又　鬱，其樹高五六尺，其實大如李，色赤，食之甘。

又　榛，栗屬。有兩種，其一種之皮葉皆如栗，其子小，形似杼子，味亦如栗，所謂樹之榛栗者也；其一種枝葉如木蓼，生高丈餘，作胡桃味，遼東上黨皆饒。山有榛之，榛枝葉似栗樹，子似橡子，味似栗，枝莖可以爲燭。五方皆有栗，周秦吴揚特饒，吴越被城表裏皆栗，唯漁陽范陽栗甜美長味，他方者悉不及也。倭韓國諸島上栗大如雞子，亦短味，不美。桂陽有莘栗，藂生大如杼，子中仁皮子，形色與栗無異也，但差小耳。又有奥栗，皆與栗同，子圓而細，或云即莘也。今此惟江湖有之。又有茅栗，佳栗，其實更小，而木與栗不殊，但春生夏花秋實冬枯爲異耳。

又　梅，杏類也，樹及葉皆如杏而黑耳。曝乾爲臘置羹臛齏中，又可含以香口。

又　甘棠，今棠藜，一名杜藜，赤棠也。與白棠同耳，但子有赤，白美惡子。白色爲白棠。甘棠也，少酢滑美，赤棠子澀而酢無味，俗語云澀如杜是也。赤棠木理韌，亦可以作弓幹。

又　唐棣，奥李也。一名雀梅，亦曰車下李，所在山中皆有其花，或白或赤，六月中成，實大如李，子可食。

又　枸樹，山木，其狀如櫨，一名枸骨，高大如白楊，所在山中皆有。理白可爲函板，枝柯不直，子著枝端，大如指，長數寸，噉之甘美如飴。八九月熟，江南特美，今官園種之，謂之木蜜。古語云：「枳枸來巢」，言其味甘，故飛鳥慕而巢之，本從南方，來能令酒味薄，若以爲屋柱，則一屋之酒皆薄。

又 樗樹及皮皆似漆，青色耳，其葉臭。

又 筍，竹萌也，皆四月生，唯巴竹筍八月九月生，始出地，長數寸，鬻以苦酒，豉汁浸之，可以就酒及食。

又 芩草，莖如釵股，葉如竹蔓，生澤中，下地鹹處，爲草真實，牛馬皆喜食之。

又 蓍，似藾蕭，青色，科生。

南朝·江淹《江文通集》卷二《四時賦》 若乃旭日始暖，蕙草可織，園桃紅點，流水碧色。思應都兮心斷，憐故人兮無極。

南朝·江淹《江文通集》卷二《横吹賦》 北陰之竹兮，百尺而不見日。石硿礲而成象，山沓合而爲一。

南朝·江淹《江文通集》卷二《麗色賦》 若夫紅華舒春，黄鳥飛時；紺蕙初嫩，頳蘭始滋。不攬蘅帶，無倚桂旗。摘芳拾蘂，含詠吐辭。笑月出於陳歌，感蔓草於衛詩。故氣炎日永，離明火中。槿榮任露，蓮花勝風。

南朝·江淹《江文通集》卷五《草木頌十五首·相思》 竦枝碧澗，臥根石林。日月斷色，霧雨恒陰。緑秀八炤，丹實四臨。公子不至，山客徒尋。

南朝·江淹《江文通集》卷五《草木頌十五首·豫章》 伊南有材，匪貴匪椒。下貫金壤，上籠赤霄。盤薄廣結，捎瑟曾喬。七年乃識，非曰終朝。

南朝·江淹《江文通集》卷五《草木頌十五首·栟櫚》 異木之生，疑竹疑草。攢叢石逕，森荏山道。煙岫相珍，雲壑共寶。不華不縟，可避工巧。

南朝·江淹《江文通集》卷五《草木頌十五首·杉》 桐梓舊麗，松栝稱奇。焉如茲品，獨秀青崖。羣木歛望，雜草不窺。

南朝·江淹《江文通集》卷五《草木頌十五首·樫》 木貴冬榮，樫實寒色。停黛峯頂，插翠石側。碧葉菴藹，頳柯翕艶。方陋筠櫝，遠笑荆棘。

南朝·江淹《江文通集》卷五《草木頌十五首·楊梅》 實跨荔枝，芳軼木蘭。懷蘂挺實，涵英糅丹。鏡日繡壑，炤霞綺巒。爲我羽翼，委君玉盤。

晉·張勃《吴地理志》 始興有扶留藤緑木而生，味辛，可以實檳榔。

始興曲江縣有篔簹竹園，尺五寸節，相去六尺，夷人以爲布葛。

又 武陵臨沅縣多栟櫚木，生山中。廬陵南部雩都縣有榡樹，其實如甘蕉而核味亦如之。

建安有橘，冬月，樹上覆裹，明年夏月變青黑，其味甚甘美。

又 蒼梧多荔枝生山中，人家亦種之。

晉·郭璞《山海經圖讚》 桂 《南山經》首曰：招摇之山，臨于西海之上，多桂。

又 迷穀 又有木狀如穀而黑理，其華四照其名曰迷穀。

又 杜衡 天帝山有草，狀如葵，其臭如蘼蕪，名曰杜衡。

又 沙棠 崑崙山有木，黄華赤實，其味如李而無核，名曰沙棠。

又 櫰木 又有木焉，其狀如棠而圓葉，赤實，實大如木瓜，名曰櫰木。

又 丹木 崦嵫之山，其上多丹木，其葉如穀。

又 鬼草 牛首山有草，名曰鬼草，其葉如葵而赤莖。

又 荀草 有草，狀如葌，而方莖，黄葉、赤實，本如藁本，名曰荀草，服之美人色。

荀草赤實，厥狀如菅，婦人服之，練色易顔。

又 蘭草 少陘山有草，名曰蘭草，葉狀如葵，而赤莖白華，食之不愚。

晉·陶淵明《陶淵明集》卷五《閒情賦》 擁勞情而罔訴，步容與於南林。栖木蘭之遺露，翳青松之餘陰。

晉·嵇含《南方草木狀》卷上 草類 甘蕉望之如樹，株大者一圍餘。葉長一丈，或七八尺，廣尺餘二尺許。花大如酒杯，形色如芙蓉，著莖末百餘子大，名爲房，相連累，甜美，亦可蜜藏。根如芋魁，大者如車轂。實隨華，每華一闔，各有六子，先後相次，子不俱生，花不俱落。一名芭蕉，或曰巴苴。剥其子上皮，色黄白，味似蒲萄，甜而脆，亦療飢。此有三種，子大如拇指，長而鋭，有類羊角，名羊角蕉，味最甘好。一種子大如雞卵，有類牛乳，名牛乳蕉，微減羊角。一種大如藕，子長六七寸，形正方，少甘，最下也。其莖解散如絲，以灰練之，可紡績爲絺綌，謂之蕉葛。雖脆而好，黄白不如葛赤色也。交廣俱有之。《三輔黄圖》曰：漢武帝元鼎六年，破南越，建扶荔宫，以植所得奇草異木，有甘蕉二本。

又 耶悉茗花、末利花，皆胡人自西國移植於南海。南人憐其芳香，競植之。陸賈《南越行紀》曰：南越之境，五穀無味，百花不香。此二花特芳香者，緣自胡國移至，不隨水土而變，與夫橘北爲枳異矣。彼之女子，以綵絲穿花心，以爲首飾。

又 末利花，似薔蘼之白者，香愈於耶悉茗。

又 豆蔻花，其苗如蘆，其葉似薑。其花作穗，嫩葉卷之而生。花微紅，穗頭深色，葉漸舒，花漸出。舊説此花食之破氣消痰，進酒增倍。泰康二年，交州貢一篚，上試之有驗，以賜近臣。

又　山薑花，莖葉即薑也，根不堪食。於葉間吐花，作穗如麥粒，軟紅色，煎服之，治冷氣甚效。出九真交趾。

又　鶴草，蔓生，其花麴塵色，淺紫蒂，葉如柳而短。當夏開花，形如飛鶴，觜翅尾足，無所不備。出南海。云是媚草，上有蟲，老蛻爲蝶，赤黄色。女子藏之，謂之媚蝶，能致其夫憐愛。

又　花之美者，有水蓮，如蓮而莖紫，柔而無刺。

又　水蕉，如鹿葱，或紫或黄。吴永安中，孫休嘗遣使取二花，終不可致，但圖畫以進。

又　甘藷，盖薯蕷之類，或曰芋之類。根葉亦如芋，實如拳，有大如甌者。皮紫而肉白，蒸鬻食之，味如薯蕷。性不甚冷。舊珠崖之地，海中之人皆不業耕稼，惟掘地種甘藷，秋熟收之，蒸曬切如米粒，倉圌貯之，以充糧糗，是名藷糧。北方人至者，或盛具牛豕膾炙，而末以甘藷薦之，若粳粟然。大抵南人二毛者，百無一二。惟海中之人壽百餘歲者，由不食五穀，而食甘藷故爾。

又　蒟醬，蓽茇也。生於蕃國者，大而紫，謂之蓽茇。生於番禺者，小而青，謂之蒟焉。可以謂食，故謂之醬焉。交趾、九真人家多種，蔓生。

又　菖蒲，番禺東有澗，澗中生菖蒲，皆一寸九節，安期生採服仙去，但留玉舄焉。

又　留求子，形如梔子，稜瓣深而兩頭尖，似訶梨勒而輕。及半黄已熟，中有肉白色，甘如棗，核大，治嬰孺之疾。南海、交趾俱有之。

又　諸蔗，一曰甘蔗，交趾所生者。圍數寸，長丈餘，頗似竹。斷而食之甚甘，笮取其汁，曝數日成飴，入口消釋，彼人謂之石蜜。吴孫亮使黄門以銀椀并蓋，就中藏吏取交州所獻甘蔗錫。黄門先恨藏吏，以鼠屎投錫中，啟言吏不謹。亮呼吏持錫器入，問曰：「此器既蓋之，且有油覆，無緣有此，黄門將有恨汝？」吏叩頭曰：「嘗從臣求莞席，臣以席有數，不敢與。」亮曰：「必是此。」問之，具服。南人云：甘蔗可消酒。又名千蔗。司馬相如《樂歌》曰：太尊蔗漿折朝酲，是其義也。泰康六年，扶南國貢諸蔗，一丈三節。

又　草麴，南海多美酒，不用麴蘖，但杵米粉，雜以衆草葉，冶葛汁滫溲之。大如卵，置蓬蒿中，蔭蔽之，經月而成。用此合糯爲酒，故劇飲之，既醒，猶頭熱涔涔，以其有毒草故也。南人有女數歲，即大釀酒。既漉，候冬陂池竭時，寘酒罌中，密固其上。瘞陂中，至春，瀦水滿，亦不復發矣。女將嫁，乃發陂取酒，以供賀客，謂之女酒。其味絶美。

又　芒茅枯時，瘴疫大作，交廣皆爾也。土人呼曰黄茅瘴，又曰黄芒瘴。

又　南方冬無積藁，瀕海郡邑多馬。有草葉類梧桐而厚，取以秣馬，謂之肥馬草。馬頗嗜而食，果肥壯矣。

又　冬葉，薑葉也，苞苴物，交廣皆用之。南方地熱，物易腐敗，惟冬葉藏之，乃可持久。

又　蒲葵，如栟櫚而柔薄，可爲葵笠。出龍川。

又　藥有乞力伽，朮也。瀕海所産。一根有至數斤者。劉涓子取以作煎，令可丸，餌之長生。

又　赬桐花，嶺南處處有。自初夏生至秋，蓋草也。葉如桐，其花連枝萼，皆深紅之極者。俗呼貞桐花，貞皆訛也。

又　水葱，花葉皆如鹿葱。花色有紅、黄、紫三種。出始興。婦人懷妊，佩其花生男者，即此花，非鹿葱也。交廣人佩之，極有驗。然其土多男，不厭女子，故不常佩也。

又　蕪菁，嶺嶠已南俱無之。偶有，士人因官，携種就彼種之。出地則變爲芥，亦橘種江北爲枳之義也。至曲江方有菘，彼人謂之秦菘。

又　茄樹，交廣草木，經冬不衰，故蔬圃之中種茄，宿根有三五年者。漸長，枝幹乃成大樹。每夏秋盛熟，則梯樹採之。五年後樹老子稀，即伐去之，別栽嫩者。

又　綽菜，夏生於池沼間。葉類茨菰，根如藕條。南海人食之，云令人思睡，呼爲瞑菜。

又　蕹，葉如落葵而小。性冷味甘，南人編葦爲筏，作小孔浮於水上。種子於水中，則如萍根浮水面。及長，莖葉皆出於葦筏孔中，隨水上下。南方之奇蔬也。冶葛有大毒，以蕹汁滴其苗，當時萎死。世傳魏武能噉冶葛至一尺，云先食此菜。

又　冶葛，毒草也。蔓生，葉如羅勒，光而厚。一名胡蔓草。寘毒者，多雜以生蔬進之，悟者速以藥解。不爾，半日輒死。山羊食其苗，即肥而大，亦如鼠食巴豆，其大如㹠，盖物類有相伏也。

又　吉利草，其莖如金釵股，形類石斛，根類芍藥。交廣俚俗多畜蠱毒，惟此草解之極驗。吴黄武中，江夏李俁以罪徙合浦，始入境，遇毒，其奴吉利者，偶得是草，與俱服，遂解。吉利即遁去，不知所之。俱因此濟人，不知其數，遂以吉利爲名。豈李俱者，徒非其罪，或俱自有隱德，神明啓吉利者救之耶？

又 良耀草，枝葉如麻黄。秋結子，如小粟，煨食之，解毒，功用亞於吉利。始者有得是藥者，梁氏之子耀，亦以爲名，梁轉爲良爾。花白似牛李，出高涼。

又 蕙草，一名薰草。葉如麻，兩兩相對，氣如蘼芜，可以止癘。出南海。

又 凡草木之華者，春華者冬秀，夏華者春秀，秋華者夏秀，冬華者秋秀。其華竟歲。故婦女之首，四時未嘗無華也。

又 楓人，五嶺之間多楓木，歲久則生瘤癭，一夕遇暴雷驟雨，其樹贅暗長三五尺，謂之楓人。越巫取之作術，有通神之驗。取之不以法，則能化去。

晉·嵇含《南方草木狀》卷中 楓香，樹似白楊，葉圓而岐分，有脂而香。其子大如鴨卵，二月華發，乃著實。八九月熟，曝乾可燒。惟九真郡有之。

又 薰陸香，出大秦。在海邊，有大樹，枝葉正如古松。生於沙中，盛夏，樹膠流出沙上，方採之。

又 榕樹，南海、桂林多植之。葉如木麻，實如冬青，樹幹拳曲，是不可以爲器也。其本稜理而深，是不可以爲材也。燒之無焰，是不可以爲薪也。以其不材，故能久而無傷。其蔭十畝，故人以爲息焉。而又枝條既繁，葉又茂細，軟條如藤，垂下漸漸及地，藤梢入土，便生根節，或一大株，有根四五處，而横枝及鄰樹，即連理。南人以爲常，不謂之瑞木。

又 益智子，如筆毫，長七八分，二月花，色若蓮，著實，五六月熟。味辛，雜五味中，芬芳。亦可鹽曝。出交趾合浦。建安八年，交州刺史張津，嘗以益智子粽餉魏武帝。

又 桂出合浦，生必以高山之巔，冬夏常青。其類自爲林，間無雜樹。交趾置桂園，桂有三種：葉如柏葉，皮赤者，爲丹桂；葉似柿葉者，爲菌桂；其葉似枇杷葉者，爲牡桂。《三輔黄圖》曰：甘泉宫南有昆明池，池中有靈波殿，以桂爲柱，風來自香。

又 朱槿花，莖葉皆如桑，葉光而厚，樹高止四五尺，而枝葉婆娑。自二月開花，至中冬即歇。其花深紅色，五出，大如蜀葵，有蘂一條，長於花葉，上綴金屑，日光所爍，疑若焰生。一叢之上，日開數百朵，朝開暮落。插枝即活。出高涼郡。一名赤槿，一名日及。

又 指甲花，其樹高五六尺，枝條柔弱，葉如嫩榆。與耶悉茗、末利花皆雪白，而香不相上下。亦胡人自大秦國移植於南海。而此花極繁細，才如半米粒許。彼人多折置襟袖間，盖資其芬馥爾。一名散沫花。

又 蜜香、沉香、鷄骨香、黄熟香、棧香、青桂香、馬蹄香、鷄舌香，案此八物，同出於一樹也。交趾有蜜香樹，幹似柜柳，其花白而繁，其葉如橘。欲取香，伐之經年，其根幹枝節，各有别色也。木心與節堅黑，沉水者，爲沉香；與水面平者，爲鷄骨香；其根爲黄熟香；其幹，爲棧香；細枝緊實未爛者，爲青桂香；其根節輕而大者，爲馬蹄香；其花不香，成實乃香，爲鷄舌香。珍異之木也。

又 桄榔，樹似栟櫚實，其皮可作綆，得水則柔韌，胡人以此聯木爲舟。皮中有屑如麪，多者至數斛，食之與常麪無異。木性如竹，紫黑色，有文理，工人解之，以製弈枰。出九真、交趾。

又 訶梨勒，樹似木梡。花白，子形如橄欖。六路，皮肉相著，可作飲，變白髭髮令黑。出九真。

又 蘇枋，樹類槐花。黑子。出九真。南人以染絳，漬以大庾之水，則色愈深。

又 水松，葉如檜而細長，出南海。土產衆香，而此木不大香，故彼人無佩服者，嶺北人極愛之，然其香殊勝在南方時。植物，無情者也，不香於彼而香於此，豈屈於不知己，而伸於知己者歟？物理之難窮如此。

又 刺桐，其木爲林。三月三時，布葉繁密，後有花赤色，間生葉間，旁照他物，皆朱殷。然三五房凋，則三五復發，如是者竟歲。九真有之。

又 棹樹，幹葉俱似椿，以其葉鬻汁漬果，呼爲棹汁。若以棹汁雜彘肉食者，即時爲雷震死。棹出高涼郡。

又 杉，一名披粘。合浦東二百里，有杉一樹，漢安帝永初五年春，葉落，隨風飄入洛陽城。其葉大常杉數十倍，術士廉盛曰：合浦東杉葉也。此休徵當出王者。帝遣使驗之，信然。乃以千人伐樹，役夫多死者。其後三百人坐断株上食，過足相容，至今猶存。

又 荆，寧浦有三種：金荆可作枕，紫荆堪作牀，白荆堪作履。與他處牡荆蔓荆全異。又彼境有杜荆，指病自愈。節不相當者，月暈時刻之，與病人身齊等，置牀下，雖危困亦愈。

又 紫藤，葉細長，莖如竹根，極堅實，重重有皮。花白子黑，置酒中，歷二三十年亦不腐敗。其莖截置煙炱中，經時成紫香，可以降神。

又　榼藤，依樹蔓生，如通草藤也。其子紫黑色，一名象豆，三年方熟。其殼貯藥，歷年不壞。生南海。解諸藥毒。

又　蜜香紙，以蜜香樹皮葉作之。微褐色，有紋如魚子，極香而堅韌。水漬之，不潰爛。泰康五年，大秦獻三萬幅，常以萬幅賜鎮南大將軍當陽侯杜預，令寫所撰《春秋釋例》及經傳集解以進。未至而預卒，詔賜其家，令上之。

又　抱香履，抱木生於水松之旁，若寄生。然極柔弱，不勝刀鋸。乘濕時刳而爲履，易如削瓜。既乾，則韌不可理也。履雖猥大，而輕者若通脱木，風至則隨飄而動，夏月納之，可禦蒸濕之氣。出扶南大秦諸國。泰康六年，扶南貢百雙，帝深歎異，然哂其製作之陋，但置諸外府，以備方物而已。按東方朔《瑣語》曰：木履起於晉文公時，介之推逃禄自隱，抱樹而死。公撫木哀歎，遂以爲履。每懷從亡之功，輒俯視其履曰：悲乎足下！足下之稱，亦自此始也。

晉・嵇含《南方草木狀》卷下　檳榔樹，高十餘丈，皮似青桐，節如桂竹，下本不大，上枝不小，調直亭亭，千萬若一。森秀無柯，端頂有葉。葉似甘蕉，條派開破，仰望眇眇，如插叢蕉於竹杪。風至獨動，似舉羽扇之掃天。葉下繫數房，房綴數十實，實大如桃李，天生棘重累其下，所以禦衛其實也。味苦澀，剖其皮，鬻其膚，熟如貫之，堅如乾棗。以扶留藤古賁灰並食，則滑美下氣消穀。出林邑。彼人以爲貴，婚族客必先進，若邂逅不設，用相嫌恨。一名賓門藥餞。

又　荔枝樹，高五六丈餘，如桂樹，緑葉蓬蓬，冬夏榮茂。青華朱實，實大如鷄子。核黄黑似熟蓮，實白如肪。甘而多汁，似安石榴。有甜酢者，至日將中，翕然俱赤，則可食也。一樹下子百斛。《三輔黄圖》曰：漢武帝元鼎六年，破南越，建扶荔宫。扶荔者，以荔枝得名也。自交趾移植百株於庭，無一生者，連年移植不息。後數歲，偶一株稍茂，然終無華實，帝亦珍惜之。一旦忽萎死，守吏坐誅死者數十，遂不復茂矣。其實則歲貢焉，郵傳者疲斃於道，極爲生民之患。

又　椰樹，葉如栟櫚，高六七丈，無枝條。其實大如寒瓜，外有麄皮，次有殼，圓而且堅。剖之有白膚，厚半寸，味似胡桃，而極肥美。有漿，飲之得醉。俗謂之越王頭，云昔林邑王與越王有故怨，遣俠客刺得其首，懸之於樹，俄化爲椰子。林邑王憤之，命剖以爲飲器，南人至今效之。當刺時，越王大醉，故其漿犹如酒。

又　楊梅，其子如彈丸，正赤。五月中熟，熟時似梅，其味甜酸。陸賈《南越行紀》曰：羅浮山頂有胡楊梅，山桃繞其際，海人時登採拾，止得於上飽噉，不得持下。東方朔《林邑記》曰：林邑山楊梅，其大如杯椀，青時極酸，既紅味如崖蜜，以醸酒，號梅香酎。非貴人重客，不得飲之。

又　橘，白華赤實，皮馨香，有美味。自漢武帝，交趾有橘官長一人，秩二百石，主貢御橘。吴黄武中，交趾太守士燮，献橘十七實同一蔕，以爲瑞異，羣臣畢賀。

又　柑乃橘之屬，滋味甘美特異者也。有黄者，有赬者，赬者謂之壺柑。交趾人以席囊貯蟻，鬻於市者，其窠如薄絮，囊皆連枝葉，蟻在其中，並窠而賣。蟻赤黄色，大於常蟻。南方柑樹，若無此蟻，則其實皆爲羣蠹所傷，無復一完者矣。今華林園有柑二株，遇結實，上命羣臣宴飲于旁，摘而分賜焉。

又　橄欖樹，身聳，枝皆高數丈。其子深秋方熟，味雖苦澀，咀之芬馥，勝含鷄骨香。

又　龍眼樹，如荔枝，但枝葉稍小。殼青黄色，形圓如彈丸，核如木梡子而不堅。肉白而帶漿，其甘如蜜，一朵五六十顆，作穗如葡萄然。荔枝過即龍眼熟，故謂之荔枝奴，言常隨其後也。

又　海棗樹，身無閑枝，直聳三四十丈，樹頂四面共生十餘枝，葉如栟櫚。五年一實，實甚大，如杯盌。核兩頭不尖，雙卷而圓。其味極甘美。安邑御棗，無以加也。

又　千歲子，有藤蔓出土，子在根下，鬚緑色，交加如織。其子一苞恒二百餘顆，皮殼青黄色，殼中有肉如栗，味亦如之。乾者殼肉相離，撼之有声，似肉豆蔻。

又　五斂子，大如木瓜。黄色，皮肉脆軟，味極酸。上有五稜，如刻出。南人呼稜爲斂，故以爲名。以蜜漬之，甘酢而美。出南海。

又　鉤緣子，形如瓜，皮似橙而金色，胡人重之。極芬香，肉甚厚白，如蘆菔。女工競雕鏤花鳥，漬以蜂蜜，點燕檀巧麗妙絶，無與爲比。

又　海梧子，樹似梧桐，色白，葉似青桐，有子如大栗，肥甘可食。出林邑。

又　海松子，樹與中國松同，但結實絶大，形如小栗，三角，肥甘香美，亦罇俎間佳果也。出林邑。

又　菴摩勒，樹葉細，似合昏花。黄實似李，青黄色，核圓作六七稜，食之先苦後甘。術士以變白鬚髮，有驗。

又　石栗，樹與栗同，但生於山石罅間。花開三年方結實。其殼厚而肉少，其味似胡桃人。熟時或爲羣鸚鵡至，啄食略盡，故彼人極珍貴之。

又 人面子，樹似含桃，結子如桃實。無味，其核正如人面，故以爲名。以蜜漬之，稍可食。以其核可玩，於席間飣餖禦客。出南海。

又 雲丘竹，一節爲船，出扶南。然今交廣有竹，節長二丈，其圍一二丈者，往往有之。

又 篤簩竹，皮薄而空多，大者徑不過二寸。皮麤澀，以鎊犀象，利勝於鐵。

又 石林竹，似桂竹，勁而利，削爲刀，割象皮如切芋。

又 思摩竹，如竹大，而筍生其節。筍既成竹，春而筍復生節焉。交廣所在有之。

又 箪竹，葉疏而大，一節相去六七尺，出九真。彼人取嫩者硾浸紡績爲布，謂之竹疏布。

又 越王竹，根生石上，若細荻，高尺餘，南海有之。南人愛其青色，用爲酒籌，云越王棄餘筭而生竹。

晉·皇甫謐《帝王世紀》卷一 堯時，有草夾階而生，每月朔日生一莢，至月半則生十五莢，至十六日後，日落一莢，至月晦而盡，若月小餘一莢，王者亦是占歷。唯盛德之君，應和氣而生，以爲堯瑞，名曰蓂莢，一名瑞草。《預覽卷四》引。

晉·張華《博物志》卷三 太原晉陽以化生屏風草。

晉·張華《博物志》卷四 烏頭、天雄、附子，一物，春秋冬夏采，各異也。

海上有草焉，名篩。其實食之如大麥，七月稔熟，名曰自然谷，或曰禹餘糧。

遠志，苗曰小草，根曰遠志。

芎藭，苗曰江蘺，根曰芎藭。

菊有二種，苗花如一，唯味小異，苦者不中食。

野葛食之殺人。家葛種之三年，不收，後旅生亦不可食。

地黃藍首斷心分根菜種皆生。女蘿寄生兔絲，兔絲寄生木上，生根不著地。

堇花朝生夕死。

晉·張華《博物志》佚文 櫻桃者或如彈丸，或如手指。春秋冬夏，華實竟歲。《齊民要術》引。

又 橙似橘而非，若柚而有芬香。《昭明文選》李善注引。

橘柚類甚多，甘橙枳皆是。

又 蜀中有樹名桄榔，皮裏出屑如麪。用作餅食之，謂之桄榔麪。《太平御覽》引。

又 類草也，其根名爲弱頭，大者如升，其外理白，可以灰汁煮則凝，成熟可以苦酒淹食之。不以灰煮則不成熟，蜀人珍貴之。《太平御覽》引。

又 芸蒿葉似邪蒿，春秋有白蒻，青蒻，長四五寸，香美可食。長安及河內并有之。《重修政和證類本草》引。

又 紅藍花生梁漢及西域，一名黃藍，張騫所得也。《圖經衍義本草》引。

又 石羊山上有蘭若溪，溪口有一穴，莫知淺深。穴口有大樹，色如黛赭，形如鳥翼，或如刀劍，仰觀如羊，千歲木也。《太平寰宇記》引。

九真一種草，似百部，但長大爾。懸火上令乾，夜取四五寸切短含嚥，汁主暴嗽，甚良。名爲嗽藥。

石髮生海中者長尺餘，大小如韭葉。以肉雜蒸食，極美。李時珍《本草綱目》引。

南朝宋·范曄《後漢書》卷一〇九《郡國志一》 弘農郡【略】，宜陽。有金門山，山竹爲律管。

南朝宋·范曄《後漢書》卷一一二《郡國志四》 東萊郡【略】，不（期）（其）侯國，故屬琅琊。《三齊記》曰：鄭玄教授不期山，山下生草大如䪥，葉長一尺餘，堅刃異常。土人名曰：康成書帶。

南朝宋·范曄《後漢書》卷一一三《郡國志五》 敦煌郡【略】，敦煌古瓜州，出美瓜。

又 上黨郡【略】，襄垣。《上黨記》曰：邑帶山林，茂松生焉。

南朝宋·盛弘之《荊州記》 枝江有名甘。《初學記》。

宜都郡舊江水北有甘園名宜都甘。《初學記》。

宜都出大枇杷。《御覽》。

又 魚復縣岩崖內生麥門冬。《太平御覽》卷九百八十九。

魚復縣有固陵村，地多木瓜樹。其子大者如丸。《太平御覽》卷九百七十三。

故陵村溪即永谷也，地多木瓜樹。有子大如甒，白黃，實甚芬香，《爾雅》之所謂楙也。

又 隨郡永陽縣有龍石山，山上多石斛，精好如金環也。《太平御覽》卷九百九十二。

南朝梁·蕭統《文選》卷四左太沖《蜀都賦》 於是乎邛竹緣嶺，菌桂臨崖宜。旁挺龍目，側生荔枝。布緑葉之萋萋，結朱實之離離。迎隆冬而不凋，常曄曄以猗猗。邛竹出興古盤江以南，竹中實而高節，可以作杖。《神農本草經》曰：菌桂出交阯，圓如竹，爲衆藥通使。一曰：菌，薰也，葉曰蕙，根曰薰。《南裔志》曰：龍眼，荔枝，生朱堤南廣縣，犍爲僰道縣。隨江東至巴郡江州縣，往往有荔枝樹，高五六丈，常以夏生，其變赤可食。龍眼似荔枝，其實亦可食。邛竹、菌桂、龍眼、荔枝，皆冬生不枯，鬱茂於山林。善曰：王逸《荔枝賦》曰：緑葉蓁蓁。又曰：朱實叢生。孫卿子曰：松柏經隆冬而不凋，蒙霜雪而不變。曄曄、猗猗，已見《西都賦》。【略】其樹則有木蘭梫寢桂，杞櫹蕭椅於其桐，椶枒邪楔耕八樅七松。楩頻縣枏南幽藹於谷底，松柏蓊鬱於山峯。木蘭，大樹也，葉似長生，冬夏榮。常以冬華，其實如小柿，甘美，南人以爲梅，其皮可食。楊雄《蜀都賦》曰：樹以木蘭。梫桂，木桂也。傳曰：杞梓之木。櫹，大木也。《詩》曰：其桐其椅。椶枒出蜀，其皮可作繩履。楔，似松，有刺也。樅，柏葉松身。楩、枏，二樹名，皆大木也。

南朝梁・蕭統《文選》卷五左太沖《吴都賦》　《異物志》曰：藿香，交趾有之。豆蔻生交趾，其根似薑而大，從根中生，形似益智，皮殼小厚，核如石榴，辛且香。蒳，草樹也，葉如栟櫚而小，三月採其葉，細破，陰乾之，味近苦而有甘，并雞舌香食之，益美。薑彙，大如累，氣猛，近於臭，南土人擣之以爲虀。葌，一名廉薑，生沙石中，薑類也。其累大，辛而香，削皮以黑梅并鹽汁漬之則成也，始安有之。彙，類也。《易》曰：拔茅連茹，以其彙，征吉。所謂薑彙非一也。江蘺，香草也。《楚辭》曰：扈江蘺。海苔，生海水中，正青，狀如亂髮，乾之亦鹽藏，有汁，名曰濡苔，臨海出之。《爾雅》曰：綸似綸，組似組，東海有之。紫，紫菜也。生海水中，正青，附石生，取乾之，則紫色，臨海常獻之。絳，絳草也，出臨賀郡，可以染食。葛，蔓生，與山葛同，根特大，美於芋也，豫章間種之。香茅生零陵。石帆生海嶼石上，草類也，無葉，高尺許，其華離婁相貫連，雖無所用，然異物也。死則浮水中，人於海邊得之，希有見其生者。水松，藥草，生水中，出南海交趾。東風，亦草也，出九真。扶留，藤也，緣木而生，味辛，可食。檳榔者，斷破之，長寸許，以合石賁灰，與檳榔并咀之，口中赤如血，始興以南皆有之。

又　楓、柙，皆香木名也。橡樟，木也。《異物志》曰：栟櫚，椶也，皮可作索。枸根，樹也，直而高，其用與栟櫚同。栟櫚出武陵山，枸根出廣州。木緜樹高大，其實如酒杯，皮薄，中有如絲綿者，色正白，破一實得數斤，廣州、日南、交趾、合浦皆有之。杬，大樹也，其皮厚，味近苦澀，剥乾之，正赤，煎訖以藏衆果，使不爛敗，以增其味，豫章有之。杶、櫨，二木名。文，文木也，材密緻無理，色黑如水牛角，日南有之。欓木，樹皮中有如白米屑者，乾擣之，以水淋之，可作餅，似麵，交趾盧亭有之。楨、櫨，二木名。劉成曰：平仲之木，實白如銀。君遷之樹，子如瓠形。松、梓，二木名，古度，樹也，不華而實，子皆從皮中出，大如安石榴，正赤，初時可煮食也，廣州有之。楠榴，木之盤結者，其盤節文尤好，可以作器；建安所出最大長也。相思，大樹也，材理堅，邪斫之則文，可作器；其實如珊瑚，歷年不變，東冶有之。

又　其竹則篔簹箖箊於，桂箭射筒。柚由梧有篁，篻簩有叢。皆竹名也。《異物志》曰：篔簹，生水邊，長數丈，圍一尺五六寸，一節相去六七尺，或相去一丈，廬陵界有之。始興以南，又多小桂，夷人績以爲布葛。箖菸，是袁公所與越女試劍竹者也。桂竹，生於始興小桂縣，大者圍二尺，長四五丈。箭竹細小而勁實，可以爲箭，通竿無節，江東諸郡皆有之。射筒竹，細小通長，長丈餘，亦無節，可以爲射筒。筒及由梧竹皆出交趾、九真。篻竹，大如戟槿，實中勁強，交趾人鋭以爲矛，甚利。簩竹，有毒，夷人以爲觚，刺獸中之則必死。篔，于君切。篻，芳眇切。簩，音勞。苞筍抽節。往往紫結。緑葉翠莖，冒霜停雪。櫹矗蓄森萃，蓊茸而蕭瑟。檀欒蟬蜎，玉潤碧鮮。梢雲無以踰，嶰穀弗能連。鸑鷟食其實，鵷鶵擾其間。苞筍，冬筍也。出合浦，其味美於春夏時筍也。

又　其果則丹橘餘甘，荔枝之林。檳榔無柯，椰葉無陰。龍眼橄欖，棎榴禦霜。結根比景之陰，列挺衡山之陽。薛瑩，荆揚已南。《異物志》曰：餘甘，如梅李，核有刺，初食之，味苦，後口中更甘。高涼建安皆有之。荔枝樹生山中，葉緑色，實赤，肉正白，味大甘美。檳榔樹，高六七丈，正直無枝，葉從心生，大如楯，其實作房，從心中出，一房數百實，實如鷄子，皆有殼，肉滿殼中，正白，味苦澀，得扶留藤與古賁灰合食之，則柔滑而美，交趾、日南、九真皆有之。椰樹似檳榔無枝條，高十餘尋，葉在其末，如束蒲，實大如瓠，繫在樹頭，如掛物也。實外有皮如胡桃，核裏有膚，膚白如雪，厚半寸，如豬膏，味美如胡桃，膚裏有汁升餘，清如水，美如蜜，飲之可以愈渴。核作飲器也。龍眼，如荔枝而小，圓如彈丸，味甘勝荔枝，蒼梧、交趾、南海、合浦皆獻之，山中人家亦種之。橄欖，生山中，實如雞子，正青，甘美，味成時食之益善。始興以南皆有之，南海常獻之。棎，棎子樹也。生山中，實似梨，冬熟，味酸，丹陽諸郡皆有之。榴，榴子樹也。出山中，實亦如梨，核堅，味酸美，交趾獻之。

南朝梁・蕭統《文選》卷八司馬長卿《上林賦》　黄甘橙榛。郭璞曰：黄甘，橘屬而味精。榛，亦橘之類也。音凑。張揖曰：榛，小橘也，出武陵。善曰：《説文》曰：橙，橘屬也。枇杷橪柿，楟奈厚朴。張揖曰：枇杷，似斛樹，長葉，子如杏。亭，山梨也。厚朴，藥名也。郭璞曰：橪，橪支木也。橪，音煙。朴，步角切。梬棗楊梅，張揖曰：楊梅，其實似穀子而有核，其味酸，出江南也。櫻桃蒲陶。善曰：櫻桃，蒲陶，見《南都賦》。隱夫薁棣，張揖曰：隱夫，未詳。薁，山李也。郭璞曰：棣，實似櫻桃也。薁，於六切。棣，徒計切。答遝離支。張揖曰：答遝，似李，出蜀。晉灼曰：離支，大如雞子，皮麄，剥去皮，肌如雞子中黄，味甘多酢少。

南朝梁・徐陵《玉臺新詠》卷一《古樂府詩六首・隴西行》 桂樹夾道生，青龍對道隅。

南朝梁・徐陵《玉臺新詠》卷一宋子侯《董嬌饒詩一首》 洛陽城東路，桃李生路傍。花花自相對，葉葉自相當。春風東北起，花葉正低昂。不知誰家子，提籠行采桑。纖手折其枝，花落何飄颺。

南朝梁・徐陵《玉臺新詠》卷四王融《回文詩》 枝大柳塞北，葉闇榆關東。垂條逐絮轉，落蘂散花叢。池蓮照曉月，幔錦披朝風。低吹雜綸羽，薄粉豔粧紅。離情隔遠道，歎結深閨中。

南朝梁・徐陵《玉臺新詠》卷九蕭子顯《燕歌行》 風光遲舞出青蘋，蘭條翠鳥鳴發春。洛陽梨花落如雪，河邊細草細如茵。桐生井底葉交枝，今看無端雙燕離。五重飛樓入河漢，九華閣道暗清池。

唐・段成式《酉陽雜俎》卷一〇《物異》 珊瑚，漢積草池中珊瑚，高一丈二尺，一本三柯，上有四百六十二條。是南越王趙佗所獻，號烽火樹。夜有光影，常似欲燃。

又 雨木，貞元四年，雨木於陳留，大如指，長寸許。每木有孔通中，所下其立如植，徧十餘里。

又 人木，大食西南二千里有國，山谷間樹枝上，化生人首，如花不解語。人借問，笑而已，頻笑輒落。

唐・段成式《酉陽雜俎》卷一八《廣動植之三・木篇》 松，凡言兩粒、五粒，粒當言鬣。成式修竹里私第，大堂前有五鬣松兩株，大財如椀，甲子年結實，味與新羅、南詔者不別。五鬣松皮不鱗，中使仇士良水磑亭子在城東，有兩鬣皮不鱗者。又有七鬣者，不知自何而得。俗謂孔雀松，三鬣松也。松命根遇石則偃，蓋不必千年也。

又 竹，竹花曰獲，一曰覆。死曰葤。六十年一易根，則結實枯死。

又 菡墮竹，大如腳指，腹中白幕攔一曰闌。隔，狀如濕麪。將成竹而筒皮未落，輒有細蟲齧之，隕籜後，蟲齧處成赤跡，似繡畫可愛。

又 棘竹，一名芭竹，節皆有刺，數十莖爲叢。南夷種以爲城，卒不可攻。或自崩根出，大如酒甕，縱横相承，狀如繰車，食之落人齒。

又 筋竹，南方以爲矛。筍未成時，堪爲弩弦。

又 百葉竹，一枝百葉，有毒。

又 慈竹，夏月經雨，滴汁下地，生蓐似鹿角，色白，食之已痢也。

又 異木，大曆中，成都百姓郭遠，因樵獲瑞木一莖，理成字曰「天下太平」，詔藏于秘閣。

又 異樹，婁約居常山，據禪座。有一野嫗，手持一樹，植之於庭，言此是蜻蜓樹。歲久，芬芳鬱茂，有一鳥身赤尾長，常止息其上。

又 異果，贍披國有人牧羊千百餘頭，有一羊離羣，忽失所在。至暮方歸，形色鳴吼異常，羣羊異之。明日，遂獨行，主因隨之，入一穴。行五六里，豁然明朗，花木皆非人間所有。羊於一處食草，草不可識。有果作黄金色，牧羊人竊一將還，爲鬼所奪。又一日，復往取此果，至穴，鬼復欲奪，其人急吞之，身遂暴長，頭纔出，身塞於穴，數日化爲石也。

又 甘子，天寶十年，上謂宰臣曰：「近日於宫内種甘子數株，今秋結實一百五十顆，與江南、蜀道所進不異。」宰臣賀表曰：「雨露所均，混天區而齊被；草木有性，憑地氣而潛通。故得資江外之珍果，爲禁中之華實。」相傳玄宗幸蜀年，羅浮甘子不實。嶺南有蟻，大於秦中螞蟻，結窠於甘樹。實時，常循其上，故甘皮薄而滑。往往甘實在其窠中，冬深取之，味數倍於常者。

又 樟木，江東人多取爲船，船有與蛟龍鬬者。

又 石榴，一名丹若。梁大同中，東州後堂石榴皆生雙子。南詔石榴，子大，皮薄如藤紙，味絶於洛中。石榴甜者謂之天漿，能已乳石毒。

又 柿，俗謂柿樹有七絶，一壽，二多陰，三無鳥巢，四無蟲，五霜葉可玩，六嘉實，七落葉肥大。

又 漢帝杏，濟南郡之東南有分流山，山上多杏，大如梨，色黄如橘，土人謂之漢帝杏，亦曰金杏。

又 脂衣柰，漢時紫柰大如升，核紫花青，研之有汁，可漆。或著衣，不可浣也。

又 仙人棗，晉時太倉南有翟泉，泉西有華林園，園有仙人棗，長五寸，核細如針。

又 楷，孔子墓上特多楷木。

又　梔子，諸花少六出者，唯梔子花六出。陶真白言，梔子剪花六出，刻房七道，其花香甚。相傳即西域蒼蔔花也。

又　仙桃，出郴州蘇耽仙壇。有人至，心祈之，輒落壇上，或至五六顆。形似石塊，赤黄色，破之，如有核三重。研飲之，愈衆疾，尤治邪氣。

又　赤白檉，出涼州。大者爲炭，人以灰汁，可以煑銅爲銀。

又　仙樹，祁連山上有仙樹實，行旅得之止饑渴。一名四味木。其實如棗，以竹刀剖則甘，鐵刀剖則苦，木刀剖則酸，蘆刀剖則辛。

又　木五香，根旃檀，節沉香，花雞舌，葉藿，膠薰陸。

又　椒，可以來水銀。茱萸氣好上，椒氣好下。

又　構，穀田久廢，必生構。葉有辦曰楮，無曰構。

又　黄楊木，性難長，世重黄楊以無火。或曰以水試之，沉則無火。取此木必以陰晦，夜無一星則伐之，爲枕不裂。

又　蒲萄，俗言蒲萄蔓好引于西南。庾信謂魏使尉瑾曰：「我在鄴，遂大得蒲萄，奇有滋味。」陳昭曰：「作何形狀？」徐君房曰：「有類軟棗。」信曰：「君殊不體物，何得言似生荔枝？」魏肇師曰：「魏武有言，末夏涉秋，尚有餘暑。酒醉宿醒，掩露而食。甘而不飴，酸而不酢。道之固以流沫稱奇，況親食之者？」瑾曰：「此物實出於大宛，張騫所致。有黄、白、黑三種，成熟之時，子實逼側，星編珠聚，西域多釀以爲酒，每來歲貢。在漢西京，似亦不少。杜陵田五十畝，中有蒲萄百樹。今在京兆，非直止禁林也。」信曰：「乃園種户植，接蔭連架。」昭曰：「其味何如橘柚？」信曰：「津液奇勝，芬芳減之。」瑾曰：「金衣素裹，見苞作貢。向齒自消，良應不及。」

又　淩霄花中露水，損人目。

又　松楨，即鐘藤也。葉大者，晉安人以爲盤。

又　侯騷，蔓生，子如雞卵，既甘且冷，輕身消酒。《廣志》言：因王太僕所獻。

又　蠡薺，子如彈丸，魏武帝常啖之。

又　酒杯藤，大如臂，花堅可酌酒，實大如指，食之消酒。

又　白柰，出涼州野豬澤，大如兔頭。

又　菩提樹，出摩伽陀國，在摩訶菩提寺，蓋釋迦如來成道時樹，一名思惟樹。莖幹黄白，枝葉青翠，經冬不凋。至佛入滅日，變色凋落，過已還生。至此日，國王人民大作佛事，收葉而歸，以爲瑞也。樹高四百尺，下有銀塔周回繞之。彼國人四時常焚香散花，繞樹作禮。唐貞觀中，頻遣使往，於寺設供並施袈裟。至高宗顯慶五年，於寺立碑以紀聖德。此樹梵名有二，一曰賓撥梨一曰「梨娑」。力叉，二曰阿濕曷咃婆一曰娑。力叉。《西域記》謂之卑鉢羅，以佛於其下成道，即以道爲稱，故號菩提。婆一曰娑。力叉，漢翻爲樹。昔中天無憂王剪伐之，令事大婆羅門積薪焚焉。熾焰中忽生兩樹，無憂王因懺悔，號灰菩提樹，遂周以石垣。至設賞迦王復掘之，至泉，其根不絶。坑火焚之，溉以甘蔗汁，欲其焦爛。後摩揭陀國滿曹王，無憂之曾孫也，乃以千牛乳澆之，信宿，樹生故舊。更增石垣，高二丈四尺。玄奘至西域，見樹出垣上二丈餘。

又　貝多，出摩伽陀國，長六七丈，經冬不凋。此樹有三種，一者多羅娑一曰婆。力叉貝多，二者多梨婆一曰婆。力叉貝多，三者部婆一曰娑。力叉多羅梨。一曰「多梨貝多」。並書其葉，部闍一色取其皮書之。貝多是梵語，漢翻爲葉。貝多婆一曰娑。力叉者，漢言葉樹也。西域經書用此三種皮葉，若能保護，亦得五六百年。

又　龍腦香樹，出婆利國，婆利呼爲固不婆律。亦出波斯國。樹高八九丈，大可六七圍，葉圓而背白，無花實。其樹有肥有瘦，瘦者有婆律膏香，一曰瘦者出龍腦香，肥者出婆律膏也。在木心中，斷其樹劈取之。膏於樹端流出，斫樹作坎而承之。入藥用，别有法。

又　安息香樹，出波斯國，波斯呼爲辟邪。樹長三丈，皮色黄黑，葉有四角，經寒不凋。二月開花，黄色，花心微碧，不結實。刻其樹皮，其膠如飴，名安息香。六七月堅凝，乃取之。燒之通神明，辟衆惡。

又　無石子，出波斯國，波斯呼爲摩賊。樹長六七丈，圍八九尺，葉似桃葉而長。三月開花，白色，花心微紅。子圓如彈丸，初青，熟乃黄白。蟲食成孔者正熟，皮無孔者入藥用。其樹一年生無石子，一年生跋屢子，大如指，長三寸，上有殼，中仁如栗黄，可噉。

又　紫鉚樹，出真臘國，真臘國呼爲勒佉。亦出波斯國。樹長一丈，枝條鬱茂，葉似橘，經冬而凋。三月開花，白色，不結子。天大霧露及雨沾濡，其樹枝條即出紫鉚。波斯國使烏海及沙利深所説並同。真臘國使折衝都尉沙門陀沙尼拔陀言，蟻運土於樹端作窠，蟻壤得雨露凝結而成紫鉚。崑崙國者善，波斯國者次之。

又　阿魏，出伽闍那國，即北天竺也。伽闍那呼爲形虞。亦出波斯國，波斯國呼爲阿虞截。樹長八九丈，皮色青黄。三月生葉，葉似鼠耳，無花實。斷其枝，汁出如飴，久乃堅凝，名阿魏。拂林國僧彎所説同。摩伽陀國僧提婆言，取其汁如米豆屑合成阿魏。

又　婆那娑樹，出波斯國，亦出拂林，呼爲阿蔀嚲。樹長五六丈，皮色青緑，葉極光淨，冬夏不凋。無花結實，其實從樹莖出，大如冬瓜，有殼裹之，殼上有刺，瓤至甘甜，可食。核大如棗，一實有數百枚。核中仁如栗黄，炒食甚美。

又　波斯棗，出波斯國，波斯國呼爲窟莽。樹長三四丈，圍五六尺，葉似土藤，不凋。二月生花，狀如蕉花，有兩甲，漸漸開罅，中有十餘房。子長二寸，黄白色，有核，熟則紫黑，狀類乾棗，味甘如餳，可食。

又　偏桃，出波斯國，波斯國呼爲婆淡。樹長五六丈，圍四五尺，葉似桃而闊大。三月開花，白色。花落結實，狀如桃子而形偏，故謂之偏桃。其肉苦澀，不可噉。核中仁甘甜，西域諸國並珍之。

又　穡樹，出波斯國。亦出拂林國，拂林呼爲羣漢。樹長三丈，圍四五尺，葉似細榕，經寒不凋。花似橘，白色。子緑，大如酸棗，其味甜膩，可食。西域人壓爲油以塗身，可去風痒。

又　齊暾樹，出波斯國。亦出拂林國，拂林呼爲齊虛。音陽兮反。樹長二三丈，皮青白，花似柚，極芳香。子似楊桃，五月熟。西域人壓爲油以煮餅果，如中國之用巨勝也。

又　胡椒，出摩伽陀國，呼爲昧履支。其苗蔓生，莖極柔弱。葉長寸半，有細條與葉齊，條上結子，兩兩相對。其葉晨開暮合，合則裹其子於葉中。子形似漢椒，至辛辣。六月採，今人作胡盤，肉食皆用之。

又　白荳蔻，出伽古羅國，呼爲多骨。形如芭焦，葉似杜若，長八九尺，冬夏不凋。花淺黄色，子作朵如蒲萄。其子初出微青，熟則變白，七月採。

又　蓽撥，出摩伽陀國，呼爲蓽撥梨，拂林國呼爲阿梨訶咃。苗長三四尺，莖細如箸。葉似蕺葉。子似桑椹，八月採。

又　䕸齊，出波斯國。拂林呼爲預勃梨咃。長一丈餘，圍一尺許。皮色青薄而極光淨，葉似阿魏，每三葉生於條端，無花實。西域人常八月伐之，至臘月更抽新條，極滋茂。若不剪除，反枯死。七月斷其枝，有黄汁，其狀如蜜，微有香氣，入藥療病。

又　波斯皂莢，出波斯國，呼爲忽野簷默。拂林呼爲阿梨去伐。樹長三四丈，圍四五尺，葉似枸櫞而短小，經寒不凋。不花而實，其莢長二尺，中有隔。隔内各有一子，大如指頭，赤色，至堅硬，中黑如墨，甜如飴，可噉，亦入藥用。

又　没樹，出波斯國。拂林呼爲阿縒。長一丈許，皮青白色，葉似槐葉而長，花似橘花而大。子黑色，大如山茱萸，其味酸甜，可食。

又　阿勃參，出拂林國。長一丈餘，皮色青白。葉細，兩兩相對。花似蔓菁，正黄。子似胡椒，赤色。斫其枝，汁如油，以塗疥癬，無不瘥者。其油極貴，價重於金。

又　捺祇，出拂林國。苗長三四尺，根大如鴨卵。葉似蒜葉，中心抽條甚長。莖端有花六出，紅白色，花心黄赤，不結子。其草冬生夏死，與薺麥相類。取其花壓以爲油，塗身，除風氣。拂林國王及國内貴人皆用之。

又　野悉蜜，出拂林國，亦出波斯國。苗長七八尺，葉似梅葉，四時敷榮。其花五出，白色，不結子。花若開時，遍野皆香，與嶺南詹糖相類。西域人常採其花壓以爲油，甚香滑。

又　阿驛，波斯國呼爲阿驛，拂林呼爲底珍。樹長丈四五，枝葉繁茂。葉有五出，似椑麻。無花而實，實赤色，類椑子，味似乾柹，一月一熟。

又　芝，天寶初，臨川郡人李嘉胤所居柱上生芝草，形類天尊，太守張景佚截柱獻之。

唐・段成式《酉陽雜俎》卷一九《廣動植之四・草篇》　蓮石，蓮入水必沉，唯煎鹽鹹鹵能浮之。雁食之，糞落山石間，百年不壞。相傳橡子落水爲蓮。

又　苔，慈恩寺唐三藏院後簷階，開成末，有苔狀如苦苣。布於塼上，色如鹽緑，輕嫩可愛。談論僧義林，太和初，改葬基法師，初開塚，香氣襲人，側臥塼臺上，形如生。塼上苔厚二寸餘，作金色，氣如栴檀。

又　瓦松，崔融《瓦松賦序》曰：「崇文館瓦松者，産於屋霤之下。謂之木也，訪山客而未詳。謂之草也，驗農皇而罕記。」賦云：「煌煌特秀，狀金芝之産霤；歷歷虚懸，若星榆之種天。葩條鬱毓，根柢連卷。間紫苔而裛露，凌碧瓦而含煙。」又曰：「慚魏宮之鳥悲，恧漢殿之紅蓮。」崔公學博，無不該悉，豈不知瓦松已有著説乎？《博雅》：「在屋曰昔耶，在墻曰垣衣。」《廣志》謂之蘭香，生於久屋之瓦。魏明帝好之，命長安西載其瓦於洛陽，以覆屋。前代詞人詩中多用昔耶，梁簡文帝《詠薔薇》曰：「緣階覆碧綺，依簷映昔耶。」或言構木上多松栽土，木氣洩則瓦生松。大曆中，修含元殿，有一人投狀請瓦，且言：「瓦工唯我所能，祖父已嘗瓦此殿矣。」衆工不服，因曰：「若有能瓦，畢不生瓦松乎？」衆方服焉。又有李阿黑者，亦能治屋。布瓦如齒，間不通綖，亦無瓦松。《本草》：「瓦衣謂之屋遊。」

又 瓜，惡香，香中尤忌麝。鄭注太和初赴職河中，姬妾百餘盡騎，香氣數里，逆於人鼻。是歲自京至河中所過路，瓜盡死，一蔕不獲。

又 芰，今人但言菱芰，諸解草木書亦不分別，唯王安貧《武陵記》言：四角、三角曰芰，兩角曰菱。今蘇州折腰菱多兩角。成式曾於荆州，有僧遺一斗郢城菱，三角而無芒，一曰刺。可以接一曰挼。莎。

又 芰，一名水栗，一名薢茩。漢武昆明池中有浮根菱，根出水上，葉淪没波下，亦曰青水芰。玄都有菱碧色，狀如雞飛，名翻雞芰，仙人鳧伯子常採之。

又 兔絲子，多近棘及藋，山居者疑二草之氣類也。

又 天名精，一曰鹿活草。昔青州劉㦡，宋元嘉中射一鹿，剖五藏，以此草塞之，蹶然而起。㦡怪而拔草，復倒。如此三度，㦡密録此草種之，多主傷折，俗呼爲劉㦡草。

又 牡丹，前史中無説處，唯《謝康樂集》中言竹間水際多牡丹。成式檢隋朝《種植法》七十卷中，初不記説牡丹，則知隋朝花藥中所無也。開元末，裴士淹爲郎官，奉使幽冀回，至汾州衆香寺，得白牡丹一窠，植於長安私第。天寶中，爲都下奇賞。當時名公有《裴給事宅看牡丹》詩，詩尋訪未獲。一本有詩云：「長安年少惜春殘，争認慈恩紫牡丹。別有玉盤乘露冷，無人起就月中看。」太常博士張乘嘗見裴通祭酒説。又房相有言：「牡丹之會，琯不預焉。」至德中，馬僕射鎮太原，又得紅紫二色者，移於城中。」元和初猶少，今與戎葵角多少矣。韓愈侍郎有疏從子姪自江淮來，年甚少，韓令學院中伴子弟，子弟悉爲凌辱。韓知之，遂爲街西假僧院令讀書，經旬，寺主綱復訴其狂率。韓遽令歸，且責曰：「市肆賤類營衣食，尚有一事長處。汝所爲如此，竟作何物？」姪拜謝，徐曰：「某有一藝，恨叔不知。」因指階前牡丹曰：「叔要此花青、紫、黄、赤，唯命也。」韓大奇之，遂給所須試之。乃豎箔曲，盡遮牡丹叢，不令人窺。掘窠四面，深及其根，寬容入座。唯賫紫鑛，輕粉、朱紅，旦暮治其根。凡七日，乃填坑，白其叔曰：「恨較遲一月。」時冬初也。牡丹本紫，及花發，色白紅歷緑，每朵有一聯詩，字色紫，分明乃是韓出官時詩。一韻曰「雲横秦嶺家何在，雪擁藍關馬不前」十四字，韓大驚異。姪且辭歸江淮，竟不願仕。

又 蜀葵，本胡中葵也，一名胡葵。似葵，大者可以緝爲布。枯時燒作灰，藏火，火久不滅。花有重臺者。

又 茄子，茄字本蓮莖名，革遐反。今呼伽，未知所自。成式因就節下食有伽子數蔕，偶問工部員外郎張周封伽子故事，張云：「一名落蘇，事具《食療本草》。此誤作《食療本草》，原出《拾遺本草》。」成式記得隱侯《行園》詩云：「寒瓜方卧壠，秋菰正滿陂。紫茄紛爛漫，緑芋鬱參差。」又一名崑崙瓜。嶺南茄子宿根成樹，高五六尺。姚向曾爲南選使，親見之。故《本草》記廣州有慎火樹，樹大三四圍。慎火即景天也，俗呼爲護火草。茄子熟者，食之厚腸胃，動氣發疾。根能治竈瘃。欲其子繁，待其花時，取葉布於過路，以灰規之，人踐之，子必繁也。俗謂之稼茄子。僧人多炙之，甚美。有新羅種者，色稍白，形如雞卵。西明寺僧造玄一曰「玄造」。院中有其種。《水經》云：「石頭四對蔡浦，浦長百里，上有大荻浦，下有茄子浦。」

又 異菌，開城元年春，成式修竹里私第書齋前，有枯紫荆數枝蠹折，因伐之，餘尺許。至三年秋，枯根上生一菌，大如斗。下布五足，頂黄白兩暈，緣垂裙如鵝鞴，一曰勒。高尺餘。至午，色變黑而死，焚之氣如芋香。成式嘗置香爐於枅臺，每念經，門生以爲善徵。後覽諸志怪，南齊吴郡褚思莊，素奉釋氏，眠於渠下，短柱是柟木，去地四尺餘，有節。大明中，忽有一物如芝，生於節上，黄色鮮明，漸漸長數日，遂成千佛狀，面目爪指及光相衣服，莫不完具。如金鍱隱起，摩之殊軟。常以春末生，秋末落，落時佛形如故，但色褐耳。至落時，其家貯之箱中。積五年，思莊不復住其下。亦無他顯盛，闔門壽考，思莊父終九十七，兄年七十，健如壯年。

又 舞草，出雅州。獨莖三葉，葉如決明。一葉在莖端，兩葉居莖之半，相對。人或近之，歐及抵掌謳曲，必動葉如舞也。

又 護門草，常山北。草名護門，置諸門上，夜有人一曰物。過輒叱之。

又 仙人絛，出衡嶽。無根蔕，生石上，狀如同心帶，三股，色緑，亦不常有。

又 睡蓮，南海有睡蓮，夜則花低入水。屯田韋郎中從事南海，親見。

又 蔓金苔，晉時外國獻蔓金苔，色如金，若螢火之聚，大如雞卵，投之水中，蔓延波上，光泛鑠日如火，亦曰夜明苔。

又 異蒿，田在實，布之子也。太和中，嘗過蔡州北，路側有草如蒿，莖大如指，其端聚葉，似鵂鶹巢在顛。折視之，葉中有小鼠數十，纔若皂莢子，目猶未開，啾啾有聲。

又　蜜草，北天竺國出蜜草。蔓生，大葉，秋冬不死，因重霜露，遂成蜜，如塞上蓬鹽。

又　老鴉笊籬，葉如牛蒡而狹。子熟時色黑，狀如笊籬。

又　鴨舌草，生水中，似蓴，俗呼爲鴨舌草。

又　胡蔓草，生邕、容間。叢生，花偏如梔子稍大，不成朵，色黄白。葉稍黑，誤食之，數日卒。飲白鵝、白鴨血則解。或以一物投之，祝曰：「我買你。」食之立死。

又　銅匙草，生水中，葉如剪刀。

又　水耐冬，此草經冬在水不死。成式於城南村墅池中見之。

又　天芋，生終南山中。葉如荷而厚。

又　水韭，生於水湄，狀如韭而葉細長，可食。

又　地錢，葉圓莖細，有蔓，生溪澗邊。一曰積雪草，亦曰連錢草。

又　蚍蜉酒草，一曰鼠耳，象形也。亦曰無心草。

又　盆甑草，即牽牛子也。結實後斷之，狀如盆甑。其中有子似龜，蔓如薯蕷。

又　蔓胡桃，出南詔。大如扁螺，兩隔，味如胡桃。或言蠻中藤子也。

又　油點草，葉似莙蓬，每葉上有黑點相對。

又　三白草，此草初生不白，入夏葉端方白。農人候之蒔田，三葉白，草畢秀矣。其葉似薯蕷。

又　落迴一曰「博落迴」。有大毒，生江淮山谷中。莖葉如麻。莖中空，吹作聲如勃邏迴，因名之。

又　蒟蒻，根大如椀，至秋葉滴露，隨滴生苗。

又　鬼皂莢，生江南地，澤如皂莢，高一二尺，沐之長髮，葉亦去衣垢。

又　通脱木，如蜱麻，生山側。花上粉主治惡瘡。心空，中有瓤，輕白可愛，女工取以飾物。

又　毗尸沙花，一名曰中金錢花，本出外國，梁大同二年進來中土。

又　左行草，使人無情。范陽長貢。

又　青草槐，龍陽縣裨牛山南有青草槐，叢生，高尺餘。花若金燈，仲夏發花，一本云迄千秋。

又　竹肉，江淮有竹肉，生竹節上，如彈丸，味如白雞，竹皆向北。有大樹雞，如栢棬，呼爲胡孫眼。

又　石耳，廬山有石耳，性熱。

又　野狐絲，庭有草蔓生，色白，花微紅，大如粟，秦人呼爲狐絲。

又　金錢花，一云本出外國，梁大同二年進來中土。梁時，荆州掾屬雙陸，賭金錢，錢盡，以金錢花相足，魚弘謂得花勝得錢。

又　荷，漢明帝時，池中有分枝荷，一莖四一曰兩。葉，狀如駢蓋。子如玄珠，可以飾珮也。靈帝時，有夜舒荷，一莖四蓮，其葉夜舒晝卷。

又　夢草，漢武時異國所獻，似蒲，晝縮入地，夜若抽萌。懷其草，自知夢之好惡。帝思李夫人，懷之輒夢。

又　烏蓬，葉如烏翅，俗呼爲仙人花。

又　雀芋，狀如雀頭，置乾地反濕，置濕處復乾。飛鳥觸之墮，走獸遇之僵。

又　望舒草，出扶支國。草紅色，葉如蓮葉，月出則舒，月没則卷。

又　紅草，山戎之北有草，莖長一丈，葉如車輪，色如朝虹。齊桓時，山戎獻其種，乃植於庭，以表霸者之瑞。

又　神草，魏明時，苑中合歡草狀如蓍，一株百莖，晝則衆條扶疏，夜乃合一莖，謂之神草。

又　三蔬，晉時有芳蔬園，在墉一曰「金墉」。之東，有菜名芸薇，類有三種：紫色爲上蔬，味辛；黄色爲中蔬，味甘；青者爲下蔬，味鹹。常以三蔬充御菜，可以藉食。

又　掌中芥，末多國出也。取其子，置掌中吹之，一吹一長，長三尺，乃植於地。

又　水網藻，漢武昆明池中有水網藻，枝横側水上，長八九尺，有似網目。鳧鴨入此草中，皆不得出，因名之。

又　地日草，南方有地日草。三足烏欲下食此草，羲和之馭，以手掩烏目，食此則美悶不復動。東方朔言，爲小兒時，井陷，墜至地下，數十年無所寄託。有人引之，令往此草中，隔紅泉不得渡，其人以一隻屐，因乘泛紅泉，得至草處食之。

又　挾劍豆，樂浪東有融澤，之中生豆莢，形似人挾劍，横斜而生。

又　牧靡，建寧郡烏句山南五百里，牧靡草可以解毒。百卉方盛，烏鵲誤食烏喙中毒，必急飛牧靡上，啄牧靡以解也。

唐・段成式《酉陽雜俎・續集》卷九《支植上》　都勝花，紫色，兩重心。數葉卷上如蘆，朵蕊黄葉細。

又　那提槿花，紫色，兩重葉。外重葉卷心，心中抽莖高寸餘。葉端分五瓣如帶，瓣中紫蕊。莖上黄葉。

又　月桂，葉如桂，花淺黄色，四瓣，青蕊。花盛發如柿葉帶稜。出蔣山。

又　溪蓀，如高粱薹。生水中。出茆山。

又　山茶，似海石榴。出桂州。蜀地亦有。

又　貞桐，枝端抽赤黄條，條復旁對，分三層。花大如落蘇花，作黄色，一莖上有五六十朵。

又　俱那衛，葉如竹，三莖一層。莖端分條如貞桐。花小，類木槲。出桂州。

又　瘴川花，差類海榴，五朵簇生。葉狹長重沓，承於花底。色中第一，蜀色不能及。出黎州按蠻嶺。

又　木蓮花，葉似辛夷，花類蓮花，色相傍。出忠州鳴玉溪，邛州亦有。

又　牡桂，葉大如苦竹葉，葉中一脈如筆跡。花帶葉三瓣，瓣端分爲兩歧，其表色淺黄，近歧淺紅色。花六瓣，色白，心凸起如荔枝，其色紫。出婺州山中。

又　簇蝶花，花爲朵，其簇一蕊，蕊如蓮房，色如退紅。出温州。

又　山桂，葉如麻，細花紫色，黄葉簇生，如慎火草。出丹陽山中。

又　那伽花，狀如三春無葉花，色白心黄，六瓣。出舶上。

又　三賴草，如金色，生於高崖，老子弩射之，魅藥中最切。

又　紫薇，北人呼爲猴郎達樹，謂其無皮，猿不能捷也。北地其樹絶大，有環數夫臂者。

又　麻黄，莖端開花，花小而黄，簇生。子如覆盆子，可食。至冬枯死如草，及春却青。

又　三色石枏花，衡山石枏花有紫、碧、白三色，花大如牡丹，亦有無花者。

又　獨桓樹，頓丘南應足山有之。山上有一樹，高十餘丈，皮青滑似流碧，枝幹上聳，子若五綵囊，葉如亡子鏡，世名之仙人獨桓豆樹。

又　木龍樹，徐之高家城南有木龍寺，寺有三層磚塔，高丈餘。塔側生一大樹，縈繞至塔頂，枝幹交横。上平，容十餘人坐。枝杪四向下垂，如百子帳。莫有識此木者，僧呼爲龍木。梁武曾遣人圖寫焉。

又　魚甲松，洛中有魚甲松。

唐・段成式《酉陽雜俎・續集》卷一〇《支植下》　青楊木，出峽中。爲牀，卧之無蚤。

又　夏州槐，夏州唯一郵有槐樹數株，鹽州或要葉，行牒求之。

又　蜀楷木，蜀中有木類柞，衆木榮時枯枿，隆冬方萌芽布陰，蜀人呼爲楷木。

又　古文柱，齊建元二年夏，廬陵長溪水衝擊山麓崩，長六七尺，下得柱千餘根，皆十圍。長者一丈，短者八九尺。頭題古文字，不可識。江淹以問王儉，儉云：「江東不閑隸書，秦漢時柱也。」

又　色綾木，臺山有色綾木，理如綾文。百姓取爲枕，呼爲色綾枕。

又　鹿木，武陵郡北有鹿木二株，馬伏波所種，木多節。

又　倒生木，此木依山生，根在上，有人觸則葉翕，人去則葉舒。出東海。

又　黝木，節似蟲獸，可以爲鞭。

又　桄榔樹，古南海縣有桄榔樹，峯頭生葉，有麪，大者出麪百斛。以牛乳啖之，甚美。

又　交讓木，《武陵郡記》：「白雉山有木，名交讓。衆木敷榮後方萌芽，亦更歲迭榮也。」

又　無患木，燒之極香，辟惡氣，一名噤婁，一名桓。昔有神巫曰瑤眊，能符劾百鬼，擒魑魅，以無患木擊殺之。世人競取此木爲器用却鬼，因曰無患木。

又　異木花，衛公嘗獲異木一株，春花紫。予思木中一歲發花唯木蘭。

又　王母桃，洛陽華林園内有之，十月始熟，形如括蔞。俗語曰：「王母甘桃，食之解勞。」亦名西王母桃。

又　橄欖子，獨根，樹東向枝曰木威，南向枝曰橄欖。

又　東荒栗，東方荒中有木，名曰栗。有殼，徑三尺二寸。殼刺長丈餘。實徑三尺。殼亦黄。其味甜，食之令人短氣而渴。

又　儋岸芥，芥高者五六尺，子大如鷄卵。

又　石桂芝，生山石穴中，似桂樹而實石也。高大如絞尺，光明而味辛。有枝條，搗服之，一觔得千歲也。

又 楓樹子大如雞卵，二月華已乃著實，八九月熟，曝乾，燒之香馥。

唐·樊綽《蠻書》卷二 碧雞山在昆池西岸，上與柘東城隔水相對。從東來者岡頭數十里已見此山。山勢特秀，池水清澹，水中有碧雞山石，山有洞庭樹。

又 大雪山在永昌西北，從騰充過寶山城，又過金寶城以北大賧，周迴百餘里，悉皆野蠻，無君長也。地有瘴毒，河賧人至彼中瘴者，十有八九死。閣羅鳳嘗使領軍將於大賧中築城，管制野蠻。不逾周歲，死者過半，遂罷棄，不復往來。其山土肥沃，種瓜瓠長丈餘，冬瓜亦然，皆三尺圍。又多薏苡，無農桑，收此充糧。

唐·樊綽《蠻書》卷四 尋傳蠻，閣羅鳳所討定也。俗無絲綿布帛，披波羅皮。跣足可以踐履榛荆，持弓挾矢射豪豬。案：豪字原本作蒙，今據《新唐書·南詔傳》改正。

唐·樊綽《蠻書》卷五 當五詔俱存，而蒙舍北有蒙巂詔，即楊瓜州也，同在一川，地氣有瘴，肥沃宜禾稻。又有大池，周回數十里，多魚及菱芡之屬。川中水東南與勃弄川合流。南有籠磨些川。凡澄川河，蒙合謂之川賧。然邑落人衆，蔬果水菱之味，則蒙舍爲尤殷。

唐·樊綽《蠻書》卷七 從曲靖州已南，滇池已西，土俗唯業水田，種麻、豆、黍、稷，不過町疃。水田每年一熟，從八月獲稻，至十一月十二月之交，便於稻田種大麥，三月四月即熟。收大麥後，還種粳稻。小麥即於岡陵種之，十二月下旬已抽節如三月，小麥與大麥同時收刈。其小麥麪輭泥少味，大麥多以爲麨，别無他用。醖酒以稻米爲麴者，酒味酸敗。

又 蠻地無桑，悉養柘，蠶遶樹。

又 白銀生城、柘南城、尋傳、祁鮮已西，蕃蠻種並不養蠶，唯收娑羅樹子，破其殼中，白如柳絮，組織爲方幅，裁之籠頭，男子婦女通服之。

又 茶出銀生城界諸山，散收，無採造法。蒙舍蠻以椒、薑、桂和烹而飲之。

又 荔枝、檳榔、訶黎勒、椰子、桄榔等諸樹，永昌、麗水、長榜、金山並有之。

又 甘橋，大蟄城有之，其味酸。寧賧有橋，大如覆柸。案：橋疑橘字之訛。

又 麗水城又出波羅蜜果，大者若漢城甜瓜，引蔓如蘿蔔，十一月十二月熟。皮如蓮房，子處割之，色微紅如甜瓜，香可食。或云此即思難也，南蠻以此果爲珍好。

又 其次有雄黄，蒙舍川所出。

又 青木香，永昌出，其山多青木香山，在永昌南三日程。

又 瀵歌諾木，麗水山谷出。大者如臂，小者如三指，割之色如黄蘗。

又 孟灘竹，長傍出，其竹節度三尺，柔細可爲索，亦以皮爲麻。

又 野桑木，永昌、巴西諸山谷有之，生於石上。及時月擇可爲弓材者，先截其上，然後中割之，兩向屈令至地，候木性定，斷取爲弓。

唐·樊綽《蠻書》卷一〇 崑崙國，正北去蠻界西洱河八十一日程，出青木香、檀香、紫檀香、檳榔、琉璃、水精、蠡坯等諸香藥、珍寶、犀牛等。

清·曹寅、彭定求《全唐詩》卷七八〇徐寅《蜀葵》 劍門南面樹，移向會仙亭。錦水饒花艷，岷山帶葉青【略】。爛熳紅兼紫，飄香入繡扃。

清·曹寅、彭定求《全唐詩》卷七六二徐仲雅《詠椶樹》 葉似新蒲緑，身如亂錦纏。任君千度剥，意氣自衝天。

清·曹寅、彭定求《全唐詩》卷八〇三薛濤《憶荔枝》 傳聞象郡隔南荒，絳實豐肌不可忘。近有青衣連楚水，素漿還得類瓊漿。

清·曹寅、彭定求《全唐詩》卷八四四齊己《謝人惠拄杖》 邛州靈境産修篁，九節材應表九陽。

唐·王勃《王子安集》卷三《慈竹賦》 廣漢山藪，有竹名慈，生必向內，示不離本，修莖巨葉，攢根沓柢。叢之大者，或至百千株焉，而縈結踰乎咫步【略】，有竹猗猗，生於高陂。左連瑶帶，右雜瓊枝。

唐·王勃《王子安集》卷五《夏日登龍門樓寓望序》 榴花浮酌，對文舉而無憂；葛蔓調弦，撫鍾期而有遇。

唐·沈佺期、宋之問《沈佺期宋之問集校注》上册卷二沈佺期《題椰子樹》 日南椰子樹，香裊出風塵。叢生雕木首，圓實檳榔身。玉房九霄露，碧葉四時春。不及塗林果，移根隨漢臣。

唐·沈佺期、宋之問《沈佺期宋之問集校注》上册卷二沈佺期《度貞陽蝦》 野戍紅蕉熟，山郵緑笋香。

唐·沈佺期、宋之問《沈佺期宋之問集校注》上册卷三沈佺期《奉和聖制幸禮部尚書竇希玠宅》 蘭氣熏仙帳，榴花引御杯。

唐·岑參《岑參集》卷一《尋鞏縣南李處士别居》 桑葉隱村户，蘆花映釣船。

唐·岑參《岑參集》卷一《登凉州尹臺寺》 胡地三月半，梨花今始開。

唐・岑參《岑參集》卷一《河西春暮憶秦中》 邊城細草出，客館梨花飛。

唐・岑參《岑參集》卷一《臨洮龍興寺玄上人院同詠青木香叢》 移根自遠方，種得在僧房。六月花新吐，三春葉已長。抽莖高錫杖，引影到繩牀。

唐・岑參《岑參集》卷一《宿太白東溪李老舍即事寄弟姪》 中庭井欄上，一架獼猴桃。

唐・段公路《北户録》卷一《蛺蝶枝》 公路南行，歷懸藤峽，維舟飲水，因覩崖側有一木五彩，初謂丹青之樹，因命僮僕採之。頃獲一枝，尚綴蛺蝶，凡二十餘箇。有翠碧紺縷者、金眼者、丁香眼者、紫斑者、黑花者、黄白者、緋脈者、大如蝙蝠者、小如榆莢者。又《會要》云大食國西鄰大海，嘗遣人乘船經八年未。愚因登岸視之，乃木葉化焉，是知蝶生江南甘橘樹中，麥爲蝇蝶鳥足之葉爲胡蝶，皆造化使然，豈虛語歟！

唐・段公路《北户録》卷二《桄榔炙》 桄榔莖葉與波斯棗、古散、古散堪爲杖。椰子、檳榔小異，其木如莎樹皮，檁木皮出麵可食。

唐・段公路《北户録》卷二《食目》 韶州菜有蕪菁，郡人採之爲葅。脆而且甘，不失北中味也。

唐・段公路《北户録》卷二《睡菜》 睡菜，五六月生田塘中，葉類茨菰，根如藕梢，其性冷。土人採根爲鹽葅食之。或云「好睡」。郭子横云：五味草，初生味甘，花時酢食之，不使人睡，亦名却睡草。

唐・段公路《北户録》卷二《水韭》 生於池塘中，葉似韭，有二三尺者。五六月堪食，不葷而脆，得非龍爪薤乎！

唐・段公路《北户録》卷二《蕹菜》 葉如柳，三月生。性冷味甜。土人織簰長丈餘，闊三四尺。植於水上，其根如萍寄水上下。可和畦賣也。

唐・段公路《北户録》卷二《斑皮竹筍》 湘源縣，十二月食斑皮竹笋，滋味與北中七八月笋牙小類，但甜脆過之，諸笋無以及之。

唐・段公路《北户録》卷三《無核荔枝》 南方果之美者，有欐支。梧州火山者，夏初先熟而味小劣，其高潘州者最佳，五六月方熟，有無核，類雞卵大者，其肪瑩白，不減水精，性熱，液甘，乃奇實也。又有蠟荔支，作青黄色，亦絶美。

唐・段公路《北户録》卷三《變柑》 新州出變柑，有苞大於升者，但皮薄如洞庭之橘，餘柑之所弗及。傳云本自高要移植，不數百里，形味俱變，因以爲名。論其美，真所謂厥苞橘柚，精者柑。亦如踰淮爲枳，乃水土異也。

唐・段公路《北户録》卷三《山橘子》 山橘子冬熟，有大如土瓜者，次如彈丸者，皮薄卜氣，普寧多有之。

唐・段公路《北户録》卷三《橄欖子》 八九月熟，其大如棗【略】。今高涼有銀坑橄欖子，細長，多味美於諸郡産者，其價亦貴於常者數倍也。

唐・段公路《北户録》卷三《山胡桃》 山胡桃，皮厚，底平，狀如檳榔。其大如扶留頭，味次陰平藥遊胡桃。別作杏膏香，但不耐停耳。

唐・段公路《北户録》卷三《白楊梅》 楊梅，葉如龍眼樹、如冬青，一名杌。音求。潘州有白色者，甜而絶大。

唐・段公路《北户録》卷三《偏核桃》 占卑國出偏核桃，形如半月狀，波斯人取食之，絶香美。

唐・段公路《北户録》卷三《紅梅》 嶺南之梅，小於江左，居人採之，雜以豆蔻花，和鹽曝之，梅爲槿花所染，其色可愛。今嶺北呼爲紅梅是也。又有選大梅，刻鏤瓶罐結帶之類，取棹汁漬之，棹木名烹其葉，呼爲棹汁。按梅有紫花梅、同心梅、麗文梅，品第絶多。亦甚甘脆。

唐・段公路《北户録》卷三《五色藤筌蹄》 瓊州出五色藤合子、書囊之類，花多織走獸飛禽，細於錦綺，亦藤工之妙手也。次盧亭，盧亭，即盧循之苗裔也。紉白藤爲茶器，新州作五色藤筌臺，皆一時之精絶。

唐・段公路《北户録》卷三《香皮紙》 羅州多棧香樹，身如柜柳，其華繁白，其葉似橘皮，堪搗爲紙，土人號爲「香皮紙」。作灰白色，文如魚子牋，今羅辨州皆用之。

唐・段公路《北户録》卷三《抱木屧》 抱木産水中，葉細如檜，其身堅類於柏，唯根軟不勝刀鋸，今潮州、新州多刳之爲屧，或油畫，或金漆，其輕不讓草屧。

唐・段公路《北户録》卷三《紅藤簟》 瓊州出紅簟，一呼爲笙，或謂之蘧篨，亦謂之行唐，其色殷紅，瑩而不垢。

唐・段公路《北户録》卷三《方竹杖》 澄州産方竹，體如削成，勁健堪爲杖，亦不讓張騫筇竹杖也。其融州亦出，大者數丈，正聲集云。南方有方竹杖，白蟬噪其上，陳貞節嘗詠之。又海晏地名。出蘆，堪爲拄杖。高潘州出千歲蕨拄杖，小類貝多。更有踈節竹，五六赤一節。僧道多以爲杖，皆奇物。

唐・段公路《北户録》卷三《山花燕支》 山花叢生，端州山崦間多有之。其葉類藍，其花似蓼，抽穗長二三寸，作青白色。正月開，土人採含苞者賣之，用爲燕支粉。或持染絹帛，其紅不下藍花。

唐·段公路《北户録》卷三《鶴子草》 鶴子草，蔓花也。其花麴塵，色淺紫，蒂葉如柳而小短。當夏開，南人云是媚草，甚神，可比懷草。夢草似蒲，晝縮入地，夜乃出，亦名夜草，懷之則知夢之吉凶，立驗也。漢武思李夫人，東方朔乃獻一枝，帝懷之，夜夢夫人，因改此名爲懷草也。夢芝，採之曝乾，以代面靨，形如飛鶴狀，翅羽觜距無不畢備，亦草之奇者。草蔓上，春生雙蟲，常食其葉，土人收於奩粉間飼之，如養蠶法。蟲老不食而蜕爲蝶，蝶赤黄色。女子佩之如細鳥皮，號爲「媚蝶」。

唐·段公路《北户録》卷三《越王竹》 嚴州産越王竹，根於石上，狀若荻枝，高赤餘，土人加其色，用代酒籌。次有沙筋，産於海島間，狀如蓴菜。春吐黄花，其心若骨，可爲籌筋。凡欲採者，須輕步拔之，不爾，聞人行聲，則縮入沙中，了不可取。

唐·段公路《北户録》卷三《無名花》 廣州之南數百里，有蔓草生焉，其草吐一葉，白華，片大如掌，亦有小片者。葉緑色。初夏開，翫之，初誤殘花。恬然特異，遍問土人，莫有知者。

唐·段公路《北户録》卷三《指甲花》 指甲花，細白色，絶芳香，今蕃人重之，但未詳其名也，又耶悉弭花、白末莉利，花紅者不香。皆波斯移植中夏，如毗尸沙金錢花也。本出外國，大同二年，始來中土。今番禺士女多以彩縷貫花賣之。

唐·段公路《北户録》卷三《相思子蔓》 相思子，有蔓生者，其子竊紅，葉如合歡，依籬障而生。與龍腦相宜，能令香不耗。南人云：「有刀瘡者，血不止，痛甚者，取葉熟搗厚，傅之即愈。」

唐·段公路《北户録》卷三《睡蓮》 睡蓮，葉如荇而大，沉於水面上。有異浮根菱耳。其花布葉數重，不房而蘂，凡五種色。當夏，晝開，夜縮入水底，晝而復出於水面也。與夢草晝縮入地，遇夜即復出，一何背哉！夢草似蒲，色紅，即方朔獻武帝者，孫容穆思密嘗遺水仙花數本，如摘之於水器中，經年不萎也。

唐·李泰《括地志·雍州·長安縣》 《三秦記》云：「御粟苑出粟，十五枚一升，大梨如五升，落地則破。其取梨先以布囊承之，號曰含消。」臣泰按：其粟味甘而小，不如《三秦記》所說。含消梨，人間往往有之，其大不至五升，亦不出此川矣。《長安志》卷五宫室三引。按《三秦記》以下三十六字，録長安志文。

唐·李泰《括地志·岐州·陳倉縣》 大梓樹在岐州陳倉縣南十里〔陳〕倉山上。《録異傳》云：「秦文公時雍南有大梓樹，文公伐之，輒有大風雨，樹生合不斷。時有一人病，夜往山中，聞有鬼語樹神曰：『秦若使人被髮，以朱絲繞樹伐汝，汝得不困耶？』樹神無言。明日病人語聞。公若其言伐樹，斷，中有一青牛出，走入豐水中。其後牛出豐水中，使騎擊之，不勝。有騎墮地复上，髮解，牛畏之，入不出，故置髦頭，漢、魏、晉因之。武都郡立怒特祠，是大梓牛神也。」《史記·秦本紀》「伐南山大梓豐大特」正義引。按陳倉縣因陳倉山而得名，此引脱「陳」字，據《史記·封禪書》「于陳倉北阪城祠之」正義引《括地志》及《元和郡縣志》補。

唐·李泰《括地志·定州·恒陽縣》 恒山在定州恒陽縣西北四十里。道書《福地記》云：「恒山高三千三百丈，上方二十里，又有太玄之泉，神草十九種，可度俗。」《史記·夏本紀》「太行常山」正義引。

唐·李泰《括地志·陝州·桃林縣》 桃林在陝州桃林縣，西至潼關，皆爲桃林塞地。《山海經》云：「夸父之山，北有林焉，名曰桃林，廣闊三百里，中多馬。」造父於此得驊騮、騄耳之乘，以獻周穆王也。《史記·趙世家》「桃林」《正義》引。又《周本紀》「放牛於桃林之虚」《正義》引作「桃林在陝州桃林縣西」。《山海經》云：「夸父之山，其北有林焉，名曰桃林，廣員三百里，中多馬。湖水出焉，北流入於河。」

唐·李泰《括地志·宋州·宋城縣》 宋州城，羿所封之地。羿五歲，父母與之入山，處之木下，以待蟬，還欲取之，而羣蟬俱鳴，遂捐而去。羿爲山間所養。年二十，習於弓矢。仰天歎曰：「我將射四方，矢至吾門止。」因捍即射矢靡地截草徑至羿之門，乃隨矢去。《路史·後紀》卷十三《疏仡紀》、《夏後紀》引。

唐·李泰《括地志·洛州·壽安縣》 召伯廟在洛州壽安縣西北五里。召伯聽訟甘棠之下，周人思之，不伐其樹。後人懷其德，因立廟。有棠，在九曲城東阜上。《史記·燕召公世家》「有棠樹」《正義》引，又《詩地理考》卷一「甘棠南國」引。

唐·李泰《括地志·鄭州·新鄭縣》 洧水在鄭州新鄭縣北三里，故新鄭城南。《韓詩外傳》云鄭俗：二月桃花水出時，會于溱、洧水上，以自祓除。《史記·鄭世家》「伐鄭兵於洧上」《正義》引。

唐·李泰《括地志·綿州·龍安縣》 茶川水在龍安縣東六十里，西岸出茶，因名。《輿地紀勝》卷一百五十二引。

唐·李泰《括地志·潤州·江寧縣》 慈姥山積石臨江，岸壁峻絶。山上出竹，堪爲簫管，屬樂府，名爲鼓吹山，今並芊茸頭細不任。《太平寰宇記》卷九十升州江寧縣引。

唐・李泰《括地志・衡州・臨蒸縣》 臨蒸縣東北一百四十里有茶山、茶溪。《太平御覽》卷八百六十七引《括地圖》，又《輿地紀勝》卷五十五引《括地志》。

唐・李泰《括地志・湖州・長興縣》 湖陵山在縣北一十五里，高四百五十丈。山墟名云藝香山，昔西施種香之所。《太平寰宇記》卷九十四湖州長興縣引。

唐・李泰《括地志・辰州・溆浦縣》 辰州溆浦縣西北三百五十里無時山，彼蠻俗，當吉慶之時，親族會集歌舞於此山。山多茶樹。《輿地紀勝》卷七十五引《坤元録》。

唐・李泰《括地志・西域》 阿耨達山亦名建末達山，亦名崑崙山。水出，一名拔扈利水，一名恒迦河，即經稱恒河者也。自崑崙山以南，多是平地而下溼。土肥良，多種稻，歲四熟，留役駞馬，米粒亦極大。《史記・大宛列傳》「身毒國」《正義》引。

又 火山國在扶(風)南東大湖海中。其國中山皆火，然火中有白鼠皮及樹皮，績爲火浣布。《魏略》云大秦在安息、條支西大海之西，故俗謂之海西國。從安息界乘船直載海西，遇風利時三月到，風遲或一二歲。其公私宫室爲重屋，郵驛亭置如中國。從安息繞海北陸到其國，人民相屬，十里一亭，三十里一置。無盜賊。其俗人長大平正，似中國人而胡服。朱應《異物志》云大秦之北附庸小邑，有羊羔自然生於土中，候其欲萌，築牆繞之，恐獸所食。其臍與地連，割絶則死。擊物驚之，乃驚鳴，臍遂絶，則逐水草爲羣。又大秦金二枚，皆大如瓜，植之滋息無極，觀之如用則真金也。《史記・大宛列傳》「奄蔡黎軒」《正義》引。按：「風」字衍。據《漢書・西域傳》增「國」字。《隋書・經籍志》有《扶南異物志》一卷，朱應撰，《舊唐書・經籍志》同，此誤爲「宋膺」，今據改。「秦」上脱「大」字，據下文增。

又 火林山生不燼之木。其山晝夜大火常然，猛風不盛，暴雨不滅。其木皮花皆堪績布，而皮布粗，花布細。又有火浣獸，其形似鼠，可重百斤，毛長三四寸，色白，細如絲，常居火中，炯赤如火。時時出外，人以水逐而沃之，得水即死。取其毛績以爲布，經有垢汙，若以灰水洗終日仍舊；若置於火中燒之，與火同赤，出而振之，塵去潔白如新，因名火浣。《大藏音義》卷十五引。

唐・李吉甫《元和郡縣志》卷一《關内道一・京兆府》 貢、賦：開元貢：葵草席，地骨白皮，酸棗仁。

唐・李吉甫《元和郡縣志》卷二五《山内道三》 武興山，在(順政)縣北百里。多漆及黃蘗。

又 廚山，在(鳴山)縣南三里。極崇峻幽深，多木蜜，百姓資其利。

唐・李吉甫《元和郡縣志》卷二七《江南道二》 金華山，在(金華)縣北二十里。赤松子重道處。出龍鬚草。

唐・李吉甫《元和郡縣志》卷二九《江南道四》 黃山，在(太平)縣西南四十里。上有泉水，泉側多黃連。

唐・李吉甫《元和郡縣志》卷三一《江南道六》 蘿緣山，在(南川)縣南十二里。山多楠木，堪爲大船。

又 明月山，下有明月池。《沅陵記》云：「兩岸素山，崖石如披雪，寒松如插翠。」在(沅陵)縣東二百里。

又 苞茅山，産茅，有刺而三脊，在(麻陽)縣西南三百五十里。

唐・李吉甫《元和郡縣志》卷三二《劍南道》 平蓋山，在(南溪)縣東三十里。多荔枝。

又 可盧山，在(南溪)縣南五十里，山多邛竹。

唐・李吉甫《元和郡縣志》卷三五《嶺南道一》 泉山，在(增城)縣西三十二里。其上多漆樹。

又 利山，在(新會)縣南一百七十里。上多沈香木。

又 寅山，在(歸善)縣東北十五里。多出茯苓。

又 端山，在(端溪)縣北一百二十五里。有樹冬榮，其子號曰豬肉子，大於盃，炙而食之，味如猪肉，故名也。

唐・李吉甫《元和郡縣志》卷四〇《隴右道下》 雪山，在(張掖)縣南一百里。多材木箭竿。

又 甘峻山，在(張掖)縣東北四十五里。出青鶻鷹，稱爲奇絶，常充貢獻。

唐・房玄齡等《晉書》卷一五《地理志下》 湘東郡【略】，泉陵有香茅，云古貢之以縮酒。

唐・魏徵等《隋書》卷二九《地理志上》 京兆郡【略】，盩厔【略】，有司竹園。

唐・劉恂《嶺表録異》卷上 上有荔枝，四月先熟。

唐・劉恂《嶺表録異》卷中 南中草菜，經冬不衰，故蔬園之中，載種茄子宿根，有二三年漸長枝幹，乃爲大樹。每夏秋熟，則梯樹摘之。三年后，樹漸老，子稀，即伐去別載嫩者。

又　廣州地熱，種麥則苗而不實。北人將蔓菁子就彼種者，出土即變爲芥。

又　山橘子大者，冬熟，如土瓜，次者如弹子丸。其實金色，而葉緑皮薄，而味酸，偏能破氣。容、廣之人帶枝葉藏之，入膾醋，尤加香美。

又　山薑花莖，葉即薑也。根不堪食，而于葉間，吐花穗如麥粒，嫩紅色，南人選未開拆者，以鹽腌，藏入甜糟中。經冬如琥珀，香辛可重用爲膾，無加也。以鹽藏曝乾煎湯，極能治冷氣。

又　鶴子草，蔓生也。案：《海録碎事》引此條云：「媚草，鶴子草也。」與此不同。其花麴塵，色淺紫，帶葉如柳而短。當夏開花，又呼爲緑花緑葉。南人云是媚草，採之曝乾，以代面靨，形如飛鶴，翅尾嘴足，無所不具。此草蔓至春，生雙蟲，只食其葉。越女收于妝奩中，養之如蠶，摘其草飼之，蟲老不食而蛻爲蝶，赤黃色，婦女收而帶之，謂之媚蝶。

又　野葛，毒草也，俗呼胡蔓草。誤食之則用羊血漿解之。或説此草蔓生，葉如蘭香，光而厚，其毒多著葉中，不得藥解，半日輒死。山羊食其苗，則肥而大。

又　篬簩竹，皮薄而空。多大者，徑不逾二寸，皮上麤澀，可爲鎖子錯甲，利勝于鐵。若鈍，以漿水洗之，還復快利。石林之竹，勁而利，削爲刀，割象皮如切。

又　䈥摩筍，桂廣皆殖，大若茶椀，竹厚而空小。一夫止擎一竿，堪爲茆屋椽梁柱。其種者，釤其竿，每截二尺許，打入土，不踰月而生根葉。明年長芽，筍不數歲，成林。其筍南人亦藏之爲筍笴。

又　筣竹筍，其竹枝上刺，南人呼爲「刺勒」。自根横生枝條，展轉如織，雖野火焚燒，只燎細枝嫩條，其筍叢生，轉復牢密。邕州旧以爲城，蠻蜑來侵，竟不能入。

又　倒捻子，窠叢不大，葉如苦李花，似蜀葵，小而深紫。南中婦女得以染色，有子如軟柿頭，上有四葉如柿蒂，食者必捻其蒂，故謂之「倒捻子」，或呼爲「都捻子」，蓋語訛也。其子外紫内赤，無核，食之甜軟，甚煖腹，兼益肌肉。

又　榕樹，桂廣容南府郭之内多栽此樹。葉如冬青，秋冬不凋。枝條既繁，葉又蒙細，而根鬉繚繞，枝幹屈盤。上生嫩條如藤垂，下漸及地，藤梢入土，根節成一大榕樹。三五處有根者，又横枝著鄰樹，則連理。南人以爲常，又謂之瑞木。

又　楓人嶺多楓樹，樹老，則有瘤瘿。忽一夜遇暴雷驟雨，其樹贅則暗長三數尺。南中謂之楓人。越巫云：取之雕刻神鬼，則易致靈驗。

又　桄榔樹，枝葉並蕃茂，與棗、檳榔等小異，然葉下有鬚，如麤馬尾，廣人採之以織巾子。其鬚尤宜鹹水浸漬，即麤脹而韌。故人以此縛舶，不用釘線，木性如竹，紫黑色，有文理而堅，工人解之，以制博奕局。案：《政和本草》所載此句下有「其木削作鋘鋤，利如鐵，中石更利，惟中蕉椰致敗耳」四句。此樹皮中有屑如麪，可爲餅食之。

又　枹木產江溪中，葉細如檜，身堅類桐，惟根軟不勝刀鋸。

又　廣州無栗，惟勤州山中有石栗，一年方熟，皮厚而肉少，味似胡桃仁。熟時，或爲羣鸚鵡啄食略盡。只此石栗，亦甚稀少。

又　波斯棗，廣州郭内見其樹，樹身無間枝，直聳三四十尺，及樹頂四向，共生十餘枝，葉如海椶。廣州所種者，或三五年一番，結子亦似北中青棗，但小耳。自青及黃，葉已盡，朵朵著子，每朵約三二十顆。恂曾于番酋家，食本國將來者，色類沙糖，皮肉軟爛，餌之，乃火爍水蒸之味也。其核與北中棗殊異，兩頭不尖，雙卷而圓，如小塊紫礦。

又　荔枝，南中之珍果也。梧州江前有火山，上有荔枝。四月先熟，原注：以其地熱，故曰火也。核大而味酸。其高新州與南海產者最佳，五六月方熟，形若小雞子，近蒂稍平，皮殼微紅，肉瑩寒玉。又有焦核者，性熱，液甘，食之過度，即蜜漿制之。又有蝎荔枝，黄色味稍劣于紅者。

又　龍眼之樹如荔枝，葉小，殼青黃色，形圓如彈丸大，核如木槵子而不堅，肉白帶漿，其甘如蜜，一朵恒三二十顆。荔枝方過，龍眼即熟。南人謂之「荔枝奴」，以其常隨于後也。

又　橄欖樹，身聳，枝皆高數尺，其子深秋方熟。閩中尤重此味，云：咀之香口，勝含雞舌香。飲汁，解酒毒。有野生者，子繁樹峻，不可梯緣，但刻其根下方寸許，納鹽于其中，一夕子皆自落。樹枝節上，生脂膏如桃膠，南人採之，和其皮葉煎之，調如黑餳，謂之橄欖糖。用泥船損，乾後，堅于膠漆，著水益乾耳。

又　枸櫞，子形如瓜，皮似橙而金色，故人重之，愛其香氣。

又　椰子樹，亦類海椶，結椰子大如甌盃，外有粗皮如大腹，次有硬殼，圓而且堅，厚二三分。有圓如卵者，即截開一頭，砂石磨之，去其皺皮，其斓斑錦文，以白金塗之，以爲水罐子，珍奇可愛。殼中有液數合如乳，亦可飲之，冷而動氣。

又　廣管羅州，多棧香樹，身似柳，案：《政和本草》所載此句作「柜根」。其花白而繁，其葉如橘，皮堪作紙，名爲香皮，紙灰白色有紋如魚子牋，其紙慢而弱，沾水即爛，遠不及楮皮者，又無香氣，或云黄熟棧香，同是一樹，而根幹枝節各有分別者也。

又　嶺表朱槿花，莖葉者如桑樹，葉光而厚，南人謂之佛桑。樹身高者，止于四五尺，而枝葉婆娑。自二月開花，至于仲冬方歇。其花深紅色，五出，如大蜀葵，有蕊一條，長于花葉，上綴金屑，日光所爍，疑有焰生。一叢之上，日開數百朵，雖繁而有艷，但近而無香。暮落朝開，插枝即活，故名之槿。俚女亦采而鬻，一錢售數十朵，若微此花，紅妝無以資其色。

又　沙箸，生于海岸沙中，春吐苗，其心若骨，白而且勁，可爲酒籌。凡欲採者，輕步向前，及手，急拔之，不然，聞行者聲，遽縮入沙中。掘尋之，終不可得也。

清・李調元輯《全五代詩》卷五九韋穀《紅薔薇》　淺碧眉長約細枝，深紅刺短鉤春色。晴日當樓曉香歇，錦帶盤空欲成結。

清・李調元輯《全五代詩》卷五九韋穀《石榴》　流霞色染紫罌粟，黄蠟紙苞紅瓠犀。玉刻冰壺含露溼，斕斑似帶湘娥泣。蕭娘出嫁嗜甘酸，嚼破水精千萬粒。

清・李調元輯《全五代詩》卷八三徐夤《荔枝二首》　朱彈星丸燦日光，綠瓊枝散小香囊。龍綃殼綻紅紋粟，魚目珠涵白膜漿。

五代・王仁裕《開元天寶遺事》卷上　初有木芍藥，植於沉香亭前，其花一日忽開一枝兩頭，朝則深紅，午則深碧，暮則深黄，則粉白；晝夜之內，香艷各異。

又　醒醉草　興慶池南岸，有草數叢，葉紫而心殷。有一人醉過於草傍，不覺失於酒態。后有醉者，摘草嗅之，立刻醒悟，故目爲「醒醉草」。

宋・樂史《太平寰宇記》卷一《河南道一・東京上・開封府》　土産：絹，綿，穀子，紅花，麻黄，酸棗。

宋・樂史《太平寰宇記》卷三《河南道三・西京一・河南府》　土産：桑白皮，桔梗，玄參，丹參，旋覆花，大戟，白蠟，半夏，芫花，峭粉，已上並入貢。瓷，鐘乳。賦：綾，絹。《九州記》云：「金門之竹，可以爲笙管。」金門，山名，在福昌縣。

宋・樂史《太平寰宇記》卷六《河南道六・陝州》　土産：柏子仁，貢。瓜蔞根，貢。絁，絹，麝香，蕤仁，石膽。

宋・樂史《太平寰宇記》卷六《河南道六・虢州》　土産：方紋綾，貢。花紗，絹，梨，棗，硯瓦，麝香，蜜，黄丹。

宋・樂史《太平寰宇記》卷七《河南道七・許州》　土産：絹，鹿心席，乾柿，黄明膠。

宋・樂史《太平寰宇記》卷八《河南道八・汝州》　土産：絹，絁，鹿脯，蜜，蠟。

宋・樂史《太平寰宇記》卷九《河南道九・滑州》　土産：方文綾，舊貢。絹，綿，花紗。

宋・樂史《太平寰宇記》卷九《河南道九・鄭州》　土産：藜，麻黄，鳳融席尤佳。舊貢。

宋・樂史《太平寰宇記》卷九《河南道九・鄭州・滎陽縣》　靈源山。按：《神境記》云：「滎陽縣西有靈源山，其間生靈芝、石菌。其巖頂有石髓、紫菊，往往人聞有長嘯之聲。」

宋・樂史《太平寰宇記》卷一〇《河南道十・陳州》　土産：絲，綿，綾，絹。

宋・樂史《太平寰宇記》卷一一《河南道十一・蔡州》　土産：舊貢：龜甲，雙距綾，四窠云花鸂鶒綾。今貢：龍鳳蚊幮，澤蘭，茱萸，䗪蟲，水蛭，已上二物各二兩。蓍草，生石斛。

宋・樂史《太平寰宇記》卷一二《河南道十二・宋州》　土産：漆，枲，綌，紵，綿，絁，縠，絹。

宋・樂史《太平寰宇記》卷一三《河南道十三・鄆州》　土産：阿膠，蛇牀子，綿，官絁。

宋・樂史《太平寰宇記》卷一四《河南道十四・濮州・濮州縣》　土産：綿，絹。貢。

宋・樂史《太平寰宇記》卷一四《河南道十四・單州》　土産：碭山縣枸杞，賦。紬，絹。

宋・樂史《太平寰宇記》卷一五《河南道十五・徐州》　土産：《禹貢》謂「浮磬、孤桐，蠙蛛暨魚」，今蠙蛛已絶，浮磬時有歲貢，五色土各一斗。

宋・樂史《太平寰宇記》卷一六《河南道十六・泗州》　土産：頗有桑麻之業，無林澤之饒。綿，絹，貲布，絁。

宋·樂史《太平寰宇記》卷一七《河南道十七·淮陽軍》土産：菖蒲。一寸九節及十節出偃武鄉。

宋·樂史《太平寰宇記》卷一八《河南道十八·青州》土産：海魚，鹽，絲，綿，絹，今貢。貓兒，仙紋綾。

宋·樂史《太平寰宇記》卷二〇《河南道二十·萊州》土産：牡礪，決明，海藻，綿，絹，麻布，茯苓，牛黄，貢。文蛤，貢。石器。貢。

宋·樂史《太平寰宇記》卷二一《河南道二十一·兗州》土産：《禹貢》：「漆、絲、織文。」汶陽之篠，可以爲笙。金，貢。鏡花綾，絹，綿，防風，紫石英，茯苓。

宋·樂史《太平寰宇記》卷二二《河南道二十二·海州》土産：綾，絹，海味，鹽，楚布，以其地當楚分，其布精好，故名。紫菜。産在郡東北七十五里海畔石上，舊貢也。

宋·樂史《太平寰宇記》卷二六《關西道一·雍州一》土産：隔紗、地骨皮、韡氈、粲席、酸棗仁，已上貢。葛粉，藕粉，紫稈粟。

宋·樂史《太平寰宇記》卷二八《關西道四·同州》土産：皺文韡，今貢。蒲合、麝香，鶻，石燉餅、舊貢。草坐、白蒺藜。《本草》云：「防風生沙苑。」

宋·樂史《太平寰宇記》卷二九《關西道五·華州》土産：茯苓，茯神，細辛，已上今貢。綿，絹，朱柿子，出豐原鄉董侯里。石踏爐，出將相鄉獼猴谷，此二物元貢，今停。鶻，採于金氏陂。唐時貢五粒松。一名乳毛松，十二月採，出蒲谷，元不貢。

宋·樂史《太平寰宇記》卷三一《關西道七·耀州》土産：柏板，出云陽。啖馬藥，出同官。芍藥，石脂，青石。出華原。

宋·樂史《太平寰宇記》卷三二《關西道八·涇州》土産：龍鬚蓆，羊，馬，駝毛，紅花，麻，布，黄蓍，氈，麝香，秦膠。

宋·樂史《太平寰宇記》卷三三《關西道九·原州》土産：覆鞍氈，貢。白氈，黄蓍，白藥，賦：麻，布。

宋·樂史《太平寰宇記》卷三五《關西道十一·丹州》土産：龍鬚席，蠟燭，香子，苦參，已上貢。麝香。

宋·樂史《太平寰宇記》卷三六《關西道十二·延州》土産：尤出麝香，黄蠟，貢。秦艽。

宋·樂史《太平寰宇記》卷三七《關西道十三·會州》土産：鹿胎，野馬皮，覆鞍氈，鹿尾，靴，白角簟，駞褐。已上爲貢。

宋·樂史《太平寰宇記》卷三七《關西道十三·夏州》土産：角弓，氈，酥，麻，布，羊，馬，駝，苣霜虀，有乞物魚，葱，味辛。

宋·樂史《太平寰宇記》卷三八《關西道十四·振武軍》土産：香有穀撥甘松，藥有麻黄、升麻、當歸、庵閭、柴胡、刺楸、遠志、白角簟。

宋·樂史《太平寰宇記》卷三九《關西道十五·宥州》土産：青鹽，酥，駝，馬。

宋·樂史《太平寰宇記》卷四〇《河東道一·并州》土産：梨，貢。馬鞍，貢。甘草，龍骨，特生石，柏子仁，黄石鉚，葡萄，貢。人參，礬石，鐵鏡。《隋圖經》云：「榆次龍骨、交城礬石，並充貢。」

宋·樂史《太平寰宇記》卷四一《河東道二·汾州》土産：龍鬚席，貢。石膏。賦：麻，布。

宋·樂史《太平寰宇記》卷四一《河東道二·嵐州》土産：知母，五色龍骨，术，松栢木，熊皮，貢。麻，石蜜。

宋·樂史《太平寰宇記》卷四二《河東道三·石州》土産：胡女布，麝香，蜜，爉燭，石英，松木。賦：麻，布，龍鬚蓆。

宋·樂史《太平寰宇記》卷四三《河東道三·忻州》土産：麝香，貢。豹尾，貢。扇。賦：麻，布。

宋·樂史《太平寰宇記》卷四三《河東道四·晉州》土産：爉燭，貢。蜜蠟，貢。葡萄，紅豆，紫草，紫參。賦：麻，布。

宋·樂史《太平寰宇記》卷四四《河東道五·澤州》土産：人參，貢。紫草，白石英，貢。石雄，茯苓，蜜，蠟。

宋·樂史《太平寰宇記》卷四四《河東道五·遼州》土産：人參。

宋·樂史《太平寰宇記》卷四五《河東道六·潞州》土産：石蜜，人參，以上貢。墨，紫草，麻，布。

宋·樂史《太平寰宇記》卷四六《河東道七·蒲州》土産：有鹽鐵之饒，竹扇，經紙，氈毯，五味子，天蒸棗，藺蓆，麻，布，綿，絹。

宋·樂史《太平寰宇記》卷四六《河東道七·解州》土産：升麻，黄芩，瓜蔞根。

宋·樂史《太平寰宇記》卷四七《河東道八·絳州》土産：墨，梨，蠟燭，防風，交椶紗縠子，粱米，貲布，胡桃，羊，馬，乾棗。

宋・樂史《太平寰宇記》卷四八《河東道九・慈州》 土産：蠟蠋，貢。賦：麻，布，緑礬，鐵。

宋・樂史《太平寰宇記》卷四八《河東道九・隰州》 土産：蜜，臘，胡女布，已上舊貢。龍鬚席，出温泉縣。燕荑，甚佳。不産絲蠶。

宋・樂史《太平寰宇記》卷四九《河東道十・代州》 土産：麝香，天花，豹尾，地菜，鵰翎。貢。賦：麻，布。青，碌，貢。長松子。

宋・樂史《太平寰宇記》卷四九《河東道十・雲州》 土産：鵰翎，羊，馬，蓯蓉，犛牛尾。貢。《郡國志》云：「云中、五原，唾出口成冰，言苦寒也。」

宋・樂史《太平寰宇記》卷五〇《河東道十一・威勝軍》 土産：人參。貢。

宋・樂史《太平寰宇記》卷五一《河東道十二・蔚州》 土産：熊皮，豹尾，雕翎，金，銀，大韭。後魏孝文帝以土地沃壤，慮軍食闕，山野多種大韭，肥地皆長三尺，葉廣如馬蘭，但味少甘，食之禦饑。今圖經所謂大韭多生于山野及平川是也。賦：麻，布，花斑石。

宋・樂史《太平寰宇記》卷五一《河東道十二・朔州》 土産：鵰翎，肉蓯蓉，豹尾，貢。甘草。

宋・樂史《太平寰宇記》卷五二《河北道一・孟州》 土産：古貢黄魚鮓，今貢粱米，石榴。

宋・樂史《太平寰宇記》卷五三《河北道二・懷州》 土産：絲，絹，綿，迤，入貢。朱膠。

宋・樂史《太平寰宇記》卷五四《河北道三・魏州》 土産：絹，貢。絲，棉，純，紬，貢。枝頭乾。《漢書》云：「冀州其利松柏。」

宋・樂史《太平寰宇記》卷五四《河北道三・博州》 土産：綿，絹，平綢。貢。

宋・樂史《太平寰宇記》卷五五《河北道四・相州》 土産：胡粉，貢。鳳翮席，貢。花口胡蘆，紗，貢。絹。貢。

宋・樂史《太平寰宇記》卷五六《河北道五・衛州》 土産：絲，布，絹。

宋・樂史《太平寰宇記》卷五七《河北道六・澶州》 土産：角弓，貢。鳳翮席，桑白皮，香附子，茅香，胡粉。貢。

宋・樂史《太平寰宇記》卷五七《河北道六・通利軍》 土産：絲，絹，外無藥物。

宋・樂史《太平寰宇記》卷五八《河北道七・洺州》 土産：平紬，絁子，油衣，人參，絹。

宋・樂史《太平寰宇記》卷五八《河北道七・貝州》 土産：白氈，貢。韉氈，貢。絲布，絁，絹。按《隋圖經》云：「清河絹爲天下第一。」

宋・樂史《太平寰宇記》卷五九《河北道八・邢州》 土産：白甆器，絲布，綿，鮮玉沙。《西京雜記》云：「霍光妻遺淳于衍散花綾，出鉅鹿陳寶光之家。」

宋・樂史《太平寰宇記》卷六〇《河北道九・趙州》 土産：絲布，絁，帛，石榴。

宋・樂史《太平寰宇記》卷六一《河北道十・鎮州》 土産：恒山：瓜子羅，孔雀羅，春羅。

宋・樂史《太平寰宇記》卷六二《河北道十一・定州》 土産：兩窠紋綾，槾梨，羅綺，貢。恒山人參，甆器。

宋・樂史《太平寰宇記》卷六三《河北道十二・冀州》 土産：絹，貢。綿，貢。草履子。

宋・樂史《太平寰宇記》卷六三《河北道十二・冀州》 土産：布，絹，貢。石榴。

宋・樂史《太平寰宇記》卷六四《河北道十三・德州》 土産：貢綾，蛇牀子。賦：綿、絹、

宋・樂史《太平寰宇記》卷六五《河北道十四・滄州》 土産：鹽，綿，絹，綾，五色柳箱，莞蓆，水葱蓆，細文葦簟，糖蟹，鱧鮬，牡蠣，蜃蛤，兔毫。

宋・樂史《太平寰宇記》卷六六《河北道十五・瀛州》 土産：絲，布，絹，人參，蔓荊子。

宋・樂史《太平寰宇記》《河北道十五・莫州》 土産：蓯蓉，人參。貢：絹。

宋・樂史《太平寰宇記》卷六七《河北道十六・易州》 土産：人參，墨，綿，紫草，丹參。今進墨五百錠，入翰林院。

宋・樂史《太平寰宇記》卷六八《河北道十七・定遠軍》 土産：舊貢：水葱席，茅簟，海蛤，絹。

宋・樂史《太平寰宇記》卷六九《河北道十八・幽州》 土産：綿，絹，人參，瓜子，貢茆陽綾，琉璃。《史記》云：「燕、秦千樹栗，與千户侯等。」土馬所生，魚

鹽桑棗之利。」又銀錫二穴，密云郡都管，筋角是勁。又有水晶，是寶出昌平縣。

宋·樂史《太平寰宇記》卷七〇《河北道十九·薊州》　土產：鹿角膠，人參，遠志，白术。

宋·樂史《太平寰宇記》卷七一《河北道二十·嬀州》　土產：麝香，樺皮，胡鹿，人參。

宋·樂史《太平寰宇記》卷七二《劍南西道一·益州》　土產：按：《十道志》云：「巴、蜀土地肥美，有江水沃野，山林竹木蔬食果實之饒，橘柚之園，郊野之富，號爲近蜀。丹青文采，家有鹽泉之井，户有橘柚之園，紙維十色，竹則九種。」邛竹，蒟，青矩。醬，如今之大筆撥。又《郡國志》：嘉魚，細鱗似鱒魚，蜀中謂之拙魚，蜀郡山中，處處有之。每年春從石穴出，大者長五六尺。《本草·菜部》：苦茶，一名選，一名遊冬。生益州川谷，淩冬不死。三月三日，採乾爲飲。令人不睡。花有山茶，出雅州，紅類海石榴。海棠，此樹尤多繁艷，未開時如硃砂爛漫，稍白半落如雪，天下所無也。桐花，色白，至大有小鳥，燋紅翠碧相間，毛羽可愛，生于花中，唯飲其汁，不食他物，花落遂死，人以蜜水飲之，或得三四日。性亂跳躑，多抵觸便死。土人畫桐花鳳扇即此也。旌節花，枝直上，花紅紫層際如旌節，葉碧夾百合。千葉刺榆，紅似桃花，極大長樂花紅紫小蘇，許公有賦。荼蘼花，香甚，可以爲酒。九壁錦，按：《遊蜀記》云：「成都有壁村，出美錦。舊貢：薛濤十色牋，短而狹，纔容八行。雪山樸硝，其色如玉。單絲羅，高杼衫段，交梭紗，琵琶捍撥，蜀漆銅盆，菜有龍葵。今貢：綾。出成都、華陽、新都、新繁、郫縣。羅，出廣都、雙流、溫江。高杼布，出新都。絲，出郫縣。禪布衫段，出新都。柘蠶絲，出犀浦。絁，綿，絹，布，麻，十縣皆出。

宋·樂史《太平寰宇記》卷七三《劍南西道二·彭州》　土產：麩金，續斷，升麻，茶。按：《茶譜》云：「彭州有蒲村、堋口、灌口，其園名仙崖、石花等，其茶餅小而市嫩芽，如六出花者尤妙。」又《茶經》云：「茶出彭州九隴縣馬鞍山、至德寺、堋口鎮者，與襄州茶同味。」

宋·樂史《太平寰宇記》卷七三《劍南西道二·漢州》　土產：紵布，彌牟布，紋綾，苓根鞋，合篳。

宋·樂史《太平寰宇記》卷七四《劍南西道三·眉州》　土產：麩金，秫米，茶。按：《茶經》云：「眉州、洪雅、昌闔、丹稜，其茶如蒙頂製餅茶法，其散者葉大而黃，味頗甘苦，亦片甲蟬翼之次也。」

宋·樂史《太平寰宇記》卷七四《劍南西道三·嘉州》　土產：水波綾，烏頭綾，苓根，紅花。已上古貢。麩金，紫葛，巴豆，金毛狗脊，丁公藤。已上今貢。

宋·樂史《太平寰宇記》卷七五《劍南西道四·邛州》　土產：絲布，細葛，紅花，茶。按：《茶經》云：「臨邛數邑，茶有火前、火後、嫩綠、黃芽等號，又有火番餅，每餅重四十兩，入西番黨項，重之如中國名山者，其味甘苦。又故《伐蜀記》云：「鎮南焦葛上者匹值十千。」

宋·樂史《太平寰宇記》卷七五《劍南西道四·屬州》　土產：白羅花，紫草，紅花，金，單絲羅，木蘭皮，椒，茶。

宋·樂史《太平寰宇記》卷七六《劍南西道五·簡州》　土產：紬，綿，茶。

宋·樂史《太平寰宇記》卷七六《劍南西道五·懷安軍》　土產：侯杏，石榴。

宋·樂史《太平寰宇記》卷七七《劍南西道六·雅州》　土產：麩金，石菖蒲，升麻，黃連，落雁木，蠲紙，茶。《茶譜》云：「雅州百丈、名山二者尤佳。」

宋·樂史《太平寰宇記》卷七八《劍南西道七·茂州》　土產：麝香，麝臍，五味子，馬牙硝，乾酪蜜，馬，升麻。《九州要記》云：「汶山郡有□鹿，又有五角牛。又旄牛無角，一曰童牛，肉重千斤。」

宋·樂史《太平寰宇記》卷七八《劍南西道七·翼州》　土產：當歸，羌活。

宋·樂史《太平寰宇記》卷七九《劍南西道八·戎州》　土產：茘枝煎，半夏，升麻。狨皮暖座，按：《郡國志》云：「僰道有獸名獑猢，似猿而四足短，一騰一百五十步，如迅鳥之飛。取此皮爲狐白之用，盈百方成。」又段氏《蜀記》云：「戎人進猓猻褥，皂、褐、碧三色相間，元出馬湖江、石門兩路蠻界內。」

宋·樂史《太平寰宇記》卷八〇《劍南西道九·霸州》　土產：散麝香。

宋·樂史《太平寰宇記》卷八〇《劍南西道九·拓州》　土產：酥，黃連，麝香，當歸。

宋·樂史《太平寰宇記》卷八一《劍南西道十·松州》　土產：麝香，羌活。

宋·樂史《太平寰宇記》卷八一《劍南西道十·悉州》　土產：顆麝香，氂牛尾，當歸，羌活，朴硝。

宋·樂史《太平寰宇記》卷八二《劍南東道一·梓州》　土產：綾，綿，銀，空青，曾青，石綠，地黃，紅花，砂糖，甘橘，枇杷。《十道記》云：「廣漢之地有鹽井，銅山之富。本南夷，周末，秦並爲郡。有蔬食果實之饒。」

宋·樂史《太平寰宇記》卷八三《劍南東道二·錦州》　土產：小綾，交梭紗，綿，緋紅，《遊蜀記》云：「左綿緋紅，三川所尚。綿州左綿郡有水所染緋紅，此水濯之後益鮮，故人之所重。」栢桔，紫參。

宋·樂史《太平寰宇記》卷八四《劍南東道三·劍州》土産：薑鞋，紗，絲布，舊貢蘇薰席，《圖經》云：「蘇家三陵草席。」今貢巴戟，蠲紙。

宋·樂史《太平寰宇記》卷八四《劍南東道三·龍州》土産：麩金，舊貢。羚羊角，葛粉，附子。

宋·樂史《太平寰宇記》卷八五《劍南東道四·陵州》土産：貢：麩金。元採于遵江水，唐神光元年起。出續斷子，一名百兩金，五月五日採，舊常進。進鵞溪絹，出梓州立武縣鵝溪。苦藥子，永真年中停進。細葛，緞。

宋·樂史《太平寰宇記》卷八五《劍南東道四·榮州》土産：麩金，羌活，黃連，舊貢：斑布。有鹽井五十七。

宋·樂史《太平寰宇記》卷八六《劍南東道五·果州》土産：巴戟，大黃，絲布，貢。黃柑，紫梨，雞父草，五月採。山大豆。八月採。以上二藥，《本草》無名，山大豆療急風寒，雞父草治婦人因産破血。

宋·樂史《太平寰宇記》卷八六《劍南東道五·閬州》土産：獠布，當歸，重蓮綾，鹽，絹。段氏《蜀記》云：「果、閬二州絹長十五丈，重一斤，其色目鮮白。」

宋·樂史《太平寰宇記》卷八七《劍南東道六·遂州》土産：樗蒲綾，簟子，苓根，靸鞋，紫葛根，交讓木。葉似槐。

宋·樂史《太平寰宇記》卷八七《劍南東道六·普州》土産：葛，梅，杏。

宋·樂史《太平寰宇記》卷八八《劍南東道七·瀘州》土産：大黃，杏仁，石青，石緑，斑布，荔枝，鰉魚，楠木，花竹簟，茶。

宋·樂史《太平寰宇記》卷八九《江南東道一·潤州》土産：方紋綾，貢。水波綾，羅綿絹。

宋·樂史《太平寰宇記》卷九〇《江南東道二·昇州》土産：《禹貢》：「篠簜既敷，厥草惟夭，厥木惟喬，其利金錫。」水居千石魚陂，皆與千户侯等，不窺市井，坐而待收。雜藥，紋綾，已上貢。絲，絹，紗，鑛。已上賦。

宋·樂史《太平寰宇記》卷九一《江南東道三·蘇州》土産：絲葛，白石脂，藕，綾，席，出虎丘。草履，蛇牀子，太湖石，橘，出洞庭。楊梅，菰蕈，出吴江。鮆魚。出太湖。

宋·樂史《太平寰宇記》卷九二《江南東道四·常州》土産：紅紫綿布，白紵布，出四縣。緊紗，出武進。紫筍茶，出宜興。薯藥，出無錫。龍鳳細席，出晉陵、無錫二縣。子鱭。

宋·樂史《太平寰宇記》卷九三《江南東道五·杭州》土産：牛膠，藤紙，蜜，乾薑，乾地黃，以上貢。白編綾，橘，木瓜，漆，黃精，芡實，出錢塘。鮒魚，出富陽。鹽，出海寧。鰣魚，出富陽。形似鰣，惟五月有之。海蛤，冬筍。出餘杭。

宋·樂史《太平寰宇記》卷九四《江南東道六·湖州》土産：紫筍茶，木瓜，糝煎，重杭子，白紵布，綾，貢。綿，筆。

宋·樂史《太平寰宇記》卷九五《江南東道七·睦州》土産：交梭紗，竹簟，絲布，鳩坑團茶，麥門冬煎，紙，漆，白石英。

宋·樂史《太平寰宇記》卷九六《江南東道八·越州》土産：緋紗，甆器，越綾，以上貢。甘橘，甘蔗，玉芝，葛根，交梭白紗，銀魚，蛤粉，剡牋，鰦魚。古稱出纖麗之物，東方朔曰：「横山産草，莖赤葉青，死者覆之活。」謂暨縣烏帶山出紫石英。

宋·樂史《太平寰宇記》卷九七《江南東道九·衢州》土産：白紵，大麻布，紗，扇，橘，出西安。茶，簟，號曰生子簟。硯，石翰。

宋·樂史《太平寰宇記》卷九七《江南東道九·婺州》土産：綿，絁，絹，南棗，酒，玉面狸。

宋·樂史《太平寰宇記》卷九八《江南東道十·明州》土産：絹，葛，紅木犀，紫菜，淡菜，鮚，蚶，青鯽，紅蝦鮓，舊貢。大蝦米，舶船，海物。

宋·樂史《太平寰宇記》卷九八《江南東道十·臺州》土産：金松，方竹，絹，望潮魚，乾薑，甲香，乳柑，花乳石，鮫魚皮，海物。

宋·樂史《太平寰宇記》卷九九《江南東道十一·温州》土産：貢：鮫魚，蠲紙，金雀，竹絲燈，西施舌，乳橘。《郡國志》云：「永嘉爲東甌，鬱林爲西甌，其地蠶一年八熟。」

宋·樂史《太平寰宇記》卷一〇〇《江南東道十二·福州》土産：美人蕉，佛手柑，羊桃，龍眼，茉莉，蔗，榕，蕉葛，茶，白籐箱，簟，扇，輕絹，絲布，紵布，海蛤，麩金，乾薑，蚺蛇膽，荔枝乾，今貢。橄欖，筍笴，乾白沙糖。今貢。

宋·樂史《太平寰宇記》卷一〇二《江南東道十四·泉州》土産：蠲符紙，貢。生蕉，白藤箱，蚺蛇膽，紅花，茜緋，海舶，香藥，天門冬，鐵，枇杷，再熟稻，春夏收訖，其株又苗生，至秋薄熟，即《吴都賦》所云「再熟稻」。橄欖，荔枝，龍眼，甘蔗，茉莉。

宋·樂史《太平寰宇記》卷一〇二《江南東道十四·汀州》　土產：鼹鼠，茶，龜甲。古《圖經》云：「進黃蠟、蠲紙。」出銀並銅，長汀縣有黃焙場、安豐場，並寧化縣有龍門場，俱出銅、銀。降真香。

宋·樂史《太平寰宇記》卷一〇三《江西道一·宣州》　土產：《職方氏》：「其利金、錫、竹、箭，畜宜鳥獸，穀宜稻。」南陵利國山出銅。當塗縣界赤金山亦出好銅。紵布，五色線毯，綺，綾，埶線綾，栗紙，綿，筆，絹，黃連，雪梨，香貍。

宋·樂史《太平寰宇記》卷一〇三《江西道一·廣德軍》　土產：茶，絲紬，漆絹，綿，布，桐油。

宋·樂史《太平寰宇記》卷一〇四《江西道二·歙州》　土產：硾紙，茶，硯，漆，墨，蜜，蠟，銀，鴝鳥。

宋·樂史《太平寰宇記》卷一〇四《江西道二·歙州·歙縣》　九頓山，恒風，樹木摧拔，雖長成合抱而無大枝，存則多于南面。

宋·樂史《太平寰宇記》卷一〇五《江西道三·太平州》　土產：鯽魚，烏味草。

宋·樂史《太平寰宇記》卷一〇六《江南西道四·洪州》　土產：蠟，甘橘，葛布，絲布，羅漢菜，笋，梅煎，黃精。

宋·樂史《太平寰宇記》卷一〇六《江南西道四·洪州·豐城縣》　櫧山，在縣東六十里。產櫧木。有磐石，可坐百人。

宋·樂史《太平寰宇記》卷一〇六《江南西道四·筠州》　土產：貢南燭子，南燭花出調露，黎源茶，烏藥，薯蕷，土硃，牛尾狸，黃雀兒鮓，紫竹，羊桃。

宋·樂史《太平寰宇記》卷一〇七《江南西道五·永平監·信州·青溪縣》　貴源山，廣七十餘里。內多良田，物產蕃蔗。

宋·樂史《太平寰宇記》卷一〇八《江南西道六·虔州》　土產：鉛，砷，糖，蜜梅，竹梳箱，石蜜，葛布，芥茶，雪瓜，桃，五色鯉。

宋·樂史《太平寰宇記》卷一〇九《江南西道七·袁州》　土產：白紵布，葛，紙，竹鞋，黃精，地黃，綿布，酒，按：王烈之云：「宜春酒耐，隨歲舉上供。」龍鬚草茶，土綾。

宋·樂史《太平寰宇記》卷一〇九《江南西道七·吉州》　土產：玉版筍，水晶蔥，龍鬚草，抱石魚，藤，茶，紫草，橘，碁子，竹紙，絲布，白紵布。

宋·樂史《太平寰宇記》卷一一〇《江南西道八·撫州》　土產：箭簳，柘木，葛，茶，杉，紙，朱橘，苧布，牛舌紙。

宋·樂史《太平寰宇記》卷一一〇《江南西道八·建昌軍》　土產：吴茱萸，承露仙，俗謂之白藥。麻姑酒，麻姑山取神功泉釀者佳。金絲布。

宋·樂史《太平寰宇記》卷一一一《江南西道九·江州》　土產：云母，葛布，布水紙，石耳，鱅魚，葛，栗，茶。

宋·樂史《太平寰宇記》卷一一一《江南西道九·南康軍》　土產：布水紙，云母，石斛，出廬山縣崖。葛布，蛤粉。

宋·樂史《太平寰宇記》卷一一二《江南西道十·鄂州》　土產：銀，麻，紵布，火紙，茶。

宋·樂史《太平寰宇記》卷一一四《江南西道十二·潭州》　土產：絲布，葛布，紵布，橝皮，烏梅，木瓜，楮皮，魚稻，竹木，云母，茶。

宋·樂史《太平寰宇記》卷一一五《江南西道十三·衡州》　土產：美酒，水銀，朱砂，茶。

宋·樂史《太平寰宇記》卷一一六《江南西道十四·道州》　土產：零陵香，白紵布，朱砂，水銀，鐘乳，荔枝，折稅徵白蠟。

宋·樂史《太平寰宇記》卷一一六《江南西道十四·永州》　土產：白花蛇，細葛，零陵香，斑竹，朱砂，石鷰。

宋·樂史《太平寰宇記》卷一一六《江南西道十四·全州》　土產：貢班竹簾簟，長通箭簳，零陵香，細白葛。

宋·樂史《太平寰宇記》卷一一七《江南西道十五·郴州》　土產：白紵布，朱砂。青茆，可以染青，尤勝于藍。

宋·樂史《太平寰宇記》卷一一八《江南西道十六·澧州》　土產：龜甲綾，五紋綾，牛膝，紵練紗，光明沙。

宋·樂史《太平寰宇記》卷一一八《江南西道十六·郎州》　土產：白紵布，芒消，蠟，紫苑，五入簟。

宋·樂史《太平寰宇記》卷一二〇《江南西道十八·涪州》　土產：連頭獠布，金，文鐵，席。段氏《蜀記》云：「涪州出扇，爲時貴之。」

宋·樂史《太平寰宇記》卷一二一《江南西道十九·播州》　土產：元貢：蠟。生黃茶。

宋・樂史《太平寰宇記》卷一二三《淮南道一・揚州》 土產：莞席，錦綺，白綾，銅鏡，柘木。

宋・樂史《太平寰宇記》卷一二四《淮南道二・和州》 土產：貢：紵布。茶，魚，稻。

宋・樂史《太平寰宇記》卷一二四《淮南道二・楚州》 土產：絲，絹，貲布，淮白魚。

宋・樂史《太平寰宇記》卷一二五《淮南道三・舒州》 土產：白紵布，開火茶，酒器，鐵器，蠟，常春藤。

宋・樂史《太平寰宇記》卷一二六《淮南道四・廬州》 土產：交梭絲布，貢。石斛，開火新茶，蠟，礬，鹿脯，蘇，鮓魚。

宋・樂史《太平寰宇記》卷一二七《淮南道五・蘄州》 土產：白紵布，白花蛇，竹簟，笛管，以上舊貢。茶。出當州蘄春、蘄水二縣北山。

宋・樂史《太平寰宇記》卷一二七《淮南道五・光州》 土產：茜草，葛，遠志，綿，絹，生石斛，名玉。

宋・樂史《太平寰宇記》卷一二七《淮南道五・光州・固始縣》 大蘇山，在縣東四十里。陶弘景山圖云：「霍山及牛山出藥草。其山東南角有伏石，似牛復，與霍山相接。」山中出石斛，今入貢。

宋・樂史《太平寰宇記》卷一二八《淮南道六・滁州》 土產：貲布。舊貢。

宋・樂史《太平寰宇記》卷一二九《淮南道七・壽州》 土產：絲布，石斛，貢。茜草，絁，綿，麻布。

宋・樂史《太平寰宇記》卷一三〇《淮南道八・通州》 土產：鹽，絲，貢：乾鯔魚。鯧魚醬，蝦米。

宋・樂史《太平寰宇記》卷一三一《淮南道九・黃州》 土產：連翹，松蘿，白苧布，貲布，見貢。白花蛇。長尺餘，可治風疾。

宋・樂史《太平寰宇記》卷一三一《淮南道九・漢陽軍》 土產：貲布，茨仁，□茹，菱仁，以上物貢。

宋・樂史《太平寰宇記》卷一三二《淮南道十・安州》 土產：青紵布，糖笋，茶。晉劉琨爲並州刺史，與兄子南兗州刺史演書云：「前得安州乾茶二斤，皆所須也。汝可信信致之。」

宋・樂史《太平寰宇記》卷一三二《淮南道十・信陽軍》 土產：舊貢：緋葛。白紵布，花蛇，茶。

宋・樂史《太平寰宇記》卷一三三《山南西道一・興元府》 土產：唐貢：紅花，胭脂，夏蒜，冬筍，糟瓜，藥物。今貢：胭脂，蠲紙，紅花。

宋・樂史《太平寰宇記》卷一三四《山南西道二・鳳州》 土產：蠟燭，貢。麝香，貢。石斛，葛根，蓬虆子。

宋・樂史《太平寰宇記》卷一三四《山南西道二・文州》 土產：羚羊角，麝香，貢。紅花，白蜜，甘子，貢。雄黃，布，羌活，狨，香，獐子。

宋・樂史《太平寰宇記》卷一三五《山南西道三・興州》 土產：麝香，蠟，貢。丹砂，貢。漆，蜜。

宋・樂史《太平寰宇記》卷一三五《山南西道三・利州》 土產：柑子，蠟燭，附子，枇杷，鯖子，天雄，烏頭，黃連，絁。

宋・樂史《太平寰宇記》卷一三六《山南西道四・合州》 土產：麩金，桃竹筯，牡丹皮，木藥，石膽，雙陸子，書筒。

宋・樂史《太平寰宇記》卷一三六《山南西道四・渝州》 土產：藥子，牡丹皮，葛，石膽，麩金，茶，桃竹。按：《茶譜》云：「南平縣狼猱山茶黃黑色，渝人重之，十月採貢。」又段氏《蜀記》云：「渝出花竹簟，爲時所重。」

宋・樂史《太平寰宇記》卷一三七《山南西道五・開州》 土產：貢：車前子。蠟，柑子。

宋・樂史《太平寰宇記》卷一三七《山南西道五・達州》 土產：挺子白膠香，貢。白藥子，蜜，蠟，蜂窠。段氏《蜀記》云：「通、開二州產鹽、漆之利。」

宋・樂史《太平寰宇記》卷一三八《山南西道六・渠州》 土產：黃連，車前子，恒山，茱萸，鐵。

宋・樂史《太平寰宇記》卷一三八《山南西道六・廣安軍》 土產：絲，布，紬，綿，牡丹皮。

宋・樂史《太平寰宇記》卷一三九《山南西道七・巴州》 土產：紬，綿，白藥，巴戟天，茶。按：《廣雅》云：「荊、巴間採茶作餅成，以米膏出之。欲煮餅，先炙令色赤，擣末置瓷器中，以湯澆覆之，用蔥薑芼之，即茶始說也。」又段氏《蜀記》云：「巴州以竹根爲酒注子器，爲時珍貴也。」

宋・樂史《太平寰宇記》卷一四〇《山南西道八・集州》 土產：小絹，藥子，蜜，蠟。

宋・樂史《太平寰宇記》卷一四〇《山南西道八・壁州》 土產：麻布，絲布，綿，紬，蠟，馬鞭。貢。段氏《蜀記》云：「壁州進貢鞭，諸道不及。」

宋・樂史《太平寰宇記》卷一四一《山南西道九・金州》 土產：麝香，黃蘗，紙，漆，蠟，鍾乳，麩金，厚朴。

宋・樂史《太平寰宇記》卷一四一《山南西道九・商州》 土產：弓材，麝香，今貢三十臍。朱砂，今貢一斤。旱藕，熊白，今貢三十斤入內。枳殼，今貢三十斤。鬼草，麻布，楮皮，厚朴，石青，杜仲，黃蘗，飛鼠，貴妃粉。

宋・樂史《太平寰宇記》卷一四二《山南東道一・鄧州》 土產：絲布，貢。絹，蔓荆子，款冬花，進。白菊花。其花在騎立山，有人户看守。白花蛇。

宋・樂史《太平寰宇記》卷一四二《山南東道一・唐州》 土產：絹，方城梨，半夏，桔梗，茱萸，烏頭。

宋・樂史《太平寰宇記》卷一四三《山南東道二・房州》 土產：賦：紫布。鍾乳，麝香，石楠葉，黃芩，羚羊角，雷丸子，黃蘗皮。

宋・樂史《太平寰宇記》卷一四四《山南東道三・隨州》 土產：蒲黃，枳實，會羅，柰花綾，小絹，葛，覆盆子。

宋・樂史《太平寰宇記》卷一四四《山南東道三・郢州》 土產：紵布，丹參，牛膝，貝母。貢。

宋・樂史《太平寰宇記》卷一四五《山南東道四・襄州》 土產：貢：鹹乾魚。丹麞皮，火麻布，庫路真，麝香，鼈甲，縮砂，弓弩材，漆器。宜城出美酒。今在宜城縣也，俗號宜城美酒，爲竹葉杯。《襄陽耆舊傳》云：峴山下漢水中出鯿魚。味極肥而美，襄陽人採捕，遂以槎斷水，因謂之槎頭縮項鯿魚，爲水族上味。孟浩然詩「試垂竹竿釣，果得槎頭魚」是也。

宋・樂史《太平寰宇記》卷一四五《山南東道四・光化軍・乾德縣》 五陌洲，在縣西南四里。《南雍州》記：「酇城南四里有五陌村，榆樹連理，異木合幹，高四丈，鄉人以爲社，其州並樹在五陌村，因此爲名。其樹今已枯。」

宋・樂史《太平寰宇記》卷一四六《山南東道五・荆州》 土產：綿絹，方綾，甘草，烏梅，貝母，柑子，橙子，白魚，橘，《史記》云：「江陵千樹橘，與千户侯等。」又江津諸州，其土沃壤，所利丹石、齒革、羽毛、檜柏、金銀。松滋縣出碧澗茶。沈子曰：茶餅、茶芽，今貢。

宋・樂史《太平寰宇記》卷一四七《山南東道六・峽州》 土產：葛，貢。蠟，硝，茶。

宋・樂史《太平寰宇記》卷一四八《山南東道七・夔州》 土產：蠟，今貢。紵布，巴戟，黃蘗，橘，瓜疇芋區，區似薯蕷，疇似貫瓜，皆伏根草也。吐綬鳥，大如翟，而五色可愛，天和淑景，即吐綬長一尺，須臾還吞之。巫山多鵬。

宋・樂史《太平寰宇記》卷一四八《山南東道七・歸州》 土產：今貢黃蠟，白茶，椒，馬鞭，紵麻，葶藶子。

宋・樂史《太平寰宇記》卷一四九《山南東道八・萬州》 土產：金，貢。白膠香，蠲紙，苦藥子。始因京兆尹黎幹撰方進上，云：「此藥多療諸病。」遂爲常貢。

宋・樂史《太平寰宇記》卷一四九《山南東道八・忠州》 土產：苦藥子，大曆十一年，京兆尹黎幹奏稱此藥性寒去熱，能解一切毒，每服之立效。巴戟，麥門冬，黃連，天門冬，綿，紬，文刀，蘇薰席。按：段氏《遊蜀記》云：「忠州墊江縣以蘇薰爲席，絲爲經，其色深碧。」

宋・樂史《太平寰宇記》卷一五〇《隴右道一・秦州》 土產：麝香，龍鬚席，芎藭，馬，石斛。

宋・樂史《太平寰宇記》卷一五〇《隴右道一・儀州》 土產：弩弦，麻。地接隴山，節氣常晚，至仲夏，花木始開。不產絲蠶，惟與西戎傳易爲利。

宋・樂史《太平寰宇記》卷一五一《隴右道二・渭州》 土產：青蟲，鸚鵡，龍鬚席，麝香。彼諺有曰：「郎樞女樞，十馬九駒。安陽大角，十牛九犢。」即謂其地宜于畜牧也。

宋・樂史《太平寰宇記》卷一五二《隴右道三・涼州》 土產：野馬皮，龍鬚席，毯，芎藭。

宋・樂史《太平寰宇記》卷一五二《隴右道三・甘州》 土產：香子，馳褐，野馬皮，布。

宋・樂史《太平寰宇記》卷一五二《隴右道三・肅州》 土產：野馬皮，肉蓯蓉，柏脈根。

宋・樂史《太平寰宇記》卷一五三《隴右道四・沙州》 土產：黃礬，碁子，名馬，麝香。

宋・樂史《太平寰宇記》卷一五三《隴右道四・瓜州》 土產：野馬皮，革鼓子。

宋・樂史《太平寰宇記》卷一五四《隴右道五・階州》 土產：蜜，舊貢。麝香，馬，今貢。出花椒，大黃，巴戟，石鹽，水銀，碌礬，狨皮。

宋・樂史《太平寰宇記》卷一五五《隴右道六・岷州》 土産：麝香，龍鬚席。

宋・樂史《太平寰宇記》卷一五五《隴右道六・疊州》 土産：麝香，羊，馬。

宋・樂史《太平寰宇記》卷一五六《隴右道七・西州》 土産：《漢書》曰：「高昌之地饒漆、蜜，多葡萄、香棗、金鐵之利。彼婦女以婆羅樹皮績爲白疊布，尤好，以充職供。又有石鹽，瑩浄如玉，爲枕貢之。」

宋・樂史《太平寰宇記》卷一五七《嶺南道一・廣州》 土産：明珠，大貝，文犀，鹽，席，玳瑁，水馬皮，鮫魚皮，焦布，竹布，石斛，五色籐，簟，沈香，大甲香，鼉，蕃舶，甘子，《續南越志》云：「羅浮山有御園甘子，唐玄宗幸蜀，子乃不生。德宗幸梁，亦不實。僖宗狩蜀，花實皆無，樹亦枯悴。」草有大千金、小千金、守房郎、千里迴、萬里憶、蕃人香，藥有崑崙犀、籬頭母、渡頭崖，造酒草藥有甜娘、蒲樓籐、烏鼉葉、五勞草、雞頭根、雙筋木葉，花有仙鶴、麝臍，遥憐、向日蓮、紅茉莉、白茉莉、紫水焦。南海一隅雖無積雪，秋涼亦有微霜。貨殖魚鹽，自古尤多。滕修爲廣州刺史，得蝦魚，鬚長四丈四尺。

宋・樂史《太平寰宇記》卷一五八《嶺南道二・潮州》 土産：水馬，中香，鮫魚皮，海桐皮，蕉布布，千金釣藥，烏藥，地黃，煮海爲鹽，稻得再熟，蠶亦五收，五子樹，《郡國志》云：「潮陽五子樹，實如梨，有五核，治金瘡及霍亂。」鰐魚。《嶺表録異》云：「鰐魚，其身土黃色，有四足，修尾，形狀如鼉而舉止趫疾，口森齒鋸，往往害人。南中之鹿多，最懼此物。鹿走崖岸上，羣鰐號叫其下，鹿必怖懼落崖，多爲鰐魚所得，亦物之相懾伏也。」

宋・樂史《太平寰宇記》卷一五八《嶺南道二・藤州》 土産：竹子布，蜜波羅。樹生絶石懸崖間，至堅白，堪爲器。

宋・樂史《太平寰宇記》卷一五九《嶺南道三・循州》 土産：大小甲香，五色藤香，鮫魚皮，羽則五距碧雞、越鳥、鸚䳇，果則荔枝、龍眼。

宋・樂史《太平寰宇記》卷一六〇《嶺南道四・惠州》 土産：羅浮山柑子，藤花箱，珠母，大甲香。舊貢。

宋・樂史《太平寰宇記》卷一六〇《嶺南道四・梅州》 土産：山蕉，竹布。

宋・樂史《太平寰宇記》卷一六一《嶺南道五・賀州》 土産：黎母汁，二餅，開寶四年準宣旨進。蚺蛇膽，貢。千金藤葉，白蠟，山鍾乳，有五穴：五茄穴，在臨賀縣。靡無穴，白鶩穴，秦穴，雷震穴，在富川縣。蠐螬，大障山都貴源出？？，夷人取血以解毒。龍鳳花紋簟。新貢。

宋・樂史《太平寰宇記》卷一六〇《嶺南道五・高州》 土産：高州果下牛，高二尺。騂馬牛尾，蚺蛇膽，貢。孔雀，高良薑，益智子。

宋・樂史《太平寰宇記》卷一六三《嶺南道七・竇州》 土産：苔藤香樹。生冬時，採葉煎之，氣甚芳澤，尤宜洗皂衣。

宋・樂史《太平寰宇記》卷一六三《嶺南道七・邵州》 土産：壽竹，紅蕉。

宋・樂史《太平寰宇記》卷一六四《嶺南道八・康州》 康州土産：大甲香，鉤籐，烏藥，鮫魚皮，荆楊樹。一名冢樹，皮白，味如脂。《異物志》云：「斯調州有木名摩樹，汁如脂。」

宋・樂史《太平寰宇記》卷一六四《嶺南道八・封州》 土産：貢鮫魚皮，春紫筍茶，夏紫筍茶，榛牛，都落布，牛黃。

宋・樂史《太平寰宇記》卷一六四《嶺南道八・梧州》 土産：白石英，石粟，白粟，龍眼，荔枝。按：《地理志》：廣信縣多龍眼、荔枝，生于山溪。人家亦種之。

宋・樂史《太平寰宇記》卷一六五《嶺南道九・竇州》 土産：貢藤桌，生思磨竹，思禮竹，墩螐蟲，《郡國志》云：「形如蟬，新美可食。子如蠶種，著草葉中，得其子則母飛來，就謂之青蚨。束晳云青蚨可以還錢，或云青蚨。」錦鳥，似鵲而大。又有丹翠鳥。

宋・樂史《太平寰宇記》卷一六五《嶺南道九・象州》 土産：人面子樹，葉似龍眼而長也。有古紵。俚人織以爲布。《尚書》云「島夷卉服」，此也。

宋・樂史《太平寰宇記》卷一六六《嶺南道十・融州》 土産：金，貢。桂心，苧密布。

宋・樂史《太平寰宇記》卷一六六《嶺南道十・邕州》 土産：苧麻，蚺蛇膽，越鳥，飛生鳥，荔枝，桄榔，橄欖子，木威，鼓公，邕州有鼓公，大如犬，而色白黑。鵲姑，有青鵲如鷄，即鵲姑。飛蟲，《博物志》云：「晉興郡有飛蟲，大如麥，或云有甲，常伺病者居舍上，侯人氣絶，便入食之，雖撲殺不止，如風雨之至，肉盡便去。貧者或殯殮不時，皆受此弊，蟲惡梓木，有力者以梓木板掩之，兼用爲器，蟲不復近也。桂林、寧浦二郡亦有之。」懶婦獸。《南越志》云：「晉城縣有懶婦獸，古有織女睡機上，其姑怒之，遂忿赴水，姑遂以杼投其背，化爲此獸。今背上有文如杼形也。大者可得脂三斛，燃之，照紡織即暗，照作歌舞即明，嬾之性化而不革。

宋・樂史《太平寰宇記》卷一六七《嶺南道十一・化州》 土産：煎鹽，採珠，廢羅州出孔雀、鸚鵡，廉水，吳川中多益智子。

宋・樂史《太平寰宇記》卷一六七《嶺南道十一・欽州》 土産：有麵、桂二山出餘甘子，一名菴羅果。貢。

宋・樂史《太平寰宇記》卷一六九《嶺南道十三・雷州》 土産：州在海島上，地多沙鹵，禾粟春種秋收，多被海雀所損。相承冬耕夏收，號芥禾，少穀粒。又云再熟稻，五月、十一月再熟。徐聞縣諺曰：「欲拔貧，詣徐聞。」不宜蠶桑，惟績葛種紵爲衣。出烏藥、高良薑、益智子、海桐皮。

宋・樂史《太平寰宇記》卷一六九《嶺南道十三・儋州》 土産：醞酒不用麴蘗，有木曰嚴樹，取其皮葉，擣後清水浸之，以粳釀和之，數日成酒，香甚，能醉人。又有石榴，亦取花葉，和醞釀之，數日成酒。高良薑，白藤花，煎沉香，出深洞。蘇木，出黎洞。苔塘香，相思子，貢金。

宋・樂史《太平寰宇記》卷一六九《嶺南道十三・瓊州》 土産：瓊州出煎沈、黄熟等香，蘇木，蜜蠟，吉貝布，白藤，高良薑，益智子，乾桅皮。舊崖州出紫貝葉，真珠，金華，金有花綵者貢。金，碁子。又瓊崖州有酒樹，似安石榴，其花著甕中即成美酒，醉人。

宋・樂史《太平寰宇記》卷一七六《四夷五・南蠻一・頓遜國》 又有酒樹，似安石榴，採其花汁，停酒甕中，數日成酒。出藿香，插枝便生，葉似都梁，以裛衣。國有區撥等花十餘種，冬夏不衰，日載數十車貨之。其花，燥更芬馥，亦末爲粉，以傅身焉。

宋・樂史《太平寰宇記》卷一七七《四夷六・南蠻二・真臘》 有婆那娑樹，無花，葉似柿，實似冬瓜；菴羅樹，花葉似棗，實似李；毗野樹，花似木瓜，葉似杏，實似楮；婆田羅樹，花、葉、實並似棗而小異；歌畢他樹，花似林檎，葉似榆而厚大，其實似李，其大如升。

宋・樂史《太平寰宇記》卷一八三《四夷十一・西戎三・罽賓》 有苜蓿，雜草奇木，檀、櫰、梓、竹、漆。櫰，音懷，即槐之類，葉大而黑。種五穀、蒲萄諸果，糞理園田。地下濕，生稻，冬食生菜。

宋・樂史《太平寰宇記》卷一八三《四夷十二・西戎四・天竺》 又有旃檀、鬱金等香，甘蔗諸果，石蜜，胡椒，薑，黑鹽。

宋・朱弁《曲洧舊聞》卷三 鷺鷥花 鄭、許田野間，二三月有一種花，蔓生。其香清遠，馬上聞之，頗似木樨花。色白，土人呼爲鷺鷥花，取其形似也。亦謂五里香。

又 紅薇花 紅薇花，或曰便是不耐癢樹也。其花夏開，秋猶不落，世呼百日紅。

又 密縣冬桃 密縣有一種冬桃，夏花秋實，八九月間，桃自開，其核墮地而復合，肉生滿其中，至冬而熟，味如淇上銀桃而加美，亦異也。

又 語兒梨 語兒梨，初號斤梨，其大者重至一斤。不知「語兒」何義。鄭州郭祖嵩陵旁，産此甚多。其父老云：有田家兒數歲不能言，一日食此梨，輒謂人曰「大好」，衆驚異，以是得名。

又 和尚稻 洛下稻田亦多，土人以稻之無芒者爲和尚稻，亦猶浙中人呼師婆粳，其實一也。

又 麥蕎麥穄 麥，秋種夏熟，備四時之氣。

蕎麥，葉青，花白，莖赤，子黑，根黄，亦具五方之色。然方結實時最畏霜，此時得雨，則於結實尤宜，且不成霜，農家呼爲解霜雨。

穄，西北人呼爲糜子。有兩種，早熟者與麥相先後；五月間熟者，鄭人號爲麥争場。

又 鴛鴦菊 草烏頭，近畿如嵩少、具茨諸山，亦多有之。花開九月，色青可玩。人多移植園圃，號鴛鴦菊，蓋取其近似耳。

又 木香 木香有二種，俗説檀心者號酴醾，不知何所據也。京師初無此花。始，禁中有數架，花時民間或得之相贈遺，號禁花，今則盛矣。

宋・朱弁《曲洧舊聞》卷四 具茨山産槐三香 大隗山，即莊子所謂具茨山也。山有具茨寺，其中産一種木，身、幹、枝、葉皆如槐，三二月開花，色紅而細，俗呼爲槐三香。亦有種園圃中者。

又 具茨山産蕨 具茨山亦産蕨。採藥者云，其根即黑狗脊也。

又 紅蓼 紅蓼，即詩所謂游龍也。俗呼水紅。江東人別澤蓼，呼之爲火蓼。道家方書亦有用者，呼爲鶴膝草，取其莖之形似也。然澤蓼有二種，味辛者，酒家用以造麴，餘不入用也。

又 藜有二種，紅心者俗呼爲紅灰藋徒弔切。古人食之，多以爲羹，所謂「藜羹不糝」是也。而今人少有食者，豈園蔬多品而不顧乎！然山人處士未之棄也。其身幹輕而堅，以爲杖，則於老者尤宜。唐人猶有編爲牀者，往往見於篇什。仙方用之爲秘藥，或入燒煉藥。多取紅心者，易名爲鶴頂草。

又 婺源産蔗　新安郡婺源縣境中，産一種草，莖葉柔弱，引而不長，葉類甘菊葉。俗呼蔗，今譌爲遮字。蓋食之味苦而有餘甘也。性温，行血，尤宜産婦。煮熟，揉去苦汁，産後多食之無害，往往便以爲逐血藥也。又呼苦益菜。訪之醫家，莫有知者。

宋·姚寬《西溪叢語》卷下　槐江之山，丘時之水出焉，其陽多丹粟，其陰多采黄金銀，實爲帝之平圃。

又 第四篇云：「丹木生何許，迺在崟山陽。黄花復朱實，食之壽命長。白玉凝素液，瑾瑜發奇光。」

又 楊、柳二種，楊樹葉短，柳樹葉長，花即初發時，黄蘂子爲飛絮。今絮中有小青子，著水泥沙灘上，即生小青芽，乃柳之苗也。東坡謂絮化爲浮萍，誤矣。

又 人參，許氏《説文》：人葠。字與參同。扁鵲云：有毒。或生邯鄲，三月生葉，小花，核黑，莖有毛，九月採根，有頭足手，面目如人。《春秋運斗樞》云：「摇光星，散爲人參。廢江淮山瀆之利，則摇光不明，人參不生。」《禮斗威儀》云：「君乘木而王，有人參生。」《廣雅》云：「參，地精人參也。」《梁書》：「阮孝緒母疾，須人葠。舊傳鐘山所出，有鹿引之，鹿滅，得此草。」《異苑》與《廣五行記》皆云：「土下有呼聲，掘之，得人參。如人形，四體備具，聲遂絶。」

又 石斛，出始興六安山傍石上。或生木上，謂之木斛，不中用。盛弘之《荆州記》云：「隋郡永陽縣有瀧石山，山上多石斛，精好如金環。」

宋·張邦基《墨莊漫録》卷二　洛中花工以藥壅培花　洛中花工，宣和中，以藥壅培於白牡丹，如玉千葉、一百五、玉樓春等根下。淺碧色，號歐家碧，歲貢禁府，價在姚黄上。賞賜近臣，外廷所未識也。

又 襄邑義塘村瓜　襄邑義塘村出一種瓜，大者如拳，破之，色如黛，味甘入蜜，餘瓜莫及。頃歲貢之，以其子蒔他處，即變而稍大，味亦減矣。

又 睡花香　睡花香，其香清婉在餘花上。窠株少見大者。東陽唐衣舅家一株，面闊一丈二三尺，婆娑如蓋，不可坐胡牀。

宋·張邦基《墨莊漫録》卷三　玫瑰油　玫瑰油出北虜，其色瑩白，其香芬馥，不可名狀，用爲試粧。法用衆香煎煉，北人貴重之。每報聘禮物中，只一合。

又 崇寧間，平江府天平山白雲寺有數僧行山間，得蕈一叢，共煮食之。至夜，發吐，内三人急取鴛鴦草生啖，遂愈。其二人不啖者，吐至死。鴛鴦草，藤蔓而生，黄白花對開，傍水依山，處處有之。治癰疽腫毒，尤妙。或服或傅，皆可。蓋沈存中良方所載金銀花又曰老翁須者。本草名忍冬。

宋·張邦基《墨莊漫録》卷七　川峽間有一種惡草，羅生於野，雖人家庭砌亦有之，如此間之蒿蓬也。土人呼爲蘞麻，其枝葉拂人肌肉，即成瘡炮，浸淫潰爛，久不能愈。杜子美《除草》詩所謂：「草有害於人，曾何生阻修。其毒甚蜂蠆，其多彌道周。」蓋謂此也。劉袤延仲至蜀嘗見之。

又 末莉花　閩、廣多異花，悉清芬郁烈，而末莉花爲衆花之冠。嶺外人或云「抹麗」，謂能掩衆花也。至暮則尤香。今閩人以陶盎種之，轉海而來，浙中人家以爲嘉玩。然性不耐寒，極難愛護，經霜雪則多死，亦土地之異宜也。

宋·張邦基《墨莊漫録》卷八　木犀花　木犀花，江、浙多有之，清芬漚鬱，餘花所不及也。一種，色深黄而花大者，香尤烈。一種，色白淺而花小者，香短。清曉朔風，香來鼻觀，真天芬仙馥也。湖南呼九里香，江東曰岩桂，浙人曰木犀，以木紋理如犀也。

宋·張邦基《墨莊漫録》卷九　陳州牛氏縷金黄牡丹　政和壬辰春予侍親在郡，時圃户牛氏家，忽開一枝，色如鵝雛而淡，其面一尺三四寸，高尺許，柔葩重疊，約千百葉，其本姚黄也。而於葩英之端，有金粉一暈縷之，其心紫蕊，亦金粉縷之。

宋·贊寧《筍譜》　箣筍　十二月生。會稽以來，諸山絶多，或叢生或蔓延，可如筯大，長二四寸。

又 笆竹筍　八月生，盡九月，成都蜀地有別，受氣類。一云笆竹，而竹與筍俱有刺芒也。

又 赤竹笋　出閩中。大者如椽，堪作彈織箔扇，筍不毒。

又 對青竹筍　竹則一邊青，一畔紫，二色相映可愛，筍萌可食。出成都近。孟昶據屬，作對青竹亭焉。

又 新婦竹筍　出武林山陰，其竹圓直韌，可爲篋。筍則三月而生，可食。

又 慈竹筍　四月生，江南人多以灰煑食之。其爲竹也，内實而節踈性弱，而可代藤，用其形緊而細。又蘄黄生叢竹，一叢數竿，筍不外迸，只向裹生。如多只可删科内。五六月長筍，明年方成竹。其筍不堪食。

又 方竹筍　出澧州西游川鐵冶辰山之陽，其筍莖方二寸，已來彼封，人多爲壹卓衣架等，其筍硬不堪食。其竹節平，其性堅，其心實。

又 丹竹筍　出道州瀧中峭壁之上，竹每節可一丈或八尺，徑不大，裊裊摇空。粉節上似有丹色，心空肉薄，舟人多劈爲百丈繂。

又 水竹筍　出黔南管內，或巖下潭水中生，其筍隨水深淺以成節，若深一丈，則筍出水面爲一節。蠻蜒採取以爲食。

宋·陳翥《桐譜·類屬第二》　桐之類非一也，今略志其所識者。一種，文理麄而體性慢，葉圓大而尖長，光滑而毳稚者，三角。因子而出者，一年可拔三四尺，由根而出者可五七尺，已伐而出於巨椿者，或幾尺圍。始小成條之時，葉皆茸毳而嫩，皮體清白。喜生於朝陽之地，其花先葉而開，白色，心赤，內凝紅，其實穟先長而大，可圍三四寸，內爲兩房，房中有肉，肉上細白而黑點者，即其子也。謂之白花桐。一種，文理細而體性緊，葉三角而圓大，白花，花叢其色青，多毳而不光滑，葉硬，文微赤，擎葉柄毳而亦然。多生於向陽之地，其茂拔，但不如白花者之易長也，其花亦先葉而開，皆紫色，而作穟有類紫藤花也，其實亦穟如乳而微尖，狀如柯子而粘，莊子所謂桐乳致巢，正爲此紫花桐實。而中亦兩房，房中與白花實相似，但差小，謂之紫花桐。其花亦有微紅而黃色者，蓋亦白花之小異者耳。凡二桐，皮色皆一類，但花葉小異，而體性緊慢不同耳。至八月俱復有花。

宋·宋祁《益部方物略記》　右海椶　大抵椶類然。不皮而幹，葉叢于杪，至秋乃實，似楝子。今城中有四株。杜子美「左綿海椶行理緻，幹堅風雨不能撼」云。

又 右楠　蜀地最宜者。生童童若幢蓋，然枝葉不相礙。茂葉美陰，人多植之。樹甚端偉，葉經歲不彫，至春，陳新相換，有花實似母丁香云。

又 右竹栢　生峨眉山中，葉繁長而籜，似竹。然其榦大抵類栢而亭直。

又 右海芋　生不高四五尺，葉似芋而有榦。根皮不可食。方家號隔河仙，云可用變金，或云能止瘧。

又 右紅豆　花白色，實若大紅豆，以似得名。葉如冬青。蜀人以爲果飣。

又 右紫竹　蜀諸山中尤多，園池亦種爲玩。然生二年色乃變，三年而紫。

又 右慈竹　性叢產，根不外引，其密間不容笴。筍生夏秋，閱歲，枝葉乃茂。別有數種，節間容八九寸者，曰籠竹，一尺者曰苦竹，弱稍垂地者曰釣絲竹。或取節修膚緻者用爲簟笠。

又 右椶竹　性亦叢產，葉似椶，有刺，徑不三二寸。或曰桃竹，未得其詳。

又 右方竹　圓衆方寡，取貴方者，差小。

又 右柑　生果、渠、嘉等州，結實埒於江南，味亦差爲薄云。

又 右赤鶴芋　蜀芋多種，鶴芋爲最美，俗號赤鶴頭芋，形長而圓，但子不繁衍。又有蠻芋，亦美，其形則圓，子繁衍，人多蒔之。最下爲槫果芋，槫，接也，言可接果山中，人多食之。惟野芋人不食。本草有六種，曰青芋、紫芋、白芋、真芋、蓮禪芋、野芋。

又 右緑蒲萄　北方蒲萄熟則色紫，今此色正緑云。

又 右天師栗　生青城山中，他處無有也。似栗，味美。惟獨房爲異，久食已風攣。

又 右天仙果　樹高八九尺，無花，其葉似荔枝而小，子如櫻桃，纍纍綴枝間，六七月熟，味至甘。

又 右隈枝　生邛州山谷中。樹高丈餘，枝脩弱，花白，實似荔枝肉，黃膚甘味，可食。大若爵卵。

又 右錦被堆　花出彭州，其色一似薔薇，有刺不可玩。俗謂薔薇爲錦被堆花。

又 右錦帶花　蜀山中處處有之，長蔓柔纖，花葉間側如藻帶然，因象作名花。開者形似飛鳥，里人亦號鬢邊嬌。

又 右石蟬花　始生，其苔森擢長二三尺，葉如菖蒲，紫萼五出，與蟬甚類，緑闕相側，蜀人因名之。又白者號玉蟬花。

又 右長生草　山陰蕨地多有之。修莖茸葉，色似檜栢而澤，經冬不凋損，故號長生。

又 右瑞草　蜀人多種之庭檻，蔓延長三四尺，珍而愛之，故謂之瑞草。

又 右紅蕉花　於芭蕉蓋自一種。葉小，其花鮮明可喜。蜀人語染深紅者謂之蕉紅，蓋倣其殷麗云。

又 右重葉海棠　海棠大抵數種，又皆小異。惟其盛者則重葩，疊萼可喜，非有定種也。始濃，稍淺，爛若錦章，北方所植，率枝强花瘠，殊不可玩，故蜀之海棠誠爲天下之奇豔云。

又 右月季花　此花即東方所謂四季花者，翠蔓紅蘤。蜀少霜雪，此花得終歲，十二月輒一開。

又 右佛豆　豆粒甚大而堅，農夫不甚種，唯圃中蒔以爲利，以鹽漬食之，小兒所嗜。

又 右添色拒霜花　生彭、漢、蜀州，花常多葉，始開白色，明日稍紅，又明日則若桃花然。

又 右黃荼蘼　蜀荼蘼多白，而黃者時有之，但香減于白花。

又 右艾子　艾木大抵茱萸類也。實正緑，味辛。蜀人每進羹臛，以一二粒投之，少選，香滿盂醆。或曰作爲膏尤良。按：揚雄《蜀都賦》當作蔱，蔱、艾同字云。

又 右鴛鴦草　春葉晚生，其稚蘤在葉中，兩兩相向，如飛鳥對翔。

又　右仙人縚　生大山中，與苔同種，但巖陰石限多鮮翠，長二三尺，叢垂若縚。或言深谷有長丈餘者。

又　右娛美人草　蜀中傳虞美人草，予以虞作娛，意其草柔纖，爲歌氣所動，故其葉至小者或動摇，美人以爲娛樂耳。

又　右羞寒花　蜀地處處有之，不爲人所愛。根莖綴花，蔽葉自隱。俗曰羞天花，予易爲羞寒花。按：《本草》名曰鬼臼。

又　右瑞聖花　出青城山中，榦不條，高者乃尋丈。花率秋開，四出，與桃花類。然數十跗共爲一花，繁密若綴先後相繼，〔闕〕未萎也。蜀人號豐瑞花，故程相〔闕〕之〔闕〕圖以聞，更號瑞聖花。然有數種，其小者號寶仙，淺紅者爲醉太平，白者名玉真。成都人競移蒔囿中，以爲尤玩云。

又　右七寶花　條葉，大抵玉蟬花類也，其生叢蔚，花紫質蔚云。

又　右旗節花　修修華碧皆層層而擢正，類使所持節然，故以名。見《益州圖經》。

又　右娑羅花　生峨眉山中，類枇杷。數葩合房，春開，葉在表，花在中。或言根不可移，故俗人不得爲玩。

又　右木蓮花　生峨眉山中諸谷。狀若芙蓉，香亦類之，木榦，花夏開，枝條茂蔚，不爲園圃所蒔。

又　右鵝毛玉鳳花　本至卑纖，蓬如釵股。秋開不藹而鬌狀，似禽，故曰鳳。色白，故曰玉。以其分輕，故曰毛。

又　右蒟　出渝、瀘、茂、威等州，即漢唐蒙所得者。葉如王瓜，厚而澤，實若桑椹，緣木而蔓。子熟時外黑中白，長三四寸。以蜜藏而食之，辛香能温五藏。或用作醬，善和食味。或言即南方所謂浮留藤，取葉合檳榔食之。

又　右真珠菜　戎、瀘等州有之，生水中石上。翠縷纖蔓首貫珠，蜀人以蜜煮食之。或以醯煮，可行數千里不腐也。

又　右朝日蓮　花色或黄或白，葉浮水上，翠厚而澤，形如菱花差大。開則隨日所在，日入輒斂而自藏於葉下，若葵藿傾太陽之比。

又　右蟬花　二川山林中皆有之，蟬之不蜕者。至秋則花其頭，長一二寸，黄碧色，治小兒瘈瘲，又能已瘧。

又　右燖麻　自劍以南處處有之。或觸其葉，如蜂螫人，以溺濯之即解。莖有刺，葉似花。葉或青或紫，善治風腫。按杜詩當作琰。

又　右水硫黄　出資、榮州山硎。中秋潦已收，里人布茅木上，流沫擁聚，取而熬之，復投于水，則成。號真珠黄。以淺黄者爲上，其用文海舶所來者。

又　右附子　生綿州彰明縣者最良。有一子，重及一兩者。花色紫。《本草》言：附子無正種，附烏頭而生。然則與烏頭、天雄、附子共一物耳。陶弘景以天雄、烏頭、附子皆出建平，謂之三建，唐人非之。以綿、龍二州所生爲良，今則彰明者佳。

又　右石瓜　生峨眉山中。樹端挺，葉肥滑如冬青，甚似桑。花色淺黄，實長不圓，赦解而子見，以其形似瓜，里人名之。煮爲液，黄，善能治痺。

又　右芎　蜀中處處有之。葉爲蘼蕪，《楚辭》謂江蘺者。根爲芎，似雀腦者善。成都九月九日藥市，芎與大黄如積，香溢于廛。或言其大若胡桃者不可用，人多蒔於園檻，葉落時可用作羹。蜀少寒，莖葉不萎。今醫家最貴川芎，川大黄云。

又　右大黄　蜀大山中多有之，尤爲東方所貴。苗根皆長盈二尺。《本草》言之尤詳。藥市所見，大者治之爲枕，紫地錦文。唐人以爲産蜀者性和厚淹深，可以治病。形似牛舌緊緻者，善。蜀所生藥尚多，如川之巴豆峽之椒，梓之厚朴，尚數十輩。

又　右餘甘子　生戎、瀘等州山。樹大葉細，似槐，實若李而小，咀之，前苦後歆，歆有味，故號爲餘甘。核有稜，或六或七，解硫黄毒。即《本草》所謂菴摩勒者。

又　右金星草　生峨眉青城山。葉似萱草，其背有點，雙行相偶，黄澤類金星，人號金星草。亦云金釧草。皆以肖似取之。今醫家以傳疽創，甚良。

宋・梅堯臣《梅堯臣集編年校注》卷九《矮石榴樹子賦》　襄城縣庭下生矮石榴，往來者異之【略】。有矮石榴，高倍尺，中訟庭，麗戒石。

宋・梅堯臣《梅堯臣集編年校注》卷一四《牡丹》　洛陽牡丹名品多，自謂天下無能過。及來江南花亦好，绛紫淺紅如舞娥。

宋・梅堯臣《梅堯臣集編年校注》卷一六《洛陽牡丹》　古來多貴色，殁去定何歸？清魄不應散，豔花還所依。

宋・梅堯臣《梅堯臣集編年校注》卷一八《石榴花》　春花開盡見深紅，夏葉始繁明淺緑。祇知結子熟秋霖，不識來時有筇竹。

宋・梅堯臣《梅堯臣集編年校注》卷一八《薏苡》　葉如華黍實如珠，移種官庭特葱蒨。

宋・梅堯臣《梅堯臣集編年校注》卷一八《石蘭》　言石曾非石上生，名蘭乃是蘭之類。

宋・梅堯臣《梅堯臣集編年校注》卷一八《葵花》　此心生不背朝日，肯信衆草能翳之？

宋・梅堯臣《梅堯臣集編年校注》卷二三《紫竹》　西南産脩竹，色異東筠緑。

宋・蘇舜欽《蘇學士集》卷一三《蘇州洞庭山水月禪院記》　至於縣吏之

庭下，皆以樹桑梔甘柚爲常，產，每秋高霜餘，丹苞朱實，與長松茂樹相參差。

宋·吴處厚《青箱雜記》卷五　刺桐花，深紅，每一枝數十蓓蕾，而葉頗大，類桐，故謂之刺桐，唯閩中有之。

宋·宋敏求《長安志》卷一《土產》　《漢書·地理志》曰：雍州有鄠杜竹林，南山檀柘，號稱陸海，爲九州膏腴。班孟堅《西都賦》曰：陸海珍藏，藍田美玉，竹林果園，芳草甘木，郊野之富，號爲近蜀。盩厔產芎藭、白芷、烏頭、澤瀉、三稜、華原，芍藥、赤石、脂磁、華原。沅案：次下疑有闕文。

又　《禹貢》：雍州厥貢球琳、琅玕。《唐十道圖》：貢隔紗、韡氈、粲草席、酸棗，仁地、骨皮、藕粉、葛粉、櫻桃、紫稈粟、大小麥麵。晉天福中並停。今止貢酸棗、仁地、骨皮充正旦庭，實其外歲，貢興平酥、咸陽梨，不列方物。《貨殖傳》曰：關中由汧雍以東至河華，膏壤沃野千里，自虞夏之貢以爲上田。

宋·曾鞏《曾鞏集》卷一《橙子》　家林香橙有兩樹，根纏鐵鈕淩坡陀。鮮明百數見秋實，錯綴衆葉傾霜柯。

宋·曾鞏《曾鞏集》卷四《桐樹》　棄地瓦礫間，茲桐偶誰樹？憶見擁西牆，俄成劃烟霧。

宋·曾鞏《曾鞏集》卷三五《福州擬貢荔枝狀》　荔枝於百果爲殊絕，產閩粵者，比巴蜀南海又爲殊絕。閩粵官舍民廬，與僧道士所居，自堦庭場圃，至於山谷，無不列植。歲取其實，不可勝計。故閩粵荔枝食天下，其餘被於四夷。而其尤殊絕者，閩人著其名至三十餘種。然生荔枝留五七日輒壞，故雖歲貢，皆乾而致之。然貢概以常品，相沿已久。其尤殊絕者，未嘗以獻。蓋東漢交阯七郡，貢生荔枝，十里一置，五里一候，晝夜弛走，有毒蟲猛獸之害。而唐天寶之間，亦自巴蜀驛致，實開侈心。

宋·曾鞏《曾鞏集》卷三五《荔枝録》　陳紫，出興化軍秘書省著作佐郎陳琦家，於品爲第一。江緑，出福州，類陳紫，差大，而香味蓋爲其次也。方紅，徑可二寸，色味俱美，荔枝之大，無出此者，歲生二百顆而已，出興化軍尚書屯田郎中方蓁家。遊家紫，種自陳紫，實大過之，出興化軍。小陳紫，實差小，出興化軍。宋公荔枝，實如陳紫而小，甘美亦如之，出興化軍宋氏，世傳其木已三百歲。藍家紅，泉州第一，出尚書員外郎藍丞家。周家紅，初於興化軍爲第一，及陳紫，方紅出，而周家紅爲次。何家紅，出漳州何氏。法石白，出泉州法石院，色青白，其大次於藍家紅。緑核，出福州，荔枝核紫，而此獨核緑。圜丁香，丁香荔枝皆旁蒂大而下鋭，此獨圓而味尤勝。右十四種，皆以次第著於録。虎皮，色紅而有青斑，類虎皮，出福州。牛心，以狀名之，長二寸餘，皮厚肉澀，出福州，惟一本。玳瑁紅，色紅而又黑點，類玳瑁，出福州城東。琉黄，以色類琉黄。朱柿，色朱如柿，出福州。蒲桃荔枝，穗生，一穗之實至三百，然其品殊下。蚶殼，以狀名之。龍牙，長可三四寸，彎曲如爪牙，而無瓤核，出興化軍，然不常有。水荔枝，類多而淡，出興化軍。蜜荔枝，以甘爲名，然過於甘。丁香荔枝，核小如丁香。大丁香，殼厚色紫，味微澀，出福州天慶觀。雙髻小荔枝，每朵數十，皆並蒂雙實。真珠荔枝，圓白如珠，無核，荔枝之最小者。十八娘荔枝，色深紅而細長，閩王王氏有女第十八，好食此，因而得名。女冢在福州城東報國院，冢旁猶有刺木。或云：謂物之美少者爲十八娘，閩人語。將軍荔枝，五代時有此官者種之，因以得名，出福州。釵頭顆荔枝，顆紅而小，可施釵頭。粉紅荔枝，荔枝多深紅，而此以色淺爲異。中元紅，實時最晚，因以得名。火山荔枝，本出南越，四月熟，穗生，味甘酸，肉薄，閩中近年有之。右二十種，無次第。荔枝三十四種，或言姓氏，或言州郡，或皆識其所出，或不言姓氏州郡，則福、泉、漳州。興化軍蓋皆有也。一品紅，言於荔枝爲極品也，出近歲，在福州州宅堂前。狀元紅言於荔枝爲第一，出近歲，在福州報國院。

宋·沈括《夢溪筆談》卷三《辯證一》　古人藏書辟蠹用芸。芸，香草也。今人謂之七里香是也。葉類豌豆，作小叢生，其葉極芬香，秋後葉間微白如粉汙，辟蠹殊驗。南人採置席下，能去蚤虱。予判昭文館時，曾得數株於潞公家，移植秘閣後，今不復有存者。香草之類，大率多異名，所謂蘭蓀，蓀即今菖蒲是也，蕙今零陵香是也，茝今白芷是也。

又　芄蘭生莢支，出於葉間，垂之正如解結錐。

又　江南有小栗，謂之茅栗。茅音草茅之茅。以予觀之，此正所謂芧也，則《莊子》所謂「狙公賦芧」者。芧音序。此文相近之誤也。

又　唐(正)〔貞〕觀中，敕下度支求杜若，省郎以謝(眺)〔朓〕詩云「芳洲採杜若」，乃責坊州貢之，當時以爲嗤笑。至如唐故事，中書省植紫薇花，何異坊州貢杜若？然曆世循之，不以爲非。至今舍人院紫(薇)〔微〕閣前植紫薇花，用唐故事也。

又　蒲蘆，説者以爲蜾蠃，疑不然。蒲蘆即蒲葦耳，故曰「人道敏政，地道敏藝」。夫政猶蒲蘆也，人之爲政，猶地之藝蒲葦，遂之而已，亦行其所無事也。

宋·沈括《夢溪筆談》卷四《辯證二》 楊文公《談苑》記江南後主患清暑閣前草生，徐鍇命以桂屑布甎縫中，宿草盡死。謂《吕氏春秋》云：「桂枝之下無雜木。」蓋桂枝味辛螫故也。然桂之殺草木，自是其性，不爲辛螫也。《雷公炮炙論》云：「以桂爲丁，以釘木中，其木即死。」一丁至微，未必能螫大木，自其性相制耳。

宋·沈括《夢溪筆談》卷一三《權智》 世人以竹木牙骨之類爲叫子，置人喉中吹之，能作人言，謂之「顙叫子」。嘗有病瘖者，爲人所苦，煩冤無以自言。聽訟者試取叫子令顙之，作聲如傀儡子，粗能辨其一二，其冤獲伸。此亦可記也。

宋·沈括《夢溪筆談》卷二〇《神奇》 菜品中蕪菁、菘、芥之類，遇旱其標多結成花，如蓮花，或作龍蛇之形。此常性，無足怪者。熙寧中，李賓客及之知潤州，園中菜花悉成荷花，仍各〔有〕一佛坐於花中，形如雕刻，莫知其數。暴乾之，其相依然。或云：「李君之家奉佛甚篤，因有此異。」

宋·沈括《夢溪筆談》卷二一《異事》 近歲延州永寧關大河岸崩入地數十尺，土下得竹筍一林，凡數百莖，根幹相連，悉化爲石。適有中人過，亦取數莖去，云欲進呈。延郡素無竹，此入在數十尺土下，不知其何代物。無乃曠古以前，地卑氣溼而宜竹邪？婺州金華山有松石，又如桃核、蘆根、魚蟹之類皆有成石者。然皆其地本有之物，不足深怪。此深地中所無，又非本土所有之物，特可異耳。

宋·沈括《夢溪筆談》卷二二《謬誤》 東南之美，有會稽之竹箭。竹爲竹，箭爲箭，蓋二物也。今采箭以爲矢，而通謂矢爲箭者，因其（箭）〔材〕名之也。至於用木爲奇，而謂之箭，則（繆）〔謬〕矣。

又 段成式《西陽雜俎》記事多誕。其間敘草木異物，尤多（繆）〔謬〕妄，率記異國所出，欲無根柢。如云「一木五香：根旃檀、節沈香、花雞舌、葉藿、膠熏陸」，此尤謬。旃檀與沈香，兩木元異。雞舌即今丁香耳，今藥品中所用者，亦非藿香，自是草葉，南方至多。薰陸，小木而大葉，海南亦有薰陸，乃其膠也，今謂之乳頭香。五物迥殊，元非同類。

又 崔融爲《瓦松賦》云：「謂之木也，訪山客而未詳；謂之草也，驗農皇而罕記。」段成式難之曰：「崔公剥削，無不該悉，豈不知瓦松已有著説？」引梁簡文詩：「依簷映昔邪。」成式以昔邪爲瓦松，殊不知昔邪乃是垣衣，萬松自名昨葉，何成式亦自不識。

宋·沈括《夢溪筆談》卷二四《雜誌一》 茶芽，古人謂之雀舌、麥顆，言其至嫩也。今茶之美者，其質素良，而所植之土又美，則新芽一發，便長寸餘，其細如針。唯芽長爲上品，以其質幹、土力皆有餘故也。如雀舌、麥顆者，極下材耳，乃北人不識，誤爲品題。予山居有《茶論》，《嘗茶詩》云：「誰把嫩香名雀舌，定（來）〔知〕北客未曾嘗。不知靈草天然異，一夜風吹一寸長。」

又 閩中荔枝，核有小如丁香者，多肉而甘。土人亦能爲之，取荔枝木去其宗根，仍火燔令焦，復種之，以大石抵其根，但令傍根得生，其核乃小，種之不復牙，正如六畜去勢，則多肉而不復有子耳。

宋·沈括《夢溪筆談》卷二五《雜誌二》 古人論茶，唯言陽羨、顧渚、天柱、蒙頂之類，都未言建溪。然唐人重串茶粘黑者，則已近乎「建餅」矣。建茶皆喬木；吴、蜀、淮南唯叢茇而已，品自居下。建茶勝處曰郝源、曾坑，其間又岔根、山頂二品尤勝。李氏時號爲「北苑」，置使領之。

又 予使虜，至古契丹界，大薊茇如車蓋，中國無此大者。其地名「薊」，恐其因此也，如揚州宜楊之類。荆或爲楚，「楚」亦荆木之別名也。

宋·沈括《夢溪筆談》卷二六《藥議》 古方言「雲母麤服，則著人肝肺不可去。」如枇杷、狗脊毛不可食，皆云「射人肝肺」。

又 予集《靈苑方》，論雞舌香以爲丁香母，蓋出陳氏《拾遺》。今細考之，尚未然。按《齊民要術》云：「雞舌香，世以其似丁子，故一名丁子香。」即今丁香是也。《日華子》云：「雞舌香，治口氣。」所以三省故事，郎官（日）〔口〕含雞舌香；《千金》五香連翹湯無雞舌香，卻有丁香，此最爲明驗。《新補本草》又出丁香一條，蓋不曾深考也。今世所用雞舌香，乳香中得之，大如山茱萸，剉開，中如柹核，略無氣味，以治疾，殊極乖謬。

又 金罌子止遺泄，取其温且澁也。世之用金罌者，待其紅熟時，取汁熬膏用之，大誤也。紅則味甘，熬膏則全斷澁味，都失本性。今當取半黄時採，乾擣末用之。

又 古法采草藥多用二月、八月，此殊未當。但二月草已芽，八月苗未枯，采掇者易辨耳，在藥則未爲良時。大率用根者，若有宿根，須取無莖葉時采，則津澤皆歸其根。欲驗之，但取蘆菔、帝皇輩觀，無苗時采，則實而沈；有苗時采，則蘆而浮。其無宿根者，即候苗成而爲有花時采，則根生已足而又未衰。如今之紫草，未花時采，則根色鮮澤；〔花〕過而采，則根色黯惡，此其效也。用葉者取葉初長足時，用（牙）〔芽〕者自從本説，用花者取花初敷時，用實者成即時采，皆不可限以時月。緣土氣有早晚，天時有愆伏。如平地三月花者，深山中則四月花。白樂天《遊大林寺詩》云：「人間四月芳菲盡，山寺挑花始盛開。」蓋常理也。此地勢高下之不同也。如筀竹筍，有二月生者，有〔三〕四月生者，有五月方生者，謂之晚筀；稻有七月熟者，有八九月熟者，有十月熟者，謂之晚稻。一物同一畦之間，自有早晚，此〔物〕性之不同也。嶺嶠微草，淩冬不凋；並、汾喬木，望秋先隕；諸越則桃李冬實，朔漠則桃李夏榮。此地氣之不同〔也〕。一畝之稼，則糞溉者先（牙）〔芽〕；一丘之禾，則後種者晚實。此人力之不同也。豈可一切拘以定月哉？

又《本草注》：「橘皮味苦，柚皮味甘。」此誤也。柚皮極苦，不可向日，皮甘者乃（橙）〔柑〕耳。

又 淡竹對苦竹爲文。除苦竹外，悉謂之淡竹，不應別有一品謂之淡竹。後人不曉，於《本草》内別疏淡竹爲一物。今南人食筍，有苦筍。淡筍兩色，淡筍即淡竹也。

又 東方、南方所用細辛，皆杜衡也，又謂之馬蹄香。（也）〔色〕黃白，拳局而脆，幹則作團，並細辛也。細辛出華山，極細而直，深紫色，味極辛，嚼之習習如〔生〕椒，其辛更甚於椒。故《本草》云：「細辛，水漬令直。」是以杜衡僞爲之也。襄、漢間又有一種細辛，極細而直，色黃白，乃是鬼督郵，亦非細辛也。

又《本草注》引《爾雅》云：「蘦，大苦。注：甘草也。蔓延生，葉似荷，莖青赤。」此乃黃藥也，其味極苦，〔故〕謂之大苦，非甘草也。甘草枝葉悉如槐，高五六尺，但葉端尖而糙澀，似有白毛。實作角生，如相思角，〔四五角〕作一本生，熟則角坼。子如小扁豆。極堅，齒嚙不破。

又 胡麻直是今油麻，更無他説，予已於《靈苑方》論之。其角有六稜者，有八稜者。中國之麻，今謂之麻是也。有實爲苴麻；無實爲枲〔麻〕，又曰牡麻。張騫始自大宛得油麻之種，亦謂之麻，故以「胡麻」別之，謂漢麻爲「大麻」也。

又 赤箭，即今之天麻也。後人既誤出天麻一條，遂指赤箭別爲一物。既無此物，不得已又取天麻苗爲之，滋爲不然。《本草》明稱「采根陰乾」，安得以苗爲之？草藥上品，除五芝之外，赤箭爲第一。此神仙補理、養身上藥。世人惑於天麻之説，遂止用之治風，良可惜哉！〔或〕以謂其莖如箭，既言赤箭，疑當用莖，此尤不然。至如鳶尾、牛膝之類，皆謂莖葉有所似，〔用〕則用根耳，何足疑哉！

又 地菘即天名精也。世人既不識天名精，又妄認地菘火蘞；《本草》又出鶴虱一條，都成紛亂。今按：地菘即天名精，蓋其葉似菘，又似（名精）〔蔓菁〕，（名精）〔蔓菁〕即蔓精也。故有二名。鶴虱即其實也。世間有單服火蘞法，乃是服地菘耳，不當用火蘞。火蘞，《本草》名稀蘞，即是豬膏苗。後人不識，亦重複出之。

又 南燭草木，記傳、《本草》所説多端，今少有識者。爲其作青精飯，色黑，乃誤用烏桕爲之，全非也。此木類也，又似草類，故謂之南「燭」草木，今人謂之天南燭者是也。南人多植於庭檻之間，莖如蒴藋，有節；高三四尺，廬山有盈丈者。葉微似楝而小。至秋則實赤如丹。南方至多。

又 太陰玄精，生解州鹽澤大滷中，溝渠土内得之。大者如杏葉，小者如魚鱗，悉皆（尖）〔六〕角，端〔正如刻〕，正如龜甲。其裙襴小撱，其前者下剡，其後則上剡，正如穿山甲相掩之處全是龜甲，更無異也。色綠而瑩徹。叩之則直理而折，瑩明如鑒，折處亦六角如柳葉。火燒過則悉解折，薄如柳葉，片片相離，白如霜雪，平潔可愛。此乃稟積陰之氣凝結，故皆六角。今天下所用玄精，乃絳州山中所出絳石耳，非玄精也。楚州鹽城古鹽倉下土中，又有一物，六稜，如馬牙硝，清瑩如水晶，潤澤可愛，彼方亦名太陰玄精，然喜暴潤，如鹽鹻之類。唯解州所出者爲正。

又 稷乃今之穄也。齊、晉之人謂即、積皆曰祭，乃其土音，無他義也。《本草注》云：「又名糜子。」糜子乃黍屬。《大雅》：「維秬維秠，維糜維芑。」秬、秠、糜、芑皆黍屬，以色（爲）別，丹黍謂之糜。糜音門。今河西人用糜字音糜。

又 苦（耽）〔躭〕即《本草》酸漿也。《新集本草》又重出苦（耽）〔躭〕一條。河西番界中酸漿有盈丈者。

又 今之蘇合香，如堅木，赤色。又有蘇合油，如糯膠，今多用此爲蘇合香。按：劉夢得《傳信方》用蘇合香云：「皮薄，子如金色。按之即小，放之即起，良久不定如蟲動。〔氣〕烈者佳也。」如此者全非今所用者，更當精考之。

又 薰陸，即乳香也。本名薰陸。以其滴下乳頭者，謂之乳頭香；鎔塌在地上者，謂之塌香。如臘茶之有滴乳、白乳之品，豈可各是一物？

又 山豆根味極苦，《本草》言味甘者，大誤也。

又 蒿之類至多。如青蒿一類，自有兩種：有黃色者，有青色者，《本草》謂之青蒿，亦恐有別也。陝西綏、銀之間有青蒿，在蒿叢之間，時有一兩株，迥然青色，土人謂之香蒿，莖葉與常蒿悉同，但常蒿色緑，而此蒿色青翠，一如松檜之色。至深秋，餘蒿並黄，此蒿獨青，氣稍芬芳。恐古人所用，以此爲勝。

又　今方家所用漏蘆，乃飛廉也。飛廉一名漏蘆，苗似苦芙，根如牛蒡、綿頭者是也。採時用根。今閩中所用漏蘆，莖如麻油，高六七寸。秋深枯黑如漆，採時用苗。《本草》自有(一)條，正謂之漏蘆。

又　《本草》所論赭魁，皆(非)〔未〕詳審。今赭魁南中極多，膚黑肌赤，似何首烏。切破，其中赤白理如檳榔。有汁赤如赭，南人以染皮制韡。閩、嶺人謂之餘糧。《本草》餘糧注重所引，乃此物也。

又　石龍芮，今有兩種：水中生者，葉光而末圓；陸生者葉毛而末鋭。入藥用水生者。陸生亦謂之天灸，取少葉揉擊臂上，一夜作大泡如火燒者是也。

又　麻子，海東來者最勝，大如蓮實，出(屯羅)〔柘蘿〕島。其次上郡北地所出，大如大豆，亦善。其餘皆下材。用時去殼，其法取麻子帛包之，沸湯中浸，候湯冷，乃取懸井中一夜，勿令著水。明日，日中暴乾，就新瓦上輕挼，其殼悉解。(箭)〔簸〕揚取肉，粒粒皆完。

宋・沈括《夢溪筆談・補筆談》卷一《辯證》　梓榆，南人謂之樸，齊魯間人謂之駁馬。駁馬，即梓榆也。南人謂之樸，樸亦言駁也，但聲之譌耳。《詩》「隰有六駁」是也。陸璣《毛詩疏》：「檀木，皮似繫迷，又似駁馬。人云：『斫檀不諦得繫迷，繫迷尚可得駁馬。』」蓋三木相似也。今梓榆皮甚似檀，以其班駁似馬之駁者。今解《詩》用《爾雅》之説，以爲「獸鋸牙，食虎豹」，恐非也。獸，動物，豈常止於隰者？又與苞櫟、苞棣、樹檖非類，直時當時梓榆耳。

又　建茶之美者，號北苑茶。今建州鳳凰山，土人相傳，謂之北苑，言江南嘗置官領之，謂之北苑使。

宋・沈括《夢溪筆談・補筆談》卷三《藥議》　世人用莽草，種類最多，有葉大如手掌者，有細葉者，有葉光厚堅脆可拉者，有柔軟而薄者，有蔓生者，多是謬誤。按：《本草》：「若石南，而葉稀，無花實。」今考木若石南，信然；葉稀、無花實，亦誤也。今莽草，蜀道、襄、漢、浙江湖間山中有，枝葉稠密，團欒可愛，葉光厚而香烈，花紅色，大小如杏花，六出，反卷向上，中心有新紅蕊，倒垂下，滿樹垂動摇摇然，極可翫。襄、漢間漁人，競採以擣飯飴魚，皆翻上，乃撈取之。南人謂之石桂。白樂天有《廬山桂詩》，其序曰：「廬山多桂樹」，又曰：「手攀青桂枝。」蓋此木也。南人謂之紅桂，以其花紅故也。李德裕《詩序》曰：「龍門敬善寺有紅桂樹，獨秀伊川，移植郊園，衆芳色沮，乃石蜀道莽草，徒得佳名耳。」衛公此説亦甚明。自古用此一類，仍毒魚有驗。《本草》木部所收，不知何緣謂之莽草，獨此未喻。

又　嶺南深山中有大竹，有水甚清澈。溪澗中水皆有毒，唯此水無毒，土人陸行多飲之。至深冬，則凝結如玉。乃天竹黄也。王彦祖知雷州日，盛夏之官，山深閒水皆不可飲，唯剖竹之取水，烹飪飲啜，皆用竹水。次年，被召赴闕，冬行，求竹水不可復得，問土人，乃知至冬則凝結，不復成水。遇夜野火燒林木爲煨燼，而竹黄不灰，如火燒獸骨而輕。土人多於火後採拾，以供藥品，不若生得者爲善。

又　零陵香，本命蕙，古之蘭蕙是也，又名薰。《左傳》曰：「一薰一蕕，十年尚猶有臭。」即此草也。唐人謂之鈴鈴香，亦謂之鈴子香，謂花倒懸枝間如小鈴也。至今京師人買零陵香，須擇有(零)〔鈴〕子者。鈴子，乃其花也。此本鄙語。文士以湖南零陵郡，遂附會名之。後人又收入《本草》，殊不知《本草正經》自有薰草條，又名蕙草，注釋甚明。南方處處有，《本草》附會其名，言出零陵郡，亦非也。

又　藥中有用蘆根及葦子、葦葉者。蘆、葦之類，凡有十數。(多種)蘆、葦、菼、薍、萑、葸、息理反。葦之類皆是也。名字錯亂，人莫能分。或疑蘆似葦而小，則薍非葦也。今人云：「葭一名葦。」郭璞云：「薍似葦，是一物。」按《爾雅》云：「菼、薍、葦、蘆」，蓋一物也。名字雖多，會之則是兩種耳。今世俗只有蘆與荻兩名。按：《詩疏》亦將葭、菼等衆名判爲二物，曰：「此物初生爲菼，長大爲薍，成則名爲萑。初生爲葭，長大爲蘆，成則名爲葦。」故先儒釋薍爲蕉，釋葭爲葦。予今詳諸家所釋葭、蘆、葦，皆蘆也，則菼、薍、蕉自當是荻耳。《詩》云：「葭菼揭揭」，則葭，蘆也；菼，荻也。又曰「萑葦」，則萑，荻也；葦，蘆也。連文言之，明非一物。又《詩釋文》云：「薍，江東人呼之爲烏蓲。」今吴中烏蓲草，乃荻屬也。則(信)〔萑〕、薍爲荻明矣。然《召南》「彼茁者葭」，謂之初生可也；《秦風》曰「蒹葭蒼蒼，白露爲霜」，則散文言之，霜降之時，亦得謂之葭，不必初生，若對文須分大小之名耳。荻芽似竹筍，唯甘脆可食；莖脆，可曲如鉤，作馬鞭節，花嫩時紫，脆則白，如散絲；葉色重，狹長而白脊。一類小者，可(用)爲曲薄，其餘唯堪供爨耳。蘆芽味稍甜，作蔬尤美；莖直；花穗生，如狐尾，褐色；葉闊大而色淺。此堪作障席、筐、織壁、覆屋、絞繩雜用，以其柔韌且直故也。今藥中所用蘆根、葦子、葦葉，以此證之，蘆、葦乃是一物，皆當用蘆，無用荻理。

又　扶移，即白楊也，《本草》有白楊，又有扶移。扶移一條，本出陳藏器《本草》，蓋藏器不知扶移便是白楊也，乃重出之。扶移亦謂之蒲移，《詩疏》曰「白楊，蒲移」是也。至今越中人謂白楊只謂蒲移。藏器又引《詩》云：「棠棣之華，偏其反而。」又引鄭注云：「棠棣，移楊。」此又誤也。《論語》乃引逸《詩》：「唐棣之華，偏其反而。」此自是〔白移〕，小木，比郁李稍大，此非蒲移也；蒲移乃喬木耳。木只有〔棠棣，有唐棣，無棠。《爾雅》云：「棠棣，棣也。唐棣，移也。」〕常棣即《小雅》所謂「常棣之華，鄂不韡韡」者；唐棣即《論語》所謂「唐棣之華，偏其反而」者。常棣今人謂之郁李。《豳詩》云：「六月食鬱及薁。」注云：「鬱，棣屬，即白移也。」以其似棣，故曰棣屬。又謂之車下李，又謂之唐棣薁，即鬱、薁同音。注謂之蘡薁，蓋其實似蘡，蘡即含桃也。晉《宮閣銘》曰：「華林園中，有車下李三百一十四株，薁李一株。」車下李，即鬱也，唐棣也，白移也；薁李，即郁李也，薁也，常棣也，與蒲移全無交涉。《本草》續添「鬱李，一名車下李」，此亦誤也，晉《宮閣銘》引華林園所種車下李與薁李，自是二物。常棣字或作棠棣，亦誤耳。今小木中卻有棣棠，葉似棣，黄花綠莖而無實，人家亭檻中多種之。

又　杜若即今之高良薑，後人不識，又別出高良薑條，如赤箭再出天麻條，天名精再出地菘條，燈籠草再出苦(耽)〔躭〕條，如此之類極多。或因主療不同，蓋古人所盡，後人用久，漸見其功，主療浸廣。諸藥例皆如此，豈獨杜若也？後人又取高良薑中小者爲杜若，正如用天麻、蘆頭、赤箭也。又有用北地出薑爲杜若者。杜若古人以爲香草，北地出薑，何嘗有香？高良薑花成穗，芳華可愛，土人用鹽梅汁淹以爲菹，南人亦謂之山薑花。《本草圖經》云：「杜若苗似山薑，花黄赤，子赤色，大如棘子，中似豆蔻。出峽山、嶺南北。」正是高良薑，其子乃紅蔻也。騷人比之蘭、芷。然藥品中名實錯亂者至多，人人自主一說，亦莫能堅決。不患多記，以廣異同。

又　鉤吻，《本草》一名野葛。主療甚多，注釋者多端，或云可入藥用；或云有大毒，食之殺人。予嘗到閩中，土人以野葛毒人及自殺，或誤食者，但半葉許入口即死。以流水服之，毒尤速，往往投杯已卒矣。經官司勘鞫者極多，灼然如此。予嘗令人完取一株觀之，其草蔓生，如葛；其藤色赤，節粗，似鶴膝；葉圓有尖，如杏葉，而光厚似柹葉，三葉爲一枝，如綠豆之類，葉生皆間，皆相對；花黄細，戢戢然一如茴香花，生於節葉之間。《西陽雜俎》言花似梔子稍大，謬説也。根皮亦赤。閩人呼爲吻莽，亦謂之野葛。嶺南人謂之胡蔓。俗謂斷腸草。此草人間至毒之物，不入藥用。恐《本草》所出，別是一物，非鉤吻也。予見《千金》、《外臺》藥方中，時有用野葛者，特宜子細，不可取其名而誤用，正如侯夷魚與鰯魚同謂之河豚，不可不審也。

又　黄鐶，即今之朱騰也，天下皆有。葉如槐，其花穗懸，紫色，如葛花。可作菜食，火不熟亦有小毒。京師人家園圃中作大架種之，謂之紫藤花者是也。實如皁莢，《蜀都賦》所謂「青珠黄鐶」者，黄鐶即藤之根也。古今皆種以爲亭檻之飾。今人採其莖，於槐幹上接之，僞爲矮槐。其根入藥用，能吐人。

又　欒有二種：樹生，其實可作數珠者，謂之木欒，即《本草》欒花是也；叢生，可爲杖棰者，謂之牡欒，又名黄荊，即《本草》牡荊是也。此兩種之外，唐人《補本草》又有欒荊一條，遂與而欒相亂，欒花出《神農正經》，牡荊見於《前漢郊外祀志》，從來甚久。欒荊特出唐人新附，自是一物，非古人所謂欒荊也。

又　(柴)〔紫〕荊，陳藏器云：「樹似黄荊，葉小，無椏。夏秋子熟。正圓如小珠。」大誤也。紫荊(與黄荊葉)叢生小木，葉如麻葉，三椏而小。紫荊稍大，圓葉實如樗英，著樹連冬不脱，如家園亭多種之。

又　六朝以前醫方，唯有枳實，無枳殼，故《本草》亦只有枳實。後人用枳之小嫩者爲枳實，大者爲枳殼，主療各有所宜，遂別出枳殼一條，以附枳實之後。然兩條主療，亦相出入。古人言枳實者，便是枳殼，《本草》中枳實主療，便是枳殼主療。後人既別出枳殼條，便合於枳實條内摘出枳殼主療，別爲一條；舊條内只合留枳實主療。後人以《神農本經》不敢摘破，不免兩條相犯，互有出入。予按《神農本經》枳實條内稱「主大風在皮膚中，如麻豆苦癢，除寒熱結，止痢，長肌肉，利五臟，益氣輕身，安胃氣，止溏泄，明目」，盡是枳殼之功，皆當摘入枳殼條。後來別見主療，如通利關節，咳嗽，背膊悶倦，散瘤結、胸脇痰滯，逐水，消脹滿、大腸風，止痛之類，皆附益之，只爲枳殼條。舊枳實條内稱「除胸脇痰癖，逐停水，破結實，消脹滿、心下急痞痛、逆氣」，皆是枳實之功，宜存於本條，別有主療亦附益之可也。如此，二條始分，各見所主，不至甚相亂。

宋·范鎮《東齋記事》卷一　仁皇朝，内侍張宗禮無爲山燒香，得古柏園數丈，中空，可以施臥榻坐墩。予目爲自然庵。其上枝葉鬱然，前有竹徑，設童子如迎客之狀，甚可愛賞。

宋·范鎮《東齋記事》卷四　蜀有朝日蓮，蔓生，其花似蓮而色白，其大如錢。人家以盆貯水而植之，朝生於東，夕沉於西，隨日出没，可以測候時刻。

又 蜀之産茶凡八處，雅州之蒙頂、蜀州之味江、邛州之火井、嘉州之中峰、彭州之堋口、漢州之楊村、綿州之獸目、利州之羅村。然蒙頂爲最佳也。其生最晚，常在春夏之交。其芽長二寸許，其色白，味甘美，而其性温暖，非他茶之比。蒙頂者，書所謂「蔡、蒙旅平」者也。李景初與予書言：「方茶之生，雲霧覆其上，若有神物護持之。」其次羅村，茶色緑，而味亦甘美。

宋·范鎮《東齋記事》卷五 邛竹鞭以箠馬，則愈久而愈潤澤堅韌；以擊猫，則隨節折裂矣。

宋·范鎮《東齋記事》補遺 荔枝熟，人未采，則百蟲不敢近；人纔采，則百鳥蝙蝠之类無不残伤。故采荔枝者，日中而采之。

宋·蘇軾《蘇軾文集》卷八四《與程輔提刑二十四首》 廣州多松脂，閎甫嘗買，用桑皮灰煉得甚精，因話告求數斤。

又《與周文之二首之二》 惠栗極佳，梨，無則已，不煩遠致也。惠米五碩，可得醇酒三十斗。

宋·蘇軾《蘇軾文集》卷七三《服松脂法贈米元章》 松脂以真定者爲良。細布袋盛清水爲沸湯煑，浮水面者，以新罩籬掠取置新水中。久煑不出者，皆棄不用。入生白茯苓末，不製，但削去皮，擣羅拌勻，每日早取三錢匕着口中。用少熟水攪漱，仍以指如常法熟揩齒。畢，更啜少熟水嚥之，仍以漱吐如常法。能牢齒，駐顔，烏髭也。

又《蒼术録》 黄州山中倉术至多，就野買一斤，數錢爾。此長生藥也。人以爲易得，不復貴重，至以熏蚊子，此亦可爲太息。舒州白术，莖葉亦甚相似，特華紫爾。然至難得，三百一兩。其效止於和胃去游風，非神仙上藥也。

又《海漆録》 吾謫居南海，以五月出陸至藤州，自藤至儋，野花夾道，如芍藥而小，紅鮮可愛，樸樕叢生。土人云：「倒粘子花也。」至儋則已。結子馬乳，爛紫可食，殊甘美。中有細核，嚼之瑟瑟有聲。亦頗苦澀，童兒食之，或大便難通。藥皆白，如白葦狀。野人夏秋痢下，食葉輒已。海南無柿，剥浸揉擣之，得膠，以代柿，蓋愈於柿也。吾久苦小便白膠，近又大腑滑，百藥不差。

又《墓頭回草録》 王屋山有異草，制百毒，能於鬼手奪命。故山中人謂此草墓頭回。蹇葆光託吴遠遊寄來。吾聞兵無刃，蟲無毒，皆不可任。若阿羅漢永斷三毒，此藥遂無所施邪？

又《益智録》 海南産益智花，實皆作長穗，而分三節。其實熟否，以候歲之豐歉。其下節以候蠶禾，中、上亦如之。大吉則實，大凶之歲，則皆不實，蓋罕有三節並熟者。其爲藥，治氣止水，而無益於智。智豈求之於藥乎？其得此名者，豈以知歲邪？

又《記惠州土芋》 岷山之下，凶年以蹲鴟爲糧，不復疫癘，知此物之宜人也。《本草》謂芋，土芝，云：「益氣充肌。」惠州當此物，然人食者不免瘴。吴遠遊曰：「此非芋之罪也。芋當去皮，濕紙包，煨之火，過熟，乃熟噉之，則鬆而膩，乃能益氣充肌。今惠人皆和皮水煮冷啖，堅頑少味，其發瘴固宜。」丙子除夜前兩日，夜飢甚，遠遊煨芋兩枚見啖，美甚，乃爲書此帖。

宋·蘇軾《蘇軾文集》卷七三《記竹雌雄》 竹有雌雄，雌者多筍，故種竹當種雌。自根而上至梢一節二發者爲雌。物無逃於陰陽，可不信哉！

宋·蘇軾《蘇軾佚文彙編》卷五 《題杜子美榿木詩後》蜀中多榿木，讀如敧仄之「敧」，散材也，獨中薪耳。惟榿不然，葉落泥水中，輒腐，能肥田，甚於糞壤，故田家喜種之。得風，葉聲發發，如白楊也。

宋·劉蒙《劉氏菊譜·菊品·黄花》 勝金黄。一名大金黄。菊以黄爲正，此品最爲豐縟而加輕盈。花葉微尖，但條梗纖弱，難得團簇。作大本，須留意扶植乃成。

又 疊金黄。一名明州黄。又名小金黄。花心極小，疊葉穠密，狀如笑靨。花有富貴氣，開早。

又 棣棠菊。一名金鎚子。花纖穠，酷似棣棠。色深如赤金，它花色皆不及，蓋奇品也。窠株不甚高。金陵最多。

又 疊羅黄。狀如小金黄。花葉尖瘦，如剪羅縠，三兩花自作一高枝出叢上，意度瀟灑。

又 麝香黄。花心豐腴，傍短葉密承之。格極高勝。亦有白者，大略似佛頂，而勝之遠甚。吴中比年始有。

又 千葉小金錢。略似明州黄。花葉中外疊疊整齊，心甚大。

又 太真黄。花如小金錢，加鮮明。

又 單葉小金錢。花心尤大，開最早，重陽前已爛熳。

又 垂絲菊。花蕊深黄，莖極柔細，隨風動摇，如垂絲海棠。

又 金鈴菊。一名荔枝菊。舉體千葉細瓣，簇成小毬。如小荔枝。枝條長茂，可以攢結。江東人喜種之，有結爲浮圖樓閣高丈餘者。余頃北使過欒城，其地多菊，家家以盆盎遮門，悉爲鸞凰亭臺之狀，即此一種。

又 毬子菊。如金鈴而差小。二種相去不遠，其大小名字，出於栽培肥瘠之別。

又 小金鈴。一名夏菊花。如金鈴而極小，無大本。夏中開。

又 藤菊花。密條柔以長，如藤蔓，可編作屏障，亦名棚菊。種之坡上，則垂下裊數尺如纓絡，尤宜池潭之瀕。

又 十樣菊。一本開花，形模各異，或多葉，或單葉，或大，或小，或如金鈴。往往有六七色，以成數通名之曰十樣。衢、嚴同花黃，杭之屬邑有白者。

又 甘菊。一名家菊。人家種以供蔬茹。凡菊葉，皆深緑而厚，味極苦。或有毛。惟此葉淡緑柔瑩，味微甘，咀嚼香味俱勝。擷以作羹及泛茶，極有風致。天随子所賦，即此種花。

又 野菊。旅生田野及水濱，花單，葉極瑣細。

宋·劉蒙《劉氏菊譜·菊品·白花》 五月菊。花心極大，每一鬚皆中空，攢成一匾毬。子紅白，單葉繞承之。每枝只一花，徑二寸，葉似同蒿，夏中開。近年院體畫草蟲，喜以此菊寫生。

又 金杯玉盤。中心黃，四傍淺白，大葉，三數層。花頭徑三寸，菊之大者不過此。本出江東，比年稍移栽吳下。此與五月菊二品，以其花徑寸特大，故列之於前。

又 喜容千葉。花初開，微黃，花心極小，花中色深，外微暈淡，欣然豐艷有喜色，甚稱其名。久則變白。尤耐封殖，可以引長七八尺至一丈，亦可攬結，白花中高品也。

又 御衣黃千葉。花初開，深鵝黃，大略似喜容，而差疏瘦。久則變白。

又 萬鈴菊。中心淡黃，鎚子傍，白花葉繞之。花端極尖，香尤清烈。

又 蓮花菊。如小白蓮花，多葉而無心，花頭疏，極蕭散清絶，一枝只一葩，緑葉，亦甚纖巧。

又 芙蓉菊。開就者如小木芙蓉，尤穠盛者如樓子芍葉，但難培植，多不能繁霖。

又 茉莉菊。花葉繁褥，全似茉莉，緑葉亦似之，長大而圓净。

又 木香菊。多葉，略似御衣黃。初開淺鵝黃，久則淡白。花葉尖薄，盛開則微卷。芳氣最烈，一名腦子菊。

又 酴醾菊。細葉稠疊，全似酴醾，比茉莉差小而圓。

又 艾葉菊。心小，葉單，緑葉，尖長似蓬艾。

又 白麝香。似麝香，黃花，差小，亦豐腴韻勝。

又 白荔枝。與金鈴同，但花白耳。

又 銀杏菊。淡白，時有微紅花，葉尖緑，葉全似銀杏葉。

宋·劉蒙《劉氏菊譜·菊品·雜色》 波斯菊。花頭極大，一枝只一葩，喜倒垂下，久則微捲，如髮之鬈。

又 佛頂菊。亦名佛頭菊。中黃，心極大，四傍白花一層繞之。初秋先開白色，漸沁，微紅。

又 桃花菊。多葉，至四五重，粉紅色。濃淡在桃、杏、紅梅之間。未霜即開，最爲妍麗，中秋後便可賞。以其質如白之受采，故附白花。

又 臙脂菊。類桃花菊，深紅淺紫，比燕脂色尤重，比年始有之。此品既出，桃花菊遂無顔色，蓋奇品也。姑附白花之後。

又 紫菊。一名孩兒菊。花如紫茸，叢茁細碎，微有菊香。或云即澤蘭也。以其與菊同時，又常及重九，故附於菊。

宋·何薳《春渚紀聞》卷一《木果異事》 元豐間，禁中有果名鴨腳子者，四大樹皆合抱。其三在翠芳庭之北，歲收實至數斛，而託地陰翳，無可臨玩之所；其一在太清樓之東，得地顯曠，可以就賞，而未嘗著一實【略】。明年，一木遂花，而得實數斛【略】。至闕嶺，有秦時柏一株，雖質幹不枯，而枝葉略無存。既標圖間，榮。殿中有記當時奏圖觀賞之語私相聳異，以謂天人筆澤所加，回枯起死，便同雨露之施。

宋·何薳《春渚紀聞》卷一《種柑二事》 有餉柑者，味甘而實極瑰大，既食之，即令收核種之後圃，坐人竊笑蓋七八也。

宋·何薳《春渚紀聞》卷七《冬瓜堰詩誤》 《雲溪友議》載酒徒朱沖嘲張祜云：「白雲東都元已薨，鸞臺鳳閣少人登。冬瓜堰下逢張祜，牛矢灘邊説我能。」署之冬瓜堰官，虔望不服，宏慶曰：祜子守冬瓜已過矣。此説似有理也。

宋·何薳《春渚紀聞》卷七《花色與香異》 「酒成碧後方堪飲，花到白來元自香。」此趙丈德麟賦《玉簪花詩》也。歷數花品，白而香者十花八九也，至於菊，則花白者輒無香。花之黃者十亦八九無香，至於菊，則黃者乃始有香。是亦所稟之異未易以理推者也。

宋·洪皓《松漠紀聞》 寧江州去冷山百七十里，地苦寒，多草木，如桃李之类，皆成园。

宋·洪皓《松漠紀聞續》 女真多白芍藥花，皆野生，絶無紅者。

又 西瓜形如匾蒲而圆，色極青翠，經岁则变黄。其瓞类甜瓜，味甘脆，中有汁，尤冷。《五代史·四夷附録》云：「以牛粪复棚種之。」予携以歸，今禁圃、鄉囿皆有。亦可留數月，但不能經岁仍不变黄色。鄱陽有久苦目疾者，曝干服之而愈，盖其性冷故也。

又 西樓有蒲，瀕水丛生，一干，叶如柳，長不盈尋丈，用以作箭，不矫揉而坚。左氏所謂「董澤之蒲」是也。

又 回鹘豆，高二尺許，直干，有叶，無旁枝。角長二寸，每角止兩豆，一根才六七角。色黄，味如栗。

清·高士奇《扈從東巡日録》卷下 丁卯，駐蹕夸兰山。河山漸平衍，細河屡渡。有蒲，瀕水丛生，枝叶如柳，長不盈尋，用以作箭，不矫作而坚，董澤之蒲不能及也。

又 壬申，雨初霽，行五十里，長岭连卷，古木致密，時有湫隘處。駐蹕蘇敦。

癸酉，行七十里。乔林被陂中，有杏樹高可三四丈，老干槎枒，紅芳半綴。

又 我太祖高皇帝攻取烏喇，地爲我有。山多黑松林，結松子甚巨。土産人參。

又 采人參者言：于春中生苗，多在背陰湿潤處。初生小者三四寸許，一椏五叶。四五年后，兩椏五叶，未有花莖。至十年后生三椏，年深者生四椏，各五叶，中心一莖，俗名百尺杵。四月有花，細小如粟，蕊如丝，紫白色。秋后結子，或七八枚，如大豆，生青熟紅，自落。采之之法：以四月及七月裹糧入山，其草一莖直上，独出众草，光與晓日相映，则刨取其根，一窠或四五歧，或二三歧者，種有紫团、白条、羊角等名。惟黄潤坚實，俗名金井玉阑者，体實味甘，斯爲最胜。然秋冬采者坚實，春夏采者虚软，故今采參多在七、八月云。

又 烏稽者，漢言大林也。中皆乔松及桦、柞樹，間有榆、椵【略】。人參生椵樹下，翠蕤绛實，烂然灌莽。間行者，穿林之東隅，自厄黑木站至喇伐水站，西東四十余里，皆林徑也。

又 他姑儿哈非烏喇草也。塞路多石磧，复易沮洳，不可以履。缝革爲履，名烏喇。烏喇坚，足不可裹。澤有草，柔細如丝，摘而捶之，實其中。草無名，因用以名。

他四哈阿落火 莨菪草也。莖如麻叶，小而锐，花如木棉，結實不可食，食之，令人狂走。

又 英莪 紅草果也。結實累累如桑椹，甘好可食，丛生原隰間。或言鸎哥關多此草，遂名。传訛爲英莪也。

一儿噶木克 花儿水也，因色以名。碧叶敷地，實綴叶上，淺紅而鲜，望之如落花片片。其味甘，多汁，人争食之。

烏立 老鸦眼也。干柔叶小，結食圆如珠，色紫而味酸，樵者采以止渴。尚方旧制，尝漉其汁爲膏以錯珍。

父烏郎 麅子尾也。菌屬，巨木雨馀所蒸，含苞而毳，状若芝，味甘膩。土人聞見不出乎兽，故名。

伽尔密 蓼芽菜也。烏喇地寒，及秋即無生菜。取蓼花于湿之，复以㓾草，置炕侧燠蒸，生芽如綫，色微紅，其味辛辣。

清·林壽圖《啓東録》卷四 沃沮即窝集，《几暇格物編》：窝集東至海边，接连烏拉、黑龍江一帶，西至俄羅斯，或寬或窄，丛林密樹，鳞次栉比，陽景罕曜。如松柏及各種大樹，皆以类相从，不雜他木【略】。又産人參及各種藥材，人多不能辨识者，與南方湖廣、四川相类。

宋·方勺《泊宅編》卷三 閩廣多種木綿，樹高七八尺，葉如柞，結實如大菱而色青，秋深即開，露白綿茸然。土人摘取去殻，以鐵杖杆盡黑子，徐以小弓彈令紛起，然後紡績爲布，名曰「吉貝」。今所貨木綿，特其細緊者爾。當以花多爲勝，横數之得一百二十花，此最上品。

宋·方勺《泊宅編》卷八 橘皮寬鬲降氣，消痰逐冷，有殊功。他藥多貴新，唯此種貴陳，須洞庭者最佳【略】。偶家人輩合橘紅湯，取嘗之，似有味，因連日飲之【略】。其方：橘皮去穰，取紅一斤，甘草、鹽各四兩，水五碗，慢火煮乾，焙擣爲末點服。又古方：以橘紅四兩、炙甘草一兩，爲末湯點，名曰二賢散，以治痰特有驗【略】。世醫惟知用半夏、南星、枳實、茯苓之屬，何足以語此！

又 小麥種來自西國寒温之地，中華人食之，率致風壅。

宋·王讜《唐語林·補遺》卷八 豆有紅而圓長，其首烏者，舉世呼爲「相思子」，非也，乃「甘草子」也。相思子即紅豆之異名也。其木斜斫之則有文，可爲彈博局及琵琶槽。其樹也，大株而白枝，葉似槐。其花與皂莢花無殊。其子若藊豆，處於甲中，通身皆紅，李善云「其實赤如珊瑚」是也。

又言：甘草非國老之藥者，乃南方藤名也。其叢似薔薇而無刺，葉似夜合而黄細，其花淺紫而蕊黄，其實亦居甲中。以條葉俱甘，故謂之甘草藤，土人但呼爲甘草而已。出在潮陽，而南漳亦有。

又　九月重陽，都下賞菊有數種：其黄白色蕊若蓮房曰萬齡菊，粉紅色曰桃花菊，白而檀心曰木香菊，黄色而圓者曰金鈴菊，純白而大者曰喜容菊，無處無之。

宋・孟元老《東京夢華録》卷七《駕幸瓊林苑》　苑之東南隅，政和間，創築華觜岡，高數十丈，上有横觀層樓，金碧相射，下有錦石纏道，寶砌池塘，柳鎖虹橋，花縈鳳舸，其花皆素馨、末莉、山丹、瑞香、含笑、射香等，閩、廣二浙所進南花。有月池、梅亭、牡丹之類，諸亭不可悉數。

宋・孟元老《東京夢華録》卷八《四月八日》　是月茄瓠初出上市，東華門争先供進，一對可直三五十千者。時果則御桃、李子、金杏、林檎之類。

宋・孟元老《東京夢華録》卷六《收燈都人出城探春》　次第春容滿野，暖律暄晴，萬花争出粉牆，細柳斜籠綺陌。香輪暖輾，芳草如茵，駿騎驕嘶，杏花如繡，鶯啼芳樹，燕舞晴空，紅妝按樂於寶樹層樓，白面行歌近畫橋流水，舉目則鞦韆巧笑，觸處則蹴踘踈狂，尋芳選勝，花絮時墜金樽，折翠簪紅，蜂蝶暗隨歸騎。於是相繼清明節矣。

宋・洪邁《容齋隨筆》卷一〇《玉蘂杜鵑》　物以稀爲珍，不必異種也。長安唐昌觀玉蘂，乃今瑒花，又名米囊，黄魯直易爲山礬者。潤州鶴林寺杜鵑，乃今映山紅，又名紅躑躅者。二花在江東彌山亘野，殆與榛莽相似。而唐昌所産，至於神女下游，折花而去，以踐玉峯之期，鶴林之花。

宋・洪邁《容齋續筆》卷一〇《苦蕒菜》　吴歸命侯天紀三年八月，有鬼目菜生工人黄耉家，有買菜生工人吴平家，高四尺，厚三分，如枇杷形，上廣尺八寸，下莖廣五寸，兩邊生葉緑色。東觀案圖，名鬼目作芝草，買菜作平慮草，以耉爲侍芝郎，平爲平慮郎，皆銀印青綬。《唐・五行志》：中宗景龍二年，岐州郿縣民王上賓家，有苦蕒菜，高三尺餘，上廣尺餘，厚二分。説者以爲草妖。予案買菜即苦蕒，今俗呼爲苦篤者是也【略】。鬼目見《爾雅》，郭璞云：「今江東有鬼目草，莖似葛，葉員而毛，如耳璫也，赤色叢生。」《廣志》曰：「鬼目似梅，南人以飲酒。」《南方草木狀》曰：「鬼目樹，大者如木子，小者如鴨子，七月、八月熟，色黄，味酸，以蜜煮之，滋味柔嘉，交趾諸郡有之。」《交州記》曰：「高大如木瓜而小，傾邪不周正。」《本草》曰：「鬼目，一名東方宿，一名連蟲陸，一名羊蹄。」

宋・洪邁《容齋三筆》卷六《蕨萁養人》　自古凶年饑歲，民無以食。往往隨所值以爲命。如范蠡謂吴人就蒲蠃於東海之濱；蘇子卿掘野鼠所去屮實，及齧雪與旃毛并咽之；王莽教民煮木爲酪；南方人飢餓，羣入野澤掘鳧茈；鄧禹軍士食藻菜；建安中，咸陽人拔取酸棗、藜藿以給食；晉郗鑒在鄒山，兖州百姓掘野鼠、蟄燕；幽州人以桑椹爲糧，魏道武亦以供軍；岷、蜀食芋。如此而已。吾州外邑嶸崌山在樂平、德興境，李羅萬斛山在浮梁、樂平、鄱陽境，皆綿亘百餘里，山出蕨萁。其乾道辛卯、紹熙癸丑歲旱，村民無食，争往取其根。率以昧旦荷鉏往掘，深至四五

宋・洪邁《容齋四筆》卷二《北人重甘蔗》　甘蔗只生於南方，北人嗜之而不可得。魏太武至彭城，遣人于武陵王處求酒於甘蔗。郭汾陽在汾上，代宗賜甘蔗二十條。《子虚賦》所云：「諸柘巴且。」諸柘者，甘蔗也。蓋相如指言楚雲夢澤之物，漢郊祀歌「泰尊柘漿」，亦謂取甘蔗汁以爲飲。

宋・洪邁《容齋四筆》卷八《莆田荔枝》　莆田荔枝，名品皆出天成，雖以其核種之，終與其本不相類。宋香之後無宋香，所存者孫枝爾。陳紫之後無陳紫，過墻，則爲小陳紫矣。《筆談》謂焦核荔子，土人能爲之，取本木，去其大根，火燔令焦，複植於土，以石壓之，令勿生旁根，其核自小。里人謂不然，此果形狀，變態百出，不可以理求，或似龍牙，或類鳳爪，釵頭紅之可簪，緑珠子之旁綴，是豈人力所能加哉！初，方氏有樹，結實數千顆，欲重其名，以二百顆送蔡忠惠公，紿以常歲所産止此，公爲目之曰「方家紅」，著之於譜，印證其妄。自後華實雖極繁茂，逮至成熟，所存者未嘗越二百，遂成語讖。此段已載《遯齋閑覽》中，郡士黄處權複志其詳如此。

宋・洪邁《容齋五筆》卷六《糖霜譜》　蔗有四色，曰杜蔗；曰西蔗；曰芳蔗，《本草》所謂荻蔗也；曰紅蔗，《本草》崑崙蔗也。紅蔗止堪生噉；芳蔗可作沙糖；西蔗可作霜，色淺，土人不甚貴；杜蔗紫嫩，味極厚，專用作霜。凡蔗最困地力，今年爲蔗田者，明年改重五穀以息之。

宋・陸游《老學庵筆記》卷二　《北户録》云：嶺南俗家富者，婦産三日或足月，洗兒，作團油飯，以煎魚蝦、鷄鵝、豬羊灌腸、蕉子、薑、桂、鹽豉爲之。

又 亳州太清宫檜至多。檜花開時，蜜蜂飛集其間，不可勝數。作蜜極香而味帶微苦，謂之檜花蜜，真奇物也。歐陽公守亳時，有詩曰：「蜂採檜花村落香。」則亦不獨太清而已。

又 靖康初，京師織帛及婦人首飾衣服，皆備四時。如節物則春旛、燈毬、競渡、艾虎、雲月之類，花則桃、杏、荷花、菊花、梅花，皆併爲一景，謂之一年景。

宋・陸游《老學庵筆記》卷三 筇竹杖蜀中無之，乃出徼外蠻峒。蠻人持至瀘、敘間賣之，一枝纔四五錢。以堅潤細瘦，九節而直者爲上品。

又 蜀孟氏時，苑中忽生百合花一本，數百房，皆並蒂。圖其狀於聖壽寺門樓之東頰壁間，謂之瑞百合圖，至今尚存。乃知草木之妖，無世無之。

宋・陸游《老學庵筆記》卷四 歐陽公、梅宛陵、王文恭集，皆有小桃詩。歐詩云：「雪裏花開人未知，摘來相顧共驚疑。便當索酒花前醉，初見今年第一枝。」初但謂桃花有一種早開者耳。及遊成都，始識所謂小桃者，上元前後即著花，狀如垂絲海棠。曾子固雜識云：「正月二十間，天章閣賞小桃。」正謂此也。

宋・陸游《老學庵續筆記》一卷 海南儋、崖諸郡，出勒竹杖，大於邏竹，膚有芒，可以剉爪。東坡云「倦看邏勒暗蠻村」者是也。

宋・陸游《入蜀記》卷一 六月十一日 至望亭小憩，自是夾河皆長岡高壟，多陸種菽粟，或灌木叢篠，氣象窘隘，非楓橋以東比也。

宋・陸游《入蜀記》卷六 十月二十五日 晡後，至大谿口泊舟。出美梨，大如升。

宋・范成大《吳郡志》卷二九《土物上》 菰葉羹，晉張翰所思者。按：菰即茭也，菰首，吳謂之茭白。甘美可羹，而葉殊不可啖，疑葉衍或誤。今人作鱸羹，乃芼以蒓，尤有風味。

宋・范成大《吳郡志》卷三〇《土物下》 紅蓮稻，自古有之。陸龜蒙《別墅懷歸》詩云：「遥爲晚花吟白菊，近炊香稻識紅蓮。」則唐人已書此米，中間絶不種。二十年來，農家始復種，米粒肥而香。

又 再熟稻，一歲兩熟。《吳都賦》：「鄉貢再熟之稻。」蔣堂《登吳江亭》詩云：「鬻日草青牛引犢，經秋田熟稻生孫。」注云：「是年有再熟之稻。」細考之，當在皇祐間。今田間豐歲已刈，而稻根復蒸苗，極易長，旋復成實，可掠取，謂之再撩稻。恐古所謂再熟者即此。

又 綠橘，出洞庭東西山。比常橘特大，未霜深綠色，臍間一點先黃，味已全可啖，故名綠橘。又有平橘，比綠橘差小，純黃方可啖，故品稍下。而其皮正入藥，今市賣橘皮，多雜以柑皮及永嘉扁橘皮，不可不察。《芝田録》云：韋蘇州《寄橘》詩云：「書後欲題三百顆，洞庭須待滿林霜。」蓋《南史》有人題書尾曰：「洞庭霜橘三百顆。」韋正用此事。余按：王右軍帖亦云：「奉橘三百枚，霜未降，不可多得。」同出於此。

又 真柑，出洞庭東、西山。柑雖橘類，而其品特高。芳香超勝，爲天下第一。浙東、江西及蜀果州皆有柑，香氣標格，悉出洞庭下。土人亦甚珍貴之。其木畏霜雪，又不宜旱，故不能多植及持久。方結實時，一顆至直百錢，猶是常品，稍大者倍價。並枝葉剪之，飣盤時，金碧璀璨，已可人矣。安定郡王以釀酒，名洞庭春色。蘇文忠公爲作賦，極道包山震澤土風，而極於追鴟夷而酌西子，其貴珍之至矣。又有「三日手猶香」之詞，則其芳烈又不待言而知。

又 海杏，大杏也。范蠡宅在湖中，有海杏大如拳。今吳下杏，猶有如小兒拳大者。《地理志》。

又 連根柿，吳令顧修期言，縣西鄉有柿樹，殊本合條。《義熙起居注》。

又 方蒂柿，出常熟。蒂正方，柿形亦方。色如鞓紅，味極甘鬆，它紅柿無能及者。近年城中園户亦接其種，然味不及常熟。

又 韓梨，出常熟韓丘。皮褐色，肉如玉。每歲所生不多，價極貴。凡梨削皮切片，不移時，色必變。惟韓梨雖經日不變，所以獨貴。

又 頂山栗，出常熟頂山。比常栗甚小，香味勝絶。亦號麝香囊，以其香而軟也，微風乾之尤美。所出極少，土人得數十百枚，則以彩囊貯之，以相饋遺。此栗與朔方易州栗相類。但易栗殼多毛，頂栗殼瑩淨耳。

又 臘櫻花，自唐已有吳櫻桃之名，今之品高者出常熟縣。色微黄，名蠟櫻，味尤勝朱櫻不能尚。

又 《梅譜並序》：梅天下尤物，無問智愚、賢不肖，莫敢有議。吳下所出，而成大得而植於范村者十二種，嘗爲譜之。今掇其名狀，略志於此。

又 蜜林檎，實味極甘如蜜，雖未大熟，亦無酸味。本品中第一，行都尤貴之。他林檎雖硬大，且酣紅，亦有酸味，鄉人謂之平林檎，或曰花紅林檎。皆在蜜林檎之下。

又 金林檎，以花爲貴。此種，紹興間有南京得接頭，至行都禁中接成。其花豐腴豔美，百種皆在下風，始時折賜一枝，惟貴戚諸王家始得之。其後流傳至吴中，吴之爲圃畦者，自唐以來，則有接花之名。今所在園亭，皆有此花，雖已多而其貴重自若。亦須至八九月始熟，是時已無夏果，人家亦以飣盤。

又 蓮花海棠花，花中之尤也。凡海棠，雖豔麗，然皆單葉。獨蜀都所産，重葉豐腴如小蓮花。成大自蜀東歸，以瓦盆漫移數株，置船尾，纔高二尺許，至吴乃皆活。數年遂花，與少城無異。

又 桂，本嶺南木，吴地不常有之，唐時尚有植者。白樂天謂蘇之東城，古吴都城也。今爲樵牧之場，有桂一株，生乎城下，惜其不得地，因賦三絶句以信之。近世乃以木犀爲巖桂，詩人或指以爲桂，非是。

又 柳，以垂者爲貴。吴下士大夫家，有得鳳州種者，其半拂地，復堆如尺。石湖，綺川兩傍亦有之。

又 扶芳，初生纏繞它木，葉圓而厚。夏月取葉，火炙香，煮以爲飲，色碧緑而香。隋大業五年，吴郡貢二百本入洛京，植之西苑。時尚食直長謝諷造食經，具四時飲，春有扶芳飲。《大業雜記》。

又 牡丹，唐以來止有單葉者，本朝洛陽始出多葉、千葉，遂爲花中第一。頃時，朱勔家圃在閶門内，植牡丹數千萬本，以繒彩爲幕，彌覆其上。每花身飾金爲牌，記其名。勔敗，官籍其家，不數日墟其圃，牡丹皆拔而爲薪。花名牌一枚，估直三錢。中興以來，人家稍復接種，有傳洛陽花種至吴中者。肉紅則觀音、崇寧、壽安王、希疊羅等紅，淡紅則風嬌，又名勝西施。一捻紅，深紅則朝霞紅、又名富一家。鞓紅。雲葉及茜金毬、紫中貴、牛家黄等。不過此十餘種，姚魏蓋不傳矣。

又 菊，所在固有之，吴下尤盛。城東西賣花者，所植彌望，人家亦各自種圃者。伺春苗尺許時，掇去其顛，數日則歧出兩枝。又掇之，每掇益歧。至秋則一幹所出數百千朵，婆娑團欒如車蓋熏籠矣。人力勤，土又膏沃，花亦爲之屢變。淳熙丙午歲，成大植於范村者，正得三十六種，嘗爲譜之。今掇其名狀之略，志於此。

又 萱草，一名紫萱，又名忘憂草。吴中書生，呼爲療結花。王子年《拾遺》。

又 麝香萱，吴中有之。《述異記》謂香似紅藍而甚芳。今吴下所植，其花淡黄，比常萱差瘦弱，香全類末利，爲可貴也。

又 錦帶花，又名海仙，蓋王元之名也。此花雖處處皆有，吴中者特香，略如瑞香。山礬葷圃中夾路多植之。

又 石竹花，草花也，狀如金錢。陸龜蒙《石竹花詠》所謂「金錢買春風」者。

又 鼓子花，野花也。皮日休《虎丘》詩云：「鼓子花明白石岸。」

又 金竹，不甚大，色如金，今多不見。

又 哺雞竹，葉大多濃陰，雖圍徑難得極大者，而至易種。其筍蔓延滿地，若雞之生子衆多，故名哺雞。吴人謂雞鶩伏卵爲哺。

又 白芷，一名藥。世傳吴白芷，以吴中所出者爲貴。

又 椰李花，小碎花也，繁縟可愛。陸龜蒙有《椰李花賦》云：「一枝上能萬其膚萼，一萼中自參其丹白」，狀其實也。

又 薔薇花，有紅白雜色。陸龜蒙詩所謂「倚牆當户，一端晴綺」者，紅薔薇也。皮日休《泛舟》詩所謂「淺深還看白薔薇」者，則是野薔薇耳，水邊富有之。紅花又有金沙寶、相刺紅、紫玫瑰、五色薔薇等。白花又有金櫻子、佛見笑等，皆薔薇類也。又有黄薔薇一種，格韻尤高。

又 蓴，味香滑，尤宜芼魚羹。晉陸機入洛見王濟，濟指羊酪謂機曰：「吴中何以敵此？」機云：「千裏蒓羹，未下鹽豉。」時人以爲名對。《晉書》。

又 菘菜，唐人有云：「闊葉吴菘，巨根蜀蒻。」

又 五色瓜。吴威王時，會稽生五色瓜。梁時，吴中亦有五色瓜，歲充賦。《述異記》。

又 藕。唐蘇州進藕最上者，名傷荷藕。傷荷之名，或云：葉甘爲蟲所傷，傷其葉，則長其根也。

又 芰，即菱也，今人但言菱，諸家草木書亦不分別。唯《武陵記》云：四角、三角曰芰，兩角曰菱。今蘇州折腰菱多兩角。《酉陽雜俎》。折腰菱，唐甚貴之。今名腰菱，有野菱、家菱二種。近世復出餛飩菱，最甘香，腰菱廢矣。

宋・范成大《桂海虞衡志・志香》 沉水香。上品出海南黎峒，亦名土沉香，少大塊。其次如繭栗角，如附子，如芝菌，如茅竹葉者，皆佳。至輕薄如紙者，入水亦沉，香之節因久蟄土中，滋液下向，結而爲香。

又 蓬萊香。亦出海南。即沉水香結未成者。多成片，如小笠及大菌之狀，有徑一二尺者，極堅實，色狀皆似沉香，惟入水則浮，刳去其背帶木處，亦多沉水。

又 鷓鴣斑香。亦得之於海南沉水、蓬萊及絶好箋香中。槎牙輕松，色褐黑而有白斑，點點如鷓鴣臆上毛，氣尤清婉，似蓮花。

又　箋香。出海南。香如猬皮、栗蓬及漁蓑狀，蓋修治時雕鏤費工，去木留香，棘刺森然，香之精鐘於刺端，芳氣與他處箋香迥別。出海北者，聚於欽州，品極凡，與廣東舶上生、熟速、結等香相埒。海南箋香之下，又有重、漏、生、結等香，皆下色。

又　光香。與箋香同品第，出海北及交趾，亦聚於欽州。多大塊，如山石枯槎，氣粗烈如焚松檜，曾不能與海南箋香比。南人常以供日用及常程祭享。

又　沉香。出交趾。以諸香草合和蜜調如薰衣香。其氣温馨，自有一種意味，然微昏鈍。

又　香珠。出交趾。以泥香捏成小巴豆狀，琉璃珠間之，彩絲貫之，作道人數珠，入省地賣，南中婦人好帶之。

又　思勞香。出日南。如乳香，瀝青黄褐色，氣如楓香，交趾人用以合和諸香。

又　排草。出日南。狀如白茅，香芬烈如麝香，本亦用以合香。諸草香無及之者。

又　檳榔苔。出西南諸島，生檳榔木上，如松身之艾蒳，單爇極臭。交趾人用以合泥香，則能成温馨之氣，功用如甲香。

又　橄欖香。橄欖木脂也，狀如黑膠飴。江東人取黄連木及楓木脂以爲欖香，蓋其類。出於橄欖，故獨有清烈出塵之意，品格在黄連、楓香之上。桂林東江有此果，居人采香賣之。不能多得，以純脂不雜木皮者爲佳。

又　零陵香。宜、融等州多有之。土人編以爲席，薦坐褥，性暖宜人。零陵，今永州，實無此香。

宋・范成大《桂海虞衡志・志花》　上元紅。深紅色，絶似紅木瓜花，不結實，以燈夕前後開，故得名。

又　白鶴花，如白鶴，立春開。

又　南山茶。葩萼大倍中州者，色微淡，葉柔薄有毛。別自有一種，如中州所出者。

又　紅豆蔻花。叢生，葉瘦如碧蘆。春末發。初開花，先抽一幹，有大籜包之，籜拆花見。一穗數十蕊，淡紅，鮮妍如桃、杏花色。蕊重則下垂如葡萄，又如火齊瓔珞及剪綵鸞枝之狀。此花無實，不與草豆蔻同種，每蕊心有兩瓣相并，詞人托興如「比目」「連理」云。

又　泡花。南人或名柚花。春末開，蕊圓白如大珠，既拆則似茶花，氣極清芳，與茉莉、素馨相逼。番人采以蒸香，風味超勝。

又　紅蕉花。葉瘦，類蘆、箬，心中抽條，條端發花，葉數層，日拆一兩葉。葉色正紅，如榴花、荔枝。其端各有一點鮮緑，尤可愛。春夏開，至歲寒猶芳。又有一種，根出土處，特肥，飽如膽瓶，名膽瓶蕉。

又　水西花。葉如萱草，花黄，夏開。

又　裹梅花。即木槿，有紅、白二種，葉似蜀葵。采紅者連葉包裹黄梅，鹽漬，曝乾，以薦酒，故名。

又　素馨花。比番禺所出爲少，當由風土差宜故也。

又　茉莉花。亦少，如番禺。以淅米漿水日溉之，則作花不絶，可耐一夏。花亦大，且多葉，倍常花。六月六日，又以治魚腥水一溉，益佳。

又　石榴花。南中一種，四季常開。夏中既實之後，秋深忽又大發，花且實。枝頭碩果罅裂，而其旁紅英燦然，并花實折釘盤筵，極可玩。

又　添色芙蓉花，晨開正白，午後微紅，夜深紅。

側金盞如小黄葵，葉似槿，歲暮開，與梅同時。

宋・范成大《桂海虞衡志・志果》　荔枝。自湖南界入桂林，才百餘里，便有之，亦未甚多。昭平出槱核，臨賀出緑色者尤勝。自此而南，諸郡皆有之，悉不宜乾，肉薄味淺，不及閩中所産。

又　龍眼。南州悉有之。極大者出邕州，圍如當二錢，但肉薄，不能遠過常品，爲可恨。

又　饅頭柑。近蒂起如饅頭尖者味香勝，可埒永嘉乳柑。

又　金橘。出管道者爲天下冠，出江、浙者皮甘肉酸，不逮矣。

又　綿李。味甘美，勝常品，擘之兩片開，如離核桃。

又　石栗。圓如彈子，每顆有梗抱附之，類杓柄。肉黄白甘韌，似巴欖子。仁附肉，有白靨，不可食，發病。北人或呼爲海胡桃。

又　龍荔殼。如小荔枝，肉味如龍眼，木身，葉亦似二果，故名。可蒸食，不可生啖，令人發癇，或見鬼物。三月開小白花，與荔枝同時。

又　木竹子。皮色形狀，全似大枇杷。肉甘美，秋冬間實。

又　冬桃。狀如棗，深碧而光，軟爛甘酸，春夏熟。

又　羅望子。殼長數寸，如肥皂，又如刀豆。色正丹，內有二三實，煨食甘美。

又　人面子。如大梅李，核如人面。兩目鼻口皆具，肉甘酸，宜蜜煎。

又　烏欖，如橄欖，青黑色，肉爛而甘。

又　方欖。亦如橄欖，三角或四角，出兩江州峒。

又　茅蕉子。小如雞蕉，尤香嫩甘美，初秋實。

又　紅鹽草果。取生草荳蔻，入梅汁，鹽漬，令色紅。暴乾，以薦酒。

又　鸚哥舌。即紅鹽草，果之珍者。實始結，即擷取，紅鹽乾之，纔如小舌。

又　八角茴香。北人得之以薦酒，少許，咀嚼甚芳香。出左、右江州峒中。

又　餘甘子。多販入北州，人皆識之。其木可以制器。

又　五稜子。形甚詭異。瓣五出，如田家碌碡狀，味酸，久嚼微甘，閩中謂之羊桃。

又　黎朦子。如大梅，復似小橘，味極酸。

又　波羅蜜。大如冬瓜，外膚礧砢，如佛髻。削其皮食之，味極甘。子、練悉如冬瓜，生大木上，秋熟。

又　柚子。南州名臭柚，大如瓜，人亦食之。皮甚厚，打碑者卷皮蘸墨，以代氈刷，宜墨而不損紙，極便於用。此法可傳。但北州無許大柚耳。

又　櫓罟子。大如半升碗。諦視之，數十房攢聚成球，每房有縫。冬生青，至夏紅，破其瓣食之，微甘。

又　槎㯓子。如錐栗，肉甘而微澀。

又　地蠶。生土中，如小蠶，又似甘露子。

又　赤柚子。如橄欖，皮青肉赤。以下并春實。

又　火炭子。如烏李。

又　山韶子。色紅，肉如荔枝。以下八種并夏實。

又　山龍眼。色青，肉如龍眼。

又　菩提子。色黄，如石榴。

又　木賴子。如淡黄大李。

又　粘子。如指面大，褐色。

又　羅晃子。如橄欖，其皮七重。

又　千歲子。如青黄李，味甘。

又　赤棗子。如酸棗，味酸。

又　藤韶子。大如凫卵柿。以下十三種并秋實。

又　古米子。殼黄，中有肉如米粒。

又　殼子。如青梅，味甘。

又　藤核子。生白藤上，如小蒲桃。

又　木連子。如胡桃，紫色。

又　羅蒙子。黄如大橙柚。

又　毛栗。如橡栗。

又　特乃子。狀似榧而圓長端正。

又　不納子。似黄熟小梅。絶易爛，爛即皮肉腐。核可爲念珠，似菩提子。

又　羊矢子。色狀金似羊矢，味亦不佳。

又　日頭子。狀如櫻桃，色如蒲桃，穗生。

又　秋風子。色狀俱似楝子。

又　黄皮子。如小棗。

又　朱圓子。正圓深紅，狀如苦楝子。以下六種皆冬實。

又　匾桃。大如桃而匾，色正青。

又　粉骨子。皮黄，色如粉。

又　塔骨子。匾，如大橘，皮裏空虚。

又　布衲子。似李而黄。

又　黄肚子。如小石榴。

宋·范成大《桂海虞衡志·志草木》　桂。南方奇木，上藥也。桂林以桂名，地實不産，而出於賓、宜州。凡木葉心，皆一縱理，獨桂有兩紋，形如圭，製字者意或出此。葉味辛甘，與皮無别，而加芳美。人喜咀嚼之。

又　榕。易生之木，又易高大，可覆數畝者甚多。根出半身，附幹而下，以入土，故有「榕木倒生根」之語。禽鳥銜其子，寄生他木上，便蔚茂。根下至地，得土氣，久則過其所寄。

又　沙木。與杉同類，尤高大，葉尖成叢穗，小與杉異。

又　桄榔木。身直如杉，又如棕櫚，有節似大竹，一幹挺上，高數丈，開花數十穗，緑色。

又　息偪木。生兩江州峒。堅實，漬鹽水中，百年不腐。

又　燕脂木。堅緻，色如臙脂，可鏃作。出融州及州峒，桂林屬縣亦有之。

又 雞桐。葉如楝，其葉煮湯，療足膝疾。

又 龍骨木。色翠青，狀如枯骨。

又 風膏藥。葉如冬青，治太陽疼、頭目昏眩。

又 南漆。如稀飴，氣如松脂，霑霑無力。

又 簜竹。葉大且密，略如蘆葦。

又 澀竹。膚粗澀，如木工所用沙紙，可以錯磨爪甲。

又 人面竹。節密而凸，宛如人面，人采爲拄杖。

又 釣絲竹。類簜竹，枝極柔弱。

又 斑竹。中有疊暈。江浙間斑竹，直一沁痕，無暈也。

又 貓頭竹。質性類筋竹。

又 桃枝竹。多生石上，葉如小棕櫚，人以大者爲杖。

又 竻盧得反竹。刺竹也，芒棘森然。

又 箣竹。山中悉有。

又 宿根茄。茄本不凋，明年結實。

又 銅鼓草。其實如瓜，治瘡瘍毒。

又 大蒿。容、梧道中久無霜雪處年深滋長。大者可作屋柱，小亦中肩輿之扛。

又 石髮。出海上，纖長如絲縷。

又 匾菜。細如荇帶，匾如薤菜，長一二尺。

又 都管草。一莖六葉，辟蜈蚣、蛇。

又 花藤。鏇以爲器用，中有花紋。

又 胡蔓藤。毒草也，揉其草漬之水，入口即死。

又 蟹殼香。出高、化州。宋黄震《黄氏日钞》卷六十七。

又 泡花。采以蒸香。法以佳沉薄劈，着淨器中，鋪半開花，與香層層相間，密封之，日一易，不待花蔫，花過香成。番禺人吴興作心字香、瓊香，用素馨、末利，法亦然。大抵泡取其氣，未嘗炊焮。江、浙作木犀降真香，蒸湯上，非法也。宋黄震《黄氏日钞》卷六十七。

又 曼陀羅花。漫生原野，大葉白花，實如茄，遍生小刺。盜採花末之，置人飲食中，即昏醉。士人又以爲小兒去積藥。昭州公庫取一枝掛庫中，飲者易醉。宋黄震《黄氏日钞》卷六十七。

又 餘甘子。風味過橄欖，雖腐爛，猶堅脆。宋黄震《黄氏日钞》卷六十七。

宋・范成大《桂海虞衡志・志果》 地蠶。生土中，似甘露子而不尖，以篘酒。宋黄震《黄氏日钞》卷六十七。

又 桂。南方奇木，上藥。出賓、宜州。花如海棠，淡而葩小，實如小橡子。取花未放者乾之。五年可剥。以桂枝、肉桂、桂心爲三等。桂枝質薄而味輕，肉桂質厚而味重。桂心則剥厚佳，以利竹卷曲，取貼木多液處，如輕帶，味尤烈。凡木葉心皆一從理，獨桂有兩紋，製字者意或出此。葉味辛甘，人喜咀嚼。桂之所草木不蓄。宋黄震《黄氏日钞》卷六十七。

又 榕。易高大，葉如槐，蔭樾可數畝。根生半身，附幹而下壠，壠抱持以入土，故有「倒生根」之説。禽鳥銜其子寄生他木，根鬚沿木自垂下，得土氣則過所寄。宋黄震《黄氏日钞》卷六十七。

又 杪木。杉類，尤高大，業尖成叢穗，小與杉異。猺峒劈板博易，舟下廣東。宋黄震《黄氏日钞》卷六十七。

又 修仁茶。修江，静江府縣名。製片二寸許，上有「供神仙」三字者，上也。人片，粗淡。宋黄震《黄氏日钞》卷六十七。

又 檳榔。生黎峒。上春取爲軟檳榔，夏秋採幹爲米檳榔，小而尖爲雞心檳榔，扁者爲大腹子。悉能下氣，鹽漬爲鹽檳榔。瓊管取其征，居歲計之半，廣州亦數萬緡。自閩至廣，以蜆灰蔞葉嚼之，先吐赤水如血，而後嚥其余汁。廣州加丁香、桂花、三賴子，爲香藥檳榔。宋黄震《黄氏日钞》卷六十七。

又 桄榔。虚心，刳以承漏。外堅，可爲弩箭。宋黄震《黄氏日钞》卷六十七。

又 烏婪木。宜柂，第一。出欽州。宋黄震《黄氏日钞》卷六十七。

又 吉貝。如小桑，花似芙蓉。宋黄震《黄氏日钞》卷六十七。

又 澀竹。可磨以爲甲。宋黄震《黄氏日钞》卷六十七。

又 人面竹。可爲拄杖。宋黄震《黄氏日钞》卷六十七。

又 都管草。辟蜈蚣、蛇。宋黄震《黄氏日钞》卷六十七。

又 蚎草。辟蚊、蠅。宋黄震《黄氏日钞》卷六十七。

宋・吴懌《種藝必用》 小麥不過冬，大麥不過年。凡種二麥，小麥忌戌，大麥忌子。

又 菠薐，過月朔乃生。今月初二三間種，與二十七八間種者，皆過來月初一日方生，驗之信然。蓋頗稜國菜。

又 薯蕷，江南人多植之，可食。「手植之則如手，鋤、鍬等物種之，隨本物之形狀。」此《物類相感志》云也。即山藥耳。蓋避唐代宗諱豫字改作薯藥，又避宋朝英宗皇帝諱，遂改作山藥。

又 果子花謝，遇天晴日猛，果子多結；若遇雨，即少。

又 盆榴花樹多蟲，其形色如花，條枝相似，但子細觀而去之，則不被食損其花葉。或木身被蟲所蝕，其蛀眼如針而大，可急嚼甜茶，置之孔中，其蟲立死。

又 牡丹每一朵十二片，閏月則十三片。

又 木犀葉，有齒如鋸，其紋亦麁澁者乃香。有一等葉光澤者，殊無香也。又有一種花極白者，亦無香。蘭亦如之。

又 半開茉莉花頭，可薰佩帶。

又 月桂花葉，常苦蟲食，以魚腥水澆之乃止。

又 凡木皆有雌雄，而雄者多不實，可鑿木作方寸穴，取雌木填之，乃實。

又 花木旺於春，竹旺於秋。

宋·羅願《新安志》卷二《物産·穀粟》 占禾本出於占城國，其種宜旱。大中祥符五年，詔遣使福建取三萬斛，並出種法而布之江淮浙之間，亦曰旱稻。秔有大栗黄，亦名硬稈，栗黄有小栗黄，此二種有常不至瘁；有蘆黄，遇熟則顆粒多，往往倍收，故一名富不覺肰，不熟亦連畎皆死。珠子稻，顆圓如珠；烏鬚稻，芒正黑；有婺州青，其來自婺州；有葉裏青，其長没人擭，皆藏葉中；有斧腦白，有赤芒稻，並早而易成，偕號爲六十日，肰不叢茂，人不多種；有九里香，亦名五里香；有馬頭紅，穀粒紅而米白，亦有香，肰稃厚米少；有萬年陳，其色如糯；有沙田白，有寒青，寒青最遲。糯有青稈、羊脂、白矮之名，白矮釀之多得酒；有牛虱，糯顆粒大，難爲地力，價高於白糯；有早歸生，盡六月可熟；有交秋糯，七月熟，米亦好釀之，可以及社節，肰無叢箭，其粒赤而長，故又名金釵糯；有秧田糯，善耐肥，蒔之早者亦可及社。大麥則有早麥、中期麥、青光麥，又有高麗麥，亦呼高頭麥，挼之則粒出，肰難爲地力；有糯麥，宜爲飯。小麥則有長穬麥，麩厚而麪少；白麥，麪白亦少；赤殼麥，麩薄而麪多；蕎麥，姿荏弱，幹赤花白，不類他麥，秋種而冬食。火麻則有早、晚、中期三色；又有梅麻，梅雨後始可拔其油。麻則有白麻，早成有赤殼，麻或落地自生，多變爲大炭；麻又有六合麻，圓而六棱，凡菽苧菜草子皆有膏油，但可照灼至服食須麻膏。豆有大白、小白、大紫、小紫、大黑、小黑。褐豆，大青而黑者爲豉，極良有油；緑豆，視緑豆尤小，宜爲粉；有紅斑沙豆，大如緑豆；羊角豆，纖而長；藊豆者，大莢，實籬上豆也，實或白或黑；龍牙豆者，大如皁莢；又有豌豆、秋豆、尾秋豆。尾秋一名米豆，可襍秔爲飯。粟則有早粟、寒粟，寒者，晚也；有毛粟，成亦晚；有薑葉，赤者無芒，又有赤稈、白稈；有望秔，青；有糯粟，山中人以爲酒，則味澀而不清，令人善酲；有罌子粟，結房如餅，罌如髇箭，華豔好而實細美，非他粟之類。

宋·羅願《新安志》卷二《物産·藥物》 庶草之繁廡，其施於藥餌者，芝蘭、芍藥、兔絲、昌羊。昌羊，石生而細者爲昌蒲，大觀中繪《本草术》所出之州七，歙與一焉。陳藏器以爲麥門冬，出江寧者小而潤，出新安者大而白。陶隱居以黄連出西間者色淺而虚，不及東陽、新安諸縣。掌禹錫又以爲香菜，壽春及新安有之，石上生者，莖葉細而尤辛香，用之益佳，彼人謂之石香薷。

又 三白之草，土人爲之五葉白，始生而青，入夏則葉轉而爲白，田家候之，每三葉白時農事亟矣，五葉皆白則農者益閑，至秋皆復青。金罌結實如餅，罌味甘澀，霜後取之以熬糖，又取甜藤以代飴。

宋·羅願《新安志》卷二《物産·木果》 柘有青柘、有柿柘。柿柘葉如柿，結實如楮而絶紅，肰能病蠶。黄柘最少而最宜蠶葦，堅而不彫，實小於橡，或甘或苦。檜則土人謂之圓栢櫨，葉如柀而子赤，材理麤謂之櫨柏。栟櫚，葉大如車輪。樟，豫章也。橡，則櫟也。石柟，聳而蒙密，古之交讓也。楝之實甘，故爲鳳所食。冬青歲晏不彫，所謂萬年枝也，相思似之。巖桂，秋後作華，四出而絶香，山中人謂之小相思。山桂，葉鋭而可喜。木堇以夏華。

又 梧碧，梧也，有乳者也。柳與楊之類最多，柜柳枝弱，黄楊性堅。

又 南燭叢生，春晚苗葉紅，赤照耀山谷，道家用作䭀飯，其色青，故又謂之青精飯，非人家庭館所植南天竹也。橄欖結穗，霜後白如鹽，而酸鹹。椒、欓、茱萸所以去濕，皁之爲物，《莢經》所謂宜皁物者也。夜夾蓂者，夜合也，可以治繭，即合歡，蠲忿者也，總小木之多刺而無枝者。椰栗，小木可用以爲杖。柞以爲櫛，石膚之屬以爲炭。椋以爲轒，枸以爲鞍詹。戒木高華，白而下垂，花如百合。棗或脆而多津，或大而理疎。丁香棗者，紫黑不類棗，其蔕核皮肉正。柿之絶小者耳，一名牛乳柿，蓋古之楰也。山棗似橄欖而圓，剥之正白如涕。栗則或毛或澤，小者獨顆而圓，狙公所賦芧也。榛，花長而實細。枳椇味在枝杪，霜後絶甜，一曲一直如枅之承栱，故一名曲枅，一名木蜜，一名堅枸。

又 棠，甘棠也，棠有霜後黑而糜者曰青沙爛。

又　銀杏葉如鴨蹠，實外有皮，山中人貯之，及柹之紅者以爲酢。椑，似柹而青黑，所謂烏椑之柹也，《本草圖經》：椑柹出宣、歙、荆、襄、閩、廣諸州，柹美而益人，椑又制丹石毒。

又　婺源則有金橘，竹有苦淡、紫斑、篁筀之名，老竹長尺則曲。桃枝四寸有節。慈竹叢生不離母。又四時有筍，一名四季竹。對青竹，枝榦皆金色，唯一邊起枝處青碧，大率金碧，相煇可愛。休寧有拜竹，苦竹之極大者也。婺源苦竹之筍大者爲花茵，筍又有冬筍，縝理而甘。祁門時有貓頭竹。

宋·吴曾《能改齋漫録》卷一五《方物》　盧橘　唐庚子西《李氏山園記》云：「枇把、盧橘，一也。」而《上林賦》曰：「盧橘夏熟，黄甘橙楱，枇把撚柿，亭柰厚朴。」則一物爲二物矣。然予觀張勃《吴録》曰：「建安郡中有橘，冬月於樹上覆裹之。至明年春夏，色變青黑，味尤絶美。」《上林賦》云：「盧橘夏熟。」盧，黑也。蓋近是乎？以上皆張説。然則未可以相如爲失。兼應劭亦引《伊尹書》曰：「箕山之東，青島之所，有盧橘夏熟。」

又　地理　茶之貴白，東坡能言之。獨綿州彰明縣茶色緑，白樂天詩云：「渴嘗一盞緑昌明。」彰明即唐昌明縣。

又　栗如拳《越州圖經》載如拳之栗，如錦之桑。政和中，詔本州貢焉。栗固大於他州，然如拳者，終不可得。

又　橄欖有五種　橄欖，嶺外有五種，一曰丁香橄欖，此以其形；二曰故橄欖；三曰蠻橄欖，此以其所出呼之；四曰新婦橄欖，以其短矮而小；五曰絲橄欖，此以其子緊小，唯出桂府陽朔縣。土人食之，必去兩頭，云有大熱。

又　素馨花　嶺外素馨花，本名耶悉茗花。靄脞么麽，似不足貴。唯花潔白，南人極重之。以白而香，故易其名。婦人多以竹籤子穿之，像生物，置佛前供養。

又　朝日蓮　宋景文公筆記，謂蜀中有蓮，大如雀斑，葉舒如錢，榦亦有絲。其蔓盛開則向日，朝則指東，亭午則泝南，夕則西指，隨日所至，蜀人名曰朝日蓮。予按：鄭熊《番禺雜記》：「海南有向日連，花似木芙蓉而極香。其花東西向日，至暮而謝。一呼夜合。」然則景文所記朝日蓮，不特蜀中有也。

又　瑞香花　廬山瑞香花，古所未有，亦不産他處。天聖中，人始稱傳。

又　昌蒲昌陽　昌蒲、昌陽，兩種物也。陶隱居云：「生石磧上，細者，爲昌蒲；生下濕地，大根者，爲昌陽。不可服食。」【略】以今觀之，昌陽待泥土而生，昌蒲一有泥滓則死矣。

又　荔枝譜　蔡君謨守福唐，以閩中荔枝著譜。而鄭熊亦嘗記廣中荔枝，凡二十二種：玉英子荔枝如玉之英。焦核荔枝核小肉多。沉香荔枝以其香似。丁香荔枝以其核似。紅羅荔枝甚細而紅，其紋如羅。透骨荔枝其他者皮皆外白，此内外皆紅。牂牁荔枝形似牂牁帽。僧耆頭荔枝皮皺堅，如僧耆國人，首髮皆成叢脞。水母子荔枝漿多，如水母子。蒺藜荔枝皮上皺紋，尖如蒺藜。大將軍荔枝小將軍荔枝其樹葉俱大小亦然。大蠟荔枝小蠟荔枝子有大小者，皆熟而黄。松子荔枝像其形也。蛇皮荔枝紋如蛇皮。青荔枝熟而青。銀荔枝熟而白。【略】五色荔枝出海南。

又　芍藥譜　禦衣黄千葉而淡。其香正如蓮花。比他色最殊。凡衣冠樓髮羣，皆言其所似也。青苗黄樓子葉大小間出千馀層，或謂之千層閣，其苗青，故云爾。餘青苗、赤苗、紫苗，倣此。尹家二色黄樓子與黄樓子大抵不異，而間有微紅。初出於尹氏，故名云爾。花名中有氏及地名，倣此。絳州紫苗黄樓子初開時淺紅，經數日乃黄。或謂之紅玉樓子。圓黄千葉而圓。硤石黄千葉而黄。鮑家黄千葉而黄。大抵與紅旋心相似。亦謂黄旋心。不甚高大，又晚開。石壕黄一叢之間，單葉千葉，往往兼有。道士黄千葉而黄。最先開。壽州青苗黄樓子與諸樓子相類，而花差小。黄絲頭其葉淺黄，大葉中叢生細葉如絲也。白纈子花有紅纈，而其外深紅。經日色，則自纈之外，皆變爲白。金線冠子千葉淺紅間。有細葉如金線。金擊腰紅葉，有黄暈，横色如金帶然。汚池紅千葉肉紅。紅纈子千葉深紅，葉端淺紅也。胡家纈千葉肉紅，而有纈紋。玉樓子千葉，而自上下葉中又出細葉數層。玉逍遥千葉而白，葉厚而大，如仙冠然。紅樓子千葉粉紅。青苗旋心千葉深紅，花葉旋心。赤苗旋心千葉深肉紅。二色紅千葉淡紅，葉端深紅。楊家花千葉粉紅。茅山紫樓子與諸樓子相似而色紫。茅山冠子千葉而淺紅，尤忌見日。自開至謝，常以幕覆，則色不變。柳鋪冠子千葉粉紅，如柳葉，疊成冠子。軟條冠子千葉肉紅。常州冠子此花常州素有之。紅絲頭狀如黄絲頭，但色紅。緋多葉多葉窠子多葉粉紅，其端如粉緑。或成雙頭，謂之變頭芍藥。尤多開成鞍子，故謂之多葉鞍子。髻子其色紫紅，下有大葉，其上細葉環抱，而黄葉雜出於其間，其香氣特甚。

宋·史正志《菊譜·菊品·黄花》　勝金黄。一名大金黄。菊以黄爲正，此品最爲豐縟而加輕盈。花葉微尖，但條梗纖弱，難得團簇。作大本，須留意扶植乃成。

又　疊金黄。一名明州黄。又名小金黄。花心極小，疊葉穠密，狀如笑靨。花有富貴氣，開早。

又 棣棠菊。一名金槌子。花纖穠，酷似棣棠。色深如赤金，它花色皆不及，蓋奇品也。窠株不甚高。金陵最多。

又 疊羅黃。狀如小金黃。花葉尖瘦，如剪羅縠，三兩花自作一高枝出叢上，意度瀟灑。

又 麝香黃。花心豐腴，傍短葉密承之。格極高勝。亦有白者，大略似白佛頂，而勝之遠甚。吴中比年始有。

又 千葉小金錢。略似明州黃。花葉中外疊疊整齊，心甚大。

又 太真黃。花如小金錢，加鮮明。

又 單葉小金錢。花心尤大，開最早，重陽前已爛熳。

又 垂絲菊。花蕊深黃，莖極柔細，隨風動揺，如垂絲海棠。

又 金鈴菊。一名荔枝菊。舉體千葉細瓣，簇成小毬。如小荔枝。枝條長茂，可以攬結。江東人喜種之，有結爲浮圖樓閣高丈餘者。余頃北使過欒城，其地多菊，家家以盆盎遮門，悉爲鸞凰亭臺之狀，即此一種。

又 毬子菊。如金鈴而差小。二種相去不遠，其大小名字，出於栽培肥瘠之別。

又 小金鈴。一名夏菊花。如金鈴而極小，無大本。夏中開。

又 藤菊花。密條柔以長，如藤蔓，可編作屏障，亦名棚菊。種之坡上，則垂下裊數尺如纓络，尤宜池潭之瀕。

又 十樣菊。一本開花，形模各異，或多葉，或單葉，或大，或小，或如金鈴。往往有六七色，以成數通名之曰十樣。衢、嚴間花黃，杭之屬邑有白者。

又 甘菊。一名家菊。人家種以供蔬茹。凡菊葉，皆深緑而厚，味極苦，或有毛。惟此葉淡緑柔瑩，味微甘，咀嚼香味俱勝。擷以作羹及泛茶，極有風致。天隨子所賦，即此種花。

又 野菊。旅生田野及水濱，花單，葉極瑣細。

宋・史正志《菊譜・菊品・白花》 五月菊。花心極大，每一鬚皆中空，攢成一匾毬。子紅白，單葉繞承之。每枝只一花，徑二寸，葉似同蒿，夏中開。近年院體畫草蟲，喜以此菊寫生。

又 金杯玉盤。中心黃，四傍淺白，大葉，三數層。花頭徑三寸，菊之大者不過此。本出江東，比年稍移栽吴下。此與五月菊二品，以其花徑寸特大，故列之於前。

又 喜容千葉。花初開，微黃，花心極小，花中色深，外微暈淡，欣然豐艷有喜色，甚稱其名。久則變白。尤耐封殖，可以引長七八尺至一丈，亦可攬結，白花中高品也。

又 御衣黃千葉。花初開，深鵝黃，大略似喜容，而差疏瘦。久則變白。

又 萬鈴菊。中心淡黃，鎚子傍，白花葉繞之。花端極尖，香尤清烈。

又 蓮花菊。如小白蓮花，多葉而無心，花頭疏，極蕭散清絶，一枝只一葩，緑葉，亦甚纖巧。

又 芙蓉菊。開就者如小木芙蓉，尤穠盛者如樓子芍葉，但難培植，多不能繁蕪。

又 茉莉菊。花葉繁褥，全似茉莉，緑葉亦似之，長大而圓净。

又 木香菊。多葉，略似御衣黃。初開淺鵝黃，久則淡白。花葉尖薄，盛開則微卷。芳氣最烈，一名腦子菊。

又 酴醾菊。細葉稠疊，全似酴醾，比茉莉差小而圓。

又 艾葉菊。心小，葉單，緑葉，尖長似蓬艾。

又 白麝香。似麝香，黃花，差小，亦豐腴韻勝。

又 白荔枝。與金鈴同，但花白耳。

又 銀杏菊。淡白，時有微紅花，葉尖緑，葉全似銀杏葉。

宋・史正志《菊譜・菊品・雜色》 波斯菊。花頭極大，一枝只一葩，喜倒垂下，久則微捲，如髮之鬈。

又 佛頂菊。亦名佛頭菊。中黃，心極大，四傍白花一層繞之。初秋先開白色，漸沁，微紅。

又 桃花菊。多葉，至四五重，粉紅色。濃淡在桃、杏、紅梅之間。未霜即開，最爲妍麗，中秋後便可賞。以其質如白之受采，故附白花。

又 臙脂菊。類桃花菊，深紅淺紫，比燕脂色尤重，比年始有之。此品既出，桃花菊遂無顔色，蓋奇品也。姑附白花之後。

又 紫菊。一名孩兒菊。花如紫茸，叢茁細碎，微有菊香。或云即澤蘭也。以其與菊同時，又常及重九，故附於菊。

宋・方信孺《南海百咏》 菩提樹，菩提樹在六祖影堂前，宋求那支摩三藏所手植，六祖開東山法門於其下，樹雖非故物，亦其種也。廣人凡遇元夕，往往取其葉爲燈，而此寺獨盛。

又　菠薩蜜果，南海東西廟各有一株，樛枝大葉，實生於幹，若癭瘤然，有大如匏，廟官每歲於九十月熟時，取供諸臺，其他莫敢有過而問者，以蜜煎之，頗爲適口，相傳云西域種也，本名曰曩伽結。

又　在扶胥北五里，漫山皆杜鵑花。

宋・陳耆卿《嘉定赤城志》卷二〇《山水門二》　紫高山在縣南八十里，土膏泉冽，中產茶，甚奇。

宋・陳耆卿《嘉定赤城志》卷二二《山水門四》　仙岩山在縣南一百里，以絶頂二石，如仙人偶坐，故名。有石洞，地多奇草靈藥云。

宋・陳耆卿《嘉定赤城志》卷三六《風土門一》　乳柑　出黃岩，江者佳，他如方山下亦有之，然皮厚味酸且香韻亦差減。每歲雨多則倍長，未霜以餉行都貴，游謂之青柑，其莖至八九寸者絶爲艱得。

又　稻《臨海異物志》云：丹邱穀夏冬再熟，言其土所也，夏熟者曰早禾，冬熟者曰晚禾。其最早者曰六十日，曰隨犁歸，曰梅裏白，曰便糧。其次早者曰白婢暴，曰紅婢暴，八月白。晚者曰白香，曰白堇，曰大禮細禮。若是數者名最著，土人通藝焉，又以色言之，則大青、矮青、光頭青、黃散秈、馬紫紅、金珠之類是也。而馬紫紅尤香而甘。以次言之，則獻臺、相連、寄生、第二偏之類是也，而獻台最貴。至於旱稜宜旱，倒水賴宜水，是又其性之相反者也。糯之種相傳有數十，而可記者有流水糯、白糯、黃糯、麻糯、荔枝糯、烏鹽糯，皆以其色近似。至葉婆糯、郎君糯則因其人得名。而矮子糯則以其穗短而稱焉。占城自占城國至剡秈，自剡至大中祥符五年，以淮浙微旱，使於福建取種三萬斛，分給種之。至今土俗謂之百日黃是，又其得之閩中者也，名色雖多，總其目曰秔曰糯。《爾雅》所謂黏與不黏者，是其別歟？

又　麥　有小大二種，《廣雅》云：大麥也，小麥也，今小者有赤白二色，以赤與白名者取其色。又有名穬麥、蠶麥者別種，曰蕎麥。秋花冬實。

麻　胡麻可飯，油麻可壓油，大麻可爲乳酪。

粟　有秈糯二種，江東呼曰粢。

荳　有赤白紫褐黑五色，又有形如虎爪羊角或刀鞘者，又一種名白扁荳，生籬落間，可藥可食。一種名蠶荳，蠶熟時有之。

又　茶　按：陸羽《茶經・台越下注》云：生赤城山者，與歙同。桑莊茹芝《續譜》云：天台茶有三品，紫凝爲上，魏嶺次之，小溪又次之。紫凝今普門也，魏嶺天封也，小溪國清也。而宋公祁《荅如吉茶詩》有「佛天雨露帝苑仙漿」之語，蓋盛稱茶美，而不言其所出之處。今紫凝之外，臨海言延峯山仙居，言白馬山黃巖，言紫高山寧海，言茶山皆號最珍。而紫高茶山昔以爲在日鑄之上者也。

又　紅花　秋末種，春末乘露采之，可以染絳。

花之屬

牡丹　多種，歐陽公花品序云：南出越州，吴越錢氏喜栽植。其盛若菜畦。今天台最著。

芍藥　多種亞牡丹。

酴醾　一名木香，有花大而獨出者，有花小而叢生者，叢生者尤香。舊傳洛京歲貢酒，其色如之。江西人采以爲枕衣。黃魯直詩所謂「風流散骨成春酒，夢寐宜人入枕囊」是也。

海棠　紅色，以木瓜頭接之則色白。又有二種曰黃海棠，曰垂絲海棠，垂絲澹紅而枝下向。

巖桂　一名木犀紅者，號丹桂，又有黃白紫碧四色，與重臺及四時開者，而黃者尤香。

山茶　有紅白二色。

薔薇　紅紫色枝幹有刺，又有黃色者。

拒霜　一名木芙蓉，有紅白二種，及百葉者。

山樊　極香，木高數尺，北人呼曰瑒花。

菊　有四十餘種，今可記者曰黃，曰白，曰紫，曰禦袍，曰金銀荔枝之類，則取其色。曰甘，則取其味。曰毬子，曰玉繡毬，曰金盞銀臺則取其形之類。曰酴醾，曰桃花，曰茉莉，則取其花之同。至是，而獨頭開者，曰佛羅菊。狀似嬰兒者曰孩兒菊。高與籬落等者曰東籬菊。自海外得種者曰過海菊。餘不可勝載云。

瑞香　張祠部以瑞爲睡，故其詩有「曾向廬山睡裏聞」之句，而蘇文忠詠此花詞乃云「領巾飄下瑞香風」，俗但稱瑞香。

丁香　有紫白二色，出海山。

杜鵑　俗號映山紅，一曰紅躑躅，王荆公詩所謂「亦見舊時紅躑躅」是也。又有一種紫色，唐正元中僧自天台砵中，以藥養其根，種鶴林寺。或見紅裳女子遊花下，俗傳花神即此花也。

麗春　莖生花，媚而香。

金錢　深黃，花圓如赤仄。

玉簪　質素而香，其形似之。

金棣棠　淡金色。

迎春　一名黃雀兒花。

金沙　有紫色者，黃魯直詩所謂「紫綿揉色染金沙」是也。

錦帶　長條，而花綴其上，有若錦然。王元之目爲海仙，作詩云：「錦帶爲名卑且俗，爲君呼作海仙花。」

金鳳　有數色，狀若飛鳳，一又曰鳳仙。

八仙　狀如瓊花，八蝶簇一心，又有小蝶簇聚如碧玉者，曰玉蝴蝶。

雪玫瑰　白色，又有紫色者曰徘徊花。

長春　紅色，一名月月紅。

滴滴金　黃色，一名滴露花。

山丹　一歲著一花。

木筆　初發如筆狀，一名辛夷，見韓退之《感春》詩。

淩霄　附木蔓生，有毒，或淩晨仰視，花露滴目，則能喪明。

木槿　詩名舜華，一曰日及花，施肩吾詩所謂「但看日及花，唯是朝可憐」是也。

玉繡球　白圓如毬。

翦金　葉分數歧，如翦裁之狀。

寶相　蔓生類長春。

密標　紅黃色，千葉。歐陽公《牡丹記》作此「標」字，俗云密友者非。

水仙　本名雅蒜，黃魯直謂質可比梅而枝不及，有「只比江梅無好枝」之句，又有一種曰金盞銀臺。

梔子　一作支子，一名鮮支，《上林賦》「鮮支黃礫」，司馬彪注：鮮支支子也，佛書稱薝蔔花，六出。按：黃魯直云：八出者勝近，有一種花瓣尤多，且大，名川梔。

蜀葵　《爾雅》曰眉戎葵，釋曰蜀葵也，一種曰夏葵，有紅白紫三色。

石竹　一名曰錦竹，頗多種，李太白詩所謂「石竹繡羅衣」是也。

百合　紅白色，根如胡蒜，迭生二三十瓣。又有川百合，先實後花，杏黃色，上有黑點如灑墨然。

罌粟　以狀如瓶罌，其中似粟故名。《本草》有罌字，粟正用此字。俗云鶯粟者誤。

雞冠　其狀似之佛書，所謂波羅奢花是也。

右十二品按《本草》皆出天台山。

黃精　白居易贈「天台鄭隱君」詩，有「黃精花未茸」之句，山中人九蒸九暴而食。

仙茅　一名香茅，出天台洞天宫者最勝，傳云：千斤乳石不及一斤仙茅，言其功力也。

朮　白者葉大有毛，甘而少膏。赤者反是。貫休詩「黑壤生紅朮」指天台也。杜光庭《空明洞》詩「芝朮迎風香馥馥」，指黃巖也。

茯苓　松脂入地而生，傍根者爲茯神。

根子　出天台蒸餅峯，後向東者佳。今貨於市者多國清天封所產，故不能愈疾。

附子　出仙居黃皮山，比蜀產爲下。

草烏　出蒼山。

芍藥　有赤白二種。

天南星　葉兩頭相抱，穗似榴子，根似芋而圓，如蒟蒻。

天門冬　《爾雅》謂之蘼，一名虋，冬夏生白花，秋結黑子。

苦參　根黃。莖並生，一名水槐。

元參　陶宏景云：道家用以合香。

薏苡　形如珠而稍長。

地黃　有三種，以水浸試其浮者曰天黃，沉者曰地黃，半沉半浮者曰人黃，然人黃爲下。

枸杞　一名王母杖。

茱萸　似椒而淺青色者曰山茱萸，粒大而黃黑者曰吳茱萸，又有一種紫色，九日人以泛觴。

白芷　近城及天台仙居多種之。

卷柏　叢生石上，以葉似柏卷故名。

半夏　獨莖生，皮黃肉白。

椒　紅色香，勝蜀椒，今天台獨盛。

細辛　白者良，陶宏景云出臨海。

牽牛子　有黑白二色，蔓生籬落間，一名鼓子花，碧色。

蛇床子　一名蛇米，每枝上有花，頭百餘結同一窠。

車前子　土人呼爲蝦蟆衣。

決明子　葉似苜蓿而大，實似馬蹄者號馬蹄決明，又有草決明。

蒼耳　一名羊負來。

何首烏　赤者雄，白者雌，本名交藤，因何姓服之首烏故名。

五味子　以五味具，故名，俗名南藤。

菖蒲　生石罅者曰石菖蒲，葉細。生陂澤者曰水菖蒲，葉微大。

五倍子　子青大者如拳。

覆盆子　以老者食之，可温水髒，故名。

葶藶　《月令・孟夏・靡草死》注云：靡草，薺葶藶是也。

萆薢　莖有刺者根實，無刺者根虛，虛者勝。

黄連　狀若連珠，其九節者妙。

苽蔞　一名黄苽，《詩》所謂果贏之實是也。

龍膽　狀似牛膝，味苦，故以膽名。

艾　俗名蓬蒿，土人於重午前一日收，其葉以制藥。

橘皮　有青陳二種。

香附子　叢生道旁，一云蓑草。

蓖麻　紫莖，子青褐色。

藷藥　一名玉延，一種出臨海寧海山中，根圓而長，名山藥。其下品曰水藷藥。又一種紫黄色曰虎掌藷，其形似故名，多出黄岩。

豨薟　一名火枚草。

骨碎補　一名胡孫薑，唐明皇以其主折傷有奇效，故名。

石斛　按：《本草》，温台亦有之，以廣南者爲佳。

茵陳　有山茵、陳家茵陳二種。

羊蹄　一名蓄或又名禿。

菓之屬

梅　多種，花白者爲盛。餘則有緑萼梅，紅梅，雙梅，香梅，千葉梅，夏梅，寒梅，其實之酸則一也。又有黄色者爲蠟梅，無實。

桃　多種，以天台水南爲勝，皆夏熟。惟紫桃一名崑崙桃，以秋熟。更有名寒桃，以十月熟。又有實小如梅者曰御愛桃，又有水蜜桃，綿桃，餅子桃。其無實者爲碧桃，緋桃。

李　花與梨花類，有緑李，蠟李，朱李，紫抹李數種。

杏　花類紅梅，舊傳天台山有六出五色者，號仙人杏。

梨　花雪白，有雪梨，梅梨，青消梨，水梨，紅糜，黄糜等數種。其大小不類。

蓮　花有紅白二種，俱結實。又有碧蓮，府蓮，朝日蓮。

安石榴　花有單葉百葉，一種號花石榴，藏其實至花開不壞。

枇杷　葉陰密不凋，冬花夏實。

橘　花頗香，有榻橘，緑橘，乳橘，朱橘等種。

金柑　黄色如彈丸。

橙　皮辛色黄，有青橙，綿橙，香綿橙等種。

朱欒　實大如甌，理粗而皮厚，其瓣堅，酢不可食，俗呼沙柑。又有香欒，蜜覃二種。

柚　《爾雅》注云：似橙實，今土産大者如甌盂。

楊梅　《臨海異物志》云：子如彈丸，赤色，五月中熟，近歲土人所植，多大而甘。

櫻桃　一名荆桃，一名含桃，一名鶯桃，《吕氏春秋》以鶯嘗含其實故名，鶯桃俗但云櫻桃。

林檎　本名來禽，出天台者佳。

蒲萄　二種，紫者微酸，青緑者甘，甘者名水晶，味尤勝，出仙居。

栗　《本草・栗注》云：剡及始豐，皮薄而甜【略】，小者號茅栗。

榛　似栗而圓小，又有二種曰鉤栗，俗呼巢鉤。

椎　小而圓黑，又一種名樠差，大而味澀，俗呼曰苦□。

銀杏　本名鴨腳，後以其色白，易今名。

棗　有馬頭棗，鍾棗，鹽官棗數種。又一種名棘子，實小而圓。

柿　有紅緑烏黄數色，及牛奶八棱無核丁香等種。

椑　形似柿，青黑色，一名緑柿。

楊桃　《臨海異物志》云：色青黄，其核似棗，蓋今山棗，又一名羊桃，《本草》名藤梨，或名獼猴桃。

瓜　有金瓜，銀瓜等種。又有名八棱約青筭箭者。

木瓜　一名木梨，比宣城爲下。

椢　花實相續而生，天台仙居有之。

菱　有牛頭菱，緑菱，三角菱等數種。

芡　俗名雞頭，陂塘間有種者。

荸薺　生水田中。

藕　出臨海蔡嶺者佳。

甘蔗　有竹荻二種，出黄岩亢山等處。

葛　春生苗引蔓，根大如臂。

茨菰　即梟茨，《東漢書》作梟茈葉，有稏如燕尾，生水田中。今蔡嶺爲多。

蔬之屬

芥　一名水蘇，有紫芥，黄芥，青芥，油芥數種。出石鋪者曰山芥，味極辛。

菘　大曰白菜，小曰菘菜，又有白頭牛肚早晚等數種。出黄巖仙居。

波棱　葉尖理細如波紋。【略】

蒿　一名同蒿，又有蔞蒿，葉細而香。

薺　有花薺，紅薺二種。

韭　一名草鍾乳，《四時纂要》云：一翦一加糞，歲不過五翦云。

胡荽　一云元荽，《幼幼新書》又云鵝不食草。

蕨　《爾雅》曰蕨鱉，郭注：初生者可茹，土人多以配筍焉。

葱　四時有之，惟冬其白愈長。

萵苣　《遯齋閑覽》云：出萵國。

苦蕒　《字書》曰苦□，蠶婦所忌。

莙薘　其莖和灰，汁可澣衣。

筍　有早筀，晚筀，江南含肚石筍，箭筍，燕筍，鞭筍，苦筍等種。

薤　似韭而葉闊，多白。

莧　有五種，赤白紫三色，又有馬莧，五色莧。

葫　大蒜也，一呼曰葫蒜。【略】

蕈　多種，出仙居稠皋者勝。其地有左溪，右溪，中溪，中溪者最香。又天台萬年山出合蕈，土人珍之，多暴以致遠。仙居亦有之。

薑　《本草》云：出臨海章安者佳。

萊菔　俗名蘿蔔，宜於沙地，出黄巖潮際者尤大。

牛蒡　三歲一花，根可食。土人以中元日脯之。

木耳　生木上。又有生石上者，曰石耳。生水上而細者曰天花蕈。

瓜　有冬瓜，秋瓜，瓠瓜，稍瓜等數種。

芋　若蹲鴟，謂之芋魁，今出城西沙田者佳。

苔　生海水中，出寧海古洞者佳。

紫菜　莖纖而稀，生海崖石上。土人以春初者爲貴，《吴都賦・綸組紫絳》注：紫紫菜也。

海藻　生海中，又一種甚大，俗名大菜。又一種細而紫色，名鹿角菜。

香菜　有細、大二種。

蘇　有紫蘇，花蘇，板蘇三種。

草之屬

芝　《抱樸子》云：芝草生蓋竹栝蒼山。晉許邁云：天台臨海山多有仙人芝草。《耳目記》亦云赤城山頂有青芝二根焉。

蘭　每幹一花而香濃者，蘭五七花而香薄者蕙。

萱　《埤雅》云：一名鹿葱，可以忘憂，夏開者高而葉大，秋開者短而葉細。又有鞓紅百葉者，有鵝黄而香者。

茜　生山谷中，三棱可以染絳。

茭　生浦中東，其叶可爲荐藉，有白色者，其根號茭手，可食。

蒲　生陂湖中。

三白　農人云：三葉白則稻熟。

藍　三種，中有梗者曰木藍，可爲澱者曰松藍，可染碧者曰蓼藍。

燈心　澤地叢生，莖細圓可爲席。

馬鞭　莖方花鈿色，下如鞭梢。

仙掌　生石壁上，如人掌，故名。

蕢　《爾雅》謂之蕢，江生者爲淡蕢，近海生者爲鹹蕢，土人以爲纜爲席爲屨。

萍　《爾雅・萍注》云：小萍也，江東呼爲薸，有青紫二色，紫者以壅田極腴。又圓葉白花者曰白蘋。

蓼　江岸者曰紅蓼，道旁者曰辣蓼，可造曲蘗。

蘆　或謂之葭，小者曰雚。

木之屬

金松　按：唐李德裕賦序云：於顏太師猶子舊宅睹奇木，枝似檉松，葉如瞿麥，訪其名曰金松，得於臺嶺故爲之賦。其略云：風入葉而成韻，露垂柯而流液，含春靄而蔥青，映夕陽而的皪，疑翠羽之群翔，笑金潭之旁射，亦猶處子在於隱淪，奇材遺於山澤。

琪樹　按：孫綽賦云：琪樹璀璨而垂珠。李善注云：仙都所産。未言其狀也。至唐人詩詠始盛。《李紳詩注》云：垂條如弱柳，結子如碧珠。三年子乃一熟。每歲生者，相續一年者，緑二年者，碧三年者，紅綴條上璀錯相間，此言其狀。【略】

松　土産最盛，天台有怪松，大數圍，高不四五尺。

柏　葉扁而香。

檜　有禦愛檜，海檜二種。

梓　《爾雅》云：椅梓。注云：即楸也。

桂　天台山有八桂。

槐　《爾雅》作櫰，葉大而黑。

杉　有刺杉，細杉，瑞杉等種。

樟　色微赤，氣辛。

桐　有黄桐，毛桐，梧桐等種。

楓　脂可爲香。《名山略記》云：天姥山有長楓千餘丈，今無之。

檀　黄色或名黄檀。【略】

支　謝靈運《名山志》云：樓石山多有之。

檳　實可食。

欓　子似茱萸而香。

榆　其類有十葉同而理異。

柞　性堅，得土之正可爲梳材。

櫟　葉似櫟，可染皂，其實橡也。

朴　皮麄。

楮　一名穀，舊傳皮斑而有瓣者爲楮，皮白而無瓣者爲穀。

枕　出樓石山。

冬青　宫中號萬年枝，四時常青。

樺桃　皮可爲燭，唐人所謂朝天樺燭香是也。

金荆　木堅，有文，可爲床。

楝　子可熟絹。

黄心　以其心黄，故名。

樗　形幹類椿，葉脱處有痕，如樗蒱子，故名。

烏臼　實如雞頭，液如豬脂，可壓油爲燭。

栟櫚　《吴録》云：出臨海山中，一名椶櫚。

柳　其葉下垂細者曰西河柳，又一種曰櫸。杜甫詩所謂「櫸柳枝枝弱」是也。

黄楊　歲長三寸，遇閏則縮一寸，東坡所謂厄閏年是也。

水楊　葉圓而闊且梗短，生水濱。

苦條　材可爲弓。

桑　有黄桑，青桑，花桑，水桑，過海桑。

柘　葉不類桑蠶，惟三眠者食之。

皂莢　《南史》云：黄塵汙人衣，皂莢相料理。又一種田肥皂可澣衣。

椆　其實可食。

竹之屬

斑　暈紫黑而點大，又號越竹。

紫　紫色，張文潛所贊紫君是也。

筀　生二三月爲早筀，其皮暴乾可照夜。生四五月者稱晚筀。

方　以莖方故名。出天台玉霄峯。

箭　會稽之竹箭是也。

淡　由薄節間有粉，可造紙。南人多燒取瀝焉。

石　節疏而平，可鞭壁。

狗　《竹譜》云：節間有毛，生臨海。

筋　肉厚，竅中可爲弩。

慈　又名子母，竹叢生。

苦　以筍味苦故名。《海物記》云：越人以苦毒竹爲槍，中虎即斃。

江南　幹葉蒼翠異他竹。

佛面　以根如人面，故名。

釣絲　可爲竹竿。

桃枝《爾雅》云：凡竹相近四寸有節者名桃枝，今所産其節相去踰尺，可爲笂筍，不假丹漆又曰蒲葵竹。

茅　俗名笆籬竹。

公孫　長尺許成叢。

四季　長筍不絶。

筱　葉雲箬葉以裹物不漬潤。

明·董斯張《吴興備志》卷二六《方物徵第二十三》　兩山之夾曰嶰，俗止云嶰。茶則山盡嶰也。嶰以蘿名者，是産茶處。山之夕陽勝于朝陽，廟後山西向，故稱佳。總不如洞山南向，受陽氣特專，稱仙品。然只數十畝而已，凡茶産于平地，多受土氣，故其質濁。羅茗産高山，巖石渾是風霜清虚之氣，故爲可尚。

又　荳花味要甘要滑而又厚者爲上，其次稍薄，若苦澀則非羅岕産。《鄭圭羅岕茶地攷》。

又　貓竹筍出如貓頭，又名猫頭竹，其幹至大，筍味甘美，異于他種，出樓賢者最勝。

苦竹其節長，笋味苦；筀竹其篾柔韌，可爲器用；桃枝竹如蘄竹，其篾韌可代藤用。

又　柹有紅匾柹、牛乳柹、水柹，又烏椑柹俗呼爲緑柹，《舊編》云「吉安多火珠柹」。

梨類亦不一，有黄梨、清消梨，糜梨，品俱下。獨吉安陳公梨，風味亞于鵝梨，在雪梨之上，今吉安有金花梨。牟端明圓碩果，軒有大梨一株。《癸辛雜識》。

又　紫菫生江南吴興郡。菫即芹也。《藥頌本草圖經》。

前胡出吴興郡者勝根似茈胡而軟。《本草别録》。

秔有十里香，師姑秔爲上。齊頭白、八月白、八月爲次之，欏秳金成爲下。《談志》。

本土有大小麥，有穬麥，俗呼爲大麥，又有禿芒者即落麥也。

今鄉人種豆，大豆有白黑，小豆有菉赤白，又有鷰豆豌豆江豆。內大豆可爲醬豉，惟山田尤多種。

又　葉氏石林一徑産楊梅，盛夏之際，十餘里聞不減。閩中荔枝也。並上。

櫻桃，謂之含桃，出烏程下徐邨。按：《勢志》云：今道場山下。

葡萄子，鄉土有紫白二種，實如馬乳，白者號漿水蒲萄，尤佳。亦有蘡薁，名山蒲萄，實正圓，皮厚味酸澀，不中食。

甘蔗謂之諸蔗，有兩種，赤色名崑崙蔗，白色名荻蔗，今土人亦種兩種。

又　月旦花，宋時德清嶽祠廡下有瓊花一本，春時盛放，每告朔設會特開數朶，時號月旦花，今惜無本。竝上。

《爾雅》荷芙蕖其實蓮，其根藕，今鄉土多水泊，繞郭三二十里，多種之，夏月彌望如繡。芙蕖有紅白二種，紅者蓮腴而甜，藕硬而淡；白者蓮嫩而淡，藕瑩而甜，故鄉人以紅荷蓮白荷藕爲貴。秋晚實黑取乾，謂之石蓮子。又嫩莖初出曰藕條，爲蔬甚美。又有千葉蓮，花極可愛，而無實。《梁陳故事》云：「章氏宅邊水中出重臺千葉蓮花，蘇夫人感而有孕，生宣皇后。」又有章浦多生重臺蓮花。識者云：主生美人自後果生，章后因名。今有此種蓮，蓬内生實處皆出花瓣，爲重臺。又閒生雙頭蓮，《舊編》載郡學内齋館後池有紅蕖，賈安宅預貢時，池生雙頭蓮。明年廷試第一。其後莆陽黄公度來游學，寓池上，又生雙頭蓮，次年公度亦爲狀元。《談志》。

又　芡，《本草》謂之雞頭，今土人多種。葉如盤，貼水多刺；實大如鴻頭，破之得數十子，顆顆勻圓，用沙淅去滑膩。内子黄者肉嫩，青者肉硬。惟半青黄者謂之合熟甘滑，有甘味。一云芡性暖，謂之水硫黄，以其花日中開也。菱花夜開晝合，故性寒。芡有軟根名葰菜，土人呼爲鷄菜頭，以充蔬，亦可煮爲羹。

又　霅上瓜，吴越錢氏子弟席上取一瓜，各言之子的數，言定剖觀，負者張宴，謂之瓜戰。《清異録》。

烏成甜瓜，有名，有青白二種。胡瓜，北人呼爲黄瓜、越瓜，生白小者糟藏之。《談志》。

又　湖州白菜出郡城東門外者甚佳，移種他處則爲青菜、油菜，其品味變矣。與郡之龍溪中鯿魚同稱，謂之大頭菜、小頭魚。《西吴里語》。

菰根，一名茭，首菰三年以上，心中生臺如藕，白軟，中有黑脉堪噉。今水鄉亦多種。《談志》。

宋·趙彦衛《雲麓漫鈔》卷一　老圃云：芙蓉花根三年不除，殺人。因憶古詩云：「昔爲芙蓉花，今成斷腸草。」則古人已曾言矣。

宋・趙彦衛《雲麓漫鈔》卷二　永嘉人呼柑之大而可留過歲者曰「海紅」，按《古今注》：「甘實形如石榴者，謂之壺甘。」

宋・趙彦衛《雲麓漫鈔》卷四　陸羽《茶經》云：「江左日近，方有蠟面之號，李氏別取乳作片，或號京挺的乳及骨子。」又云：「浙西湖州爲上，常州次之，湖州出長城顧渚山中，常州出義興君山懸腳嶺北岸下。」唐《重脩茶舍記》：「貢茶，御史大夫李棲筠典郡日，陸羽以爲冠於他境，栖筠始進。」故事：湖州紫筍以清明日到，先薦宗廟，後分賜近臣。紫筍生顧渚，在湖、常間。當茶時，兩郡太守畢至，爲盛集，見蔡寬夫《詩話》。玉川子謝孟諫議寄新茶，有「手閲月團三百片」，又云「天子須嘗陽羡茶」，則孟所寄乃陽羡茶也。又湖守袁高詩云：「搗聲昏繫晨，衆功何枯槁。」則陽羡又知是餅茶，不特始於李氏也。袁詩又云：「黎甿輟耕農，採掇實苦辛。一夫且當役，盡室皆同臻。捫葛上欹壁，蓬頭入荒榛。終朝不盈掬，手足皆鱗皴。悲嗟遍空山，草木爲不春。陰嶺茶未吐，使曹牒已頻。」今人不復爲餅，豈坐是耶？

又　今之蠟梅，按山谷詩後云：「京洛間有一種花，香氣似梅花，亦五出而不能晶明，類女功撚蠟所成，京洛人因謂蠟梅。木身與葉乃類蒴藋，竇高州家有一叢，能香一園。」王立之《詩話》云：「蠟梅，山谷初見之，戲作二絶，緣此盛行於京師。」詩云：「金蓓鎖春寒，惱人香未展。雖無桃李顔，風味極不淺。」「體熏山麝臍，色染薔薇露。披拂不滿襟，時有暗香度。」

又　山谷《山礬花》二首，《序》云：「江南野中有一種小白花，木高數尺，春開極香，野人號爲鄭花。王荆公嘗欲求此花栽，作詩而陋其名，予請名曰山礬。野人採鄭花葉以染黄，不借礬而成色，故名山礬。海岸孤絶處補陁落伽山，譯者以謂小白花山，予疑此山礬花爾，不然何以觀音老人堅坐不去耶？」杜淵釋之云：「此詩及序，皆以山谷手跡校過。」近世曾慥端伯作《高齋詩話》云：「唐人有題唐昌《觀玉蕊花詩》云：一樹瓏璁玉刻成，飄廊點地色輕輕。今玚花即玉蘂花也，介甫以比玚，謂當用此玚字，蓋玚，玉名，取其白。山谷又更其名爲山礬，謂可以染也。盧陵段謙叔家有楊汝士與白二十二帖，唐昌玉蘂以少，故見珍耳。自來江南，山山有之，土人取以供染事，不甚惜也。則知玚花之爲玉蘂，斷無疑矣。詩云：北嶺山礬取意開，輕風正用此時來。平生習氣難料理，愛著幽香未擬回。高節亭邊竹已空，山礬獨自倚春風。二三名士開顔笑，把斷花光水不通。則知二花因山谷而名始著。」

又　水仙花有單葉者，有千葉者。楊誠齋云：「世以水仙爲金琖銀臺，蓋單葉者，其中真有一酒琖，深黄而金色。至千葉水仙，其中花片捲皺密蹙，一片之中，下輕黄而上白，如染一截者，與酒盃之狀，殊不相似，安得以舊日俗名辱之？要之，單葉者當命以舊名，而千葉者乃真水仙云。」薤葉蔥根兩不差，重蕤風味獨清佳。薄揉肪玉圍金鈿，淺染鵝黄剩素紗。臺琖元非千葉種，丰容要是小蓮花。向來山谷相看日，知是它家是當家。

宋・趙彦衛《雲麓漫鈔》卷一〇　洞庭有山水之分，吴中太湖内，乃洞庭山，産柑橘，香味勝絶，韋蘇州、吴融、王維、蘇子美《詩序》，皆指山爲言。楚之洞庭乃湖，連亘數州，邊湖亦産柑橘。《襄陽記》：「李叔平敕子曰：龍陽洲有千頭木奴。」龍陽洲在洞庭側旁。張華云：「橘在湘水側。」劉瑾云：「寄生於南楚。」謝惠連《甘賦》：「傾予節兮湖之區。」皆言湖邊，初不指湖爲言。今湖南多云鼎甘，亦此義，洞庭名同，其別如此。

宋・羅大經《鶴林玉露》丙編卷一《檳榔》　嶺南人以檳榔代茶，且謂可以御瘴。余始至不能食，久之，亦能稍稍。居岁余，則不可一日無此君矣。故尝謂檳榔之功有四：一曰醒能使之醉。盖每食之，則醺然頬赤，若饮酒然。東坡所謂「紅潮登頬醉檳榔」者是也。二曰醉能使之醒。盖酒后嚼之，則寬气下痰，余酲顿解。三曰饥能使之饱。盖饥而食之，則充然气盛，若有饱意。四曰饱能使之饥。盖食后食之，則饮食消化，不至停積。尝舉似于西堂先生范旃叟。曰：「子可謂檳榔舉主矣。然子知其功，未知其德，檳榔賦性疏通而不泄气。禀味严正而有余甘。有是德，故有是功也。」

宋・祝穆《方輿勝覽》卷五四　東武山，有江淹，出白萼，爲一州之最。

宋・張世南《游宦紀聞》卷二　唐、鄧間多大柿。初生澀，堅實如石。凡百十柿，以一榠楂置其中，則紅爛如泥而可食。榅桲亦可代榠楂用，此歐公《歸田録》所載。但江南人不識榅桲，世南侍親官蜀，至梁、益間，方識之。大者如梨，味甜而香，用刀切，則味損而黑。凡食時，先以巾拭去毛，以巾包，于柱上擊碎，其味甚佳。蜀人以榅桲切去頂，剜去心，納檀香、沈香末，並麝少許。覆所切之頂，線縛蒸爛。取出俟冷，研如泥。入腦子少許，和勻，作小餅燒之，香味不減龍涎。

又　金橘産于江西諸郡。有所謂金柑，差大而味甜。年來商販小株，才高二三尺許。舟可載千百株。其實纍纍如垂彈，殊可愛。價亦廉，實多根茂者，才直二三鐶。往時因温成皇后好食，價重京師。然患不能久留，惟藏菉豆中，則經時不變。蓋橘性熱，豆性涼也。

宋·張世南《游宦紀聞》卷五　有一種柑曰「回青」，實大。淩冬不彫，滿樹垂金，至春復回青，再黄始摘，味不甚佳。花極香，與抹利相頡頏。永嘉之柑，爲天下冠。有一種名「朱栾欒」，花比柑橘，其香絕勝。以箋香或降真香作片，錫爲小甑，實花一重，香骨一重，常使花多於香。竅甑之傍，以泄汗液，以器貯之。畢，則徹甑去花，以液漬香，明日再蒸。凡三四易，花暴乾，置磁器中密封，其香最佳。「朱欒」乃好柑之祖。栽接之法，始取「朱欒」核洗净，下肥土中，一年而長，名曰「柑淡」，其根簇簇然。明年移而疏之。又一年，木始人盈握。遇春，則取柑之佳品，或橘之美者，接於木身，則盡爲佳者矣。「朱欒」乃枳也。

又　三山方言，茨姑曰「蘇」，傍水多植之。雖嘗在水中，遇晚稻損，蘇亦損。

又　三山茘子，丹時最可觀。四月味成，曰「火山」，實小而酸。五月味成，曰「中冠」。最後曰「常熟中冠」。品佳者，不減莆中。二十年來，始能用掇樹法。取品高枝，壅以肥壤，包以黄泥，封護惟謹。久則生根，鋸截移種之，不踰年而實，自是愈繁衍矣。日乾致遠者，皆次品。

又　果中又有黄淡子、金斗子、菩提果、羊桃，皆他處所無。黄淡大如小橘，色褐，味微酸而甜。《本草》載于橘柚條，豈橘中别有名黄淡者？《長樂志》曰「王壇子」。舊記又云：「相傳生于王霸壇側。」

宋·張世南《游宦紀聞》卷八　山周遭百裏間，皆黐音黏竹筍，味極甘美。寺衆自三月至五六月猶饜飫，亦覺所植也。

宋·張世南《游宦紀聞》卷九　橄欖，閩、蜀俱有之。閩中丁香一品，極小，雋永，其味勝于蜀産。家君嘗手植核于小圃，伺其萌茁，再歲而樹壯。畏霜，覆以屋。又三歲，高二丈許。始實，初如緑豆，凡兩月漸大。有墮地者，視之，木患子也。皮可洗衣，功不讓皁角，核則人以爲念珠者。

又　沙隨先生云：「晚年因閲《本草》，王孫，味苦平，無毒，主五藏邪氣。吴名白功草，楚名王孫，齊名長孫；一名黄孫，壹名黄昏，生海西川谷。蓋指當時癖學，爲五髒邪氣耳。取義精深如此。」

宋·葉隆禮《契丹國志》卷二二　所産人参、白附子、天南星、茯苓、松子、猪苓、白布等物。

宋·葉隆禮《契丹國志》卷二四　《王沂公行程録》：正東望馬雲山，山多禽獸，林木，國主多於此打圍。

又　《王沂公行程録》：其國三面皆室韋，一曰室韋，二曰黄頭室韋，三曰獸室韋。其地多銅、鐵、金、銀，其人工巧，銅、鐵諸器皆精好，善織毛錦。

宋·宇文懋昭《大金國志》卷三九《初興風土》　女真在契丹東北隅，地饒山林，田宜麻穀，土産人参、蜜蠟、北珠、生金、細布、松實、白附子。

宋·宇文懋昭《大金國志》卷三九《男女冠服》　土産無桑蠶，惟多織布。

又　女真在契丹東北隅，地饒山林，田宜麻穀，土産人参、蜜蠟、北珠、生金、細布、松實、白附子。

宋·宇文懋昭《大金國志》卷四〇《許奉使行程録》　（燕山）蔬、蓏、果實、稻粱之類，靡不畢出，桑、柘、麻、麥、羊、豕、雉、兔，不問，可知水甘土厚。

又　（咸州）地宜稴黍【略】。（新羅山）其間出人參、白附子。

金·王寂《遼東行部志》　戊戌，次廣亭，宿於府第之正寢，以驅馳渴甚，斯須得秋白梨，其色鮮明，如手未觸者，予問驛吏，吏曰：其法，大概候其寒燠而輒易其處，食之使人胸次灑然，如執熱以濯也，爲賦一詩：醫巫珍果惟秋白，經歲色香殊不衰。霜落盤盂比玉卵，風生齒頰碎冰澌。故侯瓜好真相敵，丞相梅酸謾自欺。向使馬卿知此味，莫年消渴不須醫。

明·葉子奇《草木子》卷一下《觀物篇》　世謂海棠無香，西蜀潼川府所屬昌州而海棠獨有香，故昌州號曰「海棠香國」。州治前有香霏閣，每花或二十餘葉，香氣醲郁。

明·葉子奇《草木子》卷三上《克謹篇》　庚寅年，冬温。霹靂暴雨時行，衢、饒、處等州雨黑黍，大如小麥，色黑。咬破視其内，白如粉。草木皆萌芽吐花。

明·葉子奇《草木子》卷三下《雜制篇》　御茶則建寧茶山别造以貢，謂之「噉山茶」。山下有泉一穴，遇造茶則出，造茶畢即竭矣。比之宋朝蔡京所製龍鳳團，費則約矣。民間止用江西末茶，各處葉茶。

又　葡萄，漢張騫使西域，中國始有種。西瓜，元世祖征西域，中國始有種。

又　胡椒出南海。其苗蔓生，極柔弱，葉長半寸。有細條與葉齊，條上結子，兩兩相向。其葉晨開暮合，合則裹其子於葉中。

金·劉祁《歸潛志》卷一三　（回紇）唯桑五穀頗類中國，種樹亦人力。其鹽産於山，釀蒲萄爲酒，瓜有重六十觔者。海棠色殊佳。有葱韮，美而香。其獸則駝而孤峯，牛有□脊，羊而大尾。又有獅、象、孔雀、水牛、野驢。有蛇四跗。有恶蟲，狀如蜘蛛，中人必號而死。自餘禽兽、草木、魚蟲，千態萬狀，俱非中國所有。

元・徐碩《至元嘉禾志》卷六《物産》 穀之品 稻 秔 糯 黍 粟 麥 麻 豆 穄 稗 油麻

又 藥之品 枸杞 蛇牀 瓜蔞 牽牛 菊花 香附子 菖蒲 瞿麥 薄荷 薏苡 車前子 紫蘇海鹽者佳 天南星 麥門冬 忍冬藤 荆芥松江者佳 半夏 草烏 澤蘭 良薑 茴香 艾 夏枯草 火炊草 茆香 葛

又 果之品 桃 李 梅 杏 橘 橙 柚 棗 梨 枇杷

又 菜之品 菘 芥 葱 韭 薤 蒜 薺 芹 莧 萵 生菜 甜菜 苦蕒 萵苣 蘆菔 波稜 葫蘆 冬瓜 稍瓜 茭白 茄 筍 胡蘿蔔

又 木之品 松 柏 檜 杉 楊 柳 榆 槐 椿 樸 楝 桑 楮 冬青

又 草之品 茆 菱 蒲 荻 葦 蒹葭

又 竹之品 淡竹 筀竹 紫竹 筋竹 篾竹 桃枝竹 筍竹

元・虞應龍《元一統志・中書省統山東西河北之地・大都路・土産》 核桃 大興縣貢。《永樂大典》四六五三天字引《元一統志》

又 桃 大興縣出。《永樂大典》四六五三天字引《元一統志》

又 岡子桃 宛平縣貢。《永樂大典》四六五三天字引《元一統志》

又 香水梨 宛平縣貢。《永樂大典》四六五三天字引《元一統志》

又 葦蓆 永清縣出。《永樂大典》四六五三天字引《元一統志》

又 席 寶坻縣出。《永樂大典》四六五三天字引《元一統志》

又 麻 寶坻縣出。《永樂大典》四六五三天字引《元一統志》

又 棗 昌平縣出。《永樂大典》四六五三天字引《元一統志》

又 地椒 松州土産。《熱河志》九四引《元一統志》

又 麻黄 松州土産。《熱河志》九四引《元一統志》

又 麻 河陽、濟源二縣出。《大元一統志》一二二孟州。

又 蓮 河陽縣出。《大元一統志》一二二孟州。

又 鬼見草 萆薢 紙 並出濟源縣。《大元一統志》一二二孟州。

又 棗 柿 並出温縣。《大元一統志》一二二孟州。

又 棗 綿 交城縣所産。《永樂大典》五二零一原字引《元一統志》。

又 麝香貢 豹尾貢 扇 賦麻布 解玉砂 忻州土産。《永樂大典》五二零一原字引《元一統志》。

又 炭 麻布 牛 羊 保德州土産。《永樂大典》五二零一原字引《元一統志》。

又 桑 麻 木 木賊 遠志 崞州土産。《永樂大典》五二零一原字引《元一統志》。

又 梓木山 在和衆縣東南二十里。以山多梓木，故名。《熱河志》六八引《元一統志》。

又 福德山 在高州西北三里。以其山居福德位，故名。舊名五福山，遼入謂之榆山。金大定間兵亂，此山見神兵解危，途名福德山。有石洞，號爲集賢洞。有石環二丈，曾有仙游，謂之會仙山。《熱河志》七二引《元一統志》。高州有榆山，。其山多榆木，因名。《熱河志》九三引《元一統志》。

又 都山 在惠州東南二百里。其上林木暢茂。《熱河志》六八引《元一統志》。

又 荆山 在建州東北十里。其山多荆，故名。《熱河志》六八引《元一統志》。

又 福德山 在高州西北三里。以其山居福德位，故名。舊名五福山，遼人謂之榆山。金大定間兵亂，此山見神兵解危，遂名福德山。有石洞，號爲集賢洞。有石環二丈，曾有仙游，謂之會仙山。《熱河志》七二引《元一統志》。高州有榆山，其山多榆木，因名。《熱河志》九三引《元一統志》。

又 都山 在惠州東南二百里。其上林木暢茂。《熱河志》六八引《元一統志》。

又 荆山 在建州東北十里。其山多荆，故名。《熱河志》六八引《元一統志》。

又 穀 麥 稷 黍 豆 麻 大寧路諸縣出。《熱河志》九二引《元一統志》。利州、惠州、興中州、川州、建州、高州土産有穀、麥、黍、豆。《熱河志》九二引《元一統志》。利州、惠州、高州土産稷。《熱河志》九二引《元一統志》。利州、川州、建州土産麻。《熱河志》九二引《元一統志》。

又 芝麻 興中州土産芝麻。《熱河志》九二引《元一統志》。

又 西瓜 大寧路富庶縣土産西瓜。《熱河志》九二引《元一統志》。

又 榛 大寧土産榛。《熱河志》九三引《元一統志》。

又 梨 大寧路大寧、富庶二縣、惠州、興中州、建州皆土産梨。《熱河志》九三引《元一統志》。

又 棗 大寧路富庶縣、惠州、興中州、建州皆土産棗。《熱河志》九三引《元一統志》。

又　栗　惠州土産栗。《熱河志》九三引《元一統志》。

又　桃　大寧路大寧縣、惠州、興中州、建州皆土産桃。《熱河志》九三引《元一統志》。

又　杏　大寧路大寧、富庶、金源三縣、惠州、興中州、建州皆土産杏。《熱河志》九三引《元一統志》。

又　杏仁　富庶諸縣土産杏仁。《熱河志》九三引《元一統志》。

又　櫻桃　興中州土産櫻桃。《熱河志》九三引《元一統志》。

又　郁李仁　大寧路和衆縣、建州皆土産郁李仁。《熱河志》九三引《元一統志》。

又　白葡萄　出興中州城西北隅。《熱河志》九三引《元一統志》。

又　松　大寧路富庶縣、龍山縣、惠州皆土産松。《熱河志》九三引《元一統志》。

又　榆　大寧路富庶、和衆、龍山三縣、惠州、建州皆土産榆。《熱河志》九三引《元一統志》。

又　桑　大寧路富庶、金源、龍山三縣、利州、惠州、興中州、建州皆土産桑。《熱河志》九三引《元一統志》。

又　椴木　大寧路和衆縣、龍山縣土産椴木。《熱河志》九三引《元一統志》。

又　柏　惠州土産柏。《熱河志》九三引《元一統志》。

又　梓　大寧路和衆縣土産梓。《熱河志》九三引《元一統志》。

又　芍藥　大寧路金源縣、利州、興中州、川州皆土産芍藥。《熱河志》九四引《元一統志》。

又　蒼术　大寧路大寧、富庶、金源、和衆、龍山五縣、惠州、興中州、建州土産蒼术。《熱河志》九四引《元一統志》。

又　麻黄　大寧、惠和、武平、龍山四縣、高州土産麻黄。《熱河志》九四引《元一統志》。

又　黄芩　大寧、和衆二縣、利州、惠州、興中州土産黄芩。《熱河志》九四引《元一統志》。

又　桔梗　富庶、和衆二縣、利州、惠州、興中州、建州土産桔梗。《熱河志》九四引《元一統志》。

又　柴胡　和衆縣、利州、惠州土産柴胡。《熱河志》九四引《元一統志》。

又　防風　龍山縣、利州土産防風。《熱河志》九四引《元一統志》。

又　白芷　龍山縣、利州土産白芷。《熱河志》九四引《元一統志》。

又　地骨皮　大寧縣土産地骨皮。《熱河志》九四引《元一統志》。

又　瞿麥　大寧縣土産瞿麥。《熱河志》九四引《元一統志》。

又　篇蓄　大寧縣土産篇蓄。《熱河志》九四引《元一統志》。

又　五味子　大寧縣土産五味子。《熱河志》九四引《元一統志》。

又　枸杞　大寧縣土産枸杞。《熱河志》九四引《元一統志》。

又　白蘚皮　和衆縣土産白蘚皮。《熱河志》九四引《元一統志》。

又　遠志　利州土産遠志。《熱河志》九四引《元一統志》。

又　荆芥　利州土産荆芥。《熱河志》九四引《元一統志》。

又　澤瀉　利州土産澤瀉。《熱河志》九四引《元一統志》。

又　白芨　利州土産白芨。《熱河志》九四引《元一統志》。

又　白蘞　利州土産白蘞。《熱河志》九四引《元一統志》。

又　藜蘆　利州土産藜蘆。《熱河志》九四引《元一統志》。

又　地黄草　利州土産地黄。《熱河志》九四引《元一統志》。

又　草烏頭　利州土産草烏頭。《熱河志》九四引《元一統志》。

又　荆三稜　利州土産荆三稜。《熱河志》九四引《元一統志》。

又　白附子　惠州土産白附子。《熱河志》九四引《元一統志》。

又　知母　興中州土産知母。《熱河志》九四引《元一統志》。

又　紅花　川州土産紅花。《熱河志》九四引《元一統志》。

又　甘草　高州土産甘草。《熱河志》九四引《元一統志》。

元·虞應龍《元一統志·河南江北等處行中書省·汴梁路·山川》　靈源山　按：《神境記》云：「滎陽縣西有靈源山，其間生靈芝、石菌，巖頂有石髓、紫菊，往往人聞長嘯之聲。」《大元一統志》二八二鄭州。

元·虞應龍《元一統志·河南江北等處行中書省·汴梁路·物産》　石榴　河陰縣出。見貢。《大元一統志》二八二鄭州。

又　梨　舊貢。金時黄華王庭筠行河陰道中有詩：「梨葉成陰杏子青，榴花相映可憐生。林深不見人家住，道上惟聞打麥聲。」《大元一統志》二八二鄭州。

元·虞應龍《元一統志·河南江北等處行中書省·南陽府·物産》　麻布　蜜蠟　松煙墨　茯神　木通　厚朴　芍藥　天麻　杜仲　黄蘗並出嵩州。出《大元一統志》三八三嵩州。

又　黃芩　茯苓　細辛　木豬苓　草烏頭　竹縣並出嵩州與盧氏縣。以上州縣並出。《大元一統志》三八三嵩州。

元・虞應龍《元一統志・陝西等處行中書省・延安路・土産》　連翹　蒼朮　瞿麥　黃芩　苦參　秦艽　胡麻　以上宜君縣出。《大元一統志》五四四鄜州。

元・虞應龍《元一統志・陝西等處行中書省・興元路・土産》　秔米　粟米　小麥　大麥　蕎麥　大豆　小豆　菉豆　白檀香　蜜　蠟　梔子　蒼朮　細辛　川芎　桐子　淚香　海金砂　金毛狗脊　天門　冬　麥門冬　天南星　半夏　苦參　黑狗脊　杜仲　牛膝　石三稜　苦葶藶　枳實　芍藥　常山　穀精草　蛇床子　仙靈脾　石菖蒲　葛根　五倍子　黃柏　厚朴　金釵石斛　海桐皮　草烏頭　黃蘗　蜈蚣　鹿茸　熊膽　零陵香　香白芷　五靈脂　青箱子　密蒙花　威靈仙　吳茱萸　自然銅　玄胡索　草決明　白芨　天麻　石南　升麻　白膠香　山藥　礬　河參　桔梗　地榆　大戟　天錢子　稷花　通草　烏金子　車前子　以上均出金州。《大元大一統志》五三八金州。

元・虞應龍《元一統志・陝西等處行中書省・西和州・土産》　款冬花貢。《大元一統志》五八七西和州。

又　甘草。《大元一統志》五八七西和

元・虞應龍《元一統志・陝西等處行中書省・蘭州・土産》　粱米　水梨　硫黃　防風　升麻　白礬石。《大元一統志》五八五蘭州。

又　硝　有窟一處，去州城北一百里朱家嵬。今辦課。《大元一統志》五八六會州。

又　防風　蓯蓉　柴胡　以上藥見貢。《大元一統志》五八六會州。

又　肉蓯蓉　會《永樂大典》依明時建制「會」上增「鞏」(鞏原誤筆，今正。)昌府三字，今刪。州土産。《永樂大典》五四零蓉字引《元一統志》。

元・虞應龍《元一統志・四川等處行中書省・順慶路・土産》　天門冬　南充縣出。《嘉慶四川通志》七四引《元一統志》。

又　蘭蕙　出大小蓬山。《嘉慶四川通志》七四引《元一統志》。

元・虞應龍《元一統志・四川等處行中書省・夔州路・土産》　茶　出達州。州南西山産茶。《嘉慶四川通志》七四引《元一統志》。

元・虞應龍《元一統志・雲南諸路行中書省・武定路・風俗形勢》　四維千里，削壁懸巖。水甘草茂，最宜畜牧。《明一統志》八七引《元志》。

元・虞應龍《元一統志・雲南諸路行中書省・麗江路軍民宣撫司・山川》

四維千里，削壁懸巖。水甘草茂，最宜畜牧。《明一統志》八七引《元志》。

珊碧外龍山在通安州。又名外龍女山。在州西南二十里。孤峯峭崒，瀑翠摩空。上産箭竹，山半數泉湧出，下注成溪，灌溉民田萬頃。《大元一統志》通安志。

元・虞應龍《元一統志・江浙等處行中書省・湖州路・土産》　杉木　在武原脫「武」字，今補。康縣武都鄉出。《永樂大典》二二七八湖字引《元一統志》。

又　茶芽　出顧渚。《永樂大典》二二七八湖字引《元一統志》。

元・虞應龍《元一統志・江浙等處行中書省・嘉興路・土産》　粳　糯　麥　豆　罌粟　紫蘇　本州指海鹽州並出。《大元一統志》七九零海鹽州，

又　粳　糯　麥　豆　罌粟　本州指崇德州並出。《大元一統志》七九一零海鹽州。

元・虞應龍《元一統志・江浙等處行中書省・溫州路・土産》　菜油　溫州産。《永樂大典》八八四一油字引《元一統志》。

又　桐油　溫州原脫「州」字，今補。産。《永樂大典》八八四一油字引《元一統志》。

元・虞應龍《元一統志・江浙等處行中書省・徽州路・土産》　桐油　徽州原脫州字，今補。産。《永樂大典》八八四一油字引《元一統志》。

元・虞應龍《元一統志・江浙等處行中書省・饒州路・土産》　柏油　出餘干。取烏桕子爲之，造燭最明潔。凡三等：堅者爲皮油，可以度夏，次則軟油，又有穰油可燃燈通販。《永樂大典》八八四一油字引《元一統志》。

元・虞應龍《元一統志・江浙等處行中書省・廣德路・土産》　桐油　廣德産。《永樂大典》八八四一油字引《元一統志》。

元・虞應龍《元一統志・江浙等處行中書省・延平路・土産》　桐油　延平産。《永樂大典》八八四一油字引《元一統志》。

元・虞應龍《元一統志・江西等處行中書省・廣州路・土産》　茶　諸縣並出。《永樂大典》一一九零七廣字引《元一統志》。

又　枇杷葉　欖本　梓木　以上南海縣有。《永樂大典》一一九零七廣字引《元

一統志》。

又　土瓜　新會縣有。《永樂大典》一一九零七廣字引《元一統志》。

又　蓮　郡郭有。《永樂大典》一一九零七廣字引《元一統志》。

又　梨檬子　番禺、南海有。《永樂大典》一一九零七廣字引《元一統志》。

又　蔗　番禺、南海、東莞有。鄉村人煎汁爲沙糖，工制歲不逮蜀漢川爲獅子形，而味亦過柳城也。《永樂大典》一一九零七廣字引《元一統志》。

又　甜瓜　南海、番禺、新會皆有。郡人謂南漢時種熟進貢，爲御愛瓜。《永樂大典》一一九零七廣字引《元一統志》。

又　何首烏　番禺、南海、清遠、新會、增城並有。《永樂大典》一一九零七廣字引《元一統志》。

又　楠木。《永樂大典》一一九零七廣字引《元一統志》。

又　薄荷　增城縣出。《永樂大典》一一九零七廣字引《元一統志》。

又　菖蒲　南海、東莞、增城並有。《永樂大典》一一九零七廣字引《元一統志》。

又　槐花子《永樂大典》一一九零七廣字引《元一統志》。

又　黄花子。《永樂大典》一一九零七廣字引《元一統志》。

又　黄鶯。《永樂大典》一一九零七廣字引《元一統志》。

又　縮沙　番禺、南海諸山皆有。郡人待其苗長，取以充食，熟湯飲之甚香。《永樂大典》一一九零七廣字引《元一統志》。

又　罌粟子　黑牽牛　蛇床子　苦練子　蘆菔　穿山甲　以上州縣並出。《永樂大典》一一九零七廣字引《元一統志》。

又　山藥　即薯蕷也。番禺、東莞、清遠、新會、增城並出。《永樂大典》一一九零七廣字引《元一統志》。

又　三賴子　番禺、南海、東莞並出。《永樂大典》一一九零七廣字引《元一統志》。

又　香附子。《永樂大典》一一九零七廣字引《元一統志》。

又　茱萸　南海、增城並出。《永樂大典》一一九零七廣字引《元一統志》。

又　白蓋　番禺、東莞、清遠、南海、新會並出。《永樂大典》一一九零七廣字引《元一統志》。

又　蔞　州縣皆有。《永樂大典》一一九零七廣字引《元一統志》。

又　山丹花《永樂大典》一一九零七廣字引《元一統志》。

又　紫笑花《永樂大典》一一九零七廣字引《元一統志》。

又　仙鶴花《永樂大典》一一九零七廣字引《元一統志》。

又　遥憐花　番禺、南海、清遠並出。《永樂大典》一一九零七廣字引《元一統志》。

又　薔薇花　南海、清遠、新會、增城並有。州人多以漬水造龍涎香餅及香珠。《永樂大典》一一九零七廣字引《元一統志》。

又　荼蘼花《永樂大典》一一九零七廣字引《元一統志》。

又　寒梅花《永樂大典》一一九零七廣字引《元一統志》。

又　山茶花　新會縣出。《永樂大典》一一九零七廣字引《元一統志》。

又　蜜桶子。《永樂大典》一一九零七廣字引《元一統志》。

又　烏桕樹《永樂大典》一一九零七廣字引《元一統志》。

又　水柳木《永樂大典》一一九零七廣字引《元一統志》。

又　枸杞《永樂大典》一一九零七廣字引《元一統志》。

又　水瓜《永樂大典》一一九零七廣字引《元一統志》。

又　蒲突。《永樂大典》一一九零七廣字引《元一統志》。

又　鵝眼茱。《永樂大典》一一九零七廣字引《元一統志》。

又　秃菜《永樂大典》一一九零七廣字引《元一統志》。

又　蕎子《永樂大典》一一九零七廣字引《元一統志》。

又　筍《永樂大典》一一九零七廣字引《元一統志》。

又　芹《永樂大典》一一九零七廣字引《元一統志》。

又　百葉　番禺、南海、東莞、新會、香山並出。《永樂大典》一一九零七廣字引《元一統志》。

又　香附子　半夏　香薷並出新昌州。本州並出。《大元一統志》九五七新昌州。

又　荔枝　番禺、南海、東莞、新會、增城並有之。《永樂大典》一一九零七廣字引《元一統志》。

又　龍眼　荔枝之別種也。番禺、南海、東莞、清遠、新會、增城並産。圓而小者其味最勝。俗呼圓眼，又曰木彈。《永樂大典》一一九零七廣字引《元一統志》。

又　蕉子　番禺、南海、東莞、清遠並有。美香而甘。《永樂大典》一一九零七廣字引《元一統志》。

又　黄皮子　番禺、南海、東莞、清遠、新會並有。大如彈。熟則味甘。《永樂大典》一一九零七廣字引《元一統志》。

又 木棉樹 略 今在州志社壇內。《永樂大典》一四五三六無上七字。南海、東莞並出。《永樂大典》一一九零七廣字引《元一統志》。又一四五三六樹字引《元一統志》。

又 粳 糯 大麥 粟 豆 麻布 蓮 蔗 梅 桃 李 柿 橘柚 瓜 梨 茉莉 薔薇 素馨 葱 蟹 車螯 牡蠣 已上諸縣並出。《永樂大典》五三四三潮字引《元一統志》。

又 荔枝 有亭，在郡治後金山。《永樂大典》五三四三潮字引《元一統志》。

元・虞應龍《元一統志・湖廣等處行中書省・梧州路・土產》 石栗 土人謂之杓栗，以其形肖木杓也。《永樂大典》二三四零梧字引《元一統志》。

又 白粟 《太平寰宇記》一六四「粟」作「栗」。《永樂大典》二三四零梧字引《元一統志》。

又 龍眼、荔枝 《風土記》引《地理志》云：廣信縣多龍眼、荔枝，生於山溪，人家亦種之。《永樂大典》二三四零梧字引《元一統志》。

又 餘甘子 蒼梧縣及孟陵、戎城鎮皆有之。《永樂大典》二三四零梧字引《元一統志》。

又 蛤蚧 蒼梧及冷石、孟陵、戎城皆有之。《永樂大典》二三四零梧字引《元一統志》。

又 苦「苦」原誤「多」，據《太平寰宇記》一六四正。【略】《永樂大典》二三四零梧字引《元一統志》。

元・虞應龍《元一統志・湖廣等處行中書省・邕州路・土產》 橄欖 邕州有橄欖子。諸郡有，惟邕州最佳。《永樂大典》八五零七寧字引《元一統志》。

又 龍眼 宜化縣西鄉、武緣縣止戈、樂昌兩都鄉皆有。初生大樹株。歲春首秀花，夏結子，秋後成熟。其肉稍麤，肉多者可以曬乾爲乾圓眼，其味甜軟。《永樂大典》八五零七寧字引《元一統志》。

又 苦蕒 生宣化縣大林中。歲春首發秀，季月採摘葉苗蒸熟，製磨成鐶，其味最奇。俗傳邕乃南州，盛暑炎熱，又兼烟瘴之地。苦蕒草葉相合，日食之如常，以避炎暑，稍壓瘴氣。《永樂大典》八五零七寧字引《元一統志》。

又 苧麻 出宣化縣思禮鄉。民户所植，歲春孟「孟」疑「發」之誤字，或「孟」下脱「發」字。秀，季收之。夏即重秀，季再收之。兩緝婦巧習工織，疎而可衣。《永樂大典》八五零七寧字引《元一統志》。

元・虞應龍《元一統志・江西等處行中書省・連州・土產》 丹竹 苦竹 楓木 梀木 以上木州連山縣有。《永樂大典》一一九零七廣字引《元一統志》。

又 人面子樹。《太平寰宇記》一六五象州有此條，《元一統志》本此。葉似龍眼而長。《永樂大典》一四五三七樹字引《元一統志》。

又 連翹 蒼术 瞿麥 黄芩 苦參 秦艽 胡麻 以上宜君縣出。《大元一統志》五四四鄜州。

元・虞應龍《元一統志・陝西等處行中書省・興元路・土產》 茶園在金州。在石泉縣。《大元大一統志》五三八金州。

又 秔米 粟米 小麥 大麥 蕎麥 大豆 小豆 菉豆 白檀香 蜜蠟 梔子 蒼术 細辛 川芎 桐子 淚香 海金砂 金毛狗脊 天門冬 麥門冬 天南星 半夏 苦參 黑狗脊 杜仲 牛膝 石三稜 苦葶藶 枳實 芍藥 常山 穀精草 蛇床子 仙靈脾 石菖蒲 葛根 五倍子 黄柏 厚朴 金釵石斛 海桐皮 草烏頭 黄蘗 蜈蚣 鹿茸 熊膽 零陵香 香白芷 五靈脂 青箱子 密蒙花 威靈仙 吴茱萸 自然銅 玄胡索 草決明 白芨 天麻 石南 升麻 白膠香 山藥 礬 河參 桔梗 地榆 大戟 天錢子 稷花 通草 烏金子 車前子 以上均出金州。《大元大一統志》五三八金州。

元・虞應龍《元一統志・四川等處行中書省・重慶路・土產》 黄心樹 白樂天詩自序云：「巴民呼爲黄心樹，大者高四一丈，涉冬不凋，身如青楊，葉如桂，花如蓮，香色艷膩皆然，獨房蘂有異。四五月初花自開，迨謝僅二十日。忠州鳴玉溪生者穠茂尤異。」白樂天詩：「幾度欲移移不得，天教抛擲在山間。」《永樂大典》一四五三六樹字引《元一統志》。

元・虞應龍《元一統志・湖廣等處行中書省・鬱林州・土產》 人面子 在南流縣界內。春華，夏實，秋熟，皮味甘酸。食有核如胡桃，兩邊似人面。《永樂大典》二三四零梧字引《元一統志》。

又 桄榔子 本產於黨、牢州諸縣界，今併屬南流縣。木似椶櫚，心中出麵可食，令人不餒。《輿地紀勝》云。《永樂大典》二三四零梧字引《元一統志》。

又 檳榔字 在南流縣舊所廢黨、牢州境內。其樹如棕櫚，高六七丈。無枝柯，上有十許葉。正月結房，一房二百餘子。花甚香。每生即落一籜，籜堪爲扇。五月熟，大如鷄子。以海蠡殼燒作灰，名曰蛤奔灰。共扶留藤和而嚼之，香美，除口氣。久食令人齒黑，故南中有雕題黑齒之俗。《永樂大典》二三四零梧字引

《元一統志》。

又　椰子　在南流縣有【略】。今廣西諸郡皆有之，惟州爲最。《永樂大典》二三四零梧字引《元一統志》。

又　龍眼字　產南流縣界内。實大如彈子，食之甚甜。《輿地紀勝》及《西甌圖經》並云。《永樂大典》二三四零梧字引《元一統志》。

又　益智子　在南流縣所廢黨、牢州諸縣界内。似廉薑，香如豆蔻。《永樂大典》二三四零梧字引《元一統志》。

又　史君子　在南流縣、興業縣皆有。嬰兒食之療疳蟲。《永樂大典》二三四零梧字引《元一統志》。

又　苜蓿　春初既中生噉，爲羹甚香。長宜飼馬，馬尤嗜之。此物長生，種者一勞永逸。都邑負郭，所宜種之。

元司農司《農桑輯要》卷二《播種·收九穀種》　《雜陰陽書》曰：禾生於棗或楊，大麥生於杏，小麥生於桃，稻生於柳或楊，黍生於榆，大豆生於槐，小豆生於李，麻生於楊或荆。

元司農司《農桑輯要》卷二《播種·黍穄稗附》　《氾勝之書》曰：黍者，暑也；種者必待暑。黍心未生，雨灌其心，心傷無實。黍心初生，畏天露。

元司農司《農桑輯要》卷二《播種·豌豆》　《務本新書》：豌豆，二三月種。諸豆之中，豌豆最爲耐陳；又收多，熟早。

元司農司《農桑輯要》卷二《播種·蜀黍》　《務本新書》：蜀黍，宜下地。春月早種。

元司農司《農桑輯要》卷二《播種·胡麻》　《齊民要術》：胡麻，《漢書》：張騫外國得胡麻子。今俗人呼爲「烏麻」，非也。案：今世有白胡麻、八稜胡麻。白者油多，而又可以爲飯。

此宜於白地種。二三月爲上時，四月上旬爲中時，五月上旬爲下時。月半前種者，實多而成；月半後種者，少子而多秕也。

種欲截雨腳。若不緣濕，融而不生。

元司農司《農桑輯要》卷二《播種·麻》　《齊民要術》：凡種麻，用白麻子。白麻子爲雄麻。顏色雖白，齧破枯燥無膏潤者，秕子也，亦不中種。市糴者，口含少時，顏色如舊者，佳；如變黑者，衰。

元司農司《農桑輯要》卷二《播種·苧麻》　《圖經》：苧根，舊不載所出州土，今閩、蜀、江、浙有之。其皮可以績布。苗高七八尺。葉如楮葉，面青背白，有短毛。夏秋間，著細穗青花。其根黃白而輕虛。二月、八月採。又有一種山苧，亦相似。

元司農司《農桑輯要》卷三《栽桑·論桑種》　《齊民要術》：桑椹熟時，收黑魯椹。黃魯桑，不耐久。諺曰：「魯桑百，豐綿帛。」言其桑好，功省用多。

《博聞録》：白桑少子，壓枝種之。若有子，可便種，須用地陰處。其葉厚大，得繭重實，絲倍每常。《士農必用》：桑之種性，惟在辨其剛柔，得樹藝之宜，使之各適其用【略】。荆桑多椹，魯桑少椹。葉薄而尖，其邊有瓣者，荆桑也；凡枝幹條葉堅勁者，皆荆之類也。葉圓厚而多津者，魯桑也；凡枝幹條葉豐腴者，皆魯之類也。荆之類，根固而心實，能久遠，宜爲樹。魯之類，根不固而心不實，不能久遠，宜爲地桑。然荆桑之條葉，不如魯桑之盛茂，當以魯條接之，則能久遠而又盛茂也。魯爲地桑，而有壓條換根之法，傳轉無窮，是亦可以長久也。荆桑之類，宜飼大蠶，其絲堅紉，中紗、羅。《書·禹貢》「厥篚檿絲」，注曰：「檿，山桑。」此荆之類而尤者也。魯桑之類，宜飼小蠶。

元司農司《農桑輯要》卷三《栽桑·桑雜類》　桑螵蛸、桑根白皮，皆入藥用。

桑栮，素食中妙物。又五木耳：桑、槐、榆、柳、楮，是也。桑、槐者爲良。野田中者，恐有毒，不可食。

元司農司《農桑輯要》卷三《栽桑·柘》　《博聞録》：柘葉多蘩生，幹疎而直，葉豐而厚。春蠶食之，其絲以冷水繰之，謂之「冷水絲」。

柘葉隔年不採者，春再生，必毒蠶。如不採，夏月皆要打落，方無毒。

元司農司《農桑輯要》卷五《瓜菜·種瓜》　《龍魚河圖》曰：瓜有兩鼻殺人。黃瓜：一名胡瓜。四月中種之。宜豎柴木，令引蔓緣之。

《博聞録》：種花藥，最忌麝。瓜尤忌之。膢栽數株蒜、薤，遇麝不損。

元司農司《農桑輯要》卷五《瓜菜·葵》　《齊民要術》：葵，《廣雅》曰：「藒，丘葵也。」《廣志》曰：「胡葵，其花紫赤。」案：今世葵有紫莖、白莖二種，種別復有大小之殊。又有鴨腳葵也。臨種時，必燥曝葵子。葵子雖經歲不浥，然濕種者，疥而不肥也。地不厭良，故墟彌善；薄即糞之，不宜妄種。

元司農司《農桑輯要》卷五《瓜菜·薤子》　薤子，三月葉青便出之，未青而出者，肉未滿，令薤瘦，燥曝，挼去莩餘，切却彊根。留彊根而濕者，即瘦細不得肥也。先重耬耩地，壟燥，培而種之，壟燥則薤肥，耩重則白長。率一尺一本。

元司農司《農桑輯要》卷五《瓜菜·菌子》　《四時類要》：三月種菌子，取爛構一名楮。木及葉，於地埋之。常以泔澆令濕。三兩日即生。

元司農司《農桑輯要》卷五《瓜菜・菠薐》《博聞録》：菠菜，過月朔乃生，須二十七八間種之，月初即生。

元司農司《農桑輯要》卷五《瓜菜・藍菜》《務本新書》：二月畦種。苗高，剥葉食之。剥而復生，刀割則不長【略】。五月園枯，此菜獨茂，故又曰「主園菜」。食至冬月，以草覆其根。四月終結子，可收，作末。比芥末。根又生葉，又食一年。陝西多食此菜。

元司農司《農桑輯要》卷五《瓜菜・蘭香香菜附》《博聞録》：香菜，常以洗魚水澆之，則香而茂，溝泥水、米泔尤佳。

元司農司《農桑輯要》卷五《瓜菜・甘露子》《務本新書》白地内區種。署月以麥糠蓋之，承露滋胤。

元司農司《農桑輯要》卷五《果實・桃櫻桃、蒲萄附》 櫻桃，二月初，山中取栽，陽中者還種陽地，陰中者還種陰地。若陰陽易地則難生，生亦不實，此果性。生陰地，既入園囿，便是陽中，故多難得生。宜堅實之地，不可用虚糞也。

蒲萄，蔓延，性緣不能自舉，作架以承之。葉密陰厚，可以避熱。

十月中，去根一步許，掘作坑，收卷蒲萄悉埋之。近枝莖薄安黍穰彌佳。無穰，真安土亦得。不宜濕，濕則冰凍。二月中還出，舒而上架。性不耐寒，不埋則死。其歲久根莖麁大者，宜遠根作坑，勿令莖折。其坑外處，亦掘土並穰培覆之。

元司農司《農桑輯要》卷五《果實・栗榛附》 栗初熟時出殼，即於屋裏埋著濕土中。埋必須深，勿令凍徹。若路遠者，以韋囊盛之。停二日已上，見風日者，則不復生。至春二月，悉芽生，出而種之。

既生，數年不用掌近。凡新栽之樹，皆不用掌近，栗性尤甚也。三年内，每到十月，常須草裹，至二月乃解。不裹則凍死。

榛，有兩種：其一種，大小枝葉皆如栗，其子形似杼子，味亦如栗，所謂「樹之榛栗」者。其一種，枝莖如木蓼，葉如牛李色，生高丈餘；其核中悉如李，生作胡桃味，膏燭又美，亦可食噉。漁陽、遼、代、上黨皆饒。其枝葉生樵，爇燭，明而無煙。

元司農司《農桑輯要》卷五《果實・銀杏》《博聞録》：銀杏，有雌雄。雄者有三稜，雌者有二稜，須合種之。臨池而種，照影亦能結實。

元司農司《農桑輯要》卷六《竹木》 青桐，九月收子。二三月中，作一步圓畦種之。方、大則難裹，所以須圓、小。治畦下水，一如葵法。五寸下一子，少與熟糞和土覆之。生後數澆，令澤潤。此木宜濕故也。當歲即高一丈。至冬，豎草於樹間令滿，外復以草圍之，以葛十道束置。不然則凍死也。明年三月中，移植於廳齋之前，華净妍雅，極爲可愛。後年冬，不須復裹。成樹之後，樹別下子一石。子於葉上生，多者五六，少者二三也。炒食甚美。味似菱、芡，多食噉亦無妨。

白桐無子，冬結似子者，乃是明年之花房。亦繞大樹掘阬，取栽移之。成樹之後，任爲樂器。青桐則不中用。於山石之間生者，樂器則鳴。

青、白二材，並堪，車、板、盤、榼木屐等用。

元司農司《農桑輯要》卷六《竹木・種竹》《志林》云：竹有雌雄，雌者多笋，故種竹常擇雌者。物不逃於陰陽，可不信哉。凡欲識雌雄，當自根上第一枝觀之，有雙枝者，乃爲雌竹，獨枝者爲雄竹。

竹有花，輒槁死，花結實如稗，謂之「竹米」。一竿如此，久之則舉林皆然。

元司農司《農桑輯要》卷六《竹木・椿》 木實而葉香，有鳳眼草者，謂之椿；木疎而氣臭，無鳳眼草者，謂之樗。皆可於春分前後栽之。又云：有花而莢者爲之樗，無花不實謂椿。

元司農司《農桑輯要》卷六《竹木・葦荻附》 葦，四月苗高尺許，選好家葦，連根栽成土敦，如椀口大；於下濕地内，掘區栽之，縱横相去一二尺。至冬，放火燒過。次年春芽出，便成好葦。十月後刈之。

元司農司《農桑輯要》卷六《藥草・椒》 此物性不耐寒，陽中之樹，冬須草裹。不裹即死。其生小陰中者，少稟寒氣，則不用裹。

候實口開，便速收之。天晴時摘下，薄布曝之，令一日即乾，色赤椒好。若陰時收者，色黑失味。

元司農司《農桑輯要》卷六《藥草・菊花》《博聞録》：菊，蜀人多種之。苗可入茶，花、子入藥。然野菊大能瀉人。惟真菊延年，花乃黄中之色，氣味和正；花葉根實，皆長生藥。其性介烈，不與百花同盛衰，是以通仙靈也。

《務本新書》：宜白地栽，甜水澆。苗作菜食，花入藥用。

元司農司《農桑輯要》卷六《藥草・牛蒡子》《務本新書》：牛蒡子，宿根，亦名鼠黏子。葉作菜食，明目，補中，去風。久食輕身耐老。

元司農司《農桑輯要》卷六《藥草・藤花》 春分前後移栽。長時宜靠樹架起，其花茂盛。採時天晴，便曬乾，不致浥損。收藏，可爲素餡食之。

元・脱脱等《宋史》卷八五《地理志一》 其背附城，築土植杏，名杏岡，覆茅爲亭，修竹萬竿，引流其下。

又 又疏泉爲湖，湖中作堤以接亭，堤中作梁以通湖，梁之上又爲茅亭、鶴莊、鹿砦、孔翠諸柵，蹄尾動數千，嘉花名木，類聚區別，幽勝宛若生成，西抵麗澤，不類塵境。

又 初，元符三年，以懿親宅潛邸爲之，及作景龍江，江夾岸皆奇花珍木，殿宇比比對峙，中塗曰壺春堂，絶岸至龍德宫。其地歲時次第展拓，後盡都城一隅焉，名曰擷芳園，山水美秀，林麓暢茂，樓觀參差，猶艮嶽、延福也。

又 開封府。崇寧户二十六萬一千一百一十七，口四十四萬二千九百四十。貢方紋綾、方紋紗、蔗席、麻黄、酸棗仁。

又 濟南府【略】，貢綿、絹、陽起石、防風。

又 萊州【略】，貢牛黄、海藻、牡礪、石器。

又 沂州【略】，貢仙靈脾、紫石英、茯苓、鐘乳石。

又 淄州【略】，貢綾、防風、長理石。

又 襲慶府【略】，貢大花綾、墨、雲母、紫石英、防風、茯苓。

又 濰州【略】，貢綜、絲、素絁。

又 淄州【略】，貢綾、防風、長理石。

又 興仁府【略】，貢絹、葶藶子。

又 東平府【略】，貢絹、阿膠。

又 濟州【略】，貢阿膠。

又 单州【略】，貢蛇床、防風。

又 襄陽府【略】，貢麝香、白穀、漆器。

又 鄧州【略】，貢白菊花。

又 隨州【略】，貢絹、綾、葛、覆盆子。

又 金州【略】，貢麩金、麝香、枳殻實、杜仲、白膠香、黄蘗。

又 房州【略】，貢麝香、紵布、鐘乳石、笋。

又 均州【略】，貢麝香。

又 郢州【略】，貢白紵。

又 潁昌府【略】，貢絹、蔗席。

又 鄭州【略】，貢絹、麻黄。

又 孟州【略】，貢粱米。

又 蔡州【略】，貢綾。

又 淮寧府【略】，貢紬、絹。

又 順昌府【略】，貢紬、絁、綿。

元・脱脱等《宋史》卷八六《地理志二》 大名府【略】，貢花紬、綿紬、平紬、紫草。

又 開德府【略】，貢莨莠席、南粉。

又 滄州【略】，貢大絹、大柳箱。

又 永静軍【略】，貢簟、絹。

又 相州，貢暗花牡丹花紗、知母、胡粉、絹。

又 懷州【略】，貢牛膝、皂角。

又 廣信軍【略】，貢紬、栗。

又 太原府【略】，貢大銅鑑、甘草、人參、礬石。

又 隆德府【略】，貢人參、蜜、墨。

又 絳州【略】，貢防風、蠟燭、墨。

又 澤州【略】，貢白石英、禹餘糧、人參。

又 代州【略】，貢麝香、青、碌。

又 忻州【略】，貢解玉砂、麝。

又 遼州【略】，貢人參。

又 憲州【略】，貢麝香。

又 嵐州【略】，貢麝香。

又 麟州【略】，貢柴胡。

又 府州【略】，貢甘草。

又 豐州【略】，貢甘草、柴胡。

又 火山軍【略】，貢柴胡。

又 党項，南盡晉、絳，北控雲、朔，當太行之險地，有鹽、鐵之饒。其俗剛悍而朴直，勤農織之事業，寡桑柘而富麻苧。善治生，多藏蓄，其靳嗇尤甚。朔方、樓煩，馬之所出。

元・脱脱等《宋史》卷八七《地理志三》 京兆府【略】，貢鞾氊、蠟、席、酸棗仁、地骨皮。

又 河中府【略】，貢五味子、龍骨。

又 解州【略】，貢鹽花。

又 陝州【略】，貢紬、絁、括蔞根、柏子仁。

又 商州【略】，貢麝香、枳殼實。

又 虢州【略】，貢麝香、地骨皮、硯。

又 同州【略】，貢白蒺藜、生熟乾地黄。

又 華州【略】，貢茯苓、細辛、茯神。

又 延安府【略】，貢黄蠟、麝香。

又 鄜州【略】，貢麝香，今改貢蠟燭。

又 坊州【略】，貢弓弦麻、席。

又 保安軍【略】，貢毛段、蓯蓉。

又 慶陽府【略】，貢紫茸白花氈、麝香、黄蠟。

又 環州【略】，貢甘草。

又 邠州【略】，貢火筯、蓽豆、剪刀。

又 寧州【略】，貢菴閭、荆芥、硯、席。

又 秦州【略】，貢席、芎藭。

又 鳳翔府【略】，貢蠟燭、榛實、席。

又 成州【略】，貢蠟燭、鹿茸。

又 階州【略】，貢羚羊角、蠟燭。

又 渭州【略】，貢絹、蓯蓉。

又 涇州【略】，貢紫茸、毛毼段。

又 原州【略】，貢甘草。

又 德順軍【略】，貢甘草。

又 熙州【略】，貢毛毼段、麝香。

又 河州【略】，貢麝香。

又 鞏州【略】，貢麝香。

又 岷州【略】，貢甘草。

又 蘭州【略】，貢甘草。

又 蒲、解本隸河東，故其俗頗純厚。被邊之地，以鞍馬、射獵爲事，其人勁悍而質木。梁泉少桑麻之利，布泉、鹽酪資於他郡。上洛多淫祀，申以科禁，故其俗稍變。

元・脱脱等《宋史》卷八八《地理志四》 平江府【略】，貢葛、蛇床子、白石脂、花席。

又 湖州【略】，貢白紵、漆器。

又 慶元府【略】，貢綾、乾山蕷、烏賊魚骨。

又 常州【略】，貢白紵、紗、席。

又 處州【略】，貢綿、黄連。

又 建德府【略】，貢白紵、簟。

又 海州【略】，貢絹、獐皮、鹿皮。

又 壽春府【略】，貢葛布、石斛。

又 南安州。州在路東南，山嶺稠疊，内一峰竦秀，林麓四周，其頂有泉。

又 廬州【略】，貢紗、絹、蠟、石斛。

又 蘄州【略】，貢紵布、簟。

又 安慶府【略】，貢白朮。

又 濠州【略】，貢絹、糟魚。

又 光州【略】，貢石斛、葛布。

又 黄州【略】，貢紵布、連翹。

又 寧國府【略】，貢紵布、黄連、筆。

又 池州【略】，貢紙、紅白薑。

又 饒州【略】，貢麩金、竹簟。

又 信州【略】，貢蜜、葛粉、水晶器。

又 南康軍【略】，貢茶芽。

又 廣德軍【略】，貢茶芽。

又 隆興府【略】，貢葛。

又 江州【略】，貢雲母、石斛。

又 贛州【略】，貢白紵。

又 吉州【略】，貢紵布、葛。

又 撫州【略】，貢葛。

又 瑞州【略】，貢紵。

又 興國軍【略】，貢紵。

又 南安軍【略】，貢紵。

又 江陵府【略】，貢綾、紵、碧澗茶芽、柑橘。

又 鄂州【略】，貢銀。

又 德安府【略】，貢青紵。

又 常德府【略】，貢紵、布、練布。

又 澧州【略】，貢綾、竹簟。

又 峽州【略】，貢五加皮、芒硝、杜若。

又 岳州【略】，貢紵。

又 歸州【略】，貢紵。

又 潭州【略】，貢葛、茶。

又 道州【略】，貢白紵、零陵香。

又 永州【略】，貢葛、石燕。

又 郴州【略】，貢紵。

又 全州【略】，貢葛、零陵香。

元・脱脱等《宋史》卷八九《地理志五》 福州【略】，貢荔枝、鹿角菜、紫菜。

又 福州【略】，貢荔枝、鹿角菜、紫菜。

又 建寧府【略】，貢火箭石乳、龍茶。

又 泉州【略】，貢松子。元豐貢綿、蕉、葛。

又 南劍州【略】，貢土茴香。元豐貢茶。

又 邵武軍【略】，貢紵。

又 眉州【略】，貢麩金、巴豆。

又 黎州【略】，貢紅椒。

又 茂州【略】，貢麝香。

又 威州【略】，貢當歸、羌活。

又 仙井監【略】，貢苦藥子、續隨子。

又 順慶府【略】，貢絲布、天門冬。

又 普州【略】，貢葛、天門冬。

又 敍州【略】，貢葛。

又 瀘州【略】，貢葛。

又 合州【略】，貢牡丹皮、白藥子。

又 渠州【略】，貢綿紬、買子木。

又 富順監【略】，貢葛。

又 興元府【略】，貢臙脂、紅花。

又 隆慶府【略】，貢巴戟。

又 文州【略】，貢麝香。

又 政州【略】，貢麩金、羚羊角、天雄。

又 施州【略】，貢黃連、木藥子。

又 萬州【略】，貢金、木藥子。

又 開州【略】，貢白紵、車前子。

又 重慶府【略】，貢葛布、牡丹皮。

元・脱脱等《宋史》卷九〇《地理志六》 廣州【略】，貢胡椒、石髮、糖霜、檀香、肉豆蔻、丁香母子、零陵香、補骨脂、舶上茴香、没藥、没石子。元豐貢沉香、甲香、詹糖香、石斛、龜殼、水馬、鼊皮、藤簟。

又 惠州【略】，貢甲香、藤箱。

又 静江府【略】，貢銀、桂心。

又 融州【略】，貢金、桂心。

又 象州【略】，貢金、藤器、槵子。

又 慶遠府【略】，貢生豆蔻、草豆蔻。

又 化州【略】，貢銀、高良薑。

又 雷州【略】，貢良薑。

又 欽州【略】，貢高良姜、翡翠毛。

又 瓊州【略】，貢銀、檳榔。

又 南寧軍【略】，貢高良薑。元豐貢銀。

又 吉陽軍【略】，貢高良薑。

元・脱脱等《遼史》卷三七《地理志一》 遼國其先曰契丹，本鮮卑之地，居遼澤中【略】。高原多榆柳，下隰饒蒲葦。

又 臨潢西北二百餘里號凉淀，在饅頭山南，避暑之處。多豐草，掘地丈餘即有堅冰。

元・脱脱等《遼史》卷三九《地理志三》 宜州，崇義軍，上，節度【略】。有墳山，松柏連亘百餘里，禁樵採；淩河，累石爲堤。

元・脱脱等《遼史》卷四〇《地理志四》　南京析津府，本古冀州之地【略】。其利魚、鹽，其畜馬、牛、豕，其穀黍、稷、稻。

元・脱脱等《金史》卷二四《地理志上》　將至宫城，東西轉各有廊百許間，馳道兩傍植柳，廊脊覆碧瓦，宫闕殿門則純用碧瓦。

又　大興府，上。晉幽州，遼會同元年陞爲南京，府曰幽都，仍號盧龍軍，開泰元年更爲永安析津府。天會七年析河北爲東、西路時屬河北東路，貞元元年更今名。户二十二萬五千五百九十二。大定四年十月，命都門外夾道重行植柳各百里。産金銀銅鐵，藥産滑石、半夏、蒼术、代赭石、白龍骨、薄荷、五味子、白牽牛。

又　薊州，中，刺史。遼置上武軍。户六萬九千一十五。産粟。

又　平州【略】，貢櫻桃、綾。

元・脱脱等《金史》卷二五《地理志中》　開封府【略】，有藥市四，榷場。産蜜蠟、香茶、心紅、朱紅、地龍、黄柏。

又　河間府【略】産無縫綿、滄鹽、藺席、馬藺花、香附子、錢蝦蟹、乾魚。

又　真定府【略】産瓷器、銅、鐵。有丹粉場、烏梨。藥則有茴香、零陵香、御米殼、天南星、皂角、木瓜、芎、井泉石。

又　益都府【略】産石器，玉石、沙魚皮、天南星、半夏、澤瀉、紫草。

又　東平府【略】産天麻、全蝎、阿膠、薄荷、防風、絲、綿、綾、錦、絹。

元・脱脱等《金史》卷二六《地理志下》　大名府【略】産皺、穀、絹、梨肉、櫻桃煎、木耳、硝。

又　太原府【略】有造墨場，煉銀洞，瑪瑙石。藥産松脂、白膠香、五靈脂、大黄、白玉石。

又　平陽府【略】有書籍。産解鹽，隰州緑，卷子布，龍門椒，紫團參，甘草，蒼术。

又　京兆府【略】産白芷、麻黄、白蒺藜、茴香、細辛。

又　鳳翔府【略】産芎藭、獨活、燈草、無心草、升麻、秦艽，骨碎補、羌活。

又　臨洮府【略】産甘草、庵蕳子、大黄。

元・陶宗儀《南村輟耕録》卷二三　揚州白菜　揚州至正丙申丁酉間，兵燹之餘，城中屋址偏生白菜。大者重十五斤，小者亦不下八九斤。有膂力人所負才四五窠耳。亦異哉。

元・陶宗儀《南村輟耕録》卷二六　盧橘　世人多用盧橘以稱枇杷，按：司馬相如《游獵賦》云：「盧橘夏熟，黄柑橙楱，枇杷橪《而善切》柹。」夫盧橘與枇杷並列，則盧橘非枇杷明矣。郭璞注：「蜀中有給客橙，冬夏花實相繼，通歲食之，謂即盧橘也。」意者橙橘惟熟于冬，而盧橘夏亦熟，故舉以爲重歟？《唐三體詩》裴庚註云：「《廣州記》，盧橘皮厚，大如柑，酢多，至夏熟。土人呼爲壺橘，又曰盧橘。」

明・王濟《君子堂日詢手鏡》卷上　有樹曰龍骨，其根大者如栲栳，幹如臂，而匾新發者亦然。根至顛頂皆有刺，手不可觸，人以之編籬，堅過於墉。伐枝插地即活，皮色青翠可愛，葉狀如楊梅，十月後脱，至三月發。幹葉俱有白汁，其花黄心紅瓣，蒂著幹。廣東又呼爲「火殃」。《酉陽雜俎》中有慎火木，亦名護火，多種盆缶中，置屋上，開紅白花。《倦遊録》以《雜俎》所云者，即龍骨樹，又名風火木，斷之有白汁。所見龍骨，誠如《倦遊録》所言，但不言有刺者，以其稱龍骨，故畧之耳。若云其汁著人肌膚，遂成瘡痏，則余未知之。意者《雜俎》所載慎火木，或別有種。

又　余見彼中竹有數十種，與吴浙不同。衮竹節踈，幹大體厚，截之可作汲桶。筍生七八月間，味微苦，土人跨之，余以爲不逮湖州棲賢猶竹筍與杭之杜園遠甚，惜彼中莫知其味，不可與語。釣絲竹亦踈節幹，視衮竹差小，枝稍細而長，葉繁，可織爲器。筍亦可餐。一名蒲竹，人取裁爲屋尾並編屋壁，最堅美。又有竻竹，大如釣絲，自根至梢皆密節，節有刺，長寸許。山野間，每數十家成一村，共植此竹環之，以爲屏翰，則蛇鼠不能入，足可爲備禦計。聞徭賊亦皆恃此爲金湯，官軍亦無可奈何。後見《續竹譜》，云南人呼刺爲竻，邕州舊以爲城。蠻蜓來侵，不能入。今鬱林州種此城外，呼爲護城。《桂海虞衡》則書以竻，不知孰是。又有班竹，甚佳，即吴地稱湘妃竹者，其斑如淚痕，杭産者不如。亦有二種，出古辣者佳，出陶虚山中者次之，土人裁爲筯，甚妙。余攜數竿回，乃陶虚者，故不甚佳。吴人甚珍重，以之爲扇材及文房中秘閣之類，丈許值錢二三百文。山間野竹種類甚多。

又　其土多奇花異卉，有不可名狀者，於牡丹、芍藥則無。仕宦携歸，雖活不花。人呼佛桑爲牡丹，更可笑。佛桑有深紅、深紫、淺紅、淡紅數種，剪插於土即活。茉莉甚廣，有以之編籬者，四時常花。又有似茉莉而大，瓣微尖，其香清絶過於茉莉，土人呼爲狗牙。余病其卉佳而名不雅，故改爲雪瓣，時漸有人以雪瓣呼之矣。又一花名指甲，五六月開花，細而正黄，頗類木犀，中多須葯，香亦絶似。其葉可染指甲，其紅過於鳳仙，故名。甚可愛，彼中亦貴之。

又　果蓏之屬，大率不逮吳浙遠甚。以余所見，惟蓮房、西瓜、甘蔗、栗四品與吳地彷彿，雖有桃、李、梅、梨數品，然皆不候時熟即入市，青硬酸澀不可噉。杏子、林禽，地素不産，土人不之識。楊梅大者如荳。如吾地所無者，荔枝、龍眼、蕉實三品，甚佳。又有名九層皮者，脱至九層方見肉，熟而食之，味類栗。又一種名黄皮果，狀如楝子，味酸又有餘甘，子如小青李，味酸澀，餘味甘，亦不甚美。橄欖、烏欖二者甚多，俱野生，有力恣意可取，市中十錢可得一大擔，土人炒以進飯。復有人面果、冬桃、山栗子、木饅頭、山核桃、陽桃、逃軍糧等野果，種類更多。然西瓜雖美，四月即可食，至五月已無。桃、李、枇杷，二三月間即食，四月俱已摘盡。惟栗與甘蔗用方久耳。

明·王濟《君子堂日詢手鏡》卷下　其地多山，産美材，銕栗木居多，有力者任意取之，故人家治屋，咸以銕栗、臭楠等良材爲之，方堅且久。若用雜木，多生蛀蟲，大如吳蠶，日夜齧梁柱中，磔磔有聲，不五年間皆空中，遂至傾倒。其銕栗有參天徑丈餘者，廣州人多來采，制椅、卓、食隔等器，鬻於吾浙間，可得善價。吾吳浙最貴此木。又有鐸木，甚堅，色赤，歲貢於京，爲神鎗中用。又有一木，亦堅重，其色淡黄，有黑斑如虎文，故稱爲虎斑木，可作小器，甚佳，亦有用藥煮作純黑色，僞爲烏木，以射利。其椶竹極廣，瀰山亘谷皆是，吾地有得種盆盎中者，數竿可值一二金。有採往南京賣作扇材者，爲柱杖亦佳。其地更多，不能名狀。

清·林佶《全遼備考》卷下《人葠》　遼東人葠，四月發芽，五月花。花白色如韭，叢大者若碗，小若鐘。六月結實若小豆，而連環色正，紅久之則黄而扁。初生一椏，四五年兩椏，十年後三椏，年深者四椏。每椏五葉，葉若芙蓉，一莖直上，《扈從東巡日録》所謂「百尺杵也。」大者高數尺，小者尺餘。陶宏景曰：上黨葠形長而黄，多潤實而甘；百濟形細而堅白，氣味薄；遼東形大而虚軟。今上黨，百濟皆不取。而遼以東所産多黄潤甘實，不盡如陶所云【略】。關東人呼葠曰貨，又曰根子。肉紅而大者曰紅根，半肉者曰糙重，空皮曰泡。

清·林佶《全遼備考》卷下《地畝》　一夫種二十晌，晌收穀自一石至二石，以土之厚薄爲等殺。穀凡十種：曰小麥，曰大麥，曰稗子，曰粟，小米也。曰秫，粘穀也，用以造酒。曰黍，大黄米也，作餳，亦可爲酒。曰稷，糜子米也，宜酒，亦可爲飯。曰高粱，蜀黍也。曰蕎麥，曰穬麥，鈴鐺麥也。

清·林佶《全遼備考》卷下《廟》　紅姑娘，一名紅娘子，狀若彈丸，色紅可愛，味甜酸，多子，子若魚子，八九月間熟。草本有蔀若秋葵蕊而淡紅，烹湯亦可飲。

又　楛木長三四寸，色黑，或黄，或微白，有文理，非鐵非石，可以削鐵。

又　桃花，水草本狀若楊梅而無核，色紅味甘，質輕脆，過手即敗矣。五六月間遍地皆是，居人擇最多處設帳房或棚子，釀分載酒，男女各爲羣，争采食之。明日又移他處，食盡乃已。又有法佛哈米孫烏什哈者，味甜酸可食，皆中土所無者也，若蘋婆果、桃、李、棗、栗、柑橘之類，非中土人馳送不可得。瓜往時絶少，今李召林學種，各色俱全，然價甚貴。荸薺澱子中平地爲澱子。亦生人不知食。黄精極多，賤者乃食之。蘑菇，猴頭雞腿之外，尚有數種，然狀莫大於猴頭，味莫鮮於雞腿。蘑菇籬落間皆有之。

又　塔子頭，《扈從東巡日録》作塔兒頭，非。或名和尚頭。苗長尺許，若麥門冬草，春緑夏青秋白，冬則土人以火燎之焦而黑矣。根紫色，細若線，糾結成團，堅如木石，大者抱，小者握，自相聯絡，葠差立泥淖中，馬行其上，春夏最難，一失足陷隙際不能起，秋冬冰堅則如陸地。然和尚頭仍不與冰等也，土人有取以爲枕者，玩之絶可愛。

又　榛高二三尺，草也，而似木。經霜後子落可拾，幹可爲薪，否則入野燒。春夏間復生，品素賤。己巳秋獨少，價遂與松子等。

又　樺皮，樺木皮也。樺木徧山皆是，類白楊。春夏間剥落，其皮入汙泥中，謂之曰糟糟，數日乃出而曝之，地白而花成形者爲貴。《金史》所謂醬瓣樺是也。

清·林佶《全遼備考》卷下《風土》　山多櫟柞椴。椴類銀杏，鋸板可爲器，其皮可爲瓦，浸水久之可爲綯索。柞可爲車。櫟之小者名波羅木，五月間土人摘其葉裹粽，大則名櫟，爲薪而已。

清·方拱乾《甯古塔志·樹畜》　開闢來，不見稻米一顆。有粟，有稗子，有鈴檔麥，有大麥。稗則貴者食之，賤者食粟耳。近亦有小麥，卒不多熟，蕎麥亦熟，熟亦不能得子。有撤蘭者，結實可斤餘，甘腴勝長安種。有蓮子，有小麥，滿堪與小麥亂也。瓜茄菜豆，隨所種而獲，霜遲則皆登于俎矣；絲瓜、扁豆較難人素不識，因遊東京者往尋蓮陂，土人遂擷之以市。有松子，有榛子，有酸梨，大如栗，貯之木罌令其爛，斯啜焉。有甌李子，色赤而澀。有麇子尾，即猴頭。有蘑菇，有黄菌，有山查子。

清・唐晏《渤海國志》卷二《物産志》　盧城之稻。按：《後漢書》：「沃沮土肥美，背山向海，宜五穀，善田種。」

又　果有丸都之李。按：丸都即高麗成川，今未知道出李否，而《盛京通志》云：「奉天出李，種類甚多，又有郁李、歐李，皆生山間。」

又　樂游之梨。以上《新唐書》。按：《樂游滿洲源流考》云：「當作樂浪。」今錦州醫巫閭山出香水梨，歲以入貢，見於《一統志》。千山亦出名平頂香。

又　松子。按：《吉林外記》：「吉林、烏拉、寧古塔諸山皆産松子，而窩集中所産更勝。」

又　人參。按：《寧古塔記略》云：「人參，草本，方梗，對節生葉，葉似秋海棠。六七月開小白花，八月結子，似天竹子。生於深山草叢中，較他草高尺許。生者色白，蒸熟輒帶紅色。紅而明亮者，其精神足爲第一等。」又《柳邊記略》：「初生一椏，四五年兩椏，十年後三椏，年久者五椏。每椏五葉，葉若芙蓉，一莖直上。」

又　附子。按：《後魏書》：「遼東塞外，秋收烏頭，爲毒藥射禽獸，曰華子所謂土附子。」今人名曰草烏頭。

宋・曾極《金陵百詠》　商颷館，即九月臺也。地産胭脂菊。

又　榠樝，形如木瓜，熟時金黄。陶弘景五和糝中用之。子丹進饌色微黄，仙老調脯有禁方，五和糝奇無處覓，榠樝新熟壓枝香。

元・楊惠《至正昆山郡志》卷二《園圃》　鄭氏園【略】，園內西南又有道院，庭植洛花數百本，皆吴中所無者。今廢。

明・宋雷《西吴里語》　齊故鄣縣楓樹連理，兩株相去七尺，大八圍，去地一丈相合爲樹，泯如一木。

明・宋雷《西吴里語》　月旦花。宋時德清嶽祠廡下有瓊花一本。春時盛放，每告朔設會，特開數朵，時號月旦花。今惜無本。

又　南宋元嘉二十年七月，吴興郡後池芙蓉二花一蔕。

又　湖州山中有映山紅花，一名躑躅，一名杜鵑。

又　芙蓉池在白蘋洲。唐郡守楊漢公所開，池中有千葉蓮。

又　明月峽在顧渚側【略】，茶生其間，尤爲絶品，張文規所謂「明月峽中茶始生」是也。

又　蓴菜葉如水荇，但莖上有冰涎，滑澤可食。出烏程蘇灣者佳。《苕統記》曰：「葦花蘭心曰苕，吴興谿旁多生，故名。苕谿其草，可作帚，俗呼爲苕帚。」

明・周亮工《閩小記・閩茶》　武彝、岃崱、紫帽、龍山皆産茶，僧拙於焙，既採，則先蒸而後焙，故色多紫赤。

明・周亮工《閩小記・夾竹桃》　閩中多夾竹桃，葉微如竹，花逼似桃，柔豔異常。

明・周亮工《閩小記・榕樹》　閩中多榕樹，垂鬚入地，輒復生根，常有一樹作十數幹。

明・周亮工《閩小記・土筍》　予在閩，常食土筍凍，味甚鮮異，但聞其生於海濱，形類蚯蚓，終不識作何狀。

清・李調元《出口程記》　有花滿山，如錦如火。花四瓣，倩紫色。木本，高二三尺，無葉。幹似梔子，不香，而土人呼爲大紫香。又有小白花，木本，葉似榆。高亦二三尺，一莖十二朵，或十三朵。每朵五出，黄鬚似稻花，俗呼爲螞蚱腿，然皆不知究何名也。

清・馮一鵬《塞外雜識》　回回瓜，乃哈密瓜之變種。形圓扁，蔕深凹，瓤白色，味極香甜。藏三五日，則味變瓤壞矣。是以不入貢品。産回紇地，瓜名回眼，取形似也。

明・王士性《廣志繹》卷一　東南饒魚鹽、秔稻之利。

又　南饒犀、象、椒、蘇、外國諸幣帛。

又　西南川、貴、黔、粤饒、楩柟、大木。

又　河北人食胡蔥、蒜、薤。

明・王士性《廣志繹》卷四　杭州省會，百貨所聚，其餘各郡邑所出，則湖之絲，嘉之絹，紹之茶之酒，寧之海錯，處之磁，嚴之漆，衢之橘，温之漆器，金之酒，皆以地得名。惟吾台少所出，然近海，海物尚多錯聚，乃不能以一最佳者擅名。

又　衢州橘林，傍河十數里不絶，樹下芰薙如抹，花香橘黄，每歲兩度堪賞，舟楫過者樂之，如過丹陽櫻桃林。

又　蘄竹爲器，抽削如絲，纖巧甲於天下。復有蘄艾、蘄龜、蘄蛇。艾則惟荆王府内片地出者佳，然不多得。蛇與龜皆生於他鄉村。蛇則頭有方勝，尾有指甲，兩目如生，自刳腸盤屈而死者，可已大風。龜則背有緑毛，可辟蠅蟲，置之書篋，數年不死。然多贋者，以小龜塗馬矢放陰溝中，緑毛自生，攜出者不久即落也。竹則以色瑩者可簞，節踈者可笛，帶鬚者可杖。

又　楚中與川中均有採木之役，實非楚、蜀産也，皆産於貴竹深山大壠中耳。貴竹乏有司開採，故其役耑委楚、蜀兩省。

又 花則茉莉、素馨，此海外香種，不耐寒，具陸賈《南中花木記》。果則蕉、荔、椰、蜜、蕉，緑葉丹實，其木攢絲，食其實而抽其絲爲布；荔枝園，五月累累然，色如赤彈，肉如團玉，或云閩荔甘，廣荔酸；椰子樹似檳榔，葉如鳳尾，實如切肪，琢其皮可爲瓢、杓、栝棬；波羅蜜大如斗，剖之若蜜，其香滿室，此産瓊海者佳。木則有鐵力、花梨、紫檀、烏木。鐵力，力堅質重，千百年不壞；花梨亞之，赤而有紋；紫檀力脆而色光潤，紋理若犀，樹身僅拱把，紫檀無香而白檀香。此三物皆出蒼梧、鬱林山中，粤西人不知用而東人采之。烏木質脆而光理，堪小器具，出瓊海。

又 南中多榕樹，樹最大者長可十丈，蔭數畝，根出地上亦丈餘，臬司分道中一樹，根下空洞處可列三棹，同僚嘗醵飲其中。余參藩廣右，嘗過榕樹門下，樹附地而生，刳其根空處爲城門也。

明・王士性《廣志繹》卷五 此非放水不可出，而水路反出雲南，即今麗江，亦即瀘水，亦即金沙江，道東川、烏蒙而下馬湖，其水磯洑礁匯，奔駛如飛；兩岸青山夾行，旁無村落。其下有所謂萬人嵌者，舟過之輒碎溺，商人攜板過此，則刻姓號木上，放于下流取之，若陷入嵌則不得出矣。嵌中材既滿，或十數年爲大水所衝激則盡起，下流者競取之以爲横財；不入嵌者，亦多爲夾岸夷賊所句留，仍放姓號於下流，邀財帛入取之。深山大林，千百年斫伐不盡。

又 荔枝生於極熱之地，閩、廣外惟川出焉。唐詩「一騎紅塵妃子笑」乃涪州荔園所貢也，故飛騎由子午谷七日而達長安，荔子尚鮮。今涪園一株存，以獻新擾民，近爲一司李攝篆，始斷其命，根而絶之。

又 蠱毒，廣右草有斷腸。

又 斷腸草之葉爲火把花，幹爲酒弔藤，根名斷腸草，滇人無大小，裙袖中咸齎些須以備不測之用，其俗之輕生如此。

明・陳懋仁《泉南雜誌》 泉郡荔枝，雖郁爲林麓，然不若福興兩郡之盛。絳囊翠葉，明秀可愛，蔡端明所謂殼薄而平，瓤厚而瑩，膜如桃花紅，核如丁香母，剥之凝如水精，食之消如絳雪，誠哉！《荔譜》四十二種。垂五百餘年，品目雖存，漫不可據，今惟五月熟者，曰火山，肉薄而酸。六月熟者，曰早紅，曰桂林，曰白蜜，曰狀元紅，曰金種，俱稱佳品。七月熟者，味甘酸，曰山荔枝，蠲渴補髓，多啖無傷。

又 紅柑，福橘之次者也。橄欖青澁，能消酒止渴，《藥性賦》所謂「泉州橄欖能消酒」是矣。《本草》一名諫果，謂其始苦澁而回甘，猶忠言逆耳，世亂乃思之也。其俗取與子薑和核搗碎，醋杵充蔬。

又 西施舌，殼似蛤而長。外色若水蚌殼，内色如孔翠，肉白似乳，形酷肖舌，闊約大指長及二寸，味極鮮美，無可與方。舌本有數肉條如鬚，然是其飲處。

明・金幼孜《北征録》 又行三四里，度橋，山下有土垣，乃元時花園，有舊柳數株尚存。

又 自興和至此，地無寸木，但荒草而已。惟此石壁之半，生柏樹一株，甚青翠可愛，如江南人家花圃所植者。幼孜呼光大曰：「此亦塞外一奇觀。」

又 二十二日次，地生沙蔥，皮赤氣辛臭；有沙蘆菔，根白色，大者徑寸，長二尺許，下支生小者如筋，氣味辛辣微苦，食之亦作蘆菔氣。

又 午次玄石坡，見山桃花數藁盛開草莽中，忽覩此，亦甚奇特。

又 十八日早，發香泉戍。行沙陀中，多山桃花，滿地爛熳。又有榆林，藁生不甚高，有鳥巢甚完固，舉手可探之，皆鷹隼巢也。

又 五月初一日早，微雨，發順安鎮【略】。又行數里，臨臚朐河，立馬久之，賜名曰「飲馬河」。河水東北流，水迅疾。兩岸多山，甚秀拔，岸傍多榆柳。水中有洲，多蘆葦、青草，長尺餘，傳云不可飼馬，馬食多疾。水多魚，頃有以來進者。

又 初五日，發蒼山峽。午次雲臺戍。地多野韭、沙蔥，人多采食。又有金雀花，花似决明，莖似枸杞，有刺，葉小圓而末鋭，人采取其花食之。又有一種黄花菜，花大如茼蒿，葉大如指，長數尺，人亦采食。

又 初五日，次澄清河。初六日發澄清河，數里渡河，穿入柳林中，柳蒙密不可行，下皆汙泥。

又 初七日，發青楊戍。凡四渡河，河水甚急。午次克忒克剌，華言「半個山」。山甚峻拔，遠望如坡，故名。入此，河稍狹，山攢簇，多松林，上曰：「此松林甚似江南。」至前，山水益清秀可愛，孰謂虜地有此奇觀也！晚次蒼松峽。隔岸坡陀間，樹林蓊郁，宛如村落。水邊榆柳繁茂，荒草深數尺，而草梢俱爲物所食。

又 二十九日，發金沙苑，是程多水，途邊多榆柳，沙陀高低，樹青沙白，甚可觀。

明・黄潤玉《寧波府簡要志》卷三《土産》 白鹽、鄞慈象定四縣皆出。海苔、生象山，海塗人采之爲茹。紫菜、鹿角菜、淡菜、泥螺、蚶、洋山魚。以上俱海産官産，下海只許小船，朝出暮還採之。

明・錢古訓《百夷傳》 宴會則貴人上坐，其次列坐於下，以逮至賤。先以沽茶及蔞葉、檳榔啖之。沽茶者，山中茶葉，春夏間采煮之，實於竹筒內，封以竹箬，過一二歲取食之，味極佳，然不可用水煎飲。

又 其草木禽獸之異：草則秋間數十百株結爲一聚，地産此草，煙瘴尤甚。樹木多有三四株結爲連理。

明・陸容《菽園雜記》卷一 各鎮戍、鎮守內官，競以所在土物進奉，謂之孝順。陝西有木實，名榅桲，肉色似桃，而上下平正如柿。其氣甚香，其味酸澀。以蜜制之，歲爲進貢。然終非佳味也。太監王敏鎮守陝西時，始奏罷之，省費頗多。敏，本漢府軍餘，善蹋鞠，宣廟愛而閹之。常熟知縣郭南，上虞人。虞山出軟栗，民有獻南者，南亟命種者悉拔去，云：「異日必有以此殃害常熟之民者。」其爲民遠慮如此，因類記之。

又 慶陽西北行二百五十里爲環縣，縣之城北枕山麓【略】。其土沙瘠，其水味苦，乍飲之病脾泄。出趙大夫溝者味甘，然去城十餘里。歲祀先師則取釀酒，不可以給日用也。驛廩稍供稻米，蓋買諸慶陽，粟一斗得稻米一升。薪木則買諸開城。開城亦小邑，去環八十里，地有美薪，其愈環可知矣。

又 巡撫陝西都憲嘉禾項公忠，令慶陽、邠、寧州縣督民種樹道旁，民頗怨之。巡撫延綏都憲廣東，盧公祥有詩嘲之，其終篇云：「可惜路旁如許地，只栽榆柳不栽桑。」項公和韻云：「老我豈無衣食計，安知此地不宜桑？」二時今在慶陽公館壁間。邠、寧、慶陽，皆古豳地，《七月》之詩言蠶桑之事備矣。要之，盧公之言得之。

明・陸容《菽園雜記》卷三 予嘗題墨竹，以竹爲草，或云：「草以歲爲枯榮，竹耐久不彫，草何足以當之？」予時亦無定見。後見《山海經》，敘山之草木，每以竹爲草屬，始自喜有據。又見晉人論草木之有竹，猶鳥獸之有魚，自是天地間一種。此說亦奇。

明・陸容《菽園雜記》卷四 朱子注《詩》云：黍，穀名。苗似蘆，高丈餘，穗黑色，實圓重。稷，亦穀也，一名穄，似黍而小。嘗與北人論辨黍之形似，乃知所謂苗似蘆高丈餘者，即今南方名蘆粟，北方名薥秫，其幹名秫稭者是已。蓋自是一種，非黍也。其所謂一名穄，似黍而小者，此乃是黍，非稷也。今北人謂黍爲黃穄，又名黃米，粘膩可釀酒，則黍之名穄明矣。稷與黍甚相似，但不可釀酒耳。其注「鶴」云：頂赤身白，頸尾黑。黑羽實生於翅，非尾。此皆一時之誤。

明・陸容《菽園雜記》卷六 「一彎西子臂，七竅比干心。」詠藕詩也。相傳衛文節公作，未知是否。

又 嘗登嵊山，山僧作水飯爲供，食一蔬味佳，問之，云「張留兒菜」。令採觀之，乃商陸也。餘姚人每言其鄉水族有彈塗，味甚美。詳問其狀，乃吾鄉所謂望潮郎耳。此物吾鄉極貧者亦不食，彼以爲珍味。商陸在吾鄉牛羊亦不食，彼以爲旨蓄。正猶河豚在吳中爲珍異，直沽漁人刳其肝而棄之。時魚尤吳人所珍，而江西人以爲瘟魚，不食。世之遇不遇，豈惟人爲然，夫物亦有然者矣。仲裒聞張留乃樟柳也。

又 菘菜，北方種之。初年半爲蕪菁，二年菘種都絕。蕪菁，南方種之亦然。蓋菘之不生北土，猶橘之變於淮北也。此說見《蘇州志》。按：菘菜即白菜，今京師每秋末，比屋醃藏以禦冬。其名箭幹者，不亞蘇州所産。聞之老者，云：永樂間，南方花木蔬菜，種之皆不發生，發生者亦不盛。近來南方蔬菜，無一不有，非復昔時矣。橘不踰淮，貉不踰汶，雊鵒不踰濟，此成說也。今吳菘之盛生於燕，不復變而爲蕪菁，豈在昔未得種藝之法，而今得之邪？抑亦氣運之變，物類隨之而美邪？將非橘柚之可比邪？

明・陸容《菽園雜記》卷九 鴨腳樹實如杏，而其核中之仁可食，故曰仁杏。今云銀杏，是似而非也。

明・陸容《菽園雜記》卷一〇 南方寺觀及人家庭院中多種芭蕉，但可資觀美而已，實無所用。或以其葉代荷葉，襯蒸麪食。然婦人有症瘕及血氣病者，感其氣則益甚，是亦不可用也。聞豬瘟者，以其根飼之；魚泛者，以其幹剉投池中則已。未之試也。

又 蕎麥之蕎，韻書無之，《本草》有之，蓋宋人所增耳。《道藏》中有《藥石爾雅》一卷，乃唐元和間梅彪所集諸藥隱名，以粟、黍、蕎、豆、麥爲五芽，則此字之來亦久矣。

又 嘗聞胡地草皆白色，惟王昭君葬處草青，故曰青塚。朱温弑唐昭宗於椒蘭殿前，血漬地處，今生赤草。岳武穆墳樹枝皆南向。前二事皆不可見，岳墳嘗往拜謁，南枝之樹，乃親見焉。

明・陸容《菽園雜記》卷一一 河南、湖廣之俗，樹衰將死，以沸湯灌之，令浹洽，即復茂盛，名曰灸樹。種竹成林者，時車水灌之，故其竹不衰。

明·陸容《菽園雜記》卷一二　蘇東坡有云：「紫李黃瓜村落香。」黃瓜，今四五月淹爲葅者是也。《月令》：「四月王瓜生，苦菜秀。」王瓜非今作葅之瓜，其實小而有毛，《本草》名菝葜，京師人呼爲赤包兒。謂之瓜者，以其根相似耳。今人以其與苦菜並稱，遂疑即今黃瓜，而反以黃字爲訛。木綿花生南越，樹高四五丈，花紅似山茶，子如楮實，綿出子中，可貯茵褥，蘇州人稱攀枝花者是也。今紡織以爲布者，止可名綿花。《雲間通志》以爲木綿花，蓋踵蔡氏誤耳。又嘗見一士人家《葵軒卷》中記序題詠，皆形狀今蜀葵花，蓋不知傾陽衛足，自是冬葵可食者。《詩·七月》「烹葵及菽」，公儀休拔園葵皆是也。古人文字中記載名物，必考核精詳，故少有此失。

明·陸容《菽園雜記》卷一三　江南名郡，蘇、杭並稱。然蘇城及各縣富家，多有亭館花木之勝，今杭城無之。是杭俗之儉朴，愈於蘇也。湖州人家絕不種牡丹，以花時有事蠶桑，親朋不相往來，無暇及此也。嚴州及於潛等縣，民多種桐、漆、桑、柏、麻、苧，紹興多種桑、茶、苧，臺州地多種桑、柏，其俗勤儉，又皆愈於杭矣。蘇人隙地多榆、柳、槐、樗、楝、穀等木，浙江諸郡惟山中有之，餘地絕無。蘇之洞庭山，人以種橘爲業，亦不留意惡木，此可以觀民俗矣。

又　衢之常山、開化等縣，人以造紙爲業。其造法：採楮皮蒸過，擘去粗質，糝石灰，浸漬三宿，蹂之使熟。去灰，又浸水七日，復蒸之。濯去泥沙，曝曬經旬，舂爛，水漂，入胡桃藤等藥，以竹絲簾承之。俟其凝結，掀置白上，以火幹之。白者，以磚板制爲案卓狀，圬以石灰，而厝火其下也。

又　温茶，即辟麝草，酒煎服，治毒瘡，其功與一枝箭等，未知果否。一枝箭出貴州，同五味子根、金銀藤共煎，能愈毒瘡。

明·陸容《菽園雜記》卷一四　「種竹無時，雨過便移，多留舊土，記取南枝。」此種竹訣也。知此，則鄉俗以五月十三日爲移竹之候者，誤人多矣。又云：「十人移竹，一年得竹；一人種竹，十年得竹。」蓋十人移者，言其根柢之大，即多留舊土之謂也。《癸辛雜識》有種竹法，又以新竹成竿後移爲佳。嘗聞圃人云：「花木在晴日栽移者茂盛，陰雨栽移者多衰。今人種藝，率乘陰雨，以其潤澤耳。」然圃人之說，蓋有驗者，不可不知。

又　種柏必須接，否則不結子，結亦不多。冬月取柏子，舂於水碓，候柏肉皆脫，然後篩出核，煎而爲蠟。其核磨碎，入甑蒸軟，壓取清油，可燃燈。或和蠟澆燭，或雜桐油製傘，但不可食，食則令人吐瀉。其渣名油餅，壅田甚肥。

又　苧，每四五年一種，種須八九月去舊根，取當年旁生枝爲佳。久不更種，到老根生白蟻傷之。種法，先鋤地作溝，用污泥填壅，每溝約疏五六尺，或一尺。五月刈者名頭苧，七月刈者名二苧，九月刈者名三苧。如茂盛，亦不須待至此月。及其未生旁枝，未生花，未遭狂風，可也。若過時而生旁枝，則苧皮不長。生花則老，而皮粘於骨，不可剥。遭大風吹折倒，皮亦有斷痕，而不佳矣。凡將刈，先以杖擊去葉，然後刈之。落葉既壅于根，久而浥爛，到地亦肥。刈後，乘其未燥，以水沃之，剥重皮漚水中，一時取起，以鐵刀戛去粗皮，陰乾；若曬乾，則硬脆不堪績矣。雨後刈者，光潤而佳。戛法以時，但一面著刀，以指按粗皮於刀上，而抽取之。每一刈後，製苧稍暇，須灌糞一度，又以污泥覆之則肥，而收刈可以及時。大率織布以頭苧爲尚，二苧滋潤而便於績者耳，三苧尤劣。

又　香蕈，惟深山至陰之處有之。其法，用乾心木、橄欖木，名曰蕈槨。先就深山下斫倒仆地，用斧班駁剉木皮上，候淹濕，經二年始間出。至第三年，蕈乃徧出。每經立春後，地氣發洩，雷雨震動，則交出木上，始採取。以竹篾穿挂，焙乾。至秋冬之交，再用工徧木敲擊，其蕈間出，名曰驚蕈。惟經雨則出多，所制亦如春法，但不若春蕈之厚耳。大率厚而小者，香味俱勝。又有一種，適當清明向日處，間出小蕈，就木上自乾，名曰日蕈。此蕈尤佳，但不可多得。今春蕈用日曬乾，同謂之日蕈，香味亦佳。

明·黃衷《海語》卷一《風俗·暹羅》　必具十品食也：屑糯若秔也，牛羊也，豕也，翰音也，舒鴈也，家鶩若魚也。

明·黃衷《海語》卷二《物産·片腦》　片腦，産暹羅諸國，惟佛打泥者爲上。其樹高者二三丈，葉如槐而小，皮理類沙柳，腦則其皮見凝液也。

明·黃衷《海語》卷二《物産·蓬萊柰》　蓬萊柰，華言破肚子，蓋果實也。産於暹羅之崛巄，如大棗張本作大如棗。而青，島夷日乾以附遠潰，以沸汁，其皮白脫，圓滿原作脱，據張本改。如大李肉，潤膩如紅酥，甘美可啖，亦珍味云。

明·黃衷《遊名山記》卷一《首陽山》　二賢祠門之外有古柏二，其一大二十圍，高二丈許，形狀殊怪。其次圍殺三之一。二根相距數尺，而幹上交，若兄弟之相倚者。傳爲二賢手植，殆未必，然其亦千年物歟。

明·康海《三志合編》卷六《物産志》　蔬類、茶蓼、辨曰苦菜，俗名曲曲菜，《詩》謂之苦，亦謂之荼，按《詩正義》云：

明・陸深《蜀都雜抄》 楊柳多寄生，狀類冬青，亦似紫藤。經冬不凋，春夏之交作紫花，散落滿地。省衙前有數株，冬月望之榮枯各異。

又 楠木材巨而良，其枝葉亦森秀可翫。成都人家庭院多植之，有成行列者，其枝葉若相迴避然，謂之讓木。文潞公詩所謂「移植虞芮間」者以此。

明・郎瑛《七修類稿》卷二二《辯證類・海紅花》 吾友王蔭伯家有一本，即山茶花也，但朵小而花瓣不大。放開其葉，與花叢雜，蓬菘不見枝幹，真可謂紛紜不靖也。自十二月開至二月，故劉菊莊詩云：「小院猶寒未暖時，海紅花發晝遲遲。半深半淺東風裏，好似徐熙帶雪枝。」又世傳一種寶珠花，亦肖山茶，但花極紅而葉極緑，間雜甚可愛也，殊不知亦山茶也。故古詩有「淺爲玉茗深都勝，大曰山茶小海紅」，則知今寶珠乃都勝，粉紅者爲玉茗，大朵爲山茶，小朵爲海紅矣。若《格物論》所載，其名尚多。然耳目所接，不過四種。觀其論曰：皆粉紅色是耳。

明・郎瑛《七修類稿》卷二六《辯證類・白楊》 《洛陽志》載：北邙山多植白楊。予以北邙，古公卿葬地也，今哀挽故用之。白楊如柳而葉圓。

明・郎瑛《七修類稿》卷二七《辯證類・臘梅》 臘梅原名黄梅，故王安國熙寧間尚詠黄梅詩。至元祐中，蘇黄以其色酷似蜜脾，故名爲臘梅。而范石湖《梅譜》又云：本非梅類，以其與梅同時，而香又近之，故云梅，入譜。

明・郎瑛《七修類稿》卷四〇《事務類・娑羅琪樹》 俗以月中桂爲娑羅樹，而歐陽詠之，亦曰：「伊洛多奇木，娑羅舊得名。常於佛家見，宜於月宮生。」《容齋隨筆》引證雖多，由未親見，徒使觀者尚疑，故自云所謂七葉木，未詳也。殊不知七葉木即娑羅樹【略】，蓋此木每枝生葉七片，花如栗花。

明・郎瑛《七修類稿》卷四〇《事務類・鉤吻》 後讀《郁離子》云：陰谷有草，狀如黄精，背陽而生，入口口裂，入肉肉潰，名曰鉤吻。無求美弗得而爲形似所誤。又疑此草固形如黄精，安得取精者特雜以害人耶？及遇取黄精者親言：黄精苗青白，葉似杏，根似薑而長。又一種與黄精同穴，對待而生，苗青黑，葉似杏而尖處有鉤，根切似黄精，名曰鉤吻，俗曰斷腸草，真能殺人。

明・郎瑛《七修類稿》卷四〇《事務類・茄》 廣東茄子，宿根二三年，枝幹如樹，以梯摘之，直待樹老子少方伐焉。北方之茄雖大，非若廣之爲樹，蓋茄種原出廣南也。

明・黄省曾《菊譜・菊品・黄花》 勝金黄，一名大金黄。菊以黄爲正，此品最爲豐縟而加輕盈。花葉微尖，但條梗纖弱，難得團簇。作大本，須留意扶植乃成。

又 疊金黄，一名明州黄，又名小金黄。花心極小，疊葉穠密，狀如笑靨。花有富貴氣，開早。

又 棣棠菊，一名金槌子。花纖穠，酷似棣棠。色深如赤金，它花色皆不及，蓋奇品也。窠株不甚高。金陵最多。

又 疊羅黄。狀如小金黄。花葉尖瘦，如剪羅縠，三兩花自作一高枝，出叢上，意度瀟灑。

又 麝香黄。花心豐腴，傍短葉密承之。格極高勝。亦有白者，大略似白佛頂，而勝之遠甚。吳中比年始有。

又 千葉小金錢。略似明州黄。花葉中外疊疊整齊，心甚大。

又 太真黄。花如小金錢，加鮮明。

又 單葉小金錢。花心尤大，開最早，重陽前已爛熳。

又 垂絲菊。花蕊深黄，莖極柔細，隨風動摇，如垂絲海棠。

又 金鈴菊，一名荔枝菊。舉體千葉細瓣，簇成小毬，如小荔枝。枝條長茂，可以攬結。

江東人喜種之，有結爲浮圖樓閣高丈餘者。余頃北使過欒城，其地多菊，家家以盆盎遮門，悉爲鸞鳳亭臺之狀，即此一種。

又 毬子菊。如金鈴而差小。二種相去不遠，其大小名字，出於栽培肥瘠之别。

又 小金鈴，一名夏菊花。如金鈴而極小，無大本。夏中開。

又 藤菊花。密條柔以長，如藤蔓，可編作屏障，亦名棚菊。種之坡上，則垂下裊數尺如纓络，尤宜池潭之瀕。

又 十樣菊。一本開花，形模各異，或多葉，或單葉，或大，或小，或如金鈴。往往有六七色，以成數通名之曰十樣。衢、嚴同花黄，杭之屬邑有白者。

又 甘菊，一名家菊。人家種以供蔬茹。凡菊葉，皆深緑而厚，味極苦。或有毛。惟此葉淡緑柔瑩，味微甘，咀嚼香味俱勝。擷以作羹及泛茶，極有風致。天隨子所賦，即此種花。

又 差勝野菊，甚美，本不繫花。

又 野菊。旅生田野及水濱，花單，葉極瑣細。

明·黄省曾《菊譜·菊品·白花》 五月菊。花心極大，每一鬚皆中空，攢成一匾毬。子紅白，單葉繞承之。每枝只一花，徑二寸，葉似同蒿，夏中開。近年院體畫草蟲，喜以此菊寫生。

又 金杯玉盤。中心黄，四傍淺白，大葉，三敷層。花頭徑三寸，菊之大者不過此。本出江東，比年稍移栽吴下。此與五月菊二品，以其花徑寸特大，故列之於前。

又 喜容千葉。花初開，微黄，花心極小，花中色深，外微暈淡，欣然豐艷有喜色，甚稱其名。久則變白。尤耐封殖，可以引長七八尺至一丈，亦可攬結，白花中高品也。

又 御衣黄千葉。花初開，深鵝黄，大略似喜容，而差疏瘦。久則變白。

又 萬鈴菊。中心淡黄，鎚子傍，白花葉繞之。花端極尖，香尤清烈。

又 蓮花菊。如小白蓮花，多葉而無心，花頭疏，極蕭散清絶，一枝只一葩，緑葉，亦甚纖巧。

又 芙蓉菊。開就者如小木芙蓉，尤穠盛者如樓子芍葉，但難培植，多不能繁撫。

又 茉莉菊。花葉繁褥，全似茉莉，緑葉亦似之，長大而圓净。

又 木香菊。多葉，略似御衣黄。初開淺鵝黄，久則淡白。花葉尖薄，盛開則微卷。芳氣最烈，一名腦子菊。

又 酴醾菊。細葉稠疊，全似酴醾，比茉莉差小而圓。

又 艾葉菊。心小，葉單，緑葉，尖長似蓬艾。

又 白麝香。似麝香，黄花，差小，亦豐腴韻勝。

又 白荔枝。與金鈴同，但花白耳。

又 銀杏菊。淡白，時有微紅花，葉尖緑，葉全似銀杏葉。

明·黄省曾《菊譜·菊品·雜色》 波斯菊。花頭極大，一枝只一葩，喜倒垂下，久則微捲，如髪之鬈。

又 佛顶菊。亦名佛頭菊。中黄，心極大，四傍白花一層繞之。初秋先開白色，漸沁，微紅。

又 桃花菊。多葉，至四五重，粉紅色。濃淡在桃、杏、紅梅之間。未霜即開，最爲妍麗，中秋後便可賞。以其質如白之受采，故附白花。

又 臙脂菊。類桃花菊，深紅淺紫，比臙脂色尤重，比年始有之。此品既出，桃花菊遂無顔色，蓋奇品也。姑附白花之後。

又 紫菊。一名孩兒菊。花如紫茸，叢茁細碎，微有菊香。或云即澤蘭也。以其與菊同時，又常及重九，故附於菊。

清·楊賓《柳邊紀略》卷三 遼東人蓡，四月發芽，五月花。花白，色如韭花叢。大者若椀，小者若鐘。六月結子，若小豆而連環。色正紅，久之則黄而扁。生一椏，四五年兩椏，十年後三椏。年久者四椏。每椏五葉，葉若芙蓉，一莖直上，《扈從東巡日録》所謂百尺杵也。高者數尺，低者尺餘。陶隱居曰：上黨參，形長而黄，多潤實而甘。百濟形細而堅白，氣味薄。遼東形大而虚軟。《紫桃軒雜綴》云：生上黨山谷者最良，遼東次之，高麗、百濟又次之。《異苑》曰：上黨者人形皆具，能作兒啼。今上黨、百濟皆枯白無味，而遼以東所産，多黄潤甘實，不盡如前所云。而人形略具者，聞亦有之，但不能作兒啼耳。

又 紅姑娘，一名紅娘子。狀若彈丸，色紅可愛，味甜酸，子若魚子。八九月閒熟，草本，有蔀若秋葵，蔬而淡紅，烹湯亦可飲。

又 桃花水草本，狀若楊梅而無核，色紅味甘，質輕脆，過手即敗矣。五六月閒，遍地皆是。

又 松塔，松子蔀也。狀若塔，故名。大者高尺許。

又 樺皮，樺木皮也。樺木徧山皆是，狀類白楊，春夏閒剥其皮，入污泥中，謂之曰糟，糟數日乃出，而曝之地。白而花成形者爲貴。

又 山多櫟柞椵，椵類銀杏，鋸板可爲器。其皮可爲瓦。浸水久之可索綯，柞可爲車。櫟之小者名波羅木，五月，土人摘其葉裹粽。大則名櫟，爲薪而已。

明·田汝成《西湖遊覽志》卷二《孤山三堤勝蹟》 祠内左有木香一本，引蔓雙柏，高三丈餘，枝條蒙密，灑落滿庭。花時如迸玉垂珠，雪色照耀，軟香襲人，聞數百步。衆鳥鳴噪其上，終日不去，至花殘乃不復聞。右有古梅一株，盤抱奇石。幹出石孔中，歲久與石脗合，老幹杈枒，如從石面生也。疎花冷朵，與喬松相映。

明·田汝成《西湖遊覽志》卷三《南山勝蹟》 以地産黄皮木，遂訛黄皮塔。

又 其地産茶。爲兩山絶品。郡志稱寶雲、香林、白雲諸茶，乃在靈竺、葛嶺之間，未若龍井之清馥雋永也。

又 牡丹曰伊洛傳芳，芍藥曰冠芳，山茶曰鶴丹，桂曰天闕，清香堂曰本支百世，佑聖祠曰慶和泗州、曰慈濟鍾吕、曰得真，橘曰洞庭佳味。茅亭曰昭儉，木香曰架雪，竹曰賞静，松亭曰天陵偃蓋。以日本國松木爲翠寒堂，不施丹雘，白如象齒，環以古松。

又 包家山，多桃花。宋時有關，扁曰：「蒸霞」。二月，遊人最盛，號小桃源。董嗣杲詩：「綺霞蒸日透林梢，一簇南山尚姓包。冷水峪邊苔色老，冲雲樓下樹陰高。園隣古道傳耕籍，臺倚青城想拜郊。欲趁桃花尋隱去，關門無鎖不須敲。」錢思復詩：「平生鹿門趣，有意此誅茅。地控江分越，山因人姓包。海鷗飛落日，野馬牧荒郊。流水花千樹，重期載酒肴。」張仲舉《清明遊包家山詩二首》：「遠近紅千樹，繁開奪艷霞。月明寒食雨，春老上陽花。輦路迷游躅，宫詞入夢華。東風葵麥恨，回首野人家。」「太液曾來鵠，高臺舊影娥，美人黄土盡，故國白雲多。野草荒神籍，宫蓮怨棹歌。羌兒洗馬處，斜日滿寒波。」

明・田汝成《西湖遊覽志》卷七《北山勝蹟》 白樂天《紫陽花詩序》云：「招賢寺有山花一樹，色紫氣香，芳麗可愛，頗類仙物，而人無識者，因以紫陽花名之。」詩云：「何年植向仙壇上？早晚移栽到梵家。雖在人間人不識，與君名作紫陽花。」

又 棲霞嶺上，桃花爛燦，色如凝霞。

明・田汝成《西湖遊覽志》卷一二《南山城内勝蹟》 先是，觀中有蕉花一株，以盛衰卜休咎。方玄妙改額時，蕉花盛開，有趙道士居之。

又 地多桂竹，秋而華敷，夏而籜解。

明・田汝成《西湖遊覽志》卷二二《北山分脈城外勝蹟》 至元間，句曲外史來棲焉，爲閣四楹，佳卉叢植，旁有長松數十章，落落如高人。

又 張仲舉《題張外史馬塍新居》詩云：「窈窕丹房古澗阿，長松修竹繞層坡。桃園隱者時相遇，茆洞仙人夜或過。」

明・李詡《戒庵老人漫筆》卷三 降真香 柳之懷遠産香藤，葉大如掌，多刺，鑽蹀絞鹵巨材，産多於山林紆攣之處，歲久色微黄，曰藤香。或深藏巑岏，巨石攫路，人跡不到，霜饕雪虐，積以歲月，皮肉俱燦，赤心如鐵，謂之降真香。

又 甘蔗 甘蔗出閩中，以糖漬之，可以寄遠。形如鎖陽而氣近黄精，味酸。

又 三花别名 山茶，一名海紅花、金鳳花，都下稱爲海囊、蜀葵，浙江寧波稱爲丈紅花。

又 百合 百合有麝香、珠子二種，麝香者花甚香，珠子者每葉有一黑子，胡茄花形色如麝香，百合可觀分百合，八月中旬與種蒜同時同法。

又 柿柑橘 柿類大小形狀極多，有火盆柿，大而扁，方柿四稜六稜，乾瓤無核，甚佳。火珠多核不美，緑柿品下。柑與橘類，而皮殻略異，温、衢最多佳品，橙香美在皮，而瓤則酸。古云在南稱柑，在北稱橙，非也。

又 荷三色 荷花紅白二色，各有千葉、單葉，間有黄者。

明・張瀚《松窗夢語》卷二《南遊紀》 司中地極深廣，由門至堂，隱隱遥望。兩墀皆植茘挺，樹高二三丈，陰森蔽天。果熟，色澤如脂，與緑葉相輝映，最爲豔麗。其肉瑩白如雞卵，而臭味更香美，諸果不及也。

明・張瀚《松窗夢語》卷二《南遊紀》 花木歲暮不彫，橘柚桃李皆佳，有曆秋後始熟者。多産奇花芳草，而魚子蘭、夾竹桃，尤芬芳可愛。

明・張瀚《松窗夢語》卷二《北遊紀》 獨牡丹出洛陽者，爲天下第一。國色種種，以姚黄、魏紫爲最。品特著二十五種，不獨名圃勝園，在在有之，郊圻之外，多至數畝，或至數頃，一望如錦。

明・張瀚《松窗夢語》卷五《花木紀》 次幽蘭二種，皆出土産。一莖一花曰蘭，一莖數花曰蕙。若閩種，一莖四五花，多至八九花，且葉長色青，優於土産，其香清遠，出諸花上。

明・李攀龍《滄溟集》卷二《長松標》 落落南山松，長標一何拙！上棲萬里風，下覆千年雪。

明・李攀龍《滄溟集》卷五《送萊蕪蕭簿》 我家松檟三千樹，鞍山東望華不注。

明・李攀龍《滄溟集》卷一三《山齋牡丹二》其 西山風雨錦溪寒，春色沈醉牡丹。

明・李攀龍《滄溟集》卷一三《過殿卿山房詠牡丹》 相國園亭種牡丹，枝枝風雨怨春寒。

明・徐渭《徐渭集》卷一《胡麻賦》 爰有一物，巨勝其名。可以延年，超然上昇。泛於溪流，道彼肇晨。匪芝匪术，蟻蝨其形。揭揭高莖，一枝四稜。比於凡卉，如獸有麟。

明・徐渭《徐文長逸稿》卷九《女芙館賦》 顔屢空，憲穿襟。甕雞小橑，抱膝蟲吟。鄰沼芙蓉，於莫之春。斬其杙橛，五寸不盈。我居下濕，宜此托根。二月理槎，八弦而蕚。晨縞夕朱，朝純午駁。是名弄色，亦呼木荷。宜照南浦，對采西霞。亮未笄而飾靨，宛十五之吴娃。垂嬌短草，坐顰低倩。侏儒緑舞，巾紅卓寸。詎婆娑而不淩，忽抽筍之賦奔。梗商颸於霄表，俯秋水而影浣。胡榮捷之若斯，顧不貴而共賤。惜妙色之陪涼，吾取以名吾館。

明·徐渭《徐文長逸稿》卷一九《百昌薺記》　草以菖名者二。一曰昌陽，廣長而劍脊。根之節，亦齦齦齶齶，若廐櫪之鞭，然好生泥澤中。采葉乾之，以烟帳簀，力可奔蚊虱。仲夏午節，家粟其根，屑雄黄以和酒而飲，殊苦且辛。又家插葉簷户神厨間，云以辟惡。

明·徐渭《徐文長補編·山茶》　問道昆明池水東，四時都賞實朱紅。世味長濃不長久，所貴鶴頭紅雪中。

明·徐渭《徐文長補編·宜南花》　金萱石畔生，丹粉弄嬌色。谺然嘴乍開，掩映復翻側。我本澹宕人，忘憂非爾力。

明·葉權《賢博編》　蕭山湘湖出蒓，不下溧陽；千里楊梅，美于富陽，肉鬆而核特小；櫻桃嘗進奉，大倍他産。可謂三絶。

又　隆慶三年，歙縣儒學池中蓮開，一柄九花，又一色，已結房，從房上復出一柄相貫串，皆希世奇絶，古今罕見，時謂之臺閣蓮。往年此池中曾開並頭花，祥耶，抑花妖耶？

又　西瓜，《本草》不載，止載甜瓜。西瓜、甜瓜，本是二種。洪忠宣公《松漠記聞》，從虜中攜歸，今禁園鄉圃皆有，則是西瓜南宋始至中國。曹子建「浮甜瓜于緑水」，《南史》「梁武帝西圃食緑沉瓜」，當是甜瓜。楊升庵謂緑沉爲西瓜皮色，恐非，蓋甜瓜亦有此色也。若「召平東門五色瓜」，則是《本草》所謂胡瓜。故北人呼色黄者爲黄瓜，色青者爲青瓜，今南方俗呼爲南瓜。五色離離，秋後始熟，形如西瓜，而稜瓣稍深，不堪生食，蓋召平瓜也。

又　廣西東蘭、那地、南丹三州蠻硐中山谷之間，出一種金瘡藥，名三七。狀類土白术，味甘如人參而厚，草本生者。雖重傷，流血處量瘡附之，一二宿即痂脱如故。又可治吐血等諸病。

明·葉權《賢博編·遊嶺南記》　至於松，實余所未睹者也【略】。客有問我嶺南風物者，首爲談之。有大十圍，高百尺，陰森茂密，上干紫霄者。

又　廣州十月梅正花，歲底桃李悉放，如嶺北二月初。是時果實惟蕉子、葛根吾鄉所無，惜不能俟百花盛開，荔枝成熟耳。

明·王臨亨《粤劍編》卷三《志物産》　椰子樹，葉如鳳尾，結實樹端，肉附殼而生，厚三四分，色純白，味微甘，稍帶乳氣。肉之中有汁，即所稱椰酒也。汁之中復産一物，乃其萌蘖處，亦可食。椰子昔人呼爲越王頭，舊傳林邑王與越王有怨，遣俠客刺得其首，懸之於樹，俄化爲椰子。林邑王憤之，命剖以爲飲器。南人至今效之。當刺時，越王大醉，故其漿猶如酒云。

桄榔木，與椶櫚相類，挺然拔起，别無傍枝，蓋僅離草本耳，與木尚隔一塵。子在枝頭，下垂可三四尺，狀如纓絡，復類美髯云。按：嵇含《草木》狀云：「皮中有屑如麪，食之與常麪無異。」今不聞。

葵樹，絶類椶櫚。廣人取其葉以爲扇，今天下通用之。

檳榔樹，類椰子，高、雷之間有之。然二種多結子而不實，不能如瓊産也。以上四種大略相類，皆高五六丈，下本不大，上枝不小，亭亭直立，森秀無柯，南方佳産也。

木棉花，二月中開。樹高四五丈，花類山茶，而瓣尖大者如碗。其不及山茶者，着花時無葉耳。花落後，枝頭另生一物，即攀枝花，吾鄉所用爲褥者也。

凡樹，枝頭多有寄生，寄生托根樹枝，不類吾鄉絲蘿之屬，猶從地起引蔓而長也，寄生日滋月茂，蟠結樹身，樹爲之敝，而寄生竟亦即真爲樹矣【略】。

鷹爪蘭，草本，葉類薝蔔，春間發花，其香似蘭。

伯王樹，嶺東最多；路頭花，嶺西最多。伯王刺在幹，而路頭刺在葉。鄉人多樹之，以爲儲胥。伯王之幹，大類山藥，而色青翠，即新發者亦然，無細枝葉，如楊梅，冬脱春生。路頭花，色白而大，香味酷烈，以一葉著髻中，香彌月不散，粤人甚重之。然大雅不取。

芹菜，絶肥嫩，長可五六尺。

人面子樹，似含桃，實似梅而差小，味酸澀，不堪食，以蜜漬之始可食。其仁類榛仁之庾者。甘美鬆脆，略似楊梅仁，遠出榛杏仁之上。

棉花，經冬不彫，有大可拱把者，二月初已放花矣。此種原是木本，其字從木不從草，良有以也。然其地亦不甚植之，多從楚中度嶺而來，有不可曉者。

豆蔻，莖葉如薏苡，花累累然綴於頂，色白微紅，暈之中一瓣正黄，亦可觀。

頳桐花，俗呼爲百日紅。莖葉絶似吾鄉臭梧桐，花亦略似，第花連枝蕚皆深紅耳。夏秋之間盛開，不止百日。

夜合花，似茶花，而大倍之，微香。

波蘿蜜樹，産於瓊州，嘗於高州見之，其實無花而生，大如斗，味甘而拗，不堪食。八月間熟。余嘗食其蜜，清者亦不佳【略】。

錦堂春，一名長春花，有紅、白、粉紅三種，其紅者又名大丹花。每叢可百餘朵，參差吐萼，一叢可開經月。夏秋間甚盛，朱顔難萎，緑葉常春，亦粤中名花也。

荔枝，近水則生，尤喜潮汐湍激之地，故鄉人多植之。其種類不同，味亦懸絶。嘗以最佳者問閩人，閩人弗取也。由閩産更有一種香味耳。然其熟候蚤于閩中月餘，廣城立夏已食荔枝矣。

圓眼，在在可植，城中夾道而實累累者，皆圓眼也。以潮産爲最【略】。八九月間，荔枝已盡，圓眼始熟，故舊呼爲荔枝奴。

橘子，産自端之四會，伯仲八閩，而子姓二衢。衢、閩橘皆善潰，廣橘則否，五月間猶可食。一種蜜羅柑，大如碗，甚佳，不易得。

椹樹，不甚高大，遍山谷間皆有之。四月已放花，六月猶開。纔吐萼，白色淺紅微暈；開時，色正白；久之，色紅，絶類桃花，而心瓣俱整甚。結實大如指，味甘。人採食之，或摘以釀酒，謂之椹酒。

無花果，葉類胡桃，其實可食，亦可用以代茶【略】。

菩提，果形類花紅，色青黄，味微甘香而肉薄，中藏大核，不甚適口。

蕉有三種。一種心中抽條，條端發花，花葉數層，日坼一兩葉，色正紅，經冬不歇，謂之觀音蕉。一種八月間實熟，實大如拇指，食之軟爛如芋，味甘而性冷。粤人每以啖小兒，長公詩所謂「蠻菓粲蕉荔」者是也。一種皮中縷縷如蔴，織以爲布，絶類葛之粗者，謂之蕉布，性不耐久。三種各别，余觀嵇含《南方》草木狀混而爲一，似未嘗目擊者。

藤菜，即吾鄉紫草，粤人成畦種之以食【略】。

蕨菜，狀如丘蚓之盤結者，紫緑色，味不甚美。

樹蘭，枝葉大類桂，七月著花。花黄而瑣碎，亦頗類桂，香濃于蘭而淡于桂，謂之桂弟可也。

榕樹，斬其枝插地，未有不生者。枝間多毵毵，垂根而下，如髦鬣，得雨即長。無雨亦竟不枯，其易生以此。衙舍及道旁，多列植之以取蔭【略】。

何首烏，以羅浮爲第一，客有言其不佳者。余游羅浮，徵何首烏狀。黄冠摘一枝以進，乃大謬不然。花如牽牛而色粉紅，葉如鴨腳而色緑，去何首烏遠矣。即羅浮所稱麥門冬，枝葉與竹無異，特短小僅數寸耳。令人拔視其根，宛然麥門冬也。不知誰爲道地。【略】

柚，花香味酷烈。其實有一種作桃花色者，色既可愛，味復甘美；白者，亦可食。五六月間尚有之，七月間粤人復食新柚矣。

多羅樹，實稍似銀杏，累累然生樹身，覩其枝頭，無有也。故是凡材結實，亦頗異。

蘋婆，與北産絶不類。樹最高大，所結實，其外色緋，遥掛枝頭，儼然五瓣花也。摘食之，味類栗。又有一種名水浪者，與蘋婆相似，葉與實較小耳。

散沫花，一名指甲花。搗其葉以染指甲，一夕成緋，故名。花瑣碎，黄白色，似樹蘭。香類桂，而清幽過之，著髻中，香氣彌日不歇。五六月開。

水松柏，狀貌半類松，半類柏。其木多生水涘，供爨則無焰，爲器則速朽，不材之木也。

槿花，紫、白二色，與吾鄉相同。又有鮮紅、金紅、粉紅、黄四色。枝似槿而柔，葉似槿而淺，即佛桑也。粤人呼鮮紅者爲朱槿。

香圓，形與吾鄉者相類。皮作佛手柑香，而味稍辛。附皮之肉寸許，味與佛手柑無異，而甜嫩更勝。連皮肉食之，殊覺甘香【略】。

扶留藤，即蒟醬也，一名蓽茇，俗呼爲蔞。蔓生，莖葉頗類刀荳。粤人採其葉，雜檳榔食之。味辛甚。

土瓜，大者逾拱，色白，味類蘿蔔，而甘脆遠勝之。廣城席間多用以侑酒。葛根味殊惡劣，與土瓜同食，若此中人别具一口者。

芋，有一種可生啖者，嘗於潮之壽安寺見之。

茉莉，有黄者，有重瓣者，有藤本者。藤本者蔓生，本大可拱把，花最繁。

蘭種不一，以丫蘭爲首，其次曰公孫碧，曰出架白，曰金枝玉葉，若青蘭、紫蘭、大紅蓮之屬，皆下品也。丫蘭，每一幹其上復生旁枝，開花甚茂。出架白，花透出葉上。公孫碧，每幹分爲二歧，一長一短，故名。

素馨花，色白，形類睡香花。其香味在茉莉、睡香之間。

暹蘭，花與枝葉俱類樹蘭而俱細小，香味更清遠，四季開花不絶。此種疑從暹羅來，故以暹名耳。

吉水、廬陵之間，桃花多白。余以正月廿七過吉水，爾時桃正開。一村塢負山抱江，居民栽桃繁甚，不下千株，更無一紅者。吾鄉半醉玉貞，此則淡妝西子，不知誰勝。

臨江、安吉而南，已鮮美竹。民間多載慈竹，以爲儲胥而已。嶺南村落間亦復如是。然竹種頗大，至逾於拱。有一種踈節而修幹者，亦大類慈，第匀適成林，不類慈之叢生也。此種爲最。有一種鉤棘屈曲者，其本亦大，絶無清致，即令吾家子猷見之，亦當掉臂。

桃絲竹，一云桃板竹。高者不過四五尺，大者不過如指。好事者雜植之花堵以供玩，蓋棕竹之雲仍也。棕竹與湘妃諸竹皆産自粤西，粤東不可得。

筍有春間發者，味苦甚，不堪食。六七月間乃有巨筍入市，味僅不苦，遠輸吾鄉之甘美也。

明·朱國禎《湧幢小品》卷四《神木》 神木見于永樂年間，宋禮所奏，遣官祭之，即因之賜名焉。至嘉靖三十九年，鳳陽府五河縣杉木一株，圍一丈五尺，長六丈六尺，湧出泗水沙中。

明·朱國禎《湧幢小品》卷四《聖木》 始興郡陽山縣有豫章木，本徑二丈，名爲聖木。

明·朱國禎《湧幢小品》卷四《香木》 英州雷震。一山梓樹盡枯。而生龍腦【略】，味苦而香酷烈。又施州衢有大木。乃先朝所採，百牛拖之不動。時時生蕊，大僅如豆，焚之極香。

明·袁宗道《夏日黄平倩邀飲崇國寺葡萄林，同江進之、丘長孺、方子公及兩弟，分韻得閣字》 數畝葡萄林，濃條青若若。垂藤如旙幢，布葉如帷幕。交蔓爲寶網，綴實成瓔珞。蜩螗遞代響，清越鈞天樂。

明·袁宗道《荷花池》 緑水映紅蓮，蓮葉何田田。身在衆香國，沉醉復高眠。

明·袁宗道《兩岸芙蓉》 南圫與北圫，岸遠渺難即。此處好行舟，面面芙蓉色。

明·袁宗道《戒壇山一》（山有高閣）閣前古松四株，翠枝穿結，覆蓋一院。月寫虬影，幾無隙地。最可喜者，松枝粗於屋柱，去地丈許。

明·袁宗道《游九龍池》 有柏數十株，青蔥似新沐，採啖之，甘異他柏。

明·袁宗道《顯靈宫柏》 顯靈宫多古柏，東閣二柏尤奇。幹葉上拂雲霄，下掃階砌。

明·徐光啓《農政全書》卷一一《農事·占候一》 孟月占之。五穀草占稻色。草有五穗，近本莖，爲早色，腰末爲晚禾。隨其穗之美惡，以斷豐歉，未必極驗。但其草，每年根根相似。茆蕩内，春初雨過菌生，俗呼爲雷蕈。多則主旱，無則主水。草屋久雨，菌生其上。朝出晴，暮出雨。諺云：「朝出晒殺，暮出濯殺。」看窠艸（一名千戈，謂其有刺故也），蘆葦之屬，叢生于地，夏月暴熱之時，忽自枯死，主有水。諺云：「頭苧生子，没殺二苧。」「二苧生子，旱殺三苧。」茭草，水草也。村人嘗剥其小白嘗之，以卜水旱。味甘甜主水，已來亦未止。味餿氣主旱，已來亦已定。

論花　梧桐花初生時，赤色主旱，白色主水。匾豆五月開花，主水。杞，夏月開結，主水。藕花謂之水花魁，開在夏至前，主水。野薔薇開在立夏前，主水。麥花晝夜，主水。匾豆、鳳仙花開在五月，主水。槐花開一遍，糯米長一遍價。

明·徐光啓《農政全書》卷二五《樹藝·穀部上》 王禎《旱稻論》曰：今閩中有得占城稻種，高仰處皆宜種之，謂之旱占。其米粒大而且甘，爲旱稻種甚佳。

又 又種蕳秫法曰：春月種，宜用下土。莖高丈餘，穗大如帚。其粒黑如漆，如蛤眼。

明·徐光啓《農政全書》卷二六《樹藝·穀部下》 大豆　《爾雅》曰：「戎菽，謂之荏菽。」孫炎注曰：戎菽，大菽也。《廣雅》曰：大豆，菽也。有黄落豆，有御豆（其豆角長），有場豆（葉可食），有青有黄者。今世大豆，有黑白二種；及「長稍」「牛踐」之名；又有黑高麗豆，鷰豆，豍豆，大豆類也。豆角曰莢，葉曰藿，莖曰萁。寇宗奭曰：有緑褐黑三種。《吕覽春秋》曰：得時之豆，長莖短足，其莢二七爲族，多枝數節。大菽則圓，小菽則團。先時者，必長蔓浮葉疎節，小莢不實。後時者，必短莖疎節，本虚不實。《雜陰陽書》曰：大豆生於槐，九十日秀，秀後七十日熟。

又 小豆　《廣雅》曰：小豆，荅也。賈思勰曰：小豆，有菉赤白三種。豍豆、豌豆、豇豆、鷰豆、留豆，亦其類也。小豆花曰「腐婢」。《雜陰陽書》曰：小豆生于李，六十日秀，秀後六十日成。

又 菉豆　菉豆，本作緑，以其色名也。粒大而色鮮者爲官緑，皮薄粉多；粒細而色深者爲油緑，皮厚粉少。早種者，呼爲摘緑，遲種，呼爲拔緑。以水浸濕，生白芽，爲菜中佳品。

又 豇豆　一名跭䠠。莢必雙生，紅色居多，故名。李時珍曰：開花結莢，必兩兩並垂，有「習坎」之義。其子微曲，如腎形。所謂「豆爲腎穀」，宜以此當之【略】。

藊豆　古名蛾眉，俗名沿籬。有黑白二種。黑者，名嶋豆，其莢狀凡十餘色。嫩時可充蔬食茶料，老則收子煮食。白者良，入藥品。

又 麥 《爾雅》曰：大麥，麰；小麥，秾。《廣志》曰：虜水麥，其實大，麥形有縫。稅麥，似大麥，出涼州。旋麥，三月種，八月熟，出西方。赤小麥，赤而肥，出鄭縣。語曰：「湖猪肉，鄭稀熟。」隄小麥，至粘弱，以貢御。有半夏小麥，有禿芒大麥，有黑積麥。陶隱居《本草》云：大麥，爲五穀長，即今稞麥也；一名麰麥，似穬麥，唯無皮耳。穬麥，此是今馬食者，然則大，穬二麥，種別名異，而世人以爲一物，謬矣。按：世有落麥者，禿芒是也；又有春種之穬麥也。玄扈先生曰：今人皆指穬爲大麥，又有雀麥，即燕麥也。穗細長，子亦小，去皮作麵，可救飢。蕎麥，一作荍麥，又作烏麥，烈日曝令開口，去皮，取米作飯，蒸食之。鄭玄曰：麥者，接絕續乏之穀，尤宜種之。許慎曰：麥，芒穀，秋種厚埋，故謂之麥。麥金王而生，火王而死。蘇頌曰：大小麥，秋種，冬長，春秀，夏熟。具四時之氣，爲五穀之貴。《雜陰陽書》曰：大麥生於杏，二百日秀，秀後五十日成。蟲食杏，麥價貴。

又 胡麻 《廣雅》曰：胡麻，一名藤弘。即俗名脂麻也，作芝麻者非。一名巨勝，以其角巨如方勝也。一名方莖，以莖名。一名狗蝨，以形名。脂麻名油麻，以其多油也。葉名青蘘，莖名麻藍，亦作麻稭。中國止有大麻。自漢使張騫于大宛得其種，故名胡麻，所以別于大麻也。有遲、早二種，黑白赤三色。俗傳胡麻須夫婦同種，即茂盛。久服之，可以休糧。賈思勰曰：俗人呼爲烏麻者，非也。今世有白胡麻、八稜胡麻。白者油多。《本草》註云：角作八稜者，爲巨勝；四稜者，爲胡麻。皆以烏者良，白者劣。

明・徐光啓《農政全書》卷二七《樹藝・蓏部》 瓜 《爾雅》曰：瓞、瓝。以其綿綿而生也。《廣雅》曰：「土芝，瓜也。」在木曰果，在地曰蓏。大曰瓜，小曰瓞。其子曰瓤，其肉曰瓤，其跗曰環，謂脫花處也；其蒂曰疐，謂繫蔓處也。《廣志》曰：「瓜之所出，以遼東、盧江、燉煌之種爲美。瓜州大瓜，大如斛。陽城御瓜，大如三升魁者，名香登；長二尺餘者，名桂枝。蜀地溫食，瓜至冬熟。春白瓜，正月種，二月成。泉瓜，秋種，十月熟」。許慎《說文》曰：「縈，小瓜瓞也。」陸機《瓜賦》曰：「枯樓、定桃、黃瓤、白傅、金釵、蜜筩、小春、大班、玄骭、素腕、狸首、虎蹯。東陵出于秦谷，桂髓起于巫山，皆瓜名也。張孟陽《瓜賦》曰：「羊骹、累錯、瓤子、市江。」又有烏瓜、缣瓜、龍肝、虎掌、兔頭、羊髓、瓝蚼、六瓤、女臂、狄無餘之屬。王禎《農桑通訣》曰：「甘肅有甜瓜，大如頭枕，其肉甚甘。劃其皮暴之，柔韌，賫之中土，以爲贈送，甘而有味。又浙中有陰瓜，宜于陰地種之，秋熟，冬藏，至春，食之如新。王禎曰：「瓜之爲種不一，而其用有二：供果爲果瓜，甜瓜西瓜是也。供菜爲菜瓜，胡瓜越瓜是也。」《禮記》天子削瓜及瓜祭，皆指果瓜也。《永嘉記》曰：永嘉襄瓜，八月熟。李時珍曰：即寒瓜也。

又 玄扈先生曰：芋有三種，一曰雞窠芋，一曰香沙芋，一曰截頭芋。香沙芋，味美，根株小，子少。截頭芋，根株大，高可四五尺，魁大子少。惟雞窠芋，魁大子多。

又 附：香芋 形如土豆，味甘美。土芋。一名土豆，一名黄獨。蔓生，葉如豆，根圓如雞卵。肉白皮黃，可灰汁煮食，亦可烝食。又煑芋汁，洗膩衣，潔白如玉。

又 蓮 《爾雅》曰：荷芙蕖，其莖茄，其葉蕸，其本蔤，其華菡萏，其實蓮，其根藕，其中菂，菂中薏。邢昺註云：芙蕖，總名也。郭璞云：蔤乃莖下白蒻，在泥中者。蓮，乃房也。菂，乃子也。薏乃心中苦薏也。蓮，一名水芝，一名澤芝，一名水旦，一名水花。葉圓如蓋，色青翠。六月開花，有數色。花心有黃鬚，長寸餘。花褪，蓮房成菂。菂在房，如蜂子在窠。六七月，採嫩者生食。至秋，房枯子黑，其堅如石，謂之石蓮。其子花，隨晨昏爲闔闢。凡物先花後實，獨此花實齊生。其種有重臺，並頭，一品，四面，洒金，錦邊。華山頂池，產千葉蓮。滇池產衣鉢蓮。儋州清水池產四季蓮，臘月尤盛。九疑山有黃蓮。金池有金蓮，華洲人研之如泥，以之彩繪，煥爛無異真金。南海有睡蓮，晝開，夜入水底，次日復出。分香蓮，一歲冉結，每實子十隻。分枝蓮，一名底光荷，一枝四葉，狀如駢蓋。日照，則葉底蔭根，若葵之衛足，實如玄珠，可以飾佩。又有佛座蓮，金鑲玉印蓮，斗大，紫蓮，碧蓮，金邊蓮，瓣周圍一線，色微黃。蘇州府學前，有百子蓮及黃蓮，名佳都。碧臺蓮，花白而瓣上恒滴一翠點，房之上，復抽綠葉，似花非花。百丈山有草，花如蓮，名山蓮。旱蓮出終南山，服之延壽。茄蓮，葉似蓮，根似蘿菔，味甘脆。西番蓮，花雅澹，自春至秋，花相繼不絕。鐵線蓮，花葉俱似西番，花心黑如鐵線。木蓮，產白鷗山佛殿前。其葉堅厚如桂，夏作花，狀似芙蓉。每花坼時，聲如破竹。藕，月生一節，遇閏多一節，有孔有絲。大者如臂，可作粉。烝、煮食，補五臟，實下焦。與蜜同食，令人腹臟肥，不生蟲。亦可休糧。葉及房，主破血。胎衣不下，酒煎服。葉蒂味苦，主安胎，去滯，養血。

又 芡 《本草》云：「芡實，一名雞頭」。《莊子》名雞雍，《管子》名卯蔆，《古今注》名鴈頭，亦曰鴈喙。《淮南子》曰：雞頭已瘻，注曰：芡也。揚雄《方言》云：南楚謂之雞頭，青徐淮泗謂之芡子。其莖謂之蔿，亦曰蓌。陶弘景曰：「莖上花似雞冠，故名。」蘇頌曰：其苞形類雞鴈頭，故云。王禎曰：芡苗生水中。葉大如荷，皺而有刺，花開向日；花下結實，故菱寒而芡暖。李時珍曰：可濟儉歉，故謂之芡。芡三月生葉，面青背紫。莖葉皆有刺。其莖長丈餘，有孔有絲。花開結苞，內有斑駁軟肉，裹子累累如珠。內白米，狀如魚目。韓退之名芡爲鴻頭。山谷詩云「剖蚌煑鴻頭」，是也。

又 烏芋 即俗名荸薺也。《爾雅》曰：鳧茈。鳧喜食之，故曰。後人訛以爲荸臍，音相似也。鄭樵《通志》以爲地栗。一名黑三稜，一名芍。舊名烏芋者，以其形似芋，而鳧燕食之也。寇宗奭曰：皮厚色黑，肉硬而白者，爲猪荸薺；皮薄澤，色淡紫，肉軟而脆者，爲羊荸薺。李時珍曰：鳧茈，生淺水田中。其苗三四月出土，一莖直上，無枝葉。其根白蒻，秋後結顆，大如山查、栗子，而臍有聚芽。累累下生，入泥底。野生者，黑而小，食之多滓；種出者，紫而大，食之多毛。

又 慈姑 一名藉姑，一根歲生十二子，如慈姑之乳諸子，故名。一名河鳧茈，一名白地栗，一名水萍。苗名剪刀草，又名箭搭草、槎丫草。陶弘景曰：藉姑生水田中。葉有椏，狀如澤瀉。其根黄，似芋而小，煑之可啖。蘇恭曰：葉如剪刀，莖似嫩蒲。開小白花，蕋深黄色，五六月採葉，正二月採根。福州別有一種小異，三月開花，四時採根，功亦相似。又有山慈姑，名同實異。

又 菰 即俗名茭白也。《爾雅》曰：蘧蔬。菰也。又曰筠茭。郭璞曰：江東呼藕紹緒如指、空中、可啖者爲茭。江南人呼菰爲茭，以其根交結也。一名蔣草，一名茭筍，一名菰菜，一名茭粑。韓保昇曰：菰根生水田中，葉如蔗荻，久則根盤而厚。三年者，中心生白臺如小兒臂，中有黑脈堪啖者，名菰首也。陳藏器曰：菰首，譬之，内有黑灰如墨者，名烏鬱，人亦食之。晉張翰思蓴菰，即此也。蘇頌曰：茭白，生熟皆可啖。其中心小兒臂者，名菰手，作菰首者謬。其根亦如蘆根。二浙下澤處最多，彼人謂之菰葑，削去其葉，便可耕蒔。又有一種，中有一粒可食，所謂菰米者是也。

又 蘿蔔 《爾雅》：葖，蘆葩。註云：紫花菘也。一名萊菔，一名雹葖，一名土酥。王禎曰：蘆葩，俗呼蘿蔔，在在有之。北方者，極脆，食之無查。中原有迭秤者，其質白，其味辛甘，尤宜生啖，能解麪毒。子可入藥。四時皆可種，然不如末伏秋初爲善。破甲以後，便可供食。老圃云：蘿蔔一種而四名，春曰破地錐，夏曰夏生，秋曰蘿蔔，冬曰土酥。故黄山谷云：「金城土酥浄如練」，以其潔也。蘇頌曰：有大小二種，大者肉堅宜蒸食，小者白脆。河朔有極大者，信陽有重過二三十斤者。一時種蒔之力也。

明・徐光啓《農政全書》卷二八《樹藝・蔬部》 龍葵 《釋名》曰：苦葵。一名苦菜。一名天泡草。一名鴉眼睛，一名酸漿草。陶弘景云：益州有苦菜，乃是苦識，一名龍葵也。蘇頌曰：葉如茄子葉，故一名天茄子。蘇恭曰：龍葵，所在有之，俗名苦菜，然非荼也。葉圓花白，子若牛李子，生青熟黑，但堪煑食，不任生噉。

又 李時珍曰：龍葵、龍珠，一類二種也。處處有之。四月生，嫩苗時可食，柔滑。漸高二三尺，莖大如筯，似燈籠草而無毛。五月後開小白花，結子，味酸，亦可食。

蔠葵 即紫草子。《爾雅》曰：蔠葵，繁露也。其葉最能承露，其子垂垂如綴露，故名。又一名藤菜，一名天葵，一名御菜，一名燕脂菜，一名落葵，落字疑蔠字相傳之訛。

又 芥 《本草》云：芥稙，名水蘇。陶弘景曰：芥，似菘而有毛，味辣，可生食。一名勞粗，一名辣菜，一名臘菜。王禎曰：芥字从介，取其氣辛而有剛介之性。其種不一，有青芥、紫芥、白芥、南芥、荆芥、旋芥、馬芥、石芥、皺葉芥、蕓薹芥。蜀芥即胡芥也。劉恂《嶺南異物志》曰：南土芥，高五六尺，子大如雞子。芥極多心，嫩者爲芥藍。又有一種花芥，葉多刻缺如蘿蔔英。冬月食者，俗呼臘菜；春月食者，俗呼春菜。

又 蒝荽 《説文》：葰。註：「可以香口。」其莖柔，葉細，而根多鬚，綏綏然也。一名胡荽，張騫使西域，始得種歸，故名。一名香荽，并汾之間，避石勒諱胡也。俗呼爲蒝荽。蒝乃莖葉布散之貌，俗作「芫」，非。又有一種，名石胡荽。亦名鵝不食草，載在《本草》，堪入藥，却非此種。

又 蕓薹 服虔《通俗文》曰：胡菜。註：羌、隴、氐、胡多種此菜，能歷霜雪，故名。或云：塞外有地名雲臺戍，始種此菜，故名。一名油菜。陶弘景云：蕓薹，乃人間所噉菜也。寇宗奭曰：蕓薹，經冬不死，辟蠹。李時珍曰：乃今油菜也。形色微似白菜。冬末春初，採心爲茹。三月則老，不可食。開小黄花，四瓣，結莢，收子。灰赤色，炒過榨油，然燈甚明。近人因有油利，種者頗廣。

又 莧 《爾雅》曰：蕢，赤莧。莖葉皆高大易見，故从見。莧亦多種，有馬齒莧、鼠齒莧及種莧，此野莧也。若夫赤莧、白莧、紫莧、紅莧、人莧，又有五色莧，皆可蔬茹。人、白二莧，亦可供藥。《易》言「莧陸夬夬」，謂其柔脆也。《列子》言：「寧生程，程生馬，馬生人。」馬者，馬莧，馬藍草之類；人者，人參、人莧之類也。

又 茼蒿 蓬蒿，形氣同于蓬蒿，故名。王禎曰：同蒿者，葉緑而細，莖稍白，味甘脆。

又 芹 《爾雅》曰：芹，楚葵。芹，古作蘄，一名水英。按：生江湖陂澤間者，水芹也；生平地者，旱芹也。二月生苗，其葉對節生。《晉書》：立春日，以芹芽爲菜盤相饋。又有紫芹，出太行王屋，可制汞，不可食。又一種馬芹，《爾雅》曰：「茭，牛蘄。」葉細鋭可食，亦芹類也。別有一種黄花者，名毛芹，食之殺人，蛟龍食之亦病。

又 藘 古「苣」字。《小雅》：「薄言采芑」，疏云：苦菜也。青州謂之芑。《説文》藘作苣，吳人呼爲苣菜，莖青白色，摘其葉，白汁出，脆可生食，亦可蒸爲茹。按：苣有三種：白苣、苦苣、萵苣，皆不可烹煮，故通曰生菜。彭乗曰：咼菜，自咼國來，故名。

明・徐光啓《農政全書》卷二九《樹藝・果部上》 棗 《爾雅》曰：壺棗；邊，要棗；櫅，白棗；樲，酸棗；楊徹，齊棗；遵，羊棗；洗，大棗；煑，填棗；蹶泄，苦棗；晳，無實棗；還味，棯棗。郭璞注曰：今江東呼棗大而鋭者爲壺。壺猶瓠也。要，細腰，今之鹿盧棗。櫅，即今棗子白熟。樲，酢。遵，實小而圓，紫黑色，俗呼羊矢棗，即羊棗也。洗，今河東猗氏大棗，子如雞卵。蹶泄，子味苦。晳，不著子者。還味，短味也。陸佃《埤雅》曰：大曰棗，小曰棘；棘，酸棗也。河東安邑出御棗。今名落蘇。欒氏棗，豐肌細核，多膏肥美；舊傳樂毅自燕攜來。蹙咨棗，即大白；核小而肥。穀城紫棗，長三寸。章邱脆棗，實小而圓，生食脆美，不能久留。西王母棗，冬夏有葉，九月生花，十一月乃熟，大如李核。三子一尺。又云：名玉文棗，其實如瓶。羊角棗，亦三子一尺。青城無核棗，實小；核僅有形，食之不覺。窑坊棗，味佳；出應天府窑坊門。洛陽夏白棗。汲郡墟棗。信都大棗。梁國夫人棗。堯山有歷棗。又有三星棗，駢白棗，灌棗，狗牙棗，雞心棗，牛頭棗，獮猴棗，氐棗，夕棗，木棗，桂棗，棠棗，丹棗，崎廉棗，玉門棗，水菱棗。《説文》云：梬，棗也；似柿而小。陶弘景曰：出青州者，形大而核細，多膏，甚甜。鬱州玄市者亦好，微不及耳。李時珍曰：棗本赤心，有刺。四月生小葉，尖觥光澤。五月開小花，白色微青。《本草衍義》曰：南北皆有之。然南棗堅燥，不如北棗肥美。生于青、晋、絳者，尤佳。

又　桃　《爾雅》曰：旄、冬桃，榹桃，山桃。郭璞注曰：旄桃子冬熟。山桃，實如桃而不解核。《羣芳譜》曰：榹桃，一名毛桃，味惡不堪食其。其仁，充滿多脂，可入藥。《鄴中記》曰：石虎苑中，有句鼻桃，重二斤。洛中崑崙桃一名王母桃，一名仙人桃，一名冬桃，形如栝蔞，表裏徹赤，得霜始熟，味甘美。日月桃，一枝二花，或紅或白。波斯國扁桃，形扁。肉澀不堪食，核狀如盒。樹高五六丈，圍四五尺，葉似桃而闊。三月開白花，花落，結實如桃。彼地名波淡樹。仁甘美，番人珍之。新羅桃，子可食，性熱。方桃，形微方。餅子桃，狀如香餅，味甘。油桃，小於衆桃，有赤斑點，光如塗油。《月令》中「桃始華」，即此。花多，子小，不堪啗，惟取仁，出汴中。常山巨核桃，霜下始花，盛暑方熟，漢明帝時獻。緋桃，俗名蘇州桃。花如剪絨，比諸桃開遲而色可愛。積石桃，大如斗斛器。漢武帝上林苑有緗桃，紫文桃，金城桃。瑞仙桃，色深紅，花最密。絳桃，千瓣。二色桃，色粉紅。花開稍遲，千瓣，極佳。金桃，形長，色黄如金，肉粘核，多蛀，熟遲；用柿接者，味甘，色黄。銀桃，形圓，色青白，肉不粘核。六月中熟，千葉桃，花色淡，結實少。美人桃，花粉紅，千葉，又名人面桃。不實。鴛鴦桃，千葉深紅開最後，結實不雙。李桃，花深紅。形圓，色青，肉不粘核。其實光澤如李，一名光桃。十月桃，花紅。形圓，色青，肉粘核。味甘酸，十月中成熟。一名古冬桃，又名雪桃。水蜜桃，上海有之，其味亞於生荔枝。雷震紅，每雷雨過，輒見一紅暈。更爲難得。絡絲桃，開時，垂絲一二尺，採之，煉以松脂，纚織成履，甚輕。壽星桃，樹矮而花，能結大桃，然不堪食。盧山有山桃，大如檳榔。又有白桃、烏桃、五月桃、秋桃、胭脂桃、灰桃、秋白桃、秋赤桃、綺帶桃、合桃。《農桑通訣》曰：早熟者謂之絡絲白，晚熟者謂之過雁紅。夏秋咸有，食之不匱。

又　李　附棠棣。《爾雅》曰：休、無實李，痤、接慮李，剥、赤李。《荆州記》曰：房陵南郡有名李。《風土記》曰：南郡細李，四月先熟。《西京雜記》曰：有朱李，黄李，紫李，緑李，青李，綺李，青房李，車下李，顔回李，合枝李，羌李，燕李，猴李。武帝修上林苑，羣臣獻木李，實大而美。麥李，麥秀時熟。實小，有溝，肥甜。一名痤，一名椄慮。南居李，解核如杏，可入藥。季春李，冬花春實。御黄李，形大而味厚，核小而甘香。均亭李，紫而肥大，味甘如蜜。擘李，熟則自裂。餻李，一名離李，肥粘如餻。中植李，麥前熟。趙李，無核，一名休。御李，大如櫻桃，紅黄色，先諸李熟。赤駁李，其實赤。冬李，十月十一月熟。離核李，似柰，有劈裂。經李，一名老李，樹數年即枯。杏李，味小酸，似杏。縹青李，出房陵。建黄李，出河沂。又有黄扁李，夏李，青皮李，赤陵李，馬肝李，牛心李，紫粉李，小青李，水李，扁縫李，金李，鼠精李，晚李，赤李之類。今建寧者甚甘，李乾皆出焉。李時珍曰：李名嘉慶子，出東都嘉慶坊。今人呼乾李爲嘉慶子，稱謂既熟，不復知其所自矣。梵書，名李曰「居陵迦」。琳國玉華李，五千歲一熟。員丘紅李。鍾山李，大如瓶，食之生奇光。天台水晶李。

又　梅　《爾雅》曰：梅，柟；時，英梅。郭璞注曰：梅似杏實酢；英子，雀梅。《廣志》曰：蜀名梅爲藤，大如雁子。緑萼梅，凡梅花跗蒂皆絳紫色，惟此純緑，枝梗亦青。實大，五月熟，特爲清高。重葉梅，花葉數層，如小白蓮；結實多雙。消梅，實圓，鬆脆，多液、無滓，落地必碎。惟可生噉，不入煎造。玉蝶梅，花甚可愛。冠城梅，實甚大，五月熟。時梅，實大，五六月熟。早梅，四月熟。冬梅，實小，十月可用，不能熟。千葉紅梅，出湘閩，有福州紅、潭州紅、邵武紅。鶴頂梅，實大而紅。鴛鴦梅，花輕盈，葉數層。凡雙果，必並蒂。惟此，一蒂而結雙梅。雙頭紅梅，葉重。或結並蒂，小實，不堪啖。杏梅，色淡紅，實扁而斑，味似杏。冰梅實吐自葉罅，不花，色如冰玉，無核，含之自融如冰。墨梅，花黑如墨。或云：以苦楝樹接者。又有千葉黄臘梅，侯梅，朱梅，紫梅，同心梅，紫蒂梅，麗枝梅，胭脂梅，百葉梅，湘梅。梅先衆木而花。了赤者，材堅；子白者，材脆。接本葉皆如杏。實赤于杏而酸，亦生噉。

又　杏　《釋名》曰：甜梅。《廣志》曰：有黄杏，有李杏。《西京雜記》曰：文杏，材有文彩。濟南金杏，大如梨，黄如橘。熟最早，味最勝。一名漢帝杏。滎陽白杏，熟時色白，或微黄，味甘淡而不酢。沙杏，甘而多汁，世稱水杏。梅杏，黄而帶酢。鄴中柰杏，青而帶黄。金剛拳，赤大而扁，肉厚，味佳。一名肉杏。木杏，形扁色青黄，味酢，不堪食。山杏，不堪食，可收仁用。玄紫杏，蓬萊杏，赤杏。《齊民要術》曰：梅，花早而白；杏，花晚而紅。梅，實小而酸，核有蹙文，杏，實大而甜，核無文采。世人或不能辨，言梅杏爲一物，失之遠矣。花六出者，必雙仁，有毒。千葉者，不結實。葉似梅差大，色微紅，圓而有尖。花二月開，未開色微紅，開時色白微帶紅，至落則純白矣。實如彈丸，有大如梨者。生酢，熟甜。

又　梨　《爾雅》曰：山樆。郭璞注曰：即今梨樆，一名快果，一名果宗，一名蜜父，一名玉乳。《廣志》曰：洛陽北邙、張公夏梨，海内惟有一樹。常山，真定、山陽、鉅野、梁國睢陽，齊國臨菑、鉅鹿並出梨。上黨椁梨小而加甘。廣都梨，又云鉅鹿豪梨，重六斤，數人分食之。新豐箭谷梨。弘農、京兆及扶風郡界諸谷中，梨多供御。陽城秋梨，夏梨。《三秦記》曰：漢武東園，一名御宿，有大梨如斗，落地即碎，取者以布囊盛之，名曰含消梨。《荆州風土記》曰：江陵有石梨。永嘉青田村民家，有一梨樹，名曰官梨。樹大一圍五寸，常以貢獻，名曰御梨，實落地，即融釋。《西京雜記》曰：上林苑有青玉梨，金柯梨，縹蔕梨，紫條梨，紫梨，芳梨（實小），青梨（實大），大容梨，細葉梨。瀚海梨，出瀚海地，耐寒不枯。《本草圖經》曰：乳梨，又名雪梨，出宣州，皮厚而肉實。鵝梨，出近京州郡及北都，皮薄而漿多，味差短於乳梨，香則過之。其餘有水梨，消梨，紫煤梨，赤梨，甘棠梨，禦兒梨之類。又有桑梨，惟堪煮食，今北地有。香水梨，最爲上品。太上之藥玄光梨。塗山有梨，大如斗，紫色。

又　栗附榛　《爾雅》曰：櫟，其實梂。郭璞注曰：「有棣彙自裹。」《廣志》曰：關中大栗，如雞子大。蔡伯喈曰：有胡栗。《魏志》云：有東夷韓國山大栗，狀如梨。《三秦記》曰：漢武帝栗園有栗，十五顆一升。王逸曰：朔濱之栗。《西京雜記》曰：榛栗、瑰栗、嶧陽都尉栗、（都尉曹龍所獻）其大如拳。栗之大者爲板栗，中心扁子爲栗楔，稍小者爲山栗。山栗之圓而末尖者，爲錐栗；圓小如橡子者，爲莘栗；小如指頂者，爲茅栗，即所謂栭栗也，一名栵栗，可炒食之。劉恂《嶺表録》云：廣中無栗，惟靳州山中有石栗。一年方熟，圓如彈子，皮厚而味如胡桃。《衍義》云：湖北一種栗，頂圓末尖，謂之旋栗，或云即榛栗也。奥栗，子圓而細，惟江湖有之，或云即莘也。陸機疏曰：栗，五方皆有；周、秦、吴、揚特饒。漁陽及范陽生者，甜美味長。梵書名篤迦。《本草圖經》云：兖州、宣州者最勝，治腰脚之疾。燕山栗小而味最甘，樹高二三丈，苞生多刺如蝟毛，四月開花，青黄色，長條似胡桃花。實有房彙，大者若拳，中子三四；小者若桃李，中子惟一二。

又　柰　《廣志》曰：橏、掩、藍、柰也。與林檎一類而二種。白者爲素柰；赤者爲丹柰，又名朱柰；青者爲緑柰。張掖有白柰，酒泉有赤柰。魏明帝時，諸王朝京，賜東城柰一區。陳思王謝曰：「柰以夏熟，今則冬生。物非時爲珍，恩以須爲厚。」詔曰：「此柰從涼州來。」《晉官閣簿》曰：秋有白柰。《西京雜記》曰：紫柰，別有素柰、朱柰。涼州有冬柰，色微碧，大如兔頭。上林苑紫柰，大如升，核紫，花青，汁如漆，著衣難浣，名脂衣柰，樹與葉，皆似林檎而實稍大，味酸帶澀。梵言謂之頻婆。

又　林檎　一名來禽，一名文林郎果，一名蜜果。此果味甘，能來衆禽于林，故有林禽、來禽之名。唐高宗時，紀王李謹得五色林檎似朱柰，以貢。帝大悦，賜謹爲文林郎，人因呼林檎爲「文林郎果」。又云：其樹從河中浮來，有文林郎拾得種之，因以爲名。《本草圖經》曰：木似柰，實比柰差圓。亦有甘酢二種。甘者，早熟而味脆美；酢者差晚，須熟爛堪噉。陳士良云：大長者爲柰，圓者爲林檎，夏熟。小者，味澀爲梣，又名楸子，秋熟。林檎樹，二月開粉紅花，六七月熟。又有金、紅、水、蜜、黑五種。李時珍曰：其味酢者，即楸子也。

又　柹　附椑柹、君遷子。《説文》曰：柹，赤實果也。《廣志》曰：小者如小杏。王逸曰：苑中牛柹。李亢曰：鴻柹若瓜。張衡曰：山柹。《本草》云：黄柹，出近京州郡；紅柹，南北通有之；朱柹，出華山，似紅柹而皮簿，更甘珍。諸柹，食之皆善而益人。《衍義》曰：柹，有著蓋柹，於蔕下別生一重。有牛心柹、蒸餅柹，皆以形得名。華州有一等朱柹，比諸品最小，深紅色。有一種埨柹。又有椑柹，生江淮南，似柹而青黑。潘岳《閑居賦》云：「梁侯烏椑之柹」是也。《酉陽雜俎》云：柹有七絶，一、壽，二、多陰，三、無鳥巢，四、無蟲，五、霜葉可愛，六、嘉實，七、落葉肥大。其樹高大，四月開花，黄白色，八九月熟。

又　君遷子　一名㮕棗（又作軟棗），一名梬棗，一名牛奶柹，一名丁香柹，一名紅藍棗，生海南。樹高丈餘，子中有汁如乳汁，甜美。《吴都賦》「平仲君遷」是也。其木類柹而葉長，實亦尤佳美。《救荒本草》以爲羊矢棗，亦誤矣。

又　安石榴　《博物志》曰：張騫出使西域，得塗林安石國榴種以歸，故名安石榴。一名若榴，一名丹若，一名金罌，一名金龎，一名天漿。有富陽榴，實大如碗。海榴，來自海外，樹僅二尺，栽盆中，結實亦大，直垂至盆。黄榴，色微黄帶白，花大于常榴。結實甚多，最易傳種。河陰榴，中間有三十八子。四季榴，四時開花，秋結實；實方綻旋，復開花。火石榴，其花如火。餅子榴，花大不實。番花榴，花大于餅子，出山東。移他省便不若。《鄴中記》云：石虎苑中，有安石榴，子大如盂碗，其味不酸。《抱朴子》曰：積石山有苦榴。《廬山記》曰：香爐峯頭，有大盤石，可坐數百人。垂生石榴，二月中作花，色如石榴而小，淡紅敷，紫萼，煒燁可愛。《京口記》曰：龍剛縣，有石榴。《西京雜記》曰：有甘石榴。《酉陽雜俎》云：南詔有榴，皮薄如紙。《農桑通訣》曰：出河陰者最佳，其樹不甚高大，枝柯附幹，自地便生。五月開花，有大紅、粉紅、黄、白四色。實有甜、酸、苦三種。果大如盃，皮赤，有黑斑，皮中如蜂窠，有黄膜隔之。

明·徐光啓《農政全書》卷三〇《樹藝·果部下》

荔枝　《上林賦》曰離枝。《蜀都賦》曰荔枝。一名丹荔，一名飣坐真人。其類有三四十種，以狀元香爲最。然不如長樂勝，肉厚而味甘，爲種中第一；第乾之不能如狀元香風味。《南記》曰：此木以荔枝爲名者，以其結實時，枝弱而蔕牢，不可摘取，以刀斧劙去其枝，故以爲名。生嶺南，巴中、泉、福、漳、興化、蜀、渝、涪，二廣州郡，皆有之。其品閩爲最，蜀川次之，嶺南爲下。樹形團圓如帷蓋，葉如冬青，華如橘，朶如蒲萄，核如枇杷，殼如紅繒，膜如紫綃。肉白如肪。花於二三月，實於五六月。

又　龍眼　附山龍眼、龍荔。《廣雅》曰：益智，龍眼也。一名驪珠，一名龍目，一名比目，一名圓眼，一名蜜脾，一名燕卵，一名繡水團，一名海珠蘂，一名川彈子，一名亞荔枝，一名荔枝奴。龍眼，花與荔枝同開，樹亦如荔枝，但枝葉稍小，殼青黄色，形如彈丸，核如木梡子而不堅，肉白而帶漿，其甘如蜜。熟於八月，白露後，方可採摘。一朶五六十顆，作一穗。荔枝過，即龍眼熟，故謂之荔枝奴。福州、興化、泉州有之，比荔枝特罕。木性畏寒，北方亦無此種。今充歲貢焉。玄扈先生曰：乾龍眼肉勝荔枝，且能補心氣，大益人。鮮食之，大不如荔，真堪作奴。

又　龍荔　出嶺南，狀如小荔枝，而肉味如龍眼。其身、葉亦似二果，故名曰龍荔。不可生噉，但可熬食。

橄欖　附餘甘。橄欖，一名青果，一名忠果，一名諫果。生嶺南及閩、廣州郡。性畏寒，江浙難種。樹大數圍，實長寸許，形如訶子而無稜瓣。其子先生者向下，後生者漸高。有野生者。波斯橄欖，生邑州，色類相似，但核作兩瓣，蜜漬食之。緑欖，色青緑，核内無仁，有亦乾小。烏欖，色青黑，肉爛而甘。取肉槌碎，乾，自有霜如白鹽，謂之欖醬。仁最肥大，有紋叠叠如海螵蛸，色白，外有黑皮，最甘嫩。方欖，出廣西兩江洞中，似橄欖，有三角或四角。

又　櫻桃　附山嬰桃。《爾雅》曰：楔，荆桃。郭璞注曰：今櫻桃。《廣雅》曰：楔桃，大者如彈丸子，有長八分者，有白色者，凡三種。孫炎云：大而甘者，謂之崖蜜。櫻桃一名楔，一名荆，一名英桃，一名鶯桃，一名含桃，一名朱櫻，一名牛桃，一名麥英。《西京雜記》列櫻桃、含桃爲二種。蘇頌曰：櫻桃，處處有之，洛中者最勝。其實深紅者，謂之朱櫻；紫色、皮裹有細黄點者，謂之紫櫻，味最珍重。又有正黄明者，謂之蠟櫻；小而紅者，謂之櫻珠。味皆不及極大者。

又　楊梅　《博物志》云：地瘴處，多生楊梅。一名杌子，生江南嶺南山谷間，會稽産者爲天下冠。楊梅種類甚多，大葉者最早熟，味甚佳。次則下山。本出苕溪，移植光福山中尤勝。又次爲青蒂、白蒂，及大小松子。揚州呼白者爲聖僧。樹若荔枝，葉細，青如龍眼。二月開花，結實如楮實子，肉在核上無皮殼。五月熟，生青，熟則有白、紅、紫三色。

又　葡萄　附野葡萄。張騫使大宛，取葡萄實，於離宫别館旁盡種之。一名葡萄，一名賜紫櫻桃。《廣志》曰：有黄白黑三種。水晶葡萄，暈色帶白，如着粉，形大而長，味甘。紫葡萄，黑色，有大小二種，酸甜二味。緑葡萄，出蜀中，熟時色緑。至若西番之緑葡萄，名兔睛，味勝糖蜜，無核，則異品也。瑣瑣葡萄，出西番，實小如胡椒。小兒常食，可免生痘。又云痘不快，食之即出。今中國亦有種者，一架中間生一二穗。雲南者，大如棗，味尤長。波斯國所出，大如雞卵，可生食，可釀酒。最難乾，不乾，不可收。《齊民要術》曰：蔓延性緣不能自舉，作架以承之。葉密陰厚，可以避熱。

又　銀杏　一名白果，一名鴨脚子。銀杏，以白得名；鴨脚取其葉之似。其木多歷歲年，其大或至連抱，可作棟梁。多生江南，以宣城者爲勝。二月開花成簇，青白色。二更開花，隨即卸落，人罕見之。一枝結子百十，狀如楝子，經霜乃熟。爛去肉，取核爲果。

又　枇杷　《上林賦》曰盧橘。枇杷易種。葉微似栗，冬夏不凋。冬花、春實，夏熟。大者如雞子，小者如龍眼。白者爲上，黄者次之。無核者名焦子，出廣州。李時珍曰：枇杷非盧橘也。

又　橘　附柑、柚、佛手柑、金橘、金豆。《禹貢》曰：厥包，橘，柚，錫貢。注云：大曰柚，小曰橘。然自是兩種。橘有數種，有緑橘，有紅橘，有蜜橘，有金橘，而洞庭橘爲勝，今充土貢。又有黄橘，扁小，多香霧，爲上品。芳塌橘，狀大而扁，外緑心紅，巨瓣多液。春熟，甚美。包橘，外薄内盈，隔皮可數。綿橘，微小，極軟美可愛。不多結。凍橘，八月花開，冬結，春采。穿心橘，實大皮光，心虚可穿。又有沙橘、早黄橘、朱橘、荔枝橘、乳橘、油橘，橘之下品。生南山、川谷，及江浙荆襄皆有之。木高可丈許，刺出於莖間。夏初，生白花。至冬實黄。踰淮則化爲枳。閩中柑橘，以漳州爲最，福州次之。樹多接成，惟種成者氣味尤勝。

又　柑　一名木奴，一名瑞金奴。《農桑通訣》曰：柑，甘也，橘之甘者也。莖葉無異於橘，但無刺爲異耳。生江漢唐鄧間。而泥山者，名乳柑，地不彌一里所，其柑大倍常，皮薄味珍，脉不粘瓣，食不留滓，一顆之核纔一二，間有全無者。然又有生柑，有郛柑，有海紅柑，有衢柑，雖品不同，而温台之柑最良，歲充土貢焉。江浙之間種之甚廣，利亦殊博。又有山柑、洞庭柑，出洞庭，皮細味美，熟最蚤。甜柑，每顆八瓣，未霜先黄。饅頭柑、生枝柑、平蒂柑，大如升，出成都。朱柑、大柑、黄柑、白柑、沙柑，江南嶺南爲盛，蜀次之，實似橘而圓大。未經霜，猶酸，霜後始熟。柑樹猶畏冰雪。

又　柚　《爾雅》曰柚條。又曰櫠椵。郭璞曰：「柚屬也，似橙而實酢，大於橘。」橘皮薄，味辛苦，柚皮厚而肥甘。其肉有甘有酸，酸者名胡柑，一名條，一名櫾，一名壺柑，一名臭橙。《廣雅》謂之鐳。實有大小二種，小者如柑如橙，俗呼爲蜜筩；大者如升如瓜，俗呼爲朱欒。有圍及尺餘者，俗呼香欒。閩中、嶺外、江南皆有之。南人種其核，云：長成，以接柑橘，甚良。《吕氏春秋》曰：果之美者，有雲夢之柚。

佛手柑　木似朱欒，而葉尖長，枝間有刺。植之近水乃生。其實如人手，有指，有長尺餘者。皮皺而光澤，味不甚佳，而清香襲人。置衣笥中，雖形乾而香不歇。可糖煎、蜜煎，作果，甚佳。搗蒜罨其蒂，香更充溢。浸汁洗葛紵，絶勝酸漿。

金橘　一名金柑，一名夏橘。吴越江浙川廣間出，營道者爲冠。五月開白花。秋冬黄熟。大者徑寸，小者如指頭。糖造蜜煎皆佳，廣人連枝藏之，入膾醋尤香美。

又　金豆　一名山金柑，一名山金橘。木高尺許，實如櫻桃，生青熟黄，形圓而光溜。皮甜可食，味清而香美，可蜜漬。

又　橙　《埤雅》曰：「橙，柚屬，可登而成」，故字从登。一名棖，一名金毬，一名鵠殼。葉有兩刻缺者是也。似橘樹而有刺，葉大而形圓；皮甚香，厚而皺。其瓤味酸。唐鄧間多有之，江南尤盛。北地亦無此種，過淮則化爲枳。

又　木瓜　《爾雅》曰：楙，木瓜。郭璞注曰：「實如小瓜，酢，可食。」一名鐵脚梨。山陰蘭亭尤多，西京亦有之，而宣城者爲佳。李時珍曰：其葉光而厚；其實，如小瓜而有鼻。津潤，味不木者，爲木瓜；圓小於木瓜，味木而酢濇者，爲木桃；似木瓜而無鼻，大於木桃，味濇者，爲木李，亦曰木梨，即榠樝及和圓子也。鼻乃花脱處，非臍蒂也。

又　樝子　《爾雅》云：「似梨而酢濇。」《埤雅》曰「木桃」。陶隱居《本草注》云：木瓜利筋脛。又有榠樝，大而黄，可進酒去痰。樝子濇，斷痢。《禮記》曰：「樝梨曰攢之。」鄭公不識樝，乃云是「梨之不臧者」。雷公《炮炙論》「和圓子」即此也。李時珍曰：「樝子乃木瓜之酢濇者。小於木瓜，色微黄，蔕核皆粗；核中之子小圓也。」

又　榅桲　李時珍曰：即榠樝之生於北土者。蘇頌曰：今關陝有之，沙苑出者更佳。其實類樝，但膚慢而多毛，味尤甘。其氣芬馥，置衣笥中亦香。

又 山樝 《爾雅》曰：朹子繫梅。又名赤瓜子、鼠樝、猴樝、茅樝、羊梂、棠梂子、山裏果。此物生於田原茅林中，猴鼠喜食之，故有諸名也。

又 甘蔗 《説文》曰：藷蔗也。或爲芋蔗，或干蔗，或邯睹，或甘蔗，或都蔗，所在不同。《漢書》《離騷》俱作柘。有數種，曰杜蔗，即竹蔗，緑嫩薄皮，味極醇厚，專用作霜。曰白蔗，一名荻蔗，一名艻蔗，一名蠟蔗。可作糖，江東爲勝。今江浙閩廣蜀川湖南所生，大者圍數寸，高丈許。又扶風蔗，一丈三節，見日則消，遇風則折。交阯蔗，長丈餘，取汁曝之，數日成飴，入口即消，彼人謂之石蜜。叢生，莖似竹，内實，直理，有節無枝。長者六七尺，短者三四尺。八九月收莖，可留至來年春夏。玄扈先生曰：甘蔗、糖蔗，是二種。

明·徐光啓《農政全書》卷三五《蠶桑廣類·木棉》 張勃《吴録》曰：交阯安定縣，有木棉。樹高丈，實如酒杯口，有綿如蠶之綿也【略】。李延壽《南史》曰：高昌國有草，實如繭。中絲爲細纑，名曰白疊。取以爲帛，甚軟白。沈懷遠《南越志》曰：桂州出古終藤，結實如鵝毳，核如珠珣。治出其核，約如絲綿，染爲斑布。李時珍《本草綱目》曰：木棉，有草木二種。交廣木棉，樹大如抱，其枝似桐，其葉大，似胡桃葉。入秋開花，紅似山茶花；黄蕊，花片極厚，爲房甚繁，短側相比。結實，大如拳，實中有白綿，綿中有子。今人謂之斑枝花，訛爲攀枝花。江南淮北所種木棉，四月下種，莖弱如蔓；高者四五尺，葉有尖如楓葉。入秋開花，黄色，如葵花而小，亦有紅紫者。結實，大如桃，中有白綿。綿中有子，大如梧子。亦有紫綿者。

明·徐光啓《農政全書》卷三六《蠶桑廣類·麻苧麻、大麻、檾麻、葛附》 苧麻 《爾雅》曰：黂，枲實。又曰：枲，麻。又曰：莩，麻母。《禮記》曰：「苴，麻之有黂。」崔寔註：「苴麻，麻之有蘊者，苧麻是也。」陶弘景曰：「苧麻，今績苧麻是也。」陸璣《草木疏》云：「苧，一科數十莖。宿根在地，至春自生，不須別種【略】。今閩蜀江淛有之。其中，可以績布。苗高八九尺，葉如楮葉，面青背白，有短毛。其根黄白而輕虚，二月、八月採。王禎曰：苧有二種：一曰紫麻，一曰白苧。本南方之物，近河南亦多藝之。」寇宗奭曰：「苧，如蕁麻。花如白楊而長成穗，每一朵凡數十穗，青白色。」李時珍曰：「苧，家苧也。又有山苧、野苧。凡麻絲之細者爲絟，粗者爲紵」。玄扈先生曰：《詩》言：漚紵，《傳》稱紵衣。中土之有紵，舊矣。而賈思勰不言種苧之法，崔寔始言「苧麻」。繇是推之，五代以前，所謂紵、所謂枲者，殆皆苴麻之屬；而今所謂苧者，特南方有之。陸璣始著其名，唐甄權乃以入藥方。至宋掌禹錫云：「南方績以爲布。」顯是北方所無。而釋《詩》者，尚未知陸所謂苧，非《詩》所謂紵也。

大麻 即火麻、黄麻。《爾雅翼》所謂漢麻也。雄者名枲麻、牡麻，雌者名苴麻。吴普云：麻蕡是實，麻勃是花。實中之仁，先藏地中者及麻葉，皆有毒，食之殺人。寇宗奭曰：麻子，海東毛羅島來者，大如蓮實。其次，出上郡北地者，大如豆。南地子小。蘇頌曰：麻子處處種之。績其皮可以爲布。農家擇其子之有斑黑文者，謂之雌麻。種之則結子繁，他子則不結也。李時珍曰：大麻，即今黄麻。大科如油麻，葉狹而長，狀如益母草葉；一枝七葉或九葉。五六月開細黄花，隨結實，大如胡荽子，可取油。剥其皮作麻。其稭，白而有稜，輕虚，可爲燭心。

檾麻 許氏《説文》曰：檾，枲屬。《爾雅翼》云：檾高四五尺，或五六尺，葉似苧而薄，實如大麻子。或作苘，或作蕢。種必連頃，故謂之蕢也。《周禮》：典枲，麻草。注：「草，葛蕢也。」王禎曰：檾，其長如竹，葉，大如扇，上團如葵。花黄，結子蓬如橡斗然。李時珍曰：苘，即今白麻，多生卑濕處。六七月開黄花。結實如半磨形，有齒，嫩青老黑，中子扁黑，狀如黄葵。其莖輕虚，北人取皮作麻，以莖蘸硫黄作焠燈，引火甚速。其嫩子，小兒亦食之。

葛 《詩》「葛之覃兮」。按：葛一名黄斤，一名鹿藿，一名雞齊。有野生，有家種。春長苗，引藤蔓，延治之可作布。根外紫内白大如臂，長者五六尺。葉有三尖，如楓葉。七月着花，纍纍成穗。莢如小黄豆，宜七八月採之。

明·徐光啓《農政全書》卷三八《種植·木部》 榆 《爾雅》曰榆，白粉。又曰蘬莖。註曰：枌榆，先生葉，却著莢，皮色白。蘬莖，今之刺榆。《廣志》曰：有姑榆，有郎榆。案：今世有刺榆，木甚牢韌，可以爲犢車材；梜榆，可以爲車轂及器物。山榆，可以爲蕪荑。凡種者，宜種刺梜兩種，利者爲多。其餘軟弱，例非佳好之木也。

楸、梓、榎 《爾雅》曰槐，小葉曰榎，大而皵楸，小而皵榎。椅梓。鼠梓。又曰：如木楸曰喬。郭璞注曰：槐當爲楸。楸細葉者爲榎，老乃皮粗皵者爲楸，小而皮粗皵者爲榎。椅梓即楸，椇楸屬，今人謂之苦楸。江東人謂之虎梓。《詩義疏》曰：楸梓之疏理色白而生子者爲梓。《説文》曰：「檟，楸也。」然則楸梓二木相類者也。白色有角者名爲梓；似楸有角者名爲角投，或名子根；黄色無子者爲柳楸，世人見其色黄，呼爲荆黄根也。楸之與梓本同末異。梓名木王，植于林，諸木皆内拱，造屋有此木，則羣材皆不震。楸木濕時脆，燥則堅，良材也。榎，檟也。亦楸屬，葉大而早脱，故謂之楸；葉小而早秀，故謂之榎。

松、杉、柏、檜 《爾雅》曰柏，椈柀，樅檜，柏葉松身。李時珍曰：松，百木之長，猶公，故字从公。四時常青，不改柯葉。三針者，爲栝子松，七針者爲果松。千歲之松，下有茯苓，上有兔絲。又有赤松、白松、鹿尾松。杉，一名樧，一名沙，一名檆。有赤白二種：赤杉實而多油，白杉虚而乾燥。樹類松而榦端直。柏，一名椈，陰木也。凡木皆向陽，柏獨向陰指西。古以生泰山者爲良，今陝州宜州密州皆佳，而乾陵尤異，木之文理，多爲雲氣人物鳥獸，狀態分明，徑尺一株，可值萬錢。川柏亦細膩，以爲几案，光滑悦目。檜，一名栝，今人名圓柏，以別側柏。

椿　《禹貢》曰杶。一作櫄，一作楯。今名香椿。《農桑輯要》曰：本實而葉香，有鳳眼草者，謂之椿。木疎而氣臭，無鳳眼草者，謂之樗。又云：有花而莢者，謂樗；無花不實者，謂椿。

梧桐　《爾雅》曰榮桐木，又曰櫬梧。郭璞注云：即梧桐也。今人以其皮青，號曰青桐。又名櫬皮。其木無節直生，理細而性緊。四月開花，五六月結子。莢長三寸許，五片合成，老則開裂如箕，名曰橐鄂。子綴其上，大如黃豆。雲南者更大。可生噉，亦可炒食。《遁甲書》云：梧桐可知月正、閏歲。生十二葉，一邊六葉。從下數，一葉爲一月，有閏則十三葉。視葉小處，則知閏何月。立秋之日，如某時立秋，至期一葉先墜。又有白桐，一名華桐，一名泡桐。華而不實。蔡邕《月令》曰「桐始華」，桐，木之後華者也。罔桐，一名油桐，一名荏桐，一名罌子桐，一名虎子桐。實大而圓，取子作桐油入漆，及油器物、艌船，爲時所須。人多僞爲之，惟以篾圈撢起，如皷面者爲真。海桐生南海及雷州，白而堅韌，可作繩，入水不爛。

椒　《爾雅》曰：椴，大椒。椒椴，即醜菉。郭璞注曰：今椒樹叢生實大者，名爲椴。《范子計然》曰：蜀椒出五都，秦椒出天水。案：今青州有蜀椒種。本商人，居椒爲業，見椒中黑實，乃遂生意種之。凡種數千株，有一根生，數歲之後，更結子實，芳香、形色與蜀椒不殊，氣勢微弱耳，遂分布種移，略通州境也。陸璣《詩疏》云：椒樹似茱萸，有針刺。葉堅而滑澤，味辛香。蜀人作茶，吳人作茗，皆以其葉合煮爲香。今成皐諸山，有竹葉椒，其木亦如蜀椒；小毒，熱，不中合藥，可入飲食中，及蒸鷄豚。東海諸島上，亦有椒，枝葉皆相似，子長而不圓，甚香；其味似橘皮，島上麞鹿食其葉，其肉自然作椒橘香。今南北所生一種椒，其實大於蜀椒，與陶氏及郭、陸之説正相合。當以實大者爲秦椒，即花椒也。崖椒俗名「野椒」，不甚香，而子灰色；野人用炒鷄鴨食，出施州。彼土四季採皮入藥。蔓椒蔓生，氣臭如狗彘，生雲中山谷及丘塜間。采莖根，煮，釀酒。地椒出北地，如蔓椒之小者，煮羊肉香美。胡椒，出摩伽陁國，呼爲「昧履支」。今南番諸國，及交趾、滇南、海南諸地，皆有之。已遍中國，爲日用之物矣。番椒亦名秦椒，白花，子如禿筆頭，色紅鮮可觀，味甚辣。椒樹最易繁衍，四月生花，五月結實，生青，熟紅。

穀　《小雅》曰：「其下惟穀。」《説文》曰：穀，楮也。有二種：一種，皮有斑花文，謂之穀，今人用爲冠者。一種，皮白無花，枝葉相類。或云，斑者是楮，白者是穀。陸機《詩疏》云：構，幽州謂之穀桑，或曰林桑。荊揚交廣謂之穀。《酉陽雜俎》云：穀田久廢，必生構。葉有瓣曰楮。無曰構。李時珍曰：楮本作柠，其皮可積爲紵故也。

槐　《爾雅》曰：「櫰，槐大葉而黑。」「守宮槐，葉晝聶宵炕。」又曰：「槐棘醜喬。」郭璞註曰：槐葉大色黑者，名櫰；葉晝聶合而夜炕布者，名守宮槐。槐有青黃白黑數色。黑者爲猪屎槐，材不堪用，花可染黃。槐之生也，季春五日而兔目，十日而鼠耳，更旬而始規，二旬而葉成。諸槐功用，大略相等。有極高大者，材實重，可作器物。

楊柳　《爾雅》曰：「楥，柜柳。」「檉，河柳；旄，澤柳；楊，蒲柳。」又曰：「桑，柳醜條。」郭璞注云：「檉，今河旁赤莖小楊。旄，生澤中者。楊，可以爲箭。」《説文》曰：「柳，小楊」，易生之木也。柳，一名雨師，一名赤檉，一名人柳，一名三眠柳，一名觀音柳，一名長壽仙人柳。性柔脆。北土最多。枝條長軟，至春晚，葉長成，花中結細子，上帶白絮如絨，名柳絮，又名柳絨，隨風飛舞。著毛衣，即生蟲，入池沼，隔宿化爲浮萍。楊有二種：白楊，青楊。白楊，一名高飛，一名獨摇，微帶白色，高者十餘丈。青楊又有二種：一種梧桐青楊，身聳直高大；一種身矮多岐枝，不堪用。楊與柳自是二物，柳枝長脆，葉狹長；楊枝短硬，葉圓闊。

女貞　《山海經》曰「貞木」。李時珍曰：女貞木，凌冬青翠，有貞守之操，故以貞女狀之。東人因女貞茂盛，亦呼爲冬青，與冬青同名異物，蓋一類二種也。二種皆因子自生，最易長。其葉厚而柔長，綠色，面青背淡。女貞葉長者四五寸，子黑色；冬青葉微圓，子紅色爲異。其花皆繁，了並纍纍滿樹。近時以放蠟蟲，故俱呼爲蠟樹。唐宋以前，澆燭所用白蠟，皆蜜蠟也。此蟲白蠟，自元以來，人始知之。今則爲日用物矣。四川湖廣滇南閩嶺吳越東南諸郡有之，以川滇衡永産者爲勝。

又　附：冬青。陳藏器曰：冬青木，肌白有文，作象齒笏。其葉堪染緋。李時珍曰：凍青，亦女貞別種也。山中時有之。但以葉微團，而子赤者，爲凍青；葉長而子黑者，爲女貞。玄扈先生曰：女貞，吳下稱冬青，産蠟處皆稱蠟樹。此冬青，吳下稱水冬青，或稱細葉冬青。

又　附：水槿。玄扈先生曰：水槿，葉似女貞，而邊有鋸齒。五葉攢生，不花。李所謂水蠟樹，必此也。蜀中又有一種插蠟，葉似菊，尤易生。插之一年，便可寄子，三四年大如酒杯口，即衰壞，須更插矣。此與水種異種。水槿雖扦插易生，却難大。又蜀中蠟子，生女貞樹上少，生插蠟樹上者多，故當以蜀種爲勝。

又　附：櫧。《山海經》曰：「前山有木，其名白櫧。」郭璞註曰：櫧子似柞，子可食。冬月采之。木作屋柱、棺材，難腐也。汪穎《食物本草》曰：櫧子生江南，皮樹如栗，冬月不凋。子，小於橡子。櫧子有苦甜二種，治作粉食餻食，褐色甚佳。李時珍曰：櫧子，處處山谷有之。其木大者數抱，高二三丈。葉長大，如栗；葉梢尖而厚堅光澤，鋸齒峭小，凌冬不凋。二四月開白花，成穗如桑花，結實大如槲子，外有小苞，霜後，苞裂子墜，子圓褐而有尖，大如菩提子，内仁如杏仁。生食苦澀，煮炒乃帶甘；亦可磨粉。甜櫧子粒小，木文細白，俗名麪櫧。苦櫧子粒大，木粗赤文俗名血櫧，其色黑者名鐵櫧。

烏臼　《玄中記》曰：荊揚有烏臼。烏臼樹高數仞，葉似梨杏，花黃白紫黑色。極易生長。

漆　《秦風》曰：「山有漆。」《説文》曰：「木汁可以髼物。」一作桼，如水滴而下。生漢中山谷，梁益陝襄皆有，金州者最善。廣州者，性急易燥。今廣浙中出一種漆，六月取汁漆物，黃澤如金，即《唐書》所謂黃漆也。廣南漆作飴糖氣，沾沾無力。樹似榎而大，高二三丈，身如柹，皮白，葉似椿，花似槐，子似牛李子，木心黃。六七月，刻取滋汁。

皂莢　《廣志》曰雞棲子。一名皂角，一名烏犀，一名懸刀。有三種，一種小如猪牙，一種長而肥厚多脂而粘，一種長而瘦薄枯燥不粘。以多脂爲佳。今所在有之。樹高大，枝間有刺，夏開花，秋後實。

椶櫚　《山海經》曰：「石翠之山，其木多椶。」一名栟櫚，出嶺南西川，今江南亦有之。木高一二丈，無枝條，葉大而圓，有如車輪，萃于樹杪。其下有皮，重疊裹之。每皮一匝爲一節。二旬一采皮，轉復生上。六七月生黃白花，八九月，結實作房如魚子，黑色。九月十月，采其皮用。

楝　《爾雅翼》曰：楝葉可以練物，故謂之楝。《說文》曰：苦楝木也。一名金鈴子。有雌雄兩種，雄者無子，根毒，食之使人吐不止。雌者有子可入藥。以蜀川者爲佳。今處處有之，樹高丈餘，易長。三四月開花，實如圓棗。

棠梨　《爾雅》曰：「杜，甘棠。」又曰：「杜，赤棠，白者，棠。」郭璞注曰：「今之杜梨。」《詩》曰：「蔽芾甘棠」。毛云：「甘棠，杜也。」《詩義疏》云：「今甘棠梨，一名杜梨。如梨而小，味酢可食也。」《唐詩》曰：「有杕之杜」，毛云：「杜，即棠也。」「與白棠同，但亦有赤白美惡，子赤白色者爲白棠，甘棠也。酢滑而美。赤棠，子澁而酢，無味。赤棠木理赤，可作弓幹。」案：今棠葉有中染絳者，有惟中染土紫者，杜則全不用。其實三種，則《爾雅》、毛、郭以爲同，未詳也。《丹鉛録》云：「尹伯奇采楟花以濟飢」，註言「楟即山梨」，乃今棠梨也。

又　附：海紅。一名海棠梨。鄭樵《通志》云：「海棠子名海紅。」即《爾雅》赤棠也。狀如木瓜而小。二月開花，八月子熟。

又　椰　《上林賦》曰胥餘。又名越王頭。相傳林邑王與越王有怨，使刺客乘其醉，取其首懸于樹，化爲椰子，其核猶有兩眼，故俗謂之越王頭。而其漿猶如酒也。《南州異物志》曰：椰樹，大三四圍，長十丈。通身無枝，至百餘年。有葉狀如蕨菜，長丈四五尺，皆直竦指天。其實生葉間，大如升，外皮苞之如蓮狀。皮中核堅過於石。裏肉正白，如鷄子著皮，而腹內空含汁。大者含升餘。實形團團然，或如瓜蔞。橫破之可作爵形，並應器用，故人珍貴之。《廣志》曰：椰出交趾，家家種之。

梔子　司馬相如賦曰：「鮮支黃礫。」註曰：即支子。佛書稱薝蔔。又名林蘭，又名越桃，又名禪友。有兩三種，小異，以七稜者爲佳。三四月開花，夏秋結實，經霜乃收。蜀中有紅梔子，花紅色，染物則赭紅色。

楂　玄扈先生曰：楂木生閩廣江右山谷間，橡栗之屬也。其樹易成，材亦堅韌。若修治令勁挺者，中爲杠。實如橡斗，斗無刺爲異耳。斗中函子，或一或二或三四，甚似栗而殼甚薄。殼中仁皮色如榧，瓤肉亦如栗，味甚苦，而多膏油。江右閩廣人多用此油。燃燈甚明，勝于諸油。亦可食。楂在南中，爲利甚廣，乃字書既無此字，而偏方雜記，亦未之見。或直書爲茶，尤非也。獨《本草》有櫧子，云：「小于橡子，味苦澀，皮樹如栗。」或者櫧楂聲近，土俗音訛耶？其不言子可爲油，或昔人未食其利，如烏臼女貞之類耶？不敢傅會，姑志之以俟再考。

明·徐光啓《農政全書》卷三九《種植·雜種上》

竹　《爾雅》曰：「莽數節，桃枝四寸有節，粼堅中，簢筡中，仲無笐，篙箭萌，篠箭簜。」《禹貢》曰：「揚州厥貢篠簜，荆州厥貢箘簵。」《竹紀》云：竹之品類六十有一。黃魯直以爲竹類至多，《竹紀》所類皆不詳，欲作竹史，不果成。方竹，產澄洲，體如削成，勁挺堪爲杖。桃源山亦有方竹，隔洲亦出，大者數丈。《甯波志》云：葛仙翁煉丹于定海靈峯，植竹筯，化爲竹而方。斑竹，即吳地稱湘妃竹者。其斑如淚痕，杭產者不如。亦有二種：出古辣者佳，出陶虛山者次之。土人裁爲筯，甚妙。亦有大如甌者。棕竹有三種，上曰筯頭，梗短葉垂，堪置書几；次曰短柄，可列庭階。次曰樸竹，節稀葉硬，全欠温雅，但可作扇骨料耳。性喜温，畏寒風，冬月藏不通風處，三月方可見天。原不見日。秋分後，可分。須出盆，視其根鬚不甚堅固處，劈開栽盆。欲變化爲盆，則盆大更旺。灌用浸豆水，極肥，舍此俱不堪用。猫竹，一作茅竹，又作毛竹。榦大而厚，異於衆竹。人取以爲舟。雙竹，筱篁嫩篠，對抽並胤，王子敬謂之扶竹。蘄竹，生蘄州，以色瑩者爲簟，節疎者爲笛，帶鬚者爲杖。慈孝竹，大叢長榦中聳，羣篠外護，向陽高臺種茂。柯亭竹，生雲夢南。以七月望前生。明年七月望前伐。未期伐則音浮，過期伐則音滯。觀音竹，每節二三寸，產占城。黃金間碧玉，產成都，青黃相間。龍公竹，大徑七尺，一節長丈二尺。葉若焦，出羅浮山。龍孫竹，生辰州山谷間，高不盈尺，細僅如針。徑尺竹，可爲甑，出湖湘。四季竹，節長而圓，中管籥，生山石者，音清亮。月竹，每月抽筍，不堪食，出嘉定州。十二時竹，產蘄州。其竹繞節凸生，地支十二字。篃簩竹，出篃簩國，可礪指甲。新州有此種，製成琴樣，爲礪甲之具。用久微滑，以酸漿漬之，過宿快利如初。亦可作箭。大夫竹，凌雲圍三尺，鄺延一人伐此竹，見內二仙翁，相謂「平生勁節，惜爲主人所伐」，遂騰空去。鳳尾竹，纖小猗那，植盆可作清玩。龜文竹，產陽縣寶陀岩，製扇甚奇。人面竹，出剡山，節極促，四面參差。竹皮如魚鱗，面凸，頗類人面。黑竹，如藤，色如鐵。思摩竹，出交廣。筍自節生，既成竹，至春節中復生筍。無節竹，出瓜州。大節竹，出黎母山，一節一丈。疎節竹，六尺一節。通竹，出溱州，直上無節。扁竹，出濡須。藤竹，出占城。盤竹，出員邱。弓竹，長百尋卻曲如藤，得木乃倚。出東方。質有文章，須膏塗火灼乃見。沛竹，出南荒，長百丈。丹青竹，葉黃、碧丹相間，出熊耳山。十抱竹，出臨賀。慈竹，內實節疎，性弱形緊，而細可代藤。桂竹，高四五丈，圍二尺。狀如甘草，而皮赤。出南康以南，傷人即死。桃竹，葉如棕，身似竹，密節而實中，厚理瘦骨，蓋天成拄杖也。出巴渝間。出豫者細文，一節四尺，北人呼爲桃絲竹。相思竹，出廣東，兩兩生筍。始興郡有笙竹，大者圍二尺，長四丈。交趾有簟竹。八月爲竹小春。竹之萌曰筍，竹之節曰約，竹之叢曰篔。竹之得風而體夭屈曰笑。竹死曰箹。

又　茶　《爾雅》曰檟，苦茶。郭璞注曰：樹小，似梔子，冬生。葉可煮作羹飲。今呼早採者爲茶，晚取者爲茗，一名荈。蜀人名之苦茶。《茶經》云：一曰茶，二曰檟，三曰蔎，四曰茗，五曰荈。早採曰茶，次曰檟，又其次曰蔎，晚曰茗，至荈則老葉矣。蓋以早爲貴也。六經中無茶，蓋荼即茶也。《詩》云：「誰謂荼苦？其甘如薺。」以其苦而甘味也。《南越志》云：茗，苦澀，亦謂之「過羅」。有高一尺者，有二尺者，有數丈者，有兩人合抱者。出巴山峽川。有建州大小「龍團」，始于丁謂，成于蔡君謨。熙寧末，有旨下建州製「蜜雲龍」一品，尤爲奇絶。蜀州「雀舌」、「鳥嘴」、「麥顆」，盖嫩芽取形似之。又有「片甲」者，早春黄芽，葉相抱如片甲也。「蟬翼」，葉軟薄如蟬翼也。《清異録》云：開寶中，竇儀以新茶飲予，味極美。區面標云「龍陂山子茶」，龍陂，是顧渚山之别境。洪州鶴嶺茶，其味極妙。蜀之雅州蒙山頂，有「露芽」、「穀芽」，皆云「火前」者，言采造于「禁火」之前也。火後者次之。一云雅州蒙頂茶，其生最晚，在春夏之交。常有雲霧覆其上，若有神物護持之。又有五花茶者，其片作五出花雲脚，出袁州界橋，其名甚著，不若湖州之「研膏」「紫筍」，烹之，有緑雲垂下。吴淑賦云：「雲垂緑脚」。有「紫筍」者，其色紫而似筍。唐德宗每賜同昌公主饌，其茶有「緑花」「紫英」之號。草茶盛于兩浙，「日注」第一。自景祐以來，洪州雙井「白芽」，製作尤精，遠在「日注」之上，遂爲草茶第一。宜興滆湖出「含膏」。宣城縣有丫山，形如小方餅，「横鋪」茗芽産其上。其山東爲朝日所燭，號曰陽坡，其茶最勝。太守薦之京洛人士，題曰「丫山陽坡横文茶」，一名「瑞草魁」。又有建州「北苑」「先春」，洪州西山「白露」，安吉州顧渚「紫筍」，常州宜興「紫筍」「陽羨春」，池陽「鳳嶺」，睦州「鳩坑」，南劍「石花露」，「鈠芽」「蕺芽」，南康「雲居」，峽州、小江園「碧澗寮」「明月寮」「茱萸」，東川「獸目」，福州方山「露芽」，壽州霍山「黄芽」，六安州「小峴春」，皆茶之極品。玉壘關外寶唐山，有茶樹，産懸崖。筍長三寸五寸方有一葉兩葉。太和山「騫林茶」，初泡極苦澀，至三四泡，清香特異，人以爲茶寶。涪州出三般茶，最上「賔化」，製于早春；其次「白馬」；最下「涪陵」。收茶在四月。嫩則益人，粗則損人。樹如瓜蘆，葉如梔子。花如白薔薇而黄心，清香隱然；實如栟櫚，蒂如丁香，根如胡桃。

又　菊　《爾雅》曰：「蘜，治蘠。」郭璞註曰：「今之秋華菊也。」《埤雅》云：「蘜，窮也。」花事至此而窮。種有數百，另有譜。黄、白者，皆可入藥；其莖青而作蒿氣者，俱不堪：薏也，非菊也。苗可入茶，花子入藥。然野菊大能瀉人，惟真菊延年。花乃黄中之色，氣味和正。花葉根實皆長生藥。其性介烈，不與百花同盛衰，是以通仙靈。甘菊，花大如錢，花邊草葉，中一大平心，色黄。苗可鹽滚湯綽過，茶花可供藥造酒。真菊延齡，野菊瀉人，不可不辨。

明・徐光啓《農政全書》卷四〇《種植・雜種下》　紅花　《博物志》曰：張騫得種於西域。一名紅藍，一名黄藍，以其花似藍也。今處處有之，色紅黄，葉緑有刺。夏開花，花下有梂，花出梂上，梂中結實，大如小豆。

又　藍　《爾雅》曰：「葴，馬藍。」郭璞注曰：今大葉冬藍也。李時珍曰：藍凡有五種：蓼藍，葉如蓼，五六月，開花成穗，淺紅色，子亦如蓼，歲可三刈。菘藍，葉如白菘。馬藍，葉如苦蕒。吴藍，長莖如蒿而花白。木藍，長莖如決明，葉似槐。七月開花，淡紅色。别有一種甘藍，可食。

又　枸杞　《爾雅》曰：杞，枸檵。郭璞注曰：「今枸杞也。」一名枸棘，一名天精，一名地仙，一名却老，一名苦杞，一名甜菜，一名地節，一名羊乳。枸、杞，二木名；此木棘如枸之刺，莖如杞之條，故兼稱之。處處有之。春生苗葉軟薄，堪食。其莖幹高三五尺，叢生。六七月開花，紅紫色，隨結實：微長，生青熟紅，味甘美。根皮，名地骨皮。古以韋山爲上，近以甘州者爲絶品。今陝之蘭州靈州以西，並是大樹。子圓如櫻桃，乾時可作果食。

又　茱萸　《禮記》曰：「三牲用藙。」注曰：「藙，茱萸也。」李時珍曰：此即欓子也。蜀人呼爲艾子。楚人呼爲辣子。古人謂之藙及椴子，因其辛辣，蜇口慘服，使人有殺、毅、黨然之狀，故有諸名。蘇恭謂茱萸之開口者爲食茱萸，孟詵謂茱萸之閉口者爲欓子，馬志謂粒大，色黄黑者，爲食茱萸；粒緊小、色青緑者，爲吴茱萸。山茱萸則不任食也，其樹處處有之；江淮蜀漢猶多。木高丈餘，三月開花，七八月結實。

又　百合　一名䪥，一名强瞿，一名蒜腦藷，一名夜合。根如葫蒜，數十片相累。或云是蚯蚓相纏結，變作之。其葉短而闊，微似竹葉，白花四垂者，百合也。葉長而狹，尖如柳葉，紅花不四垂者，山丹也。莖葉似山丹而高，紅花帶黄而四垂，上有黑斑點，其子先結在枝葉間者，卷丹也。又有一種色微緑者，開花最遲，俗名真百合。

又　薏苡　《漢書》曰：馬援在交阯，常餌薏苡，載還爲種。一名芑實，一名屋菼，一名𦼮米，一名鮮蠡，一名薏珠子，一名西番蜀秫，一名回回米，一名草珠兒，處處有之。出交阯者最大。春生，苗莖高三四尺，葉如黍，五六月結實。以顆小色青味甘粘牙者良。形尖而殻薄，米白如糯米，此真薏苡也，可粥可麪，可同米釀。其一種，圓而殻厚者，即菩提子也。

又　芭蕉　《廣志》曰：芭蕉，一曰芭苴，或曰甘蕉。莖如荷芋，重皮相裹，大如盂升。子有角，子長六七寸，有蔕，三四寸。角著蔕生爲行列，兩兩共對，若相抱形。剥其上皮，色黄白，味似葡萄，甜而脆，亦飽人。其根大如芋魁，大一石，青色。《南方異物志》曰：甘蕉，草類，望之如樹。株大者一圍餘。葉長一丈，或七八尺，廣尺餘。華大如酒杯，形色如芙蓉。莖末百餘子，大名爲房。根似芋魁，大者如車轂。實在華中，每華一闔，各六子，先後相次。子不俱生，華不俱落。此蕉有三種，一種子大如拇指，長而鋭，有似羊角，名羊角蕉，味最甘好。一種大如雞卵，有似羊乳，味微減羊角蕉。一種蕉大如藕，長六七寸，形正，名方蕉，少甘味，最弱，其莖如芋。取濩而煮之，則如絲，可紡績。玄扈先生曰：今南中，獨漳浦甘蕉絶美味。

又　芥藍　王禎《農桑通訣》曰：芥之嫩者爲芥藍，極脆。東坡詩云：「芥藍如菌蕈，脆美牙頰響。」玄扈先生曰：芥藍，芥屬也，葉色如藍，故南人謂之芥藍，仍可擘取食，故北人謂之擘藍。其葉大於菘，根大於芥，薹苗大于白芥，子大于蔓菁。花淡黄色。其苗葉根心，俱任爲蔬；子可壓油。亦四時可種，四時可食，大略如蔓菁也。但食根之菜，如芥蘆菔蔓菁之屬，魁皆在土中；此則魁在土上，爲異耳。收根者，須四五月種，少長，擘食其葉，漸擘，魁漸大。八九月，并根葉取之。葉作菹，或作乾菜，根剥去皮，或煮食，或糟藏醬豉。留根，至明春復發，苗可採食。三月花，四月實。子每畝收可三四石。

又 蓴 《魯頌》曰：「薄採其茆」。注云：茆，鳧葵也。《詩義疏》云：茆與葵相似。葉大如手，赤圓而肥。斷著手中，滑不得停也。莖大如箸，皆可生食。又可約滑羹。江南人謂之蓴菜，或謂之水葵。《本草》云：雜鯉魚作羹。亦逐水。而性滑，謂之淳菜，或謂之水芹。服食之不可多。

又 葦 《爾雅》曰：葦，醜芀；葭，華；蒹，薕；葭，蘆；菼、薍，其萌虇。郭璞注曰：葦，其類皆芀莠；葭，即今蘆也；蒹，似萑而細；葭，葦也；菼，似葦而小，實中。今江東呼蘆笋爲虇；然則蘆葦之類，其初生者皆名虇。花，名蓬蕽。《詩疏》云：薍，或謂之荻，至秋堅成即刈，謂之萑。生下濕地，長丈許。今處處有之。

明·徐光啓《農政全書》卷四六《荒政 採周憲王〈救荒本草〉·草部葉可食》 野生薑 本草名劉寄奴。生江南，其越州滁州皆有之，今中牟南沙崗間亦有之。莖似艾蒿，長二三尺餘。葉似菊葉而瘦細，又似野艾蒿葉亦瘦細。開花白色。結實黃白色，作細筒子蒴兒。蓋蒿之類也。其子似稗而細。苗葉味苦，性溫無毒。

又 刺薊菜 《本草》名小薊，俗名青刺薊，北人呼爲千針草。出冀州，生平澤中，今處處有之。苗高尺餘。葉似苦苣葉。莖葉俱有刺，而葉不皺。葉中心出花頭，如紅藍花而青紫色。性涼無毒，一云味甘性溫。

又 大薊 生山谷中，今鄭州山野間亦有之。苗高三四尺。莖五稜。葉似大花苦苣菜葉。莖葉俱多刺，其葉多皺。葉中心開淡紫花，味苦，性平無毒，根有毒。

又 山莧菜 本草名牛膝，一名百倍，俗名脚斯蹬，又名對節菜。生河內川谷，及臨朐江淮閩粤關中蘇州皆有之，然皆不及懷州者爲真，蔡州者最長大柔潤。今鈞州山野中亦有之。苗高二尺已來。莖方，青紫色。其莖有節如鶴膝，又如牛膝狀，以此名之。葉似莧菜葉而長，頗尖艄，音哨。葉皆對生。開花作穗。根味苦酸，性平無毒，葉味甘微酸。惡螢火、陸英、龜甲、白前。

又 欵冬花 一名橐吾，一名顆凍，一名虎鬚，一名菟奚，一名氐冬。生常山山谷及上黨水傍，關中蜀北宕昌秦州雄州皆有，今鈞州密縣山谷間亦有之。莖青，微帶紫色。葉似葵葉，甚大而叢生，又似石葫蘆葉，頗團。開黃花。根紫色。《圖經》云：葉如荷而斗直。大者容一升，小者容數合。俗呼爲蜂斗葉，又名水斗葉。此物不避冰雪，最先春前生，雪中出花，世謂之鑽凍。又云：有葉似草薢。開黃花，青紫萼，去土一二寸；初出如菊花，萼通直而肥實無子。陶隱居所謂「出高麗百濟」者，近此類也。其葉味苦，花味辛甘。性溫無毒。杏仁爲之使，得紫菀良，惡皂莢、硝石、玄參；畏貝母、辛夷、麻黃、黄芩、黃連、青箱。

又 萹蓄 一名萹竹。生東萊山谷，今在處有之。布地生道傍。苗似石竹。葉微闊，嫩緑如竹。赤莖如釵股，節間花出，甚細，淡桃紅色，結小細子。根如蒿根。苗葉味苦，性平，一云味甘，無毒。

又 大藍 生河內平澤，今處處有之，人家園圃中多種。苗高尺餘。葉類白菜葉，微厚而狹窄尖艄，淡粉青色。莖叉梢間，開黃花。小莢，其子黑色。《本草》謂菘藍，可以爲靛染青。以其葉似菘菜，故名菘藍，又名馬藍。《爾雅》所謂葴馬藍是也。味苦，性寒，無毒。

又 石竹子 《本草》名瞿麥，一名巨句麥，一名大菊，一名大蘭，又名杜母草、燕麥、蘥麥。生太山川谷，今處處有之。苗高一尺已來。葉似獨掃葉而尖小，又似小竹葉而細窄。莖亦有節，梢間開紅白花而結蒴，內有小黑子。味苦辛，性寒無毒。蘘草、牡丹爲之使，惡螵蛸。

又 紅花菜 《本草》名紅藍花，一名黃藍。出梁漢及西域，滄魏亦種之，今處處有之。苗高二尺許。莖葉有刺，似刺薊葉而潤澤，窊面。梢結梂彙，亦多刺。開紅花，蕊出梂上。圃人採之，採已復出，至盡而罷。梂中結實，白顆如小豆大。其花暴乾，以染真紅，及作胭脂。花味辛，性溫，無毒。葉味甘。

又 萱草花 俗名川草花，《本草》：一名鹿葱，謂生山野，花名宜男。《風土記》云「懷妊婦人佩其花，生男」故也。人家園圃中多種。其葉就地叢生，兩邊分垂，葉似菖蒲葉而柔弱，又似粉條兒菜葉而肥大。葉間攛葶，開金黃花，味甘無毒。根涼，亦無毒。葉味甘。

又 車輪菜 《本草》：名車前子，一名當道，一名芣苢，一名蝦蟇衣，一名牛衣，一名勝舄菜。《爾雅》云：馬舄，幽州人謂之牛舌草。生滁州及真定平澤，今處處有之。春初生苗，葉布地如匙；而累年者，長及尺餘，又似玉簪葉，稍大而薄。葉叢中心，攛葶三四莖，作長穗如鼠尾。花甚密，青色，微赤。結實如葶藶子，赤黑色。生道傍。味甘鹹，性寒，無毒；一云味甘，性平。葉及根味甘，性寒。常山爲之使。

又 白水葒苗 《本草》：名葒草，一名鴻䳺。有赤白二色。《爾雅》云「紅蘢古，其大者蘬」，《鄭詩》云「隰有遊龍」是也。所在有之，生水邊下溼地。葉似蓼葉而大長，有澀。花開紅白，又似馬蓼。其莖有節而赤，味鹹，性微寒，無毒。

又 黄耆 一名戴糝，一名戴椹，一名獨椹，一名芰草，一名蜀脂，一名百本，一名王孫。生蜀郡山谷及白水漢中河東陝西，出綿上，呼爲綿黄耆。今處處有之。根長二三尺。獨莖，叢生枝榦。其葉扶疎，作羊齒狀，似槐葉微尖小，又似蒺藜葉，闊大而青白色。開黄紫花，如槐花大。結小尖角，長寸許。味甘，性微温，無毒；一云味苦，微寒。惡龜甲、白蘚皮。

又 威靈仙 一名能消。出商州上洛華山，並平澤及陝西河東河北河南江湖石州寧化等州郡。不聞水聲者良。今密縣梁家衡山野中亦有之。苗高一二尺。莖方如釵股，四稜。莖多細茸白毛。葉似柳葉而闊，邊有鋸齒，又似旋覆花葉。其葉作層生，每層六七葉，相對排，如車輪樣，有六層至七層者。花淺紫色，或碧白色。作穗似蒲臺子，亦有似菊花頭者。結實青色。根稠密，多鬚。味苦，性温，無毒。惡茶及麪湯。以甘草、枝子代飲可也。

又 馬兜鈴 根名雲南根，又名土青木香。生關中及信州，滁州河東河北江淮夔州浙州郡皆有，今高阜等去處亦有之。春生苗如藤蔓。葉如山藥葉而厚大，背白。開黄紫花，頗類枸杞花。結實如鈴，作四五瓣。葉脱時，鈴尚垂之，其狀如馬項鈴，故得名。味苦，性寒；又云平無毒。

又 旋覆花 一名戴椹，一名金沸草，一名盛椹。上黨田野人呼爲金錢花。《爾雅》云蕧，盜庚。出隨州，生平澤川谷。今處處有之。苗多近水傍。初生大如紅花葉而無刺。苗長二三尺已來。葉似柳葉，稍寬大。莖細如蒿榦。開花似菊花，如銅錢大，深黄色。花味鹹甘，性温，微冷利，有小毒。葉味苦，性涼。

又 防風 一名銅芸，一名茴草，一名百枝，一名屏風，一名簡根，一名百蜚。生同州沙苑川澤，邯鄲琅邪上蔡陝西山東，處處皆有。今中牟田野中亦有之。根上黄色，與蜀葵根相類，稍細短。莖葉俱青緑色，莖深而葉淡。葉似青蒿葉而闊大，又似米蒿葉而稀疎。莖似茴香。開細白花。結實似胡荽子而大。味甘辛，性温無毒。殺附子毒。惡乾薑、藜蘆、白斂、芫花。又名石防風，亦療頭風眩痛。又有叉頭者，令人發狂；叉尾者，發痼疾。

又 鬱臭苗 本草茺蔚子是也。一名益母，一名益明，一名大札，一名貞蔚。皆云蓷，益母也。亦謂蓷臭穢。生海濵池澤，今田野處處有之。葉似荏子葉，又似艾葉而薄小，色青。莖方，節節開小白花。結子黑茶褐色，三稜細長。味辛甘，微温；一云微寒，無毒。

又 澤漆 《本草》：一名漆莖，大戟苗也。生太山川澤，及冀州鼎州明州，今處處有之。苗高二三尺，科叉生。莖紫赤色。葉似柳葉，微細短。開黄紫花，狀似杏花而瓣頗長。生時摘葉，有白汁出，亦能嚙刺人，故以爲名。味苦辛，性微寒，無毒；一云有小毒；一云性冷，微毒。小豆爲之使，惡薯蕷。初嘗，葉味澀苦；食過，回味甘。

又 酸漿草 本草名酢漿草，一名醋母草，一名鳩酸草，俗爲小酸茅。舊不著所出州土，今處處有之，生道傍下溼地。葉如初生小水萍，每莖端皆叢生三葉。開黄花。結黑子。南人用苗揩鍮石器，令白如銀，色光艷。味酸，性寒，無毒。

又 蛇床子 一名蛇粟，一名蛇米，一名虺床，一名思益，一名澠毒，一名棗棘，一名牆蘼。《爾雅》一名盱。生臨淄川谷田野，今處處有之。苗高一二尺，青碎作叢似蒿枝，葉似黄蒿葉，又似小葉蘼蕪，又似藁本葉。每枝上有花頭百餘，結同一窠，開白花如傘蓋狀。結子半黍大，黄褐色。味苦，性甘，無毒；一云有小毒，惡牡丹、巴豆、貝母。

又 茴香 一名蘹香子，北人呼爲土茴香。茴蘹聲相近，故云耳。今處處有之，人家園圃多種。苗高三四尺。莖粗如筆管。傍有淡黄袴葉，揷莖而生。袴葉上，發生青色細葉，似細蓬葉而長，極疎細，如絲髪狀。袴葉間，分生叉枝，梢頭開花。花頭如傘蓋，黄色。結子如蒔蘿子，微大而長，亦有線瓣。味苦辛，性平，無毒。

又 夏枯草 《本草》：一名夕句，一名乃東，一名燕面。生蜀郡川谷，及河淮浙滁平澤。今祥符西田野中亦有之。苗高二三尺。其葉對節生；葉似旋覆葉而極長大，邊有細鋸齒，背白，上多氣脈紋路。葉端開花，作穗長二三寸許。其花紫白似丹參花。葉味苦，微辛，性寒，無毒。土瓜爲之使。俗又謂之鬱臭苗，非是。

又 藁本 一名鬼卿，一名地新，一名微莖。生崇山山谷及西川河東兖州杭州。今衛輝輝縣栲栳圈山谷間亦有之。俗名山園荽。苗高五七寸。葉似芎藭葉細小，又似園荽葉而稀疎。莖比園荽莖頗硬直。味辛，微苦，性温，微寒，無毒。惡蔄茹，畏青葙子。

又 柴胡 一名地薰，一名山菜，一名茹草葉，一名芸蒿。生弘農川谷，及宛句壽州淄州關陝江湖間皆有，銀州者爲勝。今鈞州密縣山谷間亦有。苗甚辛香。莖青紫堅硬，微有細線楞。葉似竹葉而小。開小黄花。根淡赤色。味苦，性平，微寒，無毒。半夏爲之使；惡皂莢，畏女菀、藜蘆。又有苗似斜蒿，亦有似麥門冬苗而短者。開黄花。生丹州，結青子，與他處者不類。

又 漏蘆 一名野蘭，俗名莢蒿。根名鹿驪根，俗呼爲鬼油麻。生喬山山谷，及秦州海州單州曹兖州；今鈞州新鄭沙崗間亦有之。苗葉就地叢生。葉似山芥菜葉而大，又多花；又有似白屈菜葉，又似大蓬蒿葉，及似風花菜脚葉而大。葉中攛葶，上開紅白花。根苗味苦鹹，性寒，大寒無毒。連翹爲之使。

又 龍膽草 一名龍膽，一名陵游，俗呼草龍膽。生齊朐山谷，及宛句襄州吳興皆有之。今鈞州新鄭山崗間亦有。根類牛膝，而根一本十餘莖，黄白色，宿根。苗高尺餘。葉似柳葉而細短，又似小竹。開花如牽牛花，青碧色，似小鈴形樣。陶隱居注云：「狀似龍葵，味苦如膽，因以爲名。」味苦性寒，大寒無毒。貫衆、小豆爲之使，惡防葵、地黄。又云：浙中又有龍膽草，味苦澀，此同類而别種也。

又 鼠菊 《本草》名鼠尾草，一名葝，一名陵翹。出黔州及所在平澤有之。今鈞州新鄭崗野間亦有之。苗高一二尺。葉似菊花葉，微小而肥厚，又似野艾蒿葉而脆，色淡緑。莖端作四五穗，穗似車前子穗而極疎細。開五瓣淡粉紫色花，又有赤、白二色花者。黔中者，苗如蒿。《爾雅》謂「葝，鼠尾」，可以染皂。味苦，性微寒，無毒。

又 前胡 生陝西漢梁江淮荆襄江寧成州諸郡，相孟越衢婺睦等州皆有。今密縣梁家衝山野中亦有之。苗高一二尺，青白色，似斜蒿，味甚香美。葉似野菊葉而瘦細，頗似山蘿蔔葉，亦細，又似芸蒿。開黪白花，類蛇床子花。秋間結實。根細，青紫色；一云外黑裏白。味甘辛微苦，性微寒，無毒。半夏爲之使；惡皂莢，畏藜蘆。

又 地榆 生桐柏山，及宛句山谷；今處處有之，密縣山野中亦有此。多宿根。其苗初生布地，後攛葶，直高三四尺，對分生葉。葉似榆葉而狹細，頗長，作鋸齒狀，青色。開花如椹子，紫黑色，又類豉，故名玉豉。其根外黑裏紅，似柳根。亦入釀酒藥。燒作灰，能爛石。味苦甘酸，性微寒；一云沉寒無毒。得髮良，惡麥門冬。

又 川芎 一名芎藭，一名胡窮，一名香果。其苗葉名蘼蕪，一名微蕪，一名茳蘺。生武功川谷，斜谷，西嶺，雍州川澤，及宛句。其關陝蜀川江東山中亦多有，以蜀川者爲勝。今處處有之，人家園圃多種。苗葉似芹而葉微細窄，卻有花叉；又似白芷葉，亦細；又如園荽葉微壯。又有一種，葉似蛇床子葉，而亦粗壯。開白花。其芎，人家種者，形塊大、重。實多脂潤，其裏色白。味辛甘，性温，無毒。山中出者，瘦細，味苦辛，其節大、莖細，狀如馬銜，謂之馬銜芎；狀如雀腦者，謂之雀腦芎，皆取有力。白芷爲之使，畏黄連。其蘼蕪，味辛香，性温，無毒。

又 葛勒子秧 《本草》名葎草，亦名葛勒蔓，一名葛葎蔓，又名澀蘿蔓。蔓而生藤，長丈餘，莖多細澀刺。葉似萆麻葉而小，亦薄。莖葉極澀，能抓挽人。莖葉間開黄白花，結子類山絲子。其葉味甘苦，性寒，無毒。

又 猪牙菜 《本草》名角蒿，一名莪蒿，一名蘿蒿，又名藘蒿。舊云生高崗及澤田，漸洳處多有；今處處有之，生田野中。苗高一二尺。莖葉如青蒿，葉似斜蒿葉而細，又與蛇牀子葉頗似。梢間開花，紅赤色，鮮明可愛。花罷結角子，似蔓菁角，長二寸許，微彎。中有子黑色，似王不留行子。味辛苦，性温無毒；一云性平，有小毒。

又 連翹 一名異翹，一名蘭華，一名折根，一名軹，一名三廉。《爾雅》謂之連，一名連苕。生太山山谷，及河中江寧澤潤淄兖鼎岳利州南康皆有之；今密縣梁家衝山谷中亦有。科苗高三四尺。莖稈赤色。葉如榆葉大，面光色青黄，邊微細鋸齒，又似金銀花葉，微尖艄。開花黄色可愛。結房，狀似山梔子。蒴微匾而無稜瓣。蒴中有子如雀舌樣，極小。其子折之，間片片相比如翹，以此得名。味苦，性平，無毒。葉亦味苦。

明·徐光啓《農政全書》卷四七《荒政採周憲王〈救荒本草〉·草部葉可食》 桔梗 一名利如，一名房圖，一名白藥，一名梗草，一名薺苨。生嵩高山谷及宛句和州解州，今鈞州密縣山野亦有之。根如手指大，黄白色。春生苗，莖高尺餘。葉似杏葉而長橢，四葉相對而生，嫩時亦可煮食。開花紫碧色，頗似牽牛花，秋後結子。葉名隱忍。其根有心，無心者乃薺苨也。根葉味辛苦，性微温，有小毒。一云味苦，性平無毒。節皮爲之使，得牡礪、遠志，療恚怒。得硝石、石膏，療傷寒。畏白芨、龍眼、龍膽。

又　青杞　《本草》名蜀羊泉，一名羕泉，一名羊飴，俗名漆姑。生蜀郡山谷，及所在平澤皆有之，今祥符縣西田野中亦有。苗高二尺餘，葉似菊葉稍長。花開紫色，子類枸杞子，生青熟紅。根如遠志，無心有槮，味苦，性微寒，無毒。

又　馬蘭頭　《本草》名馬蘭。舊不著所出州土，但云生澤傍，如澤蘭。北人見其花，呼爲紫菊，以其花似菊而紫也。苗高一二尺，莖亦紫色。葉似薄荷葉，邊皆鋸齒；又似地瓜兒葉，微大。味辛，性平無毒。又有山蘭，生山側，似劉寄奴，葉無椏，不對生。花心微黃赤。

又　稀薟　俗名粘糊菜，俗又呼火枕草。舊不著所出州郡，今處處有之。苗高三四尺，金稜銀線，素根紫稭，莖叉對節而生，莖葉頗類蒼耳莖，葉絞脈堅直。梢葉間開花，深黃色。又有一種，苗葉似芥葉而尖狹，開花如菊，結實頗似鶴蝨。科苗味苦，性寒，有小毒。

又　澤瀉　俗名水蓄菜，一名水瀉，一名及瀉，一名芒芋，一名鵠瀉。生汝南池澤及齊州，山東河陝江淮亦有，漢中者爲佳。今水邊處處有之。叢生苗葉，其葉似牛舌草葉，紋脈堅直。葉叢中間攛葶，對分莖叉。莖有線楞。梢間開三瓣小白花。結實小、青細，子味甘。葉味微鹹，無毒。

又　竹節菜　一名翠蝴蝶，又名翠蛾眉，又名笪竹花，一名倭青草。南北皆有，今新鄭縣山野中亦有之。葉似竹葉微寬。短莖，淡紅色。就地叢生，攛節似初生嫩葦節。梢葉間開翠碧花，狀類蝴蝶。其葉味甜。

又　獨掃苗　生田野中，今處處有之。葉似竹形而柔弱細小，拖莖而生。莖葉梢間結小青子，小如粟粒。科莖老時，可爲掃帚。葉味甘。

又　歪頭菜　出新鄭縣山野中。細莖就地叢生。葉似豇豆葉而狹長，背微白，兩葉並生一處。開紅紫花，結角比豌豆角短小匾瘦。葉味甜。

又　兔兒酸　一名兔兒漿。所在田野中皆有之。苗比水葒矮短，莖葉皆類水葒。其莖節密，其葉亦稠，比水葒葉稍薄小，味酸，性寒，無毒。

又　鹻蓬　一名鹽蓬。生水傍下濕地。莖似落藜，亦有線楞。葉似蓬而肥壯，比蓬葉亦稀疏。莖葉間結青子，極細小。其葉味微鹹，性微寒。

又　蔄蒿　田野中處處有之。苗高二尺餘，莖䔑似艾。其葉細長鋸齒，葉拖莖而生，味微苦，性微溫。

又　水萵苣　一名水菠菜。水邊多生。苗高一尺許。葉似麥藍葉，而有細鋸齒，兩葉對生，每兩葉間，對叉又生兩枝。梢間開青白花，結小青蓇葖，如小椒粒大。其葉味微苦，性寒。

又　金盞菜　一名地冬瓜菜。生田野中。苗高二三尺，莖初微赤而有線路。葉似線柳葉，微厚，拖莖而生。莖葉稠密。開花紫色黃心。其葉味甘性寒。

又　水辣菜　生水邊下濕地中。莖高一尺餘，莖圓。葉似雞兒腸葉，頭微齊短；又似馬蘭頭葉，亦更齊短。其葉拖莖生，梢間出穗，如黃蒿穗。其葉味辣。

又　紫雲菜　生密縣傅家衝山野中。苗高一二尺。莖方，紫色，對節生叉。葉似山小菜葉，頗長，拖梗對生。葉頂及葉間，開淡紫花，其葉味微苦。

又　鴉葱　生田野中。枝葉尖長，塌地而生。葉似初生薥秫葉而小；又似初生大藍葉，細窄而尖。其葉邊皆曲皺。葉中攛葶，吐結小蓇葖，後出白英。味微辛。

又　匙頭菜　生密縣山野中，作小科苗。其莖面窊背圓。葉似圓匙頭樣，有如杏葉大，邊微鋸齒。開淡紅花。結子黃褐色。其葉味甜。

又　鷄冠菜　生田野中。苗高尺餘，似青莢葉，窄小；又似山菜葉而窄艄，梢間出穗，似兔兒尾穗，却微細小。開粉紅花。結實如莧菜子。苗葉味苦。

又　水蔓菁　一名地膚子。生中牟縣南沙崗中。苗高一二尺。葉彷彿似地瓜兒葉，却甚短小，捲邊窊面；又似雞兒腸葉，頗尖艄。梢頭出穗，開淡藕絲褐花。葉味甜。

又　野園荽　生祥符縣西北田野中。苗高一尺餘。苗葉結實，皆似家胡荽，但細小瘦窄。味甜，微辛香。

又　牛尾菜　生輝縣鴉子口山野間。苗高二三尺。葉似龍鬚菜葉。葉間分生叉枝，及出一細絲蔓，又似金剛刺葉而小，紋脈皆竪。莖葉梢間，開白花。結子黑色。其葉味甘。

又　山萮菜　生密縣山野中。苗初塌地生。其葉之莖，背圓面窊。葉似初出冬蜀葵，葉梢五花叉鋸齒邊，又似蔚臭苗葉而硬厚頗大。後攛莖叉。莖深紫色。梢葉頗小。味微辣。

又　綿絲菜　生輝縣山野中。高一二尺。葉似兔兒尾葉，但短小；又似柳葉菜葉，亦比短小。梢頭攢生小蓇葖，開黲白花。其葉味甜。

又　米蒿　生田野中，所在處處有之。苗高尺許。葉似園荽葉，微細。葉叢間分生莖叉，梢上開小青黃花，結小細角，似葶藶角兒。葉味微苦。

又 山芥菜 生密縣山坡及岡野中。苗高一二尺。葉似家芥菜葉，瘦短微尖而多花。又開小黃花，結小短角兒。味辣，微甜。

又 舌頭菜 生密縣山野中。苗葉塌地生。葉似山白菜葉而小；頭頗團，葉面不皺，比小白菜葉亦厚，狀類猪舌形，故以爲名。味苦。

又 紫香蒿 生中牟縣平野中。苗高一二尺。莖方，紫色。葉似邪蒿葉，而背白；又似野胡蘿蔔葉，微短。莖葉梢間，結小青子，比灰菜子又小。其葉味苦。

又 金盞兒花 人家園圃中多種。苗高四五寸。葉似初生萵苣葉，比萵苣葉狹窄而厚；抪莖生葉。莖端開金黃色盞子樣花。其葉味酸。

又 六月菊 生祥符西田野中。苗高一二尺。莖似鐵桿蒿莖。葉似雞兒腸葉，但長而澀，又似馬蘭頭葉而硬短。梢葉間，開淡紫花。葉味微酸澀。

又 費菜 生輝縣太行山車箱衝山野間。苗高尺許。似火餤草葉而小，頭頗齊，上有鋸齒。其葉抪莖而生。葉梢上，開五瓣小尖淡黃花。結五瓣紅小花蒴兒。苗葉味酸。

又 千屈菜 生田野中。苗高二尺許。莖方，四楞。葉似山梗菜葉而不尖；又似柳葉菜葉，亦短小。葉頭頗齊。葉皆相對生。梢間，開紅紫花。葉味甜。

又 柳葉菜 生鄭州賈峪山山野中，苗高二尺餘，莖淡黃色，葉似柳葉而厚短，有澀毛。梢間開四瓣深紅花，結細長角兒。其葉味甜。

又 仙靈脾 《本草》名淫羊藿，一名剛前，俗名黃德祖、千兩金、乾雞筋、放杖草、棄杖草，俗又呼三枝九葉草。生上郡陽山山谷及江東陝西泰山漢中湖湘沂州等郡，并永康軍皆有之。今密縣山野中亦有。苗高二尺許，莖似小豆莖，極細緊。葉似杏葉，頗長。近蔕皆有一缺。又似菉豆葉，亦長而光。梢間開花，白色，亦有紫色花。作碎小獨頭子根，紫色有鬚，形類黃連狀。味辛性寒。一云性溫無毒。生處不聞水聲者良，薯蕷紫芝爲之使。

明·徐光啓《農政全書》卷四八《荒政 採周憲王〈救荒本草〉·草部葉可食》 剪刀股 生田野中，處處有之。塌地作科苗，葉似嫩苦苣菜而細小。色頗似藍，亦有白汁。莖叉梢間開淡黃花。葉味苦。

又 婆婆指甲菜 生田野中，作地攤科。生莖細弱，葉像女人指甲，又似初生棗葉，微薄。細莖。梢間結小花蒴。苗葉味甘。

又 鐵桿蒿 生田野中。苗莖高二三尺。葉似獨掃葉，微肥短；又似扁蓄葉而短小，分生莖叉。梢間開淡紫花黃心。葉味苦。

又 山甜菜 生密縣韶華山山谷中。苗高二三尺。莖青白色。葉似初生綿花葉而窄。花叉頗淺。其莖葉間開五瓣淡紫花。結子如枸杞子，生則青，熟則紅色。葉味苦。

又 水蘇子 生下溼地。莖淡紫色。對生莖叉，葉亦對生。其葉似地瓜葉而窄，邊有花，鋸齒三叉。尖葉下，兩傍又有小叉。葉梢開花黃色，其葉微辛。

又 風花菜 生田野中。苗高二尺餘。葉似芥菜葉而瘦長，又多花叉。梢間開黃花，如芥菜花。味辛微苦。

又 鵝兒腸 生許州水澤邊。就地妥莖而生，對節生葉。葉似蟛豆葉而薄，又似佛指甲葉微艄。葉間分生枝叉，開白花。結子似葶藶子。其葉味甜。

又 粉條兒菜 生田野中。其葉初生，就地叢生，長則四散分垂。葉似萱草葉，而瘦細微短。葉間擸葶，開淡黃花。葉甜。

又 辣辣菜 生荒野中，今處處有之。苗高五七寸。初生尖葉，後分枝莖，上出長葉。開細青白花，結小匾蒴。其子似米蒿子，黃色，味辣。

又 毛連菜 一名常十八。生田野中。苗初塌地生，後擸莖叉，高二尺許。葉似刺薊葉而長大，稍尖；其葉邊褫曲皺，上有澀毛。梢間開銀褐花。味微苦。

又 小桃紅 一名鳳仙花，一名夾竹桃，又名海蒳，俗名染指甲草。人家園圃多種，今處處有之。苗高二尺許。葉似桃葉而傍邊有細鋸齒。開紅花。結實形類桃樣，極小。有子似蘿蔔子，取之易迸散，俗稱急性子。葉味苦微澀。

又 青莢兒菜 生輝縣太行山山野中。苗高二尺許，對生莖叉，葉亦對生。其葉面青背白，鋸齒三叉葉。脚葉花叉頗大，狀似荏子葉而狹長尖艄。莖葉梢間，開五瓣小黃花，衆花攢開，形如穗狀。其葉，味微苦。

又 八角菜 生輝縣太行山山野中。苗高一尺許，苗莖甚細。其葉狀類牡丹葉而大。味甜。

又 耐驚菜 一名蓮子草。以其花之萼莢，狀似小蓮蓬樣，故名。生下濕地中。苗高一尺餘。莖紫赤色，對生莖叉。葉似小桃紅葉而長。梢間開細瓣白花，而淡黃心。葉味苦。

又 地棠菜 生鄭州南沙崗中。苗高一二尺。葉似地棠花葉，甚大；又似初生芥菜葉，微狹而尖。味甜。

又 雞兒腸　生中牟田野中。苗高一二尺。莖黑紫色，葉似薄荷葉，微小，邊有稀鋸齒，又似六月菊。梢葉間開細瓣淡粉紫花，黃心。葉味微辣。

又 雨點兒菜　生田野中，就地叢生。其莖，脚紫梢青。葉如細柳葉而窄小，抪莖而生；又似石竹子葉而頗硬。梢間開小尖五瓣白花。結角比蘿蔔角又大。其葉味甘。

又 白屈菜　生田野中。苗高一二尺。初作叢生，莖葉皆青白色。莖有毛刺，梢頭分叉，上開四瓣黃花。葉頗似山芥菜葉，而花叉極大；又似漏蘆葉而色淡。味苦微辣。

又 扯根菜　生田野中。苗高一尺許。莖赤色紅。葉似小桃紅葉，微窄小，色頗緑；又似小柳葉，亦短而厚窄。其葉週圍攢莖而生。開碎瓣小青白花。結小花蒴，似蒺藜樣。葉苗味甘。

又 草零陵香　又名芫香，人家園圃中多種之。葉似苜蓿葉而長大，微尖。莖葉間開小淡粉紫花，作小短穗。其子如粟粒。苗葉，味苦，性平。

又 水落藜　生水邊，所在處處有之。莖高尺餘，莖色微紅。葉似野灰菜葉而瘦小。味微苦澀，性涼。

又 涼蒿菜　又名甘菊芽。生密縣山野中。葉似菊花葉而長細尖艄，又多花叉。開黃花。其葉味甘。

又 粘魚鬚　一名龍鬚菜。生鄭州賈峪山，及新鄭山野中亦有之。初先發笋，其後延蔓，生莖發葉。每葉間皆分出一小叉，及出一絲蔓。葉似土茜葉而大，又似金剛刺葉，亦似牛尾菜葉，不澀而光澤。味甘。

又 節節菜　生荒野下濕地。科苗甚小。葉似鹻蓬，又更細小而稀疎。其莖多節，堅硬。葉間開粉紫花。味甜。

又 野艾蒿　生田野中。苗葉類艾而細，又多花叉。葉有艾香，味苦。

又 堇堇菜　一名箭頭草。生田野中。苗初塌地生。葉似鈹箭頭樣，而葉蒂甚長。其後葉間攛葶，開紫花。結三瓣蒴兒，中有子如芥子大，茶褐色。味甘。

又 婆婆納　生田野中。苗塌地生。葉最小，如小面花黶兒，狀類初生菊花芽，葉又團邊微花，如雲頭樣。味甜。

又 野茴香　生田野中。苗初塌地生。葉似抪娘蒿葉，微細小。後于葉間攛葶，分生莖叉。梢頭開黃花。結細角，有黑子。葉味苦。

又 蠍子花菜　又名虼蚤花，一名野菠菜。生田野中。苗初塌地生。葉似初生菠菜葉而瘦細，葉間攛生莖叉，高一尺餘。莖有線楞，梢間開小白花。其葉味苦。

又 白蒿　生荒野中。苗高二三尺。葉如細絲，似初生松針，色微青白，稍似艾香。味微辣。

又 野同蒿　生荒野中。苗高二三尺。莖紫赤色。葉似白蒿，色微青黃，又似初生松針而茸細。味苦。

又 野粉團兒　生田野中。苗高一二尺。莖似鐵桿蒿莖。葉似獨埽葉而小，上下稀疎。枝頭分叉，開淡白花，黃心，味甜辣。

又 蚵蚾菜　生密縣山野中。苗高一二三尺許。葉似連翹葉微長；又似金銀花葉而尖，紋皺卻少。邊有小鋸齒。開粉紫花，黃心。葉味甜。

明・徐光啓《農政全書》卷四九《荒政 採周憲王〈救荒本草〉・草部葉可食》 山梗菜　生鄭州賈峪山山野中。苗高二尺許，莖淡紫色。葉似桃葉而短小，又似柳葉菜葉，亦小。梢間開淡紫花。其葉味甜。

又 狗掉尾苗　生南陽府馬鞍山中。苗長二三尺，拖蔓而生。莖方，色青。其葉似歪頭菜葉，稍大而尖艄，色深緑，紋脈微多；又似狗筋蔓葉。梢間開五瓣小白花，黃心，衆花攢開。其狀如穗。葉味微酸。

又 石芥　生輝縣鴉子口山谷中。苗高一二尺，葉似地棠菜葉而闊短，每三葉或五葉攢生一處。開淡黃花，結黑子。苗葉味苦，微辣。

又 獾耳菜　生中牟平野中。苗長尺餘，莖多枝叉；其莖上有細線楞。葉似竹葉而短小，亦軟，又似萹蓄葉，卻頗闊大，而又尖。莖葉俱有微毛。開小黲白花，結細灰青子。苗葉味甘。

又 回回蒜　一名水胡椒，又名蠍虎草。生水邊下濕地，苗高一尺許。葉似野艾蒿而硬，又甚花叉；又似前胡葉，頗大，亦多花叉。苗莖梢頭，開五瓣黃花。結穗如初生桑椹子而小，又似初生蒼耳實，亦小；色青，味極辛辣。其葉味甜。

又 地槐菜　一名小蟲兒麥。生荒野中。苗高四五寸。葉似石竹子葉，極細短。開小黃白花，結小黑子。其葉味甜。

又 螺黶兒　一名地桑，又名痢見草。生荒野中。莖微紅。葉似野人莧葉，微長，窄而尖。開花，作赤色。小細穗兒。其葉味甘。

又 泥胡菜　生田野中。苗高一二尺。莖梗繁多。葉似水芥菜葉，頗大，花叉甚深；又似風花菜葉，卻比短小。葉中攛葶，分生莖叉。梢間開淡紫花，似刺薊花。苗葉味辣。

又 兔兒絲　生田野中。其苗就地拖蔓。節間生葉，如指頂大；葉邊似雲頭樣。小黃花。苗葉味甜。

又 老鸛筋　生田野中。就地拖秧而生。莖微紫色。莖叉繁稠。葉似園荽葉而頭不尖，又似野胡蘿蔔葉而短小。葉間開五瓣小黃花，味甜。

又 絞股藍　生田野中，延蔓而生。葉似小藍葉，短小軟薄，邊有鋸齒；又似痢見草葉，亦軟，淡緑，五葉攢生一處。開小花，黃色；又有開白花者。結子如豌豆大，生則青色，熟則紫黑色。葉味甜。

又 抪娘蒿　生田野中。苗高二尺許。莖似黃蒿莖。其葉碎小，茸細如針，色頗黃緑。嫩則可食，老則爲柴。苗葉味甜。

又 雞腸菜　生南陽府馬鞍山荒野中。苗高二尺許。莖方色紫。其葉對生。葉似菱葉樣而無花叉；又似小灰菜葉，形樣微匾。開粉紅花，結碗子蒴兒。葉味甜。

又 水胡蘆苗　生水邊，就地拖蔓而生。每節間開四葉，而葉如指頂大；其葉尖上皆作三叉，味甜。

又 胡蒼耳　又名回回蒼耳。生田野中。葉似皂莢葉，微長大；又似望江南葉而小，頗硬。色微淡緑。莖有線楞。結實如蒼耳實，但長艄。味微苦。

又 水棘針苗　又名山油子。生田野中。苗高一二尺，莖方四楞，對分莖叉。葉亦對生，其葉似荆葉而軟，鋸齒尖葉。莖葉紫緑。開小紫碧花。葉味辛辣，微甜。

又 沙蓬　又名雞爪菜。生田野中。苗高一尺餘，初就地上蔓生，後分莖叉，其莖有細線楞。葉似獨掃葉，狹窄而厚；又似石竹子葉，亦窄。莖葉梢間結小青子，小如粟粒。其葉味甘，性温。

又 麥藍菜　生田野中。莖葉俱深蒿苣色。葉似大藍梢葉而小，頗尖。其葉抱莖對生；每一葉間，攛生一叉。莖叉梢頭，開小肉紅花，結蒴，有子似小桃紅子。苗葉味微苦。

又 女婁菜　生密縣韶華山山谷中。苗高一二尺，莖叉相對分生。葉似覆旋花葉，頗短。色微深緑，抪莖對生。梢間出青蓇葖。開花，微吐白蘂。結實青子，如枸杞微小。其葉味苦。

又 委陵菜　一名翻白菜。生田野中。苗初塌地生，後分莖叉；莖節稠密，上有白毛。葉彷彿類柏葉而極闊大，邊如鋸齒形，面青背白；又似雞腿兒葉而卻窄；又類鹿蕨葉，亦窄。莖葉梢間開五瓣黃花。其葉味苦，微辣。

又 獨行菜　又名麥稭菜。生田野中。科苗高一尺許。葉似水棘針葉，微短小；又似水蘇子。葉亦短小狹窄，作瓦隴樣。梢出細葶，開小黲白花。結小青蓇葖，小如菉豆粒。葉味甜。

又 山蓼　生密縣山野間。苗高一二尺。葉似芍藥葉而長，細窄，又似野菊花葉而硬厚，又似水胡椒葉，亦硬。開碎瓣白花。其葉味微辣。

又 葛公菜　生密縣韶華山山谷間。苗高二三尺。莖方，窊面四楞，對分莖叉。葉方對生，葉似蘇子葉而小，又似荏子葉而大。梢間開粉紅花。結子如小米粒而茶褐色。其葉味甜，微苦。

又 鯽魚鱗　生密縣韶華山山野中。苗高一二尺。莖方而茶褐色，對分莖叉。葉亦對生，葉似雞腸菜葉，頗大，又似桔梗葉而微軟薄，葉面卻微紋皺。梢間開粉紅花。結子如小粟粒而茶褐色。其葉味甜。

又 尖刀兒苗　生密縣梁家衝山野中。苗高二三尺。葉似細柳葉，硬而細長而尖。葉皆兩兩抪莖對生。間開淡黃花。結尖角兒，長二寸許，麄如蘿蔔角；中有白瓤及小匾黑子。其葉味甘。

又 珍珠菜　生密縣山野中。苗高二尺許。莖似蒿稈，微帶紅色。其葉狀似柳葉而極細小，又似地梢瓜葉。頭出穗，狀類鼠尾草穗，開白花。結子小如菉豆粒，黃褐色。葉味苦澀。

又 杜當歸　生密縣山野中。其莖圓而有線楞。葉似山芹菜葉而硬，邊有細鋸齒刺。又似蒼术葉而大，每三葉攢生一處。開黃花。根似前胡根，又似野胡蘿蔔根。其葉味甜。

又 薔蘼　又名刺蘼。今處處有之。生荒野崗嶺間，人家園圃中亦栽。科條青色，莖上多刺。葉似椒葉而長，鋸齒又細，背頗白。開紅白花，亦有千葉者，味甜淡。

又 風輪菜　生密縣山野中。苗高二尺餘。方莖四楞，色淡緑微白。葉似荏子葉而小，又似威靈仙葉微寬，邊有鋸齒叉。兩葉對生，而葉節間又生子葉極小，四葉相攢對生。開淡粉紅花，其葉味苦。

又　拖白練苗　生田野中。苗塌地生葉，似垂盆草葉而又小。葉間開小白花，結細黄子。其葉味甜。

又　酸桶笋　生密縣韶華山山澗邊。初發笋葉，其後分生莖叉。科苗高四五尺，莖稈似水葒莖而紅赤色。其葉似白槿葉而澀，又似山格刺菜。葉亦澀，紋脈亦麄。味甘微酸。

又　鹿蕨菜　生輝縣山野中。苗高一尺許。其葉之莖，背圓而面窊。葉似紫香蒿脚葉，而肥闊頗硬；又似胡蘿蔔葉，亦肥硬。味甜。

又　山芹菜　生輝縣山野間。苗高一尺餘。葉似野蜀葵葉稍大，而有五叉，又似地牡丹葉亦大。葉中攛生莖叉，梢結刺毬，如鼠粘子刺毬而小。開花黲白色。葉味甘。

又　金剛刺　又名老君鬚。生輝縣鴉子口山野間。科條高三四尺，條似刺蘼花條，其上多刺。葉似牛尾菜葉，又似龍鬚菜葉，比此二葉俱大。葉間生細絲蔓，其葉味甘。

又　柳葉青　生中牟荒野中。科苗高二尺餘。莖似蒿莖。葉似柳葉而短，抪莖而生。開小白花，銀褐心。其葉味微辛。

又　大蓬蒿　生密縣山野中。莖似黄蒿莖，色微帶紫。葉似山芥菜葉而長大，極多花叉；又似風花菜葉，叉亦多；又似漏蘆葉，卻微短。開碎瓣黄花。苗葉味苦。

又　狗筋蔓　生中牟縣沙崗間。小科就地拖蔓生。葉似狗掉尾葉而短小；又似月芽菜葉，微尖艄而軟，亦多紋脈。兩葉對生。梢間開白花。其葉味苦。

明·徐光啓《農政全書》卷五〇《荒政 採周憲王〈救荒本草〉·草部葉可食》　花蒿　生荒野中。苗葉就地叢生。葉長三四寸，四散分垂；葉似獨掃葉而長硬，其頭頗齊，微有毛澀。味微辛。

又　兔兒傘　生滎陽塔兒山荒野中。其苗高二三尺許。每科初生一莖；莖端生葉一層，有七八葉。每葉分作四叉，排生如傘蓋狀，故以爲名。後於葉間攛生莖叉，上開淡紅白花。根似牛膝而疎短。味苦微辛。

又　地花菜　又名墓頭灰。生密縣山野中。苗高尺餘。葉似野菊花葉而窄細，又似鼠尾草葉亦瘦細。梢葉間，開五瓣小黄花。其葉味微苦。

又　杓兒菜　生密縣山野中。苗高一二尺。葉類狗掉尾葉而窄，頗長，黑綠色，微有毛澀。又似耐驚菜葉而小，軟薄，梢葉更小。開碎瓣淡黄白花。其葉味苦。

又　佛指甲　生密縣山谷中。科苗高一二尺。莖微帶赤黄色。其葉淡綠背皆微帶白色。葉如長匙頭樣，似黑豆葉而微寬；又似鶩兒腸葉，甚大。皆兩葉對生。開黄花，結實形如連翹，微小；中有黑子，小如粟粒。其葉味甜。

又　虎尾草　生密縣山谷中。科苗高二三尺。莖圓。葉頗似柳葉而瘦短，又似兔兒尾葉，亦瘦窄；又似黄精葉，頗軟。抪莖攢生。味甜，微澀。

又　野蜀葵　生荒野中，就地叢生。苗高五寸許。葉似葛勒子秧葉而厚大，又似地牡丹葉。味辣。

又　蛇葡萄　生荒野中，拖蔓而生。葉似菊葉而小，花叉繁碎，又似前胡葉亦細。莖葉間，開五瓣小銀褐色花。結子如豌豆大，生青，熟則紅色。苗葉味甜。

又　星宿菜　生田野中。作小科苗生。葉似石竹子葉而細小，又似米布袋葉微長。梢上開五瓣小尖白花。苗葉味甜。

又　水蓑衣　生水泊邊。葉似地梢瓜葉而窄。每葉間皆結小青蓇葖。其葉味苦。

又　牛嬭菜　出輝縣山野中。拖藤蔓而生。葉似牛皮硝葉而大，又似馬兜鈴葉極大，葉皆對節生。梢間開青白小花。其葉味甜。

又　小蟲兒臥單　一名鐵線草。生田野中。苗塌地生。葉似苜蓿葉而極小；又似鷄眼草葉，亦小。其莖色紅。開小紅花。苗味甜。

又　兔兒尾苗　生田野中。苗高一二尺。葉似水蘋葉而短，其目大。其葉味酸。

又　地錦苗　生田野中。小科苗，高五七寸。莖葉似園荽。葉間開紫花。結小角兒。苗葉味苦。

又　野西瓜苗　俗名禿漢頭。生田野中。苗高一尺許。葉似家西瓜葉而小，頗硬。葉間生蔕，開五瓣銀褐花，紫心黄蘂。花罷作蒴，蒴内結實如楝子大。苗葉味微苦。

又　香茶菜　生田野中。莖方，窊面四楞。葉似薄荷葉，微大，抪莖。梢頭出穗，開粉紫花，結蒴如蕎麥蒴而微小。葉味苦。

又 透骨草 一名天芝麻。生中牟荒野中。苗高三四尺。莖方,窊面四楞。其莖脚紫。對節分生莖叉。葉似蔄蒿葉而多花叉,葉皆對生。莖節間,攢開粉紅花。結子似胡麻子。葉味苦。

又 毛女兒菜 生南陽府馬鞍山中。苗高一尺許。葉似綿絲菜葉而微尖,又似兔兒尾葉而小。莖葉皆有白毛。梢間開淡黄花,如大黍粒,數十顆攢成一穗。味甘酸。

又 牻牛兒苗 又名鬬牛兒苗。生田野中。就地拖秧而生,莖蔓細弱。其莖紅紫色。葉似蔁荽葉,瘦細而稀疎。開五瓣小紫花。結青蓇葖兒,上有一嘴,甚尖鋭,如細錐子狀,小兒取以爲鬬戲。葉味微苦。

又 鉄掃箒 生荒野中。就地叢生,一本二三十莖,苗高三四尺。葉似苜蓿葉而細長;又似細葉胡枝子葉,亦短小。開小白花。其葉味苦。

又 山小菜 生密縣山野中。科苗高二尺餘,就地叢生。葉似酸漿子葉而窄小,面有細紋脈,邊有鋸齒,色深緑;又似桔梗葉,頗長艄。味苦。

又 羊角菜 又名羊嬭科,亦名合鉢兒,俗名婆婆針扎兒,又名細絲藤,一名過路黄。生田野下濕地中。拖藤蔓而生,莖色青白。葉似馬兜鈴葉而長大,又似山藥葉,亦長大,面青,背頗白。皆兩葉相對生。莖葉折之俱有白汁出。葉間出蓢,開五瓣小白花。結角似羊角狀,中有白瓤。其葉味甘微苦。

又 耬斗菜 生輝縣太行山山野中。小科苗,就地叢生。苗高一尺許,莖梗細弱。葉似牡丹葉而小,其頭頗團。味甜。

又 甌菜 生輝縣山野中。就地作小科苗,生莖叉。葉似山莧菜葉,而有鋸齒。又似山小菜葉,其鋸齒比之却小,味甜。

又 變豆菜 生輝縣太行山山野中。其苗葉初作地攤科生。葉似地牡丹葉極大,五花叉,鋸齒尖,其後葉中分生莖叉。梢葉頗小,上開白花。其葉味甘。

又 和尚菜 田野處處有之。初生塌地布葉,葉似野天茄兒葉而大,背微紅紫色。後攛苗,高二三尺。葉似莙蓬葉,短小而尖;又似紅落藜葉,而色不紅。結子如灰菜子。葉味辛酸,微鹹。

明·徐光啓《農政全書》卷五一《荒政採周憲王〈救荒本草〉·草部葉可食》

沙參 一名知母,一名苦心,一名志取,一名虎鬚,一名白參,一名識美,一名文希。生河内川谷,及兗句般陽續山,幷淄齊潞隨歸州,而江淮荆湖州郡皆有,今輝縣太行山邊亦有之。苗長一二尺,叢生崖坡間。葉似枸杞葉,微長,而有叉牙鋸齒。開紫花。根如葵根,赤黄色,中正白實者佳。味微苦,性微寒,無毒。惡防已,及藜蘆。又有杏葉沙參及細葉沙參,氣味與此相類,但《圖經》内不曾該載此二種葉苗形容,未敢併入本條。今皆另條開載。

又 百合 一名重箱,一名摩羅,一名中逢花,一名強瞿。生荆州山谷,今處處有之。苗高數尺,幹麄如箭,面有葉如鷄距,又似大柳葉而寛,青色稀疎。葉近莖微紫,莖端碧白。開淡黄白花,如石榴嘴而大,四垂向下,覆長蘂;花心有檀色。每一顆須五六花。子色,圓如梧桐子,生於枝葉間。每葉一子,不在花中,此又異也。根色白,形如松子殼,四面攢生,中間出苗;又如葫蒜,重疊生二三十瓣。味甘,辛平,無毒;一云有小毒。又有一種開紅花,名山丹,不堪用。

又 萎蕤 本草一名女萎,一名熒,一名玉竹,一名馬薰。生太山山谷,及舒州滁州均州。今南陽府馬鞍山亦有。苗高一二尺,莖斑。葉似竹葉,闊短而肥厚,葉尖處有黄點;又似百合葉,却頗窄小。葉下結青子,如椒粒大。其根似黄精而小異,節上有鬚。味甘,性平,無毒。

又 天門冬 俗名萬歲藤,又名婆羅樹。《本草》:一名顛勒,或名地門冬,或名筵門冬,或名巔棘,或名淫羊食,或名管松。生奉高山谷,及建州漢州,今處處有之。春生藤蔓,大如釵股,長至丈餘,延附草木上。葉如茴香,極尖細而疎滑,有逆刺;亦有澀而無刺者。其葉如絲杉而細散,皆名天門冬。夏生白花,亦有黄花及紫花者。秋結黑子,在其根枝傍;入伏後,無花,暗結子。其根白,或黄紫色,大如手指,長二三寸;大者爲勝。其生高地,根短味甜氣香者上;其生水側下地者,葉細似蘊而微黄,根長而味多苦、氣臭者下,亦可服。味苦甘,性平,大寒,無毒。垣衣、地黄及貝母爲之使,畏曾青。服天門冬,誤食鯉魚中毒,浮萍解之。

又 章柳根 《本草》:一名商陸,一名募根,一名夜呼,一名白昌,一名當陸,一名章陸;《爾雅》則謂之蓫;《廣雅》則謂之馬尾,亦謂之莧陸。生咸陽川谷,今處處有之。苗高三四尺,簳麄似鷄冠花簳,微有線楞,色微紫赤。葉青,如牛舌,微闊而長。根如人形者,有神。亦有赤白二種。花赤,根亦赤;花白,根亦白。赤者不堪服食,傷人,乃至痢血不已;白者堪服食。亦有一種名赤昌,苗葉絶相類,不可用,須細辨之。商陸味辛酸。一云味苦,性平,有毒;一云性冷,得大蒜良。

又 麥門冬 《本草》云:秦名羊韭,齊名愛韭,楚名馬韭,越名羊蓍。一名禹葭，一名禹餘糧。生隨州陸州及函谷，堤坂肥土石間久廢處有之。今輝縣山野中亦有。葉似韭葉而長，冬夏長生。根如穬麥而白色。出江寧者小潤，出新安者大白。大者苗如鹿葱，小者如韭。味苦，性平，微寒，無毒。地黄、車前爲之使，惡欵冬、苦瓠、苦芙，畏木耳、苦參、青蘘。

又 苧根　舊云閩蜀江浙多有之，今許州人家田園中亦有種者。苗高七八尺，一科十數莖。葉如楮葉而不花叉，面青背白，上有短毛；又似蘇子葉。其葉間出細穗，花如白楊而長，每一朵凡十數穗，花青白色。子熟，茶褐色。其根黄白色，如手指麄。宿根地中，至春自生，不須藏種。根味甘性寒。

又 蒼术　一名山薊，一名山薑，一名山連，一名山精。生鄭山漢中山谷，今近郡山谷亦有，嵩山茅山者佳。苗淡青色，高二三尺。莖作蒿𦶜。葉抪莖而生，梢葉似棠葉，脚葉有三五叉，皆有鋸齒小刺。開花深碧色，亦似刺薊花；或有黄白花者。根長如指，大而肥實；皮黑茶褐色，味苦甘；一云味甘辛，性温，無毒。防風、地榆爲之使。

又 菖蒲　一名堯韭，一名昌陽。生上洛池澤，及蜀郡嚴道戎衛衡州，并嵩岳石磧上。今池澤處處有之。葉似蒲而匾，有脊。一如劍刃。其根盤屈有節，狀如馬鞭。𦶜大。根傍引三四小根，一寸九節者良；節尤密者佳。亦有十二節者。露根者不可用。又一種名蘭蓀，又謂溪蓀，根形氣色，極似石上菖蒲。葉正如蒲，無脊。俗謂菖蒲生於水次，失水則枯。其菖蒲味辛，性温，無毒。秦皮秦艽爲之使；惡地膽、麻黄；不可犯鐵，令人吐逆。

又 葍子根　俗名打碗花，一名兔兒苗，一名狗兒秧。幽薊間謂之燕葍根，千葉者呼爲纒枝牡丹；亦名穰花。生平澤中，今處處有之。延蔓而生，葉似山藥葉而狹小。開花狀似牽牛花，微短而圓，粉紅色。其根甚多，大者如小筋麄，長一二尺，色白，味甘，性温。

又 菽蘡根　俗名麵碌碡。生水邊下濕地。其葉就地叢生，葉似蒲葉而肥短，葉背如劍脊樣，葉叢中間攛葶，上開淡粉紅花，俱皆六瓣。花頭攢開，如傘蓋狀，結子如韭花蓇葖。其根如鷹爪黄連樣，色如墐泥色，味甘。

又 野胡蘿蔔　生荒野中。苗葉似家胡蘿蔔，俱細小。葉間攛生莖叉，梢頭開小白花，衆花攢開如傘蓋狀，比蛇床子花頭又大，結子比蛇床子亦大。其根比家胡蘿蔔尤細小，味甘。

又 綿棗兒　一名石棗兒。出密縣山谷中，生石間。苗高三五寸。葉似韭葉而闊，瓦隴樣。葉中攛葶出穗，似鷄冠莧穗而細小。開淡紅花，微帶紫色。結小蒴兒。其子似大藍子而小，黑色。根類獨顆蒜，又似棗形而白。味甜性寒。

又 土圞兒　一名地栗子。出新鄭山野中。細莖延蔓而生。葉似菉豆葉，微尖艄；每三葉攢生一處。根似土瓜兒根，微團。味甜。

又 野山藥　生輝縣太行山山野中。妥藤而生。其藤似葡萄條稍細，藤頗紫色。其葉似家山藥葉而大，微尖。根比家山藥極細瘦，甚硬。皮色微赤，味微甜，温平無毒。

又 金瓜兒　生鄭山田野中。苗初生，似小葫蘆葉而微小；又似赤雹兒葉。莖方。莖葉俱有毛刺。每葉間出一細藤，延蔓而生。開五瓣尖碗子黄花。結子如馬瓝大，生青熟紅。根形如鷄彈微小；其皮土黄色，内則青白色。味微苦，性寒；與酒相反。

又 細葉沙參　生輝縣太行山山衝間。苗高一二尺，莖似蒿𦶜。葉似石竹子葉而細長；又似水蓑衣葉，亦細長。梢間開紫花。根似葵根而麄，如拇指大，皮色灰，中間白色。味甜，性微寒。《本草》有沙參，苗、葉、莖狀，所説與此不同，未敢併入條下，今另爲一條，開載於此。

又 雞腿兒　一名翻白草。出鈞州山野中。苗高七八寸。細長鋸齒葉硬厚，背白。其葉似地榆葉而細長。開黄花。根如指大，長三寸許，皮赤内白，兩頭尖艄，味甜。

又 山蔓菁　出鈞州山野中。苗高一二尺。莖葉皆蒿苣色，葉似桔梗葉，頗長艄而不對生；又似山小菜葉微窄。根形類沙參，如手指麄。其皮灰色，中間白色。味甜。

又 老鴉蒜　生水邊下濕地中。其葉直生，出土四垂，葉狀似蒲而短，背起劍脊。其根形如蒜瓣，味甜。

又 山蘿蔔　生山谷間，田野中亦有之。苗高五七寸，四散分生莖葉。其葉似菊葉而闊大，微有艾香。每莖五七葉排生，如一大葉。梢間開紫花。根似野胡蘿蔔根，而帶黲白色，味苦。

又 坤參　又名山蔓菁。生鄭州沙崗間。苗高一二尺，葉似初生桑科小葉，微短。又似桔梗葉，微長。開花似鈴鐸樣，淡紅紫花。根如拇指大，皮色蒼，内黲白色，味甜。

又 獐牙菜　生水邊。苗初塌地生。葉似龍鬚菜葉而長窄，葉頭頗團而不尖，其葉嫩薄，又似牛尾菜葉，亦長窄。其根如芽根而嫩，皮色黑灰，味甜。

又 雞兒頭苗　生祥符西田野中。就地妥秧生。葉甚疎稀，每五葉攢生，狀如一葉，其葉花叉有小鋸齒。葉間生蔓，開五瓣黄花。根叉甚多，其根形如香附子而鬚長，皮黑肉白，味甜。

明·徐光啓《農政全書》卷五二《荒政采周憲王〈救荒本草〉·草部葉可食》　雀麥《本草》：一名鷰麥，一名蘥音樂。生于荒野林下，今處處有之。苗似鷰麥而又細弱，結穗像麥穗而極細小，每穗又分作小叉穗十數個。子甚細小，味甘，性平，無毒。

又 回回米《本草》名薏苡仁，一名解蠡，一名屋菼，一名芑實，一名藾，俗名草珠兒，又呼爲西番蜀秫。生真定平澤及田野；交阯生者，子最大，彼土人呼爲藾珠。今處處有之。苗高三四尺。葉似黍葉而稍大。開紅白花。作穗子。結實青白色，形如珠而稍長，故名薏珠。子味甘，微寒，無毒。今人俗亦呼爲菩提子。

又 蒺藜子《本草》：一名旁通，一名屈人，一名止行，一名犲羽，一名升推，一名即藜，一名茨。生馮翊平澤道傍，今處處有之。布地蔓生。細葉，小黄花，結子有三角刺人是也。味苦辛，性温，微寒，無毒。烏頭爲之使。又有一種白蒺藜，出同州沙苑，開黄紫花。作莢子，結子狀如腰子樣，小如黍粒。補腎藥多用。味甘，有小毒。

又 粦子《本草》名茼實。處處有之。北人種以打繩索。苗高五六尺。葉似芋葉而短薄，微毛澀，開金黄花，結實，殼似蜀葵實殼而圓大，俗呼爲粦饅頭。子黑色，如蹺豆大。味苦，性平，無毒。

又 稗子　有二種：水稗，生水田邊；旱稗，生田野中。今皆處處有之。苗葉似䅟子，葉色深緑；脚葉頗帶紫色。梢頭出匾穗，結子如黍粒大，茶褐色；味微苦，性微温。

又 䅟子　生水田中及下濕地内。苗葉似稻，但差短。梢頭結穗，彷彿稗子穗。其子如黍粒大，茶褐色，味甘。

又 川穀　生汜水縣田野中。苗高三四尺。葉似初生蜀秫葉，微小，葉間叢開小黄白花。結子似草珠兒，微小，味甘。

又 莠草子　生田野中。苗葉似穀，而葉微瘦。梢間開茸細毛穗。其子比穀細小，舂米類折米。熟時即收，不收即落。味微苦，性温。

又 野黍　生荒野中。科苗皆類家黍，而莖葉細弱；穗甚瘦小，黍粒亦極細小。味甜，性微温。

又 雞眼草　又名掐不齊。以其葉用指甲掐之，作劓不齊，故名。生荒野中，塌地生。葉如雞眼大，似三葉酸漿葉而圓，又似小蟲兒臥單葉而大。結子小如粟粒，黑茶褐色，味微苦。氣與槐相類，性温。

又 鷰麥　田野處處有之，其苗似麥。攛葶，但細弱。葉亦瘦細，抪莖而生。結細長穗，其麥粒極細小，味甘。

又 潑盤　一名托盤。生汝南荒野中，陳蔡間多有之。苗高五七寸。莖葉有小刺。其葉彷彿似艾葉，稍團，葉背亦白。每三葉攢生一處。結子作穗，如半柿大，類小盤堆石榴顆狀。下有蒂承，如柿蒂形。味甘酸，性温。

又 絲瓜苗　人家園籬邊多種之。延蔓而生。葉似括樓葉而花叉大。每葉間出一絲藤，纏附草木上。莖葉間五瓣大黄花。結瓜形如黄瓜而大，色青，嫩時可食，老則去皮，内有絲縷，可以擦洗油膩器皿。味微甜。

又 地角兒苗　一名地牛兒苗。生田野中，塌地生。一根就分數十莖，其莖甚稠。葉似胡豆葉微小，葉生莖面，每攢四葉對生作一處。莖傍另又生葶，梢頭開淡紫花。結角似連翹角而小，中有子，狀似蹺豆顆，味甘。

又 馬瓟兒　生田野中，就地拖秧而生。葉似甜瓜葉，極小。莖蔓亦細。開黄花。結實比雞彈微小，味微酸。

又 山黧豆　一名山豌豆。生密縣山野中。苗高尺許。其莖，窊面劍脊。葉似竹葉而齊短，兩兩對生。開淡紫花。結小角兒。其豆匾如蹺豆，味甜。

又 龍芽草　一名瓜香草。生輝縣鴨子口山野間。苗高一尺餘，莖多澀毛，葉形如地棠葉而寬大，葉頭齊團。每五葉或七葉作一莖，排生。葉莖脚上，又有小芽菜兩兩對生。梢間出穗，開五瓣小圓黄花。結青毛膏葖，有子，大如黍粒，味甜。

又 地稍瓜　生田野中。苗高尺許，作地攤科生。葉似獨掃葉而細窄，光硬；又似沙蓬葉，亦硬，週圍攢莖而生。莖葉開小白花。結角長大如蓮子，兩頭尖艄，狀又似鴉嘴形，名地稍瓜。味甘。

又 錦荔枝　又名癩葡萄。人家園籬邊多種。苗引藤蔓延，附草木生。莖長七八尺，莖有毛，澀。葉似野葡萄葉，而花叉多，葉間生細絲蔓。開五瓣黄碗子花。結實如雞子大，尖艄紋皺，狀似荔枝而大，生青熟黄。内有紅瓤，味甜。

又　雞冠果　一名野楊梅。生密縣山谷中。苗高五七寸。葉似潑盤葉而小，又似雞兒頭葉，微團。開五瓣黃花。結實似紅小楊梅狀。味甜酸。

又　羊蹄苗　一名東方宿，一名連蟲陸，一名鬼目，一名蓄。俗呼猪耳朵。生陳留川澤，今所在有之。苗初塌地生，後攛生莖叉，高二尺餘。其葉狹長，頗似萵苣，而色深青；又似大藍葉，微闊。莖節間紫赤色。其花青白成穗。其子三稜。根似牛蒡而堅實。味苦。性寒，無毒。

又　蒼耳　《本草》名葈耳，俗名道人頭，又名喝起草，一名胡葈，一名地葵，一名葹，一名常思，一名羊負來。《詩》謂之卷耳，《爾雅》謂之苓耳。生安陸川谷及六安田野，今處處有之。葉青白，類粘糊菜葉。莖葉梢間結實，比桑椹短小而多刺。其實味苦甘，性溫。葉味苦辛，性微寒，有小毒；又云無毒。

又　姑娘菜　俗名燈籠兒，又名掛金燈。《本草》名酸漿，一名醋漿。生荆楚川澤，及人家田園中，今處處有之。苗高一尺餘。苗似水莨而小。葉似天茄兒葉窄小，又似人莧葉，頗大而尖。開白花。結房如囊，似野西瓜。蒴形如撮口布袋，又類燈籠樣。囊中有實，如櫻桃大，赤黃色，味酸。性平寒，無毒。葉味微苦。別條又有一種酸漿草，三葉，與此不同，治證亦別。

又　土茜苗　《本草》：根名茜根，一名地血，一名茹藘，一名茅蒐，一名蒨。生喬山川谷，徐州人謂之牛蔓。西土出者佳，今北土處處有之，名土茜。根可以染紅。葉似棗葉形，頭尖下闊，紋脈豎直。莖方。莖葉俱澀。四五葉對生節間。莖蔓延，附草木，開五瓣淡銀褐花。結子小如菉豆粒，生青熟紅。根紫赤色。味苦，性寒，無毒。一云味甘，一云味酸。畏鼠姑。葉味微酸。

又　王不留行　又名剪金草，一名禁宮花，一名剪金花。生太山山谷，今祥符沙堈間亦有之。苗高一尺餘。其莖對節生叉。葉似石竹子葉而寬短，抪莖對生。脚葉似槐葉而狹長。開粉紅花。結蒴如松子大，似罌粟殼，樣極小。有子如葶藶子大，而黑色。味苦甘。性平，無毒。

又　白薇　一名白幕，一名薇草，一名春草，一名骨美。生平原川谷，并陜西諸郡及滁州。今鈞州密縣山野中亦有之。苗高一二尺，莖葉俱青。頗類柳葉而闊短，又似女婁脚葉而長硬毛澀。開花紅色，又云紫花。結角似地稍瓜而大，中有白瓤。根狀如牛膝根而短，黃白色。味苦鹹，性平，大寒，無毒。惡黄芪、大黃、大戟、乾姜、乾漆、山茱萸、大棗。

又　蓬子菜　生田野中，所在處處有之。其苗嫩時，莖有紅紫線楞。葉似鹻蓬葉微細。苗老結子。葉則生出叉刺。其子如獨掃子大。苗葉味甜。

又　胡枝子　俗亦名隨軍茶。生平澤中。有二種，葉形有大小，大葉者，類黑豆葉；小葉者，莖類蓍草，葉似苜蓿葉而長大。花色有紫、白。結子如粟粒大，氣味與槐相類。性溫。

又　米布袋　生田野中，苗塌地生。葉似澤漆葉而窄，其葉順莖排生。梢頭攢結三四角，中有子，如黍粒大，微匾，味甜。

又　大茄苗兒　生田野中。苗高二尺許。莖有線楞。葉似姑娘草葉而大，又似和尚菜葉卻小。開五瓣小白花。結子似野葡萄大，紫黑色，味甜。

又　苦馬豆　生延津縣郊野中，在處有之。苗高二尺許。莖似黄芪苗，莖上有細毛。葉似胡豆葉微小，又似蒺藜葉卻大。枝葉間開紅紫花。結殼如拇指頂大半。頂間多虛，俗呼爲羊尿胞，内有子，如檾子大，茶褐色。子葉俱味苦。

又　猪尾把苗　一名狗脚菜。生荒野中。苗長尺餘。葉似甘露兒葉而甚短小，其頭頗齊。莖葉皆有細毛。每葉間順條開小白花。結小蒴兒，中有子，小如粟粒，黑色。苗葉味甜。

明・徐光啓《農政全書》卷五三《荒政 採周憲王〈救荒本草〉・草部 葉可食》 草三柰　生密縣梁家衝山谷中。苗高一尺許。葉似蓑草而狹長。開小淡紅花。根似雞爪形而麄，亦香。其味甘，微辛。

又　黄精苗　俗名筆管菜，一名重樓，一名菟竹，一名雞格，一名救窮，一名鹿竹，一名萎蕤，一名仙人餘糧，一名垂珠，一名馬箭，一名白及。生山谷，南北皆有之。嵩山茅山者佳。根生肥地者大如拳，薄地者猶如拇指。葉似竹葉，或二葉，或三葉，或四五葉，俱皆對節而生。味甘，性平，無毒。又云莖光滑者，謂之太陽之草，名曰黄精，食之可以長生。其葉不對節，莖葉毛鉤子者，謂之太陰之草，名曰鉤吻，食之入口立死。又云莖不紫、花不黄，爲異。

又　地黄苗　俗名婆婆嬭。一名地髓，一名芐，一名芑。生咸陽川澤，今處處有之。苗初塌地生。葉如山白菜葉而毛澀，葉面深青色；又似芥菜葉而不花叉。比芥菜葉頗厚。葉中攛莖，上有細毛。莖梢開筒子花，紅黄色，北人謂之牛嬭子花。結實如小麥粒。根長四五寸，細如手指，皮赤黄色，味甘苦，性寒無毒。惡貝母，畏無荑，得麥門冬、清酒良。忌鐵器。

又　牛旁子　《本草》名惡實，未去萼名鼠粘子，俗名夜叉頭，根謂之牛菜。生魯山平澤，今處處有之。苗高二三尺，葉如芋葉，長大而澀，花淡紫色。實似蘿蔔而褐色，外殼如栗梂而小，多刺；鼠過之，則綴惹不可脱，故名。殼中有子，如半粒麥而匾小。根長尺餘，麄如拇指，其色灰黲，味辛，性平。一云，味甘無毒。

又　遠志　一名棘菀，一名葽繞，一名細草。生太山及冤句川谷，河陝商齊泗州亦有，俗傳夷門遠志最佳；今密縣梁家衝山谷間多有之。苗名小草，葉似石竹子葉，又極細。開小紫花，亦有開小紅白花者。根黄色，形如蒿根，長及一尺許，亦有根黑色者。根葉俱味苦，性温，無毒。得茯苓、冬葵子、龍骨良。殺天雄、附子毒。畏珍珠、藜蘆、蜚蠊、齊蛤、蠐螬。

又　杏葉沙參　一名白麵根，生密縣山野中。苗高一二尺，莖色青白。葉似杏葉而小，邊有叉牙；又似山小菜，葉微尖而背白。梢間開五瓣白碗子花。根形如野胡蘿蔔，頗肥，皮色灰黲，中間白色，味甜，性微寒。《本草》有沙參，苗葉根莖，其説與此形狀皆不同，未敢併入條下，乃另開於此。其杏葉沙參，又有開碧色花者。

又　藤長苗　又名旋菜。生密縣山坡中，拖蔓而生。苗長三四尺餘。莖有細毛。葉似滴滴金葉而窄小，頭頗齊。開五瓣粉紅大花。根似打碗花根。根葉皆味甜。

又　牛皮消　生密縣野中，拖蔓而生。藤蔓長四五尺。葉似馬兜鈴葉寬大而薄，又似何首烏葉，亦寬大。開白花，結小角兒。根類葛根而細小，皮黑，肉白，味苦。

又　菹草　即水藻也。生陂塘及水泊中。莖如麄線，長三四尺。葉形似柳葉而狹長，故名柳葉菹。又有葉似蓬子葉者。根麄如釵股而色白，味微鹹，性微寒。

又　水豆兒　一名葴菜。生陂塘水澤中。其莖葉比菹草又細，狀類細線，連綿不絶。根如釵股而色白，根下有豆，如退皮菉豆瓣，味甘。

又　水葱　生水邊及淺水中。科苗彷彿類家葱，而極細長。梢頭結蓇葖，彷彿類葱蓇葖而小。開黲白花。其根，類葱根，皮色紫黑。根苗俱味甘，微鹹。

又　蒲笋　《本草》名其苗爲香蒲，即甘蒲也；一名睢，一名醮。俚俗名此蒲爲香蒲，謂菖蒲爲臭蒲。其香蒲，水邊處處有之。根比菖蒲根極肥大而少節。其葉初未出水時，葉莖紅白色，採以爲笋。後攛梗於叢葉中，花抱梗端，如武士棒杵，故俚俗謂蒲棒。蒲黄，即花中蘂屑也，細若金粉，當欲開時，有便取之。市鄽間亦採，以蜜搜作果食貨賣，甚益小兒。味甘，性平，無毒。

又　蘆笋　其苗名葦子草。《本草》有蘆根，《爾雅》謂之葭華。生下隰陂澤中。其狀都似竹，但差小，而葉抱莖生，無枝叉。花白，作穗如茅花。根如竹根，亦差小而節疎。露出浮水者，不堪用。味甘，一云辛，性寒。

又　茅芽根　《本草》名茅根，一名蘭根，一名茹根，一名地菅，一名地筋，一名兼杜，又名白茅菅。其芽一名茅針。生楚地山谷，今田野處處有之。春初生苗，布地如針。夏生白花，茸茸然。至秋而枯。其根至潔白，亦甚甘美。根性寒，茅針性平，花性温，俱味甘，無毒。

又　葛根　一名雞齊根，一名鹿藿，一名黄斤。生汶山川谷，及成州海州浙江，并澧鼎之間，今處處有之。苗引藤蔓，長二三丈。莖淡紫色。葉頗似楸葉而小，色青。開花似豌豆花，粉紫色。結實如皂莢而小。根形如手臂。味甘，性平，無毒。一云性冷，殺野葛、巴豆、百藥毒。

又　何首烏　一名野苗，一名交藤，一名夜合，一名地精，一名陳知白，又名桃柳藤，亦名九真藤。出順州南河縣，其嶺外江南諸州及虔州皆有，以西洛嵩山歸德柘城縣者爲勝；今鈞州密縣山谷中亦有之。蔓延而生。莖蔓紫色，葉似山藥葉而不光。嫩葉間開黄白花，葛勒花。結子有稜，似蕎麥而極細小，如粟粒大。根大者如拳，各有五楞瓣，狀似甜瓜樣，中有花紋，形如鳥獸、山嶽之狀者，極珍。有赤白二種：赤者雄，白者雌。又云：雄者苗葉黄白，雌者赤黄色。一云雄苗赤，生必相對，遠不過三四尺，夜則苗蔓相交，或隱化不見。凡修合藥，須雌雄相合，服有驗。宜偶日服，二四六八日是也。其藥本無名，因何首烏見藤夜交，採服有功，因以採人爲名耳。又云仙草。其爲五十年者，如拳大，號山奴，服之一年，髭髪烏黑。百年如碗大，號山哥，服之一年，顔色紅悦。百五十年，如盆大，號山伯，服之一年，齒落重生。二百年如斗栲栳大，號山翁，服之一年，顔如童子，行及奔馬。三百年如三斗栲栳大，號山精，服之一年，延齡。純陽之體，久服成地仙。又云：其頭九數者，服之乃仙。味苦澀，性微温，無毒。一云味甘。茯苓爲之使，酒下最良。忌鐵器、猪羊血及猪肉、無鱗魚。與蘿蔔相惡，若並食，令人髭鬢早白，腸風多熱。

又　瓜樓根　俗名天花粉。《本草》名栝樓。實，一名地樓，一名果贏，一名天瓜，一名澤姑，一名黄瓜。生弘農川谷及山陰地，今處處有之。入土深者良，生鹵地者有毒。《詩》所謂「果蓏之實」是也。根亦名白藥，大者細如手臂，皮黄，肉白。苗引藤蔓。葉似甜瓜葉而作花叉，有細毛。開花似胡蘆花，淡黃色。實在花下，大如拳，生青熟黃。根味苦，性寒，無毒。枸杞爲之使，惡乾姜，畏牛膝、乾漆及烏頭。

又　磚子苗　一名關子苗。生水邊。苗似水葱而麁大，内實，又似蒲葶。梢開碎白花。結穗似水莎草穗，紫赤色。其子如黍粒大，根似蒲根而堅實，味甜。子味亦甜。

又　菊花　一名節華，一名日精，一名女節，一名女華，一名女莖，一名更生，一名周盈，一名傅延年，一名陰成。生雍州川澤及鄧衡齊州田野，今處處有之。味苦甘，性平，無毒。朮、枸杞、桑根白皮爲之使。

又　金銀花　《本草》名忍冬。一名鷺鷥藤，一名左纏藤，一名金釵股；又名老翁鬚，亦名忍冬藤。舊不載所出州土，今輝縣山野中亦有之。其藤淩冬不凋，故名忍冬草，附樹延蔓而生，莖微紫色，對節生葉。葉似薜荔葉而青，又似水茶臼葉，頭微團而軟，背頗澀；又似黑豆葉而大。開花五出，微香，蔕帶紅色。花初開白色，經一二日則色黃，故名金銀花。《本草》中不言善治癰疽發背，近代名人用之奇效。味甘，性温，無毒。

又　望江南　其花名茶花兒。人家園圃中多種。苗高二尺許，莖微淡赤色。葉似槐葉而肥大微尖，又似胡蒼耳葉頗大，及似皂角葉亦大。開五瓣金黃花。結角長三寸許。葉味微苦。

又　大蓼　生密縣梁家衝山谷中。拖藤而生。莖有線楞而頗硬，對節分生莖叉。葉亦對生，葉似山蓼葉微短，拳曲。節間開白花。其葉味苦微辣。

又　黑三稜　舊云：河陝江淮荆襄間皆有之，今鄭州賈峪山澗水邊亦有。苗高三四尺，葉似菖蒲葉而厚大，背皆三稜劍脊。葉中攛葶，葶上結實，攢爲刺毬，狀如楮桃樣而三，顆瓣甚多。其顆瓣，形似草決明子而大，生則青，熟則紅黃色。根狀如烏梅而頗大，有鬚蔓延相連，比京三稜體微輕，治療並同。其葶味甜，根味苦，性平，無毒。

又　荇絲菜　又名金蓮兒，一名藕蔬菜。水中拖蔓而生。葉似初生小荷葉，近莖有椏劐。葉浮水上，葉中攛莖，上開金黃花。莖味甜。

又　水慈菰　俗名爲剪刀草，又名剪搭草。生水中。其莖面窊背方。背有線楞。其葉三角，似剪刀形。葉中攛生莖叉，梢間開三瓣白花，黃心，結青蓇葖，如青楮桃狀，頗小。根類葱根而麁大，其味甜。

又　茭筍　《本草》有菰根，又名菰蔣草，江南人呼爲茭草，俗又呼爲茭白。生江東池澤水中及岸際，今在處水澤邊皆有之。苗高二三尺。葉似蔗荻，又似茅葉而長、闊、厚。葉間攛葶，開花如葦。結實青子。根肥，剥取嫩白笋可啖。久根盤厚，生菌細嫩，葉可啖，名菰菜。三年已上，心中生葶如藕，白軟，中有黑脈，甚堪啖，名菰首。味甘，性大寒無毒。

明・徐光啓《農政全書》卷五四《荒政 採周憲王〈救荒本草〉・木部 實可食**》**

茶樹　《本草》有茗、苦搽。《圖經》云：生山南漢中山谷，閩浙蜀荆江湖淮南山中皆有之，惟建州北苑數處産者，性味獨與諸方不同。今密縣梁家衝山谷間亦有之。其樹大小皆類梔子。春初生芽，爲雀舌、麥顆。又有新芽，一發便長寸餘，微麁如針；漸至環脚、軟枝條之類。葉老則似水茶臼葉而長，又似初生青岡橡葉而小，光澤。又云：冬生葉，可作羹飲。世呼早採者爲搽，晚取者爲茗。一名荈。蜀人謂之苦搽，今通謂之茶。茶聲近，故呼之。又有研治作餅，名爲臘茶者，皆味甘苦。性微寒，無毒。如茱萸、葱、姜等良。又別有一種，蒙山中頂上清峯茶，云春分前後，多聚人力，候雷初發聲，併手齊採，若得四兩，服之即爲地仙。

又　夜合樹　《本草》名合歡，一名合昏。生益州及雍洛山谷。今鈞州鄭州山野中亦有之。木似梧桐，其枝甚柔弱。似皂莢葉，又似槐葉，極細而密，互相交結，每一風來，輒似相解，了不相牽綴。其葉至暮而合，故名合昏。花發紅白色，瓣上若絲茸然，散垂結實，作莢子極薄細。味甘，性平，無毒。

又　木槿樹　《本草》云：木槿如小葵花，淡紅色；五葉成一花，朝開暮斂。花與枝兩用。湖南北人家，多種植爲籬障。亦有千葉者，人家園圃多栽種。性平，無毒。葉味甜。

又　白楊樹　《本草》：白楊樹皮，舊不載所出州土，今處處有之。此木高大，皮白如楊，故名。葉圓如梨，肥大而尖；葉背甚白，葉邊鋸齒狀；葉蔕小，無風自動也。味苦，性平，無毒。

又　黃櫨　生商洛山谷，今鈞州鄭州山野中亦有之。葉圓，木黃，枝莖色紫赤。葉似杏葉而圓大，味苦，性寒，無毒。木可染黃。

又　椿樹芽　《本草》有椿木、樗木。舊不載所出州土，今處處有之。二木形幹大抵相類。椿木實而葉香可啖，樗木疏而氣臭，膳夫熬去其氣亦可啖。北人呼樗爲山椿，江東人呼爲虎目。葉脱處有痕如樗蒲子，又如眼目，故得此名。夏中生莢。樗之有花者無莢，有莢者無花。莢常生臭樗上，未見椿上有莢者。

然世俗不辨椿樗之異，故俗名爲椿莢，其實樗莢耳。其無花不實，木大端直爲椿，有花而莢大，小幹多迂矮者爲樗。椿味苦，有毒；樗味苦，有小毒，性温。一云性平無毒。

又 椒樹 《本草》：蜀椒，一名南椒，一名巴椒，一名蓎藙。生武都川谷及巴郡歸峽蜀川陝洛間。人家園圃多種之。高四五尺，似茱萸而小，有針刺。葉似刺蘗葉，微小，葉堅而滑，可煮食，甚辛香。結實無花，但生於葉間，如豆顆而圓，皮紫赤。此椒，江淮及北土皆有之。莖皆相類，但不及蜀中者皮肉厚、腹裏白、氣味濃烈耳。又云：出金州西城者佳，味辛，性温，大熱，有小毒。多食令人乏氣，口閉者殺人。十月不食椒，損氣傷心，令人多忘。杏仁爲之使，畏欵冬花。

又 椋子樹 《本草》有椋子木。舊不載所出州土，今密縣山野中亦有之。其樹有大者，木則堅重，材堪爲車輞。初生作科條，狀類荆條，對生枝叉。葉似柿葉而薄小，兩葉相當，對生。開白花。結子細圓，如牛李子，大如豌豆，生青熟黑。味甘鹹，性平無毒。葉味苦。

又 雲葉 生密縣山野中。其樹枝葉皆類桑，但其葉如雲頭，花叉又似木欒樹。葉微闊。開細青黄花。其葉味微苦。

又 黄楝樹 生鄭州南山野中。葉似初生椿樹葉而極小，又似楝葉，色微帶黄。開花紫赤色。結子如豌豆大，生青，熟亦紫赤色。葉味苦。

又 凍青樹 生密縣山谷間。樹高丈許。枝葉似枸骨子樹而極茂盛，凌冬不凋，又似樝子樹葉而小，亦似穁芽葉微窄，頭頗團而不尖。開白花。結子如豆粒大，青黑色。葉味苦。

又 穁芽樹 生輝縣山野中。科條似槐條。葉似冬青葉，微長。開白花。結青白子。其葉味甜。

又 月芽樹 又名芿芽。生田野中。莖似槐條。莖似歪頭菜葉，微短，稍硬；又似穁芽葉，頗長艄，其葉兩兩對生，味甘，微苦。

又 女兒茶 一名牛李子，一名牛筋子。生田野中。科條高五六尺，葉似郁李子葉而長大，稍尖，葉色光滑；又似白棠子葉，而色微黄緑。結子如豌豆大，生則青，熟則黑，茶褐色。其葉味淡，微苦。

又 省沽油 又名珍珠花。生鈞州風谷頂山谷中。科條似荆條而圓，對生枝叉。葉亦對生。葉似驢駞布袋葉而大，又似葛藤葉卻小，每三葉攢生一處。開白花，似珍珠色。葉味甘，苦性。

又 白槿樹 生密縣梁家衝山谷中。樹高五七尺。葉似茶葉，而甚闊大光潤；又似初生青岡葉，而無花叉；又似山格刺樹葉亦大。開白花。其葉味苦。

又 回回醋 一名淋樸樕。生密縣韶華山山野中。樹高丈餘。葉似兜櫨樹葉而厚大，邊有大鋸齒，又似厚椿葉而亦大；或三葉、或五葉，排生一莖。開白花。結子大如豌豆，熟則紅紫色，味酸。葉味微酸。

又 槭樹芽 生鈞州風谷頂山谷間。木高一二丈。其葉狀類野葡萄葉，五花尖叉，亦似棉花葉而薄小，又似絲瓜葉，卻甚小，而淡黄緑色。開白花。葉味甜。

又 老葉兒樹 生密縣山野中。樹高六七尺。葉似茶葉，而窄瘦尖艄。又似李子葉而長。其葉味甘，微澀。

又 青楊樹 在處有之。今密縣山野間亦多有。其樹高大。葉似白楊樹葉而狹小，色青，皮亦頗青，故名青楊。其葉味微苦。

又 龍柏芽 出南陽府馬鞍山中。此木久則亦大，葉似初生橡櫟小葉而短，味微苦。

又 兜櫨樹 生密縣梁家衝山谷中。樹甚高大。其木枯朽極透，可作香焚，俗名壞香。葉似回回醋樹葉而薄窄，又似花楸樹葉，卻少花叉。葉皆對生，味苦。

又 青岡樹 舊不載所出州土，今處處有之。其木大而結橡斗者爲橡櫟，小而不結橡斗者爲青岡。其青岡樹枝葉條幹，皆類橡櫟，但葉色頗青，而少花叉。味苦，性平，無毒。

又 檀樹芽 生密縣山野中。樹高一二丈。葉似槐葉而長大。開淡粉紫花。葉味苦。

又 山茶科 生中牟土山田野中。科條高四五尺。枝梗灰白色。葉似皁莢葉而團，又似槐葉亦團。四五葉攢生一處，葉甚稠密，味苦。

又 木葛 生新鄭縣山野中。樹高丈餘。枝似杏枝。葉似杏葉而團；又似葛根葉而小，味微甜。

又 花楸樹 生密縣山野中。其樹高大。葉似回回醋葉，微薄；又似兜櫨樹葉，邊有鋸齒叉。其葉味苦。

又 白辛樹 生滎陽塔兒山崗野間。樹高丈許。葉似青檀樹葉，頗長而薄，色微淡緑，又似月芽樹葉而大，色亦差淡。其葉味甘，微澀。

又　木欒樹　生密縣山谷中。樹高丈餘。葉似楝葉，而寬大稍薄。開淡黃花。結薄殼。中有子，大如豌豆，烏黑色，人多摘取串作數珠。葉味淡甜。

又　烏棱樹　生密縣梁家衝山谷中。樹高丈餘。葉似省沽油樹葉，而背白；又似老婆布鞊葉，微小而艄，開白花。結子如梧桐子大，生青，熟則烏黑。其葉味苦。

又　刺楸樹　生密縣山谷中。其樹高大，皮色蒼白，上有黃白斑文。枝梗間多有大刺。葉似楸葉而薄，味甘。

又　黃絲藤　生輝縣太行山山谷中。條類葛條。葉似山格刺葉而小；又似婆婆枕頭葉，頗硬，背微白，邊有細鋸齒。味甜。

又　山格刺樹　生密縣韶華山山野中。作科條生。葉似白槿樹葉頗短而尖艄，又似茶樹葉而闊大，及似老婆布鞊葉亦大。味甘。

又　統樹　生輝縣太行山山谷中。其樹高丈餘。葉似槐葉而大，卻頗軟薄；又似檀樹葉，而薄小。開淡紅色花。結子如菉豆大，熟則黃茶褐色。其葉味甜。

又　報馬樹　生輝縣太行山山谷間。枝條似桑條色。葉似青檀葉而大，邊有花叉；又似白辛葉，頗大而長硬。葉味甜。

又　椵樹　生輝縣太行山山谷間。樹甚高大，其木細膩，可爲卓器。枝叉對生。葉似木槿葉而長大微薄，色頗淡綠，皆作五花椏叉，邊有鋸齒。開黃花。結子如豆粒大，色青白。葉味苦。

又　臭蕻　生密縣楊家衝山谷中。科條高四五尺。葉似杵瓜葉而尖艄，又似金銀花葉，亦尖艄，五葉攢生如一葉。開花白色。其葉味甜。

又　堅莢樹　生輝縣太行山山谷中。其樹枝幹堅勁，可以作棒。皮色烏黑，對分枝叉。葉亦對生。葉似拐棗葉而大，微薄，其色淡綠；又似土欒樹葉，極大而光潤。開黃花，結小紅子。其葉味苦。

又　臭竹樹　生輝縣太行山山野中。樹甚高大。葉似楸葉而厚，頗艄，却少花叉；又似枴棗葉亦大。其葉面青背白，味甜。

又　馬魚兒條　俗名山皂角。生荒野中。葉似初生刺蘼花葉而小。枝梗色紅，有刺似棘針微小。葉味甘，微酸。

又　老婆布鞊　生鈞州風谷頂山野間。科條，淡蒼黃色。葉似匙頭樣，色嫩綠而光俊；又似山格刺葉却小。味甘性平。

明·徐光啓《農政全書》卷五五《荒政採周憲王〈救荒本草〉·木部實可食》　蕤核樹　俗名蕤李子。生函谷川谷，及巴西河東皆有，今古崤關西茶店山谷間亦有之。其木高四五尺，枝條有刺。葉細似枸杞葉而尖長；又似桃葉而狹小，亦薄。花開白色。結子紅紫色，附枝莖而生，狀類五味子。其核仁，味甘，性溫，微寒，無毒。其果，味甘酸。

又　酸棗樹　《爾雅》謂之樲棗。出河東川澤，金城壘坡野間多有之。其木似棗而皮細，莖多棘刺。葉似棗葉微小。花似棗花。結實紅紫色，似棗而圓小；核中仁微匾，名酸棗人，入藥用。味酸，性平；一云性微熱。惡防已。

又　橡子樹　《本草》：橡實，櫟木子也。其殼一名杼斗。所在山谷有之。木高二三丈。葉似栗葉而大。開黃花。其實橡也，有梂彙自裹，其殼即橡斗也。橡實味苦澀，性微溫，無毒。其殼斗，可染皂。

又　荊子　《本草》有牡荊實，一名小荊實，俗名黃荊。生河間南陽宛句山谷，并眉州蜀州平壽都鄉高岸及田野中，今處處有之，即作箠杖者。作科條生。枝莖堅勁，對生枝叉。葉似麻葉而疎短，又有葉似榛葉而短小，卻多花叉者。開花作穗，花色粉紅，微帶紫。結實大如黍粒，而黃黑色。味苦，性溫，無毒。防風爲之使。惡石膏烏頭。陶隱居《登真隱訣》云：荊木之華葉，通神見鬼精。

又　實棗兒樹　《本草》名山茱萸，一名蜀棗，一名雞足，一名鬾實，一名鼠矢。生漢中川谷，及瑯琊宛句東海承縣海州；今鈞州密縣山谷中亦有之。木高丈餘，葉似榆葉而寬，稍團，紋脈微麄。開淡黃白花。結實似酸棗大，微長，兩頭尖艄，色赤；既乾，則皮薄味酸。性平，微溫，無毒；一云味鹹辛，大熱。蓼實爲之使。惡桔梗、防風、防已。

又　孩兒拳頭　《本草》名莢蒾，一名櫱蒾，一名羿先。舊不著所出州土，但云所在山谷多有之。今輝縣太行山山野中亦有。其木作小樹。葉似木槿而薄；又似杏葉頗大，亦薄澀。枝葉間開黃花。結子似溲疏，兩兩切並，四四相對，數對共爲一攢；生則青，熟則赤色；味甘苦，性平，無毒，蓋檀、榆之類也。其皮堪爲索。

又　山梨兒　一名金剛樹，又名鈌刷子。生鈞州山野中。科條高三四尺，枝條上有小刺。葉似杏葉頗團小。開白花。結實如葡萄顆大，熟則紅黃色，味甘酸。

又　山裏果兒　一名山裏紅，又名映山紅果。生新鄭縣山野中。枝莖似初生桑條，上多小刺。葉似菊花葉，稍團；又似花桑葉，亦團。開白花。結紅果，大如櫻桃，味甜。

又 無花果 生山野中，今人家園圃中亦栽。葉形如葡萄葉頗長，硬而厚，稍作三叉。枝葉間生果，初則青小；熟大，狀如李子，色似紫茄色，味甜。

又 青舍子條 生密縣山谷間。科條微帶柿黃色。葉似胡枝子葉，而光俊微尖。枝條梢間，開淡粉紫花。結子，似枸杞子微小，生則青而後變紅，熟則紫黑色，味甜。

又 白棠子樹 一名沙棠梨兒，一名羊嬭子樹，又名剪子果。生荒野中。枝梗似棠梨樹枝而細，其色微白。葉似棠葉而窄小，色亦頗白；又似女兒茶葉卻大，而背白。結子如豌豆大，味酸甜。

又 拐棗 生密縣梁家衝山谷中。葉似楮葉，而無花叉，卻更尖艄，面多紋脈，邊有細鋸齒。開淡黃花。結實狀似生姜，拐叉而細短，深茶褐色，故名拐棗。味甜。

又 木桃兒樹 生中牟土山間。樹高五尺餘。枝條上氣脈積聚爲疙瘩，狀類小桃兒，極堅實，故名木桃。其葉似楮葉而狹小，無花叉，卻有細鋸齒；又似青檀葉。梢間另又開淡紫花。結子似梧桐子而大，熟則淡銀褐色，味甜，可食。

又 石岡橡 生汜水西茶店山谷中。其木高丈許。葉似橡櫟葉，極小而薄，邊有鋸齒，而少花叉。開黃花。結實如橡斗而極小，味澀，微苦。

又 水茶臼 生密縣山谷中。科條高四五尺。莖上有小刺。葉似大葉胡枝子葉而有尖；又似黑豆葉而光厚，亦尖。開黃白花。結果如杏大，狀似甜瓜瓣而色紅，味甜酸。

又 野木瓜 名八月楂，又名杵瓜。出新鄭縣山野中。蔓延而生，妥附草木上。葉似黑豆葉，微小光澤，四五葉攢生一處。結瓜如肥皂大，味甜。

又 土欒樹 生汜水西茶店山谷中。其木高大堅勁，人常採斫以爲秤幹。葉似木葛葉，微狹而厚，背頗白，微毛；又似青楊葉亦窄。開淡黃花，結子小如豌豆而匾，生則青色，熟則紫黑色，味甘。

又 驢駝布袋 生鄭州沙崗間。科條高四五尺。枝梗微帶赤黃色。葉似郁李子葉，頗大而光；又似省沽油葉，而尖頗齊，其葉對生。開花色白。結子如菉豆大，兩兩並生；熟則色紅，味甜。

又 婆婆枕頭 生鈞州密縣山坡中。科條高三四尺。葉似櫻桃葉而長艄。開黃花。結子如菉豆大，生則青，熟紅色，味甜。

又 吉利子樹 一名急蘼子科。荒野處有之。科條高五六尺。葉似野桑葉而小，又似櫻桃葉亦小。枝葉間開五瓣小尖花，碧玉色，其心黃色。結子如椒粒大，兩兩並生，熟則紅，味甜。

明·徐光啓《農政全書》卷五六《荒政 採周憲王〈救荒本草〉·木部 葉及實皆可食》

枸杞 一名杞根，一名枸忌，一名地輔，一名羊乳，一名卻暑，一名仙人杖，一名西王母杖，一名地仙苗，一名托盧；或名天精，或名卻老；一名枸檵，一名苦杞。俗呼爲甜菜子。根名地骨。生常山平澤，今處處有之。其莖幹高三五尺，上有小刺。春生苗，葉如石榴葉而軟薄。莖葉間開小紅紫花，隨便結實，形如棗核，熟則紅色，味微苦，性寒。根大寒。子微寒，無毒。白色無刺者良。陝西枸杞，長一二丈，圍數寸，無刺，根皮如厚朴，甘美異於諸處。生子如櫻桃，全少核，暴乾如餅。

又 栢樹 《本草》有栢實，生太山山谷及陝州宜州，其乾州者最佳，密州側栢葉尤佳。今處處有之。味甘，一云味甘辛，性平，無毒。葉味苦。一云味苦辛，微溫，無毒。牡礪及桂、瓜子爲之使，畏菊花、羊蹄草、諸石及麵麯。

又 皂莢樹 生雍州川谷及魯之鄒縣，懷孟產者爲勝，今處處有之。其木極有高大者。葉似槐葉，瘦長而尖，枝間多刺。結實有三種，形小者爲豬牙皂莢，良；又有長六寸及尺一者。用之當以肥厚者爲佳。味辛鹹，性溫，有小毒。栢實爲之使，惡麥門冬，畏空青、人參、苦參。可作沐藥，不入湯。

又 楮桃樹 《本草》名楮實，一名穀實，生少室山，今所在有之。樹有二種，一種皮有斑花紋，謂之斑穀，人多用皮爲冠；一種皮無花紋，枝葉大相類。其葉似葡萄，作瓣叉，上多毛澀，而有子者爲佳。其桃如彈大，青綠色，後漸變深紅色，乃成熟。浸洗去穰，取中子入藥。一云皮斑者是楮，皮白者是穀。皮可作紙，實味甘，性寒。葉味甘，性涼。俱無毒。

又 柘樹 《本草》有柘木，舊不載所出州土。今北土處處有之。其木堅勁，皮紋細密，上多白點。枝條多有刺。葉比桑葉甚小而薄，色頗黃淡，葉梢皆三叉，亦堪飼蠶。綿柘刺少，葉似柿葉微小。枝葉間結實，狀如楮桃而小，熟則亦有紅蘂。味甘酸。葉味甘，微苦。柘木味甘，性溫，無毒。

又 木羊角科 又名羊桃，一名小桃花。生荒野中。紫莖，葉似初生桃葉，光俊，色微帶黃。枝間開紅白花。結角似豇豆角，甚細而尖艄，每兩兩角並生一處。味微苦酸。

又 青檀樹　生中牟南沙崗間。其樹枝條紋細薄。葉形類棗微尖艄，背白而澀，又似白辛樹葉微小。開白花，結青子，如梧桐子大。葉味酸澀，實味甘酸。

又 臘梅花　多生南方，今北土亦有之。其樹枝條頗類李。其葉似桃葉而寬大，紋微麄。開淡黄花。味甘微苦。

又 藤花菜　生荒野中沙崗間。科條叢生。葉似皂角葉而大；又似嫩椿葉而小，淺黄绿色。枝間開淡紫花。味甘。

又 壩齒花　本名錦鷄兒，又名醬瓣子。生山野間，中州人家園宅間亦多栽。葉似枸杞子葉而小，每四葉攢生一處。枝梗亦似枸杞，有小刺。開黄花，狀類雞形；結小角兒，味甜。

又 楸樹　所在有之。今密縣梁家衝山谷中多有。樹甚高大，其木可作琴瑟。葉類梧桐葉而薄小；葉梢作三角尖叉。開白花，味甘。

又 馬棘　生滎陽崗野間，科條高四五尺。葉似夜合樹葉而小，又似蒺莉葉而硬，又似新生皂莢，科葉亦小。梢間開粉紫花，形狀似錦雞兒花微小，味甜。

又 槐樹芽　《本草》有槐實，生河南平澤，今處處有之。其木有極高大者。《爾雅》云槐有數種：葉大而黑者名櫰槐；又有晝合夜開者，名守宫槐；葉細而青绿者，但謂之槐。其功用不言有别。開黄花。結實似豆角狀。味苦酸鹹，性寒，無毒。景天爲之使。

又 棠梨樹　今處處有之，生荒野中。葉似蒼术葉；亦有團葉者，有三叉葉者，葉邊皆有鋸齒；又似女兒茶葉，其葉色頗白。開白花。結棠梨如小楝子大，味甘酸。花葉味微苦。

又 文冠花　生鄭州南荒野間，陜西人呼爲崖木瓜。樹高丈許。葉似榆樹葉而狹小，又似山茱萸葉亦細短。開花彷彿似藤花，而色白。穗長四五寸。結實狀似枳殻而三瓣，中有子二十餘顆，如肥皂角子。子中瓤如栗子，味微淡，又似米麵，味甘可食。其花味甜，其葉味苦。

又 桑椹樹　《本草》有桑根白皮。舊不載所出州土，今處處有之。其葉飼蠶。結實爲桑椹，有黑白二種。桑之精英，盡在於椹。桑根白皮，東行根益佳；肥白者良，出土者不可用，殺人。味甘，性寒，無毒。製造忌鐵器及鉛。葉椏者名雞桑，最堪入藥。續斷、麻子、桂心爲之使。桑椹味甘性暖，或云木白皮亦可用。

又 榆錢樹　《本草》有榆皮，一名零榆。生穎川山谷秦州，今處處有之。其木高大。春時未生葉，其枝條間，先生榆莢，形狀似錢而薄小，色白，俗呼爲榆錢。後方生葉，似山茱萸葉而長，尖艄潤澤。榆皮味甘，性平無毒。

又 竹笋　《本草》：竹葉有簠竹葉、苦竹葉、淡竹葉。《本經》並不載所出州土，今處處有之。竹之類甚多，而入藥者惟此三種，人多不能盡别。簠竹堅而促節，體圓而質勁，皮白如霜。作笛者有一種，亦可名簠竹。苦竹亦有二種：一種出江西及閩中，本極麄大。笋味甚苦，不可噉。一種出江浙，近地亦時有之，肉厚而葉長闊。笋微苦味。俗呼甜苦笋，食所最貴者。亦不聞入藥用。淡竹肉薄，節間有粉，南人以燒竹瀝者。醫家只用此一品。又有一種薄殼者，名甘竹，葉最勝。又有實中竹、篁竹，並以笋爲佳，於藥無用。凡取竹瀝，惟用淡竹、苦竹、簠竹爾。陶隱居云：竹實出藍田，江東乃有花而無實。而頃來斑斑有實，狀如小麥，堪可爲飯。《圖經》云：竹笋味甘，無毒。又云寒。

明·徐光啓《農政全書》卷五七《荒政采周憲王〈救荒本草〉·米穀部實可食**》**

野豌豆　生田野中。苗初就地拖秧而生，後分生莖叉。苗長二尺餘。葉似胡豆葉稍大，又似苜蓿葉亦大。開淡粉紫花。結角，似家豌豆角，但秕小。味苦。

又 蹸豆　生平野中，北土處處有之。莖蔓延，附草木上。葉似黑豆葉，而窄小微尖。開淡粉紫花。結小角，其豆似黑豆，形極小。味甘。

又 山扁豆　生田野中。小科苗高一尺許。葉似蒺藜葉微大，根葉比苜蓿葉頗長，又似初生豌豆葉。開黄花。結小匾角兒。味甜。

又 回回豆　又名那合豆。生田野中。莖青。葉似蒺藜葉，又似初生嫩皂莢而有細鋸齒。開五瓣淡紫花，如蒺藜花樣。結角如杏仁樣而肥。有豆如牽牛子微大。味甜。

又 胡豆　生田野間。其苗初塌地生，後分莖叉。葉似苜蓿葉而細。莖葉梢間，開淡葱白椙花。結小角，有豆如蹸豆狀。味甜。

又 蠶豆　今處處有之，生田園中。科苗高二尺許。莖方。其葉狀類黑豆葉，而團長光澤，紋脈堅直，色似豌豆，頗白。莖葉梢間開白花。結短角。其豆如豇豆而小，色赤，味甜。

又 山菉豆　生輝縣太行山車箱衝山野中。苗莖似家菉豆，莖微細。葉比家菉豆葉狹窄。艄開白花。結角亦瘦小。其豆黯绿色，味甘。

又 蕎麥苗　處處種之。苗高二三尺許，就地科叉生。其莖色紅。葉似杏葉而軟，微艄。開小白花。結實作三稜蒴。味甘平，性寒，無毒。

又 御米花　《本草》名罌子粟，一名象穀，一名米囊，一名囊子。處處有之。苗高一二尺。葉似靛葉色而大，邊皺。多有花叉。開四瓣紅白花，亦有千葉花者。結穀似骲箭頭。殼中有米數千粒，似葶藶子，色白。隔年種則佳。米味甘，性平，無毒。

又 赤小豆　《本草》舊云：「江淮間多種蒔，今北地亦多有之。苗高一二尺。葉似豇豆葉微團。艄開花似豇豆花微小，淡銀褐色，有腐氣，人故亦呼爲腐婢。結角比菉豆角頗大。角之皮角，微白帶紅。其豆有赤白黧色三種。味甘酸，性平，無毒。合鮓食，成消渴；爲醬合鮓食，成口瘡。人食則體重。」

又 山絲苗　《本草》有麻蕡。一名麻勃，一名苧，一名麻母。生太山川谷，今皆處處有之。人家園圃中多種蒔，績其皮以爲布。苗高四五尺。莖有細線楞。葉形狀似柳葉，而邊皆有叉牙鋸齒，每八九葉攢生一處；又似荆葉而狹，色深青。開淡黄白花。結實小，如菉豆顆而匾。《圖經》云：「麻蕡：此麻上花勃勃者，味辛，性平有毒。麻子：味甘，性平，微寒，滑利無毒。入土者損人。畏牡蠣、白薇，惡茯苓。」

又 油子苗　《本草》有白油麻。俗名芝麻。舊不著所出州土，今處處有之。人家園圃中多種。苗高三四尺。莖方。窊面四楞，對節分生枝叉。葉類蘇子葉而長。尖艄邊多花叉。葉間開白花。結四稜蒴兒，每蒴中有子四五十餘粒。其子味甘，微苦。生則性大寒，無毒；炒熟則性熱。壓窄爲油，大寒。

又 黄豆苗　今處處有之。人家田園中多種。苗高一二尺。葉似黑豆葉而大。結角比黑豆葉角稍肥大，其葉味甘。

又 刀豆苗　處處有之。人家園籬邊多種之。苗葉似豇豆，葉肥大。開淡粉紅花。結角如皂角狀而長。其形似屠刀樣，故以名之。味甜，微淡。

又 眉兒豆苗　人家園圃中種之。妥蔓而生。葉似菉豆葉，而肥大、闊厚、潤澤，光俊，每三葉攢生一處。開淡粉紫花。結匾角，每角有豆止三四顆。其豆色黑匾，而皆白眉，故名。味甜。

又 紫豇豆苗　人家園圃中種之。莖葉與豇豆同，但結角色紫，長尺許。味微甜。

又 蘇子苗　人家園圃中多種之。苗高二三尺。莖方，窊面四楞，上有澀毛。葉皆對生，似紫蘇葉而大。開淡紫花。結子比紫蘇子亦大。味微辛，性温。

又 豇豆苗　今處處有之。人家田園多種。就地拖秧而生，亦延籬落。葉似赤小豆葉，而極長艄。開淡紫粉花。結角長五七寸。其豆味甘。

又 山黑豆　生密縣山野中。苗似家黑豆。每三葉攢生一處，居中大葉如菉豆葉；傍兩葉似黑豆葉，微圓。開小粉紅花。結角比家黑豆角極瘦小。其豆亦極細小。味微苦。

又 舜芒穀　俗名紅落藜。生田野及人家，舊莊窠上多有之。科苗高五尺餘。葉似灰菜葉而大，微帶紅色。莖亦高麄，可爲拄杖。其中心葉甚紅，葉間出穗。結子如粟米顆，灰青色。味甜。

明·徐光啓《农政全書》卷五八《荒政採周憲王〈救荒本草〉·果部實可食》 櫨子樹　舊不著所出州土，今鞏縣趙峯山野中多有之。樹高丈許。葉似冬青樹葉，稍潤厚，背色微黄；葉形又類棠梨葉，但厚。結果似木稍團，味酸甜，微澀，性平。

又 野葡萄　俗名煙黑。生荒野中，今處處有之。莖葉及實俱似家葡萄，但皆細小，實亦稀疎，味酸。

又 野櫻桃　生鈞州山谷中。樹高五六尺。葉似李葉更尖。開白花，似李子花。結實比櫻桃又小，熟則色鮮紅，味甘，微酸。

又 沙果子樹　一名花紅。南北皆有，今中牟崗野中亦有之，人家園圃亦多栽種。樹高丈餘。葉似櫻桃葉，而色深緑；又似急藥子葉而大。開粉紅花，似桃花；瓣微長不尖。結實似李，而甚大，味甘，微酸。

又 芋苗　《本草》：一名土芝。俗呼芋頭。生田野中，今處處有之，人家多栽種。葉似小荷葉，而偏長不圓；近蔕邊皆有一劐兒。根狀如雞彈大，皮色茶褐，其中白色，味辛，性平，有小毒。葉冷無毒。

又 苦苣菜　《本草》云：即野苣也，又名褊苣，俗名天精菜。舊不著所出州土，今處處有之。苗塌地生，其葉光者似黄花苗葉，葉花者似山苦蕒葉。莖葉中皆有白汁。味苦，性平；一云性寒。

又 馬齒莧菜　又名五行草。舊不著所出州土，今處處有之。以其葉青、梗赤、花黄、根白、子黑，故名五行草耳。味甘，性寒滑。

又 苦蕒菜　俗名老鸛菜。所在有之，生田野中；人家園圃種者，爲苦蕒。脚葉似白菜，小葉抪莖而生，梢葉似鴉嘴形。每葉間分叉攛亭，如穿葉狀。梢間開黃花。味微苦，性冷，無毒。

又　莙薘菜　所在有之，人家園圃中多種。苗葉塌地生。葉類白菜而短，葉莖亦窄，葉頭稍團，形狀似糜匙樣。味鹹，性平，寒，微毒。

又　邪蒿　生田園中，今處處有之。苗高尺餘，似青蒿細軟。葉又似葫蘿蔔葉，微細而多花叉。莖葉稠密。梢間開小碎瓣黃花。苗葉味辛，性溫平，無毒。

又　同蒿　處處有之，人家園圃中多種。苗高一二尺。葉類葫蘿蔔葉而肥大。開黃花，似菊花。味辛，性平。

又　冬葵菜　《本草》：冬葵子，是秋種葵，覆養經冬，至春結子，故謂冬葵子。生少室山，今處處有之。苗高二三尺。莖及花葉似蜀葵而差小。子及根俱味甘，性寒，無毒。黃芩爲之使，根解蜀椒毒。葉味甘，性滑利，爲百菜主，其心傷人。

又　蓼芽菜　《本草》有蓼實。生雷澤川澤，今處處有之。葉似小藍葉微尖；又似水葒葉而短小，色微帶紅。莖微赤。梢間出穗。開花赤色。莖葉味辛，性溫。

又　苜蓿　出陝西，今處處有之。苗高尺餘，細莖分叉而生。葉似綿雞兒花葉，微長；又似豌豆葉，頗小，每三葉攢生一處。梢間開紫花，結彎角兒，中有子如黍米大，腰子樣。味苦，性平，無毒；一云微甘，淡；一云性涼。根寒。

又　薄荷　一名雞蘇，舊不著所出州土，今處處有之。莖方。葉似荏子葉，小，頗細長；又似香菜葉而大。開細碎黲白花。其根經冬不死，至春發苗。味辛苦，性溫，無毒；一云性平。東平龍腦崗者尤佳。又有胡薄荷，與此相類，但味少甘爲別，生江浙間，彼人多作茶飲，俗呼爲新羅薄荷。又有南薄荷，其葉微小。

又　水蘄　俗作芹菜，一名水英。出南海池澤，今水邊多有之。根莖離二三寸，分生莖叉。其莖方，窊面四楞。對生葉，似痢見菜葉而闊短，邊有大鋸齒；又似薄荷葉而短。開白花，似蛇床子花。味甘，性平，無毒；又云大寒。春秋二時，龍帶精入芹菜中；人遇食之，作蛟龍病。

又　荆芥　《本草》名假蘇，一名鼠蓂，一名薑芥。生漢中川澤，及岳州歸德州，今處處有之。莖方，窊面。葉似獨掃葉而狹小，淡黃綠色。結小穗，有細小黑子，銳圓，多生穗中。以香氣似蘇，故名假蘇。味辛，性平，無毒。

明·徐光啓《農政全書》卷五九《荒政采周憲王〈救荒本草〉·菜部葉可食》

香菜　生伊洛間。人家園圃種之。苗高一尺許。莖方，窊面四稜；莖色紫。稔葉似薄荷葉，微小，邊有細鋸齒，亦有細毛。梢頭開花作穗，花淡藕褐色。味辛香，性溫，無毒。

又　銀條菜　所在人家園圃多種。苗葉皆似萵苣，長細，色頗青白。攛葶高二尺許。開四瓣淡黃花。結蒴似蕎麥蒴而圓，中有小子如油子大，淡黃色，其葉味微苦。性涼。

又　後庭花　一名雁來紅。人家園圃多種之。葉似人莧葉，其葉中心紅色，又有黃色相間；亦有通身紅色者，亦有紫色者。莖葉間結實，比莧實差大。其葉衆葉攢聚，狀如花朵，其色嬌紅可愛，故以名之。味甜，微澀，性涼。

又　火焰菜　人家園圃多種。苗葉俱似菠菜，但葉梢微紅，形如火焰。結子亦如菠菜子。苗葉味甜，性寒冷。

又　山葱　一名隔葱，又名鹿耳葱。生輝縣大行山山野中。葉似玉簪葉，微團，葉中攛葶，似蒜葶，甚長而澀。梢頭結蓇葖，似葱蓇葖，微開白花。結子黑色。苗味辣。

又　背韭　生輝縣太行山山野中。葉頗似韭葉而甚寬大。根似葱根。味辣。

又　水芥菜　水邊多生。苗高尺許。葉似家芥菜葉，極小，色微淡綠；葉多花叉。莖叉亦細。開小黃花。結細短小角兒。葉味微辛。

又　遏藍菜　生田野中下濕地。苗初塌地生。葉似初生菠菜葉而小，其頭頗圓。葉間攛葶分叉，上結莢兒，似榆錢狀而小。其葉味辛香，微酸，性微溫。

又　牛耳朵菜　一名野芥菜。生田野中。苗高一二尺。苗莖似萵苣，葉似牛耳朵形而小；葉間分攛葶叉，開白花。結子如粟粒大。葉味微苦辣。

又　山白菜　生輝縣山野中。苗葉頗似家白菜，而葉莖細長，其葉尖艄，有鋸齒叉，又似莙薘菜葉而尖瘦，亦小。味甜，微苦。

又　山宜菜　又名山苦菜。生新鄭縣山野中。苗初塌地生。葉似薄荷葉而大，葉根兩傍有叉，背白，又似青莢兒菜葉，亦大。味苦。

又　山苦蕒　生新鄭縣山野中。苗高二尺餘，莖似萵苣葶而節稠。其葉甚花，有三五尖叉，似花苦苣葉，甚大。開淡棠褐花，表微紅。味苦。

又　南芥菜　人家園圃中亦種之。苗初塌地生，後攛葶叉。葉似芥菜葉，但小而有毛澀。莖葉梢頭開淡黃花，結小角兒。葉味辛辣。

又 山萵苣 生輝縣山野間。苗葉塌地生。葉似萵苣葉而小，又似苦苣葉而却寬大；葉脚花叉頗少，葉頭微尖，邊有細鋸齒；葉間攛葶。開淡黃花。苗葉味微苦。

又 黃鵪菜 生密縣山谷中。苗初塌地生。葉似初生山萵苣葉而小，葉脚邊微有花叉；又似孛孛丁葉而頭頗團；葉中攛生葶叉，高五六寸許。開小黃花，結小細子，黃茶褐色。葉味甜。

又 鷰兒菜 生密縣山澗中。苗葉塌地生。葉似匙頭樣，頗長；又似牛耳朵菜葉而小，微澀；又似山萵苣葉，亦小，頗硬，而頭微團。味苦。

又 孛孛丁菜 又名黃花苗。生田野中。苗初塌地生。葉似苦苣葉，微短小；葉叢中間攛葶。梢頭開黃花。莖葉折之皆有白汁。味微苦。

又 柴韭 生荒野中。苗葉形狀如韭，但葉圓細而瘦；葉中攛葶。開花如韭花狀，粉紫色。苗葉味辛。

又 野韭 生荒野中。形狀如韭。苗葉極細弱。葉圓，比柴韭又細小；葉中攛葶。開小粉紫花，似韭花狀。苗葉味辛。

又 甘露兒 人家園圃中多栽。葉似地瓜兒葉甚闊，多有毛澀。其葉對節生，色微淡綠；又似薄荷葉，亦寬而皺。開紅紫花。其根呼爲甘露兒，形如小指，而紋節甚稠；皮色黲白。味甘。

又 地瓜兒苗 生田野中。苗高二尺餘。莖方，四楞。葉似薄荷葉，微長大；又似澤蘭葉，抪莖而生。根名地瓜，形類甘露兒，更長。味甘。

又 澤蒜 又名小蒜。生田野中，今處處有之。生山中者，名蒚。苗似細韭。葉中心攛葶，開淡粉紫花。根似蒜而甚小。味辛，性温，有小毒；又云熱；有毒。

又 樓子葱 人家園圃中多栽。苗葉根莖俱似葱。其葉梢頭又生小葱四五枝，叠生三四層，故名樓子葱。不結子，但掐下小葱栽之便活。味甘辣。性温。

又 薤韭 一名石韭。生輝縣太行山山野中。葉似蒜葉，而頗窄狹；又似肥韭葉微闊。花似韭花頗大。根似韭根，甚麄。味辣。

又 水蘿蔔 生田野下濕地中。苗初塌地生。葉似薺菜形而厚大，鋸齒尖。花葉又似水芥葉，亦厚大；後分莖叉。梢間開淡黃花。結小角兒。根如白菜根而大。味甘辣。

又 野蔓菁 生輝縣栲栳圈山谷中。苗葉似家蔓菁葉而薄小；其葉，頭尖艄，葉脚花叉甚多；葉間攛出枝叉，上開黃花。結小角。其子黑色。根似白菜根，頗大。苗葉根味微苦。

又 薺菜 生平澤中，今處處有之。苗塌地生。作鋸齒葉。三四月出葶，分生莖叉。梢上開小白花。結實小，似菥蓂子。苗葉味苦，性温，無毒。其實亦呼菥蓂子。其子味甘，性平。患氣人食之動冷疾。不可與麪同食。令人背悶。服丹石人不可食。

又 紫蘇 一名桂荏。又有數種，有勺蘇、魚蘇、山蘇。出簡州及無爲軍，今處處有之。苗高二尺許。莖方。葉似蘇子葉微小；莖葉背面皆紫色，而氣甚香。開粉紅花。結小蒴。其子狀如黍顆。味辛，性温。又云：味微辛甘，子無毒。

又 荏子 所在有之，生園圃中。苗高一二尺。莖方。葉似薄荷葉，極肥大。開淡紫花。結穗似紫蘇穗。其子如黍粒。其枝莖，對節生。東人呼爲蕉，以其蘇字但除禾邊故也。味辛，性温，無毒。

又 灰菜 生田野中，處處有之。苗高二三尺。莖有紫紅線楞。葉有灰䴸。結青子，成穗者甘，散穗者微苦。性暖。生牆下樹下者，不可用。

又 丁香茄苗 亦名天茄兒。延蔓而生。人家園籬邊多種。莖紫多刺，藤長丈餘。葉似牽牛葉甚大，而無花叉；又似初生嫩棥葉卻小。開粉紫邊紫色心筒子花，狀如牽牛花樣。結小茄如丁香樣而大。有子如白牽牛子，亦大。味微苦。

又 山藥 《本草》名薯蕷，一名山芋，一名諸薯，一名脩脆，一名兒草；秦楚名玉延，鄭越名土藷。出明州滁州，生嵩山山谷，今處處有之。春生苗，蔓延籬援。莖紫色。葉青，有三尖角，似千葉狗兒秧葉而光澤。開白花。結實如皂莢子大。其根，皮色黲黃，中則白色。人家園圃種者，肥大如手臂，味美。懷孟間産者，入藥最佳。味甘，性温平，無毒。紫芝爲之使，惡甘遂。

明·謝肇淛《五雜俎》卷一《天部一》 靈帝中平元年，東郡界生草，備鳩雀、龍蛇、鳥獸之形，毛羽、頭目、足翅皆具。又樹中有人面生鬚，伐之出血。

明·謝肇淛《五雜俎》卷一〇《物部二》 曲阜孔林有楷木，相傳子貢手植者。其樹十余圍，今已枯死。其遺種延生甚蕃，其芽香苦，可烹以代茗，亦可乾而茹之。其木可爲笏、枕及棋枰云。敲之，聲甚響而不裂，故宜棋也。枕之無惡夢，故宜枕也。此木殊方不可知，以余所經他處，未有見之者，亦聖賢之遺跡也。而守土之官，日逐採伐制器，以充餽遺，今其所存寥寥，反不及商丘之木，以不才終天年。不亦可恨之甚哉！

又 榕木，惟閩、廣有之，而晉安城中最多，故謂之榕城，亦曰榕海。云：「其木最易長，折枝倒埋之，三年之外，便可合抱，柯葉扶疎，上參雲表，大者蔽虧百畝，老根蟠拏如石焉。木理邪而不堅，易於朽腐。十圍以上，其中多空。」此《莊子》所謂以不才終天年者也。閩人方言亦謂之松。按：「松」字，古作「枀」，則亦與「榕」通用矣。

又 建州雲谷道中有數松，盤拏蹙縮，形勢殊詭【略】。南昌翊聖觀有二松，相去五尺，合爲一幹，名爲義松，余在福寧南峰庵見二榕樹亦然，作門出入。其實非幹也，乃根耳。根初在土中，後入土愈深，土落而根出，怒卷如樛枝焉；土漸低，則根漸高，而成幹矣。今人有僞作連理樹者，皆用此也。若以此松爲義，它木盡負心耶。

又 涿州之涞水道中有大桑樹，高十余丈，蔭百畝，云即昭烈舍前之桑也。自漢及今，千五百年矣，而扶疎如故。且其椹視常桑倍大，土人珍之，以相餽遺云。古人墓樹多植梧、楸，南人多種松、柏，北人多種白楊。白楊，即青楊也。其樹皮白如梧桐，葉似冬青，微風擊之，輒淅瀝有聲。故古詩云：「白楊多悲風，蕭蕭愁殺人。」余一日宿鄒縣驛館中，甫就枕，即聞雨聲，竟夕不絶。侍兒曰：「雨矣。」余訝之，曰：「豈有竟夜雨而無簷溜者？」質明視之，乃青楊樹也。南方絶無此樹。

又 梓也，檟也，椅也，楸也，豫章也，一木而數名者也；蓮也，荷也，芙蓉也，菡萏也，芙蕖也，一花而數名者也。

又 樺木似山桃，其皮軟而中空，若敗絮焉，故取以貼弓，便於握也。又可以代燭。余在青州，持官炬者皆以鐵籠盛樺皮燒之，易燃而無煙也。亦可以覆庵舍。一云：「取其脂焚之，能辟鬼魅。」

又 《竹譜》曰：「竹之類六十有一。」余在江南，目之所見者，已不下三十種矣。毛竹最钜，支提、武夷中有大如斗者。太姥玉壺庵，竹生深坑中，乃與崖上松栝齊稍，計高二十余丈。其最奇者，有人面竹，其節紋一覆一仰，如畫人面然。又有黄金間碧玉竹，其節一黄一碧，正直如界然。有龕竹，見《雪峰語録》，今雪峰有之。其他不可殫紀也。

又 高潘州有疏節之竹，六尺而一節。黎母山有丈節之竹，臨賀有十抱之竹，南荒有茀竹，其長百丈。雲母竹一節可爲船。永昌有漢竹，一節受一斛。羅浮巨竹，圍二十尺，有二十九節，節長二丈。此君巨麗之觀，一至於此。篔竹，細竹也，長數尺許。其筍冬夏生，可食。近日黄白仲詩有「篔竹爲椽」之語，誤矣。

又 移花木，江南多用臘月，因其歸根不知摇動也。《洛陽花木記》則謂秋社後九月以前栽之，蓋過此冱寒。亦地氣不同耳。獨竹於盛暑烈日中移，得其法，無不成長。蓋其堅貞之性，不獨耐寒，亦足敵暑。如有德之士，貧賤不移，富貴不淫也。

又 竹名妬母，後筍之生必高前筍。竹初出土時，極難長，累旬不盈尺。逮至五六尺時，潛記其處，一夜輒尺許矣。

又 芝蘭生於空谷，不以無人而不香，然芝實無香也。蘭，閩中最多，其於深山無人跡處，掘得之者，爲山蘭，其香視家蘭爲甚。人家所種，紫莖緑葉，花簇簇然。若謂一幹一花，而香有餘者爲蘭；一幹數花，而香不足者爲蕙，則今之所種皆蕙耳，而亦恐未必然也。即山谷中絶香之蘭，未見有一幹一花者。吾閩，蘭之種類不一，有風蘭者，根不着土，叢蟠木石之上，取而懸之簷際，時爲風吹，則愈茂盛，其葉花與家蘭全無異也。有歲蘭，花同而葉稍異，其開必以歲首，故名。其他又有鶴蘭、米蘭、朱蘭、木蘭、賽蘭、玉蘭，則各一種，徒冒其名耳。

又 古人於瓜極重，《大戴禮·夏小正》：「五月乃瓜，八月剥瓜。」《豳風》：「七月食瓜。」《小雅》：「中田有廬，疆埸有瓜。」是剥是菹，獻之皇祖。曾孫壽考，受天之祐！」今人腌瓜爲菹，不可以享上賓，而況祭祖考乎？但古人之瓜亦多種類，非今之西瓜也。西瓜自宋洪皓始攜歸中國。自此而外，有木瓜、王瓜、金瓜、甜瓜。《廣志》所載，又有烏瓜、魚瓜、蜜筒瓜等十余種。不知古人所云食瓜的是何種。今人西瓜之外無有薦賓客會食者，漢陰貴人夢食敦煌瓜甚美。敦煌，西羌地也。豈此時西瓜已有傳入中國者，但不得其種耶？今時諸瓜，其色澤香味，豈復有出西瓜之上者？始信邵平五色，浪得名耳。

又 《南州異物志》載：「蕉有三種，最甘好者爲羊角蕉，其一如雞卵，其一如藕子。」此皆芭蕉耳。今閩、廣蕉尚有數種：有美人蕉，樹葉皆似芭蕉而稍小，開花殷紅鮮麗，千葉如槌，經數月不凋謝，摘置瓶中，以水漬之，亦可經一兩月也。此蕉最佳，書齋中多植之。有鳳尾蕉，其木麁巨，葉長四五尺，密比如魚刺然，高者亦丈餘。又有番蕉，似鳳尾而小，相傳從流求來者，云：「種之能辟火患。」

又 美人蕉，華而不實，吴、越中無此種。顧道行先生移數本至家園植之，花時賓朋親識，賞者如雲，以爲從來未始見也。先生喜甚，以美蕉名其軒。今復二十余年，不知何如耳。番蕉，云是水精，故能辟火，將枯時，以鐵屑糞之，或以鐵丁釘其根，則復活，蓋金能生水也，物性之奇有如此者。植盆中不甚長，一年才落一下葉，計長不能寸也。亦不甚作花，余家畜二本，三十年中，僅見兩度花耳。花亦似芭蕉，而色黄，不實。

又 牡丹，自閩以北，處處有之，而山東、河南尤多。《埤雅》云：「丹延以西及褒斜道中，與荆棘無别，土人皆伐以爲薪。」未知果否也。余遇濮州曹南一路，百里之中，香風逆鼻，蓋家家圃畦中俱植之，若蔬菜然。縉紳朱門，高宅空鎖，其中自開自落而已。然北地種無高大者，長僅三尺而止。余在嘉興、吴江所見，乃有丈余者，開花至三五百朵，北方未嘗見也。此花唐、宋之時，莫盛於洛陽，今則徒多而無奇，豈亦氣運有時而盛衰耶？

又 牡丹、芍藥之不入閩，亦如荔支、龍眼之不過浙也。此二者政足相當。近來閩中好事者多方致之，一二年間，亦開花如常，但微覺瘦小，過三年不復生，又數年則萎矣。然北方茉莉，經冬即死，而茉莉不絶者，致之多也。閩人苟不惜貲力，三年一致之，何患無牡丹哉！

又 閩中有蜀茶一種，足敵牡丹。其樹似山茶而大，高者丈余，花大亦如牡丹，而色皆正紅。其開以二三月，照耀園林，至不可正視，所恨者香稍不及耳。然牡丹香亦太濃，故不免有富貴相。蜀茶色亦太豔，政似華清宫肥婢，不及昭陽掌上舞人也。

又 《詩》：「有女同車，顔如舜華。」舜，木槿也，朝開暮落。婦人容色之易衰，若此詩之寄興，微而婉矣。然花之朝開暮落者，不獨槿花，如蜀葵、茉莉、木芙蓉、棗花皆然，而銀杏花一開即落，又速於木槿也，但木槿色稍豔耳。

又 菌、蕈之屬多生深山窮谷中，蛇虺之氣薰蒸，易中其毒。《西湖志》載：「宋吴山寺産菰，大如盤，五色光潤，寺僧以獻張循王。王以進高宗。高宗復詔還寺。往返既久，有汁流下，犬舐之，立斃，始大驚戒，瘞之。」又有笑菌，食者笑不止，名「笑矣乎」，柳子厚有文紀之。今閩人多取菌，熬油作菜油，市人食者，輒大吐委頓，其毒甚者，遂至殺人，不可不慎也。

又 滇中有雞蹤，蓋菌、蕈類也，以形似得名。其油如醬，可以點肉，亦閩中烏蠄醬之類也。

又 俗云：「黄金無假，阿魏無真。」阿魏生西域中，一名合昔泥。其樹有汁，沾物即化，人多牽羊、豕之類繫樹下，遥以物撼其樹汁，落則羊、豕皆成阿魏矣。樹上之汁終不可得，故云無真也。其味辛平，無毒，殺諸蟲，破症瘕，下惡除邪，解蠱毒，且其氣極臭而能止臭。彼中以淹羊肉甚美，中國止入藥物而已。又有馬思答吉者，似椒而香酷烈，以當椒用。有回回豆，狀如榛子，磨入麵中，極香，兼去麵毒。

又 特迦香出弱水西，形如雀卵，色頗淡白，焚之，辟邪去穢，鬼魅避之。唵叭香出唵叭國，色黑，爇之不甚香，而可和諸香，亦能辟邪魅。

又 血竭一名騏驎竭，出南番中，廣州亦有之。樹高數丈，葉似櫻桃，而有三稜，脂液滴下如膠飴狀，久而堅凝，色如乾血，又能破積血，止金瘡血，故以血竭名也。

又 漢唐郎署近侍皆賜雞舌香以防口過。香雞舌即丁香也，有雌雄二種，雌者大而良，俗名母丁香。顆粒如山茱萸，擘破有縱理，解爲兩向，若雞舌狀，故名。廣州有之。

又 沉香樹類椿，細枝緊實，未爛者爲青桂，黑堅；沉水者爲沉香；帶斑點者爲鷓鴣沉；半沉者爲箋香；形象雞骨者爲雞骨香；象馬蹄者爲馬蹄香；在土中成薄片者爲龍鱗香；亞於沉香爲速香；不沉者爲黄香，交州人謂之蜜香，《佛經》謂之阿迦爐香。一物而異名如此，近於果中之蓮、藕矣。用脩所記一香七名者，誤也。

明·謝肇淛《五雜俎》卷一一《物部三》 上苑之蘋婆，西涼之蒲萄，吴下之楊梅，美矣。然校之閩中荔支，猶隔數塵在也。蘋婆如佳婦，蒲萄如美女，楊梅如名妓。荔支則廣寒中仙子，冰肌玉骨，可愛而不可狎也。

又 荔支之味無論，即濃緑枝頭，錦丸纍垂，頳射朝霞，固已麗矣，而奇香撲人，出入懷袖，即殘紅委地，遺芬不散，此豈百果所敢望哉？荔支以楓亭爲最，核小而香多也；長樂之勝畫，次之，肌豐而味勝也；中觀，又次之，色味俱醇而繁多不絶也。三者之外，人間常見，尚有二十餘種，如桂林金鐘、火山之類，品中稱劣矣，然猶足爲扶餘天子也。有鵲卵荔支，小僅如鵲卵，而味甚甘，核如粟大，間有無核者。又有雞引子，一大者居中，而小者十餘環向之，熟則俱熟，味無差別。黄香色黄，白蜜色白，江家緑色緑，雙髻生皆並蒂，七夕紅必以七夕方熟，此皆市上所不恒有者也。荔支核種者多不活，即活亦需二十年，始合抱結子。閩人皆用劣種樹，去其上梢，接以佳種之枝，間歲即成實矣。龍目亦然。荔支、龍目皆以一年長葉，一年結子。如遇結子之年，雨水過多，亦不實，而長枝過年，則蕃滋加倍矣。園中樹欲其高大，遇結蕊之時，即摘去之，如此數年，便可尋丈。

又　楊貴妃生於蜀，故好啖荔支。今蜀中不過重慶數樹，其實，色味俱劣，不堪與閩中作奴。不知驪山下「一騎紅塵」者的從何處來也。滇中沐國府中亦有一樹，每實時，以金拌盛三五顆，餉藩臬大吏，受之者以白錢一兩售其從者。鄧汝高學憲在滇日，沐亦致焉，酢甚，不能下咽，歸語妻孥，一笑而已。白樂天在忠州時，所言荔支之狀，至於「朵如蒲桃，漿液甘酸」，可知蜀中荔支形味。閩中生者，豈但如蒲桃，又何嘗有些酸味耶？

又　北地有文官果，形如螺，味甚甘，類滇之馬金囊，或云即是也。後金囊又訛爲檳榔，遂以文官果爲馬檳榔。不知文官果樹生，馬金囊蔓生也。

又　西域白蒲桃，生者不可見，其乾者味殊奇甘，想可亞十八孃紅矣。有兔眼蒲桃，無核，即如荔支之焦核也。又有瑣瑣蒲桃，形如茱萸，小兒食之，能解痘毒。

又　滇中梧桐子，大如荳，其形與它處殊不類。殼光薄不皺，味如松子。又有神黄豆，似五倍子，能令兒童稀痘，然亦不甚驗也。

又　閩、楚之橘，燕、齊之梨，霜液滿口，足稱荔支、龍眼之亞矣。閩中梨，初稱建陽，今福州有一種，十月方熟，一顆重至二斤，甘酥融液，不可名狀。但人家有者，不常見耳。此外有夫人李、佛手柑、菩提果，皆禦圃中佳植也。

又　餘甘與橄欖味相似，而實二物也。《臨海異物志》謂餘甘即橄欖，誤矣。餘甘，形大小如彈丸，理如瓜瓣，初入口苦澀，末爲甘香。閩、漳、泉亦有之，但餘甘少，而橄欖多。世人因東坡有「餘甘回齒頰」之語，乃混而一之，可乎？

又　齊中多佳果，梨、棗之外，如沙果、花紅、桃、李、杏、栗之屬，皆稱一時之秀，而青州之蘋婆，濮州之花謝，甜亦足敵吴下楊梅矣。

又　山藥原名薯蕷，以避宋英宗諱，改名山藥。其種亦多。今閩中以山谷中所生，大如掌者，爲薯；而以圃中生，直如槌者，爲山藥。不知原一種而强分之也。

又　肉蓯蓉，產西方邊塞上塹中及大木上。羣馬交合，精滴入地而生。皮如松鱗，其形柔潤如肉。

又　何首烏，五十年大如拳，服一年則鬚髮黑，百年大如椀，服一年則顏色悦；百五十年大如盆，服一年則齒更生；二百年大如斗，服一年則貌如童子，走及犇馬；三百年大如三斗栲栳，其中有鳥獸山嶽形狀，久服則成地仙矣。

明・謝肇淛《五雜俎》卷一二《物部四》　今世之所寶者，有貓兒眼、祖母緑、顛不刺、蜜臘、金鴉、鶻石、蠟子等類，然皆鑲嵌首飾之用，惟琥珀、瑪瑙，盛行於時，皆滇中產也。犀則多矣，而通天、臥魚、辟水、駭雞，皆未之見也。祖母緑，云是金翅鳥所成，出回回國，有紅刺一顆，重一兩以上，即值錢千緡，然亦不可多得。滇中又有緬鈴，大如龍眼核，得熱氣則自動不休。緬甸男子嵌之於勢，以佐房中之術。惟殺緬夷時，活取之者良。其市之中國者，皆僞也。彼中名曰太極丸。

明・顧岕《海槎餘録》　菠蘿蜜樹，類冬青而黑潤倍之。幹至斗大方結實。多者十數少者五六顆，皆生于根幹之上，狀似冬瓜，外結厚皮，若栗蓬，多棘刺方熟時可重五六斤，去外殼，內肉層疊如橘囊，以其甘如蜜，故云。

又　佛桑花，枝葉類江南槿樹，花類中州芍藥而輕柔過之。開時當二三月之間，色婀娜可愛。

又　榕樹最大，其陰最密，幹及三人圍抱著，則枝上生根，綿綿垂地，得土力又生枝，如此數四，其幹有闊至三四丈者。特中通不圓實，陰覆重重，六月不知暑。木理，粗惡，不堪器用。

又　花梨木、雞翅木、土蘇木皆產于黎山中，取之必由黎人，外人不識路徑，不能尋取，黎衆亦不相容耳。又產各種香，黎人不解取，必外人機警而在內行商久慣者取之。嘗詢其法於此輩，曰當七八月晴霽，遍山尋視，見大小木千百皆凋悴，其中必有香凝結。乘更月揚輝探視之，則香透林而起用草繫記取之。大率林木凋悴，以香氣觸之故耳。其香美惡種數甚多，一由原木質理粗細，非香自爲之種別也。

又　相思子，生于海中，如螺之狀，而中實若石焉。大比荳粒，好事者藏置篋笥，積歲不壞，亦不轉動。若置醋一盂，試投其中，遂移動盤旋已，亦一奇物也。

又 檳郎，產于海南，惟萬、崖、瓊山、會同、樂會諸州縣爲多，他處則少。每親朋會合，互相擎送，以爲禮。至于議婚姻，不用年帖，只送檳榔而已。久之，多以家事消長之故，改易告爭，官司難于斷理，以無憑執耳。愚民不足論，士人家亦多有匿是俗者。

又 茨竹，大如指，長逾二丈，節節生文采，士人家用植于居之周遭，以代垣牆，雖雞犬不能踰越，陰森柔嫩，緑潤如沃，可愛也。

又 茉莉花最繁，不但婦人簪之，童豎俱以線穿成釧，縛髻上，香氣襲人。

又 酸笋，大如臂，摘至用沸湯泡出苦水，投冷井水中，浸二三日，取出縷如絲，醋煮可食。

又 桄榔木類紵櫟樹，樹抄挺出數枝，每枝必贅青珠數條，每條不下百餘顆，計一樹可得青珠百餘條，團團懸掛，若傘蓋然，可愛也。其木最重，番舶用爲鎗，以代鐵，其錘重鋒銳，侔于鐵也。

又 土菓曰陽桃，大如拳，緑色，明潤，五稜並起劍脊。中核如花紅子，味帶酸，宜於涵後咀嚼之。俗多用晒乾作添案菓用。

又 荔枝，凡幾種，產于瓊山。徐聞者有曰：進奉子核小而肉厚，味甚嘉。土人摘食，必以淡鹽湯浸一宿，則脂不粘手。野生及他種，味帶酸，且核大而肉薄，稍不及也。

又 椰子樹，初栽時用鹽一二門先置根下，則易發，其俗家之周遭必植之。木幹最長，至斗大方結實。當摘食時在五六月之交。去外皮則殼實圓而黑潤，肉至白，水至清且甜，飲之可祛暑氣。今行商帶椰瓢，是其殼也。又有一種小者，端圓，堪作酒盞，出於文昌、瓊山之境，他處則無也。

明·袁中道《珂雪齋集·遊西蓮亭記》 前有睡香一本，紫蔓數畝，每開可數千萬朵，芬香酷烈，遂名此亭爲紫蓬萊，以此花亦名紫蓬萊也。

明·毛晉《虞鄉雜記》卷三 暮生湖 頂山產栗，比常栗甚小，香味勝絶，亦號麝香囊，以其香而軟也。微風乾之尤美，所出極少，土人得數十百枚，則以綵囊貯之，以相餽遺。此栗與朔方易州栗相類，但易栗穀多毛，頂穀瑩淨耳。

明·沈德符《万曆野獲編》卷四《宗藩·鄭王直諫》 河南懷慶府産瑞麥、瑞瓜、嘉禾。

明·沈德符《万曆野獲編》卷二一《佞倖·滇南異產》 又其地產彎薑，人餌刀圭，即終世不復能行人道，土人專以飼牡馬，此又與肥魚相反極矣。宇宙間真何所不有。媚藥中又有膃肭臍，俗名海狗腎，其效不減眘卹膠，然百中無一真者，試之，用牝犬牽伏其上，則枯臘皮間陽莖挺舉，方爲真物。出山東登州海中。昔張江陵相，末年以姬侍多，不能遍及，專取以劑藥。蓋薊帥戚繼光所歲獻，戚即登之文登人也。藥雖奇驗，終以熱發，至嚴冬不能戴貂帽。百官冬月雖承命賜暖耳，無一人敢禦，張覺以此病亡。

明·沈德符《万曆野獲編》卷三〇《外國·西域記》 多育蠶，善爲紈綺。木有桑、柳、榆、槐、松、檜、白楊，果有桃、杏、梨、李、葡萄、石榴，穀有麻、豆、菽、麥、粟。

又 沙鹿海牙在撒馬兒罕東五百餘里【略】。西行過一大川，二百余里無水，間有水多鹹，地生臭草，莖高尺餘，枝葉如蓋，煮其液成膏，即阿魏。又有小草高一二尺，枝叢生棘刺，葉細如藍，秋深露凝結，枝上如珠，食之味甘如餳，採煮如糖，名達郎古賓。

又 塞藍在達失干之東，去撒馬兒罕千三十里。城周二三里，四面平曠，居人稠密，樹林深蔚，五穀蕃殖。

又 渴石在撒馬兒罕西南，約二百六十里。城居大邨，周十餘里俱小山，多苾思檀果樹。

又 馬哈麻者，元之餘裔，襲封居此。無城郭宫室，隨水草畜牧，居則設帳【略】。地有松、檜、柳、細葉梧桐，六畜羊馬最廣。多雪霜，風氣極寒，深山大谷，六月亦飛雪。

又 魯陳城，四面多田園，流水環繞，樹木蔭翳，土宜穄麥、豆、麻、桃、杏、小棗、瓜、葫蘆之屬，而葡萄最多，小而甘，無核者名瑣瑣葡萄。

又 土魯番在火州之西。古里即古交河縣之樂安城，城方二三里，地平，氣候多暖，少雨雪。土宜麻麥，有桃、李、棗、杏、葡萄。

又 哈密居平川，城周三四里，開二門，東有溪西北流。地鹹鹵，間有楸杏。農耕須糞壤，所種惟豌豆二麥。

又 達失干在塞藍之西，去撒馬兒罕七百里。城周二里，居平原。四外多園林果樹，土宜五穀，居民稠密，負載則任牛車。

又 卜花兒在撒馬兒罕西北七百餘里，城周十餘里，居平川，民富庶，户以萬計。地卑下，氣候溫和，冬月亦食鮮菜。土產五穀，桑、麻、絲、綿、布、羊、魚、天鵝、雞、兔，皆有之。

明・徐弘祖《徐霞客游記・游天台山日記》 復上至太白，循路登絶頂。荒草靡靡，山高風冽，草上結霜高寸許，而四山迴映，琪花玉樹，玲瓏彌望。嶺角山花盛開，頂上反不吐色，蓋爲高寒所勒耳。

又 寺前後多古杉，悉三人圍，鶴巢於上，傳聲嘹嚦，亦山中一清響也。

又 一帶峭壁巉崖，草木盤垂其上，内多海棠紫荆，映蔭溪色，香風來處，玉蘭芳草，處處不絶。

明・徐弘祖《徐霞客游記・游雁宕山日記》 寺後見方竹數握，細如枝；林中新條，大可徑寸，柔不中杖。

明・徐弘祖《徐霞客游記・游黄山日記》 由此而入，絶巘危崖，盡皆怪松懸結。高者不盈丈，低僅數寸，平頂短鬣，盤根虬幹，愈短愈老，愈小愈奇，不意奇山中又有此奇品也！

明・徐弘祖《徐霞客游記・游廬山日記》 閣外修竹數竿，拂羣峯而上，與山花霜葉，映配峯際。

明・徐弘祖《徐霞客游記・游九鯉湖日記》 松偃藤延，縱目成勝。僧供茗芳逸，山所産也。

明・徐弘祖《徐霞客游記・游嵩山日記》 松大四人抱，一本三幹，鼎聳霄漢，膚如凝脂，潔逾傅粉，蟠枝虬曲，緑鬣舞風，昂然玉立半空，洵奇觀也！

明・徐弘祖《徐霞客游記・游太和山日記》 祠與南巖對峙，前有榔樹特大，無寸膚，赤幹聳立，纖芽未發。傍多榔梅樹，亦高聳，花色深淺如桃杏，蒂垂絲作海棠狀。

又 其旁榔梅數株，大皆合抱，花色浮空映山，絢爛巖際。

又 直至峯頂，則松柏多合三人圍者；松悉五鬣，實大如蓮，間有未墮者，採食之，鮮香殊絶。

又 太和則四山環抱，百里内密樹森羅，蔽日參天；至近山數十里内，則異杉老柏合三人抱者，連絡山塢，蓋國禁也。

明・徐弘祖《徐霞客游記・游雁宕山日記後》 門分爲二，軒豁透爽，飛泉中灑，内多芭蕉，頗似閩之美人蕉；外則新篁高下，漸已成林。

又 溪南即雁山之陰，山勢崇拓，竹木蓊茸，不露南面巉嵲態。

明・徐弘祖《徐霞客游記・游五台山日記》 關内古松一株，枝聳葉茂，干雲俊物。

明・徐弘祖《徐霞客游記・游恒山日記》 一逾嶺北，瞰東西峯連壁隤，翠蜚丹流。其盤空環映者，皆石也，而石又皆樹；石之色一也，而神理又各分妍；樹之色不一也，而錯綜又成合錦。石得樹而嵯峨傾嵌者，幘以藻繪文采而愈奇；樹得石而平鋪倒蟠者，緣以突兀而尤古。

又 村居頗盛，皆植梅杏，成林蔽麓。

明・徐弘祖《徐霞客游記・浙游日記》 其地東爲三九，西爲洞山，環塢一區，東西皆石峯嶙峋，黑如點漆，丹楓黄杏，翠竹青松，間錯如綉，水之透壁而下者，洗石如雪，今雖久旱無溜，而黑崖白峽，處處如懸匹練，心甚異之。

又 橘奴千樹，筐篚滿家，市橘之舟，鱗次河下。

又 深竹密樹，瀰山繪谷。〔紅葉朱英，綴映沉緑中，曰鞋山。〕

又 庵在修竹中，有喬松一株當户，其外層岡迴繞，竹樹森鬱，俱在窗檻之下，前池浸緑，仰色垂痕，後阪幃紅，桃花吐豔。原名桃花沖。

又 〔前列丹桂三株，皆聳幹參天，接蔭蔽日。其北寶珠茶五株，雖不及桂之高大，亦鬱森殊四。〕又東爲桃花源。

又 折而西南行，又上一嶺，山花紅紫鬬色，自鼇頭山始見山鵑藍花，至是又有紫花二種，一種大，花如山茶；一種小，花如山鵑，而藍色可愛，又枯樹間蕈黄白色，厚大如盤。余摘袖中，夜至三分石，以箐穿而烘之，香正如香蕈。山木干霄。此中山木甚大，有獨木最貴，而楠木次之。又有壽木，葉扁如側柏之類也。互者圍四、五人，高數十丈。

明・徐弘祖《徐霞客游記・粤西游日記二》 稍上即得層級，有大木横偃級旁，上叢木耳，下結靈芝，時急於入巖，不及細簡。

明・徐弘祖《徐霞客游記・粤西游日記三》 自入新甯至此，石山皆出土巴豆樹、蘇木二種。二樹俱不大。巴豆樹葉色丹映，或隊聚重巒，或孤懸絶壁，丹翠交錯，恍凝霜痕黔柴。蘇木山坳平地俱生，葉如決明，莢如扁豆，而子長倍之，繞幹結瘿，點點盤結如乳，乳端列刺如鈎，不可嚮邇。

明・徐弘祖《徐霞客游記・粤西游日記四》 太平、南寧俱有柑，而不見橘。余在向武，反食橘數枚。橘與柑其形頗相似。

又 府週圍喬松石餘，〔高刺雲霄，〕幹大皆合抱。

又 〔所藝禾稽特大，恒種一郭，長倍之，性柔嘉，亦異庶土所植。〕

又 相思豆樹高三四丈，有莢如皂莢而細，每枝四五莢，如攢一處，長一寸，而大僅如指。子三四粒綴英中，冬間莢老裂爲兩片，盤縮如花朵，子猶不落。其子如豆之細者而扁，色如點朱，珊瑚不能比其彩也。

又　竹有中實外多巨刺者，叢生而最大；有長節枝弱不繁者，瀟灑而頗細；如吾地之聳節虛中，則間有之而無巨者；又一種節細而平，僅若綴一縷而色白，可爲杖，土人亦曰粽竹，出三鎮之蘇吉；其地亦有方竹，止在下數節，而不甚端。

又　巖前懸峽，皆棕竹密翳，其色白，大者可爲杖，細者可爲筋。

又　以足傷，姑憩而不行。乃取隨夫所摘多靈山頂芽茶，潔釜而焙之，以當吾陽羨茶中之茄香色無異也。

明·徐弘祖《徐霞客游記·黔游日記一》　廬前藝地種蔬，有蓬蒿菜，黄花滿畦；罌粟花殷紅千葉，簇朵甚巨而密，豐豔不減丹藥也。四望喬木環翳，如在深壑，不知爲衆山之頂。

明·徐弘祖《徐霞客游記·黔游日記二》　影修屢設茶，供以雞葼菜、蒕漿花，藤如婆婆針線，斷其葉蒂，輒有白漿溢出。花蕊每一二十莖成一叢。莖細如髮，長半寸。綴花懸蒂間，花色如淡桃花。連叢採之。黄連頭，皆山蔬之有風味者也。

明·徐弘祖《徐霞客游記·滇游日記三》　其竹大可爲管，彌漫山谷，杳不可窮，從來所入竹徑，無此深密者。其處名竹園箐。自黄泥河西抵馬場，人人捆負，家家獻客，皆此物也。

又　庭中有西番菊兩株，其花大如盤，簇瓣無心，赤光燦爛，黄菊爲之奪豔，乃子種而非根分，此其異于諸菊者。前樓亦幽迥，庭前有桂花一樹，幽香飄泛，遠襲山谷。

明·徐弘祖《徐霞客游記·滇游日記四》　過土主廟，入其中，觀菩提樹。樹在正殿陛庭間甬道之西，其大四五抱，幹上聳而枝盤覆，葉長二三寸，似枇杷而光。土人言，其花亦白而帶淡黄色，瓣如蓮，長亦二三寸，每朵十二瓣，遇閏歲則添一瓣。

又　中有蘭二本，各大叢合抱，一爲春蘭，止透二挺；一爲冬蘭，花發十穗，穗長二尺，一穗二十餘花。花大如萱，乃赭斑之色，而形則與蘭無異。葉比建蘭闊而柔，磅礴四垂。穗長出葉上，而花大枝重，亦交垂於旁。其香盈滿亭中，開亭而入，如到衆香國中也。

又　禾木者，山中特産之木，形不甚大，而獨此山有之，故取以爲名，相仍已久，而體空新整之，然目前亦未睹其木也。

明·徐弘祖《徐霞客游記·滇游日記五》　其村有木棉樹，大合五六抱。縣境木棉樹最多，此更爲大。又十五里，爲黄瓜園。

又　橋側有梅一株，枝叢而幹甚古，瓣細而花甚密，緑蒂朱蕾，冰魂粉眼，恍見吾鄉故人，不若滇省所見，皆帶葉紅花，盡失其「雪滿山中，月明林下」之意也。

明·徐弘祖《徐霞客游記·滇游日記六》　過白雲，啜茗傳茶實。茶實大如芡實，中有肉白如榛，分兩片而長，入口有一陣涼味甚異。即吾地之茗實，而此獨可食。

又　有本山參，以蜜炙爲脯。又有孩兒參，頗具人形，皆山中産。又有桂子，又有海棠子，皆所未見者。大抵迤西果品，吾地所有者皆有，惟栗差小，而棗無肉。松子、胡桃、花椒，皆其所出，惟龍眼、荔枝市中亦無。菌之類，雞葼之外，有白生香蕈。白生生於木，如半蕈，形不圓而薄，脆而不堅。黔中謂之八擔柴，味不及此。此間石蜜最佳，白若凝脂，視之有肥膩之色，而一種香氣甚異，因過安仁齋中觀蘭。蘭品最多，有所謂雪蘭花白、玉蘭花緑最上，虎頭蘭最大，紅舌、白舌以心中一點，如舌外吐也。最易開，其葉皆闊寸五分，長二尺而柔，花一穗有二十餘朵，長二尺五者，花朵大二三寸，瓣闊共五六分，此家蘭也。其野生者，一穗一花，與吾地無異，而葉更細，香亦清遠。其地亦重牡丹，悉檀無山茶而多牡丹，元宵前，蕊已大如雞卵矣。

明·徐弘祖《徐霞客游記·滇游日記七》　其地馬纓盛開，十餘小朵，簇成一叢，殷紅奪目，與山茶同豔。

又　湖中渚田甚沃，種蒜大如拳而味異，罌粟花連疇接隴於黛柳鏡波之間，植柳爲岸，而結廬於中者。

明·徐弘祖《徐霞客游記·滇游日記八》　湖中菱蒲汎汎，多有連蕪爲畦，景趣殊勝。

又　其樹高臨深岸，而南幹半空，直然挺立，大不及省城土主廟奇樹之半，而葉亦差小。其花黄白色，大如蓮，亦有十二瓣，按月而閏增一瓣，與省會之説同；但開時香聞遠甚，土人謂之「十里香」，則省中所未聞也。

又　其前有龍女樹。樹從根分挺三四大株，各高三四丈，葉長二寸半，闊半之，而緑潤有光，花白，大於玉蘭，亦木蓮之類，而異其名。

又　此處松株獨茂，彌山蔽谷，更無他木。聞其地茯苓甚多，鮮食如山藥。

又　其上多木蓮花，樹極高大，花開如蓮，有黄白藍紫諸色，瓣凡二十片，每二月則未葉而花，三月則花落而葉生矣。

明・徐弘祖《徐霞客游記・滇游日記九》 橋西逾坡西北下，路旁多黄果，即覆盆子也，色黄，酸甘可以解渴。

又 見崖西有樹甚巨，而鬱蔥如盤，急趨其下。樹甚異，本高二丈，大十圍。

又 村廬不多，而皆有杜鵑燦爛，血豔奪目，若以爲家植者。

又 仰睇之，其上垂藤自崖端懸空下丈餘，即結爲癭，如瓠匏之綴於蔓者。癭之端，綴旁芽細枝，上迎雨露，茸茁夭矯，花葉不一狀，亦有結細子圓綴枝間者，即山僧亦不能名之，但曰寄生，或曰木膽而已。

明・徐弘祖《徐霞客游記・滇游日記十》 擔夫摘洞口黑果來啖，此真覆盆子也；其色紅，熟則黑而可食，比前去時街子所鬻黄果，形同而色異，其熟亦異，其功用當亦不同也。黄者非覆盆。覆盆補腎，變白爲黑，則爲此果無疑。

又 閣前南隙地，有花一樹甚紅，即飛松之桐花也，色與刺桐相似，花狀如淩霄而小甚，然花而不實，土人謂之雄樹。

又 乘雨折庭中「花上花」，插木毬腰孔間輒活，蕊亦吐花。「花上花」者，葉與枝似吾地木槿，而花正紅，似閩中扶桑，但扶桑六七朵並攢爲一花，此花則一朵四瓣，從心中又抽出疊其上，殷紅而開久，自春至秋猶開。雖插地輒活，如榴然，然植庭左則活，右則槁，亦甚奇也。又以杜鵑、魚子蘭，蘭如真珠蘭而無蔓，莖短葉圓，有光，抽穗，細黄，子叢其上如魚子，不開而落，幽韻同蘭。小山茶，分植其孔，無不活者。

明・徐弘祖《徐霞客游記・滇游日記十一》 山上多扶留藤，所謂簍子也，此處尤巨而長，有長六丈者。又有一樹徑尺，細芽如毛，密綴皮外，無毫隙。

明・徐弘祖《徐霞客游記・滇游日記十三》 二十七日霽，乃散步藏經閣，覩丁香花。其花嬌豔，在秋海棠、西府海棠之間，滇中甚多，而雞山爲盛。

又 上圓通庵，觀「燈籠花樹」。其樹葉細如豆瓣，根大如匏瓠，花開大如山茱萸，中紅而尖，蒂俱緑，似燈垂垂。

明・劉侗《帝京景物略》卷三《城南内外・草橋》 土以泉，故宜花，居人遂花爲業。都人賣花擔，每辰千百，散入都門。入春而梅九英、緑萼、紅白緗，而山茶寶珠、玉茗，而水仙金盞、重胎，而探春白玉、紫香，中春而桃李，而海棠上西府，次貼梗，次垂絲，贋者木瓜。辨之以其葉，木瓜花先葉，海棠葉先花，而丁香紫繁于白，白香於紫，春老而牡丹栽之法，分之法，接之法，澆之法，醫之法，一如博州、雒下，近有藤花而牡丹葉者，曰高麗牡丹，而芍藥，而孿枝北種或盆而南，南人嚼其梗，味正似杏，乃接以杏，此種遂南。入夏，榴花外，皆草花。花備五色者：蜀葵、鶯粟，鳳仙，三色者：雞冠，二色者：玉簪，一色者：十姊妹，烏斯菊、望江南。秋花耐秋者：紅白蓼江鄉花也，此地高幾以丈。不耐秋者：木槿朝鮮夕萎、金錢午後僅開，向夕早落。耐秋不耐霜日者：秋海棠一名斷腸，或曰思婦淚所凝也。木樨，南種也，最少。菊，北種也，最繁。種菊之法，自春徂夏，辛苦過農事。菊善病，菊虎類多於螟螣賊蟊癃頭者菊蟻，瘠枝者黑蚰，傷根者蚯蚓，賊葉者象幹蟲。菊蟻以鱉甲置傍，引出棄之，黑蚰以麻裹箸頭捋出之，蚯蚓以石灰水灌河水解之，象幹蟲磨鐵線穴搜之，圃人廢晨昏者半歲，而終歲衣食焉。凡花無根莖花葉俱香者，夏荷秋菊也。凡花曆三時者，長春也，紫薇也，夾竹桃也。香曆花開謝者，玫瑰也。非花而花之者，無花果也。草橋惟冬花支盡三季之種，壞土窖藏之，藴火坑晅之，十月中旬，牡丹已進御矣。元旦進種椿芽、黄瓜。

明・劉侗《帝京景物略》卷七《西山下・百花陀》 志稱山暖肥，産杉漆蘗草，春夏爛紅紫，香襲人。

明・蔣一葵《長安客話・郊坰雜記・碧雲寺》 卓錫泉傍一柳槔槔負癭，形甚醜拙，衆呼爲癭柳。

明・蔣一葵《長安客話・畿輔雜記・遵化梨》 遵化土産有一品梨曰鯀梨，其味甚佳而軟如鯀。

明・蔣一葵《長安客話・邊鎮雜記・靈州堡》 川生黄花，狀若芙蓉而小，因取金蓮爲名。

清・王弘《山志》初集卷二 玉蘭。玉蘭花古不經見，王鳳洲疑爲木筆之新變。麟洲引《苕溪漁隱》之言，謂即辛夷，北人呼爲木筆，南人呼爲迎春，而駁之云：「木筆、迎春，自是兩種。木筆色紫，迎春色白。木筆叢生，二月方開。迎春高樹，立春已開。今之玉蘭，即宋之迎春。」王文肅云「嶺南人至今仍呼玉蘭爲迎春也。」麟洲謂「北方有木筆，而絶無玉蘭」，殆不然。大抵木筆多而玉蘭少，好事者率以木筆接植之。其枝葉俱相類，無叢生、高樹之别。木筆花亦白色，但其萼紫。玉蘭之萼緑，瑩潔勝之耳。然木筆又别有紫花者。麟洲引宋小説云「玉蘭乃白辛夷」，意以木筆爲紫辛夷，不知木筆自有白與紫兩種之不同也。

清・談遷《棗林雜俎》卷六一《智集・逸典》 取栝子松 萬曆十年，工部咨南京兵部，取壽宮栝子松樹九百一十八株，坐派蘇、杭、松江，令各撫按專委府佐貳官總理采辦。完日，遣官押解，帶園丁沿塗澆灌，仍咨本部發馬快船裝載。

清・談遷《棗林雜俎》卷三四三《義集・名勝》 山都 汀州郡治初造，大樹千餘，其樹皆山都所居。有三種，下曰猪都，中曰人都，其高者爲鳥都。即如人形而卑小，男婦自爲配偶。猪都則身如猪，鳥都人首能言，聞其聲不見其形。人都或時見形。當伐木時，有術者周元大能禹步爲厲術，以左右赤索，圍木而砍之。樹仆，剖其中，三都皆不能化，執而煮之牛鑊內。《閩書》。

清·談遷《棗林雜俎》卷四二六《中集·榮植》　古木　通都交區，巨材連抱。匠石積睨其下，十不壽一。谿谷昧深，壟坻昃阨。木雖專其年，民無得而稱焉，亦未始幸也。今采之往牒，據其見存者，或病以漏萬，固所不免矣。

北京　京師皇城內西苑之高玄殿，古檜一、鬆四，並金時植。嘉靖中封松指揮使，其俸米專飯孤貧。皇城西顯靈宮之靈官祠，古柏二，雷披一枝，折而不殊，二百年蔥蔥焉。國子監古松，並元許衡植。京師外城天壇拗榆錢。凡榆春錢，天壇榆之錢以秋。山川壇偃松，以風拔横枝，距地不三尺，楮以木，人通行其下。內城成國公朱氏園，右堂古槐，云四五百年物。身大於屋半間，頂嵯峨若山。極樂寺剔牙松數株，斑剥若鱗，大可七八圍。萬壽寺松高數丈，大合抱。外城大慈仁寺、報國寺，矬松二。其右尤奇，幹數尺，株横數丈。外城左安門外韋公寺西府，海棠二樹，高二尋，遊人最盛。寺南觀音閣蘋婆一枝，高五六丈，花時鮮冶。京城西北十里靈通觀，古柏一徑，大十圍。京城外二十里承恩寺，戒壇松二，古穆夭矯，過報國寺。大功德寺古木數十章，半朽腐，大可七八圍。石經山石壁古柏一，長尺有咫，根無寸土。萬曆初，上過之，御書「靈根古柏」。盧師山清涼寺，隋仁壽中盧師自江南來，居崖下。崖上一柏産石面，長尺，不凋榮。是盧手植。西山妙高峰下法雲寺，銀杏二，大數十圍。香山鮑家寺有松十株，皆數百圍。壽安山臥佛寺古娑羅樹二，根盡出，累瘿露筋，合抱三人有餘。仰山隆恩寺松一。潭柘山，京城西北八十里，潭柘寺。諺曰「先有潭柘，後有幽州」，則潭柘最古矣。今枯柘長不能丈，其枝晚發後凋者也，柘枯而不朽。昌平州天壽山古柏，相傳竇禹鈞家物。樹中枵，可布三四席，今稱「竇家槐」。按：禹鈞，周之諫議大夫也。故居在薊州城東，而此槐系之竇氏莊，或其餘裔耶？薊州西北盤山，東崖古松一。平谷城東延祥觀柏，不知所自始。元至正丁亥，真人丘長春至盤山，過觀中，見枯柏，曰：「憐惜，憐惜。」去後，柏仍葉茂至今焉。觀東北十五里漁子山，世傳軒轅氏陵，或曰軒轅臺。房山縣北馬鞍山，松二，其枝覆十餘丈。涿州西南十五里樓桑村，漢昭烈帝故居。道右大桑高十丈，層蔭如樓，其陰百畝。其椹爲珍饋。桑側古廟，唐乾寧五年立，並列關羽、張飛像，先主王者服。張飛亦涿人，城西五里有張氏洗馬潭。樓桑村南三里酈亭，酈道元故居也。靈椿寺椿，其影每日中天。雖日月東西，略不移動。文安縣城東靈集寺後，古檜並峙，云漢人所植。保定縣柏塘，有古柏數圍，倒植河中如橋，旅渡迄今。名「柏木橋」。任邱縣北三十五里，莫州城又東北三里，扁鵲墓，有古樹數株。寧津縣北三十里，曹氏莊，藥王廟前大麻子樹，不知植於何時。嘉靖七年居民伐樹，掘地下，得石刻云「迤南大麻子下斬廉剛」。剛，廉頗子也。樹自戰國時已有之矣。行唐縣西北三十五里柏山，古柏大數十圍，柏上鐵環，相傳竇建德椓以繫馬者。雞澤縣儒學，一槐有兩枝，末合爲一幹，或以爲連理。清河縣龍王廟，左右古槐，枝幹曲卷，下垂至地，若龍爪狀，人謂之龍爪樹。宋太祖嘗避暑其下，解衣覆上，其性遂下生。有惡少輩利其財而伐之，斧斤方加而疾作，遂止。傷痕赤津津淋，後漸生根葉，繼生成樹，無復龍形矣。今堂與樹尚存。開州□□□古桑，圍可十丈，云三代物。陽和衛有武宗手植桃。遼東廣寧衛，醫巫閭山有北鎮廟，柏甚古。萬全都指揮使司龍門衛，城西十里大松山有古松，永樂中駐蹕其下。

南京　皇城西華門外舊丞相府，有五穀樹，一株兼五種，爲五穀豐歉之徵。其年麥熟則樹發麥芽，黍熟則生黍葉，五谷皆然。魏國公徐氏西園括子松，元時物。永慶寺即鐵塔寺，古梅，唐時物。鍾山西徐達墓有松一，旁結大毬如瓜，最奇絶。石灰山百法寺，法堂前有奇樹。弘濟寺府東北四十五里，娑羅樹二，永樂中太監鄭和攜自海外。牛首山弘覺寺文杏一，唐懶融大師手植。圍可二丈，經火猶活。山東北鄭太監墓紅豆樹。祈澤山祈澤寺，攝山棲霞寺，各文杏二，六朝時物，俱數人合抱。溧水縣東南三十三里仙杏山，其巔有杏林及仙人跡。句容縣茅山，有許旌陽手植檜。蘇州閶門外三里半塘寺，銀杏大五抱，新安潘之恒曰「龍樹」。陽山晉柏一，幹如龍鱗，大四圍。光福山山茶一，圍可六尺。銅井山顧氏園，寶珠山茶一，可合抱。□司徒廟古柏二，又□□文杏□，其一圍三人。洞庭山用庵山茶一，蔭畝餘，四季秀發，云用里先生手植。又黃家堡古桂。常熟縣虞山致道觀七星檜，梁天監中張道裕道陵十二代孫手植，今存其三。其雷震風劈者，尤詭異，餘皆後人補植。華亭縣北二十五里佘山，五代朱承進墓，有垂絲柏一株，甚巨。華亭縣□北禪寺，宋時回先生過之，手植樟於雲堂。去後數年樟瘁，回復造焉。問樟公何在，取瓢中藥丸一瘞根下，樟復榮，葉俱顯瓢痕，始悟吕仙也。亭林鎮，縣東南三十五里，陳侍郎顧野王故居。墨池旁古松，云野王手植。鍾賈山壽安寺陳氏墓，垂絲檜二，徑餘四尺，崇鬱壯茂。蓋數百年物。上海縣西北十里静安寺，陳朝植雙檜於殿前。宋政和間媢臣朱勔圖以進，徽宗欲攜之，暴風雷，忽碎其一，今殿右尚存。元成廷珪詩：「香骨自來生左紐，苦心未忍棄前朝。」明心寺，縣西南六十里，古檜二，宋元豐間植。江陰縣西三十里，申浦季札墓，有巨樹，三人合抱。産果曰「雞距子」，以形似名也。止此一本。又揚州□□寺一本，餘天下所無。宜興縣保安寺垂柏，連數抱而中剖。玉女潭，縣南三十五里，張公洞西南三里。古欅一株，根柯鬱蟠，礧磈如石。唐獨狐及詩「日口思瓊」，指此。善卷寺縣西南五十里。古檜，蕭梁物。鎮江府城西南七里招隱山招隱寺銀杏樹，圍五人，云齊梁物。丹陽東北三十五里，經山寺銀杏，圍七人，相傳晉時植。半枯半堅，遺子所生小株，從中挺出，亦已盈斗。揚州府城隍廟銀杏一，當門，圍四尺。興化縣木塔寺黄梅。初治殿，賈人以木筏載梅，植殿旁。胡僧坐其下，忽不見。殿前梅日盛。偶一占年，東盛則上河豐，西盛則下河豐，俱盛俱衰，亦各驗。雀啄則有蟲鼠之耗。通州治西，爲静海廢縣之遺趾，有文杏數章，大可四圍。淮安海州大海中大松，相傳三代時物，其狀奇異。休寧縣西四十里，白岳山宜宫古松一，直香爐峰。又石門一楠，其大數圍。寧國縣廣教寺柏，黄蘗禪師所植。寺有異行僧，樹即開異花數色。銅陵縣五松山，舊有松，一本五枝，蒼鱗老幹。蕪湖縣儒學柏，宋寧宗時植。滁州琅琊山，城南十里。歐陽文忠祠西一梅，云文忠手植。又琅琊寺舊開化寺銀杏，大數十圍，高十丈。豐山，滁州城西南五里，太僕寺公署雙柏，大十圍，高數丈。全椒縣西北四十八里龍檜山，有檜如龍形，因名之。蕭縣東南六十五里天門寺，有天棗，花實如酸棗，可食。每四月七日，其實皆熟，次日遂空。

山西　太原縣西北晉源神廟有古柏，桑皮黛緑，云千年物。代州城西四十里斷影樹。漢文帝當迎立，時猶豫不決，逐日游移，臥于樹下，日過樹影不移。今樹已朽，而其地建白楊廟，即此樹也。夏縣城南二十里，柏塔山，古柏千株。有一柏琦瑰□磊，獨大于衆，稱曰「柏母」。□如意里戒定寺，古柏一，其身五圍，根盤八圍，上九枝，俱似龍形。中空處生一槐，大兩圍，枝屈曲如蛇，盤旋於柏枝九龍之上。五臺縣五臺山之圓通寺，去三珠泉百步，有七寶珠樹，高二丈許，幹上七枝，複合爲一，垂葉四下。代州東北五十里，墓側有古柏五十餘株，名郅都柏。趙城縣東八里媧皇陵，在侯村，松柏圍二丈餘者百餘株。媧皇廟前古柏喬偉，内一株於幹上寄生一木，大如臂，俗呼爲「時節樹」。柏貫四時，彼獨隨時發謝，觀者奇之。猗氏縣城東北二里仁壽寺，大柏四株。都御史何東序扁曰：「萬古凌霜」。稷山縣東北十五里高渠村，古柏一，大七圍，蔭畝許。有力者每欲取之，輒有能蛇雷雨之變。蒲州東南三十里，首陽山伯夷叔齊墓，古柏二，其一大二十圍，高二丈餘，次殺三之，幹上交相傍倚。聞喜縣儒學，相傳爲商桐宫地。古柏十數株，其大連抱，其枝扶疏多瘦，其葉細而稠，大異凡柏。霍州東南三十里，霍山中鎮神廟，古松數株，高數丈，枝東向，槎枒詭怪，如青幢鐵幹。沁水縣東九十里，磕山大云寺，白松三圍二丈。明評事常倫題壁：「宿此非一夕，游此非一朝。山僧頗解狂夫趣，時儲斗酒來相招。殿前長松十圍大，我欲絶粒棲雲巢。」此詩不見集中。大同左衛玄帝宫，老榆盤鼎，日爇日茂，根無所繫，挺生於大鐵爐之上。相傳爲神榆。汾州府治西仙槐樹，久朽如刳舟。金皇統中，有異人出貨藥投樹，復活，因號「仙槐」。大同渾源州恒山之紫芝峪，古榆數千章，其最大者名雙離樹。相傳張果老所繫榆也。蔚州北三十里蜚狐口，兩山分張，皆北向，石總無膚。有青松高不數尺，産其骨。應州城南小石寺，古龍松合抱，平頂，色極蒼翠，相傳異僧手植，蓋唐宋時物。又城東南文殊寺有古松，霜皮蒼翠，枝幹如龍。嵐縣北四十里，雙松山上有雙松。平定州西二十五里，上有古松，松下巨石，盤踞數丈。靈石縣東三十五里綿山，介子推與母隱此。文公縱火焚之不出，同母抱樹而死。其樹名黄節，惟此山獨有，大小俱半榮半枯。後人即其地立廟祀之，天旱禱雨多應，宋神宗封爲潔惠侯。近林人家清明節三日不敢舉火。廟中有牡丹數本，枝幹碩大，不知何時所種。每開時，花皆紅色，惟白花一朵，開無定處。土人密識其枝，明歲即易他本。人以爲神，不敢輕折。春時花開，四方觀者不遠數百里。

山東　長清縣東南九十里，方山靈巖寺古柏，漢時物。三人圍之不盡。泰安州北五里，泰山禦帳坪北，一松奇詭。元方焕題曰「□處士松」。宋真宗駐蹕亭松二，秦始皇避風雨其下，封五大夫者也。生石隙中，不甚大。幹膚龍鱗，是千年上物。東嶽廟文杏一，圍三人，中空木枯，枝葉蔽芾。廟左漢柏五，漢武帝時植，四皆連理，其一甚巨。延禧觀唐槐一，大如文杏，亦中空半枯。新泰縣門内靈槐，元省縣入萊蕪而枯，後三十年復縣，槐榮。曲阜縣西北八里孔子墓，孔子手植檜在廟門北，高五丈餘，圍丈有三尺。晉懷帝永嘉三年，枯，歷三百九年，隋恭帝義寧元年復榮。歷五十一年，唐高宗乾封二年又枯。歷三百七十四年，至宋仁宗康定元年復榮。金宣宗貞祐二年兵火澌盡，歷八十二年，元世祖至元三年芽於東廡頽址間。明洪武二年己巳，凡九十二年，高三丈餘，圍四尺。弘治己未被焚，今直幹含生，不朽不摧。子貢手植楷，高四丈五尺，圍一丈，今枯株。塋中樹千數，皆異種，相傳弟子異國人，各持其方樹來種之，不生荊棘。東二十里，防山顔子墓，石楠二丈，可三四十圍。每冢子生，樹生一稊。冢子没，樹枯一幹。鄒縣東南二十五里，嶧山孤桐，夏禹時物，久枯。萬曆戊子，其左生株。王思任過之，尚見其半。崇禎丁丑，詹鍾玉過之，無存。或以桐茅數十，篡之縣門外。孟子廟古檜三，高數丈，徑十餘圍，枝盤曲如龍。曹縣定清寺有枯桐一，僧伐之，止存朽根。萬曆辛卯，有道人手持木尺，禮佛趺坐根上，曰「此樹由我而生」，索水噀水，僧不顧也。夜半道人歌曰：「木有根兮根無枝，人有眼兮眼無珠。我來枯樹活，我去人不識。人不識，真可惜，上天下地游北極。翻身跨起雲間鶴，朗吟飛過蓬萊側。」明旦起，失道人所在。越三日發萌，逾月枝葉扶疏，圍大五六尺許，遂成茂樹。陽穀縣西北四十里孟母廟，大槐四，宋元祐時植。恩縣西北五十里四女祠。漢歷亭傅清家富無子，生女四，誓終養，同植一槐。今槐存，不甚大，或後補植。臨淄縣西北二十里郵亭，古槐十株，高五尺許。相傳宋太祖微時過此，嘗掛袍其上。曰「矮槐」。黄縣東南二十里，萊山寺西北有古木，唐初物。棲霞縣濱都觀枯松柏，相傳每百年長一枝。即墨縣東南六十里，勞山上清宫文杏二，凸處可隱二人。

河南　鄢陵縣西十五里甘羅墓，七棗環植，皆合抱。延津縣□□□石婆東，唐尉遲敬德造東嶽廟，殿後酸棗樹一株，合抱，高數丈，歲久不榮，挺然特立。旁産一株甚茂，云敬德繫馬，掛策其上。按：延津，古酸棗縣也，宋時改延津。冢宰李戴有記。密縣東五里天寶宫白松。世傳黄帝三女，九歲俱辭家學道，後十七年歸省，一夕同逝，令葬於此，明年冢上生松，一株三幹，幹白如雪，大四十圍，高八九丈，膚理瑩澤，搯文隨起。或曰民間女學道不成，人仙去，葬白松下。縣東北二十里修德觀古檜，殺白松十之一，偃蓋，左紐銅文。《密縣誌》新鄭縣陘山，鄭子産祠前古柏一，陳根之上多生稚葉，青青可愛。滎陽縣東七里，槐一，奇甚。世傳漢高祖爲王時繫馬於此。金趙秉文詩：「滎陽縣東千古槐，人言曾見漢朝來。不知幾覺南柯夢，直到如今喚不回。」襄城縣南五里，首山西巔有樹一株，名金花樹，俗呼「蓫樹」，大可十圍，枝葉穠蔚，數十里外可望及之。崇禎庚辰枯死。或以此樹關一縣之盛衰，戊子，於舊根旁復生二株。又縣北二十里，徐君墓有樹，相傳季子掛劍處，曰「靈樹」。林縣城隍廟銀杏樹，圍二丈，高七丈，老幹扶疏，翠葉蒙密。縣西二十里娑羅樹，其蔭及畝，今樹毁跡存。西寶巖黄華寺，古槐蔭數畝。覺仁院獅子峰，其下漏天巖有異木，折幹倒植，野人曰「交加木」。爭秀峰西慈明院偃松二。磁州黄花谷内仙母冢，大樹九，後漢仙人王津葬母於此。輝縣西北七里，蘇州山百泉書院，古白楊十四株，大可蔽牛，殆數百年物。縣東二里道旁連理樹，兩椿同根，一雄一雌。下有雙冢，微露其磚，未知葬者何人。西北七十里，侯趙川之平羅社，爲藺相如墓，有古銀杏樹一株。濟源縣西八十里，王屋山北天門，古松十數。偃師縣達磨庵三花樹，以凌霄藤附檜而生，六祖手植柏。方丈寺古槐高十丈，圍三丈。宋文彦博詩「五品封槐今尚存」，第未知封何日也。縣西北比干墓，有木大三圍，中空，身根半存，上枝茂盛。剖心視之，生氣猶在。登封縣北十里，嵩山中嶽神廟，門内古柏，殆二百□，絶頂止三丈，圍六人，石刻「漢武帝封大將軍」。次圍，可四人，封次將軍。又次可三圍，俱怪偉。明喬宇曰：「意天下之木殆未有甲於二木者。」袁宏道曰：「漢武至今千七百年，柏在當時已受封，殆殷周間耶？」新安縣西二十里王喬洞，洞石皆土所成，具木葉之形。洞上二木化石，而復生枝葉，與凡木類。云昔仙人大丹成，土木皆化爲石。郟縣城北十里溝，古姚期莊也。山上一黄楝，系手植，千餘年，柯葉茂盛。人損之，輕則傷畜，重則傷人。新野縣北二十里，張門村黑麓廟，前有古楊數株，俱大數圍。采青者伐樹，血出，遂止。跡存。華山華陰神廟，門内老柏合抱，無枝葉，亦無膚，僅枯幹二丈餘。吉水李日宣勒石曰：「青牛老樹，謂老子西來繫牛處也。」又北三丈許，老柏空腹，有鳥銜槐實墮其中，生槐，幹且合抱，而柏朽裂半存。嘉靖間州守某以鐵索合槐柏束之。相傳張飛立馬看槐處，見於壁刻。

陝西　盩厔縣終南山，老子紫云樓下繫牛柏，柏下石牛卧焉。又南四五里説經臺，古柏一。俗説樹死，老子針之活。咸陽縣北十五里周公墓楷木，其葉春青夏赤，秋白冬黑。鄠縣南八里浄土樹，俗傳西域鳩摩羅什憩此，覆其履土中，出其樹。三月開如桃花，八月結實，狀如小棗，殼中皆黄土。華州南少華山，蒼云嶺古松五，號「五將軍」。今四株圍數人，高數丈。成縣東柯谷，唐杜甫姪佐居此。所居後爲寺，有樹稱「子美樹」。涇州王母廟前有古木數株，不膚而滑，莫知其名。空同山中峰寺北半里，古松六。靈臺縣至足寺左離山，唐牛僧孺别墅，有銀杏，連抱數圍，根結二畝。鄜州北開元寺有白松，奇古。明張著詩：「葉墮銀釵細，花飛香粉乾。山門煙雨里，渾作玉龍看。」安定縣南六十里，神木山古樹千株，樵采不敢入，人以爲神。又縣七十里，高柏山有古柏。中部縣北黄帝橋陵多古木。神木縣西十五里，楊家城內，神松二。涼州衛東三百十里，松山上多古松。莊浪衛東百二十里大松山，山多大松。又東百里小松山。

浙江　錢塘縣西山上天竺寺長生僧舍，梅二，並合抱。西溪永興寺，大緑萼梅二。海寧縣東北四十里洛塘故廟，銀杏一，圍三人。唐許遠手植，華而不實，枝向西北。臨安縣西五十里，天目山斷崖塔院，大杉一，又華蓋松高七丈，中峰大師悟道處。西南中峰塔院，大杉一本二幹。化城寺側一松，根在崖下，頂高走路僅二尺許。俯視如薺，蔭可三畝，牧童戲其上，不動。觀音崖，檀樹長丈餘，懸崖外，歷三十年不加長。下覆小觀音座，僧云禱雨輒應。餘杭縣西南十八里，大滌山洞霄宮，大杉二。相傳唐昭宗景福二年，閭丘先生以盂攜自天台者。圍二丈，高三十餘丈，葉雖凋減，枝益堅。徑山寺門，古松□可蔭十畝。又木蘭一，並奇古。於潛縣南四十里牧嶺，古松盤錯奇怪。有兄弟各欲訟於有司，夜憩其下，質明相顧而悔，各息。因名「木長官」。昌化縣西北六十里，千頃山龍湫西，一娑羅樹，初夏花開，香聞數里。嘉興縣東三十六里圓通寺，銀杏二，唐時物。海鹽縣城南永祚寺，銀杏二，數百年矣。天將雨，輒出雲；雨霽，雲復歸。又歸安縣東□，震澤普濟寺，古柏，數千年物，能爲神。長興縣東南大雄寺，陳高祖故宅也。梁天監中手植檜，今中裂爲四，枝垂蔭半庭，堅如金石。鐵佛寺有六朝銀杏樹。湖州天聖寺六檜，云齊梁物，□再補。海鹽縣西南十八里秦駐山，廟前飄松一，斬而復生，不由栽種。董穀《碧里雜存》。德清縣西南天寶橋西左顧亭，孔愉放龜處，二大枯木，可千年，挺立不朽。吉安州鳳亭鄉，岳武穆將壇，一橡樹，大數圍，莫敢犯。紹興府天衣寺，有舞松一株，相傳爲晉人手植。高橋□□□□有古樹一本，五大幹，倒臥橋側。項里□□□□項羽所避處，有廟，古樹圍二人。秦望山，府城東南四十里。古松一。雲門山寺，城南三十里。盤古社，木大數圍，晉唐間物。曹娥江，府城東南七十里。曹娥廟，古檜二。又山茶樹，千年外，止如拱把之半。根奇峰，折取一花者，其手自懸予樹，因勒石示戒。餘姚縣□九里，宋石將軍廟，樟樹，可數抱。岳林寺古柏□□□□。縣南二十里，桃花嶺下有大桃樹，約數圍。新昌縣南，南明山月峽古松，唐人植。天台縣桑州驛古樟，圍十人。天台山萬壽寺古杉十二，各百圍，相傳羅漢所植。羅漢嶺古檜十餘，大數圍。歇腳寺牡丹二本，高丈許，每放五百餘花。華頂峰石罅有木瓜，花時一蛇盤其上，至落實，供大士乃去，號爲「護聖」。資福寺怪松，大數圍，高不過四五尺，枝葉翔舞於水面，舞狀類鳳，根盤類龍。萬曆癸巳年，摧于溪水。天台山菩提樹，相傳西天梵修遺種，花葉如柿，結子爲珠，十百中必一二顆如羅漢佛頭云，他處所無也。楓樹嶺上古楓，高二十餘丈，大可數十圍，其中空可容數百人。永嘉縣象浦驛古樟，圍十人。石羊山穴中枯木，狀如石羊，色如黛赭。平陽縣西南，昆山絕頂二古木，冬夏常青。建德縣橘山，相傳絕頂有羅浮橘一株，熟時風墜，得者云「仙山橘」。桐廬縣東五十里，嚴陵約臺崖上香木一株，高丈餘，圍三寸許，歲長一寸。太監黃敬采買江浙，一日欲犯之，不能得。蘭谿縣□□□古柏，明太祖嘗駐師其下。黃溢大溪古檀一，其大合抱，高十數丈。歲春夏，溪漲始發葉。如漲後不葉，必復大水。真覺寺後智者大師塔上松，不下數百年，偃蹇如虯龍。東陽縣南六十里，淮巖山道旁有巖，可容數十人，旁有連理木，其大百拱。浦江縣東明山之梅花泉，有老梅，如龍横蹲泉上。開化縣□□□□銀杏一，巨甚，其實從幹上癰腫處剖出，云胎生銀杏。取其旁幹接他本，仍實於枝。麗水縣南十里，白雲山麗陽廟古樟，靈根千年，不榮不槁，柯萌時出殿外。雲和縣大杉，嘗絙圍之，合十九丈，徑六丈四尺，遠望百里外。

江西　南昌府孚應廟古槐，唐崔隱士手植。翊聖觀二松，相去五尺，合爲一幹，名爲「義松」。西山咸通寺古娑羅樹，其下貯樓三楹，曰「枯木樓」，許旌陽手植桂。建昌縣北五里，冷水觀壽松，一名挂劍松。相傳許遜挂劍於此，甚怪屈。宋寶慶初，知縣曹豳亭其側，曰「千歲靈根」。縣治南壽樟，初邑人李左司公懋仕於朝，宋高宗嘗問：樟公安否？對曰：「枝葉婆娑，四時常青。」項安世作《壽樟亭記》。鉛山縣北十里鵝湖山，唐義公道場，手植羅漢松。九江府城南二十五里，廬山白鶴觀，大松徑丈餘。山西大林寺寶樹二，一如蓋，一如塔，蔥鬱異常。德安縣崑崙山元陽觀牡丹，根枝連抱，云玉仙所遺。彭澤縣南陶狄二賢祠，有山茶大盈抱，二月三日祭時花特盛。好事者分種之，竟無一活。縣南四十里仲芳湖上，狄梁公廟有柏八株，不膚。相傳公被誣，減死貶彭澤令。囚三人，值除夕，許還家，五日就獄。其逾期者，一喪母，一風阻。事聞，天後異而釋囚，因率男女五百人祠之。柏八章，相傳因劈餘枝所生。建昌府城西南十里，麻姑山殿後七星杉，圍二三丈，高切云漢，横列七株，故名。撫州府城東北清遠鎮，禪居東山，有壽樟一，幹圍三尋。清江縣署古松五。安福縣東三十里福聖院，唐仙女吴彩鸞來游，手植二樹，曰羅漢柏，歲花□實。縣西百里神楓，形如神面目，歲旱封以泥則雨。高安縣署有偃鬆。城西南四十五里集仙觀古柏三，許真君遜手植，有丹井。萍鄉縣檀樹五，客以六十緡貨之，將伐，一夕生龍鱗，遂輟。縣治南寶積寺羅漢松，黃山谷手植。萬載縣□六里慈化寺，普庵道場也。倒栽松，圍可三人，根皆在上，枝幹下垂，枯枝如鐵，風霜不摧，青翠欲滴。墨潭下陂有六樹同根，各四五圍，離立可置二席。

湖廣　武昌城西黃鶴山仙棗亭多棗，有一樹半榮半枯，云古仙所植。漢陽城東北大別山，太平興國寺有柏，俗傳禹治水時所植。其根盤曲，直至柏泉寺井下，因名。今柏根尚存。襄陽城南七里，硯山有晉柏，其柯幹如鐵石。均州南百二十里太岳太和山古杉，大十圍者至成林。榔梅，相傳真武神折梅枝寄榔樹上，仰天誓曰「吾道若成，花開果實」。竟如其言。今樹存。華容縣觀音寺，玉蘭樹高一丈餘，遠望如玉山。荆門州靈鷲山祖師洞深數里，有樹數株，葉如冬青，實如紅柹可愛，名曰「仙果」。觀音崖娑羅樹，大二十餘尺。太陽山寺，娑羅樹一。東嶽觀銀杏二，大可數抱，嘉靖三十五年伐其一。巴東縣署萊公柏，寇準爲令時手植，三株。岳州西南洞庭湖，君山上崇勝寺，古銀杏大可數圍，腹中半焦。僧云：此秦始皇火樹。衡山縣西二里靖居巖有羅漢果樹，西三十里衡山絕頂有千年松。酃縣康樂鄉神農氏陵有二杉，一榮一枯，大數圍，高不能測，根節如鐵石。乃異人所植，莫敢剪伐。又龍爪樟，亦大數十圍。武陵縣德山寺古桂二，各大十數圍。寧遠縣南六十里，九疑山舜廟北煉丹觀，蕭韶、杞林兩峰間，有松穿石臼而生，枝柯拳曲，如伏龍狀。又沙樹十二，其大七八圍，次五圍。縣官某嘗鋸其小者，大風雷，死三人。沔陽城北紫陽觀有三色檜，宋徽宗嘗賜金牌曰「圓通神靈老柏」。張來詩：「亭亭古柏不知年，天寶以前耆舊傳。」郴州城北彬江口曹王寨山，其巔有石若鼎，在大石罅中，歲久石合，兩耳出石外，有柏樹生貫石耳中。桂東縣東五十里，萬王城內富桃李，就啖之，味甚甘，而不可攜。或私藏之，必失歸路。

四川　四川佈政司公署，故漢先主遺宮，柏二百本。堂前古桂一，圍四人，花時日掃數斛。成都城內西南，江瀆廟有六樹，傳自隋唐。高十餘丈，圍約三四尋，挺直如矢，無他柯幹。巔上生枝葉，若棕櫚狀，膚龍鱗而葉鳳尾，實大於棗。歲仲冬，有司祭而始采。諸葛武侯廟古柏，圍四尺，唐末漸枯，不敢伐。宋乾德五年丁卯五月枯柯復榮。灌縣西二十六里灌口山，有古樹，圍八九丈，上有寄生木，亦大數圍，云秦物，土人稱紫柏。縣西南五十里，青城山天師栗，似栗而小，獨房，可治風攣，相傳張道陵手植七十株，在上清宫。牡丹高十丈，歲週一甲始花。彭縣玄妙觀桂二，四時清陰，覆地十餘丈。西浦國寧觀大楠木，蔭車數百，仙人蘧君手植。羅江縣吴氏塋有柏，圍數十尺，中空外曲，若蒼龍狀，枯而復榮。劍州蒼溪縣東南二十五里，雲台山有大柏，中空，可坐數人，亭其側，曰「魁柏」。劍州西八十五里延福寺，有巨木一。雙羊色白，時來其下，近則香。廣元縣北張道陵祠有伏鬼井，道陵植杖井旁，今爲喬木。梓潼縣北十五里七曲山，文昌祠二晉柏，大幾三抱。富順縣甘氏園木黃葛，依石而生，方條忽拱。永州縣有松化爲石，今尚有斷節及根。銅梁縣南五十三里巴嶽山木連樹，高五六丈，葉如楩楠，花如菡萏，出山則不植。重慶城東北二百八十里，溪上有古木，盤屈如交龍，曰「交龍」。涪州荔枝灘，荔枝十八株，猶唐所進楊妃者。今存其三，圍可四人。夔州府治東白帝城之西，有木如桂，高三丈。相傳公孫述樓柱，斫之出血，枯而不朽。眉州治西南三蘇祠，古榆一，相傳蘇老泉故居，所手植，至榮茂。文廟紫荆二，宋時植。嘉定州治東九頂山，兑説峰下大楠三株。其麓清音亭，異柏四，曰葉細如剪，曰膚反如片，曰垂絲如柳，曰蝟刺如毛。又洗墨池松四，偃蓋如車輪。又海棠有香，其本合抱。峨眉縣楠木□石楠、文杏，各大數圍，高十丈餘。又山半有老僧樹，初枯而中空，有僧坐化其内，樹復活。大邑縣西八十里鳳凰山，有紫柏十圍，根盤巨石上，號「騎鯨柏」。邛州有變色木芙蓉花，先白，次練，次緋，次紫。文宫花園有之。合江縣南五里，榕山上有天符，葉如荔枝，長而有紋，如蟲蝕篆，不知何木。或以爲劉真人仙跡。納溪縣楠木洞二楠，大不盈數寸，高丈餘，葉亦扶疏，雖千年如弱植。江安縣三清觀松二，高十數丈。黎州安撫司廳東梨一，高九丈，圍九人，州人取其枝以接菓。相傳唐僧三藏游西域經此，植梨杖處，云他日州治在此，果如之。城東十里龍池祠內，枯槎三株如龍形，觸之則風雨暴至。

福建　福建佈政司後堂有大樹，合榕樟纏生，鬱然干雲，曰「嘉樹堂」。福州壺江在海上，多烈風。而白崖之上有椿一株，翠蓋亭亭，榕葉槐身，經年無鳥跡。雖風作，不脱其葉，三年結子如紅豆，曰「仙椿」。閩縣東十里東山之松塢有松，宋初物。錢昱題松身曰：「景致福神仙，心幽道亦玄。僧閑出來世，松老不知年。」侯官縣雞籠山西爲鳳岡，並種荔枝，大者十圍，高三十丈，皆閩王王審知所植。城北百八十里，雪峰山蘸月池旁有古杉，閩王王審知與雪峰大師手植，皆數十圍。又雪峰道場有枵樹，藏樓三楹，曰「枯木樓」。羅源縣山路旁石巖下覆古樹，虬枝薈蔚。其上石刻「蘇舜元子翁所賞樹名」。永福縣東北□□里，方廣巖徐君壇古杉，高與巖齊。仙人福州徐登、東陽趙君炳競術，君炳倒植花林莊，登埋棋子田中，湧土成墩，植牛杖其旁，旋生枝葉。今老樹尚存。晉江縣城北雪山，宋時泉州治在其麓，宋韓國華爲守，生琦於此。生時治前榕樹悉花，花如攀枝。今樹尚在。又城東鸚鵡山承天寺塔植榕樹，絶無矢污，榕根盤鬱，無復侵出石闌外者。南安縣西九日山延福寺有無名木，宋時木也，而莫識其名。王十朋詩：「一木蒼然老更奇，肯將名與世人知？我來不具知名眼，深愧平生未學詩。」福泉山有徐道庵，庵前橡木合抱，紹興三年水出其中，或以瘥病。永春縣樂山東臺有橘一本，橘實隨人取，袖歸即變蛇蝮。人號「東臺仙橘」。泉州城中承天寺菩提樹一本，大十餘圍，高數十丈。建寧行都司，元平章陳友定舊署，多大樟，皆十數人合抱。一樹中空，可坐五六人，槎枒下垂，儼如巖洞，不知爲樹也。城南三里開元寺，瓔珞松二。建陽縣西北七十里，雲谷道中有數松詭異。石碣曰「戰龍松」，朱晦翁書。崇安縣圃，宋令趙抃手植梅，邑人碑之。銘曰：「召有棠，萊有柏，清獻梅，碑以石。」浦城縣□□村中銀杏一株，世傳仙人擲樹枝於上，其枝垂下生。每果熟，樹腫成大塊，破之可得二三斗，多至石餘，形視凡果差小，味則相同。尤溪縣西南百七十里分枝嶺，界泉之德化，上有大樹，南北分向，分縣境。歸化縣羅漢寺有樹名羅漢，結子如嬰兒。莆田縣福平山鳳山寺前有大木，乃甘棠、赤榕、棫樸，三木合爲一幹。蓋其初鳥食二樹之實，遺矢一樹中，若寄生然，久之合爲一樹矣。輪囷蔽虧，參漢連午，東西不見。仙遊縣楓亭驛，荔枝樹六株，皆參天，味最甘。大旗山石瀨有一樹，婆娑如榕。國有大故，樹輒先悴。人名「知國樹」。漳州鎮海衛榕樹，幹大如一間屋，蔭三十餘丈。翠屏山之麓有大小二洞，洞口桃二株，不根土壤，對峙石壁上，高不及三尺，歲結碧桃數十顆。光澤會仙巖，石斗岸上有朱桃，熟時即墮，人莫能得。平和縣三平山樟樹，云唐義中禪師初入山，卓錫而立，化而爲樟，今尚存。福寧州龍泉庵榕樹，其中可盤坐五六人，枝梢寄生，大可數十圍。

廣東　廣東城內光孝寺菩提樹，梁天監元年梵僧智藥三藏自西天竺移植，今圍數抱，高十餘丈，經冬不凋。葉之筋脈細緻如絹，廣人每用此爲燈爲花。南雄府城東三里三松臺，其地隆然，高阜上有松三株，蒼翠如蓋。潮州府治東金城山，韓文公植一木，今不識其名，但稱「韓木」。士人視其花之疏密，以卜登科多少。去祠十餘步，種之輒死。有題文公祠云「韓木有情空谷暖，鱷魚無種海潭清」是也。

廣西　桂林府南門榕樹一，唐總管李靖所植。歲久根蟠，分而爲二。貴縣城内陸績井，南漢乾和中刺史劉傳古植橘一株。慶遠府城北山大巖，唐仙人陸禹臣嘗手植桃、榴於左，各一。又净瓶植榕樹凡二十四，葉至今不凋。横州馴象衛殷指揮園，鐵樹高三四尺，幹葉紫黑，葉小類石楠，週年乃花。花四瓣，紫白色，如瑞香，纍月不凋，嗅之草氣。王濟《日詢堂手鏡》。

云南　云南府城西南三十里，太華山寺山茶八株，高四五丈。香閣前古椿圍二丈，蒼幹入雲，千餘年物。府城南昆明池山茶亦大。安寧州西岸曹溪寺，曇花一樹，相傳白西域來。扶疏百尺，緑紫白花，移蘖他處終不復活。温泉側有無名樹，僅四五尺，蟠根石崖，四時不凋，亦不長。楊用修有「瑶草蟠千年」之語。今距用修百年矣，形質如故，不知其何木也。江川縣北二十里雙龍鄉，有古樹，不知其名，春茁葉，自南則旱，自北則雨。自東自西則風雨時，禾黍登。四圍併發，則饑饉旱澇。驗之不爽，亦不知昉於何代也。太和縣上關和山之麓，有樹高七八丈，葉如桂花，白色，每朵十二瓣，應月數，遇閏加一。相傳仙種，更無別本。土人因其地名之，曰「和山花」。白崖川□□□菩提樹高四丈。臨安府□□□荔枝二樹，並合抱。武定府城西五里，獅山上小池旁羅漢松一，大數十圍，霜柯鐵幹，世所罕見。金齒衛城東北八十五里，瀾滄江其南三十里，有萬箭樹。段氏時，蒲蠻出没，經此過者，射其樹以厭勝之，至今猶然。高丈餘，鏃如蝟刺。

貴州　貴州金雞驛東十餘里松樹山，山石如臺，高數千餘尺，上五松。自漢以來，至今不改柯。《馮元成集》。

談遷曰：余輯古木在今者，據地誌及文士紀詠耳。秦、蜀、閩、粵、滇、黔中，地多深阻，歷代采木輒致異材，而徵文考獻，自恨寒儉，誠爲寸朽貽笑鄧林也。

清・談遷《棗林雜俎》卷四五三《中集・榮植》

穀　秈稻。宋大中祥符五年求之占城，分給江淮間者，耐旱熟。江西建昌府産銀珠米，宋時太守沈造嘗獻。金華香秔，梁開平中赤松壇道士周□，獻赤松澗西秔米於錢武肅王曰：「此實仙種，三秋穗重香濃，止五十區。鼠則野狸逐之，雀則蒼鷹逐之。」王密遣張思敬往視，果然，遂賜紫衣錢帛。明初沿宋制，歲貢香米三十石。太祖曰：「我訪知民間，擇圓净者用黄絹袋盛貯封護進呈。今後同秋糧送納，不須歲貢勞民。」自此遂絶。《金華府誌》。平涼番麥，一曰西天麥，苗葉如薥秫而肥短，末有穗如稻而非實，實如塔，如桐子大，生節間，花垂紅絨在塔末，長五六寸。三月種，八月收。《平涼府誌》。襄城縣土産芒大麥米，大麥亦可釀酒。《漢書》揚州有桃花米，即今泰州紅也，爲下品。米豆，雷州府思靈島出。枝葉似柳，花如烏豆，一種之後數年生實。《淮南子》豆之美者有米豆。四川山峽産云南稗，一曰鷹爪稗，以形似名。亦播種畦植，與五穀争植，東南所無也。

清·談遷《棗林雜俎》卷四五四《中集·榮植》竹　杭州餘杭縣之洞霄宫，竹葉采之或不露骨，云「無骨箬」。嚴州越王竹，聞人聲則縮入沙中。延平府劍津西山有朱竹數頃。按：朱竹，世未之聞。元時宋仲温在試院卷尾，以朱筆掃之，故張伯雨有「偶見一枝紅石竹」之句。管夫人嘗畫懸崖朱竹，楊廉夫題曰：「網得珊瑚枝，躑躅篔簹谷。明年錦棚兒，春風生面目。」蓋畫中朱竹，不謂實有之也。鄱陽人言山中産異竹，高十餘丈，其徑盈尺，截而爲筩，往往得泉甚甘，山人亦多壽考。陶安《學士集》。袁州萍鄉縣羅霄山，晉葛洪修煉處，壇生二竹，風動如掃人，謂之「掃壇竹」。又岳州平江縣幕阜山，一名天岳山，上有仙壇瑞竹，同本異幹，隨風掃地，名爲「掃壇竹」。均州西南薤山孤竹三莖，歷三年，一筍生。一筍甫成，則一竹枯，代謝不已。茶陵州真仙洞有竹，節長一尋，徑數尺，名曰「雲英」。廣州增城縣東南二十三里，猊山産娑羅竹，圍三四尺，性至堅，土人取以爲弓。衡州衡山有萬年竹。惠州羅浮山有巨竹十圍，節長二丈，曰「龍蒽竹」。平樂府平樂、恭城二縣出筋竹，可作衫，充暑服。峽州宜都縣飛魚口産紅竹，大者不過寸許，鮮明可愛。又有竹斜節，如龍鱗，山園中間有之，不多得。

清·談遷《棗林雜俎》卷四五五《中集·榮植》長韭　浙江象山縣東南百餘里，大海中韭山，産大韭，遍地爲然。四川邑梅峒長官司南八里，昔有人遺韭種山頂，韭長丈許，四時茂盛，民多食之。

又　彭侯芋　福建連城縣蓮峰山産彭侯芋，葉大如盤，冬夏不枯。過年子落崖下，人難取。取以□□亦不能熟。舊傳彭侯所種。

清·談遷《棗林雜俎》卷四五六《中集·榮植》甘藷　甘薯俗名紅山藥也。徐玄扈相國曰：「近年有人在海外得此種，海外人亦禁不令出境，此人取藷蔴絞入汲水繩中，遂得渡海，因此分種多植，略通閩廣之境，俗名番藷，蔓地生，形員而長，味甚甘，山藷爲劣。蓋中土諸書所言藷者，皆山藷也。今番藷撲地傳生，枝葉極盛，若於高仰沙土，深耕厚壅，大旱則汲水灌之，無患不熟。閩廣人賴以救饑，其利甚大。」《農政全書》。朱藷産吕宋國，被野連山，不待種植，夷競食之。萬曆中，閩人移蔓以歸，種之數日即榮。瘠鹵沙岡皆可植。糞加之大，泉人資以充饑。何鏡山先生喬遠有《番薯頌》。

又　荔枝　弘治壬戌，沈石田有《白茆顧氏種荔枝成樹》詩，云：常熟顧氏自閩中移荔枝數本，經歲遂活。石田使折枝驗之，翠葉芃芃，然不敢信也。以示閩人，良是。因作《新荔篇》。按：吴地荔枝難種，往聞吾西湖馬太僕三才墓舍有荔枝樹垂實，爲俗子伐去。偶見沈氏詩，後人獨不爲繼美耶？龍眼、荔枝二種，廣東止於韶州，南雄則無。福建止於福州，至延平則無。大都近海之郡則生，不近海不生。閩俗女子將嫁，男家先一年送荔枝紅。

清·談遷《棗林雜俎》卷四五七《中集·榮植》羅漢菜　南昌西山羅漢菜，因靈觀尊者自西域持至，葉如豆苗。蘄州三角山亦出，雜以葷，即無味。

又　人參　遼陽東二百餘里，山深林密，不見天日，産人參。採者以夏五月入，裹三日糧，搜之最難，或徑迷斃人。萬曆中，遼東李都督如松嘗餽某侍郎一本，重十六斤，形似小兒。海鹽姚叔祥記。

又　地黄　懷慶地黄，蓋藉濟水灌畦而肥也。不知密縣東北一帶旅生實繁，苗時，懷人用青蚨貿去，每斤值五六文耳。計其所獲，畝鬻十金而饒。《密縣誌》。

又　琪樹　琪樹垂條如弱柳，結子如碧珠，三年子乃一熟，每歲生者相續。一年緑，二年碧，三年紅，綴條上，璀錯相間。産天台桐柏宫、石橋等處。

清·談遷《棗林雜俎》卷四五八《中集·榮植》佛手柑　佛手柑，一名飛穰。鈕滔母孫瓊，與定夫人書：「此中果有胡桃、飛穰。」

又　薔薇露　薔薇露出大西洋國，花如牡丹，花露晶瑩，芬芳襲人。澤體膩髮，經年不減。

又　大内瓜子　大内多異物，歲一閱視，出之於廷，有瓜子長五六寸，闊稱之，不知何地所産。其瓜當大於屋，此古來史册所未聞也。袁貴妃父祐記。《玉堂薈記》。

又　不灰木　樫子，經野火燒死，根不灰，色白，類龍骨。《諸城縣誌》。

萬曆己丑春，諸城東鄉人言，盧山東麓崖塌出龍肉，又曰龍骨，無數。邑人驚愕，後識者曰「不灰木」也。其長莫竟，滿澗皆是，色白而軟，非木也。可以燃燈，類於龍骨，故訛傳耳。《齊地記》曰：東武城東南有盧水，二側有勝火木，方俗音曰樫子。其木經野火燒死，炭不滅，故東方所謂不灰之木也。

清·談遷《棗林雜俎》卷四五九《中集·榮植》木威　廣西宜州木威似栟櫚，葉間有實，穟生似橄欖。廣東蓋號爲烏欖，邕貫間謂波斯橄欖。其葉兩廣人用作雨衣，柔韌密緻，勝青油也。

又　血樹　血樹似芭蕉，葉如血，根幹紫黑色，高者七八尺。惟雲南臨安有之。

清・談遷《棗林雜俎》卷四六〇《中集・榮植》　塔松　峨眉山塔松，狀似杉葉而圓細，亦不見高，重重偃蹇如浮屠，山頂尤多。

又　椿實　鉅野縣郊外紅樹一枝，蓋椿實也，與餘者不同。楊士聰《静遠堂集》。椿木實香可噉。

又　陰陽柏　海鹽橫山崔孝廉培元家，廳事前二柏，殆百年，專左花右實。予聞而特過之，真奇種也。按陳繼儒《太平清話》：南渡時，高麗進陰陽柏二株，僅二尺許。高宗以賜王陶，陶種之永懷寺，高與殿齊，每歲左花則右實，右花則左實。

清・談遷《棗林雜俎》卷四六一《中集・榮植》　葴草　《山海經》曰：大騩之山，其陰多鐵、美玉、青堊。有草焉，其狀如蓍而毛，青花而白實，其名曰葴。服之不夭，可以已腹病。今亦存其名耳，並美玉、青堊，皆烏有也。《密縣誌》。

又　金剛纂　天目山金剛纂樹，長不滿三四尺，多屈曲，雖春夏亦無葉。每觸其枝，曳裾不前。夷緬國有是種。相傳剉其末以漬水，水必毒，飲者立死。《安吉州誌》。

雲南大侯州產金剛纂，其色青，狀如刺桐，性最毒。

清・談遷《棗林雜俎》卷四六二《中集・榮植》　指甲花　指甲花，五六月開，花細而黃，類木犀。中多須菂，香亦絕似。葉染指甲，其紅過於鳳仙，稽含《南方草木狀》：胡人自大秦國移植南海。《日詢堂手鏡》。

又　婆樹木花　婆樹木，葉似海桐，又似楊梅，花紅白色，三四月盛開，備紅紫白諸色，叢蘂並蒂，大可尺許。出四川峨眉山。

清・談遷《棗林雜俎》卷四六三《中集・榮植》　木蓮　峨眉山木蓮，四季葳蕤若續。

旱金蓮，五臺山出。瓣如池蓮，較小一圍，而色如真金，挺生墮地。相傳是文殊勝跡也。

又　娑羅樹花　天台山娑羅樹花，一名鶴翎，出華頂峰。以多經風霜，樹不高大，樹數十枝，枝千餘頭，頭六七葉，經冬不凋，花如芍藥，香如茉莉。唐天寶初，安西道進娑羅樹。

清・談遷《棗林雜俎》卷四六四《中集・榮植》　滇茶　御史鄧鍊論滇茶十德：色之艷而不妖，一也；樹之壽，經二三百年者猶如新植，二也；枝幹高竦有四五丈者，大可合抱，三也；膚紋蒼潤，黯若古云氣罇罍，四也；枝條黝糾，狀似麈尾，龍形可愛，五也；蟠根獸攫，輪囷離奇，可馮而几，可藉而枕，六也；豐葉森沈叢茂，七也；性耐霜雪，四序常青，有松柏之操，八也；次第開放，近月方謝，每朵自開至落可歷旬餘，九也；采入瓶中，水養之十餘日顏不變，半含者亦能自開，十也。昆明池山茶，見吳人葛一龍《四憶詩》。

又　玉女花　沁水縣韓王村玉女祠有樹，每歲再花，春赤秋黃，人不之識。張大理五典載之《縣志》，大理長孫都督道濬，遂名曰「玉女花」。蓋今人耳目短隘，或他處有是花，具其名，未可知也。曹縣青山之土神祠，《縣志》云：樹古不知其名，鄒秀才元謂南人過之，云樸也。夫樸，爲下材，猶隔於淺識，況其他乎？孔林之楷，子貢所植，即吾鄉黃楝。嫩葉可茹，俗名茶娘也。予年五旬，因過丹陽，摘芽同舟人語及有省否，則終其身不知楷爲何木矣。

清・談遷《棗林雜俎》卷四六五《中集・榮植》　勞山白牡丹　膠州勞山明霞洞宮，白牡丹一本，非近時物。豪家匡氏移去，而匡氏敗。有白衣人見夢於道士曰：「我今來矣。」果舊坎復蘖，至今存，匡氏之種萎。高相國記。

延安府膚施縣南四十里牡丹山，曰花原，山多牡丹，樵者以爲薪。又縣西牡丹川，牡丹特盛。又宜川縣東二十五里牡丹原。

又　延州紅　延州杜甫川西三十里，曰花原頭。其山高五里，□二十里，千餘年來，土人種牡丹幾徧，至折爲薪，故名花原。《牡丹譜》所謂延州紅也。

又　海棠　大足縣，古昌州也，海棠獨香，故又名棠國。唐有大足年號。郡邑以年號名者種種，如仁壽、崇慶之類。郭子章《蜀草》。

清・談遷《棗林雜俎》卷四六六《中集・榮植》　金蓮寶相花　南京雞籠山五顯廟金蓮寶相花，一曰優鉢羅花，開必四月八日，至冬而實，如鬼蓮蓬。去衣，其核中則金色佛一尊。

又　紫金蓮　登封縣嵩山法王寺，紫金蓮開中秋一月。云神光說法時，從地湧出，移他處即槁。

清・談遷《棗林雜俎》卷四六七《中集・榮植》　素馨茉莉　陸賈《南行記》：南越五谷無味，百花不香。獨有二花不隨風土而變，謂素馨、茉莉也。

又　特産　閩中紅茉莉，蜀中紫繡珠，楚中紅梨花，燕中黃石榴，天台黃海棠、白海棠，白紫薇，碧桂花，白玫瑰，洛陽黃芍藥，皆特產，他地所無。

《益都方物略》記有赤鸇芋，止言可□歲，不言其花。予里佃人偶種得花，開以日中，花成條若簇，小粟，香如蓮，色如百合，亦若葵而稍淡，先有臺，如荷包之花，綻而臺破。見鄭以偉詩中。

袁石公盛稱湘湖蓴菜美，不知湘湖無蓴，皆從西湖采去，以湘湖水浸之。蓴菜經宿則愈肥，凡湖泉水皆可浸，不必湘湖也。今人但知湘湖之蓴，又因石公言，謂非湘湖浸不佳，皆耳食者耳。見李流芳集中，有《蒓菜歌》。

又　廬山紫芝　晁無咎《雞肋集》：舊説廬山有紫芝田百畝，人莫得見，偶於開□棲賢林中步一日，各得一枝，正枝如玉。云云。噫，紫芝可植，所少晁無咎其人耳！

清·談遷《棗林雜俎》卷四六八《中集·榮植》　木瓜　木瓜出汲縣，《爾雅》曰：楙，木瓜也。衛人所賦木瓜即此。

又　芍藥　灤陽芍葯芽代茗飲，曰瓊芽。先朝進禦，見黄滔集中。

又　菊實　盛弘之《荆州記》：穰縣芳菊被崖，水極甘美，菊莖短，葩大。太尉胡廣恒汲飲此水，又收其菊實，傳植京師，穰，今内鄉縣。《楚寶》。

又　菊譜　趙俊谷先生時春《菊譜序》曰：菊之爲華，冬培根，春藝苗，孟夏分植，仲夏而迄，季夏再取其肄又植之，終夏而止，至秋大盛。伐其條肄，以培其花，迄秋而大成，初冬大發其美。既欲其久存，或苫覆之，帷幕之。蓋終一歲之勤焉。其名著于《月令》，餐於靈均，紀于《本草》，盛于南陽。陶潛籬之，杜甫叢焉。幽人騷客率以發詠，至宋人譜之而大備，色之殊者或如墨，或崇及尋丈，色品繁阜，宜隰及圃。中者宜原野，下者蔓衍丘陵，皆華而不實。其植以根，枝蔭之，根成而暢，晚乃見其白面，内苞作筒。外瓣單者，香甘，宜酹酒，卻風濕，養老壽，《本草》、杜甫詩所謂「甘菊」也。開以伏日而色紫紺，結子即種，而不根荄，世號「六月菊」，今吾郡及雁門西河高山多有之。菊之贅也，華之不植，而灌栵者或萬數，僅如大小錢，但可釀麵，不足稱也。愛培植而藝工者，子其身，保其葉，翹然上生，其端有微葉乃參之。而又子其枝，保其葉，條然扶搖，其端有微葉，又參其巨莩。而伐其細苞。參三以應陽九，亦菊性也。率以微葉冒端者爲徵，否即聲糾，藝者必審於此。故花大及二寸餘，小者猶當十錢，參三之而不可遏者，或至再倍。身洪大者如大小指可仗，單者猶二三尺高，率及人肩眉，菊之最盛者也。糞必熟薄，而函數均平之，溉以三五日。陽地以涼溉，陰地以温溉，温泉洪河之波，溉最良。良獸之腥尤宜溉，骼之陳油宜糞。分植而未根荄宜陰，或蓋冒之，樹蔭之。溉以葉舒爲徵，拳既溉之，或以壺水如針孔者雨之，俟可肄宜移諸陽，皆上品也。其下者亦居陰寒，冬除其霜霰。或曰此北方平原法也。寒甚失陽，上品花或否。南方炎洲，有雪乃開，或至中冬。大抵菊凌霜耐寒，亦稟中和之氣焉。糞生米汁輒生蟲，腦麝六畜之賤，藝工動作之疏，率能敗菊，於法當除。黄，中央土，正色，菊本黄。上品：大黄菊，正黄。金鶴頂，黄幅赤心，二品，畏寒雪，多覆之。赤金盤，黄赤。玉繡球，淡黄。黄鵝毛，禦愛黄，俱千葉夾黄，中品。火煉黄，黄幅纈焦。佛面黄，俱千葉。蜂窩黄，一名金荔枝，一名萬券書，葉筒幅，單黄。大金錢，單黄。金簪頂，一名枝嬌，幅單纈黄，下品，硬幹。赤，南方火，正色。絳紅紫以淺深别也，非如服之間色也。上品，絳紅袍，正紫。紅鵡毛，海東紅，早紫，俱千葉。初紫，晚作茄花色。中品，狀元紅，一曰舊朝服。初紅，晚黯黄。下品，金眼回。單紅幅，黄筒纈。白，西方金，正色。凡色白者皆靚潔而香，菊爲甚，皆可釀酒入藥。上品，平白，雙幅，黄纈半。青心白，千葉纈，微青。白鵝毛，千葉，細尖。白蜂窩，即甘菊。銀鶴頂，單白幅，淡黄。金盞銀臺，單白幅，正黄筒纈。粉色得人之正色，青且麗者也。上品，銀鶴頂，紅纈，白幅。荔枝紅，白纈幅，漸作淺深。大粉息。千葉。中品，玉蘭友，小粉息，千葉。虞美人，雙幅，粉黄筒纈。八月菊，粉翻，千葉。八月蜂窩，粉幅筒纈。

清·談遷《棗林雜俎》卷四七〇《中集·榮植》　蘭　蘭有紫黄碧三種，又四川霧中山産赤蘭曰冬蟬，黄蘭曰玉蟬，紫蘭曰金蟬。宋末鄭所南畫蘭，不根土，曰「今日此土非我有也」。雖憤語，而天台山産風蘭、鹿角蘭，俱不土而活。

宋政和五年正月，密州産蘭，彌漫山谷，或附木石，或出平地。有一本數十花，層疊高丈餘，五色咸備。《密縣誌》。

蘭有蒲蘭、線蘭各種。《保定縣誌》。

清·談遷《棗林雜俎》卷四七一《中集·榮植》　棉花　潁州志：「紅棉花、青棉花，俱間産。」

《禹貢》：兗州「厥燕檿絲，厥篚織文」。揚州「厥貢島夷卉服，厥篚織貝」。注謂：「兗地宜桑。」「織文者，綿綺之屬。」卉服，今木棉，而織貝爲木棉之精好者。曰桑絲，曰木棉，維兗與揚之島夷作貢，彰矣。古之所謂綿者，絲綿也。古之所謂布者，枲布也。故唐人税法，每丁歲輸絹或綾絁共二丈、綿三兩，輸布者麻三斤。宋林勳作《政本書》：「匹夫之貢惟絲與綿，非蠶鄉則貢布麻。」夫以綿而繫之絹，以布而繫之麻，則綿爲絲綿，布爲枲布也明矣。元學士王磐序《農桑撮要》之書云：「木綿種於陝右。」《輟耕録》云：「閩廣多種木綿，紡績爲布。」蓋木棉出於南夷、西域，宋元間始傳閩、廣、關陝，至明時乃盛。

又 茅 苞芽出沅江，一莖三脊。瀛州青茅草可爲筆。河南新鄉縣魯包村仙茅，世傳西域僧所獻，唐明皇服之有驗。至今江南人呼娑羅參。嚴州釣臺地止生白茅，無他產。郎瑛詩：「乾坤留節氣，草木顯清風」。

清·談遷《棗林雜俎》卷四七二《中集·榮植》 仙草 云南蒙自縣有仙草，葉圓枝細。其葉乾之一二年，醮以井泉，或氣呵之，復鮮茂如故。

又 不死草 柳州產苴草，俗呼不死草。狀如茅，高一二尺，食之令人多壽。暑月置盤筵中，蠅蚊不近，物亦不速腐。《戰國策》「楚人獻不死之藥」，即此。

又 真仙洞草 茶陵州真仙洞深十里許，有草一本，枝高三十丈，狀如芭蕉。

清·談遷《棗林雜俎》卷四七三《中集·榮植》 俱那衛樹 俱那衛樹高七八尺，枝脆，葉狹而長，花紅，根似玉簪花而小。曾師建《閩中記》：南方花有北地所無者，闍提、茉莉、俱那衛，皆出西域，盛傳閩中。北地雖植，莫能活也。

又 夢花草 綏寧縣產夢花草，其莖如藤，其花黄白，叢條如綫。有疇昔得夢而遺忘者，紐之即寤。見《一統志》。嘉興包公剡先生汝楫令綏寧，嘗訪之，土人不知也。

又 虞美人草 四川雅州和夷壩生虞美人草，歌曲，其草自舞。

又 羅漢綫 衡山天掌峰，生草兩莖相纏，垂頭如綫，俗名「羅漢綫」。

清·談遷《棗林雜俎》卷四七四《中集·榮植》 通靈草 成化時，邑人孫暲守潯州，斷藤峽有草名大藥，治金創撲損神效，猺人珍之。孫歸，移種而萎，弘治十年三月忽生後圃。孫曰：「思之二十年，不圖復見。」名「通靈草」。今不傳，或有之，無知其名者。

又 相連草相離草癡漢藥 貴州青浪衛山間產相連草，苗婦於高山長歌連日，歌淫心蕩，有草飛來入懷，置衣袂間，令人相思欲死。相離草投飲食中，令夫婦參商。又草名癡漢藥，婬婦以食其夫，如醉夢，絕無妬心。徐尚書良彥《隨風録》。

清·談遷《棗林雜俎》卷四七八《中集·榮植》 金絲煙 金絲煙出海外番國，曰「淡巴菰」。流入閩、粵，名「金絲煙」。性燥有毒，能殺人。天啟二年，貴州道梗，借徑廣西，始移其種。葉似薤，長莖，採而乾之，刃批如絲。今藝及江南、北，崇禎十六年勅禁，私販至論死，而不能革也。

清·談遷《棗林雜俎》卷四七九《中集·榮植》 經刦草 茶陵州雲陽山有草高三十丈，一本千枝，一枝萬葉。百年而開一花，已開不謝，陰卷晴舒。名曰經刦草。《茶陵州志》。

清·談遷《北游録·紀郵下》 癸卯。始啖金桃，出肅寧縣。土人云「蜜桃」。按：《一統志》稱：「金桃、玉桃，上林苑出。金色黄，玉色白，今稱銀桃、蜜桃。又因其色而訛也。」

又 戊子。客有言西安稻米三粒，通寸許。又華州多桑。

清·談遷《北游録·後紀程》 三月庚辰朔。發二十里桑園驛，產菽。

又 乙酉。巳刻抵鄭家口，地產梨。

又 乙未。陰。田麥改色。

又 庚戌。大風【略】，土垣草卉，楚楚可愛。

又 壬申。晴。市上菽麥俱貴，以春三月大霜傷麥也。

又 辛卯。發十里横林鎮橋，產蒜【略】。西南锡山上有塔。次慧山，穹然高也，一曰九龍山，次勝果山，次青山。十五里無錫縣北門。薄暮。

又 蕃釐觀訪瓊花不存 滄桑世閲世，來問舊瓊花。故土誰家地，孤根他日芽。名嘗因玉女，事豈類胡麻。撩亂春風裏，隋園日易斜。宋節孝徐先生集云：瓊花一曰玉女花。

又 香茅行 吾邑許稚則先生守淮陽，採其茅于家。亭之，今嗅茅氣微香，《史記云》：「江淮間三脊之茅。」豈其類乎？

又 桃源縣 遥隄草似髮，百步一孤城。鮭菜涯相市，萑葓地未耕。唐風安蟋蟀，淮水富鵁鶄。南楚桃源外，于今不異名。

又 白楊 江南無白楊，楊葉大如柳。擁腫易欹斜，蠹液常八九。淮北清且陰，秀特自不偶。其幹類井桐，冰膚桐未有。道問得其詳，古詞見稱久。密葉吼天風，翠色射窗牖。大可蔽連牛，小亦逾于斗。相對怡神情，樗櫟毋或狃。歸來讀爾雅，精思庸釋手。

清·談遷《北游録·紀文》 愬突賦有序 採藜藿以不飽兮，稻粱十不得其一。杠子郭之長禦兮，類陳蔡之見嫉。匪晉陽之產蛙兮，終唐風之蟋蟀。彼阿衡之割烹兮，能負鼎于何日？【略】釣淮陰之潰波兮，樵會稽之橡栗。曾侏儒之飫望兮，徒縹緗之膠漆。倘蠹魚之可粲兮，何翳桑之足疾【略】。炙晉臺之熊蹯兮，薦楚尹之水蛭【略】。庸盜泉之敢繘。彼蠟薪之上豪兮，既山甲而海乙。

又　壽太常熊伯甘五十序代　門桃李而野甘棠【略】。非蜚蠦，則莞蒲，媿未起溝壑而肉之。

清・談遷《北游録・紀聞上》　瓊花　宋徐節孝先生積集中云：淮南轉運林公次中所居之府，有花一株，舊名玉蕊，改曰「瑶真」。即瓊花之别本也。瓊赤玉也，名其花者，蓋誤矣。

又　五穀　五穀，顔師古曰：「黍、穀、麻、麥、荳。」朱晦翁曰：「稻、黍、稷、麥、菽。」晉江何鏡山先生喬遠曰「稻」。《説文》謂：「稻爲粳稉，稌屬也，亦名秫。」福州曰「粳」，曰「秫黍」。《詩》名「物云丹穀也，其類有黏，黏如稻之粳糯，不黏爲飯。黏者亦名秫，以爲酒。」按：黍，北人曰粱，浙人曰黍。泉中有一種名稊，粒似黍而小。稷，《説文》曰：「五穀之長也。」北人曰高粱，泉曰番黍。浙人曰蘆穄，朱梅麓太史以《爾雅》難詳。採《本草諸説》曰：「稷一名穄，與黍相似，而粒殊大。黍乃作酒，此乃作飯。」疎爽香美，塞北最多，今人不甚珍此，惟祠事用之，農家惟以備他穀之不熟則爲糧耳。黍出北地，江東時有，而非土所宜。其苗如蘆，粘滯與糯米同性。其氣性温煖，丹黍皮赤，其米黄。惟可爲糜，不堪作飯，北人以之釀酒作糕。粟，江南所種皆是。苗俱似茅，種類凡數十，早則趕麥黄、百日糧之類，中則有八月黄、老軍頭之類，晚則有雁頭青、寒露粟之類。古但呼爲粱，以《本草》言之，稷乃是今高粱，黍乃是今小米，粟乃是今所常用之漕白米也。

又　種麥　北地正二月種麥，以冬雪厚。濕透而鋤之，藝麻麥，彌茂。其八月種曰冬麥，二麥穫，始種蕎麥。元王禎《農書》：「八月社前，即可種麥，經兩社即倍收而堅好。又漢武帝紀，勸郡種宿麥，蓋二麥比他穀隔水種，故號宿麥。」

又　水稻　畿内間有水田，其稻米倍于南。聞昌平居庸關外保安、隆慶、陽和並藝水稻，其價輕。北人饔飧多屑麥稷蕎菽爲餅飥及粟飯，至速客始炊稻。市僅斗升，其價甚昂，土人亦不之種。密縣超化寺前一區二百畝始稻。《密縣志》。按：稻必水田，北多墳土，易黍稷麥粟。其濱水處，又直渠而少支流，不能時灌。又無水農以導之，故田有遺利。

又　早蔬　漢太官園，種冬生葱韭菜茹。晝夜然蘊火，待温氣乃生。見《漢書・召信臣傳》。今都下早蔬亦其法，以先朝内監不惜厚直，以供内庖。三月末，以王瓜不二寸輒千錢。四月初，茄彈丸或三千錢。

又　福州梨　福州有梨，十月方熟，重至二斤，甚甘美。

又　芹　江南芹生于澤，視爲剩物。北芹土種，修可二尺，味亦佳。

又　笋藕　北笋以蘆以蒲，非竹萌也，其腴脆如笋。藕，細如小兒臂，不耐嚼，屑爲粉，佳甚。

又　檳子沙菓　吴匏菴先生集，有馬檳榔詩：「白花細而密，實甘翻可嘗。」意即檳子也，林檎，吾鄉曰「花紅」，北人曰「沙菓」，又柰似林檎而小，北人曰「唬喇檳」，有紅黄二種。

又　芍藥　宣府赤城衛，春時芍藥滿山谷。土人摘其芽，或鮮食，或乾食。以和牲俎，味佳甚。枚乘《七發》所謂芍藥之醬也。隆慶州歲貢芍藥二百斤，永寧縣歲貢百斤，並充藥物。

大同山陰縣辛寨南山麓龍王祠前，芍藥一叢。每歲開花十五朵，色各不同。昔有一僧折其一，將以供佛，隨萎。復至其處，則原莖復開一花如舊，人驚其神異，不敢攀折，雖無藥欄，牛馬不敢踐。《山陰縣志》。

又　炎帝黍　澤州高平縣之東北羊頭山，舊傳炎帝種五穀于此，至今山下有黍二畔。其南陰地，黍白；其北陽地，黍紅。

又　芯題草　房山縣西南四十里石經山，生芯題草，他處所無，曰「芯題山」。

又　土人善織絲，又耑布以苧蔴，拭汙不穢。茶用草菓、荆芥、蔴、茶、椒、薑等杵茶雜和之。晨輒數甌，點以炙麪，味辣而濁，種晚稻曰「堂禾米」。

又　土産臘梅、通草、黄楊，沿溪連嶺，土人以爲薪，不惜也。

又　長坂草　當陽長坂趙雲戰處，今草尚斑。《楚志》

又　兔鶻生卵　洪武初，寧夏都督馬鑑宅，所畜兔鶻，忽生一卵，訪于老者，曰：此不祥也。城其空乎？後空，果符所驗。

又　蟠桃核　南京大内蟠桃核，其半容米二升七合。左刻蟠桃，右刻咸朔三年。又大鵬翅骨長數丈，管周□尺。又大魚脊骨一節，合抱如臼，以上俱陳冰遠所見。

又　淇竹　衛輝淇縣多竹，攝政王煎竹瀝。初課民煎，每巨竹可獲瀝十斤，後疑其僞。令民輸竹于京，以風日所暴僅煎六斤，淇之人苦于役，費甚矣。

又　桑　燕齊間樹桑僅僅，特未連畝，桑葉遲于南土，其飼蠶亦密室，不生火，清豐縣蠶事特盛。

清・戴名世《戴名世集》卷一〇《響雪亭記》 旁三面石壁上，大樹皆倒生，枝葉扶疏下垂，四時不凋，根蔓延石壁若龍鱗。

清・戴名世《戴名世集》卷一〇《芝石記》 芝以石爲根，沙土凝結而成者也。長不盈尺，而岡巒岩穴畢具，芝生於其旁之左峰，羣峰錯立。

清・戴名世《戴名世集》卷一〇《兔兒山記》 山有樹數十株，突兀披離甚奇。

清・戴名世《戴名世集》卷一〇《游爛柯山記》 逶迤曲折，不一二里，道旁有古松二株，枝幹蟠屈爲攫拏之勢，有碑題曰「戰龍松」，後署「晦翁書」，則此松在宋時，已數百年物矣。

又 寺門古樟四株，中二株尤奇，蔦蘿蔓引，苔蘚斑剥，隱蔽數畝。

清・戴名世《戴名世集》卷一〇《古樟記》 余輩先入門視其幹，高數丈，分數枝，四面横斜而下。余輩手相牽環抱之，凡六人乃周，更上一二尺則更大矣。其枝幹披離甚古，往往出人意外。頂甚平，可列坐十餘人，非梯不能上也。秉火照之，但見轇轕輪囷，蜿蜒攫拏，若群龍相鬭。枝之出於垣外者皆成幹，屈曲下屬地。其北一枝尤奇，直入土中，大數十圍，類自爲一樹，不屬於幹者。然其文理皆成龍形，騰挪宛轉，若龍之升於天。自垣内視之，則係幹之别枝，若虹之垂地，首尾無端，不可測。居人以爲神，祠而祀之。

清・戴名世《戴名世集》卷一〇《緑蔭齋古桂記》 齋之東有古桂一株，蓋百餘年物，其枝四面紛披而下，其中可坐數十人。每花開，召客讌集其下，緑葉倒垂，繁英密佈，如幄之張，如藩之設，風動花落，拂襟縈袖。

清・戴名世《戴名世集》卷一〇《惠慶寺玉蘭記》 玉蘭在佛殿下凡二株，高數丈，蓋二百年物，花開時茂密繁多，望之如雪。

清・張縉彦《寧古塔山水記》卷一 其産宜菽、麥、黍、稷、豆、粱、稊、稗、麻黄【略】。其草卉則有芍藥、玫瑰、芰荷、菖蒲、慈姑、百合、萱草、石竹、水蓼、山丹、茨白之屬。其蔬菜則有葱、蒜、韭、芥、苣、蕨、扁豆、白菜、黄芽、萊菔、茄子之屬。山中則有木耳、蘑菇、黄花、土菌、羊肚之屬。其果品甚少，祇山梨、山杏、山查、松、榛、郁李、葡萄數种，然皆出于遠山。而藥苗則人參、黄精、野艾、沙參、防風、桔梗、蒼木、白附、稀薟、益母、蒼耳，其类甚繁。而材木则松、檜、桦、椴、榆、郁諸樹，在烏雞者，千尋之材，不可名數。

又 土産紅藥、紫蕨，採之者可以捆載而去。又有異卉，葉如芋而小，花白如豆粒，氣比蘭蕙，移至盆中，可充清賞。其野花野蔓，不能名數者甚多。

又 遊春時，雜卉布地，芍藥、萱花、山丹，尤爲爛漫。

又 山多映山紅，冬葉不凋，春花如燦，及芍藥雜卉，不可名數。其木多榛槲，有似榆，似槐，似楝者，驗其花葉，又不甚類，豈地氣使然歟？

又 山陰多卷栢、石蒲、映山紅、白楊、緑柳，與椴樺和雜。更有異木□□，方而有棱，葉似映山紅，或地氣使然，或系别種，則□□□也。

又 其樹多桦、椴、槲、柳。春時，萱花、山丹、紅藥、紫蕨，遍滿山谷間。

又 洲中樹木蒼鬱，非芟除叢刺，不可入，野蔓繚繞，多葡萄、山查、郁李諸種。

又 女直故地，以芍藥爲蔬菜，填山掩谷，皆芍藥也。

又 河之西南，有長溪數十里，产荷花、菱芰。七八月荷花紅敷，一望十里，與杭之西湖無異。

又 〔馬流河〕北岸崇崗【略】，入深山，樹木蒼鬱，多有不能名者。夏時花開，有海棠、木犀之香豔，不知是何花也。

又 崖岸多杏花、□桃、□□，琪花如石竹，蛾眉，□山所不生者。

又 道旁多柳株，海棠、山楂、芍藥之類。

又 杉松合抱，大材不可勝用。

又 人參出寧古及烏喇遠山中，生松樹之下，紅紫花，一層五葉，層多爲老參，署似人形者有神。採之者不言而取，一叢可得數十枝；若喧言有參，則握之不見。極大者，一根重可七八兩，其價值無筭，服之長年。烏喇出參膏，乃苗葉所熬成，非參蘆也。

又 山蒜，比胡蒜更大，根如雞卵，葉濶寸余，出於烏棘林中，味比胡蒜甘而辛，食品之佳者。

又 有香草，氣如薄荷，葉稍小而尖，可生食，可作調料。

清・顧炎武《肇域志・南直隸・松江府》 古岡身，曰沙岡、竹岡、紫岡，在縣東七十里。南屬於海，北抵松江，長百里。入土數尺，皆螺蚌殼。其地高阜，宜菽麥。

清・顧炎武《肇域志・南直隸・揚州府》 皂角林，在瓜洲鎮北。原有皂角樹三株，相距數里。宋紹興三十年，劉錡大破金人於此。

清・顧炎武《肇域志・南直隸・池州府・石埭縣》 僻饒，民樸，民多尚儉，稼穡之外，尤力植杉。

清·顧炎武《肇域志·南直隸·應天府》 銅山，江寧。在縣東南七十里。上昔人采銅於此山，故名。宋鮑照有《過銅山掘黄精》詩。

清·顧炎武《肇域志·南直隸·應天府·句容》 大茅峰徑路九彎十八折，祠宇宫前九杉高大。

清·顧炎武《肇域志·南直隸·蘇州府》 苽即菰，封即葑也。旱燥，故苽葑亦乾也。菰葑根相結而生，歲久浮於水上，根最繁而善絡結，以土泥著上，刈去其蔓，枯時以火燎，便可耕種。

清·顧炎武《肇域志·山西·大同府·廣靈縣》 香山，在縣西南十五里。上有古寺，松栢蔥鬱。

清·顧炎武《肇域志·山西·遼州·沁水》 磕山，在縣東九十里。萬栢參雲，千松翳日，蓋沁邑之最勝處。上有大雲寺，佛殿前有白松三株，圍一丈五尺，高數丈。

清·顧炎武《肇域志·河南·彰德府·林縣》 紫團山，在洪谷西。山之西則河東上黨界。山產紫團參。

清·顧炎武《肇域志·河南·南陽府·内鄉》 南二三十里曰靈山。山中松柏森鬱，下有泉流入鄧州。

清·顧炎武《肇域志·陝西·西安府》 千葉白蓮，生玉井中，食之令人羽化。

又 菖蒲，生太上泉，其葉細如劍脊，其根每寸九節，服之令人强健，延年益壽。

又 細辛，嶽頂西南隅，方圓三四畝，盡是細辛，服之令人身體生香。古記所稱草似帛似布，令人所稱西嶽布是也。

又 紫柏，嶽頂東北峯上有紫柏，葉際碧露，以五月五日油囊接之，食者可作地仙。

又 五粒松，嶽頂西南峯上有五粒松，平時偃蓋，旁有青蘿，長百尺，下生茯苓，具如人形，時生琥珀，服之遐舉，夜可書字。

又 無憂樹，在陳希夷先生庵旁。

清·顧炎武《肇域志·陝西·西安府·雒南》 茶山，在縣東三十里，舊產茶。

清·顧炎武《肇域志·廣東·惠州府·河源縣》 桂山，在縣西十五里。上多桂樹，產茶絶品，爲縣主山。

清·顧炎武《日知録》卷三二《豆》 《戰國策》張儀説韓王曰：「五穀所生，非麥而豆。民之所食，大抵豆飯藿羹。」姚宏注曰：「《史記》作『飯菽而麥』，下文亦作『菽』。古語但稱菽，漢以後方謂之豆。」今按：《本草》有赤小豆、大豆之名。《本草》不皆神農所著。《越絶書》：「丙貨之户曰赤豆爲下物，石五十；己貨之户曰大豆爲下物，石二十。」《越絶書》亦非子貢所作。《漢書·楊惲傳》：「種一頃豆，落而爲萁。」

清·宋琬《安雅堂全集·金太傅齋中賞牡丹》 退食不言温室樹，歸田偏種洛陽花。煙籠曲榭施青障，月映層城蔟絳霞。

清·閔麟嗣《黄山志》卷上《物產·草屬》 紫芝生軒轅峰下。紅朮，山中特產，在丹霞峰下。人蔆生山壑下溼處，夏花細小如粟。黄連生山壑中，苗叢生莖三葉，高尺許，凌冬不凋，花色黄。地黄二月生，葉似車前草，上有皺文而不光。花絶肖油麻花，但彼白色，此紅紫色。黄精得坤土之精，味甘美，八月收根，煮三晝夜，色黑如漆。紫草可染紫，其利甚藍。鹿跑草酒煮服，有人蔘功。蒟蒻一名鬼芋，莖斑，花紫，葉似天南星。赤骨，草本，莖緑子紅。萬年松，草本，生天都、蓮花諸峰，懸崖上長三四寸，經冬不凋。朱蘭生僊人石上，有莖無葉，即石藍花也。萬壽芙蓉，淺黄，叠瓣。僧從燕京携子布種，遂成山產。秋牡丹偏生原谷間，花同籬菊，紫瓣黄心，葉似牡丹，秋乃花。垂絲鳳僊，葉花層累而上，一葉舒一花，由夏初開至秋深。雲霧草或生松杉，或生峭壁，狀如亂絲，不粘寸土，性寒味辣，能癒疫癘。龍鬚草生龍鬚源及望僊峰下。珊瑚鞭澗壑中草也，叢生葉淺緑，花色殷似珊瑚。

清·閔麟嗣《黄山志》卷上《物產·菜屬穀屬附》 僊韭承相源有韭菜澗，長三尺者爲僊韭。苦蘵俗名苦菜，因味苦也，又名敗醬。葉似水莨及薇銜，色緑面淺，背深。山藷形味俱類薯，蕷薯蕷根細如指藷，極大者相去倍蓰。香菌生古松老杉上，或生松陰。石耳蓋芝蕈類也。生於崖石。珍珠菜，藤本，暮春發芽，每芽端綴一二蕊，圓白如珠，葉脆緑如茶連蕊，葉腊之香甘鮮滑。青豆，山種獨大三倍，常豆色青翠若梅實。水角豆性同藴藻，好生水面實布莢中。

清·閔麟嗣《黄山志》卷上《物產·木屬竹屬附》 椶俗作杉，可木。黄山老而巨者不讓蜀材。椶類杉材不逮杉，杉堅而綿，椶堅而脆，其材可爲器，可搆可舟。黄楊木，山中多産高峰。香榔與香柏皆宜，製器光潔芳澤。紫檀樹，蓮蕊峰僻塢間有洞，洞有紫檀樹，香翠覆地。實竹，竹不中空，堅實犀鋭，可以佐武備利兵戎。瓦竹葉長廣似箬山，僧厚紉覆屋，用以代瓦。

清・閔麟嗣《黄山志》卷上《物産・果屬》 榧黄山多榧木，實小而香。榛木叢生關中，鄜坊爲多，黄山亦多有之。桃僊種老而不死，猶挾艷姿，其實中秋始熟，味甘香異常桃。山櫻桃一名崖蜜，實纍纍綴危崖間。

清・閔麟嗣《黄山志》卷上《物産・花屬》 木蓮花在華嚴堂前，其花蓮其瓣九，其色白，朱實含苞，内苞開，實出若珊瑚。石蓮其花略同木蓮，但彼九出，此五出耳。花時彌漫山谷。山海棠葉深緑，嚴冬不萎，其花一苞數蕊，嬌過海棠。海桐生山谷中，一名刺桐，花紅色如火。山桃花，色如桃，視桃更夭，垂絲裊裊，弱不勝持。水桂葉比桂差小，花如梅，四出香似蓮，瓣白心黄，麥秋時開。纓絡臘梅幹葉類繡毬，花似蜜脾，一莖十數葩，花時莖垂作纓絡狀。

清・閔麟嗣《黄山志》卷下《游記》 進桃源洞，三折達桃源，桃梅交陰。

清・閔麟嗣《黄山導・黄山記略》卷一中《遊記七篇》 在雲門峰下，聞中有十里梅花。

清・閔麟嗣《黄山紀勝》卷一 黄山辨山産黄蘗，鄉俗稱爲黄蘗山。

又 桃花峰下舊有桃花數萬株，花時競艷，赤遮山谷。

又 《江瓘記》：由湯池石逕而上羣峰，夾澗峭立如壁，多桃李梨杏檜榧楩楠。望春，諸花摇颺葳蕤，草則蘭茝、蕙，若赤箭青芝，紛紅緡緑，蓊香勃苾，莫可殫述。

清・閔麟嗣《黄山紀勝》卷四 （雲外峯）上有紫白杜鵑，繞峯叢生。雲外峯下有杏花源，源多杏花。

又 丹霞峯下爲紅朮源，遍生紅朮，形如邪瓜，赤如丹砂，花開五色，有青有白，陰陽結氣，服之長生。松林峰在丹霞山西，山巔多蒼松。

清・王夫之《王船山集》卷九《薑齋文集・贊・雜物贊》 鬼見愁，亦草木之實，生武當山谷。或採令童子佩之，云辟鬼魅。狀類粤西所産猪腰子而圓小精潤，茶褐色，有深黑文緣其間。

清・王士禛《分甘餘話》卷一《瓜瓤黛色》 《書墁録》：「襄邑義塘瓜，剖之色如黛，而味甘如蜜。」餘昔寄同年劉考功公㦷體仁句云：「側聞西湖水，嫩緑如瓜瓤」，用此。世必疑瓜瓤無黛色者矣。

清・王士禛《分甘餘話》卷一《黄蓮花》 黄牡丹，今亳州、曹縣皆有之，荷花則未聞有黄色者。《墨莊漫録》云：「京師五嶽觀凝祥池，有黄蓮花甚奇，僅見於此。」

清・王士禛《分甘餘話》卷一《斷腸草》 田侍郎綸霞雯言：「巡撫貴州日，署中庭砌間有草，結實紅珊瑚，可愛，熟時有小鳥紅色，羽毛甚麗，來食此草。問之吏卒，云：此斷腸草也，鳥亦名斷腸鳥，專以此鳥爲食，皆有大毒。」餘觀《冷齋夜話》云：「斷腸草不可食，其花美好，名芙蓉花，出陶貞白仙方。」其説稍異。

清・王士禛《分甘餘話》卷三《臺灣物産》 臺灣物産多異中土。按：東郡太守孫湘南元衡《赤嵌集》所録有菠蘿蜜，狀如米，頂中分十數房，似蓮瓣抱生。其色黄，其味甘，房各一實，煮食似栗。鳳梨，通骨成章，抱幹而生，葉自頂出，森若鳳尾，其色淡黄。香果，花有須，無瓣，色白，其實中空，内如蛾丸。羡子，俗曰番蒜，或作檨。其稱雲佛國所傳。刺桐花，色紅如火，號刺桐城。番茉莉，花千層，大如菊。鐵樹花，狀如竹絲燈籠，廣張千瓣，瓣名一花。蝴蝶花樹，曇花，葉叢生如帶，闊五寸許，旁生方銓著，花高五尺許，花色純紫，在法華寺，亦西方種。午時梅，色紅，午開，子落。紅繡毬、黄美人蕉、迎年菊，與秋花無異，惟紫色一種，開曆冬春。石榴花。臘月開。

清・王士禛《分甘餘話》卷三《人參》 《西溪叢語》云：人參，許氏《説文》作人蓡。扁鵲云：有毒。或生邯鄲，三月生叶，小花，核黑，莖有毛，九月採根，有头足形，面目如人。

清・王士禛《分甘餘話》卷三《〈廣羣芳譜〉所載異花》 《廣羣芳譜》所載異花凡一百一十六種，今略數十種於左：萬年花 金蓮 玼碧 九花樹 金萱花 紅綬花 優鉢曇 迎輦花 金步摇 靈壽花 無憂花 那伽花 提羅伽 拘尼陀 繫白象樹花 簇蝶花 俱郍衛 石蓮 洛如花 太平瑞 臏花 七寶花 娑羅花 鶯毛玉鳳花 蟬花 石蟬花 錦帶花 青囊花 上元紅 泡花 枸那花 水西花 象蹄花 白鶴花 金莖花 白菱花 閩山丹 金鉢盂 繅絲花 笑靨花 紅麥花 龍女花 會城娑羅花 優曇花 金縷梅 瓔珞花 紫雲花 海闕花 仙都花 四照花 覆杯花 查葡花 山釵花 鶯羣花 海瓊花 寶網花 長樂花 優鉢羅花 燕菊花 玉燭花 杏香花 鷹爪花 闍提花 禦帶花 玉手爐花 繭漆花 散水花 孩兒花 練春紅 長十八 波羅花 疊蘿花 藍雀花 翠蛾眉。

清・陳維崧《陳檢討四六》卷二《白丁香花賦有小序》 余居停主人蔣元庸，

砌畔有此花。三春欲暮，花開似雪。元膚隔牆呼飲，并言每歲有紫花半樹，交枝並跗，掩印殊佳，今紫者萎矣【略】。爾其花壓半簷，香籠一樹，萼小偏嬌，苞纖逾嫭。

清·屈大均《廣東新語》卷一《天語》　陳村　順德有水鄉曰陳村，周迴四十餘里，湧水通潮，縱横曲折，無有一園林不到。夾岸多水松，大者合抱，枝幹低垂，時有緑煙鬱勃而出。橋樑長短不一，處處相通，舟入者咫尺迷路，以爲是也，而已隔花林數重矣。居人多以種龍眼爲業，彌望無際，約有數十萬株。荔支、柑、橙諸果，居其三四。比屋皆焙取荔支、龍眼爲貨，以致末富。又嘗擔負諸種花木分販之，近者數十里，遠者二三百里。他處欲種花木，及荔支、龍眼、橄欖之屬，率就陳村買秧，又必使其人手種搏接，其樹乃生且茂。其法甚秘，故廣州場師，以陳村人爲最。

又　永安縣　柏樹、柏興、漆木、黄草、黄花，以草木名。

又　茶園　嶺南香國，以茶園爲大。茶園者，東莞之會，其地若石涌、牛眠石、馬蹄岡、金釵腦、金桔嶺諸鄉，人多以種香爲業。富者千樹，貧者亦數百樹。香之子，香之萌蘖，高曾所貽，數世益享其利。石龍亦邑之一會，其地千樹荔，千畝潮蔗，橘、柚、蕉、柑如之。篁村、河田甘薯，白、紫二蔗，動連千頃，隨其土宜以爲貨，多致末富。故曰：「嶺南之俗，食香衣果。」

清·屈大均《廣東新語》卷二《山語》　梅嶺　從保昌而北者，一路風岡阜綿亘，巖磴傾斜，梅與松石相亞澗林間，或蔽或見，偃松大皆合抱，或數百或千年物，有張文獻手澤存焉。

又　二禺　其巔最高峯，林木益深，希見天日。

又　安昌期丹竈在焉，常產五色榴花。

又　白雲山　列植木棉、刺桐諸木，花敷殷豔，十里相望如火。

又　頂湖山　寺右溪向産嘉禾，每粒雙米，不垂穗已三十年矣。

清·屈大均《廣東新語》卷一四《食語》　糖梅　自大庾以往，谿谷村墟之間，在在有梅。而羅浮所産梅花，肥大尤香。予詩：「羅浮山下梅花村，花開大者如玉盤。」他處花小，然結子繁如北杏，味不甚酸，以糖漬之可食。段公路云：嶺南之梅小於江左，居人以朱槿花和鹽曝之，其色可愛，曰丹梅。又有以大梅刻鏤爲瓶罐結帶之類，漬以棹汁，味甚甘脆。

清·屈大均《廣東新語》卷一五《貨語》　珠　合浦海中，有珠池七所，其大者曰平江、楊梅、青嬰，次曰烏坭、白沙、斷望、海猪沙，而白龍池尤大。其底皆與海通，海水鹹而珠池淡，淡乃生珠，蓋月之精華所注焉。故珠生池中央者色白，生池邊者色黄，以海水震蕩，鹹氣侵之，故黄也。珠者蚌類也，蚌之陰精，圓澤爲珠。

又　剖蚌出珠，蚌有一珠者，數珠者，有絶無珠者，有僅得珊瑚碎枝及五色文石金銀者，蓋有數焉。珠身以圓白光瑩細無絲絡者爲精珠，半明半暗者爲褪光珠，次肉珠，次糙珠、藥珠。大而稍扁者曰璫珠，所謂南海之明璫也。其曰走珠、滑珠、磥砢珠、官雨珠、税珠、葱符珠、稗珠。

又　珊瑚，水之木也。生海中磐石之上，初白如菌，一歲乃黄。海人以鐵網先沈水底，俟珊瑚貫出其中，絞網得之。或以鐵貓兒墜海中得之。在水直而耎，見風則曲而堅，得日光乃作鮮紅、淡紅二色。其五七株合成者，名珊瑚林，夜有光景，常熚熚欲然，南越王以爲烽火樹是也。狀多如柏，亦曰烽火柏。或謂此物貴賤，並隨真珠，大抵以樹身高大，枝柯叢多，紋細縱而色殷紅，如銀硃而有光澤者爲貴，色淡有髓眼者次之。其色善變，可以占災祥。圓之爲珠，帶腕上，或以爲簪。其人有福澤，則益紅潤。

又　綿布　又有樹綿，一曰樹頭綿，以吉貝枝接烏桕，俟生時截去烏桕，樹長可八九尺，四季開花，夏秋尤盛。每一株生，數十年不壞。絮同木綿，德慶以上多種之。

又　綿又有木棉之綿，即攀枝花絮也。其木高四五丈，花殷紅，朵大於杯，花落則絮蘊焉。春暮時漫空而飛，采之，其輭者可以爲褥。嶺外以爲吉貝即木棉，非也。吉貝草綿，如斑枝乃木棉耳。

清·屈大均《廣東新語》卷二二《鱗語》　養魚種　廣州諸大縣村落中，往往棄肥田以爲基，以樹果木。荔支最多，茶、桑次之，柑、橙次之，龍眼多樹宅旁，亦樹于基。

清·屈大均《廣東新語》卷二五《木語》　松　梅嶺多松，大者十餘抱，枝柯百尋，裊裊若藤蘿下垂而多倒折。葉黝黑，望若陰雲。夾道有數百株，左迴右轉，多張曲江手植。

又　瓊州無松，海忠介嘗植數株祖墓，今惟其祖墓有松，他處植之不生。蓋松性宜寒，瓊州極南之地，其氣太暖，即使生松，亦爲不材之木，不可梁棟。

又　水松　水松者，櫻也，喜生水旁，其幹也得杉十之六，其枝葉得松十之四，故一名水杉。言其幹則曰水杉，言其枝葉則曰水松也。東粤之松，以山松爲爲牡，水松爲牝。水松性宜水。蓋松喜乾，故生於山；檜喜溼，故生於水。水松，檜之屬也，故宜水。廣中凡平堤曲岸，皆列植以爲觀美，歲久蒼皮玉骨，礧砢而多瘿節，高者塵駢，低者蓋偃，其根浸漬水中，輒生鬚鬣，嫋娜下垂。葉清甜可食，子甚香。又嘗有木生其旁，崒起於地，與相抱若寄生然，名曰抱木，甚香，亦曰抱香。質柔弱不勝刀鋸，乘溼時刳而爲履，易如削瓜，既乾則韌刃不可理矣。嵇含言：土人不甚珍此，亦不大香，嶺北人愛之，香乃殊勝。

又 柏 廣中松多而柏少，以其地乃天之陽所在，松，陽木，故宜陽而易生。其性得木氣之正，而伏金其中，故爲諸木之首，淩冬不凋。梁氏云：松爲陽而柏爲陰。松木鬆，色白而多脂，象精。柏木堅，色赤而多液，象血。精以形施，血以氣行，故松出肪而柏生香。

又 杉 東粤少杉，杉秧多自豫章而至，鬻者爲主人辟地種就，乃如株數受植。粤多材木，用杉者十止四五，故罕種之。柏亦然。潮陽多紫柏，木香而文，可爲器。其生他州縣者，歲久空心。

又 梅 梅花惟嶺南最早。冬至雷動地中，則梅開地上，蓋其時火之氣不足於地，而發其最初之精華，故梅開。

又 韶州梅，長至已開，臘月大雪，梅復開尤盛，有於舊蒂而作新花者。其地屬嶺北，故梅以臘以正月開。廣則秋末冬初，梅且開盡，往往不待長至，以地煖故開更早，氣盛則開而又開。

又 楓 嶺南楓，多生山谷間，羅浮連亘數嶺皆楓，每天風起則楓鳴。

又 木棉 木棉，高十餘丈，大數抱，枝柯一一對出，排空攫拏，勢如龍奮。正月發蕾，似辛夷而厚，作深紅、金紅二色。蕊純黄六瓣，望之如億萬華燈，燒空盡赤。花絶大，可爲鳥窠，嘗有紅翠、桐花鳳之屬藏其中。

又 榕 榕，葉甚茂盛，柯條節節如藤垂，其幹及三人圍抱，則枝上生根，連綿拂地，得土石之力，根又生枝，如此數四，枝幹互相聯屬，無上下皆成連理。其始也根之所生，如千百垂絲。久則千百者合而爲一，或二或三，一一至地，如棟柱互相撑抵，望之有若大廈，直者爲門，曲者爲窗牖，玲瓏四達，人因目之曰榕廈。其根下蟠者，剔去土石，又往往若巖洞，容十許人。其樹可以倒插，以枝爲根，復以根爲枝，故一名倒生樹。幹多中空，不堅，無所可用，故凡爲社者，以之得全天年。大者至數百歲，故夫望其鄉有喬木森然而直上者，皆木棉也；有大樹鬱然而横垂者，皆榕也。

又 椋 廣州故屯田道署，有一樹，通體根須蟠結，大可數十抱，枝短而勁。葉初發，細卷如辛夷之蕾，葉開則色殷紅，望之如花。其樹無花，葉即其花，葉至冬而落，春間乃發，初發又如筆管，粤人因名爲管樹。

又 菩提 訶林有菩提樹，蕭梁時，智藥三藏自西竺持來，今歷千餘年矣。大可百圍，作三四大柯，其根不生於根而生於枝，根自上倒垂，以千百計，大者合圍，小者拱把。歲久根包其幹，惟見根而不見幹。幹已空中無干，根即其幹，枝亦空中無枝，根即其枝。其葉似柔桑而大，本圓末鋭，二月而凋落，五月而生。僧采之浸以寒泉，至於四旬之久。出而浣濯，渣滓既盡，惟餘細筋如絲，霏微蕩漾，以作燈帷笠帽，輕弱可愛，持贈遠人，比於綃縠。其萎者以之入爨矣。

又 荔枝 荔支以臘而萼，以春而華，夏至而翕然子赤，生於木而成於火也。皮紅肉白而核復純丹，火包其外復孕其中也。肉白爲金，金爲内外火所煉，故味醇和而甘。其液乃金水之精，甘又屬土，備五行之粹美，而以火爲主者也。粤以火德王，凡花多朱色皆火花，實多朱實皆火實，太陽烈氣之所結。火實之屬凡百種，而荔枝爲長，火爲母，荔支則火之長子也。荔支以增城沙貝所産爲最，土黄潤多沙，潮味不到，故荔支絶美，自挂緑以下數十種，色、香、味迥異他縣。

又 龍眼 荔支與龍眼皆成於火，而荔支先熟，龍眼繼之，故廣人名曰荔奴。予謂荔支，火之牡也；龍眼，火之牝也。牡大而牝小，故荔支大於龍眼。而龍眼以初秋熟，又得金氣，金以黄爲純，故龍眼色黄，火以赤爲正，故荔支色赤。荔支肉白而核赤，火在金中也；龍眼肉白而核黑，水在金中也。火在金中，故荔支性熱；水在金中，故龍眼性寒。而皆爲乾之木果，乾爲金，金得火而熱，荔支之所以爲陽也。金得水而寒，龍眼之所以爲陰也。龍眼花時，以天味爽取其露以點飲食，絶甘美，勝於荔支花露，此又金水之精也。

又 梨 正月熟者曰雪梨，稍小，味益清。葉凡二落，落於七月者深紅，於正月者色微紫。

又 橄欖 橄欖，有青、烏二種，閩人以白者爲青果，粤中止名白欖，不曰青果也。白欖利微，人少種，種者多是烏欖，下番禺諸鄉爲多。種至兩歲，烏欖秧長八九尺，必扦之乃子，扦至三年而子小收，十年而大收矣。其樹本高而端直多獨幹，至頂乃布枝柯，有雌有雄，雌子而雄花，雄者俗曰欖公。欖公不實，以雌者扦之，使雌雄相合乃實，雄爲主，雌爲客，猶婦之歸於夫也。子如棗大，長寸許，光無稜瓣，先生者下向，後生者上向。八九月熟。

又 檳榔　檳榔，產瓊州，以會同爲上，樂會次之，儋、崖、萬、文昌、澄邁、安定、臨高、陵水又次之，若瓊山則未熟而先採矣。

又 桄榔　桄榔似椶櫚而多節，巨者徑二三尺，幹長五六丈，至杪乃柯條相比。葉生於杪，不過數十百葉。葉下有鬚，長短如鹿馬尾，微風動之，蕭疏可愛。花開成穗綠色，子如青珠。每一樹輒有青珠百餘，條鬚多於葉，珠又多於鬚，風飄颺之，若水簾繽紛而下垂也。

又 椰　椰，產瓊州。栽時以鹽置根下則易發。樹高六七丈，直竦無枝，至木末乃有葉如束蒲，長二三尺。花如千葉芙蓉，白色，終歲不絕。葉間生實如瓠繫，房房連累，一房二十七八實，或三十實。大者如斗，有皮厚苞之，曰椰衣。皮中有核甚堅，與膚肉皆緊著。皮厚可半寸，白如雪，味脆而甘。膚中空虛，又有清漿升許，味美於蜜，微有酒氣，曰椰酒。

又 波羅樹　波羅樹，即佛氏所稱波羅蜜，亦曰優鉢曇。其在南海廟中者，舊有東西二株，高三四丈，葉如頻婆而光潤。

又 波羅熟以盛夏，大如斗，重至三四十斤。皮厚有軟刺，礧砢如佛頭旋贏。肉含純瓤，間疊如橘柚囊，氣甚芬郁，有幹溼苞之分。幹苞者，液不濡膩，味尤甜。每實有核數百枚，大如棗仁如栗黄，煼熟可食，能補中益氣，悅顏色。天下果之大而美者，惟此與椰子而已。

又 訶子　訶子，一作苛子，樹株似無槵，花白子黄似橄欖，皮肉相著，以六路者爲上。廣州光孝寺，舊有五六十株，子小味不澀，多是六路以進御，今皆盡矣。

又 羊桃　羊桃，其種自大洋來，一曰洋桃。樹高五六丈，大者數圍。花紅色。一蔕數子，七八月間熟，色如蠟。一名三斂子，亦曰山斂。斂，稜也。俗語訛稜爲斂也。亦以其味酸能斂顏色也。有五稜者名五斂。以糯米水澆則甜，名糯羊桃。

又 山桃　山桃，大於尋常桃，陸賈云：「羅浮山頂有楊梅山桃，海人時登採拾。止於飽食，不得持下。」羅浮固多異果，不知賈當時何自知之，豈嘗一至羅浮耶？廣中又有冬桃，似橄欖而圓，色綠味甘酸。有扁桃似桃而扁，一曰偏桃。大者若鴨卵，色青黄，味酸微甜，皆山桃之屬。

又 蒲桃　蒲桃，樹高二三丈，其葉如桂花，開自春至冬，叢鬚無瓣，如剪黄綠絲毬，長寸許。廣中兒童多爲十穗髻象之。予詩：「十穗蒲桃髻，其實如蘋果。」色亦黄綠，而香甜在殼。殼厚半指，核小如彈子，與殼不相連屬，摇之作響。羅浮澗中多甚，猿鳥含啄之餘，隨流而出，山人阻水取之，動盈數斛。以釀酒曰蒲桃春，經歲香氣不減，作膏尤美。

又 夾竹桃　夾竹桃，一名桃柳，葉如柳，花如絳桃，故曰桃柳。枝幹如菉竹而促節，故曰夾竹。本桃類，而其質得竹之三柳之七，柳多而竹少，故不曰夾柳桃。終歲有花，其落以花不以瓣，落至二三日，猶嫣紅鮮好，得水蕩漾，朵朵不分。開與衆花同，而落與衆花異，蓋花之善落者也。故又曰地開桃，似落於地而始開然。有曰芙蓉桃，千葉深紅，後桃花一月始開。一花而兼二，以爲芙蓉則桃，以爲桃則芙蓉，不可以專名之，故曰芙蓉桃。又有菊桃。瓊州有李桃，一枝有紅白，或一花有紅白，然大約紅多於白，其白則李也，言色者先白而後紅，故曰李桃。

又 蜜望　蜜望，樹高數丈，花開繁盛，蜜蜂望而喜之，故曰蜜望。花以二月，子熟以五月。色黄，味甜酸，能止船暈，飄洋者兼金購之。一名望果。有天桃者與相類，樹高亦數丈，巨者百圍。正月花，六七月子熟，大如木瓜，味甜酢，以羹魚尤善。

又 宜母　宜母，子似橙而小，二三月熟，黄色，味極酸，孕婦肝虛嗜之，故曰宜母。

又 人面　人面，子如大梅李，其核類人面，兩目鼻口皆具。肉甘酸，宜爲蜜煎。仁絶美，以點茶，如梅花片，光澤可愛，茶之色香亦不變。以增城水東所產爲佳。

又 諸山果　廣中山果，曰穀子者，大如橄欖而長，初亦苦澀，後甘，嫩者蜜漬之可食。曰餘甘子，樹高丈餘，葉如槐，子如川楝，白色，有文理，核作六稜，亦初苦澀後甘，行者以之生津，一名菴摩勒。曰鬼目子，大如梅李，皮黄肉紅，味甚酸，人以爲蔬，以皮上有目名鬼目。一曰麂木，麂者，鬼之譌也。曰山棗子，葉似梅，子如荔支，九月熟。曰卍果，果作卍字形，畫甚方正，蔕在字中不可見，生食香甘，一名蓬鬆子。曰桾櫏子，樹似甘蕉，子如馬乳而小，俗稱牛奶柹，亦曰牛乳子。廣人言乳曰奶，中有美漿若牛乳，故曰牛奶子，一名梬棗。曰五子，其狀如梨，有五核。曰千歲子，蔓生，子在根下，有綠鬚交加如織，一苞恒二百餘子，皮青黄，幹者殼肉相離，撼之有聲似肉豆蔻。曰秋風子，色褐如梨而小，味酸澀，熟乃可食。曰金紐子，色紅黃，味甘，大如秋風子。俗歌云：「一雙金紐子，無計上羅衫。」曰青竹子，如桃而圓，味酸色黃。曰羊齒子，一曰羊矢，如石蓮而小，色青味甘。曰不納子，實如圓棗，十月黃熟，味甜酸，蓋蘋果之小者。粵中少蘋果、花紅二種，以不納子代之。曰山葡萄，一名蘡薁，其莖細裊，花紫白，實比葡萄而小，色赤味酢，可爲酒，八九月熟。曰山韶子，類荔支而鮮麗過之，微有小毫，一名毛荔支，亦曰毛挑子，肉薄而酸澀，著核不離，蓋荔支之變者。曰臙脂子，子赤如胭脂，味甜酸，諺曰：「不采紅蓼花，但采臙脂子。持以作朱顔，其餘入玉齒。」曰都捻子。樸樕叢生，花如芍藥而小，春時開，有紅白二種，子如軟柿，外紫内赤，亦小，有四葉承之，每食必倒捻其蒂，故一名倒捻子。子汁可染若臙脂，花可爲酒，葉可麵，皮漬之得膠以代柿。蘇子瞻名曰海漆，非漆而名爲漆，以其得乙木之液，凝而爲血，而可補人之血，與漆同功，功逾青黏，故名。取子研濾爲膏，餌之又止腸滑。以其爲用甚衆，食治皆需，故又名都捻。産羅浮者高丈許，子尤美。曰黃皮果，狀如金彈，六月熟，其漿酸甘似葡萄，可消食順氣除暑熱，與荔支並進。荔支饜飫，以黃皮解之。諺曰：「饑食荔支，飽食黃皮。」有曰白蠟子者與相似，其味尤勝。諺曰：「黃皮白蠟，甜酸相雜。」曰蘋婆果，一名林檎，樹極高，葉大而光潤，莢如皂角而大，長二三寸，子生莢兩旁，或四或六，子老則莢迸開，内深紅色，子皮黑肉黃，熟食味甘，蓋耎栗也。相傳三藏法師從西域攜至，與訶梨勒、菩提雜植虞翻苑中，今遍粵中有之。梵語曰蘋婆，以其葉盛成叢，又曰叢林。一種水棡子，與相似，多生水間。或謂林檎爲雄，水棡爲雌。粵歌云：「水棡林檎大小同，盤中不辨是雌雄。」

又 苦楝　苦楝，最易生，村落間凡生女必多植之，以爲嫁時器物。花紫多實，實苦不可口。故童謡云：「荔支好食不生子，苦楝無甘墜折枝。」花可入香。子瞻云：「温成皇后閤中，香用松子膜、荔支皮、苦楝花，沉檀、龍麝皆不用。」蓋亦見珍於古。

又 牡丹　廣州牡丹，每歲河南花估持根而至，二三月大開，多粉紅，亦有重疊樓子，惟花頭頗小。花止一年，次年則不花，必以河南之土種之，乃得歲歲有花。

又 木芙蓉　木芙蓉，本名拒霜，以其狀似芙蓉生於木，故曰木芙蓉。

又 夜合　夜合，木本，葉如栗，花如茗茶，色白。其開以夜，開而其半若合，一似開於曉而合於夜，故曰夜合。

又 夜合四時有花，而當暑尤盛，與含笑類。大含笑則大半開，小含笑則小半開，半開多於曉，一名朝合。小含笑白色，開時菩蕾微展，或菡萏之未敷，香尤酷烈。

又 木樨　木樨，與桂相似，而花多過之，秋深尤盛。

又 月貴　月貴，有深淺紅二色，花比木芙蓉差小，蓋荼蘼之族也。月月開，故名月貴，一名月記。宋子京云：「花亘四時，月一披秀，故又名月月紅。」廣東爲長春之國，雖涸陰沍寒，花開不輟，月貴其一也，佛桑亦然。而瓊州芙蓉一種，自五月開至冬盡。佛桑多與牡丹相似，花朵大，有重樓子而香，終歲盛開。梅、菊亦大朵，梅不以春，菊不以秋，二花時時相見也。儋州有四季蓮。

又 茉莉　茉莉，本有藤有木，其花有實珠，有千葉，有重臺。春間分種，或黃梅時扦之，六月六日種尤宜。以殘茶、米漿及魚腥水沃之，則花繁。語曰：「六月六日種茉莉，雙瓣重臺香撲鼻。」藤木尤香，然皆以柳州所産者爲貴。花大至十餘瓣，香似黃檀味甚厚。茉莉與素馨皆以日入稍陰乃開，夜合亦然。香皆旖旎近人，沾之者竟日芬膩。

又 貝多羅　貝多羅，來自西洋，葉大而厚，梵僧嘗以寫經。唐人詩：「貝葉經文手自書」，是也。花大如小酒杯，六瓣，瓣皆左紐，白色，近蕊則黃，有香甚縟，落地數日，朵朵鮮芬不敗。

又 杜鵑花　杜鵑花，以杜鵑啼時開，故名。西樵巖谷間，有大粉、紅、黃者，千葉者，一望無際。羅浮多藍紫者、黃者。香山鳳凰山有五色者。是花故多變，而殷紅爲正色。予詩：「子鵑魂所變，朵朵似胭支。血點留雙瓣，啼痕漬萬枝。」

又 丁香　丁香。廣州亦有之，木高丈餘，葉似櫟，花圓細而黃，子色紫，有雌有雄。雄顆小，稱公丁香。雌顆大，其力亦大，稱母丁香。

又 女青　女青，一名萬年枝，一名冬青，亦曰女貞木。身大合抱，肉厚皮麄，經冬不謝，結子青黑色，有瓤核，飛禽嗜之，亦名凍青。予詩：「有美雲堂樹，冬生翠負霜。少陰精自固，名以凍青香。」又有男青與相似，條蕊皆朱色，尤易植，人罕知之。予詩：「行人只道冬青樹，不識男青定女青。」龐韶臺詩：「男青蕊幹赤離披，插土旋生逸短籬。歲歲冬青寒更好，行人錯認萬年枝。」

又 山丹　山丹，一曰山大丹，其花四出，自根開至杪。一樹作數千百大花，有四葉承之。一大花又作數千百小花，攢簇爲一大毬，微有絲縷，類馬首繁纓，數月不落。色大絳，入夜光豔如火，名不夜花。盛夏當烈日種之易生，終歲皆花。五月得太陽之正，花尤大，殷紅若瑪瑙盤，日照彌鮮，兒女多戴之，取其不易凋落，經久變黃尚可愛。

又 佛桑　佛桑，枝葉類桑，花丹色者名朱槿，白者曰白槿，有黄者、粉紅者、淡紅者，皆千葉，輕柔婀娜，如芍藥而小，蓋麗木也。一曰花上花，花上復有花者，重臺也。

又 瑞香　乳源多白瑞香，冬月盛開如雪，名雪花。刈以爲薪，雜山蘭、芎藭之屬燒之，比屋皆香。其種以攣枝爲上，有紫色者香尤烈。雜衆花中，衆花往往無香，皆爲所奪，一名奪香花，乾者可以稀痘。

又 合歡　高州有合歡樹，枝葉若拘繫然，亘相交結，風至輒分解，一離一合，狀若有情，故名合歡。花兼紅白色，有絲茸甚香，佩之可以蠲忿。番禺有合歡菜，四葉相對，晝開夜合。

又 合歡木似梧桐，枝柔弱，葉細而繁，每風來，輒自相解不相牽綴。五月花發，上半白，下半肉紅，散垂如絲。秋實作莢，子極其薄細。其葉至暮即合，一名合昏，亦曰夜合，蓋夜合花其花夜合，合歡木其葉夜合，性各不同。

又 指甲花　指甲花，頗類木樨，細而正黄，多須菂，一花數出，甚香。粵女以其葉兼礬石少許染指甲，紅豔奪目。唐詩「彈箏亂落桃花片」，似謂此。一種金鳳花，亦可染，名指甲桃，葉小如豆，花四瓣，層層相對，一幹輒有二種花，一深紅，一黄邊紅腹。其蕊大者爲鳳頭，小者鳳尾，尾修長縷縷。又有兩翅，粵女多象之作釵。

又 南燭　南燭，生羅山高處，初生三四年，狀若菘，漸似梔子，二三十年成大株，蓋木而似草者也。葉似茗而圓厚，冬夏常青。枝莖微紫，大者高四五丈，肥脆易折。子如茱萸，九月熟，酸美可食。

又 四種花　西蕉向有四種花，他處所無。曰山石榴，三月盛開，稱滿山紅。曰錦鷺花，葉如碧蘭，花瓣上紅下白。曰白鶴花，葉如三薟，莖上出花，狀白鶴，頭頸翅足皆具，頭又有黑點如眼睛，開於暮春。曰粉蝶花，枝條甚柔，花如粉蝶然。湛文簡嘗爲四花亭玩之。又有月桂二株，石榴一株，在烟霞隱居之前。月桂多花，石榴多實，則是年禾茶皆熟，山人以爲驗。

又 櫟　陽春縣署有櫟，高十丈餘，垂蔭數畝，根幹如古藤，下垂延絡牆壁，復屈盤生入地中，穿出階砌，以不材而益其怪。

又 九里香　九里香，木本，葉細如黄楊，花成丸，色白，有香甚烈。又有七里香，葉稍大。其木皆不易長。廣人多以最小者制爲古樹，枝幹拳曲，作盤盂之玩，有壽數百年者。

又 山礬　山礬，葉如梔子，可辟書蠹，灰其葉以染紫爲黝，可不用礬，故名。三月作白花六出，甚香，亦曰白嬋子，入藥名山梔子。

又 蠅樹　西蕉多種茶，茶畦有蠅樹，葉細如豆，葉落畦上，則茶不生蠛。旱則蠅樹降水以滋茶，潦則蠅樹升水以熯茶，故茶恒無旱潦之患。又夏秋時，蠅皆集於蠅樹不集茶，故茶不生蠛而味芳好。蓋蠅樹者，茶之所賴以爲潔者也，已受蠅污，而以潔與茶，爲德於茶者也。然下山茶畦種之，山上則否，以山上云霧多，不生蠅也。

又 藥樹　化州石城之間有藥樹，狀似木棉，其精液色白，見風則黑，是名藥脂。

又 海南文木　海南文木，有曰花櫚者，色紫紅，微香，其文有鬼面者可愛，以多如貍斑，又名花貍。老者文拳曲，嫩者文直，其節花圓暈如錢，大小相錯，堅理密緻，價尤重。往往寄生樹上，黎人方能識取。産文昌陵水者，與降真香相似。有曰烏木，一名角烏，色純黑，甚脆。其曰茶烏者，來自番舶，堅而不脆，置水中則沉。有曰雞翅木，白質黑章如雞翅，絶不生蟲，其結瘿猶楠鬬斑，號瘿子木。一名雞刺，匠人車作素珠，澤以伽倆之液，以紿買者。有曰虎翅木，文如虎斑，皆出文昌、陵水。有曰蘇方木，汁紅可染，黎山野生者良，其花即金鳳。有曰鐵索木，質堅皮黄，剥落時如榆，可爲器，黎山爲多。有曰香枏，産崖州，童童若幢蓋，亭擢而上，枝枝相避，葉葉相讓，幹甚端偉。一名端正樹，膚有花紋，色黄緑而細膩，剖之香辣。有曰相思木，似槐似鐵力，性甚耐土，大者斜鋸之，有細花云，近皮數寸無之，有黄紫之分。亦曰雞翅木，猶香榔之呼雞瀨木，以文似也。花秋開，白色，二三月莢枯子老如珊瑚珠，初黄，久則半紅半黑，每樹有子數斛。

又 移榕　東莞城西上清觀，有榕五株。故老言：昔有道士，其妻戲以雷印擊案，忽有雷神五，來止庭前不去，妻大驚怖。道士歸，乃言觀前無樹，吾召雷，欲移數大樹庇蔭山門耳。須臾風雨大作，有巨榕五株列植觀前，狀甚怪，至今猶存。

又 柊葉　有柊葉者，狀如芭蕉葉，溼時以裹角黍，乾以包苴物，封缸口。蓋南方地性熱，物易腐敗，惟柊葉藏之可持久，即入土千年不壞。柱礎上以柊葉墊之，能隔溼潤，亦能理象牙，使光澤。計粵中葉之爲用，柊爲多，蒲葵次之。有油葵者，似椶葉而性柔，以作簑衣，耐久不減蒲葵。

又　山大丹　山大丹，花大如盤，蕊時凡數十百朵，每朵四瓣合成毬，與白繡毬花相類。首夏時開，初黃色，漸紅如丹砂，將落復黃，黃紅相間，光豔炫目，開最盛最久。八月又開，俗名馬纓丹。有以大紅繡球名之者，又以其瓣落而蒂枝矗起，槎枒成簇，與珊瑚柯條相似，又名珊瑚毬。言大紅繡毬者，以開時也。言珊瑚毬者，以落時也。唐詩「越人自貢珊瑚樹」，意即此。

又　步驚　步驚，木本，以嫩葉和米數粒微炒，煎湯飲之，可愈嘔瀉寒疾。花有幽香，步行遇之，往往驚爲蕙蘭，故曰步驚。永安人每以嫩葉乾之，持入京師作人事。

又　槌子　槌子，一名員子，多生則歲歉，永安人每以爲驗。

又　紅豆　紅豆，本名相思子，其葉如槐，莢如豆子。夏熟，珊瑚色，大若芡肉，微扁。其可以飼鸚鵡者，乃蔬屬藤蔓子。細如菉豆，而朱裳黑喙，其結實甚繁，乃籬落間物，無足貴也。其木本者，樹大數圍，結子肥碩可玩。

又　大荔細荔　龍眼本荔支之族，具體而微，故曰細荔，亦曰荔奴。粵人以荔支、龍眼爲業，隨土壤所宜種之，種荔奴之利多於荔支。然荔奴之美不若閩荔支則過之矣。秀水朱氏云：「閩粵荔支，優劣向無定論，世之品荔支者不一，或謂閩爲上，蜀次之，粵又次之。或謂粵次於閩，蜀最下。以予論之，粵中所産挂緑，斯其最矣。福州佳者，尚未敵嶺南之黑葉。

又　龍眼　合浦龍眼，色味殊絶，可敵荔支，蘇長公嘗以爲然，其詩曰：「香割蜜脾知味勝，價輕魚目爲生多。」

又　泡木　泡木，千百成行，出於江海堧沙水間，乃無始以前之木，質不朽爛，火之不然。

又　海苔樹　海苔樹，出陽江海中石上，狀如樹枝，根如鐵，亦稱鐵樹。柯條蟠結，有枝無葉，分紅黑二種。

又　油葵　油葵，生陽江、恩平大山中，樹如蒲葵，葉稍柔，亦曰柔葵。取以作簑，禦雨耐久。

又　海棗　海棗，俗名紫京，堅重過鐵力木。鐵力木不甚宜水，此則入水及風雨不朽。以作屋，嫌小皺裂，故不貴。

又　鹽酢子　鹽酢子，陽江山林多有之，高四五尺，葉如苦楝，秋生白花，結子最繁，冬即枯死。子味酸如醋，酷日暴之，能出白鹽，故名。

又　刺桐　刺桐，花形如木筆，開時爛若紅霞，風吹色愈鮮好，絶無一葉間之。

又　香桃花　香桃花，與中州桃花不異，獨于八九月盛開，有微香。中宿峽秋海棠亦香。大抵嶺南衆香之國，花木多香，蓋陽德之所勃發也。

又　散沫花　散沫花，一名指甲花，樹高五六尺，枝條柔弱，花繁細如半米粒許。廣人多使丐者著敝垢衣種之，花香尤烈。其葉以染指甲，故名指甲花。

又　朱槿　朱槿，一名日及，亦曰舜英。葉如桑，光潤而厚，樹高止四五尺，而枝葉婆娑。自仲春花至仲冬，一叢之上，日開數百朵，朝開暮落，色深紅五出，大如蜀葵，瓣捲起，勢若飛颺，層出如樓子。有蕊一條，比瓣稍長，上綴金屑，日光所爍，疑有火焰。江總《木槿賦》：「朝霞映日殊未妍，珊瑚照水定非鮮。千葉芙蓉詎相似，百枝燈花復羞燃。」是也。

又　瓊南花木　扶桑自春，木芙蓉自夏，桃菊自秋，皆開至冬春而止。蓮亦有四季花者。木蘭花如粟，淡黃，芳似珠蘭而蘊藉過之，樹本大者圍數尺，真可以爲木蘭舟也。木槿花比廣州較大，名土牡丹，皆從夏至冬有花。有青茉莉，本如藤蘿，盤結成蓋，花時香甚酷烈，土人多結竹爲亭，坐臥其下，爲消暑之會。有仙人掌，自下而上，一枝一掌無花葉，可以辟火。有鐵樹，葉朱紺色，形如江南老少年，其本則棕也。有人面竹，可爲杖，瓊南竹此爲佳種，他竹率生荆棘。有藤竹，堅實耐久，長踰尋丈，皆與諸花雜植，以爲園林之玩者。

又　添色芙蓉　廣州木芙蓉，其色一日數換，晨正白，午後微紅，夜深紅。有半紅半白者，有先紅後白者，名曰添色芙蓉。種之當年成樹，高二三丈，其蒂有四花，開其二，剖之，復有二花在焉。少陵詩：「並蒂芙蓉本是雙。」古人立言，其根柢如此。外有江南玉芙蓉一種，色稍白，名南金花。

又　孔雀花　瓊州有孔雀花，可以避暑。有爲苦熱詩者云：「葛衣半解方流汗，凍殺墻陰孔雀花。」是花性宜陰溼，對之生寒，故云。

清·屈大均《廣東新語》卷二六《香語》　沉香　香之樹叢生山中，老山者歲久而香，新山者不及。其樹如冬青，大小不一。結香者百無一二。結香或在枝幹，或在根株，猶人有癰疽之疾。或生上部，或癘下體。疾之損人，形貌枯瘠；香之災木，枝葉萎黃。或爲風雨所摧折，膏液灑于他樹，如時症傳染，久亦結香。

又　沉香有十五種，其一，黃沉，亦曰鐵骨沉、烏角沉。從土中取出，帶泥而黑，心實而沉水，其價三换最上。其二，生結沉。其樹尚有青葉未死，香在樹腹如松脂液，有白木間之，是曰生香，亦沉水。其三，四六沉香。四分沉水，六分不沉水，其不沉水者，亦乃沉香非速。其四，中四六沉香。其五，下四六沉香。其六，油速，一名土伽倆。其七，磨料沉速。其八，燒料沉速。其九，紅蒙花剷。蒙者背香而腹泥，紅者泥色紅也，花者木與香相雜不純，剷木而存香也。其十，黄蒙花剷。其十一，血蒙花剷。其十二，新山花剷。其十三鐵皮速，外油黑而内白木，其樹甚大，香結在皮不在肉，故曰鐵皮。此則速香之族。又有野豬箭，亦曰香箭，有香角，香片，香影。香影者，鋸開如影木然，有鴛鴦背，半沉，半速，錦包麻，麻包錦。其曰將軍兜，菱殼，雨淋頭，鯽魚片，夾木含泥等，是皆香之病也。其十四，老山牙香。其十五，新山牙香，香大塊，剖開如馬牙，斯爲最下。然海南香雖最下，皆氣味清甜，別有醞藉。若渤泥，暹羅，真臘，占城，日本所産，試水俱沉，而色黄味酸，煙尾焦烈。至若雞骨香，乃雜樹之堅節，形色似香，純是木氣。《本草綱目》以爲沉香之中品，誤矣。

又　伽倆　伽倆，雜出於海上諸山。凡香木之枝柯竅露者，木立死而本存者，氣性皆温，故爲大螘所穴。大螘所食石蜜，遺漬香中，歲久漸浸，木受石蜜，氣多凝而堅潤，則伽倆成。其香本未死蜜氣未老者，謂之生結。上也。木死本存，蜜氣膏於枯根，潤若錫片者，謂之糖結，次也。歲月既淺，木蜜之氣未融，木性多而香味少，謂之虎斑金絲結，又次也。其色如鴨頭緑者，名緑結。掐之痕生，釋之痕合，挼之可圓，放之仍方，鋸則細屑成團，又名油結，上之上也。伽倆本與沉香同類而分陰陽。或謂沉，牝也。味苦而性利，其香含藏，燒乃芳烈，陰體陽用也。伽倆，牡也。味辛而氣甜，其香勃發，而性能閉二便，陽體陰用也。然以洋伽倆爲上。産占城者，剖之，香甚輕微，然久而不滅。産瓊者名上伽倆，狀如油速，剖之香特酷烈。然手汗沾濡，數月即減，必須濯以清泉，膏以蘇合油，或以甘蔗心藏之，以白蓴葉苴之，瘞土數月，日中稍暴之，而後香魂乃復也。占城者靜而常存，瓊者動而易散，靜者香以神行，動者香以氣使也。藏者以錫爲匣，中爲一隔而多竅，蜜其下，伽倆其上，使薰炙以爲滋潤。又以伽倆末養之，他香末則弗香，以其本香返其魂，雖微塵許，而其元可復，其精多而氣厚故也。尋常時勿使見水，勿使見燥風，黴溼出則藏之，否則香氣耗散。

又　南方花皆可合香　南方花，如素馨，茉莉，闍提，佛桑，渠那，大小含笑之類，皆可合香。又有麝香花夏開，與麝香木皆類真麝香。或傳美家香用此諸花合之。

清・屈大均《廣東新語》卷二七《草語》　竹　竹曰華草，言草者故當以竹爲首。東粤多竹，多異竹。有碧玉間者，其莖黄，有青絲間之，名碧玉間黄金。有黄金間者，其莖翠碧，有黄絲間之，名黄金間碧玉。有桃絲竹，黄黑絲間之，如棕竹而紋微粗。有青皮竹，大寸許，高二丈餘，皮冬夏長青，如初筍時去青作篾，與白藤同功。有黄皮竹，凡竹非青則緑，此獨黄。古詩云：「林中枝枝金瑯玕，一丈二尺拂云端。」謂此。有人面竹，節小而中大，小處如人面，大處如腹，亦曰佛肚竹。有鶴膝竹。有馬蹄竹，竹幹如馬蹄。有馬鞭竹，節逆生而無枝。有牛角竹，本大末小。有象牙竹，色如白象牙。有石竹，大者徑三寸，質實微空最堅，老者斧斤不能入，倭刀觸之立斷。有筋竹，莖直節平，不蛀，宜爲矛。有竻竹，一名澀勒。勒，刺也。廣人以刺爲勒，故又曰勒竹。長芒密距，枝皆五出如雞足，可蔽村砦。子瞻詩：「澀勒暗蠻村。」一名篤簩。新興向無城，環種是竹，號竻城。其材可析桷，篾可織，皮可剉物，土人制爲琴様，以礪指甲，置於雜佩之中。用久微滑，以酸漿漬之，復澀如初。有蒲竹，性堅而直，亦可作屋材。有大頭竹，葉如蘆，徑五六寸，長者三四丈，宜爲梘通水，以作篾，風浪不驚，然須盡去青皮，否則坼裂。有單竹，節長二尺，有花穰、白穰之別。白穰篾脆可爲紙，花穰柔而韌，篾與白藤同功，練以爲麻，織之，是曰竹布。故曰：南方食竹而方竹。有籬竹，大者徑寸，削之利如劍戟，小者鏃羽爲箭，能及遠，其葉箬亦曰白葉。葉生甚密，狀如葦，可編籬落作罩及船篷。有水竹，水居者以爲障蔽，作撐篙非此莫勝，故種者雖多，而價常倍於他竹。有長節竹，節長至丈許。有筆竹，葉細節疏，宜作窰絲。有扶竹，枝幹相扶而生。有苦竹，類茅而節高莖曲，宜編織，性寒宜作瀝青，其根穿行山谷，延蔓成林，又名過山苦。予詩：「筍愛穿山苦。」

羅浮有大竹，《六貼》云：羅浮第三峰有竹，大徑七尺圍，節長丈二，謂之龍公竹。嘗有鸞鳳棲宿。其東有溪曰羅陽。永泰中，暑雨溪漲，有竹葉若芭蕉葉大，隨水流出。須臾一竹闊二尺餘，長二丈，隨之。蓋龍公之竹也。按：龍公一作籠蔥，舊志：籠蔥竹大可十圍，世但聞其名，不識其物。水簾洞有道人菴，忽一人自稱姓黄，來寄宿，及去，留青竹篾一條，長二丈餘，無節。又《北户録》云：貞元中，有人至羅浮第十三嶺，見巨竹百千萬竿，竹圍二十一尺，有三十九節，節長二丈，筍甚臚直。此必籠蔥之竹也。羅浮故多異竹，千百其類，予嘗自分水嶼至瑤池，二十餘里，皆行竹林中。枝葉交加，以兩手分披而過，欲尋籠蔥，視多元有也。客云：昔湛文簡入羅浮，輿竿將折，就道傍老父取篋縛之。至暮，輿人視篋，長二丈餘，無節。又崇禎間，一老父買篋環於廣州，一錢一環，環大八九寸，率無節無端，此皆異竹，必無意乃可遇之。其常可遇者，有簩篁竹，大如腳指，堅厚修直。竹成時，筍皮未落，輒有細蟲齧之，其文赤白似繡畫。又雙髻峰下百十步劉仙壇側有符竹，竹不甚大，高止數尺，葉上有文如蝸涎，如古篆籀，其行或復或單，或疏或密，葉葉不同，若今巫覡所書符者。一竹中有一葉二葉，或數十竹中無一葉，葉雖枯而文色不改。文多白，與葉色不同。山人謂之竹葉符，每以餉客。又有沙筋竹，長尺許，其心如骨，白而勁，可以爲筋。采者須輕步從之，不爾，聞人行聲輒縮入沙中，不可取，名越王餘算。此皆異竹也。大者籠蔥，小者沙筋，蓋羅浮最知名者。其美者有桃枝竹，大至四寸，疏節蔥莖，上下如一。皮光滑而黃，藂而不葳，名真琊玕。《南越志》云：博羅東洲足簞竹。或有贊者曰：簞竹既大，薄且空中，節長一丈，其直如松。此言桃枝竹也，以爲簞，曰桃笙。又有桃笙，產青霞谷中，葉如椶，身如竹，密節而實中，犀紋瘦骨，高丈餘，傜人以爲弩弦。鐵橋、石樓諸峰多慈竹，有斑點者，有黃如金者，有綠色密節者，不畏水旱，隨處可植。亦有邛竹、方竹。有觀音竹，小如箸，高二三尺，葉細離披如草然。大抵羅浮竹類甚衆，東北數十里皆產竹，居人每以春夏采筍脯之，秋冬破削爲篋，以售廣、惠二州。

嶺南奇草，大抵多蕉、竹類。葉多如芭蕉，幹多如竹，若檳榔、桄榔、椰、蒲葵，皆木之竹也。木之竹以葉而失其木，竹之木以幹而失其竹者也。羅浮有芭蕉竹，有檳榔竹，信宜之東山有木竹，皆以葉而名之爲竹，故嶺南竹類絕繁。

又 芭蕉　草之大者曰芭蕉，雖復扶疏若樹林，而莖幹虛軟，苞裹重皮，皮之中無所謂膚也。即有微心，亦柔脆不堅，蓋得草之質爲多，故吾以屬於草。其大者兼圍，高二丈餘，葉長丈，廣尺至二三尺，中分如幅帛，有雙角。其葉必三，三開則三落，落不至地，但懸挂莖間，乾之可以作書。陸佃云：「蕉不落葉，一葉舒則一葉焦巴。」是也。花出於心，每一心輒抽一莖作花，聞雷而拆。拆者如倒垂菡萏，層層作卷瓣，瓣中無蕊，悉是瓣。漸大，則花出瓣中，每一花開，必三四月乃闔。一花闔成十餘子，十花則成百餘子。大小各爲房，隨花而長。長至五六寸許，先後相次，兩兩相抱，其子不俱生，花不俱落，終年花實相代謝，雖曆歲寒不凋，此其爲異也。子以香牙蕉爲美，一名龍奶。奶，乳也。美若龍之乳，不可多得。然食之寒氣沁心，頗有邪甜之目。其葉有朱砂斑點。植必以木夾之，否則結實時風必吹折，故一名折腰娘。曰牛乳蕉，曰鼓槌蕉，曰板蕉，皆大而味淡。鼓槌蕉有核，如梧子大而三稜。曰佛手蕉者，子長六七寸，小而皮薄味甜，是皆甘蕉之知名者。蕉之可愛在葉，盛夏時，高舒垂蔭，風動則小扇大旗，蕩漾翻空，清涼失暑，其色映空皆綠。其高五六尺者，葉長幹小，蕭疏如竹，曰水蕉。其花如蓮，亦曰蓮花蕉。一種瘦葉，花若蕙蘭而色紅，日拆一兩瓣，其端有一點鮮綠，春開至秋盡猶芳，名蘭蕉，亦名美人蕉。宜種水中，其最小可插瓶中者，曰膽瓶蕉。此三種皆花而不實，但可名芭蕉，不可言甘蕉。言甘蕉者，以其實，言芭蕉者，以其葉也，巴者焦也，其葉巴而不隕，焦而長懸，故合言之曰芭蕉也。粵故芭蕉之國，土人多種以爲業。其根以蔬，實以餱糧餅餌，絲以布。其絺綌與荃葛同而柔韌遜之，名布蕉。布蕉多種山間，其土瘠石多則絲堅韌，土肥則多實而絲脆，不堪爲布。諺曰：「衣蕉宜瘠，食蕉宜肥。肥宜蕉子，瘠宜蕉絲。」子熟時，大小排比，或以十餘二十餘爲一梳，彼此相餉。子瞻詩：「西鄰蕉向熟，時致一梳黃。」其形如梳，子長短者如梳齒，黃時生劏之，置稻穀中，數日即熟，熟乃大香，可食。增城之西洲，人多種蕉，種至三四年，即盡伐以種白蔗。白蔗得種蕉地，益繁盛甜美。而白蔗種至二年，又復種蕉。蕉中間植香牙蕉與蜜桔、羊蘋等，皆得芳好。其蕉與蔗，相代而生，氣味相入，故勝於他處所產。予家園蕉，每生一歲即結子，花將謝，摘去花端，使滴出精液，益大結子。結子已，此株即不復結，須伐去此株，使他株萌櫱者結子。將結子時，先出一短紅葉爲信，夜中爆蕾聲甚響，然恒不使人見。蕾出爲花，花謝乃成子，子經三四月而熟。嬰兒乳少，輒熟蕉子飼之。又以浸酒，味甚美，而蕉心嫩白者以爲菹。

又 朱蕉　朱蕉，葉芭蕉而幹棕竹，亦名朱竹。以枝柔不甚直挺，故以爲蕉。葉紺色，生於幹上。幹有節，自根至杪，一寸四五節或六七節，甚密，然多一幹獨出，無旁枝者。通體鐵色微朱，以其難長，故又名鐵樹。

又 蔗　蔗之珍者曰雪蔗，大徑二寸，長丈，質甚脆，必扶以木，否則摧折。《世說》云：「扶南蔗，一丈三節，見日即消，風吹即折。」是也。其節疏而多汁，味特醇好，食之潤澤人，不可多得。今常用者曰白蔗，食至十梃，膈熱盡除。其紫者曰崑崙蔗，以夾折肱，骨可復接，一名藥蔗。其小而燥者曰竹蔗，曰荻蔗，連岡接阜，一望叢若蘆葦，然皮堅節促不可食，惟以榨糖。

又 蘭　蘭爲香祖，蘭無偶，乃第一香。以椏蘭爲上，椏者莖多歧出，其葉長至三尺，蕾尖花大且繁，多有一莖及椏開至五十餘花者。色黃有紫點，香味甚厚，稱隔山香。次則公孫偪，每一大莖輔以二三小莖，若公領孫，其花從上開下。次曰出架白，花高出葉上，甚潔白，從下開上。次則青蘭，葉長二尺，小而直，其花青碧，以白幹者爲上，青幹、紫幹次之。次黄蘭，葉長而稍大，花淡黄有小紅紋。次草蘭，以短葉白幹者爲上，其花肥，喜食霜雪，不資灌穢，有雙花單花之別。外有風蘭，花如水仙，黄色，從葉心抽出，作雙朵，繫置簷間，無水土自然繁茂。又有花如秋海棠，蕊則蘭，花紫蘂黄，甚幽媚，名鹿角蘭，葉細如鹿角海藻。有石蘭，生於石上，與相類，葉長四五寸，小而柔韌，花色淡白。有小玉蘭，花亦作淡白色，甚清香。有倒蘭，花倒垂，紫色。有報喜蘭，如蠟梅而色紅紫，香味亦同，每莖作七八枝，懸樹間，勿侵地氣，遇有吉事則開。寤生者，以花根懸户上即生，亦曰催生蘭。是皆以空爲根，以露爲命，乃風蘭之族。有賀正蘭，每當立春及元日開。有夜蘭，尋之不見，夜乃聞香，羅浮多有之。凡蘭生深林中，微風過之，其香藹然達於外，故曰幽蘭。林愈深則莖愈紫，香更有餘，而夜蘭開于夜，尤爲幽絶，斯又蘭之隱者也。有翡翠蘭，六瓣三蘂，色如翡翠。有鶴頂蘭、鳳蘭、龍蘭，皆以花形似名，然不香。鶴頂蘭花大，面青緑，背白，蘂紅紫，卷成筒形，微似鶴頂，一莖直上，作二十餘花，葉甚大。有朱蘭，花小色麗，開只一朵，朵六出，葉如百合。有毬蘭，開至五十餘朵，團圓如毬。有竹葉蘭，葉似竹似萱，花則蘭也，深紫，叢生，有微香。有文殊蘭，葉長四五尺，大二三寸而厚，花如玉簪如百合而長大，色白甚香，夏間始開。是皆蘭之屬。或謂蘭與蕙難辨，凡生下溼，方莖赤花者爲蕙，所謂薰也，；凡多花者皆蕙，非真蘭。真蘭者，葉短而柔，一莖一花，色如玉瓣，中無黑脈紫紋，蕾未出土，香已噴人，幽谷中亦不可多得，是爲真蘭。然大抵春芳者爲春蘭，色深；秋芳者爲秋蘭，色淺。而桎蘭四時有花，春秋尤盛，故爲蘭之伯長。舊説謂楚人賤蕙而貴蘭，故其室西養蕙而東養蘭。南粤亦然。予有《種蘭經》云：植以蘭盎，培以蘭泥。沃用豨毛之水，或兼白蜆之肥。半陰半陽，風日遲遲，温湯最善，人氣尤宜。美人膏沐，灌之繁滋。於是芽抽不已，葩吐無時。發箭九節，開桎十枝。三歲一分，根忌盤結。瘠則少花，腴則多葉。凡蘭生虱斑，謂之鷓鴣斑，以佳茗和茶子油灑葉，斑則自除。蘭性畏寒，而荆棘氣可以温之。燥則葉黄，溼則蝨，置之橘柚樹下少蝨，龍眼樹下多蝨。

又 賽蘭　賽蘭，長二三尺，莖葉離披甚弱，盛以美盎，以竹圈數重護之。性喜陰潤，亦勿過溼，及以煙火相近。花如珍珠，如金粟，一枝輒作數串，分布若雞爪，一名雞爪蘭，亦曰碎蘭。四時有花，色黄緑而香經久不散。白沙詩：「南有賽蘭香，名花人未識。光風散微馨，甘露洗新碧。一月薰蒸來，氤氳在肝膈。乃知方寸根，中稟天地塞。」一名暹蘭，以來自暹羅斛，故名。

又 嶺南菊　嶺南菊，冬乃盛發。子瞻在海南，以十一月之望，與客汎菊作重九。有云：嶺南地暖，百卉造作無時，而菊獨後開。考其理，菊性介烈，不與百卉並盛衰，須霜降乃發。而嶺南嘗以冬至微霜故也。大均謂：記稱菊，窮也。華事至此而窮盡，故謂之菊。嶺南華事，以菊始而不以菊終，華於正月，又華於十一二月。菊故名節華，又曰女節，至嶺南則非節矣。蓋嶺南地最晚寒，故菊晚開，黄菊應寒者也。

又 仙茅　仙茅，産大庾嶺，自嶺之巔折而東，稍下爲嫦娥嶂，相傳葛稚川棄其餘丹，生仙茅。葉似蘭蕙，花六出，其根獨莖而直，傍有短細根相附。八月采之，濯以嶂下流泉，色白如玉。以酒蒸曬，常服補益真氣，士人多以餉客。羅浮仙茅，高僅一二寸，八月生黄花，根如指大，長寸許。外有白茅生山谷中，狀如排草，以作浴湯，合諸香甚良。又有香茅，名辣草，皆瑶草之族。

又 蔞　蔞以東安富霖所産爲上，其根香，其葉尖而柔，味甘多汁，名曰穫扶留。他産者色青味辣，名南撫留，殊不及。然番禺大塘、康樂、鷺岡、鳳岡頭諸村，及新興、陽春，所産亦美，冬間以蒻草覆之，稍沾霜雪立萎矣。

又 西洋蓮　西洋蓮，蔓細如絲，朱色，繚繞籬間。花初開，如黄白蓮十餘出，久之，十餘出者皆落，其蕊復變而爲菊。瓣爲蓮而蕊爲菊，以蓮始而以菊終，故又名西洋菊。有時更從殘萼吐花，累三四重，經月不謝。其花始則一大者變爲一小者，繼則一舊者變爲一新者。一而二，二而三，三而四五，花花不窮，蓋花之善變而不失其本者也。其種來自西洋，廣人多雜以玉繡毬、薔薇、淩霄等花，環植庭除，開時諸色相間，謂之天然錦屏。

又 秋海棠　秋海棠，無香。有客嘗從禺峽歸猿洞采得秋海棠，甚香，謂嶺南諸花，其香者多生深谷，人所罕見，不獨秋海棠爲然。予謂南州炎德，陽多而氣常泄，陽多故花厚於色，氣泄故花薄於香。邃谷幽岩之間，陰積寒凝，日光稀照，故花而不泄而多香。故夫花薄於香者，陽氣純在色也。薄於色者，陽氣純在香也。端州羚羊峽有春海棠，花與秋海棠相似，亦香。而葉大有毛，葉面紅緑色，有細白點如粟甚多，背紅紫如古番錦，莖淡紫而長。西寧有野海棠，開在春夏之交，花稍大，不香。又有金絲海棠，五出而大瓣，與鬚蕊皆黄，一名金絲桃。其花如桃而大，故名桃，其鬚多而長如海棠絲。絲末各有一小蕊珠。故名海棠，亦不香。是皆野花。大抵粤花之美者多在野花。

又 鳳尾花　鳳尾花，葉與穗皆若鳳尾，葉長五六尺，木有花紋，節節相通可玩，植之辟火，以花置書帙中辟蠹。有詠者云：「鳳尾花香辟蠹魚。」一名鳳尾蕉，亦曰火蕉，燒鐵釘之則茂，然其花必數十年，實亦如之。

又 鳳仙花　鳳仙，葉似桃葉而有鋸齒，椏間作花，頭翅尾足皆具，翹然如鳳之形。一名金鳳花。有紅、白、紫、碧數色，婦女以花及莖葉包染指甲，亦稱指甲草。

又 露頭花　露頭花，多産番禺蔘涌，其葉如劍脊，邊皆有芒刺。花抽葉中，與葉仿佛相似，色白而柔，花中有蕊，如珍珠粟形，常含清露涓滴，故名露花。以火燔其根，使成大頭出土上，花乃茂盛，故又名露頭花。

又 水仙　水仙頭，秋盡從吴門而至，以沙水種之，輒作六出花。隔歲則不再花，必歲歲買之。牡丹亦然。

又 換錦　換錦者，脱紅換錦，脱緑換錦也。葉似水仙，冬生至夏而落，獨抽一莖二尺許，作十餘花。花比鹿葱而大，或紅或緑，葉落而花，故曰脱紅脱緑。花落而葉，故曰換錦。花與葉兩不相見，花以換其葉，葉以脱其花，故又曰脱衣換錦。紅者葉小花短，緑者葉大花長，花多七瓣，與蕊各在一邊，瓣有卷紋，藥特長。

又 胡蜨花　有胡蜨花者，狀似胡蜨，微風至，揺盪若飛，一名金莖花。謡云：「不戴金莖花，不得入仙家。」有胡蜨樹，高三五尺，葉皺而有棱，蓓蕾叢生至二三十許，花皆四朵相對，鬚眼微具。一花謝一花復開，相續不斷。新會白水爲盛。又有胡蜨花，其葉類萱而扁，花六出，色黄，上有大紅點，中抽一心，心外黄鬚三莖繞之，絶似胡蜨。又一種，葉如射干，而花六出如胡蜨，大徑四寸，有三小瓣如蘭，其蕊色紫，名紫胡蜨。又一種，如玉繡毬，四圍有胡蜨環之，一毬或四胡蜨，或六或八，有偶無奇，色紅白各隨其花。又有如蘭草者，葉莖開花狀胡蜨，花卸則隨風飄颺，直上爲真胡蜨。又有丹青樹者，其葉嘗化胡蜨，有翠紺、縷金眼、丁香眼、黑花、紺脈不等，大者如蝙蝠，小者如榆葉。

又 夜落金錢　夜落金錢，大如錢，六瓣，五蕊聳出，中一蕊特長如孔雀髻，蕊黄，花大絳，日午始開，至子時而落，名子午花。

又 雁來紅　雁來紅，以雁來時開。按：《檮素賦》云：見禽華以庶色。注：禽華，菊也。一種名雁來紅。秋深時莖葉俱紅。庶，敷也。禽者雁也。花比素馨差小，五瓣鮮紅，亦名紅素馨，然無香，一名老來紅。

又 藤菜　藤菜，一名落葵，蔓葉柔滑可食，味微酸，宜以羹魚，出惠州豐湖者尤美。

又 蓴　蓴，出惠州西湖之蓴浦，葉似鳧葵，花黄白，子紫，以鮰魚羹之能下氣。

又 葱　葱，有木葱、絲葱，木葱經年不萎，絲葱冬收春種，氣香不大辛，與瓊州珍珠葱皆貴品。木葱一名胡葱。

又 茄　廣州茄，有兩年宿根者，名爲茄樹。詠者云：「種茄成樹子，歲歲矮瓜多。」茄一名矮瓜，産東莞者特圓，名荷包茄。

又 瓜瓠　金釵瓜，産羅浮，冬熟，味甜美。有番木瓜，産瓊州，草本也而形似木，高丈許，隨其節，四季作瓜，一節數瓜，以醬制之，味脆雋。有瓠瓜，形長尺余，兩頭如一。與葫蘆皆以臘月下種，以二三月結至五六月，故諺曰：「瓜暑瓜寒。」蓋終歲間無日不斷瓜矣。有金瓜，小者如橘，大者如邏柚，色赭黄而香，亦曰香瓜。五六月熟，與荔枝争其芬馥，瓤中釀味甚甘，解渴生津，番禺人多於吉貝畦與西瓜雜種之。其地沙白而細者，其瓜尤香。

又 苦瓜　苦瓜，一名菩蓬，一名君子菜。其味甚苦，然雜他物煮之，他物弗苦，自苦而不以苦人，有君子之德焉。又諸蓏性寒者多不尅化，而苦瓜其性屬火，以寒爲體，以熱爲用，其皮其子皆益人，又有君子之功，故今北人亦嗜之。

又 黄薑　番禺多種黄薑，以其末染諸香屑，爲香綫、香餅，是名黄香。又乾龍眼必以黄薑末糁之乃不蠹，故果箱度嶺必資之，又可使龍眼色黄爲上果。

又 高良薑　高良薑，種自高涼，故名。不曰涼者，言爲薑之良也。其根爲薑，其子爲紅豆蔻。子入饌，未拆開者曰含胎，以鹽醃入甜糟中，終冬如琥珀，味香辛可膾。其根不堪食，而藥中多用之，人不以其子而掩其根，所重在根，故不曰紅豆蔻，而曰高良薑也。

又 猴薑　猴薑，西寧多有之，蔓生石壁如藤，蔓即薑也，味甚辣。猴以爲薑，故曰猴薑，一名樹鳴。葉生蔓上，不作枝，采之爲笠，甚輕。

又 三藾　三藾，根似薑而軟脆，性熱消食，宜兼檳榔嚼之，以當蒟子。或以調羹湯，微辣而香。聘婦者，以三藾雕鏤花鳥胡蜨諸狀，薄金傅之，佐檳榔、椰、肉桂、薑花等以實筐。三藾一名山柰，亦曰廉薑，可爲虀。

又 鮮草果　鮮草果，人多種以爲香料，蓋即杜若，非藥中之草果也。其苗似縮砂，三月開花作穗，色白微紅，五六月子結。其根勝於葉，味辛以温，能除瘴氣，久服益精明目，令人不忘。

又 香花菜　香花菜，叢生，莖、葉、花、子皆辛香，花絶小，紫色。婦人多以香茅並植之，以香手爪去垢穢。乾之香氣不減，持以相貽。

又 縮砂蔤　縮砂蔤，陽春、新興皆産之，而生陽江南河者大而有力，其種之所曰果山，以縮砂蔤爲果山，猶專以素馨爲花田也。曰縮砂者，言其殼。曰蔤者，言其仁。曰縮砂蔤者，言其鮮者。曰砂仁者，言其乾者也。八月採之，以嫩者蜜漬爲貨，售於嶺外最珍，其税頗重。

又 益智子　益智子，與縮砂蔤相似而形長，花實皆作長穗，分上中下三節，其實熟否，以候歲之豐歉。下節以候早禾，上節以候晚禾，大凶歲則皆不實。蓋罕有三節並熟者，非能益人智也，使人驗之以知歲豐歉則智也。又有知風草，可以占風，一節一風，無節則無風。

又 葳蕤　葳蕤，産羅浮鐵橋諸峰，莖幹强直似竹箭，節節有鬚。葉狹長，表白裏青，其尖處有小黄點。三月開青花結實。根大如指許，長一二尺，補益之功逾黄精，方家稱黄芝，亦曰青黏。以漆葉同爲散，可以延壽。外有放杖竹者，似竹非毛，浸酒服之理腰脚，老人一月可放杖。出羅浮第十四嶺，與黄精、葳蕤，皆竹之别種云。

又 椒　椒，苗蔓生，莖柔弱，葉長寸半。枝上結子相對，黑光如漆，謂之椒目。葉晨開暮合，合則卷其子于葉中，若閉目然。産廣州者，色淺皺少不大辣，名曰土椒。以來自洋舶者，色深黑多皺名胡椒者爲貴。胡椒産紅毛國，亦蔓生。

又 芝　芝菌，處處皆生，生於剛處爲菌，柔處爲芝。芝生羅浮最多，有二十四種，其知名者，曰石芝、木芝、草芝、菌芝。葛稚川以爲赤者如珊瑚，白者如截肪，黑者如澤漆，青者如翠羽，黄者如紫金，而光明洞徹皆如堅冰。見即禹步采之，陰乾百日，色不變者爲真芝。蓋芝者，川嶽之靈，其形千出，或如人，如龍，如亭蓋。多有五采云覆其上，非有德之士不能見。山中見小人乘車馬，長七八寸者，是爲肉芝。

又 藷　東粤多藷，其生山中，纖細而堅實者，曰白鳩藷。似山藥而小，亦曰土山藥，最補益人。大小如鵝鴨卵，花絶香，身上有力者，曰力藷。形如豬肝，大者重數十斤，膚色微紫，曰豬肝藷，亦曰黎峒藷。其皮或紅或白，大如兒臂而拳曲者，曰番藷。皆甜美可以飯客，稱藷飯，爲穀米之佐。凡廣芋十有四種，號大米，諸藷亦然。番藷近自呂宋來，植最易，生葉可肥豬，根可釀酒，切爲粒，蒸曝貯之，是曰藷糧。子瞻稱海中人多壽百歲，由不食五穀而食甘藷。番藷味尤甘，惜子瞻未之見也，芋則蘇過嘗以作玉糝羹云。

又 芋　廣芋之美者，首黄芋，次白芋，次紅牙芋，皆小。惟南芋大，南芋色紫，生沙甚可食，而白者尤良。凡以春種以夏收者曰早芋，以夏種以秋收者曰晚芋。與紅藷並登如稻，故有大米之稱。芋大者魁，小者奶。奶贅魁上下四旁，大小如乳，奶者乳也，魁亦曰兜。俗以婦人多子爲南芋兜，猶以茨菰一乳十二子爲慈姑也。又芋奶應月生子，稱十二奶。芋奶宜爲蔬羹，其性與茯苓皆屬土，性重厚，故皆養脾，和鯽、鱧魚食之，調中補虚。有銀芋，苗莖瑩白，與葉皆可生食。廣芋多種，然苗莖必熟乃可食，銀芋不然，故多以爲虀。

又 地腎　羅浮多地腎，蓋松之膏液，因鬱蒸之氣而成，或松花落地而成。一名松黄旦，松黄未落爲松實，已落而英華未散爲地腎，蓋鬆氣之盛所致也。其爲狀小若彈丸，大若雞卵，紅黄相錯，一一晶瑩。熟之味甘以香，庵僧嘗以甜藷、百合、籠蔥、竹胎、湧生葛乳，雜之爲素饌。其生無根蒂，散佈松下，土鬆石瀸潤處輒有之，意《菌譜》所謂松蕈也。凡物出於松者，無不可愛，而地腎之生，無所附麗，氣與松合而形與松離，則尤異。或曰：地腎亦茯苓之類，皆假鬆氣而生。凡松上有菟絲，則下必有伏菟之根。無此菟根在下，則絲不得生乎上，然其實不屬也。地腎者，伏菟根之類也。然茯苓雖附松根而伏於土中，茯者伏也，地腎散佈地上，則松花之所變也，亦松實也。

又 茯苓　茯苓，得松之陽，合戊土以成形，故外類木而内類土，氣味淡而性和平。以爲末，入牛乳伴勻，飯上蒸之，隨次服食，可與松脂同功。松脂者，陰金之精，男子之身，稟陽木之氣，須得陰金之精以滋養，故服松脂者多壽。粤之松得太陽之氣太甚，其精多在於脂，其神多在於茯苓。神宜伏，茯者伏也，神伏於土中而爲苓，故曰茯苓。苓者靈也，神能伏則靈。人服之可以安神，故養生者貴之，而嶺南所産尤重。外有土茯苓，則薯莨也。能解諸毒，多以售於番舶。有竹苓，生石城山谷中，竹之餘氣所結。生無苗，蔓在土中累累相連，以皮黑肉白者爲良。服之殺三蟲，除小兒百病。

又 木耳　陽春、茂名，多以木耳爲貨。其山深，故多朽木，而木火之精華未盡，得水氣復蒸爲耳，耳亦朽株之萌蘖也。《易》曰：「困于株木。」株木，枯槁者也。菌生於枯槁，故曰菌，木耳亦然。木耳得一陰之氣而生，若稊荑，則得一陽之氣者也。木耳以桑、槐、榆、柳、榕樹上生者良，柘木次之。生於桑者治痢，生木香者治瀉，生於梅者治腹痛，楓木生者令人笑不止。

又 菌　從化多香菌，冬采者良。其木曰羊矢。畬人伐置山間，至冬雨雪滋凍，腐而生菌。無蛇虺之毒，謂之雪菌，色白而香，亦曰雪蕈。或以朽桑、樟、楠三者尺斷，當臘時，于肥陰處埋之，爲深畦如種菜法，春月以米泔水澆灌，不時菌出，日灌之三，即大如拳許，是謂家蕈。他蕈産於木之根土處，精華鬱結。有白者，有淡黑者，其莖皆白，皆甘美不下蘑菰，性温補益陽。然淫氣薰蒸，未免有毒，若夏間瘴雨所成與最大者，煮時投以薑片飯粒，其色不黑，乃可食。大抵冬春無毒，夏秋多毒，以有蛇蟲從下而過，不若石耳生崖壁上，得霧露之氣，可以明目益精也。

凡香蕈感陰溼之氣而成，善發冷氣，多和生薑食乃良。惟石耳味甘腴，性平無毒，多食飫人，能潤肌童顏，在地耳、木耳之上。地耳味甘性寒，春夏生雨中，乘雨急采，見日則不可用，俗名地踏菰。其品在石耳之下，木耳之上。

又 落花生　落花生，草本蔓生，種者以沙壓横枝，則蔓上開花，花吐成絲，然成絲而不能成莢。其莢乃別生根莖間，掘沙取之，殻長寸許，皺紋，中有實三四，狀蠶豆，味甘以清，微有參氣，亦名落花參。凡草木之實，皆成於花，此獨花自花而莢自莢，花不生莢，莢不蒂花，亦異甚。予有贊曰：爰有奇實，自沙中來。以花爲媒，不以花爲胎。花生于蔓，子結於荄。香如松子，一莢數枚。和中煖胃，乃豆之魁。

粤多藤族，故凡草之蔓皆以爲藤。藤菜者言其蔓柔如藤，非藤之菜也。落花生其蔓亦白藤，花生藤上，一花落土生一子，故曰落花生，以土爲胎，故有煖胃之益。

又 藊豆　藊豆，有紅邊、青、白三種。一曰蛾眉豆，象形也。其白者良，四月八日漏其子，則多莢不蠹。其蔓多隔歲者，謂之舊根。稚食其莢，老食其子，子老者入藥，廣中凡瓜棚豆架多不除，豆者藊豆也。

又 留求子　留求子，草本，廣州多有之，狀如梔子，有五六棱瓣而兩端鋭，半黄已熟，殻脆薄，中有白肉，微甘。小兒患食積者，煨熟與之食，以當乾果，食輒下蟲而疾愈，一名使君子。語曰：「欲得小兒安，多食使君子。」

又 桃金孃　草花之以孃名者，有桃金孃。叢生野間，似梅而末微鋭，似桃而色倍赬，中莖純紫，絲綴深黄如金粟，名曰桃金孃。八九月實熟，青紺若朱乳狀，味甘，可養血，花則行血。或謂産自桂林，今廣州亦多有之。粤歌云：「攜手南山陽，采花香滿筐。妾愛留求子，郎愛桃金孃。」

又 二蘭菜　二蘭菜，一曰馬蘭，其葉似蘭而大，馬者大也，故曰馬蘭。花似菊而紫，味辛，性微温，以作茹甚良，能養新血。一曰芥蘭，葉如芥而緑，花黄花，比葉尤甘，葉有鉛不宜多食，以微藍故，又名芥藍。

又 百合　百合，羅浮最盛，根如葫蒜而大，重疊二三十斤，相合如蓮瓣，故名百合。色白，和肉煮之，或作粉，益人。五六月一本一花，花紅白如文殊蘭。種常傾側，名天香，中有檀心，色黄味甘，宜蜜蒸食之，山中之仙蔬也。

又 麻藍　麻多舊根，一年凡四刈，五月刈者曰首苧，性柔，未刈者脆。其苗之稚者可芼，是曰麻藍。廣人多以醋炒食之。廣州多青麻，高州多黄麻，青麻藍最美。

又 葛花菜　葛花菜者，葛乳也，高州名種葛，雷州人市之爲絺綌。秋霜時，有葛乳涌生地上，如芝如菌，色赤，味甘脆微苦，其性涼，乃葛之精華也，亦曰葛蕈。

又 蕨　從化山中多蕨，以雷鳴出土，故蕨惟雷鳴乃可食。蕨，決也。乘怒氣決然而生，故曰蕨。其芽薇也，初生萌甚微，故曰薇。以其根爲粉，曰蕨萁，以土茯苓雜之則性寒，多食病臃腫。或謂蕨以猿啼而生，凡有猿之所則多蕨，每猿一聲，蕨生萬莖。故食蕨能使人悲，而夷齊食薇三年，顔色不異。蓋薇美而蕨惡，故昔人多采薇而少采蕨。

又 藜　藜，白者葉心有粉如灰，名灰藋，亦曰鹽菜，紅心者曰臙脂菜，嫩時可食。莖老以作杖，謂之菜。予有圃曰菜圃，欲藜之老而爲菜以仗，不欲菜之稚而爲藜以食也。

又 薯莨　薯莨，産北江者良。其白者不中用，用必以紅，紅者多膠液，漁人以染罛罾，使苧麻爽勁，既利水又耐鹹潮不易腐。而薯莨膠液本紅，見水則黑，諸魚屬火而喜水，水之以黑，故與魚性相得，染罛罾使黑，則諸魚望之而聚云。

又 莓苔　高州道中，苔蘚多如梅花，所謂莓也。予詩：「上有梅花下有苔，苔花亦似落殘梅。行人不識苔花好，只道梅花不是莓。」有檳榔苔者，生檳榔木上，如松身之艾蒳。單蒳極臭，以合泥香，能成温馨之氣，功用如甲香，一名苔香。有石蕊者，石上苔衣也。一名蒙茶，以水瀹之至十度，清香不減，味亦如之，多産羅浮山中。是三者，莓苔之異者也。

又 睡菜睡蓮 睡菜，一名瞑菜，葉類茨菰，根如藕。采根爲鹽菹，食之使人好睡，與五味草食之不睡，名卻睡草相背。睡蓮，布葉數重，葉如荇而大，花有五色，當夏晝開，夜縮入水底，晝復出也，與夢草晝入地夜即復出相背。廣州多有之。

又 海菜 海菜，产瓊之會同。歲三月，菜廠主人置酒，廣集菜丁，使穿衣藤入海采取。海有研石，廣數里，桓亘海底，海菜其莓苔也。白者爲瓊枝，紅者爲草珊瑚，泡以沸湯，沃以薑、椒、酒、醋，味甚脆美。一名石花。以作海藻酒，治癭氣，以作琥珀糖，去上焦浮热。大抵瓊之利，檳榔、椰爲上，海菜次之。海菜歲售萬金，然巨姓兼并，利不及民。舊志云：瓊人以檳榔爲命，以諸芋爲糧，以安石榴爲酒，以瓊枝爲薪，贩者竟自取載。今不然矣，有纸菜，其薄如纸，乃鹹水之皮所成，其色如青苔，則以日光而成。潮退時附沙潬上，土人浣白之爲蔬。有紫菜，薄而叶大。有石髮，蒙生海石上，春時采之，色碧緑。有海帶，亦薄而長，或散條，或結繩缕，或如短馬尾，黑绀色，與鹿角、龍鬚皆海之菜也。

又 落樹 南海有落樹，附石而生，有枝無葉，側類石柏。氣似落，歲久堅凝，風日雨露不能浥損，色黝以蒼。大者咫尺，小數寸，根幹爲決明、蛤蠣所因依，波濤所噴齧，沙石所軋蹙，峪岈窟竇，勁陗曲詰，大類繡澀古鐵，亦謂之鐵樹。其紅者，脂膩瑩滑，曼衍柔脆，又若珊瑚然。以火揉之炙之，隨其形狀，爲松、栝、梅、柳諸樹，可供几案之玩。石柏，生陽江、電白海上，色潔白而質堅脆，扣之鏗然，乃浮沫所積，海苔所化，入水不泛，火不焦，枝葉理致於側柏亦無不肖。皆石樹之珍者。

又 仙人掌 仙人掌，多依石壁而生，其葉勁而長，若齟齬狀，其花形如鳳。子生花下曰鳳栗，葉則曰鳳尾，竻發苞外類芋渠，内攢瓣如毬，各擎子珠於掌，一枝一掌，自下而上。子自青赤而黃，有重殼，外厚内薄，熟其仁食之，味兼芡栗，可以輕身延年。一名千歲子。黃文裕賦云：「有仙人之瑶草，惟龍洞之嘉生。展青鸞之羽葉，攢威鳳之毬英。子珠擎乎翠掌，侔蒸栗以芬馨。諒抗時而耀質，遥作對乎男貞。」此草可以辟火，廣人多植之堂側，性宜沙土，惡肥膩。

又 慎火 慎火者，可以禦火，廣人多種屋上以防火。一名戒火，其形如火始然，又名火秧。扁者不枝不葉，圓者多枝葉，叢生成樹，四棱有芒刺，皮中有白漿能盲人。廣人以作籬落，村墟間竻竹爲圍，火秧、露頭花爲界，在在皆然。

又 諸異草 粵多異草。有曰萬年松，非松也，苔成樹而枝葉類松者也。高數寸，莖端布葉，葉上有毛，乾之數歲不死。漬以泉水，二三日碧緑如故。以他水及穢手觸之皆死，得天雨仍生，羅浮山中所産。一名卷柏，亦曰苔松。予有贊云：「羅浮草木，變化不窮。或大或小，與天無終。小而可大，竹有籠蔥。大而可小，松有苔松。苔松之生，枯而能榮。不資水土，柯葉長青。身雖數寸，亦作龍形。何須合抱，自有神靈。」有曰千歲竹，其葉類竹而無枝，長數寸或尺，乾之不死。有曰朱草，狀如小桑栽，長三四尺，枝葉皆丹，朔望生落如蓂莢，周而復始。有汁如血，以染絳成黼黻章，以金銀投其汁，輒成圓泥成水，爲金漿玉醴，飲之長生。有曰挂蘭、挂竹，皆生於空中，雨露沾濡，久而彌秀。有曰長命草，多産潮陽。詠者云：「潮陽女兒梳掠好，鬢邊斜插長命草。」瓊州有長生草，亦相類。有還魂草，一名地膽，葉如芥，花如地茶，以蛤試之，能起死回生，産陽江山中。有接骨草，叢生，高二三尺，葉大如柳而厚，莖有節，色緑而圓，花白，午開，自三月至九月不絶，折傷者裹之即愈。始興玲瓏巖有琉璃草，莖如芹，食可已風，與肇慶七星巖風藥相類。風藥叢生石隙，其葉圓厚，和酒嚼之，治風疾。一曰風草，亦曰風葉。諺曰：「風病須風菜」。此皆不死之草也。其可爲餌者，曰石菖蒲，以小者爲貴。有一寸十二節者，以甲子日采，陰乾至百日爲末，每日服三四匕，能益智聰耳明目。羅浮東澗石上所産，質甚堅，氣味清芬，他産則辛。有曰白菖蒲，溪蓀也，根肥白，節疏，作菹食殺蟲。有曰涼粉草，莖葉秀麗，香猶萑檀，以汁和米粉煮之止饑，名仙人凍，山人種之連畝，當暑售之。有曰香薷，生石上，葉似白蘇，甚香柔，煎水及爲餅，消暑散腫。一名石香菜，亦曰香茸。有石蕁，似紫菜色青，味甘平。此皆草之可資服食者也。其可佩者，曰排草，狀如白茅，對節生葉，葉兩兩相連，長五六寸，而幹中穿，以細嫩者爲貴。番禺人種之，動至數畝，以其葉售于海外諸番。諸番歲有瘡痏，煎其葉爲湯，浣之即愈。其根莖以合諸香爲囊，能使衆味久而不滅。予有贊云：「有美芳草，其香在根。衆香得之，長存其魂。穿心故靈，靈故返生。香之丹藥，奇莫能名。」故一名留香草，亦曰養香。一種夏開，細粉紫花如蒔蘿，乾之香，亦名排草。有曰千步草，香聞十里，然不可多得，或謂千步草即排草。廣人種之成畦，長至千步，故十里聞香。有曰瑶草，生羅浮山頂，如白茅而小，莖圓而香。有曰金縷草，色赤如金，云麻姑金鈿所化，羅浮麻姑峰有之。其可用者，曰龍芻，與莞、與茳、與龍修，皆以充席簟及坐團。白蕢者，種之流沙則成田，有方圓二種。曰鹹草，多以束物爲箔席。其無所可用者，曰白草，叢生三四寸許，莖葉與衆草無異，每天雨，先一日變白，晴則如常。產仁化扶溪都。有曰知羞草，葉似豆瓣相向，人以口吹之，其葉自合，名知羞草。有曰鶴草，葉似鶴，嘴、翅、尾、足皆具，麯塵色，名鶴草，其葉如眉而短，亦曰蛾眉草。

又 毒草　毒草，有曰斷腸草，一名苦吻，亦曰苦藥，曰苦蔓公，然皆以爲胡蔓。花如茶花，黃而小，又名大葉茶。

又 藤　南藤有數百種，其可食者曰甘露藤。蔓如箸，花如指甲花，性甘以溫，久服令人肥健。一名肥藤。有涼口藤，狀若葛，葉如枸杞，去地丈餘，絶之更生。中含清水，渴者斷取飲之，甚美，沐髮令長。一名斷續藤，常飛越數樹以相繞。予詩云「隔樹女羅飛」，謂此。一名東風菜，先春而生，東風乃至，農夫以驗土膏之動。東風一作茦風，又名緑耳，可爲蔬。有白花藤，味如甘蔗，以美酒調服，能補衰老。有浮沉藤、繭子藤，子皆如梨，色赤如雞冠，生食甜酢。有紅藤，可代檳榔食。有小藤，產於東莞，微細如髮，直起數丈無一節，常飛越數樹，如百千遊絲牽綴。紅者名紅龍鬚，紫者紫龍鬚，凡有五色。然生無根蒂，以穢物投之，即消釋不知所去。土人以其液和細土石灰塗釁糖釜，其堅如鐵，雖猛火不裂。其花及子，浸酒可補骨筋。有盒藤，其莢有白子數枚，殼扁，狀如盒子，水浸數日，炒食之，味佳。有乳藤，蔓如懸鉤倒挂，葉尖而長，斷之有白汁如乳。婦人產後，以藤搗汁，和米作粥，食之乳湩自通。此皆食藤也。諸藤初生嫩條，爲藿爲筍，而以其大實曰冬榮子者，大如柚子，中有瓢瓣瓣相疊，白如豬脂，炙食皆甘美，身懷數日香不滅。秋末冬初間，采以相餉，矜爲服食之珍云。其可爲藥者曰黃藤，熬其汁，則藤黃也。性最寒，以青魚膽和之治眼疾。間有白者，葉如土茯苓，身小而長，外有籜，包以莖，浸水洗目，並除腫痛。有丁公藤，蔓生著地，高尺許，葉長二寸，面緑背微白。傷風者，以一二葉煮酒服之，汗下如雨，即愈。有皆治藤，蔓延牆壁野樹間，長丈餘，葉似泥藤，中暑者以根葉作粉食之，虛損者雜豬胃煮服。有買麻藤，其莖多水，渴者斷而飲之，滿腹已，餘水尚淋漓半日，可解蛇毒，乾之亦然。性柔易治，以制履，堅韌如麻，故名，言買藤得麻也。藤名而麻實，人争買取。又以他藤多而賤，聽人自取，是藤適用頗貴，必須買之。而其子味微苦，可食，因曰買子也。有青藤，仔葉長三四寸，多芒刺，莖大如指而堅韌，人日用之，比北地之用柳條。花名假素馨，煎湯以洗瘡疥，甚良。有忍冬藤，名左紐，凡藤皆右紐，故牽之使左不能，而忍冬藤獨左紐。有麯藤，瓊州酒無曲櫱，以此藤葉辛香，雜米粉爲餅以釀，亦曰酒藤。有曰金藤，以爲筋，遇毒則煙氣迸出。此皆藥之藤也。其爲器物者曰白藤，子斑駁可爲素珠，出文昌山中。曰五色藤。以紅者爲簟。曰桃笙，色如天桃，甚瑩滑。白者名瓊枝，以紅紫間之，爲席，爲盤，及屏風、盔、甲、馬鞭之屬，其用甚奢。其可以爲屋桁桷者曰泥藤，可以駕牛。其大如笙竹者曰苦藤，稍小而性柔，可爲牛繩、船纜。曰括藤，以磨礪器物，能發光膩。曰溼皮藤，其葉饒有芒刺。曰虯葉。可爲香者曰雞香藤，堅而酷烈，能辟水霧之氣，山中多用之。大抵嶺南藤類至多，貨於天下，其織作藤器者十家而二。五羊、汾水之肆，衣食于藤，蓋多於果布也。

又 同心蘭　廣中蘭多種，有同心蘭者，八瓣分張，雙心聯綴，比並頭者更勝。萬紅友有詞云：「魚魫凝煙，鳳髻承露，懷春久因抱孿胎，吹香遠早垂駢乳。半窗月晲，正玉立翠綃羣聚。只杜蘭蘇蕙，攜手雙雙私語。」

又 燭竹　燭竹，多產永安天子嶂，土人采以代燭。昔宋丞相天祥，屯軍南嶺，每生燃此竹，火光照人，今名丞相竹。其生於南嶺者，葉有符紋，與他處頗異。他處產者，一名江南竹。

又 油草　油草，永安縣水際多產之，每開花結米，可占有年。

又 蕨粉　蕨，永安最多，凡有二種，一食其芽者名龍頭菜，一以其根爲粉者名粉蕨。性寒，多食患黃腫。或謂粉蕨歲凶乃出，非也。歲凶，民乃取之，稔無事此，然農家當早晚稻未收，多以蕨粉爲食。廣州蕨以青者爲美，紅者次之，春間争以餉客，曰蓢蔑蓮，曰拳菜。

又 水蠟燭　水蠟燭，草本，生野塘間，秋杪結實，宛與蠟燭相似。

清·王士禛《池北偶談》卷一七《談藝七·汗青》　《青溪暇筆》云：「古者書用竹簡，初稿書於汗青。汗青者，竹之青皮如浮汗，以其易於改抹也。既正，則殺青而書於竹素。殺，去聲，削也。言殺去青皮而書於竹白，則不可改易也。」後漢吴祐父恢以火炙竹令汗，取其青寫書，謂之殺青簡。則汗青、殺青一也。姚説未知何據。

清·王士禛《池北偶談》卷二四《談異五·樂顔棗》　樂毅棗，產吾鄉，大倍常棗，云是樂毅伐齊所遺種也。《太平廣記》所載，有王母、仲思等名。又有安期棗、梁國夫人棗。《西京雜記》：上林有西王母棗，出昆侖山，而不及此。先方伯《群芳譜》云：樂氏棗，豐肌細核，多膏肥美，舊傳樂毅自燕攜來。《太平環宇記》：濰州貢穀氏棗，今青城縣產無核棗，一名虛中，即《西京雜記》之梬棗也。

上林又有顔淵李，出魯國。

清·田雯《黔書》卷下《蒟醬》 《蜀都賦》曰：「蒟蒻茱萸」，《吳都賦》曰：「東風浮留」，所謂「布綠葉之萋萋，結朱實之離離。迎隆冬而不凋，常曳曳以猗猗」是也。蒟花如流，藤葉如蓽撥，子如桑椹，或亦西域之種矣。陽藟陰殷，膚白皮烏，其味辛香，近於桄榔之麵矣。嶺南人取其葉合檳榔食之，呼爲蔞蒻，亦蔞也。又爲九真之藤，根似芋而長，葉似天南星而大。黔之人食檳榔者，購於滇。斷破之，長寸許，與石賁灰並咀口中，赤如血。又瀝其油醢爲醬，故曰「蒟醬」。

清·田雯《黔書》卷下《邛竹》 今於黔得邛竹，以其名考之，自產於蜀之臨邛。或山川相接，草木無殊，故亦有於黔耳。土人呼爲「羅漢竹」。蜩腹蛇跗，鶴膝龍鍾，竹木之磊磊落落俯視一切者。

清·田雯《黔書》卷下《密筩柑》 或曰即南海之紫羅橘。視佛指而少擘指，形悉具屈而不伸，剖食如蜜，類楚澤之萍實也。黃裳元吉，其臭如蘭。咀嚼之，馨流齒頰矣。其子離離可藝。盤州以上咸有之。蓄之樹，以浹歲；薦之柈，則彌月色不衰，而香亦不變，可謂果實中之幽人志士矣。

清·田雯《黔書》卷下《蕤草》 蕤草即蕁麻，黔蜀有之，生於籬落溪厓間。葉類麻，多毛刺，螫人手足，腫痛至不可忍。

清·田雯《黔書》卷下《雞㙡》 負苞之族，肉芝之遠裔也。一名螘奪，所生之下多白蟻，氣所蒸也。秋七月生淺草中，初奮地則如笠，漸如蓋，移晷則紛披如雞羽，故曰「雞」，以其從土出，故曰「㙡」。種有二，惟紫者可茹，白能傷人。蓋竊其僞以亂真，不可以不察也。又有肥瘠之殊，肥者味厚，瘠則薄，理固然也。蹲而采之，來歲可再得，立則否，然亦視其雨暘之愆。若爲耗羮，以之充庖，甘鮮殊可悦。熾而藏之，膏而漬之。滇以永昌、蒙自爲最，黔則普定所產，味不及滇。

清·田雯《黔書》卷下《刺梨》 野生，夏葩秋實，干如蒺藜多芒刺，葩如荼蘼，實如安石榴而較小。味甘而微酸，食之可以已悶，亦可消滯漬。其汁煎之以蜜，可作膏，正不減於梨楂也。然亦有貴賤，瓣之單者，土人以之插籬而代槿；胎之重者，名爲「送春歸」，春深吐豔，大於菊，密萼緐英，紅紫相間，而成色實尤美。黔之四封悉產，移之他境則不生，豈亦畫疆之雉、過淮之橘耶？又普定、烏撒梨不下建陽、宣城。亦有梨膏，佳者不下河間。

清·田雯《黔書》卷下《紅梅丹桂》 黔有紅梅，枝似虬龍，花如胭脂。有丹桂，花蕃而香烈，與黃桂花異。

清·田雯《黔書》卷下《五九菊》 黔中菊有五月開，九月復開者，名五九菊。

清·田雯《黔書》卷下《斷腸草斷腸鳥》 斷腸草叢生，根如商陸，葉類蔞而大，莖有節，當心抽花蘂數十作穗，花淡紅色，久漸赤，子離離似桑葚。黔地多有之。署園中百叢也，紅鬢內豔，頳牙外標，華燈之映翠幕，丹瓊之厠碧瑶，當不過是。初至未識其名，有僰兒自尋甸至，始呼之。毒能斷腸，可駭也。辛未夏雨過，忽來小鳥止於穗間，羅之綠衣，鳥距似倒，掛么鳳軒，輕才五銖，極可玩。籠之三日，僰兒曰：「此斷陽鳥也，嗜啄斷腸花子，采而飼之，可久活。」試之果然。

清·汪洪度《黃山領要録·臥龍松》 一松身橫左壁，枝偃右壁，長丈有奇，夭矯連蜷，宛然龍臥臥矣。頭忽上昂，角嶄鬐張，如臥將起，松盡始出罅，耽奇者，神思超越多戀，戀留罅中不能去。

清·汪洪度《黃山領要録·附黃山松説》 松生黃山，獨以奇秀稱，松之遇也【略】。黃山多石而少土，凡木不能生，惟松生，至殆寄生於石，而以石爲母者也。夫黃山之石峻極者，其性瘦勁者，其質鮮潤者，其資詭怪變幻者，其態松之孕於石腹也。

清·汪洪度《黃山領要録·破石松》 石高二丈，圍丈餘，一松盤旋石上，虬枝四出陰，蔭數畝地，人見頂覔幹，幹蓋藏石腹中，孕結既久，則迸裂石縫以出，盤抱如母懷子。

清·高士奇《扈從西巡日録·娑羅樹》 傳是安西種，空山百歲餘。一花常燦爛，七葉自扶疎。幹老虬龍出，庭荒燕雀虛。

清·劉獻廷《廣陽雜記》卷一 寧古塔多榛樹，止三尺許，而花大于車輪。夜開，人多不見，相傳見者多死云。遼省處處皆有。

又 宋牧仲云：「春花落瓣，秋花落朵。」

又 徐芳《懸榻編》云：「辛丑夏，如皋縣伐木造海船，鋸一十數圍柏木，中有觀音像，崖石、水竹、童子、鸚鵡之形皆具，乃止勿解。今以一面嵌縣西門僧寺壁中，其一面不知所在。」

又 凡木圍五六尺長八九丈者，非數百年長養不成。即有成者，中多虛空。凡虛空起于內灌。有天灌者，自上灌注而下；有地灌者，自下蒸濕而上；有人灌者，中有朽眼，濕从而入，氣蒸而上，濕注而下。故大木即有十餘株，可采用者，不過三四而已。

又 乳香、薰陸香考異。恭曰：「薰陸，形如白膠，香出天竺者色白，出單于者夾绿色，香亦不甚。」珣曰：「案《廣志》云：薰陸香是樹皮鱗甲，采之復生。乳頭香生南海，是波斯松樹脂也，紫赤如櫻桃，透明者佳。」禹錫曰：「案《南方異物志》云：薰陸出大秦國。在海邊，有大樹，枝葉正如古松，生于沙中。盛夏，木液流出沙土，状如桃膠。夷人采取，賣與商賈；若商賈不至，则自食之。」宗奭曰：「薰陸木葉類棠梨，南印土界阿吒釐國出之，謂之西香。南番者更佳，即乳香也。」

又 藤黄出海南，聚蛇屎熬鍊而成，故有毒，能殺人。王維章云。

又 楷木，即今之黄連頭樹也。楷有癭，可以爲器。

清·劉獻廷《廣陽雜記》卷二 武夷茶佳甚。天下茶品，當以陽羨老廟後爲第一，武夷次之，他不入格矣。

又 在郴州時，門人輩遊白鹿洞歸，掘得仙桃數十枚，剖而視之，太乙餘糧類也。

清·劉獻廷《廣陽雜記》卷三 王刁山之口爲杜峪，有甘露寺。寺有月季花樹，大四五圍，枝蔭一院，天下所無有也。

又 古人以謂飲茶始於三國時，謂《吴志·韋曜傳》：「孫皓每飲羣臣酒，率以七升爲限。曜飲不過二升，或爲裁減，或賜茶茗以當酒。」據此以爲飲茶之證。案：《趙飛燕别傳》：成帝崩後，后一日夢中驚啼甚久，侍者呼问方覺，乃言曰：「吾夢中見帝，帝賜吾坐，命進茶。」左右奏帝云：「向者侍帝不謹，不合啜此茶。」然则西漢時已嘗有啜之説矣，非始于三國也。

又 衡州苦瓜，即北方之癩葡萄，江南之錦荔枝也，闽、廣、滇、黔人皆喜食。味甚苦，非虛寒所宜也。

清·劉獻廷《廣陽雜記》卷四 柚出閩廣，蓋橙類，大如巨升，色黄如梨。案：柚一名櫾，亦曰條，《唐本草》曰壺柑，《食性》曰臭橙，亦曰生欒。李時珍曰：「柚色油然，其狀如卣，故名壺，亦象形。」今人呼其黄而小者，正此意也。柚樹葉皆似橙，其實有大小二種，小者如柑橙，大者如瓜如升，有圍及尺餘者，亦橙之類也，今人呼爲朱欒。形色圓正，都類柑橙，但皮厚而粗，其味甘，其氣臭，其瓣坚而酸，其花甚香。南人种其核，長成以接柑橘，云甚良也。《爾雅》有櫠，音廢。郭璞云：「櫠，大柚也。」范成大云：「廣南臭柚大如瓜，可食。其皮甚厚，染墨打碑，可代氈刷，且不損纸也。」《爾雅》亦曰：「檟，音贾。」《列子》云：「吴越之間有木焉，其名爲櫾。碧樹而冬青，實丹而味酸，渡淮而北，化而爲枳。」《廣雅》謂之檑柚，檑亦柚也，皆此物耳。予在衡州時買而食之，亦可口也。

清·劉獻廷《廣陽雜記》卷五 古時之茶，曰煮曰烹曰煎，須湯如蟹眼，茶味方中。今之茶惟用沸湯投之，稍著火即色黄而味澀，不中飲矣，迺知古今之法亦自不同也。

又 昔人謂「揚子江心水，蒙山頂上茶。」蒙山在蜀雅州，其中峰頂尤極險穢，蛇虺虎狼所居，得采其茶，可蠲百疾。今山東人以蒙陰山下石衣爲茶當之，非矣。然蒙陰茶性亦涼，可除胃熱之病。

又 稻有水旱二種。又有秫田，其性黏軟，故謂之糯米，食之令人筋緩多睡，其性懦也。作酒之外，産婦宜食之。又謂之江米。

又 百穀之外，有可以当穀者，芋也，薯蕷也。閩中有番薯，似山藥而肥白過之，種沙地中，易生而極蕃衍，饑饉之歲，民多賴以全活。此物北方亦可種也。

清·陳鼎《黔游記》 雞㙡，黔中亦産，但不如滇之蒙化者佳，有紫、白二種。白者，恒殺人。初秋，生蔓草中，始奮如笠，既如蓋，漸則披紛如雞羽，故曰「雞」，以其從土中出，曰「㙡」。

又 蓺草，即燖麻，生于澤畔，多刺。螫人手足輒腫脹，痛不可忍，愈日方平，人比之蜂蝎虺蠆也。土人採以沃湯，可療瘋瘃。

又 普安縣，本新興所，設吏治焉。出南門上坡至觀音洞，過九峰寺，遍山皆羅漢松。黔山俱童，自此始有林木，山楂樹高數丈。

又 天花，産峭壁間，大如車輪，色如火光，映兩山皆如渥丹，四月以後即謝落。

清·吴振臣《甯古塔紀略》 西門外三里許，有石壁臨江，長十五里，高數千仞，名「雞林哈答」。古木蒼松橫生倒插，白梨紅杏參差掩映。端午左右，石崖下芍藥遍開。至秋深，楓葉萬樹，紅映滿江。

又 東門外三里，有林名「覺羅」，即我朝發祥地也。自東而北、而西，沿城俱平原曠野，榛林玫瑰，一望無際。五月間，玫瑰始開，香聞數里。予家采爲玫瑰糖，土人奇而珍之。有果名「衣而哈目克」，形似小楊梅而無核，味絶佳。草本，紅藤，生雜草中。又有果，名「烏禄栗」，似橄欖，绿皮小核，味甘而鮮。又有果，名「歐栗子」，似櫻桃，味甘而酸。俱木本小樹。而梨子雖小，味極美。梨與葡萄，做色味俱精。此二種，内地所無者也。山查，大而紅，亦爲糕。予家常食榛子腐、松子糕，不覺其珍也。

產人參，爾時多賤，竟如吾鄉之桃李。草本，方梗，對節生葉，葉似秋海棠。六七月開小白花，八月結子，似天竹子。生於深山草藪中，較他草高尺許。土性松，掘數尺不見泥，若朽爛樹葉，以八九月間者爲最佳。生者色白，蒸熟輒帶紅色。紅而明亮者，其精神足，爲第一等。【略】今之醫家俱以白色者爲貴，名爲「京參」，又謂其土不同，故有此二種，大謬。凡掘參之人，一日所得，至晚便蒸，次早曬于日中。曬乾後，有大有小，有紅有白，並非以地之不同，總因精神之足與不足也，故土人貴紅而賤白。蒸參之水，復以參梗、葉同煎，收膏，膏味亦與參味同。人參子煎湯，難產者服之即生。但參在本地服之不能見效。予父初到甯古時，以參半斤煎服，反瀉半日，不可解曉也。

產黄精、桔梗、五味子及雞腿麻菇、木耳、真經菜、蕨菜，極多而肥。

又 東山名「商陽哈答」，極高峻。在對江，石壁插于江中，水極深，魚極多。此山最深遠，向出參、貂，今則取盡矣。惟松樹最多，松子采之不盡。

又 暇則采松子並取火絨。絨生於木瘿中，取之，可盈匊。微黄色，可以引火，其臭頗香。

又 第三日，進大烏稽，古名黑松林。樹木參天，槎枒突兀，皆數千年之物，緜緜延延，横亘千里，不知紀極。車馬從中穿過，且六十里。初入烏稽，若有門焉。皆大樹數抱，環列兩旁，洞洞然不見天日，惟秋、冬樹葉脱落，則稍明。

清·方式濟《龍沙紀略·飲食》 三城之地，艾渾爲腴。產粟、黍、大小麥。默爾根產縻子廣麥。卜魁土最瘠，唯產縻，似小米而黄，即稷也，關西謂之祭。夏秋間，以未脱者入釜，淺湯熟蒸，爆以烈日，焙以炕火，礱而炊之，香軟可食。冬則生礲，香稍減。

又 穬麥麩厚而粗，即燕麥也。其實下垂如鈴，又名鈴鐺麥。

又 三城並產蕎麥，甘香如雪，宜糕餅。

又 茶自江蘇之洞庭山來，枝葉粗雜函重。

清·方式濟《龍沙紀略·貢賦》 歐李子柔條叢生，高二尺許，花碎白實，如小李。味酸澀，寧古塔、艾渾皆有之。

又 花水出艾渾，色赤。望之如豆，入口成液。離枝十餘日，輒化爲水，以蜜收爲膏充貢。

又 老鎗菜，即俄羅斯菘也。抽薹如萵苣，高二尺餘。葉出層層，删之，其末層葉葉相抱如毬，取次而舒。已舒之葉，老不堪食，割毬烹之，略似安肅冬菘。郊圃種不滿二百本，八月移盆，官弁分畜之。冬月苞紙以貢。

又 菱，六棱而小，產諾尼江，去皮乾之。

清·方式濟《龍沙紀略·物產》 杜實產艾渾，小而赤，似桑葚，味酸。

又 夸蘭蘑菇，生卜魁城東草地内，七月入市。夸蘭者，氊廬旆木所立之周遭也。木氣入土生蘑，故名。今因其白色黑闌，名爲花闌，乃强解耳。

又 老鎗穀，莖葉如雞冠，高丈許。實如栟櫚子，深赤色，取粒作粥香美。

又 花有蜀葵、兔葵、萱蔘、鳳仙、長春刺梅、金錢。土人呼兔葵爲鬼臉葵。

又 雀兒花色翡翠，似鴛鴦菊，而單蒂跗横枝上，如鳥之翔。

又 閃緞花以色名，似龍爪而小，山丹而曲。

又 草芙蓉，不知何以名，葉細如皁莢，花黄同菊。瓣規高者，亭亭二尺許。

又 萬年菊花，葉類草芙蓉，色黄枝柔，蒙密延蔓。一本可百餘花，或曰即層瓣高麗菊也。

又 高麗菊，産朝鮮，枝葉類萬年菊。單瓣，色黄赤，相間如虎皮。

又 日奇花，類蝴蝶花而小。一莖十數花，辰收申放數必奇，故名葉如萱。

又 萵苣蓮，即罌粟。六月始花，高尺許，葉如萵苣，單瓣，微紅。中土人攜千層五色，種布之輒變。

又 菊亦畏霜，五月茁，葉枝瘦弱，八月移盆入室，臨南窗下。十月花大如錢。

又 棠梨，郊圃間有之。

又 城南三十里，有柳叢生，細不及指，高不及肩，杏亦然，無成樹者。花小不實，土人老死，不知鮮果爲何物也。

又 藥味有益母草、赤白、芍藥、防風、黄芩、百合、木賊、蒺藜、甘草、車前子、麥寡冬、五味子、薄荷、黄精。艾渾產黄連，然皆雜烟莽中，萎於霜雪，無採劚者。

又 羊草，西北邊謂之羊鬍草。長尺許，莖末圓勁如松針，黝色油潤。飼馬肥澤，勝豆粟遠甚。居人於七八月間，刈積之，經冬不變。大宛苜蓿疑即此。中土以苜蓿爲菜，蓋名同也。

清·黄叔璥《臺海使槎録》卷一《赤嵌筆談》 三十六島巨細相間，坡隴相望，有七澳居其間。大約有土無木，土瘠不宜禾稼，產胡麻、菉豆，山羊尤多。居人煮海爲鹽，釀秫爲酒，採魚蝦螺蛤以佐食。《元志》。

又 彭湖居民，以海爲田，以魚爲糧，稻穀升斗必仰給臺郡。以地盡沙磧，海風甚厲，艱於播種，惟植高粱、麻豆，亦不足用。

清・黄叔璥《臺海使槎録》卷三《赤嵌筆談》 正月，諸邑收菜子，一名油芥；九、十月間種。碾油只供膏火，不可食。二三兩月，鳳邑收黄豆，十月、十一月間種。下澹水八社尤多；諸邑收大麥、小麥，十月、十一月間種。近臺屬者二月收，遠處者三月收。四月，臺邑絲瓜、紅涼瓜、即菜瓜。甕菜、莧、茄、菜豆即豇豆。熟；鳳山八社水田，收雙冬早稻，一名安南蚉，十月、正月種。民間西瓜熟，正月種。三邑糖廍事畢。五月，臺邑番檨、西瓜熟；鳳山瓜、檨、蔬果於四月間先熟，五月幾盡矣；諸邑收早麻，即芝麻，正月、二月間種。瓜檨亦盛出。臺、鳳地暖，凡所種植，先期成熟；諸邑近北漸寒，頗似内地，所出之物稍遲。六月，三邑刈黄麻，黄梨、龍眼、波羅蜜、梨仔茇出，民間種晚稻，農務方興，略無間隙；諸邑收晚麻，番民收稷米、高粱、蕎麥。七月，三邑靛青、正月、二月間種者。薑、芋、檳榔、浮留藤俱盛出；諸邑收大頭婆早稻。正、二月間種。八月，諸邑再收黄豆及黑豆、菉豆，俱五月間種。番民收薏苡。九月，三邑收菁子；諸邑收圓粒粟，一名一枝蚉。園田皆可栽種，若早播者，則於八月收。十月，三邑收白占稻、紅埔占稻；白占種於田，紅埔占種於園；番薯熟，早種者七八月先出，田家食至隔年四月方盡；鳳山下澹水武洛糯米芋熟，長二尺餘，與别芋迥殊。十一月，三邑大蔗、芋蔗熟，大蔗即甘蔗，芋蔗一名芒蔗，一名竹蔗；三邑農家暨興廍工碾糖；鳳山採捕烏魚，内山之番，不拘日月，捕鹿爲常；平埔諸社，至此燒埔入山，捕捉麞鹿，剥取鹿皮，煎角爲膠，漬肉爲脯及鹿茸筋舍等物，交付贌社，運赴郡中，鬻以完餉。十二月，臺、鳳進貢西瓜及王瓜，匏茄熟；南北兩路荷花盛開；塗鱝魚出，天時蒙霧，齐浮水面，捕获倍多。臺邑土壤偏小，絶少水田，農人種瓜、萟麻，雜植蔬豆，栽蔗碾糖，間种早稻。

又 稻有秔、糯。秔稻種於水田者曰早占、曰晚占，色白；種於園者曰埔占，色赤。糯稻種於水田者曰赤秫，殼色赤；種於園者曰禾秫，粒大，色白。麥有大麥、小麥，而小麥最佳。稷之屬有細米，黄、白二種，蕭壠、麻豆諸社有之。

又 花不應候。余壬寅仲冬按部北路，至斗六門，見桃花方謝，菜花初黄；回至笨港，見人擎荷花數枝；及回寓館，榴花亦照眼。癸卯二月，桂正芳菲；八月，桃又花信；不可以時序限之。

又 花開無節，惟菊至冬乃盛，開至二月。蘇子瞻在海南，以十一月之望與客汎菊作重九有云：「嶺南地暖，百卉造作無時，而菊獨後開；考其理，菊性介烈，不與百卉並盛衰也。」

又 班支花，一作斑枝，以枝上多苔文成鱗甲也；較茶花尤大，色深黄，蓓蕾堅厚，結實如綿。陳觀察子京云：即係木綿；粤西花更大、色紅，爲稍異耳。

又 鷹爪蘭，一名油蘭花，似蘭無心，香味滯膩，嗅之令人作惡。結子如棗，一叢二十餘枚，攢簇如桃，名鷹爪桃。

又 倒垂蘭，出北路内山；枝屈曲如梅葉，似萱短而厚，不著土生。取一枝掛簷陰雨露所及處，自能生根抽芽、出葉開花。花似蘭，色黄碧，微香。

又 木蘭花，如粟，澹黄，芳似珠蘭；樹本大者圍數尺，名樹蘭。

又 水仙，歲底盛開，一本五六莖，一莖可十餘蘂，鮮芳絶倫。廣東市上標寫臺灣水仙花頭，其實非臺産也，皆海舶自漳州及蘇州轉售者。蘇州種不及漳州肥大。

又 美人蕉，花紅、黄二種。黄者尤芳鮮可愛，四時不絶。有高丈餘者，子堅黑，或作小念珠。

又 蕉有芭蕉、金蕉。芭蕉不結子；金蕉花如蓮，色紫不鮮，每花結子一梳，名蕉果。凡蕉果一枝五六層，每層數十枚排比而生，剖食味亦甘。《異物志》載：羊角蕉子，大如手拇指，長而鋭，有似羊角者此也。《南方草木狀》：蕉樹，子房相連累，甜美，亦可蜜藏。臺地村舍後，每廣植之，四時皆生，藉以獲利。性寒，婦人産後，每以蕉果少許置兒口中，謂能清熱。

又 番綉球，蔓生，葉厚可一錢；花白色，底瓣似通草爲之；心微紅而堅，明亮如礬。

又 番花，葉大於枇杷，枝每三叉。花有五瓣六瓣者，外微紫，内白色，近心漸黄，香似梔子。夏秋多開，冬則葉落。但名番花，似屬統稱。《廣東志》云：「貝多羅來自西洋，葉大而厚，梵僧用以寫經，花大如小酒杯，六瓣，瓣皆左紐，白色，近蘂則黄，有香甚縟；落地數日，朵朵鮮芬不敗。」乃知此爲貝多羅花也。

又 番樹，大如槐；枝幹離奇，或似卧松。結實如槐角，皮紅時綻裂；肉白可食，名曰莿豆，一名番豆。

又 曇花，一枝數十蘂，一蘂長七八寸，花六出，外紫内白，頗似蓮香。亦有白色者，摘置几案間，經時略不損壞，花蘂仍然開放，是一異種。僧家言是西方小本。

又　刺桐花，每枝可數十蘂，一瓣包裹數鬚，似翦綵爲之，爛熳若朝霞。臺郡最盛。辛丑春，無一開花者，遂兆朱一貴之亂，甚奇；後遂於花時占一年盛衰。

又　寶相花，似薔薇；色白，瓣較多，惜不甚香。

又　佛桑，一名朱槿，高不逾五六尺，四時皆花。花有深淺紅、澹黄各色；紅則焰，焰燒空，尤爲奪目。又有名一丈紅者，葉與佛桑相似，花單瓣，狀如秋葵；而殷紅綽約，較佛桑更爲照眼。《臺灣隨筆》云：「照殿紅，樹甚高，花如巨觥，色紅無二」，意即一丈紅耶？

又　茉莉最易栽植。番茉莉較大，種自柬埔寨來，花徑寸，百餘瓣。早晚街頭，有連十余蘂籤成一枝，有連數十蘂爲一串；買置牀榻，殊有妙香。

又　蓮，四時皆開。亦有單瓣者。

又　「番薯，明萬曆中閩人得之外國，瘠土沙礫之地皆可種。初種於漳郡，漸及泉州，漸及莆，近則長樂、福清皆種之。閩海而南有呂宋國，朱薯被野連山，不待種植；夷人率取食之。莖葉蔓生，如瓜蔞、黄精、山藥之屬，而潤澤可食；或煮，或磨爲粉，亦可釀爲酒。生食如食葛，熟食味如熟荸薺。生貯之有蜜氣，香聞室中。夷人雖蔓生不訾省，然恡而不與；中國人有截取其蔓咫許以來，於是入閩十餘年矣。何鏡山頌曰：不需天澤，不冀人工，能守困者也；不争肥壤，能守讓者也；無根而生，久不枯萎，能守氣者也；佐五穀，能助仁者也；可以粉，可以酒，可祭，可賓，能助禮者也；莖葉皆無可棄，其直甚輕，其飽易充，能助儉者也；耄耆食之，不患哽噎，能養老者也；童孺食之，止其啼，能慈幼者也；行道、鬻乞之人食之，能平等者也；下至雞犬，能及物者也；其於士君子也，以代匱焉，所以固其廉；以廣施焉，所以助其惠；而諸德備矣。」《閩小記》。或云，薯長而色白者是舊種，圓而黄赤者得自文來國，未知孰是。余見有大可尺圍，形似南瓜者，土人亦不經見也。

又　芋有二種，紅者呼爲檳榔紅，白次之。熟較内地亦蚤，六月初旬即可食。多食滯氣，不似内地滑潤。南路番子芋，一名糯米芋，有重十餘觔者，味佳。

又　棗子檳榔，即廣東雞心。粤人俟成熟，取子而食；臺人於未熟食其青皮，細嚼麻縷相屬，即大腹皮也。中心水少許，尚未成粒；間有大者，剖視其實，與雞心無二。或云粤人食子，臺人食皮。一色青者爲雄，黑臍者爲雌；雄者味厚，雌者味薄。顆向上長者，尤貴蠣房灰用孩兒茶或柑仔蜜染紅，合浮留藤食之。按《范石湖集》云：「頃在嶠南，人好食檳榔，合蠣灰、扶留藤，一名蔞藤。食之輒昏，已而醒快。」三物合和，唾如膿血，可厭。蔞藤一作浮留藤，土人誤作爲「荖」；字釋無「荖」字。臺地多瘴，三邑園中多種檳榔；新港、蕭壠、麻豆、目加溜灣最多，尤佳。七月，漸次成熟；至來年三四月，則繼用鳳邑瑯嶠番社之檳榔乾。

又　種檳榔必種椰，有椰則檳榔結實必繁。椰樹葉少，林高。椰子外裹粗皮如椶片，内結堅殼；剖之白膚盈寸，極甘脆，清漿可一椀，名椰酒。《東坡詩》：「美酒生林不待儀」，此也。《廣東志》：「椰心色白，而甘在酒中，大小不一。」凡揀椰子，以手摇之，聽水聲清亮，則心大而甜；其肉厚，水聲濁，則否。蓋椰心以水而養，無水則無心，往往而是。又有椰油可佐膏火。或云，用火炙椰其油自出，療齒痛、凍瘡，極效。

又　臺地夏無他果，惟番檨、蕉子、黄梨視爲珍品；春夏有菩提果，一名香果，芳馨極似玫瑰果，當以此爲第一。

又　檨三種：香檨、木檨、肉檨。香檨差大，味香不可多得。所食者，木檨、肉檨。曬乾用糖拌蒸，亦可久藏。臺人多以鮮檨代蔬，用豆油或鹽同食。北路自半線以上，則絶無矣。字釋無「檨」字。色味似杏，或是番杏誤作檨。檨實大如豬腰子，葉尖長。《居易録》作「番蒜」。五月熟，大如蘋婆，味甘香，多津液。樹大而葉圓，非是。

又　波羅蜜，一名優鉢曇。《廣東志》：「南海廟中，舊有東西二株，高三四丈，葉如蘋婆而光潤，蕭梁時西域達奚司空所植；他所有，皆從此分種」。生五六年，至徑尺，削去其梢，以銀鍼釘腰，即結實。成實乃花，然常不作花，故佛氏以優鉢曇花爲難得。每樹多至數十實，自根而幹、而枝條，皆有實纍纍疣贅。若不實，則以刀砍樹皮，有白乳湧出，凝而不流，則實；一砍一實，十砍十實，故一名刀生果。熟以盛夏，大如斗，重至三四十觔。皮厚有輭刺，礧砢如佛頭旋螺；肉含純瓤，間疊如橘柚囊，氣甚芳郁。有乾溼苞之分。乾苞者液不濡膩，味尤甜。每實有核數百枚，大如棗，仁如栗黄，煼熟可食，能補中益氣，悦顔色；志云「色緑似如來頂，液黏如漆」是已。其子却似橡實，每一子爲一房，熟而食之，味似百合；子不可生食，瓤可生食，亦不甚甘美，終不似橘柚味佳也。土人用波羅蜜子煨肉，黄梨煮肺，亦海外奇制。

粤西以波羅蜜爲天波羅，黄梨爲地波羅。《居易録》謂：「黄梨曰黄來去聲；八月熟，長可尺許，味尤甘香。其樹類蕉，實生節間。」按黄梨長止五六寸，草木叢生根下，葉似萱，兩邊如鋸齒，頂上葉小，攢簇如雞帚，謂其樹類蕉，非也。

又 龍眼，顆小味薄，六七月熟。荔枝皆自内地來。藍總戎廷珍每貽漳州狀元紅，紫綃玉膚，甘如醴酪；每以海上風阻，不得日食三百，殊爲憾事。

又 香櫞，初夏即熟。長似木瓜，上下微尖，拌蠟勻檀，較輭羅圓皺稍遜矣。

又 木瓜，樹幹亭亭，色青如桐。每一枝一葉，葉似萆麻，大者尺餘；花白色，生杈椏間。瓜凡五棱，無香味；居民用鹽漬以充蔬。《諸羅志》謂毛詩「投我以木瓜」即此，殊非。按：《果譜》：木瓜一名楙，一名鐵腳梨。樹叢枝，葉花俱如鐵腳海棠。葉光而厚，春末花開，紅色微白；實如小瓜，或似梨稍長，色黄，如著粉，津潤不水者爲木瓜。此地所產，與内地木瓜絶不類；豈可以稱謂偶同，遂妄爲引據乎！

又 鳳山縣有薑，名三保薑。相傳明初三保太監所植，可療百病。《香祖筆記》。

又 楠生深山中，裂土而出，全體悉具蓋，與竹筍相同。兩葉始蘖，已大十圍；歲久則堅，終不加大。《稗海紀遊》。

又 大松生水沙連，合抱成林；生番所居，莫敢採伐。相傳山后崇爻、黑沙晃諸山有松、有杉、有梅。

又 蕭朗木，大者數圍，性極堅重，入土千年不朽。然在深山中，野番盤踞，人不能取；洪水漂出，偶鄭取以爲棺，實美材也。

又 南路打狗山有香木，色類沈香，味較檀尤烈。不名何香，土人亦不知貴。

又 娑羅樹，中空，四圍摺疊成圓形，尤異。花紋糾結盤屈，如古木狀。

又 水沙連茶，在深山中。衆木蔽虧，霧露濛密，晨曦晚照，總不能及。色綠如松蘿，性極寒，療熱症最效。

又 竹亦可爲器用，但質薄劣，蛀蟲易生，不能經久。徧處皆竹，數十竿爲一叢；遠望若柳，絶無蕭疏之致。生筍不出叢外，皆不堪食。夏月，街市亦有煮熟肩賣者，味酸苦，難以充庖。《諸羅志》謂：「竹塹、岸裏之笙竹筍，味甚佳。」

又 觀音竹，枝弱葉小，蓺植盆中，亦可供玩，一名鳳尾竹。志載佛眼竹、金絲竹，俱未見。

又 隆冬木葉不脱，惟佛桑、番花落葉，至春敷榮。餘於春日生新葉，逐漸舊葉脱去；青林暗换，紅藥續開，亦見大造密移之妙。

又 志載藥品有内地所不經見者，如斑節草、柏菰、菻茶菰、穿山龍草、土木瓜、風藤、水燭。亦有志所不載者，如金鎖匙，治疳；含鈴草、 茶匙、黄虎咬、黄龍鱗草、四時春、馬蹄香一名一枝香。金劍草、磅礴草、龍舌、黄羊耳草，治黄；薑蔚子、黄金子、龍船花、正埔薑、魚籖草、苦麻草、雞骨黄，去風解熱；烏甜葉一名對面烏。止血；柏仔草、半天飛，涼血；雞卵藤、宜梧草、萬年薯、撮鼻草，治瘋；鴨嘴黄一名定經草。調經；千里光，治目；龍芽草、竹仔草、天青菜、大楓草、三艾刀、鯽魚膽草、牛頓草、山苦瓜、牛角刺、山葛藤、頗仔葉、山麻草、千日青山、四英馬鞍草、過江龍、檳包藤、豬母菜、羊角豆、姑婆草，療毒；白埔薑，止痛；蔡板草一名九層塔。珠仔草、金不换草、山蜈蚣、小鶯薊、山茄報、碎米黄，治跌打損傷；萬年松，治腹痛；鹿肚草，治噎嗝；赤血草、鹹酸草、茄冬葉、貓公刺、山尾蝶、天仙茄、徧地錦、炮仔草，治咽喉；葉下紅一名馬蹄黄，一名消息草。山埔銀、鹿角英、地掃草、午時草、鼠尾黄、真珠黄、山東枋、白花草、龍樹草，治疔毒；龍吐珠、虎婆刺、漫桃花、千里急、鐵馬鞭、山芙蓉、倒地柃、和尚藤、金絲五爪龍、雞柔草、瓜子草、荔枝草、田烏草、雞角刺、束血草、毛將軍、田薯草、五宅茄、羊相卓、不求人、蝨鬐草、鐃鈸草、馬鞍藤、鱟殼刺，治癰；山素英，治疥；疳殼草，治痧；蠅翅草，治虚脹；苦仔草，治痘；水鏡草，治痔漏；三腳虎草、三腳鼈草、咬人狗、虎尾侖，治瘰癧；茅根草、無根草，通淋利水；薊行草，治瘍；黎壁草，治臁瘡；蒲鹽草，治蛇傷；蔦松葉、過溝菜、冷飯藤、山茏葉、蟲草，治潰爛；豬腰草，治陰症。有異名者，苧麻根名山桔根，柑核名仙柑子，山藥名淮山，木槿名水錦，十茯苓名山尾薯，木賊名接骨筒。

清·黄叔璥《臺海使槎録》卷四《赤嵌筆談》 五曰：重山之中，產有異材。工師操斧，匠氏持柯。楠、榕、杉、樟、桑、柏、槐、柳，莫不枝覆層岡，幹依連麓；舒目而望之，青茅、白葦、紫薕、蒼蘆，鬱苔深林，叢如列嶂；代瓦以覆，易牆以圍。至如樣、柚之茂葉翳日，檳榔之修幹參雲，蕉擅綠天，荔垂朱實。山則不童，地鮮不毛，十之良也。

又 六曰：噴墟斥鹵，五穀是滋，以稼則蕃，以種則碩，水耕火耨，不營而足。上地可七，下地可二；宜秔宜稻，宜菽宜稷。禾秫、赤秫，早占、晚占，秬黍、蘆黍，紅秈、白秈；豆分黄綠，麥别大小；莫不纍纍淋淋，顆顆的的，甌窶滿篝，污邪滿車，黄雲紅玉，相積陳陳。於是牛馬運之，舟航載之，以徵以貢，和鈞兵卒。家有稼穡之利，人有作甘之用。

清·愛必達《黔南識略》卷一《貴陽府》 地產白楊、楓香、梨、桐諸木，山多橡樹。

又 蟬鳴稻，俗呼爲早市香，粒圓性芳，熟先他稻。

又 雞㙡有紫白二種，白者不可食。初秋生蔓草中，始奮如笠。既如蓋，漸則紛披如雞羽，故曰雞；以其從土中出，故曰㙡。蒸食甚美，然不能多得。羊肚菌美彷雞㙡。

又 核桃殼薄肉肥，異于他省。

又 桃李遶城最盛，紫李尤佳，俗呼麥熟李。

又 刺梨野生，幹如蒺藜，花如荼蘼，實如小石榴，有刺，味酸，取其汁入蜜，熬之可爲膏。更有重胎者，花甚豔，名爲送春歸。黔屬俱有，越境即無。

又 薇蕨生地中，白者爲薇，紫者爲蕨。根濾爲粉，可救荒。

又 海椒俗名辣子，土人用以佐食。

又 降真香出深箐中，古藤所結，歷久乃香。

又 天麻俗名土蘿蔔，苗名定風草。

又 羊桃藤即《詩》之萇楚，白花，子如小麥，取汁可膠巨石。

又 桃竹出烏江等處，可作杖。

又 堇竹出養龍諸寨，最有力，俗名筯竹。

清·愛必達《黔南識略》卷二《修文縣》 樹宜杉、梓、楓香、青棡，青棡尤多，民藉之以養蠶收繭。果惟蘋婆，是專產。

清·愛必達《黔南識略》卷三《定番州》 又有楊梅坡，產楊梅。

又 地產五倍子、天麻、紫草、白紙、黃果、梨橘之屬，棉花則羅解附近處皆有之，俗稱爲花山。

清·愛必達《黔南識略》卷三《廣順州》 土產紙木，多松柏、杉、梓、楊柳，隙地間種桐茶。雜糧之外有玉米、仙米。

清·愛必達《黔南識略》卷四《安順府》 樹多楓、杉、刺楸、白楊、桃、李、梨、杏之屬。近產紅花。土多砂石，不宜他木。無銅鉛礦廠。惟有樹曰白蠟蟲樹，四鄉俱有，風雨調和之年，其蟲更盛，一樹可收蟲二三升。其蟲細如粉，每一殼貯數千頭，殼大如毛栗，紫紅色。初夏時以稻草裹蟲數殼置樹上，蟲蠕蠕自殼出，麗於枝者以萬數也，遇雨則散棲葉底。秋風至，則雌者忽化雄者，蟄入樹皮內，及春啓蟄，雄者背各負一殼如蓓蕾然，沾雨露即漸大。鄉民以立夏後摘取之，轉售湖南辰沅間。楚民以其蟲散於冬青樹，俟其葉盡，則蟲化而樹皆蠟矣。是蟲也，黔育之，而不能成，楚成之，而不能育，殆遷地始爲良也。

清·愛必達《黔南識略》卷六《清鎮縣》 樹則楸、楊、梓、栗、杉、桐、茶、橡之屬，果則桃、杏、梨、李、楊梅之屬。

清·愛必達《黔南識略》卷七《平越直隸州》 土宜槲木、楊柳、槐、杉、梓木、桐、茶、白楊、橡樹。

清·愛必達《黔南識略》卷七《湄潭縣》 地產多桐、梓、茶、蠟之屬。

清·愛必達《黔南識略》卷七《甕安縣》 樹有梓、杉、桐、柏、楓、橡、白楊之屬。

清·愛必達《黔南識略》卷七《餘慶縣》 地產藍靛、菸、蕨樹，多樗、柳、杉、槐、樟、楮之屬。

清·愛必達《黔南識略》卷一〇《都勻縣》 樹則楓、梓、杉、楠之屬。

清·愛必達《黔南識略》卷一〇《麻哈州》 樹多青棡，植宜菸、靛、柑橘，棉花、桐、茶之屬。

清·愛必達《黔南識略》卷一一《凱里縣》 樹多杉、梓。

清·愛必達《黔南識略》卷一四《施秉縣》 地產梨、柑、橘、茶、薏苡之屬，木饒桐、茶、松、柏、椿、梓、杉、柳、黃楊之屬。

清·愛必達《黔南識略》卷一五《天柱縣》 地產菜、茶、桐、白蠟、棉花。樹多杉、桐，不宜桑。

清·愛必達《黔南識略》卷一五《黃平州》 梅子洞在城東三里，多梅樹。

又 地產土布、藍靛、棉花，樹多楓、楠、茶、蠟。

清·愛必達《黔南識略》卷一六《務川縣》 鮮有平疇，多植青棡、桐、茶、漆樹【略】。東北江邊等處木棉所出，亦不下千金。

清·愛必達《黔南識略》卷一八《青溪縣》 樹宜杉桐、茶、果、椿、楓、松、柏之類，並產棉花。

清·愛必達《黔南識略》卷一九《銅仁府》 樹饒桐、茶、黃蠟、黃楊之屬。產葛布、箭竹。

清·愛必達《黔南識略》卷二六《威寧州》 翠屏山在城東北二十里，上多杉、檜。

清·愛必達《黔南識略》卷二八《普安縣》 山地多種包穀、蕎、菽之屬，產棉花、通草、紅花及松、杉、椶竹，有楮樹，其皮可爲紙，餘與各縣同。

清·愛必達《黔南識略》卷二八《貞豐州》 樹多青桐、楓香、杉、梓，產棉花、甘蔗。

清·愛必達《黔南識略》卷二八《册亨州同知》 地產棉花，樹多桃、李、梨、杏，無桐茶杉桑之利。

清·愛必達《黔南識略》卷二九《普安直隸廳》 地宜晚穀，間種黍、菽、麥、莜，包穀俗稱玉麥，民間賴此者十之七。果木多桃、李、梨、杏，三十里箐舊產芝菌、蒲筍，年來漸減，惟雞㙡較他處爲佳。

清·吳震方《嶺南雜記》卷上 庾嶺，又名梅嶺，以漢庾勝、梅鋗得名。然庾嶺多梅，古昔已然。自有「折梅逢驛使，淚盡北枝花」之句，而好事者往往增植之。

又 山稠耕地少，樹密瘴雲深。

又 其地不產米鹽蔬菜，俱内地運出。

又 新坑，其石細潤，微青，蕉葉白亦青。西上越水澗，隔裏曰「朝天巖」。土人名山坑爲隔裏。其石堅實，不能滑膩【略】，蕉葉白色晦氣黃，純潔誤痕者，亦可貴。

又 東莞【略】地磽土瘠，兼種薯芋充食【略】。鹽田近海。

清·吳震方《嶺南雜記》卷下 仙茅，出庾嶺嫦娥嶂，葉似蘭，根如萎蕤，色白，八月採。

又 英德石，大者可置園亭，小者可列几案。無不刻畫奇巧，玲瓏峻削。但不若靈壁石，叩之鏗鏗作聲耳。

又 榕樹，閩廣最多，他省則無，故紅梅驛以北無榕。大者蔭十餘畝，離奇古怪，備木之異。衙署多植以爲蔭。然體曲不中梁柱，理斜不中材用，質虛不中薪爨，《莊子》所謂以不材而壽者也。漳浦黄石齊先生有《榕頌》：「其木年久者結伽南香，焚之致鶴，植于水際，其子可以肥魚，細枝曝幹，束爲炬，風雨不滅，其鬚制藥，可以固齒。其脂乳可以貼金物，與漆相似。」

又 仙人掌，人家種于田畔，以止牛踐；種于牆頭，亦辟火灾。無葉，枝青嫩而扁厚有刺。每層有數枝，杈枒而生。絶無可觀，其汁入目，使人失明。

又 木棉樹，大可合抱，高者數丈，葉如香樟，瓣極厚，一條五六葉。正二月開大紅花，如山茶，而蕊黃色，結子如酒盃。老則坼裂，有絮茸茸，與蘆花相似。花開時無葉，花落後，半月始有新緑。其絮土人取以作裀褥。

又 宜母果，似橘而酸，醃食甚下氣和胃。婦人懷妊不安，食之良，故有「宜母」之名。又名宜濛子，製以爲漿，甘酸辟暑，名解渴水。

又 檳榔，出海南而徧于兩粵。其樹亭亭直上，近頂五六尺間有葉，葉間洪腫坼裂，一苞數十子，無花而實，棘針重纍其下，皆黎女採摘入市賣之，謂之「山子」。

又 椰子，形如芋頭，如人首，外包棕皮，肉有堅殼，解之得，漿味如荸薺之汁，附殼白肉如截肪，甘脆可啖。彼人切爲絲，蜜餞以致遠。中有心可食，亦有無心者，其殼爲椀，最小者爲酒盃，尤貴。

又 黄皮果，大如龍眼，又名黄彈，皮黄白有微毛，瓤白如豬肪，有毒核數枚，酸澀不成味，久之少甘，疑即餘甘子。樹似橄欖，緣條開小花，夏末結實。

又 蒲桃，形如蠟丸，大如桃，高丈餘。花開一簇如針，蕊長寸許。五月熟，色青黄，中虛有核如彈丸，摇之有聲，肉鬆而甘【略】。山中甚多。

又 蕉子最多，蕉心抽一莖，叢生一二十莢，如肥皂，而三稜，剖之，肉如爛瓜，味如蜜筒香瓜，名爲「棒槌蕉」。自夏徂冬，賣此最久。有玫瑰蕉，作玫瑰花香。又有狗牙蕉，一種小而甘，品貴于棒槌。其不實者有紅蕉，中抽一花如蓮蕊，葉葉遞開，紅赤奪目，久而不謝，名「百日紅」。有蕉葛，不花不實。人家沿山溪種之，老則砟置溪中，俟爛，揉其筋織爲葛布，亦有粗細，產高要、廣利、寶查等村者佳。然一年即黑而脆，遜葛遠矣。

又 白石，出高要七星巖，瑩潔光潤。土人琢以爲器，或倣高麗制爲燈，極明亮。

又 錦石，出高要峽，細潤可爲硯，亦發墨。白錦石出七星巖，有山水草木雲氣物象。

又 粵東之筍，十九皆苦，彼人以苦筍益人，甘者作脹。凡煮苦筍，以黄豆同煮，未熟不可開釜，犯則彌苦。

又 苦瓜，又名癩葡萄，即錦荔枝也。閩粵皆以爲常饌。有和脾疎胃之功。俱食其青者，或醃作菹，或灌肉其内，或以熓肉。

又 扶桑花，粵中處處有之，葉似桑而略小，有大紅、淺紅、黄三色。大者開泛如芍藥，朝開暮落，落已復開。自三月至十月不絶。佛桑與扶桑正相似，而中心起樓，多一層花瓣。紗緞黑退變黄，搗扶桑花汁塗之，復黑如新。

又甕菜，即蕹菜。人家偏地種之。莖中空而葉尖，以滚水先焯乃炒，爲佳。醃爲葅，亦可久藏，可解胡蔓野葛毒。

又波羅蜜，與大葉榕相類，不花而實，實生枝間或根上。春生，至秋可食。苞大如瓜，而多軟刺，肉如橘，囊有核，如肥皂子，白膜包之，爓食如栗，其囊汁作邪甜，氣亦臭，彼人酷嗜之。

又羊桃，一名三斂子，一名五斂子，以其觚稜而分也。色青，味黄甘酸，内有小核，能解肉食之毒，又能解蠱毒嵐瘴。

又人面子，出增城，核如人面，余剜視之，殊不甚似，略具數孔耳。土人皆以入饌。凡煮鴨肉必用之。亦醃以爲葅，或刻作花毬，蜜漬充餽。嫩者搥爛，熬爲膏，以蜜收之，甘酸益津。

又山丹花，如瑞香而正赤，開足後帶黄色。

又金鳳花，黄色，如鳳，心吐黄絲，葉類槐，余在七星巖見之。從僧乞其子，歸種之不生。

又芥蘭，甘辛如芥葉，藍色，錬之能出鉛。又名隔藍。

又番薯，有數種，江浙近亦甚多而賤，皆從海舶來者。形如山藥而短，皮有紅白二種，香甘可帶飯。十月間偏畦開花，如小錦葵，粵中處處種之。又有甜薯，圓如鵝鴨卵。有豬肝薯，形如豬肝，重十餘斤，皮紫，皆出粵地，唯番薯種自洋中來也。

又土芋，形全似芋，但味少淡而無香耳。

又葛根，大如臂，有如瓜者，剖而食之，甘如梨，白如蘿蔔，可以爲粉。

又木耳，産於石上，多皺而厚，食之甚脆。

又海粉，是海邊蟲食海菜之糞。蟲如蛞蝓，大如臂，食緑則緑，食紅則紅。但緑色者多，以清脆爲佳，若黄色爛結，不貴矣，紅則可治赤痢。

又荔枝，多不及閩，而較早一月，唯新興者過之。新興荔較美于閩之狀元紅，官其地者，亦不可多得，尚逆在藩時。荔將熟，差官封守之，熟則索夫送進，故多伐去之。增城荔亦美，挂緑爲最，黑葉次之。彼人取荔漿爲酒，蓋以荔汁和燒酒爲之，香味俱美，然難致遠。

又禾蟲，形如百脚，又如馬蝗，身軟如蠶，細如箸，長二寸餘，青黄色相間。中有白漿，狀甚可惡。産海濱田中，禾根長數尺，或至丈許，縷縷如血絲，隨海水而出，漾至海濱，寸寸自斷，即爲此蟲。

又苦薆茶，一名皐盧，非茶也。葉大如掌，一片入壺，其味極苦，少者反有甘味。擒嗽利咽喉之疾，功並山豆根。

又速香，出瓊州者爲勝。有色黑而重者，名將軍帽、鯽魚片；色黄而棕紋者，名花剗，自海舶至者，味辛而酸。不如瓊産之甜静，無尾煙氣也。其餘有夾板並拖朽木者，俱香之下品。而尤有他木煮成假充者，不可不辨。

又海瓊沉香，盡産黎峒，多虎狼毒虺異蛇。其俗皆女子採香【略】。出萬安山島者最勝，島在正東，謂得太陽之氣，香尤蘊藉。

又沉香，以瓊州所出者爲最，舶沉雖大而重，色黑而堅，味辛，俱不及瓊沉之甘而下氣神速也。瓊又有藥沉，俱細片黄色，然投水即沉，入藥尤妙，人不易識也。

又龍涎，于香品中最貴重，出大食國西海之中。上有雲氣罩覆，則下有龍蟠洋中大石，卧而吐涎，漂浮水面，爲太陽所爍，凝結而堅，輕若浮石，用以和衆香焚之，能聚香烟，縷縷不散，蓋龍能興雲，亦蜃氣樓臺之例也。

又黄熟，出東莞，他處則無，其最佳者爲香，根堅如沉速，槎枒屈曲，可爲盃斝，爲硯山，爲禽獸形，供玩。盃以銀鑲，山以紫檀爲座，破稱雅品。其香有透棕橘樑，有大片如手掌，俱以棕紋深透堅實爲佳。其平常者至賤，以樹蘭蒸之，香頗蘊藉，有以櫞皮罨之，味勝蘭香，其皮可漬以爲紙，又可以績以爲布。

又素馨，較茉莉更大，香最芬烈，廣城河南花田多種之。

又樹蘭，高丈餘，花似魚子蘭，而香烈過之，五葉者貴，其花不落，香且久。三葉者，花次日即落，俱不能度嶺，度嶺次年不花，三年萎矣。

又珍珠蘭，彼處殊不貴，根有毒，食之殺人，故蒸花露者忌之。茉莉花蒸露，氣極臭。

又棕竹，幹如竹而實心密節，皮青色，外有棕皮，節節包之，葉與竹無異，最難長，可爲杖。

又鐵蕉，葉如鳳尾草而堅勁，根出土上，如芋頭，燒鐵釘釘其根，則繁茂。

又鐵樹，高數尺，葉紫如老少年，開花如桂而不香。或云，此樹遇甲子一開，開必以丁卯年，故有鐵樹開花之諺。然甚無異致，吾所不取焉。

又烏欖，一名木威子，乃橄欖之大者，蒂有鼻，味大遜橄欖。土人取其肉醃爲葅，名曰欖豉，色如玫瑰，味頗雋。又可榨油，調食點燈，其仁則爲佳果以致遠，然不善收藏，輒油，不可食。其皮染物鮮紅如茜，其核可爲薪。

又　柚子，花香酷似梔子花，肉紅者甘，白者酸。然增城香柚，小而白，肉香甘異常。潮州出斗柚，大如斗，味亦甘美，其皮可爲香灰。

又　香圓，似蜜羅柑而圓，少橢，中無瓤，甚甘脆。

又　斷腸草，粤中處處有之，葉與蔞葉正相似，乃木本。高三四尺，結子如羊角，不知手誤觸之，入口亦有毒，輿夫每以相戒。粤山野人最輕生，每服以此圓賴。有欲擷之者，此草即揺動，若招人之狀。閩中亦有之。余過汀州，見郡守王簡庵廷掄出示禁人服斷腸草。有收取送官，每擔給銀三錢。

又　曇花，似百合花而色紫，合二三十朵，攢爲一朵，香烈異常。

又　西洋燭，有大至十餘斤一對者，以黄蠟煉過，色如白蠟，柔潤耐點，又有一種細如箸，棉絮爲心，盤折如膏環饊子，欲點則引長燭，息則仍盤之，可入巾箱，明而耐久。

又　羅浮有竹葉符，片片有篆文，可辟書中蠹，丹竈泥粉，紅色丸如黄豆大，云調水飲之，治不服水土及注船症等。

又　羅浮有茶，産於山頂石上，剥之如蒙山之石茶，其香倍于廟岕，不可多得。

又　化州有琉璃茶，出琉璃菴，其産不多，香味與峝岕相似，僧人奉客，不及一兩。

又　葵扇，出東莞，其販于江浙者，特其麄者耳，其精者有彩畫人物，極工緻。又有柄中鏤空，内刻人物，自能運動，其直兼盡金，大者長三四尺，可爲腰扇障日，其葵亦有花。

又　粤中道傍一種小樹，狀如木蘭，亦類紫微，高一二尺，葉大如指頭，頗帶藍色，葉老則有白篆文如蝸涎，名「鬼畫符」，葉下有小花如粟米，至晚則香聞數十步，恍若芝蘭，又名夜蘭。山間暑月有蚊，即折此樹逐之，蚊即驚散，故又名「蚊驚樹」。彼人凡一切風寒諸病，取樹葉煎湯服之，少頃大吐痰涎，立效。或行路，寒暑所侵，吐瀉腹痛，雖危篤者，採摘數葉嚼之，或吐或不吐，病徐即愈。城市人無知之者，亦異草也。

又　廣州靖海門外，過河，海幢寺藏經閣下，有樹一叢，名鷹爪蘭，枝蒂如鷹爪，花六瓣兩臺，他處未見，亦異種也。

又　孝光寺殿東菩提樹，大十餘圍，根株無數，相傳梁天監年西僧攜種。

又　廣州可畊之地甚少，民多種柑橘以圖利。嘗患小蟲損蝕其實，唯樹多蟻則蟲絶，故園户之家，買蟻置之樹，販蟻者用豬羊脬盛脂其中，張口置蟻穴旁而取之，謂之「養柑蟻」。高州西荔枝村，兼種橘柚爲業，其樹連亘數畝，繁竹索引，大蟻往來出入，藉以除蠹，蟻即於葉間營窠，多至什伯，結如斗大，土人取其子作羹，或爲醢以爲鮮美。

又　高郡人病，不事醫藥，唯重巫鬼，不愈，以艾灸之，所産縮砂仁、黑白牽牛至多。

又　潮州木芙蓉，大如梧桐，朝開粉紅色，午變大紅，晚又變爲淡黄。人家種者，憑樓而觀之。

又　竻竹，多刺，土人用爲藩籬，近交趾境尤多。

又　瑞蓮菜，一名睡蓮。花瓣外紫内白，幹如釵股，心似雞頭，以水淺深爲短長，日沉夜浮，必雞鳴採之，始可得。清香爽脆，銷暑解酲，出高州。

又　洋葱，形似獨顆蒜而無肉，剥之如葱。澳門白鬼餉客，縷切爲絲。瓏玜滿盤，味極甘辛。余攜二顆種之，生如常葱，至冬而萎。

又　頻婆果，如大皂莢，莢内鮮紅，子亦如皂莢子，皮紫肉如栗。其皮有數層，層層剥之始見肉，彼人詈顔厚者曰「頻婆臉」。

又　馬纓花，色赤，如馬纓。其花下垂，一條數十朵。樹高者丈許，有白者，有桃紅而大紅鑲邊者，皆異種也。

又　番荔枝，大如桃，色青，皮似荔枝殻，而非殻也。頭上有葉一宗，擘開白瓤黑子，爲絲波羅蜜。康熙三十八年，上幸杭州，總兵藍理進此果。

又　海豐芥菜，大者重二十餘斤，他處不及，葉圓厚無齒。

又　鶴膝竹，可爲杖，其節如雞腿，亦名雞腿竹。

又　綿木，産肇慶屬新興等處。其質柔韌，以爲肩擔，雖負重不折，用爲輿槓最佳，一對值銀二兩。

又　水豆芽，蛹類也。鮮時殼中有一肉柱如牙箸，醃之則無，小如豌豆莢。

又　油葱，形如水仙葉，葉厚一指，而邊有刺，不開花結子，從根發生，長者尺餘。破其葉中有膏，婦人塗掌中以澤髮，代油，貧家婦多種之屋頭，問之則怒，以爲笑其貧也。

又　蓬生果，名乳瓜，土人又名木瓜。樹高一二丈，如椶櫚，葉如蒲葵。近頂節節生葉，葉間生瓜，大類木瓜而青色。嫩皮微有楞，肉白多脂，而無核，掐之乳隨指出，醬食甚脆。子如蠶矢。二月下種，二年即高大，數年果少則伐之另種。其樹去皮可食，如蘿蔔，亦可醬食。余于肇慶見之。

又　韶州仁化縣丹霞山，最稱名勝，山中産藥甚多，有異果名石栗，樹如枇杷，葉亦相類，實如核桃而扁，殼堅，中有肉如栗而更香嫩。

又　金星草，闊寸許，長一二尺，形如蘆，其葉中心一條。金星點點連綴，折之，中有黑髮一根，切而浸之，可爲閨中膏沐。

又　仙米，亦産丹霞，徧地所生，粒如栗而色緑，煮熟大如米，其味清腴。

清·于敏中《日下舊聞考》卷五《形勝一》　南京户口三十萬，大内壯麗。城北有市，陸海百貨聚於其中。僧居佛寺冠於北方，錦繡組綺精絶天下。膏腴蔬蓏果實稻粱之類靡不畢出，而桑柘麻麥羊豕雉兎不問可知。

又　京師負重山，面平陸，地饒魚鹽穀馬果蓏之利。

又　畿南皆平野沃壤，桑麻榆柳，百昌繁殖。

清·于敏中《日下舊聞考》卷六《形勝二》　辨方物則實坻波素【略】，鶉鶩棗栗瓜芡之美，梨誇香水，桃擅岡子。

又　先生曰：此亦山川形勝之概而已，願悉其大。於是生復請曰：地土肥腴，千里巨壤。良木冬榮，嘉禾夏長。松柏檜樟，梨栗棗橡。成林叢生，干霄直上。黍稷稻粱，桑麻菽粟。

又　爾乃西循宣武，越彼金岑。草場蕃育，舒雁翰音。野塘鳧藻，唼呷浮沉。至於阜成，苑開上林。蓊蔚菱葑，蓏果成陰。崇桃蕡實，乃玉乃金。花紅青翠，香水黑檎。朱櫻素柰，若榴丹椹。虎刺班於榅桲，蘋婆楙於來禽。英絡其間，蟬秒相引。亦有嘉蔬，綺葱豐本。黄芽赤根，天花石菌。蕪菁芸臺，葵茄薑堇。萊菔頳於夏專，水蘇脆於冬笋。

清·于敏中《日下舊聞考》卷七《形勝三》　汀蔞蔞而蘭芷，泊蓬茸而葦蒲。野則樅栝欆梓，紫榆白楊。檀梗楓棫，赤柏甘棠。蓊槮薆葑，蔚乎千章。其離離者則有真定之梨，信都之棗。固安之栗，清流之稻。榛實胡桃，花紅蘋婆。海東青翠，朱實垂柯【略】。其蔚蔚者則石菌天花，蔓荆葴莎。菅蒯荔芫，蔄臺婆娑【略】。其間玉泉之流，瀦爲西湖，則芰荷十里，隱映天光。菱花當鏡，芡實蓮房。翠浪渺渺，錦？牙檣。芙蓉曲島，杭稻凌塘。室通鮫女，宫浸梵王。沙禽水鳥之翔集，游鱗唼早藻而徜徉。宛都邑之瀛洲，逼南國之湖湘。藪澤之滙，別爲南海，則域獸有垣，按鷹有臺。蔬果蕃蕪，碧樹縈迴。

又　厥類實繁。擾畜甲於四方，菓蓏疏其援植。虎刺班於榅桲，蘋婆甘於來禽。朱櫻素柰，香水黑岑，桃李梅杏，安榴丹椹。黄芽赤根，石菌天花。蕪菁莙薘，蕓苔茄瓜。薑芥蘆菔，水蘇韭芽。欺江南之蓴菜，邁南國之鮭鰕。

烟樹連雲，黍麥被野。棗栗稱乎蘇秦，筋角著於《爾雅》。滮池浸香稻而薦御，泉源出西山而注瀉。

清·于敏中《日下舊聞考》卷八《形勝四》　〔增〕御製燕山八景詩　瓊島春陰　瓊華瑶島鬱嵯峨，春日輕陰景色多。雲護鳳樓松掩映，瑞凝仙掌竹婆娑。低臨禁苑滋苔蘚，遠帶郊畿蔭麥禾。

清·于敏中《日下舊聞考》卷二一《國朝宫室·西苑一》　盆梅堤柳争春色，岸芷汀蘭勒水旁。

清·于敏中《日下舊聞考》卷二二《國朝宫室·西苑二》　雍正二年夏，承恩開講幕。避暑供游息，勝蹟頻探索。湛湛芳草青，潑潑游魚躍。葱葱梧桐枝，爛爛蓮花萼。

清·于敏中《日下舊聞考》卷二三《國朝宫室·西苑三》　乾隆三十一年御製植秀軒對竹有會　山軒名植秀，四面圍緑竹。試問植物中，秀應讓誰獨？竹亦有秋時，梢頭葉或黄。不争衆木青，節概故異常。

清·于敏中《日下舊聞考》卷二七《國朝宫室·西苑七》　〔臣等謹按〕濠濮間額曰壺中雲石。聯曰：眄林木清幽，會心不遠；對禽魚翔泳，樂意相關【略】。北向曰：衡皋蔚雨生機滿；松嶂横雲畫意迎。

清·于敏中《日下舊聞考》卷三二《宫室元三》　犀山臺在儀天殿前水中，上植木芍藥。《輟耕録》。

又　周憲王元宫詞　地寒不種芙蓉樹，土厚宜栽括子松。清曉内宫呼綵娼，各宫分賜牡丹叢。《誠齋新録》。

又　〔原〕棕殿少西出掖門爲慈仁殿。又後苑中爲金殿，四外盡植牡丹百餘木，高可五尺。《大都宫殿考》。

又　〔原〕周憲王元宫詞　東風吹綻牡丹芽，漠漠輕陰護碧紗。向曉内園春色重，滿欄清露濕桃花。　穀雨天時尚薄寒，梨花開謝杏花殘。内園張蓋三宫宴，細樂喧闐賞牡丹。《誠齋新録》。

又　臺東百步有觀星臺，臺旁有雪柳萬株，甚雅。

又　金殿前有野果名紅姑娘，外垂絳囊，中空如桃，子如丹珠，味甘酸可食，盈盈繞砌，與翠草同芳，亦自可愛。

清·于敏中《日下舊聞考》卷三四《宫室明二》 〔原〕英華殿前菩提樹兩株，六月開黄花，秋深子落。子不從花結，與花並發，而附於葉之背，瑩潤圓整，可作佛珠。此樹爲李太后所植。太后上賓，神廟上尊號曰九蓮菩薩，祀慈容於樹北之别殿。《天啓宫詞注》。

〔補〕大内西北隅英華殿前有菩提二樹，慈聖皇祖母手植也，高二尺，枝幹婆娑，下垂著地，盛夏開花，作黄金色，子不於花蒂生而綴於葉背。秋深葉下，飄颺永巷，却葉受子而念珠出焉。其顆較南産差小而色黄，且間分瓣之綫界作白絲，名曰多寶珠。《菩提子詩序》。

清·于敏中《日下舊聞考》卷三六《宫室明四》 殿前有古檜一株，傳爲金時遺植，蒼勁夭矯，若虬龍之拏空，真有神物呵護之者。《燕都游覽志》。

清·于敏中《日下舊聞考》卷五四《城市内城北城》 〔原〕袁宗道《三聖庵紀游畧》：德勝門内東偏有公田若干頃，中貴治之，引水爲池以匯，沿池數里，緑楊鬖鬖，一望無際。池邊一庵曰三聖，面市背山，門前古木四章，身如青銅，亭亭直上，蒼翠可愛。殿堂不甚崇，然極雅麗。《滿碧堂集》。

〔原〕庵背水田，門前古木四，柯如青銅。其西有臺，臺下畝方廣如庵，豆有棚，瓜有架，緑且黄也。外與稻楊同候。臺上亭曰觀稻，觀不直稻也。畦隴之方方，林木之行行，梵宇之厂厂，雉堞之凸凸，皆觀之。《帝京景物畧》。

清·于敏中《日下舊聞考》卷五九《城市外城西城一》 〔補〕京師報國寺古松二株，在佛殿前，低枝曲幹，偃罩各十餘步。望之如青鳳展翅，處其下如山間松棚，六月消夏，尤所宜也。《六研齋筆記》。

清·于敏中《日下舊聞考》卷六三《官署》 〔原〕紫藤花二株，其一在少宰右署中，吴文定公手澤也。其一在司廳左署中。莆田方興邦《古藤記畧》曰：吏部廳事左署有古藤一株，鐵幹如椽，兩兩相比，盤薄輪囷，而枝蔓扶疏，緣攬直上，不知誰所植也。堂上左右廂有藤三株，乃弘治六年長洲吴文定公爲少宰時手植，於今殆六十餘年。圜而挐之，不及兹藤三分之二，然則樹此者殆百年矣。《燕都游覽志》。

清·于敏中《日下舊聞考》卷七九《國朝苑囿·泉宗廟》 〔原〕武清侯别業額曰清華園，廣十里，園中牡丹多異種，以緑蝴蝶爲最，開時足稱花海【略】。堤旁俱植花果，牡丹以千計，芍藥以萬計。

又 後有樓，汧自垣以西入於樓之滀爲小湖，中多菱芡魚蝦，上有竹萬箇，又有石苔沙棠甘菊忍冬蘼蕪之屬。

清·于敏中《日下舊聞考》卷八六《國朝苑囿·静宜園一》 又御製聽法松詩 山多檜柏，惟香山寺殿前有松數株，虬枝秀挺。山門内一松尤奇古，百尺喬聳，側立迴嚮。自殿中視之，如偏袒階下，生公石不得專美矣。

又 乾隆十一年御製絢秋林詩 山中之樹，嘉者有松、有檜、有柏、有槐、有榆，最大者有銀杏、有楓，深秋霜老，丹黄朱翠，幻色炫采。朝旭初射，夕陽返照，綺縝不足擬其麗，巧匠設色不能窮其工。嶂葉經霜染，迎暉紫翠紛。絢秋堪入畫，開錦恰過雲。晻藹峰容變，迷茫界道分。金官勵青帝，果足張吾軍。

又 〔原〕卧佛寺亦以泉勝，層巖夾道，木石散置，可游可坐。兩殿各卧一佛，長可丈餘，其一滲金甚精。寺内娑羅樹二株，子如橡栗，可療心疾。門西有石盤，方廣數丈，高亦稱是。上創觀音堂，周以欄楯。石盤下有小竇出泉，淙淙琤琤，下擊石底，聽之泠然。寺多牡丹，蓋中宫所植，取以上供者。《長安客話》。

又 〔原〕娑羅不花凡草，不止惡禽。《酉陽雜俎》。

又 〔原〕娑羅花苞大如拳，葉似枇杷葉，凡二十餘葉，相沓捧，苞類桐花，一簇三十餘朵，經月方謝。《茅亭客話》。

又 〔原〕娑羅者，其木葉如海桐，又似楊梅，花紅白色，春夏間開。《吴船録》。

又 〔原〕娑羅，外國之交讓木也，葉似柟，皮如玉蘭，色葱白，最潔，烏不棲，蟲不生。子能下氣。《通雅》。

清·于敏中《日下舊聞考》卷一三〇《京畿房山縣一》 〔原〕車營嶺小岡叠阜，起復連綿，居民以種杏爲業。環十數里，峯頭澗底皆是杏林。又東一小嶺，有杏約三百株，樹尤奇古，高者三丈，低者丈餘，狀如垂柳，繁花綴之，亦杏林之變態也。《北游紀方》。

清·于敏中《日下舊聞考》卷一四九《物産》 〔增〕稷冀北謂之穄，俗呼爲糜。《廣羣芳譜》。

〔增〕稻有秔有糯，北方以爲佳品。北方地平，惟澤土宜旱稻，種類甚多。同上。

又 〔增〕糁子，北地荒陂處種之，苗葉似穀，穗如粟穗而分數岐，碾米、煮粥、蒸食皆宜。《廣羣芳譜》。

又 〔補〕東薔色青黑，粒如葵子。語曰：貸我東薔，償我白粱。幽并皆有之。《廣志》。

又〔補〕范陽去都百里而遠，土風宜麥與稻。北齊皇建中平州刺史嵇煜建議開督亢舊陂，歲收稻數十萬石，北境賴以周贍，此其驗也。《烏臺筆補》

又〔增〕膏腴蔬蓏果實稻粱之類靡不畢出，而桑柘麻麥羊豕雉兔不問可知。《大金國志》

又〔增〕亦有嘉蔬綺葱、豐本、黄芽、赤根、天花、石菌、蕪菁、芸薹、葵、茄、薑、堇，萊菔禎於夏蓴，水蘇脆於冬筍。《北京賦》

又〔原〕天壇生龍鬚菜，清明後都人以鬻於市，其莖食之甚脆。《析津日記》

又〔原〕松繖産盤山，土人目爲紫蘑菇。《盤山志》

又〔補〕京師無筍，以蘆芽爲筍。按：杜詩：渚秀蘆筍短。又云：泥筍苞初荻。又云：春飯兼苞蘆。注：苞蘆，蘆筍也。則唐時已尚之。《排悶録》

又〔補〕大房山有草，葉初生類椿芽，微有白毛。上房山僧摘以爲蔬，食之甚腴，目爲莿頭菜。《奥室記》

又〔增〕白菜一名菘，北方多入窖内，不見風日，長出苗葉皆嫩黄色，脆美無比，謂之黄芽，乃白菜别種。《廣羣芳譜》

又〔增〕擘藍，南方謂之芥藍。葉可擘食，故北方謂之擘藍。葉大於菘，根大於芥臺，苗大於白芥，子大如蔓菁。同上。

又〔增〕苦益菜，溝澗中多有之，似野菊，有浮毛。三月間採之，黴乾亦佳。《盤山志》

又〔增〕百合産盤山澗中，秋冬劚之，甘食可食。同上。

又〔增〕豆苗菜，叢生似豆苗，山家採食之，作羹極鮮美。同上。

又〔增〕菌木生者如芝，草生者如蓋，土生者如釘，土人總名曰蘑菇。惟凍黄、天花、延壽、猴頭、雞腿、羊肚爲最。《畿輔通志》

又〔增〕北人蘿蔔，一種四名：春曰破地錐，夏曰夏生，秋曰蘿蔔，冬曰土酥。《農書》

又〔增〕莧有馬齒莧、紅莧、白莧，北人呼荇，乃莧音誤也。《詢芻録》

又〔增〕王瓜出燕京者最佳，種之火室中，逼生花葉，二月初即結小實。《學圃餘疏》

又〔原〕牡丹近數曹亳，北地則大房山僧多種之，其色有天紅淺緑，江南所無也。《淥水亭雜識》

又〔補〕京師多海棠，初以鐘鼓樓東張中貴宅二株爲最。嘉隆間，數左安門外韋公寺。萬曆中，又尚解中貴宅所植高明。區中允大相詩「解家海棠帝苑邊，開時車馬日喧闐」是也。今舊本俱無存矣。《隩志》

又〔增〕海棠，上西府，次鐵梗，次垂絲。贋者木瓜，辨之以其葉：木瓜，花先葉；海棠，葉先花。韋公、慈仁二寺皆京師海棠盛處。《帝京景物略》

又〔增〕丁香：紫、白二種。《畿輔通志》

又〔增〕紫薇，北人呼爲猴郎達樹，謂其無皮，猴不能捷也。北地其樹絶大，有環數夫臂者。《酉陽雜俎》

又〔補〕燕中榴花有千瓣白、千瓣粉紅、千瓣黄。大紅者比他處不同，中心花瓣如起樓臺，謂之重臺石榴。《遵生八箋》

又〔補〕玫瑰花有二種，其一種色黄，出燕中，花稍小於紫玫瑰。同上。

又〔朱昆田原按〕黄玫瑰，京師目爲刺梅者是也。

又〔補〕紂以紅藍花汁凝作燕脂，以燕國所生，故名。《中華古今注》

又〔增〕燕支，葉似薊，花似蒲公英，出西方，土人以染，名爲燕支。中國人謂之紅藍，以染粉爲面色，謂爲燕支粉。今人以重絳爲燕支，非燕支所染也。燕支花所染自爲紅藍爾。舊謂赤白之間爲紅，即今所謂紅藍也。崔豹《古今注》

又〔補〕燕脂，今燕國所出，故名。今人寫燕字加月，甚有因旁加月者，失其本矣。《余氏辨林》

又〔補〕荷包牡丹，草本，一名朝鮮牡丹，花似僧鞋菊而深紫色。其以牡丹名者，因其葉相類也。京師槐樹斜街慈仁寺、藥王廟，花市恒有之。《六街花事》

又〔增〕隆恩寺小軒，蠟梅一株甚大，江南亦不多得。《燕都遊覽志》

又〔增〕京師右安門外十里曰草橋，居人以花爲業，都人賣花擔，每辰千百，散入都門。入春而梅，而山茶，而水仙，而探春，中春而桃李，而海棠，而丁香，春老而牡丹，而芍藥，而孿枝。入夏榴花。外皆草花，花備五色者蜀葵、鶯粟、鳳仙，三色者雞冠，二色者玉簪，一色者十姊妹、烏斯菊、望江南。秋花耐秋者紅白蓼，不耐秋者木槿、金錢，耐秋不耐霜者秋海棠。木槿，南種也，最少；菊，北種也，最繁。種菊之法，自春徂夏，辛苦過農事。菊善病，菊虎類多於螟螣賊蟊，圃人廢晨昏者半歲，而終歲衣食焉。《帝京景物略》

又〔增〕京師鬻花者以豐臺芍藥爲最，南中所産惟梅、桂、建蘭、茉莉、梔子之屬，近日亦有佛桑、榕樹。榕在閩廣，其大有蔭一畝者，今乃小株，僅供盆盎之玩。佛桑重臺者，永昌名花，見藝林伐山。《香祖筆記》

又〔增〕《析津日記》云：京師豐臺芍藥連畦接畛，荷擔市者日萬餘。謹按：北地芍藥之美勝於江南，不特豐臺所産也。《涿州志》。

又〔增〕今京師臘月即賣牡丹、梅花、緋桃、探春諸花，皆貯暖室，以火烘之，所謂堂花，又名唐花是也。按《漢書·召信臣傳》：信臣爲少府，大官園種冬生葱韭茹，覆以屋廡，晝夜燃藴火，待温氣乃生。唐人詩：内園分得温湯水，二月中旬已進瓜。蓋漢唐以來皆然。《居易録》。

又〔增〕聖祖御製文集　櫻額樹叢生，果形如野葡萄而稍小，味甘澁，性温，補脾，古北口外亦有之。山莊之千秋島，遍植此種，每當夏日，則纍纍綴枝，遊觀其下，殊堪娱目，不獨秋實之可採也。

又〔增〕聖祖御製文集　近得哈密各種葡萄，植於苑籞中。結實有白者、緑者，長如馬乳者。又一種大葡萄，中間有小者，名公領孫。又一種小者，名瑣瑣葡萄。種類雖殊，食皆甘美，移植南方，便失本味。大約其性於北方沙石水土相宜。

又〔增〕聖祖御製文集　倒弔果，俗名弔搭果，形似山梨而小，體微長，味酢，肉多沙，長蔕，花實皆下垂，故名。性暖，健脾消食。樹枝葉俱如梨，今遵化沿邊多有之。

又〔臣等謹按〕櫻額樹、哈密葡萄、倒弔果皆他書所未見，始見於聖祖御製文集，恭載果木類之前。

又〔增〕南有碣石雁門之饒，北有棗栗之利，民雖不田作而棗栗之實足食於民矣。此所謂天府也。《戰國策》。

又〔增〕蓊鬱薆薱，蓏果成陰。崇桃蕡實，乃玉乃金。花紅青翠，香水黑琴。朱櫻素柰，若榴丹椹。虎刺班於榅桲，蘋菠楸於來禽。《北京賦》。

又〔增〕菓之品：葡萄、蘋婆、桃、栗、瓜、胡桃、香水梨、大梨、榛、棗、山桃、山杏。《析津志》。

又〔增〕北山大棗味有殊，既可益氣又安軀。《神異經》。

又〔增〕燕秦千樹栗，其人與千户侯等。《史記》。

又〔原〕密雲産棗，小者佳。《密雲縣志》。

又〔原〕榛出北山黄花鎮者良。《昌平州志》。

又〔增〕過仰山村，山多梨樹，秋深紅葉如燒。《燕山紀遊》。

又〔增〕房山車營嶺，環十數里，峯頭澗底皆是杏林。又東一小嶺，樹尤奇古，高者三丈，低者丈餘，狀如垂柳，繁花綴之。《北遊紀方》。

又〔補〕馬祖常謝杏子詩　杏子黄金色，筠籠出薊邱。味甘醒午寢，可是督詩郵？《石田集》。

又〔原〕白櫻桃生京師西山中，微酸，不及朱櫻之甘碩也。《因樹屋書影》。

又〔原〕燕地蘋婆果味雖平淡，夜置枕邊，微有香氣。佛書所謂頻婆，華言相思也。《采蘭雜志》。

又〔原〕曾棨詩　異果曾因釋老知，喜看嘉實出京師。芳腴絶勝仙林杏，甘脆全過大谷梨。炎帝遺書慙未録，長卿多病獨相宜。由來南土無人識，那得靈根此處移？《巢睫集》。

〔朱彝尊原按〕《詩》：蔽芾甘棠。毛公傳：甘棠，杜也。鄭康成注：北人謂之杜梨，南人謂之棠梨。《爾雅》：杜，赤棠。郭璞曰：今之杜梨也。樊光曰：赤者爲杜，白者爲棠。陸璣曰：赤棠與白杜同，但子有赤白美惡，子白色爲白棠。甘棠也，少酢滑美，赤棠子澁而酢，無味。《通志甘棠》：謂之棠梨，又有沙棠。《廣志》云：如棠，味如李，無核。竊疑今之蘋婆果即《詩》所云甘棠，而俗呼沙果即沙棠，呼檳子者乃赤棠也。其曰棠梨者，以花似棠，實似梨，合而稱之爾。

又〔增〕葡萄，北方天寒，初冬草裹，埋地尺餘，春分後取出，數日架起。子生，去繁葉，使霑風露，則結子肥大。《廣羣芳譜》。

又〔增〕綿而沙者曰沙果，又秋子似沙果而小，土人多曝爲乾。《畿輔舊志》。

又〔增〕木饅頭，京師亦有之，謂之無花果。《倦遊録》。

又〔增〕芡在京師産者，形如刺蝟而有梗，糯糯而大者，味勝杭産。《學圃雜疏》。

清·于敏中《日下舊聞考》卷一五〇《物産》〔補〕曹子建《艷歌》：出自薊北門，遥望湖池桑，枝枝自相值，葉葉自相當。庚子山詩：桑葉紛紛落薊門。王介甫詩：幽燕桑葉暗川原。蓋幽薊古多樹桑，此桑乾所以名河，樓桑所以名村也。今則千里之内樹桑絶少矣。《卍齋詩話》。

又〔增〕盤山之松以百萬計，而奇絶者多生石罅中，擁腫卷曲，如怒龍之攫。又陂陀土壤而生者大數十圍，龍鱗斑駁，或挺茸直上，或青葱垂下。口北多松柏，蔽雲干霄，爲千里松林。《盤山志》。

又〔增〕涿州靈椿寺椿木一本，大不可量，凡樹影皆隨日月升沈以爲斜正，而椿影早暮未嘗少移。《宦游紀聞》。

又〔增〕香山卧佛寺娑羅樹大三圍，皮鱗鱗，枝槎槎，癭纍纍，根搏搏，花九房，葉七開，實三稜，西域種也。《帝京景物略》。

又 （原）藟，似燕薁，延蔓生，葉如艾，白色，其子赤，可食，酢而不美，幽州謂之推藟。卷耳，幽州人呼爵耳。芣苡，幽州人謂之牛舌草。葑，幽州人或謂之芥。菲，似葍，莖粗，葉厚而長，有毛，可作羹，幽州人謂之芴。葍，幽州人謂之燕葍，其根正白，可著熱灰中温噉之。芄蘭，幽州人謂之雀瓢，蔓生，葉青緑色而厚，斷之有白汁，鬻爲茹，滑美，其子長數寸，似瓠子。蔹，似栝樓，葉盛而細，其子正黑如燕薁，不可食也，幽州人謂之烏服。蓫，似蘆菔而莖赤，可瀹爲茹，滑而美，幽州人謂之蓫。苕，幽州人謂之翹饒，蔓生，莖如勞豆而細，葉似蒺藜而青，其莖葉緑色，可生食。《詩草木鳥獸蟲魚疏》。

又 （補）稽含《南方草木狀》：鹿葱有紅、黄、紫三種。任彦升《述異記》：萱草一名紫萱。今京師有草，花葉皆絶類萱，春時葉布地，經暑則朽，及秋花發，則葉已無存矣。都人謂曰孤挺花。花澹紫色，疑即紫萱也。《六街花事》。

又 （增）房山縣白蒂山生芯題草。《帝京景物略》。

又 （增）莃薟草，居庸出，金稜銀線，素莖紫荾。《昌平舊志》。

又 （增）蘆、葦，通一物。北人以水旁下濕處生者爲葦，其細不及指。人家園池間所植者爲蘆，其幹差大，深碧色者爲碧蘆。《丹鉛録》。

又 （補）出藥土地：檀州人蓡，幽州人蓡、蛇膽、知母。《藥録纂要》。

又 （補）人蓡有生幽州、檀州者，爲藥無效。《茶經》。

又 （原）山藥産采育者甘美，特異他處。《析津日記》。

又 （原）杏仁皆味苦，有一種甘者，謂之巴旦杏，或謂之八達杏。《長安客話》。

清·方觀承《卜魁風土記》 去城三十里，有杏叢生，細如指，無成樹者，春草初生，經寒復槁。

又 俄羅斯菘抽薹如萵苣，高尺許。其顛葉葉相抱如毬，取次而舒。已舒之葉，老不堪食，割毬烹之，味甚美。

清·謝聖綸《滇黔志略》卷二《山》 雪山，一名玉龍山【略】。山産茶，謂之雪茶，情苦能解煩渴。《麗江志》。

清·謝聖綸《滇黔志略》卷一〇《雲南物産一》 小白穀 安顛穀 冷水穀 大細麻線 紅心 百日早 葉裏藏 金裹銀 新興穀 紅白粳齒 烏穀 紅皮 柳條 假糯 鐵穀飯糯 響穀 花皮 白紅他狼 拮搭 大小糯米 長無芒香 黑白黍 稾粱有紅白糯三種 粟有飯糯二種 玉麥 大小麥 蕎有苦甜二種 殊砂豆 黄豆 羊眼豆 虎皮豆 録豆 飯豆 黑豆 茶褐豆《石屏州志》。

聖綸按：《石屏州志》所載穀部，種類既多，名亦新異，未審迤東他郡縣亦似此否？余考迤西諸志，均無此等名色，惟於大小麥之外，又有燕麥、烏麥、黄稷、紅稷、黑稷、紅豆、豌豆、白扁豆、江豆，及龍爪稗、鴨爪稗、鐵杆稗、米稗數種。維西界連西藏，地寒氣肅，距城三站外，概不能藝五穀。有一種，形似燕麥，名曰青稞，夷民種此，以資日食。

又 乾隆戊寅夏五月，維城東門外地産瑞麥，中一莖六穗者四本，一莖五穗者十有一本，四穗者三十有二本，三穗者五十有三本，兩穗者一百有四本。

又 聖綸按：維西不産南豆，夷民率沿山種蔓菁以資日食。蔓菁，形似南方菜頭，味甘美，能温中氣。

又 滇南英靈之氣，散爲百卉，如滇茶之種七十有二，扶疏五色，豔同霞綺，以及奇花異植未經見者，筆不勝紀。最後則聞大理府有和山花，云大理負山臨海，山爲靈鷲，水爲西洱。靈鷲之旁爲和山，是曰上關。樹生和山之麓，高六七丈，其幹似桂，其花白，每花十二瓣以應十二月，遇閏則多一瓣，異香芬馥，非凡花臭味，中出一蕊如稗穗，俗以爲仙人遺種。居無何，閲《雲南府志》載優曇花，在城中土主廟内，高二十丈，枝葉叢茂，每歲四月花開如蓮，有十二瓣，閏歲則多一瓣，占花多少以卜歲。亦名娑羅樹。久之，安寧州太守至，盛稱州城之北有温泉，爲海内第一。隔岸爲曹溪寺，寺中有優曇樹一株，高數丈，白花碧葉，相傳來自西域。余考謝肇淛《滇畧》曰：「安寧過泉西岸有寺，曰曹溪。其中有曇花樹一株，相傳自西域來者，扶疎百丈，緑葉白花，移蘗他種，終不復活。」合之州守之説相符。余乃謂守曰：「安寧之優曇、大理之和山、土主廟之娑羅樹，其花同，其色同，其枝幹亦同，特因其地而異其名耳。」《紀程》。

又 寫韻樓前白茶花，高數丈，大數圍，花如玉蘭，心殷紅。滇南只此一樹，埋條分種，皆不活也。《紀遊》。

聖綸按：《大理志》云：「龍女花，惟感通寺一株，其樹高數丈，花類白茶，相傳爲龍女所種。」寫韻樓在感通寺側，《紀遊》所謂白茶，當即郡志所云龍女花也。

又 天女花，似玉蘭而微小，其香勝之，春初盛開，色净香清。花産於木香坪，其中有泉，爲天女泉。《雞山志》。

又　山中各寺，紅茶花有十餘種，而白者最少，惟大覺寺、龍華寺白花山及傳衣寺白山茶爲最佳。仝上。

聖綸按：山茶，有繡毬、紅松子、殼寶珠數種，色雖爛熳，殊少風致。東坡句云「葉厚有棱犀甲健，花深少態鶴頭丹」，洵確評也。陸賈《南中紀行》云：「南中百花，惟素馨香特清烈。彼中女子，以綵縷穿花心，繞髻爲飾。」梁章隱味其花詩，云「細穿花弱縷，盤向綠雲鬟」，用陸語也。

又　茈碧湖，因湖水有花曰茈碧，故名。花如蓮差小，有白者，有淺紅錦邊者，葉如荷錢，花、葉本皆長五六丈，晝則上浮，夜則拳曲入底，微風蕩之，香氣殊常。采以爲羹，味勝於蓴。《浪穹志》。

又　蝴蝶花，色黃綠相間，形如蝴蝶，春夏盛開。止有上關一株，樹大花繁，蝶棲花上，首尾相啣，垂下如串。下有蝶泉，泉從石腹湧出，亦奇觀也。

又　蓮，有錦邊、紅、白三種，外有木蓮、西番蓮，皆旱種。桂，有赤桂、金釵、銀釵三種。海棠，有梨葉、垂絲、鐵腳三種。杜鵑，有紅色淺深三種，黃、紫、青、白各一種。

又　刺桐花，開於七月，極紅，旁映他樹，山石皆赤；惟花不香，梗葉最大，一名蒼梧花。殷紅，形如鸚哥，俗又名鸚哥花。以上《大理志》。

又　大理多櫻桃，樹大數圍，高數丈，白多於紅。連翹花，遍於籬落，黃色可觀。杜鵑，有五色。茶花，亦有黃、紫、紅、白四種，其大如碗。《紀遊》。

又　山中蘭有數十種，有紫蘭，有密蘭，有朱蘭，碧玉蘭，而以雪蘭爲第一，開於十二月，其色如雪，鮮潔可愛。《雞山志》。

又　黃牡丹，生華首門下及袈裟石傍，其花、葉俱似牡丹而差小。仝上。

又　仙草，生山頂諸崖壁，紅梗綠葉而有異香，臘月間草木皆枯而此更蔥翠。《雞山志》。

又　永昌有草，結實如白豆蔻，名曰馬金囊。又產藤，曰蔞葉藤，葉似葛蔓附於樹，即《漢書》所謂蒟醬也，實似桑葚，皮黑肉白，味辛，合兵榔食之，禦瘴氣。《廣輿記》。

又　蒟醬，按：蒟，緣樹生，其子如桑葚，長二三寸，色正青，乃《本草》中之所謂「蓽撥」也，但醬法不傳。《通志》。

又　蒟蒻，根大如碗，至秋葉滴露，隨滴生苗。《酉陽雜俎》。

又　蒙化府產雞㙡菜，赤、白二種，赤色味絕佳，其油甘香，可調五味；椒油色碧如泉，其香如蘭，入蔬中食，則沁肺腑，溲溺皆馥。《紀遊》。

又　聖綸按：滇中嵩明有楊林海菜，色碧味鮮，美如閩中紫菜；蒼山有高河菜，紅莖碧葉，味辛如芥；賓川有蓮花菜，生上倉湖邊，味極甘芳，土人珍之，不多得也；雞山有樹衣菜，生栗樹上，別具風致：均可比美雞蔓，足供雅人咀嚼。

又　馬金囊，一名馬檳榔，狀類白豆蔻，塗惡瘡，治痘有效。《石屏志》。

又　哀牢土地沃美，有梧桐木華，績以爲布，幅廣五尺，潔白不受汙。其竹，節相去一丈，名曰濮竹。《漢書》。

又　滇西多密餞物，密甚多，橙柑、木瓜、香圓、梅李、川芎、瓜茄多以密漬供客，復以酒醉群蜂餉親友，如温台之海味也。蚱蜢，油炙如蝦，或曬乾下酒。《紀遊》。

又　麗江有小雪山，登小雪山即望見大雪山矣。小雪山亦出雪蛆，大者如兔，味如乳酥，多食口鼻出血。仝上。

又　聖綸按：【略】雪山亦產雪茶，味苦涼，然無清香之氣。西藏有藥，曰冬蟲夏草，長二寸許，上草而下蟲，謂冬則蟲生伏地，至夏而發草數莖也。

又　滇中藥有一百七十七種，性良於他產，惟附子自蜀中來。土橄欖，生籬落間，如龍眼，色紅黃，味同閩中。青橄欖，黃柑，賓川者大如碗，土人又呼爲黃菓。胡桃，皮薄如紙。山桃，皮厚，可榨油。《紀遊》。

又　松脂淪入地，千年化爲茯苓，茯苓千歲化爲虎珀。今泰山有茯苓無虎珀，永昌有虎珀而無茯苓。《博物志》。

又　若木，在真武洞下，二株相望，奇古異常，其大合抱，高七八十尺。《雞山志》。

又　無爲寺，在蘭峯半，巉巖峭壁，行茂林數里，西山豁然中開。從絕澗左折入寺，有香杪五株，大十圍，高八九十丈，太古時物也。昔有二十餘樹，喪亂時爲羅爨伐盡，此僅存者。《紀遊》。

念珠樹，每穗結實百八枚，在大理城北。《大理志》。

又　韋馱樹，在木香坪，拱朝本山正峯，遠近皆見；大數十圍，高不知幾百尺也。山中之樹，此爲最古。《雞山志》。

又　千尺虬，即傳衣寺前古松也。茲山產松四五種，不下數十萬，獨此軀幹極偉，粗二十圍，一丈二尺之上左右各分一大幹，後又出一小幹，枝幹細處亦且數圍，橫拿倒攫，屈曲魁詰。非特畫工難到，亦意想所不能及，似造物者有施設於其間。《雞山志》。

又　山中松，有二種，結子者謂之赤松，其不結子者即謂之山松。當三月間，其花將放，比坵採之，取其花粉作餅，服之輕身延年。赤松花味甜美，其山松之花味稍苦，宜和蜜食之。仝上。

又　南詔紅藤杖，西江白首人。時時攜步月，處處把尋春。勁健孤莖直，疎圓六節勻。火山生處遠，瀘水洗來新。粗細才盈手，高低僅過身。天邊望鄉客，何日拄歸秦？白樂天《紅藤杖詩》。

又　永昌之西，野桑生石上，其材上向，兩屈而不直。取以爲弓，不筋漆而利，名曰瞑弓。《南詔傳》。

又　《南史》云：「南海頓遜國有酒樹，似安石榴，採其花汁停甕中，數日成酒，味甘美。」舊《志》云：樹頭酒，樹類椶，高五六丈，結實大如李。土人以麪納罐中，以索懸罐於實下，倒其實取其汁，流於罐以爲酒，名曰樹頭酒。或不用麪，惟取汁熬爲白餹。其葉即貝葉，寫緬書用之。

又　蔓胡桃，出南詔，大如扁螺，兩隔，味如胡桃。或言蠻中藤子即此。《酉陽雜俎》。

又　《竹譜》曰：「刺竹，骿深一叢爲林，根如椎輪，節如束針。」今廣南、騰越夷中皆有刺竹，如譜所云。夫竹比君子，而夷落乃爲刺棘。華戎不同貫，即物有然者矣。《通志》。

又　無花果，不花而實，似李，趙州產之。《大理志》。

又　檳榔樹，高二三丈，臨安、廣南、元江諸郡有之，葉如巴蕉，花如金粟，實如桃李【略】。扶留，蔞子也，又名蘆子，消宿食，祛瘴癘。其檳榔名殼檳榔，與廣檳榔互異。《石屏志》。

又　盧山，在定番州城北盧山司南，極高峻。旁有三石峽如門，盤旋而上，平廣可容千人，有泉，有池，田土可耕。又南有茶山，產茶。又司南有五門山；司西有寶墖山，峯巒尖削如墖；司北有紗帽山。仝上。

又　桃源洞，在大定城西南三里許。高闊數十丈，洞口桃樹百株。

又　通天洞，在威寧城北十里，勢如虹橋。有幽蘭十數本，名日蘭壁，一水瀠洄。

又　句町縣有桄榔木，可以爲麪，百姓資之。《後漢書》。

又　稻，有紅稻、白稻、糯稻、旱稻，各種一種。蟬鳴稻，俗呼爲早市香，粒圓性芳，熟先他稻。《廣南志》「南方有蟬鳴稻」是也。《通志》。

又　鎮遠府屬，旱稻有白露旱、洗耙早名色，晚稻有杉板紅、香禾米名色。平越府屬有班稠糯，思南府屬有金釵糯，香美逾於諸種。大定府屬有崖尖穀，定番州屬有羊毛粘，米粒堅細，舂白如玉。又清溪縣屬有黑黍，即《生民篇》所云秬是也。銅仁府屬有黑芝麻，方書稱久服能烏鬚髮，可以延年。仝上。

又　聖綸謹按：雍正七年，總督張廣泗等奏云：「臣等伏查黔省，土少平疇，田多瘠薄。乃今歲，五風十雨，莫不應時，東作西成，遂登大有。謹按稻穀粟米，偶或三岐兩岐，三穗兩穗者便稱上瑞，今則芃芃翼翼，稻穀一莖自兩穗三穗以至四、五、七穗，粟米一莖自兩穗以至九穗，他如黍穀、稗穀之類，皆自四穗以至十五六穗不等。又稻穀顆粒，往屆豐熟之年，每穗不過二百餘粒，間有三百粒者便爲瑞穀，今則由四五百粒以上而至七百粒之多。其粟半，每穗不過長七八寸，間有盈尺者便爲瑞粟，今則由一尺四五寸以上而至二尺有奇，甚至稻穀有一本三十穗，粟米有一本四十八穗，更有一穗之上復生爲五岐、六岐、九岐者。

又　海椒，俗名辣角，土人用以代鹽。《通志》。

又　黃壽菊，出餘慶。瓣大於菊，金黃色，耐久不落。

又　山茶，出鎮遠府境。自十二月開花至二月，與梅同時，其色淡紅。一名茶梅。

又　花水溪，在湄潭城北二十里。水中浮蔓生花如蘭蕙，四時不凋。

又　山丹，出大定府境。葉、莖、花俱類百合，根大如拳，粉可充食。

又　刺梨，野生，幹如蒺藜，花如荼蘼，實如小石榴，有刺，味酸。取其汁入蜜熬之，可爲膏。黔屬俱有，越境即無。更有重胎者，花甚豔，可藝爲玩。以上《通志》。

又　聖綸按：《紀遊》云：「刺梨，野生，夏花秋實，幹與果多芒刺，味甘酸，食之消悶。煎汁爲膏，色同楂梨。四封皆產，移之他境則不生。

又　靈塘，在大定府城北一里文龍山下。有池一區，荇藻不生，惟產異草，莫識其名，葉如蘭，隨日影東西爲向背。岸旁木脫飄入其中，輒爲鳥爭啣去。

又　排香草，出黎平府境，俗名隨手香。

又　羊桃藤，出都匀府屬。《爾雅》曰：「長楚銚戈，今羊桃也。」白花，子如麥，其葉與實皆類桃。取汁，可膠巨石。以上《通志》。

又 雞㙇，黔中亦産，但不如滇之蒙自者佳。有紫、白二種，白者恒殺人。初秋生蔓草中，始奮如笠，既如蓋，漸則披紛如雞羽，故曰雞；以其從土中出，故從。《通志》。

又 蕣草，即焊麻，生於澤畔，多刺，螫人手足輒腫脹，痛不可忍，逾日方平，人比之蜂蠍虺蠆也。土人採之沃湯，可療瘋瘃。仝上。

又 聖綸按：《黔記》云：黔有斷腸草，叢生，根如商陸，葉類蓼而大，莖有節，當心抽花葉數十作穗，花淡紅色，久漸赤，子離離似桑葚。署園中，沿坳依砌百叢也。初見輒愛之，以爲紅鬢内豔，頳牙外標，華橙之映翠幕、丹璚之廁碧瑶，當不過是，未識爲何花。有僰兒自尋甸至，呼其名，始知之。毒能斷腸，可駴也。遂遠辟，不復迫視。辛未，夏雨過，忽來小鳥，止於穗間，羅之，緑衣烏嘴，似倒掛麽鳳，軒輊才五銖，極可玩。籠之三日，僰兒曰：「此斷腸鳥也。嗜啄斷腸花子，採而飼之，可久活。」試之，果然。嗚呼異矣！按《本草經》：一名鉤吻，一名埜葛，一名胡蔓草，一名黄藤，今證之，皆非也。滇人謂之火把花，亦因花紅而性大熱，故名。

又 楓香樹，出安南。樹似白楊，葉三棱，經霜則丹，有脂而香，歲久則生瘿，文理堅緻。土人或得之深山中，俗呼爲瘿木。

又 羅漢松，古名塵尾松，出普安。降真香，出南龍深箐中懸崖上，古藤所結，歷久乃香。夜交藤，又名何首烏。秋冬取根，赤者雄，白者雌。出甕安。重十餘觔者佳。

又 蜜羅柑，藤本，實大如瓜，皮黄厚如佛手，白肉無穰，甜與蜜同。作清供，香色經日不散。出永鎮等州山間。

又 紫羅橘，出安南，俗名蜜筩，香色似蜜羅而小。

又 橄欖，本閩廣所産，今安南亦出，即青果。舊志謂與青果味同而實細。

又 無花果，出永寧。不花而實，生於枝葉之間，其大如李。又仙人掌，無枝葉，狀如人掌，側累而成，自三掌至十三掌而止，色緑。

又 關索嶺之半，有伏魔大帝廟。廟在高臺之上，台下有竹絶奇，名曰綿竹，俗曰旛竿竹，圍大如青松。僧云六七月方抽筍，至來春二月方布葉。時當九月，筍已高四五尺，外黄内緑，尚未解籜也。《紀遊》。

又 竻竹、簕竻，嶺南竹也，又名邏勒，東坡詩「倦看邏勒暗蠻村」是也。《肇慶府志》：「竻竹，俗名刺竹。」《竹譜》曰：「笆竹，有刺，可作藩落。」《本草綱目》訛爲刺竹。

又 蔓竹，鎮遠俱出。《廣南志》：「皮青内白，軟韌可爲索。俗名綿竹。」

又 筇竹，《竹譜》載：「高節實中，狀若人形，俗謂之扶老竹。」張孟陽云：「興古盤江縣，今普安州是也，俗名羅漢竹。」

又 平靈臺，在湄潭城北四十里馬蝗箐中，四面懸崖，多茂林，其竹可爲紙，名平靈紙。頂上方廣十里，有茶樹千叢。以上《通志》。

又 聖綸按：伏魔廟綿竹，圍大如松，又抽筍於秋而發葉於春，殊與他竹迥異，可謂奇矣。關嶺又有清風竹，俗名藍竹，因色藍，故名。銅仁府有箭竹，細小而勁，通竿無節，可爲箭。又都匀府屬有方竹，體如削成，勁挺，堪爲杖。烏江有桃竹，亦可作杖。又有簺竹，最有筋力，俗名䈽竹。

清・趙翼《簷曝雜記》卷一《木蘭物産》 木蘭在熱河東北三百餘里【略】。山多童，惟興安嶺稍有樹【略】。有落葉松，蓋氣益寒，則松葉亦落矣。木蘭出蘑菇最佳。每秋獮駐營後，土益肥，故所産尤美。俗呼銀盤蘑菇，取其形似，非也，蓋營盤之訛爲銀盤耳。

清・趙翼《簷曝雜記》卷三《樹海》 余行歸順州，途中有紫楠木七十餘株，皆大五六抱，莫有過而顧之者，但供路人炊飯而已。

清・趙翼《簷曝雜記》卷三《桄木、酒樹》 《洛陽伽藍記》有所謂酒樹、桄木，初不解所謂，余至廣西，乃知桄木即桄榔樹也。大者五六圍，長數丈，直上無枝，至顛則生葉數十，似栟櫚。其樹中空，滿腹皆粉，可得十數斛。沸湯淬之，味似藕粉。粤人嘗以此餽遺。又廣東椰子樹，每一椰子内必有酒半杯，小者一勺許，甘香清冽，味勝於米釀數倍，此即酒樹也。

清・趙翼《簷曝雜記》卷三《三七、雞血藤》 南方陽氣上浮，而陰氣凝於下，故所産多有益於血陰者。有草名三七，三椏，七葉，其根如蘿蔔，爲治血之上藥。刀斧傷，血方噴流，以其屑糝之立止。孕婦産前、産後皆可服，蓋其性能去淤而生新，故産前服之可生血，産後服之又可去淤也。然皆生大箐中不見天日之處。近有人采其子，種於天保縣之隴峒、暮峒，亦伐木蔽之，不使見天日，以之治血亦有效，非隴、暮二峒不能種也。云南有雞血藤膠，治婦人血枯證最靈。餘在滇買數斤，然不知其藤何似。憶在鎮安，見大箐中有藤粗如碗，長數百丈，延緣林木間，不知其起止，意即雞血藤也。遂兼買其藤，攜回鎮安，取箐中藤相比，藤斷處有汁，赤色，與滇藤無異，乃知即此物也。煎膠治血亦效，惜不久改官去，遂不得多煎。

清・趙翼《簷曝雜記》卷三《陰杪》　密箐中有一種陰杪，其木横生土中，不見天日，有枝無葉，在泥沙下，自生自長，世莫之知也。將出爲人用，則一枝或透出土；否則人過其上，足步有空竅聲，知其下有此木矣。其色微黑，質理似松，薄而有絲，劈其端，可自根拽至顛不斷也。驗其真僞，以此木作小匣，暑日入煮肉其中，隔宿不敗。是以作棺埋入地，屍千年不腐。又有一種，則深山中大樹年久自死，倒入泥沙中，爲土氣所滋，土木之性已相浹，故作棺亦歷久不壞。余在鎮安嘗得一具，但未知生於土中之物，抑或倒入泥沙之物。本以備太恭人送終，太恭人以二十年前已作槻，歲加漆，光致可愛，而此具僅厚三寸許，遂不肯易。余擬留以自用云。

清・姚元之《竹葉亭雜記》卷八　華山出小松，長二三寸。登華者，西峰道人以此爲土物饋遺。以浄甌盛水置其中，則青葱可愛。行則夾置紙本，經年累月，雖幹不瘁，見水仍活。名華山松，其實則苔也。

又　金銀花一名鴛鴦草，《隙光亭雜記》引《墨莊漫録》云「治中菌毒，取鴛鴦草生啖」，即金銀花也。鴛鴦草可對蝴蝶花。

又　琉球謂馬蘭花爲水翁花，羅漢松爲樫木，冬青爲福木，萬壽菊爲禪菊，蓋未識古來草木之名，以意名之耳。抑或彼國俗稱如此。記之可供詩人採用。

又　胡桐淚，《本草》：「此物出西域」，自葉爾羌至阿克蘇，千餘裡，所在皆有之。其本質朽腐不中材用，但可作薪。回人謂薪曰「活同」，不知其字，其音如是耳。故指此木曰「活同」。中國人不知其故，因以胡桐名之，實非桐類也。其根下初生條葉如細柳，及長則類銀杏。孟康《注》謂有二種葉，是也。其叢生之地有曰「胡桐窠」。修志者不解其地，以爲樹不應稱窠，即改爲「鵓鴣窠」，《注》曰「鳥名」，大誤矣。徐星伯云：「其淚似松香之珠，粘於木上，取其珠則板片即隨手下。」其腐如此。五台回人售此最多，大小成片。有作僞者取其木，用根下沙粘其上以充之。此堿也，非淚也，當辨之。

又　嶺南果品，其類甚多，新會橙爲最佳，荔支次之，黄皮果又次之。余至廣時已中夏，尚有藏新會橙者，食之果佳。荔支正熟，以掛緑者爲尤美。聞有名糯米餈者，更美，未之食也。此外，余遍嘗之，味皆不善。惟彭婆一種，蒸食之，去皮五層，肉如新栗，其味亦似，且有新栗之嫩者。問之久客嶺南者，皆未之食。蓋以其形異而忽之也。此果形如肥皂莢，色亦如之，擘開色深紅，如俗所謂癩蒲桃者。子亦如皂子而稍大，其色正黑，皮屢去乃見肉。是嶺南之佳品也。或以爲稱蘋婆，此果非蘋果而亦稱蘋婆。

又　草中有蟄草，聞之久矣。而未得其詳。朱葦仙言之頗悉。此草高寸許，葉微似艾，八楞三尖，有毛。每霜後，草枯而此獨鮮。恒于立冬時放花，花着于葉之近本處，如石竹而小，黄色，心似菊，有紅色一線圍之。花時，凡蜈蚣蝎虺諸蟲紛趨，旋繞三四匝，銛其葉而去。最後則蛇至，且食其花及葉與莖而去，去則蟄矣。諸蟲之來先於蛇，次春出亦在蛇先。蛇最後蟄，故出亦在後。蛇之行屈曲，及食此花行不百曲即止，昂首若噎，少頃復行，行復如是。至可蟄處，以首着地，而後盤屈不動焉。百蟲不嗅此花，不能蟄也。茌平有王氏婦，一日拾薪於野，歸覺頭暈，但昏睡。醫胗視無病，不食亦不起，如是者兩月餘。立春後漸醒，驚蟄忽起，病恍然失。家人問故，乃言拾薪時見有鮮草開花，蟲競來嗅花，因亦摘食之，有頃但覺頭暈，其沈睡初不自知也。此草或云即俗所謂透骨草。努牙時，近根四圍之草皆外向。此草出，及一寸，中心放一花，花中白心，一線獨抽，即挺莖也。春著紅花，秋後芟夷既盡，交冬陳根勃發，是謂蟄草，則未之審也。

清・姚鼐《惜抱軒詩文集・遊媚筆泉記》　石罅生大樹，蔭數十人，前出平土，可布席坐。

清・姚鼐《惜抱軒詩文集・登泰山記》　少雜樹，多松，生石罅，皆平頂。冰雪，無瀑水，無鳥獸音跡。

清・姚鼐《惜抱軒詩文集・遊靈巖記》　自巖至谿，地有尺寸平者，皆種柏，翳高塞深。

清・姚鼐《惜抱軒詩文集・萬壽寺松樹歌呈張祭酒》　萬壽寺有元朝松，七株偃仰無一同。五百餘年到今植，幾時變化風雨中。

清・羅天尺《五山志林》卷七《辨物・羊額蜜柚》　今邑産蜜柚，皆其分種，香美異常，並可療肺熱，相傳爲仙風所濡云。

清・羅天尺《五山志林》卷七《辨物・紅肉龍眼》　羊額村旁有路名相思墩，多葬無主棺骸，纍纍千萬家也。中有龍眼一株，秋夏結子甚繁，剖其肉，顆顆俱有紅絲成暈，如胡人碧眼，如紅線貫珠，歲歲皆然，人無敢啖，真怪物也。

清・羅天尺《五山志林》卷七《辨物・善接果木》　華夫《焚餘録》云：順德有水鄉曰陳村【略】，夾岸多水松，大者合抱，枝幹低垂，時有緑煙鬱勃而出。

清・羅天尺《五山志林》卷七《辨物・金釵子》 尺按：吾粵荔枝，惟新興香荔，其核僅一點耳，雖皮亦香美異常，遑論其玉漿哉？至吾邑則陳村黑葉爲最。邑志云：「荔枝，陳村有實大核小者，其味甘香，名金釵子，傳有解金釵而得其種，即俗呼黑葉也。」

清・羅天尺《五山志林》卷七《辨物・十月桐花歌》 雞皮軒有梧桐，忽發花二叢，每叢數朵，香芬異常。

清・李斗《揚州畫舫録・城北録》 都天廟中多古銀杏樹，大可合抱，其上鳥巢不可勝數。春夏之間，啄木蟲最多。

觴詠樓西南角多柳，構廊穿樹，長條短線，垂簷覆脊，春燕秋鴉，夕陽疏雨，無所不宜。

清・李斗《揚州畫舫録・城南録》 穀雨軒種牡丹數千本。

清・英和《卜魁紀略》 藥如赤芍、黄芩、百合、防風、土黄連、益母草、茵陳、車前子之類，境内産之。

又 距城東南六十餘里，爲呼雨哩河，有葦叢生百數十里，居民取以爲柴。

又 藍菊俗名江西臘，花多藍紫色。

又 雁來紅，一名漢宫秋。

又 月月紅，一名長春花。

又 馬齒，野莧名。

豬牙，野菜名。

柳蕊，野菜名，俗謂之額穆毗。清語繫曰額穆毗，或即是此。抑蔞蒿之訛邪？

又 枯柞經雨生木耳，俗呼黑菜，亦曰木子。

又 包穀，一名蜀黍。

又 豆有黑、黄、赤、小之分。復有芸、豶、豌、扁之别。

又 淡巴菰草，以東三省産者良，今假借菸字，談若蔫。按：菸有蔫音，故閼氏讀爲燕支。

又 王瓜、西瓜、甜瓜、倭瓜之屬，皆可種植。

又 老羌瓜近日始有，西壺盧亦可食。

清・俞正燮《癸巳類稿》卷七《薝蔔音義》 薝蔔，西域香樹，其花黄色，六出，刻房七道，果可作油。《唐高僧傳》云：形如茅根，里甲沙土，是也。后乃多異説。段成式《酉陽雜俎》云：「梔子花六出，相傳爲西域薝蔔。」張鎡《南湖集・薝蔔》詩云：「衆香不復推沈水，六出分明是雪花。」周去非《嶺外代答》云：即蕃梔子，花六出。趙汝適《諸番志》云：梔子出大食，狀如中國紅花，土人采花曬乾，即佛書薝蔔。

清・俞正燮《癸巳存稿》卷一一《莽草》 宋沈括《補筆談》云：「莽草，蜀道、浙江、湘湖間山中有之，枝葉稠密，團欒可愛，葉光厚而香烈。花紅色，大小如杏花，六出，反卷向上，中心有紅蕊，倒垂下，滿樹垂動摇摇然，極可翫。襄漢間魚人，採葉擣飯以藥魚，皆翻上，乃撈取之。南人謂之石桂。」「世人謂莽草，大葉如手掌。又言細葉，又言葉光厚，堅韌可拉。又言柔軟而薄，又言蔓生，多是謬誤。」

清・俞正燮《癸巳存稿》卷一一《桂》 嵇含《南方草木狀》則云：「皮赤者爲丹桂，葉似柿者爲菌桂，葉似枇杷者爲牡桂。葉鋸邊，表裏白毛者爲肉桂。」唐段成式《酉陽雜俎》云：「山桂，葉如麻，細花，紫色，黄蕊，簇生。月桂，花淺，黄色，四瓣，青蕊。牡桂，葉如苦竹，花六瓣，蕊凸起。」宋范成大《桂海虞衡志》云：「桂，南方奇木，上藥也。出賓宜州。凡木葉蕊，皆一縱理，獨桂有兩紋，形如圭，制字者意或出此。葉味辛甘，與皮無别，而加芳，美人喜咀嚼之。」周去非《嶺外代答》云：「桂開花如海棠，色淡而葩小，結子如小橡子，花蕊爲食品所須。葉比木樨稍大，背有直文三道，如古圭製然。」【略】晉郭璞注云：桂樹葉似枇杷而大，白花，花而不著子。」

清・俞正燮《癸巳存稿》卷一一《西瓜》 宋洪皓《松漠紀聞》云：「回鶻西瓜，形如匾蒲而圓，色青翠，經歲則變黄。」

清・俞正燮《癸巳存稿》卷一一《吃煙事述》 《盛京通志・物産》《皇朝通志・昆蟲草木略》並云：煙草本名淡巴菰，亦稱爲煙酒，隴旁隙地多種之，葉肥大至徑尺，食之禦寒。《熱河志》云：「隴旁隙地多種煙草，葉肥大至徑尺，其近頂處數葉曰蓋露。」

清・俞正燮《癸巳類稿》卷一四《木棉考》 木棉有木本，有草本，其爲布，初見者，《史記・貨殖列傳》「榻布千石」，《注》引《漢書音義》云：白疊也。《三國志・東夷傳》云：「倭人，男子露紒，以木棉招頭，其自南來者。」《梁書・林邑傳》云：「出吉貝。吉貝者，樹名也，其華成時如鵝毳，抽其緒，紡之以作布，與紵布不殊，亦染成五色，織爲斑布。」

又《蔽園雜記》云：木棉花生南越，樹高五丈，花紅似山茶，子如楮實，綿出子中，蘇州人稱爲攀枝花。

清・梁章鉅《歸田瑣記》卷一《芍藥》 揚州黄右原比部家芍藥最盛，嘗招余陪阮儀徵師賞之。吾師以脚疾不便於行，端坐亭中遥望之，余與右原則徧履花畦，真如入衆香國矣。園丁導余觀新綻之金帶圍，蓋千萬朵中一朵而已。余自詫眼福，并語右原曰：「吾師與余皆已退居林下，此花之祥，實惟園主任專之矣。」故余詩結語云：「難得主人初日學，定教金帶擅奇祥。」師和余韻云：「謝公應爲蒼生起，花主人應亦祥兆。」蓋爲周旋賓主起見。而朱蘭坡和詩云：「試看黄黄金帶色，君家姓氏本符祥。」錢梅溪和詩云：「料得主人應似客，故教金帶早呈祥。」則亦專歸美于園主人也。吾師望余復起頗切，故余疊頭詩云：「生怕山前泉水濁，隨緣止止即延祥。」實答吾師詩意。

清・梁章鉅《歸田瑣記》卷一《南萬柳堂》 邵伯湖之北數十里，有儀徵師别墅，在水中央，四圍種柳數萬株，每歲長夏必於此避暑，自題爲「南萬柳堂」，以别於京師之萬柳堂也。繪圖作詩者屢矣，近復得清湘子畫片作爲南萬柳堂第四圖，以新卷命余首題，余謹次自題韻成七律二首，吾師甚稱賞之，爲附刻於《揅經室續詩》中。詩云：「天然一幅水村圖，眼福欣當寄廡初。問字忽逢苦瓜畫，清湘子亦自號「苦瓜和尚」。臨流便想坐茅屋漁。北來戢戢投林鳥，時避海氛者多卜宅邗上。東望茫茫從壑魚。安得牽船隨杖屨，太平鄉裡補三餘。太平鄉爲柳堂八景之一。」「若個將身入畫圖，每逢佳處警吾愚。白鷗敢作誰馴想，黄鳥真知所止隅。黄鳥隅亦柳堂八景之一。南北平分萬楊柳，主賓晤對幾桑榆。鑑湖底似珠湖好，卅六陂前卅二湖。」朱蘭坡謂余曰：「我適晤閣老，極折服此詩。謂此韻之作，能如無縫天衣，自非老手莫辨，並命我亦效顰。我謂此詩選辭沈着，託興遥深，已如崔顥題詩在上頭，繼聲者必難見好，不如善刀而藏也。」閣老亦以爲知言。

清・梁章鉅《歸田瑣記》卷三《荔枝》 僑居浦城日，余壻邱乙樓由福州飛寄鮮荔枝兩簍，色香味尚未盡變，曾作詩謝之云：「何煩绛雪與元霜，滌暑仙丸遠寄將。挹盡西禪侵曉露，聞於西禪寺侵曉摘下，即裝侵籠登舟。分來南浦滿庭芳。似憐吮墨吟喉渴，巧助稱觴鞠跽行。時届余七十賤辰前數日。偏與輕紅開口笑，好添詩話筆花相。」時以偏貽浦中親好，僉曰此數十年來口福也。有以貢荔枝故事爲問者，余雜考各書，應之曰：「《後漢書・和帝紀》載，南海獻龍眼荔枝，十里一置，五里一候，死者繼路。因臨武長唐羌上書言狀，乃詔罷之。此粤東貢荔枝之始。《唐書》載楊貴妃好荔枝，南海歲貢荔枝，飛馳以進，然方暑而熱，經宿輒敗，亦指南海言之。《金史・世宗紀》：上謂宰臣曰：「朕嘗欲得荔枝，兵部遂於通路特設鋪遞。頃因諫官黄久約言，始知之。」則未言貢自何地。惟《淳熙三山志》云：「生荔枝，紹興初始供，至二十四年，因罷貢温州柑，亦令不得貢進。」注云：「宣和間，以小株結實者置瓦器中，航海至闕下，移置宣和殿。」此吾閩貢荔枝之故事。今道光元年，福建巡撫顔惺甫檢始奏罷之。」

清・梁章鉅《歸田瑣記》卷三《皂莢樹石榴實》 家曜北處士《瞀記》云：「《稽神録》載，泉州文宣王廟有皂莢樹，每州人登第，則先生一莢。貞明中，忽生一莢半，其年陳逖進士及第，黄仁穎學究及第。《海録碎事》載，邵武郡庭有石榴一株，士人以結實之多少爲登科之信。熙寧庚戌，有雙實木末者，又有附枝而雙實者。是歲葉祖洽、上官均名在一二，何與均弟兄同榜。祖洽有句云：『不負榴花結露枝。』」杏林桂樹，陳陳相因，從未見使此二事者。

清・梁章鉅《歸田瑣記》卷七《品茶》 余僑寓浦城，艱於得酒，而易於得茶。蓋浦城本與武夷接壤，即浦産亦未嘗不佳，而武夷焙法，實甲天下。浦茶之佳者，往往轉運至武夷加焙，而其味較勝，其價亦頓增。其實古人品茶，初不重武夷，亦不精焙法也。《畫墁録》云：「有唐茶品以陽羨爲上供，建溪、北苑不著也。貞元中，常衮爲建州刺史，始蒸焙而研之，謂之研膏茶。丁晉公爲福建轉運使，始製爲團。」今考北苑雖隸州，然其名爲鳳凰山，其旁爲壑，源沙溪，非武夷也。東坡作《鳳味硯銘》有云：「帝規武夷作茶囿，山爲孤鳳翔且嗅。」又作《荔支歎》云：「君不見武夷溪邊粟粒芽，前丁後蔡相籠加。」直以北苑之名鳳凰山者爲武夷。《漁隱叢話》辨之甚詳，謂北苑自有一溪，南流至富沙城下，方與西來武夷溪水合流，東去劍溪。然又稱武夷未嘗有茶，則亦非是。按：《武夷雜記》云：「武夷茶賞自蔡君謨，始謂其過北苑龍園，周右父極抑之。蓋緣山中不曉焙製法，一味計多狗利之過。」是宋時武夷已非無茶，特焙法不佳，而世不甚貴爾。元時始於武夷置場官二員，茶園百有二所，設焙局於四曲溪，今御茶園、喊山臺其遺迹並存。沿至今日，則武夷之茶，不脛而走四方。且粤東歲運，番舶通之外夷，而北苑之名遂泯矣。武夷九曲之末爲星村，鬻茶者騈集交易於此。多有販他處所産，學其焙法，以贋充者，即武夷山下人亦不能辨也。余嘗再游武夷，信宿天游觀中，每與静參羽士夜談茶事。静參謂茶名有四等，茶品亦有四等，今城中州府官廨及豪富人競尚武夷茶，最著者曰花香，其由花香等而上者曰小種而已。山中則以小種爲常品，其等而上者曰名種，此山以下所不可多得，即泉州、廈門人所講工夫茶，號稱名種者，實僅得小種也。又等而上之曰奇種，如雪梅、木瓜之類，即山中亦不可多得。大約茶樹與梅花相近者，即引得梅花之味，與木瓜相近者，即引得木瓜之味，他可類推。此亦必須山中之水，方能發其精英，閲時稍久，而其味亦即消退，三十里峯中，不過數峯有之。各寺觀所藏，每種不能滿一斤，用極小之錫瓶貯之，裝在名種大瓶中間，遇貴客名流到山，始出少許，鄭重瀹之。其用小瓶裝贈者，亦題奇種，實皆名種，雜以木瓜、梅花等物以助其香，非真奇種也。至茶品之四等，一曰香，花香、小種之類皆有之。今之品茶者，以此爲無上妙諦矣，不知等而上之，則曰清，香而不清，猶凡品也。再等而上之，則曰甘，清而不甘，則苦茗也。再等而上之，則曰活，甘而不活，亦不過好茶而已。活之一字，須從舌本辨之，微乎微矣，然亦必瀹以山中之水，方能悟此消息。此等語，余屢爲人述之，則界聞所未聞者，且恐陸鴻漸《茶經》未曾夢及此矣。憶吾鄉林越亭先生《武夷雜詩》中有句云：「他時詫朋輩，真飲玉漿回。」非身到山中，鮮不以爲欺人語也。

清·梁章鉅《歸田瑣記》卷八《北東園日記詩》 年來老渴頗難支，夢到西瓜又荔枝。果許沈瓜還擘荔，惜無高會續南皮。此首爲夢中所成，適兒輩好事，果爲購寄西瓜、鮮荔，因酌改夢中句紀之。

酒間忽報枇杷來，白香山詩枇作人聲。滿座齊傾大白杯。何必貪心更彈鋏，老饕已覺老懷開。恭兒自京回，過浙中，先寄道鰣魚、枇杷。鰣魚雖已變味，而枇杷尚鮮美也。

清·梁章鉅《歸田瑣記》卷八《附逢辰和韻》 頻年未悔守枯株，諸色諸光照座隅。百朵花支一月久，始知佛種與凡殊。吴魯庭以優鉢羅花一盆見贈，守之三年，不花，今夏忽抽一箭，百花叢拱，一月始謝，光色異常。

清·張澍《續黔書·游白雲山記》 上有羅永庵，庵前古杉三株，長數丈，其一經帝手摩，至梢無附枝。

清·張澍《續黔書·茶》 黔之龍里東苗坡及貴定翁栗沖、五柯樹、擺耳諸處産茶，而出婺川者名高樹茶，蠻夷司鸚鵡溪出者名晏茶。色味頗佳，近俱不産，而大吏歲以爲問，有司咸買他茶代餽之。

清·張澍《續黔書·神黃豆》 神黃豆，産黔之荔波，形如槐角子，視常豆稍巨，服之可永除小兒痘毒。

又 羅鬼國禾米亦佳，土人以燕麥爲正糧。燕麥狀如麥，外皆糠模，內有芥子一粒，色黃可食，群苗以此爲面。

清·張澍《續黔書·羊肚菌》 黔之深箐邃洞，人跡罕至，往往爲苗瑶所踞，採食山毛。古樹内多生羊肚大菌，潔白如雪，重或一二斤。

清·張澍《續黔書·梓柟》 黔中昔饒梓柟，播州更蕃。以桐梓名縣，猶酸棗之姓溝，豫章之氏郡也。近者刊伐濯濯，無能化牛矣。余至播所見，拱把數株，殊無巨抱者。

清·張澍《續黔書·柤》 貴陽鄧玉峰先生之居，花卉頗饒。有樹焉，秋時結實，較木瓜微大，摘味之，似梨而酢澀，或謂即楙。余按：蓋柤也。

清·張澍《續黔書·重臺蓮》 余至黔，聞滇池中産衣鉢蓮，有赤、白、青三種，即梵書所謂頭波摩、芬陀利、優鉢羅也。而玉屏署前後，饒白蓮，月白風清，雅足幽賞。癸亥之夏，印江梁秋湄明府書來，言衙中菡萏盛拆，皆千葉三出，凡六層，房中攢出之花，更明艷可人，無慮數千朵。

清·張澍《續黔書·蘭》 黔雖荒徼，亦有燕尾、魚魷，披拂于長坂曲溪，樵者輒隨草刈之以爲薪。余于馬鞍山採得六本，藝于庭前，聞之甚馡馤，與朱子所謂葉無氣質，易萎弱者，迥不同，乃真王者香也。

清·張澍《續黔書·長壽草》 廣順署后即馬鞍山，古樹叢林，虬蟠云結，而懸崖峭陂，尤饒奇草。鬱鬱葱葱，要皆神農磨唇之所未嘗，壯武《博物》之所未志也。暇日摳衣而上，柔茵緑鋪，奪人眉宇，爰藉之賞玩。見有葉舒如梅瓣者，圓莖脩枝，枝即抽于葉心，枝各一花，花分五瓣，色深碧，中蕊須猩紅，亭亭蒨秀，不與群草伍。問之小隸，對曰長壽草也，聳然異之。夫員邱有不死之樹，食之延壽，郭景純游仙之所詠也。

清·張澍《續黔書·朱草》 黔南巖石之間有草焉，如小桑狀，枝莖似珊瑚，長三四尺，刺之如血，與《援神契》之言朱草無異，諒即朱草也。

清·張澍《續黔書·海棠》 歸聞海棠無香，惟四川重慶府昌州所産者有之。余至黔，聞大定海棠極蕃，其香最清烈，質之土人，良信。

清·李宗昉《黔記》卷一 雞㙡所生，下有白蟻，聚土如蜂房，又名「蟻奪」，採時人必蹲，來歲可再得，立則否。羊肚菌亦生細草中。

又 刺梨，野生，干如蒺藜，土人多種于籬落，可辟猛獸，其花如荼蘼，結實如小榴，色黄，多刺，味甘，微酸。小兒食之，消積滯。

又 蕁草，即燖麻，其葉類麻，多毛刺，生籬落溪崖間。

又 前胡，遍生山谷間，春初吐葉，土人採爲菜，味極香。俗名「羅鬼菜」，又名「姨媽菜」。

又 木芙蓉花，一日三變，由白而紅，至深紅，極艷。

又 昔公于院之楹間隙地，手植群花樹，梅竹尤繁，后爲人伐，剷盡有年矣。今夏竹忽叢生，秋初枯，梅根産二青芝。

清・吴振棫《黔語・白蠟樹》 黔之木，皆可材也。不以材而利者，何也？漆也，剖其膚而汁也；桐與茶也，軋其實而膏也。而利在蟲者，曰白蠟樹，汪機謂即冬青；李時珍以爲樹似冬青；今謂之山蠟樹，以別于水蠟樹。然水蠟樹亦可放蟲，且插之無不活者。安順多蠟樹，産蠟蟲。

清・吴振棫《黔語・雞㙐》 黔産菌不一種，有大如盤盂者，色或紫，或赤，或緑，食之往往殺人。常食者，曰凍菌，冬日有之；茅草菌極小，味亦美；其尤佳者，曰雞㙐，莖長而色尤白，産安順、威寧者與滇産匹。

清・吴振棫《黔語・伸筋草》 伸筋草産安平，熯湯浣濯，痿臥者立起。

清・吴振棫《黔語・平蕭》 去玉屏十五里，曰羊坪，产美竹。

清・龔自珍《龔自珍全集》第三輯《會稽茶》 茶以洞庭山之碧蘿春爲天下第一，古人未知也【略】。會稽茶乃在洞庭、龍井間，秀穎似碧蘿而色白，與濃緑者不同，先微苦，滌脾，甘甚久，與龍井驟芳甘不同。

清・西清《黑龍江外記》卷八 鈴鐺麥，穬麥也。墨爾根，黑龍江以秣馬，亦配穀穄貯倉，然不經久，易霉爛。

蘇子，可榨油，多種之地不宜脂麻。香油來自奉天，至貴。桐油本官貯物，由部領價採買，然近亦多雜蘇油矣。

稻米，自奉天來者，食者少，價亦過昂，他如高粱、稗子、黑豆、豇豆之屬，皆土産。此外有穀穗長尺許，色如血，名老羌穀，有蔬類萵苣，而葉深碧，上有紫筋，名老羌白菜。其種自俄羅斯來，人家偶見之，非園圃所重。老羌白菜或書作俄羅斯松，蓋菘字之誤。

流人闢圃種菜，所産惟芹、芥、菘、韭、菠菜、生菜、芫荽、茄、蘿蔔、王瓜、倭瓜、葱、蒜、秦椒，茄長而不圓，王瓜長者幾二尺，皆四月後上市鬻之，然亦惟齊齊哈爾如是。墨爾根，黑龍江皆自食不賣，呼倫貝爾、布特哈俗重肉食，無菜色也。

野菜有名柳蒿者，春日家家採食，味初不甚鮮美，滿洲謂之額穆毗，國語鰲曰額穆毗，豈其種耶？

藥如赤芍、黄芩、百合、防風、土黄連、益母草、茵陳、車前子之類，境内産之。然惟益母草有人熬膏，餘皆不採。藥店所售，貨自奉天，以贋亂真，多無佳品。

又 野花多不知名，人家嘗栽者，不過罌粟、鳳仙、虞美人、蜀葵、牽牛、江西蠟數種，萬壽寺玫瑰兩叢，將軍府芍藥數本，色略有致，無香。閒有種丁香、菊花、石榴者，内地購來，經年即萎，否則有葉無花，地極寒故。

地寒，花果絶稀，四月中見杏，枝繁蕊簇，可供膽瓶。蓋屯中人自野甸折來，詢其結實，大不及指，此外了無春色，棠梨花葉，望之皆似白丁香，或言土人繫繒條其上，伏臘祭之，忌折其枝，此俗今不聞。

歐李，野果也，《異域録》作歐梨，或云即郁李。大如櫻桃，色味皆如李，漬以餳蜜，秋日下酒佳品。有言歐陽文忠使契丹，嗜此果，因名歐李者，附會可哂。

伊勒哈穆克，叢生黑龍江城山野中。色紅，味甘酸，大如豆，摘食，入口成漿，置盂中，不久化爲水。《國語》：「花曰伊勒哈，水曰穆克」，故漢名花水，亦名高麗果。又有都實者，伊勒哈穆克類也。和牛乳造爲烏他，味殊甘美。

榛子，生於野甸，樹大如荆棘，實圓滿，未可以「十榛九空」之諺例之。經荒火者尤佳，炒而售者，高唱火燎榛子，終年不絶。

又 苫房草，有章茅、黄茅兩種，歲久草上積沙，面北處雨過青緑如苔，積雪常數日不化。惟春風大作，不免興杜老「卷我屋上三重茅」之歎，而丙丁有警慮尤非小。

又 松有果松、杉松、油松數種。又有伊齊松，轉爲異氣松，性燥易裂，入土則裂者復合，堅如石，伊齊地名也。

松入黑龍江，歲久化爲青石，號安石，何秋濤云安石即康干石。俗呼木變石，中爲磋，可發箭鏃。《尚書》：「礪砥砮丹，語肅慎」。

清・黄輔辰《營田輯要》 蜀黍，一名蜀秫，古無有，今北方最多。李時珍曰：「春月布種，秋月收之，莖高丈許，穗大如帚，粒大如椒。米性堅實，黄赤色。」

又 粟，去穗穀也。《禹貢》：「四百里粟。」《爾雅》「粢稷」注：「今江東呼粟爲粢。」其稈高三四尺，中空有節，葉似蘆而小，穗粒成簇，北人謂之小米。

又 玉蜀米，一名玉米，俗名包穀。種出西土，今山地處處有之。春種，夏秋可收，苗高三四尺，苗旁別出一苞，子大如粳，子黄白色，可煠炒食，亦救荒之大利。

又　芋，一名莒，一名蹲鴟，在在有之，京洛者圓小，南方有大如斗者，旁生子甚多。前漢謂大者爲芋魁，後漢謂之芋渠。

又　香芋，形如土豆而味甘，莖葉如扁豆而細，引蔓開花，花落即生。今西北有謂洋芋者類此。

又　土芋，一名土卵。蔓生，葉如豆，根圓如卵，灰汁煮食，亦可蒸食，解諸毒藥。

又　花紫葉圓者，亦名洋芋。根長如線，壘壘結實數十顆，如指，如拳，如圓卵，味甘淡。種山溝間，一畝常數石。

又　甘藷，一名朱藷。又有肉紫皮白者，形圓而長，兩頭皆鋭，味甘無毒。二三月、七八月俱可種。

又　山藷似芋，亦有巨魁。番藷圓長，較山藷甚甘。

又　蘿蔔，一名紫花菘，根名萊服，紅、白、長、圓，形色不一。種沙壤者脆而甘，生瘠地堅而辣。根葉皆可食，四時皆可種。

又　胡蘿蔔　有赤、黄二種，長五六寸，宜伏内畦種，地肥則漫種。生熟皆可食，貧人曬乾，冬月亦可充饑。蓄種如蘿蔔。

又　白菜　一名菘，有春菘、晚菘，種之大小不一，莖葉皆扁，諸菜中最可常食。子如芸苔而灰黑。

又　芥藍，亦芥屬，葉色如藍，故南人謂之芥藍；可擘而食，故北人謂之擘藍。根大於芥，子大於蔓菁，其苗、葉、根、心，俱任爲蔬。子可壓油。四時可種。

又　菠薐　出西域波陵國，一名赤根，一名鸚鵡菜，土人謂之菠菜。根赤，葉緑膩，花碎白，有雌雄，雌者結實有刺。正二月種者，可備春食；七八月種者，可備秋冬食。

又　莧　有赤、白、五色、人莧、紫莧五種。白者良，赤者可治痢。二三月種，六月以後不堪食，八月收子。

又　馬齒莧　一名長命菜，不畏旱潦也。一名五行草。其葉青，梗赤，花黄，子黑，根白，五色俱備，感陰而生。葉大者不堪食，葉細者，苗煮曬乾，可備冬蔬。葉節間有水銀，每十斤可得數兩。

又　葵　種不一，如龍葵、菟葵、蒲葵、天葵，皆可食。至佳者爲冬葵，一名滑葵，有紫莖白莖二種，小者爲鴨腳葵。實如指頂，子輕虛如榆莢仁。六七月種者爲秋葵，八九月種者爲冬葵，正月種與宿根復生者爲春葵。

又　蕹菜　水陸皆可種。畏霜雪，九月藏子土窖中；三四月種，取出，壅以糞土，節節生芽，一本可以成畦，功省而效速。

又　芹　古作靳，有水芹、旱芹，赤白二種。白芹食根，赤芹莖葉並堪作葅。味香美，令人肥健，多食損齒。開細白花，其花黄而有毛者有毒。收根，畦種之，亦四時可採，忌潘泔及咸水，澆之即死。

又　南瓜　擇圓大赤實者，收乾燥處，可蓄冬食。

又　冬瓜　須俟皮老如塗粉者收之。收子，揀瓜蒂彎曲貼肉者爲雌，俟極老，取了懸高燥處。

又　葫蘆　一名匏瓜，即匏也，曰匏、曰壺，長圓不一，可爲器。初生二尺，聚數莖一處，布纏之五寸許，裹以泥；俟合爲一莖，留其强者，餘悉掐去；引蔓結子，子外之條亦掐去。凡初結子不佳，取第四五六，每莖留三實爲止，旱則勤澆，結實最大，每箇可藏數斗。

又　茄　一名落蘇，紫者名紫膨脝；白者名勃海茄，又名銀茄。青而扁爲番茄。

又　蔥　一名芤，一名菜伯，一名和羹草，如藥之有甘草也。

又　百合　一名夜合，根如胡蒜。種宜雞糞，如種蒜法。

又　薤　一名藠子，本又作䪥。韭類也，葉中空，似蔥而有棱，根如小蒜。

又　苜蓿　一名懷風，《爾雅翼》作木粟，言其米可炊飯也。葉似豌豆，每三葉一攢，紫花結角，子大如黍。

又　桑　種甚多，不可偏舉，枝幹條葉堅勁者，荆桑也；葉厚而多津者，魯桑也。荆桑耐久，不如魯桑之盛，當以魯葉接條于荆桑，則經久而葉豐腴。魯桑宜種地，荆宜種牆垣。

雞桑，葉花而薄，飼蠶得繭薄而絲少。白桑，葉大而厚，得繭厚而絲多。金桑，葉黄，樹老而蠶不食。

又　麻　穀名，子可食，皮可績爲布。枲麻，大麻也；苴，黄麻也；苧，草麻也。

又　葛　一名鹿藿，有野生家種，春生苗，引蔓最長，綿綿不絕。「是刈是濩，爲絺爲綌」，刈而煮之，有精粗也。

又　採筍，須視叢中斜密者芟取之，竹鞭方行處不宜採。採時避露。筍味甘，有毒，惟香油與薑能制之。煮宜熟，生食損人。

又　茶　名檟，又名茗，名荈，名蔎，樹如瓜蘆，葉如梔子，花如白薔薇而心黄，有一二尺者，有數丈者，有兩人合抱者。名色不一，如雀舌、鳥嘴、蟬翼、穀芽、麥顆、紫花、緑脚、鑯芽、紫筍、龍團、鳳嶺之類，不可勝紀。

又　藍　凡數種：蓼藍如蓼，五六月開淺紅花成穗，子亦如蓼，歲可三刈。菘藍，葉如白菘。馬藍，葉如苦蕒。冬藍，俗所謂板藍者，花、子並如蓼。吳藍，長莖如蒿而花白。木藍，如決明，高三四尺，七月開淡紅花，結實如小豆角，與諸藍不同，而作澱則一也。

又　又大藍葉如萵苣而肥厚，小藍莖赤葉緑而小，槐藍葉如槐，皆可作靛。秋月煮熟染衣，止用小藍。

又　烏臼　一名鵶臼，野生者不必接，枝葉如小杏，五月開細花，黄白色，實如雞頭，八九月熟。

又　椶櫚　一名栟櫚，嶺南、西川甚多。

又　梅　實小者味酸，四月熟；實大者五月熟。實圓而大者，可蒸製以供染物。

又　杏　産於西北者佳，仁入藥而脆美。以桃樹於五月接之，實尤大。

又　桃　種頗多，三年實，五年即老。若四年後，用刀自樹本直劃其皮，至生枝處，使膠盡出，則多活數年。桃樹接李樹則紅而甘，接杏樹則大。實繁者易墜，以刀横斫其幹乃止。桃多蛀，以豬首汁冷澆之，或以刀疏斫之，其小蟲不能盡除，以多年竹燈懸樹間，蟲自落。

又　李　性耐久，可三十年，春月移栽，喜開爽，密栽則不實。正月一日或十五日，以甎石著樹歧中，則實繁。臘月中旬，正月晦日，以杖微擊樹歧間，子亦足。以桃樹接李子，甘而紅。

又　梨　取棠杜之大者，擘其上，以二三枝接之，或插入杜樹孔中，以泥封之，或以桑樹接之，結實佳。藏梨以蘿蔔相間，經久不爛。

又　棠梨　即棠杜，赤者爲杜，白者爲棠，實小而酸澀，以之接梨則美。

又　櫻桃　二三月間，分有根之枝植之，糞澆即活。歲初惟此果先成，故《月令》：「先薦寢廟。」

又　楊梅　種宜山地。西北無此樹。取核糞池中浸，六月取出，收潤土中，三月種之，待尺許移栽。三年後，以生子枝接之，復移栽山地，壅以灰糞，結子大而肥。

又　枇杷　四時不凋，秋萌，冬花，春實，夏熟，備四時之氣。種不宜糞。

又　柰　一名頻婆，與林檎同類，作脯可爲蓄積。青李、來禽，子皆囊盛爲佳。

又　花紅　即林檎之變種，蘋果亦變種。産北地者尤佳，其樹皆可互接。

又　葡萄　壓藤易生，栽於棗樹之旁，春月鑽棗樹作竅，引藤枝穿過，二三年後，枝大塞竅，皮相連屬，便可斫斷，葡萄托棗根以生，實大如棗。

又　棗　類甚多，西北可抵半糧，味甘能開胃健脾，果中之最良者。初截取大棗旁條二三尺移栽，棗性堅硬，其生晚，芽未出者勿遽芟除。諺有「棗樹三年不算死」，亦有栽久而後生者。

又　柿　種類不一，名亦不一，接樹宜桃，接及三次柿無核。柿有七絶：一多壽，二多陰，三無鳥巢，四無蟲蛀，五霜葉可玩，六佳實可啖，七葉大可學書。然多食則引痰動風，同蟹食腹痛作瀉，飲熱酒令人易醉而心痛。北人以釀酒作醋，味亦不佳。

又　木瓜　秋社前分條移栽，次年便結實，亦可接，可壓條。食之益人，入藥多治氣病，宣城者爲最佳。

又　安石榴　有甜、酸、苦三種，葉單者結實。不結子者，以石塊、枯骨安樹又間或根下，則結子不落。

又　榛　似栗而小，高者丈餘，一苞一實，然多空者。一種高大者，枝葉如水蓼。子作胡桃味，西北甚多。遼東榛，行軍食之，能健步。

又　松實　狀如豬心，疊成鱗砌，秋老則子長而鱗裂，採子食仁，香美可入珍羞，利亦倍於他果。

又　核桃　一名胡桃，葉長三寸，兩兩相對，三月花，九月子熟，漚去皮肉，取核仁爲果。

又　銀杏　一名白果。葉如鴨脚。夜花人罕見。子百十成簇，經霜乃熟，去肉取核食仁。核三稜爲雄，二稜爲雌，種宜雌雄同種，其樹相望乃結實；或雌樹臨水照影亦實；或鑿雌樹，取雄木納之，封以泥，亦實。氣味甘平，少食入藥，能降痰解酒，多食壅氣。小兒食多，昏霍驚疳。

又 橘 產于閩廣江浙者最佳，充果食、作餅，皮核皆入藥。

又 柑 似橘而少刺，皮入藥，畏冰雪，實較橘易腐，閩廣蘇撫荆南爲盛，川穴。採當重陽，色未黄，以沙盆盛之，以乾沙蓋之，可久。其性大寒，多食冷脾生痰。

又 橙 亦橘類，似柚而香，經霜始熟，可蜜可糖，香可薰衣。

又 香櫞、佛手柑，皆可薰衣，並治氣疾。

又 柚 大於橙，皮不堪食。凡此數種，均可互接。

又 藕 以蓮子種者生遲，以藕芽種者易發。其芽穿泥成白蒻，五六月取之可食，俗呼藕絲菜。節生二莖：一爲藕荷，其旁行生藕；一爲芰荷。紅花者蓮多藕劣，宜熟食；白花者蓮少藕佳，宜生食；皆可作粉。收藏白肥藕，埋陰濕地，經久如新，服食益年。花、莖、葉、蓮殼、根、鬚皆入藥，藕田一畝，利其稻田三畝。

又 菱 一名芰，生水澤，處處有之。秋間取熟黑子撒池中，來春即生，葉實俱大，野生者小。一莖一葉，兩兩相差。其實有三角、四角、兩角、無角者，其色嫩青、老黑，嫩而紫者，嫩時剥食脆美。老而黑及野菱之堅者，皆可爲飯爲粥，以救荒歉，澤農之利物也。

又 芡 一名雞頭，一名雁頭，其蓬相似，水澤中處處有之。三月生葉貼水，大於荷葉，面青背紫，盤莖長丈餘可食。五六月開紫花，結苞如雞喙，殼内白米壘壘如珠，最益人。種取秋間實老者，以蒲包裹浸水中，三月撒淺水内，待葉浮水面，移栽淺水，先以蔴餅和泥糞之，後十餘日，以河泥糞之。

又 慈姑 歲根生十二子，如慈姑之乳象子，故名。閏則增一子，如桐之知閏而人不覺也。

又 葧臍 《爾雅》云鳧茈。種宜穀雨日，其苗三四月出淺水上，莖直如細蔥，無枝葉。秋後結實，野生者黑小，食之多滓，種生者皮薄色淡，肉甘脆。作粉食，厚腸胃，土人磨爲乾糧。

又 甘蔗 近水濕地及旱地之水濕流潤者，皆可種。縠縠内，於沃土横種之，節間生苗，去其繁冗，至七月取土封其根，加糞勤灌，八九月收莖，有長丈餘者。有紫白兩種，白者取汁曝之，數日成飴。

清·李心衡《金川瑣記》卷三 天星米 俗喜藝天星米，一名喇嘛酥，米如黍粒，可作糧食，葉經霜，紅如老少年。秋深滿山紅葉，亦一大觀。嘗植之階除，點綴秋景。

又 圓根 圓根即擘藍大頭菜之屬，比蘆菔堅實，味如薯蕷，微帶藥氣。夷人歉歲作糧食，葉可飼豬。

清·李心衡《金川瑣記》卷四 百穀 兩金川祇有大麥、小麥、青稞、黍、稷、蕎、粱、豌豆、胡豆、天星米之屬，有平生未見稻穀者。跬步皆山，無尺寸平地。傍大河及有水泉可灌溉者，爲水田，可種小麥諸穀，其旱田祇可種蕎、黍，間有以稻穀試種，秀而不實，山高霰霧多也。山土甚堅，夷俗亦知牛馬耕耨，但牛則扼其兩角，馬則鉤其鞍橋，運犁無力，未得深耕易耨之法，故勞倍功半。金川多再熟之田，小金川歲只一熟。

又 燕麥 夷人間亦藝種燕麥，其實細而長，可入饘粑，咂酒中用。古樂府云：「道旁兔絲，何嘗可絡；田中燕麥，何嘗可獲」，殊不其然。楊升庵《丹鉛録》亦謂「滇南霑益一路，土人以爲朝夕常食」，則燕麥何嘗不可獲乎？

又 惠蘭 崇化林卡山中，蕙蘭極多。乙巳春，蔣園榕别駕送數十本來，樹之庭除，開花丨餘枝，結蘭蓀二，葉闊如建蘭，花瓣甚巨。又嘗登榕園所建容光閣，超然塵表，俯瞰大江，凝碧無際，旁列蘭草數盆，皆並蒂可玩。

又 菊枕 蔣榕園雅愛菊花，有異種輒多方購取，雖遠在千裏必遣健役致之，故崇化屯署獨盛，替人卞參軍潮復加培植。花時路出崇化，必留餘信宿，把盞吟賞。嘗記昔歲菊殘時，摘取數千朵贈予作枕囊。至今蘧蘧夢醒，猶覺曲屏深幌間幽香可掬也。

又 鎮臺瓜 西瓜有紅黄二種，出崇化、章谷二屯者尤佳。乾隆三十八年間，有一總鎮駐兵江滸，攜種藝植，遂傳至今，俗稱鎮臺瓜，雖青陵遺種，卻與張騫苜蓿、葡萄爭先後矣。

又 土參 藥草可指名者，不翅百種，餘多不能識别。懋屬之大牛廠，綏屬之黑山梁，宜喜、祚固諸山，皆有土蔘，俗稱山蘿蔔，雖三椏五葉，形模不殊，然味薄如黨蔘，嘗煎汁成膏，服之有效。

又 佛掌蔘 懋功屯屬之小牛廠、大牛廠兩處，數十里内出佛掌蔘，其形五椏平列如手掌，新採時，纖白腴潤，不減柔荑，味甘平，食之益人。

又 貝母 種類有三，枝葉叢生，根如百合者爲上；一莖數葉，根如獨蒜，及僅有一大瓣抱跗者次之。花青蓮色，皆從莖端下垂若懸燈。

又 雪蓮 生深山積雪中，獨莖無葉，其花淡紅色。土人採取者，結伴裹糧，窮搜雪窖，有見潛往采之，苟語言，指顧即失所在，遍索不可得矣，俗謂此品山神最貴惜云。

又 苦笋 金川少竹，惟綏靖之正地溝有數十叢，笋味甚苦不堪食，黄山谷所謂諫笋也，相距既遠，得亦不易。章谷出巨竹，其笋必多，第未知筍味何如耳。

又 牡丹 五六月間，牡丹盛開，綏靖屯尤盛。嘗按行至深山中，花開滿山，紅白相間，下臨碧水，掩映增妍，雖洛陽花肆，不是過也。惜俱單瓣，無重臺者。色有淺紅、淡白二色。

清・李心衡《金川瑣記》卷六 冬蟲夏草 俗稱蟲草，初生，抽芽一縷，如鼠尾，長數寸，無枝葉，雜生細草中，採藥者須伏地尋擇。因芽及根蟲形未變，頭嘴倒置土中，短足對生，背有蹙屈紋，稜稜可辨，芽從尾茁，蓋直殭蠶，非僅形似也。然剖之已成草根，每歲惟四月杪及五月初旬可採，太早則蟄蟲未變，太遲變成草根，不可辨識矣。味甘平，同鴨煮，去滓食，益人。

又 夜光木 其木不易多得，率在深山人跡不到處，疑數千年古木所化，積雨山水暴下，隨流赴大江，土人撈獲以獻。日間與尋常朽株無異，夜有光瑩，緑如螢火，踰月漸退，惜不能耐久也。

清・陳其元《庸閒齋筆記》卷八《東洋參》 日本國所産之東洋參，江、浙諸省盛行之，醫家或以爲勝于高麗者，因其肥大也。今閲其國人鹽谷世宏《日光從軫録》所記云「會津七里村有參圃，享保中所創種，以日光高寒，土必宜參，乃求韓種以播焉。根荄果茂，仍徧種于北土。諸侯官參之利，遂溥天下」等語，則直是高麗之種參耳，何足重哉！記之以破世惑。

清・陳康祺《郎潛紀聞初筆》卷一二 嘉禾一莖三穗 康熙中朝廷祀泰山之次年，齊東道中，産嘉禾，一莖三穗。

清・陳康祺《郎潛紀聞三筆》卷七 國子監瑞柏，仰邀聖藻，前筆紀之矣。翰林院有金槐，數人合抱，瘦磊砢如假山。禮部有壽草，春開紅花，綴如火齊，秋結實如珠，《羣芳譜》《野菜譜》均未之載。相傳生自國初，歲久漸成藤本，乾隆間已分爲二歧，枝格杈椏，挺然老木矣。

清・李恩綬《紫蓬山志・物産》 蘭草 春山深谷，幽香襲人，種類素心，託根净土。

薔薇 色紅鮮艷，如中酒然。

金銀花 有紅黄白三種，每逢花時，落英繽紛。

繡球花 春夏之交，積雪一堆，萬紫千紅所不及也。

迎春 臘末春初，新黄吐艷，花如金粟，與梅争先。

梅 有臘梅、紅梅、緑萼梅之別，老樹着花，虬枝蟠地，江南春早，花開嫣然。

牡丹 白紫二種，顔色傾城。

葵花 花開向日，簇簇澗旁點綴秋容，頗可人意。

菊 黄華佳種，紅白次之，晚節傲霜，不同凡卉。

龍爪花 形如龍爪，肇錫嘉名，時值初秋，雲蒸霞蔚。

萬年青 四季常青，冬令結菓，勻圓粒粒，紅若珊瑚。

吉祥草 石罅一叢，有類書帶，青青山谷，疑是康成。

天竹 《羣芳譜云》：稉者多子。離離朱實，炳如渥丹。

枇杷 寒葩炎果，氣備四時，粲若金丸，枝葉晚翠。

櫻桃 生自僧舍，非出上蘭，熟滴階紅，甜逾崖蜜。

棗 剥從八月，種異安期，産自北方，撲爛盈斗。

梨 春季花時，落英如雪，得霜味佳，解煩釋渴。

野柿 中有精液，封侯凌霜，小者君遷，滋味殊絶。

橡栗 盛囊置水中多日，取出去其澀水，磨細可爲粉，絲可爲豆腐。

銀杏 俗名白菓，其色如銀，故名。山之東岩峯下有銀杏樹，大可十圍，數百年前物也。

山裏紅 木本，似茶，又名山茶，其菓幹焙之可以沖茶，其菓熟可以食，功用與山楂等。

老虎爪 初生有黑茸毛，捲抱如虎爪，故名，可以爲菜。

薺 野菜中此味最美。

苜蓿 土名三菜，又名黄花菜。

菌 一名菰子，一名地鷄。味鮮美有微毒。另一種赤如脂，其味甚大，不可食。種類甚多，有雷菰、有松菰、有竹菰、有草菰、有牛屎菰，霉天陰雨，山中俯拾即是。

雪裏蕻 雪深諸菜皆萎，此菜獨青。

山藥 一名藷萸，一名玉延，一名薯蕷，益腎補脾潤肺，多食體健。

百合 一名重邁，一名中庭，潤肺安心清熱，患嗽者宜常食之。

沙參 補肺陰清肺火。

桔梗　味苦而葉似薺苨。

黄精　色配中央，得坤土之精，故益壽延年。徽州黄山所産最佳，惜本山産者，小而少，頗難得也。

茈胡　根如鼠尾，長一二尺，俗名柴胡。

枸杞　芽初生，土人採以作菜，名曰枸杞頭，清熱明目。子名枸杞子，補腎生精。根名地骨皮，除肝中伏火並肝腎虚熱。

蒼术　味苦温辛烈，治濕強脾。

何首烏　初無名，因何首烏見藤夜交，采食有功，因以採人爲名。久服成地仙。

薄荷　性辛涼，解暑熱。

車前草　即《詩》芣苢，又名馬舃，俗名蝦蟆草。大葉長穗，好生道旁，善治濕熱。

魚疔草　眼紅魚生疔時，採其根洗浄，斫碎拌飯吃，翳去目明，功效如神。

玉术　補品，功用同黄精。

百步根　葉圓，稍鋭，根如小白蘿蔔，用以燒水洗瘡，殺蟲生肌。

松　山中樹木以馬尾松爲最多，材賤，用少，代價又低，除燃料外無大用者。

柏　爲樹木中有用之材，惜山中栽植太少，除墓坟上點綴風景外無多見。

槐　夏季秋初，花黄如金，其葉以蜜醃之，泡茶飲之可以去暑熱。

榆　春季新葉落地，細小如錢。

楓　秋季孟冬，葉紅如火，遍山皆赤，天然畫圖。

楊柳　春夏緑成，濃陰滿坑滿谷。

竹　山中有竹，劈開陰陽相覆，啣接可以爲屋。

化樹　其樹可以燒炭，其花可以染衣，其葉可以悶布。

檀樹　其質堅，有用材也。嫩頭初發，摘下焙之，晒乾爲菜。

紫藤　藤本，弱不禁風，可以爲拄杖。花粉紅色，故名。摘下焙之，晒乾爲菜，味頗別致。

香椿　樹本，及葉與普通椿樹無異，惟此椿初發芽時，摘下用開水燙之拌鹽，再澆麻油，香脆可口。

石榴　實大於碗，朱實纍纍，露裂星房，汁成美酒。

清·陸以湉《冷廬雜識》卷七　檇李　嘉興本檇李地，所産李即以是爲名。色紅肉脆而味絶鮮，吾郡果品以此爲最，惜不可多得。

清·陸以湉《冷廬雜識》卷八　芋　芋在處皆有，而蜀地尤美。王子淵《僮約》凡四言芋，曰養芋，曰欋芋，曰窖芋。蓋物土所宜，言之不厭其詳也。

清·方浚師《蕉軒隨録》卷三《隔山消》　隔山消形似何首烏，又類天花粉。秋冬收買，貫以線，陰於檐下。磨燒酒，塗一切癰疽發背，隨塗隨消，不可封頂，治疗尤良。

清·方浚師《蕉軒隨録》卷四《荔枝草》　荔枝草又名蝦蟆草，方莖尖葉，枝節對生，業上起點如荔枝，故名荔枝草。其草二月生苗，八月萎。如被猘犬傷，即起根葉，不拘多少，佐以五爪葉草，入臼搗爛，取汁對酒飲，或用酒熬濃汁服，擁被厚蓋，如得汗出，即愈。七日一服，三服即瘥。此乃起死回生之方。

清·釋德基《寶華山志·山水》　白蓮峯　在小華山下。昔産白蓮，因名。

又　黄葉彎　在歡喜嶺下。當峯迴磴折處，霜後落葉隨風繽紛，堆滿山凹，色璨于金。

又　石門泉　在山之西北石門巖下。上下兩池，中間以橋，泉脈暗湧，泛如串珠。一名卓錫泉，相傳誌公以錫卓之，泉輒湧出。石竇多生菖蒲，根九節，葉青翠如髮。旁有石門菴，今徙建西麓，上即誌公洞。

又　蒲塘泉　在山之西南。蒲團菴側，泉出石間，甃石爲塘，多茁青蒲，故菴亦名蒲塘。久之，訛「塘」爲「團」。

又　蓮花池　在留雲閣前縱横，各五六丈。夏日芙蕖盈池，一若玉井之懸於太華峯頭也。

清·釋德基《寶華山志·記·華山遊記》　李維徵本寗　盛夏黄花滿山，如金蓮不種而生，山以此名。

清·釋德基《寶華山志·記·遊寶華山小記》　盛時泰仲交　回龍，其地多流水。新篁蒙密，又饒藥草。

清·吴慶坻《蕉廊脞録》卷八《芭蕉根實》　芭蕉根内有實，每夕五更必从下躍上，有声。人于此時静听得之，俟其躍上，速取之。形如橄榄核，但不知何所用也。

清·吴慶坻《蕉廊脞録》卷八《蜀中緑菜》　蜀中産緑菜，山谷令蘆山作《緑菜頌》。今則嘉定、雅州水石間多有之，色味形狀與吾鄉紫菜絶相似。

清·吴慶坻《蕉廊脞録》卷八《嘉州荔支》　嘉州荔支，色香味雖不逮閩、粤，然故是雋品。昔過納谿，有餉此者，舟中飽啖之。聞近歲種植漸廣，結實頗繁，固不只嘉州一樹矣。

清・吴慶坻《蕉廊脞録》卷八《蒙頂茶》 蜀名山縣蒙山產茶最有名，中頂所產至少而至寶貴。山凡五頂，中頂最高，土僅寸許。相傳漢甘露祖師吴理真種茶八株，今尚存，其七高四五寸，其一高尺二三寸。夏初發芽，不過數十，即有雲霧覆其上。每將採，必先祭之，祭畢而采，采畢即如枯枝。平時樹栅扃鐍以守護之。中頂茶每歲入貢，爲四川方物之一。知縣歲以貢餘餽省中大吏一小瓶，中只一葉耳。《茶譜》云：「獲蒙頂茶一兩，以本處水煎服，除宿疾；四兩，即成地仙。」

清・吴慶坻《蕉廊脞録》卷八《成都年景花》 成都有年景花，作紫白淡紅三色，臘盡抽穗作花，以盆盎雜栽之，作饋歲物，置軒檻間，亦楚楚可愛。

清・吴慶坻《蕉廊脞録》卷八《峨眉萬年松》 峨眉山有萬年松，枝葉根發鬚如縷如髮，視之若已枯者，置水中，則頃刻間黄萎者皆蒼翠，儼然一小松具體而微，然日久則葉落。宜風戾之，或夾置書葉中，仍可復活。

清・丁柔克《柳弧》卷一《懷夢草》 淫羊藿，一名黄連祖，一名千金，一名三枝五葉草。此草晝夜百交。合歡草如蓍，一株百莖，晝分夜合，從不遺一。懷夢草生鐘火山，晝縮入地，夜則發榮。懷其葉則知夢之吉凶。武帝思李夫人，東方朔獻一枝，夜果夢如平生。

清・丁柔克《柳弧》卷三《土產》 河南出茶菱，形如蓮鬚，味如瓜子。安徽出茶魚，細如小指，味如乾蝦。雲南出雞㙡，形如香菌，味則在蘑（姑）〔菇〕、冬（姑）〔菇〕、茶菇、石耳、木耳、雲耳、猴菌、野菌、香菌、茶菌諸物之上。湖北鄖陽出白木耳，價極貴。聞種木耳者，黑木耳則種者得之，白木耳則夥照例得之，且一出白者其樹必枯，故種木耳者多諱之。

清・丁柔克《柳弧》卷五《特產》 廣東化州出橘紅。化州地下多礞石，礞石爲治痰之峻物，故隱君有礞石滚痰丸一方，橘生其上，故化痰也。相傳州署内一株最好，地下之礞石多而且大也。爲貢品，每結實時，官命人守之。然夜中多失去少許，官怒，重責守者。或一夜擊橘落滿地，次日數之不失一，皆俟大風雨夜，云風落之也，而殊不知已全易之矣。或上樹摘時袖中藏他橘，衆目共覩，及摘畢亦易之矣，其狡點如此。以皮薄者上印「有毫」二字爲真，如現在所賣毛茸茸然則不佳。廣西出桑寄生，可爲膏。鳥啄食於桑，遺别種於桑而生，故名寄生。山東東阿縣驢皮膠，蓋東阿有井，爲濟水發源，其性潤而補；驢色黑，入腎，亦大滋陰之品。真者要明而黄，若黑而暗者，則不但牛皮，而並有皮靴皮鞋而臭味矣。神麯以福建泉州范志爲最，然神麯人皆以爲消食之輕品，如茗櫝然，不知神麯内中盡係剋伐之藥。雲南茯苓、肉桂之外則有鵝血藤膏。藤之膏如血，最治婦女經脈。又有舍利子，出西藏，如桐子大，淡紅色，養於盒中，用米及茶葉養之，供於神前。須潔浄，每對每年生一兩對小者，如污穢則不生矣。臨產時婦人食兩枚，兒下時每手一枚，取出用水洗之，然不能再返於神前矣。醋鼈生於南海，放醋中則行，否則如小牙骨之類，臨產執之可開骨。野朮生於潛縣，有硃砂紅點者爲真，其形如金線吊葫蘆。用米泔水浸之，以銅刀切之，忌鐵器。雲南出何首烏，然成人形者少，如成人形，其汁如乳。湖北房縣出猴結，乃猴子天癸墜於水中而成，真者甚少。太子參亦名孩兒參，凡建都之地如南京、洛陽皆有之。

清・丁柔克《柳弧》卷六《鳳凰蕭》 湖南鳳凰山出竹，圓潤而長，以之爲蕭，名鳳凰蕭，聲音響亮，清越非常。

清・丁柔克《柳弧》卷六《方竹杖》 浙江小方山出方竹。據云只廟後一叢，不過數十根，僧人甚寶貴之。用以爲杖，頗别致。

清・丁柔克《柳弧》卷六《臺灣三寶》 臺灣出筍葉，可作扇，土人以火筆畫之，甚通行各省。又出菖蒲根，可爲杖，或爲洋煙槍，俗呼爲甘蔗槍。又出牛皮箱匣，上畫山水、人物、鳥獸，筆致固佳，箱亦完固。此三物，官斯地者以之爲餽人。

清・丁柔克《柳弧》卷六《文武二山》 江浙湖州有文武二山，甚小。文山出筆桿，武山出箭桿。

清・謝元淮修、許喬林纂《雲臺新志・勝蹟上》 屏竹社松 雲臺多松，其最古者，爲蟠龍松，已載入靈植門。而平屏竹社後巖上睡松，其奇古略與蟠龍、丈人埒，故登諸勝蹟以壽之。至屏竹社門外有扇面松，西坡下有臥松，九龍磵中有大松，九龍橋有二松，東竹園有二松，石澗之側巖上一松，又屏竹社後巖睡松之上，復有直立一松，皆輪囷屈盤，傲兀自喜，洵松中之傑也。亦附誌以永其傳。

又 淩洲春柳 淩洲村，在關東北，背山面水，萬柳争環，每至早春，新緑初齊，宛然如畫。

又 東磊朱櫻 雲臺櫻桃處處皆佳，東磊尤盛。四月間，火珠萬點，錯落山林，游人競觀，就樹飽噉。

又 祇林銀杏 隔村崇善寺，有銀杏二株，皆數百年物，村人呼爲神樹。

又 楓葉霜寒 牛王廟村，山多楓樹，秋霜漸老，紅葉滿林，二月春花殆不及也。

清・謝元淮修、許喬林纂《雲臺新志・物華》 穀屬稻秈稻、芒稻、糯稻三種。黍黃、白二種。 穄粒大於黍。 穀赤、白二種。 麥大麥、小麥、穬麥、蕎麥四種。蜀秫秔糯二種，又有玉秫。 芝蔴黑、白、黃三種。 豆黃、黑、赤、菉、豇，凡五種。又有豌豆、蠶豆、藊豆、刀豆。 薏苡。

又 蔬屬 菜青白二種，又有黃芽菜。 芥紫、青、白三種。 茄 蔥 韭 蒜 薑 瓜西瓜、冬瓜、王瓜、絲瓜。香牙、越瓜、梢瓜、番瓜各種。 瓠 葫蘆 萵苣 菠薐 莙薘 蔓菁 董蒿 芫荽 莧菜 薺菜 烏蘭 黑菜 芑菜 烏菘 苦菜 水芹 蓴菜 荇菜 蒲蒻 菱瓜 芋 曼蘿菜出海灘。 蘿蔔紅白二種，又有胡蘿蔔。 海莘菜出海灘。 海菜出海中，形似木耳。 黃花菜 藜藿紅、白二色。 馬齒菜 大艽 蕨菜

又 果屬 桃苦桃、白桃二種。 杏大、小二種。 李 柰 棗 栗大、小二種。 梨青梨、雪梨、黃香梨三種，以雲臺山下大村所産爲佳。土人於未熟時就枝，用紙封之，又名「封梨」。 柿蓋柿、牛心柿二種。 銀杏 榛 梅其花有玉蝶、緑萼、紅梅、朱砂梅凡四種。 花紅 櫻桃以東磊爲最盛，色味皆佳，諸韓、宿城次之。 胡桃 石榴單瓣俱大，紅千瓣有紅、絳、黃、白凡四種。 沙果 蘋果 山查 枇杷惟諸韓及漁灣有之。

林檎 枳椇俗呼剛橘。 鹿梨 香櫞惟諸韓及漁灣有之。 木瓜又有木梨，似梨。文官果 無花果 葡萄紫、白二種。 天竺果 荸薺 蓮子 藕 菱 芡

又 木屬 松又有纓絡松。 栢 杉 檜 槐 桂清風頂及諸韓、漁灣皆有之。榆紫、白二種。 楝 楓 椿即香椿。 樗俗呼爲「臭椿」。 柳又有垂、楊柳。 檉桐青桐、榮桐、小葉桐三種。 楊青、白二種。 格 楸鼠欄桑 柘 柞 檀 樟梓 漆 楮俗呼爲穀樹。 柏 皁莢 黃楊 石楠 花椒 冬青 棠梨

又 花屬 牡丹 紫荊 玉蘭 辛夷 海棠西府貼、梗、垂絲三種。 梔子瑞香 繡毬 淩霄 薔薇 荼蘼 洋桃 丁香紫、白二種。 碧桃 刺紅 木槿 金雀 臘梅 棣棠 月季 虎刺 杜鵑 素馨 珍珠花 玫瑰 芙蓉夾竹桃 紫薇 朱藤 蓮 芍藥 菊 合歡 木香

又 卉屬 靈芝五色。 石竹 蜀葵 玉簪 瞿粟 金沙 萱草 金盞鷄冠 百合 金燈 燈籠 羊繡毬 秋海棠 野蘭 粉團花 迎春柳 野茉莉 百日紅 山丹 藍菊 佛見笑 虞美人 蔓菁 翦秋羅 蝴蝶花 凰仙花 鴈來黃 老少年 鴈來紅 向日葵 萬壽菊 荷包牡丹 美人蕉 雞爪葵 芭蕉 長春化 木筆 十姊妹 紫良姜 吉祥草 萬年青 書帶草 淡竹葉 金絲荷葉 葛 薜蘿 蘆 艾 蓼 萍

又 竹屬 慈竹 翠竹 紫竹 邛竹一名老人杖。 青黛竹 篠竹徧山有之，土人以箒。 鳳尾竹 金鑲碧嵌竹

又 藥屬 何首烏赤、白二種。 五加子即五加皮，樹實。 五加皮 枸杞子 金銀花 兔絲子 天南星 車前子 香附子 麥門冬 天門冬 旋覆花 蛇牀子 夏枯草 馬鞭草 牽牛子 桑白皮 元胡索 天仙藤 地骨皮 土牛膝 馬芹子 柴胡 槐角 地榆 荆芥 桔梗 菖蒲 射干 商陸 鶴蝨 元參 苦參 蒲黃 大戟 枳實 茴香 芫花 海艾 草烏 蒼朮 漏蘆 卷柏 百部 百合 山藥 豨薟 木賊 骨碎補 青木香 威靈仙 白蒺藜 紫花地丁 王不留行 郁李仁 覆盆子 葳蕤 益母草 茵陳 蒼耳 花粉 葛根 瓜蔞 川芎 天麻

又 貨屬 鹽 絲 靛 緜 蜜 蠟 木棉 茶出宿城山，形味似武彜小品，性尅削。以悟正庵者爲最。

清・謝元淮修、許喬林纂《雲臺新志・靈植》 東海大松 《江南通志》：在州東大海中，相傳三代時物。案：康熙四十年以前，雲臺本在海中，故《通志》云。然靈臺古松甚多，《顧志》漏而不載，《崔志》祇載松谿之睡松，以爲千餘年物，其他亦皆闕。如今案龍松磵之潘龍松，即徐仲車所詠東海大松。

又 屏竹社廟外一松，揹牆分蔭兩枝，上下如扇，人稱爲「扇面松」。廟後一松，臥右上，作盤旋勢。廟西坡下，亦有臥松，較廟後者稍遜。廟後巖間，臥松之上，復有植立一松，亦具別致。

又 宋徐《積東海大松》 東海有物天下雄，萬靈戮力生奇松。天精地粹萃其下，滄溟百道來相同。一根直去穿九泉，一根斜插鯨魚淵。

又 國朝陶澍《蟠龍丈人歌》有序，石刻 雲臺山三元宮，西澗有松一株，最奇，漱石枕流，蔭滿一山，相傳三代以上物也。其松高可五尺許，圍倍之軀碻甚，而頂平無所見。見二幹，其北幹鬖髿拂地，行行且止。

清・謝元淮修、許喬林纂《雲臺新志・雜綴》 海州東峽島生海棠，作矮樹，

花深紅，大如茶盌，香韻殊絶，每歲進，御以金牌記之。《玉堂嘉話》。

又 宋宣和間，海州東海縣治内，叢竹生筍。有紫金蛇一條，蟠繞一筍根，凝然不動，光彩射人。至於解籜乃不見，竹竿從本至末如紫線，界道百許行，極可愛【略】。後不復有此種也。《夷堅志》。

又 海州紫菜作貢，見《太平寰宇記》。今紫菜生海中山麓石上，潮盈爲水所浸，潮落石見，上多小螺殼，殼尖有孔，紫菜生其中，鬅葉浮出，采之須俟潮初退，時遲則膠於石矣。《東海志》。

又 國朝舒位《蜘蛛絲網龍篇》有序《瓶水齊集》 海州有蜘蛛怪，不知何代物也。能噓氣爲黑風，居民每望見，風起如黑煙蓬蓬，則皆嚴閉户牖，行者面牆壁伏，風過乃已，習爲常，亦無他害。一日，龍擊之，雷雨既作，蛛吐絲網，龍窘不能出，格鬭凡數十，須臾而濱海皆水矣。始有火龍者二，焚網出龍，蜘蛛遁，莫識所往。詰旦於數十里外，有物從横散落，圓膩而色灰，圍如人臂，或數寸至尺若干處，金石無所傷，而兩頭皆焦火痕。

礦物資源部

《山海經》卷一《南山經》 又東三百里，曰堂庭之山，多棪木，多白猿，多水玉，多黃金。

又 東三百七十里，曰杻陽之山，其陽多赤金，其陰多白金。

又 東五百里，曰鹿吴之山，上無草木，多金石。

又 東五百里，曰漆吴之山，無草木，多博石，無玉。

又 東五百里，曰禱過之山，其上多金玉，其下多犀、兕，多象。

又 東五百里，曰丹穴之山，其上多金玉。

又 東四百里，至于非山之首，其上多金玉，無水，其下多蝮蟲。

又 東三百七十里，曰侖者之山，其上多金玉，其下多青雘。

又 東五百八十里，曰南禺之山，其上多金玉，其下多水。

《山海經》卷二《西山經》 濩水出焉，北流注于渭，其中多銅。

又 其陽多㻬琈之玉，其陰多銅。

又 西七十里，曰英山，其上多杻橿，其陰多鐵，其陽多赤金。

又 西五十二里，曰竹山，其上多喬木，其陰多鐵。

又 西七十里，曰羭次之山，漆水出焉，北流注于渭。其上多棫橿，其下多竹箭，其陰多赤銅，其陽多嬰垣之玉。有獸焉，其狀如禺而長臂，善投，其名曰囂。有鳥焉，其狀如

又 西百八十里，曰大時之山，上多穀柞，下多杻橿，陰多銀，陽多白玉。

《山海經》卷三《北山經》 北二百五十里，曰求如之山，其上多銅，其下多玉，無草木。

又 北三百里，曰帶山，其上多玉，其下多青碧。

又 北二百里，曰潘侯之山【略】。其陽多玉，其陰多鐵。

又 西二百五十里，曰少陽之山，其上多玉，其下多赤銀。

又 北五十里，曰縣雍之山，其上多玉，其下多銅。

又 勝水出焉，而東北流注于汾水，其中多蒼玉。

又 北三百五十里，曰白沙山【略】，鮪水出于其上，潛于其下，是多白玉。

又 北三百八十里，曰狂山【略】，狂水出焉，而西流注于浮水，其中多美玉。

又 北三百八十里，曰諸餘之山。其上多銅玉，其下多松柏。

又 北三百五十里，曰敦頭之山。其上多金玉，無草木。

又 北三百五十里，曰鉤吾之山，其上多玉，其下多銅。

又 北三百里，曰北囂之山，無石，其陽多碧，其陰多玉。

又 北三百五十里，曰梁渠之山，無草木，多金玉。

又 北三百八十里，曰湖灌之山，其陽多玉，其陰多碧。

又 北水行五百里，流沙三百里，至于洹山，其上多金玉。

又 北三百里，曰敦題之山，無草木，多金玉。

又 北次三經之首，曰太行之山，其首曰歸山，其上有金玉，其下有碧。

又 東北二百里，曰龍侯之山，無草木，多金玉。

又 東北二百里，曰馬成之山，其上多文石，其陰多金玉。

又 東北七十里，曰咸山，其上有玉，其下多銅。

又 東三百里，曰陽山，其上多玉，其下多金銅。

又 東三百五十里，曰賁聞之山，其上多蒼玉，其下多黃堊，多涅石。

又 東南三百二十里，曰孟門之山，其上多蒼玉，多金，其下多黃堊，多涅石。

又 東南三百二十里，曰平山。平水出于其上，潛于其下，是多美玉。

又 東二百里，曰京山，有美玉【略】，其陽有赤銅，其陰有玄䃶。

又 東二百里，曰蟲尾之山，其上多金、玉。

又 東北百二十里，曰少山，其上有金、玉，其下有銅。

又 東北二百里，曰錫山，其上多玉，其下有砥。

又 北百里，曰題首之山，有玉焉，多石。

又 北百里，曰繡山，其上有玉、青碧。

又 北百二十里，曰敦與之山，其上無草木，有金玉。

又 北百七十里，曰柘山，其陽有金玉，其陰有鐵。

又 北二百里，曰維龍之山，其上有碧玉，其陽有金，其陰有鐵。 肥水出焉，而東流注于皐澤，其中多礨石。

又 北百八十里，曰白馬之山，其陽多石、玉，其陰多鐵，多赤銅。

又 北三百里，曰泰戲之山，無草木，多金玉。

又 北三百里，曰石山。多藏金、玉。

又 北三百里，曰陸山，多美玉。

又 北百二十里，曰燕山，多嬰石。

又 北四百里，曰乾山，無草木，其陽有金玉，其陰有鐵而無水。

又 北五百里，曰碣石之山。繩水出焉，而東流注于河，其中多蒲夷之魚。其上有玉，其下多青碧。

又 南三百里，曰藟山，其上有玉，其下有金。

又 南三百里，曰栒狀之山，其上多金、玉，其下多青碧石。

又 南四百里，曰高氏之山，其上多玉，其下多箴石。諸繩之水出焉，東流注于澤，其中多金玉。

又 濼水出焉，東流注于澤，其中多金玉。

又 南三百里，曰獨山，其上多金玉，其下多美石。

又 南三百里，曰泰山，其上多玉，其下多金。

《山海經》卷四《東山經》 西南四百里，曰嶧皋之山，其上多金玉，其下多白堊。

又 南五百里，曰鳧麗之山，其上有金玉，其下多箴石。

《山海經》卷五《中山經》 東十五里，曰渼山，其上多赤銅，其陰多鐵。

又 西南二百里，曰發視之山，其上多金玉，其下多砥礪。

又 西二百里，曰昆吾之山，其上多赤銅。

又 西百二十里，曰葌山，葌水出焉，而北流注于伊水，其上多金玉，其下多青雄黃。

又 《中次三經》萯山之首，曰敖岸之山，其陽多㻬琈之玉，其陰多赭、黃金。神熏池居之，是常出美玉。

又 《中次四經》釐山之首，曰鹿蹄之山。其上多玉，其下多金。甘水出焉，而北流注于洛，其中多泠石。

又 西五十里，曰扶豬之山，其上多礝石【略】。虢水出焉，而北流注于洛，其中多瓀石。

又 西二百里，曰箕尾之山。多穀，多涂石，其上多㻬琈之玉。

又 西二百五十里，曰柄山。其上多玉，其下多銅。

又 西二百里，曰白邊之山。其上多金玉，其下多青雄黃。

又 東三百里，曰首山【略】。其陽多㻬琈之玉。

又 北十里，曰超山。其陰多蒼玉。

又 東五百里，曰朝歌之山，谷多美堊。又東五百里，曰槐山，谷多金錫。

又 東十里，曰歷山。其木多槐，其陽多玉。又東十里，曰尸山，多蒼玉【略】。尸水出焉，南流注于洛水，其中多美玉。

又 東南十里，曰蠱尾之山，多礪石、赤銅。

又 東十二里，曰陽虛之山，多金。

又 西十里，曰縞羝之山。無草木，多金玉。

又 西十里，曰廆山。其陰多㻬琈之玉。

又 西三十里，曰瞻諸之山。其陽多金，其陰多文石。

又 西三十里，曰婁涿之山，無草木，多金玉。瞻水出于其陽，而東流注于洛；陂水出于其陰，而北流注于穀水，其中多茈石、文石。

又 西四十里，曰白石之山。惠水出于其陽，而南流注于洛，其中多水玉。澗水出于其陰，西北流注于穀水，其中多麋石、櫨丹。

又 爽水出焉，而西北流注于穀水，其中多碧綠。

又 西七十二里，曰密山。其陽多玉，其陰多鐵。

又 西百里，曰長石之山，無草木，多金、玉。其西有谷焉，名曰共谷，多竹。共水出焉，西南流注于洛，其中多鳴石。

又 西五十里，曰橐山【略】。其陽多金玉，其陰多鐵，多蕭。

又 西九十里，曰夸父之山【略】。其陽多玉，其陰多鐵【略】。湖水出焉，而北流注于河，其中多珚玉。

又 西九十里，曰陽華之山，其陽多金、玉，其陰多青雄黃【略】。門水出焉，而東北流注于河，其中多玄礵。緒姑之水出于其陰，而東流注于門水，其上多銅。

又 東五十七里，曰大𦻍之山，多㻬琈之玉，多麋玉。

又 東五十里，曰少室之山【略】。其上多玉，其下多鐵。

又 北三十里，曰嬰梁之山。上多蒼玉，錞于玄石。

又 東二十里，曰末山，上多赤金。

又 東二十五里，曰役山。上多白金，多鐵。

又 東三十五里，曰敏山【略】。其陽多㻬琈之玉。

又東三十里，曰大騩之山。其陰多鐵、美玉、青堊。

又《中次八經》荊山之首，曰景山，其上多金玉，其木多杼檀。

又東北百里，曰荊山。其陰多鐵，其陽多赤金。

又東北百二十里，曰女几之山。其上多玉，其下多黃金。

又東北二百里，曰宜諸之山，其上多金玉，其下多青雘。洈水出焉，而南流注于漳，其中多白玉。

又東北二百里，曰陸鄃之山。其上多㻬琈之玉。

又東百五十里，曰岐山。其陽多赤金，其陰多白珉。其上多金玉。

又東百三十里，曰銅山。其上多金、銀、鐵。

又東南一百五十里，曰玉山。其上多金玉，其下多碧、鐵。

又東南七十里，曰讙山。其木多檀，多邽石，多白錫。郁水出于其上，潛于其下，其中多砥礪。

又東南二百里，曰琴鼓之山【略】。其上多白珉，其下多洗石。

又東北三百里，曰岷山【略】。其上多金玉，其下多白珉。

又東四百里，曰蛇山。其上多黃金，其下多堊。

又東五百里，曰鬲山。其陽多金，其陰多白珉。

又東北三百里，曰隅陽之山，其上多金玉，其下多青雘【略】。徐之水出焉，東流注于江，其中多丹粟。

又東二百五十里，曰岐山。其上多白金，其下多鐵。

又東三百里，曰勾檷之山，其上多玉，其下多黃金。

又東一百五十里，曰風雨之山。其上多白金，其下多石涅。

又東北二百里，曰玉山。其陽多銅，其陰多赤金。

又東一百五十里，曰熊山【略】。其上多白玉，其下多白金。

又東一百四十里，曰騩山。其陽多美玉、赤金，其陰多鐵。

又東二百里，曰葛山。其上多赤金，其下多瑊石。

又《中次十經》之首，曰首陽之山。其上多金玉，無草木。

又西五十里，曰虎尾之山【略】。多封石，其陽多赤金，其陰多鐵。

又西五十里，曰涿山【略】。其陽多㻬琈之玉。

又《中次一十一山經》荊山之首，曰翼望之山【略】。其陽多赤金，其陰多珉。

又東南一百里，曰帝囷之山。其陽多㻬琈之玉，其陰多鐵。

又東南五十里，曰視山。其上多韭，有井焉，名曰天井，夏有水，冬竭。其上多桑，多美堊、金、玉。

又東南三十里，曰游戲之山。多杻橿穀，多玉，多封石。

又東南三十里，曰畢山。帝苑之水出焉，東北流注于視，其中多水玉，多蛟。其上多㻬琈之玉。

又東四十里，曰嬰山。其下多青雘，其上多金玉。

又東二十里，曰嬰侯之山，其上多封石，其下多赤錫。

又東三十里，曰倚帝之山。其上多玉，其下多金。

又東三十里，曰鯢山，鯢水出于其上，潛于其下。其中多美堊，其上多金。

又東七十里，曰嫗山。其上多美玉，其下多金。

又東三十里，曰鮮山【略】。其陽多金，其陰多鐵。

又東三十里，曰章山。其陽多金，其陰多美石。皐水出焉，東流注于澧水。其中多脃石。

又東二十五里，曰大支之山，其陽多金。

又東五十里，曰聲匈之山。其木多穀，多玉，上多封石。

又東五十里，曰大騩之山，其陽多赤金，其陰多砥石。

又東北七十里，曰歷石之山【略】。其陽多黃金，其陰多砥石。

又東南一百里，曰求山。求水出于其上，潛于其下【略】。其陽多金，其陰多鐵。

又東三百里，曰奧山【略】，其陽多㻬琈之玉。

又東三十五里，曰服山，其木多苴，其上多封石，其下多赤錫。

又東百十里，曰杳山【略】，多金玉。

又《中次十二經》洞庭山之首，曰篇遇之山，無草木，多黃金。

又東南五十里，曰雲山【略】。其上多黃金，其下多㻬琈之玉。

又東七十里，曰丙山，多筀竹，多黃金、銅、鐵，無木。

又東南五十里，曰風伯之山。其上多金玉，其下多痠石文石，多鐵。

又東一百五十里，曰夫夫之山，其上多黃金，其下多青雄黃。

又東南一百二十里，曰洞庭之山。其上多黃金，其下多銀鐵。

又東南一百八十里，曰暴山【略】。其上多黃金、玉，其下多文石、鐵。

又 東南二百里，曰即公之山。其上多黄金，其下多㻬琈之玉。

又 東南一百五十九里，曰堯山。其陰多黄堊，其陽多黄金。

又 東二百里，曰真陵之山。其上多黄金，其下多玉。

又 東南一百二十里，曰陽帝之山。多美銅。

又 南九十里，曰柴桑之山。其上多銀，其下多碧，多泠石、赭。

又 東二百三十里，曰榮余之山。其上多銅，其下多銀。

《尚書・禹貢・青州》 厥貢鹽絺，海物惟錯。

《尚書・禹貢・徐州》 厥貢惟土五色。

《尚書・禹貢・梁州》 厥貢璆、鐵、銀、鏤、砮磬、熊、羆、狐狸、織皮。

《尚書・禹貢・甸服》 五百里甸服：百里賦納總，二百里納銍，三百里納秸服，四百里粟，五百里米。

漢・司馬遷《史記》卷一二九《貨殖列傳序》 夫山西饒材、竹、穀、纑、旄、玉石；山東多魚、鹽、漆、絲、聲色；江南出枏、梓、薑、桂、金、錫、連、丹沙、犀、瑇瑁、珠璣、齒革；龍門、碣石北多馬、牛、羊、旃裘、筋角；銅、鐵則千里往往出山棊置：〔索隱〕：言如置棊子，往往有之。〔正義〕：言出銅鐵之山方千里，如圍棊之置也。《管子》云：「凡天下名山五千二百七十，出銅之山四百六十七，出鐵之山三千六百有九。山上有赭，其下有鐵。山上有鉛，其下有銀。山上有銀，其下有丹。山上有磁石，其下有金也。」此其大較也。【略】猗頓用盬鹽起。〔集解〕：《孔叢子》曰：「猗頓，魯之窮士也。耕則常饑，桑則常寒。聞硃公富，往而問術焉。硃公告之曰：『子欲速富，當畜五牸。』於是乃適西河，大畜牛羊於猗氏之南，十年之間其息不可計，貲擬王公，馳名天下。以興富於猗氏，故曰猗頓。」〔索隱〕：盬音古。案：《周禮》鹽人云「共苦鹽」，杜子春以爲苦讀如盬。盬謂出鹽直用不煉也。一説云盬鹽，河東大鹽；散鹽，東海煮水爲鹽也。〔正義〕：案：猗氏，蒲州縣也。河東鹽池是畦鹽。作「畦」，若種韭一畦。天雨下，池中鹹淡得均，即畎池中水上畔中，深一尺許，日暴之五六日則成，鹽若白礬石，大小雙陸及(暮)〔棊〕，則呼爲畦鹽。或有花鹽，緣黄河鹽池有八九所，而鹽州有烏池，猶出三色鹽，有井鹽、畦鹽、花鹽。其池中鑿井深一二尺，去泥即到鹽，掘取若至一丈，則著平石無鹽矣。其色或白或青黑，名曰井鹽。畦鹽若河東者。花鹽，池中雨下，隨而大小成鹽，其下方微空，上頭隨雨下池中，其滴高起若塔子形處曰花鹽，亦曰即成鹽焉。池中心有泉井，水淡，所作池人馬盡汲此井。其鹽四分入官，一分入百姓也。池中又鑿得鹽塊，闊一尺餘，高二尺，白色光明洞徹，年貢之也。而邯鄲郭縱以鐵冶成業，與王者埒富。【略】而巴寡婦清，其先得丹穴，〔集解〕：徐廣曰：「涪陵出丹。」〔正義〕：《括地志》云：「寡婦清，臺山俗名貞女山，在涪州永安縣東北七十里也。」【略】巴蜀亦沃野，地饒卮、薑、丹沙、石、銅、鐵、〔集解〕：徐廣曰：「邛都出銅，臨邛出鐵。」竹、木之器【略】。西近邛笮，笮馬、旄牛。【略】彭城以東，東海、吴、廣陵【略】，東有海鹽之饒，章山之銅。【略】而合肥受南北潮，皮革、鮑、木輸會也【略】。江南卑濕，丈夫早夭。多竹木。豫章出黄金，〔集解〕：徐廣曰：「鄱陽有之。」〔正義〕：《括地志》云：「江州潯陽縣有黄金山，山出金。」長沙出連、錫，番禺亦其一都會也，珠璣、犀、玳瑁、果、布之湊。〔集解〕：韋昭曰：「果謂龍眼、離支之屬。布，葛布。」【略】夫天下物所鮮所多，人民謠俗，山東食海鹽，山西食鹽鹵，〔正義〕：謂西方鹹地也。堅且咸，即出石鹽及池鹽。領南、沙北固往往出鹽，大體如此矣。【略】魯人俗儉嗇，而曹邴氏尤甚，以鐵冶〔集解〕：徐廣曰：「魯縣出鐵。」起，富至巨萬。

漢・辛氏《三秦記・其他》 玉之類者曰求，其次曰藍，蓋以縣出美玉，故名藍田。《輿地名勝志》卷二。

晉・張華《博物志》卷二 臨邛火井一所，從廣五尺，深二三丈。井在縣南百里。昔時人以竹木投以取火，諸葛丞相往視之，後火轉盛熱，盆蓋井上，煮鹽得鹽。入以家火即滅，訖今不復燃也。酒泉延壽縣南山名火泉，火出如炬。

徐公曰：西域使王暢説石流黄出足彌山，去高昌八百里，有石流黄數十丈，從廣五六十畝。有取流黄晝視孔中，上狀如烟而高數尺。夜視皆如燈光明，高尺餘，暢所親見之也。言時氣不和，皆往保此山。

晉・張華《博物志》卷四 燒鉛錫成胡粉，猶類也。燒丹朱成水銀，則不類，物同類異用者。

晉・張華《博物地名記》 安衆有土魯山，出紫石英。

晉・張華《博物志》佚文 酒泉延壽縣南山出泉水，大如筥，注地爲溝。水有肥如肉汁，取著器中，始黄後黑，如凝膏。然之，極明，與膏無異。不可食。膏車及碓缸甚佳。彼方謂之石漆。《水經》酈道元注引。

又 安衆侯國有土魯山，出紫石英。《後漢書》劉昭注引。

又 西河郡鴻門縣亦有火井祠，火從地出。《文選》李善注引。

又 鹽體同於水。又北胡有青松鹽，五原有紫鹽，内國河東有印成鹽。《北堂書鈔》引。

晉・張勃《吴地理志》 貢古南島出錫。

又 鄱陽樂安出黄金，鑿土十餘丈，披沙之中，所得者大如豆，小如粟米。

南海象林南有四國皆漢人，貢金供稅。

又 建城縣西有羊山，有然石，色黄白而理疏，以水灌之便熱，可煮物，故謂之然石。

晉・郭璞《山海經圖讚》 白猿：棠庭之山多棪木，多白猿，多水玉，多黄金。

又 赤銅：昆吾之山，其上多赤銅。

又 鮫魚：漳水出荆山中，多黄金，多鮫魚。

晉・常璩《華陽國志》卷一《巴志》 厥貢璆、鐵、銀、鏤、砮、磬、熊、羆、狐狸、織皮。

又 桑、蠶、麻、紵、魚、鹽、銅、鐵、丹、漆、茶、蜜、靈龜、巨犀、山雞、白雉、黄潤、鮮粉，皆納貢之。

又 鹽鐵足相供給。

又 有鹽官，在監塗。二溪，一郡所仰。其豪門亦家有鹽井。

又 山出名丹。

又 漢發縣有鹽井。

又 有鹽井。

又 山出銀、鉛、銅、鐵。

又 律高縣西有石空山，出錫。東南有盢町山，出錫。

晉・常璩《華陽國志》卷二《漢中志》 而車渠。瑪瑙、珊瑚、林碧、罽賓、明珠、玳瑁、虎魄、水精、琉璃、火浣之布、蒲桃之酒、筇竹、蒟醬，殊方奇玩，盈於市朝。

又 有鐵官。

又 錫縣有錫穴。

又 土地出金、銀、丹、漆、藥、蜜也。

又 孱水，出孱山。其源有金、銀礦，洗取，火融合之，爲金銀。陽泉出石丹，大司馬蔣琬葬此。

又 有金銀礦，民今歲歲取洗之。

又 有金銀礦。

又 其寶，則有璧玉，金、銀、珠、碧、銅、鐵、鉛、錫、赭、堊、錦、繡、罽、氂、犀、象、氈、毦、丹、黄、空青、桑、漆、麻、紵之饒，滇、獠、賨、僰，僮僕六百之富。

晉・常璩《華陽國志》卷三《蜀志》 又識齊水脈，穿廣都鹽井諸陂池。

又 時又穿臨邛蒲江鹽井二十所，增置鹽鐵官。

又 資我豐土，家有鹽銅之利，户專山川之材，居給人足，以富相尚。

又 安漢，上下朱邑出好麻，黄潤細布，有羌筒盛。

又 井有二水，取井火煮之，一斛水得五斗鹽。家火煮之，得無幾也。

又 有古石山，有石礦，大如蒜子，火燒合之，成流支鐵，甚剛。因置鐵官。

又 有鹽井、漁田之饒。大豪馮氏，有魚池、鹽井。縣凡有小井數所，及漁田之饒。江有魯澧。梁山有鐵礦。江西有安稻田，穿山崖過水二十里。

又 美田。有鹽井。

又 郪縣有山原田，富國鹽井，濮出好棗。宜君山出麋（應作鹿），尾特好，入貢。

又 山出鐵及白玉。

又 漢有鹽井。

又 相陽明鹽井。

又 有富義鹽井。

又 土地雖迫，山水特美好。宜蠶桑，有鹽井，魚池以百數，家家有焉。

又 有鹽井。

又 南山出銅。

又 山有砮石，火燒成鐵，剛利。《禹貢》「厥賦砮」是也。

又 其穴多有碧珠。

又 有鹽池，積薪，以齊水灌而後焚之，成鹽。

晉・常璩《華陽國志》卷四《南中志》 捐所破竹于野，成竹林，今竹王祠竹林是也。

又 益州西部，金、銀、寶貨之地。

又 出其金、銀、丹、漆、耕牛、戰馬，給軍國之用，都督常重用人。

又 本有鹽井，漢末時，夷民共詛盟不開，今三郡皆無鹽。

又 郡土大平敞，原田多長松。皋有鸚鵡、孔雀、鹽池、田、漁之饒，金、銀、畜産之富。

又 出銀、鉛、白銅、雜藥。

又 有鹽官。

又 土地沃，腴黄金、光珠、虎魄、翡翠、孔雀、犀、象、蠶、桑、綿、絹、采帛、文繡，又有貊獸，食鐵；猩猩獸能言，其血可以染朱罽。有大竹，名濮竹，節相去一丈，大受一斛許。其梧桐木，其華柔如絲，民績以爲布，幅廣五尺，以還潔白不受污，俗名曰「桐華布」。

又 又有罽、旄、帛、疊、水精、琉璃、軻蟲、蚌劉珠。

又 縣有翡翠、孔雀。

又 山高四十里，越之，得蘭滄水。有金沙，以火融之，爲黄金。有光珠穴，出光珠。有虎魄，能吸芥。又有珊瑚。

又 有鹽官、濮水。

北朝魏·佚名《大魏諸州記》 鉅鹿廣阿澤多葦，出細席，多雲母。

隋·郎蔚之《隋州郡圖經》 臨洛紫山，春夏有紫氣蓊鬱。山下有名石，石上葛蒲一寸九節。巖間有紫石英。

南朝宋·范曄《後漢書》卷一〇九《郡國志一》 河東郡【略】，安邑，有鐵，有鹽池。

又 京兆尹【略】，藍田出美玉。

南朝宋·范曄《後漢書》卷一一〇《郡國志二》 潁川郡【略】，陽城，有嵩高山，洧水、潁水出。有鐵。

南朝宋·范曄《後漢書》卷一一一《郡國志三》 東海郡【略】，朐，有鐵。

又 琅琊國【略】，莒本國，故屬城陽。有鐵。有峥嵘谷。

又 彭城國【略】，彭城，有鐵。

又 下邳國【略】，下邳本屬東海。葛嶧山，本嶧陽山。有鐵。

南朝宋·范曄《後漢書》卷一一二《郡國志四》 濟南國【略】，東平陵有鐵【略】。歷城有鐵。

又 桂陽郡【略】，耒陽有鐵。

又 廬江郡【略】，皖有鐵。

又 豫章郡【略】，鄱陽有鄱水，黄金采。

南朝宋·范曄《後漢書》卷一一三《郡國志五》 漢中郡【略】，沔陽有鐵【略】。錫有錫，春秋時曰錫穴。

又 蜀郡【略】，臨邛，有鐵。

又 牂牁郡【略】，談指出丹。夜郎出雄黄、雌黄。

又 越巂郡【略】，邛都南山出銅【略】。臺登出鐵。青蛉有禺同山，俗謂有金馬碧雞【略】。會無出鐵。

又 益州郡【略】，滇池出鐵，有池澤【略】。俞元裝山出銅。高石室山出錫。監町山出銀、鉛。賁古采山出銅、錫。羊山出銀、鉛。雙柏出銀。

又 永昌郡【略】，不韋出鐵【略】。博南永平中置。南界出金。

又 犍爲屬國【略】，朱提山出銀、銅。

又 北地郡【略】，弋居有鐵。

又 酒泉郡【略】，延壽。《博物記》曰：縣南有山，石出泉水，大如筥籧，注池爲溝。其水有肥，如煮肉洎，羕羕永永，如不凝膏，然之極明，不可食，縣人謂之石漆。

又 太原郡【略】，大陵有鐵。

又 漁陽郡【略】，漁陽有鐵【略】。泉州有鐵。

又 遼東郡【略】，平郭有鐵。

南朝·江淹《江文通集》卷二《扇上綵畫賦》 故飾以赤野之玉，文以紫山之金。空青出峨嵋之阻，雌黄出嶓冢之陰；丹石發王屋之岫，碧髓挺青蛉之岑。粉則南陽鉛澤，墨則上黨松心。

南朝·江淹《江文通集》卷二《空青賦》 夫赤瓊以炤烺爲光，碧石以葳蕤爲色。咸見珍於東國，并被貴於西極。況空青之麗寶，亦挺山海之不測。其所處則峻巘層石，龜穴龍壁。素岸成雲，頹砂如積。外隱青苔丹草，内伏玉枝瑪瑙。銅鉛合生，砮確堅英。自非素嶮覓危，乘鼺履螭，倦春厭秋，斲異鐫奇，能得厠於軒宇，接君子之光儀。

《全唐詩》卷七六〇黄滔《壺公山》 掘地多雲母。

《全唐詩》卷八二一皎然《桃花石枕歌送安吉康丞》 桃桃州採得桃花石。

《全唐詩》卷八二七貫休《上虞少卿覓千文》 荆山有美玉，含華尚炳爛。堪爲聖君璽，堪爲聖君案。草木潤不彫，煙霞復不散。野人到山下，仰視星辰畔。倘或如栗黄，保之上霄漢。

唐·段成式《酉陽雜俎》卷一〇《物異》 石墨，無勞縣山出石墨，爨之彌年不消。

唐·樊綽《蠻書》卷二 碧雞山在昆池西岸，上與柘東城隔水相對。從東來者岡頭數十里已見此山。山勢特秀，池水清澹，水中有碧雞山石。

唐·樊綽《蠻書》卷七　生金，出金山及長傍諸山、藤充北金寶山。土人取法：春冬間先於山上掘坑，深丈餘，闊數十步。夏月水潦降時，添其泥土入坑，即於添土之所沙石中披揀。有得片塊，大者重一觔，或至二觔，小者三兩五兩，價貴於麩金數倍。然以蠻法嚴峻，納官十分之七八，其餘許歸私。如不輸官，許遞相告。麩金出麗水，盛沙淘汰取之。沙賧法，男女犯罪，多送麗水淘金。長傍川界三面山並出金，部落百姓悉納金，無別税役、征徭。

又　銀，會同川銀山出；錫，瑟瑟山中出，禁戢甚嚴。

又　琥珀，永昌城界西去十八日程琥珀山掘之，去松林甚遠。片塊大重二十餘觔。貞元十年，南詔蒙異牟尋進獻一塊，大者重二十六觔，當日以爲罕有也。

唐·樊綽《蠻書》卷八　本土不用錢，凡交易繒、帛、氈、罽、金、銀、瑟瑟、牛羊之屬，以繒帛冪數計之，云某物色值若干冪。

唐·樊綽《蠻書》卷一〇　大和九年曾破其國，劫金銀，擄其族三二千人，配麗水淘金。

又　東蠻和使楊傳盛等，六月十八日到安南，賫蠻王蒙異牟尋與臣絹書一封，並金鏤合子一具。合子有綿，有當歸，有朱砂，有金石。

唐·封演《封氏聞見記》卷八《霹靂石》　人間往往見細石，赤色，形如小斧，謂之「霹靂斧」，云：「被霹靂處皆得此物。」

唐·段公路《北户録》卷二《紅鹽》　恩州有鹽場出紅鹽，色如絳雪，驗之即由煎時染成，差可愛也。按：鹽有赤鹽、紫鹽、黑鹽、青鹽、黄鹽，亦有如虎、如印、如繖、如石、如水精狀者。

唐·李泰《括地志·雅州·榮經縣》　雅州榮經縣北三里有銅山，即鄧通得賜銅山鑄錢者。《史記·佞幸列傳》「賜鄧通蜀嚴道銅山」《正義》引，又《通鑒》卷十四《漢文帝紀》「賜之蜀嚴道銅山使鑄錢」注引。

唐·李泰《括地志·江州·潯陽縣》　江州潯陽縣有黄金山，山出金。《史記·貨殖列傳》「豫章出黄金」《正義》引。

唐·李泰《括地志·湖州·烏程縣》　銅山在烏程縣東三十里，吴採鄣山之銅即此也。《太平寰宇記》卷九十四湖州烏程縣引。

唐·李泰《括地志·西域》　天竺一名身毒，在月氏東南數千里，俗與月氏同，而卑濕暑熱。其國臨大水。乘象以戰。其民弱於月氏。修浮圖道，不殺伐，遂以成俗。土有象、犀、瑇瑁、金、銀、鐵、錫、鉛。西與大秦通，有大秦珍物。明帝夢金人長大，頂有光明，以問羣臣。或曰「西方有神，名曰佛，其形長丈六尺而金黄色」。帝於是遣使天竺問佛道法，遂至中國，畫形像焉。

又　王舍國，胡語曰罪悦祇國。其國靈鷲山，胡語曰耆闍崛山。山是青石，石頭似鷲。鳥名耆闍，鳩也。崛，山石也。山周四十里，外周圍水，佛於此坐禪，及諸阿難等俱在此坐。《史記·大宛列傳》「身毒國」《正義》引。

唐·李吉甫《元和郡縣志》卷二《關内道二》　煮鹽澤，在（櫟陽）縣南十五里。澤多鹹鹵。苻秦時於此煮鹽。周迴二十里。

唐·李吉甫《元和郡縣志》卷四《關内道四》　温泉鹽池，在（迴樂）縣南一百八十三里。周迴三十一里。

唐·李吉甫《元和郡縣志》卷五《關内道五》　胡洛鹽池，在（長澤）縣北五十里。周回三十里。亦謂之獨樂池，聲相近也。漢有鹽官。

唐·李吉甫《元和郡縣志》卷七《河南道二》　鹽池，在（安邑）縣南五里，即《左傳》「郇、瑕氏之地，沃饒近監」是也。今按：池東西四十里，南北七里，西入解縣界。

唐·李吉甫《元和郡縣志》卷一一《河南道六》　韶山，在縣西北二十里。其山出鐵，漢置鐵官，至今鼓鑄不絶。

唐·李吉甫《元和郡縣志》卷一四《河中府》　女鹽池，在（解）縣西北三里。東西二十五里，南北二十里。鹽味少苦，不及縣東大池鹽。俗言此池亢旱，鹽即凝結；如逢霖雨，鹽則不生。今大池與安邑縣池總謂之兩池，官置使以領之，每歲收利納一百六十萬貫。

唐·李吉甫《元和郡縣志》卷一六《河南道三》　少陽山，在（交城）縣西南九十五里。其上多玉，其下多赤銀。高二百丈，周迴二十里。

又　狐突山，在（交城）縣西南五十里。出鐵鉚。

又　白馬山，在（盂）縣東北六十里。《山海經》曰：「白馬之山，其陽多玉石，其陰多鐵及赤銅，木馬之水出焉。」山上有白馬關，後魏所置。

又　原仇山，在（盂）縣北三十里。出人參、鐵鉚。縣取此山爲名。

唐·李吉甫《元和郡縣志》卷二〇《河北道一》　林慮山，在（林慮）縣西二十里。山多鐵，縣有鐵官。南接太行，北連恒岳。

唐·李吉甫《元和郡縣志》卷二四《山南道二》　鹽池，在（武當）縣東南百里。池水四周，上生紫氣。池左右草木十餘里，氣所染著，上如雪霜，嘗之鹽味，土人謂之鹽花。

唐·李吉甫《元和郡縣志》卷二五《山南道三》 接溪山，在（長舉）縣西北五十三里。出朱砂，百姓採之。

又 落叢山，在（鳴水）縣西北十里。出鐵。

又 仇池山，在（上禄）縣南八十里。壁立百仞，有自然樓櫓卻敵，分置均調，有如人功。上有數萬人家，一人守道，萬夫莫向。其地良沃，有土可以煮鹽，楊氏故累世據焉。

又 鹽井，在（長道）縣東三十里。水與岸齊，鹽極甘美，食之破氣。

唐·李吉甫《元和郡縣志》卷二六《江南道一》 銅冶山，在（句容）縣北六十五里。出銅鉛，歷代采鑄。

唐·李吉甫《元和郡縣志》卷二七《江南道》 烏帶山，在（諸暨）縣北五十里。出紫石英。

唐·李吉甫《元和郡縣志》卷二九《江南道》 銀山，在（大庾）縣東一百四十里。每歲出銀十余萬兩，收稅山銀七千兩。

又 利國山，在（南陵）縣西一百一十里。出銅，供梅根監。

又 銅井山，在（南陵）縣西南八十五里，出銅。

又 赤金山，在縣北一十里。出好銅與金類，《淮南子》《食貨志》所謂丹陽銅也。

又 銅山，在（當涂）縣北一百里。楚鑄銅處。

又 漣水，在（湘鄉）縣南四十五里。煮水一石，得鹽五升。

唐·李吉甫《元和郡縣志》卷三一《江南道六》 開池，在（涪陵）縣東三十里。出銅鐵，土人以爲文刀。

唐·李吉甫《元和郡縣志》卷三二《劍南道》 大江，俗謂之温江，南流經（温江）縣一里。出麩金。

又 牛鞞水，合内江水，南去（盤石）縣二十步。多魚鱉，亦出麩金。

唐·李吉甫《元和郡縣志》卷三三《劍南道二》 銅山，在（榮經）縣北三里。即文帝賜鄧通鑄錢之所，後以山假與卓王孫，取布千疋。其山今出銅礦。

又 大江，一名汶江，經（通義）縣東，去縣五里。出麩金。

唐·李吉甫《元和郡縣志》卷三四《劍南道三》 赤車鹽井，在（通泉）縣西北十二里。又別有鹽井一十三所。

又 大汁鹽井，在（鹽亭）縣東四十二里。又有小汁鹽井、歌井、針井。

又 銅梁山，在（石鏡）縣南九里。《蜀都賦》曰「外負銅梁於宕渠」是也。山出銅及桃枝竹。

又 鐵山，在（始建）縣東南七十里。出鐵，諸葛亮取爲兵器。其鐵剛利，堪充貢焉。

又 中江水，亦曰緜水，經（瀘川）縣北三里。出麩金。

又 富義鹽井，在（富義）縣西南五十步。月出鹽三千六百六十石，劍南鹽井，唯此最大。其餘亦有井七所。

又 饗漄山，在（江油）縣東八十二里。出錫。

又 涪江，南流經州城東，又經江油城東。其水出金。

唐·李吉甫《元和郡縣志》卷三五《嶺南道一》 鉛穴山，在（化蒙）縣西六十里。出鉛錫。

又 驃山，在（懷集）縣東北四十二里。多鐵鉚，百姓資焉。

又 玉山，在（曲江）縣東南十里，有采玉處。

又 銀山，在（曲江）縣西二十二里，出銀。

唐·李吉甫《元和郡縣志》卷三八《嶺南道四》 居風山，在（九真）縣西四里。上有風穴，長風自是出焉。其山出金。

唐·李吉甫《元和郡縣志》卷三九《隴右道上》 良恭山，在（懷道）縣北四十里。出雌黄。

又 斫花山，在（懷道）縣東北八十里。出朱砂、雄黄，人常采取之。

唐·李吉甫《元和郡縣志》卷四〇《隴右道下》 武興鹽池、眉黛鹽池，並在（姑臧）縣界，百姓咸取給焉。

又 鹽池，在（張掖）縣北九百三十里。其鹽潔白甘美，隨月虧盈，周迴一百步。

又 洞庭山，在（酒泉）縣西七十里。四面懸絶，人不能上，遥望皎皎如鑄銅色。山中出金。

又 鹽池，在（福禄）縣東北八十里，周迴百姓仰給焉。

又 金山，在（玉門）縣東六十里。出金。

又 獨登山，在（玉門）縣北十里。其山出鹽，鮮白甘美，有異常鹽，取充貢獻。

又 鹽池，在（燉煌）縣東四十七里。池中鹽常自生，百姓仰給焉。

又 鹹池海，在（伊吾）縣南三百里。周迴百餘里。州東北四澗水竝南流，至州南七八里合流爲一水。側近皆有良田。

又 陸鹽池，在（納職）州南六十里。周迴十餘里，無魚。水自生如海鹽。月滿則鹽多而甘，月虧則鹽少而苦。

又 交河，在（前庭）縣西。高昌國，土良沃，穀麥一歲再熟。出赤鹽，其味甚美。澤間有草，名爲羊刺，其上生蜜，食之與蜂蜜不異，名曰刺蜜。有鹽，其狀如玉，取以爲枕，貢之中國。

唐・魏徵等《隋書》卷二九《地理志》 張掖郡【略】，删丹【略】，有鹽池。

又 巴東郡【略】，人復【略】，有鹽井，白鹽山。

又 蜀郡【略】，陽安【略】，有鹽井。

又 臨邛郡【略】，臨邛【略】，有火井。

又 隆山郡【略】，仁壽【略】，有鹽井【略】。始建開皇十一年置，有鐵山。

又 黔安郡【略】，彭水【略】，出鹽井。

唐・劉恂《嶺表録異》卷上 五嶺内，富州、賓州、澄州、江溪間，皆産金。

又 隴州山中多紫石英，其色淡紫，其質瑩徹，隨其大小皆五棱，兩頭如箭鏃，煮水飲之，暖而無毒。比北中白石英，其力倍矣。

又 白土坑在富州城北隅，其土白膩，郡人取以爲貨，終古不竭。今五嶺婦女，率皆用之爲粉，又名鉛粉。

五代・劉昫等《舊唐書》卷四一《地理志》 瀘州下都督府【略】，富義【略】，界有富世鹽井，井深二百五十丈，以達鹽泉，俗呼玉女泉。以其井出鹽最多，人獲厚利，故云富世。

又 勤州【略】，銅陵【略】，隋改爲銅陵，以界内有銅山也。

又 容州下都督府【略】，北流【略】，其土少鐵，以焚石燒爲器，以烹魚鮭，北人名「五侯燋石」。一經火，久之不冷，即今之滑石也，亦名冷石。

宋・樂史《太平寰宇記》卷一六《河南道十六・泗州・臨淮縣》 雲母山。出雲母石，彭祖當采服之。

宋・樂史《太平寰宇記》卷一九《河南道十九・淄州》 土産：貢：防風，長理石。出：絁絹，麻布。

宋・樂史《太平寰宇記》卷一九《河南道十九・淄州・淄川縣》 西山，在縣北七十里，有鐵礦，古今鑄焉，亦出磁石。

宋・樂史《太平寰宇記》卷一九《河南道十九・齊州》 土産：綿，絹，絲，葛。今貢：防風，陽起石，白壃石。

宋・樂史《太平寰宇記》卷二一《河南道二十一・兗州・萊蕪縣》 韶山，在縣西北二十里。其山産鐵，漢置鐵官，至今鼓鑄不絶。

宋・樂史《太平寰宇記》卷二三《河南道二十三・沂州》 土産：紫石英。貢：黄銀，絲，絹。

宋・樂史《太平寰宇記》卷二三《河南道二十三・沂州・沂水縣》 雹山，在縣西北二十八里。《泰山記》云：「雹山出紫石英，好者内朗外明，表裏映徹。形若雹狀，故名雹山。今猶充貢。」《苑記》曰：「爆山，出紫石英。」《魏・地形志》：「發干縣有峋山，今猶出紫石英，好者歲貢焉。」

宋・樂史《太平寰宇記》卷二三《河南道二十三・沂州・新泰縣》 障山，在縣東北八十里。山土之東側有巨坑焉，東西十丈，南北五十丈，其中出硝石、石腦、炬火等石，居人常採爲貨。

宋・樂史《太平寰宇記》卷四一《河東道二・嵐州・静樂縣》 白馬山，《山海經》云：「白馬山，其陽出玉，其陰出鐵。」

宋・樂史《太平寰宇記》卷五〇《河東道十一・大通監》 土産：鐵，栢子。出縣北孤突山南，每年採進。

宋・樂史《太平寰宇記》卷五六《河北道五・磁州》 土産：磁石，磁毛。

宋・樂史《太平寰宇記》卷一〇五《江南西道三・池州》 土産：銅，銀，鉛，鑛，茶，苧，鐵，紙。

宋・樂史《太平寰宇記》卷一〇五《江南西道三・池州・銅陵縣》 銅山，在縣南十里。其山出銅，以供梅根監。兼出緑礬礦，逐年取掘送納。

宋・樂史《太平寰宇記》卷一〇七《江南西道五・饒州》 土産：麩金，銀，銅，茶，簟，瓷器。

宋・樂史《太平寰宇記》卷一〇七《江南西道五・永平監・信州》 土産：貢：金，銅，青碌，空青，礬，鉛，銀，葛粉。

宋・樂史《太平寰宇記》卷一一二《江南西道十・鄂州・武昌縣》 樊山，在州西一百七十三里。出紫石英。

宋・樂史《太平寰宇記》卷一一五《江南西道十三・邵州》 土産：銀，水銀，朱砂，鐘乳，白膽，鷓鴣鮓。

宋・樂史《太平寰宇記》卷一一七《江南西道十五・連州》 土産：鐘乳，《郡國志》云「連山縣出金及石碌、鐘乳」是也。細布，白苧，水銀，朱砂，白蠟。

宋・樂史《太平寰宇記》卷一一七《江南西道十五・桂陽監》 土産：古來貢銅、鉛，今出銀。

大湊崗，在縣監西。出銀、鉛鑛砂。

白竹崗，在監西南八十里。出銀、鉛鑛砂。

晉嶺，在監西南八十里。出銀、鉛鑛砂。

宋・樂史《太平寰宇記》卷一二〇《江南西道十八・黔州》 土産：麩金，水銀，朱砂，《藥書》謂「辰、錦朱砂」。黄蠟，粗麻布，竹布，紵布。

宋・樂史《太平寰宇記》卷一二一《江南西道十九・夷州》 土産：茶，硃砂，水銀，蠟燭，犀角。

宋・樂史《太平寰宇記》卷一二一《江南西道十九・費州》 土産：貢：朱砂，水銀，犀角。

宋・樂史《太平寰宇記》卷一二二《江南西道二十・思州》 土産：朱硃，元貢。水銀，茶，蠟。常賦。

宋・樂史《太平寰宇記》卷一二二《江南西道二十・西高州》 土産：貢：金及象齒。

宋・樂史《太平寰宇記》卷一二二《江南西道二十・溱州》 土産：文龜，斑竹，象牙。入貢。

宋・樂史《太平寰宇記》卷一二八《淮南道六・濠州》 土産：鍾乳，云母，官絁，絹，綿。

宋・樂史《太平寰宇記》卷一四一《山南西道九・商州・洛南縣》 大谷龍龕山，在縣東北八十里。其山北接秦嶺，多出麩金。

宋・樂史《太平寰宇記》卷一五一《隴右道二・蘭州》 土産：麩金，香子。

宋・樂史《太平寰宇記》卷一五五《隴右道六・宕州》 土産：麩金，散麝香。

宋・樂史《太平寰宇記》卷一五八《嶺南道二・恩州》 土産：金，銀，以上貢。鵝毛鋌。按《嶺表録》：「鵝毛鋌出海畔州，乃鹽藏鱊魚兒也，甚美，其細如毛而白，故謂之鵝毛鋌。」

宋・樂史《太平寰宇記》卷一五八《嶺南道二・春州》 土産：鍾乳，無絲蠶，蕉葛，石斛。唐時曾進。

宋・樂史《太平寰宇記》卷一六二《嶺南道六・桂州》 土産：朱砂，冷石，零陵香，桂心，銀，麖皮，簟，銅器，蚺蛇蟾。

宋・樂史《太平寰宇記》卷一六三《嶺南道七・南儀州》 土産：出縮砂仁。

宋・樂史《太平寰宇記》卷一六三《嶺南道七・新州》 土産：金，貢。牛黄，紵布，都落布。銀山出銀。《爾雅》云：「白金謂之銀，其美者謂之鐐。」盧循採之，山多木香，謂之蜜香，辟惡氣，殺鬼精。

宋・樂史《太平寰宇記》卷一六五《嶺南道九・澄州》 土産：貢金，銀。

宋・樂史《太平寰宇記》卷一六六《嶺南道十・貴州》 土産：葵山多葵葉，堪爲笠。金、銀、鉛，作貢。右貝布，古貢。

宋・樂史《太平寰宇記》卷一六六《嶺南道十・横州》 土産：金。

宋・樂史《太平寰宇記》卷一六七《嶺南道十一・容州》 土産：硃砂，水銀，竹子布，蕉布皮，竹茶，《茶經》云：「容州黄家洞有竹茶，葉如嫩竹，土人作飲，甚甘美。」膋石，《輿地志》云：「南人謂膋石爲滑石也。」土人皆以膋石燒爲器用，以烹魚鮭，亦號爲「五侯燋石」。火爛則可兩三熟。

宋・樂史《太平寰宇記》卷一六八《嶺南道十二・柳州》 土産：銀。貢。

宋・樂史《太平寰宇記》卷一六八《嶺南道十二・宜州》 土産：朱砂，元不貢物。出都落麻，狹幅布。

又《嶺南道十三・萬安州》 土産：金。舊貢。

宋・樂史《太平寰宇記》卷一六九《嶺南道十三・新崖州》 土産：貢金。

宋・樂史《太平寰宇記》卷一八三《四夷十二・西戎四・天竺》 有火齊，如云母而色紫，別之則薄如蟬翼，積之則如紗縠之重沓。有金剛，似紫石英，百煉不銷，可以切玉。出玳瑁、金、銅、鐵、鉛、錫、金縷織金罽，白疊，毾㲪。

宋・歐陽修等《新唐書》卷三七《地理志一》 同州馮翊郡，上輔【略】。韓城，有鐵【略】。奉先。有鹵池二，大中二年，其一生鹽。

又 商州上洛郡，望【略】。洛南，上。有金，有銅，有鐵。

又 隴州汧陽郡，上。【略】，汧源，上【略】，有鐵。

又 渭州【略】。平涼。上【略】。有銀，有銅，有鐵。

又　坊州中部郡，上【略】。中部，上【略】。有鐵【略】。宜君，上【略】。有鐵。

又　威州郡闕，中【略】。温池。上【略】。有鹽池。

又　會州會寧郡，上【略】。會寧，上【略】。有河池，因雨生鹽。

又　宥州寧朔郡，上【略】。長澤。中下【略】。有胡洛鹽池。

宋・歐陽修等《新唐書》卷三八《地理志二》　河南府河南郡【略】。潁陽，畿【略】。倚箔山有鐘乳，貞觀七年采。伊陽，畿【略】。有銀、銅、錫。伊水有金。

又　汝州臨汝郡，雄【略】。魯山，上【略】。有鐵。

又　陝州陝郡【略】。平陸。望【略】。有瑟瑟穴，有銀穴三十四，銅穴四十八，在覆釜、三錐、五岡、分雲等山。

又　虢州弘農郡，雄【略】。朱陽，上【略】。有鐵。

又　許州潁川郡，望【略】。舞陽，上【略】。有鐵。

又　蔡州汝南郡，緊【略】。新息，上【略】。有珉玉坑，歲出貢玉。

又　宿州，上【略】。虹，中【略】。有銅。

又　萊州東萊郡，中【略】。掖，上【略】。有鹽井二。昌陽，上【略】。有銀，有鐵。東百四十里有黃銀坑，貞觀初得之。膠水，中【略】。有鹽。即墨，中【略】。有鹽。

又　沂州琅琊郡，上【略】。丞，上【略】。有鐵。沂水，上【略】。有銅。

宋・歐陽修等《新唐書》卷三九《地理志三》　河中府河東郡，赤【略】。解，次畿【略】。有鹽池，又有女鹽池。有紫泉監，乾元元年置，有銅穴十二【略】。安邑，次畿【略】。有鹽池，與解爲兩池，大曆十二年生乳鹽，賜名寶應靈慶池。有銀監。

又　晉州平陽郡，望【略】。岳陽，中。東有府城關。有鐵【略】。汾西，中，有鐵。

又　絳州絳郡，雄【略】。曲沃，望【略】。南十三里山有銅。翼城，望【略】。有澮高山，有銅，有鐵。絳，望。有鐵。聞喜。望。武德元年置，有銅冶。

又　太原府太原郡【略】。盂，畿【略】。有銅，有鐵【略】。交城，畿【略】。有鐵。

又　沁州陽城郡，下【略】。綿上。中。有鐵。

又　憲州，下【略】。玄池，下。有鐵。

又　忻州定襄郡，下【略】。秀容，上。有繫舟山，有鐵。

又　代州鴈門郡，中都督府【略】。五臺，中。柏谷有銀，有銅，有鐵。

又　潞州上黨郡，大都督府【略】。襄垣，上【略】。有銅山。涉，中。有鐵。

又　澤州高平郡，上【略】。陽城，中【略】。有銅，有錫，有鐵。

又　相州鄴郡，望【略】。鄴，緊【略】。有鐵。

又　邢州鉅鹿郡，上【略】。沙河，上【略】。有鐵。【略】。鉅鹿，上【略】。有鹹泉，煮而成鹽【略】。内丘，上【略】。有鐵。

又　惠州，上【略】。武安，上【略】。有錫。昭義，上【略】。有鐵。

又　鎮州常山郡，大都督府【略】。井陘，中【略】。有鐵。平山，中【略】。有鐵。

又　滄州景城郡，上【略】。清池，緊【略】。有鹽。鹽山，緊【略】。有鹽。

又　定州博陵郡，上【略】。唐，上。有銅，有鐵。

宋・歐陽修等《新唐書》卷四〇《地理志四》　歸州巴東郡，下【略】。秭歸，中。有鹽。巴東，中下。有鹽，有鐵。

又　夔州雲安郡，下都督府【略】。奉節，上【略】。有鐵。有永安井鹽官。

又　澧州澧陽郡，上【略】。石門，中。有鐵。

又　忠州南賓郡，下【略】。臨江，中下。有鹽。

又　均州武當郡，下【略】。武當，上【略】。東南百里有鹽池。

又　興元府漢中郡，赤【略】。西，次畿【略】。有錫，有鐵。

又　利州益昌郡，下都督府【略】。綿谷，上。有鐵。

又　鳳州河池郡，下【略】。梁泉，中下【略】。有銀，有鐵。兩當。中下。有銀。

又　興州順政郡，下【略】。順政，中。有鐵。長舉。中下【略】。有鐵。

又　成州同穀郡，下【略】。上禄，中【略】。有鹽。

又　通州通川郡，上【略】。宣漢，中下【略】。有鹽，有金。

又　開州盛山郡，上【略】。萬歲【略】。有鹽。

又　閬州閬中郡，上【略】。閬中，緊【略】。有鹽。南部，上，有鹽。新井，中【略】。有鹽。新政，中【略】。有鹽。

又　果州南充郡，中【略】。南充，上。有鹽。相如，中。有鹽。西充，上【略】。有鹽。

又　渠州潾山郡，下【略】。潾山。【略】。有鐵。

又　秦州天水郡，中都督府【略】。成紀，上。有銀，有銅，有鐵【略】。隴城，下【略】。有銀。清水，下【略】。有銀。長道【略】。有鹽。

又　沙洲燉煌郡，下都督府【略】。燉煌，下。東四十七里有鹽池。

又　甘州張掖郡，下【略】。張掖，上【略】。北九百里有鹽池。

又　肅州酒泉郡，下【略】。酒泉，中下【略】。出金。福禄，下【略】。東北八十里有鹽池。玉門【略】。北有獨登山，出鹽，以充貢。

又　伊州伊吾郡，下【略】。伊吾，下【略】。南二裡有鹹池海。納職，下【略】。南六十里有陸鹽池。

宋·歐陽修等《新唐書》卷四一《地理志五》　揚州廣陵郡，大都督府【略】。江都，望【略】。六合，緊【略】。有銅，有鐵。天長，望【略】。有銅。

又　蘄州蘄春郡，上【略】。廣濟，中【略】。有鐵。蘄水【略】。有鐵。

又　昇州江寧郡【略】。上元，望【略】。有銅，有鐵。句容，望【略】。有銅，有礬。溧水。上【略】。有銅。

又　蘇州吴郡，雄【略】。吴，望。有包山。有銅。

又　湖州吴興郡，上【略】。武康，上【略】。有銅。長城，望【略】。有銅。安吉，緊【略】。有銅，有錫。

又　睦州新定郡，上【略】。有銅坑二【略】。建德，上【略】。有銅【略】。遂安。上。石英山有白石英，以供貢。有銅。

又　越州會稽郡，中都督府【略】。山陰，緊【略】。有鐵。

又　明州餘姚郡，上【略】。鄮，上【略】。有鹽。

又　衢州信安郡，上【略】。西安，望【略】。有銀。

又　處州縉雲郡，上【略】。麗水，上【略】。有銅，出豫章、孝義二山。松陽。上【略】。有銀，出馬鞍山。

又　婺州東陽郡，上【略】。金華，望【略】。有銅。

又　台州臨海郡，上【略】。臨海，望【略】。有鐵。黄巖，上【略】。有鐵，有鹽。寧海【略】。有鐵，有鹽。

又　福州長樂郡，中都督府。【略】。長樂。【略】。有鹽。福唐【略】。有鐵。連江。【略】。有鹽。長溪。【略】有鹽。尤溪【略】。有銀，有銅，有鐵。

又　建州建安郡，上【略】。建安。上。有銀，有銅。邵武。【略】。有銅，有鐵。將樂【略】。金泉有金。又有銀，有鐵。

又　泉州清源郡，上【略】。晉江【略】。有鹽。

又　汀州臨汀郡，下【略】。長汀，中下。有銅，有鐵。寧化【略】。有銀，有鐵。沙。【略】。有銅有鐵。

又　宣州宣城郡，望【略】。有鉛坑一。當塗【略】。有銅，有鐵。南陵。【略】。利國山有銅，有鐵。鳳凰山有銀。寧國。【略】。有銀。

又　歙州新安郡，上【略】。績溪【略】。有銀，有鉛。

又　池州，上【略】。有鉛坑一。秋浦【略】。有銀，有銅。青陽。【略】。有銅，有銀。

又　洪州豫章郡【略】。有銅坑一。

又　江州潯陽郡，上。潯陽【略】。有銀，有銅。彭澤【略】。有銅。

又　鄂州江夏郡，緊【略】。江夏，望。有鐵。永興，緊。有銅，有鐵。武昌，緊。有樊山，有銀，有銅，有鐵。

又　岳州巴陵郡，中【略】。巴陵，上。有鐵。

又　饒州鄱陽郡，上【略】。有銅坑三。樂平【略】。有金，有銀，有銅，有鐵。

又　虔州南康郡，上【略】。南康，上。有錫。大庾。【略】。有鉛，錫。

又　袁州宜春郡，上【略】。有銅坑一。宜春【略】。有鐵。

又　信州，上【略】。有銅坑一，鉛坑一。上饒【略】。有金，有銅，有鐵，有鉛。弋陽。上。有銀。玉山【略】。有銀。

又　撫州臨川郡，上【略】。臨川，上。有金，有銀。

又　潭州長沙郡【略】。長沙，望。有金。

又　永州零陵郡，中【略】。祁陽【略】。有鐵。湘源，上。有金，有鐵。

又　道州江華郡，中【略】。延唐【略】。有鐵。江華【略】。有錫。永明【略】。有銀，有鐵。

又　黔州黔中郡【略】。彭水【略】。有鹽。

宋·歐陽修等《新唐書》卷四二《地理志六》　蜀州唐安郡，緊【略】。新津【略】。有鐵。

又　嘉州犍爲郡，中【略】。平羌。有鐵。峨眉。有金，有鐵。夾江。有鐵。

又　邛州臨邛郡，上【略】。臨邛。有銅，有鐵。蒲江。有鹽。臨溪。有鐵。火井。有鹽。

又　簡州陽安郡，下【略】。陽安。有銅，有鹽。金水。有銅。

又　資州資陽郡，上【略】。磐石。有鹽。資陽。有鹽。内江。有鹽。龍水。有鹽。

又　雅州盧山郡【略】。盧山【略】。有鹽，有銅。榮經。有銅。

又　維州維川郡，下【略】。薛城【略】。有鹽。

又　梓州梓潼郡，下【略】。郪。有鹽。通泉。有鹽，有鐵。玄武。有鹽。鹽亭。有鹽。飛鳥。有鹽。永泰。有鹽。銅山。南可象山，西北私鎔山，皆有銅。涪城。有鹽。

又 遂州遂寧郡【略】。方義。有鹽。長江。有鹽。

又 綿州巴西郡，上【略】。巴西。有金，有銀，有鐵，有鹽。昌明。有鹽，有鐵。魏城。有鐵，有鹽。羅江。有鹽。神泉。有鐵。鹽泉。有鹽。西昌。有鐵。

又 合州巴川郡，中【略】。石鏡。有鐵。巴川。有鐵。

又 渝州南平郡，下【略】。巴。有鹽。璧山。有鹽。

又 陵州仁壽郡【略】。仁壽。有鹽。貴平。有鹽。始建。有鐵。籍。有鹽。

又 榮州和義郡，中【略】。應靈。有鹽。公井。有鹽。資官。有鹽，有鐵。威遠。有鹽。

又 昌州【略】。永川。有鐵。

又 瀘州瀘川郡【略】。江安。有鹽。

宋·歐陽修等《新唐書》卷四三上《地理志七上》 廣州南海郡【略】。化蒙。有鉛穴一。懷集。有驃山，有鐵。東莞。有鹽。湞陽。有鐵。新會。有鹽。

又 春州南陵郡，下【略】。陽春。有鉛。

又 勤州雲浮郡，下【略】。銅陵。有銅。

又 恩州恩平郡，下【略】。陽江。有銀。

又 振州延德郡，下【略】。寧遠。有鹽。

又 儋州昌化郡，下【略】。義倫。有鹽。

又 賀州臨賀郡，下【略】。臨賀。東有銅冶，在橘山。桂嶺。朝岡、程岡皆有鐵。馮乘。有錫冶三。富川。有錫，有鐘乳穴三。

又 連州連山郡，下【略】。桂陽。有銀，有鐵。陽山。有鐵。連山。有金，有銅，有鐵。

宋·宋敏求《長安志》卷一《土產》 《周禮·職方氏》：雍州其利玉石。

宋·宋敏求《長安志》卷一《萬年》 漢《東方朔傳》曰：終南山，天下之大阻也。其山多玉石、金銀、鐵銅，豫章、檀柘異類之物，不可勝原，此百工所取給。

宋·沈括《夢溪筆談》卷三《辯證一》 解州鹽澤，方百二十里。久雨，四山之水悉注其中，未嘗溢，大旱未嘗涸。滷色正赤，在版泉之下，俚俗謂之「蚩尤血」。唯中間有一泉，乃是甘泉，得此水然後可以聚(又)〔入〕。其北有堯稍稍音消。水，亦謂之巫咸河。大滷之水，不得甘泉和之，不能成鹽。唯巫咸水入，則鹽不復結，故人謂之「無鹹河」，爲鹽澤之患，築大堤以防之，甚於備寇盜。原其理，蓋巫咸乃濁水，入滷則淤澱鹵脈，鹽遂不成，非有他異也。

宋·沈括《夢溪筆談》卷一一《官政一》 深州舊治靖安，其地鹺滷，不可藝植，井泉悉是惡滷【略】。土之不毛，鹽鹺殆與土半【略】。唯胡盧水粗給居民，然原自外來，亦非邊城之利。舊州之北，有安平、饒陽兩邑，田野饒沃，人物繁庶。

又 鹽之品至多，前史所載，夷狄間自有十餘種；中國所出，亦不減數十種。今公私通行者四種：一者末鹽，海鹽也，河北、京東、淮南、河東、江南東西、荆湖南北、福建、廣南東西十一路食之。其次顆鹽，解州鹽澤即晉、絳、潞、澤所出，京畿、南京、京西、陝西、褒、劍等處食之。又次井鹽，鑿井取之，益、梓、利、夔四路食之。又次崖鹽，生於土崖之間，階、成、鳳等州食之。唯陝西路顆鹽有定課，歲爲錢二百三十萬緡；自與盈虛不常，大約歲入二(十)〔千〕餘萬緡。唯末鹽歲自抄三百萬，供河北邊糴；其他皆給本處經費而已。緣邊糴買仰給於度支者，河北則海、末鹽，河東、陝西則顆鹽及蜀茶爲多。運鹽之法，凡行百里，陸運斤四錢，船運斤一錢，以此爲率。

宋·沈括《夢溪筆談》卷二〇《神奇》 郢州漁人擲網於漢水，至一潭底，舉之覺重，得一石，長尺餘，圓直如斷椽，細視之，乃羣小蛤，鱗次相比，綢繆鞏固。

宋·沈括《夢溪筆談》卷二四《雜誌一》 鄜、延境內有石油，舊說「高奴縣出脂水」，即此也。生於水際，沙石與泉水相雜，惘惘而出，土人以雉尾裛之，乃採入缶中，頗似淳漆，(然)〔燃〕之如麻，但煙甚濃，所霑幄幕皆黑。予疑其煙可用，試掃其煙以爲墨，黑光如漆，松墨不及也，遂大爲之。其識文爲「延州石液」者是也。此物後必大行於世，自予始爲之，蓋石油至多，生於地中無窮，不若松木有時而竭。今齊魯間松林盡矣，漸至太行、京西、江南，松山太半皆童矣。造煤人蓋未知石煙之利也。石炭煙亦大，墨人衣。予戲《延州詩》云：「二郎山下雪紛紛，旋卓穹廬學塞人。化盡素衣冬未老，石煙多(是)〔似〕洛陽塵。」

又 解州鹽澤之南，秋夏間多大風，謂之「鹽南風」，其勢發屋拔木，幾欲動地。然東(南與)〔與南〕皆不過中條，西不過席張鋪，北不過鳴條，縱廣止於數十里之間。解鹽不得此風不冰，蓋大滷之氣相感，莫知其然也。又汝南亦多大風，雖不及鹽南之厲，然亦甚於他處，不知緣何如此？或云自城北風穴山中出。今所謂風穴者已夷矣，而汝南自若，了知非有穴也。方諺云：「汝州風，許州葱。」其來素矣。

宋·沈括《夢溪筆談·補筆談》卷三《藥議》 熙寧中，闍婆國使人入貢方物，中有摩娑石二塊，大如棗，黄色，微似花蕊；又無名異一塊，如蓮菂，皆以金函貯之。問其人眞僞何以爲驗，使人云：「摩娑石有五色，石色雖不可同，皆薑黄汁，磨之汁赤如丹砂者爲眞。無名異，色黑如漆，水磨之，色如乳者爲眞。」廣州市舶依其言試之，皆驗，方以上聞。世人蓄摩娑石、無名異頗多，常患不能辨眞僞。小説及古方書如《炮炙論》之類亦有説者，但其言多怪誕，不近人情。天聖中，予伯父吏書新除明州，章憲太后有旨，令於舶船求此二物，内出銀三百兩爲價，值如不足，更許於州庫貼支。終任求之，竟不可得。醫潘璟家有摩娑石，色如糯米糍，磨之亦有驗。璟以治中毒者，得汁栗殼許入口即(差)〔瘥〕。

宋・蘇軾《蘇軾文集》卷一九　鳳咮硯銘　北苑龍焙山，如翔鳳下飲之狀。當其咮，有石蒼黑，緻如玉。熙寧中，太原以爲硯。

宋・蘇軾《東坡志林》卷四《赤壁洞穴》　斷崖壁立，江水深碧，二鶻巢其上，有二蛇，或見之【略】岸多細石，往往有温瑩如玉者，深淺紅黄之色，或細紋如人手指螺紋也。既數遊，得二百七十枚，大者如棗栗，小者如芡實。

宋・蘇軾《東坡志林》卷四《紅絲石》　唐彦猷以青州紅絲石爲甲。或云：「惟堪作骰盆，蓋亦不見佳者。」今觀雪菴所藏，乃知前人不妄許爾。

宋・蘇軾《東坡志林》卷四《筒井用水鞴法》　蜀去海遠，取鹽於井。陵州井最古，淯井、富順鹽亦久矣，惟邛州蒲江縣井，乃祥符中民王鸞所開，利入至厚。

清・林壽圖《啓東録》卷一　挹婁　去夫余東北千余里，國曰挹婁，一名挹樓【略】。其國有山出石，其利入鐵。

宋・方勺《泊宅編》卷中　又二日至西海，水味不甚鹹，中有顆鹽。大者重三四斤，其色紅瑩，軍行以和食飲。

又　西安有池産顆鹽，周迴三十里，四旁皆山。

又　黄銀出蜀中，南人罕識【略】。其色重，與上金無異，上石則正白。

宋・陸游《老學庵筆記》卷二　英州石山，自城中入鐘山，涉錦溪，至靈泉，乃出石處，有數家專以取石爲生。其佳者質温潤蒼翠，叩之聲如金玉，然匠者頗閟之。當時官司所得，色枯槁，聲如擊朽木，皆下材也。

宋・陸游《老學庵筆記》卷四　銅色本黄，古鐘鼎彝器大抵皆黄銅耳。今人得之地中者，歲久色變，理自應耳。今郊廟所製，乃以藥熏染令蒼黑，此何理也？

宋・陸游《入蜀記》卷四　八月二十日　多奇石，五色錯雜，粲然可愛，東坡先生怪石供是也。

宋・陸游《入蜀記》卷六　十月十一日　灘際多奇石，五色粲然可愛，亦或有文成物象及符書者。

又　十月十五日　有石成幢蓋、旛旗、芝草、竹筍、仙人、龍、虎、鳥獸之屬，千狀萬態，莫不逼眞。其絶異者，東石正圓如日，西石半規如月，予平生所見巖竇，無能及者。

宋・范鎮《東齋記事》卷四　蜀江有鹹泉，有能相度泉派者，卓竹江心，未之「卓筒井」，大率近年不啻千年井矣。每筒日産鹽數百斤，其少者亦不下百十斤。

宋・范成大《吴郡志》卷二九《土物》　太湖石，出洞庭西山，以生水中者爲貴。石在水中，歲久爲波濤所衝撞，皆成嵌空。石面鱗鱗作靨，名彈窩，亦水痕也。没入縋下鑿取，極不易得。石性温潤奇巧，扣之鏗然如鍾磬。自唐以來，貴之。其在山上者名旱石，亦奇巧。枯而不潤，不甚貴重。白居易品牛僧孺家諸石，以太湖石爲甲。宣和五年，郡人朱勔造巨艦，載太湖石一塊入京師，以千人舁進。是日，役夫各賜銀椀，並官其四僕皆承節郎及金帶。勔遂爲威遠軍節度使，而封石爲盤固侯。勔誅，餘小石未獻者留郡。西河兩傍，悉歸張循王家。比年，士大夫好石者多，山中人始以旱石加斧鑿，作玲瓏意。又剜石面僞作彈窩紋，衒不識者，或得善價。其非巧石，但青白玉質，可作碑碣及甃砌階戺者，則出湖中之黿山。瑩潔可鑑，堅潤如金玉，亦爲天下之冠，程俱所賦者是也。

又　白礬，出陽山。鑿山爲坑，深數十百丈始得。初如爛泥，見風漸堅。膩滑精細，他處無比者。土人亦當白石脂用。《本草注》：「吴郡貢石脂」，則知可作石脂用。又有一等紅紫色者，亦以當赤石脂用也。

宋・吴曾《能改齋漫録》卷一五《方物》　登萊州産金　登、萊州産金，自太宗時已有之，然尚少。至皇祐中，始大發。四方遊民，廢農桑來掘地采之，有重二十餘兩爲塊者，取之不竭。縣官榷買，歲課三千兩。

宋・方信孺《南海百咏》　指其地曰：是下有黄金，取之不盡。耆民竭力掘之數丈，遇石穴而泉迸，達磨云：即此是也。

宋・陳耆卿《嘉定赤城志》卷三六《風土門》　銀　出天台赤巖。

銅　出仙居天台等處。

鐵　出臨海興國仙居，安仁天台，楢溪寧海東溪。

宋・趙彦衛《雲麓漫鈔》卷二　鹽池在中條山之北，處四高中下之地，東西五十里，南北七十里。《公羊傳》：「河千里一曲。」唐梁肅謂：「河自崑崙來會，溟漲九里，在鹽泉谷。」又唐崔教謂：「鹽池之數有九，一在幽朔，二在河東。」所謂河東者，大梁之東也。「一在鹽州，一在解梁」。蓋河勢屈曲回抱，而中有鹽泉，水性至曲而折，鹽性至折而聚。《洪範》曰：「潤下作鹹。」積千里之潤，去海既遠，是以伏脈地中，聚而作鹹，此鹽水之所自由也。解州鹽池自解縣東抵安邑之南，凡五十里，南北廣七十里，中隨兩邑之境分之，曰解池、安邑。其雇於官而種鹽者曰攬户，治畦其旁，盛夏引水灌畦而種之，得東南風，一息而成，取而暴之，已乃入之庵中，其外作重堰，邏卒百人，曰護寶都，以防盜者。《圖經》引《穆天子傳》有「安邑觀鹽」之語；《春秋傳》魯成公六年，晉人謀去故絳，諸大夫曰：「必居郇瑕之地，沃饒而近鹽。」即此地也。淮浙煎鹽，布灰於地，引海水灌之，遇東南風，一宿鹽上聚灰，暴幹，鑿地以水淋灰，謂之鹽鹵。投乾蓮實以試之，隨投即泛，則滷有力，鹽佳。值雨多即滷稀，不可用。取滷水入盆，煎成鹽牢。盆之制不一，有用鐵者，以數片鐵合成，中疊甎爲柱以承之。亦有以竹爲盆者。鹽户謂之亭户，煎夫穿木履立於盆下，上以大木杴抄和，鹽氣酷烈，薰蒸多成疾。

宋·祝穆《方輿勝覽》卷五三　鐵山　在井研縣東北六十里。出鐵，諸葛亮取以爲兵器。其鐵剛利，堪充貢焉。

宋·張世南《游宦紀聞》卷二　雄黄、雌黄出階州。雄黄好者如雞冠，色透明可愛。雌黄佳者成葉子，如金色。入乳鉢内研，頃刻成粉，色極鮮麗。與韶粉相忌。繪事不可用二物，稍相親，則色淪胥而黑。向在蜀，曾令畫工用之。卷藏數月，已而展玩，其色果然，工亦不曉。

宋·張世南《游宦紀聞》卷五　玉出藍田、崑岡。《本草》亦云：「好玉出藍田，及南陽徐善亭部界，日南、盧容水中。外國于闐、疏勒，諸處皆善。」今藍田、南陽、日南，不聞有玉。國朝禮器，及乘輿服禦，多是于闐玉。

又　大抵今世所寶，多出西北部落：西夏、五臺山、于闐國。玉分五色：白如截肪，黄如蒸栗，黑如點漆，紅如雞冠，或如胭脂。惟青碧一色，高下最多。端帶白色者，漿水又分九色：上之上、之中、之下，中之上、之中、之下，下之上、之中、之下。宣和殿有玉等子，以諸色玉，次第排定。凡玉至，則以等子比之，高下自見。今内帑有金等子，亦此法。

宋·張世南《游宦紀聞》卷七　沅芷黎谿硯，紫者類端石而無眼，有金束腰、眉子紋，間有潤者。其初甚發墨，久而復滑，或磨以細石，乃仍如新。有色緑而花紋如水波者；有色黑而金星者；有生自然銅于石中，琢以爲北斗、三台之類者；有生白線當中而爲琴樣者，其類不一。慶元間，單路分煒字丙文，始創爲硯，以遺故舊，今遂盛行，終在端、歙之下。

宋·張世南《游宦紀聞》卷九　階州產石，品第不一。白者明潔，初琢時可愛，久則受垢色暗，今朝廷取爲册寶等用。有黄、青、黑、緑數色，取之不窮，而性軟易攻，故價亦廉。巴州、嘉定府，皆産玉石，曰「巴璞」、「嘉璞」。堅而難琢，與玉質無異，故價數倍於階石，其温潤略與玉等。敘州宣化縣，亦有玉石，曰「宣化璞」。

又　谿源出黎雅大渡河，其品最高，有胭脂標、瓜蔞標。琢爲器物，白若凝脂，非精鑒者不能辨。

又　峽州之上百里間，有黄牛神祠。祠中多玉石，皆往來賈客或牽江人，得於沙磧間者以獻。有一石，質黑紋白，隱然龍形，作蜿蜒狀，鱗、角、鬣，纖悉備具。又有如孔雀尾者，是爲石中之異。

又　忠州樂磧市出玉石，舟至岸，人競持來求售。有指甲紋，亦有磨見白質者。雖光瑩可觀，然皆碔砆也。

明·葉子奇《草木子》卷一《管窺篇》　金者，石中之精液，水出石中，故曰「金生水」也。《素問·樞式》曰：水自西而東流也。西，金位也，故曰金生水，亦一説也。

明·葉子奇《草木子》卷二《觀物篇》　礜石，蠶食之則肥，鼠食之則死，氣感各異也。

元·葉子奇《草木子》卷三《克謹篇》　甲午乙未間，河北山東多隕石。大或如屋，陷深入地丈餘。洛陽有大星隕地，滚行數十丈，草木皆焦，北抵山石。其土石皆融液而流，須臾復望西飛去，此又其特異者也。

又　遂昌縣徐孟芳母舅，見沙洲一石，自行自走。異之，遂拾以歸，後碎之，實石也。他無所有，恐至陰生陽之兆也。

元·葉子奇《草木子》卷四《雜俎篇》　山發白銀亦有光，人跡其光而求之，多見鑛脈。

又　一珠之大者，光猶照乘。況名山爲寶藏輿焉之所，豈獨無光怪焉？

又　石韞玉，則氣如白虹。石生丹砂，則光如紅霞。皆其光晶之著也。

又　前古黄金，如王莽末年，省中尚有六十餘萬斤。後世黄金絶少，由其所耗之途廣也。金一爲箔，無復再還元矣。

又 玉爲寶中至貴，且以一身求之天地之理，玉則髓也。金，筋也。石，骨也。水，血脈也。草木，毛髮也。土，肉也。山，頭也。澤，腹也。蓋髓爲一身元氣，所以爲至貴也。故君子比德於玉，行則必佩，抑有旨哉！

元·劉祁《歸潛志》卷一三《北使記》 〔回紇〕唯桑五穀頗類中國，种樹亦人力。其鹽产於山，釀蒲萄爲酒，瓜有重六十觔者。海棠色殊佳。有葱蘆，美而香。其獸則駝而孤峯，牛有□脊，羊而大尾。又有獅、象、孔雀、水牛、野驢。有蛇四跗。有恶蟲，状如蜘蛛，中人必號而死。自餘禽兽、草木、魚蟲，千態萬狀，俱非中國所有。

元·單慶修、徐碩編纂《至元嘉禾志》卷一《沿革·海鹽縣》 《環宇記》云：廣斥鹽田相望，即海鹽，鹽官之地。吴王濞置司鹽校尉，居馬嘷城。故《水經》云：吴王煮海爲鹽，於此縣也。

元·單慶修、徐碩編纂《至元嘉禾志》卷六《物産》 貨之品 鹽。出松江，海鹽。

元·虞應龍《元一統志·中書省統山東西河北之地·大都路·土産》 銀 宛平縣西北一百八十里，疑有脱字或衍文。八十八里顏老山有冶。《永樂大典》四六五三天字引《元一統志》。

又 鐵 宛平縣西北一百五十里清水村有冶。《永樂大典》四六五三天字引《元一統志》。

又 七寶良磁 宛平縣出。《永樂大典》四六五三天字引《元一統志》。

又 琉璃 宛平縣出。《永樂大典》四六五三天字引《元一統志》。

又 石炭煤 出宛平縣西四十五里大谷山，有黑煤三十餘洞。又西南五十里桃花溝，有白煤十餘洞。《永樂大典》四六五三天字引《元一統志》。

又 水火炭 出宛平縣西北二百里齊堂村，有炭窑一所。《永樂大典》四六五三天字引《元一統志》。

又 畫眉石 有洞，在宛平縣西北二百里齊堂村。《永樂大典》四六五三天字引《元一統志》。

又 鹽 寶坻縣東南一百五十里三又沽有鹽場。又東南二百里蘆臺有鹽場。《永樂大典》四六五三天字引《元一統志》。

又 硝 昌平縣西南三十五里蘇家窩有硝場一所。《永樂大典》四六五三天字引《元一統志》。

元·虞應龍《元一統志·中書省統山東西河北之地·懷孟路·土産》 鐵 有冶，在濟源縣西百里西山百家平。歲煉辦課。《大元一統志》一二二孟州。

又 硝 河陽縣舊孟州出。《大元一統志》一二二孟州。

元·虞應龍《元一統志·中書省統山東西河北之地·太原路·山川》 白馬山在孟州。白馬之山，其陽多玉石，其陰多鐵赤銅。有白馬關，俗傳是後魏置。《永樂大典》五二零二原字引《元一統志》。

又 石炭窑 石炭窑四座，二在石州離石縣上官村，二在寧鄉縣南五里。《永樂大典》五二零二原字引《元一統志》。

又 煤炭 出管州。出樓煩城《永樂大典》明初建制下增「即今静樂縣」五字，今删。北一十里石炭井村。又城南五十里順道村。《永樂大典》五二零二原字引《元一統志》。

又 炭窑一十三處在盂州。 去州南招賢村八十里，歲辦官課。《永樂大典》五二零二原字引《元一統志》。

又 瓷窑十二處在盂州。 在州南八十里招賢村，歲辦官課。《永樂大典》五二零二原字引《元一統志》。

又 甜有窑十處在盂州。 在州南八十里招賢村，歲辦官課。《永樂大典》五二零二原字引《元一統志》。

元·虞應龍《元一統志·中書省統山東西河北之地·平陽路·土産》 鐵 遼山縣有冶。《永樂大典》五二四五遼字引《元一統志》。

又 炭 遼山縣有窯一處。 和順縣有窯一處。《永樂大典》五二四五遼字引《元一統志》。

又 磁 遼山縣有窑一處。 和順縣有窯一處。《永樂大典》五二四五「遼」字引《元一統志》。

元·虞應龍《元一統志·河南江北等處行中書省·南陽府·土産》 錫 出嵩州。 有洞，在州東南九十里。川名懷吉。川之南九十里有山曰牛心，上下各有此洞。一曰牛心，二曰獅子垜，三曰要兒溝，四曰青陽垜，凡四處。民户採打錫貨，燒造丹粉，見貢。又州州原誤川，今正。西北四十里高都川有冶，提舉司每歲辦課。《大元一統志》三八三嵩州。

又 鐵出嵩州。 州西北四十里高都川有冶。《大元一統志》三八三嵩州。

又 錫 有洞，在方城縣北三十里。《大元一統志》三八五裕州。

元・虞應龍《元一統志・陜西等處行中書省・延安路・土產》 石油 在延長縣南迎河有鑿開石油一井，其油可燃，兼治六畜疥癬，歲納壹百壹拾斤。又延川縣西北八十里永平村有一井，歲辦四百斤入路之延豐庫。《大元一統志》五四二延安路。《永樂大典》八八四二油字引《元一統志》。

又 石脂 在鄜州東十五里採銅川，有一石窟，其中出此，就窟可灌成燭一枝，敵蠟燭之三。至元七年上司移文封局，至今不採。《大元一統志》五四四鄜州。

又 土硫黄 在宜君縣西南七十里野火山。《大元一統志》五四四鄜州。

元・虞應龍《元一統志・陜西等處行中書省・西和州・土產》 鹽井 去州東六十里，地名鹽官。《大元一統志》五八七西和州。

元・虞應龍《元一統志・陜西等處行中書省・蘭州・土產》 鐵 有冶一所，去州五十里。《大元一統志》五八五蘭州。

又 磁 有窑一所，去州四十五里，辦課。《大元一統志》五八五蘭州。

元・虞應龍《元一統志・四川等處行中書省・重慶路・土產》 鹽 有二。宋熙寧八年瀘南夷人獻納長寧軍十州土地，隸淯井。淯井，州南二百六十里。煎鹽南井去州七十里。井竈在萬山之境，深入五十八丈有奇。五代以前，科丁夫充役，後以刑徒推車汲水，熏煎甚苦。寶佑元年知州事桑愈改以牛具推車取水，立石鐫碑。元至元十二年行樞密院下本州島經理煎辦。十三年王世昌竊亂，以木石築寨。十五年定蜀，四川轉運司下本州興工開淘。自十八年爲始，歲讱課額一十二萬斤。十九年爲始趁辦虧額，二十年四月罷之。《永樂大典》二二一八瀘字引《元一統志》。

元・虞應龍《元一統志・甘肅等處行中書省・寧夏府路・土產》 石油 出肅州南山石中。其泉如筥篆，注地爲溝，肥如煮肉，燃之極明，不可食。縣人謂之石漆。《永樂大典》八八四二油字引《元一統志》。

元・虞應龍《元一統志・云南諸路行中書省・威楚開南等路・風俗形勢》 威楚爲當陽之地，山川清秀，壤土肥饒，地利鹽井。南瞰金齒，北距羅婺，南接昆若諸郡，西連大理，威楚最爲大部。《明一統志》八六引《元志》。

又 金 出金沙江。淘沙得之。《大元一統志》麗江路軍民宣撫司。

又 朴硝 出舉津州一百里畔列滄邑神外龍山臨江崖中，冬月取硝煎成。《大元一統志》麗江路軍民宣撫司。

又 礦灰 出烏程縣原脱上三字，今補。至德鄉東山。俗傳此山壟岫多出青石，土人異之。會有一道人至此，指之曰：此石可化灰，爲甃砌之用。於是土人命工置竈，取石煆煉成灰，因名曰礦灰。《永樂大典》二二七八湖字引《元一統志》。

元・虞應龍《元一統志・江浙等處行中書省・嘉興路・土產》 鹽 海鹽。其地瀕海，煮海成鹽。《大元一統志》七九零海鹽州。

元・虞應龍《元一統志・江西等處行中書省・瑞州路・土產》 鐵出新昌州。州有鐵冶二所，一名上煌，一名黑口。置爐，歲辦官課。《大元一統志》九五七新昌州。

元・虞應龍《元一統志・江西等處行中書省・廣州路・土產》 鹽場 静康、太寧、東莞三場，海南、黄田、歸德三柵，並在東莞縣。海晏、都斛、矬峒三處，舊有博勞、懷寧、金斗三場，在新會縣。九團二里內，五常、棊、鞠、大字團四處並在香山。今並屬本道轉運鹽使司。《永樂大典》一一九零七廣字引《元一統志》。

又 明珠 大貝 文犀 玳瑁 沉香 大甲 碎龜 出自海南諸番，而輻輳於五羊。韓愈《送鄭尚書序》亦云。然所上圖册亦與《海南「海南」疑作「南海」之誤。志》同。《永樂大典》一一九零七廣字引《元一統志》。

元・虞應龍《元一統志・江西等處行中書省・潮州路・土產》 鹽 小江場在海陽縣蘇灣保，所轄龍眼砂柵、南澳東西二柵、大埕柵、大港柵、二面埕柵、柘林柵、官富柵、白砂路石頭柵、黄岡前柵，又領揭陽縣蓮唐等處七柵。隆井場在潮陽縣東南五里，所轄古埕柵、平湖柵、石下柵、惠來柵、神僊柵。招收場在潮陽縣北二十里，所轄大柵、洋背柵、雞岡柵、青嵐柵、上浦柵。《永樂大典》五三四三潮字引《元一統志》。

元・虞應龍《元一統志・湖廣等處行中書省・邕州路・土產》 水銀 係羅殿自杞國所出。客旅於本寨市井發賣。《永樂大典》八五零七寧字引《元一統志》。

元・虞應龍《元一統志・湖廣等處行中書省・梧州路・土產》 南漆 赤藤 白石英 並出蒼梧縣山中。《永樂大典》二三四零梧字引《元一統志》。

元・脱脱等《宋史》卷八五《地理志一》 濟南府【略】，貢綿、絹、陽起石、防風。

又 沂州【略】，貢仙靈脾、紫石英、茯苓、鐘乳石。

又 登州【略】，貢金、牛黄、石器。

又 淄州【略】，貢綾、防風、長理石。

又 襲慶府【略】，貢大花綾、墨、雲母、紫石英、防風、茯苓。

元・脱脱等《宋史》卷八六《地理志二》 信德府【略】，貢絹、白磁盞、解玉砂。

又 磁州【略】，貢磁石。

又 澤州【略】，貢白石英、禹餘糧、人參。

又 忻州【略】，貢解玉砂、麝。

又 汾州【略】，貢土絁、石膏。

又 河東路，蓋《禹貢》冀、雍二州之域，而冀州爲多。當觜、參之分。其地東際常山，西控黨項，南盡晉、絳，北控雲、朔，當太行之險地，有鹽、鐵之饒。

元・脱脱等《宋史》卷八七《地理志三》 陝西路【略】，有銅、鹽、金鐵之産，絲、枲、林、木之饒，其民慕農桑，好稼穡。

又 峽州【略】，貢五加皮、芒硝、杜若。

元・脱脱等《宋史》卷八八《地理志四》 江州【略】，貢雲母、石斛。

又 辰州【略】，貢朱砂、水銀。

又 沅州【略】，貢朱砂、水銀。

又 衡州【略】，貢麸金、犀。

又 宝庆府【略】，貢犀角、银。

又 桂陽軍【略】，貢银。

元・脱脱等《宋史》卷八九《地理志五》 建寧府【略】，貢火箭、石乳、龍茶。

又 眉州【略】，貢麩金、巴豆。

又 嘉定府【略】，貢麸金。

又 簡州【略】，貢綿紬、麩金。

又 雅州【略】，貢麩金。

又 潼川府【略】，貢綾、曾青、空青。

又 資州【略】，貢麩金。

又 昌州【略】，貢麩金、絹。

又 政州【略】，貢麩金、羚羊角、天雄。

又 利州【略】，貢金、鋼鐵。

又 紹慶府【略】，貢朱砂、蠟。

又 萬州【略】，貢金、木藥子。

元・脱脱等《宋史》卷九〇《地理志六》 韶州【略】，貢絹、鐘乳。

又 循州【略】，貢絹、藤盤。

又 梅州【略】，貢銀、布。

又 賀州【略】，貢銀。

又 封州【略】，貢銀。

又 肇慶府【略】，貢銀、石硯。

又 新州【略】，貢銀。

又 德慶府【略】，貢銀。

又 南恩州【略】，貢銀。

又 静江府【略】，貢銀、桂心。

又 容州【略】，貢銀、珠砂。

又 邕州【略】，貢銀。

又 融州【略】，貢金、桂心。

又 象州【略】，貢金、藤器、槵子。

又 昭州【略】，貢銀。

又 梧州【略】，貢銀、白石英。

又 藤州【略】，貢銀。

又 龔州【略】，貢銀。

又 潯洲【略】，貢銀。

又 柳州【略】，貢銀。

又 贵州【略】，貢銀。

又 賓州【略】，貢銀、藤器。

又 横州【略】，貢銀。

又 化州【略】，貢銀、高良薑。

又 高州【略】，貢銀。

又 白州【略】，貢銀、縮砂。

又 郁林州【略】，貢縮砂。元豐貢銀。

又 廉州【略】，貢銀。

又 瓊州【略】，貢銀、檳榔。

又 南寧軍【略】，貢高良薑。元豐貢銀。

又　萬安軍【略】，貢銀。

元・脱脱等《遼史》卷三九《地理志三》　海濱縣。本漢縣。瀕海，地多鹻鹵，置鹽場於此。

元・脱脱等《金史》卷二五《地理志上》　大興府，上。晉幽州，遼會同元年陞爲南京，府曰幽都，仍號盧龍軍，開泰元年更爲永安析津府。天會七年析河北爲東、西路時屬河北東路，貞元元年更今名。户二十二萬五千五百九十二。大定四年十月，命都門外夾道重行植柳各百里。産金銀銅鐵。藥産滑石、半夏、蒼术、代赭石、白龍骨、薄荷、五味子、白牽牛。

又　河間府【略】，産無縫綿、滄鹽、藺席、馬藺花、香附子、錢蝦蟹、乾魚。

又　真定府【略】，産瓷器、銅、鐵。有丹粉場、烏梨。藥則有茴香、零陵香、禦米殼、天南星、皁角、木瓜、芎、井泉石。

又　益都府【略】，産石器、玉石、沙魚皮、天南星、半夏、澤瀉、紫草。

又　邢州【略】，产玄精石。

元・脱脱等《金史》卷二六《地理志下》　大名府【略】，産皺、穀、絹、梨肉、櫻桃煎、木耳、硝。

又　太原府【略】。有造墨場，煉銀洞，瑪瑙石。藥産松脂、白膠香、五靈脂。大黄、白玉石。

又　平陽府【略】。有書籍。産解鹽、隰州緑、卷子布、龍門椒、紫團參、甘草、蒼朮。

清・林佶《全遼備考》卷下《珠》　混同江以外江河皆産珠，珠色微青，所謂東珠也。

清・林佶《全遼備考》卷下《鹽》　鹽，南北朝時有産於樹者，有産於池者，金時速頻以東食海鹽，上京胡里改等路食肇州鹽。

明・王士性《廣志繹》卷一　西南饒金銀礦，寶石、文貝、琥珀、朱砂、水銀。

又　江南饒薪，取火於木；江北饒煤，取火於土。

明・王士性《廣志繹》卷三　中州雖無山，然出美石，黑者如清油，白者如截肪，不若江南之粗理也。桐柏花石更佳，不減大理。

明・王士性《廣志繹》卷四　廣南所産多珍奇之物。如珍則明珠、玳瑁。珠落蚌胎，以圓淨爲貴，以重一錢爲寶；玳瑁龜形，截殻爲片，貴白勝黑，斑多者非奇。出近海郡。石則端石、英石。端溪硯貴色紫潤而眼光明，下巖爲上，子石爲奇；英德石色黑緑，其峰巒窩竇摺紋，扣之有金玉聲，以爲窗几之玩。香則沉速，出黎毋山，以密久近爲差。

又　端溪在肇慶江南，與羚羊峡對峙，山峻壁立，下際潮水，而以上、中、下巖分優劣。故《硯譜》曰：「石以下巖爲上，中巖、上巖、龍巖、半巖次之，蚌亢下。」《志》云：「巖石爲上，西坑次之，後磨爲下。」

明・王士性《廣志繹》卷五　採礦事惟滇爲善。滇中礦硐，自國初開採至今以代賦税之缺，未嘗輟也。滇中凡土皆生礦苗。其未成硐者，細民自挖掘之，一日僅足衣食一日之用，於法無禁。

又　迤西土官惟麗江最黠，其地山川險阻，五穀不産，惟産金銀。

又　琥珀、寶石舊出猛廣井中，今寶井爲緬所得，滇人采取爲難，而入滇者必欲得之，大爲永昌之累。余在滇中聞其前兩直指皆取琥珀爲茶盞，動輒數十，永民疲于應命，可恨也。

又　貴州土産則水銀、辰砂、雄黄，人工所成，則緝皮爲器，飾以丹朱，大者箱櫃，小者筐匣，足令蘇、杭卻步。雄黄一顆重十餘兩者佩之宜男，土官中有爲盤爲屏以鎮宅舍者。砂生有底如白玉，臺名砂牀，箭頭爲上，牆壁次之。雖曰辰砂，實生貴竹。

明・金幼孜《北征録》　漸近一山下，見諸軍于此掘井，所出沙有純黄者，其色如金；白者，其色如玉雪；又有青黑者。

又　又行數里，遠望如水，近則如積雪，乃是鹼地。

又　十二日早，發歸化甸，由山谷中行【略】，行二十餘里，地多美石，有如琥珀、玳瑁、瑪瑙、碧玉者，其光瑩然。同行好事者下馬拾以爲玩。午至楊林戍，地亦有美石，但不如前所見者之佳。

明・錢古訓《百夷傳》　凡貿易必用銀，雜以銅，鑄若半卵狀，流通商賈間。

明・陸容《菽園雜記》卷一　環、慶之墟有鹽池，産鹽皆方塊，如骰子，色瑩然明徹，蓋即所謂水晶鹽也。池底又有鹽根如石，土人取之，規爲盤盂。凡煮肉貯其中抄匀，皆有鹽味；用之年久，則日漸銷薄。甘肅靈夏之地，又有青、黄、紅鹽三種，皆生池中。

明・陸容《菽園雜記》卷九　《癸辛雜識》云：「官品有金紫銀青之目。蓋金至於紫，銀至於青，爲絶品也。」此説殆非。蓋金銀謂印，青紫謂綬，或謂所佩魚袋及服色耳。古人有金章紫綬紫袍，今時文武極品官，俱無金印，印亦無綬。又紫爲禁色，臣下無敢服者。惟四品以上，緋袍金帶；七品以上，青袍銀帶。此即金紫銀青之遺制也。

明·陸容《菽園雜記》卷一四　五金之礦，生於山川重複高峰峻嶺之間。其發之初，唯於頑石中隱見礦脈，微如毫髮。有識礦者得之，鑿取烹試。其礦色樣不同，精粗亦異。礦中得銀，多少不定，或一籮重二十五斤，得銀多至二三兩，少或三四錢。礦脈深淺不可測，有地面方發而遽絶者，有深入數丈而絶者，有甚微，久而方闊者，有礦脈中絶而鑿取不已複見興盛者，此名爲過璧。有方采於此，忽然不現，而復發於尋丈之間者，謂之蝦蟆跳。大率坑匠採礦，如蟲蠹木，或深數丈，或數十丈，或數百丈。隨其淺深，斷絶方止。舊取礦，攜尖鐵及鐵錘，竭力擊之，凡數十下僅得一片。今不用錘尖，惟燒爆得礦。礦石不拘多少，采入碓坊，舂碓極細，是謂礦末。次以大桶盛水，投礦末於中，攪數百次，謂之攪粘。凡桶中之粘，分三等，浮於面者謂之細粘，桶中者謂之梅沙，沉於底者謂之粗礦肉。若細粘與梅沙，用尖底淘盆浮於淘池中，且淘且汰，泛颺去粗，留取其精英者。其粗礦肉，則用一木盆如小舟然，淘汰亦如前法。大率欲淘去石末，存其真礦，以桶盛貯，璀璨星星可觀，是謂礦肉。次用米糊搜拌，圓如拳大，排於炭上，更以炭一尺許覆之。自旦發火，至中時住火候冷，名窖團。次用坪銀爐熾炭，投鉛於爐中，候化，即投窖團入爐，用鞴鼓扇不停手，蓋鉛性能收銀，盡歸爐底，獨有滓浮於面。凡數次，爐爬出熾火，掠出爐面滓。烹煉既熟，良久，以水滅火，則銀鉛爲一，是謂鉛駝。次就地用上等爐灰，視鉛駝大小作一淺灰窠，置鉛駝於灰窠內，用炭團疊側，扇火不住手。初鉛銀混，泓然於灰窠之內，望泓面有煙云之氣，飛走不定，久之稍散，則雪花騰湧。雪花既盡，湛然澄澈。又少頃，其色自一邊先變渾色，是謂窠翻【略】。煙云雪花，乃鉛氣未盡之狀。鉛性畏灰，故用灰以捕鉛。鉛既入灰，唯銀獨存。自辰至午，方見盡銀。鉛入於灰坯，乃生藥中蜜陀僧也。

又　韶粉，元出韶州，故名。龍泉得其製造之法，以鉛熔成水，用鐵盤一面，以鐵杓取鉛水入盤，成薄片子，用木作長櫃，櫃中仍置缸三隻，於櫃下掘土，作小火，日夜用慢火薰蒸。缸内各盛醋，醋面上用木櫃疊鉛餅，仍用竹笠蓋之。缸外四畔用稻糠封閉，恐其氣泄也。旬日一次開視，其鉛面成花，即取出敲落；未成花者，依舊入缸添醋，如前法。其敲落花，入水浸數日，用絹袋濾過其滓，取細者別入一桶，再用水浸，每桶入鹽泡水並焰硝泡湯，候粉墜歸桶底，即去清水，凡如此者三。然後用磚結成焙，焙上用木匣盛粉，焙下用慢火薰炙。約旬日後即乾，擘開，細膩光滑者爲上。其絹袋内所留粗滓，即以酸醋入焰硝白礬泥礬鹽等，炒成黄丹。

明·田汝成《西湖遊覽志》卷二《孤山三堤勝蹟》　金沙井，在廣化寺，白樂天愛酌之，井底砂燦如金，出之即黑。

明·田汝成《西湖遊覽志》卷四《南山勝蹟》　玉岑山，相傳其山產玉，故潤媚異常。

明·田汝成《西湖遊覽志》卷一一《北山勝蹟》　其材木皆自巖骨擢起，蒼翠蔥鬱，不土而茂，傳言茲山產玉，故腴潤育物如此。

明·葉權《賢博編》　嘉靖甲子，因淳安山中出銀礦，聚無賴百餘人。

明·王臨亨《粵劍編》卷三《志物產》　電白、石城二縣沙磧間產金。開採使聞之，令人採取，排沙揀之，往往見寶，大者如米粟，細者如糠秕，不由鎔化而成。

英石，吾鄉好事者所蓄，其質皆黑而堅細，所以可貴。今觀英德市中石，色青而不潤，理粗而不堅，即峰巒不乏，易於損壞。曩產佳石一山，聞已濯濯矣。今皆他山之石耳，不足重也。

明·李中馥《原李耳載》　地獻石英　忻州金山鋪，爲行人憩息所，村衆列小肆，鬻酒食。忽見肆旁地隆起，不食頃，高至二尺餘，未已，視如水沸狀，而土不濕。諸少年取鍬钁掘之，至數尺土定矣，得紫石數斗，光明潤澤，不異水晶。面平而稜銳，有四楞者，長不過三寸，圍不過八分，見者爭取。乃議用力掘者倍與之。近村讀書家購之作鎮紙，遂有挾之會城求售者，藥市識之曰：「紫石英也，不入方劑，惟道家煉丹需之。五色皆有。」

明·何喬遠《名山藏·輿地記·南京》　東南九十里曰無錫。縣漢名，泰伯始封地，其墓尚存。錫山在縣西，周秦間產鉛錫，古銘曰有錫兵天下，爭無錫，寧天下，清有錫，沴天下，弊無錫，又天下濟。漢光武以後，錫絶故名縣。

明·朱國禎《湧幢小品》卷一五《石油》　延安府延長縣，石油出自泉中。歲秋，民勺之可以燃燈，亦可治毒瘡。浸不灰木，以火爇之有燄，滅之則木不壞。

明·謝肇淛《五雜俎》卷三《地部一》　嶺南英石出英德縣，峰巒聳秀，巖竇分明，無斧鑿痕，有金石聲，置之齋中，亦一奇品，但高大者不可易致。

明·袁中道《珂雪齋集·東遊記二》　彩石洲去公安十里，州上石出異彩，往往隱現不常。近日始緜亘里許，燦爛水涯，大約如坡公所稱怪石。或如瑪瑙或如玉，或如瑟瑟，或光亮如琉璃，或紅黄透明如霞彩，或青緑隱見如山水雲氣，或如指螺紋，或如玳瑁，如刷絲。

明・沈德符《万曆野獲編》卷二《列朝・礦場》〔礦場〕今開礦偏天下，生民罹其毒。説者以始禍歸罪張新建相公，因考永樂十三年，太監王房等督夫六千人於遼東黑山淘金，凡九十日，得金八兩。永樂十五年，有言廣西南丹州礦發者，命内臣開採，歲餘得九十六金，旋變爲錫乃止。

明・沈德符《万曆野獲編》卷二四《畿輔・白石》〔白石〕本朝陵寢用石最多，及正德、嘉靖兩朝，再建三殿兩宫，其取石更繁，倘鑿之他方，即傾國家物力亦不能辦。乃近京數十里，名三山大石窩者，專産白石，瑩徹無瑕，俗謂之白御石。頃年三殿災後，曾見輦石入都，供柱礎用者，俱高廣數丈，似天生異種，以供聖朝之需。又如嘉靖初，改營興獻王顯陵，正苦之石，而襄陽之棗陽縣忽得白石如京師之大石窩，斧鑿相尋，用之不盡。不惟陵寢早竣，楚之民力亦賴以少蘇，真非偶然。

明・沈德符《万曆野獲編》卷二四《畿輔・口外四絶》　然蔚州又出佳煤，名水火炭，燒紅置香爐中，不煙不滓，其灰如雪，亦天下稱最。

明・沈德符《万曆野獲編》卷二四《外郡・靈巖山》〔靈巖山〕靈巖山有夫差館娃宫、響屎廊、浣花池、采香徑等勝，固吴中麗矚也。其石最佳者中硯材，次亦當碑碣諸用。年來山麓居民與石户爲奸，據爲已有，日夜椎鑿，巑岏頹墮，非復舊觀。

明・沈德符《万曆野獲編》卷二六《玩具・端州硯材》〔端州硯材〕端州爲今肇慶府，古硯材所出，然惟下巖子石爲第一品【略】。真下巖既不可得，乃及中巖。今中巖亦盡而上巖之新坑，始以充四方所需。刓滑拒墨，幾同頑石。耳食者所櫝藏，無一堪用。頃已亥歲，粤東珠池内臣李鳳，始命蛋人以餘技試之下巖，皮囊絞水窮日夜，久之始見，則皆如玉璞，膘裹絡包，中含奇質，斲之纔得硯材，豐膩細潤，有目所未睹。始知古所稱子石，非紫石也。所得凡百枚，水復大至，蛋人幾溺，旋泅以出，而下巖又復閉矣。憨師分得數十隻，歸以餉所厚宰官，今東南復見下巖，如還宣和舊觀，皆憨師力也。

明・沈德符《万曆野獲編》卷三〇《外國・西域記》　哈烈一名黑魯，在撒馬兒罕西南【略】。其土饒沃，氣候多暖少雨，土産有白鹽、銅、鐵、琉璃、金銀、珊瑚、琥珀、珠翠之屬。

又　于闐有河，河中産玉。又有哈石之地，亦産寶石金銀云。

又　鹽澤在崖兒城西南，去土魯番城三千餘里。城居平川，廣二里，居民百家。城北有崖矮山，産石鹽，堅白可琢爲器，盛肉菜食之，不必和鹽，故名鹽澤。

明・沈德符《万曆野獲編》補遺卷四《玩具・瑪瑙》〔瑪瑙〕瑪瑙以西洋爲貴，其出中國者，則雲南之永昌府，以色紅者爲上，紅白相間者爲纏絲，品最下。製爲酒杯書鎮之屬，凡市骨董者俱云宋做，蓋本朝此石最少，故屬之宋，以昂其價。二十年，西洋瑪瑙遍行天下，其值不過玉之十一，而色之奇幻，質之瑩潤，遠勝舊物。聞出遼東宣府一帶，每塊至有重百斤者。按宋政和四年，汝蔡等州上言：巖石多變瑪瑙，地不愛寶，聖瑞非常，乞下詔封禁，以供御用。後數十年，果不復再見。今偶爾盛産，他時乏絶，必更踴貴，亦理勢然也。至如碧玉亦重西番，向最難得，邇年亦大至中華，以故雲南碧玉頓賤。

明・董斯張《吴興備志》卷二六《方物徵第二十二》　湖州西門外十五里有卞山，在郡山最爲酋崒，頃朱先生所居産石奇巧，羅布山間，嵌石磊魂，色類靈壁而清潤尤勝。葉少藴得其地，蓋堂以就其景，故號石林。石上皆有李唐游人題字。

又　湖州武康石出土中，一青色，一黄黑而斑，其質頗燥，不堅無混。然巉巖峯巒雖多透空，渲眼亦不甚宛轉。采人入穴，石多臥生，甚廣澗，度奇巧處以鐵鏨揭取之，或多細碎，大抵石性匾側，多瀏道摺疊勢。浙中假山藉此爲山脚石座，間有險怪尖鋭者，即側立爲峯巒，頗勝。青州穿眼宛轉，渾然可觀。《杜綰石譜》。

明・劉侗《帝京景物略》卷五《西城外・温泉》　西堂村而北，曰畫眉山。産石，墨色，浮質而膩理，入金宫爲眉石，亦曰黛石也。

明・劉侗《帝京景物略》卷八《畿輔名迹・雲水洞》　漸見垂鐘乳，入漸高。雖高，然曲盤，且仄罅也。則前炬張如螯，後屈曲，又蟹行螾行焉。入又漸張，垂乳甚衆，冰質雪膚，目不接土石色，心忲忲悻悻，謂過一天地，入一天地矣。

明・劉侗《帝京景物略》卷八《畿輔名迹・湯泉》　考湯泉，或曰：赤道經之。王褒《湯泉銘》曰：「白礬上徹，丹砂下沉。」或曰：「下有硫黄，以爲之根，其臭硫也，而味正淡。」西洋熊三拔水法曰：「湯泉，硫之華，疾寒服硫，不若服湯泉。」其實繇地氣熇歫，温涼之征變，故壤爲之硫，泉爲之湯，豈根硫也？西國有山焉，七十余泉皆湯，國王試得其性味氣，各所主治，各標厥泉，以教國人，不獨硫焉。蘇門答剌國境，布那姑兒山，産皆硫黄，不聞其泉湯也。又水火者，陰陽之襲精，陰得質而陽得氣，爲泉，爲湯。陽得質而陰得氣，爲焰，爲涼。然而水性非熱，火性非涼，湯泉以貯器還涼，蕭丘之涼焰，以燃物還熱。質存氣易，此其徵矣。」湯泉，最著驪山，最潔香溪，最熱遵化，他而分寧，而臨川，而崇仁，而安寧，而寧州，而白崖，而德勝關，而浪穹，而宜良，而鄧州，而廬陵，而京山，而新田等。

明・劉侗《帝京景物略》卷八《畿輔名迹・種玉田》 山下之溪，有砂焉，曰玉田砂。晰質而膩，以拭器也，有光爛然，天下治氏資之。

明・蔣一葵《長安客話・郊坰雜記・馬鞍山》 宛平縣西堂村産石，黑色而性不堅，磨之如墨。金時宫人多以畫眉，名曰眉石，亦曰黛石。

清・談遷《北游録・後紀程》 辛未。晴。唐官屯産鹽，余從衆置鹽一石，余拘人也，亦魚亦鹽。

又 辛卯。風雖利，仍不發，蓋舟人聞臨清榷貨，嚴鹽禁也。回空利於貨，而鹽尤利，過臨清倍價矣。

清・談遷《北游録・紀咏上》 鳳笙曲 珠簾五色玳瑁筵，鳳羽參差紫雲翼。丹唇皓齒意聯翩，意聯翩。敘衷曲，漢宫深，秦山緑。

清・談遷《北游録・紀咏下》 挂劍臺 上有挂劍枝，下有挂劍草，青萍三尺杳茫茫。問君地下今難保，吁嗟公子一片心，徒付征塵迷古道。歐冶寶鍔苦無多，英英白虎據山阿。赤堇山下雖精鐵，終是交情還不磨。

清・談遷《北游録・紀文》 張使君賑飢册序（代） 鹽筴之興，首管大夫。管子天下才，用齊齊重。桑、孔、劉晏、李巽之徒，無不資鹽筴。

又 賀陳抑之新居序（代） 越人陳抑之，僑津門有年矣。治鹽筴起家，夫越人善賈，其天性也。計然少伯且以強富佐偏霸，于一家乎何有？津門舟車輻輳，尤今日之陶也，其人多煮海。秦晉諸豪，趨利如鶩，産于南者【略】。雖有絲麻，毋棄管蒯。

清・談遷《北游録・紀聞上》 白石 京師白石如玉，出都城北三山大石窩。

又 西安低銀 友人朱義儒過西安，云市易並低銀。余按《康對山集》有《爲鄉人論銀禁書》云：「此縣自國初至今，惟納邊銀糧用足色。其餘用使，常五六程耳。九程則太高者也，今欲一切悉用足色，使貧者典無衣服。賣器物以十易五，尚不得常行六七程，謂爲通行之物。今被撫公之命，市井之徒動勒捲桶。捲桶者，此間足色銀之别稱。彼貧寒之家，安得有捲桶耶？撫公之意，以兩直隸、山東、河南、江淮俱行用細絲銀。蓋此數處，錢法通行。故不得不用細絲，今若能使百姓通用錢法，則可不刑一人。而自無低銀矣」云云，讀此知習尚難變，雖厲禁無益也。

又 窆石 會稽山禹陵，窆石高七尺。鋭上而廣下，上有孔，其形如錘。可撼不可動，相傳其下有機捩故也。《舊經》曰：「禹葬會稽山，取此石爲窆。上有古隸，不可讀，今以亭覆之。」宋魏了翁詩：「禹穴元從一罅通，禹陵元在亂山中。飲泉窆石皆如此，誤卻東游太史公。」頃歲丁亥，土寇推石仆之，徙，平地無一他物。

又 仙梅石 岳州岳陽樓仙梅石，得之土中，其文斑剥似梅花。

又 龍宫寶石 成都唐高僧智浩，嘗誦《法華經》，所居近龍洞。龍女時來聽經，一夕貽一明珠，浩不受，珠化爲石，似石榴。以水洗之，有四字曰「龍宫寶石」，至今存焉。見明初全室禪師 宗泐詩中。

清・談遷《北游録・紀聞下》 硝 河間東昌近海之地，晨起凝白如霜，土人曰璽，煎之爲硝，蓋鹽之餘也。

清・談遷《棗林雜俎》卷三六〇《中集・名勝》 鹽池 解州鹽池，蚩尤所窟穴。平時淺波，歲九月九日先後數日嘗大風雨，爲化鹽之候。彼二十里之聚，各儲草薦木屑、竹枝樹梗、敝履壞絮之屬，一切雜投。狂風一夕作凍，明日視之，滿皆鹽花矣。味甘咸，甚瑩潔，始祭蚩尤之旗。官收其半，民取其餘，無不滿志。

寧夏鎮城南北各三十里，俱有鹽池。其産不多，官亦不禁，不知於古何名。河東邊外有花馬、紅柳、鍋底三池，以境外棄。今鹽池之在三山兒者曰大鹽池，在故鹽州城之西北者曰小鹽池。其地曰孛羅等，池最多，皆分隸大鹽池。其鹽不勞人力，因風而生，原額三千二百餘引。弘治九年，延綏、寧夏二鎮輪招馬匹，尋乃奏革。正德初，總制楊一清奏如河東運司例，每引收銀一錢五分，增課五萬二千引。

清・談遷《棗林雜俎》卷三七〇《中集・名勝》 鹽井 蜀中鹽井始於李冰。大都竹井，井形大如竹，僅可容竹也。其鑿之甚艱，其入之甚深，其汲之甚苦。水出山石，淡上鹽下，有鑿至五六十丈而淡出，百丈而鹽出。鐵釬、漕釬、刮筒、吞筒等器，纖悉甚備，不比晉、齊、燕取水成鹽之易也。《四川通誌》。

清・談遷《棗林雜俎》卷四二一《中集・器用》 紫石英 諸暨縣東五十里烏帶山產紫石英。嘉靖中，縣令黎秀命父老，凡上官來取者，皆引至他所。使無得。因呈曰：「合浦之珠以吏貪而徙，暨產石英，乃自本職到任，數采無得，此不職之效也。」采者以息，久之遂迷其處。《紹興府誌》。

清・王士禛《分甘餘話》卷二《漢中府璞石》 漢中府治月臺東南隅有璞石，如鼓而方，高二尺六寸，圍八尺，脰間作四獸，面有剖露痕，審視之，真碧玉也。

清・王士禛《分甘餘話》卷三《奇石》 廣州府城西長寿菴离六堂側池上有石一株，云产七星岩。其色黃如蒸栗，瑩潤如蜜蠟琥珀，稍有皴纹，高可三四尺，真奇物也。从來太湖石以供园林假山之用，灵璧石、英德石可作研山懸磬，端溪石作研材，青田石作印章。邇來福州寿山石五色具备，而坚細瑩潤不减冻石，以開採太酷，石脉遂竭。土人以芙蓉石代之，以诳鬻者，然色與质皆劣，價亦顿减矣。吾鄉章丘南山岩洞忽出石，色正绿，如翠羽之可爱，長有徑二三尺許者，峯巒耸峭，坡陀迤逦，水道分明，置之盆盎，信是奇觀。惜不數年，以開採過當，石脉皆竭，今亦不易得矣。

清・顧炎武《肇域志・山東・兗州府・忻州》 實山，在州西南九十里。有礦。

清・顧炎武《肇域志・山東・濟南府・章丘》 平頂山，亦名四峪山，在縣南七十里。出鐵礦。

清・顧炎武《肇域志・山西・平陽府・蒲縣》 龍與洞，在縣北四十里。居羣山中，產五色花乳石。

清・顧炎武《肇域志・山西・潞安府・壺關縣》 趙屋嶺，在縣南六十里。上有鐵礦，及產赤白石脂。

清・顧炎武《肇域志・山西・平陽府》 青鎖鐵：大同府境舊雲内州出。

又 銅：代州鳳遊谷及垣曲縣北山俱出。又潞安府臨、興二縣有爐。

又 錫：交城、平陸、陽城俱出。

清・顧炎武《肇域志・山西・太原府・河曲》 產氣砂、花斑石，白質青色，可作圖書；紅石可點書；乾泥覆土屋，陰雨不漏，勝於瓦屋。

清・顧炎武《肇域志・山西・平陽府・夏》 温泉山礦洞，在温谷里，產銀礦。

清・顧炎武《肇域志・山西・澤州・高平》 走馬嶺，在縣西北十里。出鐵鑛。

清・顧炎武《肇域志・河南・河南府・閿鄉》 棗鄉峪，在縣西南二十五里。產麩金。

又 閿峪洞，在縣南六十里。產銀砂。今湮塞。

又 金沙澗，在縣西南三十里。產麩金。

清・顧炎武《肇域志・河南・南陽府・泌陽》 銅山，在縣東六十餘里。有銅。

清・顧炎武《肇域志・河南・南陽府・桐柏》 圍山，在縣北四十里。四圍皆山，出銀礦。

清・顧炎武《肇域志・河南・南陽府・内鄉》 西二十里曰花墓山。内產煤，民不知爂。

清・顧炎武《肇域志・河南・南陽府・裕州》 火星山，在州北四十里。其山有洞，出銀、銅、錫礦。

清・顧炎武《肇域志・陝西行都指揮司・山丹衛》 紅鹽池，在衛城北五百里。池產紅鹽。

又 白鹽池，在居延澤之旁。產白鹽。

清・顧炎武《肇域志・陝西・興安州》 青碌洞，二十處，在州東四十里青碌山。洞中產大青、大碌。今洞封閉，官住取采。

清・顧炎武《肇域志・陝西・鞏昌府・會寧》 石炭岸，在城東二十里。產石炭及煤。

又 白土岸，在城南三十里。白膩若粉。

又 硝崖，在城北一百里。夾河兩岸，皆產樸硝。

清・顧炎武《肇域志・湖廣・寶慶府》 郡邑產金、銀，禁開采。產硃砂、雄黃。產炭，炭有木、有煤，人以煤代薪，其利及於隣邑。堁室者以火煉石爲灰。產靛，可用以染。產葛、苧、麻、綿，布極細，不亞他產。鐵產於新化者，亦名鑛。麝香出熊膽山。茶出武岡、新化，有稅。產蜜，有黃、白色，石出者最珍。產絹，有上紬、綿紬。產蠟，有黃、白。產皮，有諸獸。是皆隨地則良，匪敢言異。而或致征者驗然，求者未已。總之，國出貨豐，則多逐末之民；國出貨儉，則多力本之民。今四方之賈坌集，以車來者，亦以賄遷，可以征質文奢儉之變也。噫！

清·顧炎武《日知録》卷三二《石炭》 今人謂石炭爲墨。按《水經注》：「冰井臺，井深十五丈，藏冰及石墨焉。石墨可書，又然之難盡，亦謂之石炭。」是知石炭、石墨一物也，有精麤爾。北人凡入聲字皆轉爲平，故呼墨爲煤，而俗竟作「煤」字，非也。《玉篇》：「煤，炱煤也。」《韻會》：「煤，炱灰集屋者。」《吕氏春秋》：「孔子窮於陳、蔡之間，七月不嘗粒，晝寢，顏回索米，得而爨之。幾熟，孔子望見顏回攫其甑中而食之。選間，食熟，謁孔子而進食。孔子起曰：『今者夢見先君，食潔而後饋。』顏回對曰：『不可。嚮者煤室人甑中，棄食不祥，回攫而飯之。』」高誘曰：「煤室，煙塵之煤也。」《素問》：「黑如炲者死。」注：「炲謂炲煤也。」唐張祜詩：「古牆丹雘盡，深棟墨煤生。」李商隱詩：「敵國軍營漂木柹，前朝神廟鎖煙煤。」温庭筠詩：「煙煤朝奠處，風雨夜歸時。」是煤乃梁上煙煤之名，非石炭也。崔銑《彰德志》作「烸」，按《玉篇》《廣韻》並無「烸」字。

清·屈大均《廣東新語》卷四《水語》 海水 炎洲之水，其邊大洋以北者，清而紺。邊大洋以南者，碧而黑。西漲暴下則黃濁，黃濁故淤泥壅積以成田。碧而黑，則性勁味鹹，水鹵所生，火膏所發，鬻之可成鹽末。故凡海水，秋冬鹹而春夏淡，鹹則益清見底。諺云：「鹹水清，淡水濁。」「鹹水滿洋，不如淡水一掬。」言淡者雖濁而可食也。

又 小龍潭 溪中多有美玉，色如紺青。

清·屈大均《廣東新語》卷五《石語》 海石 紫石英出東莞爆山，大如指頭，小者如石榴子。色純紫，光明鮮豔，若漳浦茅晶，而多五棱，廣人多以飾佩帶器物，婦人絶孕十年無子者可療，以爲服食亦善。或有詩云：「增城雲母粉，東宮紫石英。仙人所服餌，往往得長生。」雲母亦火之精華也。有雲核者，多產羅浮山中，其黃者出黃雲，白者出白雲，各以其色，蓋亦雲之母也。屑之調爲漿，久飲之，口能吞吐五色雲。

清·屈大均《廣東新語》卷一五《貨語》 金 吾粵陽明之國，天地盛德，寄旺於火。火之英，丹砂之精，黃湏父之，黃土母之，以故往往產金。金生於丹砂穴者爲上，其屑多在黑沙及逆流漩澓之所，没水取之。或掘地丈餘，見有磊砢粉子石，石褐色，一端黑焦，是爲伴金之石，必有馬蹄塊金。蓋丹砂之旁有水晶床，金之旁有粉子石，物不孤生，天地之道則爾，其粉子石所在，土色如血，或如熟杏，燒作脂蘇氣香，其沙甚重而苦，鵝鴨啖其沙者，從膍胵至内淘之，亦有金屑。開建有金莊水焉，其源出金雞涌，二百里間爲大瀧小瀧者二，皆有瓜子金、麩金。越一山有金縷水，流聲清激，亦產生金。土人淘其沙，日得麩金分許，不能多，或有得一金龜，則其地數日無金矣。崖州黎田，其水瀠洄清澈，浮光躍金，有商人以百金貿而淘之，陽江木蓢白石山澗中。及廣寧溪峒，亦有金坑，而生金甚微，色亦低劣，民竭一日之力，僅足糊口。英德之金山逕溪東西田腳亦有金，河源之藍田瀨，蒸煮其沙，日得生銀錢許，若得三四錢，則三日不能復得，高明礦脈亦微。

又 銀 粵之山舊有銀穴銀沙，《始興記》云：小首山崩，崩處有光耀，悉是銀礫，鑄之得銀。而英德、清遠其山傳有銀礦者，輒有白氣上升，草木沾之皆白。或山石盛熱時有銀汗，白而味辛。其礦或紅如亂絲，或白如草根，或銜黑石，或有脈，謂之龍口。循龍口挖之，淺者一二丈，深者四五丈，有焦路如竈土然，斯礦苗也，又挖則礦見矣。由微而盛，盛而復微，或如串珠，或如瓜蔓，微則漸絶，絶復尋焦，焦復見礦。若焦已絶，則又盤荒也。凡礦以有銀星大點而柔者爲上；小點而堅者次之，謂之明礦；次則夾石礦，以色緑者爲上，紅黑黃白者次之；又次則砂土礦，淘去浮者，留其沉重者煎之，以成瓜者爲上，如瓜蔓者次之。然往往盤荒時，見有人騎白馬望空而去，此銀氣也，氣去則其銀亦去，故往往不得銀云。東莞東南百餘里有寶山，其穴有銀磚數百片，相傳郭將軍所鍊，取之輒昏迷不得出。旁一深洞在水中，土人嘗祭以白雞，入水鑿之，其剛者石也，柔則爲鉛，鉛一石或得銀數兩。然每爲神笞擊，鑄不及成。電白東有紗帽山，山有石大小數萬，非石，皆銀塊也。取之亦輒昏瞀，曳以巨藤，藤盡斷。有爲齋醮以禱者，費三百金，第如其數以償，餘不能動。潮州西豐水有一穴，中有銀餅數千枚，亦不可取。始興林水源有斜潭，潭底有銀數十甕，以青石蓋之，可開觀而不可取。羅浮一洞，有大銀版無數，有取其二者，夜夢山神訶責，復納還之，雷即震擊此洞，塞以巨石，至今遂不復識。

又 連 鉛一曰連。【略】然今廣東錫多從廣西賀縣而至，賀縣出錫，故名賀。賀，錫也。語云：羊脂莧銅，牡羊角縮賀。然廣東長樂、興寧、河源、永安皆產錫，堅白甲於洋錫，有馬蹄、蜈蚣、門限之名，貧民采者賴以生，天啟末年以來甚盛。又韶州產錫。

又 玉 又曲江縣東有玉山，卉木茂滋，泉石澄潤，相傳爲昔人采玉處。又瓊山石，白潤如玉，故名瓊山。高州海中有文魮，其鳴似磬而生玉。

又 水晶 瓊州五指山，多水晶，光瑩照人，望如雪霽。取以爲假山，高至丈餘，價甚翔。其銀晶及黃紫者，多從閩漳而來。或謂色紅者火晶，可以取火，白者水晶，可取水亦可取火。水晶所在，夜輒有火光云。

清·顧祖禹《讀史方輿紀要》卷三九《山西一》 鹽池，在平陽府解州東三里。又安邑縣西南二十里亦有鹽池，與解爲兩池。蓋一池而分東西二池也。《春秋》成六年：「晉人謀去故絳，諸大夫皆曰：『必居郇、瑕之地，沃饒而近盬。』韓獻子曰：『山澤林盬，國之寶也。』」杜預曰：「盬，鹽池也。」《漢志》：「池在安邑西南。」許慎謂之鹽鹽池，長五十一里，廣六里，周一百一十四里。呂忱曰：「宿沙氏煮海謂之鹽，宿沙，炎帝時諸侯，始煮海爲鹽，富溢他國。河東鹽池謂之盬。」今池水東西七十里，南北十七里，紫色澄渟，渾而不流。水出石鹽，自然凝成，朝取夕復，終無減損；惟暴雨霖澍，潢潦奔軼，則鹽池用耗。公私共堨水徑，防其淫濫，謂之堨水。其廣狹淺深，古今盈縮時有不同。又有女鹽池，在解州西北三里，東西二十五里，南北二十里。其西南爲静林等澗。服虔曰：「土人引水沃畦，水耗土自成鹽處也。」亦謂之鹽䀋，味小苦，不及大池。或號爲女澤鹽，亦曰鹽出鹽。俗言此池亢旱鹽即凝結，如逢霖雨鹽則不生。舊《志》：女鹽池在猗氏故城南。《水經注》：鹽水出東南薄山，即中條之異名。西北流經巫咸山北，又徑安邑故城南，又西流注於鹽池。自漢武元狩四年用桑弘羊等言，興鹽鐵之利，天下鹽官凡二十八都，而河東安邑爲首。後漢元和三年帝幸安邑觀鹽池。《外紀》云：周穆王亦至安邑觀鹽池。初平中放散鹽禁。建安四年曹操從衛覬言，復遣謁者僕射監鹽官，以其利招服關中，其後皆設鹽官董之。晉亂，鹽利亦耗，後魏復立法征之。景明初從中尉甄琛請，弛鹽池之禁。既而其利皆爲富强所專。四年復收鹽池利入公，神龜初復申鹽池之禁。孝昌三年蕭寶寅反長安，正平今聞喜縣。民薛脩義等聚衆河東，分據鹽池，攻圍蒲阪以應之。時長孫稚奉命西討，遣别將楊侃擊平脩義等。會有詔廢鹽池税，稚上言：「鹽池天産之貨，密邇京畿，惟應寶而守之，均贍以理。今四方多虞，府藏罄竭，以鹽税準絹而言，一年不下三十萬匹。臣不先討關賊，徑解河東者，非緩長安而急蒲阪，恐一失鹽池，三軍乏食也，請依常收税。」從之。《唐·食貨志》：「鹽池凡十八，井六百四十，惟安邑有池五，總謂之兩池，皆隸鹽鐵，置官榷之。貞觀十二年幸柳谷，觀鹽池。其小池曰女池。開元中置女鹽監，後以水淡監廢。大曆八年兩池生乳鹽，十二年賜名寶應靈慶池。《唐紀》：「大曆十二年，先是秋霖，河中府池鹽多敗。户部侍郎判度支韓滉恐鹽户減税，奏雨雖多不害鹽，仍有瑞鹽生。上疑其不然，遣諫議大夫蔣鎮往視之。鎮還妄對，果如滉言，因賜號寶應靈慶池。」咸通以後藩鎮益强，河中帥得專鹽池之利。光啟初宦者田令孜用事，以安邑、解縣兩鹽池爲河中帥王重榮所專，歲止獻三十車供國用，請復舊制隸鹽鐵，因自兼兩池榷鹽使，《會要》：「元和十五年改税鹽使爲榷鹽使。」收其利以贍軍。重榮不可，令孜因徙重榮鎮泰寧，重榮遂與李克用合謀舉兵犯闕討令孜。後唐同光二年河中帥李繼麟請榷安邑、解兩池鹽，每季輸省課。從之。《宋志》：「鹽之類有二，引池而化者，《周官》所謂盬鹽也；俗曰顆鹽。煮海煮井煮鹼而成者，《周官》所謂散鹽也。亦曰末鹽。解州解、安邑兩鹽池，墾地爲畦，引水沃之，水耗鹽成。每歲二月墾畦，四月引水，八月而止，得鹽百餘萬。又前代鹽皆自生，唐開元中池涸，河中尹姜師度始有畦夫管種之課。宋張席上言鹽漫生之利，遂罷畦夫。」《鹽池考》：「中條山在池南，自蒲州接太行，形如卧弓，環池而繞之，山頂有桃花洞水流入鹽池，池與安邑池爲兩池，官置使以領之。又中池北百步許有淡泉一區，味甚甘洌，俗謂鹽得此水方成也。又西北十五里有硝池六，一曰賈瓦，二曰金井，三曰團，四曰熨斗，味皆淡；五曰夾凹，六曰蘇老，味皆鹹。天旱則生。自鹽池而南，層山墻立，天巖雲秀，地谷泉深，亦天下形勝之處矣。《鹽池圖説》：今池東西長五十五里，南北闊七里，周百四十四里。宋分爲東西兩池，各置鹽場二。明初並爲東西二場，成化二十一年增置中場。其池亦分爲三，近安邑者爲東池，近安邑西二十里路村者爲中池，近解州者爲西池。三場亦以是爲次也。池底淤泥滋生，鹽根形如水晶。夏月驕陽薰蒸，南風動盪，上結鹽板，光潔堅厚，可勝行立。板上水約三寸，翻騰浪花，落板即成顆粒，古謂之漫生鹽，今謂之斗粒鹽。更時霖小雨，則色愈鮮明，故曰顆鹽。宜及時撈採，若遇大雨，鹽復解散。秋冬地冷池枯，不能生鹽，間或有之，硝鹻相雜，味亦不正。其西北七里即女鹽池，據地高阜，其鹽淡，或苦不可食。時或生硝，亦名硝池。而六小池及静林諸澗，每水溢則奔趨女鹽池，爲鹽患。又安邑東有苦池，於鹽池亦切近。宋元符、崇寧間，觀察使王仲先於池東西南三面築七郎等十一堰衛之，所以拒溢水之入也。崔敖曰：「鹽池乃黄河陰潛之功，浸淫中條，融爲巨浸。」蓋大河從西北來，至蒲州折而東向，轉曲之間漸漬蓄匯，有此奥衍。今陝西花馬池亦近黄河折流處也，然鹽藉主水以生，緣客水而敗，故治水即所以治鹽。鹽池南枕條山，雨水易迫，然非淵泉所出，且横亘有護寶堤，爲仞高厚，依山有桑園、龍王、趙家灣、大小李、西姚諸堰，縱有飛瀑，阻遏猶易。北面多曠壤平丘，與水隔絶，故二隅無足爲慮。若東西盡處則俱逼禁堰，一墻已外，即客水所鍾。次東禁堰者有壁水、月堰及黑龍堰，次西禁堰者有卓刀、七郎、硝池堰，各從東西自高而下，禁堰不能受則入池矣。黑龍堰之受害原於苦池，苦池乃姚暹渠蓄而復流之水也。渠出自夏縣，經巫咸谷北合洪洛渠，東合李綽渠，經苦池而迤邐西向，自安邑歷解州抵臨晉入五姓湖，由孟盟橋而注黄河。姚暹渠首及中股皆狹，至安邑與李綽、洪洛之水並注於苦池，苦池不能受，勢必東北泛溢於黑龍，入黑龍則壁水、小堰、月堰不能支，而竟衝東禁堰矣。硝池即女鹽池也，其受害原於涑水。涑水在姚暹渠北，源出自絳縣爲絳水，西經聞喜縣爲涑水，又西受稷王、孤山、峨嵋坂諸水，經猗氏抵臨晉，亦入五姓湖而注黃河。涑水中尾多窄，至臨晉山溪諸水合注之，勢不能受，必自西北横溢，破姚暹而奔騰於硝池，入硝池則黃牛、七郎、卓刀不能支，而竟衝決西禁堰矣。況東北又有湧金泉亦注於黑龍。西北又有長樂灘亦注於七郎，故築東禁以及黑龍，築西禁以及硝池，治其標者也。浚姚暹以導苦池，浚涑水並歸五姓湖，治其本者也。緩於南北而急於東西，先於根本而後於標末，則客水不浸，而主水無恙矣。

清·顧祖禹《讀史方輿紀要》卷五九《陝西八·西和縣》 鹽井，縣東北八十里。煮水成鹽，民資其利。九龍泉，在縣西八里。四時湛然，水旱如一，夏涼冬温，居民引以溉灌。

清·顧祖禹《讀史方輿紀要》卷六二《陝西十一·寧夏鎮》 鹽池，在鎮界。《唐食貨志》：「靈州有温泉、兩井、長尾、五原、紅桃、回樂、弘静池。」今五原池見後衛，回樂池舊在靈州所餘當在衛界。《通志》：「今在衛北四十里者曰大鹽池，衛北百七十里者曰小鹽池，衛城東南者曰紅鹽池，衛城西者曰長鹽池，然皆湮廢。」

清·顧祖禹《讀史方輿紀要》卷六二《陝西十一·寧夏後衛》 鹽池，在衛城西北。舊亦屬慶陽府，去府城五百里，北至寧夏衛三百五十里。池周迴八十里，謂之大鹽池。《魏土地記》：「大鹽池鹽色青白，名曰青鹽，又名戎鹽。」晉太元十六年，魏主珪破劉衛辰軍於鹽池，自河以南諸部悉降。宋白曰：「即唐鹽州五原縣青、白鹽池也。」《唐志》：「鹽州管四池，曰烏池、白池、瓦窑池、細項池。」又云：「青白鹽出烏、白兩池，亦曰青、白鹽池，在鹽州北。」唐元和十五年，吐蕃入寇鹽州，營於烏、白池，未幾復圍烏、白池。宋至道二年，夏州、延州行營言兩路合勢破賊於烏、白池，賊首李繼遷遁去。既而西羌擅以爲利。明時邊儲多取給於此。其地亦名三山兒。

又 小鹽池，在衛西二百里。池周二十七里，自慶陽至寧夏，此爲中頓之地。《五邊考》：「小鹽池與萌城驛爲寧夏後衛、靈州所及慶陽府環縣三境之要會，套寇入犯，往往以此爲捷徑。弘治十三年，官軍敗寇於此。池西北去靈州所百二十里，去寧夏衛三百七十里，與大鹽池皆不假人力自凝爲鹽。」西魏置鹽州，蓋以邊鹽池而名也。

清·顧祖禹《讀史方輿紀要》卷六三《陝西十二·山丹衛》 紅鹽池，在衛北五百里，池產紅鹽。又居延澤旁亦有池，產白鹽，采之不竭。

清·顧祖禹《讀史方輿紀要》卷六七《四川二·仁壽縣》 鹽井。在治南少西。有豔陽洞，亦曰焰陽，即鹹泉之源也。亦曰陵井，亦曰仙井，宋置監於此。《志》曰：府境有鹽井，大小不一，惟仁壽及簡州所出至多，民資其利。有仙泉井鹽課司，在縣治南半里。

清·王士禛《池北偶談》卷二二《談異三·魚石》 前即墨令周屺公斯盛說：汧陽縣有魚石，如饅頭狀，破之即成兩石，各有一魚形，鱗鬣宛然，以手摩揩之，作魚腥云。此山一溪中所產石子盡然。溪有魚石娘子廟，求石者必禱之，不禱則石皆無魚也。前郯令陸雲士次雲又說：新昌縣有水簾洞，洞口出石，亦如饅頭狀。人戲云欲得糖者，或肉或菜者，破之一一逼肖。造物狡獪如此。

清·王士禛《池北偶談》卷二六《談異七·石砮》 《猗覺寮記》辨楛矢石砮，引《晉·肅慎傳》：魏景元以來，供楛矢石砮。晉元帝時，詣江左貢石砮，其地有山出石，其利如鐵。《唐·黑水靺鞨傳》云云。予嘗見吳江吳孝廉兆騫自塞外攜來石砮，形如蠣石，色如蒸栗，云是混同江所產。蓋江邊松脂入水所結，非石也。

清·田雯《黔書》卷下《朱砂》 自馬蹄關至用砂垻十里而近，自用垻至洋水、熱水五十里而遥，皆砂廠也。洋、熱之砂，爲箭鏃、爲箇子，用垻之砂爲斧劈、爲鏡面。

清·田雯《黔書》卷下《砯硍》 灶有大小，釜亦如之。大者容砂二十升，離而爲十層，次入之，間以稃秕，布陳汞灰於其上，治以杓，中凹而圍凸，復以釜，差殺之，揉鹽泥而塗其脣，築之，乃煅之，凡一晝夜而汞成。滴滴懸珠，滉漾熣燦，皆升於復釜之腹。小者以煎砂石相錯之，巖子既實之，掩以笱籠，籠如篩，塗以泥，豆其孔以疏氣者四，孔則周遭槽之，穴其上覆以小甓，亦鹽泥固之，而後煅注，薌可成汞登於甓，溢則注於孔之槽，俟其性定，挹而注諸豕脬，裹而縳之，乃可行运。如或傾之，歛之以椒，聚集如故。啓釜甓者，必含韲或虀汁乃可逊，不則觸其氣而齒墮。已成汞而升之，復可爲硃，不忘其本，物亦有然者矣。又有自然之汞，生砂中，不待烹煉而成者，尤不易得。羽化之資糧也。

清·田雯《黔書》卷下《雄黃》 產安籠之這興，邇於粵。采之法易於砂。塊者爲上，末次之；皎者爲上，黯次之。卮榼仙佛皆可鑿，塊不恒得，則聚瑣屑而娩之，娩之之用爲茅膠。茅膠者，薯蕷之別種，不可食者也。其汁若髹漆，可以合離而萃渙。黃有雌有雄，雄則皎，雌則黯矣。古人點讀之誤，抹以雌黃，人之譸張爲幻者率類，是故曰雌黃其口。而春申君以之塗堂，故曰黃堂。蒲觴藥物取諸是，辟惡而除毒也。虺螫見之則骨靡。黃之精爲至寶，其光可奪日，佩之宜男。賈是用售，連城不足多也。

清·田雯《黔書》卷下《凱里鉛》 惟今日以療蠱毒爲功甚大。取之者清平凱里香爐山之陽，有穴焉，深可二三丈，再深則倍之，於是躧其墊，勘其牖，捶其塹，而後影見焉。或卬以升，或俛以縋；傴僂焉，首與膝並也；籧除焉，足與尻張也。又虜土之崩也，木庋揞之；穴之迷也，松肪照之，而後鉛獲焉。其質鉛，其狀石也。於是舂之連機之碓，淘之麥沖之河，炙之栗林之炭，鎔之洪冶之鑪，庶幾其成矣。凡蠱毒之中人，浸之磨之，取其汁而飲之，功與蘘荷葉等。余故爲黔人傳之。

清・田雯《黔書》卷下《砂牀》 銅仁箭鏃砂，色比韎韐，大如瑟瑟，散生水晶石中，紅白絢映可寶也。余獲其二，爲筆床焉。

清・劉獻廷《廣陽雜記》卷一 褭蹏音鳥蹏，銀之别名，即馬蹏銀也。

又 周獻之云：洋鉛查滓在上，錫之查滓在下。

又 只舊草井，鹽井也，在雲南武定府元謀縣。

又 秦州鹽，出山溪泥淖中，民取煎之。

又 雲南琅井在昆陽州，白鹽井在姚州，黑鹽井在楚雄，皆有提舉司井。皆在萬山中最下處溪河之中，鹹水衝突而起，如濟南之趵突泉然。即其處甃石爲井，繚之以欄，覆之以亭，搆橋以通來往。環溪數千家，皆竈户也。每擔鹹水，税若干，有司出入者，烙桶以印而稽之。又有硝井水，煎之，皆硝，儸儸飲此水以下飯。

又 川北鹽水，民所開也，深數百丈。堪輿指示其處，捐數千金以從事，井徑三尺許耳。若不得，則倾家矣；百丈而及泉，猶幸甚也。用軲轆牛轉，取之亦甚難。川東鹽井，取之較易，且有火井以助煎熬。貴州所食者，皆川東之鹽也。

清・劉獻廷《廣陽雜記》卷三 魏德真言：砂汞八石，一遇黑鉛，如油入麪，永不得清，惟煉丹須用之耳。此言深合予心，非久于其事者不能爲此言也。

清・劉獻廷《廣陽雜記》卷四 符五舟中攜寒沱石硯三方，石出夷陵，中有花紋如笋。石淡黄色，而笋潔白如玉，若横截之，紋極圓，無少偏欹，儼如世之圖太極者。但石質坚硬，不受墨，非硯材也。

又 偶同紫庭考青緑出處。案《本草》有空青、曾青、緑青、扁青、石胆五條，予以法制炼之，皆可成精銅，幾能乱金也。

空青，杨梅青也。《别録》云：「生益州山谷及越嶲山有銅處。銅精薰則生空青，其腹中空，能化銅鐵鉛錫作金。」

弘景曰：「越嶲屬益州，益州諸郡無復有，恐久不采之故也。今出銅官者色最鮮深，出始興者勿如。凉州西平郡有空青山，亦甚多。」恭曰：「出銅處兼有諸青，但空青爲難得，今出蔚州、蘭州、宣州、梓州。宣州者最好，塊段細，時有腹中空者；蔚州、蘭州者片塊大，色極深，無空腹者。」《藏器》曰：「銅之精華，大者即空緑，小者即空青也。」宗奭曰：「真宗嘗詔取空青中有水者，久而方得。其杨梅青，信州穴山而取，極難得。」《庚辛玉册》云：「産上饶，似鐘乳者佳，大片含紫色，有光彩；次出蜀嚴道及代北山，生金坎中，生生不已，爲青爲□丹。有如拳大及卵形者，中空有水如油，治盲立效。出銅坑者亦佳。又有杨梅青、石青，皆是一體，而氣有精粗。」《造化指南》曰：「曾空二青，乃石緑之得道者，均謂之鑛。」李時珍曰：「方家以藥涂銅物，生青，刮下，僞作空青者，終是銅青，非石緑之得道者也。」刘繼莊曰：「予昔在杭，遇一满洲老人，雙目皆矇，藥不能立時奏效。有貨空青者，索价頗高，甚言其效，满洲人信之，酬以重价。將用之矣，始问之予，予曰：『此物生銅坑中，必铜精也。铜性能伐肝，有餘之癥，自無不愈。今公年老，而癥俱虚，法當用温补之品，若用此，恐無益有損。』聞予言，且信且疑，乃破青取水，先點右目，效則遂用之。一夜大痛無□，目睛爆碎，始悔不用予言，而猶賴予獲全其左目也。后用养肝滋陰之剂，將及一載，左目復明。學者不可不知也。予有一法曰：假空青，用古鏡一圓，以硇沙砒石等分爲末，水調涂镜背上如錢，上以瓷碗覆之，埋入土中尺許，必在人走路之下。月餘取起，則鏡蚀成一窝，中包青緑水少許，用之與空青無異也，何必重价購求石中之水哉？余意此石以法製炼，得銅必多，然未之试也。」

曾青，《别録》曰：「生蜀中山谷及越嶲。」普曰：「生蜀郡石山。其山有銅處，曾青出其陽，青者銅之精。」弘景曰：「今銅官無曾青，惟出始興。」恭曰：「出蔚州者好，鄂州者次之。」時珍曰：「但出處銅，年古即生。形如黄連相綴，又如蚯蚓屎方楞，色深如波斯青黛，層層而生，打之如金声者爲真。」《造化指南》云：「曾青生銅礦中，乃石緑之得道者。」刘繼庄曰：「此物予未之見，蓋亦石青類也。《造化指南》以此等爲石緑之得道者，其言怪誕殊可笑，見之令人喷饭，而時珍亦爲此言，何邪？」

緑青即石緑，亦曰大緑。《别録》曰：「生山之陰穴中。」頌曰：「《本》經次空青條上云：『生益州山谷及越嶲山有銅處。』此物當是生箕山之陰爾。今出韶州、信州。」時珍曰：「石緑生銅坑中，乃銅之祖氣也，今人呼爲大緑。」范成大《桂海志》云：「石緑，銅之苗也，出廣西古江有銅處。生石中，質如石者名石緑。一種脆爛如碎土，名泥緑，品最下。」劉繼莊曰：「石緑以法製煉，每兩得銅五錢，如金。今丹家每以此誑人，不知此即取鑛法也。」

扁青即石青，一曰大青。《別録》云：「生朱崖山谷、武都、朱提。」弘景曰：「朱提音殊匙，在南海中。」普曰：「生蜀郡。」恭曰：「此即緑青也。朱崖以南及林邑、扶南舶上來者，形塊如拳大；武昌者片塊小，而色更佳；簡州、梓州者形扁作片而色淺。」

時珍曰：「蘇恭言即緑青，非也，今之石青是矣，楚蜀諸處亦有之。而今貨石青者，有天青、大青、西夷回回青，種種不同，而回青尤貴。《本草》所載扁青、曾青、碧青、白青，皆其類耳。」劉繼莊曰：「真老坑佛頭青，以法製煉，每兩可得真赤金二三錢，然真者不易得也。」石膽即膽礬。《別録》云：「生秦州羌道山谷大石間，或羌里句青山。」恭曰：「此物出銅處有之，出蒲州虞鄉縣東亭谷窟及薛集窑中。」頌曰：「今惟信州鉛山縣有之，生於銅坑中，采得煎鍊而成。又有自然生者，尤爲珍貴。」李時珍曰：「石膽出蒲州山穴中，鴨嘴色者爲上，出羌里者色少黑，次之，信州又次之。沈括《筆談》載，鉛山有苦泉流爲澗，挹水熬之，則成膽礬。所熬之釜，久亦化爲銅也。」劉繼莊曰：「膽礬以水銀製之成精銅。與石緑中所分者無異。若以分石緑法分之亦得，但甚少，此理予尚未究其微也。」

清·楊賓《柳邊紀略》卷三 鹽，南北朝時有産於樹者，有産於池者。金時速頻以東食海鹽，上京、胡里改等路食肇州鹽。

清·吴振臣《甯古塔紀略》 水中産五色石，如瑪瑙，用以取火絶佳。

清·方式濟《龍沙紀略》 掃土爲鹽，味稍苦，色黑。去卜魁東西各百餘里，地名喇嘛寺，産此。三城皆食之。白鹽，則來自奉天。

又 五色石，産黑龍江、諾尼兩江岸，通明如瑪瑙。紅圓者象核桃，或取以飾念珠。

清·黄叔璥《臺海使槎録》卷一《赤嵌筆談》 三十六島巨細相間，坡隴相望，有七澳居其間。大約有土無木，土瘠不宜禾稼，産胡麻、菉豆，山羊尤多。居人煮海爲鹽，釀秫爲酒，采魚蝦螺蛤以佐食。《元志》。

又 各省鹽，或煎或曬，臺地止於海岸曬鹽。府鹽埕二千七百四十三格，臺邑鹽埕一千四百二十一格，鳳邑鹽埕一千三百二十一格。每格廣狹不一，計丈定課，每丈徵銀四錢九分。諸邑無鹽埕。南社，冬日海岸水浸浮沙，凝而爲鹽；掃取食之，不須煎曬。所産不多，漬物易壞。崇爻山有鹹水泉，番編竹爲鑊，内外塗以泥，取其水煎之成鹽。

清·黄叔璥《臺海使槎録》卷六《番俗六考》 哆囉滿産金，淘沙出之，與瓜子金相似。番人鎔成條，藏巨甓中；客至每開甓自炫，然不知所用。

又 蛤仔難有金井，水極寒。番淘金，先置火及酒於井旁，懸藤綆入，取井底泥沙，口含手掬，急挽而上，寒不可支，飲酒向火，良久乃如常。有得一二錢者，有數分者，亦有一無所得者。既非兼金，且散碎難鎔，冒死求利，番人每苦爲之。或云：後山倒咯滿南有金沙溪，金沙從内山流出，近溪番婦淘沙得金，後爲蛤仔難番所據。

清·黄叔璥《臺海使槎録》卷七《番俗六考》 紅頭嶼番在南路山後，由沙馬磯放洋，東行二更至雞心嶼，又二更至紅頭嶼。小山孤立海中，山内四圍平曠，傍岸皆礁，大船不能泊，每用小艇以渡。山無草木，番以石爲屋，卑隘不堪起立。産金，番無鐵，以金爲鏢鏃、槍舌。昔年臺人利其金，私與貿易。因言語不諳，臺人殺番奪金。後復邀瑯嶠番同往，紅頭嶼番盡殺之，今則無人敢至其地矣。

清·愛必達《黔南識略》卷二《修文縣》 白巖、紅巖産水銀，今歸貴築管理，間産硝磺，非奉文不准開採。

清·愛必達《黔南識略》卷三《開州》 白石阬在城南四十里，昔産硃砂。

清·愛必達《黔南識略》卷一六《務川縣》 潛山，在城二十五里，産硃砂【略】。泥塘山在城南五十里。産硃砂【略】。木悠峯在城東四十里，上有水月宫，産硃砂。

清·愛必達《黔南識略》卷一九《銅仁縣》 舊産硃砂，形如箭鏃者號箭頭砂，最爲可貴，産于萬山廠。

清·愛必達《黔南識略》卷二九《普安直隸廳》 得都山在城東南四百二十里，一名白厓，舊産雄黄、水銀。

清·閔麟嗣《黄山導》卷一《青州怪石供二則》 蘇軾《青州怪石供》：《禹貢》青州有鉛松怪石。解者曰：怪石，石似玉者，今齊安江上，往往得美石，與玉無辨。多紅黄白色，其紋如人指上螺，精明可愛。雖巧者以意繪畫，有不能及。豈古所謂怪石者耶？凡物之醜好，生於相形，吾未知其果安在也。使世間石皆若此，則今之凡石復爲怪矣。海外有形語之國，口不能言，而相喻以形，其以形語也。捷於口，使吾爲之，不已難乎？故夫天機之動，忽焉而成，而人真以爲巧也。雖然，自禹以來怪之矣。齊安小兒浴於江，時有得之者，戲以餅餌易之。既久，得二百九十有八枚，大者兼寸，小者如棗、栗、菱、芡。其一如虎豹，首有口鼻眼霆，以爲羣石之長。又得古銅盆一枚，以盛石，挹水注之，粲然。而廬山歸宗佛印禪師，適有使至，遂以爲供。禪師常以道眼觀一切，世間混沌空洞，了無一物，雖夜光赤璧與瓦礫等，而況此石？雖然願受此供，灌以墨池水，强爲一笑。使自今以往，山僧野人，欲供禪師，而力不能辦衣服飲食臥具者，皆得以净水注石爲供。蓋自蘇子瞻始。時元豐五年五月、黄州東坡雪堂書。

清・閔麟嗣《黄山導》卷三中《亂鷥嘯集・登蓮花峰》 天公弄狡獪，産茲石。

清・閔麟嗣《黄山記略・遊記七篇》 記二：溪南文椎鬱蔥，涼翠欲滴，可六七里。有石梁北渡湯池，他温泉皆礬石，此獨生朱砂。

清・閔麟嗣《黄山紀勝》卷四 瀑布水峯在雲門峯西，峯巔流泉飄曳如練，高出雲端。紅泉溪在峯下，水色赭赤，疑有丹砂産此。渲映成流也。

清・吴震方《嶺南雜記》卷下 錫出惠州者，謂之上點銅，錫鑛入爐，必用芋艿鍊之，方鎔成汁，無芋則不成也。性堅而清，以製器用最精，工人亦極精巧。他省之匠不能及也。洋錫尤堅而白，制器如銀，久不變色。

又 白鉛出楚中，販者由樂昌入楚，每擔價三兩。至粤中市于海舶，每擔六兩，每舶賣至日本，每擔百斤鍊取銀十八兩，其餘即成烏鉛，俗稱倭鉛。實不産倭，乃鍊出銀後，仍載入内地，每倭鉛百斤，價亦六兩，其鍊銀之法，誓不傳于内地，爐火家亦不曉其術也。

又 吸毒石，乃西洋島中毒蛇腦中石也，大如扁豆，能吸一切腫毒，即發背可治。今貨者乃土人捕蛇以土和肉舂成，大如圍棋子，可吸平常腫毒，及蜈蚣、蛇、蝎等傷。置患處粘吸不動，毒盡自落。其石即以人乳浸之，乳變緑色，亟速棄之，着人畜亦毒也，不用乳浸，石裂矣。一石可用數次。真腦石，置蛇頭不動爲驗。

清・于敏中《日下舊聞考》卷五《形勝》 京師負重山，面平陸，地饒魚鹽穀馬果蓏之利。

清・于敏中《日下舊聞考》卷六《形勝》 辨方物則寶坻波素，宛平洞煤。銀鐵磁硝琉璃之珍，鶉鶩棗栗瓜茨之美，梨誇香水，桃擅岡子。

清・于敏中《日下舊聞考》卷七《形勝》 其瑩瑩者則丹錫元精，赭磁水晶。紫斑礬緑，玉砂鐵銀。元滋素液，墨井鹽冰。薊門石鼓，援桴而若擊；玉田白璧，誌柱而難名。

清・于敏中《日下舊聞考》卷八四《國朝苑囿・清漪園》 乾隆十六年御製青芝岫詩有序 米萬鐘大石記云：房山有石，長三丈，廣七尺，色青而潤，欲致之勺園，僅達良鄉，工力竭而止。

清・于敏中《日下舊聞考》卷一〇五《郊坰西十五》 顧近寺諸山，爲産煤所，居民規利，日事疏劚。

清・于敏中《日下舊聞考》卷一〇六《郊坰西十六》 〔原〕畫眉山在西堂村之北。産石黑色，浮質而膩理，入金宫爲眉石。山北十里有温泉出焉。《帝京景物略》。

清・于敏中《日下舊聞考》卷一四三《京畿附編遵化州》 〔原〕遵化鐵鑪深一丈二尺，廣前二尺五寸，後二尺七寸，左右各一尺六寸。前闢數丈，爲出鐵之所，俱石砌。以簡千石爲門，牛頭石爲心，黑砂爲本，石子爲佐，時時旋下，用炭火置二韛扇之，得鐵日可四次。石子産於水門口，色間紅白，略似桃花，大者如斛，小者如拳，擣而碎之，以投於火，則化而爲水。石心若燥，砂不能下，以此救之，則其砂始銷成鐵。生鐵之煉凡三時而成，熟鐵由生鐵五六煉而成，鋼鐵由熟鐵九煉而成。其鑪出微而盛而衰，最多至九十日則敗矣。《春明夢餘録》。此條原在物産門，今移改。

清・于敏中《日下舊聞考》卷一四四《京畿附編玉田縣 豐潤縣》 〔原〕縣産鹽場，故名豐潤。《郡縣釋名》。

又 〔原〕枇杷山在縣北三里，其山平廣，産白土如粉，可飾屋壁。《豐潤縣志》。

又 〔原〕陡河在縣南三十里，發源於遷安縣館山，由牡牛橋而來。其地掘丈餘有水火炭，可供爨，陶瓷器者利之。《豐潤縣志》。

清・于敏中《日下舊聞考》卷一五〇《物産》 〔原〕漁陽泉州有鐵。

又 〔原〕檀州大峪錐山有鐵礦，至元十三年立四冶，三十五年罷。檀州淘金户明時亦嘗開採，後封閉焉。《昌平山水記》。

又 〔增〕美石比玉，從古所稱。瑩者如圭，潔者如瓊。温者若璐，潤者若瑛。以靡以礱，乃堅乃貞。《明皇都大一統賦》。

又 〔增〕石大數十丈，或方或圓，如鑿如削。《盤山志》。

又 〔補〕白玉石産大石窩，青砂石産馬鞍山、牛欄山、石徑山，紫石産馬鞍山，豆渣石産白虎澗。大石窩至京城一百四十里，馬鞍山至京城五十里，牛欄山至京城一百五里，白虎澗至京城一百五里。折方估價，則營繕司主之。《明水軒日記》。

又　（原）凡山陵大工所用白石黝堊，皆取於順義西北諸山。《昌平山水記》。

又　（原）宛平西齋堂村産石，黑色而性不堅，磨之如墨。金時宫人多以畫眉，名曰眉石，亦曰黛石。《燕山叢録》。

又　（增）畫眉石出齋堂，其石燒鍋銚盤雖百年亦不損壞，以此得名。《析津志》。

又　（補）順天府西山與天壽山相接，大雪初霽，千峯萬壑，積素凝華若圖畫。其石精巧，人常以此充英石，但色枯不甚黑耳。《素園石譜》。

又　（補）燕中西山黑石，狀儼若英石，而崒屼巉巗，紋片皺裂過之，可作研山者頗多，但石性鬆脆，不受擊觸爾。《遵生八箋》。

又　（補）楊大年石硯詩云：得自燕臺側。然則燕石亦可作硯也。《硯箋》。

又　（補）薊州産褐黄石硯，理麤，發墨不滲，類夔石。土人刻成硯，以草一束燒過爲漫灰煨之，色遂變紫，用之不燥。《稗史彙編》。

又　（原）包金土，色微黄，中帶金星，用以泥祠殿壁，出紅石口。《昌平州志》。

又　（補）北京諸處多出石炭，俗稱爲水和炭，可和水而燒也。《戒菴漫筆》。

又　（原）燕山多嬰石，似玉有符采嬰帶，所謂燕石也。《山海經注》。

又　（原）宋之愚人得燕石，歸而藏之以爲寶。《闕子》。

又　（原）燕山石出水中，名奪玉，瑩白而温潤，土人琢爲器，頗似真玉。《石譜》。

又　（原）山林川澤之産，元興因土人呈獻而定其歲入之課。産金之所，在腹裏曰檀州，銀之所，在腹裏曰大都。銀在大都者，至元十一年，聽王庭璧於檀州奉先等洞採之。十五年，令關世顯等於薊州豐山採之，珠在大都者，元貞元年，聽民于楊村、直沽口撈採，命官買之。《元史·食貨志》。

清·謝聖綸《滇黔志略》　廣西府近安南有莫冶峯【略】，山中多金、銀礦，故民物殷富。《滇黔紀遊》。

又　聖綸按：滇中所食皆井鹽，其來如泉，或大或小，煎之皆可成鹽。白井爲最，黑井次之，琅井又次之，三處皆有提舉司督煎，其餘如雲龍、景東、阿陋、按板等井尚十餘處。白井在萬山深谷中，環谷僅十里許，鹽井大小共二十餘眼，歲煎鹽至七百餘萬觔。距井地八里，又有井曰安豐，長三丈，寬一丈二尺，深一丈五尺，淵涵渟泓，以水車挽之，晝夜不息。本朝乾隆六年始尋獲鹵源，歲煎鹽至四百餘萬。白井與雲邑接壤【略】，城東有瓦窯村，村旁有小澗，每遇冬春水涸，村民掃鹽澗中，潔白，味勝於井，而日掃日生，源源不竭。乃知安豐山勢雄奥，滷厚泉深，總屬天地生生不息之化，醖釀流衍，以利賴生民於無既也。

又　哀牢土地沃美，出銅、鐵、鉛、錫、金、銀、光珠、虎珀、水精、瑠軻、蚌珠。《漢書》。

又　聖綸按：雲南土産五金，而銅務爲最大【略】，然産銅最旺，莫如湯丹、碌些二廠。湯丹歲出銅四百餘萬，其他金、銀、錫、鐵雖衰旺不一，要惟滇中出産爲尤富。近世自琥珀而外，其餘概不産於永昌。寶石以碧牙犀爲最，價倍黄金，然皆産自外徼。

又　大理石，白質黑章，以蠟沃之，有山林雲物之狀。《蒼洱圖説》。

又　滇南三石，屏南山出紫石，不剛不柔，頗發墨，可爲硯材，與大理點蒼石、武定獅子山石並稱。《石屏志》。

又　五色花石，雲南府所屬産此，狀如瑪瑙，又産紫花木，均可作器皿。《廣輿記》。

又　南寧産石，狀類燕，有文，大曰雄，小曰雌，能治目疾。仝上。

又　黑鉛、白鉛，俱出威寧各廠。畢節亦有黑鉛廠。遵義府亦有白鉛廠。都匀府治東沖，有白、黑二種。南籠府屬丁頭山，亦有黑鉛廠。《通志》。

又　硃砂，銅仁産者形如箭鏃，號箭頭砂，最爲可貴，産於萬山廠。他砂皆産於土中，此砂獨産於石夾縫中，取之最難，每塊並無重至一兩者。又出開州三脚崖、白渾林等處，土石相雜，穴洞深入，取出淘洗，用力甚艱。《通志》。

又　水銀，出修文縣白馬硐、馬蹄關等處，以硃砂熬鍊而成。又出普安縣濫木橋廠，又出石阡府屬各土司地，又出婺川縣木悠板廠、崖頭諸處。《通志》。

清·趙翼《簷曝雜記》卷三《寶石、碧霞洗》　猛密土司有三寶井，分三處，如鐺脚，其城即隨而圍之，故號「三角城」。地屬緬，緬酋封禁甚嚴，必土司先以文申請，酋遣人蒞視，始得開。人縋而下，遇石即取以出，石中有有寶者，有無寶者。歲只開一井，故一井常三歲一開，欲休其地力，使生寶也。寶石之次爲碧霞洗，則猛密山中有之，不必井出。寶石有紅、藍諸色。舊時質大而光厚，並有映紅、映藍二種，貯水缸則滿缸如其色，近已不可得。碧霞洗亦有諸色。今亦多石滓，光淡不能融透，蓋搜采者多，不待其精神足也。聞中漳州諸山有水晶，則其上先有氣，土人因得掘取之。掘盡，則他處又生。有紫者、緑者，頗珍重，白者不貴也。聞和闐之玉亦歲歲長成。每秋八九月，玉山大霧數日，則其水中石即變玉，故有純淨者，有不脱石質者。乃知此等寶物，生生不窮，非上古所有，至今始得之也。

清·趙翼《簷曝雜記》卷四《廣東珠價》　有蠔、蚌二種：蠔珠有底稍平，狀如饅頭，而色微赤；蚌珠則有極圓者，光潔白可愛，然圓者亦不易得也。品珠先論形體，稍有欹側及皺紋，弗貴也。珠又多疵。體或圓矣，而有一二點黄暈，又珠之累也。圓而無疵矣，又須有精光，乃爲上品。或因有微疵，而稍加磨治，則光閃爍不定矣。余嘗見一顆重三錢，大如龍眼果，惜有黄暈如豆許，然已索價萬金，若無疵，雖二萬金不得也。數珠亦用此莊嚴。數珠一百八粒，或用碧霞洗，或用珊瑚及青金石、伽倆香之類，價不過三四千金。其旁有記念三掛，掛各十顆，以珠爲之，每顆重四五分，欲取其形體光彩一樣相同者，須於數百顆中選配始成。大約重四分者，以四五千金爲率；重五分者，以六七千金爲率。此記念也。記念之末，又有小垂角，須體長而上鋭下圓者。每顆重六七分，則價七八百金；重八分以上，則千金矣。三垂角又以三千金爲率，而數珠之後，又有一絲絛懸於背者，中爲背雲，下爲大垂角。背雲徑二寸，非一珠可滿也，則中嵌一大珠，重六七分者，價率二千金；旁嵌四珠，重五六分者，價亦如之。大垂角亦珠也，其形亦上鋭下圓，而重須二錢以外始相稱，則索價不貲，率五六千金矣。又有佛頭四顆，間於百八珠之間，則以碧霞洗及珊瑚之類爲之，大者亦須二千金。總計數珠一掛，必三萬余金始完善。而珠之形，又有天然奇巧者：或爲葫蘆形，或如膽瓶狀。此又偶然一遇，欲求成對，雖數年不得。餘在廣一年，所見珠頗多，然置之暗中絶無光。不知古所謂夜明珠者，又何物也。

清·趙翼《簷曝雜記續·西山煤》　京師自遼建都以來，千有餘年，最爲久遠。凡城池宮殿、朝廟苑囿及水陸運道，經累代締構，已無一不完善通順。其居恒日用所資，亦自然輻輳，有若天成。即如柴薪一項，有西山産煤，足供炊爨。故老相傳「燒不盡的西山煤」，此尤天所以利物濟人之具也。惟是都會之地，日益繁盛，則煙爨亦日益增多。雖畿甸尚有禾梗足資火食，而京師常有數十萬馬騾藉以芻秣，不能作炊爨之用。是以煤價日貴。余在京時，煤之捶碎而印成方墼者，每塊價錢三文，重二斤十二兩。今價尚如舊，而每塊不過斤許矣。此不可不預爲籌及也。聞直隸真定府之獲鹿縣有煤廠，産煤甚旺，距京不過六百里，似可以獲鹿之有餘，補西山之不足。其間或有水道不通之處，量爲開濬，如淮右之五丈河，俾船運常通，則永無薪桂之患。

清·姚元之《竹葉亭雜記》卷八　圓明園西北紅石山麓舊有蘭若寶藏寺，産菊花石。石性粗鬆不佳，其紋儼然菊花，故名。斜側反正悉備，亦有致趣。惜其不堪把玩耳。

又　西路烏什一帶出花石，各色俱有，其紋皆有鳥獸人物之形，且有鬚眉毫末俱足者。鐵冶亭宗伯夫人號如亭，得一石紫質而白紋，上一「如」字小篆，文下有一茅亭，不事牽强，居然成其閨號，此尤奇也。予親見之。

又　蘇仙公土桃出湖南郴州。蘇仙公祠即東漢時蘇耽也。祠旁往往掘得土球，狀如桃核，大如橄欖而扁。其質似土之結成，而又似沙之凝固，文亦若桃核之文，摇之空，其中有物作響。亦有僞者，惟以摇之作響若空青者爲真矣。星伯云可以治目。

清·畢沅《關中勝跡圖志》卷一二　小鹽池　在朝邑縣西北十五里。《唐書·地理志》：「朝邑縣有小池，有鹽。」府志：「在苦泉南十五里，旱時可煑水成鹽，今不恒有。」以上《朝邑》。

清·佚名《西藏志·物産》　説板多山后有金廠。

洛隆宗南去二日有浪岩山，産青金石。

納克産依克、駝洛海一帶，有海子鹽水、毒水。

吉扎布、生根物角一帶，俱名昂獨，無人烟，地多温泉，海子産白鹽。

清·俞正燮《癸巳存稿》卷一〇《青海鹽》　《政和經史證類本草》：朱書《神農本經》云：戎鹽主明目目痛，益氣，堅肌骨，去毒蠱。《名醫別録》云：「戎鹽一名胡鹽，生胡鹽山及西羌北地，酒泉福禄城東南角。北海青，南海赤。」【略】佛書言大信，度國出赤鹽，色如赤日，白鹽、黑鹽及白石鹽等，異域遠方以之爲藥【略】。又《泊宅編》云：「西安州即唐鹽州，西至流沙六日，沙深細，没馬，無水源，但乾沙耳。又二日至西海，水味不甚鹹，中有顆鹽，大者重三四斤，其色紅瑩，軍行以和食飲【略】。明陸容《菽園雜記》：「環慶鹽池有水晶鹽，方塊如骰子。有鹽根如石，可規爲槃盂。甘肅、寧夏有青、黄、紅池鹽。」

清·李宗昉《黔記》卷四　威寧多鉛廠舊礦，産鉛不旺，且每歲夏時，中多積水，車戽之費較昔日增。

清·吴振棫《黔語·鉛》　蒙齋《黔書》載清平、凱裡鉛甚詳。今清平之廠曰永興，其地有五，非一廠也。洞下及老鎌廠，礦脈已竭，不復採。所採唯葛藤坡、賴子坡、龍井耳，歲抽課凡一萬三千四百斤，供下游諸營操兵鉛丸之需，舊歸凱裡縣丞抽課，乾隆間改歸縣，大抵百斤抽取二十斤。

清・李心衡《金川瑣記》卷四　雲母石　章谷屯多雲母山，日色照耀，遍地作金銀光彩，石如水晶，拾其巨者，片片揭之，薄於蟬翼，用糊窗牖，晶瑩明晃，一無隔礙，亦可遮風。倘施之曲房邃室，當不減寶帳紅芙也。繆清泉嘗手制數百方贈予，至今珍藏之。

又　土鹽　深山中産土鹽，夷人知地脈者識之，偕醜類挖掘，日引不窮，色如灰土，雜以砂礫，其鹹不減内地白鹽，微帶苦味，章谷尤多。

又　寶砂　又名八角砂，其形八角，大於黄豆，堅如金剛石，屑之可以治寶玉。章谷屯江滸甚多，淘漉之，一人日得半升許。沙際時有玉璞，馮刺史克鞏管屯時，曾撿得一枚，命玉工治之，甚佳，碎石嵯峨，惜無巨眼指識。

清・陳康祺《郎潛紀聞四筆》卷五　和闐，古于闐，産玉甲天下。葉爾羌，古莎車，舊無玉河，自辦事大臣祭河神，産玉逐盛。

清・丁柔克《柳弧》卷六《文登游石》　山東文登縣有一溪，溪内出游石，石大如彈子，五色畢具，游漾水中如游魚然。其花紋數十百種，得之，可養於净水内，可數十年。水活則生小石。有敲破視之者，中有一小紅蟲，見風即死。

清・丁柔克《柳弧》卷六《普陀竹石》　南海普陀山出竹石，每石一塊，上有竹影數竿，參差滴翠，洵仙蹟也。

清・丁柔克《柳弧》卷六《寶塔石》　湖北宜昌府出寶塔石。據云，宜昌府塔爲天下塔王，每年七月十五，則天下寶塔來朝。土人聚觀於河岸，見水中寶塔成千累萬，影約縱横。其地即出寶塔石，蓋石中有石荀一枝，節節層層宛如寶塔。惟一冷姓石工能解此石，他人不能也。石質尚細，塔有大小，解作插屏，通行天下。予家有三塊，細視之，真天生寶塔於石中，非人力所能僞作。

清・丁柔克《柳弧》卷六《石花》　東海洋中出石花，形狀不一，予所見有如牡丹者、丁香者、海棠者，千瓣攢成，花有大小，亦奇物也。得之養於水中，花吸水氣，嫣潤可憐。

清・丁柔克《柳弧》卷六《石屏》　雲南大理出石屏，人皆知之。其石在洞中綿軟如泥，土人以黑白二種和之，揉之，竹刀破之，成爲雲物山水，見風即硬如石。相戒不肯作爲碗碟，恐爲人識破爲非天生者，則不能暢銷矣。

清・謝元淮修、許喬林纂《雲臺新志・凡例》　東海物華，當以鹽爲上珍。

清・謝元淮修、許喬林纂《雲臺新志・恭紀》　郁洲，則山海之饒，漉沙即珍視，青州之鹽絺，有過之無不及。

清・謝元淮修、許喬林纂《雲臺新志・物華》　貨屬　鹽　絲　靛　桒　蜜蠟　木棉　茶出宿城山，形味似武彝小品，性尅削以悟正庵者爲最。

其他資源部

《山海經》卷一《南山經》 東三百里，曰堂庭之山，多棪木，多白猿，多水玉，多黄金。

又 東三百里，曰基山，其陽多玉，其陰多怪木。

《山海經》卷二《西山經》 西八十里，曰小華之山。其木多荆、杞，其獸多㸲牛，其陰多磬石，其陽多㻬琈之玉，鳥多赤鷩，可以禦火，其草有萆荔，狀如烏韭，而生於石上，亦緣木而生，食之已心痛。

《尚書・禹貢・兗州》 厥貢漆絲，厥篚織文。

《尚書・禹貢・青州》 岱畎絲、枲、鉛、松、怪石。

《尚書・禹貢・徐州》 羽畎夏翟。

又 泗濱浮磬。

又 厥篚玄纖、縞。

《尚書・禹貢・揚州》 厥貢惟金三品，瑶，琨篠、簜，齒、革、羽、毛，惟木。島夷卉服。

《尚書・禹貢・荆州》 厥貢羽、毛、齒、革，惟金三品。

又 包匭菁茅，厥篚玄纁璣組。

《尚書・禹貢・豫州》 厥貢漆、枲、絺、紵，厥篚纖、纊，錫貢磬錯。

《尚書・禹貢・梁州》 厥貢璆、鐵、銀、鏤、砮磬，熊、羆、狐、狸，織皮。

《尚書・禹貢・雍州》 厥貢惟球、琳、琅玕。

又 織皮，崑崙、析支、渠搜，西戎即叙。

漢・劉歆《西京雜記》卷一 積草池中有珊瑚樹，高一丈二尺，一本三柯，上有四百六十二條。是越南王趙佗所獻，號爲烽火樹。至夜，光景常欲燃。

漢・劉歆《西京雜記》卷二 惠帝七年夏，雷震南山。大木數千株，皆火燃至末。其下數十畝地，草皆燋黄。其後百許日，家人就其間得龍骨一具，鮫骨二具。

三國吴・沈瑩《臨海水土異物志・夷洲》 夷洲土地無雪霜，草木不死，四面是山〔谿〕。

三國蜀・常璩《華陽國志》卷一《巴志》 石蜜，山圖所採也。

又 土地出金、銀、丹、漆、藥、蜜也。

三國蜀・常璩《華陽國志》卷二《漢中志》 出名馬，牛，羊，漆，蜜。

三國蜀・常璩《華陽國志》卷三《蜀志》 土地剛鹵，不宜五穀，惟種麥，而多冰寒，盛夏凝凍不釋。

三國蜀・常璩《華陽國志》卷四《南中志》 郡上值天井，故多雨潦。何本誤〔獠〕。

又 特有瘴氣。

三國蜀・常璩《華陽國志》卷八《大同志》 又有猛風，是逆風。

又 雷震人，大雨，城中出水。

三國蜀・常璩《華陽國志》卷九《李特雄期壽勢志》 又有天雨血於江南，數畝許。

又 八月，天連陰雨，禾劉本誤〔木〕。稼傷損，百姓飢劉吴何李本作〔饑〕疫。

又 淫雨氾濆，垂向百日，禾稼傷損。

又 有猿居鳥巢，至城下。地乃震，又連生毛。

晉・張華《博物志校正》佚文 北方地寒，冰厚三尺，氣出口爲凌。《北堂書鈔》引。

雲南郡土特寒涼，四月五月猶積雪皓然。《北堂書鈔》引。

南朝宋・范曄《後漢書》卷一一〇《郡國志二》 梁國【略】，碭山出文石。

唐・樊綽《蠻書》卷七 其鹽出處甚多，煎煮則少。安寧城中皆石鹽井，深八十尺，城外又有四井，勸百姓自煎。

唐・房玄齡等《晉書》卷一四《地理志上》 汝陰郡【略】，下邑有碭山，山有文石。

宋・樂史《太平寰宇記》卷二〇〇《四夷二十九・北狄十二・骨力幹》 土俗物産：地多百合草，人以爲糧食。出名馬，其馬頭類橐駝，筋骨粗壯，好者日行數百里。

宋・范縝《東齋記事》卷一 慶曆八年，南岳瑞應峰前，一夕大雷雨，平地湧木若亀然，手足皆具，高二尺，圍一丈。

宋・沈括《夢溪筆談》卷二〇《神奇》 治平元年，常州日禺時，天有大聲如累，乃一〔火〕〔大〕星，幾如月，見於東南。少時而又震一聲，移著西南。又一震而墜在宜興縣民許氏園中，遠近皆見，火光赫然照天，許氏藩籬皆爲所焚。是時火息，視地中只有一竅如杯大，極深，下視之，星在其中，熒熒然。良久漸暗，尚熱不可近。又久之，發其竅，深三尺餘，乃得一圓石，猶熱，其大如拳，一頭微鋭，色如鐵，重亦如之。州守鄭伸得之，送潤州金山寺，至今匣藏，遊人到則發視。王無咎爲之傳甚詳。

又 内侍李舜舉家曾爲暴雷所震。其堂之西室，雷火自窗閒出，赫然出簷，人以爲堂屋已焚，皆出避之，及雷止，其舍宛然，牆壁窗紙皆黔。有一木格，其中雜貯諸器，其漆器銀釦者，銀悉鎔流在地，漆器曾不焦灼。有一寶刀，極堅鋼，就刀室中鎔爲汁，而室亦儼然。人必謂火當先焚草木，然後流金石。今乃金石皆灼，而草木無一燬者，非人情所測也。佛書言「龍火得水而熾，人火得水而滅」，此理信然。人但知人境中事耳，人境之外，事有何限，欲以區區世智情識，窮測至理，不其難哉！

宋·沈括《夢溪筆談·補筆談》卷三《異事》 嘉祐中，揚州有一珠甚大，天晦多見。初出於天長縣陂澤中，後轉入甓社湖，又後乃在新開湖中，凡十餘年，居民行人，常常見之。

又 士人宋述家有一珠，大如雞卵，微紺，色瑩徹如水。手持之映空而觀，則末底一點凝翠，其上色漸淺；若回轉，則翠處常在下。不知何物，或謂之「滴翠珠」。佛書：「西域有琉璃珠，投之水中，雖深皆可見，如人仰望虛空月影。」疑此近之。

又 治平中，澤州人家穿井，土中見一物，蜿蜒如龍蛇狀，畏之不敢觸。久之見其不動，試撲之，乃石也，村民無知，遂碎之。時程伯純爲晉城令，求得一段，鱗甲皆如生物。蓋蛇蜃所化，如石蟹之類。

又 隨州醫蔡士寧嘗寶一息石，云「數十年前得於一道人」。其色紫光，如辰州丹砂，極光瑩，如映人；搜和藥劑，有纏紐之紋，重如金錫。其上有兩三竅，以細篾剔之，出赤屑如丹砂，病心狂熱者，服麻子許即定。其金兩歲息。七寧不能名，乃以歸予。或云昔人所煉丹藥也。形色既異，又能滋息，必非凡物，當求識者辨之。

宋·何薳《春渚紀聞》卷八《軟劑出光墨》 九華朱觀，亦善用膠作软劑出光墨。

宋·何薳《春渚紀聞》卷八《紫霄峯墨》 大室常和，其墨精緻，與其人，已見東坡先生所書，極善用膠。

宋·何薳《春渚紀聞》卷八《南海松墨》 海南松梅，東坡法墨者是也。其法或云每劑用金花煙脂數餅，故墨色豔發，勝用丹砂也。

宋·何薳《春渚紀聞》卷九《端溪龍香硯》 臨汝史君黄莘任道所寶龍香硯，端溪石也。硯深紫色，古斗樣，每貯水磨濡，久之則香氣襲人，如龍腦者。

宋·何薳《春渚紀聞》卷九《歙山斗星香硯》 夜有光，起于支牀之石，異而取之，使琢爲硯石。色正天碧，細羅文中涵金星七，布列如斗宿狀，輔星在焉。因目之爲斗星硯。

宋·何薳《春渚紀聞》卷九《龍尾溪月硯》 三衢徐氏所寶龍尾溪石，近貯水處有圓暈幾寸許，正如一月狀，其色明暗隨月虧盈，是異矣。

宋·何薳《春渚紀聞》卷九《玉蟾蜍硯》 吴興余拂君厚家所寶玉蟾蜍硯，其廣四寸而長數倍，中受墨處獨不出光。

宋·何薳《春渚紀聞》卷九《端溪紫蟾蜍硯》 紫蟾蜍，端溪石也，無眼正紫色。

宋·何薳《春渚紀聞》卷九《丁晉公石子硯》 相傳天産至珍，滋蔭此潭，以孕崖石，散爲文字之祥。今日見之矣。即類手工剖，果得一石於泓水中，大如鵝卵，色紫玉也。中剖爲二硯。

宋·何薳《春渚紀聞》卷九《金龍硯》 何持之【略】，其觀黨氏有先爲端州者，得一岩石硯璞，藏之再世矣。

宋·何薳《春渚紀聞》卷九《呂老煆硯》 硯成堅潤宜墨，光溢如漆。

宋·何薳《春渚紀聞》卷九《澄泥硯》 梧靖處士王衷天誘所藏澄泥硯，正紫色而堅，澤如端溪石，扣之鏗然有聲，以金鐵削之，了無痕疊。

又 風字硯，石色正青紫相參，無眼甚薄，硯心磨已窪下，背綠皴剥，殆非近代人物。與墨爲入，光灩如漆。王天誘見之，以爲晉硯。

宋·何薳《春渚紀聞》卷九《古斗樣鐵護硯》 余兄宗勝所用鐵護硯，端溪石。正紫色，無眼，古斗樣，温潤如玉。

宋·方信孺《南海百咏》 白雲洞，在亂石山，絶頂有寺，《九龍泉記》云：「安期生初隱於此，有九童子現而泉湧，因以九龍名泉。今泉在寺之側。」

宋·葉隆禮《契丹國志》卷二四《王沂公行程録》 西北有鐵冶，多渤海人所居，就河漉沙石，鍊得成鐵。

元·虞應龍《元一統志·中書省統山東西河北之地·太原路·土産》 蠶

絲　麻布　孟州土産。《永樂大典》五二零二原字引《元一統志》。

元·虞應龍《元一統志·江浙等處行中書省·湖州路·土産》　黄草布　在歸安縣琅琊鄉璉市出。《永樂大典》二二七八湖字引《元一統志》。

元·虞應龍《元一統志·中書省統山東西河北之地·平陽路·土産》　麻布　遼山縣、榆社縣、和順縣俱出。《永樂大典》五二四五遼字引《元一統志》。

元·虞應龍《元一統志·遼陽等處行中書省·大寧路·山川》　玉火嶺　在《永樂大典》在下增「大寧府」三字，今删。義州西四十里。産瑪瑙。《永樂大典》一一九八一嶺字引《元一統志》。

元·虞應龍《元一統志·遼陽等處行中書省·大寧路·土産》　石膏　利州土産石膏。《熱河志》九四引《元一統志》。

又　木炭　大寧路和衆縣土産木炭。《熱河志》九四引《元一統志》。

又　鐵冶　興中州有鐵冶，在州西北九十里蓼子峪。《熱河志》九四引《元一統志》。

利州有鐵冶，在州東南二百八十里牛口峪。

惠州有鐵冶二所。一在州西北二百三十里寺子峪，名灤陽冶。一在州東北六十里松棚峪，名寶津冶。皆辦官課。《熱河志》九四引《元一統志》。

又　瑪瑙　龍山縣有瑪瑙場，在縣東北五十里。《熱河志》九四引《元一統志》。

興中州有瑪瑙場，在州東八十里鳳凰巖下。皆每歲貢。《熱河志》九四引《元一統志》。

元·虞應龍《元一統志·河南江北等處行中書省·南陽府·土産》　膽礬　碧玉　各有洞，並在盧氏縣西七十里，地名七寶冶，又曰清水冶。《大元一統志》三八三嵩州。

元·虞應龍《元一統志·四川等處行中書省·重慶路·土産》　破故紙　合州出。《大元一統志》七三零合州。

北凉·段龜龍《凉州記》　《澍桉西域記》云：西海南有青鹽池。鹽方半寸，食味甚美。《真臘記》云：山間有石，味勝於鹽，可琢爲器。《梁傑公傳》言交河之間，掘磧下數尺，有紫鹽，如紅如紫，色鮮而甘。其下丈許有醫珀。《北户録》：張掖池中生桃華鹽，色如桃華。隨月盈縮。今寧夏凉州地，鹽井所出青鹽，四方皎潔如石，山丹衛即張掖地。有池産紅鹽，色紅。此二鹽，即戎鹽之青赤二色者。

元·脱脱等《宋史》卷八五《地理志》　淮陽軍【略】，貢絹。

又　應天府【略】，貢絹。

又　徐州【略】，貢雙絲綾、紬、絹。

又　唐州【略】，貢絹。

又　河南府【略】，貢蜜、蠟、瓷器。

又　蔡州【略】，貢綾。

又　繭絲、織紝之所出。人性質厚少文，多專經術，大率氣勇尚義，號爲强忮。

又　大名、澶淵、安陽、臨洺、汲郡之地，頗雜斥鹵，宜於畜牧。浮陽際海，多鬻鹽之利。

明·王士性《廣志繹》卷一　塞北人食乳酪。

明·王士性《廣志繹》卷四　杭州省會，百貨所聚，其餘各郡邑所出，則湖之絲，嘉之絹，紹之茶之酒，寧之海錯，處之磁，嚴之漆，衢之橘，温之漆器，金之酒，皆以地得名。惟吾台少所出，然近海，海物尚多錯聚，乃不能以一最佳者擅名。

又　浙鹽取暑天海塗曬裂鹹土而埽歸之，用海水灑汁煎成。

明·王士性《廣志繹》卷五　夔州之麪和以雲陽之鹽，能使乘濕置書簏中，而經歲自乾不壞。

明·陸容《菽園雜記》卷四　蜀中氣暖少雪，一雪，則山上經年不消，山高故也。大理點蒼山，即出屏風石處，其山陰崖中，積雪尤多，每歲五六月，土人入夜上山取雪，五更下山賣市中，人争買以爲佳致。蓋盛暑嚙雪，誠不俗也。

明·陸容《菽園雜記》卷五　《詩》「蝃蝀在東」，釋者以爲天地之淫氣，或以爲日光射雨氣而成然。今人露置酒醬於庭，見虹則急掩蓋之，不爾則致消耗。相傳虹能食此。嘗聞廣西杜監生云：其家舍旁眢井，時時出虹，叔父頗健狠，率僮倔之，深丈餘，見一肉塊，大如釜，無首尾，蠕蠕而動。欲煮之，家人不可。乃舉而投水中，自是此處不復出虹矣。虹蜺蝃蝀，字皆從蟲，古人制字必有所見。又虹字北方人讀作岡去聲，今吳中名鞭撻痕，亦用此音，其即此字耶？

明·謝肇淛《五雜俎》卷一《天部一》　又洞庭西山出太湖石，黑質白理，高逾尋丈，峰巒窟穴，剩有天然之致，不脛而走四方，其價佳者百金，劣亦不下十數金，園池中必不可無此物。而吾閩中尤艱得之，蓋阻於山嶺，非海運不能致耳。

崑山石類刻玉，然不過二三尺，而止案頭物也。靈璧石，扣之有聲，而佳者愈不可得。宋葉少林自言過靈璧得石四尺許，以八百金市之，其貴亦甚矣！今時靈璧無有高四尺者，亦無有八百金之石也。

滇中大理石，白黑分明，大者七八尺，作屏風，價有值百餘金者。然大理之貴亦以其處遐荒，至中原甚費力耳。彭城山上有花斑石，紋如竹葉，甚佳，而土人不知貴，若取以爲几，殊不俗也。

又 吾閩玉華洞石似崑山而精瑩過之，小者如拳，大者二三尺許。然多止一二面，而其背蝕土者殊粗。若得四面如一，無粗石皮傅之，其價亦不貲也。

永安溪中出石多如懸崖倒覆之狀，土人就其勢，少加斲削，置之庭前，亦自奇絶，高者五六尺許，但色枯而不吸水，故不能生苔，作緑沉色，以此減價耳。

清・談遷《北游録》卷八《後紀程》 丁卯。大霧，午泊天津而晴。天津産魚鹽，榷署在河西務，昨歲增滿洲官二人，知回漕多販魚，又税之。時回漕五百七十一艘，余置鮑魚一石，費二金。

辛未。晴。唐官屯産鹽，余從衆置鹽二石，余拘人也。亦魚亦鹽。

辛卯。風雖利，仍不發，蓋舟人聞臨清榷貨，嚴鹽禁也。回空利於貨，而鹽尤利，過臨清倍價矣。

乙未。陰。田麥改色。

壬申。晴。市上菽麥俱貴，以春三月大霜傷麥也。

癸酉。行直河，快甚。十里徐塘口，左有支河。十里二郎廟，二十里貓兒窩，右有支河，産鮆魚。俗名「刀鱭」，價賤。二十里魚頭集，集距運河二里。順治三年六月，南舟十有四艘，北輸人參。

乙亥。行四里董家口，廣十餘丈，居人二百餘家。黄河自開封、徐、邳經口，波濤洶湧。土人方植樁，置埽。其腴畝直一錢，磽者以次減，蓋苦於役重也。晡刻雨，出黄河。風雖逆，倒退二十里。

丁丑。陰。有龍小獐二，斑文似鹿。

辛卯。發十里橫林鎮橋，産蒜【略】。西南錫山上有塔，次慧山，穹然高也，一曰「九龍山」，次勝果山，次青山。十五里無錫縣北門。薄暮。

乙未。雨。午度榷關，二十里泊楓橋，雨止。

清・王士禛《分甘餘話》卷三 唐彦猷《硯譜》以青州黑山紅絲硯爲第一，且云：「資質潤美，發墨久，爲水所浸漬，即有膏液出焉。此石之至靈者，非他石可與較，故列之於首。」按：黑山在益郡西鄉顔神鎮，友人趙子和採黑山之石琢硯二枚相寄，雖發墨而甚損筆，且石理麤硬，非端溪比也。彦猷所云，不知何據。

清・顧炎武《肇域志・山西・大同府・廣靈縣》 千夫山，在縣西北五里。産花斑石。

清・顧炎武《肇域志・河南・河南府・嵩縣》 露寶山，在縣西北七十里。山産銀、錫之礦。

又 大礦山，在縣西北一百里，高都之水出焉。山産金、銀、錫三品，水中亦産黄金。

清・顧炎武《肇域志・陝西・鞏昌府・伏羌》 北一里曰渭河。自寧遠流經縣北，東流入秦州之圓川。其水可溉可碓。故沿岸有稻，而又有澤瀉，有銀晶石，有三稜。其河行筏。

清・顧炎武《肇域志・陝西・鞏昌府・會寧》 寶積山，在城北四百四十里。産石灰及鐵鑛。

又 紅石崖，在城東一百二十里。其旁爲響河洞，其洞産紅石，即《本草》所載代赭石也。其石擬丹砂，研之其色赤。

又 青土崖二處：一在城南二十里，一在城北百里。土色粉青，堪飾棟宇，去衣油垢。

清・屈大均《廣東新語》卷二四 陽春多蜂蜜以爲貨。蠭爲房于岩石林木間者，其釀白蜜脾，謂之山蜜，亦曰蠭糖。霜後割之，白如脂，味勝家蜜。家蜜取以夏冬爲上，秋次之，春易發酸。冬曰梅花糖，最甘香。唐詩云：「天寒割蜜房。」然其性熱，多食發溼熱病，生蟲䘌。新興有薑蜜，尤忌，不若川蜜温。西南蜜涼，爲可嗜。

又 丙寅五月，内土魯番國回王阿不喇米札法兒減的也民巴哈都兒阿子漢，遣使無路火者等，進貢西馬四匹，達馬十匹，單峰駱駝二雙，鴉虎一聯，黑鷹一聯，西洋布二匹，玉石一千斤，金鋼二錢，西弓二張，西品二塊。

清・劉獻廷《廣陽雜記》卷四 焕章言：「蜀中黄連蛇，乃近時新出之異藥，流行尚未遍中土，医家猶不能盡知。此蛇产黄連地中，形甚小，惟食黄連花，土人取而陰乾，性與連同而功什百。用時以水蒸之，水氣成露者黄色作連氣，一匙之水，勝黄连數錢。」予習聞之，而未經目見。昨在都門，吴侍御巽生自蜀中攜來者，予亦未及索看。焕章處亦有一條，襲而藏之，苦不甚佳，以其形稍大耳。兹一寓目，他日舉以示人，不爲塗説矣。

又 《禮》有醢醬、卵醬、芥醬、豆醬，用之各有所宜，故聖人不得其醬不食。今江南尚有豆醬，北地則但熟麪爲之而已，寧辨多種耶？又《桓譚新論》有艇醬，漢武帝有魚腸醬，南越有蒟醬，晉武帝與山濤致魚醬，枚乘《七發》有芍藥之醬，宋孝武詩有匏醬，又《漢武内傳》有連珠雲醬、玉律金醬，《神仙食經》有十二香醬，今閩中有蠣醬、鱟醬、蛤蜊醬、蝦醬、魚醬、珠螺醬，嶺南有蟻醬，則凡聶而切之醃藏者，概謂之醬矣。乃古之醢，非醬也。

清・吴震方《嶺南雜記》上卷 羚羊峽距郡東三十里，東三江之水，其山産石，類瑊玏。

又 未至峽十里，爲大堯山，皆牛毛細皴，宛如畫境。峽山青蒼對峙，江流泓浄，頗似嚴瀨。峽石礦凡十一，北岸坑曰「阿婆」，曰「白婆」墳，其石質黯黝，不鮮佳者。

又 古塔巖，其石比朝天巖無火捺紋，蕉葉白。古塔巖後爲屏風背，其石木如譬豬肝曝于風日。宣德巖在屏風背下，去水巖二里許，其石髣髴水巖，今不可得。巖仔坑東有洞，廣如屋，曰「棲安洞」，舊時開坑石工所棲之所。又東有小山圓，阜下爲水坑。

又 東莞【略】。地磽土瘠，兼種薯芋充食【略】。鹽田近海。

清・釋德基《寶華山志・山水》 銅山 在大華山北。崚嶒崛起，特立江介。昔産銅，故名。

清・丁柔克《柳弧》卷六《雲南風物》 雲南，古南詔地。漢武習水戰於昆明池，池大五百里。諸葛征南，深入其地。至明沐英開邊，始入中國。地産五寶，食稻粱，無寒暑，居萬山之中。由江南視之，何止高數十萬丈。予生長是地，頗知其風俗人情。俗尚簡僕，土人一布衫可過四季。人情知禮畏法，鮮獷悍者。省治在昆明也，城大九里三分。城中一山，名五華山，吴三桂分藩，於山頂建宫殿，朝百官。山麓有廟，曰愍忠祠，祠内有潭水，相傳爲龍脈發源處。城内又有池，曰菜海子，廣敷十畝，建觀音亭於上。滇人多佞佛，尚鬼神，病者每使巫治之。巫曰端公，執旗跳躍，亦有靈時。地多邪神，如小神子、二老爹、雞腳鬼之類。水果極鮮美。菜數亦極多，有一種菜名「雞㙡」者，蕈屬也，其味可中天下。雞魚極肥美，火腿尤多且旨。絲屬有滇緞，厚而且細，服之無斁。麗江、騰越有井出寶石，山産翡翠。大理出楚石。楚雄山外多孔雀，間有虎豹，不常見也。

著作總部

《穆天子傳》

晉・荀勗《〈穆天子傳〉序》 古文《穆天子傳》者，太康二年，汲縣民不准盜發古冢所得書也。皆竹簡素絲編，以臣勗前所考定古尺，度其簡長二尺四寸，以墨書，一簡四十字。汲者，戰國時魏地也。案所得《紀年》，蓋魏惠成王子令王之冢也。於世本蓋襄王也。案《史記》六國年表，自令王二十一年，至秦始皇三十四年，燔書之歲八十六年，及至太康二年初得此書，凡五百七十九年。其書言周穆王遊行之事。《春秋左氏傳》曰：「穆王欲肆其心，周行於天下，將皆使有車轍馬迹焉。」此書所載，則其事也。王好巡守，得盜驪騄耳之乘，造父爲御，以觀四荒。北絶流沙，西登昆侖，見西王母，與太史公記同。汲郡收書不謹，多毁落殘闕。雖其言不典，皆是古書，頗可觀覽。謹以二尺黄紙寫上，請事平，以本簡書及所新寫，並付祕書繕寫，藏之中經，副在三閣。謹序。

元・王漸《〈穆天子傳〉舊序》 《穆天子傳》出汲冢，晉荀勗校定爲六卷，有《序》言其事雖不典，其文甚古，頗可觀覽。予考書序稱穆王饗國百年，耄荒。太史公記穆王賓西王母事，與諸傳説所載多合。則此書蓋備記一時之詳，不可厚誣也。春秋之時，諸侯各有國史，多厖雜之言。下逮戰國，王跡熄而聖言湮，處士横議而異端起，人人家自爲説，求其欲不厖雜，其可得乎？其書紀王與七萃之士巡行天下，然則徒衛簡而徵求寡矣。非有如秦漢之千騎萬乘空國而出也。王之自數其過，及七萃之規，未聞以爲迕也。登羣玉山，命邢侯攻玉，而不受其牢，是先王恤民之法，未嘗不行。至遇雨雪，士皆使休，獨王之八駿超騰以先待輙旬日，然後復發去，是非督令致期也。其承成康熙洽之餘，百姓晏然，雖以徐偃王之力行仁義，不足以爲倡而摇天下，以知非有暴行虐政，而君子猶以王爲獲没於祇宫爲深幸，足以見人心之危之如此也。是豈可效哉？是豈可效哉？存其書者固可以覽其古，徵其事者又安可不考其是非歟？南臺都事海岱劉貞庭幹舊藏是書，懼其無傳，暇日稍加讎校訛舛，命金陵學官重刊，與博雅之士共之，諗予題其篇端云。時至正十年，歲在庚寅，春二月二十七日壬子，北岳王漸玄翰序。

宋・張邦基《墨莊漫録》卷九 《穆天子傳》，古書也。杜子美多用其事語。如「天子之馬走千里」，「王命官屬休」，「曾祝沉豪牛」，「歕玉大宛兒」，凡此四皆出此書也。曾皈彥和，博學之士，予先君有此書。彥和借往讐校，乃題其後云，晉中書監令荀公曾知嶠所上篆文《穆天子傳》六卷，即太康二年，汲冢人準盜發魏襄王墓所傳竹書也。按《束晳傳》：竹策書凡七十五篇，内《穆天子傳》五篇，公曾等所上乃有六卷者。言周穆王遊行四海，見帝臺西王母。雜書十九篇。周食田法，周書論楚事，周穆王美人盛姬死事。然則《穆天子傳》本五篇，公曾等所上乃有六卷者。今觀第六卷多記盛姬事，蓋並入雜書中，此一篇也。書雖殘缺，不可盡讀，而其所載事物，多故誌之所無者。如《世民》之吟、《黄澤》之謡、《黄竹》之詩，其辭皆雅馴可喜。又如「虎牢」、「五鹿」之所以名，亦可以博異聞矣。嘗考《漢書・地理誌》：京北有西鄭，河南有新鄭，漢中有南鄭。京兆之鄭，先儒謂之鄭，班固曰：周宣王弟桓公邑。應劭亦曰：宣王母弟友所封也。其子與平王東遷，更稱新鄭。臣瓚曰：周穆王以下都於新鄭，不得已威封。初，桓公爲司徒，王室作亂，故謀於史伯，而寄帑與賄於虢會之間。幽王既敗，三年而滅會，四年而滅虢，居於鄭父之丘，是以爲鄭桓公，無封京兆之文也。顔師古曰：穆王以下無西鄭之事，瓚説非也。今按此書，自第四卷而下，卷末皆書天子之入於南鄭，蓋瓚所謂穆王之所都者是也。第五卷有祭父自圃鄭來謁，蓋瓚之所謂鄭父之丘者是也。理即校書郎中傳瓚，乃公曾嶠所部校《穆天子傳》官屬也。故因取此傳以注《漢書》。然《傳》稱南鄭，瓚西鄭，所未詳其所以異，豈近世傳寫之誤也？漢中之鄭爲南鄭，不應京兆之鄭復稱南鄭。其稱西鄭，乃以圃鄭爲東耳。西鄭，穆王出遊，反必入焉，豈非以其所都故耶？設非王都，亦圻内近地也。邦家在畺地畿内，諸侯當在邦都，其内爲縣，又其内爲都，則西鄭之於鎬京，殆可爲公邑而已，亦不足以爲國也。且是時已有圃鄭矣，則不必因桓公之子從周東遷乃得鄭名，然謂之新鄭，又果何耶？雖然，如瓚之説，亦豈全非哉？亦汲冢中竹書，唯此書及《師春》行於世，餘如紀年、瓚語之類，復已亡逸。

宋・晁公武《郡齋讀書志》卷九 《穆天子傳》六卷 右晉太康二年，汲縣民准盜發古冢所得，凡六卷，八千五百一十四字。詔荀勗和嶠等以隸字寫之云。按《春秋左氏傳》，穆王欲肆其心，周行天下，將皆有車轍馬跡焉。此書所載即其事也。穆王好巡狩，得驊騮緑耳之乘，造父爲御，以觀四荒。北絶流沙，西登崑崙，與太史公記同。汲郡收書不謹，多毁闕，雖其言不典，皆古書，頗可觀覽。郭璞注本謂之《周王遊行記》。勗之時，古文已不能盡識。時有闕者，又轉寫益誤，殆不可讀。

宋・陳振孫《直齋書録解題》卷四　起居注類《唐志》起居注類，實録、詔令皆附焉。今惟存《穆天子傳》及《唐創業起居注》二種，餘皆不存。故用《中興館閣書目》例與實録共爲一類，而别出詔令。

《穆天子傳》六卷　晉武帝時，汲冢所得書，其體制與起居注正同，郭璞爲之注。起居注者，案：原本脱此四字，今據《文獻通攷》補入。自漢明德馬皇后始，漢、魏以來因之。

宋・王應麟《玉海》卷五八　《周王傳、穆天子傳》。《唐志》：《穆天子傳》六卷，晉書云五篇。《隋志》六卷，《汲冢書》，郭璞注。起居注類。晉時得《汲冢書》，有《穆天子傳》，體製與今起居正同。蓋周時内史所記，王命之副也。《春秋正義》：周王遊行五卷。《文選》：陶潛讀《山海經》詩，汎覽周王傳。《中興書目》六卷：晉太康二年，汲郡民發古冢，得之。其書言穆王遊行之事。侍中荀勖等校正，郭璞爲之注。序曰：謹以一尺書紙寫上，請付祕書繕寫，藏之中經，副在三閣。詔荀勖和嶠等以隸字寫之。六卷，八千五百一十四字。《書正義》、《漢書》注《水經注》引之。《拾遺記》：穆王三十二年，巡行天下，有書史十人記其所行之地。

元・馬端臨《文獻通考》卷一九四　《穆天子传》六卷。鼂氏曰：晉太康六年，汲縣民盗發古冢，所得凡六卷，八千五百一十四字。詔荀勖和嶠等以隸字寫之云。按《春秋左氏傳》，穆王欲肆其心，周行天下，將皆有車轍馬跡焉。此書所載，即其事也。穆王始巡狩，得驊騮緑耳之乘，造父爲御，以觀四荒。北絶流沙，西登崑崙，與太史公既同。汲郡守書不謹，多毁闕，雖其言不典，皆古書，頗可觀覽。郭璞注本謂之《周王遊行記》。勖之時古文已不能盡識，時有闕者，又轉寫益誤，殆不可讀。

明・梅鼎祚《西晉文紀》卷五　《穆天子傳》序。勖領秘書監時，得汲郡冢中古文竹書，詔勖撰次以爲中經，列在秘書。序古文《穆天子传》者，太康二年，汲縣民不准盗發古塚所得書也，皆竹簡素絲編。以臣勖前所考定古尺，度其簡長二尺四寸，以墨書一簡四十字。汲者，戰國時魏地也。案所得《紀年》，蓋魏惠成王子令王之冢也。於世本蓋襄王也。案《史記・六國年表》，自令王二十一年，至秦始皇三十四年，燔書之歲八十六年，及至太康二年初得此書，凡五百七十九年。其書言周穆王遊行之事。《春秋左氏傳》曰：「穆王欲肆其心，周行於天下，將皆使有車轍馬迹焉。」此書所載，則其事也。王好巡守，得盗驪騄耳之乘，造父爲御，以本簡書及所新寫，並付秘書繕寫，藏之中經，副在三閣。謹序。

明・張溥《漢魏六朝百三家集》卷三八　《穆天子傳》序。勖領秘書監時，得汲郡冢中古文作書，詔勖撰次以爲中經，列在秘書。序古文《穆天子傳》者，太康二年，汲縣民不准盗發古塚所得書也。皆竹簡素絲編，以臣勖前所攷定古尺，度其簡長二尺四寸，以墨書一簡四十字。汲者，戰國時魏地也。按所得《紀年》，蓋魏惠成王子令王之塚也。於《世本》蓋襄王也。按《史記・六國年表》，自令王二十一年，至秦始皇三十四年，燔書之歲，八十六年。及至太康二年初得此書，凡五百七十九年。其書言周穆王游行之事。《春秋左氏傳》曰：「穆王欲肆其心，周行于天下，將皆使有車轍馬迹焉。」此書所載則其事也。王好巡守，得盗驪騄耳之乘，造父爲御，以觀四荒。北絶流沙，西登崑崙見西王母，與太史公記同。汲郡收書不謹，多毁落殘缺。雖其言不典，皆是古書，頗可觀覽。謹以二尺黄紙寫上，請事平以本簡書及所新寫，並付秘書繕寫，藏之中經，副在三閣。謹序。

明・胡應麟《少室山房筆叢》卷三二　此篇引《穆天子傳》即以《周穆王》名篇，則楊朱之説信矣。或曰：《鶡冠子》、《庚桑子》咸據莊周、賈誼足成以欺後世。《穆天子傳》庸知非此類耶？曰：彼二書自莊賈引外絶不足觀，《穆天子傳》與列子體制不仝，各極古雅，此篇奇字皆列本書，所無信知，列子引穆傳非穆傳，本列子也，斯又辨贋書者所當知。《山海經》古今語怪之祖。劉歆謂夏后伯翳撰。無論其事，即其文與典謨、禹貢迥不類也。余嘗疑戰國好奇之士本《穆天子傳》之文與事，而侈大博極之，雜傳以《汲冢紀年》之異聞，周書王會之詭物，《離騷・天問》之遐旨，南華鄭圃之寓言，以成此書。而其叙述高簡，詞義淳質，名號倬絶，自成一家。故雖本會萃諸書而讀之，反若諸書之取證乎此者，而實弗然也。《穆天子傳》至晉始出，而此書漢世獨完，緣是前代文人率未能定其先後。余首發之於此，俟大雅君子商焉。《山海經》本書不言禹益撰。劉歆校定，以爲禹任土作貢。而益等類物善惡著《山海經》，蓋億度疑似之言。趙曄《吴越春秋》，因禹登會稽，遂撰爲金簡玉字之説。曄，東漢人，在劉歆後，其僞無疑。讀者但以禹益治水不當至海外，而怪誕之詞，聖人所不道以破之，而不據其本書。按：經稱夏后啓事者三，又言殷王子亥，又言文王墓，凡商周之事，不一而足。鼂氏但疑長沙桂陵敷郡名，及鯀湮息壤等文，夫鯀事固禹益所覩。商周曷從知之哉？此書蓋周末文人因禹鑄九鼎，圖象百物，使民入山林川澤，備知神姦之説，故所記多魑魅魍魎之類。而於禹爲特詳。始余讀《山海經》而疑其本。《穆天子傳》雜録離騷莊列，傅會以成者。然以出于先秦，未敢自信。載讀《楚辭》辨證云：古今説《天問》者，皆本《山海經》、《淮南子》。今以文意考之，疑此二書皆緣《天問》而作，則紫陽已先得矣。然經所紀山川神鬼，凡《離騷·九歌》遠遊二招中稍涉奇怪者，悉爲説以實之，不獨《天問》也。而其文體特類《穆天子傳》，故余斷以爲戰國好奇之士，取穆王傳雜録。

明·方以智《通雅》卷二〇　劉孝標以爲于瓚。《穆天子傳》目録云：傅瓚爲校書郎，與荀勗同校定《穆天子傳》。何法盛傳于瓚不言有注《漢書》之事。按文紀注，臣瓚引《禄秩令》及《茂陵書》姬并内官秩比二千石，《茂陵書》、《禄秩令》，此二書亡失，不得過江。明此當是晉中朝人，當是傅瓚。《墨莊漫録》曰：校書郎中傅瓚，乃荀公曾和嶠所部校《穆天子傳》官屬也。故取此傳以注。

清·王士禛《居易録》卷二九　《漢書》註有曰：臣瓚者。昔人謂不知爲何人。今按：晉中書監和嶠嘗領命校正《穆天子傳》五卷。瓚乃其校書官屬郎中傅瓚也。後人取其説，以釋《漢書》，故有臣瓚註語見。

清·徐乾學《讀禮通考》卷七五　案《穆天子傳》出汲冢，晉荀勗校定，以爲其事雖不典，其文甚古，頗可觀覽。今考與書序，及太史公所載多合。當時藏之中經，副在三閣。故其書實不可廢，輒引盛妃事，爲古時妃喪之禮，以備考覽云。

清·紀昀等《欽定四庫全書總目》卷一四二　《穆天子傳》六卷，兩江總督採進本。晉郭璞注，前有荀勗序。案《束皙傳》云：太康二年，汲縣人不準盜發魏襄王墓，得竹書《穆天子傳》五篇，又《雜書》十九篇，周食田法，周書論楚事，周穆王美人盛姬事。案今盛姬事載《穆天子傳》第六卷，蓋即《束皙傳》所謂《雜書》之一篇也。尋其文義，應歸此傳。《束皙傳》别出之，非也。此書所紀，雖多夸言寡實。然所謂西王母者，不過西方一國君。所謂縣圃者，不過飛鳥百獸之所飲食，爲大荒之圃澤，無所謂神仙怪異之事。所謂河宗氏者，亦僅國名，無所謂魚龍變見之説。較《山海經》、《淮南子》猶爲近實。郭璞註《爾雅》，於「西至西王母」句，不過曰西方昏荒之國。於「河出崑崙墟」句，雖引《大荒西經》而不言其靈異。其注此書，乃頗引志怪之談。蓋釋經不敢不謹嚴。而箋釋雜書則務矜博洽故也。案《穆天子傳》舊皆入起居注類，徒以編年紀月，叙述西遊之事，體近乎起居注耳。實則恍惚無徵，又非逸周書之比。以爲古書而存之可也。以爲信史而録之，則史體雜，史例破矣。今退置於小説家，義求其當無庸以變古爲嫌也。

清·紀昀等《欽定四庫全書總目》卷一四六　《穆天子傳》出於晉太康中，爲漢魏人之所未睹。而此書第三卷周穆王篇所叙駕八駿，造父爲御，至巨蒐，登崑崙，見西王母於瑶池事，一一與傳相合。此非劉向之時所能僞造，可信确爲秦以前書。考《公羊傳》隱公十一年子沈子曰，何休注曰，子沈子，後師沈子。稱子冠氏上，著其爲師也。然則凡稱子某子者，乃弟子之稱師，非所自稱。此書皆稱子列子，則決爲傳其學者所追記，非禦寇自著。其雜記列子後事，正如《莊子》記莊子死，管子稱吴王西施，商子稱秦孝公耳，不足爲怪。晉光禄勳張湛作是書註，於天瑞篇首所稱子列子字知爲追記師言，而他篇復以載及後事爲疑，未免不充其類矣。書凡八篇，與漢志所載相合。趙希弁《讀書》附志載，政和中宜春彭瑜爲積石軍倅，聞《高麗國列子》十卷，得其第九篇曰元瑞於青唐卜者云云。今所行本皆無此卷，殆宋人知其妄而不傳歟？其注自張湛以外，又有唐當塗丞殷敬順釋文二卷。此本亦散附各句下。然音注頗爲淆亂，有灼然知爲殷説者，亦有不辨孰張孰殷者。明人刋本往往如是，不足訝也。據湛自序，其母爲王弼從姊妹，湛往來外家，故亦善談名理。其注亦弼注老子之亞。葉夢得《避暑録話》乃議其雖知列子近佛經，而逐事爲解，反多迷失。是以唐後五宗之禪繩晉人，失其旨矣。

《周地圖記》

宋·王應麟《玉海》卷一四　《周地圖記》《隋志》一百九卷。《唐志》、《周地圖》一百三十卷。漢劉焉傳注引《周地圖記》曰：褒谷西北有古陽平關，其地今在梁州褒城縣西北。《選注》亦引之。《史記正義·周地圖記》云：長安城南爲斗形，北爲北斗形。

清·章宗源《隋書經籍志考證》　《周地圖記》一百九卷。《文選·爲曹洪與魏文書》注：褒谷西有古陽平關，其地在今梁州褒城縣西北。《後漢書·劉焉傳》注同。《元和郡縣志·山南道》鄖州地，梁普通末置新州，後魏改爲温州，因温水爲名也，並引《周地圖記》。《太平御覽》、《環宇記》尤多引之。

清·王謨《漢唐地理書鈔》　《周地圖記》，【略】按《隋志》：《周地圖記》一百九卷，《唐志》：《周地圖》百三十卷，俱不著撰人姓名。惟羅苹《路史》注引作宇護造，則周宗室上公也，然亦別無考證。

《郡國志》

清・王謨《漢唐地理書鈔》 袁山松《郡國志》。按隋、唐《志》及《御覽》書目，俱不著録袁山松《郡國志》，而《水經注》引之，則從山松所撰《後漢書》采録也。考《隋志》、《後漢書》凡十數家，皆不立地理志，惟司馬彪及山松二家書有《郡國志》，故《水經注》得采其說，仍分注某氏《郡國志》。其泛舉《郡國志》，不言某氏者，則以二家書同，故通言之也。自閱鄉水以下條從此例。茲凡鈔出劉昭《後漢書》注四條，《水經注》四十條。若自江水下所引袁山松說，應入《宜都山川記》，非《郡國志》也，故不録。

《華陽國志》

宋・李埅叔《華陽國志原序》 古者封建五等諸侯，國皆有史以記事。后世罷封建爲郡縣，然亦必有圖志以具述。蓋以疆域既殊，風俗各異，山川有險要阨塞之當備，郡邑有廢置割隸之不常；至於一士之行、一民之謡，皆有不可没者。顧非筆之於書，則不能也。《周官・職方氏》掌天下之地圖，辨其邦國都鄙，夷蠻閩貊，五戎六狄之人民，與其財用之數要。至於九穀之所宜，六畜之所産，亦未嘗不佔畢而紀其詳。況夫環數千里之墜，分城置邑，殆踰數十。中間時異事變，往往裂爲偏方霸國。其理亂得失，蓋有繫天下大數，安可使放絶而無聞乎？此晉常璩《華陽國志》之作所以有補於史家者流也。予嘗攷其書，部分區別，各有條理。其指歸有三焉：首述巴、蜀、漢中、南中之風土；次列公孫述、劉二牧、蜀二主之興廢，及晉太康之混一，以迄於特、雄、壽勢之僭竊，繼之以兩漢以來先後賢人、《梁益寧三州士女總讚》；《序志》終焉。就其三者之間，於一方人物尤致深意。雖侏離之氓，賤俚之婦，苟有可取，在所不棄。此尤足以弘宣風教，使善惡知所懲勸。豈但屑屑於山川物産，以資廣見異聞而已乎？本朝元豐間，吕汲公守成都，嘗刊是書，以廣其傳。而載禩荒忽，刓闕愈多，觀者莫曉所謂。予每患此久矣。假守臨邛，官居有暇，蓋嘗博訪善本，以證其誤，而莫之或得。因摭兩漢史、陳壽《蜀書》、《益都耆舊傳》互相參訂，以決所疑。凡一事而先後失序，本末舛逆者，則考而正之；一意而詞旨重復，句讀錯雜者，則刊而去之；設或字誤而文理明白者，則因而全之。其它旁搜遠取，求通於義者，又非一端。凡此皆有明驗，可信不誣者。若其無所考據，則亦不敢臆決，姑闕之以俟能者。然較以舊本之訛謬，大約十得五六矣。鋟木既具，輒叙所以，冠於篇首。好古博雅、與我同志者，願無以夏五、郭公之義而律之。嘉泰甲子季夏朔，眉丹稜李埅叔廛甫謹序。

宋・晁公武《郡齋讀書志》卷二下 《華陽國志》十二卷 右晉常璩撰。華陽，梁州地也。記漢以來巴蜀人物。吕微仲跋云：「漢至晉初四百載間，士女可書四百人，亦可謂盛矣。復自晉至周顯德僅七百歲，而史所紀者無幾人，忠魂義骨，與塵埃同没，何可勝數？豈不重可歎哉？」

宋・陳振孫《直齋書録解題》卷五 華陽國志二〇卷 案：《唐書・藝文志・華陽國志》作十三卷。 晉散騎常侍蜀郡常璩道將撰。志巴、蜀地理、風俗、人物及公孫述、劉焉、劉璋、先後主以及李特等事迹。末卷爲《序志》，云肇自開闢，終乎永和三年。原註：劉璋乃焉之子。

宋・王應麟《玉海》卷一六 晉《華陽國志》 書目十卷，晉散騎常侍常璩撰。志巴漢風俗，并公孫述以後據蜀事。元豐間，吕大防爲敘云《蜀記》之可觀未有過此。《蜀記》三卷，唐鄭暐載建蜀之因及人物古跡。漢《地理志》注牂柯引《華陽國志》。《隋志》常寬《蜀志》一卷。

宋・袁説友等編《成都文類》卷二三 《華陽國志》後序 吕大防 先王之制，自二十五家之閭，書其恭敏任恤，等而上之。或月書其學行，或歲考其道德，故民之賢能衰惡，其吏無不與知之者焉。漢、魏以還，井地廢而王政闕，然猶時有所考察旌勸，而州都中正之職，尚脩於羣國；鄉閭士女之行，多見於史官。隋、唐急事緩政，此制遂廢而不舉。潛德隱行非野史紀述，則悉無見於時。民日益敖，俗日益卑，此有志之士所謂歎惜也。晉常璩作《華陽國志》，於一方人物，丁寧反覆，如恐有遺，雖蠻髦之民，井臼之婦，苟有可紀，皆著於書，且云得之陳壽所爲《耆舊傳》。按，壽嘗爲郡中正，故能著述若此之詳。自先漢至晉初，踰四百歲，士女可書者四百人，亦可謂衆矣。復自晉初至於周顯德，僅七百歲，而史所紀者無幾人。忠魂義骨，與塵埃野馬同没於丘原者，蓋亦多矣，豈不重可歎惜哉！此書雖繁富，不及承祚之精微，然議論忠篤，樂道人之善，蜀記之可觀，未有過於此者。鏤行諸世，庶有益於風教云。

元・馬端臨《文獻通考》卷二〇〇　《華陽國志》十二卷。鼂氏曰：晉常璩撰。《華陽》，梁州地也。記漢以來巴蜀人物，吕微仲跋云：漢至晉初，四百載間，士女可書四百人，亦可謂盛矣。復自晉至周顯德，僅七百載，而史所紀者無幾人，忠魂義骨，與塵埃同殁，何可勝數？豈不重可歎哉？陳氏曰：志巴蜀地理、風俗、人物及公孫述、劉焉、劉璋、先後主及李特等事迹。末卷爲《序志》，云肇自開闢，終乎永和三年。

明・楊慎《全蜀藝文志》卷三〇　《華陽國志》序述　晉常璩　巴蜀厥初開國，載在書籍，或因文緯，或見史記，久遠隱没，實多疏略。及周之世，侯伯擅威，雖與牧野之師，希同盟要之會。而秦資其富，用兼天下；漢祖階之，奄有四海。梁，益及晉，分益爲寧。司馬相如、莊君平、揚子雲、陽成子玄、鄭伯邑、尹彭城、譙常侍、任給事等各集傳記，以作《本紀》，略舉其隅。其次聖稱賢，仁人志士，言爲世範，行爲表則者，名挂史録。而陳君承祚别爲《耆舊》，始漢及魏，焕乎可觀。然三州土地，不復悉載。《地理志》頗言山水，歷代轉久，郡縣分建，地名改易，於以居然辨物知方，猶未詳備。於時漢，晉方隆，官司星列，提封圖簿，歲集司空，故人君學士，蔭高堂，翳帷幙，足綜物土，不必待《本紀》矣。曩遭阨運，函夏滔堙，李氏據蜀，兵連戰結，三州傾墜，生民殲盡。府庭化爲狐狸之窟，城郭蔚爲熊羆之宿，宅遊雉鹿，田棲虎豹，平原鮮麥黍之苗，千里蕺雞狗之響，丘城蕪邑，莫有名者。嗟乎三州！近爲荒裔，桑梓之域，曠爲長野，反側惟之，心若焚灼。懼益遐棄，城陴靡聞，廼考諸舊紀先宿所傳并南裔志，驗以《漢書》，取其近是，及自所聞，以著斯篇。又略言公孫述、《蜀書》、咸熙以來喪亂之事，約取《耆舊》士女英彦，又肇自開闢，終乎永和三年，凡十篇，號曰《華陽國記》。夫書契有五善：達道義，章法戒，通古今，表功勳，而後旌賢能。恨璩才短，少無遠及，不早援翰執素，廣訪博咨，流離困瘵，方資腐帛於顛墻之下，求餘光於灰塵之中，劘滅者多。故有所闕，猶愈於遺忘焉。《蜀紀》言：「三皇乘祇車出谷口」。秦宓曰：「今之斜谷也」。及武王伐紂，蜀亦從行。《史記》：周貞王之十六年，秦厲公城南鄭。此谷道之通久矣。而説者以爲蜀王因石牛始通，不然也。《本紀》既以炳明，而世俗間横有爲蜀傳者，言蜀王蠶叢之間周迴三千歲。又云荆人鼈靈死，屍化西上，後爲蜀帝；周萇宏之血變成碧珠；杜宇之魄化爲子鵑。又言蜀椎髻左衽，未知書，文翁始知書學。案《蜀紀》：「帝居房心，決事參伐。」參伐則蜀分野，言蜀在帝議政之方。帝不議政，王氣流於西，故周失紀綱，而蜀先王；七國皆王，蜀又稱帝。此則蠶叢自王，杜宇自帝，皆周之叔世，安得三千歲？且太素資始，有生必死；死，終物也。自古以來，未聞死者能更生當世；或遇有之，則爲怪異，子所不言，况能爲帝王乎？碧珠出不一處，地之相距動數千里，一人之血，豈能致此？子鵑鳥今云是巂，或曰巂周【略】四海有之，何必在蜀？昔唐帝萬國時雍，虞舜光宅八表，大禹功濟九州，后稷封殖天下，井田之制，序庠之教，由來遠矣。孔子曰：「述而不作，信而好古，竊比於我老彭。」則彭祖本生蜀，爲殷太史。夫人爲國史，作爲聖則，仙自上世，見稱在昔。及周之末，服事于秦，首爲郡縣，雖濱戎夷，亦有冠冕。故《蜀紀》曰「大人之鄉，方大之國」也。至於漢興，反當荒服，而無書學乎？《漢書》曰：郡國之有文學，因文翁始。若然，翁以前齊、魯當無文學哉？漢末時，漢中祝元靈性滑稽，用州牧劉焉談調之末，與蜀士燕胥，聊著翰墨。當時以爲極歡，後人以爲惑。恐此之類，必起於元靈之由也。惟智者辨其不然，幸也。

綜其理數，或以爲西土嶮固，衿帶易守，世亂先違，道治後服，若吴、楚然，故逋逃必萃，奸雄闚覦。蓋帝王者統天理物，必居土中，德膺命運，非可資能恃險，以干常亂紀。雖饕竊名號，終於絶宗殄祀。何者？天命不可以詐詭而邀，神器不可以僥倖而取也。是以四岳、三塗、陽城、太室，九州之險，而不一姓；冀之北土，馬之所産，古無興國。夫恃險憑危，不階歷數，而能傳國垂世，所未有也。故公孫、劉氏以敗於前，而諸李踵之覆亡於後。天人之際，存亡之術，可以爲永鑒也；干運犯曆，破家喪國，可以爲京觀也。今齊之《國志》，貫之一揆，同見不臣，所以防狂狡，杜奸萌，以崇《春秋》貶絶之道也；而顯賢能，著治亂，亦以爲奬勸也。其序曰：先王經略，萬國剖分。厥甸巴梁，式象縣辰。九牧述職，賦政以均。佐周斃紂，相漢亡秦。寔繁其民，世載其俊。

又　《重刊〈華陽國志〉序》　古者封建五等，諸侯國皆有史以記事。後世罷封建爲郡縣，然亦必有圖志以具述。蓋以疆域既殊，風俗各異，山川有險要阨塞之當備，郡邑有廢置割隸之不常。至於一士之行，一民之謡，皆有不可没者，顧非筆之於書則不能也。《周官》職方氏掌天下之地圖，辨其邦國都鄙、夷蠻閩貊、五戎六狄之人民，與其財用之數要，至於九穀之所宜，六畜之所産，亦未嘗不佔畢而紀其詳。况夫環數千里之墜，分城置邑殆踰數十，中間時異事變，往往裂爲偏方霸國，其理亂得失蓋有繫天下大數，安可使放絶而無聞乎？此晉常璩《華陽國志》之作所以有補於史家者流也。

予嘗攷其書，部分區別，各有條理。其指歸有三焉：首述巴、蜀、漢中、南中之風土；次列公孫述、劉二牧、蜀二主之興廢，及晉太康之混一，以迄於特、雄、壽、勢之僭竊，繼之以兩漢以來先後賢人、《梁益寧三州士女總讚》；《序志》終焉。就其三者之間，於一方人物尤致深意，雖侏離之氓，賤俚之婦，苟有可取，在所不棄。此尤足以弘宣風教，使善惡知所懲勸，豈但屑屑於山川物産，以資廣見異聞而已乎？

本朝元豐間，吕汲公守成都，嘗刊是書，以廣其傳。而載祺荒忽，刓缺愈多，觀者莫曉所謂。予每患此久矣，假守臨邛，官居有暇，蓋嘗博訪善本，以證其誤，而莫之或得。因摭兩漢史、陳壽《蜀書》、《益都耆舊傳》互相參訂，以決所疑。凡一事而先後失序，本末舛逆者，則考而正之；一意而詞旨重複，句讀錯雜者，則刊而去之；設或字誤而文理明白者，則因而全之。其他旁搜遠取，求通文義者，又非一端。凡此皆有明驗，可信不誣者；若其無所考據，則亦不敢臆决，姑闕之以俟能者。然較以舊本之訛謬，大畧十得五六矣。鋟木既具，輒叙所以，冠於篇首。好古博雅，與我同志者，願無以夏五、郭公之義而律之。嘉泰甲子季夏朔，眉丹稜李壁叔廑甫謹序。

清・紀昀等《欽定四庫全書總目》卷六六　《華陽國志》十二卷、附録一卷。浙江汪啓淑家藏本。晉常璩撰。璩，字道將，江原人。李勢時，官至散騎常侍。晉書載勸勢降桓温者即璩，蓋亦譙周之流也。《隋書・經籍志》霸史類中，載璩撰《漢之書》十卷，《華陽國志》十二卷。《漢之書》唐志尚著録，今已久佚。惟《華陽國志》存，卷數與《隋志》、《舊唐志》相合。《新唐志》作十三卷，疑傳寫誤也。其書所述，始於開闢，終於永和三年。首爲《巴志》，次《漢中志》，次《蜀志》，次《南中志》，次《公孫劉二牧志》，次《劉先主志》，次《劉後主志》。次《大同志》。大同者，紀漢、晉平蜀之後事也。次李特、雄、期、壽、勢《志》，次先賢士女總讚論，次後《賢志》，次《序志》，次《三州士女目録》。宋元豐中，吕大防嘗刻於成都，大防自爲之序。又有嘉泰甲子李垩序，稱吕刻刓闕，觀者莫曉，所謂嘗博訪善本以證其誤，而莫之或得。因摭兩漢史，陳壽《蜀書》、《益部耆舊傳》互相參訂，以决所疑。凡一事而前後失序，本末舛迕者，則考正之。一意而詞旨重複，句讀錯雜者，則刊而去之。又第九卷末，有垩附記，稱《李勢志》傳寫脱漏，續成以補其闕，則是書又於殘闕之餘，李垩爲之補綴竄易，非盡璩之舊矣。垩刻本世亦不傳。今所傳者惟影寫本，又有何鏜漢魏叢書、吴琯古今逸史及明何宇度所刊三本。何吴二家之本，多張佳允所補江原《常氏士女志》一卷，而佚去蜀中士女以下至犍爲士女共二卷。蓋垩本第十卷分上中下，鏜等僅刻其下卷也。又惟《後賢志中》二十人有讚，其餘竝闕。垩本則蜀郡、廣漢、犍爲、漢中、梓潼，士女一百九十四人各有讚。宇度本亦同。蓋明人刻書，好以意爲刊削。新本既行，舊本漸泯，原書遂不可覩。宇度之本從垩本録出，此二卷偶存，亦天幸也，惟垩本以序志置於末，而宇度本升於簡端。考垩序稱首述巴中南中之風土，次列公孫述、劉二牧、蜀二主之興廢，及晉太康之混一，以迄於特、雄、壽、勢之僭竊。以西漢以來先後賢人，梁、益、寧、三州士女總讚，序志終焉。則序志本在後，宇度不知古例，始誤移之。又總讚相續成文，垩序亦與序志竝稱，宜别爲一篇，而垩本亦割冠各傳之首，殊不可解。殆如毛公之移詩序，李鼎祚之分序卦傳乎？今姑從垩本録之，而附著其改竄之非如右。其張佳允所續常氏士女十九人，亦併從何鏜吴琯二本録入，以補璩之遺焉。

《後漢書・郡國志》

晉・司馬彪《郡國志》　自序　今但録中興以來郡縣改異，及《春秋》、三史會同征伐地名，以爲《郡國志》。凡《前志》有縣名，今所不載者，皆世祖所併省也。前無今有者，後所置也。凡縣名先書者，郡所治也。

南朝宋・劉昭《後漢書注補志》自序　司馬《續書》，揔爲八志，【略】范曄《後漢》，良誠跨衆氏，序或未周，志遂全闕。【略】曄遺書自序，應徧作諸志，前漢有者，悉欲備製，卷中發論，以正得失，書雖未明，其大旨也。曾臺雲構，所缺過乎榱桷；爲山霞高，不終逾乎一匱。鬱絶斯作，吁可痛哉！徒懷纘緝，理慙鉤遠，迺借舊志，注以補之。狹見寡陋，匪同博遠，及其所値，微得論列。分爲三十卷，以合范史。求於齊工，孰曰文類，比兹闕恨，庶賢乎已！

清・王先謙《後漢書集解・律曆志》　此晉司馬彪《續漢書》中之志也。後人因范史闕志，取司馬彪之志附於范書紀傳之後，毛氏汲古閣本猶然，明監本乃廁范書紀之後、傳之前，並不載司馬氏之名，又改劉昭之注補爲補並注。故或有疑志爲范氏作者，又有疑爲劉氏所補而兼注者，皆謬改之失也。

《南方草木狀》

清・紀昀等《欽定四庫全書總目》卷七〇　《南方草木狀》三卷，兩江總督採進本。晉嵇含撰。含事蹟附載《晉書・嵇紹傳》。考《隋志》、《舊唐志》俱有含集十卷，隋志云其集已亡，但附載郭象集下，舊唐志仍著録。而不載此書。至宋志始著録。觀此書載，指甲花自大秦國移植南海，是晉時已有是花。而唐段公路《北户録》乃云指甲花本出外國，梁大同二年始來中國。知公路未見此書，蓋唐時尚不甚顯，故史志不載也。諸本但題譙國嵇含，惟宋麻沙舊板前題曰永興元年十一月丙子，振威將軍襄陽太守嵇含撰云云。載其年月仕履，頗爲詳具。蓋舊本如是，明人始刊削之。然晉書惠帝本紀，永寧二年正月，改元永安，七月改建武，十一月復爲永安。十二月丁亥，立豫章王熾爲太弟，始改永興。是永興元年不得有十一月。又，永興二年正月甲午朔，以干支推之，丙子當在上年十二月中旬。尚在改元前十二日，其時亦未稱永興。或其時改元之後，併十二月、一月皆追稱永興，而輾轉傳刻，又誤十二月爲十一月歟。惟隋志稱廣州太守嵇含，而此作襄陽太守。考書中所載，皆嶺表之物，則疑襄陽或誤題也。其書凡分草木果竹四類，共八十種。敘述典雅，非唐以後人所能僞，不得以始見宋志疑之。其本亦最完整。蓋宋以後花譜地志援引者多，其字句可以互校，故獨尠譌闕云。

《晉書・地道記》

清・畢沅《〈晉太康三年地志〉、王隱〈晉書・地道志總序〉》　《晉太康地志》，不著撰人。《舊唐志》五卷，云太康三年撰。《新唐書》十卷，其稱《太康三年地志》者，一見于《宋書・州郡志》會稽郡始寧令下；一見裴松之《三國志》注孫皓起顯明宮下。考《晉書》武帝太康四年，徙遼東王蕤爲東萊王，而是《志》于東萊尚言郡。《水經注》太康五年改信都曰長樂，而是《志》尚云信都，則書成于太康三年無疑。惟《晉書・地理志》云罷秦州亦在三年，而是《志》尚列秦州，或書或成後州始廢矣。晉初輿地之學，最著者裴司空秀，繼之以京相璠、摯虞，是書或成于數君之手。同時杜預注經，晉灼注史，其精核皆有所不及。今復其舊，名曰《太康三年地志》。若沈約止稱之爲《地志》，酈道元稱爲《地記》，司馬貞、張守節稱爲《地理記》，《新唐書》稱爲《土地記》，其實一也。《晉書・地道記》，晉王隱撰。在《晉書》九十三卷之中，不知卷數。今觀其所列青州下有北海郡，暨都昌、安邱諸縣，西河郡有穀遠縣，義興郡有陽羨縣等，皆與今《晉書・地理志》殊。考杜預《左傳》注，北海郡有昌都縣，《地形志》下密晉屬北海。劇、都昌、平壽、膠東四縣，皆云晉後屬北海。其即墨、下密二縣，則《沈志》稱《太康地志》晉初已屬北海，是晉有北海郡可知。《太平寰宇記》晉末省穀遠縣，則西晉有穀遠也。《晉書・地理志》割吴興、陽羨，并長安縣之北鄉，置義鄉、國山、臨晉三縣，合平陵、永世、陽羨，凡六縣，立義興郡，則義興有陽羨也。準是數條，則處敘所編，足正唐人撰述之謬，非僅與《太康地志》相爲發明已耳。蓋二書作於晉，而盛行于齊、梁、北魏之時。沈約撰《宋書》，劉昭注《續漢書》，魏收述《魏史》，所徵輿地之書，不下數百，然約之《州郡》，惟準《太康》。昭之注《郡國》，收之述《地形》，則一本《地道》。他若酈道元等，又皆懸其片言，視若準的。今觀沈約之論曰：州郡一志，唯以《續漢郡國》校《太康地志》，參伍異同，用相徵驗。魏收之序曰：班固考地理，馬彪志郡國，魏世三分，晉又一統，《地道》所載，又其次也。足知當時言地理者，自兩漢地志之外，于三國及泰始之際，則徵《太康》，于晉之東西，則徵《地道》，不以别書參之，亦信而有徵者矣。至唐而《藝文類聚》、《史記注》、《文選注》所徵引，始覺寥寥，則是書已不顯也。宋初修《太平御覽》，尚述是書，故樂史《寰宇記》亦間引之。厥後闕如，盡亡失可知矣。余年來官事之暇，好搜討地理之書，以爲有益于實事實學，兹以舊所掇集者，各分爲卷，付之剞劂。其《元康地志》，及不著丁姓氏《晉姓志》、《晉書・地理志》數條，亦附録焉，庶嗜古者有所采云耳。時乾隆四十九年，歲在甲辰，八月十五日。

清・洪亮吉《〈晉太康三年地志〉、王隱〈晉書・地理志〉後續》　《靈巖山館叢書》　大類有三：小學第一，地理家二，諸子家三。地理自《三輔黄圖》至宋敏求《長安志》，凡若干種。先生以亮吉麤知湛濁，稍别廣輪，每成志地之書，輒預校讐之役。閼逢執徐歲壯月，所校《太康志》、《地道志》二卷刊成。授簡賓筵，命書後序。僅按：太康三年者，晉平吴後第二年也。日南之地，甫入輿圖；建業之宫，栽爲郡治。於是潘岳著關中之《記》，摯虞成畿服之《經》，王範上交廣之《書》，徐氏作都城之《録》。唐李善注《文選》，稱《太康地志》曰：都廣國，其人善緣高。是知州郡之外，又志八荒；風士之餘，兼詳異俗。拓地萬里，成于二紀。劉石未興，楊、益既滅，令甲之所載，典午之最盛云。厥後賈耽之述四夷，樂史之詳百國，蓋權輿于此與！王隱以作史之才，著承家之美，時則五馬渡江，纔逾三主；羣龍戰野，已没八州。而史氏區區，欲按伊洛之圖，舉秦函之界，雖寰中百縣，曾隸方輿；而海外十洲，同夫飄渺。撫劍及伊吾之北，而褰裳阻天限之江者焉。今觀所述姑臧、穀遠，辯方語之譌；大夏、令支，補《職方》之闕。採聲罔實，或見誚于酈元；綰籍陳圖，庶亟登于劉氏矣。以此編摩，推其紹述，則仲遠一記，既導美于太康；彦季全編，殊有功于處叔。飲水知源，撫柯求葉，亦沈約、魏收之祖也。昭代右文，坤輿日闢，皇帝復撰靈河之紀，著灤水之源，輿書歸于乙部，盧牟資夫宸斷，巍乎大哉！莫以尚矣。先生才爲命世，學既專家，每集一編，期乎匝月。焕緑字亦文之采，補蘭臺石室之藏，茫乎莫測，輿望若之驚；疑者勿言，守闕如之義。亮吉不敏，遂不辭而序之云爾。元月朔日，門生陽湖洪亮吉書于中隆僊館。

清·王謨《漢唐地理書鈔》 王隱《晉地道記》：按此《地道記》，乃王隱《晉書》中篇目，與諸家專記地理書不同，故隋、唐《志》俱不著録。王隱爵里事迹已見別史敘録，故不具。今並鈔出《史記》注十一條，《後漢書》注八十四條，《宋書·州郡志》六條，《水經》注五十四條，《文選》注三條，《初學記》七條，《御覽》四條，《寰宇記》十二條，《路史》二條。

清·周中孚《鄭唐讀書記補逸》卷一一 《晉書·地道記》一卷，經訓唐叢書本。晉王隱撰，亦畢沅輯。隱，字處敘，陳郡陳人。元帝太興初，官著作郎，預平王敦功，賜爵平陽鄉侯。《隋志》載王隱《晉書》八十六卷，新、舊《唐志》則作八十九卷。此《地道記》，即其《晉書》中之一篇，記即志也。處敘當東晉之初，紀西晉之事，見聞最爲切近，故所作《晉書》，諸家多見稱述，而《水經注》徵引此記尤繁，視若準的。《魏書·地形志》謂：「班固考地理，馬彪志郡國，魏世三分，晉又一統，《地道》所載，又其次也。」蓋自兩漢地志之外，於兩晉則一本《地道記》。至唐宋人引述始覺廖廖，總之，新《晉書》出，而十八家《晉書》遂微，漸至亡佚殆盡，故宋人書目俱不載也。秋帆既集《太康地記》成，復從羣書中專采是記爲一卷，用資考證。秋帆序稱：「其所列青州下有北海郡暨都昌、安丘諸縣，西河郡有穀遠縣，義興郡有陽羨縣等，皆與今《晉書·地理志》殊。考杜預《左傳》注，北海郡有昌都縣。《魏書·地形志》下密晉屬北海，劇、都昌、平壽、膠東四縣皆云晉後屬北海，其即墨、下密二縣，則沈《志》《宋書·州郡志》稱《太康地志》晉初已屬北海，是晉有北海郡可知。《太平寰宇記》晉末省穀遠縣，則西晉有穀遠也。《晉書·地理志》割吳興、陽羨 并長安縣之北鄉，置義縣、國山、臨晉三縣，合平陵、永世、陽羨凡六縣，立義興郡，則義興有陽羨也。

《晉書·地理志》

唐·房玄齡等《晉書》卷一四《地理志》總敘 晉武帝泰康元年，既平孫氏，凡增置郡國二十有三，滎陽、上洛、頓丘、臨淮、東莞、襄城、汝陰、長廣、廣寧、昌黎、新野、隨郡、陰平、義陽、毗陵、宣城、南康、晉安、寧浦、始平、略陽、樂平、南平。省司隸置司州，別立梁、秦、寧、平四州，仍吳之廣州，凡十九州，司、冀、兖、豫、荆、徐、揚、青、幽、平、并、雍、涼、秦、梁、益、寧、交、廣州。郡國一百七十三，仍吳所置二十五，仍蜀新置二十一，仍魏所置二十一，仍漢舊九十三，置二十三。以爲冠帶之國，盡有殷周之土。若乃敦龐於天地之始，昭晰於犧農之世，用長黎元，未爭疆埸。而玉環楛矢，夷裘風駕，南翠表貺，東風入律，光乎上德，奚遠弗臻。然則星象麗天，山河紀地，端掖裁其弘敞，崤函叛其都邑，仰觀俯察，萬物攸歸。是以洛沚咸陽，宛然秦漢，晉濱河西，同知堯禹，于兹新邑，宅是鎬京，五尺童子皆能口誦者，史官弗之書也。【略】晉文帝爲晉王，命裴秀等建立五等之制，惟安平郡公孚邑萬户，制度如魏諸王。其餘縣公邑千八百户，地方七十五里；大國侯邑千六百户，地方七十里；次國伯邑千四百户，地方六十五里；大國伯邑千二百户，地方六十里；次國伯邑千户，地方五十五里；大國子邑八百户，地方五十里；次國子邑六百户，地方四十五里；男邑四百户，地方四十里。武帝泰始元年，封諸王郡爲國。邑二萬户爲大國，置上中下三軍，兵五千人；邑萬户爲次國，置上軍下軍，兵三千人；五千户爲小國，置一軍，兵千五百人。王不之國，官於京師。罷五等之制，公侯邑萬户以上爲大國，五千户以上爲次國，不滿五千户爲小國。太康元年，平吳，大凡户二百四十五萬九千八百四十，口一千六百一十六萬三千八百六十三。而江左諸國並三分食一，元帝渡江，太興元年，始制九分食一。

《宋書·州郡志》

南朝梁·沈約《宋書》卷三五《州郡志》序 自夷狄亂華，司、冀、雍、涼、青、并、兖、豫、幽、平諸州一時淪没，遺民南渡，並僑置牧司，非舊土也。江左又分荆爲湘，或離或合，凡有揚、荆、湘、江、梁、益、交、廣，其徐州則有過半，豫州唯得譙城而已。及至宋世，分揚州爲南徐，徐州爲南兖，揚州之江西悉屬豫州，分荆爲雍，分荆、湘爲郢，分荆爲司，分廣爲越，分青爲冀，分梁爲南北秦。太宗初，索虜南侵，青、冀、徐、兖及豫州淮西，並皆不守，自淮以北，化成虜庭。於是於鍾離置徐州，淮陰爲北兖，而青、冀二州治贛榆之縣。今志大較以大明八年爲正，其後分派，隨事記列。內史、侯、相，則以昇明末爲定焉。

地理參差，其詳難舉，寔由名號驟易，境土屢分，或一郡一縣割成四五，四五之中，亟有離合，千回百改，巧曆不算，尋校推求，未易精悉。今以班固、馬彪二志，太康元年康定户，王隱《地道》，晉世《起居》，《永初郡國》，何徐《州郡》及地理雜書，互相考覆。且三國無志，事出帝紀，雖立郡時見，而置縣不書。今唯以《續漢郡國》校《太康地志》，參伍異同，用相徵驗。自漢至宋，郡縣無移改者，則注云「漢舊」。其有回徙，隨源甄别。若唯云「某無」者，則此前皆有也。若不注置立，史闕也。

清・張穆《房齋文集》卷三 《魏延昌地形志》自序：魏收書初出，即重爲世所詬厲。其《地形志》，近代始稍改之，然特議其綰籍不斷自太和，雍、秦郡縣多所脱漏而已。至於志之巨謬及收之顯然本旨，未有顯言者也。

考拓跋氏肇基恒朔，遷鼎洛陽，兩地宏規，最宜賅備。此如頌周京者知稱豐鎬，必溯邠、岐；美漢葉者既導三輔，敢略沛、豐？龍興虎視，根本重地，未可率爾也。乃收《志》司州、洛尹分析畸零，盛樂、平城全歸寄治，數典忘祖，悖孰甚焉？而其本皆則正以貢諛東魏，張貢諛高齊之本。首鄴，孝静都也。次定、次冀，甸服也。以形勢論，即應西敘穎、洛，東條兖、濟，乃横厠并州於其間者，晉陽高歡之行臺也。觀太原郡晉陽注下特書曰：出帝永熙中，霸朝置大丞相府。武定初，齊獻武王止，置晉陽宫。自古地家無此變例，然而收之本旨顯然明白矣。

且收雖云據永熙綰籍，而分併建革一以平天下、元象、興和、武定爲限，則收是志而已純乎東魏之志而已。武定六年，魏遺兵略江淮，取梁二十三州；七年，取梁青州及山陽郡淮陽；越一年而高洋簒魏，此收《志》前二卷所以始於魏尹，終於沿邊新附諸州也。其第三卷雍、秦以下諸州，地入西魏，不關於高，遂挩失踳駁，不可闓數。徒以書綜全魏，不得不旁及關西，聊充卷帙爾。杜君卿曰：魏收《志》所載州郡，是東魏静帝武定中，其時洛陽一西及關中梁、益之地悉屬西魏，收猶總而編之。

穆初讀《水經注》，即謀博徵典籍，撰爲義疏。點俞君理初教之曰：是當先治《地形志》。取而讀之，苦其蕪亂。大興徐文星伯嘗叩以收《志》分卷之由，亦茫無以對。覃新鈎稽，退寫爲圖，圖成始恍然曰：此非北魏之志也。而自來談拓跋疆域者，率以是志斟其里到，遇有收所失載之郡縣，若建陽、長松之類，輒以爲後人羼羊，傎矣！

《魏書・地形志》

北齊・魏收《魏書》卷一〇六《地形志》序 夏書《禹貢》、周氏《職方》中畫九州，外薄四海，析其物土，制其疆域，此蓋王者之規摹也。戰國分併，秦吞海内，割裂都邑，混一華夷。漢興，即其郡縣，因而增廣。班固考地理，馬彪志郡國，魏世三分，晉又一統，《地道》所載，又其次也。自劉淵、石勒傾覆神州，僭逆相仍，五方淆亂，随所跨擅。□□□長，更相侵食，彼此不恒，犬牙未足論，繡錯莫能比。魏定燕趙，遂荒九服，夷翦逋僞，一國一家，遺之度外，吴蜀而已。正光已前，時惟全盛，户口之數，比夫晉之太康，倍而已矣。孝昌之際，亂離尤甚。恒代而北，盡爲丘墟，崤潼已西，煙火斷絶，齊方全趙，死如亂麻。於是生民耗減，且將大半。永安末年，胡賊入洛，官司文簿，散棄者多，往時編户，全無追訪。今録武定之世以爲《志》焉。州郡併改，隨而注之，不知則闕。內史及相仍代相沿。魏自明、莊，寇難紛糾，攻伐既廣，啓土逾衆，王公錫社，一地累封，不可備舉，故總以爲郡。其淪陷諸州户，據永熙綰籍，無者不録焉。

《隋書・地理志》

唐・魏徵等《隋書》卷二九《地理志》序 漢高祖挺神武之宏圖，掃清禍亂，矯秦皇之失策，封建王侯，並跨州連邑，有踰古典，而郡縣之制，無改於秦。逮于孝武，務勤遠略，南兼百越，東定三韓。通邛、笮之險塗，斷匈奴之右臂，雖聲教遠洎，而人亦勞止。昭、宣之後，罷戰務農，户口既其滋多，郡縣亦有增置。至于平帝，郡國一百有三，户一千二百二十三萬。光武中興，承王莽之餘弊，兵戈不戢，饑疫荐臻，率土遺黎，十纔一二，乃併省郡縣，四百餘所。明、章之後，漸至滋繁，郡縣之數，有加曩日。逮炎靈數盡，三國爭强，兵革屢興，户口減半。有晉太康之後，文軌方同，大抵編户二百六十餘萬。尋而五胡逆亂，二帝播遷，東晉洎于宋、齊，僻陋江左，苻、姚之與劉、石，竊據中原，事跡糾紛，難可具紀。

梁武帝除暴寧亂，奄有舊吴。天監十年，有州二十三，郡三百五十，縣千二十二。其後務恢境宇，頻事經略，開拓閩、越，克復淮浦，平俚洞，破牂柯，又以舊州遐闊，多有析置。大同年中，州一百七，郡縣亦稱於此。既而侯景構禍，臺城淪陷，墳籍散逸，注記無遺，郡縣户口，不能詳究。逮于陳氏，土宇彌蹙，西亡蜀、漢，北喪淮、肥，威力所加，不出荆、揚之域。州有四十二，郡唯一百九，縣四百三十八，户六十萬。後齊承魏末喪亂，與周人抗衡，雖開拓淮南，而郡縣僻小。天保之末，總加併省，洎乎國滅，州九十有七，郡一百六十，縣三百六十五，户三百三萬。周氏初有關中，百度草創，遂乃訓兵教戰，務穀勸農，南清江、漢，西兼巴、蜀，卒能以寡擊衆，戡定强鄰，及于東夏削平，多有省廢。大象二年，通計州二百一十一，郡五百八，縣一千一百二十四。

高祖受終，惟新朝政，開皇三年，遂廢諸郡。洎于九載，廓定江表，尋以户口滋多，析置州縣。煬帝嗣位，又平林邑，更置三州。既而併省諸州，尋即改州爲郡，乃置司隸刺史，分部巡察。五年，平定吐谷渾，更置四郡。大凡郡一百九十，縣一千二百五十五，户八百九十萬七千五百四十六，口四千六百一萬九千九百五十六。墾田五千五百八十五萬四千四十一頃。其邑居道路，山河溝洫，沙磧鹹鹵，丘陵阡陌，皆不預焉。東西九千三百里，南北萬四千八百一十五里，東南皆至於海，西至且末，北至五原，隋氏之盛，極於此也。

《括地志》

五代·劉昫等《舊唐書》卷七六　濮王泰字惠褒，太宗第四子也。少善屬文。武德三年，封宜都王。四年，進封衛王，以繼衛懷王霸後。貞觀二年，改封越王，授揚州大都督。五年，兼領左武候、大都督，並不之官。八年，除雍州牧，左武候大將軍。七年，轉鄜州大都督。十年，徙封魏王，遥領相州都督，餘官如故。太宗以泰好士愛文學，特令就府別置文學館，任自引召學士，又以泰腰腹洪大，趨拜稍難，復令乘小輿至於朝所，其寵異如此。十二年，司馬蘇勗以自古名王多引賓客，以著述爲美，勸泰奏請撰《括地志》。泰遂奏引著作郎蕭德言、秘書郎顧胤、記室參軍蔣亞卿、功曹參軍謝偃等就府修撰。十四年，太宗幸泰延康坊宅，因曲赦雍州及長安大辟罪已下，免延康坊百姓無出今年租賦，又賜泰府官僚帛有差。十五年，泰撰《括地志》功畢，表上之，詔令付秘閣，賜泰物萬段，蕭德言等咸加給賜物。俄又每月給泰料物，有逾於皇太子。諫議大夫褚遂良上疏諫曰：「昔聖人制禮，尊嫡卑庶。謂之儲君，道亞睿極。其爲崇重，用物不計，泉貨財帛，與王者共之。庶子體卑，不得爲例。所以塞嫌疑之漸，除禍亂之源。而先王必本人情，然後制法，知有國家，必有嫡庶。然庶子雖愛，不得超越；嫡子正體，特須尊崇。如當親者疏，當尊者卑，則佞巧之姦，乘機而動，私恩害公，惑志亂國。伏惟陛下功超邃古，道冠百王，發號施令，爲世作法。一日萬機，或未盡美。臣職在諫諍，無容静默。伏見儲君料物，翻少魏王，朝野見聞不以爲是。《傳》曰：『臣聞愛子教之以義方。』忠孝恭儉，義方之謂。昔漢竇太后及景帝遂驕恣梁孝王，封四十餘城，苑方三百里，大營宫室，復道彌望，積財鉅萬計，出入警蹕，小不得意，發病而死。宣帝亦驕恣淮陽憲王，幾至於敗，輔以退讓之臣，僅乃獲免。且魏王既新出閤，伏願常存禮則，言提其耳，且示儉節，自可在後月加歲增。妙擇師傅，示其成敗，既敦之以謙儉，又勸之以文學。惟忠惟孝，因而獎之，道德齊禮，乃爲良器。此所謂聖人之教，不肅而成者也。」太宗又令泰入居武德殿，侍中魏徵上奏曰：「伏見勅旨，令魏王泰移居武德殿。此殿在内，處所寬閑，參奉往來，極爲便近。但魏王既是愛子，陛下常欲其安全，每事抑其驕奢，不處嫌疑之地。今移此殿，便在東宫之西，海陵昔居，時人以爲不可。雖時與事異，猶恐人之多言。又王之本心，亦不安息，既能以寵爲懼，伏願成人之美。明早是朔日，或恐未得面陳，愚慮有疑，不敢寧寢，輕干聽覽，追深戰慄。」太宗並納其言。時皇太子承乾有足疾，泰潛有奪嫡之意，招駙馬都尉柴令武、房遺愛等二十餘人，厚加贈遺，寄以腹心。黄門侍郎韋挺、工部尚書杜楚客相繼攝泰府事，二人俱爲泰要結朝臣，津通路遺。文武羣官，各有附託，自爲朋黨，承乾懼其凌奪，陰遣人詐稱泰府典籤，詣玄武門爲泰進封事。太宗省之，其書皆言泰之罪狀，太宗知其詐而捕之，不獲。十七年，承乾敗，太宗面加譴讓，承乾曰：「臣貴爲太子，更何所求？但爲泰所圖，特與朝臣謀自安之道。不逞之人，遂教臣爲不軌之事。今若以泰爲太子，所謂落其度内。」太宗因謂侍臣曰：「承乾言亦是。我若立泰，便是儲君之位可經求而得耳。泰立，承乾、晉王皆不存；晉王立，泰共承乾可無恙也。」乃幽泰於將作監，下詔曰：「朕聞生育品物，莫大乎天地；愛敬罔極，莫重乎君親。是故爲臣貴於盡忠，虧之者有罰；爲子在於行孝，違之者必誅。大則肆諸市朝，小則終貽黜辱。雍州牧、相州都督、左武候大將軍魏王泰，朕之愛子，實所鍾心，幼而聰令，頗好文學，恩遇極於崇重，爵位逾於寵章。不思聖哲之誡，自構驕僭之咎，惑讒諛之言，信離間之說。以承乾雖居長嫡，久纏痾恙，潛有代宗之望，靡思孝義之則。承乾懼其淩奪，泰亦日增猜阻，爭結朝士，競引凶人。遂使文武之官，各有託附；親戚之内，分爲朋黨。朕志存公道，義在無偏，彰厥巨釁，兩從廢黜。非惟作則四海，亦乃貽範百代。可解泰雍州牧、相州都督、左武候大將軍，降封東萊郡王。太宗因謂侍臣曰：「自今太子不道，藩王窺嗣者，兩棄之。傳之子孫，以爲永制。」尋改封泰爲順陽王，徙居均州之鄖鄉縣。太宗後嘗持泰所上表謂近臣曰：「泰文辭美麗，豈非才士？我中心念泰，卿等所知。但社稷之計，斷割恩寵，責其居外者，亦是兩全也。」二十一年，進封濮王。高宗即位，爲泰開府置僚屬，車服羞膳，特加優異。永徽三年，薨于鄖鄉，年三十有五。贈太尉、雍州牧，謚曰恭。文集二十卷。二子欣、徽。欣封嗣濮王，徽封新安郡王。欣，則天初陷酷吏獄，貶昭州別駕，卒。子嶠，本名餘慶，中興初封嗣濮王。景雲元年，加銀青光禄大夫。開元十二年，爲國子祭酒，同正員。以王守一妹壻貶邵州別駕，移鄧州別駕，後復其爵。

宋·歐陽修等《新唐書》卷八〇　濮恭王泰字惠褒。始王宜都，徙封衛，繼懷王後。又徙封越，爲揚州大都督。再遷雍州牧、左武候大將軍，改王魏。帝以泰好士善屬文，詔即府置文學館，得自引學士。又以泰大腰腹，聽乘小輿至朝。司馬蘇勗勸泰延賔客著書，如古賢王。泰乃奏撰《括地志》，於是引著作郎蕭德言、祕書郎顧胤、記室參軍蔣亞卿、功曹參軍謝偃等撰次。衛尉供帳，光禄給食，士有文學者多與，而貴游子弟更相因藉，門若市然。泰悟其過，欲速成，乃分道計州，緝緝疏録，凡五百五十篇，歷四期成。詔藏祕閣，所賜萬段。後帝幸泰延康坊第，曲赦長安死罪，免坊人一年租，府僚以差賜帛。

又泰月禀過皇太子遠甚，諫議大夫褚遂良諫曰：「聖人尊嫡卑庶，謂之儲君。故用物不會，與王共之，庶子不得爲比，所以塞嫌萌，杜禍源。先王法制，本諸人情，知有國家者必有嫡庶，庶子雖愛，不得過嫡子。如當親者疏，當尊者卑，則私恩害公，惑志亂國。今魏王禀料過東宫，議者以爲非是。昔漢竇太后愛梁王，封四十餘城。王築苑三百里，治宫室，爲復道，費財鉅萬，出警入蹕，一不得意，遂發病死。宣帝亦驕淮陽王，幾至於敗，輔以退讓之臣，乃克免。今魏王新出閤，且當示以節儉，自可在後月加歲增。又宜擇師傅，教以謙儉，勉以文學，就成德器，此所謂聖人之教，不肅而成也。」

帝又敕泰入居武德殿，侍中魏徵亦言：「王爲陛下愛子，欲安全之，則不當使居嫌疑之地。今武德殿在東宫之西，昔海陵居之矣，論者爲不可。雖時與事異，人之多言，尚或可畏。又王之心亦弗遑舍，願罷之，成王以寵爲懼之美。」帝悟，乃止。時皇太子承乾病蹇，泰以計傾之，乃引駙馬都尉柴令武、房遺愛等布腹心，而韋挺、杜楚客相繼攝府事。二人者，爲泰要結中朝臣，津介賂遺，羣臣更附爲朋黨。承乾懼，陰遣人稱泰府典籤詣玄武門上封，帝省之，書言泰罪，帝怒，即遣捕詰，不獲。既而太子敗，帝陰許立泰，岑文本、劉洎請遂立泰爲太子。長孫無忌固欲立晉王，帝以太原石文有「治萬吉」，復欲從無忌。泰微知之，因語晉王：「爾善元昌，得無及乎？」王憂甚，帝怪之，以故對，帝憮然悟。會召承乾譴勑，承乾曰：「臣貴爲太子，尚何求？但爲泰所圖，與朝臣謀自安爾。無狀之人，遂教臣爲不軌事。若泰爲太子，正使其得計耳。」帝曰：「是也，有如立泰，則副君可詭求而得。使泰也立，承乾、治俱死；治也立，泰、承乾可無它。」即幽泰將作監，解雍州牧、相州都督、左武候大將軍，降王東萊。因詔：「自今太子不道、藩王窺望者，兩棄之，著爲令。」然帝猶謂無忌曰：「公勸我立雉奴，雉奴仁懦，得無爲宗社憂，柰何？」雉奴，高宗小字。

泰尋改王順陽，居均州之鄖鄉。帝常持泰表語左右曰：「泰文辭可喜，豈非才士？我心念泰無已時，但爲社稷計，遣居外，使兩相完也。」二十一年，進王濮。高宗即位，詔泰開府置僚屬，車服羞膳異等。薨鄖鄉，年三十五，贈太尉、雍州牧。二子：欣、徽。欣嗣王，武后時爲酷吏所陷，貶昭州別駕，薨。子嶠，神龍初得嗣王。開元中爲國子祭酒，以罪貶鄧州別駕，薨。徽封新安郡王。

宋·司馬光《資治通鑑》卷一九六　十六年春，正月乙丑，魏王泰上《括地志》。上，時掌翻。下同。泰好學，司馬蘇勗説泰以古之賢王皆招士著書，故泰奏請修之。時泰奏引蕭德言、顔、蔣亞卿、許偃等就府修撰。好，呼到翻。説，輸芮翻。於是大開館舍，廣延時俊，人物輻湊，門庭如市。

宋·王欽若等《册府元龜》卷二七〇　濮王泰，太宗第四子。少善屬文，太宗以泰好士愛文學，特令就府別置文學館，任自引召學士。貞觀十二年，奏請撰《括地志》，遂奏引著作郎蕭德言、祕書郎顧胤、記室叅軍蔣亞卿、功曹叅軍謝偃等就府修撰。成五百五十卷，奏上。太宗閲而嘉之，乃下詔曰：「地記之設，由來尚矣。區外具於《山海經》，内陳於夏，載《職方》王制纔舉淮夷，《漢志》晉國畧記，郡國自茲以降著作實繁，或學非博通，多所遺闕，或地分南北，雅有短長，求其折中，無聞盡善。左武侯大將軍、雍州都督魏王泰，體業貞固，風鑒凝邈，學綜策府，文冠詞林，樂善表於夙夜，好士彰於吐握，討論墳典，詳言儒雅，博採方志，得之於舊聞，旁求故老，考之於傳，信內殫九服，外極八荒，憲章之規，條目有序，兼苞戎夏之域。今古無遺簡，而能周博而尤要，足以度越前載，垂之不朽，宜加褒錫，以申獎勸，可賜物一萬段。其書且付祕閣。」初泰好學，愛文章，司馬蘇勗以自古英王多引賓客，以著述爲美，遂勸泰表請修撰。詔許之。於是大開館宇，廣召時俊。衛尉供帳，光禄給食，朝士學涉者多。被奏追赴，貴游子弟，更相因致，人物臻湊，門庭若市。泰稍悟過盛，欲其速成，於是分道計州，繙緝統録。至是凡四年盡成。撰緝之人，咸加給頒賜。黄國公譔，韓王元嘉子譔，少以文才見知，弘文閣學士孟利貞，嘗稱譔文章云：「雖劉禕之周思茂，亦不能過也。」諸王子中，與琅邪王沖爲一時之秀，沖與譔父子書籍最多，皆文句詳定，祕閣所不及也。

宋・王欽若等《册府元龜》卷二九二　濮王泰，太宗子。太宗特令秦府中别置文學館，任自引召學士，官給酒饌，泰於是奏引著作郎蕭德言、秘書郎顧胤、記室參軍蔣亞卿、功曹參軍謝偃等就府撰《括地志》五百五十卷，奏上之。

宋・王應麟《玉海》卷一五　唐《括地志》《坤元録》《河圖括地象》見上。魏王泰善屬文，即府置文學館，得自引學士。貞觀十二年，奏撰《括地志》，引著作郎蕭德言、秘書郎顧胤、記室蔣亞卿、功曹謝偃蘇勗撰次。衛尉供帳，光禄給食，分道計州，繙緝疏録，凡五百五十篇。歷四期成，詔藏祕閣，賜物萬段。志五百五十卷，泰命德言等五人撰，又序略五卷會要，貞觀十五年正月三日上。通鑑十六年正月乙丑上。《史記正義》多引之。太宗詔曰：博采方志，得於舊聞，旁求故老，考於傳信，内殫九服，外極八荒，簡而能周，博而尤要，度越前載，垂之不朽。宗岌仕魏王與謝偃撰《括地志》。《中興書目》：《坤元録》十卷，泰撰。即《括地志》也。其書殘缺，通典引之。《文選・東都賦》注引《括地圖》。

清・嵇璜等《欽定續通志》卷一八三　濮恭王泰，字惠褒。始王宜都，徙封衛，繼懷王後，又徙封越，爲揚州大都督。再遷雍州牧、左武候大將軍。改王魏。帝以泰好士，善屬文，詔即府置文學館。得自引學士，又以泰大腰腹，聽乘小輿至朝。司馬蘇勗勸泰延賓客著書，如古賢。王泰乃奏，撰《括地志》。於是引著作郎蕭德言、祕書郎顧胤、記室參軍蔣亞卿、功曹參軍謝偃等撰次。衛尉供帳，光禄給食，士有文學者多與，而貴遊子弟更相因藉，門若市然。泰悟其過，欲速成，乃分道計州，繙緝疏録，凡五百五十篇，歷四朞成。詔藏祕閣，所賜萬段。後帝幸泰延康坊第，曲赦長安死罪，免坊人一年租，府僚以差賜帛。又泰月禀過皇太子遠甚，諫議大夫褚遂良諫曰：「聖人尊嫡卑庶，謂之儲君，故用物不會，與王共之。庶子不得爲比，所以塞嫌萌，杜禍源。先王法制，本諸人情，知有國家者必有嫡庶，庶子雖愛，不得過嫡子。如當親者疏，當尊者卑，則私恩害公，惑志亂國。今魏王稟科過東宮，議者以爲非是。昔漢竇太后愛梁王，封四十餘城，王築苑三百里，治宫室爲復道，費用鉅萬，出警入蹕一不得意，遂發病死。宣帝亦驕淮陽王，幾至於敗，輔以退讓之臣，乃克免。今魏王新出閤，且當示以節儉，自可在後月加歲增。又宜擇師傅，教以謙讓，勉以文學，就成德器，此所謂聖人之教，不肅而成也。帝又敕泰入居武德殿，侍中魏徵亦言：王爲陛下愛子，欲安全之，則不當使居嫌疑之地。今武德殿在東宮之西，昔海陵居之矣，論者以爲不可。雖時與事異，人之多言，尚或可畏。又王之心亦弗遑舍，願罷之，成王以寵爲懼之美，帝悟，乃止。時皇太子承乾病蹇，泰以計傾之，乃引駙馬都尉柴令武、房遺愛等布腹心，而韋挺、杜楚客相繼攝府事。二人者，爲泰要結中朝臣，津介賂遺，羣臣更附爲朋黨。承乾懼，陰遣人稱泰府典籤詣玄武門上封，帝省之，書言泰罪，帝怒，即遣捕詰，不獲。既而太子敗，帝陰許立泰，岑文本、劉洎請遂立泰爲太子。長孫無忌固欲立晉王，帝以太原石文有「治萬吉」，復欲從無忌。泰微知之，因語晉王：「爾善元昌，得無及乎？」王憂甚，帝怪之，以故對，帝憮然悟。會召承乾譴責，承乾曰：「臣貴爲太子，尚何求？但爲泰所圖，與朝臣謀自安爾。無狀之人，遂教臣爲不軌事，若泰爲太子，正使其得計耳。」帝曰：「是也。有如立泰，則副君可詭求而得。使泰也立，承乾、治俱死；治也立，泰、承乾可無它。」即幽泰將作監，解雍州牧、相州都督、左武候大將軍，降王東萊。謹按《通鑑輯覽》、御批承乾之廢，雖不盡由泰之構護，然其覬覦，蓋非一日，至云殺愛子，以傳晉王，眞以要寵，則肺肝如揭矣。太宗以兩棄處之可謂得當，然承乾輩之鬩牆，與建成元吉如出一轍，幸未至玄武門之甚耳。天道好還，吁可畏哉。因詔自今太子不道，藩王窺望者，兩棄之，著爲令。然帝猶謂無忌曰：「公勸我立雉奴。雉奴仁懦，得無爲宗社憂，柰何？」雉奴，高宗小字。泰尋改王順陽，居均州之鄖鄉，帝嘗持泰表語左右曰：「泰文辭可喜，豈非才士？我心念泰，無已時，但爲社稷計，遣居外使，兩相完也。」二十一年，進王濮。高宗即位，詔泰開府置僚屬，車服羞膳異等。薨鄖鄉，年三十五，贈太尉、雍州牧。二子：欣、徽。欣嗣王，武后時爲酷吏所陷，貶昭州别駕，薨。子嶠，神龍初得嗣王。開元中爲國子祭酒，以罪貶鄧州别駕，薨。徽封新安郡王。

清・孫星衍《孫淵如外集》卷三《括地志》序　唐濮王泰之王魏時，以司馬蘇勖勸著書，奏撰《括地志》五百五十篇，序略《五卷》，著作郎蕭德言、秘書郎顧允、記室參軍蔣亞卿、功曹參軍謝偃共相撰次，曆四年成。其書稱述經傳，山川城冢，皆本古説，載六朝時地理書甚多，以此長於《元和郡縣志》而在其先。隋唐《志》載《輿地志》、《永初山川記》諸書目凡數十種，今惟《水經注》存，大抵亡于宋南渡時，《括地志》亦竟散佚，其殘文時時見於傳記所引。張守節作《史記正義》不能博考書傳，獨恃此疏證古地名。《通典》、《太平御覽》、《太平寰宇記》亦引之，或稱爲《坤元録》。《路史》注引有《括地象》，按其文，亦即此書。羅蘋僅從他書抄撮，故訛「志」爲「象」字，《玉海》所引多於《史記正義》者，其時據《史記注》善本，王應麟亦不見本書也。《序略》起魏武時，置郡惟見《初學記》，蓋其下卷餘書未見引據。

按：泰等以四年成此書，當極精博，今循繹各條，其考證經史不能斷制，若舜耕曆山，在濮州，而兼引蒲州首陽、嬀州懷戎及越州余姚之山。大邳在城皋，而誤指衛州黎陽東山。大别在安豐，而疑荆州章山爲與經史符會，湯冢在薄城，伊尹冢在楚丘，而又以爲俱在洛州偃師。就其所存之説，可以覘蕭德言諸人之學識無過人者。然以周文王、武王墓爲在萬年，而以咸陽之陵爲秦惠文王、悼武王，又知俗名周武王陵之非是；及載洛水一名漆沮水，非古所渡漆沮；以岷山在岷州，積石山在河洲，昆侖山在肅州之屬，俱非塞外之山，皆足針貶流俗傳訛古跡，與近世讀地理者好以新異説更古經傳之惑。

此書既輯取傳注，但依《序略》所載諸州，編次爲八卷，非原書卷第之舊。自予在關中畢撫部幕府時，搜訂成帙，存書麓中。比年監司魯宋，攝按察丁齊，又以《史記》足注本屬於楊甥文學元錫重加補掇。適刊《元和郡縣圖志》成，遂以此書相輔行世。前後纂修閲七年，猶有疏漏，俟來者續成之。時嘉慶二年太歲丁巳門昏建未之月，觀察領河堤使者孫星衍撰于曹單河防工次。

清・王謨《漢唐地理書鈔》　魏王泰《括地志》。按新、舊《唐書》，魏王泰爲唐太宗第四子，其撰次此書，該以爲傾儲奪敵之計，而卒以獲罪，兹不具録。惟是此書，當日雖詔藏秘閣，必已宣布中外，流傳宜廣。乃以予所考，唐人修書，惟張守節《史記正義》於本紀、八書、世家、列傳中，郡邑、山川、古蹟，悉引《括地志》爲注。外則徐堅《初學記・州郡》總載綱領，亦採《括地志》爲説。乃至宋修《太平御覽》引書至一千六百九十件，獨無一語及《括地志》，故未開列卷首書目。若以爲其書已亡，則樂史《寰宇記》亦並時所修，何以屢見稱引？是此書在當時存亡，尚未可知。即不能如李吉甫《元和郡縣志》有足本，然較之賈耽《郡國縣道記》、梁載言《十道志》，所可摭拾猶可多也。今故祇從《史記》諸《正義》中鈔出八百□十□條，益以《寰宇記》十五條，又《坤元録》十條，而冠以《初學記》一段爲之綱領，餘悉據本書前後，釐爲二卷。

《十道志》

宋・晁公武《郡齋讀書志》卷八　《十道志》十三卷，右唐梁載言撰。唐分天下爲十道，所載頗詳博。其書多稱咸通中沿革，載言蓋唐末人也。

宋・陳振孫《直齋書録題解》卷八　唐《十道四番志》十卷，按《文獻通考》作十三卷。唐太府少卿梁載言撰。

元・馬端臨《文獻通考》卷二〇四　《十道志》十三卷。晁氏曰：「唐梁載言撰。唐分天下爲十道，所載頗詳博。其書多稱咸通中沿革，蓋唐末人也。」陳氏曰：「其書廣記備言，頗有可采。載言不見於史，未定爲何朝人。此書有太和以後沿革，當是唐末人。」

清・王謨《漢唐地理書鈔》　《唐志》：梁載言《十道志》十六卷。《新唐書・藝文傳》曰：「武后時，敕吏部糊名考判，求高才，爲劉憲王適、司馬鍠、梁載言入第二等。載言歷鳳閣舍人，並知制誥，終懷州刺史。《太平環宇記》曰：「梁載言，博州聊城人，歷鳳閣舍人，撰《十道志》。按徐堅《初學記・州郡》總載引《括地志》言，以唐貞觀十三年《太簿》，九州府三百五十八，依叙爲十道。梁氏當即據此爲《十道志》：一河南道，二關内道，三河東道，四河北道，五隴右道，六山南道，七劍南道，八淮南道，九江南道，十嶺南道。本書次叙大要如此。而《太平御覽》敘十道，則以河南、關西、河東、隴西、隴右、劍南、山南、淮南、嶺南爲次。《寰宇記》則以河南、關西、河東、河北、劍南、江南、淮南、山南、隴右、嶺南爲次。中間州郡名號、沿革隸屬，亦多參錯。而劍南、山南、江南，又各分東、西道，由各朝制度既有更張，後人修書亦以時爲變易也。今故未能一一求詳。特採《初學記》十條爲綱領，且即以是爲次，凡共鈔出《太平御覽》三百二十一條，《太平寰宇記》

三十餘條，并《太平廣記》三條，已見《御覽》，概不重鈔。足知太平與國中，此書尚未散軼也，已開列《御覽》卷首。至尤延之《遂初堂書目》猶載有《十道四番志》，《文獻通考》遂不著録，則已亡矣。今猶挂名《説郛》中，蓋祇從諸書鈔數十條，以存其目而已，實無足採。

《貞元十道録》

宋・歐陽修等《新唐書》卷一六六 賈耽，字敦詩，滄州南皮人。天寶中，舉明經，補臨清尉。上書論事，徙太平。河東節度使王思禮署爲度支判官。累進汾州刺史，治凡七年，政有異績。召授鴻臚卿，兼左右威遠營使。【略】耽嗜觀書，老益勤，尤悉地理。四方之人與使夷狄者見之，必从詢索風俗，故天下地土區産、山川夷岨，必究知之。方吐蕃盛彊，盗有隴西，異時州縣遠近，有司不復傳。耽乃繪布隴右、山南九州，且載河所經受爲圖，又以洮湟甘凉屯鎮額籍，道里廣狹，山險水原爲《别録》六篇，《河西戎之録》四篇，上之。詔賜幣馬珍器。又圖《海内華夷》，廣三丈，從三丈三尺，以寸爲百里。并撰《古今郡國縣道四夷述》，其中國本之《禹貢》，外夷本班固《漢書》，古郡國題以墨，今州縣以朱，刊落疏舛，多所釐正。帝善之，賜予加等。或指圖問其邦人，咸得其真。又著《貞元十道録》，以貞觀分天下隸十道，在景雲爲按察，開元爲採訪，廢置升降備焉。至陰陽雜數罔不通。其器恢然，盖長者也，不喜臧否人物。爲相十三年，雖安危大事亡所發明。而檢身厲行，自其所長。每歸第，對賓客無少倦，家人近習，不見其喜愠。世謂淳德有常者。

宋・王應麟《玉海》卷一五 唐《貞元十道録》、《華夷圖》、《古今郡國縣道四夷述》、《九州别録》、《郡國别録》、《吐蕃黄河録》。賈耽傳嗜觀書，尤悉地理，四方之人與使夷狄者見之必從詢索風俗，故天下土地、區産、山川、夷岨必究知之。方吐蕃盛强，盗有隴西州縣，遠近有司不復，傳耽乃繪布，隴右、山南、九州具載，河所經受爲圖，又以洮湟甘凉屯鎮，額籍道里廣狹山險水，原爲《别録》六篇、《河西戎録》四篇，貞元十四年上之。會要十四年十月，左僕射賈耽撰《郡國别録》六卷、《通録》四卷。德宗賜幣馬珍器。又圖《海内華夷》一軸，廣三丈，從三丈三尺，以寸爲百里，并譔《古今郡縣道》、《四夷述》。四十卷。其中國本之禹貢，外夷本班固《漢書》。古郡國題以墨，今州縣題以朱，刊落疏舛多所釐正。貞元十七年十月上之，四十卷。舊紀辛未《會要》，上《海内華夷圖》一軸并序，《古今郡縣》、《四夷述》三十卷。帝善之，賜予加等，或指圖問其邦人，咸得其真。又著《貞元十道録》，以貞觀分天下隷十道，在景雲爲按察，開元爲採訪，天寶以州爲郡，乾元復郡爲州，廢置升降備焉。志賈耽《古今郡國縣道四夷述》四十卷、《關中隴右山南九州别録》六卷、《貞元十道録》四卷、《吐蕃黄河録》四卷。《會要》：會昌三年，黠戛斯遣使來朝，莫詳，更改之名中旨訪求，唯賈耽所撰《四夷述》具載其號，然後知耽之通習。權德輿作《貞元十道録》。序云：自夏書《禹貢》、《周官・職方》、《漢志・地理》，厥後史臣繼有其書。相國魏國公以爲言區域者未備於是，獻《海内華夷圖》一軸、《古今郡國縣道四夷述》四十卷，盡瀛海之地，窮鞮譯之詞，陳農不獲之書，朱贛未條之俗，貫穿切劘，靡不詳究。又撮其要會切於今者，爲《貞元十道録》四卷。首篇自貞觀初，以天下諸州分隷十道，隨山河江嶺，控帶紆直，割裂經界，而爲都會。六典地域之差次，四方貢賦之名物，廢置升降，提封險易，皆備于編。又考迹疆理，以正繆誤，采獲要害，而陳開置。大凡十有二條，凡今三十一節度，十一觀察，與防禦經略以守臣稱使者，共五十，列於首篇之末，其三篇則以十道爲準，縣距州，州距兩都，書道里之數，與其四鄙所抵。其事，覈其言詳。賈耽碑云：通夷裔之風俗，盡山川之險易，歷代沿革之自百王廢置之由，關塞通塞之因，牧圉盛衰之異，道程疎密之凖，要荒享獻之數，聚米畫地，成於指掌。興元元年，詔撰國圖，貞元十四年，先獻關中隴右及山南、九州等圖。又撰《别録》六卷、《吐蕃黄河録》共四卷。十七年冬，撰《海内華夷圖》成，并撰《古今郡國縣道四夷述》四十卷，《貞元十道録》四卷，賜馬兩匹，銀器錦綵，又内出銀榼二，蓋殊渥也。

清・王謨《漢唐地理書鈔》 《貞觀十道録》。按《唐志》有《長安四年十道圖》十三卷，《開元三年十道圖》十卷，李吉甫《元和十道圖》十卷，賈耽《貞元十道録》四卷，今皆不傳，惟《寰宇記》間見稱引。今僅鈔出《十道圖》三條，《貞元十道録》五條，又韋述《十道録》一條，《開元十道要略》一條，《十道要録》一條。

清・嵇璜等《欽定續通志》卷二六一 賈耽，字敦詩，滄州南皮人。天寶中舉明經，補臨清尉。上書論事，徙太平。河東節度使王思禮署爲度支判官。累進汾州刺史，治凡七年，政有異績，召授鴻臚卿，兼左右威遠營使。俄爲山南西道節度使。梁崇義反東道，耽進屯穀城，取均州。建中三年，徙東道。德宗在梁，耽使司馬樊澤奏事。澤還，耽大置酒會諸將。俄有急詔至，以澤代耽，召爲工部尚書。耽納詔於懷，飲如故。既罷，召澤曰：「詔以公見代，吾且治行。」敕將吏謁澤。大將張獻甫曰：「天子播越，而行軍以公命問行在，乃規旄鉞，利公土地，可謂事人不忠矣。軍中不平，請爲公殺之。」耽曰：「是何謂耶？朝廷有命，即爲帥矣。吾今趨覲，得以君俱。」乃行，軍中遂安。俄爲東都留守。貞元九年，以尚書右僕射同中書門下平章事，俄封魏國公。常以「方鎮帥缺，當自天子命之，若謀之軍中，則下有背向，人固不安」。帝然之，不用也。順宗立，進檢校司空、左僕射。時王叔文等干政，耽病之，屢移疾乞骸骨，不許。卒，年七十六，贈太傅，謚曰元靖。耽著《貞元十道録》，以貞觀分天下隸十道。在景雲爲按察，開元爲採訪，廢置升降備焉。

《元和郡縣圖志》

唐・李吉甫《元和郡縣圖志》序　臣聞王者建州域，物土疆，觀次於星躔，察法於地理。考中國山河之象，求二儀險阻之情，天漢明而兩界分，南宮正而五均敘。自黄帝之方制萬國，夏禹之分别九州，辨方經野，因人緯俗，其揆一矣。及秦皇并六國，則罷侯而置守。漢武討百蠻，則窮兵而黷武。雖裂爲郡縣者遠過於殷、周，而教令之所行，威懷之所服，亦不越於三代。失天地作限之意，非皇王尚德之仁，誇志役心，久而後悔。由此觀之，則聖人疆理之制，固不在荒遠矣。我國家肇自貞觀，至於開元，兼夏、商之職貢，掩秦、漢之文軌，梯航累乎九譯，庭置通乎萬里。然後分疆以辨之，置吏以康之，任所有而差貢賦，因所宜而制名物。守其要害，險其走集，經理之道，冠乎百王。巍巍乎，無得而稱矣！《易》曰：「天險不可升，地險山川丘陵。王公設險以守其國，險之時用大矣哉。」然則聖人雖設險，而未嘗恃險。施於有備之内，措於立德之中，其用常存，其機不顯，弛張開闔，因變制權，所以裁成二儀，統理萬物。故漢祖入關，諸將争走金帛之府，惟蕭何收秦圖書，高祖所以知山川阨塞，户口虚實。厥後受命汜水，定都洛陽，留侯演委輅之謀，田肯賀入關之策，事關興替，理切安危，舉斯而言，斷可識矣。伏惟睿聖文武皇帝陛下，握樞秉聖，承祧立極，祖堯、舜之道，憲文、武之程，皇王之遐蹤行之必至，祖宗之耿光寢而復耀。天寶之季，王塗覂難，由是墜綱解而不紐，强侯傲而未肅。逮至興運，盡爲驅除，故蜀有阻隘之夫，吴有憑江之卒，雖完保聚，繕甲兵，莫不手足裂而異處，封疆一乎四海，故《鄘》、《衛》風偃，朔塞砥平，東西南北，無思不服。臣吉甫當元聖撫運之初，從内庭視草之列，尋備衮職，久塵臺階，每自循省，赧然收汗。謨明弼諧，誠淺智之不及，簿書期會，亦散材之不工。久而伏思，方得所效。以爲成當今之務，樹將來之勢，則莫若版圖地理之爲切也。所以前上《元和國計簿》，審户口之豐耗；續撰《元和郡縣圖志》，辨州域之疆理。時獲省閲，或裨聰明，豈欲希酇侯之規模？庶乎盡朱贛之條奏。況古今地理者凡數十家，尚古遠者或搜古而略今，采謡俗者多傳疑而失實。飾州邦而敘人物，因丘墓而徵鬼神。流於異端，莫切根要。至於邱壤山川，攻守利害，本於地理者，皆略而不書，將何以佐明王扼天下之吭，制羣生之命，收地保勢勝之利，示形束壤制之端？此微臣之所以精研，聖后之所宜周覽也。謹上《元和郡縣圖志》，起京兆府，盡隴右道，凡四十七鎮，成四十卷。每鎮皆圖在篇首，冠於敘事之前，並目録兩卷，總成四十二卷。臣學非博聞，識愧經遠，馳騖雖久，漏畧猶多，輕瀆宸嚴，退增戰越。謹上。

宋・陳振孫《直齋書録解題》卷八《史部・目録類・經籍之屬》　《元和郡縣志》四十卷。李吉甫撰。自京兆至隴右，凡四十七鎮，篇首有圖，今不存。

宋・張子顔《元和郡縣圖志》跋　子顔少有四方志，逮長益篤。比年數被上委使，尋復領符襄州，奏事便殿，上諭曰：「馳驅原隰，爾素志也，顧昧陋何以克承玉音。洎至郡，每登峴山，撫中原，未始使不歎息久之。思有以自效者，浩不知其涯焉。會故人程刑部寄《元和郡縣圖志》，閲之瞿然有感，仰惟明主扼天下之吭，制羣生之命者，不在兹乎？亟用版傳，以資有志者籌贊恢拓之業。又得程、洪二鉅公題品，詳贍斯文，爲不朽矣。昔司馬子長南遊江、淮，上會稽，探禹穴，闚九疑，北涉汶、泗，東觀齊、魯孔子之遺風，西使巴、蜀以還，周覽山川，故其爲文廣博，馳騁古今。愚不敏，詎敢擬一二，惟欲勉馳驅之素志，竭緜薄於異時，蓋有務於是書，亦報上之一云。淳熙三年十二月朔旦，上秦張子顔書。

宋・洪邁《元和郡縣圖志》跋　《元和郡縣圖志》四十卷，目録二卷，唐元和八年丞相李趙公吉甫所上也。後三百六十有三年，今京西牧侍制張公幾仲始刻板於襄陽幕府。按：《新唐書・藝文志》著録是書爲五十四卷，《會要》析而兩之，一曰《州縣郡國圖》三十卷，一曰《郡國圖》，其卷與新《志》同，皆冠以元和，三者了不相似，以今所刻證之，皆非也。地理之最，【略】亦披輿地圖乃克見。則不出户庭，而九州萬里在吾目中，如策馬并轡，援衣挈領，舍此誰則然。方趙公爲相，强藩悍帥，狃貞元餘習，擅地自予，朝廷莫敢訶，而能以期年閒易三十六鎮。

魏田季安病，公請以滑任薛平，戍重兵邢、洺，因圖上河北險要。憲宗張於浴堂門壁，每嘆曰：「朕日按圖，信如鄉料。」則其所著書，蓋已見之行事矣，豈直區區紙上語而已哉？幾仲先忠烈王，勛在彝鼎，爲中興社稷臣。幾仲濟美稱家，文史聲猷，有晉、宋勝流風度。方守國西門，雍容緩帶，躡叔子、元凱故蹟，一旦天子讀此書，悼河山之獨西，想燕、冀而忼慨，睠焉北顧，思有所出，趙營平不必馳至金城圖上方略，馬伏波不必聚米爲山指畫形執，幾仲知之矣，予願拭目焉。本作書之旨，則趙公之敘固在，今揭於篇首。淳熙三年十月，番陽洪邁書。

元・馬端臨《文獻通考》卷二〇四《經籍考》三一　《元和郡縣志》四十卷。

陳氏曰：李吉甫撰，自京兆至隴右，凡四十七鎮，篇首有圖，今不存。

清・紀昀等《欽定四庫全書總目》卷六八　《元和郡縣志》四十卷，浙江巡撫採進本。　唐李吉甫撰。吉甫字弘憲，趙州人。御史大夫栖筠之子，以蔭補左司禦率府倉曹參軍。貞元初，爲太常博士，官至中書侍郎，同中書門下平章事，卒謚忠懿，事迹具《唐書》本傳。是書據宋洪邁跋，稱爲元和八年所上，然書中更置「宥州」一條，乃在元和九年，蓋其事爲吉甫所經畫，故書成之後，又自續入之也。前有吉甫原序，稱起京兆府，盡隴右道，凡四十七鎮，成四十卷。每鎮皆圖在篇首，冠於敘事之前。並目録兩卷，共成四十二卷，故名曰《元和郡縣圖志》。後有淳熙二年程大昌跋，稱圖至今已亡，獨志存焉，故《書録解題》惟稱《元和郡縣志》四十卷。此本又闕第十九卷、二十卷、二十三卷、二十四卷、二十六卷、三十六卷，其第十八卷則闕其半，二十五卷亦闕二頁，又非宋本之舊矣。篇目斷續，頗難尋檢。考《水經註》本四十卷，至宋代佚其五卷，故水名闕二十有一，南宋刊版，仍均配爲四十卷，使相聯屬。今用其例，亦重編爲四十卷，以便循覽。仍註其所闕於卷中，以存舊第。其書《唐志》作五十四卷，證以吉甫之原序，蓋《志》之誤。又按《唐六典》及新、舊《唐書・地理志》，貞觀初，分天下爲十道：一關内道，二河南道，三河東道，四河北道，五山南道，六隴右道，七淮南道，八江南道，九劍南道，十嶺南道。此書移隴右爲第十，殆以中葉後陷没吐蕃，故退以爲殿。至淮南一道，在今本闕卷之中，以《唐志》淮南道所屬諸州考之，今本河南道内有所屬申、光二州列蔡州之後，江南道内有所屬之蘄、黄、安三州列鄂、沔二州之後，似乎傳寫之錯簡。然考《唐書・方鎮表》，大歷十四年，淮西節度使復治蔡州，尋更號中光蔡節度使。又永泰元年，蘄、黄二州隸鄂岳節度，升鄂州都團練使爲觀察使，增領岳、蘄、黄三州。元和元年，升鄂州觀察使爲武昌軍節度使，增領安、黄二州。則申州、光州嘗由淮南道割隸河南道。蘄州、安州、黄州亦嘗由淮南道割隸江南道。《唐志》偶失移併，非今本錯亂也。《輿記圖經》、《隋唐志》所著録者，率散佚無存。其傳於今者，惟此書爲最古，其體例亦爲最善。後來雖遞相損益，無能出其範圍。今録以冠地理總志之首，著諸家祖述之所自焉。

清・孫星衍《岱南閣集》卷二《〈元和郡縣圖志〉序》　地理之學，古有所受。《古文尚書》山川見於班史《地理志》，《春秋》上地名見於杜預《釋例》；魏晉六朝人地理書見於《水經注》及《括地志》。而摯虞、陸澄、任昉、顧野王之書先後散失，《水經注》止記川流經過，其於郡縣故跡，不能備載。唐魏王泰所撰《括地志》，其佚僅見于唐宋傳注，全書久亡。今惟李吉甫所著《元和郡縣志》獨存。載州郡、都城、山川、冢墓，皆本古書，合於經證，無不根之説，誠一代之鉅製，古今地理書賴有此以箋經注史，此其所以長也。但不載書傳名目，又間有異説及疏漏之條。若大伾不在成皋，大別不在安豐，魚台不載伏羲陵，曹縣不載湯冢之類，是其小疵。然其大體詳贍，可以證今方志向壁虚造之説，無此書而地理之學幾絶矣。吉甫又撰《十道志》，與此志相發明。故金《田肇碑》引李吉甫《十道圖》云兖州之境伏羲陵，卻不見於《郡縣誌》，又不得以疏漏譏之。其書篇首有圖，《中興書目》及晁公武《讀書志》皆云闕不存，蓋亡于宋。今本卷十八河北道景州闕五縣，卷十九河北道、卷二十、二十三山南道、卷二十四淮南道、卷三十五、三十六嶺南道俱闕，共存三十四卷，此又宋已後所亡佚矣。

予所見有聚珍版本，此本假得于曲阜孔氏，卷末有淳熙間程大昌、洪邁及張子顔兩跋，蓋即大昌録寄子顔版傳之本也。孔農部繼涵嘗以江南進本及翁學士方綱藏本合校，補正訛脱。周夢棠又剌取傳記，附闕卷逸文及補目録一卷於後，今併刊行之。近人刊《太平寰宇記》，或加删削，以爲孔子不應列曲阜臧文仲後，而併去之；又以《竹書紀年》諸書不足信而删其語：予嘗借之。今刻此書，不移其卷，以存史闕文之義。圖雖亡，仍題《元和郡縣誌》以從其朔。《括地志》、《寰宇記》長於此書者，以載所出各書。但非此《志》不足補魏王泰之佚，開樂史之先，尤當與二書相輔行世。

地理之學，通於政事，《周官》稱大司徒之職，以天下土地之圖，周知九州之地域廣輪之數，辨其山林、川澤、丘陵、墳衍、原隰之名物。夏官司險、秋官職方亦各有所掌而周知之。吉甫爲栖筠之子，德裕之父，三世爲相，其秉政時爲帝言屬郡刺史得自爲政，則風化可成；嘗節度淮南，築富民，固本二塘及平津堰。再入朝，奏收都畿佛祠田磑租入，以寬貧民；又請任薛平爲義成節度使，以重兵控邢洺，圖上河北險要，皆切時政之本務。嘗撰《百司舉要》及《六代略》諸書，悉經世之學。此《志》爲元和八年奏御之本，文義簡括，便上省覽，以達地形。宰相須用讀書人，豈不信哉？

嘉慶元年正月朔，校刊此書，至五月五日畢工。與校者，畢孝廉以田、錢文學鑅也。賜進士及第、除授翰林院編修、刑部郎中、分巡山東兖沂曹濟、兼管驛傳水利黄河兵備道、兼署運河道、署山東等處提刑按察使陽湖孫星衍撰。

清・嚴元照《悔庵學文》卷六 書《元和郡縣志》後：第六卷河南府河南縣「中橋，咸通三年造」。按此據武英殿本。唐懿宗紀元咸通，或疑此條後人附益。予讀《唐書・顔杲卿傳》「禄山縛杲卿於中橋南頭從西第二柱，節解之」，胡身之《通鑑注》曰：「中橋，天津中橋也。」則中橋非建於懿宗時矣。吴胥石先生教予曰：嘗考《唐會要》，中橋咸亨三年韋弘機造，《舊唐書・韋機傳》避諱去弘字。有移中橋事，正在高宗時。李吉甫避肅宗諱，故以亨爲通。【略】又曰此書四十卷，見謂無關者三十四卷，然首卷京兆府下即不見昭應縣沿革，覈之當在新豐故條之上，書中如此類者恐不少也。

清・張駒賢《〈元和郡縣圖志考證〉敘》 《元和郡縣圖志》四十卷，唐李忠憲公吉甫相憲宗輔治經國之書也。進呈原本，世不多見，今所行者，皆出於程氏大昌。按其敘述，圖已無存，是編得自傳鈔，抱殘守墜，功莫鉅焉，惜乎其未盡善也。程氏當宋高宗時，南渡未久，中原典策，詎能盡泯？使其廣徵文獻，或可冀復舊觀。尤可疑者，《志》載復天德軍舊城，置新宥州，復飛狐嶺錢冶，改隸涪州於黔府，皆自公發之，爲救時急務。大昌謂公載其所嘗建白二事，似於本書初見竟讀，宜乎承訛踵繆，毫無是正。轉相傳寫，迄今又數百年，齵差益多。伏查官校本，間附案語，足資攷核，草茅下士，何敢妄參管見？爰即孫廉訪星衍所刻，逐加隱本，正傳鈔之繆，及後人率爲鼠改者，條係攷證於卷末。至纂述之旨，各敘已詳。夫唐自天寶以還，疆臣跋扈，邊丑跳梁，隴右川西之地，淪陷吐蕃，河南北五十餘州，幾無復唐有。此《志》詳其郡縣，不一置諸化外，於本書爲變例。蓋《志》切恢復，循名核實，已具大一統之規，稽户口，列墾田，辯方輿，詳貢賦，以及山川關隘、兵馬監冶、倉庾橋道、河渠藪澤之屬無不關乎經畫。按書而核，道理之遠近，地勢之形便，生齒之衆寡，物力之盈虧，皆殺列於几案之間。當日披各鎮之圖，據以行軍伐罪，措置有先後，不失地利。憲宗初政，收命討之權於屢墜之餘，而天戈所指，猾逆駢肩授首，強蕃樓息歸朝，廟堂勝算，決幾乎千里之外，良有以也。徵地理者，《漢志》後必以此書爲會歸。顧氏祖禹善其敷陳時事，條列兵戎，而獨譏其考古之疏。採輯舊聞，容有未及精核者，攷索所及，必詳著之。然由於後人脱錯變亂者，十常八九，固不足爲原書之累也。趙州張駒賢。

清・陸心源《儀顧堂續跋》卷八 《影抄宋〈元和郡縣志〉跋》《元和郡縣圖志》四十卷，題金紫光禄大夫、中書侍郎、同中書門下平章事、兼集賢殿大學士監修國史、上柱國、趙國公臣李吉甫撰。首吉甫自序，後有程大昌、洪邁、張子顔跋。每頁二十行，每行二十二字，每卷有目，連屬正文。卷十八缺下半卷，卷十九、卷二十、卷二十二、三十三、三十五、三十六全缺。聚丹、延四州，卷四之靈、會、監三州爲卷四。以卷四夏州以後爲卷五，以卷五爲卷六，卷六爲卷七，卷七爲卷八，卷八爲卷九，卷九爲卷十，卷十爲卷十一，卷十一析爲卷十二、十三，卷十二析爲十四、十五，卷十三之太原府爲十六，汾、沁、儀三州及卷十四之嵐、石兩州爲十七。忻、代、蔚、朔、雲五州爲十八，卷十五爲十九，卷十六爲二十，卷十七爲二十一，卷十八爲二十二，卷二十一爲二十三、二十四，卷二十二爲二十五，卷二十五爲二十六，卷二十六爲二十七，卷二十七爲二十八，卷二十八爲二十九，卷二十九爲三十，卷三十而三十一，卷三十一爲三十二，卷三十二爲三十三，卷三十三爲三十四，卷三十四爲三十五，卷三十七爲三十六，卷三十八分爲三十七、三十八。削去每卷之目，字句之間亦多增損更易，此則猶照宋本傳録者。是書南宋以前無刻本，淳熙中張子顔帥襄陽，欲刊古書，商之程文簡大昌。文簡因録秘閣所藏《元和郡縣志》寄之，而圖已缺，子顔遂於淳熙三年刻之襄陽。子顔字幾仲，秦人。父俊，封循王，爲中興四將之一，《宋史》有傳。子顔以蔭入仕，累知信州、襄陽，終於敷文閣學士知隆興府。見《江西通志》。

清・周夢棠《〈元和郡縣圖志〉識》 乙未閏十月，莊谷農部假得四庫館江南進本，因出舊藏竹巖校本屬予竟其役，閲一月，聞翁覃溪學士有鈔藏本，復假得之，三本互校，得補闕行脱句及户口、貢賦二十餘條，補正托訛字千餘處……尚多誤也。因念《太平御覽》、《玉海》、《詩地理考》、《通鑑地理通釋》諸書，採引此書頗夥，其開元貢賦則《唐六典》及《通典》可核，復取參校，又得餘補十餘條，正訛四百餘處，兼得闕卷逸文四十餘條。是時歲將改矣，戴東原太史攜舊鈔藏本來校。戴本自河南道以後皆節録不全本也，而彼此相參，不無是正，於丙申正月望後始卒事，雖未能盡還舊觀，而統計莊谷、竹巖所校補，及予所參考，亦可云集諸本之長，而足所未備矣，因録而識之。原書四十卷，共存三十四卷。自卷一至二十五，屬子弟春巖録出，卷二十六至四十，予手録也。七月二十三日鈔始畢，並仿農部意，補州縣目一卷於簡首，兼録闕卷逸文附於卷末。乾隆四十一年歲在丙申七月二十九日，葑溪周夢棠記於京師宣武門内貝緌衚衕之因居。

清·王昶《春融堂集》卷四三《宋本〈元和郡縣誌〉跋》 《元和郡縣誌》，唐李吉甫撰。吉甫表進時，官金紫光禄大夫、中書侍郎同中書門下平章事、兼集賢殿大學士、監修國史、上柱國趙國公。《唐書》、《志》五十四卷，今存四十卷，又目録兩卷。始京兆府，盡隴右道，合四十七鎮，每鎮皆有圖，在篇首。其《表》云「古今言地理者，飾州邦而敘人物，因邱墓而征鬼神，流于異端，莫切根要。至於邱壤山川，攻守利害。本於地理，皆畧而不書。將何以收地勢保勝之利，示形束壤製之端」之數語，洵足爲後世纂修輿地者法。按吉甫再相，在元和六年正月庚申，此志自載其所嘗建白者二事，改復天德舊城，則在八年，更置宥州於經略軍，則在九年；其年十月丙午，吉甫遂薨於位，是書蓋其將薨前所奏上者。吉甫精地理，撰有《十道圖》十卷，《古今地名》三卷，《删水經》十卷。又當國日久，熟於户口疆境，方面險要，常圖河北淮西地形以獻，俾憲宗得坐攬要害，而收經略諸鎮之效。則《志》與《圖》之成，必實稽當時圖籍爲之，最爲可據，而惜乎其缺軼也多矣。

淳熙初，張子顔帥襄陽，程大昌時官秘書少監，因檢蓬山藏本畀之，遂梓以行於世，後有洪氏邁及大昌子顔跋云。

清·盧文弨《抱經堂文集》卷四《補〈元和郡縣誌〉序(乙巳)》 唐李吉甫撰《元和郡縣誌》四十卷，詳略得中，記敘有法，故隋、唐《志》所載地理書多逸，而此獨傳。然圖在宋時已亡，其書在者，又闕六卷，而第十八卷亦不全。好古者彌加珍貴，不因其不完而遂棄之也。

余曩見吳中汪退谷先生士鋐集中，自言曾補其闕，每思借鈔，以成完書，往來吳中，訪求數十年而卒未一遇也。今金陵嚴子子進，承其家先生之學，以其餘力因宏憲元書之體例，採掇於《通典》、新舊《唐書》以及《通鑑》、《通志》、《通考》，復旁涉于《寰宇記》、《太平御覽》諸書，整齊薈萃，爲補河北道下景、幽、涿、瀛、莫、平、嬀、檀、薊、營十州，三十有九縣；山南道下荆、峽、歸、夔、澧、朗、忠、萬、金、集、壁、巴、蓬、通、開、閬、果、渠十八州，九十有二縣；淮南道下揚、楚、滁、和、舒、壽、廬七州，三十有二縣；劍南道下霸、乾二州，六縣；嶺南道下春、新、雷、羅、高、恩、潘、辯、瀧、勤、崖、瓊、振、儋、萬安、藤、岩、宜、瀼、籠、田、環、古、容、牢、白、順、繡、鬱林、黨、竇、禺、廉、義、湯、芝三十有六州，百四十有六縣；於是向之所闕，皆完然具備，讀者乃快然而無餘憾。

夫充廣聞見，牖迪智識，後人實有賴於前人；而振舉廢墜，補綴闕遺，前人亦重有賴於後人。使人人皆如汪嚴二君之珍惜愛護，則前人之書，亦必不至於闕。顧退谷既補之矣，去今未久，而仍失其傳，以餘求之之專且久，願一見而不可得。而今乃得此書，以大慰我數十年之積想，其爲愉快何如也？使不出而與世共之，則又懼爲汪書之續，因亟慫慂其開雕焉。他如《九域志》、《太平寰宇記》亦復殘闕不完，吾知世亦心有如嚴子者，起而任其責矣夫。

清·李慈銘《越縵堂讀書記》卷四《地理》 《元和郡縣補志》，清嚴觀輯。閱《元和郡縣補志》。凡補闕内道一州商州，河北道十州景、幽、涿、瀛、莫、平、嬀、檀、薊、營，山南道一府江陵十七州峽、歸、夔、澧、朗、忠、萬、金、集、璧、巴、蓬、通、開、果、渠，淮南道七州楊、楚、滁、和、舒、壽、盧，劍南道二州霸、乾，嶺南道三十七州春、新、雷、羅、高、恩、潘、辯、瀧、勤、崖、瓊、振、【略】《通典》、《通考》、《通志》、《玉海》、《寰宇記》、《九域志》及《史記索隱》、《正義》、《漢書》、《後漢書注》、《文選注》、《北堂書鈔》、《藝文類聚》、《初學記》、《白氏六帖》、《北户録》諸書。今考此外所引者，《太平御覽》、胡氏《通鑑注》、王氏《通鑑地理通釋》三書尤多，而引《括地志》、《十道志》、《元和郡縣圖志》諸佚文者，往往不記其所出。其諸引書，自《御覽》外皆不記卷數。而每州縣下敘其沿革，俱首加一按字，不注其所引之書，自言援引既多，不能逐句備載，尤爲非體。其紕繆者，如幽州良鄉縣下云：聖歷元年，因不從安史之叛，改名固節，神龍元年復名良鄉。聖歷乃武后年號，神龍中宗年號，聖歷元年，安得有安史之叛？此蓋拒突厥之譌。通州下云：梁置萬州，後魏乾明二年改爲通州，西魏之得通州在廢帝後，安得有乾明之號？揚州在江陽縣下云：邑有康令祠，咸通中大旱，令以身禱赴水死，天即大雨。咸痛乃懿宗年號，豈元和所及見？廬州巢縣下張魏公曰云云，此乃《通鑑地理通釋》引張浚之語。子進因上稱《郡縣志》巢湖在巢縣云云，遂概以爲李氏原文。劍南道下小注云：《唐書地理志》是道内有保州。保州廣德二年没於吐蕃，元和之際，不入版圖，是以未補。不知舊有俊失之州，地志未有不載者。此書較之陳蘭森所補《寰宇記》，自爲差勝，惜爾時如洪北江、錢十蘭諸公，稍後如徐星伯張石舟諸君，皆精湛地理，又具文筆，未及將李樂二書及《九域志》所闕之四京之第一卷，《輿地廣記》所闕之首二卷，一一補完，及成全璧耳。

清・黄丕烈陳樹華鈔本《〈元和郡縣圖志〉跋》 《郡縣志》近始有聚珍本及岱南閣刻，前此則惟鈔本流傳，然鈔本必以舊乃佳。此本出冶坊濱陳冶泉家。冶泉名樹華，承累代書香之後，由茂才作宦，官至司馬則止，居平手自鈔校諸書，猶及與惠松崖、余蕭客諸君相周旋，故所藏書皆有淵源。身後書籍零落，半歸他姓，仲魚從坊間購得，不知其書之何來。余悉其源委，因志數語。蕘翁書於石泉古舍。

清・黄丕烈《蕘圃藏書題識再續録》卷一《史類》 《元和郡縣志》四十卷。鈔校本。是書爲冶泉司馬鈔本，吾友黄君蕘圃既識其原委矣。越二年，又見錢獻之別駕所藏鈔本，每卷題「武陵盧文弨校閲」，蓋從吾郡盧抱經學士校本傳録，而誤書「武林」作「武陵」也。中有孫淵如觀察跋語及評校處，知觀察曾校閲一過，後即刻入《岱南閣叢書》者，然脱誤甚多，不及此本遠甚。因互爲一校，而並録錢、孫兩家之説，雖寥寥數則，究屬通人之筆，非憑空臆談比耳。嘉慶十二年秋日海寧陳鱣記。

校後數日，有書賈持鈔本來，係吴中周有香孝廉手校，蓋以孔紅谷農部、翁覃谿學士、戴東原吉士各家藏本，彼此相參，補正千有餘處，可稱善本，孫觀察亦據以付刻。因亟對校，於是本復補得第十七卷所缺一葉。然是本亦有勝於周本者，知舊鈔正不可偏廢也，鱣再筆。

清・沈德壽《抱經樓藏書志》卷二四《地理類一》 《元和郡縣圖志》四十卷。孫氏刊本，南海馮竹儒舊藏。

唐金紫光禄大夫、中書侍郎、同中書門下太平章事，兼集賢殿大學士監修國史、上柱國、趙國功臣李吉甫撰。自序。

吉甫病古今地理家著録不得其要，獨取蕭何收秦圖書，而究天下阸塞户口多少者以爲準則，則不待詳閲其書，而其體要卓然可紀也已。吉甫再相蓋元和六年，此《志》自載其所常建白者二事，改復天德舊城則在八年，更置宥州於經略軍則在九年，是年十月吉甫遂薨於位。則是書又其當國日久乃纂述，此於唐家郡縣偃境、方面險要，必皆熟按當時圖籍言之，最爲可據。又其言曰：《志》凡四十七鎮，鎮皆有圖冠其篇首，故以圖志名之。圖今亡矣，獨《志》存焉耳。憲宗經略諸鎮，吉甫實贊成之，其於河北、淮西悉嘗圖上地形，憲宗得以坐覽要害而隃定策畫者，圖之助多也，惜乎其不存。《志》傳寫久有闕逸，又譌誤不敢強補，謹書其有益者，以示可傳而已。

清・程晉芳《勉行堂文集》卷五《〈元和郡縣圖志〉跋》 地理專書，《水經》詳于説水，而不能遍及郡縣。自各史志書而外，唐初則有魏王泰《括地志》，其後乃有是書，爲地理鼻祖。其佳處有二焉：一則每郡縣下備列四至，此地學之要，後來所宗。一則古跡所引不多，唯取以證地所在，其體簡括，固其所長。但地志亦有不容太簡者耳，今以各志及《通志》、《通考》校之，遺漏亦正不免。如《水經》缺滹沱，而此足以補之，胡朏明所亟取，宜矣。而雍州下云：武帝太初元年，改内史爲京兆尹。依《三輔決録》諸書，《内史》上宜有若字。又終南山，自藍田以至盩厔，總謂之終南，而其地至廣。唐賢好宗《文選》，遂分終南、太乙爲二山。不知終南祠太乙，有峰曰太乙峰，唐人詩句可證也。細柳原一條，《上林賦》：「登龍台掩細柳」，郭璞注：觀名，在昆明池南。《後漢書・郡國志》：「長安有細柳聚」。此皆不引，獨引亞夫屯軍所，是簡之病也。汴爲春秋鄭國之地，徒云鄭地，亦未盡確。開封、漢儀諸縣，不載黄河，又不可解也。

清・耿文光《萬卷精華樓藏書記》卷四三《史部・地理類二》 《元和郡縣志》四十卷，唐李吉甫撰。聚珍本。是書先標某府，夾註户若干，次志有注，次府境，次八到，次貢賦，次管縣。前有吉甫原序，後有春熙二年程大昌後序並跋、又有洪邁跋、張子顔跋。地理志傳於今者。爲此書爲最古，其體例至善。内有闕卷，此爲四庫館重編之本，仍著所闕於卷中，以存舊第。【略】文光案：陸氏《藏書志》所著影宋鈔本，淳熙刊本。爲惠定宇舊物，卷中有「惠棟之印」、「紅豆書屋印」。又舊鈔本，洪稚存藏。惜無好事者翻此二本，使得見宋刻之舊。二本皆題圖志，而圖則宋時已忘，其《志》在宋時已闕，今得嚴氏補足，何快如之！

清・孔繼涵錢氏通經樓鈔本《〈元和郡縣圖志〉跋》 乾隆三十六年辛卯之夏，於程魚門同年處假得朱竹均學士藏本，歸鈔其副。癸巳歲，胡竹巖待詔同寓大僕寺街壽雲簃，爲校之而未竟也。甲午十月，同年李雲門編修偕從子廣森撝浙江所進遺書本來校，又鈔得所脱簡思頁，及補所缺貢賦二處，云《永樂大典》中有是書及《太平寰宇記》足本，以州府散隸於各韻字下，董其總者，憚其檢查煩重，不以付也。憮然久之。乙未七月淫霖，六月十二日新晴頗爽，草摘此目，以便繙閲。原書有目録二卷，應將縣名分隸，斯更瞭然矣。丁孝廉錦鴻云：「吴蘭庭謂是書有郡縣名在元和之後所改者，疑爲後人闌入。」然州縣之廢置分合改隸，以之校杜佑《通典》，可得大凡，新、舊《書》二志皆不及也。乙未七月十三日戊午，是日立秋，孔繼涵記於貝纓衚衕之敏事齋。

清・繆荃孫輯《〈元和郡縣志〉闕卷佚文》卷三　唐李吉甫《元和郡縣圖志》四十卷，宋時其圖已佚，今又闕第十九、第二十、第二十三、第二十四、第二十六、第三十六共六卷，其第十八卷闕其半，第二十五卷闕二頁，海内無完帙矣。今刊本流傳於世者，有武英殿本、岱南閣本。山左周夢棠輯逸文一卷，上元嚴觀補六卷，均附孫本刊行，而嚴補自出己意補綴，周輯頗多漏落。今剌取各書所引，釐爲三卷，雖未能復吉甫之舊觀，而守殘抱缺，不無小補云爾。光緒辛巳九月，江陰繆荃孫識於宣武城南大川淀寓廬之涵秋閣。

清・張之洞《書目答問》卷二《史部》　《元和郡縣志》四十卷，唐李吉甫。附《拾遺》一卷。嚴觀。岱南閣本，又聚珍本，福本，無拾遺。【略】此書原名《元和郡縣圖志》，其圖宋代已佚，遂改題今名，志亦殘闕，實存三十四卷。岱南閣本補《目録》一卷、《遺文》一卷。江寧局本，廣州局本。光緒間定州王灝編《畿輔叢書》刻周夢堂校本，附張駒賢《考證》三十四卷、《補目》一卷、《遺文》一卷。嚴觀《元和郡縣補志》九卷，原刻本。江陰繆荃孫輯《元和郡縣圖志佚文》三卷，光緒間自刻《雲在龕叢書》本。

《蠻書》

清・紀昀等《欽定四庫全書總目》卷六六　《蠻書》，十卷。永樂大典本。唐樊綽撰。《新唐書・藝文志》著於録，《宋史・藝文志》則有綽所撰《雲南志》十卷，而不稱《蠻書》。《永樂大典》又題作《雲南史記》，名目錯異。今考司馬光《通鑑考異》、程大昌《禹貢圖》、蔡沈《書集傳》所引《蠻書》之文，並與是編相同，則《新唐書志》爲可信。惟《志》稱綽爲嶺南西道節度使，蔡襲從事，而《通鑑》載襲實官安南經略使，與綽所紀較合，則《新書》失考也。綽成此書在懿宗咸通初，書中多自稱臣。又稱録六詔始末，纂成十卷，於安南郡州江口附張守忠進獻。蓋當時嘗以奏御者。交州境接南詔，綽爲幕僚，親見蠻事，故於六詔種族、風俗、山川、道里及前後措置始末，撰次極詳，實輿志中最古之本。宋祁作《新史・南蠻傳》，司馬光《通鑑》載南詔事，多採用之。程大昌等復引所述蘭滄江以證華陽黑水之説，蓋宋時甚重其書。而自明以來，流傳遂絶。雖博雅如楊慎，亦稱綽所撰爲有録無書，則其亡佚固已久矣。今此本因録入《永樂大典》，僅存文字，已多斷爛，不盡可讀，又世無別本可校。考洪武中，程本立作《雲南西行記》，稱麗江通守張翥出示樊綽《雲南志》，字多謬誤，則當時已然。謹以諸書參考旁證，正其訛脱，而姑闕不可通者，各加案語於下方，釐爲十卷。仍依《新唐書志》題曰《蠻書》，從其朔也。

《北户録》

唐・陸希聲《〈北户録〉原序》　詩人之作，本於風俗，大抵以物類比興，達乎情性之源，自非觀化察時，周知民俗之事，博聞多見，曲盡萬物之理者，則安足以藴爲六義之奥，流爲絃歌之美哉。由是言之，則古之學者固不厭博，博而且信，君子難之。東牟段君公路，鄒平公之孫也。自未能把筆，愛以指畫地如文字。及六七歲受學，果能强力不罷。其學尤長仄僻，人所不能知者，孱乎羣籍之中，仡仡然有餘力，間者以事南遊五嶺間，常采其民風、土俗、飲食、衣製、歌謡、哀樂，有異於中夏者，録而志之。至於草木、果蔬、蟲魚、羽毛之類，有瑰形詭狀者，亦莫不畢載。非徒止於所聞見而已，又能連類引證，與奇書異説相參驗，真所謂博而且信者矣。噫！近日著小説者多矣，大率皆鬼神變怪，荒唐誕妄之事，不然則滑稽詼諧，以爲笑樂之資。離此二者，或强言故事，則皆詆訾前賢，使悠悠者以爲口實，此近世之通病也。如君所言，皆無有是，其著於録者，悉可考驗。此蓋博物之一助，豈徒爲譚端而已乎？君以予往從事嶺南，備覈其實。請予序以爲證。予嘗觀圖於書府，君狀貌一似鄒平公，而又能以文學世其家，於乎，鄒平公爲有後矣！因爲之序，而不辭。右拾遺内供奉陸希聲撰。

清・紀昀等《欽定四庫全書總目》卷七〇　《北户録》，三卷。兩淮鹽政採進本。唐段公路撰。《學海类編》作公璐，蓋字之訛。《新唐書・藝文志》稱爲宰相文昌之孫，則當爲臨淄人。《學海类編》作東牟人，亦未詳所本。歷仕始末不可考。惟據書首結銜，知官京兆萬年縣尉。據書中稱咸通十年，知爲懿宗時人而已。是書當在廣州時作，載嶺南風土，頗爲賅備，而於物産爲尤詳。其徵引亦極博洽。如《淮南萬畢術》、《廣志》、《南越志》、《南裔異物會要》、《灵枝圖記》、《陳藏器本草》、《唐韻》、《郭緣生述征記》、《臨海異物志》、《陶朱公養魚經》、《名苑》、《毛詩義》、《船神記》、《字林》、《廣州記》、《扶南傳》諸書，今皆散佚，藉此得以畧見一二。即所引張華《博物志》，多今本所無，亦藉此以考証真僞。條下註文，頗爲典贍，題登仕郎前參軍龜圖撰，不題其姓，似爲公路之族。然《唐書・宰相世系表》不載其名，莫知其審矣。《唐書・藝文志》作《北户雜録》，疑傳寫誤衍一

「雜」字。其作三卷，與此本合。《學海类編》所載惟存一卷，凡物産五十一條，不爲完本。曹溶所録古書，往往如是，不足深詰也。

清・于敏中等《欽定天禄琳琅書目》卷六　《北户録》一函二册　唐段公路纂。《圖註》三卷，前唐陸希聲序。公路，《唐書》無傳。陸希聲序稱爲鄒平公之孫，考《唐書》，段文昌於唐文宗時，以御史大夫進封鄒平郡公。則公路乃文昌之孫矣。其書皆採嶺南民風、土俗、飲食、衣製、歌謡、哀樂，有異于中夏者録而誌之。至于草木、果蔬、蟲魚、羽毛之類，有瑰形詭狀者亦莫不畢載。謂之《北户録》者，蓋取淮南子云「南方之極，自北户之界至炎風之野，赤帝祝融之所司也」。希聲，吳人，善屬文。由右拾遺歷官至同中書門下平章事，《唐書》有傳。龜圖無考，書中目録後，别行刋「臨安府太廟前尹家書籍鋪刋行」，則知是書先有宋槧，此本規仿爲之意，欲僞充宋刋，故猶存尹家之名耳。元王元伯藏本。

《耒耜經》

唐・陸龜蒙《甫里集》卷一九《〈耒耜經〉序》　耒耜者，古聖人之作也。自乃粒以來至於今，生民賴之。有天下國家者，去此無有也。飽食安坐，曾不求命稱之義，非楊子所謂如禽者耶？余在田野間，一日呼耕甿，就而數其目，恍若登農皇之庭，受播種之法。淳風泠泠，聳豎毛髮。然後知聖人之旨趣，朴乎其深哉！孔子謂「吾不如老農」，信也。因書爲《耒耜經》，以備遺忘，且無愧於食。

《經》曰：「耒耜，農之言也，民之習通謂之犂。冶金而爲之者曰犂鑱、本作鑱。曰犂壁。斲木而爲之者曰犂底、曰壓鑱、曰策額、曰犂箭、曰犂轅、曰犂梢、曰犂評、去聲。曰犂建、曰犂槃。木與金凡十有一事，耕之土曰墢，墢猶塊也。起其墢者鑱也，覆其墢者壁也。草之生必布於墢，不覆之則無以絶其本根。故鑱引而居下，壁偃而居上。鑱表上利，壁形下圓。負鑱者曰底。底初實於鑱，中工謂之鼈肉。底之次曰壓鑱，背有二孔，係於壓鑱之兩旁。鑱之次曰策額，言其可以扞其壁也。皆貤然相戴，自策額達於犂底，縱而貫之曰箭，前如桯而樛者曰轅，後如柄而喬者曰梢。轅有越，加箭可弛張焉。轅之上又有如槽形，亦如箭焉。刻爲級，前高而後庳。所以進退曰評，進之，則箭下入土也深，退之，則箭上入土也淺。以其上下類激射，故曰箭。以其淺深類可否，故曰評。評之上曲而衡之者曰建。建，揵也，所以柅其轅與評。無是，則二物躍而出，箭不能止。横于轅之前末曰槃，言可轉也。左右繫，以樫乎軛也。轅之後末曰梢，中在手，所以執耕者也。轅車之胸梢，取舟之尾，止于此乎。鑱長一尺四寸，廣六寸，壁廣長皆尺，微橢。音墮。底長四尺，廣四寸，評底過壓鑱二尺。策減壓鑱四寸，廣狹與底同。箭高三尺，評尺有三寸，槃增評尺七焉。建惟稱絶轅，修九尺，梢得其半，轅至梢中間掩四尺。犂之終始，丈有二，耕而後有爬，去聲。渠疎之義也，散墢去芟者焉。爬而後有礰礋焉。礋宅。焉，有磟碡音鹿毒。焉。自爬至礰礋皆有齒。磟碡觚稜而已，咸以木爲之，堅而重者良。江東之田器盡於是。《耒耜經》終焉。

明・錢谷《吳都文粹續集》卷八　《耒耜經》陸龜蒙　農之言也，民之習通謂之犂。冶金而爲之者曰犂鑱、曰犂壁；斲木而爲之者曰犂底、曰壓鑱、曰策額、曰犂箭、曰犂轅、曰犂梢、曰犂評、曰犂建、曰犂槃。木金凡十有一事。耕之土曰墢，墢猶塊也。起其墢者鑱也；覆其墢者壁也。草之生必布於墢，不覆之則無以絶其本根。故鑱引而居下，壁偃而居上，鑱表上利，壁形圓。其負鑱者曰底，底初實於鑱，中工謂之鼈肉。底之次曰壓鑱，背有二乳，係於壓鑱之兩旁鑱之。次曰策額，言其可以扞其壁也，皆貤然相戴。自策額達於犂底，縱而貫之曰箭。前如桯而樛者曰轅，後如柄而喬者曰梢。轅有越，如箭可弛張焉。轅之上又有如槽形，亦如箭焉，刻爲級，前高而後卑，所以進退曰評，進之，則箭下入土也深，退之，則箭上入土也淺。以其上下類激射，故曰箭。以其淺深類可否，故曰評。評之上曲而衡者曰建。建，揵也，所以柅其轅轅與評。無是，則二物躍而出，箭不能止。横於轅之前末曰槃，言可轉也，左右係，以樫乎軛也。轅之後末曰梢，中在手，所以執耕者也。轅車之胷梢，取舟之尾，止于此乎。鑱長一尺四寸，廣六寸，壁廣長皆尺，微橢。底長四尺，廣四寸。評底過壓鑱二尺，策減壓鑱四寸，廣狹與底同。箭高三尺，評尺有三寸，槃增評尺七焉。建惟稱絶轅，修九尺，梢得其半，轅至梢中間掩四尺。犂之終始，丈有二。耕而後有爬，渠疏之義也，散墢去芟者焉。爬而後有礰礋焉，有磟碡焉。自爬至礰礋皆有齒，磟碡觚稜而已，咸以木爲之，堅而重者良，江東之田器盡於是。吳中田器纖悉皆有名號具於是。

清・紀昀等《欽定四庫全書總目》卷一〇二　《耒耜經》一卷。內府藏本唐陸龜蒙撰。龜字魯望，吳江人。事迹具《唐書・隱逸傳》。是編記犂製特詳。犂與耒耜，今古異名也，次及鑱，因又及爬與礰礋，而以磟碡終焉。叙述古雅，其詞有足觀者。舊載《笠澤叢書》中，故唐、宋藝文志皆不載。陳振孫《書録解題》始自出一條，意宋末乃别行也。

《南嶽小録》

唐·李沖昭《〈南嶽小録〉自序》 沖昭弱年悟道，近歲依師，洎臨嶽門，頻訪靈跡，唯求古來舊記希窮勝異之事莫之有者。咸云兵火之後，其文散失，遂徧閲古碑及《衡山圖經》、《湘中記》，仍致詰於師資長者。嶽下耆年，或得一事，旋貯篋笥。今據所得，上有五峯三澗古來宫觀藥院，至于歷代得道飛升之流，靈異之端，撮而直書，總成一卷，目爲《南嶽小録》。庶道侶遊山，得之披覽，粗知靈跡之所自云。時壬戌歲冬十月序。

清·紀昀等《欽定四庫全書總目》卷七〇 《南嶽小録》一卷。浙江汪汝瑮家藏本唐道士李沖昭撰。卷首有自序，稱「弱年悟道，近歲依師。洎臨嶽門，頻訪靈跡。偏閲古碑及《衡山圖經》、《湘中記》，仍致詰於師資、長者，嶽下耆年。或得一事，旋貯篋笥。撮而直書，總成一卷」。案書中有咸通年號，當作於懿宗以後。序末所題壬戌歲，蓋昭宗天復二年也。《舊唐書·經籍志》、《新唐書·藝文志》皆不著録。鄭樵《通志·藝文畧》始載有此名，與此本卷數相合。惟沖昭作仲昭，或傳刻誤歟？書中先列五峯、三澗，次敘宫觀、祠廟、壇院之屬，而以歷代得道飛昇之跡附之。雖黄冠自張其教，不無夸誕之詞。而唐世名山洞府之書，如盧鴻一《嵩山記》、張密《廬山雜記》、令狐見堯《玉笥山記》、杜光庭《武夷山記》，今並無存。此獨以舊本流傳，勝境靈蹤，足資掌故，是亦考圖經者所宜徵据矣。此本爲明蔡汝楠守衡州時所刻，前有小引，亦謂「所載事蹟，名物悉與今本不同」云。

《吴地記》

宋·陳振孫《直齋書録解題》卷八 唐陸廣微撰。郡人也。多記古吴國事。唐末有秀州，天禧中始割嘉興縣置，故此記合二郡爲一。

元·馬端臨《文獻通考》卷二〇四 《吴地記》一卷。陳氏曰：唐陸廣微撰。郡人也，多記古吴國事。唐末有秀州，天禧中始割嘉興縣置，故此記合二郡爲一。

清·紀昀等《欽定四庫全書總目》卷七〇 《吴地記》一卷、附後集一卷。江蘇巡撫採進本。舊本題唐陸廣微撰。《宋史·藝文志》作一卷，與今本合。書中稱周敬王六年丁亥，至今唐乾符三年庚申，凡一千八百九十五年，則廣微當爲僖宗時人。然書中「虎疁」一條，稱唐諱虎，錢氏諱鏐，改爲滸墅。考《五代史·吴越世家》，乾符二年，董昌始表錢鏐爲偏將。光啓三年，始拜鏐左衛大將軍、杭州刺史。景福二年，始拜鏐爲鎮海軍節度使、潤州刺史。乾寧元年，始加鏐同中書門下平章事，二年始封鏐爲彭城郡王。天祐元年，封吴王。至朱温篡立，始封鏐爲吴越王。安得於乾符三年以董昌一偏將能使人諱其嫌名？且乾符三年亦安得預稱吴越？至錢俶於宋太平興國三年始納土入朝，當其有國之時，蘇州正其所隷，豈敢斥之曰「錢氏」？尤顯爲宋人之詞。則此書不出廣微，更無疑義。王士禎《香祖筆記》嘗摘其「語兒亭」、「馮歡宅」、「公孫挺、陳開疆、顧冶子墓」三條，又摘其「琴高宅」一條。於地理事實，皆爲舛謬。又案乾符三年歲在丙申，實非庚申。上距周敬王丁亥，僅一千三百九十年，實非一千八百九十五年，於年數亦復差誤。觀其卷末稱「纂成圖畫，以俟後來者添修」。而此本無圖，前列吴、長洲、嘉興、崑山、常熟、華亭、海鹽七縣，而後列吴縣、長洲縣事爲多。殆原書散佚，後人採綴成編，又竄入他説以足卷帙，故訛異若是耶！以今世所行別無善刻，故姑仍吴琯此本録之，以存梗概，而附訂其牴牾如右。又《吴地記後集》一卷，蓋續廣微之書者，不著撰人名氏。前有題詞，稱「自唐王郢叛亂，市邑廢毁，或傳記無聞，或廢興不一。謹采摘縣録，據《圖經》，選其確實者列於卷後」。所記建置年號，止於祥符元年，疑北宋人作。舊本附録，今亦併存備考焉。

《桂林風土記》

唐·莫休符《〈桂林風土記〉原序》 前賢撰述，有事必書，故有《三國志》、《荆楚歲時記》、《湘中記》、《奉天記》，唯桂林事迹，闕然無聞。休符因退居，粗録見聞，曰《桂林風土記》，聊以爲敘。時唐光化二年九月二十三日莫休符序。

清·紀昀等《欽定四庫全書總目》卷七〇 《桂林風土記》一卷。兵部侍郎紀昀家藏本唐莫休符撰。休符，里貫未詳。作此《記》時，在昭宗光化二年，休符以檢校散騎常侍守融州刺史。其終於何官，亦莫能考也。此《記》《新唐書·藝文志》作三卷，今存者一卷。卷中目録四十六條，今闕「火山」、「採木」二條。蓋殘闕之餘，非完書矣。朱彝尊《曝書亭集》有此書跋，云閩謝在杭小草齋所録，舊藏徐惟起家。跋稱獲自錢塘沈氏，是洪武十五年抄傳，此本小草亭題識及洪武年月，與彝尊所言合，蓋即彝尊所見本也。彝尊跋又稱，中載張固、盧順之、張叢、元晦、路單、韋瓘、歐陽膑、李渤諸人詩，向未著於録，亟當發其幽光。今觀諸詩外尚有楊尚書、陸宏休二首，亦唐代佚篇，爲他書所未載。今《全唐詩》採録諸篇，即據此本。則其可資考證者，又不止於譜民風，記土産矣。

清・朱彝尊《曝書亭集》卷四四《〈桂林風土記〉跋》 《桂林風土記》，唐光化二年，融州刺史莫休符撰。《新唐書・藝文志》作三卷，今衹存一卷。閩謝在杭小草齋所録，舊藏徐惟起家，卷尾稱獲諸錢塘沈氏。是洪武十五年鈔傳，雖非足本，中載張固、盧順之、張叢、元晦、路單、韋瓘、歐陽膑、李渤諸人詩，采唐音者，均未著於録，洽聞之君子，亟當發其幽光者也。

《嶺表録異》

清・紀昀等《欽定四庫全書總目》卷七〇 《嶺表録異》三卷《永樂大典》本 舊本題唐劉恂撰。宋僧贊寧《筍譜》稱，恂於唐昭宗朝出爲廣州司馬。官滿，上京擾攘，遂居南海，作《嶺表録》。陳振孫《書録解題》亦云，昭宗時人。然考書中云唐乾符四年，又云唐昭宗即位。唐之臣子宜有内詞，不應直稱其國號。且昭宗時人，不應預稱謚號。殆書成於五代時歟？粤東輿地之書，如郭義恭《廣志》、沈懷遠《南越志》皆已不傳。諸家所援據者，以恂是編爲最古。而《百川學海》及《説郛》所載，寥寥數頁，首尾不完。蓋僅從类書抄撮數條，以備一種。而恂之原本，則已久佚。宋代《太平寰宇記》、《太平廣記》、《太平御覽》諸書，徵引頗夥，然尚多挂漏。惟散見《永樂大典》者，條理較詳，尚可編次。遂逐卷裒輯，而佐以旁見諸書者，排比其文，仍成三卷，以復《唐志》之舊。雖《永樂大典》闕卷數函，無從考驗，或不免一二之遺，而證以諸書，似已十得其八九焉。唐人著述，傳世者稀，斷簡殘編，已足珍惜。此更於放失之餘，復成完帙，使三四百年博物君子所未睹者，一旦頓還其舊觀，彌足寶矣。恂書體例不可考，今不敢强爲分門。僅使各以类聚，庶便省覽。其中記載博贍，而文章古雅，於蟲魚草木，所録尤繁。訓詁名義，率多精核。葉廷珪《海録碎事》釋《爾雅》「魁陸」，引此書瓦隴以證之。張世南《游宦紀聞》引郭璞《爾雅注》犀有三角之文，據此書稱犀二角以辨之。歷來考據之家，皆資引證，蓋不特圖經之圭臬，抑亦《蒼雅》之支流。有裨小學，非淺鮮也。諸書所引，或稱《嶺表録》，或稱《嶺表記》，或稱《嶺表異録》，或稱《嶺表録異記》，或稱《嶺南録異》。核其文句，實皆此書。殆以舊本不存，轉相裨販，故流傳訛異，致有數名。惟《永樂大典》所題與《唐志》合。今特從之，以存其真焉。

《舊唐書・地理志》

五代・劉昫等《舊唐書》卷三八《地理志序》 王者司牧黎元，方制天下。列井田而底職貢，分縣道以控華夷。雖《皇墳》、《帝典》之殊塗，《禹貢》、《周官》之異制，其於建侯胙土，頒瑞剖符，外湊百蠻，内親九牧，古之元首，咸有意焉。然子弟受封，周室竟貽於衰削；郡縣爲理，秦人不免於敗亡。蓋德業有淺深，制置無工拙。殷、周未爲得，秦、漢未爲非。摭實而言，在哲后守成而已。謹詳前代隆平之時，校今日耗登之數，存諸户籍，以志休期。【略】今舉天寶十一載地理。唐土東至安東府，西至安西府，南至日南郡，北至單于府。南北如前漢之盛，東則不及，西則過之。漢地東至樂浪、玄菟，今高麗、渤海是也。今在遼東，非唐土也。漢境西至燉煌郡，今沙州，是唐土。又龜兹，是西過漢之盛也。 開元二十八年，户部計帳，凡郡府三百二十有八，縣千五百七十有三。羈縻州郡，不在此數。户八百四十一萬二千八百七十一，口四千八百一十四萬三千六百九，應受田一千四百四十萬三千八百六十二頃一十三畝。雖未盈兩漢之數，晉、魏以來，斯爲盛矣。永泰之後，河朔、隴西，淪於寇盜。元和掌計之臣，嘗爲版簿，二方不進户口，莫可詳知。今但自武德已來，備書廢置年月。其前代沿革，略載郡邑之端。俾職方之臣，不殆於顧問耳。

《新唐書・地理志》

宋・歐陽修等《新唐書》卷三七《地理志序》 唐興，高祖改郡爲州，太守爲刺史，又置都督府以治之。然天下初定，權置州郡頗多。太宗元年，始命併省，又因山川形便，分天下爲十道：一曰關内，二曰河南，三曰河東，四曰河北，五曰山南，六曰隴右，七曰淮南，八曰江南，九曰劍南，十曰嶺南。至十三年定簿，凡州府三百五十八，縣一千五百五十一。明年，平高昌，又增州二，縣六。其後，北殄突厥頡利，西平高昌，北踰陰山，西抵大漠。其地：東極海，西至焉耆，南盡林州南境，北接薛延陀界；東西九千五百一十一里，南北一萬六千九百一十八里。景雲二年，分天下郡縣，置二十四都督府以統之。既而以其權重不便，罷之。開元二十一年，又因十道分山南、江南爲東、西道，增置黔中道及京畿、都畿，置十五採訪使，檢察如漢刺史之職。天寶盜起，中國用兵，而河西、隴右不守，陷于吐蕃，至大中、咸通，始復隴右。乾符以後，天下大亂，至於唐亡。

然舉唐之盛時，開元、天寶之際，東至安東，西至安西，南至日南，北至單于府，蓋南北如漢之盛，東不及而西過之。【略】考隋、唐地理之廣狹，户口盈耗與其州縣廢置，其盛衰治亂興亡可以見矣。蓋自古爲天下者，務廣德而不務廣地，德不足矣，地雖廣莫能守也。嗚呼，盛極必衰，雖曰勢使之然，而殆忽驕滿，常因盛大，可不戒哉！

《新五代史·職方考》

宋·歐陽修《新五代史》卷六〇《職方考序》　梁初，天下别爲十一國，南有吴、浙、荆、湖、閩、漢，西有岐、蜀，北有燕、晉，而朱氏所有七十八州以爲梁。莊宗初起并、代，取幽、滄，有州三十五，其後又取梁、魏、博等十有六州，合五十一州以滅梁。岐王稱臣，又得其州七。同光破蜀，已而復失，惟得秦、鳳、階、成四州，而營、平二州陷于契丹，其增置之州一，合一百二十三州以爲唐。石氏入立，獻十有六州于契丹，而得蜀金州，又增置之州一，合百九州以爲晉。劉氏之初，秦、鳳、階、成復入于蜀，隱帝時增置之州一，合一百六州以爲漢。郭氏伐漢，十州入于劉旻。世宗取秦、鳳、階、成、瀛、莫及淮南十四州，又增置之州五而廢者三，合一百一十八州以爲周。宋興因之。此中國之大略也。其餘外屬者，彊弱相并，不常其得失。至於周末，閩已先亡，而在者七國。

《太平寰宇記》

宋·晁公武《郡齋讀書志》卷二　《太平寰宇記》二百卷。右皇朝樂史等撰。太平興國中，盡平諸國，天下一統，史悉取自古山經地志，考正謬誤，纂成此書，上之於朝。

宋·陳振孫《直齋書録解題》卷八　《太平寰宇記》二百卷。太常博士、直史館宜黄樂史子正撰。起自河南，周於海外，當太宗朝上之。

宋·王應麟《玉海》卷一五　《太平寰宇記》　書目，直史館樂史撰，凡二百卷，載天下州郡圖志所著古今事跡。太平興國中，天下一統，史取自古山經地志，考正訛謬，纂成此書上之，始於河南道，終於四夷。

清·洪亮吉《更生齋文甲集》卷三《萬刺史廷蘭重校刊〈太平寰宇記〉序》

《太平寰宇記》二百卷，宋太常博士直史館樂史所撰。史事蹟見子黄目傳首，所著又有《坐知天下記》、《掌上華夷圖》等，今不傳。史官至商州刺史，判留司御史臺，《傳》列其生平所撰述，不下數十種。蓋史官南唐及宋初，其時漢、晉以來載籍尚未散佚，故太宗修《御覽》等三大書，及史撰此《志》，徵引繁富，多南宋以後所未見本。即以地志論，《晉太康土地記》、《宋永初山川古今記》、闞駰《十三州記》、顧野王《輿地記》、魏王泰《括地志》、賈耽、李吉甫《十道志》，以迄圈稱、譙周、鮑堅、李克、周處、陸機、晏謨、張勃、鄧基、任昉諸人所劄録者，多至百數十種。史雖不善決擇，然零篇斷簡，藉是書以存者實多，此其所長也。至若地理外又編入姓氏、人物、風俗數門，因人物又詳及官爵及詩辭雜事，遂至祝穆等撰《方輿勝覽》，寧略建置沿革，而人物瑣事必登載不遺，實皆濫觴於此，此其所短也。甚者佛肸叛之中牟在河北，而此於開封所屬中牟載入佛肸墓，並云墓有二所，《漢書·地理志》雲陵、雲陽并左馮翊縣，而云雲陵即雲陽；至以宋蒙門當漢蒙縣，以唐陵當楚棠谿，蓋以訛傳訛，多不參考如此。性頗嗜雜家小説，於洛陽下則載樊元寶爲洛水神，附書潤州下載高驪山海神以酒醴聘外夷女等事，意在徵奇，罔知傳信，是又非史例矣。乃自序反譏賈耽之漏落，吉甫之缺遺，不知已之病適與之相反也。然地理書自吉甫以後，藉以考鏡今古，聯綴前後，實無逾此書，宜其傳之久而必不能廢矣。

自元以來，雖刊本不一，然皆不甚精審。此刻自宋影鈔本外，能彙集諸舊本，補其遺亡，校其訛舛，於近日刊本中最爲完善，則先生之有功於樂氏爲不少也。刊成，屬爲之序，爰書其得失，即以質之先生。

清·紀昀等《欽定四庫全書總目》卷六八《史部·地理類一》　《太平寰宇記》一百九十三卷。浙江汪啟淑家藏本，宋樂史撰。　史有《廣卓異記》，已著録。宋太宗時，始平閩越并北漢，史因合輿圖所隸，考尋始末，條分件繫，以成此書。始於東京，迄於四裔。然是時幽、嬀、營、檀等十六州，晉所割以賂遼者，實未入版章，史乃因賈耽《十道志》、李吉甫《元和郡縣志》之舊，概列其名。蓋太宗置封樁庫，冀復燕、雲，終身未嘗少置。史亦預探其志，載之於篇，非無所因而漫録也。史進書《序》譏賈耽、李吉甫爲漏闕，故其書采摭繁富，惟取賅博，於列朝人物，一一並登。至於題詠古蹟若張祐《金山詩》之類，亦皆並録，後來方志必列人物、藝文者，其體皆始於史。蓋地理之書，記載至是書而始詳，體例亦自是而大變。然史書雖卷帙浩博，而考據特爲精核，要不得以末流冗雜，追咎濫觴之源矣。原本二百卷，諸家藏本並多殘闕。惟浙江汪氏進本，所闕自一百十三卷至一百十九卷，僅佚七卷，又每卷末附校正一頁，不知何人所作。辨析頗詳，較諸本最爲精善，今據以著録。《文獻通考》作《太平寰宇志》，此本標題實作《太平寰宇記》。諸書所引，名亦兩岐。今考史進書原《序》亦作「記」字，則《通考》爲傳寫之誤，不足據也。

清・丁丙《善本書室藏書志》卷一一《史部》 《太平寰宇記》 二百卷 趙氏小山堂鈔校本。

朝奉郎太常博士直史館賜緋魚袋臣樂史 四庫館所收諸家藏本，殘闕者多，惟汪啟淑進本僅佚百十三至一百十九凡七卷，且每卷末附校勘一葉，較諸本爲善，據以著録。此帙有小山堂印，多朱筆校譌，小山與開萬互相鈔録，書雖各鈔，實出一源耳。近黎庶昌使日本，知藏有宋刻殘本，因借摹，舊闕一百十三至一百十八凡六卷，刊於《古逸叢書》中，可以見同文之盛矣。

清・朱彝尊《曝書亭集》卷四四《〈太平寰宇記〉跋》 《太平寰宇記》二百卷，目録二卷，宋朝奉郎、太常博士樂史撰。康熙癸亥抄自濟南王祭酒池北書庫，缺七十餘卷。後二年，復借昆山徐學士傳是樓本繕寫補之，尚缺河南道第四卷、江南西道第十一至十七卷。聞黄岡王少詹購得上元焦氏所藏足本，及詢之，則卷數殘缺同焉。是編稽之國史，多有不合；殆取諸稗官小説者居多，不若《九域志》、《輿地記》之簡而有要也。

清・周中孚《鄭堂讀書記補逸》卷一一 《太平寰宇記》一百九十三卷。化龍池樂刊本

當太平興國中，盡平諸國，天下一統，子正因悉取自古山經地志，考正訛謬，纂成此書上之，其書起自河南，周於海外，是時尚未分十五路，故仍唐十道名目。幽、涿、雲、朔諸州，雖未入版圖，亦著於録，可見當日君臣，志未嘗忘山前、山後也。其體例雖因《元和郡縣志》，而援引更加詳審，間采稗官小説，亦惟信而有徵者取之。有宋一代志輿地者，當以子正爲巨臂，竹垞有意貶抑，謂不若《九域志》、《輿地記》之簡而有要，豈其然乎？前有上書時自序。

清・錢曾《讀書敏求記》卷二 《太平寰宇記》二百卷 目録二卷 樂史序云：「從梁至周，郡國割據，更名易地，暮四朝三。撰《太平寰宇記》自河南周於海外，若賈耽之漏落，吉甫之闕遺，此盡收焉。」予考之唐分天下爲十道，後又分山南、江南爲東西道。古今山河兩戒之區別，至於斯爲盡善，而此書因之，且較詳於《九域志》，宜乎樂史之自以爲無掛漏也。祝穆《方輿勝覽》，止南渡半壁天下，識者能無興「小朝廷」之慨乎？

清・錢大昕《十駕齋養新録》卷一四 予所藏《太平寰宇記》，寶山朱寄園所贈，其闕卷與曝書亭殘本同，其書成於天平興國中，當無十五路之分，故仍唐十道名目。幽、涿、雲、朔諸州雖未入版圖，猶著於録，亦見當時君臣未嘗忘山前後也。是書體例雖因李吉甫，而援引更爲詳審，間採稗官小説，亦唯信而有徵者取之。有宋一代志輿地者，當以樂氏爲巨擘。竹垞有意貶抑，謂「不如《九域志》、《輿地記》之簡要」，豈其然乎？

清・陳蘭森《太平寰宇記》序 南昌萬芝堂稽古有年，老而不倦，嘗與商榷所志，乃出宋宜黄樂子正所輯《太平寰宇記》相示，因得盡讀之，紀人紀地紀事，由周、秦迄漢、唐，援引之富，比類之賾，志怪搜神，靡不備載。惜書僅抄本，而其後裔所存者，又皆砌字成文，登時散佚，讐校之疏，顛倒錯亂，爲時既久，流傳漫漶，遂使當日纂修之苦心費，依稀影響之摩揣。

清・萬廷蘭《太平寰宇記》凡例 一、原本首列表文載「朝奉郎太常博士直史館賜緋魚袋臣某」。考《宋史・樂黄目列傳》：「父史，字子正，齊王景達鎮臨川，召掌牋奏，授秘書郎。入朝，爲平原主簿。太平興國五年，與顏明遠、劉昌言、張觀並以見任官舉進士。太宗惜科第不與，但授諸道掌書記。史得佐武成軍，既而復賜及第。上書言事，擢爲著作佐郎、知陵州。獻《金明池賦》，召爲三館編修。雍熙三年，獻所著《貢舉事》二十卷，《登科記》三十卷，《題解》二十卷，《唐登科文選》五十卷，《孝弟録》二十卷，《續卓異記》三卷。太宗嘉其勤，遷著作郎、直史館，轉太常博士、知舒州，遷水部員外郎。淳化四年春，與李蕤同使兩浙巡撫，加都官、知黄州。又獻《廣孝傳》五十卷，《總仙記》一百四十一卷。詔秘閣寫本進内。咸平初，遷職方，復獻《廣孝新書》五十卷，《上清文苑》四十卷。出知商州，以老疾，解職，分司西京。五年，郊祀畢，奉留守司表入賀，因得召見。上見其矍鑠不衰，又知篤學，盡取所著書藏秘府，復授舊職，與黄目同在文館，人以

爲榮。出掌西京磨勘司，黄目爲京西轉運，改判留司御史臺。車駕幸洛，召對，賜金紫。史久在洛，因卜居，有亭榭竹樹之勝，優游自得。未幾卒，年七十八。所撰又有《太平寰宇記》二百卷、《總記傳》百三十卷、《坐知天下記》四十卷、《商顔雜録》、《廣卓異記》各二十卷、《諸仙傳》二十五卷、《宋齊丘文傳》十三卷、《杏園集》、《李白别集》、《神仙宫殿窟宅記》各十卷、《掌上華夷圖》一卷，又編己所著爲《仙洞集》百卷。」云云。據此，則史之官，於宋爲著作郎、直史館，轉太常博士，知舒州，知黄州，出知商州，復職後，掌西京磨勘司，車駕幸洛，賜金紫，無授朝奉郎及賜緋魚袋事，且上《寰宇記》表云「臣職居館殿」，似此書之成，在遷職方之時，非初仕於宋，爲著作郎時也。又别本於每卷第二行下書「司經局長」四字，而不稱姓氏，若以爲史之官爵者。考史在南唐爲秘書郎，入宋則直史官，《宋史》不載司經局史之職，或因其富於著述而附會之耶？兹録其表文，仍其官爵，而備書《宋史》别傳如右，以俟訂正。

一、樂史字子正，不從「政」，《宋史》無避「政」之文，且「正」之義與史合。子黄目，字公禮，可例推也。今據《宋史》更定。

一、是書採摭繁富，於前代地理志而外，旁及詩賦，又好引仙佛雜記，史稱論者，嗤其詭誕是也。第流傳久而多漫漶，間有文義不可曉者，庋閣寥寥，窮於搜輯，又不敢參以臆説，强作解事，或闕或仍，以竢博物君子。

一、是書本二百卷，原本目録於《河南道》四及《江南西道》十一及十七下注原缺，朱竹垞見王阮亭家藏則云《河南道》四缺，《江南西道》一百一十二至一十七缺，凡七卷。恭閲《欽定四庫全書目録·序》載一百九十三卷，與七卷之數相符，實自《江南西道》之第一十一至一十七皆缺，合《河南道》四，共缺八卷，年代既久，流傳漫漶，在所不免，然如《水經注》、《元和志》之殘缺，尚有遺憾。兹觀察桂林陳公見示補闕八卷，即於近代地理各編所引《寰宇記》者一一採入，參用《元和》、《九域》諸志及漢唐各史、《玉海》、《通典》、《通考》，徵引確鑿，居然完備，無異於原本，故訂而正之，以附卷末，庶爲全璧。

一、樂氏此書採擇最爲繁富，如每州總序《禹貢》某州之域下，必上溯唐虞至周、春秋、戰國，迄秦、漢、唐、宋、六朝、五代，紀年紀人紀事，必詳細臚列，如小醜、野寇、里居、姓氏，無一遺漏，而其書久而湮毁，加以砌字之時不加校對，至有字不可識，無可稱指者，十居三四。又細繙所引書史全部及本人列傳内摘出添改，仍注明原委，以昭徵信，不可考者，缺之。至所引用有與原書剌繆者，另加一案，分别觀之可也。

一、劍南之拓州，考前史諸志皆從「柘」，爲樂氏從「拓」，總序云「以開拓爲名」，前志並無此解，然未詳所本，故按而存之。惟河南道宿州之符離縣，則自《漢書》至《宋史》及旁見諸書皆符離縣，而樂氏獨作「苻」，引《爾雅》「莞，苻離」，以地多此草，故名。」查各地理志及《鳳陽府志》土産内均不載，若據以草爲名，則離字亦應從草頭矣，似近杜撰。今於總序至元領縣仍作「符離」，自列縣以下通作「苻離」，以存考正之意。

一、原本漏誤，既於補正下注明，以昭徵信，但不勝其注，亦過繁勩，今自一百卷以後稍從節省，如實有關於名姓年號及似是而非字句，詳注之，閲者取原本對勘，便瞭然矣。

一、是書經活字板摸印，體例參錯，全不畫一。今細加校勘，自始至終，欵式一律，中有可仍而不甚抵牾者，仍之。

一、考近時各志所引《寰宇記》文俱雅飭，原本因砌字陋習妄填「也」、「焉」、「耳」等字塞空，致文氣隔斷，今一概從删。

一、是書州縣沿革，其總序、散序所引年號大半參差，或有總序係二年，而散序係三年，正大有相懸殊者，然核對出處，皆本之新舊唐書及《元和志》，並非傳繕之訛。今欲核而釐正之，則不知孰爲是否，不能以臆斷，故皆仍其舊，考之作記之初，亦自覺其不畫一也。

一、樂氏引書務爲繁富，如光武帝生於南頓，本之《後漢書》固已，而於冤句縣濟陽故城又引《東觀漢記》云「光武帝父爲濟陽令時生帝，光照一室」，近於矛盾。查《東觀漢記》備載此文，並非杜撰。總之帝王降生，不偶有其紀之，不嫌重見，兹並存之。大抵樂氏之長，其異於諸史地理志者，稗官叢説，在所必收，故體例至此而一變，然後謂之大備也。

一、是書徵引既多，舛誤不少，欲求完善，覆勘真非易事，離孫魏生文杰從事有年，好讀古書，遠稽博覽，考覆不懈，故得晝夜參閲，商確訂正，一字一句，丹黄甲乙，必衷諸至當，庶不見哂大方云。

一、是書卷末校勘記不著姓氏，中有史傳與本紀不相蒙者，亦有舊本所略，而今本較詳者，因復按而並存之，考據之書，不厭其繁也。南昌萬亭蘭謹述。

清·程晉芳《勉行堂文集》卷五《〈太平寰宇記〉跋》 唐以來與地專書，當以《元和郡縣志》及此爲第一。《元和志》體例最善，惜其闕佚，而亦有過簡之病。

此本載山川古蹟最詳，且所引如《宋武北征記》、《隋東藩風俗記》等書，皆世無傳本。又所載水道如濟、渭諸川，必徵引《禹貢》，以相符合。《詩》、《春秋》，所引尤多。引《水經》於鎮州真定縣蒲澤下云：「滹沱河東逕常山城北，又東南爲蒲澤。」又滋水下：「滋水又東至新市縣，注滹沱河。」此皆今《水經注》本所無，而誠夫《水經注釋》不之載，何也？故沛城，《漢志》及《史記》各注俱未詳，是書載在沛縣東南微山下；蔡蒙諸山，《元和志》不載，是書於始陽縣下云：「始陽山，在盧山縣東七十里，本名蒙山，唐天寶中始改名始陽縣。」此更足備考訂。載泗水出磬云：「泗水無磬石，其山泗水南四十里，今取磬石上，使擊之，其聲清越；或禹治水時，泗水即至此山。」此注疏所未備也。各州風俗下歷敘州之大姓，得《左傳》祝鮀述古之義。地之四至及風俗、人物、土産各門，皆此書爲之例。竹坨乃謂不及歐陽之《輿地廣記》，得毋未之深考耶。

清·陳蘭孫萬廷蘭本《太平寰宇記》序

學者讀書稽古，左圖右史，不容偏廢。考前人之經猷廣狹，即可證目前之方隅情僞，孟氏所謂論其世也。《周禮》大司徒掌建邦之土地之圖，與其人民之數，故能周知九州之地域廣輪，而辨山林、川澤、丘陵、墳衍、原隰之名物，以土會辨五地之物生，而施十有二教，則地理之所關於世道之心，固甚大也。

昔之爲地理志者，如顧野王之《與地志》、李吉甫之《元和郡縣志》、王存之《元豐九域志》，即酈道元之《水經注》，與諸志相爲表裏，然與地雖見於諸志傳所引，而全本不少概見。《元和志》於考覈沿革獨詳，而山川形勢皆從其略，且殘缺頗多；《九域志》僅載緊、望、赤、畿及道里之數，寥寥簡略，使閲者均有廢然之想。夫足跡不能遍天下，而先王畫井分疆，與夫名山大川之流峙今古者，或莫得而稽其由來，審其方向，亦學者之一憾事也。

我朝德威遐播，疆宇式闢，東西南朔來享來王者，極古來不臣之地，盡入版圖。《大清一統志》編纂美備，中外一家，猗歟盛矣，每一繙閲，見其中引《寰宇記》者不少，而全書則未見也。先祖父文恭公仰荷殊恩，歷任節旄，森追隨宦轍，大江南北，二陝東西，以及豫章、兩楚、閩嶠、滇黔，皆親涉其地，其山川風土之異宜，民情物産之殊科，雖考而驗之，而分圖按部，以古證今，未遑及也。先祖父於官齊督課時，嘗令就恩賜之《大清一統志》撮要成書，以便案頭稽考，乃編抄粗竣，終苦浩繁。年來繫官江右，職司轉運，歲泛江湖，思裒集職方要略，以成先志，而考識未能精當，耿耿於懷。南昌萬芝堂稽古有年，老而不倦，嘗與商榷所志，乃出宋宜黃樂子正所輯《太平寰宇記》相示，因得盡讀之，紀人紀地紀事，由周、秦迄漢、唐，援引之富，比類之賾，志怪搜神，靡不備載。惜書僅抄本，而其後裔所存者，又皆砌字成文，登時散佚，讐校之疎，顛倒錯亂，爲時既久，流傳漫漶，遂使當日纂修之苦心費，依稀影響之摩揣。

嗚呼！讀書論世，關乎學識，有志者生古人後，即不能窺古人全書，而魯魚亥豕，溯其所從來，以竄謬誤，而歸馴雅，期不失當年考證之初，非述古之責，而誰責歟！惟其書共缺八卷，而自江南西道一百十三卷至十九卷，凡七卷皆缺，按之目録，皆楚南、嶺西州縣。森生於桂林，瀟湘從宦，故鄉風物，衡嶽遨遊，猶堪記述。至第四卷開封府七縣，則宋室西京，勝迹名區，班班可考，乃從而補輯之，附之卷末，并屬芝堂再爲訂正。大要以《大清一統志》爲宗，而參之《元和》、《九域》諸志，中有引《寰宇記》者，一字必存，以無忘所本。他如山川人物，或史或傳，悉原舊載，無取煩言，《寰宇記》數百年之書，於是完然大備。又如原記州縣廢置紀年，參差互見，既非傳刊之誤，不能更易復作，芝堂乃另列紀元表附篇末，以備參考。閲年而功竣，適與夙志相合，亟分清俸，以倡剞劂，而公諸當世。夫莫爲之前，雖美弗彰，莫爲之後，雖盛弗傳。今芝堂以稽古之功，訂舊本之舛，使後世之學者案置一書，藉以引古證今，因流溯源，條分縷晰，綱舉目張，不出户庭，而可以讀書論世，豈非有助博雅之一快乎！若夫纂述端委，詳於凡例，兹不具贅。時乾隆癸丑長至，桂林陳蘭森撰。

清·萬廷蘭《〈太平寰宇記〉後序》

《太平寰宇記》向無家藏善本，近十年來，予凡四見：乾隆丙午，今江南觀察謝蘊山先生同修府志，於其架上取而繙閲，此初見也；明年，主瑞州書院，講席高安令、今銅鼓營張古腴司馬署重閲之；又明年，署高安令、今盧陵徐午園明府處見之，午園，年家子也，曾攝篡宜黃，僅購一部，總其玉溪後裔砌字成書，所謂活字板者是也；又明年，於世講蔣孝廉藕船藏書中得抄本，與玉溪板稍異，亦稍勝，究之皆非原本也。一日，午園問余曰：「是書徵引詳備，惜開卷訛舛，至不可句讀，幸有以考正之。」於是披圖經，考正史、逸書、外傳、廣雅、博物，舉臺帙之高閣而封識者，朝夕檢校，旁搜遠紹，悉心釐訂，而藏書甚少，存疑者多，然不敢意爲增删也。大約有書一者，有錯出者，均參諸各家之意，備臚其所自，字畫之謬，聲音之訛，有據者易之，無考者仍之，凡閲歲而脱藁。時督糧觀察桂林陳公博學多識，乃就正焉。觀察亟爲許可，並輯原缺八卷示予，予受而卒業曰「此文公補闕之意也」。公乃慨然捐俸三百金爲梓倡，於是張司馬暨豐城劉、廬陵徐、高安俞三明府皆醵金開雕，而責校讐於予。既以費弗克集，幾中輟，適陳公督運回署，熟籌於吾邑侯徐斗垣先生，先生乃獨飲四百金而蕆事，且謂予曰：「吾不肯負若數年考據之功也。」書甫成，聞崇仁有新刻，亟取而觀之，其題欵則宋兵部侍郎崇仁樂史著，表文之下銜曰「朝散大夫行尚書職方司員外郎直史館上柱國賜緋魚袋臣樂史」云云，不惟與《宋史》列傳刺謬，即其序銜，支離錯雜，已可概見。又其甚者，如原缺卷四之《河南道》四，以五卷之《河南道》五補之，以卷五之陝州、虢州分爲二卷，一似未嘗缺四卷者，真可發一噱矣。

嗟乎！自宋至今七百餘年，以流傳膾炙之書，幾不能參之正史之紀載，予方冀新刻之殫見洽聞，以濟予之疎漏，使當日博採羣書以成一代之典故者，炳炳烺烺，宛然在目，而開卷便欲使人廢然而返，則又不得不以玉溪之本爲原本，而予之靦然公諸世，以竢博物君子，何能已哉？爰次其顛末，而書於後。　時乾隆癸丑嘉平上浣，計樹園主人萬廷蘭識。

清·王芑孫《惕甫未定稿》卷三《〈太平寰宇記補闕〉序》　曩閩龔君景瀚在京師劇譚地理之學，予不好考訂，而於地理書尤疏，因謂龔君何不注班書《地理志》，班《志》不獨詳古今沿革，併其形勝、風澤、遷流之所以而著之。作史者稟其法，説經者援爲詁，不較勝他書之專固乎？龔君曰：「然哉，子雖不講考訂，非數十年讀書，不能作是語矣。」維時龔君方借鈔《太平寰宇記》一書，慨然欲資以注班而憾其闕佚，相與咨商往復，已而別去，於今十餘年，不知其書成不成也。

日者，南昌萬君承紀遇予揚州，爲言太公芝堂先生刊校《太平寰宇記》，其原闕河南道四及江南西道卷十一至十七、八，爲自來藏書家暨秘館所弗具者，亦皆補綴成本。因以其書貽予，條條井井，犂然粲然。蓋《太平寰宇記》今本所闕而見之他書者，亦既蒐緝靡遺，間有旁摭，亦皆斷以宋初之書，自非先生收藏之富，瀏覽之勤，用功之密，烏能臻是。予考樂子正生平著録，《宋史》所載數贏千卷，今雖不盡傳，要非鴻覽博識，貫徹於辭章、考訂兩家之間，無繇攀逮其津涯。昔班昭之補孟堅氏，其書孟堅氏若也。褚少孫之補子長氏，其書不子長氏若也。蓋必其源同，然後其流合。先生惟有子正才之學，故能補子正之書，而使讀者忘乎其非子正之書，是豈專固溝猶者所能與乎其間哉！

予未得見先生，而習遊於承紀，知先生康強老壽，著書之願甚長，嗣是出其篋，衍以皏，海内學者之望正未有已。予既荒嬉墮學，而龔君久在其間，困於官事，度未得從容講業，往所咨齎悵惘而莫從措手者，一旦於先生獲償焉，其快有不勝言者，遂書以爲序。嘉慶六年秋九月，長洲王芑孫撰。

清·趙承恩舊學山房藏板《〈太平寰宇記〉校宋本重印序》　古今輿地方域諸書，類皆藉其都邑、山川及星野、水道、形勝所分劃，以爲考據家備□記之用，他無及焉。惟宋使郎樂公所撰《寰宇記》，徵引繁富，幾於完備，足爲地輿方域諸書善本，而於郡縣、户口外，仍復詳以風俗、姓氏、土產、人物，上溯唐虞、周、秦，下迄漢、唐、宋、六朝、五代，編年紀地紀人紀事，細大不遺，視《輿地考》、《郡縣志》、《九域志》等書，尤爲賅括詳盡。雖其採取之濫，掇拾之冗，間有乖外錯謬處，而其書爲卷二百，囊賅上下七百餘年，舉人世足跡所不能到，起自河南，周於海外，碁布星列，包諸所有，則蒐輯固難，讐校匪易，自非以卓越不世之才，兼富有百家之學，亦安能窮搜極覽、殫慮研思，有此如許大之著述，俾後之人可不出户庭而坐知天下若是哉。

國朝來復得芝堂萬氏，正其訛紊，補其闕漏，樂氏原本，藉以釐定編訂，將見是書之行，公之天壤，傳之奕世，博見洽聞之士，提以按圖索覽，而稱毫髮無遺憾者，則萬氏之功，當不在宋柱國樂公下也。後學珊城承恩省菴氏序。

清·周中孚《鄭堂讀書記補逸》卷一一　《太平寰宇記》一百九十三卷。化龍池樂刊本。　宋樂史撰。史字子正，宜黃人，官太常博士、直史館。《四庫全書》著録，《崇文總目》、晁陳書目、《通考》、《宋志》俱作二百卷，今本佚其七卷，然晁氏、馬氏「記」作「志」，誤也。自明以來，傳本多殘闕，朱竹垞《曝書亭集》四十四有是書跋。謂「鈔自濟南王祭酒池北書庫，闕七十餘卷，後借崑山徐學士傳是樓本繕寫補之，尚闕《河南道》第四卷、《江南西道》第十一至十七卷」，今是本止闕第十一至十七卷，與《提要》所載浙江汪氏進本同。【略】此本乃乾隆癸丑其三十世孫斯盛所校刊，并爲跋，每卷之末，多附有校勘語，辨證精詳，不知出自誰手。但目録中於闕卷不爲注明，亦一疏也。

清·李慈銘《越縵堂讀書記》卷四《地理》　《太平寰宇記》　宋樂史撰。清陳蘭森輯補　從廠肆借得《太平寰宇記》，乾隆末南昌萬廷蘭芝堂所校刻，而桂林陳蘭森所輯補。其原缺《河南道》四及《江南西道》十一至十七共八卷。萬、陳皆不知學，妄改妄補，轉亂本書。又刊校粗疏，不明體例，譌脱顛倒，連行接牘。延蘭至不知漢帝世次，以高帝至殤帝十三世爲誤；又以樂氏所上表云「職居館殿」，謂館殿當是指其遷職方郎時，非直史館時，其謬妄可笑如此。蘭森爲文恭公弘謀之孫，學似稍勝於萬。此刻前有洪稚存序；其《補闕》八卷，有王愓甫序。《補闕》全出陳手，序跋甚明，而王序述延蘭子承紀之言，又以爲延蘭所補綴，不可解也。

又 閱《太平寰宇記》，乾隆癸丑其崇仁後人所刻，後有三十世孫斯盛跋，言其族叔之篪及斯盛子蕤賓所校刊。每卷之末，間附校勘數條，頗能依？據群書，有所駁正。不知出何人之手，似較萬廷蘭爲勝。而文句□脱，魚豕相仍，亦未遠過萬本。其首葉題簽，有曰詩集嗣出，則世所稀見者也。

清·瞿鏞《鐵琴銅劍樓藏書目録》卷一一 《太平寰宇記》二百卷 舊抄本

題朝奉郎、太常博士、直史館賜緋魚袋樂史撰并序，此秀水朱氏藏本。竹垞《跋》云：鈔自濟南王祭酒池北書庫，闕七十餘卷，借傳是樓本補之，尚闕《河南道》第四卷，《江南西道》第十一至十七卷，凡七卷。各家藏本俱同，蓋佚去已久，世無完本矣。每卷末有校勘數條，亦出舊本，不詳何人。卷首有《曝書亭集》珍藏，朱彝尊印二朱記。

清·張之洞《書目答問》卷二《史部》 《太平寰宇記》一百九十三卷，宋樂史。江西樂氏刻本，萬廷蘭刻本附《一統志表》「補」原本二百卷，内闕七卷，一百十三至一百十九，江寧局本。遵義黎庶昌《古逸叢書》影宋本，補闕五卷半，存卷自一百十三至十七及十八之半卷，其版今在蘇州局。善化陳運溶《太平寰宇記拾遺》七卷、《辨僞》六卷，光緒二十六年家刻麓山精舍叢書本。

清·陳連溶麓山精舍叢書《〈太平寰宇記辨僞〉序》 影宋本《寰宇記》補闕之僞，已詳爲辨證，皆附録各條下，兹舉其大者而約略言之。如沅江縣，楚馬氏改爲橋江縣，宋太祖復爲沅江縣，樂史在太宗時何得尚有橋江縣之稱？其證一也。潭州長沙縣所引故事甚多，中有數條見之《御覽》，其餘各條恐亦從他書鈔來；湘潭縣則金録衡山縣遺跡，蓋衡山尚屬潭州，而南嶽本在衡山，兹反引於湘潭下，何也？實因湘潭無所依據，敷衍成篇，遂於益陽縣後云已殘闕，其證二也。武岡縣招屈亭之後十三條，影宋本與《紀勝》同，而《紀勝》云引自《類要》，非出於《寰宇記》可知，其證三也。道州風俗首二句，《紀勝》云引《寰宇紀》，已後遂云《類要》，同引一事，强分二書，恐無是理，其證四也。營道縣舜廟一條，影宋本所云，與《紀勝》所引《晏公類要》相同，而與《紀勝》所引《寰宇記》不合，其證五也。義昌改爲桂東，義章改爲宜章，《紀勝》云避太宗諱所改，而影宋本猶有義昌、義章二縣，若不避諱，殊不可解，其證六也。有此六證，臆補顯然。是書初觀，竟可亂真，流傳海内，並無疑議，余因閱《輿地紀勝》，而恍然是書之僞所由來矣，雖未逐條勘校，亦已十得八九，以當爰書，無可置喙。因思作者用功良苦，使不假托宋本，明爲是書補闕，則亦未始非樂氏功臣也。其州縣沿革，以及四至八到，勤爲考證，頗覺詳明，而奈何蹈豐坊故智，以自欺欺人，良可慨矣。光緒己亥春，陳連溶謹序。

清·楊守敬《古逸叢書〈太平寰宇記〉跋》 《太平寰宇記》，中土宋刊本久不存。《四庫》著録，據浙江汪氏所進鈔本，闕一百十三至一百十九凡七卷，而乾嘉間江西萬氏、樂史兩刊本，更缺《河南道》第四一卷，考曝書亭所見池北書庫本，亦缺《河南道》第四，則審缺八卷矣。余於森立之《訪古志》見有此書宋槧殘本，藏楓山官庫，意或有足以補中土所佚者，因託修史館監事巖谷修探之，並告知星使黎公行咨於其太政大臣，借之以出。計原書凡二十五册，爲蝴蝶裝，其存者不及半焉，乃以近刻本校一過，其一百十三至一百十八，一百十四尾缺湘鄉以下五縣。則重刊之《古逸叢書》中，並刊其卷首一表，雖尚佚其二卷有半，《河南道》第四一卷，一百十九，卷，一百十四尾數葉。未爲完書，亦足以慰好古之懷矣。世傳岣嶁禹碑，始自宋何致一，多有疑其僞造者。今按此書於潭州下引庾仲雍《湘州記》云「夏禹刻石書名，在山之上」，而不敢質言之，則樂氏時不見此碑審矣。又錢竹汀養新録稱《元史·地理志》於郴州之郴陽縣云，舊敦化，至元十三年改今名。疑「敦」字犯宋諱，湖南爲宋土，不得有敦化縣，因據《輿地紀勝》引《寰宇記》爲晉天福初所改，漢初復舊，以訂其誤。今此書與《紀勝》悉合，其他所引逸書逸事，不遑縷述，固非後人所得臆補者也。至江西兩刻本，皆據傳鈔及活字本入木，互有脱誤，而萬氏本臆改尤甚。世有好事君子，因此所存殘本，以正江西兩刻，又以兩刻互校，而一一考樂氏所引原書，雖未必盡復舊觀，亦庶幾十得八九，若陳氏蘭森臆補之卷，固無論焉。光緒癸未九月，宜都楊守敬記於日本東京使館。刻成後，乃知金陵書局已據樂氏祠本重雕，校訂頗審，惜乎其未見此宋殘本也。十二月望日，守敬再記。

又 附《致日本太政大臣公函》：敬啟者。敝國所傳樂史撰進之《太平寰宇記》二百卷，乾隆年間《四庫》著録時，即闕自一百十三至一百十九七卷，無別本可補，今聞貴國官書庫中尚有此書宋本具在，意欲煩貴大臣啟明貴朝家，借與本大臣一觀，如此數卷尚存，擬影刻補完，亦同文盛事。特此奉商。順頌 日祉

光緒九年五月十二日，欽差大臣黎庶昌

又　太政大臣兼修史館總裁三條實美閣下：敬啟者，昨准台函宋槧《太平寰宇記》一書，承貴朝家破格相借，足爲斯文之幸，本大臣實任欣感。所有交收此書，已飭使署隨員楊守敬與貴館員岩谷修妥爲商辦。耑此復謝。拜頌勳祺。

光緒九年五月十七日同上銜。

太政大臣覆函：肅復者。貴大臣欲借我秘閣宋槧《太平寰宇記》影刻，以補貴邦所傳之闕，敬領來意。我秘閣藏本，例不許外出，而如本項則屬同文盛事，乃稟啓朝家破格以應請焉。如其交收，本大臣命館員巖谷修措辦，貴大臣亦使委員相商量而可。並頌台安。明治十六年六月二十日太政大臣兼修史館總裁三條實美。

欽差大臣黎庶昌閣下

《長安志》

宋·宋敏求《〈長安志〉原序》　雍之爲都，涉三代，歷漢唐之全盛，世統屢更，累起相襲，神靈所儲，事變叢聚，宜其較然有明册大典暴天下耳目，而圖牒殘脱，宿老無傳。求諸故志，唯韋氏所記爲一時全書。遺文古事悉散入他説，班班梗槩不可復完。非好學深思，博物善作，孰能盡收其軼而追成之。《長安志》者，今史官諫議大夫、龍圖閣學士常山公所定著也。公以文章世家爲朝廷名臣，器業之餘，紀述自命。蓋考論都邑，網羅舊聞，詞人所鋭精而載筆之先務也。近代建國，率繇西遷崤函之區，陶冶渭洛，實上游要會最重之地。而陊毁零落，寖就堙没，將無以自振。校之本末，先後二京已録，固不得獨闕於此。前在河南，旁接三輔，嘗有意於搜采矣。然猶未遑暇，又踰二紀，乃創屬體緒，纘次其言，窮傳記、諸子鈔類之語，絶編斷簡，靡不總萃
隱括而究極之，上下浹通爲二十卷，用備舊都古今之制，俾其風壤光塵有以奮於永久故。夫府縣有政，官尹有職，河渠關塞有利病，皆干於治而施於用。取諸地記，集而讀之，而後見其法，叙列往躅，遠者謹嚴而簡，近者周密而詳，各有所因□規模，猶親處其世，畫里陌，同經行之。熟而後見其功。自本而推始終，大畧其所昭發，又不特如是而已。竊嘗望丹鳳門故址，勢侔碣石，疑非人力所爲，自想當時真偉觀也。以漢室之隆，兼制夷夏，非壯麗無以重威，亦可信也。復上觀於周，唯有鎬京、靈臺、辟雍、明堂、豐宮。《詩》所謂：「經始勿亟，庶民子來。」又稱：「自西、自東、自南、自北，無思不服。」昔之與衆同樂，遂物之性，所以致之之效乃能至於此乎！察其故，專尚簡易儉約。曾不言形勝强富，益知仁義之尊、道德之貴。彼阻固雄豪，皆生于不足。漢唐之迹更爲可羞。於乎！盛夫。若然得以貢於明朝，監千載餘敝，修豐鎬故事，以澤吾人，豈曰小補哉？熙寧九年二月五日大常博士充集賢校理崇文院檢討　原闕四字。同知缺　丞事趙彦若撰。

宋·程大昌《雍録》卷一　《長安志》者，本朝宋敏求所著也。古有《長安記》矣，至此改記爲志，明非一書也。宋氏家多書，如《宫闕記》、《宫闕疏》、《關中記》、《廟記》、《三輔黄圖》、《三輔舊事》，皆所采據矣。而制度因革則多本諸圖經，圖經又皆本之梁載言《十道志》也。李吉甫《元和志》比宋志則差略。然宋氏專記關雍，而關雍之在元和志僅居百一，其詳略自當不侔也。凡求關雍曲折者，宋之此志，引類相從，最爲明悉，然而細細較之，亦不免時有駁復也。且如曲臺既入未央，而又入諸三雍，是分一爲二矣。長門宫在都城之外長門亭畔，而列諸長信宫内，則失其位置矣。諸如此類，豈可苟随無所可否也？况宫殿苑囿也者，又多空存其名，中不著事，則亦無可尋繹矣。予之此録，采用宋志爲多，若其有凡最而無事實，則亦不敢輒削。今姑序列其總，如一宫一苑，第書某宫何在，某苑何屬，錯列以成一圖，使人可以案方求地。而其中館殿池籞，須因事可以發揮，則别主正史，而附旁言以究。其説雖有據，而直列古書本文，無可辨正，則亦不以入《録》，恐其贅也。

宋·晁公武《郡齋讀書志》卷五上　《長安志》二十卷。右龍圖閣直學士、右諫議大夫、修國史常山宋敏求所撰也。熙寧九年二月五日，太常博士、充集賢校理、崇文院檢討、同知宗正丞事趙彦若序。

元·馬端臨《文獻通考》卷二〇四　《長安志》十卷。鼂氏曰：皇朝宋敏求撰。敏求因韋氏所記，搜采羣書，罔有遺軼，二紀而成。凡府縣之政、官尹之職、河渠關塞之類，至於風俗、物産、宫室、道街無不詳脩，世稱其博。趙若彦爲之序。

明·康海《對山集》卷三《〈長安志〉序》　關中故有《長安志》，刻之省署，歲久亡矣。予家有舊藏本，嘗因其引類得其緒，理喜關秦之跡，頗爲明悉易見，間有踳駁，則據册而擬欲盡，固難也。其書爲宋龍圖學士宋敏求氏所著。程文簡謂宋氏家多古書，如《宫闕記》、《宫闕疏》、《關中記》、《廟記》、《三輔皇圖》、《三輔

舊事》皆所採據信哉。夫自成周以來，關中爲歷代名都。其人文之盛，固不待別録，而後知者若其遺跡，故趾所在，田父野老之妄，既荒唐難信，而學士大夫又不能闕疑存訛，徒欲以遠而莫考之事畢議，一旦若《山海經》之誕，《水經》之誇，《括地》、《輿地》之志，靡曼皆是也。孟子曰：「盡信書，不如無書」。予於武成取二三策而已矣。孔子曰：「吾猶及史之闕文也。」後之君子得是書，而讀之會其領畧可也。而欲遽以言語文字之間，定數千百年之疑誣矣。知西安府南埠李侯刻是書成，以予爲序，故復之如此，蓋其所刻皆關中盛事云爾。嘉靖辛卯十月庚寅序。

清·紀昀等《欽定四庫全書總目》卷七〇　《長安志》二十卷。兩淮馬裕家藏本宋宋敏求撰。敏求有《唐大詔令》，已著録。是編皆考訂長安古蹟，以唐韋述《西京記》疎畧不備，因更博採羣籍，參校成書。凡城郭、官府、山川、道里、津梁、郵驛，以至風俗、物産、宫室、寺院，纖悉畢具。其坊市曲折，及唐盛時士大夫第宅所在，皆一一能舉其處，粲然如指諸掌。司馬光常以爲考之韋《記》，其詳不啻十倍。今韋氏之書久已亡佚，而此《志》精博宏贍，舊都遺事，藉以獲傳，實非他地志所能及。程大昌《雍録》稱其「引类相從，最爲明析。然細細校之，亦不免時有駁復。如曲臺既入未央，而又入之三雍，是分一爲二矣。長門宫在都城之外長門亭畔，而列諸長信宫内，則失其位置矣。況宫殿園囿又多空存其名，不著事蹟，則無可尋繹矣」云云。其説雖不爲無見，實則凌雲之材，不以寸朽爲病也。敏求尚有《河南志》，與此凡例稍異，而並稱贍博，今已不存。又楊慎《丹鉛録》謂杜常《華清宫詩》見《長安志》，詩中「曉風」乃作「曉星」，檢今本實無此詩。蓋慎喜僞托古書，不足爲據，非此《志》有所殘缺。惟晁公武《讀書志》載有趙彦若序，今本無之，則當屬傳寫佚脱耳。

清·朱彝尊《曝書亭集》卷四四《書熙寧〈長安志〉後》　韋述《東西京記》世無完書，宋敏求本之撰《河南》、《長安》二志，世稱其該洽。《長安志》舊有雕本，字畫龐惡。斯編借録于汪編修文升，善本也。惜乎《河南志》不復可得，爲之憮然。金風亭長彝尊識。

《益部方物略記》

宋·宋祁《〈益部方物略記〉序》　益爲西南一都會，左阻劍門，右負夷蕃，内坦夷數百里，環以長江，裏以複岑，川陸盛氣礙而不得東回，薄蜿蜒還負一方，爲珍木、爲怪草、爲鳥、魚、芋、稻之饒，日陽雨，雨噓和，吐姸層出，雜見不可勝狀，殆岷精緼靈示㒺璚於茲壤也。嘉祐建元之明年，予來領州，得東陽沈立所録劍南陽物二十八種，按名索實，尚未之盡，故遍詢西人，又益數十物，列而圖之，物爲之贊，圖視狀贊言生之所以然，更名《益部方物畧記》。凡東方所無及有而自異，皆取之，冀裨風土聚邱之遺云。

明·胡震亨《〈益部方物略記〉跋》　萬震《南州志》以韻語紀物，質雅可誦，後來惟江文通《吳興草木頌》僅足嗣響。頃復得宋子京《益部方物略記》，凡草木蟲魚六十五條，而寫色奏音一倣于震。第見白氏《長慶集》木蓮樹詩叙云：「木蓮樹，一呼黄心樹，大者高五丈，涉冬不凋，身如青楊，有白文，葉如桂，厚大無脊，花如蓮，香色豔膩皆同，獨房蘂有異。」視宋註最詳。宋又註聖瑞花云：「率以秋開。」宛央草云：「春葉晚生。」而范成大詠聖瑞花云：「挽春同住夏，看到火雲流。」薛濤詠宛央草云：「但娱春日長，不管秋風早。」是春夏便已著花，春葉非晚生矣。至若改羞天爲羞寒，猶不失以姸易俚，其改虞美人爲娱美人，則虞之與娱兩義自通，得無更遺宵寐匪禎之誚。海監胡震亨題

清·紀昀等《欽定四庫全書總目》卷七〇　《益部方物畧記》一卷　兩淮鹽政採進本　宋宋祁撰。祁字子京，雍邱人。天聖二年進士。官至翰林學士承旨，謚景文。事蹟具《宋史》本傳。是編乃嘉祐二年，祁由端明殿學士吏部侍郎知益州時所作。因東陽沈立所撰劍南方物二十八種，補其闕遺。凡草木之屬四十一，藥之屬九，鳥獸之屬八，蟲魚之屬七，共六十五種。列而圖之，各繫以贊，而附注其形狀於題下。贊居前，題列後。古書體例大抵如斯。今本《爾雅》猶此式也。其圖已佚。贊皆古雅，蓋力摹郭璞《山海經圖贊》，往往近之。注則頗傷謇澁，亦每似所作《新唐書》，蓋祁敘記之文類如是也。胡震亨跋引范成大聖瑞花詩，證是花開於春夏間，祁注稱率以秋開爲非。殆由氣候不齊，各據所見。又引薛濤鴛鴦草詩「但娱春日長，不管秋風早」句，證祁注是草春葉晚生之非，則横生枝節。夫春日已長，非春晚而何歟？至虞美人草自屬借人以名物，如菊號西施之類。必改爲娱美人草，曲生訓釋，是則支離無所取耳。

《廬山記》

宋·陳舜俞《〈廬山記〉原序》　《廬山記》，陳舜俞作。舜俞字令舉，秀州人，

博聞强識，擢進士第又中制科，爲山陰令，以不奉行青苗謫南康監税，與致仕劉涣乘黄犢遊覽廬山，嘗以六十日之力盡南北山水之勝，每恨慧遠周景式輩作山記，疎畧而涣舊，嘗雜録聞見未暇銓次，舜俞採其説，參以記載者舊所傳，晝則山行旁抄，夜則發書考訂，泓泉塊石，具載不遺。折衷是非，必可傳而後已。又作俯仰之圖，尋山先後之次以冠之，爲五卷，人服其勤。

宋・晁公武《郡齋讀書志》卷二下　《廬山記》五卷，右皇朝陳令舉舜俞撰。先是劉焕嘗爲記，令舉因而增廣之，又爲俯視圖紀，尋山先後之次云。

宋・陳振孫《直齋書録解題》卷八　《廬山記》五卷。屯田員外郎嘉禾陳舜俞令舉撰，劉涣凝之、李常公擇皆爲之序，令舉熙寧中謫居所作。

宋・劉涣、劉恕、劉義仲《三劉家集》　《廬山記序》已刻：予雅愛廬山之勝，棄官南歸，遂得居於山之陽。遊覽既久，遇景亦多，或賦或録，雜爲一編，將欲次之，未暇也。熙寧中，會陳令舉，以言事，斥是邦山林之嗜既同，相與乘黄犢往來山間，歲月之積，遂得窮探極觀，靡所不究。令舉乃採予所録及古今之所記、耆舊之所傳與。夫耳目之所經見，類而次之，以記其詳，盖足以傳後。予才不可以應時，宜退老於林埜。令舉以制策擢上第，名譽赫赫驚世，仕不二十載，乃滯於筦庫，而與予共見此記，是可惜也。然推古以校今，豈特一令舉爲可惜哉？江西劉涣序。

元・馬端臨《文獻通考》卷二六〇　《庐山記》五卷。鼂氏曰：皇朝陳令舉舜俞撰。先是劉焕嘗爲記令舉因而增廣之。又爲俯視圖紀。尋山先後之次云。陳氏曰：劉焕凝之、李常公擇皆爲之序，令舉熙寧中謫居所作。

清・紀昀等《欽定四庫全書總目》卷七〇　《廬山記》三卷，附《廬山紀畧》一卷，兵部侍郎紀昀家藏本。宋陳舜俞撰。舜俞字令舉，烏程人。所居曰白牛村，因自號白牛居士。慶歷六年進士。嘉祐四年，又中制科第一，歷官都官員外郎，熙寧中出知山陰縣。以不奉行青苗法，謫南康監税。事蹟具《宋史》本傳。舜俞謫官時，與致仕劉涣游覽廬山，嘗以六十日之力，盡南北山水之勝。每恨慧遠周景武輩作山記疎略，而涣舊嘗雜録聞見，未暇詮次。舜俞因採其説，參以記載者舊所傳。晝則山行，夜則發書考證。泓泉塊石，具載不遺。折衷是非，必可傳而後已。又作俯仰之圖，尋山先後之次以冠之，人服其勤。自記云，余始遊廬山，問山中塔廟興廢及水石之名，無能爲予言者，雖言之，往往襲謬失實。因取九江圖經前人雜録，稽之本史。或親至其處考驗銘志，參訂耆老，作《廬山記》。其湮沕蕪没，不可復知者，則闕疑焉。凡唐以前碑記，因其有歲月甲子爵里之詳，故并録之，庶或有補史氏云云。其目有總敘山篇第一，敘北山篇第二，敘南山篇第三，而無第四、五篇。圖亦不存。勘驗《永樂大典》所缺亦同。然北宋地志，傳世者稀。此書考据精核，尤非後來《廬山紀勝》諸書所及。雖經殘闕，猶可寶貴。故特録而存之。釋惠遠《廬山記略》一卷，舊載此本之末，不知何人所附入。今亦併録存之，備參考焉。

《夢溪筆談》

元・馬端臨《文獻通考》卷二一六　《夢溪筆談》二十六卷。鼂氏曰：皇朝沈括存中撰，括好功名，城永樂不克，貶死。而實才高博学，多技能。音律星歷尤邃。自序云。退處林下。深居絶過，從所與談者，惟筆硯而已，故以名其書。凡十七目。

明・胡應麟《少室山房集》卷一〇四《讀夢溪筆談》　沈存中博洽，名一時。所著《夢溪筆談》，議論多獨造，朱元晦亦盛稱之。第其師心自信，往往有牴牾史傳處，蓋此書成于遷謫之所，亡載籍可參攷。故本朝楊用修蚤戍滇南，所著書牴牾史乘處尤夥，其病正與存中同。要之，著述非詞賦比，或至貽誤後人，疑者缺之，信者稽之，務出萬全可也。

清・紀昀等《欽定四庫全書總目》卷一二〇　《夢溪筆談》二十六卷、《補筆談》二卷、《續筆談》一卷。兩江總督採進本。宋沈括撰。括，字存中，錢塘人，寄籍吴縣。登嘉祐八年進士。熙寧中官至翰林學士龍圖閣待制。坐議城永樂事，謫筠州團練副使。後復光禄寺少卿，分司南京。卜居潤州以終。夢溪即其晚歲所居地也。事蹟附載《宋史・沈遘傳》中。祝穆《方輿勝覽》曰：「沈存中宅在潤州朱方門外，存中嘗夢至一處小山，花如覆錦，喬木覆其上，夢中樂之。後守宣城，有道人無外者，爲言京口山川之勝，郡人有地求售，以錢三十萬得之。元祐初，道過京口，登所買地，即夢中所遊處，遂築室焉，名曰夢溪。是書蓋其閒居是地時作也。凡分十七門。曰故事；曰辨證；曰樂律；曰象數；曰人事；曰官政；曰權智；曰藝文；曰書畫；曰技藝；曰器用；曰神奇；曰異事；曰謬誤；曰譏謔；曰襍志；曰藥議，共二十六卷。又有《補筆談》二卷，《續筆談》一卷，舊本別行。近時馬氏刻本始合之，而重編《補筆談》爲三卷，《續筆談》十有一條附於末。其序有曰，世所傳《補筆談》，每篇首必題所補之卷。又有前幾件及中與後之分。如補第二卷後十件之類，似非後人所得而剏。其爲舊本無疑。原書二十六卷，不補者十。餘名有補。今以其書校考之，多不合。如故事不御前殿云云十件，補第二卷既然矣。次則廊屋爲廡、梓榆爲樸二件，亦補第二卷。第二卷乃故事，豈謂是乎？子午屬寅，本論納甲語，而以補六卷之樂律。盧肇論海潮當補象數，而以補九卷之人事。王子醇樞密帥熙河日六件，大抵皆權智，當補十三卷，而以補十五卷之藝文。凡此類，不可悉舉。又若原書止二十六卷。今其所補有自二十七以至三十者，益不可曉。又云：通考筆談二十六卷，今所行者是。宋史則二十五卷，鄭樵《通志》藝文略則二十卷，分併不恒有如此者，吾所以放筆爲之云云。今案宋史藝文志，顛倒舛訛，觸目皆是。其二十五卷之説，原可置之不論。至《通志》二十卷之説，則疑括初本實三十卷，鄭樵據以著録。因輾轉傳刻，闕其一筆，故誤三爲二。其後勒著定本，定爲二十六卷。乾道二年，湯修年據以校刻，頗爲完善。遂相承至今。而所謂《補筆談》、《續筆談》者，則乾道本原未載。或稿本流傳，藏弆者欲爲散附各卷，遂條標識，其所據者仍是三十卷之初本。故所標有二十七卷三十卷之目。實非括之所自題。分類顛舛，固不足異也。然傳刻古書，當闕所疑。故今仍用原本以存其舊，而附訂其舛異如右。括在北宋，學問最爲博洽。於當代掌故及天文算法鐘律尤所究心，趙與旹賓退録議其積罍一條，文字有誤。王得臣塵史議其算古柏一條，議論太拘。小小疎失，要不足以爲累。至月如銀丸，粉塗其半之説，朱子語録取之。蒲盧即蒲葦之説，朱子中庸章句取之。其他亦多爲諸書所援據。湯修年跋稱其目見耳聞，皆有補於世，非他襍志之比，勘驗斯編，知非溢美矣。

《元豐九域志》

宋·晁公武《郡齋讀書志》卷二下　《九域志》十卷。右皇朝王存被旨删定，總二十三路，京府四，次府十，州二百四十二，軍三十七，監四，縣一千一百三十五。

宋·陳振孫《直齋書録解題》卷八　《元豐九域志》十卷。知制誥丹陽王存正仲、集賢校理南豐曾肇子、開官制所檢討邯鄲李德芻等删定，總二十三路，四京，十府，二百四十二州，三十七軍，四監，一千一百三十五縣。

元·馬端臨《文獻通考》卷二〇四　《九域志》十卷。鼂氏曰：皇朝王存被旨删定。總二十三路，京府四次，府十州二百四十二，軍三十七，監四縣一千一百三十五，陳氏曰：存與曾肇、李德芻等共删定名《元豐九域》。

清·于敏中等《欽定天禄琳琅書目》卷四　《九域志》一函十册　宋王存、曾肇、李德芻同撰，十卷，前王存等進書狀。鼂公武《郡齋讀書志》曰：皇朝王存被旨删定，總二十三路，京府四次，府十州二百四十二，軍三十七，監四，縣一千一百三十五。陳振孫《書録解題》曰：存與曾肇、李德芻等共删定，名《元豐九域志》，書首王存等進書狀，稱《本朝九域圖》。自天禧以後，歷年兹多事有因革，乃詔臣肇臣德芻撰，次於祕閣，而臣存實董其事，綴輯大體，略仿前書舊名圖而無繪事，乃請改曰志云云。按天禧爲宋真宗年號，狀後雖無紀年，而振孫謂名爲《元豐九域志》，元豐爲神宗年號，距天禧時已六十餘載，故狀中有歷年兹多之語也。【略】是書影鈔紙墨精潔，字畫整嚴，固非率爾操觚者，琴川毛氏鈔本。

清·紀昀等《欽定四庫全書總目》卷六八《史部·地理類一》　《元豐九域志》十卷，兩江總督採進本。宋承議郎知制誥丹陽王存等奉勅撰。存字敬仲，丹陽人。登進士第，調嘉興主簿，歷官尚書右丞，事蹟具《宋史》本傳。初，祥符中李宗諤、王曾先後修《九域圖》。至熙寧八年，都官員外郎劉師旦以州縣名號多有改易，奏乞重修。乃命館閣校勘曾肇、光禄丞李德芻删定，而以存總其事。以舊書名圖而無繪圖，請改曰志。迄元豐三年閏九月，書成。此本前有存等進書原序，稱「國朝以來，州縣廢置與夫鎮戍城堡之名，山澤虞衡之利，前書所略，則謹志之。至於道里廣輪之數，昔人罕得其詳。今則一州之内，首叙州封，次及旁郡，彼此互舉，弗相混殽。總二十三路，京府四，次府十，州二百四十二，軍三十七，監四，縣一千二百三十五，釐爲十卷。」王應麟稱其文見於《曲阜集》，葢曾肇之詞也。其書始於四京，終於省廢州軍及化外羈縻州，凡州縣皆依路分隸。首具赤、畿、望、緊、上、中、下之名，次列地里，次列户口，次列土貢。每縣下又詳載鄉鎮，而名山大川之目，亦併見焉。其於距京距府旁郡交錯四至八到之數，縷析最詳，深得古人辨方經野之意。叙次亦簡潔有法。趙與旹《賔退録》尤稱其《土貢》一門備載貢物之額數，足資考核，爲諸志之所不及。自序所稱文直事核，洵無愧其言矣。其書最爲當世所重。民間又有别本刊行，内多《古蹟》一門，故晁公武《讀書後志》有《新舊九域志》之目。此爲明毛晉影抄宋刻，乃元豐間經進原本，後藏徐乾學傳是樓中。字畫清朗，訛闕亦少，惟佚其第十卷。今以蘇州朱焕家抄本補之，仍首尾完具。案張淏《雲谷雜記》，稱南渡後閩中刊書不精，如睦州宣和中始改嚴州。而新刊《九域志》直改爲嚴州。今檢此本内睦州之名，尚未竄改，則其出於北宋刻本可知矣。近時馮集梧校刊此書，每卷之末，具列考證，其所據亦此本也。

清・程晉芳《勉行堂文集》卷五《〈元豐九域志〉跋》　此書所載沿革則自宋初迄元豐時，可補證諸書之缺誤；至其各縣下載及山川、古跡，寥寥數語，則本《隋書》及《元和郡縣誌》、《新唐書・地理志》體例，不可輕議也。《太平寰宇記》亦載地之四至，而不及此書之詳，宋代鎮砦及銅鐵監之制，此視《宋史》爲核，五代沿革亦薛、歐二《史》不及，土貢亦多於《通考》、《宋史》篇，惟羈縻州所載，視他書恨畧耳。

清・錢泰吉《甘泉鄉人餘稿》卷一《跋朱思本〈九域志〉不全稿》　生沐得此書，屢询朱思本爲何許人，余瞠目不能答。今质之位西，乃知爲元時道士羽流，而能研究輿地之學，視句典外史更上一层矣。

清・朱彝尊《曝書亭集》卷四四《跋〈元豐九域志〉》　《九域志》十卷，元豐中丹陽王存正仲被旨與曾肇、李德芻共撰。曩見宋槧本于崑山徐氏，失四京第一卷，次卷亦多闕文，特府、州、軍、監、縣均有古跡一門，蓋民間流行之書，而此則經進本也。故晁公武《讀書後志》有新、舊九域志之目。其進表上陳「文直筆核，洵不媿乎其言者。宋槧字小而密，斯則格紙軒朗，便於老眼覽觀，極爲可喜，抄而插諸架。德芻别有《元豐郡國志》三十卷、圖三卷，載宋《藝文志》。小長蘆八十一老人彝尊手識。

清・陳鱣《〈元豐九域志〉跋》　乾隆五十二年九月，鱣在京师，有持書目出售中有《元豐九域志》十卷，下署錢遵王影宋鈔本，因購之。考《讀書敏求記》不著於録，惟于《太平寰宇記》云，此書較詳於《九域志》，或當日曾有其書，未及著録與。書中凡遇本朝、皇朝字，俱空一格，其爲影宋本無疑，雖間有缺文，而褚墨精良，繕寫工整，洵堪寶玩。朱竹垞檢討跋《寰宇記》，云不若《九域志》之簡而有要，與《敏求記》之言相反，前人所見各有不同。竹垞又跋《九域志》，云昆山徐氏所藏宋槧本《九域志》，失四京第一卷，而府、州、軍、監均有古跡一門，蓋民間流行之書。今此本無古跡一門，惟福建路興化軍後及廣南路南海郡、柳州龍城郡後存古跡三條，豈偶有缺葉，而别取民間流行本以補入邪？《困學紀聞》引《九域志》滄州有漢武臺，今本無之，亦古跡中語。《玉海》載紹興四年及大觀二年皆有上言續修《九域志》之事，宣和罷書局，不及成，然則王氏所見者，正當日續定而未經進本也。是書流傳頗罕，近日桐鄉冯編修集梧重爲刊布，云从宋刻摹本抄得者，亦有缺字，常取江南、浙江書局所進本參校分注其下，又援引它書，核其異同，條繫每卷之末，考訂精詳，庶稱善本。因取以相校，其缺字互爲補之，終未能全，至如囊邑，京東南一肖七十里，鈔本有「南」字，與《通鑒》卷二百八十一注引《志》合；秦上州非「奉上州」，與《唐書・地理志》、《太平寰宇記》合；襲州非「龔州」，與《新唐書・地理志》、《太平寰宇記》合；令州非「今州」，與舊、新《唐書・地理志》合。此類不可悉舉，皆刻本顯誤，而編修按語之所存疑而未改者也。其最異者，衛州黎陽縣下刻本僅「州北二里」四字，鈔本則云：「州東北一百二十里，四鄉，衛、苑橋二鎮，有大伾山、枉人山、黄河、永濟渠」，凡二十七字。因思《禹貢》「東過洛汭，至于大伾」，《蔡傳》曰「今通利軍黎陽縣臨河有山，蓋大伾山也」，即指此。按《志》，端拱元年，以擅州黎陽縣建通利軍，熙寧三年廢入衛州，當云今衛州黎陽縣。《困學紀聞》云：「蔡氏《禹貢傳》曰：鳥鼠，地志在隴西首附縣西南，今渭州渭源縣西也。」此以唐之州縣言，若本朝輿地，當云今熙州渭源堡。又曰：「朱圉，地志在天水郡冀縣南，今泰州大潭縣也。」按《九域志》，建隆三年，泰州置大潭縣，熙寧七年，以大潭縣隸岷州，今爲西和州，當云西和州大潭縣。鱣謂熙州渭源堡與《志》合，岷州之爲西和州，蓋在元豐以後；而黎陽縣一條，王氏亦未之論及，不覺躍然起曰：地志之有益於經學若是。向微此足本，將何由訂正乎？今河南濬縣東有大伾山，亦名黎陽山，若就此日言之，當云在河南衛輝府濬縣矣。嘗謂天文似難而實易，地理似易而實難，以其沿革無定也，是《志》仍《元和郡縣誌》之例，並列四至八到，又于户口之數，土貢之物，山鎮之名，一一登載，而不及人物，觀其上表實取法《禹貢》、《周禮》，始知竹垞所稱簡而有要，爲不可易萬季。野征君云，譔一統志奚必及人物？人物自有史傳諸書，閻百詩、徵君評《困學紀聞》，嘗稱述其説，惜乎不爰及是志爲例。然《潛邱劄記》録王存上表一則，則其服膺亦可想見，若遵王固未足以語此耳。校訂既定，遂記諸簡末。是年冬十有一月既望，書于宣武門外之藏海小廬。

《岳陽風土記》

元・馬端臨《文獻通考》卷二五〇　《岳陽風土記》一卷，陳氏曰：宣德郎監商税務、建安范致明晦叔撰。元祥進士第二人。仕至次對，其在岳盖謫官也。

宋・陳振孫《直齋書録解題》卷八　《岳陽風土記》一卷，宣德郎監商税務、安危致明晦叔撰。案《文獻通攷》作范致明元符進士第二人，仕至次對，其在岳盖謫官也。

清・紀昀等《欽定四庫全書總目》卷七〇　《岳陽風土記》一卷，兩江總督採進本。宋范致明撰。致明字晦叔，建安人。元符中登進士第。是編乃其以宣德郎謫監岳州商税時所作，不分門目，隨事載記。書雖一卷，而於郡縣沿革，山川改易，古蹟存亡，考證特詳。如樂史《太平寰宇記》謂大江流入洞庭。致明則謂洞庭會江。江不入洞庭。惟荆江夏秋暴漲，乃逆泛而入。三五日即還，名曰翻流水。圖經以鄭王廟爲鄭德璘。致明則謂爲隋末鄭文秀與董景珍同立蕭銑者，故其北又有董王廟。沈亞之《湘中怨》記岳陽樓聞汜人之歌。致明則核以地形，謂舟中之歌，樓上不辨。杜佑《通典》謂巴邱湖中有曹洲，即曹公爲吴所敗燒船處，在今縣南四十里。致明則謂今縣西但有曹公渡，考之地理，與周瑜、曹操相遇處絶不相干。《漢陽圖經》謂赤壁即烏林，致明則謂曹操已至巴邱，則孫劉宜拒之於巴陵江夏間。所謂烏林，即烏黎口，不當在漢陽界。世傳華容爲章華臺，致明則謂舊臺在景陵界，華容隋縣，乃取古容城名之。酈道元《水經注》謂澧水會沅，然後入湖。致明則謂澧沅雖相通，而各自入湖。澧所入處名澧口，沅所入處名鼎江口，皆確有引據。異他地志之附會。其他軼聞逸事，亦頗資採擇，敘述尤爲雅潔。在宋人風土書中，可謂佳本矣。

《輿地廣記》

宋・歐陽忞《〈輿地廣記〉序》　古者風俗醇厚，士大夫安於所習。而無外慕不足之心。故其藝必專。兊之戈，和之弓，僚之於圓，秋之於奕，皆以此終其身而名後世，而人亦未有能加之者，及至後世，日益奢靡。未始不欲以其一身擅天下之能事，而終無所至。嗚呼！此後之君子，所以有媿於古歟？地理之書，雖非有深遠難見之事，然自歷世以來，更張改作，先王之制，無一存者，自非專門名家而從事於此者，其孰能知之？予不佞，自少讀書，私嘗留意於此，嘗自堯舜以來至於今，爲書凡三十八篇，命之曰《輿地廣記》。凡自昔史官之作，與夫山經地誌，旁見雜出，莫不入於其中，庶幾可以成一家之言，備職方之考，而非口傳耳受，嘗試之説者也。傳曰：「執璿璣以觀大運，則天地之動未足怪也；據會要以觀方來，則六合輻湊未足多也。」統之有宗，會之有源，則繁而不能亂，衆而不能惑矣。地理之書，紛雜殽亂，卒然視之，漫不可省，雖深識博聞之君子，亦且以爲病，而又安知是非之所在？其所以處之，將必有道矣。夫以今之州縣而求於漢，則爲郡。以漢之郡縣而求於三代，則爲州。三代之九州，散而爲漢之六十餘郡。漢之六十餘郡，分而爲今之三百餘州。雖其間或離或合，不可討究而吾胸中盖已了然矣。譬如三十輻之車，制之以轂，二篇之策，統之以乾坤，豈不約而易操乎？是以願廣其書於世，必有能辨之者。世之君子，其試以是觀之。政和閼年三月日廣陵歐陽忞序。

宋・晁公武《郡齋讀書志》卷二下　《輿地廣記》三十八卷。右皇朝歐陽忞纂。自堯舜已來至於五代，地里沿革離合，皆係以今郡縣名。或云無所謂歐陽忞者，特假名以行其書耳。

宋・陳振孫《直齋書録解題》卷八　《輿地廣記》三十八卷，廬陵歐陽忞撰。政和中作其前三卷，以今之郡縣系於前代郡國之下。其序曰：「以今州縣求於漢，則爲郡；以漢郡縣求於三代，則爲州。三代之九州，散而爲漢之六十餘郡，又分而爲今之三百餘州，雖或離或合不可討究，而吾胸中則已了然矣。」漢郡國一百三，今云六十餘郡，不可曉也。忞爲文忠族孫，行名皆連「心」字。

元・馬端臨《文獻通考》二〇四　《輿地廣記》三十八卷　鼂氏曰：皇朝歐陽忞纂。自堯舜以來至於五代，地理沿革、離合皆繫以今郡縣名，或云無所謂歐陽忞者，特假名以行其書耳。

陳氏曰：「政和中作其前三卷，以今之郡縣繫於前代郡國之下。其序曰：以今州縣求於漢，則爲郡；以漢郡縣求於三代，則爲州。三代之九州，散而爲漢之六十餘郡，又分而爲今之三百州，雖或離或合，不可討究，而吾胸中則已了然矣。漢郡國一百三，今云六十餘郡，不可曉也。忞當是文忠族孫，行名皆連「心」字。

清・紀昀等《欽定四庫全書總目》卷六八　《輿地廣記》三十八卷，浙江鮑士恭家藏本。宋歐陽忞撰。晁公武《讀書志》謂實無其人，乃著書者所假託。陳振孫《書録解題》則以爲其書成於政和中。忞，歐陽修從孫，以行名皆連「心」字爲據。按此書非觸時忌，何必隱名？疑振孫之説爲是。然修，盧陵人，而此本有忞自序，乃自稱廣陵。豈廣盧，字形相近，傳寫致訛歟？其書前四卷，先叙歷代疆域，提其綱要。五卷以後，乃列宋郡縣名，體例特爲清析。其前代州邑宋不能有，如燕雲十六州之類者，亦附各道之末，名之曰化外州，亦足資考證。雖其時土字狹隘，不足括輿地之全。而端委詳明，較易尋覽，亦輿記中之佳本也。

清·程晉芳《勉行堂文集》卷五《輿地廣記》跋　此書自竹垞稱之，重於世久矣。及詳觀之，乃知不及樂氏《寰宇記》遠甚。【略】如九州之分爲各州，歷朝之分并州郡，皆人所共知，諸書所悉有，與其即後人之書求之，不若據前人之書讀之也。其叙五代州郡，本之歐《史》之《職方考》，而於歐之脱略茂、延諸州，未之及。五代沿唐之制，分爲十道，薛《史》頗詳，而此書未詳。是既不能補歐《史》之缺，又不克用薛《史》之長，疏忽甚矣。其各府沿革，則删節《通典》而爲之，又好引古迹而多所脱略。如陳留本鄭邑，後又爲陳所並，故曰陳留。《通典》諸書皆載，而此不載。又新安縣載函谷關廢置，而大關、金關不及焉。餘故謂凡讀各種史書者，必多求他本對勘，則得失立見。不可震於其名，從人之好惡也。惟書中載水利較他書頗詳，《唐書·地理志》之後，此爲第一。可取者在此，而竹垞轉不之及，何歟？

清·朱彝尊《曝書亭集》卷四四《宋本〈輿地廣記〉跋》　亡友仁和吳志伊以經史教授鄉里，束修所入，就市閲書，善價購而藏之。歐陽忞《輿地廣記》其一也。志伊既卒于官，書多散失。是書偶歸予插架，顧闕首二卷。徐尚書總裁《一統志》，請權發文淵閣，故書以資考驗。是編首二卷存焉，予亟傳寫，遂成完書，重是亡友物，不輕假人。每一展讀，尚如手新觸也。忞爲廬陵族孫，書成于政和中。先之以《禹貢》九州，而秦，而漢，而三國，而晉，而唐，而五代。首舉其大綱，序之曰：「以今之州縣而求于漢，則爲郡；以漢之郡縣而求于三代，則爲州；三代之九州，散而爲漢之六十餘郡；漢之六十餘郡，分而爲今之三百餘州。雖其間或離或合，不可討究，而吾胸中蓋已了然矣。」故其沿革有條有理，勝于樂史《太平寰宇記》實多。後此志輿地者，中原不入職方，殘山剩水僅述偏安州郡。至于元，始修《大一統志》，而其書罕傳。益以徵是編之當寶惜也。

清·顧廣圻《思適齋集》卷一四《跋朱竹垞藏禾本〈輿地廣記〉後》　歐陽忞《輿地廣記》新刻本有《校勘劄記》二卷，大指專爲擠擊朱校而作。朱校者，彼序所謂竹垞所藏本，模糊闕損處，輒有紅筆填寫字，不知出自誰手，以其用紅筆，故以朱校稱之者也。竹垞藏本今爲汪君閬源買得，借來一勘，與《劄記》所言者十有八九不合，唯以彼序所謂時下鈔本求之，則多合焉。於是尋其條件，有並無朱校者，則竹垞藏本不著一字處也；有並非朱校者，則竹垞藏本另有時人墨筆字處也。至於其餘十之二三，方爲紅筆填寫字。然亦或合或不合，則又視乎時下鈔本言之。故同一紅筆也，而其言之有稱朱校者，有不稱朱校者。夫彼何以如是之用心，我則弗能知。而彼之如是其不合，則竹垞藏本有字、無字、墨筆、紅筆，犁然具在，固可燭照而數計也。雖然，世之不獲見竹垞藏本者衆矣，將奈彼《劄記》之歸咎朱校何？吾願汪君據此之真，顯彼之僞，每條每件，標而記之，繕録一帙，以便傳觀。庶几于讀歐陽忞此書者，不致多所失實，而曝書亭插架自是稍謝金根白及之誚，不亦善乎？遂于還書汪君之日，識此而遺之。

《西征記》

宋·李耆卿《文章精義》　盧仝《月蝕詩》，韓退之删改耳，謂之效玉川子作。何耶？文章有短而轉折多氣長者，韓退之《送董邵南序》，王介甫讀《孟嘗君傳》是也；有長而轉折少且氣短者，盧襄《西征記》是也。

清·紀昀等《欽定四庫全書總目》卷六四　《西征記》一卷　浙江巡撫採進本。宋盧襄撰。襄字贊元。觀其自序，蓋衢州人。此書載於錦繡萬花谷前集之末，不知何人鈔出别行，乃襄赴京春試時紀行之作，末題庚辰仲春元日。案北宋凡三庚辰，吳自牧所作歷科狀元表，太宗太平興國五年庚辰，暨仁宗康定元年庚辰，皆不見有進士科。惟哲宗元符三年庚辰，有李釜榜進士，則是人應試或在此年。所叙述皆無關考據。又雜載詩歌，詞多鄙俚，雖出宋人，無可採録也。

《北狩見聞録》

清·紀昀等《欽定四庫全書總目》卷五一　《北狩見聞録》一卷　兩江總督採進本。宋曹勛撰。勛字功顯，陽翟人。宣和五年進士。南渡後官至昭信軍節度使。事蹟具《宋史》本傳。是編首題保信軍承宣使知閤門事兼客省四方館事臣曹勛編次。蓋建炎二年七月初至南京時所上。其始於靖康二年二月初七日，則以徽宗之入金營，惟勛及姜堯臣、徐中立、丁孚四人得在左右也。所記北行之事，皆與諸書相出入。惟述密賚衣領御書及雙飛蛺蝶金環事。則勛身自奉使，較他書得自傳聞者節次最詳。末附徽宗軼事四條，亦當時所並上者。紀事大都近實，足以証北狩日記諸書之妄。且與高宗繼統之事尤爲有關。雖寥寥數頁，實可資史家之考証也。

《松漠紀聞》

宋・洪适《盤洲文集》卷六二《題〈松漠紀聞〉》 右，《松漠紀聞》一卷，先君銜使十五年，深阸窮漠，耳目所接，隨筆纂。聞孟公庾發篋汴都，危變歸計，創艾而火其書，握節來歸，因語言得罪柄臣，諸子佩三緘之戒，循陔侍膝，不敢以北方事置齒牙間。及南從炎荒，視膳餘日，稍亦談及遠事。凡不關今日强弱利害者，因操牘記其一二。未幾，復有私史之禁，先君亦枕末疾，遂廢不録。及柄臣蓋棺，弛語言之律，而先君已賫恨泉下。鳩拾殘編，僅得數十事，反袂拭面，不復彙次。或可廣史氏之異聞云爾。

清・紀昀等《欽定四庫全書總目》卷五一 《松漠紀聞》一卷，續一卷 兩淮鹽政採進本。宋洪皓撰。皓字光弼，鄱陽人。政和五年進士。建炎三年，以徽猷閣待制假禮部尚書，爲大金通問使。既至金，金人迫使仕劉豫。皓不從，流遞冷山，復徙燕京。凡留金十五年方得歸。以忤秦檜貶官，安置英州而卒。久之始復徽猷閣學士，謚忠宣。事蹟具《宋史》本傳。此書乃其所紀金國雜事。始於留金時，隨筆纂録。及歸，懼爲金人搜獲，悉付諸火。既被譴謫，乃復追述一二，名曰《松漠紀聞》。尋有私史之禁，亦秘不傳。紹興末，其長子适始校刊爲正續二卷。乾道中，仲子遵又增補所遺十一事。明代吴琯嘗刻入《古今逸史》中，與此本字句間有異同，而大略相合。皓所居冷山，去金上京會寧府纔百里。又嘗爲陳王延教其子。故於金事言之頗詳。雖其被囚日久，僅據傳述者筆之於書，不若目擊之親切。中間所言金太祖太宗諸子封號，及遼林牙達什北走之事，皆與史不合。又不曉音譯，往往訛異失真。然如敘太祖起兵本末，則遼史天祚紀頗用其説。其熙州龍見一條，金史五行志亦全采之。蓋以其身在金庭，故所紀雖真贋相參，究非鑿空妄説者比也。

《西征道里記》

宋・鄭剛中《北山集》卷一三《〈西征道里記〉序》 紹興乙未，上以陝西初復，命簽書樞密樓公諭以朝廷安輯混貸之意。某以秘書少監，被旨參謀是役也。審擇將帥屯隸軍馬，經畫用度詢訪疾苦，振恤隱孤表揚忠義。公皆推行如上意，故其本末次序，屬吏不敢私録，至於所過道里，則集而記之。雖搜覽不能周盡，而耳目所及，亦可以驗遺蹤而知往古。與夫兵火凋落之後，人事興衰，物情向背，時有可得而窺者。以其年四月二十二日，舟出北關。六月二十四日，至永興。七月十三日，進至鳳翔，越三十七日，府告無事，公率官吏以歸。水陸凡六十驛，往來七千二百里。本計七千一百九十里，汜水以未至縣十里，河水南侵，自嬰子坡移路旁山回程衍十里。右通直郎尚書户部員外郎李若虛，參議左朝，請大夫新差知吉州軍州事，江少虞左朝請郎新除陝西，轉運副使姚焯機宜右從事，郎新湖州德清縣主簿樓垍書寫機宜文字。左朝奉郎行大理寺丞王師心，右奉郎郎監行在榷貨務闔大鈞，右宣教郎，前温州平陽縣丞郭子欽幹辦，左朝散郎主管台州崇道觀，李孝恭提舉錢糧，右丞直郎前江西提刑司，幹辦事穆平。左丞直郎新泉州永春縣丞王晞韓，右文林郎前監潭州，南嶽廟胄雲。右迪功郎新潭州善化縣主薄宋有，右從事郎葉光准備差遣，右文林郎，前建州建陽縣尉李若川，點檢醫藥飯食凡一十五員，左宣教郎試秘書少監，充樞密行府參謀鄭某序。

清・紀昀等《欽定四庫全書總目》卷六四 《西征道里記》永樂大典本。宋鄭剛中撰。剛中有《周易窺餘》，已著録。是書乃剛中爲左宣教郎試祕書少監充樞密行府參謀時記行之作。前有自序，稱紹興已未，陝西初復，命簽書樞密樓公諭以朝廷安輯之意。某以秘書少監預參謀。所過道里，集而記之。雖搜覽不能周盡，而耳目之際亦可以驗遺蹤而知往古。與夫兵火凋落之後，人事興衰，物情向背。時有可得而窺者。同行者右通直郎尚書員外李若虛等九十五人云。

《東京夢華録》

宋・孟元老《〈東京夢華録〉自序》 僕從先人宦游南北，崇寧癸未到京師，卜居於州西金梁橋西夾道之南。漸次長立，正當輦轂之下，太平日久，人物繁阜。垂髫之童，但習鼓舞；班白之老，不識干戈。時節相次，各有觀賞。燈宵月夕，雪際花時，乞巧登高，教池游苑。舉目則青樓畫閣，繡户珠簾。雕車競駐於天街，寶馬争馳於御路。金翠耀目，羅綺飄香，新聲巧笑於柳陌花衢，按管調絃於茶坊酒肆。八荒争湊，萬國咸通。集四海之珍奇，皆歸市易；會寰區之異味，悉在庖厨。花光滿路，何限春遊？簫鼓喧空，幾家夜宴。伎巧則驚人耳目，侈奢則長人精神。瞻天表則元夕教池，拜郊孟享。頻觀公主下降，皇子納妃。修造則創建明堂，冶鑄則立成鼎鼐。觀妓籍則府曹衙罷，内省宴回，看變化則舉子唱名，武人换授。僕數十年爛賞疊遊，莫知厭足。一旦兵火，靖康丙午之明年，出京南來，避地江左，情緒牢落，漸入桑榆。暗想當年，節物風流，人情和美，但成悵恨。近與親戚會面，談及曩昔，後生往往妄生不然。僕恐浸久，論其風俗者，失於事實，誠爲可惜。謹省記編次成集，庶幾開卷得覩當時之盛。古人有夢遊華胥之國，其樂無涯者。僕今追念，回首悵然，豈非華胥之夢覺哉？目之曰《夢華録》。然以京師之浩穰，及有未嘗經從處，得之於人，不無遺闕。倘遇鄉黨宿德，補綴周備，不勝幸甚！此録語言鄙俚，不以文飾者，蓋欲上下通曉耳。觀者幸詳焉。紹興丁卯歲除日幽蘭居士東京孟元老序。

元·馬端臨《文獻通考》卷二四〇 《東京夢華録》十卷。陳氏曰：稱幽蘭居士孟元老撰。元老不知何人。少游京師，晚值喪亂之後，追述舊事，兼及國家典祀、里巷風俗。以其首載京城宫闕、橋道坊曲尤詳，故系之地理類。

清·紀昀等《欽定四庫全書總目》卷七〇 《東京夢華録》十卷，編修汪如藻家藏本。宋孟元老撰。元老始末未詳。蓋北宋舊人，於南渡之後，追憶汴京繁盛，而作此書也。自都城坊、市節序風俗，及當時典禮儀衛，靡不核載。雖不過識小之流，而朝章國制，頗錯出其間。核其所紀，與《宋志》頗有異同。如《宋志》南郊儀注，郊前三日，但云齋於大慶殿太廟及青城齋宫。而是書載車駕宿大慶殿儀，駕宿太廟奉神主出室儀，駕詣青城齋宫儀委曲詳盡。又如郊畢解嚴，《宋志》但云御宣德門肆赦。而是書載下赦儀，亦極周至。又行禮儀注，《宋志》有皇帝初登壇，上香奠玉幣儀，既降盥洗，再登壇然後初獻詩。而是書奏請駕登壇即初獻，無上香獻玉帛儀。又太祝讀册，《宋志》列在初獻時。是書初獻之後再登壇，始稱讀祝。亦小有參差。如此之類，皆可以互相考證，訂史氏之訛舛。固不僅歲時宴賞士女奢華，徒以怊悵舊遊，流傳佳話者矣。

清·朱彝尊《曝書亭集》卷四四《書〈夢華録〉後》 《東京夢華録》十卷。幽蘭居士孟元老撰。紹興丁卯自爲之序，琴川毛氏曾刊入《津逮祕書》，然失去淳熙丁未浚儀趙師俠介之後序，是編爲弘治癸亥雕本。亞中大夫、汴人賈宗仲原兼有跋尾，蓋周藩儀賓也。

《乾道臨安志》

清·紀昀等《欽定四庫全書總目》卷六八 《乾道臨安志》三卷，浙江孫仰曾家藏本。宋周淙撰。淙字彦廣，湖州長興人。幹道五年，以右文殿修撰知臨安府，創爲此《志》。原本凡十五卷，見《宋史·藝文志》。其後淳祐間施鍔，咸淳間潛説友，歷事編纂，皆有成書。今惟潛《志》尚存抄帙，周施二《志》世已無傳。此本爲杭州孫仰曾家所藏宋槧本。卷首但題作《臨安志》，而中間稱「高宗」爲「光堯太上皇帝」，稱「孝宗」爲「今上」，紀牧守至淙而止，其爲《幹道志》無疑。惟自第四卷以下，俱已闕佚，所存者僅什之一二，爲可惜耳。第一卷紀宫闕官署，題曰《行在所》，以别於郡志，體例最善。後潛《志》實遵用之。二卷分沿革、星野、風俗、州境、城社、户口、廨舍、學校、科舉、軍營、坊市、界分、橋樑、物産、土貢、稅賦、倉場、館驛等諸子目，而以亭臺、樓觀、閣軒，附其後。敘録簡括，深有體要。三卷紀自吴至宋幹道中諸牧守，詳畧皆極得宜。淙尹京時，撩湖浚渠，頗留心於地利，故所著述亦具有條理。今其書雖殘闕不完，而於南宋地志中爲最古之本。考武林掌故者，要必以是書稱首焉。

清·厲鶚《樊榭山房文集》卷八《〈乾道臨安志〉跋》 《乾道臨安志》十五卷，宋臨安府尹吴興周淙彦廣所修也。此宋槧殘本，僅一卷至三卷，無序目可稽。觀其稱孝宗爲今上，紀職官至淙而訖，其爲《乾道志》無疑。吾郡志乘之有名者，北宋圖經久已無考，至南渡建爲行都，則此志居首，繼之以施愕《淳祐志》、潛説友《咸淳志》，皆爲宋人排纘。予所見者只有《咸淳志》百卷，向在花馬氏吴君尺鳧抄藏，尚缺七卷。趙君穀林復購得宋槧本之半，固已珍如球璧。今孫君晴崖從都下獲此志，雖僅什之一二，而當時宫闕、官署、城中橋樑、坊巷具存，職官始末更爲詳晰，諸家儲藏著録未有及此者。淙尹京時，撩湖浚渠，綽有政績，載在《宋史》。其書更可寶也，亟借録副本而歸之。

清·杭世駿《道古堂文集》卷二七《〈乾道臨安志〉跋》 長興周淙彦廣撰《臨安志》十五卷，《直齋書録》識其首卷爲行在所，於宫闕殿閣全不記載，其他沿革亦多疏畧。此書世所罕傳，萬曆中吾郡陳布政善修府志時已不得見。孫君晴崖得宋槧本於京師故家，祇一卷至三卷，所載園亭坊巷及職官姓氏，爲潛君高《咸淳志》藍本，其他惜無從更覓。然斷珪殘璧，爲此邦文獻計，已不啻寶如圖球。

《志》稱幹道三年五月二十六日，以右朝請大夫直龍圖閣、兩浙轉運副使知臨安府。先是紹興二十五年，嘗通判府事。《宋史》本傳但言宣和間以父任爲郎，歷官至通判。《建康府志》稱幹道四年十月十四日，磨勘轉右議大夫，五年七月初四日除右文殿修撰再任，本傳但言進右文殿修撰提舉江州太平興國官以歸，無再任臨安事，此可以補史之闕。《咸淳志》載淙浚湖撩草諸善政，孝宗手敕奬諭，本傳但言其開河一事，亦似過略。

清・錢保塘《清風班文妙》卷三《校〈乾道臨安志〉序》　道光間，錢塘汪氏振綺堂校刊宋本潛氏《咸淳臨安志》。讀黄氏士珣劄記，知曾取幹道、淳祐二《志》參校，惜其不並刻二《志》，豈以其殘胭過甚，抑所載者已具《咸淳志》中耶？夫志乘當詳，固矣。然考古者徵引事實，必以始出者爲據。二《志》雖殘，實爲《咸淳志》所採用，創始之功不可没也。會稽章碩卿大令得鈔本《乾道志》三卷於京師藏書家，爲故學師嘉興家警石先生校本。攜歸蜀中刻之，屬爲校勘。今審其確爲鈔本誤而校本是者，鈔本脱漏而校本完善者，悉從校本補正。有兩通者，録其校語於劄記中，標曰原校。保塘所校者，中以「按」字别之。潛《志》所載《乾道志》佚文數條，並爲補入。周《志》原文間有誤處，有可審其歧異之由者，並據他書詳加辨證，以備修郡志者抉擇焉。原書每葉十八行，行二十字，遇宋帝「詔」、「旨」等字，均提行空格，稱孝宗爲今上，光宗以下諱均不避，蓋即從書成後初刻本輾轉影鈔者也。光緒四年八月。

《入蜀記》

清・紀昀等《欽定四庫全書總目》卷五八　《入蜀記》六卷　光禄寺卿陸錫熊家藏本。　宋陸游撰。游字務觀，號放翁，山陰人。佃之孫，宰之子。初以蔭補登仕郎。隆興初，賜進士出身。嘉泰初，官至寶謨閣待制。事蹟具《宋史》本傳。游以乾道五年授夔州通判。以次年閏六月十八日自山陰啓行，十月二十七日抵夔州。因述其道路所經，以爲是記。游本工文，故於山川風土，敘述頗爲雅潔。而於考訂古跡，尤所留意。如丹陽皇業寺即史所謂皇基寺，避唐元宗諱而改。李白詩所謂新豐酒者地在丹陽、鎮江之間，非長安之新豐；甘露寺很石，多景樓皆非故跡；真州迎鑾鎮乃徐温改名，非周世宗時所改；梅堯臣《題瓜步祠詩》誤以魏太武帝爲曹操；廣慧寺《祭悟空禪師文》石刻保大九年乃南唐玄宗，非後主；庾亮樓當在武昌，不應在江州，白居易詩及張舜臣《南遷志》並相沿而誤；歐陽修詩「江上孤峰蔽緑蘿」句，緑蘿乃溪名，非泛指藤蘿；宋玉宅在秭歸縣東，舊有石刻，因避太守家諱毁之。皆足備輿圖之考證。他如解杜甫詩「長年三老」字及「攤錢」字，解蘇軾詩「玉塔臥微瀾」句，解南方以七月六日作七夕之由，辨李白集中《姑孰十詠》、《歸來乎》、《笑矣乎》、《僧伽歌》、《懷素書歌》諸篇，皆宋敏求所竄入，亦足廣見聞。其他搜尋金石，引據詩文以參證地理者，尤不可殫數。非他家行記徒流連風景，記載瑣屑者比也。

《吴船録》

清・紀昀等《欽定四庫全書總目》卷五八　《吴船録》二卷　浙江鮑士恭家藏本。　宋範成大撰。成大於淳熙丁酉自四川制置使召還，取水程赴臨安，因隨日記所閲歷，作爲此書。自五月戊辰，迄十月己巳。於古跡形勝言之最悉，亦自有所考證。如釋繼業紀幹德二年太祖遣三百僧，往西方求舍利貝多葉書路程，爲他説部所未載，頗足以廣異聞。又載所見蜀中古畫，如伏虎觀孫太古畫《李冰父子像》，青城山丈人觀孫太古畫《黄帝及三十二仙真》。長生觀孫太古畫《龍虎》及玩丹石寺唐畫《羅漢》一版，皆可補黄休複《益州名畫記》所未及。又杜甫《戎州詩》「重碧拈春酒」句，印本「拈」或作「酤」。而成大謂敘州有碑本乃作「粘」字，是亦注杜集者所宜引據也。

宋・陳振孫《直齋書録解題》卷一一　《吴船録》一卷，范成大至能撰，自蜀帥東歸紀遊，取「門泊東吴萬裏船」之語。

元・馬端臨《文獻通考》卷二一七　《吴船录》一卷，陳氏曰：范成大至能撰，自蜀帅東歸紀游，取「門泊東吴万里船」之語。

《桂海虞衡志》

宋・范成大《桂海虞衡志》原序　始予自紫微垣，出帥廣右，姻親故人張飲松江，皆以炎荒風土爲戚。予取唐人詩，考桂林之地，少陵謂之宜人，樂天謂之無瘴，退之至以湘南江山勝於驂鸞仙去，則宦遊之適，寧有踰於此乎？既以解親友而遂行。幹道八年三月，既至郡，則風氣清淑，果如所聞，而巖岫之奇絶，俗習之淳古，府治之雄勝，又有過所聞者。予既不鄙夷其民，而民亦矜予之拙而信其誠，相戒無欺侮。歲比稔，幙府少文書，居二年，餘心安焉。承詔徙鎮全蜀，亟上疏固謝不能，留再閱月，辭匃獲命，乃與桂民別。民觴客於途，既出郭，又留二日，始得去。航瀟湘，絶洞庭，泝灩澦，馳驅兩川，半年達於成都。道中無事，時念昔遊，因追記其登臨之處與風物土宜，凡方志所未載者，萃爲一書，蠻陬絶徼見聞可紀者，亦附著之，以備土訓之圖。噫，錦城以名都樂國聞天下，予幸得至焉。然且倦倦於桂林，至爲之綴緝瑣碎如此。蓋以信予之不鄙夷其民，雖去之遠，且在名都樂國，而猶勿忘之也。淳熙二年長至日，吴郡範成大至能書。

宋・晁公武《郡齋讀書志》卷五上　《桂海虞衡志》三卷。右範文穆公成大帥静江日，其風物土宜也，自爲之序。

宋・陳振孫《直齋書録解題》卷八　《桂海虞衡志》二卷，府帥吴郡範成大至能撰。範自桂移蜀，道中追記昔遊。

明・章潢《圖書編》卷六七　《桂林諸巖洞》：余閲宋范穆成大《桂海虞衡志》，見其评桂山之奇，称爲千峯崛然特立，旁無延緣，而玉笋瑶篸森列，其怪且多。若此當爲天下第一。私竊意其爲過言。迺今來遊桂林，覩諸峯巒巉巖，從平地削出數百千丈，不假纖培而骨相嶄然。玉立劔峙，衆態畢呈，或半空開竅，寘搜叵測，或挺拔天表，登頫無階，其奇怪奪目驚心，殆不可具狀。

清・紀昀等《欽定四庫全書總目》卷七〇　《桂海虞衡志》一卷，兩江總督采進本。宋範成大撰。乾道二年，成大由中書舍人出知静江府。淳熙二年，除敷文閣待制，四川制置使，是編乃由廣右入蜀之時，道中追憶而作。自序謂凡所登臨之處與風物土宜，方志所未載者，萃爲一書。蠻陬絶徼，見聞可紀者，亦附著之，共十三篇，曰《志岩洞》、《志金石》、《志香》、《志酒》、《志器》、《志禽》、《志獸》、《志蟲魚》、《志花》、《志果》、《志草木》、《雜誌》、《志蠻》。每篇各有小序，皆志其土之所有。惟《志岩洞》僅去城七八裏内嘗所游者。《志金石》准《本草》之例，僅取方藥所須者。《志蠻》僅録聲問相接者，故他不備載。《志香》多及海南，以世稱二廣出香，而不知廣東香自舶上來，廣右香產海北者皆凡品。《志器》兼及外蠻兵甲之制，以爲司邊鎮者所宜知，故不嫌旁涉。諸篇皆敘述簡雅，無誇飾土風、附會占事之習。其論辰砂、宜砂，地脈不殊，均生白石床上，訂《本草》分別之訛。邕州出砂，融州實不出砂，證圖經同音之誤。零陵香產宜、融諸州，非永州之零陵。《唐書》稱林邑出結遼鳥，即邕州之秦吉了。佛書稱象有四牙六牙，其説不實。桂嶺在賀州，不在廣州。亦頗有考證。成大《石湖詩集》，凡經歷之地，山川風土，多記以詩。其中第十四卷，自注皆桂林作，而詠花惟有《紅豆蔻》一首，詠果惟有《盧橘》一首，至詠遊覽，惟有《棲霞洞》一首、《佛子岩》一首。其見於詩注者，亦僅蠻茶、老酒、蚺蛇皮腰鼓、象皮兜鍪四事，不及他處之詳。疑以此志已具，故不更記以詩也。其盧橘一種，《志果》不載。觀其《志花》小序，稱北州所有皆不録，或《志果》亦用此例。蠻茶一種，《志草木》中亦無之，考詩注稱蠻茶出修仁，大治頭風。而《志草木》中有鳳膏藥，亦云葉如冬青，治太陽痛，頭目昏眩。或一物二名耶？然檢《文獻通考・四裔考》中引《桂海虞衡志》幾盈一卷，皆《志蠻》之文，而此本悉不載。其餘諸門，檢《永樂大典》所引，亦多在此本之外。蓋原書本三卷，而此本並爲一卷，已刊削其大半。則諸物之或有或無，亦非盡原書之故矣。

《雍録》

元・馬端臨《文獻通考》卷二〇四　《雍録》十卷，陳氏曰：吏部尚書、新安程大昌泰之撰。周、秦、漢、隋、唐五代皆都雍，故以名《録》。前史及《黄圖》、《宋志》異同，往往辯訂，其辯《黄圖》有唐縣名。且晉灼所引《黄圖》，皆今書所無，蓋唐人續成之，非見漢事者。

明・康海《對山集》卷三《〈雍録〉序》　《雍録》十卷，宋龍圖學士程文簡公大昌之所著也。謂漢、隋、唐皆都渭南，雖稍遷改而相距不遠，尚爲易考。若夫周、秦兩世，自初興以至遷滅，屢東屢西，不常厥，邑固不可循世次、地望泛而言之。於是以渭爲經，而五代都地隨列渭旁，能沿渭以推其方，而雍關地望如指諸掌矣。此其書之大概。而其雜相考會，則悉本之潘岳《關中記》與《三輔黄圖》、《六典》、《長安志》及吕圖閣圖，所以述雍之故迹小大靡遺矣。然所圖或有差誤，皆按册擬議，而與圖閣產其地而親見之者不同，予是以傷載記者之難言也。往歲，予友大復何子仲默嘗爲《雍大記》，顧其書垂成而卒。悲夫！昔仲默蓋嘗親以序列屬予矣，顧今猶未逮，固深念其用心之勤，期有暇日卒成其書，副厥所託，不知能否也？知西安府南埠李侯文樞，政通民和之餘，盡取關中故志刻之以傳。秋七月，省災過郃，因以《雍録》屬予爲序，於是著所私見於首，以貽考古之士。然關中之跡，大抵諸書幸存，得有所考，讀其書者又當有以識侯之用心焉可也。嘉靖辛夘秋八月丁亥，郃浒西山人康海序。

清·紀昀等《欽定四庫全書總目》卷七〇 《雍録》十卷，大學士於敏中采進本宋程大昌撰。大昌有《古周易占法》，已著録。是編考訂關中古跡，以《三輔黄圖》、《唐六典》，宋敏求《長安志》、吕大防《長安圖記》及紹興《秘書省圖》案書中稱閣圖者，即《秘書省圖》。諸書，互相考證。於宫殿山水都邑，皆有圖有説。謂《三輔黄圖》由唐人增續，初非親生漢時，目睹漢事，故隨事立辨，不以其名古而不敢置議。《長安志》最爲明晰，然亦時有駁復。吕大防圖凡唐世邑屋宫苑已自不存。特其山川地望，悉是親見今故本而言之。若與古記不合，亦復訂正。其參校亦可謂勤矣。今考其書，如函穀關參都邑之中，太子宫序職官之次，地圖之後忽列書目數條，都邑之前突出山名一處。驟然尋之，不得端緒，體例稍爲叢雜。又集古諸《録》所列碑刻，自《獵碣》以外，罕登紀載。考古圖有輦酌宫，亦不著其名。蓋但憑圖籍而未考金石之文，故未免於疏漏。然其搜羅既富，辨證亦詳，在輿記之中固爲最善本也。明代陝西諸志，皆號有法，其亦以是數書者在前歟。考大昌之時，關中已爲金土，而隔越江表，爲鄰國著書，殊爲無謂。蓋孝宗鋭意恢復，有志中原。大昌所作《北邊備對》一書，即隱寓經略西北之意。此書猶此志焉耳。第五卷中特創「漢唐用兵攻取守避要地」一圖。其圖説多舉由蜀入秦之跡。與郭允蹈《蜀鑒》所謂由「漢中取關、陝者」，大旨相合。其微意固可見矣。

《淳熙三山志》

清·紀昀等《欽定四庫全書總目》卷六八 《淳熙三山志》四十二卷，兩淮馬裕家藏本。宋梁克家撰。克家字叔子，泉州晉江人。紹興三十年，廷試第一，授平江簽判，召爲秘書省正字。乾道中，累官右丞相，封儀國公，卒謚文靖。事蹟具《宋史》本傳。史稱其爲文深厚明白，自成一家。制命尤温雅，多行於世。今所作已罕流傳，惟此書尚有寫本。凡分九門：一曰地理；二曰公廨；三曰版籍；四曰財賦；五曰兵防；六曰秩官；七曰人物；八曰寺觀；九曰土俗。朱彝尊《曝書亭集》有是書跋，議其附山川於寺觀，未免失倫。今觀其人物惟收科第，土俗時出謡讖，亦皆於義未安。然其《志》主於紀録掌故，而不在誇耀鄉賢，侈陳名勝。固亦核實之道，自成志乘之一體，未可以常例繩也。其所紀十國之事，多有史籍所遺者，亦足資考證。視後來何喬遠《閩書》之類，門目猥雜。徒溷耳目者，其相去遠矣。

清·朱彝尊《曝書亭集》卷四四《〈淳熙三山志〉跋》 閩中多藏書家，康熙壬子過福州，訪梁丞相《三山志》，無有也。後三十年，睹武進莊氏書目有之，借觀不可得。又六年，而崑山徐學使章仲，以白金一鎰購之，予遂假歸録焉。書凡四十二卷，丞相自爲之序。志閩地者，晉有陶夔，唐有林諝，宋有林世程，諸書均佚，是編亦罕流傳。以三山士夫未著録者，一旦有之，足以豪矣。特其體例附山川於寺觀之末，未免失倫。然十國之事，可徵信者多，有出于黄氏《八閩通志》、王氏《閩大紀》、何氏《閩書》之外，學者所當博稽也。

清·錢大昕《潛研堂文集》卷二九《跋〈三山志〉》 梁克家《三山志》四十卷，《宋史·藝文志》謂之《長樂志》，其實一書也。今本作四十二卷，其第卅一、第卅二兩卷進士題名，乃淳祐中福州教授朱貔孫續入。考目録本附於第卅之後，但云第卅中、第卅下，未嘗輒更舊志卷第。後人析爲四十二者，又非貔孫之舊矣。《志》成於淳熙九年五月，而知府題名增至嘉定十五年，它卷間有闌入淳祐中事者，皆後人隨時儳入也。《宋史》本傳于乾道罷相，以觀文殿大學士知建康府之後，即云淳熙八年，起知福州。據《志》，克家於淳熙六年三月以資政殿大學士宣奉大夫知福州，則《傳》稱八年者誤。《志》又書八年五月，復觀文殿學士，此即《史》所載趙雄奏欲令再任，降旨仍知福州事，是時克家蒞任已滿二年，故有再任之旨，因復其職名。史誤以再任之年爲初任之年，則甫經到任，不當云再任矣。又且克家於罷相時已除觀文殿大學士，越數年起知福州，止帶資政殿大學士。又二年，始復觀文殿學士，仍無大字。則知建康以後，必有落職奉祠之事，而《傳》皆闕之。世人讀《宋史》者，多病其繁蕪，予獨病其缺略。缺略之患，甚於繁蕪，即有範蔚宗、歐陽永叔其人，繁者可省，缺者不能補也。因讀此志，爲之喟然。

清·陸心源《儀顧堂集》卷一八《舊鈔〈三山志〉跋》 此書從宋本傳鈔，尚存四十卷，舊式。近從閩中楊雪滄侍續借得明萬曆刊四十二卷本對校一過，補缺張一葉，補正數百字。明刊本卷四内外城濠門，脱小注正文六百餘字。卷八祠廟門會應廟條下，脱小注三百餘字。卷十墾田門園林山地條下，脱小注一千五百餘字。户口門今額主客丁條下，脱小注五百九十餘字。卷十一官莊田門官莊租課錢條下，脱小注二百六十餘字。卷十二贍學田門豆麥子條下，脱小注九百餘字。景祐四年條下，脱小注七百餘字。職田門職田二十頃條下，脱小注四百五十餘字。租課田條下，脱小注一千五百八十餘字。卷十四州縣役人門在城三縣社首副條下，脱小注二百餘字。卷十七歲收門，小注全脱，約五千餘字。卷三十二科名門淳祐十年方逢時榜，脱陳元咎至王同叔三十四人，而誤以淳祐四年劉夢炎傍周淼至張全二十七人羼入。此外零星脱落，又不下數千字。明人刊書粗莽滅裂，真有刊如不刊之歎矣！

《嶺外代答》

宋·周去非《嶺外代答》序 入國問俗，禮也，矧嘗仕焉而不能舉其要。廣右二十五郡，俗多夷風，而疆以戎索。海北郡二十有一，其列于西南方者，蜿蜒若長蛇，實與夷中六詔、安南爲境。海之南郡，又内包黎僚，遠接黄支之外。僕試尉桂林，分教寧越，蓋長邊首尾之邦，疆場之事，經國之具，荒忽誕漫之俗，瑰詭譎怪之産，耳目所治，與得諸學士大夫之緒談者，亦云廣矣。蓋嘗隨事筆記，得四百餘條。秩滿束擔東歸，邂逅與他書棄遺，置勿復稱也。迺親故相勞苦，問以絶域事，驟莫知所對者，蓋數數然。至觸事而談，或能舉其一二，事類多而臆得者浸廣。晚得范石湖《桂海虞衡志》，又於藥裹得所鈔名數，因次序之，凡二百九十四條。應酬倦矣，有復問僕，用以代答。雖然，異時訓方氏其將有考於斯！淳熙戊戌冬十月五日，永嘉周去非直夫記。

宋·晁公武《郡齋讀書志》卷五下 《嶺外代答》十卷 右周去非直夫記。廣右二十五郡疆埸之事，經國之具，荒忽誕漫之俗，瑰詭譎怪之産，耳目所治，與得諸學士大夫之緒談者四百條云。

宋·陳振孫《直齋書録解題》卷八 《嶺外代答》十卷。永嘉周去非直夫撰，去非，癸未進士，至郡倅。所記皆廣西事。

清·紀昀等《欽定四庫全書總目》卷七〇 《嶺外代答》十卷 永樂大典本。宋周去非撰。去非字直夫，永嘉人。隆興癸未進士，淳熙中官桂林通判。是書即作於桂林代歸之後。自序謂本範成大《桂海虞衡志》，而益以耳目所見聞，録存二百九十四條。蓋因有問嶺外事者，倦於應酬，書此示之，故曰《代答》。原本分二十門。今有標題者凡十九，一門存其子目，而佚其總綱，所言則軍制户籍之事也。其書條分縷析，視嵇含、劉恂、段公路諸書敘述爲詳。所紀西南諸夷，多據當時譯者之辭，音字未免舛訛。而《邊師》、《法制》、《財計》諸門，實足補正史所未備。不但紀土風、物産，徒爲談助已也。《書録解題》及《宋史·藝文志》並作十卷。《永樂大典》所載並爲二卷，蓋非其舊。今從原目，仍析爲十卷云。

《金圖經》

清·紀昀等《欽定四庫全書總目》卷五二 《金圖經》一卷 兩淮鹽政采進本。一名《金國志》。自京邑至族帳、部曲，凡十七門。陳振孫《書録解題》曰：「淳熙中歸正人張棣撰，記金事頗詳」。振孫又言：「又一卷，不著名氏，似節略張棣書。其末又雜録金主亮以後事」。此本僅一卷，不署棣名。疑即陳氏所稱節本也。

《輿地紀勝》

宋·王象之《輿地紀勝》序 世之言地理者尚矣，郡縣有志，九域有志，寰宇有記，輿地有記，或圖兩界之山河，或紀歷代之疆域，其書不爲不多。然不過辨古今，析同異，攷山川之形勢，稽南北之離合，資游談而誇辯博，則有之矣。至若收拾山川之精華，以借助於筆端，取之無禁，用之不竭，使騷人才士於一寓目之頃，而山川俱若效奇於左右，則未見其書，此《紀勝》之編所以不得不作也。余少侍先君宦遊四方，江、淮、荆、閩靡國不到，獨恨未能執簡操牘以紀其勝。及仲兄行甫西至錦城，而叔兄中甫北趨武興，南渡渝、瀘，歸來道梁、益事，皆衮衮可聽然。求西州圖記於篋中，藏未能一二，雖口以傳授，而猶恐異時無所據依也。余因暇日，搜括天下地理之書及諸郡圖經，參訂會稡，每郡自爲一編，以郡之因革見之編首，而諸邑次之，郡之風俗又次之。其他如山川之英華、人物之奇傑、吏治之循良、方言之異聞，故老之傳記，與夫詩章文翰之關於風土者，皆附見焉。東南十六路則傚范蔚宗《郡國志》條例，以行在所爲首，而西北諸郡亦次第編集。第書品浩繁，非一家所有，隨假隨閲，故編次之序，未能盡歸律度。然而一郡名物，亦庶幾開卷而盡得之，則回視諸書似未爲贅也。或者又曰，昔太史公方行天下，上會稽，探禹穴，歷覽山川奇傑之氣，以爲著書立言之助。先儒至欲效子長之遊，而後始學其爲文。今予乃合天下之書，不出户牖，而欲名山大川，若躬履焉，於子長之遊，未免有戾乎？余因自笑曰：昔子長因遊而得作書之趣，余乃因書而得山川之趣，其跡雖不同，然亦未可盡以跡拘也，當從識者而問之。嘉定辛巳孟夏，東陽王象之謹序。

宋·陳振孫《直齋書録解題》卷八 《輿地紀勝》二百卷，知江甯縣金華王象之撰。蓋以諸郡圖經，節其要略，而山川景物、碑刻詩詠初無所遺，行在宮闕、官寺實冠其首，闕河版圖之未復者，猶不與焉。眉山李説齋、季允爲之序。

清·阮元《揅經室集·外集》卷五《〈輿地紀勝〉序》 南宋人地理之書，以王氏儀父象之《輿地紀勝》爲最善。全書凡二百卷，備載南渡以後疆域，每府、州、軍、監分子目十二門，府州沿革第一，縣沿革第二，風俗形勢第三，景物上第四，景物下第五，古跡第六，官吏第七，人物第八，仙釋第九，碑記第十，詩第十一，四六第十二。體例謹嚴，考證極其該洽。陳氏《直齋書録解題》推重其書，而自元以來傳本漸少。明人所編《輿地碑目》即就《紀勝》中碑記一門鈔出別行。錢竹汀先生《養新録》云：今世所傳《輿地碑記目》者，蓋其一門，不知何人鈔出，想是明時金石家爲之也。所闕者六州、一軍，潭州、彭州、緜州、漢州、邛州、黎州、天水軍。此外尚有珍州、階州。原書本無碑記，不在此數。蓋其時已佚去七卷矣。顧氏千裏序云：疑明人編此書時，已未見其全也。然錢曾《讀書敏求記》著録王象之《輿地紀勝》二百卷，鏤刻精雅，楮墨如新，乃宋本中之佳者。似仍係完帙，不審尚在世間否耳？自是以後，刻本不得復得。錢竹汀先生訪求此書四十年，始於錢塘何氏夢華元錫。齋中見影宋鈔本，真罕覯之秘笈也。餘昔官浙江，假何氏本影寫全部，覈以《輿地碑目》，較彼時所見又少二十四卷，温州、婺州、處州、衢州、光州、無爲軍、安豐軍、成都府、重慶府、眉州、夔州、開州、施州、達州、珍州、忠州、沔州、階州、成州、西和州、鳳州、文州、龍州，凡二府十九州二軍，共爲地二十有三。因成都府分上下兩卷，故爲卷二十有四。共闕三十一卷。《養新録》云失三十二卷。顧氏千裏云：其第一百三十五興化軍，錢少詹未見而云闕三十二卷，鈔本有之，故今不在所數焉。今案《竹汀先生日記》數《紀勝》闕卷，有百三十五至百四十四之語，顧説是也。此外有闕葉之卷復十有六焉。臨安府、平江府、饒州、揚州、楚州、黃州、濠州、寶慶府、襄陽府、均州、循州、永康軍、興元府、巴州、洋州、劍門軍。然自何本之外，更無別本可以參稽，《十七史商榷》卷六十四云：《輿地紀勝》予從朱奐借閱，嫌殘闕，未鈔。今案：朱本未知轉屬何人？西莊先生既嫌其殘闕，則非足本可知。竹汀先生亦與朱氏相識，其校《輿地碑目》即借鈔朱氏之本。而《養新録》但述何本卷數，且云：想海內不復有完本。則朱本斷不多於何本可知。則雖有闕文，彌堪寶貴矣。嗣因《四庫總目》未收此書，爰加以裝潢，獻諸內府，並仿當日館中提要之式，進呈《提要》一篇，藏副本於文選樓，而存《提要》之稿於《揅經室外集》。蓋深重此書，望好事者爲之重刻耳。嘉慶丁卯，儀徵令顏公續修縣志。余屬江君鄭堂藩。以《紀勝》中真州一卷，校補前令陸公舊志得數十條，顏公刻諸續志之末，而《紀勝》原文未能刻也。道光壬寅丹徒包氏欲刻嘉定、至順《鎮江志》，借録選樓鈔本，餘遂檢《紀勝》中鎮江府一卷，俾其附刻於後，而全書仍未能刻也。是歲，甘泉岑紹周提舉建功方重刻《舊唐書》，延其友分纂校勘記，而自輯逸文。擬俟其告成，即從事於《紀勝》。癸卯春初，奉《舊唐書》謁余求序，且言願刻《紀勝》全書，請先假歸影鈔，然後授梓，余欣然許之。未幾，余舊居福壽庭第爲鄰火所焚，凡選樓書籍分藏於彼者，悉燬於一炬，而《紀勝》以借鈔之故，巍然獨存。洎影鈔既畢，紹周復延儀徵劉孟瞻文淇。及其子伯山毓崧。纂輯《紀勝》校勘記，而自補鈔本闕文。戊申孟夏，《舊唐書校勘記》刻工已竣，逸文亦垂欲開雕，將次第及于《紀勝》，而紹周遽亡，其子秋舲淦，及其從子仲陶鎔，爲刻逸文仍乞余爲序，余勗其并刻《紀勝》，以成紹周未竟之志。秋舲與仲陶咸悼念遺書，引爲已責。今歲，先以《紀勝》付諸剞劂，延江都沈戟門桀、淩東笙鏞，分任校字之事，其《校勘記》與《補闕》亦陸續刊行，復乞餘爲序。餘考地理類總志之書傳於今者，以《元和郡縣誌》爲最古，其次則《太平寰宇記》，而兩書界有闕文。前此孫氏星衍。刻《元和志》于山左，其闕文六卷，則嚴氏觀。補之。萬氏延蘭。刻《寰宇記》於江西，其闕文八卷，則陳氏蘭森補之。《紀勝》有功於地理，足以接武兩書。紹周所補者，皆據群書所引原文，裒輯成編，而不雜以他説，其意特爲矜慎。又得秋舲、仲陶爲之刊佈，全書廣爲傳播，可謂後先濟美，盛舉出於一門矣。餘以壯歲所得之書，越五十餘年，竟得見其鋟板。海內讀書之士，疇昔欲見而不可得者，今乃一旦盛行，洵衰年之快事也。故樂爲之序，使好刻古書者知所勸焉。道光已酉八月，太傅、予告大學士、在籍食全俸揚州阮元敘。

清·張金吾《愛日精廬藏書志》卷一五《地理類》 《輿地紀勝》二百卷，影宋鈔本，從何夢華先生藏刊本影寫。宋王象之撰。前有嘉定辛巳自序、寶慶丁亥李埴序及曾鳴鳳劄子。是書敍述詳贍，凡沿革、風俗、形勝、景物、古跡、官吏、人物、仙釋、碑記、詩文分門臚載，上可作考證地理之資，下可爲登臨題詠之助。其所引書，如《國朝會要》、《中興會要》、《高宗聖政》、《中興遺史》等書皆傳本久絶，藉此得考見崖略伏讀。

清·錢大昕《十駕齋養新録》卷一四 王象之《輿地紀勝》兩百卷，予求之四十年未得，近始於錢唐何夢華齋中見影宋鈔本，亟假歸讀兩月而終篇。每府、州、軍、監分子目十二，曰府州沿革，若有監司軍將駐節者，別敘沿革於州沿革之後。曰縣沿革，曰風俗形勝，曰景物上，曰景物下，曰古跡，曰官吏，曰人物，曰仙釋，曰碑記，曰詩，曰四六。今世所傳《輿地碑記目》者，蓋其一門，不知何人鈔出，想是明時金石家爲之也。此書所載皆南宋疆域，非汴京一統之舊，然史志於南渡事多闕略，此所載寶慶以前沿革詳贍分明，裨益於史事者不少。

清·瞿鏞《鐵琴銅劍樓藏書目録》卷一一 《輿地紀勝》二百卷，影鈔宋本，題東陽王象之編。【略】體例仿《後漢書·郡國志》，以行在所爲首。書作於南宋嘉定十四年，故行在所屬之臨安，而一切沿革亦準是時。每府、州、軍、監、分子目十二：曰府州沿革，曰縣沿革，曰風俗形勝，曰景物上、景物下，曰古跡，曰官吏，曰人物，曰仙釋，曰碑記，曰詩，曰四六。世所傳《輿地碑目》即從之鈔出者。按楊升庵跋岣嶁碑有引此書云：禹碑在岣嶁峯，又傳在衡山縣，云密峯昔樵人曾見之，自後無有見者。宋嘉定中，蜀氏因樵夫引至其，所以祇打其碑七十二字，刻於虁門觀中，後俱亡。今覈此本《衡州碑記》門，有岣嶁碑注，維載韓文公詩，而無升庵所引語，則是書所存，已多殘闕，非復見完帙矣。

清·錢曾《讀書敏求記》卷二 王象之《輿圖紀勝》二百卷。《紀勝》者，凡山川、人物、碑刻、題詠無不蒐集，首臨安，以尊行在，而幅員之版圖未復者不與焉。亦祝穆之例也。鏤刻精雅，楮墨如新，乃宋本中之佳者。

清·朱緒曾《開有益齋讀書志》卷三 王象之《輿地紀勝》二百卷，余假鈔於錢塘許子淥，延潤。蓋周先生止水齋藏書也。子目十二：曰府州沿革、風俗形勝，景物上下、古蹟、官吏、人物、仙釋、碑記、詩、四六，其闕卷與錢辛楣《養新録》所見同。錢氏云：象之字儀父，金華人，嘗知江甯縣。自序云：少侍先君江荆閩靡國不到，仲兄行甫西至錦城，叔兄中甫北趨武興，南渡渝瀘。錢氏據陳直齋證其兄觀之爲虁路漕，則中甫疑即觀之又記一書，稱王益之，字行甫，即儀父之仲兄，而其父名無從考矣。緒曾按：象之父名師古，見元英師道《敬鄉録》云：王師古，字唐卿，金華人，紹興甲戌進士，嘗爲南劍州學教授。刊龜山遺書，守九江，建拙堂於濂溪祠側，歷仕州縣皆有治績，除廣東提點刑獄卒，有文集及《資治通鑒集義》八十卷，《吕忠公誌墓》。忠公乃吕祖儉，有《大公愚集》。子謙之、恭之、益之、觀之、有之、涣之、節之。又云：王益之，字行父。澶。〔淳〕熙丁未進士，仕至大理司直，著《職源》五十卷，《西山讀記》屢引其端。益之有《西漢年紀》，《永樂大典》收之。王謙之，字吉甫。澶。〔淳〕熙甲辰進士。王象之，字儀甫，慶元丙辰進士，博學多識，著《輿地紀勝》。《敬鄉録》載益之《職源》序，象之《輿地紀勝》序。又按景定《建康志》、《江甯縣壁記》，題名知縣，自紹興元年至景定元年，王鎧無象之名，未識其何年任也。《千頃堂書目》，王觀之《輿地圖》十六卷，《赤城志》有王謙之《臨海縣獄記》。

清·耿文光《萬卷精華樓藏書記》卷四三 《輿地紀勝》二百卷，宋王象之撰。粵雅堂本。咸豐五年，伍崇曜依影宋抄本校刊，有序。此爲大字本，不在叢書内。前有嘉定辛巳象之自序，寶慶丁亥眉山李埴序，曾巧鳳劄子一通，目録内著缺卷缺頁，凡全卷一百三十二，缺卷三十二，餘皆缺頁。象之字儀父，金華人，慶元中進士，知江寧縣。是書《四庫》未及收，《目録類·輿地碑目》，即此中之四卷。文詞華美，故以《紀勝》爲名。自序云：「收江山之精華，以助筆端。」誠不誣也。《揅經室外集》今于江南得影鈔本二百卷，前有象之自序略云：余披括天下地理之書，卷訂薈稡，每部自爲一編，以郡之因革見之篇首，而諸邑次之，以及山川人物、詩章文翰，皆附件焉。東南十六路則倣范蔚宗《郡國制》條例，以在所爲首，而西北諸郡亦次第編集。今考其成書之年，在南宋嘉定十四年，故其所指在所，以臨安府爲首，而一切沿革亦準是時，又宫闕殿門壽康宫下，引《朝野雜記》云「甯宗始受禪」云云，則是作序在嘉定全書之成，又在理宗時矣。是書自卷一行在所起至劍門軍訖，共府廿五軍、三十四州、一百零六監，一共府、軍、州、監一百六十六。内或有一府一軍而分爲上下二卷，故總數不和，共闕三十一卷。至各卷内之闕葉，又皆註明於目録卷數之下。錢氏曰：予於錢唐何夢華齊中見影宋鈔本，此書所載皆南宋疆域，非汴京一統之舊。然史志於南渡事多闕，略，此所載寶慶以前沿革詳贍分明，裨益於史事者不少。此書體裁勝於《方輿勝覽》，而流傳絶少，共闕三十二卷。孫氏曰此本從宋板影摹。每業廿行，行廿字左右，右欄線外俱標卷數、篇目，共闕三十五卷。

清·曾鳴鳳《與王象之書》 鳴鳳伏被誨墨，示所著《紀勝》之書，亟拜亟讀，略窺一斑。輿地萬裏，如在目前，備見學識之博，收拾之富，攷究之精，會粹之勤，不勝歎伏！作邑而有餘力及此，豈俗吏所能爲哉？久欲率諸公薦揚一本作勴。於朝，以連日禱雨，未暇。及近方得與大師言之，亦不過在鳴鳳未行之前。且此稟復，伏幸台一作知悉。凡有委一作手論，願承。一本有「下疑有闕」四字。右謹具呈，七月日。朝請大夫直寶章閣、知廣州、廣東經撫曾鳴鳳劄子。

清·譚瑩《樂至堂文略》卷一《重刊宋王象之〈輿地紀勝〉序（代）》 維咸豐

五年秋八月，校刊宋王象之《輿地紀勝》書成，而續弁其首曰：自《禹貢》列於《夏書》、《職方》紀於《周禮》，辨方經野，宜溯權輿；起例發凡，豈容摹仿？又況漢代藝文之志，隋室經籍之書，不乏圖經，只存目録。至若李宏憲《元和郡縣》，遂涉古跡；樂子正《太平寰宇》，兼採文人；紀載迭詳，體例盡變。若夫吴郡所産，時有干將、莫邪；漢中宜繪，定先木牛流馬。織錦交推蘇蕙，可并縣圖；著書特爲吴潛，竟成家傳。譏彈有自，斷限宜先。然或務求簡要，專學謹嚴。表或仿斜上旁行，説但詳四至八到。黄桴土鼓，兒童謬説賞音；元酒太羹，主客誰真知味？法度居然《王制》，形神定似《漢書》。藏久束閣而不觀，閲即隱幾而思睡。所以宋次道、范致能之遺書，朱竹垞嫌其太簡；康對山、韓五泉之名志，章典籍詆其不情。徑删藝文，陸清獻詎持平之論；但明沿革，戴東原亦矯枉之詞。夫山川能説，風俗當知，土宜田賦之必須，國計民生之攸系。貴徵文以考獻，宜博古以通今。考核研求，固折衷之至當；登臨題詠，仍沾溉之靡窮。流覽八荒，盱衡千古，實有裨於掌故，獨兼益乎詞章，此王氏之書所以不可廢也。謹按：象之，字儀父，金華人。慶元年中鄒應龍榜進士，曾知江寧縣。百里弦歌，豈辭官以充隱；一家詞賦，獨鍵户而著書。才似賈耽，學如任昉，勤搜博採，勒成此編。張衡重揚雄之元，郭象竊向秀之注，吉光片羽，久落人間。陳寶赤刀，卒歸天上。錢宫詹之求訪，期以卅年；阮太傅所編摩，達之九禁。宋曾鋟板，今但影鈔。海内殆鮮完書，嶺南幸存副本。吴廣文蘭修。之秘籍，陳儀部其錕。所珍藏。載兼兩以何嫌，饋一瓻而特借。未經讎校，宜別風淮雨之多；易致淪殘，況累載兼年以後。爰偕玉生譚學博，悉心釐定，留意補治。覓善本而無從，思誤書而敢信。朱墨互勘，靈光巋然。購之井底之函，保護幾同心史。秘似帳中之帳，酌量特付手民。慨自江左偷安，史官失職，中興倉卒，南渡因循。元時特詔纂修，宋代尤譏牽率。柯奇純之論撰，誰貴新編？歷樊榭之唱酬，猶征雜事。是編則彪之青箱，朝儀諳練；湘東金管，人物周詳。紀《政要》則證以見聞，録《夢華》則訪之耆舊。閑談足用，今事能知。記異子長，奚俟褚孝孫之續；注非裴氏，殆拾陳承祚之遺。此其宜刻者一也。《崇文總目》，六朝之故帙猶存；《紀録匯編》，兩宋之遺書不載。頻經兵燹，載閲滄桑，誰抄《北堂》之書？尚余《東觀》之論，縱能負如鷄次，終亦蠹於羽陵耳。是編則斷楮零縑，單詞數語，雖條分於各卷，尚概見其原書。篇缺嘉禾標名，足徵聖瑞；詩逸唐棣斷章，彌系人思。屑玉零金，座記莊嚴七寶；殘膏剩馥，谷分錦繡萬花。此其宜刻者又一也。惟唐宋之名流，兼嫻文筆；實乾坤之清氣，增重湖山。然而鐘虡屢移，鉛槧漸罕。人人撰集，各各稱詩，縱推星斗羅胸，業等雲煙過眼。是編則拾碎金於文靖，裁余錦於醴陵。王子安獨秋水兩言，温鵬舉但韓陵片石。吴江楓冷，業見信明；隴首雲飛，足傳柳惲。著撰不朽，何必等身之遺？名字翳如，盡屬嘔心之作。此其宜刻者又一也。且自潛研堂之著録，剳子不存；文選樓之庋藏，跋語可考。流傳非久，缺逸轉多。深恐如日本叢編，韋述之《兩京新記》；未得比元豐舊帙，王存之《九域》全書。遲任琬鐫，終當羽化。學博喜篝燈而讀史，樂尊酒而論文。亟與泛覽流觀，露鈔雪纂，披朝華而靡倦，掃落葉而彌繁。迄三載而乃完，或千秋之可托。獨惜石郎割地，永棄燕雲；祖逖渡江，未收河洛。悦西湖之煙景，效東晉之風流，中外一家，河山半壁。玉斧劃而羈縻易絶，金甌缺而補救難完。屢撫卷而悵然，恒檢書而太息。唯是文章淹雅，援據精詳，縱未如酈道元之注《水經》，實迥異高似孫之修《剡録》。方輿原具《勝覽》，未許祝和甫之齊稱；《廣記》同屬古書，竊謂歐陽忞之稍遜。昌黎願借，獨海嶠之遺經；蕭相倘收，即咸陽之故籍。但見吉金貞石，早備朝廷四部之儲；休言剩水殘山，殆過元、明一統之志。

清·馮登府《石經閣文集》卷六《〈輿地紀勝〉跋》 王儀父《輿地紀勝》二百卷，所載皆南宋偏隅，非汴京一統之全。其碑目，明人另有刊本，全書流傳，絶不可得，四庫亦未著録。此本鄞令程侯以佛餅四百購於吴門，以贈孫文靖公，爲舊钞本，少三十二卷。錢竹汀詹事謂海内無完本也。宋人言地理，樂氏《太平寰宇記》外，此爲最古。樂氏書近已翻刻，是書宇内只有數本耳。庚寅初夏，書於四明軒。

清·張鑒《冬青館甲集》卷五《宋板〈輿地紀勝〉跋一》 宋板《輿地紀勝》二百卷，存者一百六十有八，内有缺卷、缺葉，宋東陽王象之撰。於各府州軍監分十一類，曰府州沿革，曰縣沿革，曰風俗形勝，曰景物，曰古跡，曰官吏，曰人物，曰仙釋，曰碑記，曰詩，曰四六，而别列行在於首。稱引該洽，於時事足補史志所未備。蓋此書近出，故四庫所貯，亦只有明金石家所取碑記一門，而全書未及編録。且宋人志地理，如《記纂淵海》之類，往往取以成書，則當時已共推重，後世佚而不傳，良可深惜。今按《浙江通志》，象之字儀父，金華人，慶元元年中鄒應龍榜進士，志行高潔，隱居不仕。而陳振孫《書録解題》又稱其曾知江寧縣，且别有《輿地圖》十六卷。其西蜀諸郡，爲其兄觀之漕夔門時所得，或疑《自敍》所云「仲兄行父西至錦城，叔兄中甫北趨武興」，南渡渝瀘者觀之，即在仲叔之内。因檢本書，江南西路江州下載濂溪書院注云：象之季兄觀之，爲德化宰。則不在此數矣。且《通志》又載金華有淳熙十一年進士王謙之，十四年進士王益之，益之終大理司直。近錢宫詹以爲益之即行甫，則謙之當亦象之弟兄。書前有寶慶三年眉山李壼敘，而《書録解題》則云眉山李説齋、季允爲之敘，似陳氏有誤。又按《宋史》列傳：「王霆，東陽人，嘉定四年中絶倫異等，爲沿江制置副使李壼辟幕下。」不知霆與象之何屬。霆嘗撰《沿江等邊志》一編，貽書時相，乞瞰江審察形勢，置三新城。則東陽王氏一家之學，確有淵源。今幸際休明之會，得上塵乙夜之觀，俾《紀勝》一書幽而復光，不特王氏幸甚，學者幸甚！

《使北日録》

清・紀昀等《欽定四庫全書總目》卷五二 《使北日録》一卷 浙江巡撫采進本。宋鄒伸之撰。理宗紹定六年癸巳，史嵩之爲京湖制置使，與蒙古會兵攻金。案：是時尚未建大元之號，故史仍以國名爲稱。會蒙古遣王楫來通好，因假伸之朝奉大夫、京湖制置使參議官往使。以是歲六月，偕王楫自襄陽啟行。至明年甲午二月，始見蒙古主於行帳。尋即遣回，以七月抵襄陽。計在途者十三月。因取所聞見及往復問答，編次紀録，以爲此書。案：《宋史・理宗本紀》，宋與大元合圍汴京。案：此大元爲史臣追書之詞。金主奔蔡州。大元再遣使議攻金，史嵩之以鄒伸之報謝，蓋即此事。特《宋史》稱王楫來議攻金，而此録只言通好。又《宋史》載伸之出使在紹定五年十二月，而此録實以六年六月出疆。皆當以此録所紀爲得其實。時孟珙已會蒙古滅金，廷議遂欲出師取河南。蒙古復遣王楫來責敗盟，因再進伸之二秩，遣之報謝。史載同使爲李復禮、喬仕安、劉溥等，據此録皆先曾副行之人。復禮假京西路副總管，溥假京西兵馬都監。仕安以東南第七正將神勁馬軍統制充防護官。其官爵亦史所未詳云。

《方輿勝覽》

宋・祝穆《〈方輿勝覽〉序》 始，予遊諸公間，強予以四六之作，不過依陶公様，初不能工也。其後稍識户牖，則酷好編輯郡志，如耆昌歜。予亦自莫曉其癖，所至輒借圖經。積十餘年，方輿風物收拾略盡，出以諗予友，乃見譏曰：「還如食小魚，所得不償勞。」予恍然自失，益蒐獵古今記序詩文，與夫稗官小説之類，摘其要語以附入之。予友又嗤曰：「天吴與彩鳳，顛倒在短褐。」予復愧其破碎斷續，而首末之不貫也。又益取夫鉅篇短章所不可闕者，悉載全文，大書以提其綱，附註以詳其目，至三易藁而體統粗備，予友亦印可焉。予猶未敢以爲然也，既又攜以謁今御史吕公竹坡先生，幸不斥以狂僭，辱爲之序，走不足以當也。嗟夫！昔者孔子嘗曰：「爲命，裨諶草創之，世叔討論之，行人子羽修飾之，東里子産潤色之。」夫以一命令之出，猶更四賢之手，矧予陋聞謏見，徒以兩耳目之所及，而欲該天下之事事物物，坎蛙窺天，其不量甚矣。雖然，世有揚子雲，必知是編之不苟，豈直爲四六設哉？若夫網羅遺逸，啓發愚蒙，予方有望於博雅君子。嘉熙己亥仲冬既望。建安祝穆和父書。

宋・吕午《〈方輿勝覽〉序》 輿地有書尚矣。自上世九丘既逸，而夏之禹貢、周之職方，燦然明備。至秦郡縣天下。兩漢遂有地理、郡國志，歷代多倣之。唐圖十道，皇朝志九域，皆是物也。然秉筆紀載實難，文獻不足，無以參稽而互考，非足履目睹，則真贋詳略何從信之？司馬遷貫紬經傳，旁採子史，又聞長老之所稱，而必觀九江，望五湖，闚洛汭，行淮、泗，而後成河渠之書。東方朔誦詩書二十二萬言，三冬文史足用，又隨師踐赤縣，遨五嶽，行澤陂，息名山，猶以所見參酌《山海經》，而後《神異經》、《十洲記》始作。學問不博，聞見不廣，涉歷不親，而欲會集四海九州山川、風俗、土産、景物、人材、文章、名數、沿革之詳，特誣而已。建陽祝穆和父，本新安人，朱文公先生之母黨也。幼從文公諸大賢遊，性温行淳，學富文贍，雅有意於是書。嘗往來閩、浙、江、淮、湖、廣間，所至必窮登臨。與予有連，每相見必孜孜訪風土事，經史子集、稗官野史、金石刻列、郡志，有可採摭，必晝夜抄録無倦色，蓋爲紀載張本也。且許異日成編，當以相示，如是者累年。近訪予錢塘馬城之竹坡，曰：「編成矣。敢名以《方輿勝覽》而鋟梓，以廣其傳，庶人人得勝覽也，君幸爲序。以冠其首。」予丕視所載，辭簡而暢，事備而核。各州風物見於古今詩歌記序之佳者，率全篇登入；其事實有可拈出者，則纂緝爲儷語，附於各州之末。較之録此而闕彼，舉略而遺全，循訛而失實，泛濫於著述而不能含咀其英華者，萬萬不侔也。信乎，其爲勝覽矣！學士大夫端坐窗几而欲周知天下，操弄翰墨而欲得助江山，當覽此書，毋庸他及。所謂執璿璣以觀大運，據要會以觀方來，不勞餘力，盡在目中，信乎，其爲勝覽矣！雖然，我瞻四方，禹迹茫茫，思日闢於先王，慨未歸於故疆，必也志存乎脩攘，步極乎亥章。使吾和父涉歷彌長，聞見彌詳，紀載益鋪張，而《勝覽》益煇煌，是乃爲邦家之光，予尚得以攫攘其旁。嘉熙己亥良月望日，新安吕午序。

宋・晁公武《郡齋讀書志》卷五上　《方輿勝覽》四十三卷、《後集》七卷、《續集》二十卷。右建安祝穆和父編，新安吕千伯可序。

明・楊士奇《東里集・續集》卷一七《方輿勝覽》　《方輿勝覽》三卷，不著編次者氏名，蓋元之人作也，時又有《輿地要覽》二書皆出《一統志》，互有詳畧，而《要覽》尤簡，又不載沿革，今書坊皆有之。吾家獨有《勝覽》三册，其末卷尾題曰大明者，後之人改之也。

清・于敏中等《欽定天禄琳琅書目》卷二　《方輿勝覽》，宋祝穆編，七十卷，吕午序，祝穆自序，祝洙跋。卷首有引用文集，目一卷，書首有咸淳二年六月福建轉運使司禁止麻沙書坊翻版榜文。祝穆跋爲咸淳丁夘季春丁夘，係咸淳三年。是書當是咸淳二年開雕，成於三年。因洙重訂是書，故禁坊間翻刻舊版，洙稱先君子《方輿勝覽》行於世者三十餘年，版老字漫，遣工新之重整，凡例分爲七十卷。又云元本拾遺各入本州之下，新增五百餘條，竝標出是此書不盡爲祝穆之舊矣，編次首浙西，訖利州，凡十七路，每州郡分標事要二十門考。穆字和甫，嘗從朱子授業，以儒學昌其家子。洙寶祐中進士，景定間爲涵江書院山長郡守，徐直諒薦其趨向不凡，學問有本。《宋史》載吕午，字伯可，歙縣人，嘉定時進士，官至中奉大夫，孫齊之氏印無考。

清・紀昀等《欽定四庫全書總目》卷六八《史部・地理類一》　《方輿勝覽》七十卷，兩淮鹽政採進本。宋祝穆撰。【略】書中體例，大抵於建置沿革、疆域、道里、田賦、户口、關塞、險要，他志乘所詳者，皆在所畧。惟於名勝古蹟多所臚列，而詩賦序記，所載獨備。蓋爲登臨題詠而設，不爲考證而設。名爲地記，實則類書也。然採摭頗富，雖無裨於掌故，而有益於文章，摛藻掞華，恒所引用。故自宋元以來，操觚家不廢其書焉。考葉盛《水東日記》，稱元絳閔忠詩：「石刻在康州」，《方輿勝覽》乃載在封州，又誤以爲魏矼作，亦譌數字。幸真蹟石刻尚存三洲巖中。則小小舛錯，亦所不免，要不害其大致之詳贍爾。

清・錢大昕《潛研堂文集》卷二九《跋〈方輿勝覽〉》　此書所載，只南渡偏安州郡，故元時書坊刊本特標混一之名。然元刻出於坊賈，每路僅寥寥數言，不若和父之詳瞻也。其云某路領州若干者，統府、州、軍、監計之，與《宋史・地理志》亦不盡合。《志》稱利州路南渡後府三、州十二、軍二，此云利州東路十州，利州西路八州，並之得十八，較《宋志》多一州，蓋並劍門關數之也。《志》云熙寧五年以劍門關劍門縣復隸劍州，據此，則南渡以後劍門仍别於劍州矣。

清・程晉芳《勉行堂文集》卷五《〈方輿勝覽〉跋》　宋祝穆和父《方輿勝覽》七十卷。【略】其書多載南宋沿革分併事，視北宋諸家地志，又一局不可少也。而于識小之功尤多。古地志惟載山川、形勝、風俗、物産，間舉古跡以證地之所在耳，非誇多鬬靡，資文苑之用也。此則亭、臺、橋、市、佛寺、道觀、名宦、人物、詩文悉載之，開後來志家小派，究非正則。且古地理書所載勝跡，皆古事，此則並當時勝跡亦載焉。尤爲元明以降，所祖惟殿閣各目，有《宋史》所未及載，詩文亦足補宋人文集所未備，唐盧元輔《胥山初終文粹》亦未之及。而沿革分併，終恨其畧。余嘗謂地理宜分識大識小二種，各自爲書。一則便于按册而稽，熟知天下形勢，與其土風物産，一則以資詞人學士歌詠文字之用。若此者，其亦識小之流，而雜以大事體例，毋乃混欸？

清・陸心源《儀顧堂題跋》卷四《宋槧〈方輿勝覽〉跋》　新編《方輿勝覽》七十卷，題曰建安祝穆和父編。【略】其書首敘建置沿革，次誒事要，以白質黑闌别之。事要之中分郡名、風俗、形勢、山川、宮殿、宗廟、館閣、學校、井泉、堂亭、佛寺、道觀、祠廟、古跡、名宦、人物、題詠、四六，各類以黑質白文别之。

《通鑒地理通釋》

宋・王應麟《〈通鑑地理通釋〉自序》　太極肇分，天先成而地後定。天依形，地附氣，地囿於天者也。而言地理者難於言天。何爲其難也？日月星辰之度終古而不易，郡國山川之名屢變而無窮，是故圖以經之，書以緯之，仰觀俯察，其用一也。《虞書・九共》，先儒以爲《九丘》，其篇軼焉。傳於今者，《禹貢》、《職方》而止耳。若《山海經》、《周書・王會》、《爾雅》之《釋地》，管氏之《地員》，《吕覽》之有始，《鴻烈》之《墬形》，亦好古愛奇者所不廢。然諸儒之傳注異，歷代之區寓殊。禹之九河，班《志》僅得其三；商之八遷，孔《疏》未聞其四。漢水東西之分，積石大小之辨。荆山之於荆、豫，梁岐之於冀、雍。潛在荆者未見，蔡在圻内者未詳。三江、九江、五邦、三亳，則《書》之説異焉。還之爲營，禰之爲坭；以著爲齊地，以韓城爲涿郡；自土之爲自杜，倭遲之爲鬱夷，鄒虞之爲梁鄒，二南之爲南郡、南陽，則《詩》之説異焉。楊紆在冀，而《爾雅》以爲秦；盧水在濟北，而康成讀爲雷。漳水之爲潞，吴山之爲嶽，五湖混於具區，潁湛列於荆浸，此《職方》之疑也。豫章在江南，而江北之地未知；中牟在河南，而河北之地難考。許田，魯地，而非近許。鄢，鄭邑，而非鄢陵。穀、小穀之有別，父城、城父之不同，此春秋之疑也。二地而一名者，若王城、葵丘、酒泉、貝丘、鍾離之類。一地而二名者，若白羽、夾穀、夷、垂葭、發陽之類。方城、細柳、丹水之有三；塗山、歷山、東陽、武城之有四。「瞻彼洛矣」，與東都之洛異；「導洛自熊耳」，與宜陽之熊耳殊。首陽、空桐、新城、石門、石城、丹陽、白沙、硤石之屬，其地非一。畢萬之魏，爲河中之永樂，而以元城爲大名，失矣。自廬振廩，爲襄陽之中廬，而以合肥爲廬國，失矣。潘岳賦《西征》，不知成師之曲沃在河東。韓皐論《廣陵散》，不知魏之揚州治壽春。韓文公，南陽人，在河内之修武，而誤曰鄧州；《史記》鄖闕，在漢中之長利，而誤曰洵陽；杜子美詩三奇戍，在彭州之導江，而誤改曰三城。荀卿蘭陵，非常州也；孔明渡瀘，非瀘州也；公琰屯涪，非涪州也；公瑾赤壁，非黄也；元規南樓，非鄂也。郢都白雪，誤於郢州；東海二踈，誤於海州。以塗山爲會稽，以龤桑爲采桑，以大別爲安豐，以東陵爲廬江，以楚丘爲成武，以街亭爲南鄭。襲訛踵繆，不可殫紀。漢、沔一也，而或二之；吳、會二也，而或一之。江統誤酇於沛郡；皇甫謐誤商丘於濮陽。顔師古誤邛都於邛州，青衣於嘉州，南陵於宣州。注《文選》不知夷庚，注《本草》不知沙苑，博見疆志者猶或失之。舊蹟湮没：如濟絶於滎，碣石淪於海，昆明鑿而鎬京爲池，隋城立而漢都爲苑。南北僑置：如青有太原，豫有廣陵，六合之爲秦郡。項城之爲秣陵，玉門之爲會稽，潯陽在蘄而移柴桑，當塗在濠而寓姑孰。郡名非古，如雲之雲中，平之北平，薊之漁陽；縣名非古，如京兆之武功，豐州之九原，皆非秦、漢之舊。或若異而同，或似是而非，不可謂博識，爲玩物而不之攷也。余閒居觀《通鑑》，將箋釋其地名，舉綱提要，首以州域，次以都邑，推表山川，參以樂毅、王樸之崇論谹議，稽《左氏》、《國語》、《史記》、《戰國策》、《通典》所敘歷代形勢，以爲興替成敗之鑒。大《易》設險守國，《春秋》書下陽、彭城、虎牢之義也。河湟復而唐衰，燕代割而遼熾，述其事終焉。若昔對白題、羊腸、帝丘、内黄、問松亭、柳河者，以該洽見稱，今豈無其人乎？孤陋寡聞，未免闕誤，以俟博雅君子。山河不改，陵谷屢遷，亦以發攬古之一慨云。上章執徐歲橘壯之月，子王子書《通釋》後。

清・張廷玉等《欽定續文獻通考》卷一六一 王應麟《通鑑地理通釋》十四卷，應麟見經類。金履祥《通鑑前編》十八卷、《舉要》三卷。履祥見經類。本傳略曰：履祥嘗謂司馬文正公作《資治通鑑》，秘書丞劉恕爲《外紀》，以記前事，不本於經，而信百家之說，是非謬於聖人，不足傳信。自帝堯以前，不經夫子所定，固野而難質。夫子因魯史以作《春秋》，王朝列國之事，非有玉帛之使，則魯史不得而書，非聖人筆削之所加也。況左氏所説，或闕或誣，凡此類皆不得以壁經爲辭。乃用邵氏《皇極經世曆》、胡氏《皇王大紀》之例，損益折衷，一以《尚書》爲主，下及《詩》、《禮》、《春秋》，旁采舊史諸子，表年繫事，斷自唐堯以下，接於通鑑之前，勒爲一書。凡所引書，輒加訓釋，以裁正其義，先儒多所未發。既成，以授門人許謙曰：「二帝三王之盛，其微言懿行，宜後王所當法；戰國申、商之術，其苟法亂政，亦後王所當戒，則是編不可以不審也。臣等謹案：金履祥自撰後序謂既編年表，例須表題，故別爲舉要三卷。原本凡所引經、傳、子、史之文，皆作大書，惟訓釋及案語則以小字夾註附綴於後。其後浙江重刻之本列舉要爲綱，以經、傳、子、史之文爲目，而訓釋仍錯出其間。又或以此書冠於通鑑綱目之首，題曰《通鑑綱目》前編乃後來所改名，竝非其舊。

清・紀昀等《欽定四庫全書總目》卷四七 《通鑑地理通釋》十四卷 江蘇巡撫採進本。宋王應麟撰。應麟有《周易鄭氏註》，已著録。是書以《通鑑》所載地名、異同、沿革最爲糾紛，而險要阨塞所在，其措置得失，亦足爲有國者成敗之鑒。因各爲條列，釐訂成編。首歷代州域，次歷代都邑，次十道山川，次歷代形勢，而終以唐河湟十一州、石晉十六州、燕雲十六州。書本十四卷，《宋史》本傳作十六卷，疑傳刻之訛也。其中徵引浩博，考核明確。而敘列朝分據戰攻，尤一一得其要領，於史學最爲有功。原書無序，後人以書。後應麟自跋移冠於前。所云上章執徐橘壯之月，乃元世祖至元十六年庚辰八月，是時宋亡已三年，蓋用陶潛，但書甲子之義書，内稱梓愼爲梓謹，亦猶爲宋諱云。

《歲時廣記》

宋・朱鑑《〈歲時廣記〉序》 有天之時，有人之時，寒暑之推遷，此時之運於天者也。曆書所載，蓋莫詳焉。至於因某日而載某事，此時之係於人者，端千緒萬，非託之紀述，則莫能探其源委耳。噫！慶道長於一陽之生，謹履端於一歲之始，是蓋天時人事之相參，尤有可據。彼仲夏之重五，季秋之重九，豈天之炁候然也？而人實爲之，使微考訂，孰知競渡之繇楚靈均，登高之因費長房乎？引類而伸，若此者衆。雖然，《荊楚歲時》之所記善矣，惜乎失之拘也！秦唐歲時之所記多矣，惜乎未之備也！今南潁陳君，蒐獵經傳，以至野史異書，凡有涉於節序者，萃爲巨帙，殆靡一遺。仰以稽諸天時，俯以驗之人事，題其篇端曰《歲時廣記》，求予文而序之。予惟陳君嘗編《博聞三録》，盛行於世。況此書該而不冗，雅而不俚，自當與並傳於無窮云。宣教郎特差知無爲軍巢縣事兼義武民兵軍正總轄屯戍兵馬借緋新安朱鑑撰。

宋·劉純《〈歲時廣記〉後序》 識貴乎博，書患乎略。故入鄧林，則知杞梓之良；窺武庫，則識甲兵之富。此太平事蹟所以廣其記也。然或紀録雖詳，而採擇之未精，或條目雖備，而顛末之多舛，覽者病焉。龜峯之麓，梅谿之灣，有隱君子廣寒之孫，涕唾功名，金玉篇籍，采九流之秀潤，擷百氏之英華，輔以山經海圖、神録怪牒，窮力積稔，萃成一書，目曰《歲時廣記》。搜節物之異聞，考風俗之攸尚，手編心緝，博而不繁，補白、孔之或遺，續晏、曾之未備，亦後來雜家者流之奇書也。誠使操觚之士得之，非特可施於竿牘之貽，抑且有助於江山之詠。至於芳辰麗景，懷古感今，以心鏡之澂，敷中散之辯，隨叩隨應，取之不窮，當有久不見異人，必有得異書之嘆者矣。其有詢故實，則筆閣而不書，質異聞，則口呿而莫對，此記問不廣之由。故曰：書不負人而人負書。文林郎新行在太平惠民和劑局監門劉純君錫撰。

宋·鄭樵《通志》卷七一 歲時自一家書，如《歲時廣記》百十二卷、《崇文總目》不列於歲時，而列於類書，何也？類書者，謂總衆類不可分也。若可分之書，當入別類。且如天文有類書，自當列天文類，職官有類書，自當列職官類，豈可以爲類書而總入類書類乎？

清·紀昀等《欽定四庫全書總目》卷六七 《歲時廣記》四卷編修程晉芳家藏本。宋陳元靚撰。元靚不知其里貫，自署曰「廣寒仙裔」。而劉純作後序，稱爲「隱君子」，其始末亦未詳言，莫之考也。書前又有知無爲軍巢縣事朱鑑序一篇。鑑乃朱子之孫，即嘗輯詩傳遺説者，後仕至湖廣總領。元靚與之相識，則理宗時人矣。其書《宋志》不著録，惟見於錢曾《讀書敏求記》，稱前列圖説，分四時爲四卷，今此本乃《曹溶學海·類編》所載，卷首並無圖説，蓋傳鈔者佚之。書中摭月令、孝經緯、《三統曆》諸書爲綱，而以雜書所説關於節序者，按月分隸，凡春令四十六條，夏令五十條，秋令三十二條，冬令三十八條。大抵爲啓劄應用而設，故於《稗官·説部》多所徵據。而《爾雅》、《淮南》諸書所載足資考證者，反多遺闕，未可以稱善本。特其於所引典故尚皆備録原文，詳記所出，未失前人遺意，尚與後來類書隨意删竄者不同，姑録存之，以備參攷焉。

《宋史·地理志》

元·脱脱等《宋史》卷八五《地理志序》 唐室既衰，五季迭興，五十餘年，更易八姓，寓縣分裂，莫之能一。宋太祖受周禪，初有州百一十一，縣六百三十八，户九十六萬七千三百五十三。建隆四年，取荆南，得州、府三，江陵府、歸、峽。縣一十七，户一十四萬二千三百；平湖南，得州一十五，監一，潭、衡、邵、郴、道、永、全、嶽、灃、朗、蔣、辰、錦、溪、敘，桂陽監。縣六十六，户九萬七千三百八十八。乾德三年，平蜀，得州、府四十六，益、彭、眉、嘉、邛、蜀、綿、漢、資、簡、遂、黎、雅、陵、戎、瀘、維、茂、昌、榮、果、閬、渠、合、龍、普、利、興、文、劍、蓬、壁、夔、忠、萬、集、開、渝、涪、黔、施、達、洋，興元府。縣一百九十八，户五十三萬四千三十九。開寶四年，平廣南，得州六十，廣、韶、潮、循、封、端、英、連、雄、龔、惠、康、忍、春、龍、勤、新、高、潘、雷、羅、辨、桂、賀、昭、梧、蒙、恭、象、富、融、宜、柳、嚴、思、唐、邕、澄、貴、巒、橫、賓、欽、潯、容、牢、白、廉、黨、繡、鬱林、藤、竇、義、禺、順、瓊、崖、儋、萬安、振。縣二百一十四，户一十七萬二百六十三。八年，平江南，得州一十九，軍三，昇、宣、歙、池、洪、潤、常、鄂、筠、饒、信、虔、吉、袁、撫、江、汀、建、劍、江陰、雄遠、建昌軍。縣一百八，户六十五萬五千六十五。計其末年，凡有州二百九十七，縣一千八十六，户三百九萬五百四。太宗太平興國三年，陳洪進獻地，得州二，漳、泉。縣十四，户十五萬一千九百七十八。錢俶入朝，得州十三，軍一，杭、蘇、越、湖、衢、婺、臺、明、温、秀、睦、福、處，衣錦。縣八十六，户五十五萬六百八十。四年，平太原，得州十，軍一，並、汾、嵐、憲、祈、代、遼、沁、隆、石，寶興。縣四十，户三萬五千二百二十。五年，李繼捧來朝，得州四，夏、銀、綏、宥。雍熙元年，復以四州授繼捧，自後不復預職方。縣八。雍熙中，天下上閏年圖，州、府、軍、監，幾於四百。至是，天下即一，疆理幾復漢、唐之舊，其未入職方氏者，唯燕、雲十六州而已。【略】視西漢盛時蓋有加焉。隋、唐疆理雖廣，而户口皆有所不及。迨宣和四年，又置燕山府及雲中府路，天下分路二十六，京府四，府三十，州二百五十四，監六十三，縣一千二百三十四，可謂極盛矣。大抵宋有天下三百餘年，繇建隆初訖治平末，一百四年，州郡沿革無大增損。熙寧始務闢土，而種諤先取綏州，韓絳繼取銀州，王韶取熙河，章惇取懿、洽，謝景温取徽、誠，熊本取南平，郭逵取廣源，最後李憲取蘭州，沈括取葭蘆、米脂、浮圖、安疆等砦。【略】厥後建燕山、雲中兩路，粗閲三歲，禍變旋作，中原板蕩，故府淪没，職方所記，漫不可考。高宗蒼黄渡江，駐蹕吴會，中原、陝石盡入于金，東畫長淮，西割商、秦之半，以散關爲界，其所存者兩浙、兩淮、江東西、湖南北、西蜀、福建、廣東、廣西十五路而已，有户一千三百六十六萬九千六百八十四。此寧宗，嘉定十一年數。建國左江又百五十年，迨德祐丙子，遂併歸於我皇元版圖，而天下始復合爲一焉。今據元豐所定，併京畿爲二十四路，首之以京師，重帝都也。終之以燕、雲，以其既得而旋失，故附見於後。而凡四京之城闕宫室，及南渡行在之所，其可考者冠于篇首。爲《地理志》云。

《遼史・地理志》

元・脱脱等《遼史》卷三七《地理志序》 太祖以迭剌部之衆代遥輦氏，起臨潢，建皇都；東併渤海，得城邑之居百有三。太宗立晉，有幽、涿、檀、薊、順、營、平、蔚、朔、雲、應、新、嬀、儒、武、寰十六州，於是割古幽、並、營之境而跨有之。東朝高麗，西臣夏國，南子石晉而兄弟趙宋，吴越、南唐航海輸貢。嘻，其盛矣！

遼國其先曰契丹，本鮮卑之地，居遼澤中；去榆關一千一百三十里，去幽州又七百一十四里。南控黄龍，北帶潢水，冷陘屏右，遼河塹左。高原多榆柳，下隰饒蒲葦。在元魏時，有地數百里。至唐，大賀氏蠶食扶餘、室韋、奚、靺鞨之區，地方二千餘里。貞觀三年，以其地置玄州。尋置松漠都督府，建八部爲州，各置刺史：達稽部曰峭落州，紇便部曰彈汗州，獨活部曰無逢州，芬阿部曰羽陵州，突便部曰連州，芮奚部曰徒河州，墮斤部曰萬丹州，伏部曰匹黎、赤山二州，以大賀氏窟哥爲使持節十州軍事。分州建官，蓋昉於此。

迨于五代，闢地東西三千里。遥輦氏更八部曰旦利皆部、乙室活部、實活部、納尾部、頻没部、内會鷄部、集解部、奚嗢部，屬縣四十有一。每部設刺史，縣置令。太宗以皇都爲上京，升幽州爲南京，改南京爲東京，聖宗城中京，興宗升雲州爲西京，於是五京備焉。又以征伐俘户建州襟要之地，多因舊居名之；加以私奴置投下州。總京五，府六，州、軍、城百五十有六，縣二百有九，部族五十有二，屬國六十。東至于海，西至金山，暨於流沙，北至臚朐河，南至白溝，幅員萬里。

《金史・地理志》

元・脱脱等《金史》卷二四《地理志序》 金之壤地封疆，東極吉里迷兀的改諸野人之境，北自蒲與路之北三千餘里，火魯火疃謀克地爲邊，右旋入泰州婆盧火界壕而西，經臨潢、金山，跨慶、桓、撫、昌、浄州之北，出天山外，包東勝，接西夏，逾黄河，復西歷葭州及米脂寨，出臨洮府、會州、積石之外，與生羌地相錯。復自積石諸山之南左折而東，逾洮河，越藍川堡，循渭至大散關北，並山入京兆，絡商州，南以唐鄧西南皆四十里，取淮之中流爲界，而與宋爲表裏。

襲遼制，建五京，置十四總管府，是爲十九路。其間散府九，節鎮三十六，防禦郡二十二，刺史郡七十三，軍十有六，縣六百三十二。後復盡升軍爲州，或升城堡寨鎮爲縣，是以金之京府州凡百七十九，縣加於舊五十一，城寨堡關一十二，鎮四百八十八。雖貞祐、興定危亡之所廢置，既歸大元，或有因之者，故凡可考必盡著之，其所不載則闕之。

《元史・地理志》

明・宋濂等《元史》卷五八《地理志序》 自封建變爲郡縣，有天下者，漢、隋、唐、宋爲盛，然幅員之廣，咸不逮元。漢梗於北狄，隋不能服東夷，唐患在西戎，宋患常在西北。若元，則起朔漠，併西域，平西夏，滅女真，臣高麗，定南詔，遂下江南，而天下爲一。故其地北踰陰山，西極流沙，東盡遼左，南越海表。蓋漢東西九千三百二里，南北一萬三千三百六十八里，唐東西九千五百一十一里，南北一萬六千九百一十八里，元東南所至不下漢、唐，而西北則過之，有難以里數限者矣。初，太宗六年甲午，滅金，得中原州郡。七年乙未，下詔籍民，自燕京、順天等三十六路，户八十七萬三千七百八十一，口四百七十五萬四千九百七十五。憲宗二年壬子，又籍之，增户二十餘萬。世祖至元七年，又籍之，又增三十餘萬。十三年，平宋，全有版圖。二十七年，又籍之，得户一千一百八十四萬八百有奇。於是南北之户總書于策者，一千三百一十九萬六千二百有六，口五千八百八十三萬四千七百一十有一，而山澤溪洞之民不與焉。立中書省一，行中書省十有一：曰嶺北，曰遼陽，曰河南，曰陝西，曰四川，曰甘肅，曰雲南，曰浙江，曰江西，曰湖廣，曰征東，分鎮藩服，路一百八十五，府三十三，州三百五十九，軍四，安撫司十五，縣一千一百二十七。文宗至順元年，户部錢糧户數一千三百四十萬六百九十九，視前又增二十萬有奇，漢、唐極盛之際，有不及焉。蓋嶺北、遼陽與甘肅、四川、雲南、湖廣之邊，唐所謂羈縻之州，往往在是，今皆賦役之，比於内地；而高麗守東藩，執臣禮惟謹，亦古所未見。地大民衆，後世狃於治安，而不知詰戎兵，慎封守，積習委靡，一旦有變，而天下遂至於不可爲。嗚呼！盛極而衰，固其理也。

唐以前以郡領縣而已，元則有路、府、州、縣四等。大率以路領州、領縣，而腹裏或有以路領府、府領州、州領縣者，其府與州又有不隸路而直隸省者，具載于篇；而其沿革則泝唐而止焉。作《地理志》。凡路，低於省一字。府與州直隸省者，亦低於省一字。其有宣慰司、廉訪司，亦止低於省一字。各路録事司與路所親領之縣與府、州之隸路者，低於路一字。府與州所領之縣，低於府與州一字。府領州、州又領縣者，又低於縣一字。路所親領之縣若府若州，曰領縣若干、府若干、州若干；府與州所領之縣，則曰若干縣。所以別之也。

《救荒本草》

明・卞同《〈救荒本草〉原序》 植物之生於天地間，莫不各有所用。苟不見諸載籍，雖老農老圃亦不能盡識。而可亨可芼者，皆躪借於牛羊鹿豕而已。自神農氏品嚐草木，辨其寒温甘苦之性，作爲醫藥，以濟人之天札，後世賴以延生。而本草書中所載，多伐病之物，而於可茹以充腹者，則未之及也。

敬惟周王殿下，體仁遵義，孳孳爲善，凡可以濟人利物之事，無不留意。嘗讀孟子書，「至於五穀不熟，不如荑稗。」因念林林總總之民，不幸罹於旱澇，五穀不熟，則可以療飢者，恐不止荑稗而已也。苟能知悉而載諸方册，俾不得已而求食者，不惑甘苦於荼薺，取昌陽，棄烏喙，因得以裨五穀之缺，則豈不爲救荒之一助哉？於是購田夫野老得甲坼勾萌者四百餘種，植於一圃，躬自閲視，俟其滋長成熟，乃召畫工繪之爲圖，仍疏其花實根榦皮葉之可食者，彙次爲書一帙，名曰《救荒本草》，命臣同爲之序。臣惟人情於飽食暖衣之際，多不以凍餒爲虞，一旦遇患難，則莫知所措，惟付之於無可柰何，故治已治人鮮不失所。今殿下處富貴之尊，保有邦域，於無可虞度之時，乃能念生民萬一或有之患，深得古聖賢安不忘危之旨，不亦善乎？神農品嚐草木，以療斯民之疾，殿下區別草木，欲濟斯民之饑，同一仁心之用也。雖然今天下方樂雍熙泰和之治，禾麥産瑞，家給人足，不必論及於荒政，而殿下亦豈忍覩斯民仰食於草木哉？是編之作，蓋欲辨載嘉植，不没其用，期與《圖經本草》並傳於後世，庶幾萍實有征，而凡可以亨芼者，得不躪借於牛羊鹿豕。苟或見用於荒歲，其及人之功利，又非藥石所可擬也。尚慮四方所産之多，不能盡録，補其未備，則有俟於後日雲。永樂四年歲次丙戌秋八月奉議大夫周府左長史臣卞同序。

明・李時珍《本草綱目》卷一上 《救荒本草》 時珍曰：洪武初，周憲王因念旱澇民饑，咨訪野老田夫，得草木之根苗花實可備荒者四百四十種，圖其形狀，著其出産、苗葉、花子、性味、食法凡四卷，亦頗詳明可據。近人翻刻，削其大半，雖其見淺，亦書之一厄也。王性質聰敏，集普濟方一百六十八卷，袖珍方四卷，能詞賦，嘗作元宫詞百章。嘉靖中，高郵王磐着野菜譜一捲，繪形綴語，以告救荒，略而不詳。

清・黄宗羲《明文海》卷二六〇 《救荒本草》序李濂 《淮南子》曰：神農嘗百草之滋味，一日而七十毒，由是本草興焉。陶隱居、徐之才、陳藏器、日華子、唐慎微之徒，代有演述，皆爲療病也。嗣後，孟詵有食療本草，陳士良有食性本草，皆因飲饌以調攝人，非爲救荒也。《救荒本草》二卷，乃永樂間周藩集録而刻之者，今亡其板。濂家食時，訪求善本，自汴攜來。晉臺按察使石岡蔡公，見而嘉之，以告於巡撫都禦史蒙齋畢公。公曰：是有裨荒政者。乃下令刋布，屬濂序之。按周禮大司徒以荒政十二聚萬民，五曰舍禁。夫舍禁者，謂舍其虞澤之厲禁，縱民採取以濟饑也。若沿江瀕湖諸郡邑，皆有魚蝦螺蜆菱芡茭藻之饒，饑者猶有賴焉。齊梁秦晉之墟，平原坦野，彌望千里，一遇大侵，而鵠形鳩面之殍，枕藉道路，籲可悲已！後漢永興二年，詔令郡國種蕪菁以助食，然五方之風氣異宜，而物産之形質異狀，名彙既繁，真贋難別，使不圖列而詳説之，鮮有不以虺床當蘼蕪，薺苨亂人參者，其弊至於殺人，此救荒本草之所以作也。是書有圖説，圖以肖其形，説以著其用。首言産生之壤，同異之名；次言寒熱之性，甘苦之味；終言淘浸烹煮蒸曬調和之法。草木野菜，凡四百一十四種，見舊《本草》者一百三十八種，新增者二百七十六種雲。或遇荒歲，按圖而求之，隨地皆有，無艱得者。苟如法采食，可以活命。是書也，有功於生民大矣。昔李文靖爲相，每奏對常以四方水旱爲言，範文正爲江淮宣撫使，見民以野草煮食，即奏而獻之。畢、蔡二公刊布之盛心，其類是也夫！嘉靖四年歲次乙酉春二月之吉，賜進士出身奉政大夫山西等處，提刑按察司僉事奉敕提督屯政大梁李濂撰。

清・紀昀等《欽定四庫全書總目》卷一〇二《救荒本草》二卷兩江鹽政採進本。明周王橚撰。橚，太祖第五子。洪武十一年封，十四年就藩開封。建文中，廢徙雲南，永樂初復爵，洪熙元年薨，謚曰定。《明史》本傳稱：橚好學，能詞賦，以國土夷曠，庶草蕃廡，考核其可佐饑饉者四百餘種，繪圖上之。即此書也。李時珍《本草綱目》以此書及《普濟方》俱云洪武初周憲王著。考憲王有燉於仁宗初始嗣封，其説殊誤。是編爲嘉靖乙卯陸東所重刊。每卷又分爲前後，共成四卷。其見諸舊《本草》者一百三十八種，新增者二百七十六種，皆詳核可據，前有東序，亦稱周憲王著。蓋當時以親藩貴重，刊書皆不題名。故輾轉傳訛，有所不免。今特爲糾正焉。

《三吳水利録》

清・紀昀等《欽定四庫全書總目》卷六九《三吳水利録》四卷，江蘇巡撫採進本。明歸有光撰。有光有《易經》淵旨，已著録。是書大旨以治吳中之水，宜專力於松江。松江既治，則太湖之水東下，而他水不勞餘力。當時隄防廢壞，漲沙幾與崖平，水旱俱受其病。因採集前人水議之尤善者七篇，而自作水利論二篇以發明之，又以三江圖附於其後。蓋浙江爲震澤尾閭，全湖之水皆從此赴海。所謂塞則六府均其害，通則六府同其利者，前人已備言之。尋其湮塞之源，則張弼水議所謂自夏原吉濬範家浜直接黄浦，浦勢湍急，洩水益徑，而江潮平緩，易致停淤，故黄浦之濶，漸倍於舊，吳淞狹處，僅若溝渠。其言最爲有理，有光乃槩以爲湖田圍占之故，未免失於詳究。然有光居安亭，正在松江之上，故所論形勢，脈絡最爲明析，其所云宜從其湮塞而治之，不可别求其他道者，亦確中要害。言蘇松水利者，是書固未嘗不可備考核也。

《異魚圖贊》

清・紀昀等《欽定四庫全書總目》卷一一五《異魚圖贊》四卷浙江鮑士恭家藏本。明楊慎撰。慎有《檀弓叢訓》，已著録。是書前有嘉靖甲辰自序，稱西川畫史録《南朝異物圖》，將補繪之。予閱其名多踳錯，文不雅馴，乃取萬震、沈懷遠之《異物志》，效郭璞、張駿之贊體，或述其成製，或演以新文。句中足徵，言表即見，不必張之粉繪，燈之艷彩。凡魚圖三卷，共八十七種，爲贊八十六首。附以海錯一卷，共三十五種，爲贊三十首，詞旨亦頗古雋，與宋祁《益部方物畧》可以頡頏，惟詮釋名義，不過形容厓畧，遽云可以代圖，未免自詡之過。且萬震南州《異物志》一卷、沈懷遠《南越志》五卷，僅見於《唐志》，《宋志》已不著録，慎何從而見之？尤出依託。亦就書論書，取其詞藻淹博而已矣。

明・楊慎《〈異魚圖贊〉引》 有西州畫史録《南朝異物圖》，將補繪之。予閱其名多踳錯，文不雅馴，乃取萬震、沈懷遠之物志，效郭璞、張駿之贊體。或述其成製，或演以新文。其辭質而不文，明而不晦，簡而易盡，韵而易諷。句中足徵，言表即見，不必張之粉繪，燈之艷彩矣。異鄉素居，枕簏罕營，爲之猶賢，聊以永日。《魚圖》三卷，贊八十六首，《異魚》八十七種。附以螺、貝、蜃、蚶，海錯爲第四卷，贊三十首，海物三十五種。總之凡一百二十二種。嘉靖甲辰十一月望日升菴楊慎書。

明・范允臨《刻〈異魚圖贊〉題辭》 昔周公教成王讀《爾雅》，而孔子訓門人學詩，亦曰多識於鳥獸草木之名。然則，博物洽聞，固聖哲所不廢已。用修書破萬卷，學擅五車，乃以其緒搜剔異聞，旁采稗史，譔爲《異魚圖讃》。時出新裁，襍以古語，窮極於蚌貝、蜃螺，細極於鯤鮞、跳鮏，竭江羅海，括怪囊奇，玉屑霏香，雅致可誦，此亦《爾雅》之註脚矣。昔張司空博物，而百歲老狐、千年華表，莫逃精鑑，懼而夜泣。温嶠然犀而水府畢獻其狀，用修此讃，毋乃令海藏鮫人散落珠璣，江淮水族朝宗學海耶。是書向未鏤板，臨從友人朱汝修氏得鈔本録之，藏爲帳中之秘。蓋千載於兹矣。滇雲萬里負笈，爲難巾笥偶攜，聊充枵腹。直指周公見而嘉之曰：子思論道始於夫婦，知能終於鳶飛魚躍。而莊子知濠上之鯈魚，謂性天之相契，用修所著，毋乃非道機乎？君子茂對天地，樂育羣生，欲使昆蟲草木並暢，鳥獸魚鼈咸若。其可以細故忽諸，詩紀牧人乃夢而稽諸。大人之占曰：衆維魚矣，實維豐年魚鱗族也。而夢占若此，則周宣中興之盛可想見矣。是用付之剞劂，以廣直指公對育之化，用徵大人之占。刻成於萬曆戊申之旦月，而提學道僉事范允臨謹識歲月於左。

明・楊慎《〈異魚圖贊〉跋》 予作《異魚圖贊》，間出以示好事者，或獻疑曰：「《爾雅》注蟲魚，定非磊落人。子不見韓子之詩乎？」予曰：「韓子有爲言之也。跡其焚膏繼晷之際，口吟手披之餘，遇蟲名魚字，將删之乎？《老子》云美言不信，而五千之言未嘗不美。莊子欲絶學，而莊子何嘗不學。蘇子謂人生識字憂患始，豈欲人盡不識字乎？如此之類，古人善戲謔，自掊擊之一機也，雖然，不可以訓。若孔子則豈其然，教小子以學《詩》，終於多識，則蟲魚固在其中矣。孔子豈非磊落人哉？近之不悦學者，往往拾古人善謔之言，以爲不肖護躬之符，可笑！且悼充類其説，則伏獵弄麞之侍郎，長鎗大劍之將軍，一一皆磊落人也夫！

《西南夷風土記》

清·紀昀等《欽定四庫全書總目》卷一二八 《遊宦餘談》一卷 江西巡撫採進本。明朱孟震撰。自序稱生平宦轍，殆徧九州。因摭耳目所及，撰成此書。初分五卷，後乃併爲一卷。所録多瑣事，末附《西南夷風土記》二十六條，頗爲詳明。然孟震序中自言，未至滇雲，則惟據傳聞書之，恐亦未盡確實矣。

清·曹溶輯《學海類編》涵芬樓影印本《西南夷風土記》序 西南夷，漢武帝時已通中國。蜀漢中復叛，武侯定之。晉、魏、唐閒，或叛或復，宋則以玉斧畫瀘水，遂與之絶矣。元奄有西域，乃復屬焉。國朝兵平六詔，諸夷納土，乃各因其酋長，立爲宣慰、安撫等官。俾自治其地，以時時貢賦。曰木裡、曰老撾、曰木邦、曰八百、曰孟養、曰緬甸，所謂六宣慰。國初舊封也，曰南甸、曰千厓、曰隴川、曰孟密，三宣撫一安撫。正統時，麓賊思任父子作亂，王靖遠討平之，遺孽播遁迤西，靖遠請其棄地，封有功也。擺古，舊得稜地，古剽國，夷言朱闍婆，又謂之朱波國也。處南海之濱，遠在諸夷之外，自古不通中國。晉、魏閒，傳聞永昌西南三千里有剽國，君臣父子長幼有序。唐真元中，王雍羌開南詔，畢牟尋歸唐，有内附心，隨遣弟悉利福城五難陀獻其國樂至成都。劍南節度使常樂復譜次其音聲以獻，於是始與中國通。頃歲師克隴川，獲莽人猷，得其樂器，形類箜篌，其聲和，其音哀，聽之淒然。得非兵戈亂離，音隨世變也歟？莽瑞體，緬甸宣慰之裔也。先時麓賊父子皆爲緬縛獻，後燼火復熾於孟養，遂與緬世相仇殺。嘉靖閒，差官勘處，竟不思其原爲討賊，效以挑鄰釁。乃取其金牌符信而還。瑞體遂窮無所歸，逃於整古，動心忍性，修行學佛。得稜子無主聞其賢，迎立爲嗟喇。嗟喇者，華言公道主人也。各夷分境而治，風土既殊，氣習頗異，而勇怯情僞，不能無差别焉。草木禽獸，尤互有異同也。咸據見聞而載記之，以備事經略，務該博者考云。

《桂勝》

明·張鳴鳳《〈桂勝〉序》 右司馬兼中丞兩廣督府靈壁劉公，去歲冬初東下，裝嚴過故吏張子，語之曰：「自不穀有事於四方，見所在一泉一石，粗足寓目，其人莫不有志記，用表厥勝。乃雲峯煙潡，參錯如繡，如子桂者，顧反獨無。有勝如此，不如無有。子山中人，盍圖諸？」語訖，驚起謝不能，具白：「今南都大司馬連江吴公，按浙侍禦華容蔡公，先後見屬，一如今指，皆固謝已之。」公笑謂曰：「子云不能，惡乎在？」對曰：「地勝固爾，抑人也殊勝？桂雖乏人，擁朱輪，乘獨軺，迭往迭來，豈乏四方之英俊乎？撫有山川，以其餘閒，或陟在巘，或降在原；亦或汎川，溯洄洲嶼，或撫景以興詠；或紀遊以見名，山川籍之，故永有聞，此豈非殊勝耶？不此志記，焉得勝？」公曰：「然。」又曰：「日不穀家居，嘗夢入山，睹山四壁徧有題刻。子今言與夢合，顧曰不能，得無慮抄拓不給故耶？不穀是任，慎勿讓。」明日，公果遺麾下四出蒐致。比臨發，授意藩使鄞管公，爲過申命，更選抄者，俾益具録。既又以一人領衆山，不勝其書，檄縣行視，亟議以濟。居無何，參藩雲間徐公以代行藩事至，陸續抄拓，十得六七，書亦草具四五。參藩公聞之，以暑著書，時枉勞苦，又屬縣以增廣未備。縣令南海何君，奉檄唯謹，選諸生稽古者，挾拓工與俱，廩從優厚。於是，峥嶸之杪，邈絶之濱，人争猿攀鳥集，齎楮墨以往，數百年之古文遺事，出布人間。張子既幸驟得未睹，又辱公近檄府給以筆劄，參藩公間日趣取草，親爲校定。府丞吕君與諸大夫亦間過視，雖則不敏，敢不勵志？況前被公激發以「有勝如此，不如無有」之語哉！書凡十六卷，因名《桂勝》。所爲卷第，以先奉公授獨秀諸拓本，家漓山下日就手寫所得次之，餘悉按抄拓至者之先後以爲卷第。外《桂故》八卷，用輔以行其意，亦具《桂故·序》中。萬曆己丑秋七月，朔灕山人張鳴鳳序。

明·劉繼文《〈桂勝〉序》 粤自神禹鑄鼎，象九州，凡寓内山川載在《職方》者，蓋詳矣哉。然其大者，固按牒可攷。若阻遠幽窅，或闃眺所未及，即書不具載，載不加詳。而山川之勝槩，與夫往哲之芳蹟，往往幾於堙滅。希縱方外者，恒三竊嘆云。余不佞，性耽幽癖，每見一泉一石，輒戀戀不能舍去，殆自幼已然。比筮仕雲江，躬繫簿書，不遑遊覽。即青原之勝，未遂登臨，迄今不無悵想。後繇省垣出參浙藩，總儲務公署，即倚吳山下，時邀客飛觴，得快心于十景之巔。尋遷右轄入閩，則與武夷君爲莫逆，凡三徜徉於九曲。迨致江右政歸，偕同年王敬美邀遊匡廬，尋鹿洞天池之勝，再信而行，自是得反初服。回思寓内奇觀，浙曰吳山，閩曰武夷，楚曰匡廬，景勝甲天下。餘宦轍所經，具得託足遡覽，而其間峙者、流者、幽者、怪者，收填胷次，庶幾乎夙願可償。既歸田，暇豫闢百畝之園，爲頤庸之所。邑故多奇石，手自掄選，平地爲山，隨意區畫，名曰《卷石小境》。又盤桓終日，自適其天容，與將九載，偶於夢寐中，神遊攀岩陟巘，非生平所覩。又或夢有魄奇石，盈□堪賞。既寤，直以夢視之。未幾，奉詔起西川，捫參歷井，鳥道天梯，歷經艱險。及入粵，見風洞華景，諸巖佳勝，寰中罕儷。又靖藩諸王孫，間以奇石相遺，恍若往日夢中景象。因公餘，周覽桂林之勝，陟降巒巖，遡洄洲嶼，靡匪奇遘其勝。以山計者曰獨秀、曰灕、曰雉、曰南溪、曰伏波之類，凡十有八。以川計者曰灕江、曰陽江、曰南溪、曰彈丸、曰訾家洲之類，不一而足。且磨崖鐫字，皆古名人詩賦。其上，每臨眺間，則簇峯澄練與目謀，松笙潤瀨與耳謀，而詩篆之幽麗奇絶者，又與心謀。色色象象，總命曰：山川之勝，而叢聚於桂林，即吳山、武夷、匡廬，當不少讓。顧彼三勝者，炳炳圖志中，而桂獨無有，竊爲山靈快快。因別駕張君羽王，素稱博雅，且世居灕山下，爲山川主人，與餘有舊誼，相過遂以志屬焉。君遜謝不能，因諷以有勝如此不如無有之語。又請爲君供副墨之需，而藩使管君、世臣徐君君羽復從臾焉。君於是旁搜博採，援古質今，凡諸山之巑岏，諸川之邈絶，及數百年之古文遺事，郡國政績，文獻流寓，彙摩編成帙，凡二十有四卷。前十六卷爲《桂勝》，志勝槩也；後八卷爲《桂故》，志故實也。二志作而山川之幽僻，古蹟之幾於沉晦者，至是悉顯，直與吳山、武夷、匡廬諸志相彪炳，俾宦遊兹土者，得按圖攬勝，則勝與志合，見與聞合。幽懷益暢，而詠賦益增。即未涉足於桂者，亦展卷瞭然，如指諸掌，而山川藉是永有聞於四方矣。張君之功甚偉，而不佞之幽癖，及夢所感徵，庶不孤哉！庶不孤哉！是可爲桂之山川賀矣。餘因命臨桂何令太庚授之剞劂氏，以廣其傳云。時萬曆庚寅孟春之吉，欽差總督兩廣軍務兼理糧餉、帶管鹽法、兼巡撫廣東地方、兵部右侍郎兼都察院右僉都禦史、中都節齋劉繼文撰。

明·蔡汝賢《〈桂勝〉序》 嘗讀柳子厚《訾家洲記》，稱桂林多靈山，拔地峭起，林立四野，意欣然嚮之。顧去松數千餘里，欲一登眺無由也。萬曆已丑夏，會餘奉命鎮撫西陲，道衡湘入桂林，驟見石峯交立雲表，左顧右盼，令人輵轄。久邇知郭以内爲獨秀、疊綵、華景諸山，其外則棲霞、彈丸、龍隱峙其左，隱山、西峯、中隱踞其右。又伏波、灕雉，旁跨江水。水則灕、陽二江會於灕山，湯湧南湊以入海，而訾家洲實爲之襟喉，此其大觀也。餘未遑周覽，即一二所睹，記峯巒銳者，筆聳劍植，稍有起伏，或旆而尾。或幾而憑，又或列甗可炊，或端笏以謁。其平者，屏倚幕張，詭麗非一。中有偃洞，或堂或室，或闕或閣，乳凝苔繡。諸石駢附者，又千態萬狀，尚訝子厚所稱爲未備云。且海内名山稱鉅闕者豈少哉？然皆數峯而止。迺桂城内外不出數里，而玉筍瑶簪，森列若此，抑又奇矣。先是，督府大司馬節齋劉公遊而樂之，謂勝概不可無紀，因張君羽王，博雅能文，且世家灕山麓，遂以屬筆張君，於是原本山川，采輯題詠爲《桂勝》。又因《桂勝》摭拾前聞，補苴遺事，而《桂故》作焉。《桂勝》以志形勝，他無關於形勝者不與也。故《桂勝》出，則不出户而可以神遊。《桂故》出，即未暇諮詢，一展卷而其人與事瞭然在目。其有功於山川甚偉，非徒備野史已也。書成，司馬公既序而付之梓，謂餘乃山川主人，宜序諸末。或有進言於餘者，曰粵西岩穴，即荒州下邑，往往多奇絶，匪直桂也。顧深阻幽遐，非遊人墨衆所能至，而其鄉之人又無如張君者可以表揚之，以故湮滅弗彰。今桂之勝，得司馬公而著，聞山川顯晦，信非偶矣。餘不其然。山川鐘秀效靈，不以時間，又安知繼今來？不有探奇好古如司馬公，搦管能文如羽王氏者，出以續全省之勝，以補文獻之遺，豈不尤偉也哉？此亦司馬公意也，餘請注目以俟。

清·紀昀等《欽定四庫全書總目》卷七〇《史部·地理類三》 《桂勝》十六卷，浙江鮑士恭家藏本。附《桂故》八卷 兩淮鹽政采進本。 明張鳴鳳撰。鳴鳳有《西遷注》，已著録。是二書並成於萬曆癸丑，《桂勝》序題五月六日，《桂故》序題七月朔。劉繼文《序》稱，前十六卷爲《桂勝》，志《桂槩》也，後八卷爲《桂故》，志故實也。鳴鳳《桂勝》自序，亦稱外《桂故》八卷，用輔以行。《桂故》自序稱「余志《桂勝》，竊迹前事」云云。則二書相因而作，實一書也。《桂勝》以山水標目，各引證諸書，敘述於前，即以曆代詩文附本條下，而於石刻題名之類，搜採尤詳。又隨事附以考證，多所訂正。董斯張《吳興備志》、朱彝尊《日下舊聞》即全仿其體例，於地志之中最爲典雅。《桂故》分郡國、官名、先政、先獻、遊寓、襍志六門。郡國考曆代沿革，詳列史志，辨今之桂林非古之桂林。官名則臚舉曆代之制。

蓋疆域明則先獻有所斷限，職制明則先政有所徵驗。乃不至如他志書，人物、名宦附會牽合，故以冠於首也。其先政、先獻，人各爲傳。大抵鎔鑄舊文，剪裁蔓語，務取其有關是土，而不濫涉其生平。又多採金石之文，不盡取諸史籍。故其詞簡而不支，博而有據。其遊寓、褋志，亦多據題名碑碣，姓名年月，曆曆可稽。在明代輿記之中，於康海《武功志》、韓邦靖《朝邑志》外，自爲別調。可以鼎立而三，他家莫之逮也。二書所載，皆止於南宋。蓋年遠者易湮，時近者易濫，詳人所畧，畧人所詳，其書乃博贍而有體。是又鳴鳳創例之微意歟？

《河渠志》

清·張廷玉等《明史》卷二一七《吴道南傳》 吴道南，字會甫，崇仁人。萬曆十七年進士及第。授編修，進左中允。直講東宫，太子偶旁矚，道南即輟講拱竢，太子爲改容。曆左諭德少詹事。擢禮部右侍郎，署部事。曆城、高苑牛産犢，皆兩首兩鼻，道南請盡蠲山東諸税，召還内臣，又因災異言貂璫斂怨，乞下詔罪已，與天下更新。皆不報。尋請追謚建文朝忠臣。京師久旱，疏言：「天下人情鬱而不散，致成旱災。如東宫天下本，不使講明經術，練習政務，久寘深闈，聰明隔塞，鬱一也。法司懸缺半載，讞鞫無人，囹圄充滿，有入無出，愁憤之氣，上薄日星，鬱二也。内藏山積，而閭閻半菽不充，會不發帑振救，坐視其死亡轉徙，鬱三也。纍臣滿朝薦、卞孔時，時稱循吏，因權璫搆陷，一繫數年，鬱四也。廢棄諸臣，實堪世用，一斥不復，山林終老，鬱五也。陛下誠涣發德音，除此數鬱，不崇朝而雨露遍天下矣。」帝不省。

道南遇事有操執，明達政體。朝鮮貢使歸，請市火藥，執不予。土魯番貢玉，請勿納。遼東議開科試士，以巖疆當重武，格不行。父喪歸。服闋，即家拜禮部尚書兼東閣大學士預機務，與方從哲並命。三辭不允，久之，始入朝。故事，廷臣受官，先面謝乃蒞任。帝不視朝久，皆先蒞任。道南至，不獲見，不敢入直。同官從哲爲言，帝令先視事，道南疏謝。居數日，言：「臣就列經旬，僅下瑞王婚禮一疏。他若儲宫出講、諸王豫教、簡大僚、舉遺佚、撤税使、補言官諸事，廷臣舌敝以請者，舉皆杳然，豈陛下簡置臣等意。」帝優詔答之，卒不行。迨帝因「梃擊」之變，召見羣臣慈寧宫。道南始得面謝，自是不獲再見。

織造中官劉成死，遣其黨呂貴往護，貴嗾奸民留已督造。中旨許之，命草勅。道南偕從哲争，且詢疏所從進，請永杜内降，弗聽。鄱陽故無商税，中官爲税使，置闕湖口征課。道南極言傍湖舟無所泊，多覆没，請罷闕勿征，亦不納。

道南輔大政不爲詭隨，頗有時望。歲丙辰偕禮部尚書劉楚先典會試。吴江舉人沈同和者，副都御史季文子，目不知書，賄禮部吏，與同里趙鳴陽連號舍。其首場七篇，自坊刻外，皆鳴陽筆也。榜發，同和第一，鳴陽亦中式，都下大譁。道南等亟檢舉，詔令覆試。同和竟日搆一文。下吏，戍煙瘴，鳴陽亦除名。

先是，湯賓尹科場事，實道南發之，其黨側目。御史李嵩、周師旦遂連章論道南，而給事中劉文炳攻尤力。道南疏辨乞休，頗侵文炳。文炳遂極詆，御史張至發助之。道南不能堪，言：「臺諫劾閣臣，職也，未有肆口嫚駡者。臣辱國已甚，請立罷黜。」帝雅重道南，謫文炳外任，奪嵩等俸。御史韓浚、朱堦救文炳，復詆道南。道南益求去。杜門踰年，疏二十七上，帝猶勉留。會繼母訃至，乃賜道里費，遣行人護歸。天啓初，以覃恩即家進太子太保。居二年卒。贈少保，謚文恪。

贊曰：《傳》稱「道合則服從，不合則去」，其王家屏、沈鯉之謂乎！廷機雖頗皵物議，然清節不汙。若於陛之世德，慎行之博聞，亦足稱羽儀廊廟之選矣。

清·紀昀等《欽定四庫全書總目》卷七五《史部·地理類存目四》 《河渠志》一卷江蘇巡撫採進本。明吴道南撰。道南字會甫，崇仁人。萬曆己丑進士，官至文淵閣大學士，謚文恪。事蹟具《明史本傳》。萬曆甲午，陳于廷建議修國史，令翰林諸臣分門受事。道南領修《河渠志》，此即其原稿也。凡三篇：曰運河、曰黄河、曰通惠河，其餘皆未之及。按《明史·藝文志》作二卷，則是本已非全帙矣。前有總序，謂冠以圖策，載其領要。今此書無圖，蓋傳寫者失之。考《元史》以前諸志，皆無圖繪。此例盖道南所首創也

清·朱彝尊《曝書亭集》卷四五《孝宗大紀書後》 萬歴二十二年三月，允禮部尚書南充陳公于陛之請修《國史》。閣臣議開局，聚書分纂，于是崇仁吴公道南立《正史》議，志之類二十有二，傳之類二十有六。吴公領修《河渠志》，而先太傅文恪公分撰孝宗大紀，皆附之家集中。緣陳公逝，其書未果成也。古之國史，恒以本朝之人述當代之事，故文獻足徵。光武帝紀，定于永平。武德貞觀《國史》，成於顯慶。宋於兩朝、三朝、五朝、七朝、四朝，先後撰述。榻前論議，斯時政有紀。柱下見聞，斯起居有注。類而次之，謂之日歷。修而成之，謂之實録，然後一代之典則備焉。明則第有實録，寶訓而已。建文革除景泰附録，何以成

一代之典章？善夫吳公之言曰：「會南面者，當知史不可滅之義。會北面者，當思名必先正之文。是惠代二宗帝紀不可不特書也矣。」康熙己未，史局既開。以先公大紀送館。倖存其副，未幾雕本付搨書手。不戒於火，因書以付昆田。

《五嶽遊草》

明·胡應麟《少室山房集》卷一一七《報王恒叔》 讀《五嶽遊草》，覺撫琴、動操之餘，山谷皆響。足下信奇人，然造物小兒，亦何意獨縱杖頭若是。僕犬馬四旬，僅岱宗一入眉目。客歲挈家遠遊，將永別金華諸洞壑，因發憤走芙蓉、紫薇，歷探朝真、冰壺、雙龍，窮極幽峭而後返，尚未暇寫之筆端。閱足下遊記，快哉！十得八九矣。何時同蠟雙屐，登金盆、玉壺絕頂，大呼石羊君也！

明·賀復徵《文章辨體彙選》卷三三三 《五嶽遊草》自序 王士性 余行遊海內，五嶽舉矣，作蒐裒于白龍溪之滸，計了滇雲遂息足焉。客有濯纓詣余溪頭，爰問余曰：「子好遊乎，夫遊亦有道耶？」余曰：「夫太上天遊，其次神遊，又次人遊，無之而非也。上焉者形神俱化，次焉者神舉形留，下焉者神爲形役。然卑之或玩物，高之亦採真。」客曰：「其人何如？」曰：「若士汗漫於九垓，是天遊也。軒轅隱几于華胥，是神遊也。尚子長勅斷婚嫁，謝紉輿置身丘壑，是人遊也。」「夫玄闕寂寥，天神邈矣，子孰與二子？」余曰：「一丘一壑，良吾願也，清溪鑑我心矣。抑尚生云婚嫁既畢，五嶽必遊。余髫齓之子，視吾年不十四焉，猥云婚嫁，姜也就木矣。若余，則烏能待哉？若余，則烏能待哉？」「然則，子遊其天乎？」曰：「唯唯否否。余未能莽蕩其馬，支離其御，余遊四荒之內，未能覩六合之外，余人之畸也。」「請言其人。」曰：「夫遊淺之乎人也，然亦難言矣。思夫馭迴九折，踵垂百仞，鳥道羊腸，蛇退猿飲，幽壑無底，顛崖半欹，履險心悸，手足爲痺，彼無其具，猶弗遊也。抑有益州悵老，牛山歎逝，靚遘不常，河清難俟，澤啄王雉，櫪伏灰驥，白首青山，意興盡矣。彼非其時猶弗遊也。若夫石室再閑，酒壚寂若，七聖路迷，三山風却，陰晴未定，僕馬告痛，涕笑邂逅，萍梗參差，彼厄之緣，猶弗遊也。」「然則孰與子？」曰：「茂陵雖渴，不余倦矣。少文未老，曷事卧矣。九州已十，弗類此子矣。昔人一泉之旁，一山之阻，神林鬼冢，魑魅之穴，猿狖所，家魚龍所宫，無不託足焉，真吾師也。豈此三者於余，獨竊嗜與不嗜爾。」「請言子之所嗜。」曰：「心志不分者，神凝；耳目不眩者，慮定。故丈人之承蜩也，若或掇之也，夏侯氏之倚柱而書也，雷霆而嬰兒之也。余之嗜遊類有然者。夫遊必具賓主，戒車徒，提筐筥，語云：良辰美景，賞心樂事，所以試也。余遊則不擇是。當其霜雪慘烈，手足皸瘃，波濤撼空，帆檣半覆，朝畏嵐烟，夜犯虎跡，垂堂不坐，千金誰擲，余不其然。余此委蜕于大冶乎何惜？遇佳山川則遊。抑或王程有嚴，星分夙駕，受命大吏，弩矢是荷，風波眼底，緇塵滿袖，迂迴間道，動稱掣肘，余不其然。余此鷄肋于枕上乎何有？遇佳山川則遊。又或百憂慜心，萬事勞形，死生離別，黯然消魂，雲陰月黑，風雨連旬，追懽買笑，强顔掀唇，余不其然。余此郎當舞袖，一付傀師氏之手，遇佳山川則遊。吾視天地間一切造化之變，人情理物，悲喜順逆之遭，無不于吾遊寄焉。當其意得，形骸可忘，吾我盡喪，吾亦不知何者爲玩物，吾亦不知何者爲採真。」語未畢，客乃起曰：「夫遊道則盡矣！子之遊踪類可述乎？」曰：「可。請崖略而言之。神州赤縣，五嶽爲尊。太玄帝時，作配自今。瑤池寶軸，用秘真形。誰其竊之，負局先生。述五嶽遊。齊、魯雍、冀，賢聖之鄉。大哉禹功，明德未央，金臺、易水，俠骨生香。梁園、鄴下，藝圃擅場。次大河南北諸遊。岷汶萬里。其委三吳。再起天目，滙爲太湖。蓊氣千年，作帝王都。嗟嗞乎邯鄲乎臨淄，今之武陵、姑蘇。次吳遊。若夫山川詭幻，兩越爲多，天台、鴈宕，余即而家。東海三山，一葦可跂。洞天福地，越得十二。次越遊。青神故壘，白帝舊城。雪銷水漲，一日江陵。瞿塘、劍閣，自昔不守。蜀道雖云難，登天亦何有。次蜀遊。六千大楚，是稱江南。茫茫洞庭，七澤注焉。江、漢好遊，沅、湘習怨。指雲雨兮堪疑，望蒼梧兮不見。次楚遊。粵土踈理，四時多暑。高風揚塵，滇境咸春。碧篸玉笋，幻出桂林。蒼、洱昆華，兼產奇珍。次滇、粵遊。披圖九曲，是爲武夷。幔亭雲氣，恍惘霏微。莽莽寰區，縱余所如。嗜而未食，惟閩荔支。俟將以閩遊終焉。」客歛衽而謝曰：「有是哉，是不可以無記。」遂記之。時萬歷纔十有九稔，記者滇西隱吏、天台王士性恒叔也。

清·紀昀等《欽定四庫全書總目》卷七八 《五嶽遊草》十二卷。兩江總督採進本。明王士性撰。士性字恒叔，臨海人。萬歷丁丑進士，官至南京鴻臚寺卿。事跡附見《明史·王宗沐傳》。錢希言《獪園》又稱臨海王中丞士性，未之詳也。士性初令確山，遊嵩嶽。擢禮科給事中，遊岱嶽、華嶽、恒嶽。及參粵藩，遊衡嶽。此外遊名山以十數，經歷者十州。遊必有圖有詩，爲圖若記七卷，詩三卷，不盡於記與詩者爲雜志二卷。亦名《廣遊記》，統題曰《五嶽遊草》，蓋舉其大以該其餘也。《獪園》稱「峨嵋山有老僧，性好遊。自恨一生不得遍探名嶽，年又駸駸響暮，乃誓於來生了此夙願。臨化，謂其徒曰：『吾今往台州臨海縣王氏，託生爲男。』計老僧化去之年月日時，即士性之甲子」云云。殆因有此書而附會之。然亦緣士性癖嗜山水，故有是言矣。

清・馮甦重刻本《五嶽游草》序　嶽之有五，天地巧於結搆，以成千古大文章。有人焉，抱不世才，舉險譎幽奇種種莫可名狀者，以三寸管羅聚几案間，是又萃天地之大文章，以自成其文章者也。顧海內不乏能文家，求其足跡遍天下，題詠滿名山者，未易多覯，豈選勝無具歟？抑或嗇於遇也？吾鄉王太初先生，夙負雋才，於書無所不讀。以名進士歷官數十年，宦轍所至遍五嶽，因得登峰造極，各窮其奧。作《五嶽游草》，大而蟠厚地、矗蒼昊，奇而擘巨靈、劖六甲，秀而降帝子、夢朝雲，幽而藏仙都、甞佛窟。一經點染，覺神工鬼斧，玲瓏嵌空，悉奔湊於毫楮。是嶽瀆神靈即先生精魄，而先生是集，莫非嶽瀆英華供其揮灑而縱橫也。先生之游，誠壯矣哉！

予幼讀是書，竊心慕之，然獲游者不過吾越諸山而已。及筮仕以來，始而滇雲，繼而嶺表，亦僅得擬先生滇、粵一遊。他若西北諸巨鎮，或一過之，而迫於王程，白雲馬首，不遑盤桓焉。信乎！游五嶽之難也。先生之游，不特其才爲之，實其遇使然。向非奉使西南，握符東北，往復其地，即有百斛之才，千秋之志，亦何由吐其珠璣，爲山川生色？則是先生此游誠壯且難矣。惜是書兩經剞劂，藏板俱失，間有存者，止斷簡殘編，不幾令先生奇才妙筆漸至湮没，而嶽瀆神靈亦黯然已乎？故於休沐暇，特爲修輯，去其魯魚亥豕，重付之梓，俾後之君子披覽是書，或有才而嗇於遇，欲游未遂者，不出户庭，占卷如封。即有一二高賢能如先生之游，亦將問途於已經，神交於異世，共信先生當日萃天地之大文章，堪與五嶽並壽，而余亦得附名於不朽也夫。康熙辛未孟春，同里後學馮甦題於雙幘峰下之知還堂。

清・潘耒《重刻五嶽游草序》　天地至大也，事物之變至無窮也，而人以眇然七尺之軀，塊處一室，眼如針孔，乃欲縱談古今，懸斷天下事，勢必不能。故古來通人達士每喜言游。莊周著書，首以《逍遥》名篇，言鯤鵬之運，自南海以至北海；屈平作《騷》，雲車風馬，歷扶桑而經崑崙。言游者莫侈焉，然特空語無事實。至司馬子長、李太白、杜子美、韓退之、蘇子瞻、陸務觀輩，則真足跡遍天下，而其文辭亦遂雄奇跌宕，超絶千古。游亦何負於人？而儒者嫌於玩物喪志，乃有官衡陽而不登南嶽者。然則大禹之上岣嶁，孔、顏之登泰岱，皆非耶？明代聞人如都玄敬、喬白岩、王太初、王崑崙，皆嘗遍游寰宇，皆能以文詞發攄所覩記，而太初先生所著則有《五嶽游草》。先生夙植靈根，下筆言語妙天下，興寄高遠，超然埃壒之外。生長臨海，臺、蕩、括蒼，自其家山。從給諫，出參粵藩，副滇臬，曲試巴蜀，視學兩河。諸嶽鎮而外，如峨嵋、太和、白嶽、點蒼、雞足諸名山，無不窮探極討，一一著爲圖記，發爲詩歌，刻畫意象，能使萬里如在目前。蓋天下之宦而能游，游而能載之文筆如先生者，古今亦無幾人。嗚呼！名利之毒中於人心，爭錐刀而競尺寸，如鼠入牛角，如蠅鑽紙窗，正由不知宇宙之廣、日月之大，使能置身物外，曠觀遠覽，則諸累可以冰釋。太初爲言官而不阿權貴，歷方面而清白著聲，擢開府而堅辭，臥丘園而自得；非唯天情曠達，蓋亦山水之助多爲多焉。今《游草》一編具在，人於塵勞轇轕之際，試一展卷披尋，未有不豁然心開，悠然神往者。天機深而嗜慾自淺，以是爲解熱之清風，療煩之良藥，不亦可乎？余雅好游，而甚慕太初先生之風流。頃來臺求其遺集不可得。少司寇馮公再來偶得是編，重爲梓行，屬余序之。其《廣遊記》、《廣志繹》諸書，則將續購焉。馮公官三事而勇退，以山水文章自娱，蓋深有意乎先生之爲人者也。康熙辛未孟秋，松陵潘耒書於東湖寓園。

清・林雲銘《重刻五嶽游草序》　余同年友馮公再來重鋟王太初先生《五嶽游草》，郵致見示，余得受而卒業。因歎海內山川名勝，皆造物所秘惜。自大禹輶檋所至，探其險怪，辨其物類而鑄爲鼎，伯益復因之而著爲《經》，是開闢以來第一部大文章。後世雖有善游，總不能躬歷一隅而抒寫其大略。惟是古今能文巨手，又往往藉山川奇勝開拓心眼，毋論籃輿蠟屐能盡與不能盡，皆可即意中所激發著爲文章，跨踔百代。龍威丈人所謂天地大文不可舒，亦以此爲造物所秘惜耳，非專爲登涉之難而言也。

太初先生諸作，雖爲五嶽寫照，但其文之沉雄古宕、逶迤參錯，蓋將畢生精神與疊嶂層巒、扶輿磅礴之氣相遇，沐浴吞吐於寤寐間，故能落筆摇五嶽若此。今復得爲之表章，重鋟垂久，不致如前散佚，與鼎沉泗水、經燬秦灰同一扼腕。非文章有神，獨往獨來於兩間，必不容磨滅乎！再來以詩文巨手，所著如《滇考》及《見聞隨筆》、《天台記贊後刻》諸書，博綜山川人物，皆可傳之無窮，與太初先生宜其後先輝映。讀書人即著書人，爲作爲述，又非偶然也。余與再來生年同而嗜學亦同，今老矣，抱痾又無不同。計自兹以往，皆未必復從事於笻杖，使造物不能秘惜，爲太初先生之續。猶幸得讀是編，以當宗少文臥游，亦可以極天下之大觀而無憾。至於文章一道，再來尚有餘勇可賈乎，余也請從而後也。時康熙壬申歲春仲望日，閩中後學林雲銘謹題於西泠旅次。

《廣志繹》

清·張廷玉等《明史》卷二二三《王士性傳》 士性，字恒叔，由確山知縣徵授禮科給事中。首陳天下大計，言朝廷要務二，曰親章奏，節財用；官司要務三，曰有司文綱，督學科條，王官考覈；兵戎要務四，曰中州武備，晉地要害，北寇機宜，遼左戰功。疏凡數千言，深切時弊，多議行。詔制鰲山燈。未幾，慈寧宮火，士性請停前詔，帝納之。楊巍議黜丁此呂，士性劾巍阿輔臣申時行，時行納巍邪媚，皆失大臣誼。寢不行。時行，士性座主也。久之，疏言：「朝廷用人，不宜專取容身緘默，緩急不足恃者。請召還沈思孝、吳中行、艾穆、鄒元標、黄道瞻、蔡時鼎、閏道立、顧憲成、孫如法、姜應麟、馬應圖、王德新、盧洪春、彭遵古、諸壽賢、顧允成等。」忤旨，不報。遷吏科給事中，出爲四川參議，歷太僕少卿。河南缺巡撫，廷推首王國，士性次之。帝特用士性。士性疏辭，言資望不及國。帝疑其矯，且謂國實使之，遂出國於外，調士性南京。久之，就遷鴻臚寺卿，卒。

清·紀昀等《欽定四庫全書總目》卷七八 《廣志繹》五卷、《雜志》一卷 編修汪如藻家藏本。 明王士性撰。此書又於《五嶽游草》、《廣游紀》以外追繹舊聞，以補未及者也。首爲《方輿崖略》，次兩都，次諸省，附以《雜志》。其《四夷輯》一種，列目於《雜志》之前。然有録無書，註曰考訂嗣出，蓋未刊也。凡山川險易、民風物産之類，巨細兼載，亦間附以論斷。蓋隨手記録，以資談助。故其體全類説部，未可盡據爲考證也。

清·曹溶《廣志繹序》 香山楊子解天台之組至禾，手王太僕恒叔先生《廣志繹》六卷示余，將命之梓。余曰：是薈萃諸家，標新領異，有所寓焉而成是書也。古今志地者多矣，博通者考沿革，遊覽者志巖壑，體道者愉悦性情之間，而探經世之大略，攬形勝，審要害以爲行師立國之本圖，志量不同，而有資於地一也。顧《括地》諸志，卷帙數百，窮年不能竟其業，而又雜採傳記，未嘗親履其境，不無彼此牴牾，以酈善長之精博，猶以震澤南從漸江入海，靈邱之爲雲，爲齊，西平之爲汝南，爲臨淮，混而一之，其他又何譏焉？太僕車轍滿天下，所未歷者七閩及殊方異域耳。所至搜考遺佚，風會、物産，一一詳覈，又父子兄弟累代卿貳，自襄裕公以來，敭歷中外，耳目濡染，已非一日，偶有綴述，自出尋常畦徑之表。是編也，在《五嶽遊記》、《廣游志》之後，楗關謝客，追繹舊聞而成之。若自託於鄱陽《隨筆》、相臺《桯史》之次，而邊徼阨塞，河淮侵奪，郡邑同異，賦税輕重，一切軍國大政悉數而不能終者，即在品隲山水、銓敘草木蟲魚之內，以待有心者之採擇，夫豈稗官説家之所能比絜耶？香山知所愛重而公諸世，亦非俗吏之用心也。是其性情術略，懸合於太僕者深矣。康熙十五年歲次丙辰中秋日，檇李曹溶題。

《徐霞客遊記》

明·季夢良《徐霞客游記》序 崇禎丙子秋，霞客爲海外遊，以緘別余而去。去五年始歸。歸而兩足俱廢。噫嘻！博望之槎既返，章亥之步亦窮。今而後，惟有臥遊而已。余時就榻前與談遊事，每丙夜不倦。既而出篋中稿示余曰：「余日必有記，但散亂無緒，子爲我理而輯之。」余謝不敏。霞客堅欲授余，余方欲任其事，未幾，而霞客遂成天遊。夫霞客之事畢矣，而余事霞客之事，猶未畢也。迨其後，紀盡爲王忠紉先生攜去，余謂可以謝其事矣。忠紉之任福州，仍促冢君攜歸。冢君復出以示余曰：「非吾師不能成先君之志也。」啟篋而視，一一經忠紉手較，略爲敍次。余復閲一過，其間猶多殘闕焉。遍蒐遺帙，補忠紉之所未補，因地分集，録成一編，俟名公删定，付之梓人，以不朽霞客。余不敢謂千秋知己，亦以見一時相與之情云爾。

清·潘耒《遂初堂集》卷七《徐霞客游記》序 文人達士，多喜言遊。遊，未易言也。無出塵之胸襟，不能賞會山水；無濟勝之支體，不能搜剔幽秘；無閑曠之歲月，不能稱性逍遥。近游不廣，淺遊不奇，便遊不暢，羣遊不久；自非置身物外，棄絶百事，而孤行其意，雖游猶弗游也。余覽往昔諸名人遊記，驗諸目覩身經，知其皆嘗一臠，披一節，略涉門庭，鮮窺閫奥。若余遊履所至，必窮高極深，如游林屋而身至隔凡，遊雁宕而目覩雁湖，勞山則登華樓之巔，羅浮則宿飛雲之頂。自以爲至矣。及讀《徐霞客遊記》，而後遜謝弗如也。霞客之遊，在中州者，無大過人；其奇絶者，閩、粤、楚、蜀、滇、黔，百蠻荒徼之區，皆往返再四。其行不從官道，但有名勝，輒迂迴屈曲以尋之；先審視山脈如何去來，水脈如何分合，既得大勢，然後一丘一壑，支搜節討。登不必有徑，荒榛密箐，無不穿也；涉不必有津，衝湍惡瀧，無不絶也。峯極危者，必躍而踞其巔；洞極邃者，必猿掛蛇行，窮其旁出之竇。途窮不憂，行誤不悔。瞑則寢樹石之間，饑則啖草木之實。不避風雨，不憚虎狼，不計程期，不求伴侣。以性靈遊，以軀命遊。亘古以來，一人而已！往年錢牧齋奇霞客之爲人，特爲作傳，略悉其生平，然未見所撰《遊記》，傳中語頗有失實者。余求得其書，知出玉門關、上崑崙、窮星宿海諸事，皆無之，足跡至雞足山而止。其出入粤西、貴筑、滇南諸土司蠻部間，沿溯瀾滄、金沙，窮南、北盤江之源，實中土人創辟關之事。讀其記而後知西南區域之廣，山川多奇，遠過中夏也。記文排日編次。直敘情景，未嘗刻畫爲文，而天趣旁流，自然奇警；山川條理，臚列目前；土俗人情，關梁阨塞，時時著見；向來山經地志之誤，釐正無遺；奇踪異聞，應接不暇。然未嘗有怪迂侈大之語，欺人以所不知。故吾於霞客之遊，不服其濶遠，而服其精詳；於霞客之書，不多其博辨，而多其真實。牧齋稱爲古今紀遊第一，誠然哉！或言：「張騫、甘英之歷西域，通屬國也；玄奘之遊竺國，求梵典也；都實之至吐蕃西鄙，窮河源也；霞客果何所爲？」夫惟無所爲而爲，故志專；志專，故行獨；行獨，故去來自如，無所不達意。造物者不欲使山川靈異久秘不宣，故生斯人以揭露之耶？要之，宇宙間不可無此畸人，竹素中不可無此異書。借吾衰老，不復能褰裳奮袂，躡其清塵，遂令斯人獨擅奇千古矣。

清·紀昀等《欽定四庫全書總目》卷七一《史部·地理類四》　《徐霞客遊記》十二卷，兩江總督採進本。明徐宏祖撰。宏祖，江陰人，霞客其號也。少負奇氣。年三十出遊，攜一襆被，遍歷東南佳山水。自吴、越之閩，之楚，北歷齊、魯、燕、冀、嵩雒，登華山而歸。旋復由閩之粤，又由終南背走峨眉，訪恒山，又南過大渡河，至黎、雅，尋金沙江，從瀾滄北尋盤江，復出嘉峪關數千里，窮星宿海而還。所至輒爲文以志遊蹟。没後手稿散逸。其友季夢良求得之，而中多闕失。宜與史氏亦有抄本，而譌異尤甚。此則楊名時所重加編訂者也。第一卷自天台、雁蕩以及五臺、恒、華，各爲一篇；第二卷以下，皆《西南遊記》，凡二十五篇：首浙江、江西一篇，次湖廣一篇，次廣西六篇，次貴州一篇，次雲南十有六篇，所缺者，一篇而已。自古名山大澤，秩祀所先，但以表望封圻，未聞品題名勝；逮典午而後，遊跡始盛。六朝文士，無不托興登臨，史册所載，若謝靈運《居名山志》、《遊名山志》之類，撰述曰繁，然未有累牘連篇，都爲一集者。宏祖耽奇嗜僻，刻意遠遊，既鋭於搜尋，尤工於摹寫，遊記之夥，遂莫過於斯編。雖足跡所經，排日紀載，未嘗有意於爲文，然以耳目所親，見聞較確；且黔滇荒遠，輿志多疎。此書於山川脈絡，剖析詳明，尤爲有資考證，是亦《山經》之别乘，《輿記》之外篇矣。存兹一體，於地理之學，未嘗無補也。

清·盧文弨《抱經堂文集》卷九《書〈徐霞客遊記〉後（丁酉）》　《霞客遊記》，楊文定公有手鈔本，余前在江陰，其家以臨鈔副本畀余，置之篋中，不暇竟讀也。今年徐之族孫筠峪鎮刻成十大册，各分上下，又以貽余。余老矣，無能徧游宇内名山大川，聊以此作卧游，是不可以不讀。霞客性好奇，誠未免太過，而能見重於黄石齋，有某鄉官欲與之相見，知其魏閹黨也，避不往；莫酋據歸順、鎮安兩土司之地，而慨當事之姑息貽患；又覘緬甸之强，有深慮焉；則其負性直介，而又非全闕經世之務，徒爲汗漫遊者比。此記所遊歷，直書即目，非有意藻繪爲文章也，知言者亦止以其真而許之，然大約類形家者言爲多。

霞客之遊，裹糧無多，屢瀕於困，而迄獲濟，疑若神助。其記巡按官一遊洞，而居民受科斂之患，費金二百，山水之趣，誠非高牙大纛者所可兼而有此，又在位者所當聞而知戒也。筠峪合諸本相讐校，洵善矣，而繡梓尚未盡工緻也。卷之前，元本間有摠敘其所歷以爲提綱者，今刻本去之，似少眉目。《雞足山志》中諸詩及石齋諸公之詩，凡鈔本所有者，似亦非後人所當削也，削之則仍非全書矣。余故仍以楊氏所貽之鈔本爲善本云。

清·楊名時《〈徐霞客遊記〉序》　己丑仲夏，將赴淮浦，舟中無事，展閲外舅南開先生所鈔《徐霞客遊記》。抵寓後，既終卷，念其平生胼胝竭蹶歷數萬里，衝風雨，觸寒暑者垂三十餘年，其所記遊跡，計日按程，鑿鑿有稽，文詞繁委，要爲道所親歷，不失質實詳密之體，而形容物態，摹繪情景，時復雅麗自賞，足移人情，既可自治悦，復堪供持贈者也。因手録而存之，凡兩閲月而畢。曰：是殆負邁俗不羈之志，狂而不知取裁者與？觀其意趣所寄，往往出入於釋老仙佛，亦性質之近使然；而其爲人之奇倔豪宕，於斯概見，未可没也！

古之殫心於天文地理之學以成名者，冥搜閎奥，曠覽幽遐，每出於蹤跡瑰異之上，自非有好奇之癖，亦孰肯蹈絶險，赴窮荒，疲敝精力以爲之哉？若其足以裨助聞見，正於學者不無補也。今觀《國風》、二《雅》所陳，《禹貢》、《職方》所紀，以及《地理》、《河渠》諸志，皆詳出川風土，以爲農田水利，施政立教，因時制宜之具。其間蟲色草木之産，兼資多識，聖教不廢，兹非其足相發明證佐者與？切而言之，深山大澤，流峙終古，皆天地法象示人之至教，本人生所應窮歷；特以手足之力有限，百年之期若瞬，勢弗能親至而目見。得斯書也，苟力所可至，境所適逢，固可展卷披對，按所已經者以爲程，而所未能至者，亦可以心知其概，如涉其境焉。昔夫子亟稱原泉曾氏風雩詠歸，蓋造物與遊，所以涵泳天機，陶寫胸次。案頭置此，如朝夕晤名山水於几席間，詎非仁智養心之善物耶？

抑尤有足以警心者，霞客之遊也，升降於危崖絶壑，搜探於蛇龍窟宅。亘古人迹未到之區，不惜捐軀命，多方竭慮以赴之，期於必造其域，必窮其奥而後止。學者之於道也，若覃思鼓勇，亦如霞客之於山水，則亦何深之不窮，何遠之不屆？且入焉而安，曾無犯難輕生之虞；味焉而腴，非有飢褐疲憊之困。其爲高深美富，奚啻於洞壑泉石之奇，岱、華、江、河之大哉？有志者可以觀此而興矣！余既喜其書之不爲無益，且以其足爲入道喻也，爰爲之序，以自勗焉。

清・楊名時《重録〈徐霞客遊記〉序》 己丑夏秋，既手録《徐霞客遊記》而爲之序矣。重陽抵家，復得友人所藏原本校之，乃知前鈔本，出於宜興史氏者，字多譌誤；其删減易置處，輒於實境不符，文意不協。用歎天下之率意改竄文字，而致失作者之本來，如宜興史氏者，爲可鑒也！初余録是集之意，謂存斯書也，他年力所可至，境所適逢，可展卷披對，按已經者以爲程；而所未能至者，亦可以心知其概，日涉其趣焉。若如史本，則既失其真，又安用之？爰亟爲改正添入，再手謄一過，以復其舊。

大抵霞客之記，皆據景直書，不憚委悉煩密，非有意於描摹點綴，託興抒懷，與古人遊記争文章之工也。然其中所言名山巨浸弘博富麗者，皆高卑定位，動靜變化之常，下至一澗一阿，禽魚草木，亦賢人君子，偃仰棲遲，寤言寫心之境；正昔人所云取之無禁，用之不竭者也。雖止詳其形體區域，而天地山川之性情，俟人之神會而意喻者，悉已寓之矣。其得之多寡，知之淺深，存乎人耳。夫造物之奇閟，恒有待而發，亦有待而傳。有是境而人不知，則此境爲虚矣。遊是境而默不言，則此遊爲虚矣。霞客之前，境自在天下也，而無人乎知之，無人乎言之；即知而言之，亦舉什一於千百而已。設霞客於身到目歷之處，惟自知之而自樂之，不以記於書而傳於世，又烏知其有與無耶？然則斯書之不可没，謂天地之跡存焉耳！而況於天地之心，生人之本，古之聖賢，心知之而身備之，而推所得以公於世者，其遺文之可寶愛爲何如哉！

乙未夏，適得楊、陳兩先生訂定真本，比對讎勘，將手録一通，思有以信今而傳後。獨念兩先生當日細意搜討，謂可存其真以永世，乃轉相傳寫，而訛落者已如彼，删抹者又如此；予即爲之考其缺失，訂其異同，又安保無沿別淮混魯虎者，或從而斷脛添足，無復有作者之真面目存歟？夫是書之名世傳世，均非予小子之所敢知，要使作者之精神不澌滅於煨燼之餘，更不滅没於妄庸之手，是則後人之責所萬不獲辭者也。爰急付梓，庶幾後世有功甫其人，或得以此比於華山槧本，則又私心之所冀幸也夫！

清・葉廷甲《〈徐霞客遊記〉序》 《周官》大司徒之職，以天下土地之圖，周知九州地域廣輪之數，辨其山林、川澤、邱陵、墳衍、原隰之名物。漢司馬子長創爲《河渠書》，後漢班孟堅始志《地理》，前來范蔚宗始志《郡國》，自是有史即有志。沿及唐、宋，而郡縣有志，寰宇有記；凡建置、沿革、疆域、田賦、户口、關塞、險要、名勝、古跡，皆在所詳；至於山川之源委脈絡，未必能知其曲折，辨其經緯，歷歷如指諸掌也。恭讀乾隆四十七年刊行《欽定四庫全書簡明書目》《史部・地理類》開列《徐霞客遊記》十二卷，分注云：明徐宏祖少好遊，足跡幾遍天下。嘗西行數千里，求河源。是編皆其紀遊之文。舊本闕殘失次，楊名時重爲編訂，以地理區分，定爲此本。是書上邀進乙覽，蓋能詳人所略，爲從來史志之所未備。

嘉慶十一年冬，筠峪徐氏以所梓行《遊記》之板歸余。廷甲生平無他嗜好，見書之有益於學術治道者，每不惜重價得之，遂積至萬有餘卷。丹鉛甲乙，日不暇給。前既校刻《楊氏全書》，今復得徐氏《遊記》板，翻閲之，朽蠹頗多。乃借楊文定公手録本暨陳君體静所校本，與徐本悉心讎勘。其文之不同者以萬計，其字之舛誤者以千計。其文不同而義可通者仍其舊，其字之舛誤而文義不可通者不得不亟爲改正。抑徐刻分十册，與進呈之楊本卷帙不同，此無從更正者。且楊、陳二本於《滇遊日記》卷首俱有提綱，楊本每記有總評，陳本每記有旁批，此又無從增補者。惟是霞客有遺詩數十首，石齋黄公歎爲詞意高妙，忍令其秘藏而弗彰乎？又一切名人巨公題贈諸作，俱足以考見霞客之素履，又安可不傳信於來兹乎？十三年春，延梓人於家，訛者削改，朽者重鐫，又增輯《補編》一卷附於後，庶幾霞客之精神面目，更可傳播於字内也。

雖然，霞客記遊之書，豈僅此哉？前人謂霞客西出石門關，至崑崙山，窮星宿海；今所刻之本，暨楊、陳二鈔本，其遊覽日記，不過至滇南雞足山而止耳。廷甲聞郡城莊氏家藏鈔本有六十卷。戊辰三月往郡訪之。莊後人云：「先世信有之，今已散失。」果爾，今之所刊，不過六分之一耳。然一展卷而浙、而閩、而江右；自豫而秦，而荆襄，又自燕而雁門，而雲中；又自楚而粤西，而貴筑，而滇南；其所經歷之山川，靡不辨其源委脈絡，而一一詳記之，至土風民俗物産，亦隨地附見焉。是豈獨爲山人逸士濟勝之資？凡以民物爲己任而有政教之責者，周覽是書，於裁成輔相左右宜民之道，不無少補焉。邑前輩文定楊公，久任滇、黔，利民之事，次第舉行，人第知其學術之深醇，庸詎知其於《遊記》一書，手録二過，於山林，川澤，丘陵，墳衍，原隰之名物，早已周知也哉？夾漈鄭氏曰：「州縣之設，有時而更；山川之形，千古不易。」霞客此書，固千古不易之書也！士人束發受書，在堂户之上，而四海九州之大，無所不知，然後可以出而履天下之任。若僅以此書當臥遊勝具，豈廷甲補輯是書之志也耶？

《五雜俎》

明·李維楨《五雜俎序》 《五雜俎》詩三言，蓋詩之一體耳，而水部謝在杭著書，取名之，何以稱五？其説分五部，曰天，曰地，曰人，曰物，曰事，則説之類也。何以稱雜？《易》有雜卦。物相雜故曰文。雜物撰德，辨是與非，則説之旨也。天數五，地數五。《河圖》、《洛書》，五爲中數。宇宙至大，陰陽相摩，品物流形，變化無方，要不出五者。五行雜而成時，五色雜而成章，五聲雜而成樂，五味雜而成食。《禮》曰：「人者，天地之心，五行之端。食味，别聲，被色而生。」具斯五者，故雜而係之五也。《爾雅》：「組似組，産東海。」織者效之，間次五采，或綰璽印，或爲冕纓，或象執轡，或詠千旄，或垂連網，或偕玄纁；入貢或玄朱純綦，緼辨等威，或丈二撫鎮方外，經緯錯綜，物色鮮明，達於上下，以爲榮飾。在杭産東海，多文爲富，故雜而係之組也。昔劉向《七略》敘諸子凡十家，班固《藝文志》因之，儒、道、陰陽、法、名、墨、縱横、小説、農之外，有雜家云。其書蓋出於議官，兼陰陽、墨合名、法。知國體之有此，見王治之無不貫。小説家出於稗官，街談巷語，道聽塗説者之所造。兩家不同如此。班言可觀者九家，意在黜小説。後代小説極盛，其中無所不有，則小説與雜相似。在杭此編，總九流而出之，言天下之至賾而不可惡也，即目之雜家可矣。龍門六家，儒次陰陽，殊失本末。蘭台首儒，議者猶以並列藝文爲非。語曰：「通天、地、人，曰儒。」在杭此編，兼三才而用之，即目之儒家可矣。余嘗見書有名「五色線」者，小言詹詹耳，世且傳誦，孰與在杭廣大悉備，發人蒙覆，益人意智哉？友人潘方凱見而好之，不敢秘諸帳中，亟授剞劂，與天下共寶焉。大泌山人李維楨本寧父。

明·潘膺祉《刻五雜俎小跋》 去秋，余塌翅南都，歸臥天都山下。山館岑寂，晝聞猿嘯，忽叩户聲甚急，則云杜李右丞公以都水謝公此書見貽，且屬繡梓。余躍起藤影下，讀之，見其囊括包舉，六合内，六合外，靡不存且論也。夫穆滿執化人袪，出雲雨上下，眎宫闕便若壘塊積蘇；夏仲御飛鷁首，掇獸尾，初歌河女章，後作小海唱，風雲爲之嚮集，雷電爲之晝冥，至今人思慕其故而不可得，徒生健羨。想余醉心此書，條歷寒暑；帳中秘賞，心甚昔人。念無以謝右丞命，遂付梓人行之，俾千古環觀，彪炳宇宙，令天下後世思慕健羨而可得也，斯爲無負右丞、都水兩公耳。若此書命名之義，載道之總，右丞敘詳之矣，無俟余贅。時丙辰仲夏，古歙潘膺祉方凱父書于如韋軒。

《北遊録》

清·朱之錫《〈北游録〉序》 監官談孺木，年始杖矣。同詣長安，每登涉躡屩，訪遺蹟，重研累繭，時迷徑，取道於牧豎村傭，樂此不疲。旁睨者竊哂之，不顧也。及坐窮邸，日對一编，掌大簿號，手嘗不輟。或覆故紙背，塗鴉縈蚓，至不可辨。或途聽壁窺，軼事緒聞，殘楮圯碣，就耳目所及無遺者，其勤至矣。累月以往，積若干牘。曰紀程，則得之津舫。曰紀郵，則得之傳舍。曰紀詠，曰紀文，曰紀聞，則于役于處兼焉。孺木之於游，亦侈矣。踵副其目，腕酬其踵。邀天之幸，不爲不厚，一行洊滅。筆飽墨酣，化蓬藁爲賜履，化蒯緱爲子墨，此外尚不知有燕市酒人，況其餘乎？孺木自云，髮種種矣。幸一當長安，酒後耳熱，不擊筑拊缶。猶屈首研索，作措大狀，抑文士結習深重，非路鬼所能揶揄者。或曰：「馬少游乘下澤車，御欵段馬，願爲鄉里善人，無他望。」孺木名不出里閈，志期五嶽，於北游發軔耳。而孺木生晚，假譚天之衍，炙轂之髡，貨值今日，知聽記其旁。當恢其烘博，倍時流而百之。餘當恨兹録之僅僅也。義烏朱之錫撰。

清·談遷《〈北游録〉自序》 談子曰：余於北游而重有感也。記壯歲癸亥，客檇李，夢北游，陸走山東。經涂之西里許，有宅數椽，入之，意若故居。似夙生善田，年二十七而夭，眷屬並在，寤而大異之。因歎根器簿劣。今安得踰量而躐進之哉？丙寅，客吾邑徐氏，與道力連席，又夢座上同杜子美、王百穀。嘗聞百穀貌寢，時見其偉晳，私疑之。且以語道力，道力方年少佻達。遽曰：「果如兆，使汝文而不貴。」予猶腸肥腦滿，直胡盧其説。自後終坎壈，求作魚蠹無他望。陽城張蘂山先生，一見白下，曰：「子大類北人。」夫生於南而性於北，在他人當受傖荒之愠，余獨幸先生真知我者，於癸亥之夢脗合。今癸巳來燕，再改歲矣，才不堪僕事子美、百穀，而託身草堂，給札東閣，髣髴近之。往日饑㸑，視天寶、貞元何如也？嘗避鄉寇，幸脱虎口。百穀詠紫牡丹，受知袁文榮起名。余無似，得一當長安，幸矣！斥鷃大鵬一也，游何擇焉？藍關微於昌黎，馬耳闕於元珍，到海驗於平叔，藤陰感於少游。懸契在前，合符在後。英流上哲，往往如此。以余之瞽眊，而非意所及。恍牖於三十年之上。人生出處，豈偶然哉？豈偶然哉？故余於北游而重有感也。

《天下郡國利病書》

清・顧炎武《〈天下郡國利病書〉序》 崇禎己卯，秋闈被擯，退而讀書。感四國之多虞，恥經生之寡術。於是，歷覽二十一史，以及天下郡縣志書，一代名公文集，間及章奏、文册之類，有得即録，共成四十餘帙，一爲輿地之記，一爲利病之書。比遭兵火，多有散佚，亦或增補。而其書本不曾先定義例，又多往代之言，地勢、民風與今不合。年老善忘，不能一一刊正，姑以初槀存之篋中，以待後之君子斟酌去取爾。

清・紀昀等《四庫全書總目》卷七二《史部・地理類》 《天下郡國利病書》一百二十卷。兩江總督採進本。 國朝顧炎武撰。炎武有《左傳杜解補正》，已著録。是書蓋雜取天下府州縣志書，及歷代奏疏文集，並明代實録，輯録成編。其中采掇舊文，同異兼收，間有矛盾之處。編次亦絶無體例，蓋未成之槀本也。

《肇域志》

清・顧炎武《〈肇域志〉自序》 此書自崇禎己卯起，先取《一統志》，後取各省府州縣誌，後取二十一史，參互書之，凡閲志書一千餘部。本行不盡，則注之旁，旁又不盡，則別爲一集，曰「補録」。年來餬口四方，未遑删訂，以成一家之書。嘆精力之已衰，懼韋編之莫就，庶後之人有同志者，爲續而傳之，俾區區二十年之苦心，不終泯没爾。崑山顧炎武。

清・阮元《揅經室集・三集》卷四 顧亭林先生《肇域志》跋 明末諸儒，多留心經世之務。顧亭林先生所著，有《天下郡國利病書》及《肇域志》，故世之推亭林者，以爲經濟勝於經史。然天下政治，隨時措宜，史志、縣誌，可參核而不可拘泥，觀《日知録》所論，已間有矯枉過中之處，若其見於設施，果百利無一弊歟？《四庫書提要》論亭林之學，經史爲長。此至論，未可爲淺人道也。此《肇域志》稿本，未成之書，其志願所規畫者甚大，而《方輿紀要》實能成其志。亭林生長離亂之後，奔走戎馬間，閲書數萬卷，手不輟録。此帙密行細書，無一筆率略，始嘆古人精力過人，志趣遠大，世之習科條而無學術，及守章句而無經世之具者，皆未足與於此也。

清・姚椿《晚學齋文集》卷二顧亭林先《肇域志》手稿跋 德清許駕部所藏顧亭林《肇域志》手稿凡二十册，駕部子延敬出以示椿。其本末詳妥，具載梁學士同書、阮督部元、程教諭瑶田、胡徵士虔，及駕部自作諸跋中。椿嘗收得吴江吴兆宜所輯本朝《一統志案説》，爲出亭林稿本。兆宜鄉人顧我錡作序，謂徐尚書乾學奉敕著書時，多採用其説。今案《案説》雖間引用此志中語，然甚希略，語意又不類其書，蓋不盡本亭林，吴氏題爲亭原元本者，誤也。予向以《案説》示張鹺使青選，未及改正，而鹺使以活字板印行於邗上，今當據此以證前誤。或謂亭林經濟之學不如經史，其説發自紀河間。經濟誠不可以空言議，然天下容有能言而行之未盡善者，未有不能言而所行乃與古合，且謂經濟不出於經史，則正昔人所謂歧而二之者也。鄉者之言，得無有可思者乎？胡君謂《備録》一集，當在此部内，無從區擇。今按首册後所列，自山水以下諸子目，疑即所謂《備録》者矣。道光丁亥八月，婁姚椿跋。此書目力精審，尚可細睎，若得通博勤敏者數人，當不難纂成書，惜阮公官浙撫時，不以付詁經精舍諸人士一編校也。

清・汪士鐸《汪梅存先生集》卷九《肇域志》跋 輿地之學，遠有軌迹。原其義類，端貴謹嚴，推及經世，不妨廣博。蓋蘭臺削槀，已有自注，大書細字，實分兩塗，準是而言，宜爲分別。甄綜大段，厥有數端。

辯方正位，首重至到。《禹貢》、《職方》，乃其前軌，杜、李繼述，疆域益明。今擬列至到第一。其原書所無者，蓋闕如也。考古證今，必資沿革。鄖氏白羽，盲左爲之椎輪；故秦莽日，班氏嗣其芳躅。衝要簡繁，比於畿、緊、望、赤，附而綴之，取諸簡也。至若周平西之記風土，劉澄之之記古今，語近浮夸，宜爲小注。

今擬沿革第二。四列三條，道山所述；五嶽四鎮，望祭所宗。今擬山原第三。雖不能如伯益之條其里數，而郡邑東西，亦宜小爲此纂。冀、豫沙土，水道之變多端；東南塗泥，溝渠之徙絶寡。今擬大川小水，以類鱗次第四。而塘濼隄防，功資灌溉；鴻溝三海，險限戎馬，概附於下，語焉必詳，亦爲注焉。東省泉源，賴以轉運，湯湯汶水，實爲樞紐。今擬有關會通河者，著於諸水之次，爲第五。舊縣故城，足資考證；離宮原廟，允見前規。故姑城延津，昉於武庫；伽藍宮殿，目紀《隋書》。今擬古蹟第六。五治所以富民，六苑所以考牧。南津税賈，三齊服官，既立監司，宜從記載。今擬户、兵、工諸分司第七。而藩封比於侯國，官府延於都尉，昔人之成例也，後賢之則傚也。田賦辨於九州，琅玕詳於九府。兩税土貢，度支所重。今擬賦税土産第八。碣石入河，雲颿轉海，記里之鼓，行者所珍。今擬水陸郵程，荆、揚海運，前後相次，爲第九。樂石、吉金，明誠之别録；鬼神、人物，樂史之蕪詞。凡若此者，既不載芟，概坿於末，爲第十。

惟事編乃昔賢未竟之書，薈萃志、傳，未及裁翦，容有錯簡失次，亦或鈔胥匆劇，天吴紫鳳，不止烏焉豕亥之訛，排纂諸君宜爲刊謬。然先生淹通淵雅，卓絶古今，所引諸書，十不存一。不知而作，貽笑金根。湘鄉相國，闡前哲之幽緒，貽來學以寶筏，屬以寫官，印以活字。大懼繙輯之艱，不居讎定之迹，以士鐸嘗從事於斯命，即原書略發凡例，修之明之，以俟來哲云耳。

又 《肇域志》識亭林先生遭時亂離，傅食四方，會萃羣書，以便行篋觀覽。此與《郡國利病書》同屬稿本，惟賢而有力者，合二書採之芟之，以成先生一家之學，不必繩以吉甫、王存之體，亦不必繩以樂史之體，猶近日未谷先生《説文》，不容以二徐本相繩，亦不必以嚴、段之説相繩也。同治元年，寅昉主政出以相眎，較諸跋又闕廣西布政司一省，然葉已千三百八十八翻，爲字約二百六十餘萬，與駕部原跋不差池，何以獨缺耶？道光丁未，平定張石洲方爲山西楊墨林刊書，是時顧祠落成，先生《年譜》亦印就，如見是書，必爲校刊，惜乎其必之見也！豈物之顯晦有時耶？余耆好與先生同，而遭亂無子亦同，行將泝沔，由少習道藍田入秦中，又與先生同。寅昉亦罹兵戈，恐無刊此書力矣。借觀數日，而識其向慕之意如此。江寧汪士鐸。

桂氏書：近日照許印林刊之，别有許雲虬《方輿紀要考證》，楊至堂侍郎謀刊之未果，今存濟寧李氏，與此同寶書也。士鐸又記。

士鐸又案：此先生未成稿本，必條理使各秩如，方可授梓，亦不必補所闕四省也。原鈔本字如蟻足，行至數十字，目眊不能諦視。然惜其爲輿地類苑，且無統志廣載人物之繁，所引書今多未之見，兹幸鈔成清本，故欲理之，使各歸其郡縣，免前後錯出雜沓之弊，然後以聚珍板印行，以惠後之修志者。先生當亦首肯也。同治八年九月，識於無不悔齋。

清・楊象濟《〈肇域志〉記》 亭林先生此書始末，見梁學士同書、阮太傅元、程教授瑶田、胡徵士虔及先生諸跋中。亭林之學，講求實是，不持門户，其所欲爲者，思破去涯岸，爲一王之法。而阮氏跋中因及《日知録》，謂所論不能無弊，不知先生立論救時，使生於今時，任大枋，其所設施者，亦必别有變通之術。阮氏晰於文義，恃其考訂之長，蓋亦拘於章句之見，用相訾謷，乃欲掩而上之，侈矣。獨先師謂此書非顧氏原本，疑不盡然。今細按手跡，與先生他書無稍異，即稿首學士補録原序，覈以書中體例，亦無不合。昔山谷見温公《通鑒》手稿數百卷，皆蠅頭細楷，顛倒塗抹，而無一筆作草，此稿亦與相等。人皆苦其難閲，故先師惜阮氏官浙撫日，未及編校爲恨。先生書之大者爲《郡國利病書》，而此稿實與爲表裏。《利病書》近時有以活字板擺行者，象濟嘗於元和韓氏借讀之。此書人憚其難辨，向無副本，適吾友蔣寅昉評事君屬代爲訪求，乃得介高中翰丈學沅，請於其主許季仁明經，集鈔胥十餘人，即高氏之静拙軒分帙部録。會田大暑，窮日夜力，揮汗手校，凡兩閲月畢功，而象濟實總其事。其前後參錯塗抹之處，皆區而秩之，於是先生之書始可卒讀。評事之篤號古籍，中翰之力任表章，明經之不私所寶，其事皆可風者。書凡二十册，其後半多有「玉峯」小印，而《一統志》中采用其説甚稀，疑前半諸帙徐氏所未見也。先是先師閲是稿時，嘗録其山水子目，而張鹺使雲巢嘗爲印行，是道光丁亥。乃閲二十八年之久，而象濟以兵戈戎馬之餘，得録此清本，以遂先師未竟之志，而顧以限於日力，欲僅去吾浙一帙先爲纂録，謀刊行之。先生有靈，其亦引爲知己也歟！咸豐甲寅孟秋，秀水楊象濟記。仁和吴恒書。

按春翁疑非顧氏原本者，係指《一統志按説》而言，非謂此書也。原跋具在，利叔特未細讀耳。燕識。

清・許慶宗《〈肇域志〉跋》 亭林先生講求經世之學，纂《天下郡國利病書》，又爲《帝王宅京記》及《肇域志》；《宅京記》、《利病書》有傳本，惟《肇域志》不多見。乾隆五十八年，歲在癸丑，慶宗得先生手書稿本於粤東李氏，蓋李氏之先自吴門購歸者。中闕北直隸、江西、四川三省，存者凡二十册；册四十餘翻，或三十餘翻，無卷帙之分。每郡縣記沿革形勢，先後錯見，蓋先生流覽諸書，隨手劄記之初稿也。後來或又所增損，別爲定本與否，不可得知。所引書自史傳、地志外，文集、説部則百餘種，蠅頭細字，無一誤筆，深謹之氣，溢於行間，使觀者神爲之斂。書雖未成，體例略具，大要主於謹嚴，不務考據，不泛援引，所詳者皆利弊得失之事。先生蓋有慨於志輿地者之華而鮮實，故作此以爲將來之法則。慶宗學識不足輔翼先生書，當以視四方君子共表揚之，庶先生苦心不致歸於泯没耳。後學德清許慶宗跋。

清·高學沅《〈肇域志〉跋》　甲寅伏日，繕此本，炎歊爲厲，同人筆不停綴，若忘其汗之浹背也。利叔朱墨在手，窮數十晝夜之力，反復勘之。余以目眵不能辨細字，命兒子碩賡從利叔斠對，匝月訖工。此後討論修飾潤色不知更屬何人。余謂非亭林復生不辨。閏秋中元，高學沅跋。

清·梁同書《〈肇域志〉識》　按先生《郡國利病書》，同時尚有《輿地記》一編，此志疑即初名《輿地記》者也。其薈萃諸史，首尾蠶頭數十餘萬言，細行密注，非他人所能傳寫，宜此志不甚傳於世，今爲許君周生得之，可實也。昔王晉卿藏《蓮花經》七卷，如箸麄，東坡題云：「卷之盈握，水界已周，讀未終篇，目力可廢」。彼或疑鬼工幻客所爲，而是書二十册，出自大儒手跡，豈不尤奇絶哉！嘉慶五年庚申冬十一月，錢塘後學梁同書觀，並補録先生《自序》，而識其後，時年七十有九。

清·程瑶田《〈肇域志〉識》　亭林先生之學，有體有用，觀其集中論先生員、郡縣諸篇，洞悉時務，蓋通經足用之才也。惜乎以勝國諸生、皤皤遺老，隱居没世已耳。使其大用，佐王者以致太平，綽乎其有餘裕；即出而宣四國，以經術號吏事，安知今之必異於古所云也。著書甚多，詳載《蘇州府志》中。卷帙多者有《天下郡國利病書》，然藏書家間有鈔本《肇域志》若干卷，外間流傳轉寫者，止山東布政司一屬，往在都門，曾鈔一册，餘書遍訪無之。今許君積卿得其手録稿本二十册，蠅頭細書，闕者北直隸及江西、四川兩布政司耳。此書未經脱稿，世間當無第二本。積卿好學深思，不爲俗儒記誦之學，宜此書爲積卿得之。余觀顧祖禹《方輿紀要》，每方必有專序，大致言其形勝阨塞，論宜都、宜據、宜守及用兵制敵得失之故；而是書之言疆域建制，殆《與方紀要》相表裏，至於體國經野、理財治安之道，至纖至悉，溯其沿革，陳其利害，亦經世之實書也。積卿得之，豈偶然耶？余因念物之聚散離合，離散之久，必聚而合之一人。吾鄉程自邑在明中葉遜華山，作古詩四十首。王弇洲稱之，謂元人王安道有《華山圖》四十幅，詩如其數。今圖失，而詩存刻本。然子詩勝安道遠矣，於是爲長歌贈之。同時有朱子价作序，詳其事。越二百餘年，余偶收得朱序，已又得弇洲贈詩，今年復得自邑詩長卷，三事皆所自書墨迹。其尤異者，安道之圖與詩，弇洲時所久失者，今尚存二十幅，余得及見之，此豈非離者之必合耶？余疑亭林此書所闕三屬，或尚在人間，實物終當合并，異日仍爲積卿所得，亦事之未可知者耳。嘉慶三年六月二十四日，歙程瑶田書後，時七十有四。

清·吴鐘駿《〈肇域志〉識》　吾鄉耆碩顧亭林先生著述最富，於地理之學，尤所究心。此《志》迺未完稿本，大約與《郡國利病書》等，而世所罕見，德清許氏得之，歷三世矣。夫前朝遺志，若金孝章、徐俟齊手迹，雖片楮殘縑，人知珍貴，矧此之璨然者歟！道光丙午，後學吴鐘駿識。

清·趙光《〈肇域志〉識》　余與周生訂忘年交，博學好古，購善書不惜價，收藏甚富。此《肇域志》世所希有，癸未菊秋望後，余至武林，寓陔華堂，嗣君君修出此乞跋，因得重觀。不見周生已三年矣，走筆之次，爲之慨然。

清·胡虔《〈肇域志〉識》　右亭林先生《肇域志》手稿二十本，吾友德清許君周生所藏也。此書自崇禎己卯起，先取《一統志》，後取各省府州縣誌，後取《二十一史》，參互書之，凡閲志書一千餘部。本行不盡，則注之旁，旁又不盡，則別爲一集，曰「備録」。先生之《自序》如是。蓋先生己卯秋闈放後，慨然負經世之志，作《天下郡國利病書》，凡古今治亂得失之原，民生疾苦樂利之故，釐然華具。而是書則專記輿地，與《利病書》殊義，然所詳者郡縣沿革、山川阨塞、兵事成敗，以及賦税户口之多寡、官職、驛鋪之省置，而名勝、人物不與焉。是當與《利病書》相輔以行，非《元和志》以下之僅爲地志者可擬也。虔生平篤嗜先生書，嘗作《顧氏遺書録敘》，復采其事迹，作《年譜》一卷。先生書無刻本者，必訪求之。若《宅京記》、《求古録》、《營平地名記》，見之於文瀾閣；《菰中隨筆》，見於歸安於丁氏；杭州書肆則得見《利病書》；至《肇域志》，竹垞嘆其繁富而惜其散佚矣。乾隆癸丑正月，周生公車過桐城，高虔曰：「予得《肇域志》於廣南。」予聞之，欣喜忘寢食。閲四年，乃得借其書讀之。其格式與《序》所言正合，知此本爲手稿無疑，惟缺北直隸與江西、四川兩布政司。「備録」二集，當此部内，而無從區擇之。又前無序目，蓋亦不全之稿，然其宏博浩衍，拾其餘剩，足以自雄，況部帙之豐若是乎！是書每本四十餘葉，葉三十行，行五十餘字，小如蠅頭，雄健無一率筆。每行夾縫旁注之字尤精妙。昔人見王荆公《周禮義》，筆記如斜風細雨。嗟乎！觀是書者，可以知先生之人與學矣。先生著書至富，其最盛者曰《日知録》、《下學指南》。今《日知録》既家有其書矣，獨《下學指南》僅著録於傳是樓，求之十餘年不可得。又聞有《北平古今記》八卷，仿《三輔黄圖》之例而作者。吴、越爲藏書淵藪，以周生博聞好古，倘求而得之，其不遠千里耳告我也。周生以虔習於顧氏，故屬爲之跋。希世之寶，非其人不能蓄，乃率書數語以歸之。嘉慶丁巳三月，桐城胡虔識於浙江藩廨之四照樓。

清・吴榮光《肇域志》識　此書專記地輿形勢沿革，每篇之末，間及時事，如論漕耗、備倭寇之類，與《郡國利病書》同義。《郡國利病書》傳鈔頗衆，此則先生收録初稿，採取尤富，安得好學深思著校類而傳刻之，以竟先生用世之志也？道光癸未出二月，南海吴榮光借觀於浙江按察使署之懷清堂，並識卷端。

清・劉韻琦《肇域志》識　嘗論古今輿地之書，或繁或簡，各示其體裁之宜，以傳爲不朽之作。簡至《澉水》、《武功》、《朝邑》三書，當矣。然只一邑一區，未足以綜輯方輿之大也。至如《太平寰宇記》，採綴詳備，至一百九十三卷之多，允足資釐訂而溯源流，倘令常、康、韓三君執筆爲之，能終按於罣漏乎？顧簡則一於精審之法，而繁則務爲淹博之觀，自非薈萃羣書，殫數十年之心力爲之，未易出一編以證今垂後。故或書成未半，而天不假年；即哀然成書矣，或且兵按察燹風霜，輒多散佚。昔賢所謂傳不傳未可知者，良可興慨。雖然，孤詣獨造，積久彌彰。如亭林先生《肇域志》手稿二十册，世無副本，原稿亦疑其闕如，乃自吴中流入於粤，復自粤還藏於浙，高陽世守，墨蹟如新，讀之覺先生《自序》所云："二十年苦心，不終泯没，於兹愈信。惟年躬進亂離，著書終老，而耄年細楷，結體緊嚴，亦可見學養既粹，神明不衰，其詣力之堅定，心志之優閒，較之郊卿復壁注《孟》，尤爲夐卓，又豈得於繁簡之間，沾沾論其文字云爾哉？時道光癸卯閏七月既望，汶上劉韻珂謹識於浙江撫署之静舫。

清・張曜孫《肇域志》識　亭林先生《肇域志》，德清許積卿駕部所藏。余少遊北地，浙中僅一至，未得見也。亡友劉廉方曾見之，爲余言。咸豐辛酉，秀水楊利叔又言，海寧蔣寅昉評事抄録一本。是年臘月，寅昉避寇亂，由滬上來鄂，賃宅武昌城中，與寓館望楹，乃得識寅昉，出是書讀之。書凡百餘萬言，其體例，目録未及編載，又闕北直隸及山東、四川兩布政使司，則自序所云："未遑刪訂成一家之書，嘆精力之已衰，懼韋編之莫就，冀後之同志續而得傳之者也。"又云："取各省府州縣志，後取廿一史，參互書之，凡閲志千餘部。本行不盡，則注之旁，旁又不盡，則别爲一集，曰'備録'。"今按書中旁行夾註，細密繁衍，據梁學士、阮相國、胡徵士諸跋，咸以爲先生手書，工整疋健，無一率筆，而所謂'備録'者，不知已並録此書内耶，抑尚另爲卷帙耶？若已並録書内，則《自序》所云，當在未經并録之先，否則'備録'當另爲一集也。梁學士曰："按先生《郡國利病書》序，同時尚有《輿地記》一編，此《志》疑即初名《輿地記》。據此，則與《郡國利病書》同時纂集。一究生民之利病，治亂之得失，一考建置沿革之規，山川形勢、兵事成敗之要，意各有所主也。昔先大夫嘗以顧氏《方輿紀要》不能無訛誤，思有以正之，乃爲直省建置議，並爲粉盒諸圖。李先生兆洛嘆爲精確，留讀久不歸，李先生殁，遂失之。余嘗欲繼先志，取《方輿紀要》校其訛誤，少苦衣食奔走，長復浮沉下吏，寇亂頻蹙，鋒鏑倉皇，所志迄未能遂，忽忽老將至矣。今獲讀此書，益嘆古人於流離戎馬之間著書不輟，其志趣之遠大，精力之過人，斷非薄劣下學所能仰企者也。寅昉篤志勤學，多交海内讀書好古之士，請合同志數人，取《方輿紀要》、《郡國利病書》，與此書相勘，擷其菁華，去其繁衍，彌其缺佚，校其訛誤，勒爲一書，以終亭林先生之志，爲撥亂致治者取法。余雖日即衰邁，亦欲挾鉛槧以從事其間。寅昉倘以爲然，顧奮力以成之。夫亦海内學者所禱祀而樂觀其成，先生必將默相於九京也。同治元年春正月，陽湖張曜孫識。

清・成蓉鏡《肇域志》識　顧氏原書二十册，據歙程易疇先生跋，已闕北直隸及四川、江西兩布政司。此册爲餘姚朱久香閣學所藏，即□□蔣寅昉評事所鈔之本，江寧汪梅村先生跋所言又闕廣西者也。湘鄉相國欲以活字板行之，爰依其式，凡上下方及旁注均攙入，而略以意分爲卷，凡江南十一，浙江二，山東八，山西五，河南四，湖廣三，陜西十，雲南二，貴州一，廣東二，福建二，共五十卷。同治己巳秋八月，寶應成蓉鏡謹識。

清・繆星遹《鈔〈肇域志〉記》　《肇域志》者，崑山顧亭林先生未成書也。先生生玄黄之際，流離播遷，足跡幾遍天下，所過郡縣里巷，輒呼殘兵退卒、老民野客，求險隘，習習尚，與夫時政之得失，風俗之淳漓，以其梗概，筆之於書。故先生之書，非徒博稽載籍而已。閲歷既久，貫弗於胸，以求其言之不可易，洵可貴已！先生所箸，如《日知録》、《郡國利病書》、《音學五書》、《歷代宅京記》及遺書十種，並刊以行世，而此書爲手稿，實無第二本。曩者德清許周生駕部得之於粵東李氏，而已缺北直隸暨江西、四川兩布政司，携歸藏之，歷三世矣。余幼時熟聞是書，屢思録而讀之，苦不能致。今年春，家大人監司浙西，浙有曹君葛民、胡君次瑶者，皆積學好古士，爲大人請於駕部之文孫季仁，因簡書手，始事於四月廿有四日，三閲月告蕆，計得百三十餘萬言，任校讎者，則餘姚周雙庚白山、績溪鬍子繼培系之力爲多。余既感季仁之諾，而益嘆諸君之樂趣其事，以成斯舉爲難能也。溧陽後學繆星遹。

清・周白山《〈肇域志〉跋》　勝國遺老之學之大且精，至崑山顧氏、吾姚黄氏而極。觀兩公生平出處大節，與夫斟酌王紀，審斷時事，跡雖不齊，而大指多合。今讀此書及《郡國利病書自序》，知先生經世之業，積銖贏石，至老不倦，然猶不能無望後怒自之贊成，夫豈尋常載記與？咸豐乙卯夏，南卿繆師擇書者十人，即所藏許氏鈔之，命白山同績溪胡培系職校讎之役，恨白等學又未逮，不克仰體前賢至意，姑守愚誠，斤斤於一字出入，至如墨色新故、芒穎後先之差，尤留意焉，非敢謂必如是始無訛，殫吾力，華吾智，乃始即安。若迺金簡破碎，罔或能全，行與胡君約俟秋闈放斥，各遂求數畝之田，歸誅茆於四望日月之陰，奉親課子，養蠶種竹，蔓菁饘飦日，二抱先生此册，並訪秋黄氏諸遺書，幽搜深討，以共恣肆於槑瀧積翠間，或庶幾補苴，萬一徼幸，得纘前任竟之緒，然後徐徐出而問世，猶未逾晚。夫榮華不常，聞道有限，干進乏術，山水滋曠，前訂曩喆，後質來賢，未知此境得果如所願不？餘姚後學周白山跋於仁和心天平室，並書。

清・陳作霖《〈肇域志〉識》　顧亭林先生《肇域志》未有刊本，曾文正秉節金陵時，欲付諸棃氏，以集議欠合而止，而鈔册尚存書局。同治丁卯歲，余從劉恭甫假得摘鈔江寧府一屬形勝、風土，備録無遺，釐爲三册，命曰「肇域分志」，而冠以金陵名，從朔稱，從主人也。暇日登臨，籍爲考證，猶有宫室禾黍之思焉。陳作霖識。

清・丁丙《善本書室藏書志》卷一一《史部》　《肇域志》二册。鈔本。前有崑山顧炎武《自序》云：「此書自崇禎己卯起，先取《一統志》，後取各省府州縣志，後取《二十一史》，參互書之，凡閲志書一千餘部。本行不盡，則注之旁，旁又不盡，則別爲一集，曰『備録』。年來餬口四方，未遑删訂，以成一家之書。嘆精力之已衰，懼韋編之莫就，庶後之人有同志者，爲續而傳之，俾區區二十年之苦心，不終泯没爾。」後嘉慶五年，錢唐梁同書識云：此志不甚傳於世，今爲許君周生得之，可寶也。儀徵阮元又識云：此《肇域志》稿，本未成之書，其志願所規劃者甚大，而《方輿紀要》實能成其志。程瑶田識云：《肇域志》外間流傳轉寫者，止山東布政司一屬，餘書遍訪無之。許君得其手稿二十册，蠅頭細書，闕者北直隸及江西、四川兩布政司耳。此書未經脱稿，世間當無第二本矣。桐城胡虔又識云：是書每本四十餘葉，葉三十行，行五十餘字，小如蠅頭，雄健無一率筆。每行夾縫旁注之字尤精妙。姚椿識云：惜乎阮公撫浙時，不以屬詁經精舍諸人士一編校也，許慶宗自記云：乾隆五十八年，得先生手書稿本於粵東李氏，蓋李之先自吴門購歸者。咸豐間，溧陽繆武烈公官浙西，從許氏後人季仁優貢，借録一部，閲三月始成，凡百三十餘言，任校讎者周白山、胡培系也。未幾，遭庚申之亂，繆則殉難，許氏書先質柴垛假許辛泉家，書益不可問矣。同治甲子，左文襄公可復浙省，即就辛泉屋爲行臺，余謁見時，述及所遺書多不全，當惜未之詳檢也。此胡培系校讎時專録浙江布政司一屬，偶逃劫火，特借而録之，以存什一，亦敬恭桑梓之意也。

《異魚圖贊箋》

清・胡世安《〈異魚圖贊箋〉敘》　客嘗執是編而問曰：用脩豈有託乎？始鯤終鯨志辨化信也？志京觀義也？附始膏以自焚之黿志懲賄智也？終離以著象之蠡志式度禮也？余曰：唯唯否否試類廣之東方蒼龍之宿，蟲之鱗者屬焉。春令蟲鱗而大人之占曰：衆維魚矣，實維豐年。豈非天地仁厚之氣先於在淵見端哉？聖人作則畜四靈，先屢淰鮪失情之慮，甚深遠矣。其見於《易》，貫以率類包不及，賔信著中孚物性應感，未可盡誣也。序《詩》者曰：天保以上治内，采薇以下治外，始於憂勤，終於逸樂，於是萬物盛多能備禮，可告功神明，而魚麗詠焉。至魚在在藻，則慶遂性，而德至淵泉，三星在罶，則傷無魚，而百物雕耗，魚無當於盛衰，而盛衰之兆繇之。奚翅感陽而陟食清，而游符于君子出處之道，足以引情濠梁上哉。贊圖者偶也，箋補贊者亦偶也，嗣閲箋而有感，未必非偶也，是編亦可以興乎。崇禎庚午仲春望秀巖隱史胡世安書。

清・胡世安《〈異魚圖贊箋〉跋》　予作《異魚圖贊》，間出以示。好事者或獻疑曰：《爾雅注》蟲魚定非磊落人，子不見韓子之詩乎？予曰：韓子有爲，言之也跡，其焚膏繼晷之際，口吟手披之餘，遇蟲名魚字將删之乎？老子云：美言不信。而五千之言未嘗不美。莊子欲絶學，而莊子何嘗不學？蕪子謂人生識字憂患始。其欲人盡不識字乎？如此之類，古人善戲謔自掊擊之一機也。雖然不可以訓。若孔子則豈其然？教小子以學詩，終於多識，則蟲魚固在其中矣。孔子豈非磊落人哉？近之不悦學者逍逍拾古人善謔之言，以爲不肖護躬之符，可笑！且悼充類其説，則伏獵弄麞之侍，即長鎗大劒之將軍，一一皆磊落人也大。升菴載識。

清・紀昀等《欽定四庫全書總目》卷一一五《子部》 《異魚圖贊箋》四卷，浙江巡撫採進本。國朝胡世安撰。世安有《大易則通》，已著録。楊慎《異魚圖贊》，間有自註，僅標所據書名，未暇備引其説。世安既爲之補，又於崇禎庚午博採傳記以爲之箋。徵引頗極繁富。其名實舛互者，於目録之中各爲駁正，亦殊有辨證。惟貪多嗜博，挂漏轉多，或贊中所引而失註。如亦鯉下務光憤世之類；或自註明云據某書者，而亦失證。如魴魚下河雒記引諺之類，而前代故實絶無關於名義者，乃支離蔓衍，累牘不休。是徵事之書，非復訓詁之體。然其搜採典籍，實爲博贍。故殊形詭狀，一一皆有以考辨其源流。雖不免糅襍之譏，亦未始非識小之一助也。

《異魚圖贊補》

清・紀昀等《欽定四庫全書總目》卷一一五《子部》 《異魚圖贊補》三卷，《閏集》一卷，浙江巡撫採進本。國朝胡世安撰。是書前有自序，題萬歷戊午，乃其未第時所作。以楊慎《異魚圖贊》尚多所闕漏，因摭其遺脱，作爲此編。凡魚類補一百五十四種，爲贊五十七首。海錯類補三十八種，爲贊二十八首。又《閏集》一卷，魚三十餘種，冠以摩竭海多非常之魚，亦各爲之贊。而其子璞及其門人雷琯等共加箋釋。《閏集》所載，與目録多不相應，前後舛互。贊文亦往往闕佚，疑當日修改未竟之本也。慎之作贊，雖屬文人游戲之筆，而源出郭璞，要自古雋可觀。世安續加仿傚，其徵据典博，亦不失爲訓雅。與慎書相輔以行，于水族品目，亦略备矣。

《隴蜀餘聞》

清・紀昀等《欽定四庫全書總目》卷一四三《子部五三・小説家類存目一》 《隴蜀餘聞》一卷。山東巡撫採進本。國朝王士禎撰。士禎有《古懽録》，已著録。是編皆記隴蜀碎事。如吴山岍山之類，亦閒有考證。以其奉使時所記，多非親見之事，且多非所經之地，故曰餘聞。兼及趙州介休者，則以往隴蜀時驛路所必經也。

《蜀道驛程紀》

清・王士禎《〈蜀道驛程記〉自序》 自昔揚一益二，並稱「天府」。按古者虞十有二州，夏九州，揚州之域盡于南海五嶺之地，所暨遠矣；至漢始别置交州部。而梁州據華山之陽，西距黑水，以今與地考之，漢中、興安屬秦，則雍州南境也；鄖、房屬楚，則荆州西北境也，所統不及揚州什一。而揚、益甲乙相次亡軒輊者，則其山川之奇，人物之美，物産財用之饒，蓋可知矣。漢唐以來，志于常氏，賦于左氏，傳于陳氏、句氏，記于譙氏、韋氏，圖于宋氏，詩于杜氏。後有作者，可以橐筆而退矣。至述征之作，則韋莊、李用和輩不甚著于世，而陸游之書獨傳。予以康熙壬子有成都之役，往來五閲月，賦詩三百餘篇，世多有其本。又所記程二卷，置篋中，漫不省禄，忽忽二十年往矣。屬門人盛御史符升爲予刻粵行三志，因憶前事，從蛛絲鼠嚙之余譯而存之。其間考古述今，亦有足觀者，不忍棄也。蓋蜀自獻賊之亂，城郭爲墟，井邑非故。自李、王、孟、明以來，割據代有，而文物掃地，極於今日。雖以盛朝休養生聚迄五十年，而未能復其故也。陸氏之記，記其盛；予之記，記其衰。後有攬者，參互考之，可以觀世變云。

《廣州遊覽小志》

清・紀昀等《欽定四庫全書總目》卷七八《史部三四・地理類存目七》 《廣州遊覽小志》一卷。山東巡撫採進本。國朝王士禎撰。士禎有《古懽録》，已著録。士禎以康熙甲子十一月祭告南海。以乙丑二月八日至四月一日歸。計留廣州五十一日，因而遊覽古蹟，作爲此志。凡光孝寺、六榕寺、五羊觀、海幢寺、海珠寺、越秀山、蒲澗寺、長壽菴、南園三忠祠九處，皆會城内外地也。

清・王士禎《居易録》卷五 有《南海集》及《皇華紀聞》若干卷，《南行志》、《北歸志》、《廣州遊覽小志》各一卷。

《長白山録》

清・紀昀等《欽定四庫全書總目》卷七六《史部三二・地理類存目五》　《長白山録》一卷，《補遺》一卷。山東巡撫採進本。國朝王士禎撰。長白山一名常白山，一名常在山，在鄒平縣東南。是録皆紀其山形勝及故實藝文，已編入士禎《漁洋文畧》第十四卷中。此其別行之本也。末附《補遺》一卷，則因宋紹定間丁黼作《池州范仲淹祠記》，以青陽縣東十五里之長山指爲長白，地理舛誤，雜引諸説以辨之。考証亦確。然附會古賢，誇飾形勝，移甲入乙，乃天下地志之通弊。士禎以此一《記》，奪其鄉中之流寓，遂詆之爲小人，所見亦爲不廣矣。

清・王士禎《居易録》卷三〇　《宋文憲公濂集》有題《長白山居圖》詩云：滿地雲林稱隱居，燕泥汚我讀殘書；五更風急烏聲散，時有隔花來賣魚。予撰《長白山録》未及載入，因録于此，然不知爲何人作也。

《恒嶽志》

清・紀昀等《欽定四庫全書總目》卷七六《史部三二・地理類存目五》　《恒岳志》三卷。浙江巡撫採進本。國朝張崇德撰。崇德，字懋修，順天人。官渾源州知州。北岳恒山，在渾源州城南二十里。自漢以後，皆祠於上曲陽。國朝順治十七年，以刑科都給事中粘本盛之請，改祠於渾源州。部議令山西撫司官吏詳察恒山遺蹟。於時主其説者，禮部尚書王崇簡。疏載所著《青箱堂集》中，據紳者之議以上達者，即崇德也。故輯斯志，於祀典特詳。曲陽飛石之僞，亦辨之甚悉。

清・嵇璜等《皇朝文獻通考》卷二二四　《恒岳志》三卷，張崇德撰。崇德字懋修，順天人。官渾源州知州。

《昆侖河源考》

清・萬斯同《〈崑崙河源考〉序》　河之患，爲日久矣，至於今，而挾清淮之勢，以震撼揚州，環數千里，潰決衝突，岌岌有崩城壞郭之虞。上煩萬乘之荒度，下厪公卿百執事之胼胝，迄無奏績之期。於是抵掌而談河防者，各挾一必勝之策，至源委利弊之所以然，或未必得其詳也。季野萬先生留心經世之學，於前代治河、開塞、修防之策，犁然有會於心，顧未嘗肯輕言于人，即雅重先生者，亦未知其用心之勤有如此也。一日，先生出《崑崙考》一帙示予，竊服其徵引之博，辨証之精，顧或以爲不究治河之流，而徒探其源，似非今日急務。不知天下事當其任者，可言之，可行之，尚且有牽制之形，游移之見，而書生抱杞人之憂，攄紙上之談，於國家大計何當焉？惟是讀書，論古辨畛，畫疆上下，於古今得失之林，斯誠博雅之所有事。況河之源，雖荒遠，其載於史傳，旁見於他書者，皆一一可徵，先生據諸説而折衷之俾世之談治河者，言流而不昧源，於立言之旨，又何傷乎？設荷天子寵靈河伯，效若不日錫圭告功，將有事於崑崙，則一介之使，挾先生是書，過積石，踰鹽澤，馳騁絶域，以求所謂真崑崙者，一洗千古之惑，豈不偉哉？雖然，吾願世之人，毋徒以是求先生也。康熙庚辰夏六月十有一日，侯官林佶序於京師琉璃廠西柳巷之寓舍。

清・紀昀等《欽定四庫全書總目》卷六九《史部二五・地理類二》　《崑崙河源考》一卷。浙江鮑士恭家藏本。國朝萬斯同撰。斯同有《廟制圖考》，已著録。是書以元篤什言河源崑崙與《史記》、《漢書》不合，《水經》所載亦有謬誤。因歷引《禹貢》、《禹本紀》、《爾雅》、《淮南子》及各史之文以考証之。考張騫言河源出鹽澤，司馬遷又言河源出于闐，天子案古書圖，名河所出山曰崑崙。後來諸書，都無異説。《唐書・吐谷渾傳》始有李靖望積石山覽觀河源之言，而亦未確有所指。迨篤什奉命行求，稱得之朵甘思西鄙。潘昂霄等妄爲附會經傳，音譯舛訛。遂以鄂敦塔拉之潛行復見者，指爲河源。以阿木尼瑪勒占木遜山即古積石山者，指爲崑崙。《元史》因而採入《地理志》中。耳食相沿，混淆益甚。我國家德威遐播，天山兩道，盡入版圖。月竁以西，皆我户闥。案圖考索，知河有重源。篤什所訪，僅及其伏地再出者。而河水之出葱嶺于闐，注鹽澤，潛行至積石者，則篤什皆未之見。伏讀御批《通鑑輯覽》，攷核精詳，河源始確有定論。斯同此書，作於康熙之初，核以今所目驗，亦尚不盡脗合。然時西域未通，尚未得其實據。而斯同穿穴古書，參稽同異，即能灼知張騫所説之不誣。而極論潘昂霄等之背馳鶩亂。凡所指陳，俱不甚相遠。亦可謂工於考證，不汨没於舊説者矣。録存其書，益以見睿鑒折衷，超軼萬古也。

《明史・地理志》

清・張廷玉等《明史》卷四〇《地理志序》 自黃帝畫野置監，唐、虞分州建牧，沿及三代，下逮宋、元，廢興因革，前史備矣。明太祖奮起江淮，首定金陵，西克湖、湘，東兼吳、會。然後遣將北伐，併山東，收河南，進取幽、燕，分軍四出，芟除秦、晉，訖於嶺表。最後削平巴蜀，收復滇南。禹跡所奄，盡入版圖，近古以來，所未有也。

洪武初，建都江表，革元中書省，以京畿應天諸府直隸京師。後乃盡革行中書省，置十三布政司，分領天下府州縣及羈縻諸司。又置十二都指揮使司，以領衛所番漢諸軍，其邊境海疆則增置行都指揮使司，而於京師建五軍都督府，俾外都指揮使司各以其方附焉。成祖定都北京，北倚群山，東臨滄海，南面而臨天下，乃以北平爲直隸，又增設貴州、交趾二布政使司。仁、宣之際，南交屢叛，旋復棄之外徼。

終明之世，爲直隸者二：曰京師，曰南京。爲布政使司者十三：曰山東，曰山西，曰河南，曰陝西，曰四川，曰湖廣，曰浙江，曰廣東，曰廣西，曰江西，曰福建，曰雲南，曰貴州。其分統之府百有四十，州百九十有三，縣千一百三十有八。羈縻之府十有九，州四十有七，縣六，編里六万九千五百五十有六，而兩京、都督府分統都指揮使司十有六，行都指揮使司五，曰北平，曰山西，曰陝西，曰四川，曰福建，留守司二。所屬衛四百九十有三，所二千五百九十有三，守禦千户所三百一十有五。又土官宣慰司十有一，宣撫司十，安撫司二十有二，招討司一，長官司一百六十有九，蠻夷長官司五。其邊陲要地稱重鎮者凡九：曰遼東，曰薊州，曰宣府，曰大同，曰榆林，曰寧夏，曰甘肅，曰太原，曰固原。皆分統衛所關堡，環列兵戎。綱維布置，可謂深且固矣。

計明初封略，東起朝鮮，西據吐番，南包安南，北距大磧，東西一萬一千七百五十里，南北一萬零九百四里。自成祖棄大寧，徙東勝，宣宗遷開平於獨石，世宗時復棄哈密、河套，則東起遼海，西至嘉峪，南至瓊、崖，北抵雲、朔，東西萬餘里，南北萬里。其聲教所訖，歲時納贄，而非命吏置籍，侯尉羈屬者，不在此數。嗚呼盛矣！【略】今考其升降之差，沿革之故，詳著於篇。作《地理志》。

《明漕運志》

清・紀昀等《欽定四庫全書總目》卷八四《史部四〇》 《明漕運志》一卷。編修程晉芳家藏本。舊本題國朝曹溶撰，溶有《崇禎五十宰相傳》，已著録。此書溶自載於所輯《學海類編》中，今考其文，與谷應泰《明史記事本末・河漕轉運篇》無一字之異，溶斷斷不至此，知《學海類編》決非溶家原本也。

《畿輔通志》

清・紀昀等《欽定四庫全書總目》卷六八《史部二四・地理類一》 《畿輔通志》一百二十卷。通行本。國朝兵部尚書、直隸總督李衛等監修。自元以來，如《析津志》諸書，所紀祇及於京師。至明代以畿内之地直隸六部，與諸省州縣各統於布政司者，體制不侔。故諸省皆有通志，而直隸獨闕。本朝定鼎京師，特置直隸巡撫，以專統轄。康熙十一年大學士衛周祚奏令天下郡縣，分輯志書，詔允其請。於是直隸巡撫于成龍、格爾古德等始創爲之，屬翰林院侍講郭棻董其事。僅數月而書成，討論未爲詳確。雍正七年，世宗憲皇帝命天下重修通志，上諸史館，以備《一統志》之採擇。督臣唐執玉祇奉明詔，乃延原任辰州府同知田易等，設局於蓮花池，蒐羅纂集。其後劉於義及李衛相繼代領其事，至雍正十三年而書成。凡分三十一目，人物藝文二門又各爲子目。訂訛補闕，較《舊志》頗爲完善云。案：通志皆以總督巡撫董其事，然非所纂録，與總裁官之領修者有别。故今不題某撰而題某監修，從其實也。監修每閲數官，惟題經進一人，唐宋以來之舊例也。謹於此書發其凡。後皆仿此。

清・嵇璜等《皇朝文獻通考》卷二二三《經籍考一三・史部・地理》 《畿輔通志》一百二十卷。兵部尚書、直隸總督李衛等監修。臣等謹按：北平自元建都以後，有《析津志》諸書，明代各省皆有通志，而獨闕畿輔，至我朝康熙十一年，巡撫于成龍等始創成之。雍正七年，復遵旨重修，督臣唐執玉、劉于義、李衛等，遞董其事。雍正十三年書成。

《江南通志》

清·王新命《〈江南通志〉序》 臣以庸鈍，備員楚北，今年春恭荷恩綸，調撫吴會。星言束裝，順流趨事，抵姑蘇，方匝月。復蒙皇恩，授臣兩江總督。臣正慮才不勝任，會所司以《江南通志》一書，具詳進呈御覽。臣於簿書繁冗之會，分陰校閱，拜手而頌曰：皇哉焕哉！我聖天子同文之治，誠曠古而一覯者也。臣生逢唐虞三代之時，獲事堯舜湯文之主，竊覩威德、文章、車書、玉帛之盛，去歲准禮部咨，奉旨催修《湖廣通志》，隨檄督所司刻期告成。臣颺言於簡端，因剞劂未竣，先以抄寫本帙咨部。今衹命來吴，更見江南勝槩，臣何幸也！臣固陋不文，曩昔辦事中祕，出入郎署，仰窺經筵鉅典，聖學天行。兹於吴楚之間，益藉志乘全書，廣見博聞，私心彌切踴躍，惟是江南爲財賦重地，其江山之挺秀，河海之扼要，人物之英多，典章制度之紛繁，郡邑稱名之沿革，以及幽光潛德，風俗土産，傳聞異詞，記載各別。搜羅考核，較之他省寔爲最難。斯編薈萃周詳，類序嚴慎，以備《一統志》之採擇，以揚扢聖代化成之萬一，不尤爲黼黻太平之盛事也哉。至董厲討論者，則臣成龍、臣國柱、臣國相之力也。臣涓埃未効，樂觀厥成，謹稽首爲序以獻。時康熙二十三年歲在甲子夏六月穀旦，總督江南、江西等處地方軍務，兼理糧餉，操江，兵部右侍郎兼都察院右副都御史臣王新命謹序。

清·紀昀等《欽定四庫全書總目》卷六八《史部二四·地理類一》 《江南通志》二百卷。通行本。國朝兵部尚書、兩江總督趙宏恩等監修。先是，康熙二十二年，總督于成龍與江蘇巡撫余國柱、安徽巡撫徐國相等，奉部檄創修通志，凡七十六卷。雍正七年，署兩江總督尹繼善等奉詔重修。乃於九年之冬，開局江寧，屬原任中允黄之雋等司其事。因《舊志》討論潤色，刊除踳駁，補苴罅漏。凡閱五載，至乾隆元年書成。總督宏恩及江蘇巡撫顧琮、安徽巡撫趙國麟等具表上之。卷首恭録聖諭及御製詩文，以尊謨典。次輿地，次河渠，次食貨，次學校，次武備，次職官，次選舉，次人物，次藝文，次雜類。發凡起例，較《舊志》頗有體裁。惟纂輯不出一手，微有牴牾。黄之雋《唐堂集》中嘗稱，是書刻本與原纂多有舛互。如灊山在六安州之霍山，而仍謂即元時所置之灊山縣。黄積程元譚俱東晉時新安守，而誤入西晉。其他遺漏重複者甚多，皆之雋離局以後爲他人所竄改者也。司馬光修《資治通鑑》，以《史記》以下屬劉攽，三國以下屬劉恕，唐以下屬范祖禹，始終不易，其知此意歟！

清·嵇璜等《皇朝文獻通考》卷二二三《經籍考一三·史·地理》 《江南通志》二百卷。兵部尚書、兩江總督趙宏恩等監修。臣等謹按：康熙二十二年，部檄兩江總督于成龍、江蘇巡撫余國柱、安徽巡撫徐國相等創修通志，編成凡七十六卷。雍正七年，署兩江總督尹繼善等遵旨重修，其後，督臣趙宏恩、江蘇撫臣顧琮、安徽撫臣趙國麟等相繼董成，凡隸上江者安徽藩司主之，隸下江者江蘇藩司主之，乾隆元年書成。

《山東通志》

清·岳濬《〈山東通志〉序》 虞書《禹貢志》之所由昉也。山澤、方物、壤賦、川塗約舉數言，體要已具，逮夫周禮踵事加詳，保章氏視分星，職方氏辨邦國，地形掌之司險，户口紀之司民，大司徒以天下土地之圖，周知地域廣輪之數，辨其山林、川澤、邱陵、墳衍、原隰之名物。而四方之志，則外史有專屬焉。後世圖經、志記彷此而撰，大者志九服，小者志一方，雖詳略不同，而多識博聞，有裨政治其義一也。昔者列國有史，自孔子修《春秋》，而筆削褒譏義繫，天子遂不得復以魯名，自後《齊記》、《齊乘》諸書，各抒所言，僅備此邦之掌故。山東之有通志，自前明嘉靖朝始，帙簡義略，粗有規模。我國朝正域四方，德洽寰宇。康熙甲寅詔修《大清一統志》，而《山東通志》緣是再輯，擴前志什之三四，亦既秩然可觀矣。我世宗憲皇帝御極之七年，復詔增修《一統志》及各省通志，臣承乏二東，實襄斯舉爰訪延名宿，次第採蒐，會東省郡邑屢有分置，疆域既易，條類亦更改訂再三，至雍正乙卯九月，方得付梓。恭遇我皇上紹登大寶，布愷綏猷表正，萬邦修和，百度東省地聯，畿輔被化，獨先前此黄河清於單曹，慶雲燦於尼泗，蒼麟誕育，一見於鉅野，再見於寧陽，世德燕貽夙徵嘉應而悉於是編，志之猗歟盛哉。此千載一時之會也。全《志》三十六卷，有沿有創有訂有增，縷晰條分，期於克臻，醇備而臣於此竊有思焉。《通志》體例自星野至雜記，可以觀天文、察地理、飭人官、敘物曲，攷之各省大略相符，而較以山東尤稱特異。觀夫巡方之典，首重岱宗，崇聖之儀獨隆。闕里黄河如帶，藉保障於金隄，青社維垣靖烟氛於玉海，漕運扼襟喉之要，兵防控水陸之衝。政禮所關至殷至鉅令則遠稽曩制，旁摭遺規，敬揚謨烈之庥式，表顯承之美，普聲教於東漸廣，率俾於海隅，以之昭示來兹永永無極，直與虞書周禮輝映，後先豈他志之所得，而頡頏者哉。臣不揣弇陋謹拜手而爲之序。旹乾隆元年歲次丙辰三月中浣，巡撫山東等處地方督理營田兼理軍務，都察院右都御史臣岳濬謹題。

清・紀昀等《欽定四庫全書總目》卷六八《史部二四・地理類一》 《山東通志》三十六卷。通行本。 國朝巡撫山東都察院右副都御史岳濬等監修。初，明嘉靖中，山東巡按御史方遠宜始屬副使陸釴等創修《通志》四十卷，爲目五十有二，附目十。本朝康熙十二年，巡撫張鳳儀、布政使施天裔重爲修輯。大抵仍舊文者十之八九，新增十之一二而已。此本乃雍正七年岳濬奉詔重修。延檢討杜詔等開局排纂，至乾隆元年始告成。後任巡撫法敏表進於朝。中間體例，於《舊志》多有改革。如宦績人物，《舊志》於列國卿大夫縷載無遺。此本則以經傳所有者槩從刊削，而斷自漢始。又田賦兵防，《舊志》疎畧不具。運道海疆，則併闕如。此本悉爲補輯。又人物之外，《舊志》别分隱逸孝義儒林文苑諸目，往往配隸失宜。此則悉從删削。又如以北蘭陵爲南蘭陵，以今濟陽爲唐宋之濟陽，以復舊之新泰爲兩設之新泰。皆沿訛之尤甚者。此本均爲辨明，亦多所考證焉。

《山西通志》

《山西通志・凡例》 志者，記也。《禹貢》，志之始，而首冀州，則《晉志》不尤重哉。考自《周禮》、《職方》，小史掌邦國志，太史掌四方志。秦火而後，拾遺爲《輿地圖》，唐爲《括地志》，宋爲《寰宇記》，元、明爲《一統志》。志各不同，同與史相表裏，而體例則殊。舉典必可徵諸事，徵事必可措諸用，直書不斷而法戒自昭，此志記之體例也。《舊志》始於明成化甲午，督學僉事胡謐創修。越九十年嘉靖癸亥，督學副使周斯盛重修。越五十九年，萬歷辛亥，按察使李維楨重修。至國朝康熙壬戌，學使劉梅重修，凡五易稿，越九年而告竣。分類三十有二，今增其八，爲四十類，而於每類中又各增十之二三、十之六七不等。文雖不簡，而事則較舊加詳。袪浮覈實，訂譌補缺，部次州居，差爲美備。纂輯全資文獻。《晉志》文獻俱不足，徵自程機《上黨記》、王松年《三晉記》外，其見於《四庫書目》者，止傳《太原事蹟雜記》、《壺關録》，以曁永寧公、狄梁公諸記傳。其見於《崇文總目》者，止傳《龍門》、《王屋》、《羊角山記》、《鹽池録》、《晉陽見聞要録》，以曁温公豐公諸事狀。遐搜博覽，總與各府州縣志書草檢，參互裁酌，以折其衷。信者徵之，疑者闕之，毋敢濫，毋敢苛，必求至是。圖考《舊志》五十三圖。今將《天文》内十三圖繪於《星野》卷首，以便繙閱，從其類也。餘則小爲損益。益者新分朔平、寧武、蒲、平定、忻、代、保德、絳、解、吉、隰三府八州城治十一圖。闕則偏頭，山則蘆芽、姑射、綿、懸甕，河則汾、沁、滹沱、清濁漳，共九圖。圖各一頁，重疆索之鈐轄，表名勝之襟帶也。他若古冀州圖一，堯舜禹建都圖一。宫之爲虒祁，爲晉陽，爲飛龍及汾陰祠圖，共四。荒渺偺侈，無關典要，槩從删削。《舊志》不志關隘。然晉山河四塞：東面則固關、倒馬。與居庸、紫荆接壤，爲神京右翼；北有寧武、雁門、偏頭，控制邊塞，内則天門，爲會城鎖鑰；西有金鎖，乃入秦間道；南有天井、陰池、冷泉鐵嶺、壺口，屏蔽齊、豫，而所謂玉壁蒙坑、千里徑、雀鼠谷、勾注、飛狐、風塠諸處，皆出入必經之隘。即如鎮堡斥堠，羅布聯絡，均非虚設。隨地分志，則邊屯守戰之情形，歷歷在目，是亦司險之一助也。三晉古稱用武地，十六國割據，迄遼、金、元，南北紛争，代有兵革。明世廟時，俺答憑陵，或歲一至，或歲數至，被禍尤酷。隆慶後，休養數十年。至懷宗末造，闖賊又起。入本朝乃有姜逆之亂。爲守禦，爲勦撫，亦守土者所宜取鑑也。《舊志》無武事一類，今補之。凡志於《人物》外，必另列《儒林》。而晉則西河、河汾、涑水、晉城，迄河津學士、霍州學正諸君子外，寥寥相望。且其人類多功德可書，不僅當以立言見。今歸併《人物》，以省重出，而其餘别爲《文苑》一編附後。名宦者，宦於晉而有功於國，有惠於民而名之也。死封疆者，節尤重焉，一人而歷數郡，則從其所重，而歸於一以省兩見。他若行兵、奉使、從幸諸臣，雖在晉地，有事蹟可書，終無守土之責，概入《寓賢》。非抑之，存其實也。《舊志》不志封爵，然晉自上古臺駘、實沈以來，唐虞三代，班瑞析圭，漢唐功臣食邑，公主湯沐，十六國春秋，更不可殫述。迄有明，晉藩與國終始。河山帶礪，是亦稽古之一助也。若倣龍門爲《世表》，簡帙太煩，且疑於史矣。故僅著始封以概其後。三晉郡縣，制代更而名代易。有今仍古名，而地已非古者，如晉陽、汾陽之離合，梗陽城、梗陽鄉之分屬二邑，帝冢、靈臺之有無，太平縣之不一其處，大夏在汾、澮之間，翼爲古夏墟，而叔虞所封非今太原，魏永安郡非漢晉以來故地，必辨之而證始明，必證之而辨始實，故志《辨證》。而一器、一物、一言、一行，足徵掌故者，别爲遺制遺聞，合成《遺事》一類，以資採考，《舊志》俱無。《舊志・方技》附《仙釋》後，然晉之方技，較他國特爲奇古，如古董父、劉累之豢龍，師曠、師涓之曉音律，卜招父、桑田巫之占筮，蓋聶、衛綰之擊劍、戲車，郭璞之數學，内史叔服、姑布子卿、李淳風之相術，扁鵲之爲醫，利物濟時，類皆侔造化而通神靈，非尋常方技者比，故另志《藝術》一編。而《物産》舊附《風俗》後，今簡帙稍煩，故亦另編不附。山川之大者，往往綿亘數州邑，此居其陽，彼居其陰，此受其利，彼受其害。向背起訖，分合紆直，各如其地書之，務令形勢燎若指掌，不敢詳於一處，而他處則畧，以致全局脈絡不明。其有名人題咏，間摘附覽，志勝概也。祠廟中奉勅准入祀典者，如祠之有節孝，有忠烈，廟之有關忠義，及先農、社稷、風雲雷雨等壇，通省畫一，則於附省首邑，詳載儀制，而旁註他邑。準此以概之，省文也。其餘古帝王將相，神仙高士，用仍其舊。甚有名目不經，而窮鄉僻壤藉是祈祝者，雖祭非其鬼，而苟不在淫昏之例，亦存而不論。蓋有其舉之，莫或廢也。山西舟檝不通，書賈絶跡，自古少收藏家。然天地大文《虞書》、《夏書》、《汲冢周書》，皆晉書也。元立經籍所於平陽，明養德書院時雕遺書，今備列其目，令學者集古廣益焉，故立《經籍》類，《舊志》無。晉著姓最多，甲於齊、秦、楚。其後支分派别，各氏其氏，而溯厥初祖，不過數大姓。故倣《後魏官氏志》、《唐宰相世系》之義，志《氏族》，使士著者知重門第，不自菲薄，而遷徙四方，亦慨然有水木之思焉。《舊志》無，今補。《舊志》兵防一類，編輯甚畧。今於兩鎮之外，奉旨復設提臣。又召募新軍，昕夕訓練。右衛城守，内外分闔。盛朝武備，甲於前代。而前代之兵制，附書於後。凡志藝文者，往往連篇累牘，彙爲巨觀，以争一省文苑之勝。然《易》曰：修辭立其誠，不誠，其言無物矣。兹編恭列聖祖仁皇帝巡幸頒賜宸翰曁我皇上御筆於簡端，綸綍聿昭，允爲天下萬世法。餘惟發明理學，維繫國是民瘼者是録。他若模山範水之作，間登一二，亦必視其人之賢否，以爲去取。要與晉地有關涉，否則雖有名篇，概從割愛。志乃紀事紀言之書，其言可法，其事可傳，録之示勸，而鑒戒不録，以存春秋善善長惡惡短之遺意。

清・石麟《〈山西通志〉序》 欽惟我皇上，體精一之心傳，紹唐虞之治統，玉音宸翰，如日中天，率土臣民，大同大順，爰命儒臣，修《直省通志》，俾《一統志》館臣採擇，諄諭制撫，務歸詳明，用以釐職方，廣史乘，甚盛典也。維山西密邇畿輔，沐化最親，凡諸掌故，臣石麟誼應博稽精核，詳著於篇，以對揚天子之庥命。夫平陽、蒲坂，聖都也。其山川關隘，則有太行、恒、霍、雁門、五臺、勾注、偏頭、飛狐、倒馬、汾、澮、沁、漳、滹沱、桑乾之高深而磐固。其田壤、賦税、土貢、物産，則有代田、露田、秸總、粟米、青白韋紅之鹽莢、權奇倜儻之駿騎。其學校、風俗則上庠下庠之制丕焕，克勤克儉之思彌深。其科目，其官制，則有闢門考績之成法。其典禮，其兵防，則有揆文奮武之良規。其於人也，前古尚矣。厥後，理學有王通，經術有劉向，史筆有董狐，相業有司馬光輩，將畧有廉頗輩，文章首司馬遷，藝術首郭璞。若夫壯繆之忠，恭君之孝，首陽、綿竹之苦節。凡紀乘所書，竹素所垂，以至留碩望於寓賢，標芳徽於女史，或可躋汾陽秩祀之班，或可應畢、昴星躔之數，上下數千年，可謂盛哉！今聲教日隆，輝前軼後，《舊志》所載，誠有待删潤者。臣石麟智識短淺，蒙聖恩巡撫兹地，又兼理提督軍務，襄斯大典，敢不恪共將事！乃偕布政使臣洞，暨按察司臣筠、提督學政臣曙蓀，敦延耆儁，蒐訂經籍，昕夕編纂，以仰副詳之旨旨。會臣洞與臣筠後先遷秩去。臣復飭署布政司臣而遜、署按察司臣永椿分理之。計閲三載，獲成成編，凡爲類得四十，益前志數音有奇。以史釋經，以例約史。舉典期可徵諸事，徵事期可措諸用。不敢存心，不敢挾成見，不敢踵疑以爲信，不敢失實以采名，不敢以辭夸致繁蕪，不敢以辭略致疎漏，不敢以附會爲援證，以重複爲叅互，不敢以瞻徇成阿私，以吹求成屈抑。臣幸生明備之盛時，得班制作之末議，藉此以擴充見聞，爲服政居官之助，并使藩臬郡縣諸臣，曁三晉人士考鏡是書，尊所聞，以獻之廷。庶幾名臣彦士，其則不遠。贊勲、華之景運，步賡拜之後塵，即於是乎在。豈與夫《山經》、《水注》，焜燿耳目，僅足供口吟手披已哉！開雕工竣，恭疏進呈。臣例得掛名簡端，謹序。雍正十二年甲寅三月朔旦，巡撫山西都察院右副都御史臣覺羅石麟謹序。

清・紀昀等《欽定四庫全書總目》卷六八《史部二四・地理類一》 《山西通志》二百三十卷。通行本。國朝巡撫山西都察院右副都御史覺羅石麟等監修。山西之有《通志》，始於明成化中督學僉事胡謐。後嘉靖中副使周斯盛，萬曆中按察使李維楨，皆踵事排纂。至本朝康熙壬戌，督學道劉梅又因舊本重編，凡五易稿而始成。分類共三十有二，所增輯甚夥，而訛復者亦頗不少。雍正七年，石麟等奉詔纂輯，乃開局會城，因舊本續加增訂。旁咨博訪，廣其類爲四十。凡遺聞故事，比舊加詳。其發凡起例者爲原任庶吉士儲大文。大文於地理之學頗能研究，所著《存硯樓集》，訂正輿記者爲多。故此志山川形勢，率得其要領。其特立《經籍》一門，乃用施宿《會稽志》、袁桷《四明志》之例，亦有資考據云。

清・嵇璜等《皇朝文獻通考》卷二二三《經籍考一三・史部・地理》 《山西通志》二百三十卷。巡撫山西都察院右副都御史覺羅石麟等監修。臣等謹按：

明成化中督學僉事胡謐，嘗撰爲通志，至嘉靖中副使周斯盛、萬歷中按察使李維禎，嘗兩修之。國朝康熙二十一年，提督學政劉梅，又踵事排纂分類三十有二，雍正七年遵旨重修，十二年書成。

《陝西通志》

《陝西通志》後序 臣等謹案：《陝西通志》一百卷。國朝署理陝西總督、吏部尚書劉於義等監修。陝西《舊通志》爲康熙中巡撫賈漢復所修。當時頗稱其簡當，而閲時既久，因革損益，頗不相同，雍正七年勅各省大吏纂輯通志，陝西督撫以其事屬之糧，儲道沈青崖，青崖因據漢復舊本，參以明代馬馮二家之書，斟酌增删釐成百卷，分爲三十二類。雍正十二年，於義等始表上之陝西省治本漢唐舊都，故紀載較多，如《三輔黄圖》、《長安志》皆前人所稱善本。而卷帙既繁，異同亦夥至其隸轄支郡，若綏葭鳳興之類，則又地近邊隅，志乘荒略，不免沿習傳訛。是編訂古証今，詳略悉當視他志之撦撏附會者，較爲勝之書，中間有案語以參考同異，亦均典核可取云。乾隆四十六年三月恭校上。

清・紀昀等《欽定四庫全書總目》卷六八《史部二四・地理類》一 《陝西通志》一百卷。通行本。國朝署理陝西總督、吏部尚書劉於義等監修。陝西《舊通志》爲康熙中巡撫賈漢復所修，當時皆稱其簡當。而閲時既久，因革損益，頗不相同。雍正七年，勅各省大吏纂輯通志，陝西督撫以其事屬之糧儲道沈青崖。青崖因據漢復舊本，參以明代馬、馮二家之書，斟酌增删，釐成百卷，分爲三十二類。雍正十二年，於義等始表上之。陝西省治本漢唐舊都，故紀載較多。如《三輔黄圖》、《長安志》皆前人所稱善本，而卷帙既繁，異同亦夥。至其隸轄支郡，若綏葭鳳興之類，則又地近邊隅，志乘荒畧，不免沿習傳訛。是編訂古證今，詳畧悉當，視他志之撦撏附會者較爲勝之。書中間有案語，以參考同異，亦均典核可取云。

清・嵇璜等《皇朝文獻通考》卷二二三《經籍考一三・史・地理》 《陝西通志》一百卷。署理陝西總督、吏部尚書劉於義等監修。臣等謹按：《舊志》五十卷，爲康熙初年巡撫賈漢復所編，雍正七年遵旨修，董其事者督臣查郎阿、劉於義，撫臣史貽、直瑪爾泰，碩色學臣王蘭生等，取原書增爲百卷，十二年書成。

《甘肅通志》

清・紀昀等《欽定四庫全書總目》卷六八《史部二四・地理類》一 《甘肅通志》五十卷。通行本。國朝巡撫甘肅、都察院右副都御史許容等監修。甘肅所領八府三州，明代皆隸於陝西布政司。至本朝康熙二年，始以陝西右布政司分駐鞏昌，轄臨洮等府。後又改爲甘肅布政司，增置甘凉諸郡，設巡撫以涖之。於是甘肅遂别爲一省。雍正七年，各直省奉勅纂修通志，撫臣許容以甘肅與陝西昔合今分，宜創立新稿。而舊聞缺畧，案牘無存。其衛所新改之州縣，向無志乘，尤難稽考。因詳悉蒐採，擇其可據者，依條綴集，分爲三十六類。乾隆元年，刊刻竣工，文華殿大學士仍管川陝總督查郎阿等具表上之。其書雖據舊時《全陝志》爲藍本，而考核訂正，增加什幾六七。與《舊志》頗有不同。其制度之係於兩省者，如總督學政題名，及前代之藩臬糧驛各道俱駐西安，兼治全陝，不能强分。則亦多與《陝志》互見焉。

清・嵇璜等《皇朝文獻通考》卷二二三《經籍考一三・史・地理》 《甘肅通志》五十卷。巡撫甘肅、都察院右副都御史許容等監修。臣等謹按：明代甘肅府州即隸陝西，至本朝康熙年間始别爲一省，雍正七年有增修通志之命，於是容等遵旨纂修，其凡例曰甘肅舊無志，統於《陝西通志》中，陝西詳於西安、延安、鳳翔、漢中、興安諸郡，而畧於平鞏、臨慶至河西諸衛所，則尤在所畧，今分二省，自應詳輯越，乾隆元年書成。

《浙江通志》

清・嵇曾筠《〈浙江通志〉序》 欽惟我皇上，纘承丕緒，六宇同文，敷政勤民，德洋恩普，軫念浙江海塘重關東南民命，特命臣曾筠往董其役。經畫綜理，因閲視江海形勢，親歷浙東西周咨審度，竊見夫山川之清淑，都邑之盛麗，物土之殷饒，人文之彬郁，負山枕海，控吴楚而引閩粤，偉哉！誠東南之都會，而財賦之上腴也。旋叨恩命，授臣以節制撫綏之任。甫受事，適前督臣奉勅纂修通志，成書將謀剞劂，爰於治事之餘，逦加檢閲，重爲審定，尅期授梓。閲半載而工竣，爲門五十有四，爲卷二百有八十。蓋兩浙風教之所被，掌故之所存，胥於是乎在矣。按浙省記載，自左氏《吴語》、《越語》，而後有《越絶》、《吴越春秋》之作，遂爲志。乘嶠矢至漢分吴會、丹陽爲三郡，有《三郡記》，吴朱育作《會稽土地記》，韋昭著《吴興録》，而晉孔曄賀循並有《會稽記》，王韶之有《吴興郡疏》，鄭緝之有《東陽記》，有《永嘉郡記》，梁吴均有《入東記》，若唐陸羽之《志》，吴興宋周淙之《志》，臨安羅濬之《志》，四明施宿之《志》，會稽陳耆卿之《志》，赤城衛玠之《志》，信安董弅之《志》，新定皆是也。沿及元明十一郡，先後各有府志，要皆自爲一郡之記載，而未有薈萃之者，嘉靖辛酉，臣鄉先達方山薛應旂爲兩浙提學副使，合十一郡所屬，輯成《通志》七十二卷，是爲浙江通志之始。國朝康熙癸亥歲，奉文修輯，蓋以《薛志》爲藍本，而斟酌損益之稱⿰牜免備焉，距今五十年，其間典禮之修明，制度之因革，政理之條貫，民物之登耗，文章功業之彪炳，而建樹月異日新，洪纖備具，使佚而不紀，何以彰前軌示來轍乎？是編之作，開局於雍正辛亥春，訖事於乙夘冬，歷數歲之久，兼綜衆長，考証得失，參互同異，旁搜博採，可謂勤矣。今按其體裁分門别類，增舊《志》者什之三，考古訂今，增舊《志》者什之七，而傳述舊聞，恪遵内廷編纂之例，悉徵引原文標列書目，以備考索。至記載時，事謹依《大清會典》，採録科條章奏，務存實據以便稽查，杜預所謂發凡言例，皆經國之常制，史書之舊章，此則前志所未有也。臣建旂兹土夙夜冰兢冀康庶事，而荅主知而竊懼識有未逮慮有未周恭閲，是編誦聖訓，庶知所遵循。覽方域，庶知所經理。察禨祥，庶知所儆省。采謡俗，庶知所化導。觀制置而閲廢興，庶知所修舉。攬形勝而扼阻要，庶知所備禦，按兵賦而審虚實，庶知所綜覈。視土物而驗虧盈，庶知所阜安。景仰前徽，庶知所矜式。搜討遺文，庶知所考鏡。蓋治道之綱維，民生之利病，一寓目而盡得之。他日或能策勵庸鈍，勉竭悃誠，鞏海疆而奠澤國，以上佐聖天子，維新之化，則於是書，實重有賴也。爰裝就疏進，謹拜手稽首，而颺言於簡端。乾隆元年，歲在丙辰七月朔吉，誥授光禄大夫、太子太保、文華殿大學士、兼吏部尚書、總理浙江海塘、兼管總督巡撫、兩浙鹽政印務加十四級，臣嵇曾筠謹撰序。

清・紀昀等《欽定四庫全書總目》卷六八《史部二四・地理類》一　《浙江通志》二百八十卷。通行本。國朝文華殿大學士兼吏部尚書兼管浙江、江南總督嵇曾筠等監修。浙江自明嘉靖中提學副使薛應旂始輯爲《通志》七十二卷。至國朝康熙二十一年，總督趙士麟、巡撫王國安復因薛志增修，斟酌損益，義例粗備。此本於雍正九年辛亥，總督李衛開局編纂，訖乙卯而告竣。曾筠等具表上進。司其事者原任侍讀學士沈翼機、編修傅王露、檢討陸奎勳也。總爲五十四門，視舊《志》增目一十有七。所引諸書，皆具列原文，標列出典。其近事未有記載者，亦具列其案牘，視他志體例特善。其有見聞異詞者，則附加考證於下方。雖過求賅備，或不無繁復叢冗。然信而有徵之目，差爲不愧矣。

清・嵇璜等《皇朝文獻通考》卷二二三《經籍考一三・史・地理》　《浙江通志》二百八十卷。文華殿大學士兼吏部尚書兼管浙江總督嵇曾筠等監修。臣等謹按：明提學副使薛應旂嘗于嘉靖中輯《浙江通志》七十二卷。國朝康熙二十一年，總督趙士麟、巡撫王安國，復因薛志增修爲卷五十，分門三十有七。雍正七年，督臣嵇曾筠、李衛、郝玉麟、程元章、撫臣王國棟、提督李燦等，遵旨相繼重修，增爲五十四門，十三年書成。

《福建通志》

《福建通志》凡例　列國之有志，乘實與史書相爲表裏，山川風物貴在精詳，制度文章燦然明備，近奉詔旨，纂修典綦，重也。閩海天末動，煩宸算絲綸，遠被山海，騰歡兹集，首列詔諭，弁冕羣編，聖謨洋洋，垂爲世則。九州應象，星紀攸分，閩爲牛女之墟，占候準之謹。臚前史證以諸家，辨方正位，而體國經野之事，可舉矣。國有與立，建置所必詳也。舊《志》僅載名號，而分析沿革未清。今仿《史記》年表，例釐爲三格，以朝代總部郡縣綴列其下。開卷按表，觸目瞭然。閩地負山憑谿，襟帶江海，議守之國也。詳訂山川，安流奠峙，次則疆域，井井而以形勝附焉。因山爲城，濬川爲池，王公設險，大易之訓也，閩省城池增高，浚深詳厥，規制金城，岌岌天塹，湯湯美哉。國乎正封，洫治橋梁，王政所汲汲也。連類而並書之。化行俗美，土物心臧，此風物所由志也。舊《志・風俗》僅紀歲時，貽譏弇陋兹集，博援往籍，益以前聞美刺昭然，言非臆造。物産則本莆田黄仲昭纖悉增載，謹依《大清一統志》例，次於山川、城池之後。任土作貢，田賦以興，度地居民，户役斯起，閩賦一準本朝賦役。全書新編續墾俱準，則例撮其會萃，釐如指掌，鹽課關税以類相從，百年以來，生齒殷繁，户口寖盛。盛世滋生，永無加賦，閩邦富庶，於今爲極，至於普濟堂、育嬰堂、義塚之設，養生送死，蕃息生民所有事也。附載於後，以志皇仁。王者，治定制禮，功成作樂，而典禮昭焉。舊

《志》未紀禮樂，非制也。茲考《大清會典》，釐爲大典一帙，樂章亦依部頒新本，禮明樂備，天地爲昭矣。國之大事，在祀與戎。閩多淫祀，茲集根据正史羣神羣祀，俎豆靡忒，民聽不惑，美報昭矣。至以郡縣，駐防營弁，滿漢鈐轄旗丁，詳審增編分隸，戎籍靡惟藉以干城實，可聯爲臂指。歷代建侯樹屏，閩多封土，間有乘時剏國息兵寧人者，亦所必録考。已事而鏡興衰，備一方之典故焉，可矣。本朝定鼎以還，爵班五等者，例入。化民成俗，端必由學，國朝敬教勸學，泮林芹藻，振古文明，邇年軫念，南土侏𠌯，正音之學漸成，同文之化，宜與書院社學均綴宫牆之次。在官言官，在府言府。官府之地，公署立焉。剏置更易，凡以爲民也。歷叙規制，勿曰傳舍而已。有公署而後職官，乃得詳歷代以來官制，不一名氏班如也。稱是職而能其官，則名宦其最著矣。然非功德在民甘棠勿翦者，不敢濫入。有學校，而後選舉乃得詳，歷代以來，設科不一，題名可按也。膺是選而堪其舉，則人物其最著矣，然非立三不朽，爲邦國光者，不敢濫入。鄉行可稱文名久著者，亦人物之流亞也，庸德義聲騰，溢里閈暨，詞章彪炳，著作滿家者，彙爲二帙，孝義文苑春華與秋實兼收矣。職官之外，爰有寓賢四方君子之至，止於閩者多矣。橘亦逾淮粤，亦遷鑄，滋閩山川重也。舊《志》率以閩人棲止他郡，如朱考亭、李忠定之類，及編管羈置謫宦者，流概曰，流寓別見他部，茲悉從删。人物之餘，别爲隱逸潛德高風鴻冥豹隱，班范前史所必録也。表而出之，以式巖棲。閩省節烈最著，前代已不勝書，國朝風化隆盛，歷年題旌節孝纍纍，今與貞烈同垂彤管其或窮陬矢節，未膺恩旌者，亦表出之，以發幽潛，又諸郡貞節二部外，間得名媛數人，標於幀首。葱林心學，苦縣遺文，於正學，亦不爲無助，漢代以來，師其教多矣。矧閩山水、奥宅、仙釋、棲、靈奇，躅靈蹤所在，多有擇其正者，以廣多聞，至若方技之微，藝成而下亦可以見道也。别區一彙著於篇。代往不留，人來無已，不有古蹟，孰與傳後？况名公卿遺澤之留，賢大夫妥魄之藏，與夫高臺大樹梵宇琳宫興廢，無時懷古者，三致意焉。茲與石刻依類互見，徵文獻者，猶有取之，有非閩地而繫屬於閩者，則爲外島，明三百年，琉球歲修職貢，本朝奉職尤謹，聖天子懷柔所及，恩數頻加，應與近歲，蘇禄國備載職方，以示朝宗之義，正史而外雜紀尚矣，故老之所傳聞，稗乘之所紀載、遺言、軼事可供多識云爾。若夫名賢著述之富，經術政事之篇，遺文具在，熊熊炳炳，可法可傳，下至詩賦有韻之文，博採廣蒐，以資諷誦，故以藝文終焉。

清・盧焯《〈福建通志〉序》 國有史，太史掌之；邦有志，職方掌之，均以紀事，而相爲表裏，孔子因《魯史》作《春秋》，編年其創也。司馬遷變編年而爲紀傳，要皆成於一人之手，史成不復更修，他如前後漢、南北宋、三國、五代。若班、范、李、陳、歐陽、令狐諸人，皆專門名家，卓卓自號史才，即《隋書》長孫、顔、孔皆與《唐書》劉、韋、歐、宋同成，宋、金、遼《史》則阿魯圖、脱脱互叅，《元史》則宋濂、王禕協定，亦共成一家言。雖純駁不同，詳畧各異，惟有辨其得失，議其優劣，從無起而更張之者，故曰信史也。若夫志也者，記也。擇焉必精，語焉必詳，非如史家綱舉目張，人書特書即可，立言不朽，其參互考訂、遠引旁稽又非恃一手一足之力，土地有擴闢，疆域有改隸，賦税有增減，人物乘時蔚起，風俗漸次轉移，不數十年，舊《志》不全不備，重修烏可緩哉？我世宗憲皇帝當久，道化成之日，享一統車書之盛，特命纂修通志，各省增輯進呈，典甚鉅也。吾閩地，屬揚州分來，越國自無諸啟疆，而後命官易路，歷有歲時，建元移徙以還，流離播遷，蹙靡有定。昔之七閩久增爲八，臺灣設而爲九閩。福寧陞而爲十閩，其中縣復分縣，縣復改州，大非昔日規模，頌聲教者曰，東漸於海，遠至海止矣。而閩海之外，臺領四縣，延袤數千里。盡入版圖，則幅員之濶，至我朝爲最大，疆宇之廣，至吾閩爲獨遠。人將於此觀極盛焉。獨是我朝重熙累洽，俗美化行。我皇上，龍飛首出，萬國咸寧，聖謨之赫濯，德教之覃敷，堪垂於萬，斯年者，莫可紀極，發微闡幽，廉頑立懦，褒嘉之令，何歲無之？鄒魯雖小，考亭之流風猶在也，多士挺生，指不勝屈，且雨暘若而百穀蕃，大海晏而鯨蜺静，耕田鑿井，帝力俱忘，航海梯山，遠夷攸服，猗歟休哉。倘搜羅不富，珥筆未工奕世，而下未見，今日太平熙皥之象，一道同風之治，不曰泱泱表海，一大都會也。纂修者，實任其咎，臣焯來撫是邦，詔下已七年，前人業未竣，督諸紳士總裁分校，各執其事，悉從舊制，附入新增，於乾隆首歲，剞劂功成，披圖按籍，嶺以東浙右，山巒挺秀；海以南粤中，波浪滄溟。郡邑碁布星羅，沃野錦紛繡錯。佳山勝水，日作卧遊，往哲名賢，怳如晤對。即拔緇化羽，鑿齒文身者，不啻環在吾前，愧政不敏，不能揚天子休命，承宣德意，行慶兆民。聊存此志，以備輶軒採風垂諸史册，既拜手颺言，恭進以聞，爰弁數言於首，是爲序。乾隆二年歲次丁巳孟夏上浣，福建巡撫兼都察院右副都御史臣盧焯撰。

清・紀昀等《欽定四庫全書總目》卷六八《史部二四・地理類一》 《福建通志》七十八卷。通行本。 國朝閩浙總督、兵部尚書郝玉麟等監修。福建自宋梁克家《三山志》以後，記輿地者不下數十家。惟明黄仲昭《八閩通志》

頗稱善本，而亦不免闕畧。又自明立福建布政司，分建屬郡，以福、興、泉、漳爲下四府，延、建、邵、汀爲上四府。國家德威遠届，鯨海波恬。臺灣既入版圖。而福州所屬之福寧亦升州爲府。泉州所屬之永春，漳州所屬之龍巖，又各析置爲直隸州。建置沿革，多與昔異。以舊《志》相較，每與今制不合。且福建三面環海，港汊内通，島嶼外峙，一切設險列戍之要，舊《志》亦多未詳。雍正七年，承詔纂輯通志，因取舊《志》之煩蕪未當者，删汰冗文，别增新事。其疆域制度，悉以現行者爲斷。至乾隆二年書成，玉麟等具表上之。自星野至藝文，爲類三十，爲卷七十有八。視舊《志》增多十四卷。如沿海島澳諸圖，舊《志》所不載者，皆爲詳繪補入，足資考鏡。於體例亦頗有當焉。

清・嵇璜等《皇朝文獻通考》卷二二三 《福建通志》七十八卷。兵部尚書浙閩總督郝玉麟等監修。臣等謹按：福建輿地諸書，惟明黄仲昭八閩通志爲最善。自我朝開國以來，建置沿革，與昔多異。雍正七年，命各省纂輯通志，督臣郝玉麟，撫臣盧焯，學臣周學健等，遵旨增修《舊志》，凡六十四卷。尋以增設臺灣、福寧二府，永春、龍巖二州，續十四卷，乾隆二年，書成。

《楚南苗志》

清・嵇璜等《皇朝文獻通考》卷二二四 《楚南苗志》六卷，段汝霖撰。汝霖，字時齋，號梅亭，漢陽人。由舉人歷官建寧府知府。

《滇行紀程》

清・紀昀等《欽定四庫全書總目》卷六四 《滇行紀程》一卷、《續抄》一卷，《東還紀程》一卷、《續抄》一卷。大學士英廉購進本。國朝許纘曾撰。纘曾字孝修，號鶴沙，華亭人。順治己丑進士。官至雲南按察使。《滇行紀程》其赴雲南時所作。《東還紀程》則自雲南歸途所作。皆述所見山川古蹟、物産土風，大抵志乘所有也。

清・嵇璜等《皇朝文獻通考》卷二二一 《滇行紀程》一卷、《續鈔》一卷；《東還紀程》一卷、《續鈔》一卷。許纘曾撰。纘曾字孝修，號鶴沙，華亭人。順治己丑進士。官至雲南按察使。

《滇行日記》

清・紀昀等《欽定四庫全書總目》卷六四 《滇行日記》二卷。通行本。國朝李澄中撰。澄中，字渭清，號漁村，又號雷田，諸城人，原籍成都。康熙己未召試博學鴻詞，官至翰林院侍讀。是編乃康熙庚午澄中典試雲南時途中所記。凡八十有四日。於山川風土、古蹟故實，無不詳載，而考証之處差少，殆行篋無書之故耶。

清・嵇璜等《皇朝文獻通考》卷二二一 《滇行日記》二卷，李澄中撰。澄中字渭清，號漁村，又號雷田，諸城人，原籍成都。康熙己未召試博學鴻詞，官至翰林院侍讀。

《嶺海見聞》

清・紀昀等《欽定四庫全書總目》卷七七 《嶺海見聞》四卷，兩淮馬裕家藏本。國朝錢以塏撰。以塏遊宦廣東前後八載，所作《羅浮外史》已著録，此編又其雜録見聞之書也。大致欲倣《水經注》、《洛陽伽藍記》，而才不逮古。又採録冗雜，無所限斷，記陸賈使粤，乃泛及作新語事；記南漢事甚畧，乃闌載劉鋹入宋後事。皆與嶺海無關。其他雜録小説，不核真僞。如述異記開元天寶遺事之類，與聞見亦無涉。至於「荔枝」、「銅鼓」，前後各出二條，尤無體例矣。

清・嵇璜等《皇朝文獻通考》卷二二四 《嶺海見聞》四卷，錢以塏撰。以塏，見山水類。

《行水金鑑》

清・傅澤洪《〈行水金鑑〉略例》 江淮河濟爲四瀆，見風俗通。瀆者，獨也，各獨出其所而入海。見釋名。自漢王莽末濟水入河，元時河水入淮，則三瀆并爲一瀆以入海矣，而江則依然如故也。爰自《禹貢》以及史書，遐稽近考四瀆分合之故，瞭如指掌，江入海在揚州，淮在徐州，河在兖州，濟在青州，今江淮之入海也，尚與《禹貢》同，而黄河既亂濟又奪淮，並在徐州入海矣，漢水以入江而入海故，不得以瀆名，而河濟猶稱爲瀆，若與字義不合，中國川原以百數，莫著於四瀆，而河爲宗也。見前漢書。河曰河宗四瀆之所宗也。見穆天子傳。故先紀河河奪淮同入於海，河强而淮弱，故淮次之濟入河，與河相亂，不若淮之顯然流見也，故濟在江後，江固爲江漢亦爲江也，江漢體勢均敵，二水合流，所以如此其大，不以漢附江而泯其入海之實，故於漢於江並言入海而同爲瀆也。見尚書纂言。江爲南條水之宗，河爲北條水之宗，語云：日月經天，江河行地，其殆並行而不相悖者乎，故不得以次言之若今之運河，後之人矯揉造作，而爲之。非若四瀆之發源注海也故，以此終焉。漕運自古有之，《禹貢》於各州下，皆有達河之路，達於河即達於京師也。漢漕仰於山東，唐漕仰於江淮，皆有運道。宋都汴梁，轉運便易，元都北平，始終海運，至元中，開會通河，歲運不過數十萬石。迨明永樂後，東南漕運至京，至於今不廢，是録所述。運河昉於《禹貢》迄於皇朝其於古也。不嫌其略於今也，務得其詳。黃運兩河自康熙二十三年以前，敝敗已極，是年冬，聖祖南巡，親臨河工，指授方略，首疏海口，以導黃注海，次闢清口，閉六壩，築高堰，以障淮敵黃，改新舊中河，浚淮揚裏河，開人字芒稻涇澗等河，國計民生均得利賴諸。凡河湖隄岸閘壩，應修應築，睿慮周詳，盡善盡美，兩河底績，永慶安瀾，誠足上邁神禹，下垂萬禩者矣，謹自隨山刊木之年，迄於康熙六十年四月十七日。上諭而止，始之以《禹貢》，終之以聖訓，上下千古，並傳不朽矣。《禹貢》一篇，蓋言禹之治水，其本末先後之序，無不詳備。故古今言治水者，必以神禹爲宗，導水九條，皆治蹟也。兹不録其始終四水，而獨録江淮河濟者，以濟運故耳。《水經》所載之水，必表著其出某郡，過某縣，逕某山某水，注之某水，出焉，會某水，過某方與，某水合入於某處，有源有委，脈絡井然，間有疎闊，酈道元又從而補注之，班氏地理志所不及也。故昔人謂此書爲《禹貢》之忠臣，班志之畏友，洵不誣矣，兹以《水經》亞於《禹貢》，酈注附焉，自周秦以至漢魏，參互考索，庶觀者，有所依據，云《史記・河渠書》、《漢書・溝洫志》以及兩漢魏晉六朝南北史帝紀臣傳，皆摘録之，新舊《唐書》、五代史並不志河渠，然紀傳所有，悉皆登載《宋史》備矣，金元亦稱詳贍。《河渠志》之外，如紀傳五行百官諸志，攟拾靡遺，諸凡載籍中有關河務者，亦悉登載。明自洪武開國至崇禎之末，河事頗多，今據實録、會典、《明史稾》以及直省通志、府州縣志、《南河全考》、《北河續記》、《通漕類編》等書，旁及傳記、碑版、稗官小説，猶恐未盡，搜羅竊滋愧矣。《禹貢》導水皆入河海，孟子言疏瀹決排注江注海，又曰禹掘地而注之海，又曰水由地中行江淮河漢是也。朱子言禹治水，乃是自下而上了，又自上而下，又曰禹治水先就土低處用工，又曰禹只是先從低處下手，若下面之水盡殺，則上面之水漸淺，方可下手。我聖祖治河，先拆攔黃壩，疏通海口，然後從上面施功。上諭有云，黃河底高灣多，以至各處受險，又云朕欲將黃河各險工頂溜灣處開直，使水直行刷沙，若黃河刷深一尺，則各河水少一尺；深一丈，則各水淺一丈。如此刷去，則水由地中行，各壩亦可不用，不但運河無漫溢之虞，而下河淹没之患自可永除矣。煌煌天語直接列聖心傳，大知獨斷，功垂萬世，治河者，惟奉之以爲金鑑而已，勝國治河，名臣若宋尚書陳平江，其精神專注，多在運河。若劉莊襄潘宫保萬少司馬，兩河俱有成績，莊襄之論，莫不切於水，詳於治，大略於河，原其端焉，於淮達其委焉，於治河，察其趨焉，於防河，審其向焉，於諸泉，輯其出焉，於諸河，理其入焉，於諸湖，權其蓄焉，於諸閘，酌其積焉，其歷久可行者，尤善於六栁之法焉，潘宫保以爲通漕於河，則治河即以治漕防河於漕，則治淮即以治河合河淮而同入於海，則治河淮即以治海，凡四任總河，惟以築隄束水，借水攻沙，爲萬全第一義，萬少司馬嘗言，胸有全河，而後可治河，如頭年下埽，爲次年之防，一年積料，爲兩年之用，以舟牽舟，以運濟運，以少淺治多淺，以下水束上水，三閘四隄五夫八埽十五治水之器諸法，俱堪不朽，迨我皇朝唯靳文襄、張文端二公之行水也。可謂不媿前人矣。文襄經理河工八疏，言言碩畫，文端甫下車首陳三事，切中肯綮，聖祖皆從之，河乃大治，然二公之功，獨於中河最鉅，張清恪公在濟寧最有功，於閘河其啓閉之法，精密無比，劉莊襄有問水集，潘宫保有河防一覽，萬少司馬有治水筌蹄，文襄、文端皆有治河書，清恪有居濟一得，兹録登載頗詳，河工告成之後，二十餘年，安瀾無事，壬寅間，覃懷黃沁水不順軌，屢築屢決，迨我皇上龍飛御極之歲，河伯效靈功成彈指，然猶彌厪聖懷勤求善後，特遣大臣總理一方，開封沿河，又設上下兩丞，分疆贊治，一應工程俱動，正項錢糧，不勞民力，中州八郡之羣黎百姓，無不感頌皇仁，諸凡事宜當摭拾檔案，另爲一集，用昭近績云：貢賦出於農田，江浙五府輸將何啻半天下？其間太湖吞納百川，震澤在在汪洋受水之利，亦未嘗不受水之害。若江漢鄱陽洞庭隄防，應修應築，急宜講求，此皆東南水利。至於西北，河渠溝洫廢弛已久，史漢所紀西門豹、史起、鄭國兒寬、白公、李冰之徒，競言水利者，如朔方西河、河西酒泉皆引河及川谷以溉田，而關中輔渠靈軹引堵水，汝南九江引淮，東海引鉅定，太山下引汶水，蜀鑿離亳，皆溉田無筭，何不尋求其故蹟，仿而行之，俾轉運之繁苦不獨累在東南，此亦萬萬年之計也。編集水利約若干卷，容當續刻，庶爲水政之完書。

清・紀昀等《欽定四庫全書總目》卷六九《史部二五・地理類二》　《行水金鑑》一百七十五卷。通行本。國朝傅澤洪撰。澤洪字稺君，鑲紅旗漢軍。官至分巡淮揚道、按察司副使。是書成於雍正乙巳。全祖望作《鄭元慶墓誌》，以爲出元慶之手。疑其客遊澤洪之幕，或預編摹。然別無顯證，未之詳也。敘水道者，《禹貢》以下，司馬遷作《河渠書》，班固作《溝洫志》，皆全史之一篇。其自爲一書者，則刱始於《水經》。然標舉源流，疏證支派而已，未及於疏濬隄防之事也。單鍔、沙克什王喜所撰，始詳言治水之法。有明以後，著作漸繁，亦大抵偏舉一隅，專言一水。其綜括古今，臚陳利病，統前代以至國朝，四瀆分合，運道沿革之故，彙輯以成一編者，則莫若是書之最詳。卷首冠以諸圖。次《河水》六十卷，次《淮水》十卷，次《漢水》、《江水》十卷，次《濟水》五卷，次《運河水》七十卷，次《兩河總説》八卷，次《官司》、《夫役》、《漕運》、《漕規》凡十二卷。其例皆摘録諸書原文，而以時代類次。俾各條互相證明，首尾貫穿。其有原文所未備者，亦間以己意考核，附注其下。上下數千年間，地形之變遷，人事之得失，絲牽繩貫，始末犁然。至我國家，敷土翕河，百川受職。仰蒙聖祖仁皇帝翠華親莅，指授機宜，睿算周詳，永昭順軌，實足垂法於萬年。澤洪於康熙六十一年以前所奉諭旨，皆恭録於編，以昭謨訓，尤爲疏瀹之指南。談水道者觀此一編，宏綱巨目，亦見其大凡矣。

清・嵇璜等《皇朝文獻通考》卷二〇三《經籍考一三・史部・地理》　《行水金鑑》一百七十五卷。傅澤洪撰。澤洪，字稺君，鑲紅旗漢軍人，官至分巡淮揚道，按察副使。澤洪自序曰：四瀆，古運河也，沿江達淮，亂河浮濟，《禹貢》具載之矣。今之運河，用以轉荆揚諸州數十百萬之糧，於京師不猶古之江淮河濟哉。四瀆治，運河亦治，相因之勢也。顧黄河湍悍，爲中州病。淮水渟蓄，爲高堰危。黄强淮弱，爲清口梗。山左泉涸水匱，濟汶諸水俱不足以濟運，而運河淺阻。澤洪爲水官二十年，用是遠稽經史，近述訓旨，凡四瀆運河興廢之由，及疏築塞防之宜皆備載焉，首繪圖，次河、淮、漢、江、濟運河，次《兩河總説》，次《官司》，次《夫役》，次《河道錢糧》，次《隄河彙考》，次《牐壩涵洞彙考》，次《漕規》，次《漕運》。

《廬山志》

清・紀昀等《欽定四庫全書總目》卷七六　《廬山志》十五卷。安徽巡撫採進本。國朝毛德琦撰。德琦字心齋，鄞縣人。由貢生官星子縣知縣。是編取桑喬《廬山紀事》、吴煒《廬山續志》二書，彙而訂之。首《星野》，次《輿地》，次《祀典》，次《隱逸》，次《仙釋》，次《物産》，次《雜志》，次《災祥》，共一卷。次《山川分紀》十二卷。次《藝文》二卷。自序云：「山川分紀多仍其舊，文翰則隨時而增。」書之冗濫，二語已自道之矣。

清・嵇璜等《皇朝文獻通考》卷二〇四　《廬山志》十五卷。毛德琦撰。德琦，字心齋，鄞縣人。由貢生官星子縣知縣。德琦《自序》畧曰：「山川分紀仍多其舊，文翰則隨時而增書之。」

清・施閏章《學餘堂文集》卷二《〈廬山志〉序》　志山水者，類稱山記，而約有二端。摉覽巖壑形勝及人物往跡，是紀事也。討據簡册，摹索崖碑以廣舊聞，是徵文也。事易湮漏，文易踵增，好事者畧古而崇今，徇勢以取悦，捃摭雖富，君子難言之。

廬山見《禹貢》，曰敷淺原。上有禹書六字，是爲廬山文字之祖。太史公南遊登之，無所紀述。晉始有惠遠作詩，迄唐太白諸公而盛。然淵明近在柴桑，醉臥行游，詩中無廬山一字。以今視之，古人爲儉於才矣。西昌前輩蕭伯玉，常病近志蕪穢，獨喜桑子木《廬山紀事》，謂遺文散失，如周景式、張僧鑒、陳舜俞、馬玗諸《記》，戴師愈《廬山文物列傳》，孫季藩《廬阜紀游》等書，皆恨不得見。而所言桑氏《紀事》，余購之，亦不可得。間泊星渚，略尋瀑布三疊、五老之盛，嘆望久之。

會吾友李子鏡月與其友閔子賓連至南浦，將從事匡廬。予告以所憾曰：「盍爲山志？夫志有三難：於山窮遊覽，於文稽往牒，於人絶徇濫。三者得，而志可立就也。」李子去三年，而書成，蓋本之桑氏《廬山紀事》。桑以侍御直言，謫江州，輯爲此書。觀其《自敘》，亦以不見諸書、未窮遊覽爲闕事。夫酈道元注《水經》，雖與其書相發，而其注可孤行。今李子以桑書爲本，而窮探博覽，目涉羣籍，又出入往還於崩雲墜石之間，凡僧廬巖窟，斷文賸語，選擇其可存者，手摹目記。可謂勤且難矣！使後有讀其書者入此山，歷歷如見所舊游。而學使吴公嘗以校士之餘，徘徊白鹿洞，歎息懷古，又亟賞此志而刻之，皆可書也。桑侍御廣陵人，今李子亦廣陵之興化人云。

《水道提綱》

《水道提綱》序 大地合水土爲體，居天正中，亦若人身，然山其筋骨，而水其脈絡也。至静者山，静中有動，故爲幹爲枝，以一而萬，又以萬區界百川。至動者水，動中有静，故爲源爲委，以萬而一，又以一遍周六合陰陽，自相經緯，與日月星辰之麗天。爲經緯者，理氣協應此地道承天，所以含萬物而化光也。志地有書，九邱尚矣。治水莫神於大禹，言地亦莫精於《禹貢》。以治水先委後源，則列敘九州疆域中高山大川，自濱海之冀、兖、青、徐、揚州，西迄梁、雍，以山自有幹與枝，水自有源與委，則總叙導山四列，導水九川，皆起雍、梁，而東至於海。詩言：「既景乃岡，相其陰陽，觀其流泉。」古聖人體國經野，以建都邑，利農田，濟舟楫，設津梁，轉運阜財，襟帶險固，孰有不於水深究其本末者乎？自漢後地志日多，專言水者，惟有《水經》及酈道元注，道元於西北諸水鉅細不遺，可謂精矣，後儒言水，或解詩書《春秋》，或釋班志，或於寰宇畧撮梗概，或於郡邑各記方隅，其志存經濟者，於治河防海水利守邊，博考古今，暢言得失，政理所係，援引雖多不厭其繁雜。若夫志在藝文，情侈觀覽，或於神怪荒唐，遥續山海；或於洞天梵宇，揄揚仙佛；或於遊踪偶及逞異炫奇，形容文飾，衹足供詞賦採用，以爲美談，從未有將中國所有巨瀆經流實在共聞共見，可筏可舟，不枯不涸，如孟子所言，原泉混混，放乎四海者。用《水經》遺意，上法《禹貢》導川，總其大凡，芟除地志繁稱遠引、分名别號、附會穿鑿之陋，務使源委了然展卷，即得此《水道提綱》。所以紀載今日實有之脈絡，山川都邑並用今名，畧識古蹟，取其質，不取其文。如河經數徙濟淮入河，漢有别支江源，非一黑水，未知誰是。積石原在羌中，前賢早有辯論，無煩復贅，取其實，不取其虚也。蓋自古帝王功德之盛，莫如我朝，重熙累洽，治致昇平，幅員之廣，盡天所覆，亦莫如我朝。臣召南學識愚淺，自乾隆丙辰，蒙恩擢入翰林纂修《一統志》，伏睹聖祖御製輿圖，東西爲地經度，以占節氣後先；南北爲地緯度，以測辰極高下。漠北直過和林，抵白哈海，西番遥窮拉藏，至岡底斯，凡金沙、瀾滄、潞江、崑崙、青海之近在邊陲，黑龍、盧朐、松花、漱尼、按出虎水，烏蘇里江之本屬内地者，源委秩如，已逈非從前史志所能稍及。而我皇上聖神文武，善繼善述，天威遐震，克奏膚功，踰流沙而開四鎮，蕩平伊犁回部，拓地至二萬里，西域並入版圖，濛汜咸受正朔，此豈漢、唐、元、明盛時，賓貢享王所能較量濶狹乎哉？即古稱唐虞協和，萬邦義和，所宅章亥，所步伯益夷堅，所志方斯蔑矣。臣初久在志館考校圖籍，於直省外又專輯外藩蒙古屬國諸部，道里翔寔，是以志成之後，亦嘗條其水道，惟圖無可據者，闕之，及蒙恩告歸台山杜門，無事養病餘暇時，檢篋中舊稿，次第編録，共成二十八卷，臣思爲萬國朝宗者，君；爲萬川會同者，海也。以一水論發源爲綱，其納受支流爲目；以羣水論巨瀆爲綱，餘皆爲目。如統域中以論，則會歸有極，惟海實爲綱中之綱。凡巨瀆能兼支流注海者，亦目中有綱，綱中有目耳。是以詮列次第，不依《水經》，冠以海水自北而南，并取《禹貢》，首冀次兖之意，内自盛京、鴨緑江口以西，而南而西南至合浦外，自雲南而西而北，又自漠北阿爾太山、肯忒山而東至海，又自海而南而西而北，包朝鮮至遼陽域中，萬川綱目畢列。至於葱嶺以西水入西海，印度水入南海，丁零、黠戛斯以北水入北海，前史或畧記其地。以我朝之聲名洋溢，凡有血氣，莫不尊親，則重譯慕思，盡爲彊索，占測經緯，合寰瀛以成圖，臣固可執筆俟也，《禹貢》曰：聲教訖于四海。説者謂極言之，未可徵實。然則自生民以來，久道化成，一統無外，能實有其盛，超越前古，其惟我大清也歟。

清·紀昀等《欽定四庫全書總目》卷六九《史部二五·地理類二》 《水道提綱》二十八卷。浙江巡撫採進本。國朝齊召南撰。召南字次風，台州人。乾隆丙辰召試博學鴻詞，授翰林院編修，官至禮部侍郎。歷代史書各志地理，而水道則自《水經》以外無專書。郭璞所注，久佚不傳。酈道元所注，詳於北而畧於南。且距今千載，陵谷改移，即所述北方諸水，亦多非其舊。國初餘姚黄宗羲作《今水經》一卷，篇幅寥寥，粗具梗概。且塞外諸水頗有舛訛，不足以資考證。召南官翰林時，預修《大清一統志》。外藩蒙古諸部，是所分校。故於西北地形，多能考驗。且天下輿圖備於書局，又得以博考旁稽。乃參以耳目見聞，互相鉤校，以成是編。首以海，次爲盛京至京東諸水，次爲直沽所滙諸水，次爲北運河，次爲河及入河諸水，次爲淮及入淮諸水，次爲江及入江諸水，次爲江南運河及太湖入海港浦，次爲浙江、閩江、粤江，次雲南諸水，次爲西藏諸水，次漠北阿爾泰以南水及黑龍江、松花諸江，次東北海朝鮮諸水，次塞北漠南諸水，而終以西域諸水。大抵通津所注，往往袤延數千里，不可限以疆域。召南所敘，不以郡邑爲分，惟以巨川爲綱，而以所會衆流爲目，故曰「提綱」。其源流分合，方隅曲折，則統以今日水道爲主，不屑附會於古義，而沿革同異，亦即互見於其間。其自序譏古來記地理者志在《藝文》，情侈觀覽；或於神仙荒怪，遥續《山海》；或於洞天梵宇，揄揚仙佛；或於游縱偶及，逞異炫奇。形容文飾，祇以供詞賦之用。故所敘録，頗爲詳核，與《水經注》之模山範水，其命意固殊矣。然非召南生逢聖代，當敷天砥屬之時，亦不能於數萬里外聞古人之所未聞，言之如指諸掌也。

清・嵇璜等《皇朝文獻通考》卷二二三《經籍考一三・史部・地理》　《水道提綱》二十八卷。齊召南撰。召南字次風，台州人，乾隆丙辰召試博學鴻詞，授翰林院編修，官至禮部侍郎。

清・盧文弨《抱經堂文集》卷九《水道提綱》跋（丙申）　此書天臺齊息園先生所著也。先生名召南，字次風，乾隆元年中博學宏詞科，入詞林，命課諸皇子讀。墜馬骨幾折，以禮部侍郎致仕，主浙江敷文書院講席最久。以族匪連逮，訊明釋歸，未幾卒。此書二十八卷，先海，而次及諸水；於諸水，先經流，而次及支流之巨者；至支中之支，則附見焉。自畿甸暨天下郡縣藩衛，凡聲教之所通者，罔不尋源訖委，秩然具列。兼以度之東西，極之南北，較其差數，則尤爲易考也。昔鄭漁仲謂志地理者，必以山水爲主，以郡縣可更，而山水不易也。然水之性容有不常者，加以名稱古今各別，非確然有證者，固亦不能定其爲即古之某水也。是書支分條析，絲聯繩貫，有證者實之，無證者疑之。人以爲先生第取各郡邑志而輯綴之，然其中亦有正郡邑志之誤者，則歷代之史與夫諸家地理之書，罔不參考可知也。至其兼天以言地，則更出於漁仲所見之外矣。第臺灣在閩海外，而先生敘次，稍不知粵東瓊郡之詳，則亦似尚有當補者。至於蒙古部落等名新有更定，先生不及知之矣。他如僧哭勒河當爲僧枯勒河，哭路鄂模當爲庫路鄂模，諧音取字，宜有趨避，不便襲用舊文。至書中有岙字，當即嶴字之省文，《集韻》有岆字；又有跕字，當即站字之俗體，嶴字亦字書所無，古但作奥，而今吴、越、閩、廣間或加山，或加水，見於名人著作者，不一而足，故今亦不得而削之；今人名傳置之處曰站，亦非古訓，然跕字實未經見字。更有或脱或譌，以余所知者增正十餘處。是書栞於其門下士浦江戴君兄弟殿海、殿泗，以其本貽余，故得而卒讀焉。若戴君者，可謂不負其師者。

《西域圖志》

清・紀昀等《欽定四庫全書總目》卷六八《史部・地理類存目一》　《欽定皇輿西域圖志》五十二卷，乾隆二十一年奉勅撰。乾隆二十七年，創成初稿，嗣以販章日闢，規制益詳，進呈御覽之時，隨事訓示，復增定爲今本。首四卷爲《天章》。我皇上平定西域，題詠至多，地勢兵機，皆包羅融貫。惟恭録統論西師全局者，弁冕簡端。其因地紀事，即物抒懷者，則仍分載於各門。次《圖考》三卷，自幅員所届，以及符節所通，共新圖二十有一，又附歷代舊圖十有二。古今互校，益昭聖朝拓宇之功。次列表二卷，上起秦漢，下訖元明，以明國土之分合，建置之沿革。次《晷度》二卷，川陸迂回，道里之遠近，多不足據。惟以日景定北極之高度，以中星驗右界之偏度，爲得其真，古法所謂飛鳥圖也。次《疆域》十二卷，分爲四路：一曰安西南路，嘉峪關外州縣隸焉；一曰安西北路，哈密至鎮西府廸化州隸焉；一曰天山北路，庫爾喀喇烏蘇至塔爾巴哈台、伊犁隸焉；一曰天山南路，闢展至和闐諸回部隸焉。次《山》四卷。次《水》五卷。玉門以外，連峯疊嶂，巨浸洪流，往往延袤千百里，不可以剖屬一地，故各以山水爲類也。次《官制》二卷。次《兵防》一卷，臺站附焉。次《屯政》二卷，户口附焉。次《貢賦》、《錢法》、《學校》各一卷。次《封爵》二卷。皆長駕遠馭之睿畧，揆文奮武之鴻模也。次《風俗》、《音樂》各一卷，《服物》二卷，《土産》一卷。皆如地志之例。惟《音樂》一門爲創體，以其隸在協律，備禁侏兜離之數故也。次《藩屬》三卷，皆奉朔朝貢之國，梯航新達者。次《雜録》二卷。以瑣聞、軼事終焉。記流沙以外者，自《史記・大宛列傳》、《漢書・西域列傳》始詳。而異域傳聞，訛謬亦復不少。至法顯、玄奘之所記，附會佛典，更多屬子虚。蓋龍沙、蔥雪，道里迢遥，非前代兵力所能至。即或偶涉其地，而終弗能有。故記載者依稀影響，無由核其實也。我皇上遠奮天弧，全收月𡷊，既使二萬里外咸隸版圖，又列戍開屯，畫疆置郡，經綸宏遠，足以鞏固於萬年。每歲虎節往來，鴈臣出入，耳聞目見，皆得其真。故詔輯是編，足以補前朝輿記之遺，而正歷代史書之誤。聖人威德之昭宣，經綸之久遠，事事爲二帝三王所不及，玆其左驗矣。豈徒與甘英諸人侈誇珍怪歟！

清・嵇璜等《皇朝文獻通考》卷二二三　《欽定皇輿西域圖志》五十二卷。乾隆二十一年，大學士劉統勳等奉敕撰。皇上御製序曰：語云：「耕當問僕，織當問婢。」志廣輿者，不稽之歷代建置沿革，將無從數典。而志西域則有不能盡稽之歷代者，實以幅員所限，言語不通。雖漢、唐盛時亦頗能威行天山迤北，建官設都，而天山迤北本不能至也。即有一二羈縻之國，然叛服不常，征調弗應，又安能履其地而疆索之哉？且漢、唐之程督異域者，仍漢、唐人而已，其與準噶爾、回部人語，奚啻粤問而燕答，則其所記魯魚亥豕之分，不待言而可知。玆者叨天佑，藉羣力，湊時會，幸成是役。準噶爾、回部之人皆在廷執事，而國語切音譯外藩語，又甚便且易。我諸臣馳驅往來，其間目覩身歷，非若耳聞口傳者比。俾司校勘而正其訛傳，其真較僕婢耕織之問爲尤詳。且厄魯特語及回語，朕亦因暇而習焉。時御丹槧，爲之改正，是西域志之書必應及是時成之，用開歷代之羣疑，垂千秋之信録。閒亦涉及諸史，以存述古。總計分部一十有八，分卷四十有六，繪圖系説，蔚爲完書。若夫闢地蔵功，文臣或有過頌，朕所不取。惟是籌耕牧，計久長，圖所以永乾貺，奠丕基，思日孜孜。持盈益凛，予安得有功成無事之説哉？

清・鄂尔泰、張廷玉等《國朝宫史》卷三〇　《皇輿西域圖志》一部。乾隆二十四年平定西域天山迤北，西海之濱，咸隸版圖。皇上特命纂《西域圖志》，親定成書釐爲十八門。曰《天章》、曰《圖考》、曰《列表》、曰《分野》、曰《疆域》、曰《山》、曰《水》、曰《官制》、曰《兵防》、曰《屯田》、曰《貢賦》、曰《語言》、曰《字書》、曰《音樂》、曰《服物》、曰《風俗》、曰《土産》、曰《外藩》，凡四十六卷。

皇上御製序語云：「耕當問僕，織當問婢。」志廣輿者，不稽之歷代建置沿革，將無從數典。而志西域則有不能盡稽之歷代者，實以幅員所限，言語不通。雖漢、唐盛時亦頗能威行天山迤南，建官設都，而天山迤北本不能至也。即有一二羈縻之國，然叛服不常，征調弗應，又安能履其地而疆索之哉？且漢、唐之程督異域者，仍漢、唐人而已，其與準噶爾、回部人語，奚啻粤問而燕答，則其所記魯魚亥豕之分，不待言而可知。兹者叨天佑，藉羣力，湊時會，幸成是役。準噶爾、回部之人皆在廷執事，而國語切音譯外藩語，又甚便且易。我諸臣馳驅往來，其間目覩身歷，非若耳聞口傳者比。俾司校勘而正其訛傳，其真較僕婢耕織之問爲尤詳。且厄魯特語及回語，朕亦因暇而習焉。時御丹槧，爲之改正，是西域志之書必應及是時成之，用開歷代之羣疑，垂千秋之信録。閒亦涉及諸史，以存述古。總計分部一十有八，分卷四十有六，繪圖系説，蓄爲完書。若夫闢地蔵功，文臣或有過頌，朕所不取。惟是籌耕牧，計久長，圖所以永乾貺，奠丕基，思日孜孜。持盈益凛，予安得有功成無事之説哉？

《河套志》

清・紀昀等《欽定四庫全書總目》卷七四　《河套志》六卷。江西巡撫採進本。國朝陳履中撰。履中字執夫，商邱人。官至分巡寧夏兵備道。是志成於乾隆壬戌。凡河套之建置、沿革、山川、城堡、關塞、古蹟、物産，悉分門匯載。末附以《藝文》二卷。如引《魏書》以証涿祁山之爲榆林府地，引《册府元龜》藥彦稠爲邠州節度使，補五代沿革之闕。又証後魏代郡之即漢朔方郡。據《通鑑注》大城之屬朔方，以証《漢書》列傳之大城塞，徵引頗爲繁富。

清・嵇璜等《皇朝文獻通考》卷二二三　《河套志》六卷，陳履中撰。履中字執夫，商邱人。官至分巡寧夏兵備道。

清・李紱《穆堂别稿》卷二四《〈河套志〉序》　三代而下，威德之廣無若漢、唐，而唐尤盛，安東、安西、安南、安北四都護之設，相距各萬餘里。而宋與明失之。南失交趾，受害猶未劇，南故弱也。東與西裔外之強皆依乎北，北故強不可失。且不獨北強，地亦饒也，故肅宗中興，實基於此。自唐末以拓跋思敬鎮夏州，奄有銀、夏、綏、宥、静五州之地，又以功賜姓李，益盛以強。至元昊遂稱帝，與宋相終。元始復爲王土。明天順六年，毛裡孩等復入牧，日新月盛，邊患乃有不可言者，豈細故哉？其地三面距河，明稱爲河套。蓋河自寧夏出口北，行千里，折而東二千里，又折而南千里，乃入内地。土地肥美，溝澮井疆比於江南。東連偏關，西接賀蘭，此地安則東與西皆可無患，故曰東與西皆依乎北也。我國家威德之盛，遠過漢、唐，而北方迄暨尤遠長城而外。東西萬里，爲蒙古四十八家。蒙古而外，爲喀爾喀五十三家。拜除黜陟，同於内地，自古以來未有之也。河套之地，雖爲鄂爾多斯所有，而奉法唯謹，罔敢越尺寸。志其地與否，視古爲稍緩，然事勢亦有殊與前古者。今蒙古喀爾喀號爲循善，而循者多弱，善良不競。西北厄魯特、準格爾頗爲桀黠。昔噶爾丹偶逞狂謀，喀爾喀蒙古諸部落披靡莫當，脅從甚衆。聞聖祖仁皇帝親征，然後反正，則循善者殆未可恃矣。河套地四面折算，約方三千里，土地之美，可耕可牧。鄂爾多斯不能收其利也，國家取爲屯地，則猝遇軍興，歲省金錢百萬，廟堂之計，孰大於此？

陳君執夫，故名家子，昔嘗監司其地，乃約古今沿革、戰守利害，蓄爲一書，其用心固已遠矣。抑吾尤有慨者，有明自正統以後，武備不修，邊防日弛，患不獨河套，而套爲甚。横覽二百餘年間，惟王襄敏紅鹽池之捷，差強人意；佗若李文達主楊琚之議，而三帥不行；楊文清請復受降三城，而阨於璫瑾。至夏文愍、曾襄愍河套之議，既已上愜宸衷，功亦垂就，而蒼蠅黑白，頃刻而變，卒以身殉。谷氏所謂九重廟算，忽智忽愚，豈不信哉？蓋千古來任事之難如此，屬陳君走伻千里，请敘其書，爲之掩卷而三歎焉。世之人幸無忽視之也。

《日下舊聞考》

清・紀昀等《欽定四庫全書總目》卷六八《史部二四・地理類一》 《欽定日下舊聞考》一百二十卷。乾隆三十九年奉敕撰。因朱彝尊《日下舊聞》原本，刪繁補缺，援古證今，一一詳加考覈，定爲此本。原書分《星土》、《世紀》、《形勝》、《宮室》、《城市》、《郊坰》、《京畿》、《僑治》、《邊障》、《户版》、《風俗》、《物産》、《雜綴》十三門，其時城西玉泉、香山諸處，臺沼尚未經始，故列《郊坰門》中，與今制未協。諸廨署入《城市門》中，太學石鼓獨別爲三卷，於體例亦屬不倫。今增列《苑囿》、《官署》二門，并前爲十五門，而《石鼓考》三卷則併於《官署門》國子監條下。又原本《城市》、《京畿》二門，五城及各州縣分屬之地，今昔不同，一一以新定界址爲之移正。原本所列古蹟，皆引據舊文，誇多務博，不能實驗其有無，不免傳聞訛舛，彼此互岐。亦皆一一履勘遺蹤，訂妄以存真，闕疑以傳信。所引藝文，或益其所未備，或刪其所可省，務使有關考證，不漏不支。至於列聖宸章、皇上御製，凡涉於神京風土者，悉案門恭載，尤足以昭垂典實，藻繪山川。古來誌都京者，前莫善於《三輔黄圖》，後莫善於《長安志》。彝尊原本蒐羅詳洽，已駕二書之上。今仰承睿鑒，爲之正訛補漏，又駕彝尊原本而上之。千古輿圖，當以此本爲準繩矣。

清・嵇璜等《皇朝文獻通考》卷二二三 《欽定日下舊聞考》一百二十卷，乾隆三十九年奉敕撰。臣等謹按：是編據朱彝尊《日下舊聞》原本，於十三門外增《苑囿》、《官署》二門，而併《石鼓考》於國子監，刪繁補缺，援古證今，詳加考覈定爲此本。至於列聖宸章，皇上御製涉於神京風土者，悉案門恭載，以昭垂典實。凡原本所摭引古書、古蹟，並承聖訓指示，精詳正訛補漏，一一徵驗有無，勘其所在，千古輿圖紀述都邑，孰能如是之信而可徵者哉。

《欽定盛京通志》

清・紀昀等《欽定四庫全書總目》卷六八《史部二四・地理類一》 《欽定盛京通志》一百二十卷。乾隆四十四年奉敕撰。我國家發祥長白，實肇基於俄朵里城。後肇祖原皇帝始遷赫圖阿拉，是爲興京。太宗文皇帝戡定遼東，實作周邑。暨世祖章皇帝定鼎順天，遂以奉天爲盛京。兩都並建，垂萬萬世之丕基。非惟山海形勝，控制八紘，凡締造之規模，征伐之功烈，麟麟炳炳，亦具在於斯。舊有志書三十二卷，經營草創，敘述未詳。因命補正其書，定爲此本。發凡起例，一一皆禀睿裁。聖製御製，舊本僅載十之三，今悉補録。又以御製分綸音、天章二門，各從體製。京城門中，舊本不載盛京、興京、東京創建修葺之由，及太祖、太宗制勝定都始末。壇廟門中舊本不載營造製度及重修年月，又不載尊藏册寶及堂子歲祭諸儀。宮殿門中舊本亦不載重修年月、御題聯額及尊藏聖容、聖訓、實録、玉牒、戰圖，及乾隆四十三年設立諫木事。《山陵門》中舊本不載謁陵及歲事儀注，所述三陵官制，亦多舛誤。《山川》、《城池》兩門中舊本均不載太祖、太宗戰蹟。《人物門》中不載開國宗室王公，又諸勳臣事蹟亦不悉具。今併詳考增修。其餘《星土》、《建置沿革》、《疆域形勝》、《祠祀》、《古蹟》、《陵墓》、《雜誌》、《風俗》、《土産》八門，並援据經史，糾訛補漏。《關郵》、《户口》、《田賦》、《職官》、《學校》、《官署》、《選舉》、《兵防》八門，舊本所載止於乾隆八年，今並按年續載。名宦、歷代忠節、孝義、文學、隱逸、流寓、方技、仙釋、列女、藝文十門，亦參訂刪補，俾不冗不漏。其官名人名地名，舊本音譯，往往失真，今併一一釐正。體裁精密，考證詳明。溯豐邑之初基，述阪泉之鴻績。經綸開創，垂裕無疆，啟佑規模，萬年如覩。固與偏隅輿記徒侈山川人物者區以別矣。

《乾隆府廳州縣圖志》

清・李慈銘《越縵堂讀書記》四《地理》 閱洪氏《乾隆府廳州縣圖志》。此書力矯前人地志鋪張華藻之失，自沿革、里貢、四距、八到、山川、城鎮、驛保以外，概從闊略，可稱簡要。然輿地之書，人物可略，形勝不可略；至風俗之純駁，山水之奇正，皆當最其都凡，潤以雅語，斯稱學人之著述，異于檔册之鈔胥，何得壹意埽除，悉從刊落？且所志沿革，亦多彼此失顧，時見柢梧。歷代州縣之名，脱載尤多。山川城鎮，古今雜出，其所取舍體例，皆未畫一。每省之首，各冠以圖，僅見大意，既多疏略，又不計里畫方，故無所折衷。蓋其書成於未第客游之時，不無艸艸，通籍以後，又未暇審訂校刊耳。惟云各省當稱各布政司，自爲致確。吾鄉章實齋争之，以爲當稱某部院，則既昧官制，又病不辭，所謂無理取鬧者已。卷葹閣集中有與章進士書，所辨甚明，而章氏作《文史通義》，尚自持其說甚堅，且言洪實未嘗致書，蓋護前失以欺人耳。 志載古帝王陵，亦是一善，而系殷湯陵於山西榮河縣下，蓋承《元和郡縣誌》、《太平寰宇記》之說，自宋以來，久列祀典。同時孫淵如氏獨據《史記集解》所引《皇覽》之文，以爲湯葬濟陰，當在今山東曹縣，欲奏改榮河之祀。時謝蘊山氏官山西布政，力與之爭，各撰《湯陵攷》一篇，文檄往反，終于不決。今謝《攷》已不可得見，其咨覆附刻孫氏《岱南閣集》中，孫氏所著則具在。雖濟陰即薄地，近湯都，似爲近理，然裴駰所引《皇覽》，既與《水經注》所引互異，單文孤證，于正史一無可攷。孫氏又引《晏子春秋》齊景公伐宋，過泰山，夢見湯與伊尹之言，以爲湯陵在濟陰之證，尤近傅會，實不如謝說之簡覈。謝氏初咨力駁孫說，援據詳明，後咨主劉子政成湯無葬處一言，以爲兩地皆可，存而不論，曹縣既無顯據，不若仍祀榮河，皆較孫爲長。洪氏與孫氏交契甚摯，而志不取其說，惟引劉向殷湯無葬處之言，謂後來紀載有亳城偃師蒙縣與寶鼎而四，疑皆後人所爲，則通人之論也。同治辛未二月二十一日。

清·張宗泰《魯岩所學集·書洪亮吉〈乾隆府廳州縣圖誌〉後》 洪氏深於地理之學，故其所撰《乾隆府廳州縣圖誌》，於郡邑沿革、山川脈絡，咸能詳切言之。如河南西華縣下謂汝水凡三易源；辨熊耳山在盧氏，而不在雒南；謂寢丘在沈丘，而不在光州之固始，俱諦當可據。

然如修武得名，由來已久，《漢書》：高祖至修武，陳平亡楚來降；獲嘉以獲南粵相吕嘉，武帝行過更名，俱見《漢地理志》。而以爲後魏始從山陽分置北修武，隋始改置獲嘉，則於二縣源委未審也。又如《後漢書·郡國志》潁川郡綸氏，建初四年置，而登封下失載；魯山，洪武初屬南陽府，成化十二年改隸汝州，而魯山下失載；南召去南陽府一百七十里，而以爲郭下，不知郭下僅南陽一縣也。

又其書喜引《左氏傳》，而亦有失檢。如襄公三十年，伯有死於羊肆，殯而殯諸，伯有之臣在市側者，既而葬諸斗城。而於陳留縣下，節去「殯而殯諸」四字，則於情事不相貫注。西華下引昭公二十年，其徒與華氏戰于鬼閻，而訛作南華氏。長葛下引襄公二十四年，門于東門，誤作「盟於東門」。又汲縣下沫邑訛作洙，息縣下梁大通訛作道。又其檢校之小失矣。

清·沈家本《枕碧樓偶存稿》卷四《書〈乾隆府廳州縣圖志〉後》 洪稚存《乾隆府廳州縣圖志》，用《一統志》例，以布政使司分隸府、廳、州、縣。章實齋謂於今制當稱部院，不當泥布政使司舊文。稚存爲書以駁之。實齋於《文史通義》中，復申其當稱部院之說，約有十端。其言極辯，然循名責實，究有未安者。

今之稱巡撫爲部院者，以其兼兵部侍郎、都察院右副都御使銜也。以兵部得是稱，而據以爲分部之名，已非其實。況今之稱部院也，不過下屬申上之文，私家往來之牘，專就巡撫一人而尊之耳。至於進呈之章奏，達部之題咨，以及自上行下之書札、告示，其結銜無稱部院者。元之稱行省也，以中書省得名。中書省，天下政令所出。其分立行中書省，皆以省官出領其事，故行省得用其名。若今之部六，兵其一耳。天下政令不皆從兵部出，豈兼兵部虛銜而即可以部稱乎？俗稱總督曰部堂，不曰部院。直隸、甘肅、四川皆有督而無撫。此據舊制言。若稱部堂，則兩歧，稱部院，又與俗稱不合，又將何以稱乎？實齋之言雖辯，尚有待於考定。乾隆以前《搢紳》，督撫列於都察院衙門内，是從前尚以督撫爲京官也。《搢紳》，官定之書也。

《大清一統志》

清·愛新覺羅·旻寧《〈大清一統志〉序》 我大清之受天命，有天下，增式廓而大一統者，於今二百年。洪惟列祖列宗，威惠滂流，聲名懿鑠，幅員之廣，教化之洽，地理物華之盛，官方民事之詳且備，羲繩軒駕以來，未之有也。聖祖仁皇帝始命纂修《一統志》，世宗憲皇帝重加編輯，至高宗純皇帝御極之八年，甫獲竣事。嗣以天成震疊，開拓西域地二萬餘里，因於四十九年，續有成書，疊矩重規，經緯翔實。皇考仁宗睿皇帝命史館重修，未及告蕆。爰洎朕躬，荷神器付托之重，撫兹區宇，祇繹乎體國經野、設官分職之大，溯惟我皇祖皇考所以因時順地，變通斟酌者，日不輟書。使非及時編定，俾舊典有所承，而後事有所起，朕實愧且懼焉。兹全書告成，沿述於開國之初，增輯至嘉慶二十有五年，爲卷五百有六十，非務爲繁富，以侈示後嗣也。我祖宗以仁義中正治天下，凡所損益，如權衡之於輕重，度量之於長短大小，即一州郡之升降，一官職之分合，一臣一民之予奪彰癉，無非本單心之宥密，垂爲律度，布爲官禮，除繁存質，扶條就幹，始獲成書。實闕畧是虞，而何繁富之有？稽昔《禹貢》九州，爲後世方志之祖；《周禮》大司徒以天下土地之圖，周知地域廣輪之數；《漢書·郡國志》以下，紀載日詳。唐宋而還，若《元和郡縣志》、《元豐九域志》，始專詳地理，自爲一編。顧政教所及，皆弗克進及於古。惟我朝祖德宗功，上繼五帝三王之盛，信乎心法治統，不異地異民而理。攬斯編也，即其迹而道載焉矣。朕惟乾惕震恐，冀迪前光，深知守成之難，不殊於創始，願與內外百執事，勉固封守而阜兆民。繼自今無疆惟休，亦無疆惟恤，續有編録，視此典型，是朕之厚望也夫！

清・紀昀等《欽定四庫全書總目提要》卷六八　《大清一統志》五百卷，乾隆二十九年奉勅撰。是書初於乾隆八年纂輯成書，每省皆先立統部，冠以圖表。首《分野》，次《建置沿革》，次《形勢》，次《職官》，次《户口》，次《田賦》，次《名宦》，皆統括一省者也。其諸府及直州又各立一表，所屬諸縣系焉。皆首《分野》，次《建置沿革》，次《形勢》，次《風俗》，次《城池》，次《學校》，次《户口》，次《田賦》，次《山川》，次《古蹟》，次《關隘》，次《津梁》，次《堤堰》，次《陵墓》，次《寺觀》，次《名宦》，次《人物》，次《流寓》，次《列女》，次《仙釋》，次《土産》。各分二十一門，共成三百四十二卷，而外藩及朝貢諸國，別附録焉。迨乾隆二十年，天威震叠，平定伊犁，拓地二萬餘里，爲自古輿圖所未紀。而府、州、縣之分併改隸，與職官之增減移駐，亦多與舊制異同。乃特詔重修，定爲此本。嗣乾隆二十八年，西域愛烏罕霍罕、啟齊玉蘇、烏爾根齊諸回部，滇南整欠、景海諸土目，咸相繼内附。乾隆四十年，又討定兩金川，開屯列戍，益廣幅員。因並載入簡編，以昭大同之盛軌。蓋版圖廓於前，而搜羅彌博；門目仍其舊，而體例加詳。一展卷而九州之砥屬，八極之會同，皆可得諸指掌間矣。昔唐分天下爲十道，隴右道本居第六，李吉甫《元和郡縣志》乃退列爲第十，以其地已陷没吐蕃故也。宋之疆域最狹，歐陽忞《輿地廣記》其於所不能有者，別立化外州之名，已爲巧飾。至祝穆《方輿勝覽》，則併淮北亦不及一字矣。蓋衰弱之朝，上宇日蹙，故記載不得不日減；聖明之世，昄章日擴，故編摩亦不得不日增。今志距詔修舊志時僅數十載，而職方所隸已非舊志所能該。威德遐宣，響從景附，兹其明驗矣。虞舜益地之圖，僅區九州爲十二，又何足與昭代比隆哉！

清・胡天游《石笥山房文集》卷一《〈一統志〉表》　臣聞惟天爲大，聖人所以契其神。惟地配天，聖人所以絜其度。履至尊而制六合者，必有權輿宇宙之奇。席鴻寶而撫八方者，必有囊括乾坤之業。其居宅中，而天下爲大湊。其號至博，而域内使同利。於是度地經野，封山肇州，表以圭臬，則千里而遠，千里而近，風陰朝夕之景，案然而自平。劃以沈榆，則營州之東，邠州之西，華裔崇卑之位，敘焉而畢正。五服、九服，名章有稽。夏官、秋官，章建有物，所以揆文教，奮武衛，慎封守，申郊圻，昭制王略，規示民極，國家整一函夏，耆定方隅。形地脈者，則有百阜，而伏羲九部之理，於是乎駿興。布瑶圖者，則有風後，而軒轅四監之治，於是乎宣兆。手實之施九尺，夷吾徒侈其縱橫。報德之維四延，淮南僅窺夫堂牖。皇帝陛下繼天測靈，厚德載物，含運元化，龐侔堪輿，高七制而敘五期，式九圍以洞三極。寒暑節氣，均調八紘，鯤鯨慧濤，晏静夏海，草木合向而拱附，牛馬依律而內首。日月之所出入，風雨之所往來，青羌攢樹之郊，丹栗沸水之野，莫不薦版環幅，同朔共採，過神農之表，窮桑孰知其幾旬？帶崑崙以還，提封何較於三萬？況乃禹合丘奄，職方所藏，荆、梁、雍、冀，系北斗之一星；代、趙、燕、吴，佔五辰於中國者哉？

且夫王者陶天下爲一家，必先物土宜而制疆理。聖人同風教於殊俗，是以齊文軌而輯車書，求諸古先，咸授紀載。河圖括地，遁甲開山，伯益所述，後世取證。而山海有經，丘索所傳，昔儒推知，皆星土之事。且蕭何入關，先收秦籍。漢法郡志，亦在史館。故丞相張禹而使朱貢，司空裴秀復注夏書，以至太康、元嘉，并飭記牒。九域十道，多盛注録，或删八十四家而畿服作經，或撫千七百載而區宇名志，典在册府，備乎省方，作用實宏，於義誠要。

若夫本朝作志以大一統，尤該前史所列而超百家。給劄寫綈，選員領局，久馨油素，昉殫汗青，剟厚軸之樞，括大腹之壯。表其準望，循其廣輪，上核分野於躔次之錯，下正圻略於組綉之縮。明之以繪畫，使井井有條；緯之以尺幅，如寸寸而度。列省十五，省各有圖；成卷數千，卷首有表；表傍行而如譜之可案，圖環審而如目之朗陳。兩戒河山，中原肩髀，雄州緊具，舊國故都，古今革沿，郡邑并省，名山支山之分，出水受水之所；丘陵墳衍，林衡澤虞，高下廣深，沙墟堅耗。東南滄海，窮連百蠻；西北空同，包攬六翟。官橋遂驛，甌脱野廬，亭鄣所乘，關渡所守。銀洞杳絶，竹廟叢組，賧墟嫁區，君井長落。都護羈縻，戊巳屯屬；及黠戛斯入貢之道，高句麗來往所由，精據密捃，顯著臚晰。王公所以設險，國邑所以主名，封建所以得失，皇霸所以馳驟，形勢所以控制，道里所以達通，人物所以生出，世事所以衰盛，畢羅千年，登燭紙上，覽之而足明要害，究之而足審變更，撫之而念武取文守之甚難；顧之而思牢籠，彈壓之有遵。蓋將一馮幾以觀九州，信可不下堂而周萬里，廓王道於無外，表靈威以有戳，此陛下所以觀群玉而凝神鼎，壇陰羽而觴鐘山者也。

獨愧臣等，才朽學落，殊任昉、鄭虔之通洽，讓李該、賈耽之練深。以九壤爲街巷阡陌，而初得仿佛，庶幾如營新豐。別大塊之面目首尾，而定其端倪，詎等成於聚未！編集校録，凡若千帙，隨表上進，不任惶汗者焉。

清·王芑孫《惕甫未定稿》卷三《〈大清一統志·表〉序》 古之學者方物出謀發慮，莫不通知今古，其大要考諸古者畧，講於今者詳。司徒十有二教，其十曰「以世事教能樂正崇四術」。今所謂《詩》、《書》、《禮》、《樂》，在當時實不過本朝掌故。士無讀書而不識時務者，亦無好爲吏而不説學者。及其衰，然後高譚荒古，而神農黄帝之言以出。夫其爲神農黄帝之言，宜非漫然，必持之有故，而據之有説，無疑也。然而聖賢者辭而辟之，則固不專以篤古爲長；聖賢之學，有所稽諸古，亦有所效於今耳，凡今言地理，視天文爲難。天文有數可憑，千歲之日不難坐致；地理非多讀書不足以知古，非目驗不足以知今；而不知今，則讀於古者皆爲無用。

余嘗行經東北邊，歷上穀、漁陽，其地名或滿洲語、蒙古語，即偶亦漢名，而咸非其舊。因舉古所謂檀州者，以問其土人，而弗知也。每當山川阨塞，茫昧指尋，欲作一詩，輒便中止。歸而攷之圖記，方識當今某地，在古某名，因是怳然念古人登高能賦，可爲大夫之所從來。又慨然嘆書生無用，非獨政事然也，蓋雖文章，未有不通世事而能爲焉。

南昌萬芝堂先生既補《太平寰宇記》所闕，又精刊《大清一統志·表》綴其後，俾學者尋覽古牒，知今所隸，雖未目驗，有若身履。志形勝者辨其疆域，攷故事者審其沿革，即文人學士登山臨水，極古抒懷，一篇一句，亦得確疏精據，而不謬於遺辭。夫既稽諸古者甚詳，而其講於今者又罔畧焉，不亦善物乎？雖然，土訓掌道地圖道地慝，诵訓掌道方志道方慝，先王所爲勤勤焉，豈欲資學者以博古通今之譽哉？《禹貢》、《職方》，大抵多王朝官簿，學者尊之以爲經。歷代史家志地理，散在其帙，倉卒未易搜討。學者即是書而究觀焉，有以得其都鄙稍甸郊里之大，凡有以辨其夫家人民田萊之分數，因此周知其疾苦，而經悉其機宜，則所以權古今之變者在乎是，兵農大故亦將不貿於施儒者，且有效於天下，是則先生著書之意也夫。

清·章梫《一山文存》卷一〇《題鈔本道光重修〈清一統志〉》 京外通行乾隆時所修《大清一統志》，以第二次所修者爲冣詳，即所謂四十九年本也。至嘉、道間所修，截至嘉慶二十五年止之《一統志》，經大學士穆彰阿等奏上者，原無刻本，外間未之見也。予在史館讀進呈本及副本，皆精寫，皆缺十數卷。正、副本合校，缺僅數卷。在京師時，常留意及此，未聞有家藏鈔本者。乙卯夏，孫君星如於上海購得鈔本《一統志》雲南省大理府等十府四巨册，則嘉慶二十五年本也，字蹟似當時館中供事手筆，其爲館臣私寫以歸無疑矣。其是否即館中所缺之卷，不復記憶。在昔壽陽相國爲翰林時，抄得嘉慶《一統志》，張石舟明經據以撰《蒙古游牧記》，世稱博核。予爲參考，無一字不出於嘉慶《一統志》，特面目少變異耳。雲南《臨邊通志》之外，此册爲最核實，願星如實而藏之。

清·楊椿《孟鄰堂文鈔》卷二《上〈一統志〉館總裁書》 椿往在明史館，見徐公所撰《地理志》，建制沿革亦繁。請於總裁朱公曰：「《志》爲《明史》之志，宜紀明一代之事，宋元前可不必。」朱公深以爲然。今《一統志》雖與史志不同，然奉敕爲本朝作則。前代事見於古書者，仿《元和郡縣圖志》，僅書其大槩。關於本朝者，内則稽之《實録》、《起居注》、《方畧》、《會典》、部院八旗檔案，外考之史册，及府州縣所咨送，下逮名人文集傳記，詳而不冗，簡而不漏爲宜。

山川志其現在，古名不可考者，不必過爲探索。川流原委，如渭於華陰縣東入河，洛於汜水縣滿家溝入河，既敘之於渭、洛，復宜敘之於大河，諸水入渭、洛者亦然。一府、一州、一縣之水，雖非渭、洛可比，然於府、州、縣中號爲巨流者，仿此。小水不宜迭見，則以所入之水，彙於受納之水之下。大水支流，宜詳某處分，某處合，某處自入於海，或自入於大河，某處仍與經流同入於海，或同入於大河。遷徙不常者，歷敘其遷徙之地。山之大者，連跨數府、州、縣，各紀其方之東西南北。一山而隨地異名，或數縣同一山名而實非一山者，當分晰書之。形方地勢，今古或殊，關隘阨塞，止紀大者。前代戰攻屯守，毋容述之過多。佐貳分防及巡檢所轄，皆今之要地，寧詳毋畧。古跡類多附會，惟實有其地者量録。故城爲現設之縣舊治所在，廢縣則舊設之縣今已廢者，皆不可不載。園亭樓館、臺榭陂池，昔人遊玩之所，紀之不勝其紀，删之無或可删，且基址難考，似悉削之爲是。土産則民生日用之不可少者，宜書珍奇怪異。可喜可愕，乍有乍無之物書之，則他日將何以給？名宦著其政績尤異者，素行中平，且不能無議，然實有功於民者亦書。平日雖有名，然於所治無益者不必。人物書其全行，或節其一端，必皆實實可紀，然毋求之太備。蓋孔子之論成人曰：「今之成人者，何必然？」論士曰：「抑亦可以爲次矣！」況今名宦人物乎？其前代正史所無，僅見《明一統志者》，尤不可去。

抑椿更有請焉。志之户口，職方氏之五男二女；田賦，《禹貢》之「厥賦惟上上錯，厥天惟中中」也。明天順間纂修《一統志》，史官聚訟，爲名人所譏。今聞以徐本户口、田賦爲多事，韓本删之爲是者，是《禹貢》、《職方》不若天順《一統志》之爲當矣。芻蕘之見，未能一得，伏惟鑒察。椿再拜。

清·程廷祚《青溪集》卷五《修〈一統志〉議》　著書者以義爲體，而例從之。昔《禹貢》之書，義在平天下，故先記治水，次賦，次貢，《禹貢》以爲例。《職方氏》義在周知四方，故先記山川，次地理，次男女，《職方氏》以爲例。其後班孟堅采二書之緒餘，以志地理，爲文家所取法，審此則義可知矣。王者光有天下，謂之一統；則其爲書，非徒以志郡縣之沿革廣狹也，非徒以志名勝之有資于流連觀覽也，非徒以志古蹟、名宦、人物之時代先後，必將舉天下之大經大法，以推明光天下之義，而後得爲《一統志》之書，而後獨見其爲一代之制作。故正其義者，所以正其名也。義正、名正，則例可得而舉矣。私謂其中有當明體國之義者，有當明畫野分州之義者，有當明以地承天之義者，有當明經世之義者，有當正文字詳畧之義者。

何謂明體國之義？其類四：一曰土宜。地有高下燥濕之性，而各興其利以養人，聖王重之。故《禹貢》則三壤，《周官·職方》别有十二州之樹宜，則今志宜於五方之兼宜五穀者，或偏宜黍稷，偏宜粳稻者，各著其要，與其播種收斂之候，樹藝之法。其五方宜蠶綿者，産藥物者，與夫山澤所出，可供材用者，銅、錢、茶、鹽、膠、漆、竹、箭之類。亦皆核其實而志之，以著王者養民之善政焉。一曰貢篚。自下獻上之貢，祭祀、賓客、服飾、器用之需，有國者不能無待於下。萬物産於地，以供人用，故方獻其物以爲朝廷之用，其義以明上下之交。今志宜於五方充貢之物，皆謹載焉。其珍怪難致之物，未嘗充貢者，則皆芟之，以明王者不貴異物之義。夫五方所産，其曰土宜，以切於民也；曰貢篚，以供於上也；而若鳥獸、草木、花果則别爲方物而已。一曰財賦。立國必有經費，其用之也有地，其取之也有道，事之至重者也。凡田土、户役、茶鹽、馬政之屬，今志宜酌其時宜以志之。夫正供有定式，則輸者不宜緩也，而國家取民有制之義亦見焉。一曰祀典。由古以來山川之神，帝王聖賢之陵墓，與夫賢人君子之廟食者，昭然著矣。祀典荒而淫祠作，淫祠作而人心日即於邪。今志宜於朝廷之遺官往祭者，守令之祭於其土者，皆謹而載之，其非圣無稷者削之。

何謂明畫野分州之義？其類曰正域。方輿之書，昉於《禹貢》。禹於九州，非不知方計而里算也，而濟、河惟兖，海、岱惟青，九州之疆域辨以山川。古之人畫野分州，其義精矣。夫濟、河不改，則兖雖有沿革，而可因濟、河以求兖；海、岱長存，則青雖有沿革，而可因海、岱以求青。後之志方輿者不然，故州郡一經變置而遂廢，馬端臨言之詳矣。今志宜於省會府縣乏疆域，各標所距之山川，而後稽其道里遠近之數，則庶非紙上之空言乎！

何謂明以地承天之義？其類曰定極。古人以列國以定分星，今之幅員不同於古之列國矣。而分野之南舒北促，既于儀象多舛。分野之説，有二十餘宿，主直隸北四省；而江南、江西、浙江、福建、廣東五省僅當斗、牛、女三宿；至翼、軫二宿，自湖廣直盡於南荒；四川、雲、貴又同應陝西之井、鬼二宿，其無謂如此。況災祥之在天，道幽而且遠，不可以爲教者也。考五方去北極各有遠近，中國自北極出地四十二度，至北極出地十八度，南北相距萬有餘里。以里差準極度，斯爲以地承天。察之璣、衡有不爽者，覺唐一行兩戒之論，尚未精審，不足據依。今本朝定歷，推測各方，北極高度窮極微渺，用今之得，正古之失，則宜畧分野而詳極度明矣。況氣候有寒燠，四時晝夜有短長，咸準於極度，而執書者得以考焉，其帝王敬天授時之先務乎！

何謂明經世之義？其類二：一曰形勢。山川、丘陵，謂之地險，終古不變。古王者設險，亦終古不異。春秋以來，天下或合或分，代有經畧。地之形勢悉矣，其戰攻之宜，防禦之術亦畧具矣。天下無事，則險阻爲康莊；有事，則門户生荆刺；故思患預防，《大易》垂訓，雖曰在德，設險亦要焉。今志於形勢，徒剿陳言，而圖説總論，一無發明，何不取史傳諸書而觀省之也？一曰風俗。《漢書》云：凡民幽五常之性，而其剛柔緩急，音聲不同。繫水土之風氣，故謂之風。好惡取舍，動静無常，隨君上之情欲，故謂之俗。以此觀之，風不變者也，俗常變者也。故西北厚重，而自三代以下，不免於椎。魯東南明秀，而自晉宋以來，日趨於浮薄。此不繫於風，而繫於俗。王者審定風俗，而後移易之以禮樂。故曰混同天下，壹之乎中和，然後王道成也。然則風俗豈易言哉？前書剿説備類，取美聽聞，不願今昔之殊，無補經世之畧；而今志因之，非也。宜令士大夫準酌近今，以列一方之風俗。風俗定而吏治出于其中矣。

何謂正文字詳畧之義？立言之體，詳所當詳，則不爲煩；畧所當略，則不爲簡。夫地之有山川也，形勢具焉，材用出焉；坡渠防汛，生民之利害關焉；此所當詳也。荒誕瑰麗之談，不必詳也。城池、學校、關梁其所在與所由建，不可畧；而文之煩者宜殺也。廢州縣已見年表者，則但志其所在。樓、臺、亭、閣之屬，又可畧也。其名宦、人物非僅見於方志者，宜注云詳見某朝書本傳，而流寓可署也。人物各有鄉里當載，其有遷徙，即書其下。《一統志》非府縣可比，故無流寓。其不可署者，則兵制宜載，可以觀強弱；户口宜載，可以觀盛衰。文武之職守、廨署，以及鄉舉與入學之多寡，皆宜載也。體製有分并，結撰有輕重，皆於文字之詳畧見之，而可忽乎哉？

明景泰中，詔修《寰宇通志》，總裁東閣學士陳循欲準宋祝穆《方輿勝覽》爲書，侍郎葉盛曰：「此書直爲辭章家設耳，豈可準之？」必欲爲昭代之盛，宜取其關軍國、資勸戒、於治紀可列者爲主，而城池、人民、户口之变要咸具，庶其益乎？循不能用。書成，即明代《一統志》是也。愚觀葉侍郎之言能見其大，然猶有未盡者，故從而議之如是云。

《西域水道記》

清・徐松《星伯先生小集》卷一《〈西域水道記〉序》　叙曰：廣谷大川異制，民生其間者異俗，况其在要荒之外哉？西域二萬里既隸版圖，耕牧所資，守捉所扼，襟帶形勢，厥賴導川，乃綜衆流，條而次之。

首曰昆侖，惟帝下都。渾渾滄滄，暨於泑澤。潛行地下，化益所疏。記羅布淖爾所受水第一。

漢表六通，至今利益。冥安籍端，中部舊迹。孔道所經，魅磧斯闢。記哈喇淖爾所受水第二。

白山之陰，曰蒲類海。我疆我理，原田每每。千耦其耘，歲獲則倍。記巴爾庫勒淖爾所受水第三。

何里移之湯湯，而白楊之淙淙？翳清軍之扼西，亦輪臺之表東。雖城郭之已改，考川流之實同。記額彬格遜淖爾所受水第四。

土扈之族，疇以蕃之；林丹之裔，疇使遷之。錫之土田，牧圉是扞。記喀喇塔拉額西柯淖爾所受水第五。

西域既平，則建之庭。滔滔伊列，環流鏡清；中函三島，取象蓬瀛。記巴勒喀什淖爾所受水第六。

有白斯海，在彼西方。處昏而曉，當暑而霜。惜矣天池，佳名不彰。記賽喇木淖爾所受水第七。

碎葉有二，清池居一。熱波未聞，而克淬鐵。不逢大同，斯疑胡質？記穆默爾圖淖爾所受水第八。

元之叛王，阻彼金山。河名平安，莫捄其患。今斯畎澮，有恬其瀾。記阿拉克圖古勒淖爾所受水第九。

洋洋龍骨，其流不息。有磑可舂，有魚可食；種人居之，以康以殖。記噶勒札爾巴什淖爾所受水第十。

萬里輶軒，靡國不到；我窮崖涘，奄蔡之徼。取殿兹篇，聿彰聲教。記宰桑淖爾所受水第十一。

凡十一篇，以圖系焉。列城相望，具言其地。其所不言，非水所經也。道光初元日南至鄭，徐松撰。

《朔方備乘》

清・黃彭年《陶樓文鈔》卷八《〈朔方備乘〉序》　古之儒者，博學而不窮，故多聞多志，必繼之以精知，然後略而行之，未有不通天下之志，而能成天下之務者也。吾觀《周官》所記，有職方掌天下之圖，凡四夷、八蠻、七閩、九貉、五戎、六狄人民穀畜之數，要無不周知其利害矣；又有土方、懷方、合方、訓方、形方及山師、川師、邍師、匡人、撢人，察宇內之土地形勢，與夫山川林澤之險易，且約其法制，著之《周禮》，勒爲成書。使學者童而習之，長而有以通知天下之故，以備國家緩急之用。后之學者，囿一隅之見，忘深遠之慮，舉四裔之事，概置之存而不論之條，不亦隘乎？且夫三代之時，王畿不過千里，征伐不出五服，猶可執不勤遠略之説也，而聖人已憂之，必爲之圖，設之官，著之於書，使周知而預爲之防如此其至。況封建既廢，關市已通，輪船、火車，瞬息萬里，異域遐方，邇若咫尺，顧乃局守堂室，視聽曾不及乎藩籬，是豈可久之計哉？《傳》有之曰：知己知彼。《大學》之言治平，知己之學也。《周官》之言周知，知己而兼知彼之學也。自來談域外者，外國之書，務爲夸誕傅會，實多遊歷所紀，半屬傳聞，淆訛迭出；又或輾轉口譯，名稱互歧，競尚瑣聞，無關體要，以云徵信，蓋亦難之。不知史轉所存，官私書所紀，參考互校，可得而詳；自非強識洽聞、精心遠見之儒，罕能究其源流、證其得失。

竊見故員外郎銜刑部主事何秋濤，究心時務，博極羣書。以爲俄羅斯東環中土，西接泰西諸邦。自我聖祖仁皇帝整旅北徼，讋威定界，著録之家雖事纂輯，未有專書。秋濤始爲彙編，繼加詳訂，本欽定之書及正史爲據，旁采圖理琛、陳倫炯、方式濟、張鵬翮、趙翼、松筠以及近人俞正燮、張穆、魏源、姚瑩之徒與外國人艾儒略、南懷仁、雅裨理之所論述，並上海、廣州洋人所刊諸書，訂其舛訛，去其荒謬，上溯圣武之昭垂，下及寓集之要害，爲考，爲傳，爲紀事，爲辨正，自漢晉唐迄於明季，又自國朝康熙、乾隆迄於道光，代爲之圖，各爲之説，凡八十卷。文宗顯皇帝垂覽其書，賜名《朔方備乘》。進呈之後，書旋散亡。吏部侍郎黄宗漢因取副本，擬更繕進，復燴於火。秋濤之子芳稌奉其殘稿來謁，篇軼不完，塗乙幾徧。某爰屬編修黄彭年與畿輔志局諸人爲之補綴排類，復還舊觀。《圖説》刊成，全書次第，亦付剞劂。

竊謂是書所記，雖止北徼一隅，然學者由是推之，則章亥所不能步，查客所未及周，無不可按籍而稽，更僕而數。是戴《記》所謂考道之爲無失，可以精知，略而行之者也。

清・黄彭年《陶樓文鈔》卷一〇《〈朔方備乘〉跋》 右《朔方備乘》八十卷，故員外郎銜刑部主事何秋濤撰，文宗顯皇帝特賜書名也。是書寓意之深，遇合之奇，兵火之厄，搜訪刊布之始末，大學士李鴻章《敘》詳之矣。秋濤之殁也，諸子皆幼，育於故河東道楊寶臣家，彭年應聘預修《畿輔通志》，芳稌始抱遺稿來。朱、墨參差，前後舛錯，間有缺簡；幸原目具在，可以尋檢補輟整齊。顧所采類多秘書，訪求久而后獲。乃與知縣吴壽坤、丁紹基、勞乃宣、林穗、周錦心、王銘勳、成明郁，教諭劉淮炡，舉人吴潯源、胡景桂、王樹枏、張銓，拔貢張惇德，廪生陳文煜，典史戴清、同局諸人，共相審校，歷十寒暑，剞劂始完。

是書成於咸豐初元，凡所紀述，至道光季年而止。事閲三朝，年逾一世。俄羅斯雄長歐洲，侵陵回部，疆土日闢，事變日增：即我中華不失舊好，而分界亦少異前規。擬爲續編，猶未遑及。命子編修國瑾，先繪成《俄國全圖》及《中俄分界圖》，與是書相輔而行，俾覽者有所考焉。

秋濤所著《北徼彙編》六卷，即是書初稿。《一鐙精舍文初藁》一卷、《蒙古游牧記補注》四卷，均刻於京師。《一鐙精舍甲部藁》八卷刻於揚州。《王會篇箋釋》三卷刻於閩縣。未刻者尚有《校正元太祖親征録》一卷、《延昌地形志》、《篆隸源流》、詩文集各若干卷。近日刊行之《律例根源》，亦秋濤在官時創稿也。

引用書目

書名	作者	時代	版本
尚書		先秦	《尚書正義》，中華書局一九九八年版
山海經		先秦	袁珂《山海經校譯》，上海古籍出版社一九八五年版
管子	管仲	先秦	顔昌嶢《管子校釋》，嶽麓書社一九九六年版
屈原集	屈原	先秦	中華書局一九九六年版
燕丹子		先秦	中華書局一九八五年版
詩經		先秦	程俊英、蔣見元《詩經注析》，中華書局一九九一年版
司馬相如集	司馬相如	漢	金國永《司馬相如集校注》，上海古籍出版社一九九三年版
釋名	劉熙	漢	中華書局一九八五年版
三秦記	辛氏	漢	清・王謨《漢唐地理書鈔》，中華書局一九六一年版
史記	司馬遷	漢	中華書局點校本一九七五年版
楊雄集	楊雄	漢	張震澤《楊雄集校注》，上海古籍出版社一九九三年版
西京雜記	劉歆	漢	中華書局一九八五年版
氾勝之書	氾勝之	漢	萬國鼎《氾勝之書輯釋》，中華書局一九五七年版
越絶書	袁康、吴平	漢	上海古籍出版社一九八五年版
漢書	班固	漢	中華書局點校本一九六二年版
張衡詩文集	張衡	漢	張震澤《張衡詩文集校注》，上海古籍出版社一九八六年版
風俗通義	應劭	漢	中華書局點校本一九八一年版
王粲集	王粲	漢	中華書局點校本一九八〇年版
三輔黄圖		漢	陝西人民出版社一九八〇年版
華陽國志	常璩	三國蜀	中華書局點校本一九八五年版
毛詩草木鳥獸蟲魚疏	陸璣	三國吴	中華書局一九八五年版
臨海水土異物志	沈瑩	三國吴	張崇根《臨海水土異物志輯校》，農業出版社一九八八年版
建安七子集		三國魏	中華書局二〇〇〇年版

帝王世紀	皇甫謐	晉	徐宗元《帝王世紀輯存》，中華書局一九六四年版
博物地名記	張華	晉	清・王謨《漢唐地理書鈔》，中華書局一九六一年版
博物志	張華	晉	范寧《博物志校證》，中華書局一九八〇年版
關中記	潘嶽	晉	劉慶柱《關中記輯注》，三秦出版社二〇〇六年版
南方草木狀	嵇含	晉	百川學海本排印，一九三九年版
吴地理志	張勃	晉	清・王謨《漢唐地理書鈔》，中華書局一九六一年版
晉書地道記	王隱	晉	中華書局一九八五年版
廬山記略	釋慧遠	晉	中華書局一九八五年版
陶淵明集	陶淵明	晉	中華書局一九七九年版
晉太康三年地記		晉	中華書局一九八五年版
新校晉書地理志	方愷	晉	中華書局一九八五年版
竹譜	戴凱之	晉	中華書局一九八五年版
江文通集	江淹	南朝梁	明・胡之驥《江文通集匯注》，中華書局一九八四年版
臨海記	孫詵	南朝宋	劉緯毅《漢唐方志輯佚》，北京圖書館出版社一九九七年版
吴興記	山謙之	南朝宋	中華書局一九八五年版
荆州記	盛弘之	南朝宋	清・王謨《漢唐地理書鈔》，中華書局一九六一年版
鮑參軍集	鮑照	南朝宋	《鮑參軍集注》，中華書局二〇一二年版
後漢書	范曄	南朝宋	中華書局點校本一九六五年版
謝宣城集	謝朓	南朝齊	曹融南《謝宣城集校注》，上海古籍出版社一九九一年版
南齊書	蕭子顯	南朝梁	中華書局點校本一九七二年版
玉臺新詠	徐陵	南朝梁	清・吴兆宜《玉臺新詠箋注》，中華書局一九八五年版
文選	蕭統	南朝梁	上海古籍出版社一九八六年版
荆楚歲時記	宗懔	南朝梁	嶽麓書社一九八六年版
庾子山集	庾信	北周	清・倪璠《庾子山集注》，中華書局二〇〇六年版
魏王花木志	元欣	北魏	叢書集成續編八三册，新文豐出版公司一九八五年版
水經注	酈道元	北魏	清・楊守敬《水經注疏》，江蘇古籍出版社一九八九年版
大魏諸州記		北魏	清・王謨《漢唐地理書鈔》，中華書局一九六一年版
隋州郡圖經	郎蔚之	隋	清・王謨《漢唐地理書鈔》，中華書局一九六一年版
楊炯集	楊炯	唐	中華書局一九八〇年版
柳宗元集	柳宗元	唐	中華書局一九七九年版

蠻書	樊綽	唐	向達《蠻書校注》，中華書局一九六二年版
盧照鄰集	盧照鄰	唐	中華書局一九九八年版
晉書	房玄齡等	唐	中華書局點校本一九七四年版
隋書	魏徵等	唐	中華書局點校本一九七三年版
括地志	李泰	唐	賀次君《括地志輯校》，中華書局一九八〇年版
駱臨海集	駱賓王	唐	清・陳熙晉《駱臨海集箋注》，中華書局一九六一年版
王子安集	王勃	唐	清・蔣清翊《王子安集注》，上海古籍出版社一九九五年版
沈佺期宋之問集	沈佺期宋之問	唐	陶敏、易淑瓊《沈佺期宋之問集校注》，中華書局二〇〇一年版
岑參集	岑參	唐	侯忠義、陳鐵民《岑參集校注》，上海古籍出版社二〇〇四年版
封氏聞見記	封演	唐	趙貞信《封氏聞見記校注》，中華書局二〇〇五年版
朝野僉載	劉餗	唐	中華書局一九七九年版
元和郡縣圖志	李吉甫	唐	中華書局一九八五年版
韓昌黎文集	韓愈	唐	馬其昶《韓昌黎文集校注》，上海古籍出版社一九八六年版
元稹集	元稹	唐	中華書局一九八二年版
酉陽雜俎	段成式	唐	中華書局一九八一年版
天臺山記	徐靈府	唐	古逸叢書本排印，一九三九年版
北户録	段公路	唐	中華書局一九八五年版
韋莊集	韋莊	唐	聶安福《韋莊集箋注》，上海古籍出版社二〇一〇年版
東觀奏記	裴庭裕	唐	中華書局一九八五年版
嶺表録異	劉恂	唐	中華書局一九八五年版
桂林風土記	莫休符	唐	中華書局一九八五年版
南嶽小録	李沖昭	唐	中華書局一九八五年版
全五代詩	清李調元輯	五代	巴蜀書社一九九二年版
名山洞天福地記	杜光庭	五代	中華書局一九八五年版
開元天寶遺事	王仁裕	五代	上海古籍出版社一九八五年版
舊唐書	劉昫等	五代	中華書局一九七五年版
太平寰宇記	樂史	宋	中華書局二〇〇七年版
種藝必用	吴懌	宋	農業出版社，一九六三年版
師友談記	李廌	宋	中華書局一九八五年版
錢塘西湖百咏	郭祥正	宋	清・丁丙《武林掌故叢編》，京華書局一九六七年版

西溪叢語	姚寬	宋	中華書局一九八五年版
老學庵筆記	陸游	宋	中華書局一九七九年版
雍録	程大昌	宋	中華書局二〇〇二年版
墨莊漫録	張邦基	宋	中華書局二〇〇二年版
蘇軾文集	蘇軾	宋	中華書局一九八六年版
湘山野録、續録、玉壺清話	文瑩	宋	中華書局一九八四年版
樂章集	柳永	宋	薛瑞生《樂章集校注》，中華書局一九九四年版
筍譜	釋贊寧	宋	中華書局一九九一年版
益部方物略記	宋祁	宋	中華書局一九八五年版
廬山記	陳舜俞	宋	中華書局一九八五年版
梅堯臣集	梅堯臣	宋	朱東潤《梅堯臣集編年校注》，上海古籍出版社二〇〇六年版
洛陽牡丹記	歐陽修	宋	中華書局一九八五年版
歐陽修全集	歐陽修	宋	中華書局二〇〇一年版
東齋記事	范鎮	宋	中華書局一九八五年版
蘇舜欽集	蘇舜欽	宋	中華書局一九六一年版
嘉祐集	蘇洵	宋	曾棗莊、金成禮《嘉祐集箋注》，上海古籍出版社一九九三年版
青箱雜記	吴處厚	宋	中華書局一九八五年版
南部新書	錢易	宋	中華書局一九五八年版
長安志	宋敏求	宋	中華書局一九九一年版
春明退朝録	宋敏求	宋	中華書局一九八〇年版
曾鞏集	曾鞏	宋	中華書局一九八四年版
夢溪筆談	沈括	宋	胡道静《新校正夢溪筆談》，中華書局一九五七年版
吴中水利書	單鍔	宋	中華書局一九八五年版
東坡志林	蘇軾	宋	中華書局一九八一年
吴郡圖經續記	朱長文	宋	江蘇古籍出版社一九九九年版
欒城集	蘇轍	宋	中華書局一九九〇年版
蘇轍集	蘇轍	宋	中華書局一九九〇年版
淮海集	秦觀	宋	徐培均《淮海集箋注》，上海古籍出版社一九九四年版
桐譜	陳翥	宋	中華書局一九八五年版
七述	晁補之	宋	叢書集成續編，上海書店出版社一九九四年版

張耒集　張耒　宋　中華書局一九九〇年版
汴都賦　周邦彦　宋　叢書集成續編，上海書店出版社一九九四年版
清真集　周邦彦　宋　孫虹校注、薛瑞生訂補《清真集校注》，中華書局二〇〇二年版
新唐書　歐陽修等　宋　中華書局一九七五年版
揚州芍藥譜　王觀　宋　中華書局一九八五年版
楚辭補注　洪興祖　宋　中華書局一九五七年版
春渚紀聞　何薳　宋　中華書局一九八三年版
避暑録話　葉夢得　宋　中華書局一九八五年版
雞肋編　莊綽　宋　中華書局一九八五年版
東南防守利便　吴若陳克　宋　中華書局一九八五年版
松漠紀聞　洪皓　宋　吉林文史出版社一九八六年版
陳與義集　陳與義　宋　中華書局一九八二年版
泊宅編　方勺　宋　中華書局一九八三年版
清溪寇軌　方勺　宋　《泊宅編》附録，中華書局一九八三年版
唐語林　王讜　宋　中華書局一九八五年版
東京夢華録　孟元老　宋　中華書局二〇〇六年版
西溪叢語　姚寬　宋　中華書局一九八五年版
方輿勝覽　祝穆　宋　中華書局二〇〇三年版
容齋隨筆　洪邁　宋　中華書局二〇〇五年版
容齋續筆　洪邁　宋　《容齋隨筆》，中華書局二〇〇五年版
容齋四筆　洪邁　宋　《容齋隨筆》，中華書局二〇〇五年版
北邊備對　程大昌　宋　中華書局一九九一年版
入蜀記　陸游　宋　中華書局一九八五年版
桂海虞衡志　范成大　宋　中華書局一九九一年版
吴郡志　范成大　宋　中華書局一九八五年版
桂海花木志　范成大　宋　叢書集成續編，新文豐出版公司一九八五年版
梅譜　范成大　宋　《范成大筆記六種》，中華書局二〇〇二年版
吴船録　范成大　宋　《范成大筆記六種》，中華書局二〇〇二年版
菊譜　范成大　宋　《范成大筆記六種》，中華書局二〇〇二年版
驂鸞録　范成大　宋　《范成大筆記六種》，中華書局二〇〇二年版

清波雜志	周煇	宋	中華書局一九八五年版
南嶽總勝集	陳田夫	宋	江蘇古籍出版社二〇〇〇年版
淳熙新安志	趙不悔、羅願	宋	中國國家圖書館藏本，光緒十四年黟縣李宗煝刻本
六朝事蹟編類	張敦頤	宋	中華書局一九八五年版
剡録	高似孫	宋	余嘉錫《四庫提要辨證》，中華書局一九八〇年版
能改齋漫録	吴曾	宋	中華書局一九六〇年版
嶺外代答	周去非	宋	中華書局一九八五年版
南海百詠	方信孺	宋	中華書局一九八五年版
嘉定赤城志	陳耆卿	宋	中國文史出版社二〇〇八年版
吴興志	談鑰	宋	成文出版社一九八四年版
嚴州圖經	陳公亮	宋	中華書局一九八五年版
雲間志	楊潛	宋	叢書集成續編，新文豐出版公司一九八八年版
四明它山水利備覽	魏峴	宋	中華書局一九八五年版
雲麓漫鈔	趙彦衛	宋	中華書局一九九六年版
鶴林玉露	羅大經	宋	中華書局一九八三年版
建炎以來朝野雜記	李心傳	宋	中華書局一九八五年版
景定嚴州續志	鄭瑶	宋	中華書局一九八五年版
咸淳臨安志	潛説友	宋	浙江古籍出版社二〇一二年版
遊宦紀聞	張世南	宋	中華書局一九八一年版
癸辛雜識	周密	宋	中華書局一九八八年版
金漳蘭譜	趙時庚	宋	叢書集成續編，新文豐出版公司一九八八年版
菌譜	陳仁玉	宋	中華書局一九九一年版
契丹國志	葉隆禮	宋	上海古籍出版社一九八五年版
金陵百詠	曾極	宋	《南京稀見文獻叢刊》，南京出版社二〇一二年版
西湖百詠	宋·董嗣杲撰、明·陳贄和韻	宋	浙江古籍出版社二〇〇六年版
東軒筆録	魏泰	宋	中華書局二〇〇六年版
續博物志	李石	宋	中華書局一九八五年版
金華赤松山志	倪守約	宋	江蘇古籍出版社二〇〇〇年版
臨安志	施諤	宋	成文出版社一九八三年版
洞霄圖志	鄧牧	宋	中華書局一九八五年版

夢粱録	吳自牧	宋	中華書局一九八五年版
黄山圖經		宋	叢書集成續編，上海書店出版社一九九四年版
溪蠻叢笑	朱輔	宋	中華書局一九九一年版
大金國志	宇文懋昭	宋	中華書局一九八六年版
夷俗考	方鳳	宋	中華書局一九九一年版
聖宋錢塘賦	葛灃	宋	叢書集成續編，上海書店出版社一九九四年版
鴨江行部志	王寂	宋	《鴨江行部志注釋》，黑龍江人民出版社一九八四年版
遼東行部志	王寂	宋	張博泉《遼東行部志注釋》，黑龍江人民出版社一九八四年版
歸潛志	劉祁	元	中華書局一九八三年版
大元混一方輿勝覽	劉應李	元	四川大學出版社二〇〇三年版
隱居通義	劉壎	元	中華書局一九八五年版
宋史	脱脱等	元	中華書局一九七七年版
嘉禾志	徐碩	元	成文出版社一九八四年版
仙都山志	陳性定	元	中國國家圖書館藏瞿氏鐵琴銅劍樓抄本
南村輟耕録	陶宗儀	元	中華書局一九五九年版
農書	王禎	元	農業出版社一九八一年版
遼史	脱脱等	元	中華書局一九七四年版
金史	脱脱等	元	中華書局一九七五年版
河朔訪古記	乃賢	元	中華書局一九九一年版
草木子	葉子奇	元	中華書局一九五九年版
高清丘集	高啟	元	上海古籍出版社一九八五年版
鳧藻集	高啟	元	《影印文淵閣四庫全書》，臺灣商務印書館一九八六年版
大元一統志	虞應龍	元	遼海叢書一九八五年版
農桑輯要		元	繆啓愉《元刻農桑輯要校釋》，農業出版社一九八八年版
至正昆山郡志	楊惠	元	宋元方志叢刊，中華書局一九九〇年版
元史等	宋濂等	明	中華書局一九七六年版
庚巳編	陸粲	明	中華書局一九八七年版
西湖遊覽志	田汝成	明	上海古籍出版社一九五八年版
名山藏	何喬遠	明	福建文史研究館一九九三年版
農政全書	徐光啟	明	上海古籍出版社一九七九年版

客座贅語	顧起元	明	中華書局一九八七年版
崆峒山志	李應奇	明	中華山水志叢刊，線裝書局二〇〇四年版
西湖夢尋	張岱	明	華夏出版社二〇〇六年版
洞山九潭志	劉中藻	明	《續修四庫全書》，上海古籍出版社一九九六年版
元史	宋濂等	明	中華書局一九七六年版
湖山敘遊	劉遲	明	叢書集成續編，上海書店出版社一九九四年版
北征録	金幼孜	明	中華書局一九九一年版
寧波府簡要志	黄潤玉	明	叢書集成續編，上海書店出版社一九九四年版
百夷傳	錢古訓	明	江應梁《百夷傳校注》，雲南人民出版社一九八〇年版
錢唐湖山勝槩記	夏時	明	《西湖文獻集成》，杭州出版社二〇〇四年版
水東日記	葉盛	明	中華書局一九八〇年版
西村十記	史鑒	明	《西湖文獻集成》，杭州出版社二〇〇四年版
菽園雜記	陸容	明	中華書局一九八五年版
遼東志	畢恭	明	叢書集成續編，上海書店出版社一九九四年版
隱秀軒集	鍾惺	明	上海古籍出版社一九九二年版
皂李湖水利事實	羅朋	明	清乾隆刻本
異魚圖贊	楊慎	明	中華書局一九八五年版
遊名山記	都穆	明	中華書局一九九一年版
慧山記	邵寶	明	海南出版社二〇〇一年版
遊名山録	陳沂	明	叢書集成續編，新文豐出版公司，一九八八年版
吴興掌故集	徐獻忠	明	齊魯書社一九九六年版
海語	黄衷	明	中華書局一九九一年版
治世餘聞	陳宏謨	明	中華書局一九八五年版
蜀都雜抄	陸深	明	中華書局一九八五年版
七修類稿	郎瑛	明	中華書局一九五九年版
雲南山川志	楊慎	明	中華書局一九九一年版
君子堂日詢手鏡	王濟	明	中華書局一九八五年版
邊紀略	鄭曉	明	商務印書館一九三五年版
西湖遊覽志	田汝成	明	上海古籍出版社一九五八年版
炎徼紀聞	田汝成	明	中華書局一九八五年版

震川先生集　歸有光　明　上海古籍出版社二〇〇七年版
三吴水利録　歸有光　明　中華書局一九八五年版
戒庵老人漫筆　李詡　明　中華書局二〇一一年版
續吴郡志　李詡　明　叢書集成續編，上海書店出版社一九九四年版
松窗夢語　張瀚　明　中華書局一九八五年版
滄溟先生集　李攀龍　明　上海古籍出版社一九九二年版
江漢叢談　陳士元　明　中華書局一九八五年版
泉南雜志　陳懋仁　明　中華書局一九八五年版
海槎餘録　顧岕　明　上海圖書館明正德嘉靖間陽山顧氏家塾刻顧氏明朝四十家小説本
檇李記　王樵　明　中華書局一九九一年版
徐渭集　徐渭　明　中華書局一九八三年版
嘉靖仁和縣志　沈朝宣　明　西泠印社出版社二〇一二年版
賢博編　葉權　明　中華書局二〇〇八年版
棲霞小志　盛時泰　明　南京出版社二〇一〇年版
陽山志　岳岱　明　叢書集成三編，新文豐出版公司一九九七年版
廬山紀事　桑喬　明　成文出版社有限公司，一九八九年版
吴社編　王穉登　明　中華書局一九九一年版
越中山水志　潘之恒　明　中華山水志叢刊，線裝書局二〇〇四年版
焦氏筆乘　焦竑　明　中華書局一九八五年版
轂山筆麈　于慎行　明　中華書局一九八四年版
西吴里語　宋雷　明　齊魯書社一九九五年版
豫志　王士性　明　中華書局一九八五年版
廣志繹　王士性　明　中華書局一九八一年版
五嶽遊草　王士性　明　中華書局一九八一年版
黔志　王士性　明　中華書局一九八五年版
嶠南瑣記　魏濬　明　中華書局一九八五年版
粵劍編　王臨亨　明　中華書局二〇〇八年版
湧幢小品　朱國禎　明　中華書局一九五九年版
山行雜記　宋彦　明　中華書局一九九一年版
岱史　查志隆　明　續修四庫全書，上海古籍出版社一九九六年版

武林遊記	高攀龍	明	叢書集成續編，上海書店出版社一九九四年版
全遼志	李輔	明	叢書集成續編，上海書店出版社一九九四年版
五雜俎	謝肇淛	明	中華書局一九五九年版
白蘇齋類集	袁宗道	明	上海古籍出版社一九八九年版
袁宏道集	袁宏道	明	上海古籍出版社二〇〇七年版
西湖記述	袁宏道	明	叢書集成續編，新文豐出版公司一九八八年版
益部談資	何宇度	明	中華書局一九八五年版
羅浮志	陳槤	明	中華書局一九八五年版
四時幽賞録	高濂	明	上海古籍出版社一九九九年版
閩中海錯疏	屠本畯	明	中華書局一九八五年版
珂雪齋集	袁中道	明	上海古籍出版社二〇〇七年版
齊雲山志	魯點	明	江蘇古籍出版社二〇〇〇年版
華嶽全集	張維新	明	續修四庫全書，上海古籍出版社一九九六年版
萬曆野獲編	沈德符	明	中華書局一九五九年版
吴興備志	董斯張	明	叢書集成續編，新文豐出版公司一九八八年版
徐霞客遊記	徐霞客	明	上海古籍出版社一九八〇年版
帝京景物略	劉侗	明	北京古籍出版社二〇〇〇年版
異魚贊閏集	胡世安	明	中華書局一九八五年版
長安客話	蔣一葵	明	北京古籍出版社一九八二年版
重刻高山志	顧世登、顧伯平	明	中華山水志叢刊，線裝書局二〇〇四年版
絶域紀略	方拱乾	明	叢書集成續編第五〇册，上海書店出版社一九九四年版
虞鄉雜記	毛晉	明	中華書局一九九一年版
江上雜疏	彭宗孟	明	中華書局一九八五年版
西湖雜記	黎遂球	明	叢書集成續編，新文豐出版公司一九八八年版
委羽山志	胡昌賢	明	中華山水志叢刊，線裝書局二〇〇四年版
赤雅	鄺露	明	中華書局一九八五年版
萬曆仙居縣志	顧震宇等	明	叢書集成續編，新文豐出版公司一九八八年版
萬曆錢塘縣志	聶心湯修，虞淳熙纂	明	叢書集成續編，新文豐出版公司一九八八年版
南河全考	朱國盛	明	續修四庫全書，上海古籍出版社一九九六年版
顧亭林詩文集	顧炎武	明	中華書局一九八三年版

南中紀聞　包汝楫　明　中華書局一九八五年版

嶗山名勝志略　黄宗昌　明　中華山水志叢刊，線裝書局二〇〇四年版

靖海紀略　曹履泰　明　中華書局一九八五年版

玉鏡新譚　朱長祚　明　北京圖書館古籍珍本叢刊，書目文獻出版社一九九八年版

西溪百詠　釋大善　明　叢書集成續編，新文豐出版公司

救荒野譜　姚可成　明　中華書局一九九一年版

海道經　明　中華書局一九八五年版

狼五山志　王揚德　明　中華山水志叢刊，線裝書局二〇〇四年版

西湖手鏡　季嬰　明　中華書局一九九一年版

石湖志　莫震　明　續修四庫全書，上海古籍出版社一九九六年版

不系園集　汪汝謙　清　叢書集成續編，上海書店出版社一九九四年版

乍浦九山補志　李確　清　中華山水志叢刊，線裝書局二〇〇四年版

西湖小史　李鼎　清　上海古籍出版社一九九〇年版

棗林雜俎　談遷　清　中華書局二〇〇六年版

北遊録　談遷　清　中華書局一九六〇年版

江南魚鮮品　陳鑒　清　叢書集成續編，上海書店出版社一九九四年版

寧古塔志　方拱幹　清　叢書集成續編，新文豐出版公司一九八八年版

寧古塔山水記　張縉彦　清　續修四庫全書，上海古籍出版社一九九六年版

婁江志　顧士璉　清　四庫全書存目叢書，齊魯書社一九九六年版

吴梅村全集　吴偉業　清　上海古籍出版社一九九〇年版

南漳子　孫之騄　清　叢書集成續編，新文豐出版公司一九八八年版

牧齋初學集　錢謙益　清　上海古籍出版社二〇〇九年版

牧齋有學集　錢謙益　清　上海古籍出版社一九九六年版

牧齋雜著　錢謙益　清　上海古籍出版社二〇〇七年版

王船山集　王夫之　清　群學社，一九二六年版

黔書　田雯　清　貴州人民出版社點校本一九九二年版

黔遊記　陳鼎　清　貴州人民出版社點校本一九九二年版

練湖歌敘録　湯展文　清　中華山水志叢刊，線裝書局二〇〇四年版

古詩源　沈德潛　清　中華書局二〇〇六年版

西湖志纂　梁詩正　清　清乾隆間賜經堂一七六二年刻本

武夷山志	董天工	清	方志出版社二〇〇七年版
日下舊聞考	于敏中	清	北京古籍出版社點校本二〇〇〇年版
龍井見聞録	汪孟鋗	清	北京出版社二〇〇〇年版
西湖志纂	傅王露	清	中華山水志叢刊，線裝書局二〇〇四年版
履園叢話	錢泳	清	中華書局一九七九年版
榆巢雜識	趙慎畛	清	中華書局二〇〇五年版
華嶽志	姚遠翿	清	中華山水志叢刊，線裝書局二〇〇四年版
黔記	李宗昉	清	貴州人民出版社點校本一九九二年版
西域水道記	徐松	清	中華書局二〇〇五年版
淮揚水利圖説	馮道立	清	影印道光十九年刊本
揚州水道記	劉文淇	清	廣陵書社二〇一一年版
黔語	吴振棫	清	貴州人民出版社點校本一九九二年版
黔軺紀行集	蔣攸銛	清	貴州人民出版社點校本一九九二年版
甬上水利志	周道遵	清	廣陵書社二〇〇六年版
蜀水經	李元	清	巴蜀書社一九八五年版
京口山水志	楊棨	清	海南出版社二〇〇一年版
定鄉小識	張道	清	上海書店出版社一九九二年版
山志	王弘	清	中華書局二〇〇八年版
今水經注	吴承志	清	古籍書店一九六三年版
東錢湖志	王榮商	清	民國五年刊本
西湖志	姚循義	清	中華山水志叢刊，線裝書局二〇〇四年版
匡廬遊録	黄宗羲	清	叢書集成續編，上海書店出版社一九九四年版
衡嶽遊記	黄周星	清	上海文明書局，一九一五年版
閩小紀	周亮工	清	中華書局一九八五年版
歸莊集	歸莊	清	中華書局一九六二年版
肇域志	顧炎武	清	上海古籍出版社二〇一二年版
日知録	顧炎武	清	甘肅民族出版社一九九七年版
安雅堂全集	宋琬	清	上海古籍出版社二〇〇七年版
野菜贊	顧景星	清	叢書集成續編，上海書店出版社一九九四年版
上方山志	釋自如	清	海南出版社二〇〇一年版

陳維崧集　陳維崧　清　上海古籍出版社二〇一〇年版
黄山志定本　閔麟嗣　清　黄山書店一九九〇年版
海防總論　姜宸英　清　中華書局一九九一年版
廣東新語　屈大均　清　中華書局一九八五年版
讀史方輿紀要　顧祖禹　清　中華書局一九五五年版
使蜀日記　方象瑛　清　叢書集成續編，上海書店出版社一九九四年版
海防述略　杜臻　清　中華書局一九九一年版
分甘餘話　王士禛　清　中華書局一九八九年版
浯溪考　王士禛　清　齊魯書社一九九六年版
長白山録　王士禛　清　叢書集成續編，上海書店出版社一九九四年版
隴蜀餘聞　王士禛　清　四庫全書存目叢書，齊魯書社一九九五年版
池北偶談　王士禛　清　齊魯書社二〇〇七年版
古夫於亭雜録　王士禛　清　中華書局一九八八年版
黄山領要録　汪洪度　清　中華書局一九八五年版
南巡扈從紀略　張英　清　叢書集成續編，上海書店出版社一九九四年版
昆侖河源考　萬斯同　清　中華書局一九八五年版
獸經　張綱孫　清　叢書集成續編，上海書店出版社一九九四年版
沈故　楊同桂　清　叢書集成續編，上海書店出版社一九九四年版
原李耳載　李中馥　清　天益書局一九一四年版
扈從西巡日録　高士奇　清　叢書集成續編，上海書店出版社一九九四年版
塞北小鈔　高士奇　清　叢書集成續編，上海書店出版社一九九四年版
北墅抱翁録　高士奇　清　上海商務印書館，民國二六年版
扈從東巡日録　高士奇　清　吉林文史出版社一九八六年版
廣陽雜記　劉獻廷　清　中華書局二〇〇七年版
奉使俄羅斯行程録　張鵬翮　清　中華書局一九九一年版
江防述略　張鵬翮　清　中華書局一九九一年版
浮山志　陳焯　清　黄山書社二〇〇七年版
滇黔紀遊　陳鼎　清　齊魯書社一九九七年版
滇遊記　畢忠吉　清　中華書局一九八四年版
廬山紀遊　查慎行　清　叢書集成續編，上海書店出版社一九九四年版

柳邊紀略	楊賓	清	中華書局一九八五年版
在園雜志	劉廷璣	清	上海古籍出版社一九九六年版
遊歷記存	朱書	清	中華書局一九八五年版
黑龍江外記	西清	清	中華書局一九八五年版
陝西南山谷口考	西清	清	中華書局一九九一年版
杏花村志	郎遂	清	江蘇古籍出版社一九九二年版
全遼備考	林佶	清	叢書集成續編，上海書店出版社一九九四年版
石柱記箋釋	鄭元慶	清	中華書局一九八五年版
臺灣雜記	季麒光	清	中華書局一九八五年版
嵩山志	葉封	清	中華山水志叢刊，線裝書局二〇〇四年版
藏行紀程	杜昌丁	清	叢書集成續編，上海書店出版社一九九四年版
不下帶編	金埴	清	中華書局一九八二年版
巾箱説	金埴	清	中華書局一九八二年版
東還紀程	許纘曾	清	中華書局一九八五年版
滇行紀程	許纘曾	清	中華書局一九八五年版
顏山雜記	孫廷銓	清	中華山水志叢刊，線裝書局二〇〇四年版
寧古塔紀略	吳振臣	清	續修四庫全書，上海古籍出版社一九九六年版
元詩選	顧嗣立	清	中華書局一九八七年版
方苞集	方苞	清	上海古籍出版社一九八三年版
峒溪纖志	陸次雲	清	商務印書館一九三五年版
吳蕈譜	吳林	清	上海古籍出版社一九九五年版
明史	張廷玉	清	中華書局一九九二年版
臺灣紀略	林謙光	清	中華書局一九六一年版
粵西偶記	陸祚蕃	清	中華書局一九八五年版
徑山遊草	吳焯	清	叢書集成續編，上海書店出版社一九九四年版
出塞紀略	錢良擇	清	中華書局一九九一年版
龍沙紀略	方式濟	清	中華書局一九九一年版
湖壖雜記	陸次雲	清	中華書局一九八五年版
臥象山誌	張侗	清	中華山水志叢刊，線裝書局二〇〇四年版
臺海使槎録	黃叔璥	清	中華書局一九八五年版

南遊記　孫嘉淦　清　叢書集成續編，上海書店出版社一九九四年版
柳南續筆　王應奎　清　中華書局一九八三年版
戴名世集　戴名世　清　中華書局一九八六年版
洋菊譜　鄒一桂　清　叢書集成續編，上海書店出版社一九九四年版
西北域記　謝濟世　清　中華書局一九八五年版
攝山志　陳毅　清　中華山水志叢刊，線裝書局二〇〇四年版
焦山志　盧見曾　清　中華山水志，線裝書局二〇〇四年版
金山志　盧見曾　清　中華山水志叢刊，線裝書局二〇〇四年版
黔南識略　愛必達　清　貴州人民出版社一九九二年版
徐園秋花譜　吴儀一　清　叢書集成續編，上海書店出版社一九九四年版
西湖六橋桃評　曹之璜　清　叢書集成續編，上海書店出版社一九九四年版
嶺南雜記　吴震方　清　四庫全書存目叢書，齊魯書社一九九六年版
臺灣隨筆　徐懷祖　清　中華書局一九八五年版
據鞍録　楊應琚　清　叢書集成續編，上海書店出版社一九九四年版
采硫日記　郁永河　清　中華書局一九八五年版
裨海記遊　郁永河　清　叢書集成續編，上海書店出版社一九九四年版
劉大櫆集　劉大櫆　清　上海古籍出版社二〇〇九年版
四明山志　黄宗羲　清　叢書集成續編，上海書店出版社一九九四年版
出塞圖畫山川記　温睿臨　清　叢書集成續編，上海書店出版社一九九四年版
滇南山水綱目　趙元祚　清　叢書集成續編，上海書店出版社一九九四年版
天臺雁蕩紀遊　金玉岡　清　叢書集成續編，新文豐出版公司一九八五年版
五山全志　劉名芳　清　中華山水志叢刊，線裝書局二〇〇四年版
海防集要　韓奕　清　中華書局一九九一年版
塞外雜識　龍一鵬　清　中華書局一九八五年版
畿輔安瀾志　戴震　清　續修四庫全書，上海古籍出版社一九九六年版
水地記　戴震　清　中華書局一九八五年版
竹葉亭雜記　趙翼　清　中華書局一九八二年版
甌北集　趙翼　清　上海古籍出版社一九九七年版
簷曝雜記　趙翼　清　中華書局一九八二年版
普陀山志　許琰　清　影印上海古籍出版社藏清乾隆刻本

十駕齋養新録	錢大昕	清	江蘇古籍出版社一九九七年版
卜魁風土記	方觀承	清	《黑龍江方志考稿》，黑龍江人民出版社一九九三年版
海潮説	周春	清	中華書局一九八五年版
艮山雜志	翟灝	清	叢書集成續編，新文豐出版公司一九八八年版
關中勝跡圖志	畢沅	清	三秦出版社二〇〇四年版
惜抱軒詩文集	姚鼐	清	上海古籍出版社一九九二年版
吴山遺事詩	朱彭	清	叢書集成續編，新文豐出版公司一九八八年版
黄山志	張佩芳	清	清乾隆刻本
進藏紀程	王世睿	清	叢書集成續編，上海書店出版社一九九四年版
桃溪客語	吴騫	清	中華書局一九八五年版
邊疆叛跡	程鍾彦	清	吉林文史出版社一九八六年版
然犀志	李調元	清	中華書局一九八五年版
出口程記	李調元	清	中華書局一九八五年版
全五代詩	李調元	清	巴蜀書社一九九二年版
羅江縣志	李調元	清	中華書局一九八五年版
南越筆記	李調元	清	中華書局一九八五年版
秀山志	陳竑	清	中華山水志叢刊，線裝書局二〇〇四年版
五山志林	羅天尺	清	中華書局一九八五年版
寶華山志	劉名芳	清	廣陵書社二〇〇六年版
明史	張廷玉	清	中華書局一九九一年版
欽定清涼山志	董誥	清	續修四庫全書，上海古籍出版社一九九六年版
滇黔志略	謝聖綸	清	貴州人民出版社二〇〇八年版
番社采風圖考	六十七	清	中華書局一九八五年版
靈巖志畧	王鎬	清	中華山水志叢刊，線裝書局二〇〇四年版
洪亮吉集	洪亮吉	清	中華書局二〇〇一年版
揚州畫舫録	李斗	清	中華書局一九六〇年版
華嶽志	姚遠翿	清	中華山水志叢刊，線裝書局二〇〇四年版
澳門紀略	印光任 張汝霖	清	江蘇廣陵古籍刻印社一九九五年版
湖山雜詠	王緯	清	叢書集成續編，上海書店出版社一九九四年版
西陲竹枝詞	祁韻士	清	叢書集成續編，新文豐出版公司一九八五年版

濛池行稿	祁韻士	清	叢書集成續編，上海書店出版社一九九四年版
衛藏通志	和琳	清	中華書局一九八五年版
菊譜	弘晈	清	中華書局一九八五年版
三省山内風土雜識	嚴如熤	清	中華書局一九八五年版
西藏志		清	西藏人民出版社一九八二年版
滇海虞衡志	檀萃	清	中華書局一九八五年版
黄山導	汪璂	清	清乾隆印本
恒山志	桂敬順	清	中華山水志叢刊，線裝書局二〇〇四年版
邗記	焦循	清	廣陵書社二〇〇三年版
鄉言解頤	李光庭	清	上海古籍出版社一九九六年版
西湖雜詠	秦武域	清	叢書集成續編，上海書店出版社一九九四年版
宸垣識餘	吴長元	清	叢書集成續編，上海書店出版社一九九四年版
西溪雜詠	陳文述	清	叢書集成續編，上海書店出版社一九九四年版
畫眉筆談	陳均	清	山西大學圖書館藏道光吴江沈氏世楷堂刻昭代叢書本
卜魁紀略	英和	清	《黑龍江述略（外六種）》，黑龍江人民出版社一九八五年版
泰山圖志	朱孝純	清	中華山水志叢刊，線裝書局二〇〇四年版
雲緬山川志	李榮陛	清	中華書局一九九一年版
癸巳存稿	俞正燮	清	清道光十三年求日益齋刻本
歸田瑣記	梁章鉅	清	中華書局一九八一年版
浪跡叢談	梁章鉅	清	上海古籍出版社一九九六年版
浪跡續談	梁章鉅	清	上海古籍出版社一九九六年版
浪跡三談	梁章鉅	清	上海古籍出版社一九九六年版
嘯亭雜録	昭槤	清	中華書局一九八〇年版
續黔書	張澍	清	貴州人民出版社點校本一九九二年版
涼州異物志	張澍	清	中華書局一九八五年版
萬山綱目	李誠	清	中華山水志叢刊，線裝書局二〇〇四年版
洞庭湖志	陶澍	清	中華山水志叢刊，線裝書局二〇〇四年版
黄山紀勝	徐璈	清	清道光刻本
湖南方物志	黄本驥	清	叢書集成續編，上海書店出版社一九九四年版
三志合編	黄本驥	清	叢書集成續編，新文豐出版公司一九八八年版

泰山述記	宋思仁	清	中華山水志叢刊，線裝書局二〇〇四年版
曹州牡丹譜	余鵬年	清	中華書局一九八五年版
龔自珍全集	龔自珍	清	中華書局一九五九年版
岱覽	唐仲冕	清	中華山水志叢刊線裝書局二〇〇四年版
廣利渠水利鏡	戴寶蓉	清	中華山水志叢刊，線裝書局二〇〇四年版
桂鬱岩洞記	賈敦臨	清	文明書局一九一五年版
營田輯要校釋	黄輔辰	清	農業出版社一九八四年版
導江三議	王柏心	清	中華書局一九八五年版
淞南樂府	楊光輔	清	中華書局一九九一年版
續金山志	曾燠	清	中華山水志叢刊，線裝書局二〇〇四年版
黔山紀遊	汪淮	清	叢書集成續編，新文豐出版公司
冷廬雜識	陸以湉	清	上海古籍出版社一九九六年版
蠡測匯鈔	鄧傳安	清	中華書局一九八五年版
天臺山全志	張聯元	清	影印上海圖書館藏清康熙刻本
昌國典詠	朱緒曾	清	叢書集成續編，新文豐出版公司一九八八年版
寶前兩溪志畧	吴玉樹	清	叢書集成續編，上海書店出版社一九九四年版
蒙古遊牧記	張穆	清	山西人民出版社一九九一年版
啟東録	林壽圖	清	吉林文史出版社一九八六年版
庸閒齊筆記	陳其元	清	中華書局一九七九年版
西湖雜詩	蔣坦	清	叢書集成續編，上海書店出版社一九九四年版
吴下諺聯	王有光	清	中華書局一九八二年版
南河成案		清	中華山水志叢刊，線裝書局二〇〇四年版
吉林外記	薩英額	清	中華書局一九八五年版
瓊英小録	俞樾	清	叢書集成續編，上海書店出版社一九九四年版
北固山志	周伯義	清	中華山水志叢刊，線裝書局二〇〇四年版
齊山岩洞志	陳蔚	清	叢書集成續編，上海書店出版社一九九四年版
蕉軒隨録	方浚師	清	中華書局一九九五年版
蕉軒續録	方浚師	清	中華書局一九九五年版
朔方備乘劄記	李文田	清	中華書局一九八五年版
皇華紀程	吴大澄	清	叢書集成續編，上海書店出版社一九九四年版

赤山湖志 尚兆山 清 叢書集成續編，上海書店出版社一九九四年版

陝西南山谷口考 毛鳳枝 清 中華書局一九九一年版

雲臺新志 謝元淮修、許喬林纂 清 方志出版社二〇一〇年版

水窗春囈 歐陽兆熊、金安清 清 中華書局一九八四年版

柳弧 丁柔克 清 中華書局二〇〇二年版

郎潛紀聞初筆 陳康祺 清 中華書局一九八四年版

郎潛紀聞三筆 陳康祺 清 中華書局一九八四年版

郎潛紀聞四筆 陳康祺 清 中華書局一九九〇年版

南中雜説 劉昆 清 中華書局一九八五年版

湟中雜記 文孚 清 叢書集成續編，上海書店出版社一九九四年版

嘉慶大清一統志 穆彰阿、潘錫恩等 清 中華書局一九八六年影印本

異域録 丁謙 清 中華書局一九八五年版

盋山志 顧雲 清 南京出版社二〇〇九年版

臺遊日記 蔣師轍 清 叢書集成續編，上海書店出版社一九九四年版

蕉廊脞録 吴慶坻 清 中華書局一九九〇年版

江南水利志 秦綬章 清 中華山水志叢刊，線裝書局二〇〇四年版

瓊州雜事詩 程秉釗 清 中華書局一九八五年版

東北邊防輯要 曹廷傑 清 叢書集成續編，新文豐出版公司一九八八年版

新疆建置志 宋伯魯 清 叢書集成續編，新文豐出版公司一九八八年版

江北運程 董恂 清 北京出版社二〇〇〇年版

巴林紀程 文祥 清 叢書集成續編，新文豐出版公司一九八八年版

渤海國志 唐晏 清 南林劉氏求恕齋刊咸豐己未年

惠濟河輯説 王儒行 清 中華山水志叢刊，線裝書局二〇〇四年版

孤山志 王復禮 清 叢書集成續編，上海書店出版社一九九四年版

莫幹山志 周慶雲 清 中華山水志叢刊，線裝書局二〇〇四年版

靈峰志 周慶雲 清 中華山水志叢刊，線裝書局二〇〇四年版

東北輿地釋略 景方昶 清 叢書集成續編，上海書店出版社一九九四年版

花山志 趙佩茳 清 中華山水志叢刊，線裝書局二〇〇四年版

爛柯山志 鄭永禧 清 中華山水志叢刊，線裝書局二〇〇四年版

紫柏山志 景邦憲 清 中華山水志叢刊，線裝書局二〇〇四年版

黎岐紀聞	張慶長	清	叢書集成續編，新文豐出版公司
豫河續志	陳善同	清	中華山水志叢刊，線裝書局二〇〇四年版
萇楚齋隨筆、續筆、三筆、四筆、五筆	劉聲木	清	中華書局二〇一三年版
莫愁湖志	馬士圖	清	南京出版社二〇一三年版
永定河續志	朱其詔	清	中華山水志叢刊，線裝書局二〇〇四年版
沔陽州志	葛振元	清	江蘇古籍出版社二〇〇一年版
章谷屯志略	吳德煦	清	成文出版社一九六八年版
湖上青山集	陳時	清	叢書集成續編，上海書店出版社一九九四年版
鑪藏道里新記	張其勤	清	叢書集成續編，上海書店出版社一九九四年版
今水經注	吳承志	清	古籍書店一九六三年版
金蓋山志	李宗蓮	清	中華山水志叢刊，線裝書局二〇〇四年版
黑龍江輿圖説	屠寄	清	叢書集成續編，上海書店出版社一九九四年版
黑龍江城圖説		清	叢書集成續編，上海書店出版社一九九四年版
粤西瑣記	沈日霖	清	叢書集成續編，新文豐出版公司一九八八年版
西溪聯吟	吳祖枚、陳如松	清	叢書集成續編，上海書店出版社一九九四年版
行吟雜録	金科豫	清	叢書集成續編，上海書店出版社一九九四年版
解脱紀行録	金科豫	清	叢書集成續編，新文豐出版公司一九八八年版
西藏聖跡考	張伯楨	清	叢書集成續編，上海書店出版社一九九四年版
塞程別紀	余寀	清	叢書集成續編，上海書店出版社一九九四年版
雁山雜記	韓則愈	清	叢書集成續編，上海書店出版社一九九四年版
五峰山志	李侗、邵承照	清	叢書集成續編，上海書店出版社一九九四年版
河汾旅話	朱維魚	清	中國書店一九八二年版
盤龍山紀要	方秉孝	清	叢書集成續編，新文豐出版公司一九八八年版
華山經	商雲雛	清	叢書集成續編，上海書店出版社一九九四年版
武陵五溪考	謝鍾英	清	叢書集成續編，新文豐出版公司一九八八年版
燕趙水利論		清	中華山水志叢刊，線裝書局二〇〇四年版
南樂豬龍河圖説	任士虎	清	中華山水志叢刊，線裝書局二〇〇四年版
金川瑣記	李心衡	清	商務印書館一九八五年版
西湖竹枝詞	陳燦	清	浙江文藝出版社一九八三年版

西湖漁唱	許承祖	清	上海古籍出版社一九八五年版
東郊土物詩	朱點	清	叢書集成續編，上海書店出版社一九九四年版
西湖遊記	查人渼	清	浙江文藝出版社一九八五年版
關中水道記	孫彤	清	中華書局一九八五年版
明江南治水記	陳士礦	清	中華書局一九八五年版
慧山記續編	邵涵初	清	海南出版社二〇〇一年版
邗溝故道歷代變遷圖説	徐庭曾	清	中華山水志叢刊，線裝書局二〇〇四年版
匡廬紀遊	吴闡思	清	叢書集成新編，新文豐出版公司一九八五年版
箋卉	吴菘	清	齊魯書社一九九五年版
雲中紀程	高懋功	清	中華書局一九八五年版
聽園西疆雜述詩	蕭雄	清	中華書局一九八五年版
維西見聞紀	余慶遠	清	中華書局一九八五年版
粵述	閔敘	清	中華書局一九八五年版
北固山志	釋了璞	清	中華山水志叢刊，線裝書局二〇〇四年版
全唐詩	曹寅等	清	中華書局一九六〇年版
先秦漢魏晉南北朝詩	逯欽立		中華書局一九八三年版
全宋詞	唐圭璋		中華書局一九六五年版

《中華大典》辦公室

主　任：于永湛

副主任：伍　傑

　　　　姜學中

編　審：趙含坤

　　　　崔望雲

秘　書：宋　陽

裝幀設計：章耀達

《中華大典·地學典·自然地理分典》

責任編輯：楊希之

　　　　　李盛强

　　　　　康聰斌

責任校對：曾祥志

　　　　　李盛强

　　　　　康聰斌

特邀校對：南京展望文化發展有限公司

　　　　　校對組

圖書在版編目(CIP)數據

中華大典.地學典.自然地理分典/《中華大典》工作委員會，《中華大典》編纂委員會編纂.—重慶：重慶出版社，2016.2

ISBN 978-7-229-10824-3

Ⅰ.①中… Ⅱ.①中…②中… Ⅲ.①百科全書—中國②自然地理—中國 Ⅳ.①Z227②P942

中國版本圖書館 CIP 數據核字(2015)第 305051 號

中華大典·地學典·自然地理分典

編纂:《中華大典》工作委員會
《中華大典》編纂委員會

出版:重慶出版集團
重慶出版社
(重慶市南岸區南濱路 162 號　郵政編碼　400061)

發行:重慶出版集團圖書發行有限公司
(重慶市南岸區南濱路 162 號　郵政編碼　400061)

排版:南京展望文化發展有限公司
(南京市夢都大街 176-4 號　郵政編碼　210019)

印刷:成都東江印務有限公司
(成都市鹽井村 11 組　郵政編碼　610091)

開本:787×1092 毫米　1/16

印張:73.5　　字數:2 330 千字

2016 年 2 月第 1 版　　2016 年 2 月第 1 次印刷

印數:1 000 册

書號:ISBN 978-7-229-10824-3

定價:330.00 圓